Kohlhammer

Bundespersonal-vertretungsgesetz

mit Wahlordnung unter Einbeziehung der Landespersonalvertretungsgesetze

Kommentar

erläutert von

Dr. Wilhelm Ilbertz
ehem. Leiter des Projektbereichs Mitbestimmung, Personalvertretungs- und Betriebsverfassungsrecht beim Deutschen Beamtenbund

Prof. Dr. Ulrich Widmaier
Richter am Bundesverwaltungsgericht a. D.

begründet von

Walter Grabendorff †
Oberverwaltungsgerichtsrat

Clemens Windscheid †
Bundesbahnoberrat a. D.

Elfte, völlig neu bearbeitete Auflage

Verlag W. Kohlhammer

Gesamtherstellung:
W. Kohlhammer Druckerei GmbH + Co. KG Stuttgart
Printed in Germany

ISBN 978-3-020495-9

Vorwort zur 11. Auflage

Die öffentliche Verwaltung hat in den letzten Jahren vor allem in organisatorischer und struktureller Hinsicht einen umfassenden Wandel erfahren. Nicht selten haben teils gegenläufige Maßnahmen im Vollzug der Verwaltungsreform zu erheblichen Unsicherheiten im personellen und sozialen Bereich geführt. Dadurch sind viele neue Fragen aufgeworfen worden, auf die Rechtsprechung und Literatur zum Teil Antworten gegeben haben; die entsprechenden Entscheidungen und Aufsätze sind in der neuen Auflage umfassend berücksichtigt worden. Dort, wo Fragen offengeblieben sind, bemüht sich die 11. Auflage um angemessene Antworten.

Nach wie vor stehen diejenigen Themenbereiche im Mittelpunkt der Kommentierung, die in der Praxis immer wieder Probleme aufwerfen: Geschäftsführung, Übernahme von Kosten der Personalratsarbeit, Freistellung, Beteiligungsverfahren-/rechte (Mitbestimmungs-, Mitwirkungs- und Anhörungsverfahren, Auslegung einzelner Beteiligungsrechte), Initiativrechte, Umfang und Grenzen der Zustimmungsverweigerung, Folgerungen aus der zunehmenden Ausdehnung der Informations- und Kommunikationstechniken, Konsequenzen von Organisations-, Privatisierungsmaßnahmen etc.

Die 11. Auflage bemüht sich – auch unter Berücksichtung der vielfältigen sachkundigen Anregungen in Besprechungen der Vorauflage – um noch mehr Praxisnähe, um eine größere Überschaubarkeit der jeweiligen Texte zu den einzelnen personalvertretungsrechtlichen Bestimmungen und in besonderem Maße um Aktualität.

In einer umfassenden Synopse werden die einzelnen Bestimmungen der Landespersonalvertretungsgesetze in Bezug zu jenen des BPersVG gesetzt, um den Kommentar auch einer Nutzung in den Ländern zuzuführen. Alle Entscheidungen der Verwaltungs- und der Arbeitsgerichte sind im Interesse eines leichteren Auffindens mit sämtlichen Fundstellen angegeben worden.

Vorwort

Die für den Bahn- und Postbereich geltenden besonderen Regelungen sind einschließlich der hierzu ergangenen Rechtsprechung und der einschlägigen Literatur einbezogen worden. Gleiches gilt für den Bereich des Soldaten- und des Soldatenbeteiligungsgesetzes. Schließlich ist das Stichwortregister erneut wesentlich erweitert worden.

Auf den bisherigen Anhang wurde weitgehend verzichtet, weil alle einschlägigen Gesetze im Internet (www.gesetze-im-internet.de) abrufbar sind.

Im Mai 2008

Dr. W. Ilbertz
Prof. Dr. U. Widmaler

Soweit in der Kommentierung den zitierten Paragraphen keine weiteren Hinweise folgen, handelt es sich um Bestimmungen des BPersVG.

Inhaltsübersicht

Abkürzungsverzeichnis

aA	anderer Ansicht
aaO	am angegebenen Ort
ABl	Amtsblatt
Abs.	Absatz
abw.	abweichend
aE	am Ende
aF	alte Fassung
AiB	Arbeitsrecht im Betrieb
Akt. Fachber.	Aktuelle Fachberichte aus dem Bundesarbeitsgericht
AMBl.	Amtsblatt
Anm.	Anmerkung
AöR	Archiv des öffentlichen Rechts, Tübingen
ArbG	Arbeitsgericht
ArbGG	Arbeitsgerichtsgesetz
AsbR-Hdb	Arbeitsrechtliches Handbuch
ArbuR	Arbeit und Recht
ArbZG	Arbeitszeitgesetz
AP	Arbeitsrechtliche Praxis
ArbplSchG	Arbeitsplatzschutzgesetz
Art.	Artikel
ASiG	Arbeitssicherheitsgesetz
AuA	Arbeit und Arbeitsrecht
AVV	Allgemeine Verwaltungsvorschriften
AZVO	Arbeitszeitverordnung
BABl.	Bundesarbeitsblatt
BAG	Bundesarbeitsgericht
BAGE	Entscheidungssammlung des Bundesarbeitsgerichts
BAnz	Bundesanzeiger
BAPostG	Gesetz über die Errichtung einer Bundesanstalt für Post und Telekommunikation Deutsche Bundespost
BAT	Bundesangestelltentarifvertrag
BayVBl	Bayerische Verwaltungsblätter
BayVerfGH	Bayerischer Verfassungsgerichtshof
BB	Betriebsberater
BBankG	Gesetz über die Deutsche Bundesbank
BBesG	Bundesbesoldungsgesetz
Bbg	Brandenburg
BbG	Bundesbahngesetz
BBG	Bundesbeamtengesetz
BBiG	Berufsbildungsgesetz
BBZ	Bayerische Beamtenzeitung
BDG	Bundesdisziplinargesetz
BDH	Bundesdisziplinarhof
BDHE	Entscheidungssammlung Bundesdisziplinarhof
BDSG	Bundesdatenschutzgesetz
BeamtVG	Beamtenversorgungsgesetz
Bekanntm.	Bekanntmachung
BeschutzG	Beschäftigtenschutzgesetz
BetrVG	Betriebsverfassungsgesetz
BGB	Bürgerliches Gesetzbuch
BGBl	Bundesgesetzblatt
BGH	Bundesgerichtshof
BGHZ	Entscheidungen des Bundesgerichtshofs in Zivilsachen
BGleiG	Bundesgleichstellungsgesetz
BGremG	Bundesgremienbesetzungsgesetz
BGS	Bundesgrenzschutz
BHO	Bundeshaushaltsordnung
Bln	Berlin

BlStSozArbR	Blätter für Steuerrecht, Sozialversicherung und Arbeitsrecht, Neuwied/Rhein
BLV	Bundeslaufbahnverordnung
BMF	Bundesminister der Finanzen
BMI	Bundesminister des Innern
BMJ	Bundesminister der Justiz
BMV	Bundesminister für Verkehr, Bau- und Wohnungswesen
BND	Bundesnachrichtendienst
BNV	Bundesnebentätigkeitsverordnung
BPersVG	Bundespersonalvertretungsgesetz
BPolG	Bundespolizeigesetz
BR-Drucks.	Bundesratsdrucksache
Bre	Bremen
BRKG	Bundesreisekostengesetz
BSG	Bundessozialgericht
BRRG	Beamtenrechtsrahmengesetz
BT-Drucks.	Bundestagsdrucksache
Buchholz	Sammel- und Nachschlagewerk der Rechtsprechung des Bundesverwaltungsgerichts
Buchst.	Buchstabe
BUKG	Bundesumzugskostengesetz
BVerfG	Bundesverfassungsgericht
BVerfGE	Entscheidungssammlung des Bundesverfassungsgerichts
BVerwG	Bundesverwaltungsgericht
BVerwGE	Entscheidungssammlung des Bundesverwaltungsgerichts
CR	Computer und Recht
DB	Der Betrieb
DBAG	Deutsche Bahn Aktiengesellschaft
DBAG-ZustV	Verordnung über die Zuständigkeit der Deutschen Bahn Aktiengesellschaft für Entscheidungen in Angelegenheiten der zugewiesenen Beamten des Bundeseisenbahnvermögens (DBAG-Zuständigkeitsverordnung)
DBeglG	Dienstrechtliches Begleitgesetz
DBGrG	Gesetz über die Gründung einer Deutschen Bahn Aktiengesellschaft (Deutsche Bahn Gründungsgesetz)
DBZ	Deutsche Beamtenzeitung
ders.	derselbe
DJT	Deutscher Juristentag
DÖD	Der öffentliche Dienst
DÖV	Die öffentliche Verwaltung
Dok. Berichte	Dokumentarische Berichte aus dem Bundesverwaltungsgericht
DO	Dienstordnung
DO-Angestellte	Dienstordnungsmäßige Angestellte
DUD	Datenschutz und Datensicherung
DRiG	Deutsches Richtergesetz
DVBl	Deutsches Verwaltungsblatt
DW	Deutsche Welle
EGMR	Europäischer Gerichtshof für Menschenrechte
EMRK	Europäische Konvention für Menschenrechte
ENeuOG	Eisenbahnneuordnungsgesetz
EStGB	Einführungsgesetz zum Strafgesetzbuch
ESVGH	Entscheidungssammlung des Hessischen und des Baden-Württembergischen Verwaltungsgerichtshofes, Karlsruhe
EuGH	Europäischer Gerichtshof
EuGRZ	Europäische Grundrechte Zeitschrift
EUrlV	Erholungsurlaubsverordnung
EZA	Entscheidungssammlung zum Arbeitsrecht
FVG	Finanzverwaltungsgesetz
geänd.	geändert
GG	Grundgesetz für die Bundesrepublik Deutschland

GKG	Gerichtskostengesetz
GmbH	Gesellschaft mit beschränkter Haftung
GMBl	Gemeinsames Ministerialblatt
GVBl.	Gesetz- und Verordnungsblatt
GVG	Gerichtsverfassungsgesetz
Hbg	Hamburg
Hess	Hessen
HessStGH	Hessischer Staatsgerichtshof
i. d. F.	in der Fassung
i. S.	im Sinne
JA	Juristische Arbeitsblätter
JArbSchG	Jugendarbeitsschutzgesetz
JZ	Juristenzeitung
JuS	Juristische Schulung
KrAZO	Verordnung über die Arbeitszeit in Krankenpflegeanstalten
KSchG	Kündigungsschutzgesetz
LAG	Landesarbeitsgericht
Leits.	Leitsatz
LG	Landgericht
LPZVG	Leistungsprämien- und Zulageverordnung
LStuV	Leistungsstufenverordnung
MDR	Monatsschrift für deutsches Recht
Meckl-Vorp	Mecklenburg-Vorpommern
MTArb	Manteltarifvertrag für Arbeiterinnen und Arbeiter des Bundes und der Länder
MuSchG	Mutterschutzgesetz
MuSchV	Verordnung über den Mutterschutz für Beamtinnen
m. w. N.	mit weiteren Nachweisen
NDBZ	Neue Deutsche Beamtenzeitung
Nds	Niedersachsen
NJW	Neue Juristische Wochenschrift
NJW-RR	Neue Juristische Wochenschrift – Rechtsprechungs-Report
n. rkr.	nicht rechtskräftig
n. v.	nicht veröffentlicht
n. n. v.	bei Redaktionsschluss noch nicht veröffentlicht
NVwZ	Neue Zeitschrift für Verwaltungsrecht
NVwZ-RR	Neue Zeitschrift für Verwaltungsrecht – Rechtsprechungs-Report
NW	Nordrhein-Westfalen
NZA	Neue Zeitschrift für Arbeits- und Sozialrecht
NZWehrr	Neue Zeitschrift für Wehrrecht
OVG	Oberverwaltungsgericht
OVGE	Amtl. Sammlung der Entscheidungen der Oberverwaltungsgerichte für das Land Nordrhein-Westfalen in Münster sowie für die Länder Niedersachsen und Schleswig-Holstein in Lüneburg
PersR	Der Personalrat
PersV	Die Personalvertretung
PersVG	Personalvertretungsgesetz
PostPersRG	Gesetz zum Personalrecht der Beschäftigten der früheren Deutschen Bundespost (Personalrechtsgesetz)
PostStruktG	Gesetz zur Neustrukturierung des Post- und Fernmeldewesens und des Deutschen Bundespost-Poststrukturgesetzes
PostUmwG	Gesetz zur Umwandlung der Unternehmen der Deutschen Bundespost in die Rechtsform der Aktiengesellschaft (Postumwandlungsgesetz)
PostVerfG	Gesetz über die Unternehmensverfassung der Deutschen Bundespost – Postverfassungsgesetz

PTNeuOG	Postneuordnungsgesetz
RdA	Recht der Arbeit
RdErl	Runderlass
RdSchr.	Rundschreiben
RDV	Recht der Datenverarbeitung
RG	Entscheidungen des Reichsgerichts, Bd. , Seite
RGBl	Reichsgesetzblatt
RhP	Rheinland-Pfalz
RiA	Recht im Amt
Rspr.	Rechtsprechung
RVO	Reichsversicherungsordnung
Sa	Sachsen
SA	Sachsen-Anhalt
SAE	Sammlung arbeitsrechtlicher Entscheidungen, Düsseldorf
SBG	Soldatenbeteiligungsgesetz
SchwbG	Schwerbehindertengesetz
SG	Soldatengesetz
SGB	Sozialgesetzbuch
SH	Schleswig-Holstein
StenBer	Stenografische Berichte
StGB	Strafgesetzbuch
StHG	Staatsgerichtshof
StPO	Strafprozessordnung
SUrlV	Sonderurlaubsverordnung
SVG	Soldatenversorgungsgesetz
TDDSG	Teledienstdatenschutzgesetz
Thür	Thüringen
TKG	Telekommunikationsgesetz
TVG	Tarifvertragsgesetz
TV-L	Tarifvertrag für den öffentlichen Dienst der Länder
TVöD	Tarifvertrag für den öffentlichen Dienst
TzBfG	Teilzeit- und Befristungsgesetz
u. a.	unter anderem
VerwArch	Verwaltungsarchiv
VerwRspr	Verwaltungsrechtsprechung in Deutschland
VerfGH	Verfassungsgerichtshof
VG	Verwaltungsgericht
VGH	Verwaltungsgerichtshof
VO	Verordnung
VS	Verschlusssache
VV	Verwaltungsvorschriften
VWGO	Verwaltungsgerichtsordnung
VwVfG	Verwaltungsverfahrensgesetz
WO	Wahlordnung
WRV	Weimarer Reichsverfassung
ZBR	Zeitschrift für Beamtenrecht
ZBVR	Zeitschrift für Betriebsverfassungsrecht
ZDG	Zivildienstgesetz
ZDVG	Zivildienstvertrauensmanngesetz
ZfPR	Zeitschrift für Personalvertretungsrecht
ZPO	Zivilprozessordnung
ZTR	Zeitschrift für Tarifrecht
ZVG	Zivildienstgesetz
ZZP	Zeitschrift für Zivilprozess

Literaturverzeichnis

Altvater/Hamer/ Kröll/Lemcke/Peiseler	Bundespersonalvertretungsgesetz, Kommentar für die Praxis, 6. Aufl. Köln 2008 (zitiert: Altvater u. a.)
Ballerstedt/Schleicher/ Faber	Bayerisches Personalvertretungsgesetz mit Wahlordnung, Loseblattwerk, München 1984 ff. (zitiert: Ballerstedt u. a.)
Bepler/Böhle/Martin/Stöhr	TVöD, Kommentar, Loseblattwerk, Stand 1. 8. 2006, München 2006
Battis/Ilbertz	Personalvertretungsrecht, 2. Aufl., München 1992
Bieler/Müller-Fritzsche	Personalvertretungsgesetz für das Land Niedersachsen, Kommentar, 12. Aufl., Wiesbaden 2005
Bieler/Vogelgesang/ Kleffner/Plassmann	Landespersonalvertretungsgesetz Sachsen-Anhalt, Kommentar mit weiterführenden Vorschriften, Loseblattwerk, Berlin 1993 ff.
Bieler/Vogelgesang/ Kleffner/Schipp	Landespersonalvertretungsgesetz Thüringen, Kommentar mit weiterführenden Vorschriften, Loseblattwerk, Berlin 1993 ff.
Bieler/Vogelgesang/ Schroeder-Printzen	Landespersonalvertretungsgesetz Brandenburg, Kommentar mit weiterführenden Vorschriften, Loseblattwerk, Berlin-Bielefeld-München 1994 ff.
Blanke/Trümmer	Handbuch-Privatisierung, Ein Rechtshandbuch für Personal – wie Betriebsräte und deren Berater, Baden-Baden 1998
Breier/Dassau/Kiefer/ Langenbrinck/Lang	TVöD, Kommentar, Loseblattwerk, München 2006 (zitiert: Breier u. a.)
Buchholz	Entscheidungssammlung
Cecior/Vallendar/ Lechtermann/Klein	Das Personalvertretungsrecht in Nordrhein-Westfalen, Kommentar, Loseblattwerk, München 1994 ff. (zitiert Cecior u. a.)
Clemens/Scheuring/ Steingen/Wiese	Kommentar zum Tarifvertrag öffentlicher Dienst (TVöD), Loseblattwerk, Stuttgart 2005 ff. (zitiert: Clemens u. a.)
Cramer	Schwerbehindertengesetz SGB IX, 26. Aufl., München 2006
Däubler/Kittner/Klebe	Betriebsverfassungsgesetz, Kommentar für die Praxis, 10. Aufl., Köln 2006
Dembowski/Ladwig/ Sellmann	Das Personalvertretungsgesetz in Niedersachsen, Kommentar mit Textsammlung, Loseblattwerk, Berlin 1998 ff.
Dietz/Richardi	Bundespersonalvertretungsgesetz, 1. und 2. Band, 2. Aufl., München 1978
Edenfeld	Recht der Arbeitnehmermitbestimmung, Heidelberg 2003
Engelhard/Ballerstedt	Personalvertretungsgesetz für das Land Niedersachsen und Wahlordnung, Kommentar, 3. Aufl., Neuwied und Berlin 1973
Engelhard/Ballerstedt/ Schleicher	Wahlordnung zum Bayerischen Personalvertretungsgesetz, 3. Aufl., München und Berlin 1974
Etzel	Betriebsverfassungsrecht: Eine systematische Darstellung, 8. Aufl., Neuwied 2002
Eyermann	Verwaltungsgerichtsordnung, Kommentar, 12. Aufl., München 2006
Fischer/Goeres/Gronimus	Personalvertretungsrecht des Bundes und der Länder, Kommentar (Gesamtkommentar Öffentliches Dienstrecht, Band V), Loseblattwerk, Berlin 1974 ff.: (zitiert: Fischer u. a.)
Fischer/Hitz/Loskowski/ Walter	Bundesgrenzschutz, Kommentar, 2. Aufl., Stuttgart 1996
Fitting/Engels/Schmidt/ Trebinger/Linsenmaier	Betriebsverfassungsgesetz mit Wahlordnung, Handkommentar, 24. Aufl., München 2008 (zitiert: Fitting u. a.)
Fricke/Ohnesorg/Otte/ Sommer H./Sommer J.	Nds. PersVG – Niedersächsisches Personalvertretungsgesetz, Kommentar mit Wahlordnung, 2. Aufl., Köln 2006 (zitiert Fricke u. a.)
Fürst/Arndt/Bachmann	Beamtenrecht des Bundes und der Länder, Richtberrecht und Wehrrecht, Loseblattwerk, Berlin 1973 ff., Stand 2007. (zitiert: Fürst u. a.)
Fuhrmann Neumann/ Thorenz/Witt	Personalvertretungsrecht Schleswig-Holstein, Kommentar, 5. Aufl., Köln 2001
Grunsky	Arbeitsgerichtsgesetz, 7. Aufl., München 1995
Hamer	Personalvertretungsgesetz Brandenburg, 3. Aufl., Köln 2008
Havers	Personalvertretungsgesetz für das Land Nordrhein-Westfalen, Kommentar, 9. Aufl., Siegburg 1995
Helmes/Jacobi/Küssner	Personalvertretungsgesetz Rheinland-Pfalz, Kommentar, 9. Aufl., Mainz 2002
Ilbertz	Personalvertretungsgesetz Berlin, Kommentar, Berlin 1984

Ilbertz	Personalvertretungsrecht des Bundes und der Länder – mit Wahlordnung –, Praktisches Handbuch mit Erläuterungen, Rechtsprechungsübersicht, Begriffsbestimmungen und Mustern, 14. Aufl., Berlin 2007
Krüger/Kleffner/Bieler/Vogelgesang	Landespersonalvertretungsgesetz für den Freistaat Sachsen, Kommentar, Loseblattwerk, Berlin 1994 ff.
Kübel	Personalrat und Personalmaßnahmen (Zur Beteiligung des Personalrats bei der Einstellung und Entlassung von Mitarbeitern), Gießen 1986
Leuze/Wörz/Bieler	Das Personalvertretungsrecht in Baden-Württemberg, Loseblattausgabe, Kommentar, Bielefeld 1989 ff.
Lorenzen/Etzel/Gerhold/Schlatmann/Rehak/Faber	Bundespersonalvertretungsgesetz (BPersVG) Kommentar, Loseblattausgabe, Heidelberg 1975 ff., Stand 2008 (zitiert: Lorenzen u. a.)
Maunz/Dürig/Herzog/Scholz	Grundgesetz, Kommentar, München 1977 ff.
Mehlinger	Grundlagen des Personalvertretungsrechts, München 1996
Meist	Personalvertretungsgesetz für das Land Mecklenburg-Vorpommern, Kommentar, Loseblatt, 1998 ff.
Molitor	Bundespersonalvertretungsgesetz, Kommentar, 2. Aufl., Berlin 1958
Orth/Welkoborsky	Landespersonalvertretungsgesetz Nordrhein-Westfalen, Kommentar für die Praxis mit Wahlordnung, 6. Aufl., Köln 2003
Ossenbühl	Grenzen der Mitbestimmung im Öffentlichen Dienst, Baden-Baden 1986
Palandt	Bürgerliches Gesetzbuch, Kommentar, 66. Aufl., München 2007
Plog/Wiedow/Lemhöfer/Bayer	Bundesbeamtengesetz mit Beamtenversorgungsgesetz, Kommentar, Loseblattwerk, Neuwied 1958 ff.
Richardi/Dörner/Weber	Personalvertretungsrecht, Bundespersonalvertretungsgesetz und Personalvertretungsgesetze der Länder, 3. Aufl., München 2008 (zitiert: Richardi u. a.)
Redeker/von Oertzen	Verwaltungsgerichtsordnung, Kommentar, 14. Aufl., Stuttgart 2005
Reich	Personalvertretungsgesetz Sachsen-Anhalt, Kommentar, 2. Aufl., Bad Honnef 2001
Richardi	Betriebsverfassungsgesetz mit Wahlordnung, Kommentar, 10. Aufl., München 2006
Richardi/Dörner/Weber	Personalvertretungsrecht, Bundespersonalvertretungsgesetz und Personalvertretungsgesetze der Länder, 3. Aufl., München 2008 (zitiert: Richardi u. a.)
Rob	Mitbestimmung im Staatsdienst im Lichte der Strukturprinzipien des demokratischen, sozialen Rechtsstaates, Dissertation, 1998
von Roetteken/Rothländer	HBR – Hessisches Bedienstetenrecht Teil I: Personalvertretungsrecht, Loseblattwerk, 7. Aufl., Heidelberg 1994 ff.
Rooschüz/Amend/Killinger	Landespersonalvertretungsgesetz für Baden-Württemberg mit den wichtigsten Nebenbestimmungen, 11. Aufl., Stuttgart 2006
Ruppert/Lautenbach	Personalvertretungsrecht Rheinland-Pfalz, Kommentar mit Wahlordnung, Loseblatt, Regensburg 1999 ff.
Schelter/Seiler	Bayerisches Personalvertretungsgesetz mit Wahlordnung, Kommentar, 3. Aufl., München 2000
Schreiner	Leitfaden zum Personalvertretungsrecht – BPersVG –, Stuttgart 1997
Schütz/Maiwald	Beamtenrecht des Bundes und der Länder, Kommentar, Loseblattwerk, Heidelberg 1973 ff., Stand 2006
Schwegmann/Summer	Bundesbesoldungsgesetz, Kommentar, Loseblattwerk, München 1975 ff.
Simitis	Kommentar zum Bundesdatenschutzgesetz, 6. Aufl., Baden-Baden 2006.
Stahlhacke/Preis/Vossen	Kündigung und Kündigungsschutz im Arbeitsverhältnis, 9. Aufl., München 2005
Vogelgesang/Bieler/Kleffner/Rehak	Landespersonalvertretungsgesetz Mecklenburg-Vorpommern, Kommentar, Loseblattwerk, Berlin 1993 ff.
Vogelgesang/Bieler/Kleffner/Rehak	Landespersonalvertretungsgesetz für den Freistaat Sachsen, Loseblattwerk, Berlin 1993 ff.
Welkoborsky	Landespersonalvertretungsgesetz Nordrhein-Westfalen, Basiskommentar 3. Aufl., Köln 2004
Widmaier/Leuze/Lindenberg-Wendler	Das Personalvertretungsrecht in Baden-Württemberg, Kommentar, Loseblattwerk, 1989 ff., fortgeführt ab April 1994 – 11. Ergänzungslieferung (2000) als: Widmaier/Leuze/Wörz

Bundespersonalvertretungsgesetz

vom 15. 3. 1974 (BGBl. I S. 693), zuletzt geändert durch Art. 3 Abs. 4 des Gesetzes vom 14. 8. 2006 (BGBl. I S. 1897)

Übersicht

Erster Teil **Personalvertretungen im Bundesdienst**

Erstes Kapitel **Allgemeine Vorschriften**

§ 1 Geltungsbereich des Gesetzes

In den Verwaltungen des Bundes und der bundesunmittelbaren Körperschaften, Anstalten und Stiftungen des öffentlichen Rechts sowie in den Gerichten des Bundes werden Personalvertretungen gebildet. Zu den Verwaltungen im Sinne dieses Gesetzes gehören auch die Betriebsverwaltungen.

§ 2 Gewerkschaften, Personalvertretung und Dienststelle

(1) Dienststelle und Personalvertretung arbeiten unter Beachtung der Gesetze und Tarifverträge vertrauensvoll und im Zusammenwirken mit den in der Dienststelle vertretenen Gewerkschaften und Arbeitgebervereinigungen zum Wohle der Beschäftigten und zur Erfüllung der der Dienststelle obliegenden Aufgaben zusammen.

(2) Zur Wahrnehmung der in diesem Gesetz genannten Aufgaben und Befugnisse der in der Dienststelle vertretenen Gewerkschaften ist deren Beauftragten nach Unterrichtung des Dienststellenleiters oder seines Vertreters Zugang zu der Dienststelle zu gewähren, soweit dem nicht unumgängliche Notwendigkeiten des Dienstablaufs, zwingende Sicherheitsvorschriften oder der Schutz von Dienstgeheimnissen entgegenstehen.

(3) Die Aufgaben der Gewerkschaften und der Vereinigungen der Arbeitgeber, insbesondere die Wahrnehmung der Interessen ihrer Mitglieder, werden durch dieses Gesetz nicht berührt.

§ 3 Zwingende Natur der gesetzlichen Vorschriften

Durch Tarifvertrag kann das Personalvertretungsrecht nicht abweichend von diesem Gesetz geregelt werden.

§ 4 Beschäftigte

(1) Beschäftigte im öffentlichen Dienst im Sinne dieses Gesetzes sind die Beamten und Arbeitnehmer einschließlich der zu ihrer Berufsausbildung Beschäftigten sowie Richter, die an eine der in § 1 genannten Verwaltungen oder zur Wahrnehmung einer nichtrichterlichen Tätigkeit an ein Gericht des Bundes abgeordnet sind.

(2) Wer Beamter ist, bestimmen die Beamtengesetze.

(3) Arbeitnehmer im Sinne dieses Gesetzes sind Beschäftigte, die nach dem für die Dienststelle maßgebenden Tarifvertrag oder nach der Dienstordnung Arbeitnehmer sind oder die als übertarifliche Arbeitnehmer beschäftigt werden. Als Arbeitnehmer gelten auch Beschäftigte, die sich in einer beruflichen Ausbildung befinden.

(4) (weggefallen)

(5) Als Beschäftigte im Sinne dieses Gesetzes gelten nicht

1. Personen, deren Beschäftigung überwiegend durch Beweggründe karitativer oder religiöser Art bestimmt ist,
2. Personen, die überwiegend zu ihrer Heilung, Wiedereingewöhnung, sittlichen Besserung oder Erziehung beschäftigt werden.

§ 5 Gruppenbildung

Die Beamten und Arbeitenehmer bilden je eine Gruppe. Die in § 4 Abs. 1 bezeichneten Richter treten zur Gruppe der Beamten.

§ 6 Dienststellen

Dienststellen im Sinne dieses Gesetzes sind die einzelnen Behörden, Verwaltungsstellen und Betriebe der in § 1 genannten Verwaltungen sowie die Gerichte.

(2) Die einer Behörde der Mittelstufe unmittelbar nachgeordnete Behörde bildet mit den ihr nachgeordneten Stellen eine Dienststelle; dies gilt nicht, soweit auch die weiter nachgeordneten Stellen im Verwaltungsaufbau nach Aufgabenbereich und Organisation selbstständig sind. Behörden der Mittelstufe im Sinne dieses Gesetzes sind die der obersten Dienstbehörde unmittelbar nachgeordneten Behörden, denen andere Dienststellen nachgeordnet sind.

(3) Nebenstellen und Teile einer Dienststelle, die räumlich weit von dieser entfernt liegen, gelten als selbstständige Dienststellen, wenn die Mehrheit ihrer wahlberechtigten Beschäftigten dies in geheimer Abstimmung beschließt. Der Beschluss ist für die folgende Wahl und die Amtszeit der aus ihr hervorgehenden Personalvertretung wirksam.

(4) Bei gemeinsamen Dienststellen des Bundes und anderer Körperschaften gelten nur die im Bundesdienst Beschäftigten als zur Dienststelle gehörig.

§ 7 Vertretung der Dienststelle

Für die Dienststelle handelt ihr Leiter. Er kann sich bei Verhinderung durch seinen ständigen Vertreter vertreten lassen. Bei obersten Dienstbehörden kann er auch den Leiter der Abteilung für Personal- und Verwaltungsangelegenheiten, bei Bundesoberbehörden ohne nachgeordnete Dienststellen und bei Behörden der Mittelstufe auch den jeweils entsprechenden Abteilungsleiter zu seinem Vertreter bestimmen.

Das Gleiche gilt für sonstige Beauftragte, sofern der Personalrat sich mit dieser Beauftragung einverstanden erklärt.

§ 8 Benachteiligungs-/Begünstigungsverbot

Personen, die Aufgaben oder Befugnisse nach diesem Gesetz wahrnehmen, dürfen darin nicht behindert und wegen ihrer Tätigkeit nicht benachteiligt oder begünstigt werden; dies gilt auch für ihre berufliche Entwicklung.

§ 9 Schutz der Auszubildenden

(1) Beabsichtigt der Arbeitgeber, einen in einem Berufsausbildungsverhältnis nach dem Berufsbildungsgesetz, dem Krankenpflegegesetz oder dem Hebammengesetz stehenden Beschäftigten (Auszubildenden), der Mitglied einer Personalvertretung oder einer Jugend- und Auszubildendenvertretung ist, nach erfolgreicher Beendigung des Berufsausbildungsverhältnisses nicht in ein Arbeitsverhältnis auf unbestimmte Zeit zu übernehmen, so hat er dies drei Monate vor Beendigung des Berufsausbildungsverhältnisses dem Auszubildenden schriftlich mitzuteilen.

(2) Verlangt ein in Absatz 1 genannter Auszubildender innerhalb der letzten drei Monate vor Beendigung des Berufsausbildungsverhältnisses schriftlich vom Arbeitgeber seine Weiterbeschäftigung, so gilt zwischen dem Auszubildenden und dem Arbeitgeber im Anschluss an das erfolgreiche Berufsausbildungsverhältnis ein Arbeitsverhältnis auf unbestimmte Zeit als begründet.

(3) Die Absätze 1 und 2 gelten auch, wenn das Berufsausbildungsverhältnis vor Ablauf eines Jahres nach Beendigung der Amtszeit der Personalvertretung oder der Jugend- und Auszubildendenvertretung erfolgreich endet.

(4) Der Arbeitgeber kann spätestens bis zum Ablauf von zwei Wochen nach Beendigung des Berufsausbildungsverhältnisses beim Verwaltungsgericht beantragen,

1. festzustellen, dass ein Arbeitsverhältnis nach den Absätzen 2 oder 3 nicht begründet wird, oder
2. das bereits nach den Absätzen 2 oder 3 begründete Arbeitsverhältnis aufzulösen, wenn Tatsachen vorliegen, auf Grund derer dem Arbeitgeber unter Berücksichtigung aller Umstände die Weiterbeschäftigung nicht zugemutet werden kann. In dem Verfahren vor dem Verwaltungsgericht ist die Personalvertretung, bei einem Mitglied der Jugend- und Auszubildendenvertretung auch diese beteiligt.

(5) Die Absätze 2 bis 4 sind unabhängig davon anzuwenden, ob der Arbeitgeber seiner Mitteilungspflicht nach Absatz 1 nachgekommen ist.

§ 10 Schweigepflicht

(1) Personen, die Aufgaben oder Befugnisse nach diesem Gesetz wahrnehmen oder wahrgenommen haben, haben über die ihnen dabei bekannt gewordenen Angelegenheiten und Tatsachen Stillschweigen zu bewahren. Abgesehen von den Fällen des § 68 Abs. 2 Satz 3 und des § 93 gilt die Schweigepflicht nicht für Mitglieder der Personalvertretung und der Jugend- und Auszubildendenvertretung gegenüber den übrigen Mitgliedern der Vertretung und für die in Satz 1 bezeichneten Personen gegenüber der zuständigen Personalvertretung; sie entfällt ferner gegenüber der vorgesetzten Dienststelle, der bei ihr gebildeten Stufenvertretung und gegenüber dem Gesamtpersonalrat. Satz 2 gilt auch für die Anrufung der Einigungsstelle.

(2) Die Schweigepflicht besteht nicht für Angelegenheiten oder Tatsachen, die offenkundig sind oder ihrer Bedeutung nach keiner Geheimhaltung bedürfen.

§ 11 Unfälle von Beamten

Erleidet ein Beamter anlässlich der Wahrnehmung von Rechten oder Erfüllung von Pflichten nach diesem Gesetz einen Unfall, der im Sinne der beamtenrechtlichen Unfallfürsorgevorschriften ein Dienstunfall wäre, so sind diese Vorschriften entsprechend anzuwenden.

Zweites Kapitel **Personalrat, Stufenvertretung, Gesamtpersonalrat, Personalversammlung**

Erster Abschnitt **Wahl und Zusammensetzung des Personalrates**

§ 12 Personalratspflicht

(1) In allen Dienststellen, die in der Regel mindestens fünf Wahlberechtigte beschäftigen, von denen drei wählbar sind, werden Personalräte gebildet.

(2) Dienststellen, bei denen die Voraussetzungen des Absatzes 1 nicht gegeben sind, werden von der übergeordneten Dienststelle im Einvernehmen mit der Stufenvertretung einer benachbarten Dienststelle zugeteilt.

§ 13 Wahlberechtigung

(1) Wahlberechtigt sind alle Beschäftigten, die am Wahltage das 18. Lebensjahr vollendet haben, es sei denn, dass sie infolge Richterspruchs das Recht, in öffentlichen Angelegenheiten zu wählen oder zu stimmen, nicht besitzen. Beschäftigte, die am Wahltage seit mehr als sechs Monaten unter Wegfall der Bezüge beurlaubt sind, sind nicht wahlberechtigt.

(2) Wer zu einer Dienststelle abgeordnet ist, wird in ihr wahlberechtigt, sobald die Abordnung länger als drei Monate gedauert hat; im gleichen Zeitpunkt verliert er das Wahlrecht bei der alten Dienststelle. Das gilt nicht für Beschäftigte, die als Mitglieder einer Stufenvertretung oder des Gesamtpersonalrats freigestellt sind. Satz 1 gilt ferner nicht, wenn feststeht, dass der Beschäftigte binnen weiterer sechs Monate in die alte Dienststelle zurückkehren wird. Hinsichtlich des Verlustes des Wahlrechts bei der alten Dienststelle gelten die Sätze 1 und 3 entsprechend in Fällen einer Zuweisung nach § 123 a des Beamtenrechtsrahmengesetzes oder auf Grund entsprechender arbeitsvertraglicher Vereinbarung.

(3) Beamte im Vorbereitungsdienst und Beschäftigte in entsprechender Berufsausbildung sind nur bei ihrer Stammbehörde wahlberechtigt.

§ 14 Wählbarkeit

(1) Wählbar sind alle Wahlberechtigten, die am Wahltage

1. seit sechs Monaten dem Geschäftsbereich ihrer obersten Dienstbehörde angehören und
2. seit einem Jahr in öffentlichen Verwaltungen oder von diesen geführten Betrieben beschäftigt sind.

Nicht wählbar ist, wer infolge Richterspruchs die Fähigkeit, Rechte aus öffentlichen Wahlen zu erlangen, nicht besitzt.

(2) Die in § 13 Abs. 3 genannten Personen sind nicht in eine Stufenvetretung wählbar.

(3) Nicht wählbar sind für die Personalvertretung ihrer Dienststelle die in § 7 genannten Personen sowie Beschäftigte, die zu selbstständigen Entscheidungen in Personalangelegenheiten der Dienststelle befugt sind.

§ 15 Wählbarkeit in besonderen Fällen

(1) Besteht die oberste Dienstbehörde oder die Dienststelle weniger als ein Jahr, so bedarf es für die Wählbarkeit nicht der Voraussetzung des § 14 Abs. 1 Nr. 1.

(2) Die Voraussetzung des § 14 Abs. 1 Nr. 2 entfällt, wenn nicht mindestens fünfmal so viel wählbare Beschäftigte jeder Gruppe vorhanden wären, als nach den §§ 16 und 17 zu wählen sind.

§ 16 Größe der Personalvertretung

(1) Der Personalrat besteht in Dienststellen mit in der Regel

5 bis 20 wahlberechtigten Beschäftigten	aus einer Person,
21 Wahlberechtigten bis 50 Beschäftigten	aus drei Mitgliedern,
51 bis 150 Beschäftigten	aus fünf Mitgliedern,
151 bis 300 Beschäftigten	aus sieben Mitgliedern,
301 bis 600 Beschäftigten	aus neun Mitgliedern,
601 bis 1 000 Beschäftigten	aus elf Mitgliedern.

Die Zahl der Mitglieder erhöht sich in Dienststellen mit 1 001 bis 5 000 Beschäftigten um je zwei für je weitere angefangene 1 000, mit 5 001 und mehr Beschäftigten um je zwei für je weitere angefangene 2 000.

(2) Die Höchstzahl der Mitglieder beträgt einunddreißig.

§ 17 Vertretung der Gruppen

(1) Sind in der Dienststelle Angehörige verschiedener Gruppen beschäftigt, so muss jede Gruppe entsprechend ihrer Stärke im Personalrat vertreten sein, wenn dieser aus mindestens drei Mitgliedern besteht. Bei gleicher Stärke der Gruppen entscheidet das Los. Macht eine Gruppe von ihrem Recht, im Personalrat vertreten zu sein, keinen Gebrauch, so verliert sie ihren Anspruch auf Vertretung.

(2) Der Wahlvorstand errechnet die Verteilung der Sitze auf die Gruppen nach den Grundsätzen der Verhältniswahl.

(3) Eine Gruppe erhält mindestens

bei weniger als 51 Gruppenangehörigen	einen Vertreter,
bei 51 bis 200 Gruppenangehörigen	zwei Vertreter,
bei 201 bis 600 Gruppenangehörigen	drei Vertreter,
bei 601 bis 1 000 Gruppenangehörigen	vier Vertreter,
bei 1001 bis 3 000 Gruppenangehörigen	fünf Vertreter,
bei 3 001 und mehr Gruppenangehörigen	sechs Vertreter.

(4) Ein Personalrat, für den in § 16 Abs. 1 drei Mitglieder vorgesehen sind, besteht aus vier Mitgliedern, wenn eine Gruppe mindestens ebenso viele Beschäftigte zählt wie die beiden anderen Gruppen zusammen. Das vierte Mitglied steht der stärksten Gruppe zu.

(5) Eine Gruppe, der in der Regel nicht mehr als fünf Beschäftigte angehören, erhält nur dann eine Vertretung, wenn sie mindestens ein Zwanzigstel der Beschäftigten der Dienststelle umfasst. Erhält sie keine Vertretung und findet Gruppenwahl statt,

so kann sich jeder Angehörige dieser Gruppe durch Erklärung gegenüber dem Wahlvorstand einer anderen Gruppe anschließen.

(6) Der Personalrat soll sich aus Vertretern der verschiedenen Beschäftigungsarten zusammensetzen.

(7) Die Geschlechter sollen im Personalrat entsprechend dem Zahlenverhältnis vertreten sein.

§ 18 Abweichende Verteilung der Personalratssitze

(1) Die Verteilung der Mitglieder des Personalrats auf die Gruppen kann abweichend von § 17 geordnet werden, wenn jede Gruppe dies vor der Neuwahl in getrennter geheimer Abstimmung beschließt.

(2) Für jede Gruppe können auch Angehörige anderer Gruppen vorgeschlagen werden. Die Gewählten gelten als Vertreter derjenigen Gruppe, für die sie vorgeschlagen worden sind. Satz 2 gilt auch für Ersatzmitglieder.

§ 19 Wahlverfahren

(1) Der Personalrat wird in geheimer und unmittelbarer Wahl gewählt.

(2) Besteht der Personalrat aus mehr als einer Person, so wählen die Beamten, und Arbeitnehmer ihre Vertreter (§ 17) je in getrennten Wahlgängen, es sei denn, dass die wahlberechtigten Angehörigen jeder Gruppe vor der Neuwahl in getrennten geheimen Abstimmungen die gemeinsame Wahl beschließen. Der Beschluss bedarf der Mehrheit der Stimmen aller Wahlberechtigten jeder Gruppe.

(3) Die Wahl wird nach den Grundsätzen der Verhältniswahl durchgeführt. Wird nur ein Wahlvorschlag eingereicht, so findet Personenwahl statt. In Dienststellen, deren Personalrat aus einer Person besteht, wird dieser mit einfacher Stimmenmehrheit gewählt. Das Gleiche gilt für Gruppen, denen nur ein Vertreter im Personalrat zusteht.

(4) Zur Wahl des Personalrats können die wahlberechtigten Beschäftigten und die in der Dienststelle vertretenen Gewerkschaften Wahlvorschläge machen. Jeder Wahlvorschlag der Beschäftigten muss von mindestens einem Zwanzigstel der wahlberechtigten Gruppenangehörigen, jedoch mindestens von drei Wahlberechtigten unterzeichnet sein. In jedem Fall genügt die Unterzeichnung durch 50 wahlberechtigte Gruppenangehörige. Die nach § 14 Abs. 3 nicht wählbaren Beschäftigten dürfen keine Wahlvorschläge machen oder unterzeichnen.

(5) Ist gemeinsame Wahl beschlossen worden, so muss jeder Wahlvorschlag der Beschäftigten von mindestens einem Zwanzigstel der wahlberechtigten Beschäftigten unterzeichnet sein; Absatz 4 Satz 2 bis 4 gilt entsprechend.

(6) Werden bei gemeinsamer Wahl für eine Gruppe gruppenfremde Bewerber vorgeschlagen, muss der Wahlvorschlag von mindestens einem Zehntel der wahlberechtigten Angehörigen der Gruppe unterzeichnet sein, für die sie vorgeschlagen sind. Absatz 4 Satz 3, 4 gilt entsprechend.

(7) Jeder Beschäftigte kann nur auf einem Wahlvorschlag benannt werden.

(8) Besteht in einer Dienststelle kein Personalrat, so können die in der Dienststelle vertretenen Gewerkschaften zur Wahl des Personalrats Wahlvorschläge machen. Auf diese Wahlvorschläge sind die Absätze 4 bis 6 nicht anzuwenden.

(9) Jeder Wahlvorschlag einer Gewerkschaft muss von zwei Beauftragten unterzeichnet sein; die Beauftragten müssen Beschäftigte der Dienststelle sein und einer in der Dienststelle vertretenen Gewerkschaft angehören. Bei Zweifeln an der Beauftragung kann der Wahlvorstand verlangen, dass die Gewerkschaft die Beauftragung bestätigt.

§ 20 Bestellung des Wahlvorstandes

(1) Spätestens acht Wochen vor Ablauf der Amtszeit bestellt der Personalrat drei Wahlberechtigte als Wahlvorstand und einen von ihnen als Vorsitzenden. Sind in der Dienststelle Angehörige verschiedener Gruppen beschäftigt, so muss jede Gruppe im Wahlvorstand vertreten sein. Hat die Dienststelle weibliche und männliche Beschäftigte, sollen dem Wahlvorstand Frauen und Männer angehören. Je ein Beauftragter der in der Dienststelle vertretenen Gewerkschaften ist berechtigt, an den Sitzungen des Wahlvorstands mit beratender Stimme teilzunehmen.

(2) Besteht sechs Wochen vor Ablauf der Amtszeit des Personalrats kein Wahlvorstand, so beruft der Leiter der Dienststelle auf Antrag von mindestens drei Wahlberechtigten oder einer in der Dienststelle vertretenen Gewerkschaft eine Personalversammlung zur Wahl des Wahlvorstands ein. Absatz 1 gilt entsprechend. Die Personalversammlung wählt sich einen Versammlungsleiter.

§ 21 Wahl des Wahlvorstands bei Dienststellen ohne Personalrat

Besteht in einer Dienststelle, die die Voraussetzungen des § 12 erfüllt, kein Personalrat, so beruft der Leiter der Dienststelle eine Personalversammlung zur Wahl des Wahlvorstands ein. § 20 Abs. 2 Satz 3 gilt entsprechend.

§ 22 Ersatzbestellung des Wahlvorstandes

Findet eine Personalversammlung (§ 20 Abs. 2, § 21) nicht statt oder wählt die Personalversammlung keinen Wahlvorstand, so bestellt ihn der Leiter der Dienststelle auf Antrag von mindestens drei Wahlberechtigten oder einer in der Dienststelle vertretenen Gewerkschaft.

§ 23 Aufgaben des Wahlvorstandes

(1) Der Wahlvorstand hat die Wahl unverzüglich einzuleiten; sie soll spätestens nach sechs Wochen stattfinden. Kommt der Wahlvorstand dieser Verpflichtung nicht nach, so beruft der Leiter der Dienststelle auf Antrag von mindestens drei Wahlberechtigten oder einer in der Dienststelle vertretenen Gewerkschaft eine Personalversammlung zur Wahl eines neuen Wahlvorstands ein. § 20 Abs. 2 Satz 3 und § 22 gelten entsprechend.

(2) Unverzüglich nach Abschluss der Wahl nimmt der Wahlvorstand öffentlich die Auszählung der Stimmen vor, stellt deren Ergebnis in einer Niederschrift fest und gibt es den Angehörigen der Dienststelle durch Aushang bekannt. Dem Dienststellenleiter und den in der Dienststelle vertretenen Gewerkschaften ist eine Abschrift der Niederschrift zu übersenden.

§ 24 Verbot der Wahlbehinderung; Kosten der Wahl; Arbeitszeitversäumnis

(1) Niemand darf die Wahl des Personalrats behindern oder in einer gegen die guten Sitten verstoßenden Weise beeinflussen. Insbesondere darf kein Wahlberechtigter in der Ausübung des aktiven und passiven Wahlrechts beschränkt werden. § 47 Abs. 1, 2 Satz 1 und 2 gilt für Mitglieder des Wahlvorstands und Wahlbewerber entsprechend.

(2) Die Kosten der Wahl trägt die Dienststelle. Notwendige Versäumnis von Arbeitszeit infolge der Ausübung des Wahlrechts, der Teilnahme an den in den §§ 20 bis 23 genannten Personalversammlungen oder der Betätigung im Wahlvorstand hat keine Minderung der Dienstbezüge oder des Arbeitsentgeltes zur Folge. Für die Mitglieder des Wahlvorstands gelten § 44 Abs. 1 Satz 2 und § 46 Abs. 2 Satz 2 entsprechend.

§ 25 Wahlanfechtung

Mindestens drei Wahlberechtigte, jede in der Dienststelle vertretene Gewerkschaft oder der Leiter der Dienststelle können binnen einer Frist von zwölf Arbeitstagen, vom Tage der Bekanntgabe des Wahlergebnisses an gerechnet, die Wahl beim Verwaltungsgericht anfechten, wenn gegen wesentliche Vorschriften über das Wahlrecht, die Wählbarkeit oder das Wahlverfahren verstoßen worden und eine Berichtigung nicht erfolgt ist, es sei denn, dass durch den Verstoß das Wahlergebnis nicht geändert oder beeinflusst werden konnte.

Zweiter Abschnitt **Amtszeit des Personalrats**

§ 26 Beginn und Dauer der Amtszeit

Die regelmäßige Amtszeit des Personalrats beträgt vier Jahre. Die Amtszeit beginnt mit dem Tage der Wahl oder, wenn zu diesem Zeitpunkt noch ein Personalrat besteht, mit dem Ablauf seiner Amtszeit. Sie endet spätestens am 31. Mai des Jahres, in dem nach § 27 Abs. 1 die regelmäßigen Personalratswahlen stattfinden.

§ 27 Neuwahlen vor dem Ende der Amtszeit

(1) Die regelmäßigen Personalratswahlen finden alle vier Jahre in der Zeit vom 1. März bis 31. Mai statt.

(2) Außerhalb dieser Zeit ist der Personalrat zu wählen, wenn

1. mit Ablauf von vierundzwanzig Monaten, vom Tage der Wahl gerechnet, die Zahl der regelmäßig Beschäftigten um die Hälfte, mindestens aber um 50 gestiegen oder gesunken ist oder
2. die Gesamtzahl der Mitglieder des Personalrats auch nach Eintreten sämtlicher Ersatzmitglieder um mehr als ein Viertel der vorgeschriebenen Zahl gesunken ist oder
3. der Personalrat mit der Mehrheit seiner Mitglieder seinen Rücktritt beschlossen hat oder
4. der Personalrat durch gerichtliche Entscheidung aufgelöst ist oder
5. In der Dienststelle kein Personalrat besteht.

(3) In den Fällen des Absatzes 2 Nr. 1 bis 3 führt der Personalrat die Geschäfte weiter, bis der neue Personalrat gewählt ist.

(4) Ist eine in der Dienststelle vorhandene Gruppe, die bisher im Personalrat vertreten war, durch kein Mitglied des Personalrats mehr vertreten, so wählt diese Gruppe neue Mitglieder.

(5) Hat außerhalb des für die regelmäßigen Personalratswahlen festgelegten Zeitraumes eine Personalratswahl stattgefunden, so ist der Personalrat in dem auf die Wahl folgenden nächsten Zeitraum der regelmäßigen Personalratswahlen neu zu wählen. Hat die Amtszeit des Personalrats zu Beginn des für die regelmäßigen Personalratswahlen festgelegten Zeitraumes noch nicht ein Jahr betragen, so ist der Personalrat in dem übernächsten Zeitraum der regelmäßigen Personalratswahlen neu zu wählen.

§ 28 Ausschluss aus dem Personalrat, Auflösung

(1) Auf Antrag eines Viertels der Wahlberechtigten oder einer in der Dienststelle vertretenen Gewerkschaft kann das Verwaltungsgericht den Ausschluss eines Mitglieds aus dem Personalrat oder die Auflösung des Personalrats wegen grober

Vernachlässigung seiner gesetzlichen Befugnisse oder wegen grober Verletzung seiner gesetzlichen Pflichten beschließen. Der Personalrat kann aus den gleichen Gründen den Ausschluss eines Mitglieds beantragen. Der Leiter der Dienststelle kann den Ausschluss eines Mitglieds aus dem Personalrat oder die Auflösung des Personalrats wegen grober Verletzung seiner gesetzlichen Pflichten beantragen.

(2) Ist der Personalrat aufgelöst, so setzt der Vorsitzende der Fachkammer des Verwaltungsgerichts einen Wahlvorstand ein. Dieser hat unverzüglich eine Neuwahl einzuleiten. Bis zur Neuwahl nimmt der Wahlvorstand die dem Personalrat nach diesem Gesetz zustehenden Befugnisse und Pflichten wahr.

§ 29 Erlöschen der Mitgliedschaft

(1) Die Mitgliedschaft im Personalrat erlischt durch

1. Ablauf der Amtszeit,
2. Niederlegung des Amtes,
3. Beendigung des Dienstverhältnisses,
4. Ausscheiden aus der Dienststelle,
5. Verlust der Wählbarkeit mit Ausnahme der Fälle des § 14 Abs. 12 Satz 1,
6. gerichtliche Entscheidung nach § 28,
7. Feststellung nach Ablauf der in § 25 bezeichneten Frist, dass der Gewählte nicht wählbar war.

(2) Die Mitgliedschaft im Personalrat wird durch einen Wechsel der Gruppenzugehörigkeit eines Mitglieds nicht berührt; dieses bleibt Vertreter der Gruppe, die es gewählt hat.

§ 30 Ruhen der Mitgliedschaft

Die Mitgliedschaft eines Beamten im Personalrat ruht, solange ihm die Führung der Dienstgeschäfte verboten oder er wegen eines gegen ihn schwebenden Disziplinarverfahrens vorläufig des Dienstes enthoben ist.

§ 31 Ersatzmitglieder

(1) Scheidet ein Mitglied aus dem Personalrat aus, so tritt ein Ersatzmitglied ein. Das Gleiche gilt, wenn ein Mitglied des Personalrats zeitweilig verhindert ist.

(2) Die Ersatzmitglieder werden der Reihe nach aus den nicht gewählten Beschäftigten derjenigen Vorschlagslisten entnommen, denen die zu ersetzenden Mitglieder angehören. Ist das ausgeschiedene oder verhinderte Mitglied mit einfacher Stimmenmehrheit gewählt, so tritt der nicht gewählte Beschäftigte mit der nächsthöheren Stimmenzahl als Ersatzmitglied ein.

(3) § 29 Abs. 2 gilt entsprechend bei einem Wechsel der Gruppenzugehörigkeit vor dem Eintritt des Ersatzmitglieds in den Personalrat.

(4) Im Falle des § 27 Abs. 2 Nr. 4 treten Ersatzmitglieder nicht ein.

Dritter Abschnitt Geschäftsführung des Personalrates

§ 32 Bildung des Vorstandes

(1) Der Personalrat bildet aus seiner Mitte den Vorstand. Diesem muss ein Mitglied jeder im Personalrat vertretenen Gruppe angehören. Die Vertreter jeder Gruppe wählen das auf sie entfallende Vorstandsmitglied. Der Vorstand führt die laufenden Geschäfte.

(2) Der Personalrat bestimmt mit einfacher Mehrheit, welches Vorstandsmitglied den Vorsitz übernimmt. Er bestimmt zugleich die Vertretung des Vorsitzenden durch seine Stellvertreter. Dabei sind die Gruppen zu berücksichtigen, denen der Vorsitzende nicht angehört, es sei denn, dass die Vertreter dieser Gruppen darauf verzichten.

(3) Der Vorsitzende vertritt den Personalrat im Rahmen der von diesem gefassten Beschlüsse. In Angelegenheiten, die nur eine Gruppe betreffen, vertritt der Vorsitzende, wenn er nicht selbst dieser Gruppe angehört, gemeinsam mit einem der Gruppe angehörenden Vorstandsmitglied den Personalrat.

§ 33 Erweiterte Vorstandsbildung

Hat der Personalrat elf oder mehr Mitglieder, so wählt er aus seiner Mitte mit einfacher Stimmenmehrheit zwei weitere Mitglieder in den Vorstand. Sind Mitglieder des Personalrats aus Wahlvorschlagslisten mit verschiedenen Bezeichnungen gewählt worden und sind im Vorstand Mitglieder aus derjenigen Liste nicht vertreten, die die zweitgrößte Anzahl, mindestens jedoch ein Drittel aller von den Angehörigen der Dienststelle abgegebenen Stimmen erhalten hat, so ist eines der weiteren Vorstandsmitglieder aus dieser Liste zu wählen.

§ 34 Sitzungen der Personalvertretung

(1) Spätestens sechs Arbeitstage nach dem Wahltage hat der Wahlvorstand die Mitglieder des Personalrats zur Vornahme der vorgeschriebenen Wahlen einzuberufen und die Sitzung zu leiten, bis der Personalrat aus seiner Mitte einen Wahlleiter bestellt hat.

(2) Die weiteren Sitzungen beraumt der Vorsitzende des Personalrats an. Er setzt die Tagesordnung fest und leitet die Verhandlung. Der Vorsitzende hat die Mitglieder des Personalrats zu den Sitzungen rechtzeitig unter Mitteilung der Tagesordnung zu laden. Satz 3 gilt auch für die Ladung der Schwerbehindertenvertretung, der Mitglieder der Jugend- und Auszubildendenvertretung und der Vertreter der nichtständig Beschäftigten, soweit sie ein Recht auf Teilnahme an der Sitzung haben.

(3) Auf Antrag eines Viertels der Mitglieder des Personalrats, der Mehrheit der Vertreter einer Gruppe, des Leiters der Dienststelle, in Angelegenheiten, die besonders schwerbehinderte Beschäftigte betreffen, des Vertrauensmannes der Schwerbehinderten oder in Angelegenheiten, die besonders die in § 57 genannten Beschäftigten betreffen, der Mehrheit der Mitglieder der Jugend- und Auszubildendenvertretung hat der Vorsitzende eine Sitzung anzuberaumen und den Gegenstand, dessen Beratung beantragt ist, auf die Tagesordnung zu setzen.

(4) Der Leiter der Dienststelle nimmt an den Sitzungen, die auf sein Verlangen anberaumt sind, und an den Sitzungen, zu denen er ausdrücklich eingeladen ist, teil.

§ 35 Nichtöffentlichkeit und Zeitpunkt der Sitzungen

Die Sitzungen des Personalrats sind nicht öffentlich; sie finden in der Regel während der Arbeitszeit statt. Der Personalrat hat bei der Anberaumung seiner Sitzungen auf die dienstlichen Erfordernisse Rücksicht zu nehmen. Der Leiter der Dienststelle ist vom Zeitpunkt der Sitzung vorher zu verständigen.

§ 36 Teilnahme von Gewerkschaftsvertretern

Auf Antrag von einem Viertel der Mitglieder oder der Mehrheit einer Gruppe des Personalrats kann ein Beauftragter einer im Personalrat vertretenen Gewerkschaft an den Sitzungen beratend teilnehmen; in diesem Falle sind der Zeitpunkt der Sitzung und die Tagesordnung der Gewerkschaft rechtzeitig mitzuteilen.

§ 37 Beschlussfassung; Beschlussfähigkeit

(1) Die Beschlüsse des Personalrats werden mit einfacher Stimmenmehrheit der anwesenden Mitglieder gefasst. Stimmenthaltung gilt als Ablehnung. Bei Stimmengleichheit ist ein Antrag abgelehnt.

(2) Der Personalrat ist nur beschlussfähig, wenn mindestens die Hälfte seiner Mitglieder anwesend ist; Stellvertretung durch Ersatzmitglieder ist zulässig.

§ 38 Vertretungsrecht

(1) Über die gemeinsamen Angelegenheiten der Beamten und Arbeitnehmer wird vom Personalrat gemeinsam beraten und beschlossen.

(2) In Angelegenheiten, die lediglich die Angehörigen einer Gruppe betreffen, sind nach gemeinsamer Beratung im Personalrat nur die Vertreter dieser Gruppe zur Beschlussfassung berufen. Dies gilt nicht für eine Gruppe, die im Personalrat nicht vertreten ist.

(3) Absatz 2 gilt entsprechend für Angelegenheiten, die lediglich die Angehörigen zweier Gruppen betreffen.

§ 39 Suspension Veto

(1) Erachtet die Mehrheit der Vertreter einer Gruppe oder der Jugend- und Auszubildendenvertretung einen Beschluss des Personalrats als eine erhebliche Beeinträchtigung wichtiger Interessen der durch sie vertretenen Beschäftigten, so ist auf ihren Antrag der Beschluss auf die Dauer von sechs Arbeitstagen vom Zeitpunkt der Beschlussfassung an auszusetzen. In dieser Frist soll, gegebenenfalls mit Hilfe der unter den Mitgliedern des Personalrats oder der Jugend- und Auszubildendenvertretung vertretenen Gewerkschaften, eine Verständigung versucht werden. Die Aussetzung eines Beschlusses nach Satz 1 hat keine Verlängerung einer Frist zur Folge.

(2) Nach Ablauf der Frist ist über die Angelegenheit neu zu beschließen. Wird der erste Beschluss bestätigt, so kann der Antrag auf Aussetzung nicht wiederholt werden.

(3) Die Absätze 1 und 2 gelten entsprechend, wenn die Schwerbehindertenvertretung einen Beschluss des Personalrats als eine erhebliche Beeinträchtigung wichtiger Interessen der Schwerbehinderten erachtet.

§ 40 Teilnahme der Jugend- und Auszubildendenvertreter und der Vertreter der nichtständig Beschäftigten

(1) Ein Vertreter der Jugend- und Auszubildendenvertretung, der von dieser benannt wird, und die Schwerbehindertenvertretung können an allen Sitzungen des Personalrats beratend teilnehmen. An der Behandlung der Angelegenheiten, die besonders die in § 57 genannten Beschäftigten betreffen, kann die gesamte Jugend-

und Auszubildendenvertretung beratend teilnehmen. Bei Beschlüssen des Personalrats, die überwiegend die in § 57 genannten Beschäftigten betreffen, haben die Jugend- und Auszubildendenvertreter Stimmrecht.

(2) An der Behandlung von Angelegenheiten, die besonders die nichtständig Beschäftigten betreffen, können die in § 65 Abs. 1 bezeichneten Vertreter mit beratender Stimme teilnehmen.

§ 41 Verhandlungsniederschrift

(1) Über jede Verhandlung des Personalrats ist eine Niederschrift aufzunehmen, die mindestens den Wortlaut der Beschlüsse und die Stimmenmehrheit, mit der sie gefasst sind, enthält. Die Niederschrift ist von dem Vorsitzenden und einem weiteren Mitglied zu unterzeichnen. Der Niederschrift ist eine Anwesenheitsliste beizufügen, in die sich jeder Teilnehmer eigenhändig einzutragen hat.

(2) Haben der Leiter der Dienststelle oder Beauftragte von Gewerkschaften an der Sitzung teilgenommen, so ist ihnen der entsprechende Teil der Niederschrift abschriftlich zuzuleiten. Einwendungen gegen die Niederschrift sind unverzüglich schriftlich zu erheben und der Niederschrift beizufügen.

§ 42 Geschäftsordnung

Sonstige Bestimmungen über die Geschäftsführung können in einer Geschäftsordnung getroffen werden, die der Personalrat mit der Mehrheit der Stimmen seiner Mitglieder beschließt.

§ 43 Sprechstunden

Der Personalrat kann Sprechstunden während der Arbeitszeit einrichten. Zeit und Ort bestimmt er im Einvernehmen mit dem Leiter der Dienststelle.

§ 44 Kosten und Sachaufwand

(1) Die durch die Tätigkeit des Personalrats entstehenden Kosten trägt die Dienststelle. Mitglieder des Personalrats erhalten bei Reisen, die zur Erfüllung ihrer Aufgaben notwendig sind, Reisekostenvergütungen nach dem Bundesreisekostengesetz.

(2) Für die Sitzungen, die Sprechstunden und die laufende Geschäftsführung hat die Dienststelle in erforderlichem Umfang Räume, den Geschäftsbedarf und Büropersonal zur Verfügung zu stellen.

(3) Dem Personalrat werden in allen Dienststellen geeignete Plätze für Bekanntmachungen und Anschläge zur Verfügung gestellt.

§ 45 Verbot der Beitragserhebung

Der Personalrat darf für seine Zwecke von den Beschäftigten keine Beiträge erheben oder annehmen.

Vierter Abschnitt Rechtsstellung der Personalratsmitglieder

§ 46 Ehrenamt, Dienstversäumnis, Freistellung

(1) Die Mitglieder des Personalrats führen ihr Amt unentgeltlich als Ehrenamt.

(2) Versäumnis von Arbeitszeit, die zur ordnungsgemäßen Durchführung der Aufgaben des Personalrats erforderlich ist, hat keine Minderung der Dienstbezüge oder des Arbeitsentgeltes zur Folge. Werden Personalratsmitglieder durch die Erfüllung ihrer Aufgaben über die regelmäßige Arbeitszeit hinaus beansprucht, so ist ihnen Dienstbefreiung in entsprechendem Umfang zu gewähren.

(3) Mitglieder des Personalrats sind von ihrer dienstlichen Tätigkeit freizustellen, wenn und soweit es nach Umfang und Art der Dienststelle zur ordnungsgemäßen Durchführung ihrer Aufgaben erforderlich ist. Bei der Auswahl der freizustellenden Mitglieder hat der Personalrat zunächst die nach § 32 Abs. 1 gewählten Vorstandsmitglieder, sodann die nach § 33 gewählten Ergänzungsmitglieder und schließlich weitere Mitglieder zu berücksichtigen. Bei weiteren Freistellungen sind die auf die einzelnen Wahlvorschlagslisten entfallenden Stimmen im Wege des Höchstzahlverfahrens zu berücksichtigen, wenn die Wahl des Personalrats nach den Grundsätzen der Verhältniswahl durchgeführt (§ 19 Abs. 3 Satz 1) wurde; dabei sind die nach Satz 2 freigestellten Vorstandsmitglieder von den auf jede Wahlvorschlagsliste entfallenden Freistellungen abzuziehen. Im Falle der Personenwahl (§ 19 Abs. 3 Satz 2) bestimmt sich die Rangfolge der weiteren freizustellenden Mitglieder nach der Zahl der für sie bei der Wahl zum Personalrat abgegebenen Stimmen. Sind die Mitglieder der im Personalrat vertretenen Gruppen teils nach den Grundsätzen der Verhältniswahl, teils im Wege der Personenwahl gewählt worden, sind bei weiteren Freistellungen die Gruppen entsprechend der Zahl ihrer Mitglieder nach dem Höchstzahlverfahren zu berücksichtigen, innerhalb der Gruppen bestimmen sich die weiteren Freistellungen in diesem Fall je nach Wahlverfahren in entsprechender Anwendung des Satzes 3 und nach Satz 4. Die Freistellung darf nicht zur Beeinträchtigung des beruflichen Werdegangs führen.

(4) Von ihrer dienstlichen Tätigkeit sind nach Absatz 3 ganz freizustellen in Dienststellen mit in der Regel

300 bis 600 Beschäftigten	ein Mitglied
601 bis 1 000 Beschäftigten	zwei Mitglieder,
1 001 bis 2 000 Beschäftigten	drei Mitglieder,
2 001 bis 3 000 Beschäftigten	vier Mitglieder,
3 001 6is 4 000 Beschäftigten	fünf Mitglieder,
4 001 bis 5 000 Beschäftigten	sechs Mitglieder,
5 001 bis 6 000 Beschäftigten	sieben Mitglieder,
6 001 bis 7 000 Beschäftigten	acht Mitglieder,
7 001 bis 8 000 Beschäftigten	neun Mitglieder,
8 001 bis 9 000 Beschäftigten	zehn Mitglieder,
9 001 bis 10 000 Beschäftigten	elf Mitglieder.

In Dienststellen mit mehr als 10 000 Beschäftigten ist für je angefangene weitere 2 000 Beschäftigte ein weiteres Mitglied freizustellen. Von den Sätzen 1 und 2 kann im Einvernehmen zwischen Personalrat und Dienststellenleiter abgewichen werden.

(5) Die von ihrer dienstlichen Tätigkeit ganz freigestellten Personalratsmitglieder erhalten eine monatliche Aufwandsentschädigung. Nur teilweise, aber mindestens für die Hälfte der regelmäßigen Arbeitszeit freigestellte Personalratsmitglieder erhalten die Hälfte der Aufwandsentschädigung nach Satz 1. Die Bundesregierung

bestimmt durch Rechtsverordnung, die nicht der Zustimmung des Bundesrates bedarf, die Höhe der Aufwandsentschädigung.

(6) Die Mitglieder des Personalrats sind unter Fortzahlung der Bezüge für die Teilnahme an Schulungs- und Bildungsveranstaltungen vom Dienst freizustellen, soweit diese Kenntnisse vermitteln, die für die Tätigkeit im Personalrat erforderlich sind.

(7) Unbeschadet des Absatzes 6 hat jedes Mitglied des Personalrats während seiner regelmäßigen Amtszeit Anspruch auf Freistellung vom Dienst unter Fortzahlung der Bezüge für insgesamt drei Wochen zur Teilnahme an Schulungs- und Bildungsveranstaltungen, die von der Bundeszentrale für politische Bildung als geeignet anerkannt sind. Beschäftigte, die erstmals das Amt eines Personalratsmitglieds übernehmen und nicht zuvor Jugend- und Auszubildendenvertreter gewesen sind, haben einen Anspruch nach Satz 1 für insgesamt vier Wochen.

§ 47 Schutz der Mitglieder des Personalrats vor außerordentlichen Kündigungen

(1) Die außerordentliche Kündigung von Mitgliedern des Personalrats, die in einem Arbeitsverhältnis stehen, bedarf der Zustimmung des Personalrats. Verweigert der Personalrat seine Zustimmung oder äußert er sich nicht innerhalb von drei Arbeitstagen nach Eingang des Antrags, so kann das Verwaltungsgericht sie auf Antrag des Dienststellenleiters ersetzen, wenn die außerordentliche Kündigung unter Berücksichtigung aller Umstände gerechtfertigt ist. In dem Verfahren vor dem Verwaltungsgericht ist der betroffene Arbeitnehmer Beteiligter.

(2) Mitglieder des Personalrats dürfen gegen ihren Willen nur versetzt oder abgeordnet werden, wenn dies auch unter Berücksichtigung der Mitgliedschaft im Personalrat aus wichtigen dienstlichen Gründen unvermeidbar ist. Als Versetzung im Sinne des Satzes 1 gilt auch die mit einem Wechsel des Dienstortes verbundene Umsetzung in derselben Dienststelle; das Einzugsgebiet im Sinne des Umzugskostenrechts gehört zum Dienstort. Die Versetzung oder Abordnung von Mitgliedern des Personalrats bedarf der Zustimmung des Personalrats.

(3) Für Beamte im Vorbereitungsdienst und Beschäftigte in entsprechender Berufsausbildung gelten die Absätze 1, 2 und die §§ 15, 16 des Kündigungsschutzgesetzes nicht. Absätze 1 und 2 gelten ferner nicht bei der Versetzung oder Abordnung dieser Beschäftigten zu einer anderen Dienststelle im Anschluss an das Ausbildungsverhältnis. Die Mitgliedschaft der in Satz 1 bezeichneten Beschäftigten im Personalrat ruht unbeschadet des § 29, solange sie entsprechend den Erfordernissen ihrer Ausbildung zu einer anderen Dienststelle versetzt oder abgeordnet sind.

Fünfter Abschnitt **Personalversammlung**

§ 48 Zusammensetzung, Leitung, Teilversammlung

(1) Die Personalversammlung besteht aus den Beschäftigten der Dienststelle. Sie wird vom Vorsitzenden des Personalrats geleitet. Sie ist nicht öffentlich.

(2) Kann nach den dienstlichen Verhältnissen eine gemeinsame Versammlung aller Beschäftigten nicht stattfinden, so sind Teilversammlungen abzuhalten.

§ 49 Ordentliche und außerordentliche Personalversammlung

(1) Der Personalrat hat einmal in jedem Kalenderhalbjahr in einer Personalversammlung einen Tätigkeitsbericht zu erstatten.

(2) Der Personalrat ist berechtigt und auf Wunsch des Leiters der Dienststelle oder eines Viertels der wahlberechtigten Beschäftigten verpflichtet, eine Personalver-

sammlung einzuberufen und den Gegenstand, dessen Beratung beantragt ist, auf die Tagesordnung zu setzen.

(3) Auf Antrag einer in der Dienststelle vertretenen Gewerkschaft muss der Personalrat vor Ablauf von zwölf Arbeitstagen nach Eingang des Antrags eine Personalversammlung nach Absatz 1 einberufen, wenn im vorhergegangen Kalenderhalbjahr keine Personalversammlung und keine Teilversammlung durchgeführt worden sind.

§ 50 Personalversammlungen und Arbeitszeit

(1) Die in § 49 Abs. 1 bezeichneten und die auf Wunsch des Leiters der Dienststelle einberufenen Personalversammlungen finden während der Arbeitszeit statt, soweit nicht die dienstlichen Verhältnisse eine andere Regelung erfordern. Die Teilnahme an der Personalversammlung hat keine Minderung der Dienstbezüge oder des Arbeitsentgeltes zur Folge. Soweit in den Fällen des Satzes 1 Personalversammlungen aus dienstlichen Gründen außerhalb der Arbeitszeit stattfinden müssen, ist den Teilnehmern Dienstbefreiung in entsprechendem Umfang zu gewähren. Fahrkosten, die durch die Teilnahme an Personalversammlungen nach Satz 1 entstehen, werden in entsprechender Anwendung des Bundesreisekostengesetzes erstattet.

(2) Andere Personalversammlungen finden außerhalb der Arbeitszeit statt. Hiervon kann im Einvernehmen mit dem Leiter der Dienststelle abgewichen werden.

§ 51 Zuständigkeit der Personalversammlung

Die Personalversammlung kann dem Personalrat Anträge unterbreiten und zu seinen Beschlüssen Stellung nehmen. Sie darf alle Angelegenheiten behandeln, die die Dienststelle oder ihre Beschäftigten unmittelbar betreffen, insbesondere Tarif-, Besoldungs- und Sozialangelegenheiten sowie Fragen der Frauenförderung und der Vereinbarkeit von Familie und Beruf. § 66 Abs. 2 und § 67 Abs. 1 Satz 3 gelten für die Personalversammlung entsprechend.

§ 52 Teilnahme des Dienststellenleiters und von Gewerkschaftsbeauftragten

(1) Beauftragte aller in der Dienststelle vertretenen Gewerkschaften und ein Beauftragter der Arbeitgebervereinigung, der die Dienststelle angehört, sind berechtigt, mit beratender Stimme an der Personalversammlung teilzunehmen. Der Personalrat hat die Einberufung der Personalversammlung den in Satz 1 genannten Gewerkschaften und der Arbeitgebervereinigung mitzuteilen. Ein beauftragtes Mitglied der Stufenvertretung oder des Gesamtpersonalrats sowie ein Beauftragter der Dienststelle, bei der die Stufenvertretung besteht, können an der Personalversammlung teilnehmen.

(2) Der Leiter der Dienststelle kann an der Personalversammlung teilnehmen. An Versammlungen, die auf seinen Wunsch einberufen sind oder zu denen er ausdrücklich eingeladen ist, hat er teilzunehmen.

Sechster Abschnitt Stufenvertretungen und Gesamtpersonalrat

§ 53 Bildung von Stufenvertretungen

(1) Für den Geschäftsbereich mehrstufiger Verwaltungen werden bei den Behörden der Mittelstufe Bezirkspersonalräte, bei den obersten Dienstbehörden Hauptpersonalräte gebildet.

(2) Die Mitglieder des Bezirkspersonalrats werden von den zum Geschäftsbereich der Behörde der Mittelstufe, die Mitglieder des Hauptpersonalrats von den zum Geschäftsbereich der obersten Dienstbehörde gehörenden Beschäftigten gewählt.

(3) Die §§ 12 bis 16, § 17 Abs. 1, 2, 6 und 7, §§ 18 bis 21 und 23 bis 25 gelten entsprechend. § 14 Abs. 3 gilt nur für die Beschäftigten der Dienststelle, bei der die Stufenvertretung zu errichten ist. Eine Personalversammlung zur Bestellung des Bezirks- oder Hauptwahlvorstands findet nicht statt. An ihrer Stelle übt der Leiter der Dienststelle, bei der die Stufenvertretung zu errichten ist, die Befugnis zur Bestellung des Wahlvorstands nach § 20 Abs. 2, §§ 21 und 23 aus.

(4) Werden in einer Verwaltung die Personalräte und Stufenvertretungen gleichzeitig gewählt, so führen die bei den Dienststellen bestehenden Wahlvorstände die Wahlen der Stufenvertretungen im Auftrage des Bezirks- oder Hauptwahlvorstands durch; andernfalls bestellen auf sein Ersuchen die Personalräte oder, wenn solche nicht bestehen, die Leiter der Dienststellen die örtlichen Wahlvorstände für die Wahl der Stufenvertretungen.

(5) In den Stufenvertretungen erhält jede Gruppe mindestens einen Vertreter. Besteht die Stufenvertretung aus mehr als neun Mitgliedern, erhält jede Gruppe mindestens zwei Vertreter. § 17 Abs. 5 gilt entsprechend.

§ 54 Amtszeit, Geschäftsführung, Aufwandsentschädigung

(1) Für die Stufenvertretungen gelten die §§ 26 bis 39, 40 Abs. 1, §§ 41, 42, 44, 45, 46 Abs. 1 bis 3 und 5 bis 7, § 47 entsprechend, soweit in Absatz 2 nichts anderes bestimmt ist.

(2) § 34 Abs. 1 gilt mit der Maßgabe, dass die Mitglieder der Stufenvertretung spätestens zwölf Arbeitstage nach dem Wahltag einzuberufen sind.

§ 55 Errichtung eines Gesamtpersonalrats

In den Fällen des § 6 Abs. 3 wird neben den einzelnen Personalräten ein Gesamtpersonalrat gebildet.

§ 56 Wahl, Amtszeit, Geschäftsführung

Für den Gesamtpersonalrat gelten § 53 Abs. 2 und 3 und § 54 Abs. 1 Halbsatz 1 entsprechend.

Drittes Kapitel 3 Jugendvertretung und Jugendversammlung

§ 57 Bildung von Jugend- und Auszubildendenvertetungen

In Dienststellen, bei denen Personalvertretungen gebildet sind und denen in der Regel mindestens fünf Beschäftigte angehören, die das 18. Lebensjahr noch nicht vollendet haben (jugendliche Beschäftigte) oder die sich in einer beruflichen Ausbildung befinden und das 25. Lebensjahr noch nicht vollendet haben, werden Jugend- und Auszubildendenvertretungen gebildet

§ 58 Aktives und passives Wahlrecht

(1) Wahlberechtigt sind alle in § 57 genannten Beschäftigten. § 13 Abs. 1 gilt entsprechend.

(2) Wählbar sind Beschäftigte, die am Wahltage noch nicht das 26. Lebensjahr vollendet haben. § 14 Abs. 1 Satz 1 Nr. 1, Satz 2, Abs. 2 und 3 gilt entsprechend.

§ 59 Stärke und Zusammensetzung der Jugend- und Auszubildendenvertretung

(1) Die Jugend- und Auszubildendenvertretung besteht in Dienststellen mit in der Regel

5 bis 20 der in § 57 genannten Beschäftigten aus einem Jugend- und Auszubildendenvertreter,

21 bis 50 der in § 57 genannten Beschäftigten aus drei Jugend- und Auszubildendenvertretern,

51 bis 200 der in § 57 genannten Beschäftigten aus fünf Jugend- und Auszubildendenvertretern,

201 bis 300 der in § 57 genannten Beschäftigten aus sieben Jugend- und Auszubildendenvertretern,

301 bis 1 000 der in § 57 genannten Beschäftigten aus elf Jugend- und Auszubildendenvertretern,

mehr als 1 000 der in § 57 genannten Beschäftigten aus fünfzehn Jugend- und Auszubildendenvertretern.

(2) Die Jugend- und Auszubildendenvertretung soll sich aus Vertretern der verschiedenen Beschäftigungsarten der der Dienststelle angehörenden, in § 57 genannten Beschäftigten zusammensetzen.

(3) Die Geschlechter sollen in der Jugend- und Auszubildendenvertretung entsprechend ihrem Zahlenverhältnis vertreten sein.

§ 60 Wahl und Amtszeit der Jugend- und Auszubildendenvertretung

(1) Der Personalrat bestimmt den Wahlvorstand und seinen Vorsitzenden. § 19 Abs. 1, 3, 4 Satz 1, Abs. 5, 7 und 9, § 20 Abs. 1 Satz 3 und 4, § 24 Abs. 1 Satz 1 und 2, Abs. 2 und § 25 gelten entsprechend.

(2) Die regelmäßige Amtszeit der Jugend- und Auszubildendenvertretung beträgt zwei Jahre. Sie beginnt mit dem Tage der Wahl oder, wenn zu diesem Zeitpunkt noch eine Jugend- und Auszubildendenvertretung besteht, mit dem Ablauf ihrer Amtszeit. Die regelmäßigen Wahlen der Jugend- und Auszubildendenvertretung finden alle zwei Jahre in der Zeit vom 1. März bis 31. Mai statt. Die Amtszeit endet spätestens am 31. Mai des Jahres, in dem nach Satz 3 die regelmäßigen Wahlen der Jugend- und Auszubildendenvertretung stattfinden. Für die Wahl der Jugend- und Auszubildendenvertretung außerhalb des Zeitraums für die regelmäßigen Wahlen gilt § 27 Abs. 2 Nr. 2 bis 5, Abs. 3 und 5 entsprechend.

(3) Besteht die Jugend- und Auszubildendenvertretung aus drei oder mehr Mitgliedern, so wählt sie aus ihrer Mitte einen Vorsitzenden und dessen Stellvertreter.

(4) Die §§ 28 bis 31 gelten entsprechend.

§ 61 Befugnisse der Jugend- und Auszubildendenvertretung

(1) Die Jugend- und Auszubildendenvertretung hat folgende allgemeine Aufgaben:

1. Maßnahmen, die den in § 57 genannten Beschäftigten dienen, insbesondere in Fragen der Berufsbildung, beim Personalrat zu beantragen,
2. darüber zu wachen, dass die zugunsten der in § 57 genannten Beschäftigten geltenden Gesetze, Verordnungen, Unfallverhütungsvorschriften, Tarifverträge, Dienstvereinbarungen und Verwaltungsanordnungen durchgeführt werden,
3. Anregungen und Beschwerden von in § 57 genannten Beschäftigten, insbesondere in Fragen der Berufsbildung, entgegenzunehmen und, falls sie berechtigt erscheinen, beim Personalrat auf eine Erledigung hinzuwirken; die Jugend- und Auszubildendenvertretung hat die betroffenen in § 57 genannten Beschäftigten über den Stand und das Ergebnis der Verhandlungen zu informieren.

(2) Die Zusammenarbeit der Jugend- und Auszubildendenvertretung mit dem Personalrat bestimmt sich nach § 34 Abs. 3, §§ 39 und 40 Abs. 1.

(3) Zur Durchführung ihrer Aufgaben ist die Jugend- und Auszubildendenvertretung durch den Personalrat rechtzeitig und umfassend zu unterrichten. Die Jugend- und Auszubildendenvertretung kann verlangen, dass ihr der Personalrat die zur Durchführung ihrer Aufgaben erforderlichen Unterlagen zur Verfügung stellt.

(4) Der Personalrat hat die Jugend- und Auszubildendenvertretung zu den Besprechungen zwischen Dienststellenleiter und Personalrat nach § 66 Abs. 1 beizuziehen, wenn Angelegenheiten behandelt werden, die besonders in § 57 genannte Beschäftigte betreffen.

(5) Die Jugend- und Auszubildendenvertretung kann nach Verständigung des Personalrats Sitzungen abhalten; § 34 Abs. 1, 2 gilt sinngemäß. An den Sitzungen der Jugend- und Auszubildendenvertretung kann ein vom Personalrat beauftragtes Personalratsmitglied teilnehmen.

§ 62 Sonstige, entsprechend anwendbare Bestimmungen

Für die Jugend- und Auszubildendenvertretung gelten die §§ 43 bis 45, § 46 Abs. 1, 2, 3 Satz 1 und 6, Abs. 6, 7 und § 67 Abs. 1 Satz 3 sinngemäß. § 47 gilt entsprechend mit der Maßgabe, dass die außerordentliche Kündigung, die Versetzung und die Abordnung von Mitgliedern der Jugend- und Auszubildendenvertretung der Zustimmung des Personalrats bedürfen. Für Mitglieder des Wahlvorstands und Wahlbewerber gilt § 47 Abs. 1, 2 Satz 1 und 2 entsprechend.

§ 63 Jugend- und Auszubildendenversammlung

Die Jugend- und Auszubildendenvertretung hat einmal in jedem Kalenderjahr eine Jugend- und Auszubildendenversammlung durchzuführen. Diese soll möglichst unmittelbar vor oder nach einer ordentlichen Personalversammlung stattfinden. Sie wird vom Vorsitzenden der Jugend- und Auszubildendenvertretung geleitet. Der Personalratsvorsitzende oder ein vom Personalrat beauftragtes anderes Mitglied soll an der Jugend- und Auszubildendenversammlung teilnehmen. Die für die Personalversammlung geltenden Vorschriften sind sinngemäß anzuwenden. Außer der in Satz 1 bezeichneten Jugend- und Auszubildendenversammlung kann eine weitere, nicht auf Wunsch des Leiters der Dienststelle einberufene Versammlung während der Arbeitszeit stattfinden.

§ 64 Jugend- und Auszubildendenvertretungen

(1) Für den Geschäftsbereich mehrstufiger Verwaltungen werden, soweit Stufenvertretungen bestehen, bei den Behörden der Mittelstufen Bezirks-Jugend- und Auszubildendenvertretungen und bei den obersten Dienstbehörden Haupt-Jugend- und Auszubildendenvertretungen gebildet. Für die Jugend- und Auszubildendenstufenvertretungen gelten § 53 Abs. 2 und 4 sowie die §§ 57 bis 62 entsprechend.

(2) In den Fällen des § 6 Abs. 3 wird neben den einzelnen Jugend- und Auszubildendenvertretungen eine Gesamt-Jugend- und Auszubildendenvertretung gebildet. Absatz 1 Satz 2 gilt entsprechend.

Viertes Kapitel **Vertretung der nichtständig Beschäftigten**

§ 65 Vertretung der nichtständig Beschäftigten

(1) Steigt während der Amtszeit des Personalrats die Zahl der Beschäftigten vorübergehend um mehr als 20 Personen, die voraussichtlich nur für einen Zeitraum von höchstens sechs Monaten beschäftigt werden, so wählen die nichtständig Beschäftigten in geheimer Wahl

bei 21 bis 50 nichtständig Beschäftigten	einen Vertreter,
bei 51 bis 100 nichtständig Beschäftigten	zwei Vertreter,
bei mehr als 100 nichtständig Beschäftigten	drei Vertreter.

Der Personalrat bestimmt den Wahlvorstand und seinen Vorsitzenden. Im Übrigen gelten für die Wahl der Vertreter § 13 Abs. 1 und 3, §§ 14, 17 Abs. 6 und 7, §§ 19, 24 Abs. 1 Satz 1 und 2, Abs. 2 und § 25 mit Ausnahme der Vorschriften über die Dauer der Zugehörigkeit zum Geschäftsbereich der obersten Dienstbehörde und zum öffentlichen Dienst entsprechend.

(2) Die Amtszeit der in Absatz 1 bezeichneten Vertreter endet mit Ablauf des für die Beschäftigung der nichtständig Beschäftigten vorgesehenen Zeitraums oder mit Wegfall der Voraussetzungen für ihre Wahl. § 26 Satz 2, § 27 Abs. 2 Nr. 2 bis 4, Abs. 3 und §§ 28 bis 31 gelten entsprechend.

(3) Für die in Absatz 1 bezeichneten Vertreter gelten §§ 43 bis 45, § 46 Abs. 1, 2, 3 Satz 1 und § 67 Abs. 1 Satz 3 sinngemäß.

(4) An den Sitzungen des Personalrats nehmen die in Absatz 1 bezeichneten Vertreter nach Maßgabe des § 40 Abs. 2 teil.

Fünftes Kapitel **Beteiligung der Personalvertretung**

Erster Abschnitt **Allgemeines**

§ 66 Monatsgespräch, Friedenspflicht

(1) Der Leiter der Dienststelle und die Personalvertretung sollen mindestens einmal im Monat zu Besprechungen zusammentreten. In ihnen soll auch die Gestaltung des Dienstbetriebs behandelt werden, insbesondere alle Vorgänge, die die Beschäftigten wesentlich berühren. Sie haben über strittige Fragen mit dem ernsten Willen zur Einigung zu verhandeln und Vorschläge für die Beilegung von Meinungsverschiedenheiten zu machen.

(2) Dienststelle und Personalvertretung haben alles zu unterlassen, was geeignet ist, die Arbeit und den Frieden der Dienststelle zu beeinträchtigen. Insbesondere

dürfen Dienststelle und Personalvertretung keine Maßnahmen des Arbeitskampfes gegeneinander durchführen. Arbeitskämpfe tariffähiger Parteien werden hierdurch nicht berührt.

(3) Außenstehende Stellen dürfen erst angerufen werden, wenn eine Einigung in der Dienststelle nicht erzielt worden ist.

§ 67 Allgemeine Grundsätze

(1) Dienststelle und Personalvertretung haben darüber zu wachen, dass alle Angehörigen der Dienststelle nach Recht und Billigkeit behandelt werden, insbesondere, dass jede Benachteiligung von Personen aus Gründen ihrer Rasse oder wegen ihrer ethnischen Herkunft, ihrer Abstammung oder sonstigen Herkunft, ihrer Nationalität, ihrer Religion oder Weltanschauung, ihrer Behinderung, ihres Alters, ihrer politischen oder gewerkschaftlichen Betätigung oder Einstellung oder wegen ihres Geschlechts oder ihrer sexuellen Identität unterbleibt. Dabei müssen sie sich so verhalten, dass das Vertrauen der Verwaltungsangehörigen in die Objektivität und Neutralität ihrer Amtsführung nicht beeinträchtigt wird. Der Leiter der Dienststelle und die Personalvertretung haben jede parteipolitische Betätigung in der Dienststelle zu unterlassen; die Behandlung von Tarif-, Besoldungs- und Sozialangelegenheiten wird hierdurch nicht berührt.

(2) Beschäftigte, die Aufgaben nach diesem Gesetz wahrnehmen, werden dadurch in der Betätigung für ihre Gewerkschaft auch in der Dienststelle nicht beschränkt.

(3) Die Personalvertretung hat sich für die Wahrung der Vereinigungsfreiheit der Beschäftigten einzusetzen.

§ 68 Allgemeine Aufgaben

(1) Die Personalvertretung hat folgende allgemeine Aufgaben:

1. Maßnahmen, die der Dienststelle und ihren Angehörigen dienen, zu beantragen,
2. darüber zu wachen, dass die zugunsten der Beschäftigten geltenden Gesetze, Verordnungen, Tarifverträge, Dienstvereinbarungen und Verwaltungsanordnungen durchgeführt werden,
3. Anregungen und Beschwerden von Beschäftigten entgegenzunehmen und, falls sie berechtigt erscheinen, durch Verhandlung mit dem Leiter der Dienststelle auf ihre Erledigung hinzuwirken,
4. die Eingliederung und berufliche Entwicklung Schwerbehinderter und sonstiger schutzbedürftiger, insbesondere älterer Personen zu fördern,
5. Maßnahmen zur beruflichen Förderung Schwerbehinderter zu beantragen,

5a. die Durchsetzung der tatsächlichen Gleichberechtigung von Frauen und Männern, insbesondere bei der Einstellung, Beschäftigung, Aus-, Fort- und Weiterbildung und dem beruflichen Aufstieg, zu fördern,

6. die Eingliederung ausländischer Beschäftigter in die Dienststelle und das Verständnis zwischen ihnen und den deutschen Beschäftigten zu fördern,
7. mit der Jugend- und Auszubildendenvertretung zur Förderung der Belange der in § 57 genannten Beschäftigten eng zusammenzuarbeiten.

(2) Die Personalvertretung ist zur Durchführung ihrer Aufgaben rechtzeitig und umfassend zu unterrichten. Ihr sind die hierfür erforderlichen Unterlagen vorzulegen. Personalakten dürfen nur mit Zustimmung des Beschäftigten und nur von den von ihm bestimmten Mitgliedern der Personalvertretung eingesehen werden. Dienstliche Beurteilungen sind auf Verlangen des Beschäftigten der Personalvertretung zur Kenntnis zu bringen.

Zweiter Abschnitt Formen und Verfahren der Mitbestimmung und Mitwirkung

§ 69 Mitbestimmungsverfahren

(1) Soweit eine Maßnahme der Mitbestimmung des Personalrats unterliegt, kann sie nur mit seiner Zustimmung getroffen werden.

(2) Der Leiter der Dienststelle unterrichtet den Personalrat von der beabsichtigten Maßnahme und beantragt seine Zustimmung. Der Personalrat kann verlangen, dass der Leiter der Dienststelle die beabsichtigte Maßnahme begründet; der Personalrat kann außer in Personalangelegenheiten auch eine schriftliche Begründung verlangen. Der Beschluss des Personalrats über die beantragte Zustimmung ist dem Leiter der Dienststelle innerhalb von zehn Arbeitstagen mitzuteilen. In dringenden Fällen kann der Leiter der Dienststelle diese Frist auf drei Arbeitstage abkürzen. Die Maßnahme gilt als gebilligt, wenn nicht der Personalrat innerhalb der genannten Frist die Zustimmung unter Angabe der Gründe schriftlich verweigert. Soweit dabei Beschwerden oder Behauptungen tatsächlicher Art vorgetragen werden, die für einen Beschäftigten ungünstig sind oder ihm nachteilig werden können, ist dem Beschäftigten Gelegenheit zur Äußerung zu geben; die Äußerung ist aktenkundig zu machen.

(3) Kommt eine Einigung nicht zustande, so kann der Leiter der Dienststelle oder der Personalrat die Angelegenheit binnen sechs Arbeitstagen auf dem Dienstwege den übergeordneten Dienststellen, bei denen Stufenvertretungen bestehen, vorlegen. In Körperschaften, Anstalten oder Stiftungen des öffentlichen Rechts ist als oberste Dienstbehörde das in ihrer Verfassung für die Geschäftsführung vorgesehene oberste Organ anzurufen. In Zweifelsfällen bestimmt die zuständige oberste Bundesbehörde die anzurufende Stelle. Absatz 2 gilt entsprechend. Legt der Leiter der Dienststelle die Angelegenheit nach Satz 1 der übergeordneten Dienststelle vor, teilt er dies dem Personalrat unter Angabe der Gründe mit.

(4) Ergibt sich zwischen der obersten Dienstbehörde und der bei ihr bestehenden zuständigen Personalvertretung keine Einigung, so entscheidet die Einigungsstelle (§ 71); in den Fällen des § 77 Abs. 2 stellt sie fest, ob ein Grund zur Verweigerung der Zustimmung vorliegt. Die Einigungsstelle soll binnen zwei Monaten nach der Erklärung eines Beteiligten, die Entscheidung der Einigungsstelle herbeiführen zu wollen, entscheiden. In den Fällen der §§ 76, 85 Abs. 1 Nr. 7 beschließt die Einigungsstelle, wenn sie sich nicht der Auffassung der obersten Dienstbehörde anschließt, eine Empfehlung an diese. Die oberste Dienstbehörde entscheidet sodann endgültig.

(5) Der Leiter der Dienststelle kann bei Maßnahmen, die der Natur der Sache nach keinen Aufschub dulden, bis zur endgültigen Entscheidung vorläufige Regelungen treffen. Er hat dem Personalrat die vorläufige Regelung mitzuteilen und zu begründen und unverzüglich das Verfahren nach den Absätzen 2 bis 4 einzuleiten oder fortzusetzen.

§ 70 Initiativrecht des Personalrats

(1) Beantragt der Personalrat eine Maßnahme, die nach § 75 Abs. 3 Nr. 1 bis 6 und 11 bis 17 seiner Mitbestimmung unterliegt, so hat er sie schriftlich dem Leiter der Dienststelle vorzuschlagen. Entspricht dieser dem Antrag nicht, so bestimmt sich das weitere Verfahren nach § 69 Abs. 3 und 4.

(2) Beantragt der Personalrat eine Maßnahme, die nach anderen als den in Absatz 1 Satz 1 bezeichneten Vorschriften seiner Mitbestimmung unterliegt, so hat er sie schriftlich dem Leiter der Dienststelle vorzuschlagen. Entspricht dieser dem Antrag nicht, so bestimmt sich das weitere Verfahren nach § 69 Abs. 3; die oberste Dienstbehörde entscheidet endgültig.

§ 71 Einigungsstelle

(1) Die Einigungsstelle wird bei der obersten Dienstbehörde gebildet. Sie besteht aus je drei Beisitzern, die von der obersten Dienstbehörde und der bei ihr bestehenden zuständigen Personalvertretung bestellt werden, und einem unparteiischen Vorsitzenden, auf dessen Person sich beide Seiten einigen. Unter den Beisitzern, die von der Personalvertretung bestellt werden, muss sich je ein Beamter und ein Arbeitnehmer befinden, es sei denn, die Angelegenheit betrifft lediglich die Beamten oder die im Arbeitsverhältnis stehenden Beschäftigten. Kommt eine Einigung über die Person des Vorsitzenden nicht zustande, so bestellt ihn der Präsident des Bundesverwaltungsgerichts.

(2) Die Verhandlung ist nicht öffentlich. Der obersten Dienstbehörde und der zuständigen Personalvertretung ist Gelegenheit zur mündlichen Äußerung zu geben. Im Einvernehmen mit den Beteiligten kann die Äußerung schriftlich erfolgen.

(3) Die Einigungsstelle entscheidet durch Beschluss. Sie kann den Anträgen der Beteiligten auch teilweise entsprechen. Der Beschluss wird mit Stimmenmehrheit gefasst. Er muss sich im Rahmen der geltenden Rechtsvorschriften, insbesondere des Haushaltsgesetzes, halten.

(4) Der Beschluss ist den Beteiligten zuzustellen. Er bindet, abgesehen von den Fällen des § 69 Abs. 4 Sätze 3, 5 die Beteiligten, soweit er eine Entscheidung im Sinne des Absatzes 3 enthält.

§ 72 Mitwirkungsverfahren

(1) Soweit der Personalrat an Entscheidungen mitwirkt, ist die beabsichtigte Maßnahme vor der Durchführung mit dem Ziele einer Verständigung rechtzeitig und eingehend mit ihm zu erörtern.

(2) Äußert sich der Personalrat nicht innerhalb von zehn Arbeitstagen oder hält er bei Erörterung seine Einwendungen oder Vorschläge nicht aufrecht, so gilt die beabsichtigte Maßnahme als gebilligt. Erhebt der Personalrat Einwendungen, so hat er dem Leiter der Dienststelle die Gründe mitzuteilen. § 69 Abs. 2 Satz 6 gilt entsprechend.

(3) Entspricht die Dienststelle den Einwendungen des Personalrats nicht oder nicht in vollem Umfange, so teilt sie dem Personalrat ihre Entscheidung unter Angabe der Gründe schriftlich mit.

(4) Der Personalrat einer nachgeordneten Dienststelle kann die Angelegenheit binnen drei Arbeitstagen nach Zugang der Mitteilung auf dem Dienstwege den übergeordneten Dienststellen, bei denen Stufenvertretungen bestehen, mit dem Antrag auf Entscheidung vorlegen. Diese entscheiden nach Verhandlung mit der bei ihnen bestehenden Stufenvertretung. § 69 Abs. 3 Sätze 2, 3 gilt entsprechend. Eine Abschrift seines Antrags leitet der Personalrat seiner Dienststelle zu.

(5) Ist ein Antrag gemäß Absatz 4 gestellt, so ist die beabsichtigte Maßnahme bis zur Entscheidung der angerufenen Dienststelle auszusetzen.

(6) § 69 Abs. 5 gilt entsprechend.

§ 73 Dienstvereinbarungen

(1) Dienstvereinbarungen sind zulässig, soweit sie dieses Gesetz ausdrücklich vorsieht. Sie werden durch Dienststelle und Personalrat gemeinsam beschlossen, sind schriftlich niederzulegen, von beiden Seiten zu unterzeichnen und in geeigneter Weise bekanntzumachen.

(2) Dienstvereinbarungen, die für einen größeren Bereich gelten, gehen den Dienstvereinbarungen für einen kleineren Bereich vor.

§ 74 Durchführung der Beschlüsse; Verbot einseitiger Eingriffe

(1) Entscheidungen, an denen der Personalrat beteiligt war, führt die Dienststelle durch, es sei denn, dass im Einzelfall etwas anderes vereinbart ist.

(2) Der Personalrat darf nicht durch einseitige Handlungen in den Dienstbetrieb eingreifen.

Dritter Abschnitt **Angelegenheiten, in denen der Personalrat zu beteiligen ist**

§ 75 Mitbestimmung in personellen und sozialen Angelegenheiten

(1) Der Personalrat hat mitzubestimmen in Personalangelegenheiten der Arbeitnehmer bei

1. Einstellung,
2. Übertragung einer höher oder niedriger zu bewertenden Tätigkeit, Höher- oder Rückgruppierung, Eingruppierung,
3. Versetzung zu einer anderen Dienststelle, Umsetzung innerhalb der Dienststelle, wenn sie mit einem Wechsel des Dienstortes verbunden ist (das Einzugsgebiet im Sinne des Umzugskostenrechts gehört zum Dienstort),
4. Abordnung für eine Dauer von mehr als drei Monaten,

4a. Zuweisung entsprechend § 123 a des Beamtenrechtsrahmengesetzes für eine Dauer von mehr als drei Monaten,

5. Weiterbeschäftigung über die Altersgrenze hinaus,
6. Anordnungen, weiche die Freiheit in der Wahl der Wohnung beschränken,
7. Versagung oder Widerruf der Genehmigung einer Nebentätigkeit.

(2) Der Personalrat hat mitzubestimmen in sozialen Angelegenheiten bei

1. Gewährung von Unterstützungen, Vorschüssen, Darlehen und entsprechenden sozialen Zuwendungen,
2. Zuweisung und Kündigung von Wohnungen, über die die Dienststelle verfügt, sowie der allgemeinen Festsetzung der Nutzungsbedingungen,
3. Zuweisung von Dienst- und Pachtland und Festsetzung der Nutzungsbedingungen.

Hat ein Beschäftigter eine Leistung nach Nummer 1 beantragt, wird der Personalrat nur auf seinen Antrag beteiligt; auf Verlangen des Antragstellers bestimmt nur der Vorstand des Personalrats mit. Die Dienststelle hat dem Personalrat nach Abschluss jedes Kalendervierteljahres einen Überblick über die Unterstützungen und entsprechenden sozialen Zuwendungen zu geben. Dabei sind die Anträge und die Leistungen gegenüberzustellen. Auskunft über die von den Antragstellern angeführten Gründe wird hierbei nicht erteilt.

(3) Der Personalrat hat, soweit eine gesetzliche oder tarifliche Regelung nicht besteht, gegebenenfalls durch Abschluss von Dienstvereinbarungen mitzubestimmen über

1. Beginn und Ende der täglichen Arbeitszeit und der Pausen sowie die Verteilung der Arbeitszeit auf die einzelnen Wochentage,
2. Zeit, Ort und Art der Auszahlung der Dienstbezüge und Arbeitsentgelte,
3. Aufstellung des Urlaubsplanes, Festsetzung der zeitlichen Lage des Erholungsurlaubs für einzelne Beschäftigte, wenn zwischen dem Dienststellenleiter und den beteiligten Beschäftigten kein Einverständnis erzielt wird,

4. Fragen der Lohngestaltung innerhalb der Dienststelle, insbesondere die Aufstellung von Entlohnungsgrundsätzen, die Einführung und Anwendung von neuen Entlohnungsmethoden und deren Änderung sowie die Festsetzung der Akkord- und Prämiensätze und vergleichbarer leistungsbezogener Entgelte, einschließlich der Geldfaktoren,
5. Errichtung, Verwaltung und Auflösung von Sozialeinrichtungen ohne Rücksicht auf ihre Rechtsform,
6. Durchführung der Berufsausbildung bei Arbeitnehmern,
7. Auswahl der Teilnehmer an Fortbildungsveranstaltungen für Arbeitnehmer,
8. Inhalt von Personalfragebogen für Arbeitnehmer,
9. Beurteilungsrichtlinien für Arbeitnehmer,
10. Bestellung von Vertrauens- oder Betriebsärzten als Arbeitnehmer,
11. Maßnahmen zur Verhütung von Dienst- und Arbeitsunfällen und sonstigen Gesundheitsschädigungen,
12. Grundsätze über die Bewertung von anerkannten Vorschlägen im Rahmen des betrieblichen Vorschlagwesens,
13. Aufstellung von Sozialplänen einschließlich Plänen für Umschulungen zum Ausgleich oder zur Milderung von wirtschaftlichen Nachteilen, die dem Beschäftigten infolge von Rationalisierungsmaßnahmen entstehen,
14. Absehen von der Ausschreibung von Dienstposten, die besetzt werden sollen,
15. Regelung der Ordnung in der Dienststelle und des Verhaltens der Beschäftigten,
16. Gestaltung der Arbeitsplätze,
17. Einführung und Anwendung technischer Einrichtungen, die dazu bestimmt sind, das Verhalten oder die Leistung der Beschäftigten zu überwachen.

(4) Muss für Gruppen von Beschäftigten die tägliche Arbeitszeit (Absatz 3 Nr. 1) nach Erfordernissen, die die Dienststelle nicht voraussehen kann, unregelmäßig und kurzfristig festgesetzt werden, so beschränkt sich die Mitbestimmung auf die Grundsätze für die Aufstellung der Dienstpläne, insbesondere für die Anordnung von Dienstbereitschaft, Mehrarbeit und Überstunden.

(5) Arbeitsentgelte und sonstige Arbeitsbedingungen, die durch Tarifvertrag geregelt sind oder üblicherweise geregelt werden, können nicht Gegenstand einer Dienstvereinbarung (Absatz 3) sein. Dies gilt nicht, wenn ein Tarifvertrag den Abschluss ergänzender Dienstvereinbarungen ausdrücklich zulässt.

§76 Mitbestimmung in personellen Angelegenheiten der Beamten und in sonstigen Angelegenheiten

(1) Der Personalrat hat mitzubestimmen in Personalangelegenheiten der Beamten bei

1. Einstellung, Anstellung,
2. Beförderung, Übertragung eines anderen Amtes mit höherem Endgrundgehalt ohne Änderung der Amtsbezeichnung, Verleihung eines anderen Amtes mit anderer Amtsbezeichnung beim Wechsel der Laufbahngruppe, Laufbahnwechsel,
3. Übertragung einer höher oder niedriger zu bewertenden Tätigkeit,
4. Versetzung zu einer anderen Dienststelle, Umsetzung innerhalb der Dienststelle, wenn sie mit einem Wechsel des Dienstortes verbunden ist (das Einzugsgebiet im Sinne des Umzugskostenrechts gehört zum Dienstort),
5. Abordnung für eine Dauer von mehr als drei Monaten,

5a. Zuweisung nach § 123 a des Beamtenrechtsrahmengesetzes für eine Dauer von mehr als drei Monaten,
6. Anordnungen, welche die Freiheit in der Wahl der Wohnung beschränken,
7. Versagung oder Widerruf der Genehmigung einer Nebentätigkeit,
8. Ablehnung eines Antrags nach § 72 a oder § 72 e des Bundesbeamtengesetzes auf Teilzeitbeschäftigung, Ermäßigung der regelmäßigen Arbeitszeit oder Urlaub,
9. Hinausschiebung des Eintritts in den Ruhestand wegen Erreichens der Altersgrenze.

(2) Der Personalrat hat, soweit eine gesetzliche oder tarifliche Regelung nicht besteht, gegebenenfalls durch Abschluss von Dienstvereinbarungen mitzubestimmen über

1. Auswahl der Teilnehmer an Fortbildungsveranstaltungen für Beamten,
2. Inhalt von Personalfragebogen für Beamte,
3. Beurteilungsrichtlinien für Beamte,
4. Bestellung von Vertrauens- oder Betriebsärzten als Beamte,
5. Maßnahmen zur Hebung der Arbeitsleistung und Erleichterung des Arbeitsablaufs,
6. allgemeine Fragen der Fortbildung der Beschäftigten,
7. Einführung grundlegend neuer Arbeitsmethoden,
8. Erlass von Richtlinien über die personelle Auswahl bei Einstellungen, Versetzungen, Umgruppierungen und Kündigungen,
9. Geltendmachung von Ersatzansprüchen gegen einen Beschäftigten.
10. Maßnahmen, die der Durchsetzung der tatsächlichen Gleichberechtigung von Frauen und Männern, insbesondere bei der Einstellung, Beschäftigung, Aus-, Fort- und Weiterbildung und dem beruflichen Aufstieg, dienen.

In den Fällen der Nummer 9 bestimmt der Personalrat nur auf Antrag des Beschäftigten mit; dieser ist von der beabsichtigten Maßnahme rechtzeitig vorher in Kenntnis zu setzen.

§ 77 Besondere Regelung für bestimmte Gruppen von Beschäftigten, Versagungskatalog

(1) In Personalangelegenheiten der in § 14 Abs. 3 bezeichneten Beschäftigten, der Beamten auf Zeit, der Beschäftigten mit überwiegend wissenschaftlicher oder künstlerischer Tätigkeit bestimmt der Personalrat nach § 75 Abs. 1, § 76 Abs. 1 nur mit, wenn sie es beantragen. § 75 Abs. 1 und 3 Nr. 14, § 76 Abs. 1 gelten nicht für die in § 36 Abs. 1 des Bundesbeamtengesetzes bezeichneten Beamten und für Beamtenstellen von der Besondungsgruppe A 16 an aufwärts.

(2) Der Personalrat kann in den Fällen des § 75 Abs. 1 und des § 76 Abs. 1 seine Zustimmung verweigern, wenn

1. die Maßnahme gegen ein Gesetz, eine Verordnung, eine Bestimmung in einem Tarifvertrag, eine gerichtliche Entscheidung, den Frauenförderplan oder eine Verwaltungsanordnung oder gegen eine Richtlinie im Sinne des § 76 Abs. 2 Nr. 8 verstößt oder
2. die durch Tatsachen begründete Besorgnis besteht, dass durch die Maßnahme der betroffene Beschäftigte oder andere Beschäftigte benachteiligt werden, ohne dass dies aus dienstlichen oder persönlichen Gründen gerechtfertigt ist, oder

3. die durch Tatsachen begründete Besorgnis besteht, dass der Beschäftigte oder Bewerber den Frieden in der Dienststelle durch unsoziales oder gesetzwidriges Verhalten stören werde.

§ 78 Mitwirkung

(1) Der Personalrat wirkt mit bei

1. Vorbereitung von Verwaltungsanordnungen einer Dienststelle für die innerdienstlichen, sozialen und persönlichen Angelegenheiten der Beschäftigten ihres Geschäftsbereichs, wenn nicht nach § 94 des Bundesbeamtengesetzes die Spitzenorganisationen der zuständigen Gewerkschaften bei der Vorbereitung zu beteiligen sind,
2. Auflösung, Einschränkung, Verlegung oder Zusammenlegung von Dienststellen oder wesentlichen Teilen von ihnen,
3. Erhebung der Disziplinarklage gegen einen Beamten,
4. Entlassung von Beamten auf Probe oder auf Widerruf, wenn sie die Entlassung nicht selbst beantragt haben,
5. vorzeitiger Versetzung in den Ruhestand.

(2) In den Fällen des Absatzes 1 Nr. 3 bis 5 gilt für die Mitwirkung des Personalrats § 77 Abs. 1 Satz 2 entsprechend. In den Fällen des Absatzes 1 Nr. 3 bis 5 wird der Personalrat nur auf Antrag des Beschäftigten beteiligt; in diesen Fällen ist der Beschäftigte von der beabsichtigten Maßnahme rechtzeitig vorher in Kenntnis zu setzen. Der Personalrat kann bei der Mitwirkung nach Absatz 1 Nr. 3 Einwendungen auf die in § 77 Abs. 2 Nr. 1 und 2 bezeichneten Gründe stützen.

(3) Vor der Weiterleitung von Personalanforderungen zum Haushaltsvoranschlag ist der Personalrat anzuhören. Gibt der Personalrat einer nachgeordneten Dienststelle zu den Personalanforderungen eine Stellungnahme ab, so ist diese mit den Personalanforderungen der übergeordneten Dienststelle vorzulegen. Das gilt entsprechend für die Personalplanung.

(4) Absatz 3 gilt entsprechend für Neu-, Um- und Erweiterungsbauten von Diensträumen.

(5) Vor grundlegenden Änderungen von Arbeitsverfahren und Arbeitsabläufen ist der Personalrat anzuhören.

§ 79 Mitwirkung bei der Kündigung

(1) Der Personalrat wirkt bei der ordentlichen Kündigung durch den Arbeitgeber mit. § 77 Abs. 1 Satz 2 gilt entsprechend. Der Personalrat kann gegen die Kündigung Einwendungen erheben, wenn nach seiner Ansicht

1. bei der Auswahl des zu kündigenden Arbeitnehmers soziale Gesichtspunkte nicht oder nicht ausreichend berücksichtigt worden sind,
2. die Kündigung gegen eine Richtlinie im Sinne des § 76 Abs. 2 Nr. 8 verstößt,
3. der zu kündigende Arbeitnehmer an einem anderen Arbeitsplatz in derselben Dienststelle oder in einer anderen Dienststelle desselben Verwaltungszweiges an demselben Dienstort einschließlich seines Einzugsgebiets weiterbeschäftigt werden kann,
4. die Weiterbeschäftigung des Arbeitnehmers nach zumutbaren Umschulungs- oder Fortbildungsmaßnahmen möglich ist oder
5. die Weiterbeschäftigung des Arbeitnehmers unter geänderten Vertragsbedingungen möglich ist und der Arbeitnehmer sein Einverständnis hiermit erklärt.

Wird dem Arbeitnehmer gekündigt, obwohl der Personalrat nach Satz 3 Einwendungen gegen die Kündigung erhoben hat, so ist dem Arbeitnehmer mit der Kündigung eine Abschrift der Stellungnahme des Personalrats zuzuleiten, es sei denn, dass die Stufenvertretung in der Verhandlung nach § 72 Abs. 4 Satz 2 die Einwendungen nicht aufrechterhalten hat.

(2) Hat der Arbeitnehmer im Falle des Absatzes 1 Satz 4 nach dem Kündigungsschutzgesetz Klage auf Feststellung erhoben, dass das Arbeitsverhältnis durch die Kündigung nicht aufgelöst ist, so muss der Arbeitgeber auf Verlangen des Arbeitnehmers diesen nach Ablauf der Kündigungsfrist bis zum rechtskräftigen Abschluss des Rechtsstreites bei unveränderten Arbeitsbedingungen weiterbeschäftigen. Auf Antrag des Arbeitgebers kann das Arbeitsgericht ihn durch einstweilige Verfügung von der Verpflichtung zur Weiterbeschäftigung nach Satz 1 entbinden, wenn

1. die Klage des Arbeitnehmers keine hinreichende Aussicht auf Erfolg bietet oder mutwillig erscheint oder
2. die Weiterbeschäftigung des Arbeitnehmers zu einer unzumutbaren wirtschaftlichen Belastung des Arbeitgebers führen würde oder
3. der Widerspruch des Personalrats offensichtlich unbegründet war.

(3) Vor fristlosen Entlassungen und außerordentlichen Kündigungen ist der Personalrat anzuhören. Der Dienststellenleiter hat die beabsichtigte Maßnahme zu begründen. Hat der Personalrat Bedenken, so hat er sie unter Angabe der Gründe dem Dienststellenleiter unverzüglich, spätestens innerhalb von drei Arbeitstagen schriftlich mitzuteilen.

(4) Eine Kündigung ist unwirksam, wenn der Personalrat nicht beteiligt worden ist.

§ 80 Teilnahme an Prüfungen

An Prüfungen, die eine Dienststelle von den Beschäftigten ihres Bereichs abnimmt, kann ein Mitglied des für diesen Bereich zuständigen Personalrats, das von diesem benannt ist, beratend teilnehmen.

§ 81 Beteiligung an der Gefahrverhütung

(1) Der Personalrat hat bei der Bekämpfung von Unfall- und Gesundheitsgefahren die für den Arbeitsschutz zuständigen Behörden, die Träger der gesetzlichen Unfallversicherung und die übrigen in Betracht kommenden Stellen durch Anregung, Beratung und Auskunft zu unterstützen und sich für die Durchführung der Vorschriften über den Arbeitsschutz und die Unfallverhütung in der Dienststelle einzusetzen.

(2) Der Dienststellenleiter und die in Absatz 1 genannten Stellen sind verpflichtet, bei allen im Zusammenhang mit dem Arbeitsschutz oder der Unfallverhütung stehenden Besichtigungen und Fragen und bei Unfalluntersuchungen den Personalrat oder die von ihm bestimmten Personalratsmitglieder derjenigen Dienststelle hinzuzuziehen, in der die Besichtigung oder Untersuchung stattfindet. Der Dienststellenleiter hat dem Personalrat unverzüglich die den Arbeitsschutz und die Unfallverhütung betreffenden Auflagen und Anordnungen der in Absatz 1 genannten Stellen mitzuteilen.

(3) An den Besprechungen des Dienststellenleiters mit den Sicherheitsbeauftragten im Rahmen des § 22 Abs. 2 des Siebten Buches Sozialgesetzbuch nehmen vom Personalrat beauftragte Personalratsmitglieder teil.

(4) Der Personalrat erhält die Niederschriften über Untersuchungen, Besichtigungen und Besprechungen, zu denen er nach den Absätzen 2 und 3 hinzuzuziehen ist.

(5) Der Dienststellenleiter hat dem Personalrat eine Durchschrift der nach § 193 Abs. 5 des Siebten Buches Sozialgesetzbuch vom Personalrat zu unterschreiben-

den Unfallanzeige oder des nach beamtenrechtlichen Vorschriften zu erstattenden Berichts auszuhändigen.

Vierter Abschnitt **Beteiligung der Stufenvertretungen und des Gesamtpersonalrates**

§ 82 Beteiligung der Stufenvertretung und des Gesamtpersonalrates

(1) In Angelegenheiten, in denen die Dienststelle nicht zur Entscheidung befugt ist, ist an Stelle des Personalrats die bei der zuständigen Dienststelle gebildete Stufenvertretung zu beteiligen.

(2) Vor einem Beschluss in Angelegenheiten, die einzelne Beschäftigte oder Dienststellen betreffen, gibt die Stufenvertretung dem Personalrat Gelegenheit zur Äußerung. In diesem Falle verdoppeln sich die Fristen der §§ 69 und 72.

(3) Die Absätze 1 und 2 gelten entsprechend für die Verteilung der Zuständigkeit zwischen Personalrat und Gesamtpersonalrat.

(4) Für die Befugnisse und Pflichten der Stufenvertretungen und des Gesamtpersonalrats gelten die §§ 69 bis 81 entsprechend.

(5) Werden im Geschäftsbereich mehrstufiger Verwaltungen personelle oder soziale Maßnahmen von einer Dienststelle getroffen, bei der keine für eine Beteiligung an diesen Maßnahmen zuständige Personalvertretung vorgesehen ist, so ist die Stufenvertretung bei der nächsthöheren Dienststelle, zu deren Geschäftsbereich die entscheidende Dienststelle und die von der Entscheidung Betroffenen gehören, zu beteiligen.

Sechstes Kapitel **Gerichtliche Entscheidungen**

§ 83 Gerichtliche Entscheidungen

(1) Die Verwaltungsgerichte, im dritten Rechtszug das Bundesverwaltungsgericht, entscheiden außer in den Fällen der §§ 9, 25, 28 und 47 Abs. 1 über

1. Wahlberechtigung und Wählbarkeit,
2. Wahl und Amtszeit der Personalvertretungen und der in den §§ 57, 65 genannten Vertreter sowie die Zusammensetzung der Personalvertretungen und der Jugend- und Auszubildendenvertretungen,
3. Zuständigkeit, Geschäftsführung und Rechtsstellung der Personalvertretungen und der in den §§ 57, 65 genannten Vertreter,
4. Bestehen oder Nichtbestehen von Dienstvereinbarungen.

(2) Die Vorschriften des Arbeitsgerichtsgesetzes über das Beschlussverfahren gelten entsprechend.

§ 84 Bildung von Fachkammern

(1) Für die nach diesem Gesetz zu treffenden Entscheidungen sind bei den Verwaltungsgerichten des ersten und zweiten Rechtszuges Fachkammern (Fachsenate) zu bilden. Die Zuständigkeit einer Fachkammer kann auf die Bezirke anderer Gerichte oder Teile von ihnen erstreckt werden.

(2) Die Fachkammer besteht aus einem Vorsitzenden und ehrenamtlichen Richtern. Die ehrenamtlichen Richter müssen Beschäftigte im öffentlichen Dienst des Bundes

sein. Sie werden je zur Hälfte durch die Landesregierung oder die von ihr bestimmte Stelle auf Vorschlag

1. der unter den Beschäftigten vertretenen Gewerkschaften und
2. der in § 1 bezeichneten Verwaltungen und Gerichte

berufen. Für die Berufung und Stellung der ehrenamtlichen Richter und ihre Heranziehung zu den Sitzungen gelten die Vorschriften des Arbeitsgerichtsgesetzes über ehrenamtliche Richter entsprechend.

(3) Die Fachkammer wird tätig in der Besetzung mit einem Vorsitzenden und je zwei nach Absatz 2 Satz 3 Nr. 1 und 2 berufenen Beisitzern. Unter den in Absatz 2 Satz 3 Nr. 1 bezeichneten Beisitzern muss sich je ein Beamter und Arbeitnehmer befinden.

Siebentes Kapitel **Vorschriften für besondere Verwaltungszweige und die Behandlung von Verschlusssachen**

§ 85 Sondervorschriften für die Bundespolizei

(1) Für die Bundespolizei gilt dieses Gesetz mit folgenden Abweichungen:

1. Die Beschäftigten der Bundespolizeibehörden und der ihnen nachgeordneten Dienststellen wählen Bundespolizeipersonalvertretungen (Bundespolizeipersonalrat, Bundespolizeibezirkspersonalrat, Bundespolizeihauptpersonalrat).
2. Polizeivollzugsbeamte sind nur wahlberechtigt (§ 13 Abs. 1), wenn sie am Wahltag die Grundausbildung bereits beendet haben und nicht bei der Berufung in das Beamtenverhältnis schriftlich erklärt haben, nur eine Dienstzeit von zwei Jahren ableisten zu wollen.
3. In Angelegenheiten, die lediglich die Polizeivollzugsbeamten betreffen, die nach Nummer 2 nicht wahlberechtigt sind, wirkt die Bundespolizeipersonalvertretung mit, wenn ein Vertrauensmann (Absatz 2) dies im Einzelfalle beantragt.
4. Die in Nummer 3 bezeichneten Polizeivollzugsbeamten werden bei der Ermittlung der Zahl der vom Dienst freizustellenden Personalratsmitglieder nach § 46 Abs. 4 nicht berücksichtigt.
5. Die Vorschriften über die Jugend- und Auszubildendenvertretung gelten nicht für die Polizeivollzugsbeamten.
6. Eine Beteiligung der Bundespolizeipersonalvertretung findet nicht statt bei
   a) Anordnungen für Polizeivollzugsbeamte, durch die Einsatz oder Einsatzübungen geregelt werden,
   b) der Einstellung von Polizeivollzugsbeamten für die Grundausbildung.
7. Die Bundespolizeipersonalvertretung bestimmt bei der Berufsförderung von Polizeivollzugsbeamten mit, soweit der Beamte dies beantragt.

(2) Die Polizeivollzugsbeamten, die nach Absatz 1 Nr. 2 nicht das Wahlrecht zu den Bundespolizeipersonalvertretungen besitzen, wählen in jeder Einheit einen Vertrauensmann und zwei Stellvertreter. Einheiten im Sinne des Satzes 1 sind die Hundertschaften oder vergleichbare Einheiten und Dienststellen nach näherer Bestimmung des Bundesministers des Innern. Für die Wahl, die Amtszeit und die Aufgaben des Vertrauensmannes gilt folgendes:

1. Wahlberechtigt und wählbar sind ohne Rücksicht auf ihr Alter die in Satz 1 genannten Polizeivollzugsbeamten; im Übrigen gelten § 13 Abs. 1, § 14 Abs. 1 Satz 2 entsprechend.

2. Der Bundespolizeipersonalrat bestimmt spätestens drei Wochen vor dem unter Nummer 4 Satz 2 genannten Zeitpunkt drei Wahlberechtigte als Wahlvorstand und einen von ihnen als Vorsitzenden. Hat der Bundespolizeipersonalrat den Wahlvorstand nicht fristgemäß bestimmt oder besteht in der Dienststelle kein Bundespolizeipersonalrat, so bestellt der Leiter der Dienststelle den Wahlvorstand.
3. Der Wahlvorstand hat unverzüglich eine Versammlung der Wahlberechtigten einzuberufen. In dieser Versammlung ist die Wahl des Vertrauensmannes und seiner Stellvertreter durchzuführen. Gewählt wird durch Handaufheben. Widerspricht ein Wahlberechtigter diesem Verfahren, so wird eine geheime Wahl mit Stimmzetteln vorgenommen. § 24 gilt entsprechend.
4. Für die Amtszeit des Vertrauensmannes und seiner Stellvertreter gelten § 29 Abs. 1 Nr. 2, 4, 5 und § 30 entsprechend. § 31 Abs. 1, 2 ist mit der Maßgabe anzuwenden, dass eine Neuwahl stattfindet, wenn nach Eintreten beider Stellvertreter kein Vertrauensmann mehr vorhanden ist.
5. Für die Geschäftsführung und Rechtsstellung des Vertrauensmannes gelten die §§ 43 bis 45, 46 Abs. 1, 2, 3 Satz 1 und 6 entsprechend. Für die Aufgaben und Befugnisse des Vertrauensmannes gelten § 2, § 47 Abs. 2, §§ 66 bis 68 entsprechend. In den Fällen des § 75 Abs. 2 Satz 1 Nr. 1, Abs. 3 Nr. 3, 14, 15, § 76 Abs. 1 Nr. 2, 4, 5, Abs. 2 Nr. 1, 5, 6, 9, § 78 Abs. 1 Nr. 4 ist, soweit Polizeivollzugsbeamte, die nach Absatz 1 Nr. 2 nicht das Wahlrecht zu den Bundespolizeipersonalvertretungen besitzen, betroffen sind, der Vertrauensmann rechtzeitig von dem Dienststellenleiter zu hören, in den Fällen des § 76 Abs. 2 Nr. 9, § 78 Abs. 1 Nr. 4 jedoch nur auf Antrag des Betroffenen. Der Vertrauensmann kann an den Sitzungen des Bundespolizeipersonalrates beratend teilnehmen; in den Fällen des Absatzes 1 Nr. 3 hat er im Bundesgrenzschutzpersonalrat Stimmrecht.

(3) Die Dienstleistenden (§ 49 Abs. 1 des Bundesgrenzschutzgesetzes vom 18. August 1972 (BGBl. I S. 1834), das zuletzt durch Artikel 3 des Gesetzes vom 19. Oktober 1994 (BGBl. I S. 2978) geändert worden ist,) stehen bei der Anwendung dieses Gesetzes den Polizeivollzugsbeamten gleich, die nach Absatz 1 Nr. 2 nicht das Wahlrecht zu den Bundesgrenzschutzpersonalvertretungen besitzen; sie wählen gemeinsam mit diesen den Vertrauensmann und dessen Stellvertreter (Absatz 2). Erleidet ein Dienstleistender anläßlich der Wahrnehmung von Rechten oder Erfüllung von Pflichten nach diesem Gesetz durch einen Unfall eine gesundheitliche Schädigung, die eine Grenzschutzdienstbeschädigung wäre, so sind die dafür geltenden Vorschriften entsprechend anzuwenden.

§ 86 Sondervorschriften für den Bundesnachrichtendienst

Für den Bundesnachrichtendienst gilt dieses Gesetz mit folgenden Abweichungen:

1. Teile und Stellen des Bundesnachrichtendienstes, die nicht zur Zentrale des Bundesnachrichtendienstes gehören, gelten als Dienststellen im Sinne des § 6 Abs. 1. In Zweifelsfällen entscheidet der Leiter des Bundesnachrichtendienstes über die Dienststelleneigenschaft.
2. Die Mitgliedschaft im Personalrat ruht bei Personen, die zu einer sicherheitsempfindlichen Tätigkeit nicht zugelassen sind.
3. In Fällen des § 28 Abs. 2 setzt der Leiter des Bundesnachrichtendienstes einen Wahlvorstand ein.
4. Die Personalversammlungen finden nur in den Räumen der Dienststelle statt, sie werden in der Zentrale nur als Teilversammlungen durchgeführt. Über die Abgrenzung entscheidet der Leiter des Bundesnachrichtendienstes.
5. Der Leiter der Dienststelle kann nach Anhörung des Personalrats bestimmen, dass Beschäftigte, bei denen dies wegen ihrer dienstlichen Aufgaben zwingend geboten ist, nicht an Personalversammlungen teilnehmen.

6. Die Tagesordnung der Personalversammlung und die in der Personalversammlung sowie im Tätigkeitsbericht zu behandelnden Punkte legt der Personalrat im Einvernehmen mit dem Leiter der Dienststelle fest. Andere Punkte dürfen nicht behandelt werden. Der Leiter der Dienststelle nimmt an den Personalversammlungen teil.
7. In den Fällen des § 20 Abs. 2, der §§ 21 und 23 bestellt der Leiter der Dienststelle den Wahlvorstand.
8. Die Beschäftigten des Bundesnachrichtendienstes wählen keine Stufenvertretung. Soweit eine Stufenvertretung zuständig ist, ist an ihrer Stelle der Personalrat der Zentrale zu beteiligen. Erhebt der Personalrat Einwendungen gegen eine vom Leiter des Bundesnachrichtendienstes beabsichtigte Maßnahme, so entscheidet im Falle des § 72 Abs. 4 nach Verhandlung mit dem Personalrat der Zentrale der Chef des Bundeskanzleramtes endgültig.
9. In den Fällen des § 75 Abs. 1 Nr. 1, 2 (Eingruppierung), 3, 4, Abs. 3 Nr. 3 (Festsetzung der zeitlichen Lage des Erholungsurlaubs für einzelne Beschäftigte, wenn zwischen dem Dienststellenleiter und den beteiligten Beschäftigten kein Einverständnis erzielt wird), 6, 7, 10, 14, 17, § 76 Abs. 1 Nr. 1, 4, 5, Abs. 2 Nr. 1, 4, 6 bis 8, § 78 Abs. 1 Nr. 2, Abs. 3 bis 5 wird der Personalrat nicht beteiligt. Im Übrigen tritt an die Stelle der Mitbestimmung und der Zustimmung die Mitwirkung des Personalrats.
10. § 93 ist mit folgender Maßgabe anzuwenden:

a. Personalvertretungen bei Dienststellen im Sinne der Nummer 1 bilden keine Ausschüsse, an ihre Stelle tritt der Ausschuss des Personalrats der Zentrale.
b. Der Leiter des Bundesnachrichtendienstes kann außer in den Fällen des § 93 Abs. 5 auch bei Vorliegen besonderer nachrichtendienstlicher Gründe Anordnungen im Sinne des § 93 Abs. 5 treffen oder von einer Beteiligung absehen.

11. Bei Vorliegen besonderer Sicherheitsvorfälle oder einer besonderen Einsatzsituation, von der der Bundesnachrichtendienst ganz oder teilweise betroffen ist, ruhen die Rechte und Pflichten der zuständigen Personalvertretungen. Beginn und Ende des Ruhens der Befugnisse der Personalvertretung werden jeweils vom Leiter des Bundesnachrichtendienstes im Einvernehmen mit dem Chef des Bundeskanzleramtes festgestellt.
12. Die Vorschriften über Aufgaben und Befugnisse der Gewerkschaften und Arbeitgebervereinigungen, ihrer Beauftragten und Vertreter sowie § 12 Abs. 2, § 44 Abs. 3, §§ 55, 64 Abs. 2, §§ 70, 79 Abs. 2, § 81 Abs. 1, 5 sind nicht anzuwenden.
13. Soweit sich aus den Nummern 1 bis 12 nichts anderes ergibt, gelten die §§ 48 bis 52 des Soldatenbeteiligungsgesetzes entsprechend.
14. Für gerichtliche Entscheidungen nach § 83 Abs. 1 ist im ersten und letzten Rechtszug das Bundesverwaltungsgericht zuständig. Im gerichtlichen Verfahren ist § 99 der Verwaltungsgerichtsordnung entsprechend anzuwenden.

§ 87 Sondervorschriften für das Bundesamt für Verfassungsschutz

Für das Bundesamt für Verfassungsschutz gilt dieses Gesetz mit folgenden Abweichungen:

1. Der Leiter des Bundesamtes für Verfassungsschutz kann nach Anhörung des Personalrals bestimmen, dass Beschäftigte, bei denen dies wegen ihrer dienstlichen Aufgaben dringend geboten ist, nicht an Personalversammlungen teilnehmen.
2. Die Vorschriften über eine Beteiligung von Vertretern oder Beauftragten der Gewerkschaften und Arbeitgebervereinigungen (§ 20 Abs. 1, §§ 36, 39 Abs. 1, § 52) sind nicht anzuwenden,

3. Bei der Beteiligung der Stufenvertretung und der Einigungsstelle sind Angelegenheiten, die lediglich Beschäftigte des Bundesamtes für Verfassungsschutz betreffen, wie Verschlusssachen des Geheimhaltungsgrades „VS-VERTRAULICH" zu behandeln (§ 93), soweit nicht die zuständige Stelle etwas anderes bestimmt.

§ 88 Sondervorschriften für die Sozialversicherung und für die Bundesagentur für Arbeit

Für bundesunmittelbare Körperschaften und Anstalten des öffentlichen Rechts im Bereich der Sozialversicherung und für die Bundesagentur für Arbeit gilt dieses Gesetz mit folgenden Abweichungen:

1. Behörden der Mittelstufe im Sinne des § 6 Abs. 2 Satz 2 sind die der Hauptverwaltungsstelle unmittelbar nachgeordneten Dienststellen, denen andere Dienststellen nachgeordnet sind.
2. Abweichend von § 7 Satz 1 handelt für die Körperschaft oder Anstalt der Vorstand, soweit ihm die Entscheidungsbefugnis vorbehalten ist; für die Agenturen für Arbeit und die Regionaldirektionen der Bundesagentur für Arbeit handelt die Geschäftsführung. Der Vorstand oder die Geschäftsführung kann sich durch eines oder mehrere der jeweiligen Mitglieder vertreten lassen. § 7 Satz 3 und 4 bleibt unberührt.
3. Als oberste Dienstbehörde im Sinne des § 69 Abs. 3, 4 und des § 71 gilt der Vorstand. § 69 Abs. 3 Satz 2 ist nicht anzuwenden.

§ 89 Sondervorschriften für die Deutsche Bundesbank

Für die Deutsche Bundesbank gilt dieses Gesetz mit folgenden Abweichungen:

1. Als Behörden der Mittelstufe im Sinne des § 6 Abs. 2 Satz 2 gelten die Landeszentralbanken, denen Zweiganstalten unterstehen.
2. Oberste Dienstbehörde ist der Präsident der Deutschen Bundesbank. Der Zentralbankrat gilt als oberste Dienstbehörde, soweit ihm die Entscheidung zusteht. § 69 Abs. 3 Satz 2 ist nicht anzuwenden.
3. Der Zentralbankrat, das Direktorium und der Vorstand einer Landeszentralbank können sich durch eines oder mehrere ihrer Mitglieder vertreten lassen. § 7 Satz 2 bleibt unberührt.

§ 89a Sondervorschriften für den Bereich der Deutschen Bundespost (aufgehoben)

§ 90 Sondervorschriften für die Rundfunkanstalt „Deutsche Welle"

Für die Rundfunkanstalt des Bundesrechts „Deutsche Welle" gilt dieses Gesetz mit folgenden Abweichungen:

1. Die Einrichtungen der Deutschen Welle am Sitz Köln und die Einrichtungen der Deutschen Welle am Sitz Berlin bilden je eine Dienststelle im Sinne dieses Gesetzes. Diese Aufteilung auf zwei Dienststellen bleibt bei Verlegung des Sitzes von Köln nach Bonn bestehen. Andere Einrichtungen der Deutschen Welle werden vom Intendanten der Deutschen Welle einer Dienststelle zugeteilt. § 6 Abs. 3 findet keine Anwendung.
2. Die Beschäftigten in beiden Dienststellen wählen – neben den örtlichen Personalräten – einen Gesamtpersonalrat. Dieser wirkt bei der Entscheidung nach Nummer 1 Satz 3 mit. Er ist zuständig für die Behandlung dienststellenübergreifender Angelegenheiten. Der Gesamtpersonalrat hat seinen Sitzort am Sitz

des Intendanten. Die für den Gesamtpersonalrat maßgebenden Bestimmungen finden im Übrigen entsprechende Anwendung.

3. Die Beschäftigten im Sinne des § 57 in beiden Dienststellen wählen – neben den örtlichen Jugend- und Auszubildendenvertretungen – eine Gesamt-Jugend- und Auszubildendenvertretung, Nummer 2 Satz 3 gilt entsprechend. Der Sitzort der Gesamt-Jugend- und Auszubildendenvertretung ist am Sitzort des Gesamtpersonalrats. Die für die Gesamt-Jugend- und Auszubildendenvertretung maßgebenden Bestimmungen finden im Übrigen entsprechende Anwendung.
4. Leiter der Dienststellen ist der Intendant. Er gilt als oberste Dienstbehörde im Sinne des Gesetzes; § 69 Abs. 3 Satz 2 findet keine Anwendung. § 7 ist entsprechend anzuwenden.
5. Beschäftigte der Deutschen Welle im Sinne dieses Gesetzes sind die durch Arbeitsvertrag unbefristet oder auf Zeit angestellten Beschäftigten der Deutschen Welle einschließlich der zu ihrer Berufsausbildung Beschäftigten. Beschäftigte im Sinne dieses Gesetzes sind nicht:

a) der Intendant, die Direktoren und der Justitiar,

b) Personen in einem arbeitnehmerähnlichen Verhältnis, sonstige freie Mitarbeiter und Personen, die auf Produktionsdauer beschäftigt sind.

6. § 44 Abs. 1 Satz 2 findet mit der Maßgabe Anwendung, dass an die Stelle des Bundesreisekostengesetzes die Reisekostenordnung der Deutschen Welle tritt.
7. a) Bei Beschäftigten, deren Vergütung sich nach der Vergütungsgruppe 1 des Vergütungstarifvertrages der Deutschen Welle bemisst oder deren Vergütung über der höchsten Vergütungsgruppe liegt, wird der Personalrat in den Fällen des § 75 Abs. 1 und 3 Nr. 14 nicht beteiligt.
   b) Bei im Programmbereich Beschäftigten der Vergütungsgruppe 11 des Vergütungstarifvertrages der Deutschen Welle tritt in Fällen des § 75 Abs. 1 an die Stelle der Mitbestimmung des Personalrats die Mitwirkung.
   c) Bei Beschäftigten mit überwiegend wissenschaftlicher oder künstlerischer Tätigkeit sowie bei Beschäftigten, die maßgeblich an der Programmgestaltung beteiligt sind, bestimmt der Personalrat in den Fällen des § 75 Abs. 1 nur mit, wenn sie dies beantragen. § 69 Abs. 4 Satz 3 und 4 gilt entsprechend.

§ 91 Sondervorschriften für Dienststellen des Bundes im Ausland

(1) Für Dienststellen des Bundes im Ausland gilt dieses Gesetz mit folgenden Abweichungen:

1. Ortskräfte sind nicht Beschäftigte im Sinne des § 4.
2. Die Beschäftigten sind nicht in eine Stufenvertretung oder in einen Gesamtpersonalrat bei einer Dienststelle im Inland wählbar.
3. Die nach § 13 wahlberechtigten Beschäftigten im Geschäftsbereich des Auswärtigen Amtes im Ausland ohne die Dienststellen des Deutschen Archäologischen Instituts sind außer zur Wahl des Personalrats ihrer Dienststelle auch zur Wahl des Personalrats des Auswärtigen Amtes wahlberechtigt, jedoch nicht wählbar. Zur Wahl des Hauptpersonalrats des Auswärtigen Amtes sind sie nicht wahlberechtigt. Soweit eine Stufenvertretung zuständig wäre, ist an ihrer Stelle der Personalrat des Auswärtigen Amtes zu beteiligen. § 47 Abs. 2 gilt nicht für die nach Satz 1 zur Wahl des Personalrats des Auswärtigen Amtes wahlberechtigten Beschäftigten.
4. Für gerichtliche Entscheidungen nach § 83 ist das Verwaltungsgericht zuständig, in dessen Bezirk die oberste Dienstbehörde ihren Sitz hat.

(2) In Dienststellen des Bundes im Ausland, in denen in der Regel mindestens fünf Ortskräfte (Absatz 1 Nr. 1) beschäftigt sind, wählen diese einen Vertrauensmann

und höchstens zwei Stellvertreter. Gewählt wird durch Handaufheben; widerspricht ein Wahlberechtigter diesem Verfahren, so wird eine geheime Wahl mit Stimmzetteln vorgenommen. § 24 Abs. 1 Satz 1 und 2, Abs. 2 gilt entsprechend. Die Amtszeit des Vertrauensmannes und seiner Stellvertreter beträgt zwei Jahre; im Übrigen gilt § 29 Abs. 1 sinngemäß. § 31 ist mit der Maßgabe anzuwenden, dass eine Neuwahl stattfindet, wenn nach Eintreten der Stellvertreter kein Vertrauensmann mehr vorhanden ist. Der Vertrauensmann nimmt Anregungen, Anträge und Beschwerden der Ortskräfte in innerdienstlichen, sozialen und persönlichen Angelegenheiten entgegen und vertritt sie gegenüber dem Dienststellenleiter und dem Personalrat. Vor der Beschlussfassung in Angelegenheiten, die die besonderen Interessen der Ortskräfte wesentlich berühren, hat der Personalrat dem Vertrauensmann Gelegenheit zur Äußerung zu geben. Für den Vertrauensmann gelten die §§ 43 bis 45, 46 Abs. 1, 2, 3 Satz 1 und § 67 Abs. 1 Satz 3 sinngemäß.

§ 92 Sondervorschriften für den Geschäftsbereich des Bundesministeriums der Verteidigung

Für den Geschäftsbereich des Bundesministers der Verteidigung gilt § 82 Abs. 5 mit folgender Maßgabe:

1. Werden personelle oder soziale Maßnahmen von einer Dienststelle, bei der keine für eine Beteiligung an diesen Maßnahmen zuständige Personalvertretung vorgesehen ist, mit Wirkung für einzelne Beschäftigte einer ihr nicht nachgeordneten Dienststelle getroffen, so ist der Personalrat dieser Dienststelle von deren Leiter zu beteiligen, nachdem zuvor ein Einvernehmen zwischen den Dienststellen über die beabsichtigte Maßnahme hergestellt worden ist.

Sind bei einer Dienststelle, bei der keine Stufenvertretung vorgesehen ist, zur Vorbereitung von Entscheidungen nach § 75 Abs. 2 Satz 1 Nr. 2 und Abs. 3 Nr. 5 mit Wirkung für andere Dienststellen Ausschüsse gebildet, so hat die Dienststelle die beabsichtigte Maßnahme mit einem Mitglied der Stufenvertretung bei der nächsthöheren, den genannten Dienststellen übergeordneten Dienststelle zu beraten. Dieses Mitglied ist von der Stufenvertretung zu benennen. Nummer 1 ist nicht anzuwenden.

§ 93 Verschlusssachen

(1) Soweit eine Angelegenheit, an der eine Personalvertretung zu beteiligen ist, als Verschlusssache mindestens des Geheimhaltungsgrades „VS-VERTRAULICH“ eingestuft ist, tritt an die Stelle der Personalvertretung ein Ausschuss. Dem Ausschuss gehört höchstens je ein in entsprechender Anwendung des § 32 Abs. 1 gewählter Vertreter der im Personalrat vertretenen Gruppen an. Die Mitglieder des Ausschusses müssen nach den dafür geltenden Bestimmungen ermächtigt sein, Kenntnis von Verschlusssachen des in Betracht kommenden Geheimhaltungsgrades zu erhalten. Personalvertretungen bei Dienststellen, die Behörden der Mittelstufe nachgeordnet sind, bilden keinen Ausschuss; an ihre Stelle tritt der Ausschuss des Bezirkspersonalrats.

(2) Wird der zuständige Ausschuss nicht rechtzeitig gebildet, ist der Ausschuss der bei der Dienststelle bestehenden Stufenvertretung oder, wenn dieser nicht rechtzeitig gebildet wird, der Ausschuss der bei der obersten Dienstbehörde bestehenden Stufenvertretung zu beteiligen.

(3) Die Einigungsstelle (§ 71) besteht in den in Absatz 1 Satz 1 bezeichneten Fällen aus je einem Beisitzer, der von der obersten Dienstbehörde und der bei ihr bestehenden zuständigen Personalvertretung bestellt wird, und einem unparteiischen Vorsitzenden, die nach den dafür geltenden Bestimmungen ermächtigt sind, von Verschlusssachen des in Betracht kommenden Geheimhaltungsgrades Kenntnis zu erhalten.

(4) §§ 40, 82 Abs. 2 und die Vorschriften über die Beteiligung der Gewerkschaften und Arbeitgebervereinigungen in den §§ 36 und 39 Abs. 1 sind nicht anzuwenden. Angelegenheiten, die als Verschlusssachen mindestens des Geheimhaltungsgrades „VS- VERTRAULICH“ eingestuft sind, werden in der Personalversammlung nicht behandelt.

(5) Die oberste Dienstbehörde kann anordnen, dass in den Fällen des Absatzes 1 Satz 1 dem Ausschuss und der Einigungsstelle Unterlagen nicht vorgelegt und Auskünfte nicht erteilt werden dürfen, soweit dies zur Vermeidung von Nachteilen für das Wohl der Bundesrepublik Deutschland oder eines ihrer Länder oder auf Grund internationaler Verpflichtungen geboten ist. Im Verfahren nach § 83 sind die gesetzlichen Voraussetzungen für die Anordnung glaubhaft zu machen.

Zweiter Teil **Personalvertretungen in den Ländern**

Erstes Kapitel **Rahmenvorschriften für die Landesgesetzgebung**

§ 94 Geltung der Rahmenvorschriften

Für die Gesetzgebung der Länder sind die §§ 95 bis 106 Rahmenvorschriften.

§ 95 Verpflichtung zur Bildung von Personal- und Jugend- und Auszubildendenvertretungen

(1) In den Verwaltungen und Betrieben der Länder, Gemeinden, Gemeindeverbände und der sonstigen nicht bundesunmittelbaren Körperschaften, Anstalten und Stiftungen des öffentlichen Rechts sowie in den Gerichten der Länder werden Personalvertretungen gebildet; für Beamte im Vorbereitungsdienst und Beschäftigte in entsprechender Berufsausbildung, Staatsanwälte, Polizeibeamte und Angehörige von Rundfunk- und Fernsehanstalten sowie von Dienststellen, die bildenden, wissenschaftlichen oder künstlerischen Zwecken dienen, können die Länder eine besondere Regelung unter Beachtung des § 104 vorsehen.

(2) In den einzelnen Dienststellen ist die Bildung von Jugend- und Auszubildendenvertretungen vorzusehen. Einem Vertreter der Jugend- und Auszubildendenvertretung ist die Teilnahme an allen Sitzungen der Personalvertretung mit beratender Stimme zu gestatten. Die Länder haben zu regeln, in welchen Fällen der gesamten Jugend- und Auszubildendenvertretung ein Teilnahmerecht mit beratender Stimme und in welchen Fällen ihr das Stimmrecht in der Personalvertretung einzuräumen ist.

(3) Der Schwerbehindertenvertretung ist die Teilnahme an allen Sitzungen der Personalvertretung zu gestatten.

§ 96 Gewerkschaften und Personalvertretung

Die Aufgaben der Gewerkschaften und der Vereinigungen der Arbeitgeber werden durch das Personalvertretungsrecht nicht berührt.

§ 97 Verbot abweichender Regelungen

Durch Tarifvertrag oder Dienstvereinbarung darf eine von den gesetzlichen Vorschriften abweichende Regelung des Personalvertretungsrechts nicht zugelassen werden.

§ 98 Wahlvorschriften, Gruppenveto

(1) Die Personalvertretungen werden in geheimer und unmittelbarer Wahl und bei Vorliegen mehrerer Wahlvorschläge nach den Grundsätzen der Verhältniswahl gewählt.

(2) Sind in einer Dienststelle Angehörige verschiedener Gruppen wahlberechtigt, so wählen die Angehörigen jeder Gruppe ihre Vertreter in getrennten Wahlgängen, sofern nicht die Mehrheit der Wahlberechtigten jeder Gruppe in getrennter geheimer Abstimmung die gemeinsame Wahl beschließt.

(3) Über Angelegenheiten, die nur die Angehörigen einer Gruppe betreffen, kann die Personalvertretung nicht gegen den Willen dieser Gruppe beschließen.

(4) Die Geschlechter sollen in den Personalvertretungen und den Jugend- und Auszubildendenvertretungen entsprechend dem Zahlenverhältnis vertreten sein.

§ 99 Schutz der Personalvertretungen

(1) Wahl und Tätigkeit der Personalvertretungen und der Jugendvertretungen oder der Jugend- und Auszubildendenvertretungen dürfen nicht behindert oder in einer gegen die guten Sitten verstoßenden Weise beeinflusst werden.

(2) Mitglieder der Personalvertretungen und der Jugendvertretungen oder der Jugend- und Auszubildendenvertretungen dürfen gegen ihren Willen nur versetzt oder abgeordnet werden, wenn dies aus wichtigen dienstlichen Gründen auch unter Berücksichtigung der Mitgliedschaft in der Personalvertretung oder der Jugendvertretung sowie der Jugend- und Auszubildendenvertretung unvermeidbar ist und die Personalvertretung zustimmt.

§ 100 Ehrenamt, Verbot wirtschaftlicher Nachteile, Kosten

(1) Die Mitglieder der Personalvertretungen führen ihr Amt unentgeltlich als Ehrenamt.

(2) Durch die Wahl und die Tätigkeit der Personalvertretungen dürfen den Beschäftigten wirtschaftliche Nachteile nicht entstehen.

(3) Die durch die Wahl und die Tätigkeit der Personalvertretungen entstehenden Kosten trägt die Verwaltung.

§ 101 Nichtöffentlichkeit, Schweigepflicht, Unterlagen

(1) Die Sitzungen der Personalvertretungen sind nicht öffentlich.

(2) Personen, die Aufgaben oder Befugnisse nach dem Personalvertretungsrecht wahrnehmen oder wahrgenommen haben, haben über die ihnen dabei bekannt gewordenen Angelegenheiten und Tatsachen Stillschweigen zu bewahren.

(3) Den Personalvertretungen sind auf Verlangen die zur Durchführung ihrer Aufgaben erforderlichen Unterlagen zur Verfügung zu stellen. Personalakten dürfen Mitgliedern der Personalvertretungen nur mit Zustimmung des Beschäftigten vorgelegt werden.

§ 102 Amtszeit, Auflösung, Ausschluss

(1) Die Personalvertretungen sind in angemessenen Zeitabständen neu zu wählen.

(2) Die Personalvertretungen können wegen grober Vernachlässigung ihrer gesetzlichen Befugnisse oder wegen grober Verletzung ihrer gesetzlichen Pflichten durch gerichtliche Entscheidung aufgelöst worden. Das Gleiche gilt für den Ausschluss einzelner Mitglieder.

§ 103 Aufgabe der Personalvertretungen

Die Personalvertretungen haben darauf hinzuwirken, dass die zugunsten der Beschäftigten geltenden Vorschriften und Bestimmungen durchgeführt werden.

§ 104 Zuständigkeit der Personalvertretungen

Die Personalvertretungen sind in innerdienstlichen, sozialen und personellen Angelegenheiten der Beschäftigten zu beteiligen; dabei soll eine Regelung angestrebt werden, wie sie für Personalvertretungen in Bundesbehörden in diesem Gesetz festgelegt ist. Für den Fall der Nichteinigung zwischen der obersten Dienstbehörde und der zuständigen Personalvertretung in Angelegenheiten, die der Mitbestimmung unterliegen, soll die Entscheidung einer unabhängigen Stelle vorgesehen werden, deren Mitglieder von den Beteiligten bestellt worden. Entscheidungen, die wegen ihrer Auswirkungen auf das Gemeinwesen wesentlicher Bestandteil der Regierungsgewalt sind, insbesondere Entscheidungen

in personellen Angelegenheiten der Beamten,

über die Gestaltung von Lehrveranstaltungen im Rahmen des Vorbereitungsdienstes einschließlich der Auswahl der Lehrpersonen und

in organisatorischen Angelegenheiten,

dürfen jedoch nicht den Stellen entzogen werden, die der Volksvertretung verantwortlich sind.

§ 105 Gerechte Behandlung der Beschäftigten

Die Personalvertretungen haben gemeinsam mit dem Leiter der Dienststelle für eine sachliche und gerechte Behandlung der Angelegenheiten der Beschäftigten zu sorgen. Insbesondere darf kein Beschäftigter wegen seiner Abstammung, Religion, Nationalität, Herkunft, politischen oder gewerkschaftlichen Betätigung oder Einstellung, wegen seines Geschlechtes oder wegen persönlicher Beziehungen bevorzugt oder benachteiligt werden. Der Leiter der Dienststelle und die Personalvertretung haben jede parteipolitische Betätigung in der Dienststelle zu unterlassen; die Behandlung von Tarif-, Besoldungs- und Sozialangelegenheiten wird hierdurch nicht berührt.

§ 106 Gerichtliche Zuständigkeit

Zu gerichtlichen Entscheidungen sind die Verwaltungsgerichte berufen.

Zweites Kapitel Unmittelbar für die Länder geltende Vorschriften

§ 107 Benachteiligungs-/Begünstigungsverbot

Personen, die Aufgaben oder Befugnisse nach dem Personalvertretungsrecht wahrnehmen, dürfen darin nicht behindert und wegen ihrer Tätigkeit nicht benachteiligt oder begünstigt werden; dies gilt auch für ihre berufliche Entwicklung. § 9 gilt entsprechend.

§ 108 Außerordentliche Kündigung von Mitgliedern der Personalvertretung

(1) Die außerordentliche Kündigung von Mitgliedern der Personalvertretungen, der Jugendvertretungen oder der Jugend- und Auszubildendenvertretungen, der Wahl-

vorstände sowie von Wahlbewerbern, die in einem Arbeitsverhältnis stehen, bedarf der Zustimmung der zuständigen Personalvertretung. Verweigert die zuständige Personalvertretung ihre Zustimmung oder äußert sie sich nicht innerhalb von drei Arbeitstagen nach Eingang des Antrags, so kann das Verwaltungsgericht sie auf Antrag des Dienststellenleiters ersetzen, wenn die außerordentliche Kündigung unter Berücksichtigung aller Umstände gerechtfertigt ist. In dem Verfahren vor dem Verwaltungsgericht ist der betroffene Arbeitnehmer Beteiligter.

(2) Eine durch den Arbeitgeber ausgesprochene Kündigung des Arbeitsverhältnisses eines Beschäftigten ist unwirksam, wenn die Personalvertretung nicht beteiligt worden ist.

§ 109 Unfälle der Beamten

Erleidet ein Beamter anlässlich der Wahrnehmung von Rechten oder Erfüllung von Pflichten nach dem Personalvertretungsrecht einen Unfall, der im Sinne der beamtenrechtlichen Unfallfürsorgevorschriften ein Dienstunfall wäre, so finden diese Vorschriften entsprechende Anwendung.

Dritter Teil **Strafvorschriften**

§§ 110–111 (weggefallen)

Vierter Teil **Schlussvorschriften**

§ 112 Religionsgemeinschaften

Dieses Gesetz findet keine Anwendung auf Religionsgemeinschaften und ihre karitativen und erzieherischen Einrichtungen ohne Rücksicht auf ihre Rechtsform; ihnen bleibt die selbstständige Ordnung eines Personalvertretungsrechts überlassen.

§ 113 Änderung des Deutschen Richtergesetzes (weggefallen)

§ 114 Änderung des Kündigungsschutzgesetzes (weggefallen)

§ 115 Wahlordnung

Die Bundesregierung wird ermächtigt, zur Durchführung der in den §§ 12 bis 25, 55 bis 57, 64, 65, 85 Abs. 2 sowie den §§ 86, 89 a und 91 bezeichneten Wahlen durch Rechtsverordnung, die nicht der Zustimmung des Bundesrats bedarf, Vorschriften zu erlassen über

1. die Vorbereitung der Wahl, insbesondere die Aufstellung der Wählerlisten und die Errechnung der Vertreterzahl,
2. die Frist für die Einsichtnahme in die Wählerlisten und die Erhebung von Einsprüchen,
3. die Vorschlagslisten und die Frist für ihre Einreichung,
4. das Wahlausschreiben und die Fristen für seine Bekanntmachung,
5. die Stimmabgabe,

6. die Feststellung des Wahlergebnisses und die Fristen für seine Bekanntmachung,
7. die Aufbewahrung der Wahlakten.

§ 116 Neuwahlen (gegenstandslos)

§ 116a Erstmalige Wahlen zu Jugend- und Auszubildendenvertretungen (gegenstandslos)

§ 116b Übergang zu vierjähriger Amtszeit (gegenstandslos)

§ 117 Vorschriften in anderen Gesetzen

Soweit in anderen Vorschriften auf Vorschriften verwiesen wird oder Bezeichnungen verwendet werden, die durch dieses Gesetz aufgehoben oder geändert werden, treten an ihre Stelle die entsprechenden Vorschriften dieses Gesetzes.

§ 118 Berlin-Klausel (gegenstandslos)

§ 119 Inkrafttreten

Dieses Gesetz tritt am 1. April 1974 in Kraft. Gleichzeitig treten das Personalvertretungsgesetz vom 5. August 1955 (BGBl. I S. 477) und das Gesetz über Personalvertretungen im Bundesgrenzschutz vom 16. März 1965 (BGBl. I S. 68), beide Gesetze zuletzt geändert durch das Gesetz vom 13. November 1973 (BGBl. I S. 1613), außer Kraft.

Einleitung

Inhaltsübersicht

A. Vorbemerkung

1 Die geschichtliche Entwicklung ist für das Verständnis eines Gesetzes oftmals unerlässlich. Sie zeigt bestimmte Tendenzen auf, macht Schwerpunkte der Auseinandersetzungen deutlich und gibt damit gleichzeitig Aufschluss über die einer konkreten Regelung zugrunde liegenden Motive. Daher kann auch eine Erläuterung des Personalvertretungsgesetzes nicht auf eine Darstellung der einzelnen Entwicklungsstadien verzichten.

2 Von Beginn der Kodifizierung an hat es sich bei dieser Rechtsmaterie um eine bereits im Grundsätzlichen höchst umstrittene Angelegenheit gehandelt. Gewiss – im Verlauf der verschiedenen Gesetzgebungsverfahren haben sich diese Gewichte verlagert, die Stoßrichtung ist in mancher Beziehung eine andere geworden. Im Ergebnis allerdings hat sich auch bis zum Abschluss der parlamentarischen Behandlung des BPersVG 1974[1] an den grundsätzlichen Meinungsverschiedenheiten kaum etwas geändert. Insofern weist auch dieses Gesetz deutliche Zeichen eines Kompromisses auf. Die Gegensätze, die bei der gesamten parlamentarischen Behandlung zutage traten, lassen erkennen, dass hier nicht nur die rechtspolitische Ermessensentscheidung des Gesetzgebers über das Ausmaß der zu gewährenden Beteiligungsrechte und die dafür zu wählenden Formen und Modalitäten streitig waren, sondern auch die rechtssystematische Zuordnung der Materie und ihre verfassungsrechtliche Grundlage.

1 BGBl. I S. 693.

B. Geschichtliche Entwicklung des Personalvertretungsrechts im öffentlichen Dienst

I. Rechtsentwicklung in der Reichsrepublik (unter Geltung der Weimarer Reichsverfassung bis 1933)

3 1. Nach Art. 165 Abs. 1 WRV waren die Arbeiter und Angestellten dazu berufen, gleichberechtigt in Gemeinschaft mit den Unternehmern an der Regelung der Lohn- und Arbeitsbedingungen sowie an der gesamten wirtschaftlichen Entwicklung der produktiven Kräfte mitzuwirken. Sie sollten daher nach Art. 165 Abs. 2 „zur Wahrnehmung ihrer sozialen und wirtschaftlichen Interessen" gesetzliche Vertretungen in Betriebsarbeiterräten sowie in nach Wirtschaftsgebieten gegliederten Bezirksarbeiterräten und in einem Reichsarbeiterrat erhalten. Die Bezirksarbeiterräte und der Reichsarbeiterrat sollten „zur Erfüllung der gesamten wirtschaftlichen Aufgaben und zur Mitwirkung bei der Ausführung der Sozialisierungsgesetze" mit den Vertretungen der Unternehmer „und sonst beteiligter Volkskreise" zu Bezirkswirtschaftsräten und zu einem Reichswirtschaftsrat zusammentreten. Diese Wirtschaftsräte sollten so gestaltet werden, dass alle wichtigen Berufsgruppen entsprechend ihrer wirtschaftlichen und sozialen Bedeutung darin vertreten sind (Abs. 3).

4 Die in diesen Vorschriften enthaltene, als „Verankerung des Rätesystems in der Verfassung" bezeichnete[2] Konzeption eines der parlamentarischen Demokratie in gewisser Weise korrespondierenden wirtschaftlichen und sozialen Rätesystems blieb zwar unvollendet. Gleichwohl ist sie aufschlussreich für die Ursprünge jener Idee, die nunmehr einerseits im BetrVG, andererseits in gewisser Weise im BPersVG Verwirklichung gefunden hat. Sie gehen zurück auf die Auseinandersetzungen zwischen der bürgerlich-demokratischen, rechtsstaatlichen und parlamentarischen Demokratie und der damals teilweise vehement vertretenen Idee einer Rätedemokratie, in deren Spannungsfeld Deutschland nach dem Zusammenbruch der konstitutionellen Monarchie geraten war.

5 Die Weimarer Nationalversammlung entschied sich für den Parlamentarismus im staatlichen Bereich, wünschte jedoch, auch die Rätebestrebungen in den staatlichen Aufbau einzubeziehen. Dies sollte durch ein Rätesystem im Bereich von Arbeit und Wirtschaft geschehen, ein Rätesystem allerdings, das zu unterscheiden ist von jener Ausprägung dieser Idee, die sich in der Sowjetunion durchsetzte. Art. 165 WRV beruht auf der Gleichberechtigung von Arbeitern und Unternehmern, zielt also auf ein System der Wirtschaftsdemokratie, nicht auf ein solches der proletarischen Klassendiktatur.

6 Von besonderer Bedeutung ist, dass der Weimarer Verfassungsgesetzgeber die Beamten aus diesem sozialpolitischen Rätesystem heraushielt. Nach Art. 130 Abs. 3 WRV sollten sie „nach näherer reichsgesetzlicher Bestimmung ... besondere Beamtenvertretungen" erhalten. Zu dem Räteaufbau des Art. 165 bestand nur insofern eine Verbindung, als auch die Beamten (wohl in ihrer Stellung als Konsumenten) zu den „sonst beteiligten Volkskreisen" im Sinne von Art. 165 Abs. 3 gehörten.

2 Anschütz, Art. 165 WRV Anm. 1 (als Zitat nach Ausführungen des Abg. Sinzheimer in der Nationalversammlung). Siehe auch Huber, Wirtschaftsverwaltungsrecht II, S. 478 ff.; dort auch Hinweise auf Vorläufer der Betriebsräte; Thiele, Gefährdung verfassungs- und verwaltungsgerichtlicher Grundprinzipien, PersV 1993, 97, 101.

2. Der Verfassungsgesetzgeber entzog sich, wie aus Art. 130 Abs. 3 ersichtlich, jedoch nicht der Einsicht, dass für die Beamten ähnliche Institutionen nützlich, ja vielleicht notwendig sein konnten. Die Einrichtung von Beamtenvertretungen zur Wahrnehmung der Rechte und zur Vertretung der Wünsche der Beamten bei ihrem Dienstvorgesetzten entsprach zudem auch einem langgehegten Wunsch der Beamtenschaft selbst oder doch starker Teile.[3] Erstmals waren Personalräte im öffentlichen Dienst im Dezember 1918 (im Zusammenhang mit der staatlichen Umwälzung) geschaffen worden.[4] 7

3. Zweifel über die Bedeutung des Art. 130 Abs. 3 WRV, der ja als eine Verfassungsvorschrift beamtenrechtlichen Charakters nach durchaus herrschender Auffassung[5] die Bedeutung eines hergebrachten Grundsatzes des Beamtentums beanspruchen konnte, haben sich im Wesentlichen daraus ergeben, dass er keine reichsgesetzliche Verwirklichung gefunden hat. Die Reichsregierung legte zwar am 28. 6. 1921 dem Reichstag den „Entwurf eines Gesetzes über Beamtenvertretungen"[6] vor. Die Vorlage wurde aber durch Reichstagsauflösung hinfällig. Eine zweite Regierungsvorlage wurde am 18. 5. 1925 dem Reichstag vorgelegt,[7] gelangte aber erst am 11. 1. 1930 in den Reichstag.[8] Auch diese wurde durch die Auflösung des Reichstags hinfällig. Gleiches widerfuhr auch einem dritten Entwurf, der dem Reichstag am 28. 1. 1931 vorgelegt worden war. 8
Es verdient festgehalten zu werden, dass diese Gesetzentwürfe der rechtlichen Sonderstellung des Beamtentums konsequent Rechnung trugen und vom Betriebsräterecht völlig unabhängig waren.

4. Gleichwohl sind besondere Beamtenvertretungen verwirklicht worden. Sie bestanden bei Verwaltungen. Dies war zunächst, der verfassungsgesetzlichen und der beabsichtigten gesetzlichen Regelung vorweg, im Weg von innerdienstlichen Verwaltungsanweisungen erfolgt, deren erste Regelungen zum Beispiel im Bereich der Reichspost vom 6. 12. 1918 datieren.[9] Aufgrund eines Mustererlasses des Reichsministers des Innern aus dem Jahre 1920 über die allgemeine Regelung der Beamtenvertretungen erging im Bereich der Deutschen Reichspost der Erlass über Bildung und Aufgaben der Beamtenvertretungen vom 25. 6. 1920 (geändert durch Verfügung vom 24. 4. 1922),[10] im Bereich der Deutschen Reichsbahngesellschaft der Erlass über die Bildung von Beamtenvertretungen vom 22. 12. 1924.[11] 9
Wie die Gesetzentwürfe, so beruhte auch die positive Regelung in den Erlassen auf einer Trennung der Beamtenausschüsse bzw. Beamtenvertretungen von den entsprechenden Räten der Angestellten und Arbeiter des öffentlichen Dienstes, nachdem diese nach Inkrafttreten des Betriebsrätegesetzes vom 4. 2. 1920 (RGBl. S. 147) aus diesen Räten ausgeschieden waren.

5. Darin kam unmissverständlich zum Ausdruck, dass die Beamten wegen ihres öffentlich-rechtlichen Dienst- und Treueverhältnisses nicht mit den arbeitsrechtlichen Regelungen des Betriebsrätegesetzes in Verbindung ge- 10

3 Müller, Die Beamtenausschüsse der Deutschen Reichspost, Berlin 1931, S. 7.
4 Müller aaO (Fußn. 3).
5 Vgl. u. a. Grewe auf dem 39. Deutschen Juristentag, Öffentl.-rechtl. Abteilung, Tübingen 1950, S. D. 30; siehe im übrigen C II 4a.
6 Reichstagsdrucksache 2359.
7 Reichtagsdrucksache 85.
8 Reichstagsdrucksache 1569.
9 Über den Inhalt der Regelung vgl. Müller aaO (Fußn. 3), S. 8 ff.
10 Czyborra, RiA 1955, 196 mit weiteren Nachweisen.
11 Czyborra, RiA 1955, 196.

bracht werden konnten, das – abweichend vom heutigen BetrVG – auch auf die Arbeiter und Angestellten des öffentlichen Dienstes Anwendung fand (§ 9 Abs. 1 BetrRG). Diese wählten danach Arbeiter- und Angestelltenräte (§ 16 BetrRG), die zusammen den Betriebsrat bildeten.

11 Zwar konnten gewisse Gruppen von Beamten und Beamtenanwärtern gemäß § 13 Abs. 1 BetrRG als Angestellte oder Arbeiter im Sinne dieses Gesetzes behandelt werden, wenn dies durch Rechtsverordnung vorgeschrieben wurde.[12] Jedoch kam diesen Ausnahmen keine grundsätzliche Bedeutung bei, ebensowenig den in § 65 BetrRG enthaltenen Bestimmungen über die Zusammenarbeit (gemeinsame Beratung mit getrennter Beschlussfassung) der Betriebsräte und Beamtenvertreter in gewissen gemeinsamen Angelegenheiten. Auch sie beruhten auf dem gleichberechtigten Zusammentreten zweier rechtlich getrennter Institutionen.

II. Rechtsentwicklung von 1933–1945

12 Sowohl die Betriebsräte als auch die Beamtenausschüsse fanden ihr Ende durch das nationalsozialistische autoritäre System der innerbetrieblichen bzw. innerdienstlichen Ordnung. Die Regelungen dieser Zeit (Gesetz zur Ordnung der nationalen Arbeit in den öffentlichen Verwaltungen und Betrieben vom 23. 3. 1934, RGBl. I S. 220) sind für die Entwicklung der jetzt maßgeblichen Gestaltungen ohne Bedeutung. Immerhin aber ist es bemerkenswert, dass man nach dem erwähnten Gesetz in den öffentlichen Verwaltungen, die nicht Hoheitsbefugnisse ausübten, und in den öffentlichen Betrieben (mit in der Regel mehr als 20 Beschäftigten) Vertrauensmänner einsetzte, diese Regelung aber bewusst auf die Arbeitnehmer beschränkte und die Beamten nicht mit einbezog.

III. Rechtsentwicklung nach 1945

13 Um so auffälliger ist die Beseitigung der sowohl in der Reichsrepublik wie im nationalsozialistischen Regierungssystem geltenden Trennung der Beamten von den Regelungen für die Angestellten und Arbeiter des öffentlichen Dienstes, die nach dem Zusammenbruch aufgrund der Besatzungsintervention erfolgte. Zunächst handelte es sich weniger um eine rechtliche als um eine faktische Maßnahme.

14 Das Kontrollratsgesetz Nr. 22 (Betriebsrätegesetz) vom 10. 4. 1946 (KR-ABl Seite 133), das an die Stelle des aufgehobenen Gesetzes zur Ordnung der nationalen Arbeit trat, bestimmte in seinem Artikel I „zur Wahrnehmung der beruflichen, wirtschaftlichen und sozialen Interessen der Arbeiter und Angestellten in den einzelnen Betrieben", dass „die Errichtung und Tätigkeit von Betriebsräten in ganz Deutschland gestattet" (nicht vorgeschrieben) wird. Es erwähnte die Beamten nicht, woraus (und aus sonstigen rechtslogischen, rechtssystematischen und sprachlichen Gründen) das OVG Hamburg[13] mit Recht geschlossen hat, dass die Beamten diesem Gesetz nicht unterfallen sollten. Die Praxis war allerdings durchweg anders. Im Wege der tatsächlichen Handhabung, zum Teil sanktioniert durch „Betriebsvereinbarungen", wurden die Beamten faktisch in dieses Betriebsrätesystem einbezogen. Daraus ergab sich eine Fülle rechtlicher Zweifel, unter anderem hinsichtlich der gerichtlichen Zuständigkeit in Rechtsstreitigkeiten, zumal die recht unbestimmten und weitmaschigen Bestimmungen des KR-Gesetzes wichtige Fragen unbeantwortet ließen. Der Bundesgerichtshof hat in einer

12 Über diese Regelung siehe Czyborra, RiA 1955, 196, Fußn. 2.
13 Urteil v. 7. 10. 1950, DVBl. 1951, 28.

grundsätzlichen Entscheidung[14] die Mitwirkungsrechte der auf diese Weise zustande gekommenen Betriebsräte hinsichtlich personeller Akte bei Beamten als illegitim erklärt. Gleichwohl bildet die auf der Grundlage des KR-Gesetzes zustande gekommene tatsächliche Situation die Ausgangslage für die Bundesgesetzgebung.

Für die in teilweiser Anlehnung an die KR-Gesetze ergangenen Landesgesetze[15] gilt das gleiche. Diese allerdings konnten für die Beschäftigten des Bundes keine Geltung beanspruchen.[16] **15**

C. Der Werdegang des PersVG

I. Die Ausgangssituation

Die Bundesregierung beschritt bei der gesetzgeberischen Gestaltung einen Weg, der eine neue, der bisherigen Rechtsentwicklung (soweit sie auf der Gesetzgebung vor 1945 beruhte) unbekannte Problematik aufwarf. Sie entschied sich dafür, abweichend von der Regelung in der Weimarer Reichsrepublik, das gesamte innerdienstliche Personalvertretungswesen in den öffentlichen Verwaltungen und Betrieben in einem besonderen Gesetz zu regeln, unter Zusammenfassung der Arbeitnehmer mit den Beamten. **16**

Hierfür war wohl vor allem die Erwägung maßgebend, dass solche Beteiligungsrechte, wie sie nunmehr gesetzlich sanktioniert werden sollten, im Bereich der Verwaltung einer parlamentarischen Demokratie notwendig die parlamentarische Verantwortlichkeit der Verwaltungsspitze (Art. 65 GG) berühren mussten. Daher war beim Ausbau des Beteiligungsverfahrens und **17**

14 Zur Kritik derartiger Vereinbarungen ohne gesetzliche Grundlage vgl. Krüger, Deutsche Verwaltung 1949, 670 ff.,hier S. 673, und Grabendorff, ZBR 1953, 29, vgl. auch die Entsch. des BGH v. 11. 11. 1954, ZBR 1955, 51 mit Anm. von Grabendorff.

15 In Baden Landesges. über die Bildung von Betriebsräten – BetrRG – v. 24. 9. 1948 (GVBl. S. 209);
in Bayern BetrRG v. 25. 10. 1950 (GVBl. S. 227 mit Berichtigung 1951 S. 32), mit Änd. v. 3. 7. 1951 (GVBl. S. 89);
in Bremen Ausführungsges. zu Art. 47 der LVerf. – Bremisches BetrRG – v. 10. 1. 1949 (GBl. S. 7), mit Änd. v. 7. 3. 1950 (GBl. S. 3 1);
in Hessen BetrRG v. 31. 5. 1948 (GVBl. S. 117 u. GVBl. 1950 S. 49), mit Änd. v. 26. 8. 1950 (GVBl. S. 165);
in Rh-Pf. VO über die Errichtung und die Tätigkeit von BetrR v. 15. 5. 1947 (VOBl. S. 258).
Dagegen galt in Württ.-Baden das Ges. Nr. 726 über die Beteiligung der Arbeitnehmer an der Verwaltung und Gestaltung der Betriebe der Privatwirtschaft v. 18. 8. 1948 (RegBl. S. 136) nur für die wirtschaftl. Betriebe der öff. Hand.
Besondere gesetzliche Regelungen für das Personalvertretungswesen im öff. Dienst wurden geschaffen:
in Württ-Hohenzollern: Ges. über die Bildung von PersVertr. in der öff. Verw. v. 10. 4. 1951 (RegBl. S. 37);
in Berlin durch das 1. Änd-Ges. zum LBG v. 26.3. 1953 (GVBl. S. 202) i. d. F. des 2. u. 4. Änd-Ges. v. 22. 10. 1953 (GVBl. S. 1313) bzw. v. 19. 3. 1954 (GVBl. S. 161);
in Schl.-H.: Ges. über die PersVertr. in den öff. Verwaltungen und Betrieben v. 9. 2. 1954 (GVBl. S. 21). Dieses Ges. ist im wesentlichen auf der Grundlage des RegEntw. des PersVG erwachsen.
Soweit in den Ländern keine gesetzlichen Vorschriften ergangen sind, erfolgte die Handhabung des Betriebsrätewesens auf der Grundlage des KR-Ges. Nr. 22.

16 So schon Krüger, Deutsche Verwaltung 1949, 670 ff., Anm. 7; Hering, Zur Frage der Geltung von Landesrecht für Arbeitnehmer der Bundesbahn, RdA 1951, 295; HessVGH v. 29. 10. 1954, ZBR 1955,116; a. A. LAG Freiburg v. 24. 3. 1953, ZBR 1953, 99; vgl. auch Czyborra, RiA 1955, 196, Anm. 7 m. weit. Hinweisen.

der einzelnen Beteiligungsfälle vom Gesetzgeber die Grenze zu beachten, die in einer repräsentativen Demokratie einer umfassenden, d. h. über den innerdienstlichen Bereich hinausgehenden Mitbestimmung im öffentlichen Dienst gezogen ist. Angelegenheiten, die wesentlicher Bestandteil der Regierungsgewalt sind, dürfen nicht den der Volksvertretung verantwortlichen Stellen der Exekutive entzogen und auf Stellen übertragen werden, die ihrerseits weder der Regierung noch dem Parlament gegenüber verantwortlich sind.[17]

18 Diese Problematik des Verhältnisses der innerdienstlichen Demokratie der Personalvertretung zu der parlamentarischen Verantwortlichkeit der Gesamtverwaltung (bzw. ihrer Spitze) gegenüber der Volksvertretung ist in der Tat sowohl für die Arbeitnehmer im öffentlichen Dienst wie für die Beamten im Wesentlichen gleich gelagert und musste daher übereinstimmend entschieden werden. Die insoweit von den Verhältnissen der gewerblichen Wirtschaft abweichende Problematik nötigte nunmehr auch dazu, die Mitbestimmung für die Arbeitnehmer im öffentlichen Dienst gesondert von der in der Wirtschaft zu regeln.

II. Die Standpunkte

19 1. Zur Begründung führt der Regierungs-Entwurf dieses Gesetzes[18] aus:
a) Das Verlangen nach Beteiligung des Personals an den grundlegenden Entscheidungen im Betriebe werde in der privaten Wirtschaft mit der Durchsetzung demokratischer Forderungen begründet. Im öffentlich-rechtlichen Bereich sei diese Forderung aber durch die parlamentarische Demokratie bereits verwirklicht.
b) Das Verlangen nach Mitbestimmung in der Wirtschaft werde ferner damit begründet, dass die Arbeitsleistung der Arbeitnehmer dem Kapital und der Leistung des Unternehmers als gleichberechtigter Faktor gegenüberstehe. Ein solcher Gegensatz bestehe im öffentlichen Dienst nicht.
c) Weiterhin stützten sich die Mitbestimmungs-Forderungen in der Wirtschaft auf das Bestreben der Arbeitnehmer, ihre Existenz nicht schutzlos willkürlichen oder fehlerhaften Entschlüssen einzelner auszusetzen. Daher ziele die Mitwirkung im privaten Bereich darauf ab, Fehlentscheidungen bei wesentlichen Änderungen des Betriebes oder über das Arbeits- und Produktionsprogramm durch die Beteiligung der Arbeitnehmer zu verhindern. Für die öffentliche Verwaltung und ihre Betriebe kommt aber eine Gefährdung des Arbeitsplatzes durch wirtschaftliche Fehlentscheidungen nicht in Betracht.
d) Gleichwohl müsse auch im öffentlichen Bereich das Verlangen der in der Verwaltung Tätigen nach Beteiligung an bestimmten Entscheidungen als gerechtfertigt anerkannt werden, vor allem, damit diese das Gefühl echter Mitarbeiterschaft hätten.
e) Ihre Mitbestimmungs-Rechte fänden aber ihre Schranke an den Entscheidungen des Trägers der Staatsgewalt.
Zudem kann der Bereich der Verwaltung auch deshalb nicht ohne weiteres mit den Gegebenheiten der Wirtschaft verglichen werden, da es sich hier nicht um Produktion oder Verteilung von Gütern, sondern um die Regelung der öffentlichen Ordnung, die Gewährleistung des Rechtsschutzes und die Sicherstellung von Daseinsvorsorge für den Bürger handelt. Infolgedessen kann die der Betriebsverfassung der privaten Wirtschaft wesenseigentümliche Ausgangsregelung im Staatsbetrieb keine Entsprechung finden, noch weniger dort, wo überhaupt nicht produziert wird, sondern öffentliche

17 BVerfG v. 27. 4. 1959, BVerfGE 9, 269 = ZBR 1959, 152 = PersV 1958/59, 234.
18 BT-Drucks. 160 (neu) S. 14.

Ordnungsaufgaben mit Mitteln bewältigt werden, die keinerlei Vergleiche mit den Aufgaben privatrechtlicher Betriebe zulassen.

2. Dennoch stießen diese Darlegungen auf Widerspruch. Mit dem Argument, die im öffentlichen Dienst Stehenden dürften nicht schlechter behandelt werden als die Arbeitnehmer der Privatwirtschaft, forderten die Gewerkschaften der Arbeitnehmerschaft die Einbeziehung des gesamten öffentlichen Dienstes einschließlich der Beamten in das BetrVG. Diese Forderung wurde auf die These gestützt, es handele sich um die Verwirklichung eines allgemeinen Postulats der Wirtschaftsdemokratie, an der auch der Beamte als „Wirtschaftsbürger" teilhaben müsse,[19] infolgedessen nicht um öffentliches Dienstrecht. 20
Das BetrVG vom 11.10.1952 (BGBl. I S.681) findet nach § 88 keine Anwendung auf die Betriebe und Verwaltungen des Bundes, der Länder, der Gemeinden und sonstigen Körperschaften und Anstalten des öffentlichen Rechts. Die Regelung für diesen Bereich bleibt vielmehr einem besonderen Gesetz vorbehalten.
Dennoch gingen die Auseinandersetzungen weiter – später mit der Zielrichtung, die besondere gesetzliche Regelung dem BetrVG möglichst anzupassen.

3. Der Teil der Beamtenschaft, der am hergebrachten Beamtenrecht festzuhalten wünschte, wies auf die besondere öffentlich-rechtliche Stellung der Beamten und Art.130 Abs.3 WRV hin und forderte ein Beamtenvertretungsgesetz.[20] Die Verwirklichung dieser Forderung hätte zur Folge gehabt, dass zur Regelung dieses Komplexes insgesamt drei Gesetze hätten geschaffen werden müssen, nämlich neben dem BetrVG ein Gesetz zur Regelung der Personalvertretungen der Arbeitnehmer des öffentlichen Dienstes und ein Beamtenvertretungsgesetz. Diese Forderung setzte sich nicht durch. 21

4. Die der gesetzgeberischen Aufgabe zugrundeliegende Problematik wurde auf dem 39. Deutschen Juristentag 1951 in Stuttgart im Zusammenhang mit den Erörterungen darüber behandelt, inwieweit Art. 33 Abs. 5 GG eine Reform des Beamtenrechts zulässt. 22
Grewe führte in seinem Referat dazu u. a. aus,[21] dass das gesamte Recht des öffentlichen Dienstes unter Berücksichtigung der hergebrachten Grundsätze des Berufsbeamtentums zu regeln sei. Für die Frage, ob ein beamtenrechtlicher Grundsatz als „hergebracht" (im Sinne des Art.33 Abs.5 GG) gelten könne, sei durchweg die im Weimarer Verfassungsrecht getroffene Entscheidung maßgebend.[22] Allerdings meinte Grewe, die dem Gesetzgeber in Art.33 Abs.5 GG zur Pflicht gemachte „Berücksichtigung" der hergebrachten Grundsätze des Berufsbeamtentums sei weniger als eine „Beachtung". Wenn zwingende Erfordernisse der heutigen Staatsordnung eine Modifikation verlangten, sei „eine entsprechende Reform insoweit zulässig, als sie den Wesensgehalt der Einrichtung des Berufsbeamten nicht antaste". Diese Ausführungen haben hinsichtlich der durch die „Berücksichtigung" ausgesprochenen Verpflichtungen sowohl auf dem Juristentag[23] wie auch in der

19 Vgl. etwa Selge, „Der Deutsche Beamte" 1954, 181.
20 Stellungnahme des Deutschen Beamtenbundes zum PersVG (August 1952); nähere Ausführungen auch in Beamtenbund 1952, 118 und 134 und 1953, 39.
21 Verhandlungen des 39. Deutschen Juristentages, Öffentl.-rechtl. Abteilung, Tübingen 1952, S. D 14 ff. und D 30.
22 aaO D 14 und 30. Gleicher Auffassung v. Mangoldt, Komm. zum Bonner GG zu Art. 33 V Anm. 7 S. 211; Krüger, Grundgesetz und Berufsbeamtentum, BBZ Nr. 10/50.
23 aaO S. D 112.

Folge[24] Widerspruch gefunden: „Berücksichtigung“ der hergebrachten Grundsätze – so die Kritiker – bedeute, dass die überlieferten Wesenszüge des Berufsbeamten, die darin Ausdruck gefunden haben, zur Grundlage der Neugestaltung zu machen seien.
Zu den „hergebrachten Grundsätzen“ rechnete Grewe auch die Einrichtung von Beamtenvertretungen. Er meinte aber, die Schaffung von Gesamtvertretungen für alle Angehörigen des öffentlichen Dienstes werde dadurch nicht ausgeschlossen.[25] Dies wurde in der Diskussion als nicht folgerichtig bezeichnet und dem die Auffassung entgegengestellt, die Einrichtung gemeinsamer Personalräte mit den Arbeitnehmern des öffentlichen Dienstes sei durch Art. 33 Abs. 5 GG ausgeschlossen.[26]

III. Verfassungsrechtliche Grundlagen

23 1. Als Rechtsgrundlage für den Erlass eines solchen Gesetzes kommt, da es sich um eine öffentlich-rechtliche Materie handelt, für den Bundesdienst die ausschließliche Gesetzgebungszuständigkeit des Art. 73 Nr. 8 GG in Betracht. Soweit sich die Regelung darüber hinaus auch auf die im öffentlichen Dienst der Länder, Gemeinden und sonstigen nicht bundesunmittelbaren Selbstverwaltungskörperschaften stehenden Personen erstrecken soll, können lediglich Rahmenvorschriften gemäß Art. 75 Nr. 1 GG erlassen werden. Auszuscheiden hat die konkurrierende Gesetzgebungszuständigkeit des Art. 74 Nr. 12 GG, die sich auf „das Arbeitsrecht einschließlich der Betriebsverfassung“ erstreckt.
Hierüber bestand ziemlich weitgehende Übereinstimmung.[27] Dem entsprach auch der Aufbau des Gesetzes, das sich für die Länder auf Rahmenvorschriften beschränkt.[28]

24 2. Weniger einheitlich ist die Beurteilung der Rechtslage hinsichtlich der inhaltlichen Bindung des Gesetzgebers durch Art. 33 Abs. 5 GG an die hergebrachten Grundsätze des Berufsbeamtentums. Danach ist das Recht des öffentlichen Dienstes unter „Berücksichtigung“ dieser Grundsätze zu regeln. Ausmaß und Inhalt der Bindung des Gesetzgebers durch diese Verfassungsvorschrift (gem. Art. 20 Abs. 3 GG) hängt von der Beantwortung der Fragen ab,
a) ob es einen solchen hergebrachten Grundsatz gibt und
b) bejahendenfalls, was unter „Berücksichtigung“ zu verstehen ist.
Die Frage zu a) dürfte als inzwischen geklärt angesehen werden. Wenn die beamtenrechtlichen Vorschriften der WRV hergebrachte Grundsätze des Berufsbeamtentums sind, dann ist nicht einzusehen, warum das für Art. 130 Abs. 3 nicht gelten sollte. Die Tatsache allein, dass das zur Ausführung vorgesehene Reichsgesetz nicht zustande kam, kann eine gegenteilige Auffassung nicht rechtfertigen.
Zu b) Auch die Frage, welcher Inhalt dem Ausdruck „Berücksichtigung“ in Art. 33 Abs. 5 GG beizumessen ist, ist als geklärt anzusehen, nachdem z. B. der BGH[29] für Recht erkannt hat, dass diese Vorschrift nicht nur ein Programmsatz oder eine Anweisung an den Gesetzgeber für künftige Gesetze ist, sondern unmittelbar geltendes Recht.

---

24 Grabendorff in BBZ 1952, 1; vgl. auch Bericht der „Studienkommission für die Reform des öffentlichen Dienstrechts“, 1973, S. 119 ff.
25 aaO S. D 32.
26 Siehe Fußn. 24 und 25.
27 vgl. Amtl. Begr. der Regierungsvorlage, BT-Drucks. 160, S. 14.
28 Selge in „Der Deutsche Beamte“ 1954, 181.
29 Vor allem in seinem Urteil v. 30.4.1953, ZBR 1953, 88 = NJW 1953, 1064 = DVBl. 1953, 606 = VerwRspr. 5 S. 800.

3. Nachdem die Auffassung von der Verbindlichkeit der hergebrachten Grundsätze weitgehend Anerkennung gefunden hatte, konnte es nur die Frage sein, welche Konsequenzen sich daraus für die Regelung des Personalvertretungswesens ergaben. 25
a) Hierbei hat sich die Auffassung durchgesetzt, dass auch gemeinsame Personalräte für die Beamten und die Arbeitnehmer im öffentlichen Dienst dieser Verfassungsvorschrift genügen.
b) Es muss sich aber um öffentlich-rechtliche Einrichtungen handeln; denn der ausschließlich öffentlich-rechtliche Charakter des Beamten-Verhältnisses und seine Unvereinbarkeit mit arbeitsrechtlichen Normierungen ist ein hergebrachter Grundsatz von wohl unbestrittener Geltung.[30]
c) Der öffentlich-rechtliche Charakter ergibt sich aus der engen Verflechtung des Wirkens der Personalvertretung mit der öffentlichen Verwaltung,[31] wie auch aus der Tatsache, dass das Verhältnis der Beteiligungsrechte des Personalrats zur parlamentarischen Verantwortlichkeit des Ministers als die für dieses Gesetz entscheidende und kennzeichnende Problematik angesehen wurde. Zunächst bestand weitgehend Einmütigkeit darüber, dass die Respektierung der parlamentarischen Verantwortlichkeit zu den verfassungsrechtlichen Voraussetzungen gehöre; denn dies war der entscheidende Grund für die Einbeziehung der Arbeitnehmer des öffentlichen Dienstes in die besondere Regelung mit den Beamten.[32] Deshalb ging man zunächst auch davon aus, dass dies in bestimmten Angelegenheiten zu einer Modifizierung der Mitbestimmung – als einer im Prinzip gleichberechtigten Beteiligung der Räte an den Entscheidungen – im öffentlichen Dienst in der Art nötige, dass im Konfliktfalle nicht eine neutrale Schiedsinstanz, sondern der Repräsentant des Trägers der Staatsgewalt, nämlich das Parlament bzw. der ihm verantwortliche Minister die letzte Entscheidung zu treffen habe. Dies entspricht, wie die Begründung zum Regierungs-Entwurf feststellt (S. 17), der demokratischen Gestaltung des Staates; andernfalls würde ein Minister der parlamentarischen Verantwortlichkeit durch die Berufung auf die Entscheidung eines Personalrats ausweichen können. Dass der Regierungs-Entwurf das PersVG als öffentliches Recht ansieht (so auch BVerfG v. 3. 10. 1957, NDBZ 1958, 42), ergibt sich aus der von ihm in Anspruch genommenen gesetzgeberischen Zuständigkeit und der Entscheidungskompetenz der Verwaltungsgerichte.

IV. Entwicklung der gesetzgeberischen Gestaltung

1. Im Ersten Deutschen Bundestag: 26
Die Bundesregierung leitete erstmals einen Entwurf eines Gesetzes über die Personalvertretung in den öffentlichen Verwaltungen und Betrieben am 6. 3. 1952[33] dem Bundesrat zu und brachte ihn mit den Änderungsvorschlägen des Bundesrats und ihrer eigenen Stellungnahme hierzu am 4. 7. 1952 im Deutschen Bundestag ein,[34] wo in der 228. Sitzung am 10. 9. 1952 die Erste Lesung stattfand.[35] Der Deutsche Bundestag bildete zur Beratung einen besonderen Ausschuss, der aus Mitgliedern des Ausschusses für Beamtenrecht und aus solchen des Ausschusses für Arbeit (zu gleichen Teilen) zusammengesetzt war. Es kam jedoch nicht mehr zu einer Beratung. Mit Ablauf der Legislaturperiode wurde die Vorlage hinfällig.

30 Molitor, § 1 Anm. 12.
31 RegEnt. S. 16; vgl. auch Geib, ZBR 1954, 262 und Grabendorff ZBR 1955, 135 (mit weit. Hinweisen)
32 S. oben I.
33 BR-Drucks. Nr. 100/52.
34 BT-Drucks. 3552.
35 Protokoll der 228. Sitzung, S. 10318 D.

27 2. Im Zweiten Deutschen Bundestag:

a) Nach der Neuwahl des Deutschen Bundestages erhoben sich Zweifel darüber, ob eine erneute Befassung des Bundesrates nach Art. 76 Abs. 2 GG vor der Neueinbringung im Deutschen Bundestag nötig sei. Um allen Schwierigkeiten aus dem Wege zu gehen, wurde die zunächst am 21. 12. 1953 dem Plenum im Wesentlichen unverändert wieder zugeleitete Vorlage[36] im Januar 1954 von diesem nicht behandelt. Vielmehr leitete die Bundesregierung den Entwurf im Februar 1954 nochmals dem Bundesrat zu,[37] der ihn am 19. 2. 1954 beriet.[38] Die Bundesregierung brachte den Gesetzentwurf dann am 4. 3. 1954 mit den Änderungsvorschlägen des Bundesrates und ihrer Stellungnahme dazu erneut im Plenum ein.[39] Am 19. 3. 1954 fand die Erste Lesung statt.[40]

b) Wiederum wurde beschlossen, den Entwurf den Ausschüssen für Arbeit und für Beamtenrecht gleichberechtigt zu überweisen, die zur Beratung einen gemeinsamen Unterausschuss bilden sollten. In diesem überwogen die Mitglieder des Ausschusses für Arbeit (15 gegenüber 14 aus dem Ausschuss für Beamtenrecht). Sie stellten auch den Vorsitzenden. Die in den Beratungen des Ausschusses vorgenommenen Veränderungen im Sinne einer Angleichung an das BetrVG führten zu Protesten der Beamtengewerkschaften und forderten auch den Widerspruch der Wissenschaft und der Fachpublizistik heraus. Zwei Rechtsgutachten des Staats- und Beamtenrechtlers Prof. Helfritz, Erlangen, und des Arbeitsrechtlers Prof. Molitor, Wiesbaden, erklärten den Entwurf in dieser Form für unvereinbar mit den hergebrachten Grundsätzen des Berufsbeamtentums. Die Bundesregierung erklärte in einer offiziellen Verlautbarung, die Gestaltung durch den Bundestagsausschuss sei völlig unannehmbar.[41]

Besonders einschneidend waren die Änderungen, die die verfassungsrechtlichen Grundlagen[42] zu berühren schienen.[43] Der Ausschuss schlug vor, dass in Fällen der Mitbestimmung eine unparteiische Schiedsstelle im Konfliktfall zwischen dem parlamentarisch verantwortlichen Minister und der Hauptpersonalvertretung für den betreffenden Verwaltungszweig entscheiden solle, und sah die Zuständigkeit der Arbeitsgerichte für die Entscheidungen der Rechtsstreitigkeiten aus dem Gesetz vor.

c) Die Ausschussfassung wurde in der Zweiten Lesung des Gesetzes am 17. 3. 1955[44] in entscheidenden Punkten geändert, im Wesentlichen im Sinne der Rückkehr zur Regierungsvorlage. Die Zuständigkeit der Verwaltungsgerichte wurde wiederhergestellt (allerdings mit den in § 76 Abs. 2 und § 77 enthaltenen Entlehnungen arbeitsgerichtlicher Regelungen). Außerdem wurde der als Schiedsstelle vorgesehene Bundespersonalausschuss beseitigt und die ausschließliche Verantwortlichkeit des zuständigen Ressortministers betont. Der rechtlichen Differenzierung der Gruppen der Beschäftigten wurde durch Einführung der Gruppenentscheidung in Angelegenheiten Rechnung getragen, die lediglich die Angehörigen einer Gruppe betreffen. Die Befugnisse der Personalräte erfuhren weitgehende Einschränkungen, besonders in Personalangelegenheiten der Beamten (keine Beteiligung bei

36 BT-Drucks. 160.
37 BR-Drucks. 25/54.
38 BR-Drucks. 25/54 (Beschluss).
39 BT-Drucks. 160 (neu).
40 Protokoll der 20. Sitzung, Seite 689 D.
41 Bulletin Nr. 202 v. 26. 10. 1954.
42 S. oben unter III.
43 Die gegensätzlichen Auffassungen im Ausschuss kommen in seinem schriftlichen Bericht deutlich zum Ausdruck (grundsätzlich S. 1).
44 BT-Protokoll der 73. Sitzung v. 17. 3. 1955 S. 3952 ff., Zusammenstellung des Entwurfs eines PersVG mit den Beschlüssen des Bundestages in 2. Beratung, BT-Drucks. 1287.

Einstellung, Anstellung und Beförderung sowie Abordnung), jedoch auch bei den Angestellten und Arbeitern (keine Beteiligung bei Einstellung und Abordnung).

d) Die in der Zweiten Lesung beschlossenen Änderungen führten zu Auseinandersetzungen mit den Gewerkschaften und innerhalb der stärksten Regierungspartei, die zur Folge hatten, dass die Dritte Lesung bis zum 8. 6. 1955 hinausgeschoben wurde. Inzwischen wurde eine Kompromisslösung gesucht. Sie bildete die Grundlage für die Beschlüsse der Dritten Lesung.[45] Es blieb bei der Zuständigkeit der Verwaltungsgerichte, mithin bei dem öffentlich-rechtlichen Charakter des Gesetzes; es blieb auch bei der in Zweiter Lesung beschlossenen Gruppenentscheidung, jedoch erst nach gemeinsamer Beratung. Es wurde darüber hinaus in der verfassungsrechtlichen Schlüsselfrage des Verhältnisses von Mitbestimmung zur parlamentarischen Verantwortlichkeit des Ministers die in Zweiter Lesung getroffene – und als verfassungsrechtlich geboten bezeichnete[46] – Regelung aufgegeben und wiederum eine Schiedsinstanz geschaffen, die im Konfliktfalle zwischen der obersten Dienstbehörde und der bei ihr bestehenden Personalvertretung bindend zu entscheiden hat. Die Mitwirkungs- und Mitbestimmungsbefugnisse erhielten eine Regelung, die die Ausschussfassung im Wesentlichen wiederherstellte. Deshalb wurde das Gesetz nicht nur von der Opposition, sondern auch von einem Teil der Regierungskoalition abgelehnt und nur mit der schwachen Mehrheit von 206 gegen 180 Stimmen (bei 20 Enthaltungen) angenommen.[47]

e) Der Bundesrat befasste sich in seiner 143. Sitzung am 24. 6. 1955 mit dem Gesetz und rief den Vermittlungsausschuss mit insgesamt 15 Änderungsvorschlägen an.[48] Die bedeutsamsten bezogen sich auf das Verhältnis von Mitbestimmung und parlamentarischer Verantwortlichkeit sowie auf die Rahmenvorschriften. Der Bundesrat forderte die Wiederherstellung der letztinstanzlichen Entscheidung des zuständigen Ministers mit der Begründung, die vom Deutschen Bundestag verabschiedete Fassung führe zur Untergrabung der parlamentarischen Verantwortlichkeit und schaffe im Zusammenhang mit dem Initiativrecht der Personalräte in Mitbestimmungsangelegenheiten (§ 62 Abs. 3) die Möglichkeit, Personalentscheidungen gegen den Willen des verantwortlichen Ressortchefs durchzusetzen.

Die Rahmenvorschriften des Gesetzes hatten bereits beim ersten Durchlauf zu Meinungsverschiedenheiten mit dem Bundesrat geführt. Er hatte damals gefordert, dass sie mit Ausnahme einer Grundvorschrift über die Bildung von Personalvertretungen gestrichen werden sollten. Die Bundesregierung hatte dem jedoch nicht entsprochen und ausgeführt, die Rahmenvorschriften seien notwendig; sie stellten das Mindestmaß dessen dar, was in Bund und Ländern übereinstimmend geregelt werden müsse.[49]

In der Ausschussberatung hatte das Rahmenrecht eine Umgestaltung erfahren aufgrund des Urteils des Bundesverfassungsgerichts vom 1. 12. 1954 in dem Rechtsstreit zwischen dem Bundesfinanzminister und dem Land Nordrhein-Westfalen.[50] Der Ausschuss hatte der darin entwickelten Rechtsauffassung über die Schranken der Rahmengesetzgebung Rechnung tragen wollen.[51] Nunmehr machte der Bundesrat zwar keine grundsätzlichen Einwendungen gegen die Rahmenvorschriften der §§ 82 ff. geltend, wandte sich

45 BT-Protokoll der 85. Sitzung v. 8. 6. 1955, S. 4640 C, vor allem S. 4658 C u. 4660 D.
46 BT-Protokoll der 73. Sitzung, S. 3984 C.
47 vgl. Anm. 46.
48 BR-Drucks. 85/55 und 85/55 (Beschluss).
49 BT-Drucks. 160 (neu) S. 22 u. 24 (zu § 82 II).
50 BVerfGE 4, 115.
51 Über die Problematik unterrichtet Geib, Die Rahmengesetzgebung im Personalvertretungsrecht, ZBR 1954, 130 u. 325 sowie ZBR 1955, 267.

aber dagegen, dass in § 82 Abs. 2 eine Frist für die Erfüllung der Verpflichtung zur Schaffung derartiger Regelungen durch die Länder in der Art vorgesehen war, dass andernfalls – also soweit und solange ein Land bis dahin keine entsprechende Regelung getroffen haben sollte – mit Ablauf des 30. 6. 1956 die Rahmenvorschriften unmittelbar Geltung in den Ländern erlangen sollten.

f) Der Vermittlungsausschuss hat den Forderungen des Bundesrates insofern Rechnung getragen, als er in 13 Punkten Änderungen vorschlug.[52] Der Deutsche Bundestag hat diese Änderungen in seiner 100. Sitzung am 16. 7. 1955 akzeptiert,[53] desgleichen der Bundesrat in seiner 145. Sitzung am 22. 7. 1954.[54] Es blieb bei der Durchbrechung der parlamentarischen Verantwortlichkeit. Sie erfuhr eine Einschränkung nur insofern, als das Initiativrecht des Personalrats (der im Übrigen grundsätzlich auf eine Stellungnahme zu einer Maßnahme beschränkt ist, die von der Verwaltung ausgeht) auf Fälle der Mitbestimmung in sozialen Angelegenheiten reduziert wurde. Dagegen setzte sich der Bundesrat bei der Einschränkung der Rahmenvorschriften weitgehend durch. Sie wurden nunmehr im Wesentlichen auf den Charakter von Richtlinien für die Landesgesetzgebung beschränkt.

28 3. Verkündung:
Das Gesetz ist am 5. 8. 1955 ausgefertigt und im Bundesgesetzblatt Nr. 25 S. 477 verkündet worden, das am 6. 8. 1955 zur Ausgabe gelangte. Tag des Inkrafttretens war demnach gemäß § 101 Abs. 1 der 6. 9. 1955.

D. Werdegang des BPersVG 1974

I. Entwicklung der gesetzgeberischen Gestaltung

29 1. In der Regierungserklärung vom 28. 10. 1969[55] hatte Bundeskanzler Brandt die baldige Novellierung des Betriebsverfassungs- und des Personalvertretungsgesetzes auf der Grundlage der in der V. und VI. Wahlperiode hierzu eingebrachten Gesetzentwürfe[56] angekündigt. Während es alsbald zu ersten Referentenentwürfen eines Betriebsverfassungsgesetzes – ausgearbeitet im Bundesministerium für Arbeit und Sozialordnung – kam, blieben ähnliche Entwürfe des Bundesministeriums des Innern offensichtlich deshalb aus, weil man zunächst die Beratungen eines neuen Betriebsverfassungsgesetzes und damit bestimmte gesetzgeberische Entscheidungen, die in gewissen Punkten dann auf das Personalvertretungsgesetz evtl. übertragbar gewesen wären, abwarten wollte. Zu einem ersten Beteiligungsgespräch (§ 94 BBG) mit den Spitzenorganisationen der Gewerkschaft kam es daher erst am 16. 5. 1972.

30 2. Diese Verzögerungen machten den Erlass eines sog. Vorschaltgesetzes zur Verlängerung der Amtszeit der Personalvertretungen bis zum 30. 4. 1973 notwendig.[57]

---

52 BT-Drucks., 1605.
53 BT-Protokoll der 100. Sitzung S. 5579 D.
54 BR-Drucks. 273/55.
55 Bulletin Nr. 132/69.
56 vgl. u. a. den von der SPD-Bundestagsfraktion eingebrachten Entwurf eines Personalvertretungsgesetzes (BT-Drucks. V/3643).
57 Gesetz zur Verlängerung der Amtszeit der Personalräte v. 5. 8. 1971 (BGBl. I S. 1233).

3. Am 26. 5. 1972 übersandte die Bundesregierung dann endlich dem Bundesrat den Entwurf eines Bundespersonalvertretungsgesetzes.[58] In einem Vorblatt hierzu hieß es, dass das aus dem Jahre 1955 stammende Personalvertretungsgesetz des Bundes seither nur in wenigen Punkten geringfügig verändert worden sei, die Aufgaben des öffentlichen Dienstes aber inzwischen wesentlich erweitert worden seien. Technisierung und Rationalisierung sowie das gewandelte Verständnis über die Mitwirkung der Bediensteten an Entscheidungen, die ihr persönliches innerdienstliches Verhältnis beträfen, hätten den Arbeitsstil in den Verwaltungen verändert. Daraus müßten Folgerungen für das Personalvertretungsrecht gezogen werden, das das System der internen Willensbildung bei innerdienstlichen Entscheidungen der Verwaltungen regele. 31
Als Kernstück der Neuregelung wurde die Erweiterung der Befugnisse der Personalvertretung in personellen und sozialen Angelegenheiten der Verwaltungsangehörigen unter Beachtung der verfassungrechtlichen Schranken bezeichnet.
Als weitere wesentliche Neuerungen wurden folgende Regelungen hervorgehoben:
- Herabsetzung der Altersgrenze für die Wählbarkeit,
- Stärkung der Stellung der Jugendvertretung und des Vertrauensmannes der Schwerbehinderten,
- Einführung von Vertrauensmännern der ausländischen Verwaltungsangehörigen,
- Verstärkung des Kündigungsschutzes für Arbeitnehmer, die Mitglieder personalvertretungsrechtlicher Gremien sind.

Eine weitere Vereinheitlichung des Personalvertretungsrechts des Bundes und der Länder strebte der Entwurf mit neuen Rahmenvorschriften an. Der Bundesrat nahm in seiner 383. Sitzung am 7. 7. 1972 zu dem Gesetzentwurf Stellung und machte zu insgesamt 24 Einzelbestimmungen Änderungsvorschläge.[59] Die Bundesregierung brachte sodann den Entwurf am 15. 8. 1972 im Deutschen Bundestag mit einer Stellungnahme zu den Vorschlägen des Bundesrates ein.[60] Dieser Gesetzentwurf konnte im Parlament wegen des vorzeitigen Endes der Legislaturperiode nicht mehr beraten werden.

4. Die Koalitionsfraktionen der SPD und der FDP brachten am 13. 2. 1973 den von der Bundesregierung in der vorausgegangenen Legislaturperiode vorgelegten Gesetzentwurf in unveränderter Form im Deutschen Bundestag ein.[61] Die Vertreter beider Fraktionen erklärten übereinstimmend, den Entwurf aus Gründen des Zeitgewinns unverändert eingebracht zu haben. Gleichzeitig machten sie deutlich, den Entwurf dort, wo es notwendig werde, verbessern zu wollen. Zuvor hatte Bundeskanzler Brandt in der Regierungserklärung vom 18. 1. 1973[62] erklärt, dass das Personalvertretungsgesetz, das die Mitbestimmung der Angehörigen des öffentlichen Dienstes in personellen, sozialen und sachlichen Angelegenheiten erweitere, in Kürze verabschiedet werden müsse.[63] 32
Am 16. 2. 1973 wurde der Gesetzentwurf an den Innenausschuss zur federführenden Beratung überwiesen. Der Ausschuss für Arbeit und Sozialordnung wurde zur Mitberatung beteiligt. Außerdem wurde der Haushalts-

58 BR-Drucks. 306/72.
59 BT-Drucks. VI/3721.
60 BT-Drucks. VI/3721.
61 BR-Drucks. 7/176.
62 Bulletin Nr. 6/1973.
63 Sten. Bericht, 7. Wahlperiode, S. 131

ausschuss nach § 96 der Geschäftsordnung für den Deutschen Bundestag eingeschaltet.

33 5. Der Innenausschuss des Deutschen Bundestages veranstaltete am 21. 3. 1973 eine öffentliche Anhörung, zu der eine Reihe von Sachverständigen (Vertreter der Deutschen Angestellten-Gewerkschaft, des Deutschen Beamtenbundes, des Deutschen Gewerkschaftsbundes, des Christlichen Gewerkschaftsbundes Deutschlands, der Gewerkschaft der Polizei, des Deutschen Richterbundes, des Bundes Deutscher Verwaltungsrichter und des Deutschen Bundeswehrverbandes sowie der Präsident des Bundesarbeitsgerichts und der Vorsitzende Richter des für Personalvertretungssachen zuständigen Senats beim Bundesverwaltungsgericht, ferner Leiter von Mittel- und obersten Bundesbehörden) zu einem im einzelnen ausgearbeiteten Fragenkatalog mit folgenden Schwerpunktthemen befragt wurden:
- Mitbestimmung und Interessenvertretung,
- Gruppenprinzip, Minderheitenschutz, Freistellung des Personalrats,
- Beteiligung der Gewerkschaften, mehr Rechte für einzelne Bedienstete, Gerichtsstand, Rahmenvorschriften und Landesgesetzgebung,
- Sonderbestimmungen (Ausländer, Jugendvertretung, Schwerbehinderte).

Das Protokoll dieser öffentlichen Anhörung ist der Öffentlichkeit zugänglich gemacht worden.[64]

34 6. Nach dieser Anhörung hatte der Innenausschuss des Deutschen Bundestages in mehreren Sitzungen (u. a. in einer nichtöffentlichen Anhörung am 24. 5. 1973 zu den Vorschriften für besondere Verwaltungszweige und die Behandlung von Verschlusssachen) den Entwurf beraten.
Am 5. 12. 1973 stimmte der Innenausschuss schließlich einstimmig in einer Schlussabstimmung dem Gesetzentwurf zu.[65] In dem Bericht[66] des Ausschusses heißt es u. a., der zur Verabschiedung empfohlene Entwurf beschränke sich nicht nur auf die Änderung einzelner Vorschriften, sondern enthalte eine vollständig neue Fassung des Personalvertretungsgesetzes des Bundes. Dabei sei der Aufbau der Neufassung gegenüber dem geltenden Recht aus systematischen Gründen teilweise geändert worden.
Zahlreiche Vorschriften habe der Ausschuss in der Fassung gebilligt, die von den Bundesministerien mit Schreiben des Bundesministers des Innern vom 2. 4. 1973 an den Vorsitzenden des Innenausschusses aufgrund der Stellungnahmen des Bundesrates und der gewerkschaftlichen Spitzenorganisationen zum Regierungsentwurf aus der VI. Wahlperiode – Drucks. VI/3721 – vorgeschlagen worden seien.
Soweit die vom Ausschuss beschlossene Fassung im Übrigen vom Entwurf abweiche, gehe sie auf rd. 200 in der Sitzung vom 28. 11. 1973 vorgelegte gemeinsame Änderungsanträge der Koalitionsfraktionen vom 22. 11. 1973 und Anträge der Fraktion der CDU/CSU zurück, die in der Sitzung vom 30. 11. 1973 unter Berücksichtigung der Stellungnahme des Ausschusses für Arbeit und Sozialordnung ergänzt worden sei.

35 7. Der Deutsche Bundestag hat in seiner 70. Sitzung am 12. 12. 1973 den von den Fraktionen der SPD und der FDP eingebrachten Entwurf eines Bundespersonalvertretungsgesetzes entsprechend dem Bericht und dem An-

---

64 Reform des Personalvertretungsgesetzes, Aus der öffentlichen Anhörung des Innenausschusses des Deutschen Bundestages am 21. 3. 1973, Hearing-Protokoll IV 1, Deutscher Bundestag, VII. Wahlperiode Innenausschuss, Drucks. 7/176, Zur Sache 3/73, vgl. insbesondere die Beiträge von Hacker und Sendler.

65 BT-Drucks. 7/1339.

66 BT-Drucks. 7/1373.

trag des Innenausschusses bei zwei Stimmenthaltungen angenommen.[67] Die von der CDU/CSU-Fraktion bzw. einzelnen Abgeordneten der Opposition gestellten Änderungsanträge[68] wurden vom Plenum abgelehnt.

8. Der Bundesrat, dem das Gesetz zur Zustimmung zugeleitet worden war, wies das BPersVG dem Ausschuss für Innere Angelegenheiten zur Beratung zu. Dieser setzte einen Unterausschuss „Bundespersonalvertretungsgesetz“ ein, der dem Ausschuss für Innere Angelegenheiten am 17. 1. 1974 gegen die Stimmen der Vertreter von drei Ländern vorschlug, dem Bundesrat wegen insgesamt 43 Änderungswünschen die Anrufung des Vermittlungsausschusses gemäß Art. 77 Abs. 2 GG zu empfehlen. 36
Der Ausschuss für Innere Angelegenheiten beschloss sodann mit sechs gegen fünf Stimmen in seiner Sitzung am 30. 1. 1974, dem Bundesrat die Zustimmung zum Bundespersonalvertretungsgesetz zu empfehlen. Am 15. 2. 1974 stimmte der Bundesrat schließlich dem Gesetz zu.

II. Schwerpunkte der Novellierung 1974

1. Im Hinblick auf den seit dem Inkrafttreten des Personalvertretungsgesetzes des Bundes feststellbaren Wandel, den Staat und Gesellschaft ständig durchgemacht haben,[69] bestand grundsätzlich Einigkeit darüber, dass das Kernstück der Neuregelung „die Erweiterung der Mitbestimmungsbefugnisse der Personalvertretung in personellen, sozialen und organisatorischen Angelegenheiten der Verwaltungsangehörigen unter Beachtung der verfassungsrechtlichen Schranken“ sein müsse. Vor allem die Gewerkschaften hatten das bisherige Beteiligungsverfahren mit dem auf der Mitwirkung der Personalvertretung liegenden Schwerpunkt im Hinblick auf eine möglichst umfassende Interessenwahrnehmung für nicht mehr ausreichend gehalten.[70] 37
Das Gesetz geht bei der Regelung der Beteiligung grundsätzlich von einer Mitbestimmung der Personalvertretung aus. Nur in einigen wenigen Fällen (§§ 78, 79) tritt an die Stelle dieser Beteiligungsform die Mitwirkung.
Im Übrigen ist sowohl das Mitbestimmungs- wie das Mitwirkungsverfahren verbessert worden. So hat der Gesetzgeber beispielsweise durch Einschaltung der übergeordneten Dienststelle das Mitwirkungsverfahren um eine Instanz der bisherigen Regelung erweitert (dreistufiges Verfahren).
Bei dem Ausbau der Beteiligungsverfahren hatte der Gesetzgeber die Grenzen zu beachten, die in einer repräsentativen Demokratie einer umfassenden, d h. über den innerdienstlichen Bereich hinausgehenden Mitbestimmung im öffentlichen Dienst gezogen sind. Angelegenheiten, die wesentlicher Bestandteil der Regierungswelt sind, dürfen nach einer Entscheidung des Bundesverfassungsgerichts[71] nicht den der Volksvertretung verantwortlichen Stellen der Exekutive entzogen und auf Stellen übertragen werden, die ihrerseits weder der Regierung noch dem Parlament gegenüber verantwortlich sind. Infolgedessen kann die Einigungsstelle in personellen Angelegenheiten der Beamten keine sowohl die Dienststelle wie die Personalvertretung bindende Entscheidung treffen. Sie darf lediglich eine Empfehlung an die oberste Dienstbehörde aussprechen, die dann endgültig entscheidet (§ 69 Abs. 4 Satz 3, 4). Dadurch behält zwar die oberste Dienstbehörde das Letztent-

67 Sten. Bericht der 70. Sitzung des Deutschen Bundestages v. 12. 12. 1973.
68 BT-Drucks. 7/1403 bzw. 7/1410
69 vgl. Bericht des Innenausschusses des Deutschen Bundestages v. 6. 12. 1973 (BT-Drucks. 7/1373).
70 vgl. u. a. Entwurf der DAG für ein neues Personalvertretungsgesetz – Bund (PersVG); Vorschläge des Deutschen Beamtenbundes zur Änderung des Personalvertretungsgesetzes Januar 1970; Vorschläge des DGB zur Änderung des Personalvertretungsgesetzes (Bund), Juli 1970.
71 BVerfG v. 27. 4. 1959, BVerfGE 9, 269 = ZBR 1959, 152 = PersV 1958/59, 234.

scheidungsrecht und trägt damit die politische Verantwortung. Die Möglichkeit, die Einigungsstelle anzurufen, damit diese eine Empfehlung ausspricht, wird aber sicherlich dazu beitragen, bereits im Vorstadium zu Kompromissen zu kommen, so dass in der Praxis der Personalvertretung tatsächlich auch in diesen Fällen stärkere Einwirkungschancen gegeben sind. In diesem Zusammenhang ist zu erwähnen, dass der Gesetzgeber sich allerdings nicht entschließen konnte, der Personalvertretung in Mitbestimmungsangelegenheiten der Beamten auch über die Besoldungsgruppe A 15 hinaus ein in der gerade geschilderten Form modifiziertes Mitbestimmungsrecht einzuräumen.

38 2. Das Initiativrecht der Personalvertretung wird erweitert. In insgesamt 13 abschließend aufgeführten Mitbestimmungsfällen kann sie ein Mitbestimmungsverfahren mit der Möglichkeit der Letztentscheidung durch die Einigungsstelle in Gang bringen (§ 70 Abs. 1). In allen übrigen Beteiligungsfällen kann die Personalvertretung ebenfalls initiativ werden, ohne dass allerdings die Einigungsstelle eingeschaltet werden kann (§ 70 Abs. 2).

39 3. Die Beteiligungskataloge sind – z. T. in Anlehnung an die betriebsverfassungsrechtliche Regelung – wesentlich erweitert worden. Dies gilt sowohl für die personellen als auch für die sozialen und organisatorischen Angelegenheiten (§§ 75, 76, 78, 79).

40 4. Die Stellung der Gewerkschaften ist ausgebaut worden. Dies gilt u. a. für:
- das bisher schon nicht bestrittene Recht auf Zugang zu den Dienststellen nach vorheriger Unterrichtung des Dienststellenleiters (§ 2 Abs. 2),
- das Wahlvorschlagsrecht ohne das Erfordernis, eine bestimmte Anzahl von Unterschriften beizubringen, wenn in einer Dienststelle noch keine Personalvertretung besteht (§ 19 Abs. 8),
- das Teilnahmerecht je eines Beauftragten der in der Dienststelle vertretenen Gewerkschaften an den Sitzungen des Wahlvorstands (§ 20 Abs. 1),
- das Antragsrecht auf Einberufung einer Personalversammlung in Dienststellen, in denen im letzten Kalenderjahr keine Versammlung durchgeführt worden ist (§ 49 Abs. 3),
- das Teilnahmerecht von Beauftragten aller in der Dienststelle vertretenen Gewerkschaften an Personalversammlungen mit beratender Stimme, ohne dass ein entsprechender Beschluss der Personalvertretung vorausgehen muss (§ 52 Abs. 1).

41 5. Die Schutzvorschriften sind wesentlich erweitert worden. Dies gilt vor allem in folgenden Fällen:
- Einführung einer generellen Schutzklausel für alle Träger personalvertretungsrechtlicher Funktionen (§ 8),
- Schutz von in Ausbildung befindlichen Mitgliedern der Personal- und Jugendvertretungen durch die Verpflichtung zur Übernahme in ein festes Arbeitsverhältnis nach Beendigung des Ausbildungsverhältnisses (§ 9),
- Verbot einer Beeinträchtigung des beruflichen Werdeganges im Falle einer Freistellung (§ 46 Abs. 2, S. 2),
- Schutz vor Kündigungen, Versetzungen und Abordnungen von Personalratsmitgliedern und Wahlbewerbern (§ 14),
- Schutzvorschriften für einzelne Beschäftigte (§ 69 Abs. 2 S. 6, § 72 Abs. 2 S. 3).

42 6. Obwohl von verschiedenen Seiten eine weitgehende Abkehr von dem das Personalvertretungsrecht beherrschenden Gruppenprinzip gefordert worden war, hat der Gesetzgeber nicht nur hieran festgehalten, sondern dieses Prinzip im Hinblick auf die Beachtung demokratischer Prinzipien ausgebaut, die eine Rücksichtnahme auf die Interessen der in unterschiedlicher Rechtsposition befindlichen Gruppen gebieten[72] (vgl. § 27 Abs. 4, § 32 Abs. 2 und Abs. 3, § 46 Abs. 3). Damit hat der Gesetzgeber keinen Vorgriff auf die angestrebte Dienstrechtsreform getan, sondern die Neugestaltung der Statusverhältnisse einer künftigen Reform vorbehalten.

7. Das Recht der Jugendvertretung ist wesentlich erweitert und ausgebaut **43** worden. Das Gesetz widmet ihr ein eigenes Kapitel, in dem besondere Vorschriften über das aktive und passive Wahlrecht, die Bildung von Stufenvertretungen, die Rechte gegenüber der Personalvertretung etc. geregelt sind. Darüber hinaus ist die Beteiligung an Personalratssitzungen und an dort zu fassenden Beschlüssen besonders geregelt (§ 40).

8. Im Übrigen enthält das Gesetz eine ganze Reihe weiterer Neuerungen, **44** von denen hier nur die wichtigsten erwähnt werden sollen:
- Verbesserung der Arbeits- und Bildungsmöglichkeiten für Mitglieder von personalvertretungsrechtlichen Organen (§ 46),
- stärkere Stellung des Vertrauensmanns der Schwerbehinderten (§ 40),
- Ausbau der Persönlichkeitsrechte der Beschäftigten (u. a. § 69),
- passives Wahlrecht für ausländische Beschäftigte (§ 14),
- erweiterter Minderheitenschutz bei erweiterter Vorstandsbildung (§ 33),
- einheitlicher Wahlzeitraum für Personalrats- und Jugendvertreterwahlen (§ 27, § 60 Abs. 2),
- Erhöhung der Mitgliederzahl der Vertretungsorgane (§ 16 Abs. 2),
- erweitertes Informationsrecht für die Personalvertretungen (§ 68 Abs. 2),
- erleichterte Bildung von Gesamtpersonalräten (§ 55, § 56 Abs. 3),
- Erweiterung der Zuständigkeiten der Personalversammlung (§ 51),
- Sondervorschriften für Verwaltungsbereiche mit besonderen Organisationsformen oder besonderen Aufgaben (§§ 85 ff.),
- Ausbau der Rahmenvorschriften (§§ 95 ff.).

III. Verkündung

Das Bundespersonalvertretungsgesetz ist am 1. 4. 1974 in Kraft getreten. Es **45** ist im Bundesgesetzblatt I S. 693 verkündet und durch das Einführungsgesetz zum Strafgesetzbuch (EGStGB v. 2. 3. 1974, BGBl. I S. 469, 631, bezogen auf die §§ 110, 111) geändert worden. Gleichzeitig hat es das Personalvertretungsgesetz vom 5. 8. 1955 (BGBl. I S. 477) und das Gesetz über Personalvertretungen im Bundesgrenzschutz vom 16. 3. 1965 (BGBl. I S. 68), beide Gesetze zuletzt geändert durch das Gesetz vom 13. 11. 1973 (BGBl. I S. 1613), außer Kraft gesetzt.

IV. Änderungen des Gesetzes nach der Verkündung 1974

Art. 3 des Gesetzes zur Änderung des Soldatengesetzes und des Vertrau- **46** ensmänner-Wahlgesetzes vom 25. 4. 1975 (BGBl. I S. 1005) hat in § 86 Nr. 13 BPersVG „§ 35 Abs. 4“ durch „§ 35a“ ersetzt.
Art. 5 des Dritten Gesetzes zur Änderung dienstrechtlicher Vorschriften vom 10. 5. 1980 (BGBl. I S. 561) hat § 76 Abs. 1 Nr. 8 nach dem Wort „Antrages“ ergänzt um die Worte „auf Teilzeitbeschäftigung nach § 72a des Bundesbeamtengesetzes sowie“.
Art. 5 des Fünften Gesetzes zur Änderung dienstrechtlicher Vorschriften vom 25. 7. 1984 (BGBl. I S. 998) hat § 76 Abs. 1 Nr. 8 folgende Fassung gegeben:

72 vgl. u. a. BVerwG v. 15. 12. 1961, BVerwGE 13, 242 = ZBR 1962, 90.

„8. Ablehnung eines Antrags nach § 72a oder § 79a des Bundesbeamtengesetzes auf Teilzeitbeschäftigung, Ermäßigung der regelmäßigen Arbeitszeit oder Urlaub."

Das Erste Gesetz zur Änderung des Schwerbehindertengesetzes vom 24. 7. 1986 (BGBl. I S. 1010 i. d. F. vom 26. 8. 1986, BGBl. I S. 1421) hat in § 34 Abs. 2 Satz 4, § 39 Abs. 3, § 40 Abs. 1 Satz 1 und § 95 Abs. 3 BPersVG die Worte „Vertrauensmann der Schwerbehinderten" und deren Formen durch das Wort „Schwerbehindertenvertretung" und dessen Formen ersetzt. Infolge eines Redaktionsversehens ist eine entsprechende Änderung in § 34 Abs. 3 BPersVG nicht erfolgt.

Das Gesetz zur Änderung des Bundespersonalvertretungsgesetzes vom 18. 12. 1987 (BGBl. I S. 2746) hat die Amtszeit der zu diesem Zeitpunkt im Amt befindlichen Jugendvertretungen verlängert.

Das Gesetz zur Bildung von Jugend- und Auszubildendenvertretungen in den Verwaltungen vom 13. 7. 1988 (BGBl. I S. 1037) gewährt jugendlichen Beschäftigten und Auszubildenden, die das 25. Lebensjahr noch nicht vollendet haben, eine gemeinsame Vertretung.

Das Gesetz zur Neustrukturierung des Post- und Fernmeldewesens vom 8. 6. 1989 (BGBl. I S. 1026) hat einen neuen § 89a eingeführt.

Das Gesetz zur Änderung des Bundespersonalvertretungsgesetzes vom 10. 7. 1989 (BGBl. I S. 1380) hat Änderungen der §§ 7, 19, 26, 27, 46, 60, 62, 69, 72, 85 und 115 zur Folge (Berichtigung: BGBl. I S. 1473 hinsichtl. der Übergangsbestimmungen).

Die Änderung des Gesetzes vom 28. 5. 1990 hat ihre Ursache in der Erweiterung von Regelungen, die die Aufnahme von Beamtentätigkeiten außerhalb der Bundesrepublik betreffen; sie bezieht sich auf die §§ 13, 75, 76 (vgl. Art. 4 des Fünften Gesetzes zur Änderung besoldungsrechtlicher Vorschriften vom 28. 5. 1990, BGBl. I S. 986).

Durch Art. 7 des Gesetzes zur Neufassung des Bundesumzugskostengesetzes, zur Änderung anderer dienstrechtlicher Vorschriften, zur Regelung personalvertretungsrechtlicher Amtszeiten sowie zur Verbesserung der personellen Struktur in der Bundeszollverwaltung vom 11. 12. 1990 (BGBl. I S. 2688) ist die Amtszeit von Personalvertretungen und Jugend- und Auszubildendenvertretungen im Bundesdienst geändert worden. Danach finden die nächsten regelmäßigen Personalratswahlen in dem Zeitraum vom 1. 3. bis zum 31. 5. 1992 statt. Die Amtszeit der nach § 116 b zu wählenden Personalvertretungen wird bis längstens zum 31. 5. 1992 verlängert. Die Amtszeit der nach dem Gesetz zur sinngemäßen Anwendung des Bundespersonalvertretungsgesetzes (BPersVG – Personalvertretungsgesetz – vom 22. 7. 1990 [BGBl. I S. 1014]) gewählten, in Dienstellen i. S. des § 1 BPersVG bestehenden Personalvertretungen wird längstens bis zum 31. 5. 1992 befristet. Die übernächsten regelmäßigen Personalratswahlen finden in der Zeit vom 1. 3. bis zum 31. 5. 1996 statt.

Das Gesetz über die Beteiligung der Soldaten und der Zivildienstleistenden (Beteiligungsgesetz – BG) vom 16. 1. 1991 (BGBl. I S. 47, 57) regelt die Beteiligung der Personalvertretung der Soldaten und ergänzt den § 86 Nr. 13 entsprechend.

Eine weitere Änderung ist durch das Zehnte Gesetz zur Änderung dienstrechtlicher Vorschriften vom 20. 12. 1993 (BGBl. I S. 2136) vorgenommen worden. Hiervon betroffen sind die §§ 79, 92.

Die §§ 20, 29, 51, 60, 68, 76, 77 und 98 sind durch das Gesetz zur Durchsetzung der Gleichstellung von Frauen und Männern (Zweites Gleichberechtigungsgesetz) vom 24. 6. 1994 (BGBl. I S. 1406) geändert worden.

Durch das Gesetz zur Neuordnung des Postwesens und der Telekommunikation, Postneuordnungsgesetz vom 14. 9. 1994 (BGBl. I S. 2325, 2385) ist eine weitere Änderung erfolgt.

Durch das Gesetz zur Neuregelung der Vorschriften über den Bundesgrenzschutz vom 19. 10. 1994 (BGBl. S. I S. 2978, 2998) ist § 85 Abs. 3 geändert worden.

Das Gesetz zur Einordnung des Rechts der gesetzlichen Unfallversicherung in das Sozialgesetzbuch-Unfallversicherungs-Einordnungsgesetz vom 7. 8. 1996 (BGBl. I S. 1254) hat § 81 Abs. 3 und 5 geändert.

Das erste Gesetz zur Änderung des Soldatenbeteiligungsgesetzes vom 20. 2. 1997 (BGBl. I S. 298, 308) hat zu einer Änderung von § 86 Nr. 13 geführt.

Das Gesetz zur Reform des öffentlichen Dienstrechts vom 24. 2. 1997 (BGBl. I S. 322, 340) hat § 76 Abs. 1 Nr. 8 und § 86 Nr. 9 geändert.

Das Gesetz über den deutschen Auslandsfunk vom 16. 12. 1997 (BGBl. S. 3094, 3105) hat § 69 Abs. 4 Satz 5 aufgehoben und § 90 neugefasst.

Das Gesetz zur Neuordnung des Bundesdisziplinarrechts v. 9. 7. 2001 (BGBl. I. 1510) hat § 78 Abs. 1 Nr. 3 geändert. § 86 Nr. 2 ist neugefasst, § 86 Nr. 10 Buchst. a ist aufgehoben worden.

Durch das Dritte Gesetz für moderne Dienstleistungen am Arbeitsplatz v. 23. 12. 2003 (BGBL. I S. 2848) ist § 88 S. 1 geändert und § 88 Nr. 2 ist neugefasst worden.

Das Gesetz zur wirkungsgleichen Übertragung von Regelungen der sozialen Pflegeversicherung in das Dienstrecht und zur Änderung sonstiger dienstrechtlicher Vorschriften v. 4. 11. 2004 (BGBl. I S. 2686) hat die Beschränkung der Wählbarkeit von Teilzeitbeschäftigten aufgehoben (§ 14 Abs. 2 S. 1).

Durch Art. 5 des Gesetzes zur Reform des Reisekostenrechts v. 26. 5. 2005 (BGBl. I S. 1418, 1422) ist § 44 geändert worden.

Durch das Gesetz zur Umbenennung des Bundesgrenzschutzes in Bundespolizei v. 21. 5. 2005 (BGBl. I S. 1818) ist § 85, der Sonderregelungen für die Personalvertretungen im Bundesgrenzschutz betraf, geändert worden.

Durch Art. 3 Ab. 4 des Gesetzes vom 14. 8. 2006 (BGBl. I S. 1897) ist § 67 Abs. 1 geändert worden.

E. Grenzen der Mitbestimmung

Umfang und Grenzen der Mitbestimmung in der öffentlichen Verwaltung **47**
waren bereits beim ersten Entwurf eines Personalvertretungsgesetzes (vgl. Anm. 26 ff) umstritten. Es verwundert daher nicht, dass sich auch die Gerichte mit dieser Frage befassen mussten. Wie der HessStGH[73] schon zuvor in einer grundlegenden Entscheidung ausführt, lässt sich aus dem Sozialstaatsprinzip folgern, dass die Personalvertretungen im öffentlichen Dienst jedenfalls an der Regelung der personellen und sozialen Angelegenheiten der dort Beschäftigten zu beteiligen sind. Soweit ersichtlich, scheint es unbestritten zu sein, dass die Mitbestimmung im öffentlichen Dienst sozialstaatlich fundiert ist.[74] Das BVerfG betont in diesem Zusammenhang in seinem Beschluss vom 26.5. 1970[75]: „Die Regelungen des Personalvertretungsrechts, die den Bediensteten Beteiligungsrechte einräumen, sind ein wichtiges Mittel zur Wahrung der Menschenwürde und der Persönlichkeitsentfaltung in der Dienststelle. Sie wurzeln im Sozialstaatsgedanken und gehen auf Vorstellungen zurück, die auch den Grundrechtsverbürgungen der Art. 1, 2 und 5 Abs. 1 GG zugrundeliegen.“ Das BVerwG[76] führt hierzu aus: „Die Personal-

73 Urteil vom 30. 4. 1986, ZBR 1986, 250 = PersV 1986, 227 ff. (235, 236).
74 Schuppert, Zur Legitimation der Mitbestimmung im öffentlichen Dienst, PersR 1993, 1 ff.; vgl. aber Rob, Dissertation, Speyer 1998, S. 202 ff.
75 BVerfGE 28, 314 [323].

vertretungen erfüllen, wenn man ihre Aufgaben insgesamt betrachtet, einen sozialstaatlich geforderten kollektivrechtlichen Schutzauftrag, der ihnen gesetzlich übertragen ist. In dieser dem Sozialstaatsprinzip entsprechenden und von ihm geforderten Zuständigkeit zeigt sich zugleich die sachliche Beschränkung der Tätigkeit des Personalrats. Der Personalrat kann diese ihm gesetzten Grenzen nicht überschreiten.“ Aus dem Sozialstaatsprinzip lässt sich jedoch kein bestimmtes Mitbestimmungsmodell ableiten.[77] Nach Schenke[78] vermag das Sozialstaatsprinzip zwar eine Rechtfertigung für ein sozialen Belangen verpflichtetes staatliches Handeln zu liefern und könne dabei in gewissem Umfang verfassungsrechtliche Barrieren beiseite schieben, die ohne seine Existenz der gesetzlichen Institutionalisierung der Personalvertretung im Wege stünden; das auf eine Konkretisierung durch den Gesetzgeber angelegt Sozialstaatsprinzip sei aber für sich zu substanzlos, um allein hieraus eine Verpflichtung des Gesetzgebers zur Etablierung einer Personalvertretung abzuleiten. Was die Frage eines „Legitimationskonzept der Betroffenenpartizipation“ anbelangt und zur Diskussion darüber, ob es ein Grundrecht auf Mitbestimmung gibt und wie es zu begründen wäre, wird auf das einschlägige Schrifttum verwiesen.[79]

47a Die Verfassung hat für das Personalvertretungsrecht unmittelbar und erhebliche Bedeutung. Es ist daher notwendig, die verfassungsrechtlichen Grundlagen der Mitbestimmung im öffentlichen Dienst immer wieder in Erinnerung zu rufen. Die Personalvertretungen sind Teil der Verwaltung. Als solche sind sie Repräsentanten der in der Dienststelle Beschäftigten. Sie haben die Aufgabe, über die ihnen eingeräumten Beteiligungsrechte die Wahrung und Sicherung der Grundrechte und Rechte des einzelnen Beschäftigten zu bewirken. Die Personalvertretungsgesetze wollen eine wirksame Teilhabe der Beschäftigten an den sie betreffenden Angelegenheiten (Dienst- und Arbeitsbedingungen) sicherstellen.[80] Durch die in einigen neueren Novellen[81] zu Landespersonalvertretungsgesetzen vorgenommene Ausweitung der Beteiligungsrechte der Personalvertretungen wurde eine Diskussion über die verfassungsrechtlichen Grenzen der Mitbestimmung im öffentlichen Dienst ausgelöst, die es zuvor im Schrifttum nur vereinzelt gegeben hatte. Gegenstand verfassungsrechtlicher Auseinandersetzungen seit 1991 war das Mitbestimmungsgesetz des Landes Schleswig-Holstein vom 11.12.1990 (GVOBl. S. 577) und das Personalvertretungsgesetz für das Land Rheinland-Pfalz vom 8.12.1992 (GVBl. S. 333). Abgeordnete des Landtages von Schleswig-Holstein und Abgeordnete des Deutschen Bundestages haben vor dem Bundesverfassungsgericht[82] beantragt festzustellen, dass das Mitbestimmungsgesetz Schleswig-Holstein in wesentlichen Teilen verfassungswidrig ist. Während Schuppert[83] das Mitbestimmungsgesetz Schleswig-

---

76 BVerwG v. 18.3.1981, BVerwGE 62, 55 = ZBR 1982, 215 = PersV 1982, 326
77 Schuppert, aaO (Fn. 74).
78 Personalvertretungsrecht und Verfassung, in: JZ 1991, 581 ff.; vgl. aber Schuppert, aaO (Fn. 74), der hervorhebt, dass das Sozialstaatsprinzip vor allem einen Gestaltungsauftrag an den Gesetzgeber enthält, ihn aber zur Sozialgestaltung legitimiere.
79 Schupppert, aaO (Fn. 74); Däubler, Das Grundrecht auf Mitbestimmung, 3. Aufl. 1975.
80 Becker, RiA 1988, 1; ders., ZBR 1991, 321; Krüger, PersV 1990, 241; Lecheler, PersV 1986, 305 m.w. Nachweisen; grds. Leisner, Mitbestimmung im öffentlichen Dienst, 1970; Thiele, DÖD 1989, 201; ders., PersV 1992, 329.
81 Vgl. etwa LPVG Hess v. 11.7.1984, GVBl. I 1984, S. 181; LPVG NW. 18.12.1984, GVBl. 1985, S. 29; Battis, Personalvertretung und Verfassung, NVwZ 1986, 884; ders., inwieweit ist der in den einzelnen Landespersonalvertretungsgesetzen festgeschriebene Einfluss der Gewerkschaften mit der Verfassung vereinbar?, DÖV 1987, 1.
82 Verfahren 2 BvF 1/92 für den Normenkontrollantrag von Abgeordneten des Deutschen Bundestages; Verfahren 1 BvK für den Normenkontrollantrag von Abgeordneten des Schleswig-Holsteinischen Landtages.

Holstein verfassungsrechtlich für bedenkenfrei hält, sind Kisker[84] und Schenke[85] der Auffassung, dass das Mitbestimmungsgesetz Schleswig-Holstein sowohl gegen das Demokratieprinzip als auch gegen das Rechtsstaatsprinzip verstößt. In der Rechtsprechung schien die Frage nach den Verfassungsgrenzen der Mitbestimmung im öffentlichen Dienst mit dem Urteil des BVerfG im bremischen Personalvertretungsstreit[86] geklärt, obgleich es um das Thema Personalvertretungsrecht und Verfassung nie ruhig geworden war.[87] Der Beschluss des Zweiten Senats des Bundesverfassungsgerichts vom 24. 5. 1995 (– 2 BvF 1/92 –, BVerfGE 93, 37 = ZBR 1996, 15 = PersV 1995, 553 = ZfPR 1995, 185) zum Mitbestimmungsrecht Schleswig-Holstein stellt jedoch nunmehr das Personalvertretungsrecht in Bund und Ländern, soweit es die Grenzen der Mitbestimmung im öffentlichen Dienst betrifft, auf eine neue verfassungsrechtliche Grundlage.[88] Wie Cecior[89] zutreffend anmerkt, galt bislang jahrzehntelang in allen Personalvertretungsgesetzen übereinstimmend als Grundsatzregelung in Mitbestimmungsangelegenheiten, dass in Fällen der Nichteinigung zwischen Dienststelle und Personalvertretung auch in Personalangelegenheiten der Beschäftigten die zuständige Einigungsstelle die letzte Entscheidung trifft; lediglich für Personalangelegenheiten von Beamten und für im einzelnen aufgeführte organistorische Maßnahmen, soweit sie sich auf Beamte bezogen, war einschränkend vorgesehen, dass die Einigungsstelle nur eine Empfehlung an die in diesen Fällen endgültig entscheidende Stelle beschließen konnte. Nunmehr wird durch den Beschluss des Bundesverfassungsgerichts, soweit es die Personalangelegenheiten der Angestellten und Arbeiter des öffentlichen Dienstes betrifft, der jahrzehntelang in Bund und Ländern geltenden – auf die Bremen-Entscheidung des Bundesverfassungsgerichts gestützten – vollen Mitbestimmung der Boden entzogen.[90]

1. Das BVerfG hat seinerzeit[91] entschieden, dass das Letztentscheidungsrecht der Einigungsstelle in den personellen Angelegenheiten der Beamten mit dem Grundgesetz unvereinbar ist. Dagegen hatte es keine Bedenken, der Einigungsstelle die letzte Entscheidung in den personellen Angelegenheiten der Arbeiter und Angestellten sowie in den sozialen Angelegenheiten aller Beschäftigten einzuräumen. 48
Zur Begründung beruft sich das BVerfG in erster Linie auf den Grundsatz der parlamentarischen Verantwortlichkeit der Regierung. Der demokratische Rechtsstaat im Sinne des Grundgesetzes (Art. 28 Abs. 1 Satz 1) setze notwendig eine funktionsfähige und verantwortliche Regierung voraus. Da die Einigungsstelle von Parlament und Regierung unabhängig sei, habe ihre Entscheidungskompetenz eine Kürzung der Verantwortlichkeit der Regierung gegenüber der Volksvertretung zur Folge. Die selbstständige politische Entscheidungsgewalt der Regierung, ihre Funktionsfähigkeit zur Erfüllung ihrer verfassungsmäßigen Aufgaben, ihre Sachverantwortung gegenüber Volk und Parlament seien zwingende Gebote der demokratischen rechts-

83 Siehe Schuppert, Mitbestimmung und Verfassungsrecht, PersR 1993, 521, der auch Stellungnahmen von Bryde und Plander zitiert.
84 Mitbestimmung total. Zur Neuordnung des Personalvertretungsrechts in Schleswig-Holstein, in: PersV 1992, 1.
85 Zur Verfassungswidrigkeit des Schleswig-Holsteinischen Gesetzes über die Mitbestimmung der Personalräte vom 11. 12. 1990, in: PersV 1992, 289 ff.
86 BVerfG v. 27. 4. 1959, BVerfGE 9, 268 = ZBR 1959, 152 = PersV 1958/59, 234.
87 Vgl. Widmaier, PersV 1975, 412.
88 Battis/Kersten, PersV 1998, 21; s. auch Albers, PersR 1995, 501.
89 PersV 1998, 49.
90 So schon Widmaier, PersV 1975, 412 und PersV 1976, 447.
91 BVerfG v. 26. 5. 1970, BVerfGE 62, 55

staatlichen Verfassung. Ein Staatsorgan, das eine Entscheidung zu treffen habe, müsse dafür stets die Verantwortung tragen und könne deshalb nicht an die Willensentscheidung eines anderen gebunden werden.
Diese beachtlichen Gedankengänge werden allerdings sogleich erheblich eingeschränkt. Das BVerfG führt aus, aus der Stellung der Regierung als dem obersten Organ der vollziehenden Gewalt folge nicht, dass es keinerlei ministerialfreien Raum auf dem Gebiet der Verwaltung geben dürfe und dass von der Regierung unabhängige Ausschüsse für bestimmte Verwaltungsaufgaben in jedem Fall unzulässig seien. Das seiner Meinung nach entscheidende Kriterium ist das „politische Gewicht", das einer Regierungsaufgabe beizumessen sei. Es gebe Regierungsaufgaben, die wegen ihrer „politischen Tragweite" nicht generell der Regierungsverantwortung entzogen und auf Stellen übertragen werden dürften, die von Regierung und Parlament unabhängig seien.
Als solche Angelegenheiten von politischem Gewicht bezeichnet das BVerfG die Entscheidungen über Einstellung, Beförderung, Versetzung und sonstige personelle Angelegenheiten der Beamten. Dagegen werde die Entscheidungsfreiheit und Verantwortlichkeit der Regierung durch die Letztentscheidung der Einigungsstelle in den Personalangelegenheiten der Arbeiter und Angestellten nicht so erheblich beeinträchtigt, dass ein Verstoß gegen das Prinzip des demokratischen Rechtsstaates festzustellen sei. Das BVerfG stützt seine unterschiedliche Beurteilung im Wesentlichen darauf, dass die Ausübung hoheitlicher Befugnisse gem. Art. 33 Abs. 4 GG in der Regel Beamten vorbehalten sei.
Die Unbedenklichkeit der Entscheidungsbefugnis der Einigungsstelle in sozialen Angelegenheiten wird in ähnlicher Weise begründet. Es handele sich hierbei nicht um einen „wesensmäßig politischen Bereich", der, wie die personalpolitischen Entscheidungen über Beamte, der Regierung vorbehalten bleiben müßte.
Das BVerfG gründet seine Entscheidung in zweiter Linie darauf, dass die bindende Entscheidung der Einigungsstelle in personellen Angelegenheiten der Beamten mit den hergebrachten Grundsätzen des Berufsbeamtentums nicht vereinbar sei. Zu diesen hergebrachten Grundsätzen gehöre, dass über solche Angelegenheiten eines Beamten in der Regel allein seine vorgesetzten Dienstbehörden zu entscheiden hätten. Eine die Verwaltung bindende Entscheidungsbefugnis der Einigungsstelle in diesen Angelegenheiten würde das bisherige öffentlich-rechtliche Dienst- und Treueverhältnis der Beamten von Grund auf verändern.
Ein Verstoß gegen das Prinzip der Gewaltenteilung kann seiner Auffassung nach nicht darin erblickt werden, dass die Einigungsstelle unter dem Vorsitz des Parlamentspräsidenten oder eines von ihm bestellten Vertreters tätig wird. Diese Feststellung, die im Widerspruch zu dem Minderheitsvotum der drei Mitglieder des Bremischen Staatsgerichtshofes steht, begründet es damit, dass dem Bremischen Verfassungsrecht die Mitwirkung von Vertretern verschiedener Gewalten in gemeinsamen Ausschüssen eigentümlich sei. Im Übrigen gehörten die Einigungsstellen zum Bereich der Exekutive. Wenn daher bisher dem Senat zustehende Befugnisse auf die Einigungsstellen übergingen, so werde dadurch nicht Macht von einer Gewalt auf eine andere Gewalt übertragen.

49 2. Die Hessische Novelle[92] hat den HessStGH beschäftigt.[93] Das Hessische Personalvertretungsgesetz räumt nach seiner Änderung durch das Gesetz vom 11. 7. 1984 den Personalvertretungen und zum Teil den Tarifvereini-

92 LPVG Hess v. 11. 7. 1984, GVBl. I 1984, S. 181.
93 Ausführlich Kisker, PersV 1985, 137 m. w. Nachweisen; Kübel, PersV 1986, 129.

gungen Befugnisse ein, die in ihrer Häufung und Ausgestaltung weiter reichen als diejenigen, die in den Personalvertretungsgesetzen des Bundes und der anderen Bundesländer festgelegt sind. Der StGH hat mehrere Gesetzestatbestände für mit der Verfassung des Landes Hessen unvereinbar und nichtig erklärt,[94] weil insoweit die Grundsätze der Volkssouveränität, der parlamentarischen Verantwortlichkeit der Landesregierung und des Selbstverwaltungsrechts der Gemeinden verletzt und dadurch die verfassungsrechtlichen Grenzen des Mitbestimmungsrechts in der öffentlichen Verwaltung überschritten seien.

3. Zusammen mit dem Urteil des HessStGH v. 30. 4. 1986 ist das Urteil des VerfGH Nordrhein-Westfalen v. 15. 9. 1986[95] für die Mitbestimmung im öffentlichen Dienst wie auch für das Verfassungsleben insgesamt von weitreichender Bedeutung. Erstmals hat, worauf insbesondere Püttner[96] hinweist, ein Verfassungsgericht aus dem Grundsatz, dass alle Staatsgewalt vom Volke ausgeht,[97] für öffentliche Unternehmen in öffentlich-rechtlicher Rechtsform die Konsequenz gezogen: Die Legitimation vom Volk und damit die ununterbrochene Legitimationskette verbietet die unmittelbare Wahl von Sparkassenverwaltungsratsmitgliedern durch das Sparkassenpersonal. Das Personal kann Verwaltungsratsmitglieder nur vorschlagen, aber nicht legitimieren und bestellen. 50

4. Bei der Frage, welche Grenzen die Verfassung einer Mitbestimmung im öffentlichen Dienst zieht, kommt dem Demokratieprinzip des Grundgesetzes[98] und der Landesverfassungen als einem der grundlegenden Strukturprinzipien für den Staat, die Gemeinden und Gemeindeverbände überragende Bedeutung zu. Stellt sich die Tätigkeit der Personalvertretung als Ausübung von Staatsgewalt dar, so ist zu beachten, dass die Staatsgewalt prinzipiell demokratisch, d. h. vom Staatsvolk her legitimiert sein muss.[99] Neben dem Volk selbst sind nur verfassungsgemäß bestellte Organe zur Ausübung der Staatsgewalt befugt; verfassungsgemäß bestellte Organe sind aber in einem demokratisch organisierten Staat nur solche, die eine Legitimation besitzen, die sich auf die Gesamtheit der Bürger und damit das Volk, das Inhaber und Träger der Staatsgewalt ist, zurückführen lässt.[100] Über eine 51

94 Vgl. Urteil v. 30. 4. 1986, ZBR 1986, 250 = PersV 1986, 227.
95 PersV 1987, 103 = DVBl. 1986, 1196 m. Anm. v. Püttner; vgl. aber die Kritik von Orth, PersR 1986, 222.
96 aaO.
97 Art. 20 Abs. 2 Satz 1 GG.
98 BVerfG v. 24. 5. 1995, BVerfGE 93, 37 = ZBR 1996, 15 = PersV 1995, 553 = ZfPR 1995, 185.
99 Schenke, Zur Verfassungswidrigkeit des Schleswig-Holsteinischen Gesetzes über die Mitbestimmung der Personalräte vom 11. 12. 1990, PersV 1992, 289; BVerfG v. 31. 10. 1990, NJW 1991, 159.
100 HessStGH v. 30. 4. 1986, ZBR 1986, 250 = PersV 1986, 227; BVerfG v. 10. 12. 1974, BVerfGE 38, 258 (271); BVerfG v. 15. 2. 1978, BVerfGE 47, 253 (272); vgl. auch Thiele (Fußn. 2); Kisker, Mitbestimmung total. Zur Neuordnung des Personalvertretungsrechts in Schleswig-Holstein, PersV 1992, 1; ders., Zum Stand des Streits um Rechtfertigung und Grenzen der Mitbestimmung des Personalrats; Besprechung der Entscheidung des Rheinland-Pfälzischen Verfassungsgerichtshofs, PersV 1994, 289; vgl. auch VfGH Rheinland-Pfalz v. 18. 4. 1994, ZBR 1994, 272 = PersV 1994, 307 = ZfPR 1994, 124; Schenke, Zur Verfassungswidrigkeit des schleswig-holsteinischen Gesetzes über die Mitbestimmung der Personalräte vom 11. 12. 1990, PersV 1992, 289; Schuppert, Zur Legitimation der Mitbestimmung im öffentlichen Dienst, PersR 1993, 1; ders., Mitbestimmung und Verfassungsrecht, PersR 1993, 521 sowie Bryde, Stellungnahme für die Landesregierung Schleswig-Holstein, maschinenschriftlich; ders., Das schleswig-holsteinische Personalvertretungsgesetz in der verfassungsrechtlichen Diskussion, PersR 1994, 4; Plander, Stellungnahme namens des schleswig-holsteinischen Landtages

derartige, auf die Gesamtheit der Wahlbürger und damit das Volk als Inhaber und Träger der Staatsgewalt zurückzuführende Legitimation verfügen die Personalvertretungen im öffentlichen Dienst nicht. Ihre Legitimationsbasis, die Beschäftigten des öffentlichen Dienstes und nicht das Gesamtvolk, ist daher eine andere und zudem schmälere als die der verfassungsmäßig berufenen Staats- und Kommunalorgane.[101] Beschäftigtenvertretungen oder Personalversammlungen können demokratische Legitimation nicht vermitteln. Das Sozialstaatsprinzip ist nicht geeignet, die Unterbrechung demokratischer Legitimations- und Verantwortungsstränge zu rechtfertigen.[102]
Ossenbühl hat die verfassungsrechtlichen Prinzipien, die einer Mitbestimmung im öffentlichen Dienst entgegenstehen, dargestellt.[103] Hierauf kann im einzelnen verwiesen werden. Er fasst seine verfassungsrechtlichen Erörterungen in folgenden Thesen zusammen:[104] Mitbestimmung im öffentlichen Dienst als Teilhabe an staatlicher Herrschaftsausübung; das Prinzip der demokratischen Legitimation und Kontrolle staatlicher Herrschaft; das Prinzip der Einheit von Verantwortung und Entscheidungsmacht; der Gleichheitsgrundsatz; die hergebrachten Grundsätze des Berufsbeamtentums; die Funktionsfähigkeit der Verwaltung.[105]

52 5. Der Verfassungsgerichtshof Rheinland-Pfalz hat in einer Entscheidung vom 18. 4. 1994 (VGH N 1/93 und VGH N 2/93, PersV 1994, 307) Teile des LPersVG Rheinland-Pfalz für verfassungswidrig erklärt. Dabei hat das Gericht u. a. darauf verwiesen, dass Zielsetzung der personalvertretungsrechtlichen Mitbestimmung eine kompensatorische Funktion für den Verlust an Selbstgestaltung sei, die durch die Einbindung der Beschäftigten in die Gegebenheiten der Verwaltung und der Verwaltungsabläufe erfolge. Die verfassungsrechtliche Legitimierung konzentriere sich auf die Frage, in welchem Maße die Personalvertretung an der Ausübung staatlicher Organisationsgewalt beteiligt werde. Bei der Entscheidung dieser Frage müsse stets auf die Notwendigkeit zur demokratischen Legitimation abgestellt werden, da es keine nicht durch das Volk selbst legitimierte Herrschaftsausübung geben dürfe. Darüber hinaus ergäben sich weitere Schranken aus dem Rechtsstaatsprinzip, dem dann nicht hinreichend Rechnung getragen werde, wenn u. a. in personellen Angelegenheiten der Angestellten und Arbeiter der Einigungsstelle eine abschließende Entscheidungsbefugnis eingeräumt werde. Das Gericht stellt in diesem Zusammenhang wesentlich auf die Zahl dieser Beschäftigten ab, die den größten Anteil der im öffentlichen Dienst Beschäftigten ausmache. Daher dürfe die demokratische Verantwortlichkeit für den größeren Teil der Beschäftigten nicht von einem demokratisch nicht legitimierten Gremium (Einigungsstelle) wahrgenommen werden. Eine solche, vorwiegend auf die Zahl der betroffenen Beschäftigten abstellende Betrachtungsweise erscheint aber nicht angemessen. Der Verwaltung nämlich bleibt immer noch die Möglichkeit, gegen eine Entscheidung der Einigungsstelle vorzugehen, wenn die Voraussetzungen des § 75 Abs. 4 LPersVG Rheinland-Pfalz erfüllt sind bzw. wenn sie der Auffassung ist, nicht an die Entscheidung gebunden zu sein und eine Überprüfung der Rechtmäßigkeit veranlassen möchte (BVerwG v. 27. 2. 1986, PersV 1986, 329). Zudem stellt

vom 25. 10. 1992, maschinenschriftlich.
101 HessStGH aaO; kritisch: Bobke, PersR 1985, 4 ff.
102 VerfGH Nordrhein-Westfalen v. 15. 9. 1986, PersV 1987, 103 = DVBl. 1986, 1196.
103 Ossenbühl, Grenzen der Mitbestimmung im öffentlichen Dienst, 1986, S. 37 ff.; ders. in PersV 1989, 409 ff.
104 aaO, S. 37–60.
105 Vgl. auch Becker, RiA 1988, 1 und Klein, PersV 1990, 49 ff.; insgesamt abweichend: Plander, PersR 1989, 238.

der Verfassungsgerichtshof nicht auf die Bedeutung der Aufgabenerledigung ab, die sicherlich zu schwierigen Grenzfragen zwischen einerseits einer „noch bedeutungsvollen" und andererseits einer „schon nicht mehr bedeutungsvollen" Angelegenheit führt. Jedenfalls ist ein Widerspruch erkennbar zu den eingangs dargestellten Überlegungen der der Mitbestimmung zukommenden Schutzfunktion, wenn den Entscheidungen der Einigungsstelle in personellen Angelegenheiten künftig stets nur ein empfehlender Charakter gegenüber der Verwaltung zukommen würde. Allerdings ist dem Gericht im Zusammenhang mit dem Letztentscheidungsrecht der Einigungsstelle bei Initiativanträgen der Personalvertretung zuzustimmen. Das Gericht weist in diesem Zusammenhang auf das der Einigungsstelle, einem demokratisch nicht legitimierten Organ, übertragene Letztentscheidungsrecht hin. Hierdurch werde die Personalhoheit der Dienststelle unvertretbar eingeschränkt. Außerdem liege ein Verstoß gegen das Rechtsstaatsprinzip insoweit vor, als dem Gruppeninteresse der Beschäftigten ein zu weitgehender Einfluss auf das Gemeinwohl eingeräumt werde. Schließlich erklärt das Gericht auch diejenigen Bestimmungen für verfassungswidrig, die den Gewerkschaften anstelle der Personalvertretung Rechte einräumen; denn ihnen fehle es zur Wahrnehmung der geregelten Kompetenzen an der personellen demokratischen Legitimation, zumal die koalitionsmäßig nicht gebundenen Beschäftigten einer ihnen fremden Regelungsmacht unterstellt würden. Im Übrigen könne es nicht angehen, dass den Koalitionen Aufgaben übertragen würden, die materiell zum Zuständigkeitsbereich der Personalvertretung gehörten. Schließlich erklärt der Verfassungsgerichtshof auch jene Bestimmung für verfassungswidrig, wonach das betriebsverfassungsrechtliche Modell der wirtschaftlichen Mitbestimmung auf den Bereich der Wirtschaftsunternehmen der öffentlichen Hand ausgedehnt werde, indem zu den gesetzlichen Mitgliedern der Entscheidungsgremien Beschäftigtenvertreter hinzutreten müßten. Dagegen hat das Gericht u. a. folgende Bestimmungen für verfassungsgemäß erklärt: Die Verpflichtung des Dienststellenleiters, zu allen Vorstellungs- und Auswahlgesprächen ein von der Personalvertretung benanntes Mitglied einzuladen und ihm die erforderlichen Unterlagen vorzulegen; darüber hinaus das Recht der Personalvertretung, die Zustimmung zu beteiligungspflichtigen Angelegenheiten nicht nur aus bestimmten, sondern aus allen von ihr für sachlich gebotenen Gründen verweigern zu können. Schließlich weist das Gericht daraufhin, dass der Gesetzgeber an der Einführung einer Allzuständigkeit aus verfassungsrechtlichen Gründen nicht gehindert sei, sofern innerhalb des normativen Anwendungsbereichs und der abgegrenzten Aufgabentypen die Zuständigkeit der Personalvertretung auf im einzelnen aufgeführte Einzelaufgaben begrenzt sei oder sich die Begrenzung aus einer Generalklausel ergebe.

Zusammenfassend ist einerseits festzuhalten, dass insbesondere die **Grundrechte** des Art. 1 Abs. 1, Art. 2 Abs. 1 und Art. 5 Abs. 1 GG den Gesetzgeber verpflichten, eine Beteiligung der Beschäftigten an den sie betreffenden innerdienstlichen personellen und sozialen Angelegenheiten zu schaffen und somit ein Kernbestand einer Regelung des Personalvertretungsrechts verfassungsrechtlich garantiert wird. Andererseits ist festzustellen, dass die **verfassungsrechtlichen Grenzen** des Personalvertretungsrechts im Wesentlichen durch das Demokratie- und Rechtsstaatsprinzip, die Gewaltentrennung, das Leistungsprinzip im öffentlichen Dienst sowie durch die Bindung an Gesetz und Recht, der sowohl Dienststellenleiter als auch Personalvertretung unterliegen, gezogen werden[106].

106 Vgl. Lorenzen u. a., § 1 Anm. 12 ff.

53 Mit einem **Beschluss vom 24. 5. 1995** (BVerfGE 93, 37 = ZBR 1996, 15 = PersV 1995, 553 = ZfPR 1995, 185) hat der 2. Senat **des Bundesverfassungsgerichts** das Kernstück des schleswig-holsteinischen Gesetzes über die Mitbestimmung der Personalräte vom 11. 12. 1990 (GVOBl. S. 577 ff) mit dem Grundgesetz für unvereinbar erklärt[107]. Das BVerfG will in erster Linie die **Personalangelegenheiten** der uneingeschränkten Mitbestimmung entzogen wissen, in zweiter Linie die **organisatorischen** Angelegenheiten. In diesen Bereichen soll die Entscheidungsfindung der Dienststellen ohne eine Bindung an Einigungsstellenentscheidungen ablaufen können. Für den Bereich der **sozialen** Angelegenheiten, den Kern der kollektiven Interessenvertretung, ergeben sich aus der Rechtsprechung des BVerfG für künftige Gestaltungsmöglichkeiten die geringsten Einschränkungen für eine Ausgestaltung i. S. voller Mitbestimmung einschließlich einer grundsätzlich verbindlichen Einigungsstellenentscheidung[108]. Während das bisherige schleswig-holsteinische Personalvertretungsrecht Mitbestimmung nur für bestimmte, in einem Katalog abschließend festgeschriebene Fälle kannte, erhielt der Personalrat durch das Mitbestimmungsgesetz vom 11. 12. 1990 bei allen personellen, sozialen, organisatorischen und sonstigen innerdienstlichen Maßnahmen ein grundsätzliches Mitbestimmungsrecht. Entscheidungen der Einigungsstelle, die im Nichteinigungsfall angerufen werden konnte, konnten nur unter bestimmten Voraussetzungen von der Dienststelle aufgehoben werden. Nach dem Mitbestimmungsgesetz standen sich in innerdienstlichen Angelegenheiten beide Seiten gleichrangig gegenüber. Diese umfassende Mitbestimmung ist vom Bundesverfassungsgericht in seinem Beschluss vom 24. 5. 1995 beanstandet worden. Der Landesgesetzgeber reagierte auf die Entscheidung des BVerfG v. 24. 5. 1995 durch das Gesetz zur Änderung des Mitbestimmungsgesetzes Schleswig-Holstein (MBG SH), das am 14. 1. 2000 in Kraft getreten ist (GVOBl. S. 3). Dabei wird das bisherige Mitbestimmungsmodell auf der Ebene der Personalratsbeteiligung aufrecht erhalten, während die Entscheidungskompetenz der Einigungsstelle strukturelle Änderungen erfährt. Sie trifft jetzt nur noch in dem Umfang Entscheidungen, der vom BVerfG ausdrücklich zugelassen worden ist; in allen anderen Fällen haben die Entscheidungen der Einigungsstelle lediglich empfehlenden Charakter[109]. Wie Battis/Kersten[110] zu Recht betonen, sieht sich die Entscheidung des 2. Senats nicht nur ideologiebehafteter Begründung oder Ablehnung ausgesetzt, sondern auch in ihren nicht widerspruchsfreien Deduktionen aus dem Demokratieprinzip, die zur Verfassungswidrigkeit einer über 40 Jahre dauernden, von Fachgerichten und Gesetzgebern verfassungsrechtlich unbeanstandet akzeptierten Praxis führen, der demokratietheoretischen Kritik ausgesetzt.

1. Was die Auswirkungen des Beschlusses des 2. Senats des Bundesverfassungsgerichts anbelangt, so können diese nur unter dem Blickwinkel künftiger Veränderungen des Bundespersonalvertretungsgesetzes betrachtet werden, weil sich der Beschluss auf dieses Gesetz nicht unmittelbar auswirkt,

---

107 Hierzu Vor § 66 Anm. 1a; ferner: Battis/Kersten, PersV 1998, 21 ff.; Battis, PersV 2005, 286; Ilbertz, ZfPR 1995, 192 ff; Kisker, PersV 1995, 529 ff.; Albers, PersR 1995, 501 ff.; ders., NJW 1997, 444; Becker, RiA, 1996, 261 ff.; Bieler, DÖD 1996, 52 ff.; Cecior, PersV 1998, 49 ff.; Faber-Härtl, PersV 1999, 50; Pfohl, ZBR 1996, 82 ff.; von Roetteken, NVwZ 1996, 552 ff.; Rudolph, PersV 1997, 145 ff.; Schuppert, PersR 1997, 137 ff.; Sendler, DVBl. 1994, 1089 ff.; Thiele, PersV 1994, 337 ff.; ders., PersV 1997, 97 ff.; ders., PersV 1998, 148.

108 von Roetteken, PersR 2004, 287.

109 Witt, PersV 2001, 194 mit Darstellung des Dreistufenmodells des BVerfG; s. auch Büge, PersR 2003, 171 ff.

110 PersV 1998, 21 ff. m. w. Nachw.

sondern seine Rechtskraft auf den Bereich des Mitbestimmungsgesetzes Schleswig-Holstein beschränkt ist.

2. Der Beschluss enthält als zwingende Hinweise auch für die Gesetzgeber des BPersVG und der anderen Personalvertretungsgesetze im Bundesgebiet lediglich die Grundsätze der Schutzzweckgrenze und der Verantwortungsgrenze. Die gesetzlichen Regelungen über die Organisation der Personalvertretungen, die Beteiligungsformen und das Beteiligungsverfahren bleiben davon gänzlich unberührt. Über die beiden Prinzipien der Schutzzweckgrenze und der Verantwortungsgrenze hinaus lässt der Beschluss keine weiteren Tendenzen für das Personalvertretungsrecht erkennen. Vor allem kann man ihm keinen allgemeinen Grundsatz des Inhalts entnehmen, dass die Personalvertretungen die Dienststellenleiter bei der Erfüllung der der Beteiligung unterliegenden Dienstaufgaben nicht oder nur geringfügig beeinflussen dürften.

3. Die **Schutzzweckgrenze** verbietet, den Beteiligungstatbestand durch eine Generalklausel zu bestimmen und für alle Beteiligungsfälle unterschiedslos die Mitbestimmung als intensivste Form der Beteiligung vorzusehen. Sie gebietet,

a) den Beteiligungstatbestand und

b) die Beteiligungsintensität

in der Hinsicht, die das Bundesverfassungsgericht darlegt, unter Kontrolle zu halten. Darin liegt aber kein Auftrag an die Gesetzgeber, die schon bisher keine Generalklausel und keine Beschränkung jeglicher Beteiligung auf die Mitbestimmung vorgesehen haben, alle vorhandenen Beteiligungstatbestände zu überprüfen. Es kann und muss im Gegenteil davon ausgegangen werden, dass dies bereits bei der Schaffung der Tatbestände geschehen ist und dass es dabei sein Bewenden haben soll.

Die Schutzzweckgrenze wirkt sich aber bei der Auslegung des Gesetzes aus; denn sie ist jedenfalls ein rechtliches Hindernis gegen jegliche Ausdehnung oder gar analoge Anwendung von Beteiligungstatbeständen.

4. Die **Verantwortungsgrenze** ist auf die Entscheidungsbefugnis der Einigungsstelle beschränkt. Sie erfasst nur die Mitbestimmungstatbestände, weil nur bei der Mitbestimmung der Weg zur Einigungsstelle führen kann. Deren Existenz und deren Verfahren bleiben von den Ausführungen des BVerfG gänzlich unberührt.

Bei der Verteilung der einzelnen im Gesetz vorgesehenen Mitbestimmungstatbestände auf die bei der Verantwortungsgrenze vom **BVerfG** entwickelten **drei Stufen** fallen unter

Stufe 1: Angelegenheiten, die in ihrem Schwerpunkt die Beschäftigten in ihrem Beschäftigungsverhältnis betreffen, typischerweise aber nicht oder nur unerheblich die Wahrnehmung von Amtsaufgaben gegenüber der Bürgerin oder dem Bürger berühren. Beispiele: soziale Angelegenheiten des § 75 Abs. 2 und innerdienstliche Angelegenheiten des § 75 Abs. 3 außer Nrn. 10, 14 und 17 (so ausdrücklich BVerfG auf S. 50 des Umdrucks),

Stufe 2: Maßnahmen, die das Beschäftigungsverhältnis betreffen, die Wahrnehmung des Amtsauftrags jedoch typischerweise nicht nur unerheblich berühren. Erforderlich ist in diesen Fällen ein höheres Maß an demokratischer Legitimation. Die Kompetenz einer Einigungsstelle zur abschließenden Entscheidung kann hier nur unter der Voraussetzung hingenommen werden, dass die Mehrheit ihrer Mitglieder uneingeschränkt demokratisch legitimiert ist und die Entscheidung darüber hinaus von einer Mehrheit der so legitimierten Mitglieder getragen wird. Beispiele: § 75 Abs. 3 Nrn. 14 und 17 (so ausdrücklich BVerfG auf Seite 51 des Umdrucks), aber auch § 76 Abs. 2 außer Nrn. 4, 5, 7 und 9 (gegen BVerfG S. 52 des Umdrucks). Letzteres deshalb, weil die Maßnahmen lediglich Beschäftigte betreffen und keinen Regelungscharakter im Sinne einer Statusmaßnahme oder eines Eingriffs in die persönlichen Verhältnisse enthalten.

Stufe 3: Innerdienstliche Maßnahmen, insbesondere organisatorische, personelle und soziale Maßnahmen, die schwerpunktmäßig die Erfüllung von Amtsaufgaben betreffen, unvermeidlich aber auch die Interessen der Beschäftigten berühren.[111] Sie sind stets von so großer Bedeutung für die Erfüllung des Amtsauftrags, dass die parlamentarische Verantwortlichkeit der Regierung für sie keine substanzielle Einschränkungen erfahren darf. Die Einbindung der Personalvertretung und der Einigungsstelle in die Entscheidungsfindung kann allenfalls in Form der sog. eingeschränkten Mitbestimmung geschehen. Die Entscheidung der Einigungsstelle darf nur den Charakter einer Empfehlung an die zuständige Dienststelle haben. Zu diesen Maßnahmen gehören insbesondere solche der Personalpolitik, also alle Maßnahmen, die den Rechtsstatus von Beamtinnen und Beamten, Angestellten sowie Arbeiterinnen und Arbeitern des öffentlichen Dienstes betreffen, sowie alle organisatorischen Maßnahmen der Dienststelle, die für die Wahrnehmung des Amtsauftrags von erheblicher Bedeutung sind. Beispiele: § 75 Abs. 1 (so ausdrücklich BVerfG auf S. 52 des Umdrucks), § 75 Abs. 3 Nr. 10 (Statusregelung), § 76 Abs. 1 (so ausdrücklich BVerfG S. 52 des Umdrucks) sowie § 76 Abs. 2 Nrn. 4 (Statusregelung), 5, 7 (beides Regelungen mit erheblicher Außenwirkung) und 9 (Eingriffsakt).

Soweit sich das BVerfG auf S. 51 und 52 des Umdrucks mit der Zuordnung von Regelungen in §§ 78 und 79 zu der Dreistufentheorie befasst, übersieht es, dass die Verantwortungsgrenze nur die Entscheidungsbefugnis der Einigungsstelle betrifft, die §§ 78 und 79 aber Mitwirkungstatbestände regeln, bei denen eine Anrufung der Einigungsstelle kraft des bestehenden Gesetzes überhaupt nicht möglich ist.

Nach der Konzeption des BVerfG gibt die Verfassung weder ein bestimmtes Mitbestimmungsmodell noch im einzelnen die Abgrenzung der Bereiche vor, in denen innerdienstliche Maßnahmen nur erhebliche, nicht nur unerhebliche und schließlich erhebliche Auswirkungen auf die Wahrnehmung der Aufgaben der öffentlichen Verwaltung haben. Insoweit steht dem Gesetzgeber ein Entscheidungsspielraum zu.

Abschließend ist deutlich herauszustellen, dass es für die Dienststellen, Personalvertretungen und Einigungsstellen keine Möglichkeit gibt, aufgrund des Beschlusses des BVerfG Teile des Gesetzes nicht oder anders anzuwenden, als es seinem gegenwärtigen Inhalt entspricht. Fachgerichte, die sich mit einem Einigungsstellenbeschluss zu befassen haben, der eine Sachentscheidung statt einer bloßen Empfehlung enthält, werden aber prüfen müssen, ob durchgreifende Bedenken gegen die Verfassungsmäßigkeit der zugrundeliegenden Regelung bestehen. In diesem Falle haben sie die Sache nach Art. 100 GG dem BVerfG vorzulegen; denn das Demokratieprinzip, aus dem das BVerfG seine Grundsätze hergeleitet hat, gilt unmittelbar aufgrund des Grundgesetzes (vgl. im Übrigen auch § 1 Anm. 28; vor § 66 Anm. 1, 1a; § 69 Anm. 33a; § 104 Anm. 1).

53a Zwischenzeitlich standen auch das Sächsische Personalvertretungsgesetz und das Thüringer Personalvertretungsgesetz auf dem verfassungsrechtlichen Prüfstand. In seinem Urteil vom 22. 2. 2001[112] ist der Verfassungsgerichtshof des Freistaates Sachsen dem Antrag mehrerer Abgeordneter des Sächsischen Landtags teilweise gefolgt und hat vier Vorschriften des Gesetzes für verfassungswidrig und nichtig erklärt. In seiner Entscheidung hat sich der VerfGH nicht nur mit dem Sächsischen PersVG und den diesbezüglichen Vorschriften

111 Vgl. auch Fn. 109.
112 PersV 2001, 198 ff.

der Verfassung des Freistaates Sachsen auseinander gesetzt, sondern darüber hinaus auch grundlegende Ausführungen gemacht, die Bedeutung für das Personalvertretungsrecht über die Grenzen des Freistaates hinaus haben[113]. Der Thüringer Verfassungsgerichtshof hat das Thüringer Personalvertretungsgesetz in der Fassung der Neubekanntmachung vom 14. 9. 2001 – abgesehen von einer Bestimmung – für mit der Verfassung des Freistaats Thüringen für vereinbar erklärt[114]. Das Personalvertretungsgesetz des Landes Hessen (HPVG i. d. F. des Art. 1 des Zweiten Gesetzes zur Beschleunigung von Entscheidungsprozessen innerhalb der öffentlichen Verwaltung vom 18. 12. 2003, GVBl. I S 494 ff.) war erneut Gegenstand einer verfassungsrechtlichen Überprüfung. Der HessStG[115] hat dieses Mal festgestellt, dass das HPVG den Vorgaben der Hessischen Verfassung genügt. Aus Art. 37 Abs. 1 HV und dem Sozialstaatsprinzip folge zwar, dass die Personalräte im öffentlichen Dienst an der Regelung der personellen und sozialen Angelegenheiten der Beschäftigten in den Dienststellen angemessen zu beteiligen seien, grundsätzlich müsse auch eine Vertretung der Beschäftigten auf der untersten Ebene der Behördenstruktur vorhanden sein. Andererseits sei, da Art. 37 Abs. 2 HV im Bereich des öffentlichen Dienstes nicht anwendbar sei, eine gleichberechtigte Mitbestimmung der Beschäftigten im öffentlichen Dienst verfassungsrechtlich nicht vorgeschrieben[116].

F. Beteiligung der Personalvertretung bei Privatisierung öffentlicher Dienstleistungen

Mit der Diskussion über die Sanierung der öffentlichen Haushalte ist das Thema „Privatisierung öffentlicher Dienstleistungen“ verstärkt in das Blickfeld des Interesses geraten. Das **BPersVG** sieht eine **Beteiligung der Personalvertretung bei der Privatisierung** von Dienstleistungen **nicht ausdrücklich vor.** Dagegen wurde in einigen Landespersonalvertretungsgesetzen der Tatbestand der Privatisierung unmittelbar selbst zum Beteiligungstatbestand erhoben, wie z. B. in § 72 Abs. 3 Nr. 7 LPVG Nordrhein-Westfalen aF[117]: „Übertragung von Arbeiten der Dienststelle, die üblicherweise von ihren Beschäftigten vorgenommen werden, auf Dauer an Privatpersonen oder wirtschaftliche Unternehmen (Privatisierung)“ oder in § 80 Abs. 3 LPVG BW, § 68 Abs. 2 Nr. 2 LPVG Bbg, § 81 Abs. 1 Satz 1 LPVG Hess, § 84 Satz 1 Nr. 7 LPVG RhP, § 77 Nr. 3 LPVG Sachs oder in § 84 Nr. 7 LPVG, Saarland: „Übertragung von Arbeiten der Dienststelle, die üblicherweise von ihren Angehörigen wahrgenommen werden, auf Dauer an Privatpersonen oder wirtschaftliche Unternehmen (Privatisierung)“ oder in § 51 Abs. 1 Satz 1 Mitbestimmungsgesetz Schleswig-Holstein vom 11. 12. 1990, nach dessen Allzuständigkeit zugunsten der Personalvertretung auch Privatisierungsvorhaben und alle Folgemaßnahmen einer Privatisierung der Mitbestimmung unterliegen.[118] Nach § 78 Abs. 1 Nr. 2 BPersVG wirkt die Personalvertretung mit bei der Auflösung, Einschränkung, Verlegung oder Zusammenlegung von Dienststellen oder wesentlichen Teilen von ihnen. Im Zusammen- 54

113 Hierzu Vogelgesang, PersV 2001, 530.
114 Urteil v. 20. 4. 2004, PersV 2004, 252.
115 Urteil v. 8. 11. 2006, PersV 2007, 100 = ZfPR online 5/2007/S. 2.
116 Hierzu Manderla, PersV 2007, 88 ff.
117 Siehe hierzu Müller, PersV 1990, 59 ff. sowie die Übersicht von Widmaier, ZfPR 2001, 119 ff. mit Hinweis auf das Gemeinschaftsrecht; ferner: Küpper/Twardy, ZfPR 2008, 52.
118 Vgl. Zander, PersR 1991, 322 ff.; siehe aber BVerfG v. 24. 5. 1995 zum Schleswig-Holsteinischen Mitbestimmungsgesetz, PersV 1995, 553, wonach u. a. §§ 51–56 für verfassungswidrig erklärt wurden.

hang mit einer Privatisierungsmaßnahme können aber nicht nur Tatbestände des § 78 Abs. 1 Nr. 2 BPersVG ausgelöst werden. Neben dem sich auf die Organisationsänderung selbst beziehenden Beteiligungstatbestand des § 78 Abs. 1 Nr. 2 BPersVG sind mit einer Privatisierungsmaßnahme in der Regel personelle Folgewirkungen verbunden. Kommt es bei Angestellten und Arbeitern zu einer Versetzung oder Umsetzung, ergibt sich ein Mitbestimmungsrecht nach § 75 Abs. 1 Nr. 3 BPersVG; sind Beamte betroffen, steht der Personalvertretung bei Versetzungen oder Umsetzungen ein Mitbestimmungsrecht nach § 76 Abs. 1 Nr. 4 BPersVG zu. Bei Kündigungen wirkt die Personalvertretung nach § 79 Abs. 1 BPersVG mit. Privatisierungsmaßnahmen können darüber hinaus zu einer Gestaltung der Arbeitsplätze im Sinne des Mitbestimmungstatbestandes des § 75 Abs. 3 Nr. 16 BPersVG oder zur „Einführung und Anwendung technischer Einrichtungen, die dazu bestimmt sind, das Verhalten oder die Leistung der Beschäftigten zu überwachen“ (§ 75 Abs. 3 Nr. 17 BPersVG) führen, aber auch Auswirkungen haben auf die Gestaltung der täglichen Arbeitszeit (§ 75 Abs. 3 Nr. 1 BPersVG), die Festsetzung der zeitlichen Lage des Erholungsurlaubs (§ 75 Abs. 3 Nr. 3 BPersVG) oder die „Regelung der Ordnung der Dienststelle und des Verhaltens der Beschäftigten“ (§ 75 Abs. 3 Nr. 15 BPersVG).[119]
Mit einer Fülle von Gesichtspunkten, die bei einem Wechsel des Rechtsträgers einer bislang öffentlich-rechtlichen Organisationseinheit zu einem privatwirtschaftlichen Unternehmen[120] aus der Sicht der Beschäftigten zu bedenken sind, befasst sich Trümner, für den Ausgangspunkt seiner Überlegungen weniger die Großprivatisierungen der bisherigen bundeseigenen Sondervermögen Bundespost bzw. Bundesbahn/Reichsbahn[121] als vielmehr die weniger spektakulären Privatisierungen in den Ländern und Gemeinden sind. Mit der Übertragung von Teilaufgaben einer Dienststelle auf private Dienstleister hatte sich das OVG Nordrhein-Westfalen[122] in einer bemerkenswerten – rechtskräftigen – Entscheidung vom 5. 11. 1992 auseinanderzusetzen. Danach kann auch die probeweise Übertragung der bisher von Beschäftigten einer Gemeinde auf einer Sportplatzanlage durchgeführten Pflegearbeiten an einen Sportverein eine mitbestimmungspflichtige Privatisierung i. S. des § 72 Abs. 3 Nr. 7 LPVG NW aF darstellen. Eine „Übertragung“ von Arbeiten der Dienststelle liegt, wie das OVG ausführt, auch dann vor, wenn durch eine Organisationsmaßnahme die Wahrnehmung einer öffentlichen Aufgabe einem neuen Träger zugeordnet wird, sofern bei Würdigung aller Umstände anzunehmen ist, dass der bisherige Aufgabenträger die Weiterführung der zur Aufgabenerledigung erforderlichen Arbeiten, welche bisher von den Beschäftigten der Dienststelle vorgenommen worden sind, sichergestellt hat; darauf, dass es sich bei den Arbeiten auch weiterhin um Arbeiten der Dienststelle handelt, kommt es nicht an. Die bloße Übertragung der Verantwortung für eine Einrichtung von einem öffentlichen Träger auf einen Dritten stellt dagegen keine Übertragung von Arbeiten der Dienststelle dar.

54a Zahlreiche Fragen, die sich im Zusammenhang mit dem Übergang der Beschäftigten der öffentlich-rechtlichen Einrichtungen in die privaten Betriebe stellen, insbesondere ein **Übergangsmandat** der Personalvertretung, eine angemessene vertretungsrechtliche Beteiligung der **zugewiesenen Beamten** in den Privatbetrieben, sind infolge der Untätigkeit des Bundesgesetzgebers

---

119 Hierzu Zander, aaO (Fn. 112).
120 Hierzu Abschnitt G.
121 PersR 1993, 473 ff.; vgl. ferner Klimpe-Auerbach, der am Beispiel der Privatisierung der Flugsicherung den Wechsel vom Personalvertretungs- zum Betriebsverfassungsrecht darstellt, PersR 1993, 483 ff.
122 PersR 1993, 177; vgl. aber auch OVG Lüneburg v. 21. 3. 1990, Leits. PersR 1991, 235.

nicht gelöst worden. Versuche in der Literatur, andere spezialgesetzliche Regelungen, wie etwa den neu geschaffenen § 21 a BetrVG bezüglich eines Übergangsmandats des Personalrats oder die bei Bahn und Post getroffenen Sonderregelungen in § 17 DBGrG und § 24 Abs. 2 Satz 1 PostPersRG auf die zugewiesenen Beamten analog anzuwenden, steht als gewichtiges Argument die bewusste Untätigkeit des Gesetzgebers entgegen, so dass keine planwidrige Gesetzeslücke vorliegt.[123] Strittig ist auch die Frage, ob der Personalrat kraft Vereinbarung ein Übergangsmandat schaffen kann, etwa in der Weise, dass in einem **Personalüberleitungsvertrag** festgelegt wird, dass der Personalrat – z. B. für sechs Monate – nach dem Betriebsübergang die Rechte des Betriebsrats übernimmt.[124]

Eine spezialgesetzliche Regelung für ein Übergangsmandat des Personalrats enthält dagegen das **Kooperationsgesetz** der **Bundeswehr** (BwKoopG v. 30. 7. 2004, BGBl. I S. 2027). Dieses Gesetz gilt für Beschäftigte und Soldaten des Geschäftsbereichs des Bundesministeriums der Verteidigung, soweit und solange ihnen unter Beibehaltung ihres Dienst- oder Arbeitsverhältnisses zum Bund eine Tätigkeit in einem Wirtschaftsunternehmen zugewiesen wurde, mit dem die Bundeswehr eine Kooperation eingegangen ist. § 7 Abs. 1 BwKoopG bestimmt, dass der Personalrat der zuweisenden Dienststelle in dem Kooperationsbetrieb die Aufgaben eines Betriebsrats nach dem BetrVG wahrnimmt, soweit die Voraussetzungen des § 1 Abs. 1 Satz 1 BetrVG vorliegen und in dem Kooperationsbetrieb nicht bereits ein Betriebsrat besteht (Übergangsmandat). Der Personalrat hat im Rahmen seines Übergangsmandats insbesondere die Aufgabe, unverzüglich den Wahlvorstand zur Einleitung der Betriebsratswahl zu bestellen. Nach § 7 Abs. 3 BwKoopG endet das Übergangsmandat, sobald im Kooperationsbetrieb ein Betriebsrat gewählt und das Wahlergebnis bekannt gegeben worden ist, spätestens jedoch nach zwölf Monaten (vgl. auch § 1 Anm. 13a). Ferner enthält das Gesetz zu Übergangsregelungen zur **Organisationsreform in** der **gesetzlichen Rentenversicherung** v. 9. 12. 2004 (BGBl. S. 3242/3292) eine Regelung gesetzlicher Übergangsmandate von Betriebs- und Personalräten (vgl. § 4 Abs. 4).

G. Veränderungen des Geltungsbereichs des Gesetzes durch die Privatisierung der Deutschen Bundesbahn, Bundespost und Flugsicherung

1. Bei der sog. Bahnreform erfolgte die Zusammenlegung der Deutschen **55**
Bundesbahn und der Deutschen Reichsbahn zu einem Sondervermögen sowie die anschließende Umwandlung des unternehmerischen Teils in eine Gesellschaft privaten Rechts (vgl. Gesetz zur Neuordnung des Eisenbahnwesens, ENeuOG v. 27. 12. 1993, BGBl. I S. 2378). Das Bundespersonalvertretungsgesetz gilt für die Beschäftigten des Bundeseisenbahnvermögens als einem Teil der Bundesverwaltung und der Dienststellen als Bundesbehörden (Art. 1 § 6 Abs. 4 ENeuOG). Die bei der Deutschen Bundesbahn und der Deutschen Reichsbahn bestehenden Hauptpersonalratsmitglieder bilden übergangsweise einen gemeinsamen Hauptpersonalrat beim **Bundeseisenbahnvermögen.** Die jeweiligen Vorstandsmitglieder übernehmen dasselbe Amt in dem übergangsweise geschaffenen Hauptpersonalrat. Der unternehmerische Bereich soll aus dem Bundeseisenbahnvermögen ausgeklammert werden. Danach wird es keine mittlere Verwaltungsebene mehr geben, so dass die bishe-

---

123 Vgl. Vogelgesang, PersV 2005, 1 ff., der baldiges Handeln des Gesetzgebers für geboten hält.

124 Hierzu Bergmann, ZfPR 2004, 309 ff., der sich für einen solchen Personalüberleitungsvertrag ausspricht.

rigen Bezirkspersonalräte entfallen werden. Für die örtlichen Personalvertretungen fehlen bisher ausdrückliche Regelungen. Außerdem wird eine Deutsche Bahn Aktiengesellschaft (DBAG) gegründet. Diese ist ein auf Gewinnerzielung ausgerichtetes und privatrechtlich organisiertes Unternehmen, für das das Betriebsverfassungsgesetz (BetrVG) gilt. In den Betrieben/Betriebsteilen sind daher Betriebsräte zu wählen, während in den Dienststellen des Bundeseisenbahnvermögens, die als Betriebe/Betriebsteile auf die DBAG übergehen, die örtlichen Personalräte übergangsweise bestehen bleiben. Die als Personalräte gewählten Interessenvertretungen bestehen als fiktive Betriebsräte weiter.
Zur Wahrung der dem Bundeseisenbahnvermögen zugewiesenen Rechte der Beamten werden **„besondere Personalvertretungen"** gebildet. Insoweit ist § 17 des Gesetzes über die Gründung einer Deutsche Bahn Aktiengesellschaft (Deutsche Bahn Gründungsgesetz-DBGrG, zul. geänd. d. Art. 264 Siebte Zuständigkeitsanpassungs-Verordnung v. 29. 10. 2001, BGBl. I S. 2785) von zentraler Bedeutung[125]. Danach werden nach Abs. 1 zur Wahrung der Interessen der Beamten, die gem. § 12 Abs. 2 und 3 der DBAG zugewiesen sind, gegenüber den sie betreffenden Entscheidungen und Maßnahmen des Bundeseisenbahnvermögens beim Bundeseisenbahnvermögen besondere Personalvertretungen gebildet, die ausschließlich von den der DBAG zugewiesenen Beamten gewählt werden. Das Bundeseisenbahnvermögen bestimmt durch Verwaltungsanordnung die Zusammensetzung des Kreises der zugewiesenen Beamten, für den jeweils eine besondere Personalvertretung zuständig ist. Die zuständige besondere Personalvertretung wirkt mit bei den Entscheidungen des Bundeseisenbahnvermögens. Im Übrigen finden die Vorschriften des BPersVG sinngemäß Anwendung. § 17 Abs. 2 regelt, dass in den der DBAG übertragenen, in § 76 Abs. 1 BPersVG genannten Personalangelegenheiten der Beamten die auf unterster Ebene gebildete besondere Personalvertretung ein Mitbestimmungsrecht hat. Auf dieses Mitbestimmungsrecht finden die Vorschriften des § 77 BPersVG entsprechende Anwendung. Verweigert die besondere Personalvertretung (s. § 17 Abs. 3) in den Fällen des § 17 Abs. 2 ihre Zustimmung, so hat sie dies unter Angabe von Gründen innerhalb einer Woche nach Unterrichtung durch die DBAG dieser schriftlich mitzuteilen. Teilt die besondere Personalvertretung der DBAG die Verweigerung ihrer Zustimmung nicht innerhalb der Frist schriftlich mit, so gilt die Zustimmung als erteilt.
§ 17 Abs. 4 sieht vor, dass, falls sich zwischen der DBAG und der besonderen Personalvertretung in den Fällen des Abs. 2 keine Einigung ergibt, unverzüglich die Einigungsstelle anzurufen ist, die binnen zweier Monate feststellt, ob ein Grund zur Verweigerung der Zustimmung im Sinne des § 77 Abs. 2 BPersVG vorliegt. Schließt sich die Einigungsstelle nicht der Auffassung der DBAG an, so gibt sie dieser eine Empfehlung. Folgt die DBAG der Empfehlung nicht, so hat sie innerhalb von zehn Arbeitstagen die Angelegenheit mit der Empfehlung der Einigungsstelle der rechtsaufsichtsführenden Stelle zur endgültigen Entscheidung vorzulegen.
In den in § 17 Abs. 4 genannten Fällen besteht die Einigungsstelle, wie Abs. 5 regelt, aus je drei Besitzern, die von der DBAG und der zuständigen besonderen Personalvertretung bestellt werden sowie einem unparteiischen Vorsitzenden, auf dessen Person sich beide Seiten einigen. Unter den Beisitzern, die von der Personalvertretung bestellt werden, müssen sich mindestens zwei Beamte befinden.
Nach § 17 Abs. 6 sind in Streitigkeiten nach den Absätzen 2 bis 5 die Verwaltungsgerichte, im dritten Rechtszug das BVerwG zuständig, wobei die

125 Zur Beteiligung der Personalvertretungen bei Entscheidungen des Bundeseisenbahnvermögens vgl. Lorenzen, PersV 1994, 145, 154.

Vorschriften des Arbeitsgerichtsgesetzes (ArbGG) über das Beschlussverfahren entsprechend gelten.
§ 17 Abs. 7 bestimmt, dass die DBAG verpflichtet ist, den ihr gem. § 12 Abs. 1 und 3 DBGrG zugewiesenen Beamten die Teilnahme an den Wahlen zu den besonderen Personalvertretungen gem. Abs. 1 zu ermöglichen sowie gewählte Beamte für die Wahrnehmung von Mandaten in besonderen Personalvertretungen freizustellen.
§ 17 Abs. 8 sieht vor, dass die Absätze 1, 2 und 7 entsprechend für zu bildende besondere Jugend- und Auszubildendenvertretungen und für besondere Schwerbehindertenvertretungen gelten.
§ 17 Abs. 9 schließlich regelt, dass bis zur Wahl zu den Personalvertretungen nach Abs. 1 der nach § 8 Abs. 2 und 3 des Gesetzes zur Zusammenführung und Neuregelung der Bundeseisenbahnen (zul. geänd. durch Art. 263 – Siebte Zuständigkeitsanpassungs-Verordnung v. 28. 10. 2001, BGBl. I S. 2785) gebildete gemeinsame Hauptpersonalrat zuständig ist.
Darüber hinaus besitzen die zugewiesenen Beamten das aktive und passive Wahlrecht für Betriebsrat, Aufsichtsrat und Sprecherausschuss der Deutschen Bahn AG. Insoweit regelt § 19 Abs. 1 DBGrG, dass die Beamten des Bundeseisenbahnvermögens, die nach § 12 Abs. 2 und 3 der DBAG zugewiesen sind, für die Anwendung von Vorschriften über die Vertretung der Arbeitnehmer im Aufsichtsrat, für die Anwendung des Betriebsverfassungsgesetzes und des Sprecherausschussgesetzes als Arbeitnehmer der DBAG gelten. Im Übrigen gelten sie für die Anwendung der Vorschriften über die Schwerbehindertenvertretung als Beschäftigte der DBAG.
§ 19 DBGrG und § 17 DBGrG machen somit eine Doppelrepräsentanz der nach § 12 Abs. 2 und 3 der DBAG zugewiesenen Beamten sichtbar. Während nach § 17 Abs. 1 Satz 1 DBGrG zum Schutz der spezifischen Interessen der zugewiesenen Beamten beim Bundeseisenbahnvermögen – gegenüber dem Dienstherrn – besondere Personalvertretungen gebildet werden, gilt für diese Beamten betriebsverfassungsrechtlich, d. h. zur Wahrung ihrer Interessen in Bezug auf Maßnahmen der Betriebe der DBAG, in welchen sie dem Direktionsrecht des Arbeitgebers unterliegen, das BetrVG mit Wahlrecht und Wählbarkeit zu den in den Betrieben der DBAG zu bildenden Personalvertretungen (vgl. auch: Lorenzen u. a., Anm. 33 j) gilt.
Außer der Beteiligung der besonderen Personalvertretung nach § 17 Abs. 1 bzw. § 17 Abs. 2 DBGrG ist eine weitere Beteiligung des Betriebsrats an derselben Maßnahme insbesondere aus verfassungsrechtlichen Gründen nicht möglich, weil sonst im Hinblick auf § 99 Abs. 4 BetrVG die Zuständigkeit des Präsidenten des Bundeseisenbahnvermögens zur abschließenden Entscheidung über eine Empfehlung der Einigungsstelle beseitigt würde (vgl. auch § 69; Fischer u. a., Anh. zu K § 1 Anm. 47; aA BAG v. 12. 12. 1995, BAGE 81, 379 = Leits. BB 1996, 912 = DB 1996, 100, 1044 = ZBVR 1996, 17, das den Gesichtspunkt der Letztentscheidung der obersten Behörde außer acht lässt, wie er in BVerfG v. 24. 5. 1995, BVerfGE 93, 37 = ZBR 1996, 15 = PersV 1995, 553 = ZfPR 1995, 185) besonders herausgestellt worden ist.
Demgegenüber sind Entscheidungen der **Deutschen Bahn AG,** bezogen auf die ihr zugewiesenen Beamten, keine Entscheidungen öffentlich-rechtlicher Art. Infolgedessen kann das BPersVG auf diese Beamten nur sinngemäß Anwendung finden. Im einzelnen regelt § 17 Abs. 2 DBGrG die sinngemäße Anwendung des BPersVG in Personalangelegenheiten der Beamten. Danach handelt es sich um Personalangelegenheiten i. S. von § 76 Abs. 1 BPersVG. Darüber hinaus erstreckt sich das Mitbestimmungsrecht nach § 17 Abs. 2 DBGrG nicht auch auf die Entscheidungen, die der Deutschen Bahn AG gemäß § 1 DBAGZustV „zur Ausübung übertragen" worden sind. In diesen

Fällen werden die zugewiesenen Beamten wie Arbeitnehmer behandelt, für sie ist der Betriebsrat zuständig.

55a 2. Bezüglich der **Postreform** ist zu erwähnen, dass mit Inkrafttreten des Postneuordnungsgesetzes (PTNeuOG) ab 1. 1. 1995 die Unternehmen der Deutschen Bundespost in Aktiengesellschaften umgewandelt worden sind. Nach Eintragung der drei neuen Aktiengesellschaften Deutsche Post AG, Deutsche Postbank AG und Deutsche Telekom AG in das Handelsregister am 2. 1. 1995 findet für die Interessenvertretung der dort Beschäftigten nach § 24 Abs. 1 des Postpersonalrechtsgesetzes (PostPersRG) das Betriebsverfassungsgesetz Anwendung.
Zum besseren Verständnis der Reform und ihrer Auswirkungen auf die Beamten und Arbeitnehmer soll nachfolgend auf einige wesentliche Bestimmungen des PostPersRG eingegangen werden. § 2 Abs. 1 regelt, dass mit Eintragung der AG in das Handelsregister die **Beamten,** deren Beschäftigungsbehörde am Tag zuvor ein Unternehmen der Deutschen Bundespost war, bei der diesem Unternehmen nachfolgenden AG beschäftigt werden, es sei denn, sie wurden mit Wirkung der Eintragung zu einer anderen AG oder zu einer Behörde versetzt oder ihr Beamtenverhältnis endete mit Ablauf des Vortages. Nach § 2 Abs. 3 stehen die bei den Aktiengesellschaften beschäftigten Beamten im Dienste des Bundes; sie sind unmittelbare Bundesbeamte. Auf sie finden die für Bundesbeamte allgemein geltenden Vorschriften Anwendung, soweit gesetzlich nichts anderes bestimmt ist. Ihre gegenüber dem Dienstherrn gegebenen Ansprüche richten sich gegen den Bund, der durch die Aktiengesellschaften im Rahmen ihrer Zuständigkeiten gerichtlich vertreten wird. Die Aktiengesellschaften werden ermächtigt, die dem Dienstherrn Bund obliegenden Rechte und Pflichten gegenüber den bei ihnen beschäftigten Beamten wahrzunehmen, soweit im Einzelnen nichts anderes bestimmt ist (§ 1 Abs. 1 Satz 1). Gem. § 1 Abs. 2 nimmt der Vorstand die Befugnisse der obersten Dienstbehörde sowie des obersten Dienstvorgesetzten und des obersten Vorgesetzten war. Der Arbeitsdirektor (§ 33 des Mitbestimmungsgesetzes) nimmt in Personalunion die personellen und sozialen Angelegenheiten der Beamten wahr (§ 1 Abs. 7 Satz 1). § 3 Abs. 1 Satz 1 regelt, dass das Bundesministerium der Finanzen nach Anhörung oder auf Vorschlag des Vorstands bestimmt, welche Organisationseinheiten innerhalb des Vorstands die Befugnisse einer Dienstbehörde und welche Stelleninhaber die Befugnisse eines Dienstvorgesetzten wahrnehmen. § 20 Abs. 1 Satz 1 legt fest, dass dem Bundesministerium der Finanzen die Rechtsaufsicht darüber obliegt, dass die Organe der AG bei der Erfüllung ihrer dienstrechtlichen Befugnisse die Bestimmungen des PostPersRG und der anderen Dienstrechtsvorschriften beachten. Nach § 3 Abs. 2 Satz 1 ernennt und entlässt der Bundespräsident die bei den Aktiengesellschaften beschäftigten Beamten der Bundesbesoldungsordnung B, nach § 3 Abs. 2 Satz 2 tut dies das Bundesministerium der Finanzen bei den Beamten der Bundesbesoldungsordnung A.
Im Hinblick auf die Überleitung der **Arbeitnehmer** ist zu beachten, dass die Aktiengesellschaften im Zeitpunkt des Übergangs in die Rechte und Pflichten der bisher mit den drei Unternehmen – Deutsche Bundespost Postdienst, Deutsche Bundespost Postbank, Deutsche Bundespost Telekom – geschlossenen Arbeitsverhältnisse der Angestellten und Arbeiter eintreten (§ 21 Abs. 1 Satz 1), wobei § 22 einen Bestandsschutz der Arbeitsverhältnisse gewährleistet („die Kündigung eines Arbeitsverhältnisses durch den bisherigen oder den neuen Arbeitgeber wegen des Übergangs des Betriebs oder eines Betriebsteils ist unzulässig“).

Aus personalvertretungsrechtlicher Sicht ist hervorzuheben, dass bei der neu errichteten Unfallkasse Post und Telekom und ihren Nebenstellen, bei der Betriebskrankenkasse, bei der Museumsstiftung und bei der Regulierungsbehörde Post und Telekommunikation unter den Voraussetzungen der §§ 12, 19 ff. BPersVG Personalvertretungen sowie Jugend- und Auszubildendenvertretungen zu bilden sind (vgl. Lorenzen u. a., § 1 Anm. 33 s).

Dagegen gibt es in den **Aktiengesellschaften keine Personalvertretungen.** Nach § 24 Abs. 1 PostPersRG findet das **Betriebsverfassungsgesetz** Anwendung, soweit im PostPersRG nichts anderes bestimmt ist. Das PostPersRG hat sich für eine grundsätzlich einheitliche Interessenvertretung der Beschäftigten – unter Einbeziehung der Beamten – nach dem Betriebsverfassungsgesetz entschieden (vgl. auch Lorenzen u. a., § 1 Anm. 33 s), so dass in den Aktiengesellschaften Betriebsräte zu wählen sind. Die bei den Aktiengesellschaften beschäftigten Beamten gelten für die Anwendung des Betriebsverfassungsgesetzes als Arbeitnehmer (§ 24 Abs. 2 PostPersRG), bilden jedoch bei der Wahl zum Betriebsrat neben den Arbeitnehmern eine **eigene Gruppe,** es sei denn, dass die Mehrheit dieser Beamten vor der Wahl in geheimer Abstimmung hierauf verzichtet (§ 26 Nr. 1 PostPersRG). Für die Beteiligung des Betriebsrats in personellen Angelegenheiten der Beamten trifft § 28 PostPersRG eine besondere Regelung, die aus verfassungsrechtlichen Gründen (vgl. § 104 Anm. 2, § 5 Anm. 6) erforderlich und vor dem Hintergrund der Vertretung spezifischer Interessen der Beamten sachgerecht erscheint. Der Betriebsrat ist in den Angelegenheiten der Beamten nach § 76 Abs. 1, § 78 Abs. 1 Nr. 3 bis 5 und § 79 Abs. 3 BPersVG zu beteiligen. Nach gemeinsamer Beratung im Betriebsrat sind nur die Vertreter der Beamten zur Beschlussfassung berufen, es sei denn, dass sie im Betriebsrat nicht vertreten sind. Zu beteiligen ist der für den jeweiligen Betrieb zuständige Betriebsrat. § 29 Abs. 1 PostPersRG bestimmt, dass der Betriebsrat in den in § 76 Abs. 1 BPersVG genannten Personalangelegenheiten der Beamten ein Mitbestimmungsrecht hat, auch dass § 77 BPersVG entsprechend anwendbar ist. Ebenfalls entsprechend anwendbar ist § 69 Abs. 5 BPersVG (§ 29 Abs. 4 PostPersRG). Verweigert der Betriebsrat seine Zustimmung, so hat er dies unter Angabe von Gründen innerhalb einer Woche nach Unterrichtung durch den Arbeitgeber diesem schriftlich mitzuteilen (§ 29 Abs. 2 Satz 1 PostPersRG). Teilt der Betriebsrat dem Arbeitgeber die Verweigerung seiner Zustimmung nicht innerhalb der Frist schriftlich mit, so gilt die Zustimmung als erteilt (§ 29 Abs. 2 Satz 2 PostPersRG). Für den Fall, dass sich Arbeitgeber und Betriebsrat nicht einigen, ist die Einigungsstelle anzurufen, die feststellt, ob ein Grund zur Verweigerung der Zustimmung im Sinne des § 77 Abs. 2 BPersVG vorliegt (§ 29 Abs. 3 Satz 1 und 2 PostPersRG). Schließt sich die Einigungsstelle nicht der Auffassung des Arbeitgebers an, so gibt sie diesem eine Empfehlung, und der Arbeitgeber hat, wenn er der Empfehlung nicht folgt, innerhalb von zehn Arbeitstagen die Angelegenheit mit der Empfehlung der Einigungsstelle dem Bundesministerium der Finanzen zur endgültigen Entscheidung vorzulegen (§ 29 Abs. 3 Satz 3 und 4 PostPersRG).

Nach § 29 Abs. 5 PostPersRG wirkt der Betriebsrat in den in § 78 Abs. 1 Nr. 3 bis 5 BPersVG genannten Personalangelegenheiten der Beamten mit. Auf das Mitwirkungsrecht finden § 78 Abs. 2 und § 72 Abs. 1 bis 3 und 6 BPersVG entsprechende Anwendung. § 29 Abs. 6 und 7 PostPersRG betrifft das Verfahren bei Einwendungen des Betriebsrats. Vor fristlosen Entlassungen von Beamten ist der Betriebsrat entsprechend § 79 Abs. 3 BPersVG anzuhören (§ 29 Abs. 8 PostPersRG). In Streitigkeiten nach den Absätzen 1 bis 8 sind die Verwaltungsgerichte zuständig; die Vorschriften des Arbeitsgerichtsgesetzes über das Beschlussverfahren gelten entsprechend (§ 29 Abs. 3 PostPersRG).

56 3. Die Darstellungen der **besonderen Verfahrensvorschriften für Bahn und Post** sowie die personalvertretungsrechtlichen Auswirkungen der Bahn- und Postreform finden sich ebenfalls unter Anm. VIII zu § 69 BPersVG.

56a 4. Im Unterschied zur Bahn- und Postreform erfolgte die **Privatisierung der Flugsicherung** im Jahre 1992 ohne besondere personalvertretungsrechtliche Spezialvorschriften für die Beamten, die der neuen Flugsicherungs-GmbH kraft Gesetzes nunmehr vom Luftfahrtbundesamt zugewiesen worden waren. Durch das 10. Gesetz zur Änderung des Luftverkehrsgesetzes vom 23. 7. 1992 (BGBl. I S. 1370) wurde ab dem 1. 1. 1993 die bisherige Bundesanstalt für Flugsicherung aufgelöst und die Aufgabe der Flugsicherung gemäß § 31 LVerkG auf die Deutsche Flugsicherungs-GmbH übertragen. Mit der gesetzlichen Zuweisung von Beschäftigten zur Dienstleistung an die GmbH werden diese Personen zum Betriebsrat bei der GmbH wahlberechtigt; andererseits ist für die Beschäftigten bei Maßnahmen des Luftfahrtbundesamtes in den Fällen der § 75 Abs. 1, 2 § 76 Abs. 1, § 78 Abs. 1 Nr. 3 bis 5, Abs. 2, § 79 BPersVG die Personalvertretung des Luftfahrtbundesamtes zuständig (ebenso Fischer u. a., § 1 Anm. 18b, 18 c).

I. Europarecht

57 Neben den **nationalen** verfassungsrechtlichen Bestimmungen, die auf das Personalvertretungsrecht Auswirkungen haben – wie etwa das Demokratie- und Sozialstaatsprinzip (Art. 20 Abs. 1, Abs. 2 GG), die Grundrechte der Menschenwürde (Art. 1 GG), der Persönlichkeitsentfaltung bzw. des Rechts auf Selbstbestimmung (Art. 1 Abs. 1, Art. 2 Abs. 1 GG), der Gleichbehandlung, Gleichberechtigung, Allgemeinheit und Gleichheit der Personalratswahlen (Art. 3 GG), des Rechts der freien Meinungsäußerung (Art. 5 GG), der Koalitionsfreiheit (Art. 9 Abs. 3 GG), des Zugangs zu öffentlichen Ämtern (Art. 33 GG) – kommt den **europarechtlichen** Bindungen des Personalvetetungsrechts ebenfalls Bedeutung zu. (s. Lecheler/Germelmann, PersV 2005, 317; Vogelgesang, PersV 2005, 4; Widmaier, ZfPR 2001, 119). Hier sind das Europäische Gemeinschaftsrecht und die Rechtsprechung des EuGH, die Europäische Sozialcharta v. 18. 10. 1961 (BGBl. II S. 1964 S. 1261) und insbesondere die Parallelbestimmungen der Europäischen Menschenrechtskonvention v. 4. 11. 1950 (BGBl. II 1952 S. 685) mit der Rechtsprechung des EGMR und der des EuGH sowie die Parallelbestimmungen der EU-Charta der Grundrechte (Abdruck in EuGRZ 2000, 554 u. EuGRZ 2003, 357 u. 369; hierzu Alber/Widmaier, EuGRZ 2000, 497; Broß, EuGRZ 2002, 574; Frowein, NVwZ 2002, 29; Hoffmann-Riem, EuGRZ 2002, 473; Krüger/Polakiewicz, EuGRZ 2001, 92) zu nennen. Auch wenn die Europäische Menschenrechtskonvention in Deutschland keinen Verfassungsrang hat, so kommt den Urteilen des EGMR durchaus eine Präjudizwirkung zu, die sowohl von den Regierungen als auch den Gerichten anerkannt wird. In Deutschland dienen die Urteile als ein zusätzliches Mittel der Interpretation, um Inhalt und Umfang der Grundrechte des Grundgesetzes und des Rechtstaatsprinzips zu bestimmen (BVerfG v. 26. 3. 1987, BVerfGE 74, 358 = NJW 1987, 2427 = EuGRZ 1987, 203; BVerfG v. 29. 5. 1990, EuGRZ 1990, 329, Widmaier, ZBR 2002, 244; Peters, Einführung in die Europäische Menschenrechtskonvention, JuS Schriftenreihe, 2003, Bd. 161, 10 ff.; Grabenwarter, Europäische Menschenrechtskonvention, Juristische Kurz-Lehrbücher, 2008, 18 f.; Summer, Auswirkungen des Europarechts auf das Beamtenrecht, in: Beiträge zum Beamtenrecht, 2007,

315 ff.). Das BVerfG erklärte im Jahre 1987 (BVerfG v. 26. 3. 1987, aaO): „Bei der Auslegung des Grundgesetzes sind auch Inhalt und Entwicklungsstand der Europäischen Menschenrechtskonvention in Betracht zu ziehen ... auch Gesetze ... sind im Einklang mit den völkerrechtlichen Verpflichtungen der Bundesrepublik Deutschland auszulegen und anzuwenden, selbst wenn sie zeitlich später erlassen worden sind als ein geltender völkerrechtlicher Vertrag, denn es ist nicht anzunehmen, dass der Gesetzgeber, sofern er dies nicht klar bekundet hat, von völkerrechtlichen Verpflichtungen der Bundesrepublik Deutschland abweichen oder die Verletzung solcher Verpflichtungen ermöglichen will".

J. Personalvertretungsgesetze der Länder

1. **Baden-Württemberg:** Personalvertretungsgesetz für das Land Baden-Württemberg in der Fassung vom 1. 10. 1975 (GBl. S. 693), zul. geändert durch Art. 6 Gesetz v. 20. 11. 2007 (GVBl. S. 505). **58**

2. **Bayern:** Bayerisches Personalvertretungsgesetz vom 29. 4. 1974 (GVBl. S. 157, ber. S. 272), zul. geändert durch Gesetz v. 10. 4. 2007 (GVBl. S. 276). **59**

3. **Berlin:** Berliner Personalvertretungsgesetz vom 26. 7. 1974 (GVBl. S. 1669), zul. geändert durch Gesetz v. 11. 6. 2006 (GVBl. S. 812). **60**

4. **Brandenburg:** Personalvertretungsgesetz für das Land Brandenburg vom 15. 9. 1993 (GVBl. I S. 358), zul. geändert durch Art. 3 Gesetz v. 8. 1. 2007 (GVBl. S. 2). **61**

5. **Bremen:** Bremisches Personalvertretungsgesetz vom 5. 3. 1974 (GBl. S. 131), zul. geändert durch Art. 3 des Gesetzes v. 23. 10. 2007 (GBl. S. 480). **62**

6. **Hamburg:** Hamburgisches Personalvertretungsgesetz in der Fassung vom 16. 1. 1979 (GVBl. S. 17), zul. geändert durch Gesetz v. 22. 12. 2006 (GVBl. S. 614). **63**

7. **Hessen:** Hessisches Personalvertretungsgesetz in der Fassung vom 2. 1. 1979 (GVBl. 1 S. 2), zul. geändert durch Gesetz v. 18. 12. 2006 (GVBl. S. 713). **64**

8. **Mecklenburg-Vorpommern:** Personalvertretungsgesetz für das Land Mecklenburg-Vorpommern vom 24. 2. 1993 (GVOBl. S. 125), berichtigt in GVOBl. S. 176, GVOBl. S. 300 und GVOBl. 1994, S. 858, zul. geändert durch Gesetz v. 11. 7. 2005 (GVOBl. S.326). **65**

9. **Niedersachsen:** Personalvertretungsgesetz für das Land Niedersachsen in der Fassung vom 3. 11. 1980 (GVBl. S. 400), i. d. F. v. 22. 1. 2007, GVBl. S. 11, zul. geändert d. Art. 7 Gesetz v. 13. 9. 2007 (GVBl. S. 444). **66**

10. **Nordrhein-Westfalen:** Personalvertretungsgesetz für das Land Nordrhein-Westfalen vom 3. 12. 1974 (GVBl. S. 1 514), zul. geändert durch Gesetz v. 9. 10. 2007 (GV. NRW S. 394). **67**

68 11. **Rheinland-Pfalz:** Personalvertretungsgesetz für das Land Rheinland-Pfalz vom 5. 7. 1977 (GVBl. S. 213), zul. geändert durch Gesetz v. 5. 10. 2007 (GVBl. S. 193).

69 12. **Saarland:** Personalvertretungsgesetz für das Saarland vom 9. 5. 1973 (Amtsbl. S. 289), zul. geändert durch Gesetz v. 21. 11. 2007 (Amtsbl. S. 2393).

70 13. **Sachsen:** Sächsisches Personalvertretungsgesetz vom 21. 1. 1993 (GVBl. S. 29), zul. geändert Gesetz v. 4. 7. 2007 (GVBl. S. 303).

71 14. **Sachsen-Anhalt:** Landespersonalvertretungsgesetz Sachsen-Anhalt vom 10. 2. 1993 (GVBl. S. 56), zul. geändert durch Gesetz v. 13. 11. 2007 (GVBl. LSA S. 356).

72 15. **Schleswig-Holstein:** Personalvertretungsgesetz für das Land Schleswig-Holstein in der Fassung vom 22. 2. 1982 (GVOBl. Schl-H. S. 42), zul. geändert durch Gesetz v. 28. 2. 2007 (GVBl. S. 184).

73 16. **Thüringen:** Thüringer Personalvertretungsgesetz vom 29. 7. 1993 (GVBl. S. 399), zul. geändert durch Gesetz v. 21. 12. 2006 (GVBl. S. 601).

74

Synopse Bundespersonalvertretungsgesetz-Landespersonalvertretungsgesetze BPersVG

§§

(siehe folgende Seiten)

Bund §§	1 Geltungsbereich	2 (1) Zusammenarbeit	2 (2, 3) Gewerkschaften	3 Tarifverträge	4 Beschäftigte	5 Gruppenbildung	6 Dienststellen	7 Vertretung der Dienststelle
Länder §§								
Baden-Württemberg §§	1	2(1)	2 (2, 3)	3	4; 6; 7	5	9	–
Bayern Art.	1	2(1)	2 (2, 3)	3	4	5	6	7
Berlin §§	1(1)	2(1)	2 (2, 3)	2(4)	3 (1,3); 4	3(2)	5; 6	9
Brandenburg §§	1; 90(1)	2; 3(1)	3 (2, 3)	–	4; 5(1-3)	5(4)	6	7
Bremen §§	1	–	2	–	3(1); 4; 5; 6	3(2)	7	8
Hamburg §§	1	2(1)	2(3)	3	4	5	6	8
Hessen §§	1	60(1)	2(3)	113(1)	3 (1,3); 4; 5; 6	3(2)	7	8
Mecklenburg-Vorpommern §§	1	–	2(1)	89	3; 4; 5; 6	7	8(1,2)	8(4)
Niedersachsen §§	1(1)	2(1); 3(1)	2(2)	82	4; 5 (2-4)	5(1)	6; 7	8
Nordrhein-Westfalen §§	1 (1)	2(1)	3(3)	4	5	14(1)	1 (2, 3)	8(1, 4)
Rheinland-Pfalz §§	1	2(1)	2 (2, 3)	3	4(1,3-5)	4(2)	5(1-4)	5 (5-7)
Saarland §§	1	2(1)	2(2)	3; 79	4	5	6	7
Sachsen §§	1	2(1)	2 (2); 3	84(5)	4	5	6	7
Sachsen-Anhalt §§	1	2(1)	2(2)	3	4	5	6	7
Mitbestimmungsgesetz Schleswig-Holstein §§	1 (1)	1(2)	1 (5, 6)	90	3; 4; 5; 6	7	8(1-3)	8(5)
Thüringen §§	1	2(1)	2 (2, 3)	3	4	5	6	7

Bund §§	8 Benachteiligungs-/Begünstigungsverbot	9 Schutz der Auszubildenden	10 Schweigepflicht	11 Unfälle von Beamten	12 Personalratspflicht	13 Wahlberechtigung	14 Wählbarkeit	15 Wählbarkeit in bes. Fällen
Länder §§								
Baden-Württemberg §§	107BPersVG	9; 107 BPersVG	10	109 BPersVG	14(1,2)	11	12	13
Bayern Art.	8	9	10	11	12	13	14	15
Berlin §§	107BPersVG	10	11	109 BPersVG	1(1); 5(1)	12	13(1, 3)	13(2)
Brandenburg §§	8	9	10	11	12(1)	13	14	15
Bremen §§	39(3,4); 107 BPersVG	9; 107 BPersVG	57	109 BPersVG	–	9	10	11
Hamburg §§	107BPersVG	9; 107 BPersVG	9	109 BPersVG	10	11	12	13
Hessen §§	64(1)	65	68	67	12(1,2,4)	9	10	11
Mecklenburg-Vorpommern §§	107 BPersVG	9; 107 BPersVG	9	109 BPersVG	8(3); 10	11	12(1, 3)	12(4)
Niedersachsen §§	107 BPersVG	9; 107 BPersVG	9	37(3); 109BPersVG	10	11	12(1,2,3)	12(1 S.2)
Nordrhein-Westfalen §§	107 BPersVG	9; 107 BPersVG	9	109 BPersVG	13(1,2)	10	11	12
Rheinland-Pfalz §§	6	8	71	7	12(1,2)	10	11	–
Saarland §§	8	9; 107 BPersVG	9	10	11	12	13	14
Sachsen §§	8	9	10	11	12(1,2)	13	14	15
Sachsen-Anhalt §§	8	9	10	11	12(1)	13	14	15
Mitbestimmungsgesetz								
Schleswig-Holstein §§	107 BPersVG	9; 107 BPersVG	9	109 BPersVG	8(4); 10(1)	11	12(1-3)	12(4)
Thüringen §§	8	9	10	11	12	13	14	15

Bund §§	16 Größe des Personalrats	17 Vertretung der Gruppen	18 Abweichende Vertretung	19 Wahlverfahren	20 Bestellung Wahlvorstand	21 Wahl des Wahlvorstands bei Dienststellen ohne Personalrat	22 Ersatzbestellung des Wahlvorstands	23 Aufgaben des Wahl Vorstands
Länder §§								
Baden-Württemberg §§	14 (3-5)	15; 18	16	17	20	21	22	23
Bayern Art.	16	17	18	19	20	21	22	23
Berlin §§	14	15(1-5)	15 (6); 16 (5)	16(1,4,6)	17(1,2)	17(3)	18	19
Brandenburg §§	16	12(2S.1); 17;18(3)	18(1,3)	19	20; 21	21	22	23
Bremen §§	12	13	14	15	16	17	18	19
Hamburg §§	14	15; 17	16	19	20	21	22	23
Hessen §§	12(3, 4)	13	14	16	17	18	19	20
Mecklenburg-Vorpommern §§	13	14(1,2,5)	14(3,4)	15	–	–	–	–
Niedersachsen §§	13	14(1-3); 15	14 (4); 17 (3)	16; 17(1,2,4,5)	18(1,2,4)	18(2)	18(3)	19
Nordrhein-Westfalen §§	13(3,4)	14	15	16	17	18	19	20
Rheinland-Pfalz §§	12(3,4)	13	14	15	16(1,2)	16(2)	16(3)	17
Saarland §§	15	16	17	18	19	20	21	22
Sachsen §§	16	12(3); 17	18	19	20	21	22	23
Sachsen-Anhalt §§	16	17	18	19	20	21	22	23
Mitbestimmungsgesetz								
Schleswig-Holstein §§	13	10(2); 14(1,2,5)	14(3, 4)	15	–	–	–	–
Thüringen §§	16	17	18	19	20	21	22	23

Bund §§	24 (1) Verbot der Wahlbehinderung	24 (2) Kosten der Wahl	25 Wahlanfechtung	26 Beginn und Ende der Amtszeit	27 (1) Regelmäßige Personalratswahlen	27 (2-5) Sonderfälle	28 Ausschluss aus dem Personalrat; Auflösung	29 Erlöschen der Mitgliedschaft
Länder §§								
Baden-Württemberg §§	24(1)	24(2)	25	26(1)	27(1)	19; 26 (2); 27	28	29
Bayern Art.	24(1)	24(2)	25	26(1,3)	26(2)	27; 27 a	28	29
Berlin §§	20	21	22	23	24(1)	24(1)S.2,3), (2-4)	25	26
Brandenburg §§	24(1,2)	24(3)	25	26	27(1)	27 (2-5)	28	29
Bremen §§	20(1,2)	20(3)	21	23(1)	23(2)	23 (3); 24	25	26
Hamburg §§	24	25	26	27 (1-3)	18(1)	18 (2-4); 27 (4)	28	29
Hessen §§	21(1)	21 (2, 3)	22	23 (1)	15	23 (2); 24	25	26
Mecklenburg-Vorpommern §§	16	17	18	19(1)	19(2)	20	21	22(1,2,4)
Niedersachsen §§	20(1)	20 (2, 3)	21	22(2)	22(1)	22 (3); 23 (1,2,4)	23 (3); 24	25
Nordrhein-Westfalen §§	21 (1)	21(2)	22	23(1)	–	23 (2, 3); 24	25	26
Rheinland-Pfalz §§	18(1,2)	18(3,4)	19	20	21(1)	21 (2, 5)	22	23
Saarland §§	24(1)	24(2)	25	26(1)	23(1)	23(2-4); 26(1 S.3,4),(2)	27	28
Sachsen §§	24(1)	24(2)	25	26	27(1)	27 (2-5)	28	29
Sachsen-Anhalt §§	24(1,2)	24(3)	27(1,2)	25(1)	25(1)	25 (2, 3); 26	27 (3-6)	28(1,2)
Mitbestimmungsgesetz Schleswig-Holstein §§	16	17	18	19(1)	19 (2 S. 1)	19 (2 S. 2,3), 20	21	22(1,2,4)
Thüringen §§	24 (1)	24(2)	25	26	27(1)	27(2)	28	29

Bund §§	30 Ruhen der Mitgliedschaft	31 Ersatzmitglieder	32 (1) Vorstand	32 (2, 3) Vorsitzender	33 Erweiterte Vorstandsbildung	34 Sitzungen	35 Nichtöffentlichkeit und Zeitpunkt der Sitzungen	36 Teilnahme von Gewerkschaftsbeauftragten
Länder §§								
Baden-Württemberg §§	30	31	32(1)	32 (2, 3)	33	34; 35	36(1)	37
Bayern Art.	30	31	32(1, 3S. 1)	32 (2, 3, 4)	33	34	35(1)	36
Berlin §§	27	28	29(1)	29 (2, 3)	–	30; 31 (2S.1)	31(1)	31(2)
Brandenburg §§	30	31	33 (1-3)	33 (4-6)	–	34; 40 (5)	35	36
Bremen §§	27	28	30(1)	32 (2, 3)	–	31; 32(5)	32(1)	33
Hamburg §§	30	31	32(1,2)	32 (3); 33	32(4)	34; 35 (2); 37 (2)	35(1); 36; 37 (2)	35 (3 Nr. 1)
Hessen §§	27	28	–	29; 30	–	31 (1-4)	32	33
Mecklenburg-Vorpommern §§	22 (3, 4)	23	24(1)	24 (2, 3)	–	25; 40 (5)	26	30(2)
Niedersachsen §§	26	27	–	28	–	29; 30 (2 S. 1)	30	30 (3-6)
Nordrhein-Westfalen §§	27	28	–	29	–	30	31 (1,2)	32(1)
Rheinland-Pfalz §§	24	25	26	26; 27	–	29 (1-4); 32 (3)	30(1)	29(4)
Saarland §§	29(1)	30	31 (2); 32(1)	31 (1,3,5,6); 32 (2)	31(4)	33; 34 (2)	34(1,6); 35	34 (2, 3)
Sachsen §§	30	31	33(1); 34(1 S. 1)	33(2); 34(1,2)	32(3)	35	36	37
Sachsen-Anhalt §§	28(3)	29	30 S. 6; 31 (1)	30 S. 1-5, 7; 31 (2)	30(3)	32; 38 (4)	33	34
Mitbestimmungsgesetz								
Schleswig-Holstein §§	22 (3, 4)	23	24 (1-3)	24 (4-6)	–	25	26	30(3)
Thüringen §§	30	31	33(1)	33 (2, 3)	33(4)	34	35	36

Bund §§	37 Beschlüsse	38 Gemeinsame Angelegenheiten und Gruppen-Angelegenheiten	39 Aussetzung von Beschlüssen	40 Teilnahme sonstiger Vertreter	41 Niederschriften	42 Geschäftsordnung	43 Sprechstunden	44 Kosten; Kostentragung
Länder §§								
Baden-Württemberg §§	38	39	40	41	42	43	44	45
Bayern Art.	37	38	39	40	41	42	43	44
Berlin §§	32	33	34(1-3)	35; 36	37	38	39	40
Brandenburg §§	37	38	39	40	41	42	43(1,2)	44
Bremen §§	34	35	36	22(3);32(2)	37	38	40	41
Hamburg §§	38 (2-4)	39	40;72	35(3Nr. 2-4);41	42	44	45	46
Hessen §§	34	35	36	31(5);37	38	39	41	42
Mecklenburg-Vorpommern §§	27	28	29	40(1-4)	32	33	34	35
Niedersachsen §§	31	32	33	56	34	35	36(1)	37
Nordrhein-Westfalen §§	33	34	35	36	37	38	39	40
Rheinland-Pfalz §§	31 (1-3)	31(4)	32(2)	32(1);33; 34;35(1)	37	38	42	43
Saarland §§	36	37	38	34(5);63	40	41	42	43
Sachsen §§	38	39	40	41	42	43	44(1,2,4)	45
Sachsen-Anhalt §§	35	36	37	38(1-3)	39	40	41	42
Mitbestimmungsgesetz								
Schleswig-Holstein §§	27	38	29	31	32(2-4)	32(1)	33	34
Thüringen §§	37	38	39	40	41	42	43	44

Bund §§	45 Verbot der Beitragserhebung	46 (1) Ehrenamt	46 (2) S. 1 Arbeitszeitversäumnis	46 (2) S. 2 Dienstbefreiung	46 (3–5) Freistellung	46 (6, 7) Fortbildung	47 Schutz vor außerordentlicher Kündigung, Versetzung und Abordnung	48 Zusammensetzung der Personalversammlung
Länder §§								
Baden-Württemberg §§	46	47(1)	47(2 S.1)	47(2 S.2)	47(3,4)	47(5)	48;108BPersVG	49
Bayern Art.	45	46(1)	46(2 S.1)	46(2 S.2,3)	46(3,4)	46(6)	47	48
Berlin §§	41	42(1)	42(2 S.1,3)	42(2 S.2,3)	43	42(3,4)	44	45;46(1)
Brandenburg §§	44(4)	45(1)	45(2)	45(3)	45(4-7)	46	47	48
Bremen §§	45	39(1)	39(2 S.1)	39(2 S.2,3)	39(7-9)	39(5,6)	56(2);108BPersV-G	43
Hamburg §§	47	48(1)	48(2)	48(3)	49	48(4,5)	50; 108 BPersVG	51;53(1)
Hessen §§	43	40(1)	40(2 S.1)	40(2 S.2)	40(3,4)	40(2 S.3)	64(2);66(1)	44
Mecklenburg-Vorpommern §§	36	37	38(1)	38(2)	38(3-6)	39	40	41
Niedersachsen §§	38	39(1)	39(2S.1,2)	39(2 S.3,4)	39(3-5)	40	41(2,3)	42
Nordrhein-Westfalen §§	41	42(1)	42(2 S.1)	42(2 S.2)	42(3,4)	42(5)	43; 108 BPersVG	45
Rheinland-Pfalz §§	45	39(1)	39(3)	39(2,4)	40	41	70	47
Saarland §§	44	45(1)	45(2 S.1)	45(2 S.2)	45(3,4)	45(5)	46	47
Sachsen §§	45(4)	46(1)	46(2 S.1)	46(2 S.2)	46(3-5)	47	48	49
Sachsen-Anhalt §§	43	44(1)	44(2)	44(3)	44(4-7)	45	46	47
Mitbestimmungsgesetz								
Schleswig-Holstein §§	35	1(4)	36(1)	36(2)	36(3-7)	37	38	39
Thüringen §§	44(4)	45(1)	45(2 S.1)	45(2 S.2)	45(3-6)	46	47	48

Bund §§	49 Tätigkeitsbericht, Einberufung der Personalversammlung	50 Personalversammlung und Arbeitszeit	51 Zuständigkeit	52 Teilnahme sonstiger Personen an Personalversammlungen	53 Bildung von Stufenvertretungen	54 Amtszeit, Geschäftsführung, Aufwandsentschädigung	55 Errichtung eines Gesamtpersonalrats	56 Wahl, Amtszeit Geschäftsführung
Länder §§								
Baden-Württemberg §§	50	51	52	53	55	55(1,2)	54(1)	54(2-4)
Bayern Art.	49	50	51	52	53;53a	54	55	56
Berlin §§	47	48	49	46(2,3)	55; 56	57;58;59	50	51;52;53;54
Brandenburg §§	49	50	51	52	53(1-4)	54	55	56
Bremen §§	44	45	46	47	–	–	48	49
Hamburg §§	52	54	55	53(2,3)	–	–	56	57;58
Hessen §§	45	46	47	48;49	50	51	52	53
Mecklenburg-Vorpommern §§	42	43	44	45	46(1-5)	46(7)	47(1-5)	47(6)
Niedersachsen §§	43	44	45	46	47	48	49(1)	49(2)
Nordrhein-Westfalen §§	46	47	48	49	50	51	52	53
Rheinland-Pfalz §§	48	49	50	51	52; 54	55	56	57
Saarland §§	48	50	51	49	52	53	55	56
Sachsen §§	50	51	52	53	54	55	56	57
Sachsen-Anhalt §§	48	49	50	51	52;53(1)	53	54(1)	54(2);55
Mitbestimmungsgesetz								
Schleswig-Holstein §§	40	41	42	43	44(1-4)	44(5)	45(1-3)	45(4, 5)
Thüringen §§	49	50	51	52	53	54	55	56

Bund §§	57 Bildung von Jugend- und Auszubildendenvertretungen	58 Wahlberechtigung, Wählbarkeit	59 Größe der Jugend- und Auszubildendenvertretung	60 Wahl und Amtszeit der Jugend- und Auszubildendenvertretung	61 Befugnisse	62 Entsprechend anzuwendende Vorschriften	63 Jugend-und Auszubildendenversammlung	64 Jugend-und Auszubildendenvertretung bei mehrstuf. Verwaltungen
Länder §§								
Baden-Württemberg §§	57	58	59	60 (1-3)	61	62	63	64
Bayern Art.	57(1); 58(1)	58	59	60 (1-3)	57 (2, 3); 61	62	63	64(1,2)
Berlin §§	60	61	62	63 (1-3)	65 (1-3, 5, 6)	66	67	68; 69
Brandenburg §§	77	78	79	80 (1-3)	81 (1,2,4-6)	81 (2,3)	82	83
Bremen §§	22 (2); 22a (2)	22(4);22a(1)	22 (2); 22a (3)	22 (5,6); 22a (3,4)	22a (6)	22a (3); 29	22a (5)	–
Hamburg §§	62	63	64; 65	66; 67; 68; 69; 70	71; 97	73; 74	75	–
Hessen §§	54(1)	54(1,2)	54(1)	54 (2, 3, 4)	55	56	57	58(1,2)
Mecklenburg-Vorpommern §§	49	50	51	52 (1-3)	53(1,2,4-6)	53(3)	54	55 (1-3)
Niedersachsen §§	50(1)	50 (2, 3)	51	52 (1-2)	53 (3); 54; 56	53(2)	55	57 (1-3)
Nordrhein-Westfalen §§	54	55	56	57 (1-3)	61	58	59	60(1,2)
Rheinland-Pfalz §§	58	59	60	61 (1-5)	62	66	63	64; 65
Saarland §§	57(1)	58	57 (2, 3)	59, 60, 61	64; 66	62; 65	67	68 (1-3)
Sachsen §§	58	59	60	61 (1-4)	62	63	65	64(1,2)
Sachsen-Anhalt §§	72(1)	73	74	75 (1-4)	76(1,2,4-6)	76(3)	77	72(2)
Mitbestimmungsgesetz								
Schleswig-Holstein §§	62	63	64	65 (1-3)	66	66 (2, 3)	67	68
Thüringen §§	57	58	59	60 (1-4	61	62	63	64; 65

Bund §§	65 Vertretung der nicht ständig Beschäftigten	66 Grundsätze der Zusammenarbeit	67 Allgemeine Grundsätze	68 Allgemeine Aufgaben	69 Mitbestimmungsverfahren	70 Initiativrecht des Personalrats	71 Einigungsstelle	72 Mitwirkungsverfahren
Länder §§								
Baden-Württemberg §§	–	66	67(1-3)	68(1,2)	69	70	71(1,3-5)	72 (1-6)
Bayern Art.	–	67	68 (1-3)	69(1,2)	70	70a	71	72
Berlin §§	–	70	71 (1-3)	72(1); 73(1)	79 (1-3); 80; 81	79(4)	82; 83	84
Brandenburg §§	–	57 (1-3)	57 (4, 5)	58; 60 (1-3, 5)	61	69	71; 72; 73	67
Bremen §§	–	52	53 (3, 4)	54(1,3)	58 (1-3)	58(4)	60; 61	–
Hamburg §§	–	76 (2, 3)	76 (4,5,7); 77	78(1, 3); 78 a	79(1,2,3); 81 (1,6,7)	79(4)	81 (2-5)	–
Hessen §§	–	60 (3,4)	60 (2); 61 (1,2)	62(1,2)	69(1,2); 70; 73	69(3)	71	72
Mecklenburg-Vorpommern §§	56	58	59(1,2)	60 (1-3); 61	62 (1-9)	65	63; 64	62(10)
Niedersachsen §§	–	2 (2); 62(1)	2(3); 3(3,4); 59 Nr. 1	59Nr. 2-7,9;60(1,2);61	64 (1-4); 68; 70; 74; 107b	69	71; 72; 73	76; 107f
Nordrhein-Westfalen §§	–	2 (2,3); 63	3 (1,2); 62	64; 65	66 (1-3,5,7,8); 68	66 (4, 6)	67 (1-8)	69
Rheinland-Pfalz §§	–	67 (1-3), (6)	67 (4,5); 68 (1,2)	69 (1-3)	73; 74 (1,2,4-6)	74(3)	75	–
Saarland §§	–	69(1,2,5)	69 (4); 70 (1-3)	68 (2); 71	73(1,2,4-8)	73(3)	75	74
Sachsen §§	–	71	71(1); 72 (2,3)	73(1,2)	79	83	85	76
Sachsen-Anhalt §§	–	56 (1-3)	56(4,5); 58(1,2)	57 (1-3)	69 (1-3,5); 62 (1-6,8)	62 (1-6,8); 69 (4)	62 (7); 63; 64	–
Mitbestimmungsgesetz Schleswig-Holstein §§	75	47	48(1,2)	(3, 4); 49	2 (2 Nr. 2, Nr. 6); 52	2 (2 Nr. 1,3-5, 7), 56(1, 2, 5,6)	53; 54; 55	–
Thüringen §§	–	66	67 (1-3)	68(1,2)	69	70	71	69 a

Bund §§	73 Dienstvereinbarungen	74 Durchführung der Beschlüsse	75 Mitbestimmung in personellen und sozialen Angelegenheiten	76 Mitbestimmung in personellen Angelegenheiten der Beamten und in sonstigen Angelegenheiten	77 (1) Sonderregelung für bestimmte Gruppen	77 (2) Versagungskatalog	78 (1, 2) Mitwirkung	78 (3–5) Anhörung
Länder §§								
Baden-Württemberg §§	71 (2); 73	74	76; 78; 79 (1,2)	75; 79 (3, 4)	81	82	80(1,2)	80(3)
Bayern Art.	73	74	73(1);75(1,3,4); 76(1,2)	75(1,4); 76(1,2)	78	75(2)	76(1,2)	76 (2, 3)
Berlin §§	74	78	75;85;86;87 Nr. 1-8	86; 88	89	–	90	–
Brandenburg §§	60(6);62(3); 70	74	63(1); 64, 65; 66	63(1); 65; 66	62 (4,5); 63 (2)	–	68 (1,2 Nr. 1,2), (3)	68 (2 Nr. 3,4)
Bremen §§	62	–	52(1);63;65 (1,3);66	52(1S.1);63; 65(1,3);66	65(2)	–	54 (2); 55	67
Hamburg §§	83	85	86; 87(1)	86; 87(1)	88	89	84	89 (2, 3)
Hessen §§	113(2-5)	–	74;75;77(1Nr. 2), (2);78(1)	74(1);75(2); 77(1Nr. 1),	77 (5); 79	77(4)	63(1); 81 (1,5)	81 (2,3,5)
Mecklenburg-Vorpommern §§	60 (5); 66	67	68(1); 69; 70	68(1); 70	68 (3, 4)	–	68(2)	–
Niedersachsen §§	78	–	64; 65(2); 66; 67	64; 65(1,4); 67; 67	65(3)	–	75	–
Nordrhein-Westfalen §§	70	71	72(1S.1,3,4),(2-5)	72(1Satz 1,3,4), (3-5)	72 (1 S. 2)	–	73	75
Rheinland-Pfalz §§	76	77	78; 80	79; 80	81	–	80(2)	84
Saarland §§	76	77	78; 80 (1b); 84	78(1); 80 (1a)	81 (1)	80(2)	83	84
Sachsen §§	84 (1-4)	86	80	81 (1 Nr. 1-9), (3)	82(1)	82(2)	77;81(1Nr. 10-12),(2)	73 (3-5)
Sachsen-Anhalt §§	70	–	65; 67(1), 69	65(1); 66	68	–	60; 69 Nr. 8	69 Nr. 3
Mitbestimmungsgesetz Schleswig-Holstein §§	51 (3); 57	58	2(1); 51(1,2,5,7)	–	51 (4,6); 56 (3,4)	–	–	–
Thüringen §§	72	73	74	75	76(1, 2)	76(3)	75 a	77

Bund §§	79 Mitwirkung bei der Kündigung	80 Teilnahme an Prüfungen	81 Beteiligung an Gefahren-verhütung	82 Beteiligung der Stufen Vertre-tungen und des Gesamtpersonal-rats	83 Gerichtliche Entscheidungen	84 Fachkammern, Fachsenate	85 Bundesgrenz-schutz	86 Bundesnach-richtendienst
Länder §§								
Baden-Württemberg §§	77;108(2)BPersV-G	80(4)	83	85	86(1,2)	87	90	–
Bayern Art.	77	69(4)	79	80	81 (1,2)	82	6(7); 85	–
Berlin §§	87 Nr. 9	72(2)	77	54; 59	91 (1,2)	92	–	–
Brandenburg §§	63(1N-r. 17);68(1)Nr. 2	60(4)	59	75; 76	95(1,2)	96	53(5)	–
Bremen §§	52(1S.1);65(1,3)	54(4)	64	22 a(8); 50	70(1,2)	71	–	–
Hamburg §§	87(3)	90	91	92	100(1,2)	101	87(2)	–
Hessen §§	77(1Nr. 2); 78(2)	62(3)	76	63 (2); 83	111	112	86; 87; 88; 89	–
Mecklenburg-Vorpommern §§	68 (5-7)	60(4)	72	73; 74	87(1,2)	88	–	–
Niedersachsen §§	65(2)	60(3)	77	79; 80	83(1,2)	84	86; 87	–
Nordrhein-Westfalen §§	72 a; 74	76	77	78	79(1,2)	80	67 (9); 81-84	–
Rheinland-Pfalz §§	82; 83	85	86	53	121	122	93; 94	–
Saarland §§	80(3)	72(2)	82	54	113(1,2)	114	91; 92	–
Sachsen §§	73 (6,7); 78	75	74	87	88(1,2)	89	68	–
Sachsen-Anhalt §§	67(2)	57(4)	59	71	78(1,2)	79	80; 81	–
Mitbestimmungsgesetz								
Schleswig-Holstein §§	–	49(4)	50	60; 61	88(1,2)	89	67(9)	–
Thüringen §§	78	79	81	82	83(1,2)	84	90	–

Bund §§	87 Bundesamt für Verfassungsschutz	88 Sozialversicherungsträger; Bundesagentur für Arbeit	89 Bundesbank	90 Rundfunkanstalt „Deutsche Welle“	91 Dienststelle des Bundes im Ausland	92 Geschäftsbereich des Bundesministeriums der Verteidigung	93 Verschlusssachen
Länder §§							
Baden-Württemberg §§	91	–	–	98; 99; 100-105	–	–	88
Bayern Art.	86	83 b; 83 c	–	83	87	–	88
Berlin §§	92 a	–	–	–	–	–	73 (2); 92 a
Brandenburg §§	–	–	–	–	–	–	93
Bremen §§	–	–	–	–	–	–	–
Hamburg §§	87 (2); 98	–	–	–	–	–	99
Hessen §§	105	110	–	106	–	–	–
Mecklenburg-Vorpommern §§	–	–	–	–	–	–	84
Niedersachsen §§	88	108 a	–	–	–	–	88
Nordrhein-Westfalen §§	–	–	–	–	–	–	119a;119b; 119c;119d
Rheinland-Pfalz §§	–	107; 108; 108a; 109	–	112-120	–	–	123
Saarland §§	93	107; 108; 109	–	110-112	–	–	–
Sachsen §§	91	–	–	–	–	–	90
Sachsen-Anhalt §§	82	–	–	–	–	–	101
Mitbestimmungsgesetz							
Schleswig-Holstein §§	–	–	–	–	–	–	85
Thüringen §§	85	–	–	–	–	–	93

Bund §§	112 Religionsgemeinschaften	115 Wahlordnung	116 Neuwahlen	116 a Erstmalige Wahlen der Jugend- und Auszubildendenvertretungen	116 b Übergang auf vierjährige Amtszeit	117 Vorschriften in anderen Gesetzen	119 Inkrafttreten
Länder §§							
Baden-Württemberg §§	107a	107	–	–	–	–	108
Bayern Art.	92	90(2)	–	–	–	95	97
Berlin §§	95	98	–	–	99 a; 99 b	–	100
Brandenburg §§	–	98	–	–	–	–	101
Bremen §§	–	72	–	–	73 a	–	74
Hamburg §§	112	105	–	–	–	–	–
Hessen §§	116	115	–	–	–	–	–
Mecklenburg-Vorpommern §§	–	90	92	–	–	–	93
Niedersachsen §§	1(1)	118	122	122	121 (1)	–	126
Nordrhein-Westfalen §§	120	124	123	–	–	126	127
Rheinland-Pfalz §§	126	125	–	–	–	–	127
Saarland §§	117	115	119	–	–	118	120
Sachsen §§	–	92	93	–	–	–	94
Sachsen-Anhalt §§	–	104	105, 106	–	–	–	108
Mitbestimmungsgesetz							
Schleswig-Holstein §§	–	91	94	–	–	–	97
Thüringen §§	–	94	95	–	–	–	97

Bundespersonalvertretungsgesetz

vom 15. 3. 1974 (BGBl. I S. 693), zuletzt geändert durch Art. 3 Abs. 4 Gesetzes vom 14. 8. 2006 (BBGl. I. 1897).

Erster Teil **Personalvertretungen im Bundesdienst**

Erstes Kapitel **Allgemeine Vorschriften**

§ 1 [Geltungsbereich des Gesetzes]

In den Verwaltungen des Bundes und der bundesunmittelbaren Körperschaften, Anstalten und Stiftungen des öffentlichen Rechts sowie in den Gerichten des Bundes werden Personalvertretungen gebildet. Zu den Verwaltungen im Sinne dieses Gesetzes gehören auch die Betriebsverwaltungen.

Inhaltsübersicht

Entspr. landesgesetzliche Regelungen:
Baden-Württemberg: § 1; Bayern: Art. 1; Berlin: § 1; Brandenburg: § 1, § 90 Abs. 1; Bremen: § 1; Hamburg: § 1; Hessen: § 1; Mecklenburg-Vorpommern: § 1; Niedersachsen: § 1; Nordrhein-Westfalen: § 1 Abs. 1; Rheinland-Pfalz: § 1; Saarland: § 1; Sachsen: § 1; Sachsen-Anhalt: § 1; Schleswig-Holstein: § 1; Thüringen: § 1.

Entspr. Vorschrift des BetrVG: § 1.

I. Vorbemerkungen

1 1. Die Vorschrift umschreibt den **sachlichen Geltungsbereich** des Personalvertretungsgesetzes, während der persönliche Geltungsbereich in § 4 angesprochen wird. Gleichzeitig begründet diese Bestimmung zusammen mit § 12 Abs. 1, § 53 Abs. 1 und § 55 die Pflicht zur Bildung von Personalvertretungen. Das Gesetz übt aber keinen Zwang aus. Es fordert lediglich mit Hilfe weiterer Vorschriften (u. a. Pflicht des Dienststellenleiters zur Bestellung eines Wahlvorstands, §§ 20 ff.) die Bildung von Personalvertretungen. Die Beschäftigten selbst aber entscheiden darüber, ob sie Personalvertretungen tatsächlich wählen sollen. Sie können daher nicht zur Einreichung von Wahlvorschlägen bzw. zur Stimmabgabe gezwungen werden.

2 2. Die Vorschriften dieses Gesetzes **gelten** für die Verwaltungen des **Bundes** und für die bundesunmittelbaren Körperschaften, Anstalten und Stiftungen des öffentlichen Rechts sowie für die Gerichte des Bundes sowie für Betriebsverwaltungen, während für die Länder jeweils eigene Landespersonalvertretungsgesetze maßgebend sind. Alle Personalvertretungsgesetze verfolgen dieselben Grundvorstellungen. Sie sind bundesverfassungsrechtlich und bundesrahmenrechtlich in einer auf Vereinheitlichung gerichteten Weise vorgeprägt (BVerwG v. 28. 1. 2004, Leits. ZBR 2004,181 = PersV 2004, 273).

3 3. Zu den **Verwaltungen** als den organisatorischen Einheiten der Exekutive gehören die obersten Bundesbehörden, die Bundesoberbehörden sowie die Mittel- und Unterbehörden des Bundes. **Oberste Bundesbehörden** sind die Bundesministerien und das Bundeskanzleramt sowie das Presse- und Informationsamt der Bundesregierung, die dem Bundespräsidenten, dem Deutschen Bundestag und dem Bundesrat unmittelbar zugewiesenen Verwaltungen (Bundespräsidialamt, Bundestagsverwaltung, Bundesratsverwaltung) sowie der Bundesrechnungshof.

4 4. Die **Bundesoberbehörden** sind den obersten Bundesbehörden unmittelbar nachgeordnete Behörden. Sie sind für das gesamte Bundesgebiet zuständig. Zu ihnen zählen z. B. das Bundesverwaltungsamt, das Bundeskriminalamt, das Bundeskartellamt, das Bundesversicherungsamt, das Statistische Bundesamt und die Bundesmonopolverwaltung (vgl. im Einzelnen das Verzeichnis in GMBl. 1972, S. 235) sowie das Eisenbahnbundesamt und die Regulierungsbehörde Telekommunikation und Post. Zu den den obersten

Bundesbehörden nachgeordneten **Mittelbehörden** des Bundes zählen u. a.: die Wehrbereichsverwaltungen sowie die Wasser- und Schifffahrtsdirektionen und die Bundespolizeibehörden; zu den **unteren Behörden,** die den Mittelbehörden unmittelbar nachgeordnet sind, gehören u. a. die Kreiswehrersatzämter sowie die den Bundespolizeibehörden nachgeordneten Behörden. Negativ abgegrenzt zählen zur Verwaltung des Bundes alle Institutionen, die nicht zur Rechtsprechung (Art. 92 ff. GG) gehören oder die nicht öffentliche Betriebe sind. Die Institutionen der gesetzgebenden Gewalt (Bundestag und Bundesrat) scheiden aus, weil sie im Gegensatz zu dem ihnen unmittelbar zugeordneten Verwaltungsapparat nicht mit Beschäftigten des öffentlichen Dienstes besetzt sind.

5. Für **Gerichte** sowie entsprechende Dienststellen der rechtsprechenden Gewalt gilt das Gesetz ebenfalls. Zu ihnen zählen das Bundesverfassungsgericht, die obersten Gerichtshöfe (Bundesgerichtshof, Bundesverwaltungsgericht, Bundesarbeitsgericht, Bundessozialgericht, Bundesfinanzhof sowie der Gemeinsame Senat dieser Gerichte), das Bundespatentgericht und die Truppendienstgerichte. Im Gegensatz zu den Staatsanwälten, die Beamte sind, sind die Richter vom Personalvertretungsrecht grundsätzlich ausgenommen (vgl. § 4 Anm. 1). **5**

6. Für die **Körperschaften, Anstalten** und **Stiftungen** des öffentlichen Rechts gelten die Bestimmungen des BPersVG ebenfalls. Die Abgrenzung zwischen Körperschaften, Anstalten und Stiftungen ist oft vor allem deshalb schwierig, weil unterschiedliche Begriffe für unterschiedliche Einrichtungen benutzt werden. Allgemein durchgesetzt hat sich die von Otto Mayer (Deutsches Verwaltungsrecht, 3. Aufl., Band 2, S. 268) stammende Definition, nach der **Körperschaften** des öffentlichen Rechts mitgliedschaftlich organisierte, rechtsfähige Verbände des öffentlichen Rechts sind, die staatliche Aufgaben mit staatlichen Mitteln unter staatlicher Aufsicht wahrnehmen. **Anstalt** ist dagegen ein zur Rechtsperson erhobener Bestand von sachlichen und persönlichen Verwaltungsmitteln, die einem besonderen öffentlichen Zweck zu dienen bestimmt sind. Eine **Stiftung** des öffentlichen Rechts ist eine mit eigener Rechtspersönlichkeit ausgestattete Vermögensmasse, die verselbstständigt worden und einem bestimmten Zweck dauernd gewidmet ist. Die Stiftung Preußischer Kulturbesitz ist eine Stiftung im Sinne dieser Definition. **6**

7. Zu den **Körperschaften des öffentlichen Rechts auf Bundesebene** zählen u. a. die Bundesagentur für Arbeit (Zentrale Regionaldirektionen und Agenturen für Arbeit) sowie besondere Dienststellen (§ 367 SGB III, Sozialgesetzbuch – Arbeitsförderung, Art. 1 des Gesetzes v. 24. 3. 1997, BGBl. I S. 594, zul. geänd. d. Art. 1 G v. 8. 4. 2008, BGBl. I S. 681); Deutsche Rentenversicherung Bund mit Sitz in Berlin und Verwaltungsstellen in Gera, Stralsund und Brandenburg/Havel (§ 1 des Gesetzes v. 9. 12. 2004, BGBl. I S. 2242, 3292); Deutsche Rentenversicherung Knappschaft-Bahn-See mit Sitz in Bochum (§§ 4, 5 des Gesetzes v. 9. 12. 2004, aaO); Landesversicherungsanstalt Oldenburg-Bremen und die länderübergreifenden Berufsgenossenschaften der gesetzlichen Unfallversicherung und Ersatzkassen der gesetzlichen Krankenversicherung. Die „Akademie der Künste“ mit Sitz in Berlin ist ebenfalls eine bundesunmittelbare, rechtsfähige Körperschaft des öffentlichen Rechts (Gesetz v. 1. 5. 2005, BGBl. I S. 1218). Für die Eigenschaft als Körperschaft des öffentlichen Rechts kommt es nicht so sehr auf die Bezeichnung einer juristischen Person als „Körperschaft“ an, sondern auf die eigentliche Rechts- und Organisationsform (Fischer u. a., § 1 Anm. 24). Zu den rechtsfähigen **Anstalten** gehört die Deutsche Bundesbank mit ihren **7**

Landeszentralbanken und den örtlichen Dienststellen sowie die Deutsche Bibliothek und das Bundesinstitut für Berufsbildung. Die beiden Rundfunkanstalten des Bundesrechts „Deutsche Welle" und „Deutschlandfunk" sind ebenfalls Anstalten des öffentlichen Rechts, die dem Personalvertretungsrecht unterliegen. Die Stiftung Preußischer Kulturbesitz ist eine **Stiftung** des öffentlichen Rechts im Sinne dieser Vorschrift.

8 8. Dem Geltungsbereich des Gesetzes unterliegen auch die sogenannten **Betriebsverwaltungen.** Dabei handelt es sich vor allem um Einrichtungen zur Durchführung von Aufgaben des im öffentlichen Interesse durch die öffentliche Hand in öffentlich-rechtlichen Formen betriebenen öffentlichen Verkehrs, Wasserstraßenverwaltung und Regiebetriebe sowie um Einrichtungen der sonstigen Daseinsvorsorge der öffentlichen Gemeinschaft für Staatsbürger, z. T. auch um kulturelle Aufgaben. Entscheidend ist, dass es sich um eine Betätigung öffentlich-rechtlicher Körperschaften, Anstalten etc. handelt.

9 9. Betriebsverwaltungen haben zumeist **keine eigene Rechtspersönlichkeit,** sondern werden in der Regel von einer öffentlichen Verwaltung (in Form eines Eigen- bzw. Regiebetriebes) geführt. Sind sie rechtlich verselbstständigt, so kommt es darauf an, ob sie als juristische Person des öffentlichen Rechts geführt werden. Maßgebend ist also die Rechtsform. Alle Betriebe privater Rechtsform (z. B. Aktiengesellschaft), auch wenn sie der öffentlichen Hand gehören (einschließlich der sogenannten gemischtwirtschaftlichen), unterliegen dem Betriebsverfassungsgesetz (BetrVG, vgl. Anm. 28). Dem BPersVG unterliegen dagegen alle Betriebe, die in Form von juristischen Personen des öffentlichen Rechts organisiert sind, ebenso wie auch alle unselbstständigen Betriebe, die öffentlich-rechtlichen Körperschaften angegliedert sind, also alle Einrichtungen der öffentlichen Hand mit Ausnahme der in privater Rechtsform geführten Betriebe.

10 10. Sind **Bund und Länder gemeinsam Träger von Dienststellen,** so unterfallen die Beschäftigten des Bundes der Geltung dieses Gesetzes, diejenigen des Landes dagegen der Geltung des jeweiligen Landesgesetzes (vgl. im Einzelnen § 6 Abs. 4 und die entspr. Anm.). Wenn verschiedene Dienststellen mehrerer Dienstherrn zu einer gemeinsamen Dienststelle zusammengefasst sind, bleibt als Anknüpfungspunkt für die Anwendung des Personalvertretungsgesetzes der Sitz der Einrichtung, der allein eine praktikable und auch angemessene Lösung bietet (BVerwG v. 5. 5. 1976 – Buchholz 238.31 § 4 Nr. 1).

11 11. **Der Geltungsbereich** des Gesetzes erstreckt sich **nicht** auf **Kirchen** und sonstige öffentlich-rechtliche Religionsgesellschaften, da ihnen gegenüber keine Staatsaufsicht im hergebrachten Sinne in Anspruch genommen wird. Ihnen bleibt die selbstständige Ordnung des Personalvertretungsrechts überlassen (§ 112). Dies gilt auch für die erzieherischen und karitativen Einrichtungen dieser Gemeinschaften. Die weltlichen Arbeitnehmer der Wirtschaftseinrichtungen von Kirchen und sonstigen Religionsgemeinschaften unterfallen demgegenüber dem Geltungsbereich des Gesetzes (VGH München v. 13. 9. 1989, BayVBl. 1990, 308).

12 12. Ebenso wenig erstreckt sich der Geltungsbereich des Gesetzes auf in **privater Rechtsform** errichtete Unternehmen, und zwar auch dann nicht, wenn die Mehrheit ihrer Anteile dem Bund zusteht. Für solche Unternehmen gilt das BetrVG (vgl. Anm. 9).

13. Für **Soldaten** (vgl. Soldatengesetz, SG vom 19.3.1956, BGBl. I S. 114 i.d.F. d. Bek. v. 30.5.2005, BGBl. I S. 1482, geänd. d. Art. 3 Abs. 12 G v. 14.8.2006, BGBl. I S. 1897 sowie Soldatenbeteiligungsgesetz, SBG i.d.F. d. Bek. V. 15.4.1997, BGBl. I S. 766, zul. geänd. d. Art. 7 G v. 26.5.2005, BGBl. I S. 1418 gelten besondere Regelungen (vgl. Büge, PersV 2004, 364; Gronimus, PersV 1997, 385, PersV 2001, 144, PersV 2003, 132; Widmaier, ZfPR 2004, 243; ders., NZWehrr 2005, 1). Sie wählen Personalvertretungen nur dann, wenn sie keinem der in § 2 Abs. 1 SBG genannten Wahlbereiche (hierzu und zur Frage Wahlbereich oder Dienststelle, Büge, aaO) angehören. Nach § 49 Abs. 1 Satz 1 SBG wählen „in anderen als den in § 2 Abs. 1 SBG genannten Dienststellen und Einrichtungen Soldaten Personalvertretungen". Soldaten sollen in die dort bestehenden Personalvertretungen voll integriert werden. Im Bereich des Bundesministeriums der Verteidigung als der obersten Befehlsebene sowie in den militärischen Dienststellen, die dem Bundesministerium der Verteidigung unmittelbar unterstellt sind, wählen Soldaten Personalvertretungen, während in den den Führungskommandos unterstehenden Einheiten, Verbänden und Großverbänden das Vertrauenspersonenmodell nach § 2 Abs. 1 Nrn. 1 bis 3 SBG Anwendung findet (BVerwG v. 23.9.2004, PersV 2005, 142 = ZfPR 2004, 297; BVerwG v. 8.10.2007, PersR 2008, 165 = Leits. ZfPR 2008, 66; vgl. auch Widmaier, aaO). Das Personalratsmodell findet außerdem auf der dritthöchsten Befehlsebene, nämlich bei den Korps Anwendung, für deren Stäbe § 49 Abs. 1 Satz 2 SBG ausdrücklich dieses Modell anordnet (BVerwG v. 23.9.2004, aaO). Nach § 48 SBG gilt für Soldaten in anderen Dienststellen und Einrichtungen als den in § 2 Abs. 2 SBG aufgeführten militärischen Einrichtungen das Personalvertretungsrecht uneingeschränkt nach Maßgabe der §§ 49 bis 51 SBG. Dadurch werden Soldaten in zivilen Dienststellen den Beschäftigten i.S.v. § 4 nahezu gleichgestellt, soweit die Vorschriften des BPersVG den Beschäftigtenstatus voraussetzen (Gronimus, aaO). Die Soldaten wählen daher die Personalvertretungen mit. Solche, unter § 49 Abs. 1 Satz 1 SBG fallende Einrichtungen sind für Soldaten personalratsfähig, soweit es sich um stationäre Einrichtungen mit administrativ-fachlicher Aufgabenstellung handelt (vgl. BVerwG v. 23.1.2002 – 6 P 2.01, Leits. ZBR 2002, 222 = Leits. ZfPR 2002, 240 = PersR 2002, 205). Eine ortsfeste Anlage der Fernmelde- und Elektronischen Aufklärung der Luftwaffe ist keine Einheit im Sinne von § 2 Abs. 1 Nr. 1 SBG, es sei denn, dass die sie prägenden Aufgaben aus militärischen Gründen von Soldaten wahrgenommen werden (BVerwG v. 29.10.2002, PersV 2003, 135 = Leits. ZfPR 2003, 236). Einer von § 49 Abs. 1 Satz 1 SBG erfassten Dienststelle oder Einrichtung müssen in der Regel mindestens fünf wahlberechtigte Zivilbeschäftigte angehören, damit es dort zur Bildung einer – von Soldaten mit zu wählenden – Personalvertretung kommt (BVerwG v. 7.1.2003, Leits. ZBR 2003, 180 = PersV 2003, 139 = Leits. ZfPR 2003, 236). Die Soldaten wählen neben den Beamten und Arbeitnehmern eine weitere, dritte Gruppe im Sinne von § 5 BPersVG (BVerwG v. 7.1.2003, aaO). Die Wahl der Soldatenvertreter nach § 49 SBG (in anderen als den in § 2 Abs. 1 Nr. 1 bis 8 genannten Dienststellen und Einrichtungen) erfolgt gleichzeitig mit den Wahlen zu den Personalvertretungen der Beamten und Arbeitnehmer (§§ 49, 51 SBG), wird jedoch in getrennten Wahlgängen vorgenommen. Nach § 52 Abs. 1 Satz 1 SBG haben die Soldatenvertreter im Personalrat in Angelegenheiten, die nur die Soldaten betreffen, lediglich die Befugnisse der Vertrauensperson, was z.B. zur Folge hat, dass im Bereich der Personalangelegenheiten das Anhörungsrecht nach § 23 SBG stets an die Stelle des Mitbestimmungsrechts nach § 75 Abs. 1 bzw. § 76 Abs. 1 tritt. Da die Soldaten als selbstständige Gruppe zu den übrigen Gruppen hinzutreten, muss auch die Gruppe der Soldaten im Vorstand einer Personalvertretung 13

vertreten sein. Im Übrigen gelten auch § 38 Abs. 1, §§ 46, 47 BPersVG. Die Soldatenvertreter haben die gleiche Rechtsstellung wie die übrigen Personalratsmitglieder. § 52 Abs. 1 Satz 2 SBG erklärt § 7 BPersVG für anwendbar. Die Vorschrift stellt klar, dass auch in reinen Soldatenangelegenheiten Ansprechpartner des Personalrats der Dienststellenleiter bleibt (Büge, aaO). Für die zivilen Beschäftigten der Bundeswehr gelten besondere Bestimmungen hinsichtlich der Bildung von Bezirkspersonalräten, für die Bestellung von Vertrauens- oder Betriebsärzten (§ 70 Abs. 3 Satz 2 SG) und nach § 70 Abs. 4 SG für die nach § 78 Abs. 1 Nr. 2 BPersVG vorgesehene Mitwirkung bei der Auflösung etc. von Dienststellen und Einrichtungen. Kommt es in einer militärischen Dienststelle nicht zur Bildung einer Personalvertretung für die Zivilbeschäftigten, so scheidet das Personalratsmodell für die Dienststelle überhaupt aus, **eine Personalvertretung allein für die Soldaten** sieht das Gesetz nicht vor (BVerwG v. 7. 1. 2003, aaO). Sofern Soldaten aber **Wahlbereichen** angehören, wählen sie **Vertrauenspersonen.** Vertrauenspersonen sind in den Einheiten (§ 2 Abs. 1 Nr. 1 SBG) und in den Stäben der Verbände sowie vergleichbarer Dienststellen und Einrichtungen (§ 2 Abs. 1 Nr. 3 SBG) zu wählen. Daher sind die Stäbe der Divisionen Wahlbereiche nach § 2 Abs. 1 Nr. 3 SBG (BVerwG v. 23. 9. 2004, aaO). Eine „Einheit" ist die unterste militärische Gliederungsform. Dem Führer muss grundsätzlich Disziplinargewalt zustehen. Die Kompanie ist die Grundform der Einheit. Ein Verband ist die Zusammenfassung mehrerer Einheiten in der Stärke eines Bataillons oder Regiments. Der Verband hat einen Stab, in dem „die Unterstützungselemente des militärischen Führers zur Führung von unterstellten Einheiten, Verbänden, Großverbänden oder sonstigen Dienststellen der Streitkräfte zusammengefasst" sind (BVerwG v. 23. 1. 2002, aaO). Die Verbände sind zu Einheiten zusammengefasst; deshalb bedarf es auch für sie im Gegensatz zum Stab keiner selbstständigen Regelung. Die Soldaten in den Stäben gehören keiner Einheit i. S. von § 2 Abs. 1 Nr. 1 SBG an, so dass die ergänzende Regelung in § 2 Abs. 1 Nr. 3 SBG zum Tragen kommt. Der Verband folgt beteiligungsrechtlich den Einheiten, aus denen er zusammengesetzt ist. Der Stab ist wie der Verband, den er führt, zu behandeln. Wenn die militärische Organisation, der der Stab zugeordnet ist, ein Verband i. S. von § 2 Abs. 1 Nr. 3 SBG ist, dann wählen die dem Stab zugehörigen Soldaten eine Vertrauensperson (BVerwG v. 23. 1. 2002, aaO). Der Begriff des Verbandes ist in einem weiten Sinn zu verstehen. Hierzu gehören auch Brigaden und Divisionen i. S. von § 2 Abs. 1 SBG. Die in den Stäben der Brigaden und Divisionen befindlichen Soldaten wählen Vertrauenspersonen (vgl. § 49 Abs. 1 Satz 2 SBG). Die Teilnehmer von Lehrgängen an Schulen der Streitkräfte wählen nach Maßgabe von § 2 Abs. 1 Nr. 6 SBG Vertrauenspersonen; eine Wahlberechtigung für die Wahl des Personalrats der Schulen haben sie nicht; dieses ist auf das Stammpersonal der Schulen beschränkt. Das auf die Lehrgangsteilnehmer an Bundeswehrschulen anzuwendende Regelwerk des SBG begegnet keinen verfassungsrechtlichen Bedenken (BVerwG v. 23. 6. 1999, Leits. ZBR 1999, 392 = PersV 2000, 74 = ZfPR 2000, 45). Die **Zivildienstleistenden** (Zivildienstgesetz, ZDG i. d. F. d. Bek. v. 17. 5. 2005, BGBl. I S. 1346, zul. geänd. d. Art. 8 G v. 13. 12. 2007 BGBl. I S. 2904) wählen einen Vertrauensmann, der gemäß § 3 Abs. 1 Gesetz über den Vertrauensmann der Zivildienstleistenden (Art. 2 des Gesetzes über die Beteiligung der Soldaten und der Zivildienstleistenden, Zivildienstvertrauensmanngesetz, ZDVG v. 16. 1. 1991, BGBl. I S. 47, 53, zul. geänd. d. Art. 10 G v. 20. 12. 2001, BGBl. I S. 4013) an den Sitzungen der Personalvertretung der Dienststelle beratend teilnehmen kann, falls Angelegenheiten behandelt werden, die auch die Dienstleistenden betreffen. Ist kein Vertrauensmann gewählt worden, so können sich die Dienstleistenden an die Personalvertretung wenden. In Disziplinarangelegenheiten der Soldaten ist vor der Verhängung von Disziplinarmaßnahmen die Vertrauensperson zur Person des Soldaten, zum Sachverhalt und zum Disziplinarmaß anzuhören, sofern der Soldat nicht widerspricht (§ 27 Abs. 1 SBG). Entsprechendes gilt für die Soldatenvertreter im Personalrat (§ 52 Abs. 1 Satz 1 SBG). Im Übrigen sind die Bestimmungen des BPersVG über die Beteiligungsrechte der Personalvertreter in Personalangelegenheiten von Beamten auf die Beschäftigung von Soldaten weder unmittelbar noch mittelbar anwendbar (BVerwG v. 18. 5. 1994, Leits. ZBR 1994, 387 = PersV 1995, 30 = ZfPR 1994, 148; s. auch Erl zu § 92 Anm. 1).

a) In **mobilen Dienststellen und Einrichtungen der Bundeswehr** können die Soldaten keine Personalvertretung, wählen. Dagegen können sie sich in stationären Einrichtungen mit administrativer, technischer oder sonstiger fachlicher Aufgabenstellung an Personalratswahlen beteiligen. Musikcorps sind als stationäre Einrichtungen zu werten; sie sind zivilen Orchestern vergleichbar, bei denen Personalvertretungen gewählt werden können (BVerwG v. 16. 3. 2006, PersV 2006, 293). Wird Beamten, Arbeitnehmern oder Soldaten im Rahmen von Kooperationsvorhaben eine Tätigkeit in einem Wirtschaftsunternehmen zugewiesen, mit dem die Bundeswehr eine Kooperation eingegangen ist, so trifft das **Kooperationsgesetz der Bundeswehr** (BwKoopG) besondere personalvertretungsrechtliche Regelungen, z. B. zum aktiven und passiven Wahlrecht zum Personalrat (§§ 2, 3 BwKoopG) oder zum Übergangsmandat (§ 7 BwKoopG; vgl. auch Einleitung Anm. 54a). 13a

14. Das Gesetz gilt nicht für die in **internationalen und zwischenstaatlichen Organisationen** mit Einrichtungen auf dem Gebiet der Bundesrepublik Deutschland tätigen Beschäftigten, insbesondere die Beschäftigten der Europäischen Gemeinschaften. Auch gilt das BPersVG nicht für die **Entwicklungshelfer** nach dem Entwicklungshelfergesetz (EhfG v. 18. 6. 1969, BGBl. I S. 549, zul. geänd. d. Art. 35 G v. 24. 12. 2003, BGBl. I S. 2954); denn der Entwicklungsdienst ist kein öffentlicher Dienst. Entwicklungshelfer werden ohne Erwerbsabsicht tätig und sind daher weder Beschäftigte i. S. dieses Gesetzes noch Arbeitnehmer i. S. des BetrVG (Lorenzen u. a., § 1 Anm. 41; vgl. auch Anm. 50). 14

15. **Besondere Vorschriften** bestehen für 15
a) die Bundespolizei (§ 85);
b) den Bundesnachrichtendienst (§ 86)
c) das Bundesamt für Verfassungsschutz (§ 87);
d) bundesunmittelbare Körperschaften und Anstalten des öffentlichen Rechts im Bereich der Sozialversicherung und die Bundesagentur für Arbeit (§ 88);
e) die Deutsche Bundesbank (§ 89);
f) Dienststellen des Bundes im Ausland (§ 91);
g) Deutsche Welle (§ 90);
h) den Geschäftsbereich des Bundesministers der Verteidigung (§ 92).

16. Die Rechte der Betriebsvertretung der deutschen **zivilen Arbeitskräfte** (Zivilbeschäftigte) bei den im Bundesgebiet stationierten Streitkräften der Nato-Truppen bestimmen sich nach Art. 56 Abs. 9 des Zusatzabkommens (ZA) zum Nato-Truppenstatut vom 3. 8. 1959, BGBl. 1961II S. 1218, i. d. F. des Änderungsabkommens vom 18. 3. 1993, BGBl. II1994 S. 2594, in Kraft getreten am 29. 3. 1988, BGBl. II S. 1691. Damit gilt grundsätzlich das BPersVG. Die im BPersVG vorgesehenen Mitbestimmungsrechte gelten je- 16

doch nur nach Maßgabe des Art. 6 a des Unterzeichnungsprotokolls (UP) zu Art. 56 Abs. 9 ZA-Nato-Truppenstatut (vgl. BAG v. 6. 8. 2002, PersR 2003,41). Danach findet das im BPersVG geregelte Mitbestimmungsrecht Anwendung, soweit der Mitbestimmung im Einzelfall nicht besonders schutzwürdige militärische Interessen entgegenstehen. Nur diejenigen Zivilpersonen unterliegen dem Personalvertretungsrecht, die der Entsendestaat als örtliche Arbeitskräfte anstellt (Art. IX Abs. 4 Nato-Truppenstatut; BAG v. 28. 5. 2002, PersR 2003, 84). Dies sind die bei den ausländischen Stationierungskräften beschäftigten deutschen Arbeitskräfte. Im Falle von Streitigkeiten bei der Anwendung des BPersVG sind die Arbeitsgerichte im Beschlussverfahren zuständig (Nr. 9 UP zu Art. 56 Abs. 9 ZA-Nato-Truppenstatut; vgl. auch BAG v. 14. 4. 1988, PersV 1989, 363 sowie Lorenzen u. a., § 1 Anm. 40). Beteiligt sich die Bundesrepublik Deutschland gem. Abs. 9 UP zu Art. 56 Abs. 9 ZA-Nato-Truppenstatut auf Antrag einer Truppe an einem von der Betriebsvertretung eingeleiteten Verfahren über den Umfang des Mitbestimmungsrechts bei Einstellung von Arbeitnehmern, ist für dieses Verfahren die deutsche Gerichtsbarkeit gegeben (BAG v. 7. 11. 2000, BAGE 96,200 = PersR 2001, 347 = Leits. BB 2001,1156,1416).

II. Personalvertretungen

17 1. Der Begriff **„Personalvertretungen“** ist der vom Gesetzgeber gewählte Oberbegriff für Personalrat (örtlicher-, Bezirks- und Hauptpersonalrat) sowie Gesamtpersonalrat.

18 2. Die **Bildung von Personalvertretungen** wird durch dieses Gesetz **zwingend vorgeschrieben** (vgl. aber Anm. 1), und zwar mit der größenordnungsmäßigen Beschränkung nach § 12. Sie erfolgt durch Wahl (§§ 19 ff., §§ 53 ff.) seitens der wahlberechtigten Beschäftigten. Gegen eine Behinderung der Bildung von Personalvertretungen schützt § 24. Personalvertretungen können nur gebildet werden, wo eine Dienststelle besteht. Der „Untergang“ einer Dienststelle zieht automatisch den „Untergang“ der Personalvertretung nach sich (BVerwG v. 11. 12. 1991, PersV 1992, 256 = ZfPR 1992, 136; OVG Münster v. 17. 2. 2000, PersV 2000, 511; VGH München v. 28. 6. 2000, Leits. ZfPR 2002, 16).

19 3. Das Gesetz enthält auch noch einige weitere Vorschriften, die die **praktischen Wirkungsmöglichkeiten der Personalvertretungen** und der Personalversammlungen sichern sollen (§§ 10, 43, 44, 46, 49, 50). Von zusätzlichen Vorschriften zur Erzwingung der Bildung von Personalvertretungen hat der Gesetzgeber Abstand genommen. Dies offenbar ursprünglich in der Erwägung, dass im öffentlichen Dienst die Beachtung des Willens des Gesetzgebers durch die Verwaltung sichergestellt sei, so dass es z. B. einer Strafvorschrift für den Fall der Unterlassung oder gar der Behinderung nicht bedürfe. Ein solches Verhalten des Dienststellenleiters wäre eine Dienstpflichtsverletzung, die Anrufung der zuständigen vorgesetzten Dienststelle bzw. Aufsichtsinstanz das gegebene Abhilfemittel (vgl. auch Engelhard-Ballerstedt, § 1 Anm. 23).

20 4. Praktisch hängt die Bildung von Personalvertretungen von der **Bereitschaft der Beschäftigten** ab, sich durch Betätigung gemäß der gesetzlich gebotenen Möglichkeiten als Wählerschaft zu konstituieren und Personalvertretungen zu wählen sowie von der Bereitschaft der Gewählten, die Wahl anzunehmen und die damit übertragenen Aufgaben und Befugnisse zu erfüllen. Insoweit hat der Gesetzgeber sich auf das eigene Interesse der beteiligten Beschäftigten verlassen. Ihre Bereitschaft zur Wahl und zu sonstigen Betätigungen ist nicht erzwingbar. Bei allgemeiner Interessenlosigkeit und mangelnder Beteiligung könnte also die Bildung von Personalvertretungen scheitern. Auch ist ein bewusster Verzicht der Gesamtheit der Beschäftigten möglich. Sie begeben sich dadurch aber der ihnen nach diesem Gesetz zustehenden Rechte.

5. Für **Streitigkeiten** darüber, ob Personalvertretungen zu bilden sind, sind die Verwaltungsgerichte zuständig (§ 83 Abs. 1 Nr. 2). Antragsberechtigt ist jeder Beschäftigte. **21**

6. Zu den **Personalvertretungen gehören auch** der Gesamtpersonalrat (§ 55), die Stufenvertretungen (§ 53), die Jugend- und Auszubildendenvertretung (§§ 57 ff.) und die Vertretung der nichtständig Beschäftigten (§ 65; vgl. auch Anm. 17). **22**

7. Ein **Gesamtpersonalrat** kann gebildet werden, wenn eine Dienststelle über Nebendienststellen oder von ihr räumlich weit entfernt liegende Teildienststellen verfügt (§ 6 Abs. 3), deren Beschäftigte sich für die Bildung eigener Personalvertretungen entscheiden. **23**

8. Im Geschäftsbereich mehrstufiger Verwaltungen werden im Bereich der Behörden der Mittelinstanz **Bezirkspersonalräte,** im Bereich oberster Dienstbehörden **Hauptpersonalräte** gebildet (§ 53 Abs. 1). Daneben werden bei den einzelnen Dienststellen örtliche Personalvertretungen gewählt. **24**

9. Das Recht der **Sondervertretungen** ist gegenüber dem früheren Recht erweitert worden (vgl. im Einzelnen §§ 57 bis 64 bzw. § 65). **25**

III. Aufgaben, Rechtsstellung

1. Die Personalvertretungen haben **zum Wohle der Beschäftigten und zur Erfüllung der der Dienststelle obliegenden Aufgaben** vertrauensvoll mit der Dienststelle, den Gewerkschaften und den Arbeitgebervereinigungen zusammenzuarbeiten (§ 2 Abs. 1). Daneben haben sie eine Reihe weiterer wichtiger Aufgaben. Dies sind **im Einzelnen:** **26**
Bestellung eines Wahlvorstands vor Ablauf der Amtszeit (§ 20 Abs. 1);
Erstattung eines Tätigkeitsberichts gegenüber der Personalversammlung (§ 49 Abs. 1);
Überwachung dahingehend, „dass alle in der Dienststelle tätigen Personen nach Recht und Billigkeit behandelt werden" (§ 67 Abs. 1);
Einsatz für die Wahrung der Vereinigungsfreiheit der Beschäftigten (§ 67 Abs. 3);
Beantragung von Maßnahmen (§ 68 Abs. 1 Nr. 1);
Überwachung dahingehend, dass die zugunsten der Beschäftigten bestehenden Normen durchgeführt werden (§ 68 Abs. 1 Nr. 2);
Entgegennahme von Anregungen und Beschwerden und Hinwirken auf Erledigung (§ 68 Abs. 1 Nr. 3);
Förderung der Eingliederung Schwerbehinderter und sonstiger Schutzbedürftiger, insbesondere älterer Personen (§ 68 Abs. 1 Nr. 4);
Beantragung von Maßnahmen zur beruflichen Förderung Schwerbehinderter (§ 68 Abs. 1 Nr. 5);
Förderung der Eingliederung ausländischer Beschäftigter (§ 68 Abs. 1 Nr. 6);
Zusammenarbeit mit der Jugend- und Auszubildendenvertretung (§ 68 Abs. 1 Nr. 7);
Einsichtnahme in Unterlagen (§ 68 Abs. 2);

Einsichtnahme in Unterlagen über gewährte Unterstützungen und entsprechende soziale Zuwendungen (§ 75 Abs. 2 Satz 2);
Teilnahme an verwaltungsinternen Prüfungen (§ 80);
Bekämpfung von Unfall- und Gesundheitsgefahren (§ 81).
Insbesondere haben die Personalvertretungen die in den §§ 75 ff. im Einzelnen geregelten **Beteiligungsrechte** in personellen, sozialen und organisatorischen Angelegenheiten wahrzunehmen. Den Personalvertretungen steht nach den §§ 67, 68 (allgemeine Grundsätze, allgemeine Aufgaben) eine Reihe von Rechten und Pflichten zu, die sie nur bei intensiver Beschäftigung mit der Problematik der jeweiligen Sache erfüllen können. Dieses Beschäftigen setzt in erster Linie eine genaue Ermittlung des Sachverhalts voraus, d. h. das Beschaffen der für die später eventuell zu ergreifenden Initiativen notwendigen Informationen. Da den Personalvertretungen eine Reihe eigenständiger, nicht erst aufgrund und von vorausgegangenen Maßnahmen der Dienststelle ausgelösten Aufgaben zufallen, sind sie zur selbstständigen Ermittlung von Sachverhalten gezwungen. Die Personalvertretungen sind daher nicht allein davon abhängig, dass die Dienststellen ihrer Pflicht zur rechtzeitigen und umfassenden Unterrichtung (§ 68 Abs. 2) nachkommen, sondern sie müssen zur Vorbereitung ihrer umfassenden Kontroll- und Initiativrechte auch eigene Ermittlungen anstellen. Daher sind Personalvertretungen grundsätzlich auch berechtigt, Beschäftigte an ihren Arbeitsplätzen aufzusuchen. Die Prüfung der Berechtigung von Anregungen und Beschwerden nämlich kann vielfach nur durch eine unmittelbare Augenscheineinnahme am Arbeitsplatz erfolgen. Allerdings muss ein einzelnes Personalratsmitglied auch im Hinblick auf eine vertrauensvolle Zusammenarbeit den Dienstvorgesetzten von seiner Absicht der Aufnahme einer Personalratstätigkeit und somit der Unterbrechung seiner Diensttätigkeit zum Zwecke des Aufsuchens von Beschäftigten an ihren Arbeitsplätzen unterrichten. Dabei braucht es nicht im Einzelnen darzulegen, aus welchen Gründen dies geschehen soll. Andernfalls nämlich könnte das Vertrauensverhältnis zwischen Personalvertretung und Beschäftigten gefährdet werden. Der Dienstvorgesetzte muss im Übrigen auch Gelegenheit haben, den ordnungsgemäßen Dienstbetrieb durch eine geeignete Vertretung auf dem nicht besetzten Arbeitsplatz aufrecht zu erhalten (OVG Lüneburg v. 1. 4. 1998, ZBR 1999, 158). Allerdings ist das betreffende Personalratsmitglied, falls der Dienststellenleiter unter Beachtung des Grundsatzes der vertrauensvollen Zusammenarbeit aufgrund der konkreten dienstlichen Situation und des genannten Zeitaufwands an der Erforderlichkeit der Personalratstätigkeit zweifelt, verpflichtet, stichwortartige Angaben zu machen, die zumindest eine Plausibilitätskontrolle möglich machen (vgl. für das BetrVG: BAG v. 15. 3. 1995, BAGE 79, 263 = BB 1995, 677 = DB 1995, 733, 1514; BAG v. 13. 5. 1997, BB 1997, 1691 = ZBVR 1997, 33; z. T. a. A. Leege, DB 1995, 1510; vgl. im Übrigen auch § 28 Anm. 5). Dem **Aufsuchen von Beschäftigten an ihren Arbeitsplätzen** durch die Personalvertretung kann von seiten des Dienststellenleiters aber nur dann widersprochen werden, wenn die damit verbundene Störung des Arbeitsablaufs und der Ordnung in der Dienststelle wesentlich und unzumutbar ist. Ein Hinweis des Dienststellenleiters darauf, dass die Angelegenheit in einer Sprechstunde erörtert werden könne, ist dabei unbeachtlich (BVerwG v. 9. 3. 1990, BVerwGE 85, 36 = PersV 1990, 315 = ZfPR 1990, 75 m. Anm. von Ilbertz; OVG Saarlouis v. 30. 7. 1975, PersV 1977, 146; VGH Mannheim v. 17. 2. 1977-X 1024/76, n. v.; VGH Kassel v. 24. 10. 1984, ZBR 1985, 280; OVG Koblenz v. 21. 6. 1988, PersR 1988, 248; vgl. auch Lemcke, PersR 1990, 171, Wahsner, PersR 1986, 129 sowie für das BetrVG: BAG v. 18. 10. 1993, BB 1994, 65; zuvor schon: BAG v. 13. 6. 1989, Leits. BB 1989, 2118 = DB 1989, 2439; vgl. auch § 2 Anm. 7, § 68 Anm. 14). Dagegen ist eine

Personalvertretung nur insoweit zu einer **rechtlichen Beratung von Beschäftigten** befugt, als dies zur sachgerechten Ausübung der ihr gesetzlich übertragenen Aufgaben (u. a. Mitbestimmungsangelegenheiten) notwendig ist. Nur in diesem engen Rahmen kann die Personalvertretung Rechtsfragen mit Betroffenen erörtern (BVerwG v. 18. 8. 2003, Leits. ZBR 2003, 432 = PersV 2004, 55 = ZfPR 2004, 69).

2. Die Personalvertretung ist Partner des Dienststellenleiters. Daraus ergibt sich für beide Seiten die Verpflichtung zur partnerschaftlichen Zusammenarbeit unter Wahrung sowohl der Interessen der Beschäftigten als auch der Dienststelle. Den Rechten und Pflichten der Personalvertretungen stehen **Befugnisse und Verpflichtungen des Dienststellenleiters** gegenüber, um das Wohl der Beschäftigten zu fördern und die dienstlichen Aufgaben zu erfüllen. Im einzelnen hat der Leiter der Dienststelle **27**

mit der jeweiligen Personalvertretung vertrauensvoll „zum Wohle der Beschäftigten und zur Erfüllung der dienstlichen Aufgaben zusammenzuarbeiten" (§ 2 Abs. 1);

ggf. zur Bildung eines Wahlvorstands eine Personalversammlung einzuberufen (§§ 20 Abs. 2, 21, 22, 23);

an den auf sein Verlangen anberaumten Sitzungen des Personalrats teilzunehmen und an denjenigen, zu denen er eingeladen ist (§ 34 Abs. 4);

die für die Arbeit der Personalvertretungen erforderlichen Räume, den Geschäftsbedarf und das Büropersonal (§ 44 Abs. 2) sowie

Plätze für Bekanntmachungen und Anschläge zur Verfügung zu stellen (§ 44 Abs. 3);

die Einhaltung des Gleichbehandlungsgebotes zu überwachen (§ 67 Abs. 1);

rechtzeitig und umfassend die Personalvertretung zu unterrichten bzw. die erforderlichen Unterlagen vorzulegen (§ 68 Abs. 2);

mit der jeweiligen Personalvertretung getroffene Dienstvereinbarungen schriftlich niederzulegen, zu unterzeichnen und bekanntzumachen (§ 73 Abs. 1);

gemeinsam mit den Personalvertretungen gefasste Beschlüsse durchzuführen (§ 74 Abs. 1);

die Personalvertretungen in den Fällen der §§ 75 ff. zu beteiligen;

den Personalvertretungen Unterlagen über gewährte Unterstützungen und entsprechende soziale Zuwendungen vorzulegen (§ 75 Abs. 2 Satz 2);

die Personalvertretungen bei Unfalluntersuchungen hinzuziehen (§ 81 Abs. 2).

3. Die Personalvertretungen nehmen in öffentlichen Verwaltungen und Betrieben Aufgaben und Befugnisse wahr, die weitgehend denen entsprechen, die nach dem Betriebsverfassungsgesetz (BetrVG v. 15. 1. 1972 i. d. F. der Bek. v. 23. 12. 1988, BGBl. 1989 I S. 1902, geänd. d. Ges. zur Reform des BetrVG, BetrVerf-Reformgesetz v. 23. 7. 2001, BGBl. I S. 1852 i. d. F. der Bek. v. 25. 9. 2001, BGBl. I S. 2518, zul. geänd. d. Art. 221 V. v. 31. 10. 2006, BGBl. I S. 2407) den Betriebsräten obliegen, jedoch mit den Abweichungen, die sich aus den besonderen Verhältnissen des öffentlichen Dienstes und den prinzipiellen strukturellen Unterschieden beider Bereiche ergeben. Trotz einer gewissen Anlehnung des **BPersVG** im Aufbau und in der Terminologie an das BetrVG handelt es sich jedoch um eine **eigenständige, vom BetrVG unabhängige Materie** (Becker, RiA 1992, 219; Thiele, PersV 1990, 99; PersV 1990, 290 ff.; Widmaier, PersV 1995, 329; kritisch gegenüber einer Trennung der Vertretung der Beschäftigten in der Privatwirtschaft und in der öffentlichen Verwaltung: Richter, PersR 1993, 54). Das BetrVG geht „von einer anderen rechtlichen und soziologischen Voraussetzung" aus (BAG v. **28**

31. 1. 1969, BAGE 21, 323, 330; BVerwG v. 6. 2. 1987, BVerwGE 75, 365 = ZBR 1987, 246 = PersV 1987, 428). Hinzu kommt, dass das Personalvertretungsrecht sich an einem anderen Organisationsmodell ausrichtet, das weitgehend der Verwaltungshierarchie entspricht (Richardi, PersR 1993, 49; vgl. auch BVerwG v. 16. 12. 1987, ZBR 1988, 349 = PersV 1989, 68 sowie grundlegend BVerwG v. 12. 3. 1987, PersV 1987, 461). Das Verwaltungshandeln unterliegt einer strikten Gesetzesbindung, so dass jede staatliche Maßnahme grundsätzlich auf eine gesetzliche Grundlage zurückgeführt, mindestens aber gegenüber der durch Wahlen legitimierten Volksvertretung verantwortet werden muss. Ein weiteres Unterscheidungsmerkmal ergibt sich aus dem Arbeitsrecht des öffentlichen Dienstes, das sich schon insoweit vom für den privaten Bereich geltenden Arbeitsrecht unterscheidet, als es umfangreichen, überwiegend starren Regelwerken unterliegt (Bundesangestelltentarifvertrag, Manteltarifverträge, Tarifvertrag für den öffentlichen Dienst). Darüber hinaus erfasst das öffentliche Dienstrecht, anders als das Arbeitsrecht, unterschiedliche Beschäftigtengruppen (Beamte, Arbeitnehmer, Soldaten, Richter etc.). Infolgedessen hat auch das Personalvertretungs- im Gegensatz zum Betriebsverfassungsrecht auf die jeweils unterschiedlichen rechtlichen Bedingungen der verschiedenen Gruppen Rücksicht zu nehmen (Baden, PersR 2003, 379). Rückgriffe auf die Auslegung des BetrVG sind in vielen Fällen deshalb gar nicht, in anderen nur mit jener Vorsicht möglich, die bei der Übertragung von rechtlichen Gesichtspunkten auf andere, voneinander unabbängige Rechtsgebiete geboten ist (BVerwG v. 2. 5. 1957, BVerwGE 4, 357); denn Verwaltung und Wirtschaft haben einen unterschiedlichen organisatorischen Aufbau und andersartige Aufgaben. Die Verwaltung ist an gesetzliche Aufträge gebunden. Sie unterliegt der Kontrolle der Volksvertretung. Die im öffentlichen Dienst Beschäftigten sind – anders als die in der Privatwirtschaft – „Diener der Gesamtheit des Volkes“, die an der Erfüllung öffentlicher Aufgaben mitwirken. Sie unterliegen der in ihrem Kern unantastbaren Personalhoheit des Dienstherrn (OVG Koblenz v. 18. 4. 1994, PersV 1994, 304). Daher darf die Regierungsverantwortung nicht beeinträchtigt werden. In den Fällen aber, in denen ein mit der betriebsverfassungsrechtlichen Regelung im Wesentlichen übereinstimmender Mitbestimmungstatbestand gegeben ist, ist grundsätzlich davon auszugehen, dass der Gesetzgeber „für die Personalvertretungen eine gleichartige Beteiligungsbefugnis begründen wollte“ (BVerwG v. 6. 2. 1987, BVerwGE 75, 365 [371] = ZBR 1987, 246 = PersV 1987, 428; BVerwG v. 16. 12. 1987, aaO; Richardi aaO). In der Frage, welche Grenzen bei der Berücksichtigung der Interessen der Beschäftigten des öffentlichen Dienstes zu beachten sind, ist zwischen der „Schutzzweckgrenze“ und der „Verantwortungsgrenze“ zu unterscheiden (BVerfG v. 24. 5. 1995, BVerfGE 93, 37 = ZBR 1996, 15 = PersV 1995, 553 = ZfPR 1995, 185; siehe auch Einl. Anm. 53 sowie vor § 66 Anm. 1a). Die Respektierung der „Schutzzweckgrenze“ ist entscheidend für die Fähigkeit der Verwaltung, den Amtsauftrag zu erfüllen. Bei der „Verantwortungsgrenze“ geht es um die Frage nach den Materien, die wegen ihrer Bedeutung für die Erfüllung des der Verwaltung übertragenen Amtsauftrags nicht oder nur in begrenztem Umfang der Mitsteuerung durch die Personalvertretung unterworfen werden dürfen (Kisker, PersV 1995, 529).

28a 3 a) Grundsätzlich findet das **Betriebsverfassungsgesetz keine Anwendung auf Beamte.** Eine Ausnahme bilden lediglich die spezialgesetzlichen Bestimmungen im Gesetz zum Personalrecht der Beschäftigten der früheren Deutschen Bundespost (Postpersonalrechtsgesetz – PostPersRG) und im Gesetz über die Gründung einer Deutsche Bahn Aktiengesellschaft (Deutsche Bahn Gründungsgesetz – DBGrG; vgl. jeweils im Anhang sowie Einl. Anm. 55 ff.).

Beamte sind keine Arbeitnehmer i. S. des § 5 BetrVG. Dies gilt auch dann, wenn Beamte in einem Betrieb eines privaten Rechtsträgers oder in einem von einem öffentlichen und einem privaten Rechtsträger gemeinsam geführten Betrieb zusammen mit den dort beschäftigten Arbeitnehmern eingesetzt werden; denn das Beamtenverhältnis ist weder seinem Inhalt noch seinem Zustandekommen nach ein Arbeitsverhältnis. Beamten steht daher auch kein Wahlrecht zu einer entsprechenden Interessenvertretung zu (BAG v. 28. 3. 2001, BAGE 97, 226 = BB 2001, 781 = DB 2002, 221 = Leits. ZBVR 2001, 216).

4. Das **Betriebsverfassungsgesetz** regelt 29
a) die Verfassung der Betriebe sowie
b) die Aufgaben und die Befugnisse des Betriebsrates.
Das **Personalvertretungsrecht** regelt demgegenüber nur die Aufgaben und Befugnisse der Personalvertretung sowie den kollektivrechtlichen Schutz von Personen, die in den öffentlichen Dienst eingegliedert sind (Gemeinsamer Senat der obersten Gerichtshöfe des Bundes v. 12. 3. 1987, PersV 1987, 461). Die Verfassung der Verwaltung, Aufgaben, Organisation der Dienststellen, Rechte und Pflichten der Beschäftigten etc. sind im öffentlichen Dienst durch Rechts- und Verwaltungsvorschriften sowie durch Tarifverträge festgelegt.

5. Die **Personalvertretungen** sind aber, wie sich aus ihrer Stellung innerhalb öffentlich-rechtlicher Organe und aus der vom Gesetzgeber zur Regelung der Materie in Anspruch genommenen Gesetzgebungskompetenz des Art. 73 Nr. 8 bzw. für die Rahmenvorschriften des Art. 75 Nr. 1 GG ergibt, Teil des öffentlichen Rechts und **Institutionen des öffentlichen Rechts,** die aufgrund öffentlichen Dienstrechts gebildet werden (BVerfG v. 3. 10. 1957, BVerfGE 7, 120, 127; Fischer u. a., § 1 Anm. 3; Lorenzen u. a., § 1 Anm. 5, 61 ff.; § 83 Anm. 7; Battis, PersV 1987, 394; Lecheler, PersV 1986, 305, 311; von Roetteken, PersR 1997, 233; Thiele, DÖD 1989, 201; Widmaier, PersV 1978, 299; ders., PersV 1995, 329; aA Dietz-Richardi, § 1 Anm. 51, die aus dem Grundgesetz keine Schlussfolgerungen für den öffentlich-rechtlichen Charakter der Personalvertretung ziehen; ähnl. auch Hecker, PersV 1980, 217; differenzierend Richardi u. a., Einleitung Anm. 77 f.; vgl. aber BVerwG v. 16. 12. 1977, ZBR 1978, 214 = PersV 1979, 151: „beim Personalvertretungsrecht handelt es sich um öffentliches Recht"; vgl. ferner Gitter, RiA 1981, 181). Die Personalvertretungen gehören zum organisatorischen Aufbau der Verwaltung. Sie sind an Entscheidungen beteiligt, die öffentlich-rechtlichen Charakter tragen (VGH Kassel v. 18. 4. 1983, DÖV 1984, 118; Becker, RiA 1988, 1; Thiele, aaO). Es würde aber dem Prinzip des demokratischen Rechtsstaats widersprechen, würde den Personalvertretungen in allen sozialen, personellen und organisatorischen Angelegenheiten ein Mitbestimmungsrecht mit der Folge eingeräumt, dass im Falle von Meinungsverschiedenheiten ein von Regierung und Parlament unabhängiger Ausschuss (Einigungsstelle) eingeschaltet werden müßte, der feststellen würde, ob eine Dienststelle eine Maßnahme rechtmäßig treffen kann (Richardi, PersR 1993, 49, 51; vgl. auch § 104). 30

6. Der öffentlich-rechtliche Charakter der Personalvertretungen ergibt sich aus ihrer **Stellung innerhalb der öffentlich-rechtlichen Behörden- und Ämterorganisation** sowie aus ihrer Teilnahme an öffentlich-rechtlichen Willensbildungen durch Beteiligung an Entscheidungen der Behörden, die öffentlich-rechtlichen Charakter haben (BVerfG v. 3. 10. 1957, ZBR 1957, 409). Diese behördlichen Entscheidungen sind nicht unmittelbar und im Ergebnis nicht in allen Fällen (z. B. nicht bei Einwirkung auf die Vertragsverhältnisse 31

der Angestellten und Arbeiter) Verwaltungsakte. Sie treffen nicht in allen Fällen unmittelbar zur Regelung eines Einzelfalles auf dem Gebiet des öffentlichen Rechts mit hoheitlicher Gewalt und unmittelbarer Verbindlichkeit gegenüber dem Betroffenen Regelungen. Sie stellen jedoch behördliches Handeln im Raume des öffentlichen Rechts dar, nämlich Vorbereitungshandlungen bei öffentlich-rechtlicher Willensbildung. Als solche sind sie selbst dann öffentlich-rechtlicher Natur, wenn sie im Vertragsverhältnis zu dem Betroffenen als fiskalische Akte in Erscheinung treten (Fischer u. a., § 1 Anm. 3).

32 7. Der öffentlich-rechtliche Charakter ergibt sich auch daraus, dass den Personalvertretungen die Aufgabe gestellt ist, der **Verwirklichung der der Verwaltung obliegenden Aufgaben** –natürlich nur auf dem Teilbereich der innerdienstlichen, sozialen und personellen Vorgänge – zu dienen. Dies ergibt sich aus § 2 Abs. 1 sowie aus einer Vielzahl anderer Vorschriften, die Aufgaben und Befugnisse der Personalvertretungen umschreiben. Sie werden im öffentlichen Interesse tätig, indem sie sowohl die Belange der Beschäftigten als auch die der jeweiligen Dienststelle vertreten.

32a 7 a) Problematisch kann die **Abgrenzung von Personalvertretungs- und Betriebsverfassungsrecht** dann werden, wenn eine öffentlich-rechtliche und eine private Einrichtung einen **gemeinsamen Betrieb** organisieren und durchführen. Für die Frage, ob das Personalvertretungs- oder Betriebsverfassungsrecht in einem solchen Betrieb anzuwenden ist, kommt es auf die Vereinbarung an, die zum Betrieb einer gemeinsamen Einrichtung getroffen worden ist. Ist eine Zusammenfassung der Arbeitnehmer beider Einrichtungen, also der öffentlich-rechtlichen und der privaten Einrichtung, zum Zweck einer gemeinsamen betrieblichen Interessenvertretung unter dem Gesichtspunkt des „gemeinsamen Betriebs" vereinbart worden, dann wird die Rechtsform des Privatrechts gewählt und die Zuständigkeit des Betriebsrats begründet (BVerwG v. 13. 6. 2001, BVerwGE 114, 313 = PersV 2001, 560 = ZfPR 2001, 231; vgl. auch: BAG v. 24. 1. 1996, BB 1996, 2355 = DB 1996, 2034).

33 8. Die Personalvertretungen haben keine allgemeinen Aufsichtsbefugnisse gegenüber dem Dienststellenleiter. Sie sind kein Kontrollorgan, das neben den Fach- und Rechtsaufsichtsinstanzen entsprechende Befugnisse hat (BVerwG v. 27. 2. 1985, ZBR 1985, 173). Als Kollektivorgan der Gesamtheit der Beschäftigten sind sie allerdings insofern **Interessenvertretungen,** als sie zur Wahrnehmung der Interessen der Beschäftigten berufen und verpflichtet sind (Thiele, DÖD 1989, 201, 205). Dies ergibt sich aus ihrer Aufgabenstellung (vgl. u. a. § 68 Abs. 1) sowie aus der Tatsache, dass sie mit dem Dienststellenleiter Dienstvereinbarungen abschließen können. Sie haben als kollektive Vertretungsorgane der in den staatlichen Verwaltungen und bei den Körperschaften, Anstalten und Stiftungen des öffentlichen Rechts Beschäftigten auf der Grundlage interner Willensbildung selbstständig und alleinverantwortlich, d. h. ohne den Weisungen oder der Rechtsaufsicht des Dienststellenleiters zu unterliegen, darüber zu bestimmen, wie sie ihre Geschäfte führen und die ihnen obliegenden Aufgaben erfüllen (BVerwG v. 14. 7. 1986, ZBR 1986, 312 = PersV 1987, 199; BVerwG v. 24. 11. 1986, ZBR 1987, 220 = PersV 1987, 422). Abzulehnen ist daher auch die Auffassung, eine Personalvertretung werde durch die Registrierung von Telefongespächen ihrer Mitglieder durch den Dienststellenleiter nicht unzulässig behindert oder in ihren Rechten beeinträchtigt (so aber BVerwG v. 28. 7. 1989, ZBR 1990, 53 = PersV 1989, 488 = ZfPR 1989, 166; vgl. hierzu: § 8 Anm. 4; § 44 Anm. 26; § 75 Anm. 219). Die Personalvertretungen sind berufen, „die berechtigten Interessen der im Sinne des Personalvertretungsrechts zu einer Gemeinschaft zusammengefassten ‚Beschäftigten' im Rahmen der im Personalvertretungsgesetz gesetzten öffentlich-rechtlichen Aufgaben und Befugnisse gegenüber der Dienststelle wahrzunehmen" (BVerwG v. 6. 1. 1972 – VI C 96, 97, n. v.; OVG Lüneburg v. 5. 11. 1974, ZBR 1975, S. 155). Das BVerfG hat in diesem Zusammenhang ausgeführt, dass die Personalvertretungen nach dem Personalvertretungsgesetz als Repräsentanten der Beschäftigten die Aufgabe haben, deren Beteiligung an der Regelung des Dienstes und der Dienst- und Arbeitsverhältnisse zu verwirklichen und ihre Interessen zu vertreten, soweit sie von der Tätigkeit in der Dienststelle berührt werden (BVerfG v. 26. 5. 1970, BVerfGE 28, 295 = ZBR 1970, 262 = PersV 1970, 227).

9. Die Personalvertretungen sind **Repräsentanten der Beschäftigten** innerhalb der Dienststelle (Lorenzen u. a., § 1 Anm. 130; Richardi u. a., Einleitung Anm. 74). Dies bedeutet, dass sie verpflichtet sind, die Interessen der Beschäftigten insgesamt bzw. einzelner wahrzunehmen, ohne aber bloßes Vollstreckungsorgan zu sein oder gar den Weisungen der Beschäftigten oder einzelner zu unterliegen (vgl. hierzu auch BVerfG v. 27. 3. 1979, ZBR 1979, 122 = PersV 1979, 240). Selbstverständlich muss daher auch der Personalvertretung das Recht zustehen, im Interesse einer sachgerechten Aufgabenwahrnehmung Informationen über das Meinungsbild der Beschäftigten zu erhalten, um sodann eigenverantwortlich und unabhängig Entscheidungen nach pflichtgemäßem Ermessen treffen zu können (Fischer u. a., § 1 Anm. 12). Unabhängigkeit bedeutet in diesem Zusammenhang auch Unabhängigkeit von eventuellen Weisungen des Dienststellenleiters, übergeordneter Dienststellen oder Gewerkschaften (Lorenzen u. a., § 1 Anm. 126). Die Zuständigkeit folgt der Zuständigkeit der jeweiligen Dienststelle (BVerwG v. 19. 12. 1975, BVerwGE 50, 80 = ZBR 1976, 197 = PersV 1976, 457). Im Rahmen der im BPersVG vorgegebenen Aufgaben und Befugnisse repräsentieren die Personalvertretungen die Beschäftigten gegenüber der Dienststelle, d. h. gegenüber ihren Organen (Leiter bzw. Vertreter, Beauftragte, § 7). Die Personalvertretungen stellen das demokratisch gebildete, parlamentarische Repräsentationsorgan der Beschäftigten dar, die durch das Gesetz zu einer rechtlichen Einheit zusammengefasst werden und durch sie handeln können. Sie sind also das Parlament der dienststellen-internen Personalverfassung, durch das die Beschäftigten auf gesetzlicher Grundlage und in dem gesetzlich geregelten Umfang an bestimmten Entscheidungen der Dienststelle teilhaben. In dieser Funktion können sie im eigenen Namen kraft Amtes tätig werden, und zwar sowohl der Dienststelle gegenüber wie auch gegenüber den Beschäftigten. Ihnen gegenüber sind sie zur Erstattung eines Tätigkeitsberichts (§ 49 Abs. 1 Satz 1) und zur Erörterung beantragter Beratungsgegenstände in einer Personalversammlung (§ 49 Abs. 2) verpflichtet. Die Beschäftigten können den Personalvertretungen durch die Personalversammlung Anträge unterbreiten und zu ihren Beschlüssen Stellung nehmen, jedoch nur in Angelegenheiten, die zu ihrer Zuständigkeit gehören (§ 50). Diese, im Einzelnen skizzierte Aufgabenstellung der Personalvertretung macht deutlich, dass sie nicht auf die Wahrnehmung kollektiver Interessen begrenzt ist (vgl. aber Lorenzen u. a., § 1 Anm. 130 ff. sowie BVerwG v. 17. 8. 1989, ZBR 1990, 50 = PersV 1990, 226). Vielmehr steht ihr auch die Befugnis zu, die Interessen einzelner Beschäftigter wahrzunehmen und zu vertreten. Dies ergibt sich bereits aus § 67 Abs. 1 Satz 1, § 68 Abs. 1 Nr. 2, 3(vgl. auch Fischer u. a., § 1 Anm. 5). 34

10. Allerdings sind sie nicht rechtsfähig. Sie können **nicht Träger vermögensrechtlicher Ansprüche und Verpflichtungen** sein. Infolgedessen können 35

Personalvertretungen auch innerhalb ihres Zuständigkeitsbereichs **die Dienststelle nicht nach außen wirksam verpflichten** (BVerwG v. 9. 10. 1991, BVerwGE 89, 94, 98 = Leits. ZBR 1992, 107 = PersV 1992, 218 = ZfPR 1992, 38). Sie können aber ein personalvertretungsrechtliches Beschlussverfahren vor den Verwaltungsgerichten betreiben. Insoweit steht ihnen eine beschränkte Teilrechtsfähigkeit zu. Auch können Personalvertretungen mit Rechtsanwälten Verträge zur Durchführung von Beratungen und gerichtlichen Verfahren abschließen. Wegen ihrer Vermögenslosigkeit aber können sie nicht Kostenschuldner sein (OVG Koblenz v. 9. 7. 1996, Leits. ZfPR 1997, 17; vgl. auch § 44 Anm. 28).

36 11. Die Personalvertretungen besitzen aber **keine eigene Rechtspersönlichkeit.** Sie können auch **nicht Vermögensträger** sein (BVerwG v. 6. 3. 1959, BVerwGE 8, 202 = ZBR 1959, 163 = PersV 1958/59, 160; Windscheid, ZBR 1961, 205) und keine rechtsgeschäftlichen Erklärungen abgeben oder Verträge abschließen (BVerwG v. 6. 3. 1959, BVerwGE 8, 202). Personalvertretungen verfügen aber insoweit über eine Teilrechtsfähigkeit, als sie berechtigt sind, zur Durchsetzung, Klärung und auch Wahrung ihrer personalvertretungsrechtlichen Befugnisse einen Anwalt zu beauftragen. Personalvertretungen sind dienststelleninterne Organe, die nach außen nicht mit Handlungsvollmacht ausgestattet und daher auch nicht in der Lage sind, den Dienststellenleiter nach außen zu verpflichten (BVerwG v. 9. 10. 1991, BVerwGE 89, 93 = Leits. ZBR 1992, 107 = PersV 1992, 218 = ZfPR 1992, 38; BVerwG v. 9. 3. 1992, BVerwGE 90, 76 = Leits. ZBR 1992, 252 = PersV 1992, 429 = ZfPR 1992, 111).

37 12. Wie das Parlament sind die Personalvertretungen **an Aufträge und Weisungen** ihrer Wähler **nicht gebunden.** Sie haben ihre Aufgaben nach eigener pflichtgemäßer Überzeugung im Rahmen der Gesetze wahrzunehmen. Die in § 4 Abs. 1 bezeichneten Beschäftigten werden durch das Gesetz zu einer beschränkt rechtsfähigen **Rechtsgemeinschaft** verbunden, die Träger der Beteiligungsrechte ist, deren Rechtspersönlichkeit aber auf dieses Gebiet beschränkt ist und nicht über den gesetzlich gegebenen Rahmen hinaus erstreckt werden kann, insbesondere nicht auf das vermögensrechtliche Gebiet (§ 45).

38 13. Die Personalvertretungen selbst sind **keine juristischen Personen,** vielmehr werden ihre Rechtshandlungen den Beschäftigten zugerechnet. Daraus folgt auch, dass neugewählte Personalvertretungen an die Beschlüsse und Erklärungen ihrer Amtsvorgänger gebunden sind.

39 14. Die Personalvertretungen nehmen ihnen vom Gesetz zugewiesene Aufgaben und Befugnisse wahr, die ausschließlich auf den internen Bereich der jeweiligen Dienststelle beschränkt sind. Sie sind dabei **ein internes Organ der Dienststelle,** bei der sie gebildet sind, weder rechtlich verselbstständigt noch organisatorisch aus der Dienststelle ausgegliedert; sie sind lediglich innerhalb der Dienststelle organisatorisch verselbstständigt und dienststellenintern mit eigenen Aufgaben und Befugnissen ausgestattet (BVerwG v. 24. 11. 1986, ZBR 1987, 220 = PersV 1987, 422). Sie nehmen an deren Willensbildung in innerdienstlichen Angelegenheiten teil. Ihr Handlungsspielraum ist daher ausschließlich auf die jeweilige Dienststelle festgelegt und begrenzt. Daher stehen Personalvertretungen dem Staat nicht gegenüber, sondern sind in die Verwaltung eingebettet und dort Repräsentanten aller Beschäftigten (BVerfG v. 31. 8. 1976 – 2 BvR 467/76, n. v.; BVerfG v. 27. 3. 1979, BVerfGE 51, 77 = ZBR 1979, 122 = PersV 1979, 240; Lorenzen u. a., § 1 Anm. 133 ff.). Die Personalvertretungen haben daher nichts mit der Zuständigkeit und dem

Aufgabenkreis der einzelnen Dienststellen nach außen zu tun. Dies gilt sowohl für das Verhältnis zu anderen Dienststellen wie zum Publikum (OVG Hamburg v. 31. 5. 1973 – OVG Bs PH 3/72, n. v.; vgl. auch Thiele, PersV 1980,41).

15. Die **Haftung** der Personalvertretungen für die in Wahrnehmung ihrer Aufgaben vorgenommenen Handlungen und Unterlassungen ist im Gesetz nicht geregelt. Gleiches gilt für die Mitglieder der Personalvertretungen. Da die Personalvertretung weder rechtsfähig noch vermögensfähig ist (Anm. 36), scheidet eine Haftung sowohl gegenüber dem Dienstherrn als auch gegenüber den Beschäftigten aus. **40**

a) Eine Haftung der einzelnen Beschäftigten für etwaige **unerlaubte Handlungen** der Personalvertretungen oder ihrer Mitglieder kommt deshalb schon nicht in Betracht, weil es sich nicht um von diesen übertragene, sondern um gesetzliche Aufgaben handelt, ferner auch deshalb nicht, weil die Personalvertretungen nicht weisungsgebunden sind (Windscheid, PersV 1977, 41). **41**

b) Bei **der vermögensrechtlichen Haftung** aus Rechtsgeschäft kommt daher nur eine Verpflichtung der im Einzelfall beteiligten Personalratsmitglieder, allenfalls eine gesamtschuldnerische Haftung (§ 420 BGB) aller, wenn sie z. B. den Vorsitzenden bevollmächtigt haben, in Betracht. Soweit nach § 44 Abs. 1 die Dienststelle die Kosten zu tragen hat, ist sie gehalten, die von der jeweiligen Personalvertretung eingegangenen Verpflichtungen zu übernehmen. **42**

c) Auch für die in Ausübung des Personalratsamtes begangenen unerlaubten Handlungen haften die daran beteiligten Mitglieder allein. Eine Haftung aller Mitglieder der Personalvertretung kommt nur dann in Betracht, wenn die schädigende Handlung auf einem Personalratsbeschluss beruht (Fischer u. a., § 1 Anm. 14; Lorenzen u. a., § 1 Anm. 137). Die Haftung beschränkt sich auf diejenigen, die zugestimmt haben. Werden beispielsweise seitens der Personalvertretung bzw. einzelner Mitglieder unwahre Behauptungen aufgestellt, so können sich Ansprüche aus unerlaubter Handlung (§ 823 i. V. mit § 249 BGB und aus § 1004 BGB) unter dem Gesichtspunkt der Beseitigung eines fortwirkenden rechtswidrigen Störungszustandes oder aus dem für das öffentliche Recht als sogenannter Folgenbeseitigungsanspruch anerkannten Anspruch auf Beseitigung der Folgen eines rechtswidrigen Verwaltungshandelns ergeben. Letzteres gilt auch, wenn die unwahre Behauptung in einem Beschluss, einem Antrag oder einer sonstigen Verlautbarung der Personalvertretung, einer Gruppenvertretung oder der Jugendvertretung enthalten war. Wahrheitswidrige Äußerungen sind aber stets nur den jeweiligen Mitgliedern zuzurechnen (Ladwig, PersV 1983, 483). **Ansprüche aus unerlaubter Handlung** fallen nicht unter § 44, da sich die Pflicht der Dienststelle zur Kostentragung nur auf solche Kosten erstreckt, die aus einer ordnungsgemäßen Tätigkeit erwachsen sind. Die Vorschriften über die Amtshaftung finden keine Anwendung. Auch hat die Dienststelle für ehrkränkende Behauptungen der Personalvertretungen nicht einzustehen. Daher ist die Dienststelle in bezug auf einen gegen sie geltend gemachten Unterlassungsanspruch nicht passiv legitimiert (OVG Saarlouis v. 23. 12. 1986, RiA 1987, 95). Bei Beratungsfehlern z. B. im Zusammenhang mit einer Sprechstunde haftet das jeweilige Personalratsmitglied unter den Voraussetzungen des § 826 BGB; diese Voraussetzungen dürften jedoch kaum jemals gegeben sein (BVerwG v. 18. 8. 2003, Leits. ZBR 2003, 432 = PersV 2004, 55 = ZfPR 2004, 69). **43**

44 d) Das Personalratsmitglied erwirbt mit der Wahl ein **öffentlich-rechtliches Amt** (§ 46 Abs. 1). Der Inhalt dieses Amtes ergibt sich aus verschiedenen Vorschriften des BPersVG. Die Verletzung der daraus resultierenden Pflichten kann nach § 28 geahndet werden. Jedoch handelt es sich nicht um ein Amt im Sinne der öffentlich-rechtlichen Verwaltungsorganisation. Die Einordnung in das öffentliche Recht resultiert ausschließlich daraus, dass sich die durch das Personalvertretungsgesetz geschaffene Mitbestimmungsordnung lediglich auf den öffentlichen Dienst bezieht. Geprägt wird das personalvertretungsrechtliche Amt durch die Funktion, die Gesamtheit der Beschäftigten gegenüber der Dienststelle zu repräsentieren (OVG Saarlouis v. 23. 12. 1986, RiA 1987, 95).

45 e) Aus der Zugehörigkeit eines Beamten zu einer Personalvertretung lassen sich keine gesteigerten Dienstpflichten ableiten. Als Mitglied fallen ihm verschiedene allgemeine Aufgaben zur Wahrung der Belange der Beschäftigten zu (§§ 67, 68), die ihm aber keine besonderen Pflichten gegenüber dem Dienstherrn auferlegen (BDH v. 5. 7. 1961, ZBR 1961, 393). Disziplinarrechtlich können Verfehlungen daher nur geahndet werden, wenn sie zugleich auch **Dienstpflichtsverletzungen** i. S. des § 54 BBG sind.

46 f) Bei der Ausübung ihrer Tätigkeit genießen Personalratsmitglieder **keine Immunität** oder **Indemnität;** sie sind aber durch mehrere Behinderungs- bzw. Maßregelungsverbote geschützt (vgl. §§ 8, 47).

47 g) Die Mitgliedschaft in einer Personalvertretung führt nicht dazu, dass Personalratsmitglieder wegen eines im Amt begangenen Vergehens oder Verbrechens i. S. der §§ 331 ff. StGB (Strafgesetzbuch i. d. F. der Bekanntm. v. 13. 11. 1998, BGBl. I S. 3322, zul. geänd. d. Art. 6 G v. 8. 4. 2008, BGBl. I S. 666) zur **Verantwortung** gezogen werden können. Zwar bekleiden die Mitglieder der Personalvertretungen ein öffentliches Amt. Dies aber wird ihnen durch Wahl seitens der Beschäftigten, nicht aber durch öffentlich-rechtlichen Akt seitens des Staates verliehen. Die Aufgabenwahrnehmung beschränkt sich auf die Vertretung der Beschäftigten gegenüber dem Dienststellenleiter als dem Gegenspieler der Personalvertretungen; sie ist nicht auf die Erfüllung der aus dem Dienstverhältnis erwachsenden Pflichten gerichtet.

48 h) Die **„Arbeitsgruppe Personalvertretung der Deutschen Rentenversicherung"** (Gesetz zur Organisationsreform in der gesetzlichen Rentenversicherung, RVORrG v. 9. 12. 2004, BGBl. I S. 3242) setzt sich aus Mitgliedern der Personalvertretungen der Bundesträger und der Regionalträger zusammen. Die Arbeitsgruppe wird also nicht gewählt. Ihr ist ein Anhörungsrecht in den nach § 140 Abs. 1 RVOrG genannten Angelegenheiten eingeräumt. Dieses Anhörungsrecht besteht neben den förmlichen Beteiligungsrechten der nach Bundes- oder Landesrecht gebildeten Personalvertretungen (Altvater, PersR 2005,16; Lorenzen u. a., § 1 Anm. 114 a).

IV. Streitigkeiten

49 **Streitigkeiten** über die Wahl/Einrichtung von Personalvertretungen entscheiden die Verwaltungsgerichte nach § 83 Abs. 1 Nr. 2.

Schrifttum: Altvater, Weiterentwicklung des Personalvertretungsrechts, Gew. Praxis 1984, 26; Baden, Rechte und Aufgaben von Personalräten, PersR 2003, 379; Battis, Inwieweit ist der in den einzelnen Landespersonalvertretungsgesetzen festgeschriebene Einfluss der Gewerkschaften mit der Verfassung vereinbar? DÖV 1987, 1; ders., Personalvertretung und Verfassung, PersV 1987, 394; ders., Personalvertretung und Verfassung – kein Ende der Debatte, PersV 2005, 286; Bauschke, Hochschulen und Personalvertretung, PersV 1982, 456; Bayer, Die „restriktive Verwaltungsrechtsprechung“ als ein Motiv für die Novellierung des nordrhein-westfälischen Personalvertretungsgesetzes, PersV 1986, 481; Blanke, Die betriebsverfassungsrechtliche und personalvertretungsrechtliche Stellung von Privatisierungsbeamten, PersR 1999, 1987; ders., Beteiligungsrechte der Personalratvertretung bei Privatisierung, PersR 2000, 43; Bieler, Übertragbarkeit des Betriebsverfassungs-Reformgesetzes auf das Personalvertretungsrecht: Ist den Personalratvertretungen recht, was den Betriebsräten billig ist?, ZfPR 2003, 215; ders., Aspekte wirtschaftlicher Mitbestimmung bei der Privatisierung öffentlicher Unternehmen PersV 1998, 44; Bosch, Gesetzgeberische Konsequenzen aus dem Beschluss des Bundesverfassungsgerichts zum Mitbestimmungsgesetz Schleswig-Holstein, ZfPR 1997, 124; Büge, Mitbestimmung der Soldaten in militärischen Dienststellen, PersV 2004, 364; Gronimus, Neue Mitbestimmungsmöglichkeiten der Soldaten, nicht nur in der Bundeswehr, PersV 1997, 385; Hecker, Die Rechtsnatur des Personalrats, PersV 1980, 217; Herbig, Rheinland-Pfalz änderte sein Personalvertretungsrecht, PersV 1985, 353; Hodler, Neues Personalvertretungsrecht in Niedersachsen, PersV 1972, 105; Ilbertz, Das Neue Bundespersonalvertretungsgesetz, PersV 1974, 1; Kempen, Grund und Grenze gesetzlicher Personalvertretung in der parlamentarischen Demokratie, Gutachten, Stuttgart 1985; Kisker, Grenzen der Mitbestimmung im öffentlichen Dienst, Gutachten, Wiesbaden 1984; ders., Ausweitung der Mitbestimmung; zum Streit um die Novellierung des Hessischen Personalvertretungsgesetzes, PersV 1985, 137; ders., Zur Verfassungsmäßigkeit des Schleswig-Holsteinischen Mitbestimmungsgesetzes vom 17. 12. 1990, Manuskript für die CDU-Fraktion Schl.-H. Landtags; ders., Zum Streit um Rechtfertigung und Grenzen der Mitbestimmung des Personalrats. Besprechung des Beschlusses des Bundesverfassungsgerichts vom 24. 5. 1995, PersV 1995, 529; Krisam, Personalvertretung mit Soldaten – Nicht alle Fragen sind gelöst, ZfPR 2008, 58; Krüger, Das nordrhein-westfälische Personalvertretungsgesetz aus verfassungsrechtlicher Sicht, PersV 1990, 241; Lecheler, Personalvertretung und Verfassung, PersV 1986, 305; ders., Neuere Entwicklungen der Personalvertretung in Deutschland, PersV 2007,218; ders./ Germelmann, Der Einfluss des europäischen Gemeinschaftsrechts auf das deutsche Personalvertretungsrecht, PersV 2005,317; Lemcke, Das Zugangsrecht des Personalrats zu Arbeitsplätzen der Beschäftigten der Dienststelle, PersR 1990, 171; Lorse, Modelle im Verteidigungsressort – Was wird aus den Beteiligungsrechten?, PersR 2000, 259; ders., Zukunftsperspektiven des Personalvertretungsrechts, PersR 2005, 109; Menges, Novellierung des Bayerischen Personalvertretungsgesetzes (BayPVG), PersV 1986, 495; Ossenbühl, Grenzen der Mitbestimmung im öffentlichen Dienst, 1986; ders., Mitbestimmung und Mitverantwortung, – ein verfassungsrechtliches Junktim, PersV 1989, 409; Plander, Verbindliche Entscheidung der Einigungsstelle in Personalangelegenheiten hoheitlich tätiger Angestellter?, PersR 1987, 13; ders., „Allzuständigkeit“ des Personalrats und parlamentarische Regierungsverantwortung, PersR 1989, 238; Richardi, Zum Verhältnis zwischen Betriebsverfassungs- und Personalvertretungsgesetz, PersR 1993, 49; Richter, Auslegung gleichlautender und vergleichbarer Vorschriften des Betriebsverfassungs- und Personalvertretungsrechts, PersR 1993, 54; Sarge-Schneider, Betriebliche Mitbestimmung im Öffentlichen Dienst – Bedeutung und Verfassungsgrundlagen, PersR 1987, 203; Schelter, Personalvertretung – ein Stück „Demokratisierung der Verwaltung“?, RdA 1977, 347; ders., Personalvertretung. Ein Verfassungsauftrag?, PersV 1978, 489; Schnupp, Vertretung des Personalrats in Gruppenangelegenheiten, PersV 1985, 96; Thiele, Zur Frage, ob Personalvertretungen Grundrechtsträger sein können, PersV 1980, 41; von Roelleken, Personalräte als Teil der Verwaltung, PersR 1997, 233; Wahsner, Zum Recht des Personalrats auf Arbeitsplatzbesuche und Gespräche am Arbeitsplatz, PersR 1986, 129; Wendeling-Schröder, Mitbestimmung im öffentlichen Bereich und Demokratieprinzip, AuR 1987, 381; Widmaier, Zur Abgrenzung des Arbeitsrechts vom öffentlichen Dienstrecht – dargestellt am Personalvertretungsrecht, PersV 1978, 299; ders., Gesetz zur Änderung des Landespersonalvertretungsgesetzes Baden-Württemberg vom 14. 7. 1986 – ein Überblick, PersV 1986, 492; ders., Anmerkung zum Beschluss des Arbeitsgerichts Berlin v. 9. 1. 1995 – 93 BV 279/94 –, PersV 1995, 329; ders., Fragen der Einflussnahme der Personalvertretung bei der Privatisierung öffentlicher Einrichtungen unter Einbeziehung europarechtlicher Aspekte, ZfPR 2001, 119; ders. Zur Bedeutung der EMRK – insbesondere aus der Sicht der Rechtsprechung des EGMR zu öffentlichen Bediensteten, ZBR 2002, 244; ders. Die neue Rechtsprechung zur Beteiligung von Soldaten in militärischen Dienststellen nach SBG und BPersVG – Abgrenzungen und Berührungspunkte, ZfPR 2004, 243; ders., Die beteiligungsrechtliche Behandlung des „Divisionsstabes" in der personalvertretungsrechtlichen Rechtsprechung, NZWehrr 2005,1; ders., Zur Fortentwicklung des Beteiligungsrechts der Soldaten, PersV 2007, 334; Windscheid, Eine fatale Klausel im Hamburgischen Personalvertretungsgesetz, PersV 1973, 225; Zierach, Die Neufassung des Berliner Personalvertretungsgesetzes vom 26. 7. 1974, PersV 1974, 257, 302; Zilkens, Auswirkungen des Staatsgerichtshofs des Landes Hessen vom 30. 4. 1986 auf das nordrhein-westfälische Personalvertretungsrecht, PersV 1987, 41; siehe auch die Angaben zu § 94.

§ 2 [Gewerkschaften, Personalvertretung und Dienststelle]

(1) Dienststelle und Personalvertretung arbeiten unter Beachtung der Gesetze und Tarifverträge vertrauensvoll und im Zusammenwirken mit den in der Dienststelle vertretenen Gewerkschaften und Arbeitgebervereinigungen zum Wohle der Beschäftigten und zur Erfüllung der der Dienststelle obliegenden Aufgaben zusammen.

(2) Zur Wahrnehmung der in diesem Gesetz genannten Aufgaben und Befugnisse der in der Dienststelle vertretenen Gewerkschaften ist deren Beauftragten nach Unterrichtung des Dienststellenleiters oder seines Vertreters Zugang zu der Dienststelle zu gewähren, soweit dem nicht unumgängliche Notwendigkeiten des Dienstablaufs, zwingende Sicherheitsvorschriften oder der Schutz von Dienstgeheimnissen entgegenstehen.

(3) Die Aufgaben der Gewerkschaften und der Vereinigungen der Arbeitgeber, insbesondere die Wahrnehmung der Interessen ihrer Mitglieder, werden durch dieses Gesetz nicht berührt.

Inhaltsübersicht

Entspr. landesgesetzliche Regelungen:
Baden-Württemberg: § 2; Bayern: Art. 2; Berlin: § 2; Brandenburg: §§ 2, 3; Bremen: §§ 2, 52; Hamburg: § 2; Hessen: § 2, § 60; Mecklenburg-Vorpommern: § 2 Abs. 1; Niedersachsen: §§ 2, 3; Nordrhein-Westfalen: § 2 Abs. 1, § 3 Abs. 3 u. 4; Rheinland-Pfalz: § 2; Saarland: § 2; Sachsen: § 2; Sachsen-Anhalt: § 2; Schleswig-Holstein: § 1 Abs. 2, Abs. 5, Abs. 6; Thüringen: § 2.

Entspr. Vorschrift des BetrVG: § 2.

I. Dienststelle und Personalvertretung

1. Die Bestimmung enthält in Abs. 1 das **Leitmotiv des Gesetzes** (BVerwG v. 1
26. 2. 1960, BVerwGE 10, 196 = ZBR 1960, 128 = PersV 1960, 157) bzw. die „Magna Charta“ der Dienststellenverfassung (Hahn, PersV 1991, 505, PersV 1992, 369). Sie ist mit Recht an den Beginn des Allgemeinen Teils gestellt worden. Abs. 1 regelt die **Art und Weise der Zusammenarbeit** zwischen dem Leiter einer Dienststelle und der Personalvertretung, wobei die

Personalvertretung dem Dienststellenleiter als **gleichberechtigter Partner** gegenübersteht (BVerwG v. 3. 10. 1983, ZBR 1984, 150 = PersV 1985, 506; BVerwG v. 12. 3. 1986, BVerwGE 74, 100 = ZBR 1986, 310 = PersV 1986, 417). Abs. 2 gewährt den Gewerkschaften ein Zugangsrecht zur Dienststelle. Abs. 3 stellt klar, dass durch das Gesetz die Aufgaben und Befugnisse der Gewerkschaften und Arbeitgebervereinigungen nicht beschränkt und auch nicht erweitert werden.

2 2. Der **Grundsatz des Abs. 1** ist nicht nur Programm oder allgemeine Leitlinie, sondern **unmittelbar geltendes Recht,** ein allgemeines Verhaltensgebot für Dienststellenleiter und Personalvertretung, das ihnen aufgibt, einvernehmliche Lösungen von Streitfragen anzustreben und den jeweiligen gesetzlichen Aufgabenbereich zu respektieren (vgl. u. a.: BVerwG v. 22. 4. 1987, ZBR 1987, 247 = PersV 1988, 133; BVerwG v. 26. 8. 1988, ZBR 1988, 101; Becker, ZBR 1988, 241, 245; Ilbertz, ZfPR 1989, 35). Als Generalklausel und Verhaltensgebot bindet er Dienststellenleiter und Personalvertretung bei ihrem gesamten, auf das personalvertretungsrechtliche Tätigwerden gerichteten Handeln (BVerwG v. 9. 3. 1990, BVerwGE 85, 36 = ZBR 1990, 398 = PersV 1990, 315 = ZfPR 1990, 75). Abs. 1 regelt daher das **Verhältnis zwischen Dienststelle und Personalvertretung,** nicht das Verhältnis zwischen der Personalvertretung und den Beschäftigten (BVerwG v. 24. 10. 1969, BVerwGE 34, 143 = ZBR 1970, 193 = PersV 1970, 131), auch nicht das Verhältnis der Personalratsmitglieder bzw. der Beschäftigten untereinander (BVerwG v. 11. 1. 2006, PersV 2006, 186 = ZfPR 2006, 66; Fischer u. a., § 2 Anm. 5; Lorenzen u. a., § 2 Anm. 9).

3 3. Die **Zuständigkeit der Personalvertretungen** besteht allgemein für alle Angelegenheiten, die das Gesetz ihnen zugewiesen hat (BVerwG v. 24. 11. 1961, ZBR 1962, 281 = PersV 1962, 62). Befugnisse, die über das BPersVG hinausgehen, haben die Personalvertretungen nicht (BVerfG v. 26. 5. 1970, PersV 1970, 260). Sie sind nicht an allen Aufgaben förmlich beteiligt, die dem Dienststellenleiter obliegen (BVerwG v. 24. 10. 1969 –, BVerwGE 34, 143 = ZBR 1970, 193 = PersV 1970, 131), sondern nur an jenen, die vom Gesetzgeber ihrer Beteiligung zugewiesen sind (BVerwG v. 24. 10. 1969-, ZBR 1970, 98). Insoweit aber umfasst die Zuständigkeit der Personalvertretungen alle Arten der Beteiligung (BVerwG v. 12. 1. 1962, BVerwGE 13, 291 = ZBR 1962, 156 m. Anm. v. Windscheid = PersV 1962, 160). Das bezieht sich auch auf solche Entscheidungen des Dienststellenleiters, die erst Vorentscheidungen für künftige, der förmlichen Beteiligung unterliegende Maßnahmen darstellen. Dies folgt aus der Pflicht der Dienststelle zu einer möglichst frühzeitigen (BVerwG v. 15. 3. 1968, Dok. Berichte 1968, 3 337) und weitgehenden Einschaltung der Personalvertretung (BVerwG v. 5. 2. 1971, ZBR 1971, 285 = PersV 1971, 271). Auch über nicht beteilungspflichtige Angelegenheiten kann die Dienststelle die Personalvertretung unterrichten (BVerwG v. 10. 8. 1997, BVerwGE 78, 65 = ZBR 1988, 258 = PersV 1988, 357). Auch kann es einer nicht entscheidungszuständigen Dienststelle obliegen, frühzeitig die Personalvertretung an allen Entwicklungen teilhaben zu lassen, die für die betroffenen Beschäftigten von Bedeutung sein können; dies kann auch in Einzelfällen dazu führen, dass entsprechende Anregungen und Bedenken von der Dienststelle entgegenzunehmen sind (BVerwG v. 7. 8. 1996, ZBR 1996, 402 = PersV 1997, 112 = ZfPR 1996, 189). Im Übrigen können Dienststelle und Personalvertretung für den Einzelfall vereinbaren, der Personalvertretung die Durchführung von Aufgaben zu übertragen, die nicht zu ihrer Tätigkeit (vgl. § 44 Anm. 6) gehören. Dies gilt z. B. für die Vorbereitung eines Betriebsausflugs (VGH Kassel v. 15. 12. 1975, PersV 1977, 137; VG Stuttgart v. 9. 3. 1977, PersV 1977, 392).

a) Die Personalvertretungen sind zuständig für **alle ihrer Beteiligung zugewiesenen Aufgaben,** für die der Dienststellenleiter Entscheidungsbefugnis besitzt (BVerwG v. 13. 4. 1962, BVerwGE 14, 127 = ZBR 1962, 281 = PersV 1962, 210). Dies gilt auch dann, wenn der Leiter einer Dienststelle von seiner vorgesetzten Dienststelle angewiesen wird, eine bestimmte, der Mitbestimmung der Personalvertretung unterliegende Maßnahme durchzuführen. Nach dem das Personalvertretungsrecht beherrschenden **Grundsatz der Partnerschaft** ist auch in diesem Fall die bei dem „angewiesenen" Leiter der Dienststelle gebildete Personalvertretung zu beteiligen, obwohl die Maßnahme von der vorgesetzten Dienststelle veranlasst und damit nicht unmittelbar vom Leiter der Dienststelle „beabsichtigt" ist; denn entscheidend ist, dass der Leiter der Dienststelle, „der der Personalvertretung als Partner zugeordnet ist, eine der Beteiligung der Personalräte unterliegende Maßnahme zu treffen beabsichtigt" (BVerwG v. 26. 1. 1968, BVerwGE 29, 74 = ZBR 1968, 122 = PersV 1968, 116; BVerwG v. 3. 10. 1983, ZBR 1984, 150 = PersV 1985, 506; BVerwG v. 10. 3. 1992, ZBR 1992, 278 = PersV 1992, 389 = ZfPR 1992, 107; vgl. auch § 82 Anm. 5). Für die Zuständigkeit der Personalvertretung ist allein entscheidend, welcher Dienststellenleiter handelt oder etwas zu tun beabsichtigt; denn in jedem Fall ist diejenige Personalvertretung am ehesten in der Lage, das Wohl der Beschäftigten wahrzunehmen, die bei der Dienststelle gebildet ist, die die konkreten Bedingungen der Arbeits-/Dienstleistung der Beschäftigten sowohl in persönlicher als auch in sachlicher Hinsicht festlegt. Daher ist eine Personalvertretung bei einer Dienststelle auch dann zuständig, wenn diese Beschäftigte einer privatrechtlich organisierten Gesellschaft zugewiesen hat; denn der zuweisenden Dienststelle verbleibt die Entscheidungs- und Handlungskompetenz in bezug auf personelle und soziale Angelegenheiten der zugewiesenen Beschäftigten (BVerwG v. 2. 3. 1993, ZBR 1993, 316 = PersV 1994, 231 = ZfPR 1993, 147). Grundsätzlich sind die Personalvertretungen nur zuständig für die Personalangelegenheiten von Personen, die sie repräsentieren (OVG Koblenz v. 15. 5. 1961, PersV 1961, 274). Dies gilt auch für auf Telearbeitsplätzen Beschäftigte; sie sind in die Dienststelle eingegliedert, auch wenn ihr Arbeisplatz nicht oder nicht überwiegend in der Dienststelle selbst angesiedelt ist. Die Personalvertretung ist daher in vollem Umfang auch für diese Beschäftigten zuständig. In besonders gelagerten Fällen ist ein Übergreifen der Zuständigkeit der Personalvertretungen auch auf die Personalangelegenheiten von Beschäftigten anderer Dienststellen vorstellbar (BVerwG v. 28. 4. 1967, ZBR 1967, 377 = PersV 1967, 278, Besetzung von Schulleiterstellen mit Bewerbern aus verschiedenen Bereichen). Andererseits haben Personalvertretungen aber keinen Anspruch darauf, in Verhandlungen „ihrer" Dienststelle mit anderen Organen (z. B. staatlichen Hochbauämtern) eingeschaltet zu werden, um ihre Vorstellungen in die anzustellenden Überlegungen einbringen zu können. Beteiligungs- und Einwirkungsrechte nämlich stehen der Personalvertretung ausschließlich gegenüber dem eigenen Dienststellenleiter zu, soweit keine Sonderregelungen, z. B. Arbeitsschutzangelegenheiten (§ 81), getroffen werden (VGH Mannheim v. 3. 9. 1991, Leits. PersR 1993, 48). 4

b) Die Personalvertretungen werden **„unter Beachtung der Gesetze und Tarifverträge"** tätig. Die Gesetze des Bundes und der Länder, insbesondere das Grundgesetz, die beamten- und arbeitsrechtlichen Gesetze, ihre Nebengesetze und die ihnen in der Rechtswirkung gleichstehenden normativen Teile der Tarifverträge (§ 1 Tarifvertragsgesetz, TVG, v. 9. 4. 1949, i. d. F. der Bekanntm. v. 25. 8. 1969, BGBl. I S. 1 323, zul. geänd. d. Art. 223 V. v. 31. 10. 2006, BGBl. I S. 2407), Verwaltungsgewohnheitsrecht und Verwal- 5 tungsrichtlinien binden zwingend die Entscheidungsfreiheit sowohl des Dienststellenleiters wie der Personalvertretung. Beide dürfen von diesen Rechtsnormen nicht abweichen. Sie dürfen weder Abweichungen dulden, noch sie empfehlen. Das gilt auch für die Auslegung der Gesetze; denn die Personalvertretung handelt objektiv pflichtwidrig, wenn sie ohne stichhaltigen Grund von der höchstrichterlichen Rechtsprechung abweicht (OVG Berlin v. 12. 5. 1971, PersV 1972, 215). Der Leiter einer Dienststelle würde seinerseits rechtswidrig handeln, wenn er „die Rechtswidrigkeit einer auf Antrag des Personalrats getroffenen Entscheidung erkennt, es aber unterlässt, hieraus die gebotene Schlussfolgerung zu ziehen" und die Entscheidung zu widerrufen (VG Düsseldorf v. 3. 4. 1973, PersV 1974, 20). Ein Verstoß gegen das Gebot zur vertrauensvollen Zusammenarbeit würde auf seiten der Personalvertretung bzw. ihrer Einzelmitglieder ein grober Pflichtverstoß nach § 28, auf seiten des Dienststellenleiters ein disziplinarrechtlicher Tatbestand sein und außerdem die dienstrechtliche Wirkung der amtlichen Maßnahmen berühren können.

II. Zusammenarbeit

6 1. Abs. 1 verpflichtet „die Dienststelle" (richtig den Dienststellenleiter, § 7) und die Personalvertretung (in ihrer Gesamtheit wie ihre Einzelmitglieder) zu vertrauensvoller Zusammenarbeit. Gleiches gilt auch für die Stufenvertretungen, die Sondervertretungen und die Gesamtpersonalräte. **Das Gebot der vertrauensvollen Zusammenarbeit** ist der **Grundgedanke des Personalvertretungsrechts** (völlig abweichend vom früheren Betriebsräterecht, das auf dem Interessengegensatz zwischen Unternehmer und Arbeitnehmer beruhte, BVerwG v. 24. 10. 1969, BVerwGE 34,143 = ZBR 1970,193 = PersV 1970, 131). Das Gesetz will sicherstellen, dass Dienststellenleiter und Personalvertretung nicht gegeneinander, sondern miteinander die ihnen obliegenden Aufgaben erfüllen. Ebenso wenig will es eine einseitige Interessenvertretung. Vielmehr unterstreicht es mit dem Gebot der vertrauensvollen Zusammenarbeit die **Gemeinsamkeit der Aufgaben** und die **echte Partnerschaft zwischen Dienststellenleiter und Personalvertretung.** Insoweit enthält das Gesetz ein allgemeines Verhaltensgebot für Dienststellenleiter und Personalvertretung. Sie sollen einvernehmliche Lösungen von Streitfragen anstreben und gegenseitig ihren gesetzlichen Aufgabenbereich respektieren (BVerwG v. 23. 5. 1986, ZBR 1986, 305 = PersV 1987, 196; BVerwG v. 9. 3. 1990, BVerwGE 85, 36 = ZBR 1990, 398 = PersV 1990, 315 = ZfPR 1990, 75; Becker, ZBR 1986, 185, 188; vgl. auch früher schon: BVerwG v. 6. 12. 1978, BVerwGE 57, 151 = ZBR 1979, 240 = PersV 1979, 504; Britz, PersV 1993, 481; vgl. im Übrigen auch Anm. 2). Dies bedeutet aber nicht, dass die Personalvertretung an allen Aufgaben und Aktivitäten der Dienststelle zu beteiligen wäre; denn der Aufgabenbereich der Personalvertretung ist durch das Gesetz im Einzelnen abgesteckt. Dieser Aufgabenbereich wird durch das Gebot der vertrauensvollen Zusammenarbeit nicht erweitert. Infolgedessen kann der Grundsatz der vertrauensvollen Zusammenarbeit fehlende Rechtsgrundlagen nicht ersetzen; denn er regelt nur die Art und Weise der Wahrnehmung von Aufgaben, die an anderer Stelle des Gesetzes festgelegt sind (BVerwG v. 11. 2. 1981, BVerwGE 61, 325 = ZBR 1981, 381 = PersV 1981, 320 m. Anm. v. Widmaier).

7 a) Der Gesetzgeber stellt für Dienststellenleiter und Personalvertretung ein allgemeines Verhaltensgebot auf. Von beiden Partnern wird erwartet, dass sie zu einer einvernehmlichen Lösung von Streitfragen bereit sind und den jeweils bestehenden Aufgabenbereich respektieren. Infolgedessen sind Dienststellenleiter und Personalvertretung zu einem förderlichen Arbeits-

und Betriebsklima ebenso wie zu **gegenseitiger Offenheit** verpflichtet (BVerwG v. 29. 8. 1990, Leits. ZBR 1991, 58 = PersV 1991, 78 = ZfPR 1990, 175). Sie müssen die jederzeitige Bereitschaft zur Unterstützung des Partners erkennen lassen und für die Überlassung der benötigten und vorhandenen Informationen Sorge tragen (OVG Münster v. 22. 10. 1970,PersV 1971, 272). Beide Partner sollen die ihnen obliegende vertrauensvolle Zusammenarbeit in sachlicher Form trotz unterschiedlicher Ausgangspunkte zum Wohl der Beschäftigten und zur Erfüllung der der Dienststelle obliegenden Aufgaben so praktizieren, dass Störungen des Betriebsfriedens vermieden werden. Da Dienststelle und Personalvertretung gemeinsam Aufgaben wahrzunehmen haben, folgt aus dieser Partnerschaft, dass ein Dienststellenleiter die zuständige Personalvertretung möglichst umfassend zu unterrichten hat. Dies bedeutet zwar nicht ein Informationsrecht in bezug auf alle der Dienststelle zugewiesenen Aufgaben. Andererseits aber darf eine Personalvertretung auch nicht nur dann über konkrete Angelegenheiten informiert werden, wenn ein Dienststellenleiter es im Hinblick auf eine beteiligungspflichtige Maßnahme für geboten hält. Insbesondere dann, wenn für die juristisch nicht vorgebildeten Personalratsmitglieder ein Beteiligungsrecht zweifelhaft sein kann, gebietet es der Grundsatz der vertrauensvollen Zusammenarbeit, der Personalvertretung möglichst alle Informationen zukommen zu lassen, um ihr eine sachgemäße und sinnvolle Erfüllung der ihr gestellten Aufgaben zu ermöglichen. Infolgedessen kommt es auch nicht darauf an, ob einer Personalvertretung tatsächlich ein Mitbestimmungsrecht zusteht. Dies ergibt sich im Übrigen aus § 66 Abs. 1, wonach in einem Monatsgespräch „alle Vorgänge, die die Beschäftigten wesentlich berühren", behandelt werden sollen (VGH Kassel v. 27. 8. 1992 – HPV TL 526/90, n v.). Die Personalvertretung soll also alle Angelegenheiten kennen, die für die Beschäftigten von Bedeutung sind. Sie soll sich hierzu auch äußern, um zur Lösung von Problemen beitragen und der Dienststelle bei der Konfliktlösung helfen zu können. Das bedeutet zugleich: „wohlfundierten Stellungnahmen des Personalrats wird eine pflichtbewusste, den Wert personalvertretungsrechtlicher Arbeit richtig einschätzende Dienststelle so weit wie möglich Rechnung tragen" (BVerwG v. 5. 2. 1971, ZBR 1971, 285 = PersV 1971, 271). Dies gilt auch für jene Fälle, die außerhalb der Beteiligungsrechte der Personalvertretung liegen; denn auch anderen wichtigen Anliegen der Beschäftigten soll ein Dienststellenleiter gebührend Rechnung tragen. Die Personalvertretung ihrerseits allerdings muss Verständnis dafür aufbringen, dass ihre Vorschläge „nicht stets bzw. nicht immer in vollem Umfang oder sofort verwirklicht werden können" (VG Hamburg v. 25. 10. 1996, PersR 1997, 221). Allerdings kann man einer Personalvertretung nicht unter Hinweis auf den Grundsatz der vertrauensvollen Zusammenarbeit das Recht einräumen, sich auf eine seit langem praktizierte, aber rechtswidrige Verfahrensweise zu berufen. Verbindliche Bestimmungen des Gesetzes nämlich dürfen nicht durch eine einvernehmlich praktizierte Vorgehensweise umgangen werden (anders wohl: VG Oldenburg v. 27. 5. 1987, ZBR 1988, 398). Dem Grundsatz der vertrauensvollen Zusammenarbeit würde es im Übrigen widersprechen, wenn ein Personalratsmitglied ohne vorherige Unterrichtung des Dienstvorgesetzten seinen Arbeitsplatz zur Ausübung von Personalratstätigkeiten verlässt (BVerwG v. 9. 3. 1990, BVerwGE 85, 36 = ZBR 1990, 398 = PersV 1990, 315 = ZfPR 1990, 75; OVG Münster v. 18. 2. 1998, Leits. PersV 1998, 525; vgl. auch für das BetrVG: BAG v. 15. 7. 1992, DB 1993, 438; vgl. auch § 1 Anm. 28; LAG Hamm, ArbuR 1996, 16). Grundsätzlich aber ist es hierzu berechtigt. Im allgemeinen kann eine Personalvertretung dadurch, dass eines ihrer Mitglieder Beschäftigte an deren Arbeitsplatz aufsucht, sachgerechte Informationen erhalten, die sie in die Lage versetzt, u. a. in einem Mitbestimmungsverfahren einen objektiv zutreffenden Standpunkt zu vertreten. Auf diese Weise kann eine Einigung mit dem Dienststellenleiter gefördert werden (vgl. in diesem Zusammenhang auch: OVG Münster v. 4. 3. 1993 – CL 25/89, n. v.). Es würde daher z. B. auch dem Grundsatz der vertrauensvollen Zusammenarbeit widersprechen, „es dem Personalrat zu überlassen, durch eigene Ermittlungen die ihm zur Erfüllung seiner Aufgaben notwendigen Feststellungen zu treffen" (BVerwG v. 12. 1. 1962, BVerwGE 13, 291 = ZBR 1962, 156 m. Anm. v. Windscheid = PersV 1962, 160) oder ihn durch bereits vollzogene Vorentscheidungen vor vollendete Tatsachen zu stellen (VGH Kassel v. 11. 12. 1976 – BPV TK 5/76, n. v.). Umgekehrt würde es dem Grundsatz der vertrauensvollen Zusammenarbeit widersprechen, wenn eine Personalvertretung eine Unterschriftenaktion in der Form durchführt, dass einzelne ihrer Mitglieder Beschäftigte an ihren Arbeitsplätzen aufsuchen und diese durch Unterschrift dazu veranlassen wollen, die Personalvertretung in ihrer Gegenposition zum Dienststellenleiter zu unterstützen (VGH Mannheim v. 8. 9. 1992, Leits. ZBR 1993, 95 = PersV 1995, 122).

8 b) Meinungsverschiedenheiten zwischen Dienststelle und Personalvertretung sind in freimütiger Aussprache zu bereinigen. Bei sachlichen Interessengegensätzen sind die dienstlichen Notwendigkeiten und das Wohl der Beschäftigten gegeneinander abzuwägen. Wenn sich ein Interessengegensatz zwischen diesen Rechtsgütern ergibt, müssen beide Partner, Dienststelle und Personalvertretung, „mit dem **ernsten Willen zur Einigung**" (§ 66 Abs. 1 Satz 2) nach einem für beide Teile tragbaren Ausgleich suchen (BVerwG v. 9. 12. 1992, BVerwGE 91, 276 = ZBR 1993, 317 = PersV 1994, 173 = ZfPR 1993, 188). Gelingt dies nicht, dann ist das vom Gesetz vorgeschriebene Verfahren durchzuführen (§ 69). Deshalb hat es nach dem System der Mitbestimmung ein Dienststellenleiter auch nicht in der Hand, ein Stufenverfahren auf der Grundlage seiner rechtlichen Einschätzung der Maßnahme und des bisherigen Verfahrensablaufs abzubrechen und die Maßnahme gegen den erklärten Willen der Personalvertretung durchzuführen (BVerwG v. 12. 3. 1986, BVerwGE 74, 100 = ZBR 1985, 310 = PersV 1986, 417). Ein solches Überprüfungsrecht würde auf die Zuweisung einer Kontrollfunktion an den Dienststellenleiter hinauslaufen. Mit der Tätigkeit der Personalvertretung wäre dies unvereinbar (BVerwG v. 10. 5. 1984, BVerwGE 69,222 = PersV 1986, 160; vgl. hierzu § 77 Abs. 2 u. die dortigen Anm.). Die Personalvertretung muss notfalls den öffentlichen Aufgaben der Dienststelle den Vorrang einräumen, der Dienststellenleiter darf sich nicht einseitig um das Interesse der Dienststelle, sondern muss sich auch um das Wohl der Beschäftigten bemühen. Damit wird dem Dienststellenleiter eine personalvertretungsrechtliche Konkretisierung des Sozialstaatsgedankens (Art. 20 Abs. 1 GG) vorgegeben. Außerdem ist der Grundsatz zur vertrauensvollen Zusammenarbeit bei Beachtung des Wohls der Beschäftigten ein Ausfluss der Verpflichtung aller staatlichen Gewalt zur Achtung der Würde des Menschen (Art. 1 Abs. 1 GG; Fischer u. a., § 2 Anm. 13).Ebenso gebietet es der Grundsatz der vertrauensvollen Zusammenarbeit zwischen Dienststelle und Personalvertretung, wenn der zur Regelung der Angelegenheit nicht befugte Dienststellenleiter vor Abgabe einer Stellungnahme gegenüber der zuständigen (vorgesetzten) Dienststelle der Personalvertretung Gelegenheit zur Äußerung gibt (BVerwG v. 8. 7. 1977, ZBR 1978, 173 = PersV 1978, 309). Dagegen würde es dem Grundsatz der vertrauensvollen Zusammenarbeit widersprechen, wenn eine Personalvertretung außerhalb der Dienstzeit gegen den Willen des Dienststellenleiters eine Besprechung mit Ausbildern durchführt, um Einfluss auf die Auswahlkriterien der einzustellenden

Auszubildenden zu nehmen (VGH Kassel v. 23. 1. 1991, PersV 1992, 490). Insgesamt wirkt das Gebot zur vertrauensvollen Zusammenarbeit wie eine Auslegungsregel, die das Miteinander – insbesondere im Rahmen des Beteiligungsverfahrens – bestimmt (Richardi u. a., § 2 Anm. 17). Der Dienststellenleiter muss daher auch im Rahmen des dienstlich Vertretbaren auf sachlich berechtigte Anregungen der Personalvertretung eingehen. Andererseits widerspricht es dem Grundsatz der vertrauensvollen Zusammenarbeit, wenn eine Personalvertretung ein Flugblatt herausgibt, in dem sie den Dienststellenleiter angreift und ihn versteckt zum Rücktritt auffordert (BVerwG v. 27. 11. 1981, PersV 1983, 408; vgl. auch VGH Mannheim v. 6. 9. 1988, PersV 1990, 133). Dagegen darf sachliche Kritik sowohl des Dienststellenleiters wie der Personalvertretung nicht vom jeweils anderen Partner unterdrückt werden, weil zur Voraussetzung des Vertrauens Offenheit und ausreichende Information gehören. Das Recht und die Verpflichtung zur Kritik ergeben sich für die Personalvertretung darüber hinaus auch aus § 68 Abs. 1 Nr. 1, wobei diese Kritik stets einen positiven Beitrag zur ordnungsgemäßen Erfüllung der der Dienststelle obliegenden Aufgaben beinhalten soll. Das aber besagt nicht, dass die Personalvertretung evtl. verpflichtet sein könnte, insbesondere auf die Ausschöpfung von Verfahrensmöglichkeiten im Rahmen des Beteiligungsverfahrens deshalb zu verzichten, um eine Verzögerung der Verwaltungsentscheidung zu vermeiden (Fischer u. a., § 2 Anm. 14); denn eine demokratische Willensbildung unter Beteiligung der Betroffenen bedingt einerseits notwendigerweise einen längeren Entscheidungsprozess, garantiert andererseits aber eine befriedigende Abstimmung unter den Beteiligten sowie eine ausführliche Diskussion unter Berücksichtigung auch der Argumente und der Erfahrungen derjenigen, die zur Interessenvertretung der Beschäftigten gewählt worden sind.

c) In der vom Gesetz verlangten Zusammenarbeit sind **Dienststelle und Personalvertretung** in gleicher Weise Organe der übergeordneten Einheit „Dienststelle“ in ihrer Eigenschaft als Teil der öffentlichen Verwaltung und in ihrer Eigenschaft als Dienstgemeinschaft der Beschäftigten. Sie **sind durch dieselbe Aufgabenstellung verbunden.** Ihr gegenüber müssen Interessengegensätze zurücktreten. Sie müssen von beiden Partnern nach Kräften gelöst, mindestens bestmöglich überbrückt werden. **9**

2. In die Zusammenarbeit zwischen Dienststelle und Personalvertretung sind die in der Dienststelle (nicht nur in der Personalvertretung) vertretenen **Gewerkschaften und Vereinigungen der Arbeitgeber** einbezogen (VGH Kassel v. 14. 2. 1979 – BPV TK 10/78, n. v.; Richardi u. a., § 2 Anm. 31). „Vertreten“ sind solche Organisationen bereits dann, wenn sie **einen** Beschäftigten der Dienststelle zu ihren Mitgliedern zählen (Fischer u. a., § 2 Anm. 11). **10**

a) Die Organisationen haben **beratende Funktionen** gegenüber beiden Partnern, Dienststelle und Personalvertretung. Die Gewerkschaften sind ebensowenig der einzige Berater der Personalvertretung wie die Arbeitgebervereinigungen der einzige Berater des Dienststellenleiters sind. Die Organisationen dürfen daher keine einseitige Interessenpolitik betreiben. Sie müssen sich jeder Beeinflussung der Partner in dieser Richtung enthalten. Ein Recht auf Einschaltung in die Arbeit der Personalvertretungen haben diese Organisationen nicht (z. B. kein Vorschlagsrecht für die Auswahl der freizustellenden Mitglieder einer Personalvertretung, VG Koblenz v. 25. 4. 1977 – 4 PersV 5/77, n. v.; denn Gewerkschaften sind keine Organe der Personalvertretung, OVG Berlin v. 24. 10. 1975 – OVG II PersV 15.75, n. v.). Daher steht den Gewerkschaften auch kein allgemeines Kontrollrecht über die **11**

Tätigkeit der Personalvertretung zu. Sie sind keine Organe der Personalvertretung im Rahmen des Personalvertretungsgesetzes (BVerfG v. 30. 11. 1965, BVerfGE 19, 303, 312; BVerwG v. 11. 5. 1962, BVerwGE 14, 153; BVerwG v. 27. 9. 1990, Leits. ZBR 1991, 56). Gewerkschaften nehmen zwar auch die Interessen der Beschäftigten wahr. Auf der Ebene der Dienststellen unterscheiden sie sich jedoch deutlich insoweit von den Personalvertretungen, als sie diese zu beraten haben und als ihre Beratungsfunktion weitgehend von einem entsprechenden Willen der Personalvertretung im Einzelfall abhängig ist. Andererseits aber sind die Gewerkschaften zur Beratung der Personalvertretungen aufgerufen. Dieser Pflicht können sie nur dann nachkommen, wenn ihnen ausreichende Informationen von seiten der Personalvertretungen zur Verfügung gestellt werden. Die Übermittlung personenbezogener Daten ist aber nur unter den Voraussetzungen der §§ 14, 16 Bundesdatenschutzgesetz, BDSG, v. 20. 12. 1990 (BGBl. I S. 2954, i. d. F. der Bekanntm. v. 14. 1. 2003, BGBl. I S. 66, zul. geänd. d. Art. 1 G v. 22. 8. 2006, BGBl. I S. 1970) zulässig. Die Übermittlung muss also durch Interessen der Personalvertretung oder der Gewerkschaft gedeckt sein. Sie darf die schutzwürdigen Interessen der betroffenen Beschäftigten nicht beeinträchtigen. Infolgedessen muss eine Interessenabwägung stattfinden. Dabei kommt es vor allem auf die Auslegung des Begriffs des „schutzwürdigen Interesses“ der Betroffenen an, die keineswegs einfach mit den Interessen der Gewerkschaften unter Berufung auf ihre Aufgaben gegenüber den Personalvertretungen gleichgesetzt werden dürfen. Andernfalls nämlich würde der vom BDSG beabsichtigte Schutz der persönlichen Sphäre des Betroffenen weitgehend wirkungslos. In aller Regel muss davon ausgegangen werden, dass eine Auslegung des Begriffs der „schutzwürdigen Interessen“ der Beschäftigten dazu führt, dass eine Übermittlung der personenbezogenen Daten nur zulässig ist, wenn sich die Betroffenen damit in der Form des § 4 Abs. 2 BDSG (schriftlich) einverstanden erklärt haben. Eine solche Einwilligung kann nicht stillschweigend erteilt werden (vgl. Simitis, S. 99 f.). Daher sind die Gewerkschaften auch nicht berechtigt, vom Dienststellenleiter Namen und Adressen der Beschäftigten einer Dienststelle zu erhalten, um sie zu einer Personalversammlung einzuladen, damit eine Personalratswahl durchgeführt werden kann (vgl. für das BetrVG: LAG Hamburg v. 16. 6. 1992, RDV 1994, 190).

12 b) Sowohl für die Gewerkschaften wie für die Arbeitgebervereinigungen bedeutet das Gebot der vertrauensvollen Zusammenarbeit mit Personalvertretungen und Dienststellen, dass sie beide Partner nicht in ihre **verbandspolitischen Meinungsverschiedenheiten** und Auseinandersetzungen hineinziehen dürfen (BVerwG v. 16. 10. 1964, BVerwGE 19, 325 = ZBR 1964, 377 = PersV 1965, 14).

13 3. Die Zusammenarbeit zwischen Personalvertretungen und Dienststellen dient dem „Wohle der Beschäftigten und der Erfüllung der dienstlichen Aufgaben“. Gegenüber dem Gesetz in der Fassung von 1955 ist die **Reihenfolge** der beiden Ziele vertauscht worden. Daraus kann aber nicht geschlossen werden, dass die Erfüllung der dienstlichen Aufgaben grundsätzlich hinter das „Wohl der Beschäftigten“ insgesamt oder der einzelnen Beschäftigten zurückzutreten hätte (Fischer u. a., § 2 Anm. 12; Kunze, PersV 2000, 242); denn die der Allgemeinheit verpflichtete öffentliche Verwaltung kann die Interessen der Beschäftigten dieser Verpflichtung nicht voranstellen (BVerwG v. 30. 8. 1962, ZBR 1963, 352; Fischer u. a. aaO). Die Änderung der Reihenfolge der in Abs. 1 genannten beiden Ziele ist daher keine Änderung in der Rangfolge der von den Personalvertretungen und den Dienststellen zu verfolgenden Interessen. Vielmehr haben auch weiterhin Dienststelle und Personalvertretung **gleichermaßen** das Wohl der Beschäftigten und die Erfüllung der dienstlichen Aufgaben bei ihrer Arbeit zu berücksichtigen. Daran ändert auch nichts die Entscheidung des Bundesverfassungsgerichts (BVerfG v. 24. 5. 1995, BVerfGE 93, 37 = ZBR 1995, 15 = PersV 1995, 553 = ZfPR 1995, 185); denn Ziel des Gesetzes ist es, die Interessen der Dienststelle und der Beschäftigten im gemeinsamen Abgleich zwischen Dienststellenleiter und Personalvertretung zu einer gewissen Übereinstimmung zu bringen (vgl. auch § 66 Abs. 1 Satz 3). Deshalb darf grundsätzlich auch ein Dienststellenleiter die Funktionsfähigkeit der öffentlichen Verwaltung nicht als Argument dafür einsetzen, das Wohl der Beschäftigten zurückzusetzen (Fischer-Goeres aaO). Umgekehrt muss eine Personalvertretung bei der Wahrnehmung der Interessen der Beschäftigten die Aufgabenstellung der öffentlichen Verwaltung beachten (Pfohl, ZBR 1996, 83).

III. Befugnisse der Gewerkschaften

1. Nach Abs. 2 wird den in der Dienststelle vertretenen **Gewerkschaften** ein **Zugangsrecht** zur Dienststelle eingeräumt. Dienststellenleiter oder ihre Vertreter sind nach vorheriger Unterrichtung verpflichtet, Zugang zur Dienststelle zu gewähren, soweit dem nicht unumgängliche Notwendigkeiten des Dienstablaufs, zwingende Sicherheitsvorschriften oder der Schutz von Dienstgeheimnissen entgegenstehen. Das Hausrecht steht dem Dienststellenleiter weiterhin zu. **14**

2. Als **Ausfluss des Koalitionsrechts** (Art. 9 Abs. 3 GG) legt das Gesetz das Zugangsrecht der Gewerkschaften fest. Auf diese Weise wird das Recht von Gewerkschaften, sich entsprechend ihrem satzungsrechtlichen Auftrag zu betätigen, im Rahmen des Personalvertretungsrechts zur Unterstützung der Aufgaben der Personalvertretungen konkretisiert. Die Gewerkschaften allerdings können sich zur Ausübung ihrer übrigen koalitionsmäßigen Rechte gegenüber einem Dienststellenleiter nicht auf das personalvertretungsrechtliche Zugangsrecht berufen. Vielmehr müssen sie ihre koalitionstypische Betätigung über gewerkschaftliche Vertrauensleute, die auch ein Personalratsamt ausüben können, abwickeln (Fischer u. a., § 2 Anm. 25). **15**

a) Das Zugangsrecht steht den Beauftragten der Gewerkschaften nach der ausdrücklichen Formulierung in Abs. 2 nur „zur Wahrnehmung der in diesem Gesetz genannten Aufgaben und Befugnisse“ zu. Danach wird den in der Dienststelle vertretenen Gewerkschaften **kein allgemeines, an keine weiteren Voraussetzungen geknüpftes Zutrittsrecht** zur Dienststelle oder zu den einzelnen Beschäftigten gewährt; denn das durch Abs. 2 garantierte Zugangsrecht zur Dienststelle besteht nur insoweit, als es von den Gewerkschaften zur Wahrnehmung ihrer Aufgaben und Befugnisse nach dem BPersVG ausgeübt wird (Fischer u. a., § 2 Anm. 25; Lorenzen u. a. § 2 Anm. 54a ff., 73; Fluck, ZfPR 1990, 32; Wahlers, PersV 2000, 146). **16**

b) Es bleibt festzustellen: Das Gesetz zählt die Aufgaben und Befugnisse der Gewerkschaften abschließend auf (vgl. auch Anm. 31, 46). Diese sind in erster Linie auf eine **Beratung der an der Ausgestaltung der Personalverfassung beteiligten Organe**, vor allem der Personalvertretungen, gerichtet. Den Gewerkschaften stehen daher keine allgemeinen Kontrollrechte gegenüber den Personalvertretungen zu. Sie können somit auch nicht gerichtlich feststellen lassen, ob ein Personalratsvorsitzender seine Pflichten verletzt hat (OVG Münster v. 31. 5. 1988, PersV 1990, 33). Aus der Beraterfunktion ergibt sich ferner das Zutrittsrecht. Es sichert die Voraussetzungen, die erforderlich sind, um eine Beratung zu ermöglichen. Diese Beratung können **17** die Gewerkschaften nicht nur in ordentlichen Personalratssitzungen durchführen, sondern auch außerhalb solcher Sitzungen, wann immer es für eine mit der praktischen Personalratsarbeit in Zusammenhang stehende Entscheidung erforderlich ist, z. B. im Rahmen der vom Vorstand einer Personalvertretung durchzuführenden laufenden Geschäfte.

18 c) Dies schließt nicht eine **Beratung einzelner Beschäftigter** ein, auch dann nicht, wenn Fragen zur Erörterung stehen, die demnächst einer Entscheidung der Personalvertretung zugeführt werden sollen (OVG Saarlouis v. 30. 7. 1975, PersV 1977, 146). Wenn auch nach Abs. 3 die Aufgaben der Gewerkschaften, insbesondere die Wahrnehmung der Interessen ihrer Mitglieder, unberührt bleiben, so ist die im Zusammenhang mit ihrem Zugangsrecht zur Diskussion stehende Frage anders gelagert. Es geht nicht um eine Einzelberatung von Gewerkschaftsmitgliedern, die schon allein im Hinblick auf die Vermeidung einer Störung des Dienstablaufs grundsätzlich „außerbetrieblich" zu erfolgen hat. Vielmehr geht es nach Abs. 2 in erster Linie um eine Beratung der Personalvertretungen und ihrer Mitglieder im Interesse aller in der Dienststelle tätigen Beschäftigten. Infolgedessen können die Gewerkschaften auch während der Dienststunden keine Sprechstunden für die Beschäftigten einrichten (OVG Saarlouis v. 30. 7. 1975, aaO; Lorenzen u. a., § 43 Anm. 9). Wohl aber ist dem Beauftragten einer in der Dienststelle vertretenen Gewerkschaft der Zutritt zur Dienststelle zu gewähren, wenn ihn die Personalvertretung an einer Besichtigung des Arbeitsplatzes eines Angestellten beteiligen möchte, um die Eingruppierung zu überprüfen (BAG v. 17. 1. 1989, PersV 1990, 174 = Leits. ZfPR 1989, 146). Hier geht es nicht um die Beratung eines einzelnen Beschäftigten, sondern um eine von der Personalvertretung selbst angefragte Beratung.

19 d) Zur **Verteilung von Informationsmaterial und zur Anwerbung neuer Mitglieder** kann sich eine Gewerkschaft nicht auf das Zugangsrecht nach Abs. 2 berufen; denn es gehört nicht zur Wahrnehmung personalvertretungsrechtlicher Aufgaben und Befugnisse, neue Mitglieder zu werben (vgl. hierzu auch § 67 Anm. 21). In diesem Falle geht es vielmehr ausschließlich um die koalitionsmäßige Betätigung. Die sich hieraus für die Gewerkschaften ergebenden Rechte sind unmittelbar aus Art. 9 Abs. 3 GG herzuleiten. Die Erhaltung und Sicherung einer Koalition hängt u. a. von einem entsprechenden Zutrittsrecht ab, wo die Gewerkschaft bereits durch eigene Mitglieder vertreten ist. Den gewerkschaftlich organisierten Beschäftigten bleibt es nämlich unbenommen, sich innerhalb der Dienststelle werbend und unterrichtend für ihre Gewerkschaft zu betätigen, in zulässigem Umfang Plakate aufzuhängen oder Prospekte auszulegen (BVerfG v. 17. 2. 1981, BVerfGE 57, 220 = BB 1981, 1150 = DB 1981, 1467 unter ausdrücklicher Aufhebung der Entscheidung des BAG v. 14. 2. 1978, BAGE 30, 122 = BB 1978, 710 = DB 1978, 892; vgl. hierzu auch: Lorenzen u. a., § 2 Anm. 24).

20 e) Ein **allgemeines, verselbstständigtes Zutrittsrecht** der Gewerkschaften kann auch nicht aus Abs. 1 hergeleitet werden (vgl. für das BetrVG: BAG v. 26. 6. 1973, BAGE 25, 242 = BB 1973, 1437 = DB 1973, 1304, 2146; Lorenzen u. a., § 2 Anm. 17); denn es müssen stets personalvertretungsrechtliche Fragen zur Diskussion stehen, die durch Beratung und Unterstützung der Gewerkschaften geklärt werden sollen.

21 f) Das Zugangsrecht besteht für die Dienststelle, d. h. für den **gesamten Bereich der Dienststelle** einschließlich einzelner Teile, also nicht nur für das Zimmer der Personalvertretung.

22 3. Die Gewerkschaften haben den Dienststellenleiter oder seinen Vertreter von dem Besuch ihrer Beauftragten zu unterrichten. Vertreter des Dienststellenleiters ist die sich aus dem Organisationsaufbau ergebende Person. Die **Unterrichtung** hat so rechtzeitig zu erfolgen, dass dem Dienststellenleiter ausreichend Zeit zur Prüfung der Frage gegeben ist, ob dem Zugang die in Abs. 2 Halbsatz 2 genannten Umstände entgegenstehen. Daher müssen die Gewerkschaften dem Dienststellenleiter Auskunft über die Person ihrer Beauftragten, über den Zweck und über den Zeitpunkt ihres Besuchs geben (Dietz-Richardi, § 2 Anm. 108).

23 4. Das **Zugangsrecht** steht nur den **in der Dienststelle vertretenen Gewerkschaften** zu. Der Nachweis der Mitgliedschaft kann durch notarielle Erklärung seitens der Gewerkschaft (Tatsachenbescheinigung) ohne Namensnennung einzelner Beschäftigter oder durch eine entsprechende eidesstattliche Versicherung geführt werden (vgl. hierzu für das BetrVG: BAG v. 25. 3. 1992, DB 1993, 95; bestätigt durch BVerfG v. 21. 3. 1994, NZA 1994, 891). Einer Gewerkschaft ist es untersagt, zur Beweisführung Mitglieder ohne deren Einwilligung namentlich zu benennen (Grunsky, AuR 1990, 105). Es ist ausreichend, wenn eine Gewerkschaft durch einen Beschäftigten in der Dienststelle vertreten ist. Der Begriff „in der Dienststelle vertreten" wird in zahlreichen weiteren Bestimmungen des Gesetzes (§ 19 Abs. 8, § 20 Abs. 2, §§ 22, 23, 25, § 28 Abs. 1, § 49 Abs. 3 und § 52) verwendet. Zu den in der Dienststelle vertretenen Gewerkschaften gehören **nicht die Spitzenorganisationen,** da sie satzungsmäßig keine natürlichen Personen, sondern lediglich Mitgliedsgewerkschaften zu Mitgliedern haben. Die den Gewerkschaften zuerkannte Unterstützungsfunktion soll im Rahmen der Dienststellenverfassung nur denjenigen zukommen, die zu der Dienststelle selbst einen konkreten Bezug durch den unmittelbaren Kontakt zwischen der jeweiligen Gewerkschaft und mindestens einem Beschäftigten der Dienststelle haben. Die Aufgabenstellung einer Spitzenorganisation lässt den konkreten, unmittelbar auf die besonderen Belange der Dienststelle und ihrer Beschäftigten abgestimmten Kontakt nicht zu; denn die Spitzenorganisationen vertreten in erster Linie die Interessen der ihnen angeschlossenen Gewerkschaften (BVerwG v. 11. 2. 1981, BVerwGE 61, 334 = ZBR 1982,57 = PersV 1982, 112).

24 5. Die Gewerkschaften sind frei in der **Auswahl der Person**, die sie zur Wahrnehmung ihrer Aufgaben in die Dienststelle entsenden wollen (BVerwG v. 14. 6. 1968, BVerwGE 30, 43 = ZBR 1968, 357 = PersV 1968, 276). Dabei braucht es sich nicht um einen in der Dienststelle Beschäftigten zu handeln. Auch ist nicht erforderlich, dass der Beauftragte hauptamtlich bei der Gewerkschaft tätig ist. Ebensowenig muss der Beauftragte überhaupt Mitglied der ihn entsendenden Gewerkschaft sein (Fischer u. a., § 2 Anm. 20; Lorenzen u. a., § 2 Anm. 56); denn das Gesetz spricht von Beauftragten, nicht aber von beauftragten **Mitgliedern.** Die Beschränkung auf die Mitgliedschaft wäre auch vom Sinn einer möglichst sach- und fachgerechten Beratung der Personalverfassungsorgane nicht zu rechtfertigen. Allerdings ist das Hausrecht des Dienststellenleiters zu respektieren, insbesondere sein Recht auf einen störungsfreien Dienstablauf (vgl. für das BetrVG: BAG v. 28. 2. 2006, DB 2006, 1381 = ZfPR Online 7/2006, S. 9; zum Recht einer Gewerkschaft, Kontakt zu den einzelnen Beschäftigten an deren Arbeitsplatz per E-Mail aufzunehmen: Däubler, DB 2004, 2102). Eine Gewerkschaft kann sich im Übrigen auch durch einen Rechtsanwalt vertreten lassen, was vor allem im Hinblick auf Tatsachenfeststellungen zur Vorbereitung einer eventuellen Wahlanfechtung (§ 25) von Bedeutung sein kann.

25 6. Hat eine Gewerkschaft den zuständigen Dienststellenleiter ordnungsgemäß unterrichtet, so hat er einem ihrer Beauftragten das Zugangsrecht zur Dienststelle einzuräumen, es sei denn, **unumgängliche Notwendigkeiten des Dienstablaufs,** zwingende Sicherheitsvorschriften oder der Schutz von Dienstgeheimnissen ständen entgegen. Unter dem Gesichtspunkt des Rechtsmissbrauchs (§ 242 BGB) ist es einem Dienststellenleiter gestattet, einem bestimmten Gewerkschaftsbeauftragten dann den Zutritt zu verweigern, wenn dieser den Frieden in der Dienststelle in der Vergangenheit nachhaltig gestört oder den Dienststellenleiter grob beleidigt hat und eine Wiederholung des Verhaltens nicht auszuschließen ist (vgl. für das BetrVG: BAG v. 28. 2. 2006, BAGE 117, 137).

26 a) **Unumgängliche Notwendigkeiten des Dienstablaufs** sind nur dann anzunehmen, wenn durch den Besuch von Gewerkschaftsbeauftragten eine ins Gewicht fallende Störung erfolgt, die zu einer Beeinträchtigung der Effizienz des Verwaltungshandelns oder zu einer nicht vertretbaren, verspäteten Bearbeitung wichtiger Vorgänge führt. Diese Fälle dürften äußerst selten sein und kaum praktisch werden (Richardi u. a., § 2 Anm. 91). Eine allein aufgrund des Besuchs eintretende allgemeine Störung reicht nicht aus.

27 b) Zwingende Sicherheitsvorschriften stehen dem Zugangsrecht eines Beauftragten einer Gewerkschaft nur entgegen, wenn der Besuch zu einer **Gefährdung des Sicherheitsbemühens** der Verwaltung in bezug auf bestimmte Verwaltungsvorgänge führen könnte. Dies kann vor allem im Zusammenhang mit einem Zutritt zu den in den §§ 85 ff. genannten Sonderverwaltungen der Fall sein. Hier aber gelten ohnehin besondere Vorschriften.

28 c) Der Schutz von Dienstgeheimnissen kann dem Zugangsrecht der Gewerkschaften dann entgegenstellen, wenn die **Gefahr der Offenbarung** besteht (Richardi u. a., § 2 Anm. 94). Das Gebot der Verschwiegenheit auch für Gewerkschaftsbeauftragte (§ 10) macht die hier zur Diskussion stehende Beschränkung des Zugangsrechts nicht schon von vornherein gegenstandslos.

29 7. Der Dienststellenleiter hat konkrete Tatsachen darzulegen, die seiner Meinung nach dem Zugangsrecht der Gewerkschaften entgegenstellen. In jedem Fall hat er nach dem **Grundsatz der Verhältnismäßigkeit** zu verfahren und dabei pflichtgemäß die Gefährdung seines Hausrechts sowie die hiermit in Zusammenhang stehenden Rechte und das Zugangsrecht der Gewerkschaften gegeneinander abzuwägen. Er muss daher auch die Frage prüfen, ob die Beschränkung des Zugangsrechts auf bestimmte Dienststellenteile oder zu bestimmten Zeiten zum Schutz seiner Interessen ausreicht. Der Dienststellenleiter darf die Gewerkschaften grundsätzlich auch nicht strengeren Maßstäben als die Beschäftigten selbst unterwerfen. Das Zugangsrecht steht den Gewerkschaften im Übrigen grundsätzlich während der Arbeitszeit zu.

IV. Gewerkschaften/Arbeitgebervereinigungen

30 1. Der in Abs. 3 eingeschobene, mit „insbesondere“ beginnende Satzteil dient der Klarstellung. Damit wird die wichtigste Aufgabenstellung sowohl der Gewerkschaften als auch der Arbeitgebervereinigungen verdeutlicht und gleichzeitig – zumindest inzidenter – eine **Trennungslinie** zwischen den Aufgaben der Personalvertretungen bei der Wahrnehmung der Interessen aller Beschäftigten und den Aufgaben der Gewerkschaften in der Wahrung der Mitgliederinteressen gezogen.

2. Die Vorschrift stellt klar, dass durch das Gesetz die **Aufgaben und Befugnisse** der Gewerkschaften und Arbeitgebervereinigungen nicht berührt, d. h. **nicht beschränkt und auch grundsätzlich nicht erweitert werden.** Die allgemeinen, in § 2 umschriebenen Tätigkeitsbereiche der Gewerkschaften werden durch die ihnen im Gesetz ausdrücklich zugeschriebenen Aufgaben und Befugnisse konkretisiert. Über diese festgeschriebenen Aufgaben und Befugnisse hinaus ergeben sich aus der allgemeinen Aufgabenzuweisung in § 2 keine weitergehenden Befugnisse. Ein Unterrichtungsanspruch, wie er in § 68 Abs. 2 der Personalvertretungen gegenüber dem Dienststellenleiter eingeräumt ist, existiert für die Gewerkschaften nicht. Ein solcher ergibt sich auch nicht mittelbar aus der den Gewerkschaften übertragenen beratenden Funktion sowohl gegenüber der Personalvertretung als auch gegenüber der Dienststelle. Eine Gewerkschaft hat nach der Systematik des Gesetzes kein Recht darauf, von der Personalvertretung oder vom Dienststellenleiter in deren Arbeit eingeschaltet und dann auch unterrichtet zu werden. Die Gewerkschaften sind vielmehr von einem entsprechenden Willen der jeweiligen Personalvertretung bzw. der Dienststelle abhängig. Die Berechtigung dieses „Ausschlusses" der Gewerkschaften von unmittelbaren dienststelleninternen Informationen durch den Dienststellenleiter ergibt sich aus der unterschiedlichen Aufgabenstellung von Personalvertretung und Gewerkschaft. Personalvertretungen nehmen Aufgaben wahr, die sich grundsätzlich mit denen der jeweiligen Dienststelle decken. Sie handeln zum Wohle der Beschäftigten und zur Erfüllung der der Dienststelle obliegenden Aufgaben. Gewerkschaften dagegen vertreten die Interessen ihrer Mitglieder in beruflicher, sozialer, aber auch wirtschaftlicher Hinsicht (vgl. zum Umfang des Betätigungsrechts von Gewerkschaften hinsichtlich Werbung und Information: BVerfG v. 14. 11. 1995, BVerfGE 93, 352; vgl. auch Däubler, DB 1998, 2014). 31

a) Aufgrund der in Art. 9 Abs. 3 GG und den entsprechenden Vorschriften der Landesverfassungen garantierten **Koalitionsfreiheit** sind Gewerkschaften auf freier Grundlage gebildete Vereinigungen unselbstständig beschäftigter Personen mit dem Ziel und dem Zweck, die dienstlichen, wirtschaftlichen und sozialen Interessen der Mitglieder gegenüber dem Dienstherrn zu fördern und zu regeln (BVerwG v. 23. 11. 1962, BVerwGE 15, 168 = ZBR 1963, 394 = PersV 1963, 159; vgl. auch Anm. 43). Vereinigungen dagegen, die z. B. zu rein kulturellen, gesellschaftlichen, politischen und wirtschaftlichen oder religiösen Zwecken gebildet worden sind, sind keine Gewerkschaften. Deshalb ist für eine Gewerkschaft im Sinne des Personalvertretungsgesetzes erforderlich, dass sie zumindest in erster Linie die Interessen ihrer Mitglieder gegenüber der öffentlichen Verwaltung vertritt. Die Förderung der Mitgliederinteressen darf daher nicht hauptsächlich unter gesellschaftlichen Aspekten vorgenommen werden (Hebung des Ansehens des Ingenieurs in der Gesellschaft); denn in diesem Fall würde die Interessenvertretung gegenüber den Dienstherrn keinen Vorrang beanspruchen (VG Hamburg v. 27. 2. 1975 – Fl 2/74 n. v.). Infolgedessen ist ein Verband, dessen Zweck weder ausschließlich noch entscheidend auf die Vertretung der Interessen seiner Mitglieder bei der Gestaltung der dienstrechtlichen Verhältnisse gegenüber den Dienstherrn gerichtet ist, keine Gewerkschaft (BVerwG v. 23. 11. 1962, aaO für den Fall eines Zusammenschlusses von Lehrern, die die Förderung der katholischen Pädagogik und ihre Verwirklichung in Schulpraxis und Gesetzgebung zu ihrem Hauptzweck erklären). 32

b) Deshalb müssen die Gewerkschaften die folgenden Eigenschaften besitzen: 33

aa) Sie müssen in rechtlich dauerhafter, vom Wechsel der Mitglieder unabhängiger Form (in der Regel als Verein) mit **korporativer Organisation** (Vor- 34 stand, Satzung, Beiträge etc.) und Gesamtnamen gebildet sein. Auf die Rechtsfähigkeit kommt es dagegen nicht an (BVerwG v. 23.11.1962, BVerwGE 15, 168 = ZBR 1963, 394 = PersV 1963, 159) Eine Grundvoraussetzung ist darüber hinaus, dass die Organisation durchsetzungskräftig ist. Durchsetzungskraft besitzen solche Organisationen, die über eine größere Mitgliederzahl und eine leistungsfähige Organisation sowie über Mandate in einer nennenswerten Zahl von Personalvertretungen verfügen. Auch **Berufsorganisationen der Beamten** können über eine hinreichende Durchsetzungskraft dann verfügen, wenn diese sich auf die Aufgaben und Befugnisse beziehen, die den Gewerkschaften nach den Personalvertretungsgesetzen abschließend zuerkannt sind (BVerwG v. 25. 7. 2006, PersV 2007, 112 = Leits. ZfPR 2007,19; vgl. auch Richardi u. a., § 2 Anm. 54). Vereinigungen, die sowohl Arbeitnehmer als auch Beamte zu ihren Mitgliedern zählen, gelten dann als Gewerkschaften im Sinne des Personalvertretungsrechts, wenn die geforderte Durchsetzungskraft sich auf jede Mitgliedergruppe erstreckt (BAG v. 6. 7. 1956, BAGE 4, 351; Fischer u. a., § 2 Anm. 17; Lorenzen u. a., § 2 Anm. 53; vgl. auch Anm. 43). Satzungsmäßige Aufgabe der Organisation muss die Wahrnehmung und Förderung der (wirtschaftlichen, arbeits-/dienstrechtlichen) Interessen der Mitglieder sein (vgl. auch BAG v. 19. 6. 2005 – 1 ABR 53/05, ZBVR online 7-8/2007, S. 10; Richardi u. a., § 2 Anm. 49).

35 bb) Gewerkschaften sind auch die **Unterorganisationen** (Orts-, Kreis- und Bezirksverwaltungen), wenn sie die notwendige eigene korporative Verfassung, eigenes Vermögen und die Legitimation besitzen, die Gestaltung der dienstrechtlichen Verhältnisse selbstständig durchzuführen (BVerwG v. 27. 11. 1981, PersV 1983, 408; Lorenzen u. a., § 2 Anm. 27). Dabei stehen aus Gründen der Gleichbehandlung Vereinigungen von Beamten die selben personalvertretungsrechtlichen Rechte wie Arbeitnehmervereinigungen zu. Auf eine Tariffähigkeit kommt es in diesem Zusammenhang nicht an. Auch Beamtenorganisationen müssen aber über eine hinreichende Durchsetzungskraft verfügen (zahlenmäßig erheblicher Mitgliederbestand unter den Beamten des jeweiligen Bereichs). In jedem Fall besitzt eine Beamtenorganisation die geforderte Durchsetzungskraft dann, wenn sie einer gewerkschaftlichen Spitzenorganisation angehört (BVerwG v. 25. 7. 2006, PersV 2007, 112 = Leits. ZfPR 2007, 19; vgl. auch BVerfG v. 31. 7. 2007 Leits. ZfPR 2008, 18).

36 cc) Die Gewerkschaften müssen auf **freiwilliger Grundlage** (Koalitionsfreiheit) als privat rechtliche Vereinigung errichtet sein. Ausgeschlossen ist jeder Zwang direkter oder indirekter Art zur Mitgliedschaft, da Art. 9 Abs. 3 GG auch die sog. negative Koalitionsfreiheit, d. h. die Befugnis einschließt, einer Koalition fernzubleiben.

37 dd) Die Gewerkschaften müssen **gegnerfrei** sein, d. h. sie dürfen keine Arbeitgeber zu Mitgliedern haben (Richardi u. a., § 2 Anm. 47). Im öffentlichen Dienst wird besonders häufig, ja annähernd regelmäßig (mit Ausnahme der Ministerien) der Arbeitgeber bzw. Dienstherr durch einen Verwaltungsangehörigen vertreten. Die Mitgliedschaft derartiger leitender Beschäftigter verstößt nicht gegen das Erfordernis der Gegnerfreiheit (LAG Düsseldorf v. 11. 9. 1959, PersV 1960, 62).

38 ee) Ferner müssen die Gewerkschaften rechtlich und wirtschaftlich (insbesondere finanziell) **unabhängig von der Gegenseite** sein, um die Interessen ihrer Mitglieder selbstständig und in ihrer Willensbildung unbeeinflusst wahrnehmen zu können. Daher darf es keine personellen oder organisatorischen Verflechtungen geben; ebenso wenig darf es zu einer wesentlichen finanziellen Zuwendung kommen (BAG v. 14. 12. 2004, PersV 2005, 348).

ff) Im Interesse ihrer Unabhängigkeit müssen die **Gewerkschaften auf überbetrieblicher Grundlage** errichtet sein. Ihre Mitgliedschaft darf sich daher nicht auf die Beschäftigten einer bestimmten Dienststelle beschränken. **39**

gg) Die Gewerkschaften müssen nicht unbedingt von parteipolitischen oder konfessionellen Einflüssen frei sein, sofern sie in erster Linie die **Dienstrechtsgestaltung** zwischen ihren Mitgliedern und dem Dienstherrn betreiben und zu ihrem Hauptzweck erhoben haben (OVG Lüneburg v. 9. 1. 1962, ZBR 1962, 60). **40**

hh) Die Gewerkschaftseigenschaft ist **unabhängig von den Mitteln,** deren sich die Organisation **zur Durchsetzung ihrer Ziele** bedient, sofern sie nur mit der Rechtsordnung vereinbar sind. **41**

ii) Die Zubilligung der Eigenschaft als Gewerkschaft kann nicht von der **Bereitschaft zum Arbeitskampf** abhängig gemacht werden. Dies würde eine verfassungsrechtlich unzulässige Beschränkung der Koalitionsfreiheit darstellen; denn es ist den Organisierten überlassen, sich ihre Organisationsformen und die – im Rahmen der Rechtsordnung zulässigen – Mittel zur Durchsetzung ihrer Ziele frei auszuwählen (BVerwG v. 23. 11. 1962, BVerwGE 15, 168 = ZBR 1963, 394 = PersV 1963, 159; OVG Lüneburg v. 9. 1. 1962, ZBR 1962, 60; Fischer u. a., § 2 Anm. 16; Lorenzen u. a., § 2 Anm. 49; Richardi u. a., § 2 Anm. 52; vgl. auch BVerfG v. 6. 5. 1964, BVerfGE 18, 18, 25 ff. = PersV 1964, 153). Erforderlich aber ist, dass die Gewerkschaft über eine ausreichende Verbandsmacht verfügt, um auf den „sozialen Gegenspieler“ Druck und Gegendruck ausüben zu können (vgl. für das BetrVG: BAG v. 14. 3. 1978, DB 1978, 1281). Die Gewerkschaft muss in der Lage sein, eine Durchschlagskraft zu entwickeln, die sicherstellt, dass Verhandlungsangebote nicht übersehen werden können. Sie muss daher sowohl gegenüber ihrem Gegenspieler als auch gegenüber ihren Mitgliedern Autorität besitzen und aufgrund ihrer organisatorischen Bedingungen in der Lage sein, die ihr gestellten Aufgaben zu erfüllen (BAG v. 16. 11. 1982, DB 1983, 1151; BAG v. 10. 9. 1985, BAGE 49, 322 = DB 1985, 2056; vgl. auch BVerfG v. 20. 10. 1981, BVerfGE 58, 233, 246 ff.). Diese Voraussetzung ist nur dann gegeben, wenn die Gewerkschaft vom Gegner überhaupt ernst genommen wird und eine soziale Durchsetzungskraft in einem Umfang hat, dass die Regelung von Arbeitsbedingungen nicht einem Diktat entspringt, sondern ausgehandelt wird. Der Abschluss von Anschlusstarifverträgen spricht dafür, dass eine Gewerkschaft ernst genommen wird, sofern die Anschlusstarifverträge keine Schein- oder Gefälligkeitstarifverträge sind (vgl. für das BetrVG: BAG v. 25. 11. 1986, BAGE 53, 347 = Leits. BB 1987, 967 = DB 1987, 947; BAG v. 16. 1. 1990, BB 1990, 281). Insgesamt erfüllt eine Organisation die an eine Gewerkschaft zu stellenden Anforderungen, wenn es sich um einen Verband handelt, dessen Aufgabe es ist, arbeitsrechtliche Beziehungen zwischen den Arbeitgebern einerseits und den Arbeitnehmern andererseits bzw. bei Beamten dienstrechtliche Beziehungen zwischen den Dienstherrn und den Beamten zu gestalten (OVG Münster v. 5. 12. 1983 – CB 32/82, n. v.; OVG Münster v. 5. 12. 1983 – CB 33/82, n. v.; VGH Mannheim v. 10. 7. 1984, ZBR 1985, 234). Das Personalvertretungsrecht erfordert insbesondere dann, wenn ein Verband sowohl Beamte als auch Arbeitnehmer des öffentlichen Dienstes organisiert, eine an den Bedürfnissen dieses **42**

Rechtsgebietes angepasste Auslegung eines besonderen Gewerkschaftsbegriffs, der nicht in jedem Fall Tarif- und Streikfähigkeit voraussetzt (VGH Kassel v. 2.12.1987, ZfPR 1990, 140). Infolgedessen müssen Gewerkschaften, die sowohl Beamte als auch Arbeitnehmer vertreten, für jede Mitgliedergruppe jeweils alle Anforderungen voll erfüllen, d. h. in bezug auf die Arbeitnehmer, dass die Gewerkschaft tariffähig sein muss (Lorenzen u. a., § 2 Anm. 47, 53).

43 jj) Zusammenfassend lässt sich der **Gewerkschaftsbegriff** im Sinne des Personalvertretungsrechts wie folgt definieren: Gewerkschaften sind alle auf überbetrieblicher Grundlage errichteten Vereinigungen von Arbeitnehmern/Beamten, die über eine namhafte Zahl von Mitgliedern verfügen, die auf einem freiwilligen Zusammenschluss ihrer Mitglieder beruhen, von einem Wechsel der Mitglieder unabhängig sind und deren Zweck darauf gerichtet ist, die Mitglieder gegenüber ihrem Dienstherrn bei der Gestaltung der dienstrechtlichen Beziehungen zu vertreten und sich für ihre wirtschaftlichen Belange einzusetzen. Die Gewerkschaften müssen frei gebildet, gegnerfrei, unabhängig und auf überbetrieblicher Grundlage organisiert sein. Dazu bedarf es einer entsprechenden Durchsetzungskraft gegenüber dem sozialen Gegenspieler und einer ausreichenden Leistungsfähigkeit der Organisation (BVerwG v. 23.11.1962, BVerwGE 15,168; VGH Kassel v. 30.3.1988, PersV 1992, 481; OVG Münster v. 10.11.2005, PersV 2006, 133 Fischer u. a. § 2 Anm. 16; Lorenzen u. a., § 2 Anm. 47; Richardi u. a., § 2 Anm. 45 ff.; vgl. auch für das BetrVG: BAG v. 6.6.2000 – 1 ABR 10/99, BAGE 95, 36 = Leits. BB 2001, 104 = DB 2000, 1232 = Leits. ZBVR 2000, 207; BAG v. 14.12.2004, PersV 2005, 348; vgl. im Übrigen Anm. 34).

44 c) Demgegenüber sind **Arbeitgebervereinigungen** Zusammenschlüsse auf freiwilliger Grundlage, die insofern unabhängig sein müssen, als ihnen keine Beschäftigten angehören dürfen. Auch sie müssen unabhängig und auf überbetriebliche Grundlage errichtet sein. Im Gegensatz zum Landes- und Kommunalbereich bestehen im Geltungsbereich dieses Gesetzes zur Zeit keine Arbeitgebervereinigungen.

45 3. Zu den Gewerkschaften und Arbeitgebervereinigungen zählen auch die **Spitzenorganisationen** (§ 94 BBG; § 2 TVG), d. h. die Zusammenschlüsse von einzelnen Verbänden. Spitzenverbände sind auch diejenigen, nicht im Wege der Verschachtelung als „Dachorganisation“ gebildeten Verbände, die nach ihrer Größenordnung und umfassenden Aufgabensetzung den Dachorganisationen an Bedeutung gleichstehen (§ 12 TVG). Rechte nach diesem Gesetz haben aber die Spitzenorganisationen nicht (vgl. Anm. 23).

46 4. Den **Gewerkschaften** stehen nach dem BPersVG **folgende Aufgaben und Befugnisse** zu:

a) vertrauensvolle Zusammenarbeit mit Dienststellen und Personalvertretungen (§ 2 Abs. 1); Zugang zu den Dienststellen (§ 2 Abs. 2);
b) Unterbreitung von Wahlvorschlägen für die Personalratswahl (§ 19 Abs. 4), außerdem wenn keine Personalvertretung besteht (§ 19 Abs. 8);
c) Antragsrechte hinsichtlich der Wahl und der Bestellung eines Wahlvorstands (§ 20 Abs. 2, §§ 22, 23); Teilnahme an Sitzungen des Wahlvorstands (§ 20 Abs. 1);
d) Wahlanfechtungsrecht (§ 25);
e) Antragsrecht auf Ausschluss eines Mitglieds aus der Personalvertretung oder auf Auflösung der Personalvertretung (§ 28 Abs. 1);

f) Teilnahme von Beauftragten an den Sitzungen der Personalvertretung mit beratender Stimme auf Beschluss eines Viertels oder der Mehrheit einer Gruppe der Personalvertretung (§ 36);
g) Recht auf Einschaltung zwecks Verständigung, wenn zwischen der Mehrheit der Vertreter einer Gruppe und der Gesamtheit der Personalvertretung eine Meinungsverschiedenheit über die Beeinträchtigung wichtiger Interessen der Beschäftigten einer Gruppe durch einen Beschluss der Personalvertretung entstanden und der Beschluss auf die Dauer einer Woche ausgesetzt ist (§ 39 Abs. 1);
h) Antrag auf Einberufung einer Personalversammlung, wenn im letzten Kalenderhalbjahr keine Personalversammlung und keine Teilversammlung durchgeführt worden sind (§ 49 Abs. 3);
i) beratende Teilnahme von Beauftragten der in der Dienststelle vertretenen Gewerkschaften an den Personalversammlungen (§ 52).

5. Die **Aufzählung** dieser Rechte ist **erschöpfend** (BVerwG v. 8. 6. 1962, PersV 1962, 236). Allerdings ist das Gesetz so angelegt, dass den Gewerkschaften im Rahmen der Wahrnehmung von Aufgaben und Befugnissen auch das Recht eingeräumt ist, auf die Bildung, Unterstützung, Beratung und Überwachung einer funktionsfähigen Personalvertretung hinzuwirken (OVG Münster v. 10. 11. 2005, PersV 2006, 133). Demgegenüber aber steht den Gewerkschaften kein Recht zur Einwirkung auf den Gang des Wahlverfahrens zu (BVerwG v. 11. 5. 1962, BVerwGE 14, 153 = ZBR 1962, 280 = PersV 1962, 211; vgl. aber § 19 Anm. 53). Ebensowenig können die Gewerkschaften einen Antrag auf Feststellung der Nichtwählbarkeit eines Personalratsmitglieds stellen (BVerwG v. 23. 11. 1962 = BVerwGE 15, 166 = ZBR 1963, 394 = PersV 1963, 159). Wohl aber sind Gewerkschaften berechtigt, die Beschäftigten über ihre jeweilige Organisation zu informieren, Werbe- und Informationsmaterial in der Dienststelle zu verteilen und neue Mitglieder – entweder durch eigene Mitglieder oder aber durch dienststellenfremde Beauftragte – zu werben. Dies schließt das Recht ein, Schriftgut zu verteilen und an dafür vorgesehenen Orten in der Dienststelle auszuhängen (vgl. § 67 Anm. 21 ff.). **47**

6. Den **Arbeitgebervereinigungen,** den freiwilligen Zusammenschlüssen von Arbeitgebern, denen keine Arbeitnehmer angehören dürfen und die von der Gegenseite unabhängig sowie auf überbetrieblicher bzw. überbehördlicher Grundlage errichtet sein müssen, kommt nach dem BPersVG nur theoretische Bedeutung zu. Gegenwärtig nämlich gibt es auf der Bundesebene im Gegensatz zum Landes- und Kommunalbereich (Tarifgemeinschaft der deutschen Länder, Vereinigung kommunaler Arbeitgeberverbände) keine derartigen Zusammenschlüsse. Für den Fall ihres Bestehens obliegen ihnen folgende **Aufgaben:** **48**
a) Teilnahme an Personalversammlungen (§ 52 Abs. 1);
b) Unterstützung der Zusammenarbeit von Dienststellen und Personalvertretungen (§ 2 Abs. 1).

7. Die **Aufgaben der Gewerkschaften und die der Personalvertretungen sind deutlich voneinander zu trennen.** Die Personalvertretungen haben die Aufgaben wahrzunehmen, die sich grundsätzlich mit der Aufgabenstellung der Dienststellen decken. Dagegen haben die Gewerkschaften die Interessen ihrer Mitglieder in beruflicher, wirtschaftlicher und sozialer Hinsicht zu vertreten, so u. a. Fragen des Urlaubs, der Arbeitszeit, des Arbeitsschutzes, der Kündigungsbestimmungen und Fragen der sozialen Sicherung zu regeln. Sie haben bei der Vorbereitung allgemeiner Regelungen der beamtenrechtlichen **49**

Verhältnisse mitzuwirken (§ 94 BBG). Sie sind im Bundespersonalausschuss vertreten. Ferner beraten die Gewerkschaften ihre Mitglieder in arbeits- bzw. dienstrechtlichen Fragen im Einzelfall und gewähren Rechtsschutz. Außerdem vertreten sie ihre Mitglieder in gerichtlichen Verfahren. Ebenso bleibt das Recht der Koalitionen zur Schulung ihrer Mitglieder unberührt.

50 8. Die **Personalvertretungen sind** keine Organe der Gewerkschaften, an Aufträge nicht gebunden und **in ihren Entscheidungen völlig unabhängig** (vgl. hierzu auch: BVerwG v. 11. 5. 1962, BVerwGE 14, 153 = ZBR 1962, 280 = PersV 1962, 211). Daher ist es auch alleine Sache der Personalvertretungen, ob und in welchem Umfang sie sich einer Unterstützung durch eine Gewerkschaft bedienen wollen (vgl. für das BetrVG: LAG Hamm v. 9. 3. 1972, BB 1972, 493).

51 9. Davon zu unterscheiden ist das Recht der Personalvertretungen, sich mit Unterstützung der Gewerkschaften sachkundig zu machen, um auf diese Weise ein echtes **Gegengewicht** gegenüber dem jeweiligen Leiter der Dienststelle und dessen Fachreferenten bilden zu können. Die Hinzuziehung von Beauftragten (Beratern) der Gewerkschaften erfolgt durch den Vorsitzenden auf Antrag von einem Viertel oder der Mehrheit einer Gruppe der Personalvertretung (§ 36).

V. Streitigkeiten

52 1. Streitigkeiten über die Verletzung des Gebots zur vertrauensvollen Zusammenarbeit werden durch die Verwaltungsgerichte im Beschlussverfahren entschieden (§ 83 Abs. 1 Nr. 3; VGH Kassel v. 30. 3. 1988, Leits. ZfPR 1989, 78). Eine Verletzung dieser tragenden Grundregel des Personalvertretungsrechts kann auf der Seite der Personalvertretung zu einem Auflösungs-/Ausschlussverfahren (§ 28), auf der Seite des Dienststellenleiters zu einem Disziplinarverfahren führen (BVerwG v. 23. 5. 1986, ZBR 1986, 305 = PersV 1987, 196 = ZfPR 1989, 78; VGH Kassel v. 30. 3. 1988, aaO). In einem personalvertretungsrechtlichen Beschlussverfahren kann aber nicht die isolierte Feststellung eines Verstoßes gegen den Grundsatz der vertrauensvollen Zusammenarbeit oder die Feststellung einer abstrakten, aus diesem Grundsatz abgeleiteten Verhaltensanforderung begehrt werden; denn der Grundsatz der vertrauensvollen Zusammenarbeit legt objektive Handlungspflichten fest, ohne dass daraus subjektive Ansprüche abgeleitet werden können (BVerwG v. 12. 11. 2002, Leits. ZBR 2003, 180 = PersV 2003, 189 = ZfPR 2003, 44). Streitigkeiten über Zugangsrechte von Gewerkschaften bzw. Gewerkschaftsbeauftragten entscheiden die **Verwaltungsgerichte,** soweit das Zutrittsrecht nicht aus einem bürgerlich-rechtlichen Anspruch hergeleitet wird. Zuständig sind aber nicht die personalvertretungsrechtlichen Fachkammern der Verwaltungsgerichte, sondern die allgemeinen Verwaltungsgerichte, da die Rechtsstellung der Gewerkschaften in dem abschließenden Katalog des § 83 Abs. 1 nicht angesprochen wird. Wer den Streit um das Zugangsrecht entsprechend § 83 Abs. 1 Nr. 3 als ein in die Zuständigkeit der Fachkammern fallendes personalvertretungsrechtliches Verfahren bezeichnet (Lorenzen u. a., § 2 Anm. 32), übersieht, dass es sich eben nicht um Fragen der Zuständigkeit und Geschäftsführung der Personalvertretungen handelt. Die Befugnisse der Gewerkschaften im Personalvertretungsgesetz sind ausdrücklich und auch abschließend geregelt, so dass keine Veranlassung besteht, etwa im Wege der Analogie ihre Befugnisse über den gesetzlich abgesteckten Rahmen hinaus zu erweitern und ihnen dort die Legitimation zur Einleitung eines Beschlussverfahrens zuzugestehen, wo dies nicht ausdrücklich vorgeschrieben ist (BVerwG v. 8. 6. 1962, BVerwGE 14, 241 = ZBR 1962, 283 = PersV 1962, 236; Wahlers, PersV 1987, 481).

53 2. Den Gewerkschaften steht im Falle der **Verweigerung des Zugangsrechts** ein Zutritt zur Dienststelle nicht zu. Auch für diese Streitigkeiten sind die Verwaltungsgerichte zuständig, soweit das Zutrittsrecht nicht aus einem bürgerlich-rechtlichen Anspruch hergeleitet wird. Zuständig sind aber nicht die personalvertretungsrechtlichen Fachkammern der Verwaltungsgerichte, sondern die allgemeinen Verwaltungsgerichte, da die Rechtsstellung der Gewerkschaften in dem abschließenden Katalog des § 83 Abs. 1 nicht angesprochen wird (Fischer u. a., § 2 Anm. 28; a. A. Lorenzen u. a., § 2 Anm. 32), Die Gewerkschaften können das Zutrittsrecht eventuell auf dem Weg einer einstweiligen Verfügung durchsetzen (Richardi u. a., § 2 Anm. 124; vgl. hierzu für das BetrVG: LAG Düsseldorf v. 5. 12. 1988, Leits. BB 1989, 286 = DB 1989, 1036).

54 3. Im Falle eines Streites darüber, ob eine Gewerkschaft Werbe- und Informationsmaterial in der Dienststelle verteilen und Plakate anbringen darf und ob ihr zu diesem Zweck ein Zugangsrecht zu gewähren ist, sind die ordentlichen Gerichte zuständig. Gleiches gilt für die **Abwehr gewerkschaftlicher Einwirkungen,** z. B. um Propagandabehauptungen im Wahlkampf.

55 4. Gewerkschaftsvertreter können im Rahmen eines Beschlussverfahrens als **Verfahrensbevollmächtigte** der Personalvertretungen auftreten, wenn mindestens ein Beschäftigter der betreffenden Gewerkschaft angehört (Lorenzen u. a., § 2 Anm. 30; vgl. im Einzelnen § 83 Anm. 46, 60, 66).

Schrifttum: Battis, Inwieweit ist der in den einzelnen Landespersonalvertretungsgesetzen festgeschriebene Einfluss der Gewerkschaften mit der Verfassung vereinbar? DÖV 1987, 1; Benne, Das Gespräch zwischen Personalrat und Fraktion, PersV 1984, 353; Berlit, Koalitionsfreiheit und öffentlicher Dienst – Bemerkungen zur Grundrechtsfähigkeit der öffentlichen Arbeitgeber und ihrer Koalitionen, ZTR 1994, 143; Bieler, Dienstpflichten versus Personalratsarbeit?, ZfPR 1997, 56; Bosch, Personalrat und Haushalt, PersR 1996, 44; Britz, Was bedeutet „vertrauensvolle Zusammenarbeit" (§ 2 BPersVG)?, PersV 1993, 481; Cornelißen, Die vertrauensvolle Zusammenarbeit zwischen Dienststelle und Personalrat, PersV 1979, 481; Fluck, Zutritt von Gewerkschaftsvertretern zur Dienststelle, ZfPR 1990, 32; Däubler, Gewerkschaftsrechte im Betrieb auf neuer Grundlage, DB 1998, 2014; ders., Gewerkschaftliche Information und Werbung im Netz, DB 2004, 2102; Faber/Härtel, Die Aufgaben und Befugnisse der Dienststellenleitung im Personalvertretungsrecht, PersV 1994, 49, 105; Fraatz, Die Leitprinzipien für die Zusammenarbeit zwischen Dienststelle und Personalvertretung, PersV 1998, 545; Grunsky, Der Nachweis des Vertretenseins einer im Betrieb vertretenen Gewerkschaft, AuR 1990, 105; Hahn, Das Koalitionsrecht des Art. 9 Abs. 3 GG und seine Schranken bei der gewerkschaftlichen Betätigung in der Dienststelle, PersV 1991, 505; ders., Die vertrauensvolle Zusammenarbeit der Gewerkschaften mit der Dienststelle und der Personalvertretung, PersV 1992, 369; Hamm, Abmeldung des Betriebsrats – Abschied des BAG von den Stichworten, ArbuR 1996, 16; Hecker, Die Pflichten des Personalrats, PersV 1981, 357; Ilbertz, Vertrauensvolle Zusammenarbeit, ZfPR 1989, 35; Kunze, Das Gebot der vertrauensvollen Zusammenarbeit zwischen Dienststelle und Personalrat, PersV 2000, 242; ders., Die rechtliche Stellung des Personalrats und seiner Mitglieder, ZfPR 2000, 19; Lorse, Führungshandeln im Spannungsfeld von Interessenvertretungen, DÖD 2006, 93; Pfohl, Mitbestimmung im öffentlichen Dienst – der neue Bechluss des BVerfG, ZBR 1996, 83; Prütting-Werth, Die Vertretung einer Gewerkschaft im Betrieb – Geheimverfahren zum Nachweis der Voraussetzungen, DB 1989, 2273; Rengier, Die Tätigkeit der Gewerkschaften nach dem PersVG, RiA 1967, 27; Röken, Dienststellenleiter und Personalvertretung, ZBR 1990, 133, 143; Steiner, Das Bundespersonalvertretungsgesetz und die Regelung von Interessenkonflikten in Behörden, PersV 1988, 293; Thorn, Zum Gewerkschaftsbegriff im Sinne des PersVG, RiA 1958, 230; Wahlers, Anspruch eines Gewerkschaftsbeauftragten auf Besichtigung eines Arbeitsplatzes?, PersV 1987, 481; ders., Rechtsweg und sachliche Zuständigkeit bei Streitigkeiten um das personalvertretungsrechtliche Zugangsrecht von Gewerkschaftsbeauftragten, PersV 2000, 146; Windscheid, Die vertrauensvolle Zusammenarbeit zwischen Dienststelle und Personalrat, PersV 1975, 90.

§ 3 [Zwingende Natur der gesetzlichen Vorschriften]

Durch Tarifvertrag kann das Personalvertretungsrecht nicht abweichend von diesem Gesetz geregelt werden.

Entspr. landesgesetzliche Regelungen:
Baden-Württemberg: § 3; Bayern: Art. 3; Berlin: § 2 Abs. 4; Brandenburg: § 97; Bremen: –; Hamburg: § 3; Hessen: § 113 Abs. 1; Mecklenburg-Vorpommern: § 89, Niedersachsen: § 82; Nordrhein-Westfalen: § 4; Rheinland-Pfalz: § 3; Saarland: § 3, § 79; Sachsen: § 84 Abs. 5; Sachsen-Anhalt: § 3; Schleswig-Holstein: § 90; Thüringen: § 3.

1 1. Die Vorschrift verbietet nach ihrem Wortlaut lediglich ein Abweichen von diesem Gesetz aufgrund eines Tarifvertrages. Daraus ergibt sich aber nicht, dass Abweichungen über **Dienstvereinbarungen** möglich wären; denn Dienstvereinbarungen sind nur in den im Gesetz ausdrücklich aufgeführten Fällen zulässig (§ 73 Abs. 1). Personalvertretungsrechtliche Materien sind dabei nicht aufgeführt (§ 75 Abs. 3, § 76 Abs. 2; Lorenzen u. a., § 3 Anm. 8).

2 2. Die Vorschrift verbietet ausdrücklich eine vom Gesetz abweichende **Regelung durch Tarifvertrag.** Den Tarifvertragsparteien ist es daher untersagt, Vereinbarungen zu treffen, die z. B. die Beteiligungsrechte der Personalvertretungen einengen oder ausdehnen. Das ist bei der Vereinbarung einer tarifvertraglichen Bestimmung, nach der die Personalvertretung die Zustimmung zu einer Einstellung über die gesetzlichen Zustimmungsverweigerungsgründe hinaus auch aus wichtigem Grund und mit der Begründung verweigern kann, für den Arbeitsplatz sei bereits ein geeigneter Beschäftigter in der Dienststelle vorhanden, nicht der Fall (BAG v. 15. 7. 1986, BAGE 52, 279 = DB 1987, 283). Das generelle Verbot gilt auch für die Ergänzung oder Interpretation personalvertretungsrechtlicher Bestimmungen durch Tarifverträge (Fischer u. a., § 3 Anm. 5).

3 3. Der Grund für diese Vorschrift ist darin zu sehen, dass das Personalvertretungsrecht für alle Dienststellen einheitlich sein soll. Diese **Einheitlichkeit** würde aber dann gestört, wenn die Bestimmungen des BPersVG zur Disposition der Tarifvertragsparteien stünden, die auf diese Weise Beschäftigten in einzelnen Dienststellen über ihre Personalvertretung ein Mehr an Rechten als ihren Kollegen in anderen Dienststellen einräumen könnten.

4 4. Hinzu kommt, dass es ein **Tarifrecht für Beamte nicht** gibt. Das Personalvertretungsrecht gilt aber einheitlich für Beamte und Arbeitnehmer. Es wäre nicht zu rechtfertigen, wenn die Zuständigkeit der Personalvertretungen auf dem Wege über Tarifverträge einseitig zugunsten der Arbeitnehmer erweitert würde und damit von einem einheitlichen Rechtszustand in den Bundesverwaltungen abgewichen würde (vgl. auch die Begr. zu § 3 des Gesetzentwurfs, BT-Drucks. 7/176).

5. Durch den **Tarifvertrag für den öffentlichen Dienst** (TVöD v. 13. 9. 2005), der zum 1. 10. 2005 in Kraft getreten ist, wird den Personalvertretungen eine Reihe von Handlungsmöglichkeiten im Rahmen der personalvertretungsrechtlichen Bestimmungen eingeräumt. Dies gilt im Zusammenhang mit dem **Abschluss von Dienstvereinbarungen,** die sich auf die Arbeitszeit beziehen (vgl. § 6 Abs. 4, 6 und 7 sowie § 9 Abs. 2 und § 10 Abs. 1 TVöD) Weitere, für den Bereich des Personalvertretungsrechts bedeutsame Bestimmungen des TVöD sind: § 23 Abs. 2 Satz 3 (Jubiläumszuwendung), § 23 Abs. 3 Satz 4 (Sterbegeld) und § 27 Abs. 3 (Zusatzurlaub). Die Schaffung **paritätisch besetzter betrieblicher Kommissionen** nach § 17 Abs. 2 Satz 5 TVöD stellt sich als eine Konkretisierung des in § 68 Abs. 1 Nr. 3 normierten allgemeinen Beschwerderechts dar (Lorenzen u. a., § 3 Anm. 3 a bis d; Rothländer, ZTR 2005, 619, 629). 5

Schrifttum: Edenfeld, Die tarifvertraglich erweiterte Mitbestimmung, PersR 2001, 14; Rothländer, Die Beteiligungsrechte betrieblicher Interessenvertretungen bei der Überleitung von BAT, MTArb bzw. BMT-G II in den TVöD, ZTR 2005, 619; Schleicher, Beteiligungsrechte kraft Vereinbarung?, PersV 1990, 457.

§ 4 [Beschäftigte]

(1) Beschäftigte im öffentlichen Dienst im Sinne dieses Gesetzes sind die Beamten und Arbeitnehmer einschließlich der zu ihrer Berufsausbildung Beschäftigten sowie Richter, die an eine der in § 1 genannten Verwaltungen oder zur Wahrnehmung einer nichtrichterlichen Tätigkeit an ein Gericht des Bundes abgeordnet sind.

(2) Wer Beamter ist, bestimmen die Beamtengesetze.

(3) Arbeitnehmer im Sinne dieses Gesetzes sind Beschäftigte, die nach dem für die Dienststelle maßgebenden Tarifvertrag oder nach der Dienstordnung Arbeitnehmer sind oder die als übertarifliche Arbeitnehmer beschäftigt werden. Als Arbeitnehmer gelten auch Beschäftigte, die sich in einer beruflichen Ausbildung befinden-.

(4) (aufgehoben)

(5) Als Beschäftigte im Sinne dieses Gesetzes gelten nicht

1. Personen, deren Beschäftigung überwiegend durch Beweggründe karitativer oder religiöser Art bestimmt ist,

2. Personen, die überwiegend zu ihrer Heilung, Wiedereingewöhnung, sittlichen Besserung oder Erziehung beschäftigt werden.

Inhaltsübersicht

Entspr. landesgesetzliche Regelungen:
Baden-Württemberg: § 4, §§ 6 bis 8; Bayern: Art. 4; Berlin: §§ 3, 4; Brandenburg: §§ 4, 5; Bremen: §§ 3 bis 6; Hamburg: § 4; Hessen: §§ 3 bis 6; Mecklenburg-Vorpommern: § 3; Niedersachsen: § 4; Nordrhein-Westfalen: § 5; Rheinland-Pfalz: § 4; Saarland: § 4; Sachsen: § 4; Sachsen-Anhalt: § 4; Schleswig-Holstein: §§ 3 bis 6; Thüringen: § 4.

Entspr. Vorschriften des BetrVG: §§ 5, 6.

I. Geltungsbereich

1 1. Nach Inkrafttreten des Tarifvertrags für den öffentlichen Dienst (TVöD v. 13. 9. 2005) am 1. 10. 2005 gibt es auf Bundesebene anstelle der bisherigen Aufteilung in Angestellte und Arbeiter nur noch die **einheitliche** Gruppe der **Arbeitnehmer.** Die nachfolgend zu kommentierende Vorschrift legt fest, wer zum Personalkörper einer Dienststelle gehört, den die Personalvertretung zu repräsentieren hat. Geregelt wird, wie die statusbezogene, personalvertretungsrechtliche Repräsentation zu organisieren ist, und es werden die Begriffe Beamte und Arbeitnehmer (vgl. Anm. 21) für den Geltungsbereich dieses Gesetzes definiert. Gleichzeitig wird der **persönliche Geltungsbereich** festgelegt. Bedeutsam ist der Begriff des „Beschäftigten" für die Wahlberechtigung, die Feststellung der Zahl der Personalratsmitglieder und für die Zahl der Freistellungen. Die Aufzählung in Abs. 1 ist abschließend (vgl. auch Widmaier, PersV 1995, 329).

2 2. Als Oberbegriff für die einzelnen, in den Dienststellen tätigen Gruppen hat der Gesetzgeber den Begriff **„Beschäftigte"** gewählt. Die Personalvertretungsgesetze der Länder kennen z. T. andere Oberbegriffe, so z. B. das Land Berlin den Begriff „Dienstkräfte" (§ 3 Abs. 1), das Saarland den Begriff „Angehörige des öffentlichen Dienstes" (§ 4) oder das Land Schleswig-Holstein den Begriff „Mitarbeiter" (§ 3).

II. Beschäftigteneigenschaft

3 1. a) Zu den **Beschäftigten** zählen alle Personen, die zu einem Träger der in § 1 genannten Verwaltungen oder zu einer bundesunmittelbaren Körper-

schaft, Anstalt oder Stiftung des öffentlichen Rechts in einem Beamtenverhältnis oder in einem nach Tarif- oder Dienstordnungsrecht oder in einem durch Arbeitsvertrag begründeten Arbeitsverhältnis oder in einem Berufsausbildungsverhältnis stehen (Fischer u. a., § 4 Anm. 5; Lorenzen u. a., § 4 Anm. 4). Sie müssen in eine Dienststelle eingegliedert sein und an der Erfüllung öffentlicher Aufgaben mitwirken. (BVerwG v. 15. 5. 2002, ZBR 2003, 168 = Leits. PersV 2003, 267 = ZfPR 2002, 260; BVerwG v. 13. 4. 2004, Leits. ZBR 2004, 328 = PersV 2004, 374 = Leits. ZfPR 2004, 328). Wesentliches Merkmal der Eingliederung ist die **Weisungsabhängigkeit** vom Dienststellenleiter einerseits, dem andererseits Schutzpflichten gegenüber dem Beschäftigten entsprechen (vgl. u. a. BVerwG v. 25. 9. 1995, ZfPR 1996, 51; OVG Münster v. 1. 12. 2005, ZTR 2006, 218). Nicht zu den Beschäftigten gehören die Richter (vgl. aber Abs. 1 Halbsatz 2 und Anm. 11 ff.). Weitere Abweichungen ergeben sich aus Abs. 5. Im Übrigen sind alle in persönlicher Abhängigkeit Tätigen, einschließlich der zu ihrer Berufsausbildung Beschäftigten – auch wenn sie in ihren Aufgaben rechtlich nicht weisungsgebunden sind (z. B. Rechtspfleger, Mitglieder des Rechnungshofes usw.) – Beschäftigte. Personen, mit denen Werk- oder Werklieferungsverträge oder sonstige ihre Selbstständigkeit unangetastet lassende besondere Vertragsverhältnisse geschlossen sind (z. B. Ärzte, Rechtsanwälte, Kantinenpächter usw.), zählen dagegen nicht zu den Beschäftigten im Sinne dieses Gesetzes. Ebensowenig zählen hierzu Lehrbeauftragte mit Privatdienstvertrag (BVerwG v. 30. 6. 1980, ZBR 1981, 130 = PersV 1981, 245). Gleiches gilt für die Personen, die z. B. an einer Akademie ausgebildet werden in Bezug auf die Beschäftigteneigenschaft im Verhältnis zur Akademie; denn sie sind nicht in dieser und für diese tätig (BVerwG v. 19. 6. 1980, ZBR 1981, 69 = PersV 1981, 368; vgl. hierzu auch Anm. 10). Zum Kreis der Beschäftigen gehören ebenfalls nicht Teilnehmer an Arbeitsgelegenheiten (sog. Ein-Euro-Jobs; vgl. Anm. 21) Dagegen sind solche Personen zum Kreis der Beschäftigten für die Dauer ihrer tatsächlichen Beschäftigung zu rechnen, denen gekündigt wurde, die aber aufgrund eines Urteils einen Weiterbeschäftigungsanspruch erhalten haben. Dies gilt selbst dann, wenn danach rechtskräftig die Rechtswirksamkeit der Kündigung festgestellt wird (BAG v. 15. 1. 1991, ZTR 1991, 346; vgl. im Übrigen auch Anm. 21 u. § 75 Anm. 30 ff.).

b) Entscheidend ist demnach die **Unselbstständigkeit der Tätigkeit** bzw. die **4**
Weisungsabhängigkeit (OVG Bremen v. 23. 8. 1988, PersV 1990, 265). Ob eine Person eine selbstständige oder unselbstständige Tätigkeit in einer Dienststelle ausübt, richtet sich nach der organisatorischen Eingliederung. Es kommt dagegen nicht auf die auf dem Dienstvertrag beruhenden rechtlichen Beziehungen an. Die „mittelbar Beschäftigten" (Arbeitsvertrag ist nicht mit dem Leiter der Dienststelle, in der der Beschäftigte tätig ist, sondern mit einem Dritten abgeschlossen) sind daher nur in der Dienststelle als Beschäftigte anzusehen, in der sie tatsächlich tätig sind, soweit sie jedenfalls dem Weisungsrecht des Leiters dieser Dienststelle unterliegen (BVerwG v. 30. 6. 1980, ZBR 1981, 130 = PersV 1981, 245). Die Beschäftigteneigenschaft wird also entweder durch die rechtliche Zugehörigkeit zur Dienststelle (auch ohne tatsächliche Eingliederung) oder durch die Begründung eines Beschäftigungsverhältnisse unabhängig von seiner rechtlichen Grundlage gekennzeichnet (Fischer u. a., § 4 Anm. 5).

c) Auch **„Telearbeiter"** sind Beschäftigte (Fischer u. a., § 4 Anm. 23; Loren- **4a**
zen u. a., § 13 Anm. 23 23a). Sie üben eine Tätigkeit mit gewisser Regelmäßigkeit außerhalb der Dienststelle aus und nutzen dabei neue Informations- und Kommunikationstechniken zur Arbeitserledigung (Wedde, ZfPR 1998,

18). Sie unterliegen in aller Regel der persönlichen und fachlichen Weisungsgebundenheit, die sich in vielen Fällen bereits aus der Software ableitet, die von der jeweiligen Behörde vorgegeben wird. Die Dienststellenzugehörigkeit ergibt sich aus der der Telearbeit zugrundeliegenden Vertragsgestaltung, so dass selbst bei ausschließlich häuslicher Telearbeit die Zuordnung möglich ist. Erleichtert wird die Zuordnung dann, wenn es sich um eine alternierende Telearbeit handelt, d. h. wenn ein Teil der Arbeit am häuslichen Arbeitsplatz, ein anderer in der Dienststelle erbracht wird. Zumal dann, wenn man den Dienststellenbegriff nicht nur räumlich, sondern auch funktional interpretiert, gehören viele Arbeitsplätze zur Dienststelle. Den Beschäftigten auf Telearbeitsplätzen stehen die gleichen Rechte wie den übrigen Beschäftigten im Zusammenhang mit dem Personalvertretungsrecht zu. Dies bedeutet, dass sie ein aktives und passives Wahlrecht zur Personalvertretung, allerdings mit praktischen Hindernissen in Bezug auf eine sinnvolle Ausübung des Amtes, haben, dass sie an Personalversammlungen teilnehmen und Sprechstunden der Personalvertretung besuchen können. Dabei sind ihnen die durch die Teilnahme entstehenden zusätzlichen Wegezeiten wie Arbeitszeit anzurechnen, die Fahrkosten sind ihnen zu erstatten (vgl. für das BetrVG: Fitting u. a., § 5 Anm. 59). Sie können sich mit Anregungen und Beschwerden an die Personalvertretung wenden, die für sie auch sämtliche Mitwirkungs- und Mitbestimmungsrechte geltend machen kann (§ 75 Abs. 1 Nrn. 1 bis 4, Abs. 3 Nrn. 6, 8, 11, 13, 14, 16, 17; § 76 Anm. 1 Nrn. 1 bis 5, Abs. 2 Nrn. 5, 7, 8, § 78 Abs. 3, § 79; vgl. im Übrigen auch: Boemke – Ankersen, BB 2000, 2254).

5 d) Die **Dauer der täglichen Arbeitszeit** hat keinen Einfluss auf die Beantwortung der Frage nach der Eigenschaft einer Person als Beschäftiger. Daher sind z. B. auch Putzfrauen, wenn sie nicht nur eine geringfügige Arbeit für die Dienststelle leisten, in diese eingegliedert und somit als Beschäftigte wahlberechtigt (Molitor, § 3 Anm. 5). Gleiches gilt für **Teilzeitbeschäftigte** bzw. für in flexibler Teilzeit bzw. im Job-Sharing Beschäftigte. Ausschlaggebend ist, dass die Betroffenen „eine regelmäßige und dauernde, nicht bloß vorübergehende und auch nicht geringfügige Arbeit in der Dienststelle verrichten“ (BVerwG v. 25. 9. 1995, BVerwGE 99, 230 = ZBR 1996, 265 = PersV 1996, 270 = ZfPR 1996, 51). Die auszuübende Tätigkeit muss daher in jedem Fall zu einer echten Eingliederung in die Dienststelle mit allen damit verbundenen personellen und sozialen Bindungen führen, die erst den personalvertretungsrechtlichen Schutz rechtfertigen (BVerwG v. 11. 2. 1981, ZBR 1982, 156 = PersV 1982, 110). Ein weiteres Kriterium dafür, ob eine Beschäftigung zu einer echten Eingliederung führt, ist die dienststellenmäßige und soziale Bindung, die im allgemeinen fehlt, wenn die Tätigkeit bloß vorübergehend und geringfügig ist (Aushilfstätigkeit). Dies gilt z. B. für Ferienbeschäftigungen von Studenten und Schülern bzw. für kurzfristige Urlaubs-, Krankheits- oder Mutterschaftsvertretungen sowie bei Gelegenheitsarbeiten. Wegen der Kurzfristigkeit und Geringfügigkeit ist im allgemeinen eine Eingliederung auch nicht beabsichtigt. Im Regelfall ist davon auszugehen, dass eine auf längstens zwei Monate befristete Tätigkeit von nur geringfügiger und vorübergehender Natur ist. Sie führt nicht zu einer Eingliederung in die Dienststelle; der Betroffene ist daher nicht als Beschäftigter i. S. von § 4 anzusehen (BVerwG v. 27. 11. 1991 – 6 P 15.90, Leits. ZBR 1992, 251 = PersV 1992, 225; BVerwG v. 27. 11. 1991 – 6 P 16.90, n. v.; BVerwG v. 25. 9. 1995, aaO; wegen der Auswirkungen auf das Wahlrecht und die Wählbarkeit vgl. § 12 Anm. 6 bzw. § 13 Anm. 10; vgl. vor allem auch: BVerwG v. 26. 1. 2000, BVerwGE 110, 297 = Leits. ZBR 2000, 321 = PersV 2000, 559 = ZfPR 2000, 197). Dagegen ist die Beschäftigten-

eigenschaft in bezug auf sog. **Abrufkräfte** zu bejahen (BVerwG v. 3. 2. 1993, BVerwGE 92, 47 = Leits. ZBR 1993, 319 = PersV 1994, 225 = ZfPR 1993, 127).

e) Auch die **Dauer der Zugehörigkeit zur Dienststelle** ist grundsätzlich nicht entscheidend (BVerwG v. 5. 5. 1978, BVerwGE 55, 363 = ZBR 1978, 374 = PersV 1979, 286). Dies ergibt sich auch daraus, dass die Wahlberechtigung nicht von diesem Faktor abhängig gemacht wird (§ 13) und dass die nicht ständig Beschäftigten unter bestimmten Voraussetzungen Sondervertreter wählen können (§ 65 Abs. 1). Auch die auf Probe Beschäftigten zählen zu den Beschäftigten im Sinne des Gesetzes (BVerwG v. 6. 6. 1991, Leits. ZBR 1992, 76 = PersV 1992, 76 = ZfPR 1991, 169); ferner die im Rahmen der Arbeitsförderung nach dem Sozialgesetzbuch (SGB III) Beschäftigten; vgl. auch § 12 Anm. 6 und § 13 Anm. 9, vor allem § 75 Anm. 6 ff.). Gleiches gilt für **Leiharbeitnehmer**, soweit sie in die Dienststelle eingegliedert werden, nämlich dann, wenn der (öffentliche) Arbeitgeber die Beschäftigten der Fremdfirma (Verleiherfirma) zur Erfüllung öffentlicher Aufgaben einsetzt, ihnen gegenüber weisungsberechtigt ist und den Arbeitseinsatz nach Ort und Zeit bestimmen kann und wenn ihm Schutzpflichten in gleichem Umfang wie gegenüber dem (eigenen) Personal obliegen und die Beschäftigten der Fremdfirma gemeinsam mit den bereits in der öffentlichen Verwaltung Beschäftigten Aufgaben wahrzunehmen haben, die dem (öffentlichen) Arbeitgeber obliegen (vgl. hierzu u. a.: BVerwG v. 20. 5. 1992, BVerwGE 90, 194 = Leits. ZBR 1992, 380 = PersV 1993, 171 = ZfPR 1992, 171; BVerwG v. 8. 1. 2003, ZfPR 2003, 259; vgl. auch Boemke, PersV 2004, 404, der zurecht darauf hinweist, dass der überlassene Leiharbeitnehmer sowohl der überlassenen Dienststelle als auch derjenigen Dienststelle angehört, der er überlassen worden ist). 6

f) Für die Frage der Dienststellenzugehörigkeit kommt es auch nicht darauf an, ob die Beschäftigung haupt- oder nebenberuflich ausgeübt wird oder ob die betreffende Person in mehreren Dienststellen tätig ist. Allein entscheidend ist, ob der Betreffende auf der Grundlage eines Beamtenverhältnisses oder eines sonstigen Beschäftigungsverhältnisses (vgl. Anm. 3) oder eines Berufsausbildungsverhältnisses **in eine Dienststelle eingegliedert** ist und mit seiner Tätigkeit an der Erfüllung der dieser Dienststelle zugewiesenen Aufgaben mitwirkt oder sich auf eine solche Mitwirkung im Rahmen eines Berufsausbildungsverhältnisses vorbereitet (Gem. Senat der obersten Gerichtshöfe des Bundes v. 12. 3. 1987, BVerwGE 77, 370, 376; BVerwG v. 6. 6. 1991, Leits. ZBR 1992, 76 = PersV 1992, 169 = ZfPR 1991, 169). Ein weiteres Kriterium ist, ob eine Weisungsgebundenheit an die Dienststellenleitung besteht (BVerwG v. 20. 5. 1992, BVerwGE 90, 194 = Leits. ZBR 1992, 380 = PersV 1993, 171 = ZfPR 1992, 171; BVerwG v. 3. 2. 1993, BVerwGE 92, 47 = Leits. ZBR 1993, 319 = ZfPR 1993, 127). 7

g) Zu den Beschäftigten können auch solche Personen zählen, die **vorrübergehend keine Dienst- oder Arbeitsleistung** erbringen, bei denen aber feststeht, dass sie in die Dienststelle zurückkehren werden. Daher sind Erholungsurlaub, Urlaub unter Fortzahlung der Bezüge sowie Dienstbefreiung, Arbeitsbefreiung und die Freistellung von dienstlicher Tätigkeit ohne Einfluss auf die Beschäftigteneigenschaft (BVerwG v. 15. 11. 2006, PersV 2007, 370; Lorenzen u. a., § 4 Anm. 25). Ebenfalls ohne Einfluss auf die Beschäftigteneigenschaft sind längerfristige Erkrankungen, die Einberufung zum Grundwehrdienst oder zu einer Wehrübung bzw. die Abwesenheit auf Grund der Teilnahme an einer freiwilligen Wehrübung bzw. an Eig- 7a nungsübungen. Ebenso wenig wird die Beschäftigteneigenschaft durch die Inanspruchnahme der Elternzeit beeinträchtigt (Bundeselterngeld- und Elternzeitgesetz, BEEG, v. 5. 12. 2006, BGBl. I S. 2748, zul. geänd. durch Art. 6 Abs. 8 G v. 19. 8. 2007 (BGBl. I S. 1970). Auch das sog. Sabbatjahr (§ 3 b Abs. 1 Satz 2 Verordnung über die Arbeitszeit der Beamtinnen und Beamten des Bundes, AZV v. 23. 2. 2006, BGBl. I S. 427) lässt die Dienststellenzugehörigkeit und damit die Beschäftigteneigenschaft unberührt.

8 2. Die **Dienststellenleiter** und ihre ständigen Vertreter sind ebenfalls Beschäftigte i. S. von Abs. 1, da sich im öffentlichen Dienst alle Verwaltungsangehörigen im Rahmen des staatlichen Behördenorganismus in sozial abhängiger Stellung befinden und insoweit in ihrer Rechtsstellung gegenüber dem Dienstherrn gleichstehen (Ausnahme: Bundesminister, Parlamentarische Staatssekretäre, Staatsminister, § 1 Gesetz über die Rechtsverhältnisse der Mitglieder der Bundesregierung, BMinG v. 17. 6. 1953, BGBl. S. 407, zul. geänd. d. Art. 3 G v. 15. 12. 2004, BGBl. I S. 3390 und § 1 Abs. 3 Gesetz über die Rechtsverhältnisse der Parlamentarischen Staatssekretäre, ParlStG v. 24. 7. 1974, BGBl. I S. 1538, zul. geänd. d. G. v. 15. 1. 1999, BGBl. I S. 10). Dagegen sind beamtete Staatssekretäre Beschäftigte. Der Dienststellenleiter ist lediglich Repräsentant des Dienstherrn. Hätte der Gesetzgeber den Dienststellenleiter aus dem Kreis der Beschäftigten ausnehmen wollen, so hätte er dies in Abs. 5, in dem er die Ausnahmen aufgezählt hat, ausdrücklich aufführen müssen (VGH Kassel v. 26. 4. 1978, PersV 1980, 507; Fischer u. a., § 4 Anm. 6; § 12 Anm. 7; Lorenzen u. a., § 4 Anm. 15). Im Übrigen ist zu berücksichtigen, dass es eines Ausschlusses des Dienststellenleiters von der Wählbarkeit (§ 14 Abs. 3) nicht bedurft hätte, wenn ihm nicht die Beschäftigteneigenschaft zukäme; denn das passive Wahlrecht ist vom aktiven Wahlrecht (das alleine den Beschäftigten zusteht) abhängig.

9 3. Die **Mitglieder der Regierung** und der entsprechenden Verfassungsorgane der öffentlich-rechtlichen Körperschaften sind nicht Beschäftigte i. S. dieses Gesetzes.

10 4. Zum Kreis der Arbeitnehmer zählen auch die Beschäftigten, die sich **in einer beruflichen Ausbildung** befinden. Dazu gehören nach § 1 Abs. 1 Berufsbildungsgesetz (BBiG, vgl. § 9 Anm. 1) diejenigen, die sich in einer Berufsausbildungsvorbereitung, einer Berufsausbildung, in einer beruflichen Fortbildung und in einer beruflichen Umschulung befinden. Für die Auslegung des Begriffs Berufsausbildung kann nicht alleine auf das Berufsbildungsgesetz zurückgegriffen werden, weil dieses Gesetz nicht für die Berufsausbildung in einem öffentlich-rechtlichen Dienstverhältnis gilt (§ 3 Abs. 2 Nr. 2 BBiG). Berufsausbildung i. S. des BPersVG geht inhaltlich weiter (vgl. für das BetrVG: BAG v. 3. 10. 1989, BB 1990, 354, 851 = DB 1990, 1140). Auch Lehrlinge, Umschüler, Praktikanten und Volontäre (vgl. für diese: BAG v. 1. 12. 2004, Leits. BB 2005, 1800 = NZA 2005, 779, soweit für sie eine Arbeitspflicht besteht), gehören zum Kreis der Beschäftigten. Generell können in der Ausbildung Personen nur dann „als Beschäftigte der Ausbildungsdienststelle angesehen werden“, wenn sie – zwar nicht ausschließlich – „für Aufgaben dieser Dienststelle vorbereitet werden und diese – wenn auch nach Anleitung und unter Aufsicht – wahrnehmen“, also in einem arbeitsrechtlichen Ausbildungsverhälnis stehen (BVerwG v. 19. 6. 1980, ZBR 1981, 69 = PersV 1981, 368; vgl. auch: BVerwG v. 29. 4. 1966, BVerwGE 24, 76 = ZBR 1966, 224 = PersV 1966, 131). **Auszubildende,** die den Ausbildungsvertrag nicht mit dem Träger der Dienststelle, sondern mit einem privaten Arbeitgeber abgeschlossen haben, werden nicht

dadurch, dass sie im Auftrag dieses Arbeitgebers in einer Dienststelle der Bundesverwaltung ausgebildet werden, Beschäftigte des öffentlichen Dienstes im Sinne dieser Vorschrift; denn sie treten nicht zum Träger der Dienststelle in ein Beamten- oder Arbeitsverhältnis oder in ein entsprechendes Ausbildungsverhältnis. Im übrigen nehmen sie nicht Aufgaben dieser Dienststelle wahr, sondern sind lediglich Empfänger einer Ausbildungsleistung. Darüber hinaus findet ihre Ausbildung nicht im Rahmen des öffentlichen Dienstes statt (BVerwG v. 18. 3. 1982, Leits. ZBR 1983, 136 = PersV 1983, 69; BVerwG v. 21. 6. 1982, Leits. PersR 1987, 218). Da nur diejenigen zu ihrer Berufsausbildung Beschäftigten auch „Beschäftigte im öffentlichen Dienst" sind, deren Berufsausbildung auf einen Beruf vorbereitet, in dem sie an der Erfüllung von Aufgaben des öffentlichen Dienstes mitwirken, zählen Auszubildende, die im Rahmen eines Förderprogramms eine „überbetriebliche" oder „außerbetriebliche" Ausbildung für einen Beruf erhalten, der sie nicht zur Erfüllung solcher Aufgaben befähigt, nicht zu den Beschäftigten im Sinne dieser Vorschrift (Gem. Senat der Obersten Gerichtshöfe des Bundes v. 12. 3. 1987, PersV 1987, 461; vgl. auch Anm. 7). Welcher Gruppe die zu ihrer Berufsausbildung Beschäftigten zuzuordnen sind, richtet sich in erster Linie nach dem Ausbildungsziel. Die Ausbildung zu einer Beamtenlaufbahn führt wegen der statusrechtlichen Stellung zu einer Zuordnung zur Beamtengruppe, während die Berufsaubildung zu einem Arbeitnehmerberuf in der öffentlichen Verwaltung zur Zuordnung zur Arbeitnehmergruppe führt (Fischer u. a., § 4 Anm. 48; Richardi u. a., § 4 Anm. 43).

5. **Richter** (vgl. Deutsches Richtergesetz, v. 8. 9. 1961, BGBl. I S. 1665, **11**
i. d. F. d. Bekanntm. v. 19. 4. 1972, BGBl. I S. 713, zul. geänd. durch Art. 4 G v. 22. 12. 2006, BGBl. I S. 3416) sind grundsätzlich von der Geltung des BPersVG ausgenommen. Sie stehen in einem eigenen öffentlich-rechtlichen Dienstverhältnis. Jedoch fallen die zu Verwaltungen des Bundes (z. B. zum BMJ, zum Dt. Bundestag) und zu bundesunmittelbaren Körperschaften, Anstalten und Stiftungen des öffentlichen Rechts abgeordneten Richter unter den Geltungsbereich dieses Gesetzes. Das gleiche gilt für Richter, die zur Wahrnehmung nicht richterlicher Tätigkeiten an ein Gericht des Bundes abgeordnet sind. Diese Richter treten zur Gruppe der Beamten (§ 5 Satz 2) hinzu. Das Vertretungsrecht der Richter ist in §§ 49 bis 60 DRiG geregelt. Als Richtervertretungen werden **Richterräte** für die Beteiligung an allgemeinen und sozialen Angelegenheiten sowie **Präsidialräte** für die Beteiligung an der Ernennung eines Richters gebildet. Im Übrigen gelten eine Reihe von Bestimmungen des BPersVG sinngemäß.

6. Die hier erwähnten Richter üben **für die Zeit ihrer Abordnung** keine **12**
richterliche Tätigkeit aus, sondern sind als Verwaltungsbeamte tätig. Sie sollen daher auch Personalvertretungen wählen können, die über eine Reihe von Angelegenheiten, insbesondere sozialer und organisatorischer Art, von denen sie unmittelbar betroffen sind, mitentscheiden.

7. Als Richter sind nur diejenigen Personen anzusehen, die **ausdrücklich zu** **13**
Richtern ernannt worden sind. Daher zählen andere, von Weisungen freie Beamte (z. B. die Mitglieder des Bundesrechnungshofes) nicht zum Kreis der Richter. Sie also sind Beschäftigte i. S. dieses Gesetzes.

8. Beschäftigte im Sinne dieses Gesetzes bei den Gerichten sind demnach **14**
neben den vorstehend genannten Richtern nur die Beamten – einschließlich der **Staatsanwälte** und die Arbeitenehmer. Der Gesetzgeber hat die übrigen

Richter von der Geltung des Gesetzes deshalb ausgenommen, weil das Grundgesetz zwischen Richtern und Beamten deutliche Unterscheidungen trifft (vgl. Art. 60, 99, 132, 137 GG).

15 9. Die **Rechtspfleger** zählen zur Gruppe der Beamten und sind Beschäftigte im Sinne von Abs. 1, obwohl sie mit der Wahrnehmung richterlicher Aufgaben betraut sind.

III. Beamte

16 1. Die Beamteneigenschaft ist maßgebend **für die Zuordnung zur Gruppe** der Beamten (§ 5) und für die Beteiligung in Personalangelegenheiten (§ 76). Maßgebend ist das Beamtenrecht (§ 2 Bundesbeamtengesetz, BBG, i. d. F. d. Bekanntm. v. 31. 3. 1999, BGBl. I S. 676, zul. geänd. d. Art. 1a G v. 26. 2. 2008, BGBl. I S. 215). Danach ist Beamter, wer zum Bund oder zu einer bundesunmittelbaren Körperschaft, Anstalt oder Stiftung des öffentlichen Rechts in einem öffentlich-rechtlichen Dienst- und Treueverhältnis steht. Tatsächlich entscheidend ist, dass der Betreffende eine Urkunde erhalten hat, in der die Worte „unter Berufung in das Beamtenverhältnis" mit dem die Art des Beamtenverhältnisses bestimmenden Zusatz „auf Probe", „auf Widerruf" oder als „Ehrenbeamter" oder „auf Zeit" mit der Angabe der Zeitdauer der Berufung enthalten sind (§ 6 Abs. 2 Nr. 1 BBG). Wer keine solche Urkunde erhalten hat, ist nicht Beamter im Sinne der Beamtengesetze. Unter den Geltungsbereich des Gesetzes fallen schließlich auch zum Bund abgeordnete Landesbeamte.

17 2. **Beamte** im Sinne dieses Gesetzes sind **nicht:**

a) die Bundesminister (vgl. § 1 Anm. 4) und parlamentarischen Staatssekretäre (wohl aber die beamteten Staatssekretäre; vgl. Anm. 8);
b) die Richter, soweit sie nicht zu dem in Abs. 1 Halbsatz 2 genannten Kreis gehören;
c) die Beamten der öffentlich-rechtlichen Religionsgemeinschaften (§ 112);
d) die dienstordnungsmäßigen (DO-) Arbeitnehmer bei Sozialversicherungsträgern; ihr auf Vertrag beruhendes Dienstverhältnis richtet sich aber materiell über die Dienstordnung im Wesentlichen nach Beamtenrecht; sie führen die Amtsbezeichnung der Beamten (BAG v. 7.4. 1992, PersR 1992, 420; vgl. auch BAG v. 25. 4. 1979, BAGE 31, 381 = PersV 1980, 41; Richardi u. a., § 4 Anm. 21); für Krankenversicherungsträger werden seit dem 1. 1. 1993 auf der Grundlage des Gesundheitsstrukturgesetzes (v. 21. 12. 1992, BGBl. I S. 2266) keine neuen DO-Verträge mehr abgeschlossen, während bei den Trägern der Unfallversicherung weiterhin DO-Verträge möglich sind (§§ 141 ff.; 144 ff. Siebtes Buch Sozialgesetzbuch – Gesetzliche Unfallversicherung – SGB VII v. 7. 8. 1996, BGBl. I S. 1254, zul. geänd. d. Art. 6a G v. 19. 12. 2007, BGBl. I S. 3024);
e) im Arbeitnehmerverhältnis weiter beschäftigte Ruhestandsbeamte sind Arbeitnehmer (vgl. Anm. 23) dagegen bleiben diejenigen im Beamtenverhältnis, deren Eintritt in den Ruhestand nach § 41 Abs. 2 BBG hinausgeschoben worden ist;
f) ehemalige Vorstandsmitglieder und Inhaber von Dienstposten der Deutschen Bundespost, die mit leitenden Aufgaben oder besonders wichtigen Funktionen betraut sind sowie die weiterhin beim Bundeseisenbahnvermögen beschäftigten, in einem Amtsverhältnis stehenden Inhaber leitender Dienstposten, sowie Beschäftigte der Deutschen Bahn AG;

g) Personen, die nur eine ehrenamtliche Tätigkeit ausüben, ohne in ein Beamtenverhältnis berufen zu sein;
h) Soldaten (sie stehen gem. § 1 SG in einem Wehrdienstverhältnis, das nach seiner Rechtsnatur ein öffentlich-rechtliches Sonderrechtsverhältnis ist; vgl. auch § 1 Anm. 13 sowie Erl. zu § 92);
i) Mitglieder des Direktoriums der Deutschen Bundesbank;
k) der Wehrbeauftragte des Deutschen Bundestages;
l) der Bundesbeauftragte für den Datenschutz;
m) der Bundesbeauftragte für die Unterlagen des Staatssicherheitsdienstes.

3. Für die Beurteilung der **Rechtsstellung der Dienstanfänger,** Beamtenanwärter etc. kommt es darauf an, ob sie bereits durch Aushändigung einer Ernennungsurkunde in das Beamtenverhältnis berufen worden sind. Beamte im Vorbereitungsdienst sind nach § 14 BLV (Bundeslaufbahnverordnung v. 15. 11. 1978, BGBl. I S. 1763 i. d. F. d. Bekanntm. v. 2. 7. 2002, BGBl. I S. 2459, 2671, zul. geänd. d. Art. 2 Abs. 24 G v. 5. 12. 2006, BGBl. I S. 2748) Beamte auf Widerruf. 18

4. Die oberste Dienstbehörde oder eine von ihr bestimmte Behörde können einem Beamten aus zwingenden dienstlichen Gründen die **Führung der Dienstgeschäfte** verbieten (§ 60 BBG; vgl. auch Gesetz zur Neuordnung des Bundesdisziplinarrechts, BDG v. 9. 7. 2001, BGBl. I S. 1510, zul. geänd. d. Art. 11 G v. 22. 4. 2005, BGBl. I S. 1106). Das Verbot darf nur bei dringendem Verdacht einer Straftat oder bei erheblichen Bedenken hinsichtlich der Dienstfähigkeit ausgesprochen werden; es führt zum Ruhen der Mitgliedschaft in der Personalvertretung (§ 30). 19

5. Wenn gegen einen Beamten ein **behördliches Disziplinarverfahren** eingeleitet wird (§§ 17 ff. BDG), bei dem voraussichtlich auf Entfernung aus dem Beamtenverhältnis im Wege der Disziplinarklage (§ 34, §§ 52 ff. BDG) erkannt werden soll bzw. bei Probe- bzw. Wiederrufsbeamten auf Entfernung aus dem Dienst (§ 31 Abs. 1 Nr. 1, Abs. 4, § 32 BBG), dann führt dies ebenfalls zum Ruhen der Mitgliedschaft in der Personalvertretung. Weder durch das Verbot der Führung der Dienstgeschäfte noch durch die vorläufige Dienstenthebung wird das Beamtenverhältnis beendet. Lediglich die Mitgliedschaft in der Personalvertretung ruht so lange, wie das Verbot der Führung der Dienstgeschäfte noch besteht bzw. so lange, bis die Einleitungsbehörde die Anordnung der vorläufigen Dienstenthebung aufhebt (§ 38 Abs. 4 BDG). Zu den Beendigungsgründen gehören die Entlassung, der Verlust der Beamtenrechte, die Entfernung aus dem Beamtenverhältnis im Wege der Disziplinarklage und der Eintritt in den Ruhestand (§ 6 Abs. 3 BBG). Im Angestelltenverhältnis weiterbeschäftigte Ruhestandsbeamte sind der Gruppe der Angestellten zuzurechnen. 20

IV. Arbeitnehmer

1. Die bisherige Unterscheidung zwischen Angestellten und Arbeitern ist durch den Tarifvertrag für den öffentlichen Dienst (TVöD v. 13. 9. 2005, in Kraft getreten am 1. 10. 2005) aufgegeben worden (vgl. auch Anm. 1). Dem ist durch das Gesetz zur Reorganisation der Bundesanstalt für Post und Telekommunikation Deutsche Bundespost und zur Änderung anderer Gesetze v. 14. 9. 2005 (BGBl. I S. 2746) Rechnung getragen worden. Die bisherigen Gruppen der Angestellten und Arbeiter sind zu einer gemeinsamen Gruppe **„Arbeitnehmer“** zusammengefasst worden. Arbeitnehmer werden auf Grund eines privatrechtlichen Arbeitsvertrages beschäftigt, während die 21

Beamten in einem öffentlich-rechtlichen Dienst- und Treueverhältnis zu ihrem Dienstherrn stehen. Ausschlaggebend dafür, ob ein Beschäftigter Arbeitnehmer ist, ist der für die Dienststelle maßgebende Tarifvertrag. Für den unmittelbaren Bundesdienst ist der Tarifvertrag für den öffentlichen Dienst (TVöD) maßgebend; allerdings sind auch die Bestimmungen des einschlägigen Überleitungsvertrages (TVÜ-Bund) zu beachten. Für Körperschaften, Anstalten und Stiftungen im Bundesdienst gelten überwiegend eigene Tarifverträge.

21a 2. Zu den Arbeitnehmern zählen auch die sog. **Dienstordnungsangestellten** (vgl. Anm. 17 d). Dies sind solche Beschäftigte, die sich in einem privatrechtlichen Anstellungsverhältnis insbesondere bei den gesetzlichen Kranken- und Unfallversicherungen sowie deren Verbänden befinden. Solche Personen, die übertariflich beschäftigt werden, zählen ebenso zu den Arbeitnehmern wie die außertariflichen Arbeitnehmer.

21b 3. Nicht zu den Beschäftigten im Sinne des BPersVG zählen **Zivildienstleistende** (Gesetz über den Zivildienst der Kriegsdienstverweigerer, Zivildienstgesetz, ZDG, i. d. F. d. Bekanntm. v. 17. 5. 2005, BGBl. I S. 1346, zul. geänd. durch Art. 8 G v. 13. 12. 2007, BGBl. I S. 2904; VGH München v. 8. 12. 1988, PersV 1989, 539; OVG Lüneburg v. 30. 11. 2005, ZfPR online 3/2006, S. 7). Sie stehen in einem öffentlich-rechtlichen Dienstverhältnis eigener Art und werden durch einen Vertrauensmann vertreten, der an den Sitzungen der Personalvertretung der Dienststelle beratend dann teilnehmen kann, wenn Angelegenheiten behandelt werden, die die Zivildienstleistenden betreffen (§ 37 Zivildienstvertrauensmann-Gesetz, ZDG, v. 16. 1. 1991, BGBl. I S. 47, 53, zul. geänd. durch Art. 10 G v. 20. 12. 2001, BGBl. I S. 4013).

21c 4. Zum Kreis der Beschäftigten gehören ebenfalls nicht **Teilnehmer an Arbeitsgelegenheiten** (sog. Ein-Euro-Jobs). Die Beschäftigung in Arbeitsgelegenheiten begründet kein Arbeitsverhältnis (§ 16 Abs. 3 Satz 2 SGB II – Grundsicherung für Arbeitsuchende – v. 24. 12. 2004, BGBl. I S. 2954, zul. geänd d. Art. 2 G v. 8. 4. 2008, BGBl. I S. 681). Zwischen der Bundesagentur für Arbeit und dem Betreffenden wird ein Sozialrechtsverhältnis begründet (BVerwG v. 21. 3. 2007, ZfPR 2007, 67; Lorenzen u. a., § 4 Anm. 61; Richardi, § 4 Anm. 51; Kersten, ZfPR 2005, 130; Kröll, PersR 2005,132; Süllwold, ZfPR 2005, 82; so wohl auch Fischer u. a., § 4 Anm. 9; zur Beteiligung der Personalvertretung in diesem Zusammenhang: § 75 Anm. 4 b).

21d 5. Ebenso wenig sind solche Personen zum Kreis der Beschäftigten zu zählen, die **im Rahmen eines freiwilligen sozialen Jahres** oder **im Rahmen eines freiwilligen ökologischen Jahres** (vgl. §§ 1, 15 des Gesetzes zur Förderung eines freiwilligen sozialen Jahres v. 17. 8. 1964, BGBl. I S. 640, zul. geänd. d. Art. 18 G v. 9. 12. 2004, BGBl. I S. 3241 bzw. § 1 des Gesetzes zur Förderung eines freiwilligen ökologischen Jahres v. 17. 12. 1993, BGBl. I S. 2118, zul. geänd d. Art. 19 G v. 9. 12. 2004, BGBl. I S. 3242) tätig sind. Auch **Entwicklungshelfer** gehören nicht zum Kreis der Beschäftigten (vgl. § 1 Anm. 14)

21e 6. Zum Kreis der Arbeitnehmer gehören auch die **übertariflichen Arbeitnehmer.** Das sind Beschäftigte, deren Arbeitsvertrag nicht bzw. nicht ausschließlich dem TVöD unterliegt. Mit ihnen wird ein Arbeitsvertrag mit einer speziellen Vergütung vereinbart; die Vergütung liegt über der Obergrenze der Entgeltgruppe 15 der Anl. A zum TVöD. Nach § 1 Abs. 2 Buchst. a TVöD zählen hierzu z. B. Chefärztinnen/Chefärzte.

7. Zur Gruppe der Arbeitnehmer zählen auch die sog. **außertariflichen Arbeitnehmer,** nämlich die, auf die der TVöD nach § 1 Abs. 2 Buchst. c bis t nicht anwendbar ist, wenn sie nach den allgemeinen Merkmalen Arbeitnehmereigenschaften besitzen (Lorenzen u. a., § 4 Anm. 78 a). Dies muss schon deshalb gelten, weil sie auf der Grundlage eines privatrechtlichen Arbeitsvertrages mit dem Bund gegen Arbeitsentgelt abhängig und weisungsgebunden tätig und in die Dienststellenorganisation eingegliedert sind (Fischer u. a., § 34 Anm. 35) Nach Abs. 3 Satz 2 gelten auch Beschäftigte, die sich in einer **beruflichen Ausbildung** befinden, als Arbeitnehmer. Hierzu zählen insbesondere die Auszubildenden für Arbeitnehmerberufe im öffentlichen Dienst (z. B. Praktikanten, Volontäre; vgl. Anm. 10). 22

8. Wird ein **Ruhestandsbeamter** (vgl. hierzu Beamtenversorgungsgesetz, BeamtVG, v. 24. 8. 1976, BGBl. I S. 3839 i. d. F. d. Bekanntm. v. 16. 3. 1999, BGBl. I S. 322, 847, 2033, zul. geänd. durch § 22 Abs. 1 G v. 12. 12. 2007, BGBl. I S. 2861) im öffentlichen Dienst auf der Basis eines Privatdienstvertrages beschäftigt, so wird regelmäßig ein Arbeitnehmerverhältnis vorliegen. Der Ruhestandsbeamte zählt sodann zur Gruppe der Arbeitnehmer (vgl. Anm. 21). Wenn allerdings der Ruhestandsbeginn hinausgeschoben wird (§ 41 Abs. 2 BBG), so bleibt das Beamtenverhältnis bestehen. Handelt es sich bei dem Vertragsverhältnis aber um einen Werkvertrag (§§ 631 ff. BGB), so ist der Ruhestandsbeamte nicht „Arbeitnehmer", sondern freier Mitarbeiter. Ob ein Dienst- oder Werkvertrag vorliegt, ergibt sich aus dem Einzelvertrag. 23

V. Besondere Beschäftigtengruppen

1. Wie grundsätzlich auf die Richter, so finden auch auf die **in Abs. 5** bezeichneten Personen die Vorschriften dieses Gesetzes **keine Anwendung.** In beiden Fällen gilt also: diese Personen sind weder wahlberechtigt (§ 13) noch wählbar (§ 14) und werden bei der Ermittlung der zahlenmäßigen Stärke der Beschäftigten einer Dienststelle nicht berücksichtigt (§§ 12, 16). Sie haben kein Recht zur Teilnahme an den Personalversammlungen (§ 48). Die Aufgaben der Personalvertretungen beziehen sich nicht auf sie (§ 2 Abs. 1, §§ 66 ff.); sie haben keinen Anspruch darauf, sich bei Beschwerden der Hilfe der Personalvertretungen zu bedienen (§ 68 Abs. 1). Während aber die Richter grundsätzlich keine Beschäftigten sind, „gelten" die nachstehend bezeichneten Personengruppen nicht als solche. 24

2. Personen, deren Beschäftigung überwiegend durch **Beweggründe karitativer oder religiöser Art** bestimmt ist, insbesondere Krankenpflege- oder Erziehungspersonal, das sich diesen Aufgaben aus den genannten Gründen widmet, also vor allem Krankenschwestern und -pfleger religiöser Orden und ähnlicher Vereinigungen, z. B. Diakonissen, Religionslehrer oder Ordensgeistliche, zählen nicht zum Kreis der Beschäftigten, ebensowenig die in den Krankenanstalten des Roten Kreuzes tätigen Krankenschwestern (BVerwG v. 27.8 . 1997, ZBR 1998, 147 = ZfPR 1998, 82). Sie stellen sich nach der Satzung der Schwesternschaft in den selbstlosen Dienst an der leidenden Menschheit. Die Selbstlosigkeit ist nicht nur ein Motiv, sondern Wesensbestandteil der Tätigkeit der Schwestern. Insgesamt gibt der karitative Beweggrund der Tätigkeit der Rotkreuzschwestern das Gepräge (BVerwG v. 29. 4. 1966, BVerwGE 24,76 = ZBR 1966, 224 = PersV 1966, 131). Anders ist es bei den in einem unmittelbaren Rechtsverhältnis zum Träger des Krankenhauses stehenden Krankenschwestern und Pflegern, die einer nicht von der Schwesternschaft gestellten Pflegedienstleistung unter- 25

stehen (BVerwG v. 27. 8. 1997, aaO). Das gilt auch für den Fall, dass die Betreffenden den Weisungen einer Pflegedirektorin unterstellt sind, die ihrerseits der Schwesternschaft angehört (BVerwG v. 18. 6. 2002, ZBR 2002, 440 = PersV 2003, 24 = ZfPR 2002, 323). Krankenschwestern, die in einem Arbeitsverhältnis zum Deutschen Berufsverband für Krankenpfleger stehen, der seine Pflichten und Rechte in einem Gestellungsvertrag auf den Rechtsträger eines Krankenhauses übertragen hat, sind auf Grund eines Arbeitsverhältnisses tätig; sie sind Beschäftigte i. S. von § 4 (Lorenzen u. a., § 4 Anm. 69). Wird ein Pfarrer auf Grund eines Gestellungsvertrags für eine Tätigkeit als Religionslehrer an ein staatliches Gymnasium „abgestellt“, so ist er deshalb nicht Beschäftigter der Schule, weil die dienstrechtlichen Befugnisse weiterhin bei der Kirche liegen. Unter einem **Gestellungsvertrag** ist ein Vertrag zu verstehen, durch den eine Person, die kein Beschäftigter (Beamter, Arbeitnehmer) ist, durch eine karitative Einrichtung einem Dritten zur Dienstleistung überlassen wird (OVG Münster v. 15. 12. 1999, PersV 2000, 417).

26 3. Maßgebend für die Einordnung einer Tätigkeit ist der **überwiegende Beweggrund** der Beschäftigung. Der karitative Beweggrund muss also nicht der ausschließliche Beweggrund sein, so dass die Sicherung des Lebensunterhalts als Voraussetzung für die Tätigkeit der Beschäftigteneigenschaft nicht entgegensteht (vgl. auch BVerwG v. 27. 8. 1997, ZBR 1998, 147 = ZfPR 1998, 82; Lorenz u. a., § 4 Anm. 91).

27 4. Personen, die **vorwiegend zu ihrer Heilung,** Wiedereingewöhnung, sittlichen Besserung oder Erziehung **beschäftigt werden,** u. a. Kranke in Krankenanstalten oder Patienten von Einrichtungen für Suchtkranke, Insassen von Strafanstalten etc. gehören nicht zu den Beschäftigten des öffentlichen Dienstes. Die Beschäftigung muss überwiegend aus arbeitstherapeutischen Gründen erfolgen (BVerwG v. 26. 1. 2000 – 6 P 2.99, Leits. ZBR 2000, 321 = PersV 2000, 559 = ZfPR 2000, 197). Für **Sozialhilfeempfänger** gilt: Personen, die als Sozialhilfeempfänger zusätzliche und gemeinnützige Arbeit leisten (§§ 14 ff. SGB II, Sozialgesetzbuch – Grundsicherung für Arbeitssuchende v. 24. 12. 2003, vgl. Anm. 21c) sind weisungsabhängig, ihre Tätigkeit ist unselbstständiger Natur und sie sind für eine bestimmte Zeit in eine Dienststelle eingegliedert (BVerwG v. 26. 1. 2000 – 6 P 3.99, BVerwGE 110, 297 = Leits. ZBR 2000, 321 = PersV 2000, 559 = ZfPR 2000, 197; vgl. auch § 75 Anm. 5).

28 5. Abs. 5 Nr. 2 will nach seiner Zielsetzung nur die Personen erfassen, bei denen die Beschäftigung vorrangig als Mittel zur Behebung physischer, psychischer oder sonstiger in der Person des Beschäftigten liegender Mängel eingesetzt wird (BVerwG v. 26. 1. 2000, BVerwGE 110, 297 = Leits. ZBR 2000, 321 = PersV 2000, 559 = ZfPR 2000, 197). Personen, die zur Wiedereingewöhnung beschäftigt werden, sind daher solche, die einer geregelten Arbeit entwöhnt sind und die wieder an eine solche geregelte Arbeit herangeführt werden sollen. Die entsprechende Beschäftigung muss vorwiegend aus arbeitstherapeutischen Gründen durchgeführt werden (BVerwG v. 26. 1. 2000, aaO). Personen, die in einem **Wiedereingewöhnungsverhältnis** nach § 74 SGB V (Gesetzliche Krankenversicherung v. 20. 12. 1988, BGBl. I S. 2477, zul. geänd. d. Art. 1 G v. 19. 12. 2007, BGBl. I S. 3024) beschäftigt werden, sind keine Beschäftigten im Sinne des BPersVG (vgl. BAG v. 29. 1. 1992, BAGE 69, 272 = BB 1993, 143 = DB 1992, 1478).

VII. Streitigkeiten

Streitigkeiten entscheiden die Verwaltungsgerichte nach § 83 Abs. 1 Nr. 1 und 2, insbesondere Streitigkeiten über die Wahlberechtigung, die Wählbarkeit und die Gruppenzugehörigkeit. Beteiligte können der Dienststellenleiter und die Personalvertretung, bei Fragen im Zusammenhang mit der Durchführung der Wahl auch der Wahlvorstand und die in der Dienststelle vertretenen Gewerkschaften sein. Auch eine der Personalvertretung nicht angehörende Person kann antragsberechtigt sein, wenn ihr die Eigenschaft als Beschäftigter oder die Zugehörigkeit zu einer bestimmten Gruppe streitig gemacht wird (BVerwG v. 16. 7. 1963, BVerwGE 16, 230 = ZBR 1964, 90 = PersV 1963, 233; vgl. auch Fischer u. a. § 4 Anm. 57; Lorenzen u. a. § 4 Anm. 95). 29

Schrifttum: Boemke, Personalvertretungsrecht und Arbeitnehmerüberlassung, PersV 2004, 404; Boemke-Ankersen, Telearbeit und Betriebsverfassung, BB 2000, 2254; Boerckel und v. Maydell, Zur Frage der personalvertretungsrechtlichen Stellung der Rote-Kreuz-Schwestern, AuR 1967, 295; Hoffmann, Tarifrunde 2005 – Kernpunkte des neuen Tarifvertrages für den öffentlichen Dienst (TVöD), ZfPR 2005, 74; Kallenberg, Die Beteiligung der Personalvertretung bei Überleitung und Eingruppierung der Beschäftigten in den TVöD/TV-L, ZfPR 2007, 20; Kersten, Arbeitsgemeinschaften (§ 44 b SGB II)-Verfassungs-, organisations-, beamten-, arbeits- und mitbestimmungsrechtliche Fragen hybrider Behördenstrukturen – ZfPR 2005, 130; Kröll, Ein-Euro-Jobs und die Beteiligung des Personalrates, PersR 2005, 132; Lecheler/Determann, Rechtliche Vorgaben für den Status der Bediensteten von Sozialversicherungsträgern, DÖV 1999, 885; Remmel, Der wissenschaftliche Mitarbeiter in der Personalvertretung der Hochschulen – Eine rechtsvergleichende Untersuchung –, PersV 1984, 307; Schlatmann, Wahlberechtigung und Wählbarkeit im Personalvertretungsrecht, ZfPR 2001, 151; Sembdner, Die Wahlberechtigung zu den Personalvertretungen, PersV 1960, 33; Süllwold, Personalvertretungsrechtliche Aspekte der Ein-Euro-Jobs, ZfPR 2005, 82; Thiele, Arbeitnehmerbegriff und Verfassungsrecht, PersV 1984, 312; Wahlers, Die Beschäftigung von Krankenschwestern des Deutschen Roten Kreuzes als mitbestimmungspflichtige Einstellung, PersV 1998, 499; Wedde, Telearbeit – eine neue Arbeitsform im öffentlichen Dienst, ZfPR 1998, 18 und ZfPR 1998, 57; Widmaier, Anmerkung zu ArbG Berlin v. 9. 1. 1995, PersV 1995, 329; Windscheid, Zur vertretungsrechtlichen Stellung des Dienststellenleiters, ZBR 1957, 8; Wolber, Zur Beibehaltung des Dienstordnungsrechts bei gesetzlichen Unfallversicherungsträgern, ZfPR 2000, 157.

§ 5 [Gruppenbildung]

Die Beamten und Arbeitnehmer bilden je eine Gruppe. Die in § 4 Abs. 1 bezeichneten Richter treten zur Gruppe der Beamten.

Inhaltsübersicht

Entspr. landesgesetzliche Regelungen:
Baden-Württemberg: § 5; Bayern: Art. 5; Berlin: § 3 Abs. 2; Brandenburg: § 5 Abs. 4; Bremen: § 3 Abs. 2; Hamburg: § 5; Hessen: § 3 Abs. 2; Mecklenburg-Vorpommern: § 7; Niedersachsen: § 5 Abs. 1; Nordrhein-Westfalen: § 14 Abs. 1 Satz 1; Rheinland-Pfalz: § 4 Abs. 2; Saarland: § 5; Sachsen: § 5; Sachsen-Anhalt: § 5; Schleswig-Holstein: § 7; Thüringen: § 5.

Entspr. Vorschrift des BetrVG: keine ausdrückliche Bestimmung; den Gruppen werden jedoch in einer Reihe von Vorschriften besondere Rechte zugestanden (§§ 10, 26 bis 28, 31, 35, 38, 47).

1 1. Die Differenzierung zwischen Angestellten und Arbeitern ist mit dem Inkrafttreten des Tarifvertrags öffentlicher Dienst (TVöD) am 1. 10. 2005 aufgehoben und durch den Begriff Arbeitnehmer ersetzt worden. Die **unterschiedlichen Interessen** der Gruppen der Beamten und Arbeitnehmer bleiben aber wegen der unterschiedlichen Strukturen des jeweiligen Beschäftigungsverhältnisses und der unterschiedlichen personalwirtschaftlichen Rahmenbedingungen unberührt. Den materiellen Arbeitsbedingungen aus zivilrechtlichen Beschäftigungsverhältnissen einerseits und den Dienstpflichten aus öffentlich-rechtlichen Beziehungen andererseits muss auch weiterhin durch das Gruppenprinzip Rechnung getragen werden (Fischer u. a., § 5 Anm. 2).

2 2. Im BPersVG ist die Trennung zwischen den Gruppen von wesentlicher Bedeutung, weil sich die **Rechtsverhältnisse** der in einem öffentlich-rechtlichen Dienstverhältnis stehenden **Beamten** von den Rechtsverhältnissen der in einem zivilrechtlichen Arbeitsverhältnis stehenden Arbeitnehmer unterscheiden. Mit Inkrafttreten des TVöD zum 1. 10. 2005 wurden die bisherigen Gruppen der Angestellten und Arbeiter durch die **einheitliche Gruppe der Arbeitnehmer** ersetzt. Damit wurde der Entwicklung Rechnung getragen, dass eine Unterscheidung zwischen den von beiden bisherigen Beschäftigtengruppen zu erfüllenden Aufgaben (Denkarbeit/körperliche Arbeit) heute nicht mehr möglich ist und zudem auch die sozialversicherungsrechtlichen Unterschiede im Laufe der Zeit aufgegeben wurden, ebenso unterschiedliche Kündigungsfristen, für die sich kein triftiger Grund mehr ersehen ließ (Süllwold, ZfPR 2005, 116).

3 3. Bei der rechtlichen Differenziertheit des Arbeits- und Beamtenrechts bedarf es einer besonderen **Berücksichtigung der Gruppen** bei der Wahl und einer gewissen Verselbstständigung der Gruppen innerhalb der zu beteiligenden Personalvertretungen, damit die u. U. stark differierenden, z. T. gegensätzlichen Interessen der Gruppen jeweils sachverständig durch von ihnen gewählte Vertreter gewahrt werden können. Andernfalls bestünde die Gefahr, dass die stärkste Gruppe auch die Vertreter der anderen Gruppen bestimmt, diese dadurch an der Wahrnehmung ihrer Belange durch Vertreter ihres eigenen Vertrauens hindert und ihnen ihren Willen aufzwingt.

4. Im Regierungsentwurf des PersVG 1955 (S. 15) war die **Einteilung in Gruppen** folgendermaßen **begründet** worden: „Die Rechtsverhältnisse der Beamten, Angestellten und Arbeiter im öffentlichen Dienst sind verschieden geregelt. Es entspricht dieser Tatsache, wenn die Interessen jeder dieser Gruppen durch von ihr gewählte Vertreter gewahrt werden. Dazu ist eine Unterscheidung dieser Gruppen untereinander erforderlich.“ Der Gesetzgeber hat an der Gruppeneinteilung festgehalten und damit die Entscheidung über eine etwaige Vereinheitlichung der Beschäftigungsverhältnisse einer allgemeinen Dienstrechtsreform vorbehalten. **4**

5. Innerhalb einer nach beruflichen Differenzierungen gegliederten Ordnung, die den Staatsbürger am Ort seiner beruflichen Leistung erfasst und in dieser sozialen Funktion repräsentiert, ist die **Gruppeneinteilung** die gegebene **Gliederung für Wahl und Vertretung,** zumal sich die Beteiligungsrechte der Personalvertretungen u. a. auf die Sachnähe, den Sachverstand und die unmittelbare Vertrautheit der zur Mitwirkung bzw. Mitbestimmung Berufenen mit den zu behandelnden Materien gründen. **5**

6. Das **Gruppenprinzip** ist als hergebrachter Grundsatz des Berufsbeamtentums i. S. von Art. 33 Abs. 5 GG anzusehen; denn es hat sich während der Geltung der Weimarer Reichsverfassung als Grundsatz durchgesetzt, dass die Beamten das Recht auf eigene Personalvertretungen haben (Battis, NVwZ 1986, 884, 886; Cecior, ZTR 1990, 91, 95; Grabendorff, DÖV 1952, 321; ZBR 1954, 107; Grewe, Verhdl. des 39. DJT (1951), ö.-r. Abt. S. D 14 ff. u D 30; Havers, Kom. z. LPersVG NW, 7. Aufl., § 14 Anm. 3.2; Helfritz, Gutachten v. 27. 8. 1954, zitiert nach Stammer S. 112 f.; Lecheler, PersV 1984, 129; Lorenzen u. a., § 5 Anm. 3, 4; Molitor, Gutachten v. 14. 9. 1954, zitiert nach Stammer aaO; Stern, Das Staatsrecht der Bundesrepublik Deutschland, Band I, 2. Aufl. 1984, S. 354; Thiele, PersV 1980, 225; Ule in Bettermann-Nipperdey, Die Grundrechte IV/2, 1962, S. 537 f., 614; Wacke, ZBR 1958, 130; Windscheid, PersV 1968, 8; PersV 1978, 297; vgl. auch: Bosch, PersV 1996, 385; Widmaier, PersV 1995, 329, Anm. zu ArbG Berlin v. 9. 1. 1995, PersV 1995, 325; vgl. auch Maunz-Dürig-Herzog-Scholz, Art. 33 Anm. 76; vgl. auch: BVerfG v. 27. 3. 1979, BVerfGE 51, 77, 91 = ZBR 1979, 122 = PersV 1979, 240; BVerfG v. 16. 10. 1984, BVerfGE 67, 382, 388 = PersV 1985, 24; BVerfG v. 30. 4. 1996, PersV 1997, 166; OVG Münster v. 21. 6. 1988, PersV 1988, 357; kritisch: Schnapp, der das Gruppenprinzip als nicht zum Kernbestand des Berufsbeamtentums gehörend ansieht, PersR 2002, 141 sowie Fischer u. a. § 5 Anm. 3; vgl. auch Richardi u. a., § 5 Anm. 3.) Das Gruppenprinzip soll dazu beitragen, unterschiedlichen, durch das Dienst- und Tarifrecht vorgegebenen Tatbeständen insofern Rechnung zu tragen, als den jeweils unmittelbar betroffenen Beschäftigten das Recht zuerkannt wird, nach voraufgehender gemeinsamer Beratung mit den nur mittelbar Betroffenen über die eigenen Angelegenheiten selbst zu befinden. Die Einteilung in Gruppen dient daher der Durchsetzung spezifischer Gruppeninteressen im Rahmen der Personalvertretung. Auf diese Weise soll einer Majorisierung von Gruppen vorgebeugt werden. Soweit es daher um spezifische Interessen einer Gruppe geht, können Entscheidungen nicht gegen den **6**

Willen der Mehrheit einer Gruppe durch das Plenum der Personalvertretung getroffen werden. Stets also muss es sich um spezifische Gruppenangelegenheiten handeln, die unmittelbar die Interessen einer Gruppe angehen, während die Interessen der übrigen im Personalrat vertretenen Gruppen allenfalls mittelbar berührt sein dürfen (BVerfG v. 19. 12. 1994, ZBR 1995, 143 = PersV 1995, 168; vgl. auch Becker, ZfPR 1996, 130, 132). Infolgedessen ist das Gruppenprinzip auch keine Erscheinung des Minderheitenschutzes (Cecior u. a., § 14 Anm. 12; Wacke aaO).

7 7. Die **Einteilung in Gruppen** ist maßgebend für die zahlenmäßige Vertretung in der Personalvertretung (§§ 17, 18), für die Gruppenwahl (§ 19 Abs. 2), für das Wahlvorschlagsrecht der wahlberechtigten Gruppenangehörigen (§ 19 Abs. 4), für die Vertretung im Wahlvorstand (§ 20 Abs. 1), für die Bildung des Vorstands (§ 32), für die Beratung durch Gewerkschaften (§ 36), für die Beschlussfassung (§ 38 Abs. 2) und die Aussetzung eines Beschlusses wegen erheblicher Beeinträchtigung wichtiger Interessen der Beschäftigten einer Gruppe (§ 39 Abs. 1) sowie auch für die Beteiligung in Personalangelegenheiten (§§ 75, 76, § 78 Abs. 1 Nr. 3 bis 5, § 79). Diese Bestimmungen finden auch im Rahmen der Stufenvertretungen (§§ 53, 54) und des Gesamtpersonalrats (§ 56) Anwendung (vgl. im Übrigen Anm. 9).

8 8. Das Personalvertretungsrecht wird **vom Gruppenprinzip „beherrscht"**. Dies haben die Gerichte in zahlreichen Entscheidungen immer wieder betont (BVerwG v. 13. 6. 1957, BVerwGE 5, 118 = ZBR 1957, 407; BVerwG v. 10. 10. 1957, BVerwGE 5, 263 = ZBR 1958, 24; BVerwG v. 1. 8. 1958, BVerwGE 7, 197 = ZBR 1958, 351 = PersV 1958/59, 114; BVerwG v. 3. 10. 1958, BVerwGE 7, 253 = ZBR 1958, 379 = PersV 1958/59, 42; BVerwG v. 15. 12. 1961, BVerwGE 13, 242 = ZBR 1962, 90 = PersV 1962, 65; VGH München v. 26. 9. 1975, PersV 1977, 25). Es ist auch ein tragender Grundsatz des BPersVG 1974 (vgl. u. a. BVerwG v. 26. 10. 1977, BVerwGE 55, 17 = ZBR 1978, 205 = PersV 1979, 110; VGH Kassel v. 26. 2. 1975, Leits. ZBR 1975, 392 = PersV 1976, 273; vgl. zum Gruppenprinzip innerhalb des BetrVG: BAG v. 12. 10. 1976, BAGE 28, 219 = BB 1977, 245 = DB 1977, 168). Die Rechtsprechung des BVerwG betont durchgängig die Sinnhaftigkeit des Gruppenprinzips zutreffend damit, dass es dies als ein Prinzip charakterisiert, das demokratischen Strukturen auch im Rahmen des Dienst- und Tarifrechts Wirksamkeit verleihen soll. Insoweit wird auf folgende Entscheidungen verwiesen: BVerwG v. 6. 6. 1991, Leits. ZBR 1992, 57 = PersV 1992, 76 = ZfPR 1991, 169; BVerwG v. 3. 7. 1991 – 6 P 1.89, ZBR 1992, 89 = PersV 1992, 81 = ZfPR 1991, 164; BVerwG v. 29. 1. 1992, Leits. ZBR 1992, 251 = PersV 1992, 426 = ZfPR 1992, 68; BVerwG v. 23. 3. 1992, ZBR 1992, 313 = PersV 1992, 391 = ZfPR 1992, 73; BVerwG v. 21. 4. 1992, ZBR 1992, 280 = PersV 1992, 434 = ZfPR 1992, 141; BVerwG v. 8. 5. 1992, Leits. ZBR 1992, 286 = PersV 1992, 439 = ZfPR 1993, 155).

9 9. Der Gesetzgeber hat mit der Novelle 1974 das **Gruppenprinzip noch verstärkt** (BVerwG v. 26. 10. 1977, BVerwGE 55, 17 = ZBR 1978, 205 = PersV 1979, 110). So bestimmt § 27 Abs. 4, dass eine Gruppe neue Mitglieder wählt, wenn sie durch kein Mitglied mehr vertreten ist. Auch bei der Vertretung des Personalrats soll das Gruppenprinzip dadurch gewährleistet sein, dass „in Angelegenheiten, die nur eine Gruppe betreffen, ... der Vorsitzende, wenn er nicht selbst dieser Gruppe angehört, gemeinsam mit einem der Gruppe angehörenden Vorstandsmitglied den Personalrat" vertritt (§ 32 Abs. 3 Satz 2). § 34 Abs. 3 räumt der Mehrheit der Vertreter einer Gruppe das Recht ein, die Anberaumung einer Personalratssitzung zu beantragen. Die

Mehrheit einer Gruppe kann die Hinzuziehung von Gewerkschaftsbeauftragten zu den Personalratssitzungen beantragen (§ 36). Nach § 46 Abs. 3 sind die Gruppen bei der Freistellung angemessen zu berücksichtigen.

10. Die **in § 57 genannten Beschäftigten** und die **nicht ständig Beschäftigten** **10**
wählen zwar eigene Vertreter; diese aber bilden keine Gruppen neben der Gruppe der Beamten und der Gruppe der Arbeitnehmer. Dagegen gelten die **Soldaten** als weitere Gruppe im Sinne des Gesetzes (vgl. § 1 Anm. 13). Denn aus § 49 Abs. 2 Satz 1 SBG ergibt sich, dass Soldaten, soweit sie nach Abs. 1 Satz 1 Personalvertretungen wählen, eine weitere Gruppe i. S.d. § 5 Abs. 1 BPersVG bilden (vgl. BVerwG v. 7. 1. 2003, Leits. ZBR 2003, 180 = PersV 2003, 139 = Leits. ZfPR 2003, 236; Büge, PersV 2004,364; Widmaier, ZfPR 2004, 243).

11. Mit dem Gruppenprinzip ist nicht zu verwechseln das **Fraktionsprinzip,** **11**
nach dem innerhalb von Gruppen nach bestimmten „Parteirichtungen" abgestimmt wird. Im BPersVG ist das Fraktionsprinzip nicht berücksichtigt (vgl. aber § 33). Es ist tatsächlich zwar nicht zu verhindern, rechtlich aber ohne Bedeutung (BVerwG v. 16. 7. 1975, Leits. ZBR 1976, 373; jedoch wird eine Vorabinformation der Fraktionen zugelassen, BVerwG v. 29. 8. 1975, ZBR 1976, 124 = PersV 1976, 385; hierzu auch Ilbertz, ZBR 1976, 110; Windscheid, PersV 1976, 241).

12. Das **Gruppenprinzip ist rahmenrechtlich vorgeschrieben** (§ 98 Abs. 2 **12**
und 3). Dies entspricht der hohen Bedeutung, die einer einheitlichen Geltung des Gruppenprinzips in Bund und Ländern beigemessen wird (vgl. u. a. BVerfG v. 16. 10. 1984, PersV 1985, 24; VGH Kassel v. 26. 2. 1975, PersV 1976, 273).

13. **Streitigkeiten** entscheiden die Verwaltungsgerichte (§ 83 Abs. 1 Nr. 1). **13**

Schrifttum: Battis, Personalvertretung und Verfassung, NVwZ 1986, 884; ders., Personalvertretung und Verfassung, NJW 1986, 1079; Bosch, Bemerkungen zum Gruppenprinzip, PersV 1996, 385; Büge, Mitbestimmung der Soldaten in militärischen Dienststellen, PersV 2004, 364; Cecior, Gruppenprinzip und Teilhabe an der Geschäftsführung des Personalrats, ZTR 1990, 91; Karschkes, Gruppenprinzip im Widerstreit, PersV 1974, 142; Lecheler, Zum Entwurf eines neuen Personalvertretungsgesetzes in Nordrhein-Westfalen, PersV 1984, 129; Rewolle, Der Minderheitenschutz im Personalvertretungsgesetz und die Möglichkeiten seiner Verwirklichung, PersV 1962, 169; Schnapp, Gebieten über dem Personalvertretungsrecht stehende Grundprinzipien die Beibehaltung des Gruppenprinzips?, PersR 2001, 149; Süllwold, DerTVöD, das Gruppenprinzip und die Personalratswahlen, ZfPR 2005, 116; Wacke, Gruppenprinzip und Mehrheitsentscheidung im Personalvertretungsrecht, ZBR 1958, 130; Widmaier, Anm. zu ArbG Berlin v. 9. 1. 1995, PersV 1995, 329; ders., Die neue Rechtsprechung zur Beteiligung von Soldaten in militärischen Dienststellen nach SBG und BPersVG-Abgrenzungen und Berührungspunkte, ZfPR 2004, 243; Windscheid, Der Gruppengedanke, ein tragendes Prinzip im Sinne des Personalvertretungsgesetzes, PersV 1968, 8; ders., Die Plenarentscheidung des Personalrats, PersV 1976, 241; ders., Das Gruppenprinzip in der Rechtsprechung zum Bundespersonalvertretungsgesetz, PersV 1978, 297.

§ 6 [Dienststellen]

(1) Dienststellen im Sinne dieses Gesetzes sind die einzelnen Behörden, Verwaltungsstellen und Betriebe der in § 1 genannten Verwaltungen sowie die Gerichte.

(2) Die einer Behörde der Mittelstufe unmittelbar nachgeordnete Behörde bildet mit den ihr nachgeordneten Stellen eine Dienststelle; dies gilt nicht, soweit auch die weiter nachgeordneten Stellen im Verwaltungsaufbau nach Aufgabenbereichen und Organisation selbstständig sind. Behörden der Mittelstufe im Sinne dieses Gesetzes sind die der obersten Dienstbehörde unmittelbar nachgeordneten Behörden, denen andere Dienststellen nachgeordnet sind.

(3) Nebenstellen und Teile einer Dienststelle, die räumlich weit von dieser entfernt liegen, gelten als selbstständige Dienststellen, wenn die Mehrheit ihrer wahlberechtigten Beschäftigten dies in geheimer Abstimmung beschließt. Der Beschluss ist für die folgende Wahl und die Amtszeit der aus ihr hervorgehenden Personalvertretung wirksam.

(4) Bei gemeinsamen Dienststellen des Bundes und anderer Körperschaften gelten nur die im Bundesdienst Beschäftigten als zur Dienststelle gehörig.

Inhaltsübersicht

Entspr. landesgesetzliche Regelungen:
Baden-Württemberg: § 9; Bayern: Art. 6; Berlin: §§ 5, 6, Anlage; Brandenburg: § 6; Bremen: § 7; Hamburg: § 6; Hessen: § 7; Mecklenburg-Vorpommern: § 8; Niedersachsen: § 6, § 7; Nordrhein-Westfalen: § 1 Abs. 2, 3; Rheinland-Pfalz: § 5 Abs. 1 bis 4; Saarland: § 6; Sachsen: § 6; Sachsen-Anhalt: § 6; Schleswig-Holstein: § 8 Abs. 1 bis 3; Thüringen: § 6.

Entspr. Vorschrift des Betr.VG: –

I. Dienststellenbegriff

1. Der Gesetzgeber hat klargestellt, **für welchen Zeitraum** ein Beschluss der Beschäftigten über eine personalvertretungsrechtliche Verselbstständigung Gültigkeit hat. 1

2. Abs. 1 umschreibt den Begriff **„Dienststelle"**, bei der eine Personalvertretung zu bilden ist. Personalvertretungen sind nur in den Dienststellen nicht zu wählen, die die Voraussetzungen des § 12 Abs. 1 (in der Regel mindestens fünf Wahlberechtigte, von denen drei wählbar sind) nicht erfüllen. Wenn eine Dienststelle aufgelöst wird, dann wird auch die dort gebildete Personalvertretung aufgelöst, da diese von der Existenz der Dienststelle abhängig ist (OVG Münster v. 17. 2. 2000 = PersV 2000, 511 = ZfPR 2000, 272; VGH München v. 28. 6. 2000, Leits. ZfPR 2002, 16). Der in § 6 verwendete Begriff der Dienststelle stimmt nicht mit dem Begriffspaar „Dienststellen und Einrichtungen" in § 2 Abs. 1 SBG überein (BVerwG v. 8. 10. 2007, PersR 2008, 165). 2

3. Jede Dienststelle kann **nur eine Personalvertretung** haben. Behörden der Mittelstufe und oberste Dienstbehörden haben jedoch neben dem (örtlichen) Personalrat, der für die Beschäftigten des Hauses selbst zuständig ist, noch eine den gesamten Zuständigkeitsbereich abdeckende Stufenvertretung. 3

4. Abs. 1 enthält eine **besondere Definition des Begriffs Dienststelle** für das BPersVG. Sie weicht in einigen Punkten vom sonstigen Dienststellenbegriff ab. Das Gesetz grenzt den Dienststellenbegriff nicht so sehr nach räumlichen, sondern nach Gesichtspunkten ab, die dem Verwaltungsaufbau entsprechen. Dienststellen brauchen daher keine räumlichen Einheiten zu sein. Ausgedehnte Zuständigkeitsbereiche von Mittel- und obersten Dienstbehörden werden wie Dienststellen behandelt. Dienststellen im Sinne des PersVG sind organisatorische Einheiten, die einen selbstständigen Aufgabenbereich haben und die innerhalb einer Verwaltungsorganisation verselbstständigt sind (BVerwG v. 10. 3. 1982, PersV 1983, 65; zum Dienststststellenbegriff vgl. auch BVerwG v. 29. 3. 2001, Leits. ZBR 2001, 305 = ZfPR 2001, 167). Unerheblich ist, ob sie hoheitliche Aufgaben wahrnehmen (Behörden), sonstige Verwaltungsaufgaben (Verwaltungsstellen) oder ob ihnen im Rahmen der öffentlichen Versorgung die Befriedigung der Allgemeinheit mit betrieblichen Arbeitsmitteln (Betriebe) übertragen sind. Ob eine Dienststelle verselbständigt ist, hängt davon ab, ob sie in dem in der öffentlichen Verwaltung möglichen Umfang organisatorisch verselbstständigt ist, vor allem davon, ob dem Leiter der Einrichtung eine selbstständige Regelungskompetenz im personellen und sachlichen Bereich zusteht (BVerwG v. 13. 8. 1986, ZBR 1987, 54 = PersV 1987, 254; BVerwG v. 14. 7. 1987, BVerwGE 78, 34 = PersV 1989, 257). Ist diese Voraussetzung gegeben, kann sie bei entsprechenden organisatorischen Veränderungen mit der Folge entfallen, dass die Personalvertretung zu dem Zeitpunkt zu bestehen aufhört, zu dem offensichtlich die Selbstständigkeit der Dienststelle entfallen ist (BVerwG v. 18. 1. 1990, PersV 4

1990, 348 = ZfPR 1990, 113). In einem Kreiskrankenhaus, das weder eine Dienststelle noch ein Betrieb i. S. des Abs. 1 ist, weil es an einer von der übrigen Verwaltung des Landkreises herausgelösten organisatorischen Verselbstständigung fehlt, gilt die (örtliche) Personalvertretung gleichwohl als rechtmäßig gewählt und ist Träger der entsprechenden personalvertretungsrechtlichen Befugnisse, wenn die Wahl nicht angefochten wurde und die Voraussetzungen einer Wahlnichtigkeit nicht gegeben sind (VGH Mannheim v. 17. 7. 1990, PersR 1991,478). In einem solchen Fall ist am Beschlussverfahren entweder der Leiter des Dienststellenteils Kreiskrankenhaus, bei dem die Personalvertretung gebildet ist, oder der Leiter der Gesamtdienststelle, je nach dem, gegen wessen Maßnahme sich das Feststellungsbegehren der Personalvertretung richtet, beteiligt (BVerwG v. 13. 5. 1987, ZBR 1987, 350 = PersV 1988, 401, 548), ggf. sind beide von dem Feststellungsantrag unmittelbar betroffen und damit beteiligt. Soweit der Leiter einer militärischen Einheit der Bundeswehr in personellen Angelegenheiten der dort beschäftigten zivilen Mitarbeiter eine vorbereitende und mitwirkende Tätigkeit ausübt, so ist die Personalratsfähigkeit einer solchen Dienststelle zu bejahen (BVerwG v. 3. 7. 1991, Leits. ZBR 1992, 58 = PersV 1992, 117).

5 5. Die Vorschrift definiert den Begriff Dienststelle für **alle Bereiche** dieses Gesetzes mit Ausnahme der Sonderregelungen für den Bundesnachrichtendienst (§ 86 Nr. 1), für die bundesunmittelbaren Körperschaften und Anstalten des öffentlichen Rechts im Bereich der Sozialversicherung und für die Bundesagentur für Arbeit (§ 88 Nr. 1) sowie für die Deutsche Bundesbank (§ 89 Nr. 1).

6 a) **Behörden** sind die vom Wechsel der dort tätigen Personen unabhängigen organisatorischen Einheiten der in § 1 bezeichneten Verwaltungen, die mit Wirkung nach außen Verwaltungstätigkeit ausüben. Während das Amt ein auf eine Person zugeschnittener Kreis von Geschäften ist, ist die Behörde eine organisatorische Einheit, in der im Regelfall mehrere Ämter zusammengefasst sind. Was als Behörde anzusehen ist, entscheidet sich nach dem staatlichen Organisationsrecht. Der Begriff Behörde reicht jedoch weiter. Zu den Behörden nach diesem Gesetz zählen u. a. die Bundesministerien sowie das Bundeskanzleramt, der Deutsche Bundestag und der Bundesrat, Präsident, Hauptverwaltung und regionale Dienststellen sowie Außenstellen des Bundeseisenbahnvermögens, das Eisenbahn-Bundesamt mit seinen Außenstellen sowie die Oberfinanzdirektionen, die Hauptzollämter und die Bundesagentur für Arbeit, der Bundesbeauftragte für die Unterlagen des Staatssicherheitsdienstes mit seinen Außenstellen. Alle diese Behörden nehmen in der Regel hoheitliche Aufgaben wahr (BVerwG v. 18. 8. 1986, ZBR 1987, 54 = PersV 1987, 254; Richardi u. a., § 6 Anm. 6). Dagegen stellt der Bundesbeauftragte für den Datenschutz keine selbstständige Behörde dar, ebenso wenig der Wehrbeauftragte bzw. die/der Beauftragte für Migration, Flüchtlinge und Integration (Lorenzen u. a., § 6 Anm. 13).

7 b) **Verwaltungsstellen** sind diejenigen Stellen, die bei öffentlich-rechtlichen Körperschaften an die Stelle der dort wegen fehlenden hoheitlichen Charakters z. T. nicht vorhandenen Behörden treten Hierzu zählen u. a. der Vorstand der Bundesanstalt für Post und Telekommunikation einschließlich der Außenstellen, Vorstand und Geschäftsführer der Unfallkasse Post und Telekom, die Betriebskrankenkasse, die von der Bundesanstalt für Post und Telekommunikation rechtlich und organisatorisch selbstständig weitergeführt wird, sowie die Museumsstiftung Post und Telekom (Lorenzen u. a., § 6 Anm. 14).

c) **Betriebe** sind organisatorische bzw. arbeitstechnische, meist auch räumliche Zusammenfassungen von Verwaltungsangehörigen einer Betriebsverwaltung. Sie sind mit entsprechenden Arbeitsmitteln unter einheitlicher Leitung zur dauernden Verwirklichung bestimmter arbeitstechnischer Aufgaben ausgestattet, insbesondere für Zwecke der öffentlichen Versorgung und sonstigen Befriedigung öffentlicher Bedürfnisse (BVerwG v. 13. 8. 1986, ZBR 1987, 54 = PersV 1987, 254; VGH München v. 16. 6. 1999, PersV 2000, 38 = Leits. ZfPR 2000, 239). Der Unterschied zur Behörde bzw. Verwaltungsstelle liegt in der arbeitstechnischen Aufgabensetzung und in deren Bewältigung mit im Wesentlichen technischen Mitteln. Entscheidend für die Anwendung des BPersVG ist die Rechtsform. Zu den Betrieben i. S. des § 6 zählen daher nicht die in privater Rechtsform geführten Betriebe und Unternehmen (AG, GmbH). Für sie gilt das BetrVG. **8**

d) **Gerichte** sind die nach den einschlägigen Gerichtsverfassungen gebildeten organisatorischen Einheiten der rechtsprechenden Gewalt. Dem BPersVG unterfallen bei den Gerichten des Bundes aber nur diejenigen Beschäftigten, die zum nichtrichtlichen Bereich gehören, während die Richter eigene Vertretungen nach dem Richtergesetz bilden. **9**

e) Die **Unterschiede** zwischen Behörden, Verwaltungsstellen, Gerichten und Betrieben haben für das Gesetz kaum praktische Bedeutung. Auf eine scharfe Unterscheidung zwischen ihnen kommt es nicht an, vielmehr auf die Abgrenzung der selbstständigen Einheiten gegen unselbstständige Nebenstellen oder Teile. **10**

6. Das Gesetz geht, der allgemeinen Organisation der Bundesverwaltungen folgend, von einem **dreistufigen Aufbau** der Personalvertretung aus. Danach sind Personalvertretungen bei obersten Dienstbehörden, bei Behörden der Mittelstufe und bei Behörden zu bilden, die einer Behörde der Mittelstufe nachgeordnet sind. **11**

7. **Oberste Dienstbehörde** ist die oberste Behörde des Dienstherrn, in deren Bereich der Beamte tätig ist (§ 3 Abs. 1 BBG). Dies gilt sinngemäß auch für Arbeitnehmer (Fischer u. a., § 6 Anm. 7; Lorenzen u. a., § 6 Anm. 7). Zu den obersten Dienstbehörden zählen die Bundesministerien, das Bundeskanzleramt, der Deutsche Bundestag, der Bundesrat, das Presse- und Informationsamt der Bundesregierung und der Präsident des Bundesrechnungshofs. Bei mehrstufig organisierten bundesunmittelbaren juristischen Personen des öffentlichen Rechts ist oberste Dienstbehörde die jeweils nach dem Errichtungsgesetz oder dem Organisationsstatut vorgesehene oberste Behörde oder Verwaltungsstelle. Sonderregelungen ergeben sich für die bundesunmittelbaren juristischen Personen des öffentlichen Rechts im Bereich der Sozialversicherungsträger, der Bundesagentur für Arbeit und der Deutschen Bundesbank (§§ 88, 89). Bei den obersten Dienstbehörden sind für den Fall, dass ihnen Behörden, Verwaltungsstellen oder Betriebe nachgeordnet sind, neben den (örtlichen) Personalvertretungen auch Hauptpersonalräte zu bilden. Dies gilt unabhängig davon, ob der obersten Dienstbehörde mehrere Stufen nachgeordnet sind oder ob nur eine Stufe besteht (BVerwG v. 3. 10. 1958, BVerwGE 7, 251 = PersV 1958/59, 141). **12**

8. **Behörden der Mittelstufe** sind die der obersten Dienstbehörde unmittelbar nachgeordneten Behörden (Oberfinanzdirektionen, Wasser- und Schifffahrtsdirektionen, Regionaldirektionen der Bundesagentur für Arbeit, Wehrbereichsverwaltungen), sofern ihnen andere Dienststellen, nicht nur **13**

Außenstellen, nachgeordnet sind. Andernfalls sind sie die unterste Stufe, auch wenn es sich um eine Bundesoberbehörde handelt (Bundesamt für Verfassungsschutz, Statistisches Bundesamt, Bundeskriminalamt, Bundesausgleichsamt, Bundesanstalt für Wasserbau, Bundesversicherungsamt). Bei der Mittelbehörde ist neben der (örtlichen) Personalvertretung der eigenen Dienststelle ein Bezirkspersonalrat zu wählen.

14 9. Wenn der einer obersten Bundesbehörde unmittelbar nachgeordneten Behörde nur **unselbstständige Einheiten** nachgeordnet sind, so handelt es sich nicht um eine Behörde der Mittelstufe i. S. von Absatz 2 Satz 2. Dies gilt z. B. für das Bundesgesundheitsamt mit seinen Nebenstellen und Instituten sowie für das Statistische Bundesamt mit seinen Nebenstellen, für die Bundesmonopolverwaltung und für die Bundesanstalt für den Güterfernverkehr, für den Deutschen Wetterdienst und für das Deutsche Archäologische Institut. Diesen Dienststellen kommt kein ihnen selbstständig zugewiesener Aufgabenbereich zu. Den Dienststellenleitern fehlt eine eigene Entscheidungsbefugnis, die die Grundlage für eine Beteiligung der Personalvertretung sein könnte. Sie bilden mit der der obersten Dienstbehörde unmittelbar nachgeordneten Behörde eine einheitliche Dienststelle, soweit sie ihrerseits nicht von den Möglichkeiten des Abs. 3 Gebrauch machen.

15 10. Die einer Behörde der Mittelinstanz unmittelbar nachgeordnete Behörde bzw. sonstige Dienststelle ist die **unterste personalratspflichtige Dienststelle.** Hierbei handelt es sich um nach Aufgabenbereich und Organisation selbstständige Behörden. Die Dreistufigkeit des Verwaltungsaufbaus wird auch dort durchgehalten, wo neben den Behörden, die der Mittelbehörde unmittelbar nachgeordnet sind, noch weitere „unterste Behörden" folgen. Dies gilt z. B. für die Zollämter, Bezirkszollkommissariate und Zollaufsichtsstellen, Zollfahndungsstellen und Zollgrenzkommissariate. Sie bilden mit den der Mittelbehörde unmittelbar nachgeordneten Behörden eine einheitliche Dienststelle im Sinne des Gesetzes (z. B. die der Oberfinanzdirektion unmittelbar nachgeordneten Hauptzollämter mit den Zollämtern, Zollzweigstellen etc., (BVerwG v. 31. 10. 1958, BVerwGE 7, 251 = PersV 1958/59, 141). Von dem Grundsatz der Einheitlichkeit der Dienststellen wird nur dann abgewichen, wenn diese untersten Dienststellen im Verwaltungsaufbau nach Aufgabenbereich und Organisation selbstständig sind. Damit wird nicht eine weitere Stufe im Verwaltungsaufbau geschaffen, sondern nur die unterste personalvertretungsrechtliche Ebene erweitert (Fischer u. a., § 6 Anm. 11). Zur Abgrenzung der Zuständigkeiten zwischen den einzelnen Personalvertretungen vgl. § 82 u. die dort. Anm.

16 11. Demnach ergibt sich in **einzelnen Bereichen** folgendes:
a) bei der **Deutschen Bahn AG** (vgl. Einl. Anm. 55a; § 69 Anm. 47 ff.);
b) bei den drei neuen Aktiengesellschaften **Deutsche Post AG, Deutsche Postbank AG und Deutsche Telekom AG** (vgl. § 69 Anm. 55 ff.).
c) in der **Bundesangetur für Arbeit:**
Personalrat bei den Agenturen für Arbeit; Bezirkspersonalräte bei den Zentralen Regionaldirektionen; Hauptpersonalrat bei der Bundesagentur (Zentrale);
d) im Bereich der **Bundesverwaltung:** Personalvertretungen im Hause eines Bundesministeriums („örtlicher" Personalrat, Hauptpersonalrat); im Bereich oberer Bundesbehörden („örtlicher" Personalrat, Bezirkspersonalrat), im Bereich der diesen nachgeordneten Verwaltungen (Personalrat); im Bereich bundesunmittelbarer Körperschaften des öffentlichen Rechts mit Selbstverwaltung z. B. Betriebskrankenkasse des Bundesverkehrsminister-

iums, die Aufgaben der gesetzlichen Krankenkasse für versicherungspflichtige und -berechtigte Beschäftigte und ehemalige Beschäftigte der Behörden, Verwaltungsstellen und Betriebe wahrnimmt: Personalrat bei der Betriebskrankenkasse (OVG Hamburg v. 7. 8. 1991, Leits. PersR 1993, 48);
e) im Bereich des **Bundesinnenministeriums** u. a.:
aa) beim **Passkontrolldienst:** Personalrat bei den Passkontrollämtern; Bezirkspersonalräte bei den Passkontrolldirektionen;
bb) ein Hauptpersonalrat beim Ministerium (unter Einbeziehung sonstiger unterstellter Dienststellen, auch solcher ohne eigenen Verwaltungsunterbau);
f) im Bereich des **Bundesverteidigungsministeriums:**
aa) Personalrat bei den Standortverwaltungen sowie bei den Kreiswehrersatzämtern; Bezirkspersonalräte bei den Wehrbereichsverwaltungen (dem Bereichs-Wehrersatzamt einschließlich der Bezirks-Wehrersatzämter, die ein Teil der Wehrbereichsverwaltung sind);
bb) ein Hauptpersonalrat beim Minister. Das Amt für Wehrtechnik und Beschaffung und das Bezirkswehrersatzamt sind nicht als Instanzen i. S. des BPersVG aufzufassen; sie besitzen nur Dienststellenpersonalräte. Die Beschäftigten sind zum Hauptpersonalrat wahlberechtigt.
Ein **Verlust** der Dienststelleneigenschaft kann durch Ausgliederung aus der öffentlichen Verwaltung und durch Privatisierung erfolgen (vgl. vormalige Bundesanstalt für Flugsicherung (s. auch Einl. Anm. 56a), Bundesdruckerei, Bundesbahn, Bundespost). Auch durch Organisationsentscheidungen der vorgesetzten Behörde kann über den Weg der Eingliederung einer bisher selbstständigen Einheit in eine Dienststelle die Dienststelleneigenschaft der eingegliederten Dienststelle verlorengehen (BVerwG v. 18. 1. 1990, PersV 1990, 348 = ZfPR 1990, 113; Fischer u. a., § 6 Anm. 11 a; Bosch, ZfPR 1996, 67). Die in der eingegliederten Dienststelle bisher bestehenden Personalvertretungen hören auf zu bestehen (BVerwG v. 18. 1. 1990, aaO).

II. Teile von Dienststellen/Nebenstellen

1. **Abs. 3** macht **eine Ausnahme von dem Grundsatz,** dass der Begriff der Dienststelle sich nach dem Verwaltungsaufbau, nicht aber nach der jeweiligen räumlichen Entfernung richtet. Der Grund liegt darin, dass Teile und Nebenstellen von Dienststellen oft so weit von diesen entfernt liegen, dass eine wirksame Betreuung der Beschäftigten durch die bei der Hauptdienststelle bestehende Personalvertretung nicht möglich ist. Daher können nach Abs. 3 von der Hauptdienststelle weit entfernt liegende Teile von Dienststellen bzw. Nebendienststellen, die nicht die verwaltungsorganisatorischen Voraussetzungen einer selbstständigen Behörde oder einer Verwaltungsstelle erfüllen, nach einer entsprechenden Abstimmung zu Dienststellen i. S. des BPersVG erklärt werden (BVerwG v. 29. 5. 1991, BVerwGE 88, 233 = ZBR 1992, 88 = PersV 1992, 42 = ZfPR 1991, 13; Lorenzen u. a., § 6 Anm. 31 ff.). Die **personalvertretungsrechtliche Verselbstständigung** muss von der Mehrheit der wahlberechtigten Beschäftigten in geheimer Abstimmung beschlossen werden. Fehlt es an einer solchen Abstimmung, so ist eine dennoch durchgeführte Personalratswahl nichtig (BAG v. 11. 7. 1991, PersV 1992, 259). Eine (personalvertretungsrechtliche) Verselbstständigung setzt lediglich voraus, dass die Beschäftigten in einer Nebenstelle oder in einem Dienststellenteil, die weit von der Hauptdienststelle entfernt liegen, einen Verselbstständigungsbeschluss fassen. Dem Leiter der Nebenstelle müssen keine personalvertretungsrechtlich relevanten Befugnisse zustehen. Vielmehr ist allein entscheidend, ob die Beschäftigten mit Mehrheit den Vorteil einer ortsnahen Personalvertretung für bedeutsam halten und dafür in Kauf nehmen, dass dem Dienststellenleiter Kompetenzen fehlen (BVerwG v. 17

29. 3. 2001, Leits. ZBR 2001, 305 = ZfPR 2001, 167). Die verwaltungsorganisatorischen Bedingungen (u. a. Befugnisse des Dienststellenleiters bzw. des Leiters einer Teildienststelle) bleiben von dem Verselbstständigungsbeschluss unberührt (BVerwG v. 29. 5. 1991, aaO; Bosch, ZfPR 1996, 66, 69; vgl. auch BVerwG v. 2. 3. 1993, ZBR 1993, 316 = PersV 1994, 231 = ZfPR 1993, 17). Die mit dem Verselbstständigungsbeschluss entstehenden **Kosten** sind von der Dienststelle zu tragen; denn die in diesem Zusammenhang anfallenden Kosten sind als „Kosten der Wahl" zu verstehen (Bosch, aaO).

18 a) **Nebenstellen** sind räumlich von der Dienststelle getrennte, u. U. organisatorisch weitgehend verselbstständigte, jedoch auf eine Hilfsfunktion gegenüber der Hauptdienststelle beschränkte und von ihr abhängige bzw. ihr angegliederte Zweigstellen, Außenstellen etc., mit z. T. örtlich abgegrenzter Zuständigkeit (Fischer u. a., § 6 Anm. 14; Richardi u. a., § 6 Anm. 25).

19 b) **Teile von Dienststellen** sind organisatorisch unselbstständige, in der Regel auf Teilaufgaben beschränkte, aber doch in gewisser Weise relativ verselbstständigte Dienststellen, die z. B. wegen der räumlichen Absonderung oder wegen der besonderen organisatorischen oder technischen Gestaltung von den übrigen Abteilungen abgegrenzt sind (OVG Lüneburg v. 1. 4. 1998, PersR 1998, 428). Solche Dienststellen sind z. B. die Bundeshauptkasse zum Bundesministerium der Finanzen, die Wetterämter und Nebenstellen des Deutschen Wetterdienstes, die Monopolämter, Verwaltungsstellen und Branntweinmonopolstellen der Bundesmonopolverwaltung für Branntwein (vgl. Lorenzen u. a., § 6 Anm. 30) oder z. B. Außenstellen von Dienststellen des Bundeseisenbahnvermögens.

20 c) Nebenstellen oder Teile einer Dienststelle werden grundsätzlich zur Hauptdienststelle gerechnet. Sie gelten nur dann ausnahmsweise **aus personalvertretungsrechtlicher Sicht als selbstständige Dienststellen,** wenn die bereits genannten Voraussetzungen (räumlich weite Entfernung von der Hauptdienststelle und Mehrheitsbeschluss der wahlberechtigten Beschäftigten) erfüllt sind. Als weitere Voraussetzung muss aber nicht hinzukommen, dass dem Dienststellenleiter von Nebenstellenteilen relevante Befugnisse zustehen. Ein solches Erfordernis ergibt sich weder aus der Entstehungsgeschichte des Gesetzes noch aus dem Wortlaut oder dem Sinn und Zweck von Abs. 3 Alleinige Voraussetzungen für eine personalvertretungsrechtliche Verselbstständigung sind deshalb die räumlich weite Entfernung und ein Verselbstständigungsbeschluss der Beschäftigten. Der Verselbstständigungsbeschluss soll der Tatsache Rechnung tragen, dass bei räumlich weiter Entfernung die Kommunikation der Beschäftigten untereinander und die Verbindung zur Hauptdienststelle und zur dortigen Personalvertretung erheblich erschwert sind. Durch die mit dem Verselbstständigungsbeschluss eröffnete Möglichkeit eines engeren Kontaktes zur Hauptdienststelle soll deshalb eine ausreichende Betreuung der Beschäftigten gewährleistet werden (vgl. Anm. 22). Auch insoweit sind daher personalvertretungsrechtlich relevante Befugnisse des Dienststellenleiters der Nebenstelle oder des Dienststellenteils nicht „ungeschriebene" Voraussetzung für eine personalvertretungsrechtliche Verselbstständigung (BVerwG v. 29. 5. 1991, BVerwGE 88, 233 = ZBR 1992, 88 = PersV 1992, 42 = ZfPR 1991, 132; Bosch, ZfPR 1996, 66, 67). Auch wenn es für eine Verselbstständigung nicht Voraussetzung ist, dass der Dienststellenleiter über personalvertretungsrechtlich relevante Befugnisse verfügt, müssen doch die Kompetenzen, die von der Nebenstelle oder dem Dienststellenteil im Hinblick auf die Beschäftigten wahrgenommen werden, in der Person eines Leiters so gebündelt sein, dass eine vom Partnerschaftsprinzip getragene Zusammenarbeit mit dem Personalrat der Nebenstelle oder des Dienststellenteils gewährleistet ist. Daraus folgt, dass dann, wenn mehrere Nebenstellen oder Teile einer Dienststelle räumlich weit entfernt von dieser untergebracht sind, diese sich nur gemeinsam personalvertretungsrechtlich verselbstständigen können, wenn sie einen Dienststellenleiter haben, bei dem alle Kompetenzen liegen, die dort für deren Beschäftigte wahrgenommen werden können (OVG Kolbenz v. 8. 2. 2000, PersV 2000, 278 = Leits. ZfPR 2000, 239).

aa) Bei dem **Begriff „räumlich weite Entfernung“** handelt es sich um einen unbestimmten Rechtsbegriff, der nach objektiven Maßstäben zu beurteilen ist. Für die Klärung dieser Frage kommt es nicht nur auf die geographische Entfernung, sondern auch auf die Verkehrsverbindungen, jedenfalls entscheidend darauf an, ob sich die Personalvertretungen genügend mit den personellen Angelegenheiten der Beschäftigten befassen können (BVerwG v. 14. 7. 1987, BVerwGE 78, 34 = PersV 1989, 257). Ist z. B. eine Stelle der Deutschen Bahn AG von der Hauptdienststelle sechs Kilometer an einer häufig befahrenen Bahnstrecke entfernt gelegen, so ist sie von der Hauptdienststelle nicht „räumlich weit entfernt“, wenn die Beschäftigten des Dienststellenteils freie Fahrt genießen und in eiligen Fällen kostenlos das bahneigene Fernsprechnetz benutzen können (OVG Koblenz v. 3. 1. 1957, ZBR 1957, 207; VGH Baden-Württemberg v. 7. 2. 1961 – VI 545/60, n. v.). Die Personalvertretung muss unter Berücksichtigung der Verkehrsverhältnisse in der Lage sein, ihre Aufgabe auch gegenüber der Nebendienststelle zu erfüllen und sich mit den persönlichen Angelegenheiten der von ihr zu betreuenden Beschäftigten genügend zu befassen. Eine allgemeine Vermutung spricht dafür, dass eine Entfernung zwischen zwei Dienststellen immer dann räumlich weit und die Kommunikation schwierig ist, wenn diese sich in verschiedenen, mehr als 20 km voneinander entfernten Dienstorten befinden und keine günstigen Umstände für eine unkomplizierte Kontaktaufnahme bestehen. Bei dieser Entfernung ist außerhalb von Ballungsgebieten im allgemeinen der notwendige Kontakt zwischen Personalvertretung und Beschäftigten nicht in dem gebotenen Umfang möglich. Allerdings können die besonderen Verkehrsverhältnisse eine Überschreitung oder Unterschreitung dieser Grenze begründen, je nachdem ob sie im Einzelfall besonders günstig oder besonders schlecht sind (BVerwG v. 29. 5. 1991, BVerwGE 88, 233 = ZBR 1992, 88 = PersV 1992,42 = ZfPR 1991,132). Teildienststellen innerhalb einer Großstadt sind im allgemeinen räumlich nicht weit von einander entfernt (BVerwG v. 14. 7. 1987, BVerwGE 78, 34). Die kilometermäßige Festlegung ist nämlich nur ein Gesichtspunkt. Der räumliche Abstand besagt nicht mehr, als dass zwischen Haupt- und Nebenstelle eine bestimmte Wegstrecke zurückzulegen ist. Wenn die Entfernung zwischen Haupt- und Nebenstelle so groß ist, dass ihr Zurücklegen unabhängig von der Art des benutzten Verkehrsmittels einen Zeitaufwand erfordert, der auch bei planvoller Wahrnehmung der Aufgaben der Personalvertretung in keinem angemessenen Verhältnis zu der eigentlichen Personalratsarbeit steht, dann ist eine räumlich weite Entfernung zu bejahen. Auch der Anzahl der im abgetrennten Dienststellenteil Beschäftigten mag für die Ausfüllung des Begriffs „räumlich weite Entfernung“ insoweit Bedeutung zukommen, als sie einen Anhalt dafür bietet, wie häufig die Personalvertretung insgesamt oder einzelne ihrer Mitglieder den abgetrennten Dienststellenteil werden aufsuchen und den damit verbundenen Zeitaufwand in Kauf nehmen müssen, um die dort tätigen Beschäftigten ausreichend betreuen zu können. Damit in Zusammenhang steht auch die Frage, wie viele Beschäftigte sich nur unter erschwerten Bedingungen persönlich an die Personalvertretung wenden 21 können. In den größeren Städten und Großstädten ist im allgemeinen ein im Vergleich zu ländlichen Gegenden gut ausgebautes Verkehrssystem vorhanden, das es bei guter organisatorischer Vorbereitung ermöglicht, den „Wegeaufwand“ in angemessenen Grenzen zu halten. Daher sind im allgemeinen Wegezeiten bis zur Höchstdauer von einer Stunde zumutbar (BVerwG v. 14. 7. 1987, aaO; Richardi u. a., § 6 Anm. 28).

22 bb) Der Gesetzgeber hat nicht nur die Bildung von Personalvertretungen in möglichst allen (personalratsfähigen, § 12) Dienststellen fördern, sondern auch für die sinnvolle Vertretung möglichst aller Beschäftigten Sorge tragen wollen. Aus diesem Grunde sind Teil- oder Nebendienststellen immer dann als „räumlich weit entfernt“ liegend anzusehen, wenn sich Schwierigkeiten in der Betreuung ergeben haben, weil aufgrund der äußeren Bedingungen keine **ausreichende Kommunikation** zwischen den Beschäftigten der einzelnen Nebenstellen oder Dienststellenteile und der Personalvertretung der Hauptdienststelle gewährleistet ist. Daher kommt es nicht entscheidend auf die Entfernung, sondern darauf an, ob eine sachgerechte Wahrnehmung von Personalratsaufgaben gewährleistet ist (VG Oldenburg v. 25. 4. 1988, PersR 1990, 31).

23 cc) Sind Nebenstellen oder Teile von Dienststellen räumlich weit von der Hauptdienststelle entfernt, so gelten sie als selbstständige Dienststellen, wenn die **Mehrheit ihrer wahlberechtigten,** nicht nur der abstimmenden **Beschäftigten** dies in geheimer Abstimmung beschließt. Die räumlich weite Entfernung kann nicht zum Gegenstand der Abstimmung gestellt werden, da es sich bei dem Begriff „räumlich weite Entfernung“ um einen der richterlichen Nachprüfung unterliegenden unbestimmten Rechtsbegriff handelt. Er kann nur nach objektiven Maßstäben beurteilt werden (BVerwG v. 17. 12. 1957, BVerwGE 6, 60; Fischer u. a., § 6 Anm. 15; Lorenzen u. a., § 6 Anm. 31).

24 dd) Die Anforderungen an eine solche Abstimmung, für die eine gesetzliche Regelung fehlt und deren Durchführung der Initiative der Beschäftigten bzw. den in der Dienststelle vertretenen Gewerkschaften überlassen bleibt, bestimmen sich nach dem, was allgemein unter rechtsstaatlichen demokratischen Gesichtspunkten als ordnungsgemäße **geheime Abstimmung** gefordert wird. Ob eine schriftliche Stimmabgabe zulässig ist, muss bezweifelt werden, da die von der Wahlordnung geforderte besondere Gewährleistung der Geheimhaltung bei einer schriftlichen Stimmabgabe im Zusammenhang mit einer Vorabstimmung nach Abs. 3 nur schwerlich gewährleistet sein würde (Fischer u. a., § 6 Anm. 19). Die im Einzelnen in der Wahlordnung aufgestellten Anforderungen an ein geordnetes Wahlverfahren müssen zwar nicht in vollem Umfang erfüllt sein. Wohl aber gelten die für die Durchführung einer Personalratswahl maßgebenden Grundsätze sinngemäß (Bosch, ZfPR 1996, 66, 68).

25 ee) Eine **Gruppenabstimmung findet nicht statt.** Für die Wahl aber ist ein Abstimmungsvorstand zu bilden, dem ein Mitglied jeder in der Nebendienststelle vertretenen Gruppe angehören muss (§ 4 Abs. 1 Satz 2 WO),

26 ff) Nicht notwendig ist, dass die Beschlussfassung unmittelbar vor einer Neuwahl stattfindet (vgl. VG Berlin v. 15. 5. 1987, PersR 1988, 112). Allerdings sollte zur Vermeidung von Meinungsverschiedenheiten der Zeitpunkt für eine entsprechende Beschlussfassung über eine Verselbständigung nicht zu weit vor der Wahl der Personalvertretung liegen (Fischer u. a., § 6

Anm. 21). Der Beschluss ist nur für die **Dauer einer Wahlperiode** wirksam, und zwar für die folgende Wahl und die Amtszeit der aus ihr hervorgegangenen Personalvertretung. Insofern kommt es auf die konkrete Amtszeit des örtlichen Personalrats der Hauptstelle an (Kersten, ZfPR 2002, 82 mit Zustimmung zu BVerwG v. 26. 1. 2000, PersV 2001, 117 = ZfPR 2000, 202). Durch die Formulierung „... der Beschluss ist für die folgende Wahl ... wirksam" wird klargestellt, dass der Beschluss zur Verselbstständigung einer Dienststelle keine konstitutive Wirkung in der Form hat, dass unmittelbar mit der Beschlussfassung die Personalvertretung der Hauptdienststelle ihre Zuständigkeit für die Neben- bzw. Teildienststelle verliert (VG Köln v. 19. 11. 1976 – PersVG 33/76, n. v.). Vielmehr kann ein Verselbstständigungsbeschluss zwar während des Laufs einer Amtsperiode der zuständigen Personalvertretung bei der Hauptdienststelle gefasst werden, seine Wirkung setzt aber erst mit der auf diesen Beschluss folgenden Wahl der Personalvertretung bei der Hauptdienststelle ein (VG Berlin v. 15. 5. 1987, Leits. PersR 1988, 112). Gleichzeitig wird durch Abs. 3 Satz 2 deutlich gemacht, dass der Verselbstständigungsbeschluss nur für die Dauer einer Amtsperiode Gültigkeit hat, so dass die Beschäftigten von Nebenstellen bzw. Teildienststellen vor jeder Personalratswahl erneut darüber entscheiden müssen, ob sie eine personalvertretungsrechtliche Verselbstständigung ihrer Dienststellen wollen (Fischer u. a., § 6 Anm. 21; Lorenzen u. a., § 6 Anm. 18). Dies gilt auch im Fall des Endes der Amtszeit der Personalvertretung der Hauptdienststelle, wenn deren Neuwahl wegen Rücktritts nach § 27 Abs. 2 Nr. 3 vorzeitig notwendig wird (OVG Lüneburg v. 7. 11. 1984, Leits. PersV 1988, 274); denn Hauptdienststelle und Nebenstellen/Teildienststellen sind insgesamt als eine einheitliche Dienststelle zu betrachten, die auch eine einheitliche personalvertretungsrechtliche Struktur bedingt (Fischer u. a., § 6 Anm. 21; aA OVG Hamburg v. 15. 9. 1995, PersV 1997, 312 = Leits. ZfPR 1996, 59; ausdr. offen gelassen: BVerwG v. 26. 11. 1997, Leits. ZBR 1998, 183 = ZfPR 1998, 86).

gg) Die bei einer „weiter nachgeordneten" Stelle gewählte Personalvertretung gilt mangels Wahlanfechtung auch dann als rechtmäßig gewählt, wenn die **Voraussetzungen für eine Verselbstständigung nicht vorgelegen haben,** es sei denn, dass ihr Fehlen offensichtlich und die Wahl daher nichtig war (BVerwG v. 3. 10. 1958, BVerwGE 7, 251 = PersV 1958/59, 141). Eine Wahlanfechtung gegenüber einem Verselbstständigungsbeschluss ist allerdings nicht mit der Begründung zu rechtfertigen, eine personalvertretungsrechtlich bedeutsame Entscheidungsbefugnis stehe dem Dienststellenleiter nicht zu (BVerwG v. 29. 5. 1991, ZBR 1992, 88 = PersV 1992, 42 = ZfPR 1991, 132). Oft nämlich steht den Leitern verselbstständigter Nebenstellen oder Teildienststellen nur eine geringe personalvertretungsrechtliche Entscheidungskompetenz zu. Entscheidungskompetenz aber ist eben nicht Voraussetzung für eine wirksame personalvertretungsrechtliche Verselbstständigung (Fischer u. a., § 6 Anm. 13; Bosch, ZfPR 1996, 66). 27

hh) Die **personalvertretungsrechtliche Verselbstständigung** der Neben- bzw. Teildienststelle **findet ihr Ende** mit dem Ende der Amtszeit der Personalvertretung der Hauptdienststelle (Richardi u. a., § 6 Anm. 32). Infolgedessen greift dann wieder die Zuständigkeit der nunmehr neu zu wählenden Personalvertretung bei der Hauptdienststelle auch für Neben- bzw. Teildienststellen durch, falls nicht zuvor erneut ein Verselbstständigungsbeschluss gefasst worden war. Ist dies nicht der Fall, sind die Beschäftigten der Neben- bzw. Teildienststelle für den Personalrat der gesamten Dienststelle wahlberechtigt und wählbar. 28

29 ii) Weitere **Beendigungsgründe** sind gegeben, wenn die Hauptdienststelle aufgelöst wird. In aller Regel erfolgt damit gleichzeitig auch eine Auflösung der Nebenstellen. Für den Fall jedoch, dass die Nebenstellen einer anderen Hauptdienststelle zugewiesen werden sollen, ist ebenfalls eine Beendigung der personalvertretungsrechtlichen Verselbstständigung deshalb anzunehmen, weil zumindest in einer juristischen Sekunde die Nebenstelle in ihrer ursprünglichen Zuordnung aufgehört hat zu bestehen, bevor sie in den Geschäftsbereich einer anderen Behörde eingegliedert wurde. Dieses Ergebnis ergibt sich im Übrigen auch aus der Tatsache, dass Personalvertretungen nicht aus eigenem Recht „aufgebaut" sind, sondern immer dem Aufbau der Dienststellenorganisation folgen. Wenn Hauptdienststelle und Nebenstelle zusammengelegt werden, dann endet die Amtszeit der für die Nebenstelle aufgrund eines Verselbstständigungsbeschlusses gewählten Personalvertretung (VG Berlin v. 1. 12. 1999, ZfPR 2000, 208). Ein weiterer Beendigungsgrund allerdings ist dann nicht gegeben, wenn der Gesamtpersonalrat zurücktritt. In diesem Fall nämlich ist ein getrenntes Schicksal der Personalräte anzunehmen. Die Bestehensdauer des Personalrats der verselbstständigten Dienststelle ist allein von dessen Amtszeit abhängig (Abs. 3 Satz 2). Im umgekehrten Fall bleibt z. B. der Rücktritt eines Personalrats einer verselbstständigten Dienststelle auf das Fortbestehen des Gesamtpersonalrats und des örtlichen Personalrats der Hauptdienststelle oder auf die Personalräte anderer verselbstständigter Nebenstellen ohne Wirkung (vgl. in diesem Zusammenhang auch § 55 Anm. 8). Der Verselbstständigungsbeschluss bleibt bei Rücktritt des Personalrats einer verselbstständigten Nebenstelle für die Dauer der konkreten Amtszeit des Hauptstellenpersonalrats bestehen, so dass in der Nebenstelle für diese Zeit ein neuer „Nebenstellenpersonalrat" gewählt werden kann (BVerwG v. 26. 1. 2000, PersV 2001, 117 = ZfPR 2000, 202).

30 2. Abs. 3 enthält eine gesetzliche Fiktion („... gelten als selbstständige Dienststellen"). Mit der Verselbstständigung geht daher **keine Veränderung der Behördenorganisation** einher. Der gesetzlichen Fiktion kommt nur im Rahmen des Personalvertretungsrechts rechtliche Bedeutung zu; insoweit wird die verselbstständigte Dienststelle daher wie eine Dienststelle mit ursprünglicher Selbstständigkeit angesehen (BVerwG v. 22. 6. 1962, BVerwGE 14, 287 = ZBR 1962, 283 = PersV 1962, 257). Der Wirkungsbereich der Personalvertretung erstreckt sich aber lediglich auf solche Angelegenheiten, für die dem Leiter der Dienststelle eine Entscheidungskompetenz zusteht (VGH München v. 6. 7. 1979, Leits. ZBR 1980, 259). Bei der Verwaltung einer **Betriebskrankenkasse** einer Bundesverwaltung (Bundesverwaltungskasse) besteht insoweit eine Besonderheit, als dort ein eigener Personalrat zu bilden ist. Dies gilt auch dann, wenn die Beschäftigten dieser Verwaltung nicht in beamten- oder arbeitsrechtlichen Beziehungen zu dieser Krankenkasse stehen. Die Personalvertretung ist auf den Zuständigskeitsbereich der Verwaltung der Betriebskrankenkasse beschränkt. Es besteht daher kein Beteiligungsrecht an den von Dienststellen der Bundesverwaltung zu treffenden Entscheidungen in Personalangelegenheiten der bei der Verwaltung der Betriebskrankenkasse Beschäftigten. Infolgedessen ist die Lücke durch richterliche Auslegung dahingehend zu schließen, dass bei der die Personalangelegenheiten im Wesentlichen regelnden Dienststelle eine die Betriebskrankenkasse mitumfassende Personalvertretung gebildet wird (BVerwG v. 10. 3. 1982, Leits. ZBR 1983, 137 = PersV 1983, 65).

31 3. Mit dem Verselbstständigungsbeschluss entfallen für den Leiter der betreffenden Nebenstelle und für dessen Stellvertreter die Voraussetzungen für

die Wählbarkeit (BVerwG v. 22. 6. 1962, BVerwGE 14, 287 = ZBR 1962, 283 = PersV 1962, 257); denn § 14 Abs. 3 erklärt **Dienststellenleiter** ohne jede Einschränkung **für nicht wählbar.**

4. Der Beschluss über eine Verselbstständigung führt zur **Bildung eines Gesamtpersonalrats** (§ 55). Dies gilt selbst dann, wenn sich die Mehrheit lediglich einer Nebenstelle oder nur eines Dienststellenteils für eine personalvertretungsrechtliche Verselbstständigung entschieden hat. Der Gesamtpersonalrat tritt neben den örtlichen Personalrat (der Hauptdienststelle) und den Personalrat der verselbstständigten Nebenstelle bzw. des Dienststellenteils. Da allein der Verselbstständigungsbeschluss Voraussetzung für die Wahl eines Gesamtpersonalrats ist, ist ein Gesamtpersonalrat auch dann zu wählen, wenn in einer verselbstständigten Neben- oder Teildienststelle nicht im gleichen Wahltermin eine örtliche Personalvertretung zustande kommt (Kersten, PersV 2000, 440). Nur auf diese Weise ist gewährleistet, dass keine Vertretungslücke entsteht. Da der Gesamtpersonalrat auch durch die Beschäftigten in der Neben- bzw. Teildienststelle gewählt ist, ist er in seiner „Auffangfunktion" legitimiert, deren Interessen insgesamt bis zur Wahl eines örtlichen Personalrats in der Neben- und Teildienststelle zu vertreten. Mit der Wahl eines Gesamtpersonalrats wird eine Zuständigkeit dieses Gremiums für alle Angelegenheiten begründet, die für die Dienststellen insgesamt zu entscheiden sind oder in denen den Dienststellenleitern der Nebenstellen keine eigene Entscheidungsbefugnis zusteht. Gleichzeitig wird die Zuständigkeit der Personalvertretungen in den verselbstständigten Teilen auf die Angelegenheiten zusammengedrängt, in denen die Leiter der Nebenstelle oder der Dienststellenteile entscheidungsberechtigt sind (VGH München v. 6. 7. 1979, PersV 1980, 337). In den meisten personellen Angelegenheiten wird der Gesamtpersonalrat zuständig sein (BVerwG v. 8. 7. 1977, ZBR 1978, 176 = PersV 1978, 278), der in aller Regel bei der Hauptdienststelle angesiedelt wird und damit von den Nebendienststellen möglicherweise ebensoweit entfernt liegt wie vor dem Verselbstständigungsbeschluss der (örtliche) Personalrat bei der Hauptdienststelle (BVerwG v. 14. 4. 1961, BVerwGE 12, 194 = ZBR 1961, 356 = PersV 1961, 231). Der Gesamtpersonalrat hat seinerseits in den Angelegenheiten, in denen er beteiligt wird, gemäß § 82 Abs. 2 und 3 die örtlichen Personalvertretungen in den personalvertretungsrechtlich verselbständigten Dienststellen zu hören. An die entsprechenden Äußerungen ist der Gesamtpersonalrat nicht gebunden. Er ist bei Maßnahmen des Leiters der Gesamtdienststelle zu beteiligen, wenn diese Maßnahmen entweder alle Beschäftigten der Gesamtdienststelle oder aber die Beschäftigten des verselbstständigten Dienststellenteils betreffen (BVerwG v. 15. 8. 1983, BVerwGE 67, 533 = ZBR 1984, 75 = PersV 1985, 291; BVerwG v. 27. 2. 1986, PersV 1986, 326). Ist von einer Maßnahme des Leiters der Gesamtdienststelle nur die Stammdienststelle selbst betroffen, so ist alleine die dortige örtliche Personalvertretung zu beteiligen. Wenn der Leiter einer personalvertretungsrechtlich verselbstständigten Dienststelle eine beteiligungspflichtige Maßnahme beabsichtigt, so ist nur die örtliche Personalvertretung dieses Dienststellenteils zu beteiligen (Bosch, ZfPR 1996, 66, 69; vgl. im Übrigen auch die kritischen Anmerkungen von Bosch zur personalvertretungsrechtlichen Verselbstständigung, die seiner Meinung nach oft zur Demotivation führen; vgl. auch die eingehende Darstellung von Lorse, ZfPR 2004, 144). 32

III. Gemeinsame Dienststellen

32a 5. Eine **Änderung der Dienststellenorganisation** kann Folgen auch auf das Bestehen der (bisherigen) Personalvertretung haben. Dies ist u. a. dann der Fall, wenn eine Dienststelle zusammen mit anderen Dienststellen in einer neugegründeten Dienststelle aufgeht. Der „Untergang" der Dienststelle lässt auch die ihr zugeordnete Personalvertretung wegfallen (BVerwG v. 18. 1. 1990, PersV 1990, 348 = ZfPR 1990, 113; OVG Münster v. 17. 2. 2000, PersV 2000, 511; VGH München v. 28. 6. 2000, PersR 2001, 86; OVG Münster v. 25. 5. 2005 – 1 B 453/05. PVL, n.v.). Ob eine Dienststelle ihre Selbstständigkeit verliert, hängt ausschließlich davon ab, ob sie ihren selbstständigen Aufgabenbereich verliert und nicht länger innerhalb der Verwaltungsorganisation verselbstständigt ist (BVerwG v. 18. 1. 1990, aaO), also die Identität der Dienststelle verloren geht (BVerwG v. 25. 6. 2003, Leits. ZBR 2003, 397 = PersV 2003, 361 = Leits. ZfPR 2004, 83; vgl. auch Lorenzen u. a., § 6 Anm. 41).

33 1. Abs. 4 betrifft nur **gemeinsame Dienststellen** des – auch mittelbaren – Bundesdienstes und eines anderen Rechtskreises (Landes), vor allem die Oberfinanzdirektionen, die Bundesvermögensverwaltung etc., bei denen Beschäftigte des Bundes und solche des Landes nebeneinander tätig sind (§ 6 Abs. 3 des Gesetzes über die Finanzverwaltung, FVG, v. 30. 8. 1971, BGBl. I S. 1426, zul. geänd. d. G v. 5. 3. 2008, BGBl. I S. 282). Die Beschäftigten im Bundesdienst bilden eine Personalvertretung nach diesem Gesetz, für die Landesbediensteten gilt Landesrecht. Eine gemeinsame Personalvertretung kann daher nicht gebildet werden.

34 2. In diesen Dienststellen zählen **nur die Beschäftigten des Bundes zu den Beschäftigten** i. S. des BPersVG. Zu ihnen gehören auch die zum Bundesteil der Dienststelle abgeordneten Beschäftigten des Landes, da sie im Dienst des Bundes stehen (Lorenzen u. a., § 6 Anm. 22). Für sie sind Personalvertretungen nach diesem Gesetz zu bilden. Beamte mit Doppelstatus (z. B. Präsidenten der Oberfinanzdirektionen) gehören ebenfalls zum Kreis der Beschäftigten des Bundes.

35 3. In den Fällen, in denen Einrichtungen bestehen, die von einer Bundesverwaltung gemeinsam mit einer juristischen Person des Privatrechts getragen werden, gilt das BPersVG dann, wenn **Beschäftigte einer privatrechtlichen Einrichtung** an die Behörde abgestellt werden. Soweit die öffentlich-rechtliche Natur des Gesamtgebildes überwiegt, können die Beschäftigten der privatrechtlichen Einrichtungen ebenfalls das aktive und das passive Wahlrecht zur Personalvertretung erwerben (Fischer u. a., § 6 Anm. 27 a).

36 4. Im Falle der **Auflösung von Dienststellen** (Verlust der Selbstständigkeit durch Aufhebung des bisherigen selbstständigen Aufgabenbereichs) endet auch das Amt der Personalvertretung (vgl. BVerwG v. 18. 1. 1990, PersV 1990, 348 = ZfPR 1990, 113; VGH München v. 27. 4. 1977, ZBR 1977, 414).

IV. Anrufung der Verwaltungsgerichte

37 1. **Streitigkeiten** über den Begriff der Dienststelle, den Charakter einer Dienststelle als Mittelbehörde, die organisatorische Selbstständigkeit einer nachgeordneten Dienststelle oder Streitigkeiten darüber, ob es sich um eine selbstständige Dienststelle handelt, können zum Gegenstand einer Wahlanfechtung (§ 25) gemacht werden. Allerdings kann die Personalvertretung

auch ein eigenständiges Beschlussverfahren einleiten (OVG Magdeburg v. 25. 5. 1999, PersV 2000, 33).

2. Die Selbstständigkeit einer Neben- oder Teildienststelle wird regelmäßig nur im Zusammenhang mit der Wahl einer Personalvertretung praktisch, so dass der Streit deshalb im allgemeinen als **Wahlstreitigkeit** auszutragen ist. In besonderen Fällen kann diese Streitigkeit aber auch außerhalb einer Wahlanfechtung gerichtlich überprüft werden (BVerwG v. 17. 12. 1957, BVerwG E 6, 60; OVG Lüneburg v. 3. 4. 1959, ZBR 1959, 164 = PersV 1960, 263). Entsprechende Voraussetzungen sind dann gegeben, wenn mit einem Beschlussverfahren das Ziel verfolgt wird, bevorstehende Personalratswahlen bei Teildienststellen zu verhindern. Auf diese Weise nämlich könnten unnötigerweise entstehende Kosten vermieden werden (VGH München v. 16. 6. 1994, PersR 1995, 189). **38**

Schrifttum: Bosch, Verselbstständigung von Dienststellenteilen, ZfPR, 1996, 66; Kersten, Die Fortentwicklung des Verselbstständigungbeschlusses nach § 6 Abs. 3 BPersVG, PersV 2000, 440; ders. Die Verselbstständigung von Nebenstellen im Sinne des § 6 Abs. 3 BPersVG– Zugleich Anmerkung zum Beschluss des Bundesverwaltungsgerichts vom 26. Januar 2000, ZfPR 2002, 82; Kneis, Zur Frage der Personalratsfähigkeit und Personalratpflichtigkeit von Dienststellen und Dienststellenteilen, PersV 1978, 19; Lorse, Systematik der personalvertretungsrechtlichen Verselbständigung nach § 6 Abs. 3 BPersVG, ZfPR 2004, 144; Rothländer, Der Dienststellenbegriff im Personalvertretungsrecht, PersV 1962, 121.

§ 7 [Vertretung der Dienststelle]

Für die Dienststelle handelt ihr Leiter. Er kann sich bei Verhinderung durch seinen ständigen Vertreter vertreten lassen. Bei obersten Dienstbehörden kann er auch den Leiter der Abteilung für Personal- und Verwaltungsangelegenheiten, bei Bundesoberbehörden ohne nachgeordnete Dienststelle und bei Behörden der Mittelstufe auch den jeweils entsprechenden Abteilungsleiter zu seinem Vertreter bestimmen. Das gleiche gilt für sonstige Beauftragte, sofern der Personalrat sich mit dieser Beauftragung einverstanden erklärt.

Inhaltsübersicht

Entspr. landesgesetzliche Regelungen:
Baden-Württemberg: –; Bayern: Art. 7; Berlin: § 9; Brandenburg: § 7; Bremen: § 8; Hamburg: § 8; Hessen: § 8; Mecklenburg-Vorpommern: § 8

Abs. 4; Niedersachsen: § 8; Nordrhein-Westfalen: § 8 Abs. 1, 4; Rheinland-Pfalz: § 5 Abs. 5 bis 7; Saarland: § 7; Sachsen: § 7; Sachsen-Anhalt: § 7; Schleswig-Holstein: § 8 Abs. 5; Thüringen: § 7.

Entspr. Vorschrift des BetrVG: –.

1 1. Kompetenter Partner der Personalvertretung ist der jeweilige Dienststellenleiter. Er soll grundsätzlich alle die sich aus diesem Gesetz ergebenden Verhandlungen führen. Nur im Falle der **Verhinderung** soll sich ein Dienststellenleiter durch seinen ständigen Vertreter vertreten lassen können. Die Sätze 3 und 4 machen deutlich, dass in größeren Behörden die Notwendigkeit einer umfassenderen Vertretung des Dienststellenleiters im Falle der Verhinderung bestehen muss.

2 2. Die Vorschrift regelt die **Vertretung der Dienststelle durch den Dienststellenleiter sowie die Vertretung des Dienststellenleiters.** Diese Vertretung umfasst alle personalvertretungsrechtlich bedeutsamen Erklärungen und bezieht alle Aufgaben ein, die der Dienststelle nach dem Gesetz obliegen. Zu diesen Aufgaben gehört auch die Unterrichtungs- und Vorlagepflicht im Rahmen der Beteiligungsverfahren (BVerwG v. 6. 4. 1989, PersV 1989, 531). Generell soll nach dem Willen des Gesetzgebers nur derjenige die Dienststelle gegenüber dem Personalrat vertreten, der nach der bestehenden Organisation der Behörde an der Spitze der Dienststelle steht. Ihn soll derjenige vertreten können, der nach dem Organisationsplan mit dessen ständiger Vertretung beauftragt ist und in der Regel die Befugnis hat, „in Vertretung" zu zeichnen (OVG Münster v. 25. 10. 1976, PersV 1977, 303).

3 3. Nur bei obersten Dienstbehörden, bei Bundesoberbehörden oder bei Behörden der Mittelinstanz ist eine **Vertretung des Dienststellenleiters** durch den Leiter der Verwaltungsabteilung bzw. den Abteilungsleiter im Falle der Verhinderung zulässig. Gleiches gilt für die Beauftragung sonstiger Beschäftigter mit der Vertretung.

4 4. Dienststeilenleiter ist derjenige, der in organisatorischen, personellen und sozialen Angelegenheiten einen eigenen Entscheidungs- und Handlungsspielraum besitzt. Er muss die Verantwortung für die Beaufsichtigung und Regelung des gesamten Dienstbetriebs haben und für die Entscheidung und Umsetzung von solchen Maßnahmen zuständig sein, die der Beteiligung der Personalvertretung unterliegen (BVerwG v. 13. 8. 1986, ZBR 1987, 54 = PersV 1987, 254). Der **Dienststellenleiter ist der verantwortlich handelnde Beschäftigte** der Dienststelle sowie Repräsentant des Dienstherrn und in dieser Eigenschaft Partner der Personalvertretung (BVerwG v. 24. 11. 1961, ZBR 1962, 63, 281 = PersV 1962, 62). Seiner Verantwortlichkeit steht nicht entgegen, dass er an Weisungen der vorgesetzten Behörde gebunden ist. Dienststellenleiter ist auch derjenige, der zwar auf Weisung der vorgesetzten Behörde handelt, der aber gegenüber den Beschäftigten eine der Beteiligung der Personalvertretung unterliegende Maßnahme eigenständig vorbereitet und sie gegenüber dem Personalrat seiner Dienststelle verantwortet (BVerwG v. 16. 6. 1989, ZBR 1990, 18 = PersV 1989, 486). Im Bereich der Deutsche Bahn AG haben Betriebsleiter personalvertretungsrechtlich die Stellung eines Dienststellenleiters (VGH Kassel v. 28. 6. 2000 – 18 P 98.2789, n.v.).

5 a) Bei juristischen Personen des öffentlichen Rechts mit einem mehrköpfigen **Vorstand** ist grundsätzlich der gesamte Vorstand Leiter der Dienst-

stelle (vgl. hierzu § 88). Allerdings sind jeweils die organisatorischen Vorschriften und die entsprechende Satzung bei der Beantwortung der Frage, wer Dienststellenleiter ist, maßgebend. Nach § 88 Nr. 2 Satz 1 Halbs. 2 handelt für die Agenturen für Arbeit und für die Regionaldirektionen der Bundesagentur für Arbeit die Geschäftsführung; sie ist Dienststellenleiter im personalvertretungsrechtlichen Sinn. Vorstand oder Geschäftsführung können sich durch eines oder mehrere der jeweiligen Mitglieder vertreten lassen (§ 88 Nr. 2 Satz 2). Im Bereich des Bundeseisenbahnvermögens, der regionalen Dienststellen und Außenstellen, des Eisenbahnbundesamtes und der Außenstellen ist der Präsident Dienststellenleiter insgesamt und für die Hauptverwaltung, für die Dienst- und Außenstellen sind es die jeweiligen Leiter, im Bereich des Bundesamtes für Post und Telekommunikation der Vorstand; bei der Museumsstiftung Post und Telekom ist Dienststellenleiter der Kurator und bei der Unfallkasse Post und Telekom und Betriebskrankenkasse der Postbeschäftigten je Vorstand und Geschäftsführer (vgl. auch Lorenzen u. a., § 7 Anm. 9).

b) Die Eigenschaft des Dienststellenleiters behält auch der **Leiter einer Kleindienststelle,** die nach § 12 Abs. 2 vertretungsrechtlich einer anderen Dienststelle zugeteilt ist (Altvater u. a., § 7 Anm. 2c). Dagegen erwirbt sie nicht der Leiter einer Nebenstelle, deren Beschäftigte nach § 6 Abs. 3 die personalvertretungsrechtliche Verselbstständigung der Nebendienststelle beschlossen haben (Fischer u. a., § 7 Anm. 5) Er gilt aber als mit der Vertretung gegenüber „seiner“ Personalvertretung beauftragt. 6

5. Sachlich fällt es in den Aufgaben- und Zuständigkeitsbereich des Dienststellenleiters, sämtliche Erklärungen der Personalvertretung entgegenzunehmen und ihr gegenüber alle Erklärungen abzugeben, die die Dienststelle rechtlich verpflichten. Der **Dienststellenleiter hat persönlich die Verhandlungen** mit der Personalvertretung **zu führen.** Hierzu gehört auch eine Unterrichtung der Personalvertretung über beabsichtigte Maßnahmen und der Antrag auf Zustimmung in den der Beteiligung (Mitwirkung/Mitbestimmung) unterliegenden Angelegenheiten. Dies kann im Zusammenhang mit den Ausschlussfristen insofern von Bedeutung sein, als diese bei Unterrichtung durch eine unzuständige Person nicht in Lauf gesetzt werden (OVG Münster v. 14. 12. 1964, PersV 1965, 131). 7

6. Für seine Person braucht der **Dienststellenleiter nicht Dienstvorgesetzter** i. S. von § 32 Abs. 3 BBG zu sein. Eine entsprechende Konstellation kann sich insbesondere bei der Verselbstständigung von Nebenstellen oder Teilen einer Dienststelle ergeben, wenn dem Leiter der Hauptdienststelle bisher entsprechende Aufgaben und Befugnisse zustanden. An dieser Rechtsstellung ändert sich durch die Verselbstständigung von Nebenstellen oder Dienststellenteilen nichts (BVerwG v. 14. 4. 1961, BVerwGE 12, 194 = ZBR 1961, 186 = PersV 1961, 231). In diesen Fällen muss bestimmt werden, wer für den Vollzug des Gesetzes die Funktion eines Dienststellenleiters und seines Vertreters erhält (Lorenzen u. a., § 7 Anm. 11). 8

7. a) Der Dienststellenleiter kann sich nur **im Falle tatsächlicher Verhinderung vertreten** lassen (Verhinderungsvertretung). Das bedeutet, dass er nicht ohne Grund Verhandlungen oder Gesprächen mit der Personalvertretung fernbleiben darf; denn es gehört zu seinen dienstlichen Obliegenheiten, mit der Personalvertretung vertrauensvoll zusammenzuarbeiten (vgl. § 2 Abs. 1). Eine Verhinderung liegt nur dann vor, wenn der Dienststellenleiter dringende, unaufschiebbare Dienstgeschäfte wahrzunehmen hat. Er ist also nicht 9

gehalten, dienstliche Verpflichtungen zugunsten einer Erörterung mit der Personalvertretung zurückzustellen (BAG v. 31. 3. 1983, PersV 1985, 28). Zweckmäßigerweise sollte die Personalvertretung daher rechtzeitig Absprachen hinsichtlich gemeinsamer Termine mit dem Dienststellenleiter treffen, soweit dies die im Einzelnen zu behandelnde Angelegenheit zulässt. Dabei ist besonders auf Fristversäumnis, rechtzeitige Initiativen etc. zu achten.

10 aa) Dem Dienststellenleiter obliegt keine Begründungspflicht gegenüber der Personalvertretung im Hinblick auf seine Verhinderung (Richardi u. a., § 7 Anm. 10). Eine Personalvertretung kann daher auch nur ausnahmsweise die **Bekanntgabe des Verhinderungsgrundes** verlangen, nämlich dann, wenn begründete Zweifel daran bestehen, ob der Dienststellenleiter tatsächlich durch dienstliche Verpflichtungen an einer Erörterung mit der Personalvertretung gehindert ist (BAG v. 31. 3. 1983, PersV 1985, 28). Wird eine Verhinderung vom Dienststellenleiter nur behauptet und verhandelt daraufhin die Personalvertretung mit dem Vertreter, so bleibt dies ohne Einfluss auf die mit dem Vertreter getroffene Entscheidung (Fischer u. a., § 7 Anm. 12 c; Lorenzen u. a., § 7 Anm. 11). Bleibt ein Dienststellenleiter, ohne tatsächlich verhindert zu sein, wiederholt Verhandlungen bzw. Gesprächen mit der Personalvertretung fern, so kann gegen ihn Dienstaufsichtsbeschwerde erhoben werden.

11 bb) Der Gesetzgeber will dem Dienststellenleiter andererseits aber auch keine nicht vertretbare Belastung in der Zusammenarbeit mit der Personalvertretung zumuten. Daher ist vorgesehen, dass er sich **im Falle tatsächlicher Verhinderung vertreten lassen** kann. Schon daraus ergibt sich, dass der Dienststellenleiter nicht unter Außerachtlassen anderer weiterer Verpflichtungen **vorzugsweise zunächst** mit der Personalvertretung Terminabsprachen zu treffen hat.

12 b) Die **Vertretung des Dienststellenleiters** ist sowohl allgemein wie für die obersten Dienstbehörden und die Bundesoberbehörden sowie Mittelbehörden besonders geregelt. Grundsätzlich richtet sie sich nach der Behördenorganisation. Sie regelt durch Geschäftsordnung oder ähnliche generelle Anweisungen die ständige unmittelbare oder eventuell weitere Vertretung des Dienststellenleiters. Vertretungsregelungen können sich auch aus einer Satzung oder aus entsprechenden organisatorischen Regelungen ergeben; die gesetzlichen Vertretungsregelungen sind maßgebend (BAG v. 27. 2. 1997, PersV 1998, 208 = Leits. ZfPR 1997, 200). In jedem Falle muss es sich bei dem Vertreter des Dienststellenleiters um diejenige Person handeln, die ihn ständig in allen Angelegenheiten der Behörde vertritt. Die Bestellung eines besonderen Vertreters nur für die Angelegenheiten der Personalvertretung ist unzulässig (OVG Münster v. 25. 10. 1976, PersV 1977, 303). Bei der Abgabe einzelner Erklärungen kann sich der Dienststellenleiter allerdings auch durch andere Beschäftigte innerhalb eines Verfahrens nach dem BPersVG vertreten lassen, falls diese im Einzelfall Vertretungsmacht besitzen (BAG v. 10. 4. 1973, PersV 1973, 313). Auch kann der Dienststellenleiter einen anderen Beschäftigten (z. B. einen Personalsachbearbeiter) beauftragen, mit der Personalvertretung Vorbesprechungen und Vorverhandlungen zu führen. Die entscheidenden Verhandlungen im Rahmen des Beteiligungsverfahrens allerdings muss er grundsätzlich selbst führen, da er im Bereich der Personalverfassung rechtswirksam für die Dienststelle zu handeln hat. Bei diesen Verhandlungen kann den Dienststellenleiter nur sein ständiger Vertreter vertreten. Werden durch interne Satzungsregelungen, die die Verwaltungsorganisation betreffen, bestimmte Angelegenheiten auf Abteilungsleiter etc. übertragen, so wird die personalvertretungsrechtliche Stellung des Dienststellenleiters weder eingeschränkt noch verändert (BVerwG v. 26. 8. 1987, BVerwGE 78, 72 = ZBR 1988, 101 = PersV 1988, 488 = ZfPR 1989, 13; BAG v. 26. 10. 1995, Leits. BB 1996, 540 = DB 1996, 992). Anders aber ist die Rechtslage dann zu beurteilen, wenn der Dienststellenleiter einen bestimmten Beschäftigten im Einverständnis mit der Personalvertretung mit seiner Vertretung ausdrücklich beauftragt hat (Satz 4; vgl. Anm. 15). Eine Besonderheit gilt für Nato-Truppeneinheiten. Der Kommandant einer solchen Einheit kann sich als Dienststellenleiter von Anfang an entsprechend Art. 3 des Unterzeichnungsprotokolls (UP zu Art. 56 IX des Zusatzabkommens zum Nato-Truppenstatut) vertreten lassen (BAG v. 11. 7. 1990, NZA 1991, 300, 317).

c) In Verhandlungen mit der Personalvertretung, in denen der Dienststellen- **13**
leiter eine Entscheidung zu treffen oder eine verbindliche Erklärung abzugeben hat, kann er sich nur durch seinen ständigen (bzw. die weiteren) Vertreter (in der generell bestimmten Reihenfolge) vertreten lassen (Molitor, § 8 Anm. 5). Eine weitergehende Vertretungsermächtigung ist nur für die **obersten Dienstbehörden** vorgesehen. Hier kann sich der Dienststellenleiter nicht nur durch seinen ständigen Vertreter, sondern auch durch den **Leiter der Abteilung für Personal- und Verwaltungsangelegenheiten** vertreten lassen. Der Sinn dieser Regelung liegt darin, den jeweiligen Bundesminister weitgehend zu entlasten und neben dem Staatssekretär als seinem ständigen Vertreter den für die Behördenleitung in der Regel verantwortlichen Leiter der Abteilung für Personal- und Verwaltungsangelegenheiten mit der Vertretung zu beauftragen. Eine weitere Vertretungsmöglichkeit räumt Satz 4 ein (vgl. Anm. 15).

d) Bei **Bundesoberbehörden ohne nachgeordnete Dienststellen oder bei Be- 14**
hörden der Mittelstufe können die Dienststellenleiter auch die den Leitern der Abteilung für Personal- und Verwaltungsangelegenheiten entsprechenden **Abteilungsleiter** zu ihren Vertretern bestimmen. Die Leiter dieser Behörden sollen sich dadurch von den Verpflichtungen gegenüber der Personalvertretung im Einzelfall freimachen können. Die Vertretungsbefugnis gilt sowohl für Verhandlungen mit dem bei der obersten Dienstbehörde gebildeten Hauptpersonalrat als auch für den bei der Behörde gebildeten örtlichen Personalrat. Für Mittelbehörden gilt entsprechendes.

e) Durch Gesetz zur Änderung des BPersVG vom 10. 7. 1989 (BGBl. I **15**
S. 1380) ist es einem Dienststellenleiter bei obersten Dienstbehörden, bei Bundesoberbehörden ohne nachgeordnete Dienststelle und bei Behörden der Mittelstufe über den Kreis der nach Satz 3 Vertretungsberechtigten hinaus möglich, solche Beschäftigten mit seiner **Vertretung zu beauftragen,** mit deren Beauftragung die Personalvertretung einverstanden ist. Dadurch soll der bisher bei der Vertretung von Dienststellenleitern aufgetretene erhebliche verfahrensmäßige Aufwand beseitigt werden (vgl. Beschlussempfehlung und Bericht des Innenausschusses des Deutschen Bundestages vom 14. 6. 1989, BT-Drucks. 14/4774, S. 9). Die unmittelbare Anbindung von Satz 4 an Satz 3 macht deutlich, dass sich die Erweiterung der Vertretungsbefugnis nur auf die in Satz 3 erwähnten Behörden beziehen kann (Lorenzen, PersV 1989, 457, 464). Andernfalls hätte der Gesetzgeber Satz 4 als eigenen zweiten Absatz anfügen müssen, um deutlich zu machen, dass er eine Beauftragung weiterer Beschäftigter bei allen Behörden möglich machen wollte. Da der Dienststellenleiter generell Verhandlungspartner der Personalvertretung ist, setzt auch die Beauftragung weiterer Beschäftigter mit einer Vertretung voraus, dass er selbst verhindert ist. Der Gesetzestext macht im Übrigen deut-

lich, dass ein Dienststellenleiter bei der Beauftragung sonstiger Beschäftigter nicht an solche mit bestimmten Funktionen gebunden ist. Vielmehr kommt es allein darauf an, dass die Personalvertretung mit der Beauftragung eines bestimmten Beschäftigten einverstanden ist. Ob die Beauftragung von Fall zu Fall oder generell im voraus zu Beginn einer Amtsperiode erfolgen muss, ergibt sich aus dem Gesetz nicht. Aus Gründen der Rechtssicherheit und der Praktikabilität wird man einer Beauftragung im voraus den Vorrang geben müssen. Unabhängig davon aber kann das Einverständnis auf einen Einzelfall, so etwa für eine bestimmte Sitzung oder für ein Monatsgespräch, auf bestimmte Angelegenheiten, so etwa Fragen der Einführung und Anwendung neuer Informations- und Kommunikationstechniken, oder auf eine bestimmte Zeit beschränkt werden. Die Einverständniserklärung bedarf eines Beschlusses der Personalvertretung Sie ist vom Personalratsvorsitzenden ausdrücklich gegenüber dem Dienststellenleiter zu erklären. Die mit Einverständnis der Personalvertretung erfolgte Beauftragung bleibt so lange wirksam, bis dieses Einverständnis widerrufen wird. Wäre ein solcher Widerruf nicht möglich, dann würde die nach Satz 4 mit Einverständnis der Personalvertretung erfolgte Beauftragung gegen deren Willen fortgesetzt werden können. Dies wäre mit dem Wortlaut der Bestimmung nicht in Einklang zu bringen. Die Rücknahme des Einverständnisses muss nicht begründet werden. Die Vorschrift gilt im Übrigen auch für Stufenvertretungen und Gesamtpersonalräte.

15a f) Der Dienststellenleiter kann auch **andere als die in Satz 1 und 2 genannten Beschäftigten** mit der Durchführung bestimmter Angelegenheiten **beauftragen.** Dies gilt in erster Linie für die Durchführung von Vorbesprechungen oder Vorverhandlungen (vgl. BAG v. 31. 3. 1983, PersV 1985, 27; BAG v. 10. 3. 1985, PersV 1985, 25). Alleine aus praktischen Erwägungen ist es oft sinnvoll, wenn vor allen Dingen im Bereich größerer Verwaltungen die für bestimmte Angelegenheiten zuständigen Referenten bzw. Sachbearbeiter die Personalvertretung im Rahmen von § 69 Abs. 2 (Unterrichtung über eine beabsichtigte mitbestimmungspflichtige Maßnahme) und § 72 Abs. 1 (Erörterung einer beabsichtigten mitwirkungspflichtigen Angelegenheit) informieren. Dies ist aber nicht zulässig, wenn es um den Antrag auf Zustimmung der Personalvertretung geht (§ 69 Abs. 2 Satz 1). Die Zustimmung muss vom Dienststellenleiter oder einem nach § 7 befugten Vertreter beantragt werden. Wird der Antrag von einem zur Vertretung des Dienststellenleiters nicht berechtigten Beschäftigten gestellt, so ist dies ein Verstoß gegen zwingendes Recht. Ein nachfolgender Beschluss der Einigungsstelle wäre rechtsunwirksam, weil das Mitbestimmungsverfahren rechtsfehlerhaft eingeleitet worden ist (OVG Hamburg v. 17. 4. 1986, ZBR 1986, 377).

16 8. **Streitigkeiten** über die Zulässigkeit einer Vertretung entscheiden die Verwaltungsgerichte nach § 83 Abs. 1 Nr. 3. Der Dienststellenleiter ist in allen Streitigkeiten nach § 83 Beteiligter (BVerwG v. 23. 1. 1959, BVerwGE 8, 119 = PersV 1958/59, 138). Das Verwaltungsgericht aber kann nicht darüber entscheiden, ob der Dienststellenleiter aufgrund der bestehenden Behördenorganisation und der gesetzlichen Vorschriften für eine bestimmte Maßnahme zuständig ist; denn hierbei handelt es sich nicht um eine personalvertretungsrechtliche Frage (BVerwG v. 26. 1. 1968, BVerwGE 29, 74 = ZBR 1968, 122 = PersV 1968, 116).

Schrifttum: Faber-Härtl, Die Aufgaben und Befugnisse der Dienststellenleitung im Personalvertretungsrecht, PersV 1994, 49, 105, 161, 204, 248, 353, 394; Goeres, Die personalvertretungsrechtliche Stellung der Organe der Bundes unmittelbarer

Körperschaften und Anstalten im Bereich der Sozialversicherung, PersV 1987, 48; Lorenzen, Die Änderungen des BPersVG durch das Poststrukturgesetz vom 8. 6. 1989 und das Gesetz zur Änderung des Bundespersonalvertretungsgesetzes vom 10. 7. 1989, PersV 1989, 457; Ulmer, Aufgaben und Befugnisse für die Leiter von Dienststellen, die sich aus dem Bundespersonalvertretungsgesetz ergeben, PersV 1975, 1; Windscheid, Zur personalvertretungsrechtlichen Stellung des Dienststellenleiters, ZBR 1957, 8; Wolber, Vorstand oder Geschäftsführer eines Sozialversicherungsträgers als Gesprächs- und Verhandlungspartner einer Personalvertretung, RiA 1976, 150; ders., Das Zusammenrücken von Vorstand und Geschäftsführer eines Sozialversicherungsträgers mit der Personalvertretung, PersV 1976, 444.

§ 8 [Benachteiligungs-/Begünstigungsverbot]

Personen, die Aufgaben oder Befugnisse nach diesem Gesetz wahrnehmen, dürfen darin nicht behindert und wegen ihrer Tätigkeit nicht benachteiligt oder begünstigt werden; dies gilt auch für ihre berufliche Entwicklung.

Inhaltsübersicht

Entspr. landesgesetzliche Regelungen:
Baden-Württemberg: –; Bayern: Art. 8; Berlin: –; Brandenburg: § 8; Bremen: § 56 Abs. 1; Hamburg: –; Hessen: § 64 Abs. 1; Mecklenburg-Vorpommern: –; Niedersachsen: § 41 Abs. 1; Nordrhein-Westfalen: –; Rheinland-Pfalz: § 6; Saarland: § 8; Sachsen: § 8; Sachsen-Anhalt: § 8, Schleswig-Holstein: –; Thüringen: § 8.

Die Vorschrift gilt unmittelbar für die Länder (§ 107 S. 1).

Entspr. Vorschrift des BetrVG: § 78.

1. Bei dieser Vorschrift handelt es sich um eine **allgemeine Schutznorm,** die für 1
einzelne Funktionsträger konkretisiert wird (z. B. für Wahlberechtigte, Wahlbewerber und Wahlvorstandsmitglieder in § 24, für Personalratsmitglieder in den §§ 46, 47, für Teilnehmer an Personalversammlungen in § 50 und für Mitglieder der Jugend- und Auszubildendenvertretung in § 62 sowie für Mitglieder von Abstimmungsvorständen in § 4 WO und Wahlhelfer in § 1 WO). Die Vorschrift schützt Personalratsmitglieder auch vor anderen Mitgliedern der Personalvertretung, so dass auch das Plenum eines seiner Mitglieder im Rahmen ordnungs- und pflichtgemäßer Betätigung nicht behindern darf (VGH Kassel v. 22. 5. 1974, PersV 1975, 64). Der Schutz gilt insgesamt aber nur im Rahmen einer ordnungsgemäßen Aufgabenwahrnehmung (VG Münster v. 22. 4. 1968, PersV 1968, 194; Lorenzen u. a., § 8 Anm. 7, 9). Das Benachteiligungsverbot enthält gleichzeitig ein an den Dienststellenleiter gerichtetes Gebot, freigestellten Personalratsmitgliedern eine berufliche Ent-

wicklung zukommen zu lassen, wie sie ohne Freistellung verlaufen wäre (LAG Hamm v. 25. 9. 2001, PersV 2002, 373).

2 2. Die Vorschrift dient der **Sicherung** sowohl **der Tätigkeit** der Personalvertretung überhaupt wie auch der **Sicherung der Unabhängigkeit** der Entscheidungen der Personen, die Aufgaben oder Befugnisse nach dem BPersVG wahrnehmen (BVerwG v. 21. 9. 2006, PersR 2007, 83; BAG v. 16. 2. 2005, PersV 2005 429 = Leits. ZfPR 2006, 44). Die Vorschrift soll nicht nur Personalratsmitglieder dazu ermuntern, ihr Amt unbeeinflusst von Befürchtungen vor möglichen Benachteiligungen und unbeeinflusst von möglichen Begünstigungen wahrnehmen zu können. Vielmehr sollen gleichzeitig auch qualifizierte Mitarbeiter angehalten werden, für ein Personalratsamt bereitzustehen, ohne ihre beruflichen Erwartungen zurückstecken zu müssen (BVerwG v. 21. 9. 2006, aaO; Lorenzen u. a., § 8 Anm. 2).

3 3. Geschützt sind in allen Stufen die **bestimmungsmäßige vertretungsrechtliche Tätigkeit** der Personalvertretung als Institution und die entsprechende Tätigkeit der Einzelmitglieder (vgl. §§ 46, 47). Gleiches gilt für die Sondervertretungen Jugend- und Auszubildendenvertretung, Vertretung der nicht ständig Beschäftigten (§ 65), der Vertretung der Schwerbehinderten (§ 40), der Ortskräfte (§ 91 Abs. 2) und der Bundespolizei (§ 85). Ebenso gilt der Schutz auch für Mitglieder der Einigungsstellen (§ 71), der Fachkammern und -senate der Verwaltungsgerichte (§ 84), des Präsidenten des BVerwG bei der Bestellung des unparteiischen Vorsitzenden der Einigungsstelle, der Sachverständigen und Auskunftspersonen, die die Personalvertretung anhört und der Beauftragten der Gewerkschaften und Arbeitgebervereinigungen, die an der Personalversammlung bzw. der Sitzung der Personalvertretung teilnehmen. Auch schützt die Vorschrift die vertretungsrechtliche Tätigkeit des Dienststellenleiters in seiner Eigenschaft als Verhandlungspartner der Personalvertretung. Ebenso unterliegt die bestimmungsgemäße vertretungsrechtliche Tätigkeit der Vertreter des Personalrats bei Prüfungen (§ 80) und Unfalluntersuchungen (§ 81) dem Schutz dieser Bestimmung. Schließlich sind auch Ersatzmitglieder geschützt, soweit sie anstelle der ordentlichen Mitglieder Funktionen ausüben. Die Tätigkeit der im Gesetz genannten Einrichtungen und Personen ist gegenüber jedermann geschützt.

4 4. Die Vorschrift verbietet jede **Behinderung** der Personalratsarbeit. Der Begriff der Behinderung ist umfassend auszulegen. Daher ist jede Form der Beeinträchtigung der Wahrnehmung personalvertretungsrechtlicher Aufgaben, sei es eine Erschwerung, Störung oder Verhinderung, als Behinderung anzusehen (BVerwG v. 28. 8. 1990, ZBR 1991, 57 = PersV 1991, 75 = ZfPR 1990,171; OVG Münster v. 9. 6. 2004, PersR 2004,400; vgl. auch für das BetrVG: BAG v. 3. 9. 2003, BAGE 107, 231 = BB 2004, 557 = DB 2004,493; Fischer u. a.; § 8 Anm. 10,12; Lorenzen u. a., § 8 Anm. 18, 20; Richardi u. a., § 8 Anm. 13), ohne dass es eines Verschuldens oder einer Behinderungsabsicht bedarf (BAG v. 12. 11. 1997, BB 1998, 1006 = DB 1997, 2440). Eine Behinderung ist z. B. die Entgegennahme von der Verschwiegenheitspflicht unterliegenden Informationen seitens eines Personalratsmitglieds durch die oberste Dienstbehörde mit der ausdrücklichen Zusicherung der vertraulichen Behandlung (VGH Kassel v. 20. 9. 1989, Leits. DVBl. 1990, 313); die Fernhaltung eines Personalratsmitglieds von einer Sitzung durch einen nicht dringenden dienstlichen Auftrag für eine auswärtige Tätigkeit; grundloses Verbot einer Personalratssitzung oder einer Personalversammlung innerhalb der Dienststelle oder der Dienststunden; unbegründete Verweigerung der Dienstbefreiung; unbegründete Verweigerung der Übernahme von Kosten

nach § 44 bzw. der Hinweis eines Dienststellenleiters gegenüber den Beschäftigten der Dienststelle auf zu hohe Betriebsratskosten, durch die andere, für die Beschäftigten günstige Maßnahmen (Fortbildungsmaßnahmen) unterbleiben müßten (vgl. für das BetrVG: BAG v. 12. 11. 1997, aaO); Weigerung, mit der Personalvertretung zusammenzuarbeiten (§ 2), ihr in den gesetzlich vorgeschriebenen Fällen die Beteiligung einzuräumen, ihr die erforderlichen Unterlagen zur Verfügung zu stellen (§ 68 Abs. 2), von ihr benötigte Räume, Gerät, Geschäftsbedarf, Telefon bereitzustellen, kurz jede Maßnahme, die die im Gesetz vorgesehene Arbeit der Personalvertretung erschwert. Eine Behinderung der Personalratstätigkeit ist auch dann zu bejahen, wenn die Tätigkeit als Mitglied einer Personalvertretung in einer dienstlichen Beurteilung bewertet wird (BAG v. 19. 8. 1992, Leits. ZfPR 1993, 133 = DB 1993, 1525). Eine Behinderung der Personalratstätigkeit ist ferner anzunehmen, wenn ein Dienststellenleiter die Telefongespräche der Personalvertretung und ihrer Mitglieder registriert. Eine solche Vorgehensweise verträgt sich grundsätzlich nicht mit der Stellung der Personalvertretung als einem kollektiven Vertretungsorgan, das auf der Grundlage interner Willensbildung selbstständig und eigenverantwortlich, d. h. ohne den Weisungen oder der Rechtsaufsicht des Dienststellenleiters zu unterliegen, darüber zu bestimmen hat, wie es seine Geschäfte führen und die ihm obliegenden Aufgaben erfüllen will (BVerwG v.14. 7. 1986, ZBR 1986, 312 = PersV 1987, 199; BVerwG v. 24. 11. 1986, ZBR 1987, 220 = PersV 1987, 422). Die Personalvertretung ist bei der Wahrnehmung ihrer Aufgaben verpflichtet, den Grundsatz der sparsamen Haushaltsführung zu beachten und nicht unnötig Kosten zu verursachen. Der Dienststellenleiter hat daher seinerseits das Recht zu prüfen, ob die von der Personalvertretung verursachten Kosten durch die Wahrnehmung der ihr gesetzlich übertragenen Aufgaben verursacht worden sind (BVerwG v. 26. 11. 1982, PersV 1983, 376; BVerwG v. 16. 6. 1989, BVerwGE 82, 131 = ZBR 1990, 18 = PersV 1989, 486). Bei dieser Prüfung aber hat der Dienststellenleiter den allgemeinen Rechtsgrundsatz der Verhältnismäßigkeit der Mittel zu beachten. Erst dann, wenn einem Dienststellenleiter die von der Personalvertretung verursachten Telefonkosten als unangemessen hoch erscheinen, kann er für eine beschränkte Zeit die automatische Erfassung und den Ausdruck von Datum und Uhrzeit des Gesprächs anfordern. Andernfalls ist in der Registrierung von Telefongesprächen der Personalvertretung eine Behinderung der Personalratstätigkeit zu sehen (aA BVerwG v. 28. 7. 1989, aaO; BAG v. 18. 1. 1989 – 7 ABR 38/87, n. v.; BAG v. 1. 8. 1990, NZA 1991, 316; vgl. auch § 1 Anm. 33 und § 44 Anm. 26 sowie Fischer u. a., § 8 Anm. 11). Eine Behinderung der Personalratsarbeit ist auch dann anzunehmen, wenn ein Dienststellenleiter anordnet, dass bei Dienstreisen zu Personalratsitzungen ausschließlich öffentliche Personennahverkehrsmittel in Anspruch genommen werden müssen. Im Übrigen richtet sich das Verbot der unmittelbaren Behinderung gegen jedermann und betrifft beispielsweise nicht nur die Dienststellenleiter in ihrem Verhalten zu der jeweiligen Personalvertretung, sondern auch zu den übrigen Vertretungseinrichtungen, den Einigungsstellen, den Beschäftigten oder Gewerkschaftsbeauftragten. Auch die Vertretungsorgane selbst, die Gewerkschaften, die Einigungsstellen und die Beschäftigten sind gegenüber jedem, der Aufgaben und Befugnisse nach diesem Gesetz wahrnimmt, verpflichtet, jede Behinderung zu unterlassen (z. B. Mitglieder des Wahlvorstands, Wahlhelfer, Teilnehmer an Sprechstunden oder Personalversammlungen, Beschwerdeführer, Büropersonal, Wähler, Kandidaten für die Personalratswahl; vgl. auch: Fischer u. a., § 8 Anm. 5; Lorenzen u. a., § 8 Anm. 17; Richardi u. a., § 8 Anm. 16 ff.).

5 5. Ein **Sonderfall** der Behinderung liegt vor, wenn einem Mitglied einer Personalvertretung durch Versetzung oder Abordnung die Ausübung seines vertretungsrechtlichen Amtes unmöglich gemacht werden soll. Dasselbe gilt für die Kündigung eines Arbeitnehmers, der Mitglied der Personalvertretung ist. Diese Maßnahmen sind durch die Spezialvorschrift des § 47 verboten; eine Zuwiderhandlung verstößt gegen § 134 BGB. Keine Behinderung ist dagegen die sachlich begründete Abwehr von Forderungen, die nicht der ordnungsgemäßen Aufgabenerfüllung dienen oder die Ablehnung eines Antrags der Personalvertretung, der sich zwar im Rahmen ihrer Aufgaben und Befugnisse hält, aber ersichtlich unbegründet ist (BVerwG v. 7. 10. 1964, BVerwGE 19, 279 = ZBR 1964, 367 = PersV 1965, 61). Gleiches gilt im Falle der Überschreitung des Aufgaben- und Zuständigkeitsbereichs durch die Personalvertretung, so dass keine Behinderung in der Entfernung unzulässiger Bekanntmachungen der Personalvertretung vom Schwarzen Brett durch den Dienststellenleiter zu sehen ist (vgl. für das BetrVG: LAG Düsseldorf v. 7. 10. 1958, BB 1959, 632). Hier wird man aber zunächst eine Aufforderung an die Personalvertretung zur Beseitigung einer rechtswidrigen Bekanntmachung verlangen müssen. Keine Behinderung liegt vor, wenn eine Behörde nach pflichtgemäßem Ermessen den Antrag, das Kraftfahrzeug eines Personalratsmitglieds als im dienstlichen Interesse gehalten, ablehnt, weil an einzelnen auswärtigen Sitzungstagen die Benutzung öffentlicher Verkehrsmittel nicht möglich ist. Die Ablehnung eines solchen Antrags wäre nur dann pflichtwidrig und würde eine unzulässige Behinderung der Personalratsarbeit darstellen, wenn die Wahrnehmung personalvertretungsrechtlicher Aufgaben dadurch wesentlich erschwert oder sogar unmöglich gemacht würde (BVerwG v. 27. 4. 1983, BVerwGE 67, 135 = ZBR 1984, 82 = PersV 1984, 324). Auch im Unterlassen einer Handlung, zu der ein Dienststellenleiter verpflichtet ist, kann eine Behinderung liegen. Dies gilt u. a. im Zusammenhang mit einer Personalratswahl, zu der ein Dienststellenleiter die erforderlichen Mittel zur Verfügung zu stellen hat (§ 24) sowie für die gesamten, nach § 44 von der Dienststelle zu tragenden Kosten für die Personalratstätigkeit sowie für die Freistellung nach § 46 Abs. 4 (Fischer u. a., § 8 Anm. 10; vgl. auch Kunze, PersV 2003, 284).

6 6. Zur Erfüllung des Tatbestands der Behinderung i. S. dieser Vorschrift genügt die **objektive Behinderung** (Lorenzen u. a., § 8 Anm. 6). Verschulden (Vorsatz, Fahrlässigkeit) braucht nicht dargetan zu werden. Der Grundsatz der vertrauensvollen Zusammenarbeit gebietet, eine unbeabsichtigte Behinderung unverzüglich zu beheben. Notfalls ist dies durch Dienstaufsichtsbeschwerde herbeizuführen.

7 7. Personen, die Aufgaben oder Befugnisse nach dem BPersVG wahrnehmen, müssen eine amtliche Anordnung, die ihre **Tätigkeit wirklich oder vermeintlich behindert,** zunächst befolgen (vgl. auch Fischer u. a., § 8 Anm. 23; nunmehr auch Lorenzen u. a., § 8 Anm. 50). Auszugehen ist von folgender Überlegung: Innerhalb der Ordnung der öffentlichen Verwaltung spricht für dienstliche Weisungen des Vorgesetzten zunächst die Vermutung der Gesetzmäßigkeit. Sie sind daher vorläufig bindend.

8 8. Ob in diesen Fällen bei Beamten Verwaltungsrechtsschutz Platz greift, hängt davon ab, inwieweit die beanstandete Anweisung oder Maßnahme **ein Verwaltungsakt ist,** d. h. mit unmittelbar verbindlicher Wirkung im Einzelfall in die persönliche Rechtsstellung eingreift. Entsprechendes gilt für die Anrufung des Arbeitsgerichts durch die Angestellten und die Arbeiter. Verwaltungsakte, die gegen § 8 verstoßen, sind anfechtbar; wenn die Behinde-

rung ihr einziger Zweck ist, sind sie als Verstoß gegen ein gesetzliches Verbot sogar nichtig.

9. **Benachteiligung** ist jede objektive Zurücksetzung oder Schlechterstellung einer Person, die Aufgaben oder Befugnisse nach dem BPersVG wahrnimmt, gegenüber vergleichbaren Beschäftigten (BVerwG v. 25. 11. 2004, ZBR 2005, 171 = PersV 2005, 194 = Leits. ZfPR 2006, 13) Personalratsmitglieder dürfen in ihrer beruflichen Entwicklung nicht benachteiligt werden, so dass ein Dienststellenleiter verpflichtet ist, Personalratsmitgliedern eine berufliche Entwicklung zu ermöglichen, die mit derjenigen vergleichbar ist, die sie ohne Personalratstätigkeit voraussichtlich durchlaufen hätten. Das Verbot der Benachteiligung erstreckt sich nicht nur auf die berufliche Tätigkeit, sondern auch auf das sich aus ihr ergebende Entgelt. Daher kann ein Personalratsmitglied, das alleine wegen der Amtsübernahme nicht in eine mit höherer Vergütung verbundene Position aufgestiegen ist, den Dienststellenleiter auf Zahlung der höheren Vergütung in Anspruch nehmen. Allerdings hat das Personalratsmitglied nachzuweisen, dass es ohne seine Personalratstätigkeit mit einer Aufgabe betraut worden wäre, aus der sich ein Anspruch auf die begehrte Vergütung ergeben würde (vgl. für das BetrVG: BAG v. 17. 8. 2005, ZBVR Online 5/2006, S. 5). Von einer Benachteiligung kann aber nur bei einer Vorgehensweise die Rede sein, die zu einer Benachteiligung führen könnte, nicht durch das Recht (z. B. Personalvertretungs-, Kündigungsrecht) gedeckt ist. Eine Benachteiligung ist nicht nur allein in einer Maßnahme eines Dienststellenleiters zu sehen, die sich unmittelbar auf das Dienst- bzw. Arbeitsverhältnis eines Mitglieds einer Personalvertretung bezieht. Vielmehr kann nach Sinn und Zweck des Verbots eine Benachteiligung auch dann vorliegen, wenn in zeitlichem und sachlichem Zusammenhang mit der Einstellung eines Bewerbers oder der Beförderung bzw. Höhergruppierung eines Beschäftigten zum Beispiel der befristete Arbeitsvertrag eines Personalratsmitglieds nicht verlängert wird (BVerwG v. 13. 5. 1987, ZBR 1987, 350 = PersV 1988, 401, 548; vgl. auch BVerwG v. 25. 2. 2004, Leits. ZBR 2004, 287 = PersV 2004, 338 = ZfPR 2004, 110). Eine Benachteiligung kann auch in der Bekanntgabe von Fehlzeiten der Personalratsmitglieder (Dauer der Personalratssitzungen etc.) liegen (vgl. für das BetrVG: ArbG Verden v. 14. 4. 1989, Leits. NZA 1989, 943; vgl. auch § 66 Anm. 11) oder in der Herabstufung einer Beurteilung wegen der Tätigkeit als Personalratsmitglied. Einem Personalratsmitglied darf im Übrigen nur dann fristlos gekündigt werden, wenn dem Arbeitgeber auch einem nicht der Personalvertretung angehörenden Beschäftigten gegenüber das Abwarten einer Kündigungsfrist unzumutbar wäre (vgl. für das BetrVG: BAG v. 27. 9. 2001, ZBVR 2002, 153). **9**

10. Benachteiligung setzt eine entsprechende **Absicht** des Benachteiligenden voraus (BVerwG v. 7. 10. 1964, BVerwGE 19, 279 = ZBR 1964, 367 = PersV 1965, 61; Fischer u. a., § 8 Anm. 15; Lorenzen u. a., § 8 Anm. 10; aA BAG v. 16. 2. 2005, PersV 2005, 429 = Leits. ZfPR 2006, 44; Altvater u. a., § 8 Anm. 14; Richardi u. a., § 8 Anm. 21). Die Benachteiligungsabsicht muss entsprechend den Grundsätzen des Beweises des ersten Anscheins bewiesen werden; dies bedeutet, dass dann von einer solchen Absicht auszugehen ist, wenn die Annahme einer Benachteiligung wahrscheinlich ist (Fischer u. a., aaO). **10**

11. Weder einzelne Vorschriften noch Sinn und Zweck des Personalvertretungsrechts, auch nicht das Behinderungs- bzw. Benachteiligungsverbot, schließen eine Anwendung disziplinarischer Vorschriften auf beamtete Personalratsmitglieder aus. Eine „Immunität" von Personalratsmitgliedern besteht nicht. Umgekehrt resultieren aus der Zugehörigkeit zur Personalver- **11**

tretung keine Dienstpflichten in bezug auf das zugrundeliegende Beamtenverhältnis. Verstöße gegen personalvertretungsrechtliche Pflichten haben deshalb nur dann disziplinarrechtliche Konsequenzen, wenn gleichzeitig ein Verstoß gegen die Pflichten aus dem Beamtenverhältnis vorliegt. Mit dem Schutzzweck der Vorschrift wären grundsätzlich dienstrechtliche Sanktionen gegenüber Personalratsmitgliedern nicht vereinbar. Dennoch kann sich ein Beamter, der Personalratsmitglied ist, nicht seiner dienstrechtlichen Verantwortung entziehen. Daher ist die **disziplinarrechtliche Verfolgung** der Handlung eines Beamtenmitglieds einer Personalvertretung, die zugleich eine Dienstpflichtverletzung und einen Verstoß nach § 28 BPersVG darstellt, keine Benachteiligung (BDH v. 21. 2. 1958, BDHE 4, 69). Gleiches gilt für Arbeitnehmer zum Beispiel dann, wenn ein Personalratsmitglied nicht hinreichend prüft, ob ausnahmsweise einer Teilnahme an einer Personalratssitzung die dringende Erledigung von beruflichen Aufgaben vorzugehen hat (vgl. für das BetrVG: BAG v. 15. 3. 1995, BAGE 79, 263 = BB 1995, 676, 1744 = DB 1995, 733, 1514; BAG v. 11. 6. 1997, ZTR 1997, 524; vgl. auch § 46 Anm. 5). Ebensowenig liegt eine Benachteiligung vor, wenn der Dienstherr besoldungsrechtliche Nachteile nicht ausgleicht, die einem Personalratsmitglied aus einer ihn ursprünglich nicht benachteiligenden beamtenrechtlichen Maßnahme durch eine spätere, nicht voraussehbare Gesetzesänderung entstehen; denn die Berufung auf das Benachteiligungsverbot kann einen Besoldungsanspruch nicht begründen. Im Übrigen ist zu berücksichtigen, dass eine Benachteiligungsabsicht im Hinblick auf die Personalratstätigkeit im vorliegenden Falle nicht gegeben ist (OVG Lüneburg v. 9. 4. 1974, PersV 1975, 68). Die Versetzung eines Personalratsmitglieds, die ein Dienstherr im Rahmen seines Weisungsrechts auch anderen Arbeitnehmern gegenüber verfügt, stellt objektiv keine Benachteiligung eines Amtsträgers dar (BAG v. 9. 6. 1982, PersV 1984, 331).

12 12. Auch die **Androhung disziplinarrechtlicher Maßnahmen** wegen unangemessener und beamtenwidriger Form des Auftretens eines Personalratsmitglieds ist keine verbotene Behinderung (OVG Koblenz v. 28. 6. 1960, ZBR 1961, 251 = PersV 1962, 137; vgl. auch BDH v. 20. 12. 1955, ZBR 1956, 220); denn hierbei handelt es sich nicht um eine unangemessene Reaktion auf eine nach dem Gesetz zulässige Aufgabenwahrnehmung, sondern um belastende Maßnahmen zur Sanktion eines nicht ordnungsgemäßen Verhaltens. Infolgedessen sind nur solche Handlungen als benachteiligende Handlung anzusehen, die ein rechtmäßiges Verhalten verhindern sollen oder die Reaktionen auf ein solches Verhalten darstellen. Der Schutz vor Benachteiligungen gilt daher nicht nur für die unmittelbare Amtszeit, sondern hat nach dem Amtsablauf auch für alle Handlungen zu gelten, die eine objektive Zurücksetzung und Schlechterstellung wegen eines früheren Verhaltens bezwecken (Fischer u. a., § 8 Anm. 13).

13 13. Das **Benachteiligungsverbot** schafft eine besondere Problematik **bei der Laufbahnentwicklung der vom Dienst vollständig freigestellten Mitglieder von Personalvertretungen** (§ 46 Abs. 3; vgl. insbes. Satz 3: die Freistellung darf nicht zur Beeinträchtigung des beruflichen Werdeganges führen). Diese Problematik wirkt sich gerade bei solchen Personalratsmitgliedern aus, die mehrmals wiedergewählt und jeweils freigestellt worden sind. Die für die Erreichung bestimmter Tarifgruppen und die auch im Laufbahnrecht der Beamten geforderte Bewährung auf einem höherwertigen Dienstposten ist grundsätzlich ohne – mindestens zeitweilige – Aufhebung der Freistellung nicht möglich. Außerdem ist vor der Beförderung (eines Beamten) bzw. vor der Höherstufung (eines Arbeitnehmers) regelmäßig eine dienstliche Beurteilung einzuholen, die aber der Dienststellenleiter schon deswegen nicht erteilen kann, weil die Tätigkeit in der Personalvertretung sich der dienstlichen Beurteilung entzieht und weil bei der Unterwerfung dieser Tätigkeit unter die dienstliche Beurteilung die Unabhängigkeit der Personalratsmitglieder gefährdet würde (OVG Koblenz v. 28.6.1960, ZBR 1961, 251 = PersV 1962, 137; vgl. hierzu im Einzelnen § 46 Anm. 25). Insgesamt ist in diesem Zusammenhang zu bedenken, dass ein Dienststellenleiter gegenüber freigestellten Personalratsmitgliedern verpflichtet ist, ihnen eine berufliche Entwicklung zukommen zu lassen, wie sie ohne Freistellung verlaufen wäre (LAG Hamm v. 25.9.2001, PersV 2002, 373). Dies bedeutet aber nicht, dass ein Dienststellenleiter verpflichtet wäre, einem freigestellten Personalratsmitglied auch dann einen höher dotierten Posten zu übertragen, wenn ein besser qualifizierter Mitbewerber ebenfalls für diesen Posten bereitsteht (BAG v. 29.10.1998, ZfPR 2000, 108).

14. Speziell für die Arbeitnehmermitglieder der Personalvertretungen umfasst das Benachteiligungsverbot auch das **Verbot der Kündigung und der Änderungskündigung** (Dietz-Richardi, § 8 Anm. 20, 24). Das Verbot erstreckt sich nach der ausdrücklichen Vorschrift des Halbsatzes 2 auch auf die berufliche Entwicklung. Einem freigestellten Angestellten darf daher z.B. nicht wegen seiner Freistellung der Bewährungsaufstieg versagt werden (Dietz-Richardi, § 8 Anm. 22). Ebensowenig dürfen Zulagen entzogen oder teilweise freigestellten Mitgliedern willkürlich niederwertigere Arbeiten (Rückgruppierungen) zugewiesen werden. Teilweise freigestellte Personalratsmitglieder oder Personalratsmitglieder überhaupt dürfen von Fortbildungsmaßnahmen nicht ausgeschlossen, missgünstige Beurteilungen dürfen nicht gefertigt werden. Ebensowenig darf einem Mitglied des Personalrats während seiner Freistellung von der dienstlichen Tätigkeit ein Zusatzurlaub entzogen werden, den er vorher als Krankenpfleger in einer psychiatrischen Einrichtung wegen überwiegend unmittelbaren Kontakts mit den Kranken erhalten hat (BVerwG v. 18.9.1985, ZBR 1986, 148). **14**

15. Ebenso wie eine Benachteiligung der Personen, die Aufgaben und Befugnisse nach dem BPersVG wahrnehmen, ist auch eine **Begünstigung** verboten. Begünstigung, die ebenfalls ein Verschulden voraussetzt (vgl. Anm. 10), ist jede sachlich nicht gerechtfertigte Bevorzugung oder Besserstellung vor vergleichbaren Beschäftigten (OVG Münster v. 9.6.2004, PersR 2004, 400 = Leits. ZfPR2005, 44). Ein Personalratsmitglied hat daher beispielsweise aufgrund seines Amtes keinen Anspruch auf schnellere Beförderung, Höhergruppierung oder auf bevorzugte Teilnahme an Fortbildungsveranstaltungen. Eine nicht gerechtfertigte Bevorzugung eines Personalratsmitglieds wäre auch gegeben, wenn die Zahlung einer Stellenzulage bei den obersten Bundesbehörden an ein freigestelltes Mitglied des Hauptpersonalrats, das im nachgeordneten Bereich verbleibt, erfolgen würde; denn in diesem Fall würde die Zahlung allein wegen der Wahl in den Hauptpersonalrat den Betreffenden finanziell besser stellen (BVerwG v. 28.1.1988, ZBR 1988, 220). Von einer Begünstigung kann andererseits dann nicht die Rede sein, wenn ein sonst aufgrund befristeten Arbeitsvertrags auslaufendes Arbeitsverhältnis eines Personalratsmitglieds befristet verlängert wird und wenn der befristete Vertrag zur Sicherung der personellen Kontinuität der Personalratsarbeit geeignet und erforderlich ist (BAG v. 23.1.2002, BAGE 100, 204 = BB 2002, 1097 = DB 2002, 1379 = ZBVR 2002, 177). **15**

16. **Streitigkeiten** entscheiden die Verwaltungsgerichte nach § 83 Abs. 1 Nr. 3. Wegen behaupteter Behinderung und Benachteiligung sind sowohl die **16**

Personalvertretung als Institution, wie die Person, die sich in ihrer Personalratstätigkeit behindert fühlt, berechtigt, das Beschlussverfahren zu betreiben. Daneben steht dem Kläger, der eine Verletzung seines persönlichen Dienstverhältnisses behauptet, der Rechtsweg zum Arbeitsgericht bzw. zum Verwaltungsgericht offen. In einem entsprechenden Verfahren kann der Betroffene unmittelbar den Dienststellenleiter auf die Vergütung einer höheren Vergütungsgruppe in Anspruch nehmen, wobei er nachweisen muss, dass er ohne seine Freistellung mit solchen Aufgaben betraut worden wäre, die eine Eingruppierung in die höhere Vergütungsgruppe rechtfertigen; dabei ist ein Verschulden des Dienststellenleiters nicht Voraussetzung für die Geltendmachung des Anspruchs (BAG v. 19. 3. 2003, ZTR 2004, 50; BAG v. 27. 6. 2001, BAGE 98, 164 = DB 2002, 220 = ZfPR 2002, 44). Die Vorschrift ist im Übrigen ein Schutzgesetz i. S. des § 823 Abs. 2 BGB, so dass schuldhafte Verletzungen der Vorschrift Schadensersatzansprüche begründen können (BAG v. 19. 8. 1992, BAGE 71, 110 = DB 1993, 1525; Fischer u. a., § 8 Anm. 20; Lorenzen u. a., § 8 Anm. 47). Eine strafrechtliche Sanktion ist nicht vorgesehen. Ein durch die unzulässige Begünstigungsmaßnahme benachteiligter Konkurrent kann die Unwirksamkeit einer aufgrund der Verletzung des Begünstigungsverbots erfolgten Maßnahme, die entsprechend § 134 BGB unwirksam ist, geltend machen (Fischer u. a., § 8 Anm. 22).

Schrifttum: Botterweck, Erfassung und Registrierung der Telefongespräche von Personalräten, PersR 1984, 12; Kanz, Auch vom Dienst freigestellte Personalratsmitglieder haben Anspruch auf beruflichen Aufstieg, PersV 1967, 82; Kunze, Das Behinderungsverbot nach BPersVG gegenüber dem Personalrat und seinen Mitgliedern, PersV 2003, 284; Räthlein, Zur Beurteilung und Beförderung freigestellter Personalratsmitglieder, PersV 1969, 8; Schnellenbach, Nachzeichnung des fiktiven beruflichen Werdegangs freigestellter beamteter Personalratsmitglieder, ZfPR 2002, 51; Wolber, Überlegungen zum beruflichen Werdegang freigestellter Ehrenamtsträger in öffentlichen Dienststellen, ZfPR 1995, 166.

§ 9 [Schutz der Auszubildenden]

(1) Beabsichtigt der Arbeitgeber, einen in einem Berufsausbildungsverhältnis nach dem Berufsbildungsgesetz, dem Krankenpflegegesetz oder dem Hebammengesetz stehenden Beschäftigten (Auszubildenden), der Mitglied einer Personalvertretung oder einer Jugend- und Auszubildendenvertretung ist, nach erfolgreicher Beendigung des Berufsausbildungsverhältnisses nicht in ein Arbeitsverhältnis auf unbestimmte Zeit zu übernehmen, so hat er dies drei Monate vor Beendigung des Berufsausbildungsverhältnisses dem Auszubildenden schriftlich mitzuteilen.

(2) Verlangt ein in Absatz 1 genannter Auszubildender innerhalb der letzten drei Monate vor Beendigung des Berufsausbildungsverhältnisses schriftlich vom Arbeitgeber seine Weiterbeschäftigung, so gilt zwischen dem Auszubildenden und dem Arbeitgeber im Anschluss an das erfolgreiche Berufsausbildungsverhältnis ein Arbeitsverhältnis auf unbestimmte Zeit als begründet.

(3) Die Absätze 1 und 2 gelten auch, wenn das Berufsausbildungsverhältnis vor Ablauf eines Jahres nach Beendigung der Amtszeit der Personalvertretung oder der Jugend- und Auszubildendenvertretung erfolgreich endet.

(4) Der Arbeitgeber kann spätestens bis zum Ablauf von zwei Wochen nach Beendigung des Berufsausbildungsverhältnisses beim Verwaltungsgericht beantragen,

1. **festzustellen, dass ein Arbeitsverhältnis nach den Absätzen 2 oder 3 nicht begründet wird oder**

2. das bereits nach den Absätzen 2 oder 3 begründete Arbeitsverhältnis aufzulösen,

wenn Tatsachen vorliegen, auf Grund derer dem Arbeitgeber unter Berücksichtigung aller Umstände die Weiterbeschäftigung nicht zugemutet werden kann. In dem Verfahren vor dem Verwaltungsgericht ist die Personalvertretung, bei einem Mitglied der Jugend- und Auszubildendenvertretung auch diese beteiligt.

(5) Die Absätze 2 bis 4 sind unabhängig davon anzuwenden, ob der Arbeitgeber seiner Mitteilungspflicht nach Absatz 1 nachgekommen ist.

Inhaltsübersicht

Entspr. landesgesetzliche Regelungen:
Bayern: Art. 9; Berlin: § 10; Brandenburg: § 9; Hessen: § 65; Niedersachsen: § 58; Rheinland-Pfalz: § 8; Sachsen: § 9; Sachsen-Anhalt: § 9; Thüringen: § 9. Die Vorschrift gilt im Übrigen für die Länder unmittelbar (§ 107 S. 2).

Entspr. Vorschrift des BetrVG: § 78 a.

I. Vorbemerkungen

1. **Die Vorschrift regelt den besonderen Schutz von jugendlichen Mitglie- 1
dern** in Personal- oder Jugend- und Auszubildendenvertretungen. Im Übrigen sieht das Gesetz eine Reihe von **Schutznormen** vor, nach denen die ordentliche Kündigung von Mitgliedern einer Personalvertretung oder einer

Jugend- und Auszubildendenvertretung, des Wahlvorstands und von Wahlbewerbern grundsätzlich unzulässig ist (§ 15 Kündigungsschutzgesetz i. d. F. d. Bekanntm. v. 25. 8. 1969, BGBl. I S. 1317, zul. geänd. d. Art. 3 G v. 26. 3. 2008, BGBl. I S. 444, 448). Außerdem sind Versetzungen und Abordnungen desselben Personenkreises besonders erschwert (§ 24 Abs. 1 Satz 3, § 47 Abs. 2, § 62 Satz 2). Schließlich schützt § 46 Abs. 2 und 3 Personalratsmitglieder vor finanziellen, arbeitszeitlichen und beruflichen Nachteilen. Für Auszubildende, die Mitglieder einer Personalvertretung oder einer Jugend- und Auszubildendenvertretung sind, gilt der Schutz des § 8, wenn sie im Rahmen eines öffentlich-rechtlichen Dienstverhältnisses ausgebildet wurden. Durch Art. 1 Nr. 1 G v. 13. 7. 1988 (BGBl. I S. 1037) werden auch Beschäftigte, die in einem Berufsausbildungsverhältnis nach dem Berufsbildungsgesetz (BBiG v. 23. 3. 2005, BGBl. I S. 931, zul. geänd. d. Art. 9b G v. 7. 9. 2007, BGBl. I S. 2246) oder dem Krankenpflegegesetz v. 4. 6. 1985 (BGBl. I S. 893, zul. geänd. d. Art. 53 V v. 31. 10. 2006, BGBl. I S.2407) und dem Hebammengesetz v. 4. 6. 1985 (BGBl. I S. 902, zul. geänd. d. Art. 45 V v. 31. 10. 2006, BGBl. I S. 2407) stehen, von § 9 erfasst, wenn sie Mitglieder der Jugend- und Auszubildendenvertretung sind.

2 2. Nach § 14 Abs. 1 des Berufsbildungsgesetzes ist das Ausbildungsverhältnis auf die Dauer der Ausbildungszeit befristet. Dem Arbeitgeber steht es daher frei, mit dem Auszubildenden nach Abschluss der Berufsausbildung einen Arbeitsvertrag abzuschließen. Danach hätte der Arbeitgeber die Möglichkeit, durch Nichtübernahme in ein Arbeitsverhältnis in die Zusammensetzung der Personalvertretung oder der Jugend- und Auszubildendenvertretung einzugreifen. Die Mitglieder von Personalverfassungsorganen könnten deshalb ihr Amt nicht unabhängig und „ohne Furcht vor nachteiligen Folgen gerade auch im Hinblick auf den Stand ihres Arbeitsverhältnisses und ihrer beruflichen Entwicklung ausüben“ (vgl. Begr. des Entw. eines Gesetzes züm Schutz in Ausbildung befindlicher Mitglieder von Betriebsverfassungsorganen, BT-Drucks. 7/1170). Der Auszubildende soll also in der Ausübung seiner personalvertretungsrechtlichen Funktion unabhängig bleiben. Es geht daher **nicht um eine individuelle Besserstellung, sondern um die notwendige Garantie der Unabhängigkeit** des Amtes des Jugend- und Auszubildendenvertreters oder des Personalvertreters (Schwedes, BABl. 1974, 9). Der Auszubildende soll der Schwierigkeit enthoben werden, bei einer Ablehnung seiner Einstellung nachweisen zu müssen, dass diese Entscheidung seiner personalvertretungsrechtlichen Tätigkeit wegen getroffen worden ist (BVerwG v. 1. 11. 2005, BVerwGE 124, 292 = PersV 2006, 150 = Leits. ZfPR 2006, 46). Die gesetzliche Fiktion des § 9 Abs. 2, nach der auf Verlangen eines Auszubildenden, der Mitglied einer Personalvertretung oder einer Jugend- und Auszubildendenvertretung ist oder in zeitlichen Grenzen des Abs. 3 war, ein Arbeitsverhältnis zu dem bisherigen Arbeitgeber auf unbestimmte Zeit als begründet gilt, rechtfertigt sich aus dem Benachteiligungsverbot des § 8, das durch § 9 lediglich in spezieller Weise ausgeformt wird. Es soll verhindern, dass ein (früheres) Mitglied einer Jugend- und Auszubildendenvertretung oder Personalvertretung wegen seiner Tätigkeit in der Vertretung nicht weiterbeschäftigt wird (BVerwG v. 13. 3. 1989, ZBR 1989, 310 = PersV 1989, 359 = ZfPR 1989, 133). Deshalb will die Vorschrift sicherstellen, dass Mitglieder einer Jugend- und Auszubildendenvertretung an der Ausübung ihrer Aufgaben nach diesem Gesetz nicht gehindert werden oder dass ihre Unabhängigkeit beeinträchtigt wird (BVerwG v. 1. 12. 2003, BVerwGE 119, 270 = Leits. ZBR 2004, 105 = ZfPR 2004, 73). Darüber hinaus sollen sie vor Benachteiligungen geschützt werden, die deshalb entstehen könnten, weil sie sich wegen ihrer Amtstätigkeit weniger auf ihre

Ausbildung konzentrieren können, während andere Auszubildende, die keine Amtstätigkeit ausüben, zeitlich eher in der Lage sind, ihre fachlichen Kenntnisse, vor allem die prüfungsrelevanten, zu erweitern. Daher auch sollen Mitglieder einer Jugend- und Auszubildendenvertretung davor bewahrt werden, dass in die Beurteilung ihrer Leistung negative Einschätzungen im Hinblick auf die personalvertretungsrechtliche Tätigkeit einfließt (BVerwG v. 9. 9. 1999 – 6 P 4.98, Leits. ZBR 2000, 177 = PersV 2001, 80 = ZfPR 2000, 74). Dagegen schafft die Vorschrift keinen umfassenden Anspruch auf Einstellung zu Gunsten der Mitglieder einer Personalvertretung oder einer Jugend- und Auszubildendenvertretung. Weder kann die Schaffung neuer Arbeitsplätze erzwungen noch kann ein Weiterbeschäftigungsanspruch bei schwerwiegenden Qualifikationsmängeln im Vergleich zu Mitbewerbern durchgesetzt werden. Vielmehr soll mit der Vorschrift ein benachteiligungsfreier Zugang zum öffentlichen Dienst gewährleistet werden (BVerwG v. 17. 5. 2000 – 6 P 9.99, ZBR 2001, 56 = Leits. PersV 2001, 80 = ZfPR 2000, 232; vgl. auch BVerwG v. 1. 11. 2005, BVerwGE 124, 292 = PersV 2006, 150 = Leits. ZfPR 2006, 46)

2. a) Die Vorschrift gilt auch für **Ersatzmitglieder einer Jugend- und Auszubildendenvertretung**, sofern sie über einen längeren, in sich geschlossenen Zeitraum der Vertretung angehört oder aber zeitlich getrennte Vertretungstätigkeiten in einer großen Zahl von Einzelfällen ausgeübt haben und wenn diese Einzelfälle in ihrer Gesamtheit einer über einen längeren, in sich geschlossenen Zeitraum bestehenden Ersatzmitgliedschaft in der Vertretung selbst gleichkommen (BVerwG v. 25. 6. 1986, PersV 1986, 514; BVerwG v. 28. 2. 1990, BVerwGE 85, 5 = PersV 1990, 312 = ZfPR 1990, 79; vgl. im einzelnen Anm. 6). 2a

3. Die Vorschrift will verhindern, dass schon die Mitgliedschaft in Personalverfassungsorganen Anlass für die **fehlende Bereitschaft zur Übernahme** von erfolgreich Ausgebildeten in ein Arbeitsverhältnis auf unbestimmte Zeit ist. Der nicht „übernahmewillige" Arbeitgeber wird daher nach Abs. 1 verpflichtet, rechtzeitig vor Beendigung des Ausbildungsverhältnisses dem Betroffenen mitzuteilen, dass er ihn nicht in ein Arbeitsverhältnis auf unbestimmte Zeit übernehmen wird, um ihm die Chance zu geben, sich auf die nach Beendigung des Ausbildungsverhältnisses entstehende Situation einzustellen. Arbeitgeber im Sinne des Gesetzes ist die Dienststelle oder Einrichtung des Ausbildungsträgers, bei der/bei dem das Mitglied einer Jugend- und Auszubildendenvertretung oder einer Personalvertretung seine Berufsausbildung nach dem Berufsausbildungsgesetz erhalten hat. Daher ist für die Frage, ob die Voraussetzungen für die Entbindung des Arbeitgebers von der Weiterbeschäftigungspflicht erfüllt sind, allein auf die besonderen Bedingungen bei dieser Dienststelle bzw. der Einrichtung abzustellen (OVG Bautzen v. 10. 7. 1997, Leits. ZfPR 1998, 91). 3

II. Einzelheiten

1. **Berufsausbildung** nach dem **Berufsbildungsgesetz** ist die Ausbildung für eine qualifizierte Tätigkeit in einem anerkannten Ausbildungsberuf (vgl. § 1 Abs. 2, § 25 BBiG und das Verzeichnis der Berufsausbildungsverhältnisse). Daher gehören nur Beschäftigte zu den Auszubildenden nach dem Berufsbildungsgesetz, die in einem Arbeitnehmerberuf ausgebildet werden. Beamte im Vorbereitungsdienst sowie diejenigen, deren Ausbildungsverhältnis mit dem Ziel einer späteren Verwendung als Beamter begründet wird (Beamtenanwärter), zählen nicht zu den Auszubildenden im Sinne des Berufsbildungsgesetzes. Gleiches gilt für Anlernlinge, Volontäre und ähnliche Be- 4

schäftigte. Sie unterliegen dem Schutz des § 8 (Fischer u. a., § 9 Anm. 12). Auszubildende in der beruflichen Fortbildung und in der beruflichen Umschulung fallen nicht unter § 9.

5 2. a) Die **Mitteilungspflicht** besteht für den Dienststellenleiter bzw. für den für Personalentscheidungen zuständigen Beschäftigten für den Fall, dass er nach erfolgreicher Beendigung des Ausbildungsverhältnisses (Bestehen der Abschlussprüfung, §§ 34 ff. BBiG) nicht bereit ist, ein Arbeitsverhältnis auf unbestimmte Zeit abzuschließen. Das Berufsausbildungsverhältnis endet mit dem Ablauf der Ausbildungszeit (§ 14 Abs. 1 BBiG). Besteht der Auszubildende vor Ablauf der Ausbildungszeit die Abschlussprüfung, so endet das Berufsausbildungsverhältnis mit dem Bestehen der Abschlussprüfung (§ 14 Abs. 2 BBiG).

6 b) Der **Auszubildende muss Mitglied einer Personal- oder einer Jugend- und Auszubildendenvertretung sein** (Stufenvertretung, Gesamtpersonalrat, Jugend- und Auszubildendenstufenvertretung, Gesamt-Jugend- und Auszubildendenvertretung). Der Schutz gilt nicht für Wahlbewerber (BVerwG v. 20. 11. 2007, PersV 2008, 145 = ZfPR 2008, 38) Auch **Ersatzmitglieder** einer Personalvertretung bzw. einer Jugend- und Auszubildendenvertretung haben einen Anspruch auf Weiterbeschäftigung nach Abs. 2 und 3, wenn sie in einer solchen Vielzahl von Einzelfällen ordentliche Mitglieder vertreten haben, dass die gesamte Vertretungszeit über einen längeren, in sich geschlossenen Zeitraum einer ordentlichen Mitgliedschaft gleichkommt (Teilnahme an ca. 20 % der Sitzungen). Ein entsprechender Anspruch ist nur dann ausgeschlossen, wenn Ersatzmitglieder im Hinblick auf die angestrebte Weiterbeschäftigung gezielt mit Vertretungen im Personalrat oder in der Jugend- und Auszubildendenvertretung beauftragt werden (BVerwG v. 28. 2. 1990, BVerwGE 85, 5 = PersV 1990, 312 = ZfPR 1990, 79; BVerwG v. 9. 10. 1996 – 6 P 21.94, BVerwGE 102, 106 = PersV 1998, 413 = ZfPR 1997, 77). Dagegen aber reicht es nicht aus, wenn Ersatzmitglieder nur gelegentlich oder zufällig in einzelnen Sitzungen mitwirken oder dort nur kurzfristig tätig sind, z. B. an wenigen, zeitlich weit auseinanderliegenden Sitzungen (BVerwG v. 25. 6. 1986, BVerwGE 74, 280 = ZBR 1986, 306 = PersV 1986, 514; OVG Münster v. 8. 6. 1994, PersR 1995, 238; OVG Magdeburg v. 18. 1. 2007 PersV 2007, 538; OVG Berlin-Brandeburg v. 18. 1. 2007, PersR 2007, 491; vgl.auch BAG v. 13. 3. 1986, BAGE 51, 261 = BB 1987, 686 = DB 1986, 2235; für einen Schutz unabhängig von der Häufigkeit der Sitzungsteilnahme: Altvater, § 9 Anm. 10; Fischer u. a., § 9 Anm. 14, 24; Richardi u. a., § 9 Anm. 20; vgl. im Übrigen auch § 31 Anm. 5, § 47 Anm. 8). Die Inanspruchnahme des weitreichenden Schutzes der Vorschrift in solchen Fällen wäre eine mit § 107 Satz 1 nicht zu vereinbarende Begünstigung der Ersatzmitglieder. Die gesetzliche Begründung eines Dauerarbeitsverhältnisses nach Beendigung der Berufsausbildung ohne Mitwirkung des Dienstherrn bzw. Arbeitgebers greift derart tief in dessen Personalhoheit bzw. Vertragsfreiheit ein, dass sie mit dem Demokratieprinzip, dem Rechtsstaatsgrundsatz und der durch Art. 2 Abs. 1 GG verfassungsrechtlich gesicherten Entschließungsfreiheit nur zu vereinbaren ist, wenn ein besonders hoher Wert die Einschränkung dieser Verfassungsgebote und -gewährleistungen erfordert. Das ist bei gewählten Mitgliedern des Personalrats und der Jugend- und Auszubildendenvertretung und solchen Mitgliedern, die der Vertretung auf längere Zeit als Ersatz für ein verhindertes oder ausgeschiedenes gewähltes Mitglied angehören, der Fall, weil ihnen die verantwortliche Wahrnehmung ihres Amtes in innerer Freiheit kaum möglich ist, wenn sie als Folge „Repressalien" des Dienstherrn oder Arbeitgebers in ihrem Dienst- oder Arbeitsverhälnis

gewärtigen müssen (BVerwG v. 25. 6. 1986, aaO). Dagegen unterliegen Auszubildende, die im Rahmen eines öffentlich-rechtlichen Dienstverhältnisses ausgebildet werden und Mitglieder einer Vertretung der nicht ständig Beschäftigten sind, nicht dem besonderen Schutz dieser Vorschrift (vgl. auch Richardi u. a., § 9 Anm. 8).

c) Die Mitgliedschaft in einer Personal-/Jugend- und Auszubildendenvertretung wird bereits erworben, wenn nach der **Stimmenauszählung** feststeht, dass der Betreffende eine für seine Wahl ausreichende Stimmenzahl erhalten hat und das Berufsausbildungsverhältnis noch nicht beendet ist (vgl. für das BetrVG: BAG v. 22. 9. 1983, BAGE 44, 154 = BB 1984, 1682 = DB 1984, 936). Nicht entscheidend ist, **wann der Auszubildende Mitglied der Personal- oder der Jugend- und Auszubildendenvertretung** geworden ist. Ausreichend ist, dass er bei erfolgreicher Beendigung des Berufsausbildungsverhältnisses einer Personal- oder Jugend- und Auszubildendenvertretung angehört. Die Weiterbeschäftigung kann daher auch dann verlangt werden, wenn der Auszubildende erst innerhalb der letzten drei Monate vor Beendigung seines Ausbildungsverhältnisses gewählt worden ist (VGH Kassel v. 25. 5. 1993, ZBR 1983, 364). Darüber hinaus gilt die Schutzregelung, wenn das Berufsausbildungsverhältnis vor Ablauf eines Jahres nach der Amtszeit der Personal- oder der Jugend- und Auszubildendenvertretung erfolgreich beendet wird (Abs. 3). Da auf die Amtszeit der Personal- oder Jugend- und Auszubildendenvertretung abgestellt wird, gilt die Schutzregelung nicht im Falle der Beendigung der persönlichen Mitgliedschaft durch Amtsniederlegung oder Amtsenthebung (Fischer u. a., § 9 Anm. 10, 13). Der Schutz der Vorschrift entfällt auch dann, wenn das Berufsausbildungsverhältnis durch Kündigung beendet wird (§ 15 Abs. 1, Abs. 2 Nr. 1 BBiG). Der Kündigungsschutz besteht dann nach § 15 Abs. 2 KSchG (Fischer u. a., § 9 Anm. 16; Lorenzen u. a., § 9 Anm. 9). 7

d) Die Mitteilung an den Betroffenen hat **schriftlich** zu erfolgen. Mündliche Mitteilungen reichen auch dann nicht aus, wenn der Auszubildende damit einverstanden ist; denn im Hinblick auf eine wirksame Beweissicherung kann es nicht auf das Interesse des Betroffenen ankommen, zumal die Vorschrift auch die Zusammensetzung des Vertretungsorgans sichern soll. 8

e) Die Mitteilung hat spätestens **drei Monate vor dem Ende des Berufsausbildungsverhältnisses** (Fristberechnung entspr. §§ 187, 188 BGB vom Termin der Abschlussprüfung; vgl. für das BetrVG: BAG v. 31. 10. 1985, BAGE 50, 79 = BB 1986, 1223 = DB 1986, 700) zu erfolgen. Damit wird dem Betroffenen rechtzeitig die Möglichkeit gegeben, sich auf die Situation einzustellen und von sich aus nach Abs. 2 die Fortsetzung des Beschäftigtenverhältnisses zu betreiben. Die Frist ist dann nicht gewahrt, wenn der Antragsteller vor Fristbeginn einen schriftlichen Antrag stellt und nach Fristablauf diesen Antrag mündlich wiederholt (vgl. Anm. 10). 9

III. Fortsetzung des Beschäftigungsverhältnisses (Abs. 2)

1. Nach Abs. 2 gilt das Beschäftigungsverhältnis als fortgesetzt, wenn ein Auszubildender **innerhalb der letzten drei Monate vor Beendigung des Berufsausbildungsverhältnisses** vom Arbeitgeber seine Weiterbeschäftigung verlangt (Kontrahierungszwang). Das Weiterbeschäftigungsverlangen geht in der Regel dann zu, wenn es bei der Ausbildungsdienststelle eingegangen ist (VG Meiningen v. 25. 10. 2000, PersV 2002, 75). Falls die Erklärung bereits vor Ablauf der Dreimonatsfrist gegenüber dem Arbeitgeber abgegeben wird, so ist sie unwirksam (BVerwG v. 22. 4. 1987, PersR 1987, 189). Dies gilt auch 10

dann, wenn der öffentliche Arbeitgeber seiner Mitteilungspflicht gegenüber dem Auszubildenden entsprechend Abs. 1 nicht nachgekommen ist. Ein Verstoß gegen Treu und Glauben ist im Falle einer Berufung des Arbeitgebers auf die Nichtbeachtung der Dreimonatsfrist nicht gegeben, da es nicht Aufgabe eines Arbeitgebers sein kann, den Auszubildenden auf die Wahrnehmung seiner Rechte aufmerksam zu machen (BVerwG v. 9. 10. 1996 – 6 P 20.94, BVerwGE 102, 100 = Leits. PersV 1998, 532 = ZfPR 1997, 44; BVerwG v. 9. 10. 1996 – 6 P 21.94, BVerwGE 102, 106 = PersV 1998, 413 = ZfPR 1997, 77). Wohl aber kann ein Auszubildender, der seinen Weiterbeschäftigungsantrag vor Fristbeginn gestellt hat, diesen Antrag innerhalb der Frist wiederholen (VGH München v. 31. 5. 1996 – 17 P 96.2259, n. v.). Ein Widerruf des Weiterbeschäftigungsverlangens ist zulässig (Fischer u. a., § 9 Anm. 30). Der besondere Schutz von Abs. 2 gilt **nicht für Wahlbewerber**, die erst innerhalb der letzten drei Monate vor Beendigung ihres Berufsausbildungsverhältnisses in die Jugend- und Auszubildendenvertretung gewählt werden. Sie können eine Übernahme in ein unbefristetes Arbeitsverhältnis nicht verlangen. Der Auszubildende muss bereits vor Beginn des Dreimonatszeitraums Mitglied der Jugend- und Auszubildendenvertretung sein. Infolgedessen ist ein öffentlicher Arbeitgeber auch nicht verpflichtet, einen ausbildungsadäquaten Arbeitsplatz in der Zeit vor der Wahl des betreffenden Auszubildenden zum Mitglied der Jugend- und Auszubildendenvertretung zu dessen Gunsten freizuhalten (BVerwG v. 20. 11. 2007, PersV 2008, 145, ZfPR 2008, 38).

11 a) Gleichgültig ist, ob das Verlangen von einem Auszubildenden gestellt wird, dem bisher keinerlei Äußerung vom Arbeitgeber zugegangen ist oder von einem Auszubildenden, dem drei Monate vor Beendigung seines Ausbildungsverhältnisses eine in Abs. 1 erwähnte Mitteilung zugestellt worden ist; denn nach Abs. 5 sind die Absätze 2 bis 4 unabhängig davon anzuwenden, ob der öffentliche Arbeitgeber seiner Mitteilungspflicht nach Abs. 1 nachgekommen ist. Hat er die Mitteilung unterlassen, so kann das nicht bedeuten, dass ein Weiterbeschäftigungsverhältnis nach Abs. 2 bis 4 zustande gekommen ist, zumal die Hinweispflicht sich inhaltlich nicht auf eine Belehrung eines Jugendvertreters über seine Rechte auf Weiterbeschäftigung bezieht. Wenn ein Jugendvertreter kein Weiterbeschäftigungsverlangen geltend macht, dann wäre ein solches Versäumnis nur dann unter dem Gesichtspunkt von Treu und Glauben unbeachtlich, wenn der öffentliche Arbeitgeber seiner Hinweispflicht nach Abs. 1 bewusst deshalb nicht nachgekommen ist, um den Jugendvertreter davon abzuhalten, form- und fristgerecht ein Weiterbeschäftigungsverlangen geltend zu machen (BVerwG v. 9. 10. 1996, BVerwGE 102,100,104 = ZfPR 1997,44; BVerwG v. 31. 5. 2005 – 6 PB 1.05, PersV 2006, 33 = ZfPR 2006, 34; Fischer u. a., § 9 Anm. 20; Lorenzen u. a., § 9 Anm. 29; aA Altvater u. a., § 9 Anm. 7, 19). Anders allerdings ist die Rechtslage dann zu beurteilen, wenn ein Jugendvertreter innerhalb der letzten drei Monate des Ausbildungsverhältnisses mit dem öffentlichen Arbeitgeber einen befristeten Arbeitsvertrag abschließt, dieser ihn aber nicht vor Vertragsabschluss auf seine Rechte nach Abs. 2 (Verlangen auf Weiterbeschäftigung auf unbestimmte Zeit) hinweist. Einem öffentlichen Arbeitgeber muss es schon zumutbar sein, während der Vertragsverhandlungen zu versuchen herauszufinden, ob der Jugendvertreter tatsächlich mit dem Verlangen auf Abschluss eines befristeten Arbeitsvertrags gleichzeitig in voller Kenntnis seiner Rechtsstellung auf den Abschluss eines unbefristeten Arbeitsvertrags verzichtet. Gerade in Zeiten hoher Arbeitslosigkeit muss ein öffentlicher Arbeitgeber den Jugendvertreter in diesem Fall auf die Nachteile hinweisen, die diesem bei Abschluss eines befristeten Arbeitsvertrags entstehen können. Insofern ist der Auffassung des

Bundesverwaltungsgerichts (BVerwG v. 31. 5. 2005 aaO) zur vergleichbaren Fallgestaltung bei Unterlassung der Geltendmachung des Weiterbeschäftigungsverlangens nicht zuzustimmen, zumal in diesem Fall von Seiten des Jugendvertreters keinerlei Initiative ausgeht, während bei der Bitte um Abschluss eines befristeten Arbeitsvertrags der Betreffende offensichtlich nicht in vollem Umfang über seine Rechtsstellung informiert zu sein scheint.

b) Wenn das **Verlangen auf Weiterbeschäftigung** von einem Minderjährigen geltend gemacht wird, ohne dass die Voraussetzungen des § 113 BGB vorliegen (stillschweigende Ermächtigung durch den Erziehungsberechtigten), so ist die Einwilligung des gesetzlichen Vertreters vorzulegen (§ 107 BGB). Dies ergibt sich daraus, dass aus dem Verlangen auf Weiterbeschäftigung wegen der Verpflichtung zur Arbeitsleistung rechtliche Pflichten entstehen. Eine nachträgliche Genehmigung durch den Erziehungsberechtigten ist möglich (§ 108 BGB). Der Arbeitgeber hat im Übrigen aus Gründen der Fürsorgepflicht alles zu tun, was die Weiterbeschäftigung des Auszubildenden gewährleistet. **11a**

c) Die Mitteilung an den Arbeitgeber begründet kraft Gesetzes ein **Arbeitsverhältnis auf unbestimmte Zeit** auch dann, wenn der Arbeitgeber mit einem solchen Arbeitsverhältnis nicht einverstanden ist. Ein befristetes Arbeitsverhältnis wird nur im Falle einer dahingehenden vertraglichen Vereinbarung begründet (vgl. für das BetrVG: BAG v. 24. 7. 1991, BB 1992, 352 = DB 1992, 483). Das Gesetz sagt nichts darüber aus, wie dieses Arbeitsverhältnis im Einzelnen zu gestalten ist. Der Arbeitgeber hat aber entsprechend dem Zweck der Regelung (vgl. Anm. 2) mit dem Betroffenen ein Arbeitsverhältnis zumindest auf der Grundlage seiner bisherigen Tätigkeit einzugehen und ihn dabei so einzusetzen, dass er seiner Ausbildung adäquat verwendet wird (ausbildungsadäquater Ausbildungsplatz). Es gelten die tariflichen oder sonstigen gesetzlichen Regelungen, insbesondere auch die Kündigungsschutzbestimmungen (§§ 621 bis 623 BGB, § 1 Abs. 2 Satz 2 und 3 KSchG: für die Frage des Ortes der Weiterbeschäftigung, Scheuring, PersV 1987, 89) sowie die arbeitsrechtlichen Vorschriften über Arbeitszeit, Urlaub, Jugend- und Mutterschutz. Die Übernahme hat also zu solchen Bedingungen (Bezahlung, berufliche Entwicklungsmöglichkeiten) zu erfolgen, wie sie für vergleichbare Beschäftigte gelten. Einem besser qualifizierten Bewerber ist vor dem Berechtigten ein ausbildungsgerechter Arbeitsplatz zuzuweisen, soweit sich damit der öffentliche Arbeitgeber nicht insgesamt der Weiterbeschäftigungsmöglichkeit nach Abs. 2 begibt. Im Falle gleicher Eignung und Befähigung ist dem Weiterbeschäftigungsberechtigten der Vorrang einzuräumen, weil anderenfalls eine Benachteiligung wegen der Tätigkeit in der Jugend- und Auszubildendenvertretung oder Personalvertretung nicht auszuschließen wäre (vgl. aber Anm. 16 d). In keinem Fall genügt der öffentliche Arbeitgeber seiner Weiterbeschäftigungspflicht, wenn er nur befristete Aushilfs- oder Vertretungstätigkeiten anbietet (BVerwG v. 15. 10. 1985, BVerwGE 72, 154 = ZBR 1986, 142). Wenn ein Arbeitgeber sowohl einen Teilzeit- als auch einen Vollzeitarbeitsplatz zur Verfügung hat, muss er dem Betroffenen grundsätzlich eine Weiterbeschäftigung auf einem Vollzeitarbeitsplatz ermöglichen. Dies gilt selbst dann, wenn alle anderen Auszubildenden lediglich in ein Teilzeitarbeitsverhältnis übernommen werden können. Nach dem Willen des Gesetzgebers nämlich hat ein Mitglied einer Jugend- und Auszubildendenvertretung Anspruch auf Übernahme in ein unbefristetes Vollzeitarbeitsverhältis (vgl. für das BetrVG: BAG v. 13. 11. 1987, BAGE 57, 21 = DB 1988, 2414). Andererseits ist ein Arbeitgeber nicht gehalten, einen Auszubildenden auf einem freien, der Ausbildung aber nicht entsprechenden Ar- **12** beitsplatz weiterzubeschäftigen, wenn kein anderer Arbeitsplatz frei ist. Sonst nämlich wäre ein neuer beruflicher Ansatz gegeben, der vom Inhalt der gesetzlichen Regelung nach Abs. 2 nicht gedeckt ist (VGH München v. 4. 2. 1987, ZBR 1988, 137 = Leits. PersV 1988, 274).

13 2. Der Gesetzgeber stellt den Grundsatz der Vertragsfreiheit bewusst zugunsten des **Schutzes der Vertretungsorgane und zugunsten des Schutzes derjenigen Auszubildenden** zurück, die Mitglieder einer Personal- oder einer Jugend- und Auszubildendenvertretung sind. Die generelle Weiterbeschäftigungsverpflichtung des Arbeitgebers gem. Abs. 2 soll die Gefahr der Benachteiligung eines (früheren) Mitglieds einer Jugend- und Auszubildendenvertretung oder Personalvertretung verhindern. Für die Anwendung des Abs. 2 kommt es somit nicht darauf an, ob die Verweigerung der Weiterbeschäftigung in einem konkreten Zusammenhang mit dessen Tätigkeit in der Jugend- und Auszubildendenvertretung oder Personalvertretung steht. Dem Arbeitgeber ist demnach die Weiterbeschäftigung auch dann zuzumuten, wenn ein Auszubildender nach erfolgreicher Beendigung des Ausbildungsverhältnisses nur deshalb in ein Arbeitsverhältnis auf unbestimmte Zeit übernommen werden muss, weil er Mitglied einer Jugend- und Auszubildendenvertretung oder Personalvertretung war, auch wenn aufgrund verwaltungsinterner Regelungen des Arbeitgebers (z. B. Einstellungsstop) keiner der anderen Auszubildenden in ein solches Arbeitsverhältnis übernommen wird (BVerwG v. 13. 3. 1989, ZBR 1989, 310 = PersV 1989, 359 = ZfPR 1989, 133). Dem Arbeitgeber wird zwar die Möglichkeit zum Abschluss eines Arbeitsvertrages bestimmten Inhalts gelassen. Tatsächlich stellt sich der Freiheitsraum aber wegen des vorrangigen Schutzes der Auszubildenden als sehr eng dar. Praktisch bleibt dem zum Vertragsabschluss nicht bereiten Arbeitgeber bzw. dem zu einem „geringerwertigen“ Abschluss Bereiten nur der Weg zum Verwaltungsgericht (vgl. Anm. 15).

IV. Fortsetzung des Arbeitsverhältnisses/nachwirkender Kündigungsschutz (Abs. 3)

14 Abs. 3 regelt die Fälle, in denen das Ausbildungsverhältnis vor Ablauf eines Jahres **nach** Beendigung der Amtszeit der Personal- oder der Jugend- und Auszubildendenvertretung erfolgreich endet. Der öffentliche Arbeitgeber muss drei Monate vor Ablauf des Zeitraums dem Betroffenen schriftlich mitteilen, dass er nicht zur **Übernahme in ein Arbeitsverhältnis** bereit ist. Wenn allerdings das Ende der Amtszeit länger als ein Jahr vor Abschluss der Ausbildung liegt oder das Amt aus anderen Gründen (§ 14 Abs. 1 Satz 2, § 28 und § 29 Abs. 1 Nr. 2, Nr. 5 sowie Nr. 6) erloschen ist, so bedarf es keiner Mitteilung nach Abs. 1, um die Weiterbeschäftigung nach Abschluss der Ausbildung auszuschließen (Lorenzen u. a., § 9 Anm. 6 n, 7; aA Fischer u. a., § 9 Anm. 34; Richardi u. a., § 9 Anm. 18). Im Falle der Beendigung der Mitgliedschaft durch Niederlegung des Amtes oder durch Amtsenthebung findet die Vorschrift ebenfalls keine Anwendung (Fischer u. a., § 9 Anm. 10, 13; Lorenzen u. a., § 9 Anm. 7; vgl. Anm. 7). Umgekehrt kann auch der Betroffene innerhalb der letzten drei Monate vor Beendigung des Berufsausbildungsverhältnisses die Fortsetzung des Arbeitsverhältnisses verlangen, sofern er dies vor Ablauf eines Jahres nach Beendigung der Amtszeit der Personal- oder Jugend- und Auszubildendenvertretung erklärt. Das Arbeitsverhältnis gilt auch für diesen Fall als auf unbestimmte Zeit begründet. Die Mitgliedschaft in einem der Vertretungsorgane wirkt damit noch ein Jahr nach. Ersatzmitglieder, die nicht über einen längeren, in sich geschlossenen Zeitraum in der Jugend- und Auszubildendenvertretung tätig waren, genießen den nachwirkenden Kündigungsschutz nicht (BVerwG v. 28. 2. 1990,

BVerwGE 85, 5 = PersV 1990, 312 = ZfPR 1990, 79; OVG Berlin-Brandenburg v. 18. 1. 2007, PersR 2007, 491; Lorenzen u. a., § 9 Anm. 16; aA BAG v. 13. 3. 1986, BAGE 51, 261 = BB 1987, 686 = DB 1986, 2235; vgl. im Übrigen Anm. 6).

V. Beschreiten des Rechtswegs durch Arbeitgeber (Abs. 4)

1. Abs. 4 räumt dem Mitglied einer Jugend- und Auszubildendenvertretung einen besonders starken Schutz ein, dem der öffentliche Arbeitgeber nur mit aktivem Handeln begegnen kann (BVerwG v. 18. 9. 1996 – 6 P 16.94, PersV 1998, 335 = Leits. ZfPR 1997, 199). Will dieser das Arbeitsverhältnis nach Beendigung des erfolgreich abgeschlossenen Ausbildungsverhältnisses nicht fortsetzen, weil er z. B. keine Beschäftigungsmöglichkeiten für den Auszubildenden hat, so muss er spätestens bis zum Ablauf von zwei Wochen nach Beendigung dieses Ausbildungsverhältnisses (Ausschlussfrist, Berechnung ebenfalls nach den §§ 187, 188 BGB) das **Verwaltungsgericht** (Fachkammer, Fachsenat, BVerwG v. 26. 6. 1981, BVerwGE 62, 364 = ZBR 1982, 187 = PersV 1983, 14), anrufen (Abs. 4); hierbei handelt es sich um eine Endfrist, die deutlich macht, bis zu welchem Zeitpunkt spätestens ein Antrag gestellt (und begründet, VGH München v. 9. 10. 1996, PersR 1998, 31) sein muss, die gleichzeitig aber offenlässt, wann frühestens der Antrag gestellt werden kann (BVerwG v. 2. 11. 1994 – 6 P 39.93, BVerwGE 97, 68 = Leits. ZBR 1995, 317 = PersV 1995, 361). Der Antrag muss vom Dienststellenleiter oder von einem zur Antragstellung befugten Vertreter innerhalb der Zwei-Wochen-Frist gestellt werden. Wird dem Berechtigten die (schriftlich zu erteilende, OVG Münster v. 25. 10. 2001, PersV 2003, 75) Vollmacht zwar innerhalb der Zwei-Wochen–Frist erteilt, aber erst im nachhinein dem Gericht übergeben, so ist der Antrag wirkungslos (ausdrücklich offengelassen von: BVerwG v. 18. 9. 1996 – 6 P 16.94, aaO). Diese Auslegung rechtfertigt sich aber aus dem besonders starken Schutz, den Abs. 4 dem Jugend- und Auszubildendenvertreter angedeihen lässt (vgl. im Übrigen auch die wortgleiche Entscheidung des BVerwG v. 18. 9. 1996 – 6 P 17.94, PersV 1998, 376). Arbeitgeber (Dienststellenleiter) ist im Übrigen nicht derjenige, bei dem die Ausbildung durchgeführt worden ist, sondern die Anstellungskörperschaft, nämlich diejenige, die zur gerichtlichen Vertretung befugt ist (BVerwG v. 2. 11. 1994 – 6 P 48.93, Leits. ZBR 1995, 319 = PersV 1995, 232 = ZfPR 1995, 194). Der Arbeitgeber hat den Nachweis zu führen, dass und aus welchen Gründen eine Weiterbeschäftigung für ihn unzumutbar ist. Der Anspruch des Auszubildenden auf vorläufige Beschäftigung bis zum rechtskräftigen Abschluss des vom Arbeitgeber vor den Verwaltungsgerichten eingeleiteten Beschlussverfahrens ist bei den Gerichten für Arbeitssachen im Urteilsverfahren geltend zu machen (BAG v. 14. 5. 1987, BAGE 55, 284 = PersV 1989, 435). 15

2. Nach Abs. 4 kann ein Arbeitgeber beim Verwaltungsgericht die Feststellung beantragen, dass ein Arbeitsverhältnis nach den Abs. 2 oder 3 nicht begründet wird oder aber dass das bereits nach diesen Absätzen begründete Arbeitsverhältnis aufgelöst wird. **Voraussetzung** ist, dass Tatsachen vorliegen, aufgrund derer dem Arbeitgeber unter Berücksichtigung aller Umstände die **Weiterbeschäftigung nicht zugemutet werden kann** (Abs. 4; vgl. im einzelnen Anm. 16 ff.). Dies ist der Fall, wenn gesetzliche oder tarifliche Einstellungshindernisse bestehen, wenn schwerwiegende, in der Person des Betroffenen liegende Gründe einer Weiterbeschäftigung entgegenstehen oder wenn der öffentliche Arbeitgeber dem Mitglied einer Jugend- oder Auszubildendenvertretung bzw. einer Personalvertretung keinen auf Dauer angelegten, seiner Qualifikation entsprechenden Arbeitsplatz zur Verfügung 15a

stellen kann (vgl. u. a. BVerwG v. 15. 10. 1985, BVerwGE 72, 154 = ZBR 1986,142). Eine Verpflichtung, durch zumutbare betriebsorganisatorische Maßnahmen Arbeitsplätze zu schaffen, besteht nicht (BVerwG v. 31. 5. 1990, PersV 1990, 528 = ZfPR 1990, 107). Ob einem Arbeitgeber unter Berücksichtung aller Umstände die Weiterbeschäftigung eines Mitglieds der Jugend- und Auszubildendenvertretung zumutbar ist, hängt von den jeweiligen Verhältnissen zum Zeitpunkt der Beendigung des Berufsausbildungsverhältnisses ab (BVerwG v. 29. 3. 2006, PersR 2006, 308; BVerwG v. 20. 11. 2007, ZfPR online 1/2008, S. 8). Wenn aber der Arbeitgeber kurz vor der Beendigung der Berufsausbildung eines Mitglieds der Jugend- und Auszubildendenvertretung einen freigewordenen Arbeitsplatz wieder besetzt und nicht für einen geschützten Auszubildenden freigehalten hat, dann ist ihm die Übernahme deshalb zumutbar, weil er innerhalb von drei Monaten vor dem vereinbarten Ende des Ausbildungsverhältnisses mit einem Übernahmeverlangen rechnen muss (BVerwG v. 20. 11. 2007 aaO; vgl. auch BVerwG v. 28. 7. 2006, PersV 2008, 37 = Leits. ZfPR 2007, 17).

15b 3. Ein von einem Arbeitgeber nach Abs. 4 Nr. 1 **eingeleitetes Beschlussverfahren verhindert** jedenfalls **vorläufig** bis zu einer anderslautenden rechtskräftigen Entscheidung auch nach Beendigung des Berufsausbildungsverhältnisses den Eintritt der Fiktion, dass nach Abs. 2 ein Arbeitsverhältnis zustande gekommen ist. Ein Anspruch auf Beschäftigung besteht aber dann, wenn der Auszubildende seine Weiterbeschäftigung ordnungsgemäß verlangt hat und der Feststellungsantrag des Arbeitgebers nach Abs. 4 Nr. 1 offensichtlich unwirksam ist (vgl. hierzu auch: BAG v. 27. 2. 1985, BAGE 48, 123 = BB 1986, 1978 = DB 1986, 2197). Außerdem besteht ein Beschäftigungsanspruch, wenn die Gerichte für Arbeitssachen – unabhängig von einer inzwischen ergangenen verwaltungsgerichtlichen Entscheidung – nach umfassender Würdigung des Sachverhalts zu dem Ergebnis kommen, dass der vom Arbeitgeber gemäß Abs. 4 Nr. 1 gestellte Antrag keinen Erfolg haben werde und ein Arbeitsverhältnis deshalb bestehe (BAG v. 14. 5. 1987, BAGE 55, 284 = PersV 1989, 435). Ein Arbeitgeber kann aber nicht von einem Auflösungsantrag nach Abs. 4 Satz 1 Nr. 2 auf einen Feststellungsantrag nach Abs. 4 Satz 1 Nr. 1 übergehen (BVerwG v. 22. 4. 1987, PersR 1987, 189; OVG Lüneburg v. 5. 8. 1987, Leits. PersR 1988,139). Der Auflösungsantrag kann im Übrigen unabhängig davon gestellt werden, ob der Arbeitgeber seiner Mitteilungspflicht nach Abs. 4 Satz 1 Nr. 2 nachgekommen ist (OVG Münster v. 14. 9. 1987, PersV 1989, 169). Hat im Zeitpunkt der Beendigung des Berufsausbildungsverhältnisses dem Gericht ein Feststellungsantrag nach Abs. 4 Nr. 1 vorgelegen, über den aber noch nicht rechtskräftig entschieden worden ist, so wird – wenn die Voraussetzungen nach Abs. 2 bzw. 3 vorliegen – im Anschluss an das Berufsausbildungsverhältnis ein Arbeitsverhältnis begründet. In diesem Fall ist der Feststellungsantrag nach Abs. 4 Nr. 1 in einen Auflösungsantrag nach Abs. 4 Nr. 2 umzuwandeln (BAG v. 29. 11. 1989, BAGE 63, 319 = BB 1991, 65 = DB 1991, 234). An einem Rechtsschutzinteresse für einen arbeitgeberseitigen Antrag auf Feststellung, dass zwischen ihm und dem früheren Beschäftigten nach Ablauf der Ausbildungszeit kein Arbeitsverhältnis begründet worden ist, fehlt es bei freiwilligem Ausscheiden eines früheren Jugend- und Auszubildendenvertreters (BVerwG v. 2. 11. 1994 – 6 P 42.93, Leits. ZBR 1995, 319 = PersV 1995, 368 = Leits. ZfPR 1995, 51).

16 4. Die **Weiterbeschäftigung** eines (ehemaligen) Mitglieds einer Jugend- und Auszubildendenvertretung **ist dann unzumutbar**, wenn ihr gesetzliche oder tarifliche Einstellungshindernisse entgegenstehen oder wenn der Arbeitgeber zum Zeitpunkt der Beendigung der Berufsausbildung keinen auf Dauer angelegten Arbeitsplatz bereitstellen kann, der der Ausbildung entspricht und den Betreffenden im Hinblick auf die rechtliche Ausgestaltung des Arbeitsverhältnisses und im Hinblick auf die Vergütung und den beruflichen Entwicklungsprozess einem Beschäftigten gleichstellt, der zuvor bereits vom Arbeitgeber für eine vergleichbare Tätigkeit ausgewählt und auch eingestellt worden war. Die Weiterbeschäftigungspflicht ist nicht an das Vorhandensein einer freien Planstelle gebunden. Vielmehr ist entscheidend, ob ein auf Dauer angelegter, gesicherter und ausbildungsadäquater Arbeitsplatz zur Verfügung steht (BVerwG v. 9. 9. 1999 – 6 P 4. 98, Leits. ZBR 2000, 177= Leits. PersV 2001, 80 = ZfPR 2000, 74; BVerwG v. 9. 9. 1999 – 6 P 5.98, BVerwGE 109, 295 = ZBR 2000, 172 = Leits. PersV 2001, 80; BVerwG v. 17. 5. 2000, ZBR 2001, 55 = Leits. PersV 2001, 80 = ZfPR 2000, 232; BVerwG v. 1. 11. 2005 BVerwG 124, 292 = PersV 2006, 150 = Leits. ZfPR 2006, 46). Ist bei der Ausbildungsdienststelle keine freie Stelle, dann ist die personalbewirtschaftende übergeordnete Stelle nicht verpflichtet, eine solche Stelle der nachgeordneten Dienststelle zuzuweisen, wenn der Stellenbedarf in anderen Dienststellen größer ist (OVG Münster v. 25. 3. 1999, PersV 1999, 568 = Leits. ZfPR 2000, 177). Ebenso ist eine Weiterbeschäftigung dann nicht zumutbar, wenn nur Stellen frei sind, für die zwar auch Jugendliche, die ihre Berufsausbildung erfolgreich beendet haben, qualifiziert sind, die der Arbeitgeber aber als „Beförderungsstelle“ verwenden will und die deshalb zur alsbaldigen Besetzung intern ausgeschrieben worden sind; „denn die Weiterbeschäftigung kann unter den Vorbehalt gestellt werden, dass die Beschäftigung auf dieser Planstelle nur vorübergehend (vertretungsweise) vorgesehen ist und alsbald auf dem durch den vorgesehenen Beförderungsvorgang demnächst frei werdenden Arbeitsplatz ... fortgesetzt werden soll“ (BVerwG v. 17. 5. 2000 – 6 P 8.99, ZBR 2001, 55 = PersV 2001, 80 = ZfPR 2000, 232). Wenn nicht genügend freie Arbeitsplätze zum Zeitpunkt der Beendigung des Ausbildungsverhältnisses zur Verfügung stehen, dann ist die Weiterbeschäftigung selbst dann unzumutbar, wenn eine Prognose über den voraussichtlichen weiteren (vermehrten) Arbeitsanfall aufgestellt und ein entsprechender Arbeitsbedarf für die Zukunft festgestellt wird (BVerwG v. 2. 11. 1994 – 6 P 48.93, Leits. ZBR 1995, 319 = PersV 1995, 232 = ZfPR 1995, 194; BVerwG v. 20. 10. 1994 – 6 P 13.94, n.v.). Für die Beurteilung der Frage, ob dem (öffentlichen) Arbeitgeber die **Weiterbeschäftigung zumutbar** ist, ist alleine auf die Sachlage abzustellen, die zum Zeitpunkt der Beendigung des Berufsausbildungsverhältnisses bei der Dienststelle, bei der die Berufsausbildung durchgeführt worden ist (BVerwG v. 30. 10. 1987 – 6 P 25.85, BVerwGE 78, 223 = ZBR 1988, 17 = PersV 1988, 494; BVerwG v. 30. 10. 1987 – 6 P 26.85, PersR 1988, 47). Die Weiterbeschäftigung eines Mitglieds der Jugend- und Auszubildendenvertretung ist unzumutbar, wenn der Haushaltsgesetzgeber einen Einstellungsstopp verfügt hat; ein entsprechendes Verbot der Wiederbesetzung freier bzw. frei werdender Stellen steht dem Fehlen freier Stellen gleich (OVG Magdeburg v. 18. 1. 2007, PersV 2007, 536). Später freiwerdende Arbeitsplätze sind nicht zu berücksichtigen (BVerwG v. 29. 3. 2006, PersR 2006, 308).

a) Entscheidend also ist zunächst, ob zum Zeitpunkt der Beendigung des Berufsausbildungsverhältnisses ein Arbeitsplatz zur Verfügung steht. Ist **nur ein ausbildungsgradaquater Arbeitsplatz vorhanden**, gibt es aber mehrere Weiterbeschäftigungsberechtigte, dann kann auch nur die Übernahme eines der Kandidaten aus diesem Kreis in Betracht kommen. Wenn daher ein Arbeitsgeber einem der ehemaligen Mitglieder einer Jugend- und Auszubildendenvertretung den Arbeitsplatz überträgt, so kann ihm in einem Verfah- 16a ren zur Feststellung, dass mit den übrigen Personen kein Beschäftigungsverhältnis zustandegekommen ist, nicht entgegengehalten werden, eine fehlerhafte Auswahlentscheidung wegen Verstoßes gegen die Grundsätze der Bestenauslese getroffen zu haben. Es geht in einem solchen Verfahren nämlich nicht darum, dem Einzelnen individuellen Rechtsschutz gegen eine Benachteiligung einzuräumen, sondern alleine darum, sicherzustellen, dass ehemaligen Mitgliedern einer Jugend- und Auszubildendenvertretung wegen dieser Mitgliedschaft bei der Weiterbeschäftigung kein Nachteil entsteht (OVG Bremen v. 12. 10. 1994, ZBR 1996, 97 = Leits. ZfPR 1995, 163).

16b b) Ein öffentlicher Arbeitgeber ist nicht verpflichtet, durch organisatorische Maßnahmen **neue Arbeitsplätze zu schaffen,** um die Weiterbeschäftigung zu gewährleisten (BVerwG v. 31. 5. 1990, ZfPR 1990, 107). Ebenso wenig besteht eine Verpflichtung zur „Umwidmung“ von Arbeitsplätzen in der Weise, dass sie auf die Qualifikation von Jugend- und Auszubildendenvertretern zugeschnitten werden (OVG Koblenz. 9. 2. 2006, PersV 2006, 432). Wenn sich aber ein Arbeitgeber auf Grund der ihm zugewiesenen Mittel dazu entschließt, einen der Qualifikation eines Jugendvertreters entsprechenden Arbeitsplatz zu schaffen, so hat er diesen vorrangig mit einem entsprechenden Jugendvertreter zu besetzen (BVerwG v. 1. 11. 2005, BVerwG 124, 292 = PersV 2006, 150 = Leits. ZfPR 2006, 46). Grundsätzlich aber ist ein öffentlicher Arbeitgeber nicht zur Schaffung neuer Arbeitsplätze – auch nicht etwa durch den Abbau von Überstunden – nur deshalb verpflichtet, um jedem in einem Berufsausbildungsverhältnis beschäftigten Jugend- und Auszubildendenvertreter nach erfolgreicher Beendigung des Ausbildungsverhältnisses einen Arbeitsplatz garantieren zu können (vgl. für das BetrVG: BAG 6. 11. 1996, BB 1997, 11793 = DB 1996, 2303 = Leits. ZBVR 1998, 22 = AiB 1997, 606 m. krit. Anm. von Hummel/Spoo). Wenn allerdings ein öffentlicher Arbeitgeber innerhalb von drei Monaten vor der vertraglich vereinbarten Beendigung des Ausbildungsverhältnisses einen frei werdenden Arbeitsplatz besetzt, obwohl die sofortige Neubesetzung nicht wegen dringender dienstlicher Erfordernisse geboten ist, dann ist die Weiterbeschäftigung des Jugend- und Auszubildendenvertreters zumutbar (VGH München v. 19. 3. 1997, ZfPR 1997, 191; vgl. für das BetrVG: BAG v. 12. 11. 1997 – 7 ABR 73/96, BB 1998, 1638 = DB 1998, 1720 m. Anm. v. Natzel). Dem öffentlichen Arbeitgeber ist es dagegen nicht zumutbar, einen Auszubildenden als **überzählige Arbeitskraft** voll zu beschäftigen oder zur Gewährleistung einer Beschäftigung im Interesse des Bestandschutzes der Jugend- und Auszubildendenvertretung oder der Personalvertretung einen anderen Beschäftigten zu entlassen. Dies nämlich würde zu einer unzulässigen Benachteiligung der übrigen Beschäftigten führen (OVG Magdeburg v. 25. 4. 2001 – 5 L 15/00; n.v.).

16c c) **Schwerwiegende Gründe**, die die Unzumutbarkeit der Weiterbeschäftigung rechtfertigen, können auch **in der Person des Auszubildenden**/Arbeitnehmers liegen (BVerwG v. 2. 11. 1994 – 6 P 48.93, Leits. ZBR 1995, 319 = PersV 1995, 232 = ZfPR 1995, 194). Dies ist u. a. dann der Fall, wenn von mangelnder Verfassungstreue auszugehen ist; denn auch für Arbeitnehmer des öffentlichen Dienstes gehört die Wahrung der verfassungsmäßigen Ordnung zu den Dienstpflichten (§ 6, § 8 Abs. 1 Satz 2 BAT; BVerwG v. 26. 6. 1981, BVerwGE 63, 364 = ZBR 1982, 197 = PersV 1983, 14; Lorenzen u. a., § 9 Anm. 19). Arbeitsverweigerung, wiederholte unbefugte Arbeitsversäumnis, einschlägige Vorstrafen, parteipolitische Agitation mit der Folge einer wesentlichen Beeinträchtigung des Friedens in der Dienststelle etc. (Fischer u. a., § 9 Anm. 22; vgl. auch für das BetrVG: BAG v. 31. 3. 1976, BAGE 28, 62) können eine Weiterbeschäftigung ebenfalls unzumutbar werden lassen.

d) Die Auswahlentscheidung des Dienststellenleiters/öffentlichen Arbeitgebers muss sich auch in Bezug auf Mitglieder einer Jugend- und Auszubildendenvertretung auf Eignung, Befähigung und fachliche Leistung richten (BVerwG v. 13. 10. 1985, BVerwGE 72, 154 = ZBR 1986, 142). Dem öffentlichen Arbeitgeber ist eine **Weiterbeschäftigung unzumutbar,** wenn andere Bewerber um den Arbeitsplatz **objekt wesentlich fähiger und geeigneter sind** als der Jugend- und Auszubildendenvertreter. Dies ergibt sich bereits unmittelbar aus Art. 33 Abs. 2 GG. Alle Personalentscheidungen in der öffentlichen Verwaltung müssen sich an Eignung, fachlicher Leistung und Befähigung ausrichten (vgl. u. a. BVerwG v. 13. 12. 1991, BVerwGE 89, 260, 265). Deshalb darf auch die Weiterbeschäftigung eines Jugend- und Auszubildendenvertreters nicht völlig losgelöst von diesen Kriterien erfolgen (Fischer u. a., § 9 Anm. 22 b; Lorenzen u. a., § 9 Anm. 18). Der Gesetzgeber allerdings hat die gesetzliche Ausgestaltung und Gewichtung der Eignungsaspekte des Art. 33 Abs. 2 GG durch § 9 BPersVG eingeschränkt, weil er verhindern wollte, dass Mitglieder von Jugend- und Auszubildendenvertretungen dadurch an der Ausübung ihres personalvertretungsrechtlichen Amtes gehindert oder in ihrer durch das Amt übernommenen Unabhängigkeit beeinträchtigt werden könnten, dass sie befürchten müssten, wegen ihres Amtes am Ende ihrer Ausbildung keinen dieser Ausbildung adäquaten Arbeitsplatz übertragen zu erhalten. Darüber hinaus soll die Vorschrift davor schützen, dass Mitglieder einer Jugend- und Auszubildendenvertretung wegen ihrer Amtstätigkeit weniger Zeit haben, sich auf ihre Ausbildung zu konzentrieren. Zu berücksichtigen ist auch, dass Art. 33 Abs. 2 GG über das in § 9 BPersVG zum Ausdruck kommende Sozialstaatsprinzip teilweise insofern eingeschränkt ist, als Leistungsgesichtspunkten aus sozialen Gründen eine geringere Bedeutung beigemessen wird. Engagement und Interesse jugendlicher Beschäftigter, sich für das Wohl ihrer Kolleginnen und Kollegen einzusetzen, soll auch im Rahmen von Art. 33 Abs. 2 GG anerkannt werden. § 9 BPersVG verbietet einerseits einem „Arbeitgeber nicht jeden Qualifikationsvergleich zwischen dem auf einer Weiterbeschäftigung bestehenden Jugend- und Auszubildendenvertreter und einem anderen Bewerber um den freien Arbeitsplatz". Andererseits aber muss das Weiterbeschäftigungsverlangen aber auch nicht gegenüber allen Mitbewerbern zurücktreten, die hinsichtlich des Prüfungserfolges bessere Qualifikationen aufzuweisen haben. Vielmehr kann einem öffentlichen Arbeitgeber die Weiterbeschäftigung nur dann nicht zugemutet werden, „wenn der Jugend- und Auszubildendenvertreter in der maßgeblichen Abschlussprüfung um deutlich mehr als eine volle Notenstufe schlechter abgeschnitten hat als der schwächste sonstige Bewerber, den der öffentliche Arbeitgeber sonst in ein Dauerarbeitsverhältnis übernehmen würde". Die Differenz muss mindestens das 1,33-fache dieser Notenstufe betragen (BVerwG v. 9. 9. 1999 – 6 P 4.98, Leits. ZBR 2000, 177 = Leits. PersV 2001, 80 = ZfPR 2000, 74; BVerwG v. 9. 9. 1999 – 6 P 5.89, ZBR 2000, 172 = Leits. PersV 2001, 80 = ZfPR 2000, 232; BVerwG v. 17. 5. 2000 – 6 P 9.99, ZBR 2001, 56 = Leits. PersV 2001, 80 = ZfPR 2000,232; vgl. auch: Vogelgesang, PersR 2001, 56). Daher hat ein öffentlicher Arbeitgeber, der einen Auszubildenden – ehemaliges Mitglied einer Jugend- und Auszubildendenvertretung – nach erfolgreicher Beendigung des Berufsausbildungsverhältnisses nicht in ein Arbeitsverhältnis auf unbestimmte Zeit übernehmen möchte, im Einzelnen darzulegen, in welchem Umfang und aus welchen Gründen die Leistungen des Betroffenen erheblich von den Leistungen der Mitbewerber abweichen. 16d

e) Grundsätzlich entscheidet der **Haushaltsgesetzgeber** darüber, ob einer Ausbildungsdienststelle ein geeigneter und besetzbarer Arbeitsplatz zur Ver- 16e fügung gestellt wird. Dabei kommt es nicht auf das Vorhandensein von „Planstellen“ an, weil es solche nur für Stellen für Beamte auf Lebenszeit gibt. Vielmehr ist entscheidend, dass in den verbindlichen Erläuterungen des Haushaltsplans für die von einem Jugendvertreter erworbene Qualifikation eine Stelle für Angestellte ausgewiesen und im Zeitpunkt der Beendigung des Ausbildungsverhältnisses unbesetzt ist. Fehlt es an einer solchen Zweckbestimmung des Haushaltsgetzgebers, dann kann nicht jede in dem genannten Zeitpunkt freie Stelle dem Jugendvertreter übertragen werden. Ein Arbeitgeber ist nicht gezwungen, nur deshalb alle Instrumente des Haushaltsrechts zu nutzen, um dem Jugendvertreter einen Arbeitsplatz übertragen zu können. Wenn allerdings bei einem Arbeitgeber üblicherweise unbefristete Arbeitsverträge mit Absolventen einer Berufsausbildung abgeschlossen werden, dann besteht ein Anspruch eines Jugendvertreters jedenfalls so lange, wie die Vergütung gesichert ist (BVerwG v. 9. 9. 1999 – 6 P 5.98, BVerwGE 109, 295, 298 = ZBR 2000, 172 = Leits. PersV 2001, 80). Gleiches gilt für eine vorläufige Weiterbeschäftigung auf einer „Beförderungsstelle“ unter Vorbehalt (BVerwG v. 17. 5. 2000, ZBR 2001, 57 = Leits. PersV 2001, 80 = ZfPR 2000, 232). Über den Weg des § 9 kann die Schaffung neuer Arbeitsplätze zu Gunsten von Jugendvertretern nicht erzwungen werden. Ein öffentlicher Arbeitgeber muss frei darüber entscheiden können, wie er die ihm übertragenen öffentlichen Aufgaben am Besten erfüllt, so dass es bei der Verwendung der zugewiesenen personellen Mittel allein darauf ankommt, dass sich die entsprechende Entscheidung im Rahmen der allgemeinen gesetzlichen Vorgaben bewegt. Die Vorschrift soll insoweit eine Missbrauchskontrolle ermöglichen (BVerwG v. 1. 11. 2005, BVerwGE 124, 292 = PersV 2006, 150 = Leits. ZfPR 2006, 46).

16f f) Wenn ein **verwaltungsseitiger Einstellungsstopp** auf der Grundlage einer Entscheidung des Haushaltsgesetzgebers vorliegt, dann ist die Weiterbeschäftigung für den öffentlichen Arbeitgeber unzumutbar (BVerwG v. 2. 11. 1994 – 6 P 39.93, BVerwGE 97, 68 = Leits. ZBR 1995, 317 = PersV 1995, 361; BVerwG 2. 11. 1994 – 6 P 6.93, PersV 1995, 332; BVerwG v. 2. 11. 1994 – 6 P 48.93, Leits. ZBR 1995, 319 = PersV 1995, 232 = ZfPR 1995, 194; BVerwG v. 20. 12. 1994 – 6 P 13.94, n.v.). Werden mit dem Einstellungsstopp gleichzeitig Ausnahmen zugelassen, dann darf es sich nur um tatsächliche Ausnahmefälle, die auf übergeordnete Gesichtspunkte gestützt sind, handeln (BVerwG v. 2. 11. 1994 – 6 P 39.93, aaO). Wenn aber eine durch den Haushaltsgesetzgeber veranlasste Stellenbesetzungssperre besteht, von der Ausnahmen dann zugelassen sind, wenn ein „unabweisbar vordringlicher Personalbedarf“ besteht, dann ist die Weiterbeschäftigung zumutbar (BVerwG v. 13. 9. 2001, ZBR 2002, 98 = PersV 2002, 552 = ZfPR 2001, 297; vgl. auch OVG Magdeburg v. 9. 4. 2003, Leits. ZfPR 2003, 303, das von einer Unzumutbarkeit für den Fall ausgeht, dass ein Bedarf im Ausbildungsberuf des Betroffenen nicht besteht). Im Fall einer getrennten Bewirtschaftung von Dienstposten und Haushaltsstellen (sog. Topfwirtschaft) ist eine Weiterbeschäftigung allerdings dann unzumutbar, wenn zur Nachbesetzung freier Dienstposten keine Haushaltsstellen zur Verfügung stehen (OVG Lüneburg v. 1. 9. 1993, PersR 1994, 290).

16g g) Auch ist dem Dienstherrn keine Übertragung von Arbeiten an einen Betroffenen zumutbar, für deren Erledigung kein Bedarf besteht. Gleiches gilt dann, wenn die Weiterbeschäftigung nur unter Erhöhung eines Sicherheitsrisikos möglich ist (BVerwG v. 15. 10. 1985, BVerwGE 72, 154 = ZBR 1986, 142). Eine **haushaltsrechtliche Wiederbesetzungssperre** ist bei der Beantwortung der Frage, ob einem Arbeitgeber die Weiterbeschäftigung eines nach Abs. 2 Berechtigten zumutbar ist, zu beachten; denn eine solche Sperre besagt, dass Haushaltsmittel zur Vergütung eines Beschäftigten nach dem Freiwerden der Stelle grundsätzlich nicht mehr bereitstehen (BVerwG v. 30. 10. 1987 – 6 P 25.85, BVerwGE 78, 223 = ZBR 1988, 171 = PersV 1988, 195). Dabei kann sich der Haushaltsgesetzgeber auf **globale Vorgaben zur Personaleinsparung** beschränken (OVG Magdeburg v. 27. 10. 2006, Leits. ZfPR 2007, 70). Im Falle einer Stellenbesetzungssperre kann der Haushaltsgesetzgeber Ausnahmen auf Fälle eines unabweisbar vordringlichen Personalbedarfs beschränken, z. B. ausnahmsweise Einstellung von Spezialisten, wobei es ausreichend ist, wenn die Ausnahmeregelung „der Sache nach auf eine strenge restriktive Einstellungspraxis angelegt ist". Wird der betreffende Jugendvertreter von der Ausnahmeregelung nicht erfasst, so ist eine Weiterbeschäftigung unzumutbar (BVerwG v. 30. 5. 2007, PersV 2008, 64 = Leits. ZfPR 2007, 113) Ein in der Form einer verwaltungsinternen Regelung ausgesprochener **Einstellungsstopp,** der von dem die Funktion des Arbeitgebers wahrnehmenden Verwaltungsorgan beschlossen wurde und der im Haushaltsplan (Stellenplan) keinen Niederschlag gefunden hat, führt dagegen nicht zur Unzumutbarkeit der Weiterbeschäftigung (BVerwG v. 13. 3. 1989, ZBR 1989, 310 = PersV 1989, 359 = ZfPR 1989, 133). Ein solcher Vorgang beinhaltet keine rechtsverbindlichen Festlegungen mit Außenwirkung. Gleiches gilt auch für Koalitionsvereinbarungen, in denen lediglich Ziele und Absichten festgelegt werden. Rechtsverbindliche Festlegungen nämlich können nur durch Beschlüsse der verfassungsmäßig bestellten Organe (Parlament oder Regierung) erfolgen (VGH Kassel v. 23. 5. 2000, PersV 2002, 78 = ZfPR 2001, 102). Stehen allerdings nicht genügend freie Planstellen oder freie Arbeitsplätze zum Zeitpunkt der Beendigung des Ausbildungsverhältnisses zur Verfügung, dann ist die Weiterbeschäftigung selbst dann unzumutbar, wenn eine Prognose über den voraussichtlichen weiteren (vermehrten) Arbeitsanfall aufgestellt und ein entsprechender Arbeitsbedarf für die Zukunft festgestellt wird (BVerwG v. 2. 11. 1994 – 6 P 48.93, Leits. ZBR 1995, 319 = PersV 1995, 232 = ZfPR 1995, 194; BVerwG v. 20. 10. 1994 – 6 P 13.94, n. v.; VGH Mannheim v. 8. 12. 1995, PersR 1996, 283; OVG Berlin v. 6. 3. 1996, PersR 1996, 290).

h) Erst **geplante Einsparmaßnahmen**, die künftig möglicherweise zu einem Wegfall von Arbeitsplätzen führen, können von seiten des öffentlichen Arbeitsgebers nicht zur Begründung der Unzumutbarkeit der Weiterbeschäftigung herangezogen werden (vgl. für das BetrVG: BAG v. 16. 8. 1995, BB 1996, 537 = DB 1996, 1631 = Leits. ZfPR 1995, 205). Im Streitfall hat der öffentliche Arbeitgeber anzugeben, mit welcher Zahl von Beschäftigten er konkrete Arbeiten verrichten lassen will (vgl. für das BetrVG: BAG v. 6. 11. 1996, BB 1997, 1793 = DB 1997, 1520). Im Fall einer getrennten Bewirtschaftung von Dienstposten und Haushaltsstellen ist jedenfalls dann eine Weiterbeschäftigung zumutbar, wenn zur Nachbesetzung freier Dienstposten Haushaltsstellen zur Verfügung stehen (OVG Lüneburg v. 1. 9. 1993, PersR 1994, 290). Als unzumutbar ist dagegen die Beschäftigung für den Fall angesehen worden, dass die Zahl der in den einzelnen Sparten nach Ausbildung zu übernehmenden Nachwuchskräfte zentral festgelegt wird und daher im Bereich einer einzelnen Dienststelle keine Weiterbeschäftigungsmöglichkeit besteht (VGH Mannheim v. 3. 5. 1994 – PB 15 S 2971/93, n. v.). Die Frage, ob ein durch die vorgesetzte Dienstbehörde bewirktes Einstellungshindernis dem Weiterbeschäftigungsanspruch entgegensteht, ist vom Bundesverwaltungsgericht bisher noch nicht entschieden worden (BVerwG v. 1. 3. 1993, PersR 1993, 315). Diese Frage aber muss deshalb 16h verneint werden, weil andernfalls der Schutzgedanke der Vorschrift unterlaufen werden könnte.

16i i) **Ebenfalls ist es unzumutbar,** einen Auszubildenden als **überzählige Arbeitskraft** voll zu beschäftigen oder zur Gewährleistung seiner Beschäftigung im Interesse des Bestandsschutzes der Jugend- und Auszubildendenvertretung oder der Personalvertretung einen anderen Beschäftigten zu entlassen (Dietz-Richardi, § 9 Anm. 26). Ist kein entsprechender Arbeitsplatz frei, so ist der öffentliche Arbeitgeber nicht verpflichtet, anderen Arbeitnehmern nur deshalb zu kündigen, um dadurch eine Stelle für das Mitglied der Jugend- und Auszubildendenvertretung freizumachen. Dies nämlich würde zu einer unzulässigen Benachteiligung der übrigen Beschäftigten führen (OVG Magdeburg v. 25. 4. 2001 – 5 L 15/00, n.v.; Fischer u. a., § 9 Anm. 22 f.). Ebensowenig kann der Ausgebildete verlangen, dass ihn der öffentliche Arbeitgeber auf einem freien, der Ausbildung aber nicht entsprechenden Arbeitsplatz weiterbeschäftigt (VGH München v. 4. 2. 1987, ZBR 1988, 137, Leits. PersV 1988, 274; aA BVerwG v. 15. 10. 1985, ZBR 1986, 142; vgl. auch Anm. 12). Auch kann ein (bisheriger) Jugend- und Auszubildendenvertreter nicht verlangen, dass ihm eine Vollzeitbeschäftigung angeboten wird, wenn der öffentliche Arbeitgeber bestehende Vollarbeitsplätze für eine Übergangszeit in Teilzeitarbeitsplätze umwandelt, um den Auszubildenden insgesamt einen Ausbildungsplatz anbieten zu können (OVG Berlin v. 30. 6. 1992, Leits. PersR 1993, 424). Eine Weiterbeschäftigung ist allerdings zumutbar, wenn zum Zeitpunkt der Beendigung des Ausbildungsverhältnisses eine Stelle frei ist, die der Ausbildung entspricht, unabhängig davon, ob diese erst später zusammen mit einer anderen Stelle besetzt werden soll (OVG Lüneburg v. 5. 12. 1984, Leits. PersV 1988, 274). Auch im Rahmen des Abs. 4 müssen sowohl persönliche wie auch dienstliche Gründe berücksichtigt werden. Allerdings müssen die gegen eine Übernahme sprechenden Gründe ein derartiges Gewicht haben, dass mit dem Mitglied der Jugend- und Auszubildendenvertretung bzw. der Personalvertretung auch unter Berücksichtigung des Bestandsschutzes dieser Personalverfassungsorgane ein Arbeitsverhältnis nicht begründet werden kann (VG Kassel v. 25. 4. 1978, PersV 1979, 201; VG Freiburg v. 31. 8. 1978, PersV 1979, 342).

17 5. Voraussetzung für den Anspruch eines Jugendvertreters ist, dass ein **Arbeitsplatz im Bereich der Ausbildungsdienststelle** zur Verfügung steht. Ist ein Land Arbeitgeber des Jugendvertreters, dann besteht kein Anspruch auf einen Arbeitsplatz in einer anderen Dienststelle des Landes. Der Weiterbeschäftigungsanspruch nämlich besteht nur in Bezug auf diejenige Dienststelle, in der der Jugendvertreter seine Berufsausbildung erhalten hat, nicht aber landesweit; denn der Schutzbereich der Vorschrift bezieht sich grundsätzlich nur auf diejenige Dienststelle, bei der die personalvertretungsrechtliche Funktion ausgeübt wird. Eine andere Betrachtungsweise würde in den Fällen, in denen der Bund oder ein Land Arbeitgeber ist, einer Beschäftigungsgarantie deshalb gleichkommen, weil Bund und Länder mit ihren über einen großen Bereich verteilten Dienststellen in aller Regel über eine solche Arbeitsstelle verfügen werden, die der Qualifikation des Jugendvertreters entspricht. Dies würde eine „erhebliche Privilegierung der Jugendvertreter in Bund und Ländern gegenüber denjenigen bei anderen öffentlichen und privaten Arbeitgebern" bedeuten (BVerwG v. 1. 11. 2005, BVerwGE 124, 292 = PersV 2006, 150 = Leits. ZfPR 2006, 46). Ist aber eine Weiterbeschäftigung dieser Art objektiv nicht möglich, dann kann dem Anspruchsberechtigten die Annahme einer Beschäftigung zugemutet werden, die nicht in allen Anforderungsbereichen adäquat ist (BVerwG v. 13. 3. 1989,

PersV 1989, 358). Für den Fall, dass das ehemalige Mitglied der Jugend- und Auszubildendenvertretung bereit ist, zu anderen als gleichwertigen Arbeitsbedingungen in ein Beschäftigungsverhältnis übernommen zu werden, so hat es eine entsprechende Erklärung abzugeben. In diesem Fall ist der öffentliche Arbeitgeber verpflichtet zu prüfen, ob die anderweitige Beschäftigung möglich und zumutbar ist. Wenn er die Prüfung unterlässt oder zu Unrecht die Möglichkeit und Zumutbarkeit der Weiterbeschäftigung verneint, dann kann das nach Abs. 2 entstandene Beschäftigungsverhältnis nicht nach Abs. 4 durch entsprechenden Antrag beim Verwaltungsgericht aufgelöst werden (vgl. für das BetrVG: BAG v. 6. 11. 1996, BB 1997, 1793 = DB 1997, 1520).

6. Macht der öffentliche Arbeitgeber gerichtlich geltend, ihm sei die Wei- **18**
terbeschäftigung unzumutbar, so muss er den **Auflösungsantrag** nach Abs. 4 Nr. 2 stellen. In diesem Fall steht fest, dass ein Arbeitsverhältnis besteht, das erst dann endet, wenn dem Auflösungsantrag stattgegeben wird (Matthes, NZA 1989, 916; vgl. auch: BAG v. 14. 5. 1987, BAGE 55, 284 = BB 1987, 2091 = NZA 1987, 820). Stellt ein Arbeitgeber nach der gesetzlichen Begründung des Arbeitsverhältnisses einen Antrag auf Feststellung, dass ein Arbeitsverhältnis auf unbestimmte Zeit nicht begründet worden ist, dann ist dieser Antrag als Auflösungsantrag nach Abs. 4 Satz 1 Nr. 2 zu behandeln, falls in der Begründung ausschließlich die Unzumutbarkeit der Weiterbeschäftigung geltend gemacht wird (BVerwG v. 28. 7. 2006, PersV 2007, 17 = PersR 2006, 429 = Leits. ZfPR 2007, 17).

7. Im Falle einer **Fristversäumnis** bei der gerichtlichen Antragstellung wird **19**
ein Arbeitsverhältnis auf unbestimmte Zeit begründet. Der öffentliche Arbeitgeber hat dann nur eine Möglichkeit zur Beendigung des Arbeitsverhältnisses unter Beachtung der Kündigungsvorschriften. Hat der öffentliche Arbeitgeber innerhalb der Frist Klage beim Verwaltungsgericht erhoben, so ist der Auszubildende bis zur Rechtskraft der Entscheidung, die die Auflösung des Arbeitsverhältnisses ausspricht, grundsätzlich weiterzubeschäftigen. Auszubildende während des Ungewissheitszeitraums über die Begründung eines Arbeitsverhältnisses sind nämlich grundsätzlich wie Beschäftigte nach einer Kündigung während der Ungewissheit des Kündigungsschutzprozesses zu behandeln. Der ehemalige Auszubildende hat daher einen Anspruch auf Beschäftigung, wenn er seine Weiterbeschäftigung ordnungsgemäß verlangt hat und der Feststellungsantrag des Arbeitgebers nach Abs. 4 Satz 1 Nr. 1 offensichtlich unwirksam ist. Ist dies nicht der Fall, so überwiegt das Interesse des Arbeitgebers an der Nichtbeschäftigung des ehemaligen Auszubildenden (BAG v. 14. 5. 1987, BAGE 55, 284 = PersV 1989, 435; vgl. auch Anm. 15b).

VI. Arbeitsverhältnis auf unbestimmte Zeit

Unabhängig davon, ob der öffentliche Arbeitgeber dem Auszubildenden die **20**
Mitteilung macht, das Beschäftigungsverhältnis nicht fortsetzen zu wollen, gilt das **Arbeitsverhältnis bei einem entsprechenden Verlangen** des Betroffenen als **auf unbestimmte Zeit begründet** (Abs. 5). Ein befristetes Arbeitsverhältnis bedarf einer entsprechenden vertraglichen Vereinbarung (vgl. für das BetrVG: BAG v. 24. 7. 1991, ZTR 1992, 173).

VII. Streitigkeiten

1. Für eine auf § 9 gestützte Klage eines Auszubildenden auf seine tatsächli- **21**
che Beschäftigung im Anschluss an sein Ausbildungsverhältnis ist das Arbeitsgericht nach § 2 Abs. 1 Nr. 3 a ArbGG zuständig. Dies gilt auch dann,

wenn vor den **Verwaltungsgerichten** gleichzeitig ein Antrag eines Arbeitgebers nach § 9 Abs. 4 anhängig ist (BAG v. 14. 5. 1987, Leits. BB 1987, 2091 = DB 1987, 2104; BAG v. 10. 2. 1988, PersR 1988, 161). Wenn ein Arbeitgeber nach dem Ende der Berufsausbildungszeit ein Mitglied der Jugend- und Auszubildendenvertretung nicht weiterbeschäftigen will, so kann er ein Beschlussverfahren mit dem Ziel der Auflösung des durch die Fiktion des Abs. 2 begründeten Arbeitsverhältnisses wegen Unzumutbarkeit der Weiterbeschäftigung betreiben. Er kann aber auch ein „Klageverfahren" mit dem Ziel der Feststellung betreiben, dass ein Arbeitsverhältnis nicht begründet worden ist (BVerwG v. 2. 11. 1994 – 6 P 42.93, PersV 1995, 368). Über ein Verfahren nach Abs. 4 Satz 1 Nr. 1 haben die Fachkammern (Fachsenate) der Verwaltungsgerichte zu entscheiden (BVerwG v. 26. 6. 1981, BVerwGE 62, 364 = ZBR 1982, 187 = PersV 1983, 14; vgl. auch Anm. 15). Hat das Verwaltungsgericht über einen Auflösungsantrag nach Abs. 4 Nr. 2 zu entscheiden, so muss die Vorfrage, ob das aufzulösende Weiterbeschäftigungsverhältnis überhaupt zustande gekommen ist, beantwortet werden (BVerwG v. 9. 10. 1996 – 6 P 20.94, BVerwGE 102, 100 = ZfPR 1997, 44). In Kombination von Haupt- und Hilfsanträgen kann in den Fällen von Abs. 4 Satz 1 Nrn. 1 und 2 auch die Feststellung begehrt werden, dass wegen Nichtvorliegens der Voraussetzungen von Abs. 2 oder 3 ein Weiterbeschäftigungsverhältnis nicht zustande gekommen ist (BVerwG v. 9. 10. 1996 – 6 P 21.94, BVerwGE 102, 106 = PersV 1998, 413 = ZfPR 1997, 77).

22 2. Streitigkeiten können auch im Wege einer **einstweiligen Verfügung** zum Gegenstand der Entscheidung des Verwaltungsgerichts gemacht werden, wenn dies zur Abwendung wesentlicher Nachteile oder aus anderen dringenden Gründen geboten ist (§ 83 Abs. 2 i. V. mit § 85 Abs. 2 ArbGG, § 940 ZPO). Ein Verfügungsgrund ist aber nur dann anzunehmen, wenn der öffentliche Arbeitgeber Tatsachen vorträgt, die eine Weiterbeschäftigung ausschließen (Dietz-Richardi, § 9 Anm. 32). Der Antrag eines Jugend- und Auszubildendenvertreters, den Arbeitgeber im Wege der einstweiligen Verfügung zu verpflichten, ihn bis zum rechtskräftigen Abschluss des Beschlussverfahrens, in dem über die Begründung eines Arbeitsverhältnisses im Anschluss an die Ausbildung gestritten wird, weiterzubeschäftigen, entbehrt regelmäßig sowohl des Verfügungsanspruchs als auch des Verfügungsgrundes (vgl. für das BetrVG: LAG Kiel v. 25. 3. 1985, BB 1985, 1797 = DB 1985, 2412; Lorenzen u. a., § 9 Anm. 91). Die „ Weiterbeschäftigungs"-Verfügung wird allenfalls in Frage kommen, wenn das Arbeitsverhältnis bereits begründet ist, also der Auszubildende rechtzeitig den Antrag nach Abs. 2 gestellt hat und dem Begehren lediglich der Auflösungsantrag des Arbeitgebers nach Abs. 4 Nr. 2 entgegensteht und das Beschäftigungsinteresse des Ausgebildeten die Kontinuität der Beschäftigung dringend erfordert (LAG Kiel, aaO). Andererseits hat ein Auszubildender einen auch im Wege der einstweiligen Verfügung durchsetzbaren Anspruch auf tatsächliche Beschäftigung, wenn der Arbeitgeber beim Verwaltungsgericht einen Antrag auf Auflösung des Arbeitsverhältnisses nach Abs. 4 Nr. 2 gestellt hat. Dies gilt selbst dann, wenn das Verwaltungsgericht zuvor dem Antrag eines Arbeitgebers entsprochen hat, die Entscheidung selbst aber noch nicht rechtskräftig geworden ist (ArbG Herne v. 20. 4. 1988, Leits. PersR 1988, 251; vgl. auch für das BetrVG: LAG Hannover v. 25. 5. 1998, AiB 1999, 43). Eine einstweilige Verfügung kann ferner für den Fall beantragt werden, dass einem ehemaligen Auszubildenden, der inzwischen in die Jugend- und Auszubildendenvertretung gewählt worden ist, die Wahrnehmung dieser Rechte mit dem Hinweis darauf verwehrt wird, dass im Anschluss an das erfolgreich abgeschlossene Berufsausbildungsverhältnis kein Arbeitsverhältnis begrün-

det worden sei. Für diesen Fall nämlich wird die einstweilige Verfügung zur Sicherung der Rechte als Jugend- und Auszubildendenvertreter begehrt. Diese Rechte können nur während der Dauer der Amtszeit wahrgenommen werden, so dass ohne Erlass der einstweiligen Verfügung die Rechtsausübung unwiderbringlich vereitelt würde (VGH Kassel v. 7. 12. 1988 – HPV TL 3847/88, n. v.; Fischer u. a., § 9 Anm. 60; Lorenzen u. a., § 9 Anm. 91; Richardi u. a., § 9 Anm. 75).

Schrifttum: Gerhold, Zur vorläufigen Beschäftigungspflicht des Arbeitgebers bei einem Feststellungsantrag nach § 9 Abs. 4 Nr. 1 BPersVG, ZTR 1988, 17; Künzel, Begründung von Teilzeitarbeitsverhältnissen gemäß § 78 a Betriebsverfassungsgesetz, BB 1986, 2204; Scheuring, Der Weiterbeschäftigungsanspruch der Mitglieder einer Personalvertretung oder einer Jugendvertretung nach §§ 9, 107 Satz 2 BPersVG, PersV 1987, 89; Vogelgesang, Zur Berücksichtigung von Prüfungsleistungen bei der Weiterbeschäftigungsentscheidung nach § 9 BPersVG, PersR 2001, 56; Zepf, Rechtsprechungsübersicht zum Weiterbeschäftigungsanspruch von Jugend- und Auszubildendenvertretern, ZfPR 1998, 211.

§ 10 [Schweigepflicht]

(1) Personen, die Aufgaben oder Befugnisse nach diesem Gesetz wahrnehmen oder wahrgenommen haben, haben über die ihnen dabei bekanntgewordenen Angelegenheiten und Tatsachen Stillschweigen zu bewahren. Abgesehen von den Fällen des § 68 Abs. 2 Satz 3 und des § 93 gilt die Schweigepflicht nicht für Mitglieder der Personalvertretung und der Jugend- und Auszubildendenvertretung gegenüber den übrigen Mitgliedern der Vertretung und für die in Satz 1 bezeichneten Personen gegenüber der zuständigen Personalvertretung; sie entfällt ferner gegenüber der vorgesetzten Dienststelle, der bei ihr gebildeten Stufenvertretung und gegenüber dem Gesamtpersonalrat. Satz 2 gilt auch für die Anrufung der Einigungsstelle.

(2) Die Schweigepflicht besteht nicht für Angelegenheiten oder Tatsachen, die offenkundig sind oder ihrer Bedeutung nach keiner Geheimhaltung bedürfen.

Inhaltsübersicht

Entspr. Vorschrift des BetrVG: § 79.

1 1. Personalratsmitglieder und andere Personen, die an der Ausgestaltung dieses Gesetzes beteiligt sind, erfahren eine Reihe von Angelegenheiten und Tatsachen, **an deren Geheimhaltung die Betroffenen interessiert sind.** Insbesondere im Zusammenhang mit der Wahrnehmung der Beteiligungsrechte nach den §§ 75 ff. werden oft persönliche Umstände erörtert, die nicht zur Kenntnis Dritter bestimmt sind. Andererseits erwarten die Beschäftigten nicht selten Informationen über die Personalratsarbeit. Informationsforen sind grundsätzlich Sprechstunde und Personalversammlung. Auch kann die Personalvertretung am sog. Schwarzen Brett Informationen für die Beschäftigten vorhalten. Darüber hinaus können auch Informationsblätter herausgegeben werden (BVerwG v. 26. 11. 1982, ZBR 1983, 132, 310 = PersV 1983, 376; OVG Koblenz v. 26. 1. 1982, PersV 1983, 27; vgl. hierzu auch § 44 Anm. 24). In jedem Fall aber hat sich die Information gegenüber den im Rahmen der Aufgabenerfüllung der Personalvertretung unter Kostengesichtspunkten in vertretbaren Grenzen zu halten. Die Personalvertretung hat in jedem Einzelfall – auch im Zusammenhang mit einer Information und Beratung eines einzelnen Beschäftigten – darauf zu achten, dass nicht Rechte Dritter verletzt und dass die sich aus der Schweigepflicht ergebenden Bindungen beachtet werden. Die Vorschrift dient in Bezug auf personalratsinterne Vorgänge dem Schutz der freien und unabhängigen Willensbildung der Personalratsmitglieder (BVerwG v. 11. 1. 2006, PersV 2006, 186 = ZfPR 2006, 66; VGH München v. 14. 2. 2001, ZfPR 2002, 3, 5; vgl. auch Ilbertz, ZfPR 1989, 130).

2 2. Der Gesetzgeber hat den Grundsatz der vertrauensvollen Zusammenarbeit zwischen Dienststelle und Personalvertretung sowie das Gebot des Zusammenwirkens mit den in der Dienststelle vertretenen Gewerkschaften und Arbeitgebervereinigungen zum Wohle der Beschäftigten und zur Erfüllung der der Dienststelle obliegenden Aufgaben an den Anfang des Gesetzes (§ 2 Abs. 1) gestellt. Eine solche Zusammenarbeit und ein solches Zusammenwirken lassen sich nur verwirklichen, wenn **zwischen allen Beteiligten ein Vertrauensverhältnis besteht,** d. h., wenn jeder vom anderen erwarten kann, dass er seine Aufgaben in Kenntnis der damit verbundenen Verantwortung wahrnimmt und über alles das, was ihm im Rahmen seiner Tätigkeit bekannt geworden ist, grundsätzlich Stillschweigen bewahrt. Daher muss jedes Personalratsmitglied darauf vertrauen können, dass seine mündlichen oder schriftlichen Äußerungen, ob kritisch, provozierend oder gar unsachlich, nicht nach außen getragen werden. Dies gilt grundsätzlich auch für personalratsinterne Vorgänge der Willensbildung, vor allem für Meinungsäußerungen und für das Abstimmungsverhalten von Personalratsmitgliedern in Sitzungen (BVerwG v. 11. 1. 2006, PersV 2006, 186 = ZfPR 2006, 66; VGH München v. 14. 2. 2001, ZfPR 2002, 3, 5; vgl. auch Ilbertz, ZfPR 1989, 130).

3 a) Eine erfolgreiche Zusammenarbeit lässt sich im Übrigen auch nur dann erreichen, wenn die Beteiligten im Interesse einer ausgewogenen Abwägung aller in Betracht kommenden Gesichtspunkte zum Austausch von Informationen, die für die Entscheidungsfindung maßgebend sein können, bereit sind. Daher ist eine gegenseitige Unterrichtung ebenso wie eine **Verschwiegenheit gegenüber Dritten** Voraussetzung für ein Tätigwerden „zum Wohle der Beschäftigten und zur Erfüllung der der Dienststelle obliegenden Aufgaben“ (§ 2 Abs. 1). Beiden Seiten dienen Informationen über Hintergründe und Planungen, die aber jeweils nur dann gegeben werden können, wenn sich der Informant auf Verschwiegenheit und vertrauliche Behandlung der Informationen durch seinen Partner verlassen kann. Dies gilt nicht nur im Ver-

hältnis zwischen Dienststellenleiter und Personalvertretung, sondern auch im Verhältnis aller personalvertretungsrechtlichen Funktionsträger untereinander (Bieler, ZfPR 1995, 62).

b) Das Gesetz verpflichtet deshalb alle „Personen, die Aufgaben und Befugnisse nach diesem Gesetz wahrnehmen oder wahrgenommen haben", unabhängig davon, ob die Information ausdrücklich als vertraulich bezeichnet worden ist (VG Köln v. 1. 2. 1990 – PVB 27/89, n. v.), zum Stillschweigen. Der **Umfang der Schweigepflicht** ähnelt der Verpflichtung, die die § 61 BBG, § 3 Abs. 1 TVöD den Beschäftigten auferlegen. Die Vorgänge innerhalb der öffentlichen Verwaltung, einschließlich der Erwägungen, die zur Meinungs- und Willensbildung der Dienststelle geführt haben, sind geheime Angelegenheiten, soweit sie nicht ihrer Natur nach zur Bekanntmachung bestimmt sind. Daher legt § 61 BBG dem Beamten auch über die Beendigung des Beamtenverhältnisses hinaus eine Verschwiegenheitspflicht über die Angelegenheiten auf, die ihm bei seiner Tätigkeit bekannt geworden sind. 4

c) Die Schweigepflicht trifft **alle** im Rahmen des BPersVG tätig werdenden **Personen,** die teils als Träger eines öffentlichen Amtes, teils ohne diese Eigenschaft (Gewerkschaftsbeauftragte) mit Angelegenheiten aus dem Bereich des Personalvertretungsrechts in Berührung kommen. 5

3. Zu **den Personen, die diese Verpflichtung trifft,** gehören u. a.: 6
a) die ordentlichen Mitglieder der Personalvertretungen und die Mitglieder von Wahlvorständen; Teilnehmer an Personal- oder Jugend- und Auszubildendenversammlungen;
b) die Ersatzmitglieder (§ 31), soweit sie an der Geschäftsführung der Personalvertretung teilgenommen haben. Tatsachen, die sie in einem anderen Zusammenhang als dem ihrer Zugehörigkeit zur Personalvertretung erfahren haben, fallen nicht unter die Schweigepflicht;
c) die Mitglieder der Schwerbehindertenvertretung; für sie ergibt sich eine besondere Rechtslage dadurch, dass im Falle der Verletzung von Geheimnissen, die allein im Zusammenhang mit Aufgaben und Befugnissen nach dem BPersVG bekanntgeworden sind, die §§ 203, 353 b StGB gelten. Haben sie dagegen Tatsachen bei der Wahrnehmung von Aufgaben und Befugnissen nach dem Schwerbehindertengesetz erfahren, so gilt allein § 96 Abs. 7 SGB IX (vgl. § 40 Anm. 1), der nur Privatgeheimnisse schützt;
d) die Mitglieder der Jugend- und Auszubildendenvertretung (§§ 57 ff.);
e) die Repräsentanten der Dienststelle (§ 7) sowie alle vom Dienststellenleiter im Rahmen von Personalangelegenheiten hinzugezogenen Personen; daher verstößt ein Dienststellenleiter gegen das Gebot der Schweigepflicht, wenn er im Anschluss an gemeinschaftliche Besprechungen mit der Personalvertretung Stellungnahmen und Äußerungen einzelner Mitglieder bekanntgibt (VG Darmstadt v. 19. 6. 1967, PersR 1998, 171);
f) die Beauftragten der Gewerkschaften und der Arbeitgebervereinigungen, die aufgrund des § 34 Abs. 4 Satz 2, § 36 Einblick in die Geschäftsführung der Personalvertretungen bekommen (nur Gewerkschaftsbeauftragte) oder aber an einer Personalversammlung (§ 52) teilgenommen haben. Die Schweigepflicht besteht nicht gegenüber dem eigenen Verband (aA VGH München v. 19. 12. 1965, ZBR 1966, 65 = PersV 1966, 256); denn der Beauftragte einer Gewerkschaft nimmt nicht aus einem persönlichen Recht, sondern aus einem der Gewerkschaft aufgrund eines vom Gesetz eingeräumten Rechts an der Personalratssitzung teil. Er muss die Möglichkeit haben, über die anlässlich der Sitzung in Erfahrung gebrachten Tatsachen mit der ihn entsendenden Gewerkschaft zu diskutieren und evtl. Maßnahmen zur weiteren Unterstüt-

zung der Personalvertretung zu überlegen (Fischer u. a., § 10 Anm. 12; Lorenzen u. a., § 10 Anm. 33; Richardi u. a., § 10 Anm. 27; wegen der Weitergabe persönlicher Daten vgl. § 2 Anm. 11; vgl. auch Anm. 11, 17 f.);
g) Sachverständige bzw. Auskunftspersonen sowie Bürokräfte (§ 44 Abs. 2), die zu den Sitzungen der Personalvertretung hinzugezogen worden sind (vgl. aber § 35 Anm. 8 ff.);
h) die Mitglieder der Einigungsstelle (§ 71) und der Abstimmungsvorstände (§ 6 Abs. 3, § 18 Abs. 1, § 19 Abs. 2);
i) die Mitglieder der Stufenvertretungen, Jugendstufen- und Auszubildendenstufenvertretungen und der Gesamtpersonalräte sowie der Gesamtjugend- und Auszubildendenvertretungen (§§ 53 ff.);
k) die Vertretung der nicht ständig Beschäftigten (§ 65);
l) die Richter der Fachkammern und Fachsenate (§ 84);
m) Vertrauensleute der Bundespolizei (§ 85) und in den Dienststellen des Bundes im Ausland 91);
n) der Datenschutzbeauftragte (vgl. § 68 Anm. 54);
o) Teilnehmer an Personal-, Jugend- und Auszubildendenversammlungen;
p) Rechtsanwälte, die den Dienststellenleiter oder die Personalvertretung beraten oder in einem personalvertretungsrechtlichen Beschlussverfahren vertreten.

7 4. Die Schweigepflicht endet nicht mit dem **Ausscheiden**, der Versetzung in den Geschäftsbereich einer anderen Behörde etc. Vielmehr gilt sie ohne Einschränkung für alle weiter, die irgendwann einmal „Aufgaben und Befugnisse nach diesem Gesetz“ wahrgenommen haben.

8 5. Mit dem Ende ihrer Amtszeit sind die ausgeschiedenen Mitglieder der Personalvertretungen grundsätzlich **auch gegenüber ihren Nachfolgern zur Verschwiegenheit verpflichtet.** Aus der Ausdehnung der Schweigepflicht auf einen größeren Personenkreis und der eingangs erwähnten vertrauensvollen Zusammenarbeit lässt sich u. a. auch ablesen, dass der Gesetzgeber den Umfang der Schweigepflicht sehr weit ausgedehnt wissen möchte. Es würde dieser Absicht aber zuwiderlaufen, wenn die im Amt nachfolgenden Personalratsmitglieder von den ausscheidenden Kollegen über bei der Wahrnehmung ihrer Aufgaben und Befugnisse bekanntgewordene Angelegenheiten und Tatsachen informiert würden, zumal hierfür kein Bedürfnis besteht. Die Kontinuität der Personalratsarbeit erfordert eine solche Unterrichtung nämlich nicht, weil in der Regel die Niederschriften oder sonstige Unterlagen über die geführten Verhandlungen ausreichend Auskunft geben. Nur ausnahmsweise dann, wenn ein vollständiger Wechsel der Personen stattgefunden hat und Unterlagen in ausreichendem Maße nicht vorhanden sind oder wenn eine Angelegenheit noch nicht abgeschlossen ist, ist in einer Unterrichtung der Nachfolger keine Verletzung der Schweigepflicht zu sehen.

9 6. Die Schweigepflicht bezieht alle Angelegenheiten und Tatsachen ein, die im Rahmen der Wahrnehmung von Aufgaben oder Befugnissen **nach dem BPersVG** bekanntgeworden sind. Infolgedessen sind die Personen, denen bei Ausübung einer Tätigkeit nach dem BPersVG Angelegenheiten und Tatsachen bekannt werden, auch dann zum Stillschweigen verpflichtet, wenn es sich nicht um „dienstliche Angelegenheiten“ im Sinne von § 3 Abs. 1 TVöD und § 61 BBG handelt. Daher sind alle Angelegenheiten und Tatsachen, die auf irgendeine Weise einer Person bekannt werden, die zu dem unter Anm. 6 aufgeführten Kreis gehört und u. a. vorbereitende Erkundungen einholt, von der Schweigepflicht umfasst. Gleiches gilt ferner, wenn z. B. ein Dienststellenleiter im Rahmen eines Monatsgesprächs die Personalvertretung mit

dem ausdrücklichen Hinweis informiert, die mitgeteilten Tatsachen im Hinblick auf noch nicht endgültig getroffene Entscheidungen zunächst vertraulich zu behandeln (vgl. Anm. 3). Insgesamt werden von der Schweigepflicht also nicht nur Angelegenheiten und Tatsachen dienstlicher Natur bzw. persönliche Daten und Angelegenheiten von Beschäftigten umfasst, sondern alle Informationen, „die über die reine Faktenbekanntgabe hinausgehen" sowie die Darstellung komplexer Sachverhalte (z. B. Abgabe von Werturteilen, Aufstellung von Prognosen, Vornahme von Spekulationen Bieler, ZfPR 1995, 62, 63; vgl. auch Lorenzen u. a., § 10 Anm. 13).

7. Die Verschwiegenheitspflicht wird verletzt, wenn eine nicht offenkundige bzw. ihrer Bedeutung nach geheimhaltungsbedürftige Angelegenheit oder Tatsache durch öffentliche, allgemeine Mitteilung in der Dienststelle oder Bekanntgabe an Unbefugte offenbart wird. In welcher Form eine solche Offenlegung erfolgt, ob durch mündliche Mitteilung an einzelne oder Gruppen, schriftliche Kundgabe über Informationsblätter oder Aushänge an Schwarzen Brettern, ist ohne Belang (Fischer u. a., § 10 Anm. 11). Die Schweigepflicht bezieht alle Angelegenheiten und Tatsachen ein, die im Rahmen der Wahrnehmung von Aufgaben und Befugnissen nach dem BPersVG bekannt geworden sind. Es kommt daher auch nicht darauf an, ob eine bestimmte Angelegenheit oder Tatsache möglicherweise **im Zusammenhang mit einer Personalratssitzung** bekannt geworden ist. Vielmehr genügt es, dass z. B. gelegentlich einer Akteneinsicht etwas bekannt geworden ist, was mit der Erörterung einer auf der Tagesordnung der nächsten Sitzung stehenden Angelegenheit nicht in Verbindung steht und entweder gar nicht oder erst später zum Gegenstand einer Beratung gemacht wird (Richardi u. a., § 10 Anm. 18). Ebensowenig kommt es darauf an, ob derjenige, der die Schweigepflicht verletzt hat, vorsätzlich oder fahrlässig gehandelt hat. Im Falle vorsätzlicher oder fahrlässiger Handlungsweise kann neben der bloßen Pflichtwidrigkeit nach dieser Vorschrift auch der Tatbestand des § 203 Abs. 2, § 204 oder § 353 b StGB (vgl. § 1 Anm. 47 u. a.) erfüllt sein (Fischer u. a., aaO). **10**

8. Die Vorschrift legt daher allen Beteiligten ein **Gebot absoluter Verschwiegenheit** auf, das sowohl dienstliche wie auch außerdienstliche Angelegenheiten und Tatsachen umfasst, die dem verpflichteten Personenkreis bei der Ausübung von Aufgaben oder Befugnissen nach diesem Gesetz bekanntgeworden sind. Deshalb erfordern vor allem Äußerungen im Personalrat strenge Vertraulichkeit (BVerwG v. 11. 1. 2006, PersV 2006, 186 = ZfPR 2006, 66; OVG Lüneburg v. 15. 12. 1997, ZfPR 1998, 122, 124; VGH München v. 14. 2. 2001, ZfPR 2002, 3, 5; Fischer u. a., § 10 Anm. 10; Lorenzen u. a., § 10 Anm. 15). Dieses Gebot bezieht sich vor allen Dingen auf das **Abstimmungsverhalten** (OVG Koblenz v. 5. 8. 2005, PersR 2006, 80) und auf Äußerungen bei Sitzungen der Personalvertretung, die strenger Vertraulichkeit bedürfen. Das gilt für alle Teilnehmer der Sitzung, also auch z. B. für Beauftragte der Gewerkschaften (vgl. Anm. 6), den Vertrauensmann der Schwerbehinderten und den Dienststellenleiter. Allerdings ist der Leiter einer Dienststelle nicht gehalten, gegenüber der vorgesetzten Behörde Stillschweigen über von ihm in einem gemeinsamen Gespräch mit der Personalvertretung gemachte Äußerungen zu bewahren (VGH Kassel v. 20. 9. 1989, Leits. DVBl 1990, 313). Beschwerden von Beschäftigten, Äußerungen in der Sprechstunde oder in der Personalversammlung unterliegen ebenso der Schweigepflicht wie die Einsichtnahme in die Personalakten durch ein Personalratsmitglied oder etwa das Monatsgespräch nach § 66 Abs. 1 zwischen der Personalvertretung und dem Dienststellenleiter. **11**

12 9. Ein Personalratsmitglied kann seinen abweichenden Standpunkt als solchen im Vergleich zu einem gefassten Mehrheitsbeschluss öffentlich vertreten und darlegen, soweit dadurch nicht Rückschlüsse auf das Abstimmungsverhalten anderer Personalratsmitglieder möglich sind. Es darf aber nicht den Meinungsbildungsprozess sowie den Standpunkt und die Voten anderer Personalratsmitglieder im Rahmen dieser Kritik beanstanden, weil es dadurch gleichzeitig einen Tatbestand offenlegt, der schon deshalb der Geheimhaltung unterliegen muss, weil anderenfalls eine offene Diskussion der Personalratsmitglieder untereinander künftig nicht mehr gewährleistet wäre. Im Übrigen ist gerade in diesem Zusammenhang zu berücksichtigen, dass Personalratsmitglieder, die ihr Amt ordnungsgemäß wahrnehmen, nicht wegen bestimmter Entscheidungen in der Personalvertretung von Dritten zur Verantwortung gezogen werden sollen. Diese Gefahr besteht aber, wenn ihr Abstimmungsverhalten bekannt wird, und es ist dann auch nicht mehr sichergestellt, dass Personalratsmitglieder aufgrund einer freien, d. h. unbeeinflussten Meinungsbildung, sondern danach entscheiden, was „gefällt". Infolgedessen darf auch in der Öffentlichkeit das **Abstimmungsverhalten eines einzelnen Personalratsmitglieds** nicht bekannt gegeben werden; denn gerade die Ausführungen im Personalratsplenum unterliegen strengster Vertraulichkeit im Interesse der Dienststelle und der Beschäftigten. Ebenso wenig darf der **Inhalt eines Beschlusses** nach außen bekannt gegeben werden, solange er noch nicht dem Adressaten (Dienststellenleiter) mitgeteilt worden ist (VGH München v. 14. 11. 2001, ZfPR 2002, 172). Andererseits aber können Personalratsmitglieder, die einer bestimmten Gewerkschaft angehören, auf die von ihnen geleistete Arbeit in einem Informationsblatt hinweisen. Gleichfalls dürfen sie verdeutlichen, welche Erfolge sie durch ihren Einsatz erreicht haben. Daher kann es auch nicht schon als pflichtwidrig angesehen werden, wenn an der Tätigkeit der Personalratsmitglieder anderer Gewerkschaften Kritik geübt wird (BVerwG v. 6. 2. 1979, ZBR 1980, 191 = PersV 1980, 196). Diese Bewertung setzt allerdings voraus, dass die Kritik sich nicht gegen ein einzelnes Personalratsmitglied, sondern gegen die „gewerkschaftliche Fraktion" richtet. Weitere Voraussetzung ist, dass diese Fraktion den Plänen und Vorhaben nicht zugestimmt hat, denen die informierenden Personalratsmitglieder zum Erfolg verholfen haben. In jedem Falle aber besteht die Pflicht zu einer sachlichen Auseinandersetzung, die nichts Herabsetzendes und Herabwürdigendes enthalten darf (BVerwG v. 6. 2. 1979, aaO).

13 10. Wenn es sich bei den hier betroffenen Personen um Beamte handelt, so kann die Verletzung der Schweigepflicht zu **Disziplinarmaßnahmen** führen (vgl. im Einzelnen §§ 61, 62 BBG; OVG Koblenz v. 25. 2. 2000, ZfPR 2001, 11). Die Rechtmäßigkeit des Handelns eines Beamten ist aber primär an personalvertretungsrechtlichen Vorschriften zu messen, so dass ein Rückgriff auf allgemeine beamtenrechtliche Bestimmungen erst dann zulässig ist, wenn keine spezielleren personalvertretungsrechtlichen Regelungen einschlägig sind. In diesem Zusammenhang ist zu beachten, dass die Ausübung einer Personalratstätigkeit kein Dienst im Sinne des Beamtenrechts ist (BVerwG v. 7. 10. 1964, BVerwGE 19, 279). Zwar ruhen die allgemeinen beamtenrechtlichen Pflichten während der Ausübung eines Personalratsmandats grundsätzlich nicht. Es muss aber berücksichtigt werden, dass der ein Personalratsamt ausübende Beamte gewiss sein muss, dass Fehlleistungen im Zusammenhang mit der Ausübung der Personalratsaufgaben dann jedenfalls keine Maßregelungen durch den Dienstvorgesetzten nach sich ziehen, wenn das Fehlverhalten sich ausschließlich auf personalvertretungsrechtliche Pflichten bezieht und wenn das Personalvertretungsrecht eine

ausreichende Sanktion gewährleistet (VG Frankfurt v. 30. 8. 1989, ZBR 1993, 284 = PersV 1991, 453; vgl. auch § 28 Anm. 5).

11. Unabhängig davon, wie die Information an ein Personalratsmitglied gelangt ist, ob über eine Beschwerde, über die Wahrnehmung von Beteiligungsaufgaben, über eine Unterrichtung durch den Dienststellenleiter, über die Sprechstunde, ein Einigungsstellenverfahren oder über eine persönliche Information, in jedem Fall greift die Schweigepflicht ein (Bieler, ZfPR 1995, 62). Die **Schweigepflicht gilt gegenüber jedermann** (Außenstehenden und Beschäftigten), soweit das Gesetz nicht Ausnahmen ausdrücklich zulässt. **Auch gegenüber dem Dienststellenleiter** besteht grundsätzlich eine Pflicht zur Verschwiegenheit. Dies vor allem in den Fällen, in denen Angelegenheiten in einer Sitzung der Personalvertretung ohne Beteiligung des Dienststellenleiters behandelt worden sind. Darüber hinaus besteht eine Verschwiegenheitspflicht auch in den Angelegenheiten, die zur Privatsphäre eines Beschäftigten zählen (OVG Münster v. 8. 5. 1961, ZBR 1962 = PersV 1963, 111). Werden daher von einem Personalratsmitglied **vertrauliche Informationen** gegenüber dem Dienststellenleiter rücksichtslos preisgegeben, so liegt darin in der Regel ein schwerer Vertrauensbruch, der ein Personalratsmitglied für sein Amt ungeeignet erscheinen lässt (vgl. für das BetrVG: LAG München v. 15. 11. 1977, BB 1979, 732 = DB 1978, 895). In einem solchen Fall ist aber der Dienststellenleiter nicht gehalten, die entsprechenden Informationen gegenüber der vorgesetzten Behörde zu unterdrücken. Zu berücksichtigen ist allerdings, dass ein Dienststellenleiter seinerseits nicht die der personalvertretungsrechtlichen Verschwiegenheitspflicht unterliegenden Informationen entgegennehmen bzw. durch die Zusicherung einer vertraulichen Behandlung die Pflichtverletzung erst ermöglichen darf (VGH Kassel v. 20. 9. 1989, Leits. ZfPR 1992, 18). 14

12. Die Schweigepflicht besteht zwar **im Interesse der Dienststelle.** Das ist aber nicht das ausschließliche Motiv des Gesetzgebers gewesen, so dass das persönliche Interesse an der Geheimhaltung nicht immer schon dann zurückstehen muss, „wenn dieses im Interesse der Dienststelle erforderlich ist" (so aber OVG Münster v. 8. 5. 1961, ZBR 1962, 162 = PersV 1963, 111). Zu berücksichtigen nämlich ist, dass die Schweigepflicht alle Tatsachen umfasst, die im Zusammenhang mit der Personalratsarbeit stehen, insbesondere solche Angelegenheiten, die in den nicht öffentlichen Sitzungen der Personalvertretung erörtert und beschlossen worden sind (OVG Münster v. 8. 5. 1961, aaO; VGH München v. 9. 12. 1965, ZBR 1966, 65 = PersV 1966, 256). Infolgedessen kann es **auch keine generelle Entbindung von der Schweigepflicht gegenüber dem Dienststellenleiter** geben. Im Interesse einer möglichst breiten Vertrauensbasis zwischen Personalratsmitgliedern untereinander und zwischen Personalratsmitgliedern einerseits sowie Beschäftigten andererseits muss eine Bereitschaft zur Beachtung der Schweigepflicht bestehen. Daher entfällt die Schweigepflicht gegenüber dem Dienststellenleiter nur dann, wenn die Vertraulichkeit von Verhandlungen und Besprechungen jeglicher Art nicht verletzt wird (Engelhardt-Ballerstedt, § 69 Anm. 11 c; zu weitgehend für das BetrVG: LAG München v. 15. 11. 1977, BB 1978, 732 = DB 1978, 895). 15

13. Wird jemand aus dem zur Verschwiegenheit verpflichteten Personenkreis von einer dafür zuständigen Stelle als Zeuge vernommen, so bedarf er, soweit er Beschäftigter ist, der **Befreiung von der Schweigepflicht.** Diese Befreiung erteilt der Leiter der Dienststelle in seiner Eigenschaft als Vorgesetzter und Hüter des Amtsgeheimnisses. Allerdings steht den zur Ver- 16

schwiegenheit Verpflichteten ein zivilprozessuales **Zeugnisverweigerungsrecht** zu, da sie zu den Personen zählen, „denen kraft ihres Amtes ... Tatsachen anvertraut sind, deren Geheimhaltung durch ihre Natur oder gesetzliche Vorschrift geboten ist" (§ 383 Abs. 1 Nr. 6 Zivilprozessordnung, ZPO, neugef. d. Bek. v. 5. 12. 2005, BGBl. I S. 3202, zul. geänd. d. Art. 2 G v. 26. 3. 2008, BGBl. I S. 441). Dabei erstreckt sich das Zeugnisverweigerungsrecht nicht nur auf unmittelbar mitgeteilte Tatsachen, sondern auch auf solche, die dem zur Verschwiegenheit Verpflichteten bei Ausübung seines Amtes irgendwie bekanntgeworden sind. Das muss schon deshalb gelten, weil andernfalls sich die Beschäftigten denjenigen nicht mehr anvertrauen würden, die an der Ausgestaltung des Personalvertretungsrechts beteiligt sind. Dies aber würde die Gefahr in sich bergen, dass insbesondere Personalratsmitglieder nicht mehr in dem Umfang informiert würden, wie dies zur angemessenen Aufgabenwahrnehmung erforderlich ist (so im Ergebnis: Lorenzen u. a., § 10 Anm. 30; vgl. auch § 19 Anm. 12). Ein **strafprozessuales Zeugnisverweigerungsrecht** für Personalratsmitglieder besteht dagegen nicht. § 54 (Strafprozessordnung, StPO, v. 7. 4. 1987, BGBl. I S. 1074, 1319, zul. geänd. d. Art. 2 G v. 11. 3. 2008, BGBl. I S. 306) enthält eine abschließende Aufzählung der Personen, denen eine Aussageverweigerungsbefugnis zusteht. Nur für diesen Personenkreis ist der Schutz des Vertrauensverhältnisses dem Allgemeininteresse an der Aufklärung von Straftaten vorgezogen worden. Die aus dem Rechtsstaatsprinzip folgende Notwendigkeit, eine funktionsfähige Strafrechtspflege zu sichern, zwingt dazu, diesen Personenkreis auf das unbedingt erforderliche Maß zu beschränken, so dass eine analoge Anwendung des § 54 StPO auf andere Berufsgruppen durch die Gerichte ebenso unzulässig wäre wie eine beliebige Ausweitung des Kreises der aus Berufsgründen zur Zeugnisverweigerung berechtigten Personen durch den Gesetzgeber (BVerfG v. 19. 1. 1979, NJW 1979, 1286; LG Darmstadt v. 3. 10. 1978, DB 1979, 111; Lorenzen u. a., § 10 Anm. 64; Richardi u. a., § 10 Anm. 31).

17 14. Eine **Schweigepflicht besteht nicht:**

17a a) Für Personalratsmitglieder **gegenüber den übrigen Mitgliedern der Vertretung** (Richardi u. a., § 10 Anm. 23). Andernfalls wäre eine ausgewogene Meinungsbildung in der Personalvertretung nicht sichergestellt, weil eine umfassende Information aller Mitglieder nicht gewährleistet werden könnte. Aus diesem Grunde sind auch die Mitglieder des Vorstands in allen Fällen gegenüber den übrigen Personalratsmitgliedern zur Unterrichtung verpflichtet. Eine Ausnahme besteht in den Fällen, in denen nur einem einzelnen oder einigen Mitgliedern der Personalvertretung mit Zustimmung eines Beschäftigten **Einsicht in Personalakten** gewährt worden ist (§ 68 Abs. 2). Hier gebietet es die Achtung vor den Geheimhaltungsinteressen einer Person, die dabei erfahrenen Tatsachen den übrigen Mitgliedern der Personalvertretung nicht weiterzugeben (Engelhard-Ballerstedt, § 69 Anm. 10; Fischer u. a., § 10 Anm. 17; Lorenzen u. a., § 10 Anm. 25). Eine Ausnahme besteht auch dann, wenn „eine Angelegenheit, an der eine Personalvertretung zu beteiligen ist, als **Verschlusssache** mindestens des Geheimhaltungsgrades VS-Vertraulich eingestuft worden ist" (§ 93 Abs. 1 Satz 1). Die in den in diesen Fällen zu bildenden Ausschüssen tätigen Mitglieder der Personalvertretung sind zur Verschwiegenheit gegenüber den übrigen Mitgliedern der Vertretung verpflichtet.

17b b) Für Personalratsmitglieder **gegenüber Ersatzmitgliedern,** soweit diese ein ordentliches Mitglied bei der amtlichen Erörterung vertreten; **ferner** nicht für

Personalratsmitglieder **gegenüber der Dienststelle,** die jener vorgesetzt ist, bei der die Vertretung gebildet ist. Es wäre wenig sinnvoll, den Personalratsmitgliedern über solche Angelegenheiten eine Schweigepflicht aufzuerlegen, die die vorgesetzte von der nachgeordneten Dienststelle jederzeit erfahren kann (vgl. aber Anm. 15). **Außerdem** besteht keine Schweigepflicht für Personalratsmitglieder gegenüber der bei der vorgesetzten Dienststelle gebildeten **Stufenvertretung,** wenn der Personalrat sie (bzw. der Bezirkspersonalrat den Hauptpersonalrat) im Rahmen seiner Befugnisse anruft bzw. wenn er beteiligt wird. Zwar sieht das Gesetz keinen Fall vor, in dem der Personalrat sich unmittelbar an die Stufenvertretung wenden kann. Selbst im Rahmen des Beteiligungsverfahrens führt für den Personalrat der Weg zur Stufenvertretung über die Dienststelle, bei der die Stufenvertretung errichtet ist. In diesem Rahmen aber muss ein Austausch von Informationen stattfinden, wenn sichergestellt sein soll, dass die Stufenvertretung sich eine eigene Meinung bilden und einen Standpunkt einnehmen kann, der von den tatsächlichen Gegebenheiten ausgeht. Ähnlich ist die Situation im Verhältnis zur **Einigungsstelle** (Richardi u. a., § 10 Anm. 25) oder gegenüber den **Gerichten** (Lorenzen u. a., § 10 Anm. 30), nicht aber gegenüber einem „nachgeordneten" Personalrat, wenn eine Information weitergegeben wird, die erst zu einem späteren Zeitpunkt den Beschäftigten der betreffenden Dienststelle auf einer sog. Informationsveranstaltung bekannt gegeben werden soll. Dies muss um so mehr dann gelten, wenn die Stufenvertretung ausdrücklich darum gebeten wird, die Information (vorerst) nicht weiterzugeben (OVG Greifswald v. 26. 4. 2005, Leits. ZfPR 2006, 74).

c) Nimmt dagegen der Personalrat die Stufenvertretung nicht im Rahmen seiner gesetzlichen Aufgaben und Befugnisse in Anspruch, so besteht **zwischen ihren Mitgliedern eine Schweigepflicht.** Es wäre eine Verletzung dieser Pflicht, wenn ein Mitglied des Personalrats einem Mitglied einer Stufenvertretung außerhalb von deren Zuständigkeit – etwa gesprächsweise – von einer dienstlichen Angelegenheit oder Tatsache Mitteilung machen würde. **17c**

d) Personalratsmitglieder aller Stufen gegenüber dem zuständigen **Gesamtpersonalrat.** Dies gilt allerdings nur für den Fall, dass sich der Gesamtpersonalrat im Rahmen seiner Zuständigkeit mit einer bestimmten Angelegenheit befasst. **17d**

e) Für **Jugend- und Auszubildendenvertreter** gegenüber den übrigen Mitgliedern der Vertretung. Hier gilt das zu a) ausgeführte entsprechend. Gewerkschaftsbeauftragte sind gegenüber der Jugend- und Auszubildendenvertretung entgegen dem strengen Wortlaut des Gesetzes ebenfalls nicht zur Verschwiegenheit verpflichtet, weil sie sonst ihre Beratungsfunktionen gerade gegenüber weitgehend unerfahrenen jugendlichen Beschäftigten nicht wahrnehmen könnten. Gegenüber der **Schwerbehindertenvertretung** muss die Schweigepflicht im Interesse einer sinnvollen Zusammenarbeit (§ 39 Abs. 3, § 40, § 68 Abs. 1 Nr. 4 und 5) als aufgehoben gelten. Gleiches gilt – je nach Informationsgehalt – auch gegenüber der **Gleichstellungsbeauftragten.** **17e**

f) Für Personalratsmitglieder gegenüber ihrer **Gewerkschaft,** wenn sie dieser lediglich mitteilen, welche allgemein interessierenden Fragen sozialer und organisatorischer Art in der Personalratssitzung angestanden und wie sie sich hierzu verhalten haben (Richardi u. a., § 10 Anm. 27; zum Problem der Übermittlung personenbezogener Daten an Gewerkschaften: § 2 Anm. 11). Dies gilt selbstverständlich nicht für personelle Angelegenheiten, in denen **17f** über die Qualifikation bestimmter Beschäftigter diskutiert worden ist. Denn die Schweigepflicht gilt grundsätzlich auch gegenüber der Gewerkschaft, der ein Personalratsmitglied oder ein Beauftragter angehört (vgl. aber Anm. 6, 11). Für **Beauftragte einer Gewerkschaft,** die an einer Personalratssitzung oder an einer Personalversammlung teilnehmen, ergibt sich ebenfalls eine Schweigepflicht, die aber dort ihre Grenze hat, wo die Beauftragten im Interesse der Meinungsbildung ihrer Gewerkschaft handeln und diese in die Lage versetzen, auf der Grundlage der erlangten Informationen ihre künftige Beratungsaufgabe gegenüber Personalvertretungen zu definieren (aA Bieler, ZfPR 1995, 62, 64; vgl. auch Anm. 6).

17g g) Generell wird man eine Schweigepflicht verneinen müssen, solange Personen nicht genannt werden und eine **Identifikation** (u. a. wegen der Anonymisierung der Information) nicht möglich ist.

18 15. **Offenkundige,** d. h. jedermann bekannte, zumindest ohne weiteres erkennbare Angelegenheiten oder Tatsachen (BVerfG v. 3. 11. 1959, BVerfGE 10, 177) werden von der Schweigepflicht ebenfalls nicht umfasst. Darüber hinaus auch nicht solche Angelegenheiten oder Tatsachen, die ihrer Bedeutung, d. h. ihrem Inhalt und ihrem Gewicht nach der Geheimhaltung nicht bedürfen, also solche Tatsachen, denen nur eine untergeordnete Bedeutung zukommt und an deren Geheimhaltung weder Beschäftigte noch z. B. die Dienststellenleitung interessiert sind (Bieler, ZfPR 1995, 62, 64). Hierbei sind die Umstände des Einzelfalles maßgebend. Andererseits kann in Fällen, in denen unter allgemeinen dienstlichen Gesichtspunkten eine Geheimhaltung nicht notwendig wäre, im Hinblick auf die individuellen Interessen des Betroffenen eine solche Geheimhaltung durchaus geboten sein. Dafür spricht sogar unter dem Gesichtspunkt des Grundrechtschutzes der Persönlichkeitsphäre eine gewisse Vermutung, zumal Personalangelegenheiten ihrer Natur nach vertraulichen Charakter haben (vgl. im Übrigen Anm. 15). Bei Zweifeln über die Offenkundigkeit oder die Bedeutung einer Tatsache ist eine Rückfrage beim Dienststellenleiter bzw.in persönlichen Angelegenheiten bei den Betroffenen zweckmäßig (Fischer u. a., § 10 Anm. 11; Lorenzen u. a., § 10 Anm. 39).

19 16. Über die förmliche Schweigepflicht hinaus gibt es eine **Diskretionspflicht** der Mitglieder der Personalvertretung. Sie entspringt der Solidarität der Personalratsmitglieder (OVG Münster v. 8. 5. 1961, ZBR 1962, 162 = PersV 1963, 111) und verpflichtet zum Schweigen über Vorgänge, die nicht unmittelbar zu den in Abs. 1 Satz 1 genannten Angelegenheiten zählen, bei denen aber ein Interesse der Betroffenen an einer Geheimhaltung zu unterstellen ist. Sie zwingt z. B. zum Schweigen über die in der Personalvertretung erörterten Motive eines Beschlusses. Ihre Verletzung unterliegt nicht der Sanktion der § 203, § 353 b StGB, kann aber in Ausnahmefällen zur Ausschließung nach § 28 Abs. 1 führen.

20 17. Neben der vorstehend umschriebenen Diskretionspflicht kann sich für Personalratsmitglieder auch eine **besondere Pflicht zur Wahrung des Datengeheimnisses** (§ 5 Bundesdatenschutzgesetz, BDSG, vgl. § 2 Anm. 11) ergeben. Danach ist es den bei der Datenverarbeitung beschäftigten Personen untersagt, „personenbezogene Daten unbefugt zu verarbeiten oder zu nutzen". Diese Personen sind bei der Aufnahme ihrer Tätigkeit auf das Datengeheimnis förmlich zu verpflichten. Da jedes einzelne Personalratsmitglied über die von der Personalvertretung gespeicherten Daten „verfügen", d. h. Daten einsehen und für seine Arbeit verwenden kann, unterliegt es dem

Datengeheimnis i. S. von § 5 BDSG. Auch dann, wenn eine Personalvertretung nicht selbst personenbezogene Daten speichert, sondern solche Daten im Rahmen ihres Informationsanspruchs von seiten der Dienststelle „vorgelegt" bekommt, findet § 5 BDSG Anwendung. Dabei spielt es keine Rolle, dass die Personalvertretung die übermittelten Daten in aller Regel nicht an Dritte weitergeben will; denn nicht die subjektive Zweckbestimmung, mit der die Daten gespeichert werden, ist ausschlaggebend, sondern nur die objektive Eignung der Daten zu einer Übermittlung. Andernfalls nämlich könnte der vom BDSG gewollte Schutz leicht unterlaufen werden (vgl. Simitis, S. 60; Lorenzen, PersV 1979, 305; vgl. auch Lorenzen u. a., § 68 Anm. 68; aA Wolber, PersV 1980, 177). Ebenso wäre es als ein Verstoß gegen das Datengeheimnis des § 5 Satz 1 BDSG anzusehen, wenn eine Personalvertretung Personaldaten am Schwarzen Brett veröffentlichen würde. Das Verbot einer solchen Veröffentlichung ergibt sich bereits unmittelbar aus dem Personalvertretungsrecht (Bizer, DuD 1997, 653).

18. Eine **Verletzung der Schweigepflicht** kann zu einem Ausschluss wegen grober Pflichtverletzung aus der Personalvertretung führen (§ 28; vgl. hierzu auch: BVerwG v. 15. 3. 1968, BVerwGE 29, 219 = ZBR 1968, 268 = PersV 1968, 190; VGH München v. 9. 12. 1965, PersV 1966, 256). Ob ein Verstoß allerdings so gravierend ist, dass er die einschneidende Folge eines Ausschlusses rechtfertigt, hängt von den Umständen des Einzelfalles ab (VGH München v. 8. 12. 1999, PersV 2000, 273), vor allem davon, ob das konkrete Verhalten tatsächlich ein mangelndes Pflichtbewusstsein von solchem Gewicht erkennen lässt, dass das Vertrauen der Beschäftigten in eine künftige ordnungsgemäße Amtsführung zerstört, zumindest aber schwer erschüttert ist (BVerwG v. 14. 4. 2004, ZfPR 2004, 229). Wenn eine Vernachlässigung oder Verletzung gesetzlicher Befugnisse bzw. Pflichten tatsächlich nicht so gravierend („grob") ist, dass die einschneidende Folge des Ausschlusses gerechtfertigt ist, dann kann eine Personalvertretung gegenüber dem Mitglied, das die Schweigepflicht verletzt hat, auch auf andere Weise (Vorhaltungen oder Androhung der Einleitung eines Ausschlussverfahrens im Wiederholungsfall) reagieren (OVG Greifswald v. 10. 6. 2004 – 7 A 1518/02, n. v.). Die Voraussetzungen für einen Ausschluss sind im allgemeinen dann erfüllt, wenn ein Mitglied einer Stufenvertretung trotz der Bitte um Geheimhaltung seitens der oberen bzw. obersten Dienstbehörde um Verschwiegenheit die betreffende Information an ein Mitglied einer örtlichen Personalvertretung weiterleitet (vgl. Anm. 17 b). Von einer groben Pflichtverletzung ist auch dann auszugehen, wenn ein Personalratsmitglied bewusst und vorsätzlich die Presse unrichtig informiert. Wenn aber ein Personalratsmitglied mit der ihm unterstellten Äußerung keine vorsätzlich falschen Tatsachenbehauptungen aufstellt, dann ist der Tatbestand der groben Pflichtverletzung wegen Verstoßes gegen die Pflicht zur Amtsverschwiegenheit nicht gegeben (BAG v. 16. 9. 1987, PersR 1989, 14). Wenn der Tatbestand der § 203, § 353 b StGB erfüllt ist, so kommt eine strafrechtliche Verfolgung in Betracht. 21

19. Da § 10 ein **Schutzgesetz** i. S. des § 823 Abs. 2 BGB ist, kann die Verletzung der Schweigepflicht einen Schadensersatzanspruch aus unerlaubter Handlung begründen und zwar zugunsten desjenigen, dessen Geheimnissphäre verletzt worden ist. 22

20. Beamte können darüber hinaus **disziplinarrechtlich** verfolgt werden (vgl. Anm. 13). Arbeitnehmer können fristlos entlassen werden, wenn eine weitere Beschäftigung nicht mehr zumutbar ist (BAG v. 3. 12. 1954, BAGE 1, 185). 23

24 21. **Streitigkeiten** über das Bestehen und den Umfang der Schweigepflicht entscheiden die Verwaltungsgerichte nach § 83 Abs. 1 Nr. 3 in den Fällen, in denen sie als Vorfragen für die Zuständigkeit, die Geschäftsführung oder die Rechtsstellung der Personalvertretungen oder der in den §§ 57, 65 genannten Vertretungen in Betracht kommen. Dagegen kann der Tatbestand der Verletzung der Schweigepflicht nicht zu einem selbstständigen Feststellungsantrag gemacht werden, da die Gesamtheit der Zuständigkeits- und Geschäftsführungsstreitigkeiten die innere oder äußere Tätigkeit der Personalvertretungen, nicht aber das Verhalten eines oder mehrerer Mitglieder umfasst (BVerwG v. 15. 3. 1968, BVerwGE 29, 218 = PersV 1968, 190; VGH München v. 31. 7. 1985, ZBR 1986, 92). Eine zur Teilnahme an Personalratssitzungen berechtigte Person kann selbst bei Verletzung der Schweigepflicht nicht durch Beschluss der Personalvertretung ausgeschlossen bzw. an der Sitzungsteilnahme gehindert werden. Hierzu ist vielmehr eine gerichtliche Entscheidung notwendig. Der Betroffene kann gegen einen entsprechenden Beschluss der Personalvertretung eine **einstweilige Verfügung** beantragen, da ein Zuwarten bis zum rechtskräftigen Abschluss eines Hauptsacheverfahrens nicht zumutbar ist (VG Frankfurt v. 16. 10. 2003, ZfPR 2004, 201).

Schrifttum: Baden, ... Schweigen ist Gold. Gibt es neben der Schweigepflicht des Personalratsvertreters auch ein Schweigerecht aus § 10 BPersVG?, PersR 2002, 428; Bieler, Schweigepflicht und Schweigerecht im Personalvertretungsrecht, ZfPR 1995, 62; ders., Dienstpflichten versus Personalratsarbeit?, ZfPR 1997, 56; Bizer, Personaldaten am „Schwarzen Brett" des Betriebsrates? DuD 1997, 653; Ilbertz, Schweigepflicht, ZfPR 1989, 130; Kanz, Die Weitergabe von Sitzungsprotokollen des Personalrats, PersV 1978, 116; Kunze, Der presserechtliche Gegendarstellungsanspruch des Personalrats, RiA 1979, 48; ders., Die Weitergabe von Sitzungsprotokollen des Personalrats, PersV 1978, 116; Lorenzen, Bundesdatenschutzgesetz und Personalvertretung, PersV 1979, 305; Manderla, Das Informationsrecht und die Öffentlichkeitsarbeit der Personalvertretung, PersV 2004, 288; Reich, Die Anhörung des Personalrats im Parlament, PersV 2000, 386; Schnupp, Pressemitteilungen durch den Personalrat, DÖD 1976, 241; Simitis, Schutz von Arbeitnehmerdaten, Regelungsdefizite – Lösungsvorschläge, Forschungsbericht 31 des Bundesministers für Arbeit und Sozialordnung, Bonn, August 1980; Simitis/Kreuder, Betriebsrat und Öffentlichkeit, NZA 1992, 1009; Wahlers, Informationsrecht und Schweigepflicht, PersV 1986, 393.

§ 11 [Unfälle von Beamten]

Erleidet ein Beamter anlässlich der Wahrnehmung von Rechten oder Erfüllung von Pflichten nach diesem Gesetz einen Unfall, der im Sinne der beamtenrechtlichen Unfallfürsorgevorschriften ein Dienstunfall wäre, so sind diese Vorschriften entsprechend anzuwenden.

Entspr. landesgesetzliche Regelungen:
Baden-Württemberg: –; Bayern: Art. 11; Berlin: –; Brandenburg: § 11; Bremen: –; Hamburg: –; Hessen: § 67; Mecklenburg-Vorpommern: –; Niedersachsen: § 37 Abs. 3; Nordrhein-Westfalen: –; Rheinland-Pfalz: § 7; Saarland: § 10; Sachsen: § 11; Sachsen-Anhalt: § 11; Schleswig-Holstein: –; Thüringen: § 11; unmittelbar für die Länder geltende Vorschrift: § 109 BPersVG.

Entspr. Vorschrift des BetrVG: –.

1 1. Unfälle, die nach den §§ 30 ff. BeamtVG (vgl. § 4 Anm. 23) **Dienstunfälle** wären, sind wie solche nach diesen Vorschriften zu behandeln, wenn „ein

Beamter anlässlich der ordnungsgemäßen Wahrnehmung von Rechten oder Erfüllung von Pflichten nach diesem Gesetz" tätig geworden ist. Die Vorschrift des § 11 gewährleistet, dass die Tätigkeit der Personalratsmitglieder, die nicht Dienst im Sinne des Beamtenrechts ist, wie eine beamtenrechtliche Tätigkeit gewertet wird, so dass die beamtenrechtlichen Unfallfürsorgevorschriften anwendbar sind. Auf diese Weise wird eine Benachteiligung der Personalratsmitglieder vermieden (vgl. Schriftl. Bericht des BT-Ausschusses für Arbeit zum Entwurf eines Gesetzes zur Änderung des PersVG, BT-Drucks. IV/2724). Wer Beamter ist, **bestimmen die Beamtengesetze** (vgl. auch § 4).

2. Eine **ordnungsgemäße Wahrnehmung von Rechten** oder eine Erfüllung von Pflichten nach dem BPersVG ist immer dann gegeben, wenn ein Personalratsmitglied die ihm nach dem Gesetz aufgegebenen Rechte, z. B. Teilnahme an einer Personalratssitzung (§ 35), Teilnahme an einer Schulungs- und Bildungsveranstaltung (§ 46 Abs. 6 und 7), wahrnimmt oder wenn es die ihm auferlegten Pflichten erfüllt, z. B. aktiv zur Erhaltung des Friedens in der Dienststelle (§ 66 Abs. 2) beiträgt. Es muss sich stets um ein Tätigwerden handeln, das im Zusammenhang mit der Zugehörigkeit zur Personalvertretung steht. Dabei kommt es nicht darauf an, ob der betreffende Beamte als Vorstandsmitglied im Rahmen seiner Geschäftsführungstätigkeit gehandelt hat oder ob er ausdrücklich vom Plenum beauftragt war, für die Personalvertretung zu handeln, z. B. im Zusammenhang mit einer Besichtigung bei Unfalluntersuchungen (§ 81 Abs. 2). Ausschlaggebend ist allein, dass der Beamte kraft eigener Entscheidung eine Tätigkeit ausgeübt hat, zu der ihn das BPersVG entweder berechtigt oder zu der es ihn verpflichtet. Diese Voraussetzung ist nicht erfüllt, wenn ein Personalratsvorsitzender bzw. ein sonstiges Personalratsmitglied an einem Zusammentreffen zum Meinungsaustausch über Fragen des Personalvertretungsrechts teilnimmt. Die Vorsitzenden verschiedener Personalvertretungen stehen nach dem Personalvertretungsgesetz in keinem Kontakt zueinander. Eine allgemeine Zusammenarbeit von Personalvertretungen, z. B. auch im Rahmen von Arbeitsgemeinschaften, zählt nicht zur Erfüllung personalvertretungsrechtlicher Aufgaben (BVerwG v. 21. 7. 1982, PersV 1983, 372). Zwar ist die genannte Entscheidung zu der Frage ergangen, ob die für eine Reise entstandenen Kosten zu erstatten waren. Die hier maßgebliche Vorfrage, ob es sich um eine Tätigkeit der Personalvertretung handelt, ist jedoch dieselbe, wie für die Entscheidung der Frage, ob die Teilnahme an Zusammentreffen von Personalvertretungen als eine Tätigkeit der Personalvertretung zu werten ist (vgl. auch § 44 Anm. 10). **2**

3. Zu dem **geschützten Personenkreis** gehören neben den Personalratsmitgliedern alle Beamten (und Dienstordnungsangestellten), die Aufgaben nach diesem Gesetz wahrnehmen, nämlich: Wahlbewerber, Mitglieder des Wahlvorstands, Wahlhelfer, Wähler, Vertrauensleute der Schwerbehinderten, Jugend- und Auszubildendenvertreter, Vertreter der nichtständig Beschäftigten, Teilnehmer an Personalversammlungen, Vertrauensmänner der Dienstanfänger im Bereich des Bundespolizei, Mitglieder von Abstimmungsvorständen (§ 6 Abs. 3, § 18 Abs. 1, § 19 Abs. 2), Mitglieder der Einigungsstelle und Richter, die nach § 4 Abs. 1 Beschäftigte i. S. dieses Gesetzes sind. Erleiden Soldaten bei der Wahrnehmung von Rechten und Pflichten nach § 35 SG i. V. m. dem SBG (vgl. hierzu § 1 Anm. 13) einen Unfall, der eine gesundheitliche Schädigung nach sich zieht, der ein Dienstunfall oder eine Wehrdienstbeschädigung nach den Vorschriften des Soldatenversorgungsgesetzes (SVG v. 27. 7. 1957 i. d. F. d. Bek. v. 9. 4. 2002, BGBl. I S. 1258, **3**

1909, zul. geänd. d. Art. 7 G v. 13. 12. 2007, BGBl. I S. 2904) wäre, dann sind die §§ 27 ff. SVG entsprechend anzuwenden (§ 14 Abs. 3 SBG). Umfasst von dieser Regelung sind neben Vertrauenspersonen und Soldatenvertreter in Personalvertretung alle Soldaten, die die in § 35 SG i. V. m. SBG genannten Rechte wahrnehmen bzw. Pflichten erfüllen (Lorenzen u. a., § 11 Anm. 25). Soweit es sich bei dem genannten Personenkreis nicht um Beamte handelt (z. B. Gewerkschaftsvertreter oder Rechtsanwalt als Vorsitzender einer Einigungsstelle). kommt ein Unfallschutz nach § 2 Nr. 10 und § 11 SGB VII (Gesetzliche Unfallversicherung v. 7. 8. 1996, BGBl. I S. 1254, zul. geänd. d. Art. 6a v. 19. 12. 2007, BGBl. I. S. 3024, 3032) in Betracht.

4 4. Im Zusammenhang mit einer solchen Tätigkeit muss der Beamte einen Unfall erlitten haben, der nach § 31 BeamtVG ein **Dienstunfall** wäre. Danach ist ein Dienstunfall „ein auf äußeren Einwirkungen beruhendes, plötzliches, örtlich und zeitlich bestimmbares, einen Körperschaden verursachendes Ereignis, das in Ausübung oder infolge des Dienstes eingetreten ist". In Ausübung oder infolge des Dienstes bedeutet „anlässlich der Wahrnehmung von Rechten und Pflichten oder der Erfüllung von Pflichten nach diesem Gesetz". Maßgebend ist im Übrigen die Allgemeine Verwaltungsvorschrift zum Beamtenversorgungsgesetz (BeamtVGVwV v. 3. 11. 1980, GMBl. S. 742).

5 5. Hat ein Beamter bei Ausübung seiner Personalratstätigkeit (Reisen, Tätigkeiten am Bestimmungsort, Teilnahme an personalvertretungsrechtlichen Veranstaltungen, z. B. Personalversammlung, Teilnahme an einer Schulungs- und Bildungsveranstaltung für Personalratsmitglieder, auch an solchen, die für die Personalratsarbeit nach § 46 Abs. 7 lediglich förderlich sind, aA Fischer u. a., § 11 Anm. 8). Hat ein Personalratsmitglied beim Zurücklegen von mit personalvertretungsrechtlichen Tätigkeiten zusammenhängenden Wegen(z. B. bei der Wahrnehmung von personalvertretungsrechtlich bestimmten Gerichtsterminen, Gänge zu Rechtsanwälten oder Gewerkschaften im Zusammenhang mit einer Beratung in Personalvertretungsangelegenheiten, Mithilfe bei der Vorbereitung und Durchführung von Personalratswahlen, Fischer u. a., aaO; Lorenzen u. a., § 11 Anm. 11 ff. einen einen Körperschaden verursachenden Unfall erlitten, so ist ihm oder im Todesfall seinen Hinterbliebenen **Unfallfürsorge** zu gewähren. Dies gilt auch für den Fall, dass ein Beamter außerhalb seines dienstlichen oder personalvertretungsrechtlichen Betätigungsbereichs einen Körperschaden erleidet, soweit er wegen seines pflichtgemäßen personalvertretungsrechtlichen Verhaltens angegriffen wird (vgl. § 31 Abs. 4 BeamtVG; Fischer u. a., § 11 Anm. 9; Lorenzen u. a., § 11 Anm. 5 ff., 11 ff.). Der Umfang der Unfallfürsorge und die Art der Unfallfürsorgeleistungen richten sich nach den §§ 30 bis 46 BeamtVG:

a) Erstattung von Sachschäden und besonderen Aufwendungen (entsprechend § 32 BeamtVG; vgl. auch § 44),
b) Heilverfahren (§§ 33, 34 BeamtVG),
c) Unfallausgleich (§ 35 BeamtVG),
d) Unfallruhegehalt oder Unterhaltsbeitrag (§§ 36 bis 38 BeamtVG),
e) Unfall-Hinterbliebenenversorgung (§§ 39 bis 42 BeamtVG),
f) einmalige Unfallentschädigung (§ 43 BeamtVG).

Ein Dienstunfall ist nur bei Eintritt eines Körperschadens gegeben (§ 31 Abs. 1 Satz 1 BeamtVG). Wenn ein Beamter anlässlich der Wahrnehmung von Rechten oder der Erfüllung von Pflichten nach diesem Gesetz einen **Sachschaden** erleidet, so kann diese Vorschrift also nicht angewendet werden. Da der Anspruch auf Schadensersatz eine Folge der der Dienststelle obliegenden Kostentragungspflicht ist (§ 44), kann ein Ersatz des Sachschadens nach dieser Bestimmung verlangt werden. Werden Kleidungsstücke oder sonstige Gegenstände, die ein Beamter mit sich geführt hat, beschädigt oder zerstört oder kommen sie abhanden, so ist § 32 BeamtVG entsprechend anwendbar (Dietz-Richardi, § 11 Anm. 10; vgl. auch Anm. 4).

6. Unfälle, die **Arbeitnehmer** in Ausübung einer Personalratstätigkeit erlei- 6
den, fallen ebenfalls unter den Schutz von § 2 Abs. 1 Nr. 1 SGB VII (vgl. Anm. 3). Diese Unfälle werden wie ein Arbeitsunfall i. S. der gesetzlichen Unfallversicherung behandelt. Die entsprechenden Vorschriften finden unmittelbar Anwendung; denn die Arbeitnehmer des öffentlichen Dienstes sind in den Schutz der gesetzlichen Unfallversicherung einbezogen, so dass es auch keiner besonderen Vorschrift wie bei Beamten bedarf. Arbeitsunfall ist ein Unfall, den ein Arbeitnehmer bei einer nach §§ 2, 3 oder 6 SGB VII versicherten Tätigkeit erleidet. Als Arbeitsunfall ist auch ein Unfall anzusehen, der sich auf einem mit einer der genannten Tätigkeit zusammenhängenden Weg nach und vom Ort der Tätigkeit zuträgt (§ 8 Abs. 2 Nr. 1 SGB VII). Geschützt sind die in einem Arbeits- oder Ausbildungsverhältnis stehenden Mitglieder von Personalvertretungen – also einschließlich der Mitglieder der Jugend- und Auszubildendenvertretungen aller Stufen wie auch die Wahlvorstandsmitglieder und die Mitglieder von Einigungsstellen (BSG v. 20. 2. 2001, PersV 2002, 280 m. Anm. v. Wolber). Im Übrigen zählen zu dem geschützten Personenkreis auch alle sonstigen Arbeitnehmer, die Aufgaben nach den BPersVG wahrnehmen oder Pflichten erfüllen (Dienststellenleiter, Teilnehmer an Personalversammlungen oder Sprechstunden, Wahlhelfer und Wähler, Lorenzen u. a., § 11 Anm. 24; vgl. Anm. 5).

7. Wenn bei einem Dienstunfall (mit Körperschaden) auch **Sachschäden** 7
entstehen, erfolgt eine Erstattung nach § 32 BeamtVG. Falls Sachschäden ohne Körperschaden entstehen, kann einem Beamten nach den „Richtlinien für Billigkeitszuwendungen bei Sachschäden, die im Dienst entstanden sind" vom 10. 12. 1964 (GMBl. 1965, 395), eine Billigkeitszuwendung gewährt werden. Nach dem Rundschreiben des BMF v. 22. 11. 1998 (II A 4 – BA 1011 – 2/77 –) sind die Billigkeitsrichtlinien analog auch auf Sachschäden anwendbar, die aus Anlass der Wahrnehmung von Aufgaben nach dem BPersVG entstanden sind. Für Arbeitnehmer gilt: Bei Sachschäden im Zusammenhang mit einem einen Körperschaden verursachenden Unfall erfolgt nach den Vorschriften der gesetzlichen Unfallversicherung keine Entschädigung; gleiches gilt bei Sachschäden ohne Körperschaden. Die zuvor genannten Billigkeitsrichtlinien gelten insoweit auch für Arbeitnehmer, wenn sie im Zusammenhang mit der Wahrnehmung personalvertretungsrechtlicher Aufgaben einen Sachschaden erleiden (Lorenzen u. a., § 44 Anm. 30).

7. **Streitigkeiten** entscheiden die Verwaltungsgerichte nach § 83 Abs. 1 8
Nr. 3. Ansprüche aus den beamtenrechtlichen Bestimmungen entscheiden die Verwaltungsgerichte im Urteilsverfahren. Soweit Streitfälle nach den §§ 537 ff. RVO zur Diskussion stehen, sind die Sozialgerichte zuständig. Allerdings sind die Verwaltungsgerichte auch dann zuständig, wenn die Frage zu entscheiden ist, ob Ansprüche aus dem Beamten- oder dem Sozialversicherungsrecht eine Anwendung des § 44 ausschließen (BVerwG v. 24. 10. 1969, PersV 1970, 105).

Zweites Kapitel Personalrat, Stufenvertretung, Gesamtpersonalrat, Personalversammlung

Erster Abschnitt Wahl und Zusammensetzung des Personalrates

§ 12 [Personalratspflicht]

(1) In allen Dienststellen, die in der Regel mindestens fünf Wahlberechtigte beschäftigen, von denen drei wählbar sind, werden Personalräte gebildet.

(2) Dienststellen, bei denen die Voraussetzungen des Absatzes 1 nicht gegeben sind, werden von der übergeordneten Dienststelle im Einvernehmen mit der Stufenvertretung einer benachbarten Dienststelle zugeteilt.

Inhaltsübersicht

Entspr. landesgesetzliche Regelungen:
Baden-Württemberg: § 14 Abs. 1, 2; Bayern: Art. 12 Abs. 1, 2; Berlin: § 1 Abs. 1, § 5 Abs. 1; Brandenburg: § 12 Abs. 1; Bremen: § 12 Abs. 1, 2; Hamburg: § 10 Abs. 1, 2; Hessen: § 12 Abs. 1, 2; Mecklenburg-Vorpommern: § 8 Abs. 3, § 10; Niedersachsen: § 10 Abs. 1, 2; Nordrhein-Westfalen: § 13 Abs. 1, 2; Rheinland-Pfalz: § 12 Abs. 1, 2; Saarland: § 11; Sachsen: § 12; Sachsen-Anhalt: § 12; Schleswig-Holstein: § 10 Abs. 1; Thüringen: § 12.

Entspr. Vorschrift des BetrVG: § 1.

I. Zahl der Beschäftigten

1 1. Nach Abs. 1 sind **Personalvertretungen in allen Dienststellen** zu bilden, **in denen in der Regel fünf wahlberechtigte Beschäftigte tätig sind,** von denen drei das passive Wahlrecht besitzen. Damit wird eine Pflicht zur Bildung von Personalvertretungen begründet. Diese Verpflichtung ist zwingend und kann weder durch Tarifvertrag noch durch Dienstvereinbarung geändert werden. Abs. 2 regelt die Zuweisung einer Kleindienststelle zu einer benachbarten Dienststelle.

2. Der Auftrag des Gesetzgebers zur Bildung von Personalvertretungen wird durch Wahlen erfüllt. Die **Wahlen** werden von den Beschäftigten vorgenommen. Da das Gesetz eine Wahlpflicht nicht kennt, kann die Erfüllung der Pflicht zur Bildung von Personalvertretungen gegenüber den Beschäftigten nicht erzwungen werden. Im Falle mangelnder Initiative der Beschäftigten hat der Dienststellenleiter eine Personalversammlung einzuberufen (§ 21). Bleibt auch die Personalversammlung untätig, so hat der Leiter der Dienststelle einen Wahlvorstand zu bestellen. Dies setzt einen entsprechenden Antrag von mindestens drei Wahlberechtigten oder einer in der Dienststelle vertretenen Gewerkschaft voraus (§ 22). Der Dienststellenleiter darf also insoweit nicht aus eigenem Antrieb tätig werden. Sollten die Beschäftigten aber auch nach Bestellung eines Wahlvorstands keine Wahl durchführen oder sollten die Gewählten die Annahme der Wahl verweigern, so besteht keine gesetzliche Möglichkeit, die Bildung einer Personalvertretung für diese Dienststelle zu erzwingen. 2

3. Besteht **bereits eine Personalvertretung,** bestellt sie aber nicht rechtzeitig vor Ablauf ihrer Amtszeit einen Wahlvorstand, so hat ebenfalls der Leiter der Dienststelle auf Antrag von mindestens drei Wahlberechtigten oder einer in der Dienststelle vertretenen Gewerkschaft eine Personalversammlung zur Wahl des Wahlvorstands einzuberufen (§ 20 Abs. 2). 3

4. Da dem Dienststellenleiter nicht zugemutet werden kann, beliebig oft die Kosten eines Wahlverfahrens aufzuwenden (vgl. § 24 Abs. 2), bleibt eine Dienststelle für die Dauer der laufenden Amtszeit ohne Personalvertretung, wenn alle gesetzlichen Mittel zur Bildung einer Vertretung **erfolglos angewendet worden sind,** es sei denn, dass sich seit dem letzten Versuch zur Bildung einer Personalvertretung die Zahl der Beschäftigten wesentlich erhöht hat und angenommen werden kann, aufgrund dieser Tatsache werde es zu Wahlen kommen. 4

5. a) Abs. 1 regelt ferner die **Mindestgröße der Dienststelle,** bei der eine Personalvertretung zu bilden ist. Sinn und Zweck der Vorschrit ist es, die Zahl der Personalratsmitglieder in einem angemessenen Verhältnis zur Zahl der Beschäftigten zu setzen. Es müssen in der Regel mindestens fünf Wahlberechtigte beschäftigt und von diesen mindestens drei wählbar sein. Die Zahl der **„in der Regel “** Beschäftigten entspricht dem regelmäßigen Personalbestand einer Dienststelle während des überwiegenden Teils der Amtszeit der Personalvertretung. Bei der Bestimmung der Zahl der regelmäßig Beschäftigten ist grundsätzlich vom aktuellen Stellenplan auszugehen. Eine kurzfristige Veränderung durch Krankheit, Urlaub, Wahrnehmung von Sonderaufgaben etc. bleibt unberücksichtigt. Wenn allerdings die Ist-Beschäftigung entweder nach oben oder nach unten vom Stellenplan abweicht, so ist die länger dauernde Verwaltungspraxis ausschließlich maßgebend für die Entscheidung der Frage nach dem Regelstand der Zahl der Beschäftigten. Maßgebend nämlich ist der tatsächliche Beschäftigungsstand, „wie er während des überwiegenden Teils der Amtszeit des zu wählenden Personalrats voraussichtlich bestehen und somit diese Amtszeit prägen wird“ (BVerwG v. 3. 7. 1991, ZBR 1992, 89 = PersV 1992, 81 = ZfPR 1991, 164). Ausgangspunkt ist die tatsächliche Personalstärke zum Zeitpunkt des Wahlausschreibens. Diese ist anhand eines Rückblicks auf die bisherige personelle Stärke der Dienststelle sowie anhand einer Einschätzung der zukünftigen Entwicklung zu überprüfen und ggf. zu korrigieren (BVerwG v. 19. 12. 2006, PersV 2007, 363 = ZfPR online 3/2007, S. 2; OVG Münster v. 24. 1. 2002, PersV 2002, 495; vgl. auch für das BetrVG: BAG v. 16. 4. 2003, BAGE 106, 64, 70 = 5

BB 2003, 2178 = DB 2003, 2128). Nur auf diese Weise nämlich kann u. a. die dauerhafte Teilung von Haushaltsstellen in Folge von Teilzeitlösungen sowie die Besetzung von Beamtenstellen mit Arbeitnehmern und umgekehrt berücksichtigt werden. Ebenso hat der Wahlvorstand bei der Ermittlung der Größe einer Personalvertretung durch einen Rückblick auf die vergangene Entwicklung zu prüfen, ob bisher unbesetzte Stellen auf Dauer besetzt werden oder nicht. Bei der Berücksichtigung der künftigen Entwicklung (Personalzuwachs/Personalabbau) ist eine Betrachtung bis mindestens zur Hälfte der bevorstehenden Amtszeit notwendig (BVerwG v. 19. 12. 2006, aaO; vgl. auch Anm. v. Gronimus, PersV 2007, 367). Außerdem wirkt sich auf die Zusammensetzung der zu wählenden Personalvertretung die Altersteilzeit im Blockmodell insoweit aus, als ein Wahlvorstand bei der Ermittlung der Größe der Personalvertretung zu ermitteln hat, ob die betreffende Stelle nachbesetzt oder zumindest für die ersten beiden Jahre der Amtszeit unbesetzt bleiben soll (BVerwG v. 19. 12. 2006, aaO). Vermutungen oder gar Spekulationen scheiden bei der Bestimmung der Zahl der regelmäßig Beschäftigten selbstverständlich aus. Daher darf ein Wahlvorstand auch nur bei einem hohen Maß an Gewissheit (OVG Münster v. 15. 4. 2003, ZfPR 2004, 12) hinsichtlich der künftigen Entwicklung des Personalbestands entsprechende Feststellungen zur Zahl der Beschäftigten treffen. Entscheidend ist daher auch nicht die Durchschnittszahl, sondern diejenige Zahl der Beschäftigten, die aller Voraussicht nach während des überwiegenden Teils der Amtszeit der Personalvertretung vorhanden sein wird. Dabei kommt es weder auf die Dauer der Beschäftigung einzelner noch auf die Qualität der von ihnen zu erfüllenden Aufgaben an (BVerwG v. 3. 7. 1991, aaO). Nur auf diese Weise nämlich kann eine der tatsächlichen Zahl der Beschäftigten entsprechende Zahl von Sitzen der Personalvertretung während ihrer Amtszeit sichergestellt werden (BVerwG v. 5. 5. 1978, ZBR 1978, 346 = PersV 1979, 288). Wenn daher z. B. eine Planstelle während eines längeren Zeitraums unbesetzt geblieben oder abweichend vom Stellenplan seit längerem ein Angestellter mit der Wahrnehmung des für einen Beamten vorgesehenen Dienstpostens betraut ist, so muss die tatsächliche Verwaltungspraxis für die Bestimmung der Regelstärke der Gruppe maßgebend sein (BVerwG v. 15. 3. 1968, BVerwGE 29, 222 = ZBR 1968, 262 = PersV 1968, 187).

6 b) Im Falle der Beschäftigung von Personen, die nicht planmäßig und nicht ständig tätig sind, ist zu prüfen, inwieweit diese für den überwiegenden Teil der Amtszeit einer Personalvertretung den Personalbestand prägen (BVerwG v. 27. 11. 1991 – 6 P 15.90, Leits. ZBR 1992, 261 = PersV 1992, 225). Auf diese Weise werden Zufälligkeiten bei der Zusammensetzung einer Personalvertretung vermieden. Nur für eine kurze Zeit bemessene Arbeitsleitung herangezogene Personen (ABM-Kräfte, §§ 260 ff. SGB III, vgl. § 4 Anm. 6) oder solche Personen, die nur saisonbedingt eingestellt werden, zählen grundsätzlich nicht zum Regelbestand einer Dienststelle. Andererseits ist es nicht notwendig, dass dieselben Personen tätig sind. Entscheidend ist vielmehr, ob grundsätzlich mit kurzfristig eingestellten Beschäftigten die einer Dienststelle übertragenen Aufgaben erfüllt werden. Ist dies der Fall, so müssen sie für den Fall mitberücksichtigt werden, dass sie während des überwiegenden Teils der Amtszeit einer Personalvertretung tätig sind (BVerwG v. 27. 11. 1991, aaO). Teilzeitbeschäftigte sind ebenso wie Vollzeitbeschäftigte zu berücksichtigen, nicht aber solche Beamte, die nicht länger als drei Monate abgeordnet oder beurlaubt sind (§ 13 Abs. 2; § 44 a BRRG, § 72 a ff. BBG). Zu den „in der Regel" Beschäftigten gehören auch diejenigen, die vorübergehend aus Krankheits-, Schwangerschafts-, Erziehungsurlaubsgründen (nicht aber die entsprechenden Vertretungskräfte, vgl. für das

BetrVG: LAG Nürnberg v. 2. 5. 2005 – 9 TaBV 1/04, n.v.) oder aber wegen Ableistung von Grundwehr- oder Ersatzdienst nicht tätig sind. Dagegen sind diejenigen Beschäftigten nicht mitzuzählen, die nur vorübergehend aus saisonalen oder anderen Gründen Aufgaben der Dienststelle wahrnehmen, ohne aber in sie tatsächlich eingegliedert zu sein (BVerwG v. 15. 3. 1968, BVerwGE 29, 222, 226 = ZBR 1968, 262 = PersV 1968, 187; vgl. auch § 4 Anm. 5). Ebenso wenig sind bei der für die Anzahl der zu wählenden Personalratsmitglieder maßgeblichen Zahl der Beschäftigten die **Leiharbeitnehmer** mitzuzählen. Ihnen fehlt die arbeitsvertragliche/dienstliche Beziehung zum (entleihenden) Dienstherrn. Außerdem verursachen sie im Gegensatz zu den dienststellenangehörigen Beschäftigten nicht den für die Bemessung der Personalratsgröße zu beachtenden Arbeitsaufwand, da sie nur teilweise vom Personalrat repräsentiert werden. Gleiches gilt für die in der Freistellungsphase der **Altersteilzeit** befindlichen Beschäftigten; denn sie gehören der Dienststelle nicht mehr an und kehren in diese auch nicht mehr zurück (BVerwG v. 15. 5. 2002, BVerwGE 116, 242 = ZBR 2003, 168 = PersV 2003, 267 = ZfPR 2002, 260; vgl. hierzu auch für das BetrVG: BAG v. 16. 4. 2003, BB 2003, 2178 = DB 2003, 2128 = ZBVR 2003, 201). Auch **Ein-Euro-Kräfte** (nach dem SGB II, vgl. § 4 Anm. 21c) zählen nicht zu den „in der Regel“ Beschäftigten (BVerwG v. 21. 3. 2007, PersV 2007, 483 = ZfPR 2007, 67).

6. Eine **vorübergehende Mehrbeschäftigung** oder saisonbedingte Entlassungen sind für die Ermittlung der Zahl der in der Regel, d. h. der „normalerweise“ über einen längeren Zeitraum Beschäftigten, **unbeachtlich** (Lorenzen u. a., § 12 Anm. 9). Ebenso ist ein nur zeitweiliges Absinken der Beschäftigten unter fünf wegen Urlaubs, Krankheit oder vorübergehender Abordnung zu anderen Dienststellen ohne Einfluss. Es genügt, dass die Dienststelle so groß ist, dass ihre ständige kopfplanmäßige Besetzung mit fünf Beschäftigten nach Verwaltungsgrundsätzen angeordnet ist. Eine kurzfristige und nur geringfügige Tätigkeit für längstens zwei Monate hat keinen Einfluss auf den Regelbestand, z. B. Ferienbeschäftigung von Studenten und Schülern bzw. kurzfristige Urlaubs-, Krankheits- oder Mutterschaftsvertretungen. Durch diese Beschäftigungsverhältnisse wird der Regelbestand der Beschäftigten (zusätzlich zu den Vertretenen) nicht erhöht (BVerwG v. 27. 11. 1991 – 6 P 15.90, Leits. ZBR 1992, 251 = PersV 1992, 225; BVerwG v. 25. 9. 1995, BVerwGE 99, 320 = ZBR 1996, 265 = PersV 1996, 270 = ZfPR 1996, 51). 7

7. Eine Personalvertretung ist **nicht zu bilden,** wenn von den mindestens fünf Beschäftigten weniger als drei wählbar sind. Die Beschäftigten einer solchen Dienststelle sind aber doch zu den Stufenvertretungen wahlberechtigt und wählbar (Engelhard-Ballerstedt, § 12 Anm. 3 a). 8

8. Erfüllt eine Dienststelle die Voraussetzungen **des Abs. 1 nicht,** kommt es aber dennoch zur Wahl einer Personalvertretung, so ist diese kein Vertretungsorgan im Sinne des Gesetzes. 9

9. **Stichtag für die Bemessung** der Zahl der in der Regel Beschäftigten **ist der Tag des Erlasses des Wahlausschreibens.** Dies folgt aus § 6 Abs. Nr. 2 WO, wonach das Wahlausschreiben die Zahl der zu wählenden Mitglieder der Personalvertretung enthalten muss (BVerwG v. 15. 3. 1968, BVerwGE 29, 222 = ZBR 1968, 262 = PersV 1968, 187). Einem Wahlvorstand steht aber ein gewisser Beurteilungsspielraum zu, wenn sich die Beschäftigtenzahl bis zum Wahltag mit einiger Wahrscheinlichkeit verändern wird (BAG v. 29. 5. 1991, BAGE 68, 74 = BB 1992, 773; vgl. auch BVerwG v. 3. 7. 1991, – 10

6 P 1.89, ZBR 1992, 89 = PersV 1992, 81 = ZfPR 1991, 164). Allerdings ist die künftige Entwicklung der Personalstärke nur aufgrund konkreter Entscheidungen der Verwaltung zu berücksichtigen, so dass die bloße Annahme, Stellen könnten abgebaut oder vermehrt werden, den Wahlvorstand nicht dazu berechtigen, die Zahl der in der Regel Beschäftigten anders anzusetzen (BAG v. 29. 5. 1991, aaO; vgl. auch Anm. 5 und § 17 Anm. 3).

11 10. Wenn während der Amtszeit der Personalvertretung die Größe der Dienststelle unter den Mindestrahmen nicht nur vorübergehend sinkt, so ist das Amt beendet. Das Gesetz verpflichtet zur Wahl einer Personalvertretung, wenn in der Regel **mindestens fünf Wahlberechtigte,** von denen mindestens drei das passive Wahlrecht besitzen, beschäftigt sind. Erst von dieser Mindestzahl an will der Gesetzgeber Dienststellen einer Personalverfassung unterstellen.

II. Zuteilung zu anderen Dienststellen

12 1. Jeder Beschäftigte soll die Möglichkeit haben, Personen seines Vertrauens in die jeweilige Personalvertretung wählen zu können. Die Beschäftigten **kleiner Dienststellen,** die nicht die Voraussetzungen für die Bildung einer eigenen Personalvertretung erfüllen, sollen daher ihr Vertretungsrecht nicht verlieren. Infolgedessen schafft Abs. 2 die Möglichkeit und Verpflichtung, derartige kleine Dienststellen hinsichtlich der Folgerungen aus dem Personalvertretungsrecht einer benachbarten größeren Dienststelle anzuschließen. Die „Personalratsfähigkeit" muss für jede Dienststelle gesondert geprüft werden. Durch die Zusammenlegung mehrerer, nicht die Voraussetzungen des Abs. 1 erfüllender Dienststellen kann eine „Personalratsfähigkeit" nicht geschaffen werden (Rengier, PersV 1966, 217; aA; Fischer u. a., § 12 Anm. 11 a; Lorenzen u. a., § 12 Anm. 14; Richardi u. a., § 12 Anm. 17).

13 2. Die **Zuteilung** nimmt die **übergeordnete,** d. h. im Instanzenzuge vorgesetzte **Dienststelle** im „Einvernehmen" mit derjenigen Stufenvertretung vor, die für die aufnehmende Dienststelle zuständig ist (Lorenz u. a., § 12 Anm. 15; Richardi u. a., § 12 Anm. 19).

14 3. Unter **Zuteilung** ist weder eine Mitwirkung i. S. des § 72 noch eine Mitbestimmung i. S. des § 69 zu verstehen. Die hier getroffene Regelung unterfällt nicht den Verfahrensvorschriften des Fünften Kapitels des Gesetzes. Sie lehnt sich vielmehr an die Verwaltungsgepflogenheiten an, die für die Herstellung des Einvernehmens zweier gleichberechtigter Behörden entwickelt worden sind. Dies setzt Übereinstimmung über die zu treffende Regelung voraus (im Unterschied zum gegenseitigen „Benehmen"), kommt also im Ergebnis der Mitbestimmung nahe (Fischer u. a., § 12 Anm. 11 b; Lorenzen u. a., § 12 Anm. 15). Anzuschließende und aufnehmende Dienststellen sollten möglichst ranggleich sein.

15 4. Das Gesetz sagt nichts darüber aus, ob bei der **Auswahl der benachbarten,** d. h. aufnehmenden Dienststelle der Wunsch der Beschäftigten der anzuschließenden Dienststelle berücksichtigt werden muss. Aus dem Grundgedanken des Personalvertretungsrechts und aus dem Wahlrecht der Beschäftigten der anzuschließenden Dienststelle ist allerdings zu folgern, dass ihre Wünsche im Rahmen des Möglichen berücksichtigt werden müssen. Aus Gründen der Zweckmäßigkeit wird, wenn mehrere Dienststellen zur Auswahl stehen, diejenige als aufnehmende Dienststelle zu bestimmen sein, deren Verhältnisse denen der anzuschließenden Dienststelle am ähnlichsten sind. Andernfalls wäre es der für die aufnehmende und die anzuschließende

Dienststelle dann zuständigen Personalvertretung nicht möglich, die Interessen aller Beschäftigten aus eigener Sachkenntnis zu vertreten. Die Beschäftigten der personalvertretungsrechtlich vereinigten Dienststellen gelten insoweit als Beschäftigte einer **einheitlichen Dienststelle.**

5. Die Zuweisung bleibt solange bestehen, bis sie **von den Beteiligten ausdrücklich aufgehoben wird.** Daher wird sie nicht schon dann ohne weiteres hinfällig, wenn in der aufgenommenen Dienststelle in der Regel fünf Wahlberechtigte beschäftigt werden, von denen drei wählbar sind; andernfalls nämlich würde Unklarheit darüber bestehen, zu welchem Zeitpunkt die personalvertretungsrechtliche Einheit tatsächlich endet. Die personalvertretungsrechtliche Verbundenheit bleibt in diesem Falle daher bis zum Ablauf der Amtszeit bestehen (aA Lorenzen u. a., § 12 Anm. 17). **16**

III. Streitigkeiten

Streitigkeiten über die „Personalratsfähigkeit" oder die Ermittlung der für die Größe der Personalvertretung maßgebenden Zahl der Wahlberechtigten entscheiden die Verwaltungsgerichte nach § 83 Abs. 1 Nr. 2. Ein Antrag auf **Erlass einer einstweiligen Verfügung** mit dem Ziel, ein neues Wahlausschreiben zu erlassen oder das bisherige Wahlausschreiben wegen geänderter Zahl der zu wählenden Personalratsmitglieder zu berichtigen, kann nicht gestellt werden; denn auf diese Weise würde das eigentliche Beschlussverfahren zur Wahlanfechtung ersetzt. Im Übrigen kann nicht durch ein einstweiliges Verfügungsverfahren in laufende Personalratswahlen wegen solcher Fehler eingegriffen werden, die lediglich eine Anfechtung begründen können. Ein Antrag auf Erlass einer einstweiligen Verfügung kann ausnahmsweise nur dann gestellt werden, wenn offensichtliche und schwerwiegende Fehler vorliegen (vgl. für das BetrVG: LAG Frankfurt v. 21. 3. 1990, DB 1991, 239; vgl. hierzu auch: § 15 Anm. 4; § 25 Anm. 38; § 83 Anm. 25). **17**

Schrifttum: Kneis, Personalratsfähigkeit und Personalratspflicht von Dienststellen und Dienststellenleitern, PersV 1978, 19; Rengier, Die Kleindienststellen im Personalvertretungsrecht, PersV 1966, 217; Schlüter/Sommer, Zuteilung von „Kleindienststellen" des militärischen Bereichs, PersV 1980, 15; Semmler, Personalvertretungsrechtliche Folgen für Soldaten bei Zuteilung einer Kleindienststelle nach § 12 Abs. 2 BPersVG, PersV 1980, 13.

§ 13 [Wahlberechtigung]

(1) Wahlberechtigt sind alle Beschäftigten, die am Wahltage das 18. Lebensjahr vollendet haben, es sei denn, dass sie infolge Richterspruchs das Recht, in öffentlichen Angelegenheiten zu wählen oder zu stimmen, nicht besitzen. Beschäftigte, die am Wahltage seit mehr als sechs Monaten unter Wegfall der Bezüge beurlaubt sind, sind nicht wahlberechtigt.

(2) Wer zu einer Dienststelle abgeordnet ist, wird in ihr wahlberechtigt, sobald die Abordnung länger als drei Monate gedauert hat; im gleichen Zeitpunkt verliert er das Wahlrecht bei der alten Dienststelle. Das gilt nicht für Beschäftigte, die als Mitglieder einer Stufenvertretung oder des Gesamtpersonalrates freigestellt sind. Satz 1 gilt ferner nicht, wenn feststeht, dass der Beschäftigte binnen weiterer sechs Monate in die alte Dienststelle zurückkehren wird. Hinsichtlich des Verlustes des Wahlrechts bei der alten Dienststelle gelten die Sätze 1 und 3 entsprechend in Fällen einer Zuweisung nach § 123 a des Beamtenrechtsrahmengesetzes oder aufgrund entsprechender arbeitsvertraglicher Vereinbarung.

(3) Beamte im Vorbereitungsdienst und Beschäftigte in entsprechender Berufsausbildung sind nur bei ihrer Stammbehörde wahlberechtigt.

Inhaltsübersicht

Entspr. landesgesetzliche Regelungen:
Baden-Württemberg: § 11; Bayern: Art. 13; Berlin: § 12; Brandenburg: § 13; Bremen: § 9; Hamburg: § 11; Hessen: § 9; Mecklenburg-Vorpommern: § 11; Niedersachsen: § 11; Nordrhein-Westfalen: § 10; Rheinland-Pfalz: § 10; Saarland: § 12; Sachsen: § 13; Sachsen-Anhalt: § 13; Schleswig-Holstein: § 11; Thüringen: § 13.

Entspr. Vorschrift des BetrVG: § 7.

I. Vorbemerkung

1 1. Die Vorschrift regelt die **Wahlberechtigung,** d. h. das aktive Wahlrecht, das Recht also, sich an den Wahlen zu den Personalvertretungen zu beteiligen. Demgegenüber regelt § 14 die Wählbarkeit, d. h. das passive Wahlrecht. Diese Vorschrift legt die Voraussetzung fest, unter denen Beschäftigte für die Personalvertretungen wählbar sind. Der Verlust des aktiven Wahlrechts führt zum Verlust des passiven Wahlrechts (VGH Kassel v. 29. 9. 1976, PersV 1978, 131).

2 2. **Nicht wahlberechtigt** sind wegen mangelnder Bindung an die Dienststelle diejenigen Beschäftigten, die am Wahltag seit mehr als sechs Monaten unter Wegfall der Bezüge beurlaubt sind (vgl. Anm. 14). Freigestellte Mitglieder einer Stufenvertretung oder eines Gesamtpersonalrats sind bei ihrer Stammdienststelle wahlberechtigt (vgl. Anm. 25). Das gleiche gilt für zu einer an-

deren Dienststelle abgeordnete Beschäftigte, wenn sie binnen weiterer sechs Monate wieder in ihre alte Dienststelle zurückkehren.

II. Wahlberechtigung

1. **Wahlberechtigt** sind die Beschäftigten i. S. dieses Gesetzes (vgl. § 4 3
Abs. 1), also die Beamten und die Arbeitnehmer (zur näheren Definition vgl. die Anm. 4, 5 zu § 4), die in die Dienststelle tatsächlich arbeitsmäßig eingegliedert sind (BVerwG v. 3. 9. 1990, Leits. ZBR 1991, 56 = PersV 1991, 80). Beschäftigter einer Dienststelle ist, wer in dieser und für diese tätig ist, also Aufgaben dieser Dienststelle erfüllt. Voraussetzung ist weiterhin, dass sich der Betreffende in einer weisungsabhängigen Stellung befindet und dass der Dienststellenleiter ihm gegenüber ein Weisungsrecht in Bezug auf Inhalt, Durchführung, Zeit, Dauer und Ort der Tätigkeit hat (BVerwG v. 12. 4. 2006 – 6 PB 1.06, Leits. ZfPR 2006, 116 = ZfPR online 7/2006, S. 6 unter Hinweis auf BVerwG v. 18. 6. 2002, ZBR 2002, 440 = PersV 2003, 24 = ZfPR 2002, 323). Personen, die bloß vorübergehend, nämlich für einen Zeitraum von weniger als zwei Monaten, einer Aushilfstätigkeit nachgehen, sind nicht wahlberechtigt. Sie sind in die Dienststelle nicht eingegliedert, da sie weder sozial abhängig sind noch in persönlichen/sozialen Kontakten zu den Beschäftigten stehen. Allerdings spielt die Dauer der wöchentlichen Arbeitszeit und die Höhe des Entgelts während der Tätigkeit grundsätzlich keine Rolle. Auch Beschäftigte, die täglich nur während kurzer Zeit oder sogar an manchen Tagen überhaupt nicht in der Dienststelle tätig sind, sind Beschäftigte im personalvertretungsrechtlichen Sinn; denn für die Beschäftigteneigenschaft und somit für die Wahlberechtigung kommt es weder auf die Dauer der Zugehörigkeit zur Dienststelle noch auf die Dauer der jeweils auszuübenden Tätigkeit an. Alle Personen, die eine regelmäßige und dauernde, also nicht nur vorübergehende und auch nicht geringfügige Arbeit leisten, sind wahlberechtigt (BVerwG v. 25. 9. 1995, BVerwGE 99, 320 = ZBR 1996, 265 = PersV 1996, 270 = ZfPR 1996, 51). Wenn Beschäftigte im Rahmen eines sog. **Gestellungsvertrags** für eine zeitweilige Tätigkeit in einer anderen Dienststelle „bereitgestellt" werden, dann werden sie ebenso wie die übrigen, auf Grund eines Arbeitsvertrags dort Beschäftigten in die Dienststelle eingegliedert. Auch ihnen gegenüber besteht ein Weisungsrecht, das sich auf Art, Umfang, Zeit und Ort der auszuübenden Tätigkeit bezieht, so dass sie wahlberechtigt sind (BVerwG v. 13. 4. 2004, Leits. ZBR 2004, 328 = PersV 2004, 374 = Leits. ZfPR 2004, 307; vgl. auch § 75 Anm. 5 c). Wenn zweifelhaft ist, in welcher von mehreren Dienststellen ein Beschäftigter wahlberechtigt ist, dann kommt es auf dessen „dienstlichen Lebensmittelpunkt" (Walz, PersV 1987, 441), also darauf an, welche Dienststelle die konkreten Bedingungen der Dienstleistung in persönlicher und sachlicher Hinsicht, festlegt; denn die bei ihr gebildete Personalvertretung ist am ehesten in der Lage, die Belange dieses Beschäftigten wahrzunehmen (BVerwG v. 16. 7. 1987, PersV 1989, 259). Da es für die Frage der Dienststellenzugehörigkeit nicht auf die durch Ernennung oder Arbeitsvertrag begründete Rechtsbeziehung, sondern auf das tatsächliche Beschäftigungsverhältnis, nämlich auf die Eingliederung, ankommt, sind z. B. auch Beschäftigte einer Körperschaft des öffentlichen Rechts (z. B. Betriebskrankenkasse einer Bundesverwaltung) unabhängig davon wahlberechtigt, ob sie zu unterschiedlichen Anstellungsbehörden in einer dienst- oder arbeitsvertraglichen Beziehung stehen (OVG Hamburg v. 7. 8. 1991, Leits. PersR 1993, 48). Obliegt einer Dienststelle nur der fachliche Einsatz von Beschäftigten, während die personalvertretungsrechtlich erheblichen Tatbestände, wie Beurteilung, Höherstufung oder Rückstufung, Urlaubserteilung oder Arbeitseinsatz bei schlechten Witterungsverhältnissen, bei einer anderen Dienststelle angesie-

delt sind, so sind die Beschäftigten bei der letzteren wahlberechtigt (sog. drittbezogener Personaleinsatz). Die Zugehörigkeit zur Dienststelle beginnt mit dem Dienstantritt bzw. mit der tatsächlichen Eingliederung in die Dienststelle. Zu den materiell-rechtlichen Voraussetzungen der Wahlberechtigung muss im Übrigen die Eintragung in das Wählerverzeichnis (§ 15 Abs. 1 WO) hinzutreten. Sie ist eine zwingende verfahrensrechtliche Vorschrift (BVerwG v. 21. 1. 1958, BVerwGE 7, 331). Ohne einen entsprechenden Eintrag kann das aktive Wahlrecht nicht ausgeübt werden.

4 2. Wahlberechtigt sind die Beschäftigten der Dienststelle. Hierzu zählt der **Dienststellenleiter,** da er auch unter die Definition des Beschäftigten i. S. des § 4 fällt, d. h. zu den Personen gehört, die in einem abhängigen Dienstverhältnis stehen. Außerdem ergibt sich die Wahlberechtigung des Dienststellenleiters aus § 14 Abs. 1 Satz 1 i. V. m. § 14 Abs. 3. Denn wenn § 14 Abs. 3 den Dienststellenleiter von der Wählbarkeit ausschließt, so deshalb, weil er nach § 14 Abs. 1 Satz 1 als Wahlberechtigter auch wählbar wäre.

5 3. Der Beschäftigte muss am Wahltag mindestens **18 Jahre** alt sein. Falls sich die Wahl über mehrere Tage erstreckt, genügt die Vollendung des 18. Lebensjahres am letzten Wahltag (Fischer u. a., § 13 Anm. 18; Lorenzen u. a., § 13 Anm. 10). Die Wahlhandlung ist auch dann gültig, wenn festgestellt wird, dass der Beschäftigte bei einer sich über mehrere Tage erstreckenden Wahl bereits an einem früheren Tag als dem Tag der Vollendung seines 18. Lebensjahres gewählt hat; denn die verschiedenen Wahltage sind nur Ausschnitt aus einem Gesamtwahlvorgang, so dass es auf den Tag der Stimmabgabe selbst nicht entscheidend ankommen kann. Wenn die Vollendung des 18. Lebensjahres als der Zeitpunkt angesehen wird, zu dem allgemein die Bedeutung einer Wahl und die Folgen der Stimmabgabe übersehen werden können, dann muss der Tag des Abschlusses des Wahlverfahrens entscheidend für die Frage sein, ob ein Beschäftigter „am Wahltage“ das 18. Lebensjahr vollendet hat.

6 4. Der Text „. . . und die bürgerlichen Ehrenrechte besitzen“ ist mit Wirkung vom 1. 4. 1970 weggefallen (vgl. Erstes Gesetz zur Reform des Strafrechts vom 25. 6. 1969, BGBl. I S. 645). Nicht wahlberechtigt sind die Beschäftigten, die **„infolge Richterspruchs** das Recht, in öffentlichen Angelegenheiten zu wählen oder zu stimmen, nicht besitzen“ (z. B. bei Straftaten gegen Verfassungsorgane, §§ 105 bis 108 d StGB).

7 5. Wer infolge Richterspruchs das Wahlrecht nicht besitzt (vgl. § 45 Abs. 5 StGB) oder für den ein **Betreuer** bestellt ist, ist nicht wahlberechtigt (§ 13 Nr. 1 Bundeswahlgesetz v. 7. 5. 1956, BGBl. I S. 383, i. d. F. d. Bekanntm. v. 23. 7. 1993, BGBl. I S. 1288, 1594, zul. geänd. d. G v. 11. 3. 2005, BGBl. I S. 674; vgl. § 1896 BGB). Wem durch Richterspruch die Fähigkeit zur Regelung privater Angelegenheiten aberkannt worden ist, der kann durch eine Stimmabgabe nicht Einfluss auf die Zusammensetzung der Personalvertretung nehmen. Gleiches muss für die unter vorläufige Vormundschaft oder Gebrechlichkeitspflegschaft gestellten Beschäftigten gelten.

8 6. Der Besitz der **deutschen Staatsangehörigkeit** ist ebensowenig wie beim passiven Wahlrecht Voraussetzung des aktiven Wahlrechts. Daher sind auch nichtdeutsche Staatsangehörige und staatenlose Personen zur Personalvertretung wahlberechtigt (vgl. aber §§ 90, 91). Bei strafgerichtlicher Verurteilung gilt Anm. 6 entsprechend (vgl. auch: Lorenzen u. a., § 13 Anm. 15).

7. Auf die **Dauer der täglichen Arbeitszeit bzw. auf die Dauer der Zugehörigkeit** zur Dienststelle kommt es ebenfalls nicht an. Allerdings darf die Beschäftigung nicht so nebensächlich sein, dass sie sowohl für den Beschäftigten als auch für die Dienststelle ohne jede Bedeutung ist (BVerwG v. 8. 12. 1967, BVerwGE 28, 282 = ZBR 1968, 119 = PersV 1968, 114; Lorenzen u. a., § 13 Anm. 7 7). Dies ist immer dann der Fall, wenn die Tätigkeit nicht zu einer echten Eingliederung in die Dienststelle mit allen damit verbundenen personellen und sozialen Belangen führt, die erst den personalvertretungsrechtlichen Schutz rechtfertigen (BVerwG v. 11. 2. 1981, ZBR 1982, 156 = PersV 1982, 110; vgl. auch Anm. 3, 10 sowie § 4 Anm. 5 und § 12 Anm. 7). Von einer Eingliederung kann nicht gesprochen werden, wenn die Tätigkeit lediglich über einen Zeitraum von weniger als zwei Monaten ausgeübt wird (BVerwG v. 25. 9. 1995, BVerwGE 99, 230 = ZBR 1996, 265 = PersV 1996, 270 = ZfPR 1996, 51). Dagegen sind die nichtständig Beschäftigten wahlberechtigt. Gleiches gilt grundsätzlich auch für diejenigen Personen, die aufgrund einer Arbeitsbeschaffungsmaßnahme (vgl. § 12 Anm. 6) für die Dauer von sechs Monaten in einer Dienststelle eingestellt werden (BVerwG v. 15. 3. 1994, PersV 1995, 26 = ZfPR 1994, 112). Ebenso steht den **Teilzeitbeschäftigten** ein Wahlrecht zu (Lorenzen u. a., § 13 Anm. 20). Gleichfalls ist unerheblich, ob der Beschäftigte Beamter auf Probe, auf Widerruf oder auf Lebenszeit ist. Beschäftigte, die regelmäßig wiederkehrend zu bestimmten Zeiten aufgrund befristeter Arbeitsverträge tätig werden, sind ebenfalls wahlberechtigt. Im Falle der Beschäftigung von **Leiharbeitnehmern** im Sinne des Arbeitnehmerüberlassungsgesetzes (AÜG v. 7. 8. 1972, BGBl. I S. 1393 i. d. F. d. Bekanntm. v. 3. 2. 1995, BGBl. I S. 153, zul. geänd. d. Art. 223 V v. 31. 10. 2006, BGBl. I S. 2407) gilt folgendes: Das Wahlrecht bleibt in der abordnenden Dienststelle bestehen (Lorenzen u. a., § 13 Anm. 27). Sobald aber die Abordnung länger als drei Monate gedauert hat, entfällt das Wahlrecht (13 Abs. 2 Satz 1). Maßgebend für die Dreimonatsfrist ist, ob zum Zeitpunkt der Wahl die Abordnung an die andere Dienststelle bereits drei Monate gedauert hat (vgl. Anm. 26). In der aufnehmenden Dienststelle ist der Betreffende wahlberechtigt, sofern die Abordnung länger als drei Monate gedauert hat. Ausgeschlossen ist das Wahlrecht für den Fall, dass feststeht, dass der entliehene Beschäftigte spätestens innerhalb weiterer sechs Monate in die bisherige Dienststelle zurückkehren wird. Erfolgt eine Überlassung von einem privaten Arbeitgeber an eine Dienststelle, dann bleibt dieser Arbeitnehmer auch weiterhin im abgebenden Betrieb wahlberechtigt (vgl. § 14 Abs. 1 AÜG; vgl. auch für das BetrVG: BAG v. 20. 4. 2005, BB 2005, 2083 = DB 2005, 1855); allerdings steht ihm dort nicht das passive Wahlrecht zu (§ 14 Abs. 2 Satz 1 AÜG). Bei der aufnehmenden Dienststelle wird der überlassene Arbeitnehmer dann wahlberechtigt, wenn die Überlassung mehr als drei Monate andauert. Das passive Wahlrecht ist ausgeschlossen (§ 14 Abs. 2 Satz 1 i. V. m. Abs. 4 AÜG; vgl. zum Ganzen: Boemke, PersV 2004, 404 ff.) 9

8. Kein Wahlrecht steht dagegen kurzfristig **zur Urlaubszeit beschäftigten Schülern und Studenten** zu. Sie sind nur zu einer einmaligen vorübergehenden Beschäftigung angestellt und üben nur aushilfsweise eine Tätigkeit aus (Fischer-Goeres, § 13 Anm. 12; vgl. auch BVerwG v. 8. 12. 1967, BVerwGE 28, 282 = ZBR 1968, 119 = PersV 1968, 114, „. . . nicht bloß vorübergehende und auch nicht geringfügige Arbeit . . .“; vgl. hierzu § 4 Anm. 5 und § 12 Anm. 7 sowie § 75 Anm. 3, 6). Ein Beschäftigter, der **gleichzeitig in mehreren Dienststellen** tätig ist, ist in der Dienststelle wahlberechtigt, in der das Schwergewicht seiner Tätigkeit liegt (VGH Mannheim v. 9. 9. 1986, PersR 1987, 176). Einer **Ein-Euro-Kraft** steht kein Wahlrecht zu; denn nach § 16 10

Abs. 3 Satz 2 (Teilnehmer an Arbeitsgelegenheiten) SGB II begründet die Beschäftigung im Rahmen der Arbeitsgelegenheiten kein Arbeitsverhältnis im Sinne des Arbeitsrechts. Dadurch wird ein Beschäftigten-Status der Ein-Euro-Jober zwingend ausgeschlossen (Süllwold, ZfPR 2005, 82; vgl. auch § 75 Anm. 4b und § 12 Anm. 6).

11 9. Wahlberechtigt ist auch ein Beamter, gegen den ein förmliches **Disziplinarverfahren** mit dem Ziel der Entfernung aus dem Dienst eingeleitet worden ist. Gleiches gilt für einen vorläufig des Dienstes enthobenen Beamten (§ 38 BDG) sowie für einen Beamten, dem die Führung seiner Dienstgeschäfte verboten worden ist (Fischer u. a., § 13 Anm. 9; Lorenzen u. a., § 13 Anm. 21). Wenn ein Disziplinarverfahren mit der Entfernung aus dem Beamtenverhältnis endet, verliert der betreffende die Wahlberechtigung erst mit der Rechtskraft der Entscheidung(Lorenzen u. a.,§ 13 Anm. 21; vgl. auch: Richardi u. a., § 13 Anm. 17).

12 10. Die gegen eine Entlassung (§ 28 BBG) oder eine Rücknahme der Ernennung (§ 12 BBG) eingelegten Rechtsmittel haben nach § 80 Abs. 1 Verwaltungsgerichtsordnung (VwGO v. 21. 1. 1960, BGBl. I S. 17, i. d. F. d. Bekanntm. v. 19. 3. 1991, BGBl. I S. 686, zul. geänd. d. Art. 13 G v. 12. 12. 2007, BGBl. I S. 2840) aufschiebende Wirkung. Daher bleiben die betroffenen Beamten **wahlberechtigt bis zur Unanfechtbarkeit** der Maßnahmen. Etwas anderes gilt nur dann, wenn die Behörde, die die Maßnahmen getroffen hat, die sofortige Vollziehung im öffentlichen Interesse anordnet und die Widerspruchsbehörde oder das Verwaltungsgericht keinen Gebrauch von der Möglichkeit der Aussetzung der Vollziehung bzw. der aufschiebenden Wirkung machen (VGH München v. 25. 1. 1962, BayVBl. 1962, 120).

13 11. Arbeitnehmer sind auch wahlberechtigt **während des Laufs einer Kündigungsfrist.** Hat der Beschäftigte die Wirksamkeit der Kündigung angefochten, so besteht die Wahlberechtigung auch über den Kündigungstermin hinaus fort (Fischer u. a., § 13 Anm. 10; Lorenzen u. a., § 13 Anm. 22). Die Personalvertretungen haben die Interessen aller Beschäftigten wahrzunehmen. Für die Wahlberechtigung kann daher nicht in erster Linie der rechtlich gesicherte Bestand des Dienstverhältnisses entscheidend sein. Vielmehr sind die tatsächlichen Verhältnisse zu berücksichtigen. Wenn daher durch eine Klage im Zusammenhang mit einer Kündigung ein rechtlicher Schwebezustand eintritt, so kann über das Wahlrecht nicht erst nach Abschluss des Rechtsstreits entschieden werden. Der Verlust des aktiven Wahlrechts in diesen Fällen würde stets zu einem endgültigen Ausscheiden aus dem Kreis der Wahlberechtigten in einem bestimmten Wahlverfahren führen. Daher ist einem Beschäftigten auch über den Tag des Ablaufs der Kündigungsfrist hinaus das Wahlrecht zuzugestehen, solange nicht rechtskräftig über die endgültige Auflösung des Beschäftigungsverhältnisses entschieden ist.

14 12. Während eines **Erholungs- oder Krankheitsurlaubs** ist ein Beschäftigter ebenfalls wahlberechtigt. Nicht wahlberechtigt dagegen sind Beschäftigte, die unter Fortfall des Gehalts-, Vergütungs- und Lohnanspruchs am Wahltag seit mehr als sechs Monaten zur hauptberuflichen Tätigkeit bei einem anderen Dienstherrn oder Arbeitgeber beurlaubt sind, weil es hier an den Erfordernissen, Fortbestand des Dienstverhältnisses zum Träger der Dienststelle oder der Eingliederung in sie, fehlt. Die Wahlberechtigung allerdings bleibt dann erhalten, wenn die Beurlaubung erst nach dem Wahltag die Dauer von sechs Monaten überschreitet (Lorenzen u. a., § 13 Anm. 31). Umgekehrt

bleiben solche Beschäftigten uneingeschränkt wahlberechtigt, die zu **Eignungsübungen** (Eignungsübungsgesetz v. 20. 1. 1956, BGBl. I S. 13 zul. geänd. d. G v. 23. 12. 2003, BGBl. I S. 2848, 2899) ihre Tätigkeit in der Dienststelle vorübergehend aufgeben. Gleiches gilt für Beschäftigte, die zum Luftschutzdienst bzw. zu Luftschutzübungen herangezogen werden (Gesetz über bauliche Maßnahmen zum Schutz der Zivilbevölkerung v. 9. 9. 1965, BGBl. I S. 1232, zul. geänd. d. G v. 25. 3. 1997, BGBl. I S. 726, 733).

13. Für das Wahlrecht der zum **Grundwehr- oder Zivildienst** einberufenen Beschäftigten gilt, dass sie dann wahlberechtigt sind, wenn sie am Wahltag bis zu sechs Monaten Grundwehr – bzw. Zivildienst leisten. Dagegen entfällt ihre Wahlberechtigung, wenn sie am Wahltag seit mehr als sechs Monaten Grundwehr- bzw. Zivildienst leisten. Hierbei ist zu beachten, dass Abs. 1 Satz 2 nicht nur auf die Beamten, sondern auch auf Arbeitnehmer anwendbar ist. Dem steht nicht entgegen, dass nach § 9 Abs. 1 ArbPlSchG (Gesetz über den Schutz des Arbeitsplatzes bei Einberufung zum Wehrdienst, Arbeitsplatzschutzgesetz, v. 30. 3. 1957, BGBl. I, S. 283, zul. geänd. d. Art. 52 G v. 23. 12. 2003, BGBl. I S. 1255) ein zum Grundwehrdienst einberufener Beamter für die Dauer des Grundwehrdienstes ohne Bezüge beurlaubt ist, dagegen bei Arbeitnehmern das Arbeitsverhältnis während dieses Dienstes gemäß § 1 Abs. 1 ArbPlSchG ruht. Eine unterschiedliche Behandlung von Arbeitnehmern und Beamten lässt sich jedoch im Rahmen des Abs. 1 Satz 2 nicht rechtfertigen, so dass das Ruhen des Arbeitsverhältnisses der Beurlaubung ohne Dienstbezüge insoweit gleichzusetzen ist (BVerwG v. 20. 11. 1979, ZBR 1980, 322 = PersV 1981, 285; Fischer u. a., § 13 Anm. 15, 15a; Lorenzen u. a., § 13 Anm. 17, 28). 15

13a. Für die Dauer der Einberufung zu einer **Wehrübung** bleibt die Wahlberechtigung ohne Einschränkung weiterhin bestehen, weil hier bei Arbeitern und Angestellten das Arbeitsverhältnis unter Fortzahlung des Arbeitsentgelts gem. § 1 Abs. 1, Abs. 2 ArbPlSchG ruht, und die Beamten nach § 9 Abs. 2 Satz 1 ArbPlSchG mit Bezügen beurlaubt sind, so dass schon deshalb die Voraussetzungen des Abs. 1 Satz 2 nicht vorliegen (Fischer u. a., § 13 Anm. 15 b). 15a

13 b) Wenn **Beamte** zur Arbeitsleistung einer **privatrechtlich betriebenen Organisation zugewiesen** sind, so sind sie, obwohl sie aufgrund der Regelung des § 13 Abs. 2 Satz 4 nach einer Übergangszeit ihr Wahlrecht in der Herkunftsdienststelle verlieren, **zu dem** entsprechenden **Betriebsrat nicht wahlberechtigt.** Dies ergibt sich schon daraus, dass Beamte keine Arbeitnehmer im Sinne des § 7 BetrVG sind. Zwar sind diese Beamten in den betreffenden Betrieb eingegliedert und stehen in einem Rechtsverhältnis zum Betriebsinhaber. Dieses Rechtsverhältnis aber ist kein Arbeitsverhältnis. Eine Ausnahme ist lediglich in den spezialgesetzlich ausdrücklich geregelten Fällen gegeben (BAG v. 28. 3. 2001, BAGE 97, 226 = BB 2001, 781 = DB 2002, 221 = Leits. ZBVR 2001, 216; vgl. z. B.: § 24 Abs. 2 PostPersRG: die bei den Aktiengesellschaften beschäftigten Beamten gelten für die Anwendung des Betriebsverfassungsgesetzes als Arbeitnehmer). **Arbeitnehmer** verlieren zwar im Hinblick auf den auch für sie geltenden § 13 ebenso wie Beamte nach einer Übergangszeit ihr aktives und passives Wahlrecht bei ihrer Herkunftsdienststelle, erlangen aber in der **privatrechtlichen Einrichtung** kraft § 7 Satz 2 BetrVG das aktive Wahlrecht zum Betriebsrat. Bei einer Zuweisung nach § 123 a BRRG (siehe § 13 Abs. 2 Satz 4; vgl. auch § 75 Abs. 1 Nr. 4 a, § 76 Abs. 1 Nr. 5 a) an die nach § 44 b SGB II zur Sicherstellung der Grund- 15b

sicherung der Arbeitssuchenden zu errichtenden **Hartz-IV-Arbeitsgemeinschaften** (**Arge**) verlieren Beamte, die in einer privatrechtlich-organisierten Arge eingesetzt werden, Wahlrecht und Wählbarkeit in ihrer Herkunftsdienststelle und sind auch zum Betriebsrat der **Arge** weder wahlberechtigt noch wählbar. Arbeitnehmer verlieren zwar ebenfalls Wahlrecht und Wählbarkeit zum Personalrat der Herkunftsdienststelle, erlangen aber das aktive Wahlrecht zum Betriebsrat der Arge.

16 14. Wer am Wahltag seit mehr als sechs Monaten unter Wegfall der Bezüge (§ 72 a Abs. 1 Nnr. 3, 4 BBG, § 79 Abs. 1 Nr. 2 BBG, § 28 TVöD) **beurlaubt** ist, ist nicht wahlberechtigt (Abs. 1 Satz 2). Unter Wegfall der Bezüge sind z. B. Beamte auf Probe oder auf Widerruf zur Ableistung eines sozialen Jahres zu beurlauben, wenn dringende dienstliche Gründe nicht entgegenstehen (vgl. § 3 der Verordnung über Sonderurlaub für Bundesbeamte und Richter im Bundesdienst, SUrlV, v. 18. 8. 1965, BGBl. I S. 902, i. d. F. v. 25. 4. 1997, BGBl. I S. 978, zul. geänd. d. Art. 4 V v. 23. 2. 2006, BGBl. I S. 427). Die Abwesenheit von der Dienststelle während der **Elternzeit** (vgl. § 4 Anm. 7a) ist nicht als Urlaub einzustufen. Sie erfolgt auch nicht unter Wegfall der Bezüge. Abs. 1 Satz 2 greift somit nicht. Während Abwesenheit besteht demnach das aktive Wahlrecht fort.

17 15. Entscheidend **für den Ausschluss des aktiven Wahlrechts** ist, dass ein Beschäftigter am Wahltag schon länger als sechs Monate unter Wegfall der Bezüge beurlaubt ist. Liegt der Urlaubsbeginn am Wahltag noch nicht länger als sechs Monate zurück, so sind die betroffenen Beschäftigten auch dann wahlberechtigt, wenn die Urlaubsdauer mehr als sechs Monate betragen wird.

17a 16. Kein Wahlrecht steht denjenigen **Beamten** zu, die früher bei einer landeseigenen Anstalt des öffentlichten Rechts oder bei ähnlichen Einrichtungen beschäftigt waren, wenn diese Einrichtungen durch Gesetz **in** eine **Aktiengesellschaft** umgewandelt und danach mit anderen Gesellschaften zu einer neuen Aktiengesellschaft verschmolzen worden sind; bei der Wahl des Betriebsrats des entstandenen Unternehmens sind sie weder wahlberechtigt noch wählbar, wenn sie in einem öffentlich-rechtlichen Dienst- und Treueverhältnis zum Land (zum Bund) verbleiben (BAG v. 25. 2. 1998 – 7 ABR 11/97, Leits. BB 1998, 1372= ZBVR 1998, 82). Beschäftigte, die mit ihrer Arbeitsleistung dauerhaft und vollständig in einem Privatbetrieb weisungsgebunden eingegliedert sind, verlieren bei der entsendenden Dienststelle ihr Wahlrecht und ihre Wählbarkeit zur Personalvertretung (VGH München v. 16. 6. 1999, Leits. ZBR 2000, 106 = PersV 2000, 36 = Leits. ZfPR 2000, 239; vgl. auch Anm. 15 b).

17b 17. Mit dem Eintritt in die Freistellungsphase nach dem Blockmodell des **Altersteilzeitarbeitsverhältnisses** (Altersteilzeitgesetz, AltTZG v. 23. 7. 1996, BGBl. S. 1078, zul. geänd. d. Art. 26a G v. 20. 12. 2007, BGBl. I. S. 3150 bzw. Tarifvertrag zur Regelung der Altersteilzeitarbeit v. 30. 6. 2000, GMBl. 2000, 942) geht das Wahlrecht zur Personalvertretung verloren. Zu diesem Zeitpunkt nämlich wird der Betreffende aus der Dienststelle ausgegliedert. Er wirkt nicht mehr an der Erfüllung öffentlicher Aufgaben mit. Außerdem unterliegt er nicht mehr dem Weisungsrecht des Dienststellenleiters, und er ist von der Arbeit freigestellt (BVerwG v. 15. 5. 2002, BVerwGE 116, 242 = ZBR 2003, 168 = PersV 2003, 267 = ZfPR 2002, 260; vgl. auch § 14 Anm. 32 a, § 29 Anm. 24 a, § 76 Anm. 20 a).

18. Falls ein Beschäftigter von der Möglichkeit des **Sabbatjahres** (§ 3 b Abs. 1 Satz 2 AZV, vgl. § 4 Anm. 7a) Gebrauch machen möchte, dann hat dies nur dann Auswirkungen auf das aktive Wahlrecht, wenn die Freistellungsphase von einem Jahr ausgeschöpft wird; nach Rückkehr lebt das Wahlrecht wieder auf. Demgegenüber bleibt das aktive Wahlrecht dann bestehen, wenn nur eine kurzzeitige Freistellung von bis zu neun Monaten – ähnlich wie bei Abordnungen – erfolgt und der Betreffende sodann in die Dienststelle wieder zurückkehrt (Lorenzen u. a., § 13 Anm. 24 a). **17c**

19. Im Falle eines **befristeten Arbeitsvertrages** von Beschäftigten, die monatlich wiederkehrend nur zu bestimmten Zeiten tätig werden, besteht das aktive Wahlrecht selbst dann, wenn die Wahl außerhalb dieser Zeiten liegt (Lorenzen u. a., § 13 Anm. 26; vgl. auch: BVerwG v. 8. 12. 1967, PersV 1968, 114); denn die Betreffenden sind in die Dienststelle eingegliedert und insoweit berechtigter Weise an einer wirksamen Interessenvertretung interessiert. **17d**

III. Abordnung

1. Nach Abs. 2 werden Beamte und Arbeitnehmer, die zu einer Dienststelle abgeordnet sind, in ihr wahlberechtigt, sobald die **Abordnung** länger als drei Monate gedauert hat. Dabei kommt es auf das mit der Abordnung verfolgte Ziel (zeitweilig oder in der Absicht späterer Versetzung) nicht an. Maßgebend ist der Tag der tatsächlichen Eingliederung, nicht der des Eingangs der Abordnungsverfügung. **18**

a) Der Begriff „Abordnung" ist dem Beamtenrecht entnommen. Nach § 27 Abs. 1 BBG, § 17 Abs. 2 BRRG kann ein Beamter vorübergehend zu einer seinem Amt entsprechenden Tätigkeit an eine andere Dienststelle abgeordnet werden. Eine Definition des Begriffs enthält das Gesetz nicht. Es hat sich folgende **Begriffsbestimmung** durchgesetzt: Abordnung ist „die Weisung an einen Beamten, unter Aufrechterhaltung seiner beamtenrechtlichen Rechtsstellung und unter Beibehaltung seines Amtes bei der Heimatbehörde bei einer anderen Dienststelle eines öffentlich-rechtlichen Dienstherrn tätig zu sein" (Plog u. a., § 27 Anm. 9; über Zuständigkeit etc. vgl. im Einzelnen § 27 BBG, § 17 BRRG). Da die Vorschrift keine Unterscheidung danach trifft, von welcher Dienststelle oder von welchem Dienstherrn der Beschäftigte abgeordnet wird, gilt Abs. 2 auch dann, wenn sich die Abordnung zwischen verschiedenen Dienstherrn vollzieht (OVG Münster v. 16. 5. 1978, PersV 1980, 243). **19**

b) Dem in Abs. 2 verwendeten Begriff der „Abordnung" kommt eine selbstständige personalvertretungsrechtliche Bedeutung zu. Sie liegt vor allem in einer **Anpassung an die tatsächlichen Verhältnisse.** Dies wird dadurch verdeutlicht, dass der Gesetzgeber in Abs. 2 den Erwerb des Wahlrechts bei der aufnehmenden Dienststelle von der tatsächlichen Dauer der Abordnung abhängig macht. Deshalb ist für die Frage, ob eine Abordnung vorliegt, nicht die auf dem Dienstvertrag beruhende rechtliche Beziehung, sondern das tatsächliche Beschäftigungsverhältnis maßgebend. Ist daher ein Beschäftigter in eine andere Dienststelle tatsächlich arbeitsmäßig eingegliedert und unterliegt in seinem neuen Arbeitsbereich alleine den Weisungen des für ihn nunmehr zuständigen Vorgesetzten (BVerwG v. 6. 6. 1991, Leits. ZBR 1992, 57 = PersV 1992, 76 = ZfPR 1991, 169), so wird er, wenn diese Eingliederung drei Monate übersteigt, in der anderen Dienststelle wahlberechtigt, es sei denn, dass er innerhalb der nächsten sechs Monate wieder in seine „alte" Dienststelle zurückkehren wird. **20**

21 c) Für die **Abordnung von Arbeitnehmern** gilt entsprechendes.

22 d) Nicht als Abordnung i. S. von Abs. 2 ist die **„Abordnung" zum Besuch eines Lehrganges,** einer Tagung oder Schulung anzusehen, da hiermit kein Dienststellenwechsel verbunden ist. Die Betroffenen bleiben auch bei einer länger als dreimonatigen „Abordnung" bei ihrer Stammdienststelle wahlberechtigt(Sembdner, PersV 1960, 33).

23 e) Wenn Beschäftigte im Rahmen ihres Dienst-/Arbeitsverhältnisses beauftragt werden, **stundenweise auch bei einer anderen Dienststelle tätig zu werden,** dann ist auch dies eine Abordnung i. S. des Abs. 2, weil hierin eine für den betroffenen Beschäftigten einschneidende Maßnahme liegt. Sofern die entsprechende Tätigkeit nicht nur untergeordnete Bedeutung hat, wird der Beschäftigte gleichzeitig auch in der Dienststelle nach drei Monaten wahlberechtigt, zu der er abgeordnet ist. Er kann nämlich dort zumindest von sozialen und organisatorischen Maßnahmen betroffen sein, so dass er die Möglichkeit haben muss, auf die in dieser Dienststelle zu bildende Personalvertretung durch Wahl Einfluss zu nehmen. Insoweit steht ihm ein doppeltes Wahlrecht sowohl in der Dienststelle zu, in der er auch weiterhin Dienst tut, wie aber auch in der Dienststelle, in der er gleichzeitig einer stundenweisen Beschäftigung nachgeht (ausdrücklich offengelassen: BVerwG v. 11. 12. 1964, PersV 1965, 63; wie hier: OVG Bremen v. 23. 8. 1988, PersV 1990, 265). Ein doppeltes Wahlrecht kann aber nur für die Fälle in Betracht kommen, in denen ein Beschäftigter gleichzeitig in zwei Dienststellen eingegliedert ist, also in zwei Dienststellen weisungsgebunden beschäftigt ist und dort jeweils Aufgaben tatsächlich wahrnimmt (VGH München v. 23. 4. 1997, PersR 1997, 492).

24 f) Nicht als Abordnung i. S. von Abs. 2 gilt die **Freistellung** eines Beschäftigten einer nachgeordneten Dienststelle zur Wahrnehmung seiner Aufgaben als Mitglied einer Stufenvertretung oder eines Gesamtpersonalrats. Diese Freistellung führt also nicht zum Verlust des Wahlrechts bei der Stammdienststelle (vgl. Abs. 2 Satz 2).

25 2. Sobald die Abordnung **länger als drei Monate** dauert, verliert der Beschäftigte das Wahlrecht bei der bisherigen Dienststelle und wird in der Dienststelle wahlberechtigt, in der er dann tatsächlich tätig ist. Für den Verlust des Wahlrechts bei der Dienststelle kommt es allein darauf an, ob die Beschäftigung bei der neuen Dienststelle länger als drei Monate gedauert hat und ob tatsächlich eine Wahlberechtigung in der neuen Dienststelle entstanden ist. Die Dauer der Abordnung von der alten Dienststelle ist unerheblich (Cecior u. a., § 10 Anm. 28). Ist ein Beschäftigter z. B. zunächst zwei Monate zu einer bestimmten Dienststelle abgeordnet und im Anschluss daran für weitere zwei Monate zu einer anderen Dienststelle, so verliert er damit sein Wahlrecht bei der alten Dienststelle nicht, weil er in eine neue Dienststelle noch nicht länger als drei Monate eingegliedert ist (Engelhard-Ballerstedt, § 9 Anm. 18). Auch wenn sich unmittelbar an die erste Abordnung eine zweite anschließt, so kann für die Frage der Wahlberechtigung die Abordnungszeit bei der ersten Dienststelle nicht miteinbezogen werden; denn der Beschäftigte muss zu der Dienststelle, bei der das Wahlrecht zur Diskussion steht, länger als drei Monate abgeordnet sein (Richardi u. a., § 13 Anm. 31). Ein Beschäftigter eines Landes, der zu einer Bundesbehörde abgeordnet ist, kann nach Ablauf von drei Monaten die Wahlberechtigung bei der Bundesbehörde unter der Voraussetzung erlangen, dass er nicht binnen wei-

terer sechs Monate in den Landesdienst zurückkehren wird (Richardi u. a., § 13 Anm. 33).

3. Die Abordnung führt auch dann nicht zum Verlust der Wahlberechtigung in der alten Dienststelle, wenn feststeht, dass der Beschäftigte innerhalb eines Zeitraums von weiteren sechs Monaten – gerechnet spätestens vor Ablauf der in Satz 1 genannten Dreimonatsfrist – wieder zurückkehren wird (VG Köln v. 27. 5. 1994, PersR 1994, 340). Würde bei einer **zeitlich begrenzten Abordnung** das Wahlrecht bei der „abordnenden" Dienststelle verlorengehen, so wäre der in die Dienststelle wieder nach einem bestimmten Zeitraum (sechs Monate) zurückkehrende Beschäftigte von einer Einflussnahme auf die Zusammensetzung der Personalvertretung ausgeschlossen, obwohl er während des größten Teils der Amtszeit wieder zur Dienststelle gehören wird. Die Rückkehr in die alte Dienststelle binnen weiterer sechs Monate steht nur dann i. S. von Abs. 2 Satz 3 fest, wenn sich ein entsprechender Beendigungszeitpunkt aus der Abordnungsverfügung selbst oder aber aus eindeutigen Erklärungen der beteiligten Dienststellen ergibt (OVG Koblenz v. 15. 5. 1981, Leits. DÖV 1983, 125). Ist die Rückkehr nur möglich oder zu erwarten, dann wird das Wahlrecht nach Ablauf von drei Monaten in der Beschäftigungsdienststelle erworben (VG Hannover v. 6. 9. 1976 – PersVG 13/76, n. v.). Gleichzeitig ist damit auch ein nachträglicher Verlust der Wählbarkeit in der alten Dienststelle und ein Verlust des dort evtl. bestehenden Personalratsamts verbunden. 26

4. Nach § 123 a Abs. 1 BRRG kann einem Beamten „im dienstlichen oder öffentlichen Interesse mit seiner Zustimmung vorübergehend eine seinem Amt entsprechende **Tätigkeit** bei einer öffentlichen Einrichtung **außerhalb** der **Bundesrepublik** Deutschland" **zugewiesen** werden. Auch diese Beamten verlieren das Wahlrecht nach einer länger als drei Monate dauernden Tätigkeit, es sei denn, dass ihre Rückkehr binnen weiterer sechs Monate in die alte Dienststelle feststeht. Für Arbeitnehmer gilt entsprechendes. Gleiches gilt auch für solche Beschäftigte, die einer ARGE zugewiesen sind (vgl. OVG Koblenz v. 8. 3. 2006, ZfPR online 10/2006, S. 15, vgl. hierzu auch Prümen, PersR 2006, 404). 27

IV. Beamte im Vorbereitungsdienst/Auszubildende

1. Nach Abs. 3 sind **Beamte im Vorbereitungsdienst** und Beschäftigte in entsprechender Berufsausbildung nur bei ihrer Stammbehörde wahlberechtigt. Beamte im Vorbereitungsdienst sind die, denen die Ableistung eines Vorbereitungsdienstes nach den §§ 16 bis 19 BBG und nach § 14 BLV auferlegt ist. Stammbehörde ist diejenige Behörde, die die Einstellung verfügt und die Ausbildung durch Einteilung, Zuweisung anderer Ausbildungsstationen etc. vornimmt. Der Gesetzgeber hat sich deshalb zu einer besonderen gesetzlichen Regelung in diesem Zusammenhang entschieden, weil die im Vorbereitungsdienst und in entsprechender Berufsausbildung befindlichen Beschäftigten ihre Tätigkeit bei einer Dienststelle nur vorübergehend und nur solange ausüben, wie es ihre jeweilige Ausbildung erfordert. Infolgedessen wechseln sie sehr häufig ihre Dienststelle. Es wäre daher nicht sachgerecht, den im Vorbereitungsdienst befindlichen Beamten, die immer nur vorübergehend einer bestimmten Dienststelle angehören, Einfluss auf die Zusammensetzung der dortigen Personalvertretung zu geben. Daher stellt Abs. 3 sicher, dass das aktive Wahlrecht nur bei der Stelle besteht, die die Einstellung verfügt und die Ausbildung regelt, obwohl auch in dieser Behörde eine tatsächliche Eingliederung nicht erfolgt (BVerwG v. 11. 3. 1966, BVerwGE 23, 355 = PersV 1966, 85). 28

29 2. Beschäftigte in einer dem Vorbereitungsdienst entsprechenden Berufsausbildung sind **Arbeitnehmer,** die meist bei mehreren Dienststellen nach Weisungen der Stammbehörde tätig sind, die ihrerseits die Einstellung verfügt und die Ausbildung im Einzelnen regelt. Zu dem entsprechenden Personenkreis zählen alle Beschäftigten, die nicht nur bei ihrer „Stammbehörde“, sondern in unterschiedlichen Dienststellen ausgebildet werden (VGH Kassel v. 17. 6. 1993 – TK 175/93, n. v.). **Auszubildende** im Sinne des Berufsbildungsgesetzes zählen nicht zu den Beschäftigten, die sich in einer Berufsausbildung befinden, die dem Vorbereitungsdienst entspricht, da sie fest in eine bestimmte Dienststelle eingegliedert sind. In einer dem Vorbereitungsdienst im Beamtenverhältnis auf Widerruf vergleichbaren Ausbildung befinden sich nur diejenigen Beschäftigten, die in mehreren, zeitlich aufeinander folgenden Abschnitten bei verschiedenen Ausbildungsdienststellen eingesetzt werden (BVerwG v. 18. 9. 2003, BVerwGE 119, 64 = Leits. ZfPR 2004, 114; BVerwG v. 11. 9. 2007, PersR 2007, 484 = ZfPR 2008, 5; Fischer u. a., § 13 Anm. 26; Lorenzen u. a., § 13 Anm. 54).

V. Wahlanfechtung bei Verstößen gegen § 13

30 Bei **Verstößen** gegen diese Vorschrift kann die Wahl unter den Voraussetzungen des § 25 angefochten werden. Konnte durch den Verstoß gegen Vorschriften über das aktive Wahlrecht das Wahlergebnis nicht geändert oder beeinflusst werden, so ist die Anfechtung ausgeschlossen. Ist ein Beschäftigter nur deshalb versetzt oder abgeordnet worden, um ihm bei der neuen Dienststelle das Wahlrecht zu verschaffen oder es ihm bei der Stammdienststelle zu entziehen, so begründet diese rechtswidrige (§ 24) Maßnahme kein Wahlrecht (LVG Hannover v. 15. 5. 1956, ZBR 1957, 28).

VI. Streitigkeiten

31 Streitigkeiten über die Wahlberechtigung entscheiden die Verwaltungsgerichte (§ 83 Abs. 1 Nr. 1). Bei Meinungsverschiedenheiten über das Wahlrecht kann ein Beschlussverfahren mit dem Ziel eingeleitet werden, auch außerhalb des Wahlverfahrens und unabhängig von einer Wahlanfechtung die Wahlberechtigung festzustellen. Ein Rechtsschutzinteresse ist immer dann zu bejahen, wenn eine Klärung des Wahlrechts auch für die Zukunft angestrebt wird (BVerwG v. 18. 10. 1978, BVerwGE 56, 330 = ZBR 1979, 316 = PersV 1979, 500; Richardi u. a., § 13 Anm. 57; vgl. auch § 14 Anm. 31, 32, vor allem im Hinblick auf die Zulässigkeit einer einstweiligen Verfügung).

Schrifttum: Baden, Wahlrecht und Wählbarkeit von Mitgliedern der Stufenpersonalvertretung und der Haupt- und Bezirksvertrauensleute der Schwerbeschädigten zu Personalratswahlen, PersV 1960, 145; Boemke, Personalvertretung und Arbeitnehmerüberlassung, PersV 2004, Kröller, Betriebsratswahlen und das Wahlrecht Wehrpflichtiger, BB 1972, 228; Pittrof, Die Vorabstimmungen zu den Wahlen der Personalvertretungen, PersV 1960, 55; Prümen, Die betriebliche Interessenvertretung bei den Arbeitsgemeinschaften, PersR 2006, 404; Richardi, Die Wahlberechtigung und Wählbarkeit zur Personalvertretung bei Versetzung an eine andere Dienststelle, PersV 1978, 449; Walz, Grenzbereich des Wahlrechts zum Personalrat, PersV 1987, 441; siehe auch Schrifttum zu § 4 und § 12.

§ 14 [Wählbarkeit]

(1) Wählbar sind alle Wahlberechtigten, die am Wahltage
1. seit sechs Monaten dem Geschäftsbereich ihrer obersten Dienstbehörde angehören und
2. seit einem Jahr in öffentlichen Verwaltungen oder von diesen geführten Betrieben beschäftigt sind.
Nicht wählbar ist, wer infolge Richterspruchs die Fähigkeit, Rechte aus öffentlichen Wahlen zu erlangen, nicht besitzt.

(2) Die in § 13 Abs. 3 genannten Personen sind nicht in eine Stufenvertretung wählbar.

(3) Nicht wählbar sind für die Personalvertretung ihrer Dienststelle die in § 7 genannten Personen sowie Beschäftigte, die zu selbstständigen Entscheidungen in Personalangelegenheiten der Dienststelle befugt sind.

Inhaltsübersicht

Entspr. landesgesetzliche Regelungen:
Baden-Württemberg: § 12; Bayern: Art. 14; Berlin: § 13 Abs. 1, 3; Brandenburg: § 14; Bremen: § 10; Hamburg: § 12; Hessen: § 10; Mecklenburg-Vorpommern: § 12 Abs. 1 bis 3; Niedersachsen: § 12; Nordrhein-Westfalen: § 11; Rheinland-Pfalz: § 11; Saarland: § 13; Sachsen: § 14; Sachsen-Anhalt: § 14; Schleswig-Holstein: § 12 Abs. 1 bis 3; Thüringen: § 14.

Entspr. Vorschrift des BetrVG: § 8.

I. Vorbemerkungen

1 1. Das **Mindestalter** für die Wählbarkeit (Vollendung des 18. Lebensjahres) entspricht dem für das aktive Wahlrecht, so dass alle Beschäftigten wählbar und wahlberechtigt (§ 13 Abs. 1) sind, die am Wahltag das 18. Lebensjahr vollendet haben.

2 2. Die Vorschrift regelt **das passive Wahlrecht,** die Voraussetzungen also, unter denen Beschäftigte in Personalvertretungen **gewählt werden können.** Das passive Wahlrecht ist abhängig vom Bestehen des aktiven Wahlrechts (BVerwG v. 7. 11. 1975, BVerwGE 49, 342 = ZBR 1976, 228 = PersV 1977, 22). Wählbar sind die Beschäftigten, die am Wahltag bereits sechs Monate dem Geschäftsbereich ihrer obersten Dienstbehörde angehören und seit einem Jahr in öffentlichen Verwaltungen oder von diesen geführten Betrieben beschäftigt sind. Auf das Erfordernis einer ununterbrochenen sechsmonatigen Zugehörigkeit zur Dienststelle, in der gewählt wird, wird nicht abgestellt, weil davon ausgegangen werden kann, dass unter den genannten Voraussetzungen ein Kandidat den Einblick in die dienstlichen Verhältnisse seiner Dienststelle gewonnen hat, „der ihn befähigt, ein Personalratsamt auszuüben" (vgl. Begr. des Gesetzentwurfs der SPD/FDP-Fraktionen zu § 13, BT-Drucks. 7/176). Die bei der obersten Dienstbehörde (oder Mittelbehörde) unmittelbar Beschäftigten sind zu der dort auf das Haus bezogenen (örtlichen) Personalvertretung wahlberechtigt und wählbar (OVG Münster v. 8. 6. 1977, ZBR 1978, 174).

3 3. Auch den **ausländischen Beschäftigten** steht ein passives Wahlrecht zu. **Beamte im Vorbereitungsdienst** und Beschäftigte in entsprechender Berufsausbildung sind für die örtlichen Personalräte wählbar, nicht aber für die Stufenvertretungen.

4 4. Die **Vorschrift regelt abschließend sowohl die Voraussetzungen der Wählbarkeit wie auch die Tatsachen, die sie ausschließen** (BVerwG v. 28. 3. 1979, ZBR 1979, 273 = PersV 1980, 428). Die für die Ausübung des aktiven Wahlrechts erforderliche Eintragung in das Wählerverzeichnis (vgl. § 13 Anm. 3) ist nicht Voraussetzung des passiven Wahlrechts (Fischer u. a. § 14 Anm. 3; Richardi, PersV 1978, 449; aA Lorenzen u. a., § 14 Anm. 1).

II. Wählbarkeit

5 1. Die Vorschrift nennt die **Voraussetzungen,** unter denen Beschäftigte Mitglieder von Personalvertretungen werden können. Wählbar sind solche Beschäftigten, die die abschließend geregelten Voraussetzungen erfüllen: Der Kandidat muss **wahlberechtigt** sein (vgl. § 13 sowie die dort. Anm.). Ein Verlust der Wahlberechtigung führt zum Verlust der Wählbarkeit (VGH Freiburg v. 30. 10. 1957, ZBR 1958, 23 = PersV 1958/59, 19). Der Wahlberechtigte muss am Wahltag **mindestens 18 Jahre alt** sein. Erstreckt sich die Wahl über mehrere Tage, so muss die **Vollendung des 18. Lebensjahres** wenigstens am letzten Wahltag eingetreten sein (vgl. § 13 Anm. 5). Der

Mangel der Wählbarkeit entfällt jedoch, wenn der Gewählte das Mindestalter erreicht hat, ohne dass die Wahl mit Erfolg angefochten oder die Nichtwählbarkeit festgestellt worden ist (vgl. für das BetrVG: BAG v. 7. 7. 1954, BAGE 1, 43). Der Kandidat muss am Wahltag **sechs Monate** dem Geschäftsbereich seiner obersten Dienstbehörde angehören (vgl. zum Begriff „oberste Dienstbehörde" § 6 Anm. 12) und seit einem Jahr in öffentlichen Verwaltungen oder von diesen geführten Betrieben beschäftigt sein. Dies gilt nicht für die Beschäftigten einer Dienststelle, die weniger als ein Jahr besteht (§ 15 Abs. 1). Auch in diesem Zusammenhang reicht es aus, wenn die Voraussetzung bei einer sich über mehrere Tage hinziehenden Wahl **am letzten Wahltag** erfüllt ist. Die Voraussetzung ist auch dann erfüllt, wenn der Beschäftigte einen Teil seiner Dienstzeit **bei einer anderen Dienststelle** seines Dienstherrn verbracht hat, die inzwischen infolge organisatorischer Maßnahmen in der Dienststelle aufgegangen ist, in der nun Personalratswahlen stattfinden. Im Falle der Zuordnung einer Dienststelle zu einer anderen obersten Dienstbehörde genügt es, dass die Wahlberechtigten am Wahltag seit sechs Monaten entweder der Dienststelle unmittelbar oder dem Geschäftsbereich der bisherigen obersten Dienstbehörde angehören. Wenn eine bisher selbstständige Dienststelle in eine andere Dienststelle eingegliedert wird, die dem Geschäftsbereich einer anderen obersten Dienstbehörde angehört, so gilt gleiches (aA Fischer u. a., § 14 Anm. 10).

2. Die Zugehörigkeit zu einer Dienststelle kann auch durch **Abordnung** **6**
erreicht werden. Wenn ein Beschäftigter seit mehr als sechs Monaten dem gleichen Geschäftsbereich angehört, dann ist er in der Dienststelle wählbar, in der er auch wahlberechtigt ist. Dabei sind die Vorschriften des § 13 Abs. 2 Satz 2 und 3 zu berücksichtigen. Ist dagegen eine sechsmonatige Zugehörigkeit zum Geschäftsbereich noch nicht gegeben, so ist der Betreffende für die Personalvertretung der neuen Dienststelle nicht wählbar. Die Wählbarkeit in der bisherigen Dienststelle hängt davon ab, ob er dort wahlberechtigt ist (vgl. § 13 Anm. 26).

3. Eine durch Krankheit oder Erholungsurlaub ausgelöste **Unterbrechung** **7**
ist für die Frist nach Abs. 1 Nr. 1 unschädlich, da der Zusammenhang mit der Dienststelle gewahrt bleibt. Insoweit ist auch eine Beurlaubung ohne Dienstbezüge bis zu einer Dauer von sechs Monaten ohne Belang. Geht allerdings eine solche Beurlaubung über sechs Monate hinaus, dann ist entsprechend § 13 Abs. 1 Satz 2 zu verfahren und eine Zugehörigkeit zur Dienststelle, in der nun gewählt wird, zu verneinen. Die Frist nach Abs. 1 Nr. 1 beginnt erst wieder mit der Aufnahme der Beschäftigung neu zu laufen (Lorenzen u. a., § 14 Anm. 17; Richardi u. a., § 14 Anm. 6; aA Fischer u. a., § 14 Anm. 8).

4. Ebenso führt die Mitgliedschaft in einer **Stufenvertretung,** zu der der **8**
Beschäftigte freigestellt ist, **nicht** zu einer **Unterbrechung** der tatsächlichen Zugehörigkeit zur Dienststelle (Engelhard-Ballestedt, § 10 Anm. 13). Wer sich am Wahltag in Elternzeit befindet, ist ebenfalls wählbar, denn die Wählbarkeit besteht so lange, wie das aktive Wahlrecht fortbesteht (VG Frankfurt v. 25. 7. 2005 – 22 K 1568.05 (V), n. v.; vgl. auch Verordnung über Erziehungsurlaub für Bundesbeamte und Richter im Bundesdienst, ErzUrlV; vgl. im Übrigen § 13 Anm. 16). Voraussetzung ist, dass die Zugehörigkeit zum Geschäftsbereich der obersten Dienstbehörde vor Beginn der Mutterschutzfrist bereits sechs Monate betragen und dass die Beschäftigung in öffentlichen Verwaltungen oder von diesen geführten Betrieben seit einem Jahr bestanden hat. Allerdings entfällt das passive Wahlrecht dann, wenn

Bezüge nach Ablauf der Mutterschutzfristen nicht mehr gezahlt werden und Erziehungsurlaub bereits sechs Monate lang in Anspruch genommen wurde, es sei denn, das betreffende Personalratsmitglied hat bis zur Höchstdauer von 20 Stunden wöchentlich Arbeit wieder aufgenommen.

9 5. Es kann in diesem Zusammenhang bei einer Unterbrechung durch andere als die vorstehend genannten Umstände (z. B. anderweitige Tätigkeit oder Arbeitslosigkeit) nicht darauf ankommen, ob das Dienstverhältnis nur für eine verhältnismäßig kurze Zeit unterbrochen war; denn bei der formalen Ausgestaltung des Wahlrechts kann die **Wählbarkeit nicht von den besonderen Voraussetzungen des Einzelfalles** abhängen (BVerwG v. 9. 10. 1959, BVerwGE 9, 213 = ZBR 1959, 398 = PersV 1958/59, 330). Die vor der Unterbrechung liegende Zeit kann daher bei der Fristberechnung nach Abs. 1 Nr. 1 nicht mitgezählt werden (vgl. Anm. 7). Dies gilt auch im Falle einer ununterbrochenen Personalratstätigkeit (VGH Kassel v. 8. 3. 2001, PersV 2002, 68).

10 6. Als **weitere Voraussetzung der Wählbarkeit** muss nach Abs. 1 Nr. 2 hinzukommen, dass der betreffende Beschäftigte „seit einem Jahr in öffentlichen Verwaltungen oder von diesen geführten Betrieben beschäftigt" ist. Dieses Erfordernis besteht nicht im Falle des § 15 Abs. 1, wenn oberste Dienstbehörde oder Dienststelle weniger als ein Jahr bestehen.

11 7. Abs. 1 Nr. 2 soll sicherstellen, dass nur Personen in die Personalvertretungen gewählt werden, die **durch längere Erfahrungen eine gewisse Urteilsfähigkeit in Fragen der öffentlichen Verwaltung** erworben haben. Diese Voraussetzung ist nur bei einer längeren Eingliederung in die jeweilige Dienststelle gegeben.

12 8. Die Zeit muss nicht bei derselben Verwaltung verbracht worden sein. Entscheidend ist vielmehr, dass der Kandidat am Wahltag mindestens **zwölf Monate im öffentlichen Dienst** tätig war. Er kann während dieses Zeitraumes in einem Beschäftigungsverhältnis zum Bund, bundesunmittelbaren Körperschaften, Anstalten und Stiftungen des öffentlichen Rechts, zu einem Land (z. B. Gerichten, auch im Falle einer richterlichen Tätigkeit), zu einer Gemeinde oder zu einem Gemeindeverband bzw. zu von diesen geführten Betrieben gestanden haben (Fischer u. a., § 14 Anm. 11; Richardi u. a., § 14 Anm. 12). Nicht ausreichend ist, wenn es sich um Betriebe mit eigener Rechtspersönlichkeit (z. B. AG, GmbH) handelt, die dem Privatrecht zugeordnet sind und für die das BetrVG gilt.

13 9. Unschädlich ist eine bereits zu einer Personalvertretung bestehende Mitgliedschaft. Das Gesetz zählt die **Ausschlusstatbestände abschließend** auf. Hierzu zählt nicht eine bereits bestehende anderweitige Mitgliedschaft in einer Personalvertretung.

13a 9. a) Beschäftigte im Geschäftsbereich des Bundesministeriums der Verteidigung, die einem Wirtschaftsunternehmen zugewiesen sind, mit dem die Bundeswehr einen **Kooperationsvertrag** eingegangen ist, sind Wahlberechtigte und somit auch wählbar. Hierbei handelt es sich entweder um Zuweisungen nach § 123 a Abs. 2 BRRG oder um entsprechende arbeitsvertragliche Regelungen. Nach §§ 2, 3 des Kooperationsgesetzes der Bundeswehr (Art. 1 des Gesetzes v. 30. 7. 2004, BGBl. I S. 2027 – BwKoopG; vgl. Einl. Anm. 54) bleiben Wahlrecht und Wählbarkeit zum Personalrat der früheren Dienststelle dauerhaft erhalten, während die betreffenden Beschäftigten in dem Wirtschaftsunternehmen, dem sie zugewiesen sind, auch zur Wahl des Betriebsrats wahlberechtigt und wählbar sind. Hierbei kann es sich allerdings nur um eine Ausnahmeregelung für eine nur kurze Zeit handeln (vgl. Lorenzen u. a., § 14 Anm. 18 a).

10. Die beiden **Wählbarkeitsvoraussetzungen** des Abs. 1 Nr. 1 und 2 **müssen am (letzten) Wahltag sämtlich und gleichzeitig vorliegen.** Fehlt auch nur eine von ihnen, so kann der Betreffende nicht gewählt werden. Ist allerdings der Mangel inzwischen geheilt (der Gewählte hat das 18. Lebensjahr vollendet), ohne dass die Wahl angefochten oder die Nichtwählbarkeit festgestellt worden ist, so bleibt die Mitgliedschaft in der Personalvertretung unberührt (BVerwG v. 8. 6. 1962, BVerwGE 14, 241 = ZBR 1962, 283 = PersV 1962, 236; vgl. auch Anm. 5). Dagegen ist ein Wahlvorschlag mit einem Bewerber, der im Zeitpunkt der Wahl der Dienststelle nicht mehr angehören wird, ungültig und unverzüglich an den Einreicher zurückzugeben. Der Wahlvorstand kann keinesfalls durch Streichung des Bewerbers den Wahlvorschlag verändern (OVG Hamburg v. 14. 10. 1980, PersV 1982, 157; vgl. auch § 10 Anm. 3 WO). 14

III. Ausschluss der Wählbarkeit

1. Die **Wählbarkeit** ist in folgenden Fällen **ausgeschlossen:** 15

a) Nicht wählbar sind solche Beschäftigten, die **„infolge Richterspruchs die Fähigkeit, Rechte aus öffentlichen Wahlen zu erlangen, nicht besitzen“** (vgl. im Einzelnen § 45 StGB; vgl. § 13 Anm. 7). Mit Art. 3 des Gesetzes zur wirkungsgleichen Übertragung von Regelungen der sozialen Pflegeversicherung in das Dienstrecht und zur Änderung sonstiger dienstrechtlicher Vorschriften vom 4. 11. 2004 (BGBl. I S. 2686) ist das passive Wahlrecht nicht mehr vom **Umfang einer Beschäftigung** von mindestens 18 Wochenstunden abhängig. Dieser Regelung lag die Annahme des Gesetzgebers zu Grunde, dass Beschäftigte, die nur eine verhältnismäßig geringe Arbeitszeit in der Dienststelle verbringen, nicht die für die Ausübung des Personalratsamtes erforderlichen Kenntnisse über die Situation in der Dienststelle besitzen. Von dieser Regelung waren hauptsächlich Frauen in Teilzeitbeschäftigung betroffen. Nach der Neuregelung können Beschäftigte im Sinne des § 4, die im Übrigen die Voraussetzungen für die Wählbarkeit erfüllen, unabhängig von ihrer Stundenzahl, mit der sie beschäftigt sind, für eine Personalvertretung kandidieren. Insoweit besteht eine vollständige Gleichbehandlung von Teilzeitbeschäftigten und Vollzeitbeschäftigten. **Beamte im Vorbereitungsdienst** sowie Arbeitnehmer in entsprechender Berufsausbildung sind bei ihrer Stammbehörde (§ 13 Anm. 29) für den örtlichen Personalrat und für den Gesamtpersonalrat wählbar. Dagegen **besitzen sie kein passives Wahlrecht für die Stufenvertretungen.** Auf diese Weise soll sichergestellt werden, dass die Ausbildung für den künftigen Beruf, die Zweck und Ziel des Vorbereitungsdienstes ist, nicht durch eine Personalratstätigkeit gestört wird, die nur mit einem größeren Zeitaufwand zu bewältigen wäre (VGH München v. 23. 1. 1985 – Nr. 17. C 84, A 2284, n. v.). 16

b) Ein Wahlbewerber ist auch dann wählbar, wenn gegen ihn ein **Disziplinarverfahren** mit dem Ziel der Entfernung aus dem Dienst eingeleitet (§ 38 BDG; Richardi u. a., § 14 Anm. 28) oder wenn ihm die Führung der Dienstgeschäfte untersagt worden ist (§ 60 BBG; vgl. im Übrigen § 13 Anm. 11). 17

c) **Dienststellenleiter und ihre ständigen Vertreter** sind nicht in die Personalvertretungen ihrer Dienststelle wählbar. Die Regelung ist verfassungs- 18 konform (BayVerfGH v. 4. 12. 1975, PersV 1977, 99). Ebensowenig können bei den obersten Dienstbehörden die Leiter der Abteilung für Personal- und Verwaltungsangelegenheiten, bei Bundesoberbehörden ohne nachgeordnete Dienststellen und bei Behörden der Mittelinstanz die entsprechenden Abteilungsleiter in die Personalvertretungen gewählt werden (Abs. 3 i. V. mit § 7), sofern sie mit der Vertretung beauftragt sind. Ist dies allerdings nicht der Fall und steht ihnen auch keine selbstständige Entscheidungskompetenz in Personalangelegenheiten zu, so sind sie wählbar (BVerwG v. 22. 6. 2005, PersV 2006, 21 = Leits. ZfPR 2006, 75; Lorenzen u. a., § 14 Anm. 31; Richardi u. a., § 14 Anm. 23). Wählbar sind deshalb auch die zur Vertretung des Dienststellenleiters Beauftragten, mit deren Beauftragung die Personalvertretung sich einverstanden erklärt hat (§ 7 Satz 4). Daher ist nur der „ständiger" Vertreter, der aufgrund einer besonderen Regelung mit der ständigen Vertretung des Dienststellenleiters beauftragt ist bzw. der in § 7 Satz 3 ausdrücklich zur Vertretung Bestimmte bzw. der nach § 7 Satz 4 mit der ständigen Vertretung Beauftragte von der Wählbarkeit ausgeschlossen (OVG Münster v. 25. 10. 1976, PersV 1977, 303). Darüber hinaus ist ein solcher ständiger Vertreter auch nicht für die Schwerbehindertenvertretung wählbar; dies ergibt sich aus § 94 Abs. 3 Satz 2 SGB IX (vgl. § 40 Anm. 1) i. V. mit §§ 7, 14 BPersVG.

19 d) Der **Leiter der Dienststelle wie auch sein ständiger Vertreter** sind zu der Stufenvertretung, die bei ihrer Dienststelle errichtet ist, nicht wählbar (Leiter der Behörde der Mittelinstanz bzw. der obersten Dienstbehörde). Etwas anderes gilt für die Wählbarkeit zu einer Stufenvertretung außerhalb ihrer Dienststelle (Leiter einer nachgeordneten Dienststelle bei der Wahl des Bezirks- oder Hauptpersonalrats). Denn die Wählbarkeit des Dienststellenleiters und seines ständigen Vertreters ist nach dem Gesetzeswortlaut nur bezüglich der Personalvertretung ihrer Dienststelle, d. h. der Dienststelle, der sie angehören, ausgeschlossen. Dadurch können Pflichtenkollisionen nicht ausgeschlossen werden, die darin bestehen, dass ein Dienststellenleiter, der eine mitbestimmungspflichtige Maßnahme eingeleitet, der der zuständige Personalrat aber nicht zugestimmt hat, über diese Maßnahme als Mitglied der Stufenvertretung dann entscheiden muss, wenn die Angelegenheit in die nächsthöhere Stufe geht. Diese Folge aber hat der Gesetzgeber mit der Formulierung des § 53 Abs. 3 Satz 2 offensichtlich in Kauf genommen (Fischer u. a., § 14 Anm. 22; Lorenzen u. a., § 14 Anm. 32; aA OVG Münster v. 6. 12. 1988 zu § 11 Abs. 1, § 50 Abs. 3 Satz 1 LPVGNW, ZBR 1990, 156 = PersV 1990, 83; vgl. § 53 Anm. 20). Nach Auffassung des OVG Münster führt die entsprechende Anwendung des § 11 Abs. 1 LPVGNW dazu, dass die Dienststellenleiter und ihre Vertreter zu den Stufenvertretungen nicht wählbar sind; das gilt nach Meinung des Gerichts auch dann, wenn sie die genannten Funktionen nicht bei der Dienststelle ausüben, bei der die Stufenvertretung gebildet worden ist.

20 e) **Leiter einer als personalvertretungsrechtlich selbstständig geltenden Dienststelle** oder Teildienststelle **sind von der Wählbarkeit** (auch in Bezug auf den Gesamtpersonalrat) **ausgeschlossen.** Dabei kommt es nicht darauf an, ob ihnen überhaupt wichtige Entscheidungskompetenzen zustehen (BVerwG v. 22. 6. 1962, BVerwGE 14, 287 = ZBR 1962, 283 = PersV 1962, 257).

21 f) Für den **Vertreter des Leiters** solcher Dienststellen gilt dasselbe. Die Auswirkungen der Verselbstständigung erschöpfen sich nicht in der Möglichkeit, eine Personalvertretung zu wählen. Vielmehr tritt der dort gebildeten Perso-

nalvertretung als Partner und Repräsentant deren Leiter bzw. Stellvertreter gegenüber. Abs. 3 i. V. mit § 7 verbietet die Wahl des Dienststellenleiters und seines Stellvertreters. Auch insoweit kommt es nicht auf den Umfang der jeweiligen Entscheidungsbefugnisse an (BVerwG v. 22. 6. 1962, BVerwGE 14, 287 = ZBR 1962, 283 = PersV 1962, 257).

g) Beschäftigte, **die zu selbstständigen Entscheidungen in Personalangelegenheiten** der Dienststelle befugt sind, sind ebenfalls nicht wählbar. Dies sind diejenigen Beschäftigten, die eine Entscheidungsbefugnis in den Mitbestimmungsangelegenheiten besitzen, die in den Katalogen des § 75 Abs. 1 und des § 76 Abs. 1 aufgezählt sind. Zur Vermeidung von Pflichten- und Interessenkollisionen ist eine Trennung zwischen den Funktionen der Personalverwaltung und den Aufgaben der Personalvertretung sicherzustellen. Ein Beschäftigter, der personalrechtliche Entscheidungen zu treffen hat, soll nicht gleichzeitig als Mitglied der Personalvertretung mit zuvor von ihm beeinflussten Personalangelegenheiten befasst sein. Daher ist stets im Einzelfall zu prüfen, ob eine Vermischung beider Funktionen möglich ist (BVerwG v. 11. 3. 1982, BVerwGE 65, 127, 130; BVerwG v. 10. 5. 1982, PersV 1983, 194). Es muss ausgeschlossen sein, dass ein Beschäftigter „sich als Personalratsmitglied selbst kontrolliert“ (BVerwG v. 22. 6. 2005 – 6 P 8.04, ZBR 2005, 423 = PersV 2006, 21 = Leits. ZfPR 2006, 2; BVerwG v. 22. 6. 2005 – 6 P 2.05, ZBR 2005, 419 = PersV 2006, 18 = Leits. ZfPR 2006, 75; BVerwG v. 6. 9. 2005 – 6 PB 12.05, n.v. und 13.05, PersV 2006, 96, 423 = Leits. ZfPR 2006, 36). Grundsätzlich kommt die Entscheidungsberechtigung in der Zeichnungsbefugnis zum Ausdruck (Schlusszeichnung, OVG Lüneburg v. 15. 7. 1998, PersV 1999, 229) oder in Stellen-, Organisations- und Geschäftsverteilungsplänen bzw. Geschäftsordnungen (BVerwG v. 6. 9. 2005, aaO; OVG Lüneburg v. 30. 11. 2004, PersR 2005, 200; Fischer u. a., § 14 Anm. 21 a; Lorenzen u. a., § 14 Anm. 35). Aus Sinn und Zweck von Abs. 3 ergibt sich aber, dass es nicht entscheidend auf die Schriftform ankommt, aus der sich zweifelsfrei ergibt, ob einem Beschäftigten tatsächlich eine selbständige Entscheidungsbefugnis in personellen Angelegenheiten nach § 75 Abs. 1 und § 76 Abs. 1 zukommt, sondern alleine auf die dauerhaft und regelmäßig ausgeübte Tätigkeit. Aus Gründen der Rechtssicherheit ist aber eine entsprechende schriftliche Kompetenzzuweisung sinnvoll, damit für alle Beteiligten Klarheit besteht und zwar sowohl im Zeitpunkt der Aufstellung von Wahlvorschlägen als auch während der Amtszeit einer Personalvertretung; denn es darf nicht der Verdacht entstehen, als solle einem Beschäftigten nur deshalb und offensichtlich auch nur vorübergehend eine Entscheidungskompetenz in personellen Angelegenheiten zugewiesen werden, um dessen Wahl zu verhindern bzw. die Mitgliedschaft in der Personalvertretung zu beenden. Infolgedessen zählen Personen, die Entscheidungen lediglich vorbereiten, oder bei ihren Entscheidungen an das Einverständnis von Vorgesetzen gebunden sind, nicht zu dem Kreis derjenigen, die in Personalangelegenheiten eine selbstständige Entscheidungsbefugnis besitzen. Daher sind diejenigen nicht zu selbstständigen Entscheidungen befugt, die nur als Vertreter für die nach dem Stellenplan und der Geschäftsordnung zur Entscheidung Befugten tätig werden. Wenn allerdings ein Beschäftigter maßgeblichen Einfluss auf die Auswahl von Bewerbern, die eingestellt werden sollen, hat, und wenn ihm die Befugnis zusteht, diejenigen Bewerber auszuscheiden, die nach seiner Auffassung nicht die Bewerbungsvoraussetzungen erfüllen, dann ist ein solcher Beschäftigter vor allen Dingen dann, wenn er bestimmen kann, welche Bewerber zu Vorstellungsgesprächen zugelassen werden, entscheidungsbefugt (VG Schleswig v. 22. 3. 1996, PersR 1996, 400) und somit nicht wählbar. Für die Personalvertretung **einer höheren** 22

Stufe sind die zu selbstständigen Entscheidungen in Personalangelegenheiten befugten Personen jedoch wählbar; denn hier besteht keine Interessenkollision. Andernfalls würde ihnen in verfassungswidriger Weise das passive Wahlrecht genommen. In den Fällen aber, in denen ein Beschäftigter einer obersten Dienstbehörde oder einer Mittelbehörde auch für Personalangelegenheiten nachgeordneter Dienststellen zuständig ist, entfällt das passive Wahlrecht (OVG Münster v. 7. 10. 1992, Leits. ZBR 1993, 130; vgl. auch § 53 Anm. 24).

23 h) Der **ständige Personalsachbearbeiter** oder Hilfsreferent einer Dienststelle ist ebenfalls nicht zu selbstständigen Entscheidungen in Personalangelegenheiten befugt; er bereitet die einschlägigen Entscheidungen nur vor und ist daher wählbar. Dennoch ist zu empfehlen, solche Personen nicht kandidieren zu lassen, um den Anschein einer Interessenkollision zu vermeiden (Windscheid, PersV 1963, 145; vgl. auch OVG Münster v. 22. 10. 1979, Leits. ZBR 1980, 260 für den Fall des Vertreters eines Personalderzernenten und OVG Münster v. 24. 6. 1982, RiA 1983, 107). Zu „selbstständigen Entscheidungen in Personalangelegenheiten der Dienststelle befugt" ist auch nicht derjenige Beschäftigte, der anderen sachliche, auf die Arbeit oder Geschäftserledigung bezogene Anweisungen geben kann. Diese Kompetenz steht ausschließlich dem Dienstvorgesetzten i. S. des § 3 Abs. 2 Satz 1 BBG zu (OVG Hamburg v. 17. 11. 1958, ZBR 1959, 130). Wenn ein Personalsachbearbeiter allerdings nicht nur vorbereitende Maßnahmen trifft, sondern die innerdienstliche Befugnis hat, über eine personelle Angelegenheit (z. B. Einstellung) abschließend zu entscheiden, die Einstellungsverfügung zu unterzeichnen und dem ausgewählten Bewerber eine Einstellungszusage zu geben, dann steht ihm unter diesen Voraussetzungen eine die Wählbarkeit ausschließende selbstständige Entscheidungsbefugnis zu (OVG Berlin v. 10. 11. 1995 – OVG TV (Bln) 13.95, Leits. ZfPR 1996, 163). Die Befugnis zur Verhängung von Disziplinarmaßnahmen, zur Entscheidung über Urlaubsgesuche, zur Geltendmachung von Ersatzansprüchen (OVG Lüneburg v. 4. 11. 1960, ZBR 1960, 399) und die Befugnis, dienstliche Beurteilungen abzugeben, führt nicht zum Ausschluss der Wählbarkeit; denn in diesen Fällen besteht nicht die Gefahr einer Interessenkollision.

24 i) Eine selbstständige Entscheidung liegt so lange nicht vor, wie es sich um Maßnahmen handelt, die eine personelle Entscheidung nur **vorbereiten** oder die diese Entscheidung in Folgemaßnahmen zur Ausführung bringen. Gleiches muss gelten, wenn in Einzelfällen weniger wichtige Angelegenheiten (z. B. Beihilfen, Gehaltsvorschüsse etc.) zur Entscheidung stehen (OVG Lüneburg v. 16. 2. 1970, PersV 1970, 65; OVG Berlin v. 28. 12. 1970, PersV 1972, 75; OVG Münster v. 1. 4. 1982, PersV 1983, 199). In diesen Fällen ist eine Interessenkollision zwischen der dienstlichen Funktion einerseits und der Mitgliedschaft in der Personalvertretung andererseits nicht gegeben, so dass ein Wahlrechtsausschluss nicht gerechtfertigt ist. Besteht Streit darüber, ob einem Beschäftigten in personellen Angelegenheiten eine selbstständige Entscheidungsbefugnis zusteht und ist die Streitfrage nicht anhand von Stellen-, Organisations-, Geschäftsverteilungsplänen bzw. Geschäftsordnungen, Ausschreibungstexten, Stellen- und Tätigkeitsbeschreibungen oder Dienstpostenbewertungen (vgl. Anm. 22), auch nicht anhand der praktizierten Organisationsentscheidung der Dienststellenleitung zu beantworten, dann ist in einem verwaltungsgerichtlichen Beschlussverfahren Beweis zu erheben (BVerwG v. 6. 9. 2005, PersV 2006, 96, 423 = Leits. ZfPR 2006, 36).

25 j) Ausgeschlossen von der Wählbarkeit sind nur Beschäftigte, die **planmäßig und auf Dauer** die in Abs. 3 genannten Funktionen ausüben (BVerwG v.

6. 9. 2005, PersV 2006, 96, 423 = Leits. ZfPR 2006, 36). Ein Beschäftigter, der nur in außergewöhnlichen und normalerweise nicht vorherzusehenden Fällen (z. B. bei ungewöhnlichem Krankenstand) an dritter, vierter oder noch späterer Stelle erwarten kann, zur Vertretung eines in Abs. 3 genannten Beamten herangezogen zu werden, ist wählbar. Für die Zeit einer derartigen dienstlichen Tätigkeit ist wegen der Kollisionsgefahr allerdings eine Enthaltung von den Aufgaben in der Personalvertretung zu empfehlen (vgl. auch OVG Münster v. 20. 8. 1962, ZBR 1962, 391; OVG Münster v. 24. 6. 1982, RiA 1983, 107).

k) Der Begriff der „Personalangelegenheiten" in Abs. 3 ist identisch mit dem Begriff der **„Personalentscheidungen"** in § 77 Abs. 1. Es wäre nicht einsichtig, wenn der Gesetzgeber ohne erkennbaren Grund einen sprachlich übereinstimmenden Begriff in verschiedenen Vorschriften mit verschiedenem Inhalt benutzen würde. In § 77 Abs. 1 aber hat der Gesetzgeber zu erkennen gegeben, dass er unter „Personalangelegenheiten" nichts anderes verstanden wissen will, als die in § 75 Abs. 1, § 76 Abs. 1 und § 14 Abs. 3 genannten Personalangelegenheiten (BVerwG v. 11. 3. 1982, BVerwGE 65, 127 = PersV 1983, 405 unter ausdrücklicher Aufhebung der entgegenstehenden Entscheidungen, z. B. BVerwG v. 23. 10. 1970, ZBR 1971, 117 = PersV 1971, 141; vgl. auch BVerwG v. 10. 5. 1982 – 6 P 40.80, BVerwGE 65, 297 = PersV 1983, 155; BVerwG v. 10. 5. 1982 – 6 P 2.81, PersV 1983, 194). Im Übrigen ist Abs. 3 als **Ausnahmevorschrift** eng auszulegen und der Zweck dieser Bestimmung, Interessenkollisionen zu vermeiden, zu beachten (Lorenzen u. a., § 14 Anm. 36). 26

l) Nicht wählbar sind Beschäftigte, die nicht in einem Wahlvorschlag aufgenommen worden sind (§ 6 Abs. 2 Nr. 9 WO). In der WO gibt es aber keine Bestimmung, die dem Wahlvorstand gestattet, einen Wahlvorschlag bereits deshalb zurückzugeben, weil in ihm ein Kandidat benannt wird, der nicht in das **Wählerverzeichnis** eingetragen ist (Richardi, PersV 1978, 449). 27

m) **Mitglieder des Wahlvorstands** sind von der Wählbarkeit nicht ausgeschlossen. Die Ausschlusstatbestände nämlich sind gesetzlich abschließend aufgezählt. Zu ihnen gehört nicht die Mitgliedschaft im Wahlvorstand. Andernfalls ließe sich der vom Gesetzgeber verfolgte Zweck, auch in kleinen Dienststellen einen Personalrat zu bilden, nicht verwirklichen. Damit ist bewusst die Möglichkeit eines Interessenkonflikts in Kauf genommen worden, der dadurch entstehen kann, „dass Wahlbewerber als Mitglieder des Wahlvorstandes auch da fungieren, wo ihre Interessen als Bewerber berührt werden" (BVerwG v. 12. 1. 1962, BVerwGE 13, 296 = PersV 1962, 66; vgl. auch § 20 Anm. 10). 28

2. Ein **Ausschluss aus der Personalvertretung** berührt die Wählbarkeit des ausgeschlossenen Mitglieds für die nächste Amtsperiode nicht; denn dieser Tatbestand gehört nicht zu den abschließend aufgeführten, die Wählbarkeit hindernden Tatbeständen. Die Rechtsfolgen des Ausschlusses beschränken sich nach § 29 ausschließlich auf das Erlöschen der Mitgliedschaft in der Personalvertretung, der das ausgeschlossene Mitglied zum Zeitpunkt seines Ausschlusses angehört (BVerwG v. 26. 9. 1969, ZBR 1970, 334 = PersV 1970, 89). 29

3. Keinen Einfluss auf die Wählbarkeit hat eine **Einberufung zum Grundwehr- oder Zivildienst,** zu **Wehr-** oder **Eignungsübungen** oder zum **Luft-** 30

schutzdienst (vgl. auch § 13 Anm. 14, 15, 15 a). Solche Zeiten sind in vollem Umfang anzurechnen.

31 4. **Gleichstellungsbeauftragte** (Bundesgleichstellungsgesetz, BGleichG, v. 30. 11. 2001, BGBl. I S. 3234, zul. geänd. d. Art. 3 Abs. 11 G v. 14. 8. 2006, BGBl. I S. 1897) sind wählbar. Das BPersVG regelt abschließend die Tatbestände, die die Wählbarkeit ausschließen. Diese Tatbestände sind auf die Gleichstellungsbeauftragte nicht anwendbar, da diese weder zu dem in § 7 genannten Personenkreis noch zu demjenigen gehören, der zu selbstständigen Entscheidungen in Personalangelegenheiten befugt ist (vgl. auch: VG Freiburg v. 16. 2. 1997, Leits. ZfPR 2000, 16). Nach § 16 Abs. 5 BGleichG aber darf die Gleichstellungsbeauftragte keiner Personalvertretung angehören; sie hat also ihr Amt im Falle der Wahl niederzulegen (vgl. VG Gelsenkirchen v. 20. 7. 2004, PersV 2005, 116 = ZfPR 2005, 15).

31a 5. Außerdem ist folgendes zu berücksichtigen: Die Gleichstellungsbeauftragte gehört zur Personalverwaltung, sie wird unmittelbar der Dienststellenleitung zugeordnet (§ 18 Abs. 1 Satz 1 BGleiG). Insoweit besteht eine Nähe zur Dienststellenleitung. Die Gleichstellungsbeauftragte wirkt bei allen personellen, organisatorischen und sozialen Maßnahmen, die die Gleichstellung von Frauen und Männern, die Vereinbarkeit von Familie und Erwerbstätigkeit sowie den Schutz vor sexueller Belästigung am Arbeitsplatz betreffen, mit (§ 19 Abs. 1 Satz 2 BGleiG). Schließlich steht der Gleichstellungsbeauftragten ein eigenständiges Anhörungs- und ein Widerspruchsrecht dann zu, wenn es um Maßnahmen geht, die ihrer Meinung nach gegen das Bundesgleichstellungsgesetz verstoßen (§§ 20 ff. BGleiG; VG Gießen v. 22. 1. 2001, PersV 2002, 414). Daraus wird deutlich, dass es bei einer Mitgliedschaft einer Gleichstellungsbeauftragten in der Personalvertretung zu Interessenkonflikten kommen kann, die einer gedeihlichen Zusammenarbeit abträglich sein können.

31b 6. Mit dem Eintritt in die Freistellungsphase nach dem Blockmodell des **Altersteilzeitarbeitsverhältnisses** geht die Wählbarkeit verloren (vgl. hierzu: § 13 Anm. 17 b, § 29 Anm. 24 a).

32 7. Die Wählbarkeit bleibt im Falle einer **Kündigung** dann bestehen, wenn ein Arbeitnehmer Feststellungsklage nach §§ 13, 14 KSchG (vgl. § 9 Anm. 1) erhoben hat. Bis zum rechtskräftigen Abschluss des entsprechenden Verfahrens bleibt die rechtswirksame Beendigung des Beschäftigungsverhältnisses durch die Kündigung und somit auch die Frage der Wählbarkeit offen. Nach der Rspr. des BAG bleibt ein Arbeitnehmer trotz Verlusts des Wahlrechts wählbar, wenn er eine Kündigungsschutzklage nach §§ 13, 14 KSchG erhoben hat (BAG v. 14. 5. 1997, BAGE 85, 370 = Leits. BB 1997, 2116 = Leits. ZBVR 1998, 89). Ein Wahlvorstand darf einen (noch nicht rechtskräftig) gekündigten Beschäftigten nicht von der Wahl ausschließen. Andernfalls nämlich könnte ein Dienstherr durch den Ausspruch unberechtigter Kündigungen auf die Wahl Einfluss nehmen (vgl. für das BetrVG: BAG v. 14. 5. 1997, aaO; vgl. auch § 13 Anm. 13). Wird der betreffende Arbeitnehmer in die Personalvertretung gewählt, so ist er bis zum rechtskräftigen Abschluss des Verfahrens an der Amtsausübung gehindert. Vorübergehend tritt das zuständige Ersatzmitglied ein. Im Falle eines positiven Ausgangs des Kündigungsschutzverfahrens kann das Amt sofort wieder angetreten werden, bei negativem Ausgang rückt das Ersatzmitglied endgültig nach (BAG v. 10. 11. 2004, Leits. BB 2005, 1456 = Leits. ZBVR 2005, 14; vgl. auch § 13

Anm. 13). Dasselbe gilt in Bezug auf Beamte auf Probe oder auf Widerruf, falls vor der Wahl der Widerruf ausgesprochen worden ist.

8. Wählbar sind nur **dienststellenzugehörige Beschäftigte,** also solche, die in einem Beschäftigungsverhältnis zum Dienstherrn stehen und innerhalb der Dienstellenorganisation abhängig Dienst-/Arbeitsleistungen erbringen (vgl. für das BetrVG: BAG v. 20. 4. 2005, BB 2005, 2083 = DB 2005,1855). **Leiharbeitnehmer,** die nach Weisung des Leiters einer anderen Dienststelle als der Stammdienststelle tätig sind, sind nicht wählbar.

IV. Anfechtung der Wahl bei Verstößen gegen § 14

Unter den besonderen Voraussetzungen des § 25 berechtigen wesentliche Verstöße gegen die Vorschriften über die Wählbarkeit zur Anfechtung. Ein Wahlbewerber, dem der Wahlvorstand die Wählbarkeit bestreitet, kann vor der Wahl **Feststellung seiner Wählbarkeit beim Verwaltungsgericht** beantragen (VG Stuttgart v. 23. 3. 1977, ZBR 1977, 413 = PersV 1978, 167). Wenn dieses Verfahren aber bis zur Durchführung der Wahl nicht rechtskräftig abgeschlossen ist, kann es nach Durchführung der Wahl nicht weitergeführt werden (BVerwG v. 23. 10. 1959, BVerwGE 9, 249). Der ursprüngliche Antragsgrund kann dann nur noch eventuell die Begründung für eine Wahlanfechtung abgeben (BVerwG v. 1. 3. 1964, PersV 1964, 105). Davon zu unterscheiden ist der außerhalb eines Wahlverfahrens gestellte Antrag eines Beschäftigten auf Feststellung, dass seine Wählbarkeit nicht durch die von ihm ausgeübten Funktionen nach Abs. 3 ausgeschlossen ist. Für einen solchen Antrag besteht grundsätzlich ein Rechtsschutzinteresse; denn es wird nicht festgestellt, dass der Beschäftigte bei der nächsten Wahl wählbar ist, sondern lediglich, dass die von ihm derzeit ausgeübte Tätigkeit seiner Wählbarkeit nicht entgegensteht. Dem Antragsteller ist es nicht möglich und deshalb auch nicht zuzumuten, diese Frage erst im Wahlverfahren klären zu lassen (BVerwG v. 18. 10. 1977, ZBR 1978, 202 = PersV 1979, 71; BVerwG v. 18. 10. 1978, ZBR 1979, 216 = PersV 1979, 500). 33

V. Streitigkeiten

Streitigkeiten über die Wählbarkeit eines Beschäftigten entscheiden die Verwaltungsgerichte nach § 83 Abs. 1 Nr. 1. Die Nichtzulassung eines wählbaren und die Zulassung eines nicht wählbaren Bewerbers verstoßen gegen wesentliche Wahlvorschriften und begründen daher die Wahlanfechtung (OVG Koblenz v. 4. 12. 1956, ZBR 1957, 150; VGH Kassel v. 16. 10. 1961, PersV 1962, 134). Im Wege einer **einstweiligen Verfügung** kann derjenige, dem das passive Wahlrecht vom Wahlvorstand bestritten wird, klären lassen, ob er wählbar ist (vgl. zum Institut der einstweiligen Verfügung im Einzelnen § 83 Anm. 25). Zwar wird die Entscheidung in der Hauptsache vorweggenommen, wenn das Gericht zu der Auffassung gelangt, der Antragsteller sei wählbar; denn in diesem Fall ist die Entscheidung nicht mehr oder nur noch über den Weg der Wahlanfechtung aufhebbar (§ 25). Da aber ein wirksamer Rechtsschutz im Hauptverfahren bis zur Rechtskraft nicht erreichbar wäre und der Antragsteller sonst von der Wahl ausgeschlossen würde, ist der Antrag auf Erlass einer einstweiligen Verfügung zulässig (OVG Münster v. 16. 5. 1978, PersV 1980, 243; vgl. auch § 19 Anm. 52). 34

Schrifttum: Bieler, Rechtswidrigkeit sämtlicher Personalratswahlen, RiA 1978, 230; Rengier, Die Wählbarkeit zur Personalvertretung, PersV 1973, 1; Richardi, Die Wahlberechtigung und Wählbarkeit zur Personalvertretung bei Versetzung an eine andere Dienststelle, PersV 1978, 449; Sembdner, Die Wählbarkeit bei den

Wahlen der Personalvertretungen, PersV 1960, 122; Windscheid, Darf ein Personalbearbeiter in den Personalrat gewählt werden?, PersV 1963, 145; vgl. auch Schrifttum zu § 13.

§ 15 [Wählbarkeit in besonderen Fällen]

(1) Besteht die oberste Dienstbehörde oder die Dienststelle weniger als ein Jahr, so bedarf es für die Wählbarkeit nicht der Voraussetzung des § 14 Abs. 1 Nr. 1.

(2) Die Voraussetzung des § 14 Abs. 1 Nr. 2 entfällt, wenn nicht mindestens fünfmal so viel wählbare Beschäftigte jeder Gruppe vorhanden wären, als nach den §§ 16 und 17 zu wählen sind.

Entspr. landesgesetzliche Regelungen:
Baden-Württemberg: § 13; Bayern: Art. 15; Berlin: § 13 Abs. 2; Brandenburg: § 15; Bremen: § 11; Hamburg: § 13 Abs. 1, 2; Hessen: § 11; Mecklenburg-Vorpommern: § 12 Abs. 4; Niedersachsen: § 12 Abs. 1 Satz 2; Nordrhein-Westfalen: § 12; Rheinland-Pfalz: –; Saarland: § 14; Sachsen: § 15; Sachsen-Anhalt: § 15; Schleswig-Holstein: § 12 Abs. 4; Thüringen: § 15.

Entspr. Vorschrift des BetrVG: § 8 Abs. 2.

1 1. Eine Ausnahme von der zwingenden Voraussetzung der sechsmonatigen Zugehörigkeit zum Geschäftsbereich der obersten Dienstbehörde macht das Gesetz für den Fall, dass die **oberste Dienstbehörde oder die Dienststelle weniger als ein Jahr** bestehen. Der Grund für diese Ausnahme von § 14 Abs. 1 Nr. 1 liegt darin, den besonderen Bedürfnissen in einer Dienststelle, die weniger als ein Jahr besteht, dadurch Rechnung zu tragen, dass auch erst kurzfristig tätige Beschäftigte zur Personalvertretung wählbar sind. Abs. 1 erfasst auch den Fall, dass eine Dienststelle im Geschäftsbereich einer bereits bestehenden obersten Dienstbehörde neu eingerichtet wird. Ebenso gilt die Vorschrift dann, wenn Teile mehrerer bereits bestehender Dienststellen zu einer neuen Dienststelle zusammengelegt werden, nicht aber dann, wenn ein Dienststellenteil in eine andere, im Geschäftsbereich einer anderen obersten Dienstbehörde bestehende Dienststelle eingegliedert wird (Fischer u. a., § 15 Anm. 6 a).

2 2. Eine Dienststelle besteht nicht schon bei der Genehmigung zu ihrer Errichtung durch den Haushaltsplan oder bei Abschluss der Vorarbeiten für ihre Errichtung, sondern erst bei der tatsächlichen **Aufnahme ihrer bestimmungsmäßigen Tätigkeit** (Richardi u. a., § 15 Anm. 4). Das gilt auch für Nebenstellen oder Abteilungen von Dienststellen, die durch Verwaltungsmaßnahmen der Behörde verselbstständigt worden sind. Ob diese haushaltsrechtlich gedeckt sind, spielt keine Rolle. Es kommt ausschließlich auf den tatsächlichen Bestand an (Engelhard-Ballerstedt, § 11 Anm. 3).

3 3. **Stichtag** für die Berechnung des Bestehens einer Dienststelle ist der (erste) Wahltag (aA Lorenzen u. a., § 15 Anm. 4: letzter Wahltag). Besteht die Dienststelle zu diesem Zeitpunkt weniger als ein Jahr, so sind alle wahlberechtigten Beschäftigten, die die übrigen Voraussetzungen des § 14 erfüllen, ohne Rücksicht auf die Dauer ihrer Zugehörigkeit zu der neuen Dienststelle wählbar.

4 4. Da die Vorschrift nur eine Ausnahme von der Wählbarkeitsvoraussetzung des § 14 Abs. 1 Nr. 1 macht, während die übrigen Voraussetzungen

erfüllt sein müssen, erlangen **abgeordnete Beschäftigte** erst nach dreimonatiger Zugehörigkeit zu der neuen Dienststelle das Wahlrecht und damit die Wählbarkeit (Lorenzen u. a., § 15 Anm. 4).

5. Sind nicht **mindestens fünfmal so viel wählbare Beschäftigte jeder Gruppe** vorhanden, wie gewählt werden müssen, so entfällt als Wählbarkeitsvoraussetzung die mindestens einjährige Beschäftigung in öffentlichen Verwaltungen oder von diesen geführten Betrieben. Der Sinn dieser Ausnahmeregelung liegt darin, den Wählern die Möglichkeit einzuräumen, eine Auswahl aus möglichst vielen Kandidaten treffen zu können. Da es sich bei Abs. 2 um eine Ausnahmeregelung handelt, gilt er nicht für alle Gruppen, wenn nur eine von ihnen die wünschenswerte Anzahl der Kandidaten nicht aufbringen kann. Wenn das Gesetz grundsätzlich davon ausgeht, dass zu einer Personalvertretung nur wählbar ist, wer in mindestens einjähriger Zugehörigkeit zum öffentlichen Dienst entsprechende Erfahrungen gesammelt hat, dann kann es nicht angehen, es als ausreichend anzusehen, dass – wenn einer Gruppe von Beschäftigten nicht genügend Kandidaten zur Auswahl stehen – auch die Kandidaten anderer Gruppen weniger als ein Jahr in öffentlichen Verwaltungen oder von diesen geführten Betrieben beschäftigt zu sein brauchen. Kann daher eine Gruppe genügend Kandidaten aufstellen, die die Voraussetzungen des § 14 insgesamt erfüllen, so besteht kein Anlass zu einer Erweiterung des Kreises der Kandidaten nur deshalb, weil eine Gruppe nicht in der Lage ist, dem Wähler eine echte Auswahl anzubieten (Fischer u. a., § 15 Anm. 11; Lorenzen u. a., § 15 Anm. 5; Richardi u. a., § 15 Anm. 9). **5**

6. **Streitigkeiten** darüber, ob die Voraussetzungen für die Erleichterung der Wählbarkeit gegeben sind, entscheiden die Verwaltungsgerichte nach § 83 Abs. 1 Nr. 1. **6**

§ 16 [Größe der Personalvertretung]

(1) Der Personalrat besteht in Dienststellen mit in der Regel

5 bis 20 wahlberechtigten Beschäftigten	**aus einer Person,**
21 Wahlberechtigten bis 50 Beschäftigten	**aus drei Mitgliedern,**
51 bis 150 Beschäftigten	**aus fünf Mitgliedern,**
151 bis 300 Beschäftigten	**aus sieben Mitgliedern,**
301 bis 600 Beschäftigten	**aus neun Mitgliedern,**
601 bis 1000 Beschäftigten	**aus elf Mitgliedern.**

Die Zahl der Mitglieder erhöht sich in Dienststellen mit 1001 bis 5000 Beschäftigten um je zwei für je weitere angefangene 1000, mit 5001 und mehr Beschäftigten um je zwei für je weitere angefangene 2000.

(2) Die Höchstzahl der Mitglieder beträgt einunddreißig.

Inhaltsübersicht

Entspr. landesgesetzliche Regelungen:
Baden-Württemberg: § 14 Abs. 3, 4; Bayern: Art. 16, Berlin: § 14; Brandenburg: § 16; Bremen: § 12 Abs. 3, 4; Hamburg: § 14; Hessen: § 12 Abs. 3; Mecklenburg-Vorpommern: § 13; Niedersachsen: § 13; Nordrhein-Westfalen: § 13 Abs. 3, 4; Rheinland-Pfalz: § 12 Abs. 3, 4; Saarland: § 15; Sachsen: § 16; Sachsen-Anhalt: § 16; Schleswig-Holstein: § 13; Thüringen: § 16.

Entspr. Vorschrift des BetrVG: § 9.

1 Der Gesetzgeber macht die Anzahl der Personalratsmitglieder von der Zahl der Beschäftigten abhängig, um sicherzustellen, dass die Zahl der Personalratsmitglieder in einem angemessenen Verhältnis zur Zahl der Beschäftigten steht. Im Interesse der **Funktionsfähigkeit der Personalvertretung** wird ihre Größe dem wesentlich durch die Zahl der repräsentierten Beschäftigten verursachten Arbeitsaufwand angepasst (vgl. für das BetrVG: BAG v. 16. 4. 2003, BB 2003, 2178 = DB 2003, 2128 = ZBVR 2003, 201).

2 2. Abs. 1 bestimmt die **Stärke der Personalvertretung,** d. h. die Zahl ihrer Mitglieder entsprechend der Kopfzahl der Beschäftigten. Dabei ist vom regelmäßigen Personalstand (vgl. § 12 Anm. 5) auszugehen. Bei kleineren Dienststellen (5 bis 20 wahlberechtigte Beschäftigte) geht das Gesetz von der Zahl der Wahlberechtigten aus. Hier wird ein „Obmann“ gewählt. In größeren Dienststellen ist die Zahl der Beschäftigten maßgebend für die Ermittlung der Zahl der Personalratsmitglieder. Dabei werden also auch die nicht Wahlberechtigten einbezogen, also beispielsweise die noch nicht 18-jährigen.

3 3. In die Zahl der Beschäftigten einer Dienststelle, von der die Stärke der Personalvertretung abhängt, sind die **regelmäßig Beschäftigten,** die nicht Wahlberechtigten, nichtständig Beschäftigten und Jugendlichen bzw. Auszubildenden einzurechnen, weil der Arbeitsanfall der Personalvertretung zum personellen Umfang der Dienststelle erfahrungsgemäß in einem entsprechenden Verhältnis steht. Auch die Beschäftigten etwaiger Nebendienststellen sind einzurechnen. Mit einzubeziehen sind auch die **Wehrdienstleistenden/Zivildienstleistenden.** Ihre Zugehörigkeit zur Dienststelle wird nicht aufgehoben. Bei Beamten liegt eine Beurlaubung vor, bei Arbeitnehmern ein Ruhen des Arbeitsverhältnisses. Dagegen sind **Leiharbeitnehmer** nicht in den Kreis der wahlberechtigten Beschäftigten einzubeziehen, weil eine arbeitsvertragliche Beziehung zwischen dem Betreffenden und dem Entleiherbetrieb nicht entsteht; denn nach § 14 Abs. 1 AÜG (vgl. auch § 88 Anm. 3) bleiben Leiharbeitnehmer auch während der Zeit ihrer Arbeitsleistung bei einem Entleiher Angehörige des sie entsendenden Betriebs (vgl. für das BetrVG: BAG v. 16. 4. 2003, DB 2003, 2128 = ZBVR 2003, 201). Ebenso wenig werden diejenigen Personen in die Zahl der Beschäftigten eingerechnet, die sich in der **Freistellungsphase der Altersteilzeit** befinden. Sie gehören der Dienststelle nicht mehr an, sind also in die Dienststellenorganisation nicht eingegliedert und kehren in diese Dienststelle auch nicht mehr zurück (vgl. auch: BVerwG v. 15. 5. 2002, BVerwGE 116, 242 = ZBR 2003, 168 = PersV 2003, 267 = ZfPR 2002, 260 sowie § 13 Anm. 17 b, § 14 Anm. 32 a, § 29 Anm. 24 a, § 76 Anm. 20 a; vgl. für das BetrVG: BAG v. 16. 4. 2003, aaO; vgl. aber § 12 Anm. 5).

4 4. Die **ungerade Zahl** der Mitglieder soll Stimmengleichheit bei der Abstimmung verhindern. Da die Personalvertretung aber bei Anwesenheit von mindestens der Hälfte ihrer Mitglieder beschlussfähig ist (§ 37), kann dennoch nicht ausgeschlossen werden, dass zu einer Sitzung so viele Beschäftigte

erscheinen, dass sie eine gerade Zahl bilden. Dadurch kann Stimmengleichheit eintreten.

5. Von der ungeraden Zahl wird nur im Falle des § 17 Abs. 4 **abgewichen:** ein dreiköpfiger Personalrat (21 bis 50 Beschäftigte) wird auf vier Mitglieder erweitert, wenn eine Gruppe mindestens doppelt so viele Beschäftigte umfasst wie die beiden anderen Gruppen zusammen. **5**

5a) Die nach Abs. 1 maßgebliche Zahl der Mitglieder einer Personalvertretung erhöht sich um ein Drittel in Dienststellen, in denen nach § 49 Abs. 1 Satz 1 und 2, § 51 Abs. 2 Satz 1 SBG (vgl. § 1 Anm. 13) auch **Soldaten** Personalvertretungen wählen und eine dritte Gruppe bilden. Infolgedessen ergibt sich in Personalvertretungen, in denen auch Soldaten vertreten sind, folgende Mitgliederzahl: **5a**

50–20 Wahlberechtigte	1 Mitglied
21 Wahlberechtigte – 50 Beschäftigte	4 Mitglieder
51–150 Beschäftigte	7 Mitglieder
151–300 Beschäftigte	9 Mitglieder
301–600 Beschäftigte	12 Mitglieder
601–1 000 Beschäftigte	15 Mitglieder
1 001–2 000 Beschäftigte	17 Mitglieder
2 001–3 000 Beschäftigte	20 Mitglieder
3 001–4 000 Beschäftigte	23 Mitglieder
4 001–5 000 Beschäftigte	25 Mitglieder
5 001–7 000 Beschäftigte	28 Mitglieder
7 001–9 000 Beschäftigte	31 Mitglieder
9 001–11 000 Beschäftigte	33 Mitglieder
11 001–13 000 Beschäftigte	36 Mitglieder
13 001–15 000 Beschäftigte	39 Mitglieder

Die Höchstzahl beträgt in diesem Fall 41 Mitglieder.

6. Die Zahlen des Abs. 1 sind **zwingend** und können nicht durch Vereinbarung oder durch Beschluss der Personalversammlung oder der Personalvertretung geändert werden (Fischer u. a., § 16 Anm. 6; Richardi u. a., § 16 Anm. 11). Eine Wahl der Personalvertretung auf solcher Basis würde wegen Verletzung wesentlicher Vorschriften i. S. des § 25 unwirksam sein. **6**

7. Wenn **nicht genügend** wählbare Beschäftigte vorhanden sind oder wenn die Wahlvorschläge nicht hinreichend umfangreich sind oder wenn so viele Gewählte die Annahme der Wahl ablehnen, dass keine Personalvertretung in der in Abs. 1 vorgeschriebenen Stärke gebildet werden kann, besteht die Personalvertretung aus so vielen Mitgliedern wie möglich. Im Vordergrund nämlich steht der Wille des Gesetzgebers, dass überhaupt eine Personalvertretung gewählt wird. Die Größe der Personalvertretung tritt gegenüber diesem Interesse zurück, denn die Wähler sollen nicht unter Druck wählen müssen, Beschäftigte sollen nicht zur Kandidatur genötigt werden (BVerwG v. 20. 6. 1990, PersV 1990, 536 = ZfPR 1992, 12; Richardi u. a., § 16 Anm. 12; vgl. auch § 17 Anm. 7). Bei einem Abweichen von der vorgesehenen Stärke einer Personalvertretung kann sich eine Abweichung von der grundsätzlich ungeraden Zahl der Mitglieder ergeben. In all diesen Fällen kann eine **Ergänzungswahl** nicht vorgenommen werden, weil das BPersVG sie nicht vorsieht. Allenfalls kann eine Neuwahl stattfinden, sobald die Voraussetzungen des § 27 Abs. 2 vorliegen. **7**

8 8. **Maßgebender Zeitpunkt** für die vom Wahlvorstand zu treffende Entscheidung über die Zahl der Beschäftigten und damit über die Größe der Personalvertretung bzw. der einzelnen Gruppen ist der Tag, an dem das **Wahlausschreiben erlassen** wird (§ 6 WO; OVG Münster v. 24. 1. 2002, PersV 2002, 495 = ZfPR 2003, 48). Wenn in der Zwischenzeit bis zum Wahltag Veränderungen in der Zahl der Beschäftigten eintreten, durch die die gesetzlichen Zahlen über- oder unterschritten werden, so bleiben die Verhältnisse am Tag des Wahlausschreibens grundsätzlich maßgebend (VG Gelsenkirchen v. 30. 9. 1966, Leits. ZBR 1967, 32; Fischer u. a., § 16 Anm. 11; Lorenzen u. a., § 16 Anm. 7; vgl. auch § 12 Anm. 10, § 17 Anm. 3 sowie BVerwG v. 15. 3. 1968, BVerwGE 29, 222 = ZBR 1968, 262 = PersV 1968, 187). Allerdings steht dem Wahlvorstand das Recht zu, bei einer voraussehbaren Verschiebung in der Zahl der Beschäftigten eine entsprechende Berücksichtigung im Wahlausschreiben bereits vorzusehen (z. B. bereits verfügte oder mit Sicherheit zu erwartende Zuweisungen neuer Planstellen, Stellenkürzungen, Auflösung bzw. Aufstellung von Organisationselementen, OVG Münster v. 11. 11. 2006, PersV 2007, 444; Fischer u. a., § 16 Anm. 10 a). Auf diese Weise kann sichergestellt werden, dass eine für die gesamte Dauer der Amtsperiode eintretende Verschiebung des Personalbestands bei der Größe der zu bildenden Personalvertretung berücksichtigt wird (vgl. § 12 Anm. 5, 10 und § 17 Anm. 3). Deshalb auch sind Beschäftigte, die bis zur Hälfte der Amtszeit der Personalvertretung in die Freistellungsphase der Altersteilzeit eintreten werden, nicht mehr mit zu berücksichtigen (BVerwG v. 19. 12. 2006, PersV 2007, 363 = Leits. ZfPR 2007, 70; bedenklich, weil die Betreffenden noch zwei Jahre vom Personalrat zu „betreuen" sind). Dies gewährleistet die Sicherstellung der vom Gesetz gewollten Abhängigkeit der Personalratsgröße von der Beschäftigtenzahl (vgl. hierzu auch § 2 WO Anm. 4). Tritt nach der Wahl eine Änderung in der Zahl der Beschäftigten ein, so gilt folgendes: Unwesentliche Änderungen bleiben unberücksichtigt, um eine gewählte Personalvertretung während der Dauer ihrer Amtszeit nicht ständig durch Diskussionen über Neuwahlen in ihrer Amtsausübung zu behindern. Daher geht das Gesetz davon aus, dass erst bei einer wesentlichen Änderung der Zahl der regelmäßig Beschäftigten eine Neuwahl stattzufinden hat, nämlich wenn mit Ablauf von 24 Monaten – vom Tag der Wahl gerechnet – diese Zahl um die Hälfte, mindestens aber um 50 gestiegen oder gesunken ist (§ 27 Abs. 2 Nr. 1).

9 9. Bei einem **Absinken der Zahl** der regelmäßig Beschäftigten unter die Mindestgrenze des Abs. 1 endet das Amt der Personalvertretung (vgl. § 12 Anm. 8). **Sinkt** dagegen die Zahl der wählbaren Beschäftigten **unter** die vorgeschriebene Grenze von **drei wählbaren Personen**, so bleibt dies ohne Einfluss auf den Bestand der Personalvertretung, weil diese Voraussetzung (Vorhandensein von drei wählbaren Beschäftigten) nur die Möglichkeit einer Auswahl sicherstellen soll. Ist diese Auswahl einmal getroffen, ist eine Personalvertretung also gewählt, so besteht kein Grund, das Amt nur deshalb enden zu lassen, weil inzwischen weniger als drei wählbare Beschäftigte in der Dienststelle tätig sind.

10 10. Die Zahl der Mitglieder der Personalvertretung entsprechend der Zahl der Beschäftigten beträgt in Fortsetzung der Aufzählung des Abs. 1

1 001 – 2 000 = 13	7 001 – 9 000 = 23
2 001 – 3 000 = 15	9 001 – 11 000 = 25
3 001 – 4 000 = 17	11 001 – 13 000 = 27
4 001 – 5 000 = 19	13 001 – 15 000 = 29
5 001 – 7 000 = 21	über 15 001 = 31

Abs. 2 beschränkt die **Höchstzahl der Mitglieder** der Personalvertretung auf 31, weil die Arbeitsfähigkeit bei einem größeren Gremium nicht mehr gewährleistet werden könnte. Die Zahl der Mitglieder der Personalvertretung wird nicht nur für den Regelfall, sondern ausnahmslos beschränkt (OVG Münster v. 20. 10. 1959, PersV 1960, 16). Die Zahlenverhältnisse gelten auch für die **Stufenvertretungen.**

11. Für die Herstellung des vertretungsrechtlichen Zustands, d. h. für die Klärung der Fragen, ob eine Personalvertretung zu bilden ist bzw. von welcher für die Bildung der Personalvertretung maßgebenden Zahl der Wahlberechtigten oder Beschäftigten auszugehen ist, ist der **Wahlvorstand** bzw. der Dienststellenleiter verantwortlich; denn die Entscheidung dieser Frage ist erst Voraussetzung für die Existenz und die Tätigkeit der Personalvertretung und ihres Vorstands. Das Gesetz enthält aber keine Sanktionen gegen den Wahlvorstand. Auch dem BetrVG ist hierzu nichts zu entnehmen. Dort ist die Stellung des Wahlvorstands insofern anders, als er in den Fällen der § 16 Abs. 2, § 18 BetrVG vom Arbeitsgericht bestellt, in den entsprechenden Fällen der § 20 Abs. 2, § 21 dieses Gesetzes aber von der Personalversammlung gewählt wird. Trotz der engeren Bindung des Wahlvorstands des BetrVG hat aber auch dort das Arbeitsgericht keine weitere Handhabe, als den Wahlvorstand gegebenenfalls abzusetzen (über die Erzwingbarkeit von Personalratswahlen vgl. auch § 1 Anm. 18). 11

12. **Streitigkeiten** über die Größe der Personalvertretung können nur im Wahlanfechtungsverfahren (§ 25) entschieden werden (vgl. in diesem Zusammenhang: BVerwG v. 13. 6. 1969, ZBR 1969, 358 = PersV 1970, 11). Es kann nicht Aufgabe eines Verwaltungsgerichts sein, im Wege des einstweiligen Rechtschutzes die zwischen den Verfahrensbeteiligten streitige Zahl der regelmäßig Beschäftigten, die Zahl der zu wählenden Personalratsmitglieder und ihre Verteilung auf die einzelnen Gruppen zu ermitteln (OVG Koblenz v. 16. 2. 2000, PersR 2000, 123). Die Festsetzung der Zahl der regelmäßig Beschäftigten ist wegen ihrer darin enthaltenen prognostischen Wertung ohnehin nur einer eingeschränkten gerichtlichen Kontrolle zugänglich. Eine zeitaufwendige Auswertung des erforderlichen umfangreichen Zahlenmaterials kann darüber hinaus in einem Eilverfahren ohnehin nicht erfolgen (VG Köln v. 20. 2. 2004 – 33 L 280/04. PWG, n.v.) 12

Schrifttum: vgl. §§ 13, 14.

§ 17 [Vertretung der Gruppen]

(1) Sind in der Dienststelle Angehörige verschiedener Gruppen beschäftigt, so muss jede Gruppe entsprechend ihrer Stärke im Personalrat vertreten sein, wenn dieser aus mindestens drei Mitgliedern besteht. Bei gleicher Stärke der Gruppen entscheidet das Los. Macht eine Gruppe von ihrem Recht, im Personalrat vertreten zu sein, keinen Gebrauch, so verliert sie ihren Anspruch auf Vertretung.

(2) Der Wahlvorstand errechnet die Verteilung der Sitze auf die Gruppen nach den Grundsätzen der Verhältniswahl.

(3) Eine Gruppe erhält mindestens

bei weniger als 51 Gruppenangehörigen	**einen Vertreter,**
bei 51 bis 200 Gruppenangehörigen	**zwei Vertreter,**
bei 201 bis 600 Gruppenangehörigen	**drei Vertreter,**
bei 601 bis 1 000 Gruppenangehörigen	**vier Vertreter,**
bei 1 001 bis 3 000 Gruppenangehörigen	**fünf Vertreter,**
bei 3 001 und mehr Gruppenangehörigen	**sechs Vertreter.**

(4) Ein Personalrat, für den in § 16 Abs. 1 drei Mitglieder vorgesehen sind, besteht aus vier Mitgliedern, wenn eine Gruppe mindestens ebenso viel Beschäftigte zählt wie die beiden anderen Gruppen zusammen. Das vierte Mitglied steht der stärksten Gruppe zu.

(5) Eine Gruppe, der in der Regel nicht mehr als fünf Beschäftigte angehören, erhält nur dann eine Vertretung, wenn sie mindestens ein Zwanzigstel der Beschäftigten der Dienststelle umfasst. Erhält sie keine Vertretung und findet Gruppenwahl statt, so kann sich jeder Angehörige dieser Gruppe durch Erklärung gegenüber dem Wahlvorstand einer anderen Gruppe anschließen.

(6) Der Personalrat soll sich aus Vertretern der verschiedenen Beschäftigungsarten zusammensetzen.

(7) Die Geschlechter sollen im Personalrat entsprechend dem Zahlenverhältnis vertreten sein.

Inhaltsübersicht

Entspr. landesgesetzliche Regelungen:
Baden-Württemberg: § 15, § 18; Bayern: Art. 17; Berlin: § 15; Brandenburg: § 12 Abs. 2 Satz 1, §§ 17, 18 Abs. 3; Bremen: § 13; Hamburg: §§ 15, 17; Hessen: § 13; Mecklenburg-Vorpommern: § 14; Niedersachsen: §§ 14, 15; Nordrhein-Westfalen: § 14; Rheinland-Pfalz: § 13; Saarland: § 16; Sachsen: § 12 Abs. 3, § 17; Sachsen-Anhalt: § 17; Schleswig-Holstein: § 10 Abs. 2, § 14; Thüringen: § 17.

Entspr. Vorschrift des BetrVG: –

1 1. Während § 16 die Zahl der Mitglieder der Personalvertretung zu der Zahl der Beschäftigten in ein starres Verhältnis setzt, regelt § 17 das **Stärkeverhältnis der Gruppen** innerhalb der Personalvertretungen. Die Vorschrift ist Ausfluss des das Personalvertretungsrecht beherrschenden Gruppenprinzips (BVerwG v. 13. 6. 1957, ZBR 1957, 407; Wacke, ZBR 1958, 130; vgl. § 5 Anm. 8). Die Vertretung der Gruppen entsprechend dem Zahlenverhältnis der Gesamtbelegschaft ist zwingend. Nach § 18 Abs. 1 kann von der in dieser Vorschrift geordneten Verteilung der Mitglieder der Personalvertretung auf die Gruppen nur im Falle eines vor der Neuwahl gefassten entsprechenden Beschlusses jeder Gruppe abgewichen werden. Auch bei der Gemeinschaftswahl muss aber jede Gruppe entsprechend ihrer Stärke im Personalrat ver-

treten sein. Die Form der Wahl hat mit der Verteilung der Sitze auf die einzelnen Gruppen nichts zu tun (Molitor, § 13 Anm. 3).

2. Selbstverständliche Voraussetzung für die **anteilmäßige Berücksichtigung der Gruppen** bei der Bildung der Personalvertretung ist, dass diese aus mindestens drei Personen bestehen; bei einer geringeren Zahl wäre die praktische Durchführung dieses Grundsatzes nicht möglich. 2

3. Die **Verteilung der Personalratssitze** auf die Beschäftigtengruppen ist **nach der Zahl der in der Regel Beschäftigten** und nicht nach der Zahl der am Tage des Wahlausschreibens tatsächlich vorhandenen Beschäftigten zu ermitteln. Nur eine auf längere Sicht abgestellte Betrachtungsweise des Personalbestands kann eine gruppenmäßige Zusammensetzung der Personalvertretung herbeiführen, „die während der Amtszeit nicht nur ein vorübergehendes, sondern nahezu ständiges Spiegelbild der Stärke der einzelnen Gruppen in der Dienststelle gibt". Daher darf in diesen Fällen ein Wahlvorstand auch noch zwischen Wahlausschreiben und Wahltag erkennbar werdende Verschiebungen bei den Gruppenstärken im Wahlausschreiben berücksichtigen (BVerwG v. 15. 3. 1968, BVerwGE 29, 222 = ZBR 1968, 262 = PersV 1968, 187; BVerwG v. 19. 12. 2006, PersV 2007, 363 = Leits. ZfPR 2007, 70; OVG Münster v. 11. 11. 2006, PersV 2007, 444 = Leits. ZfPR 2007, 70; vgl. zum Zeitpunkt auch § 16 Anm. 8 sowie BAG v. 29. 5. 1991, BAGE 68, 84 = BB 1992, 773). Ist allerdings bei Erlass des Wahlausschreibens nicht abzusehen, zu welchem Zeitpunkt bisher unbesetzte Planstellen besetzt werden können, so hat der Wahlvorstand bei der Verteilung der Sitze auf die Gruppen nicht die Sollzahlen, sondern die zum Zeitpunkt des Erlasses des Wahlausschreibens tatsächlich gegebene Stärke der Gruppen zu berücksichtigen. Zwar dient der Stellenplan als Anhaltspunkt für die Regelstärke einer Gruppe. Er macht aber eine Nachprüfung der Frage, wer als „in der Regel" Beschäftigter anzusehen ist, nicht überflüssig. Wenn also die im Stellenplan vorgesehenen Stellen über einen längeren Zeitraum unbesetzt bleiben, so ist auf die länger dauernde Verwaltungspraxis bei der Stellenbesetzung maßgebend abzustellen (BVerwG v. 15. 3. 1968, aaO); denn die tatsächlichen Verhältnisse sollen bei der Sitzverteilung maßgebend sein, um eine möglichst der Gruppenzusammensetzung der Dienststelle entsprechende Zusammensetzung der Personalvertretung während ihrer Amtszeit sicherstellen zu können. Wenn bei der Ermittlung der Gruppenstärken nicht von den haushaltrechtlich ausgewiesenen Stellen ausgegangen werden kann, weil die tatsächlich bestehenden Verhältnisse hiervon erheblich abweichen, dann muss der Wahlvorstand der Einschätzung bzw. Prognose der Dienststelle folgen; dies gilt auch für den Fall, dass sich der Personalbestand während der bevorstehenden Amtszeit voraussichtlich erheblich verändern wird. Infolgedessen zählen saisonbedingt angestellte Beschäftigte oder solche Kräfte bei der Ermittlung der Regelzahl der Beschäftigten nicht mit, die nur vorübergehend für eine auf kurze Zeit bemessene Arbeitsleistung herangezogen werden. Gleiches gilt für Aushilfskräfte, die kurzfristig nach anfallendem Bedarf zur Urlaubs- und Krankenvertretung eingestellt werden; denn sie gleichen die Schwankungen des tatsächlichen Personalbestands im Interesse eines störungsfreien Dienstbetriebes lediglich aus. Damit also vergrößern sie nicht den Personalbestand, sondern halten diesen lediglich auf der erforderlichen Höhe (BVerwG v. 5. 5. 1978, ZBR 1978, 346 = PersV 1979, 288; vgl. auch § 12 Anm. 5, 6, 7). Anders ist dagegen die Rechtslage dann, wenn Vertretungskräfte, unabhängig von den Personen, regelmäßig Dauervertretungen z. B. in Urlaubs- und Krankheitsfällen durchführen. Sie sind zum Regelbestand der Beschäftigten zu zählen, weil sie dauerhaft die tatsächlichen Verhältnisse hinsichtlich des Personalbestands beeinflussen (BAG v. 29. 5. 1991, BAGE 68, 84 = BB 1992, 3

773). Da es im Übrigen auf die Zahl der Gruppenangehörigen unabhängig davon ankommt, ob diese wahlberechtigt und wählbar sind oder nicht, zählen auch die **Wehrdienstleistenden/Zivildienstleistenden** zur jeweiligen Gruppe, denn die Zugehörigkeit zur Dienststelle ist nicht aufgehoben (vgl. § 16 Anm. 3). Sie sind deshalb auch Gruppenangehörige und bei der Gruppenstärke („Regelstärke") mit einzurechnen.

4 4. Da nicht die Zahl der Wahlberechtigten entscheidend ist, sondern die Tatsache, wie viele Angehörige die Gruppe unter den Beschäftigten hat, sind auch die **nichtständig Beschäftigten** und die Jugendlichen bzw. Auszubildenden in die Zahl der zu ermittelnden Gruppenmitglieder einzubeziehen.

5 5. a) Der Gesetzgeber geht davon aus, dass grundsätzlich jede Gruppe im Personalrat vertreten sein will. Satz 3 gestattet es aber einer Gruppe, auf dieses Recht zu verzichten (**„keinen Gebrauch machen"**). Die betreffende Gruppe kann durch förmliche Erklärung gegenüber der Personalversammlung oder dem Vorstand der amtierenden Personalvertretung oder auch gegenüber dem Wahlvorstand auf ihr Vertretungsrecht verzichten. Sie kann diesen Verzicht auch dadurch zum Ausdruck bringen, dass sie, weil ihr keine wählbaren Beschäftigten angehören, auf die Aufstellung gruppenfremder Kandidaten verzichtet (§ 18 Abs. 2) oder dadurch, dass sie bei einer Gruppenwahl keinen Wahlvorschlag einreicht. Allerdings hat der Verzicht auf eine gesonderte Vertretung als eigene Gruppe nicht zur Folge, dass die Angehörigen dieser Gruppe bei einer anderen Gruppe mitwählen und somit die Mehrheit dieser Gruppe beeinflussen könnten. Dies widerspräche dem Gruppenprinzip (VGH München v. 19. 3. 1997, PersR 1997, 490).

6 b) Die Sitze, die der Gruppe zustehen, die von ihrem Vertretungsrecht keinen Gebrauch macht, können zur Aufrechterhaltung der gesetzlich vorgeschriebenen Stärke (§ 16) nicht unbesetzt bleiben. Sie fallen der anderen Gruppe zu. Eine Beteiligung der vertretungslosen Gruppe ist erst wieder bei der nächsten Wahl möglich.

7 c) In gleicher Weise ist zu verfahren, wenn eine **Gruppe keine wählbaren Angehörigen hat** und gruppenfremde Bewerber nicht aufstellt (§ 18 Abs. 2). Auch in diesem Fall bleiben die **Sitze** in der Personalvertretung **nicht unbesetzt.** Vielmehr bilden dann die beiden übrigen Gruppen die Personalvertretung in der in § 16 vorgesehenen Stärke. Entsprechendes gilt, wenn eine Gruppe weniger Kandidaten vorschlägt, als ihr nach dem Verteilungsschlüssel zustehen. Reicht keine der in der Dienststelle vertretenen Gruppen einen Wahlvorschlag ein, so wird keine Personalvertretung gebildet. Anzumerken ist aber in diesem Zusammenhang, dass die Gültigkeit einer Personalratswahl nicht in Frage steht, wenn weniger Personalratsmitglieder als vorgeschrieben gewählt werden. Entscheidend nämlich ist, dass überhaupt eine Personalvertretung gewählt wird. Die Frage der Größe der Personalvertretung tritt demgegenüber zurück (BVerwG v. 20. 6. 1990, PersV 1990, 536 = ZfPR 1992, 12; vgl. auch § 16 Anm. 7).

8 d) In jedem Fall ist die Personalvertretung zur Vertretung der **Interessen der Gruppe verpflichtet,** die von ihrem Recht, im Personalrat vertreten zu sein, keinen Gebrauch macht.

9 e) Nur die Gruppe selbst, nicht einzelne in die Personalvertretung gewählte Gruppenvertreter können auf eine Vertretung im Personalrat verzichten. Dies ergibt sich schon aus dem Wortlaut des Gesetzes („... macht eine Gruppe von ihrem Recht ..."). Im Übrigen kann von einzelnen nicht ein

Recht aufgegeben werden, über das nur die **Gesamtheit der Gruppe** oder wenigstens ihre Mehrheit verfügen darf (VG Koblenz v. 24. 5. 1977 – 4 PersV 5/77, n. v.).

f) Die Verteilung der von einer Gruppe **nicht beanspruchten Sitze** auf die andere Gruppe entsprechend ihrer zahlenmäßigen Stärke kann nur bis zur Verteilung der Sitze durch den Wahlvorstand vorgenommen werden (§ 26 Abs. 2 WO für Gruppenwahl, § 27 Abs. 2 WO für Gemeinschaftswahl). Der Übergang eines frei werdenden Sitzes auf eine andere andere Gruppe nach der Verteilung der Sitze auf die Gruppen ist ausgeschlossen. § 31 Abs. 2 Satz 1 regelt für diese Fälle abschließend, aus welchen Vorschlagslisten Ersatzmitglieder in die Personalvertretung zu übernehmen sind. Ein frei werdender Sitz darf bei Erschöpfung der betreffenden Vorschlagsliste daher nicht mit einem Ersatzmitglied aus einer anderen Liste derselben Gruppe, geschweige denn einem Ersatzmitglied aus einer anderen Gruppe besetzt werden (BVerwG v. 24. 10. 1975, BVerwGE 49, 271 = ZBR 1976, 195). **10**

6. Reicht bei Gruppenwahl **nur eine Gruppe** eine Liste ein, so genügt es, dass diese Liste so viele Bewerber enthält, wie auf diese Gruppe Personalrats- und Ersatzmitglieder entfallen würden, wenn auch die anderen Gruppen eine Liste eingereicht hätten (vgl. Anm. 7). Die allein aufgrund einer solchen Liste erfolgte Wahl ist wirksam. **11**

7. Wird infolge erfolgreicher Anfechtung der Wahl der Vertreter einer Gruppe eine **Wiederholungswahl** notwendig, so bleibt die Sitzverteilung der Gruppen selbst dann unverändert, wenn sich das Gefüge der Beschäftigten geändert hat, denn es wird keine Neuwahl, sondern eine „fehlerfreie Wiederholungswahl" durchgeführt (BVerwG v. 15. 2. 1994, Leits. ZBR 1994, 387 = PersV 1995, 21 = ZfPR 1994, 84; vgl. § 25 Anm. 29). **12**

8. Der Wahlvorstand muss die Verteilung der Sitze auf die Gruppen **vor der Wahl berechnen** (§ 5 WO) und im Wahlausschreiben **bekanntgeben** (§ 5 Abs. 2 WO). Die Feststellung des Zahlenverhältnisses nach den Grundsätzen der Verhältniswahl beruht auf dem d'Hondtschen-Höchstzahlensystem. Dieses Wahlverfahren verstößt weder gegen den Grundsatz der Wahlgleichheit noch gegen den allgemeinen Gleichheitssatz (BayVerfGH v. 15. 2. 1961, DÖV 1961, 310). **13**

a) Entsprechend dem **d'Hondtschen-Höchstzahlensystem** werden die Zahlen der der Dienststelle angehörenden Beamten und Arbeitnehmer nebeneinandergestellt und der Reihe nach durch 1, 2, 3 usw. geteilt. Der jeweils höchsten Teilzahl wird solange ein Sitz zugeteilt, wie Personalratssitze zu verteilen sind. Jede Gruppe erhält so viele Sitze, wie Höchstzahlen auf sie entfallen (§ 5 Abs. 2 WO). **14**

b) **Beispiel:** Gesamtbeschäftigungszahl: 208. Die Personalvertretung besteht also nach § 16 Abs. 1 aus sieben Mitgliedern. Es bestehen zwei Gruppen. Von den abgegebenen Stimmen entfallen auf: **15**

Gruppe Beamte: 75	Gruppe Arbeitnehmer: 133
: 1 = 75	: 1 = 133
: 2 = 37,5	: 2 = 66,5
: 3 = 25	: 3 = 44,33
: 4 = 18,75	: 4 = 33,25
: 5 = 15	: 5 = 26,6

Die sieben höchsten Zahlen sind: 133 – 75 – 66,50 – 44,33 – 37,50- 33,25 – 26,6. Auf die Gruppe Beamte entfallen somit zwei, auf die Gruppe Arbeitnehmer fünf Sitze.

16 9. Wenn auf Grund der hohen Zahl der für eine Gruppe abgegebenen Stimmen die andere Gruppe keinen Sitz erhalten würde, dann greift Abs. 3 ein, wonach jede Gruppe **mindestens einen Vertreter** im Personalrat erhalten muss, wenn sie bis zu 50 Gruppenangehörige besitzt. Dieser Gruppe ist derjenige Sitz zuzuschlagen, der auf die niedrigste der sieben Zahlen entfällt.

17 10. Eine **Ausnahme** von der Regel des Abs. 1, wonach in einer dreiköpfigen Personalvertretung jede Gruppe durch eine Person vertreten sein muss, bestimmt Abs. 4 für den Fall, dass der stärksten Gruppe mindestens ebenso viele Beschäftigte angehören wie den beiden anderen Gruppen zusammen. Für diesen Fall sieht das Gesetz die Zuweisung eines weiteren Sitzes an die stärkste Gruppe vor. Andernfalls käme es dann nach altem Recht zu einem unbilligen Ergebnis, wenn einer Dienststelle beispielsweise 30 Beamte, 10 Angestellte und fünf Arbeiter angehörten. Nur in diesem Fall besteht die Personalvertretung aus vier Mitgliedern, wobei das vierte Mitglied der stärksten Gruppe zusteht (vgl. zu Abs. 4: BVerwG v. 20. 6. 1990, PersV 1990, 536 = ZfPR 1992, 12). Allerdings hat Abs. 4 Bedeutung nur bei Zugrundelegung des **bis zum 30. 9. 2005 geltenden früheren Tarifrechts.** Die Bestimmung hat ihren Sinn und Zweck nach dem **seit dem 1. 10. 2005 geltenden Tarifrecht (TVöD) verloren** (vgl. Richardi u. a., § 17 Anm. 24), da nunmehr im Regelfall nur noch von zwei Beschäftigtengruppen auszugehen ist (Arbeitnehmer und Beamte).

Beispiel für eine Dienststelle, in der die Gruppen der **Beamten, Arbeitnehmer** und **Soldaten** (§ 5 i. V. m. § 49 Abs. 2 Satz 1 SBG) vertreten sind. Die Dienststelle hat 400 Beschäftigte und Soldaten, und zwar 100 Beamte, 70 Arbeitnehmer und 230 Soldaten. Nach § 51 Abs. 2 Satz 1 SBG besteht der Personalrat nicht aus 9 (§ 16 Abs. 1), sondern wegen der Erhöhung um ein Drittel aus 12 Mitgliedern.

Gruppe der Beamten	Gruppe der Arbeitnehmer	Gruppe der Soldaten
: 1 = 100	: 1 = 70	: 1 = 230
: 2 = 50	: 2 = 35	: 2 = 115
: 3 = 33 1/3	: 3 = 23 1/3	: 3 = 76 2/3
: 4 = 25	: 4 = 17 1/2	: 4 = 57 1/2
: 5 = 20	: 5 = 14	: 5 = 46
: 6 = 16 2/3	: 6 = 11 2/3	: 6 = 38 1/3
: 7 = 14,285	: 7 = 10	: 7 = 32,85
: 8 = 12,50	: 8 = 8,75	: 8 = 28,75
: 9 = 11,11	: 9 = 7,77	: 9 = 25,55
: 10 = 10	: 10 = 7	: 10 = 23
: 11 = 9,09	: 11 = 6,36	: 11 = 20,90
: 12 = 8 1/3	: 12 = 5,83	: 12 = 19,16

Die zwölf höchsten Zahlen sind 230 / 115 / 100 /76 2/3 / 70 / 57 1/2 / 50 / 46 / 38 1/3 / 35 / 33 1/3 32,85.
Danach ergibt sich folgende Sitzverteilung auf die 3 Gruppen:

Soldaten: 7 Beamte: 3 Arbeitnehmer: 2

Dies ist aber noch nicht die endgültige Sitzverteilung, denn nach § 51 Abs. 2 Satz 2 SBG ist nunmehr eine Vergleichsberechnung anzustellen und zu ermitteln, wie viele Sitze der Gruppe der Beamten und der Arbeitnehmer ohne die Soldaten zustünden.

Im Beispielfall (100 Beamte und 70 Arbeitnehmer) hätte der Personalrat sieben Mitglieder (§ 16 Abs. 1) mit folgender Sitzverteilung:

Gruppe der Beamten	Gruppe der Arbeitnehmer
: 1 = 100	: 1 = 70
: 2 = 50	: 2 = 35
: 3 = 33 1/3	: 3 = 23 1/3
: 4 = 25	: 4 = 17 1/2
: 5 = 20	: 5 = 14
: 6 = 16 2/3	: 6 = 11 2/3

Es ergeben sich folgende Höchstzahlen: Beamte 100 / 50 / 33 1/3 / 25 und Arbeitnehmer: 70 / 35 / 23 1/3. Die Beamten erreichen also vier Sitze und die Arbeitnehmer drei Sitze. Nach § 51 Abs. 2 Satz 2 SBG erhalten somit die Beamten einen vierten. und die Arbeitnehmer einen dritten. Sitz. Gleichzeitig erhöht sich die Anzahl der den Soldatenvertretern zustehenden Sitze um die gleiche Anzahl, also um zwei Sitze.

Ergebnis: Die Beamten haben vier, die Arbeitnehmer drei und die Soldaten neun Sitze, der Personalrat also 16 Mitglieder.

11. Eine weitere Ausnahme von der Regel des Abs. 1 bildet Abs. 5. Diese 18
Vorschrift soll einen **unverhältnismäßigen Einfluss von Kleinstgruppen** ausschalten. Eine Gruppe von nicht mehr als fünf Wahlberechtigten erhält danach keine Vertretung im Personalrat, wenn sie nicht wenigstens 1/20 der Wahlberechtigten der Dienststelle umfasst. Einer Gruppe von fünf Wahlberechtigten steht also ein Vertreter im Personalrat zu (Abs. 3), wenn die Gesamtpersonenzahl der Dienststelle höchstens 100 beträgt. Beträgt sie 101, so steht der Gruppe von fünf Wahlberechtigten kein Vertreter im Personalrat zu.

12. Die Angehörigen der in Anm. 18 genannten Gruppe sind also als Gruppe 19
nicht vertreten. Sie können sich daher auch nicht an einer Vorabstimmung über eine gemeinsame Wahl (vgl. § 19 Abs. 2) beteiligen (VGH München v. 7. 12. 1988, PersR 1989, 366). Jedes Mitglied einer Kleinstgruppe aber kann sich durch Erklärung gegenüber dem Wahlvorstand einer anderen Gruppe anschließen. Falls in einer Dienststelle zwei Gruppen vorhanden sind, von denen eine eine Kleinstgruppe i. S. von Abs. 5 ist, dann fallen alle Sitze an die andere Gruppe. In diesem Fall findet eine gemeinsame Wahl statt (Fischer u. a., § 19 Anm. 11a). Die **Anschlusserklärung** bedarf keiner bestimmten Form, sollte aber zweckmäßigerweise schriftlich erfolgen, um Beweisschwierigkeiten zu vermeiden. Sie kann abgegeben werden, sobald ein Wahlvorstand besteht, ohne dass schon die Namen der Mitglieder des Wahlvorstands bekannt sein müssen (BVerwG v. 10. 5. 1982, BVerwGE 65, 297 = Leits. ZBR 1983, 137 = PersV 1983, 155). Die Erklärung zum Anschluss muss nicht von allen Gruppenangehörigen abgegeben werden. Auch ein einzelnes Gruppenmitglied kann sich unabhängig von dem Entschluss der übrigen Gruppenmitglieder einer anderen Gruppe anschließen, die ihrerseits den Angehörigen der Kleinstgruppe den Anschluss nicht verweigern kann (Lorenzen u. a., § 17 Anm. 23).

20 13. Diejenigen Mitglieder einer Kleinstgruppe, die sich einer anderen Gruppe anschließen wollen, behalten ihre Gruppenzugehörigkeit. Sie werden nicht Gruppenangehörige derjenigen Gruppe, der sie gegenüber den Anschluss erklären. Durch die **Anschlusserklärung erhöht** sich auch **nicht die Zahl der Sitze der Gruppe,** bei der der Anschluss erfolgt (BVerwG v. 10. 5. 1982, BVerwGE 25, 297 = Leits. ZBR 1983, 137 = PersV 1983, 155).

21 14. Abs. 6 regelt die Zusammensetzung der Personalvertretung möglichst nach Beschäftigungsarten. Sie ist nicht zwingender Natur und kann auch nicht als Sollvorschrift im eigentlichen Sinne angesehen werden, da sie lediglich die Beschäftigten auffordert, bei ihren Wahlvorschlägen **Vertreter der verschiedenen Beschäftigungsarten** zu berücksichtigen. Eine Nichtbeachtung dieser Aufforderung begründet keine Wahlanfechtung (Lorenzen u. a., § 17 Anm. 24; Richardi u. a., § 17 Anm. 27).

22 a) Die Vertreter der **verschiedenen** Beschäftigungsarten repräsentieren in der Personalvertretung die **Gesamtinteressen der Beschäftigten.** Sie vertreten damit also nicht bestimmte Beschäftigungsgruppen mit der Folge, dass sie die Aussetzung eines Beschlusses nach § 39 verlangen könnten. Bei Ausscheiden oder Verhinderung rückt nicht das Ersatzmitglied, das der gleichen Beschäftigungsart angehört, nach. Vielmehr rückt der auf derselben Vorschlagsliste nächste Ersatzmann nach, auch wenn er der Beschäftigungsart seines Vorgängers nicht angehört.

23 b) **„Beschäftigungsart"** ist nicht mit „Gruppe" zu verwechseln. Sinn der Vorschrift ist es, dass in einer Dienststelle, die beispielsweise technische und nichttechnische Beamte beschäftigt, nicht sämtliche Beamtenmitglieder der Personalvertretung den technischen Laufbahnen angehören sollen.

24 c) Abs. 6 gilt auch für die **Stufenvertretungen.** Hier wird die Bestimmung besonders aktuell, weil in diesen Vertretungsorganen weitreichende Entscheidungen fallen, bei denen die Interessen der Angehörigen möglichst aller Beschäftigungsarten berücksichtigt werden sollen. Streitigkeiten aus einer behaupteten Verletzung des Abs. 6 können aber nicht zum Gegenstand eines verwaltungsgerichtlichen Verfahrens gemacht werden.

25 15. Nach Abs. 7 sollen die **Geschlechter** im Personalrat entsprechend dem Zahlenverhältnis vertreten sein. Dies ist lediglich eine Sollvorschrift. Sie ist Ausfluss des Grundsatzes der Gleichberechtigung von Mann und Frau (Art. 3 Abs. 2 GG). Mit der Verletzung dieser Vorschrift kann eine Wahlanfechtung nach § 25 nicht begründet werden; denn es handelt sich nur um eine Vorschrift, die sich empfehlend an die wendet, die Wahlvorschlagslisten aufstellen (Lorenzen u. a., § 17 Anm. 25).

26 16. **Streitigkeiten:** Eine **unrichtige Verteilung der Personalratssitze** auf die Gruppen kann nach Durchführung der Wahl nur durch Anfechtung beanstandet werden. Die Anfechtung muss sich nicht ausschließlich auf die Ungültigkeitserklärung der Wahl richten, sondern sie kann auch eine Berichtigung des Wahlergebnisses, z. B. eine andere Sitzverteilung, zum Ziel haben (BVerwG v. 15. 3. 1968, BVerwGE 29, 222 = ZBR 1968, 262 = PersV 1968, 187).

Schrifttum: Ambos, Folgen des Gruppenverzichts auf Kandidatennominierung, PersV 1971, 281; Rewolle, Der Minderheitenschutz im Personalvertretungsgesetz und die Möglichkeiten seiner Verwirklichung, PersV 1960, 169; Söllner,

Personalratsgröße, Sitzverteilung und Eintreten von Ersatzmitgliedern in Grenzfällen, ZBR 1962, 41; Wacke, Gruppenprinzip und Mehrheitsentscheidung im Personalvertretungsrecht, ZBR 1958, 130.

§ 18 [Abweichende Verteilung der Personalratssitze]

(1) Die Verteilung der Mitglieder des Personalrates auf die Gruppen kann abweichend von § 17 geordnet werden, wenn jede Gruppe dies vor der Neuwahl in getrennter geheimer Abstimmung beschließt.

(2) Für jede Gruppe können auch Angehörige anderer Gruppen vorgeschlagen werden. Die Gewählten gelten als Vertreter derjenigen Gruppen, für die sie vorgeschlagen worden sind. Satz 2 gilt auch für Ersatzmitglieder.

Inhaltsübersicht

Entspr. landesgesetzliche Regelungen:
Baden-Württemberg: § 16; Bayern: Art. 18; Berlin: § 15 Abs. 6, § 16 Abs. 5; Brandenburg: § 18 Abs. 1, 2; Bremen: § 14; Hamburg: § 16; Hessen: § 14; Mecklenburg-Vorpommern: § 14 Abs. 3, 4; Niedersachsen: § 14 Abs. 5, § 17 Abs 3; Nordrhein-Westfalen: § 15; Rheinland-Pfalz: § 14; Saarland: § 17; Sachsen: § 18; Sachsen-Anhalt: § 18; Schleswig-Holstein: § 14; Thüringen: § 18.

Entspr. Vorschrift des BetrVG: –

1. Abs. 2 stellt klar, dass sowohl bei Gruppenwahl als auch bei gemeinsamer Wahl **Angehörige anderer Gruppen** vorgeschlagen und gewählt werden können. Das gleiche gilt für Ersatzmitglieder. **1**

2. Die Vorschrift eröffnet **zwei Möglichkeiten,** von der zwingenden Vorschrift des § 17 **abzuweichen** (abweichende Sitzverteilung, Vorschlag gruppenfremder Bewerber). Beide Möglichkeiten stehen miteinander nicht in Zusammenhang. **2**

3. Nach Abs. 1 können die Angehörigen der Gruppen die **zwingenden Vorschriften** des § 17 Abs. 1 Satz 1 **ändern,** d. h. bestimmen, dass die Gruppen im Personalrat in einem anderen Verhältnis vertreten sein sollen als „entsprechend ihrer Stärke". **3**

4 a) Durch einen Beschluss nach Abs. 1 kann nicht die Größe der Personalvertretung, sondern **nur die in § 16 vorgeschriebene Verteilung der Personalratssitze** auf die Gruppen **geändert werden** (Lorenzen u. a., § 18 Anm. 8).

5 b) **Jede Gruppe muss** unter Leitung eines Abstimmungsvorstands (§ 4 WO) für sich (getrennte Abstimmung) **über eine andere Sitzverteilung** in geheimer Abstimmung (Stimmzettel) Beschluss fassen. Der Abstimmungsvorstand muss aus mindestens drei, er kann aber auch aus mehr als drei, also z. B. sechs Beschäftigten bestehen (BVerwG v. 21. 7. 1980, PersV 1981, 501). Stimmberechtigt sind nicht nur die wahlberechtigten Angehörigen einer Gruppe – so aber bei der Beschlussfassung über eine gemeinsame Wahl –, sondern alle zu einer Gruppe gehörenden Beschäftigten. Unter den Voraussetzungen der §§ 17, 19 WO (Stimmabgabe auch bei Nebenstellen) ist die schriftliche Stimmabgabe auch bei einer Vorabstimmung zulässig (BVerwG v. 21. 7. 1980, aaO; vgl. im Übrigen § 19 Anm. 20).

6 c) Abs. 1 spricht von der **Beschlussfassung jeder Gruppe,** damit also von der Beschlussfassung der Gruppenmitglieder, ohne Rücksicht darauf, ob sie wahlberechtigt sind oder nicht; denn auch den nichtständig und den jugendlichen Beschäftigten bzw. Auszubildenden muss ein Recht zustehen, darüber zu befinden, ob ihre Interessen eventuell von gruppenfremden Beschäftigten wahrgenommen werden sollen oder nicht.

7 d) Der Beschluss der Gruppen ist **mit einfacher Mehrheit** der Stimmberechtigten – nicht nur der Erschienenen – zu fassen; denn es handelt sich um eine grundlegende Beschlussfassung über die Abweichung von der üblichen Sitzverteilung. Gleichgültig ist, ob ein entsprechender Beschluss in einer besonders einberufenen Versammlung gefasst wird; entscheidend ist nur, dass die Geheimhaltung der Stimmabgabe gesichert ist (Fischer u. a., § 18 Anm. 9; Lorenzen u. a., § 18 Anm. 5; aA Altvater, § 17 Anm. 9).

8 e) Ein **Beschluss** nach Abs. 1 **kann nicht den völligen Verzicht einer Gruppe auf eine Vertretung zum Inhalt haben.** Zwar kann eine Gruppe von dem Recht, im Personalrat vertreten zu sein, keinen Gebrauch machen (§ 17 Abs. 1 Satz 3). Das aber ist ein anderer Beschluss als der einer andersartigen Sitzverteilung bei grundsätzlicher Beibehaltung einer Gruppenvertretung überhaupt (Richardi u. a., § 18 Anm. 9).

9 f) Der Beschluss muss **vor der Wahl** für die bevorstehende Wahl gefasst werden; denn das Gesetz will eine von § 17 abweichende Sitzverteilung nur für die Dauer der bevorstehenden Amtszeit der Personalvertretung wirksam sein lassen (Fischer u. a., § 18 Anm. 15; Lorenzen u. a., § 18 Anm. 9; Richardi u. a., § 18 Anm. 14). Im Falle einer nach § 27 notwendig werdenden vorzeitigen Neuwahl ist daher von der in § 17 vorgesehenen Verteilung der Sitze auf die Gruppen auszugehen, wenn nicht vor der Wahl ein Beschluss im Hinblick auf eine andere Sitzverteilung gefasst wird.

10 4. Wird eine **Personalratswahl erfolgreich angefochten, so bedarf es grundsätzlich keiner** neuen Vorabstimmung, weil in der Wahlhandlung selbst aufgetretene Mängel ohne Einfluss auf einen Beschluss über eine abweichende Sitzverteilung in der Personalvertretung sind, es sei denn, dass ein Verstoß gegen die Vorschriften über die Verteilung der Personalratssitze das Wahlergebnis beeinträchtigen konnte (so im Ergebnis auch Lorenzen u. a., § 18 Anm. 10).

5. Die **Initiative** zu einem von der in § 17 vorgesehenen Sitzverteilung auf die Gruppen abweichenden Beschluss kann von jedem Gruppenangehörigen ausgehen. Eine entsprechende Anregung kann darüber hinaus auch vom Wahlvorstand und einer in der Dienststelle vertretenen Gewerkschaft gegeben werden (Fischer u.a., § 18 Anm. 8; Lorenzen u.a., § 18 Anm. 7). Die Anberaumung einer entsprechenden „Wahlhandlung" hat zweckmäßigerweise durch den Abstimmungsvorstand zu erfolgen. 11

6. Eine **erfolglose Beschlussfassung** kann nicht wiederholt werden (Fischer u.a., § 18 Anm. 16). Ein auf ein Abweichen von der üblichen Sitzverteilung gerichteter Beschluss bedarf der Zustimmung der Mehrheit der Gruppenangehörigen. Wird diese nicht erreicht, so wäre es wenig sinnvoll, solche Abstimmungen wiederholen zu lassen (wie oft?). 12

7. Ein Beschluss über eine **abweichende Sitzverteilung** ist von einem Beschluss über eine **gemeinsame Wahl** schon deshalb zu **trennen,** weil der Kreis der Stimmberechtigten in beiden Fällen unterschiedlich ist. Während nach Abs. 1 die Gruppenangehörigen ohne Rücksicht auf die Wahlberechtigung abstimmen, beschließen nach § 19 Abs. 2 nur die wahlberechtigten Angehörigen jeder Gruppe. 13

8. Der Beschluss ergeht in einer **Vorabstimmung** (§ 4 Abs. 1 Nr. 2 WO). Die Leitung obliegt einem Abstimmungsvorstand (vgl. § 4 Anm. 3ff. WO), der mit dem Wahlvorstand identisch sein kann, aber nicht identisch sein muss (Lorenzen u.a., § 18 Anm. 7; Richardi u.a., § 18 Anm. 12). In § 4 Abs. 1 WO werden Wahlvorstand und Abstimmungsvorstand erwähnt. Wäre von einer generellen Identität zwischen Wahlvorstand und Abstimmungsvorstand auszugehen, so wäre eine Regelung dahingehend überflüssig, dass dem Wahlvorstand glaubhaft gemacht werden muss, dass das Ergebnis unter Leitung eines aus mindestens drei wahlberechtigten Beschäftigten bestehenden Abstimmungsvorstands zustandegekommen ist (§ 4 Abs. 1 WO; zum Verfahren vgl. die dort. Anm.). 14

9. Dem **Abstimmungsvorstand** muss ein Mitglied jeder in der Dienststelle vertretenen Gruppe angehören (§ 4 Abs. 1 Satz 2 WO). Die Größe des Abstimmungsvorstands ist nicht auf drei Mitglieder beschränkt (BVerwG v. 21.7.1980, PersV 1981, 501). Die Mitglieder des Abstimmungsvorstands müssen lediglich wahlberechtigt, nicht auch wählbar sein. Bei der Durchführung der Abstimmung muss das Wahlgeheimnis gewahrt sein; die Mindesterfordernisse einer unmittelbaren, allgemeinen, freien und gleichen Teilnahmemöglichkeit sind zu beachten. Gleichzeitig ist eine zuverlässige Ermittlung des Abstimmungsergebnisses zu gewährleisten (VGH München v. 27.4.1979, PersV 1980, 332; vgl. im Übrigen § 19 Anm. 20). 15

10. Das Ergebnis der **Beschlussfassung ist dem Wahlvorstand** innerhalb einer Woche seit der Bekanntgabe der Namen der Mitglieder des Vorstands **mitzuteilen** (§ 4 Abs. 1 Satz 1 WO). Hieraus folgt, dass nach der Wahl eine von § 17 abweichende Verteilung der Sitze auf die Gruppen nicht mehr vorgenommen werden darf (VG Hamburg v. 5.3.1957, Leits. ZBR 1957, 150). 16

11. Die von den einzelnen Gruppen zu fassenden **Beschlüsse müssen inhaltlich übereinstimmen.** Sie dürfen sich nicht auf eine bloße Absprache über eine abweichende Sitzverteilung beschränken, sondern müssen klar erkennbar machen, in welcher Weise von der Grundregel des § 17 abgewichen werden soll (Lorenzen u.a., § 18 Anm. 8). Mit dem Beschluss einer Gruppe, ihre 17

Gruppenvertreter der anderen Gruppe anzuschließen, muss ein **entsprechender Beschluss der aufnehmenden Gruppe korrespondieren.** Eine Gruppe kann also ihre Vertreter nicht einer anderen Gruppe gegen deren Willen aufzwingen (Richardi u. a., § 18 Anm. 19).

18 12. Abs. 1 ermöglicht es, in den Personalrat Vertreter einer Gruppe zu entsenden, der nach § 17 Abs. 5 **kein Vertreter zusteht.** Die Vorabstimmung findet im Übrigen während der Arbeitszeit statt; denn sie gehört zur Wahl des Personalrats, so dass auch evtl. anfallende Kosten von der Dienststelle zu tragen sind (Fischer u. a., § 18 Anm. 18).

19 13. Nach Abs. 2 können für jede Gruppe auch **Angehörige anderer Gruppen vorgeschlagen** werden. Der Sinn dieser Vorschrift liegt darin, dass sich eine Gruppe auch dann vertreten lassen kann, wenn sie z. B. aus mangelnder Bereitschaft zur Kandidatur über keine wählbaren Beschäftigten verfügt. Darüber hinaus wird für eine Gruppe die Möglichkeit geschaffen, auch auf solche Kandidaten zurückgreifen zu können, die zuvor der eigenen Gruppe angehört haben, deren Statusverhältnis sich inzwischen aber verändert hat (z. B. ein Arbeitnehmer wird in das Beamtenverhältnis übernommen, Lorenzen u. a., § 18 Anm. 2).

20 14. Abs. 2 stellt eine **Ausnahmeregelung** dar, die sowohl bei Gruppenwahl wie auch bei Gemeinschaftswahl zur Anwendung kommt (Richardi u. a., § 18 Anm. 24). Die von den Angehörigen einer anderen Gruppe Gewählten gelten vertretungsrechtlich als Angehörige der Gruppe, für die sie vorgeschlagen worden sind. Ein von der Gruppe Arbeitnehmer vorgeschlagener und gewählter Beamter ist im Personalrat Vertreter der Gruppe Arbeitnehmer, dienstrechtlich bleibt er aber weiterhin Beamter.

21 15. Wird von einer Gruppe ein gruppenfremder Kandidat gewählt, so gilt er nach Abs. 2 Satz 2 insoweit als **Angehöriger der Gruppe, die ihn vorgeschlagen hat.** Bei der Bildung des Vorstands (§ 32), bei Gruppenentscheidungen (§ 38) und bei einem Gruppenveto (§ 39) ist der Gruppenfremde als Gruppenangehöriger zu betrachten. Er kann im Wahlvorschlag (§ 8 WO) als Angehöriger der jeweiligen Gruppe bezeichnet werden, für die er kandidiert (OVG Münster v. 8. 6. 1977 – CB 20/76, n. v.). Bei der Bestellung des Wahlvorstands allerdings gilt er nicht als Repräsentant der Gruppe, die er im Personalrat vertritt (vgl. für das BetrVG: BAG v. 20. 1. 1954, BAGE 1, 121 = AP Nr. 1 zu § 76 BetrVG mit Anm. von Dietz). Auch kann er bei der nächsten Personalratswahl nur auf der Liste seiner Gruppe kandidieren, falls er nicht erneut von einer „fremden" Gruppe vorgeschlagen wird.

22 16. Die vorstehenden Ausführungen gelten auch für **Ersatzmitglieder** (Abs. 2 Satz 3). Gruppenfremde Wahlbewerber, die nicht die genügende Stimmenzahl erreicht haben, rücken danach für ein verhindertes oder ausgeschiedenes Personalratsmitglied nach, und zwar als Vertreter der Gruppe, für die sie kandidiert haben. Die Nichtzugehörigkeit zu dieser Gruppe steht dem nicht entgegen. Personalvertretungsrechtlich gilt das nachrückende Ersatzmitglied als Vertreter der Gruppe, deren Mitglied es ersetzt; dienstrechtlich ändert sich nichts an seinem Status.

23 17. Die in den Personalrat gewählten Vertreter einer Gruppe können **nicht** den Vertreter einer **anderen Gruppe als** das auf sie entfallende **Vorstandsmitglied wählen.** Dies käme einer Verfälschung des Wahlergebnisses gleich und würde zu einer zahlenmäßigen Verschiebung der Gruppenvertreter führen, die nach einer Wahl unzulässig ist (BVerwG v. 3. 10. 1958, BVerwGE 7, 253 = ZBR 1959, 130 = PersV 1958/59, 42).

18. **Streitigkeiten** entscheiden die Verwaltungsgerichte nach § 83 Abs. 1 Nr. 1. 24
Eine fehlerhafte Vorabstimmung nach Abs. 1 kann schon vor der Wahl gerichtlich angegriffen werden (OVG Lüneburg v. 3. 9. 1959, DVBl, 1959, 798). Wenn der Rechtsstreit nicht vor der Durchführung der Wahl rechtskräftig abgeschlossen worden ist, muss das anhängige Verfahren innerhalb der Anfechtungsfrist in das Wahlanfechtungsverfahren übergeleitet werden (BVerwG v. 11. 5. 1962, BVerwGE 14, 153 = ZBR 1962, 280 = PersV 1962, 11). Das Gericht kann, statt die Wahl für ungültig zu erklären, das Wahlergebnis berichtigen. Ein Verstoß gegen Abs. 2 kann zur Wahlanfechtung führen.

Schrifttum: Pittrof, Die Vorabstimmungen zu den Wahlen der Personalvertretungen, PersV 1960, 55.

§ 19 [Wahlverfahren]

(1) Der Personalrat wird in geheimer und unmittelbarer Wahl gewählt.

(2) Besteht der Personalrat aus mehr als einer Person, so wählen die Beamten und Arbeitnehmer ihre Vertreter (§ 17) je in getrennten Wahlgängen, es sei denn, dass die wahlberechtigten Angehörigen jeder Gruppe vor der Neuwahl in getrennten geheimen Abstimmungen die gemeinsame Wahl beschließen. Der Beschluss bedarf der Mehrheit der Stimmen aller Wahlberechtigten jeder Gruppe.

(3) Die Wahl wird nach den Grundsätzen der Verhältniswahl durchgeführt. Wird nur ein Wahlvorschlag eingereicht, so findet Personenwahl statt. In Dienststellen, deren Personalrat aus einer Person besteht, wird dieser mit einfacher Stimmenmehrheit gewählt. Das gleiche gilt für Gruppen, denen nur ein Vertreter im Personalrat zusteht.

(4) Zur Wahl des Personalrats können die wahlberechtigten Beschäftigten und die in der Dienststelle vertretenen Gewerkschaften Wahlvorschläge machen. Jeder Wahlvorschlag der Beschäftigten muss von mindestens einem Zwanzigstel der wahlberechtigten Gruppenangehörigen, jedoch mindestens von drei Wahlberechtigten unterzeichnet sein. In jedem Fall genügt die Unterzeichnung durch 50 wahlberechtigte Gruppenangehörige. Die nach § 14 Abs. 3 nicht wählbaren Beschäftigten dürfen keine Wahlvorschläge machen oder unterzeichnen.

(5) Ist gemeinsame Wahl beschlossen worden, so muss jeder Wahlvorschlag der Beschäftigten von mindestens einem Zwanzigstel der wahlberechtigten Beschäftigten unterzeichnet sein; Absatz 4 Satz 2 bis 4 gilt entsprechend.

(6) Werden bei gemeinsamer Wahl für eine Gruppe gruppenfremde Bewerber vorgeschlagen, muss der Wahlvorschlag von mindestens einem Zehntel der wahlberechtigten Angehörigen der Gruppe unterzeichnet sein, für die sie vorgeschlagen sind. Absatz 4 Satz 3, 4 gilt entsprechend.

(7) Jeder Beschäftigte kann nur auf einem Wahlvorschlag benannt werden.

(8) Besteht in einer Dienststelle kein Personalrat, so können die in der Dienststelle vertretenen Gewerkschaften zur Wahl des Personalrats Wahlvorschläge machen. Auf diese Wahlvorschläge sind die Absätze 4 bis 6 nicht anzuwenden.

(9) Jeder Wahlvorschlag einer Gewerkschaft muss von zwei Beauftragten unterzeichnet sein; die Beauftragten müssen Beschäftigte der Dienststelle sein und einer in der Dienststelle vertretenen Gewerkschaft angehören. Bei

Zweifeln an der Beauftragung kann der Wahlvorstand verlangen, dass die Gewerkschaft die Beauftragung bestätigt.

Inhaltsübersicht

Entspr. landesgesetzliche Regelungen:
Baden-Württemberg: § 17; Bayern: Art. 19; Berlin: § 16; Brandenburg: § 19; Bremen: § 15; Hamburg: § 19; Hessen: § 16; Mecklenburg-Vorpommern: § 15; Niedersachsen: §§ 16, 17; Nordrhein-Westfalen: § 16; Rheinland-Pfalz: § 15; Saarland: § 18; Sachsen: § 19; Sachsen-Anhalt: § 19; Schleswig-Holstein: § 15; Thüringen: § 19.

Entspr. Vorschrift des BetrVG: § 14

I. Vorbemerkungen

1. Die Vorschrift regelt die **Grundsätze,** nach denen die Wahlen zu den Personalvertretungen durchzuführen sind. Diese Grundsätze gelten für die Wahlen zu den örtlichen Personalräten, zu den Stufenvertretungen und zu den Gesamtpersonalräten. Ebenso gilt die Vorschrift für die Vertretung der nicht ständig Beschäftigten, während die Wahlen zu den Jugend- und Auszubildendenvertretungen geringfügig anders durchgeführt werden (§ 60 Abs. 1). Die Wahlen des Vertrauensmanns der Bundespolizeivollzugsbeamten (§ 85 Abs. 2 Satz 1) und die Wahlen des Vertrauensmanns der Ortskräfte in Auslandsdienststellen nach § 91 Abs. 2 sind gesondert geregelt (u. a. offene Wahl durch Handaufheben). Das Wahlverfahren zur Wahl der Soldatenvertreter wird in § 48 Satz 1 und § 51 Abs. 1 SBG (vgl. § 1 Anm. 13) festgelegt. 1

2. Darüber hinaus enthält die Vorschrift eine Reihe von Bestimmungen über das **Wahlverfahren.** Die **Wahlen sind grundsätzlich nach Gruppen getrennt durchzuführen** (Abs. 2). Die bisherige Zahl der Gruppen verringert sich grundsätzlich auf zwei, soweit nicht in Dienststellen nach § 49 SBG die Gruppe der Soldaten hinzutritt. 2

2a) Die Durchführung gemeinsamer Wahlen bedarf einer vorhergehenden Abstimmung. Je nach der Zahl der zu wählenden Personalratsmitglieder ist die Wahl als **Verhältnis- oder Mehrheitswahl** durchzuführen (Abs. 3). In den Abs. 4 bis 9 ist das Wahlvorschlagsrecht geregelt. 2a

3. Die **Vorschrift ist zwingend.** Die Voraussetzungen für die Art der Wahl, das Wahlverfahren und das Wahlvorschlagsrecht können nicht abweichend, etwa durch Tarifvertrag oder Dienstvereinbarung, geregelt werden (Fischer u. a., § 19 Anm. 5). 3

4. Die Vorschrift wird wesentlich ergänzt durch die **Wahlordnung** zum Bundespersonalvertretungsgesetz vom 23. 9. 1974 (BGBl. I S. 2337, zul. geänd. d. Vierte Verordnung zur Änderung der Wahlordnung zum Bundespersonalvertretungsgesetz v. 28. 9. 2005, BGBl. I S. 2906). In dieser Wahlordnung werden Wahlvorgang und Wahlvorbereitung im Einzelnen geregelt. 4

5. Eine **elektronische Stimmabgabe** ist nicht möglich, da die Wahlhandlung in der Abgabe eines Stimmzettels in einem Wahlumschlag besteht (§ 15 Abs. 2 Satz 1, § 16 Abs. 1 Satz 1, § 17 Abs. 1 Satz 1 Nr. 2, § 20 Abs. 2 WO). Die Stimmabgabe hat durch die Abgabe eines (papierenen) Stimmzettels zu erfolgen. Nach § 16 Abs. 4 Satz 1 WO ist der Wahlumschlag in eine Urne einzuwerfen. Der Wahlvorstand hat unverzüglich nach Abschluss der Wahl öffentlich die Auszählung der Stimmen vorzunehmen (§ 23 Abs. 2, § 20 Abs. 1 WO). Im Falle einer elektronischen Wahl wäre eine Auszählung in diesem Sinne nicht möglich. Auch die Briefwahl kann nicht in elektronischer Form vorgenomen werden (§ 17 Abs. 1 Satz 1 Nr. 2 und Abs. 3 WO). Dage- 4a

gen können Maßnahmen zur Vorbereitung der Wahlen nach geltendem Recht teilweise elektronisch erfolgen (z. B. Bekanntgabe von Wahlinformationen durch den Wahlvorstand, „Aushänge“, Bekanntgabe und Einsprüche gegen das Wählerverzeichnis, Bekanntgabe des Wahlausschreibens etc.; vgl. zur gesamten Problematik: Kersten, PersV 2005, 244; vgl. auch Jansen, DB 2006, 334).

II. Voraussetzungen der Stimmabgabe

5 1. Die Vorschrift des Abs. 1 stellt wichtige Grundsätze für die Wahlen der Personalvertretung auf. Die Personalvertretung ist danach **in geheimer und unmittelbarer Wahl** zu wählen. Die technischen Einzelheiten werden durch die Wahlordnung geregelt. Geheimhaltung und Unmittelbarkeit sind wesentliche Vorschriften über das Wahlverfahren i. S. des § 25. Ein Verstoß führt zur Anfechtbarkeit. Die **geheime Stimmabgabe** hat so zu erfolgen, dass Dritte von der Wahlentscheidung keine Kenntnis erlangen. Daher sind Stimmzettel und Wahlumschläge zu verwenden, die von der Wahlleitung vorbereitet und an die Wahlberechtigten ausgegeben werden. Eine Wahl kann deshalb nicht durch Handaufheben (s. aber Anm. 1), Zuruf u. ä. erfolgen. Der Wahlvorstand hat alle Vorkehrungen zu treffen, die die **Geheimhaltung der Wahl** sichern. Der Wähler muss den Stimmzettel im Wahlraum unbeobachtet kennzeichnen und in den Wahlumschlag legen können (§ 16 Abs. 1 WO). Wahlkabinen sollen die unbeobachtete Stimmabgabe gewährleisten. Daher wird das Wahlgeheimnis verletzt, wenn zum Ausfüllen der Wahlzettel lediglich ein Wandbrett in einer Ecke des Wahlraums vorgesehen, aber nicht abgeschirmt ist (VGH Kassel v. 14. 6. 1965, PersV 1967, 18; VGH Kassel v. 28. 1. 1990, Leits. ZfPR 1991, 175). Wenn bei der **Briefwahl** auch die Ausfüllung des Wahlzettels in die private Sphäre verlegt wird und deshalb die Einheitlichkeit und Überschaubarkeit des Wahlvorgangs entfällt, so ist die Briefwahl doch mit dem Grundsatz der geheimen Wahl vereinbar (BVerfG v. 15. 2. 1967, BVerfGE 21, 200; vgl. für das BetrVG: BAG v. 14. 2. 1978, BAGE 30,114 = BB 1978, 1520 = DB 1978, 1451), da es in der freien Entscheidung des Wählers liegt, ob und wie er sich gegen eine Beobachtung sichert (vgl. auch § 15 WO Anm. 4a und § 16 WO Anm. 2 ff.).

6 2. Geht ein Wahlbewerber und Listenvertreter aus eigener Initiative bei etlichen Beschäftigten seiner Dienststelle von Tür zu Tür und sammelt die in seiner Gegenwart ausgefüllten Stimmzettel im Wege der Briefwahl ein, so sind damit die **Grenzen überschritten,** die sich aus den Grundsätzen der freien und geheimen Wahl ergeben (OVG Münster v. 6. 8. 1962, ZBR 1962, 390; vgl. auch § 16 WO Anm. 2).

7 3. Füllen mehrere Wahlberechtigte gleichzeitig ihre Wahlzettel aus und werfen sie anschließend in die Wahlurnen, wobei die anwesenden Wahlberechtigten gegenseitig ihre Stimmzettel einsehen können, so ist der **Grundsatz der Geheimhaltung der Wahl verletzt** (VG Schleswig v. 9. 2. 1962 – 2 BP 1/6 2, n. v.).

8 4. Werden bei einer Wahl keine Wahlumschläge verwendet und bestehen die Stimmzettel aus so dünnem Papier, dass die Möglichkeit besteht, auf der Rückseite des gekniffenen Stimmzettels festzustellen, wie der Stimmberechtigte gestimmt hat, so ist die Wahl **ebenfalls nicht geheim** (VG Schleswig v. 9. 2. 1962 – 2 BP 1/62, n. v.).

9 5. Gegen wesentliche Wahlvorschriften wird nicht dadurch verstoßen, dass bei Gruppenwahl ein Beschäftigter sein **Stimmrecht in einer anderen Gruppe**

ausübt, sofern dadurch nicht das Wahlergebnis in dieser (anderen) Gruppe beeinflusst werden konnte (BVerwG v. 26. 10. 1962, BVerwGE 15, 94 = ZBR 1963, 23 = PersV 1963, 61).

6. Die Wahlberechtigten wählen persönlich, **nicht durch Wahlmänner.** Auch die Stimmabgabe durch einen Bevollmächtigten ist unzulässig, weil sie mit dem Prinzip der **Unmittelbarkeit der Wahl** nicht vereinbar ist. Wenn der Wahlberechtigte nicht persönlich wählen kann, darf er seinen Stimmzettel nicht durch einen Beauftragten dem Wahlvorstand übergeben lassen, sondern muss sich des schriftlichen Verfahrens nach § 17 WO bedienen. 10

7. Auch nach dem eigentlichen Abstimmungsvorgang darf **niemandem** die Möglichkeit gegeben werden, **festzustellen,** wie der einzelne Wahlberechtigte gewählt hat. Die Auszählung der Stimmen für die Stufenvertretung durch den örtlichen Wahlvorstand verletzt daher dann das Wahlgeheimnis, wenn die Mitglieder des Wahlvorstands oder Dritte die Entscheidung des wahlberechtigten Gruppenangehörigen deshalb feststellen können, weil nur ein einziges Gruppenmitglied bei der Dienststelle vorhanden ist (VGH München v. 22. 11. 1962, PersV 1963, 137). 11

8. Der Grundsatz der geheimen Wahl verbietet es, einen Wähler darüber zu befragen, wie er abgestimmt hat. Eine solche **Befragung** würde zu einem unzulässigen Eindringen in das Recht auf Geheimhaltung führen. Infolgedessen kann auch der einzelne Wähler auf das ihn schützende Wahlgeheimnis nicht in der Weise verzichten, „dass er offen seine Stimmabgabe bekanntgibt und bereit ist, sich gerichtlich darüber vernehmen zu lassen" (BVerwG v. 21. 7. 1975, BVerwGE 49, 75 = ZBR 1975, 353 = PersV 1976, 303; vgl. auch § 25 Anm. 36). In diesem Zusammenhang stellt sich allerdings auch die Frage, unter welchen Voraussetzungen ein **Zeugnisverweigerungsrecht** besteht. Nach § 383 Abs. 1 Nr. 1 ZPO sind Personen, denen kraft ihres Amtes, Standes oder Gewerbes Tatsachen anvertraut sind, deren Geheimhaltung durch ihre Natur oder durch gesetzliche Vorschrift geboten ist, zur Verweigerung des Zeugnisses in Bezug auf die Tatsachen berechtigt, auf die die Verpflichtung zur Verschwiegenheit sich bezieht. Nach Sinn und Zweck dieser Bestimmung können sich Personalratsmitglieder hierauf berufen. § 383 Abs. 1 Nr. 6 ZPO (vgl. § 10 Anm. 16) gilt nach § 46 Abs. 2 Satz 1 ArbGG (Arbeitsgerichtsgesetz v. 3. 9. 1953, BGBl. I S. 1267, i. d. F. der Bekanntm. v. 2. 7. 1979, BGBl. I S. 853, 1036, zul. geänd. d. Art. 2 u. 4 G v. 26. 3. 2008, BGBl. I S. 444) entsprechend auch für das Verfahren vor den Arbeitsgerichten. Demgegenüber ist das **Zeugnisverweigerungsrecht im Strafverfahren** wesentlich enger gezogen. In den §§ 57 ff StPO sind die weigerungsberechtigten Personen abschließend aufgezählt. Mitglieder einer Personalvertretung gehören nicht zu dem Kreis dieser Personen. Ein Zeugnisverweigerungsrecht steht Personalratsmitgliedern daher im Rahmen eines Strafverfahrens grundsätzlich nicht zu (vgl. auch § 10 Anm. 16). 12

III. Gruppen-/Gemeinschaftswahl

1. Abs. 2 enthält den Grundsatz der **Gruppenwahl.** Dieser Grundsatz entspringt dem das Personalvertretungsrecht beherrschenden Gruppenprinzip, wonach es demokratischen Gepflogenheiten entspricht, dass jede Gruppe ihre Repräsentanten im Personalrat selbst wählen kann (BVerwG v. 15. 12. 1961, BVerwGE 13, 242 = ZBR 1962, 90 = PersV 1962, 65; vgl. auch Wacke, ZBR 1958, 130). Das Gruppenprinzip ist auch ein tragender Grundsatz des BPersVG (BVerwG v. 26. 10. 1977, BVerwGE 55, 17 = ZBR 1978, 205 = PersV 1979, 110; vgl. hierzu auch § 5 Anm. 8). Der Sinn der 13

Gruppenwahl besteht darin, dass eine Gruppe nur solche Vertreter erhalten soll, die von den Angehörigen der jeweiligen Gruppe gewählt worden sind (Fischer u. a., § 19 Anm. 13). Damit unterstellt das Gesetz, dass die Gewählten aufgrund ihrer Sachkunde am ehesten in der Lage sind, die Interessen ihrer Gruppe zu vertreten (Fischer u. a., aaO).

14 2. a) Eine Ausnahme von der Regel der Gruppenwahl gilt für den Fall, dass der Personalrat nur **aus einer Person** besteht (bei 5 bis 20 Wahlberechtigten, § 16 Abs. 1). Diese Person wird mit einfacher Stimmenmehrheit gewählt (Abs. 3). Eine Personenwahl findet unabhängig von der Zahl der Bewerber und Wahlvorschläge statt (§ 30 Abs. 1 Nr. 2 WO). In einzelnen Gruppen findet eine Personenwahl dann statt, wenn für die entsprechende Gruppe nur ein Vertreter zu wählen ist (Abs. 3 Satz 4 i. V. mit § 30 Abs. 1 Nr. 1 WO).

15 b) Die Möglichkeit zu einer weiteren Ausnahme von der Regel des Abs. 2 liegt in der Hand der Wahlberechtigten. Die wahlberechtigten Angehörigen jeder Gruppe können vor der Wahl in getrennten, geheimen Abstimmungen eine **gemeinsame Wahl** beschließen. Die Einberufung einer entsprechenden Gruppenversammlung erfolgt zweckmäßigerweise durch den Abstimmungsvorstand. In diesem Fall wählen die Beamten und Arbeitnehmer in einem gemeinsamen Wahlgang ihre Vertreter zum Personalrat. Hierbei werden auch die Gruppenvertreter gewählt; denn die gruppenspezifische Zusammensetzung wird durch die Gemeinschaftswahl nicht verändert (Fischer u. a., § 19 Anm. 14; Lorenzen u. a., § 19 Anm. 22). Während bei der Gruppenwahl sichergestellt ist, dass die Vertretung der Gruppe sachverständig durch Gruppenangehörige, die vom Vertrauen der Mehrheit der Gruppe getragen sind, wahrgenommen wird, ist dies bei der Gemeinschaftswahl nicht der Fall; denn eine Gruppe kann nicht nur solche Vertreter erhalten, die von den Gruppenangehörigen gewählt worden sind. Eine Gruppe muss vielmehr auch solche Vertreter als Repräsentanten akzeptieren, die von Beschäftigten gewählt worden sind, die anderen Gruppen angehören (BVerwG v. 14. 2. 1969, BVerwGE 31, 299 = ZBR 1969, 250 = PersV 1970, 39; vgl. auch § 18 Anm. 19; Fischer u. a., § 19 Anm. 15).

16 aa) Da die wahlberechtigten Angehörigen jeder Gruppe beschließen müssen, kommt es im Gegensatz zu der Vorabstimmung nach § 18 über eine abweichende Sitzverteilung (vgl. dort Anm. 5 ff.) nicht auf die Stimmen der nichtständig und der gugendlichen Beschäftigten bzw. Auszubildenden an. Der Beschluss bedarf der **Mehrheit der Stimmen aller Wahlberechtigten jeder Gruppe.** Ausreichend ist also nicht, dass die Mehrheit der bei der Abstimmung Anwesenden eine Gemeinschaftswahl beschließt. Die Mitglieder einer Kleinstgruppe können an der Vorabstimmung nicht teilnehmen. Sie können sich aber durch Erklärung gegenüber dem Abstimmungsvorstand einer anderen Gruppe anschließen (VGH München v. 7. 12. 1988, PersR 1989, 366; vgl. auch § 17 Anm. 19).

17 bb) **Beispiel:** Eine Gruppe umfasst 100 Personen. Davon sind 80 wahlberechtigt. In der zur Beschlussfassung einberufenen Gruppenversammlung sind 41 Wahlberechtigte anwesend, die geschlossen für eine Gemeinschaftswahl stimmen. Der Beschluss ist wirksam. Stimmen jedoch nur 35 der wahlberechtigten Angehörigen der Gruppe für die Durchführung einer Gemeinschaftswahl, so bleibt es bei der Gruppenwahl; denn es hat sich nicht die Mehrheit der Wahlberechtigten für eine Gemeinschaftswahl ausgesprochen.

cc) Die **Gruppenbeschlüsse müssen übereinstimmen.** Sind in einer Dienststelle drei Gruppen vertreten, stimmen zwei für und eine gegen Gemeinschaftswahl, so findet Gruppenwahl statt. Andernfalls würde das demokratische Recht der Minderheit auf Gruppenwahl verletzt. Auf die Zahl der Angehörigen der einzelnen Gruppe kommt es nicht an. Wenn allerdings eine Gruppe nicht die gesetzlich notwendige Zahl erreicht, um eine Vertretung im Personalrat zu erhalten (§ 17 Abs. 5), dann kann sie sich an der Beschlussfassung nicht beteiligen. Jeder Angehörige einer solchen Gruppe kann sich aber auch einer anderen Gruppe anschließen. Er ist dann bei der Gruppe, an die er sich angeschlossen hat, bei der Beantwortung der Frage zu berücksichtigen, ob sich die Mehrheit der Wahlberechtigten für eine gemeinsame Wahl entschieden hat (VGH München v. 7. 12. 1988, PersR 1989, 366; Fischer u. a., § 19 Anm. 16). 18

dd) **Beispiel:** In einer Dienststelle sind 100 Beamte und 140 Arbeitnehmer, die sämtlich wahlberechtigt sind, beschäftigt. Ein Beschluss, nach dem Gemeinschaftswahl statt Gruppenwahl stattfinden soll, bedarf der Zustimmung von mindestens 51 Beamten und 71 Arbeitnehmern. Hat eine Gruppe von ihrem Recht, im Personalrat vertreten zu sein, keinen Gebrauch gemacht, so muss sie an der Vorabstimmung darüber, ob Gruppen- oder Gemeinschaftswahl stattfinden soll, nicht beteiligt werden (VG Bremen v. 18. 6. 1959, AP Nr. 1 zu § 7 PersVG Bremen). 19

ee) Die **Gruppen stimmen je für sich** in geheimen Abstimmungen unter Leitung eines Abstimmungsvorstands ab. Nähere Regelungen über die Durchführung einer Vorabstimmung enthalten weder das Gesetz noch die Wahlordnung (§ 4 Abs. 1 WO). Infolgedessen müssen nicht unbedingt die Formalien über die Stimmabgabe Anwendung finden, die die Wahlordnung ansonsten festlegt. In jedem Falle aber müssen die Grundprinzipien eines ordnungsgemäßen Wahlverfahrens eingehalten werden. Dies gilt insbesondere für die Durchführung der Vorabstimmung, die den Mindestanforderungen an eine unmittelbare, allgemeine, freie und gleiche Teilnahmemöglichkeit der abstimmungsberechtigten Beschäftigten genügen und eine zuverlässige Ermittlung des Abstimmungsergebnisses gewährleisten muss. Insofern bietet sich für die Vorabstimmung die Berücksichtigung der Regelungen des Verfahrens für die Personalratswahl an. § 4 Abs. 1 Satz 1 WO verlangt lediglich eine Mindestzahl von Mitgliedern des Abstimmungsvorstands. Eine Begrenzung durch Festlegung einer Höchstzahl enthält die Vorschrift nicht. Infolgedessen ist die Zahl der Mitglieder des Abstimmungsvorstands von den jeweiligen Bedürfnissen der Dienststelle abhängig zu machen. Wenn dies im „Hinblick auf die für die Durchführung einer Vorabstimmung kurz bemessenen Zeit und mit Rücksicht auf die dazu erforderlichen Vorbereitungen und vielfältigen Aufgaben sachlich gerechtfertigt" wird (BVerwG v. 21. 7. 1980, PersV 1981, 501), so ist demgegenüber darauf hinzuweisen, dass die Aufgaben des Wahlvorstands viel umfassender und viel schwieriger wahrzunehmen sind. Dennoch besteht aber der Wahlvorstand nur aus drei Wahlberechtigten (§ 20 Abs. 1 Satz 1), Auch die weiteren Ausführungen des Bundesverwaltungsgerichts (BVerwG v. 21. 7. 1980, aaO) im Hinblick auf die vom Abstimmungsvorstand möglicherweise zu betreibende Wahlpropaganda sind nicht bedenkenfrei. Wenn dessen Mitglieder zu der angestrebten Vorabstimmung auffordern „und den Nutzen einer gemeinsamen Wahl aus ihrer Sicht in" einer Bekanntmachung herausstellen, so dürfte dies nur dann zulässig sein, wenn gleichzeitig auch im Interesse einer fairen Aufklärung der Wähler auf die Nachteile einer gemeinsamen Wahl aufmerksam gemacht wird. Diese Information müßte den Hinweis beinhal- 20 ten, dass bei der Gruppenwahl die Vertretung der Gruppe durch sachverständige Gruppenangehörige sichergestellt ist, während bei einer Gemeinschaftswahl eine Gruppe möglicherweise auch Vertreter akzeptieren muss, die von Beschäftigten gewählt worden sind, die anderen Gruppen angehören (vgl. Anm. 15). Hinzu kommen müßte außerdem, dass im Interesse einer sachverständigen Beratung und der Vermeidung von Manipulationen an den Sitzungen des Abstimmungsvorstands je ein Beauftragter der in der Dienststelle vertretenen Gewerkschaften mit beratender Stimme teilnehmen kann (§ 20 Abs. 1 Satz 3). Eine schriftliche Stimmabgabe unter den Voraussetzungen der §§ 17, 19 WO ist auch bei Vorabstimmungen möglich.

21 ff) Die **Abstimmung** hat **vor jeder Neuwahl** zu erfolgen. Sie muss so rechtzeitig durchgeführt werden, dass deren Ergebnis dem Wahlvorstand innerhalb einer Woche nach der Bekanntgabe der Namen der Mitglieder des Wahlvorstands mitgeteilt werden kann (§ 4 Abs. 1 WO). Daher ist ein Beschluss unwirksam, durch den eine ohne Abstimmung vorgenommene Gemeinschaftswahl nachträglich genehmigt wird (Fischer u. a., § 19 Anm. 18); die Wahl ist aber nicht nichtig, sondern nur anfechtbar (vgl. für das BetrVG: BAG v. 2. 3. 1955, BAGE 1, 317).

22 gg) Eine erfolglose Beschlussfassung kann **nicht wiederholt** werden (vgl. § 18 Anm. 12; Fischer u. a., § 19 Anm. 22; Lorenzen u. a., § 19 Anm. 19; Richardi u. a., § 19 Anm. 34).

23 hh) Die **Abstimmung** findet **während der Arbeitszeit** statt (vgl. § 18 Anm. 20). Die anfallenden **Kosten** sind entsprechend § 24 Abs. 2 von der Dienststelle zu übernehmen (Fischer u. a., § 19 Anm. 25; Lorenzen u. a., § 19 Anm. 21).

24 ii) Das Ergebnis einer Vorabstimmung ist dem Wahlvorstand binnen sechs Arbeitstagen nach der Bekanntgabe über dessen Einsetzung bekanntzugeben (§ 4 Abs. 1 Satz 1 WO). Das **Wahlergebnis** der einzelnen Gruppen darf festgestellt und dem Wahlvorstand bekanntgegeben werden, sobald die Wahlhandlung der betreffenden Gruppe beendet ist, d. h. wenn feststeht, dass entweder alle Wahlberechtigten dieser Gruppe gewählt haben oder dass diejenigen, die noch nicht gewählt haben, auch nicht mehr wählen werden.

25 jj) Eine **Gemeinschaftswahl** ist **ohne Einfluss auf** die Einrichtung der Gruppenvertretung, da die gemeinsame Wahl lediglich die Wahl von Gruppenvertretern in einer gemeinsamen Wahlhandlung bedeutet (vgl. Anm. 2). Aus diesem Grunde bleibt auch die **vorgeschriebene Verteilung der Personalratssitze** auf die Beamten und Arbeitnehmer (§ 17) unberührt (Richardi u. a., § 19 Anm. 37).

26 kk) Wenn nur eine Gruppe einen Wahlvorschlag einreicht bzw. die anderen Gruppen ihre zunächst eingereichten Wahlvorschläge zurückziehen, dann findet **keine Gemeinschaftswahl** statt. Vielmehr verzichten in diesem Fall die übrigen Gruppen auf eine Vertretung im Personalrat (Fischer u. a., § 19 Anm. 16; Lorenzen u. a., § 19 Anm. 19).

IV. Wahlverfahren

27 1. Die Wahl der Personalvertretungen erfolgt nach den **Grundsätzen der Verhältniswahl.** Damit soll sichergestellt werden, dass die auf eine Minderheit entfallenden Stimmen nicht verlorengehen, sondern angemessen im Verhältnis zur Gesamtstimmenzahl berücksichtigt werden (BVerfG v.

23.2.1982, ZBR 1982, 248 = PersV 1982, 329; vgl. auch BVerfG v. 30.4.1996, PersV 1997, 166). Entsprechend diesem Verhältnis soll eine Vertretung im Personalrat erfolgen. Die Berücksichtigung der Minderheitsstimmen erfolgt wahltechnisch nach dem d'Hondtschen Höchstzahlensystem (vgl. § 17 Anm. 14 ff.). Dieses Verfahren beruht auf dem **Verhältniswahlsystem,** bei dem die auf Minderheiten entfallenden Stimmen in angemessener Weise berücksichtigt werden. Das Verfahren kann nur dann angewandt werden, wenn mindestens zwei Wahlvorschläge vorliegen. Demgegenüber weden bei einer **Mehrheitswahl** nur die auf die Mehrheit, nicht aber auf die Minderheit entfallenden Stimmen berücksichtigt. Das Verhältniswahlsystem will sicherstellen, dass einem bestimmten Stimmenanteil auch ein bestimmter Anteil an Sitzen entspricht.

2. Gegen das **Verhältniswahlsystem** sind Bedenken vorgebracht worden (Stärkung der Macht von Gruppen, anonyme Listenwahl statt Persönlichkeitswahl etc.). Sie greifen aber nicht durch, da jeder Wahlberechtigte eine eigene Liste initiieren kann. Darüber hinaus ist zu bedenken, dass bei einer Verhältniswahl auch die auf Minderheiten entfallenen Stimmen berücksichtigt werden und dass auf diese Weise der Minderheitenschutz zum Zuge kommt (Fischer u. a., § 19 Anm. 26). Zu dem das Personalvertretungsrecht beherrschenden Gruppenprinzip vgl. § 5 Anm. 6 ff. **28**

Beispiel: In einer Dienststelle sind 280 Beschäftigte tätig. Die Personalvertretung besteht aus sieben Mitgliedern (§ 16 Abs. 1). Drei Listen sind eingereicht worden. Alle Beschäftigten sind wahlberechtigt und beteiligen sich geschlossen an der Wahl. Liste I erhält 120, Liste II 100 und Liste III 60 Stimmen. Zur Errechnung der Höchstzahlen werden die für die einzelnen Listen abgegebenen Stimmen nacheinander durch 1, 2, 3, 4 etc. solange dividiert, bis so viele Zahlen gebildet sind, wie Sitze zur Verfügung stehen.

	Liste I	Liste II	Liste III
: 1	120 (1)	100 (2)	60 (3)
: 2	60 (3)	50 (5)	30
: 3	40 (6)	33 1/3 (7)	20

Die Reihenfolge der Höchstzahlen ist: 120, 100, 60, 50, 40, 33 1/3. Liste I erhält danach drei, Liste II ebenfalls drei und Liste III einen Sitz.

a) Bei der **Verhältniswahl** (z. T. auch Listenwahl genannt) werden Wahlvorschläge in Form von Bewerberlisten eingereicht. Der Wähler kann nur die Liste wählen (§ 15 Abs. 3 Satz 1 WO), aber keinen Namen ergänzen oder streichen; andernfalls ist der Stimmzettel ungültig (§ 15 Abs. 4 Nr. 4 WO). **29**

b) Das **Verhältniswahlsystem** findet bei Gruppen- wie bei Gemeinschaftswahl immer dann **Anwendung,** wenn mehrere Personen zu wählen sind und mehr als ein Wahlvorschlag eingereicht wird. **30**

c) § 26 WO regelt im Einzelnen die Anwendung des Höchstzahlensystems. Danach „werden die Summen der auf die einzelnen Vorschlagslisten jeder Gruppe entfallenden Stimmen nebeneinandergestellt und der Reihe nach durch 1,2,3 usw. geteilt. Auf die jeweils höchste Teilzahl (Höchstzahl) wird so lange ein Sitz zugeteilt, bis alle der Gruppe zustehenden Sitze verteilt sind". Dieses Verfahren wird auch als **d'Hondtsches Höchstzahlverfahren** bezeichnet. Auf der Grundlage dieses Wahlsystems erfolgt die Sitzverteilung wie folgt: **31**

d) **Gruppenwahl:** Eine Gruppe hat fünf Mitglieder zu wählen. Es sind drei Wahlvorschlagslisten eingereicht worden. Auf die Liste I sind 440, auf die **32**

Liste II 320 und auf die Liste III 170 Stimmen entfallen. Die Errechnung der Höchstzahlen ergibt folgendes:

	Liste I	Liste II	Liste III
:1	440 (1)	320 (2)	170 (4)
:2	220 (3)	160 (5)	85
:3	146,66	106,66	56,66

Die Reihenfolge der Höchstzahlen ist: 440, 320, 220, 170, 160 etc. Liste I erhält danach zwei, Liste II ebenfalls zwei und Liste III einen Sitz.

Weiteres Beispiel: Es sind lediglich zwei Wahlvorschlagslisten eingereicht worden, und eine Gruppe hat fünf Mitglieder zu wählen. Auf die Liste I sind 220 und auf die Liste II 40 Stimmen entfallen. Folgende Höchstzahlen ergeben sich:

	Liste I	Liste II
:1	220	40
:2	110	20
:3	73 1/3	13 1/3
:4	55	10

Reihenfolge der Höchstzahlen: 220, 110, 73 1/3, 55, 40. Von der Liste I sind demnach vier und von der Liste II ist ein Bewerber gewählt.

33 e) **Gemeinschaftswahl:** Auch bei einer Gemeinschaftswahl „werden die Summen der auf die einzelnen Vorschlagslisten entfallenen Stimmen nebeneinandergestellt und der Reihe nach durch 1, 2, 3 usw. geteilt“ (§ 27 Abs. 1 WO). Die Gruppen müssen entsprechend ihrer Stärke im Personalrat vertreten sein (§ 17 Abs. 1). Für jede Gruppe muss gesondert festgestellt werden, welche Kandidaten der einzelnen Listen gewählt worden sind.

34 f) **Beispiel:** In einer Dienststelle mit 400 Beschäftigten ist eine aus neun Mitgliedern bestehende Personalvertretung zu wählen, die aus fünf Beamten und vier Arbeitnehmen besteht. Drei Listen sind eingereicht worden.

Liste I	Liste II	Liste III
1. Beamter	1. Arbeitnehmer	1. Arbeitnehmer
2. Beamter	2. Arbeitnehmer	2. Arbeitnehmer
3. Beamter	3. Arbeitnehmer	3. Arbeitnehmer
4. Arbeitnehmer	4. Beamter	4. Arbeitnehmer
5. Arbeitnehmer	5. Beamter	5. Arbeitnehmer
6. Arbeitnehmer	6. Beamter	6. Beamter
7. Arbeitnehmer	7. Beamter	7. Beamter
8. Arbeitnehmer	8. Arbeitnehmer	8. Beamter

Auf die Liste I entfallen 170, auf die Liste II 146 und auf die Liste III 84 Stimmen.

	Liste I	Liste II	Liste III
:1	170	146	84
:2	85	78	42
:3	56,67	48,67	28

Die Reihenfolge der Höchstzahlen ist: 170 – 146 – 85 – 84 – 78 – 56,67 – 48,67 – 42 – 28 etc.
Danach ist in folgender Reihenfolge für jede Gruppe getrennt zu ermitteln, welche Kandidaten gewählt worden sind. Die auf die Beamten entfallenen fünf Sitze sind folgenden Höchstzahlen zu entnehmen: 170 – 146 – 85 – 84 – 78.
Die auf die Arbeitnehmer entfallenen vier Sitze sind folgenden Höchstzahlen zu entnehmen: 170 – 146 – 85 – 84.

Damit sind folgende Kandidaten gewählt:

Beamte:	Aus Liste I	2 (Nr. 1 und 2)
	Aus Liste II	2 (Nr. 4 und 5)
	Aus Liste III	1 (Nr. 6)
Arbeitnehmer:	Aus Liste I	2 (Nr. 4 und 5)
	Aus Liste II	1 (Nr. 1)
	Aus Liste III	1 (Nr. 1)

g) Wird nur eine Wahlvorschlagsliste für eine Gruppe oder bei Gemeinschaftswahl für die gesamte Personalvertretung eingereicht, so findet **Personenwahl** statt. Gewählt sind diejenigen, die die meisten Stimmen auf sich vereinigen. Die Sitzverteilung erfolgt auf diese Weise: 35

h) **Gruppenwahl:** Eine Gruppe hat Anspruch auf vier Sitze im Personalrat. Nur eine Wahlvorschlagsliste ist eingereicht worden, auf die 800 Stimmen wie folgt entfallen sind: 36

A 150	C 50	E 180
B 200	D 400	F 20

Damit sind D, B, E und A als Gruppenvertreter gewählt.

i) **Gemeinschaftswahl:** In einer Dienststelle mit 400 Beschäftigten ist eine aus neun Mitgliedern bestehende Personalvertretung zu wählen, die aus fünf Beamten und vier Arbeitnehmern besteht. Nur eine Wahlvorschlagsliste ist eingereicht worden, auf die 350 Stimmen entfallen sind: 37

A	Beamter	50	G	Arbeitnehmer	25
B	Beamter	60	H	Arbeitnehmer	20
C	Beamter	40	I	Arbeitnehmer	5
D	Beamter	45	K	Arbeitnehmer	25
E	Beamter	25	L	Arbeitnehmer	15
F	Beamter	20	M	Arbeitnehmer	10

Danach ergibt sich folgende Sitzverteilung:

Beamte:	B	A	D	C	E
Arbeitnehmer:	G	H	K	L	

j) Personenwahl findet statt, wenn bei Gruppenwahl für die betreffende Gruppe nur ein gültiger Wahlvorschlag, bei gemeinsamer Wahl nur ein gültiger Wahlvorschlag eingegangen ist (§ 28 Abs. 1 WO) bzw. wenn bei Gruppenwahl nur ein Vertreter oder bei gemeinsamer Wahl nur ein Personalratsmitglied zu wählen ist (§ 30 Abs. 1 WO); gewählt ist der Bewerber, der die meisten Stimmen erhalten hat (§ 30 Abs. 4 WO). 38

V. Wahlvorschläge

1. Die Wahl der Personalvertretung erfolgt aufgrund von **Wahlvorschlägen.** 39
Jeder Wahlberechtigte kann einen Wahlvorschlag unterbreiten. Er kann den Wahlvorschlag nur für eine wählbare Person der Gruppe machen, der er selbst angehört. Auch den **Gewerkschaften** steht ein Wahlvorschlagsrecht zu. Als Wahlbewerber können die Gewerkschaften nicht nur eigene Mitglieder, sondern alle vorschlagen, die die allgemeinen Wählbarkeitsvoraussetzungen erfüllen. Das Wahlvorschlagsrecht der Gewerkschaften gilt für alle Arten von Personalratswahlen, gleichgültig, ob nur eine aus einem oder aus mehreren Beschäftigten bestehende Personalvertretung gewählt werden soll, gleichgültig auch, ob Gruppen- oder Gemeinschaftswahl stattfindet.

40 2. **Ein Wahlvorschlag ist eine aus einer Bewerber- und einer Unterschriftenliste bestehende einheitliche Urkunde.** Die Bewerberliste darf nicht geändert werden (vgl. § 8 Abs. 2 Satz 4 WO). In der Unterschriftenliste dürfen vor Einreichung beim Wahlvorstand Fehler berichtigt und – mit Zustimmung des Unterzeichners – Unterschriften gestrichen werden (BVerwG v. 10. 4. 1978 – 6 P 27.78, BVerwGE 55, 307 = ZBR 1978, 311 = PersV 1979, 154; BVerwG v. 10. 4. 1978 – 6 P 60.78, ZBR 1978, 342 = PersV 1979, 197; vgl. auch § 8 WO Anm. 1, 5). Der Wahlvorschlag wird mit der Einreichung beim Wahlvorstand wirksam. Bis dahin ist er ein rechtlich bedeutungsloser Entwurf (BVerwG v. 5. 2. 1971, BVerwGE 37, 163 = ZBR 1971, 247 = PersV 1971, 243). Er kann vom Einreicher nicht zurückgenommen werden (BVerwG v. 11. 6. 1975, BVerwGE 43, 317 = ZBR 1975, 351 = PersV 1976, 185). Wahlvorschläge sind empfangsbedürftige Willenserklärungen, die, weil sie Urkunden sind, äußerlich einheitlich sein müssen (BVerwG v. 4. 10. 1957, BVerwGE 5, 259, 211 = PersV 1958/59, 211; BVerwG v. 27. 5. 1960, BVerwGE 10, 344 = ZBR 1960, 270 = PersV 1960, 207; vgl. auch § 7 WO Anm. 1).

41 3. Auf einem Wahlvorschlag können nur **wählbare Beschäftigte** aufgeführt werden; andernfalls ist ein entsprechender Wahlvorschlag ungültig. Der Wahlvorstand ist verpflichtet, die Wählbarkeit der Kandidaten zu prüfen. Sind auf einem Wahlvorschlag nicht alle Beschäftigten wählbar, so muss der Wahlvorstand den Wahlvorschlag zurückweisen (BVerwG v. 27. 5. 1960, BVerwGE 10, 344 = ZBR 1960,270 = PersV 1960,207; BVerwG v. 8. 6. 1962, BVerwGE 14, 241 = ZBR 1962, 283 = PersV 1962, 236). In dem Wahlvorschlag müssen nicht schon bei der Unterzeichnung alle Bewerberstellen abschließend mit Namen versehen sein. Er ist auch dann gültig, wenn eine Bewerberstelle zunächst noch offengelassen wurde, schließlich aber nach Ausfüllen der freien Stelle noch eine ausreichende Zahl von Beschäftigten unterzeichnet hat (OVG Münster v. 19. 12. 1972, RiA 1974, 60). Diese Entscheidung erscheint deshalb bedenklich, weil zum Zeitpunkt der Unterzeichnung für jeden Unterzeichnenden erkennbar sein muss, wer sich auf der Liste bewirbt (vgl. auch Fischer u. a., § 19 Anm. 51).

42 a) aa) Das **Erfordernis einer bestimmten Unterschriftenzahl** ist deshalb als sachlich gerechtfertigt anzusehen, weil es dazu dient, „den Wahlakt auf ernsthafte Bewerber zu beschränken, dadurch das Stimmgewicht der einzelnen Wählerstimmen zu sichern und so indirekt der Gefahr der Stimmenzersplitterung vorzubeugen“ (BVerfG v. 23. 3. 1982, BVerfGE 60, 162 = ZBR 1962, 248 = PersV 1982, 329). Im Falle der Gruppenwahl muss der Wahlvorschlag von mindestens drei Wahlberechtigten unterzeichnet sein. Das Bundesverfassungsgericht hat das (ehemalige) Unterschriftenquorum (ein Zehntel der wahlberechtigten Gruppenangehörigen) für mit Art. 3 Abs. 1 GG unvereinbar und damit nichtig erklärt (BVerfG v. 16. 10. 1984, BVerfGE 67, 382 = ZBR 1984, 377 = PersV 1985, 22). Auch für das Wahlvorschlagsrecht bei Personalratswahlen gelten die für die Gestaltung des Wahlrechts bei allgemeinen politischen Wahlen entwickelten Grundsätze der Allgemeinheit und Gleichheit der Wahl. Danach darf die Zahl der Unterschriften für Wahlvorschläge nur so hoch angesetzt werden, wie es erforderlich ist, um das Stimmengewicht der einzelnen Wählerstimmen zu sichern und damit indirekt der Stimmenzersplitterung entgegenzuwirken (BVerfG v. 16. 10. 1984, aaO). Der Gesetzgeber hat ein Quorum von einem Zwanzigstel für angemessen angesehen, um einerseits die Gefahr einer Stimmenzersplitterung vermeiden und andererseits sicherstellen zu können, dass die Grundsätze der Allgemeinheit und Gleichheit der Wahl gewahrt werden. Um gerade diesem

Grundsatz Rechnung zu tragen, ist auch die absolute Zahl der notwendigen Unterschriften auf 50 reduziert worden. Wahlvorschläge der Gewerkschaften bedürfen dagegen lediglich der Unterzeichnung von zwei Beauftragten. Auch **Wahlbewerber** dürfen Wahlvorschläge unterzeichnen (VGH München v. 7. 7. 1960, DVBl 1961, 177). Gleiches gilt für Mitglieder des Wahlvorstands (BVerwG v. 13. 1. 1962, BVerwGE 13, 269). Mit der Unterschrift unterstützen die Unterzeichner den Wahlvorschlag nicht nur, sondern machen ihn sich zu eigen (BVerwG v. 5. 2. 1971, BVerwGE 37, 162 = ZBR 1971, 297 = PersV 1971, 243). Die Unterschrift muss eigenhändig vollzogen werden (OVG Münster v. 29. 5. 1963 – CB 1/73, n. v.). Schreibfehler in der Unterzeichnerliste dürfen berichtigt werden, dagegen nicht in der Bewerberliste (BVerwG v. 10. 4. 1978, ZBR 1978, 342 = PersV 1979, 197).

bb) Haben die Angehörigen aller Gruppen **Gemeinschaftswahl** beschlossen, so kommt es nicht darauf an, welchen Gruppen die Unterzeichner angehören. Bei gemeinsamer Wahl muss jeder Wahlvorschlag der Beschäftigten von einem Zwanzigstel der wahlberechtigten Beschäftigten unterzeichnet sein, mindestens jedoch von drei Beschäftigten. In jedem Fall genügen 50 Unterschriften. Für Wahlvorschläge der Gewerkschaften gilt das zu Anm. 42 Gesagte. **43**

cc) Ist Gemeinschaftswahl beschlossen und sind für eine Gruppe **gruppenfremde Bewerber** vorgeschlagen worden, so muss der Wahlvorschlag von mindestens einem Zehntel der wahlberechtigten Angehörigen der Gruppe unterzeichnet sein, für die die Gruppenfremden vorgeschlagen sind (Abs. 6). Diese Bestimmung hat das BVerfG (vgl. Anm. 42) nicht für nichtig erklärt. Hierzu bestand vor allen Dingen deshalb kein Anlass, weil das in Abs. 6 festgelegte Unterschriftenquorum mit den mit den Quoren nach Abs. 4 und 5 nicht vergleichbar ist. Es dient nämlich nicht der Wahrung der Chancengleichheit bei der Ausübung des Wahlvorschlagsrechts, sondern ausschließlich dem Gruppenschutz bei gemeinsamer Wahl. Abs. 6 will sicherstellen, dass einer Gruppe gegen den Willen ihrer Mitglieder nicht gruppenfremde Kandidaten aufgezwungen werden, die nicht vom Vertrauen eines erheblichen Teils der Gruppenangehörigen getragen werden. Das Unterschriftenquorum von einem Zehntel soll daher sicherstellen, dass gruppenfremde Bewerber wenigstens von einem Zehntel der wahlberechtigten Gruppenangehörigen als Vertreter ihrer Gruppe im Personalrat gewünscht werden (BVerwG v. 3. 2. 1988, BVerwGE 79, 40 = ZBR 1988, 259 = PersV 1988, 499). **44**

b) **Die leitenden Beschäftigten** sind von dem Recht, Wahlvorschläge zu machen oder zu unterzeichnen, ausgeschlossen, damit eine Beeinflussung der übrigen Beschäftigten vermieden wird. Zu den leitenden Beschäftigten zählen: Der Dienststellenleiter, dessen ständiger Vertreter, bei obersten Dienstbehörden der Leiter der Abteilung für Personal- und Verwaltungsangelegenheiten, bei Bundesoberbehörden ohne nachgeordnete Dienststellen und bei Behörden der Mittelstufe der entsprechende Abteilungsleiter sowie „die zu selbstständigen Entscheidungen in Personalangelegenheiten der Dienststelle" befugten Beschäftigten. Unterschriften von Personen, die dem Kreis der „leitenden Beschäftigten" (§ 14 Abs. 3) zuzurechnen sind, sind zu streichen. Der Wahlvorstand hat den Wahlvorschlag aber als gültig zu betrachten, falls die notwendige Zahl der Unterschriften auf dem Wahlvorschlag noch vorhanden ist. **45**

4. Das **Verbot des Abs. 7,** auf mehr als einem Wahlvorschlag zu kandidieren, ist wegen § 18 Abs. 2 **erforderlich.** Danach kann jede Gruppe auch Angehörige anderer Gruppen vorschlagen und wählen. Die Gewählten gelten inso- **46**

weit als Angehörige derjenigen Gruppe, für die sie vorgeschlagen worden sind. Ohne das Verbot des Abs. 7 würde die Möglichkeit bestehen, dass ein Beschäftigter von seiner Gruppe und gleichzeitig von einer anderen Gruppe zur Wahl vorgeschlagen würde.

47 5. Dieses Verbot **gilt auch dann, wenn nach einer Wahlanfechtung die Wahl** in einer Gruppe **wiederholt werden muss;** denn das Wahlverfahren ist in allen seinen Stufen erneut durchzuführen, beginnend von der Bildung eines neuen Wahlvorstands über die Herausgabe eines neuen Wahlausschreibens bis zu den sonstigen Umständen, die zum Zeitpunkt der ursprünglichen Wahl vorherrschend waren (so bisher u. a. BVerwG v. 15. 2. 1994, Leits. ZBR 1994, 387 = PersV 1995, 21 = ZfPR 1994, 84; neuerdings aber: BVerwG v. 19. 12. 2006, PersV 2007, 363 = ZfPR online 4/2007, S. 2). Da das Bundesverwaltungsgericht nunmehr nur noch dann eine Wiederholungswahl unter Zugrundelegung der bisherigen Kriterien zulässt, wenn die notwendig werdende Wahl innerhalb von sieben Monaten nach der ungültigen Wahl stattfindet, was angesichts der inzwischen möglicher Weise eingetretenen Veränderungen (u. a. Personalbestand, Wechsel der Gruppenzugehörigkeit) sinnvoll ist, ist es angeraten, nach dem genannten Zeitpunkt keine Wiederholungswahl, sondern eine Wahl durchzuführen, bei der die Umstände zugrunde zu legen sind, die zum Zeitpunkt der neuen Wahl maßgebend sind (vgl. § 25 Anm. 29, § 27 Anm. 31).

48 6. Das **Verbot der Doppelkandidatur** bezieht sich nur auf eine Stufe. Ein Wahlbewerber kann auf je einem Wahlvorschlag in allen drei Stufen gleichzeitig kandidieren (Altvater u. a., § 19 Anm. 26; Lorenzen u. a., § 19 Anm. 44). Wenn ein Bewerber mit seiner schriftlichen Zustimmung auf mehreren Wahlvorschlägen der gleichen Stufe benannt ist, so hat der Wahlvorstand ihn aufzufordern, innerhalb von drei Kalendertagen zu erklären, auf welchem Wahlvorschlag er benannt sein will. Der Bewerber ist von sämtlichen Wahlvorschlägen zu streichen, wenn er nicht innerhalb der Frist diese Erklärung abgibt (§ 10 Abs. 3 WO).

VI. Gewerkschaftliches Wahlvorschlagsrecht

49 1. Die Vorschrift, nach der auch die in der Dienststelle vertretenen **Gewerkschaften** zur Wahl des Personalrats Wahlvorschläge machen können, ist deshalb überflüssig, weil das Wahlvorschlagsrecht der Gewerkschaften – unabhängig von der Existenz einer Personalvertretung – bereits in Abs. 4 Satz 1 festgelegt ist. Der Sinn dieser Vorschrift liegt darin, für den Fall, dass in einer Dienststelle keine Personalvertretung besteht, die Bereitschaft zur Wahl zu forcieren. Gleichgültig ist, aus welchem Grund keine Personalvertretung vorhanden ist. Das Wahlvorschlagsrecht der Gewerkschaften besteht daher nicht nur für den Fall, dass eine Personalvertretung in der Dienststelle bisher überhaupt noch nicht bestand, sondern auch dann, wenn die Amtszeit der Personalvertretung beendet, eine neue aber noch nicht gewählt ist. Dasselbe gilt, wenn die Personalvertretung durch gerichtliche Entscheidung aufgelöst wird, wenn die Wahl des Vertretungsorgans angefochten ist oder wenn sie nichtig war. Durch Abs. 9 soll gewährleistet werden, dass ein Wahlvorstand in Zweifelsfällen einen Nachweis der Legitimation zum Handeln für die Gewerkschaft verlangen kann. Dies soll dadurch geschehen, dass die Gewerkschaft ausdrücklich (schriftlich oder mündlich) die Beauftragung bestätigt (vgl. hierzu im Einzelnen § 8 Abs. 3 WO sowie die dort Anm.).

49a 1 a. Nach Abs. 9 Satz 1 müssen Wahlvorschläge der Gewerkschaften von **zwei Beauftragten unterzeichnet** sein, die in der Dienststelle tätig sind und einer Gewerkschaft angehören. Auch bei der Wahl einer Jugend- und Auszubildendenvertretung kann der Wahlvorschlag einer Gewerkschaft von jedem Beschäftigten der Dienststelle, der von dieser Gewerkschaft beauftragt worden ist und der einer in der Dienststelle vertretenen Gewerkschaft angehört, unterzeichnet werden. Die Wahlberechtigung des Unterzeichners wird nicht vorausgesetzt (OVG Münster v. 16. 12. 1992, Leits. PersR 1993, 520), ebenso wenig die Wählbarkeit. Die Unterzeichner eines Wahlvorschlags einer Gewerkschaft für die Wahl einer Jugend- und Auszubildendenvertretung müssen die Altersgrenzen der §§ 57, 58 Abs. 1 nicht erfüllen (BVerwG v. 3. 2. 1995, ZfPR 1995, 77).

2. Jede **in der Dienststelle vertretene Gewerkschaft** kann einen **Wahlvorschlag** 50
einreichen, d. h. jede Gewerkschaft, die mindestens einen Beschäftigten der Dienststelle zu ihrem Mitglied hat. Wahlvorschlagsberechtigt sind auch Unterorganisationen von Gewerkschaften, soweit sie die entsprechenden Voraussetzungen (kooperative Verfassung, eigenes Vermögen, Legitimation zur Gestaltung dienstrechtlicher Verhältnisse, vgl. § 2 Anm. 35) erfüllen.

2 a. Wenn **mehrere Gewerkschaften** einen gemeinsamen Wahlvorschlag 50a
einreichen, dann muss dieser von jeweils zwei Beauftragten der betreffenden Organisation unterzeichnet sein. Andernfalls ist der gemeinsame Wahlvorschlag ungültig. Die Beauftragten nämlich erklären jeweils für ihre Gewerkschaften/Organisationen, welche Bewerber zur Wahl gestellt werden sollen. Im Übrigen soll die Unterschrift durch jeweils zwei Beauftragte „eine erhöhte Sicherheit gegen unautorisierte Vorschläge“ bezwecken, so dass, würde man eine geringere Zahl von Unterschriften genügen lassen, ein erhöhtes Risiko einer unrichtigen Erklärung bestünde (OVG Magdeburg v. 6. 3. 2002 PersV 2002, 511 = ZfPR 2002, 333).

3. Das Wahlvorschlagsrecht der Gewerkschaften gilt für **alle Arten der Per-** 51
sonalratswahlen, gleichgültig, ob eine nur aus einem oder aus mehreren Beschäftigten bestehende Personalvertretung gewählt werden soll, gleichgültig auch, ob Gruppen- oder Gemeinschaftswahl stattfinden wird. Im Übrigen gelten für die Wahlvorschläge der Gewerkschaften **die gleichen Bestimmungen** wie für die, die von den Beschäftigten eingereicht werden.

VII. Verwaltungsgerichtliches Verfahren

1. **Streitigkeiten** entscheiden die Verwaltungsgerichte nach § 83 Abs. 1 52
Nr. 2, sofern nicht eine Wahlanfechtung nach § 25 in Betracht kommt, d. h. wenn Verstöße gegen Wahlbestimmungen im Streit sind. In ein laufendes Wahlverfahren, d. h. in die Vorbereitung und Durchführung einer Personalratswahl kann mit einer **einstweiligen Verfügung** nach § 83 Abs. 2 BPersVG, § 85 Abs. 2 ArbGG, § 940 ZPO eingegriffen werden (vgl. auch § 14 Anm. 32).

2. Die **Gewerkschaften** gehören **nicht** zu den **Organen der Personalvertre-** 53
tung. Ihre rechtlichen Interessen können daher nur dann berührt werden, wenn es sich um die ihnen vom Gesetz eingeräumten Rechte und Antragsbefugnisse handelt. Da ihnen aber ein Wahlvorschlagsrecht zusteht, sie also über eine insoweit den Gang des Wahlverfahrens bestimmende Befugnis verfügen, können sie alle Rechte geltend machen, die sich aus der Verletzung dieses Wahlvorschlagsrechts ergeben.

Schrifttum: Jansen, Elektronische Kommunikation bei Betriebsratswahlen, DB 2006, 334; Kersten, Elektronische Kommunikation im Personalvertretungsrecht, 2. Teil: Elektronische Personalratswahl, PersV 2005, 244; Röper, Unterschriftenquorurn bei Personalratswahlen, ZBR 1983, 118; Windscheid, Fehlerhafte Vorabstimmung, Der Bundesbahn-Personalrat 1962, Nr. 2, S. 3; ders., Wahlgeheimnis und Unterzeichnung von Wahlvorschlägen, PersV 1975, 166; ders., Die Rücknahme von Unterschriften nach Einreichung des Wahlvorschlages, PersV 1975, 366; ders., Probleme des Umgangs mit Wahlvorschlägen, PersV 1982, 271.

§ 20 [Bestellung des Wahlvorstandes]

(1) Spätestens acht Wochen vor Ablauf der Amtszeit bestellt der Personalrat drei Wahlberechtigte als Wahlvorstand und einen von ihnen als Vorsitzenden. Sind in der Dienststelle Angehörige verschiedener Gruppen beschäftigt, so muss jede Gruppe im Wahlvorstand vertreten sein. Hat die Dienststelle weibliche und männliche Beschäftigte, sollen dem Wahlvorstand Frauen und Männer angehören. Je ein Beauftragter der in der Dienststelle vertretenen Gewerkschaften ist berechtigt, an den Sitzungen des Wahlvorstandes mit beratender Stimme teilzunehmen.

(2) Besteht sechs Wochen vor Ablauf der Amtszeit des Personalrats kein Wahlvorstand, so beruft der Leiter der Dienststelle auf Antrag von mindestens drei Wahlberechtigten oder einer in der Dienststelle vertretenen Gewerkschaft eine Personalversammlung zur Wahl des Wahlvorstandes ein. Absatz 1 gilt entsprechend. Die Personalversammlung wählt sich einen Versammlungsleiter.

Inhaltsübersicht

Entspr. landesgesetzliche Regelungen:
Baden-Württemberg: § 20; Bayern: Art. 20; Berlin: § 17; Brandenburg: §§ 20, 21; Bremen: § 16; Hamburg: § 20; Hessen: § 17; Mecklenburg-Vor-

pommern: § 1 WO; Niedersachsen: § 18; Nordrhein-Westfalen: § 17; Rheinland-Pfalz: § 16; Saarland: § 19; Sachsen: § 20; Sachsen-Anhalt: § 20; Schleswig-Holstein: § 1 WO; Thüringen: § 20.

Entspr. Vorschrift des BetrVG: § 16.

I. Bedeutung des Wahlvorstands und Bestellung durch Personalrat

1. Der Wahlvorstand ist eine für die Vorbereitung, Durchführung und Gültigkeit der Wahl wesentliche Einrichtung. Seine **Bedeutung** zeigt sich daran, dass eine ohne ihn durchgeführte Wahl ungültig ist, weil in diesem Fall „nicht einmal der Schein eines ordnungsgemäßen Zustandekommens (der Wahl) gewahrt ist" (BVerwG v. 20. 6. 1958, BVerwGE 7, 140 = ZBR 1958, 281 = PersV 1958/59, 111; Lorenzen u. a., § 20 Anm. 6). Hat ein nicht ordnungsgemäß besetzter Wahlvorstand (nicht alle in der Dienststelle vertretenen Gruppen gehören dem Wahlvorstand an; der Wahlvorstand besteht aus mehr als drei Wahlberechtigten) den Wahlablauf geleitet, so ist die Wahl anfechtbar (BVerwG v. 27. 11. 1959, BVerwGE 9, 357 = ZBR 1960, 125 = PersV 1960, 18; BVerwG v. 10. 8. 1978, ZBR 1979, 180). Die von einem fehlerhaft gebildeten Wahlvorstand getroffenen Maßnahmen und Handlungen sind im Hinblick auf den Grundsatz der Rechtskontinuität jedoch wirksam (OVG Münster v. 7. 9. 1964, PersV 1965, 136). 1

2.a) Abs. 1 verpflichtet die **abtretende Personalvertretung,** einen **Wahlvorstand** für die Wahl der nachfolgenden Vertretung **zu bestellen;** denn die Neuwahl muss rechtzeitig vor Ablauf der Amtszeit sichergestellt sein (BVerwG v. 5. 2. 1971, BVerwGE 37, 166 = Leits. ZBR 1971, 288 = PersV 1972, 34). Wenn die zur Bestellung des Wahlvorstands aufgerufene Personalvertretung ihrer Verpflichtung nicht nachkommt, so gibt es gegen sie keine Zwangsmittel. In diesem Fall wird der Wahlvorstand von der Personalversammlung (Abs. 2) gewählt. Einen durch die Personalversammlung gewählten Wahlvorstand kann die Personalvertretung nicht abwählen. 2

b) Die Bestellung des Wahlvorstands erfolgt nicht durch Beschluss der Gruppenvertretung (§ 38 Abs. 2), sondern durch **Mehrheitsbeschluss des gesamten Personalrats** (§ 37). Es handelt sich bei der Bestimmung der Mitglieder des Wahlvorstands nämlich nicht um eine Angelegenheit, „die lediglich die Angehörigen einer Gruppe" betrifft; denn dem Wahlvorstand obliegt als solchem die Durchführung der Wahl (BVerwG v. 5. 2. 1965, BVerwGE 20, 246 = ZBR 1965, 94 = PersV 1965, 109; Fischer u. a., § 20 Anm. 3; Lorenzen u. a., § 20 Anm. 20; Richardi u. a., § 20 Anm. 17). 3

3. Spätestens acht Wochen vor Ablauf der Amtszeit hat die Personalvertretung den Wahlvorstand zu bestellen. Die **Frist beginnt** mit dem Werktag, der acht Wochen vor dem Werktag liegt, an dem das Amt der Personalvertretung endet (Fischer u. a., § 20 Anm. 14; Lorenzen u. a., § 20 Anm. 17). Das Gesetz enthält zwar keine ausdrückliche Bestimmung für die Bestellung des Wahlvorstands in den Fällen, in denen die **Amtszeit nach § 27 Abs. 2 vorzeitig endet.** Der geschäftsführende Personalrat ist aber verpflichtet, alles zu tun, damit ein neuer Personalrat gewählt werden kann. Aus diesem Grunde wird er auch den Wahlvorstand bestellen müssen (Lorenzen u. a., § 20 Anm. 18; Richardi u. a., § 20 Anm. 21). Wird die Personalvertretung durch eine gerichtliche Entscheidung aufgelöst, so setzt der Vorsitzende der Fachkammer des Verwaltungsgerichts den Wahlvorstand ein (§ 28 Abs. 2). Am Tag vor der Rechtskraft der Entscheidung über die Ungültigkeit einer Wahl kann eine Personalvertretung einen Wahlvorstand für die Neuwahl aber nicht bestel- 4

len. Gleiches gilt für den zurückgetretenen Personalrat, wenn während der Weiterführung der Amtsgeschäfte die Entscheidung über die Ungültigkeit der Wahl Rechtskraft erlangt (BVerwG v. 10. 8. 1978, BVerwGE 56, 208 = ZBR 1979, 180 = PersV 1979, 417). Hat die Personalvertretung nicht innerhalb von zwei Wochen nach dem Eintritt des zur Neuwahl führenden Ereignisses einen Wahlvorstand berufen, so erfolgt die **Bestellung des Wahlvorstands durch die Personalversammlung** (Lorenzen u. a., § 20 Anm. 24).

5 4. Der Wahlvorstand besteht aus drei Wahlberechtigten; Wählbarkeit ist nicht Voraussetzung. Wenn der Dienststelle Soldaten angehören, so erhöht sich die Zahl der Mitglieder des Wahlvorstands auf fünf (§ 51 Abs. 1 Satz 2 SBG). **Im Wahlvorstand müssen alle Gruppen vertreten sein.** Dies gilt auch für den Fall, dass ordentliche Mitglieder ausfallen und Ersatzmitglieder eintreten. Fällt der alleinige Vertreter einer Gruppe aus, so muss daher nicht nur ein Ersatzmitglied dieser Gruppe bestellt, sondern auch tatsächlich hinzugezogen werden (vgl. für das BetrVG: BAG v. 14. 9. 1988, BB 1989, 496 = DB 1989, 50). Dagegen verstößt es nicht gegen § 20, wenn dem Wahlvorstand Mitglieder nur einer Gewerkschaft angehören (Fischer u. a., § 20 Anm. 11). Wieviele Beschäftigte die jeweilige Gruppe umfasst, ist gleichgültig. Daher muss auch eine Gruppe, die die Voraussetzungen des § 17 Abs. 5 nicht erfüllt und keinen Anspruch auf Vertretung im Personalrat hat, im Wahlvorstand vertreten sein. Auch eine solche Gruppe ist an der ordnungsgemäßen Durchführung der Wahl interessiert und muss mit darüber befinden können, ob sie eventuell einen Anspruch auf Vertretung im Personalrat hat (BVerwG v. 27. 11. 1959, BVerwGE 9, 357).

6 a) **Wechselt** ein **Mitglied des Wahlvorstands** die **Gruppenzugehörigkeit,** so ist dies ohne Einfluss auf seine Mitgliedschaft. Andernfalls wäre nicht sichergestellt, dass die Wahlvorbereitungen kontinuierlich betrieben werden. Selbst der Wechsel der Gruppenzugehörigkeit eines Personalratsmitglieds ist nach § 29 Abs. 2 auf dessen Amt ohne Einfluss, so dass beim Wechsel der Gruppenzugehörigkeit eines Mitglieds des Wahlvorstands nicht anders verfahren werden kann.

7 b) Eine Gruppe kann rechtswirksam darauf verzichten, im Wahlvorstand vertreten zu sein (OVG Hamburg v. 7. 8. 1991, PersV 1992, 477). Ein **Zwang zur Amtsübernahme besteht nicht** (Fischer u. a., § 20 Anm. 4; Lorenzen u. a., § 20 Anm. 12; Richardi u. a., § 20 Anm. 13). In diesem Fall wird der Wahlvorstand aus Vertretern der anderen Gruppen gebildet (VG Hannover v. 16. 4. 1962, ZBR 1962, 295). Wenn alle wahlberechtigten Beschäftigten einer Dienststelle die Berufung in den Wahlvorstand ablehnen, so kann ein Wahlvorstand nicht gebildet und eine Wahl nicht durchgeführt werden (Fischer u. a., § 20 Anm. 10).

8 5. Um einen reibungslosen Wahlablauf sicherzustellen, können auch **Ersatzmitglieder** für den Wahlvorstand bestimmt werden, deren Namen ebenso wie die der ordentlichen Mitglieder bekanntzumachen sind (§ 1 Abs. 3 WO; vgl. dort Anm. 7). Die Ersatzmitglieder treten aber nur an die Stelle eines Mitglieds derselben Gruppe (BVerwG v. 5. 11. 1957, BVerwGE 5, 324 = PersV 1958/59, 209; Fischer u. a., 20 Anm. 12; Lorenzen u. a., 20 Anm. 13). Im Übrigen sollen im Wahlvorstand Frauen und Männer vertreten sein.

9 6. Der **Vorsitzende des Wahlvorstands** wird nicht von den Mitgliedern dieses Gremiums, sondern von der Personalvertretung (Abs. 1 Satz 1) bestellt bzw. von der Personalversammlung gewählt (Abs. 2). Allerdings muss der Wahl-

vorstand seinen Vorsitzenden für den Fall selbst wählen können, dass die Personalvertretung eine entsprechende Bestimmung unterlassen hat.

7. Das Personalvertretungsgesetz schließt weder die **Wählbarkeit von Mitgliedern** des Wahlvorstands aus noch verbietet es Wahlbewerbern die Mitgliedschaft im Wahlvorstand. Nur dadurch kann auch in kleinen Dienststellen die Wahl einer Personalvertretung sichergestellt werden. Der Gesetzgeber hat damit einen Interessenkonflikt zwischen einer Kandidatur zur Personalvertretung und der Wahlaufsicht durch dieselbe Person in Kauf genommen (BVerw.G v. 12. 1. 1962, BVerwGE 13, 296 = ZBR 1962, 88 = PersV 1962, 46; OVG Lüneburg v. 15. 7. 1998, Leits. ZfPR 2000, 16; vgl. zur Problematik: Lorenzen u. a., § 20 Anm. 9; vgl. auch § 14 Anm. 28). 10

8. Ein **Dienststellenleiter** kann, ebenso wie ein noch im Amt befindliches Personalratsmitglied, zum Mitglied des Wahlvorstands gewählt werden (VG Hamburg v. 1. 3. 1962, PersV 1962, 207). 11

9. Die Mitglieder des Wahlvorstands unterliegen der **Schweigepflicht** (§ 10 Abs. 1). Sie gehören zum Kreis derjenigen, die Aufgaben und Befugnisse nach dem Gesetz wahrnehmen (Lorenzen u. a., § 20 Anm. 11; aA BVerwG v. 8. 11. 1957, BVerwGE 5, 348). Zur persönlichen Stellung der Wahlvorstandsmitglieder vgl. § 24 Anm. 15. 12

10. Die **Aufgaben des Wahlvorstands** (Aufstellung des Wählerverzeichnisses, Entscheidung über die Wahlberechtigung und die Wählbarkeit etc.) sind im Einzelnen in der Wahlordnung festgelegt. Wahlvorstandsmitglieder haben bei konkretem Anlass ein **Recht zur Teilnahme an Schulungs- und Bildungsveranstaltungen** (vgl. für das BetrVG: BAG v. 13. 3. 1973, BAGE 25, 87 = BB 1973, 847, 849; BAG v. 26. 6. 1973, BB 1973, 1354; vgl. auch § 24 Anm. 17). 13

11. Die Personalvertretung behält die Befugnis zur Bestellung des Wahlvorstands solange, bis die **Personalversammlung** einen Wahlvorstand gewählt hat (VG Düsseldorf v. 28. 7. 1967, ZBR 1967, 383). 14

12. Das Amt des ordentlichen Mitglieds und des Ersatzmitglieds wird mit der Bestellung erworben. Ein einzelnes Wahlvorstandsmitglied kann mit der Folge sein **Amt niederlegen,** dass die Personalvertretung einen anderen Beschäftigten neu bestellen muss. Es kann auch noch zusätzlich ein neues Ersatzmitglied bestellt werden. Der Wahlvorstand kann dagegen nicht als Gremium durch Mehrheitsbeschluss zurücktreten, da ein solcher Beschluss gesetzwidrig wäre (vgl. für das BetrVG: LAG Düsseldorf v. 26. 3. 1975, BB 1975, 416). Allerdings bestehen keine rechtlichen Möglichkeiten, zu verhindern, dass jedes der Wahlvorstandsmitglieder seinen Rücktritt erklärt. Das Amt der ordentlichen Mitglieder und Ersatzmitglieder im Wahlvorstand endet mit der Bestellung eines Wahlleiters zur Durchführung der konstituierenden Sitzung der Personalvertretung (§ 34 Abs. 1; BVerwG v. 23. 10. 1959, BVerwGE 9, 249; OVG Berlin v. 21. 4. 1975, PersV 1977, 68). 15

13. Die in der Dienststelle vertretenen **Gewerkschaften** haben das Recht, an den Sitzungen des Wahlvorstands mit beratender Stimme teilzunehmen. Damit können durch sachkundige Beratung Zweifelsfragen insbesondere bei der Auslegung der Bestimmungen der Wahlordnung geklärt werden. Die Gewerkschaften sind rechtzeitig über Zeit und Ort der Sitzung zu unterrichten; im Zweifelsfall haben sie nachzuweisen, dass ihnen wenigstens ein Beschäftigter der Dienststelle als Mitglied angehört (BVerwG v. 25. 7. 2006, 16

PersV 2007, 112 = Leits. ZfPR 2007, 19; vgl. auch BVerfG v. 31. 1. 2007, Leits. ZfPR 2008, 18).

II. Befugnisse der Personalversammlung

17 1.a) Abs. 2 regelt den **Ausnahmefall,** dass die abtretende Personalvertretung es unterlässt, bis spätestens sechs Wochen vor dem Ablauf ihrer Amtszeit einen Wahlvorstand zu bestellen. Mit dieser Bestimmung will der Gesetzgeber sicherstellen, dass nicht nach Ablauf der Amtszeit der abtretenden Personalvertretung eine Zeit eintritt, während der die Dienststelle ohne Personalvertretung ist.

18 b) Die **Einberufung der Personalversammlung** erfolgt durch den Leiter der Dienststelle, wenn dies von mindestens drei Wahlberechtigten oder einer in der Dienststelle vertretenen Gewerkschaft (vgl. § 2 Anm. 23) beantragt wird. Eine Gewerkschaft ist in der Dienststelle vertreten, wenn mindestens einer der in der Dienststelle beschäftigten Beamten oder Arbeitnehmer bei ihr organisiert ist. Die Gewerkschaft hat als solche ein Antragsrecht. Ihr Antrag setzt also nicht die vorherige Beauftragung durch ein Mitglied voraus. Wenn nach den dienstlichen Verhältnissen eine gemeinsame Versammlung nicht möglich ist, so sind nach § 48 Abs. 2 Teilversammlungen durchzuführen (Fischer u. a., § 20 Anm. 23; Lorenzen u. a., § 20 Anm. 30).

19 c) Der **Leiter der Dienststelle** hat die Personalversammlung während der Arbeitszeit einzuberufen (§ 24 Abs. 2). Die Einladung ist so bekannt zu machen, dass alle Beshäftigten der Dienststelle hiervon Kenntnis nehmen können. Wenn dies nicht der Fall ist und wenn die Beschäftigten nicht auf andere Weise von der Durchführung einer Personalversammlung zur Wahl eines Wahlvorstands erfahren haben und wenn durch das Fernbleiben der nicht unterrichteten Beschäftigten das Wahlergebnis beeinflusst werden konnte, dann ist die nachfolgende Wahl nichtig. Die aufgrund dieser Wahl gewählten Wahlvorstandsmitglieder genießen nicht den besonderen Kündigungsschutz des § 15 Abs. 3 KSchG (vgl. für das BetrVG: BAG v. 7. 5. 1986, BAGE 52, 50 = Leits. BB 1986, 1851 = DB 1986, 1883). Im Übrigen hat der Dienststellenleiter darauf hinzuwirken, dass sich die Versammlung einen Versammlungsleiter wählt. Diese Wahl ist an keine Formerfordernisse gebunden. Das gleiche gilt für die Wahl der Mitglieder des Vorstands. Die Versammlung ist ohne Rücksicht auf die Teilnehmerzahl **beschlussfähig.** Jeder anwesende Beschäftigte kann einen Wahlvorschlag machen. Wählt die Personalversammlung keinen Vorsitzenden für den Wahlvorstand, so kann dies der Wahlvorstand nachholen (Fischer u. a., § 20 Anm. 29). Die **Personalversammlung besteht aus sämtlichen** der Dienststelle angehörenden **Beschäftigten,** ohne Rücksicht auf ihre Wahlberechtigung. Zwar haben grundsätzlich nur die Beschäftigten ein Interesse, an der Zusammensetzung des Wahlvorstands mitzuwirken. Eine Prüfung der Wahlberechtigung durch den Dienststellenleiter in jedem Einzelfall aber müßte zu einer weiteren Hinauszögerung der Bildung des Wahlvorstands führen mit der Folge, dass eventuell nach Ablauf der Amtszeit der abtretenden Personalvertretung noch keine neue gewählt ist (Fischer u. a., § 20 Anm. 28). Wer die Mehrheit der Stimmen der anwesenden Beschäftigten erhält, ist gewählt (Richardi u. a., § 20 Anm. 37).

20 d) Auch bei der Bestellung des Wahlvorstands nach Abs. 2 sind die **Gruppen** zu berücksichtigen. Dem Wahlvorstand muss ein Mitglied jeder in der Dienststelle vertretenen Gruppe angehören. Als Mitglieder des Wahlvorstands sind diejenigen gewählt, die unter den Bewerbern der jeweiligen Gruppe die meisten der abgegebenen Stimmen auf sich vereinigen. Sind nur

zwei Gruppen vertreten (eine Gruppe Soldaten also gibt es nicht), so erhält der Bewerber den dritten Sitz, der ohne Rücksicht auf die Gruppenzugehörigkeit die meisten der auf die verbleibenden Kandidaten entfallenden Stimmen bekommt (Lorenzen u. a., § 20 Anm. 30). Im Übrigen empfiehlt sich auch hier die **Wahl von Ersatzmitgliedern.**

2. Auch an der vom Dienststellenleiter zur Wahl eines Wahlvorstands einberufenen Personalversammlung können die in der Dienststelle vertretenen **Gewerkschaften mit beratender Stimme** teilnehmen (Lorenzen u. a., § 20 Anm. 27). 21

III. Streitigkeiten

Streitigkeiten entscheiden die Verwaltungsgerichte im Beschlussverfahren (§ 83 Abs. 1 Nr. 2), soweit nicht eine Wahlanfechtung nach § 25 in Betracht kommt (BVerwG v. 5. 2. 1965, BVerwGE 20, 246 = ZBR 1965, 94 = PersV 1965, 109). Im Beschlussverfahren kann ein Streit darüber, ob ein Wahlvorstand wirksam gewählt worden ist, selbstständig und nicht erst nach Abschluss der Personalratswahlen ausgetragen werden. Dies ergibt sich aus § 2 Abs. 1 Nr. 4 Arbeitsgerichtsgesetz (vgl. § 19 Anm. 12, § 83 Anm. 1), einer Vorschrift, die auch im Rahmen des verwaltungsgerichtlichen Beschlussverfahrens entsprechend anwendbar ist. Danach unterliegen mit wenigen Ausnahmen alle Angelegenheiten aus dem Personalvertretungsrecht der richterlichen Nachprüfung im Beschlussverfahren. Neben den Entscheidungen und Maßnahmen des Wahlvorstands sind auch alle Vorbereitungen zur Durchführung der Wahl, insbesondere die Wahl des Wahlvorstands selbst, nachprüfbar. Sind Unregelmäßigkeiten bei Vorabstimmungen vorgekommen, so kann nur die Wahl selbst angefochten werden. Sind aber bereits vor Durchführung der Wahl Fehler der Vorabstimmung bekanntgeworden, so kann durch den Antrag auf Erlass einer einstweiligen Verfügung (§ 85 Abs. 2 ArbGG) die Weiterführung des Wahlverfahrens dann verhindert werden, wenn hierdurch eine ordnungsgemäße Wahl sichergestellt wird (Fischer u. a., § 25 Anm. 9; vgl. zu einstweiligen Verfügungsverfahren auch OVG Münster v. 4. 4. 1985, ZBR 1986, 179 und § 83 Anm. 25 ff.). Gleiches gilt für den Fall, dass ein Wahlvorstand rechtswidrig gebildet worden ist (VG Oldenburg v. 24. 4. 1992, PersR 1993, 323). Mängel des Wahlverfahrens, die die Anfechtbarkeit einer etwa durchgeführten Personalratswahl ergeben könnten, sind deshalb zweckmäßigerweise schon im Vorbereitungsstadium zu klären (vgl. für das BetrVG: BAG v. 3. 6. 1975, BAGE 27, 163 = BB 1975, 1388). Ein Beschlussverfahren, in dem der Wahlvorstand Beteiligter war, kann dann mit der Personalvertretung fortgesetzt werden, wenn mit der Konstituierung der Personalvertretung das Amt des Wahlvorstands erloschen ist (BVerwG v. 23. 10. 1959, BVerwGE 9, 249). Der Wahlvorstand kann nicht Beteiligter eines Wahlanfechtungsverfahrens sein; denn mit Bestellung des Verhandlungsleiters in der konstituierenden Sitzung der Personalvertretung (§ 34 Abs. 1) ist sein Amt beendet (BVerwG v. 18. 4. 1978, BVerwGE 55, 341 = ZBR 1978, 345 = PersV 1979, 194). Auch der Dienststellenleiter kann eventuell antragsberechtigt sein, falls bei der Bestellung des Wahlvorstands durch die Personalversammlung Verstöße gegen gesetzliche Bestimmungen vorgekommen sind. Einer Gewerkschaft kann ein Antragsrecht für den Fall zustehen, dass bei der Einberufung oder der Durchführung der Personalversammlung zur Wahl des Wahlvorstands gegen gesetzliche Bestimmungen verstoßen worden ist (vgl. hierzu aber § 19 Anm. 53). Allerdings ist es einer Personalvertretung verwehrt, in einem personalvertretungsrechtlichen Beschlussverfahren Umfang und Grenzen der Unterstützungspflicht des Dienststellenleiters gegenüber dem Wahlvorstand klären zu lassen; denn die 22

Personalvertretung ist in diesem Fall nicht unmittelbar in ihrer personalvertretungsrechtlichen Stellung betroffen, da sie nur den Wahlvorstand zu bestellen, nicht aber weitergehende Aufgaben hat (OVG Münster v. 18. 9. 1995, Leits. ZBR 1996, 99 = Leits. ZfPR 1996, 164).

Schrifttum: Kunze, Die Bestellung des Wahlvorstandes, PersV 1982, 1.

§ 21 [Wahl des Wahlvorstandes bei Dienststellen ohne Personalrat]

Besteht in einer Dienststelle, die die Voraussetzungen des § 12 erfüllt, kein Personalrat, so beruft der Leiter der Dienststelle eine Personalversammlung zur Wahl des Wahlvorstandes ein. § 20 Abs. 2 Satz 3 gilt entsprechend.

Entspr. landesgesetzliche Regelungen:
Baden-Württemberg: § 21; Bayern: Art. 21; Berlin: § 17 Abs. 3; Brandenburg: § 21; Bremen: § 17; Hamburg: § 21; Hessen: § 18; Mecklenburg-Vorpommern: § 1 WO; Niedersachsen: § 18 Abs. 2 Satz 2, 3; Nordrhein-Westfalen: § 18; Rheinland-Pfalz: § 16 Abs. 2; Saarland: § 20; Sachsen: § 21; Sachsen-Anhalt: § 21; Schleswig-Holstein: § 1 WO Abs. 3; Thüringen: § 21.

Entspr. Vorschrift des BetrVG: § 17.

1 1. Voraussetzung für die Anwendung dieser Vorschrift ist, dass in einer personalratsfähigen Dienststelle mit in der Regel mindestens fünf Wahlberechtigten, von denen drei wählbar sind (§ 12 Abs. 1), eine **Personalvertretung nicht besteht.**

Beispiele für das Fehlen einer Personalvertretung:
a) Neubildung einer Dienststelle,
b) Vergrößerung einer Kleindienststelle durch Erhöhung der Zahl der wahlberechtigten Beschäftigten, so dass die Voraussetzungen des § 12 Abs. 1 vorliegen,
c) Verselbstständigung einer Nebendienststelle nach Beschluss der Beschäftigten (§ 6 Abs. 3),
d) Erfolgreiche Wahlanfechtung oder Nichtigkeit einer Personalratswahl,
e) Niederlegung des Amts aller Personalratsmitglieder und ihrer Ersatzmitglieder (§ 29 Abs. 1 Nr. 2),
f) Mangelndes Interesse der Beschäftigten an der Bildung einer Personalvertretung.

Bei der Neuwahl der Personalvertretung wegen Ablaufs der regelmäßigen Amtszeit gem. § 26 kommt § 21 erst zur Anwendung, wenn die Amtszeit tatsächlich abgelaufen ist. Vor Ablauf der Amtszeit greift § 20 ein. Nicht anwendbar ist die Vorschrift, wenn wegen des Rücktritts der Personalvertretung eine Neuwahl durchzuführen ist. Die zurückgetretene Personalvertretung führt gem. § 27 Abs. 3 die Geschäfte weiter und hat deshalb auch den Wahlvorstand zu bestellen (§ 20 Abs. 1).

2 2. Ist eine **geschäftsführende Personalvertretung** vorhanden (§ 27 Abs. 3), so hat sie den Wahlvorstand zu berufen. Die noch amtierende Personalvertretung, deren Wahl für ungültig erklärt worden ist, kann nicht am Tag vor Eintritt der Rechtskraft einen Wahlvorstand bestellen (BVerwG v. 10. 8. 1978, BVerwGE 56, 208 = ZBR 1979, 180 = PersV 1979, 417). Die Personalversammlung kann erst dann initiativ werden, wenn die Personalvertretung ihrer Pflicht zur Bestellung des Wahlvorstands nicht nachkommt. Wenn die Voraussetzungen für die Bildung eines Gesamtpersonalrats erfüllt

sind, dann wird der Wahlvorstand nicht von der Personalversammlung, sondern vom Dienststellenleiter bestellt (BVerwG v. 10. 8. 1978, aaO).

3. Ist die Personalvertretung aufgelöst, so kann der Dienststellenleiter ebenfalls nicht eine Personalversammlung zur Bestellung eines Wahlvorstands einberufen, weil dieser vom **Vorsitzenden der Fachkammer** des Verwaltungsgerichts zur unverzüglichen Einleitung einer Neuwahl eingesetzt wird (§ 28 Abs. 2). Demgegenüber ist der Dienststellenleiter bei erfolgreicher Wahlanfechtung oder Nichtigkeit einer Personalratswahl zum Tätigwerden verpflichtet. **3**

4. Ist es aus **mangelndem Interesse der Beschäftigten** (ein Antrag nach § 20 Abs. 2 ist nicht gestellt worden) bisher nicht zu einer Wahl einer Personalvertretung gekommen, so ist der Dienststellenleiter nicht zur Einberufung einer Personalversammlung verpflichtet, da der bisher erkennbare Wille der Beschäftigten nicht vermuten lässt, dass ein Wahlvorstand zur Vorbereitung eines Wahlverfahrens gewählt würde. Hier käme es zu einem unnötigen Ausfall an Arbeitszeit. In diesem Fall bleibt die Dienststelle ohne Personalvertretung (OVG Münster v. 25. 5. 2005, ZTR 2005, 496). Der Dienststellenleiter kann eine entsprechende Anregung aus der Mitte der Beschäftigten zur Bestellung eines Wahlvorstands abwarten (Fischer u. a., § 21 Anm. 6; Lorenzen u. a., § 21 Anm. 5; Richardi u. a., § 21 Anm. 6, § 21 Anm. 9). Das gilt auch für den Fall, dass die im Vierjahresrhythmus vorgesehenen Personalratswahlen bevorstehen, wenn bis dahin schon mehrmals mangelndes Interesse zu Tage getreten ist. **4**

5. Der Dienststellenleiter ist im Gegensatz zu § 20 Abs. 2 nicht erst auf einen entsprechenden Antrag, sondern **von Amts wegen** zur Einberufung einer Personalversammlung verpflichtet. Die Personalversammlung wählt zunächst einen **Versammlungsleiter** und unter dessen Leitung den Wahlvorstand (§ 20 Abs. 2). Wenn an einer solchen Personalversammlung alle Vertreter einer Gruppe trotz ordnungsgemäßer Ladung nicht teilnehmen, so verzichtet diese Gruppe darauf, im Wahlvorstand vertreten zu sein (OVG Hamburg v. 7. 8. 1991, PersV 1992, 477). Es ist nicht erforderlich, dass der Wahlvorstand in geheimer Abstimmung gewählt wird. Da es sich um eine reine Vorbereitungshandlung zu der eigentlichen Personalratswahl handelt, genügt es, wenn aus dem Verlauf der Versammlung hervorgeht, dass die Anwesenden in ihrer Mehrheit mit der Wahl der vorgeschlagenen Kandidaten einverstanden sind und keine berechtigten Zweifel darüber bestehen, wer gewählt ist (vgl. für das BetrVG: LAG Rheinland-Pfalz v. 30. 1. 1986, ArbuR 1987, 25). Der Dienststellenleiter ist unter Mitteilung der Tagesordnung einzuladen und berechtigt, in der Personalversammlung zu sprechen (vgl. für das BetrVG: LAG Baden-Württemberg v. 30. 10. 1992, DB 1993, 98 = ArbuR 1993, 374). **5**

6. Nach § 53 Abs. 3 Satz 3, § 56 findet eine Personalversammlung zur Bestellung des **Bezirks- oder Hauptwahlvorstands** oder zur Bestellung des Wahlvorstands des **Gesamtpersonalrats** nicht statt. An ihrer Stelle übt der Leiter der Dienststelle, bei der die Stufenvertretung oder der Gesamtpersonalrat zu errichten ist, die Befugnis zur Bestellung des Wahlvorstands aus (§ 53 Abs. 3 Satz 4, § 56). Für die Bestellung des Wahlvorstands bei **Jugend- und Auszubildendenvertretungen** und der **Vertretung der nichtständig Beschäftigten** gilt ebenfalls eine Sonderregelung (vgl. § 60 Abs. 1, § 65 Abs. 1 Satz 2 und 3). **6**

7. **Streitigkeiten** entscheiden die Verwaltungsgerichte nach § 83 Abs. 1 Nr. 2, insbesondere über die Frage, ob der Dienststellenleiter zur Einberu- **7**

fung einer Personalversammlung verpflichtet ist. Eine Dienstaufsichtsbeschwerde ist möglich.

§ 22 [Ersatzbestellung des Wahlvorstandes]

Findet eine Personalversammlung (§ 20 Abs. 2, § 21) nicht statt oder wählt die Personalversammlung keinen Wahlvorstand, so bestellt ihn der Leiter der Dienststelle auf Antrag von mindestens drei Wahlberechtigten oder einer in der Dienststelle vertretenen Gewerkschaft.

Entspr. landesgesetzliche Regelungen:
Baden-Württemberg: § 22; Bayern: Art. 22; Berlin: § 18; Brandenburg: § 22; Bremen: § 18; Hamburg: § 22; Hessen: § 19; Mecklenburg-Vorpommern: § 1 ff. WO; Niedersachsen: § 18 Abs. 3; Nordrhein-Westfalen: § 19; Rheinland-Pfalz: § 16 Abs. 3; Saarland: § 21; Sachsen: § 22; Sachsen-Anhalt: § 22; Schleswig-Holstein: –; Thüringen: § 22.

Entspr. Vorschrift des BetrVG: § 17 Abs. 2.

1 1. Falls die Beschäftigten nicht an der nach § 20 Abs. 2 einberufenen Personalversammlung teilgenommen oder trotz einer stattgefundenen Personalversammlung keinen **Wahlvorstand** bestimmt haben, so wird er auf Antrag von mindestens drei Wahlberechtigten oder einer in der Dienststelle vertretenen Gewerkschaft **vom Dienststellenleiter bestellt.** Diesen Fällen ist gleichzustellen der Fall, dass sich keine Kandidaten für den Wahlvorstand bereitgefunden haben oder dass der Wahlvorstand durch Niederlegung des Amtes seitens eines oder mehrerer Mitglieder aktionsunfähig geworden ist. Die Vorschrift greift nicht ein, wenn ein Antrag gem. § 20 Abs. 2 nicht gestellt und daher eine Personalversammlung nicht einberufen worden ist. Der Dienststellenleiter muss in diesem Fall nach § 21 vorgehen, sobald die Amtszeit der Personalvertretung abgelaufen ist.

2 2. Der Dienststellenleiter kann nicht selbstständig tätig werden. Voraussetzung ist vielmehr ein **Antrag** von drei Wahlberechtigten oder von einer in der Dienststelle vertretenen Gewerkschaft (mindestens ein Beschäftigter der Dienststelle muss Mitglied der Gewerkschaft sein). Im Falle eines solchen Antrags muss der Dienststellenleiter bei Vorliegen der sonstigen Voraussetzungen (z. B. Personalratsfähigkeit der Dienststelle) einen Wahlvorstand bestellen.

3 3. Der vom Dienststellenleiter einzuberufende Wahlvorstand muss aus drei wahlberechtigten Beschäftigten bestehen. Einer von ihnen ist der Vorsitzende, der ebenfalls vom Dienststellenleiter bestellt wird. Jede **Gruppe** muss im Wahlvorstand vertreten sein, wenn in der Dienststelle Angehörige aller Gruppen beschäftigt sind. Im übrigen ist der Dienststellenleiter in der Auswahl der Personen frei. An Vorschläge der wahlberechtigten Beschäftigten oder der in der Dienststelle vertretenen Gewerkschaften ist er nicht gebunden. Zweckmäßigerweise sollte er auch Ersatzmitglieder bestellen.

4 4. Den in der Dienststelle vertretenen **Gewerkschaften** (vgl. § 2 Anm. 23) steht das Recht zu, mit beratender Stimme an den Sitzungen des Wahlvorstands teilzunehmen. Zwar nimmt die Vorschrift keinen ausdrücklichen Bezug auf die entsprechende Bestimmung des § 20 Abs. 1. Der vom Dienststellenleiter bestellte Wahlvorstand unterscheidet sich aber in nichts von dem von der Personalvertretung einberufenen Vorstand. In beiden Fällen ist die Aufgabenstellung dieselbe (Fischer u. a., § 22 Anm. 6).

5. Die Vorschrift ist nicht anwendbar bei Wahlen für die **Stufenvertretungen** (§ 53 Abs. 3), den **Gesamtpersonalrat** (§ 56), die **Jugend- und Auszubildendenvertretung** (§ 60 Abs. 1 Satz 1) und die **Vertretung der nichtständig Beschäftigten** (§ 65 Abs. 1 Satz 2). 5

6. **Streitigkeiten** entscheiden die Verwaltungsgerichte nach § 83 Abs. 1 Nr. 2, insbesondere über die Pflicht des Dienststellenleiters zur Bestellung eines Wahlvorstands. Auch in diesem Zusammenhang ist eine Dienstaufsichtsbeschwerde oder die Einleitung disziplinarrechtlicher Maßnahmen bei Beamten möglich. 6

§ 23 [Aufgaben des Wahlvorstandes]

(1) Der Wahlvorstand hat die Wahl unverzüglich einzuleiten; sie soll spätestens nach sechs Wochen stattfinden. Kommt der Wahlvorstand dieser Verpflichtung nicht nach, so beruft der Leiter der Dienststelle auf Antrag von mindestens drei Wahlberechtigten oder einer in der Dienststelle vertretenen Gewerkschaft eine Personalversammlung zur Wahl eines neuen Wahlvorstandes ein. § 20 Abs. 2 Satz 3 und § 22 gelten entsprechend.

(2) Unverzüglich nach Abschluss der Wahl nimmt der Wahlvorstand öffentlich die Auszählung der Stimmen vor, stellt deren Ergebnis in einer Niederschrift fest und gibt es den Angehörigen der Dienststelle durch Aushang bekannt. Dem Dienststellenleiter und den in der Dienststelle vertretenen Gewerkschaften ist eine Abschrift der Niederschrift zu übersenden.

Inhaltsübersicht

Entspr. landesgesetzliche Regelungen:
Baden-Württemberg: § 23; Bayern: Art. 23; Berlin: § 19; Brandenburg: § 23; Bremen: § 19; Hamburg: § 23; Hessen: § 20; Mecklenburg-Vorpommern: § 1 WO; Niedersachsen: § 19; Nordrhein-Westfalen: § 20; Rheinland-Pfalz: § 17; Saarland: § 22; Sachsen: § 23; Sachsen-Anhalt: § 23; Schleswig-Holstein: § 2 Abs. 1 WO; Thüringen: § 23.

Entspr. Vorschrift des BetrVG: § 18.

1. Abs. 1 regelt die **Konsequenzen,** die aus der Untätigkeit eines Wahlvorstands zu ziehen sind. Abs. 2 schreibt die **öffentliche Auszählung** der Stimmen unverzüglich nach Abschluss der Stimmabgabe zur Feststellung des Wahlergebnisses vor. 1

2. Der Wahlvorstand hat **unverzüglich,** d. h. ohne schuldhaftes Zögern, die Vorbereitungen zur Einleitung und Durchführung der Personalratswahl zu treffen. Die Einzelheiten sind in in der Wahlordnung geregelt. Zu den **Aufgaben** des Wahlvorstands gehören insbesondere: Bekanntgabe der Namen seiner Mitglieder und Ersatzmitglieder; Feststellung der Zahl der Beschäftigten; Aufstellung des Wählerverzeichnisses und Entscheidung über Ein- 2

sprüche gegen das Wählerverzeichnis; Ermittlung der Zahl der zu wählenden Personalratsmitglieder und Errechnen der Verteilung der Sitze auf die Gruppen, Erlass des Wahlausschreibens, wodurch die Wahl eingeleitet ist. Der Wahlvorstand hat darauf zu achten, dass das Wahlausschreiben am Tag seines Erlasses durch Aushang bekanntgegeben wird. Wird das Wahlausschreiben zu einem späteren Zeitpunkt durch Aushang bekanntgegeben, so verstößt dies gegen eine wesentliche Vorschrift über das Wahlverfahren (VGH Kassel v. 19. 3. 1980, PersV 1982, 197). Weitere Aufgaben des Wahlvorstands: Entgegennahme von Wahlvorschlägen; der Wahlvorstand muss dafür Sorge tragen, dass Wahlvorschläge während der Dienststunden bei ihm abgegeben werden können. Demgemäß muss er eine Regelung treffen, dass stets ein Mitglied des Wahlvorstands während der Dienststunden zur Entgegennahme von Wahlvorschlägen bereit und erreichbar ist (BVerwG v. 3. 2. 1969, PersV 1970, 37); organisatorische Durchführung der Wahl; Überwachen der Wahlhandlung und ggf. Heranziehung von wahlberechtigten Beschäftigten zu Wahlhelfern; Auszählung der Stimmen nach Abschluss der Wahl; Festhalten des Wahlergebnisses in einer Niederschrift und Bekanntgabe an die Beschäftigten; Benachrichtigung der gewählten Personalratsmitglieder. Die Dienststelle hat den Wahlvorstand bei der Erfüllung seiner Aufgaben zu unterstützen (§ 1 Abs. 2 WO).

3 3. Der Wahlvorstand ist nicht befugt, die Einreichung von Wahlvorschlägen am letzten Tag der Einreichungsfrist **auf eine bestimmte Uhrzeit** (z. B. 11.00 Uhr) **zu begrenzen.** Er hat im Wahlausschreiben lediglich den letzten Tag der Einreichungsfrist anzugeben und kann auf den Dienstschluss hinweisen, um damit Wahlberechtigten, die danach einen Wahlvorschlag einreichen wollen, das von ihnen zu tragende Risiko des Nachweises des rechtzeitigen Zugangs deutlich zu machen. Hält sich allerdings ein Mitglied des Wahlvorstands über die Dienstzeit in der Dienststelle auf, so kann ein diesem Mitglied nach Ablauf der Dienstzeit überreichter Wahlvorschlag nicht als verspätet zurückgewiesen werden (BVerwG v. 17. 7. 1980, PersV 1981, 498; vgl. hierzu auch § 7 WO Anm. 4).

4 4. Die Wahl soll spätestens **sechs Wochen** nach der Berufung des Wahlvorstands stattfinden (vgl. aber Lorenzen u. a., § 23 Anm. 5). Diese Frist gilt gleichzeitig für alle Berufungsfälle (§§ 20, 21, 22). Der Gesetzgeber will damit eine „personalvertretungslose“ Zeit vermeiden und sicherstellen, dass unmittelbar nach Ablauf der Amtszeit der bisherigen die Amtszeit einer neuen Personalvertretung beginnen kann.

5 5. Satz 1 Halbsatz 2 ist lediglich eine **Soll-Vorschrift,** deren Verletzung weder Nichtigkeit noch Anfechtbarkeit der Wahl begründet, da auf diese Weise eine bereits eingetretene Verzögerung der Wahl einer neuen Personalvertretung nur noch eine weitere, unnötige Verschleppung verursachen würde (BVerwG v. 27. 11. 1959, BVerwGE 9, 357 = ZBR 1960, 125 = PersV 1960, 18). Die **Nichteinhaltung der gesetzten Frist** ist im Übrigen als solche kein das Wahlverfahren oder das Wahlergebnis beeinflussender Umstand.

6 6. Zur **personellen Stellung** (Kündigung etc.) der Mitglieder des Wahlvorstands vgl. § 24.

7 7. Bei **Untätigkeit des Wahlvorstands** hat der Dienststellenleiter ebenso wie nach § 20 Abs. 2 auf Antrag von mindestens drei Wahlberechtigten oder einer in der Dienststelle vertretenen Gewerkschaft eine Personalversammlung zur Wahl eines neuen Wahlvorstands einzuberufen. Untätigkeit des

Wahlvorstands ist nur dann anzunehmen, wenn er völlig untätig oder doch so weit untätig bleibt, dass ein nahtloser Übergang der Amtszeit der abtretenden zur Amtszeit einer neugewählten Personalvertretung nicht sichergestellt ist (Fischer u. a., § 23 Anm. 11; Lorenzen u. a., § 23 Anm. 14). Die Ersetzung des Wahlvorstands ist nicht nur im Hinblick auf die Zielsetzung des Gesetzes, die Personalratswahlen zeitgerecht durchzuführen, um die Kontinuität der Arbeit der Personalvertretungen sicherzustellen, von Bedeutung für die Einleitung der Wahl selbst, sondern auch für die Durchführung der Wahl und für die Feststellung des Wahlergebnisses (Lorenzen u. a., § 23 Anm. 16). Sofern mit der Verzögerung auch eine Verletzung von Wahlvorschriften verbunden ist, kommt eine Wahlanfechtung in Betracht (Fischer u. a., § 23 Anm. 12). Da das Gesetz die Voraussetzungen für eine Abberufung und Neubestellung des Wahlvorstands insgesamt geregelt hat (also das Einzelmitglied nicht erwähnt), kann die Personalvertretung von sich aus ein einzelnes Mitglied nicht abberufen (vgl. für das BetrVG: ArbG Berlin v. 3. 4. 1974, BB 1974, 838).

8. Der **Dienststellenleiter ist auf Antrag zur Einberufung einer Personalversammlung verpflichtet.** Auch die nach Satz 2 einberufene Personalversammlung wählt sich einen Leiter. Findet eine Personalversammlung dennoch nicht statt oder gelingt es ihr nicht, einen neuen Wahlvorstand zu bestellen, so hat der Leiter der Dienststelle einen neuen Wahlvorstand zu berufen (§ 22). Eine Wiederholung des Verfahrens nach § 22 ist möglich (Fischer u. a., § 23 Anm. 15; Lorenzen u. a., § 23 Anm. 19). **8**

9. Abs. 2 schreibt die **öffentliche Auszählung** der Stimmen unverzüglich nach Abschluss der Stimmabgabe zur Feststellung des Wahlergebnisses vor. Gegen den Grundsatz der Nichtöffentlichkeit wird nicht verstoßen, wenn der Wahlvorstand in dem Raum, in dem die Stimmenauszählung erfolgt, eine Tischreihe bildet, hinter der die Öffentlichkeit Platz finden soll (VGH Mannheim v. 2. 7. 1991, Leits. ZBR 1992, 189). Wenn nicht alle Stimmen unverzüglich ausgezählt werden, so ist die Wahl auf Anfechtung hin für ungültig zu erklären (vgl. für das BetrVG: ArbG Bochum v. 20. 6. 1975, DB 1975, 1898; vgl. aber § 16 Abs. 5 WO). Die Stimmenauszählung obliegt dem Wahlvorstand (vgl. § 20 Anm. 2, 3 WO), der auch verpflichtet ist, das Ergebnis in einer Niederschrift festzustellen und es den Angehörigen der Dienststelle durch Aushang bekanntzugeben. Trotz des engen Wortlauts des Gesetzes, wonach die Auszählung der Stimmen öffentlich zu erfolgen hat, gilt gleiches auch für die Sitzung zur Feststellung selbst, d. h. auch diese muss allen Beschäftigten zugänglich sein, um in ihr vor aller Augen die Wahlurne zu öffnen, die Stimmzettel den Wahlumschlägen zu entnehmen, die Verteilung der Sitze vorzunehmen und die Niederschrift über das Wahlergebnis zu fertigen (Fischer u. a., § 23 Anm. 10). Von der Niederschrift ist dem Dienststellenleiter und den in der Dienststelle vertretenen Gewerkschaften (vgl. § 2 Anm. 21) eine Abschrift zu übersenden (vgl. im Übrigen auch § 23 WO Anm. 2). **9**

10. Die **Bekanntgabe des Wahlergebnisses** hat – nachdem die Wahl von den Gewählten angenommen worden ist – im Interesse einer möglichst großen Chance der Kenntnisnahme **durch Aushang** an den Plätzen zu erfolgen, an denen üblicherweise die Gesamtbelegschaft interessierende Dinge bekanntgegeben werden (vgl. § 23 WO Anm. 3). **10**

11. § 23 gilt entsprechend für den **Bezirks-** und **Hauptwahlvorstand** sowie die Wahl des **Gesamtpersonalrats** (§ 53 Abs. 3, § 56). **11**

12 12. **Streitigkeiten** über die Berufung eines neuen Wahlvorstands entscheiden die Verwaltungsgerichte nach 83 Abs. 1 Nr. 2. Auch hier wiederum ist Dienstaufsichtsbeschwerde möglich. Das Wahlanfechtungsverfahren kommt bei Verstößen gegen Wahlvorschriften durch den Wahlvorstand in Betracht. Einer Gewerkschaft kann ein Antragsrecht insoweit zustehen, als im Zusammenhang mit ihrem Antrag zur Einberufung einer Personalversammlung zur Wahl eines neuen Wahlvorstands bzw. bei der Wahl selbst gegen gesetzliche Vorschriften verstoßen worden ist.

Schrifttum: Sembdner, Die Sonderstellung der Mitglieder des Wahlvorstandes bei den Wahlen der Personalvertretungen, PersV 1962, 2.

§ 24 [Verbot der Wahlbehinderung; Kosten der Wahl; Arbeitszeitversäumnis]

(1) Niemand darf die Wahl des Personalrates behindern oder in einer gegen die guten Sitten verstoßenden Weise beeinflussen. Insbesondere darf kein Wahlberechtigter in der Ausübung des aktiven und passiven Wahlrechts beschränkt werden. § 47 Abs. 1 Satz 1 und 2 gilt für Mitglieder des Wahlvorstands und Wahlbewerber entsprechend.

(2) Die Kosten der Wahl trägt die Dienststelle. Notwendige Versäumnis von Arbeitszeit infolge der Ausübung des Wahlrechts, der Teilnahme an den in den §§ 20 bis 23 genannten Personalversammlungen oder der Betätigung im Wahlvorstand hat keine Minderung der Dienstbezüge oder des Arbeitsentgeltes zur Folge. Für die Mitglieder des Wahlvorstandes gelten § 44 Abs. 1 Satz 2 und § 46 Abs. 2 Satz 2 entsprechend.

Inhaltsübersicht

Entspr. landesgesetzliche Regelungen:
Baden-Württemberg: § 24; Bayern: Art. 24; Berlin: §§ 20, 21; Brandenburg: § 24; Bremen: § 20; Hamburg: §§ 24, 25; Hessen: § 21; Mecklenburg-Vorpommern: §§ 16, 17; Niedersachsen: § 20; Nordrhein-Westfalen: § 21;

Rheinland-Pfalz: § 18; Saarland: § 24; Sachsen: § 24; Sachsen-Anhalt: § 24; Schleswig-Holstein: §§ 16, 17; Thüringen: § 24.

Entspr. Vorschrift des BetrVG: § 20.

I. Vorbemerkung

1. Die Vorschrift soll eine freie und unbehinderte Personalratswahl sichern. Nicht nur die Wahl selbst ist geschützt, sondern geschützt sind auch alle Personen, die Maßnahmen der Vorbereitung und Durchführung der Wahl betreiben. Der Schutz ist umfassend. Jede unmittelbare und mittelbare Beschränkung des Wahlrechts ist untersagt. Das Verbot richtet sich sowohl gegen die Dienststellenleitung als auch gegen die Beschäftigten. Alle Wahlberechtigten sind geschützt, auch **Mitglieder des Wahlvorstands, Wahlhelfer und Wahlbewerber** sowie die Beauftragten der in der Dienststelle vertretenen Gewerkschaften. Dem Dienststellenleiter ist aufgegeben, durch eine entsprechende Dienstorganisation die uneingeschränkte Wahlausübung zu gewährleisten (VG Potsdam v. 8. 6. 2006, PersV 2008, 33 = Leits. ZfPR 2008, 18). Mit Abs. 1 will darüber hinaus der Gesetzgeber verhindern, dass durch Abordnung etc. die Wahlvorbereitungen erschwert bzw. die Wahl „unbequemer" Beschäftigter unmöglich gemacht wird. 1

2. Nach Abs. 2 soll die Dienststelle alle **Kosten der Wahl** tragen. Die Mitglieder des Wahlvorstands erhalten bei Reisen, die zur Erfüllung ihrer Aufgaben notwendig sind, Reisekostenvergütungen nach den für Beamte der Besoldungsgruppe A 15 geltenden Bestimmungen. Werden Wahlvorstandsmitglieder über die regelmäßige Arbeitszeit hinaus erheblich mehr belastet, so ist ihnen Dienstbefreiung in entsprechendem Umfang zu gewähren. 2

II. Verbot der Wahlbehinderung/Wahlbeeinflussung

1. a) Das **Verbot der Wahlbehinderung,** d. h. jeden Handelns oder Unterlassens, das darauf abzielt, die Wahl zu erschweren oder zu be-/verhindern, bezieht sich auf die gesamte Wahl, einschließlich ihrer Vorbereitung und der Vorabstimmungen nach § 6 Abs. 3, § 18 Abs. 1, § 19 Abs. 2 (OVG Münster v. 14. 4. 2004, PersV 2004, 423 = Leits. ZfPR 2005, 47). Wenn ein Dienststellenleiter Vorbereitung und Durchführung der Wahlen u. a. dadurch behindert oder erschwert, dass er den ihm vom Gesetz auferlegten Unterstützungspflichten (§ 20 Abs. 2, §§ 21, 22 und § 23 Abs. 1 Satz 2, 3) nicht nachkommt, keine Personalversammlung zur Wahl eines Wahlvorstands einberuft oder keinen Wahlvorstand bestellt, keine Dienst- oder Arbeitsbefreiung für die an der Wahl Beteiligten erteilt oder entgegen seiner sich aus § 1 Abs. 2 WO ergebenden Verpflichtung nicht die für die Aufgabenerfüllung notwendigen Wahlunterlagen oder sonstigen Informationen zur Verfügung stellt (u. a. Informationen über den derzeitigen und künftigen Personalbestand, OVG Münster v. 14. 4. 2004, PersV 2004, 423; Fischer u. a., § 24 Anm. 4), dann ist in all' diesen Unterlassungen eine Wahlbehinderung zu sehen. Ebenso ist eine Wahlbehinderung darin zu sehen, dass ein Wahlvorstand einem zur persönlichen Stimmabgabe entschlossenen Wahlberechtigten bei dessen Erscheinen im Wahllokal unter Hinweis darauf keine Wahlunterlagen aushändigt, dass er zunächst eine schriftliche Stimmabgabe angezeigt und entsprechende Unterlagen erhalten habe (OVG Münster v. 6. 5. 1998, Leits. PersV 1998, 533; vgl. hierzu auch BVerwG v. 13. 5. 1998, Leits. ZBR 1998, 433 = ZfPR 1999, 18). Eine Kündigung, die anlässlich der Betätigung für die Personalratswahl oder im Zusammenhang mit ihr gerade deswegen ausgesprochen wird, um die Wahl des betreffenden Beschäftigten 3

zu verhindern oder ihn wegen seines Einsatzes bei der Personalratswahl zu maßregeln, fällt ebenfalls unter das Behinderungsverbot (vgl. für das BetrVG: BAG v. 13. 10. 1977, BB 1978, 550 = DB 1978, 641). Eine Wahlbehinderung kann auch dann vorliegen, wenn ein Dienststellenleiter einem Wahlbewerber, der sich den Wählern vorstellen will, entsprechende Gespräche untersagt, oder wenn eine in der Dienststelle vertretene Gewerkschaft ihren Mitgliedern verbietet, sich an der Vorbereitung und Durchführung der Wahl zu beteiligen, oder wenn eine Personalvertretung die Bestellung des Wahlvorstands hinauszögert oder nicht vornimmt (Fischer u. a., § 24 Anm. 5 d). Die Wahlbehinderung kann sich im Übrigen auf den Geschäftsbedarf, auf die Räume, Wahlurnen etc. beziehen. Sie ist auch dann gegeben, wenn Beschäftigte, die keine amtlichen Funktionen bei der Durchführung der Wahl haben, den Umlauf von Wahlvorschlägen unterbrechen. Dies kann durch aktives Tun oder auch durch Untätigbleiben geschehen. Im letzteren Fall muss aber der betreffende Beschäftigte eine Pflicht zur Vornahme der unterlassenen Handlungsweise haben (Behinderung des normalen und zweckentsprechend in die Wege geleiteten Umlaufs eines Wahlvorschlags, VGH München v. 28. 3. 1984 – Nr. 18 C 83 A. 2174, n. v.). Ein Verschulden oder eine Behinderungsabsicht ist nicht Voraussetzung (VG Arnsberg, PersV 1961, 109 – ohne Datumsangabe).

4 b) Das **Verbot** richtet sich **gegen jedermann:** gegen die Beschäftigten, gegen die Dienststelle selbst, gegen Vereinigungen, gegen Einzelpersonen (BVerwG v. 7. 11. 1969, BVerwGE 34, 177 = ZBR 1970, 97 = PersV 1970, 155); vgl. Anm. 1. Es richtet sich auch gegen den Wahlvorstand (OVG Münster v. 13. 6. 1960, PersV 1961, 65).

5 2. a) Eine **Wahlbeeinflussung** ist nur verboten, wenn sie in einer gegen die guten Sitten verstoßenden Weise auf die Herbeiführung eines bestimmten Wahlergebnisses gerichtet ist. Ein Sittenverstoß ist ein gegen das Gefühl aller billig und gerecht Denkenden gerichtetes Verhalten, das in objektivem Widerspruch zum Gemeinschaftsgefühl steht und ein sittenwidriges, persönliches Tun darstellt (BVerwGV v. 2. 5. 1957, BVerwGE 4, 357), z. B. Irreführung der Wähler, Nötigung, Erpressung oder verunglimpfende Abwertung von Wahlvorschlagsunterzeichnern etc. Die Benutzung eines irreführenden Kennworts für einen Wahlvorschlag ist unzulässig, weil es die Wahl in einer gegen die guten Sitten verstoßenden Weise beeinflussen kann (Beispiel: Kennwort: „Freie Liste“, wenn auf dieser Liste nur Gewerkschaftsmitglieder kandidieren). Ob eine gegen die guten Sitten verstoßene Wahlbeeinflussung vorliegt, muss in jedem Einzelfall unter Berücksichtigung aller Umstände geprüft werden. Dabei sind die Entscheidungsfreiheit der Wähler einerseits und andererseits das grundsätzliche Recht der Wahlbewerber, auf die Entscheidung der Wähler einzuwirken, sorgfältig gegeneinander abzuwägen (OVG Münster v. 10. 11. 2005, PersV 2006, 138 = Leits. ZfPR 2006, 41).

6 b) Wahlbewerbern steht das Recht zu, während der Dienststunden Wahlwerbung zu betreiben, durch die aber die Erfüllung dienstlicher Aufgaben sowie Ordnung und Frieden in der Dienststelle nicht beeinträchtigt werden dürfen. Wahlversammlungen während der Dienststunden braucht der Dienststellenleiter aber nicht zu dulden (VG Sigmaringen v. 17. 5. 1977 – Pers 1217/77, n. v.; vgl. auch BVerfG v. 30. 11. 1965, BVerfGE 19, 304 = ZBR 1966, 162 = PersV 1966, 79; BVerfG v. 26. 5. 1970, BVerfGE 28, 295 = ZBR 1970, 262 = PersV 1971, 86). Wahlwerbung und Wahlkampf sind notwendige Voraussetzungen einer demokratischen Wahl; sie sind verfassungsrechtlich geschützt (Art. 5 GG Meinungsäußerungsfreiheit; Art. 9 Abs. 3 GG

Bestands- und Betätigungsschutz der Koalitionen). Anlässlich von Personalratswahlen ist gewerkschaftliche Werbung daher in einer Dienststelle und während der Dienstzeit verfassungsrechtlich geschützt (BVerfG v. 30. 11. 1965, BVerfGE 19, 304 = ZBR 1966, 152 = PersV 1966, 79), so dass auch die Nutzung des E-Mail-Verkehrs zu Zwecken der Wahlwerbung zulässig ist und nur dann untersagt werden kann, wenn dadurch die allgemeinen Arbeitsabläufe in unzumutbarer Weise beeinträchtigt werden; diese Voraussetzung dürfte nur in absoluten Ausnahmefällen erfüllt sein (vgl. VG Hamburg v. 21. 6. 2007, ZfPR online 10/2007, S. 7). Den Gewerkschaften, Bewerbern, Listenvertretern und Wählergruppen ist daher grundsätzlich die Nutzung des innerdienstlichen E-Mail-Verkehrs für Zwecke der Wahlwerbung gestattet. Auch Veröffentlichungen im Intranet sind zulässig (OVG Münster v. 10. 11. 2005, aaO). Dabei hat allerdings der Dienststellenleiter darauf zu achten, dass der Grundsatz der Chancengleichheit beachtet und nicht einem der Wahlbewerber ein Werbevorteil u. a. dadurch eröffnet wird, dass er im dienststelleninternen Intranet zur Beteiligung an den Personalratswahlen aufruft, gleichzeitig aber einen Link ausschließlich zu seiner Liste vorsieht (vgl. VG Magdeburg v. 23. 11. 2005, PersV 2006, 140). Allerdings sind einer Wahlwerbung verfassungsrechtlich Grenzen gezogen, die einem einzelnen Beschäftigten eine sog. Schmähkritik, mit der der Boden sachlicher, auch scharfer Kritik an dem am Wahlkampf Beteiligten oder am Dienststellenleiter verlassen wird, verbieten. Sogenannte Schmähkritik, mit der der Boden einer sachlichen Kritik an Mitbewerbern verlassen wird, ist im Gegensatz zu scharfer Kritik an gegnerischen Gewerkschaften oder Listen, solange diese nicht in Hetze ausartet, unzulässig (BVerwG v. 27. 6. 2007, PersR 2007, 443; vgl. hierzu auch: BVerfG v. 26. 5. 1970, BVerfGE 28, 295, 307 ff = ZBR 1970, 262 = PersV 1970, 227 m. Anm. v. Windscheid). Insgesamt zulässig ist eine sachliche, sich im üblichen Rahmen haltende **Wahlwerbung** sowie die Richtigstellung unwahrer oder übertriebener Wahlwerbung. Auch die Aufforderung an Wahlberechtigte, in einem bestimmten Sinne abzustimmen (OVG Lüneburg v. 14. 2. 1956, RiA 1956, 348) oder die Ermunterung, überhaupt an der Wahl teilzunehmen (VG München v. 17. 8. 1956, ZBR 1959, 103), sind zulässige Einflussnahmen auf die Wahl. Ob die Überrumpelung anderer an der Wahl beteiligter Gruppen durch eine noch loyale Ausnutzung der nach dem Gesetz und der WO bestehenden Möglichkeiten tatsächlich zulässig ist (VG Freiburg v. 25. 4. 1958, ZBR 1958, 284), mag zunächst fraglich sein. Diese Frage muss aber deshalb bejaht werden, weil auch eine vielleicht im Einzelfall übersteigerte Ausnutzung bestehender Möglichkeiten nicht als eine gegen die guten Sitten verstoßende Tätigkeit bezeichnet werden kann. Zu berücksichtigen ist nämlich, dass der Zweck einer Wahlpropaganda darin besteht, auf den Wählerwillen entscheidenden Einfluss zu nehmen. Gegensätzliche Meinungen prallen nun einmal im Wahlkampf aufeinander. Dies führt zu Auseinandersetzungen und scharfer Kritik an gegnerischen Gewerkschaften oder Listen, die, sofern diese Angriffe nicht in eine Hetze ausarten (vgl. für das BetrVG: BAG v. 30. 11. 1960, BAGE 10, 217, 226; vgl. auch BVerwG v. 27. 6. 2007, aaO), zulässig sind. Wenn allerdings ein Beschäftigter bei der Werbung für die Wahl zur Personalvertretung die Ehre anderer schwerwiegend verletzt und dabei parteipolitisch mit verfassungsfeindlicher Zielsetzung agiert, so ist hierin eine Beeinflussung „in einer gegen die guten Sitten verstoßenden Weise" zu sehen, die außerdem dem Dienststellenleiter einen wichtigen Grund für eine außerordentliche Kündigung gibt (vgl. für das BetrVG: BAG v. 15. 12. 1977, BB 1978, 812). Beleidigende oder verleumderische Aussagen sind daher stets als eine unzulässige Wahlbeeinflussung zu betrachten (OVG Hamburg v. 3. 10. 1960, PersV 1962, 39; vgl. im Einzelnen zu den Schranken der Wahlwerbung: BVerfG v. 30. 11. 1965, aaO). Insgesamt aber besteht ein berechtigtes Interesse daran, wirkliche oder vermeintliche Missstände in einer Dienststelle oder bei einer amtierenden Personalvertretung während des Wahlkampfs auch mit scharfen Worten zu kritisieren. Das ergibt sich aus dem Grundrecht der freien Meinungsäußerung (Art. 5 Abs. 1 GG). Eine solche Meinungsfreiheit findet jedoch auch für die an den Personalratswahlen Beteiligten ihre Schranke im Recht der persönlichen Ehre Dritter (Art. 5 Abs. 2 GG), also auch des Dienststellenleiters und der Personalvertretung (vgl. für das BetrVG: BAG v. 15. 12. 1977, aaO).

7 c) Ein **Wahlbewerber,** der auf einem Wahlvorschlag mit dem Kennwort „nichtorganisierte Angestellte" kandidiert, beeinflusst die Wahl in einer gegen die guten Sitten verstoßenden Weise, „wenn er seinen vor der Wahl vollzogenen Eintritt in eine Gewerkschaft nicht allen Wahlbeteiligten bekanntgibt" (BVerwG v. 7. 11. 1969, BVerwGE 34, 177 = ZBR 1970, 97 = PersV 1970, 155). Eine im Kennwort eines Wahlvorschlags verwendete Abkürzung einer Gewerkschaft kann die Wahl zum Personalrat in einer die guten Sitten verletzenden Weise beeinflussen, wenn es zu Verwechslungen kommen kann, „die im Interesse eines dem wahren Wählerwillen entsprechenden Wahlergebnisses vermieden werden müssen" (BVerwG v. 23. 10. 1970, ZBR 1971, 122 = PersV 1971, 143; vgl. auch: VG Potsdam v. 26. 8. 1998, PersV 1999, 231 = ZfPR 2000, 13).

8 d) Umstritten ist, ob eine **sittenwidrige Wahlbeeinflussung** in der Androhung gleich welcher Maßregeln **seitens einer Gewerkschaft** gegenüber einem Mitglied für den Fall gesehen werden muss, dass dieses Mitglied eine Konkurrenzliste oder eine von der Gewerkschaft nicht geförderte Liste unterstützt bzw. auf einer solchen kandidiert. Zu berücksichtigen ist, dass ein wesentlicher Teil der gewerkschaftspolitischen Arbeit legitimerweise auf die Darstellung ihres Einsatzwillens zugunsten der Beschäftigten in den einzelnen Verwaltungen gerichtet ist. Dieses Ziel kann eine Gewerkschaft u. a. mit Hinweisen auf die bei ihr organisierten Mitglieder der Personalvertretung und deren Arbeit erreichen. Die Gewerkschaften haben daher auch ein sehr starkes Interesse an der Zusammensetzung der Personalvertretung; ihnen ist vor allem an einer tatkräftigen Unterstützung durch ihre Mitglieder bei Personalratswahlen gelegen. Im Falle der **Unterstützung konkurrierender Listen** oder im Falle der Kandidatur von Mitgliedern auf solchen Listen würden die Gewerkschaften in dem geschilderten Bestreben beeinträchtigt. Den Gewerkschaften ist daher das Recht zuzubilligen, insofern **Druck auf ihre Mitglieder** auszuüben, als sie für den Fall eines derartigen Verstoßes gegen Mitgliedspflichten Maßnahmen androhen. Der Umfang dieser Maßnahmen hängt von der Intensität der gegen eine Gewerkschaft gerichteten Tätigkeit ab. Die Unterstützung konkurrierender Listen wird nicht schon zum Ausschluss berechtigen. Eine Kandidatur allerdings wird die Ausschließung rechtfertigen, zumal wenn man berücksichtigt, dass in den meisten Dienststellen die Gewerkschaften in einem erheblichen Konkurrenzkampf stehen, in dem sie im Falle einer Kandidatur eines ihrer Mitglieder auf Listen der „Konkurrenz" eine nicht unbedeutende Schlappe erleiden würden. Es darf in diesem Zusammenhang nicht übersehen werden, dass das Grundrecht der Koalitionsfreiheit nicht nur die Koalition als solche, sondern auch ihre im Rahmen des Rechts sich haltenden Aktivitäten schützt. Hierzu gehört auch die Betätigung innerhalb des Personalvertretungsrechts (BVerwG v. 30. 11. 1965, BVerwGE 19, 303 = ZBR 1966, 152 m. Anm. v. Windscheid = PersV 1966, 79). Wenn auch Art. 9 Abs. 3 GG nur einen Kernbereich der Betätigung einer Koalition schützt, so gehört hierzu aber auch grundsätzlich

die Möglichkeit, mit den vereinsrechtlich zur Verfügung stehenden Mitteln Störungen und Gefahren abzuwehren, die der Koalition aus den Reihen der eigenen Mitglieder drohen (BGH v. 28. 9. 1972, NJW 1973, 25).

e) Im Falle der **Kandidatur auf einer Konkurrenzliste** geht es um die Frage, 9
ob das Recht, auf bestimmten Listen zu kandidieren, im Hinblick auf die gewerkschaftspolitischen Ziele, die durch die Mitgliedschaft übernommenen Pflichten und im Hinblick auf den Konkurrenzkampf eingeschränkt bzw. aufgehoben ist. Dies ist grundsätzlich zu bejahen, weil die Kandidatur auf einer konkurrierenden Liste und damit die besonders prononcierte Unterstützung der „bekämpften Konkurrenz" als ein gewerkschaftsfeindliches Verhalten eines Gewerkschaftsmitglieds anzusehen ist. Der Ausschluss ist für diesen Fall als sozialadäquates Mittel zu betrachten, das nicht gegen den Sinn des Verbots der Wahlbehinderung verstößt; denn der gewerkschaftliche Konkurrenzkampf ist gerade im Bereich des öffentlichen Dienstes oft von besonderer Schärfe, so dass es im Interesse der angemessenen Repräsentanz der jeweiligen Gewerkschaft auf solidarisches Verhalten ihrer Mitglieder ankommt. Im Falle der Kandidatur auf einer Konkurrenzliste kann daher in dem Androhen des Ausschlusses unter diesen Voraussetzungen keine Behinderung in der Ausübung des passiven Wahlrechts gesehen werden (vgl. zu diesem gesamten Komplex u. a.: OVG Lüneburg v. 10. 1. 1961, ZBR 1961, 159; Altvater u. a., § 24 Anm. 5; Fischer u. a., § 24 Anm. 11; Lorenzen u. a., § 24 Anm. 12; Richardi u. a., § 24 Anm. 16; vgl. auch BGH v. 13. 6. 1966, BGHZ 45, 314 = PersV 1966, 236; BGH v. 27. 2. 1978, BGHZ 71, 126; BGH v. 19. 1. 1981, DB 1982, 130). Der **Schutz des Art. 9 Abs. 3 GG** nämlich ist nicht von vornherein auf einen Kernbereich koalitionsmäßiger Betätigung beschränkt. Vielmehr **erstreckt** er **sich** auch **auf alle koalitionsspezifischen Verhaltensweisen.** Daher werden auch alle Maßnahmen zur Aufrechterhaltung der Geschlossenheit einer Koalition nach innen und nach außen durch Art. 9 Abs. 3 GG geschützt. Mit ihrem Beitritt zu einer Gewerkschaft haben sich ihre Mitglieder freiwillig der Satzungsautonomie unterworfen und für sich die Verbindlichkeit ordnungsgemäß zustande gekommener Beschlüsse anerkannt. Daher muss auch das generelle Verbot der Wahlbehinderung im Falle eines Ausschlusses aus der Gewerkschaft bei einer Kandidatur auf einer konkurrierenden Liste gegenüber dem durch Art. 9 Abs. 3 GG verankerten Schutz der Koalitionen zurücktreten (BVerfG v. 24. 2. 1999, BVerfGE 100, 214 = ZfPR 1999, 184). Allerdings ist hinzuzufügen, dass die Entscheidung des Bundesverfassungsgerichts, in einem gewissen Widerspruch zu Entscheidungen des BGH steht, der, weil er den Schutz des Art. 9 Abs. 3 GG auf den Kernbereich koalitionsmäßiger Betätigung beschränkt, einen Ausschluss von Gewerkschaftsmitgliedern nur dann für berechtigt hält, wenn diese das Geschäft des sozialen Gegenspielers betreiben, vor allem dann, wenn sie auf einer gewerkschaftlichen Konkurrenzliste kandidieren (BGH v. 13. 6. 1966, aaO; BGH v. 30. 5. 1983, BGHZ 87, 337 = DB 1983, 2300; vgl. auch Reuter in Anm. BVerfG v. 24. 2. 1999, RdA 2000, 99, 104).

aa) Anders ist die Rechtslage auch dann nicht zu beurteilen, wenn ein Mit- 9a
glied einer Gewerkschaft eine Liste unterstützt oder auf dieser kandidiert, die „weder durch ihr Programm noch durch überbetriebliche Bindungen oder durch ihre personelle Besetzung über den Wettbewerb um Stimmen hinaus" (BGH v. 27. 2. 1978, BGHZ 71, 126) gegen die Gewerkschaft gerichtet ist (sog. **freie oder neutrale Listen**). Einem Gewerkschaftsmitglied, das bei der Personalratswahl auf einer Liste kandidiert, die zwar mit der von seiner Gewerkschaft unterstützten Liste konkurriert, aber über den Wettbewerb um Stimmen hinaus nicht gewerkschaftsfeindlich ist, können daher sowohl

der Ausschluss als auch eine andere verbandsrechtliche Maßnahme angedroht werden (Altvater u. a., § 24 Anm. 7; aA Lorenzen u. a., § 24 Anm. 12).

9b bb) Einigkeit besteht darüber, dass vom Schutz der Wahlfreiheit Äußerungen und Handlungen eines Gewerkschaftsmitglieds, mit denen es sich im Zusammenhang mit einer Personalratswahl in **schädlicher Weise gegen seine Gewerkschaft wendet**, nicht gedeckt sind. Dies gilt u. a. bei Anwendung wahlbeeinflussender Täuschungsmittel zum Nachteil einer Gewerkschaft (BGH v. 30. 5. 1983, BGHZ 87, 337 = DB 1983, 2300). Als ein den Wähler in unzulässiger Weise beeinflussender Hinweis durch ein Kennwort mit der Bezeichnung „Freie Liste“ ist ein Wahlvorschlag einer Gewerkschaft dann anzusehen, wenn ausschließlich oder weit überwiegend Gewerkschaftsmitglieder kandidieren, weil hierin eine Irreführung der Wähler liegt, die in einer gegen die guten Sitten verstoßenden Weise zu einer Wahlbeeinflussung geeignet ist (VG Hamburg v. 11. 12. 1992, PersR 1993, 508; vgl. auch § 10 WO Anm. 4).

10 f) Der **Dienststellenleiter** hat sich jeder Einflussnahme auf den Wahlablauf zu enthalten. Er darf daher keine Vorteile für den Fall eines bestimmten Wahlausgangs in Aussicht stellen oder Nachteile androhen (Sembdner, PersV 1973, 63). Eine Beschränkung Wahlberechtigter in der Ausübung ihres aktiven und passiven Wahlrechts durch einen Dienststellenleiter ist insbesondere dann gegeben, wenn er etwa durch die **Anordnung unnötiger Dienstreisen** einem Beschäftigten die Möglichkeit der Teilnahme an der Wahl nimmt. Das besagt allerdings andererseits nicht, dass Dienstreisen nur deshalb zu verschieben oder abzubrechen sind, um die Teilnahme an der Abstimmung zu ermöglichen. Ebensowenig darf ein Beschäftigter in der Ausübung seines Wahlrechts oder in seiner Wählbarkeit durch **Versetzungen,** Abordnungen oder Kündigungen **zum Zwecke der Wahlbehinderung** oder Wahlbeeinflussung beschränkt werden. Eine Behinderung der Personalratswahl durch eine Kündigung kann nur dann angenommen werden, wenn diese Kündigung anlässlich der Betätigung für die Personalratswahl oder im Zusammenhang mit ihr gerade deshalb ausgesprochen wird, um die Wahl des betreffenden Beschäftigten zu verhindern oder ihn wegen seines Einsatzes bei der Personalratswahl zu maßregeln. Der Beschäftigte ist aber nur bei rechtmäßigem Verhalten geschützt. Die Verletzung arbeitsvertraglicher oder gesetzlicher Pflichten ist durch das Behinderungsverbot nicht gedeckt (vgl. für das BetrVG: BAG v. 13. 10. 1977, BB 1978, 660 = DB 1978, 641).

11 3. Den **Mitgliedern des Wahlvorstands** und den Wahlbewerbern wird grundsätzlich bis zur Bekanntgabe des Wahlergebnisses der gleiche Schutz wie den Mitgliedern der Personalvertretung zuteil. Der besondere **Kündigungsschutz für Wahlbewerber** wirkt bis zu sechs Monaten nach Bekanntgabe des Wahlergebnisses fort. Der Schutz setzt bereits dann ein, wenn ein ordnungsgemäßer Wahlvorschlag mit der erforderlichen Zahl von Unterschriften vorliegt und wenn ein Wahlvorstand existiert; denn in diesem Zeitpunkt ist die „Aufstellung des Wahlvorschlags“ (§ 15 Abs. 3 KSchG) erfolgt (BAG v. 5. 12. 1980, BAGE 34, 291; vgl. auch BVerwG v. 13. 6. 2007, ZfPR online 1/2008, S. 2) Wenn eine Wahlvorschlagsliste durch spätere Streichungen von Stützungsunterschriften (§ 10 Abs. 3 WO) ungültig ist, dann entfällt dadurch nicht der besondere Schutz der Wahlbewerber (vgl. für das BetrVG: BAG v. 5. 12. 1980, aaO). Wenn einem Arbeitnehmer vor Eintritt des besonderen Kündigungsschutzes eine ordentliche oder außerordentliche Kündigung zugeht, dann wirkt sich der Sonderkündigungsschutz nicht für den später kandidierenden Arbeitnehmer positiv aus; denn eine vor

dem Eintritt des Schutzes zugegangene Kündigung bleibt in vollem Umfang wirksam. Auf die Einreichung des Wahlvorschlags beim Wahlvorstand kommt es nicht an. Dem Dienststellenleiter soll die Möglichkeit genommen werden, einen Kandidaten durch Kündigung von der Wahrnehmung personalvertretungsrechtlicher Aufgaben auszuschließen. Die besondere Gefahr für das Dienstverhältnis eines Wahlbewerbers beginnt, unabhängig davon, ob die formellen Erfordernisse der Wählbarkeit erfüllt sind, bereits dann, wenn nach außen hin erkennbar geworden ist, dass er für das Amt in Aussicht genommen ist. Regelungszweck wie Wortlaut machen das Bestehen des Kündigungsschutzprivilegs davon abhängig, dass die Kandidatur des Beschäftigten sich bereits durch das Aufstellen einer Liste verfestigt hat. Das Vorhandensein des Wahlvorstands bezeichnet den frühestmöglichen Zeitpunkt für den Beginn des Kündigungsschutzes, weil andernfalls Manipulationen durch Rückdatierung des Erstellungsdatums nicht auszuschließen sind (OVG Saarlouis v. 20. 6. 1985, ZBR 1985, 315; vgl. für das BetrVG: BAG v. 4. 3. 1976, BAGE 28, 30 = BB 1976, 1128 = DB 1976, 1335; vgl. auch § 20 Anm. 24). Auch ein in einer Personalversammlung gewähltes Wahlvorstandsmitglied, das nach wenigen Tagen zurücktritt, genießt Kündigungsschutz nach § 15 Abs. 3 KSchG (vgl. für das BetrVG: BAG v. 9. 10. 1986, BAGE 53, 152 = BB 1987, 613 = DB 1987, 792). **Ersatzmitglieder** (des Wahlvorstands) genießen dagegen den Schutz vor einer außerordentlichen Kündigung erst von dem Zeitpunkt an, zu dem sie in den Wahlvorstand nachrücken. Die Zustimmung zu der außerordentlichen Kündigung ist nicht vom Wahlvorstand zu erteilen. Vielmehr ist die Personalvertretung zuständig, da es sich um eine beteiligungspflichtige Maßnahme handelt. Für den Fall des Fehlens einer Personalvertretung ist das Verwaltungsgericht einzuschalten, das im Übrigen für die Versagung der Zustimmung im Streitfall zuständig ist (Fischer u. a., § 24 Anm. 12 a; Lorenzen u. a., § 24 Anm. 14; vgl. im Einzelnen § 47 Anm. 31). Versetzungen, Abordnungen und mit Dienstortswechsel verbundene Umsetzungen von Wahlvorstandsmitgliedern oder von Wahlbewerbern sind gegen deren Willen nur dann zulässig, wenn dies unter Berücksichtigung ihrer Stellung im Wahlverfahren aus wichtigen dienstlichen Gründen unvermeidbar ist. Allerdings sind diese Maßnahmen nicht an die Zustimmung der Personalvertretung gebunden (Dietz-Richardi, § 24 Anm. 34). Insgesamt erstreckt sich der Schutz von Abs. 1 Satz 3 auf alle Maßnahmen (außerordentliche Kündigung, Versetzung, Abordnung und Umsetzung), die während des Schutzzeitraums beabsichtigt sind und zwar unabhängig von dem Zeitpunkt ihrer Durchführung. Der Schutz endet, soweit es sich um Versetzungs-, Abordnungs- und Umsetzungsmaßnahmen handelt, mit der Bekanntgabe des Wahlergebnisses, während der Kündigungsschutz noch sechs Monate nach Bekanntgabe des Wahlergebnisses fortwirkt.

III. Wahlkosten

Abs. 2 regelt im Interesse einer ordnungsgemäßen Durchführung der Wahl 12
die Pflicht der Dienststelle zur **Übernahme der mit der Wahl der Personalvertretungen entstehenden Kosten.** Zu den Kosten der Wahl gehören alle Ausgaben, die durch die Wahl selbst veranlasst worden sind, Ausgaben oder Aufwendungen also, die durch die Tätigkeit der Wahlvorbereitungsorgane, insbesondere des Wahlvorstands, verursacht worden sind (z. B. Fahrkosten, die ein Wahlvorstandsmitglied durch Teilnahme an einer außerhalb seines Wohnsitzes stattfindenden Sitzung verursacht, wenn er von seinem Wohnsitz direkt dorthin reist, LAG Mainz v. 27. 3. 1987, Leits. PersR 1988, 168, 196). Ebenso gehören alle die Aufwendungen hierzu, die Beschäftigten bei der Wahrnehmung der ihnen aufgrund wahlrechtlicher Vorschriften obliegen-

den Aufgaben erwachsen (Vorbereitung und Durchführung der Wahl etc.; BVerwG v. 25. 2. 1983, ZBR 1983, 311 = PersV 1984, 82; BVerwG v. 27. 7. 1983 – 6 P 7.81 – Buchholz 238.3 A § 24 Nr. 2; Kosten für Anfertigung der auszuhändigenden Abdrucke der Vorschlagslisten, BAG v. 3. 12. 1987, Leits. BB 1988, 1042 = DB 1988, 862; Kosten für die Übersetzung des Wahlausschreibens, LAG Frankfurt v. 5. 8. 1986, DB 1987, 390; Freistellung der Wahlvorstandsmitglieder von Ansprüchen Dritter, BAG v. 3. 12. 1987, BAGE 57, 106 = BB 1988, 1042 = DB 1988, 862), ebenso die dem Wahlvorstand in einem Verfahren wegen Behinderung in seiner Arbeit oder als Beteiligter eines Verfahrens nach § 83 Nr. 1 oder 2 entstehenden notwendigen außergerichtlichen Kosten für die Hinzuziehung eines Bevollmächtigten; die einem Beschäftigten aus Anlass eines Verfahrens zur Feststellung seiner Wahlberechtigung in einem verwaltungsgerichtlichen Beschlussverfahren entstehenden Kosten (Lorenzen u. a., § 24 Anm. 24 c), nicht dagegen Aufwendungen, die im Zusammenhang mit dem Wahlkampf zur bevorstehenden Personalratswahl entstanden sind (Lorenzen u. a., § 24 Anm. 24 b). Zu den Kosten zählen alle Aufwendungen, die durch Ausfall von Arbeitszeit aufgrund der Teilnahme an der Wahlhandlung und den zur Bestellung des Wahlvorstands notwendigen Personalversammlungen sowie durch die Betätigung als Mitglied des Wahlvorstands entstehen. Daher darf die Dienststelle die Versäumnis des Dienstes infolge der Vorbereitung und Durchführung der Wahl nicht zum Anlass einer Kürzung der Dienstbezüge (Beamte) und des Arbeitsentgelts (Arbeitnehmer) nehmen. Auch die Teilnahme an Vorabstimmungen (§ 6 Abs. 3, § 18 Abs. 1, § 19 Abs. 2) berechtigt nicht zum Abzug von Dienstbezügen oder von Arbeitsentgelt. Die Vorabstimmungen sind als weitestgehend zur Wahl gehörend anzusehen (vgl. 18 Anm. 20). Sie beziehen sich auf die vor der Wahlhandlung vorzunehmende Entscheidung über eine Verselbstständigung, auf die festzulegende Sitzverteilung auf die Gruppen sowie auf die Durchführung der Wahl. Insoweit sind sie von der Wahl nicht zu trennen.

13 1. **Zu den Kosten der Wahl** zählen darüber hinaus die gesamten mittelbaren und unmitelbaren Ausgaben für die Bereitstellung der benötigten Räume und Materialien, z. B. Wahlurnen, Wählerlisten, Stimmzettel, Schreibmaterial des Wahlvorstands. Es sind aber nur die notwendigen Kosten zu ersetzen, also nur solche, die bei verständiger Abwägung der Gegebenheiten vom Wahlvorstand für erforderlich gehalten werden konnten, um die Wahl ordnungsgemäß und zügig durchführen zu können (Fischer u. a., § 24 Anm. 24; Lorenzen u. a., § 24 Anm. 24). Daher kommt auch ein Ersatz von Unfallschäden, die ein Mitglied des Wahlvorstands bei der Benutzung des eigenen Pkw erleidet, dann in Betracht, wenn der Leiter der Dienststelle die Benutzung ausdrücklich gewünscht hat oder diese erforderlich war, damit das Mitglied des Wahlvorstands seine gesetzlichen Aufgaben wahrnehmen konnte (vgl. für das BetrVG: BAG v. 3. 3. 1983, BAGE 42, 71 = Leits. BB 1983, 1922 = DB 1983, 1366). Die Mitglieder des Wahlvorstands erhalten ohne Rücksicht auf ihre dienstliche Stellung für Reisen, die zur Erfüllung ihrer Aufgaben notwendig sind, Reisekostenvergütungen nach den für Beamte der Besoldungsgruppe A 15 des Bundesbesoldungsgesetzes geltenden Bestimmungen.

14 2. Auch die **außergerichtlichen Kosten eines Wahlanfechtungsverfahrens** gehören zu den Kosten, die die Dienststelle erstatten muss. Diese Erstattungspflicht ergibt sich unmittelbar aus Abs. 2 Satz 1, nicht dagegen aus § 44, da die im Zusammenhang mit einer Wahlanfechtung entstehenden Kosten keine solchen sind, die zu den Kosten der Personalratstätigkeit gehören. Das

Wahlanfechtungsverfahren soll der Durchsetzung wahlgesetzlicher Vorschriften dienen. Das Verfahren steht daher nicht nur „im Zusammenhang mit der Wahl". Vielmehr dient es der Überprüfung der Wahl, um Klarheit darüber zu gewinnen, ob die entsprechenden Vorschriften beachtet worden sind. Auch die einer Personalvertretung als Beteiligter eines Wahlanfechtungsverfahrens entstandenen notwendigen außergerichtlichen Aufwendungen sind vom Dienststellenleiter zu ersetzen (Lorenzen u. a., § 24 Anm. 24 c). Die Wahlanfechtung liegt auch im Interesse eines Dienststellenleiters daran, kollektivrechtliche Regelungen mit einer Personalvertretung zu treffen, die aus ordnungsgemäßen Wahlen hervorgegangen ist. Die Erstattungspflicht findet lediglich dort ihre Grenze dort, wo die Rechtsverfolgung aussichtslos erscheint oder die Hinzuziehung Dritter (z. B. eines Anwalts) rechtsmissbräuchlich ist. Insoweit finden die Grundsätze Anwendung, die auch für die Erstattung von Kosten der Personalratstätigkeit gelten (vgl. § 44 Anm. 1). Insgesamt soll nach Sinn und Zweck des Gesetzes die Dienststelle alle im Zusammenhang mit der Durchführung personalvertretungsrechtlicher Wahlen entstehenden Kosten tragen (BVerwG v. 29. 8. 2000, BVerwGE 112, 12 = ZBR 2001, 219 = ZfPR 2000, 327 m. Anm. v. Ilbertz); dazu gehören auch die Wahlanfechtungskosten (BAG v. 7. 7. 1999, PersV 2000, 87 = Leits. ZfPR 2000, 113). Die Kostenübernahmeverpflichtung eines Dienststellenleiters kann nicht davon abhängig gemacht werden, ob das Wahlanfechtungsverfahren erfolgreich durchgeführt worden ist (insoweit unklar: BVerwG v. 29. 8. 2000, aaO; vgl. hierzu auch die Anmerkung von Ilbertz, ZfPR 2000, 330, außerdem Fischer u. a., § 25 Anm. 42 a); denn die Kosten eines nicht erfolgreichen Wahlanfechtungsverfahrens werden durch die Wahl ausgelöst. Alle mit der Durchführung der personalvertretungsrechtlichen Wahlen entstehenden Kosten sollen – wie das BVerwG v. 29. 8. 2000, aaO selbst festgestellt hat – von der Dienststelle übernommen werden. Deshalb hat die Dienststelle auch die Rechtsanwaltskosten zu tragen, die einer in der Dienststelle vertretenen Gewerkschaft bei der Wahrnehmung ihrer im Zusammenhang mit der Personalratswahl stehenden personalvertretungsrechtlichen Rechte (Wahlanfechtung, § 25) in einem Beschlussverfahren entstehen (Fischer u. a., aaO; Lorenzen u. a., § 24 Anm. 22a; vgl. für das BetrVG: BAG v. 16. 4. 2003 – 7 ABR 29/02, DB 2003, 2234; vgl. auch: BAG v. 31. 5. 2000, BAGE 95, 30 = BB 2000, 2574 = DB 2000, 1232, 2481 = Leits. ZBVR 2000, 206).

IV. Arbeitszeitversäumnis

1. Nach Abs. 2 Satz 2 hat die notwendige Versäumnis von Arbeitszeit wegen **15**
einer Betätigung im Wahlvorstand keine Minderung der Bezüge zur Folge. Auszugehen ist von dem gesetzlichen Lohnausfallprinzip. Danach ist zu prüfen, was das betreffende Wahlvorstandsmitglied ohne seine Freistellung an Bezügen erhalten hätte. Daher haben Wahlvorstandsmitglieder **Anspruch auf die Bezüge,** die sie erhalten hätten, wenn sie nicht im Rahmen der Wahlvorbereitung eingesetzt gewesen wären. Infolgedessen sind ihnen auch **Überstundenvergütungen** zu zahlen, selbst dann, wenn diese Überstundenvergütungen nicht regelmäßig anfallen (BAG v. 29. 6. 1988, Leits. ZfPR 1989, 113). Auch für die **Versäumnis der Arbeitszeit** gilt, dass nur die Versäumnis notwendig ist, die bei objektiver Würdigung vernünftigerweise zur Durchführung der Wahlhandlung (Vorabstimmung), zur Teilnahme an den zur Bestellung des Wahlvorstands einberufenen Personalversammlungen sowie zur Vorbereitung der Wahl durch den Wahlvorstand in Betracht kommt. Werden Mitglieder des Wahlvorstands durch die Erfüllung ihrer Aufgaben über die regelmäßige Arbeitszeit hinaus beansprucht, so ist ihnen Dienstbefreiung in entsprechendem Umfang zu gewähren, d. h. sie sind in

dem Ausmaß vom Dienst freizustellen, in dem sie außerhalb ihrer üblichen Arbeitszeit Zeit für die Wahlvorbereitung aufgewendet haben (vgl. hierzu auch: BAG v. 26. 4. 1995, NZA 1996, 160). Statt des Freizeitausgleichs kann eine Mehrarbeitsvergütung nicht verlangt werden (OVG Hamburg v. 1. 11. 1985, ZBR 1986, 25). Abs. 2 Satz 2 gilt für alle Beschäftigten, die im Rahmen des Wahlverfahrens tätig werden, also auch für die **Wahlhelfer** (Fischer u. a., § 24 Anm. 25).

16 2. Die Mitglieder des Wahlvorstands sollen ihre Aufgaben im allgemeinen während der Arbeitszeit erledigen. **Freistellungen** werden nur bei größeren Dienststellen in Betracht kommen (Fischer u. a., § 24 Anm. 27). Zu beachten ist allerdings, dass gerade im Zusammenhang mit der Durchführung einer Personalratswahl immer wieder zahlreiche Fragen aufkommen, deren eingehende Beantwortung und deren Prüfung eine sorgfältige Arbeitsweise voraussetzen. Aus diesem Grund ist der an den Begriff der „Notwendigkeit der Arbeitsversäumnis" zu legende Maßstab großzügig zu handhaben. In diesem Zusammenhang ist zu berücksichtigen, dass es u. a. auch aus Kostengründen im Interesse einer Dienststelle liegt, wenn die Wahlen sorgfältig vorbereitet und damit Fehler mit der Folge der Wiederholung einer Wahl vermieden werden. Insoweit hat die Dienststelle alles zu tun, um Wahlvorstandsmitglieder soweit freizustellen, dass die Wahl ordnungsgemäß vorbereitet werden kann.

17 3. Mitglieder des Wahlvorstands können zur **Teilnahme an Schulungs- und Bildungsveranstaltungen** zur Unterweisung in die Aufgaben eines Wahlvorstands freigestellt werden; denn eine solche Teilnahme gehört zur „Betätigung im Wahlvorstand" entsprechend Abs. 2. Bei erstmals berufenen Wahlvorstandsmitgliedern ist wie bei neugewählten Personalratsmitgliedern im Regelfall die Erforderlichkeit der Vermittlung von Kenntnissen über die Wahlvorschriften zu bejahen (VGH München v. 10. 9. 1986, ZBR 1987, 84 = PersV 1988, 181; vgl. für das BetrVG: BAG v. 5. 3. 1974, BB 1974, 1071 = DB 1974, 1535; BAG v. 7. 6. 1984, BB 1985, 397 = DB 1984, 2358; LAG Frankfurt v. 11. 6. 1985 – 14/5 TaBV 91/84, n. v.; LAG Kiel v. 7. 7. 1994 – 4 Sa 88/94, n. v.; Lorenzen u. a., § 24 Anm. 24 a). Wenn zwischen dem Wahlvorstand und dem Leiter der Dienststelle Streit darüber besteht, ob die Mitglieder des Wahlvorstands an einer Schulungsveranstaltung teilnehmen können, so kann sich der Wahlvorstand durch einen Anwalt seines Vertrauens im Beschlussverfahren vertreten lassen. Der Wahlvorstand kann nicht darauf verwiesen werden, dass seine Interessen durch einen rechtskundigen Verbandsvertreter wahrzunehmen sind; denn in aller Regel sind die im Verfahren entstandenen Anwaltskosten Kosten der Personalratswahl, die die Dienststelle zu ersetzen hat (vgl. für das BetrVG: BAG v. 26. 11. 1974, BAGE 26, 376 = DB 1975, 1178). Wenn aus Anlass einer Streitigkeit über die Teilnahme von Mitgliedern des früheren Wahlvorstands an einer gewerkschaftlichen Schulungsveranstaltung Kosten entstehen, so sind dies Folgekosten des Wahlgeschehens und damit letztlich der Wahl. Schulungsteilnahme und Wahl stehen in einem inneren Zusammenhang (vgl. für das BetrVG: BAG v. 26. 11. 1974, aaO; ArbG Frankfurt v. 3. 3. 1999, AiB 1999, 401; vgl. im Übrigen auch § 20 Anm. 13).

V. Streitigkeiten

18 1. **Streitigkeiten:** Wahlbehinderung und sittenwidrige Wahlbeeinflussung sind **Verstöße gegen wesentliche Vorschriften über das Wahlrecht** und das Wahlverfahren. Sie begründen eine Wahlanfechtung nach § 25 (OVG Hamburg v. 2. 7. 1956, ZBR 1957, 28 = PersV 1958/59, 41). Außerhalb dieses

Wahlanfechtungsverfahrens besteht kein Rechtsschutzbedürfnis für einen Antrag auf Feststellung, dass ein bestimmtes Handeln eine Wahlbehinderung oder eine gegen die guten Sitten verstoßende Wahlbeeinflussung gewesen ist (BVerwG v. 8. 12. 1961 – VII P 6.61, n. v.: Fischer u. a., § 24 Anm. 32).

2. Mit Hilfe **einstweiliger Verfügungen** kann die Abwehr unzulässiger Wahlbeeinträchtigungen bereits während des Wahlverfahrens erreicht werden (Dietz-Richardi, § 24 Anm. 4). Solche einstweiligen Verfügungen sind nicht auf die Untersagung der weiteren Durchführung der Wahlen beschränkt, sondern können auch berichtigend in das Wahlverfahren eingreifen. Darüber hinaus kann im Wege des einstweiligen Verfügungsverfahrens beantragt werden, den Wahltermin aufzuheben oder zu verschieben, falls erhebliche Mängel des Wahlverfahrens vorliegen, die offensichtlich die Durchführung einer ordnungsgemäßen Wahl verhindern. In gleicher Weise kann im Wege der einstweiligen Verfügung die Unterlassung einer sittenwidrigen Wahlpropaganda verlangt (Fischer u. a., § 24 Anm. 34) bzw. es kann die Verteilung und der Aushang sachlich nicht zu beanstandenden Wahlmaterials begehrt werden (VGH München v. 17. 4. 1974, PersV 1975, 220). Auch kann durch eine einstweilige Verfügung Fehlern des Wahlvorstands begegnet werden, die andernfalls eine Nichtigkeit oder eine Anfechtbarkeit der Wahl begründen würden (vgl. für das BetrVG: Veit/Wichert, DB 2006, 390). 19

3. Gegen die Akte der Wahlbehinderung oder sittenwidrigen Beeinflussung besteht ein **Individualrechtsschutz:** 20
a) Im Verwaltungsrechtsweg durch Anfechtungsklage, wenn durch einen Verwaltungsakt (Versetzung, Abordnung) in die persönliche Rechtssphäre des einzelnen eingegriffen worden ist (OVG Saarlouis v. 20. 6. 1985, ZBR 1985, 315);
b) durch Geltendmachung eines zivilrechtlichen Unterlassungsanspruchs. Ein solcher Anspruch ist gegeben, wenn auf Einzelpersonen Druck ausgeübt wird, z. B. von privaten Organisationen, die die Kandidatur eines bestimmten Beschäftigten verhindern wollen. Da es sich bei Abs. 1 um ein Schutzgesetz i. S. von § 823 Abs. 2 BGB handelt, kann bei einer schuldhaften Zuwiderhandlung gegen die im Einzelnen aufgeführten Verbote ein **Schadensersatzanspruch** gegenüber dem Handelnden oder gegenüber dem sonstigen Verantwortlichen entstehen (Lorenzen u. a., § 24 Anm. 20).

4. Wahlbehinderung und sittenwidrige Wahlbeeinflussung (Stimmenkauf, Wahlbestechung, Wahlnötigung, Wahlfälschung und Wahlunterlagenfälschung) sind im Gegensatz zum BetrVG (§ 119) nicht zum Gegenstand eigener Strafbestimmungen gemacht worden. **Eine strafrechtliche Handhabe** ist also nur dann gegeben, wenn die Wahlbehinderung oder die Beeinflussung zugleich einen Tatbestand des StGB, z. B. Freiheitsberaubung (§ 239), Nötigung (§ 240), Beleidigung, üble Nachrede, Verleumdung (§§ 185 bis 187) zwecks Herabsetzung eines Kandidaten erfüllt. Nicht anwendbar ist § 107 StGB, der nur eine Wahl schützt, die in Ausübung staatsbürgerlicher Rechte vorgenommen wird, um die es sich hier nicht handelt. 21

5. Bei einer Beschränkung des aktiven und passiven Wahlrechts sind – soweit dem Beschäftigten das Wahlrecht überhaupt streitig gemacht wird – die **Verwaltungsgerichte** zuständig (§ 83 Abs. 1 Nr. 1). Soweit Hindernisse in der Ausübung des grundsätzlich nicht bestrittenen Wahlrechts bereitet werden, entscheiden die Verwaltungsgerichte nach § 83 Abs. 1 Nr. 2. Ein mit Zustimmung der Personalvertretung fristlos entlassener Wahlbewerber kann im 22

Wege des einstweiligen Verfügungsverfahrens die Gewährung des Zugangs zur Dienststelle beantragen, wenn die Feststellungsklage (hinsichtlich der Kündigung) nicht offensichtlich aussichtslos ist (vgl. für das BetrVG: ArbG Münster v. 11. 4. 1975, DB 1975, 1468).

23 6. Streitigkeiten über die **Kostentragungspflicht** der Dienststelle sowie den Umfang der Aufwendungen entscheiden ebenfalls die Verwaltungsgerichte nach § 83 Abs. 1 Nr. 3. Gleiches gilt für einen Streit über die Kürzung von Dienstbezügen oder von Arbeitsentgelt.

23a 7. Das Recht zur Anfechtung einer Personalratswahl geht nicht dadurch verloren, dass der jeweilige Antragsteller nicht zuvor **gegen die Wählerliste Einspruch** eingelegt hat (vgl. für das BetrVG: BAG v. 14. 11. 2001, DB 2002, 2003).

Schrifttum: Grabendorff, Verbandsdisziplin und Wahlfreiheit, DÖV 1961, 330; Ilbertz, Schutz von Wahlvorstandsmitgliedern und Wahlbewerbern bei Personalrats-/Betriebsratswahlen, ZfPR 1996, 38; ders., Anmerkung zu BVerwG v. 29. 8. 2000, ZfPR 2000, 330; Ruppert, Kostentragungspflicht der Dienststellen: Konfliktfelder „Geschäftsbedarf" und „Schulungsveranstaltungen", PersV 2001, 338; Sembdner, Wahlbehinderung und Wahlbeeinflussung bei der Wahl der Personalvertretungen, PersV 1963, 73; Veit/Wiehert, Betriebsratswahlen: Einstweilige Verfügung gegen rechtswidrige Maßnahmen des Wahlvorstands, DB 2006, 390; Windscheid, Trägt die Dienststelle die außergerichtlichen Kosten der Wahlanfechtung?, ZBR 1962, 73.

§ 25 [Wahlanfechtung]

Mindestens drei Wahlberechtigte, jede in der Dienststelle vertretene Gewerkschaft oder der Leiter der Dienststelle können binnen einer Frist von zwölf Arbeitstagen, vom Tage der Bekanntgabe des Wahlergebnisses an gerechnet, die Wahl beim Verwaltungsgericht anfechten, wenn gegen wesentliche Vorschriften über das Wahlrecht, die Wählbarkeit oder das Wahlverfahren verstoßen worden und eine Berichtigung nicht erfolgt ist, es sei denn, dass durch den Verstoß das Wahlergebnis nicht geändert oder beeinflusst werden konnte.

Inhaltsübersicht

Entspr. landesgesetzliche Regelungen:
Baden-Württemberg: § 25; Bayern: Art. 25; Berlin: § 22; Brandenburg: § 25; Bremen: § 21; Hamburg: § 26; Hessen: § 22; Mecklenburg-Vorpommern: § 18; Niedersachsen: § 21; Nordrhein-Westfalen: § 22; Rheinland-Pfalz: § 19; Saarland: § 25; Sachsen: § 25; Sachsen-Anhalt: § 27 Abs. 1; Schleswig-Holstein: § 18; Thüringen: § 25.

Entspr. Vorschrift des BetrVG: § 19.

I. Vorbemerkungen

1. Die Vorschrift regelt die Anfechtung der Wahlen zu den Personalvertretungen. Die Anfechtung kann sich sowohl auf die Personalvertretung als Ganzes wie auch auf eine einzelne Gruppe richten. Sie ist innerhalb einer Ausschlussfrist von 12 Arbeitstagen beim zuständigen Verwaltungsgericht geltend zu machen. Die Wahlanfechtung soll die ordnungsgemäße Bildung von Personalvertretungen gewährleisten (BVerwG v. 31. 7. 1978, ZBR 1980, 229 = PersV 1979, 338). Sie dient der im allgemeinen Interesse liegenden **Überprüfung der Ordnungsmäßigkeit der Wahl,** nicht der Entscheidung über Rechte der einzelnen Personalratsmitglieder oder der Wahlberechtigten (BVerwG v. 8. 7. 1977, BVerwGE 54,172 = ZBR 1978,37 = PersV 1978, 312). 1

2. Die **Voraussetzungen für die Anfechtung der Wahlen** zur Personalvertretung sind in dieser Vorschrift **abschließend geregelt.** Aus Gründen der Rechtssicherheit und Rechtsklarheit können die Wahlen nur innerhalb einer Frist von 12 Arbeitstagen seit der Bekanntgabe des Wahlergebnisses angefochten werden, damit möglichst schnell festgestellt werden kann, ob eine Personalvertretung ordnungsgemäß gewählt worden ist (BVerwG v. 6. 6. 1991, Leits. ZBR 1992, 57 = PersV 1992, 76 = ZfPR 1991, 169). Nach Fristablauf erhält die fehlerhaft gewählte Personalvertretung den Rechtsschein eines ohne Fehler gewählten Gremiums. Es besteht daher keine Möglichkeit mehr zur gerichtlichen Nachprüfung der Wahl (OVG Koblenz v. 16. 10. 1959, ZBR 1960, 302 = PersV 1960, 60; OVG Lüneburg v. 3. 2. 1961, ZBR 1961, 158). Der nach § 3 Abs. 1 WO vorgesehene Einspruch gegen das Wählerverzeichnis ist keine Zulässigkeitsvoraussetzung für die Anfechtung der Personalratswahl. Die Nichteinlegung eines Einspruchs 2

schließt daher das Anfechtungsrecht nicht aus (BVerwG v. 30. 6. 1980, ZBR 1981, 130 = PersV 1981, 245; vgl. auch § 3 WO Anm. 14). Eine regional beschränkte Teilnachwahl zu einer überörtlichen Personalvertretung (z. B. Hauptpersonalrat) ist, wenn es an einer entsprechenden Rechtsnorm fehlt, nicht zulässig (vgl. für das bayerische PersVG: VGH München v. 13. 1. 1991, PersV 1992, 263; die Entscheidung ist sinngemäß auf das BPersVG anwendbar, da es auch hier an einer entsprechenden Rechtsnorm fehlt). Das gilt ferner, wenn der die Wahlanfechtung begründende Verstoß gegen Vorschriften über das Wahlrecht und das Wahlverfahren auf einen abgegrenzten örtlichen Bereich beschränkt ist. Auch dann muss, wenn eine örtlich beschränkte Nachwahl normativ nicht vorgesehen ist, die gesamte Wahl für ungültig erklärt und wiederholt werden (VGH München v. 13. 1. 1991, aaO).

II. Nichtigkeit, Fehlerhaftigkeit der Wahl

3 1. a) Von der Anfechtung der Wahl ist die Geltendmachung ihrer **Nichtigkeit** zu unterscheiden. Nichtigkeit liegt vor, wenn die Wahl mit so groben Mängeln behaftet war, dass nicht einmal der Anschein einer ordnungsgemäßen Wahl gewahrt ist. Wenn mehrere Verstöße gegen Wahlrechtsvorschriften vorliegen, von denen jeder für sich genommen zwar die Anfechtung begründen könnte, ohne dass die Wahl als nichtig angesehen werden müsste, dann verbleibt es bei der Anfechtung (vgl. für das BetrVG: BAG v. 19. 11. 2003, BAGE 108, 375 = DB 2004, 2819 = ZBVR 2004, 125; Lorenzen u. a., § 25 Anm. 42 b). Nichtigkeit liegt u. a. vor bei einer Wahl ohne Wahlvorstand (BVerwG v. 5. 2. 1971, BVerwGE 37, 166 = Leits. ZBR 1971, 288 = PersV 1972, 34; OVG Münster v. 10. 2. 1999, Leits. PersV 1999, 418 = ZfPR 2000, 11), bei Wahl einer Personalvertretung in einer Nebenstelle einer Dienststelle bei fehlendem Verselbstständigungsbeschluss (BAG v. 11. 7. 1991, Leits. DB 1982, 626; vgl. insgesamt auch Kruse, PersR 1993, 543, 544) bzw. bei Wahl einer Personalvertretung in offensichtlicher Verkennung der Personalratsfähigkeit der Dienststelle (BVerwG v. 13. 5. 1987, ZBR 1987, 350 = PersV 1988, 401), bei Wahl nur einer einzigen Personalvertretung für mehrere personalratsfähige Dienststellen (BVerwG v. 31. 7. 1978, ZBR 1980, 229 = PersV 1979, 338) oder wenn die Wahl der Personalvertretung durch Handaufheben erfolgt ist (BAG v. 12. 10. 1961, BAGE 11, 318 = BB 1962, 48 = DB 1962, 70). Auf Nichtigkeit kann sich jedermann zu jeder Zeit und in jedem Stand des Verfahrens berufen (OVG Bremen v. 18. 6. 1961, PersV 1961, 280; VG Köln v. 15. 4. 1957, ZBR 1957, 376). Die Geltendmachung der Nichtigkeit der Wahl ist daher an keine Frist gebunden. Hat ein Verwaltungsgericht die Nichtigkeit der Wahl festgestellt, dann sind Beschlüsse bzw. Handlungen der durch eine nichtige Wahl gewählten Personalvertretung als von Beginn ihrer „Amtszeit“ an als unwirksam anzusehen (BVerwG v. 18. 1. 1990, PersV 1990, 348 = ZfPR 1990, 113; VGH München v. 24. 10. 2006, PersV 2007, 449).

4 b) Bei **Nichtigkeit** ist die Wahl als nicht durchgeführt anzusehen. Der aus einer solchen „Wahl“ hervorgegangenen Personalvertretung haben von Anfang an keine personalvertretungsrechtlichen Befugnisse zugestanden (vgl. für das BetrVG: BAG v. 29. 4. 1998, BAGE 88, 322 = BB 1998, 1950 = DB 1998, 992 = Leits. ZBVR 1998, 58). Den „Personalratsmitgliedern“ selbst steht kein besonderer Kündigungsschutz bzw. kein Schutz nach § 47 bei Versetzung, Abordnung und Umsetzung zu. Wohl aber genießen solche Personen den nachwirkenden Kündigungsschutz nach § 15 Abs. 3 Satz 2 KSchG; dies folgt aus ihrer Eigenschaft als Wahlbewerber (Fischer u. a., § 25 Anm. 46 a hinsichtlich des Schutzes nach § 15 Abs. 3 Satz 2 KSchG; aA Lorenz u. a., § 24 Anm. 43). Die Nichtigkeit einer Personalratswahl braucht nicht im Rahmen eines besonderen verwaltungsgerichtlichen Verfahrens festgestellt zu werden; vielmehr kann sie von jedermann zu jeder Zeit geltend gemacht werden (BVerwG v. 18. 1. 1990, PersV 1990, 348 = ZfPR 1990, 113). Wohl aber kann im Wege der einstweiligen Verfügung in ein laufendes Wahlverfahren eingegriffen werden, wenn offensichtlich ist, dass aufgrund der Wahlnichtigkeit eine Personalvertretung als von Anfang an nicht existent angesehen wird (vgl. für das BetrVG: LAG Köln v. 5. 7. 1987, DB 1987, 1996; vgl. auch § 12 Anm. 10, § 83 Anm. 25). Nichtigkeit ist aber nur **in besonderen Ausnahmefällen** anzunehmen, weil sonst auf diese Weise der vom Gesetz verfolgte Zweck, innerhalb kurzer Zeit klare Rechtsverhältnisse hinsichtlich der Gültigkeit der Wahl zu schaffen, nicht erreicht werden könnte (BVerwG v. 5. 2. 1971, BVerwGE 37, 166 = Leits. ZBR 1971, 288 = PersV 1972, 34; Grabendorff, ZBR 1959, 247). Zu den Kostenfolgen vgl. Anm. 35.

2. Die **Anfechtung** einer Personalratswahl (Antrag: die angefochtene Wahl für ungültig zu erklären oder das Ergebnis zu berichtigen) ist nur bei kumulativem Vorliegen folgender **drei Voraussetzungen** möglich: **5**
- Verstoß gegen wesentliche Vorschriften über das Wahlrecht, die Wählbarkeit oder das Wahlverfahren;
- Berichtigung ist nicht erfolgt;
- Möglichkeit der Beeinflussung des Wahlergebnisses durch diesen Verstoß.

Die Wahlanfechtungsberechtigten tragen die Beweislast dafür, dass gegen wesentliche Vorschriften über das Wahlrecht, die Wählbarkeit oder das Wahlverfahren verstoßen worden ist. Erst wenn ein entsprechender Verstoß festgestellt worden ist, kann die Vermutung eingreifen, dass durch den Verstoß das Wahlergebnis geändert oder beeinflusst werden konnte (OVG Münster v. 27. 11. 1997, Leits. ZBR 1998, 219 = Leits. ZfPR 1998, 91). Die Anfechtungsberechtigung ist insgesamt an Voraussetzungen geknüpft, die am Wahltag vorliegen müssen (BVerwG v. 29. 11. 1983, PersV 1986, 26).

a) Es müssen **wesentliche Vorschriften** verletzt worden sein. Daher kann die Anfechtung nur auf die Verletzung einer Muss-, nicht aber auf die Verletzung einer Soll-Vorschrift gestützt werden (BVerwG v. 18. 4. 1978, BVerwGE 55, 341 = ZBR 1978, 345 = PersV 1979,194; VGH Kassel v. 6. 8. 1986, PersV 1990, 396; Fischer u. a., § 25 Anm. 17; Lorenzen u. a., § 25 Anm. 6). Die Verletzung reiner Ordnungsvorschriften ist daher unschädlich, z. B. die nicht angemessene Berücksichtigung der Geschlechter (§ 17 Abs. 7) oder der Berufsarten im Verhältnis zur Zusammensetzung der Beschäftigten (§ 17 Abs. 6). **6**

aa) Die **Nichtbeteiligung Wahlberechtigter** an der Wahl ist dagegen kein Verstoß gegen die Vorschrift, da nur ein Wahlrecht, nicht aber eine Wahlpflicht besteht. Ein Verstoß wäre nur dann gegeben, wenn das Fernbleiben von der Wahl nicht auf freier Willensentscheidung, sondern auf einem Verstoß gegen wesentliche Wahlvorschriften beruhen würde (BVerwG v. 23. 5. 1975, PersV 1976, 463). **7**

bb) Gegen **wesentliche Vorschriften** über die Wählbarkeit wird **verstoßen,** wenn die zwingenden Bestimmungen der §§ 13, 14, 15, 19 ff. verletzt werden, also u. a. gegen die Bestimmungen über das Wahlrecht und die Wählbarkeit sowie über das Wahlverfahren verstoßen wird. Dies ist z. B. dann der Fall, wenn die Bestellung des Wahlvorstands mit Fehlern behaftet oder das Wahlausschreiben unvollständig ist, wenn fehlerhafte Wahlvorschläge zugelassen werden und wenn nicht sichergestellt ist, dass das Wahlgeheimnis **8** gewahrt wird. Gegen die zwingenden Bestimmungen des Wahlrechts wird u. a. dann verstoßen, wenn Beschäftigte als Wahlberechtigte zugelassen werden, die am Wahltag seit mehr als sechs Monaten unter Wegfall der Bezüge beurlaubt sind, während gegen die zwingenden Bestimmungen der Wählbarkeit u. a. dann verstoßen wird, wenn nicht wählbare Beschäftigte als Wahlkandidaten zugelassen und umgekehrt wählbare Beschäftigte nicht zugelassen werden (BVerwG v. 9. 10. 1959, BVerwGE 9, 213 = ZBR 1959, 398 = PersV 1958/59, 330; BVerwG v. 23. 10. 1970, ZBR 1971, 117 = PersV 1971, 141). Letzteres ist dann der Fall, wenn ein Wahlvorstand die Wählbarkeit eines gekündigten Arbeitnehmers, der eine Wahlvorschlagsliste anführt und Kündigungsschutzklage erhoben hat, verkennt und diese Vorschlagsliste von der Wahl ausschließt (vgl. für das BetrVG: BAG v. 14. 5. 1997, BAGE 85, 370 = Leits. BB 1997, 2116 = Leits. ZBVR 1998, 89).

9 cc) Als **Verstoß gegen wesentliche Vorschriften über das Wahlrecht** (§ 13), die Wählbarkeit (§ 14) und das Wahlverfahren (§§ 19 ff.) sowie gegen Bestimmungen, die die Vorbereitung oder Durchführung von Personalratswahlen betreffen sowie gegen die hierzu ergangenen Vorschriften der Wahlordnung sind folgende Fälle anzusehen (vgl. auch Anm. zu den jeweiligen Bestimmungen der WO):
Bestellung des Wahlvorstands unter Verstoß gegen § 20 Abs. 1 Satz 2 (Berücksichtigung aller in der Dienststelle vertretenen Gruppen, OVG Bautzen v. 13. 7. 1995, PersR 1995, 495); Bestellung des Wahlvorstands durch die noch amtierende Personalvertretung, deren Wahl erfolgreich angefochten worden ist, am Tag vor Eintreten der Rechtskraft (BVerwG v. 10. 8. 1978, BVerwGE 56, 208 = ZBR 1979, 180 = PersV 1979, 417); Bestellung eines Wahlvorstands durch eine nicht mehr im Amt befindliche Personalvertretung (vgl. für das BetrVG: BAG v. 2. 3. 1955, BAGE 1, 317); Nichtbekanntgabe der bestellten Ersatzmitglieder (BVerwG v. 5. 11. 1957, BVerwGE 5, 324); Fehlerhafte Zusammensetzung des Wahlvorstands insoweit, als der verhinderte Vertreter einer Gruppe nicht durch ein anderes wahlberechtigtes Mitglied dieser, sondern einer anderen Gruppe vertreten wird (vgl. für das BetrVG: BAG v. 14. 9. 1988, BB 1989, 496 = DB 1989, 50), falls dadurch überhaupt das Wahlergebnis beeinflusst werden konnte (z. B. wenn ein unvollständiger Wahlvorschlag vom Wahlvorstand nicht beanstandet wird und dadurch die Wahl eines Ersatzmitglieds der betreffenden Gruppe unterbleibt, vgl. für das BetrVG: LAG Hamm v. 22. 6. 1988, NZA 1989, 734); Nichtberücksichtigung von Vorabstimmungen i. S. von § 4 WO, z. B. bei Verselbstständigungsbeschlüssen nach § 6 Abs. 3 (BVerwG v. 3. 10. 1958, BVerwGE 7, 251 = PersV 1958/59, 141); Ausschluss einer Vorschlagsliste von der Personalratswahl mit der Behauptung der Nicht-Wählbarkeit eines gekündigten Arbeitnehmers, der die Liste anführt (BAG v. 14. 5. 1997, BAGE 85, 370 = Leits. BB 1997, 2116 = Leits. ZBVR 1998, 89); Unrichtige Angabe der Sitzverteilung im Wahlausschreiben (vgl. für das BetrVG: LAG Frankfurt v. 3. 12. 1985, DB 1987, 54); falsche Berechnung der Sitzverteilung bei Abfassung des Wahlausschreibens; in diesem Fall ist keine Berichtigung des Wahlergebnisses möglich; die Wahl ist vielmehr für die davon betroffenen Gruppen für ungültig zu erklären (OVG Münster v. 20. 1. 1994, PersV 1996, 402; vgl. auch OVG Koblenz v. 9. 8. 1994, Leits. ZfPR 1995, 92); falsche Berechnung der Zahl der in der Regel Beschäftigten und dadurch bedingte Wahl einer zu großen Personalvertretung (OVG Münster v. 10. 2. 1999, ZfPR 2000, 11; OVG Münster v. 15. 4. 2003, PersV 2004, 101 = ZfPR 2004, 12; vgl. für das BetrVG: BAG v. 29. 5. 1991, BB 1992, 136 = DB 1992, 46); unzutreffende Verteilung der Personalratssitze auf die Gruppen (BVerwG v. 20. 6. 1990, PersV 1990, 536 = ZfPR 1992,12;

irreführende Listenbezeichnung (VGH Kassel v. 24.2.2005, PersV 2005, 432 = Leits. ZfPR 2006, 18;); Nichtzulassung eines gültigen Wahlvorschlags (OVG Koblenz v. 4. 12. 1956, Leits. ZBR 1957, 150); fehlende Unterschrift von Wahlvorstandsmitgliedern unter dem Wahlausschreiben (OVG Münster v. 15.4.2003, aaO); Zulassung eines Wahlvorschlags mit dem Namen eines Bewerbers, gegen den ein Antrag nach § 29 Abs. 1 Nr. 5 (Verlust der Wählbarkeit) gestellt werden könnte (OVG Münster v. 8.6.1977, PersV 1980, 112); Rückgabe eines fehlerhaften Wahlvorschlags durch den Wahlvorstand an einen anderen als den Listenvertreter (BVerwG v. 27. 11. 1959, BVerwGE 9, 357 = ZBR 1960, 125 = PersV 1960, 18); Veränderung der Reihenfolge der Bewerber eines bereits eingereichten Wahlvorschlags (VG Meiningen v. 1.3.2000, PersV 2001, 135 = Leits. ZfPR2001, 110); Streichung eines Bewerbers, der im Zeitpunkt der Wahl der Dienststelle nicht mehr angehören wird, statt unverzüglicher Rückgabe an den Listeneinreicher (OVG Hamburg v. 14.10.1980, PersV 1982, 157); mündliche Bekanntgabe einer Nachfrist für die Einreichung von Wahlvorschlägen entgegen § 11 Abs. 1 WO (VG Potsdam v. 22. 1. 2003, PersV 2003, 420 = ZfPR 2004, 15); Zulassung von verspätet eingegangenen Wahlvorschlägen (VG Potsdam v. 22. 1. 2003, aaO); Nichteinhaltung der im Wahlausschreiben festgelegten Zeit für die Stimmabgabe (OVG Lüneburg v. 9. 1. 1962, Leits. ZBR 1962, 60); Unvollständigkeit des Wahlausschreibens (BVerwG v. 10.8.1978, aaO); nicht unverzügliche Rückgabe eines Wahlvorschlags mit offensichtlich nicht wählbaren Kandidaten, wenn durch die verspätete Rückgabe die Möglichkeit, einen gültigen Wahlvorschlag vor Ablauf der Einreichungsfrist einzureichen, verhindert wird (BVerwG v. 13.3.1973, BVerwGE 42, 73 = ZBR 1973, 182 = PersV 1973, 143); Rückgabe eines eingereichten Wahlvorschlags an den Listenvertreter auf dessen Bitte vor Ablauf der Einreichungsfrist (BVerwG v. 11.6.1975, BVerwGE 48, 317 = ZBR 1975, 351 = PersV 1976, 185); Nichtbeachtung der Vorschriften über die schriftliche Stimmabgabe (BVerwG v. 14.8.1959, BVerwGE 9, 107 = Leits. ZBR 1959, 340, 341 = PersV 1958/59, 308); Aushändigung von Briefwahlunterlagen ohne entsprechende Anforderung, Überbringung von Briefwahlunterlagen durch Wahlbewerber und nach Stimmabgabe sofortiges Einsammeln der in Anwesenheit der Wahlbewerber ausgefüllten Unterlagen (OVG Münster v. 31.3.2006, PersV 2008, 34 = ZfPR 2008, 17); Aushändigung von Briefwahlunterlagen nicht durch den Wahlvorstand, sondern durch Mitbewerber um die Wahl, gleichzeitig verbunden mit der Aufforderung, die Stimme abzugeben (VG Potsdam v. 22. 1. 2003, aaO); bei Briefwahl Unterlassen des Vermerks im Wählerverzeichnis und verfrühte Entnahme des Stimmzettels aus dem Freiumschlag (OVG Münster v. 31.7.1975, ZBR 1975, 357); vorzeitige Vernichtung von Freiumschlägen für die schriftliche Stimmabgabe (OVG Münster v. 24.6.1970, Leits. ZBR 1971, 62); bei Briefwahl ist die Unterlassung der Übersendung der Briefwahlunterlagen an einen Wahlberechtigten ein Verstoß gegen wesentliche Wahlvorschriften; das gilt selbst dann, wenn der betreffende Wahlberechtigte die Unterlassung durch sein Verhalten herbeigeführt hat (VGH München v. 17. 10. 1990, Leits. PersR 1991, 394); Zurückweisung eines gültigen Wahlvorschlags durch den Wahlvorstand (BVerwG v. 30. 10. 1964, BVerwGE 19, 362 = ZBR 1965, 27 = PersV 1965, 59); Stimmabgabe in einem vom Wahlraum nicht einsehbaren Nebenraum (OVG Münster v. 22. 10. 1979, Leits. ZBR 1980, 260); Durchführung einer Personalratswahl als Gemeinschaftswahl trotz einer fehlerhaften Vorabstimmung (OVG Münster v. 9.10.1967 – CB 8/67, n.v.); Gewährung der Einsichtnahme in das Wählerverzeichnis mit Stimmabgabevermerken während des noch laufenden Wahlvorgangs und der auf diese Weise vorgenommenen Feststellung, welche Beschäftigten noch nicht gewählt haben (vgl. für das BetrVG: BAG v. 6.12.2000, DB 2001, 1422); Verstoß gegen § 2 WO (Wählerverzeichnis, OVG Münster v. 12.2.1970 – CB 4/G9, n. v.); Verstoß gegen § 6 Abs. 1 Satz 2 WO, wonach das Wahlausschreiben von sämtlichen Mitgliedern des Wahlvorstands zu unterschreiben ist (OVG Lüneburg v. 9.1.1962, ZBR 1962, 60 = PersV 1962, 88); Verstoß gegen § 6 Abs. 2 Nr. 8 WO (BVerwG v. 17. 7.1980, PersV 1981,498; vgl. hierzu auch § 6 WO Anm. 10), z. B. wenn Einreichungsfrist mit weniger als 18 Tagen angegeben worden ist (VGH München v. 6.9.1989, Leits. PersR 1990, 115); Verstoß gegen § 10 WO (Behandlung der Wahlvorschläge, OVG Münster v. 24.6.1970, ZBR 1971, 218); Verstoß gegen das Gebot der unverzüglichen Rückgabe ungültiger Wahlvorschläge nach § 10 Abs. 2 WO (VGH Kassel v. 24.10.2002, PersV 2003, 414 = ZfPR 2004, 7; vgl. auch für das BetrVG: LAG Düsseldorf v. 25.3.2003, PersV 2003, 417); Wahl nach den Grundsätzen der Mehrheitswahl statt der gesetzlich vorgeschriebenen Verhältniswahl (OVG Lüneburg v. 10.1.1961, ZBR 1961, 159; OVG Lüneburg v. 9.1.1962, Leits. ZBR 1962, 60; VGH Kassel v. 11.3.1997, Leits. ZBR 1997, 299 = ZfPR 1997, 148); Verstoß gegen § 11 WO (Nachfrist für die Einreichung von Wahlvorschlägen, OVG Lüneburg v. 3.11.1969, ZBR 1970, 95); Hinweis in Wahlvorschlägen auf die Zugehörigkeit der Bewerber zu einer Organisation, Anbringen von Kernworten bei den Namen der Bewerber (VG Bebenhausen v. 19.3.1957, Leits. ZBR 1958, 282); nachträgliches Streichen und Ändern in ordnungsgemäßen Wahlvorschlagslisten (BVerwG v. 8.11.1957, BVerwGE 5, 348 = Leits. ZBR 1958, 218, 284); ein auf einem Wahlvorschlag mit dem Kennwort „nichtorganisierter Angestellter“ aufgestellter Wahlbewerber tritt vor der Wahl in eine Gewerkschaft ein, ohne dies bekanntzugeben (BVerwG v. 7.11.1969, BVerwGE 34, 177 = ZBR 1970, 97 = PersV 1970, 155); Wahlbeteiligung eines Arbeitnehmers in der Beamtengruppe im Falle der Gruppenwahl; nur die Wahl in der Beamtengruppe ist anfechtbar (BVerwG v. 26.10.1962, BVerwGE 15, 93 = PersV 1963, 61); nicht ordnungsgemäße Zusammensetzung des Wahlvorstands wegen Nichtberücksichtigung einer Gruppe (BVerwG v. 25.2.1966, ZBR 1966, 129 = PersV 1966, 276; BVerwG v. 13.6.1969, ZBR 1969, 291 = PersV 1970, 64); Auseinanderfallen des Tages des Erlasses und des Tages der Bekanntgabe des Wahlausschreibens (BVerwG v. 17.12.1957, Leits. ZBR 1958, 150, 187, 290); Nichtbeachtung des Öffentlichkeitsprinzips bei der Wahlhandlung (OVG Münster v. 3.6.1980, RiA 1981, 178); ein wesentlicher Grundsatz des Wahlverfahrens ist es nach § 16 WO, dass Stimmzettel zur Durchführung der Wahl im Wahllokal vorhanden sind und den Wahlberechtigten zur Abstimmung zur Verfügung gestellt werden (ebenso VGH München v. 13.2.1991, PersR 1992, 79 für das bayerische PersVG); Verstoß gegen § 6 Abs. 2 Nr. 14 WO, wonach im Wahlausschreiben ein Hinweis auf „den Ort, an dem Einsprüche, Wahlvorschläge und andere Erklärungen gegenüber dem Wahlvorstand abzugeben sind“, enthalten sein muss (BVerwG v. 10.8.1978, ZBR 1978, 180); ungenügende Angaben bei einer nach den Grundsätzen der Verhältniswahl (Listenwahl) durchgeführten Wahl zu den jeweils ersten beiden Bewerbern (OVG Münster v. 29.1.1997, Leits. PersV 1998, 533 = Leits. ZfPR 1998, 90 = PersR 1998, 163; vgl. auch § 25 WO Anm. 3).

10 dd) Bei einer Gruppenwahl ist die Verwendung nur einer Wahlurne **unschädlich** und damit kein Verstoß gegen wesentliche Wahlvorschriften, wenn durch Verwendung verschiedenfarbiger Wahlscheine für jede Gruppe eine Verwechslungsgefahr ausgeschlossen ist (BVerwG v. 23.9.1966, BVerwGE 25, 120 = ZBR 1967, 26 = PersV 1966, 276). Auch ist es nicht als Verstoß gegen wesentliche Wahlvorschriften zu werten, wenn der Wahlvorstand die

Namen der Unterzeichner eines Wahlvorschlags bekanntgibt (BVerwG v. 8. 11. 1957, BVerwGE 5, 348), wenn die Rücksendung des Stimmzettels bei schriftlicher Stimmabgabe statt auf dem Postweg durch einen zuverlässigen Boten vorgenommen wird (BVerwG v. 6. 2. 1959, BVerwGE 8, 144 = PersV 1958/59, 159), wenn eine rechtswidrig getroffene Anordnung des Wahlvorstands rechtzeitig widerrufen (BVerwG v. 4. 10. 1957, BVerwGE 5, 259) oder die Stimmenauszählung bei Vorliegen eines wichtigen Grundes und dem Treffen wirksamer Sicherungsmaßnahmen unterbrochen wird (BVerwG v. 23. 10. 1970, BVerwGE 36, 170 = ZBR 1971, 120 = PersV 1971, 135). Ebensowenig ist ein Grund zur Wahlanfechtung dann gegeben, wenn ein Wahlvorschlag wegen nicht ausreichender Zahl von Unterschriften zurückgewiesen wird, nachdem ein Teil der zunächst in ausreichender Zahl vorhandenen Unterschriften vor Einreichung des Wahlvorschlags gegenüber dem Wahlvorstand zurückgenommen worden war (BVerwG v. 5. 2. 1971, BVerwGE 37, 162 = ZBR 1971, 274 = PersV 1971, 243). Wenn sich ein Wahlverstoß lediglich auf die Reihenfolge der Ersatzmitglieder auswirkt, so wird dadurch das Wahlergebnis nicht beeinflusst, so dass die Voraussetzungen für eine Wahlanfechtung nicht gegeben sind (BAG v. 21. 2. 2001, Leits. ZfPR 2004, 47).

ee) Als Verstoß gegen wesentliche personalvertretungsrechtliche Vorschriften ist der **Rücktritt der Personalratsmitglieder** „aus Solidarität" mit einem ausgeschlossenen Mitglied zu werten. Dieser Auffassung ist das Bundesverwaltungsgericht selbst dann nicht, wenn die Personalvertretung den Rücktrittsbeschluss ausschließlich in der Absicht gefasst hat, das ausgeschiedene Mitglied durch Neuwahl wieder in die Personalvertretung zu bringen (BVerwG v. 26. 9. 1969, ZBR 1970, 334 = PersV 1970, 89; BVerwG v. 7. 5. 2003, Leits. ZBR 2003, 396 = PersV 2003, 423 = ZfPR 2003, 229; vgl. § 27 Anm. 23). Diese Entscheidungen müssen deshalb erhebliche Bedenken auslösen, weil die Personalvertretung sich bewusst gegen die Entscheidung eines Gerichts wendet, das eine grobe Verletzung gesetzlicher Pflichten oder eine grobe Vernachlässigung gesetzlicher Befugnisse gerade desjenigen Personalratsmitglieds festgestellt hat, mit dem sich die Personalvertretung solidarisch erklärt. Diese Erklärung der Solidarität beinhaltet zumindest eine stillschweigende Billigung grober Pflichtverletzungen. Sie mutet den Wählern, die in der Regel eine bestimmte Liste unterstützen wollen, zu, das aufgrund schwerwiegender Fehler ausgeschlossene Mitglied dennoch zu wählen, dadurch mittelbar ebenfalls die Pflichtverletzung zu tolerieren und die gerichtliche Entscheidung gegenstandslos zu machen (vgl. Ilbertz in Anm. zu BVerwG v. 7. 5. 2003 in ZfPR 2003, 229). 11

ff) Der im Zeitpunkt der Wahl bestehende **Mangel des aktiven und passiven Wahlrechts** wird durch den späteren Erwerb des Wahlrechts nicht geheilt; denn für die Frage, ob bei der Wahl Verstöße gegen wesentliche Vorschriften des Wahlrechts, der Wählbarkeit und des Wahlverfahrens vorgekommen sind, ist auf die bei der Durchführung der Wahl besthende Sach- und Rechtslage abzustellen (BVerwG v. 17. 11. 1975, ZBR 1976, 228 = PersV 1977, 22). Wenn also ein nicht wahlberechtigter Beschäftigter an der Wahl teilgenommen hat, wird dieser Verstoß nicht dadurch geheilt, dass er im Laufe des Anfechtungsverfahrens das aktive Wahlrecht erwirbt. Wenn allerdings ein Beschäftigter bei der Aufstellung des Wählerverzeichnisses wahlberechtigt war, diese Voraussetzung bei der Stimmabgabe aber nicht mehr vorlag, so darf er an der Wahl selbst dann nicht teilnehmen, wenn das Wählerverzeichnis nicht berichtigt worden ist. Infolgedessen liegt ein Ver- 12 stoß gegen wesentliche Vorschriften über das Wahlrecht vor, wenn er dennoch seine Stimme abgibt (Fischer u. a., § 25 Anm. 19).

13 b) Eine **Anfechtung ist nur zulässig, wenn eine Berichtigung des Verstoßes nicht erfolgt ist.** Andernfalls bestünde kein Rechtsschutzinteresse an einer Wahlanfechtung. Sinn und Zweck der Berichtigung, die nur bei ohne weiteres behebbaren Fehlern zulässig ist, ist es, trotz eines Verstoßes gegen das Wahlverfahren die Wirksamkeit der Wahl zu erhalten. Voraussetzung ist, dass eine Korrektur so rechtzeitig erfolgt, dass eine Einschränkung des Wahlrechts zu Lasten der Wahlberechtigten nicht eintritt. Diese Voraussetzung ist erfüllt, wenn nach der Berichtigung das Wahlverfahren ordnungsgemäß ablaufen kann (z. B. nachträgliche Angabe des Ortes des Wahllokals durch Ergänzung des Wahlausschreibens; vgl. für das BetrVG: BAG v. 19. 9. 1985, BAGE 50, 1 = DB 1986, 864). In der Regel erfolgt die Berichtigung durch den Wahlvorstand (z. B. im Falle einer unrichtigen Verteilung der Personalratssitze auf die Gruppen oder bei einer unrichtigen Berechnung der sich aus der Wahlordnung ergebenden Fristen). Es können aber nur solche Fehler berichtigt werden, die ohne weiteres zu beheben sind, ohne dass zu diesem Zweck eine Wiederholung der Wahl erforderlich wäre (VGH München v. 1. 7. 1977, PersV 1980, 60; Fischer u. a., § 25 Anm. 22). Infolgedessen kann bei einer unrichtigen Berechnung der Fristen nach der WO eine Korrektur erfolgen, um der Wahl eine rechtlich unangreifbare neue Grundlage zu geben und damit einer sonst zu erwartenden Wahlanfechtung durch Ausräumung des Anfechtungsgrundes zuvorzukommen (VGH München v. 1. 7. 1977, aaO). Einer Berichtigung steht es gleich, wenn ein Fehler auf andere Weise als durch Berichtigung gegenstandslos geworden ist (BVerwG v. 8. 11. 1957, BVerwGE 5, 348 = Leits. ZBR 1958, 218). Das Gericht kann noch im Anfechtungsverfahren eine Berichtigung vornehmen (BVerwG v. 31. 1. 1964 – VII P 13.63, n. v.; OVG Koblenz v. 19. 2. 1957, ZBR 1958, 241). Dies ist aber nur dann zulässig, wenn es sich um Fehler des Wahlvorstands im Zusammenhang mit der Feststellung des Wahlergebnisses bei im Übrigen ordnungsgemäß durchgeführter Wahl handelt. Wenn aber ein schwerwiegender Mangel des Wahlverfahrens selbst vorliegt (z. B. unrichtige Berechnung der Zahl der zu wählenden Personalratsmitglieder), so kann das Gericht keine Korrektur etwa in der Weise vornehmen, dass die auf den letzten Plätzen zum Zuge gekommenen Kandidaten gestrichen und zu Ersatzmitgliedern gemacht werden (vgl. für das BetrVG: BAG v. 12. 10. 1976, BAGE 28, 203 = BB 1977, 212 = DB 1977, 212). Vielmehr ist in diesen Fällen die Wahl insgesamt bzw. in den betroffenen Gruppen für ungültig zu erklären, da eine falsche Berechnung der auf die Gruppen entfallenden Personalratssitze das Wahlergebnis schon deshalb beeinflussen kann, weil in aller Regel von einem gleichmäßigen Wahlverhalten auszugehen und abzuschätzen ist, in welchem Umfang eine Liste in Abhängigkeit von der Anzahl der für eine Gruppe zu wählenden Personalratsmitglieder erfolgreich sein wird, so dass danach auch die Reihenfolge der Bewerber in einer Vorschlagsliste bestimmt wird (OVG Münster v. 20. 1. 1994 – 1 A 3192/93. PVL, n. v.). Wenn eine Berichtigung erfolgt ist, dann ist das entsprechend berichtigte Wahlergebnis nach § 23 WO bekanntzumachen. Durch diese Bekanntmachung wird eine neue Anfechtungsfrist in Lauf gesetzt; denn auch die Berichtigung kann neue Fehler enthalten (Fischer u. a., § 25 Anm. 23).

14 c) Die Wahlanfechtung muss sich nicht ausschließlich auf die Ungültigkeitserklärung der Wahl richten. Sie kann auch eine **Berichtigung des Wahlergebnisses,** z. B. eine andere Sitzverteilung, zum Ziel haben (BVerwG v. 15. 3. 1968, BVerwGE 29, 222 = ZBR 1968, 262 = PersV 1968, 187). Der auf

die **Anfechtung** der Wahl gerichtete Antrag kann entweder **auf eine Feststellung der Unwirksamkeit oder auf eine Korrektur des Wahlergebnisses** gerichtet sein. Die erste Alternative kommt in Betracht, wenn die Wahl der Personalvertretung oder einer Gruppe angefochten wird; die zweite Alternative setzt voraus, dass angezweifelt wird, dass der Wahlvorstand bei der Feststellung des Wahlergebnisses korrekt gehandelt hat (vgl. auch Fischer u. a., § 25 Anm. 23; Lorenzen u. a., § 25 Anm. 17, 30, 36). Bei einem Antrag auf Berichtigung des Wahlergebnisses kann das Verwaltungsgericht auch solchen Ungültigkeitsgründen nachgehen, die vom Anfechtungsberechtigten nicht geltend gemacht worden sind, soweit dies aber mindestens „hilfsweise" beantragt worden war (BVerwG v. 8. 5. 1992, ZBR 1992, 377 = PersV 1992, 442 = ZfPR 1993, 155; vgl. auch BVerwG v. 13. 5. 1998, Leits. ZBR 1998, 433 = ZfPR 1999, 18). Die Antragsberechtigung entfällt nicht deshalb, weil Einsprüche gegen die Richtigkeit des Wählerverzeichnisses nicht innerhalb von sechs Arbeitstagen seit Auslegung schriftlich eingelegt worden sind (§ 3 WO; BVerwG v. 30. 6. 1980, ZBR 1981, 130 = PersV 1981, 245; vgl. auch § 3 WO Anm. 6). Infolgedessen können insbesondere sowohl der Leiter der Dienststelle wie auch die in der Dienststelle vertretenen Gewerkschaften die Wahl anfechten, ohne dass sie zuvor Einspruch gegen die Richtigkeit des Wählerverzeichnisses eingelegt haben müssen (Dietz-Richardi, § 25 Anm. 5).

d) Eine **Berichtigung des Wahlergebnisses ist vor einem Wahlanfechtungsverfahren dann möglich,** wenn der Wahlvorstand sich offenbar bei der Stimmenauszählung verrechnet oder wenn er irrtümlich ungültige Stimmen als gültig angesehen hat. Unter den gleichen Voraussetzungen kann auch das Verwaltungsgericht im Rahmen eines Wahlanfechtungsverfahrens zur Vermeidung der Wahlwiederholung eine entsprechende Berichtigung vornehmen (Lorenzen u. a., § 25 Anm. 17, 30, 36). Eine Berichtigung ist allerdings für den Fall ausgeschlossen, dass der Wahlvorstand im Wahlausschreiben eine zu niedrige Zahl der zu wählenden Personalratsmitglieder angenommen hat (OVG Münster v. 10. 2. 1999, ZfPR 2000, 11; vgl. auch für das BetrVG: BAG v. 29. 5. 1991, BAGE 68, 74, 83 = BB 1992, 126 = DB 1992, 46). **14a**

e) Eine Anfechtung ist darüber hinaus nur zulässig, wenn durch den **Verstoß gegen wesentliche Vorschriften** über das Wahlrecht, die Wählbarkeit oder das Wahlverfahren (Anm. 6) das Wahlergebnis geändert oder beeinflusst werden konnte. Zwingende Vorschriften in diesem Sinne sind alle Muss-Vorschriften (§§ 12, 14, 16 bis 24), beispielsweise § 20 Abs. 1 Satz 2, wonach jede Gruppe im Wahlvorstand vertreten sein muss, zumal mit dieser Vorschrift gleichzeitig dem Minderheitenschutz Rechnung getragen werden soll (vgl. für das BetrVG: BAG v. 14. 9. 1988, BAGE 59, 328 = BB 1989, 496 = DB 1989, 50). Ein Verstoß gegen wesentliche Wahlvorschriften ist dagegen dann nicht gegeben, wenn eine vorzeitige, nicht bekanntgemachte Schließung eines Wahllokals erfolgt, sofern das Wahlergebnis auch bei Einhaltung der ursprünglichen Wahlzeit deshalb nicht anders ausgefallen wäre, weil bereits alle Stimmberechtigten sich an der Wahl beteiligt hatten oder aber einige wenige angesichts der bereits abgegebenen Stimmen das Ergebnis nicht mehr hätten beeinflussen können (vgl. für das BetrVG: BAG v. 19. 9. 1985, BAGE 50, 1 = DB 1986, 864). Ebensowenig wird das Wahlergebnis dann beeinflusst, wenn irrtümlich wahlberechtigte Beschäftigte nicht zur Wahl zugelassen worden sind, aber feststeht, dass sich am Ergebnis der Wahl nichts geändert haben würde, gleichgültig, wie diese Beschäftigten gewählt hätten (Fischer u. a., § 25 Anm. 24). Andererseits wird die Zulässigkeit der Wahlanfechtung nicht dadurch berührt, dass ein irrtümlich nicht ins Wählerver- **15** zeichnis eingetragener Wahlberechtigter nicht rechtzeitig Einspruch nach § 3 WO eingelegt hat (VG Hannover v. 14. 11. 1977 – PB 16/76, n. v.).

16 f) Der Gesetzgeber ist davon ausgegangen, dass es wenig sinnvoll wäre, **Verstöße** zur Grundlage einer Wahlanfechtung zu machen, die das **Wahlergebnis nicht ändern oder beeinträchtigen** können (BVerwG v. 8. 6. 1962, BVerwGE 14, 241 = ZBR 1962, 283 = PersV 1962, 236). Liegt ein erheblicher, nicht berichtigter Verstoß vor, spricht zunächst eine Vermutung dafür, dass durch ihn das Wahlergebnis beeinflusst worden ist. Der Anfechtungsberechtigte braucht deshalb auch nicht zu beweisen, dass das Wahlergebnis durch den Verstoß tatsächlich beeinflusst worden ist. Vielmehr muss die Personalvertretung das Gegenteil beweisen (BVerwG v. 23. 9. 1966, BVerwGE 25, 120 = ZBR 1967, 26 = PersV 1966, 276; Lorenzen, u. a. § 25 Anm. 18; Grabendorff, ZBR 1959, 249).

17 g) Die abstrakte Möglichkeit des **Kausalzusammenhangs** zwischen Verfahrensverstoß und Wahlergebnis genügt für die Anfechtung der Wahl nicht; es ist auf den konkreten Verstoß unter Berücksichtigung des konkreten Ergebnisses abzustellen (BVerwG v. 8. 6. 1962, BVerwG 11, 211 = ZBR 1962, 293 = PersV 1962, 236; BVerwG v. 23. 10. 1970, BVerwGE 36, 170 = ZBR 1971, 120 = PersV 1971, 135; VG Potsdam v. 22. 1. 2003, PersV 2003, 430 = ZfPR 2004, 15). Nach den gegebenen Umständen des Einzelfalles muss also nicht nur eine theoretische, sondern zumindest nach der allgemeinen Lebenserfahrung eine konkrete und nicht ganz fern liegende Möglichkeit oder Wahrscheinlichkeit gegeben sein, dass der beanstandete Verstoß auf das Wahlergebnis von Einfluss ist oder sein kann (VGH München v. 6. 8. 1986, ZBR 1987, 287 = PersV 1990, 396). Wenn nicht festzustellen ist, ob ein Verstoß einen Einfluss auf das Wahlergebnis haben konnte, dann ist die Anfechtung begründet (BAG v. 14. 11. 1975, AP Nr. 1 zu § 18 BetrVG).

18 h) Eine **nur denkbare Möglichkeit,** dass durch einen bestimmten Sachverhalt eine Änderung oder Beeinflussung des Wahlergebnisses herbeigeführt worden wäre, genügt nicht, wenn sie nach der Lebenserfahrung vernünftigerweise nicht in Betracht zu ziehen ist (BVerwG v. 23. 9. 1966, BVerwGE 25, 120 = ZBR 1967, 26 = PersV 1966, 276). Daher ist eine Wahlanfechtung immer dann ausgeschlossen, wenn feststeht, dass aufgrund eines bestimmten Sachverhalts das Wahlergebnis objektiv weder geändert noch beeinflusst werden konnte (VGH Kassel v. 24. 10. 2002, PersV 2003, 414; vgl. für das BetrVG: BAG v. 14. 9. 1988, BAGE 59, 328 = BB 1989, 496 = DB 1989, 50). In diesem Fall muss das Gericht feststellen, dass eine Änderung oder Beeinflussung durch den Verstoß ausgeschlossen ist. Nur dann kann es die Wahlanfechtung als unbegründet zurückweisen (BVerwG v. 14. 8. 1959, BVerwGE 9, 107 = Leits. ZBR 1959, 340, 341 = PersV 1958/59, 308). Dies ist z. B. der Fall, wenn durch die Verkürzung der Einreichungsfrist für Wahlvorschläge keine Anhaltspunkte dafür gegeben sind anzunehmen, dass ein weiterer Wahlvorschlag nicht mehr eingereicht werden konnte, es sei denn, dass Anhaltspunkte dafür vorliegen, dass zumindest erste Schritte zur Aufstellung eines Wahlvorschlags bereits unternommen worden waren (OVG Koblenz v. 14. 10. 1992, Leits. PersR 1993, 424). Daher muss der Antragsteller die **Gründe,** die seiner Meinung nach eine Wahlanfechtung rechtfertigen, **angeben.** Das Gericht ist trotz der Offizialmaxime (vgl. § 83 Anm. 37) nicht verpflichtet, von sich aus Nachforschungen anzustellen, wenn keine Gründe angegeben sind. Wird in der Antragsschrift kein Sachverhalt, der die Ungültigkeit der Wahl ergeben könnte, angegeben, so ist der Antrag als unzulässig zurückzuweisen (Fischer u. a., § 25 Anm. 34). Dies bedeutet aber nicht, dass

zur Vermeidung des Ausschlusses von Anfechtungsgründen von einem Begründungszwang derart auszugehen wäre, dass alle in Frage kommenden Gründe bereits in der Antragsschrift aufgeführt werden müßten. Nach Ablauf der Anfechtungsfrist können vielmehr noch **Gründe nachgeschoben** werden, und das Gericht kann die Wahl, gestützt auf diese Gründe, für ungültig erklären (BVerwG v. 13. 5. 1998, Leits. ZBR 1998, 433 = ZfPR 1999, 18). Das Gericht ist seinerseits verpflichtet, möglichen weiteren Anfechtungsgründen nachzugehen (Fischer u. a., § 25 Anm. 35). Dabei kann es aber nicht Wähler als Zeugen vernehmen, denn der einzelne Wähler kann nicht auf das ihn schützende Wahlgeheimnis verzichten (BVerwG v. 20. 6. 1990, PersV 1990, 536 = ZfPR 1992, 12).

III. Anfechtung

1. Die Wahl kann nur innerhalb einer **Frist von 12 Arbeitstagen** angefochten und begründet werden (OVG Greifswald v. 23. 4. 2003, ZfPR 2004, 43). Die Anfechtungsfrist beginnt am ersten Arbeitstag nach der Bekanntgabe des Wahlergebnisses (§ 187 Abs. 1, § 188 BGB; VGH München v. 23. 2. 1983, PersV 1984, 502; Fischer u. a., § 25 Anm. 31; Lorenzen u. a., § 25 Anm. 23). Gibt der Wahlvorstand das Wahlergebnis (Zahl der insgesamt abgegebenen Stimmen sowie der gültigen und ungültigen Stimmen, Zahl der auf die Listen bzw. Bewerber entfallenen Stimmen sowie Namen der zu Personalratsmitgliedern gewählten Bewerber, BVerwG v. 23. 10. 2003, BVerwGE 119, 138 = ZBR 2004, 201 = PersV 2004, 99 = ZfPR 2004, 3) zu verschiedenen Zeiten durch Aushang bekannt, so ist für den Beginn der Anfechtungsfrist der Tag des letzten Aushangs maßgebend. 19

2. Die **Anfechtungsfrist endet** mit Ablauf des 12. Arbeitstages nach dem Tag der Bekanntgabe (§ 188 Abs. 1 BGB). Die Wochentage Montag bis Freitag mit Ausnahme der gesetzlichen Feiertage gelten als Arbeitstage (vgl. auch § 52 WO; BVerwG v. 23. 10. 2003, BVerwGE 119, 138 = ZBR 2004, 201 = PersV 2004, 99 = ZfPR 2004, 3). Erfolgt daher die Bekanntgabe des Wahlergebnisses an einem Freitag, so beginnt der Lauf der Frist an dem darauffolgenden Montag um 0.00 Uhr und endet, soweit keine gesetzlichen Feiertage folgen, am Dienstag, 24.00 Uhr der übernächsten Woche. Spätestens an diesem Tag also muss die Anfechtung entweder schriftlich oder zu Protokoll der Geschäftsstelle des Verwaltungsgerichts erklärt werden. Die Anfechtungsfrist beginnt nicht zu laufen, wenn der Wahlvorstand die Bekanntgabe des Wahlergebnisses unterlassen, nicht ordnungsgemäß bekanntgegeben oder verzögert hat (BVerwG v. 23. 10. 2003, aaO). Die Wahlanfechtung muss innerhalb der gesetzlich vorgeschriebenen Frist eindeutig erklärt werden, weil die Frage, ob eine Wahl angefochten wird, innerhalb kurzer Zeit zu beantworten ist (BVerwG v. 11. 5. 1962, BVerwGE 14, 153 = ZBR 1962, 208 = PersV 1962, 211). Eine Gewerkschaft ficht eine Wahl dann nicht mehr innerhalb der Anfechtungsfrist an, wenn sie sich nach Ablauf der Frist einem Wahlanfechtungsantrag lediglich anschließt (vgl. für das BetrVG: BAG v. 10. 6. 1983, DB 1983, 2142). 20

3. Ohne Anfechtungserklärung wird die Wahl mit Ablauf der Frist unanfechtbar, da es sich um eine Ausschlussfrist handelt. Eine **Wiedereinsetzung in den vorigen Stand** ist nicht möglich. Das Gebot der Rechtssicherheit erfordert es, dass nach Ablauf der Wahlanfechtungsfrist die Gültigkeit einer Personalratswahl grundsätzlich nicht mehr in Zweifel gezogen werden kann und dass von diesem Zeitpunkt an von der Existenz einer rechtmäßig gewählten Personalvertretung auszugehen ist (BVerwG v. 13. 5. 1987, ZBR 21

1987, 350 = PersV 1988, 401; BVerwG v. 23. 10. 2003, BVerwGE 119, 138 = ZBR 2004, 201 = PersV 2004, 99 = ZfPR 2004, 3).

22 4. Die Anfechtung ist beim Verwaltungsgericht zu erklären. Unschädlich ist die Einreichung des Antrags bei einem **örtlich unzuständigen Gericht,** da dies nach § 276 ZPO verweisen kann (vgl. für das BetrVG: BAG v. 15. 7. 1960, Leits. NJW 1960, 2165). Die Bezeichnung des Anfechtungsgegners ist unnötig (BVerwG v. 23. 1. 1959, BVerwGE 8, 114 = Leits. ZBR 1959, 130). Aus diesem Grund ist auch eine entsprechend fehlerhafte Bezeichnung unschädlich (BVerwG v. 8. 11. 1957, BVerwGE 5, 348 = Leits. ZBR 1958, 218, 284). Über die Anfechtung kann nur das Verwaltungsgericht, nicht der Wahlvorstand oder die Personalvertretung in Form der Anerkennung entscheiden.

23 5. **Anfechtungsberechtigt** sind entweder **drei Wahlberechtigte** (vgl. § 13), eine in der Dienststelle vertetene **Gewerkschaft** (bzw. deren Untergliederung, BVerwG v. 11. 12. 1981, BVerwGE 61, 334 = ZBR 1982, 57 = PersV 1982, 112) oder der **Leiter der Dienststelle.** Wenn drei Wahlberechtigte die Wahl anfechten, so müssen sie auch noch zum Zeitpunkt der begehrten gerichtlichen Entscheidung zur Wahlanfechtung befugt sein und zudem die Wahlanfechtung tatsächlich betreiben; denn andernfalls hätte die Wahlanfechtung nicht mehr den vom Gesetz vorgesehenen Rückhalt in der Gemeinschaft der Beschäftigten (BVerwG v. 8. 2. 1982, BVerwGE 65, 33 = PersV 1983, 63; daher Wegfall des Rechtsschutzbedürfnisses: BAG v. 15. 2. 1989, Leits. BB 1989, 1984 = DB 1989, 2626). Wenn daher einer der drei Wahlanfechtungsberechtigten die Wahlanfechtung zurücknimmt, dann wird diese deshalb unzulässig, weil die Mindestzahl von drei Wahlanfechtenden nicht mehr gegeben ist. Anstelle des Ausgeschiedenen kann nicht ein anderer Beschäftigter nach Ablauf der Anfechtungsfrist die Wahlanfechtung weiterbetreiben (VGH Mannheim v. 8. 12. 1987, ZBR 1989,184); ebensowenig kann ein Wahlberechtigter, der innerhalb der Wahlanfechtungsfrist keinen Gebrauch von seinem Anfechtungsrecht gemacht hat, nach Ablauf der Frist sich einem von drei Wahlberechtigten fristgemäß anhängig gemachten Wahlanfechtungsverfahren anschließen (OVG Hamburg v. 21. 7. 1993, Leits. ZfPR 1994, 161). Unerheblich für die Wahlanfechtung ist dagegen, wenn im Verlauf eines Wahlanfechtungsverfahrens in der Person eines der die Wahl anfechtenden Beschäftigten ein Verlust der Wahlberechtigung für künftige Wahlen eintritt (BVerwG v. 27. 1. 1983, BVerwGE 67, 145 = ZBR 1984, 81 = PersV 1984, 322; BVerwG v. 29. 11. 1983, PersV 1986, 26). Ein **einzelnes Personalratsmitglied,** das durch die im Wahlanfechtungsverfahren beantragte Berichtigung des Wahlergebnisses seinen Sitz in der Personalvertretung verliert, hat weder ein Recht auf Beteiligung am Beschlussverfahren, noch kann es den den Sitzverlust herbeiführenden Beschluss des Verwaltungsgerichts mit der Beschwerde anfechten; denn Gegenstand der Wahlanfechtung ist die im allgemeinen Interesse liegende Überprüfung der Ordnungsmäßigkeit der Wahl. Das einzelne Personalratsmitglied wird daher nur mittelbar berührt (BVerwG v. 8. 7. 1977, BVerwGE 54, 172 = ZBR 1978, 37 = PersV 1978, 312). Das **Anfechtungsrecht des Dienststellenleiters** ist nicht an den jeweiligen Amtsinhaber, sondern an das Amt selbst gebunden. Ein Wechsel in der Person des Dienststellenleiters ist daher für das Beschlussverfahren ohne Belang (BVerwG v. 10. 8. 1978, BVerwGE 56, 208 = ZBR 1979, 180 = PersV 1979, 417). Die Wahlanfechtungsbefugnis einer in der Dienststelle vertretenen **Gewerkschaft** (vgl. hierzu § 2 Anm. 42 sowie BVerwG v. 25. 7. 2006, PersV 2007, 112 = Leits. ZfPR 2007, 19) hängt nicht davon ab, dass sie zuvor Einspruch gegen das Wählerverzeichnis (§ 3 WO) erhoben hat; denn die Gewerkschaften sind unmittelbar anfechtungsberechtigt, während

der Einspruch nach § 3 WO nur von den danach Einspruchsberechtigten eingelegt werden kann (vgl. für das BetrVG: BAG v. 29. 3. 1974, BAGE 26, 107 = BB 1974, 838 = DB 1974, 1680). Ebensowenig hindert die Teilnahme von Gewerkschaftsbeauftragten an Sitzungen des Wahlvorstands eine Wahlanfechtung durch die Gewerkschaft selbst; denn die Beauftragten sind nicht Vertreter i. S. des § 166 BGB und in der Regel auch nicht zur Entscheidung darüber befugt, ob eine Wahl durch ihre Gewerkschaft angefochten werden soll (VG München v. 4. 1. 1982 – M 2159 XIVs 79, n. v.). Der vertretungsberechtigte Vorsitzende einer gewerkschaftlichen Gliederung kann die Wahlanfechtung durch einen Bevollmächtigten erklären lassen (BVerwG v. 1. 11. 1976 – VII P 29.76 – Buchholz 238.3 A § 83 Nr. 5). Eine Gewerkschaft, die eine Personalratswahl nicht fristgemäß angefochten hat, hat kein Beteiligungsrecht an einem von dritter Seite eingeleiteten Wahlanfechtungsverfahren (BVerwG v. 8. 7. 1977, aaO; BAG v. 10. 6. 1983, DB 1983, 2142). Die Gewerkschaften sind nämlich zur Einleitung eines Beschlussverfahrens nur dann legitimiert, „wenn es sich um die ihnen vom Personalvertretungsgesetz eingeräumten Rechte und Antragsbefugnisse handelt“ (BVerwG v. 11. 5. 1962, BVerwGE 14, 153 = ZBR 1962, 208 = PersV 1962, 211). Der Wahlvorstand ist nicht Beteiligter des Wahlanfechtungsverfahrens, da sein Amt mit der Bestellung des Verhandlungsleiters in der konstituierenden Sitzung der Personalvertretung endet (BVerwG v. 18. 4. 1978, BVerwG 55, 341 = ZBR 1978, 345 = PersV 1979, 194). Der **Personalvertretung** schließlich hat der Gesetzgeber kein Anfechtungsrecht zuerkannt (BVerwG v. 17. 3. 1983, ZBR 1983, 178 = PersV 1984 320). Daher kann die Personalvertretung beispielsweise nicht die Wahl des Vertrauensmanns der Schwerbehinderten anfechten. Insoweit ist im Übrigen die Zuständigkeit der besonderen Spruchkörper der Verwaltungsgerichte in Personalvertretungssachen gegeben; denn aus § 94 Abs. 6 SGB IX ergibt sich, dass der Vertrauensmann und sein Stellvertreter in geheimer und unmittelbarer Wahl nach den Grundsätzen der Mehrheitswahl zu wählen sowie die Vorschriften über das Wahlverfahren, den Wahlschutz und die Wahlkosten bei der Wahl der Betriebs-, Personal- oder Richterrates sinngemäß anzuwenden sind (BVerwG v. 17. 3. 1983, aaO).

6. Die Anfechtung kann auf die Wahl der Personalvertretung insgesamt 24
(BVerwG v. 10. 5. 1982, BVerwGE 65, 297 = Leits. ZBR 1983, 137 = PersV 1983, 155) oder auf die Wahl der Vertreter einzelner Gruppen gerichtet werden, falls der Fehler bei der Wahl sich auf die Gruppe beschränkt (VG Dresden v. 1. 8. 2007, Leits. ZfPR 2008, 18; vgl. auch BVerwG v. 23. 1. 1959, BVerwGE 8, 114 = ZBR 1959, 130). Selbst wenn bei Gruppenwahl die Wahlanfechtung auf die **Wahl der Vertreter einer Gruppe** beschränkt wird, so sind auch die wahlberechtigten Vertreter anderer Gruppen anfechtungsberechtigt, weil der aus Vertretern aller Gruppen gewählte Personalrat ein einheitliches Organ ist und jeder Beschäftigte, gleich welcher Gruppe er angehört, ein berechtigtes Interesse daran hat, dass alle Mitglieder der Personalvertretung ordnungsgemäß gewählt werden (BVerwG v. 20. 6. 1991, PersV 1990, 536 = ZfPR 1992, 12; OVG Münster v. 6. 9. 1989, ZBR 1990, 332). Gleiches gilt für die Anfechtung einer Gruppenwahl durch eine Gewerkschaft. Diese ist auch dann antragsberechtigt, wenn sie durch kein Mitglied innerhalb der Gruppe vertreten ist, deren Wahl sie anficht (OVG Münster v. 27. 1. 1981 – CB 5/80, n. v.), da es im Wahlanfechtungsverfahren um die Überprüfung der Ordnungsmäßigkeit der Wahl und der gesetzmäßigen Zusammensetzung der Personalvertretung geht (BVerwG v. 8. 2. 1982, BVerwGE 65, 33 = PersV 1983, 63). Wenn die Wahl der Vertreter nur einer Gruppe rechtzeitig angefochten worden ist, dann kann nach Ablauf der

Anfechtungsfrist die Anfechtung nicht auf weitere Gruppen ausgedehnt werden. Die relativ kurze Anfechtungsfrist nämlich dient der Rechtssicherheit und Rechtsklarheit über den Bestand einer Wahl. Dieses mit der Anfechtungsfrist verbundene Ziel kann aber nicht erreicht werden, wenn die auf eine Gruppe beschränkte Wahlanfechtung nach Ablauf der Frist erstmals auf die Wahl anderer Gruppen erweitert würde (BVerwG v. 6. 6. 1991, PersV 1992, 76 = ZfPR 1991, 169). Demgegenüber kann allerdings die Anfechtung einer Wahl zu einer Stufenvertretung dann ausnahmsweise auf den Wahlbereich einer Dienststelle beschränkt werden, wenn der geltend gemachte Mangel sich nur auf diesen Bereich auswirkt; denn es ist kein Sinn darin zu sehen, eine Wahl insgesamt in allen anderen Dienststellen wiederholen zu lassen, wenn der Mangel in einer Dienststelle ohne Auswirkungen auf die übrigen Dienststellen bleibt (BVerwG v. 16. 12. 1966, ZBR 1967, 271 = PersV 1967, 90; Boerckel, PersV 1967, 84; OVG Lüneburg v. 21. 3. 1990, PersV 1994, 27; vgl. im Übrigen Anm. 27). Schließlich muss bei einer auf eine Gruppe beschränkten Wahlanfechtung die Wahl auch auf andere Wahlfehler überprüft werden, da die richtige Verteilung der Sitze nur aufgrund einer gültigen Wahl ermittelt werden kann (VGH Kassel v. 31. 3. 1990, PersV 1992, 484).

25 7. Die **Wahl eines einzelnen Personalratsmitglieds kann** dagegen **nicht angefochten werden** (BVerwG v. 7. 11. 1975, BVerwGE 49, 342 = ZBR 1976, 228); denn die Wahl eines Einzelnen kann nicht aus dem Gesamtwahlvorgang ausgeklammert werden (Fischer u. a., § 25 Anm. 7 a). Besteht jedoch die Personalvertretung bzw. die Vertretung einer Gruppe bestimmungsgemäß nur aus einer Person (§ 16 Abs. 1, § 17 Abs. 3), so ist eine Wahlanfechtung zulässig (BVerwG v. 8. 7. 1977, ZBR 1978, 173 = PersV 1978, 309).

26 8. Im Wahlanfechtungsverfahren hat jeder Antragsteller innerhalb der gesetzlich vorgeschriebenen Frist darzulegen, aus welchen Gründen nach seiner Meinung gegen wesentliche Vorschriften über Wahlrecht, Wählbarkeit oder Wahlverfahren verstoßen worden ist (OVG Münster v. 26. 6. 1998, Leits. ZfPR 2000, 17; OVG Greifswald v. 23. 4. 2003, ZfPR 2004, 43). Die Gerichte haben die Nachprüfung der Wahl auf das zu beschränken, was durch das in der **Begründung** des **Wahlanfechtungsantrags** fristgerecht Vorgebrachte veranlasst ist. Dafür spricht, dass nach § 83 Abs. 1 Satz 1 ArbGG eine Amtsermittlung nur im Rahmen der gestellten Anträge stattfindet (BVerwG v. 13. 5. 1998, Leits. ZBR 1998, 433 = Leits. PersV 1999, 417 = ZfPR 1999, 18; OVG Münster v. 27. 11. 1997, ZfPR 2000, 4).

26a a) Der **Einwand des Rechtsmissbrauchs** oder der unzulässigen Rechtsausübung kann einen Antrag auf Wahlanfechtung schon deshalb nicht entgegengehalten werden, weil ein Wahlanfechtungsverfahren nicht die Verfolgung subjektiver Rechte zum Ziel hat. Vielmehr liegt es im allgemeinen Interesse an der Überprüfung der Ordnungsmäßigkeit der Wahl (Anm. 1; so wohl auch VGH Kassel v. 24. 10. 2002, PersV 2003, 414 = ZfPR 2004, 7).

27 9. Für die Sachentscheidung über eine Wahlanfechtung besteht kein **Rechtsschutzbedürfnis** mehr, wenn die Personalvertretung, deren Wahl angefochten worden ist, zurücktritt und der Antragsteller nicht Feststellung der Unrechtmäßigkeit der Wahl beantragt (BVerwG v. 25. 2. 1966, PersV 1966, 84; BVerwG v. 13. 6. 1969, PersV 1970, 64). Dagegen bleibt das Rechtsschutzbedürfnis bestehen, wenn sich mit hoher Wahrscheinlichkeit der die Wahlanfechtung auflösende Vorgang wiederholen kann und wenn die sich daran anknüpfenden Rechtsfragen unter denselben Verfahrensbeteiligten

erneut stellen können (BVerwG v. 5. 10. 1989, ZBR 1990, 184 = PersV 1990, 230). Voraussetzung ist jedoch eine entsprechende Antragstellung in der Weise, dass ein Verstoß gegen wesentliche Wahlvorschriften vorgelegen hat (BVerwG v. 6. 6. 1991, Leits. ZBR 1992, 57 = PersV 1992, 76 = ZfPR 1991, 169; vgl. hierzu auch § 83 Anm. 38). Vor Durchführung der Personalratswahl kann bereits gegen den Wahlvorstand wegen eines von ihm begangenen Fehlers gerichtlich vorgegangen werden. Das anhängige Verfahren muss nach Durchführung der Wahl als Wahlanfechtungsverfahren weiter verfolgt werden, wobei dann zu berücksichtigen ist, dass mindestens drei Wahlberechtigte die Wahl anfechten müssen (OVG Koblenz v. 7. 1. 1961, ZBR 1961, 289; VGH Kassel v. 14. 7. 1976, PersV 1978, 128; zur Zulässigkeit einer entsprechenden Antragsänderung bei analoger Anwendung des § 264 ZPO vgl. für das BetrVG: BAG v. 14. 1. 1983, BAGE 41, 275 = DB 1983, 2142).

IV. Folgen der Anfechtung

1. Die Wirkung der Anfechtung tritt mit **Rechtskraft** ein. Hält das Verwal- **28**
tungsgericht die Anfechtung für begründet, so steht fest, dass die gewählten Beschäftigten keine Personalratsmitglieder (mehr) sind. Allerdings kommt dieser Feststellung keine rückwirkende Kraft zu (BVerwG v. 13. 6. 1969, BVerwGE 32, 182 = ZBR 1969, 355 = PersV 1970, 14). Die inzwischen von der Personalvertretung gefassten Beschlüsse bleiben daher wirksam. Allerdings stehen der Personalvertretung keine Befugnisse mehr bis zur Neuwahl zu (Lorenzen u. a., § 25 Anm. 38). Die der Personalvertretung bis zur Rechtskraft der Entscheidung entstandenen Kosten sind von der Dienststelle zu tragen. Gleiches gilt im Falle der Nichtigkeit, sofern der Nichtigkeitsgrund nicht offenkundig war (vgl. für das BetrVG: BAG v. 29. 4. 1998, BB 1998, 1058).

a) **Bei erfolgreicher Anfechtung muss die Wahl wiederholt** werden und zwar **29**
in allen ihren Entwicklungsstadien (BVerwG v. 15. 2. 1994, Leits. ZBR 1994, 387 = PersV 1995, 21 = ZfPR 1994, 84). Die Wiederholungswahl ist unter den gleichen Voraussetzungen, wie sie sich bei der ursprünglichen Wahl gestellt haben, durchzuführen. Aus diesem Grund bleibt es auch bei den früheren Voraussetzungen wie Sitzverteilung, Stärke der Personalvertretung, Zahl der Unterschriften für Wahlvorschläge etc. (BVerwG v. 13. 6. 1969, BVerwGE 32, 182 = ZBR 1969, 355 = PersV 1970, 14). Ein einmal eingetretener Verlust des Anspruchs auf Vertretung (Nichteinreichung eines Wahlvorschlags) bleibt bestehen (BVerwG v. 20. 6. 1990, PersV 1990, 536 = ZfPR 1991, 12). Allerdings hat das Bundesverwaltungsgericht eine Wiederholungswahl alleine auf der Grundlage der für die erfolgreich angefochtene Wahl geltenden Bedingungen nur dann für angemessen angesehen, wenn die Wahlen binnen sieben Monaten nach der ungültigen Wahl stattfinden. Falls aber die angefochtene Wahl länger als sieben Monate zurückliegt, so lässt das Gericht die Frage, nach welchen Kriterien dann zu wählen ist, offen (BVerwG v. 19. 12. 2006, PersV 2007, 363 = ZfPR online 3/2007, S. 2). Die vom BVerwG vorgenommene Grenzziehung scheint zwar willkürlich, ist aber unter dem Gesichtspunkt hinzunehmen, dass nach sieben Monaten eine Berücksichtigung inzwischen eingetretener Veränderungen (u. a. Neueinstellungen, Personalabbau) sinnvoll ist. Es kann nämlich dem Frieden in der Dienststelle und dem Vertrauen in die Arbeit einer neu gewählten Personalvertretung nur dienlich sein, wenn einerseits neu eingestellte Beschäftigte eine auch für sie zuständige (in der Regel vier Jahre amtierende) Personalvertretung mitwählen können und wenn andererseits die Neubestimmung einer Personalratsgröße Personalabgänge berücksichtigt und auf diese Weise

zu einer gesetzlich vorgesehenen Größe (§ 16 Abs. 1) führt (vgl. § 19 Anm. 47, § 27 Anm. 31 sowie Lorenzen u. a., § 25 Anm. 38).

29a Fraglich ist, ob zur Wiederholungswahl die **ursprünglich eingereichten Wahlvorschläge** unverändert eingereicht werden können oder neue Wahlvorschläge erforderlich sind. Auszugehen ist von der Überlegung, dass die ursprünglichen Kandidaten nicht unbedingt bereit sein dürften, auch für die Wiederholungswahl zu kandidieren. Sie haben ihr Einverständnis mit einer Kandidatur nur für die ursprüngliche Wahl gegeben und dabei nicht gleichzeitig ihr Einverständnis damit erklärt, auch für den Fall zu kandidieren, dass die Wahl erfolgreich angefochten werden sollte. Jedenfalls kann es wenig sinnvoll sein, die Wahlvorschläge nur in ihrer ursprünglichen Form mit den ursprünglichen Kandidaten zuzulassen und dabei zu riskieren, dass ein Teil der Kandidaten nach der Wahl entweder das Amt nicht annimmt oder es nach kurzer Zeit niederlegt. In gleicher Weise muss auch die Frage beantwortet werden, ob die ursprünglichen Unterstützungsunterschriften auch für die Wiederholungswahl Geltung haben. Dies muss schon deshalb verneint werden, weil es den Unterstützern nicht zumutbar ist, ihre Unterstützung für Kandidaten auch dann aufrecht erhalten zu müssen, wenn sich im Rahmen der Wahlanfechtung herausstellen sollte, dass diese in der Wahlvorschlagsliste bewusst falsche Angaben gemacht haben oder dass sonstige Manipulationen erfolgt sind, z. B. durch ein Wahlvorstandsmitglied, das gleichzeitig auch für die Personalvertretung kandidiert hat. Für die neuen Wahlvorschläge können in jedem Fall aber nur solche Beschäftigten kandidieren, die bereits zum Zeitpunkt der ersten Wahl wahlberechtigt und wählbar waren (vgl. auch Schlatmann, PersV 1994, 244).

30 b) Es muss ein **neuer Wahlvorstand** gebildet werden. Die Bestellung erfolgt weder durch die Personalvertretung, deren Wahl erfolgreich angefochten worden ist, noch durch die vor der ungültigen Wahl amtierende Personalvertretung. Diejenige Personalvertretung, deren Wahl angefochten worden ist, kann vor Rechtskraft der Entscheidung den Wahlvorstand nicht bestellen, da vor diesem Zeitpunkt noch nicht feststeht, ob tatsächlich eine Wahl durchzuführen und ein Wahlvorstand zu bestellen ist. Mit Eintritt der Rechtskraft aber hört die Personalvertretung auf zu bestehen, so dass sie auch nicht mehr die Möglichkeit hat, einen Wahlvorstand zu bestellen. Die Personalvertretung kann dem nicht durch Rücktritt vor Rechtskraft der Wahlanfechtung entgehen. Zwar könnte sie in diesem Fall einen Wahlvorstand bestellen. Wenn aber vor Durchführung einer Neuwahl eine rechtskräftige Entscheidung ergeht, durch die die Wahl für ungültig erklärt wird, so wird die zurückgetretene, aber noch im Amt befindliche Personalvertretung damit ersatzlos beseitigt. Ein zuvor für die Neuwahl bestellter Wahlvorstand geht deshalb unter, weil wegen erfolgreicher Wahlanfechtung diese Neuwahl nicht stattfindet. Die im Amt vorhergehende Personalvertretung kann den Wahlvorstand deshalb nicht bestellen, weil sie ihr Amt mit der Konstituierung ihrer Nachfolgerin verloren hat. Da eine Personalvertretung also nicht mehr besteht, hat der Leiter der betreffenden Dienststelle eine Personalversammlung zur Wahl des Wahlvorstands gem. § 21 einzuberufen (BVerwG v. 10. 8. 1978, BVerwGE 56, 208 = ZBR 1979, 180 = PersV 1979, 417), es sei denn, dass nur die Wahl einer oder zweier Gruppen erfolgreich angefochten worden ist; denn in diesem Fall bleiben die Vertreter der von der Anfechtung nicht betroffenen Gruppe(n) mit allen Rechten und Pflichten im Amt.

31 c) Ist bei Gruppenwahl die Wahl einer **Gruppe erfolgreich angefochten** worden, so hat dies auf die Wahl der Vertreter der anderen Gruppe keinen

Einfluss (BVerwG v. 23. 1. 1959, BVerwGE 8, 114 = Leits. ZBR 1959, 130). Vielmehr bleiben die Vertreter der anderen Gruppe im Amt und bilden zunächst die Personalvertretung. Dies ergibt sich schon daraus, dass der Gesetzgeber einen personalratslosen Zustand vermeiden und möglichst erreichen wollte, dass jederzeit eine Interessenvertretung für die personellen, sozialen und organisatorischen Angelegenheiten der Beschäftigten zuständig ist. Dem kann nicht entgegengehalten werden, dass auf diese Weise von einer Personalvertretung Aufgaben in bezug auf eine Gruppe wahrgenommen würden, die nicht mehr repräsentiert ist. Das Gesetz sieht nämlich den Ausnahmefall vor, dass eine Gruppe ohne Vertretung bleibt und für diesen Fall andere Gruppen ihre Vertretung wahrnehmen (vgl. § 17 Abs. 1 Satz 3 und Abs. 5). Für ein Nachrücken von Ersatzmitgliedern der Gruppe, deren Wahl erfolgreich angefochten worden ist, besteht keine gesetzliche Grundlage (Fischer u. a., § 25 Anm. 13; Lorenzen u. a., § 25 Anm. 40).

d) Eine Wiederholung der Wahl einer Personalvertretung nach erfolgreicher **32**
Anfechtung, für die keine Fristen vorgeschrieben werden, nimmt erfahrungsgemäß eine gewisse Zeit in Anspruch. Wenn auch allgemein eine vertretungslose Zeit vermieden werden soll, so geht es doch nicht an, dass die ungültig gewählte Personalvertretung die **laufenden Geschäfte** weiterführt. Zwar hat der überwiegende Teil bzw. die gesamte Personalvertretung die Verstöße gegen wesentliche Vorschriften über das Wahlrecht, die Wählbarkeit oder das Wahlverfahren möglicherweise nicht zu vertreten. Entscheidend ist jedoch, dass die Wahl nicht ordnungsgemäß zustandegekommen ist und dass deshalb die Vertrauensbasis – gleich aus welchen Gründen die Wahl für ungültig erklärt worden ist – für eine weitere, manchmal nicht nur kurzfristige Tätigkeit entfällt (so im Ergebnis auch Lorenzen u. a., § 25 Anm. 38).

2. a) Die **außergerichtlichen Kosten** des Antragstellers eines Wahlanfech- **33**
tungsverfahrens gehören ebenfalls zu den Kosten, die von der Dienststelle zu erstatten sind (vgl. § 24 Anm. 14).

b) Sind einer Personalvertretung **außergerichtliche Kosten** (u. a. als Anfech- **34**
tungsgegnerin) entstanden, dann sind auch dies „Kosten der Wahl" (§ 24 Abs. 2 Satz 1; vgl. hierzu die dort. Anm. 14).

c) Im Falle der **Nichtigkeit einer Personalratswahl** ist die Frage der Kosten- **35**
tragung anders als im Falle der Wahlanfechtung zu beantworten. Während bei einer Anfechtung erst mit der Rechtskraft der die Unwirksamkeit der Personalratswahl aussprechenden gerichtlichen Entscheidung die Interessenvertretung keine Befugnisse mehr hat, ist dies im Falle der Nichtigkeit anders. Der Ausspruch der Nichtigkeit hat nur deklaratorische Wirkung, so dass der aus einer nichtigen Personalratswahl hervorgegangenen Personalvertretung von Anfang an keine personalvertretungsrechtlichen Befugnisse zustehen. Infolgedessen bestehen grundsätzlich auch keine Kostenerstattungsansprüche von Mitgliedern einer aus einer nichtigen Personalratswahl hervorgegangenen Personalratsvertretung. Anders ist die Rechtslage nur dann zu beurteilen, wenn im Hinblick auf das Schutzbedürfnis der Personalratsmitglieder im Falle einer nicht offenkundigen Verkennung des Geltungsbereichs des Personalvertretungsgesetzes eine Kostenerstattung verweigert würde. In diesem speziellen Fall ist einem Personalratsmitglied die Begleichung von aus seiner vermeintlichen personalvertretungsrechtlichen Tätigkeit entstehenden Kosten aus seinem Vermögen nicht zumutbar (vgl. für das BetrVG: BAG v. 29. 4. 1998, BB 1998, 1950 = DB 1998, 992).

V. Verwaltungsgerichtliches Verfahren

36 1. **Streitigkeiten** entscheiden die Verwaltungsgerichte nach § 83 Abs. 1 Nr. 2, wenn die Ungültigkeit einer **Personalratswahl** und einer Wahl zu den Stufenvertretungen (§§ 53 ff.), zum Gesamtpersonalrat (§§ 55, 56), zur Jugend- und Auszubildendenvertretung (§§ 57 ff.), zur Schwerbehindertenvertretung (vgl. BVerwG v. 2. 6. 1987, ZBR 1987, 349), zur Vertretung der nichtständig Beschäftigten (§ 65) und zu den Sondervertretungen (§§ 85 ff.) geltend gemacht wird. **Örtlich zuständig** ist jeweils das Verwaltungsgericht, in dessen Bezirk die Dienststelle liegt (§ 83 Abs. 2 i. V. m. § 82 Satz 1 ArbGG). Bei der Verselbstständigung einer Nebenstelle oder eines Teils der Dienststelle (§ 6 Abs. 3 Satz 1) kommt es für die Bestimmung der örtlichen Zuständigkeit auf den Sitz der Nebenstelle oder des Teils der Dienststelle an. Dies jedenfalls gilt in Wahlanfechtungsverfahren dann, wenn der entsprechende Antrag vom Leiter der Nebenstelle bzw. des Dienststellenteils gestellt wird (OVG Münster v. 19. 3. 2002, PersV 2002, 445 = Leits. ZfPR 2003, 48). Erfolgt die Wahlanfechtung bei einem nicht zuständigen Verwaltungsgericht, so wird die Anfechtungsfrist dennoch gewahrt. Das Gericht hat das Verfahren entsprechend § 281 ZPO an das zuständige Verwaltungsgericht zu verweisen (Fischer u. a., § 25 Anm. 33; Lorenzen u. a., § 25 Anm. 31). Wenn die Wahlanfechtung auf einen reparablen Fehler des Wahlvorstands gestützt wird (z. B. falsche Berechnung der Größe der Personalvertretung), so kann das Gericht, statt die Wahl für ungültig zu erklären, den Fehler berichtigen (BVerwG v. 31. 1. 1964 – VII P 13.63, n. v.). Wenn bei einer sonst korrekten Wahl im Anschluss an das Wahlverfahren für einen Wahlvorschlag weniger Stimmen gezählt werden, als sich später Wähler auf einer Unterschriftenliste für diesen Wahlvorschlag bekennen, so können diese im Hinblick auf den Grundsatz der geheimen Wahl nicht als Zeugen vernommen werden (BVerwG v. 21. 7. 1975, BVerwGE 49, 75 = ZBR 1975, 353 = PersV 1976, 303; vgl. hierzu auch § 19 Anm. 12). Ist im Wege der Wahlberichtigung einer Gruppe ein Sitz entzogen worden, dann betrifft dies eine allgemeine und nicht eine Gruppenangelegenheit. Daher ist eine Beschwerde gegen einen Beschluss einer Fachkammer für Personalvertretungssachen nur zulässig, wenn ein Mehrheitsbeschluss des Personalratsplenums ergeht (OVG Münster v. 29. 11. 1988, PersV 1990, 80). Die **Wahlen zu den Jugend- und Auszubildendenvertretungen** und zu der Vertretung der nicht ständig Beschäftigten können nur von den zu diesen Vertretungen wahlberechtigten Beschäftigten und den in der Dienststelle vertretenen Gewerkschaften sowie dem Leiter der Dienststelle (§ 60 Abs. 1, § 65 Abs. 1 i. V. mit § 25) angefochten werden (Fischer u. a., § 25 Anm. 30). Die Amtszeit der bisherigen Personalvertretung kann nicht im Wege der einstweiligen Verfügung deshalb verlängert werden, weil über die Anfechtung der Wahl der neuen Personalvertretung noch nicht entschieden ist (BVerwG v. 23. 5. 1979 – 6 P 19.79 – Buchholz 238.3 A § 26 Nr. 1). Die Wahl einer **Schwerbehindertenvertretung** ist vor den Gerichten für Arbeitssachen anzufechten (BAG v. 11. 11. 2003 – 7 AZB 40/03, n. n. v.)

37 2. Die Vorschrift bezieht sich nur auf die **Urwahlen** zu den Personalvertretungen, nicht auf Wahlen innerhalb der Vertretungen, z. B. auf die Wahl zum Vorsitzenden (BVerwG v. 3. 10. 1958, ZBR 1958, 379 = PersV 1958/59, 42). Die Zuständigkeit der Personalvertretungen zur Anfechtung in diesen Fällen ist aus § 83 Abs. 1 Nr. 3 herzuleiten, da es sich hier um eine Geschäftsführungsmaßnahme handelt (BVerwG v. 23. 10. 1970, BVerwGE 36, 174 = ZBR 1971, 123 m. Anm. v. Windscheid = PersV 1971, 140; BVerwG v. 15. 5. 1991, BVerwGE 88, 183 = ZBR 1992, 58 = PersV 1992, 73 = ZfPR 1991, 172; vgl. auch § 32 Anm. 2). Die besonderen Voraussetzungen des § 25

(Frist, Antragsbefugnis) brauchen nicht vorzuliegen (Engelhard-Ballerstedt, § 26 Anm. 41).

3. In ein laufendes Wahlverfahren kann grundsätzlich nicht mit Rechtsmitteln – auch nicht mit einer einstweiligen Verfügung – eingegriffen werden, es sei denn, dass in so erheblichem Maße gegen wesentliche Wahlgrundsätze verstoßen worden ist, dass die weitere Durchführung unzumutbar ist. Dies ist u. a. dann der Fall, wenn rechtswidrige Verselbstständigungsbeschlüsse nach § 6 Abs. 3 vorliegen. Die weitere Durchführung der Wahl kann unter diesen Voraussetzungen untersagt werden (VG Mainz v. 13. 6. 2007, PersV 2007, 451 = ZfPR online 12/2007, S. 12; vgl. Lorenzen u. a., § 25 Anm. 37). Insoweit ist allerdings zu verlangen, dass das Begehren des Antragsstellers schon aufgrund der im Verfahren des vorläufigen Rechtsschutzes anzustellenden summarischen Prüfung der Erfolgsaussichten bei Anlegung eines strengen Maßstabs erkennbar Erfolg hat (vgl. OVG Koblenz v. 8. 2. 2000, PersV 2000, 278 = Leits. ZfPR 2000, 239; vgl. auch VGH München v. 27. 2. 2002, PersR 2003, 121 = Leits. ZfPR 2004, 47; VGH Mannheim v. 24. 2. 2005, PersV 2005, 435 = Leits. ZfPR 2005, 105 für den Fall von Unstimmigkeiten zwischen dem Wahlvorstand einer Stufenvertretung und einem örtlichen Wahlvorstand). Abgesehen von diesem Ausnahmefall ist zu beachten, dass der Abbruch einer Personalratswahl mit der Folge, dass eine Neuwahl eingeleitet werden muss, dazu führen kann, dass für einen gewissen Zeitraum ein Personalrat zur Vertretung der Interessen der Beschäftigten nicht zur Verfügung steht. Je nachdem, wann der Fehler im Wahlverfahren auftritt und wann im Anschluss die einstweilige Verfügung ergeht, kann ein erneutes Wahlverfahren innerhalb der Zeit, die bis zum Ende der Amtszeit der bisherigen Personalvertretung noch zur Verfügung steht, nicht ausreichend sein, so dass eine personalratslose Zeit entsteht. Gerade dies wollte der Gesetzgeber jedoch vermeiden, indem er in der Wahlordnung vorgeschrieben hat, wann spätestens Personalratswahlen einzuleiten sind. Da der Gesetzgeber die Geltendmachung der Nichtigkeit einer Wahl dagegen zu jedem Zeitpunkt und ohne besondere Anforderungen an die Antragsbefugnis zugelassen hat und des weiteren zu berücksichtigen ist, dass im Falle von Nichtigkeitsgründen eine Personalvertretung überhaupt nicht besteht und deren Handlungen deshalb rechtsunwirksam sind, ist es sinnvoll, wenn diese Nichtigkeit möglichst frühzeitig, also in jedem Stadium der Personalratswahl, geltend gemacht werden kann. Allerdings setzt der Abbruch oder die Unterlassung der weiteren Durchführung der laufenden Personalratswahl die zuverlässige Feststellung voraus, dass die vorgesehene Wahl **nichtig** sein wird (vgl. für das BetrVG: LAG Stuttgart v. 25. 4. 2006, ZBVR online 7-8/2007, S. 15; vgl. im Übrigen zu den Voraussetzungen für den Antrag auf Feststellung der Nichtigkeit einer Personalratswahl VGH München v. 24. 10. 2006, PersV 2007,449). In einem speziellen, für den Bereich des Bundesnachrichtendienstes entschiedenen Fall vertritt auch das Bundesverwaltungsgericht diese Auffassung, wenngleich es im Hinblick auf ein möglicherweise bis kurz vor dem Ende der vierfährigen Amtszeit eines Personalrats laufendes langwieriges Wahlanfechtungsverfahren offenbar nicht schlechthin den Antrag auf Erlass einer einstweiligen Verfügung auch bei Vorliegen solcher Sachverhalte, die zu einer Wahlanfechtung berechtigen, ablehnen möchte (BVerwG v. 14. 4. 2008 – 6 P 6.08, n.n.v.). 38

Schrifttum: Bitzer, Anfechtung und Nichtigkeit der Personalratswahl, PersV 1966, 49; Kruse, Die Anfechtung der Personalratswahl, PersR 1993, 543; Rewolle, Zur Wahlanfechtung, PersV 1961, 169; Rothländer, Die Aufgaben und Rechte der Gewerkschaften im Personalvertretungsrecht, PersV 1964, 121; Sabottig/Bacher, Personalratswahl in der Rechtsprechung, PersV 1987, 211; Schlatmann, Die Wiederholungswahl nach erfolgreicher Anfechtung der Personalratswahl (§ 25 BPersVG), PersV 1994, 244; Söllner, Folgen der auf eine Gruppe beschränkten Anfechtung einer Personalratswahl, AuR 1956, 361; Thiele, Zur gerichtlichen Überprüfung von Personalratswahlen. Rechtscharakter der Anfechtungsfrist. Umfang der Überprüfung. Nichtigkeit, insbes. nach nordrhein-westfälischem Recht, PersV 1976, 401; Treutlein, Die Berichtigung des Ergebnisses von Personalratswahlen durch das Verwaltungsgericht, DÖD 1963, 168; Windscheid, Wahlanfechtung und Rechtsschutzinteresse, BayBZ 1962, 153; ders., Die Aktivlegitimation im Beschlussverfahren, PersV 1964, 133; ders., Die Anfechtung der Wahl eines einzelnen Personalratsmitglieds, PersV 1978, 181; ders., Rechtsfragen zur Wahlanfechtung, PersV 1981, 223.

Zweiter Abschnitt **Amtszeit des Personalrates**

§ 26 [Beginn und Dauer der Amtszeit]

Die regelmäßige Amtszeit des Personalrates beträgt vier Jahre. Die Amtszeit beginnt mit dem Tage der Wahl oder, wenn zu diesem Zeitpunkt noch ein Personalrat besteht, mit dem Ablauf seiner Amtszeit. Sie endet spätestens am 31. Mai des Jahres, in dem nach § 27 Abs. 1 die regelmäßigen Personalratswahlen stattfinden.

Inhaltsübersicht

Entspr. landesgesetzliche Regelungen:
Baden-Württemberg: § 26 Abs. 1; Bayern: Art. 26 Abs. 1, 3; Berlin: § 23; Brandenburg: § 26; Bremen: § 23 Abs. 1; Hamburg: § 27 Abs. 1 bis 3; Hessen: § 23; Mecklenburg-Vorpommern: § 19 Abs. 1; Niedersachsen: § 22; Nordrhein-Westfalen: § 23; Rheinland-Pfalz: § 20; Saarland: § 26; Sachsen: § 26; Sachsen-Anhalt: § 25 Abs. 1; Schleswig-Holstein: § 19 Abs. 1; Thüringen: § 26.

Entspr. Vorschrift des BetrVG: § 21.

1 1. Der Gesetzgeber hat die vierjährige Amtszeit als die **regelmäßige Amtszeit** der Personalvertretungen bestimmt. Außerdem hat er feste Wahlzeiträume festgelegt (vgl. § 27 Abs. 1).

2 2. Die **regelmäßige Amtszeit** der Personalvertretungen **beträgt vier Jahre.** Die Fälle der vorzeitigen Beendigung des Amtes sind in § 27 Abs. 2 geregelt. Ursprünglich betrug die Amtszeit zwei Jahre. Aufgrund des Gesetzes zur Änderung des Personalvertretungsgesetzes vom 18. 1. 1965 (BGBl. I S. 1) ist die Amtszeit auf drei Jahre verlängert, um mehr Kontinuität in die Personal-

ratsarbeit zu bringen. Durch Gesetz zur Änderung des Bundespersonalvertretungsgesetz vom 10. 7. 1989 (BGBl. I S. 1380) wurde die Amtszeit auf vier Jahre erweitert.

3. Die **Amtszeit** beginnt mit dem Tag der Wahl, wenn sich zur Zeit der Wahl keine Personalvertretung im Amt befindet. Tag der Wahl ist der letzte Tag der Stimmabgabe, nicht der Tag nach der Wahl; denn es handelt sich nach dem Wortlaut von Satz 2 nicht um ein in den Verlauf des Tages fallendes Ereignis. Es wird nämlich nicht auf die Wahl, sondern auf den Wahltag abgestellt, so dass der Wahltag bei der Berechnung der Amtsdauer mitzuzählen ist (Fischer u. a., § 26 Anm. 8; Lorenzen u. a., § Anm. 9). 3

4. Wenn sich die **Wahl** insbesondere in größeren Dienststellen und in Dienststellen mit Schichtwechsel **über mehrere Tage erstreckt,** so ist der Tag der letzten Stimmabgabe der Tag, an dem die Amtszeit der Personalvertretungen beginnt (Fischer u. a., § 26 Anm. 7). Die Amtszeit der neuen Personalvertretung schließt sich dadurch lückenlos an die der bisherigen an (BVerwG v. 10. 6. 1998, Leits. ZBR 1998, 433 = PersV 1999, 217 = ZfPR 1998, 184; Lorenzen u. a., § 26 Anm. 11). 4

5. Wenn die **Feststellung des Wahlergebnisses** nicht in unmittelbarem Anschluss an die Beendigung der Wahlhandlung angeschlossen, sondern erst Tage später vorgenommen wird, so hat dies auf den Beginn der Amtszeit keinen Einfluss; vielmehr beginnt auch in diesem Fall mit dem letzten Tag der Stimmabgabe die Amtszeit der Personalvertretung (Fischer u. a., § 26 Anm. 7; Lorenzen u. a., § 26 Anm. 9). 5

6. Befindet sich zum Zeitpunkt der Wahl eine Personalvertretung im Amt, so beginnt die **Amtszeit der neuen Personalvertretung mit dem Tag nach Ablauf der Amtszeit der vorher amtierenden.** Endet also beispielsweise die Amtszeit der bisherigen Personalvertretung am 10. 4., so beginnt die Amtszeit der neugewählten am 11. 4. In diesem Fall stehen die Rechte bis dahin alleine der im Amt befindlichen Personalvertretung zu. Die Mitglieder der neugewählten Personalvertretung genießen aber bereits den Kündigungsschutz nach § 47, weil andernfalls der Bestandsschutz der Personalvertretung nicht gewährleistet werden könnte (Fischer u. a., § 26 Anm. 10; Lorenzen u. a., § 26 Anm. 14). 6

7. Nicht entscheidend für den Beginn der Amtszeit ist die **förmliche Konstituierung** der Personalvertretung nach § 34 Abs. 1, doch kann die Arbeitsaufnahme, d. h. die Amtsausübung nicht vor der Konstituierung erfolgen (Fischer u. a., § 26 Anm. 8; Lorenzen u. a., § 26 Anm. 12). Hat die konstituierende Sitzung stattgefunden, während die bisherige Personalvertretung noch amtierte, so ist die neue Personalvertretung auch nach Vorstandswahl und Bestimmung des Vorsitzenden bis zum Beginn der Amtszeit handlungsunfähig. Eine ihr in dieser Zeit zugegangene Willenserklärung gilt erst mit dem Beginn der Amtszeit als zugegangen. 7

8. Die **Amtszeit** der Personalvertretungen **endet** mit Ablauf von vier Jahren, gerechnet vom Tag der Wahl an, spätestens am 31. 5. des Jahres, in dem die regelmäßigen Personalratswahlen stattfinden. Der letzte Amtstag ist der, der seiner Bezifferung nach dem Tag der Wahl vorausgeht (§ 188 Abs. 2 BGB; Fischer u. a., § 26 Anm. 13; Lorenzen u. a., § 26 Anm. 15). Beginnt also das Amt der Personalvertretung am 10. 5., so endet es vier Jahre später am 9. 5. 8

9 9. Die **Amtszeit endet auch dann, wenn eine neue Personalvertretung noch nicht gewählt** oder eine Wahl überhaupt noch in Frage gestellt ist. Zwar soll eine vertretungslose Zeit möglichst vermieden werden. Das Gesetz regelt aber nicht die Überbrückung vertretungsloser Zeiten. Die durch Wahl erfolgte Legitimierung der Personalvertretung, rechtmäßig für die Beschäftigten handeln zu können, besteht nur für die Zeit, für die ihr das Vertrauen ausgesprochen worden ist. Die Zäsur erfolgt mit dem Ende der Amtszeit. Mit dem Ablauf dieser Amtszeit erlischt nicht nur das Amt der Personalvertretung, sondern zugleich auch die Legitimation, die ihr nach dem Gesetz zustehenden Rechte und Pflichten weiterhin wahrnehmen zu können. Handlungen der Personalvertretung nach Ablauf der Amtszeit sind daher – selbst wenn sie im Einverständnis mit dem Dienststellenleiter erfolgen – rechtlich unwirksam. Infolgedessen kann sich jedermann auf das Nichtvorhandensein einer Personalvertretung und auf die Rechtsunwirksamkeit entsprechender Handlungen berufen (BAG v. 15. 1. 1974, BAGE 25, 470 = PersV 1975, 36).

10 10. Eine **vorzeitige Beendigung** der Amtszeit der Personalvertretungen ist in § 27 Abs. 2 geregelt. Für die einzelnen Personalratsmitglieder erlischt die Zugehörigkeit zu den Personalvertretungen in den Fällen des § 29. Ihre Amtszeit kann also kürzer sein, z. B. auch im Falle späteren Nachrückens. Der Bestand der Personalvertretungen wird solange nicht berührt, wie die Gesamtzahl der Personalratsmitglieder um nicht mehr als ein Viertel der vorgeschriebenen Zahl sinkt (§ 27 Abs. 2 Nr. 2).

11 11. Die Amtszeit einer Personalvertretung endet vorzeitig auch im Falle einer **Auflösung** wegen grober Vernachlässigung der gesetzlichen Befugnisse oder wegen grober Verletzung der gesetzlichen Pflichten (§ 28 Abs. 1). Ebenso endet die Amtszeit dann vorzeitig, wenn die Dienststelle, bei der die Personalvertretung gebildet ist, aufgelöst oder in eine andere eingegliedert wird (BVerwG v. 20. 2. 1976, Dokument. Ber. 1976, 213; VGH München v. 27. 4. 1977, ZBR 1977, 414). Dies wird vor allen Dingen im Zusammenhang mit der Auflösung von Dienststellen aufgrund von Privatisierungs- (vgl. hierzu u. a. Kast-Freihube, DB 2004, 2530) oder Rationalisierungsmaßnahmen akut. In diesem Fall verlieren die bei diesen Dienststellen angesiedelten Personalvertretungen ihre Rechtsstellung als Organ der Personal- und Dienststellenverfassung; denn ohne die dazugehörige Dienststelle kann eine Personalvertretung nicht bestehen (OVG Münster v. 17. 2. 2000, PersV 2000, 511 = ZfPR 2001, 109). Strittig ist allerdings, ob und ggf. auf welcher Grundlage (analoge Anwendung des § 21a BetrVG oder Personalüberleitungsvertrag) dem Personalrat bei einem Betriebsübergang gem. § 613a BGB auf einen **privaten Rechtsträger** ein Übergangsmandat geschaffen werden kann. In der Praxis erfolgt häufig die Vereinbarung eines **Übergangsmandats** in einem **Personalüberleitungsvertrag** (hierzu Bergmann, ZfPR 2004, 309), wodurch verhindert werden kann, dass für die Belegschaft unmittelbar nach dem Betriebsübergang eine „vertretungslose Zeit" entsteht (vgl. die ablehnende Auffassung des LAG Köln v. 11. 2. 2000, PersV 2000, 378 bzw. v. 10. 3. 2000, PersV 2000, 380).

12 12. Die gesetzliche **Vorschrift** über die Dauer der Amtszeit ist **zwingend.** Daher kann die Amtszeit weder abgekürzt (auch nicht durch „Abwahl", die das Gesetz nicht kennt oder durch Misstrauensbeschluss der Personalversammlung, der ohne rechtliche Wirkung wäre) noch verlängert werden. Wohl aber verbleibt dem Personalrat im Falle der Auflösung einer Dienststelle ein **Restmandat,** damit er bestimmte, noch anhängige Angele-

genheiten – vor allem im Zusammenhang mit Kündigungen und mit der Aufstellung eines Sozialplans – abwickeln kann. (Lorenzen u.a., § 26 Anm. 6). Wird eine Dienststelle dagegen in eine andere eingegliedert, so endet die Amtszeit des bei ihr bestehenden Personalrats, während der Personalrat der aufnehmenden Dienststelle für die übernommenen Beschäftigten zuständig ist. Soweit eine Angelegenheit bei Auflösung noch nicht erledigt ist, besteht ein Restmandat für den Personalrat der eingegliederten Dienststelle. Wenn mehrere Dienststellen zu einer neuen Dienststelle zusammengelegt werden, dann endet das Mandat der Personalräte der einzelnen Dienststellen. In der neu gegründeten Dienststelle muss ein Personalrat erst noch gewählt werden; ein **Übergangsmandat** kennt das Gesetz nicht. Allerdings wird man in Übereinstimmung mit Fischer u. a., § 26 Anm. 26 im Hinblick auf den gesetzgeberischen Willen, personalratslose Zeiten zu vermeiden, ein Übergangsmandat in Anlehnung an § 21 a BetrVG befürworten können. Dies bedeutet, dass der Personalrat der nach der Zahl der wahlberechtigten Beschäftigten größten Dienststelle das Übergangsmandat wahrnimmt (vgl. auch Anm. 11).

13. **Tritt die Personalvertretung** vor Ablauf ihrer Amtszeit **zurück** und ist daraufhin eine neue Personalvertretung gewählt worden, so gilt hinsichtlich ihrer Amtszeit § 27 Abs. 2. Danach kommt es darauf an, ob die neugewählte Personalvertretung zu Beginn des für die regelmäßigen Personalratswahlen festgelegten Zeitraums bereits ein Jahr im Amt war oder nicht (vgl. auch die dort. Anm.). Die Amtszeit der Vertreter der nicht ständig Beschäftigten beginnt ebenfalls mit dem Tag ihrer Wahl. Ihr Amt endet mit Ablauf des für die Beschäftigung vorgesehenen Zeitraums oder mit dem Wegfall der objektiven oder persönlichen Voraussetzungen für ihre Wahl (vgl. im Einzelnen § 65). **13**

14. Die **Amtszeit der Jugend- und Auszubildendenvertretungen** beträgt zwei Jahre (vgl. im Einzelnen § 60 Abs. 2). **14**

15. **Streitigkeiten** über die Amtszeit der Personalvertretungen, der Vertreter der nicht ständig Beschäftigten und der Jugend- und Auszubildendenvertretungen entscheiden die Verwaltungsgerichte im Beschlussverfahren (§ 83 Abs. 1 Nr. 2). Antragsberechtigt ist die Personalvertretung. Dies gilt auch für diejenige, der durch Inanspruchnahme von Rechten und Befugnissen durch die neue Personalvertretung die Ausübung ihrer Rechte bestritten wird. In diesem Fall wird aber in erster Linie der Erlass einer einstweiligen Verfügung (§ 85 Abs. 2 ArbGG) in Betracht kommen. Wenn die Amtszeit der bisherigen Personalvertretung abläuft, so kann ein eingeleitetes Verfahren nicht mehr von ihr fortgesetzt werden (BVerwG v. 26. 11. 1997 – 6 P 12.95, Leits. ZBR 1998, 183 = ZfPR 1998, 86; Lorenzen u. a., § 26 Anm. 20). Die von einer Personalvertretung vor Beginn ihrer Amtszeit vorgenommenen Handlungen sind unwirksam, so dass z. B. im Falle der Zustimmung zu einer beantragten Höhergruppierung eines Angestellten die daraufhin von der Dienststelle durchgeführte Maßnahme nicht wirksam wird. Allerdings kann die Personalvertretung mit Beginn ihrer Amtszeit durch Zustimmung rückwirkend die Heilung herbeiführen. Ein einzelnes Personalratsmitglied ist antragsberechtigt für den Fall, dass es die Klärung der Frage begehrt, ob die Personalvertretung, der es angehört, bereits tätig werden kann (Fischer u. a., § 26 Anm. 29). **15**

Schrifttum: Bergmann, Schwerpunktthemen des Personalrats bei der Privatisierung öffentlicher Einrichtungen, ZfPR 2004, 343; Kast-Freihube, Privatisierung öffentlicher Arbeitgeber, DB 2004, 2530.

§ 27 [Neuwahl vor dem Ende der Amtszeit]

(1) Die regelmäßigen Personalratswahlen finden alle vier Jahre in der Zeit vom 1. März bis 31. Mai statt.

(2) Außerhalb dieser Zeit Ist der Personalrat neu zu wählen, wenn
1. mit Ablauf von vierundzwanzig Monaten, vom Tage der Wahl gerechnet, die Zahl der regelmäßig Beschäftigten um die Hälfte, mindestens aber um 50 gestiegen oder gesunken ist oder
2. die Gesamtzahl der Mitglieder des Personalrates auch nach Eintreten sämtlicher Ersatzmitglieder um mehr als ein Viertel der vorgeschriebenen Zahl gesunken ist oder
3. der Personalrat mit der Mehrheit seiner Mitglieder seinen Rücktritt beschlossen hat oder
4. der Personalrat durch gerichtliche Entscheidung aufgelöst ist oder
5. in der Dienststelle kein Personalrat besteht.

(3) In den Fällen des Absatzes 2 Nr. 1 bis 3 führt der Personalrat die Geschäfte weiter, bis der neue Personalrat gewählt ist.

(4) Ist eine in der Dienststelle vorhandene Gruppe, die bisher im Personalrat vertreten war, durch kein Mitglied des Personalrates mehr vertreten, so wählt diese Gruppe neue Mitglieder.

(5) Hat außerhalb des für die regelmäßigen Personalratswahlen festgelegten Zeitraumes eine Personalratswahl stattgefunden, so ist der Personalrat in dem auf die Wahl folgenden nächsten Zeitraum der regelmäßigen Personalratswahlen neu zu wählen. Hat die Amtszeit des Personalrates zu Beginn des für die regelmäßigen Personalratswahlen festgelegten Zeitraumes noch nicht ein Jahr betragen, so ist der Personalrat in dem übernächsten Zeitraum der regelmäßigen Personalratswahlen neu zu wählen.

Inhaltsübersicht

Entspr. landesgesetzliche Regelungen:
Baden-Württemberg: § 19; Bayern: Art. 26, 27; Berlin: § 24; Brandenburg: § 27; Bremen: § 23 Abs. 2, § 24; Hamburg: § 18, § 27 Abs. 3; Hessen: § 23 Abs. 2, § 24; Mecklenburg-Vorpommern: § 19 Abs. 2, § 20; Niedersachsen: §§ 22, 23; Nordrhein-Westfalen: § 23 Abs. 1, § 24; Rheinland-Pfalz: § 21; Saarland: § 23, § 26 Abs. 1; Sachsen: § 27; Sachsen-Anhalt: § 25 Abs. 1, § 26 Abs. 2; Schleswig-Holstein: § 19 Abs. 2, § 20; Thüringen: § 27.

Entspr. Vorschrift BetrVG: § 22.

I. Vorbemerkungen

1. Abs. 1 schreibt für die regelmäßigen Personalratswahlen einen festen Zeitraum vor, und zwar innerhalb eines **Vierjahresrhythmus** jeweils den Zeitraum vom 1. 3. bis 31. 5. 1

2. Ohne Rücksicht auf den regelmäßigen Wahlrhythmus ist eine **Personalvertretung** auch dann **zu wählen**, wenn eine **solche**, weil z. B. Personalratsfähigkeit bisher nicht gegeben war, **nicht besteht.** Abs. 3 soll sicherstellen, dass eine einmal vertretene Gruppe während der gesamten Amtszeit des Personalrats vertreten ist. Abs. 5 stellt die Anbindung von außerhalb des regelmäßigen Wahlzeitraums durchgeführten Wahlen an die Wahlzeiträume der regelmäßigen Personalratswahlen sicher. 2

3. Abs. 1 legt fest, dass die regelmäßigen Personalratswahlen für alle in § 1 genannten Dienststellen einheitlich in einem Vierjahresrhythmus stattfinden. Daher endet die **regelmäßige Amtszeit** für alle im Amt befindlichen in dem Jahr, in das der Zeitpunkt für die regelmäßigen Personalratswahlen fällt (vgl. aber § 116). 3

4. Mit Abs. 1 wird die Möglichkeit der Durchführung der **Wahlen zu einer festbestimmten Zeit** eröffnet und vermieden, dass z. T. doppelter Aufwand für Wahlvorbereitungen betrieben wird und Störungen des Dienstablaufs unnötige Ausmaße annehmen. Gleichzeitig werden die Wahlvorbereitungen weniger kostspielig. Den Gewerkschaften erwächst die Chance einer einheitlichen Schulung im Interesse einer möglichst korrekten Wahldurchführung. 4

a) Die Personalratswahlen finden in der Zeit vom 1. 3. bis 31. 5.statt. Für den konkreten Zeitpunkt innerhalb dieses Zeitraums ist der **Ablauf der ordentlichen Amtszeit** der bisherigen Personalvertretung entscheidend. Im Hinblick auf eine rechtzeitige Einleitung der Wahlvorbereitungen, vor allem im Hinblick auf eine rechtzeitige Bestellung des Wahlvorstands, empfiehlt es sich, die ersten Vorbereitungen bereits vor dem 1. 3. zu treffen (Fischer u. a. § 27 Anm. 5; Lorenzen u. a., § 27 Anm. 5). Dies hat den Vorteil, dass ein nahtloser Übergang von der bisherigen zur neugewählten Personalvertre- 5 tung dadurch sichergestellt wird, dass die Neuwahl vor dem Ende der Amtszeit der vorangegangenen Personalvertretung erfolgt.

6 b) Die **Wahlhandlung** muss während des Zeitraums vom 1. 3. bis zum 31. 5. durchgeführt werden. Erster Wahltag kann der 1. 3., letzter Wahltag muss spätestens der 31. 5. sein. Wenn bereits vor dem 1. 3. gewählt wird, so ist diese Wahl, falls die Voraussetzungen des Abs. 2 Nr. 1 bis 5 nicht gegeben sind, nichtig: denn es fehlt an einer entscheidenden Voraussetzung für die Wahl einer Personalvertretung (Fischer u. a., § 27 Anm. 6; Lorenzen u. a., § 27 Anm. 6).

7 c) Dagegen ist eine **verspätet durchgeführte Wahl** nach dem 31. 5. gültig. Die Amtszeit der bisherigen Personalvertretung endet spätestens an diesem Tag (§ 26 Satz 3), so dass dann eine „personalvertretungslose " Zeit beginnen würde und die Voraussetzungen des Abs. 2 Nr. 5 gegeben wären.

II. Unregelmäßige Personalratswahlen

8 1. Die Vorschrift regelt in Abs. 2 das vorzeitige Ende der Amtszeit der Personalvertretungen. Allerdings sind nicht alle Fälle aufgeführt, die zu einer Beendigung führen, sondern nur diejenigen, in denen die vorzeitige Neuwahl der Personalvertretungen gesetzlich vorgeschrieben ist. Der Gesetzgeber hat mit diesen Vorschriften nicht verhindern wollen, dass die Amtszeiten in keinem andern Fall vorzeitig abgebrochen werden sollen. Vielmehr sind nur die häufiger zu einer **vorzeitigen Beendigung der Amtszeit** führenden Tatbestände aufgeführt. Daraus ist aber nicht gleichzeitig eine Art von Bestandsgarantie zu folgern (BVerwG v. 13. 12. 1974, ZBR 1975, 125 = PersV 1975, 178). Die Fälle, bei denen eine Neuwahl erforderlich wird, sind demgegenüber abschließend aufgezählt (BVerwG v. 15. 2. 1994, Leits. ZBR 1994, 387 = PersV 1995, 21 = ZfPR 1994, 84). Nicht geregelt sind dagegen diejenigen Fälle, in denen eine Dienststelle aufgelöst oder in eine andere eingegliedert wird. Diese Fälle haben das Erlöschen des Amtes der bei der untergegangenen Dienststelle gebildeten Personalvertretung zur Folge, so dass eine Rechts- oder Funktionsnachfolge nicht stattfindet (BVerwG v. 13. 6. 1966, ZBR 1967, 284). Eine Neuwahl in der Dienststelle, in die die untergegangene Dienststelle eingegliedert worden ist, kommt nur dann in Betracht, wenn der Tatbestand des Abs. 2 Nr. 1 vorliegt. Für den Fall, dass aus zwei oder mehreren Dienststellen eine neue Dienststelle gebildet wird, endet das Amt der Personalvertretungen in den alten Dienststellen. Da die neue Dienststelle nicht über eine Personalvertretung verfügt, ist der Tatbestand des Abs. 2 Nr. 5 gegeben (vgl. § 26 Anm. 12). Andere von Abs. 2 nicht geregelte Fälle eines Endes der Amtszeit sind: Amtsniederlegung aller Mitglieder und Ersatzmitglieder, Wahlanfechtung, Verlust der Personalratsfähigkeit einer Dienststelle für den Fall, dass die Zahl der wahlberechtigten Beschäftigten unter die Mindestzahl sinkt oder wenn keine drei Wahlberechtigten vorhanden sind (Fischer u. a., § 27 Anm. 12). Wenn lediglich durch eine Änderung gesetzlicher Bestimmungen über die Behördenaufsicht eine neue Unterstellung einer Behörde zu einer anderen erfolgt, dann hat dies auf das Bestehen der Personalvertretung keinen Einfluss (OVG Bautzen v. 12. 1. 1999, Leits. ZfPR 2000, 239 = PersR 2000, 18). Im Übrigen beginnt die Amtszeit einer neugewählten Personalvertretung mit dem Tag der Wahl oder, wenn zu diesem Zeitpunkt noch eine Personalvertretung besteht, spätestens am 31. Mai des Jahres, in dem regelmäßige Personalratswahlen stattfinden (BVerwG v. 10. 6. 1998, Leits. ZBR 1998, 433 = ZfPR 1998, 184).

9 a) **Sinkt** der regelmäßige Personalbestand einer Dienststelle **unter** die in § 12 Abs. 1 vorgesehene **Mindeststärke,** wird eine Dienststelle aufgelöst oder mit

anderen Dienststellen zusammengelegt, so endet das Amt der bestehenden Personalvertretung ohne Funktionsnachfolge (BVerwG v. 13. 6. 1966, ZBR 1967, 284).

b) Im Zusammenhang **mit § 27 hat der Gesetzgeber nicht den Fall einer Neuwahl nach erfolgreicher Anfechtung** der Wahl (§ 25) oder bei Nichtigkeit erwähnt. § 27 setzt eine ordnungsgemäß gewählte Personalvertretung voraus, während dies im Rahmen des § 25 wegen Verstoßes gegen wesentliche Vorschriften über das Wahlrecht etc. nicht der Fall ist. Daher bedurfte es der Erwähnung solcher Tatbestände hier nicht mehr. Die Notwendigkeit einer Neuwahl ergibt sich im Übrigen schon aus der allgemeinen Verpflichtung zur Bildung von Personalvertretungen. Zudem handelt es sich bei der Wahl nach erfolgreich durchgeführter Anfechtung nicht um eine Neuwahl, sondern um die Wiederholung einer fehlerhaften Wahl. 10

c) Die **vorzeitige Neuwahl** von Personalvertretungen ist gesetzlich vorgeschrieben, wenn die Zahl der regelmäßig, d. h. der ständig Beschäftigten wesentlich gestiegen oder gesunken ist. Auf die Wahlberechtigung kommt es nicht an, weil die notwendig werdende Neuwahl lediglich der Änderung der Belegschaftsstärke im Laufe der Amtszeit Rechnung tragen soll. 11

aa) Wesentlich ist die **Änderung des Personalbestands nur,** wenn mit Ablauf von vierundzwanzig Monaten, vom Tage der Wahl gerechnet, die Zahl der regelmäßig Beschäftigten um die Hälfte und mindestens um 50 gestiegen oder gesunken ist. 12

bb) **Beispiel a:** Sind regelmäßig 80 Personen in einer Dienststelle beschäftigt und erhöht sich der Personalbestand um 48 Personen, so findet keine Neuwahl statt. Zwar ist eine Veränderung um mehr als die Hälfte, nicht aber gleichzeitig um mehr als 50 gegeben. 13
Beispiel b: Sind regelmäßig 120 Personen in einer Dienststelle beschäftigt und erhöht sich der Personalbestand um 55 Personen, so findet ebenfalls keine Neuwahl statt. Zwar ist eine Veränderung um mehr als 50, nicht aber um mehr als die Hälfte gegeben.
Beispiel c: Sind regelmäßig 110 Personen in einer Dienststelle beschäftigt und erhöht sich der Personalbestand um 60 Personen, so findet eine Neuwahl statt, da eine Veränderung um mehr als 50 und um mehr als die Hälfte gegeben ist.

cc) Bei Vorliegen der Voraussetzungen muss eine **Neuwahl auch dann stattfinden,** wenn sich Größe und Zusammensetzung der Personalvertretung nicht ändern, weil der Gesetzgeber – wie bereits erwähnt – im Hinblick auf eine wesentliche Änderung des Personalbestands den Beschäftigten der betroffenen Dienststelle das Recht auf Neuwahl nicht vorenthalten wollte (Fischer u. a., § 27 Anm. 17). 14

dd) Die Änderung des Personalbestands muss **nach Ablauf von vierundzwanzig Monaten** vom Tag der Wahl gerechnet gegeben sein. Daher muss die Zahl der Beschäftigten beispielsweise am 1. 4. 1994 (Wahltag) mit derjenigen am 1. 4. 1996 verglichen werden. Wenn sich erst nach diesem 1. 4. 1996 die Beschäftigtenzahl wesentlich ändert, so bleibt dies ohne Wirkung (Lorenzen u. a., § 27 Anm. 15; aA Altvater u. a., § 27 Anm. 7; Fischer u. a., § 27 Anm. 21). 15

ee) Es muss sich stets die **Zahl der ständig Beschäftigten** ändern. Es kommt nicht darauf an, ob die regelmäßig Beschäftigten zugleich auch wahlberech- 16 tigt sind. Veränderungen in der Zusammensetzung, insbesondere Verschiebungen zwischen den Gruppen, z. B. durch Übernahme von Arbeitern in das Beamtenverhältnis, bleiben ebenfalls während der gesamten Amtszeit unberücksichtigt und können erst bei der turnusmäßigen Neuwahl beachtet werden (Fischer u. a., § 27 Anm. 22; Lorenzen u. a., § 27 Anm. 16, 18).

17 2. Das Gesetz schreibt ferner für den Fall eine vorzeitige Neuwahl der Personalvertretungen vor, dass die **Gesamtzahl der Personalratsmitglieder um mehr als ein Viertel der gesetzlich vorgeschriebenen Zahl,** also auf weniger als drei Viertel **sinkt.** Dies gilt nur, wenn die Zahl der Personalratsmitglieder auf Dauer entscheidend gesunken ist (Lorenzen u. a., § 27 Anm. 24). Vorher allerdings müssen sämtliche in Betracht kommenden Ersatzmitglieder eingetreten sein. Um ein Viertel der gesetzlich vorgeschriebenen Zahl sinkt die Gesamtzahl der Personalratsmitglieder dann, wenn das rechnerische Viertel erreicht wird (VGH München v. 26. 10. 1994, Leits. ZfPR 1995, 203).

18 a) Das **Eintreten der Ersatzmitglieder** kann nur innerhalb derselben Liste – und zwar innerhalb der gleichen Gruppe – erfolgen. Würde man zulassen, dass bei Erschöpfen einer Liste auf die anderen, also konkurrierenden Listen zurückgegriffen werden könnte, so widerspräche dies dem Willen der Wähler (BVerwG v. 16. 7. 1963, BVerwGE 16, 230 = PersV 1963, 233).

19 b) Das Gesetz sieht grundsätzlich eine **auf eine Gruppe beschränkte Neuwahl** nicht vor. Zu einer solchen Neuwahl kommt es ausnahmsweise nur dann,wenn eine Gruppe infolge des Ausscheidens ihrer Mitglieder nicht mehr im Personalrat vertreten ist (Abs. 4). Hierbei handelt es sich um eine spezifisch dem Gruppenschutz dienende Regelung, die sich aber nur als eine Erweiterung der allgemeinen Neuwahltatbestände darstellt, jedoch diese Tatbestände nicht als Sondervorschrift verdrängt. Wenn daher die **Amtsniederlegung** aller Mitglieder und Ersatzmitglieder einer Gruppe dazu führt, dass die Gesamtzahl der Mitglieder der Personalvertretung um mehr als ein Viertel der vorgeschriebenen Zahlen gesunken ist, so ist zugleich der Tatbestand des Abs. 2 Nr. 2 erfüllt. Die Personalvertretung ist dann insgesamt neu zu wählen. Die Wahl der Vertreter nur der Gruppe, die durch Amtsniederlegung nicht mehr existent ist, wäre ein Verstoß gegen wesentliche Wahlvorschriften (BVerwG v. 18. 3. 1982, BVerwGE 65, 153 = ZBR 1983,133 = PersV 1983, 71; Lorenzen u. a., § 27 Anm. 25).

20 3. Eine **Neuwahl vor dem Ende der Amtszeit** hat auch stattzufinden, wenn die Personalvertretung durch Mehrheitsbeschluss (Stimmenthaltung wirkt wie Ablehnung) ihren **Rücktritt** beschlossen hat. Erforderlich ist dafür im Gegensatz zu § 37 Abs. 1 die Mehrheit der tatsächlich vorhandenen (nicht nur der bei dem Beschluss mitwirkenden) Mitglieder (Altvater u. a., § 27 Anm. 14; Lorenzden u. a., § 27 Anm. 28). Einer Begründung bedarf der Rücktrittsbeschluss nicht. Die Motive nämlich, die die Mehrheit zum Rücktritt bewogen haben, sind für die Wirksamkeit des Rücktrittsbeschlusses ohne Bedeutung. Eine gerichtliche Überprüfung des Beschlusses auf Ermessensfehler kann daher auch nicht stattfinden (BVerwG v. 26. 11. 1992, Leits. ZBR 1993, 130 = PersV 1993, 235 = ZfPR 1993, 53). Der Beschluss der Personalvertretung wirkt sowohl gegen die dagegen stimmenden wie auch gegen die sich enthaltenden und gegen die nicht anwesenden Mitglieder wie auch gegen die Ersatzmitglieder (Fischer u. a., § 27 Anm. 29). Der Rücktrittschluss ist unwiderruflich, da er eine rechtsgestaltende Erklärung ist, die als einseitige Willenserklärung nicht empfangsbedürftig ist. Mit der wirksamen Beschlussfassung wird eine Änderung der Rechtslage bewirkt, die darin

besteht, dass die Personalvertretung von diesem Zeitpunkt an nur noch geschäftsführend tätig ist (VGH München v. 31. 7. 1985, ZBR 1986, 89 = PersV 1986, 516).

a) Für den gesonderten Rücktritt einer Gruppenvertretung lässt das Gesetz keinen Raum. Auch die **Amtsniederlegung sämtlicher Vertreter einer Gruppe** einschließlich ihrer Ersatzmitglieder hat eine Neuwahl nur dann zur Folge, wenn dadurch der Tatbestand des Abs. 2 Nr. 2 erfüllt ist. 21

b) Auch die **nur aus einem Mitglied** bestehende Personalvertretung hat das Recht zum Rücktritt (OVG Lüneburg v. 19. 2. 1971, PersV 1971, 274). Da beim Rücktritt einer Mehrheit einer größeren Personalvertretung keine Ersatzmitglieder eintreten, kann auch im vorliegenden Fall eine Neuwahl nicht durch Nachrücken eines Ersatzmitglieds verhindert werden (OVG Lüneburg v. 19. 2. 1971, aaO; Fischer u. a., § 27 Anm. 30; Lorenzen u. a., § 27 Anm. 28; Richardi u. a., § 27 Anm. 26). 22

c) Ein von den Mitgliedern der Personalvertretung **„aus Solidarität"** mit einem ausgeschlossenen Mitglied **erklärter Rücktritt** ist dann angreifbar und die durch ihn notwendig werdende Neuwahl anfechtbar, wenn die Personalvertretung den Beschluss zum Rücktritt nur in der Absicht gefasst hat, das ausgeschlossene Mitglied durch eine erneute Wahl wieder in die Personalvertretung zu bringen (vgl. hierzu auch § 25 Anm. 11). Das Bundesverwaltungsgericht (BVerwG v. 7. 5. 2003, Leits. ZBR 2003, 396 = PersV 2003, 429 = ZfPR 2003, 229) vertritt eine gegenteilige Auffassung, die von Lorenzen u. a., § 27 Anm. 29 ohne nähere Ausführung übernommen wird (vgl. auch BVerwG v. 26. 9. 1969, PersV 1970, 89). 23

d) Eine durch Rücktritt der Personalvertretung vor Ablauf ihrer gesetzlichen Amtszeit notwendig werdende **Neuwahl ist keine Ersatzwahl** für die restliche Dauer der Amtszeit. Wie in allen anderen Fällen einer außerplanmäßigen Personalratswahl ist deshalb **von der regelmäßigen Zahl** der Beschäftigten **zum Zeitpunkt des Erlasses des Wahlausschreibens für die vorzeitige Neuwahl,** nicht also etwa für die frühere Wahl, auszugehen (vgl. zum Letzten: § 25 Anm. 29). 24

4. Nach einer durch gerichtliche Entscheidung erfolgten **Auflösung der Personalvertretung** ist ebenfalls eine Neuwahl vor dem Ablauf der Amtszeit vorzunehmen. Wird dagegen nur ein einzelnes Mitglied oder werden mehrere Mitglieder ausgeschlossen, so findet nur dann eine Neuwahl statt, wenn dadurch die Gesamtzahl der Mitglieder der Personalvertretung nach Eintreten sämtlicher Ersatzmitglieder um mehr als ein Viertel der vorgeschriebenen Zahl gesunken ist. 25

5. Wenn in einer Dienststelle **keine Personalvertretung besteht,** so sind Wahlen auch außerhalb des regelmäßigen Wahlzeitraums durchzuführen. Nr. 5 stellt in einer Art Generalklausel bei Vorliegen der Voraussetzungen für eine personalratsfähige Dienststelle Personalratswahlen außerhalb des Vierjahresrhythmus sicher. Gleichgültig ist, warum eine Personalvertretung besteht. In erster Linie werden die Fälle in Betracht kommen, in denen in einer Dienststelle erstmals die Voraussetzungen für eine Personalratswahl gegeben sind oder in denen Wahlmüdigkeit erstmals einer Wahlbereitschaft weicht. Möglich ist auch, dass eine Personalratswahl nichtig war. Der Wahlvorstand ist in diesen Fällen nach § 21 von der Personalversammlung zu bestellen. Die in der Dienststelle vertretenen Gewerkschaften können Wahlvorschläge unterbreiten (§ 19 Abs. 8). 26

27 6. Im Falle der Nr. 1 hat die **Neuwahl** nur dann zu erfolgen, wenn die im Einzelnen gestellten Voraussetzungen **mit Ablauf von vierundzwanzig Monaten,** vom Tage der Wahl gerechnet, gegeben sind. In den Fällen der Nr. 2 bis 5 kann eine Neuwahl jederzeit während der gesamten Amtszeit infrage kommen. Bei Vorliegen der entsprechenden Voraussetzungen ist sie unverzüglich durchzuführen. Es gelten die üblichen Wahlvorschriften.

III. Geschäftsführung

28 1. Ist die Personalvertretung in den Fällen der **Nr. 1 bis 3 neu zu wählen,** so ist die bisherige Personalvertretung bis zur Neuwahl einer anderen zur **Geschäftsführung** verpflichtet, soweit nicht die regelmäßige Amtszeit bereits vor der Neuwahl abläuft. Eine Fortführung der Geschäfte bedeutet, dass bis zur Wahl einer neuen Personalvertretung die Rechte und Pflichten der bisherigen Personalvertretung ungeschmälert bestehen bleiben. Andernfalls würde nämlich eine vertretungslose Zeit, die der Gesetzgeber grundsätzlich verhindern wollte, eintreten. Infolgedessen ist der zuständige Dienststellenleiter auch verpflichtet, zum Beispiel im Falle eines Rücktritts mit der geschäftsführenden Personalvertretung alle Maßnahmen so durchzuführen, als sei ein solcher Rücktritt nicht erfolgt. Die Fortführung der Geschäfte durch die „restlichen“Personalratsmitglieder nach dem Rücktritt einzelner Mitglieder erfolgt selbst dann, wenn es zu einer Neuwahl wegen fehlender Wahlvorschläge nicht kommt. Infolgedessen kann auch ein einzelnes Personalratsmitglied die Geschäfte der Personalvertretung fortführen; denn ein Kollegium wird vom Gesetz nicht vorausgesetzt (vgl. für das BetrVG: LAG Düsseldorf v. 20. 9. 1974, DB 1975, 454; vgl. auch § 37 Anm. 10).Wann die Voraussetzungen des Abs. 2 Nr. 2 erfüllt sind, ist gleichgültig. Dies kann bereits unmittelbar nach der Wahl der Fall sein, wenn mehrere Gewählte nach Erhalt der Wahlbenachrichtigung (vgl. § 22 WO) die **Annahme der Wahl ablehnen,** ohne dass die Personalvertretung durch die Auffüllung von Ersatzmitgliedern auf die vorgeschriebene Stärke gebracht kann (Fischer u. a., § 27 Anm. 26; Lorenzen u. a., § 27 Anm. 24).

28a 1 a) Im Falle der **Auflösung einer Dienststelle** kommt grundsätzlich eine Fortführung der Geschäfte durch die bisherige Personalvertretung nicht in Betracht; denn die Existenz einer Personalvertretung ist abhängig von der Existenz einer Dienststelle. Wird diese aufgelöst, so endet mit dieser Auflösung auch die Amtszeit der entsprechenden Personalvertretung (OVG Münster v. 17. 2. 2000, PersV 2000, 511 = ZfPR 2000, 272; VGH München v. 28. 6. 2000, PersR 2001, 86; vgl. auch BVerwG v. 18. 1. 1990, 348 = ZfPR 1990, 113 und § 26 Anm. 12).

29 2. Zu den Geschäftsführungsaufgaben gehört in erster Linie die **Bestellung eines Wahlvorstands** nach § 20 Abs. 1. Eine Personalvertretung, die ihren Rücktritt beschlossen hat, weil ihre Wahl erfolgreich angefochten worden ist, kann jedoch dann keinen Wahlvorstand mehr bestellen, wenn während der Weiterführung der Geschäfte die Entscheidung der Ungültigkeit der Wahl Rechtskraft erlangt (BVerwG v. 10. 8. 1978, BVerwGE 56, 208 = ZBR 1979, 180 = PersV 1979, 417). Bestellt die Personalvertretung allerdings innerhalb von zwei Wochen keinen Wahlvorstand, so beruft der Leiter der Dienststelle auf Antrag von mindestens drei Wahlberechtigten oder einer in der Dienststelle vertretenen Gewerkschaft eine Personalversammlung zur Bestellung eines Wahlvorstands ein (§ 20 Abs. 1). Kommt eine Personalversammlung nicht zustande oder bestellt sie keinen Wahlvorstand, so bestellt ihn auf Antrag wiederum von mindestens drei Wahlberechtigten oder einer in der Dienststelle vertretenen Gewerkschaft der Dienststellenleiter (§ 20).

3. Im Falle der **Nr. 4** endet das Amt der Personalvertretung mit Rechtskraft der Entscheidung. Der vom Gericht eingesetzte **Wahlvorstand führt die Geschäfte weiter** (§ 28 Abs. 2). 30

IV. Einfluss auf Gruppenbestand

Eine Neuwahl kommt **nach Abs. 4** auch dann in Betracht, wenn eine Gruppe, die bisher im Personalrat vertreten war, nicht mehr vertreten ist. Damit soll sichergestellt sein, dass eine bisher **im Personalrat vertretene Gruppe** in jedem Fall – auch nach dem Ausscheiden der gewählten Mitglieder und Ersatzmitglieder – weiterhin vertreten ist. Dabei ist ohne Bedeutung, aus welchem Grund eine zunächst gegebene Vertretung nicht mehr besteht. Kommt es zur Neuwahl einer Gruppe, dann bleibt es nur dann bei der bisherigen Anzahl der Sitze, wenn die Wahl spätestens sieben Monate nach dem Tag stattfindet, an dem die Gruppe nicht mehr im Personalrat vertreten ist (vgl. hierzu: § 19 Anm. 47, § 25 Anm. 29). Der für die vorzeitige Gruppenwahl zu bestellende Wahlvorstand ist auf Beschluss des Restpersonalrats zu berufen. Ihm müssen Vertreter beider Gruppen angehören (Fischer u. a., § 27 Anm. 40 a). Eine vorzeitige Neuwahl einer Gruppenvertretung kann im Übrigen nicht davon abhängig gemacht werden, dass die Personalvertretung im Wege der Gruppenwahl gewählt worden ist (Altvater u. a., § 27 Anm. 24; aA Fischer u. a., § 27 Anm. 39; Lorenzen u. a., § 27 Anm. 49). 31

V. Neuwahlen, Amtszeit

1. Durch die nach Abs. 2 geschaffene Möglichkeit für die Wahl von Personalvertretungen außerhalb des Vierjahreszeitraums soll der angestrebte Rhythmus nicht aus dem Gleichgewicht gebracht werden. Aus diesem Grund stellt Abs. 5 sicher, dass außerhalb des regelmäßigen Wahlzeitraums gewählte Personalvertretungen **bei der Neuwahl wieder in den gleichmäßigen Vierjahresrhythmus** eingegliedert werden. Diese Personalvertretungen sollen in dem auf die Wahl folgenden nächsten Zeitraum der regelmäßigen Personalratswahlen neu gewählt werden. Die Amtszeit beträgt daher in diesen Fällen nicht vier Jahre. Sie endet spätestens am 31. 5. des Jahres, in dem regelmäßige Personalratswahlen stattfinden. 32

2. Wenn allerdings die zwischenzeitlich gewählte Personalvertretung zu Beginn des nächstfolgenden regelmäßigen Wahlzeitraums noch nicht ein Jahr im Amt war, so ist erst in dem übernächsten Zeitraum der regelmäßigen Personalratswahlen neu zu wählen. In diesem Fall dauert die **Amtszeit ausnahmsweise länger als vier Jahre,** weil eine allzu kurze Tätigkeit des Vertretungsorgans nicht von Vorteil für die Beschäftigten wäre. 33

3. Entscheidend für das **Übergehen des nächstfolgenden regelmäßigen Wahlzeitraums** ist in diesen Fällen, dass die Amtszeit der Personalvertretung zu Beginn dieses Zeitraums (1. 3.) weniger als ein Jahr betragen hat. Wenn also die Amtszeit der zwischenzeitlich gewählten Personalvertretung erst am oder nach dem 1. 3. des dem regelmäßigen Wahlzeitraum vorausgehenden Jahres begonnen hat, so erfolgt eine Neuwahl zum übernächsten Wahlzeitraum. Der Wahltag zählt bei der Fristberechnung entsprechend § 187 Abs. 1 BGB i. V. mit § 188 Abs. 2 BGB mit (Fischer u. a., § 27 Anm. 42; Lorenzen u. a., § 27 Anm. 15, 51; aA Richardi u. a., § 27 Anm. 66). 34

4. Hinsichtlich der Anwendung des § 27 auf die **Vertreter der nichtständig Beschäftigten** und auf die **Jugend- und Auszubildendenvertretung** gelten §§ 65, 57 ff. 35

VI. Streitigkeiten

36 Streitigkeiten entscheiden die Verwaltungsgerichte nach § 83 Abs. 1 Nr. 2 und 3. Antragsberechtigt sind neben dem Dienststellenleiter Mitglieder der Personalvertretung, wahlberechtigte Beschäftigte und jede in der Dienststelle vertretene Gewerkschaft. Ein besonderer Fall ist dann gegeben, wenn der Personalrat einer personalvertretungsrechtlich verselbstständigten Dienststelle nach Durchführung einer außerordentlichen Personalratsneuwahl in der Hauptstelle und nach Durchführung der nächsten regulären Personalratsneuwahl und Amtsaufnahme durch den neuen Personalrat die Feststellung begehrt, seine Amtszeit sei durch die Neuwahl des Personalrats bei der Hauptdienststelle nicht beendet worden. In diesem Fall entfällt die Antragsbefugnis (BVerwG v. 26. 11. 1997 – 6 P 12.95, Leits. ZBR 1998, 183 = ZfPR 1998, 86).

Schrifttum: Czyborra, Rücktritt des ganzen Personalrats und Amtsniederlegung einzelner PR-Mitglieder, PersV 1969, 281; Molitor, Ersatzmitglieder im Personalrat nach Erschöpfung der Vorschlagsliste, ZBR 1961, 101; Schimmelpfennig, Zur Frage der Bestellung eines Wahlvorstandes nach Neuwahlverpflichtung gemäß § 25 Abs. 1 Buchst. a–c PersVG bei rechtshängigem Auflösungsverfahren gegen den Personalrat, PersV 1971, 257.

§ 28 [Ausschluss aus dem Personalrat, Auflösung]

(1) Auf Antrag eines Viertels der Wahlberechtigten oder einer in der Dienststelle vertretenen Gewerkschaft kann das Verwaltungsgericht den Ausschluss eines Mitgliedes aus dem Personalrat oder die Auflösung des Personalrates wegen grober Vernachlässigung seiner gesetzlichen Befugnisse oder wegen grober Verletzung seiner gesetzlichen Pflichten beschließen. Der Personalrat kann aus den gleichen Gründen den Ausschluss eines Mitgliedes beantragen. Der Leiter der Dienststelle kann den Ausschluss eines Mitgliedes aus dem Personalrat oder die Auflösung des Personalrates wegen grober Verletzung seiner gesetzlichen Pflichten beantragen.

(2) Ist der Personalrat aufgelöst, so setzt der Vorsitzende der Fachkammer des Verwaltungsgerichtes einen Wahlvorstand ein. Dieser hat unverzüglich eine Neuwahl einzuleiten. Bis zur Neuwahl nimmt der Wahlvorstand die dem Personalrat nach diesem Gesetz zustehenden Befugnisse und Pflichten wahr.

Inhaltsübersicht

Entspr. landesgesetzliche Regelungen:
Baden-Württemberg: § 28; Bayern: Art. 28; Berlin: § 25; Brandenburg: § 28; Bremen: § 25; Hamburg: § 28; Hessen: § 25; Mecklenburg-Vorpommern: § 21; Niedersachsen: § 24, Nordrhein-Westfalen: § 25; Rheinland-Pfalz: § 22; Saarland: § 27; Sachsen: § 28; Sachsen-Anhalt: § 27 Abs. 3 bis 6; Schleswig-Holstein: § 21; Thüringen: § 28.

Entspr. Vorschrift des BetrVG: § 23.

I. Einführung

1. Die Vorschrift regelt die einzige Möglichkeit der Auflösung von Perso- **1** nalvertretungen und der vorzeitigen Beendigung des Amtes eines einzelnen Mitglieds gegen seinen Willen. **Zweck der Vorschrift** ist es, „das Vorhandensein eines gesetzmäßig und pflichtbewusst arbeitenden Personalrats zu gewährleisten" (BVerwG v. 14. 2. 1969, BVerwGE 31, 298 = ZBR 1969, 185 = PersV 1970, 60). Gleichzeitig ist in dem Ausschluss eines einzelnen Personalratsmitglieds auch eine Sanktionsmaßnahme mit vorbeugendem Charakter insoweit zu sehen, als anderen oder künftigen Personalratsmitgliedern die Folge eines pflichtwidrigen Verhaltens vor Augen geführt werden soll (BVerwG v. 14. 4. 2004, ZBR 2005, 49 = ZfPR 2004, 229).

2. Der wesentliche **Unterschied zwischen den beiden Fällen** (Ausschluss/ **2** Auflösung) liegt darin, dass ein Einzelmitglied nur bei Nachweis des persönlichen Verschuldens ausgeschlossen werden kann (BVerwG v. 14. 2. 1969, BVerwGE 31, 298 = ZBR 1969, 185 = PersV 1970, 60: leichte Fahrlässigkeit genügt!; Richardi u. a., § 28 Anm. 19, 20), während für die Auflösung einer Personalvertretung der Nachweis des objektiven Pflichtverstoßes ausreicht, wobei von der Auflösung auch diejenigen Mitglieder betroffen werden, die für den Pflichtverstoß nicht verantwortlich sind.

II. Pflichtverletzung

1. Voraussetzung sowohl für die Auflösung einer Personalvertretung wie für **3** den Ausschluss einzelner Mitglieder ist ein **grober Pflichtverstoß**, der verdeutlicht, dass der Betreffende bzw. das Gremium entweder die ihm vom Gesetz auferlegten Pflichten oder die sich für die Personalratsarbeit aus der Rechtsprechung ergebenden Konsequenzen nicht beachtet hat (vgl. im Einzelnen Anm. 7). Für die Beurteilung eines Verhaltens als grobe Pflichtverletzung personalvertretungsrechtlicher Aufgaben kann nicht entscheidend darauf abgestellt werden, ob Literatur und Rechtsprechung zu der anstehenden Frage vorliegen und das betreffende Personalratsmitglied insoweit eine Orientierungsmöglichkeit hat (so aber: VGH Kassel v. 26. 1. 1988, ZTR 1998, 471). Allein entscheidend ist, ob vom Standpunkt eines Drittens aus be-

trachtet ein bestimmtes Verhalten bei vernünftiger Würdigung aller Umstände als grob missbräuchlich im Hinblick auf die Pflicht zur neutralen und opjektiven Amtsführung zu werten ist oder ob eine bestimmte Vorgehensweise trotz angezeigter Bedenken ohne eine Rückversicherung bei sach- und rechtskundigen Personen oder Institutionen gewählt worden ist.

4 2. Grobe und schuldhafte Pflichtverletzungen des Personalratsvorsitzenden können nicht durch Mehrheitsbeschlüsse der Personalvertretung – gleichsam als ungeschehen – gedeckt werden (OVG Lüneburg v. 5. 11. 1974, ZBR 1975, 155). Ein **Verstoß gegen individuelle Dienstpflichten,** der das Gebiet des Personalvertretungsrechts nicht berührt, ist kein Ausschlussgrund; denn die Verletzung personalvertretungsrechtlicher Pflichten ist der Verletzung dienstrechtlicher Pflichten nicht gleichzusetzen (vgl. für das BetrVG: BAG v. 5. 12. 1975, BAGE 27, 366 = BB 1976, 415 = DB 1976, 583). Infolgedessen ist das Verschweigen einer inoffiziellen Mitarbeitertätigkeit für das ehemalige Ministerium für Staatssicherheit kein Ausschlussgrund, da die Vorschriften über den Ausschluss von Personalratsmitgliedern wegen grober Pflichtverletzung sich ausschließlich auf Tätigkeiten des Personalratsmitglieds innerhalb der Personalvertretung beziehen (VG Dresden v. 9. 1. 1995, Leits. ZfPR 1995, 53).

5 3. Selbstverständlich bleiben die jeweiligen Rechte und Pflichten aus einem Dienst- oder Arbeitsverhältnis für Personalratsmitglieder bestehen. Daher können grundsätzlich Verletzungen von Personalratspflichten zugleich auch einen Verstoß gegen die Pflichten aus dem Dienst- oder Arbeitsverhältnis darstellen (BVerwG v. 8. 11. 1963, BVerwGE 17,132; BVerwG v. 19. 9 1984, BVerwGE 76, 192, 197 = PersV 1985, 112; OVG Berlin v. 23. 9. 1994, PersR 1995, 340). Hierdurch wird ein Personalratsmitglied in der Ausübung seiner gesetzlichen Aufgaben und Befugnisse nicht behindert oder wegen seiner Tätigkeit benachteiligt, da nur die ordnungsgemäße Betätigung der Personalvertretung geschützt ist (BVerwG v. 23. 2. 1994, ZBR 1994, 280). **Besondere Dienstpflichten** werden durch die Zugehörigkeit zur Personalvertretung nicht begründet, weder für Beamte (BDH v. 21. 2. 1958, BDHE 4, 69; BDH v. 5. 7. 1961, ZBR 1961, 393) noch für Arbeitnehmer (BAG v. 5. 9. 1967, BAGE 20, 56). Die sachliche Kritik eines Beamten als Personalratsmitglied an den Maßnahmen eines Dienststellenleiters und eine entsprechende deutliche Sprachweise können nicht zu Disziplinarmaßnahmen führen (BAG v. 17. 8. 1993, PersR 1994, 28). Grundsätzlich kann ein Verstoß gegen Pflichten aus dem BPersVG nur dann dienst- oder arbeitsrechtliche Sanktionen zur Folge haben, wenn zugleich eine Verletzung der aus dem Dienst- oder Arbeitsverhältnis resultierenden Pflichten vorliegt (VG Frankfurt v. 30. 8. 1989, ZBR 1993, 284 = PersV 1991,453; Richardi u. a., § 28 Anm. 12; Hecker, PersV 1985, 403; LAG Köln v. 26. 11. 2001, Leits. PersV 2002, 419, vgl. auch § 10 Anm. 13). Ein Dienststellenleiter kann daher nicht ohne weiteres ein Personalratsmitglied abmahnen oder ihm wegen eines bestimmten Verhaltens fristlos kündigen, es sei denn, dass es zugleich mit diesem Verhalten wesentliche Verpflichtungen aus seinem Dienst- bzw. Arbeitsverhältnis grob verletzt hat. Ein Personalratsmitglied, das seine dienst- bzw. arbeitsvertraglichen Pflichten nicht erfüllt, ist ebenso wie ein anderer Beschäftigter zu behandeln, so dass auch hinsichtlich einer Abmahnung grundsätzlich kein Unterschied zwischen Beschäftigten und Personalratsmitgliedern besteht (vgl. für das BetrVG: BAG v. 31. 8. 1994, Leits. BB 1995, 104 = DB 1995, 1235). Dabei ist aber im Interesse der Betätigungsfreiheit von Personalratsmitgliedern ein strenger Maßstab anzulegen. Eine Abmahnung bzw. fristlose Kündigung wäre gerechtfertigt,

wenn z. B. ein Personalratsmitglied bewusst und vorsätzlich die Presse unrichtig informiert und seine Verpflichtung zur Amtsverschwiegenheit nach § 10 in grober Weise verletzt (BAG v. 16. 9. 1987, PersR 1989, 14; das LAG Köln v. 26. 11. 2001, aaO will eine Abmahnung bei einer Verletzung von personalrats- und dienstlichen Pflichten nur dann zulassen, wenn eine strafbare Handlung gegeben ist). Ein Pflichtverstoß nach § 28 kann zugleich eine Dienstpflichtverletzung mit disziplinarrechtlichen Folgen sein (BDH v. 20. 12. 1955, BDHE 2, 170 = ZBR 1956, 226; BDH v. 21. 2. 1958, BDHE 4, 69). 3 a).

3a. Eine disziplinarrechtliche Ahndung wird durch die Sanktionsmöglichkeit gegen pflichtwidrig handelnde Personalratsmitglieder nach Abs. 1 nicht ausgeschlossen; die Vorschrift entfaltet **keine Sperrwirkung gegenüber anderen Möglichkeiten zur Ahndung** des Handelns von Personalratsmitgliedern (BVerwG v. 10. 9. 1984, BVerwGE 76, 192, 197 = PersV 1985, 112). Eine Abmahnung ist daher u. a. dann gerechtfertigt, wenn ein Personalratsvorsitzender einen Beschäftigten auffordert, eine innerdienstliche Anordnung nicht zu beachten. Auf diese Weise nämlich beeinträchtigt er die Arbeit der Dienststelle und greift entgegen der Regelung des § 71 Abs. 2 in den Dienstbetrieb ein. Durch ein solches Verhalten verletzt er vorsätzlich die Pflicht zu achtungs- und vertrauenswürdigem dienstlichem Verhalten (§ 54 Satz 3 BBG; BVerwG v. 19. 9. 1984, PersV 1985, 112; vgl. für den Fall eines Boykottaufrufs durch einen Personalratsvorsitzenden: BDH v. 24. 8. 1989, DÖD 1989, 271). Stets aber ist danach zu unterscheiden, ob ein konkretes Verhalten eines Personalratsmitglieds den dienst- bzw. arbeitsrechtlichen und/oder den personalvertretungsrechtlichen Bereich betrifft. Ist alleine der personalvertretungsrechtliche Bereich berührt, so ist eine Abmahnung bzw. eine disziplinarrechtliche Maßnahme nicht gerechtfertigt. Eine Überlagerung beider Bereiche ist aber zum Beispiel dann möglich, wenn sich ein nicht freigestelltes Personalratsmitglied zur Ausübung von Personalratsaufgaben beim Dienststellenleiter nicht abmeldet; denn ein Personalratsmitglied ist beim Verlassen seines Arbeitsplatzes ebenso wie ein anderer Beschäftigter zur Abmeldung verpflichtet (arbeitsvertragliche Nebenpflicht, vgl. für das BetrVG: BAG v. 15. 3. 1995, BAGE 79, 263 = BB 1995, 1747 = DB 1995, 1514; LAG Bremen v. 6. 1. 1995, Leits. BB 1995, 677). Ein Disziplinargericht kann über personalvertretungsrechtliche Vorfragen entscheiden, soweit dies zur disziplinarischen Würdigung notwendig ist (BVerwG v. 8. 11. 1963, BVerwGE 17, 132 = ZBR 1964, 89). Für ein Arbeitnehmer-Mitglied einer Personalvertretung ist ein Pflichtverstoß nach § 28 noch nicht ohne weiteres ein Grund zur fristlosen Entlassung (vgl. für das BetrVG: BAG v. 26. 1. 1962, BAGE 12, 220). Allerdings ist zu berücksichtigen, dass Arbeitnehmer sich so zu verhalten haben, wie es von Beschäftigten des öffentlichen Dienstes erwartet wird. Insoweit richten sich ihre Pflichten weitgehend an den Beamtenpflichten aus. 5a

4. Die Unterscheidung zwischen einer Vernachlässigung der gesetzlichen Befugnisse und der Verletzung der gesetzlichen Pflichten hat keine besondere Bedeutung. Eine **Vernachlässigung der Befugnisse** wird regelmäßig eine Art Untätigkeit sein, eine **Verletzung der Pflichten** dagegen ein positives Handeln. Beide Tatbestände können zusammentreffen oder ineinander übergehen. Als eine „Vernachlässigung der gesetzlichen Befugnisse" wird man in erster Linie eine Verletzung der gegenüber den Beschäftigten bestehenden Pflichten ansehen, während die „Verletzung der gesetzlichen Pflichten" vor allem gegenüber der Dienststelle in Betracht kommt (Kneis, PersV 1975, 362). 6

7 5. Entscheidend ist, ob der Verstoß grob ist. Ein **grober Verstoß** liegt nur dann vor, wenn die Pflichtverletzung objektiv erheblich und offensichtlich schwerwiegend ist und wenn unter Berücksichtigung aller Umstände die weitere Amtsausübung der Personalvertretung untragbar erscheint bzw. wenn das Vertrauen in die künftige Amtsführung des Personalratsmitglieds entweder zerstört oder aber zumindest stark erschüttert ist (BVerwG v. 14. 4. 2004, ZBR 2005, 49 = ZfPR 2004, 229). Grob ist ein Pflichtverstoß, wenn er objektiv schwerwiegend und subjektiv schuldhaft ist, ein mangelndes Pflichtbewusstsein erkennen lässt oder auf die Tätigkeit der Personalvertretung von nicht unbedeutendem Einfluss ist (BVerwG v. 14. 2. 1969, BVerwGE 31, 298 = ZBR 1969, 185, 252 m. Anm. v. Windscheid = PersV 1970, 60). Stets ist auf den konkreten Einzelfall abzustellen und darauf, wie ein bestimmtes Verhalten aus der Sicht eines objektiv urteilenden, verständigen Beobachters gewertet wird (BVerwG v. 22. 8. 1991, ZBR 1992, 57 = PersV 1992, 158). Das Verschulden ist nicht auf Vorsatz und grobe Fahrlässigkeit beschränkt; vielmehr genügt jeder Grad von Fahrlässigkeit. Mit dem Pflichtverstoß müssen die rechtlichen Grenzen des Vertretbaren in grober Weise überschritten worden sein, „sei es durch grobe Verletzung der gesetzlichen Pflichten, sei es durch Nichtkümmern infolge grober Nachlässigkeit" (u. a. wegen Gleichgültigkeit, Bequemlichkeit, VGH Mannheim v. 24. 3. 1981, ZBR 1982, 219 = PersV 1983, 465). Bei Fahrlässigkeit ist aber besonders eingehend zu prüfen, ob ein grober Pflichtverstoß vorliegt, der von solchem Gewicht ist, dass, vom Standpunkt eines objektiven Dritten betrachtet, das Vertrauen in die künftige ordnungsgemäße Amtsführung des Personalratsmitglieds entweder zerstört oder aber deutlich erschüttert ist. Bei Fehleinschätzung einer bestimmten Situation aufgrund von Unerfahrenheit oder sonstiger Umstände kann ein Pflichtverstoß nicht als grob bezeichnet werden (VGH München v. 14. 11. 2001, ZfPR 2002, 172). Bei der Prüfung der Frage, ob ein Pflichtverstoß als „grob" zu qualifizieren ist, dürfen im Übrigen die Minderung des Ansehens und der Stellung, die mit dem Ausschluss des betreffenden Personalratsmitglieds aus der Personalvertretung verbunden sind, nicht berücksichtigt werden, weil nicht die Folgen eines Ausschlusses, sondern **ausschließlich** die Folgen eines Verstoßes auf die Mitgliedschaft in der Personalvertretung zur Diskussion stehen (aA: VG Freiburg v. 8. 11. 1977 – VS-XIII 17/77, n. v.). Zum Ausschluss können sowohl Verstöße führen, die auf die Tätigkeit des Kollegiums ausstrahlen und seiner Funktionsfähigkeit abträglich sind (vgl. für das BetrVG: BAG v. 25. 9. 1971 – 1 ABR 1/67, n. v.) wie solche, die sich gegen den Dienststellenleiter (BDH v. 20. 12. 1955, BDHE 2, 170 = ZBR 1956, 226) oder Mitarbeiter (z. B. BVerwG v. 20. 4. 1971, Dok. Berichte Nr. 1/1972, 4111) richten. Dagegen kann kein Ausschluss aus der Personalvertretung erfolgen, wenn ein Personalratsmitglied gleichzeitig Mitglied eines Parlaments ist und in seiner Abgeordneteneigenschaft eine grobe Pflichtverletzung (Verletzung der Schweigepflicht) begeht; denn nach Art. 46 GG darf ein Abgeordneter wegen seiner Äußerung in Ausübung seines Mandates nicht zur Verantwortung gezogen werden (VG Berlin v. 30. 8. 1976, PersV 1979,421). Im Übrigen ändert eine nachträgliche Entschuldigung für ein Fehlverhalten nichts am Tatbestand der groben Pflichtverletzung; die nachfolgende Sanktion des Ausschlusses wird dadurch nicht gehindert (BVerwG v. 14. 4. 2004, aaO; Fischer u. a., § 28 Anm. 21; Lorenzen u. a., § 28 Anm. 37; Richardi u. a., § 28 Anm. 17; Ilbertz, PersV 1976, 201, 203).

8 6. Aus den zahlreichen **Entscheidungen der Gerichte zur Frage des groben Pflichtverstoßes bzw. der groben Vernachlässigung gesetzlicher Befugnisse** können nur die wichtigsten erwähnt werden; dabei ist darauf hinzuweisen,

dass die Gerichte in jedem Einzelfall geprüft haben, ob die subjektiven (rechtswidriges, schuldhaftes Verhalten) und objektiven (Erschütterung des Vertrauens in die zukünftige ordnungsgemäße Amtführung) Voraussetzungen für einen Ausschluss gegeben sind (vgl. VGH München v. 14. 11. 2001, ZfPR 2002, 172): Bekanntgabe der Zustimmung der Personalvertretung zu einer Personalmaßnahme durch ein Personalratsmitglied vor dem Vollzug der Maßnahme durch die Dienststelle (VGH München v. 14. 2. 2001, PersV 2001, 27); Weitergabe einer Information an einen „nachgeordneten" Personalrat durch eine Stufenvertretung, obwohl die betreffende Dienststellenleitung die Information erst zu einem späteren Zeitpunkt dem betroffenen Beschäftigten bekannt geben wollte (aA OVG Greifswald v. 6. 4. 2005 – 8 L 352/04, ZfPR Online 10/05, S. 1); Anträge und Schreiben eines Personalratsmitglieds im Namen der Personalvertretung an die Dienststellenleitung, ohne vorhergehende Beschlussfassung (VGH München v. 20. 9. 2000, PersV 2001, 368); Weitergabe eines Beschlusses der Personalvertretung durch den Vorsitzenden in eigenmächtig veränderter Form (OVG Hamburg v. 6. 10. 1961 – Bs PH 1/61, n.v.); überwiegendes Fernbleiben von Sitzungen des Personalrats ohne Mitteilung der Verhinderung (VGH Mannheim v. 19. 11. 2002, PersV 2003, 352); Verweigerung der Teilnahme am Losentscheid bei Stimmengleichheit bei der Wahl der Vorstandsmitglieder (BVerwG v. 15. 12. 1961, BVerwGE 13, 242 = ZBR 1962, 90 = PersV 1962, 65); Nichteinladung bestimmter Mitglieder der Personalvertretung zu den Sitzungen durch den Vorsitzenden (BVerwG v. 14. 2. 1969, BVerwGE 31, 298 = ZBR 1969, 185 = PersV 1970, 60); Verstoß gegen den Grundsatz der vertrauensvollen Zusammenarbeit (OVG Münster v. 8. 5. 1961, ZBR 1962, 162); Verweigerung der Mitarbeit in der Personalvertretung (OVG Münster v. 15. 7. 1957, ZBR 1957, 372); Verstoß des Vorsitzenden gegen die Friedens- und Neutralitätspflicht, gegen die Zuständigkeit der Personalvertretung bei laufenden Geschäften in Personalangelegenheiten (OVG Lüneburg v. 5. 11. 1974, PersV 1976, 61); wiederholte Unterlassung der Durchführung von Personalversammlungen in den vom Gesetz vorgesehenen Zeiträumen (VG Potsdam v. 23. 2. 1999, PersV 2000, 270), Aufruf eines Personalratsmitglieds zu einem „Streik", der von ihm organisiert wird (BVerwG v. 23. 2. 1994, BVerwGE 103, 70 = ZBR 1994, 280 = PersV 1995, 14 = Leits. ZfPR 1995, 20; VG Potsdam v. 23. 2. 1999, aaO); parteipolitische Agitation in der Personalversammlung (vgl. für das BetrVG: LAG Düsseldorf v. 23. 6. 1977, DB 1977, 2191); parteipolitische Betätigung unter Betonung des Personalratsamts (OVG Berlin v. 19. 9. 1975, PersV 1977, 102); Bekämpfung (Angriff in einem Mitteilungsblatt) einer Gewerkschaft durch eine Personalvertretung (OVG Koblenz v. 4. 12. 1978, PersV 1980, 474); Austragung gewerkschaftlicher Gegensätze innerhalb der Dienststelle in einem Mitteilungsblatt einer Personalvertretung, es sei denn, dass sich das für den Inhalt verantwortliche Personalratsmitglied auf die Wahrnehmung berechtigter Interessen berufen kann. Dies ist dann der Fall, wenn in einem Mitteilungsblatt der Personalvertretung auf polemische Angriffe Dritter reagiert wird, die ihrerseits einer konkurrierenden Gewerkschaft angehören. Allerdings muss hinzukommen, dass es sich hierbei um einen einmaligen Verstoß gehandelt und die Veröffentlichung nicht zu einer nachhaltigen Störung des Friedens in der Dienststelle geführt hat (VG Ansbach v. 8. 11. 1977, PersV 1978, 440); Hinzuziehung einer der Personalvertretung nicht angehörenden Angestellten als Protokollführerin zu den Sitzungen der Personalvertretung (BVerwG v. 27. 11. 1981, PersV 1983, 408); Einberufung einer außerordentlichen Personalversammlung während der Arbeitszeit ohne Zustimmung des Dienststellenleiters und trotz ausdrücklicher Hinweise, dass die Organisation und Durchführung einer solchen Personalversammlung während der Arbeitszeit rechtswidrig ist (VGH Kassel v. 13. 3. 1985 – BPV TK 29/82, n. v.; auch für den Fall beleidigender Äußerungen von Personalratsmitgliedern gegenüber einem Dienststellenleiter).

8a 6 a) **Nicht als grobe Pflichtverletzung** zu qualifizieren ist eine nicht ausreichend sorgfältige Wahrnehmung von Aufgaben, die einem Personalratsmitglied vom Gremium übertragen worden ist. Deshalb ist z. B. eine verspätete und mangelhafte Erstellung von Protokollen nicht geeignet, den Ausschluss aus der Personalvertretung zu rechtfertigen. Das Personalratsgremium hat in diesen Fällen die Möglichkeit, dem betreffenden Personalratsmitglied die Aufgabe zu entziehen und sie einem anderen Personalratsmitglied zu übertragen. In der mangelhaften Amtsführung ist jedenfalls kein Pflichtverstoß von solchem Gewicht zu erkennen, dass das Vertrauen der Beschäftigten in eine künftig ordnungsgemäße Amtsführung als schwer erschüttert anzusehen wäre (VGH München v. 14. 11. 2001 – 17 P 01. 1526, ZfPR 2002, 172).

9 7. Die **nachhaltige Werbung** für eine von mehreren in der Dienststelle vertretenen Gewerkschaften durch den Vorsitzenden oder durch Mitglieder einer Personalvertretung reicht aus, um eine grobe Pflichtverletzung im Sinne von Abs. 1 zu bejahen (BVerwG v. 23. 10. 1970, BVerwGE 36, 177 = ZBR 1971, 118 = PersV 1971, 162 = JZ 1971, 288 m. Anm. v. Säcker; OVG Münster v. 16. 11. 1964, Leits. ZBR 1975, 159). Einseitige gewerkschaftliche Werbung durch Personalratsmitglieder stellt insbesondere dann eine grobe Pflichtverletzung dar, wenn sie unter Ausübung seelischen Drucks geschieht (OVG Lüneburg v. 21. 10. 1965, PersV 1966, 156) oder wenn sie von freigestellten Personalratsmitgliedern betrieben wird (OVG Münster v. 31. 7. 1975 – CB 3/75, n. v.; vgl. aber BVerfG v. 14. 11. 1995, BVerfGE 93, 352, das die Werbung zum Kernbereich gewerkschaftlichen Handelns zählt und nur bei Beeinträchtigung des Arbeitsergebnisses für unzulässig hält). Auch die Drohung, nur für Mitglieder der eigenen Gewerkschaft in der Personalvertretung einzutreten, ist ein grober Pflichtverstoß (OVG Münster v. 3. 7. 1961 – CB 4/61, n. v.), weil ein solcher Hinweis das Vertrauen der Beschäftigten in die **neutrale und unparteiische Amtsführung der Personalvertretung** beeinträchtigt (vgl. hierzu auch BVerwG v. 6. 2. 1979, ZBR 1980, 191 = PersV 1980, 196 mit krit. Anm. v. Widmaier; VGH München v. 17. 12. 1986, ZBR 1987, 251; vgl. im Übrigen § 67 Anm. 22).

10 8. Grundsätzlich muss der **Pflichtverstoß im räumlichen Bereich der Dienststelle und während der Dienststunden** begangen worden sein (BVerwG v. 1. 10. 1965, BVerwGE 22, 96 = ZBR 1966,56 = PersV 1996, 21). Wenn aber ein Personalratsmitglied außerhalb der Dienststelle und außerhalb der Dienststunden unter ausdrücklicher Bezugnahme auf das Amt in der Personalvertretung unter Androhung negativer Folgen für den Angesprochenen für seine Gewerkschaft werbend auftritt, so ist darin ebenfalls ein grober Pflichtverstoß, der zum Ausschluss führen kann, zu sehen (BVerwG v. 23. 10. 1970, BVerwGE 36, 177 = ZBR 1971, 118 = PersV 1971, 162 =JZ 1971, 288 mit Anm. v. Säcker; vgl. im Übrigen Windscheid, PersV 1971, 165).

11 9. Für den Ausschluss genügt ein **einmaliger grober Verstoß.** Weitere Anhaltspunkte für eine über den Einzelfall hinausgehende Pflichtvergessenheit müssen daher nicht vorliegen (BVerwG v. 13. 6. 1988 – 6 PB 5.88, n. v.; VGH Mannheim v. 19. 11. 2002, PersV 2003, 352); denn alleine entscheidend ist, ob ein Personalratsmitglied z. B. die ihm auferlegte Pflicht zur Verschwiegenheit in grober Weise missachtet und das Vertrauen in seine ordnungsge-

mäße Amtsführung beeinträchtigt hat. Demgegenüber kann nicht geltend gemacht werden, dass die Verletzung gesetzlicher Befugnisse ein schuldhaftes Verhalten voraussetze, das abschließend nur bei mehrmaligem Fehlverhalten festgestellt werden könne. Eine solche Auffassung würde im Übrigen in jedem Einzelfall eine Diskussion darüber auslösen müssen, wie oft eigentlich gesetzliche Pflichten verletzt sein müssen, bevor ein Ausschluss erfolgen kann (vgl. hierzu auch Cecior u. a., § 25 Anm. 30 ff.).

10. Auch ein **Ersatzmitglied,** das zur Vertretung eines ordentlichen Mit- 12
glieds herangezogen worden ist, kann der Sanktion des § 28 unterworfen werden (Fischer u. a., § 28 Anm. 9; Lorenzen u. a., § 28 Anm. 41). Andernfalls könnte ein Ersatzmitglied, ohne Sanktionen befürchten zu müssen, wiederholt gegen gesetzliche Pflichten verstoßen (BVerwG v. 14. 2. 1969, BVerwGE 31, 298 = ZBR 1969 185 = PersV 1970, 60; Richardi u. a., § 28 Anm. 27).

III. Antragsbefugnis

1. Den Antrag auf Ausschluss eines Mitglieds aus der Personalvertretung 13
können ein **Viertel der Wahlberechtigten** (beliebige Gruppen), eine in der Dienststelle vertretene **Gewerkschaft, der Dienststellenleiter oder die Personalvertretung selbst stellen.** Die Wahlberechtigten müssen ebensowenig wie die übrigen Antragsberechtigten unmittelbar in ihren Rechten betroffen sein, da ihnen nach Abs. 1 ein voraussetzungsloses Anfechtungsrecht eingeräumt ist (BVerwG v. 24. 3. 1997, Leits. ZBR 1997, 402 = ZfPR 1997, 112). Bei der Errechnung des Viertels der Wahlberechtigten muss gegebenenfalls nach oben aufgerundet werden; ein Viertel von beispielsweise 42 Wahlberechtigten ist 11, weil 10 weniger als ein Viertel von 42 ist. Eine Gewerkschaft ist in der Dienststelle vertreten, wenn wenigstens ein Beschäftigter in der betreffenden Gewerkschaft organisiert ist. Den Antrag kann in diesem Fall, die Hauptleitung, die bezirkliche oder die örtliche Leitung der Gewerkschaft stellen (BVerwG v. 5. 11. 1957, BVerwGE 5, 324 = PersV 1958/59, 209; VGH Kassel v. 29. 9. 1978, 131). Eine in der Dienststelle vertretene Gewerkschaft kann aber nicht in einem personalvertretungsrechtlichen Beschlussverfahren überprüfen lassen, ob ein Personalratsvorsitzender als Leiter einer Personalversammlung gegen seine Pflichten verstoßen hat. Ein solches Recht steht nur den Beschäftigten der Dienststelle, der Personalvertretung oder dem Leiter der Dienststelle zu, da alleine sie in ihren Rechten verletzt sein können. Eine Gewerkschaft ist lediglich befugt, einen entsprechenden Ausschlussantrag zu stellen (OVG Münster v. 31. 5. 1988, ZBR 1988, 393 = PersV 1990, 33).

2. Weiter **beteiligt** sind das Personalratsmitglied, gegen das sich der Aus- 14
schlussantrag richtet, im Falle eines Auflösungsantrags der Personalrat, vertreten durch seinen Vorsitzenden, und der Dienststellenleiter, nicht dagegen eine Gewerkschaft, die keinen Ausschlussantrag gestellt hat (Richardi u. a., § 28 Anm. 37); sie kann sich nicht an einem von dritter Seite eingeleiteten Verfahren beteiligen (OVG Koblenz v. 21. 11. 1977, PersV 1980, 159; vgl. in diesem Zusammenhang auch BVerwG v. 5. 11. 1957, BVerwGE 5, 324 = PersV 1958/59, 209). Richtet sich der Ausschlussantrag gegen den Vorsitzenden des Personalrats, so ist dieser im Verfahren an der Vertretung des Personalrats verhindert, weil ein Interessenkonflikt besteht (Engelhard-Ballerstedt, § 34 Anm. 22).

3. Die **Personalvertretung kann gegen ein eigenes Mitglied einen Aus- 15
schlussantrag** (häufigster Anlass: Verletzung der Schweigepflicht, vgl. u. a.

VGH München v. 14. 2. 2001 – 17 P 00.333, PersV 2003, 27 = ZfPR 2002, 3) stellen. Voraussetzung hierfür ist ein gültiger Plenumbeschluss. Vor diesem Beschluss ist dem betroffenen Mitglied Gelegenheit zur Äußerung zu geben. Diese Verpflichtung resultiert nicht allein nur aus dem Prinzip der Kollegialität der Gremiumsmitglieder untereinander, sondern vor allem aus der Tatsache, dass sich die Personalvertretung vor einer Beschlussfassung Klarheit über den Sachverhalt auch unter Berücksichtigung der Einlassung des Betroffenen verschaffen muss (Ballerstedt u. a., Art. 28 BayPVG Anm. 29a; so auch für das BetrVG: Fitting u. a., § 23 Anm. 13; aA BVerwG v. 11. 1. 2006, PersV 2006, 186 = ZfPR 2006, 66; Fischer u. a., § 28 Anm. 39; Lorenzen u. a. § 28 Anm. 17). Das betroffene Personalratsmitglied kann wegen Befangenheit nicht an der Abstimmung über einen Ausschlussantrag teilnehmen, sondern muss durch ein Ersatzmitglied vertreten werden (Fischer u. a., § 28 Anm. 39; Lorenzen u. a., § 28 Anm. 17; Richardi u. a., § 28 Anm. 33). Nimmt ein auszuschließendes Mitglied an der Beschlussfassung teil, so ist der entsprechende Beschluss unwirksam (VGH Kassel v. 24. 10. 1984, Leits. PersV 1989, 42; VGH Mannheim v. 23. 2. 1996, Leits. ZBR 1997, 30; VG Berlin v. 29. 9. 1975, PersV 1977, 150). Bei eindeutiger und fortgesetzter Pflichtverletzung eines Personalratsmitglieds hat die Personalvertretung nicht das Recht, durch Mehrheitsbeschluss dieses Mitglied mit sofortiger Wirkung an der Ausübung seiner Rechte zu hindern (aA Wolber, PersV 1976, 296); denn auf diese Weise könnte sich die Personalvertretung unliebsamer Mitglieder auf einfache Weise entledigen. Im Übrigen wäre der Schutzzweck der Norm, Ausschlüsse aus der Personalvertretung nur durch gerichtliche Entscheidungen, nicht durch Mehrheitsbeschlüsse zuzulassen, beeinträchtigt (VG Berlin v. 6. 6. 1977, PersV 1980, 59). Infolgedessen kann die Personalvertretung in solchen Fällen nur einen Antrag auf Erlass einer einstweiligen Verfügung stellen, wonach einem Personalratsmitglied bis zur rechtskräftigen Beendigung des Ausschlussverfahrens die **Ausübung seiner Mitgliedschaftsrechte untersagt** wird (vgl. aber abweichende landesgesetzliche Regelungen sowie Anm. 20). Das an keine Frist gebundene **Antragsrecht** kann **verwirkt** werden, wenn der bzw. die Antragsberechtigten nicht innerhalb einer angemessenen Zeit nach Kenntnis oder der Möglichkeit der Kenntnisnahme von den einschlägigen Umständen vom Antragsrecht Gebrauch machen. Weniger bedeutsam ist in diesem Zusammenhang, dass die Betroffenen nach den Umständen des Einzelfalles mit der Geltendmachung des Antragsrechts nicht mehr rechnen konnten (OVG Münster v. 4. 9. 1984, ZBR 1985, 88; vgl. auch BVerwG v. 9. 12. 1992, PersV 1994, 173 = ZfPR 1993, 118; Richardi u. a., § 28 Anm. 36).

16 4. Ein **Dienststellenleiter** kann den Antrag auf Ausschluss eines Personalratsmitglieds bzw. Auflösung der Personalvertretung nur wegen grober Verletzung von gesetzlichen Pflichten und (nicht wegen grober Vernachlässigung gesetzlicher Befugnisse) stellen. Da beide Tatbestände nicht scharf voneinander getrennt werden können (vgl. Anm. 6), kommt dieser Beschränkung keine entscheidende Bedeutung zu (aA Fischer u. a., § 28 Anm. 37; Richardi u. a., § 28 Anm. 54). Ohne Einfluss auf ein entsprechendes Verfahren ist ein Wechsel in der Person des Dienststellenleiters (BVerwG v. 6. 2. 1979, ZBR 1980, 191 = PersV 1980, 196 m. Anm. v. Widmaier). Wenn auch einem Dienststellenleiter die freie Entscheidung darüber zusteht, ob er einen Ausschlussantrag stellen soll, so verstößt er doch gegen dienstliche Pflichten, wenn er einen solchen Antrag nicht stellt und stattdessen ein Personalratsmitglied unter Aufstellung falscher Behauptungen zu versetzen versucht (BVerwG v. 27. 1. 1983, ZBR 1983, 373).

IV. Auflösung

1. Die **Auflösung einer Personalvertretung** kann ebenfalls nur wegen grober Vernachlässigung der gesetzlichen Befugnisse oder wegen grober Verletzung der gesetzlichen Pflichten aufgrund einer gerichtlichen Entscheidung erfolgen. Der Gesetzgeber will eine ordnungsgemäße Arbeit der Personalvertretungen im Interesse der Beschäftigten und auch der Dienststellen sicherstellen. Bei entsprechender Antragstellung hat das zuständige Gericht zu prüfen, ob eine grobe Unterlassung von Befugnissen oder eine grobe Verletzung von Pflichten vorliegt. Alleine darin kommt zum Ausdruck, dass leichtere Verstöße nicht bereits zur Auflösung führen (BVerwG v. 27. 11. 1981, PersV 1983, 408). Hinsichtlich des Verfahrens bei zwischenzeitlich eingetretenem Ablauf der Amtszeit gilt gleiches wie bei einem Ausschlussbegehren (vgl. Anm. 21). Anders als beim Ausschluss einzelner Mitglieder muss für die Auflösung der Personalvertretung **kein Verschulden,** sondern lediglich ein grober objektiver Pflichtverstoß dargetan werden; denn ein Kollegium kann nur in seinen einzelnen Mitgliedern, nicht aber als Kollektiv schuldhaft handeln (BVerwG v. 15. 12. 1961, BVerwGE 13, 242 = ZBR 1962, 90 = PersV 1962, 65; OVG Berlin v. 12. 5. 1971, PersV 1972, 214; Altvater u. a., § 28 Anm. 10; Fischer u. a., § 28 Anm. 18; Richardi u. a., § 28 Anm. 57). 17

2. **Ein grober Pflichtverstoß einer Personalvertretung** liegt z. B. vor, wenn sie sich trotz Kenntnis der Rechtslage in einer so ernsten Weise über das Gesetz hinweggesetzt hat, dass Zweifel an ihrer rechtlichen Denkweise begründet sind (VG Düsseldorf v. 17. 12. 1956, ZBR 1957, 92). Dies ist u. a. dann der Fall, wenn sie es unterlässt, rechtzeitig einen Wahlvorstand zu bestellen (VG Düsseldorf v. 28. 7. 1967 – 14 PVB 5/67, n. v.; OVG Berlin v. 12. 5. 1971, PersV 1972, 214), wenn sie sich nicht die authentische Auslegung der höchstrichterlichen Rechtsprechung zu eigen macht (OVG Berlin v. 15. 12. 1971, aaO) oder wenn sie es unterlässt, eine ordentliche Personalversammlung durchzuführen (VGH Kassel v. 17. 5. 1972, ZBR 1973, 123; vgl. auch § 48 Anm. 9) oder wenn eine Personalvertretung die Grenzen einer zulässigen Gegenäußerung überschreitet, indem sie ihrerseits zu einem „Angriff" übergeht, unbegründete Unterstellungen vorbringt bzw. Verleumdungen ausspricht (OVG Koblenz v. 19. 2. 1991, PersV 1995, 42, 506). Eine grobe Pflichtverletzung ist auch zu bejahen, wenn eine Personalvertretung eine ihr nicht angehörende Angestellte als Protokollführerin zu ihren Sitzungen hinzuzieht (BVerwG v. 27. 11. 1981, PersV 1983, 409). Wenn sich eine Personalvertretung mit einer bestimmten Angelegenheit ordnungsgemäß befasst, nach sorgfältiger Erwägung von einem bestimmten Tun (z. B. Verweigerung der Zustimmung zu einer beabsichtigten Maßnahme) aber absieht, dann handelt sie im Rahmen des ihr zustehenden Handlungsermessens, „das auch die Möglichkeit, zulässige Handlungen zu unterlassen, einschließt" (VGH Mannheim v. 24. 3. 1981, ZBR 1982, 219 = PersV 1983, 465). Die **Auflösung** der Vertretung **nur einer Gruppe kann nicht beantragt werden** (Molitor, § 26 Anm. 9). Wenn das **Gericht** einen groben Pflichtverstoß feststellt, so muss es die **Personalvertretung auflösen** bzw. das betreffende Personalratsmitglied ausschließen. Das Wort „kann" räumt nicht eine Ermessensentscheidung ein, sondern es regelt die Zuständigkeit. 18

V. Umgehung eines gerichtlichen Ausschluss-/Auflösungsbeschlusses

Dem Auflösungsantrag kann die Personalvertretung **zwar durch** einen **Rücktrittsbeschluss ausweichen** (Richardi u. a., § 27 Anm. 25). Nach § 27 Abs. 2 und 3 muss sie aber die laufenden Geschäfte bis zur Neuwahl weiterführen. Das in einem Ausschlussverfahren befangene Personalratsmitglied 19 kann das Verfahren dadurch gegenstandslos machen, dass es sein Amt niederlegt (§ 29 Abs. 1 Nr. 2). In diesem Fall rückt ein Ersatzmitglied nach. Die Personalvertretung ihrerseits kann dem gerichtlichen Ausschluss eines ihrer Mitglieder durch Rücktritt (§ 27 Abs. 1 Nr. 3) zuvorkommen.

VI. Antragsverfahren

20 1. Unter Hinweis auf ein zu erwartendes langes gerichtliches Verfahren kann ein Antrag auf Ausschluss nicht **im Wege einer einstweiligen Verfügung** gestellt werden. Eine zusprechende Entscheidung würde auf ein sofortiges Amtsverbot gegenüber dem betroffenen Personalratsmitglied hinauslaufen. Ein vorläufiges Verbot der Amtsausübung kann gegenüber Personalratsmitgliedern daher nur in Ausnahmefällen ergehen und zwar in solchen Fällen, in denen eine weitere Zusammenarbeit auch unter Anlegung strenger Maßstäbe nicht einmal mehr vorübergehend zumutbar ist (OVG Berlin v. 21. 4. 1975, PersV 1977, 67; OVG Lüneburg v. 20. 9. 1995, Leits. ZBR 1996, 99; OVG Lüneburg v. 15. 12. 1997, ZfPR 1998, 122; VG Potsdam v. 14. 11. 2003, PersV 2004, 337 = ZfPR 2004, 267; Richardi u. a., § 28 Anm. 39). Der **Antrag auf Ausschluss bzw. Auflösung** muss **innerhalb derjenigen Amtsperiode** gestellt werden, **in der** der **Pflichtverstoß begangen wurde** (OVG Lüneburg v. 7. 9. 1956, OVGE 11, 334 = ZBR 1956, 333 = AP Nr. 1 zu § 26 PersVG m. teilw. widerspr. Anm. von Hueck; Windscheid, ZBR 1958, 276; ders., ZBR 1960, 111; ders., PersV 1971, 25). Daher kann es auch nicht angehen, in einem Ausschlussverfahren Verstöße aus einer früheren Amtsperiode zu berücksichtigen (so aber OVG Münster v. 14. 12. 1964 – CL 6/64, n. v.; hiergegen kritisch Windscheid, PersV 1967, 97; ähnlich auch VGH München v. 12. 11. 1965, PersV 1966, 86; hierzu ebenfalls kritisch Windscheid, PersV 1971, 25). Es dürfte dem Sinn des Gesetzes entsprechen, einen Pflichtverstoß aus einer vorausgehenden Amtsperiode nur zu bewerten, wenn er in der Amtsperiode, in der die gerichtliche Entscheidung ergeht, wiederholt worden ist. Wenn daher ein Personalratsmitglied während der laufenden Amtsperiode eine gleichartige Pflichtverletzung wie in der voraufgegangenen begeht und daher „das sich über beide Amtsperioden erstreckende Verhalten als eine fortgesetzte und die Befürchtung von Wiederholung rechtfertigende Pflichtverletzung erscheinen lässt“ (BVerwG v. 15. 1. 1960, RiA 1960, 144), dann ist das frühere Verhalten bei der Bewertung der zur Diskussion stehenden Pflichtverletzung zu berücksichtigen (Fischer u. a., § 28 Anm. 23; Richardi u. a., § 28 Anm. 23 ff. stellen darauf ab, ob der Pflichtverstoß bei der Wahl bereits bekannt war, dann sei er in der neuen Amtszeit nicht mehr von Bedeutung). Infolgedessen kann ein Pflichtverstoß, der ausschließlich in der vorhergehenden Amtsperiode begangen worden ist, nicht zum Gegenstand eines Ausschlussantrags in der nachfolgenden Amtsperiode gemacht werden. Sinn und Zweck des Gesetzes stellen darauf ab, dass eine Amtsenthebung und eine Auflösung einer Personalvertretung aufgrund einer Pflichtverletzung nur während der laufenden Amtszeit möglich sind (BVerwG v. 24. 10. 1975, BVerwGE 49, 259 = ZBR 1976, 192; 1977, 414 = PersV 1976, 422; vgl. für das BetrVG: Bender, DB 1982, 1271; vgl. im Übrigen zum Tatbestand der Verwirkung Anm. 15; § 83 Anm. 21).

21 2. Wenn ein Verfahren auf Ausschluss eines Mitglieds bzw. Auflösung der Personalvertretung das Ende der Amtsperiode der Personalvertretung überdauert, kann es unter bestimmten Voraussetzungen fortgeführt werden (BVerwG v. 1. 10. 1965, BVerwGE 22, 96 = ZBR 1966, 56 = PersV 1966, 21). Der Antrag kann zwar in seiner ursprünglichen Fassung nicht aufrecht erhalten werden, weil die Personalvertretung, aus der der Ausschluss erfolgen

bzw. die aufgelöst werden soll, nicht mehr besteht. Da aber auch nach Ablauf der Amtsperiode ein Rechtsschutzinteresse an der gerichtlichen Feststellung des Unrechtsgehalts der Pflichtverletzung bestehen kann, mit der der Antrag begründet war (BVerwG v. 26. 9. 1969, ZBR 1970, 334 = PersV 1970, 89), kann der Antragsteller vom Ausschluss- bzw. Auflösungsantrag zur Feststellung übergehen, dass die „konkrete Handlung oder Unterlassung, die zur Einleitung des Beschlussverfahrens geführt hat, rechtswidrig war" (BVerwG v. 24. 10. 1975, BVerwGE 49, 259 = ZBR 1976, 192; 1977, 414 = PersV 1976, 422; VGH Kassel v. 9. 4. 1980, PersV 1982, 376). In diesem Fall ist der Übergang zum Feststellungsantrag keine verbotene Klageänderung, sondern eine zulässige Klageerweiterung (BVerwG v. 1. 10. 1965, aaO; BVerwG v. 6. 2. 1979, ZBR, 1980, 191 = PersV 1980, 196 m. Anm. v. Widmaier). Die Grundsätze über das Rechtsschutzinteresse des Antragstellers am Feststellungsantrag nach Ablauf der Amtsperiode gelten auch beim kollektiven Rücktritt der Personalvertretung bzw. bei individueller Amtsniederlegung (BVerwG v. 25. 6. 1974, ZBR 1975, 92 m. krit. Anm. von Windscheid = PersV 1974, 386), da den Personalvertretungen durch die gerichtliche Entscheidung bekannt werden muss, „wie sie sich künftig ... zu verhalten haben" (BVerwG v. 24. 10. 1975, aaO). Die vom BVerwG hierzu vertretene Ansicht kann nicht geteilt werden. Unter teilweiser Aufgabe der bisherigen Rechtsprechung vertritt das Gericht die Auffassung, dass ein **Rechtsschutzinteresse** für den Antrag auf Ausschluss eines Personalratsmitglieds nur gegeben sei, wenn die gerichtliche Entscheidung noch gestaltende Wirkung haben könne oder wenn eine hohe Wahrscheinlichkeit dafür spreche, dass sich die Rechtsfragen, die der Antrag aufwerfe, unter denselben Verfahrensbeteiligten wiederum stellen werden (BVerwG v. 12. 8. 1988, BVerwGE 80, 50 = ZBR 1989, 80 = PersV 1989, 268 = ZfPR 1989,7). Zwar können die Verwaltungsgerichte grundsätzlich nur dann und solange über einen Antrag entscheiden, wie die begehrte Entscheidung noch rechtliche Auswirkungen haben kann. Im konkreten Fall gilt aber insoweit etwas anderes, als im Hinblick auf künftiges Verhalten ein Interesse daran besteht festzustellen, ob ein bestimmtes Tätigwerden als grob pflichtwidrig zu bezeichnen ist. Eine gerichtliche Feststellung hat daher über den Kreis der Beteiligten hinaus insoweit Bedeutung, als nach einer solchen Feststellung für alle an der Ausübung von personalvertretungsrechtlichen Aufgaben Beteiligten deutlich ist, welche Handlungsweisen zum Ausschluss aus der Personalvertretung führen. Deshalb ist auch aus prozessökonomischen Gründen an der bisherigen Rechtsprechung des BVerwG festzuhalten. Dafür spricht auch die Tatsache, dass gerichtliche Verfahren in Personalvertretungsangelegenheiten in aller Regel eine Verfahrensdauer aufweisen, die es praktisch unmöglich macht, dass ein Ausschlussverfahren noch während der bestehenden Amtsperiode zum Abschluss gebracht werden kann. Würde das Rechtsschutzinteresse für einen Antrag auf Ausschluss eines Personalratsmitglieds nahezu ausnahmslos mit dem Ende der Amtszeit entfallen, besteht die Gefahr,dass einzelne Personalratsmitglieder allzu schnell der Versuchung zu rechtswidrigem Handeln unterliegen; denn sie können unter Ausnutzung des Beschwerdeverfahrens damit rechnen, dass vor dem Abschluss des Verfahrens die Amtszeit zu Ende geht. Der Hinweis des Bundesverwaltungsgerichts darauf, dass das Rechtsschutzinteresse ausnahmsweise dann bestehen bleibe, wenn eine hohe Wahrscheinlichkeit dafür spreche, dass sich die Rechtsfragen, die der Antrag aufwerfe, unter denselben Verfahrensbeteiligten wiederum stellen würden, ist praxisfremd. Es besteht kein Grund zur Annahme, dass gerade dasjenige Personalratsmitglied, gegen das ein Ausschlussverfahren in der vergangenen Amtsperiode eingeleitet worden war, in der danach laufenden Amtszeit nochmals dieselbe Handlung vornehmen wird, deretwegen es einen Ausschlussantrag über sich hat ergehen lassen müssen. Mit einer entsprechenden gerichtlichen Feststellung auch noch nach Ablauf der Amtszeit wird gleichzeitig ein Beitrag zum Rechtsfrieden geleistet und deutlich gemacht, welches Verhalten nach Auffassung der Gerichte ein grob pflichtwidriges i. S.des Gesetzes ist. Auch insoweit soll eine warnende Wirkung von entsprechenden Beschlussverfahren ausgehen.

22 3. Einem Antragsteller kann das Rechtsschutzinteresse für seinen Antrag nicht deshalb abgesprochen werden, weil die Personalvertretung inzwischen zurückgetreten ist und das betroffene Personalratsmitglied zugesichert hat, „die ihm zur Last gelegten Verstöße nicht zu wiederholen und sich künftig auch insoweit streng an die gesetzlichen Vorschriften zu halten“ (BVerwG v. 6. 2. 1979, ZBR 1980, 191 = PersV 1980, 196 m. Anm. v. Widmaier). Andernfalls nämlich „hätte es das Personalratsmitglied stets in der Hand, nach Erlass einer ihm ungünstigen Entscheidung durch die Erklärung, er werde hinfort derartige Pflichtwidrigkeiten nicht mehr begehen, einen Ausschluss aus dem Personalrat zu verhindern“ (BVerwG v. 14. 2. 1969, BVerwGE 31, 298 = ZBR 1969, 185 = PersV 1970, 60). Wäre der Entscheidung des BVerwG v. 25. 6. 1974 (ZBR 1975, 92 m. krit. Anm. v. Windscheid = PersV 1974, 386) zuzustimmen, das im Falle der Reue einen entsprechenden Ausschlussantrag abgelehnt hat, so wäre das vom Gesetzgeber angestrebte Ziel, Pflichtwidrigkeiten zu ahnden und mit den zur Verfügung stehenden Mitteln pflichtvergessene Mitglieder von Personalvertretungen zur Rechenschaft zu ziehen (BVerwG v. 14. 2. 1969, aaO), nicht zu erreichen. Folgerichtig hat daher das BVerwG (v. 6. 2. 1979, aaO) den **Einwand der „tätigen Reue“** für unerheblich gehalten und darauf hingewiesen, dass diesem Einwand für die auf den objektiven Gehalt des Verhaltens reduzierte Feststellung, ob das vorgeworfene Verhalten mit den Vorschriften des Personalvertretungsrechts vereinbar ist, keine Bedeutung mehr zukomme (vgl. hierzu auch Ilbertz, PersV 1976, 201, 203; Windscheid, PersV 1979, 415; Fischer u. a., § 28 Anm. 43; Richardi u. a., § 28 Anm. 17).

VII. Folgen eines gerichtlichen Ausschluss-/Auflösungsbeschlusses

23 1. Der gerichtliche Beschluss, der ein Personalratsmitglied ausschließt, wird mit Rechtskraft wirksam. Bis dahin hat er keinerlei Wirkung. Das betroffene Personalratsmitglied ist daher nicht an der **Ausübung seines Amtes** gehindert (BVerwG v. 28. 4. 1967, ZBR 1968, 20 = PersV 1968, 110). Allerdings kann im Wege einer einstweiligen Verfügung dem betreffenden Personalratsmitglied die weitere Amtsführung bis zur Rechtskraft der Entscheidung untersagt werden (Engelhard-Ballerstedt, § 34 Anm. 22). Dies setzt voraus, dass die weitere Zusammenarbeit mit dem Personalratsmitglied unter Anlegung eines strengen Maßstabs nicht einmal mehr vorübergehend zumutbar erscheint. Dagegen kann ein Ausschluss aus der Personalvertretung nicht als vorläufige Maßnahme im Wege der einstweiligen Verfugung angeordnet werden; denn auf diese Weise würde in einem summarischen Verfahren das Ergebnis des Verfahrens in der Hauptsache ohne zwingend vorgeschriebene Anhörung des Betroffenen in nicht wieder auszugleichender Weise vorweggenommen und damit der durch die Wahl erlangte Rechtsstatus des Personalratsmitglieds beendet (OVG Berlin v. 21. 4. 1975, PersV 1977, 67; VG Ansbach v. 12. 7. 1976, PersV 1977, 228, Richardi u. a., § 28 Anm. 38; vgl. im Übrigen auch Anm. 15, 20).

24 2. Der gerichtliche **Ausschlussbeschluss** gegen ein Personalratsmitglied, das mehreren Personalvertretungen gleichzeitig angehört (z. B. Personalrat und Gesamtpersonalrat oder Stufenvertretung), **entzieht nicht ohne weiteres das Amt in sämtlichen Personalvertretungen;** denn Gegenstand des Verfahrens ist

im allgemeinen nur der Antrag auf Ausschluss aus einem bestimmten Personalrat wegen eines als Mitglied dieses Personalrats begangenen groben Pflichtverstoßes. Infolgedessen sind dann mehrere Anträge erforderlich, wenn der Pflichtverstoß sich gleichzeitig auch als eine Verletzung der Pflichten in den anderen Personalvertretungen darstellt. Zwar kann „die Persönlichkeit eines beiden Vertretungen angehörenden Mitglieds nur einheitlich beurteilt werden“ (VGH München v. 30. 1. 1964, ZBR 1964, 156, das daher den Ausschluss aus allen Personalvertretungen für richtig hält; die hiergegen eingelegte Divergenzrechtsbeschwerde ist zwar vom BVerwG v. 30. 10. 1964 – VII P 4.64, n. v. verworfen worden; das BVerwG hat aber die hier entscheidende Frage offengelassen). Das Gericht kann aber über den Antrag auf Ausschluss aus einem bestimmten Personalrat nicht hinausgehen. Vielmehr muss es in diesem Fall auf die Stellung mehrerer Anträge hinwirken.Es können dann mehrere Anträge in einem Beschlussverfahren bei örtlich gleicher Zuständigkeit desselben Verwaltungsgerichts gestellt werden (§ 260 ZPO). Andernfalls können die Anträge zur gleichzeitigen Verhandlung und Entscheidung verbunden werden (§ 147 ZPO). Dies ist auch noch in der Beschwerdeinstanz möglich (VGH München v. 30. 1. 1964, aaO; Fischer u. a., § 28 Anm. 8; Lorenzen u. a., § 28 Anm. 46).

3. Mit Eintritt der **Rechtskraft** wird der Ausschluss- bzw. Auflösungsbeschluss wirksam. Die Beteiligungsakte der aufgelösten Personalvertretung aus der Vergangenheit bleiben aus Gründen der Rechtskontinuität gültig (BVerwG v. 20. 3. 1959, BVerwGE 8, 221 = Leits. ZBR 1959, 337 = PersV 1958/59, 280). **25**

4. Das aus der Personalvertretung ausgeschlossene Mitglied hat keinen Anspruch auf **Erstattung seiner außergerichtlichen Kosten** (BVerwG v. 26. 10. 1962, BVerwGE 15, 96 = ZBR 1963, 24 = PersV 1963, 158), auch nicht auf Erstattung von Auslagen für Informationsreisen zu seinem Verfahrensbevollmächtigten (BVerwG v. 28. 4. 1967, ZBR 1968, 20 = PersV 1968, 109), weil diese Kosten nicht durch Umstände veranlasst worden sind, die zur ordnungsmäßigen Durchführung der Aufgaben eines Personalratsmitglieds erforderlich waren (vgl. hierzu auch § 44 Anm. 14). **26**

5. Der Ausschluss aus der Personalvertretung berührt die **Wählbarkeit** des Ausgeschlossenen nicht (Altvater u. a., § 28 Anm. 12; Fischer u. a., § 28 Anm. 11; Lorenzen u. a., § 28 Anm. 48; Hecker, PersV 1983, 397). Im Gegensatz zu § 34 Abs. 3 LPVG Niedersachsen schließt das BPersVG eine Kandidatur für die nachfolgenden Personalratswahlen nicht aus. **27**

VIII. Einsetzung eines Wahlvorstands nach Auflösung der Personalvertretung (Abs. 2)

1. Alsbald nach Eintritt der Rechtskraft hat der Vorsitzende des Verwaltungsgerichts einen **Wahlvorstand** einzusetzen, der die Neuwahl vorbereitet. Eines Antrags bedarf es nicht; denn der Vorsitzende des Gerichts hat einen gesetzlichen Auftrag zu erfüllen. Allerdings kann vor Rechtskraft eines Beschlusses kein Wahlvorstand bestellt werden (BVerwG v. 10. 8. 1978, BVerwGE 56,208 = ZBR 1979, 180 = PersV 1979, 417 für den Fall der Wahlanfechtung). **28**

2. Da die Einsetzung des Wahlvorstands erst mit Rechtskraft des Auflösungsbeschlusses möglich ist, kann die **Bestellung nicht** mit der **Entscheidung verbunden** werden. Auch wenn der Auflösungsbeschluss in der Beschwerdeinstanz ergehen sollte, so ist stets der Vorsitzende der Fachkammer **29**

des Verwaltungsgerichts erster Instanz für die Einsetzung des Wahlvorstands zuständig.

30 3. Da bei der Einsetzung des Wahlvorstands der Vorsitzende der Fachkammer die Aufgabe wahrnimmt, die normalerweise der Personalvertretung zusteht (§ 20 Abs. 1), bestellt er auch den **Vorsitzenden des Wahlvorstands.** Zuständig ist der Vorsitzende der Fachkammer ohne Beisitzer. Der Wahlvorstand ist so zusammenzusetzen, dass jede in der Dienststelle vertretene Gruppe berücksichtigt wird. Der Vorsitzende der Fachkammer hat den Wahlvorstand zu ergänzen, falls ein Mitglied vor Beendigung des Amtes ausscheidet.

31 4. **Gegen die Einsetzungsverfügung** des Vorsitzenden findet die **Beschwerde** statt, und zwar nicht nach § 87 ArbGG, weil die Einsetzung kein das Verfahren beendender Beschluss ist, sondern nach § 78 ArbGG. Wird gegen die Einsetzung Beschwerde erhoben, so entscheidet der Fachsenat in der Besetzung nach § 84 Abs. 3 ArbGG endgültig (§ 78 Abs. 2 ArbGG). Eine Klage gegen die Beschwerdeentscheidung des Fachsenats vor dem Verwaltungsgericht in der Besetzung nach der VwGO ist unzulässig, da es sich bei der Entscheidung nicht um einen Verwaltungsakt handelt (Fischer u. a., § 28 Anm. 50; Lorenzen u. a., § 28 Anm. 63).

32 5. Der vom Vorsitzenden der Fachkammer eingesetzte Wahlvorstand hat nicht nur die Befugnisse und Pflichten des regulären Wahlvorstands, sondern er ist zusätzlich bis zur Neuwahl **geschäftsführender Personalrat.** Die Mitglieder des Wahlvorstands werden aber dadurch nicht zu Personalratsmitgliedern, so dass sie nicht der Sanktion des § 28 Abs. 1, wohl aber dem Schutz des § 8 unterliegen. Falls der Wahlvorstand aber seiner Pflicht, die Wahl unverzüglich einzuleiten, nicht nachkommt, so kann er durch einen von der Personalversammlung nach § 23 Abs. 1 Satz 2 und 3 gewählten neuen Wahlvorstand ersetzt werden (Fischer u. a., § 28 Anm. 52; Lorenzen u. a., § 28 Anm. 68).

33 6. Die **Vorschrift gilt für die Personalräte aller Stufen,** die Gesamtpersonalräte und für die Sondervertretungen (vgl. § 60 Abs. 2, § 65 Abs. 2).

Schrifttum: Bieler, Dienstpflichten versus Personalratsarbeit?, ZfPR 1997, 56 ff.; Faber/Härtl, Die Aufgaben und Befugnisse der Dienststellenleitung im Personalvertretungsrecht, PersV 1994, 49 ff., 105 ff., 204 ff.; Hecker, Dienst-, arbeits- und strafrechtliche Folgen pflichtwidrigen Handelns von Personalratsmitgliedern PersV 1985, 403; Ilbertz, Rechtsprechung und Praxis, PersV 1978, 437; ders., Das Rechtsschutzbedürfnis einer Gewerkschaft im Ausschlussverfahren, PersV 1976, 201; Kneis, Fragen zum Ausschluss von Personalratsmitgliedern und zur Auflösung des Personalrats, PersV 1975, 362; Lecheler, Die zwangsweise Abberufung eines Mitglieds der Personalvertretung, PersV 1986, 217 ff.; Vallendar, Unzuständigkeit oder Leitungsverantwortung des Dienststellenleiters bei groben Amtspflichtverletzungen von Personalratsmitgliedern, PersV 1997, 255; Widmaier, Die Rechtsprechung zur gewerkschaftlichen Betätigung von Personalratsmitgliedern, PersV 1980, 323 ff.; Windscheid, Mitgliedschaft im Personalrat und gewerkschaftliche Werbung, ZBR 1964, 333; ders., Das Ausschlussverfahren gegen Personalratsmitglieder, PersV 1971, 25; ders., Der Antrag des Dienststellenleiters auf Auflösung des Personalrats oder auf Ausschluss eines Mitglieds dess Personalrats, PersV 1975,461; Wolber, Vorläufige Amtsentbindung eines Personalratsmitglieds durch Mehrheitsbeschluss des Personalrats?, PersV 1976, 296.

§ 29 [Erlöschen der Mitgliedschaft]

(1) Die Mitgliedschaft im Personalrat erlischt durch
1. Ablauf der Amtszeit,
2. Niederlegung des Amtes,
3. Beendigung des Dienstverhältnisses,
4. Ausscheiden aus der Dienststelle,
5. Verlust der Wählbarkeit mit Ausnahme der Fälle des § 14 Abs. 2 Satz 1,
6. gerichtliche Entscheidung nach § 28,
7. Feststellung nach Ablauf der in § 25 bezeichneten Frist, dass der Gewählte nicht wählbar war.

(2) Die Mitgliedschaft im Personalrat wird durch einen Wechsel der Gruppenzugehörigkeit eines Mitgliedes nicht berührt; dieses bleibt Vertreter der Gruppe, die es gewählt hat.

Inhaltsübersicht

Entspr. landesgesetzliche Regelungen:
Baden-Württemberg: § 29; Bayern: Art. 29; Berlin: § 26; Brandenburg: § 29; Bremen § 26; Hamburg: § 29; Hessen: § 26; Mecklenburg-Vorpommern: § 22 Abs. 1, 2; Niedersachsen: § 25; Nordrhein-Westfalen: § 26; Rheinland-Pfalz: § 23; Saarland: § 28; Sachsen: § 29; Sachsen-Anhalt: § 28 Abs. 1, Abs. 2; Schleswig-Holstein: § 22; Thüringen: § 29.

Entspr. Vorschrift des BetrVG: § 24.

1. Der Begriff **„Amtszeit"** bezeichnet den Zeitraum innerhalb dessen die Personalvertretung die ihr obliegenden Geschäfte zu erfüllen hat. 1

2. Durch Abs. 2 wird klargestellt, dass der **Wechsel** der Gruppenzugehörigkeit auf die Mitgliedschaft in der Gruppe **ohne Folgen bleibt.** 2

3 3. Die Vorschrift regelt das **Erlöschen des Amtes** eines einzelnen Mitglieds einer Personalvertretung, während die §§ 26, 27 und (teilweise auch) § 28 die Beendigung der regelmäßigen Amtszeit sowie die vorzeitige Neuwahl der Personalvertretung als Organ behandeln.

4 4. Das Erlöschen der Mitgliedschaft ist eine von Gesetzes wegen eintretende Rechtsfolge bei Vorliegen der gesetzlichen Voraussetzungen. Es bedarf hierzu also keines **formellen Aktes.** Im Interesse der Rechtsklarheit kann es jedoch angebracht sein, dass die Personalvertretung eine entsprechende Feststellung trifft.

5 5. Die Vorschrift **gilt auch** für die Mitglieder von Stufenvertretungen (§ 54 Abs. 1) und für die Mitglieder des Gesamtpersonalrats (§ 56), für die Jugend- und Auszubildendenvertretung (§ 60 Abs. 2) und die Vertretung der nicht ständig Beschäftigten (§ 65 Abs. 2), ebenso auch für die Ersatzmitglieder (§ 31).

6 6. Die Mitgliedschaft in der Personalvertretung **erlischt** durch:

7 a) **Ablauf der Amtszeit (Nr. 1):** Damit ist die Beendigung der Mitgliedschaft aller entweder in den Fällen des Ablaufs der regelmäßigen Amtszeit (§ 26) oder einer vorzeitigen Neuwahl (§ 27 Abs. 1 Nr. 1 bis 3) gemeint. Für die Dienststelle besteht in diesen Fällen keine Verpflichtung zur Anhörung der nicht mehr im Amt befindlichen Personalvertretung zu einer beabsichtigten Kündigung; denn die rechtliche Existenz endet mit Ablauf der Amtszeit (BAG v. 15. 1. 1974, BAGE 25, 470 = PersV 1975, 36).

8 b) **Niederlegung des Amtes (Nr. 2):** Ein freiwilliger Verzicht auf das Amt kann jederzeit erklärt werden. Eine solche Erklärung steht im Belieben des einzelnen Personalratsmitglieds (BVerwG v. 16. 7. 1963, BVerwGE 16, 230 = PersV 1963, 233). Die Erklärung ist gegenüber derjenigen Personalvertretung oder ihrem Vorsitzenden abzugeben, der der Verzichtende angehört (BVerwG v. 9. 10. 1959, BVerwGE 9, 217 = ZBR 1959, 399 = PersV 1960, 19; Fischer u. a., § 29 Anm. 8; Lorenzen u. a., § 29 Anm. 8; Richardi u. a., § 29 Anm. 12). Wird die Amtsniederlegung unmittelbar nach der Wahl in der Form der Ablehnung des Amtes erklärt, so ist sie dem Wahlvorstand gegenüber mitzuteilen (BVerwG v. 9. 10. 1959, aaO).

9 aa) Die Amtsniederlegung muss **unmissverständlich und unbedingt erklärt werden.** Missverständnisse können durch schriftliche Erklärung von vornherein ausgeschlossen werden.

10 bb) Die Erklärung eines gewählten Mitglieds, die Wahl nicht annehmen zu wollen, ist rechtlich eine Amtsniederlegung (BVerwG v. 9. 10. 1959, BVerwGE 9, 217 = ZBR 1959, 399 = PersV 1960, 19). Ein **Widerruf der Erklärung** ist deshalb nicht möglich, weil das Amt mit der wirksam erklärten Amtsniederlegung endet. Wenn aber die Erklärung der Amtsniederlegung und der Widerruf dieser Erklärung dem Vorsitzenden der Personalvertretung gleichzeitig zugehen, so ist die Erklärung im Hinblick auf § 130 Abs. 1 Satz 1 BGB nicht wirksam geworden (VGH München v. 19. 12. 1958, ZBR 1959, 131). Die Niederlegung einer Ersatzmitgliedschaft ist schon vor dem Nachrücken in die Personalvertretung möglich, aber weder widerrufbar noch anfechtbar (VG Arnsberg v. 22. 8. 1979, PersV 1981, 336). Die Erklärung ist eine empfangsbedürftige Willenserklärung, die erst mit Zugang beim Erklärungsempfänger wirksam wird (VGH München v. 19. 12. 1958, aaO). Sie kann

nicht an Bedingungen geknüpft werden. Wohl aber ist eine Befristung derart möglich, dass die Amtsniederlegung erst zu einem bestimmten Termin wirksam werden soll (Fischer u. a., § 29 Anm. 8; Lorenzen u. a., § 29 Anm. 8; vgl. auch Schröder, PersV 2006, 2808) Die **Erklärung** muss **nicht mit Gründen** versehen werden; sie ist weder an Formen noch an Fristen gebunden und muss daher lediglich erkennen lassen, dass der Wille auf das Ausscheiden aus der Personalvertretung gerichtet ist (OVG Lüneburg v. 9. 9. 1994, Leits. ZfPR 1995, 51). Unmittelbar mit dem Zugang beim Erklärungsempfänger führt die Erklärung zum Erlöschen der Mitgliedschaft; eine Bestätigung ist nicht erforderlich (BVerwG v. 16. 7. 1963, BVerwG 16, 230) Bei einer allein aus einer Person bestehenden Personalvertretung kann die Erklärung nur gegenüber dem Ersatzmitglied wirksam abgegeben werden (OVG Magdeburg v. 26. 10. 1994, Leits. ZfPR 1995, 92; vgl. auch Vogelgesang-Schroeder/Printzen-Bieler, § 22 Anm. 11). Die Gründe für die Amtsniederlegung dürfen vom Gericht nicht erforscht werden (BVerwG v. 16. 7. 1963, BVerwGE 12, 230 = PersV 1963, 233).

cc) Die der Personalvertretung oder dem Vorsitzenden gegenüber abgegebene Erklärung über die Niederlegung des Personalratsamtes ist **auch dann wirksam, wenn** die Bildung oder Bestellung dieser Organe an einem wesentlichen, sogar zur Nichtigkeit des Wahlaktes führenden Mangel leidet. Dies ergibt sich daraus, dass Maßnahmen und Handlungen eines fehlerhaft gebildeten personalvertretungsrechtlichen Organs aus Gründen der Rechtskontinuität auch bei fehlerhafter Organbildung wirksam sind (OVG Münster v. 7. 9. 1964, PersV 1965, 136). **11**

dd) Die **Erklärung kann nicht angefochten werden,** weil die Beschäftigten nicht im Unklaren über die Zusammensetzung der Personalvertretung gelassen werden dürfen (BVerwG v. 9. 10. 1959, BVerwGE 9, 217 = ZBR 1959, 399 = PersV 1960, 19; vgl. auch Richardi u. a., § 29 Anm. 15). **12**

ee) Die **Niederlegung des Vorsitzes** beendet die Mitgliedschaft in der Personalvertretung nicht (Fischer u. a., § 29 Anm. 8; Lorenzen u. a., § 29 Anm. 13; Richardi u. a., § 29 Anm. 16). Gleiches gilt im Falle der Abwahl bzw. eines Misstrauensvotums (BVerfG v. 23. 3. 1979, ZBR 1979, 122 = PersV 1979, 240). **13**

c) **Beendigung des Dienstverhältnisses (Nr. 3):** Das Dienstverhältnis von Beamten endet außer durch Tod durch Entlassung, Verlust der Beamtenrechte (§§ 28 ff. BBG), Entfernung aus dem Dienst nach § 10 BDG und durch Eintritt in den Ruhestand (§§ 35 ff. BBG). Das Dienstverhältnis und somit die Mitgliedschaft in der Personalvertretung enden auch dann, wenn im unmittelbaren Anschluss an ein Beamtenverhältnis auf Widerruf ein (neues) Beamtenverhältnis auf Probe bei derselben Dienststelle begründet wird (BVerwG v. 4. 9. 1995, Leits. ZBR 1996, 221 = PersV 1996, 215 = ZfPR 1996, 40). **14**

aa) Auch durch **Versetzung in** den – auch **einstweiligen – Ruhestand** (§ 12 BBG) endet das Dienstverhältnis ebenso wie im Falle der Nichtigkeit (§ 11 BBG). **15**

bb) Ohne Einfluss auf den Fortbestand des Dienstverhältnisses ist eine **Beförderung** oder ein Wechsel der Amtsgeschäfte. Wenn die Beförderung allerdings den betreffenden Beamten in eine andere Dienststelle, z. B. als Dienststellenleiter, bringt, so endet das Dienstverhältnis. **16**

17 cc) Bei Arbeitnehmern führen die allgemeinen arbeitsrechtlichen Gründe zur Beendigung des Beschäftigungsverhältnisses, insbesondere die Kündigung. Eine **außerordentliche Kündigung** von im Arbeitsverhältnis stehenden Mitgliedern der Personalvertretung durch den Dienststellenleiter ist grundsätzlich nur unter bestimmten Voraussetzungen zulässig (§ 47 Abs. 1). Eine **ordentliche Kündigung** bedarf der Mitwirkung der Personalvertretung (§ 79). Die **fristlose Kündigung** führt zur sofortigen Beendigung des Personalratsamts. Wenn der Betroffene den Rechtsweg beschreitet, so ruht zunächst sein Amt, weil er aus der Dienststelle ausscheiden muss. Während das Verfahren schwebt, nimmt ein Ersatzmitglied die Aufgaben wahr. Wird der Rechtsstreit zugunsten des Betroffenen abgeschlossen, so kann er sein Personalratsamt fortsetzen (Richardi u. a., § 29 Anm. 25). Wenn die fristlose Kündigung durch den Dienststellenleiter vom Gericht als berechtigt angesehen wird, nimmt das Ersatzmitglied den Platz des entlassenen bisherigen Mitglieds endgültig ein (Fischer u. a., § 29 Anm. 13; Lorenzen u. a., § 29 Anm. 20; vgl. auch § 47 Anm. 25).

18 dd) Wird ein rechtswirksam gekündigtes Mitglied wieder eingestellt, so lebt seine Mitgliedschaft in der Personalvertretung selbst dann nicht wieder auf, wenn ihm die **Wiedereinstellung** zugesagt worden war, weil ein einmal aufgelöstes Dienstverhältnis zum endgültigen Verlust der Mitgliedschaft in der Personalvertretung führt (Fischer u. a., § 29 Anm. 14; Lorenzen u. a., § 29 Anm. 21). Etwas anderes gilt im Falle eines Streiks. Ist infolge eines **Streiks** ein Mitglied der Personalvertretung ausgesperrt worden, so lebt die Mitgliedschaft in der Personalvertretung nach Beendigung der Arbeitskampfmaßnahmen wieder auf, weil die Aussperrung grundsätzlich nur Suspensiveffekt hat und das Arbeitsverhältnis nicht schon endgültig beendet (BAG v. 21. 4. 1971, BAGE 23, 292 = PersV 1971, 192). **Während** der Durchführung der **Arbeitskampfmaßnahmen ruht das Amt** eines Mitglieds der Personalvertretung, da im Hinblick auf das Kampfgeschehen – ohne Rücksicht auf die Beteiligung von Personalratsmitgliedern – zumindest hinsichtlich personeller Maßnahmen eine Funktionsunfähigkeit eintritt (BAG v. 21. 4. 1971, aaO).

19 ee) Außer durch Tod endet das Dienstverhältnis von Angestellten und Arbeitern mit der **Vollendung des 65. Lebensjahres,** falls keine Beschäftigung über die Altersgrenze hinaus erfolgt. Erfolgt eine solche Beschäftigung über die Altersgrenze hinaus, bleibt das Beschäftigungsverhältnis erhalten und somit auch die Mitgliedschaft in der Personalvertretung. Bei einem Überwechseln eines Arbeiters oder Angestellten in das Beamtenverhältnis bleibt die Mitgliedschaft in der Personalvertretung ebenfalls bestehen.

20 ff) Die **Anfechtung des Arbeitsvertrages** und die Feststellung seiner **Nichtigkeit** heben das Dienstverhältnis nur für die Zukunft auf und führen daher nur zu einem künftigen Verlust des Amtes. Das Dienstverhältnis kann auch durch Zeitablauf (§ 620 BGB), durch Eintritt einer auflösenden Bedingung (§ 158 Abs. 2 BGB) oder durch Ablauf der Probedienstzeit ohne Fortsetzung enden. Auch ein **Aufhebungsvertrag,** d. h. die gegenseitige, übereinstimmende Erklärung, das Arbeitsverhältnis zu beenden, führt zu einem Verlust der Mitgliedschaft in der Personalvertretung.

21 gg) Das Dienstverhältnis und damit das Amt als Mitglied einer Personalvertretung endet nicht, wenn der Betroffene zum **Wehrdienst** oder zu Wehrübungen, zu Eignungsübungen oder zur Ersatzdienstleistung einberufen wird (vgl. § 13 Anm. 15; Während dieser Zeit ruht bei Arbeitnehmern das

Arbeitsverhältnis (§ 1 Abs. 1 ArbplSchG, vgl. § 13 Anm. 15), während Beamte, die zum Grundwehrdienst einberufen werden, für die Dauer des Grundwehrdienstes ohne Bezüge beurlaubt sind (§ 9 Abs. 1 ArbplSchG). Bei freiwilligen Wehrübungen gilt gleiches dann, wenn diese zusammen mit anderen Wehrübungen im Kalenderjahr nicht länger als sechs Monate dauern (§ 10 ArbplSchG). Ein Dienstverhältnis wird auch bei einer Heranziehung zu Einsätzen oder Ausbildungsveranstaltungen im Rahmen des Zivil- oder Katastrophenschutzes (§ 9 Zivilschutzgesetz, ZSG, v. 25. 3. 1997, BGBl. I S. 726, zul. geänd. d. G v. 27. 4. 2004, BGBl. I S. 630 bzw. § 9 Gesetz über die Erweiterung des Katastrophenschutzes i. d. F. v. 14. 2. 1990, zul. geänd. d. G v. 27. 4. 2004, I S. 630) nicht beendet. Auch das Dienstverhältnis von Beschäftigten, die Zivildienst leisten, wird nicht beendet (§ 78 ZDG, vgl. § 1 Anm. 13). Gleiches gilt bei Inanspruchnahme von Elternteilzeit (vgl. § 4 Anm. 7a;. Lorenzen u. a., § 29 Anm. 25).

hh) **Beurlaubungen** zu anderen Zwecken, Unterbrechung oder Ruhen des Dienstverhältnisses oder vorübergehende Stillegung der Dienststelle führen nicht zu einer Beendigung des Dienstverhältnisses. Entfällt die Voraussetzung des § 12 Abs. 1 Satz 2 aber erst nach der Wahl, so erlischt auch in diesem Fall die Mitgliedschaft in der Personalvertretung trotz des Wortlauts am „Wahltage“; denn diese Fixierung dient nur der Berechnung von Fristen. 22

d) **Ausscheiden aus der Dienststelle (Nr. 4):** Durch endgültiges Ausscheiden aus der Dienststelle verliert der Beschäftigte die Zugehörigkeit zu ihr und damit die Wählbarkeit für diese Dienststelle. Hier kommen nur die Fälle in Betracht, in denen keine Beendigung des Dienstverhältnisses i. S. von Nr. 3 gegeben ist. Das gilt vor allem für **Versetzungen.** Solche Maßnahmen sind gegen den Willen des betroffenen Mitglieds der Personalvertretung nur im Rahmen des § 47 Abs. 2 zulässig. Nur unter den dort genannten Voraussetzungen kann eine Versetzung die Mitgliedschaft in der Personalvertretung zum Erlöschen bringen. Wenn eine Dienststelle zu bestehen aufhört, bei der eine Personalvertretung gebildet ist, so führt dieses Ereignis zwangsläufig auch das Ende dieser Personalvertretung herbei; denn ohne die zugehörige Dienststelle kann eine Personalvertretung nicht bestehen (BVerwG v. 20. 2. 1976, Buchholz BVerwG 238.3 A § 29 BPersVG Nr. 1). Der Wegfall der Personalvertretung setzt allerdings die endgültige Auflösung der Dienststelle voraus (BVerwG v. 11. 12. 1991, PersV 1992, 256 = Leits. ZfPR 1992, 177). Gleiches gilt auch für den Fall, dass durch organisatorische Maßnahmen nach § 78 Teile einer Dienststelle ausgegliedert werden, in denen Personalratsmitglieder beschäftigt sind (VGH Mannheim v. 13. 11. 1984, ZBR 1985, 87; Lorenzen u. a., § 29 Anm. 30). Anders allerdings ist die Rechtslage dann zu beurteilen, wenn eine Dienststelle einer anderen Dienststelle zugeordnet wird, das Beschäftigungsverhältnis selbst aber nicht übergeht, sondern weiterhin bei der bisherigen Dienststelle verbleibt (OVG Berlin v. 26. 6. 1995 – OVG PV Bln 5.95, n. v.) Die **Abordnung**, d. h. die dienstliche Weisung, vorübergehend bei einer anderen Dienststelle Dienst zu tun, stellt keinen Fall des Ausscheidens aus der Dienststelle dar, da die Planstelle weiterhin bei der Dienststelle eingenommen wird (Fischer u. a., § 29 Anm. 16; aA Dietz-Richardi, § 29 Anm. 32; Lorenzen u. a., § 29 Anm. 27). Die Abordnung ist nur auf eine vorübergehende Tätigkeit in einer anderen Dienststelle abgestellt. Wenn sie allerdings über drei Monate dauert und zum Verlust des Wahlrechts in der alten Dienststelle und damit auch zum Verlust der Wählbarkeit führt und außerdem feststeht, dass der betreffende Beschäftigte binnen weiterer sechs Monate nicht in die Dienststelle zurückkehrt, dann ist der Tatbestand des Ausscheidens aus der Dienststelle gegeben. 23

Der Tatbestand liegt auch vor, wenn ein Mitglied der Personalvertretung des übergehenden Betriebes dem Übergang seines Arbeitsverhältnisses widerspricht; mit dem Betriebsübergang (§ 613 a BGB) scheidet es aus der Personalvertretung aus (BAG v. 25. 5. 2000, BAGE 95, 1 = Leits. ZfPR 2001, 1169).

24 aa) Mit **Beginn der Freistellungsphase des nach dem Blockmodell vereinbarten Altersteilzeitarbeitsverhältnisses** wird der bisher Beschäftigte ausgegliedert. Durch diese Ausgliederung verliert er nicht nur sein Wahlrecht und seine Wählbarkeit (vgl. § 13 Anm. 17 b, § 14 Anm. 32 a). Vielmehr führt der Eintritt in die Freistellungsphase auch zur Beendigung der Mitgliedschaft in der Personalvertretung (BVerwG v. 15. 5. 2002, BVerwGE 116, 242 = ZBR 2002, 439 = Leits. PersV 2003, 267 = ZfPR 2002, 260; Fischer u. a., § 29 Anm. 16a; Lorenzen u. a., § 29 Anm. 28, vgl. auch § 76 Anm. 20 a; Weiß, PersR 2000, 197).

24a bb) Ein Personalratsmitglied, das nach der Wahl ins **Sabbatjahr** geht, verliert sein Personalratsmandat nicht. Eine nach der Wahl ausgesprochene Beurlaubung eines Personalratsmitglieds ohne Dienstbezüge von über sechs Monaten Dauer führt nicht zum Verlust der Mitgliedschaft in der Personalvertretung. Das ordentliche Mitglied ist für die Dauer des Sabbatjahres verhindert und wird von dem zuständigen Ersatzmitglied vertreten. Ein Vergleich mit den Folgen des Eintritts eines Personalratsmitglieds in die Freistellungsphase des Altersteilzeit im Blockmodell ist insoweit nicht angängig, als der Beschäftigte nach der Freistellungsphase der Altersteilzeit nicht mehr in die Dienststelle zurückkehrt, während der Beschäftigte nach dem Sabbatjahr wieder in die Dienststelle zurückkommt (aA Schlatmann, ZfPR 2001, 151).

24b cc) Der **Eintritt in die Elternzeit und den Mutterschutz** führt ebenfalls nicht zum Verlust der Wählbarkeit. Im ersten Fall geht es um eine Beurlaubung ohne Dienstbezüge, so dass die Ausnahmeregelung des § 13 Abs. 1 Satz 2 greift. Die Wahlberechtigung und in deren Folge die Wählbarkeit bleiben erhalten. Im Falle des Mutterschutzes, dessen Frist auf drei Monate begrenzt ist und bei dem damit die personalvertretungsrechtlich relevante Dauer von „mehr als drei Monaten" nicht erreicht wird, erfolgen ebenfalls keine Auswirkungen auf das Personalratsmandat. Wenn eine Frau also nach der Wahl in Mutterschutz geht, dann behält sie das Personalratsmandat und zwar selbst dann, wenn sie anschließend Elternurlaub in Anspruch nimmt (vgl. im Übrigen § 13 Anm. 16).

25 e) **Verlust der Wählbarkeit (Nr. 5):** Die Vorschrift will sicherstellen, dass die Mitgliedschaft in einer Personalvertretung nicht verloren geht, wenn Mitglieder während ihrer Amtszeit die Arbeitszeit auf unter achtzehn Stunden reduzieren. Mit dem Gesetz zur wirkungsgleichen Übertragung von Regelungen der sozialen Pflegeversicherung in das Dienstrecht und zur Änderung sonstiger dienstrechtlicher Vorschriften vom 4. 11. 2004 (BGBl. I S. 2686) ist das passive Wahlrecht nicht mehr vom Umfang einer Beschäftigung von mindestens achtzehn Wochenstunden abhängig. Der Gesetzgeber hat es übersehen, mit der Aufhebung der Vorschrift des § 14 Abs. 2 Satz 1 auch den Zusatz „mit Ausnahme der Fälle des § 14 Abs. 2 Satz 1" in § 29 Abs. 1 Nr. 5 aufzuheben. Nach Nr. 5 kommen nur die Fälle eines **nachträglichen Verlustes der Wählbarkeit** in Betracht. Die Wahl eines bereits zum Zeitpunkt der Wahl nicht wählbaren Beschäftigten hat mit dem Verlust der Wählbarkeit nach Abs. 1 Nr. 5 nichts zu tun. Ein solcher Sachverhalt, nämlich die Geltendma-

chung der Nichtwählbarkeit, ist im Wege der Wahlanfechtung (§ 25) oder nach Ablauf der Anfechtungsfrist in einem verwaltungsgerichtlichen Verfahren nach § 83 Abs. 1 Nr. 1 zu beanstanden (Lorenzen u. a., § 29 Anm. 36). Zum Verlust der Wählbarkeit nach einer Personalratswahl führen u. a.:
aa) Richterspruch, in dem die Fähigkeit, Rechte aus öffentlichen Ämtern zu erlangen, aberkannt wird (§ 14 Abs. 1 Satz 2); Verlust des Wahlrechts in öffentlichen Angelegenheiten durch richterliche Entscheidung nach § 45 Abs. 5 StGB;
bb) Totalbetreuung gem. § 1896 BGB;
cc) nachträgliche Änderung der Rechtsstellung in der Art, dass sich eine Zugehörigkeit zu dem in § 7 genannten Personenkreis ergibt;
dd) Erlangung der Befugnis zu selbstständigen Entscheidungen in Personalangelegenheiten (§ 14 Abs. 3).

aa) Wenn ein **schwerbehinderter Mensch** an eine andere Dienststelle **abgeordnet wird**, dann erlischt das passive Wahlrecht für die bisherige Dienststelle in entsprechender Anwendung des § 29 Abs. 1 Nr. 2 bis 5 (OVG Hamburg v. 2. 4. 2001, ZfPR 2003, 3). 25a

f) Wenn ein **Personalratsmitglied nach der Wahl ohne Dienstbezüge** für mehr als sechs Monate **beurlaubt** wird, so verliert es nicht sein Mandat; denn nach dem Wortlaut von Abs. 1 Nr. 5 und bei einem Vergleich mit Abs. 1 Nr. 7 werden nur Fälle des nachträglichen Verlustes der Wählbarkeit erfasst. Die Frage der Wählbarkeit ist in § 14 geregelt, der seinerseits die Wahlberechtigung nach § 13 Abs. 1 voraussetzt. Danach sind Beschäftigte nicht wahlberechtigt, die am Wahltag selbst seit mehr als sechs Monaten unter Wegfall der Bezüge beurlaubt sind. Damit wird deutlich, dass die Beurlaubung bereits am Wahltag gegeben sein muss. Eine erst nach dem Wahltag erfolgende Beurlaubung ohne Dienstbezüge kann die Wahlberechtigung und damit auch die Wählbarkeit nicht in Frage stellen. Ein Verlust der Wählbarkeit kann durch eine solche Beurlaubung nicht in Betracht kommen (BVerwG v. 28. 3. 1979, ZBR 1979, 273 = PersV 1980, 428; Fischer u. a., § 29 Anm. 18b; Lorenzen u. a., § 29 Anm. 33; vgl. auch OVG Münster v. 7. 9. 1978, PersV 1980, 245). Im Falle des Eintritts in einen beamtenrechtlichen Vorbereitungsdienst oder in eine entsprechende Berufsausbildung verliert der Betreffende nur die Wählbarkeit in eine Stufenvertretung (Lorenzen u. a., § 29 Anm. 34). 26

g) **Gerichtliche Entscheidung nach** § 28 **(Nr. 6):** Hierunter ist der **Ausschluss** eines einzelnen Mitglieds aus der Personalvertretung zu verstehen. Die Entscheidung wird wirksam, sobald sie rechtskräftig geworden ist, also mit Ablauf der Beschwerde- bzw. Rechtsbeschwerdefrist oder mit der Entscheidung des Gerichts letzter Instanz. 27

h) **Feststellung nach Ablauf der in** § 25 **bezeichneten Frist, dass der Gewählte nicht wählbar war (Nr. 7):** Nr. 7 gibt die Möglichkeit, **auch nach Ablauf** der 12tägigen Anfechtungsfrist **festzustellen,** dass die Wählbarkeit zum Zeitpunkt der Wahl nicht gegeben war, während Nr. 5 den Fall behandelt, dass das bei der Wahl vorhandene passive Wahlrecht im Laufe der Amtszeit entfällt (vgl. Anm. 26). Eine gerichtliche Feststellung hinsichtlich der zum Zeitpunkt der Wahl fehlenden Wählbarkeit kann aber erst getroffen werden, wenn die Frist des § 25 verstrichen ist. Die Feststellung der Nichtwählbarkeit ist „im Grunde ein auf ein einzelnes Mitglied des Personalrats beschränktes, zeitlich nicht befristetes Anfechtungsverfahren“ (BVerwG v. 7. 11. 1975, BVerwGE 49, 342 = ZBR 1976, 225 = PersV 1977, 22). Allerdings kann der Mangel nicht mehr geltend gemacht werden, wenn er bereits 28 erfolglos in ein Wahlanfechtungsverfahren eingebracht worden ist, oder wenn er inzwischen behoben ist, das Personalratsmitglied also 18 Jahre alt geworden ist (BVerwG v. 8. 6. 1962, BVerwGE 11, 241 = ZBR 1962, 283 = PersV 1962, 236).

29 aa) Es muss sich um eine **gerichtliche Feststellung** handeln. In erster Linie kommt eine solche nach § 83 Abs. 1 Nr. 1 in Betracht. Diese Feststellung kann auch im Zusammenhang mit anderen Verfahren zur Entscheidung stehen, so z. B. für Beamte vor den Verwaltungsgerichten (Streit um die Zulässigkeit einer Versetzung) oder für Arbeitnehmer vor den Arbeitsgerichten (Streit um eine Kündigung). Die in diesem Zusammenhang ergehende Entscheidung hat aber im Hinblick auf die hier vorhandene spezielle Bezogenheit auf die Mitgliedschaft in der Personalvertretung nicht die Folge eines Beschlussverfahrens nach § 83 Abs. 1 Nr. 1.

30 bb) **Antragsberechtigt** ist jeder Beschäftigte, weil er ein rechtliches Interesse an der gesetzmäßigen Zusammensetzung der Personalvertretung seiner Dienststelle hat. Dagegen ist eine in der Diensstelle vertretene Gewerkschaft nicht zu einem Antrag auf Feststellung der Nichtwählbarkeit eines Personalratsmitgliedes nach § 29 legitimiert. Die Gewerkschaften können nicht als Organe der Personalvertretung angesehen werden. Ihre Befugnisse sind abschließend geregelt. Es besteht daher kein Anlass, ihnen im Wege der Analogie die Legitimation zur Antragstellung in einem Beschlussverfahren zu geben (BVerwG v. 8. 6. 1962, BVerwGE 14, 241 = ZBR 1962, 283 = PersV 1962, 236; VGH Mannheim v. 9. 6. 1986, ZBR 1987, 222; aA Richardi u. a., § 29 Anm. 55; Fischer u. a., § 29 Anm. 23; Lorenzen u. a., § 29 Anm. 37). Auch eine Personalvertretung ist nicht antragsberechtigt. Dagegen ist der Dienststellenleiter antragsberechtigt; denn er wird durch die begehrte Entscheidung in seiner personalvertretungsrechtlichen Stellung unmittelbar berührt. Wegen der vielfältigen und engen Beziehungen zwischen Personalvertretung und Dienststellenleiter hat dieser ein rechtliches Interesse an einer ordnungsgemäß gebildeten und auch hinsichtlich der einzelnen Mitglieder ordnungsgemäß zusammengesetzten Personalvertretung, die sein ständiger Gesprächspartner ist (BVerwG v. 7. 11. 1975, aaO).

31 cc) War ein Mitglied der Personalvertretung zum Zeitpunkt der Wahl nicht wählbar, ist dieser **Mangel** aber **während der Amtszeit behoben** worden(z. B. ein bei der Wahl noch nicht 18-jähriger wird nach der Wahl 18 Jahre), dann besteht kein Anlass mehr zu einer Feststellung, dass zum Wahlzeitpunkt dem Gewählten das passive Wahlrecht fehlte (BVerwG v. 8. 6. 1962, BVerwGE 14, 241 = ZBR 1962, 283 = PersV 1962, 236; Fischer u. a., § 29 Anm. 24; vgl. auch § 14 Anm. 19).

32 7. An die Stelle des aus seinem Amt ausgeschiedenen Personalratsmitglieds tritt das **Ersatzmitglied** nach § 31. Allerdings erlischt mit der Beendigung des Dienstverhältnisses auch die Anwartschaft auf die Ersatzmitgliedschaft in der Personalvertretung (BVerwG v. 4. 9. 1995, Leits. ZBR 1996, 221 = PersV 1996, 215 = ZfPR 1996, 40).

33 8. Gehört das betroffene Personalratsmitglied **noch einer anderen Personalvertretung an,** so ist der Amtsverlust grundsätzlich ohne Auswirkung auf das andere Amt (BVerwG v. 23. 11. 1962, ZBR 1963, 24 = PersV 1963, 62). Entscheidend ist, ob auch dort einer der vorstehend behandelten Erlöschungsgründe Platz greift (was z. B. bei Versetzung oder Übernahme einer leitenden Funktion nicht der Fall zu sein braucht). Erlischt die Mitgliedschaft in der Personalvertretung, so verliert der betroffene Beschäftigte auch den besonderen Kündigungs-, Versetzungs- und Abordnungsschutz (§ 15 KSchG, § 47 BPersVG). Dies gilt auch für den nachwirkenden Kündigungsschutz des § 15 Abs. 2 Satz 2 KSchG; denn dieser Schutz ist an die Amtszeit i. S. der §§ 26, 27 gebunden (differenzierend Fischer u. a., § 29 Anm. 26 a; Lorenzen u. a., § 29 Anm. 41 41; aA Dietz-Richardi, § 29 Anm. 54).

9. Abs. 2 stellt klar, dass der **Wechsel der Gruppenzugehörigkeit** auf die Mitgliedschaft in der Personalvertretung und auf die Mitgliedschaft in der Gruppe ohne Einfluss ist. Dies gilt für alle Funktionen innerhalb der Personalvertretung (z. B. im Falle der Vorstandsbildung, §§ 32, 33 und der Freistellung, § 46). **34**

10. **Streitigkeiten** entscheiden die Verwaltungsgerichte nach § 83 Abs. 1 Nr. 2 im Beschlussverfahren, da die hier strittigen Fragen der Mitgliedschaft im Personalrat die „Zusammensetzung der Personalvertretungen" betreffen. Ist innerhalb einer Personalvertretung umstritten, ob in den Fällen des Abs. 1 Nr. 1 bis 5 die Mitgliedschaft verloren gegangen ist, dann kann sie durch Beschluss feststellen, dass einer der im Gesetz genannten Beendigungstatbestände gegeben ist (Fischer u. a., § 29 Anm. 26). **35**

Schrifttum: Schröder, Die Amtniederlegung im Personalrat, PersR 2006, 280; Thiele, Zur Frage der zwangsweisen Abberufung eines Mitglieds des Personalrates, PersV 1979, 411; Weiß, Mitgliedschaft im Personalrat und Wahlberechtigung bei Altersteilzeit, PersR 2000, 197; Wolber, Vorläufige Amtsentbindung eines Personalratsmitglieds durch Mehrheitsbeschluss des Personalrats?, PersV 1976, 296.

§ 30 [Ruhen der Mitgliedschaft]

Die Mitgliedschaft eines Beamten im Personalrat ruht, solange ihm die Führung der Dienstgeschäfte verboten oder er wegen eines gegen ihn schwebenden Disziplinarverfahrens vorläufig des Dienstes enthoben ist.

Inhaltsübersicht

Entspr. landesgesetzliche Regelungen:
Baden-Württemberg: § 30; Bayern: Art. 30; Berlin: § 27 Abs. 1; Brandenburg: § 30; Bremen: § 27; Hamburg: § 30; Hessen: § 27; Mecklenburg Vorpommern: § 22 Abs. 3; Niedersachsen: § 26; Nordrhein-Westfalen: § 27; Rheinland-Pfalz: § 24; Saarland: § 29 Abs. 1; Sachsen: § 30; Sachsen-Anhalt § 28 Abs. 3; Schleswig-Holstein: § 22; Thüringen: § 30.

Entspr. Vorschrift BetrVG: –.

1 1. Die Bestimmung ist eine **Sondervorschrift für Beamte.** Maßgebliche Grundlage für die in der Vorschrift genannten Maßnahmen ist das Gesetz zur Neuordnung des Bundesdisziplinarrechts vom 9. Juli 2001, BGBl. I S. 1510 (vgl. § 4 Anm. 19).

2 2. Die **Mitgliedschaft eines Beamten** in der Personalvertretung **ruht,** wenn ihm aus zwingenden dienstlichen Gründen die Führung seiner Dienstgeschäfte von der obersten Dienstbehörde oder von einer von ihr bestimmten Behörde verboten worden ist. Vor Erlass des Verbots soll der Beamte gehört werden (§ 60 Abs. 2 BBG). Ein ohne diese Anhörung ausgesprochenes Verbot ist dennoch wirksam (vgl. § 60 BBG; vgl. § 4 Anm. 17). Eine vorläufige Dienstenthebung ist mit der Einleitung eines behördlichen Disziplinarverfahrens (§§ 17 ff. BDG) dann möglich, wenn in diesem Verfahren voraussichtlich auf Entfernung aus dem Beamtenverhältnis im Wege der Disziplinarklage (§ 34, §§ 52 ff. BDG) erkannt werden bzw. bei Probe- bzw. Widerrufsbeamten die Entfernung aus dem Dienst nach § 31 Abs. 1 Nr. 1, Abs. 4, § 32 BBG erfolgen soll. Eine Beteiligung der Personalvertretung beim Erlass der Anordnung der vorläufigen Dienstenthebung (§ 38 BDG) ist nicht gegeben. Allerdings erfolgt eine Beteiligung bei der Erhebung der Disziplinarklage auf Antrag des Beamten nach § 78 Abs. 1 Nr. 3. Im Rahmen der von einer Personalvertretung wahrzunehmenden allgemeinen Kontrollaufgaben kann sowohl die vorläufige Dienstenthebung als auch das Verbot der Führung der Dienstgeschäfte beanstandet werden (Lorenzen u. a., § 30 Anm. 10).

3 3. Das **Verbot erlischt,** wenn „nicht bis zum Ablauf von drei Monaten gegen den Beamten das förmliche Disziplinarverfahren oder ein sonstiges, auf Rücknahme der Ernennung oder auf Beendigung des Beamtenverhältnisses gerichtetes Verfahren eingeleitet worden ist“ (§ 60 Abs. 1 Satz 2 BBG). Außerdem erlöscht das Verbot dann, wenn die zuständige Behörde zu der Auffassung gelangt, dass die Gründe nicht mehr vorliegen, die zum Erlass dieses Verbots geführt haben.

4 4. Die Einleitungsbehörde kann jederzeit die Anordnung der vorläufigen Dienstenthebung aufheben (§ 38 Abs. 4 BDG), so dass das Ruhen der Mitgliedschaft beendet wird. Außerdem wird das **Ruhen der Mitgliedschaft dann beendet,** wenn auf Antrag des betroffenen Beamten die Anordnung der vorläufigen Dienstenthebung durch das Disziplinargericht nicht aufrecht erhalten wird (§ 63 BDG). Bei rechtskräftigem Abschluss des Disziplinarverfahrens (§ 39 Abs. 4 BDG) verliert die Anordnung über die vorläufige Dienstenthebung ihre Wirkung, das Ruhen der Mitgliedschaft wird beendet. Das von dem bisherigen Ruhen der Mitgliedschaft betroffene Personalratsmitglied rückt wieder in seine personalvertretungsrechtliche Stellung (Mitglied im Vorstand, Freistellung) ein, es sei denn, dass die Personalvertretung inzwischen andere Mitglieder in diese Positionen gewählt hat (Fischer u. a., § 30 Anm. 13 a). Bei einer Entfernung aus dem Dienst oder bei Entlassung von Probe- oder Widerrufsbeamten endet das Ruhen der Mitgliedschaft; gleichzeitig ist jedoch die Mitgliedschaft in der Personalvertretung erloschen (§ 29 Abs. 1 Nr. 3).

5 5. Wirksam wird der Bescheid über eine vorläufige Dienstenthebung mit seiner **Zustellung** (§ 39 Abs. 1 BDG). Das Verbot der Führung der Dienstge-

schäfte kann schriftlich oder mündlich ergehen; es wird mit der Zustellung des Bescheids oder mit der mündlichen Bekanntgabe der Entscheidung wirksam.

6. Ist ein Verbot zur Führung der Amtsgeschäfte oder eine vorläufige Dienstenthebung ausgesprochen worden, so tritt das **Ruhen der Mitgliedschaft** in der Personalvertretung unmittelbar ein, ohne dass es hierzu noch eines besonderen Ausspruchs bedarf. Der Beamte ist ab sofort an der Ausübung der Befugnisse als Mitglied der Personalvertretung gehindert. An seine Stelle tritt das zuständige Ersatzmitglied (§ 31). Wenn das betroffene Personalratsmitglied dem Vorstand angehört oder selbst Vorsitzender ist, dann kann das Ersatzmitglied nicht in diese Stellung einrücken. Vielmehr wird das stellvertretende Gruppenvorstandsmitglied oder ein Stellvertreter des Vorsitzenden das jeweilige Amt übernehmen, es sei denn, dass die betroffene Gruppe ein neues Gruppenvorstandsmitglied wählt oder dass die Personalvertretung sich mehrheitlich für einen neuen Vorsitzenden entscheidet (Fischer u. a., § 30 Anm. 5; Lorenzen u. a., § 30 Anm. 13a). 6

Der Schutz des § 47 Abs. 2 erstreckt sich weiterhin auch auf die Beamten, denen die Führung der Dienstgeschäfte verboten ist oder die wegen eines gegen sie schwebenden förmlichen Disziplinarverfahrens vorläufig des Dienstes enthoben sind. Gegen ihren Willen dürfen sie also „nur versetzt oder abgeordnet werden, wenn dies auch unter Berücksichtigung der Mitgliedschaft im Personalrat aus wichtigen dienstlichen Gründen unvermeidbar ist" (§ 47 Abs. 2; vgl. Fischer u. a., § 30 Anm. 5; Lorenzen u. a., § 30 Anm. 13b). 6a

7. Das Verbot der Amtsführung stellt einen **Verwaltungsakt** dar und kann daher von dem betroffenen Beamten angefochten werden. Der gegen den Verwaltungsakt gerichtete Widerspruch und die Anfechtungsklage haben aufschiebende Wirkung (§ 80 Abs. 1 VwGO, vgl. § 13 Anm. 12), so dass das Ruhen der Mitgliedschaft in der Personalvertretung erst mit Rechtskraft der verwaltungsgerichtlichen Entscheidung eintreten kann, es sei denn, die Verwaltungsbehörde hat die sofortige Vollziehung angeordnet (§ 80 Abs. 2 Nr. 4 VwGO) bzw. das Verwaltungsgericht hat von der Aussetzungsbefugnis nach § 80 Abs. 4 und 5 VwGO keinen Gebrauch gemacht (Lorenzen u. a., § 30 Anm. 6; Richardi u. a., § 30 Anm. 13). 7

8. Die **Anordnung der vorläufigen Dienstenthebung** wird mit der Zustellung des entsprechenden Bescheids wirksam (§ 39 Abs. 1 BDG). Das Ruhen der Mitgliedschaft in der Personalvertretung tritt mit dieser Zustellung in Kraft (Lorenzen u. a., § 30 Anm. 9). 8

9. Die Mitgliedschaft in der Personalvertretung **lebt** (automatisch) **wieder auf:** 9

a) mit der Aufhebung des Verbots oder wenn bis zum Ablauf von drei Monaten kein Disziplinarverfahren oder ein sonstiges, auf Rücknahme der Ernennung oder auf Beendigung des Beamtenverhältnisses gerichtetes Verfahren eingeleitet worden ist,

b) wenn die vorläufige Dienstenthebung aufgehoben wird.

10. Die Personalvertretung ist nicht befugt, den **Ausschluss** eines Mitglieds deshalb zu beantragen, weil ihm die Führung der Dienstgeschäfte verboten oder es vorläufig des Dienstes enthoben worden ist, es sei denn, dass der Tatbestand, der zur Verhängung dieser Maßnahme geführt hat, gleichzeitig 10

eine grobe Verletzung der gesetzlichen Pflichten als Mitglied der Personalvertretung darstellt (Lorenzen u. a., § 30 Anm. 14).

11 11. Wirkt ein Mitglied, dessen Mitgliedschaft ruht, bei einer Beschlussfassung der Personalvertretung mit, so ist dies **grundsätzlich ohne Einfluss** auf die Wirksamkeit. Wenn allerdings die Mitwirkung dieses Mitglieds von besonderer Bedeutung war, so ist der Beschluss unwirksam (Fischer u. a., § 30 Anm. 4; Lorenzen u. a., § 30 Anm. 13).

12 12. Die Vorschrift gilt auch für Beamte, die als **Ersatzmitglieder** gewählt worden sind (Lorenzen u. a., § 30 Anm. 12; Richardi u. a., § 30 Anm. 21). Dies hat zur Folge, dass die betreffenden Ersatzmitglieder nicht in die Personalvertretung einrücken können, wenn während des Verbots zur Führung der Amtsgeschäfte oder der vorläufigen Dienstenthebung ein Mitglied aus der Personalvertretung ausscheidet oder zeitweilig verhindert ist.

13 13. Die Vorschrift gilt auch für Mitglieder der **Stufenvertretungen** (§ 54 Abs. 1), des **Gesamtpersonalrats** (§ 56), der Jugend- und Auszubildendenvertretung (§ 60 Abs. 2) und der Vertretung der nichtständig Beschäftigten (§ 65 Abs. 2) sowie entsprechend auch für den Vertrauensmann der Polizeivollzugsbeamten und seine Stellvertreter nach § 85 Abs. 2 Nr. 4; im Bereich des Bundesnachrichtendienstes ruht die Mitgliedschaft „bei Personen, die zu einer sicherheitsempfindlichen Tätigkeit nicht zugelassen sind" (§ 86 Nr. 2).

14 14. **Streitigkeiten** entscheiden die Verwaltungsgerichte nach § 83 Abs. 1 Nr. 2.

§ 31 [Ersatzmitglieder]

(1) Scheidet ein Mitglied aus dem Personalrat aus, so tritt ein Ersatzmitglied ein. Das gleiche gilt, wenn ein Mitglied des Personalrates zeitweilig verhindert ist.

(2) Die Ersatzmitglieder werden der Reihe nach aus den nicht gewählten Beschäftigten derjenigen Vorschlagslisten entnommen, denen die zu ersetzenden Mitglieder angehören. Ist das ausgeschiedene oder verhinderte Mitglied mit einfacher Stimmenmehrheit gewählt, so tritt der nicht gewählte Beschäftigte mit der nächsthöheren Stimmenzahl als Ersatzmitglied ein.

(3) § 29 Abs. 2 gilt entsprechend bei einem Wechsel der Gruppenzugehörigkeit vor dem Eintritt des Ersatzmitgliedes in den Personalrat.

(4) Im Falle des § 27 Abs. 2 Nr. 4 treten Ersatzmitglieder nicht ein.

Inhaltsübersicht

Entspr. landesgesetzliche Regelungen:
Baden-Württemberg: § 31; Bayern: Art. 31; Berlin: § 28; Brandenburg: § 31; Bremen: § 28; Hamburg: § 31; Hessen: § 28; Mecklenburg-Vorpommern: § 23; Niedersachsen: § 27; Nordrhein-Westfalen: § 28; Rheinland-Pfalz: § 25; Saarland: § 30; Sachsen: § 31; Sachsen-Anhalt: § 29; Schleswig-Holstein: § 23; Thüringen: § 31.

Entspr. Vorschrift des BetrVG: § 25.

I. Ersatzmitgliedschaft (Abs. 1)

1. Mit dieser Vorschrift soll eine **möglichst vollständige Besetzung der Personalvertretung** während der gesamten Amtszeit sichergestellt werden. Für den Fall des Ausscheidens eines Mitglieds sowie für den Fall einer zeitweiligen Verhinderung sollen daher Ersatzmitglieder eintreten, die entweder an die Stelle des ausgeschiedenen Mitglieds treten oder aber das zeitweilig verhinderte Mitglied vertreten, um auf diese Weise die Funktionsfähigkeit der Personalvertretung sicherzustellen. Ersatzmitglieder sind solche Beschäftigten, die bei Personalratswahlen auf einer Vorschlagsliste kandidiert, aber nicht genügend Stimmen erhalten haben, um einen Sitz in der Personalvertretung einnehmen zu können. Die Ersatzmitgliedschaft wird aber erst zu dem Zeitpunkt wirksam, zu dem ein ordentliches Mitglied zu vertreten ist. Die Ersatzmitgliedschaft endet, wenn das ordentliche Personalratsmitglied sein Personalratsamt wieder selbst ausüben kann (BVerwG v. 8. 12. 1986, ZBR 1987, 287 = PersV 1987, 426). **1**

2. Die Vorschrift ist **zwingenden Rechts** und regelt die Fälle, in denen Ersatzmitglieder in die Personalvertretung eintreten, abschließend (BVerwG v. 14. 2. 1969, BVerwGE 31, 298 = ZBR 1969, 185, 252 = PersV 1970, 60). Danach kann ein Ersatzmitglied nur im Falle des Ausscheidens oder der Verhinderung eines Personalratsmitglieds in die Personalvertretung eintreten. **2**

3. Ist ein Mitglied aus einer Personalvertretung ausgeschieden oder ist es an der Amtsausübung verhindert, so tritt das zuständige Ersatzmitglied an dessen Stelle. Bis dahin genießt das Ersatzmitglied keinen besonderen **Schutz,** weil es außerhalb des Vertretungsorgans steht (BVerwG v. 7. 7. 1993, ZBR 1993, 376 = PersV 1994, 464 = ZfPR 1993, 184). Einem nur zeitweilig in die Personalvertretung einrückenden Ersatzmitglied stehen zwar für die Dauer der Vertretung alle Rechte und Pflichten eines Personalratsmitglieds zu. Es wird aber nicht selbst Personalratsmitglied, so dass ihm gegenüber der Kündigungsschutz nur solange wirkt, wie es in der Personalvertretung tätig ist. **3**

4. Der Eintritt des Ersatzmitgliedes erfolgt **kraft Gesetzes.** Infolgedessen ist eine vorherige Ladung oder Entscheidung des Vorsitzenden der Personalvertretung selbst nicht erforderlich. Daher tritt das Ersatzmitglied auch ohne **4**

Rücksicht auf den Zeitpunkt der Verhinderung und unabhängig davon in die Personalvertretung ein, ob die Verhinderung dem Vorsitzenden der Personalvertretung bekannt ist (BVerwG v. 24. 10. 1975, BVerwGE 49, 271 = ZBR 1976, 195 = PersV 1977, 18). Im Falle des Eintritts,der formlos geschieht, tritt das Ersatzmitglied in die durch Wahl erworbene Rechtsstellung mit allen Rechten und Pflichten ein (OVG Lüneburg v. 13. 1. 1976, ZBR 1976, 162). Dies aber gilt nicht für besondere „Vertrauensposten", die dem ausgeschiedenen bzw. verhinderten Mitglied aufgrund besonderen Vertrauens der Mehrheit der Mitglieder der Personalvertretung übertragen worden sind; denn es ist in jedem Fall fraglich, ob auch dem Ersatzmitglied das gleiche Maß an Vertrauen im Hinblick auf die Übertragung von Vorstandsämtern bzw. auf eine Freistellung entgegengebracht worden wäre (VGH München v. 30. 11. 1994, Leits. ZfPR 1995, 204).

5 5. Vom Eintritt des Vertretungsfalles an genießt das Ersatzmitglied **Kündigungsschutz,** da es vollgültiges Mitglied der Personalvertretung wird und somit die gleiche unabhängige Stellung einnehmen muss. Da es das ordentliche Personalratsmitglied nicht nur in einzelnen Amtsgeschäften vertritt, gilt der besondere Kündigungsschutz nach § 15 Abs. 2 Satz 1 sowie der Versetzungs- und Abordnungsschutz für das Ersatzmitglied während der gesamten Vertretungszeit (BVerwG v. 27. 9. 1984, ZBR 1985, 60 = PersV 1986, 468). Das Ersatzmitglied genießt zwar den nachwirkenden Kündigungsschutz nach § 15 Abs. 2 Satz 2 ab den Ende der Vertretungszeit KSchG, seine außerordentliche Kündigung bedarf aber nicht der Zustimmung der Personalvertretung (BVerwG v. 8. 12. 1986, ZBR 1987, 287 = PersV 1987, 426). Ist eine Kündigung bereits vorher ausgesprochen worden, so wird sie auch nach Beginn der Stellvertretung noch wirksam, da § 15 KSchG nur die Erklärung der Kündigung während der Mitgliedschaft in der Personalvertretung, nicht aber deren Wirksamwerden verbietet (Lorenzen u. a., § 31 Anm. 20; vgl. auch § 24 Anm. 11). Wenn allerdings eine Kündigung, Versetzung oder Abordnung nur zum Zwecke der Verhinderung des Nachrückens ausgesprochen wird, so kann dies wegen des Verstoßes gegen § 8 zur Unwirksamkeit der Maßnahme führen. Handelt es sich um einen Verwaltungsakt, z. B. die Versetzung eines Beamten, so führt der Verstoß gegen § 8 lediglich zur Anfechtbarkeit und nicht zur Unwirksamkeit der Versetzung (ebenso Fischer u. a., § 31 Anm. 7). Das anstelle des abwesenden Personalratsmitglieds in den Personalrat eintretende Ersatzmitglied erwirbt den besonderen Kündigungsschutz des § 15 Abs. 2 Satz 1 KSchG auch dann, wenn sich später herausstellt, dass das ordentliche Personalratsmitglied nicht arbeitsunfähig krank war und deshalb unberechtigt dem Dienst ferngeblieben ist. Auf den besonderen Kündigungsschutz kann sich das nachgerückte Ersatzmitglied allerdings dann nicht berufen, wenn es diese Rechtsposition durch rechtsmissbräuchliches Zusammenspiel mit dem ordentlichen Personalratsmitglied erlangt, dieses also z. B. eine krankheitsbedingte Arbeitsunfähigkeit nur vorgeschoben hat, um dem Ersatzmitglied den besonderen Kündigungsschutz eines Personalratsmitglieds zu verschaffen (BAG v. 5. 9. 1986, BAGE 53, 23 = BB 1987, 1319 = DB 1987, 1641 = PersV 1988, 457; vgl. auch BAG v. 12. 2. 2004, DB 2004, 1508 = ZBVR 2004, 174).

5a 5. a) Bei einer außerordentlichen Kündigung eines einer Personalvertretung angehörenden Arbeitnehmers ist das Beschäftigungsverhältnis mit dem Zugang der Kündigung dann beendet, wenn die Personalvertretung zugestimmt oder das Verwaltungsgericht die verweigerte Zustimmung ersetzt hat. Wird von dem Betroffenen **Kündigungsschutzklage** erhoben, so hat dennoch das zuständige Ersatzmitglied einzutreten, solange das gekündigte Mitglied keine einstweilige Verfügung zur Sicherung eines Weiterbeschäftigungsanspruchs erwirkt hat. Ist die Klage erfolgreich, so muss das eingetretene Ersatzmitglied mit der Aufhebung der Kündigung wieder ausscheiden (Fischer u. a., § 31 Anm. 18).

6. Im Falle des **Ausscheidens** eines Personalratsmitglieds tritt das Ersatzmitglied bis zum Ende der Amtszeit der Personalvertretung in die Rechtsstellung des ausgeschiedenen Mitglieds. Bei nur zeitweiliger **Verhinderung** rückt das Ersatzmitglied dagegen nur für die Dauer der Verhinderung ein. Wenn es sich um einen Jugend- und Auszubildendenvertreter handelt, der Ersatzmitglied der Personalvertretung ist, ruht seine Mitgliedschaft in der Jugend- und Auszubildendenvertretung für die Zeit der Vertretung (aA für das BetrVG: BAG v. 21. 8. 1979, BB 1980, 314 = DB 1980, 454: Ausscheiden aus der Jugend- und Auszubildendenvertretung). Während eines Kündigungsschutzverfahrens in den Fällen der außerordentlichen Kündigung eines Arbeitnehmers ist für die Dauer des Verfahrens eine Verhinderung anzunehmen (Fischer u. a., § 31 Anm. 17; Lorenzen u. a., § 31 Anm. 8). 6

7. Die Fälle des Ausscheidens eines Mitglieds der Personalvertretung sind **in § 29 geregelt.** Es muss sich danach stets um das Ausscheiden eines einzelnen Mitglieds und nicht um das Erlöschen des Amtes der gesamten Personalvertretung handeln. Wenn allerdings die bisherige Personalvertretung die Geschäfte weiterführt (§ 27 Abs. 3), kann ein Mitglied dieser Personalvertretung noch ausscheiden. An seine Stelle tritt dann ein Ersatzmitglied. Wenn ein Personalratsmitglied im Rahmen der Vereinbarung von Altersteilzeit in die Freistellungsphase beim Blockmodell tritt, verliert es die Zugehörigkeit zur Dienststelle (vgl. § 29 Anm. 24). Der Vorsitzende der zuständigen Personalvertretung ist daher verpflichtet, das zuständige Ersatzmitglied zu laden. Dieses Ersatzmitglied rückt in den Personalrat nach (VG Ansbach v. 23. 1. 2001, PersV 2001, 372; vgl. auch für den Fall der Zugehörigkeit zu einem mitbestimmten Aufsichtsrat: BAG v. 25. 10. 2000, BAGE 96, 163 = BB 2001, 832 = DB 2001, 706 = ZBVR 2001, 58). 7

8. Eine **zeitweilige Verhinderung** eines Mitglieds einer Personalvertretung, die zum Eintritt eines Ersatzmitglieds führt, ist bereits dann gegeben, wenn das ordentliche Personalratsmitglied seine Amtsgeschäfte nicht ausüben bzw. ihm die Amtsausübung nicht zugemutet werden kann (VGH München v. 14. 9. 1988, ZBR 1989, 213 = PersV 1989, 536). Dies gilt für den Fall der Verhinderung für eine einzige Sitzung ebenso wie für die Fälle der Verhinderung bei Urlaub, Krankheit, dienstlicher Abwesenheit, Ruhen der Mitgliedschaft, Ableistung von Grundwehr- oder Ersatzdienst, Teilnahme an Wehrübungen, auswärtige Schulungsteilnahme, also für die Fälle, die im allgemeinen eine Verhinderung nicht nur vorübergehend auslösen (vgl. u. a.: BVerwG v. 24. 10. 1975, BVerwGE 49,271 = ZBR 1976, 195 = PersV 1977, 18; Fischer u. a., § 31 Anm. 14; Lorenzen u. a., § 31, Anm. 9). Das Mitglied der Personalvertretung muss also für eine im gewissen Umfang zu bemessende Zeit verhindert sein. Nur dann kann erst festgestellt werden, ob das Personalratsmitglied tatsächlich seine Aufgaben nicht erfüllen kann. Da die Beschlussfähigkeit und Funktionsfähigkeit der Personalvertretung grundsätzlich erhalten bleiben soll, wird man einerseits eine nur ganz vorübergehende Abwesenheit nicht für ausreichend halten, andererseits allerdings die überschaubare Zeitspanne nicht zu weit ausdehnen können. Infolgedessen liegt keine Verhinderung für den Fall vor, dass ein Personalratsmitglied unerwartet während der Sitzung einen Arzt aufsuchen muss (Fischer u. a., § 31 Anm. 20; aA Lorenzen u. a., § 31 Anm. 9; vgl. aber auch Cecior u. a., § 28 8

Anm. 13, die für eine Verhinderung von nur kurzer Dauer eine Unterbrechung der Sitzung für zweckmäßig halten). Ein Personalratsmitglied ist während des Erholungsurlaubs von der Teilnahme an Personalratssitzungen ebenso ausgeschlossen wie im Falle einer zeitweiligen Dienst- oder Arbeitsunfähigkeit (VGH München v. 23. 7. 2003, PersV 2004, 144 = ZfPR 2003, 338). Für diese Zeit entsteht kraft Gesetzes ein Teilnahmerecht des zuständigen Ersatzmitglieds. Dies schließt eine Teilnahme des in Urlaub befindlichen Personalratsmitglieds auch für den Fall aus, dass das Ersatzmitglied der Sitzung unentschuldigt fernbleibt (VGH München v. 14. 9. 1988, aaO; vgl. auch § 46 Anm. 12). Schichtdienstleistenden Personalratsmitgliedern ist grundsätzlich auch während ihrer Freizeit eine Teilnahmemöglichkeit an Personalratssitzungen einzuräumen. Nur auf diese Weise kann die vollwertige Personalratstätigkeit auch dieser Mitglieder sichergestellt werden (vgl. BVerwG v. 14. 2. 1969, BVerwGE 31, 298 = ZBR 1969, 185, 252 = PersV 1970, 60; Kreuels, PersV 1990, 336). Für die Teilnahme ist eine Dienstschicht vor oder nach der Sitzung zu streichen (vgl. § 35 Anm. 7).

9 a) Eine zeitweilige Verhinderung eines Mitglieds der Personalvertretung liegt aber bereits dann vor, wenn es lediglich **an einer Sitzung** nicht teilnehmen kann. Das zuständige Ersatzmitglied tritt daher zeitweilig an dessen Stelle. Nur auf diese Weise kann das Ziel, im Interesse einer möglichst wirksamen Wahrnehmung personalvertretungsrechtlicher Aufgaben für eine vollzählige, dem Wählerwillen entsprechende Besetzung der Personalvertretung zu sorgen und selbst kurze Unterbrechungen zu vermeiden, erreicht werden (BVerwG v. 24. 10. 1975, BVerwGE 49, 271 = ZBR 1976, 195 = PersV 1977, 18). Infolgedessen hat der Vorsitzende einer Personalvertretung, dem bereits zum Zeitpunkt der Ladung die Verhinderung eines ordentlichen Mitglieds bekannt ist, das Ersatzmitglied zu laden. Auch ohne ausdrückliche gesetzliche Regelung obliegt dem Mitglied die Pflicht, die Gründe seiner Verhinderung unverzüglich dem Vorsitzenden der Personalvertretung mitzuteilen, der seinerseits zu prüfen hat, ob eine Verhinderung gegeben ist (BVerwG v. 14. 2. 1969, BVerwGE 31, 298 = ZBR 1969, 185, 252 = PersV 1970, 60). Der Personalratsvorsitzende darf nicht ohne genaue Prüfung und in eigener willkürlicher Auslegung des gesetzlichen Verhinderungsbegriffs einfach von einer Verhinderung ausgehen (BAG v. 5. 9. 1986, BAGE 53, 23 = BB 1987, 1319 = DB 1987, 1641 = PersV 1988, 457). Wenn allerdings die Verhinderung erst nach Ladung der Personalratsmitglieder bekannt wird oder erst zu diesem Zeitpunkt eintritt, so hat der Vorsitzende das Ersatzmitglied von dem Nachrücken unverzüglich zu verständigen und ihm den Sitzungstermin und die Beratungsgegenstände mitzuteilen. Dies gilt auch für den Fall, dass die Verhinderung erst unmittelbar vor der Sitzung bekannt wird. Infolgedessen muss auch das Ersatzmitglied mit der jederzeitigen Möglichkeit des Vertretungsfalles rechnen. Daher empfiehlt sich die Übersendung der Tagesordnung – je nach Dienststellengröße – auch an die jeweils ersten Mitglieder einer Liste (vgl. auch § 34 Anm. 26). Das Gesetz mutet dem Ersatzmitglied im Übrigen zu, das Amt als Mitglied einer Personalvertretung in dem Stadium zu übernehmen und auszuüben, in dem sich das betreffende Verfahren jeweils befindet. Der Vorsitzende hat dem Informationsrückstand des Ersatzmitglieds dadurch Rechnung zu tragen, dass er in der Sitzung eine besondere Unterrichtung über den Sachstand und die anstehenden Beratungsgegenstände vornimmt (BVerwG v. 24. 10. 1975, aaO).

10 b) In eigenen Angelegenheiten steht einem betroffenen Personalratsmitglied kein Stimmrecht zu. Von einem **persönlich betroffenen Personalratsmitglied** kann eine sachbezogene objektive Beratung nicht erwartet wer-

den. Daher ist ein solches Mitglied sowohl von der Beratung als auch von der Abstimmung ausgeschlossen; es gilt als **zeitweilig verhindert** i. S. von Abs. 1 Satz 2. An seine Stelle tritt ein Ersatzmitglied als Vertreter (Fischer u. a., § 31 Anm. 15, 19; Lorenzen u. a., § 31 Anm. 11; Richardi u. a., § 31 Anm. 21; vgl. für das BetrVG: BAG v. 23. 8. 1984, BAGE 46, 258 = BB 1985, 335 = DB 1985, 554). Bewirbt sich ein Personalratsmitglied um bestimmte Funktionen innerhalb der Personalvertretung (Wahl des Vorsitzenden, der Vorstandsmitglieder, Freistellung – auch für eine Schulungsveranstaltung), dann kann von einer Verhinderung an Beratung und Beschlussfassung nicht die Rede sein; gleiches gilt für den Fall, dass über die Abberufung von den genannten Funktionen entschieden werden soll (Fischer u. a., aaO).

c) Von einer Verhinderung kann dann nicht gesprochen werden, wenn ein **11**
Mitglied bewusst und **willkürlich einer Sitzung fernbleibt.** Ein Verhinderungsfall liegt nicht vor, wenn das ordentliche Personalratsmitglied tatsächlich in der Lage ist, sein Amt auszuüben, sich jedoch aus persönlichen Beweggründen dessen enthält. Ein Personalratsmitglied hat es nicht in der Hand, willkürlich einen Vertretungsfall herbeizuführen und sich durch ein Ersatzmitglied vertreten zu lassen; es kann sich nicht für verhindert erklären, ohne dass eine Verhinderung objektiv vorliegt (VGH München v. 14. 9. 1988, ZBR 1989, 213 = PersV 1989, 536; BAG v. 5. 9. 1986, BAGE 53, 23 = BB 1987, 1319 = DB 1987, 1641 = PersV 1988, 457). Andererseits ist ein Personalratsmitglied, das dienst- bzw. arbeitsunfähig ist, nicht berechtigt, an einer Personalratssitzung mit der Begründung teilzunehmen, dass es sich zu einer solchen Teilnahme gesundheitlich in der Lage fühle. Entgegen der Auffassung des BAG (v. 15. 11. 1984, BAGE 47, 201 = BB 1985, 866 = DB 1985, 1028; so auch Lorenzen u. a., § 31 Anm. 9 a; Fitting u. a., § 25 Anm. 17; Richardi u. a., § 31 Anm. 8) kann nicht auf den Einzelfall abgestellt werden. Ein Personalratsmitglied kann es nicht in der Hand haben, darüber zu entscheiden, ob es zur Teilnahme an einer Personalratssitzung bereit ist oder nicht. Daher ist der Fall der Dienst-/Arbeitsunfähigkeit ebenso zu behandeln wie der des Erholungsurlaubs (VGH München v. 23. 7. 2003, PersV 2004, 144 = ZfPR 2003, 338; vgl. Richardi u. a., § 31 Anm. 12). Im Übrigen muss für den eine Personalratssitzung verantwortlich vorbereitenden Personalratsvorsitzenden Klarheit darüber bestehen, welche Personalratsmitglieder an der Teilnahme verhindert sind, damit er seiner Pflicht, für diesen Fall Ersatzmitglieder zu laden, nachkommen kann. Er muss unterstellen, dass ein wegen Krankheit dienst- bzw. arbeitsunfähiges Mitglied an der Teilnahme verhindert ist. Ansonsten müsste es der Personalratsvorsitzende bis zum Beginn der Sitzung darauf ankommen lassen, ob das erkrankte Personalratsmitglied erscheint oder nicht, um dann evtl. noch zu versuchen, das zuständige Ersatzmitglied zu laden, was bei einer Stufenvertretung bzw. einem Gesamtpersonalrat kaum gelingen dürfte. Eine solche Verhaltensweise des Vorsitzenden aber würde dem Interesse des Gesetzgebers an einer möglichst vollzähligen Anwesenheit der Personalratsmitglieder bei Personalratssitzungen widersprechen. Schließlich darf der Grundsatz der sparsamen Haushaltsführung auch in diesem Zusammenhang nicht übersehen und ein Ersatzmitglied geladen werden, das seine Reise (Reisekosten) dann vergeblich angetreten hätte, wenn es kurz vor Beginn der Sitzung deshalb an dieser nicht teilnehmen könnte, weil sich das erkrankte Personalratsmitglied kurzfristig zur Teilnahme entschieden hätte.

9. Die Heranziehung von Ersatzmitgliedern ohne Verhinderung eines oder **12**
mehrerer ordentlicher Personalratsmitglieder führt zu einer **nicht ord-**

nungsgemäßen Zusammensetzung der Personalvertretung und u. U. zu einer Beschlussfassung durch hierzu nicht berufene Personen (BVerwG v. 14. 2. 1969, BVerwGE 31, 298 = ZBR 1969, 185, 252 = PersV 1970, 60). Ein Beschluss ist gleichwohl als wirksam anzusehen, wenn der Personalratsvorsitzende bei genauer Prüfung und mangels gegenteiliger eindeutiger und sicherer Anhaltspunkte von einer Verhinderung mit der Folge des Nachrückens eines Ersatzmitgliedes ausgehen durfte. Keinen Einfluss auf die Wirksamkeit von Beschlüssen hat es, wenn ein Personalratsmitglied plötzlich verhindert und es dem Personalratsvorsitzenden nicht mehr möglich ist, rechtzeitig ein Ersatzmitglied zu laden (vgl. für das BetrVG: BAG v. 23. 8. 1984, BAGE 46, 258 = BB 1985, 335 = DB 1985, 554).

II. Reihenfolge des Nachrückens (Abs. 2)

13 1. Abs. 2 bestimmt abschliersend die **Reihenfolge,** in der Ersatzmitglieder eintreten. Danach rücken die Ersatzmitglieder in der Reihenfolge nach, in der sie auf derjenigen Vorschlagsliste stehen, auf der das ausscheidende oder zu vertretende Mitglied kandidiert hat. Dieses Nachrücken erfolgt so, dass der hinter dem letzten gewählten Bewerber auf dem nächsten Platz stehende bzw. Kandidat derselben Gruppe an die Stelle des ausgeschiedenen oder verhinderten Mitglieds in die Personalvertretung einzieht. Infolgedessen kommt ein Beschäftigter als Ersatzmitglied dann nicht in Betracht, wenn bei der Wahl auf die Liste, auf der er als Bewerber benannt war, kein Sitz entfallen ist. Dies ergibt sich aus dem Wortlaut des Gesetzes, wonach Ersatzmitglieder, „aus den nicht gewählten Beschäftigten derjenigen Vorschlagslisten entnommen“ werden, „denen die zu ersetzenden Mitglieder angehören“ (BVerwG v. 16. 7. 1963, BVerwGE 16, 230 = ZBR 1964, 90 = PersV 1963, 233).

14 a) Hat **Gruppenwahl mit mehreren Vorschlagslisten** stattgefunden, so rückt der in derselben Liste der Gruppe auf dem nächsten Platz nach dem letzten gewählten Kandidaten stehende Bewerber nach.

15 b) Hat **Gruppenwahl mit nur einer Vorschlagsliste** stattgefunden, so rückt der nicht gewählte Bewerber mit der nächsthöheren Stimmenzahl nach.

16 c) Bei **gemeinsamer Wahl mit mehreren Listen** rückt der nächste Bewerber nach, der der gleichen Gruppe angehört, der das ausgeschiedene oder verhinderte Mitglied entstammt. Falls auf der Liste der Vertreter einer anderen Gruppe mehr Stimmen hat, so wird er übersprungen (Fischer u. a., § 31 Anm. 24; Lorenzen u. a., § 31 Anm. 13).

17 d) Bei **gemeinsamer Wahl mit nur einer Liste** rückt der Bewerber mit der nächsthöchsten Stimmenzahl nach, der derselben Gruppe wie das verhinderte oder ausgeschiedene Mitglied angehört (Fischer u. a., § 31 Anm. 26).

18 e) In Dienststellen mit einer **nur aus einer Person** bestehenden Personalvertretung (§ 16 Abs. 1: Dienststellen mit fünf bis 20 Beschäftigten) rückt ohne Rücksicht auf die Gruppenzugehörigkeit der nächste Bewerber mit der höchsten Stimmenzahl nach (Fischer u. a., § 31 Anm. 27; Lorenzen u. a., § 31 Anm. 15). Gleiches gilt, wenn eine Gruppe nur aus einer Person besteht (§ 17 Abs. 3). Ist jedoch ein Ersatzmitglied nicht vorhanden, so entfällt die Beteiligungspflicht des Dienststellenleiters. Bei einer längeren Verhinderung des einzigen Personalratsmitglieds, das nicht vertreten werden kann, können die Beteiligungsrechte also nicht ausgeübt werden. Wenn aber ein Dienststellenleiter das erkrankte einzige Personalratsmitglied außerhalb der Dienst-

stelle in einer Personalangelegenheit beteiligt, die einen bestimmten Beschäftigten betrifft, dann muss er das Personalratsmitglied z. B. auch zu einer wenige Tage später beabsichtigten Kündigung des betreffenden Beschäftigten nach § 79 anhören (vgl. für das BetrVG: BAG v. 15. 11. 1984, Leits. BB 1985, 866 = DB 1985, 1028).

2. Nach dem Ausscheiden von Mitgliedern der Personalvertretung ist der **Rückgriff auf** die Vorschlagsliste der **ausgeschiedenen Mitglieder beschränkt** (Fischer u. a., § 31 Anm. 24; Lorenzen u. a., § 31 Anm. 12; Richardi u. a., § 31 Anm. 30). Könnte ein Ersatzmitglied aus einer anderen als derjenigen Vorschlagsliste entnommen werden, der der Ausgeschiedene angehörte, so würde der Wählerwille verfälscht. Mit seiner Wahlentscheidung hat sich der Wähler nicht nur für eine bestimmte Liste entschieden, sondern gleichzeitig auch gegen eine andere. Außerdem würde das Gruppenprinzip verletzt (BVerwG v. 16. 7. 1963, BVerwGE 16, 230 = ZBR 1964, 90 = PersV 1963, 233). Infolgedessen ist hinzunehmen, dass es zu einer Neuwahl nach § 27 Abs. 2 Nr. 2 kommt, wenn z. B. durch den Rücktritt von mehr als einem Viertel der Mitglieder die Personalvertretung nicht mehr ausreichend besetzt ist. Die Beachtung des Wählerwillens und des Gruppenprinzips haben insoweit Vorrang. Ein Rückgriff auf Ersatzmitglieder ist auch dann nicht zulässig, wenn eine Minderheit von Personalratsmitgliedern mit dem Ziel, eine Neuwahl zu erzwingen, ihr Amt niedergelegt hat und die über dieselbe Liste gewählten Ersatzmitglieder es ablehnen, in die Personalvertretung nachzurücken (OVG Münster v. 9. 12. 1982, RiA 1983, 158). Wenn aber alle Mitglieder einer Vorschlagsliste ihr Amt in der Personalvertretung niedergelegt haben, so können sie dann ausnahmsweise durch Mitglieder einer anderen Vorschlagsliste derselben Gruppe ersetzt werden, wenn und soweit die erste Vorschlagsliste weniger Vorschläge enthielt, als nach dem Gesetz zu benennen waren (§ 26 Abs. 2 WO; BVerwG v. 23. 10. 1970, BVerwGE 36, 170 = ZBR 1971, 120 = PersV 1971, 135). 19

III. Wechsel der Gruppenzugehörigkeit (Abs. 3)

So wie ein Mitglied der Personalvertretung bei einem Wechsel der Gruppenzugehörigkeit weiterhin Mitglied der Gruppe bleibt, die es gewählt hat (§ 29 Abs. 2), so bleibt auch das Ersatzmitglied bei einem Wechsel der Gruppenzugehörigkeit vor dem Eintreten für ein ausgeschiedenes oder verhindertes Personalratsmitglied Ersatzmitglied der Gruppe, für die er kandidiert hat. Ein **Gruppenwechsel** kann also im Falle des Nachrückens nicht dazu führen, das betreffende Ersatzmitglied nicht zu berücksichtigen. Soweit es um die Mitgliedschaft in der Personalvertretung geht, bleibt der Gruppenwechsel unbeachtlich, d. h. ein ins Beamtenverhältnis übernommener Arbeitnehmer bleibt personalvertretungsrechtlich Arbeitnehmer bis zum Ende der Amtszeit der Personalvertretung (Richardi u. a., § 31 Anm. 36). 20

IV. Kein Nachrücken im Falle der Auflösung (Abs. 4)

Bei der **Auflösung der Personalvertretung** nach § 27 Abs. 2 Nr. 4 (Auflösung durch gerichtliche Entscheidung) rücken Ersatzmitglieder nicht ein; denn mit dem Auflösungsbeschluss ist die Personalvertretung nicht mehr existent. Da eine solche Personalvertretung nicht zur Weiterführung der Geschäfte befugt ist, können Ersatzmitglieder auch nicht zum Zwecke der Geschäftsführung eintreten. Die Fortführung der Geschäfte erfolgt vielmehr durch den vom Vorsitzenden der Fachkammer des Verwaltungsgerichts eingesetzten Wahlvorstand (§ 28 Abs. 2). 21

V. Streitigkeiten

22 **Streitigkeiten** über das Eintreten von Ersatzmitgliedern werden durch die Verwaltungsgerichte nach § 83 Abs. 1 Nr. 2 im Beschlussverfahren entschieden. Das Beschlussverfahren kann auch von einem bei Ausscheiden oder zeitweiliger Verhinderung betroffenen Ersatzmitglied dann eingeleitet werden, wenn trotz Vorliegens der Voraussetzungen keine Ladung zur Personalratssitzung erfolgt oder die Teilnahme an der Sitzung untersagt wird (BVerwG v. 24. 10. 1975, BVerwGE 49, 271 = ZBR 1976, 195 = PersV 1977, 18; Fischer u. a., § 31 Anm. 31).

Schrifttum: Kneis, Fragen der Ersatzmitgliedschaft im Personalrat, PersV 1972, 49; ders., Fragen zur Vorstandsbildung nach dem Personalvertretungsgesetz für Rheinland-Pfalz und dem Bundespersonalvertretungsgesetz, PersV 1984, 481; Krisam, Ersatzmitglieder des Personalrates, PersV 2007, 504; Kunze, Die zeitweilige Verhinderung eines Personalratsmitgliedes, insbesondere bei eigenen Angelegenheiten, PersV 1975, 459.

Dritter Abschnitt **Geschäftsführung des Personalrates**

§ 32 [Bildung des Vorstandes]

(1) Der Personalrat bildet aus seiner Mitte den Vorstand. Diesem muss ein Mitglied jeder im Personalrat vertretenen Gruppe angehören. Die Vertreter jeder Gruppe wählen das auf sie entfallende Vorstandsmitglied. Der Vorstand führt die laufenden Geschäfte.

(2) Der Personalrat bestimmt mit einfacher Mehrheit, welches Vorstandsmitglied den Vorsitz übernimmt. Er bestimmt zugleich die Vertretung des Vorsitzenden durch seine Stellvertreter. Dabei sind die Gruppen zu berücksichtigen, denen der Vorsitzende nicht angehört, es sei denn, dass die Vertreter dieser Gruppen darauf verzichten.

(3) Der Vorsitzende vertritt den Personalrat im Rahmen der von diesem gefassten Beschlüsse. In Angelegenheiten, die nur eine Gruppe betreffen, vertritt der Vorsitzende, wenn er nicht selbst dieser Gruppe angehört, gemeinsam mit einem der Gruppe angehörenden Vorstandsmitglied den Personalrat.

Inhaltsübersicht

Entspr. landesgesetzliche Regelungen:
Baden-Württemberg: § 32; Bayern: Art. 32; Berlin: § 29; Brandenburg: § 33; Bremen: § 30; Hamburg: §§ 32, 33; Hessen: §§ 29, 30; Mecklenburg-Vorpommern: § 24; Niedersachsen: § 28; Nordrhein-Westfalen: § 29; Rheinland-Pfalz: §§ 26, 27; Saarland: §§ 31, 32; Sachsen: §§ 33, 34; Sachsen-Anhalt: §§ 30, 31; Schleswig-Holstein: § 24; Thüringen: § 33.

Entspr. Vorschrift des BetrVG: § 26.

I. Vorbemerkungen

1. Die Vorschrift regelt die Vorstandsbildung der einzelnen Personalvertre- 1
tungen unter besonderer Berücksichtigung des Gruppenprinzips. Die **Funktionsfähigkeit einer Personalvertretung hängt nicht von der Wahl eines Vorsitzenden** und dessen Stellvertreter **ab.** Vielmehr kann eine Personalvertretung auch vor dieser Wahl bereits wirksame Beschlüsse fassen. Andernfalls nämlich könnte es wegen der vielfach auftretenden Schwierigkeiten bei der Vorstandsbildung trotz Bestehens einer Personalvertretung dazu kommen, dass die Interessen der Beschäftigten nicht wirksam durch eine Personalvertretung wahrgenommen werden, obwohl die Wahlen rechtzeitig und ordnungsgemäß durchgeführt worden sind. Würde man eine Funktionsfähigkeit der Personalvertretung nur für den Fall der erfolgten Vorstandsbildung bejahen, so würde man interne Schwierigkeiten innerhalb einer Personalvertretung bei der Vorstandsbildung im Ergebnis den Beschäftigten anlasten und sie trotz des von ihnen durch die Stimmabgabe erklärten Willens, vertreten zu werden, zunächst „vertretungslos" lassen (vgl. hierzu auch: BAG v. 28. 9. 1983, DB 1984, 833). Im Übrigen würde es Sinn und Zweck des Personalvertretungsrechts widersprechen, das auf einen möglichst umfassenden Schutz der Beschäftigten durch eine gewählte Interessenvertretung gerichtet ist, wollte man eine Personalvertretung nur dann für handlungsfähig erklären, wenn die Vorstandsbildung tatsachlich stattgefunden hat. Wenn demgegenüber Lorenzen u. a., § 32 Anm. 9 darauf hinweisen, dass § 34 Abs. 1 ausdrücklich festlegt, dass der Wahlvorstand spätestens sechs Arbeitstage nach dem Wahltag die Mitglieder des Personalrats zur Vornahme der vorgeschriebenen Wahlen einzuberufen hat und dass dies zwingendes Recht sei, welches nicht umgangen werden dürfe, dann übersehen sie die in der Praxis nicht selten auftretenden Schwierigkeiten bei der Vorstandsbildung. Nicht immer gelingt es bereits in der konstituierenden Sitzung,

einen Vorstand zu wählen. Dies kann in Einzelfällen zur Folge haben, dass tatsächlich über mehrere Wochen eine Außenvertretung durch einen Vorstand nicht möglich ist, was zur Folge hätte, dass beteiligungspflichtige Angelegenheiten in dieser Zeit ohne Beteiligung der gerade gewählten Personalvertretung durchgeführt werden könnten. Das aber kann nicht dem Sinn und Zweck des Personalvertretungsrechts entsprechen. Deshalb hat ein Dienststellenleiter auch kein Recht, Verhandlungen mit einer Personalvertretung, die noch keinen Vorstand gebildet hat, abzulehnen (Richardi u. a., § 32 Anm. 8). Schließlich wird man auch zu dem Ergebnis kommen müssen, dass die Einladung zu Sitzungen, solange noch kein Vorstand gewählt worden ist, durch den Wahlvorstand erfolgen kann (aA insgesamt auch: Fischer u. a., § 32 Anm. 22 sowie insoweit auch Richardi u. a., § 32 Anm. 47).

2 2. Die **Wahl des Vorstands** gehört nicht mehr zur Personalratswahl, sondern bereits zur Geschäftsführung (BVerwG v. 15. 5. 1991, BVerwGE 88,183 = ZBR 1992, 58 = PersV 1992, 73 = ZfPR 1991, 172; VGH München v. 5. 2. 2003, PersV 2004,60 = ZfPR 2004, 38; Fischer u. a., § 32 Anm. 23; Lorenzen u. a., § 32 Anm. 11). Die Geltendmachung der Unwirksamkeit der Wahl eines Vorstandsmitglieds ist nicht an eine Frist gebunden, denn es handelt sich um einen Akt der Geschäftsführung, nicht aber um die Ausübung eines zeitlich begrenzten Anfechtungsrechts (BVerwG v. 15. 5. 1991, BVerwGE 88, 183 = ZBR 1992, 58 = PersV 1992, 73 = ZfPR 1991, 172; BVerwG v. 4. 10. 2005, PersV 2006, 106 = Leits. ZfPR 2006, 74; Fischer u. a., § 32 Anm. 61. Die Wahl des Vorstands findet in einer konstituierenden Sitzung statt (§ 34 Abs. 1). Für die verschiedenen, zur Bildung des Vorstands einer Personalvertretung vorgeschriebenen Wahlen ist eine Reihenfolge nicht vorgesehen. Eine Vorrangigkeit besteht lediglich in der Weise, dass zunächst die Vorstandsmitglieder (einschließlich der eventuell nach § 33 zu wählenden Vorstandsmitglieder) gewählt werden. Da die Wahl eines Vorsitzenden der Personalvertretung erst dann möglich ist, wenn Klarheit darüber besteht, welche Personalratsmitglieder zu Vorstandsmitgliedern gewählt worden sind, ist vorgegeben, dass zunächst diese Vorstandsmitglieder zu wählen sind und dann zu bestimmen ist, welches dieser Vorstandsmitglieder den Vorsitz übernehmen soll (OVG Münster v. 10. 2. 1981, PersV 1983, 290; Lorenzen u. a., § 32 Anm. 28).

II. Wahl des Vorstands

3 1. Jede im Personalrat vertretene Gruppe stellt ein Vorstandsmitglied. Das folgt aus dem **Gruppenprinzip,** von dem das BPersVG beherrscht wird (BVerwG v. 26. 10. 1977 – 7 P 21.75, ZBR 1978, 240 = PersV 1979, 73; BVerwG v. 26. 10. 1977 – 7 P 23.76, ZBR 1977, 242 = PersV 1979, 112; VGH Kassel v. 20. 2. 1975, PersV 1976, 273 m. Anm. Windscheid; vgl. schon zur früheren Rechtslage: BVerwG v. 1. 8. 1958, BVerwGE 7, 197 = ZBR 1958, 351 = PersV 1958/59, 114; BVerwG v. 3. 10. 1958, BVerwGE 7, 253 = ZBR 1958, 379 = PersV 1958/59, 42; BVerwG v. 15. 12. 1961, BVerwGE 13, 242 = ZBR 1962, 90 = PersV 1962, 65; vgl. im Übrigen die Anm. zu § 5). Die Bestimmung, nach der jede Gruppe im Vorstand vertreten sein muss, ist zwingend („muss angehören"). Der Vorstand einer Personalvertretung umfasst in der Regel zwei Gruppen. In Dienststellen nach § 49 SBG kommt als weitere Gruppe die Gruppe der Soldaten hinzu.

4 2. Die **Größe des Vorstands** hängt von der Zahl der im Personalrat vertretenen Gruppen ab. Sind in einem Personalrat drei Beschäftigtengruppen also auch eine Soldatengruppe vertreten, so besteht der Vorstand aus drei Personalratsmitgliedern. Wenn einem Personalrat nicht Vertreter aller Gruppen

angehören, so ist die Zahl der Vorstandsmitglieder entsprechend geringer. Besteht der Personalrat nur aus einer Gruppe, dann besteht auch der Vorstand nur aus einem Mitglied. Andere Gruppenvertreter können nicht hinzugewählt werden (BVerwG v. 27. 8. 1997, Leits. ZBR 1998,147 = ZfPR 1999, 6; Fischer u. a., § 32 Anm. 4; Lorenzen u. a., § 32 Anm. 10). Im Hinblick auf die Gewährleistung der jederzeitigen Arbeitsfähigkeit des Vorstands kann für den Regelfall des Bestehens zweier Gruppen für den Fall der Verhinderung beider Vorstandsmitglieder bestimmt werden, dass die Stellvertretung des Vorsitzenden bei Abwesenheit des Vorsitzenden selbst sowie seines regulären Stellvertreters durch ein weiteres, dem Vorstand nicht angehörendes Personalratsmitglied ausgeübt wird. Dessen Befugnisse können auf die Durchsicht der Posteingänge und die Einberufung außerturnusmäßiger Personalratsitzungen bei Eingang von Anträgen, die Fristsachen enthalten, beschränkt werden. Die betreffende Person wäre – wie die Person des Vorsitzenden und des stellvertretenden Vorsitzenden – vom Personalratsplenum zu wählen. Die Bestimmung eines zusätzlichen Vertreters im Vorsitz erscheint im Übrigen insbesondere im Hinblick darauf notwendig und zulässig, dass es bei einer inzwischen überwiegend nur aus zwei Gruppen bestehenden Personalvertretung häufiger vorkommen kann, dass bei Abwesenheit des Vorstands die Personalvertretung quasi handlungsunfähig ist.

In Personalräten mit 11 und mehr Mitgliedern werden zu den „Gruppen-Vorstandsmitgliedern" („Gruppensprechern") noch **zwei Ergänzungsmitglieder** vom Plenum hinzugewählt (§ 33). Besteht ein Personalrat nur aus einer Gruppe, aber aus mindestens 11 Mitgliedern, hat der Personalrat drei Mitglieder zu Vorstandsmitgliedern zu bestimmen und sodann festzulegen, welches Vorstandsmitglied den Vorsitz übernimmt (BVerwG v. 27. 8. 1997 – 6 P 7.95, Leits. ZBR 1998, 147 = ZfPR 1999, 6; vgl. auch Anm. 18). Danach erfolgt die Bestimmung der Reihenfolge in der Vertretung des Vorsitzenden. 4a

3. Die **Vorstandsmitglieder werden von den Gruppenvertretern in getrennter Wahl** mit einfacher Stimmenmehrheit aus der eigenen Gruppe gewählt. Der Wahlmodus ist beliebig. Es muss nur feststehen, dass überhaupt gewählt wurde und welches Ergebnis die Wahl hatte (OVG Lüneburg v. 12. 12. 1956, ZBR 1957, 57). Im Falle der Stimmengleichheit entscheidet das Los; denn der Losentscheid ist das rechtlich anerkannte Mittel, um Pattsituationen bei Abstimmungen aufzulösen (OVG Weimar v. 20. 3. 2001, PersV 2002, 515; vgl. hierzu auch Anm. 11). 5

4. Wenn Personalratsmitglieder dienstlich verhindert oder in Urlaub, Kur etc. sind, können sie in der konstituierenden Sitzung zu Vorstandsmitgliedern gewählt werden, wenn sie zuvor in einer entsprechenden Erklärung ihre **Bereitschaft zur Kandidatur** und zur Annahme eines Vorstandsamts schriftlich niedergelegt haben (Lorenzen u. a., § 32 Anm. 14). 6

5. Nach Abs. 1 Satz 3 haben die Gruppenvertreter das auf ihre Gruppe entfallende Vorstandsmitglied zu wählen. Es ist **ausschließlich Sache der Gruppe,** darüber zu entscheiden, welches Mitglied ihrer Gruppe sie in den Vorstand entsenden will. Die Gruppe kann auch selbst das Verfahren bestimmen, wonach die Entscheidung über die Entsendung des Gruppenvertreters getroffen werden soll. Das Verfahren ist ebensowenig gesetzlich vorgeschrieben wie Arbeit und Willensbildung innerhalb des Vorstands geregelt sind, so dass die §§ 34 ff. entsprechend angewandt werden können (Fischer u. a., § 32 Anm. 36; Lorenzen u. a., § 32 Anm. 24). Voraussetzung ist lediglich, dass für die Wahl der Gruppenvorstandsmitglieder die Anwesenheit der 7

Hälfte der Gruppenvertreter erforderlich ist (Fischer u. a., § 32 Anm. 9; Lorenzen u. a., § 32 Anm. 11). Zulässig ist eine offene Abstimmung (Zuruf, Handzeichen etc.; Lorenzen u. a., § 32 Anm. 12). Die Vertreter der anderen Gruppe haben daher auch keinen Einfluss auf die Regelung des Verfahrens, in welcher Weise ein **Losentscheid** durchgeführt werden soll. Etwas anderes gilt auch dann nicht, wenn feststeht, dass die Gruppenvertreter eine Mehrheitsentscheidung über die Verfahrensweise nicht zustande bringen. Eine Ersatzvornahme des Losentscheids oder gar die Durchführung dieses Entscheids durch Dritte ist ebensowenig möglich wie die Wahl der Gruppenvertreter durch eine andere Gruppe oder durch die gesamte Personalvertretung (BVerwG v. 20. 6. 1958, BVerwGE 7, 140 = ZBR 1958, 279 m. Anm. v. Windscheid). Insoweit wirkt sich das das Personalvertretungsrecht beherrschende Gruppenprinzip auch in diesem Zusammenhang aus, obwohl die Gruppe dann im Vorstand unvertreten bleibt, und es keine Mitwirkung der Gruppe bei der Führung der laufenden Geschäfte (Abs. 1 Satz 4) gibt. Ebenso ist auch kein Vorstandsmitglied für diese Gruppe vorhanden, das in Gruppenangelegenheiten nach Abs. 3 Satz 2 den Personalrat gemeinsam mit dem Vorstand vertreten könnte (VGH München v. 2. 4. 1986, ZBR 1987, 29). Die Gruppe, die bisher keine Entscheidung über ihre Vertretung getroffen hat, kann dies jederzeit nachholen(Lorenzen u. a.,§ 32 Anm. 12).

8 6. Ist eine Gruppe nur durch ein Mitglied im Personalrat vertreten, so ist dieses kraft seiner Wahl zugleich das auf seine Gruppe entfallende Vorstandsmitglied. Die zwingende gesetzliche Regelung lässt eine andere Entscheidung, die bei einer Wahl nach ihrem Wesen möglich sein muss, nicht zu (BVerwG v. 28. 2. 1979, ZBR 1979, 375 = PersV 1980, 427). Gleiches gilt für den Fall, dass bei einer aus zwei Mitgliedern bestehenden Gruppe ein Mitglied aus zwingenden dienstlichen Gründen (Arbeitsüberlastung) nicht für die Wahl zum „Gruppensprecher" bereitsteht. Eine **eigentliche Wahl** im Sinne einer Entscheidung zwischen zwei oder mehreren Personen ist in diesen Fällen **nicht möglich** (BVerwG v. 28. 2. 1979, aaO). In gleicher Weise ist zu verfahren, wenn nur noch ein Mitglied aus dem engeren Vorstand für den Vorsitz zur Verfügung steht. Die Personalvertretung kann dann nicht zwischen diesem und einem Ergänzungsmitglied wählen. Vielmehr ist sie darauf angewiesen, das einzig verbliebene Mitglied des „engeren" Vorstands als Vorsitzenden zu akzeptieren (VG Köln v. 12. 10. 1977 – PVB 1/77, n. v.).

9 7. Die **Wahl der Vorstandsmitglieder** ist eine **Rechtspflicht** der Gruppenvertreter (BVerwG v. 15. 12. 1961, BVerwGE 13, 242 = ZBR 1962, 90 = PersV 1962, 65; BVerwG v. 9. 2. 1962, BVerwGE 13, 341 = ZBR 1962, 280 = PersV 1962, 229). Die Weigerung, an der Wahl der Vorstandsmitglieder teilzunehmen, kann ein Pflichtverstoß i. S. von § 28 sein (BVerwG v. 15. 12. 1961, aaO). Ein Personalratsmitglied ist aber nicht gezwungen, die Wahl in den Vorstand anzunehmen (BVerwG v. 28. 2. 1979, ZBR 1979, 375 = PersV 1980, 427). Ebenso hat ein Vorstandsmitglied das Recht, sein Amt im Vorstand jederzeit niederzulegen. Die Ausschlagung bzw. Niederlegung des Amtes im Vorstand kann – ebenso wie bei der ‚einfachen' Mitgliedschaft – jederzeit und nicht nur aus sachlich anzuerkennenden Gründen geschehen; denn weder aus dem Gesetzeswortlaut noch aus dem Sinngehalt des Vorstandsamts ergibt sich gegenteiliges (Fischer u. a., § 32 Anm. 18; Lorenzen u. a., § 32 Anm. 15; Richardi u. a., § 32 Anm. 26).

10 8. Eine Gruppe kann grundsätzlich kein Mitglied der Personalvertretung zu ihrem **„Gruppensprecher"** wählen, das nicht der eigenen Gruppe angehört.

Im Vorstand nämlich soll ein Mitglied jeder im Personalrat vorhandenen Gruppe vertreten sein (Abs. 1 Satz 2). Diese Vorschrift dient dem Schutz der jeweils betroffenen Gruppe, um sicherzustellen, dass deren Interessen im Vorstand hinreichend berücksichtigt werden (BVerwG v. 3. 10. 1958, BVerwGE 7, 253 = ZBR 1958, 379 = PersV 1958/59, 42; einschränkend Fischer u. a., § 32 Anm. 11). Ausnahmsweise können Gruppenfremde Vorstandsmitglieder dann sein, wenn sie nach § 18 Abs. 2 gewählt wurden und die Gruppe sonst nicht im Vorstand vertreten wäre (aA Richardi u. a., § 32 Anm. 16).

9. Bei **Stimmengleichheit** in der Wahl der Vorstandsmitglieder müssen sich die Bewerber der **Entscheidung durch das Los** unterwerfen; denn ein Losentscheid ist das rechtlich anerkannte Mittel, um Pattsituationen bei Abstimmungen aufzulösen (vgl. OVG Weimar v. 20. 3. 2001, PersV 2002, 515). Ein Widersetzen bedeutet eine grobe Pflichtverletzung (BVerwG v. 15. 12. 1961, BVerwGE 13, 242 = ZBR 1962, 90 = PersV 1962, 65). Da sich bei Stimmengleichheit zur Bildung des Vorstands nur das Losverfahren anbietet, ist dieses Verfahren nicht nur zulässig, sondern auch geboten (BVerwG v. 1. 8. 1958, BVerwGE 7, 197 = ZBR 1958, 351 = PersV 1958/59, 114; BVerwG v. 15. 12. 1961, aaO). Akzeptiert einer der Bewerber bei Stimmengleichheit ein Losverfahren nicht, so ist weder der Mitbewerber gewählt noch kann das Wahlverfahren ohne weiteres fortgesetzt werden (VGH München v. 5. 7. 1962 – Nr. 4 IX, 61, n. v.). Können sich Gruppenmitglieder mehrheitlich nicht auf ein Verfahren einigen (Pattsituation), so geht das Entscheidungsrecht nicht auf das Personalratsplenum über (VGH München v. 2. 4. 1986, ZBR 1987, 29; vgl. auch Anm. 7). Eine Entscheidung durch das Los hat dieselbe Rechtswirkung wie die Wahl (BVerwG v. 1. 8. 1958, aaO). Für die technische Durchführung des Losentscheids ist jedes Verfahren brauchbar, das den Bewerbern gleiche Chancen bietet (OVG Lüneburg v. 20. 9. 1957, ZBR 1957, 373) und bei dem in besonderer Weise der Zufallscharakter gewahrt ist (BVerwG v. 2. 12. 1983 – 6 PB 19.83, n. v.). Ein Losentscheid in Form des Streichholzziehens ist unzulässig, da in diesem Fall für Dritte nicht erkennbar und überprüfbar ist, ob das Losverfahren ordnungsgemäß durchgeführt wird. Das längere oder das kürzere Streichholz können bewusst auf die eine oder andere Seite genommen werden, eines der Streichhölzer kann länger herausragen etc. Für Dritte jedenfalls sind derartige Manipulationen weniger leicht als bei einem Münzwurf zu durchschauen, bei dem die korrekte Ausführung schnell erkennbar ist (OVG Lüneburg v. 9. 5. 1980, PersV 1980, 492 m. Anm. v. Windscheid; OVG Münster v. 9. 8. 1989 – CB 145/89, n. v.). In jedem Fall aber muss gewährleistet sein, dass keiner der Kandidaten benachteiligt wird und dass ein ausreichender Schutz vor Manipulationen gewährleistet ist. Das Losverfahren muss daher übersichtlich gestaltet und für die Beteiligten ohne besonderen Aufwand erfassbar und überprüfbar sein. Wenn das Losverfahren in die Hand eines neutralen Dritten gelegt ist, dann spricht zumindest die Vermutung für ein ordnungsgemäßes Verfahren ohne Manipulationen (BVerwG v. 15. 5. 1991, BVerwGE 88, 183 = ZBR 1992, 58 = PersV 1992, 73 = ZfPR 1991, 172; aA Richardi u. a., § 32 Anm. 20, 21). Schlieslich: Vor allem ist ein Münzwurf als Losentscheid dann zulässig, „wenn die Münze genügend hoch geworfen wurde und durch ihr Auftreffen auf einer harten Unterlage in mehrfache Umdrehung versetzt worden ist" (VGH München v. 13. 2. 1991, Leits. ZfPR 1991, 80). **11**

10. Wenn die Vertreter einer Gruppe nicht das auf sie entfallende Vorstandsmitglied wählen, bleibt dieser Platz im Vorstand frei (Fischer u. a., § 32 **12**

Anm. 4; Lorenzen u. a., § 32 Anm. 12; aA, aber nicht überzeugend: BVerwG v. 20. 6. 1958, BVerwGE 7, 140 = ZBR 1958, 2 79 = PersV 1958/59, 111, das in diesem Fall den unbesetzten **Vorstandssitz einer anderen Gruppe überlassen** will; vgl. auch: BVerwG v. 23. 10. 1970, BVerwGE 36, 170 = PersV 1971, 135).

13 11. Die von den Gruppenvertretern gewählten Vorstandsmitglieder sind der **Vorstand.** Sie bedürfen keiner Bestätigung durch das Plenum, das vielmehr ihre Wahl hinnehmen muss („geborene Vorstandsmitglieder"). Entscheidend ist, dass die Gruppenvertreter vom Vertrauen ihrer Gruppe getragen sind (BVerwG v. 23.10. 1970, BVerwGE 36, 174 = ZBR 1971, 123 = PersV 1971, 141).

III. Wahl des Vorsitzenden und seiner Stellvertreter

14 1. Nach Abs. 2 Satz 1 gehört die **Wahl des Vorsitzenden zur Geschäftsführung,** nicht mehr zur Personalratswahl (BVerwG v. 15. 5. 1991, BVerwGE 88, 183 = ZBR 1992, 58 = PersV 1992, 73 = ZfPR 1991, 172; OVG Weimar v. 20. 3. 2001, PersV 2002, 515; VGH München v. 5. 2. 2003, PersV 2005, 60 = ZfPR 2004, 38; vgl. auch Anm. 2). Der Vorsitzende wird nicht vom Vorstand, sondern von der gesamten Personalvertretung gewählt. Gewählt ist dasjenige Vorstandsmitglied, das die Mehrheit der Stimmen der mindestens zur Hälfte (§ 37 Abs. 2) anwesenden Mitglieder erhält. Die Bestimmung des Vorsitzenden ist keine Wahl im eigentlichen Sinn, sondern ein Geschäftsführungsakt, der in Form eines Beschlusses zu fassen ist und wie alle der Regelung des § 37 unterliegt. Daher reicht es nicht aus, wenn beispielsweise ein Mitglied des Vorstands lediglich zwei von fünf Stimmen erhält, ein anderes eine Stimme bei zwei Stimmenthaltungen. Dies nämlich entspricht nicht der einfachen Mehrheit (BVerwG v. 3. 8. 1983, ZBR 1984, 128 = PersV 1985, 69).

15 2. Da die Personalvertretung mit einfacher Mehrheit bestimmt, „welches Vorstandsmitglied den Vorsitz übernimmt", kann zum **Vorsitzenden nur ein Vorstandsmitglied** gewählt werden (BVerwG v. 15. 5. 1991, BVerwGE 88, 183 = ZBR 1992, 58 = PersV 1992, 73 = ZfPR 1991, 172). In Personalvertretungen mit 11 und mehr Mitgliedern kann die Wahl des Vorsitzenden zeitlich nach der Erweiterung des Vorstands um die Ergänzungsmitglieder vorgenommen werden (BVerwG v. 24. 10. 1957, BVerwGE 5, 309). Es ist aber nicht zulässig, bei der Bestimmung des Vorsitzenden ein nach § 32 Abs. 1 Satz 3 gewähltes Vorstandsmitglied gegen seinen Willen hinter ein nach § 33 zugewähltes Ergänzungsmitglied zurückzusetzen (BVerwG v. 13. 6. 1956, BVerwGE 5, 118 = ZBR 1957, 407; VGH München v. 5. 2. 2003, PersV 2004, 60 = ZfPR 2004, 38). Gleiches gilt auch für die Stellvertreter; denn das Gruppenprinzip gebietet es, bei der Wahl sowohl des Vorsitzenden als auch des Stellvertreters die von den Gruppen gewählten Vorstandsmitglieder vor den nach § 33 zugewählten Vorstandsmitgliedern zu berücksichtigen (VGH München v. 8. 12. 1999, PersV 2000, 276).

16 3. Die Vorschrift sieht die Wahl von Ersatzmitgliedern für den Vorstand nicht vor. Dennoch ist es zulässig, dass die Gruppenvertreter von vorneherein ein **Ersatzvorstandsmitglied** wählen, etwa für den Fall des Ausscheidens des betreffenden Vorstandsmitglieds. Dies ergibt sich aus dem Gruppenprinzip, das gerade in § 32 deutlich zum Ausdruck gebracht wird. Man wird daher den Gruppen, von deren Vertrauen die jeweiligen Vorstandsmitglieder abhängig sind, die Möglichkeit der Wahl eines Ersatzvorstandsmitglieds einräumen müssen (Fischer u. a., § 32 Anm. 16; Lorenzen u. a., § 32 Anm. 16;

Richardi u. a., § 32 Anm. 32; vgl. auch BVerwG v. 21. 4. 1992, ZBR 1992, 280 = PersV 1992, 434 = ZfPR 1992, 141).

4. Bei der Wahl des Vorsitzenden hat die Personalvertretung zu berücksichtigen, dass die von den Gruppenvertretern nach § 32 Abs. 1 Satz 3 gewählten Vorstandsmitglieder die **„geborene Anwartschaft“** auf entweder Vorsitz oder Stellvertretung des Vorsitzenden besitzen (BVerwG v. 26. 10. 1977, BVerwGE 55,17 = ZBR 1978, 238 = PersV 1979, 110; VGH München v. 5. 2. 2003, PersV 2004, 60 = ZfPR 2004, 38). Das BPersVG schreibt bei der Bestimmung von Vorsitzendem und Stellvertretern nicht die Berücksichtigung der jeweiligen Gruppenstärke vor. Ausschlaggebend ist allein die Qualifikation des Betreffenden (z. B. Erfahrung, sicheres Auftreten, Verhandlungsgeschick). 17

5. Die **Zahl der Stellvertreter** richtet sich nach der Zahl der im Personalrat vertretenen Gruppen. Wenn, was der Regelfall ist, eine Personalvertretung aus nur zwei Gruppen besteht, so hat der Vorsitzende nur einen Stellvertreter (Fischer u. a., § 32 Anm. 5). Besteht eine Personalvertretung aber aus drei Gruppen (unter Einbezug der Soldatengruppe), dann kann das Plenum nicht beschließen, keinen zweiten stellvertretenden Vorsitzenden zu wählen. Aus Abs. 2 Satz 3 ergibt sich, dass das Gruppenprinzip zwingend die Berücksichtigung aller Gruppen im Vorstand vorschreibt, so dass (im letzteren Fall) neben dem Vorsitzenden auch zwei Stellvertreter, nämlich einer aus der Gruppe, der der Vorsitzende selbst nicht angehört, gewählt werden müssen (VGH München v. 21. 4. 1983, PersV 1985, 117). Gehören einer Personalvertretung aber nicht Vertreter aller Gruppen an, so entfällt auch eine Vertretung im Vorstand (Fischer-Goeres, § 32 Anm. 4; Lorenzen u. a., § 32 Anm. 6). Verfügt eine Personalvertretung nur über eine Gruppe, dann besteht der Vorstand nur aus einer Person, es sei denn, dass das Plenum aus elf oder mehr Mitgliedern besteht. In diesem Fall sind zwei weitere Vorstandsmitglieder aus der Mitte der Personalvertretung zu wählen. Eines dieser Mitglieder muss, falls die Personalvertretung aus mehreren Listen gewählt worden ist, der Liste angehören, die die zweitgrößte Stimmenzahl, mindestens jedoch ein Drittel aller Stimmen erhalten hat, die von den Wählern abgegeben wurden. Voraussetzung ist weiter, dass im Vorstand sonst kein Mitglied aus dieser Liste vertreten wäre (BVerwG v. 27. 8. 1997 – 6 P 7.95, Leits. ZBR 1998, 147 = ZfPR 1999, 6). 18

6. Sobald die Personalvertretung den Vorsitzenden bestimmt hat, steht fest, dass das weitere Vorstandsmitglied der **Stellvertreter des Vorsitzenden** ist, das ihn im Verhinderungsfall zu vertreten hat. Das Plenum muss das von einer Gruppe gewählte (und damit zum Vorstand gehörende) Gruppenmitglied akzeptieren; insoweit ist das Wahlrecht des Plenums auf den Gruppensprecher reduziert (vgl. auch: VGH München v. 5. 2. 2003, PersV 2004, 60 = ZfPR 2004, 38). Wenn ein erweiterter Vorstand zu wählen ist (§ 33), dann haben die sog. Ergänzungsmitglieder bei der Festlegung der Stellvertretung selbstverständlich Vorrang vor weiteren Personalratsmitgliedern, die nicht dem Vorstand, sondern dem Plenum angehören (BVerwG v. 27. 8. 1997 – 6 P 7.95, Leits. ZBR 1998, 147 = ZfPR 1999, 6; wegen der Bestimmung der nach § 33 gewählten Vorstandsmitglieder zum Vorsitzenden oder Stellvertreter: vgl. § 33 Anm. 7). 19

7. Ein Stellvertreter ist nur im Falle der Verhinderung des Vorsitzenden **zur Vertretung berechtigt** (vgl. aber Anm. 34; Fischer u. a., § 32 Anm. 48). Das zur Stellvertretung berufene Vorstandsmitglied tritt voll in die Funktionen des Vorsitzenden ein. Ob eine Verhinderung vorliegt, bestimmt sich nach den 20

in § 31 festgelegten Grundsätzen. Eine Aufteilung der Aufgaben des Vorsitzenden auf mehrere Stellvertreter (bei Verhandensein der Soldatengruppe) ist nicht möglich; denn die Stellvertretung bezieht sich auf die gesamten, dem Vorsitzenden obliegenden Aufgaben (Fischer u. a., § 32 Anm. 31, 48; Lorenzen u. a., § 32 Anm. 39).

21 8. Wenn im Personalrat nur eine Gruppe vertreten ist oder wenn die Vertreter einer Gruppe kein Vorstandsmitglied wählen, dann kann ein Personalratsmitglied zum **Stellvertreter** des Vorsitzenden bestimmt werden, das **nicht dem Vorstand** angehört (BVerwG v. 27. 8. 1997, PersR 1998, 113; Fischer u. a., § 32 Anm. 29).

22 9. Die Gruppenvertreter können allerdings auf die Berücksichtigung ihrer Gruppe bei der **Stellvertretung verzichten.** Der Verzicht einer Gruppe, im Vorstand vertreten zu sein, bedarf der Zustimmung aller Gruppenmitglieder; denn das Gruppenprinzip gebietet, dass grundsätzlich eine Mitgliedschaft aller Gruppen im Vorstand sichergestellt wird. Von diesem absoluten Vorrang kann daher nur dann Abstand genommen werden, wenn alle Gruppenmitglieder, die jeweils für sich dem Schutz des Gruppenprinzips im Hinblick auf die Vorstandsbildung unterliegen, tatsächlich zustimmen. Anders allerdings ist die Situation dann, wenn sich keines der der Gruppe angehörenden Personalratsmitglieder bereitfindet, ein Vorstandsamt zu übernehmen (BVerwG v. 7. 6. 1984 – 6 P 29.83, Buchholz 238.3 A § 32 Nr. 4).

23 10. Der **Vorsitzende** einer Personalvertretung **ist** nicht ihr Vorgesetzter, sondern **erster unter Gleichen;** er vertritt sie in der Erklärung, nicht in der Willensbildung (BVerwG v. 21. 7. 1982, ZBR 1983, 166 = PersV 1983, 316; Richardi u. a., § 32 Anm. 76). Die Personalvertretung ist ein Kollegialorgan, das seine Willensbildung durch Beschlüsse vollzieht, an der der Personalratsvorsitzende – wie jedes andere Mitglied auch – beteiligt ist, so dass der Vorsitzende nicht willensbildend für das gesamte Gremium tätig werden kann; vielmehr obliegt ihm die Durchführung der laufenden Geschäfte(vgl. Anm. 24). Weder die Personalvertretung noch deren Vorstand können die Befugnisse des Vorsitzenden erweitern (Fischer u. a., § 32 Anm. 43). Die Beschlussfassung in Bezug auf Beteiligungsangelegenheiten ist ein Akt interner Willensbildung; zur Rechtserheblichkeit gegenüber Dritten bedarf sie daher einer besonderen Erklärung, die durch den Vorsitzenden – gegebenenfalls mit einem der Gruppe angehörenden Vorstandsmitglied gemeinsam (BVerwG v. 13. 6. 2007, NZWehrr 2008, 39) – abgegeben wird. Zwar ist der Vorsitzende nicht nur „Bote“, der die von der Personalvertretung gefassten Beschlüsse lediglich übermittelt. Andererseits aber ist er auch kein Vertreter im Willen i. S. von §§ 154 ff. BGB, sondern er vertritt den Personalrat in der Erklärung. Ein eigenes Entscheidungsrecht also steht ihm nicht zu; denn er ist lediglich „Sprachrohr“, „Vollzugsorgan“ der Personalvertretung (BVerfG v. 19. 12. 1994, ZBR 1995 143 = PersV 1995, 168). Daher hat er auch keine weitere Entscheidungsbefugnis als die, die das Gesetz ihm einräumt (z. B. § 34 Abs. 2) und erst recht keine Handlungsbefugnis, die über das BPersVG hinausreicht (BVerfG v. 26. 5. 1970, BVerfGE 28, 314 = PersV 1970, 260). Es gehört daher auch nicht zu den Aufgaben des Vorsitzenden einer Stufenvertretung, die Auswahl des Beauftragten für die Teilnahme an einer Personalversammlung bei einer nachgeordneten Dienststelle vorzunehmen (BVerwG v. 18. 3. 1981, ZBR 1982, 56 = PersV 1982, 237).

24 11. **Die dem Vorsitzenden vom BPersVG zugewiesenen Aufgaben** sind:
a) Einberufung der Sitzungen (§ 34 Abs. 2 Satz 1);

b) Einladung der Mitglieder der Personalvertretung (§ 34 Abs. 2 Satz 3), der Jugend- und Auszubildendenvertretung und der Vertretung der Schwerbehinderten (§ 40 Abs.), der Vertretung der nichtständig Beschäftigten (§ 40 Abs. 2), des Dienststellenleiters (§ 34 Abs. 4) und der Beauftragten der Gewerkschaften (§ 36);
c) Festsetzung der Tagesordnung und Leitung der Verhandlung (§ 34 Abs. 2 Satz 2);
d) Leitung der Personalratssitzungen (§ 34 Abs. 2 Satz 2);
e) Unterzeichnung der Niederschrift (§ 41 Abs. 1 Satz 2);
f) Leitung der Personalversammlung (§ 41 Abs. 1 Satz 2);
g) Teilnahme an Sitzungen der Jugend- und Auszubildendenversammlungen, soweit nicht ein andere Personalratsmitglied hiermit beauftragt ist (§ 63 Satz 4);
h) Vertretung des Personalratsrats im Rahmen der gefassten Beschlüsse (§ 32 Abs.);
i) Unterzeichnung von Dienstvereinbarungen (§ 73);
j) Weitere Aufgaben, die ihm die Geschäftsordnung zuweisen kann (§ 42).

Der Vorsitzende ist auch der **Empfänger offizieller Erklärungen** an die Personalvertretung, ohne dass es in bestimmten Angelegenheiten der Hinzuziehung des betreffenden Gruppenvorstandsmitglieds bedarf (Richardi u. a., § 32 Anm. 81). Werden Erklärungen gegenüber einem anderen Vorstands- oder Personalratsmitglied abgegeben, so sind diese nicht Empfänger. Vielmehr können sie nur als Boten tätig werden, so dass eine Erklärung (des Dienststellenleiters etc.) der Personalvertretung erst dann zugeht, wenn sie dem Vorsitzenden oder dem Personalratsplenum bekannt gegeben wird (BAG v. 27. 6. 1985, BAGE 49, 136, 150 = BB 1986, 321 = DB 1986, 332; Fischer u. a., § 32 Anm. 46). I Erst dann auch werden die Fristen im Rahmen des Mitbestimmungs- bzw. Mitwirkungsverfahrens in Gang gesetzt (Fischer u. a., aaO). Allerdings können im Einzelfall auch stellvertretende Vorsitzende oder Plenumsmitglieder für die Personalvertretung bestimmte Erklärungen rechtlich wirksam entgegennehmen, wenn sie sich entsprechend gegenüber dem Dienststellenleiter ausweisen (Fischer u. a., § 32 Anm. 52). Dem Vorsitzenden selbst steht das Recht zu, Beschäftigte an ihren Arbeitsplätzen aufzusuchen, um die für die Beschlussfassungen notwendigen Informationen zu beschaffen (OVG Saarlouis v. 30. 7. 1975, PersV 1977, 146; vgl. auch § 1 Anm. 26, § 68 Anm. 14). Gegenüber einzelnen Personalratsmitgliedern und dem Plenum ist er zur Information verpflichtet (VGH Kassel v. 9. 4. 1980, PersV 1982, 376).

12. Soweit das Gesetz dem Vorsitzenden einer Personalvertretung Aufgaben **25**
zuweist, ist die **Aufzählung erschöpfend;** sie kann weder durch Beschluss der Personalvertretung noch durch die Geschäftsordnung erweitert werden. Dagegen können Personalvertretungen durch Beschluss im Einzelfall einem anderen Mitglied als dem Vorsitzenden die Vertretung nach außen übertragen (Fischer u. a., § 32 Anm. 50); denn das Gesetz schreibt nicht vor, dass der Vorsitzende („stets und uneingeschränkt") den Personalrat zu vertreten hat (BAG v. 18. 4. 2007, ZfPR online 2/2008, S. 2; vgl. auch Richardi u. a., § 32 Anm. 84). Dies ergibt sich bereits daraus, dass der Vorsitzende nicht gesetzlicher Vertreter des Personalrats, sondern nur **Vertreter in der Erklärung** ist. Er gibt lediglich das wieder, was die Personalvertretung zuvor beschlossen hat. Infolgedessen ist also eine Personalvertretung nicht gehindert, in Einzelfällen auch ein anderes Mitglied mit der Aufgabenwahrnehmung zu beauftragen. Dies muss insbesondere bei der Wahrnehmung von Gerichtsterminen dann gelten, wenn ein anderes Mitglied mit der Sach- und Rechtslage

besser als der Vorsitzende vertraut ist (BVerwG v. 21. 7. 1982, ZBR 1983, 166 = PersV 1983, 316).

26 13. Der Vorsitzende vertritt den Personalrat **im Rahmen der von diesem gefassten Beschlüsse.** Ein eigenmächtiges Abweichen ist ein Pflichtverstoß i. S. von § 28 (OVG Lüneburg v. 5. 11. 1974, ZBR 1975, 155) und führt u. U. zu einer persönlichen Haftpflicht.

27 14. Abs. 3 Satz 1 begründet für die Dienststelle die gesetzliche Vermutung, dass der Vorsitzende die Beschlüsse der Personalvertretung korrekt ausführt (vgl. für das BetrVG: BAG v. 24. 2. 2000, Leits. BB 2000, 1358 = DB 2000, 1358). Da ein Dienststellenleiter das ordnungsgemäße Zustandekommen von Beschlüssen der Personalvertretung nicht überprüfen kann, muss er davon ausgehen können, dass ein Beschluss wirksam zustande gekommen ist, und zwar in der Weise, wie ihm dies mitgeteilt wird. Allerdings darf ein Dienststellenleiter Erklärungen des Vorsitzenden bzw. seines Stellvertreters dann nicht zur Grundlage seiner Entscheidung machen, „wenn ihm die Rechtsfehlerhaftigkeit der Beschlussfassung bekannt war oder er zumindest durch Tatsachen begründete Zweifel daran haben musste, ob der Erklärung des Personalratsvorsitzenden ein wirksamer Beschluss des Personalrats zu Grunde liegt“ (BAG v. 18. 4. 2007 – 7 AZR 293/06, ZTR 2007, 697; VG Ansbach v. 21. 8. 2007, Leits. ZfPR 2008, 45). Solche Zweifel sind insbesondere dann angebracht, wenn der Dienststellenleiter erkennen muss, dass eine Gruppenangelegenheit von der Personalvertretung als gemeinsame Angelegenheit behandelt worden ist und wenn der Personalratsvorsitzende die Zustimmung zu einer beabsichtigten Maßnahme verweigert, während die betroffene Gruppe in einer eindeutig als Gruppenangelegenheit zu qualifizierenden Angelegenheit zustimmt. In diesem Fall kann der Dienststellenleiter die beabsichtigte Maßnahme aber durchführen. Er ist nicht gehalten, darauf zu warten, ob die betroffene Gruppe ein verwaltungsgerichtliches Beschlussverfahren einleitet, in dem der Beschluss der Personalvertretung für unwirksam erklärt wird. Der Dienststellenleiter kann in diesem Fall davon ausgehen, dass die Maßnahme entsprechend § 69 Abs. 2 Satz 5 als gebilligt gilt (vgl. § 69 Anm. 17). Im Übrigen ist zu berücksichtigen, dass ein Dienststellenleiter nicht in die interne Geschäftsführung einer Personalvertretung durch eine generelle Überprüfung des Beschlusses eingreifen darf, weil dies mit dem Prinzip der Partnerschaft und der Unabhängigkeit einer Personalvertretung nicht vereinbar wäre. Dies gilt z. B. für Maßnahmen der Geschäftsführung (rechtzeitige Ladung, Mitteilung der Tagesordnung etc.). Es handelt sich bei diesen Vorschriften um Schutzvorschriften zugunsten der einzelnen Personalratsmitglieder. Es ist deren Angelegenheit, ob sie die Verletzung durch den Vorsitzenden oder den Vorstand rügen (OVG Münster v. 14. 10. 1991, PersR 1992, 158). An **unrichtige Erklärungen des Vorsitzenden** ist die Personalvertretung nicht gebunden; denn der Vorsitzende übt sein Amt als öffentlich-rechtliches Vertretungsorgan aus, auf das die Rechtsformen der Vertretung nicht anwendbar sind. Der Personalratsvorsitzende nämlich ist nicht gesetzlicher Vertreter, sondern nur Vertreter in der Erklärung (OVG Münster v. 14. 10. 1991, PersR 1992, 158). Damit verbietet sich die Berücksichtigung des Grundsatzes des Vertrauensschutzes (Cecior u. a., § 29 Anm. 26; Fischer u. a., § 32 Anm. 58; vgl. auch BVerwG v. 14. 7. 1986, ZBR 1986, 312 = PersV 1987, 199; vgl. auch Kunze, ZfPR 1993, 210; aA Richardi u. a., § 32 Anm. 88).

28 15. An die **Amtsführung** gerade des Vorsitzenden und des ihn in dieser Funktion vertretenden Stellvertreters stellt die Rechtsprechung wegen der

exponierten Stellung **besondere Anforderungen** (BVerwG. v. 23.10.1970, BVerwGE 36, 174 = ZBR 1971, 123 = PersV 1971, 140). Die an die sonstigen (insbesondere freigestellten) Vorstandsmitglieder zu stellenden Anforderungen hinsichtlich einer objektiven und neutralen Amtsführung sind aber nicht wesentlich geringer; denn alle Personalratsmitglieder repräsentieren die Personalvertretung, der vom Gesetz insgesamt das Gebot der Amtsneutralität und das Verbot einer unterschiedlichen Behandlung der Beschäftigten wegen u. a. ihrer gewerkschaftlichen Betätigung auferlegt worden ist. Die Personalvertretung kann ihre Aufgabe, die Interessen aller in der Dienststelle Beschäftigten wahrzunehmen, sachgerecht und ohne Gefährdung des internen Friedens nur erfüllen, wenn alle Beschäftigten darauf vertrauen können, dass kein Personalratsmitglied einen Beschäftigten aus unsachlichen Gründen bevorzugt oder benachteiligt (OVG Koblenz v. 21.11.1977, PersV 1980, 159; vgl. auch BVerwG v. 15.11.1960, PersV 1960, 161).

IV. Ersatzmitglieder, Amtszeit, Abwahl, Ausschluss

1. Für ein vorübergehend verhindertes Vorstandsmitglied rückt ein **Ersatzmitglied** (§ 31 Abs. 1 Satz 2) ins Plenum, nicht in den Vorstand nach. Das Ersatzmitglied übernimmt daher nicht die Funktion des betreffenden Vorstandsmitglieds (VGH Kassel v. 10.11.1982, PersV 1983, 283). Ist der Vorsitzende verhindert, so vertritt ihn der Stellvertreter; in seiner Eigenschaft als Personalratsmitglied wird er von dem nach § 31 Abs. 2 in Betracht kommenden Ersatzmitglied vertreten (Fischer u. a., § 32 Anm. 48). Für ein endgültig aus der Personalvertretung ausgeschiedenes Vorstandsmitglied wählen die Vertreter der betroffenen Gruppe einen Nachfolger, es sei denn, dass bereits bei der Vorstandsbildung für den Fall des Ausscheidens, des Rücktritts etc. ein Nachfolger bestimmt worden ist. Zur Vertretung von Gruppenvorstandsmitgliedern darf auf Personalratsmitglieder dieser Gruppe, die nicht dem Vorstand angehören, erst zurückgegriffen werden, wenn die Stellvertretung durch Mitglieder des erweiterten Vorstands nicht mehr möglich ist (OVG Münster v. 9.4.1979 – CB 12/78, n. v.). 29

2. Der Vorstand wird für die **Dauer der Amtsperiode** gewählt. Die Gruppenvertreter (im Falle der nach § 33 zugewählten Vorstandsmitglieder die Plenumsmitglieder insgesamt) können das von ihnen in den Vorstand gewählte Mitglied mit einfacher Stimmenmehrheit der Anwesenden **vorzeitig abberufen;** gleiches gilt für das Plenum der Personalvertretung in Bezug auf den Vorsitzenden. Wenn das Plenum den Vorsitzenden abberuft, so bleibt dieser weiterhin Vorstandsmitglied. Beruft eine Gruppe ihr zum Vorsitzenden bestimmtes Vorstandsmitglied ab, so wird diesem dadurch gleichzeitig das Amt des Vorsitzenden entzogen (Fischer u. a., § 32 Anm. 27). Eine **Abberufung** der Stellvertreter durch das Plenum ist nicht möglich; denn die einzelnen Gruppen wählen ihre Sprecher, die die „geborene Anwartschaft" auf entweder Vorsitz oder Stellvertretung des Vorsitzenden besitzen (BVerwG v. 26.10.1977, BVerwGE 55, 17 = ZBR 1978, 238 = PersV 1979, 110). Eine Abberufung ist daher nur durch die Gruppe möglich, die durch ihre Entscheidung, wer Gruppensprecher wird, auch bestimmt hat, wer Mitglied des Vorstands wird. In dieses alleine einer Gruppe zustehende Bestimmungsrecht kann das Plenum nicht eingreifen. Wegen der besonderen Stellung eines Vorsitzenden bzw. eines Vorstandsmitglieds kommt es wesentlich darauf an, dass die entsprechenden Personen vom Vertrauen der Mehrheit des Plenums bzw. ihrer Gruppe getragen sind. Infolgedessen können Vorstandsmitglieder jederzeit abberufen werden, wenn dieses Vertrauensverhältnis nicht mehr besteht. Hierzu bedarf es keiner Begründung, weil die Abberufung die Begründung in sich trägt. Ebenso wie die Wahl unterliegt 30

auch die Abberufung der freien Willensentscheidung des Plenums bzw. der Gruppenvertreter. Eine gerichtliche Nachprüfung des Abberufungsbeschlusses ist aber zulässig. Sie kann sich jedoch nur auf die Prüfung beschränken, ob das entsprechende Verfahren den gesetzlichen Anforderungen an ein ordnungsgemäßes Beschlussverfahren entspricht sowie darauf, ob die Personalratsmitglieder in sittenwidriger Weise etwa durch das Vorspiegeln falscher Umstände oder durch das Unterschlagen von Tatsachen, die zu einer Verfälschung der Entscheidung geführt haben, beeinflusst worden sind (BVerwG v. 23. 10. 1970, BVerwGE 36,174 = ZBR 1971, 123 = PersV 1971, 140; Fischer u. a., § 32 Anm. 20; Lorenzen u. a., § 32 Anm. 19). In jedem Fall bedarf ein so wichtiger Gegenstand wie die Abwahl eines Gruppensprechers (durch die betreffende Gruppe) oder des Personalratsvorsitzenden (durch das Plenum) der Aufnahme in die Tagesordnung, um eine wirksame Beschlussfassung herbeizuführen (BVerwG v. 13. 10. 1986, BVerwGE 75, 62 = ZBR 1987, 85 = PersV 1987, 336). Das Rechtsinstitut der **Vertrauensfrage** ist dem Personalvertretungsrecht fremd (VG Karlsruhe v. 25. 11. 1988 – B – PVG 385/88, n. v.).

31 3. Die **Abwahl von Vorstandsmitgliedern** stellt keine Verfälschung des Wählerwillens dar; denn das Personalratsplenum bzw. eine Gruppe müssen eigenverantwortlich darüber entscheiden können, wen sie in den Vorstand berufen bzw. wen sie wiederum abberufen. Im Übrigen bleibt das abberufene Mitglied auch weiterhin Mitglied der Personalvertretung. Es verliert lediglich seine Funktion als Vorstandsmitglied, die ihm aufgrund eines besonderen Vertrauensverhältnisses übertragen worden ist. Der Vorstand selbst kann kein Vorstandsmitglied abberufen. Bei der Entscheidung über die Abberufung darf das betroffene Vorstandsmitglied nicht mit abstimmen (Fischer u. a., § 32 Anm. 20; zweifelnd Lorenzen u. a., § 32 Anm. 19; ohne eigene Stellungnahme Richardi u. a., § 32 Anm. 29).

32 4. Der Vorsitzende einer Personalvertretung, gegen den ein **Ausschlussverfahren** anhängig ist, bleibt als Vorsitzender handlungsfähig. Dagegen muss er sich der Wahrnehmung solcher Aufgaben der Personalvertretung enthalten, die mit seinen persönlichen Interessen in enger Verbindung stehen (BVerwG v. 28. 4. 1967, ZBR 1968, 20 = PersV 1968, 109).

V. Führung der laufenden Geschäfte

33 1. Nach Abs. 1 Satz 3 führt der Vorstand die **laufenden Geschäfte.** Dies sind solche Angelegenheiten, die die technische, organisatorische und büromäßige Arbeit zur Vorbereitung und Durchführung der von der Personalvertretung zu fassenden oder bereits gefassten Beschlüsse betreffen. In den Fällen allerdings, in denen die Erfüllung der gesetzlichen Aufgaben der Personalvertretung zur Diskussion steht, insbesondere also in Beteiligungsangelegenheiten, kann von laufender Geschäftsführung und somit von einer Zuständigkeit des Vorsitzenden bzw. seines Stellvertreters nicht die Rede sein (BVerfG v. 19.12. 1994, ZBR 1995, 143 = PersV 1995, 168). Demnach umfasst die laufende Geschäftsführung alle Angelegenheiten, die keine Entscheidung der Personalvertretung mehr erforderlich machen. Die Tätigkeit des Vorstands im Rahmen der ihm übertragenen laufenden Geschäftsführung umfasst daher die Vorbereitung und Durchführung der von der Personalvertretung zu fassenden bzw. bereits gefassten Beschlüsse (BVerwG v. 18. 3. 1981, ZBR 1982, 56 = PersV 1982, 237), nicht dagegen die Beschlussfassung anstelle des Plenums (z. B. über die Einlegung einer Beschwerde im Beschlussverfahren, OVG Koblenz v. 1. 12. 1987, Leits. PersR 1988, 196). Infolgedessen hat der Vorstand u. a. die für die Beschlussfassung

erforderlichen Ermittlungen durchzuführen und Unterlagen beizuziehen, um die Entschließungen der Personalvertretung durch Berichte und Entwürfe vorzubereiten sowie Anträge der Beschäftigten entgegenzunehmen (BVerwG v. 7.11.1969, BVerwGE 34, 180 = ZBR 1970, 331; VGH Kassel v. 22.5.1974, PersV 1975, 64). Zu den laufenden Geschäften gehört dagegen „nicht die Erledigung von Angelegenheiten, die vom Gesetzgeber zum Gegenstand einer Beschlussfassung des Personalrats gemacht werden" (BVerwG v. 20.3.1964, BVerwGE 18, 162 = ZBR 1964, 278 = PersV 1964, 110; BVerwG v. 16.10.1964, BVerwGE 19, 325 = ZBR 1964, 377 = PersV 1965, 14). Dies sind alle der Mitbestimmung bzw. der Mitwirkung unterliegenden Angelegenheiten, unabhängig davon, ob es sich um personelle oder soziale Maßnahmen handelt (VGH Kassel v. 22.5.1974, PersV 1975, 65; aA Dietz-Richardi, §§ 32/33 Anm. 76). Zwar kann die Personalvertretung in Bezug auf soziale Maßnahmen bereits Grundsatzentscheidungen getroffen haben. Dennoch kommt es im Einzelfall darauf an, dass den Plenumsmitgliedern ausreichend Gelegenheit zur Diskussion gegeben wird, um eventuell auch die bisherige Grundsatzentscheidung überprüfen und neue Gesichtspunkte berücksichtigen zu können. Die Teilnahme an Sitzungen von Gewerkschaftsorganen gehört nicht zur laufenden Geschäftsführung (VGH Kassel v. 6.1.1988 – BPV TK 811/87, bestätigt durch BVerwG v. 13.6.1988, Leits. PersR 1988, 336). Durch die Geschäftsordnung kann die Personalvertretung den Begriff der laufenden Geschäfte nicht abweichend von dieser in der Rechtsprechung entwickelten Definition festlegen (BVerwG v. 5.2.1971, ZBR 1971, 285 = PersV 1971, 271), noch kann sie die Führung der laufenden Geschäfte dem Personalratsvorsitzenden übertragen (BVerwG v. 18.3.1991, aaO).

2. Die **laufenden Geschäfte führt** nach Abs. 1 Satz 4 **der Vorstand,** d. h. seine Mitglieder zur gesamten Hand (OVG Berlin v. 11.3.1963, PersV 1964, 58) mit gleichen Rechten und Pflichten (BVerwG v. 16.7.1977, BVerwGE 54, 323 = ZBR 1978, 203 = PersV 1978, 353). Das schließt eine **Verteilung der Sachgebiete** auf die Vorstandsmitglieder (zur wirksamen und effektiven Beratung und Beschlussfassung im Plenum) nicht aus. Den Arbeitsverteilungsplan hierfür beschließt nicht der Vorstand, sondern das Plenum (BVerwG v. 20.3.1964, BVerwGE 18, 162 = ZBR 1964, 278 = PersV 1964, 110; VGH München v. 17.9.1992, ZBR 1993, 279). Die Verteilung der vorbereitenden Tätigkeiten auf einzelne Vorstandsmitglieder, unbeschadet der gemeinschaftlichen Verantwortung, darf nicht dazu führen, Unterschiede zwischen den Vorstandsmitgliedern zu machen (vgl. hierzu auch Lorenzen u.a., § 32 Anm. 22). Infolgedessen kann die Befugnis, Verhandlungen mit der Dienststelle zu führen, Informationen einzuholen und Unterlagen anzufordern, nicht – auch nicht durch eine Geschäftsordnung – auf die freigestellten Vorstandsmitglieder beschränkt werden. Vielmehr sind grundsätzlich alle Mitglieder des Vorstands auch in dieser Hinsicht gleichgestellt (VGH München v. 19.4.1974, PersV 1975, 304). Der Vorstand und der Vorsitzende sind nicht berechtigt, die Vorstandsgeschäfte allgemein und auf Dauer auf die einzelnen Vorstandsmitglieder zu verteilen. Dazu ist nur die gesamte Personalvertretung berechtigt (VGH München v. 17.9.1992, aaO). 34

3. In einer Angelegenheit, die lediglich die Angehörigen einer Gruppe betrifft (§ 38 Abs. 2), kann die Personalvertretung nur dann vom Vorsitzenden allein nach außen vertreten werden, wenn er selbst der betroffenen Gruppe angehört (Abs. 3 Satz 2). Andernfalls vertritt der Vorsitzende die Personalvertretung **gemeinsam mit dem Vorstandsmitglied der betroffenen Gruppe** (vgl. hierzu insbes. BVerwG v. 16.9.1977, BVerwGE 54, 323 = ZBR 1978, 35

203 = PersV 1978, 353). Erklärungen, die unter Missachtung der gesetzlich vorgeschriebenen gemeinsamen Vertretungsbefugnis abgegeben werden, sind daher unwirksam (BVerwG v. 14. 7. 1986, ZBR 1986, 312 = PersV 1987,199; BAG v. 24. 4. 1979, PersV 1980, 328; BAG v. 13. 10. 1982, PersV 1991, 479; vgl. auch § 69 Anm. 17; ferner BVerwG v. 18. 10. 2007 – 1 WB 46.06 – DokBer 2008, 111, zu Soldatenvertretern). Dies gilt selbst dann, wenn dem Dienststellenleiter bekannt ist oder wenn er vermuten kann, dass die Angelegenheit durch die Personalvertretung nicht fehlerfrei behandelt worden ist; denn die gemeinsame Vertretung dient nicht dem Schutz des Dienststellenleiters, sondern gewährleistet die vom Gesetz gewollte gegenseitige Kontrolle von Personalratsvorsitzendem und Gruppe. Ein Dienststellenleiter ist im Übrigen nicht verpflichtet, die näheren Umstände, die eine mögliche Fehlerhaftigkeit des Personalratsverfahrens begründen könnten, zu ermitteln (BAG v. 13. 6. 1996, PersV 1998, 205 = Leits. ZfPR 1997, 54). Mit der zusätzlichen Unterschrift des Gruppenvertreters wird zugleich bestätigt, dass der Beschluss des Personalrats nicht gegen den Willen der Mehrheit der betroffenen Gruppe gefasst worden ist (BVerwG v. 14. 7. 1986, aaO). Dem Personalratsvorsitzenden steht daher auch keine Ermessensentscheidung darüber zu, ob er irgendein der Gruppe zugehöriges – u. U. nur zugewähltes – Vorstandsmitglied oder ein einer anderen Gruppe angehörendes Gruppenvorstandsmitglied zur Vertretung hinzuzieht. Dies ergibt sich aus der Stellung des Vorstands, dem die Aufgabe obliegt, die laufenden Geschäfte zu führen, und zwar durch den Vorsitzenden gemeinsam mit dem anderen Gruppenvorstandsmitglied. Infolgedessen kann auch grundsätzlich nur der entsprechende Stellvertreter, d. h. das von der Gruppe gewählte und damit mit erhöhtem Vertrauen ausgestattete Gruppenvorstandsmitglied zum Zwecke des Vollzugs eines nur eine Gruppe betreffenden Beschlusses hinzugezogen werden. Dieses Gruppenvorstandsmitglied ist zwingend von dem Vorsitzenden zu beteiligen (BVerwG v. 16. 9. 1977, aaO; Fischer u. a., § 32 Anm. 55; Richardi u. a., § 32 Anm. 79; Windscheid, PersV 1976, 83). Infolgedessen kann auf ein nach § 33 zugewähltes Vorstandsmitglied erst dann zurückgegriffen werden, wenn das in Betracht kommende Vorstandsmitglied, das der betroffenen Gruppe angehört, verhindert ist (VGH München v. 13. 2. 1991, PersR 1992, 79; aA Schnupp, PersV 1985, 96, wonach jedes Gruppenvorstandsmitglied zur Vertretung berechtigt und verpflichtet sein soll, gleichgültig, ob es nach § 32 Abs. 1 oder § 33 gewählt worden ist). Ist auch eine Stellvertretung durch Mitglieder des erweiterten Vorstands nicht möglich, so kann auf die übrigen Gruppenmitglieder zurückgegriffen werden. Es können auch von vornherein Ersatzmitglieder für den Vorstand bestimmt werden, die bei Verhinderung des betreffenden Vorstandsmitglieds dessen Aufgaben übernehmen. Eine solche Vertretung kann auch im Einzelfall in einer Sitzung noch von der betroffenen Gruppe beschlossen werden, um so die Mitvertretung durch die zuständige Gruppe sicherstellen zu können. Liegen aber entsprechende Beschlüsse nicht vor bzw. gibt es für das verhinderte (einzige) Gruppenmitglied kein Ersatzmitglied, so handelt es sich dabei letztlich um ein Verschulden der betroffenen Gruppe in eigener Sache. Entsprechende Nachteile aber sind zur Verhinderung des Überspielens des Gruppenprinzips und des sich daraus ergebenden Minderheitenschutzes hinzunehmen (BVerwG v. 21. 4. 1992, ZBR 1992, 280 = PersV 1992,434 = ZfPR 1992, 141). Dieses Gruppenprinzip macht auch in besonderen Fällen folgendes Vorgehen erforderlich: Wenn der Vorsitzende Beamter ist, jedoch von der Arbeitnehmergruppe als deren Vertreter in den Personalrat gewählt worden ist, so muss er als Vorsitzender, wenn Beamtenangelegenheiten zu vertreten sind, auch in diesem Fall ein Vorstandsmitglied der Beamtengruppe beteiligen (BVerwG v. 16. 9. 1977, aaO). Wenn die Zu-

stimmungserklärung zur Kündigung eines Arbeitnehmers nicht auch vom Gruppenvertreter der Arbeitnehmer, sondern nur vom Vorsitzenden des Personalrats, der dieser Gruppe nicht angehört, unterschrieben worden ist, so ist die Zustimmungserklärung nichtig (BVerwG v. 14. 7. 1986, aaO; BAG v. 24. 4. 1979, aaO; BAG v. 13. 10. 1982, aaO; vgl. auch § 79 Anm. 32). Eine Heilung ist nur dann möglich, wenn die Erklärung des zweiten Vorstandsmitglieds fristgerecht in schriftlicher Form mit der Unterschrift des Vorsitzenden nachgereicht wird (OVG Hamburg v. 30. 6. 1981, PersV 1984, 163). Die Dienststelle ihrerseits kann sich bei Fehlen der notwendigen zweiten Unterschrift auf die Unwirksamkeit einer Zustimmungsverweigerungserklärung berufen. Rechtsmissbräuchlich wäre ein solches Verhalten nur dann, wenn der Dienststellenleiter vor Ablauf der gesetzlichen Erklärungsfrist den Verstoß gegen Abs. 3 Satz 2 erkannt und ihn der Personalvertretung gegenüber verschwiegen hätte, um sie daran zu hindern, die Unterschrift des Gruppenvertreters nachzureichen. Ähnlich wäre die Rechtslage dann zu beurteilen, wenn ein Dienststellenleiter gegenüber der Personalvertretung zu erkennen gegeben hätte, dass er die Erklärung auch dann als wirksam ansehen würde, wenn die zweite Unterschrift fehlt (BVerwG v. 14. 7. 1986, aaO; BVerwG v. 21. 4. 1992, aaO; vgl. auch § 69 Anm. 18). Abweichendes Landesrecht ist mit den Rahmenvorschriften des BPersVG vereinbar (Schnupp, aaO).

4. Um den Mitgliedern des Vorstands die **Beteiligung an der Führung der laufenden Geschäfte** zu ermöglichen, muss ihnen der Zugang zum Geschäftszimmer der Personalvertretung und zu den dort aufbewahrten Arbeitsmaterialien jederzeit, notfalls auch außerhalb der Bürostunden, ermöglicht werden (VGH Kassel v. 22. 5. 1974, PersV 1975, 64). 36

5. Die **Bestellung eines Geschäftsführers** ist im BPersVG weder vorgesehen noch verboten. Sie ist rechtswidrig, wenn sie nur dem Zweck dient, die zur Führung der laufenden Geschäfte berufenen Vorstandsmitglieder auszuschalten (OVG Lüneburg v. 12. 12. 1956, ZBR 1957, 56; OVG Münster v. 15. 7. 1957, OVG Lüneburg v. 20. 9. 1957, beide als Leitsätze in ZBR 1957, 373). **Die Bildung von Ausschüssen** (aus eigenen Mitgliedern) ist ebenfalls zulässig (BVerwG v. 5. 2. 1971, Leits. ZBR 1971, 288 = PersV 1972, 36; Fischer u. a., § 32 Anm. 40 ff.; Lorenzen u. a., § 32 Anm. 25; Richardi u. a., § 32 Anm. 73). Die Ausschüsse können aber nur vorbereitend für die Personalvertretung, nicht an deren Stelle tätig werden (OVG Lüneburg v. 16. 2. 2000 – 18 L 2205/98 n. v.). Die Bildung gemeinsamer Ausschüsse von Personalvertretungen und Dienststellen ist ebenfalls möglich, soweit die Aufgabe darin besteht, grundlegende personalvertretungsrechtliche, auf die Dienststelle bezogene Problemlösungen anzustreben (Bieler, PersV 1993, 385). 37

VI. Streitigkeiten/Verwirkung

1. **Streitigkeiten** entscheiden die Verwaltungsgerichte nach § 83 Abs. 1 Nr. 3, da es sich, insbesondere bei der Bildung des Vorstands, nicht um eine fristgebundene Wahlanfechtung, sondern um Streitigkeiten aus der Geschäftsführung handelt (vgl. Anm. 2). Gewerkschaften steht kein Anfechtungsrecht hinsichtlich der Vorstandsbildung zu (VGH Mannheim v. 19. 7. 1983, ZBR 1984, 190, bestätigt durch BVerwG v. 2. 12. 1983 – 6 PB 19.83, n. v.). Dies ergibt sich schon daraus, dass die Rechte der Gewerkschaften in diesem Gesetz abschließend aufgezählt sind (BVerwG v. 8. 6. 1962, BVerwGE 14, 241 = ZBR 1962, 283 = PersV 1962, 236; Windscheid, PersV 1977, 287; aA Richardi u. a., § 32 Anm. 110). Dagegen ist 38

jedes Personalratsmitglied, nicht dagegen ein Beschäftigter oder der Dienststellenleiter (Fischer u. a., § 32 Anm. 61b; Lorenzen u. a., § 32 Anm. 49) befugt, einen Antrag auf gerichtliche Nachprüfung der Bildung des Vorstands zu stellen; denn die Mitglieder der Personalvertretung haben ein schutzwürdiges Interesse an der Gesetzmäßigkeit der rechtlich erheblichen Handlungen (BVerwG v. 4.10. 2005, PersV 2006, 106 = Leits. ZfPR 2006, 74). Dagegen steht einem einer Personalvertretung nicht angehörenden Beschäftigten kein Antragsrecht zu (OVG Koblenz v. 31. 7. 1956, ZBR 1956, 329).

39 2. Einem Antrag aus § 83 Abs. 1 Nr. 3 wegen Feststellung der Unwirksamkeit der Vorstandswahl könnte die Einrede der **Verwirkung** nur entgegengehalten werden, wenn die Ausübung des Antragsrechts mit Treu und Glauben nicht vereinbar wäre (BVerwG v. 15. 5. 1991, BVerwGE 88, 183 = ZBR 1992, 58 = PersV 1992, 78 = ZfPR 1991, 172; vgl. auch für das BetrVG: LAG Mainz v. 3. 11. 1997 Leits. ZfPR 2000, 17). Eine zwischenzeitliche Mitarbeit in der Personalvertretung begründet für sich allein die Verwirkungseinrede nicht (BVerwG v. 10. 10. 1957, BVerwGE 5, 261 = Leits. ZBR 1958, 218).

40 3. Nach der Beendigung der Amtszeit einer Personalvertretung kann ein **Rechtsschutzbedürfnis** für die Feststellung der Unwirksamkeit der Wahl eines Vorstandsmitglieds dann fortbestehen, wenn sich mit hoher Wahrscheinlichkeit der Vorgang, der zur Geltendmachung der Unwirksamkeit geführt hat, wiederholen wird und wenn sich die sich daraus er gebenden Rechtsfragen unter den gleichen Verfahrensbeteiligten erneut stellen werden (BVerwG v. 27. 8. 1997 – 6 P 11.95, Leits. ZBR 1998, 147 = PersR 1998, 113; Fischer u. a., § 32 Anm. 62 a; Lorenzen u. a., § 32 Anm. 51).

Schrifttum: Ambos, Wahrnehmung der Personalratsaufgaben bei Verhinderung des Vorstandes, Selbstversammlungsrecht, Ersatzvorstand, PersV 1966, 223; Bieler, Personalratstätigkeit in Ausschüssen, PersV 1993, 385; Bosch, Bemerkungen zum Gruppenprinzip, PersV 1996, 385; Grabendorff, Die laufenden Geschäfte des Personalrats (Anm. zu BVerwG vom 20. 3. 1959), ZBR 1959, 286; Gronimus, Die Geschäftsführung des Personalrats, PersR 2000, 191; Ilbertz, Die Informationspflicht des Vorstandes einer Personalvertretung gegenüber den Mitgliedern, ZBR 1976, 110; Kunze, Die unrichtige oder unterbliebene Erklärung des Personalratsvorsitzenden nach § 32 Abs. 3 BPersVG, ZfPR 1993, 210; ders., Inhalt und Grenzen der Geschäftsordnung des Personalrats, PersV 2000, 59; Schnupp, Vertretung des Personalrats in Gruppenangelegenheiten, PersV 1985, 96; Söllner, Das „Gruppenprinzip" in den §§ 31 ff. PersVG, AuR 1963, 360; Windscheid, Der Vorsitzende des Personalrats und seine Stellvertreter, ZBR 1956, 282; ders., Die „Laufenden Geschäfte" (§ 31 Abs. 1 Satz 4 PersVG), ZBR 1958, 134; ders., Der Vorstand des Personalrats, seine Zusammensetzung und seine Aufgaben, PersV 1961, 97; ders., Die laufenden Geschäfte des Vorstands und das Informationsrecht der Mitglieder des Plenums eines Personalrats, PersV 1972, 44; ders., Welches Vorstandsmitglied muss der gruppenfremde Vorsitzende des Personalrats bei der Vertretung einer Gruppenangelegenheit beteiligen?, PersV 1976, 85; ders., Zur Problematik des § 33 BPersVG, PersV 1976, 442.

§ 33 [Erweiterte Vorstandsbildung]

Hat der Personalrat elf oder mehr Mitglieder, so wählt er aus seiner Mitte mit einfacher Stimmenmehrheit zwei weitere Mitglieder in den Vorstand. Sind Mitglieder des Personalrats aus Wahlvorschlagslisten mit verschiedenen

Bezeichnungen gewählt worden und sind im Vorstand Mitglieder aus derjenigen Liste nicht vertreten, die die zweitgrößte Anzahl, mindestens jedoch ein Drittel aller von den Angehörigen der Dienststelle abgegebenen Stimmen erhalten hat, so ist eines der weiteren Vorstandsmitglieder aus dieser Liste zu wählen.

Inhaltsübersicht

Entspr. landesgesetzliche Regelungen:
Baden-Württemberg: § 33; Bayern: Art. 33; Berlin: –; Brandenburg: –; Bremen: –; Hamburg: § 32 Abs. 4; Hessen: –; Mecklenburg-Vorpommern: –; Niedersachsen: –; Nordrhein-Westfalen: –; Rheinland-Pfalz: –; Saarland: § 31 Abs. 4 (entspr. Satz 1); Sachsen: § 33 Abs. 3; Sachsen-Anhalt: § 30 S. 5; Schleswig-Holstein: –; Thüringen: § 33 Abs. 4.

Entspr. Vorschrift des BetrVG: § 27 (Betriebsausschuss).

1. Die Vorschrift regelt die **Erweiterung des Vorstands in größeren Personalvertretungen.** Verfassungsrechtliche Bedenken gegen diese Vorschrift bestehen nicht (BVerwG v. 27. 9. 1990, Leits. ZBR 1991, 56 = PersV 1991, 266; OVG Münster v. 25. 10. 1988, ZBR 1989, 152). **1**

2. Voraussetzung für die **Zuwahl von Ergänzungsmitgliedern** ist, dass die Personalvertretung elf oder mehr Mitglieder hat. Die tatsächliche Stärke der Personalvertretung ist maßgebend, nicht dagegen die nach § 16 maßgebliche Sollzahl. Andernfalls nämlich hätte der Gesetzgeber nicht auf die Zahl der Personalratsmitglieder, sondern auf die Zahl der Beschäftigten abstellen müssen. Wenn sich die Personalvertretung im Laufe ihrer Amtszeit verkleinert (z. B. durch Ausscheiden, Amtsniederlegung), unter elf sinkt und Ersatzmitglieder nicht nachrücken, so ist dies für die Größe des Vorstands unerheblich, da maßgebender Zeitpunkt für die Bildung eines erweiterten Vorstands alleine die Konstituierung ist (Fischer u. a., § 33 Anm. 3; Lorenzen u. a., § 33 Anm. 3; Richardi u. a., § 33 Anm. 5). **2**

3. Die Vorschrift ist **zwingend.** Die Weigerung der Personalvertretung, die Ergänzungsmitglieder zu wählen, ist ein Pflichtverstoß i. S. von § 28. **3**

4. Die Zahl der **Ergänzungsmitglieder ist** starr und **unveränderlich.** Eine Abweichung rechtfertigt ein Verfahren nach § 83 Abs. 1 Nr. 3. **4**

5. Die **Ergänzungsmitglieder werden** nicht von den Gruppenvertretern, sondern **vom Plenum gemeinsam gewählt.** Als Ergänzungsmitglieder können nur Mitglieder der Personalvertretung gewählt werden („aus seiner Mitte“). Für die Auswahl der Ergänzungsmitglieder hat maßgebend zu sein, dass mit ihnen die Arbeitskraft des Vorstands zur Führung der laufenden Geschäfte verstärkt werden soll; die Gruppenstärke ist ohne Bedeutung. **5**

6 6. Die **Wahl der Ergänzungsmitglieder** findet grundsätzlich in der konstituierenden Sitzung (§ 34 Abs. 1) statt. Wählt die Personalvertretung in dieser Sitzung nicht die Ergänzungsmitglieder, so muss die Wahl so schnell wie möglich nachgeholt werden. Die Wahl der Ergänzungsmitglieder kann erst nach der Wahl des Vorsitzenden und seiner Stellvertreter (bei Vorhandensein der Soldatengruppe) erfolgen; denn erst dann steht fest, aus welchen Listen der „engere" Vorstand gewählt worden ist (Richardi u. a., § 32 Anm. 9). Als Vorsitzender und Stellvertreter kommen Ergänzungsmitglieder erst in Betracht, wenn die nach § 32 Abs. 1 Satz 3 gewählten Vorstandsmitglieder für diese Ämter nicht zur Verfügung stehen (BVerwG v. 1. 8. 1958, BVerwGE 7, 197 = ZBR 1958, 351 = PersV 1958/59, 114; BVerwG v. 13. 5. 1966, PersV 1966, 181; VGH Kassel v. 26. 2. 1975, Leits. ZBR 1975, 392 = PersV 1976, 273; Fischer u. a., 33 Anm. 7).

7 7. Die Ergänzungsmitglieder sind echte und **vollberechtigte Vorstandsmitglieder.** Hinsichtlich der Aufgaben des Vorstands, die laufenden Geschäfte zu führen, haben sie gleiche Rechte und Pflichten (BVerwG v. 16. 9. 1977, BVerwGE 54, 323 = ZBR 1978, 203 = PersV 1978, 353). Sie sind nicht „Mitglieder minderen Rechts", sondern „anderen Auftrags". Diesen Auftrag leiten sie nicht vom besonderen Vertrauen ihrer Gruppenvertreter, sondern von dem des Plenums ab (BVerwG v. 13. 6. 1957, BVerwGE 5, 118 = ZBR 1957, 407; VGH Kassel v. 26. 2. 1975, Leits. ZBR 1975, 392 = PersV 1976, 273 mit Anm. von Windscheid; OVG Hamburg v. 22. 7. 1976, PersV 1977, 301). Sie stehen dennoch nicht den nach § 32 Abs. 1 Satz 3 gewählten Vorstandsmitgliedern rechtlich völlig gleich (Windscheid, PersV 1976, 275, 441; aA Dietz-Richardi, §§ 32/33 Anm. 28; vgl. im Übrigen § 46 Anm. 21); für die Vertretung in Gruppenangelegenheiten nach § 32 Abs. 3 kommen sie ausnahmsweise nur dann in Betracht, wenn das entsprechende Vorstandsmitglied verhindert ist (Fischer u. a., § 33 Anm. 7). Im Hinblick auf das dem Gruppenprinzip zukommende Gewicht können sie zum Vorsitzenden bzw. zu Stellvertretern nur dann gewählt werden, wenn die nach § 32 gewählten Vorstandsmitglieder zur Übernahme des Vorsitzes oder der Stellvertretung nicht bereit sind (Fischer u. a., aaO). Die Mitglieder des engeren Vorstands haben daher in jedem Fall und für jedes der Ämter im Vorsitz Vorrang vor einem Ergänzungsmitglied. Daher kann ein Gruppensprecher, der nach den Mehrheitsverhältnissen in der Personalvertretung Aussicht gehabt hätte, zum ersten Stellvertreter gewählt zu werden, seine „Anwartschaft" auf dieses Amt nicht an ein Ergänzungsmitglied „abtreten", wenn noch ein Mitglied des engeren Vorstands vorhanden und zur Übernahme des Amtes des ersten Stellvertreters bereit ist.

8 8. Nach Satz 2 ist bei der Wahl der Ergänzungsmitglieder der Wille der Wähler dahingehend zu berücksichtigen, dass mindestens eins der Vorstandsmitglieder aus dem Kreis derjenigen Personalratsmitglieder kommen muss, die über eine **Vorschlagsliste von gewisser Bedeutung** gewählt worden sind. Die Vorschrift ist zwingend. Ist diese Vorschlagsliste nicht bereits bei der Wahl des Vorsitzenden und seiner Stellvertreter berücksichtigt worden, so muss sie bei der Wahl der Ergänzungsmitglieder zum Zuge kommen (BVerwG v. 16. 7. 1975, Leits. ZBR 1976, 373).

9 9. **Wahlvorschläge von Bedeutung** sind solche, die zwei Voraussetzungen erfüllen:
Der Wahlvorschlag muss bei der Wahl die zweitgrößte Stimmenzahl erreicht haben,
und

die Stimmenzahl muss mindestens ein Drittel der abgegebenen (nicht: der gültigen!) Stimmen ausmachen (OVG Münster v. 9. 4. 1979 – CB 12/78, n. v.).

10. Die Vorschrift verwendet das Wort **„Liste"** in einer sonst nicht üblichen Bedeutung. Als Wahlvorschlagslisten i. S. dieser Vorschrift sind nicht die jeweils für die einzelnen Gruppen aufgestellten Wahlvorschläge, sondern – über die Gruppengrenzen hinweg – alle Listen mit derselben Bezeichnung anzusehen (vgl. Begr. des Gesetzentw. der SPD/FDP-Fraktionen zu § 32, BT-Drucks. 7/176 sowie BVerwG v. 23. 2. 1979 – 6 P 39.78, BVerwGE 57, 286 = ZBR 1979, 273 = PersV 1981, 241; BVerwG v. 23. 2. 1979 – 6 P 40.78 – Buchholz 238.3 A § 33 Nr. 1; BVerwG v. 23. 2. 1979 – 6 P 75.78, ZBR 1979, 376; VGH München v. 6. 7. 1979, PersV 1980, 335; OVG Münster v. 9. 4. 1979, Leits. ZBR 1980, 259; Fischer u. a., § 33 Anm. 10; Lorenzen u. a., § 33 Anm. 5; Richardi u. a., § 33 Anm. 18; Mayer, PersV 1976, 321). Da die Vorschlagslisten eine Bezeichnung tragen können, aber nicht zu tragen brauchen, ihre Bezeichnung daher kein sicheres Kriterium ist, sind mit der Umschreibung der amtlichen Begründung des Entwurfs diejenigen Vorschlagslisten für die Gruppen sowohl der Beamten wie der Arbeitnehmer gemeint, die von demselben verbandspolitischen Urheber ausgehen (OVG Münster v. 9. 4. 1979, aaO; Mayer, aaO). Infolgedessen würden beispielsweise die Listen der Gewerkschaft X je für die Gruppen der Beamten und Arbeitnehmer als eine einheitliche Wahlvorschlagsliste im Sinne dieser Vorschrift anzusehen sein. Wenn ein verbandspolitischer Urheber für die Gruppe Beamte eine eigene Liste aufstellt und sich gemeinsam mit anderen an der Erstellung einer Liste für die Gruppe der Arbeitnehmer beteiligt, so stammen beide Listen nicht von demselben verbandspolitischen Urheber (VGH München v. 6.7. 1979, PersV 1980, 335; VGH München v. 10. 9. 1986 – Nr. 17 C 86.30 10, n. v.). **10**

11. Ein von demselben Urheber ausgehendes Paket von Wahlvorschlägen für verschiedene Gruppen kann bei einer erweiterten Vorstandsbildung nur dann berücksichtigt werden, wenn nicht bereits ein Kandidat dieser Liste in den „engeren" Vorstand nach § 32 Abs. 1 gewählt worden ist. Außerdem müssen sämtliche Listen dieses Urhebers „die **zweitgrößte Anzahl,** mindestens jedoch ein Drittel aller von den Angehörigen der Dienststelle abgegebenen Stimmen erhalten" haben; ungültige Stimmen bzw. Stimmenthaltungen sind mit einzurechnen. Diese Voraussetzungen müssen gleichzeitig erfüllt sein. **11**

12. Wenn nur ein einziges Personalratsmitglied für die Bildung des erweiterten Vorstands zur Verfügung steht, dann kann die Personalvertretung die Aufnahme dieses Mitglieds in den Vorstand nicht dadurch verhindern, dass sie geltend macht, eine **Auswahl sei nicht möglich.** Wenn daher alle Mitglieder der in Betracht kommenden Liste mit Ausnahme eines einzigen Mitglieds das Amt des Vorstandsmitglieds ablehnen, dann kann der Personalrat nur dieses Mitglied in den erweiterten Vorstand aufnehmen. In diesem Fall beschränkt sich die „Wahl" auf die schlichte Aufnahme des einzigen Mitglieds der Liste in den erweiterten Vorstand (BVerwG v. 28. 2. 1979, ZBR 1979, 375 = PersV 1980, 427; Fischer u. a., § 33 Anm. 11; Lorenzen u. a., § 33 Anm. 6). Dies gilt auch dann, wenn die Vertreter der zweitstärksten Liste sich auf einen Kandidaten verständigen und selbst auf eine Kandidatur verzichten; denn ein Personalratsmitglied ist nicht verpflichtet, für ein bestimmtes Personalratsamt zu kandidieren bzw. es anzunehmen (aA VGH München v. 10. 9. 1986, Leits. PersR 1987, 176). Das Auswahlrecht der Mehrheit der Personalvertretung muss auch dann zugunsten des alleinigen Entschei- **12**

dungsrechts der Mitglieder der zweitstärksten Liste zurückweichen, wenn ein Mitglied dieser Liste nicht die Zustimmung der Mehrheit der „Listenmitglieder“ für die Berufung in den (erweiterten) Vorstand bzw. für eine Freistellung findet. Diese Auslegung ergibt sich unmittelbar aus dem „Fraktionsprinzip“, das alleine im Rahmen von § 33 vom Gesetzgeber ausdrückliche Berücksichtigung erfahren hat. Dieses „Fraktionsprinzip“ soll das Recht der zu einer Fraktion zählenden Personalratsmitglieder schützen, über ihre bei der (erweiterten) Vorstandswahl einzunehmende Meinung alleine entscheiden zu können (ausdrücklich offengelassen von: BVerwG v. 9.10. 1996 – 6 C 11.94, PersV 1998, 175 = ZfPR 1997, 47 m. Anm. v. Ilbertz).

13 13. Die Vorschrift trägt der Tatsache Rechnung, dass **Wahlvorschlagslisten überwiegend auf Initiative organisierter Beschäftigter zustandekommen.** Sie will daher auch bei der Zusammensetzung des Vorstands einer Personalvertretung eine entsprechende Berücksichtigung verschiedener Wahlvorschlagslisten und damit verschiedener verbandspolitischer Vorstellungen in der Vorstandsarbeit sicherstellen (vgl. BVerwG v. 12. 6. 1984, BVerwGE 69, 311 = ZBR 1984, 383 = PersV 1986, 162). Unter diesen Voraussetzungen ist es bedenklich, wenn das BVerwG feststellt, dass bei einem Wechsel der Verbandszugehörigkeit unmittelbar nach der Wahl das über eine bestimmte Wahlvorschlagsliste unter Berücksichtigung der Vorschrift des § 33 Satz 2 in den Vorstand gelangte Mitglied weiterhin im Vorstand verbleibt, obwohl die bisher durch dieses Mitglied vertretene Wählerminderheit wegen des Wechsels der Verbandszugehörigkeit gerade nicht mehr die Möglichkeit hat, „die betrieblichen, verbandspolitischen und sonstigen Vorstellungen, die sie durch ihre Stimmabgabe unterstützt hat, in die Arbeit des Vorstandes einzubringen“ (BVerwG v. 12.6.1984, aaO; ebenso auch: Fischer u. a., § 33 Anm. 11). Im Hinblick auf die mit dieser Vorschrift verbundene Zielsetzung (Einbringung der verbandspolitischen Vorstellungen einer Wahlminderheit in die Arbeit des Vorstandes) muss ein verbandspolitischer Wechsel zum Verlust des Vorstandsamtes führen, um so mehr, als Voraussetzung für die Wahl in den Vorstand ja gerade die Zugehörigkeit zu einem bestimmten Verband und die Wahl über dessen Wahlvorschlagsliste ist.

14 14. Die Vorschriften des § 33 gelten **für alle Stufen** (§ 54 Abs. 1).

15 15. **Streitigkeiten** entscheiden die Verwaltungsgerichte nach § 83 Abs. 1 Nr. 3.

Schrifttum: Mayer, Dienstbefreiung und Freistellung von Personalratsmitgliedern, PersV 1976, 322 und 361; Windscheid, Zur Problematik des § 33 BPersVG, PersV 1976, 442.

§ 34 [Sitzungen der Personalvertretung]

(1) Spätestens sechs Arbeitstage nach dem Wahltage hat der Wahlvorstand die Mitglieder des Personalrates zur Vornahme der vorgeschriebenen Wahlen einzuberufen und die Sitzung zu leiten, bis der Personalrat aus seiner Mitte einen Wahlleiter bestellt hat.

(2) Die weiteren Sitzungen beraumt der Vorsitzende des Personalrates an. Er setzt die Tagesordnung fest und leitet die Verhandlung. Der Vorsitzende hat die Mitglieder des Personalrates zu den Sitzungen rechtzeitig unter Mitteilung der Tagesordnung zu laden. Satz 3 gilt auch für die Ladung der Schwerbehindertenvertretung, der Mitglieder der Jugend- und Auszubildendenvertretung und der Vertreter der nichtständig Beschäftigten, soweit sie ein Recht auf Teilnahme an der Sitzung haben.

(3) Auf Antrag eines Viertels der Mitglieder des Personalrates, der Mehrheit der Vertreter einer Gruppe, des Leiters der Dienststelle, in Angelegenheiten, die besonders schwerbehinderte Beschäftigte betreffen, der Schwerbehindertenvertretung oder in Angelegenheiten, die besonders die in § 57 genannten Beschäftigten betreffen, der Mehrheit der Mitglieder der Jugend- und Auszubildendenvertretung hat der Vorsitzende eine Sitzung anzuberaumen und den Gegenstand, dessen Beratung beantragt ist, auf die Tagesordnung zu setzen.

(4) Der Leiter der Dienststelle nimmt an den Sitzungen, die auf sein Verlangen anberaumt sind, und an den Sitzungen, zu denen er ausdrücklich eingeladen ist, teil.

Inhaltsübersicht

Entspr. landesgesetzliche Regelungen:
Baden-Württemberg: § 34; Bayern: Art. 34; Berlin: § 30; Brandenburg: § 34; Bremen: § 31; Hamburg: § 34; Hessen: § 31; Mecklenburg-Vorpommern:

§ 25; Niedersachsen: §§ 29, 30 Abs. 2 S. 1; Nordrhein-Westfalen: § 30; Rheinland-Pfalz: § 29; Saarland: §§ 33, 34 Abs. 2; Sachsen: § 35; Sachsen-Anhalt: §§ 32, 38 Abs. 4; Schleswig-Holstein: § 25; Thüringen: § 34.

Entspr. Vorschrift des BetrVG: § 29.

I. Vorbemerkung

1 Die Vorschrift enthält **Einzelheiten** in bezug auf die konstituierende Sitzung, die weiteren Sitzungen und das Teilnahmerecht. Abs. 1 sichert die rechtzeitige Durchführung der Vorstandswahlen; in Abs. 2 und 3 werden die Modalitäten der Vorbereitung und der Anberaumung der Personalratssitzungen festgelegt, während die Voraussetzungen für die Teilnahme des Dienststellenleiters in Abs. 4 geregelt sind.

II. Konstituierende Sitzung

2 1. Abs. 1 behandelt die **konstituierende Sitzung** der Personalvertretung, in der der Vorstand nach § 32 Abs. 1 und 2 gebildet wird. In Personalvertretungen mit 11 und mehr Mitgliedern werden die Ergänzungsmitglieder nach § 33 gewählt. Eine Sitzung der Personalvertretung vor der Konstituierung ist nicht möglich. Dies kann bei einer Kündigung eine Rolle spielen. Den Arbeitgeber trifft grundsätzlich keine Pflicht, mit dem Ausspruch der Kündigung eines Arbeitnehmers zu warten, bis die Personalvertretung sich konstituiert hat (vgl. für das BetrVG: BAG v. 23. 8. 1984, BAGE 46, 282 = DB 1985, 1066).

3 2. Die konstituierende Sitzung wird **vom Wahlvorstand einberufen.** Die Ausführung der Einberufung obliegt dem Vorsitzenden des Wahlvorstands. Die Sitzung dient der Durchführung der Vorstandswahlen. Erst durch den Vorstand wird die neu gewählte Personalvertretung handlungsfähig (vgl. hierzu aber § 32 Anm. 1).

4 3. Die **Einberufungsfrist** beginnt am ersten Arbeitstag nach dem Wahltag, bei mehrtägigen Wahlen nach dem letzten Wahltag. Der örtliche Wahlvorstand muss die Einladung zur konstituierenden Sitzung so rechtzeitig herausgeben, dass die Sitzung binnen sechs Arbeitstagen nach dem (letzten) Wahltag stattfinden kann. Bei den Stufenvertretungen verdoppelt sich diese Frist. Diese Regelung hat ihren Grund darin, dass der örtliche Wahlvorstand das Wahlergebnis „unverzüglich“ nach Abschluss der Wahl ermitteln muss, die für die Stufenvertretungen zuständigen Wahlvorstände dagegen auf die Meldungen der Wahlvorstände der nachgeordneten Dienststellen angewiesen sind.

5 4. Die **Einladung zur konstituierenden Sitzung** hat der Wahlvorstand den gewählten ordentlichen Mitgliedern zuzustellen. Ein Ersatzmitglied ist anstelle des ordentlichen Mitglieds einzuladen, wenn dem Wahlvorstand bekannt ist, dass das ordentliche Mitglied an der Teilnahme verhindert sein wird. Dabei ist zu berücksichtigen, dass Ersatzmitglieder nicht in den Vorstand gewählt werden können, weil unsicher ist, wie lange sie der Personalvertretung angehören werden. Ersatzmitglieder dürfen nur für den Fall der objektiven Verhinderung des ordentlichen Mitglieds eingeladen werden; andernfalls leidet die konstituierende Sitzung an einem Rechtsmangel, der die Gültigkeit ihrer Entscheidung in Frage stellen kann (BVerwG v. 14. 2. 1969, BVerwGE 31, 298 = ZBR 1969, 185 = PersV 1970, 60).

5. Die konstituierende Sitzung muss innerhalb der **Frist** des Abs. 1 (sechs Arbeitstage nach dem Wahltag) stattfinden. Nicht ausreichend ist es, lediglich innerhalb der Frist einzuladen. Das ergibt sich aus dem Wortlaut „einzuberufen und die Sitzung zu leiten“ (Altvater u. a., § 34 Anm. 1; Richardi u. a., § 34 Anm. 10; Fischer u. a., § 34 Anm. 5; Lorenzen u. a., § 34 Anm. 4). Eine Überschreitung der Frist hat aber keine Konsequenzen, da es sich nur um eine Ordnungsvorschrift handelt. Allerdings ergibt sich aus Sinn und Zweck der Vorschrift, dass möglichst bald nach der Wahl die Funktionsfähigkeit der neugewählten Personalvertretung (durch die Vorstandswahlen) hergestellt werden muss, so dass auch eine Verschiebung der konstituierenden Sitzung aufgrund Krankheit gewählter Personalratsmitglieder nicht zulässig ist. Die Einberufung und Durchführung der konstituierenden Sitzung kann auch nicht etwa deshalb unterbleiben, weil die Wahl angefochten worden ist und die voraussichtliche rechtliche Wirkung der Wahlanfechtung zu diesem Zeitpunkt noch nicht übersehen werden kann. 6

6. Der **Zeitpunkt der konstituierenden Sitzung** kann vor oder nach Ablauf der Amtsperiode der bisher amtierenden Personalvertretung liegen. Dies ergibt sich schon aus der zwingenden Vorschrift, dass die konstituierende Sitzung innerhalb der Frist des Abs. 1 stattfinden muss (vgl. in diesem Zusammenhang: BVerwG v. 9. 10. 1959, BVerwGE 9, 217). Die neu gewählte Personalvertretung kann aber nicht in die Zuständigkeit der noch amtierenden Vorgängerin eingreifen (BVerwG v. 9. 10. 1959, aaO). Dagegen kann die Personalvertretung schon vor Beginn ihrer Amtsperiode interne organisatorische Angelegenheiten regeln, z. B. die Wahl des Vorstands. Sie kann auch bereits darüber beschließen, für welche Mitglieder eine Freistellung beantragt werden soll, sobald die rechtliche Handlungsfähigkeit hergestellt ist. Schließlich kann sie auch eine Amtsniederlegung entgegennehmen (BVerwG v. 9. 10. 1959, aaO). 7

7. Die Vorschrift über die Einladung zur konstituierenden Sitzung ist zwingend. Eine **Fristüberschreitung** hat aber keine Rechtsfolgen (vgl. Anm. 6). Dies um so weniger, als 8

a) ein säumiger Wahlvorstand nicht gezwungen werden kann, seiner Pflicht nachzukommen,

b) die Mitglieder des neu gewählten Personalrats auch ohne Einladung durch den Wahlvorstand die Personalvertretung mit ihren Organen wirksam „einrichten“ können (Fischer u. a., § 34 Anm. 9; Lorenzen u. a., § 34 Anm. 7),

c) ein Rechtsschutzbedürfnis für die Anfechtung von in der konstituierenden Sitzung getroffenen Entscheidungen nicht damit begründet werden kann, dass die Sitzung zur „Unzeit“ stattgefunden hat.

8. Die Einberufung zur konstituierenden Sitzung muss der Wahlvorstand „zur Vornahme der vorgeschriebenen Wahlen“ vornehmen, d. h. er muss diese auf die **Tagesordnung** setzen und sie den Gewählten bekanntmachen. Die konstituierende Sitzung unterscheidet sich von einer sonstigen Sitzung der Personalvertretung, weil sie (zunächst ausschließlich) zur Bildung des Vorstands, nicht aber deshalb einberufen wird, um über konkrete beteiligungspflichtige Angelegenheiten zu beraten. An der konstituierenden Sitzung der Personalvertretung können weder der Dienststellenleiter noch Gewerkschaftsbeauftragte teilnehmen. Über ein solches **Teilnahmerecht** kann erst nach Durchführung der Vorstandswahlen auf Grund eines entsprechenden Antrags nach § 36 entschieden werden (Richardi u. a., § 34 Anm. 14). Ebenso wenig können ein Vertreter der Jugend- und Auszubildendenvertre- 9

tung und die Schwerbehindertenvertretung an der konstituierenden Sitzung teilnehmen (aA VG Ansbach v. 19. 4. 2005, Leits. ZfPR 2006, 101). Zwar kann dieser Kreis „an allen Sitzungen des Personalrats beratend teilnehmen" (§ 40 Abs. 1 Satz 1). Sinn und Zweck der konstituierenden Sitzung aber stehen dem Teilnahmerecht an einer Sitzung entgegen, deren einziger Zweck die Wahl des Vorstands ist und in der über eine allein die gewählten Personalratsmitglieder betreffende Angelegenheit ohne Auswirkungen auf die Beschäftigten bzw. auf Beschäftigtengruppen zu entscheiden ist (vgl. auch § 40 Anm. 5 a; aA Fischer u. a., § 34 Anm. 8, § 40 Anm. 11; Lorenzen u. a., § 40 Anm. 9; Richardi u. a., § 32 Anm. 68, § 34 Anm. 14)

10 9. Der Wahlvorstand leitet die konstituierende Sitzung bis zur **Bestellung eines Wahlleiters** durch die Personalvertretung. Die förmliche Leitung übernimmt der Vorsitzende des Wahlvorstands. Die weiteren Mitglieder nehmen zunächst an der Sitzung teil.

11 10. Der Ausdruck **„Wahlleiter"** besagt, dass es sich bei der Bestellung nicht mehr um einen Vorgang der Personalratswahl handelt. Es ist vielmehr ein Akt der Geschäftsführung (BVerwG v. 10. 10. 1957, BVerwGE 5, 263 = ZBR 1958, 24; vgl. auch § 32 Anm. 12).

12 11. Bis zur Konstituierung kann der Wahlvorstand das von ihm ermittelte **Wahlergebnis berichtigen,** wenn er erkennt, dass ihm ein Fehler unterlaufen ist (vgl. Beispiele aus der Rechtsprechung bei Windscheid, ZBR 1965, 239 und § 25 Anm. 13).

13 12. Das **Amt des Wahlvorstands erlischt** automatisch mit der Bestellung des Wahlleiters (Abs. 1). Damit endet auch das Recht der Mitglieder des Wahlvorstands zur Teilnahme an der Sitzung.

14 13. Zum **Wahlleiter** kann der Personalrat nur ein ordentliches Mitglied („aus seiner Mitte") bestellen. Ein Ersatzmitglied kann zum Wahlleiter dann bestellt werden, wenn es für ein verhindertes Mitglied nachgerückt und damit an der konstituierenden Sitzung teilnahmeberechtigt ist. Durch die Bestellung eines Wahlleiters, der nicht die Voraussetzungen für dieses Amt erfüllt, wird die Konstituierung der Personalvertretung nicht ohne weiteres fehlerhaft, sondern nur, wenn zu diesem Mangel weitere hinzutreten.

15 14. Obwohl mit der Bestellung des Wahlleiters die Personalvertretung noch nicht konstituiert ist und noch nicht von einer – nicht öffentlichen – „Sitzung des Personalrats" i. S. des § 35 Satz 1 gesprochen werden kann, sind nach der Bestellung des Wahlleiters die **Mitglieder des** – rechtlich nicht mehr existenten – **Wahlvorstands nicht mehr teilnahmeberechtigt,** soweit sie nicht in die Personalvertretung gewählt worden sind (vgl. Anm. 13). Ob durch die Teilnahme nichtberechtigter Personen an der konstituierenden Sitzung der Personalvertretung die Gültigkeit der Konstituierung berührt werden kann, hängt vom Einzelfall ab (OVG Hamburg v. 17. 2. 1970 – OVG Bs PB 7/69, n. v.).

16 15. An die konstituierende Sitzung kann sich, soweit die Personalvertretung handlungsfähig ist (vgl. Anm. 7 oben), sofort eine **Arbeitssitzung** mit konkreter Tagesordnung anschließen, wenn alle Mitglieder anwesend bzw. durch Ersatzmitglieder vertreten sind und dies einstimmig beschließen (BVerwG v. 10. 10. 1957, BVerwGE 5, 263 = ZBR 1958, 24; Fischer u. a., § 34 Anm. 10; Lorenzen u. a., § 34 Anm. 8).

III. Weitere Sitzungen

1. Die Absätze 2 und 3 regeln die **Einberufung weiterer Sitzungen.** Die Vorschriften sind zwingend (LVG Köln v. 11. 3. 1957 – PV 4/57, n. v.) und daher durch die Geschäftsordnung nicht abänderbar (BVerwG v. 5. 2. 1971, ZBR 1971, 285 = PersV 1971, 271). 17

2. Die „weiteren Sitzungen" (**Arbeitssitzungen**) beruft der Vorsitzende der Personalvertretung ein., indem er alle Personalratsmitglieder einschließlich etwaiger Ersatzmitglieder rechtzeitig unter Mitteilung der Tagesordnung einlädt (Abs. 2 Satz 3). Die Beachtung dieser Verfahrensvorschrift ist Voraussetzung für eine wirksame Beschlussfassung der Personalvertretung. In welchem zeitlichen Abstand die Sitzungen stattfinden, regelt das Gesetz nicht. Deshalb hat der Vorsitzende der Personalvertretung nach pflichtgemäßem Ermessen entsprechend der Zahl und der Dringlichkeit der anfallenden Geschäftsvorgänge über die Einberufung von Sitzungen zu entscheiden. Eine gesetzliche Bindung besteht nur insoweit, als auf Antrag des in Abs. 3 aufgeführten Personenkreises eine Sitzung der Personalvertretung stattfinden muss. 18

3. Der Personalvertretung steht ein **Selbstversammlungsrecht** für den Fall zu, dass der Vorsitzende die Anberaumung einer notwendigen Sitzung unterlässt. Dies ergibt sich aus dem Versammlungsrecht nach Art. 8 Abs. 1 GG (aA VG Ansbach v. 19. 3. 1976, PersV 1978, 131; Richardi u. a., § 34 Anm. 18). Das spontane Zusammentreten einer beschlussfähigen Mehrheit der Mitglieder der Personalvertretung jedenfalls schafft ein Faktum, das Grundlage eines wirksamen Beschlusses sein kann. Dies setzt voraus, dass in einer alsbald nachfolgenden Sitzung dieser Beschluss bestätigt wird. Im Übrigen aber gilt für die Gültigkeit von Beschlüssen, die in einer vom Vorsitzenden nicht anberaumten Sitzung gefasst werden, dass alle Personalratsmitglieder bzw. jeweiligen Ersatzmitglieder zusammengetreten sind (Fischer u. a., § 34 Anm. 17; Lorenzen u. a., § 34 Anm. 9; Richardi u. a., aaO). 19

4. Die **Tagesordnung** hat der Vorsitzende festzusetzen. Die Beteiligung des gesamten Vorstands ist ratsam. Der Vorsitzende muss in die Tagesordnung alle Angelegenheiten aufnehmen, „die sich aus der Erfüllung der gesetzlichen Aufgaben der Personalvertretung ergeben" (BVerwG v. 29. 8. 1975, BVerwG E 49, 144 = ZBR 1976, 124 = PersV 1976, 385). Während die in Abs. 3 genannten Personen die Anberaumung einer Sitzung und die Aufnahme eines bestimmten Gegenstandes in die Tagesordnung erzwingen können, können Einzelmitglieder der Personalvertretung und die in der Dienststelle vertretenen Gewerkschaften lediglich Anregungen zur Tagesordnung geben (BVerwG v. 29. 8. 1975, aaO; Lorenzen u. a., § 34 Anm. 16; Richardi u. a., § 34 Anm. 27). 20

5. Die vom Vorsitzenden der Personalvertretung aufzustellende **Tagesordnung** muss so **klar gefasst** sein, dass sich jedes Personalratsmitglied ein Bild von den zur Beratung anstehenden Fragen machen kann (VGH München v. 4. 2. 2004 ZfPR 2004, 198). Es reicht daher nicht aus, bei Vorliegen mehrerer Personalangelegenheiten lediglich zu formulieren: „Personalangelegenheiten nach § 76" (BVerwG v. 29. 8. 1975, BVerwGE 49, 144 = ZBR 1976, 124 = PersV 1976, 385). Vielmehr muss die einzelne Angelegenheit konkret bestimmt sein, so dass z. B. nicht ausreichend wäre, lediglich als Tagesordnungspunkt eine Übertragung einer höher zu bewertenden Tätigkeit vorzusehen, nicht aber gleichzeitig auch den zu besetzenden Dienstposten und den von der Dienststelle ausgewählten Bewerber zu benennen (Fischer u. a., § 34 21

Anm. 30). Die Beratungsgegenstände dürfen daher nicht lediglich global, pauschal oder zahlenmäßig angegeben werden. Vielmehr müssen sie dem Gesetz entsprechend mit genauer Angabe der von der Dienststelle beabsichtigten beteiligungspflichtigen Maßnahme bezeichnet werden. Bei der Vergabe eines höherwertigen Dienstpostens ist daher die genaue Bezeichnung mit der besoldungsmäßigen Bewertung und dem Namen des Beschäftigten, dem dieser Dienstposten übertragen werden soll, anzugeben (BVerwG v. 16. 6. 1982, BVerwGE 66, 7 = ZBR 1983, 163 = PersV 1983, 195). Nur auf diese Weise wird unmittelbar aus der Tagesordnung der Bezug zu konkreten Einzelfällen ersichtlich, die in der bevorstehenden Sitzung behandelt werden sollen. Daher wäre z. B. die bloße Angabe „Erörterung und Beschlussfassung über beabsichtigte Versetzungen, Überweisungen und Dienstpostenübertragungen" nicht ausreichend (OVG Saarlouis v. 4. 2. 1975, PersV 1977, 142; OVG Lüneburg v. 20. 9. 1995, Leits. ZfPR 1996, 92).

22 6. Obwohl die Mitglieder der Personalvertretungen verpflichtet sind, auf ein recht- und gesetzmäßiges Handeln der Personalvertretung zu drängen (BVerwG v. 16. 9. 1977, ZBR 1978, 207 = PersV 1979, 63), **kann ein einzelnes Mitglied** der Personalvertretung **weder die Einberufung einer Sitzung verlangen noch fordern, dass** der Vorsitzende eine **bestimmte Angelegenheit auf die Tagesordnung** setzt (BVerwG v. 29. 8. 1975, BVerwGE 49, 144 = ZBR 1976, 124 = PersV 1976, 385; BVerwG v. 16. 10. 1982, BVerwGE 66, 7 = ZBR 1983, 163 = PersV 1983, 195). Das ergibt sich aus der abschließenden Aufzählung in Abs. 3 sowie aus dem Sinngehalt des Gesetzes, das die Funktionsfähigkeit der Personalvertretung erhalten und eine unnötige Aufblähung der Tagesordnung durch Punkte verhindern will, die von vorneherein keine genügende Unterstützung finden und damit die Beratung dringender Angelegenheiten verzögern (BVerwG v. 16. 6. 1982, BVerwGE 66, 7 = ZBR 1983, 163 = PersV 1983, 195). Allerdings darf dieser Sinngehalt nicht überstrapaziert werden, da Querulanten jederzeit durch einen Antrag auf Abstimmung über die Aufnahme des beantragten Gegenstandes in die Tagesordnung bzw. durch einen Antrag auf Schluss der Debatte innerhalb kürzester Zeit zurückgedrängt werden können. Der Vorsitzende hat daher in jedem Fall zu prüfen, ob die Zurückweisung eines Antrags zur Tagesordnung ermessenskonform ist. Dies ist dann der Fall, wenn der Sachverhalt und die anstehenden rechtlichen Probleme nach seiner Beurteilung bis zur Sitzung nicht geklärt werden können. Im Übrigen hat er auch zu prüfen, ob der betreffenden Angelegenheit im Hinblick auf die gesetzlichen Aufgaben der Personalvertretung eine ausreichende Bedeutung und Tragweite zukommen (VGH Kassel v. 24. 9. 1980 – BVP TK 8/79, n. v.). Das mit einem Antrag zur Tagesordnung vom Vorsitzenden abgewiesene Einzelmitglied kann ohne Verstoß gegen § 66 Abs. 3 ein Beschlussverfahren nach § 83 einleiten (BVerwG v. 29. 8. 1975, aaO).

23 7. Der Vorsitzende der Personalvertretung leitet die Sitzung. Zur **Verhandlungsleitung** gehören die Eröffnung und Schließung der Sitzung, die Feststellung der Beschlussfähigkeit, die Erteilung und der Entzug des Worts, die Vornahme und Auswertung der Abstimmungen und die Verantwortung für den gesetzmäßigen Inhalt der Erörterung, für die Anwesenheitsliste und für die Niederschrift.

24 8. Der Verhandlungsleiter übt das **Hausrecht** aus. Er kann einen Redner zur Ordnung rufen, aber nicht von der Sitzung ausschließen (Fischer u. a., § 34 Anm. 39). Auch durch Plenarbeschluss kann ein Mitglied bzw. Teilnehmer der Sitzung nicht ausgeschlossen werden. Zu einer entsprechend weitrei-

chenden Einschränkung hätte es der gesetzlichen Ermächtigung bedurft. Allerdings können Personalratsvorsitzende, wenn auch andere Teilnahmeberechtigte die Sitzung stören, diese unterbrechen oder notfalls auch abbrechen (Lorenzen u. a., § 34 Anm. 17; vgl. auch Richardi u. a., § 34 Anm. 45). Bei Ausübung des Hausrechts ist der Grundsatz der Verhältnismäßigkeit zu wahren; eine faire und loyale Handhabung der autonomen Ordnungsgewalt der Personalvertretung ist zu gewährleisten. Der Personalratsvorsitzende hat bei der Ausübung des Hausrechts darauf zu achten, dass im Hinblick auf den Grundsatz der Nichtöffentlichkeit keine Personen anwesend sind, denen ein Teilnahmerecht nicht zusteht. Infolgedessen darf er auch Gewerkschaftsbeauftragte zur Sitzung nicht zulassen, wenn kein entsprechender Antrag nach § 36 gestellt worden ist.

9. Die Vorschrift, nach der der Vorsitzende die Mitglieder der Personalvertretung **rechtzeitig zur Sitzung zu laden** hat, ist zwingend. Die Verletzung dieser Vorschrift kann ein grober Pflichtverstoß sein (BVerwG v. 14. 2. 1969, BVerwGE 31, 293 = ZBR 1969, 185 = PersV 1970, 60). „Rechtzeitig" ist die Ladung, wenn sie den Mitgliedern der Personalvertretung genügend Zeit lässt, sich nach Erhalt der Tagesordnung auf die anstehende Angelegenheit mit der ihrer Bedeutung gebührenden Gründlichkeit vorzubereiten (Windscheid, PersV 1973, 44). Ein Personalratsvorsitzender, der von einer in der Personalratssitzung zu behandelnden Thematik unmittelbar betroffen, also befangen ist, ist daran gehindert, zumindest dann zu einer entsprechenden Personalratssitzung zu laden, wenn in dieser Sitzung alleine der Tagesordnungspunkt behandelt werden soll, der ihn betrifft (Besetzung einer Stelle; VG Gießen v. 22. 1. 2001, PersV 2002, 414). Dies gilt aber nur für den Ausnahmefall, dass tatsächlich einziger Tagesordnungspunkt einer Sitzung der Personalvertretung eine personelle Angelegenheit des Vorsitzenden ist. In anderen Fällen, d. h. in solchen, in denen – wie es der Regelfall ist – mehrere Tagesordnungspunkte zu behandeln sind, ist der Vorsitzende auch dann zur Ladung nicht nur berechtigt, sondern verpflichtet, wenn ein Tagesordnungspunkt eine nur ihn betreffende personelle Angelegenheit behandeln soll. Bei der Behandlung dieses Tagesordnungspunktes ist sodann der Vorsitzende von der Beratung und der Beschlussfassung als befangen ausgeschlossen (vgl. auch § 37 Anm. 7). **25**

10. Die Ladung ist grundsätzlich an die ordentlichen Mitglieder der Personalvertretung zu richten. Ein **Ersatzmitglied** darf nur geladen werden, wenn ein ordentliches Mitglied tatsächlich verhindert ist (BVerwG v. 14. 2. 1969, BVerwGE 31, 293 = ZBR 1969, 185 = PersV 1970, 60). Eine fehlerhafte Besetzung der Personalvertretung lässt die Gültigkeit der Beschlüsse zweifelhaft erscheinen (vgl. auch BVerwG v. 24. 10. 1975 – VII P 14.73, BVerwG E 49, 271 = ZBR 1976, 195 und § 31 Anm. 4; vgl. ferner § 31 Anm. 9). Die Ladung ist ohne Ausnahme an alle Mitglieder zu richten (BVerwG v. 24. 10. 1975, aaO). Darüber hinaus hat der Vorsitzende der Personalvertretung unter Mitteilung der Tagesordnung die **Schwerbehindertenvertretung** (Abs. 2 Satz 4) zu laden, den von der Jugend- und Auszubildendenvertretung benannten Vertreter (Abs. 2 Satz 4), die gesamte **Jugend- und Auszubildendenvertretung** zu Sitzungen insoweit, als Angelegenheiten behandelt werden, die besonders oder überwiegend jugendliche Beschäftigte betreffen (Abs. 2 Satz 3; § 40 Abs. 1 Satz 2, 3), die **Vertreter der nichtständig Beschäftigten** insoweit, als Angelegenheiten beraten werden, die diesen Personenkreis betreffen (Abs. 2 Satz 4; § 40 Abs. 2), die Beauftragten der im Personalrat vertretenen Gewerkschaften bei Vorliegen der Voraussetzungen des § 36, den Dienststellenleiter dann, wenn die Personalvertretung seine Einla- **26**

dung beschlossen oder er selbst die Anberaumung der Sitzung beantragt hat (Abs. 4) sowie Sachverständige oder sonstige Auskunftspersonen, deren Anhörung die Personalvertretung beschlossen hat (BVerwG v. 24. 10. 1975 – VII 11.73, BVerwGE 49, 259 = ZBR 1976, 192 = PersV 1976, 422; Lorenzen u. a., § 35 Anm. 8).

27 11. Die Ladung der Mitglieder muss unter **„Mitteilung der Tagesordnung“** ergehen. Dies schließt bei einer kurzen Tagesordnung mit unkomplizierten Erörterungsgegenständen eine Beschränkung auf mündliche oder fernmündliche Ladung in Ausnahmefällen nicht aus (Fischer-Goeres, § 34 Anm. 26). Bei umfangreicher Tagesordnung ist Schriftform dringend empfehlenswert, in den Fällen, in denen für die Beratung und Entscheidung schriftliche Unterlagen benötigt werden, zwingend notwendig (vgl. Anm. 31). Wenn eine Einladung zu einer Personalratssitzung ohne Mitteilung der Tagesordnung ergeht, so kann dieser Mangel nur durch einstimmigen Beschluss der vollzählig versammelten Personalratsmitglieder geheilt werden. Andernfalls sind entsprechende Beschlüsse unwirksam (vgl. für das BetrVG: BAG v. 28. 4. 1988, BAGE 58, 243 = NZA 1989, 223 = DB 1988, 2259); denn die rechtzeitige Mitteilung der Tagesordnung zu den einzelnen Sitzungen ist unverzichtbare Voraussetzung für die Wirksamkeit eines in einer Sitzung gefassten Beschlusses (vgl. für das BetrVG: BAG v. 24. 5. 2006, Leits. DB 2007, 669 = Leits. ZfPR 2008, 44) Die fehlende Aufnahme eines Tagesordnungspunktes in die Einladung kann grundsätzlich dann geheilt und eine festgelegte Tagesordnung kann dann ergänzt bzw. geändert werden, wenn die vollzählig erschienenen Personalratsmitglieder einstimmig ihr Einverständnis erklären, den betreffenden Tagesordnungspunkt aufzunehmen und darüber zu beschließen. Die rechtzeitige Mitteilung einer Tagesordnung soll der sachgerechten Vorbereitung der Personalratsmitglieder im Vorfeld einer Sitzung dienen und ihnen Gelegenheit geben, sich ein Bild über die in der Sitzung zur Diskussion stehenden Gegenstände zu verschaffen und sich auf die entsprechende Beratung vorzubereiten. Ebenso soll den Personalratsmitgliedern die Möglichkeit gegeben werden, darüber zu befinden, ob sie wegen einer möglichen dienstlichen Terminkollision der Personalratssitzung fern bleiben. Sinn und Zweck dieser Regelung würden unterlaufen, wenn in einer Personalratssitzung bei Fehlen einiger Mitglieder eine **Erweiterung der Tagesordnung** beschlossen werden könnte (vgl. für das BetrVG: BAG v. 18. 2. 2003, BAGE 105,19 = DB 2003, 2290; BAG v. 24. 5. 2006, aaO; vgl. im Übrigen auch: VGH München v. 14. 11. 2001, ZfPR 2002, 172; Lorenzen u. a., § 37 Anm. 7; Richardi u. a., § 34 Anm. 36; Kunze, PersV 1995, 337). Allerdings kann eine Personalvertretung auch in einer Geschäftsordnung festlegen, dass die zu Beginn einer Sitzung beabsichtigte Ergänzung der Tagesordnung nicht eines (einstimmigen) formalen Beschlusses bedarf, sondern auch durch Nichterhebung eines Widerspruchs bei Anwesenheit sämtlicher Personalrats-/Ersatzmitglieder möglich ist (VGH München v. 4. 2. 2004, PersV 2004, 308, 198). Gesondert zu behandeln ist der Fall, dass eine Personalvertretung aus sieben Mitgliedern besteht, die alle ordnungsgemäß unter Mitteilung der Tagesordnung geladen worden sind, aber deshalb nicht vollzählig erscheinen, weil zwei Personalratsmitglieder wegen Krankheit verhindert und Ersatzmitglieder nicht vorhanden sind. In einem solchen Fall muss es als ausreichend angesehen werden, wenn die fünf erschienenen Personalratsmitglieder einstimmig einen Beschluss fassen (vgl. für das BetrVG: LAG Nürnberg v. 5. 9. 2006, Leits. DB 2007, 408). Andernfalls wäre die Personalvertretung handlungsunfähig, ein Dienststellenleiter könnte eine beteiligungspflichtige Angelegenheit ohne Beteiligung der Interessenvertretung durchführen.

12. Wenn für die Beratung einer Angelegenheit **Unterlagen** (§ 68 Abs. 2 Satz 2) benötigt werden, müssen vollständige Abschriften (oder Originale) spätestens in der Sitzung übergeben werden. Den Mitgliedern des Plenums muss das Unterlagenmaterial in derselben Vollständigkeit zur Verfügung gestellt werden, in der es dem Vorstand vorliegt (VGH Kassel v. 9. 4. 1980, PersV 1982, 376). Es macht dabei keinen Unterschied, ob es sich um Material handelt, das der Vorstand von der Dienststelle erhalten oder um solches, das er anderweitig beschafft hat, einschließlich solcher Aufzeichnungen, die nicht vorgeschrieben, aber vorhanden sind (BVerwG v. 26. 2. 1960, BVerwG E 10, 196 = ZBR 1960, 128 = PersV 1960, 157); denn die einzelnen Personalratsmitglieder haben Anspruch auf konkrete, objektive, umfassende und zutreffende Informationen über die Geschäftsführung und die Ausführung von Beschlüssen der Personalvertretung (VG Gelsenkirchen v. 4. 4. 1986, PersV 1986, 334). Das einzelne Personalratsmitglied hat aber keinen Anspruch darauf, dass ihm Unterlagen, die für die Personalratssitzung bestimmt sind, bereits vor Durchführung dieser Sitzung überlassen werden. Vielmehr ist jedem Personalratsmitglied vor der Sitzung rechtzeitig die Tagesordnung zu übersenden, während es die entsprechenden Unterlagen beim Personalratsvorsitzenden einsehen und sich Ablichtungen fertigen kann (BVerwG v. 29. 8. 1975, BVerwGE 49, 144 = ZBR 1976, 124 = PersV 1976, 385; Fischer u. a., § 34 Anm. 35, 36; Mayer, PersV 1978, 28; vgl. aber Ilbertz, ZBR 1976, 110; Lorenzen u. a., § 34 Anm. 11 a, die zu Recht Bedenken gegenüber dem vom Gericht vertretenen Argument der andernfalls zu erwartenden erheblichen Kosten äußern; Windscheid, PersV 1976, 214). Jedoch gesteht das BVerwG in diesem Beschluss den Mitgliedern des Plenums, die die Tagesordnung als unzureichend und damit die Sitzung als mangelhaft vorbereitet empfinden, das Recht zu, sich der Beratung und Beschlussfassung über die nicht ordnungsgemäß bezeichneten Gegenstände zu widersetzen und gegebenenfalls im Beschlussverfahren die Feststellung zu betreiben, dass wesentliche Verfahrensvorschriften nicht eingehalten worden sind. Dieser Grundsatz muss auch für die Einsicht in die bzw. Auskunft aus den Unterlagen gelten, die dem Vorstand vorliegen. Der Personalratsvorsitzende ist verpflichtet, die Mitglieder der Personalvertretung **in der Sitzung umfassend zu unterrichten.** Er muss jede sachdienliche Auskunft geben (BVerwG v. 29. 8. 1975, aaO) und beispielsweise darüber informieren, wie es im Einzelnen um ein personalvertretungsrechtliches Beschlussverfahren steht, zu dessen Einleitung ihn das Plenum ermächtigt hat (VGH Kassel v. 9. 4. 1980, PersV 1982, 376). Im Falle einer Vorabinformation muss eine gleich umfangreiche Unterrichtung aller Personalratsmitglieder sichergestellt sein (BVerwG v. 29. 8. 1975, aaO). In Hinblick auf die vorangegangenen Ausführungen ist auch ein **Vorbehaltsbeschluss,** der von einer Stufenvertretung vor Eingang der Stellungnahme der örtlich zuständigen Personalvertretung im Rahmen des Mitbestimmungs- bzw. Mitwirkungsverfahrens getroffen wird, nicht zulässig; denn hierdurch werden die Informationsrechte und Entscheidungsbefugnisse der Plenumsmitglieder verletzt (BVerwG v. 19. 7. 1994, PersV 1995, 77 = ZfPR 1994, 185). 28

13. a) Da in vielen Fällen eine sachverständige Mitarbeit in der Personalvertretung nur dann möglich sein wird, wenn sich das einzelne Personalratsmitglied bereits vor einer Sitzung informieren kann, ist der Vorsitzende verpflichtet, allen Personalratsmitgliedern, die dies verlangen, **Einblick in** die ihm zur Verfügung stehenden **Unterlagen** zu geben und allen gleiche Informationschancen einzuräumen (Lorenzen u. a., § 34 Anm. 11, 11 a; Richardi u. a., § 34 Anm. 39; Kunze, ZfPR 2003, 248; vgl. auch VGH München v. 13. 7. 1994, PersR 1995, 87; aA BVerwG v. 29. 8. 1975 – VII P 2.74, 29

BVerwGE 49, 144 = ZBR 1976, 124 = PersV 1976, 385; BVerwG v. 29. 8. 1975 – VII P 12.74, PersV 1976, 388; Fischer u. a., § 34 Anm. 36, die es lediglich in das pflichtgemäße Ermessen des Personalratsvorsitzenden stellen wollen, ob er einzelnen Personalratsmitgliedern vor einer Sitzung Einblick in Unterlagen gibt). Zwar fehlt es im BPersVG entgegen § 34 Abs. 3 BetrVG an einer Vorschrift, wonach einzelne Mitglieder jederzeit die Unterlagen einsehen dürfen. Daraus kann aber nicht gefolgert werden, dass der Gesetzgeber das Informationsrecht der Personalratsmitglieder alleine auf die Sitzung der Personalvertretung beschränken wollte; denn es ist kein Grund dafür ersichtlich, weshalb ein Personalratsvorsitzender grundsätzlich einen Informationsvorsprung vor den Plenumsmitgliedern haben und weshalb er ein Einblicksrecht in die bei ihm vorhandenen Unterlagen verweigern können sollte (so auch Lorenzen u. a., § 34 Anm. 11 a sowie für das BetrVG: BAG v. 27. 5. 1982, Leits. BB 1982, 2183 = DB 1982, 2578).

30 b) Wegen des Gebots zur vertrauensvollen Zusammenarbeit (§ 2) hat ein Personalratsvorsitzender Unterlagen, die er einer im Personalrat vertretenen **Gewerkschaft** vorab zur Verfügung stellt, auch den übrigen Gewerkschaften zugänglich zu machen. Dies gilt auch im Falle einer Listenverbindung im Verhältnis zu jeder einzelnen Gewerkschaft, die diese Listenverbindung eingegangen ist. Der Personalratsvorsitzende kann nicht einseitig einer Gewerkschaft einen Informationsvorsprung verschaffen und diese in die Lage versetzen, mit ihren, der Personalvertretung angehörenden Mitgliedern, vor den Sitzungen vorbereitete Sachgespräche zu führen.

31 14. Mit der Übersendung der Tagesordnung soll dem einzelnen Personalratsmitglied Gelegenheit gegeben werden, sich anhand der im Einzelnen aufgeführten Beratungspunkte ordnungsgemäß vorzubereiten. Mit der notwendigen Kenntnis und dem erforderlichen Sachverstand soll jedes Personalratsmitglied durch eine rechtzeitige Vorbereitung in die Lage versetzt werden, seine Auffassung in die Beratungen der Personalvertretung einzubringen. Infolgedessen kann eine Tagesordnung auch nur dann ergänzt werden, wenn **alle Personalrats- bzw. Ersatzmitglieder** anwesend sind und sich mit der Behandlung eines zuvor nicht mitgeteilten Tagesordnungspunktes einverstanden erklären (VGH München v. 14. 2. 2001, PersV 2003, 27 = ZfPR 2002, 3). Dabei spielt es keine Rolle, welche Gründe für dieses Einverständnis maßgebend sind; denn es kann dahinstehen, ob sich die Personalratsmitglieder hinreichend sachkundig fühlen oder aber eine Vorbereitung auf die Behandlung des entsprechenden Themas nicht für notwendig halten. Würde man dagegen die Zustimmung aller – nicht nur der erschienenen – Personalratsmitglieder zur Erweiterung einer Tagesordnung nicht für notwendig, sondern eine Mehrheitsentscheidung für ausreichend halten, könnte sich folgendes ergeben: Insbesondere in einer kleineren Personalvertretung könnte die Gelegenheit der Abwesenheit eines bestimmten Personalratsmitglieds dazu genutzt werden, um ohne Ankündigung eines bestimmten Tagesordnungspunktes Beschlüsse in Angelegenheiten herbeizuführen, die bei Anwesenheit dieses Mitglieds möglicherweise nicht gefasst würden. Daher kann die Erweiterung einer Tagesordnung nur durch einstimmigen Beschluss der vollzählig versammelten Personalratsmitglieder erfolgen. Andernfalls ist ein entsprechender Beschluss über diesen Tagesordnungspunkt nichtig (vgl. für das BetrVG: BAG v. 28. 4. 1988, BAGE 58, 243 = BB 1988, 2390 = DB 1988, 2259). **Wirksame Beschlüsse** können unter dem Tagesordnungspunkt „Verschiedenes“ nur dann gefasst werden, wenn alle Personalratsmitglieder anwesend sind und kein Personalratsmitglied der Beschlussfassung widerspricht; denn der Tagesordnungspunkt „Verschiede-

nes" weist daraufhin, dass im Anschluss an Beratungen und Beschlussfassungen noch allgemeine Erörterungen geführt, nicht aber Entscheidungen getroffen werden sollen. (vgl. für das BetrVG: BAG v. 28. 10. 1992, BB 1993, 580 = DB 1993, 840).

15. Bei **nicht ordnungsgemäßer oder mangelhafter Ladung** können die in einer Sitzung gefassten Beschlüsse insbesondere dann unwirksam sein, wenn Mitglieder der Personalvertretung an der Sitzung nicht teilnehmen konnten. Gleiches gilt in Angelegenheiten der Schwerbehinderten, der jugendlichen Beschäftigten oder der nichtständig Beschäftigten, da der Gesetzgeber die Berücksichtigung der besonderen Belange dieser Personengruppen in jedem Fall sicherstellen und deshalb die Anwesenheit des entsprechenden Personenkreises gewährleistet sehen wollte. Gleiches gilt bei Unterlassen der Ladung von Ersatzmitgliedern. Dagegen ist eine Beschlussfassung fehlerfrei, wenn die Ladung von Gewerkschaftsbeauftragten oder des Dienststellenleiters unterblieben ist, da es sich hierbei nur um ein allgemeines Beratungs- bzw. Beteiligungsrecht, nicht aber um ein Recht zur Teilnahme an der Beschlussfassung selbst handelt. Allerdings kann dem Vorsitzenden hieraus der Vorwurf einer groben Pflichtverletzung gemacht werden (Fischer u. a., § 34 Anm. 29). 32

16. Der **Initiative des Vorsitzenden** der Personalvertretung auf Anberaumung einer Sitzung steht gleich die Initiative 33
eines Viertels der Mitglieder,
der Mehrheit der Vertreter einer Gruppe, der Schwerbehindertenvertretung,
des Dienststellenleiters und
der Mehrheit der Jugend- und Auszubildendenvertretung.
Andere Personen oder Gruppen können keinen entsprechenden Antrag stellen (Richardi u. a., § 34 Anm. 22; vgl. auch Anm. 20).

17. Die **Antragsberechtigten** können die Anberaumung einer Sitzung nur dann beantragen, wenn sie den Gegenstand nennen, der beraten werden soll. Dabei kann es sich nur um einen Gegenstand handeln, für dessen Erörterung die Personalvertretung zuständig ist; sonst ist der Antrag unzulässig und bleibt ohne Wirkung. In welcher Form der Antrag zu stellen ist, regelt das Gesetz nicht. Da dem Vorsitzenden der Personalvertretung aber Gelegenheit gegeben werden muss zu prüfen, ob eine ausreichende Anzahl von Antragstellern vorhanden ist, ist eine **schriftliche Antragstellung** mit entsprechender Unterschrift der den Antrag tragenden Mitglieder grundsätzlich geboten. Dies gilt insbesondere dann, wenn es sich um eine Gruppe handelt (vgl. auch: Fischer u. a., § 34 Anm. 24). Eine schriftliche Antragstellung ist allerdings dann entbehrlich, wenn der Vorsitzende der Personalvertretung sich in der Lage sieht, in zumutbarer Art und Weise auf anderem Weg zu prüfen, ob die notwendige Anzahl von Personalratsmitgliedern einer Gruppe das Antragsrecht geltend macht. Sind dem Personalratsvorsitzenden die antragstellenden Personalratsmitglieder von ihrer Person bereits so bekannt, dass er dies am Telefon anhand ihrer Stimmen zweifelsfrei erkennen kann, so wäre eine Zurückweisung des telefonisch gestellten Antrags als „reiner" Formalismus rechtswidrig. Da die Grenzen aber fließend sind und die Beantwortung der Frage, in welchen Fällen der Vorsitzende eine telefonische Antragstellung noch zulassen sollte bzw. wann er sie abweisen darf, von einer persönlichen Einschätzung abhängig ist, ist einer Personalvertretung zur Vermeidung von Streitfällen zu raten, eine entsprechende Regelung in die Geschäftsordnung aufzunehmen, die besagt, dass das Antragsrecht nach Abs. 3 von einer schriftlichen Antragstellung abhängig ist. 34

34a 17 a) Da der Vorsitzende einer Personalvertretung nach Abs. 2 Satz 3 die Personalratsmitglieder zu den Sitzungen rechtzeitig unter Mitteilung der Tagesordnung zu laden hat, damit sich diese der Bedeutung der Angelegenheit entsprechend vorbereiten können, gilt dies auch für Beratungsgegenstände, die über das Antragsrecht nach Abs. 3 auf die Tagesordnung gelangen sollen. Auch insoweit bedarf es einer angemessenen Vorbereitung der Personalratsmitglieder auf Beratung und Beschlussfassung, weil nur so eine verantwortungsvolle Ausübung der Personalratstätigkeit möglich ist. Daraus folgt, dass ein **Antrag auf Aufnahme eines Gegenstandes in die Tagesordnung** der nächsten Sitzung so **rechtzeitig** zu stellen ist, dass der Vorsitzende den Beratungsgegenstand auf die den Personalratsmitgliedern zuzuleitende Einladung setzen bzw. eine ergänzte Tagesordnung noch rechtzeitig vor der Sitzung nachsenden kann. Wenn ein Antrag einen Tag vor der Sitzung an den Vorsitzenden herangetragen wird, also zu einem Zeitpunkt, zu dem die Einladung mit Tagesordnung bereits versandt sein müsste, dann ist diesem eine rechtzeitige Mitteilung des Tagesordnungspunktes an die Personalratsmitglieder nicht mehr möglich. Nimmt er den Tagesordnungspunkt dennoch auf, weil es sich um ein dringendes Anliegen handelt, so darf in der Sitzung eine Behandlung nur erfolgen, wenn der Personalratsvorsitzende über die Aufnahme der Angelegenheit in die Tagesordnung abstimmen lässt und wenn alle Personalratsmitglieder sich mit der Behandlung dieses Punktes einverstanden erklären. Es muss nämlich den Personalratsmitgliedern selbst überlassen bleiben zu entscheiden, ob sie aufgrund ihres Informationsstands Beratung und Beschlussfassung glauben verantworten zu können.

35 18. Der **Vorsitzende** der Personalvertretung hat **nicht das Recht,** einen zulässigen **Antrag** auf Anberaumung einer Personalratssitzung **abzulehnen.** Die unbegründete Ablehnung eines Antrags auf Anberaumung der Sitzung, die Nichtaufnahme des beantragten Gegenstands in die Tagesordnung oder die Verhinderung der Behandlung des in die Tagesordnung aufgenommenen Gegenstandes würden ein Pflichtverstoß nach § 28 sein (Richardi u. a., § 34 Anm. 25). Allerdings kann ein Vorsitzender eine kurzfristige Antragstellung ablehnen (Anm. 35). Gemäß Abs. 3, der eine Vorschrift des Minderheitenschutzes darstellt, ist er aber verpflichtet, bei Vorliegen der Voraussetzungen für eine ordnungsgemäße Antragstellung den Gegenstand, dessen Beratung beantragt ist, auf die Tagesordnung des nächsten Sitzung setzen. Die Antragsteller selbst können eine Sitzung der Personalvertretung nicht einberufen.

36 19. Das **antragsberechtigte Viertel** der Mitglieder der Personalvertretung muss ein volles Viertel sein. In einer Personalvertretung mit 25 Mitgliedern ist eine Gemeinschaft von mindestens sieben Mitgliedern antragsberechtigt. Die Gruppenzugehörigkeit der Antragsteller spielt hier keine Rolle.

37 20. Die **Mehrheit der Vertreter einer Gruppe** ist die einfache Mehrheit derjenigen Personen, die als Vertreter ihrer Gruppe in die Personalvertretung gewählt wurden, einschließlich der Gruppenfremden (§ 18 Abs. 2). Infolgedessen kann auch der einzige Gruppenvertreter einen entsprechenden Antrag stellen (Fischer u. a., § 34 Anm. 20; Lorenzen u. a., § 34 Anm. 14). Für ein verhindertes ordentliches Mitglied tritt ein Ersatzmitglied in das Antragsrecht ein.

38 21. Der Beschluss der Mehrheit der Gruppenvertreter, die Anberaumung einer Sitzung zu verlangen, ist ein Beschluss nach § 38 Abs. 2 (Engelhard/Ballerstedt, § 42 Anm. 13 b), weil es sich um eine **gruppeninterne Wil-**

lensbildung handelt, für die das Gesetz Befugnis und Zuständigkeit einer Gruppe bestimmt hat.

22. Der **Dienststellenleiter** nimmt an der Sitzung, die auf sein Verlangen anberaumt ist, kraft Gesetzes ohne Einladung der Personalvertretung teil (Abs. 4). 39

23. Die **Mehrheit der Jugend- und Auszubildendenvertretung** kann die Anberaumung einer Sitzung nur beantragen, wenn sie als Beratungsgegenstand eine Angelegenheit nennt, „die besonders die in § 57 genannten Beschäftigten betrifft". Eine besondere Betroffenheit muss nicht dargelegt werden (Richardi u. a., § 34 Anm. 21; vgl. auch § 40 Anm. 9). Für andere Angelegenheiten ist die Jugend- und Auszubildendenvertretung nicht antragsbefugt. 40

IV. Teilnahme des Dienststellenleiters

1. Das **Teilnahmerecht des Dienststellenleiters** besteht zur Sicherung der guten Zusammenarbeit mit der Personalvertretung (§ 2 Abs. 1) an solchen Sitzungen, 41
a) die er beantragt oder
b) zu denen die Personalvertretung ihn ausdrücklich eingeladen hat (Abs. 3 Satz 1).
Aus seinem Antragsrecht folgt das Recht, den von ihm angemeldeten Beratungsgegenstand in der Sitzung des Personalrats zu vertreten. Aus der Einladung der Personalvertretung folgt der Anspruch auf Erteilung des Wortes (vgl. hierzu auch § 35 Anm. 4). Jedoch besteht kein Teilnahmerecht des Dienststellenleiters an der internen Beratung, die der Beschlussfassung der Personalvertretung unmittelbar vorausgeht (Fischer u. a., § 34 Anm. 43; Lorenzen u. a., § 34 Anm. 21; vgl. auch Richardi u. a., § 34 Anm. 49).

2. Eine **Einladung** der Personalvertretung wird der Dienststellenleiter **nicht ablehnen** können. Eine unbegründete Ablehnung würde gegen den Grundsatz des § 2 Abs. 1 verstoßen (Fischer u. a., § 34 Anm. 42; Lorenzen u. a., § 34 Anm. 19; Richardi u. a., § 34 Anm. 48). 42

3. Wenn auch im Interesse der Sache die **persönliche Teilnahme des Dienststellenleiters** wünschenswert ist, gestattet ihm § 7 Satz 2 allgemein, sich bei Verhinderung durch seinen ständigen Vertreter vertreten zu lassen (vgl. im Einzelnen die Anm. zu § 7). 43

4. Fraglich ist, ob der an der Sitzung teilnehmende Dienststellenleiter einen zuständigen **Sachbearbeiter** mitbringen darf. Bei wörtlicher Anwendung des Gesetzes steht dem der Grundsatz der Nichtöffentlichkeit der Sitzungen der Personalvertretung entgegen. Andererseits kann die Nutzbarmachung seiner Spezialkenntnisse für die Beratung sachdienlich sein (VGH Kassel v. 6. 12. 1972 – TK 2/72, n. v.; OVG Münster v. 25. 4. 1973, Leits. ZBR 1974, 67 – zwar durch BVerwG v. 20. 2. 1976 – VII P 7.73 unwirksam, aber der hier erwähnte Grundsatz wird nicht betroffen). Gegen den Willen der Personalvertretung ist die Teilnahme von Sachbearbeitern neben dem Dienststellenleiter aber nicht zulässig (vgl. § 35 Anm. 4). Eine **Teilnahmepflicht des Dienststellenleiters** an einer Sitzung, in der eine Dienstvereinbarung beschlossen wird, besteht nicht (BVerwG v. 16. 12. 1960, BVerwGE 11, 307 = ZBR 1961, 215 = PersV 1961, 104). 44

5. Die für die Ladung ordentlicher Personalratsmitglieder geltenden Grundsätze (**Rechtzeitigkeit der Ladung** etc.) sind auch gegenüber den **Mit-** 45

gliedern der Sondervertretungen (Jugend- und Auszubildendenvertretung, Vertretung der nichtständig Beschäftigten, Schwerbehindertenvertretung) zu beachten. Soweit diese Personen bzw. Institutionen stimmberechtigt sind (§ 40 Abs. 1 Satz 3), muss ihnen eine Information in demselben Umfang erteilt werden wie den Mitgliedern der Personalvertretung.

V. Streitigkeiten

46 Streitigkeiten entscheiden die Verwaltungsgerichte nach § 83 Abs. 1 Nr. 3. Bei einer Verletzung der Pflichten auf Einberufung beantragter Sitzungen und auf Information der Teilnehmer kommt außerdem § 28 in Betracht. Jedes Mitglied einer Personalvertretung kann gerichtlich geltend machen, ein Personalratsbeschluss sei deshalb rechtswidrig, weil ein Tagesordnungspunkt nicht ausreichend angekündigt gewesen sei und Beschlüsse nur hätten gefasst werden können, wenn alle Mitglieder zugestimmt hätten (OVG Saarlouis v. 4. 12. 1975, PersV 1977, 140; vgl. für das BetrVG: LAG Kiel v. 28. 9. 1989, Leits. NZA 1990, 288). Ist nämlich ein Tagesordnungspunkt nicht rechtzeitig bekanntgemacht worden, so kann zu dem entsprechenden Punkt kein wirksamer Beschluss gefasst werden (BVerwG v. 13. 10. 1986, BVerwGE 75, 62 = ZBR 1987, 85 = PersV 1987, 336).

Schrifttum: Gronimus, Die Geschäftsführung des Personalrats, PersR 2000, 191; Ilbertz, Die Informationspflicht des Vorstands einer Personalvertretung gegenüber den Mitgliedern, ZBR 1976, 110; Kunze, Die Beschlüsse des Personalrats, PersV 1995, 337; ders., Der Informationsspruch des einzelnen Personalratsmitglieds ZfPR 2003, 248; Leuze, Personalratsminderheit gegen Personalratsmehrheit, PersV 1987, 1; Mayer, Informationsanspruch des Personalrates gegenüber der Dienststelle und des Personalratsmitglieds gegenüber dem Vorstand des Personalrates, PersV 1978, 28; siehe ferner Schrifttum zu § 32.

§ 35 [Nichtöffentlichkeit und Zeitpunkt der Sitzungen]

Die Sitzungen des Personalrates sind nicht öffentlich; sie finden in der Regel während der Arbeitszeit statt. Der Personalrat hat bei der Anberaumung seiner Sitzungen auf die dienstlichen Erfordernisse Rücksicht zu nehmen. Der Leiter der Dienststelle ist vom Zeitpunkt der Sitzung vorher zu verständigen.

Inhaltsübersicht

Entspr. landesgesetzliche Regelungen:
Baden-Württemberg: § 36 Abs. 1; Bayern: Art. 35; Berlin: § 31; Brandenburg: § 35; Bremen: § 32 Abs. 1; Hamburg: § 36; Hessen: § 32; Mecklenburg-Vorpommern: § 26; Niedersachsen: § 30 Abs. 1; Nordrhein-Westfalen: § 31; Rheinland-Pfalz: § 30; Saarland: § 34 Abs. 1, § 35; Sachsen: § 36; Sachsen-Anhalt: § 33, Schleswig-Holstein: § 26; Thüringen: § 35.

Entspr. Vorschrift des BetrVG: § 30.

1. Das Gesetz geht vom **Gebot der Nichtöffentlichkeit** der Personalratssitzungen aus, obwohl den durch den Personalrat vertretenen Beschäftigten ein berechtigtes Interesse an der Kontrolle des von ihnen gewählten Organs nicht abgesprochen werden kann (vgl. das Recht eines Viertels der Wahlberechtigten, einen Ausschluss- bzw. Auflösungsantrag nach § 28 zu stellen). Die Nichtöffentlichkeit der Sitzung soll aber eine sachliche Verhandlung und eine vertrauliche Behandlung einzelner Beratungsgegenstände sicherstellen (Engelhard-Ballerstedt, § 43 Anm. 1). 1

a) **Nichtöffentlichkeit** bedeutet, dass eine Beratung sich innerhalb eines geschlossenen Teilnehmerkreises zu vollziehen hat und die Beratungspunkte vertraulich zu behandeln sind. Das Gebot der Nichtöffentlichkeit, für die öffentliche Verwaltung von besonderer Bedeutung (vgl. § 61 BBG), ist zwingend. Die im Gesetz ausdrücklich zugelassenen Ausnahmen sind erschöpfend und abschließend geregelt. Abweichungen im Einzelfall können weder durch Beschluss noch generell durch die Geschäftsordnung für zulässig erklärt werden (BVerwG v. 14. 7. 1977, BVerwGE 54, 195 = PersV 1978, 126). 2

b) Die **Geheimhaltung** der Verhandlungsgegenstände der Personalvertretungen ist im Geschäftsbereich der öffentlichen Verwaltung um so bedeutsamer, als zu ihnen Angelegenheiten gehören, die der Amtsverschwiegenheit unterliegen (vgl. § 10). Infolgedessen sind an den Sitzungen der Personalvertretungen grundsätzlich nur die ordentlichen Mitglieder zu beteiligen. Nicht teilnahmeberechtigt sind die Ersatzmitglieder (§ 31), da sie nur bei Verhinderung der ordentlichen Mitglieder tätig werden können. Auch der Vorsitzende der Stufenvertretung darf z. B. an der Sitzung eines örtlichen Personalrats, dem er nicht angehört, nicht teilnehmen (OVG Lüneburg v. 21. 8. 1957, ZBR 1957, 337). 3

2. Der Grundsatz der **Nichtöffentlichkeit** wird in folgenden Fällen **durchbrochen:** 4

a) Ein **Vertreter der Jugend- und Auszubildendenvertretung** und **die Schwerbehindertenvertretung** können an den Sitzungen der Personalvertretung mit beratender Stimme teilnehmen (§ 40 Abs. 1 Satz 1; § 95 Abs. 4 SGB IX).

b) Die **Mitglieder der Jugend- und Auszubildendenvertretung** sowie die **Vertreter der nicht ständig Beschäftigten,** soweit die Voraussetzungen des § 40 Abs. 1 Satz 2 bzw. § 40 Abs. 2 gegeben sind, können ebenfalls teilnehmen.

c) Der **Dienststellenleiter** nimmt an den Sitzungen der Personalvertretung teil, wenn er die Durchführung einer Sitzung beantragt oder wenn die Personalvertretung ihn zu der Sitzung eingeladen hat (§ 34 Abs. 4). Er kann auch an der Erörterung des ihn betreffenden Gegenstandes teilnehmen, nicht aber an der förmlichen Beratung und Beschlussfassung.

d) **Gewerkschaftsvertreter** nehmen teil, wenn ein Viertel der Mitglieder oder die Mehrheit einer Gruppe ihre Teilnahme nach § 36 beantragt.

e) Die Personalvertretung kann auch beschließen, **Sachverständige** (Gewerbeaufsichtsbeamte, Ingenieure) und andere Auskunftspersonen zur Behandlung einer konkreten Frage hinzuziehen (BVerwG v. 24. 10. 1975, BVerwGE 49, 259 = ZBR 1976, 192, 1977, 414 = PersV 1976, 422; Lorenzen u. a., § 35 Anm. 8 vgl. aber § 44 Anm. 5). Diese Personen brauchen nicht der betreffenden Dienststelle anzugehören. Sie dürfen weder bei der Beratung noch bei der Abstimmung anwesend sein (Fischer u. a., § 35 Anm. 10, 11). In jedem Fall hat die Personalvertretung den Dienststellenleiter vorher zu unterrichten. Dabei muss sie darlegen, dass ihr Informationsbedürfnis noch nicht erfüllt ist. Hierfür muss sie Anhaltspunkte benennen. Solange der Abklärungsprozess noch nicht abgeschlossen ist, beginnt der Lauf der Versagungsfrist nach § 69 Abs. 2 erst zu dem Zeitpunkt zu laufen, zu dem die Information umfassend erfolgt (BVerwG v. 8. 11. 1989, BVerwGE 84, 71 = PersV 1990, 342 = ZfPR 1990, 86).

f) Ebenso muss es zulässig sein, dass der Dienststellenleiter im Falle von § 34 Abs. 4 bei Einverständnis der Personalvertretung einen **Sachbearbeiter** zu der Sitzung mitbringt. Gleiches gilt für „sachkundige" Beschäftigte (OVG Münster v. 13. 8. 1996, RiA 1997, 154 = Leits. ZfPR 1997, 199).

g) Das Gesetz macht keine Aussage zum Teilnahmerecht desjenigen Beschäftigten, dessen Personalangelegenheiten in einer Personalratssitzung behandelt werden. Seine Teilnahme wird jedenfalls in den Fällen nicht als Verletzung des Grundsatzes der Nichtöffentlichkeit betrachtet werden können, in denen die Personalvertretung zwecks Meinungsbildung die **persönliche Aussprache mit dem Betroffenen** für notwendig hält (vgl. § 37 Anm. 7). Dasselbe muss von den personellen Angelegenheiten gelten, in denen die Personalvertretung nur auf Antrag eines Beschäftigten tätig werden kann; denn wenn dem Dienststellenleiter die Teilnahme an einer von ihm beantragten Sitzung der Personalvertretung zusteht, ist nicht einzusehen, weshalb dieser Grundsatz auf einen Beschäftigten, dessen Interessen der Personalrat vertreten soll, nicht anzuwenden und weshalb er nicht zur Befragung anwesend sein sollte. Ausgenommen ist jedoch die Anwesenheit des Betroffenen bei der Beratung und Abstimmung im Personalrat.

h) Die **Gleichstellungsbeauftragte** kann dagegen nicht an einer Personalratssitzung teilnehmen. Sie gehört nicht zu dem Personenkreis, der nach dem Wortlaut des Gesetzes an Personalratssitzungen teilnehmen kann (Wolber, ZfPR 1996, 208). Allerdings kann die Personalvertretung bei einschlägigen Fragen die Gleichstellungsbeauftragte zu ihrer Sitzung laden und sie anhören. Von der anschließenden Beratung und Beschlussfassung ist die Gleichstellungsbeauftragte allerdings ausgeschlossen (Kunze, ZfPR 1997, 133, 137). Die Personalvertretung muss wegen der ihr nach § 68 Abs. 1 Nr. 5 a obliegenden Aufgaben eine enge Zusammenarbeit mit der Gleichstellungsbeauftragten anstreben, so dass es zweckmäßig ist, diese zu allen Tagesordnungspunkten zu laden, die „die Vereinbarkeit von Familie und Erwerbstätigkeit sowie den Schutz vor sexueller Belästigung am Arbeitsplatz betreffen" (vgl. § 19 Abs. 1 Satz 2 BGleiG, Bundesgleichstellungsgesetz v. 30. 11. 2001, BGBl. I S. 3234). Ein generelles Teilnahmerecht der Gleichstellungsbeauftragten kann die Personalvertretung nicht beschließen (vgl. hierzu auch Wolber, ZfPR 1996, 208) bzw. nicht in einer Geschäftsordnung festlegen.

i) **Mitglieder des Richterrates** im Rahmen des § 53 Abs. 1 DRiG, der Vertrauensmann der Zivildienstleistenden nach § 3 Abs. 1ZDVG, die Vertrauenspersonen der Wehrpflichtigen nach § 49 Abs. 3 SBG und der Sprecher der nach § 32 Abs. 1 SBG gebildeten Versammlung der Vertrauenspersonen der Soldaten nach § 34 Abs. 5 Satz 2 SBG.

5 3. Die **Protokollführung durch eine der Personalvertretung nicht angehörende Person** ist unzulässig. Der Kreis der einer Personalvertretung nicht angehörenden Personen, die ausnahmsweise an Personalratssitzungen teilnehmen dürfen, ist gesetzlich abschließend geregelt. Der Personalvertretung ist es daher untersagt, einer ihrem Gremium nicht angehörende Person die Anwesenheit in einer Personalratssitzung zum Zwecke der Protokollführung zu gestatten. Dieses Verbot gilt für die gesamte Sitzung, also nicht nur für Beratung und Beschlussfassung (BVerwG v. 14. 7. 1977, BVerwGE 54, 195 = ZBR 1977, 412 = PersV 1978, 126; BVerwG v. 27. 11. 1981, PersV 1983, 409; BVerwG v. 7. 2. 1992, Leits. PersR 1993, 383; Fischer u. a., § 35

Anm. 9; Lorenzen u. a., § 35 Anm. 7, § 41 Anm. 8; Richardi u. a., § 35 Anm. 12; § 41 Anm. 9; Jordan, PersR 2005, 180; aA Altvater u. a., § 35 Anm. 4; von Friesen, PersV 1978, 119).

Folgende Landespersonalvertretungsgesetze gestatten die Teilnahme des dem Personalrat zur Verfügung gestellten Büropersonals zu Protokollzwecken:

- **Mecklenburg-Vorpommern,** PersVG MV, § 26 Satz 2: „Der Personalrat kann eine ihm nicht zugehörige Person ... hinzuziehen"
- **Niedersachsen,** NPersVG, § 30 Abs. 4, Satz 1 Nr. 1; „Der Personalrat ist berechtigt, zu den Sitzungen Büropersonal zur Anfertigung der Sitzungsniederschrift... hinzuzuziehen", in Abs. 6 Satz 3 ist geregelt, dass diesem Personal – im Gegensatz zu anderen, nicht dem Personalrat angehörigen Personen (z. B. sachkundigen Personen) – die Teilnahme auch während der Beschlussfassung gestattet ist.
- **Nordrhein-Westfalen,** LPVG NW, § 31 Abs. 2: „Der Personalrat kann die Teilnahme des ihm ... zur Verfügung gestellten Büropersonals... gestatten".
- **Rheinland-Pfalz,** LPersVG, § 30 Abs. 2: „Der Personalrat kann die Teilnahme des ihm ... zur Verfügung gestellten Personals... gestatten".
- **Saarland,** SPersVG, § 34 Abs. 6: „Der Personalrat kann die Teilnahme der ihm ... zur Verfügung gestellten Schreibkräfte ... gestatten".
- **Sachsen,** SächsPersVG, § 36 Satz 4: „Der Personalrat kann eine ihm nicht als Mitglied angehörende Person zur Aufnahme der Niederschrift hinzuziehen, soweit dies im Einzelfall erforderlich ist".
- **Schleswig-Holstein,** MBG Schl.-H., § 26 Satz 2: „Der Personalrat kann eine ihm nicht als Mitglied angehörende Person zur Protokollführung hinzuziehen".
- **Thüringen,** ThürPersVG, § 35 Satz 2: „Der Personalrat kann die Anwesenheit des ihm ... zur Verfügung gestellten Büropersonals zur Aufnahme der Niederschrift gestatten".

4. Bei dem Grundsatz der Nichtöffentlichkeit handelt es sich nur um eine 6
Ordnungsvorschrift. Die Beschlüsse, die in einer Sitzung gefasst worden sind, die durch die Teilnahme nicht teilnahmeberechtigter Personen zu einer öffentlichen Sitzung gemacht worden ist, sind daher grundsätzlich nicht ungültig (LVG Hannover v. 18. 2. 1957, ZBR 1957, 183; Richardi u. a., § 35 Anm. 16), es sei denn, dass hinreichende Anhaltspunkte dafür gegeben sind, dass die unberechtigte Teilnahme Dritter für das Beratungs- und Beschlussergebnis von Bedeutung gewesen ist bzw. dass der unberechtigt Teilnehmende auf das Beratungs- und Beschlussergebnis Einfluss genommen hat (OVG Bautzen v. 7. 4. 1998, PersV 1999, 500; Fischer u. a., § 35 Anm. 12). Andererseits stellt die Übertretung die Legalität der Sitzung in Frage. **Wiederholte Übertretungen** des Gebots der Nichtöffentlichkeit sind als **Verstoß i. S. von** § 28 zu betrachten.

5. Da die Tätigkeit der Personalvertretung als dienstliche Tätigkeit anzuse- 7
hen ist, finden die Sitzungen grundsätzlich **während der Arbeitszeit** statt. Der Grundsatz der vertrauensvollen Zusammenarbeit erfordert aber eine Rücksichtnahme auf die dienstlichen Interessen. Dienstliche Erfordernisse können daher gelegentlich die Personalvertretungen zwingen, die Sitzung außerhalb der Dienststunden abzuhalten (Lorenzen u. a., § 35 Anm. 10; Bieler, RiA 1980, 166). Hierfür besteht insbesondere in solchen Dienststellen ein Bedürfnis, in denen über einen großen Teil der Dienststunden Schalterbetrieb durchgeführt wird. In anderen Dienststellen wiederum, in denen Schichtdienst geleistet wird, ist es schon von dieser Aufgabenstellung her nicht

möglich, zumindest für den größten Teil der Beschäftigten die Personalratssitzung während der Arbeitszeit durchzuführen. Immer nämlich wird für einen Teil der Personalratsmitglieder die Sitzung außerhalb ihrer regelmäßigen Arbeitszeit stattfinden. Wenn Personalratsmitglieder an Personalratssitzungen außerhalb ihrer persönlichen Arbeitszeit teilnehmen, so ist ihnen in entsprechendem Umfang Dienstbefreiung zu gewähren (§ 46 Abs. 2 Satz 2). Dadurch soll ein Verlust an persönlicher Freizeit verhindert werden. Wenn daher eine Personalratssitzung während der Freizeit eines Beschäftigten stattfindet, dann ist die Einschränkung der persönlichen Freizeit letztendlich nicht durch das Personalratsamt, sondern aus dienststelleninternen Gründen notwendig geworden. Nimmt daher ein Personalratsmitglied, das Nachtdienst zu leisten hat, an einer tagsüber stattfindenden Personalratssitzung teil, so ist es aufgrund der erforderlichen Personalratstätigkeit an der Ableistung der den Sitzungen jeweils vorangehenden oder nachfolgenden Nachtschichten gehindert. Es kann unmittelbar nach der Personalrattätigkeit nicht mit der vollen Verantwortung für die ordnungsgemäße Erledigung der ihm in der nachfolgenden mehrstündigen Nachtschicht übertragenen Arbeiten tätig werden (vgl. für das BetrVG: BAG v. 7. 6. 1989, BAGE 62, 83 = BB 1990, 993 = DB 1990, 995). In diesem Zusammenhang ist auch zu berücksichtigen, dass den Personalratsmitgliedern von den Beschäftigten ein Mandat übertragen worden ist, das möglichst ohne Unterbrechung wahrgenommen werden soll, so dass insoweit auch nicht auf die Ersatzmitgliedschaft verwiesen werden kann (vgl. auch § 31 Anm. 8, § 50 Anm. 9).

8 6. Die Erteilung von **Dienstbefreiung** für die Mitglieder der Personalvertretung (zur Sitzungsteilnahme) ist gesetzlich vorgeschrieben (§ 46 Abs. 3). Für die Erledigung ihrer regelmäßigen Arbeiten darf sie als allgemein erteilt gelten. Daher bedürfen die Mitglieder der Personalvertretung für die Teilnahme an den regelmäßigen Sitzungen keiner gesonderten Dienstbefreiung. Der Zeitpunkt der Sitzung ist nicht mit dem Dienststellenleiter zu vereinbaren. Vielmehr ist er lediglich vorher vom Zeitpunkt der Sitzung zu verständigen (Satz 3; vgl. auch Richardi u. a., § 35 Anm. 18).

9 7. **Streitigkeiten** entscheiden die Verwaltungsgerichte nach § 83 Abs. 1 Nr. 3. Hierzu gehören auch Streitigkeiten über Zuständigkeit und Geschäftsführung der Personalvertretung. Das sind meist Streitigkeiten über die Hinzuziehung von Personen, die nicht der Personalvertretung angehören. Der Dienststellenleiter kann u. U. der Personalvertretung aus dringenden dienstlichen Erfordernissen die Durchführung einer Sitzung durch einstweilige Verfügung untersagen lassen (Richardi u. a., § 35 Anm. 22). **Jedes Personalratsmitglied** hat ein **berechtigtes Interesse** an der gerichtlichen Feststellung, ob und in welchem Umfang **außenstehende Personen** an **den** Sitzungen der Personalvertretung **teilnehmen können.** Durch „die **Regelung** solcher Geschäftsordnungsfragen wird jedes Mitglied des Personalrats unmittelbar betroffen" (OVG Lüneburg v. 21. 8. 1957, ZBR 1957, 337).

Schrifttum: Ambos, Die Protokollführung des Personalrats durch Nichtpersonalratsmitglieder, PersV 1967, 151; Bieler, Betriebs- und Personalratssitzungen außerhalb der Arbeitszeit?, RiA 1980, 1661; von Friesen, Zur Protokollführung in Personalratssitzungen durch Nicht-Personalratsmitglieder, PersV 1978, 119; Gross, Auskunftsrecht der Presse und personalvertretungsrechtliche Schweigepflicht, RiA 1967, 121; Jordan, Noch einmal: Externe Protokollkräfte in Personalratssitzungen?, PersR 2005, 180; Kunze, Handlungsmöglichkeiten der Personalräte im Zusammenhang mit der Vereinbarkeit von Familie und Beruf, ZfPR 1997, 133; Windscheid, Protokollführung in der Personalratssitzung, PersV 1976, 371; ders., Nochmals: Protokollführung in der Personalratssitzung, PersV 1978, 118; Wolber, Sitzungen der Personalvertretung ohne Frauenbeauftragte, ZfPR 1996, 280.

§ 36 [Teilnahme von Gewerkschaftsvertretern]

Auf Antrag von einem Viertel der Mitglieder oder der Mehrheit einer Gruppe des Personalrates kann ein Beauftragter einer im Personalrat vertretenen Gewerkschaft an den Sitzungen beratend teilnehmen; in diesem Falle sind der Zeitpunkt der Sitzung und die Tagesordnung der Gewerkschaft rechtzeitig mitzuteilen.

Inhaltsübersicht

Entspr. landesgesetzliche Regelungen:
Baden-Württemberg: § 37; Bayern: Art. 36; Berlin: § 31 Abs. 2; Brandenburg: § 36; Bremen: § 33; Hamburg: § 35 Abs. 3 Nr. 1; Hessen: § 33; Mecklenburg-Vorpommern: § 30 Abs. 2; Niedersachsen: § 30 Abs. 3; Nordrhein-Westfalen: § 32; Rheinland-Pfalz: § 29 Abs. 6; Saarland: § 34 Abs. 3; Sachsen: § 37; Sachsen-Anhalt: § 34; Schleswig-Holstein: § 30; Thüringen: § 36.

Entspr. Vorschrift des BetrVG: § 31.

1. Die Vorschrift ist wörtlich dem § 31 BetrVG angepasst. Während nach der bis 1974 geltenden Fassung die Personalvertretung nur die Hinzuziehung aller im Personalrat vertretenen Gewerkschaften beschließen konnte, kann nunmehr ein Antrag von einem Viertel der Mitglieder oder der Mehrheit einer Gruppe des Personalrats auf Hinzuziehung eines Beauftragten nur **einer im Personalrat vertretenen Gewerkschaft** gestellt werden. Diesem Antrag hat der Vorsitzende stattzugeben. Damit wird zwar ein gewisser Minderheitenschutz gewährleistet, gleichzeitig aber auch die Möglichkeit geschaffen, kleinere Gewerkschaften von einer Mitwirkung auszuschließen und sie auf diese Weise in ihrer koalitionsmäßigen Betätigung erheblich einzuschränken. Diese Einschränkung verletzt aber weder den Gleichheitssatz des Art. 3 Abs. 1 GG noch das Differenzierungsverbot des Art. 3 Abs. 3 GG noch die in Art. 9 Abs. 3 GG verankerte Koalitionsfreiheit. Der **Gleichbehandlungsgrundsatz** erfordert nicht die bestmögliche, gerechteste oder zweckmäßigste gesetzgeberische Lösung. Er verbietet vielmehr nur Willkür. Wenn sich daher aus dem Gegenstand der Regelung ein sachlich vertretbarer Gesichtspunkt 1

für die Art der Differenzierung ergibt, so liegt kein Verstoß gegen Art. 3 GG vor. Allerdings ist zweifelhaft, ob dieser sachliche Gesichtspunkt in dem Bestreben des Gesetzgebers zu finden ist, „die Funktionsfähigkeit des Personalrats zu erhalten und Personalratssitzungen nicht ständig zum Forum des gewerkschaftlichen Konkurrenzkampfes werden zu lassen“ (VGH München v. 1. 7. 1977 – Nr. 6 XVIII 76, n. v.); denn der Gesetzgeber stellt auf eine möglichst umfassende Beratung der Personalvertretungen durch die Gewerkschaften ab, so dass nicht von vorneherein unterstellt werden kann, dass die Zulassung aller im Personalrat vertretenen Gewerkschaften zur Beratung den gewerkschaftlichen Konkurrenzkampf zu Lasten der Personalratsarbeit verstärken würde. Im Übrigen hat die Personalvertretung es selbst in der Hand, darüber zu befinden, wie sie Diskussionen mit Gewerkschaftsbeauftragten gestaltet. Da der Gesichtspunkt der Beratung im Vordergrund steht, kann es für die Qualität der Beratung auch nicht darauf ankommen, ob die Gewerkschaften einen den Antragsvoraussetzungen entsprechenden Rückhalt in der Personalvertretung haben (so aber BVerwG v. 16. 6. 1982, BVerwGE 66, 7 = ZBR 1983, 163 = PersV 1983, 195). Demgegenüber ist uneingeschränkt davon auszugehen, dass eine Verletzung des Art. 9 Abs. 3 GG (koalitionsmäßige Betätigung) deshalb nicht in Betracht kommt, weil es im Hinblick auf die übrigen Regelungen des BPersVG nicht unerlässlich ist, dass die Gewerkschaften die Arbeits- und Wirtschaftsbedingungen ihrer Mitglieder durch Teilnahme an einer Personalratssitzung wirksam wahren und fördern können (VGH München v. 1. 7. 1977, aaO). Im Übrigen handelt es sich bei der Beratung einer Personalvertretung nicht um eine spezifische koalitionsmäßige Tätigkeit, sondern um eine Beratungsfunktion, „die keine typisch gewerkschaftliche Aktivität ist, sondern einen mehr oder weniger auf die Sache ausgerichteten neutralen Charakter hat“; sie gehört nicht zum Kernbereich gewerkschaftlicher Aktivitäten (BVerwG v. 16. 6. 1982, aaO; zur Gesamtproblematik vgl. auch: Lorenzen u. a., § 36 Anm. 2; Karschkes, PersV 1974, 380; Windscheid, PersV 1976, 330).

2 2. An dieser Stelle erweist sich in besonderem Maße die **Problematik der nicht genügend modifizierten Übernahme betriebsverfassungsrechtlicher Regelungen.** Der Gesetzgeber hat nicht ausreichend die unterschiedliche Konkurrenzsituation der Gewerkschaften berücksichtigt, die im Geltungsbereich des BPersVG eine ganz andere als im Geltungsbereich des BetrVG ist.

3 3. Im Übrigen widerspricht die Vorschrift auch dem in § 2 Abs. 1 verankerten **Grundsatz der Zusammenarbeit** zwischen der Personalvertretung, der Dienststelle und den in ihr vertretenen Gewerkschaften zum Wohle der Beschäftigten. Dabei ist nicht davon die Rede, dass die Gewerkschaften, die von weniger als einem Viertel oder von der Minderheit einer Gruppe vertreten sind, von dieser Zusammenarbeit ausgeschlossen sind. Die gleich am Anfang des Gesetzes allen an der Personalverfassung Beteiligten auferlegte Pflicht zur Zusammenarbeit stellt nicht auf ein bestimmtes Quorum ab, so dass § 36 insoweit systemwidrig ist. Entgegen der eigentlichen Absicht des Gesetzes, alle Gewerkschaften in das Zusammenwirken einzubeziehen, kann durch die Regelung des § 36 den kleineren Gewerkschaften die Chance sachverständiger, beratender Mitwirkung verwehrt werden. Es ist durch nichts gerechtfertigt, die Einbringung von Sachverstand von einem bestimmten Quorum abhängig zu machen.

4 4. Wenn eine Personalvertretung die Hinzuziehung von Gewerkschaftsbeauftragten beschließt, dann ist ein solcher Beschluss eine **Plenumsange-**

legenheit. Für die Beschlussfassung ist die Mehrheit aller anwesenden Mitglieder erforderlich. Dies gilt auch dann, wenn es sich bei den Tagesordnungspunkten, zu denen die Gewerkschaftsbeauftragten hinzugezogen werden sollen, um eine Gruppenangelegenheit handelt. Es geht nämlich um die Beratung der Personalvertretung, die auch in Gruppenangelegenheiten gemeinsam erfolgt (Fischer u. a., § 36 Anm. 17).

5. Um den Gewerkschaftsbeauftragten die Möglichkeit zur ordnungsgemäßen Vorbereitung auf die Personalratssitzung zu geben, bestimmt Halbsatz 2, dass bei einem **Antrag auf Hinzuziehung eines Gewerkschaftsbeauftragten** der betreffenden Gewerkschaft der Zeitpunkt der Sitzung und die Tagesordnung rechtzeitig mitzuteilen sind (wegen der Information der Gewerkschaften über personenbezogene Daten: § 2 Anm. 11). Werden in einer Personalratssitzung personenbezogene Daten eines Beschäftigten (u. a. persönliche oder sachliche Verhältnisse einer bestimmten Person betreffende Daten, bisherige Tätigkeiten, Qualifikationen, Kenntnisse) erörtert, dann kann an dieser Erörterung kein Gewerkschaftsbeauftragter teilnehmen. Etwas anderes kann lediglich dann gelten, wenn der betroffene Beschäftigte der Teilnahme von Gewerkschaftsbeauftragten an der Sitzung, in der seine schutzwürdigen persönlichen Daten erörtert werden, zustimmt. Diese Folgerung ergibt sich aus dem Grundrecht der Beschäftigten auf informationelle Selbstbestimmung (vgl. hierzu auch: BVerfG v. 15. 12. 1993, BVerfGE 65, 1; HessStGH v. 30. 4. 1986, PersV 1986, 227 sowie Lorenzen u. a., § 36 Anm. 9a; Richardi u. a., § 36 Anm. 26). **5**

6. Die Vorschrift **gilt entsprechend** für die Stufenvertretungen (§ 54 Abs. 1) und den Gesamtpersonalrat (§ 56) sowie für die Jugend- und Auszubildendenvertretung. **6**

7. § 36 erlaubt den Personalvertretungen, das **Prinzip der Nichtöffentlichkeit von Fall zu Fall zu durchbrechen** und Vertreter der Gewerkschaften an den Sitzungen teilnehmen zu lassen. Die Personalvertretungen können die Hinzuziehung der Gewerkschaften weder durch die Geschäftsordnung allgemein anordnen (aA für das BetrVG: BAG v. 28. 2. 1990, BB 1990, 1347 = DB 1990, 1288; vgl. auch Gola in Anm. RDV 1990, 189 wegen der Rücksichtnahme auf datenschutzrechtliche Belange der Beschäftigten), noch sie durch einen einmaligen Beschluss generell gestatten. Es muss jeweils ein besonderer Beschluss im Hinblick auf den Grundsatz der Nichtöffentlichkeit von Personalratssitzungen (§ 35) gefasst werden (Lorenzen u. a., § 36 Anm. 8; Richardi u. a., § 36 Anm. 16). Aus diesem Grund kann die Teilnahme von Gewerkschaftsbeauftragten weder für die gesamte Amtsperiode im voraus noch für mehrere bestimmte Sitzungen beschlossen werden (vgl. für das BetrVG: BAG v. 25. 6. 1987, BAGE 55, 386). Dies selbst dann nicht, wenn abzusehen ist, dass ein Beratungsgegenstand wiederholt auf der Tagesordnung stehen wird. Es kann nämlich auch in diesen Fällen nicht ausgeschlossen werden, dass nach Erreichen eines bestimmten Beratungsergebnisses die Hinzuziehung der Gewerkschaften nicht mehr angezeigt erscheint. **7**

8. Die Teilnahme von Gewerkschaftsbeauftragten kann **auf einzelne Punkte der Tagesordnung beschränkt** werden, weil die Personalvertretung von sich aus als unabhängiges Organ die Entscheidung darüber treffen kann, ob sie die Beratung durch Außenstehende für alle oder nur für bestimmte Punkte für erforderlich hält (Fischer u. a., § 36 Anm. 6; Richardi u. a., § 36 Anm. 19). **8**

9 9. a) Wie die Praxis gezeigt hat, ist es zweckmäßig, rechtzeitig, d. h. möglichst in derjenigen Sitzung den Antrag auf Hinzuziehung von Gewerkschaftsbeauftragten zu stellen, die derjenigen vorausgeht, zu der die Beauftragten der Gewerkschaften geladen werden sollen. Auf diese Weise wird eine **rechtzeitige Information der Gewerkschaften** ermöglicht. Allerdings kann ausnahmsweise ein entsprechender Antrag auch noch in der Sitzung gestellt werden, zu der die Hinzuziehung von Gewerkschaftsbeauftragten gewünscht wird. Sind in diesem Fall aber Gewerkschaftsbeauftragte aus Zeitgründen verhindert, dann kann die Sitzung nicht vertagt oder ein einzelner Tagesordnungspunkt nicht auf die nächste Sitzung verschoben werden (Fischer u. a., § 36 Anm. 11; Lorenzen u. a., § 36 Anm. 5).

10 b) Der **Antrag** auf Hinzuziehung von Beauftragten einer Gewerkschaft kann von einem Viertel der Mitglieder oder der Mehrheit einer Gruppe der Personalvertretung gestellt werden. Es ist nicht erforderlich, dass der Antrag in schriftlicher Form eingereicht wird. Die Antragstellung ist in der Sitzungsniederschrift zu vermerken. In einer Personalvertretung mit weniger als vier Mitgliedern kann jedes Mitglied diesen Antrag stellen, da ein Mitglied bereits mehr als ein Viertel aller Mitglieder darstellt.

11 10. Wenn **mehrere Gewerkschaften im Personalrat vertreten sind,** so kann selbstverständlich im Hinblick auf die Notwendigkeit einer umfassenden Beratung ein Antrag auf Entsendung je eines Beauftragten der vertretenen Gewerkschaften gestellt werden. Ebenso kann die Personalvertretung auf Antrag einzelner Mitglieder auch mit Mehrheit die Hinzuziehung je eines Beauftragten aller Gewerkschaften beschließen. Zu einem solchen Beschluss ist sie aber nicht verpflichtet (VGH Kassel v. 28. 6. 1976 – BPersV TK 1/76, n. v.; VGH München v. 1. 7. 1977 – Nr. 6 XVIII 76, n. v.). Ohne einen weitergehenden Antrag kann der Vorsitzende der Personalvertretung von sich aus nicht andere Gewerkschaften zur Entsendung von Beauftragten auffordern. Eine solche Aufforderung kann nur von der Mehrheit der Personalvertretung ausgehen, d. h. die Mehrheit kann, falls ein Viertel oder die Mehrheit einer Gruppe die Hinzuziehung eines Beauftragten einer Gewerkschaft beantragt hat, die Ladung von Beauftragten auch anderer Gewerkschaften beantragen. Das Antragsrecht kann daher nicht dazu dienen, bestimmte Gewerkschaften gezielt von der Beratung der Personalvertretung auszuschließen. Die Antragsteller haben somit auf eine sachgemäße Beratung durch Beauftragte der Gewerkschaften Wert zu legen, zumal das Gesetz „keinen in Koalitionen aufgespalteten Personalrat“ kennt (BVerwG v. 16. 6. 1982, BVerwGE 66, 7 = ZBR 1983, 163 = PersV 1983, 195). Andererseits kann aber gerade wegen des Minderheitenschutzes ein Antrag (der Mehrheit einer Gruppe bzw. eines Viertels der Personalvertretung) auf Hinzuziehung eines Beauftragten einer bestimmten Gewerkschaft nicht von der Mehrheit der Personalvertretung abgelehnt werden (OVG Münster v. 8. 5. 1995, PersR 1996, 202; Fischer u. a., § 36 Anm. 7; Lorenzen u. a., § 36 Anm. 4; Richardi u. a., § 36 Anm. 14).

12 11. Ob bei entsprechender Antragstellung ein Viertel der Mitglieder der Personalvertretung (nicht nur der Anwesenden) erreicht ist, wird wie folgt geklärt: die Zahl der Personalratsmitglieder ist durch vier zu teilen und das Ergebnis auf die nächste volle Zahl aufzurunden. Die **Mehrheit einer Gruppe** ist bereits gegeben, wenn die Gruppe nur einen Vertreter hat (Fischer u. a., § 36 Anm. 9; Lorenzen u. a., § 36 Anm. 4). Ist eine Gruppe durch zwei Mitglieder im Personalrat vertreten, so müssen, damit die Mehrheit erreicht wird, beide für die Hinzuziehung stimmen. Falls einer Gruppe nur ein Ver-

treter angehört, ist dieser alleine antragsbrechtig (Fischer u. a., § 36 Anm. 9; Lorenzen u. a., § 36 Anm. 4; Richardi u. a., § 36 Anm. 10)

12. Nicht erforderlich ist, dass der oder die **Antragsteller der Gewerkschaft angehören,** deren Beauftragter hinzugezogen werden soll (Fischer u. a., § 36 Anm. 10; Richardi u. a., § 36 Anm. 10). Anzugeben ist jedoch, von welcher Gewerkschaft die Entsendung eines Beauftragten gewünscht wird. Der Antrag kann auch von einem Ersatzmitglied, das für ein ausgeschiedenes Mitglied nachgerückt ist bzw. ein ordentliches Mitglied vertritt und das einer sonst im Personalrat nicht vertretenen Gewerkschaft angehört, gestellt werden (Fischer u. a., § 36 Anm. 19). 13

13. Der **Vorsitzende** der Personalvertretung hat dem **Antrag zu entsprechen,** der ein Beschluss einer qualifizierten Minderheit ist. Er hat der bzw. den betreffenden Gewerkschaften rechtzeitig den Zeitpunkt und die Tagesordnung der Sitzung, auf die sich der Antrag bezieht, mitzuteilen (Fischer u. a., § 36 Anm. 6, Lorenzen u. a., § 36 Anm. 9; vgl. auch Anm. 5). Er kann allerdings nicht weitere Beauftragte einladen, da die Antragsberechtigung abschließend festgelegt ist. Der Vorsitzende hat keine eigene Befugnis, sondern nur die Verpflichtung, einen ordnungsgemäß gestellten Antrag zur Einladung von Gewerkschaftsbeauftragten auszuführen (BVerwG v. 16. 6. 1982, BVerwGE 66, 7 = ZBR 1983, 163 = PersV 1983, 195). Tut er dies nicht, so kann er wegen grober Pflichtverletzung i. S. von § 28 aus der Personalvertretung durch Entscheidung des Verwaltungsgerichts ausgeschlossen werden. Wenn der Antrag eines Viertels der Mitglieder oder der Mehrheit einer Gruppe einer Personalvertretung zur Hinzuziehung von Gewerkschaftsbeauftragten vorliegt, so kann auch das Plenum nicht mit einfacher Stimmenmehrheit einen solchen Antrag ablehnen (OVG Münster v. 8. 5. 1995, Leits. ZfPR 1995, 204). 14

14. Die zur Teilnahme an einer Sitzung der Personalvertretung eingeladene Gewerkschaft ist frei in der **Auswahl des Beauftragten,** den sie entsenden will (BVerfG v. 30. 11. 1965, ZBR 1966, 152 = PersV 1966, 79; BVerwG v. 14. 6. 1968, BVerwGE 30, 43 = ZBR 1968, 357 = PersV 1968, 276). Dieser braucht kein Funktionär der Gewerkschaft zu sein. Er braucht nicht einmal der eingeladenen Gewerkschaft anzugehören; denn das Gesetz spricht von Beauftragten, nicht von Mitgliedern der Gewerkschaft (Fischer u. a., § 36 Anm. 22; Lorenzen u. a., § 36 Anm. 11; Richardi u. a., § 36 Anm. 21). Sie kann daher auch einen Beschäftigten der betreffenden Dienststelle als ihren Beauftragten entsenden (vgl. § 52 Anm. 7). Dem Gewerkschaftsbeauftragten steht das Recht zu, sich an den Diskussionen zu beteiligen, d. h., er kann zur Sache sprechen, darf aber nicht mit abstimmen. Da eine sachgerechte Beratung der Personalvertretung nur bei möglichst umfassender Kenntnis des einer beabsichtigten Beschlussfassung zugrundeliegenden Sachverhalts möglich ist, haben die Gewerkschaftsbeauftragten Anspruch auf entsprechende Informationen und auf Einsicht in Sitzungsunterlagen (Fischer u. a., § 36 Anm. 24; Lorenzen u. a., § 36 Anm. 13). 15

15. Die von einem Gewerkschaftsbeauftragten in der Personalratssitzung ausgesprochene Rüge, ein bestimmter Beschluss der Personalvertretung sei „gesetzwidrig“, „undemokratisch“ und „schlechter gewerkschaftlicher Stil“, ist kein Grund, den Gewerkschaftsbeauftragten von der Teilnahme an der Sitzung oder gar von weiteren Sitzungen auszuschließen (VGH Kassel v. 13. 10. 1971, Leits. ZBR 1972, 30). Den Gewerkschaftsbeauftragten muss das **Recht zur Kritik** an den Beschlüssen der Personalvertretungen zustehen, 16

weil sie das Recht zur Stellungnahme haben, d. h. das Recht, die Durchführung bestimmter Maßnahmen zu empfehlen oder zu bestimmten Maßnahmen und ihren Auswirkungen Stellung zu nehmen. Dies muss das Recht zur Äußerung einer Meinung darüber einschließen, wie es zur Beschlussfassung innerhalb der Personalvertretung gekommen ist. Die Personalvertretung kann daher der Gewerkschaft nicht vorschreiben, dass sie den „Kritiker" nicht mehr als ihren Beauftragten entsendet.

17 16. Dieses Recht wird man der Personalvertretung nur dann zubilligen können, wenn ein bestimmter Beauftragter einer Gewerkschaft **unsachliche Kritik** übt und die Personalvertretung nur „tadelt", nicht aber berät. Die beratenden Ausführungen des Gewerkschaftsbeauftragten haben sich daher auf die Tagesordnungspunkte zu beschränken. Die Ausführungen dürfen keinen Missbrauch des Teilnahmerechts darstellen (Hueck-Nipperdey II, S. 1213 Fußn. 4). Das Verhalten des Gewerkschaftsbeauftragten, das zur „Ausladung" führt, muss daher in besonders eklatanter Weise gegen das Gebot vertrauensvoller Zusammenarbeit zwischen Personalvertretung und Gewerkschaft verstoßen. Dies wäre insbesondere dann der Fall, wenn der Beauftragte seine Ausführungen in diffamierender und diskriminierender Weise macht. Unter dieser Voraussetzung kann der Vorsitzende der Personalvertretung den Betreffenden von der Sitzung ausschließen (Fischer u. a., § 36 Anm. 24; Lorenzen u. a., § 36 Anm. 14).

18 17. Würde die Personalvertretung ohne einen solchen Anlass dem Beauftragten den Zutritt zu einer Personalratssitzung verwehren, so wäre in diesem Verhalten eine **unzulässige Rechtsausübung** zu sehen, die zudem eine Aushöhlung des Auswahlrechts der Gewerkschaften zur Entsendung ihrer Beauftragten bedeuten würde (VGH Kassel v. 13. 10. 1971, Leits. ZBR 1972, 30; vgl. in diesem Zusammenhang auch: BVerfG v. 30. 11. 1965, ZBR 1966, 152 = PersV 1966, 79; BGH v. 18. 5. 1971, NJW 1971, 1655; BAG v. 18. 3. 1964, BAGE 15, 307).

19 18. Unter ähnlichen Voraussetzungen kann auch der Dienststellenleiter einem Beauftragten einer Gewerkschaft das **Zugangsrecht verweigern**, nämlich dann, wenn aufgrund konkreter Anhaltspunkte ein rechtswidriges Verhalten zu besorgen ist, so z. B. wenn der betreffende Beauftragte bereits bei früherer Gelegenheit grob gegen die ordnungsgemäße Beratungspflicht, etwa durch politische Agitation, verstoßen hat (Fischer u. a., § 36 Anm. 25 u. a., § 36 Anm. 20; Lorenzen u. a., § 36 Anm. 10; vgl. auch § 2 Anm. 25 sowie § 52 Anm. 11).

20 19. Im Zweifelsfall können sowohl die Personalvertretung wie auch der Leiter der Dienststelle einen **Vertretungsnachweis der Gewerkschaftsbeauftragten** verlangen (Fischer u. a., § 36 Anm. 22; Lorenzen u. a., § 36 Anm. 11; Richardi u. a., § 36 Anm. 22).

21 20. Das Teilnahmerecht der Gewerkschaftsbeauftragten bezieht sich nur auf **förmliche Sitzungen** der Personalvertretung, nicht aber auf die in Vorstandssitzungen erfolgenden Vorberatungen (Lorenzen u. a., § 36 Anm. 15). Wünscht die Personalvertretung zu einer nicht förmlichen Besprechung mit dem Dienststellenleiter (§ 66 Abs. 1) einen Vertreter einer Gewerkschaft hinzuzuziehen, so muss dessen Teilnahme zwischen der Personalvertretung und dem Dienststellenleiter vereinbart werden (Fischer u. a., § 36 Anm. 6).

21. Die an Personalratssitzungen teilnehmenden Personen, die der Personalvertretung nicht angehören, unterliegen – ebenso wie die Personalratsmitglieder selbst – der **Schweigepflicht** (§ 10 Abs. 1). Diese Schweigepflicht besteht aber für Gewerkschaftsbeauftragte nicht gegenüber der sie entsendenden Gewerkschaft (Fischer u. a., § 36 Anm. 25; Richardi u. a., § 36 Anm. 25; aA Altvater u. a., § 36 Anm. 13; vgl. § 10 Anm. 6 f.). **22**

22. **Streitigkeiten** entscheiden die Verwaltungsgerichte im Beschlussverfahren nach § 83 Abs. 1 Nr. 3, an dem der Dienststellenleiter, die Personalvertretung und die im Personalrat vertretenen Gewerkschaften beteiligt sein können. Den Gewerkschaften steht ein Antragsrecht für den Fall zu, dass einer von ihnen beauftragten Person das Zutrittsrecht verwehrt wird. Da es sich hierbei um einen Verwaltungsakt der Dienststelle handelt, ist der Anspruch vor einem Verwaltungsgericht nach der Verwaltungsgerichtsordnung (vgl. § 30 Anm. 7) auszutragen (Fischer u. a., § 36 Anm. 28; Lorenzen u. a., § 36 Anm. 16; § 36 Anm. 28). Eine einstweilige Verfügung kann beantragt werden. **23**

Schrifttum: Karschkes, Teilnahme von Gewerkschaftsbeauftragten an der Personalratssitzung, PersV 1974, 380; Windscheid, Beauftragte der Gewerkschaften in der Personalratssitzung, PersV 1976, 330.

§ 37 [Beschlussfassung, Beschlussfähigkeit]

(1) Die Beschlüsse des Personalrates werden mit einfacher Stimmenmehrheit der anwesenden Mitglieder gefasst. Stimmenthaltung gilt als Ablehnung. Bei Stimmengleichheit ist ein Antrag abgelehnt.

(2) Der Personalrat ist nur beschlussfähig, wenn mindestens die Hälfte seiner Mitglieder anwesend ist; Stellvertretung durch Ersatzmitglieder ist zulässig.

Inhaltsübersicht

Entspr. landesgesetzliche Regelungen:
Baden-Württemberg: § 38; Bayern: Art. 37; Berlin: § 32; Brandenburg: § 37; Bremen: § 34; Hamburg: § 38; Hessen: § 34; Mecklenburg-Vorpommern: § 27 Abs. 1, Abs. 2; Niedersachsen: § 31; Nordrhein-Westfalen: § 33;

Rheinland-Pfalz: § 31 Abs. 1 bis 3; Saarland: § 36; Sachsen: § 38; Sachsen-Anhalt: § 35; Schleswig-Holstein: § 27; Thüringen: § 37 Abs. 1, Abs. 2

Entspr. Vorschrift des BetrVG: § 33.

I. Vorbemerkungen

1 1. Die Vorschrift stellt klar, dass **Stimmenthaltung als Ablehnung gilt**. Da die Zahl der anwesenden Mitglieder nicht vom Stimmverhalten abhängig ist, ist ein Mitglied auch dann, wenn es zur Sitzung erschienen ist und sich bei der Abstimmung der Stimme enthält, anwesend und daher bei der Ermittlung der für eine Beschlussfassung notwendigen Mehrheit mitzuzählen (OVG Magdeburg v. 25. 4. 2001, PersV 2002, 81 = Leits. ZfPR 2002, 112).

2 2. Die Vorschrift bestimmt, unter welchen **Voraussetzungen** die Personalvertretung wirksame Beschlüsse fassen kann.

3 3. **§ 37 ist zwingender Natur** und kann weder durch die Geschäftsordnung noch durch einen für den Einzelfall gefassten Beschluss geändert werden. Er gilt auch für die Stufenvertretungen (§ 54 Abs. 1), den Gesamtpersonalrat (§ 56), die Jugend- und Auszubildendenvertretung (nicht ausdrücklich erwähnt) und die Vertretung der nichtständig Beschäftigten (ebenfalls nicht ausdrücklich erwähnt). Der Beschluss ist die vom Gesetz vorgeschriebene Art und Weise, in der die Personalvertretung ihren Willen bildet und formuliert.

II. Beschlussfassung

4 1. **Wirksame Beschlüsse** können nur in einer ordnungsgemäß einberufenen Sitzung der Personalvertretung gefasst werden (Lorenzen u. a., § 37 Anm. 11a; Richardi u. a., § 37 Anm. 9), zu der alle Mitglieder unter Übersendung der Tagesordnung geladen worden sind. Ist allerdings eine Tagesordnung nicht übersandt worden, dann können die vollzählig erschienenen Personalratsmitglieder einen Beschluss dahingehend fassen, dass dennoch eine Beratung und Beschlussfassung erfolgen soll, sofern kein Personalratsmitglied widerspricht (vgl. für das BetrVG: BAG v. 28. 10. 1992, BB 1993, 580 = DB 1993, 840). In einem Monatsgespräch kann die Personalvertretung einen Beschluss schon deshalb nicht fassen, weil diesem Gespräch eine völlig andere Bedeutung als einer ordentlichen Personalratssitzung zukommt. Die an einem Monatsgespräch teilnehmenden Personalratsmitglieder sind auf eine Beschlussfassung daher in der Regel nicht vorbereitet. Etwas anderes gilt nur dann, wenn bei einem Monatsgespräch alle Personalratsmitglieder anwesend und mit einer Beschlussfassung im Anschluss einverstanden sind (vgl. § 66 Anm. 4; Richardi u. a., § 37 Anm. 8).

5 a) Eine **Beschlussfassung im Umlaufverfahren** ist ebenfalls nicht möglich. Dies ergibt sich bereits aus dem Wortlaut des Abs. 1, wonach Beschlüsse der Personalvertretungen mit einfacher Stimmenmehrheit der **anwesenden** Mitglieder gefasst werden (Lorenzen u. a., § 37 Anm. 12). Daneben ist aber auch zu bedenken, dass bei einem (schriftlichen oder telefonischen) Umlaufverfahren die einzelnen Mitglieder die Meinung der anderen nicht kennen lernen und daher nicht das Für und Wider in umfassender Weise gegeneinander abwägen können. Auch von daher wäre eine solche Beschlussfassung wenig sinnvoll (Altvater u. a., § 37 Anm. 2; Lorenzen u. a., § 37 Anm. 12). Deshalb sind Beschlüsse unwirksam, die im Umlaufverfahren zustande kommen (LAG Düsseldorf v. 22. 11. 2001, Leits. ZfPR 2002, 308) oder die in einer Sitzung gefasst werden, zu der nicht rechtzeitig oder ohne Mitteilung der

Tagesordnung eingeladen wurde, es sei denn, alle Personalratsmitglieder sind anwesend und mit der Einführung/Erweiterung der Tagesordnung einverstanden (BVerwG v. 13. 10. 1986, BVerwGE 75, 62 = ZBR 1987, 85 = PersV 1987, 336; Lorenzen u. a., § 37 Anm. 7). Einberufungsmängel werden im Übrigen durch vollzählige Anwesenheit sämtlicher Mitglieder einer Personalvertretung und einstimmige Zustimmung geheilt (vgl. für das BetrVG: BAG v. 28. 10. 1992, BB 1993, 580 = DB 1993, 840; vgl. auch § 34 Anm. 27).

b) Ein **Beschluss** kann grundsätzlich nur **von der Personalvertretung** gefasst 6
werden. Die schriftliche Begründung zum Beispiel gegenüber dem Dienststellenleiter bedarf aber keiner Abstimmung innerhalb der Personalvertretung (VG Berlin v. 17. 7. 1989, PersR 1990, 187). Das Gesetz überträgt die Beschlussfassung lediglich in § 38 Abs. 2 Satz 1 auf die Gruppenvertreter, in § 75 Abs. 2 Satz 2 Halbs. 2 auf den Vorstand. Im Übrigen hat der Vorstand nur zur Vorbereitung oder in Ausführung von Beschlüssen der Personalvertretung die laufenden Geschäfte zu führen (§ 32 Abs. 1). Der Vorsitzende hat den Personalrat „im Rahmen der von diesem gefassten Beschlüsse" zu vertreten (§ 32 Abs. 3).

c) In eigener Sache kann ein Mitglied einer Personalvertretung nicht mit- 7
stimmen (VG Berlin v. 29. 9. 1975, PersV 1977, 150; vgl. auch BVerwG v. 28. 4. 1967, ZBR 1968, 20 = PersV 1968, 109; Köpp, PersV 1981, 394; vgl. auch VG Hamburg v. 6. 10. 1989, PersR 1990, 81). Wegen **Befangenheit** kann es auch nicht an der Beratung teilnehmen. Eine solche Teilnahme nämlich kann die Meinungsbildung der Personalvertretung schon deshalb beeinflussen, weil in der Regel nicht in einer derart offenen Weise diskutiert wird, dass eine ausgewogene Gegenüberstellung aller Argumente sichergestellt wäre. Daher ist das entsprechende Ersatzmitglied zu laden (vgl. für das BetrVG: BAG v. 26. 8. 1981, BB 1982, 738 = DB 1981, 1937), so dass bei der Feststellung der Beschlussfähigkeit das betroffene Personalratsmitglied nicht zu berücksichtigen ist (Kunze, PersV 1995, 337). Dem Recht der Personalratsmitglieder an einer ausgewogenen und unbefangenen Diskussion stünde es daher entgegen, würde man den Ausschluss des betroffenen Personalratsmitglieds lediglich von der Abstimmung für ausreichend ansehen (so aber: Lorenzen u. a., § 37 Anm. 17). Vielmehr erstreckt sich der Ausschluss auch auf die Beratung, zumal – wie bereits dargestellt – die Willensbildung der Personalvertretung maßgeblich durch die Diskussionen während der Beratungsphase vorbereitet wird. Im Übrigen würde ein Ausschluss eines betroffenen Personalratsmitglieds lediglich von der Beschlussfassung bewirken, dass das an seiner Stelle zu ladende Ersatzmitglied an der Beschlussfassung zu beteiligen wäre, ohne an der Beratung teilgenommen zu haben. Infolgedessen kann ein Personalratsmitglied im Falle der Interessenkollision lediglich vor der Beratungsphase angehört werden. Wirkt das durch eine Maßnahme persönlich betroffene Mitglied einer Personalvertretung an der Beratung oder Beschlussfassung mit, so ist der Beschluss rechtswidrig (vgl. für das BetrVG: BAG v. 3. 8. 1999, BB 2000, 621 = DB 2000, 626 Leits. ZBVR 1999, 106; vgl. im Übrigen auch § 34 Anm. 25 sowie Fischer u. a., § 37 Anm. 17).

d) Ein **Personalratsvorsitzender** ist, wenn es um die Beratung einer ihn be- 7a
treffenden personellen Maßnahme geht, **befangen.** Er darf deshalb weder an der Beratung noch an der Beschlussfassung teilnehmen. Selbstverständlich aber kann er, wenn er dies wünscht, vor Beginn der Beratungen seinen Standpunkt darlegen. Wenn Beratung und Beschlussfassung abgeschlossen sind, dann kann der Personalratsvorsitzende aber nicht die durch Beratung

und Beschlussfassung inhaltlich vorgegebene Erklärung selbst formulieren und dem Dienststellenleiter schriftlich mitteilen. Dies ist schon deshalb ausgeschlossen, weil jeder Anschein einer Einflussnahme auf die Formulierung, verbunden mit der Versuchung, diese nach subjektiven Vorstellungen abzufassen, vermieden werden muss. Deshalb ist ein Personalratsvorsitzender insoweit an der Wahrnehmung der ihm obliegenden Funktion, Personalratsbeschlüsse nach außen zu vertreten, verhindert (aA für das BetrVG: BAG v. 19. 3. 2003, BB 2003, 1681 = DB 2003, 1911 = ZBVR 2003, 175).

8 2. Der **Ausschluss befangener Personalratsmitglieder** von Beratung und Abstimmung ist gesetzlich nicht geregelt, weil es sich um eine Selbstverständlichkeit handelt, dass sich betroffene und interessierte Personen innerhalb eines objektiven und neutralen Gremiums jeder Tätigkeit in bezug auf ihre persönliche Rechtsstellung enthalten (BVerwG v. 28. 4. 1967, ZBR 1968, 20 = PersV 1968, 109 m. Anm. v. Windscheid; Richardi u. a., § 36 Anm. 25). Im Einzelfall kommt es darauf an, ob eine bestimmte Angelegenheit einem Personalratsmitglied oder einem Dritten einen unmittelbaren Vorteil oder Nachteil bringen kann. § 36 Abs. 2 LPVG BW zählt zu diesem Personenkreis den Ehegatten oder früheren Ehegatten, einen in gerader Linie oder in der Seitenlinie bis zum dritten Grad Verwandten oder einen durch Annahme an Kindes statt Verbundenen, einen in gerader Linie oder in der Seitenlinie bis zum zweiten Grad Verschwägerten oder eine von dem Personalratsmitglied kraft Gesetzes oder Vollmacht vertretene Person. Gleichzeitig werden diejenigen Fälle ausgeschlossen, in denen eine Befangenheit nicht gegeben ist: Wahlen, die von der Personalvertretung oder von Gruppen aus ihrer Mitte vorgenommen werden oder Entscheidungen, die nur die gemeinsamen Interessen einer Berufs- oder Beschäftigtengruppe berühren. Zweckmäßig ist es, wenn das betroffene Personalratsmitglied den Vorsitzenden der Personalvertretung vor Beginn der Beratung informiert und wenn die Personalvertretung unter Ausschluss des Betroffenen darüber abstimmt, ob ein Ausschließungsgrund vorliegt (vgl. § 36 Abs. 2 Satz 4 LPVG BW).

9 3. Ist ein Mitglied einer Personalvertretung zeitweilig verhindert, so ist zur Sitzung das infrage kommende **Ersatzmitglied** zu laden (§ 31). Eine zeitweilige Verhinderung ist immer dann gegeben, wenn einem Personalratsmitglied gekündigt werden soll. Bei dem betreffenden Zustimmungsverfahren nach § 79 ist das betroffene Personalratsmitglied rechtlich verhindert, an der Beratung und Beschlussfassung der Personalvertretung über die Kündigung teilzunehmen. Selbstverständlich aber ist dem Personalratsmitglied Gelegenheit zu geben, zu den Vorwürfen des Dienststellenleiters Stellung zu nehmen (vgl. für das BetrVG: BAG v. 23. 8. 1984, BAGE 46, 258 = BB 1985, 335 = DB 1985, 554).

10 4. Eine wirksame Beschlussfassung ist nur dann möglich, wenn bei der Abstimmung mindestens die **Hälfte der Mitglieder** der Personalvertretung anwesend ist. Zur Mehrheitsbestimmung ist zunächst die Zahl der anwesenden Mitglieder festzustellen. Diese Feststellung dient als Bezugsgröße für die danach zu erfolgende Feststellung, ob sich eine einfache Mehrheit für einen Beschluss ergeben hat. Dabei ist die Zahl der anwesenden Mitglieder nicht vom Stimmverhalten abhängig, so dass ein Mitglied auch dann anwesend ist, wenn es zur Sitzung erscheint, sich aber der Stimme enthält (OVG Magdeburg v. 25. 4. 2001, PersV 2002, 81; vgl. auch Anm. 1). Bei elf Mitgliedern ist die Mindestzahl sechs. Besteht eine Gruppe aus zwei Mitgliedern, ist bei der Beschlussfassung der Gruppe aber nur ein Mitglied anwesend, so stellt dieses Mitglied nicht die Mehrheit der anwesenden Mitglieder der

Gruppe dar. Ist der Sitz eines ausgeschiedenen Mitglieds z. B. wegen Erschöpfung der Liste nicht besetzt, so bleibt er bei der Klärung der Frage, ob die Hälfte der Mitglieder anwesend ist, unberücksichtigt (Fischer u. a., § 37 Anm. 21). Dann ist § 27 Abs. 3 entsprechend anzuwenden. Diese Vorschrift sieht u. a. vor, dass die Restpersonalvertretung die Geschäfte weiterführt, bis eine neue Personalvertretung gewählt und das Wahlergebnis bekanntgegeben worden ist für den Fall, dass die Gesamtzahl der Personalratsmitglieder auch nach Eintreten sämtlicher Ersatzmitglieder unter die vorgeschriebene Zahl gesunken ist. In dieser Situation, in der ein Teil der Personalratsmitglieder nur zeitweilig verhindert ist (Krankheit, Urlaub etc.), scheidet eine Neuwahl, die nur bei dauerndem Wegfall von Personalratsmitgliedern durchzuführen ist, aus. Die verbleibenden Mitglieder sind als befugt anzusehen, während der Zeit der Verhinderung die Geschäfte der Personalvertretung weiterzuführen; denn durch § 27 Abs. 3 soll gewährleistet werden, dass die Beschäftigten auch dann durch einen Personalrat vertreten sind und die diesem obliegenden Aufgaben und Rechte, insbesondere die Mitwirkungs- und Mitbestimmungsrechte, wahrgenommen werden können, wenn die Gesamtzahl der Personalratsmitglieder sich verringert hat. In diesem Fall ist die Personalvertretung beschlussfähig, wenn mindestens die Hälfte der noch vorhandenen Mitglieder an der Beschlussfassung teilnimmt (vgl. für das BetrVG: BAG v. 18. 8. 1982, BAGE 40, 42 = BB 1983, 251 = DB 1983, 288). Stimmberechtigte Mitglieder der Jugend- und Auszubildendenvertretung sind ebenso wenig zu berücksichtigen wie die nach § 53 DRiG in die Personalvertretung entsandten Mitglieder des Richterrats (Lorenzen u. a., § 37 Anm. 4). Auch in Gruppenangelegenheiten ist eine wirksame Beschlussfassung nur bei Anwesenheit von mindestens der Hälfte der Gruppenangehörigen, in Angelegenheiten zweier Gruppen der Hälfte ihrer Vertreter möglich (Lorenzen u. a., § 37 Anm. 9; aA Fischer u. a., § 37 Anm. 24; § 38 Anm. 15, die allerdings übersehen, dass der Gesetzgeber dem Gruppenprinzip ein besonderes Gewicht beigemessen hat).

5. Da die Beschlüsse mit der Mehrheit der Stimmen der anwesenden Mitglieder gefasst werden müssen, kommt die **Stimmenthaltung** praktisch einer Ablehnung gleich. Das Gesetz stellt dies ausdrücklich klar (Abs. 1 Satz 2). **11**

6. Ein Antrag ist bei **Stimmengleichheit** abgelehnt, da sich für ihn keine „einfache Stimmenmehrheit“ gefunden hat. Ob die Entschließung einer Personalvertretung die **Bezeichnung „Beschluss“** trägt oder nicht, ist für ihre rechtliche Wirksamkeit **ohne Bedeutung;** denn auf die formelle Bezeichnung kommt es nicht an, sondern vielmehr darauf, ob eine ordnungsgemäße Willensbildung der Personalvertretung vorgelegen hat (LAG Berlin v. 18. 7. 1967, PersV 1968, 93). Das absichtliche Herbeiführen der Beschlussunfähigkeit kann ein **Verstoß i. S. von § 28** sein, der zum Ausschluss führt (Lorensen u. a., § 37 Anm. 8); denn jedes Mitglied einer Personalvertretung ist verpflichtet, für eine gedeihliche Zusammenarbeit innerhalb der Personalvertretung zu sorgen (OVG Münster v. 8. 5. 1961, ZBR 1962, 162 = PersV 1963, 111). **12**

6a. Über die **Art und Weise der Abstimmung** enthält das Gesetz keine Bestimmungen (VGH Kassel v. 15. 3. 1978, PersV 1980, 468), so dass grundsätzlich die allgemeinen parlamentarischen Gepflogenheiten gelten. Die Form der Abstimmung kann auch einer Regelung in der Geschäftsordnung bzw. einem Beschluss im Einzelfall überlassen werden. Der Vorsitzende dagegen kann sie nicht bestimmen, es sei denn, dass er hierzu ausdrücklich legitimiert ist. Im allgemeinen finden Abstimmungen offen, d. h. durch Handaufheben statt. Wenn allerdings ein einzelnes Personalratsmitglied geheime Abstimmung beantragt, so ist diesem Wunsch stattzugeben (Lorenzen **12a**

u. a., § 37 Anm. 18). Grundsätzlich lässt sich zwar aus allgemeinen parlamentarischen Gepflogenheiten nicht zwingend ein Anspruch darauf ableiten, dass ein Antrag eines einzelnen Personalratsmitglieds oder einer Minderheit von Personalratsmitgliedern auf geheime Abstimmung im Rahmen der Beschlussfassung der Personalvertretung zu akzeptieren ist. Daher wäre es aus rein rechtlicher Sicht einer Personalvertretung nicht verwehrt, mit Mehrheit in einer Geschäftsordnung festzulegen, dass geheime Abstimmungen nicht zulässig sind. Allerdings sprechen gegen ein solches Vorgehen gewichtige Gründe. Der Respekt vor der Persönlichkeit des einzelnen gebietet es, davon auszugehen, dass die Antragstellung auf geheime Abstimmung einem dringenden Bedürfnis nach Geheimhaltung des Abstimmungsverhaltens entspricht (Ilbertz, Anm. zu ArbG Bielefeld v. 12. 8. 1998, ZBVR 2000, 60; Wedde, Anm. zu ArbG Bielefeld, AiB 1999, 342; vgl. auch: ZBVR Online 4/2006, S. 25).

13 7. Solange der Beschluss einer Personalvertretung noch keine Rechtswirkung nach außen erzeugt hat, ist eine **Aufhebung bzw. Änderung** noch möglich (Fischer u. a., § 37 Anm. 28; Lorenzen u. a., § 37 Anm. 21; Richardi u. a., § 37 Anm. 32, 33). Hierzu bedarf es der einfachen Stimmenmehrheit. Das gilt auch für den Fall, dass ein Tagesordnungspunkt in derselben Sitzung wieder aufgegriffen werden soll, so dass es auch für diesen Fall nicht der Beteiligung aller Personalratsmitglieder an der Beschlussfassung bedarf (BVerwG v. 5. 5. 1989, PersV 1989, 485 = ZfPR 1989, 136). Das BVerwG hat es ausdrücklich offengelassen, ob zur Vermeidung von Zufallsmehrheiten diejenigen Personalratsmitglieder zu beteiligen sind, die an dem vorangegangenen Beschluss mitgewirkt haben. Dies ist zu bejahen, weil sonst insbesondere bei über mehrere Tage dauernden Personalratssitzungen bereits abgeschlossene Diskussionen wieder von denjenigen aufgegriffen werden könnten, die bei der ersten Beschlussfassung unterlegen sind und nunmehr eine Chance für eine gegenteilige Beschlussfassung sehen, weil die an der ersteren beteiligten Personalratsmitglieder nicht (mehr) anwesend sind. Deshalb muss gerade ihnen Gelegenheit gegeben werden, mit darüber zu entscheiden, ob ein abgeschlossener Tagesordnungspunkt noch einmal aufgegriffen werden soll.

14 8. Die Aufnahme des Beschlusses in die **Niederschrift** (§ 41) ist keine Wirksamkeitsvoraussetzung. Sie dient vielmehr dem Nachweis der Ordnungsmäßigkeit der Beschlussfassung und der Tatsache, dass sich die Personalvertretung mit Mehrheit für eine oder gegen eine bestimmte Sache ausgesprochen hat (Lorenzen u. a., § 37 Anm. 20; vgl. auch § 41 Anm. 10).

II. Streitigkeiten

15 1. **Streitigkeiten** entscheiden die Verwaltungsgerichte nach § 83 Abs. 1 Nr. 3, soweit sie sich aus der Zuständigkeit oder der Geschäftsführung der Personalvertretung ergeben. Dabei muss auch hier zwischen Nichtigkeit und Anfechtbarkeit unterschieden werden. Da das Personalvertretungsrecht keine Regelung der Folgen von **Verfahrensmängeln** enthält, muss insoweit auf die allgemeinen verfahrensrechtlichen Grundsätze zurückgegriffen werden, die sich aus § 44 VwVfG (Verwaltungsverfahrensgesetz v. 25. 5. 1976, BGBl. I S. 1253, i. d. F. d. Bekanntm. v. 23. 1. 2003, BGBl. I S. 102, zul. geänd. d. Art. 4 Abs. 8 G v. 5. 5. 2004, BGBl. I S. 718) ergeben. Danach kann Nichtigkeit nur bei besonders schwerwiegenden und offenkundigen Fehlern, d. h. bei solchen Fehlern, die vom Standpunkt eines Dritten aus ohne weiteres ersichtlich sind, angenommen werden. Die unzulängliche Mitteilung einer vollständigen Tagesordnung an alle Mitglieder einer Personalvertretung kann nicht als ein so schwerwiegender und offenkundiger Mangel gewertet

werden, als dass ein daraufhin ergangener Beschluss als nichtig zu bezeichnen wäre (BVerwG v. 13.10. 1986, BVerwGE 75, 62 = ZBR 1987, 85 = PersV 1987, 336). Wohl aber ist ein Personalratsbeschluss zu einem Gegenstand, der in der Tagesordnung nicht enthalten war und gegen den Widerstand einzelner Mitglieder nachträglich auf die Tagesordnung gesetzt wurde, unwirksam (OVG Lüneburg v. 18. 3. 1992, PersV 1993, 28).

2. **Beschlüsse einer Personalvertretung** kann das Verwaltungsgericht **nachprüfen,** wobei es nicht sein Ermessen an die Stelle des Ermessens der Personalvertretung setzen kann. Vielmehr hat das Gericht zu überprüfen, ob die Personalvertretung bei der Ausübung ihres Ermessens zweckbestimmt gehandelt, d. h. ob sie die dem Ermessen nach dem Sinn des Gesetzes innewohnende Begrenzung beachtet hat (BVerwG v. 10. 10. 1957, BVerwGE 5, 263 = ZBR 1958, 24 m. Anm. v. Windscheid; OVG Lüneburg v. 10. 2. 1959, ZBR 1959, 96 = PersV 1958/59, 109; Richardi u. a., § 37 Anm. 45). Die Zweckmäßigkeit von Beschlüssen der Personalvertretung kann das Gericht nicht nachprüfen (VG München v. 24. 1. 1959, ZBR 1959, 133). Wenn das Gericht die Unwirksamkeit eines Beschlusses feststellt, so kommt es darauf an, ob es sich bei dem Beschluss um eine auf beamtenrechtliche oder auf arbeitsrechtliche Maßnahmen bezogene Beschlussfassung handelt. Im ersten Fall wird die Wirksamkeit der betreffenden Maßnahme gegenüber einem Beamten nicht beeinträchtigt. Im zweiten Fall, dem der arbeitsrechtlichen Maßnahme, ist die betreffende Maßnahme unwirksam (z. B. Kündigung), wenn die Zustimmung der Personalvertretung nicht wirksam ist (Fischer u. a., § 37 Anm. 50; Richardi u. a., § 37 Anm. 46). **16**

3. **Mitglieder der Personalvertretung** sind nicht nur berechtigt, sondern **verpflichtet** (vgl. § 28 Abs. 1), **rechtswidrige Beschlüsse** der Personalvertretung **anzufechten** (VG Berlin v. 27. 6. 1990 – VG FK [Bln] – C 9.90, n. v.). Das gilt auch für solche Mitglieder, die an der Beschlussfassung nicht teilgenommen und die Rechtswidrigkeit erst später erkannt haben (VG Koblenz v. 29. 9. 1957, ZBR 1958, 63). Das Antragsrecht des betroffenen Personalratsmitglieds besteht unabhängig davon, ob es dem Beschluss zugestimmt hat. Beschäftigte haben demgegenüber kein Antragsrecht. Gleiches gilt für Gewerkschaften. Ein Dienststellenleiter ist antragsberechtigt, wenn er der Auffassung ist, dass ein Beschluss der Personalvertretung rechtswidrig ist (Fischer u. a., § 37 Anm. 47). **17**

Schrifttum: Grabendorff, Zur gerichtlichen Nachprüfung von PR-Beschlüssen, ZBR 1960, 7; Köpp, Die Entscheidung im Personalrat über den Ausschluss eines Mitglieds, PersV 1981, 394; Kunze, Die Beschlüsse des Personalrats, PersV 1995, 337.

§ 38 [Vertretungsrecht]

(1) Über die gemeinsamen Angelegenheiten der Beamten und Arbeitnehmer wird vom Personalrat gemeinsam beraten und beschlossen.

(2) In Angelegenheiten, die lediglich die Angehörigen einer Gruppe betreffen, sind nach gemeinsamer Beratung im Personalrat nur die Vertreter dieser Gruppe zur Beschlussfassung berufen. Dies gilt nicht für eine Gruppe, die im Personalrat nicht vertreten ist.

(3) Absatz 2 gilt entsprechend für Angelegenheiten, die lediglich die Angehörigen zweier Gruppen betreffen.

Inhaltsübersicht

Entspr. landesgesetzliche Regelungen:
Baden-Württemberg: § 39; Bayern: Art. 38; Berlin: § 33; Brandenburg: § 38; Bremen: § 35; Hamburg: § 39; Hessen: § 35; Mecklenburg-Vorpommern: § 28; Niedersachsen: § 32; Nordrhein-Westfalen: § 34; Rheinland-Pfalz: § 31 Abs. 4; Saarland: § 37; Sachsen: § 39; Sachsen-Anhalt: § 36; Schleswig-Holstein: § 28; Thüringen: § 38.

Entspr. Vorschrift des BetrVG: –.

1 1. Die Vorschrift, die auch für die Stufenvertretungen (§ 54) und den Gesamtpersonalrat (§ 56) gilt, regelt die **Fälle der gemeinsamen (Abs. 1) und der Gruppenentscheidung (Abs. 2 und 3).** Das Gesetz geht davon aus, dass Entscheidungen der Personalvertretungen grundsätzlich alle Gruppen gleichermaßen betreffen. Andererseits erkennt es an, dass eine Reihe von Entscheidungen nur die Interessen einer oder (eventuell) zweier Gruppe(n) berührt. In diesen Fällen gesteht es den Vertretern der Gruppe(n) das Recht zu, nach gemeinsamer Beratung in der Personalvertretung alleine über eine Angelegenheit zu entscheiden. Damit wird berücksichtigt, dass aufgrund der **Beschäftigtenstruktur** im öffentlichen Dienstrecht (vgl. Widmaier, PersV 1995, 329) jede Gruppe zu bestimmten Angelegenheiten eine durchaus andere Einstellung haben und sie hierbei nicht durch eine andere Gruppe überstimmt werden kann (VGH Kassel v. 15. 3. 1978, PersV 1980, 468). Mit dem zum 1. 10. 2005 in Kraft getretenen Tarifvertrag für den öffentlichen Dienst **(TVöD)** wurde die Differenzierung zwischen Angestellten und Arbeitern zu Gunsten eines einheitlichen Begriffs der Arbeitnehmer aufgegeben (vgl. auch Gesetz v. 14. 9. 2005, BGBl. I S. 2746). Das personalvertretungsrechtliche Gruppenprinzip wird durch die tarifrechtlichen Neuerungen nicht in Frage gestellt. Die statusrechtlichen Unterschiede zwischen Arbeitnehmern und Beamten bedingen uneingeschränkt den Fortbestand der spezifischen Interessenwahrnehmung der Beamten und der Arbeitnehmer in jeweils einer gesonderten Gruppe (Süllwold, ZfPR 2005, 116).

2 2. Die Vorschrift trägt dem Gedanken Rechnung, dass es „ohnehin demokratischen Gepflogenheiten (entspricht), auf die verschiedenen, an der Ausübung dieser Funktionen interessierten Gruppen Rücksicht zu nehmen“ (BVerwG v. 13. 6. 1957, BVerwGE 5, 118 = ZBR 1957, 407). Aus dem zwingenden Charakter der gesetzlichen Vorschrift ergibt sich, dass in Gruppenangelegenheiten in jedem Fall die Beschlusshoheit der betroffenen Gruppe gewährleistet sein muss (Goeres, PersV 1991, 460). Der Gesetzgeber wollte sicherstellen, dass Entscheidungen der Personalvertretungen mit ge-

nügend **Sachverstand** getroffen werden. Dieser Sachverstand wird in erster Linie bei den Gruppen vorausgesetzt, denen der jeweils Betroffene angehört. In sogenannten gemischten Dienststellen, in denen neben Beamten und Arbeitnehmern auch **Soldaten** tätig sind, bilden die Soldaten eine weitere – gleichberechtigte – Gruppe in der Personalvertretung einer Dienststelle oder Einrichtung (Soldatenvertreter, vgl. § 1 Anm. 13), deren Vertreter im Personalrat grundsätzlich die gleiche Rechtsstellung wie die Vertreter der anderen Gruppen haben (§ 49 Abs. 2 Satz 1 und 2 SBG; hierzu Büge, PersV 2004, 364). Dadurch soll eine weitgehende Integration der Soldatenvertreter in die Personalvertretungen bewirkt werden. Daher muss auch in Bezug auf Soldaten geprüft werden, ob eine Maßnahme lediglich deren Angelegenheiten betrifft. Dabei kommt es nicht darauf an, ob sie sich ausdrücklich an die Soldaten richtet. Vielmehr ist entscheidend, ob durch eine Anordnung eines Dienststellenleiters die personalvertretungsrechtlichen Belange einer Gruppe unmittelbar berührt werden. Ein allgemeines Interesse einer Gruppe reicht nicht aus. Um eine nur die Soldaten betreffende Angelegenheit im Sinne von § 52 Abs. 1 Satz 1 SBG handelt es sich in Fällen, in denen die Maßnahme des Dienststellenleiters ausschließlich die Interessen der Soldaten unmittelbar berührt (vgl. BVerwG v. 29. 10. 2002, PersV 2003, 135 = Leits. ZfPR 2003,236). Über Angelegenheiten, die Beamte, Arbeitnehmer und Soldaten in gleicher Weise betreffen, wird im Personalrat von den Vertretern der zivilen Gruppen und denen der Soldaten **gemeinsam** beraten und beschlossen (vgl. hierzu und zum Begriff der „Angelegenheiten, die nur die Soldaten betreffen“: BVerwG v. 21. 12. 1984, Leits. ZBR 1986, 27 = PersV 1987, 515).

3. **Die Vorschrift** ist **eine Verfahrensvorschrift,** die selbst keine Beteiligungs- 3
rechte begründet, sondern sie vielmehr voraussetzt. Sie ist eine zwingende Vorschrift, die sicherstellt, dass Entscheidungen einer Personalvertretung von denjenigen Personalratsmitgliedern getroffen werden, die der oder den Gruppen angehören, die von einer beabsichtigten Maßnahme unmittelbar betroffen werden. Auf diese Weise wird geregelt, welche Gruppe(n) bei Vorliegen eines Mitbestimmungsrechts zur Beratung und Beschlussfassung berufen sind (BVerwG v. 21. 12. 1984, Leits. ZBR 1986, 27 = PersV 1987, 515). Die Vorschrift kann weder durch die Geschäftsordnung noch durch einen Beschluss im Einzelfall geändert werden. Sie gilt ohne Rücksicht darauf, ob es sich um Angelegenheiten handelt, die kraft Gesetzes der Beteiligung unterliegen oder um solche, die die Dienststelle von sich aus der Personalvertretung vorlegt (OVG Münster v. 6. 11. 1973, PersV 1974, 172).

4. Wenn eine **Gruppe im Personalrat nicht vertreten** ist, weil sie nach § 17 4
Abs. 5 zu klein ist oder weil sie nach § 17 Abs. 1 Satz 3 von ihrem Recht, im Personalrat vertreten zu sein, keinen Gebrauch macht, so beschließt über ihre Angelegenheit das Plenum. Eine Gruppe ist nicht im Personalrat vertreten, wenn ihr in der Regel nicht mehr als fünf Beschäftigte angehören und sie nicht mindestens ein Zwanzigstel der Beschäftigten der Dienststelle umfasst (vgl. § 17 Abs. 5 Satz 1).

5. Sind die Vertreter der beschlussberechtigten Gruppe bei der Plenumsde- 5
batte abwesend, so muss der **Beschluss ausgesetzt** werden. Sind dagegen zwei (von drei) Gruppen beschlussberechtigt, aber die Vertreter der einen abwesend, so können allein die Vertreter der anwesenden Gruppe mit Wirkung für beide Gruppen beschließen (Fischer u. a., § 38 Anm. 16; Lorenzen u. a., § 38 Anm. 32). Wenn durch die Abwesenheit einer Gruppe eine Entscheidung verschleppt werden soll, so kann § 28 zur Anwendung kommen.

6 6. Ob eine Angelegenheit eine gemeinsame oder nur eine **Gruppenangelegenheit** ist, hängt vom Einzelfall und davon ab, ob eine Angelegenheit unmittelbar die Interessen einer Gruppe und die der übrigen im Personalrat vertretenen Gruppe(n) nur mittelbar berührt (BVerfG v. 19. 12. 1994, ZBR 1995, 143 = PersV 1995, 168; BVerwG v. 6. 3. 1962, BVerwGE 14, 57; BVerwG v. 5. 2. 1965, BVerwGE 20, 246 = ZBR 1965, 94 = PersV 1965, 109; BVerwG v. 5. 2. 1971, BVerwGE 37, 169 = ZBR 1971, 249 = PersV 1971, 300; OVG Hamburg v. 23. 6. 1981, Leits. ZBR 1982, 192 = PersV 1985, 74; Richardi u. a., § 38 Anm. 14). Da der Beschlussfassung einer Gruppe grundsätzlich eine gemeinsame Beratung vorausgeht, wird im allgemeinen mittelbaren Interessen anderer Gruppen ausreichend Rechnung getragen (BVerwG v. 21. 12. 2006, PersR 2007, 169). Ob eine Angelegenheit alle Gruppen gemeinsam oder nur eine Gruppe betrifft, ist allein nach ihrem sachlichen Gegenstand bzw. nach der Rechtsnatur der betreffenden Maßnahme, nicht aber danach zu beurteilen, ob sie Bedeutung auch für das Zusammenwirken von Personalvertretung und Dienststellenleiter hat oder welcher Verfahrensweg für die von der Personalvertretung in Anspruch genommene Befugnis gegeben ist. Daher wird eine Gruppenangelegenheit nicht etwa dadurch zu einer gemeinsamen Angelegenheit, dass die gesamte Personalvertretung an der Durchsetzung eines Gruppenrechts interessiert ist. Dieses Interesse ist vielmehr in der gemeinsamen Beratung (Abs. 2 Satz 1), die dem Gruppenbeschluss vorhergeht, geltend zu machen. Deshalb ist ein Beschluss, ein personalvertretungsrechtliches Beschlussverfahren in einer personellen Angelegenheit einzuleiten, wirksam nur von den Vertretern der betroffenen Gruppe zu fassen. Ein stattdessen von der gesamten Personalvertretung gefasster Beschluss verstößt gegen Abs. 2 und ist unwirksam (BVerwG v. 23. 3. 1984 – 6 P 9.82 – Buchholz 238.38 § 36 RP PersVG Nr. 1). Wenn danach allerdings die betroffene Gruppe einen Beschluss fasst, der mit dem zuvor vom Plenum bereits gefassten Beschluss identisch ist, so gilt der ursprüngliche Verstoß gegen das Gruppenprinzip als aufgehoben. Dies wäre nur dann nicht der Fall, wenn nach der vorausgegangenen Beschlussfassung des Plenums eine freie und unbefangene Entscheidung der zuständigen Gruppe nicht mehr möglich wäre (BVerwG v. 10. 4. 1984 – 6 P 10.82 – Buchholz 238.38 § 36 RP PersVG Nr. 1; BVerwG v. 10. 4. 1984 – 6 P 14.82 – Buchholz 238.38 § 36 Nr. 1). Nicht von Bedeutung ist, dass auch die Interessen einer anderen Gruppe mittelbar berührt werden. Das zweifellos vorhandene indirekte Interesse anderer Gruppen an personellen Entscheidungen reicht nicht aus, um ein rechtlich einwandfrei abzugrenzendes Interesse darzutun. Eine nur mittelbare Rückwirkung auf die Interessen einer anderen Gruppe ist unerheblich (OVG Münster v. 14. 10. 1991, PersV 1992, 90 = Leits. ZfPR 1992, 81). Bei der Versetzung eines Beschäftigten, dem durch die Versetzung Vorgesetztenbefugnisse über Beschäftigte Gruppen übertragen werden, sind aller nur die Vertreter derjenigen Gruppe zur Beschlussfassung berufen, der der zu Versetzende angehört (VG Düsseldorf v. 18. 10. 1962 – 14 PVB 8/62, n. v.). Ebensowenig rechtfertigt der Umstand, dass nach einer dienststelleninternen Verfügung ein Beamter unterwertig im Arbeitnehmerverhältnis beschäftigt werden soll, die Beteiligung der Vertreter der Arbeitnehmergruppe (VGH Kassel v. 15. 3. 1978, PersV 1980, 468). Die Einstellung eines Bewerbers als Beamter ist auch dann eine Arbeitnehmer der Beamtengruppe, wenn diese Einstellung durch Übernahme eines Angestellten in das Beamtenverhältnis erfolgt (BVerwG v. 6. 3. 1962, BVerwGE 14, 57 = ZBR 1962, 156 = PersV 1962, 231). Die Entscheidung darüber, ob eine Personalratswahl deshalb angefochten werden sollte, weil vom Wahlvorstand eine falsche Sitzverteilung vorgenommen worden ist, ist dagegen eine gemeinsame Angelegenheit der Personalvertretung. Die zahlenmäßige Zu-

sammensetzung einer Personalvertretung geht alle Gruppen gleichmäßig an, auch dann, wenn alleine die Stärke einer Gruppe streitig ist (OVG Münster v. 29. 11. 1988, ZBR 1990, 159 = PersV 1990, 80 = Leits. ZfPR 1990, 23). Auch die Wahl des Vorsitzenden und des Stellvertreters einer Personalvertretung ist keine Gruppenangelegenheit, da die Aufgaben und die Funktion des Vorsitzenden und des Stellvertreters darin bestehen, den gesamten Personalrat im Rahmen der laufenden Geschäftsführung zu vertreten.

a) **Bei personellen Angelegenheiten** (§ 75 Abs. 1, § 76 Abs. 1, § 77, § 78 Abs. 1 Nr. 3 bis 5, § 79) handelt es sich in der Regel um Angelegenheiten, die nur eine Gruppe betreffen (BVerwG v. 20. 3. 1959, BVerwGE 8, 214 = ZBR 1959, 201 = PersV 1958/59, 187). In diesen Fällen sind die Gruppenvertreter nach gemeinsamer Beratung im Plenum zur Beschlussfassung für den Personalrat berufen (VGH München v. 14. 12. 1983, PersV 1985, 340). Der Vorsitzende des Personalrats, der dieser Gruppe nicht angehört, kann nur gemeinsam mit dem Gruppenvertreter den Personalrat vertreten (§ 32 Abs. 3 Satz 2). 7

aa) Dem Gruppenbeschluss soll eine **gemeinsame Beratung** vorausgehen, damit auch die nur mittelbar betroffene(n) Gruppe(n) Gelegenheit hat/haben, ihre Interessen in die Diskussion einzubringen. Die Gruppenabstimmung setzt keine Abwesenheit der übrigen Personalratsmitglieder voraus. Die Beschlussfassung der Gruppe hat nach dem gleichen Grundsatz wie die Beschlussfassung der Personalvertretung zu erfolgen (Fischer u. a., § 38 Anm. 15 b; Lorenzen u. a., § 38 Anm. 28). Beschlüsse einer oder zweier Gruppen werden daher mit einfacher Stimmenmehrheit der anwesenden Mitglieder einer Gruppe gefasst. Sind bei einer Beschlussfassung nur zwei Gruppenvertreter anwesend, so können sie nur gemeinsam einen Beschluss fassen; der Widerspruch eines Vertreters verhindert in diesem Fall einen Beschluss. Infolgedessen ist bei Stimmengleichheit ein Antrag auf Zustimmung zu einer Personalmaßnahme abgelehnt (§ 37 Abs. 1 Satz 3). Die Ablehnung einer Gruppe ist vom Personalratsvorsitzenden als Beschluss der Personalvertretung mit der Begründung an den Dienststellenleiter weiterzugeben, die diejenigen Mitglieder, die den Antrag abgelehnt haben, gegeben haben. Auch bei Gruppenbeschlüssen muss die Hälfte der Gruppenmitglieder anwesend sein. Allerdings ist es nicht notwendig, dass mehr als die Hälfte der Gruppenvertreter an der Beschlussfassung mitwirkt. Ergibt sich wegen einer besonderen Konstellation (vgl. § 17 Abs. 4) bei Gruppenbeschlüssen eine Pattsituation, dann gilt ein Antrag entsprechend § 37 Abs. 1 Satz 3 als abgelehnt. Diejenigen Gruppenmitglieder, die sich gegen den Antrag ausgesprochen haben, sind sodann gehalten, die Begründung für die Ablehnung zu formulieren (Goeres, PersV 1991, 460). Besteht eine Gruppe nur aus einem Gruppenvertreter, so kann dieser einen wirksamen Gruppenbeschluss fassen (Fischer u. a., § 38 Anm. 15 a). 8

bb) Welche Gruppe zur Beschlussfassung zuständig ist, ergibt sich aus dem Status desjenigen, um dessen beteiligungspflichtige Angelegenheit es geht. Wenn ein Beamter eingestellt werden soll, so können nach gemeinsamer Beratung im Personalrat nur die Beamtenvertreter beschließen. Dies gilt auch für Beförderungen, selbst dann, wenn der betroffene Beamte die Stellung eines Vorgesetzten von Arbeitnehmern erhält. Wird ein **Arbeitnehmer** zu einer anderen Dienststelle zur Wahrnehmung eines als **Beamtenplanstelle** ausgewiesenen Dienstpostens versetzt, so kann nur die Arbeitnehmergruppe beschließen (BVerwG v. 5. 2. 1971, BVerwGE 37, 169 = ZBR 1971, 249 = PersV 1971, 300); denn der Beteiligungskatalog des § 76 Abs. 1 sieht eine 9

Beteiligung bei der Versetzung (oder Umsetzung) eines Arbeitnehmers auf einen Beamtendienstposten nicht vor. Der Arbeitnehmer nimmt zwar dasselbe Amt wie ein Beamter wahr. Bei der Frage nach der Zugehörigkeit zu einer bestimmten Gruppe (und damit bei der Frage nach der Betroffenheit einer Gruppe) kommt es aber nicht auf die Funktion, sondern auf die rechtliche Natur des bestehenden oder – wie bei der Einstellung – zu begründenden Dienstverhältnisses an (vgl. § 4). Die Beteiligung der Vertreter der Beamtengruppe wäre in diesem Fall auch nicht daraus zu rechtfertigen, dass eine Beamtenplanstelle durch einen Arbeitnehmer besetzt wird, da die Entscheidung darüber, ob und wie Dienstposten zu besetzen sind, nicht der Mitwirkung oder Mitbestimmung der Personalvertretungen unterworfen ist (BVerwG v. 6. 3. 1962, BVerwGE 14, 57 = ZBR 1962, 156 = PersV 1962, 231).

10 cc) Wenn ein Beschäftigter in **eine andere Gruppe übertritt** (z. B. ein Arbeitnehmer tritt in das Beamtenverhältnis über), so sind nur die Vertreter der Gruppe zur Beschlussfassung berufen, in die der betreffende Beschäftigte aufgenommen wird, weil nur diese Gruppe betroffen ist (BVerwG v. 5. 2. 1971, BVerwGE 37, 169 = ZBR 1971, 249 = PersV 1971, 300; Lorenzen u. a., § 38 Anm. 23; Richardi u. a., § 38 Anm. 16). Gegenstand der Beteiligung der Personalvertretung ist im vorliegenden Fall die Ernennung eines Beamten, der aus dem Arbeitnehmerverhältnis herausgenommen werden soll (§ 76 Abs. 1 Nr. 1). Das Ausscheiden aus der Arbeitnehmergruppe ist nür eine Folge der Übernahme in das Beamtenverhältnis. Ein personalvertretungsrechtliches Beteiligungsinteresse an einem Vorgang, der sich lediglich als **Rechtsfolge einer anderen Maßnahme** charakterisieren lässt, kann nicht gegeben sein. Hieran ändert sich auch dann nichts, wenn zur Übernahme in das Beamtenverhältnis zuvor eine Auswahl unter den Arbeitnehmern stattfindet, da auch die Auswahl „nur im Zusammenhang mit der Übernahme in das Beamtenverhältnis von Bedeutung“ ist (BVerwG v. 6. 3. 1962, BVerwGE 14, 57 = ZBR 1962, 156 = PersV 1962, 231).

11 dd) Die in Anm. 10 erwähnte Rechtsprechung des **Bundesverwaltungsgerichts** vom 6. 3. 1962 ist im Hinblick auf die gesetzlichen Bestimmungen **nicht zu beanstanden.** Andererseits ist aber folgendes zu berücksichtigen: Es kann nicht als befriedigend angesehen werden, dass z. B. bei der einer personellen Maßnahme vorausgehenden Auswahl eine Beteiligung der Personalvertretung ausgeschlossen ist. Bereits hierbei kann sich die Entscheidung auf einen sehr kleinen Kreis unter Nichtbeachtung einer Vielzahl gleichqualifizierter Beschäftigter beschränken. Die allgemeine Befugnis der Personalvertretungen, die Einhaltung des Gleichbehandlungsgebotes zu überwachen (§ 67 Abs. 1), kann nicht als ein ausreichendes Korrektiv gegen etwaige Benachteiligungen angesehen werden (vgl. hierzu auch Fischer u. a., § 38 Anm. 23; Richardi u. a., § 38 Anm. 16).

12 ee) Auch die Tatsache, dass die Beamtengruppe bei der **Besetzung von Beamtenplanstellen mit Arbeitnehmern** nicht zu beteiligen ist, muss als unbefriedigend angesehen werden. Dies um so mehr, als in der Vergangenheit Dienstherren vielfach den Funktionsvorbehalt (Art. 33 Abs. 4 GG) unbeachtet gelassen und Beamte damit z. T. in ihren Beförderungschancen beeinträchtigt haben. Es ist auch nicht ausreichend, dass die Personalvertretung zuvor über die Ausübung des Beteiligungsrechts gemeinsam berät; denn hier stoßen aufgrund der unterschiedlichen Rechtsstellung unterschiedliche Gruppeninteressen aufeinander. Es wäre daher auch vom Standpunkt des

Gruppenprinzips nur konsequent, beide in ihren Interessen gleichermaßen betroffene Gruppen zu beteiligen.

ff) Als **allgemeine Angelegenheiten** sind u. a. anzusehen: Geschäftsleitende Beschlüsse der Personalvertretung (z. B. Antrag auf Ausschluss eines Personalratsmitglieds wegen grober Pflichtverletzung, VGH Mannheim v. 19. 11. 2002, PersV 2003, 352 = Leits. ZfPR 2003, 303, Auswahl der freizustellenden Personalratsmitglieder, VGH Kassel v. 19. 11. 1994, PersV 1989, 42, Beschlüsse im Zusammenhang mit der Kündigung, Abordnung oder Versetzung von Personalratsmitgliedern nach § 47, Einberufung von Personalversammlungen, BVerwG v. 24. 10. 1975, ZBR 1976,192 = PersV 1976, 422, Anrufung der Einigungsstelle oder des Verwaltungsgerichts, OVG Koblenz v. 6. 2. 1990, PersR 1991, 221, wobei allerdings zu berücksichtigen ist, dass der Beschluss, ein verwaltungsgerichtliches Beschlussverfahren in einer personellen Angelegenheit einzuleiten, nur von der betroffenen Gruppe gefasst werden kann, BVerwG v. 23. 3. 1992, ZBR 1992, 313 = PersV 1991, 391 = ZfPR 1992, 73; vgl. auch Lorenzen u. a., § 38 Anm. 19). Zu einer Prüfung i. S. von § 80, die Voraussetzung für den Übertritt eines Arbeitnehmers in eine Beamtenlaufbahn ist, sollte die Personalvertretung nur einen Angehörigen der Beamtengruppe entsenden (BVerwG v. 18. 6. 1965, BVerwGE 21, 230 = ZBR 1965, 248 = PersV 1965, 229). Zum Beschluss darüber, welches Mitglied die Personalvertretung mit der Teilnahme an solchen Prüfungen beauftragt, ist das Plenum befugt (vgl. § 80 Anm. 6). Die **Auswahl der Teilnehmer zu Fortbildungsveranstaltungen** ist eine Gruppenangelegenheit. Zwar richtet sich die Beteiligung der Personalvertretung darauf, für eine dem Gleichbehandlungsgrundsatz entsprechende Fortbildung der Beschäftigten der Dienststelle insgesamt Sorge zu tragen. Sie umfasst jedoch nicht die Entscheidung des Dienststellenleiters, ob überhaupt und für wen eine Fortbildung angeboten wird. Allerdings kommt es für die Frage der betroffenen Gruppen im Hinblick auf den Schutzzweck des Mitbestimmungsrechts und auch den Wortlaut nicht darauf an, welche Beschäftigten letztlich ausgewählt werden, sondern darauf, welche Beschäftigten sich – nach der Ausschreibung durch die Dienststelle – zulässigerweise beworben haben. Nach dem Wortlaut des Mitbestimmungstatbestands ist die Personalvertretung nämlich nicht etwa an der Maßnahme „Benennung des Teilnehmers“, sondern ausdrücklich an der Auswahlentscheidung zu beteiligen. Es kommt im Fall der Auswahl der Teilnehmer an Fortbildungsveranstaltungen nicht auf die letztendlich von der Dienststelle getroffene Benennung des teilnehmenden Beschäftigten, sondern darauf an, ob die Auswahl beanstandungsfrei ist. Die Auswahlentscheidung betrifft aber alle in die Veranstaltung von der Intention des Dienststellenleiters her einbezogenen Statusgruppen. Ist eine Fortbildungsveranstaltung Arbeitnehmern und Beamten zugänglich, so handelt es sich um eine Gruppenangelegenheit der Arbeitnehmer und gleichzeitig um eine Gruppenangelegenheit der Beamten, jedenfalls dann, wenn sich überhaupt Beschäftigte der jeweiligen Statusgruppe beworben haben. Ob diese von der Dienststellenleitung auch zur Teilnahme benannt werden, spielt demgegenüber keine Rolle. Die Auswahl der Teilnehmer an Fortbildungsveranstaltungen ist daher eine Angelegenheit der Gruppe, die nach der Ausschreibung der Fortbildungsveranstaltung durch die Dienststelle zur Teilnahme zugelassen ist und aus der sich ein Beschäftigter für die Teilnahme an der Fortbildungsveranstaltung beworben hat. Wenn eine Fortbildungsveranstaltung Beamten und Arbeitnehmern zugänglich ist und aus beiden Gruppen Bewerbungen vorliegen, so beschließen beide Gruppen gemeinsam. Der Gesetzgeber hat der Personalvertretung ein Mitbestimmungsrecht lediglich an der Auswahl der Teilneh- 13 mer eingeräumt. Die Aufstellung der Modalitäten der Fortbildungsveranstaltungen und insbesondere die Frage, ob und für wen eine Fortbildungsveranstaltung überhaupt angeboten wird, unterliegen demgegenüber nicht der Mitbestimmung (vgl. § 75 Anm. 133).

14 gg) Die **personelle Auswahl der Mitglieder des Wahlvorstands** ist ebenfalls Sache des Plenums; denn dem Wahlvorstand als solchem obliegt die Aufgabe, die Wahl im ganzen vorzubereiten und durchzuführen. Dagegen fällt es nicht in die Zuständigkeit der im Wahlvorstand handelnden Gruppenvertreter, „die Wahlen innerhalb der einzelnen Gruppen zu leiten" (BVerwG v. 5. 2. 1965, BVerwGE 20, 246 = ZBR 1965, 94 = PersV 1965, 109).

15 b) **Soziale Angelegenheiten** werden ebenso wie **organisatorische Maßnahmen** in der Regel die Gruppen insgesamt betreffen. Dies gilt z. B. für die Zuweisung von Wohnungen (§ 75 Abs. 2 Nr. 2) oder für die Beteiligung der Personalvertretungen bei der Regelung der Arbeitszeit (§ 75 Abs. 3 Nr. 1). Wenn allerdings eine soziale Maßnahme in erster Linie individuelle Auswirkungen hat, so sind lediglich die Vertreter derjenigen Gruppe zur Beschlussfassung berufen, der der Betreffende angehört. Dies gilt z. B. für die Geltendmachung von Ersatzansprüchen (§ 76 Abs. 2 Nr. 9). Hier handelt es sich um soziale Maßnahmen, bei denen überwiegend persönliche Gesichtspunkte zu berücksichtigen sind. Gleiches gilt im Falle der Gewährung von Unterstützungen etc. (§ 75 Abs. 2 Nr. 1; Fischer u. a., § 38 Anm. 8, 9; Lorenzen u. a., § 38 Anm. 16).

16 c) Werden Beschlüsse in Angelegenheiten, die lediglich die Angehörigen einer Gruppe betreffen, von zwei Gruppen oder vom Plenum gefasst, so sind solche **Beschlüsse unwirksam**; denn **Abs. 2** schreibt in diesen Fällen zwingend eine Beschlussfassung ausschließlich durch die betroffene Gruppe vor (Fischer u. a., § 38 Anm. 17; Lorenzen u. a., § 38 Anm. 33). Abs. 3 bezieht sich auf die Fälle, in denen zwei von drei Gruppen unmittelbar betroffen sind, z. B. in **Dienststellen** nach **§ 49 Abs. 1 Satz 1 SBG,** in denen neben Beamten und Arbeitnehmern die Soldaten als dritte Gruppe Personalvertretungen wählen (so auch Fischer u. a., § 38 Anm. 16). Ebenso ist die Rechtslage zu beurteilen, wenn sich bei einer Abstimmung in einer Gruppe Stimmengleichheit ergibt (vgl. Anm. 8) und das Plenum das Entscheidungsrecht an sich zieht. Hierzu ist ein Personalratsplenum auch dann nicht befugt, wenn eine Gruppe in einer Personalratssitzung nicht vertreten und ein Ersatzmitglied nicht vorhanden ist. Selbst eine längere Erkrankung des einzigen Gruppenmitglieds rechtfertigt es nicht, dass das Plenum Angelegenheiten dieser Gruppe an sich zieht und eine einstimmige Beschlussfassung herbeiführt (BVerwG v. 23. 3. 1992, ZBR 1992, 313 = PersV 1992, 391 = ZfPR 1992, 73).

17 7. Der Gruppenbeschluss ist ein **Beschluss der Personalvertretung** i. S. d. § 37 (bei Anwesenheit von mindestens der Hälfte der Mitglieder), den der Vorsitzende im Rahmen der Geschäftsführung (§ 32 Abs. 3) im Namen der Personalvertretung auszuführen hat (BVerwG v. 8. 7. 1977, ZBR 1978, 173 = PersV 1978, 309; BVerwG v. 28. 10. 1993, Leits. ZBR 1994, 189 = ZfPR 1994, 10); denn der aus Vertretern aller Gruppen gewählte Personalrat ist ein einheitliches Organ der Personalverfassung. Nach einem Gruppenbeschluss kann das Plenum nicht eine erneute Erörterung unter Hinweis darauf vorsehen, dass es bei der vorangehenden gemeinsamen Beratung nicht genügend Informationen zur Hand gehabt hätte. Das Plenum muss eine abgeschlossene Gruppenentscheidung respektieren. Es kann allenfalls die Gruppe bitten, unter Berücksichtigung inzwischen weiter vorliegender Informationen ihre

Entscheidung noch einmal zu überprüfen. Nur wenn das der Fall sein sollte, dann steht auch dem Plenum eine erneute Erörterung offen.

8. Abgesehen von den Fällen, in denen nach § 49 Abs. 2 SBG die Gruppe der Soldaten zu den Gruppen der Beamten und Arbeitnehmer hinzutritt, hat Abs. 3 keine eigenständige Bedeutung mehr. Die gesetzlichen Regelungen, die vom Bestehen von **mehr als zwei Gruppen** ausgehen, bleiben erhalten (vgl. Rdschr. des BMI v. 28. 9. 2005, D13 – 21240). **18**

9. **Streitigkeiten** entscheiden die Verwaltungsgerichte nach § 83 Abs. 1 Nr. 3. Hierzu zählen vor allem Meinungsverschiedenheiten darüber, ob eine Angelegenheit „lediglich die Angehörigen einer Gruppe" betrifft. **19**

Schrifttum: Büge, Mitbestimmung der Soldaten in militärischen Dienststellen, PersV 2004, 364; Goeres, Die Beschlusssituation nach § 38 Abs. 2 Satz 1 BPersVG bei einer geraden Anzahl von Gruppenvertretern, PersV 1991, 460; Manderla, Die Beschlussfassung der Personalvertretungen, PersV 2005, 164; Schimmelpfennig, Die Abstimmungsformen in den Personalvertretungen, PersV 1976, 1; Süllwold, Der TVöD, Das Gruppenprinzip und die Personalratswahlen, ZfPR 2005, 116; Wacke, Gruppenprinzip und Mehrheitsentscheidung im Personalvertretungsrecht, ZBR 1958, 130; Widmaier, Anmerkung zu ArbG Berlin v. 9. 1. 1995, PersV 1995, 329.

§ 39 [Suspensives Veto]

(1) Erachtet die Mehrheit der Vertreter einer Gruppe oder der Jugend- und Auszubildendenvertretung einen Beschluss des Personalrates als eine erhebliche Beeinträchtigung wichtiger Interessen der durch sie vertretenen Beschäftigten, so ist auf ihren Antrag der Beschluss auf die Dauer von sechs Arbeitstagen vom Zeitpunkt der Beschlussfassung an auszusetzen. In dieser Frist soll, gegebenenfalls mit Hilfe der unter den Mitgliedern des Personalrates oder der Jugend- und Auszubildendenvertretung vertretenen Gewerkschaften, eine Verständigung versucht werden. Die Aussetzung eines Beschlusses nach Satz 1 hat keine Verlängerung einer Frist zur Folge.

(2) Nach Ablauf der Frist ist über die Angelegenheit neu zu beschließen. Wird der erste Beschluss bestätigt, so kann der Antrag auf Aussetzung nicht wiederholt werden.

(3) Die Absätze 1 und 2 gelten entsprechend, wenn die Schwerbehindertenvertretung einen Beschluss des Personalrates als eine erhebliche Beeinträchtigung wichtiger Interessen der Schwerbehinderten erachtet.

Inhaltsübersicht

Entspr. landesgesetzliche Regelungen:
Baden-Württemberg: § 40; Bayern: Art. 39; Berlin: § 34; Brandenburg: § 39; Bremen: § 36; Hamburg: § 40; Hessen: § 36; Mecklenburg-Vorpommern: § 29; Niedersachsen: § 33; Nordrhein-Westfalen: § 35; Rheinland-Pfalz: § 32 Abs. 2; Saarland: § 38; Sachsen: § 40; Sachsen-Anhalt: § 37; Schleswig-Holstein: § 29; Thüringen: § 39.

Entspr. Vorschriften des BetrVG: §§ 35, 66.

1 1. Auch bei Angelegenheiten, die alle Gruppen berühren, können die Interessen einer oder zweier Gruppen (bei Vorhandensein der Soldatengruppe) durch einen Beschluss der Personalvertretung beeinträchtigt werden. Die Vorschrift, die auch für die Stufenvertretungen (§ 54) und für den Gesamtpersonalrat (§ 56) gilt, gesteht daher der Mehrheit der Vertreter dieser Gruppe(n) ein **suspensives Veto** zu. Auch die Jugend- und Auszubildendenvertretung kann die Aussetzung von solchen Beschlüssen der Personalvertretung beantragen, in denen sie mit Mehrheit eine erhebliche Beeinträchtigung wichtiger Interessen der durch sie vertretenen Beschäftigten sieht. Entsprechendes gilt für die Schwerbehindertenvertretung, nicht aber für die Gleichstellungsbeauftragte.

2 2. Der Fristbeginn für die Aussetzung eines Beschlusses wird vom Gesetz deutlich bestimmt. Außerdem wird klargestellt, dass die **Aussetzung eines Beschlusses keine Verlängerung einer Frist** zur Folge hat.

3 3. Während des Laufs der Frist soll auch mit Hilfe „der unter den Mitgliedern des Personalrats oder der Jugend- und Auszubildendenvertretung vertretenen Gewerkschaften eine **Verständigung** versucht werden“. Erst nach Fristablauf kann über den Einspruch entschieden werden.

4 4. In Abs. 1 kommt zum Ausdruck, dass das **Gruppenprinzip** das BPersVG beherrscht (vgl. § 5 Anm. 8). Der Gesetzgeber berücksichtigt die unterschiedliche Interessenlage der einzelnen Gruppen. Er will jede davor schützen, durch einen Beschluss der Personalvertretung ohne die Möglichkeit, Gegenmaßnahmen ergreifen zu können, „eine erhebliche Beeinträchtigung wichtiger Interessen“ hinnehmen zu müssen. Deshalb gibt das Gesetz der Mehrheit der Vertreter einer Gruppe, die eine solche Beeinträchtigung als gegeben erachtet, ein Vetorecht, um während der Aussetzung des angegriffenen Beschlusses eine Aufhebung bzw. Abänderung erreichen zu können. Ein solches Recht steht einer Gruppe auch dann zu, wenn sie „mangels unmittelbarer Betroffenheit durch die beabsichtigte Maßnahme an der Beschlussfassung über die Zustimmung nicht beteiligt gewesen ist“ (BVerwG v. 29. 1. 1992, Leits. ZBR 1992, 251 = PersV 1992, 426 = ZfPR 1992, 68; Lorenzen u. a., § 39 Anm. 11).

5 5. **Gegenstand des suspensiven Vetos** ist ein gemeinsamer Beschluss der Personalvertretung oder ein Beschluss einer oder zweier Gruppen (bei Vor-

handensein der Soldatengruppe); denn auch hierbei handelt es sich um einen gemeinsamen Beschluss der Personalvertretung, durch den die Interessen einer Gruppe beeinträchtigt werden können (Fischer u. a., § 39 Anm. 4). Den Vertretern einer Gruppe steht allerdings kein Aussetzungsrecht gegenüber einem Beschluss der eigenen Gruppe zu (Richardi u. a., § 39 Anm. 6).

a) **Antragsberechtigt** ist die **Mehrheit der Vertreter einer Gruppe**; die Mehrheit der Vertreter der Jugend- und Auszubildendenvertretung und die Schwerbehindertenvertetung, während dem Vertrauensmann der Dienstleistenden und den Vertretern der nicht ständig Beschäftigten kein Antragsrecht zusteht (Fischer u. a., § 39 Anm. 10). Daher ist es nicht ausreichend, wenn der Antrag von der Mehrheit der bei der Beschlussfassung über den Aussetzungsantrag anwesenden Gruppenvertreter gestellt wird (Lorenzen u. a., § 39 Anm. 6). Vielmehr muss er von der Mehrheit der Vertreter beschlossen werden, über die die Gruppe tatsächlich verfügt, d. h. von mehr als der Hälfte der vorhandenen Vertreter (Fischer u. a., § 39 Anm. 6). Gehört der Gruppe nur ein Vertreter an, so kann dieser den Aussetzungsantrag stellen; bei zwei Gruppenvertretern ist nur ein einstimmiger Beschluss möglich. Es ist aber nicht erforderlich, dass die Antragsteller bei der Beschlussfassung, die zum Anlass des Einspruchs genommen wird, anwesend und unterlegen waren (Richardi u. a., § 39 Anm. 12, 15). An der Abstimmung können sich auch diejenigen Gruppenmitglieder beteiligen, die ursprünglich nicht gegen den Beschluss gestimmt haben. Auszugehen nämlich ist vom Wortlaut des Gesetzes, das die Mehrheit der Vertreter einer Gruppe als antragsberechtigt bezeichnet. Weitere Voraussetzungen sind an die Antragstellung nicht geknüpft. Im Übrigen ist nicht auszuschließen, dass diejenigen, die zunächst zugestimmt haben, bei weiteren Diskussionen mit den „Betroffenen" zu dem Ergebnis kommen, der Beschluss könnte doch „eine erhebliche Beeinträchtigung wichtiger Interessen der durch sie vertretenen Beschäftigten" darstellen (ebenso Fischer u. a., § 39 Anm. 11; Lorenzen u. a., § 39 Anm. 8; Richardi u. a., § 39 Anm. 17). 6

b) Antragsberechtigt ist jedoch nicht eine Anzahl von **Vertretern verschiedener Gruppen,** die innerhalb ihrer eigenen Gruppen überstimmt worden und mit dem Beschluss nicht einverstanden sind. Dagegen können mehrere Gruppen gemeinsam ein Veto einlegen (Lorenzen u. a., § 39 Anm. 7). 7

c) Die Mehrheit der Vertreter einer Gruppe (oder der sonstigen Gruppierungen, Anm. 6) muss einen Beschluss der Personalvertretung als eine **erhebliche Beeinträchtigung wichtiger Interessen** „erachten". Dabei kommt es nicht darauf an, dass eine Gruppe die ihr zustehenden Beteiligungsrechte beeinträchtigt sieht. Vielmehr ist eine erhebliche Beeinträchtigung von Interessen einer Gruppe auch dann gegeben, wenn im Verhältnis zu einer oder anderen Gruppe(n) eine unterschiedliche Auffassung z. B. hinsichtlich einer Ausschreibungspflicht besteht (BVerwG v. 29. 1. 1992, Leits. ZBR 1992, 251 = PersV 1992, 426 = ZfPR 1992, 68; Ilbertz, Personalvertretungsgesetz Berlin, § 34 Anm. 2). Die Interessenbeeinträchtigung muss nicht tatsächlich bestehen. Ausreichend ist, dass sie nach der Vorstellung der Antragsteller gegeben ist. Selbstverständlich wird man zur Vermeidung einer missbräuchlichen Rechtsausübung verlangen müssen, dass die Mehrheit der Vertreter vor einer Antragstellung gewissenhaft die Situation prüft. Die Simulation einer Prüfung wäre eine Verletzung gesetzlicher Pflichten i. S. d. § 28 (BVerwG v. 2. 5. 1957, BVerwGE 4, 357 = ZBR 1957, 374). Daher wird man Angaben darüber, worin „eine erhebliche Beeinträchtigung wichtiger Interessen" gesehen wird, verlangen können (Lorenzen u. a., § 39 Anm. 10; Ri- 8 chardi u. a., § 39 Anm. 22). Diese Angaben sind insbesondere im Hinblick auf die anzustrebende Verständigung erforderlich. Ein Gericht allerdings kann nicht nachprüfen, ob eine Beeinträchtigung wichtiger Interessen tatsächlich gegeben war (Fischer u. a., § 39 Anm. 14; Lorenzen u. a., aaO).

9 d) Die Antragsteller können nur einen **„Beschluss“** der Personalvertretung bzw. einer Gruppe (OVG Münster v. 30. 8. 1989, ZTR 1990, 169) beanstanden. Es muss sich um einen förmlichen Beschluss handeln (Lorenzen u. a., § 39 Anm. 10), der in einer förmlichen Sitzung der Personalvertretung zustande gekommen ist (§ 37). Eine formlose Verabredung der Personalvertretung, z. B. in der monatlichen Besprechung mit dem Dienststellenleiter (§ 66 Abs. 1), kann nicht als Anlass zu einem Antrag eines Gruppenvetos genommen werden.

10 e) Der **Aussetzungsantrag** kann nur gestellt werden, wenn eine erhebliche Interessenbeeinträchtigung befürchtet wird. Unter Berücksichtigung von Sinn und Zweck der Vorschrift ist allerdings davon auszugehen, dass ein allzu strenger Maßstab schon deshalb nicht angelegt werden kann, weil die Personalvertretung alle Chancen nutzen soll, um sachgerechte Entscheidungen zu fördern und eine vertrauensvolle Zusammenarbeit auch innerhalb des Gremiums sicherzustellen. Infolgedessen muss diejenige Gruppe, die den Aussetzungsantrag stellt, nicht schon eine Entscheidungsalternative oder einen Kompromissvorschlag unterbreiten, sondern Gründe vortragen, die zu einer anderen Bewertung der im Streit befindlichen Angelegenheit führen können (BVerwG v. 29. 1. 1992, Leits. ZBR 1992, 251 = PersV 1992, 426 = ZfPR 1992, 68; vgl. auch Anm. 2).

11 f) Die **Wahlentscheidung zur Bildung des Vorstands** einer Personalvertretung kann nicht Gegenstand eines Aussetzungsantrags sein, da es sich hierbei nicht um einen „Beschluss“, sondern um einen Akt der Geschäftsführung handelt (BVerwG v. 15. 5. 1991, BVerwGE 88, 183 = ZBR 1992, 58 = PersV 1992, 73 = ZfPR 1991, 172). Im Übrigen tritt mit der Wahl eine unmittelbare Wirkung insoweit ein, als dem Gewählten das Amt zugefallen ist (Fischer u. a., § 39 Anm. 4b; Lorenzen u. a., § 39 Anm. 4; Richardi u. a., § 39 Anm. 8). Ebensowenig kann gegenüber einem Beschluss zur Freistellung oder gegenüber einem Beschluss, ein bestimmtes Personalratsmitglied zur Teilnahme an einer Prüfung zu entsenden (§ 80), ein Aussetzungsantrag gestellt werden. Beide Beschlüsse haben nicht nur internen Charakter, sondern wirken nach außen. Sie sind auch seitens der Personalvertretung jedenfalls dann kaum abänderbar, wenn entsprechende Mitteilungen an die Dienststelle ergangen und von dort diesbezügliche Vorkehrungen (z. B. personelle bzw. organisatorische Maßnahmen in Bezug auf die Freistellung) getroffen worden sind (aA Fischer u. a., aaO; differenziert: Richardi u. a., § 39 Anm. 9).

12 g) Das Vetorecht ist durch einen **Antrag auf Aussetzung** auszuüben. Der Antrag ist an den Vorsitzenden der Personalvertretung zu richten. Eine Form schreibt das Gesetz nicht vor (Lorenzen u. a., § 39 Anm. 12). Allerdings wird Schriftform praktisch nicht zu entbehren sein, um den Nachweis zu führen, dass die Mehrheit der Vertreter der vermeintlich in ihren Interessen beeinträchtigten Gruppe den Antrag stellt. Entbehrlich ist die Schriftform, wenn der Antrag in der Sitzung der Personalvertretung zu Protokoll erklärt wird; in die Niederschrift wird die Zahl der Antragsteller aufzunehmen sein.

13 6. Eine **Frist für die Antragstellung** ist nicht ausdrücklich vorgeschrieben. Sie ergibt sich aber bereits aus der Frist, innerhalb der ein Beschluss auszu-

setzen ist („sechs Arbeitstage"; Fischer u. a., § 39 Anm. 13). Nach Ausführung des beanstandeten Beschlusses ist allerdings für eine Aussetzung kein Raum mehr (Fischer u. a., aaO; Lorenzen u. a., § 39 Anm. 13), so dass ein entsprechender Antrag von dem Vorsitzenden nicht mehr zu berücksichtigen ist (Richardi u. a., § 39 Anm. 25).

7. Wenn das Gesetz allerdings bestimmt, dass auf einen entsprechenden Antrag „der Beschluss auf die Dauer von sechs Arbeitstagen vom Zeitpunkt der Beschlussfassung an auszusetzen" ist, dann muss die Mehrheit der Vertreter einer Gruppe, der Jugend- und Auszubildendenvertretung oder die Schwerbehindertenvertretung den **Antrag frühzeitig stellen,** um noch genügend **Zeit für** eine **Verständigung** zu haben. Dadurch wird gleichzeitig eine Rechtsunsicherheit vermieden, die entstehen könnte, wenn Mitglieder einer Gruppe einen Aussetzungsantrag ankündigen, aber noch nicht gestellt haben. **14**

8. In jedem Fall empfiehlt es sich, den Antrag, wenn möglich, **bereits in der Sitzung, in der der Beschluss gefasst wird,** oder unmittelbar danach zu stellen. Bei der Berechnung der Aussetzungsfrist ist nach § 187 Abs. 1 BGB der Arbeitstag nicht mitzurechnen, an dem der Beschluss gefasst wurde. **15**

9. Der Beschluss kann nur auf die **Dauer von sechs Arbeitstagen** ausgesetzt werden. Nach § 95 Abs. 4 Satz SGB IX (s. § 40 Anm. 1) ist ein entsprechender Beschluss auf die Dauer von einer Woche vom Zeitpunkt der Beschlussfassung an auszusetzen. Diese Frist kann der in Abs. 1 Satz 1 gestellten Frist schon deshalb nicht vorgehen, weil auf diese Weise der Schwerbehindertenvertretung eine besondere Rechtsposition im Vergleich zu anderen Antragsberechtigten eingeräumt würde. Für den Aussetzungsantrag der Schwerbehindertenvertretung muss daher ebenfalls die Frist von sechs Arbeitstagen gelten (Fischer u. a., § 39 Anm. 8; Lorenzen u. a., § 39 Anm. 8a; Richardi u. a., § 39 Anm. 28). **16**

10. Das Recht der Mehrheit der überstimmten Gruppe auf Aussetzung ist **nicht** mit der Möglichkeit der Personalvertretung **zu verwechseln,** einen als unzweckmäßig erkannten Beschluss durch einen **neuen Beschluss** zu ersetzen. Diese Möglichkeit besteht jederzeit, soweit der Beschluss noch keine Rechtswirkungen gezeigt hat (vgl. hierzu § 37 Anm. 13). **17**

11. Auf den Aussetzungsantrag „ist der **Beschluss** auf die Dauer von sechs Arbeitstagen auszusetzen". Die Formulierung „ist auszusetzen" schließt ein Prüfungsrecht des Vorsitzenden der Personalvertretung aus, ob die Mehrheit der Gruppenvertreter den Beschluss wirklich als „eine erhebliche Beeinträchtigung wichtiger Interessen" erachtet oder ob sie das nur vorgibt (Richardi u. a., § 39 Anm. 32). Infolgedessen bewirkt der Aussetzungsantrag der Mehrheit der Vertreter einer Gruppe, der Jugend- und Auszubildendenvertretung oder der Vertretung der Schwerbehinderten die **Aussetzung der Vollziehung des Beschlusses.** Eine Prüfungspflicht für den Vorsitzenden besteht allerdings, „wenn sich die Ausübung des Antragsrechts unzweifelhaft als Rechtsmissbrauch darstellt" (BVerwG v. 29. 1. 1992, Leits. ZBR 1992, 251 = PersV 1992, 426 = ZfPR 1992, 68). Ein solcher Rechtsmissbrauch wäre aber nur bei offensichtlicher Mutwilligkeit oder dann zu bejahen, wenn die Antragsteller in Verschleppungsabsicht handeln oder sich „beharrlich jeglicher Einsicht in eine eindeutige Sach- und Rechtslage verschließen" (BVerwG v. 29. 1. 1992, aaO) oder wenn eine Gruppenmehrheit einen Zustimmungsverweigerungsbeschluss so spät mit **18**

einem suspensiven Veto angreift, dass wegen der Aussetzungsfrist von sechs Arbeitstagen die Äußerungsfrist nach § 69 Abs. 2 Satz 3 versäumt wird und der Beschluss so zu Fall gebracht würde.

19 12. Die Aussetzung des Beschlusses kommt rechtlich nicht der **Aufhebung** gleich („suspensives", nicht kassatorisches Veto). Dass es sich rechtlich nicht um eine Aufhebung handelt, ist bei der Rücknahme des Antrags von Bedeutung. In diesem Fall kann der Beschluss ohne zeitliche Verzögerung durchgeführt werden. Er bleibt nur dann aufrechterhalten, wenn sich die Mehrheit der in der neuen Sitzung anwesenden Mitglieder der Personalvertretung hierfür entscheidet oder die Antragsteller vor einer erneuten Beschlussfassung den Antrag zurücknehmen. Für die Beschlussfassung durch die Vertreter einer Gruppe oder zweier Gruppen gilt § 37 Abs. 1 Satz 1 entsprechend. Die einfache Stimmenmehrheit der anwesenden Mitglieder einer Gruppe genügt daher für eine wirksame Beschlussfassung. Wenn nur zwei Gruppenvertreter anwesend sind, können sie nur gemeinsam einen Beschluss fassen. Widerspricht dagegen einer der beiden anwesenden Gruppenvertreter, so kann sich eine einfache Stimmenmehrheit nicht ergeben (vgl. auch Anm. 6 und § 37 Anm. 11).

20 13. Das Wort „soll" in Abs. 1 Satz 2 hat nicht den Sinn einer gemilderten Muss-Vorschrift. Es bedeutet nicht, dass die **Verständigung,** die während der Aussetzung der Vollziehung des Beschlusses anzustreben ist, nicht **mit allen Mitteln erstrebt werden „muss".** Die Formulierung berücksichtigt nur die Tatsache, dass eine Verständigung nicht erzwungen werden kann. Das Gebot, eine Verständigung zu erstreben, bezweckt, eine gerichtliche Auseinandersetzung zu vermeiden (Fischer-Goeres, § 39 Anm. 20).

21 14. Innerhalb einer Frist von sechs Arbeitstagen vom Zeitpunkt der Beschlussfassung an soll die **Verständigung** „gegebenenfalls mit Hilfe der unter den Mitgliedern des Personalrats oder der Jugend- und Auszubildendenvertretung vertretenen Gewerkschaften" **versucht werden.** Die Inanspruchnahme der Gewerkschaften steht im Ermessen der streitenden Parteien. Aus Sinn und Wortlaut des § 39 ist nicht abzuleiten, dass nur die Personalvertretung in ihrer Gesamtheit die Hilfe der Gewerkschaften erbitten kann, so dass auch ein einzelnes Personalratsmitglied das Recht hat, Gewerkschaften hinzuzuziehen. Wenn die Personalvertretung als solche dies wünscht, so muss sie es deutlich machen. Diese Verdeutlichung geschieht – wie auch in sonstigen Fällen – durch förmlichen Beschluss (aA Fischer u. a., § 39 Anm. 22; Lorenzen u. a., § 39 Anm. 16). Ein Beschluss des Vorstands genügt nicht; denn die Inanspruchnahme der Gewerkschaften durch die Personalvertretung gehört nicht zu den laufenden Geschäften.

22 15. Die Mehrzahl des Wortes **„der Gewerkschaften"** bedeutet, dass nicht nur eine, sondern mehrere unter den Mitgliedern vertretene Gewerkschaften um eine Beteiligung an dem Verständigungsversuch gebeten werden können (Lorenzen u. a., § 39 Anm. 16). Der Paritätsgrundsatz muss nicht gewahrt werden. Die Hinzuziehung aller unter den Mitgliedern des Personalrats vertretenen Gewerkschaften empfiehlt sich aber schon deshalb, um erneute Auseinandersetzungen, die sich aus der gewerkschaftlichen Konkurrenzsituation ergeben und die auch Streitigkeiten in der Personalvertretung nach sich ziehen können, zu vermeiden.

23 16. Wenn die Aussetzungsfrist abgelaufen ist, muss ein **neuer Beschluss** der Personalvertretung in förmlicher Sitzung herbeigeführt werden („... ist ...

zu beschließen“). Im Hinblick auf die Fristen innerhalb des Mitbestimmungs- bzw. Mitwirkungsverfahrens (§ 69 Abs. 2, § 72 Abs. 2) hat der Vorsitzende der Personalvertretung für den Zeitpunkt unmittelbar nach Ablauf der Aussetzungsfrist eine Sitzung anzuberaumen. Eine **Verlängerung der Frist** im Einvernehmen mit dem Dienststellenleiter nach entsprechender Beschlussfassung durch die Personalvertretung ist nicht zulässig (Fischer u. a., § 39 Anm. 19; Lorenzen u. a., § 39 Anm. 20). Insoweit wird auf die Ausführungen zu § 69 Anm. 11 verwiesen. Die in der Vorauflage vertretene gegenteilige Auffassung wird aufgegeben.

17. Die **Aussetzung** eines Beschlusses ist **ohne Einfluss auf bestimmte Fristen** **24**
(Abs. 1 Satz 3; z. B. § 69 Abs. 2). Das bedeutet, dass Verständigungsverhandlungen schon deshalb schwierig verlaufen müssen, weil einmal Beschlüsse nur auf die Dauer von sechs Arbeitstagen vom Zeitpunkt der Beschlussfassung an auszusetzen sind, und zum anderen der Zwang zur Stellungnahme gegenüber der Dienststelle im Hinblick auf laufende Fristen besteht (vgl. hierzu im Einzelnen § 69 und § 72). Wenn die Personalvertretung beschlossen hat, einer beteiligungspflichtigen Angelegenheit zuzustimmen, so kann dieser Beschluss im Falle eines Aussetzungsantrags erst nach Durchführung eines Verständigungsversuchs und erst nach Ablauf von sechs Arbeitstagen durch eine entsprechende Erklärung gegenüber dem Leiter der Dienststelle ausgeführt werden. Mit Ablauf der Zehn-Tage-Frist (§ 69 Abs. 2 Satz 3, § 72 Abs. 2 Satz 1) gilt die Maßnahme bei entsprechender Untätigkeit gegenüber dem Dienststellenleiter als gebilligt. Allerdings muss unter Berücksichtigung von Sinn und Zweck der Aussetzungsfrist ein **starres Festhalten** an ihr zumindest **dann abgelehnt werden**, wenn eine Verständigung innerhalb der Personalvertretung vor Ablauf der Aussetzungsfrist erreicht wird oder wenn feststeht, dass eine Einigung nicht zu erzielen ist (Lorenzen u. a., § 39 Anm. 17; Kunze, PersV 1993, 529). In diesen Fällen wird nach gemeinsamer (Antragsteller und Personalvertretung) Feststellung auch schon während des Laufs der Aussetzungsfrist eine endgültige Entscheidung möglich sein. In den Fällen, in denen eine Personalvertretung einer beteiligungspflichtigen Angelegenheit die Zustimmung verweigern will, könnte sie noch während des Laufs der Aussetzungsfrist die Zustimmung verweigern, um den Ablauf der Frist (§ 69 Abs. 2 Satz 3, § 72 Abs. 2 Satz 1) zu verhindern (Lorenzen u. a., § 39 Anm. 20). Eines besonderen Beschlusses bedarf ein solches Vorgehen nicht (Fischer u. a., § 39 Anm. 18; Lorenzen u. a., § 39 Anm. 20). Im Übrigen könnte der Leiter der Dienststelle im Einvernehmen mit der Personalvertretung seinen Antrag auf Zustimmung zu einer beteiligungspflichtigen Angelegenheit zurückziehen, um vor Fristablauf der Personalvertretung Gelegenheit zu geben, gemeinsam mit den Antragstellern eine Einigung herbeizuführen; sodann kann der Dienststellenleiter den gleichlautenden Antrag erneut vorlegen (Fischer u. a., § 69 Anm. 12 a).

18. Der Vorsitzende der Personalvertretung hat die Mitglieder zu einer Sit- **25**
zung **unmittelbar nach Ablauf der Aussetzungsfrist** einzuladen (Lorenzen u. a., § 39 Anm. 15a). Zweckmäßigerweise sollte diese Sitzung schon mit der Aussetzung auf den Tag festgelegt werden, der dem Tag folgt, an dem die Frist endet (Fischer u. a., § 39 Anm. 23; vgl. auch Anm. 23).

19. Mit einer erneuten Beschlussfassung ergeben sich zwei Möglichkeiten: **26**
a) Entweder wird der von der Mehrheit der Vertreter der sich beschwert fühlenden Gruppe angegriffene **Beschluss von dem Gremium, das den beanstandeten Beschluss gefasst hat, bestätigt;** dann ist die Frage endgültig zu deren Ungunsten entschieden (§ 39 Abs. 2 Satz 2). In diesem Fall kann ein

Aussetzungsantrag auch nicht mehr von denjenigen gestellt werden, die sich an dem ersten Aussetzungsantrag nicht beteiligt haben (Fischer u. a., § 39 Anm. 25; Lorenzen u. a., § 39 Anm. 18); der Beschluss kann dann nur noch nach § 83 Abs. 1, 3 angegriffen werden;
b) oder die Personalvertretung bzw. die betreffende Gruppe **ändert den umstrittenen Beschluss** im Sinne der Antragsteller. Es sind natürlich auch Kompromissregelungen möglich, auf die sich die Streitenden einigen können. Wird der angefochtene Beschluss bestätigt, so kann er nur noch nach § 83 Abs. 1, 3 angegriffen werden.

27 20. Wenn der bisherige Beschluss i. S. der Antragsteller geändert wird, dann kann **erneut ein Antrag auf Aussetzung** gestellt werden. Selbstverständlich können sich aber an diesem Antrag nicht mehr diejenigen beteiligen, zu deren Gunsten die Änderung erfolgt ist. Dabei kann nicht danach unterschieden werden, ob es sich um wesentliche oder unwesentliche Änderungen handelt (so aber Fischer u. a., § 39 Anm. 25; Lorenzen u. a., § 39 Anm. 18; Richardi u. a., § 39 Anm. 38). In diesem Fall nämlich würde es in der Praxis kaum mehr möglich sein, innerhalb der für das Beteiligungsverfahren geltenden Fristen einen noch wirksamen Beschluss zu fassen, weil über den Begriff der „Erheblichkeit" zumindest in diesem Stadium der Meinungsunterschiede kaum eine fristgerechte Einigung zu erzielen ist.

28 21. **Streitigkeiten** entscheiden die Verwaltungsgerichte nach § 83 Abs. 1 Nr. 3 – etwa dann, wenn der Vorsitzende der Personalvertretung auf das Veto der Mehrheit der Vertreter einer Gruppe den Beschluss nicht aussetzen will. Das Gericht kann nicht über die Frage entscheiden, ob überhaupt eine Beeinträchtigung von Interessen gegeben ist, sondern nur darüber, ob die Mehrheit der Vertreter einer Gruppe die Aussetzung begehrt. Es kann auch der Erlass einer einstweiligen Verfügung beantragt werden (Lorenzen u. a., § 39 Anm. 21).

Schrifttum: Kunze, Fristenprobleme beim suspensiven Veto nach § 39 BPersVG, PersV 1993, 529; Oetker, Der Aussetzungsantrag im Personalvertretungsrecht und seine Auswirkungen auf die Einhaltung gesetzlicher Fristen, PersV 1984, 452.

§ 40 [Teilnahme der Jugend- und Auszubildendenvertreter und der Vertreter der nichtständig Beschäftigten]

(1) Ein Vertreter der Jugend- und Auszubildendenvertretung, der von dieser benannt wird, und die Schwerbehindertenvertretung können an allen Sitzungen des Personalrates beratend teilnehmen. An der Behandlung von Angelegenheiten, die besonders die in § 57 genannten Beschäftigten betreffen, kann die gesamte Jugend- und Auszubildendenvertretung beratend teilnehmen. Bei Beschlüssen des Personalrates, die überwiegend die in § 57 genannten Beschäftigten betreffen, haben die Jugend- und Auszubildendenvertreter Stimmrecht.

(2) An der Behandlung von Angelegenheiten, die besonders die nichtständig Beschäftigten betreffen, können die in § 65 Abs. 1 bezeichneten Vertreter mit beratender Stimme teilnehmen.

Inhaltsübersicht

Entspr. landesgesetzliche Regelungen:
Baden-Württemberg: § 41; Bayern: Art. 40; Berlin: §§ 35, 36; Brandenburg: § 40; Bremen: § 32 Abs. 2, § 22 Abs. 3; Hamburg: §§ 35, 38, 41; Hessen: §§ 31, 37; Mecklenburg-Vorpommern: § 31; Niedersachsen: § 56; Nordrhein-Westfalen: § 36; Rheinland-Pfalz: §§ 32, 33, 34; Saarland: § 34 Abs. 5, § 63 Abs. 1; Sachsen: § 41; Sachsen-Anhalt: § 38 Abs. 1; Schleswig-Holstein: § 31; Thüringen: § 40.

Entspr. Vorschrift des BetrVG: § 67.

1. An allen Sitzungen der Personalvertretung steht der **Schwerbehindertenvertretung und dem Vertreter der Jugend- und Auszubildendenvertretung ein Teilnahmerecht** mit beratender Stimme unabhängig von der jeweiligen Tagesordnung zu. Die gesamte Jugend- und Auszubildendenvertretung kann beratend an der Behandlung solcher Angelegenheiten teilnehmen, die besonders die in § 57 genannten Beschäftigten angehen. Betreffen Beschlüsse überwiegend jugendliche Beschäftigte, so haben die Jugend- und Auszubildendenvertreter ein Stimmrecht. Der Schwerbehindertenvertretung steht dagegen kein Stimmrecht zu, da die Schwerbehinderten im Gegensatz zu den Jugendlichen (unter 18 Jahren) sowohl über ein aktives wie auch über ein passives Wahlrecht zur Personalvertretung verfügen (vgl. in diesem Zusammenhang: Neuntes Buch Sozialgesetzbuch – Rehabilitation und Teilhabe behinderter Menschen, SGB IX, v. 19. 6. 2001, BGBl. I. S. 1046, 1093, zul. geänd. d. Art. 8 Abs. 2 G v. 18. 12. 2007, BGBl. I S. 2999; vgl. vor allem § 95 Abs. 4 SGB IX). 1

2. **Jugend- und Auszubildendenvertretung** sowie Vertretung der nichtständig Beschäftigten bilden neben der **Personalvertretung kein selbstständiges Organ** zur Vertretung der Beschäftigten (BVerwG v. 8. 7. 1977, ZBR 1978, 173 = PersV 1978, 309). Das Gesetz will aber sicherstellen, dass deren Belange von den Personalvertretungen ausreichend gewürdigt werden (Richardi u. a., § 40 Anm. 7) und die von ihnen vorgetragenen Meinungen sich in den Beschlüssen der Personalvertretungen niederschlagen. Gleiches gilt auch in Bezug auf die Schwerbehindertenvertretung sowie den nach § 53 Abs. 1 DRiG, § 37 Abs. 5 ZDG und nach § 35 a SG teilnahmeberechtigten Personenkreis. Die Personalvertretung behält in jedem Fall die Gesamtverantwortung. 2

3 3. Nach Abs. 1 bestimmt die **Jugend- und Auszubildendenvertretung** aus **ihrer Mitte** ein Mitglied, das an den Sitzungen der Personalvertretung teilnehmen kann. Der Vertreter der Jugend- und Auszubildendenvertretung braucht nicht für alle künftigen Sitzungen der Personalvertretung benannt zu werden. Vielmehr kann er auch von Fall zu Fall bestimmt werden (Fischer u. a., § 40 Anm. 13; Lorenzen u. a., § 40 Anm. 7).

4 a) Der Jugend- und Auszubildendenvertretung steht es frei, einen Vertreter zu den Sitzungen der Personalvertretung zu entsenden (Fischer u. a., § 40 Anm. 11; Lorenzen u. a., § 40 Anm. 9; Richardi u. a., § 40 Anm. 11). Ihr muss hierzu dadurch Gelegenheit gegeben werden, dass ihr durch die Personalvertretung rechtzeitig **der Zeitpunkt und die Tagesordnung der Sitzung** bekanntgegeben werden. Die Ladung ist der Jugend- und Auszubildendenvertretung zuzustellen.

5 aa) Einem Vertreter der Jugend- und Auszubildendenvertretung sowie der Schwerbehindertenvertretung steht kein Recht zur Teilnahme an **Sitzungen des Vorstands** der Personalvertretung zu. Das Gesetz spricht nur von Sitzungen des Personalrats, so dass sich bereits aus dem Wortlaut die Beschränkung auf Plenumssitzungen ergibt (vgl. auch § 95 Abs. 4 SGB IX). Sitzungen des Vorstands einer Personalvertretung dienen im Übrigen in aller Regel der Vorbereitung von Personalratssitzungen, in denen erst konkrete, die Sondervertretungen betreffende Angelegenheiten beschlossen werden sollen. Auch schon deshalb ist eine Teilnahme dieser Vertretungen ausschließlich an Sitzungen des Personalrats, nicht aber des Vorstands sinnvoll. Das schließt allerdings nicht aus, dass im Wege der vertrauensvollen Zusammenarbeit zwischen der Personalvertretung und den Sondervertretungen in besonderen Fällen eine Teilnahme vereinbart werden kann (vgl. hierzu auch: Fischer u. a., § 32 Anm. 37; Lorenzen u. a., § 40 Anm. 11).

5a bb) Dem Vertreter der Jugend- und Auszubildendenvertretung bzw. der Schwerbehindertenvertretung steht **kein Recht zur Teilnahme an der konstituierenden Sitzung** einer neugewählten Personalvertretung zu. Dies ergibt sich aus Sinn und Zweck der Vorschrift, nach der die Personalvertretung bei ihren Beratungen die Belange der Sondervertretungen ausreichend würdigen soll (vgl. Anm. 2 und § 34 Anm. 9). In der konstituierenden Sitzung der Personalvertretung werden grundsätzlich nur die Wahlen der Organe durchgeführt, so dass die Sondervertretungen schon deswegen in ihren Interessen nicht berührt sein können (aA VG Ansbach v. 19. 4. 2005, ZfPR online 9, 2006, S. 2; Lorenzen u. a., § 40 Anm. 9). Etwas anderes kann nur dann gelten, wenn die konstituierende Sitzung in eine Sitzung übergeleitet werden soll, in der auch Beratungen und Beschlussfassungen z. B. in beteiligungspflichtigen Angelegenheiten vorgesehen sind.

5b cc) Der Jugend- und Auszubildendenvertretung sowie der Schwerbehindertenvertretung steht **kein Recht** zur Teilnahme an **Sitzungen des Vorstands** der Personalvertretung zu. Das Gesetz spricht nur von Sitzungen des Personalrats, so dass sich bereits aus dem Wortlaut die Beschränkung auf Plenumssitzungen ergibt (vgl. auch § 95 Abs. 4 SGB IX). Sitzungen des Vorstands einer Personalvertretung dienen im Übrigen in aller Regel der Vorbereitung von Personalratssitzungen, in denen erst konkrete, die Sondervertretungen betreffende Angelegenheiten beschlossen werden sollen. Auch schon deshalb ist eine Teilnahme dieser Vertretungen ausschließlich an Sitzungen des Personalrats, nicht aber des Vorstands sinnvoll. Das schließt allerdings nicht aus, dass im Wege der vertrauensvollen Zusammenarbeit zwischen der Personalvertretung und den Sondervertretungen in besonderen Fällen eine Teilnahme vereinbart werden kann.

dd) Beschlüsse, die die Personalvertretung in Sitzungen fasst, zu denen sie die **Jugend- und Auszubildendenvertretung bzw. die Schwerbehindertenvertretung nicht eingeladen** hat, sind wirksam; denn dem Vertreter der Jugend- und Auszubildendenvertretung steht nur ein Anwesenheits-, nicht aber ein Stimmrecht zu. Allerdings kann im Wiederholungsfall in dem Unterlassen der Einladung ein Pflichtverstoß i. S. d. § 28 gesehen werden, der gegenüber dem säumigen Vorstandsmitglied oder gegenüber der gesamten Personalvertretung, falls diese geschlossen die Einladung verhindert hat, zu einem Ausschluss-/Auflösungsverfahren führen kann (Fischer u. a., § 40 Anm. 11; Lorenzen u. a., § 40 Anm. 23). 6

ee) Das vorstehend Gesagte **gilt sinngemäß für die Schwerbehindertenvertretung,** die ebenfalls mit beratender Stimme an den Sitzungen der Personalvertretung teilnehmen kann, der es aber insbesondere im Hinblick auf die zu behandelnden Tagesordnungspunkte freisteht, zu entscheiden, ob sie teilnimmt (Fischer u. a., § 40 Anm. 11; Lorenzen u. a., § 40 Anm. 9). Dies ergibt sich aus dem Wortlaut des § 95 Abs. 4 SGB IX. Wen die Schwerbehindertenvertretung als ihren Vertreter zur Personalratssitzung entsendet, ergibt sich aus den Wahlen nach § 94 SGB IX. 7

ff) Das Recht der Schwerbehindertenvertretung auf Teilnahme an Personalratssitzungen richtet sich unmittelbar gegen die Personalvertretung. Die Verweigerung der Teilnahme ist eine schwerwiegende **Behinderung der Amtsausübung** der Schwerbehindertenvertretung. Daher darf einer Vertrauensperson der schwerbehinderten Menschen die (weitere) Teilnahme an Personalratssitzungen nur dann untersagt werden, wenn sie gegen die Schweigepflicht in grober Weise verstoßen hat und Wiederholungsgefahr droht. Gegen einen Beschluss einer Personalvertretung, den Betroffenen von weiteren Sitzungen auszuschließen, kann eine einstweilige Verfügung beantragt werden, da ein Zuwarten bis zum rechtskräftigen Abschluss eines Hauptsacheverfahrens nicht zumutbar ist (VG Frankfurt v. 16. 10. 2003, ZfPR 2004, 201). 7a

b) Werden in einer Sitzung der Personalvertretung **Angelegenheiten** behandelt, **die besonders die in § 57 genannten Beschäftigten betreffen** (Fragen der Berufsausbildung, des Jugendschutzes etc.), so kann die gesamte Jugend- und Auszubildendenvertretung mit beratender Stimme teilnehmen. Auch in diesem Zusammenhang steht es ihr frei, ob sie an einer Sitzung der Personalvertretung teilnimmt, zu der sie rechtzeitig und unter Hinzufügung der Tagesordnung zu laden ist. 8

aa) Ob eine Angelegenheit die in § 57 genannten Beschäftigten besonders betrifft, ist nach objektiven Kriterien zu beurteilen. Eine besondere Betroffenheit ist in aller Regel dann anzunehmen, wenn eine Angelegenheit die aus personalvertretungsrechtlicher Sicht **bedeutsamen und damit schützenswerten Interessen** der jugendlichen Beschäftigten berührt, daneben aber ebenso bedeutsame oder noch gewichtigere Interessen der übrigen Beschäftigten bestehen. In diesem Fall steht der Jugend- und Auszubildendenvertretung ein Teilnahmerecht zu. Die Personalvertretung muss ihr Gelegenheit geben, besondere Gesichtspunkte, Argumente oder Einwände vorzutragen, damit eine sachgerechte, alle Interessen berücksichtigende Entscheidung sichergestellt wird (BVerwG v. 8. 7. 1977, ZBR 1978, 173 = PersV 1978, 309). Dies gilt 9

z. B. bei Fragen der Berufsausbildung und der Fortbildung, bei der Festlegung des Urlaubsplans unter Berücksichtigung der Berufsschulferien bzw. bei der Errichtung, Verwaltung und Auflösung von Sozialeinrichtungen (Sportanlagen, sonstige Freizeiteinrichtungen, Fischer u. a., § 40 Anm. 23).

10 bb) Bezüglich der Gültigkeit von in **Abwesenheit der Jugend- und Auszubildendenvertretung gefassten Beschlüsse,** die sie besonders betreffen, gilt das zu Anm. 6 Gesagte. Nur in besonderen Fällen ist ein Beschluss unwirksam (Fischer u. a., § 40 Anm. 11; Lorenzen u. a., § 40 Anm. 23).

11 cc) Der Jugend- und Auszubildendenvertretung insgesamt steht **kein allgemeines Anwesenheitsrecht** in den Sitzungen der Personalvertretung zu. Aus diesem Grund wird sie nur zu der Beratung solcher Angelegenheiten hinzugezogen, die ihre Interessen besonders berühren. Bei den anderen Punkten der Tagesordnung ist sie nicht hinzuzuziehen (Fischer u. a., § 40 Anm. 8; aA Lorenzen u. a., § 40 Anm. 11).

12 dd) Den Jugend- und Auszubildendenvertretern steht ein **Stimmrecht zu, wenn Beschlüsse** zu fassen sind, „die **überwiegend die in § 57 genannten Beschäftigten betreffen“.** Auch hier ist nach objektiven Gesichtspunkten zu entscheiden, wann eine überwiegende Interessenberührung vorliegt. Dies wird im allgemeinen dann der Fall sein, wenn die Interessen der in § 57 genannten Beschäftigten, die bei einer bestimmten Angelegenheit zur Diskussion stehen, im Verhältnis zu den Interessen anderer Beschäftigter bei einer gegenseitigen Abwägung größeres Gewicht haben. Diese Voraussetzung ist nicht erfüllt, wenn die Vergabe eines Dienstpostens an einen Beamten, der die in § 57 genannten Beschäftigten auszubilden hat, zur Diskussion steht. In diesem Fall werden zwar die Interessen der jugendlichen Beschäftigten wesentlich berührt. Gleichzeitig aber stehen dem gewichtigere Interessen der Beamtengruppe gegenüber, die sich auf den gesamten Bereich der beamtenrechtlichen Voraussetzungen beziehen, so dass von einem überwiegenden Betroffensein der in § 57 genannten Beschäftigten nicht die Rede sein kann (BVerwG v. 8. 7. 1977, ZBR 1978, 173 = PersV 1978, 309). Ähnlich ist die Situation, wenn Personen, die das 25. Lebensjahr noch nicht vollendet haben, eingestellt werden sollen. Die in diesem Zusammenhang anstehenden dienstrechtlichen Fragen sind nicht jugendtypisch. Vielmehr sind sie auch für die übrigen Beschäftigten von gleichem Interesse. Deshalb handelt es sich bei der Einstellung von Beamtenanwärtern, die das 25. Lebensjahr noch nicht vollendet haben, auch nicht um eine Angelegenheit, die die Interessen der von den Jugend- und Auszubildendenvertretern repräsentierten Beschäftigten „überwiegend“ betrifft. Zwar betrifft eine solche Angelegenheit wegen der vorgesehenen Aufnahme der Betroffenen in den Kreis der Jugendlichen oder der in Ausbildung befindlichen Beschäftigten deren Interessen. Von einer überwiegenden Betroffenheit, die ein Stimmrecht der Jugend- und Auszubildendenvertretung begründen würde, kann aber nicht die Rede sein. Ausschlaggebend nämlich ist, dass die einzustellenden Bewerber in die Gruppe der Beamten aufgenommen werden sollen. Diese Aufnahme ist grundsätzlich auf die Lebensarbeitszeit angelegt. Demgegenüber ist die Zugehörigkeit zum Kreis des in § 57 angesprochenen Personenkreises nur von zeitlich begrenzter Dauer. Im Übrigen steht im Vordergrund eines Beteiligungsverfahrens die allgemeine Rechtmäßigkeitskontrolle durch die Personalvertretung, nicht aber die Geltendmachung von jugend- und ausbildungsspezifischen Gesichtspunkten (BVerwG v. 28. 10. 1993, Leits. ZBR 1994, 189 = ZfPR 1994, 10).

ee) Wird ein **Beschluss** ohne die von der Angelegenheit überwiegend betroffene Jugend- und Auszubildendenvertretung gefasst, so ist er **unwirksam,** da das Gesetz in diesen Fällen von der Notwendigkeit der Teilnahme an der Beratung und der Beschlussfassung ausgeht. Wenn an einem Beschluss über einen Freistellungsantrag der Jugend- und Auszubildendenvertretung die oder der Vertreter nicht mitgewirkt haben, so ist allerdings die Rechtswirksamkeit des Beschlusses nur dann zu verneinen, wenn es sich um einen die Jugend- und Auszubildendenvertretung belastenden Beschluss handelt. Im Übrigen könnte die Rechtswirksamkeit dann in Frage gestellt sein, wenn der Jugendvertreter durch seine Stimme die Beschlussfassung hätte beeinflussen können (vgl. für das BetrVG: BAG v. 6. 5. 1975, BB 1975, 1112). Schließlich ist ein Beschluss einer Personalvertretung dann unwirksam, wenn an ihm Jugend- und Auszubildendenvertreter beteiligt waren, obwohl ihnen kein Stimmrecht zugestanden hat (Lorenzen u. a., § 40 Anm. 24, 25). **13**

ff) Falls die Jugend- und Auszubildendenvertretung stimmberechtigt ist, so sind ihre Stimmen uneingeschränkt mitzuzählen. Das **Abstimmungsverfahren** entspricht dem in sonstigen Sitzungen der Personalvertretung, in denen die in § 57 genannten Beschäftigten mangels entsprechender Tagesordnungspunkte kein Stimmrecht haben. Bei Gruppenbeschlüssen kann die Jugend- und Auszubildendenvertretung, für die das Gruppenprinzip nicht gilt, die Vertreter der Gruppe, die evtl. zahlenmäßig kleiner ist, überstimmen (vgl. hierzu: BVerwG v. 8. 7. 1978, PersV 1978, 309). **13a**

4. Nach Abs. 2 können die **Vertreter der nichtständig Beschäftigten** (Personen, die höchstens für einen Zeitraum von sechs Monaten beschäftigt werden sollen) mit beratender Stimme an der Behandlung von Angelegenheiten teilnehmen, die sie besonders betreffen. Sie haben kein Teilnahmerecht bei der Erörterung von Angelegenheiten, die die Interessen aller Beschäftigten der Dienststelle gleichermaßen betreffen, es sei denn, ihre Interessen würden in ganz besonderer Weise berührt. Bei einer Massenkündigung sind z. B. die nichtständig beschäftigten Arbeitnehmer in weit höherem Maße von der Entlassung bedroht als die ständig Beschäftigten. In diesem Fall ist der Vertretung der nichtständig Beschäftigten die Anwesenheit zu gestatten. Sie kann aber nicht mit abstimmen. **14**

5. Für die **Jugend- und Auszubildendenvertretung** und die **Vertretung der nichtständig Beschäftigten** gelten **zum Teil dieselben Bestimmungen** wie für die Mitglieder der Personalvertretung (vgl. § 62, § 65 Abs. 3): **15**
a) Ihr **Arbeitsentgelt** darf wegen Arbeitszeitversäumnis infolge Sitzungsteilnahme nicht gemindert werden (§ 45 Abs. 2). Ein Anspruch auf Lohnfortzahlung wird bereits dadurch begründet, dass die Sondervertretungen vom Personalrat eingeladen worden sind; denn sie können nicht entscheiden, ob wesentliche Fragen erörtert werden sollen. Der Anspruch bleibt bestehen, selbst wenn sich herausstellt, dass die erörterten Fragen ihre Interessen nicht „besonders“ bzw. „überwiegend“ berührt haben.
b) Sie haben einen **Anspruch auf Ersatz notwendiger Auslagen** (§ 44 Abs. 1).
c) Die Mitglieder der Jugend- und Auszubildendenvertretung und der Vertretung der nichtständig Beschäftigten haben sich jeder **parteipolitischen Betätigung** zu enthalten (§ 67 Abs. 1 Satz 3).
d) Sie können **Sprechstunden** während der Arbeitszeit einrichten (§ 43).
e) Für die Sitzungen, Sprechstunden etc. sind ihnen Räume und **Geschäftsbedarf** in erforderlichem Umfang zur Verfügung zu stellen (§ 44 Abs. 2).

f) Sie sind von ihren dienstlichen Tätigkeiten **freizustellen,** „wenn und soweit es nach Umfang und Art der Dienststelle zur ordnungsgemäßen Durchführung ihrer Aufgaben erforderlich ist" (§ 46 Abs. 3).
g) Eine **außerordentliche Kündigung** von Mitgliedern der Jugend- und Auszubildendenvertretung, die in einem Arbeitsverhältnis stehen, bedarf der Zustimmung der Personalvertretung (§ 62; im Einzelnen: § 47 Abs. 1 u. 2).
h) Wenn sie an den Sitzungen der Personalvertretung teilnehmen, unterliegen sie der **Schweigepflicht** (vgl. im Einzelnen § 10).

16 6. **Streitigkeiten** entscheiden die Verwaltungsgerichte nach § 83 Abs. 1 Nr. 3, insbesondere darüber, ob die Sondervertretungen zu den Personalratssitzungen zu laden sind.

Schrifttum: Goeres, Die Stellung der Schwerbehindertenvertretung im öffentlichen Dienst, ZfPR 1998, 166; Rudolph, Die Zusammenarbeit zwischen Personalrat und Jugend- und Auszubildendenvertretung, ZfPR 2001, 88 und PersR 2008, 107.

§ 41 [Verhandlungsniederschrift]

(1) Über jede Verhandlung des Personalrates ist eine Niederschrift aufzunehmen, die mindestens den Wortlaut der Beschlüsse und die Stimmenmehrheit, mit der sie gefasst sind, enthält. Die Niederschrift ist von dem Vorsitzenden und einem weiteren Mitglied zu unterzeichnen. Der Niederschrift ist eine Anwesenheitsliste beizufügen, in die sich jeder Teilnehmer eigenhändig einzutragen hat.

(2) Haben der Leiter der Dienststelle oder Beauftragte von Gewerkschaften an der Sitzung teilgenommen, so ist ihnen der entsprechende Teil der Niederschrift abschriftlich zuzuleiten. Einwendungen gegen die Niederschrift sind unverzüglich schriftlich zu erheben und der Niederschrift beizufügen.

Inhaltsübersicht

Entspr. landesgesetzliche Regelungen:
Baden-Württemberg: § 42; Bayern: Art. 41; Berlin: § 37; Brandenburg: § 41; Bremen: § 37; Hamburg: § 42; Hessen: § 38; Mecklenburg-Vorpommern: § 32; Niedersachsen: § 34; Nordrhein-Westfalen: § 37; Rheinland-Pfalz: § 37; Saarland: § 40; Sachsen: § 42; Sachsen-Anhalt: § 39; Schleswig-Holstein: § 32 Abs. 2 bis 4; Thüringen: § 41.

Entspr. Vorschrift des BetrVG: § 34.

1 1. Die Vorschrift gilt auch für Stufenvertretungen (§ 54) und Gesamtpersonalrat (§ 56) sowie für die Jugend- und Auszubildendenvertretung. Sie will die **Arbeit der Gewerkschaftsbeauftragten** erleichtern und schreibt daher vor, dass ihnen der Teil der Niederschrift zu übersenden ist, der Auskunft

über ihre Sitzungsteilnahme gibt. Insgesamt will die Vorschrift dadurch den Arbeitsablauf und die Geschäftsführung für Personalvertretungen erleichtern, dass sie die Anfertigung von Niederschriften vorgibt. Dadurch soll gleichzeitig auch dazu beigetragen werden, dass Meinungsverschiedenheiten, die im Anschluss an Verhandlungen der Personalvertretung entstehen können, durch beweiskräftige Unterlagen geklärt werden können.

2. Das **Anfertigen der Niederschrift** ist zwingend vorgeschrieben. Sie dient 2
als Beweis für Ordnungsmäßigkeit und Gültigkeit der Beschlüsse der Personalvertretung. Sie dient als Beweis für die Ordnungsmäßigkeit und Gültigkeit der Beschlüsse der Personalvertretung und ist Bestandteil ihrer Akten. Eine Aufbewahrungsfrist wird vom Gesetz nicht vorgeschrieben; sie richtet sich danach, ob die Niederschrift über die Amtsdauer hinaus noch von rechtlicher Bedeutung ist (Fischer u. a., § 41 Anm. 45; Lorenzen u. a.; § 41 Anm. 21).

3. Die Niederschrift ist eine Urkunde des privaten Rechts (416 ZPO); sie 3
unterliegt dem strafrechtlichen Schutz des § 267 StGB. Die Niederschrift kann für den **Beweis von Rechten und Rechtsverhältnissen** erheblich sein, so z. B. für eine Abweichung von der Reihenfolge der Freistellungen (vgl. § 46 Anm. 27); eine solche Abweichung muss durch die Niederschrift nachweisbar ausdrücklich beschlossen werden (BVerwG v. 26. 10. 1977, BVerwGE 55,17 = ZBR 1978, 205 = PersV 1979, 110).

4. Die Niederschrift muss mindestens enthalten: 4
a) den **Wortlaut der Beschlüsse,** die in der Sitzung gefasst worden sind (§ 41 Abs. 1 Satz 1);
b) das **Stimmenverhältnis,** mit dem die Beschlüsse gefasst worden sind. Bei namentlicher Abstimmung sollte die Niederschrift auch die Angabe enthalten, wie jedes Mitglied der Personalvertretung gestimmt hat;
c) die **Anwesenheitsliste** (§ 41 Abs. 1 Satz 2): in sie hat sich „jeder Teilnehmer" eigenhändig einzutragen. Die Anwesenheitsliste enthält also nicht nur die Namen der an der Sitzung teilnehmenden ordentlichen Mitglieder der Personalvertretung, sondern die Namen sämtlicher Anwesenden, z. B. der Ersatzmitglieder, die ein verhindertes ordentliches Mitglied zu vertreten haben (§ 31), des Dienststellenleiters (§ 34 Abs. 4), der Gewerkschaftsbeauftragten (§ 36), der Schwerbehindertenvertretung, der Vertreter der nichtständig Beschäftigten und der Jugend- und Auszubildendenvertretung (§ 40) sowie etwaiger Sachverständiger. Wenn einzelne Personen nur zeitweilig an einer Personalratssitzung teilgenommen haben, dann mag es zwar zweckmäßig, nicht aber geboten sein, dass die Dauer ihrer Anwesenheit in der Anwesenheitsliste vermerkt wird (aA Fischer u. a., § 41 Anm. 18; Lorenzen u. a., § 41 Anm. 11).

5. Auch die **Ablehnung eines Antrags** ist ein Beschluss. Sie ist daher zu 5
protokollieren, zumal auch die Protokollierung der Ablehnung Beweiswert haben kann. Die Niederschrift ist auch dann anzufertigen, wenn kein förmlicher Beschluss gefasst wurde (Lorenzen u. a., § 41 Anm. 4, 7).

6. Nicht vorgeschrieben ist die wörtliche Wiedergabe der Verhandlungen in 6
Rede und Gegenrede (Lorenzen u. a., § 41 Anm. 7). Ist ein Beschluss der Personalvertretung aber das Ergebnis einer **Kampfabstimmung** gewesen, so kann die Wiedergabe der vorhergehenden Debatte von Bedeutung sein, z. B. für den Fall, dass die Mitglieder der Personalvertretung wegen eines Beschlusses als Gesamtschuldner in Anspruch genommen werden.

7 7. Die Vorschrift des § 41 Abs. 1 und Abs. 2 umschreibt den **Mindestinhalt der Niederschrift.** Eine Niederschrift ist „über jede Verhandlung des Personalrats" aufzunehmen. Teilweise wird eine Protokollierungspflicht nur für Beschlüsse aus förmlichen Sitzungen der Personalvertretung bejaht (Fischer u. a., § 41 Anm. 4; Lorenzen u. a., § 41 Anm. 3; Wahlers, PersV 1989, 145). Dieser Meinung ist allerdings entgegenzuhalten, dass der Wortlaut des § 41 („jede Verhandlung") mehr umfasst als nur die förmlichen Sitzungen, zumal das Gesetz lediglich in den §§ 34, 35, 36 den Ausdruck „Sitzung" verwendet. Da der Begriff „Verhandlung" weiterreicht als der in den §§ 34, 35, 36 verwendete Ausdruck „Sitzung", ergibt sich hieraus, dass z. B. auch über Vorberatungen, und nicht erst über formelle Beschlüsse, eine Niederschrift aufzunehmen ist. Eine „Verhandlung" ist daher z. B. auch die monatliche Besprechung mit dem Dienststellenleiter (§ 66). In diesen Besprechungen können bedeutsame Angelegenheiten verhandelt werden, deren schriftliche Fixierung empfehlenswert ist (aA OVG Lüneburg v. 18. 3. 1992, PersV 1994, 31; Fischer u. a., § 41 Anm. 4, 6; Lorenzen u. a., § 41 Anm. 3; Richardi u. a., § 41 Anm. 5). Im Übrigen ergibt sich aus dem Sinn der Vorschrift, beweiskräftige Urkunden über Verhandlungen der Personalvertretung herzustellen, dass nicht nur alleine über eine förmliche Sitzung eine Niederschrift anzufertigen ist. Protokollierungspflicht besteht auch für **Beschlüsse des Vorstands** (Altvater u. a., § 41 Anm. 3; Lorenzen u. a., § 41 Anm. 4).

8 8. Eine **Protokollführung** durch eine der Personalvertretung nicht angehörende Schreibkraft ist unzulässig (vgl. § 35 Anm. 5 sowie u. a. Richardi u. a., § 41 Anm. 9). Eine gesetzliche Bestimmung darüber, wer die Niederschrift anzufertigen hat, fehlt. Es fehlt auch eine Bestimmung darüber, innerhalb welcher Zeit die Niederschrift anzufertigen ist. Die **Frist** ist auf jeden Fall **so zu bemessen,** dass der Verfasser aus der Erinnerung noch eine inhaltlich **vollständige** und **sachlich zutreffende Niederschrift** anfertigen kann.

9 9. Die Niederschrift muss vom Vorsitzenden und einem weiteren Mitglied der Personalvertretung **unterschrieben** werden (Lorenzen u.a., § 41 Anm. 10). Unter der Bezeichnung „Vorsitzender" ist dasjenige Mitglied der Personalvertretung zu verstehen, das die Sitzung der Personalvertretung geleitet hat, über die die Niederschrift angefertigt wird; denn der Vorsitzende der Personalvertretung kann die Richtigkeit der Niederschrift nicht durch seine Unterschrift bescheinigen, wenn er an der Sitzung nicht teilgenommen hat. Die zweite Unterschrift kann von einem beliebigen Sitzungsteilnehmer und Mitglied der Personalvertretung geleistet werden (möglicherweise von dem als Schriftführer tätigen Mitglied).

10 10. Unterbleibt die Niederschrift oder erfolgt sie nicht ordnungsgemäß, so ist dies lediglich eine **Ordnungswidrigkeit.** Durch das Fehlen der Niederschrift kann die Wirksamkeit von Beschlüssen der Personalvertretung nicht berührt, wohl aber deren Beweisbarkeit erschwert werden. Der Beweis für die Existenz der nicht ordnungsgemäß protokollierten Beschlüsse kann bei Fehlern oder Mängeln in der Niederschrift durch jedes geeignete Beweismittel, z. B. durch Zeugen oder private Notizen der Sitzungsteilnehmer, geführt werden. Wenn ein Personalratsmitglied wiederholt seiner Pflicht zur Anfertigung der Niederschrift nicht nachkommt oder wenn die angefertigte Niederschrift immer wieder erhebliche Mängel aufweist, dann ist darin keine Verletzung der gesetzlichen Pflichten zu sehen, die die **Rechtsfolgen des § 28** Abs. 1 nach sich ziehen würde (vgl. § 28 Anm. 8 a; aA Fischer u. a., § 41 Anm. 22; Lorenzen u. a., § 41 Anm. 20; Richardi u. a., § 41 Anm. 26).

11. Dem an der Sitzung teilnehmenden Dienststellenleiter (§ 34 Abs. 4) ist die **Niederschrift** über denjenigen Abschnitt der Sitzung **abschriftlich zuzuleiten,** an dem er teilgenommen hat. Gleiches gilt für Beauftragte von Gewerkschaften, die an der Sitzung teilgenommen haben (Richardi u. a., § 41 Anm. 30). Dagegen haben Personalratsmitglieder keinen Anspruch auf Erteilung eine Abschrift der Sitzungsniederschrift, obwohl es im Interesse einer sinnvollen Arbeitsweise zu empfehlen ist, Personalratsmitgliedern eine Abschrift der Niederschrift zukommen zu lassen (Lorenzen u. a., § 41 Anm. 15). Dies gilt auch für den Fall, dass in der Sitzung ein das betreffende Personalratsmitglied berührender Beschluss gefasst worden ist; denn in Abs. 2 sind abschließend die Anspruchsberechtigten, denen eine Abschrift der Niederschrift zu erteilen ist, aufgezählt. Für Personalratsmitglieder besteht ein nicht beschränkbares, jederzeitiges Einsichtsrecht in die vom Vorstand aufzubewahrenden Niederschriften (BVerwG v. 24. 10. 1969, ZBR 1970, 98 = PersV 1970, 107; VGH München v. 21. 11. 1975, Leits. ZBR 1976, 373). Darüber hinaus kann ein Personalratsmitglied sich Abschriften fertigen und Unterlagen ablichten (Lorenzen u. a., § 41 Anm. 16). Nicht der Personalvertretung angehörende Personen können dagegen nur in die Niederschrift einsehen, wenn sie berechtigterweise an der Personalratssitzung teilgenommen haben. Das Einsichtsrecht erstreckt sich aber nur auf den Teil, der über den Beratungspunkt berichtet, zu dem der Gast geladen war (Rothländer, PersV 1961, 220). Beschäftigte haben unter keinen Umständen Anspruch auf eine Abschrift der Niederschrift (BVerwG v. 24. 10. 1969, aaO). **11**

12. **Einwendungen gegen die Niederschrift** sind von allen Sitzungsteilnehmern unverzüglich schriftlich zu erheben. Sie sind der Niederschrift beizufügen. Einwendungen können sich insbesondere auf die Wiedergabe der Beschlüsse, die Stimmenmehrheiten sowie auf die Vollständigkeit der Anwesenheitsliste stützen. Sie sind als kurze Gesamt- oder punktuelle Gegenvorstellungen zu den beanstandeten Protokollinhalten oder Formulierungen zu verstehen (vgl. für das BetrVG: LAG Frankfurt v. 19. 5. 1988, DB 1989, 496), beim Vorsitzenden der Personalvertretung vorzubringen und der Niederschrift auch dann beizufügen, wenn die Personalvertretung sie nicht für berechtigt ansieht. **12**

13. Unbeschadet des vorstehend geschilderten Verfahrens kann die Personalvertretung selbstverständlich in der nächsten Sitzung feststellen, ob Einwendungen gegen die Niederschrift erhoben werden. Sie kann diese daraufhin eventuell berichtigen. Daher können auch noch **mündlich vorgebrachte Einwendungen** berücksichtigt werden. Wenn die Personalvertretung den Einwendungen nicht stattgeben will, so sind sie im Anhang der Niederschrift beizufügen, und zwar in der Form, in der der Widersprechende sie erhoben hat. **13**

14. Die **Schweigepflicht** (§ 10) erstreckt sich auch auf den Inhalt der Niederschrift. Diese darf genauso wenig Unbefugten offenbart werden, wie die in der Sitzung gesprochenen Worte oder verlesenen Akteninhalte (vgl. hierzu auch § 10 Anm. 11). **14**

15. **Streitigkeiten** entscheiden die Verwaltungsgerichte nach § 83 Abs. 1 Nr. 3. **15**

Schrifttum: Daumann, Die Sitzungsniederschrift des Personalrats und ihre Bedeutung als Beweismittel im Prozess, PersV 1963, 103; Kunze, Die Weitergabe von Sitzungsprotokollen des Personalrats, PersV 1978, 116; ders., Die Sitzungsniederschrift des Personalrats, PersV 1999, 199; Wahlers, Protokollierungspflicht für das Monats-(Vierteljahres-)Gespräch? PersV 1989, 145; Wolber, Die Aufnahme persönlicher Erklärungen in Sitzungsniederschriften des Personalrats, PersV 1974, 334.

§ 42 [Geschäftsordnung]

Sonstige Bestimmungen über die Geschäftsführung können in einer Geschäftsordnung getroffen werden, die der Personalrat mit der Mehrheit der Stimmen seiner Mitglieder beschließt.

Inhaltsübersicht

Entspr. landesgesetzliche Regelungen:
Baden-Württemberg: § 43; Bayern: Art. 42; Berlin: § 38; Brandenburg: § 42; Bremen: § 38; Hamburg: § 44; Hessen: § 39; Mecklenburg-Vorpommern: § 33; Niedersachsen: § 35; Nordrhein-Westfalen: § 38; Rheinland-Pfalz: § 38; Saarland: § 41; Sachsen: § 43; Sachsen-Anhalt: § 40; Schleswig-Holstein: § 32 Abs. 1; Thüringen: § 42.

Entspr. Vorschrift des BetrVG: § 36.

1 1. Im Hinblick auf die **Bedeutung der Geschäftsordnung** für die Arbeit der Personalvertretungen legt das Gesetz ausdrücklich fest, dass sie nur mit der Mehrheit der Stimmen ihrer Mitglieder beschlossen werden kann.

2 2. Die nicht zwingende Vorschrift stellt es in das **Ermessen der Personalvertretungen** („können"), eine Geschäftsordnung zu erlassen; sie gilt auch für Stufenvertretung (§ 54) und Gesamtpersonalrat (§ 56).

3 3. **Inhalt der Geschäftsordnung** sind Richtlinien für den internen Geschäftsbetrieb, d. h. für die Art und Weise der Geschäftsführung, z. B. Arbeitsverteilungsplan, Mitzeichnung durch mehrere Sachbearbeiter, Schriftverkehr, Dienststunden der Personalvertretung, Form der Einberufung zu Sitzungen der Personalvertretung, Einladungsfristen, Sitzungsordnung, Form und Einbringung von Anträgen, Behandlung von Dringlichkeitsanträgen, Redezeit, Ordnungsrecht des Vorsitzenden, Wortmeldung, Wortentziehung, Durchführung der Abstimmung, Bildung von Ausschüssen, Aktenplan und Aktenführung (vgl. auch Kunze, PersV 2000, 59). Daher braucht die Geschäftsordnung wegen ihres internen Charakters nicht veröffentlicht zu werden. Jedoch ist die Veröffentlichung zulässig und sogar hinsichtlich derjenigen Bestandteile ratsam, die für Verhandlungspartner der Personalvertretung, z. B. Dienststellenleiter, Gewerkschaftsbeauftragte sowie für Beschäftigte wissenswert sind, beispielsweise Name und Arbeitsgebiet der freigestellten Mitglieder, Vertretung, Dienststunden, Name der Zustellungsbevollmächtigten u. a. (Lorenzen u. a., § 42 Anm. 13). Zu Inhalt und Grenzen der Geschäftsordnung: vgl. auch Kunze, aaO.

4. a) Zulässig ist neben der Geschäftsordnung für die Personalvertretung auch eine **Geschäftsordnung für den Vorstand,** die sich dieser selbst gibt. Eine vom Vorstand beschlossene Geschäftsordnung darf aber nicht in die Kompetenzen eingreifen, die der Personalvertretung als Plenum übertragen sind (BVerwG v. 20. 3. 1964, BVerwGE 18, 162 = ZBR 1964, 278 = PersV 1964, 110; VGH München v. 17. 9. 1992, ZBR 1993, 279; Lorenzen u. a., § 42 Anm. 1). Daher ist eine Bestimmung in einer Geschäftsordnung rechtswidrig, wenn sie die Befugnis, Verhandlungen mit der Dienststelle zu führen, Informationen einzuholen und Unterlagen anzufordern, ausschließlich auf die freigestellten Vorstandsmitglieder beschränkt (VGH München v. 19. 4. 1974, PersV 1975, 304). 4

b) Die Geschäftsordnung kann nur die **formellen Verfahrensvorschriften des BPersVG** ergänzen und Lücken ausfüllen (OVG Münster v. 7. 8. 1974, ZBR 1974, 390 = PersV 1975, 72). Sie kann alle internen Angelegenheiten regeln, über die die Personalvertretung selbst bei ihrer Geschäftsführung frei befinden kann. Das materielle Recht allerdings kann durch eine Geschäftsordnung nicht geändert werden, da die gesetzlichen Regelungen Grenzen setzen (BVerwG v. 20. 3. 1959, BVerwGE 9, 240 = ZBR 1959, 201 = PersV 1958/59, 187; VGH München v. 14. 12. 1983, PersV 1985, 340; Lorenzen u. a., § 42 Anm. 4; Richardi u. a., § 42 Anm. 5; vgl. zum BetrVG: BAG v. 16. 11. 2005, NZA 2006, 445). Die Geschäftsordnung kann auch nicht den Kreis der laufenden Geschäfte abweichend vom Gesetz festlegen (BVerwG v. 5. 2. 1971, ZBR 1971, 285 = PersV 1971, 271), Plenarsachen dem Vorstand übertragen (BVerwG v. 7. 11. 1969, BVerwGE 34, 180 = ZBR 1970, 331) oder den Grundsatz der Nichtöffentlichkeit der Personalratssitzung einschränken. Solche Bestimmungen der Geschäftsordnung sind nichtig (BVerwG v. 5. 2. 1971, aaO; Lorenzen u. a., § 42 Anm. 7). 5

5. Die Geschäftsordnung kann **keine Anordnungen** über Angelegenheiten treffen, **über die entweder die Dienststelle allein zu entscheiden hat** oder die nur durch eine Verständigung zwischen Dienststelle und Personalvertretung vereinbart werden können. Sie darf keine Bestimmungen enthalten, die mit den gesetzlichen Vorschriften über die Geschäftsführung der Personalvertretung in Widerspruch stehen (VG Berlin v. 17. 7. 1969, PersV 1970, 234). Die Geschäftsordnung kann auch keine Angelegenheiten regeln, die einer Entscheidung durch eine Dienstvereinbarung (§ 73) vorbehalten sind. Wohl aber können in einer Geschäftsordnung u. a. folgende Angelegenheiten im einzelnen festgelegt werden: 6

- Regelung des Verfahrens bei nachträglicher Aufnahme eines Punktes in die Tagesordnung; Erforderlichkeit der Anwesenheit aller Personalrats- bzw. Ersatzmitglieder, einstimmiger Beschluss auch bei Nichterhebung eines Widerspruchs (VGH München v. 4. 2. 2004, PersV 2004, 308 = ZfPR 2004, 198; vgl. auch § 34 Anm. 27);
- Verfahrensregeln über die Erstellung einer Niederschrift (Form, Inhalt, Zeit für die Anfertigung, Aufbewahrung; vgl. im Übrigen § 41);
- Verfahrensregeln über Abstimmungen (Wortmeldung, Worterteilung, Redezeit, Antrag auf Schluss der Debatte, vgl. im Übrigen § 34);
- Bildung von Ausschüssen, Verfahrensregeln für diese Ausschüsse (vgl. im Übrigen Richardi u. a., § 42 Anm. 5; Kunze, PersV 2000, 60).

6. Jedes Personalratsmitglied kann die Initiative zur Beschlussfassung über eine Geschäftsordnung ergreifen. Wirksam wird eine solche Geschäftsordnung durch Mehrheitsbeschluss. Die **Geschäftsordnung bindet** die Mitglieder der Personalvertretung (Lorenzen u. a., § 42 Anm. 15). Die einzelnen Personalratsmitglieder dürfen also ebensowenig wie die Personalvertretung 7

selbst von ihr abweichen, es sei denn, dass die Mehrheit sich für ein Abweichen entscheidet (Lorenzen u. a., aaO). In besonders schweren Fällen kann ein eigenmächtiges Abweichen einzelner Mitglieder von der Geschäftsordnung die Rechtsfolgen des § 28 auslösen. Insofern kann die Einhaltung der Geschäftsordnung (mittelbar) erzwungen werden. Die Aufstellung der Geschäftsordnung kann dagegen nicht erzwungen werden, weil es im Belieben der Personalvertretung steht, ob sie sich eine Geschäftsordnung geben will (vgl. Anm. 2).

8 7. Die Geschäftsordnung gilt nicht nur für die Amtszeit derjenigen Personalvertretung, die sie beschlossen hat. Wenn auch die neu gewählte Personalvertretung nicht Rechtsnachfolger der abtretenden Personalvertretung ist, so **gilt die Geschäftsordnung doch solange,** bis sie durch Mehrheitsbeschluss aufgehoben wird. Damit tritt keine ungerechtfertigte Bindung der im Amt nachfolgenden Personalvertretung ein, da sie nach entsprechender Beschlussfassung von der Geschäftsordnung jederzeit abweichen kann (Fischer u. a., § 42 Anm. 14; aA Lorenzen u. a., § 42 Anm. 18; Richardi u. a., § 42 Anm. 16).

9 8. **Streitigkeiten** über Fragen, die mit der Geschäftsordnung zusammenhängen, werden nach § 83 Abs. 1 Nr. 3 entschieden. Zu den Rechtsnormen, mit deren Nichtanwendung oder unrichtiger Anwendung die Rechtsbeschwerde zu begründen ist, können auch Bestimmungen der Geschäftsordnung gehören (BVerwG v. 7. 11. 1969, BVerwGE 34, 180 = ZBR 1970, 331 = PersV 1971, 15).

Schrifttum: Gronimus, Geschäftsführung des Personalrats, PersR 2003, 5; Kunze, Inhalt und Grenzen der Geschäftsordnung des Personalrats, PersV 2000, 59; Schimmelpfennig, Die Abstimmungsformen in den Personalvertretungen, PersV 1976, 1 u. 99; Sembdner, Die Geschäftsordnung der Personalvertretung, PersV 1962, 49; ders., Entwurf einer Geschäftsordnung für Personalvertretungen, PersV 1962, 57.
Mustergeschäftsordnung (s. Anhang).

§ 43 [Sprechstunden]

Der Personalrat kann Sprechstunden während der Arbeitszeit einrichten. Zeit und Ort bestimmt er im Einvernehmen mit dem Leiter der Dienststelle.

Inhaltsübersicht

Entspr. landesgesetzliche Regelungen:
Baden-Württemberg: § 44; Bayern: Art. 43; Berlin: § 39 Abs. 1; Brandenburg: § 43; Bremen: § 40; Hamburg: § 45; Hessen: § 41; Mecklenburg-Vorpommern: § 34; Niedersachsen: § 36 Abs. 1; Nordrhein-Westfalen: § 39; Rheinland-Pfalz: § 42; Saarland: § 42; Sachsen: § 44; Sachsen-Anhalt: § 41; Schleswig-Holstein: § 33; Thüringen: § 43.

Entspr. Vorschrift des BetrVG: § 39.

1. Die Vorschrift, die nicht für Stufenvertretungen (§ 54) und Gesamtpersonalrat (§ 56) gilt (Fischer u. a., § 43 Anm, 2; Lorenzen u. a., § 43 Anm. 3), aber auch nicht für Jugend- und Auszubildenden-Stufenvertretungen (vgl. § 64 Anm. 12 sowie Richardi u. a., § 43 Anm. 5), macht die Durchführung von Sprechstunden nicht von der **Größe der Dienststelle** abhängig. Für die Einrichtung von Sprechstunden während der Arbeitszeit ist die Personalvertretung nicht an das Einvernehmen des Dienststellenleiters gebunden. Sie hat sich nur im Hinblick auf die räumliche und zeitliche Lage mit dem Dienststellenleiter zu verständigen (vgl. auch Anm. 5). Die Einrichtung von Sprechstunden erfolgt nach pflichtgemäßem Ermessen durch Beschluss der Personalvertretung (Lorenzen u. a., § 43 Anm. 5). Dies bedeutet nicht, dass Personalratsmitglieder, die von Beschäftigten während der Arbeitszeit angesprochen werden, nicht zu Auskünften berechtigt sind und auf die Sprechstunde hinweisen müssen; denn es kann nicht davon ausgegangen werden, dass eine sonstige Inanspruchnahme eines Personalratsmitglieds während der Arbeitszeit nach dem Willen des Gesetzgebers ausgeschlossen sein sollte (vgl. für das BetrVG: BAG v. 23. 6. 1983, BAGE 43, 109 = Leits. BB 1984, 598 = DB 1983, 2419). 1

2. Die Personalvertretung soll u. a. in Sprechstunden die **Sorgen der Beschäftigten kennen lernen.** Die Beschäftigten sollen darüber hinaus die Möglichkeit haben, der Personalvertretung auch ihre persönlichen, dienstlichen Angelegenheiten sowie Beschwerden vorzutragen, damit diese „durch Verhandlung mit dem Leiter der Dienststelle auf ihre Erledigung hinwirken" kann (§ 68 Abs. 1 Nr. 3). Fragen und Informationen von kollektiver Bedeutung sind in Personalversammlungen zu stellen bzw. zu geben (vgl. für das BetrVG: LAG Niedersachsen v. 1. 7. 1986, NZA 1987, 33). Die Sprechstunde hat daher in erster Linie die Funktion, den Beschäftigten Gelegenheit zu geben, ihre individuellen Probleme der Personalvertretung darzustellen und Zweifelsfragen evtl. gemeinsam mit ihr zu klären. 2

2. a) Wenn auch einer Personalvertretung der kollektive Schutz der Beschäftigten obliegt, so hat man sie bisher in Einzelfällen dennoch für berechtigt gehalten, **Rechtsberatung** (z. B. bei Versetzungen, Umsetzungen, Abordnungen, Auswirkungen von Krankheiten auf das Leistungsverhalten, Beratung von schwerbehinderten Menschen im Zusammenhang mit der Eingliederung, § 128 SGB IX) durchzuführen – allerdings nicht in reinen Privatangelegenheiten (Fischer u. a., § 43 Anm. 10; Lorenzen u. a., § 43 Anm. 8, 8a; aA Cecior u. a., § 39 Anm. 12; vgl. auch BVerwG v. 18. 8. 2003, PersV 2004, 55 = ZfPR 2004, 69). Das mit Wirkung zum 1. 7. 2008 in Kraft getretene Gesetz zur Neuregelung des Rechtsberatungsrechts (RBerG v. 12. 12. 2007, BGBl. I S. 2840) erlaubt „die Erörterung der die Beschäftigten berührenden Rechtsfragen mit ihren gewählten Interessenvertretungen, soweit ein Zusammenhang zu den Aufgaben dieser Interessenvertretung besteht" (§ 2 Abs. 3 Nr. 3 RBerG). Eine Hilfestellung zur Rechtsdurchsetzung im Klage- oder Verwaltungsverfahren ist allerdings ausgeschlossen (vgl. die Ausnahmen zugunsten schwerbehinderter Menschen: §§ 69 Abs. 1 SGB IX, 68 Abs. 2 SGB IX sowie Düwell, PersR 2008, 306). 2a

2. b) Der einzelne Beschäftigte darf jedoch seinen Arbeitsplatz zum Besuch der Sprechstunde nur mit Zustimmung des Dienstvorgesetzten verlassen (OVG Saarlouis v. 30. 7. 1975, PersV 1977, 146; Richardi u. a., § 43 Anm. 22). Gleiches gilt grundsätzlich auch für ein nicht freigestelltes Personalratsmitglied, das sich beim Verlassen des Arbeitsplatzes wie jeder andere Beschäftigte abmelden muss (vgl. für das BetrVG: BAG v. 23. 6. 1983, BA- 2b

GE 43, 109 = Leits. BB 1984, 598 = DB 1983, 2419; vgl. hierzu § 68 Anm. 1 sowie Lemcke, PersR 1990, 171). Der Dienststellenleiter ist verpflichtet, dem Beschäftigten Gelegenheit zum **Aufsuchen der Sprechstunde** zu geben, es sei denn, unaufschiebbare dienstliche Erfordernisse ständen dem entgegen (BVerwG v. 12. 12. 2005, PersV 2006, 146 = Leits. ZfPR 2006, 47) Für den Fall eines Besprechungstermins eines Beschäftigten im Personalratsbüro gilt dasselbe. Allerdings kann statt eines Benehmens mit dem Dienststellenleiter im Einzelfall generell das Einverständnis für den Fall vereinbart werden, dass dem Dienststellenleiter ermöglicht wird, evtl. Einwände im Hinblick auf dienstliche Erfordernisse geltend machen zu können (BVerwG v. 12. 12. 2005, aaO). Für den Fall, dass eine Personalvertretung zu einer Besprechung mit einer größeren Gruppe von Beschäftigten einlädt, ist in jedem Fall eine Abstimmung mit dem Dienststellenleiter erforderlich (OVG Münster v. 1. 12. 2004, PersV 2005, 190, 2006, 74).

3 3. a) Sprechstunden kann die Personalvertretung **während der Arbeitszeit** durchführen. Das bedeutet, dass es in ihrem pflichtgemäßen Ermessen liegt, ob und in welcher Häufigkeit sie Sprechstunden abhalten will. Wenn sie trotz eines echten sachlichen Bedürfnisses keine Sprechstunden durchführt, kann hierin ein Pflichtverstoß i. S. von § 28 Abs. 1 liegen. Ob im Übrigen eine Personalvertretung auch Sprechstunden außerhalb der Arbeitszeit ohne Zustimmung des Dienststellenleiters durchführen kann (Lorenzen u. a., § 43 Anm. 6; Richardi u. a., § 43 Anm. 7), muss bezweifelt werden; denn dem Dienststellenleiter muss außerhalb der üblichen Arbeitszeit das Alleinverfügungsrecht über die Diensträume zustehen, und er muss auch eine Übersicht darüber haben, in welchem Umfang und durch wen Diensträume außerhalb der Arbeitszeit in Anspruch genommen werden sollen. Daher ist eine vorherige Absprache mit dem Dienststellenleiter notwendig, falls Sprechstunden außerhalb der Arbeitszeit stattfinden sollten (Cecior u. a., § 39 Anm. 7; Fischer u. a., § 43 Anm. 14; Lorenzen u. a., aaO).

4 b) Wenn das Gesetz der Personalvertretung das Recht zugesteht, Sprechstunden während der Arbeitszeit abzuhalten, dann ist damit auch das Recht verbunden, die Sprechstunden durch **sachverständige Mitglieder** zu besetzen. Dabei ist es sachgerecht, wenn die Personalvertretung beschließt, die Sprechstunden grundsätzlich durch freigestellte Mitglieder abhalten zu lassen. Sie kann auch eine Vertretungsregelung vorsehen und dabei ein neben den Gruppenvertretern freigestelltes Personalratsmitglied dann berücksichtigen, wenn es der stärksten Gruppe angehört (VGH München v. 29. 7. 1987, PersR 1988, 138). Ebenso steht den Beschäftigten das Recht zum Aufsuchen der Sprechstunden zu. Allerdings wird man den einzelnen Beschäftigten im Interesse einer ordnungsgemäßen Abwicklung der Dienstgeschäfte für verpflichtet erachten müssen, sich im Einzelfall für den Besuch der Sprechstunde **Dienstbefreiung** erteilen zu lassen (vgl. auch Anm. 2b). Für die Mitglieder der Personalvertretung wie für die Beschäftigten ist mit der Abhaltung bzw. dem Besuch von Sprechstunden keine Minderung der Dienstbezüge oder des Arbeitsentgelts verbunden (vgl. Lorenzen u. a., § 43 Anm. 14, § 46 Abs. 2 sowie § 44 Anm. 5 ff.).

5 c) Die **Personalvertretung** ist bei ihrer Entscheidung, Sprechstunden abzuhalten, **nicht an ein Einverständnis des Dienststellenleiters gebunden.** Der Gesetzgeber geht davon aus, dass die Personalvertretung nicht ohne angemessene Berücksichtigung dienstlicher Belange über die Einrichtung von Sprechstunden entscheiden wird. Der Dienststellenleiter darf daher nicht im Wege ständiger Kritik an der Entscheidung der Personalvertretung über Zeit und Ort der Sprechstunde versuchen, sein Einverständnis zu verweigern, um

auf diese Weise die Abhaltung der Sprechstunden zu boykottieren. Andererseits entspricht es dem Gebot der vertrauensvollen Zusammenarbeit, dass die Personalvertretung die Dienststelle von ihrer Absicht unterrichtet, eine Sprechstunde durchzuführen. Das ist die Voraussetzung für die Herstellung des Einvernehmens nach Satz 2. Falls es aber nicht zu einer Einigung zwischen Dienststellenleiter und Personalvertretung u. a. über Zeit und Ort der während der Arbeitszeit einzurichtenden Sprechstunde kommt, dann ist die Einschaltung der nächst höheren Dienststelle zulässig (Fischer u. a., 43 Anm. 22; Lorenzen u. a., § 43 Anm. 7).

4. Die **Abhaltung von Sprechstunden** gehört nicht zu den **laufenden Geschäften** und damit zu den Aufgaben des Vorstands (aA Lorenzen u. a., § 43 Anm. 9; Richardi u. a., § 43 Anm. 11). Deshalb auch muss nicht ein Vorstandsmitglied mit dieser Aufgabe beauftragt werden. Angesichts der Bedeutung der Sprechstunden werden zwar in erster Linie Vorstandsmitglieder zu ihrer Durchführung berufen sein. Andererseits liegt es aber im pflichtgemäßen Ermessen des Vorstands zu entscheiden, welches Personalratsmitglied er beauftragt (Fischer u. a., § 43 Anm. 15; so im Ergebnis auch: OVG Lüneburg v. 2. 10. 1957, ZBR 1957, 413). Die Beschäftigten müssen darüber hinaus Gelegenheit haben, in der Sprechstunde mit einem Angehörigen ihrer Gruppe zu verhandeln (Lorenzen u. a., § 43 Anm. 9; aA Fischer u. a., § 43 Anm. 17). Daher ist eine Aufteilung der Sprechstunde auf die Vertreter mehrerer Gruppen zulässig. Dagegen kann die Personalvertretung die Sprechstunde nicht durch Außenstehende, sondern nur durch eigene Mitglieder durchführen (VG Münster v. 22. 4. 1968, Leits. ZBR 1971, 62 = PersV 1968, 194). Gewerkschaften können unter Berufung auf § 43 keine Sprechstunden in der Dienststelle einrichten (OVG Saarlouis v. 30. 7. 1975, PersV 1977, 146). Sie sind im Übrigen aber auch nicht an der Durchführung einer Sprechstunde durch die Personalvertretung zu beteiligen; denn die Rechte der Gewerkschaften im Rahmen des BPersVG sind abschließend geregelt (Fischer u. a., § 43 Anm. 18). Demgegenüber kann ein Mitglied der Jugend- und Auszubildendenvertretung dann an der Sprechstunde der Personalvertretung teilnehmen, wenn Jugendliche oder in der Ausbildung befindliche Beschäftigte beraten werden möchten (Fischer u. a., § 43 Anm. 19). 6

5. **Für Auskünfte** in der Sprechstunde **haftet die Auskunftsperson** nur aus unerlaubter Handlung (§§ 676, 823 BGB). Die Personalvertretung als solche haftet nicht, da sie keine eigene Rechtspersönlichkeit besitzt; sie ist vermögens- und deliktsunfähig. Die Behörde haftet nicht für schuldhaft unrichtige Auskunft eines Mitglieds der Personalvertretung (Lorenzen u. a., § 43 Anm. 17). 7

6. Die **Kosten** für die Einrichtung und den Betrieb der Sprechstunden, einschließlich der eventuell notwendig werdenden Fahrkosten (BVerwG v. 24. 10. 1969, BVerwGE 34, 143 = ZBR 1970, 193 = PersV 1970, 131), trägt die Dienststelle, die „in erforderlichem Umfang Räume, den Geschäftsbedarf und Büropersonal zur Verfügung zu stellen" hat (§ 44 Abs. 2). Die Erstattung von Fahrkosten von Beschäftigten, die an einer Sprechstunde teilgenommen haben, ist nicht möglich; denn eine entsprechende Anwendung von einschlägigen Bestimmungen zur Teilnahme an Personalversammlungen ist nicht möglich (Fischer u. a., § 43 Anm. 23). 8

7. **Streitigkeiten** im Zusammenhang mit der Einrichtung und dem Betrieb der Sprechstunden entscheiden die Verwaltungsgerichte nach § 83 Abs. 1 Nr. 3. Dies gilt vor allem für die Fälle, in denen der Dienststellenleiter einem Beschäftigten den Besuch der Sprechstunde untersagt. 9

Schrifttum: Düwell, Die Zulässigkeit der Rechtsberatung durch Personalräte, PersR 2008, 306; Lemcke, Das Zugangsrecht des Personalrats zu Arbeitsplätzen der Beschäftigten der Dienststelle, PersR 1990, 171; Schackmann, Beratungstätigkeit durch Personalräte, PersR 1995, 161; Sembdner, Die Sprechstunde des Personalrats, PersV 1958/59, 241; Süllwold, Sprechstunden des Betriebsrats, ZBVR 1996, 26; Wahsner, Zum Recht des Personalrats auf Arbeitsplatzbesuche und Gespräche am Arbeitsplatz, PersR 1986, 126; Windscheid, Die Haftung für Handlungen der Personalvertretungen, PersV 1977, 41.

§ 44 [Kosten und Sachaufwand]

(1) Die durch die Tätigkeit des Personalrates entstehenden Kosten trägt die Dienststelle. Mitglieder des Personalrates erhalten bei Reisen, die zur Erfüllung ihrer Aufgaben notwendig sind, Reisekostenvergütungen nach dem Bundesreisekostengesetz.

(2) Für die Sitzungen, die Sprechstunden und die laufende Geschäftsführung hat die Dienststelle in erforderlichem Umfang Räume, den Geschäftsbedarf und Büropersonal zur Verfügung zu stellen.

(3) Dem Personalrat werden in allen Dienststellen geeignete Plätze für Bekanntmachungen und Anschläge zur Verfügung gestellt.

Inhaltsübersicht

Entspr. landesgesetzliche Regelungen:
Baden-Württemberg: § 45; Bayern: Art. 44; Berlin: § 40; Brandenburg: § 44; Bremen: § 41; Hamburg: § 46; Hessen: § 42; Mecklenburg-Vorpommern: § 35; Niedersachsen: § 37; Nordrhein-Westfalen: § 40; Rheinland-Pfalz: § 43; Saarland: § 43; Sachsen: § 45; Sachsen-Anhalt: § 42; Schleswig-Holstein: § 34; Thüringen: § 44.

Entspr. Vorschrift des BetrVG: § 40.

I. Vorbemerkungen

1. Die Vorschrift regelt die **Verpflichtung der Dienststelle zur Erstattung der durch die Tätigkeit der Personalvertretung entstehenden (notwendigen) Kosten.** Die Personalvertretung hat einen Anspruch darauf, dass die Dienststelle ihr alle notwendigen Hilfsmittel für die laufende Geschäftsführung zur Verfügung stellt. Entscheidend ist, ob die Personalvertretung ihre Aufgaben nur dann sach- und zeitgerecht wahrnehmen kann, wenn ihr diese Hilfsmittel von der Verwaltung zur Verfügung gestellt werden. Dies ergibt sich bereits aus der Formulierung des Gesetzes („erforderlich"). Die Personalvertretung nämlich soll in die Lage versetzt werden, unabhängig vom Dienststellenleiter die Art und Weise der Aufgabenerfüllung und der dadurch notfalls anfallenden Kosten bestimmen zu können. Dabei hat sie einerseits die dienstlichen Verhältnisse und andererseits die sich ihr stellenden Aufgaben zu berücksichtigen. Sie hat zugleich auch die berechtigten Interessen des Dienststellenleiters (u. a. Begrenzung der Kostentragungspflicht) ins Blickfeld zu nehmen und die unterschiedlichen Sachargumente gegeneinander abzuwägen (vgl. für das BetrVG: BAG v. 16. 5. 2007, Leits. BB 2007, 2076 = DB 2007, 2036). Deshalb hat die Personalvertretung bei der Verwendung öffentlicher Mittel auch den Grundsatz der sparsamen Haushaltsführung zu beachten. Der Dienststellenleiter hat seinerseits dafür zu sorgen, dass dieser Grundsatz eingehalten, die Arbeit der Personalvertretung aber nicht behindert wird (BVerwG v. 29. 6. 1988, BVerwGE 79, 361 = ZBR 1988, 321 = PersV 1988, 394; ebenso Vogelgesang-Bieler-Kleffner-Horst-Rehak, § 45 Anm. 4). Deshalb steht einem Dienststellenleiter auch ein Prüfungsrecht dahingehend zu, ob die von der Personalvertretung verursachten Kosten im Rahmen einer ihr gesetzlich übertragenen Aufgabenerfüllung entstanden sind und notwendig waren (BVerwG v. 16. 6. 1989, BVerwGE 82, 131 = ZBR 1990, 18 = PersV 1989, 486; Lorenzen u. a., § 44 Anm. 11c). Das Ergebnis der Prüfung hängt vom Einzelfall ab. Dabei sind einerseits die Interessen der Personalvertretung an einer unbehinderten Arbeitsweise und andererseits 1

das Interesse des Dienststellenleiters an der reibungslosen Tätigkeit seiner Dienststelle gegeneinander abzuwägen (BVerwG v. 28. 7. 1989, ZBR 1990, 53 = PersV 1989, 488 = ZfPR 1989, 166; vgl. zum Fall der Aufzeichnung von Telefondaten von Gesprächen einer Personalvertretung: § 75 Anm. 219). Wenn sich Personalvertretung und Dienststellenleiter nicht einigen können, kann die Interessenvertretung ein verwaltungsgerichtliches Beschlussverfahren einleiten. Das Gericht ist auf die Prüfung beschränkt, ob auf Grund der konkreten dienstlichen Situation die Erledigung der gesetzlichen Aufgaben der Personalvertretung nur mit Hilfe des verlangten Sachmittels möglich ist und ob die Personalvertretung neben den Interessen der Beschäftigten auch die berechtigten Interessen des Dienststellenleiters ausreichend berücksichtigt hat. Verlangt eine Personalvertretung ein Sachmittel oder eine sonstige Unterstützung (Räume, Büropersonal, Informations- und Kommunikationstechnik), dann reicht es zur Begründung und Durchsetzung des Anspruchs nicht aus, wenn die Arbeit der Personalvertretung durch den Einsatz des jeweiligen Mittels lediglich erleichtert wird oder sich rationeller gestalten lässt. Vielmehr ist erforderlich, dass ohne den Einsatz die Personalvertretung ihre Rechte und Pflichten vernachlässigen müsste (vgl. für das BetrVG: BAG v. 16. 5. 2007, aaO).

1a a) Die Personalvertretung ist als Teil der Dienststelle ebenso wie diese selbst an Recht und Gesetz gebunden, vor allem an haushaltrechtlich verbindliche Vorgaben. Infolgedessen ist es im Rahmen der vertrauensvollen Zusammenarbeit zwischen Personalvertretung und Dienststellenleiter sinnvoll, rechtzeitig, nämlich vor Beginn des jeweiligen Haushaltsjahres, den voraussichtlichen (finanziellen) Bedarf mit dem Ziel zu erörtern, dass der Dienststellenleiter seinerseits um die **Beschaffung ausreichender Mittel** bemüht ist (BVerwG v. 26. 2. 2003 – 6 P 10.02, Leits. ZBR 2003, 289 = PersV 2003, 351 = ZfPR 2003, 328; Lorenzen u. a., § 44 Anm. 12). Bei der Prüfung der Notwendigkeit einer kostenwirksamen Aufgabenerfüllung hat die Personalvertretung auch das Interesse der Dienststelle an einer sparsamen Verwendung öffentlicher Mittel zu berücksichtigen. Im Hinblick aber auf den Grundsatz der vertrauensvollen Zusammenarbeit darf ein Dienststellenleiter die Notwendigkeit aufgabenentsprechender Aufwendungen nicht kleinlich bewerten (VGH München v. 9. 3. 1989, ZBR 1990, 226 = PersV 1990, 444; OVG Münster v. 3. 5. 2002, PersV 2002, 451 = Leits. ZfPR 2003, 48).

2 2. Von der Dienststelle sind nicht nur solche Kosten zu erstatten, die der gesamten Personalvertretung bei deren Tätigkeit erwachsen, sondern auch Kosten, die durch eine pflichtgemäße **Wahrnehmung von Aufgaben durch einzelne Personalratsmitglieder** oder durch ein einzelnes Personalratsmitglied entstehen (OVG Lüneburg v. 14. 5. 1958, ZBR 1958, 214; Lorenzen u. a., § 44 Anm. 13). Im Übrigen kommt in Abs. 1 Satz 1 der allgemeine Rechtsgedanke zum Ausdruck, nach dem die Dienststelle die Kosten aller nach dem BPersVG vorgesehenen Institutionen zu tragen hat (BVerwG v. 9.10. 1991, BVerwGE 89, 93 = Leits. ZBR 1992, 107 = PersV 1992, 218 = ZfPR 1992, 38; OVG Münster v. 3. 5. 2002, PersV 2002, 451 = Leits. ZfPR 2003, 48).

3 3. Das Personalratsamt ist als unentgeltliches Ehrenamt (§ 46 Abs. 1) ausgestaltet. Gleichzeitig besteht ein Umlage- und Benachteiligungsverbot (§§ 45, 8, 107). Da aber weder die Personalvertretung als solche noch die einzelnen Mitglieder durch die im gesetzlichen Rahmen durchgeführte Personalratstätigkeit finanziell belastet werden sollen (vgl. auch § 46 Anm. 2), hat der Gesetzgeber den öffentlichen Arbeitgeber/Dienstherrn verpflichtet,

die **sächlichen und persönlichen Kosten**, die im Zusammenhang mit der Tätigkeit der Personalvertretung und ihrer Mitglieder stehen, zu tragen. Die Personalvertretung ist ihrerseits verpflichtet, nach pflichtgemäßem Ermessen zu prüfen, ob und in welcher Höhe sie Kosten verursachende Maßnahmen einleiten soll. Dem Dienststellenleiter steht ein Prüfungsrecht lediglich dahingehend zu, ob die von der Personalvertretung verursachten Kosten im Rahmen einer ihr gesetzlich übertragenen Aufgabenerfüllung entstanden sind (BVerwG v. 16. 6. 1989, BVerwGE 82, 131 = ZBR 1990 = 18, PersV 1989, 486; vgl. auch Anm. 1).

4. Die durch die Tätigkeit der **besonderen Personalvertretungen** entstehenden Kosten trägt das Bundeseisenbahnvermögen. Hierbei handelt es sich um die Vertretungen der Interessen der Beamten, die der Deutschen Bahn AG zugewiesen sind (§ 12 Abs. 2 und 3 DBGrG) gegenüber den Entscheidungen und Maßnahmen des Bundeseisenbahnvermögens. Auch für die Kosten, die den besonderen Personalvertretungen gem. § 17 Abs. 2 DBGrG im Rahmen von Mitbestimmungsangelegenheiten in den Fällen entstehen, in denen der Deutschen Bahn AG Personalangelegenheiten der Beamten übertragen worden sind, werden sie als Personalvertretungen, die bei den Dienststellen des Bundeseisenbahnvermögens gebildet worden sind, tätig (Lorenzen u. a., § 44 Anm. 6b). **3a**

II. Umfang der Vorschrift

1. Die **Personalvertretungen sind Institutionen des öffentlichen Rechts,** die aufgrund öffentlichen Dienstrechts gebildet sind und die an der öffentlich-rechtlichen Willensbildung einer Dienststelle teilnehmen. Sie vollziehen somit öffentliche Aufgaben (vgl. im Einzelnen § 1 Anm. 26 ff.). Aus diesem Grund legt der Gesetzgeber die Pflicht zur Übernahme aller durch die Geschäftsführungstätigkeit entstehenden Kosten der „öffentlichen Kasse“ auf. Da die Personalvertretungen weder über Einnahmen verfügen noch Vermögensträger sein können, musste die Kostentragungspflicht auch deshalb der Dienststelle auferlegt werden, um der Personalvertretung überhaupt die Möglichkeit zur Erfüllung der gesetzlichen Aufgaben geben zu können (BVerwG v. 9. 10. 1991, BVerwGE 89, 93 = Leits. ZBR 1992, 107 = PersV 1992, 218 = ZfPR 1992, 38). Durch die Übernahme aller notwendigen Kosten der Personalratstätigkeit durch die Dienststelle soll die Personalvertretung in die Lage versetzt werden, im Rahmen ihres Aufgabenbereichs zur Tätigkeit der Dienststelle einen qualitativ gleichwertigen Beitrag zu leisten. Alle Kosten verursachenden Entscheidungen der Personalvertretung bedürfen einer entsprechenden Beschlussfassung des gesamten Gremiums. Daher ist es einer Personalvertretung auch verwehrt, dem Vorsitzenden eine Vollmacht des Inhalts für ein Gespräch mit einem Rechtsanwalt zu erteilen, dass es diesem je nach Gesprächsergebnis überlassen bleibt, den Anwalt mit der Einleitung eines Beschlussverfahrens zu beauftragen, ohne dass zuvor noch eine Beratung mit den Mitgliedern in einer ordnungsgemäß einberufenen Sitzung erfolg (VG Ansbach v. 21. 8. 2007, PersV 2008, 62). **4**

2. Die Verpflichtung der Dienststelle zur Übernahme von durch die Tätigkeit der Personalvertretung verursachten Kosten besteht nur dann, wenn die durchgeführte Tätigkeit zum **Aufgabenbereich der Personalvertretung** oder einzelner Mitglieder gehört (BVerwG v. 9. 10. 1991, BVerwGE 89, 93 = Leits. ZBR 1992, 107 = PersV 1992, 218 = ZfPR 1992, 38; Lorenzen u. a., § 44 Anm. 8). Ist dies nicht der Fall, dann ist ein Dienststellenleiter berechtigt, die Kostenübernahme in Bezug auf solche Sachmittel zu verweigern, die außerhalb des Aufgabenbereichs der Personalvertretung liegen (VG Hamburg v. **5**

21.6.2007, ZfPR online 10/2007, S. 7). Die kostenverursachende Tätigkeit muss daher objektiv zur Aufgabenerfüllung notwendig sein. Die Personalvertretung hat darüber hinaus stets die Vertretbarkeit einer kostenverursachenden Maßnahme zu prüfen und dabei zu berücksichtigen, dass die Kosten aus öffentlichen Mitteln zu erstatten sind. Dabei hat sich die Personalvertretung auf den Standpunkt eines vernünftigen Dritten zu stellen, der sowohl die Interessen der Dienststelle als auch der Personalvertretung gegeneinander abwägt. Abwägungsgesichtspunkte sind u. a. Größe und Leistungsfähigkeit der Dienststelle sowie die Bedeutung der Tätigkeit für die Personalratsarbeit. Nachprüfbar ist lediglich die Frage, ob sich das Ergebnis der Abwägungen in den Grenzen des Ermessens hält und ob dieses Ergebnis dem Zweck des eingeräumten Ermessens entspricht (OVG Münster v. 4.10.2001, PersV 2002, 371 = ZfPR 2002, 12; Lorenzen u. a., § 44 Anm. 11; Ruppert, PersV 2001, 338; Vogelgesang, PersV 2003, 4). Im Rahmen einer sachgemäßen Betätigung des Ermessens hat die Personalvertretung neben sonstigen Rechtsvorschriften auch die haushaltsrechtlichen Bestimmungen (Haushaltsgesetz und Haushaltsplan) zu berücksichtigen, darüber hinaus auch die Grundsätze der Sparsamkeit und Wirtschaftlichkeit der Verwaltung (BVerwG v. 27.8.1990, ZBR 1991, 56 = PersV 1991, 75 = ZfPR 1990, 171). Schließlich hat eine Personalvertretung auch zu bedenken, dass die anfallenden Kosten in einem angemessenen Verhältnis zum angestrebten Nutzen stehen (Gebot der Verhältnismäßigkeit, BVerwG v. 18.6.1991, Leits. ZBR 1992, 58 = PersV 1992, 45 = ZfPR 1991, 136; Lorenzen u. a., aaO). Personalvertretung und Dienststellenleiter haben gemeinsam dafür zu sorgen, dass der Grundsatz der Sparsamkeit bei der Verursachung von Kosten der Personalratstätigkeit beachtet wird (OVG Berlin v. 3.4.2001, ZfPR 2001, 266).

5a 2a) Die Personalvertretung ist allerdings nicht verpflichtet, vor einer kostenwirksamen Entscheidung die Zustimmung des Dienststellenleiters einzuholen, soweit sie bei verständiger Würdigung die entstehenden Aufwendungen als zu den Kosten zählend bewertet, die wegen ihrer Aufgabenstellung notwendig sind (BVerwG v. 9.10.1991, BVerwGE 89, 93 = Leits. ZBR 1992, 107 = PersV 1992, 218 = ZfPR 1992, 38). Jedoch ergibt sich aus dem Grundsatz der vertrauensvollen Zusammenarbeit eine Verpflichtung zu einer Absprache dann, wenn eine Entscheidung der Personalvertretung zu außergewöhnlichen und weitreichenden Kostenfolgen führt (VGH Kassel v. 29.10.1986, PersR 1987, 175). Der Leiter der Dienststelle ist zur Übernahme der durch die Personalratstätigkeit verursachten Kosten verpflichtet. Zu solchen Kosten können auch Aufwendungen für die Beiziehung von Sachverständigen gehören. Voraussetzung dafür, dass sich die Personalvertretung der **besonderen Sachkunde eines Dritten** bedient, ist, dass sie sich mit den ihr zur Verfügung stehenden personellen und sachlichen Mitteln und der entsprechenden Unterstützung durch den Dienststellenleiter nicht in der Lage sieht, die ihr übertragenen Aufgaben zu erfüllen. Dies kann insbesondere im Zusammenhang mit der Einführung und Anwendung neuer Techniken der Fall sein. Voraussetzung ist in jedem Fall, dass die Personalvertretung die ihr zur Verfügung stehenden Möglichkeiten, sich zu informieren und beraten zu lassen, ausgeschöpft hat (z. B. Teilnahme an einschlägigen Schulungsveranstaltungen, Befragung der in der Dienststelle vertretenen Gewerkschaften, OVG Hamburg v. 23.11.1978 – OVG Bs. PH 3/78, n. v.). Kommt die Personalvertretung bei pflichtgemäßer Würdigung der Sachlage zu dem Ergebnis, dass sie nach vorausgegangener Ausschöpfung der ihr zur Verfügung stehenden Möglichkeiten des Rates eines Sachverständigen bedarf, dann sind die entsprechenden Kosten von der Dienststelle auch dann zu ersetzen, wenn der Beiziehung eines Sachverständigen zuvor widersprochen worden ist (vgl. hierzu auch: BVerwG v. 8. 11. 1989, BVerwGE 84, 58 = PersV 1990, 342 = ZfPR 1990, 86; VGH Mannheim v. 16. 12. 1986, ZBR 1987, 347).

3. Ob es sich tatsächlich um eine Tätigkeit im Rahmen des gesetzlichen Aufgabenbereichs der Personalvertretung handelt, ist alleine nach objektiven, dem Gesetz zu entnehmenden Maßstäben zu beurteilen. Dabei steht weder der Personalvertretung noch dem einzelnen Mitglied ein Ermessen zu (BVerwG v. 18. 6. 1991, Leits. ZBR 1992, 58 = PersV 1992, 45 = ZfPR 1991, 136). Kosten für **Tätigkeiten, die außerhalb des Aufgabenbereichs liegen,** sind den Personalvertretungen nicht zu erstatten (BVerwG v. 28. 4. 1967, ZBR 1968, 20 = PersV 1968, 110 m. Anm. v. Windscheid). Daher besteht z. B. kein Erstattungsanspruch hinsichtlich der Kosten für einen Kranz, den die Personalvertretung in ihrem Namen beschafft und am Grab des Dienststellenleiters niedergelegt hat (VGH Kassel v. 26. 11. 1969, PersV 1971, 35). Ebensowenig besteht ein Erstattungsanspruch für Aufwendungen bei Jubiläen, Hochzeiten, Geburtstagen etc. (Lorenzen u. a., § 44 Anm. 9). Gleiches gilt für die Erstattung von Reisekosten, die durch den Besuch eines Beschäftigten im Krankenhaus oder durch die Teilnahme eines Personalratsmitglieds lediglich als Zuhörer an einer Gerichtsverhandlung (vgl. für das BetrVG: BAG v. 31. 5. 1989, BB 1990, 491 = DB 1990, 742) entstanden sind (vgl. auch Anm. 10). Eine Erstattung kann nur verlangt werden, „wenn ein konkreter, im Aufgabenbereich des Personalrats liegender Anlass vorgelegen hat“; eine allgemeine Pflicht, erkrankte Beschäftigte zu besuchen, besteht für die Personalvertretungen nicht (BVerwG v. 24. 10. 1969, BVerwGE 34, 143 = ZBR 1970, 193 = PersV 1970, 131). Auch für eine im nahen Erholungsgebiet durchgeführte Sitzung können Personalvertretungen dann keine Kostenerstattung beanspruchen, wenn geeignete Tagungsräume „im Hause“ vorhanden sind (BVerwG v. 21. 2. 1973, ZBR 1974, 111 = PersV 1974, 148). Auch besteht keine Verpflichtung der Dienststelle zur Kostenübernahme für den Fall, dass Mitglieder einer Personalvertretung Betriebsausflüge vorbereitet haben und ihnen hierbei Kosten entstanden sind; denn eine solche Tätigkeit gehört nicht zu den Aufgaben einer Personalvertretung. Wenn aber Personalratsmitglieder im Auftrag oder mit Zustimmung des jeweiligen Dienststellenleiters handeln, so können sie Reisekostenersatz nach den allgemeinen Vorschriften geltend machen (VGH Kassel v. 15. 12. 1975, PersV 1977, 137). Ebensowenig hat ein Mitglied einer Personalvertretung Anspruch auf Erstattung der durch die Teilnahme an einer Schulungsveranstaltung entstandenen Kosten, wenn die Personalvertretung diese Teilnahme nicht ausdrücklich beschlossen hat; denn in diesem Fall sind die Kosten nicht durch die „Tätigkeit des Personalrates“ entstanden (VGH München v. 13. 4. 1978, PersV 1980, 331). Auch hat ein Personalratsmitglied in der Regel keinen Anspruch auf Anerkennung seines Kraftfahrzeugs als im dienstlichen Interesse gehalten und damit auf eine höhere Wegstreckenentschädigung. Die Erfüllung personalvertretungsrechtlicher Aufgaben ist nicht selten mit einem größeren Aufwand an Zeit und Einsatz verbunden. Insoweit wäre aber eine höhere Wegstreckenentschädigung und damit die Anerkennung eines privaten Kraftfahrzeugs als im dienstlichen Interesse gehalten nur dann erforderlich, wenn bei der Erfüllung der personalvertretungsrechtlichen Aufgaben „eine erhebliche und regelmäßige Reisetätigkeit zu verrichten“ wäre, „die durch die Anerkennung der Benutzung eines privateigenen Kraftfahrzeugs besser, schneller und wirksamer erledigt werden kann“ (BVerwG v. 27. 4. 1983, BVerwGE 67, 135 = ZBR 1984, 82 = PersV 1984, 324). 6

4. Die Kosten sind teils persönlicher, teils sächlicher Art. Zu den **persönlichen Kosten** zählen insbesondere die durch Reisen entstandenen **Reisekosten** 7

einschließlich der für Unterbringung und Verpflegung erforderlichen Kosten; hierbei handelt es sich um „durch die Tätigkeit des Personalrats“ entstehende Kosten (BVerwG v. 14. 2. 1990, PersV 1990, 351 = ZfPR 1990, 83). **Reisen im personalvertretungsrechtlichen Sinne** sind nur solche Reisen, die erforderlich sind, um personalvertretungsrechtliche Angelegenheiten außerhalb des Orts der Personalratstätigkeit zu erledigen. Wenn ein teilweise freigestellter Vorsitzender einer Personalvertretung an zwei aufeinanderfolgenden Wochentagen regelmäßig zur Wahrnehmung seiner Personalratstätigkeit zu einem anderen Ort als dem Sitz der Dienststelle fährt, so steht ihm wie bei Dienstreisen eine Fahrkostenerstattung (Wegstreckenentschädigung) zu (VGH Mannheim v. 30. 6. 1992, Leits. ZBR 1993, 31 = PersV 1993, 454; vgl. aber Anm. 8 und § 46 Anm. 12 sowie OVG Münster v. 9. 6. 2004, PersV 2004, 431). Für die Berechnung der Entlohnung bei mehrtägigen auswärtigen Personalratssitzungen ist das Lohnausfallprinzip zugrundezulegen (BAG v. 13. 11. 1991, Leits. BB 1992, 1567 = DB 1992, 1050). Wenn ein Personalratsmitglied zu Recht Fahrkosten aufgewendet hat, weil sie zur Ausübung der Personalratstätigkeit erforderlich waren, so ist die Erstattungsforderung bei Vollzug oder nach Eintritt der Rechtshängigkeit zu verzinsen (vgl. für das BetrVG: BAG v. 18. 1. 1989, DB 1989, 1829).

8 a) **Reisekosten** eines Personalratsmitglieds sind nur erstattungspflichtig, wenn die Reise zur ordnungsgemäßen Durchführung der vertretungsrechtlichen Aufgaben erforderlich ist. Daher ist bei einer Erstattung der durch eine Reise entstehenden Kosten zunächst zu prüfen, ob eine Tätigkeit der Personalvertretung ausgeübt worden ist. Diese Frage ist nach objektiven Gesichtspunkten zu beantworten. Wird sie bejaht, so ist festzustellen, ob das betreffende Personalratsmitglied die Aufwendungen zur Erfüllung seiner Aufgaben für erforderlich halten durfte. Insoweit besteht ein enger Ermessensspielraum. Eine Überprüfung kann sich nur auf die Ausführung der Reise erstrecken, vor allem auf die Frage, ob die Aufgabe der Personalvertretung nicht auf andere, kostensparendere Weise hätte erfüllt werden können (BVerwG v. 21. 7. 1982, BVerwGE 65, 153 = ZBR 1983, 166 = PersV 1983, 372; OVG Münster v. 4. 10. 2001, PersV 2002, 371 = ZfPR 2002, 12). Das ist dann nicht der Fall, wenn z. B. die Reise eines Mitglieds einer Stufenvertretung zur Teilnahme an einer Sitzung außerhalb des Sitzes der entsprechenden Mittel- oder Obersten Bundesbehörde für die Behandlung der Tagesordnung für erforderlich gehalten werden konnte (VGH Mannheim v. 11. 4. 1995, Leits. PersV 1998, 531 = Leits. ZfPR 1995, 203). Bei freigestellten Personalratsmitgliedern ist „Dienstort“ nicht der Ort, an dem sie bis zu ihrer Freistellung dienstliche Tätigkeiten ausgeübt haben, sondern der Ort, von dem sie aus ihrer Personalratstätigkeit nachgehen. Reisen zu dieser Personalratstätigkeit sind daher keine Dienstreisen i. S. von § 2 Abs. 2 BRKG, Bundesreisekostengesetz v. 26. 5. 2005, BGBl. I S. 1418) sondern Reisen vom Wohnort zum Dienstort. Diese sind kostenrechtlich nach § 22 Abs. 2 BRKG i. V. mit der Trennungsgeldverordnung (vgl. Neufassung des Trennungsgeldverordnung v. 29. 6. 1999, BGBl. I S. 1533, zul. geänd. d. Art. 3 Abs. 1 V v. 21. 12. 2006, BGBl. I S. 3385) zu behandeln (BVerwG v. 14. 2. 1990, PersV 1990, 351 = ZfPR 1990, 93; OVG Magdeburg v. 30. 7. 2003 – 5 L 2/03, Leits. ZfPR 2004, 303). Wenn freigestellte Personalratsmitglieder täglich an ihren Wohnort zurückkehren, dann gilt § 6 der Trennungsgeldverordnung (OVG Bautzen v. 13. 10. 1998, ZfPR 1999, 197). Ein Personalratsmitglied, das an außerhalb seines Dienstorts stattfindenden Sitzungen einer Stufenvertretung teilnimmt, hat Anspruch auf Erstattung von Reisekosten (Wegstreckenentschädigung/Tagegeld, OVG Lüneburg v. 30. 11. 2004, Leits. ZfPR 2006, 75). Haben dagegen freigestellte Mitglieder einer Stufenvertre-

tung am Sitz dieser Stufenvertretung eine zweite Unterkunft genommen, und haben sie für das ihnen bewilligte Trennungsübernachtungsgeld Steuern und Sozialabgaben zu zahlen, dann ist die Dienststelle zum Ausgleich der dadurch entstandenen Mehrbelastung verpflichtet (BVerwG v. 1. 7. 2004, ZfPR 2004, 106; vgl. auch § 46 Anm. 12 sowie OVG Magdeburg v. 30. 7. 2003, aaO).

b) Zu den von der Dienststelle zu erstattenden Kosten für eine von einem Mitglied einer Personalvertretung unternommenen **Reise** gehören nicht die Kosten **aus Anlass von Besprechungen** des Vorsitzenden einer Personalvertretung einer nachgeordneten Behörde mit dem Leiter der vorgesetzten Dienstbehörde oder dessen Mitarbeitern sowie aus Anlass von Besprechungen zwischen Mitgliedern von Personalvertretungen der im Instanzenzug über- bzw. untergeordneten Dienststelle; denn in beiden Fällen werden keine Aufgaben der betreffenden Personalvertretung wahrgenommen. Dies könnte nur ausnahmsweise dann der Fall sein, wenn ein Beteiligungsverfahren im Instanzenzug anhängig und es erforderlich ist, der Stufenvertretung Ergänzungsinformationen mündlich zu vermitteln (VGH München v. 26. 10. 1983, PersV 1985, 337). Angesichts der rasanten Fortschritte der Informations- und Kommunikationstechniken muss man heute allerdings zu dem Ergebnis kommen, dass eine umfassende Information der Stufenvertretung unter Nutzung dieser Techniken ausreichend ist. 9

c) Einem Personalratsmitglied sind Reisekosten zu erstatten, die aus Anlass der Teilnahme an einem gerichtlichen Anhörungsverfahren, an dem die Personalvertretung beteiligt ist, entstanden sind. Eine derartige Reise nämlich steht in einem engen Zusammenhang mit der Tätigkeit der Personalvertretung im Hinblick auf die Wahrnehmung der Rechte und Pflichten nach dem Gesetz und ist auch im Sinne einer objektiven Betrachtungsweise regelmäßig als „notwendig“ anzusehen (VG Köln v. 30. 11. 1977, PersV 1979, 30). Anders allerdings ist die Rechtslage dann zu beurteilen, wenn ein Personalratsmitglied die Erstattung von Kosten für eine **Reise zu einem Gerichtstermin** mit der Begründung verlangt, dass ihn ein bestimmter Beschäftigter um eine entsprechende Unterstützung gebeten habe; denn es gehört nicht zu den Aufgaben eines Personalratsmitglieds, die Interessen eines Beschäftigten vor den Gerichten zu vertreten (vgl. für das BetrVG: BAG v. 19. 5. 1983, BAGE 42, 405 = DB 1983, 2038). Dagegen gehört es regelmäßig zu den Aufgaben der Personalvertretung, einen Gerichtstermin wahrzunehmen, wenn sie selbst entweder Antragstellerin oder Beteiligte ist. Für diesen Fall aber reicht es aus, wenn ein Mitglied der Personalvertretung den Termin wahrnimmt. Es muss nicht in jedem Fall der Vorsitzende sein. Vielmehr kann dasjenige Mitglied den Personalrat vertreten, das mit der Sach- und Rechtslage des Verfahrens am besten vertraut ist (BVerwG v. 21. 7. 1982 – 6 P 14,79, BVerwGE 65, 153 = ZBR 1983, 166 = PersV 1983, 316; vgl. auch: BAG v. 19. 5. 1983, aaO). Anders ist die Rechtslage zu beurteilen, wenn eine Personalvertretung Reisekosten aus Anlass der Teilnahme an einem Erfahrungsaustausch zwischen Personalratsmitgliedern geltend macht; solche Kosten sind nicht zu erstatten (VGH Kassel v. 26. 4. 1978, PersV 1980, 506; vgl. hierzu auch § 46 Anm. 34). Eine allgemeine Zusammenarbeit von Personalvertretungen, etwa in der Form von **Arbeitsgemeinschaften,** ist keine Erfüllung personalvertretungsrechtlicher Aufgaben (BVerwG v. 21. 7. 1982, – 6 P 30.79, PersV 1983, 372; VGH München v. 26. 10. 1983, PersV 1985, 337). Gleiches gilt für Reisen aus gewerkschaftlichen Gründen. 10

d) **Reisen** von Personalratsmitgliedern **bedürfen keiner Genehmigung** des Dienststellenleiters; denn die Personalvertretung ist ein unabhängiges und 11 dem Dienststellenleiter nicht unterstelltes Organ, auf dessen Amtsführung er keinen Einfluss hat. Es ist daher allein Sache der Personalvertretungen, über die Durchführung von Reisen und die Benutzung des Beförderungsmittels unter Beachtung des Grundsatzes der sparsamen Verwendung öffentlicher Mittel zu befinden (OVG Koblenz v. 16. 5. 1984 – 4 A 6/83, n. v.). Gleiches gilt für alle übrigen mit Kosten verbundenen Maßnahmen, die sich aus der Tätigkeit der Personalvertretungen ergeben. Sie brauchen insgesamt weder genehmigt noch angeordnet zu werden (BVerwG v. 22. 6. 1962, BVerwGE 14, 282 = ZBR 1962, 286 = PersV 1962,180). In jedem Fall muss einer Reise aber eine entsprechende **Beschlussfassung der Personalvertretung** vorausgehen (BVerwG v. 21. 7. 1982, BVerwGE 65,153 = ZBR 1983, 166 = PersV 1983, 316). Bei Vorliegen der entsprechenden Voraussetzungen ist den Mitgliedern der Personalvertretungen anstelle der Regelsätze eine **Aufwandsentschädigung** nach § 17 BRKG zu gewähren (BVerwG v. 20. 10. 1977, ZBR 1978, 246 = PersV 1979, 73; zum Sonderfall eines freigestellten Personalratsmitglieds einer Stufenvertretung bei Reisen zur Stufenvertretung vgl. Anm. 8 und § 46 Anm. 12).

12 5. Ein Dienststellenleiter ist nicht berechtigt, seinerseits den reisekostenrechtlichen Charakter einer mit der Wahrnehmung von Personalratsaufgaben verbundenen Reise zu bestimmen (BVerwG v. 14. 2. 1990, PersV 1990, 351 = ZfPR 1990, 83). Allerdings darf ein Dienststellenleiter bei konkreten Zweifeln an den mit der Antragstellung auf Erstattung von Reisekosten gemachten Angaben eine **Nachfrage** über Ort und Zeit von Sitzungsterminen **beim Personalratratsvorsitzenden** stellen, ohne dass aus datenschutzrechtlicher Sicht Bedenken geltend gemacht werden können. Dabei dürfen aber nur die tatsächlich erforderlichen personenbezogenen Daten erhoben werden (17. Tätigkeitsbereich des BfD), BT-Drucks. 14/850, S. 144; vgl. auch: Lorenzen u. a., § 44 Anm. 34 a).

13 6. Zu den zu erstattenden Kosten gehören auch **Kosten eines verwaltungsgerichtlichen Beschlussverfahrens** (vgl. auch Anm. 10). Ein Anspruch auf Kostenerstattung aus Anlass eines gerichtlichen Verfahrens besteht aber immer nur dann, wenn in diesem Verfahren personalvertretungsrechtliche Rechte oder Rechtsverhältnisse zu klären sind. Diese Voraussetzung ist u. a. dann erfüllt, wenn in Ausübung der Personalratstätigkeit ein Beschlussverfahren zur Feststellung der Rechtswidrigkeit eines Personalratsbeschlusses eingeleitet wird (BVerwG v. 13. 6. 1969, PersV 1970, 64). Gleiches gilt, wenn ein einzelnes Personalratsmitglied die Gültigkeit eines Beschlusses einer Personalvertretung oder die Rechtmäßigkeit der Vorstandsbildung anzweifelt (Lorenzen u. a., § 44 Anm. 15; vgl. im übrigen: Anm. 15 und die dort zitierte Rechtsprechung). Immer muss dem Kostenerstattungsanspruch ein Beschluss in bezug auf die die Kosten verursachende Handlung vorausgehen.

13a 6. a) Die Interessen einer Personalvertretung im Zusammenhang mit der **Teilnahme an einem personalvertretungsrechtlichen Beschlussverfahren** werden grundsätzlich ausreichend durch den Personalratsvorsitzenden vertreten. Dies gilt insbesondere dann, wenn die Personalvertretung einen Prozessbevollmächtigten beauftragt hat. Die zusätzliche Teilnahme des stellvertretenden Vorsitzenden der Personalvertretung an dem entsprechenden gerichtlichen Termin ist daher zur Wahrung einer ordnungsgemäßen Aufgabenerfüllung nicht erforderlich (OVG Münster v. 25. 2. 2004, PersR 2004, 359 = Leits. ZfPR 2004, 238).

14 7. a) Zu den zu erstattenden Kosten gehören auch **Anwaltskosten.** Es besteht eine Regelvermutung dahingehend, dass die Kosten einer anwaltlichen Ver-

tretung des Personalrats in einem gerichtlichen Verfahren grundsätzlich notwendig und daher erstattungsfähig sind. Die Beauftragung eines Rechtsanwalts hat durch einen entsprechenden Beschluss zu erfolgen, der nicht der Genehmigung des Dienststellenleiters bedarf. Grundsätzlich muss einer Personalvertretung im Interesse eines effektiven Rechtschutzes (Art. 19 Abs. 4 GG) Gelegenheit zu einer abschließenden Klärung von Rechtsfragen durch Ausschöpfung des Rechtswegs gegeben werden (OVG Magdeburg v. 20. 4. 2006, PersV 2006, 303 = ZfPR online 1/2006, S. 18) – und zwar unabhängig davon, ob die Personalvertretung Antragstellerin oder Beteiligte ist und auch unabhängig davon, um welche Instanz es sich innerhalb der Verwaltungsgerichtsbarkeit handelt (vgl. auch: BVerwG v. 9. 3. 1992, BVerwGE 90, 76 = Leits. ZBR 1992, 252 = PersV 1992, 429 = ZfPR 1992, 111; Simianer, PersV 1994, 300). Eine Personalvertretung darf einem Anwalt einen entsprechenden Vertretungsauftrag aber erst erteilen, nachdem sie zuvor alle Möglichkeiten ausgeschöpft hat, um aus eigener Kraft und im Zusammenwirken mit dem Dienststellenleiter bzw. den bei ihm tätigen Juristen (OVG Münster v. 12. 2. 1987, PersV 1989, 497) das anstehende Problem zu lösen (OVG Lüneburg v. 2. 3. 1989, Leits. PersR 1989, 342; OVG Berlin v. 3. 3. 1999, Leits. ZfPR 2000, 45; vgl. Anm. 14f). Die selben Grundsatze gelten auch für die Wahrnehmung der Interessen der Personalvertretung vor der Einigungsstelle (OVG Bautzen v. 15. 1. 1990, PersV 1992, 530) und für die Hinzuziehung eines Rechtsanwalts zur Beratung außerhalb eines Beschlussverfahrens (OVG Bautzen v. 16. 12. 1997, ZfPR 1999, 191; VGH Mannheim v. 19. 11. 2002, PersR 2003, 204); denn auch wenn kein konkretes Beschlussverfahren ansteht, können die Tätigkeit eines Rechtsanwalts und die dadurch entstehenden Kosten dann notwendig sein, wenn eine hinreichende Aussicht darauf besteht, dass hierdurch vorhandene Meinungsverschiedenheiten zwischen Personalvertretung und Dienststellenleitung beigelegt werden können (vgl. für das BetrVG: LAG Kiel v. 20. 7. 1999, AiB 2000, 162). Man wird deshalb, wie erwähnt, einer Personalvertretung unter Berufung auf den Grundsatz der vertrauensvollen Zusammenarbeit generell erst einmal zumuten können, zunächst alle Verständigungsmöglichkeiten innerhalb der Dienststelle, mit den in ihr vertretenen Gewerkschaften und mit den Stufenvertretungen auszuschöpfen (Dembowski-Ladwig-Sellmann, § 37 Anm. 54); allerdings dürfte es bei grundlegenden Meinungsverschiedenheiten in der Natur der Sache liegen, dass die Vertreter der Dienststelle um eine aus ihrer Sicht zweckmäßige Auslegung des Gesetzes bemüht sein werden (so im Ergebnis auch: Lorenzen u. a., § 44 Anm. 20, 21; vgl. auch Fischer u. a., § 44 Anm. 11). Die Hinzuziehung eines Rechtsanwalts kommt aber nicht nur in rechtlich oder tatsächlich schwierig gelagerten Fällen in Betracht; denn entscheidend ist, ob die zu klärende Angelegenheit und die Beauftragung eines Rechtsanwalts von Seiten der Personalvertretung unter Abwägung aller Umstände für erforderlich gehalten werden durfte. Das aber hängt von den Umständen des Einzelfalls ab (vgl. für das BetrVG: BAG v. 16. 4. 2003, DB 2003, 2234 = ZBVR 2003, 226). Eine Vertretung durch einen Anwalt ist schließlich immer dann sachgerecht, wenn zur zweckentsprechenden Prozessführung schwierige rechtliche Erwägungen angestellt werden müssen und das Verfahren nicht mutwillig oder aus haltlosen Gründen (VGH Kassel v. 23. 10. 2003, PersV 2004, 146 = Leits. ZfPR 2004, 173; OVG Münster v. 25. 2. 2004, PersR 2004, 359 = Leits. ZfPR 2004, 238) in Gang gesetzt worden (BVerwG v. 6. 3. 1959, BVerwGE 8, 202 = ZBR 1959, 163 = PersV 1958/59, 160) oder nicht von vornherein erkennbar aussichtslos war (VGH München v. 14. 2. 2001, Leits. ZfPR 2002, 273; OVG Hamburg v. 11. 6. 2001, Leits. PersV 2002, 420). Von einer offensichtlichen Aussichtslosigkeit kann aber dann nicht ausgegangen werden, wenn ein Beschlussverfahren bisher ungeklärte Rechtsfragen zum Gegenstand hat und im Übrigen die Rechtsauffassung des Personalrats vertretbar ist (vgl. für das BetrVG: BAG v. 19. 3. 2003, Leits. ArbuR 2003, 357). Mutwilligkeit ist im Übrigen nur dann anzunehmen, wenn entweder die Personalvertretung oder aber das einzelne Personalratsmitglied bei verständiger Würdigung die Rechtsverfolgung als aussichtslos erkennen mussten (OVG Münster v. 11. 12. 1995, Leits. ZBR 1996, 158). Dabei aber muss berücksichtigt werden, dass alle Personalratsmitglieder in der Regel juristische Laien sind und daher die personalvertretungsrechtlichen Rechtsprobleme auch nur bedingt sachkundig beurteilen können. Dies gilt mit Einschränkung auch für Anwälte, für die das Personalvertretungsrecht eine Spezialmaterie ist, die „nicht immer einfach und evident lösbar" ist (VGH München v. 16. 12. 1996 – 17 P 97.450, n. v.). Wegen der Hinzuziehung eines Anwalts als Beisitzer einer Einigungsstelle oder als Berater der von der Personalvertretung entsandten Beisitzer wird auf § 71 Anm. 8 a verwiesen.

14a b) Generell ist eine Personalvertretung bei kostenverursachenden Tätigkeiten – so auch bei der Beauftragung eines Rechtsanwalts – gehalten, das **Gebot der sparsamen Verwendung öffentlicher Mittel** und den **Grundsatz der Verhältnismäßigkeit** zu beachten (BVerwG v. 9. 10. 1991, BVerwGE 89, 93 = Leits. ZBR 1992, 107 = PersV 1992, 218 = ZfPR 1992, 38). Der Beachtung dieser Grundsätze aber wird eine Personalvertretung u. a. dann nicht gerecht, wenn sie bei zwei gleichwertigen prozessualen Wegen denjenigen beschreitet, der die höchsten Kosten verursacht. Wenn ein einzelnes Verfahren zur **Durchsetzung, Klärung oder Wahrung der** einer Personalvertretung zustehenden **Befugnisse und Rechte** ausreicht, dann ist es rechtsmissbräuchlich, wenn in einer Vielzahl gerichtlicher Verfahren die Mitbestimmungspflichtigkeit von Maßnahmen festgestellt werden soll, die sich in gleicher Weise auf eine größere Zahl von Beschäftigten erstreckt. In diesem Fall kann statt für alle Betroffenen für einen Einzelnen ein gerichtliches Verfahren eingeleitet werden (BVerwG v. 9. 3. 1992, BVerwGE 90, 76 = Leits. ZBR 1992, 252 = PersV 1992, 429 = ZfPR 1992, 111). Eine Erstattung von Anwaltskosten scheidet auch aus, wenn eine Rechtsfrage bereits höchstrichterlich entschieden worden ist und keine neuen überzeugenden Argumente gegen eine gefestigte Rechtsprechung vorgetragen werden können (vgl. für das BetrVG: LAG Hamm v. 4. 12. 1985, BB 1986, 323 = DB 1986, 488). Gleiches gilt, wenn die Personalvertretung mit der Wahrnehmung ihrer Interessen einen auswärtigen Anwalt beauftragt, es sei denn, dass die Beurteilung der Sach- und Rechtslage besondere Schwierigkeiten aufweist, die durch den betreffenden Anwalt in besonderem Maße sach- und rechtskundig beurteilt werden kann (vgl. für das BetrVG: BAG v. 24. 10. 2001, BAGE 99, 208 = BB 2001, 2282 = DB 2002, 849). In jedem Fall hat aber der Beauftragung eines Anwalts ein Beschluss der Personalvertretung zugrunde zu liegen, bei dem in einem geordneten Beratungsverfahren alle Mitglieder die Möglichkeit hatten, ihre Meinung darzulegen (BVerwG v. 9. 3. 1992, aaO). Zu einer solchen Beschlussfassung muss die Personalvertretung in keinem Fall die vorherige Zustimmung des Dienststellenleiters einholen (vgl. auch Anm. 11), da sie als eigenständige Institution nicht dessen Weisungsrecht unterliegt (OVG Münster v. 22. 8. 1960, Leits. ZBR 1962, 26; Lorenzen u. a., § 44 Anm. 18 a).

14b c) Personalvertretungen verfügen insoweit über eine **Teilrechtsfähigkeit**, als sie berechtigt sind, zur Durchsetzung, Klärung und auch Wahrung ihrer personalvertretungsrechtlichen Befugnisse einen Anwalt zu beauftragen (BVerwG v. 9. 3. 1992, BVerwGE 90, 76 = Leits. ZBR 1992, 252 = PersV 1992, 429 = ZfPR 1992, 111; VGH Kassel v. 23. 10. 2003 – 21 TK 3432/02,

PersV 2004, 146 = Leits. ZfPR 2004, 173; vgl. hierzu auch: Simianer, PersV 1994, 300). Sie sind daher zum Abschluss eines Vertrages mit dem hinzugezogenen Rechtsanwalt berechtigt. Falls sie aber gegenüber der Dienststelle mit dem auf Kostenerstattung gerichteten Freistellungsanspruch scheitern, so haftet diese dem Rechtsanwalt mangels Verpflichtung aus dem Anwaltsvertrag auch nicht mittelbar für dessen Honorarforderungen. Da auch die einzelnen Personalratsmitglieder nicht Vertragspartner des Rechtsanwalts sind, haften auch sie nicht für die entsprechenden Forderungen (BVerwG v. 9. 3. 1992, aaO; Fischer u. a., § 44 Anm. 61 ff, 66g).

d) Da bei der Beschlussfassung die **Grundsätze der sparsamen Haushaltsführung** zu berücksichtigen sind, kann die Personalvertretung einen Anwalt grundsätzlich nur für einen Instanzenzug bestellen. Soll die Dienststelle verpflichtet werden, auch die Anwaltskosten der nächsten Instanz zu übernehmen, so ist hierfür erneut eine Beschlussfassung notwendig (BVerwG v. 9. 3. 1992, BVerwGE 90, 76 = Leits. ZBR 1992, 252 = PersV 1992, 429 = ZfPR 1992, 111). Eine von einem Vorsitzenden einer Personalvertretung allein vorgenommene Beauftragung kann nach Abschluss der jeweiligen Instanz nicht nachträglich von der Personalvertretung genehmigt werden (BVerwG v. 19. 12. 1996, Leits. ZBR 1997, 402 = Leits. PersV 1998, 531 = ZfPR 1997, 85). Etwas anderes kann aus praktischen Erwägungen nur dann gelten, wenn der Personalratsvorsitzende seinerseits alle Möglichkeiten zur Rechtswahrung erfolglos ausgeschöpft hat und es ihm unmöglich war, rechtzeitig die notwendigen Entscheidungen wegen zu kurzer Äußerungsfristen zu treffen (VGH Kassel v. 22. 9. 1994 – TK 2038/93, Leits. ZfPR 1995, 519). 14c

e) Die **Beauftragung eines Anwalts außerhalb eines Beschlussverfahrens** setzt eine besonders sorgfältige Prüfung voraus (vgl. Anm. 14). Zunächst nämlich muss die Personalvertretung versuchen, Zweifelsfragen in vertrauensvoller Zusammenarbeit mit dem Dienststellenleiter bzw. seinen Vertretern zu klären. Sie kann nicht ohne weiteres auf die rechtliche Beratung eines Anwalts zurückgreifen. Infolgedessen kann z. B. eine Personalvertretung die Begründung für eine Zustimmungsverweigerung in einer Mitbestimmungsangelegenheit nicht auf Kosten der Dienststelle von einem Anwalt entwerfen lassen, es sei denn, dass die Sach- und Rechtslage äußerst zweifelhaft ist und eine Klärung innerhalb der Dienststelle nicht möglich war (u. a. dann, wenn der für eine solche Klärung zuständige Jurist bereits zuvor in der streitigen Angelegenheit die Dienststellenseite beraten hat, OVG Berlin v. 7. 2. 1979 – OVG PVBL 4/78, n. v.). Einer Personalvertretung ist zudem zuzumuten, vor einer Anwaltsbeauftragung Kontakt mit der Stufenvertretung oder den Gewerkschaften aufzunehmen (VG Potsdam v. 24. 10. 2007, PersR 2008, 34; vgl. auch Cecior u. a., § 40 Anm. 23, 24; Lorenzen u. a., § 44 Anm. 20; Richardi u. a., § 44 Anm. 27 sowie VGH Mannheim v. 19. 11. 2003, 204). 14d

f) Eine Personalvertretung hat vor der Hinzuziehung eines Anwalts selbst alle Anstrengungen zu unternehmen, um sich ein **klares Bild von der Rechtslage** machen zu können. Ob dazu die bei ihr vorhandene Literatur und die bei Schulungs- und Bildungsveranstaltungen gewonnenen Kenntnisse einzelner Personalratsmitglieder ausreichend sind, mag dahinstehen (so aber: VGH Mannheim v. 19. 11. 2002, PersR 2003, 204). In jedem Fall sollte sich eine Personalvertretung in diesen Fällen der Beratung durch die in der Dienststelle vertretenen Gewerkschaften bedienen. Sollte dies nach sorgfältiger Prüfung durch die Personalvertretung aber nicht zu einem abschließenden Ergebnis führen, dann ist diese berechtigt, auch außerhalb eines Beschlussverfahrens einen Rechtsanwalt zur Klärung noch offener rechtlicher Fragen auf Kosten 14e der Dienststelle hinzuzuziehen. Ein entsprechender Beschluss wäre durch den Dienststellenleiter nur dann mit Aussicht auf Erfolg angreifbar, wenn das entsprechende Vorgehen sich als ein „haltloses Unterfangen“ darstellt (VGH Mannheim v. 19. 11. 2002, aaO.).

14f g) Vor der Inanspruchnahme eines Anwalts muss die Personalvertretung sich ebenso ernsthaft wie der Dienststellenleiter selbst **um eine Einigung bemühen** (vgl. § 66 Abs. 1 Satz 3). Allerdings wird man einer Personalvertretung nicht zumuten können, sich durch diejenigen innerhalb einer Dienststelle beraten zu lassen, die ihrerseits dem Dienststellenleiter bereits ihre Rechtsauffassung mitgeteilt haben. Es darf im Übrigen in diesem Zusammenhang nicht übersehen werden, dass die betreffenden Beschäftigten, die von beiden Seiten zu Rate gezogen werden, sich in einer zwiespältigen Situation befinden. In erster Linie sind sie verpflichtet, den Dienststellenleiter, nicht aber die Personalvertretung zu beraten, so dass durch die Einschaltung dieser Beschäftigten eine befriedigende Lösung des anstehenden Problems kaum erwartet werden kann (vgl. in diesem Zusammenhang auch: Fischer u. a., § 44 Anm. 11; vgl. auch Anm. 14; enger: OVG Münster v. 8. 11. 2000, PersR 2001, 211; Lorenzen u. a.; § 44 Anm. 21).

14g h) Wenn eine Personalvertretung oder eine Jugend- und Auszubildendenvertretung bzw. eines ihrer Mitglieder in einem personalvertretungsrechtlichen Beschlussverfahren beteiligt ist, dann ist die Rechtsfindung in personalvertretungsrechtlicher Hinsicht berührt. Das einzelne Mitglied ist in seiner personalvertretungsrechtlichen Aufgabe betroffen und nimmt seine mitgliedschaftlichen Rechte wahr (VGH Kassel v. 17. 2. 1994, PersR 1994, 178; vgl. Anm. 15). Die Personalvertretung als Beteiligte hat immer einen Anspruch auf Übernahme der Anwaltskosten durch die Dienststelle. Je ungerechtfertigter der Angriff ist, der gegen sie unternommen wird, desto berechtigter ist seine Abwehr. Ist die Personalvertretung Antragsstellerin, so hat sie jedenfalls dann einen Anspruch auf Erstattung, wenn der Auftrag an den Rechtsanwalt „bei ruhiger und vernünftiger Würdigung“ zur **ordnungsgemäßen Prozessführung** notwendig erschien und das Gerichtsverfahren „nicht mutwillig oder aus haltlosen Gründen in Gang gesetzt worden ist“ (BVerwG v. 6. 3. 1959, BVerwGE 8, 202 = ZBR 1959, 163 = PersV 1958/59, 160; OVG Hamburg v. 26. 11. 2001, PersV 2002, 367). Der Ausgang des Verfahrens ist nicht entscheidend (OVG Münster v. 22. 8. 1960, ZBR 1962, 26; Lorenzen, § 44 Anm. 17). Das gilt auch für einen Rechtsstreit zwischen Personalvertretung und Dienststelle sowie für die Vertretung der Wahlvorstandsmitglieder (vgl. für das BetrVG: BAG v. 26. 11. 1974, BAGE 26, 376 = DB 1975, 1 178). Die gleichen Grundsätze, die für die Bestellung eines Rechtsanwalts durch die Personalvertretung maßgebend sind, gelten auch für die Bestellung eines solchen durch den Schwerbehindertenvertrauensmann (VGH München v. 17. 3. 1993, Leits. PersR 1993, 520).

15 i) Auch wenn **einzelne Personalratsmitglieder** einen **Anwalt beauftragen** möchten, so hat der Dienststellenleiter die entsprechenden Kosten zu tragen; denn auch diese Kosten haben grundsätzlich ihren Ausgangspunkt in einer personalvertretungsrechtlichen Streitigkeit. Auch die **Anwaltskosten eines Einzelmitglieds** im Streitverfahren mit der Personalvertretung gehören zu den erstattungsfähigen Kosten (BVerwG v. 6. 3. 1959, BVerwGE 8, 202 = ZBR 1959, 163 = PersV 1958/59, 160; OVG Schleswig v. 14. 1. 1994, PersV 1997, 517; Lorenzen u. a., § 44 Anm. 15), wenn die gerichtliche Überprüfung von Beschlüssen einer Personalvertretung begehrt wird, durch die in die Rechtsstellung des einzelnen Personalratsmitglieds eingegriffen wird. Da ein

Personalratsmitglied sein Amt in eigener Verantwortung und in Kenntnis seiner Kompetenzen führen muss, ist es aufgrund dieser Stellung berechtigt, die erforderlichen gerichtlichen Verfahren zur Kontrolle von Personalratsbeschlüssen einzuleiten, „wenn ernsthafte Zweifel an ihrer Rechtswirksamkeit bestehen“ (vgl. für das BetrVG: BAG v. 3. 4. 1979, BB 1979, 1504 = DB 1979, 2091). Insoweit sind entsprechende Handlungen eines Personalratsmitglieds als Personalratstätigkeit zu betrachten, so dass die Dienststelle grundsätzlich verpflichtet ist, die durch Hinzuziehung eines Rechtsanwalts entstehenden Kosten in gleicher Weise wie Kosten zu tragen, die durch die anwaltliche Vertretung des Personalrats als Ganzem entstehen (vgl. für das BetrVG: BAG v. 3. 4. 1979, aaO). Das Personalratsmitglied muss allerdings sorgfältig prüfen, ob das Verfahren Aussicht auf Erfolg bietet. Dazu ist nicht nur Voraussetzung, dass es sich um einen Streit um die Wahrnehmung von Rechten und Pflichten nach dem BPersVG handelt. Vielmehr müssen auch ernsthafte Bemühungen um eine Einigung mit dem Dienststellenleiter oder der Personalvertretung erfolglos verlaufen sein. Außerdem darf die Hinzuziehung eines Rechtsanwalts weder mutwillig noch aus haltlosen Gründen erfolgen (OVG Münster v. 29. 11. 2000, PersV 2001, 419 = ZfPR 2001, 139; OVG Hamburg v. 26. 11. 2001, PersV 2002, 367; Lorenzen u. a., § 44 Anm. 18). Nur unter diesen Voraussetzungen ist ein Dienststellenleiter gegenüber einem Personalratsmitglied zur Erstattung der durch die Beauftragung eines Anwalts entstandenen Kosten verpflichtet. Das gilt auch für den Fall, dass ein Personalratsmitglied an einem Beschlussverfahren entsprechend § 47 Abs. 1 über die Ersetzung der Zustimmung der Personalvertretung zu einer vom Arbeitgeber beabsichtigten Kündigung beteiligt ist. Das betreffende Personalratsmitglied wird gerade wegen seiner Zugehörigkeit zur Personalvertretung beteiligt (Fischer u. a., § 44 Anm. 12). Daher hat ein einzelnes Personalratsmitglied, das die Entfernung einer ihm anlässlich seiner Tätigkeit im Personalrat ausgesprochenen Missbilligung aus seinen Personalakten mit einer Klage vor dem Arbeitsgericht begehrt hat, Anspruch auf Erstattung der Kosten, die ihm durch die Vertretung durch einen Rechtsanwalt vor dem Arbeitsgericht entstanden sind (aA OVG Münster v. 30. 4. 1979, Leits. ZBR 1980, 131). Dagegen besteht keine Pflicht zur Erstattung dann, wenn ein Antrag eines Dienststellenleiters, die Zustimmung zur außerordentlichen Kündigung eines Personalratsmitglieds zu ersetzen, hinsichtlich der Rechtsanwaltskosten, die dem betroffenen Personalratsmitglied im erstinstanzlichen personalvertretungsrechtlichen Beschlussverfahren entstanden sind, rechtskräftig abgelehnt worden ist. Dasselbe gilt für die beabsichtigte außerordentliche Kündigung des Vertrauensmanns der Schwerbehinderten (BVerwG v. 25. 2. 2004, ZBR 2004, 287 = PersV 2004, 338 = ZfPR 2004, 110).

j) Die Kostentragungspflicht **kann nicht von einer rückwirkenden Betrachtungsweise** abhängig gemacht werden; denn Abs. 1 Satz 1 macht eine Kostentragungspflicht sowohl in Bezug auf die Personalvertretung als auch auf die Personalratsmitglieder alleine davon abhängig, ob ein Verfahren zulässigerweise oder mutwillig eingeleitet worden ist. Auch die Beteiligung an einem Ausschlussverfahren ist ursächlich auf die Rechtsstellung eines Personalratsmitglieds zurückzuführen, so dass eine Kostentragungspflicht hinsichtlich der Anwaltskosten ebenso besteht wie bei der Einleitung eines entsprechenden Verfahrens durch eine Personalvertretung, bei der die Übernahmepflicht auch nicht vom Erfolg bzw. Misserfolg des Verfahrens abhängig gemacht wird (Fischer u. a., § 44 Anm. 14 bis 16; Lorenzen u. a., § 44 Anm. 15; vgl. für das BetrVG: BAG v. 19. 4. 1989, BAGE 61, 340 = Leits. BB 1990, 142 = DB 1990, 740; aA BVerwG v. 28. 4. 1967, ZBR 1968, 20 = PersV 1968, 109; OVG Hamburg v. 26. 11. 2001, PersV 2002, 367). 15a

15b k) Zu den von der Dienststelle zu erstattenden Kosten im Zusammenhang mit der berechtigten Beauftragung eines Rechtsanwalts durch die Personalvertretung gehören auch Forderungen auf **Zahlung eines Vorschusses.** Der Rechtsanwalt konkretisiert mit der Übersendung einer entsprechenden Rechnung seinen Anspruch, der nach § 271 BGB sofort fällig wird (OVG Hamburg v. 25. 2. 2002, Leits. PersV 2002, 420).

15c ka) Wenn der von der Personalvertretung bestellte Rechtsanwalt den **Anwaltsvertrag schlecht erfüllt**, dann haftet er gegenüber der Personalvertretung, nicht aber gegenüber den Beschäftigten; denn durch den Abschluss eines Anwaltsvertrags werden die Beschäftigten nicht zu Vertragspartnern. Der Anwaltsvertrag ist auch kein Vertrag mit Schutzwirkung zu Gunsten Dritter (vgl. für das BetrVG: BAG v. 24. 8. 2006, DB 2006, 2747).

16 l) Wenn statt eines Anwalts eine **Gewerkschaft** die Vertretung des Personalrats in einem Beschlussverfahren übernimmt, so kann diese auch dann die Erstattung von Kosten verlangen, die ihrem Vertreter entstanden sind, wenn sie satzungsgemäß ihre Mitglieder vom Ersatz von Kosten freistellt (Richardi u. a., § 44 Anm. 25; VG Düsseldorf v. 21. 10. 1957 – 14 PersV 1 005/57, n. v.; aA BVerwG v. 27. 4. 1979, ZBR 1979, 379 = PersV 1980, 429; Lorenzen u. a., § 44 Anm. 19). Die Verpflichtung einer Dienststelle zur Kostentragung kann nämlich nicht davon abhängig gemacht werden, ob Mitglieder einer Personalvertretung organisiert sind oder nicht. Ebenso wenig kann von der Personalvertretung, die in einem verwaltungsgerichtlichen Beschlussverfahren in erster Instanz von einem Gewerkschaftsbeauftragten vertreten war, verlangt werden, dass sie statt eines Rechtsanwalts für das Beschwerdeverfahren nochmals die Gewerkschaft in Anspruch nimmt; denn es gibt keinen Anspruch einer Personalvertretung gegen eine Gewerkschaft auf Gewährung von Rechtsschutz (vgl. für das BetrVG: BAG v. 4. 12. 1979, BB 1980, 938 = DB 1980, 2091). Wenn eine Gewerkschaft Personalratswahlen in einem Wahlanfechtungsverfahren (§ 24) angreift, dann hat sie keinen Anspruch auf Erstattung entsprechender Anwaltskosten; denn hierbei handelt es sich nicht „um die Tätigkeit eines Personalrates“, der Anlass zur Entstehung der Anwaltskosten gibt (BVerwG v. 22. 3. 1963, BVerwGE 16, 15 = PersV 1963, 231; vgl. in diesem Zusammenhang auch: BVerwG v. 14. 4. 1967, ZBR 1967, 276 = PersV 1967, 234).

16a m) Unter bestimmten Voraussetzungen ist der Leiter einer Dienststelle auch zur Übernahme von Kosten eines **Sachverständigen,** den die Personalvertretung bestellt hat, verpflichtet (BVerwG v. 8. 11. 1989, BVerwGE 84, 71 = PersV 1990, 342 = ZfPR 1990, 86 m. Anm. von Ilbertz). Die Personalvertretung aber muss zuvor alle Möglichkeiten einer Unterrichtung durch den Dienststellenleiter ausgeschöpft haben. Erst dann nämlich kann auch abschließend festgestellt werden, ob der Dienststellenleiter seinen Möglichkeiten entsprechend die Personalvertretung hinreichend unterrichtet hat. Erforderlich ist die Hinzuziehung eines Sachverständigen nur dann, wenn die gegebenen Informationen von der Personalvertretung nicht abschließend gewürdigt werden können, die Personalvertretung also nicht über den notwendigen Kenntnisstand verfügt, der es ihr ermöglicht, sich ein tatsächliches Bild über die anstehende Problematik machen zu können. Darüber hinaus muss die Personalvertretung auch die Kosten – Nutzen – Relation in Bezug auf die Beauftragung eines Sachverständigen prüfen, nämlich der Frage nachgehen, ob es andere, weniger kostenintensivere Informationsquellen gibt (OVG Münster v. 8. 11. 2000, Leits. PersV 2001, 457 = Leits. ZfPR 2001, 272 = PersR 2001, 211). Einer Absprache bedarf die Hinzuziehung von Sachverständigen grundsätzlich nicht, es sei denn, dass aussergewöhnlich hohe Kosten entstehen (BVerwG v. 9. 10. 1991, BVerwGE 89, 93 = Leits. ZBR 1992, 107 = PersV 1992, 218 = ZfPR 1992, 38; Lorenzen u. a., § 44 Anm. 21).

n) Gleiches gilt für die **Kosten eines** von einer Einigungsstelle hinzugezogenen **Sachverständigen**, sofern die Hinzuziehung erforderlich war und die Kosten verhältnismäßig sind (vgl. für das BetrVG: BAG v. 13. 11. 1991, ZTR 1992, 214). Dagegen besteht für einen Dienststellenleiter keine Pflicht zur Übernahme von Kosten, wenn sie ein Referat betreffen, das die Personalvertretung auf einer Personalversammlung von einem auswärtigen Wissenschaftler zu den Auswirkungen halten lässt, die ein erst als Bericht einer Regierungskommission vorliegendes Reformvorhaben auf Beschäftigte, Kunden und Bürger haben kann; denn die erwähnten Auswirkungen würden allenfalls dann zum Zuständigkeitsbereich von Personalvertretung und Personalversammlung gehören, wenn bereits ein Gesetzentwurf vorläge, der Auswirkungen auf den Tätigkeitsbereich der betreffenden Personalvertretung hätte (BVerwG v. 18. 6. 1991, Leits. ZBR 1992, 58 = PersV 1992, 45 = ZfPR 1991, 136). In die Verpflichtung zur Kostenübernahme sind im Übrigen auch diejenigen Kosten einzubeziehen, die durch die Beauftragung eines dienststellenfremden Referenten mit einem Vortrag in einer Personalversammlung entstehen. Voraussetzung ist allerdings, dass die Personalvertretung einen entsprechenden Beschluss gefasst hat und dass es sich bei dem Vortrag um eine sachgerechte Unterrichtung der Beschäftigten handelt, zu der weder ein Mitglied der Personalvertretung noch ein sonstiger Teilnehmer an der Personalversammlung in der Lage ist. Auch in diesem Zusammenhang hat die Personalvertretung zuvor zu prüfen, ob die von ihr für erforderlich gehaltene Unterrichtung der Personalversammlung ohne finanzielle Belastung der Dienststelle möglich ist (VG Hamburg v. 27. 2. 1987, PersR 1987, 200). 16b

8. Auch die durch die Anrufung der Einigungsstelle entstehenden Kosten sind von der Dienststelle zu tragen. Die Regelung über die Pflicht zur Kostentragung durch die Dienststelle findet auf die Einigungsstelle entsprechende Anwendung (BVerwG v. 9. 10. 1991. BVerwGE 89, 93 = Leits. ZBR 1992, 107, PersV 1992, 218 = ZfPR 1992, 38; Lorenzen u. a., § 44 Anm. 22). Personalvertretungen haben das Recht, sich auf Kosten der Verwaltung eventuell durch einen Rechtsanwalt vor der **Einigungsstelle** vertreten zu lassen. Dies allerdings setzt voraus, dass es auf die besonderen Rechtskenntnisse eines Anwalts ankommt, um die Auffassung der Personalvertretung gegenüber der juristisch beratenen Dienststelle vor der Einigungsstelle vertreten zu können (vgl. für das BetrVG: BAG v. 14. 2. 1996, BB 1996, 1612). Allerdings ist grundsätzlich davon auszugehen, dass die Personalvertretung vor der Einigungsstelle ihre Rechtsauffassung allein vertreten kann (OVG Hamburg v. 15. 1. 1990, Leits. ZBR 1991, 124 = PersV 1992, 530; vgl. für das BetrVG: BAG v. 21. 6. 1989, BAGE 62, 139 = BB 1990, 138 = DB 1989, 2436; vgl. auch § 71 Anm. 16). 17

9. Neben den persönlichen Kosten hat die Dienststelle auch die **sächlichen Kosten** der Personalvertretung zu tragen. Welche sächlichen Mittel ein Dienststellenleiter zur Erfüllung der Aufgabe einer Personalvertretung zur Verfügung stellt, ist unter Berücksichtigung aller Umstände des Einzelfalles anhand der konkreten Verhältnisse innerhalb einer Dienststelle zu bestimmen. Im Streitfall muss die Erforderlichkeit von der Personalvertretung dargelegt und bewiesen werden. Die Personalvertretung ist ihrerseits grundsätzlich weitgehend frei in der Entscheidung, welcher Mittel sie sich zur 18

Information der Beschäftigten bedient. Allerdings ist sie auch in diesem Rahmen an den Grundsatz der sparsamen Haushaltsführung gebunden. Sie hat nicht nur die Interessen der Beschäftigten, sondern auch die berechtigten Interessen des Dienststellenleiters zu beachten. Es reicht nicht aus, dass ein Sachmittel die Arbeit der Personalvertretung lediglich erleichtert oder sich die Arbeit rationeller gestalten lässt. Vielmehr kommt es darauf an, ob ohne den Einsatz der Sachmittel die Wahrnehmung sonstiger Rechte und Pflichten seitens der Personalvertretung vernachlässigt werden müsste (vgl. auch Kersten, PersV 2001, 307 sowie Anm. 1). Sind die Sachmittel für die Ausübung der Personalratstätigkeit nicht erforderlich, dann ist der Dienststellenleiter berechtigt, diese jedenfalls so weit zu verweigern, wie sie außerhalb des gesetzlichen Aufgabenbereichs der Personalvertretung liegen. Dies gilt beispielsweise für die Zurverfügungstellung des dienstlichen E-Mail-Systems, wenn nach Auffassung des Dienststellenleiters der beabsichtige Versand einer Mitteilung gegen die Friedenspflicht verstößt; in diesem Fall besteht keine Verpflichtung zur Weiterleitung der Nachricht der Personalvertretung (VG Hamburg v. 21. 6. 2007, ZfPR online 10/2007, S. 7).

19 a) Einen **Raum** muss die Dienststelle auch für die Abhaltung der Personalversammlung (§§ 48 ff.), für die Durchführung von Sitzungen (§ 34 Abs. 2), von Sprechstunden (§ 43) und für die laufende Geschäftsführung zur Verfügung stellen (Lorenzen u. a., § 44 Anm. 38). Die Dienststelle muss einen Raum mittlerer Art und Güte bereitstellen entweder im Dienstgebäude, notfalls aber auch durch Anmietung eines fremden Raumes (VGH Mannheim v. 23. 12. 1993, Leits. ZfPR 1994, 162; VGH Kassel v. 17. 2. 1994, Leits. ZBR 1994, 190 = Leits. ZfPR 1994, 195; OVG Münster v. 4. 3. 1994, PersR 1994, 334; Lorenzen u. a., § 44 Anm. 38). Die Größe des Raumes und die Regelung darüber, ob er der Personalvertretung dauernd oder nur tage- oder stundenweise überlassen wird, hängt von dem objektiven Bedarf und den Möglichkeiten der Dienststelle ab (Richardi u. a., § 44 Anm. 73; vgl. ... „in erforderlichem Umfang“). Diese Verpflichtung zur Bereitstellung von Räumen beinhaltet auch die Verpflichtung, „in erforderlichem Umfang“ für eine angemessene Heizung, Beleuchtung und Reinigung zu sorgen. Bei der Auswahl von Räumen, die ein Dienststellenleiter der Personalvertretung zur Verfügung zu stellen hat, ist vor allem das Gebot der vertrauensvollen Zusammenarbeit insoweit zu beachten, als eine einvernehmliche Lösung über Größe, Lage und Ausstattung ebenso anzustreben ist wie darüber, dass die Räume innerhalb der Dienststelle liegen; falls die Verwaltung in mehreren Gebäuden untergebracht ist, ist es notwendig, der Personalvertretung Räume in dem Gebäude zu überlassen, in dem der Dienststellenleiter sein Büro hat (Klimpe-Auerbach, PersR 2007,229). Verfügt die Dienststelle nicht über geeignete Räume, um sie der Personalvertretung zur Verfugung zu stellen, dann ist sie zur Anmietung eines Raumes verpflichtet (Fischer u. a. § 44 Anm. 72). Der Anspruch auf einen angemessenen Raum beinhaltet auch den Anspruch der Personalvertretung darauf, dass Haushaltsmittel in erforderlichem Umfang bereitgestellt werden (OVG Greifswald v. 7. 1. 2004 – 8 L 219/02 bestätigt durch BVerwG v. 29. 6. 2004 – 6 PB 3.04, PersV 2004, 436 = ZfPR 2004, 324).

20 b) Zu den sächlichen Kosten gehört ferner der **gesamte Geschäftsbedarf,** also alles, was bei verständiger Betrachtung zur ordnungsgemäßen Amtsführung einer Personalvertretung unter Beachtung des Gebots der sparsamen Verwendung öffentlicher Mittel erforderlich ist (VGH Kassel v. 20. 2. 1980, PersV 1982, 161). Daher umfasst der Begriff Geschäftsbedarf z. B. die notwendigen Möbel, Papier und die dazugehörigen Arbeitsmittel, sonstiges

Geschäftsmaterial wie z. B. Telefon, Briefmarken, Stempel etc. (VG Ansbach v. 22. 7. 1985, PersR 1987, 22; VG München v. 13. 1. 1986, PersR 1986, 237; VG Oldenburg v. 11. 3. 1986, PersR 1986, 118). Die büromäßige Ausstattung einer Personalvertretung muss im Übrigen so angelegt sein, dass sie ihren Aufgaben ohne Zeitverlust ordnungsgemäß nachkommen kann.

c) Eine Personalvertretung hat auch Anspruch auf eine **Telefonanlage,** die ihr die Erfüllung ihrer gesetzlichen Aufgaben ermöglicht. Wie die Telefonanlage ausgestattet sein muss, hängt von den Gegebenheiten des Einzelfalles, insbesondere davon ab, ob Beschäftigte ihrem Wunsch nach Kontaktaufnahme zu einzelnen Personalratsmitgliedern nur dann nachkommen können, wenn sie diese jeweils telefonisch erreichen wollen. Wenn eine Personalvertretung in einer Dienststelle mit zahlreichen entfernt liegenden Dienststellenteilen bzw. Nebenstellen tätig ist, dann ist wegen der Struktur der Gesamtdienststelle die Einrichtung einer Telefonanlage im Hinblick auf die allgemeinen Überwachungspflichten (§§ 67 Abs. 1, 68 Abs. 1) und im Hinblick auf eine sachgerechte Wahrnehmung von Beteiligungsrechten (§§ 75, 76, 78, 80, 81) erforderlich, mit deren Hilfe Beschäftigte jederzeit ein Personalratsmitglied ihrer Wahl erreichen können. Die Notwendigkeit ergibt sich auch aus § 68 Abs. 2 Satz 2, wonach Personalakten nur mit Zustimmung des Beschäftigten und nur von den von ihm bestimmten Mitgliedern der Personalvertretung eingesehen werden dürfen. Auch zu diesem Zweck muss ein Beschäftigter jederzeit ein Personalratsmitglied seines Vertrauens erreichen können (vgl. für das BetrVG: BAG v. 27. 11. 2002, DB 2003, 1799 = ZBVR 2003, 146). Darüber hinaus hat eine Personalvertretung **Anspruch auf einen Anrufbeantworter** dann, wenn die einzelnen Mitglieder z. B. wegen Verwendung im Außendienst nur schwer erreichbar sind (OVG Münster v. 3. 7. 1995, Leits. ZBR 1996, 30 = Leits. ZfPR 1996, 59; Fischer u. a., § 44 Anm. 73b; Bosch, PersV 1998, 544). Ob einer Personalvertretung auch ein **Mobilfunktelefon** (Handy) zur Verfügung zu stellen ist, hängt ebenfalls von den besonderen Verhältnissen einer Dienststelle ab. Wenn tatsächlich eine Dienststelle so gegliedert sein sollte, dass auch freigestellte Personalratsmitglieder wegen der erheblichen örtlichen Distanzen keine zeitnahe Kommunikation mit Beschäftigten aufnehmen können, dann wird man einen solchen Anspruch bejahen müssen (Fischer u. a., aaO; Lorenzen u. a., § 44 Anm. 40a; vgl. für das BetrVG: ArbG Frankfurt v. 12. 8. 1997, Leits. ZBVR 1998, 58). 20a

d) Inwieweit eine Personalvertretung zur Abwicklung ihrer Aufgaben auch **modernste Techniken** nutzen kann, hängt u. a. wiederum vom Einzelfall und davon ab, inwieweit sie auf sonstigen Informationswegen in der Lage ist, alle Beschäftigten umfassend und rechtzeitig zu unterrichten. Maßstab ist die Erforderlichkeit, die im Streitfall von der Personalvertretung dargelegt und bewiesen werden muss (vgl. Anm. 1). Der unbestimmte Rechtsbegriff der Erforderlichkeit ist gerichtlich voll überprüfbar. Dies gilt auch hinsichtlich der Ausstattung der **hard-** und **soft**-ware; hier kann die Personalvertretung das verlangen, was für ihre Arbeit erforderlich ist. Zu berücksichtigen ist im Übrigen, ob die Personalvertretung auch ohne die beanspruchten Informations- und Kommunikationstechniken zur sachgerechten Aufgabenerfüllung in der Lage ist (vgl. eingehend: Kersten, ZfPR 2004, 175). Angesichts des heute allgemein üblichen hohen Standards einer Büroausstattung kann die Personalvertretung die **Mitbenutzung eines Telefaxgeräts** verlangen. Ein eigenes Gerät ist ihr dann zur Verfügung zu stellen, wenn sie in größerem Umfang Schriftverkehr zu erledigen hat (Altvater u. a., § 44 Anm. 55; Fischer u. a., § 44 Anm. 68 a; Lorenzen u. a., § 44 Anm. 40 a; Bosch, PersV 1995, 19; Vogelgesang, ZfPR 2002, 141, PersV 2003, 4). 20b

20c e) Die Personalvertretungen dürfen nicht von der allgemeinen technologischen Entwicklung abgekoppelt werden. Die Dienststellen müssen ihnen daher die technischen Geräte zur Verfügung stellen, die in einer modernen Verwaltung üblich sind (Vogelgesang, PersV 2003, 4 ff.). Im Hinblick auf die inzwischen nahezu flächendeckende **Ausstattung** der öffentlichen Verwaltung **mit moderner EDV-Technik** ist auch einer Personalvertretung, eine ebensolche Ausstattung zur Verfügung zu stellen. Wenn eine Dienststelle ihren Beschäftigten Personalcomputer, über die der gesamte Schriftverkehr abgewickelt wird, zur Verfügung stellt, dann ist sie auch gehalten, die Personalvertretung entsprechend auszustatten (vgl. hierzu: VGH Mannheim v. 9. 10. 2001, ZfPR 2002, 197). Angesichts des heutigen Stands der Büroausstattung der einzelnen Dienststelle bedarf die Notwendigkeit der **Arbeit** der Personalvertretung **mit einem PC** keiner besonderen Begründung mehr (Anm. 20 f.; Lorenzen u. a., § 44 Anm. 40c; Vogelgesang, PersV 2003, 4, 7; vgl. auch Kersten, PersV 2001, 307; Altvater, PersR 2003, 261, 263 sowie für das BetrVG: BAG v. 11. 3. 1998, BAGE 88, 188 = BB 1998, 1690 = DB 1998, 1821 = Leits. ZBVR 1998, 57; vgl. auch: BAG v. 11. 11. 1998, BB 1999, 1923 = DB 2000, 150; kritisch: Beckschulze-Henkel, DB 2001, 1491, 1499; BAG v. 12. 5. 1999, BAGE 91, 325 = BB 1999, 1166 = DB 1999, 1121 = ZBVR 2000, 102; vgl. auch Däubler, ZfPR 2001, 314). Konsequenterweise hat das BAG (v. 3. 9. 2003 – 7 ABR 8/03, BAGE 107, 231 = BB 2004, 557 = DB 2004, 493 = ZBVR 2004, 26; BAG v. 3. 9. 2003 – 7 ABR 12/03, BB 2004, 668 = DB 2004, 491 = ZBVR 2004, 29) festgestellt, dass ein Betriebsrat Anspruch darauf hat, dass die beiden freigestellten Betriebsratsmitglieder, die in ihren Büros über Personalcomputer verfügen, Anspruch auf einen Anschluss an das Intranet haben, damit der Betriebsrat in der Lage ist, die Beschäftigten umfassend und rechtzeitig über seine Tätigkeit im Rahmen der ihm obliegenden gesetzlichen Aufgaben zu informieren (ebenso auch Wedde in einer Anm. zu den beiden BAG-Entscheidungen in ArbuR 2005, 111; zustimmend auch: Kiper, PersR 2004, 205). Diese Entscheidung ist auf das Personalvertretungsrecht übertragbar; denn die Interessenvertretungen in beiden Bereichen – des Betriebsverfassungs- und des Personalvertretungsrechts – sind darauf angewiesen, insbesondere in Zeiten eines fortlaufenden Personalabbaus und dadurch bedingter personeller und organisatorischer Maßnahmen, die Beschäftigten jeweils auf dem schnellsten Weg über ihre Vorstellungen informieren zu können. Dabei ist ohne Belang, dass in § 40 Abs. 2 BetrVG dem Arbeitgeber aufgegeben wird, dem Betriebsrat Informations- und Kommunikationstechnik zur Verfügung zu stellen. Zwar fehlt eine solche Bestimmung in den Personalvertretungsgesetzen. Angesichts der allgemeinen technischen Entwicklung aber, die überwiegend gleichermaßen in allen Arbeitsbereichen stattfindet, wäre es unter keinem Gesichtspunkt zu rechtfertigen, die Interessenvertretungen unterschiedlich zu behandeln. Deshalb gilt, was das BAG in der zitierten Entscheidung im Übrigen für notwendig erachtet, nämlich, sich durch den **Zugang zum Internet** möglichst umfassend und schnell über alle aktuellen arbeits- und betriebsverfassungsrechtlichen Fragen informieren zu können (kritisch, abrinzwischen überholt: Beckschulze, DB 2003, 2777). Für die Personalvertretung ist die umfassende und schnelle Information über aktuelle dienst- und personalvertretungsrechtliche Fragen von gleicher Bedeutung, so dass ihr ein **Personalcomputer** mit Monitor und Drucker einschließlich des in der Dienststelle genutzten Textverarbeitungsprogramms mit zentralem Server und zentralen Laufwerken zur Verfügung zu stellen ist (VGH Mannheim v. 9. 10. 2001, PersV 2002, 148 = ZfPR 2002,197; Fischer u. a., § 44 Anm. 68 b; Lorenzen u. a., § 44 Anm. 40 b; Kersten, ZfPR 2004, 175; Vogelgesang, ZfPR 2002, 141 und PersV 2003, 4). Allerdings wird man die Informationsarbeit einer Personalvertretung auf die „Behördenöffentlichkeit" beschränken müssen. Eine Befugnis, nach außen aufzutreten, ist der Personalvertretung nicht zuzugestehen, so dass ein Web-Auftritt im Internet nur mit Zustimmung des Dienststellenleiters zulässig ist (Kersten, ZfPR 2004,175, 182; vgl. auch Anm. 20f). Wenn das BAG (Beschluss v. 16. 5. 2007, Leits. BB 2007, 2076 = DB 2007, 2036) darauf hinweist, dass die Ausstattung mit einem PC nebst Zubehör und Software nur dann verlangt werden kann, wenn der Betriebsrat die Ausstattung mit diesen Sachmitteln zur Durchführung seiner sich ihm stellenden betriebsverfassungsrechtlichen Aufgaben für erforderlich halten darf, dann ist dies eine zutreffende Aussage zur Beantwortung der Frage, welche Sachmittel zur Verfügung zu stellen sind. Die Entscheidung des BAG beruht allerdings auf einem speziellen Sachverhalt. Der Ansprechpartner des Betriebsrats (für mehrere Filialen zuständiger Leiter) verfügte lediglich über ein „mobiles" Büro. Er erbringt seine Bürotätigkeiten entweder in seinem Fahrzeug, in einer von mehr als 20 Verkaufsstellen oder zu Hause. Regelmäßig erledigt er Schreiben in Verwaltungsangelegenheiten handschriftlich. Unter diesen sehr branchenspezifischen und auf einen Einzelfall beschränkten Umständen ist dem BAG zuzustimmen, dass nicht davon die Rede sein konnte, dass der Betriebsrat ohne den Einsatz eines PC nebst Zubehör und Software die Wahrnehmung anderer Rechte und Pflichten hätte vernachlässigen müssen. Keineswegs aber können aus dieser Entscheidung Rückschlüsse dahingehend erfolgen, dass eine Ausstattung des Betriebsrats/des Personalrats mit einem PC nebst Zubehör und Software nur in Ausnahmefällen in Betracht kommt. Vielmehr ist die Entscheidung eine erneute Bekräftigung der Verpflichtung eines Betriebsrats/Personalrats zur einzelfallbezogenen Prüfung der Notwendigkeit zur Überlassung eines Sachmittels durch den Arbeitgeber/Dienststellenleiter (vgl. im Übrigen Anm. Süllwold in ZBVR online, aaO)

f) Eine Personalvertretung hat grundsätzlich auch Anspruch auf **Nutzung des Intranets** (vgl. hierzu Anm. 20 c; so schon bisher für das BetrVG: ArbG Paderborn v. 29. 1. 1998, Leits. ZfPR 2002, 131 = DB 1998, 678 = AiB 1998, 282 m. Anm. von Klebe und Wedde für den Fall eines Unternehmens der Datenverarbeitungs- und Elektronikbranche; aA Jansen, BB 2003, 1726). Gleiches gilt in Bezug auf ein EDV-unterstütztes Kommunikationssystem (**E-Mail**). Auch dieses System ist inzwischen weitgehend in der gesamten öffentlichen Verwaltung eingeführt und kann deshalb auch von der jeweiligen Personalvertretung zur Erfüllung der ihr übertragenen gesetzlichen Aufgaben genutzt werden. Gleiches gilt für die Einrichtung einer **Mailbox** (Altvater u. a., § 40 Anm. 56; Fischer u. a., § 44 Anm. 73 e; Lorenzen u. a., § 44 Anm. 40 c). **20d**

g) Die **Bereitstellung eines mobilen Computers** (Laptop/Notebook) muss insbesondere dann für notwendig erachtet werden, wenn die Personalratstätigkeit mit einer Reisetätigkeit u. a. zu Stufenvertretungen verbunden ist; denn es kann nur sinnvoll sein, Personalratsmitgliedern diese technische Ausstattung zur Verfügung zu stellen, die es ihnen ermöglicht, bei den genannten Anlässen sachgerecht Personalratsarbeit zu erledigen (Fischer u. a., § 44 Anm. 73 d; Lorenzen u. a., § 44 Anm. 40 c; Vogelgesang, PersV 2003, 4; Kersten, ZfPR 2004, 175). **20e**

h) Der Leiter einer Dienststelle ist, falls die entsprechenden technischen Voraussetzungen gegeben sind, verpflichtet, der Personalvertretung einen **PC** (vgl. Anm. 20c) **für das Personalratsbüro** zur Verfügung zu stellen, an das Internet anzuschließen und laufende Kosten zu übernehmen. Es geht aber in **20f** diesem Zusammenhang nicht alleine nur um die Information der Beschäftigten, sondern auch darum, dass die Personalvertretung ihrerseits auf möglichst unkomplizierte und schnelle Art und Weise sich selbst Informationen beschaffen kann, die es ihr ermöglichen, über alle dienst-, arbeits- und personalvertretungsrechtlichen Entwicklungen in Gesetzgebung und Rechtsprechung aktuell informiert zu werden (vgl. u. a., die in Anm. 20 c zitierte Rechtsprechung des BAG; Lorenzen u. a., § 44 Anm. 40 d; Süllwold, ZfPR 2003, 276; Vogelgesang, ZfPR 2002,141 und PersV 2003, 4). Angesichts der einer Personalvertretung insgesamt zur Verfügung stehenden Informations- und Kommunikationsmöglichkeiten wird man es aber für nicht notwendig ansehen können, ihr eine personalratseigene **Homepage** auf Kosten der Dienststelle zur Verfügung zu stellen (Fischer u. a., § 44 Anm. 68 e; Lorenzen u. a., § 44 Anm. 40 e), es sei denn, dass eine Homepage inzwischen zum unverzichtbaren Mittel der Information innerhalb der jeweiligen Dienststelle geworden ist und die Beschäftigten ohne große Schwierigkeiten auf diese Homepage zugreifen können. Außerdem kann eine entsprechende Homepage auch für die Zusammenarbeit zwischen den einzelnen Personalvertretungen (Stufenvertretungen, Gesamtpersonalrat) nützlich sein.

20g i)E Ein Dienststellenleiter iast nicht verpflichtet ist, den Beschäftigten die **private Nutzung des Internet** u. a. zum Versenden privater E-Mails zu gestatten. Sollte allerdings eine private Nutzung zugelassen werden, dann muss dem Dienststellenleiter grundsätzlich erlaubt sein, einschränkende Voraussetzungen (Durchführung angemessener Kontrollen) mit dieser Erlaubnis zu verbinden. Die Einzelheiten (Umfang und Bedingungen der privaten Nutzung sowie Art und Umfang der Kontrollen) sind am sinnvollsten in einer Dienstvereinbarung zu regeln (vgl. hierzu auch: Orientierungshilfe zur **datenschutzgerechten Nutzung von E-Mail** und anderen Internetdiensten am Arbeitsplatz, 63. Konferenz der Datenschutzbeauftragten des Bundes und der Länder, ZfPR 2002, 158; vgl. auch Boegl, ZBVR online 9/2006, S. 18; Süllwold, ZfPR 2003, 276, 284; insbesondere zum Thema Dienstvereinbarungen: Schierbaum, PersR 2000, 499 sowie im Übrigen: Beckschulze-Henkel, DB 2001, 1491, 1499; Ernst NZA 2002, 585; s. im Übrigen § 79 Anm. 28).

20h j) Zu den zu erstattenden Kosten gehören auch die Kosten für **Büropersonal**, bei dessen Auswahl der Personalvertretung wegen des notwendig zu begründenden Vertrauensverhältnisses ein Mitspracherecht zusteht. Zum Büropersonal zählen insbesondere Schreibkräfte zur Anfertigung des Schriftguts der Personalvertretung, zur Anfertigung von Fotokopien, zur Adressierung und Versendung sowie zur Ablage von Schreiben, Terminvereinbarungen, Telefondienst etc., nicht aber Sachbearbeiter (VGH München v. 10. 2. 1993, PersV 1993, 470 = Leits. ZfPR 1994, 58). Auch diese Kosten stehen unter dem Vorbehalt der „Erforderlichkeit“. Dabei geht es nicht um das „ob“ der Verpflichtung des Dienststellenleiters, sondern alleine um die Frage, in welchem Umfang Büropersonal zur Verfügung zu stellen ist. Dabei sind alle Umstände des Einzelfalls zu berücksichtigen. Es ist auf die konkreten Verhältnisse der jeweiligen Dienststelle und auf die dort anfallenden Personalratsaufgaben abzustellen (vgl. im Einzelnen Wahlers, PersV 2006, 124). Als Maßstab für den erforderlichen Bedarf an Bürokräften kann auf die Freistellungsstaffel nach § 46 Abs. 2 zurückgegriffen werden, da der Gesetzgeber mit dieser Regelung zu erkennen gibt, mit welchem Freistellungsvolumen eine ordnungsgemäße Erledigung der Personalratstätigkeiten sichergestellt werden kann. Erfahrungsgemäß wächst mit der Anzahl der Beschäftigten auch die Anzahl der von einer Personalvertretung zu erledigenden Aufgaben. Daher bietet die Zahl der freigestellten Mitglieder einen Anhaltspunkt für die Belastung von Bürokräften. Das OVG Magdeburg (v. 30. 7. 2003, PersV 2004, 64 = Leits. ZfPR 2003, 304) legt auf der Basis dieser Überlegungen „bei einem Personalrat mit neun Mitgliedern und einer vollen Freistellung als Erfahrungswert für die Erledigung der erforderlichen Büroarbeiten den Einsatz einer Halbtagskraft zugrunde". Wenn einer Personalvertretung bisher zwei Bürokräfte zur Verfügung standen, nach dem Ausscheiden einer Bürokraft aber keine „Aufstockung" trotz unveränderten Aufgabenumfangs erfolgen soll, dann kann nicht der Personalvertretung die Darlegungslast dafür zufallen, dass es zur ordnungsgemäßen Aufgabenerledigung weiterhin „erforderlich" ist, eine zweite Bürokraft zur Verfügung zu stellen. Vielmehr liegt diese Darlegungslast beim Dienststellenleiter schon alleine deshalb, weil er bisher der Personalvertretung zwei Bürokräfte zur Verfügung gestellt und offensichtlich keine Zweifel daran hatte, dass dies notwendig sei. Wenn er nun seinerseits erstmals Zweifel erhebt, dann ist er auch darlegungspflichtig (aA OVG Bautzen v. 29. 4. 1997, Leits. ZfPR 1998, 91). Der Begriff „Büropersonal" umfasst nicht Geschäftsführer, Justitiare, Sachbearbeiter etc. Vielmehr sind hiermit nur Hilfskräfte gemeint, die die büromäßige Abwicklung durchführen (Altvater u. a., § 44 Anm. 34; Fischer u. a., § 44 Anm. 74; Lorenzen u. a., § 44 Anm. 44). Einer Personalvertretung kann nicht entgegengehalten werden, dass sich unter den freigestellten Mitgliedern eine Schreibkraft befinde, die die notwendigen Büroarbeiten (u. a. auch Versandarbeiten, Terminvereinbarungen, Erledigung von Telefonaten) mit erledigen könne (VGH Kassel v. 20. 2. 1980, PersV 1982, 161; Fischer u. a., § 44 Anm. 75; Lorenzen u. a., § 44 Anm. 45; Richardi u. a., § 44 Anm. 92).

k) Einer Personalvertretung steht nicht ohne weiteres ein Anspruch auf Zuweisung einer Bürokraft zu. Vielmehr kommt es auf den **Einzelfall** an, nach dem zu bestimmen ist, ob die Zuweisung erforderlich ist. Entscheidend ist, welche konkreten Arbeiten von der Personalvertretung zu erfüllen sind (Fischer u. a., § 44 Anm. 75). Maßgeblich ist u. a. die Größe einer Dienststelle und das davon abhängige Maß der anfallenden Büroarbeiten auf Seiten der Personalvertretung (vgl. auch Anm. 20 h). Zu berücksichtigen ist selbstverständlich auch der **Grundsatz der sparsamen Haushaltsführung** (Lorenzen u. a., § 44 Anm. 45). Allerdings kann ein Dienststellenleiter die Zuweisung einer Bürokraft nicht schon deshalb verweigern, weil im Haushaltsplan keine entsprechende Stelle ausgewiesen ist. Für diesen Fall hat der Dienststellenleiter darauf hinzuwirken, dass die entsprechenden haushaltsrechtlichen Voraussetzungen hierfür geschaffen werden (Fischer u. a., aaO.). Zwar kann ein Dienststellenleiter unter Hinweis auf die fehlenden haushaltsrechtlichen Voraussetzungen für die Einstellung einer Bürokraft einer Personalvertretung eine zusätzliche Freistellung anbieten. Dieses Angebot muss aber die Personalvertretung schon deshalb nicht annehmen, weil dies auf Kosten der eigentlichen Aufgabenstellung eines Personalratsmitglieds als gewählter Interessenvertreter ginge (OVG Magdeburg v. 30. 8. 2000, PersV 2001, 370 = Leits. ZfPR 2002, 16). Da die Büroarbeiten einer Personalvertretung von einer Bürokraft, nicht aber von den Personalratsmitgliedern selbst zu erledigen sind, kann ein Dienststellenleiter die Zuweisung einer Bürokraft auch dann nicht verweigern, wenn der Personalvertretung eine Bürokraft als Mitglied angehört (Fischer-Goeres, aaO). Auch ein Einvernehmen zwischen einer Personalvertretung und dem Dienststellenleiter über die zusätzliche Freistellung zur Erledigung der Büroarbeiten ist nicht zulässig, weil – wie bereits erwähnt – dies auf Kosten der eigentlichen Aufgabenstellung des betreffenden Personalratsmitglieds ginge (Richardi u. a., § 44 Anm. 92). Im 20i

Übrigen ist eine Personalvertretung nicht verpflichtet, die Bürokraft zu beschäftigen, zu der sie kein Vertrauen hat (vgl. für das BetrVG: BAG v. 5. 3. 1997, BB 1997, 1538 = Leits. ZBVR 1998, 22). Schließlich: auch Büropersonal unterliegt der Schweigepflicht (Lorenzen u. a., § 44 Anm. 45 a).

20j l) Zu den notwendigen Kosten der Tätigkeit eines einzelnen Personalratsmitglieds sind auch **Kinderbetreuungskosten** zu zählen, die dadurch entstehen, dass einem Mitglied einer Personalvertretung die Teilnahme an einer außerhalb seiner Teilzeittätigkeit (individuellen Arbeitszeit) stattfindenden Personalratssitzung ermöglicht wird (vgl. für das BetrVG: LAG Hessen v. 22.7. 1997, Leits. BB 1998, 847). Gleiches gilt für den Fall, dass eine Teilnahme an einer Schulungsveranstaltung außerhalb der individuellen Arbeitszeit erfolgt. Dies ergibt sich aus § 10 Abs. 2 Satz 3 Bundesgleichstellungsgesetz (BGleiG, v. 30. 11. 2001, BGBl. I S. 3234, zul. geänd. d. Art. 3 Abs. 11 G v. 14. 8. 2006, BGBl. I S. 1897). Danach sind im Bedarfsfall Kinderbetreuungsmöglichkeiten für Beschäftigte mit Familienpflichten bereitzustellen, um die Teilnahme an Fortbildungsmöglichkeiten zu gewährleisten (Lorse, PersV 2008, 124, 143; vgl. auch § 46 Anm. 42 e).

21 m) Zu den sächlichen Kosten gehört auch die Bereitstellung der für die Arbeit der Personalvertretung normalerweise notwendigen **Gesetzestexte** bzw. Erläuterungswerke (z. B. BPersVG, KSchG, SchwbG, BBG, TVöD, BVerwG v. 21. 1. 1991, PersV 1991, 473 = ZfPR 1991, 68; vgl. VGH Mannheim v. 27. 11. 1984, Leits. ZBR 1986, 27 = NZA 1986, 105; Klebe-Kunz, NZA 1990, 257; aA Krichel, NZA 1989, 668); denn die Dienststelle ist verpflichtet, für die Personalvertretung den Geschäftsbedarf im erforderlichen Umfang bereitzuhalten, damit diese ihrer gesetzlichen Aufgabenstellung nachkommen und aufgrund ihrer Sachkenntnis eine kompetente Partnerin sein kann. Die Personalvertretung kann daher bei pflichtgemäßer Betrachtung von der Dienststelle insgesamt all das beanspruchen, was sie zur ordnungsgemäßen Wahrnehmung ihrer Befugnisse und zur Erfüllung ihrer Aufgaben benötigt. Deshalb hat sie auch Anspruch auf alle Gesetzestexte, die für ihre Arbeit notwendig sind, vor allem auf solche, die das Dienst-, Arbeits- und Sozialrecht betreffen einschließlich aller Verordnungen und Verwaltungsvorschriften sowie aller für die Dienststelle maßgebenden Tarifverträge, Unfallverhütungsvorschriften und technische Regelwerke (Fischer u. a., § 44 Anm. 69). Eine Mitbenutzung der in der Dienststelle vorhandenen Texte kommt nur für solche Sachgebiete in Betracht, die nur gelegentlich von Interesse sind (Fischer u. a., aaO). Die Personalvertretung braucht sich nicht ausschließlich vom Interesse des Dienststellenleiters an einer möglichst geringen Kostenbelastung leiten zu lassen (vgl. für das BetrVG: BAG v. 24.1. 1996, BB 1996, 2355 = ZBVR 1997, 1). Dem Verlangen einer Personalvertretung nach möglichst aktueller Literatur kann ein Dienststellenleiter nicht entgegenhalten, dass ihm selbst ein entsprechendes Werk nicht zur Verfügung stehe (vgl. für das BetrVG: LAG Bremen v. 3. 5. 1996, Leits. BB 1996, 2303). Im Hinblick auf die Kompliziertheit gerade der personalvertretungsrechtlichen Rechtsmaterie ist der Personalvertretung insbesondere ein **Kommentar zum Personalvertretungsrecht** zur Verfügung zu stellen. Neben dem Gesetzestext gibt ein Kommentar durch seine Erläuterungen der Personalvertretung Aufschluss über Inhalt und Bedeutung einzelner Vorschriften, die bei der konkreten Aufgabenerfüllung anzuwenden sind. Daher gehört ein Kommentar zum „unentbehrlichen Rüstzeug" (BVerwG v. 29. 6. 1988, BVerwGE 79, 361 = ZBR 1988, 321 = PersV 1988, 394 = ZfPR 1989, 10). Die von der Dienststelle zur Verfügung zu stellenden Kommentare müssen sich jeweils auf dem neuesten Stand befinden, so dass auch bei einem

Wechsel der Auflage eine Neubeschaffung erforderlich wird, wobei der Personalvertretung ein Wahlrecht hinsichtlich des Festhaltens am bisherigen Kommentar oder hinsichtlich des Beschaffens eines neuen Kommentars zusteht (vgl. für das BetrVG: BAG v. 26. 10. 1994, BB 1995, 464 m. Anm. von Molls = DB 1995, 581; LAG Rheinland-Pfalz v. 18. 11. 1999, ArbuR 2000, 197). Dies gilt gleichermaßen für alle Personalvertretungen unabhängig von ihrer Größe. Auch ein (örtlicher) Personalrat bzw. ein sog. Einmannpersonalrat kann einen Kommentar unabhängig davon beanspruchen, ob er an personellen Entscheidungen beteiligt wird; denn auch in diesem Fall bleibt eine Reihe von allgemeinen Aufgaben und sonstigen Beteiligungsangelegenheiten, die zahlreiche Probleme mit sich bringen und deren Lösung nicht alleine aus dem Gesetzeswortlaut zu erkennen ist (VG Ansbach v. 8. 2. 1988, PersV 1988, 265). Daher kann es auch erforderlich sein, Personalratsmitgliedern in Außenstellen, bei denen Personalvertretungen gebildet worden sind, einen Kommentar zur Verfügung zu stellen (VGH Mannheim v. 3. 5. 1994, PersV 1995, 140). Gerade auch die der Personalvertretung zustehenden zahlreichen Initiativrechte machen es erforderlich, dass sie Gelegenheit hat, sich anhand eines Kommentars über Art und Umfang eines Initiativrechts im konkreten Fall zu informieren, bevor sie tätig wird. Dadurch wird eine sachgemäße Aufgabenerfüllung auch im Interesse der Dienststelle gewährleistet (BVerwG v. 25. 7. 1979, ZBR 1980, 152 = PersV 1980, 57). Wenn das BVerwG allerdings darauf hinweist, dass die Pflicht, im Rahmen des Geschäftsbedarfs einen Kommentar zur Verfügung zu stellen, nur besage, dass der Personalvertretung im Bedarfsfall ein solches Werk auszuhändigen ist, dann verkennt es die praktischen Schwierigkeiten, die sich im Verwaltungsalltag hieraus ergeben. Zwar kann auch nach Auffassung des BVerwG die Personalvertretung nicht auf öffentliche Büchereien oder auf eine Bibliothek bei einer anderen Dienststelle verwiesen werden. Wenn aber das Gericht selbst darauf hinweist, dass es wegen der oft an Fristen gebundenen personalvertretungsrechtlichen Arbeit darauf ankommt, der Personalvertretung „bei Bedarf sofort und ohne jeden Zeitverlust ein Erläuterungswerk zur Verfügung" zu stellen, so macht es gerade dadurch auf die praktischen Schwierigkeiten des (rechtzeitigen) Aushändigens aufmerksam. Durch Zeitverlust nämlich kann der Personalrat – wie das Gericht selbst ausführt – gezwungen sein, „in eiligen Sachen ohne genaue Kenntnis des Inhalts und des Umfangs seiner Rechte zu entscheiden". Infolgedessen ist es nicht angängig, den Antrag einer Personalvertretung auf Übernahme der Kosten zur Beschaffung eines Kommentars mit dem Hinweis abzulehnen, dass ein solcher Kommentar seitens der Dienststelle jederzeit ausgehändigt oder bei der Stufenvertretung zur Einsichtnahme angefordert werden könne (Fischer u. a., § 44 Anm. 70; vgl. auch OVG Lüneburg v. 18. 9. 1976, PersV 1980, 109). Festzustellen bleibt daher, dass einer Personalvertretung – unabhängig von der jeweiligen Größe – ein Kommentar zum BPersVG in aktueller Fassung zur alleinigen Nutzung zur Verfügung zu stellen ist (BVerwG v. 29. 6. 1988, aaO). Größeren Personalvertretungen sind ebenso wie solchen Personalvertretungen mehrere Kommentare zur Verfügung zu stellen, die bei einer Dienststelle mit Hauptstelle und mehreren Nebenstellen gebildet sind. Außerdem kann es erforderlich sein, in größeren Dienststellen den jeweiligen Personalvertretungen mehrere verschiedene Kommentare unterschiedlicher Autoren zur Verfügung zu stellen (Fischer u. a., § 44 Anm. 70, 71; Lorenzen u. a., § 44 Anm. 41).

n) **Spezialliteratur** ist einer Personalvertretung dann zur Verfügung zu stellen, wenn sie wesentliche Aufgaben im Bereich von Mitbestimmungs- und Mitwirkungsangelegenheiten wahrzunehmen hat und wenn diese Auf- 21a gabenwahrnehmung besondere Kenntnisse voraussetzt. Dabei geht es in erster Linie um die wichtigsten arbeits-, sozial-, tarif- und beamtenrechtlichen Vorschriften (BVerwG v. 21. 1. 1991, PersV 1991, 473 = ZfPR 1991, 68; Fischer u. a., § 44 Anm. 71 a; Lorenzen u. a., § 44 Anm. 41 a, b).

22 o) Eine **personalvertretungsrechtliche Fachzeitschrift** ist, ebenfalls zum Geschäftsbedarf zu rechnen. Die Personalvertretung hat daher einen Anspruch auf Erstattung der Kosten für den Bezug dieser Zeitschrift auch dann, wenn sie bereits über einen Kommentar verfügt; denn eine Fachzeitschrift gibt Auskunft über die aktuelle Entwicklung der Rechtsprechung und enthält in der Regel zahlreiche Aufsätze, die für die Personalratsarbeit von Bedeutung sind. Der Bezug einer solchen Fachzeitschrift wird im Übrigen im Interesse auch der Dienststelle liegen, weil die Personalvertretung mit Hilfe der Zeitschrift ihre sachverständige Mitarbeit an der Lösung dienststelleninterner Probleme verstärken kann. Wenn allerdings ein Dienststellenleiter die Notwendigkeit des Bezugs der Zeitschrift bestreitet, dann muss die Personalvertretung sich bei der Begründung des Erfordernisses zum Bezug einer Fachzeitschrift „auf den Standpunkt eines vernünftigen Dritten" stellen, der sowohl die Interessen der Dienststelle wie auch die Interessen der Personalvertretung und der Beschäftigten gegeneinander abwägt. Daher muss die Personalvertretung darlegen, dass der Bezug der Zeitschrift nach Art und Beschaffenheit der Dienststelle zur ordnungsgemäßen Durchführung ihrer Aufgaben notwendig ist (vgl. für das BetrVG: LAG Düsseldorf v. 30. 9. 1997, BB 1998, 2002). Insbesondere der Einsatz neuer Datenverarbeitungs- und -überwachungstechniken sowie die ständig wechselnden Problemstellungen personeller und sozialer Art werfen eine Vielzahl personalvertretungsrechtlicher Fragen auf, die es erforderlich machen, dass eine Personalvertretung sachgerecht und frühzeitig über Lösungsmöglichkeiten informiert wird. Daher kann es bei der Prüfung der Pflicht zur Kostenübernahme grundsätzlich auch nicht auf die Größe der Dienststelle oder die Zahl der zu vertretenden Beschäftigten, sondern allein darauf ankommen, ob der Personalvertretung jederzeit die Fachzeitschrift zur Benutzung zur Verfügung steht (BVerwG v. 29. 6. 1988, BVerwGE 79, 361 = ZBR 1988, 321 = PersV 1988, 394 = ZfPR 1989, 10; OVG Lüneburg v. 26. 8. 1991, PersR 1992, 62; Dannhäuser, PersV 1989, 369, 376). Ob dieses Ziel insbesondere in mittleren und größeren Dienststellen durch ein Umlaufverfahren überhaupt erreichbar ist, muss bezweifelt werden. Wenn bei mehreren kleineren Dienststellen, die an einem Ort liegen, ein **Umlaufverfahren** ausnahmsweise tatsächlich ohne einen die Arbeit beeinträchtigenden Zeitverlust organisierbar und eine zeitgerechte Information der beteiligten Personalvertretungen gewährleistet ist, reicht es aus, wenn eine dieser Dienststellen die Fachzeitschrift zur Verfügung stellt (vgl. hierzu auch: OVG Münster v. 7. 6. 1990, PersV 1993, 475). Ausreichend ist es auch, wenn einer Personalvertretung, die nur sehr geringe Mitwirkungsmöglichkeiten hat, eine Fachzeitschrift im Umlaufverfahren zur Verfügung gestellt und gewährleistet wird, dass eine Einsichtnahme in angemessener Zeit unter Berücksichtigung gesetzlicher Fristen möglich ist (BVerwG v. 19. 8. 1994, Leits. ZBR 1995, 319 = PersV 1995, 80 = ZfPR 1994, 188; Fischer u. a., § 44 Anm. 69a; Lorenzen u. a., § 44 Anm. 42). In größeren Dienststellen (ca. 300 Beschäftigte) ist ein solches Umlaufverfahren selbst dann unpraktikabel und somit unzulässig, wenn die einzelnen Dienststellen in einem Dienstgebäude ihren Sitz haben. In diesem Fall kann dem Informationsbedürfnis der Personalvertretung nur Rechnung getragen werden, wenn die Fachzeitschrift „den Personalratsmitgliedern zum ständigen Gebrauch zur Verfügung steht" (BVerwG v. 12. 9. 1989 – 6 P 14.87, ZBR 1990, 55 = PersR 1989, 293 m. Anm. v. Hörter; BVerwG v. 12. 9. 1989 – 6 P 15.87, Leits. PersR 1989, 293). Aber auch bei kleineren Dienststellen, die auf verschiedene, von-

einander entfernte Ortsteile verteilt sind, ist ein Umlaufverfahren deshalb unzweckmäßig, weil eine zuverlässige, vor allen Dingen aber zeitgerechte Information der Personalvertretungen nicht gewährleistet werden kann (OVG Schleswig v. 9. 9. 1994, Leits. ZfPR 1995, 128). In gleicher Weise ist im Bereich von Schulen zu verfahren, wenn die Mitglieder von Lehrerpersonalräten innerhalb des gesamten Zuständigkeitsbereichs eines Schulaufsichtsamtes beschäftigt sind; denn sie arbeiten und leben jedenfalls bei großflächig zugeschnittenen Schulaufsichtsämtern regelmäßig in einer Entfernung von der Dienststelle, dass ihnen nicht zugemutet werden kann, regelmäßig dorthin zu fahren, um die neueste, aktuelle personalvertretungsrechtliche Fachzeitschrift einzusehen (OVG Lüneburg v. 26. 8. 1991, aaO). Der Personalvertretung steht im Übrigen unter mehreren zur Information geeigneten Fachzeitschriften ein Auswahlrecht zu (BVerwG v. 5. 10. 1989, ZBR 1990, 56 = ZfPR 1990, 43). Steht aber der Personalvertretung bereits eine geeignete Fachzeitschrift zur Verfügung, so ist dem aus Abs. 2 abzuleitenden Anspruch Rechnung getragen. Infolgedessen hat die Personalvertretung keinen Anspruch auf einen Wechsel im Bezug der Zeitschrift (BVerwG v. 30. 1. 1991, ZBR 1991, 150 = PersV 1991, 474 = ZfPR 1991, 70; vgl. aber Anm. 21). Wenn allerdings eine Personalvertretung besondere dienststellenbezogene Gründe für die Notwendigkeit des Bezugs einer weiteren Fachzeitschrift darlegt, dann kann eventuell die Anschaffung einer weiteren Fachzeitschrift erforderlich sein. Jedenfalls muss sich die Personalvertretung in diesem Fall nicht vorrangig auf den Besuch von Schulungsveranstaltungen oder die Inanspruchnahme von Sachverständigen verweisen lassen (vgl. für das BetrVG: BAG v. 25. 1. 1995, BB 1995, 1087 = DB 1995, 1339). Da die Betriebsräte in den privatisierten Bereichen (Bahn und Post) auch Kenntnisse vom Personalvertretungsrecht haben müssen, ist in der Regel ein Anspruch des Betriebsrats auf einen Kommentar zum BPersVG zu bejahen (Spoo, AiB 1988, 184).

p) Das **Eigentum** an den Gegenständen, die die Dienststelle der Personalver- 23
tretung zur Verfügung stellt (Möbel, Bücher, Schreibmaschinen), verbleibt dem bisherigen Eigentümer (BVerwG v. 5. 10. 1989, ZBR 1990, 56 = ZfPR 1990, 43). Das Eigentum der Dienststelle ist zugunsten der Personalvertretung zweckgebunden. Dies bedeutet, dass dem Dienststellenleiter weder ein Recht auf Akteneinsicht noch auf Herausgabe – auch nicht nach Ablauf der Amtsperiode – zusteht (Fischer u. a., § 44 Anm. 76; Lorenzen u. a., § 44 Anm. 43; Richardi u. a., § 44 Anm. 68).

q) In allen Dienststellen sind der Personalvertretung **geeignete Plätze für** 23a
Bekanntmachungen und Anschläge zur Verfügung zu stellen (sog. schwarzes Brett). Die Vorschrift gilt für Personalvertretungen aller Stufen. Wie viele und welche konkreten Plätze der Personalvertretung vom Dienststellenleiter zur Verfügung gestellt werden, hängt vom konkreten Einzelfall, vor allem davon ab, ob die Bekanntmachungen für die Beschäftigten der Dienststelle leicht zugänglich und wahrnehmbar sind. Es kann daher durchaus notwendig sein, dass einer Personalvertretung **mehrere Stellen für Bekanntmachungen** zur Verfügung zu stellen sind (OVG Hamburg v. 22. 5. 2000, PersV 2001, 120 = Leits. ZfPR 2001, 209 = PersR 2001, 43). Daneben kann ein Anspruch auf Nutzung eines E-Mail-Verteilers bestehen (OVG Hamburg v. 7. 3. 2008, PersR 2008, 328).

r) Die Personalvertretung kann **nach eigener Entscheidung** für die Beschäf- 24
tigten der Dienststelle Mitteilungen veröffentlichen, die sich aus ihren Befugnissen und Aufgaben ergeben. Die Personalvertretung entscheidet selbst darüber, in welcher Form und wie lange sie bestimmte Informationen

veröffentlicht. Daher sind auch kritische Äußerungen gegenüber dem Dienststellenleiter zulässig. Einem einzelnen Personalratsmitglied steht nicht das Recht zu, auf dem der Personalvertretung zur Verfügung gestellten Anschlagbrett eigene Mitteilungen über die Personalratstätigkeit ohne Zustimmung der Personalvertretung zu veröffentlichen (VGH München v. 29. 7. 1987, ZBR 1988, 134; vgl. auch Lorenzen u. a., § 44 Anm. 47).

25 s) Zu den Aufgaben der Personalvertretung gehört es, die Beschäftigten umfassend und pünktlich im Rahmen ihres Aufgabenbereichs über ihre Tätigkeit zu unterrichten. Ob sie dieser Informationspflicht auch durch Herausgabe schriftlicher, zur Verteilung an die Beschäftigten bestimmter Informationen (Flugblätter) nachkommen kann, ist nach den konkreten Verhältnissen der einzelnen Dienststelle (Größe, Zahl der Beschäftigten) zu beurteilen (vgl. auch VG Ansbach v. 8. 11. 1977, PersV 1978, 440). Dabei sind die Dringlichkeit der Unterrichtung vor der nächsten ordentlichen Personalversammlung und die etwaige Unzulänglichkeit anderer Informationsmittel (Schwarzes Brett, mündliche Unterrichtung) einerseits sowie die Kostenbelastung für die Dienststelle andererseits zu berücksichtigen. Grundsätzlich obliegt es der pflichtgemäßen Ermessensentscheidung der Personalvertretung, unter Beachtung dieser Gesichtspunkte darüber zu entscheiden, wie sie im Einzelnen die Beschäftigten unterrichten will. Daher kann sie ein **Flugblatt oder eine Informationsschrift** herausgeben, sofern die sonstigen Informationsmöglichkeiten (auf Anschlagbretter, Personalversammlung etc.) nicht ausreichen, um dem Informationsbedürfnis hinreichend Rechnung zu tragen. Der auch von Personalvertretungen zu beachtende Grundsatz der sparsamen Haushaltsführung jedenfalls zwingt zu einer sehr sorgfältigen Prüfung im Einzelfall (VGH Mannheim v. 6. 9. 1988, ZTR 1989, 246; OVG Münster v. 10. 2. 1993, PersV 1995, 461; Fischer u. a., § 44 Anm. 82; Lorenzen u. a., § 44 Anm. 49). Wenn jedoch der Inhalt des Informationsblattes im Aufgabenbereich der Personalvertretung liegt und die bestehenden Informationsmöglichkeiten nicht ausreichend sind, so darf der betreffende Dienststellenleiter den Druck des Blattes oder die Kostenübernahme nur ausnahmsweise aus gewichtigen Gründen (z. B. Verstoß gegen gesetzliche Bestimmungen, insbesondere gegen Strafgesetze oder gegen die Friedenspflicht) ablehnen (BVerwG v. 10. 10. 1990, Leits. ZBR 1991, 58 = PersV 1991, 272 = ZfPR 1991, 37; OVG Münster v. 26. 6. 1998, PersR 1998, 479: bei Verweigerung des internen Druckes auch Erlaubnis zum externen Druck). Die regelmäßige Herausgabe eines Informationsblattes wird man aber grundsätzlich ablehnen müssen, da die sonstigen Möglichkeiten der Information der Beschäftigten durch die Personalvertretung als ausreichend angesehen werden müssen (OVG Münster v. 10. 2. 1993, Leits. ZfPR 1994, 129). Ob die vereinzelte Herausgabe einer Informationsschrift notwendig ist, hängt vom Einzelfall und davon ab, ob durch die jeweilige Situation in einem bestimmten Verwaltungsbereich ein dringendes Informationsbedürfnis u. a. wegen bevorstehender Veränderungen der Organisationsstruktur besteht (Fischer u. a., § 44 Anm. 83; Lorenzen u. a., § 44 Anm. 49). Im Übrigen wird man der Personalvertretung das Recht zubilligen müssen, neben den Formen der schriftlichen Information dann den Weg der elektronischen Kommunikation zu nutzen, wenn sie auf diese Weise alle Beschäftigten erreichen kann, ohne im Verhältnis zu (bisher üblichen) schriftlichen Informationen Mehrkosten zu verursachen. Insoweit kommt die Nutzung des dienststelleninternen E-Mail-Systems oder des Intranets in Betracht (vgl. u. a.: LAG Stuttgart v. 26. 9. 1997, DB 1998, 887; ArbG Paderborn v. 29. 1. 1998, Leits. ZfPR 2002, 131; Altvater, PersR 2003, 261, 266; Fischer u. a., § 44 Anm. 82; Lorenzen u. a., § 44 Anm. 40 b; vgl. im Übrigen

Anm. 20 ff.). Da die Herausgabe von Informationen durch die Personalvertretung in jedem Fall im unmittelbaren Zusammenhang mit ihren Aufgaben stehen muss (BVerwG v. 26. 11. 1982, ZBR 1983, 132, 310 = PersV 1983, 408), kann ein Gesamtpersonalrat kein eigenes Informationsblatt zur unmittelbaren Unterrichtung der Beschäftigten seines gesamten Zuständigkeitsbereichs herausgeben; denn es besteht von Gesetzes wegen kein zwingendes Bedürfnis für einen Gesamtpersonalrat, sich mit Informationen unmittelbar an die Beschäftigten der einzelnen Dienststellen zu wenden (vgl. für das BetrVG: BAG v. 21. 11. 1978, BB 1979, 938 = DB 1979, 751). Zur Frage der **Finanzierung von Informationsschriften** durch Zuwendungen Dritter: vgl. § 45 Anm. 1 sowie Kunze, PersV 2001, 444.

t) Die Nutzung des E-Mail-Systems bei Personalratswahlen durch Wahl- **25a** bewerber (auf Kosten des Dienststellenleiters) ist dann zulässig, wenn die Nutzung dienststellenüblich ist (vgl. für das BetrVG: ArbG Frankfurt/M. v. 22. 1. 2003 – 9 Ta 5820/02, n.v.). Die sich an den Personalratswahlen beteiligenden Gewerkschaften dürfen allerdings die Kommunikationsmittel des Dienststellenleiters grundsätzlich nicht für Werbung benutzen (Beckschulze, DB 2007, 1526, 1535). Mit der Aufgabenerfüllung einer Personalvertretung ist jedoch die **Werbung für Gewerkschaften** in einem Informations-/Flugblatt nicht vereinbar (Fischer u. a., § 44 Anm. 79; Lorenzen u. a., § 44 Anm. 47). Ebenso wäre es unzulässig, Hinweise auf Einkaufsmöglichkeiten oder auf ähnliche, dem Geschäftskreis der Dienststelle fernstehende Angelegenheiten zu geben. Unzulässig sind auch Angriffe auf den Dienststellenleiter und die ihm im Instanzenweg vorgesetzten Personen und Behörden. Dagegen darf die Personalvertretung im Rahmen sachlicher Kritik ihre von der des Dienststellenleiters abweichende Meinung selbstverständlich bekanntgeben (Richardi u. a., § 44 Anm. 96). Anschläge am Schwarzen Brett jedoch, deren Inhalt ein Strafgesetz verletzen (z. B. Beleidigung), darf der Dienststellenleiter auch gegen den Willen der Personalvertretung entfernen bzw. entfernen lassen (Fischer u. a., § 44 Anm. 81; Lorenzen u. a., § 44 Anm. 48; Richardi u. a., § 44 Anm. 97; vgl. hierzu auch § 24 Anm. 6).

10. a) Die Verwaltung hat diejenigen **Haushaltsmittel** zur Verfügung zu **26** stellen, die der Personalvertretung eine angemessene Aufgabenerfüllung ermöglichen. Dabei sind vor allen Dingen diejenigen Aufgaben zu berücksichtigen, die voraussehbar zu erfüllen sind (Wahlen, Schulungs- und Bildungsveranstaltungen), aber auch diejenigen, die möglicherweise anstehen und Kosten verursachen (Beauftragung eines Anwalts, Ausstattung mit neuester Technik). Eine Kostenübernahme für unaufschiebbare Tätigkeiten der Personalvertretung kann die Dienststelle nicht mit dem Hinweis auf fehlende Haushaltsmittel verweigern (BVerwG v. 26. 2. 2003, BVerwGE 118,1 = ZBR 2003, 278 = PersV 2003, 348 = ZfPR 2003, 262). Soweit unvorhersehbare, bei der Haushaltsanforderung noch nicht berücksichtigte Aufwendungen entstehen, ist der entsprechende Bedarf so rechtzeitig anzumelden, dass noch eine Nachbewilligung möglich ist (BVerwG v. 24. 11. 1986, ZBR 1987, 220 = PersV 1987, 422; Fischer u. a., § 44 Anm. 9 e). Die Personalvertretung hat ihre Tätigkeit so zu gestalten, dass die dadurch entstehenden, von der Dienststelle zu tragenden Kosten die zur Verfügung stehenden Haushaltsmittel nicht überschreiten. Als Bestandteil der nach Art. 20 Abs. 3 GG an Gesetz und Recht gebundenen vollziehenden Gewalt ist sie verpflichtet, neben allen sonstigen Rechtsvorschriften auch die Grundsätze der Sparsamkeit und Wirtschaftlichkeit zu beachten, die ihren Ausdruck u. a. in dem durch das Haushaltsgesetz festgestellten Haushaltsplan

finden. Der Haushaltsplan bildet mit dem Haushaltsgesetz eine Einheit. Er ist ein Teil der von der vollziehenden Gewalt zu beachtenden Rechtsordnung. Personalvertretungen sind von der rechtlichen Bindungswirkung, die der Haushaltsplan entfaltet, nicht ausgenommen (BVerwG v. 24. 11. 1986, aaO; BVerwG v. 26. 2. 2003, aaO; OVG Lüneburg v. 15. 7. 1998, PersV 1999, 188).

26a b) Rechtzeitig vor Aufstellung des jeweiligen Haushaltsplans hat **die Personalvertretung ihren** voraussichtlichen finanziellen **Bedarf** an Mitteln zur Erfüllung der regelmaßsig an fallenden Aufgaben beim Dienststellenleiter **anzumelden,** damit dieser die entsprechenden Haushaltsanforderungen zur Deckung der Kosten aus dem Haushalt des laufenden Jahres stellen kann (vgl. auch Anm. 1a sowie Lorenzen u. a., § 44 Anm. 12). Meldet eine Personalvertretung dagegen einen die Haushaltsansätze übersteigenden, unvorhersehbaren und unabweisbaren Mittelbedarf nicht rechtzeitig an, so besteht grundsätzlich keine Nachschusspflicht (BVerwG v. 24. 11. 1986, ZBR 1987, 220 = PersV 1987, 422) wohl aber dann, wenn aus anderen Titeln des Haushalts Mittel ubertragen werden konnen. Unter Berucksichtigung des Grundsatzes der vertrauensvollen Zusammenarbeit hat ein Dienststellenleiter alles zu versuchen, um dies zu bewirken (OVG Magdeburg v. 1. 2. 1996, ZfPR 1996, 194 im Zusammenhang mit Schulungsveranstaltungen; vgl. ausserdem: OVG Magdeburg v. 6. 10. 1999, ZfPR 2000, 41).

26b c) Grundsätzlich kann der Dienststellenleiter die **Erfüllung von Zahlungsverpflichtungen,** die eine Personalvertretung durch die Wahrnehmung der ihr obliegenden Aufgaben verursacht hat, **nicht** mit der Begründung **ablehnen,** die dafür vorgesehenen Haushaltsmittel seien erschöpft; denn die Dienststelle ist gegenüber der Personalvertretung dafür verantwortlich, dass die zur sachgemäßen Personalratsarbeit erforderlichen Mittel zur Verfügung stehen (OVG Koblenz v. 15. 1. 2002, PersV 2002, 362; OVG Münster v. 3. 5. 2002, PersV 2002, 451; Lorenzen u. a., § 44 Anm. 12, 12 a). Ist die Dienststelle nicht selbst die mittelbewirtschaftende Stelle, sondern werden die Haushaltsmittel zentral durch eine den einzelnen Dienststellen übergeordnete Behörde bewirtschaftet, so ist der Dienststellenleiter verpflichtet, bei dieser Behörde diejenigen Mittel zu beantragen, die für die bei ihr gebildete Personalvertretung notwendig sind (Ilbertz, Anm. zu OVG Lüneburg v. 21. 5. 1997, ZfPR 1998, 13, 15; OVG Lüneburg v. 15. 7. 1999, PersV 1999, 188).

26c d) Einen die Ansätze des Haushaltsplans übersteigenden, unvorhersehbaren und **unabweisbaren Mittelbedarf** hat die Personalvertretung generell so frühzeitig geltend zu machen, dass eine Nachbewilligung noch möglich ist. Tut sie das nicht, dann besteht keine Nachschusspflicht der Dienststelle (BVerwG v. 24. 11. 1986, ZBR 1997, 220 = PersV 1987, 422; vgl. hierzu kritisch: Lorenzen u. a., § 44 Anm. 12 b sowie OVG Münster v. 3. 5. 2002, PersV 2002, 451 = Leits. ZfPR 2003, 48 und § 46 Anm. 46; wegen der für Schulungsveranstaltungen bereitzustellenden Haushaltsmittel vgl. § 46 Anm. 46 c.).

26d e) Im Rahmen von Schulungsmaßnahmen, die nach § 46 Abs. 7 durchgeführt werden, hat die Dienststelle bei entsprechender Antragstellung zu prüfen, ob die erforderlichen **Haushaltsmittel bereitstehen.** Ist das nicht der Fall, so ist das betreffende Personalratsmitglied auf diesen Tatbestand hinzuweisen, sobald es die Teilnahmeabsicht anzeigt. Nimmt das Personalratsmitglied dennoch an der Veranstaltung teil, so hat es die Kosten selbst zu tragen

(BVerwG v. 4. 2. 1988, ZBR 1988, 196 = PersV 1988, 501; OVG Lüneburg v. 19. 3. 1997 – 18 L 7858/95, n.v.). Wenn allerdings aus anderen Titeln des Haushalts der Personalvertretung für die Teilnahme an Schulungsveranstaltungen Mittel übertragen werden können, so hat die Dienststelle unter Berücksichtigung des Gebots der vertrauensvollen Zusammenarbeit alles zu versuchen, um dies zu bewirken (OVG Magdeburg v. 22. 5. 1997, ZfPR 2000, 41).

f) Wenn Haushaltsmittel zwar noch vorhanden sind, von der mittelbewirtschaftenden Stelle jedoch einseitig verbindlich mit einer Zweckbestimmung nachbewilligt werden, dann ist es notwendig, dass auch die örtliche Personalvertretung bei der Ermittlung und Festlegung des Bedarfs an Haushaltsmitteln beteiligt wird. Eine einseitige Zweckbestimmung „von oben" entspricht nicht der Rechtsstellung der Personalvertretungen, die als innerdienstlich verselbstständigte Teile einer Dienststelle mit eigener Kompetenz ausgestattet und denen Aufgabenstellungen zugewiesen sind, die sie als gleichrangiges, weisungsunabhängiges Organ qualifizieren. Daher ist eine **einseitig festgelegte Zweckbestimmung nachbewilligter Haushaltsmittel** für eine Personalvertretung grundsätzlich **nicht verbindlich** (OVG Münster v. 3. 5. 2002, PersV 2002, 451 = Leits. ZfPR 2003, 48; vgl. hierzu auch BVerwG v. 7. 12. 1994, BVerwGE 97, 166 = PersV 1995, 369 = ZfPR 1995, 85). 26e

11. Ein **Dienststellenleiter** ist, da von der Personalvertretung zur Aufgabenerfüllung öffentliche Mittel in Anspruch genommen werden, nicht nur berechtigt, sondern auch verpflichtet **nachzuprüfen,** ob sich die kostenverursachende Tätigkeit der Personalvertretung im Rahmen ihrer gesetzlichen Aufgabenstellung hält und ob sich die Interessenvertretung im Rahmen ihres pflichtgemäßen Ermessens bewegt hat (BVerwG v. 28. 7. 1989, ZBR 1990, 53 = PersV 1989, 488 = ZfPR 1989, 166; OVG Münster v. 3. 5. 2002, PersV 2002, 451 = Leits. ZfPR 2003, 48; Lorenzen u. a., § 44 Anm. 11 c; vgl. im Übrigen auch Anm. 5). Das Prüfungsrecht des Dienststellenleiters ergibt sich auch daraus, dass er nur zur Erstattung der für die Personalratsarbeit erforderlichen Kosten verpflichtet ist. Infolgedessen hat er ein legitimes Interesse daran, zumindest in Umrissen die Ursachen für die Entstehung von Kosten zu erfahren, so dass die Bitte, die entstandenen Kosten nachzuweisen, grundsätzlich keine unzulässige Behinderung der Personalratstätigkeit darstellt (Matthes, RDV 1987, 1, 7; vgl. hierzu auch Anm. 1 sowie § 1 Anm. 33, § 8 Anm. 4 und § 75 Anm. 219). Hat ein Dienststellenleiter die Kosten erstattet, so ist er nicht mehr berechtigt zu prüfen, ob die Maßnahmen, die zur Entstehung der Kosten geführt haben, tatsächlich im Rahmen der gesetzlich übertragenen Aufgabenerfüllung lagen oder ob es Möglichkeiten gegeben hätte, sie zu vermeiden (BVerwG v. 22. 6. 1962, BVerwGE 14, 282 = ZBR 1962, 286 = PersV 1962, 180). 27

III. Streitigkeiten

1. Streitigkeiten über die **Erforderlichkeit und das Ausmaß von Aufwendungen** sowie darüber, ob überhaupt Kosten „durch die Tätigkeit des Personalrats" entstanden sind, entscheiden die Verwaltungsgerichte nach § 83 Abs. 3 Nr. 3, da es sich um Fragen der Geschäftsführung handelt. Die Gerichte sind darauf beschränkt festzustellen, ob ein kostenverursachender Beschluss der Personalvertretung aufgrund der konkreten Situation der Erledigung gesetzlicher Aufgaben dient und ob bei der Beschlussfassung sowohl die Interessen der Beschäftigten als auch berechtigte Interessen der Dienststelle berücksichtigt worden sind. Wenn sich die Entscheidung der Personalvertretung im Rahmen ihres Beurteilungsspielraums bewegt und 28

wenn die beanspruchten Kosten auf die Erledigung personalvertretungsrechtlicher Aufgaben zurückzuführen sind, dann können die Verwaltungsgerichte die Entscheidung der Personalvertretung nicht ersetzen (vgl. insoweit auch für das BetrVG: BAG v. 27. 11. 2002, ZBVR 2003, 146). Wohl aber kann eine Personalvertretung ihren Anspruch auf Raumbedarf im Wege eines Verpflichtungsantrags durchsetzen (BVerwG v. 29. 6. 2004, PersV 2004, 436 = ZfPR 2004, 324).

29 2. Über die Erstattung von Aufwendungen (u. a., Reisekosten) einzelner Personalratsmitglieder ist nach § 83 Abs. 1 Nr. 3 zu entscheiden (BVerwG v. 27. 4. 1983, BVerwGE 67, 135 = ZBR 1984, 82 = PersV 1984, 324). Insgesamt können alle personalvertretungsrechtlichen Ansprüche geltend gemacht werden, die auf die Wahrnehmung gesetzlicher Aufgaben gestützt sind (BVerwG v. 14. 2. 1990, PersV 1990, 351 = ZfPR 1990, 139; OVG Saarlouis v. 30. 7. 2003, PersR 2004, 70; Lorenzen u. a., § 44 Anm. 51). Die Dienststelle ihrerseits kann gegen eine Personalvertretung keinen Erstattungsanspruch geltend machen; denn § 44 regelt lediglich einen **Erstattungsanspruch der Personalvertretung gegenuber der Dienststellenleitung,** nicht aber umgekehrt. Auf diese Vorschrift kann sich daher ein Dienststellenleiter selbst dann nicht gegenüber einem einzelnen Personalratsmitglied berufen, wenn er zuvor Gerichtskosten für ein von der Personalvertretung mutwillig in Gang gesetztes Beschlussverfahren gezahlt hat (OVG Koblenz v. 9. 7. 1996, Leits. ZfPR 1997, 17). Ein Personalratsmitglied, das gegen den Dienststellenleiter auf Erstattung von Reisekosten für Personalratstätigkeit geklagt und teilweise obsiegt hat, kann einen Anspruch auf Erstattung der ihm in diesem Verfahren entstandenen außergerichtlichen Kosten gegen den Dienststellenleiter geltend machen. Die Anwaltskosten aus einem entsprechenden Gerichtsverfahren über die Erstattung der Reisekosten entstehen dem Personalratsmitglied deshalb, weil die Ursache im personalvertretungsrechtlichen Bereich liegt, nämlich in der Wahrnehmung von Personalratstätigkeit in Form von Reisen zu Sitzungen. In dem entsprechenden Rechtsstreit geht es daher nicht um die Durchsetzung von Ansprüchen aus dem Beschäftigungsverhältnis, sondern um den Anspruch auf Erstattung von Reisekosten für Personalratstätigkeit, der seinen Grund folglich in der amtlichen Tätigkeit hat.

30 3. Eine Personalvertretung kann auch selbst eine gerichtliche Feststellung hinsichtlich der einem **Mitglied zustehenden Erstattungsansprüche** begehren. Dabei handelt es sich um einen Fall organschaftlicher Prozessstandschaft (BVerwG v. 7. 12. 1994, BVerwGE 97, 166 = PersV 1995, 369 = ZfPR 1995, 85).

Schrifttum: Allgaier, Reisekostenvergütungen für Personalratsmitglieder im Bundesdienst, ZfPR 1995, 27; Altvater, Sachaufwand, Büropersonal und Bekanntmachungen des Personalrats, PersR 2003, 261; Ameln, Zur Erstattung von Reisekosten an Personalratsmitglieder, DÖD 1976, 251; Auffarth, Freistellung von Personalratsmitgliedern und Geschäftsführungskosten des Personalrats nach der Rechtsprechung des Bundesverwaltungsgerichts und des Bundesarbeitsgerichts, PersV 1968, 104; Beckschulze, Betriebsratskosten für moderne Kommunikationsmittel, DB 1998, 1815; ders., Internet-, Intranet- und E-Mail-Einsatz am Arbeitsplatz, DB 2003, 2777; Beckschulze-Henkel, Der Einfluss des Internets auf das Arbeitsrecht, DB 2001, 1491; Bieler, Welche Kosten der Personalvertretung trägt die Dienststelle?, PersV 1979, 177; Boegl, Private Internetnutzung am Arbeitsplatz, ZBVR online 9/2006, 5.18; Böhm, Akten, Geschäftsräume und Schwarzes Brett des Betriebsrats, RdA 1974, 88; Bosch, Der Telefonanschluss des Personalrats, PersV 1995, 199; ders., Der Geschäftsbetrieb des Personalrats,

PersV 1998, 539; Däubler, Personalrat, E-Mail und Internet, ZfPR 2001, 314; Dannhäuser, Der Anspruch der Personalvertretung auf Fachliteratur, PersV 1989, 369; Ernst, Der Arbeitgeber, die E-Mail und das Internet, NZA 2002, 589; Fischer, Erlaubte und verbotene Privatnutzung des Internets am Arbeitslatz, ArbuR 2005, 91; Ilbertz, Neue Medien = neue Fragen in der Personalratsarbeit, ZfPR 2007, 215; Jansen, Anspruch des Betriebsrats auf Intranetnutzung?, BB 2003, 1726; Kersten, Personalvertretung und Computer – Rechtsprobleme der computergestützten Datenverarbeitung durch Personalvertretungen, PersV 2001, 307; ders., Personalvertretung und Computer, PersV 2002, 307; ders.; Jenseits des Schwarzen Bretts – Zur Informationsarbeit der Personalvertretungen im „digitalen Zeitalter", ZfPR 2004, 175; Kiper, Internetgestützte Personalratsarbeit, PersR 2004, 205; Klebe-Kunz, Vom Federhalter zum PC – Wann beginnt die Neuzeit für Betriebsräte?, NZA 1990, 257; Klimpe-Auerbach, Kostentragungspflicht der Dienststelle, PersR 2007, 229; Krichel, Zur EDV-Nutzung durch den Betriebsrat, NZA 1989, 668; Kunze, Erstattung von Kostenvorschüssen eines Rechtsanwalts durch die Dienststelle und sonstige Fragen (§ 44 BPersVG), PersV 1978, 338; ders., Der presserechtliche Gegendarstellungsanspruch des Personalrats, RiA 1979, 48; ders., Die Bekanntmachungen des Personalrats, PersV 2001, 444; Lecheler, Der Anspruch des Personalrats auf eigene Fachliteratur, PersV 1988, 241; Leisten, Kostenerstattung für arbeitsrechtliche Zeitschriften des Betriebsrats, BB 1981, 665; Matthes, Neue Rechtsprechung des Bundesarbeitsgerichts zur Mitbestimmung des Betriebsrates bei der technischen Überwachung, RDV 1987, 1; Prull, Benutzung privateigener Kraftfahrzeuge bei Reisen von Personalratsmitgliedern, PersV 1967, 30; Ruppert, Kostentragungspflicht der Dienststelle: Konfliktfelder „Geschäftsbedarf" und „Schulungsveranstaltung", PersV 2001, 338; Schwerdtner, Rechtsprobleme der Kostenübernahme beim Bezug von Zeitschriften im Rahmen der Betriebsratstätigkeit, DB 1981, 983; Sembdner, Die Kosten der Personalvertretung, PersV 1960, 241; Simianer, Teilrechtsfähigkeit oder Vertretungsbefugnis des Personalrats bei der Zuziehung eines Rechtsanwalts, PersV 1994, 300; Spoo, Weiss-Weyand, Der Anspruch der Personalvertretung auf Bereitstellung einer Fachzeitschrift, AuR 1987, 90; Süllwold, Nutzung der neuen Informations- und Kommunikationstechniken Intranet, E-Mail und Internet durch die in der Dienststelle/im Betrieb vertretenen Gewerkschaften, ZfPR 2003, 276; Vogelgesang, Anspruch auf Nutzung neuer Technologien durch die Personalvertretungen, ZfPR 2002, 141; ders., Die Pflicht der Dienststelle zur Erstattung der Kosten der Personalvertretung, PersV 2003, 4; Wahlers, Der Anspruch des Personal-(Betriebs-)rats auf Überlassung von Büropersonal, PersV 2006, 124; Windscheid, Anwaltskosten, die durch die Tätigkeit des Personalrats entstanden sind, ZBR 1961, 241; ders., Trägt die Dienststelle die außergerichtlichen Kosten einer Wahlanfechtung?, ZBR 1962, 73; ders., Außergerichtliche Kosten einzelner Personalratsmitglieder, ZBR 1970, 255; ders., Rechtsanwaltskosten im Beschlussverfahren nach § 76 PersVG, PersV 1969, 264; Wolber, Die Übernahme von Reisekosten nach § 44 Abs. 1 BPersVG bei im Gemeinschaftsinteresse vorgenommenen Handlungen des Personalrats, ZBR 1976, 304; ders., Informationsquellen einer Personalvertretung, ZfPR 1994, 19.

§ 45 [Verbot der Beitragserhebung]

Der Personalrat darf für seine Zwecke von den Beschäftigten keine Beiträge erheben oder annehmen.

Entspr. landesgesetzliche Regelungen:
Baden-Württemberg: § 46; Bayern: Art. 45; Berlin: § 41; Brandenburg: § 44 Abs. 4; Bremen: § 42; Hamburg: § 47; Hessen: § 43; Mecklenburg-Vorpom-

mern: § 36; Niedersachsen: § 38; Nordrhein-Westfalen: § 41; Rheinland-Pfalz: § 45; Saarland: § 44; Sachsen: § 45 Abs. 4; Sachsen-Anhalt: § 43; Schleswig-Holstein: § 35; Thüringen: § 44 Abs. 4.

Entspr. Vorschrift des BetrVG: § 41.

1 1. Mit der Vorschrift, die auch für Stufenvertretungen (§ 54), Gesamtpersonalrat (§ 56) und Sondervertretungen (§§ 62, 65) gilt, soll die **Unabhängigkeit der Personalvertretung** sichergestellt werden; außerdem sollen aber auch die Beschäftigten geschützt werden. Wie den einzelnen Mitgliedern der Personalvertretung durch § 46 Abs. 1 (Ehrenamt) und § 67 Abs. 1 (Begünstigungsverbot) die Annahme irgendwie gearteter Leistungen persönlich verboten ist, so darf auch die **Personalvertretung als Organ** derartige Leistungen nicht fordern oder annehmen. Ein abweichender Beschluss der Personalvertretung würde wegen Verstoßes gegen ein gesetzliches Verbot nichtig sein (§ 134 BGB). Infolgedessen ist es einer Personalvertretung untersagt, eine von ihr für die Beschäftigten herausgegebene Informationsschrift selbst zu finanzieren. Ein eigener Finanzbedarf entfällt im Hinblick auf § 44, wonach die durch die Tätigkeit der Personalvertretung entstehenden Kosten von der Dienststelle zu tragen sind. Auch kann eine Personalvertretung von ihren Mitgliedern keine Umlage zur Finanzierung von Informationsschriften erheben; denn die Personalratsmitglieder gehören zum Kreis der Beschäftigten, von denen Beiträge nicht erhoben oder angenommen werden dürfen. Die Kosten für Informationsschriften der Personalvertretung sind daher im Rahmen des § 44 grundsätzlich von der Dienststelle zu tragen. Auch wenn diese sich gegen die Übernahme von Kosten sperrt, so ist die Personalvertretung nicht berechtigt, durch eine Umlage bei ihren Mitgliedern oder den Beschäftigten der Dienststelle noch durch Zuwendungen Dritter (z. B. kostenloser Druck) die Informationsschrift zu finanzieren. Eine Zuwiderhandlung wäre ein Verstoß gegen das Gebot der Objektivität und Neutralität ihrer Amtsführung bzw. gegen das Verbot, Beiträge von den Beschäftigten zu erheben (BVerwG v. 10. 10. 1990, Leits. ZBR 1991, 58 = PersV 1991, 272 = ZfPR 1991, 37; vgl. auch Widmaier, Anm. zu OVG Münster v. 11. 10. 1988, PersV 1989, 389).

2 2. Die Personalvertretung darf auch sonstige Leistungen irgendwelcher Art nicht entgegennehmen. Dies auch dann nicht, wenn die **Leistung freiwillig** gewährt wird. Unerheblich ist auch, von wem die Leistung oder Zuwendung erfolgt, ob z. B. von politischen Parteien oder von Gewerkschaften (Lorenzen u. a., § 45 Anm. 6). Das Verbot der Annahme richtet sich an die Personalvertretung und ihre Mitglieder. Indirekt untersagt es gleichzeitig den Beschäftigten das Angebot und die Hingabe der Leistung. Die aus freiem Willen eines einzelnen Beschäftigten bewirkte Leistung würde nach § 817 Satz 1 BGB zurückgefordert werden können; denn der Verstoß gegen § 45 kann nur der Personalvertretung, nicht dem Leistenden vorgeworfen werden (Fischer u. a., § 45 Anm. 13; Lorenzen u. a., § 45 Anm. 5; Sembdner, PersV 1960, 241).

3 3. Dass die Personalvertretung nicht nur von den Beschäftigten, sondern auch von der Dienststelle keine Beiträge i. S. des § 45 fordern oder annehmen darf, ergibt sich auch aus § 44 Abs. 1, wonach die Dienststelle ohnehin die gesamten Kosten der Personalvertretung zu tragen hat. Die Dienststelle, die dennoch eine solche Leistung gewähren würde, würde nicht nur gegen das BPersVG, sondern auch gegen haushaltsrechtliche Vorschriften verstoßen. Ebensowenig ist es der Personalvertretung gestattet, **Sammlungen** für ihre Zwecke oder für Dritte durchzuführen. Infolgedessen ist das Einsammeln von Gewerkschaftsbeiträgen unzulässig (Richardi u. a., § 45 Anm. 10). Eine solche Tätigkeit gehört nämlich nicht zu den Aufgaben der Personalvertretung und würde sich

auch nicht in Einklang mit dem Gebot der Neutralität bringen lassen (Richardi u. a., § 45 Anm. 8).

4. **„Für seine Zwecke"** bedeutet, dass die Personalvertretung zur ordnungsgemäßen Durchführung ihrer Aufgaben **weder einmalige noch laufende Beiträge** fordern oder entgegennehmen darf. Damit ist nicht die Erlaubnis erteilt, für fremde Zwecke Beiträge zu erheben oder anzunehmen. Darunter fällt auch das Verbot, sich außerdienstlichen wirtschaftlichen Interessen der Beschäftigten (Warenbezugsgemeinschaften) zu widmen sowie das Verbot, **Sammlungen** für andere Zwecke, die in keinem unmittelbaren Zusammenhang mit der Aufgabenerfüllung der Personalvertretung stehen, durchzuführen, und zwar auch dann nicht, wenn sie sich auf einen bestimmten Zweck (Einziehen von Gewerkschaftsbeiträgen oder das Sammeln für einen Kranz, ein Jubiläum etc.; vgl. Anm. 3) beziehen; denn die Personalvertretung insgesamt tritt in Ausübung ihres Amtes auf (Engelhard-Ballerstedt, § 53 Anm. 9). Deshalb kann es allenfalls als zulässig angesehen werden, wenn ein einzelnes Mitglied der Personalvertretung für seine Person und in seiner Eigenschaft als Beschäftigter Sammlungen zugunsten der Gemeinschaft der Beschäftigten durchführt (Fischer u. a., § 45 Anm. 9; Lorenzen u. a., § 45 Anm. 8, die diese Auslegung als zu eng ansehen). Wohl aber wird man es für zulässig halten können, wenn eine Personalvertretung Sammlungen auf dem Gebiet zwischenmenschlicher Beziehungen (Sammeln für einen Kranz, für ein Jubiläum, für Geburtstags- oder Abschiedsgeschenke, für Weihnachtsfeiern oder Betriebsausflüge etc.) durchführt. Dadurch wird nicht die Pflicht zur objektiven und neutralen Amtsführung verletzt oder die Unabhängigkeit gefährdet (Fischer u. a., § 45 Anm. 9; Lorenzen u. a., § 45 Anm. 8). 4

5. **Streitigkeiten** entscheiden die Verwaltungsgerichte nach § 83 Abs. 1 Nr. 3, da es sich hier um Fragen der Geschäftsführung handelt. Eine erhebliche Verletzung des Verbots des § 45 kann einen Ausschluss- bzw. Auflösungsantrag nach § 28 begründen (Fischer u. a., § 45 Anm. 14; Lorenzen u. a., § 45 Anm. 9). 5

Schrifttum: Schaller, Das Umlageverbot im Personalvertretungsrecht – Erhebung von Beiträgen, Annahme von Geldern und Bildung von Fonds durch den Personalrat, ZfPR 2006, 26; Sembdner, Die Kosten der Personalvertretung, PersV 1960, 241; Widmaier, Anm. zu OVG Münster v. 11. 10. 1988, PersV 1989, 389.

Vierter Abschnitt **Rechtsstellung der Personalratsmitglieder**

§ 46 [Ehrenamt, Dienstversäumnis, Freistellung]

(1) Die Mitglieder des Personalrates führen ihr Amt unentgeltlich als Ehrenamt.

(2) Versäumnis von Arbeitszeit, die zur ordnungsgemäßen Durchführung der Aufgaben des Personalrates erforderlich ist, hat keine Minderung der Dienstbezüge oder des Arbeitsentgeltes zur Folge. Werden Personalratsmitglieder durch die Erfüllung ihrer Aufgaben über die regelmäßige Arbeitszeit hinaus beansprucht, so ist ihnen Dienstbefreiung in entsprechendem Umfang zu gewähren.

(3) Mitglieder des Personalrates sind von ihrer dienstlichen Tätigkeit freizustellen, wenn und soweit es nach Umfang und Art der Dienststelle zur ord-

nungsgemäßen Durchführung ihrer Aufgaben erforderlich ist. Bei der Auswahl der freizustellenden Mitglieder hat der Personalrat zunächst die nach § 32 Abs. 1 gewählten Vorstandsmitglieder, sodann die nach § 33 gewählten Ergänzungsmitglieder und schließlich weitere Mitglieder zu berücksichtigen. Bei weiteren Freistellungen sind die auf die einzelnen Wahlvorschlagslisten entfallenden Stimmen im Wege des Höchstzahlverfahrens zu berücksichtigen, wenn die Wahl des Personalrates nach den Grundsätzen der Verhältniswahl durchgeführt (§ 19 Abs. 3 Satz 1) wurde; dabei sind die nach Satz 2 freigestellten Vorstandsmitglieder von den auf jede Wahlvorschlagsliste entfallenden Freistellungen abzuziehen. Im Falle der Personenwahl (§ 19 Abs. 3 Satz 2) bestimmt sich die Rangfolge der weiteren freizustellenden Mitglieder nach der Zahl der für sie bei der Wahl zum Personalrat abgegebenen Stimmen. Sind die Mitglieder der im Personalrat vertretenen Gruppen teils nach den Grundsätzen der Verhältniswahl, teils im Wege der Personenwahl gewählt worden, sind bei weiteren Freistellungen die Gruppen entsprechend der Zahl ihrer Mitglieder nach dem Höchstzahlverfahren zu berücksichtigen. Innerhalb der Gruppen bestimmen sich die weiteren Freistellungen in diesem Fall je nach Wahlverfahren in entsprechender Anwendung des Satzes 3 und nach Satz 4. Die Freistellung darf nicht zur Beeinträchtigung des beruflichen Werdegangs führen.

(4) Von ihrer dienstlichen Tätigkeit sind nach Absatz 3 ganz freizustellen in Dienststellen mit in der Regel

300 bis 600 Beschäftigten	ein Mitglied,
601 bis 1 000 Beschäftigten	zwei Mitglieder,
1 001 bis 2 000 Beschäftigten	drei Mitglieder,
2 001 bis 3 000 Beschäftigten	vier Mitglieder,
3 001 bis 4 000 Beschäftigten	fünf Mitglieder,
4 001 bis 5 000 Beschäftigten	sechs Mitglieder,
5 001 bis 6 000 Beschäftigten	sieben Mitglieder,
6 001 bis 7 000 Beschäftigten	acht Mitglieder,
7 001 bis 8 000 Beschäftigten	neun Mitglieder,
8 001 bis 9 000 Beschäftigten	zehn Mitglieder,
9 001 bis 10 000 Beschäftigten	elf Mitglieder.

In Dienststellen mit mehr als 10 000 Beschäftigten ist für je angefangene weitere 2 000 Beschäftigte ein weiteres Mitglied freizustellen. Von den Sätzen 1 und 2 kann im Einvernehmen zwischen Personalrat und Dienststellenleiter abgewichen werden.

(5) Die von ihrer dienstlichen Tätigkeit ganz freigestellten Personalratsmitglieder erhalten eine monatliche Aufwandsentschädigung. Nur teilweise, aber mindestens für die Hälfte der regelmäßigen Arbeitszeit freigestellte Personalratsmitglieder erhalten die Hälfte der Aufwandsentschädigung nach Satz 1. Die Bundesregierung bestimmt durch Rechtsverordnung, die nicht der Zustimmung des Bundesrates bedarf, die Höhe der Aufwandsentschädigung.

(6) Die Mitglieder des Personalrates sind unter Fortzahlung der Bezüge für die Teilnahme an Schulungs- und Bildungsveranstaltungen vom Dienst freizustellen, soweit diese Kenntnisse vermitteln, die für die Tätigkeit im Personalrat erforderlich sind.

(7) Unbeschadet des Absatzes 6 hat jedes Mitglied des Personalrates während seiner regelmäßigen Amtszeit Anspruch auf Freistellung vom Dienst unter Fortzahlung der Bezüge für insgesamt drei Wochen zur Teilnahme an Schulungs- und Bildungsveranstaltungen, die von der Bundeszentrale für politische Bildung als geeignet anerkannt sind. Beschäftigte, die erstmals das Amt eines Personalratsmitgliedes übernehmen und nicht zuvor Jugendvertreter gewesen sind, haben einen Anspruch nach Satz 1 für insgesamt vier Wochen.

Inhaltsübersicht

Entspr. landesgesetzlicher Regelungen:
Baden-Württemberg: § 47; Bayern: Art. 46; Berlin: §§ 42, 43; Brandenburg: §§ 45, 46; Bremen: § 39; Hamburg: §§ 48, 49; Hessen: § 40; Mecklenburg-Vorpommern: §§ 37 bis 39; Niedersachsen: §§ 39, 40; Nordrhein-Westfalen: § 42; Rheinland-Pfalz: §§ 39, 40, 41; Saarland: § 45; Sachsen: §§ 46, 47; Sachsen-Anhalt: §§ 44, 45; Schleswig-Holstein: § 1 Abs. 4, § 36; Thüringen: §§ 45, 46.

Entspr. Vorschriften des BetrVG: §§ 37, 38.

I. Personalratsamt als Ehrenamt (Abs. 1)

1 1. Die Vorschrift regelt die **Rechtsstellung der Mitglieder der Personalvertretung.** Die Bestimmung verdeutlicht, dass das Personalratsamt ein Ehrenamt ist und dass mit der Tätigkeit kein Einkommensverlust verbunden sein darf. Gleichzeitig wird die **innere Unabhängigkeit** der Mitglieder der Personalvertretung (äußere Unabhängigkeit: §§ 8, 47) geschützt. Darüber hinaus geht es um die zeitweilige oder dauerhafte Freistellung vom Dienst und um Richtlinien für die Auswahl der freizustellenden Personalratsmitglieder sowie um eine Freistellungsstaffel für Mitglieder der örtlichen Personalvertretungen, um eine monatliche Aufwandsentschädigung, darüber hinaus um Regelungen zur Teilnahme von Personalratsmitgliedern an Schulungs- und Bildungsveranstaltungen.

2. Die Mitglieder der Personalvertretung üben ein **öffentliches Ehrenamt** aus (vgl. auch § 1 Anm. 44), bei dem weisungsunabhängig öffentliche Aufgaben wahrgenommen werden. Zum Wesen des Ehrenamts gehört die **Unentgeltlichkeit.** Sie schützt die Unabhängigkeit des Inhabers des Amtes. Den Mitgliedern der Personalvertretung darf daher keinerlei Vergütung geleistet werden, auch nicht in versteckter Form, z. B. durch Dienstbefreiung, die nicht „erforderlich" i. S. des § 46 Abs. 2 ist, durch Zuweisung eines besseren Arbeitsplatzes (Fischer u. a., § 46 Anm. 11), durch bevorzugte berufliche Förderung, durch Zahlung von Lohn für die Zeit einer nicht erforderlichen Arbeitsversäumnis, durch Zahlung von Überstundenvergütungen für außerhalb der regelmäßigen Arbeitszeit wahrgenommene Personalratsarbeit (vgl. für das BetrVG: BAG v. 22. 5. 1986, DB 1987, 282); in diesem Fall kann lediglich Dienstbefreiung in entsprechendem Umfang nach Abs. 2 Satz 2 gewährt werden (Lorenzen u. a., § 46 Anm. 12). Ein Verstoß gegen § 8 liegt dann vor, wenn zwischen einem Teilzeitbeschäftigten, der als Personalratsmitglied von der beruflichen Tätigkeit freigestellt ist und der Dienststellenleitung vereinbart wird, die zu vergütende wöchentliche Arbeitszeit wegen des großen Umfangs der Personalratstätigkeit von bisher 19,25 Stunden auf 30 Stunden für die Dauer der Freistellung pauschal zu erhöhen (vgl. für das BetrVG: BAG v. 16. 2. 2005, PersR 2005, 500). Die Mitglieder der Personalvertretungen dürfen Vergütungen weder vom Dienststellenleiter noch von den Beschäftigten noch von Außenstehenden annehmen (§ 45) oder gar fordern. Die Zuwiderhandlung kann sich bei einem Beamtenmitglied einer Personalvertretung als ein Dienstvergehen darstellen (BVerwG v. 20. 4. 1971, Dok. Berichte 1972, 4111), für ein Arbeitnehmermitglied eventuell zur Kündigung führen. Mitgliedern der Personalvertretungen darf eine Vergütung nicht nur nicht geleistet, sie darf ihnen auch nicht versprochen werden (Lorenzen u. a., § 46 Anm. 16). Auch im Falle einer Aussperrung darf Personalratsmitgliedern keine Vergütung gezahlt werden, obwohl nur das Arbeitsverhältnis der Personalratsmitglieder, nicht aber das Personalratsamt ausgesetzt wird. Übt der betreffende Arbeitnehmer während der Aussperrung Personalratstätigkeit aus, so begründet dies keinen Vergütungsanspruch, da das Personalratsamt unentgeltlich als Ehrenamt wahrzunehmen ist. Eine Benachteiligung gegenüber den übrigen ausgesperrten Arbeitnehmern erfolgt nicht, da auch diese während der Aussperrung kein Arbeitsentgelt erhalten (vgl. für das BetrVG: BAG v. 25. 10. 1988, BAGE 60, 71 = BB 1988, 2176 = DB 1988, 2311). 2

3. Die Vorschrift ist gem. § 51 Abs. 3 SBG auch auf **Soldatenvertreter** anwendbar. 2a

II. Versäumnis der Arbeitszeit, Fortzahlung von Dienstbezügen/ Arbeitsentgelt (Abs. 2)

1. Grundsätzlich üben Personalratsmitglieder ihre Aufgaben **während der Arbeitszeit** aus. Nur auf diese Weise nämlich ist gesichert, dass ihnen die notwendige Zeit für eine sachgerechte Aufgabenerfüllung zur Verfügung steht. Deshalb auch bestimmt Abs. 2 Satz 1, dass die Versäumnis von Arbeitszeit, soweit sie zur ordnungsgemäßen Durchführung der Aufgaben der Personalvertretung erforderlich ist, nicht zu einer Minderung der Dienstbezüge oder des Arbeitsentgelts führen darf. Die Teilnahme an Personalratssitzungen hat daher keine finanziellen Einbußen zur Folge. Obwohl die Tätigkeit in der Personalvertretung „kein Dienst im Sinne von § 72 Abs. 2 BBG i.V. mit § 7 AZVO" (Arbeitszeitverordnung v. 15. 6. 1954, BGBl. I S. 149, i. d. F. d. Bekanntm. v. 3. 8. 1999, BGBl. I S. 1745, zul. geänd. d. V. v. 19. 12. 2003, BGBl. I S. 2802) ist (vgl. auch BVerwG v. 7. 10. 1964, BVerwGE 19, 279 = 3

ZBR 1964, 367 = PersV 1965, 61), geht die Tätigkeit in der Personalvertretung dem planmäßigen Dienst des betreffenden Personalratsmitglieds grundsätzlich vor (OVG Münster v. 26. 10. 1956, ZBR 1957, 93 für die Mitglieder des Wahlvorstands); denn sie dient der ordnungs- und sachgemäßen Erfüllung der Aufgaben der Personalvertretung (BVerwG v. 26. 10. 1977, ZBR 1978, 242 = PersV 1979, 112). Allerdings müssen Personalratsmitglieder die Dringlichkeit der beruflichen Tätigkeit und der Verrichtung von Personalratsarbeit gegeneinander abwägen und notfalls der beruflichen Tätigkeit dann den Vorzug geben, wenn diese zu einem bestimmten Zeitpunkt dringend erforderlich ist (vgl. für das BetrVG: BAG v. 11. 6. 1997, Leits. ZBVR 1998, 73 = ZTR 1997, 524).

3a a) Die von ihrer beruflichen Tätigkeit freigestellten Personalratsmitglieder haben die der Personalvertretung obliegenden Aufgaben während der **dienstüblichen Arbeitszeit** abzuwickeln. Sie sind von der Pflicht zur Arbeitsleistung befreit; in gleichem Umfang aber sind sie verpflichtet, diejenigen personalvertretungsrechtlichen Tätigkeiten auszuüben, für die sie freigestellt worden sind (vgl. für das BetrVG: BAG v. 28. 8. 2002, BB 2003, 1018 = DB 2003, 1963).

4 2. Personalratsmitglieder haben **Anspruch auf Dienstbefreiung,** wenn sie durch die Erfüllung ihrer Aufgaben über die regelmäßige Arbeitszeit hinaus beansprucht werden (Abs. 2 Satz 2). Voraussetzung für diesen Anspruch ist, dass das betreffende Personalratsmitglied Personalratsaufgaben (Teilnahme an Sitzungen, Abhalten von Sprechstunden etc.) wahrnimmt. Grundsätzlich aber ist die Personalratsarbeit während der regelmäßigen Dienstzeit auszuüben. Fällt die Arbeit ausnahmsweise nicht in diese Zeit, so ist dem betreffenden Personalratsmitglied Dienstbefreiung, nicht aber eine Vergütung zu gewähren. Stets ist nur die tatsächlich aufgewendete Zeit zu berücksichtigen. Der Freizeitausgleich richtet sich nicht nach dem Ausfallprinzip, sondern nach der für die Erledigung von Personalratsaufgaben tatsächlich aufgewendeten Freizeit (BVerwG v. 30. 1. 1986, ZBR 1986, 307 = PersV 1987, 21). Dies gilt gleichermaßen für Vollzeit- wie für Teilzeitbeschäftigte (vgl. für das BetrVG: LAG Frankfurt v. 3. 3. 1988, DB 1988, 1706; LAG Köln v. 17. 5. 1989, PersV 1991, 449; Fischer u. a., § 46 Anm. 29). Wenn ein teilzeitbeschäftigtes Personalratsmitglied über die von ihm regelmäßig zu leistende Arbeitszeit hinaus beansprucht wird, so hat es einen Anspruch auf Freizeitausgleich in dem Umfang, wie einem vollbeschäftigten Personalratsmitglied Dienstbezüge oder Arbeitsentgelt fortgezahlt werden, weil die von ihm ausgeübte Personalratstätigkeit noch in dessen regelmäßige Arbeitszeit fällt (LAG Köln v. 17. 5. 1989, aaO; Bengelsdorf, NZA 1989, 905; Rath, BB 1989, 2326; Richardi, PersR 1991, 397, 401). Bei solchen Personalratsmitgliedern, die von ihrer dienstlichen Tätigkeit für die Ausübung von Personalratsarbeit völlig freigestellt sind, ist eine Dienstbefreiung nur in der Weise möglich, dass sie während der auch für sie geltenden regelmäßigen Arbeitszeit ihrer personalvertretungsrechtlichen Tätigkeit fernbleiben (vgl. für das BetrVG: BAG v. 16. 2. 2005, PersR 2005, 500). Pausen zwischen der Personalratsarbeit werden ebenso wenig angerechnet wie Pausen zwischen der Arbeitszeit (BVerwG v. 30. 1. 1986, aaO). Personalratsmitglieder, die regelmäßig Schichtdienst leisten, erhalten für ihre Personalratstätigkeit, die sie außerhalb ihrer Schichtdienstzeit durch Teilnahme an Personalratssitzungen etc. verrichten, Freizeitausgleich. Das ergibt sich aus der Regelung des § 46 Abs. 2 Satz 2 (aA OVG Koblenz v. 24. 1. 1990, ZBR 1990, 192 für das LPVG RhP). Das Gesetz sieht keinen Freizeitausgleich für solche Tätigkeiten vor, die außerhalb der Arbeitszeit wahrgenommen werden, wie z. B. die Teilnah-

me an Schulungs- und Bildungsveranstaltungen (vgl. für das BetrVG: BAG v. 27. 6. 1990, BAGE 65, 238 = BB 1991, 272 = DB 1991, 49). Ebenso wenig bietet das Gesetz eine Anspruchsgrundlage für die Anrechnung der Zeiten, die ein Personalratsmitglied ohne die Freistellung zur Teilnahme an einer Schulungs- und Bildungsveranstaltung im Rahmen des von ihm zu leistenden Wechselschichtdienstes arbeitszeitmäßig zu leisten gehabt hätte. Es ist nur die auf die Schulungszeit entfallene planmäßige Dienstzeit anzurechnen (OVG Schleswig v. 20. 8. 1993, PersV 1997, 81).

3. Soweit es für die Personalratsarbeit erforderlich ist, hat das einzelne Personalratsmitglied einen gesetzlichen Anspruch auf Dienstbefreiung, so dass es keinen **Antrag auf Dienstbefreiung** zur Erfüllung von Personalratsaufgaben stellen muss (BVerwG v. 12. 6. 1984, Buchholz 238.3 A § 44 BPersVG Nr. 11; BAG v. 19. 9. 1985, BAGE 49, 378 = PersV 1988, 190; Cecior u. a., § 42 Anm. 20; Fischer u. a., § 46 Anm. 18 a; Richardi u. a., § 46 Anm. 19; aA Lorenzen u. a., § 46 Anm. 30). Grundsätzlich muss ein Dienststellenleiter davon ausgehen, dass Personalratsmitglieder ihre Aufgaben im Rahmen einer für das Gremium notwendigen Tätigkeit wahrnehmen. Allerdings hat im Interesse eines ungestörten Dienstablaufs das jeweilige Personalratsmitglied das Verlassen des Arbeitsplatzes beim Dienstvorgesetzten anzumelden (BVerwG v. 9. 3. 1990, BVerwGE 85, 36 = PersV 1990, 315 = ZfPR 1990, 75; OVG Münster v. 1. 4. 1998 – 17 L 2295/96, n.v. sowie die bei § 1 Anm. 26, § 2 Anm. 7 und § 68 Anm. 14 zitierten Entscheidungen). Insgesamt hat ein Dienststellenleiter darauf zu achten, dass Personalratsmitglieder Freizeit für die Ausübung der Personalratstätigkeit nicht in Anspruch nehmen müssen. Eine zusätzliche arbeitsmäßige Belastung in zeitlicher Hinsicht soll durch die Übernahme des Personalratsamtes nicht entstehen (im Ergebnis ebenso: Cecior u. a., § 42 Anm. 22 a). **5**

3 a. **Kein Anspruch auf Freizeitausgleich** besteht bei Reisezeiten, die ein Personalratsmitglied zum Erreichen einer auswärtigen Sitzung außerhalb der regelmäßigen Dienstzeit aufwendet. Dienstreisezeiten außerhalb der regelmäßigen Arbeitszeit werden weder beamten- noch tarifrechtlich als Dienst- bzw. Arbeitszeit angesehen (VGH München v. 7. 1. 1986, Leits. PersR 1988, 28). Hätte der Gesetzgeber eine solche Regelung für den Bereich des Personalvertretungsrechts gewollt, so hätte er dies eindeutig zum Ausdruck bringen müssen, zumal es sich um eine dem öffentlichen Dienst im Grunde systemfremde Regelung gehandelt hätte. Im Übrigen würde die Gewährung eines Freizeitausgleichs für die außerhalb der Dienstzeit liegenden Reisezeiten gegenüber den übrigen Beschäftigten zu einer deutlichen, mit dem Begünstigungsverbot des § 8 nicht in Einklang zu bringenden Besserstellung führen (BAG v. 22. 5. 1986, PersV 1988, 455; BAG v. 9. 7. 1987, Leits. PersR 1988, 168). **5a**

3 b. Freigestellte Personalratsmitglieder, die vor ihrer Freistellung **Zusatzurlaub** für mit Erschwernissen verbundene Tätigkeiten (z. B. Schichtdienst) erhalten haben, haben einen entsprechenden Anspruch auch dann, wenn sie wegen ihrer Freistellung diese Tätigkeiten nicht mehr ausüben können (BVerwG v. 18. 9. 1985, PersV 1988, 351; § 12 Erholungsurlaubsverordnung, EUrlV, v. 6. 8. 1954, BGBl. I S. 243, i. d. F. d. Bekanntm. v. 11. 11. 2004, BGBl. I S. 2831, zul. geänd. d. Art. 2 Abs. 2 V v. 27. 4. 2007, BGBl. I S. 604; § 28 TVöD). Gleiches gilt dann, wenn ein Personalratsmitglied ohne die Freistellung einen Zusatzurlaubsanspruch für Wechselschichtarbeit erworben hätte (BVerwG v. 7. 11. 2007, ZfPR 2008, 71). **5b**

3 c. Einem Personalratsmitglied, das personalvertretungsrechtliche Aufgaben wahrnehmen möchte, kann von Seiten der Dienststelle nicht ent- **5c**

gegengehalten werden, dass die entsprechende Tätigkeit von einem freigestellten Personalratsmitglied wahrgenommen werden könne. Eine entsprechende Entscheidung liegt alleine in der Hand der Personalvertretung selbst, die darüber zu befinden hat, auf welche **Art und Weise** sie ihre **Geschäftsführungsaufgaben wahrnehmen** (Fischer u. a., § 46 Anm. 18 a).

6 4. Die Aufgaben der Personalvertretung fallen **regelmäßig in der Dienststelle** an: Sitzungen (§ 35), das sog. Monatsgespräch (§ 66 Abs. 1), Sprechstunden (§ 43), Entgegennahme von Beschwerden (§ 68 Abs. 1 Nr. 3), sämtliche Vorarbeiten (z. B. Aktenstudium) für eine Ausübung des Mitwirkungs- und Mitbestimmungsrechts, Beratung der Beschäftigten usw. Selbstverständlich können aber auch Aufgaben der Personalvertretung **außerhalb der Dienststelle** anfallen, z. B. Tätigkeiten auf Außenstellen der Dienststelle, Verhandlungen mit der Stufenvertretung, Tätigkeiten auf einer von der Personalvertretung beschlossenen Dienstreise (BVerwG v. 22. 6. 1962, BVerwGE 14, 282 = ZBR 1962, 286 = PersV 1962, 180). Bei regelmäßig anfallenden Personalratstätigkeiten, die zu im allgemeinen dem Dienststellenleiter bekannten Zeiten stattfinden (Personalratssitzungen), ist eine Abwesenheitsmeldung nicht erforderlich (OVG Lüneburg v. 1. 4. 1998, ZfPR 1999, 158; Fischer u. a., § 46 Anm. 18 a; Lorenzen u. a., § 46 Anm. 34). Wenn allerdings eine Arbeitsversäumnis nicht vorhersehbar ist, muss das Personalratsmitglied „mit klarer Begründung“ den Dienststellenleiter unterrichten (BVerwG v. 22. 6. 1962, aaO). Bei **grundloser Verweigerung der Dienstbefreiung** aus Anlass der Wahrnehmung immer wiederkehrender Personalratsaufgaben (Teilnahme an Sitzungen etc.) darf das Personalratsmitglied sich gegen den Widerstand des Dienststellenleiters nicht vom Arbeitsplatz entfernen (aA Dietz-Richardi, § 46 Anm. 21). Dies wäre sowohl mit arbeits- wie auch mit beamtenrechtlichen Grundsätzen und mit dem Grundsatz der vertrauensvollen Zusammenarbeit unvereinbar (Lorenzen u. a., § 46 Anm. 31). In diesem Fall kann nicht zur Selbsthilfe geschritten werden. Vielmehr bleibt dem Personalratsmitglied die Möglichkeit, eine einstweilige Verfügung zu beantragen (Fischer u. a., aaO). Eine unbegründete Verweigerung der Dienstbefreiung durch den Dienststellenleiter würde gegen das Behinderungsverbot nach § 8 verstoßen.

7 5. **Nicht zur ordnungsgemäßen Durchführung der Aufgaben** der Personalvertretung gehören alle Tätigkeiten, die ihr nach dem Gesetz nicht ausdrücklich zugewiesen oder nicht unmittelbar aus ihm abzuleiten sind, z. B. die Vertretung von Beschäftigten vor Gericht (Arbeitsgericht, Verwaltungsgericht, Disziplinargericht), Besuch von Veranstaltungen, die das Personalratsmitglied im Interesse der eigenen Unterrichtung besucht (zur Abgrenzung zu § 46 Abs. 6 vgl. Anm. 30 ff.), Besuch von Betriebs- und Personalräten fremder Dienststellen. Ein **Missbrauch bei der Inanspruchnahme der Dienstbefreiung** für Zwecke der Personalvertretung ist nicht nur eine arbeitsvertragliche Verletzung (der Arbeitnehmer) bzw. ein dienstlicher Verstoß (der Beamten), sondern zugleich ein Pflichtverstoß i. S. des § 28 (Lorenzen u. a., § 46 Anm. 37). Die entsprechenden Voraussetzungen sind aber nur dann erfüllt, wenn die (personalvertretungsrechtliche) Pflichtverletzung auf den dienst- bzw. arbeitsrechtlichen Bereich übergreift (Bieler, ZfPR 1997, 56, 59; vgl. auch § 8 Anm. 11).

8 6. Die zur Versäumnis von Arbeitszeit führende **Tätigkeit muss erforderlich sein.** Entscheidend ist, ob das betreffende Personalratsmitglied „bei gewissenhafter Überlegung und bei ruhiger vernünftiger Würdigung aller Umstände die Arbeitsversäumnis für notwendig halten durfte, um den gestellten

Aufgaben gerecht zu werden“ (vgl. für das BetrVG: BAG v. 6.8.1981, BB 1982, 675 = DB 1982, 758). Die arbeitsversäumende Tätigkeit darf nicht die Behandlung einer Angelegenheit vorschützen, die nicht verhandlungsbedürftig ist, oder gar überhaupt fingiert sein. Eine für die Tätigkeit der Personalvertretung wichtige Verhandlung darf auch in ihrer zeitlichen Ausdehnung nicht künstlich gestreckt werden (BVerwG v. 22. 6. 1962, BVerwGE 14, 282 = ZBR 1962, 286 = PersV 1962, 180). Die Dienststelle darf die Notwendigkeit der Arbeitszeitversäumnis nachträglich prüfen, wobei allerdings zu beachten ist, dass Personalratsmitglieder Anspruch auf eine entsprechende Arbeits-/Dienstbefreiung haben, soweit sie die für die Personalratstätigkeit eingesetzte Zeit für angesichts der Aufgabenstellung angemessen gehalten haben. Den personalvertretungsrechtlichen Pflichten kommt aber kein absoluter Vorrang gegenüber den dienstlichen Pflichten zu. Vielmehr passen die gesetzlichen Regelungen im allgemeinen die Personalratsarbeit in den dienstlichen Betrieb ein. Im Rahmen der vertrauensvollen Zusammenarbeit müssen beide Seiten ernsthaft darum bemüht sein, die personalvertretungsrechtlichen und die dienstlichen Pflichten in Übereinstimmung zu bringen (Bieler, ZfPR 1997, 56). Letztlich entscheidet das Gericht.

7. Auch von ihrer dienstlichen Tätigkeit freigestellte Personalratsmitglieder, die wegen ihrer Freistellung die geschuldete Arbeitsleistung nicht erbringen können, haben Anspruch auf **Weiterzahlung ihrer Bezüge (vgl. Abs. 2 Satz 1)**, und zwar in dem Umfang, wie sie vor Beginn der Freistellung gezahlt worden sind. Grundlage für die Prüfung, in welchem Umfang Dienstbezüge bzw. Arbeitsentgelt für die Zeit, während der ein Personalratsmitglied wegen ordnungsgemäßer Durchführung von Personalratsaufgaben Arbeitszeit versäumt, weiterzuzahlen sind, ist das sog. Lohnausfallprinzip (vgl. hierzu im Einzelnen: VGH München v. 3. 5. 2005, PersV 2006, 347 = ZfPR online 11/2006, S. 10). Dieses Prinzip soll das Personalratsmitglied vor solchen Einkommenseinbußen bewahren, die dadurch eintreten, dass ihm eine Verdienstmöglichkeit verwehrt wird, die ihm ohne die Arbeitsversäumnis (aufgrund einer Freistellung, einer allgemeinen Personalratstätigkeit oder der Teilnahme an einer Schulungsveranstaltung) zugestanden hätte. Daher kommt es (rechtlich) darauf an, was das betreffende Personalratsmitglied verdient hätte, wenn es nicht freigestellt gewesen wäre. In tatsächlicher Hinsicht ist eine hypothetische Betrachtungsweise im Hinblick darauf anzustellen, was das Personalratsmitglied verdient hätte, wenn es die bisherigen Tätigkeiten ausgeübt hätte und an der Erbringung der Arbeitsleistung nicht gehindert gewesen wäre. Die Tatsache, dass eine bestimmte Tätigkeit wegen der Freistellung nicht mehr ausgeübt wird, ist für die **Weiterzahlung von Zulagen** kein Kriterium. Abzustellen ist vielmehr darauf, ob die Zulage Teil der Besoldung, des Arbeitsentgelts oder sonstiger Vergütungen ist. Daher sind Prämien und Leistungszulagen auch an freigestellte Personalratsmitglieder zu zahlen. Dies gilt vor allen Dingen dann, wenn in einer Dienstvereinbarung Vergleichspersonen benannt werden, die solche Zahlungen erhalten (VG Ansbach v. 26. 7. 2006, ZfPR online 9/2007, S.15). Wenn der Zweck der Zulage allerdings in der Abgeltung besonderer Erschwernisse besteht (z. B. Zulage für Dienst zu ungünstigen Zeiten), dann handelt es sich um einen Teil der Besoldung oder des Arbeitsentgelts (vgl. § 1 Abs. 1, Abs. 2 BBesG). Wenn dagegen der Zweck der Zulage alleine in der Abgeltung besonderer, durch die Dienstleistung entstandener **Aufwendungen** liegt, dann ist diese Zulage nicht Teil der Besoldung oder des Arbeitsentgelts. Vielmehr wird sie neben dieser und zusätzlich gezahlt. Sie entfällt daher, wenn das freigestellte Personalratsmitglied diese Aufwendungen nicht mehr hat (BVerwG v. 13. 9. 2001, ZBR 2002, 314 = PersV 2003, 146 = ZfPR 2002, 195). 9

10 8. Weiter zu zahlen sind daher neben dem Grundgehalt/Arbeitsentgelt der Familienzuschlag, Sonderzahlungen und Urlaubsgeld wie Zeiten, in denen das Personalratsmitglied Dienst-/Arbeitsleistung erbracht hat, darüber hinaus alle Zulagen, die auf besonderen Bedingungen des Arbeitsverhältnisses beruhen, wie z. B. **Überstundenvergütungen,** Schwerarbeiterzulagen, Lärmzulagen, Gefahren- und Erschwerniszulagen sowie Mehr- und Nachtarbeitszuschläge und Zulagen der Beamten nach der Erschwerniszulagenverordnung vom 26.4.1976 (BGBl. I S.1101 i.d.F. d. Bekanntm. v. 3.12.1998, BGBl. I S.3497, zul. geänd. d. Art. 67 G v. 21.6.2005, BGBl. I S.1818) sowie Stellenzulagen der Beamten und entsprechende Zulagen der Arbeitnehmer. Bei Überstundenvergütungen bedarf es tatsächlicher Feststellungen, ob und in welchem Umfang ein Personalratsmitglied zu Überstunden herangezogen worden wäre, wenn es gearbeitet hätte (BAG v. 16.2.2005, Leits. ZfPR 2006, 44). Bei einer Schmutzzulage ist darauf abzustellen, ob sie als Entgelt für die Leistung schmutziger Arbeit anzusehen ist (Weiterzahlungspflicht: LAG Düsseldorf v. 29.4.1974, DB 1974, 2405; vgl. auch Richardi u. a., § 46 Anm. 25) oder ob sie lediglich eine Erstattung der Reinigungskosten darstellt (keine Weiterzahlungspflicht). Wenn eine Teilfreistellung zu einer Veränderung der Art der verbleibenden Tätigkeit führt, so muss ein Personalratsmitglied finanziell so gestellt werden, wie wenn es die ursprüngliche Tätigkeit weiter ausüben würde (ArbG Stuttgart v. 14.6.1994, PersR 1995, 36). Ein Personalratsmitglied, das vor seiner Freistellung von der beruflichen Tätigkeit Sonntags-, Feiertags- oder Nachtarbeit geleistet und dafür steuer- und sozialabgabenfreie Zuschläge zum Lohn erhalten hat, hat einen Anspruch auf Fortzahlung, aber keinen Anspruch darauf, dass ihm während der Freistellung zusätzlich zum Bruttoarbeitsentgelt die Nettolohndifferenz gezahlt wird, die sich daraus ergibt, dass Zulagen, die im Falle der Arbeitsleistung steuer- und sozialversicherungsfrei sind, abgabenpflichtig sind (BAG v. 15.1.1997, Leits. BB 1997, 1696 = DB 1997, 1676 = Leits. ZfPR 1998, 16; vgl. im Übrigen Rdschr. BMI v. 28.7.1999 – DI 3 – 212 152/15 und v. 12.3.2002, II). Bei einem Vergleich mit Beschäftigten, die keine Personalratsarbeit ausüben, ist nicht auf den durchschnittlichen, sondern auf einen dem Personalratsmitglied vergleichbaren Beschäftigten abzustellen. Dabei sind die Vergleichspersonen nach pflichtgemäßem Ermessen von der personalführenden Stelle zu bestimmen (VG Ansbach v. 26.7.2006, ZfPR online 9/2007, S. 15).

11 9. **Aufwandsentschädigungen** werden von Abs. 2 nicht erfasst. Sie werden zur Abgeltung von Mehraufwendungen gezahlt, die im Hinblick auf die mit dem Einsatz verbundenen erheblichen körperlichen und nervlichen Belastungen zur Erhaltung der Leistungsfähigkeit erforderlich sind. Sie sind kein Bestandteil der Bezüge (Fischer u. a., § 46 Anm. 27c; Lorenzen u. a., § 46 Anm. 88). Ein freigestelltes Personalratsmitglied hat daher keinen Anspruch auf Zahlung von besonderen Aufwandsentschädigungen, wenn diese Aufwendungen infolge der Personalratstätigkeit nicht mehr anfallen (BAG v. 27.7.1994, PersR 1995, 142 = Leits. ZfPR 1995, 93). Eine Weiterzahlung von Zulagen, die nicht Bestandteil der Bezüge sind, würde gegenüber nicht freigestellten Beschäftigten eine Begünstigung darstellen (vgl. auch für das BetrVG: BAG v. 10.2.1988, BAGE 58, 1 = BB 1988, 1894 = DB 1988, 2367). Daher hat ein für die Wahrnehmung von Personalratsaufgaben vom Dienst freigestellter Kriminalbeamter keinen Anspruch auf Zahlung der Fahndungskostenentschädigung und der Kleiderzulage (BVerwG v. 13.9.2001, ZBR 2002, 314 = ZfPR 2002, 195). Hiervon zu trennen sind steuerliche bzw. sozialversicherungsrechtliche Fragen. Soweit Erschwerniszulagen steuerlich begünstigt und/oder Sozialabgaben frei sind, beschränkt sich die Verpflich-

tung zur Weiterzahlung auf den Bruttobetrag, ohne dass ein Anspruch auf Ausgleich des wegfallenden Vorteils besteht (BAG v. 15. 1. 1997, Leits. ZfPR 1998, 16 = PersR 1998, 372). Ein freigestelltes Personalratsmitglied, das am Sitz der obersten Dienstbehörde eine zweite Unterkunft genommen hat und das für das ihm bewilligte **Trennungsübernachtungsgeld** Steuern und Sozialabgaben entrichtet, hat Anspruch auf den Ausgleich der durch Steuern und Abgaben entstandenen Mehrbelastungen (BVerwG v. 17. 1. 2004, ZfPR 2004, 106).

10. Freigestellte Personalratsmitglieder haben keinen Anspruch auf Erstattung von Reisekosten, wenn sie von ihrem Wohnort regelmäßig zum Sitz der Geschäftsstelle derjenigen Personalvertretung reisen, für die sie freigestellt sind. Diese Fahrten nämlich sind keine Dienstreisen zur Erledigung von Dienstgeschäften außerhalb des Dienstortes. Da der Freistellungsbeschluss, der zum Wechsel des Beschäftigungsortes führt, für ein freigestelltes Personalratsmitglied hinsichtlich seiner Aufwendungen für Fahrten zum Ort der Personalratstätigkeit vergleichbare Auswirkungen wie die Abordnung eines Beamten hat, begründet er einen **Anspruch auf Trennungsgeld** entsprechend § 15 Abs. 1 BRKG (BVerwG v. 14. 2. 1990, PersV 1990, 351 = ZfPR 1990, 83). Daher haben die für eine Tätigkeit in einer Stufenvertretung freigestellten Personalratsmitglieder Anspruch auf Erstattung der Kosten, die ihnen durch Fahrten zum Sitz der Stufenvertretung außerhalb ihres Dienst- und Wohnorts entstehen. Ihnen ist Trennungsgeld in Form der Fahrkostenerstattung in dem Umfang zu zahlen wie Beamten, die an einen Ort außerhalb ihres Dienst- und Wohnorts abgeordnet sind (BVerwG v. 21. 5. 2007, PersV 2007, 445 = ZfPR online 8/2007, S. 2; vgl. auch BVerwG v. 27. 1. 2004, ZBR 2004, 350 = PersV 2004, 313; BVerwG v. 25. 11. 2004, ZBR 2005, 171 = PersV 2002, 194; VGH Kassel v. 29. 6. 2006, PersV 2008, 25 = Leits. ZfPR 2007, 44). Das Gesetz regelt im Übrigen abschließend die mit der Tätigkeit eines Personalratsmitglieds zusammenhängenden Fragen der Arbeitsfreistellung, der Fortzahlung der Dienstbezüge und des Arbeitsentgelts sowie den Freizeitausgleich für die über die regelmäßige Arbeitszeit hinaus geleistete Personalratstätigkeit. Aus Abs. 2 ergibt sich daher weder ein Anspruch auf Überstundenvergütung noch auf Freizeitausgleich für Reisezeiten außerhalb der Arbeitszeit (BAG v. 22. 5. 1986 – 6 AZR 557/85, DB 1987, 282; BAG v. 22. 5. 1986 – 6 AZR 526/83, PersV 1988, 455; vgl. auch Anm. 6), es sei denn, dass die grundsätzlich ehrenamtliche Personalratstätigkeit aus dienststelleninternen Gründen nicht während der Arbeitszeit abgeleistet werden kann. In diesem Fall hat das Personalratsmitglied einen Anspruch auf entsprechende Dienstbefreiung unter Fortzahlung des Arbeitsentgelts (vgl. Wolber, PersV 2003, 210 und für das BetrVG: BAG v. 11. 1. 1995, BB 1995, 1542 = Leits. DB 1995, 1772). Im Übrigen verwandelt sich der Anspruch auf Freizeitausgleich nur dann in einen Anspruch auf entsprechende Vergütung, wenn die Arbeitsbefreiung vom Dienststellenleiter aus dienststelleninternen Gründen verweigert wird (vgl. Wolber, aaO; vgl. für das BetrVG: BAG v. 25. 8. 1999, BAGE 92, 241 = BB 1999, 1922 = DB 1999, 1805 = ZBVR 2000, 74). 12

9. Bezüglich der der **DBAG** nach § 12 Abs. 2, 3 DBGrG **zugewiesenen Beamten,** die Mitglieder der beim Bundeseisenbahnvermögen nach § 17 Abs. 1 DBGrG gebildeten besonderen Personalvertretung sind, gilt: Die Entscheidung über den Umfang der Versäumnis von Arbeitszeit, die zur ordnungsgemäßen Durchführung ihrer Aufgaben als Mitglieder der besonderen Personalvertretung erforderlich ist (Dienstbefreiung gem. § 46 Abs. 2 Satz 1), trifft der **Leiter** des **Betriebs** der DBAG, bei welchem der zugewiesene Beamte 12a

seine Tätigkeit verrichtet. Dies ergibt sich aus § 17 Abs. 7 DBGrG, wonach die DBAG verpflichtet ist, den ihr zugewiesenen Beamten die Teilnahme an den Wahlen zu den besonderen Personalvertretungen zu ermöglichen sowie gewählte Beamte für die Wahrnehmung von Mandaten in den besonderen Personalvertretungen freizustellen. Da der Leiter eines Betriebs der DBAG in der Regel selbst gar nicht in der Lage sein wird, aufgrund eigener Beurteilung darüber zu befinden, in welchem Umfang Dienstbefreiung für die ordnungsgemäße Durchführung der Aufgaben des Personalratsmitglieds erforderlich ist, wird er eine sachgerechte Entscheidung nur im **Benehmen** mit den zuständigen Stellen des Bundeseisenbahnvermögens treffen können (ähnlich Lorenzen u. a., § 46 Anm. 30a; vgl. auch Anm. 24a).

III. Freistellung von der dienstlichen Tätigkeit (Abs. 3, 4, 5)

13 1. Unter **„Freistellung"** wird jener Sonderfall der Dienstbefreiung verstanden, die nicht vom Personalratsmitglied in eigener Verantwortung fallweise und kurzfristig in Anspruch genommen, sondern generell von der Dienststelle gewährt wird. Mit der Freistellung wird das betreffende Personalratsmitglied von seinen dienstlichen Aufgaben zum Zwecke der Erfüllung der Personalratstätigkeiten entpflichtet. Daher bedarf es auch nicht jeweils eines konkreten Nachweises, dass Personalratsaufgaben anfallen, für deren Erledigung eine Freistellung erforderlich ist. Der Gesetzgeber unterstellt ab einer bestimmten Dienststellengröße, dass die Freistellung eines oder mehrerer Personalratsmitglieder für die Erledigung der Personalratsaufgaben erforderlich ist. Trotz der Freistellung bleiben die übrigen Pflichten aus dem Dienst- und Arbeitsverhältnis unberührt. Dies bedeutet, dass für das freigestellte Personalratsmitglied Beginn und Ende der Arbeitszeit unverändert weitergelten (BVerwG v. 14. 6. 1990, ZfPR 1990, 139). Daher hat das freigestellte Personalratsmitglied grundsätzlich nur innerhalb der regelmäßigen Arbeitszeit die ihm obliegenden Aufgaben zu erledigen. Eine Teilfreistellung führt dagegen nur in einem begrenzten Umfang zur Entbindung von Arbeitspflichten. Daher haben teilfreigestellte Personalratsmitglieder außerhalb des nach Arbeitsstunden bemessenen Freistellungszeitraums ihre Arbeitspflichten weiterhin im vollem Umfang zu erfüllen. Dies gilt auch für den Rufbereitschaftsdienst (VGH Mannheim v. 24. 6. 1997, ZfPR 1997, 188). Mit der Freistellung von Mitgliedern der Personalvertretung soll sichergestellt werden, dass die außerhalb von Sitzungen **anfallenden Geschäfte ordnungs- und sachgemäß wahrgenommen werden** können. Die Freistellung einer bestimmten Anzahl von Personalratsmitgliedern soll eine wirksame Erfüllung der der Personalvertretung obliegenden Aufgaben und Befugnisse sicherstellen. Auf der anderen Seite aber muss der ordnungsgemäße Dienstablauf weiterhin dadurch garantiert werden, dass der Dienstposten eines vollständig freigestellten Mitglieds wieder besetzt wird. Bei der Ermittlung des Umfangs der erforderlichen Freistellung kann daher der Zeitaufwand für die Teilnahme an Sitzungen der Personalvertretung nicht berücksichtigt werden. Diese Sitzungen sind jeweils nach Bedarf während der Arbeitszeit durchzuführen. Für sie wird Dienstbefreiung generell erteilt (BVerwG v. 22. 4. 1987, ZBR 1987, 247 = PersV 1988, 133). Bei dem für die Ermittlung des Freistellungsumfangs maßgebenden Arbeitsanfall handelt es sich um die laufenden Geschäfte, die auf die Vorbereitung der Sitzungen etc. bezogen sind. Die notwendigen Verhandlungen sind in diesem Rahmen zu führen. Die Personalvertretung hat die für die Beschlussfassung erforderlichen Ermittlungen vorzunehmen und die notwendigen Unterlagen beizuziehen (BVerwG v. 5. 2. 1971, ZBR 1971, 285 = PersV 1971, 271; BVerwG v. 26. 10. 1977, ZBR 1978, 240 = PersV 1979, 73; VGH München v. 27. 1. 1988, PersV 1989, 20). Der Dienststellenleiter hat seinerseits bei der Zuteilung des Ar-

beitspensums auf die Inanspruchnahme der Personalratsmitglieder durch zu erledigende Personalratsarbeit während der Arbeitszeit in angemessener Form Rücksicht zu nehmen (vgl. für das BetrVG: BAG v. 27. 6. 1990, BAGE 65, 230 = BB 1991, 759 = DB 1991, 973).

a) Die Freistellungspflicht eines Dienststellenleiters erschöpft sich nicht alleine darin, Personalratsmitgliedern die zur ordnungsgemäßen Durchführung ihrer Aufgaben notwendige freie Zeit einzuräumen. Vielmehr ergibt sich aus Sinn und Zweck der Vorschrift, dass auch **andere**, die Arbeitsleistung eines Personalratsmitglieds betreffende **Maßnahmen** geboten sein können. Dies aber setzt voraus, dass auf andere Weise eine ordnungsgemäße Wahrnehmung von Personalratsaufgaben nicht möglich ist. Solche Maßnahmen können u. a. in der Versetzung von der Wechsel- in die Tagesschicht bestehen. Eine entsprechende Vorgehensweise ergibt sich im Übrigen aus dem Gebot der vertrauensvollen Zusammenarbeit (vgl. für das BetrVG: LAG Kiel v. 30. 8. 2005, ZBVR online 4/2006, S. 9). **13a**

b) Der **Umfang der Freistellungen** richtet sich grundsätzlich nach der Pauschalregelung des Abs. 4. Die Anzahl der Freistellungen richtet sich nach der Anzahl der Beschäftigten, die **„in der Regel"** in der Dienststelle beschäftigt sind. Die Staffelwerte beginnen mit einer Freistellung in Dienststellen mit 300 bis 600 Beschäftigten; sie erhöhen sich mit zunehmender Dienststellengröße stufenweise. Zu den Beschäftigten gehören nur die in die Dienststellenorganisation eingegliederten Beschäftigten (vgl. § 4). Wenn die Zahl der Beschäftigten dauerhaft unterhalb der in Abs. 4 genannten Staffelwerte sinkt, dann reduziert sich die Anzahl der Freistellungen. Umgekehrt gilt gleiches dann, wenn sich die Zahl der Beschäftigten über den jeweiligen Staffelwert hinaus erhöht. Nach Abs. 4 Satz 2 kann von den Staffelwerten „im Einvernehmen zwischen Personalrat und Dienststellenleiter abgewichen werden". Voraussetzung ist, dass in der betreffenden Dienststelle zusätzliche Personalratsaufgaben in einem derartigen Umfang anfallen, dass eine Erhöhung der Zahl der Freistellungen im Interesse einer sachgerechten Aufgabenwahrnehmung erforderlich ist. **13b**

c) Grundsätzlich hat die Personalvertretung bei Vorliegen der entsprechenden Voraussetzungen (vgl. Abs. 3 und 4) eines ihrer Vorstandsmitglieder für eine ganze Freistellung von der dienstlichen Tätigkeit vorzuschlagen, bevor eine Aufteilung auf mehrere Mitglieder in Erwägung gezogen wird. **Teilfreistellungen** aber sind grundsätzlich zulässig. Dies ergibt sich zum einen aus Abs. 3, wonach Mitglieder der Personalvertretung „von ihrer dienstlichen Tätigkeit freizustellen" sind, „wenn und soweit es nach Umfang und Art der Dienststelle zur ordnungsgemäßen Durchführung ihrer Aufgaben erforderlich ist". Zum anderen ist nach Abs. 4 je nach der Größe einer Dienststelle eine bestimmte Zahl von Mitgliedern der Personalvertretung von ihrer dienstlichen Tätigkeit freizustellen. Daraus ergibt sich, dass, soweit der Umfang der Freistellung es zulässt, Personalratsmitglieder „in der gesetzlichen Reihenfolge von ihrer dienstlichen Tätigkeit ganz freizustellen sind und eine teilweise Freistellung in aller Regel nur dann in Betracht kommt, wenn sich eine ganze Freistellung nach dem Arbeitsanfall nicht rechtfertigen lässt oder sich bei einer ganzen oder mehreren Freistellungen ein Überhang ergibt, für den eine teilweise Freistellung genügt" (BVerwG v. 25. 2. 1983, ZBR 1983, 212 = PersV 1984, 83). Wenn allerdings kein Personalratsmitglied zur vollen Freistellung bereit ist, dann hat die Dienststelle statt einer einzigen Vollfreistellung zwei Teilfreistellungen zu genehmigen, wenn nur auf diese Weise eine ordnungs- und sachgemäße Aufgabenerfüllung gewährleistet werden **14** kann. In diesem Fall ist eine Aufteilung und somit ein Abweichen vom Grundsatz der Vollfreistellung deshalb geboten, weil sonst die Aufgaben einer Personalvertretung mangels Freistellung von Mitgliedern nicht ordnungsgemäß wahrgenommen werden könnten. Insoweit ist die Aufteilung aus sachlich einsichtigen Gründen notwendig (OVG Koblenz v. 22. 11. 1983, PersV 1985, 376; so im Ergebnis auch: Richardi u. a., § 46 Anm. 68; vgl. auch Ilbertz, ZfPR 1997, 154; Süllwald, ZfPR 1996, 32; ausdr. offengelassen: BVerwG v. 25. 2. 1983, aaO; strenger: OVG Berlin v. 14. 2. 1997, ZfPR 1997, 151). Wenn die Personalvertretung aufgrund konkreter Tatsachen dargelegt hat, dass die Aufteilung einer Vollzeitfreistellung auf mehrere ihrer Mitglieder zur ordnungsgemäßen Erledigung der Aufgaben erforderlich ist, dann hat der Dienststellenleiter, der einer solchen Aufteilung aus organisatorischen Gründen nicht entsprechen möchte, im Einzelnen darzulegen, inwieweit sich eine „Organisationsproblematik von besonderem Gewicht“ ergibt (vgl. für das BetrVG: BAG v. 26. 6. 1996, BB 1996, 2356 = DB 1996, 2185 = Leits. ZBVR 1996, 37). Eine **Freistellung von Ersatzmitgliedern** kommt nicht in Betracht. Ist ein freigestelltes Personalratsmitglied an der Ausübung seiner Aufgaben zeitweilig urlaubs-, krankheits- oder schulungsbedingt verhindert, so hat das Ersatzmitglied es zu vertreten. Eine solche Vertretung kommt in erster Linie für eine Teilnahme an Personalratssitzungen in Betracht. Für eine solche Vertretung aber bedarf es keiner Freistellung (OVG Münster v. 21. 6. 1988, PersV 1990, 78). Ob in diesem Fall eine Ersatzfreistellung anderer (ordentlicher) Personalratsmitglieder in Betracht kommt, hängt von der konkreten Darlegung der Erforderlichkeit einer pauschalen Ersatzfreistellung ab (Richardi u. a., § 46 Anm. 48). Dabei ist allerdings davon auszugehen, dass die übrigen Personalratsmitglieder in aller Regel auch bei einer längeren Verhinderung eines freigestellten Personalratsmitglieds in verstärktem Umfang für die Durchführung der Personalratsaufgaben herangezogen werden können. Daher kommt eine weitere Freistellung ausnahmsweise nur dann in Betracht, wenn die zu erbringenden Personalratsaufgaben auch durch andere Personalratsmitglieder trotz ihres verstärkten Einsatzes nicht erfüllt werden können (VG Köln v. 20. 1. 2006, Leits. ZfPR 2007, 18; vgl. für das BetrVG: BAG v. 9. 7. 1997, Leits. BB 1997, 2280 = NZA 1998, 164).

15 d) Die Freistellung kann auf Tage oder Stunden begrenzt sein. In welchem zeitlichen Umfang und für welche Zahl von Mitgliedern der Personalvertretung Freistellung beansprucht werden kann und von der Dienststelle gewährt werden darf, hängt vom Anfall der Dienstgeschäfte der Personalvertretung und von den Erfordernissen der Dienststelle ab (Abs. 3 Satz 1). Scheidet ein freigestelltes Personalratsmitglied aus der Personalvertretung aus oder gibt ein Personalratsmitglied die für die Freistellung maßgebliche Funktion innerhalb des Personalrats (Vorsitzender) auf, dann überträgt sich die Freistellung nicht auf das an seine Stelle tretende Personalratsmitglied. In diesem Fall hat die Personalvertretung erneut eine Auswahlentscheidung herbeizuführen und die Freistellung gegenüber dem Dienststellenleiter zu beantragen (VGH München v. 30. 11. 1994, Leits. ZfPR 1995, 204). Unzulässig ist es, ein Plenumsmitglied einem Vorstandsmitglied vorzuziehen, das zu einer vollen Freistellung bereit ist (BVerwG v. 25. 2. 1983, ZBR 1983, 212 = PersV 1984, 83). Eine **Freistellung im „rollierenden“ System** wird man ausnahmsweise dann für zulässig halten können, wenn alle Mitglieder einer Personalvertretung eine volle Freistellung abgelehnt haben und ihnen eine solche Freistellung tatsächlich nicht zumutbar ist (BVerwG v. 10. 5. 1984, BVerwGE 69, 222 = ZBR 1984, 380 = PersV 1986, 160). Im Falle einer Aufteilung einer Vollfreistellung auf mehrere Teilfreistellungen stehen diese

Teilfreistellungen nach dem d'Hondt'schen Höchstzahlenverfahren derjenigen Liste zu, der die Vollfreistellung zugefallen wäre (vgl. für das BetrVG: LAG Nürnberg v. 24. 2. 1997, Leits. ZBVR 1998, 8).

2. Auf die dem Gesetz entsprechende Freistellung besteht ein **Rechtsanspruch.** Er steht der Personalvertretung als solcher, nicht dem freizustellenden Mitglied zu. Auch der sog. Listenschutz im Rahmen des § 33 umfasst nicht das Recht der in einer Wahlvorschlagsliste zusammengefassten Personalratsmitglieder dieser Liste, einen Kandidaten ihrer Wahl für die Freistellung zu bestimmen (VGH München v. 12. 4. 1989, PersV 1990, 448 = ZfPR 1990, 117; vgl. aber Anm. 23 für den Fall der weiteren Freistellungen nach Abs. 3 Satz 3). Daher ist die Freistellung – bezogen auf ein bestimmtes Personalratsmitglied – von der Personalvertretung, nicht von einem einzelnen (interessierten) Mitglied dem Leiter der Dienststelle nach vorausgehender Beschlussfassung durch das Plenum vorzuschlagen (BVerwG v. 17. 1. 1969, BVerwGE 31, 193 = ZBR 1969, 127 = PersV 1969, 177). Auf die Auswahl der infrage kommenden Personalratsmitglieder hat die Dienststelle keinen Einfluss (VG Köln v. 2. 8. 1982 – PVB 21/82, n. v.). Die Personalvertretung ist bei ihrer Entscheidung grundsätzlich nicht an eine starre Regelung gebunden; denn Ziel der Freistellung ist es, eine ordnungsgemäße und wirksame Wahrnehmung der der Personalvertretung obliegenden Aufgaben sicherzustellen (BVerwG v. 26. 10. 1977, ZBR 1978, 242 = PersV 1979, 112). Infolgedessen muss die Personalvertretung auch subjektive Voraussetzungen, die in der Person des Freizustellenden liegen, berücksichtigen. Hierzu zählen z. B. die Vertrautheit mit den zu bearbeitenden Fragen, Verhandlungsgeschick. In diesem Zusammenhang muss entscheidend berücksichtigt werden, dass die freigestellten Personalratsmitglieder nur dann ihre Aufgaben zufriedenstellend erledigen können, wenn sie das Vertrauen der Mehrheit der Personalvertretung besitzen. Aus diesen Gründen ist auch die Entscheidung der Personalvertretung nur einer beschränkten gerichtlichen Kontrolle zugänglich. Diese Kontrolle darf sich nicht auf Fragen der Zweckmäßigkeit der getroffenen Auswahl, sondern ausschließlich darauf erstrecken, ob „stichhaltige, im Bereich sachlicher und beachtlicher Erwägungen liegende Gründe den Ausschlag für die Entscheidung gegeben haben" (BVerwG v. 16. 7. 1975 – VII P 3.74 – Buchholz 238.3 § 42 Nr. 5). Die Personalvertretung hat sich nicht nur bei der Auswahl des freizustellenden Personalratsmitglieds, sondern auch bei der Prüfung der Frage, ob sie von den nach Abs. 4 möglichen Freistellungen Gebrauch machen will, **ausschließlich von sachlichen Erwägungen** leiten zu lassen und dabei vor allen Dingen die grundgesetzlich garantierte Koalitionsfreiheit und die Gebote der Neutralität und Objektivität zu beachten. Daher kann die Mehrheit der einer bestimmten Gewerkschaft angehörenden Personalratsmitglieder nicht auf die Inanspruchnahme einer weiteren Freistellung nur deshalb verzichten, weil diese Freistellung andernfalls einem Mitglied einer konkurrierenden Gewerkschaft zufallen würde (VGH Kassel v. 29. 11. 1989, ZTR 1990, 303; bestätigt durch BVerwG v. 30. 4. 1990 – 6 PB 2.90, n. v.; OVG Münster v. 19. 2. 2001, Leits. PersV 2001, 417). Die Personalvertretung hat bei der Ausübung ihres Ermessens die gesetzgeberischen Zielsetzungen insbesondere von Abs. 3 zu beachten. Dies bedeutet, dass sie wegen des gesetzlich festgelegten Gruppenschutzes dann nicht auf eine Freistellung verzichten kann, wenn dies ausschließlich zu Lasten einer ansonsten nach Abs. 3 Satz 3 begünstigten Minderheit gehen würde (VG Köln v. 31. 7. 1996, ZfPR 1996, 160; bestätigt durch OVG Münster v. 15. 1. 1997, Leits. ZfPR 1997, 122; vgl. auch BVerwG v. 21. 12. 1994, ZfPR 1995, 47). Daher kann eine Personalvertretung, die Vorbehalte gegen die Person des freizustellenden Mit- 16

glieds hat, diese nicht zum Anlass nehmen, die Freistellung nicht zu beantragen, sofern es nur das Vertrauen der Mehrheit der betroffenen Gruppe genießt und deshalb auch zu ihrem Sprecher gewählt worden ist (VG Köln v. 31. 7. 1996, aaO). Ein Prüfungsrecht hinsichtlich des Umfangs von Freistellungen steht dem Dienststellenleiter dann nicht zu, wenn es sich um eine Dienststelle handelt, die die in Abs. 4 angeführte Zahl von Beschäftigten aufweist. In der Anzahl nämlich, die den einzelnen Freistellungssätzen entspricht, „sind" Personalratsmitglieder „nach Abs. 3 ganz freizustellen". Deshalb kann wegen dieser speziellen Regelung keine Prüfung der allgemeinen Voraussetzungen nach Abs. 3 Satz 1 mehr in Betracht kommen (OVG Münster v. 16. 1. 1984, ZBR 1984, 243; OVG Münster v. 15. 4. 1991, Leits. ZfPR 1992, 18). Der Leiter einer Dienststelle darf aber einem erkennbar rechtsfehlerhaften Antrag der Personalvertretung nicht entsprechen, auch nicht, wenn sich der Fehler nicht auf die Zahl, sondern auf die Person des Freizustellenden bezieht (Übergehen des Vertreters der weitaus stärksten Gruppe, VG Düsseldorf v. 3. 4. 1973, PersV 1974, 20). Daher kann der Leiter einer Dienststelle die Auswahlentscheidung der Personalvertretung nur dann beanstanden und einen Freistellungsantrag ablehnen, wenn die Personalvertretung sich nicht an die für den Umfang und die Art von Freistellungen gesetzlich vorgesehenen Normen hält (BVerwG v. 26. 10. 1977, aaO) oder sich sonst von sachfremden Erwägungen leiten lässt oder wenn sich der Beschluss der Personalvertretung rechtlich und tatsächlich gegen dienstliche Belange richtet (VG Düsseldorf v. 3. 3. 1988, PersR 1989, 311). Falls ein Dienststellenleiter zwingende dienstliche Gründe geltend macht, die einer Freistellung eines bestimmten Personalratsmitglieds entgegenstellen, dann hat er nachzuweisen, dass dieses Mitglied dienstlich unabkömmlich und nicht ersetzbar ist (Fischer u. a., § 46 Anm. 57). Die Entscheidung der Dienststelle ist lediglich eine Entscheidung, die als dienstrechtliche Maßnahme hinzutreten muss, um den Freistellungsbeschluss in die Tat umzusetzen und das betreffende Personalratsmitglied von der Dienst- oder Arbeitspflicht zu befreien (Fischer u. a., § 46 Anm. 52; Lorenzen u. a., § 46 Anm. 75 sowie BVerwG v. 27. 4. 1979, BVerwGE 58, 54 = ZBR 1979, 310 = PersV 1980, 19).

17 3. Wenn die Vertreter einer Gruppe den ursprünglich gestellten **Antrag auf Freistellung** eines ehemaligen Mitglieds ihrer Gruppe im Vorstand ohne jede Einschränkung und Bedingung **zurückgezogen** haben, ist es nicht zu beanstanden, wenn die Personalvertretung im Interesse des Rechtsfriedens an dem einmal gefassten und unanfechtbar gewordenen Freistellungsbeschluss auch dann festhält, wenn das betreffende Personalratsmitglied inzwischen ausgeschieden ist, da zu unterstellen ist, dass auf eine Freistellung für die laufende Wahlperiode insgesamt verzichtet werden sollte (BVerwG v. 14. 9. 1977, ZBR 1978, 242 = PersV 1978, 352).

17a 3 a) Nach einer erfolgreichen Wahlanfechtung kann die nunmehr korrekt zusammengesetzte Personalvertretung den **Freistellungsbeschluss**, der in fehlerhafter Zusammensetzung gefasst worden war, **aufheben** (OVG Hamburg v. 11. 6. 2001, PersV 2002, 518).

18 4. Die Vorschrift des Abs. 3 Satz 2 (Berücksichtigung zunächst der Vorstandsmitglieder) ist zwingend (VGH München v. 5. 2. 2003, PersV 2004, 60) und gilt für alle Stufen. Sie trägt der Rechtsprechung des BVerwG Rechnung (v. 26. 10. 1977, BVerwGE 55, 17 = ZBR 1978, 205 = PersV 1979, 110), das sich wiederholt schon mit der **Reihenfolge der freizustellenden Personalratsmitglieder** befasst und ausgeführt hatte, dass die als Gruppenvertreter in den Vorstand gewählten Personalratsmitglieder bei einer Freistellung weder den übrigen Personalratsmitgliedern noch den weiteren Vorstandsmitgliedern gleichgestellt sind. Aus dem Gesetzestext wird das Ziel ersichtlich, auch bei der Freistellung ebenso wie bei der Beschlussfassung über die Vorstandsbildung „das Gruppenprinzip als Gestaltungsfaktor durchgreifen zu lassen" (OVG Münster v. 13. 12. 1990 – CL 71/90, n. v.). Alle im Personalrat vertretenen Gruppen sollen bei entsprechenden (zahlenmäßigen) Voraussetzungen mit jeweils einem freigestellten Mitglied berücksichtigt werden (OVG Münster v. 12. 6. 1997, Leits. PersV 1998, 530 = ZfPR 1998, 158). Wenn daher eine Personalvertretung für den Fall, dass ihr drei Freistellungen zustehen, nicht alleine nur auf die Vorstandsmitglieder zurückgreift, sondern auch auf Mitglieder des (erweiterten) Vorstands bzw. auf andere Personalratsmitglieder, dann handelt sie rechtsfehlerhaft, weil die gesetzlich vorgeschriebene Rang- bzw. Reihenfolge absolut verbindlich ist (VGH Mannheim v. 29. 9. 1992, PersV 1997, 507; VGH München v. 5. 2. 2003, aaO; VGH München v. 24. 10. 2006, PersV 2007, 453).

5. Wenn der Personalvertretung aufgrund des Zahlenkatalogs des Abs. 4 nur **eine Freistellung** gewährt werden kann, so kommen nach dem Wortlaut des Abs. 3 Satz 2 hierfür nur die Mitglieder des nach § 32 Abs. 1 gewählten Vorstands in Betracht. Angesichts des Aufgabenumfangs des Vorsitzenden der Personalvertretung (vgl. § 32 Anm. 24) ist es sachgerecht, für die Freistellung den **Vorsitzenden** der Personalvertretung wegen seiner besonderen Funktionen und des damit in Verbindung stehenden Arbeitsumfangs für die Freistellung vorzusehen. Auch für den Fall, dass **zwei Mitglieder** einer Personalvertretung **freigestellt werden können,** macht das Gesetz hinsichtlich der beiden zur Auswahl stehenden Mitglieder des (engeren) Vorstands keine Vorgaben – auch nicht in Bezug auf die jeweilige Gruppenstärke (Fischer u. a., § 46 Anm. 53; Richardi u. a., § 46 Anm. 59). Insoweit steht daher der Personalvertretung bei der Auswahl der zur Freistellung vorzuschlagenden Mitglieder ein Ermessensspielraum zu. Wenn sich bei einer ausschließlich auf sachlichen Gründen beruhenden Erwägung kein Übergewicht für ein bestimmtes Personalratsmitglied ergibt, dann ist ein **Losentscheid** durchzuführen (OVG Münster v. 19. 2. 2001, Leits. PersV 2001, 417). Die Sachgerechtigkeit der getroffenen Auswahlentscheidung kann gerichtlich überprüft werden. Dabei kann das Gericht feststellen, welche Erwägungen für die getroffene Auswahl maßgebend waren, ob sie dem Freistellungszweck gerecht werden und ob sie den tragenden Grundsätzen des Personalvertretungsrechts entsprechen (BVerwG v. 17. 1. 1969, BVerwGE 31, 192 = ZBR 1969, 172 = PersV 1969, 177; BVerwG v. 16. 7. 1976, Leits. ZBR 1976, 373). Im Interesse einer bestmöglichen Wahrnehmung der Belange der Personalvertretung sind bei der Auswahlentscheidung auch persönliche Eigenschaften (u. a. Sachkenntnis, ausgeprägtes Verhandlungsgeschick) zu berücksichtigen (vgl. Anm. 16 und Anm. 23). Darüber hinaus kann, obwohl der Gesetzgeber auf die Zahl der von den jeweiligen Gruppen repräsentierten Beschäftigten nicht abstellt, die jeweilige Gruppenstärke beachtlich sein. Durch die Stärke der jeweiligen Beschäftigtengruppe wird nämlich ganz maßgeblich auch die Zahl der jeweils anfallenden Aufgaben bestimmt. Das Personalratsmitglied, das die eigene Beschäftigtengruppe repräsentiert, wird im allgemeinen in erster Linie um Rat und Auskunft von den Gruppenangehörigen angegangen. Deshalb liegt es nahe, einem Vorstandsmitglied einer größeren den Vorrang vor Vertretern einer wesentlich schwächeren Gruppe zu geben. Hiervon kann ausnahmsweise ohne Verstoß gegen das Gebot der Sachgerechtigkeit dann abgewichen werden, wenn außergewöhnliche Umstände dies zwingend erfordern (z. B. besondere persönliche 19

Eignung oder Befähigung: BVerwG v. 2. 5. 1984 – 6 P 30.83 – Buchholz 238.3 A § 46 Nr. 14 = Leits. ArbuR 1984, 380). In jedem Fall müssen aber die Gründe für eine entsprechende Beschlussfassung in einer Sitzung erörtert und hierüber muss nachweisbar abgestimmt werden (BVerwG v. 26. 10. 1977, BVerwGE 55, 17 = ZBR 1978, 205 = PersV 1979, 110).

20 6. Wenn nach Abs. 4 **mehr als drei** Personalratsmitglieder **freigestellt** werden können, dann sind zunächst die Mitglieder des (engeren) Vorstands, die nach § 32 Abs. 1 gewählt worden sind, „sodann die nach § 33 gewählten Ergänzungsmitglieder und schließlich weitere Mitglieder zu berücksichtigen" (Abs. 3 Satz 2). Dies bedeutet, dass bei der Freistellung von vier Personalratsmitgliedern drei Mitglieder des (engeren) Vorstands und ein Mitglied des (erweiterten) Vorstands freizustellen sind. Bei einer Freistellung von fünf Personalratsmitgliedern ist der gesamte (also der engere und der erweiterte) Vorstand freizustellen. Erst bei einer Freistellung von sechs Personalratsmitgliedern kann auf solche Mitglieder zurückgegriffen werden, die dem Vorstand nicht angehören. Anders ist die Rechtslage insgesamt nur dann, wenn ein Vorstandsmitglied zur Freistellung nicht bereit ist. In diesem Fall kann bei drei Freistellungen auf ein Mitglied des (erweiterten) Vorstands zurückgegriffen werden bzw. auf ein Plenumsmitglied dann, wenn bei fünf Freistellungen ein Vorstandsmitglied nicht freistellungsbereit ist.

20a 6a. Einer Personalvertretung ist es nicht gestattet, unter Hinweis auf die Zahl der einer bestimmten Gruppe angehörenden Beschäftigten von der gesetzlich vorgeschriebenen Reihenfolge der Freistellungen abzuweichen, indem sie ein zur Freistellung bereites Gruppenvorstandsmitglied übergeht und ein Plenumsmitglied zur Freistellung vorschlägt. Die gesetzlich vorgeschriebene Reihenfolge (Abs. 3 Satz 2) räumt der Personalvertretung kein Ermessen bei der Entscheidung über die Reihenfolge der Freistellungen ein. Daher kann auch eine Personalvertretung, falls die Voraussetzungen für die Freistellung der (engeren) Gruppenvorstandsmitglieder gegeben sind, nicht beschließen, den Vertreter einer Gruppe nur teilweise freizustellen, um die nicht verbrauchte Freistellung für Vertreter einer anderen Gruppe vorzusehen (OVG Münster v. 15. 5. 1997 – 1 A 649/97. PVL, n. v.; OVG Münster v. 12. 6. 1997 – 1 A 6325/96.PVL, Leits. PersV 1998, 530 = Leits. ZfPR 1998, 158, best. durch BVerwG v. 23. 12. 1997 – 6 PB 15.97, n. v.; Cecior u. a., § 42 Anm. 55; vgl. im Übrigen Anm. 21). Bei der Auswahlentscheidung darf die Personalvertretung die **Gruppenstärke** nicht völlig außer Acht lassen (BVerwG v. 17. 1. 1969, BVerwGE 31.192 = ZBR 1969, 172 = PersV 1969, 177; Lorenzen u. a., § 46 Anm. 67), sie spielt insoweit eine Rolle, als für den Fall, dass einer Personalvertretung lediglich zwei Freistellungen zur Verfügung stehen, bei unterschiedlicher Gruppenstärke neben dem Vorsitzenden in aller Regel das Vorstandsmitglied der stärksten Gruppe freizustellen ist, da in dieser Gruppe die meisten zu bearbeitenden Fälle anfallen werden. Zu einer anderen Entscheidung wird man nur dann kommen können, wenn in der Person des Vertreters der kleineren Gruppe besondere Umstände (Verhandlungsgeschick, Sachkompetenz etc.) vorliegen (BVerwG v. 26. 10. 1977, BVerwGE 55, 17 = ZBR 1978, 205 = PersV 1979, 110). Daher muss auch jeder Freistellungsbewerber damit einverstanden sein, dass Fragen seiner Eignung im Plenum erörtert und im Sitzungsprotokoll festgehalten werden (OVG Münster v. 15. 4. 1991 – CL 111/90, PersR 1992, 79).

21 7. Wegen der zwingenden gesetzlichen Vorgabe (Abs. 3 Satz 2) kann eine Personalvertretung, wenn ihr drei Freistellungen zustehen, kein zur (vollen) Freistellung bereites Mitglied des (engeren) Vorstands gegen dessen Willen

nur zur hälftigen Freistellung vorschlagen. In diesem Fall kann das betroffene Personalratsmitglied eine **einstweilige Verfügung** mit dem Ziel beantragen, die zuständige Personalvertretung zu verpflichten, es für eine ganze Freistellung vorzuschlagen (OVG Münster v. 12.6.1997 – 1 A 6325/96. PVL, Leits. PersV 1998, 530 = Leits. ZfPR 1998, 158, bestätigt durch: BVerwG v. 23.12.1997 – 6 PB 15.97, n.v.). Gleiches gilt für den Fall, dass eine Personalvertretung die durch das Gesetz vorgegebene Reihenfolge nicht beachten sollte. Die Personalvertretung ist an die vom Gesetz vorgegebene Reihenfolge auch dann gebunden, wenn ein Vorstandsmitglied zurückgetreten, ein anderes Gruppenmitglied an dessen Stelle zum Mitglied des Vorstands bestimmt worden ist und nunmehr zur Freistellung vorgeschlagen werden möchte. Diesem (neu gewählten) Vorstandsmitglied kann von der Personalvertretung nicht entgegengehalten werden, es besäße lediglich das Vertrauen der Gruppe, nicht aber das der gesamten Personalvertretung. Auch in diesem Fall kann das betroffene Personalratsmitglied eine einstweilige Verfügung beantragen (OVG Münster v. 15.1.1997, Leits. ZfPR 1997, 122). Wenn sich die Personalvertretung weigert, trotz einer entsprechenden gerichtlichen Entscheidung die aufgrund des Gruppenprinzips vorgegebene gesetzliche Reihenfolge bei der Freistellung zu beachten und sie für das betreffende Vorstandsmitglied zu beantragen, so kann die einstweilige Verfügung erforderlichenfalls auch z.B. durch Verhängung eines Zwangsgelds (§ 888 ZPO) vollstreckt werden (vgl. Baden in Anm. zu VG Köln v. 31.7.1996, PersR 1996, 502; Entscheidung auch abgedruckt in: ZfPR 1996, 160).

8. Die **weiteren Freistellungen** (Abs. 3 Satz 3 bis 5), d.h. diejenigen, die 22
erfolgen, nachdem die nach § 32 Abs. 1 gewählten und danach die nach § 33 hinzugewählten Vorstandsmitglieder freigestellt sind, richten sich nach dem Wahlergebnis. Das bedeutet, dass diejenigen Personen (bei Personenwahl) bzw. Mitglieder derjenigen Wahlvorschlagslisten (bei Verhältniswahl) freizustellen sind, die das beste Wahlergebnis erzielt haben. Auf diese Weise wird dem Wählerwillen tatsächlich Rechnung getragen, indem nämlich diejenigen mittels ihrer Freistellung verstärkt an der Personalratsarbeit beteiligt werden, denen die Wähler mit ihrer Stimme ihr Vertrauen geschenkt haben. Die Auswahl der weiteren freizustellenden Personalratsmitglieder hängt entscheidend von dem jeweiligen Wahlmodus (Verhältniswahl/Personenwahl/gemischte Wahl) ab.

a) **Verfahren bei Verhältniswahl.** Im Falle der Verhältniswahl sind bei weiteren Freistellungen die auf die einzelnen Wahlvorschlagslisten entfallenden Stimmen im Wege des Höchstzahlverfahrens zu berücksichtigen (Abs. 3 Satz 3). Die nach Abs. 3 Satz 2 freigestellten Vorstandsmitglieder sind von den auf jede Wahlvorschlagsliste entfallenden Freistellungen abzuziehen.
Nach dem sog. d'Hondt'schen Höchstzahlverfahren sind die auf die einzelnen Wahlvorschlagslisten entfallenen Stimmen in ein Verhältnis zueinander zu setzen. Dies erfolgt gruppenübergreifend; denn der Gesetzgeber wollte mit der Neuregelung der Freistellung den Minderheitenschutz verstärken. Bei einer gruppenübergreifenden Zusammenfassung aller auf eine Liste desselben verbandspolitischen Urhebers entfallenden Stimmen ist dieses gesetzgeberische Ziel am ehesten erreichbar. Würden demgegenüber die auf die einzelnen Vorschlagslisten jeder Gruppe entfallenden Stimmen nach dem Höchstzahlverfahren behandelt, dann könnte dem Willen des Gesetzgebers nicht genügend Rechnung getragen werden. Das Gruppenprinzip ist ausreichend dadurch berücksichtigt, dass bei Freistellungen zunächst die jeweiligen Gruppensprecher des engeren Vorstands freizustellen sind.

Beispiel: Gemäß der Freistellungsstaffel des § 46 Abs. 4 können acht Personalratsmitglieder freigestellt werden. Folgendes **Wahlergebnis** liegt vor: 3060 gültige Stimmen für Beamte und 3440 Stimmen für die Arbeitnehmer.

	Beamte	**Arbeitnehmer**
	3060	3440
Liste X	1800	2100
Liste Y	1000	900
Liste Z	260	440

Gruppenübergreifende Berechnung der auf die einzelnen Wahlvorschlagslisten entfallenen Stimmen nach dem d'Hondt'schen Höchstzahlverfahren

Liste X	3900 (1)	1950 (2)	1300 (4)	975 (5)
Liste Y	1900 (3)	950 (6)	633,33 (8)	475
Liste Z	700 (7)	350	233,33	175

Danach entfallen insgesamt auf die Liste X drei Freistellungen, auf die Liste Y drei Freistellungen und auf die Liste Z eine Freistellung. Wegen der Anrechnungsvorschrift des § 46 Abs. 3 Satz 3 zweiter Halbsatz sind die bereits über die Freistellung von Vorstandsmitgliedern verbrauchten Freistellungen anzurechnen. Sind zwei Mitglieder der Liste X bereits als Vorstandsmitglieder freigestellt worden, können in der Liste X noch zwei weitere Freistellungen vorgenommen werden. Sind von der Liste Y ebenfalls bereits zwei Vorstandsmitglieder freigestellt, so unterbleibt eine weitere Freistellung. Ist über die Liste Z bereits ein Ergänzungsmitglied im Vorstand freigestellt worden, so bleibt die auf die Liste Z entfallene Freistellung unberücksichtigt.

b) **Verfahren bei Personenwahl (Mehrheitswahl):** Die Reihenfolge der weiteren freizustellenden Mitglieder bestimmt sich im Falle der Personenwahl allein nach der Zahl der für sie abgegebenen Stimmen. Die nach Abs. 3 Satz 2 bereits freigestellten Personalratsmitglieder bleiben unberücksichtigt; die weitere Freistellung erfolgt unabhängig von der Gruppenzugehörigkeit des betreffenden Personalratsmitgliedes (Richardi u. a., § 46 Anm. 63).

c) **Verfahren bei gemischter Wahl:** Werden Mitglieder der im Personalrat vertretenen Gruppen teils nach den Grundsätzen der Verhältnis-, teils der Personenwahl gewählt, so sind bei weiteren Freistellungen die Gruppen entsprechend der Zahl ihrer Mitglieder nach dem Höchstzahlverfahren zu berücksichtigen. Innerhalb der Gruppen bestimmen sich die weiteren Freistellungen je nach Wahlverfahren in entsprechender Anwendung des Satzes 3 und nach Satz 4 (Abs. 3 Satz 5). Daher ist zunächst zu ermitteln, wie viele Freistellungen jeder Gruppe zustehen. Ausschlaggebend hierfür ist die Anzahl der auf jede Gruppe entfallenden Sitze.
Entfallen auf die Beamtengruppe neun und auf die Arbeitnehmergruppe zwölf Sitze, so wird nunmehr mit Hilfe des Höchstzahlverfahrens ermittelt, wieviele Freistellungen den einzelnen Gruppen zustehen.

Beamte		**Arbeitnehmer**	
9	(2)	12	(1)
4,5	(4)	6	(3)
3	(6)	4	(5)
2,25	(8)	3	(7)

Auf die Beamtengruppe entfallen vier, auf die Arbeitnehmergruppe ebenfalls vier Freistellungen. Wird die Freistellung des Vorstandes unterstellt, so werden diese Freistellungen auf die weiteren zu verteilenden Freistellungen angerechnet. Sind bereits zwei freigestellte Beamte im Vorstand, verbleiben als weitere Freistellungen für die Beamtengruppe zwei, für die Arbeitnehmer ebenfalls (nur) zwei, sofern zwei freigestellte Arbeitnehmer bereits im Vorstand sind.
Danach ist zu ermitteln, auf wen diese Freistellungen in den einzelnen Gruppen entfallen. Wenn in der Gruppe der Arbeitnehmer nach den Grundsätzen der Personenwahl und in der Gruppe der Beamten nach den Grundsätzen der Verhältniswahl gewählt worden ist, dann hat sich die Auswahl der weiteren freizustellenden Arbeitnehmer nach Abs. 3 Satz 4, also nach den Grundsätzen der Personenwahl zu richten. Wer aus der Arbeitnehmergruppe zusätzlich zu den bereits freigestellten Vorstandsmitgliedern freizustellen ist, richtet sich nach der Zahl der für die einzelnen Gruppenangehörigen abgegebenen Stimmen. Infolgedessen sind diejenigen freizustellen, die nach den bereits über den Vorstand freigestellten beiden Arbeitnehmer die meisten Stimmen erhalten haben.
In der Beamtengruppe ist nach den Grundsätzen der Verhältniswahl gewählt worden. Die beiden weiteren in dieser Gruppe zu vergebenden Freistellungen sind nach Abs. 3 Satz 3 festzulegen. Nunmehr ist im Höchstzahlverfahren zu ermitteln, auf welche Liste wie viele der insgesamt vier Freistellungen entfallen.

9. Der Begriff der **Wahlvorschlagsliste** in Abs. 3 Sätze 3 bis 5 ist ein anderer als der in § 33. Dies hat seinen Grund darin, dass es sich in § 33 um eine Ausnahmevorschrift handelt, bei der der Begriff der Wahlvorschlagsliste auf gruppenübergreifende Listen desselben verbandspolitischen Urhebers bezogen ist (§ 33 Anm. 13). In § 46 Abs. 3 Satz 3 ist dagegen der sonst allgemein gültige Wahlvorschlagsbegriff gemeint, nämlich die **gruppenspezifische/ gruppenbezogene Wahlvorschlagsliste.** Dies ergibt sich im Übrigen auch aus dem Wortlaut von § 19 und § 26 WO. Da Abs. 3 „bei weiteren Freistellungen die Wahlvorschlagslisten entsprechend dem Verhältnis der auf sie bei der Wahl des Personalrats entfallenden Stimmen" (vgl. Zweite Beschlussempfehlung und Bericht des Innenausschusses, BT-Drucks. 11/4774, S. 9) berücksichtigt, steht es den über die Wahlvorschlagsliste gewählten Personalratsmitgliedern zu, sich darauf zu verständigen, welches Mitglied der Liste freigestellt werden soll bzw. können die über die betreffenden Wahlvorschlagslisten gewählten Personalratsmitglieder gemeinsam die Freistellung eines ihrer Mitglieder beantragen. Die Entscheidung darüber, welches Mitglied der Liste, auf die die weitere Freistellung entfällt, freigestellt wird, trifft jedoch das Plenum (ebenso Altvater u. a., § 46 Anm. 30 b). Die Personalvertretung kann auf die ihr nach Abs. 3 Satz 3 zustehende, sich auf eine bestimmte Wahlvorschlagsliste beziehende Freistellung nicht verzichten, wenn dies zu Lasten einer sonst begünstigten Minderheit gehen würde, es sei denn, dass hierfür sachliche und auch hinreichend gewichtige Gründe vorliegen. Solche Gründe wären dann gegeben, wenn das betreffende Personalratsmitglied nicht kooperationsbereit wäre, Solidarität vermissen ließe und sich nicht in die personalratsorientierte Gesamtverantwortung einbinden würde. Diese Mängel müssen durch Tatsachen nachweisbar sein (BVerwG v. 21. 12. 1994, ZfPR 1995, 47; BVerwG v. 22. 12. 1994, Leits. ZBR 1995, 318 = PersV 1995, 237). 23

10. Wenn sich für eine der Personalvertretung zustehende Freistellung **zwei gleich qualifizierte Vorstandsmitglieder** bewerben, so kann sich diese 24

grundsätzlich frei für einen der beiden entscheiden. Selbst wenn bei dieser Entscheidung die Mehrheit der Mitglieder die Gewerkschaftszugehörigkeit als für ihre Entscheidung ausschlaggebend angesehen haben sollte, so kann im Hinblick auf die den beiden Kandidaten zuzusprechende gleiche Qualifikation nicht von einer unsachlichen Entscheidung gesprochen werden (BVerwG v. 16. 7. 1975, Leits. ZBR 1976, 373).

24a 11. Die Entscheidung über Freistellungen nach § 46 Abs. 3 von Mitgliedern der bei Dienststellen des Bundeseisenbahnvermögens nach **§ 17 Abs. 1 Satz 1 DBGrG** bestehenden **besonderen Personalvertretungen,** die dort zum Schutz der spezifischen Interessen der nach § 12 Abs. 2, 3 DBGrG der DBAG zugewiesenen Beamten gebildet sind, obliegt jeweils dem **Leiter** des **Betriebes** der **DBAG,** bei welchem das Personalratsmitglied tätig ist (ebenso Lorenzen u. a., § 46 Anm. 76 a; vgl. auch § 17 Abs. 7 DBGrG). Da die Mitglieder der besonderen Personalvertretung eine ausschließlich personalvertretungsrechtliche Aufgabenvertretung innehaben, nämlich zum einen die Beteiligung an beamtenrechtlichen Entscheidungskompetenzen des Bundeseisenbahnvermögens nach § 17 Abs. 1 DBGrG, zum anderen die Beteiligung an beamtenrechtlichen Zuständigkeiten der DBAG, die ihr gem. § 17 Abs. 2 DBGrG zur Ausübung übertragen wurden, wird der Betriebsleiter der privaten DBAG, soweit ihm ein eigenes Beurteilungsbild nicht möglich ist, eine verantwortungsvolle und sachgerechte Freistellungsentscheidung lediglich **im Benehmen** mit den sachkompetenten bzw. erfahrenen Stellen des Bundeseisenbahnvermögens treffen können. Auch wird er beim Umfang seiner Freistellungsentscheidung zu berücksichtigen haben, dass die besonderen Personalvertretungen für die Interessen zugewiesener Beamter in **mehreren** Betrieben zuständig sind.

IV. Benachteiligungsverbot

25 1. Gemäß Abs. 3 Satz 7 darf eine Freistellung **nicht zur Beeinträchtigung des beruflichen Werdegangs** führen. Die Vorschrift enthält über das Benachteiligungsverbot hinaus gleichzeitig ein an den Dienststellenleiter gerichtetes Gebot, einem Personalratsmitglied diejenige berufliche Entwicklung zu ermöglichen, die es ohne die Freistellung durchlaufen hätte. Das einzelne Personalratsmitglied hat hierauf einen unmittelbaren gesetzlichen Anspruch, so dass es den Dienststellenleiter unabhängig von einem eventuellen Verschulden unmittelbar auf Zahlung der Vergütung aus einer höheren Vergütungsgruppe oder auf Beförderung in Anspruch nehmen kann, vorausgesetzt, dass es ohne die Freistellung mit entsprechenden Aufgaben betraut oder befördert worden wäre (BAG v. 27. 6. 2001, BAGE 98, 164 = ZfPR 2002, 44). Freigestellte Personalratsmitglieder dürfen nicht aus der Konkurrenz um Beförderungsdienstposten oder um Höhergruppierungen herausgenommen werden. Im Falle der Beteiligung eines Mitglieds der Personalvertretung an einem Stellenbesetzungsverfahren sind der Qualifikationsvergleich auf einer hinreichend aussagekräftigen Grundlage einerseits und das personalvertretungsrechtliche Benachteiligungs- und Begünstigungsverbot andererseits in geeigneter Weise in Einklang zu bringen (OVG Münster v. 14. 2. 2005, PersV 2005, 271; OVG Münster v. 14. 12. 2007 – 6 B 1155/07, n. v.). Ebensowenig dürfen freigestellte Personalratsmitglieder von sonstigen Maßnahmen ferngehalten werden, so u. a. nicht von berufsbezogenen Fortbildungsmaßnahmen; dies gilt auch für solche Fortbildungsmaßnahmen, die sich auf die dienstliche Aufgabenwahrnehmung beziehen, wenn eine Rückkehr des betreffenden Personalratsmitglieds an seinen Arbeitsplatz wahrscheinlich ist (VGH Kassel v. 16. 1. 1997, Leits. ZBR 1998, 68 = Leits. ZfPR 1997, 163). Andernfalls würden weniger

Beschäftigte zu einer Arbeit in der Personalvertretung und insbesondere nicht zu einer Freistellung bereit sein. Die laufbahnrechtliche Lage der freigestellten Personalratsmitglieder ist ohnehin dadurch erschwert, dass die nach § 40 BLV vorgeschriebene dienstliche Beurteilung wegen der Freistellung nicht abgegeben werden kann. Das gilt besonders bei mehrmaliger Wiederwahl und Freistellung. Ist ein höherbewerteter Dienstposten zu besetzen, so hat daher die Verwaltung, falls sich ein freigestelltes Personalratsmitglied bewirbt, nach dem Inhalt der Personalakten unter besonderer Berücksichtigung früherer Beurteilungen den Grad der Eignung zu ermitteln. Wenn allerdings bestimmte Befähigungen für die Wahrnehmung eines höherwertigen Dienstpostens Voraussetzung sind, dann muss auch das freigestellte Personalratsmitglied und es müssen die übrigen Bewerberinnen und Bewerber über sie verfügen. Eine Laufbahnnachzeichnung im Zuge eines Laufbahnaufstiegs in eine höhere Laufbahngruppe oder in besondere Verwendungen kann daher nur bei entsprechender Qualifikation vorgenommen werden (RdSchr. BMI v. 12. 3. 2002 – DI3 – 212 152/12; vgl. Anh. II und ZfPR 2002, 119). Ebenso wie für Beamte ist auch für Arbeitnehmer eine Laufbahnnachzeichnung durchzuführen. Für sie kann eine Höhergruppierung dann in Betracht kommen, wenn sie die Voraussetzungen für die Übertragung einer höherbewerteten Tätigkeit besitzen und ohne ihre Freistellung auf einem höherbewerteten Arbeitsplatz beschäftigt und daher höhergruppiert worden wären. Gerade in dem zuletzt angesprochenen Fall muss aber der Betroffene mit einer Versetzung einverstanden sein, falls diese aus dienstlichen Gründen nicht vermeidbar ist. Angesichts der angespannten Personalsituation kann ein freigestelltes Personalratsmitglied nicht grundsätzlich beanspruchen, dass sein bisheriger Dienstposten bzw. Arbeitsplatz freigehalten und lediglich durch einen Vertreter zeitweilig ausgefüllt wird. Allerdings besteht bei Ablauf der Freistellung ein Anspruch darauf, dass dem betreffenden Personalratsmitglied eine seinem Amt entsprechende Tätigkeit übertragen wird. Gleichzeitig hat das bisher freigestellte Personalratsmitglied Anspruch auf die besoldungs- bzw. vergütungsrechtlichen Besserstellungen, die sich inzwischen ergeben haben (Fischer u. a., Anm. 59h).

2. Grundsätzlich hat der öffentliche Arbeitgeber die **Entscheidung über die Besetzung eines Arbeitsplatzes nach den Merkmalen des Art. 33 Abs. 2 GG** zu treffen. Daher hat der Arbeitgeber den beruflichen Werdegang freigestellter Personalratsmitglieder ebenso wie den Werdegang nicht freigestellter Beschäftigter zu fördern. Die Förderung hat allerdings dort ihre Grenze, wo die Vermeidung von Berufsnachteilen in eine durch § 8 ebenfalls verbotene Begünstigung umschlagen würde (Kranz, PersV 1967, 83). Vom Dienst freigestellte Mitglieder von Personalvertretungen sind vor einer **Beförderung** nicht ausnahmslos verpflichtet, die Aufgaben eines höherwertigen Dienstpostens zum Zwecke der Erprobung tatsächlich wahrzunehmen und damit auf die Freistellung zu verzichten (BVerwG v. 21. 9. 2006, PersV 2008, 105 = Leits. ZfPR 2007, 70; PersR 2007, 83). Der Ausgleich zwischen dem personalvertretungsrechtlichen Benachteiligungsverbot und dem Gebot, die Eignung für den Beförderungsdienstposten zu erbringen, kann dadurch hergestellt werden, dass aufgrund des bisherigen beruflichen Werdegangs des Personalratsmitglieds und vergleichbarer Beschäftigter prognostisch festgestellt wird, ob der vom Dienst freigestellte Bewerber den Anforderungen der Erprobung aller Voraussicht nach gerecht werden würde („fiktive Erprobung"; vgl. auch Fischer u. a., § 46 Anm. 96a). Der berufliche Werdegang freigestellter Personalratsmitglieder ist ebenso wie der Werdegang vergleichbarer Beschäftigter, die weder das Amt eines Personalratsmitglieds 25a

ausüben noch vom Dienst freigestellt sind, zu behandeln. Vergleichbar sind immer solche Beschäftigten, die zum Zeitpunkt der Amtsübernahme durch das Personalratsmitglied unter Berücksichtigung der Qualifikation entweder dieselbe oder aber eine gleichwertige Tätigkeit verrichtet haben (BAG v. 26. 9. 1990, ZTR 1991, 334 = Leits. ZfPR 1992, 18). Daher muss die berufliche Ausgangslage mit demselben Amt bzw. derselben Vergütungsgruppe gegeben sein. Auch das Dienstalter muss übereinstimmen. Auf der Grundlage dieser Betrachtungsweise ist für das freigestellte Personalratsmitglied eine **fiktive Nachzeichnung des beruflichen Werdegangs** vorzunehmen; es ist ihm eine solche berufliche Bewertung beizumessen, wie sie ihm ohne Freistellung zugekommen wäre (OVG Münster v. 25. 8. 2003, PersR 2004, 38 = Leits. ZfPR 2004, 143). Dabei ist es sachgerecht, die letzte planmäßige Beurteilung nach Maßgabe der Entwicklung vergleichbarer Beamter (zu den Kriterien für das Aufstellen von Vergleichsgruppen: Schnellenbach, ZfPR 2002, 51) fortzuschreiben (BVerwG v. 7. 11. 1991, BVerwGE 93, 188 = ZBR 1992, 177 = Leits. ZfPR 1991, 117; OVG Koblenz v. 2. 7. 1999, DÖV 2000, 165). Ein Bedürfnis für eine umfassende fiktive Nachzeichnung kann jedoch bei einem zu ca. 70 % freigestellten Personalratsmitglied entfallen (OVG Münster v. 2. 3. 2006, PersV 2007, 21 = Leits. ZfPR 2007, 71; anders allerdings bei einer Freistellung von etwa 85 %: BAG v. 19. 3. 2003, BAGE 105, 329 = PersV 2004, 69 = ZfPR 2004, 79). Im Falle eines **teilweise freigestellten Personalratsmitglied** kann nicht grundsätzlich bei der Bewerbung für eine höher zu bewertende Tätigkeit alleine auf die Leistungen im verbliebenen Arbeitsbereich dann abgestellt werden, wenn der Umfang der dienstlichen Tätigkeit überwiegend hinter die auf die Freistellung entfallende Arbeitszeit zurücktritt. Zwar kann für die verbliebene Arbeitstätigkeit eine Beurteilung erstellt werden. Dennoch aber ist eine fiktive Nachzeichnung des beruflichen Werdegangs schon deshalb notwendig, weil der geringfügige Umfang der verbliebenen Tätigkeiten nicht für eine angemessene Erfassung der Gesamtleistungsfähigkeit des überwiegend freigestellten Personalratsmitglieds ausreicht (BAG v. 19. 3. 2003, aaO). Grundsätzlich ist davon auszugehen, dass ein freigestelltes Personalratsmitglied ohne seine Freistellung auch weiterhin gleiche Leistungen erbracht hätte. Das sich danach ergebende Leistungsbild ist an der Leistungsentwicklung vergleichbarer Beamter zu messen und entsprechend einzuordnen (OVG Münster v. 14. 2. 2005, PersV 2005, 271 = Leits. ZfPR 2006, 46). Daher darf auch kein negativer Schluss aus der Tatsache gezogen werden, dass es einem seit längerem freigestellten Personalratsmitglied an aktuellem beruflichen Wissen und an aktuellen Erfahrungen fehlt. Würde diese Tatsache als mindere Qualifikation angesehen, so würde dadurch gegen **Sinn und Zweck der personalvertretungsrechtlichen Schutzvorschriften (§ 8, § 46 Abs. 3 Satz 7) verstoßen.** Bei einer negativen Bewertung des freigestellten Personalratsmitglieds muss ein Dienststellenleiter Tatsachen vortragen, die es einem objektiven Dritten ermöglichen, die Wertung nachzuvollziehen (LAG Köln v. 28. 8. 1996 Leits. ZfPR 1997, 201; vgl. auch: BAG v. 25. 4. 1996, Leits. BB 1986, 2048 = DB 1997, 1979). Hat ein freigestelltes Personalratsmitglied seit seiner letzten dienstlichen Beurteilung während eines längeren Zeitraums (zehn Monate) Dienst geleistet, so sind die dabei gezeigten Leistungen im Rahmen der Nachzeichnung des beruflichen Werdegangs angemessen zu berücksichtigen (OVG Saarlouis v. 25. 8. 1992, RiA 1993, 208; vgl. auch Walldorf, DÖD 1983, 7 sowie Löhr, DÖD 1982, 169). Aufgrund der Qualifikation der Anstellungsprüfung und der bis zur Freistellung erreichten Beurteilung ist das Personalratsmitglied in die Beförderungsliste einzureihen und nach dem dabei erreichten Rang zu befördern. Dabei ist der sich unter Berücksichtigung eines fortschreitenden Erfahrungsgewinns ergebende Leistungsstand vor dem Hintergrund der

Fortentwicklung der allgemeinen Beurteilungsmaßstäbe zu der bei vergleichbaren leistungsstarken Beamten zu verzeichnenden Beurteilungsentwicklung in Beziehung zu setzen (OVG Saarlouis v. 23. 1. 2003, Leits. ZfPR 2003, 273 m. Anm.). Gleiches gilt für eine Höhergruppierung. Auf eine Höhergruppierung hat ein freigestelltes Personalratsmitglied dann Anspruch, wenn es die Voraussetzungen für die Übertragung einer höherbewerteten Tätigkeit erfüllt und ohne die Freistellung auf einem höherbewerteten Arbeitsplatz beschäftigt und daher höhergruppiert worden wäre. Unterbleibt die Höhergruppierung ohne eine sachliche Rechtfertigung, dann kann dem übergangenen, freigestellten Personalratsmitglied eine sich aus einer beruflichen Nachzeichnung ergebende Vergütung zustehen (LAG Sachsen v. 3. 5. 1996, PersR 1996, 405). Im Übrigen sind bei der Nachzeichnung des beruflichen Werdegangs nur solche Nachteile ausgleichungsbedürftig, die ab dem Zeitpunkt der Freistellung durch diese selbst verursacht worden sind (OVG Koblenz v. 22. 9. 1995, PersV 1997, 30). Ergibt sich bei der fiktiven Nachzeichnung des beruflichen Werdegangs eines freigestellten Personalratsmitglieds, dass dienstjüngere Mitbewerber bereits höhergruppiert wurden, so bedarf es „der Darlegung konkreter nachvollziehbarer Unterschiede in Eignungs-, Befähigungs- und Leistungsbildern der jeweiligen Bewerber"; soweit dabei derartige Unterschiede nicht festzustellen sind, ist davon auszugehen, dass das höhere Dienstalter für das bei der Höhergruppierung übergangene freigestellte Personalratsmitglied spricht (BAG v. 26. 9. 1990, BAGE 66,85 = PersV 1991, 482; BAG v. 29. 10. 1998 – 7 AZR 202/97, ZTR 1999, 235; vgl. auch Mayer, PersV 1976, 361; vgl. zur Darlegungslast des freigestellten Personalratsmitglieds im Falle der Behauptung einer Benachteiligung bei Bewerbungen: LAG Köln v. 21. 8. 2002, Leits. ZTR 2003, 359; vgl. zum Ganzen: Rdschr. des BMI v. 12. 3. 2002 – D I 3 – 21215212, im Anh. und ZfPR 2002, 119).

3. Die mit einem Beförderungsamt oder mit Tätigkeiten in einer höheren Vergütungsgruppe verbundenen Anforderungen können aber **in aller Regel** nur mit Hilfe **zusätzlicher Kenntnisse und Fähigkeiten erfüllt werden**. Aus diesem Grund liegt es auch im Interesse des Freigestellten, das für das neue Arbeitsgebiet notwendige Wissen zu erwerben. Daher kann sich insbesondere bei langdauernden Freistellungen, die die Beurteilung der beruflichen Qualifikation unmöglich machen, mindestens aber erschweren, die **Notwendigkeit zu einer Unterbrechung der Freistellung** ergeben. Dies wird bei einem Aufstieg mit Laufbahngruppenwechsel und bei einer Beförderung in das Spitzenamt einer Laufbahn mit gleichzeitiger Funktionsänderung grundsätzlich gefordert werden müssen (OVG Münster v. 24. 6. 1980, PersV 1982, 75, das eine sechsmonatige Bewährungszeit nicht als unangemessen angesehen hat). Die Nachzeichnung einer fiktiven Laufbahn für einen freigestellten Beamten findet nämlich dort eine Grenze, wo der berufliche Werdegang den Nachweis einer besonderen Qualifikation erfordert (vgl. § 12 Abs. 2 Satz l Nr. 4 BRRG: keine Beförderung „vor Feststellung der Eignung für einen höher bewerteten Dienstposten in einer Erprobungszeit, für die durch Rechtsvorschrift eine Dauer von mindestens drei Monaten festzulegen ist"). Gleiches gilt bei entsprechenden Eingruppierungen für Arbeitnehmer. Damit ist zwar eine Behinderung der Personalratsarbeit verbunden. Sie muss aber unter den aufgezeigten Voraussetzungen hingenommen werden. Dabei ist allerdings die Unterbrechungsdauer möglichst kurz zu bemessen, um die Behinderung der Personalratsarbeit in Grenzen zu halten. Im Falle eines **Aufstiegs** eines freigestellten beamteten Personalratsmitgliedes in eine höhere Laufbahngruppe (§§ 33, 33a, 33b BLV) kann die Einführungszeit nicht unter Anrechnung von Zeiten der Personalratstätigkeit gekürzt werden. Die 25b

gesetzlichen Voraussetzungen einer Kürzung nach § 33 a Abs. 2 Satz 2 BLV liegen dafür nicht vor, da sich die Personalratstätigkeit nicht auf die Erledigung typischer Fachaufgaben richtet und sich auch keiner Laufbahngruppe zuordnen lässt (Rdschr. des BMI v. 12. 3. 2002 – D 13 – 21215212, Anh. II u. ZfPR 2002,119). Generell stellt es keine Beeinträchtigung des beruflichen Fortkommens eines freigestellten Personalratsmitglieds dar, wenn der Dienststellenleiter die (kurzfristige) Aufgabe der Freistellung verlangt, damit das betreffende Personalratsmitglied an der erforderlichen Einweisung in die Aufgaben der höheren Laufbahngruppe teilnehmen kann (vgl. auch: Lorenzen u. a., 46 Anm. 95 sowie OVG Münster v. 25. 8. 2003, PersR 2004, 38 = Leits. ZfPR 2004, 143; OVG Koblenz 8. 11. 2004, ZfPR 2005, 8; vgl. auch Anm. 25 a).

25c 4. Wenn die **Bewerbung** eines freigestellten Personalratsmitglieds **an fehlenden aktuellen Fachkenntnissen scheitert,** dann ist die Entscheidung des Dienststellenleiters zugunsten eines von ihm als qualifizierter erachteten Bewerbers nach Art. 33 Abs. 2 GG nicht zu beanstanden. Gleiches gilt, wenn der Dienststellenleiter die fachlichen und beruflichen Oualifikationen wegen der Freistellung glaubt, nicht bewerten zu können. Dennoch ergibt sich in solchen Fällen eine Zahlungspflicht nach §§ 8, 46 dann, wenn gerade die Freistellung Ursache dafür war, dass feststellbares, aktuelles Fachwissen fehlt. Ebenso ist zu verfahren, wenn ein freigestelltes Personalratsmitglied eine Bewerbung um eine Höhergruppierung oder um eine Beförderung gerade wegen seiner Freistellung unterlassen hat, ohne die Freistellung aber eine Bewerbung erfolgreich gewesen wäre oder nach Art. 33 Abs. 2 GG hätte erfolgreich sein müssen. So ist auch dann zu verfahren, wenn ein Dienststellenleiter „Angestellte mit bestimmten Laufbahnvoraussetzungen nach feststehenden Maßstäben und/oder Zeitabläufen auf freiwerdende oder neugeschaffene Stellen einer höheren Vergütungsgruppe befördert und Personalratsmitglieder wegen ihrer Freistellung hiervon ausnimmt“ (BAG v. 27. 6. 2001, BAGE 98, 164 = ZfPR 2002, 44).

25d 5. Auch bei Arbeitnehmern muss eine Weiterentwicklung des beruflichen Werdegangs sichergestellt sein. Eine Höhergruppierung kommt daher immer dann in Betracht, wenn die Betroffenden die Voraussetzungen für die Übertragung einer höher bewerteten Tätigkeit erfüllen und ohne ihre Freistellung auf einem höher bewerteten Arbeitsplatz beschäftigt und daher höhergruppiert worden wären (vgl. auch Anm. 25 a). Dies kann durch eine Gegenüberstellung mit dem beruflichen Werdegang vergleichbarer, nicht freigestellter Beschäftigter festgestellt werden. Ergibt eine Nachzeichnung des beruflichen Werdegangs eines freigestellten Personalratsmitglieds, dass es ohne seine Freistellung mit Aufgaben betraut worden wäre, die eine höhere Vergütungsgruppe rechtfertigen, dann kann der Betroffene den Arbeitgeber unmittelbar auf **Zahlung der Differenz zwischen seiner derzeitigen und einer höheren Vergütungsgruppe** in Anspruch nehmen (BAG v. 29. 10. 1998 – 7 AZR 202/97, ZTR 1999, 235; BAG v. 27. 6. 2001, BAGE 98, 164 = ZfPR 2002, 44; Fischer u. a., § 46 Anm. 59 b; Lorenzen u. a., § 46 Anm. 99). Dies gilt auch dann, wenn im Zusammenhang mit einer Auswahlentscheidung nach Art. 33 Abs. 2 GG ein Mitbewerber mit der Begründung für qualifizierter angesehen wird, dass das Personalratsmitglied nicht mehr über dieselben fachlichen Leistungen verfügt oder solche nicht feststellbar sind (BAG v. 29. 10. 1998 – 7 AZR 676/96, BAGE 90, 106 = ZfPR 2000, 108; BAG v. 19. 3. 2003, PersV 2004, 73). Um eine **fiktive Nachzeichnung des beruflichen Werdegangs** vornehmen und feststellen zu können, ob der betreffende Arbeitnehmer – wäre er nicht freigestellt worden – in eine höhere Vergütungsgruppe aufgestiegen wäre, ist sein beruflicher Werdegang mit dem eines vergleichbaren Arbeitnehmers ohne Personalratsmandat in Beziehung zu setzen (BAG v. 27. 6. 2001, aaO; Fischer u. a., § 46 Anm. 59 b; Lorenzen u. a., § 46 Anm. 99; vgl. auch vorstehende Anm. 25a).

6. Die Laufbahnverhältnisse der freigestellten Mitglieder der Personalvertretungen wie auch der berufliche Werdegang von Arbeitnehmern sind z. T. durch interne Anordnungen der einzelnen Verwaltungen geregelt. Schließlich ist in diesem Zusammenhang noch darauf hinzuweisen, dass eine **Abordnung** eines freigestellten Personalratsmitglieds zu einer Stufenvertretung in Betracht kommen kann, wenn die Voraussetzungen des § 27 Abs. 1 BBG (dienstliches Bedürfnis) gegeben sind. Mit einer solchen Abordnung treten alle Rechtsfolgen, die mit einer Abordnung verbunden sind, ein (evtl. Gewährung einer Stellenzulage im Falle einer Abordnung zur obersten Dienstbehörde; vgl. insgesamt die grundsätzlichen Hinweise des BMI zur Rechtslage bei der Behandlung und Förderung freigestellter Personalratsmitglieder v. 12. 3. 2002 – DI 3 – 212 152/12, Anhang II und ZfPR 2002, 119). **25e**

7. Eine besondere Problematik für freigestellte Personalratsmitglieder ergibt sich im Zusammenhang mit der Festsetzung einer Leistungsstufe und der Gewährung einer Leistungsprämie oder Leistungszulage (§ 27 Abs. 3, § 42 a Abs. 1 BBesG in Verbindung mit den entsprechenden Verordnungen). Bei dauerhaft herausragenden Gesamtleistungen kann die nächsthöhere Stufe im Grundgehalt vorzeitig festgesetzt, für herausragende besondere Einzelleistungen kann eine **Leistungsprämie oder Leistungszulage** gewährt werden (vgl. auch das in Anm. 25e zitierte Rundschreiben des BMI). Die entsprechenden Verordnungen ermöglichen die Berücksichtigung individueller Leistungsunterschiede innerhalb des übertragenen Amtes. Da freigestellte Personalratsmitglieder aber keinen Dienst i. S. des Beamtenrechts leisten, können sie tatsächlich nur dann die in den genannten Verordnungen festgelegten Voraussetzungen erfüllen, wenn sie – wenn auch nur vorübergehend – Dienst leisten (Richardi u. a., § 46 Anm. 90); denn wegen des aktuellen zeitlichen Zusammenhangs zwischen einer herausragenden besonderen Leistung und der Gewährung einer Prämie macht die Berücksichtigung von Leistungen aus der Zeit vor der Freistellung keinen Sinn (Lorenzen u. a., § 46 Anm. 98 a). Leistungsprämien und Leistungszulagen können selbstverständlich auch an Arbeitnehmer gewährt werden (vgl. hierzu: RdSchr. des BMI v. 26. 11. 1997, ZfPR 1998, 32). **25f**

8. Freigestellte Personalratsmitglieder sind im Übrigen vor **unangemessener Kontrolle** zu schützen. Personalakten von Personalratsmitgliedern unterliegen wie die Personalakten der übrigen Beschäftigten einem besonderen Schutz (vgl. u. a. hierzu: § 68 Anm. 45 ff.). Da Personalratsmitglieder in Ausübung ihrer Tätigkeit unabhängig und vor Eingriffen des Dienstherrn zu schützen sind, sind sie im Rahmen der Prüfungsbefugnisse des Bundesrechnungshofes bzw. der Prüfungsämter des Bundes im Hinblick auf die inhaltliche Wahrnehmung von Personalratstätigkeiten insoweit keiner Überprüfung zu unterziehen. Allerdings ist darauf hinzuweisen, dass gem. § 100 Bundeshaushaltsordnung (BHO v. 19. 8. 1969, BGBl. I S. 1284, zul. geänd. d. Art. 9 G v. 13. 12. 2007, BGBl. I S. 2897) und § 20a Bundesrechnungshofgesetz (BRHG v. 11. 7. 1985, BGBl. I S. 1445, zul. geänd. d. Art. 17 G v. 9. 7. 2001 BGBl. I S. 1510) die Prüfungsämter des Bundes dieselben Prüfungsbefugnisse besitzen wie der Bundesrechnungshof. Sie führen die Prüfungsaufgaben in entsprechender Anwendung der für den Bundesrechnungshof geltenden Bestimmungen durch. Nach § 95 BHO sind deshalb die Prüfungsämter e- **25g**

benso wie der Bundesrechnungshof berechtigt, die Vorlage von Unterlagen, die sie zur Erfüllung ihrer Aufgaben für erforderlich halten, zu verlangen. Zwar haben Bundesrechnungshof und Prüfungsämter die Einsicht in Unterlagen (u. a. in Personalakten) auf das nach ihrer Sicht unbedingt Notwendige zu beschränken (Plog u. a., § 90 d Anm. 11). Im Hinblick auf die Vertraulichkeit der Personalakten der Beschäftigten – also auch der Personalratsmitglieder – wird die um die Herausgabe gebetene Behörde aufgrund ihrer Fürsorgepflicht gehalten sein, einem Herausgabe- bzw. Auskunftsverlangen nicht „blind" zu entsprechen. Dabei kann sie diesem Verlangen aber nicht unter Hinweis auf die Personalratstätigkeit des Betroffenen widersprechen.

26 9. Ein freigestelltes Personalratsmitglied hat nach **Beendigung der Freistellung** keinen Anspruch darauf, seinen vor der Freistellung innegehabten Arbeitsplatz/Dienstposten wieder zu erhalten. Allerdings hat das betreffende Personalratsmitglied Anspruch auf Übertragung von Tätigkeiten, die vor oder während der Freistellung erreichten Besoldungs-, Vergütungs- oder Lohngruppen entsprechen. Sind alle in der Dienststelle vorhandenen Dienstposten besetzt und kommt eine Versetzung des Beamten zu einer anderen Dienststelle nicht in Betracht, so kann ihm eine kurzfristige unterwertige Beschäftigung, wenn er während der Freistellung befördert worden ist, für absehbare Zeit zur Verfügung gestellt werden. Gleiches gilt für Beschäftigte im Arbeitnehmerverhältnis (Lorenzen u. a., § 46 Anm. 100; vgl. hierzu insgesamt: Rundschreiben des Bundesministers des Innern v. 12. 3. 2002 – DI 3 – 212 152/12; s. Anhang II und ZfPR 2000, 119 sowie BAG v. 19. 8. 1992, BAGE 71, 110 = Leits. BB 1992, 2512 = DB 1993, 1525 = Leits. ZfPR 1993, 133).

V. Zahlenkatalog (Abs. 4) für Freistellungen

27 1. Abs. 4 enthält eine **Freistellungsstaffel,** die sich an der Zahl der in der Regel Beschäftigten ausrichtet. Die Vorschrift gilt nur für die **örtlichen Personalräte,** auch für solche bei den Behörden der Mittelstufe und bei obersten Dienstbehörden. Abs. 4 gilt nicht für Stufenvertretungen, Gesamtpersonalräte, Jugend- und Auszubildendenvertretungen und Vertretungen der nichtständig Beschäftigten, da sie in § 54 Abs. 1, § 56, § 62 Satz 1 und § 65 Abs. 3 nicht für anwendbar erklärt ist. Abs. 4 gilt auch nicht für die Schwerbehindertenvertretung. § 96 Abs. 4 SGB IX erlaubt vielmehr bei der Freistellung die Berücksichtigung konkreter Bedürfnisse der Dienststelle und ermöglicht eine teilweise bis völlige Freistellung. Soweit die Bestimmung gilt, ist sie zwingend. Bei der Ermittlung der Zahl der in einer Dienststelle regelmäßig tätigen Beschäftigten ist auf den Zeitpunkt abzustellen, zu dem die Freistellung erfolgen soll (OVG Berlin v. 16. 5. 1994 – OVG PV Bln. 4.94, n. v.; vgl. zu den Folgen bei Sinken der Beschäftigtenzahl: Anm. 28). Gegenüber der gesetzlichen Vermutung der Erforderlichkeit der Freistellung steht der Dienststelle bei der Entscheidung über die Freistellung weder ein Ermessensnoch ein Beurteilungsspielraum zu (BVerwG v. 17. 1. 1969, BVerwGE 31, 192 = ZBR 1969, 127 = PersV 1969, 177). Infolgedessen kann ein Dienststellenleiter gegenüber einer die Freistellungsstaffel ausschöpfenden Freistellung nicht geltend machen, diese sei nicht erforderlich (OVG Münster v. 15. 4. 1991, RiA 1992, 149; OVG Lüneburg v. 5. 10. 1993, PersR 1993, 568). Die Personalvertretung muss die vom Gesetz eingeräumte Zahl der Freistellungen ausnutzen, um eine möglichst hohe Effektivität zu erreichen (BVerwG v. 26. 10. 1977, ZBR 1978, 242 = PersV 1979, 112). Sie hat über einen Vorschlag auf Freistellung auch dann zu entscheiden, wenn die Anregung hierzu von dem betreffenden Personalratsmitglied selbst kommt (OVG Münster v. 18. 12. 1974, ZBR 1975, 355 = PersV 1976, 428).

2. Der Gesetzgeber hat mit dem Gesetz vom 15. 3. 1974 die pauschalierende Freistellungsstaffel des Abs. 4 Satz 1 und 2 eingeführt. Er hat das aus Gründen der Praktikabilität und einer gewissen Befriedung getan, nachdem die Beurteilung der Frage, ob und inwieweit Freistellungen von Personalratsmitgliedern zur ordnungsgemäßen Durchführung ihrer Aufgaben erforderlich sind, in der Vergangenheit häufig zu einem Streitpunkt zwischen Personalrat und Dienststelle geworden war (VGH Mannheim v. 17. 2. 1987, ZBR 1987, 285 = PersV 1987, 430 m. Anm. v. Widmaier; vgl. auch Anm. 13 sowie Lorenzen u. a., § 46 Anm. 55 ff.). Für die Beurteilung der Erforderlichkeit der Dienstbefreiung in weiteren Fällen ergibt sich daraus noch nichts; vielmehr kommt es auf den **Einzelfall** an (vgl. für das BetrVG: BAG v. 21. 11. 1978, BB 1979, 672 = DB 1979, 899; aA OVG Münster v. 26. 2. 1985, ZBR 1986, 177). Auch in Dienststellen mit **weniger als 300 Beschäftigten** kann daher eine Freistellung oder teilweise Freistellung von Personalratsmitgliedern von ihrer dienstlichen Tätigkeit in Betracht kommen, wenn dies zur ordnungsgemäßen Durchführung der Personalratsaufgaben erforderlich ist. Wenn daher bei einer Dienststelle mit weniger als 300 Beschäftigten so viele Aufgaben bestehen, dass die Mitglieder der Personalvertretung, also insbesondere die Vorstandsmitglieder, sie nicht ohne Beeinträchtigung ihrer dienstlichen Pflichten erfüllen können, dann kann eine auf Wochen, Tage oder Stunden oder anderweitig bemessene Teilfreistellung in Betracht kommen. Eine volle Freistellung ist für den Fall möglich, dass die Arbeitsbelastung der Personalvertretung in zeitlicher Hinsicht in einem Ausmaß anfällt, dass eine Freistellung für die gesamte Amtszeit erforderlich wird. Die Personalvertretung muss entsprechende Tatsachen darlegen (vgl. für das BetrVG: BAG v. 13. 11. 1991, BAGE 69, 34 = BB 1992, 636 = DB 1992, 47), aus denen sich ergibt, warum die aus der Freistellungsstaffel abgeleitete Zahl freizustellender Personalratsmitglieder zur sachgerechten Aufgabenwahrnehmung nicht ausreicht. Gleiches gilt für den Fall, dass über die Zahl der gesetzlichen Freistellungen hinaus eine weitere Freistellung notwendig ist. Eine Halbierung oder Drittelung oder noch größere Aufteilung der auf eine bestimmte Personenzahl zugeschnittenen vollen Freistellungen ist dagegen grundsätzlich unzulässig, weil auf diese Weise in der Regel die Belange der Dienststelle in erheblichem Maße beeinträchtigt werden (BVerwG v. 25. 2. 1983, ZBR 1983, 212 = PersV 1984, 83; vgl. auch Anm. 14). Keinesfalls aber kann anhand der Freistellungsstaffel des Abs. 4 eine Rückrechnung für die unter 300 Regelbeschäftigten liegende Dienststelle erfolgen und daraus abstrakt der zeitliche Umfang der in Betracht kommenden Freistellung hergeleitet werden; denn der Gesetzgeber ist ersichtlich davon ausgegangen, dass sich in kleineren Dienststellen Erfahrungswerte nicht aufstellen lassen. Es verbleibt daher insoweit bei der allgemeinen Regelung, wonach Mitglieder einer Personalvertretung von ihrer dienstlichen Tätigkeit ganz oder teilweise dann freizustellen sind, wenn und soweit es nach Art und Umfang der Dienststelle zur ordnungsgemäßen Durchführung ihrer Aufgaben erforderlich ist (VGH München v. 21. 2. 1990, PersR 1990, 267; OVG Lüneburg v. 7. 3. 1990, Leits. PersR 1991, 192). Es ist daher unter den besonderen Verhältnissen der jeweiligen Dienststelle im Einzelfall zu prüfen, in welchem Umfang regelmäßig Aufgaben für die Personalvertretung anfallen. Nach einer entsprechenden Darlegung der Personalvertretung ist bei Vorliegen der genannten Voraussetzungen daher eine teilweise Freistellung vorzunehmen (BVerwG v. 16. 5. 1980, ZBR 1981, 106 = PersV 1981, 366; OVG Münster v. 13. 5. 1981, PersV 1983, 508; Eckinger, PersV 1981, 364). Zählt eine Dienststelle mehr als 300 in der Regel Beschäftigte und macht der Personalrat geltend, über den nach Abs. 4 zustehenden Freistellungssatz hinaus sei eine zusätzliche Teilfreistellung erforderlich, so verbietet sich ein Rückgriff 27a

auf die Grundnorm des Abs. 3 Satz 1 (OVG Münster v. 26. 2. 1985, aaO). Wenn die Personalvertretung über die Mindeststaffel hinaus die Freistellung eines weiteren Personalratsmitglieds für den Rest der Amtszeit für erforderlich hält, so hat sie darzulegen, dass die anfallenden notwendigen Personalratsarbeiten nur auf diese Weise befriedigend erledigt werden können und das auch nicht zeitweilig andere personelle Möglichkeiten für die Personalvertretung gegeben sind (vgl. für das BetrVG: BAG v. 26. 7. 1989, BB 1990, 1272 = DB 1990, 1290). Dies gilt auch für den Fall, dass ein Personalratsmitglied auch noch für eine andere Personalvertretung freigestellt ist. Wenn in diesem Fall aufgrund des Vortrags konkreter Tatsachen erkennbar wird, dass die Personalratsaufgaben auch nach einer zumutbaren personalratsinternen Umverteilung nicht erledigt werden können, dann kann eine weitere (Teil-)Freistellung über den Zahlenkatalog des Abs. 4 hinaus möglicherweise unumgänglich sein (vgl. für das BetrVG: BAG v. 26.6. 1996, BB 1996, 2356 = DB 1996, 2185 = ZBVR 1996, 37; BAG v. 12. 2. 1997, Leits. BB 1997, 1368).

27b 3. Ein **Abweichen von den Regelsätzen setzt** ein **Einvernehmen** zwischen Dienststellenleiter und Personalvertretung **voraus** (Abs. 4 Satz 3; vgl. für das BetrVG: BAG v. 16. 1. 1979, DB 1979, 1515). Einvernehmen ist weder Mitbestimmung, Mitwirkung noch Dienstvereinbarung im technischen Sinne, sondern Übereinkunft (Vereinbarung), die nicht erzwungen werden kann. Für die Herstellung des Einvernehmens kann auf die Grundnorm des Abs. 3 Satz 1 zurückgegriffen werden. Das Einvernehmen des Dienststellenleiters kann, falls tatsächlich im Einzelfall ein besonderer Arbeitsanfall für die Personalvertretung erkennbar ist, gerichtlich erzwungen werden (Lorenzen u. a., § 46 Anm. 60; Richardi u. a., § 46 Anm. 52; aA VGH München v. 11. 9. 1991, Leits. PersR 1992, 224, 335; Fischer u. a., § 46 Anm. 50, 51). Besteht zwischen Dienststellenleiter und Personalvertretung ein Einvernehmen darüber, dass über den gesetzlich festgelegten Freistellungssatz hinaus eine weitere Freistellung in Betracht kommt, dann handelt die Personalvertretung, falls sie nicht entsprechend diesem Einvernehmen eine Freistellung beschließt, in Widerspruch zu ihrem eigenen Verhalten. Zwar kann eine Personalvertretung auf ihr zustehende Freistellungen auch verzichten. Ein entsprechender Beschluss ist aber nur wirksam, „wenn ihm nicht sachwidrige Erwägungen zugrundeliegen und er nicht gegen berechtigte Gruppeninteressen verstößt“ (OVG Münster v. 16. 12. 1993, Leits. ZBR 1994, 132).

28 4. Bei der Freistellung handelt es sich um einen Anspruch der Personalvertretung als Gremium. Falls daher eine Personalvertretung zur Überzeugung gelangt, dass eine ursprüngliche Freistellung aufgehoben werden sollte, dann ist sie verpflichtet, nicht willkürlich die Aufhebung zu vollziehen, sondern auf der Grundlage objektiver Maßstäbe zu prüfen, ob Gründe von einigem Gewicht für die Aufhebung der Freistellung gegeben sind (z. B. Spannungen und damit verbundene Reibungsverluste in der internen Zusammenarbeit, VGH München v. 31. 7. 1996 – 17 P 96.407, n. v.). Im Übrigen aber kann die Personalvertretung jederzeit ein bereits freigestelltes Mitglied durch Erklärung gegenüber der Dienststelle „abberufen“ und ein anderes Mitglied für die Freistellung vorschlagen; denn der Anspruch auf Freistellung steht der Personalvertretung, nicht dem einzelnen Personalratsmitglied zu (Fischer u. a., § 46 Anm. 39). In diesem Fall hat der Dienststellenleiter die bestehende Freistellung aufzuheben und sodann die von der Personalvertretung gewünschte Freistellung bei Vorliegen der entsprechenden gesetzlichen Voraussetzungen zu veranlassen (Lorenzen u. a., § 46 Anm. 81). Die **Aufhebung einer bereits gewährten Freistellung** kann schließlich auch dann erforderlich werden, wenn sich die Zahl der in der Regel Beschäftigten in der Weise

ändert, dass weniger Personalratsmitglieder als nach Abs. 4 vorgeschrieben freizustellen sind. Der Personalvertretung steht ein Vorschlagsrecht in Bezug auf denjenigen zu, dessen Freistellung aufgehoben werden soll (Lorenzen u. a., § 46 Anm. 79). Obgleich die Freistellung grundsätzlich für die Dauer einer Amtsperiode erfolgt, so ist doch unter Berücksichtigung des in Abs. 3 festgelegten Grundsatzes über die Erforderlichkeit einer Freistellung nach Umfang und Art der Dienststelle und der damit anfallenden Arbeiten eine Korrektur der ursprünglich vorgenommenen Freistellung angebracht. Dieses Erfordernis ergibt sich im Übrigen aus dem Grundsatz der sparsamen Haushaltsführung (BVerwG v. 2. 9. 1996, ZBR 1997, 94 = PersV 1997, 119 = ZfPR 1997, 6). Es gilt dann, wenn die Personalratsaufgaben entscheidend zurückgegangen sind. Umgekehrt ist bei Ansteigen der Beschäftigtenzahl oder einem Anwachsen der Personalratsaufgaben eine Erhöhung der Freistellungen angebracht. Hiermit nicht vergleichbar ist der Fall der **Verhinderung eines** ständig **freigestellten Personalratsmitglieds.** In diesem Fall ist die Personalvertretung nicht berechtigt, an dessen Stelle für die Zeit der Verhinderung ein anderes Mitglied freistellen zu lassen. Es ist nämlich davon auszugehen, dass bei der Aufstellung der Mindeststaffel nach Abs. 4 gewisse Fehlzeiten der ständig freigestellten Personalratsmitglieder (Urlaub, kurzfristige Krankheit) bereits berücksichtigt sind (VG Berlin v. 12. 7. 1976, PersV 1979, 420; vgl. auch für das BetrVG: BAG v. 22. 5. 1973, BAGE 25, 204 = BB 1973, 1305).

VI. Aufwandsentschädigung

Abs. 5 legt für die freigestellten Personalratsmitglieder aller Stufen eine **Aufwandsentschädigung** fest, deren Höhe durch Rechtsverordnung geregelt ist (vgl. Anhang IV). Sie beruht auf einer ausreichenden gesetzlichen Ermächtigung (BVerwG v. 22. 6. 1984, ZBR 1984, 381 = PersV 1986, 512). Ein Teilzeitbeschäftigter, der als Personalratsmitglied von seiner dienstlichen Tätigkeit ganz freigestellt ist, erhält die Hälfte der Aufwandsentschädigung entsprechend der für teilweise, aber mindestens für die Hälfte der regelmäßigen Arbeitszeit freigestellten Personalratsmitglieder (BVerwG v. 14. 6. 1990, PersV 1990, 532 = ZfPR 1990, 139). Kommt es zu einem Streit zwischen dem Leiter der Dienststelle und einem einzelnen Personalratsmitglied darüber, ob ihm die Aufwandsentschädigung so zu zahlen ist, dass er nach Abzug von Steuern einen entsprechenden Zuschlag zum Ausgleich der Steuerlast erhält, dann handelt es sich nicht um eine personalvertretungsrechtliche Auseinandersetzung, sondern um eine Streitigkeit, die vor dem Arbeits- bzw. Verwaltungsgericht (nicht Fachkammer für Personalvertretungsangelegenheiten) auszutragen ist (OVG Lüneburg v. 7. 9. 1976, PersV 1979, 428). Die Aufwandsentschädigung ist steuerfrei (BFH v. 10. 4. 1980 – VI B 124/79, n. v.). Im Falle der Abwesenheit eines freigestellten Personalratsmitglieds (Urlaub, Kur, Krankheit) ist die Aufwandsentschädigung grundsätzlich weiterzuzahlen, es sei denn, dass für das freigestellte Personalratsmitglied ein Vertreter herangezogen und freigestellt wird, dem für die Zeit der Vertretung alleine die Aufwandsentschädigung zu zahlen ist. Da die Mitglieder der Vertretung der Schwerbehinderten die gleiche persönliche Rechtsstellung wie ein Personalratsmitglied besitzen, genießen sie nicht nur den besonderen Kündigungs-, Versetzungs- und Abordnungsschutz (§ 47). Vielmehr hat ein von seiner beruflichen Tätigkeit freigestellter Vertrauensmann ebenso wie ein freigestelltes Personalratsmitglied Anspruch auf eine monatliche Aufwandsentschädigung (§ 96 Abs. 3 SGB IX; BAG v. 14. 8. 1986, BAGE 52, 335 = BB 1987, 542 = DB 1986, 2680; zum früheren Schwerbehindertengesetz). 29

VII. Teilnahme an Schulungs- und Bildungsveranstaltungen (Abs. 6)

30 1. Nach Abs. 6 sind **Mitglieder der Personalvertretung unter Fortzahlung der Bezüge für die Teilnahme an Schulungs- und Bildungsveranstaltungen vom Dienst freizustellen,** soweit diese Kenntnisse vermitteln, die für die Tätigkeit in der Personalvertretung erforderlich sind. Damit wird dem Gedanken Rechnung getragen, dass ein Personalratsmitglied einer Grundschulung deshalb bedarf, „um seine Tätigkeit im Personalrat überhaupt sachgemäß ausüben zu können". Eine Grundschulung ist daher „die notwendige Kenntnisvermittlung für solche Personalratsmitglieder, die noch keine ausreichenden Kenntnisse des geltenden Personalvertretungsrechts besitzen" (BVerwG v. 26. 2. 2003 – 6 P 9.02, ZBR 2003, 278 = PersV 2003, 348 = ZfPR 2003, 262; BVerwG v. 26. 2. 2003 – 6 P 10.02, Leits. ZBR 2003, 289 = PersV 2003, 351). Eine sachgerechte Aufgabenerfüllung ist nur durch hierfür qualifizierte Mitglieder möglich. Daher auch braucht eine Personalvertretung für erstmals gewählte Personalratsmitglieder gegenüber dem Dienststellenleiter nicht die Erforderlichkeit von Schulungen, die ein Grundwissen vermitteln, näher darzulegen (BVerwG v. 14. 6. 2006, BVerwGE 126, 122 = ZfPR 2007, 66). Im Übrigen: es reicht einem Dienststellenleiter zum Vorteil, wenn er „mit hinreichend qualifizierten Personalratsmitgliedern" zusammenarbeiten kann (BVerwG v. 14. 6. 2006, aaO).

31 2. Die Veranstaltungen i. S. von Abs. 6 liegen nicht nur alleine im Interesse eines Personalratsmitglieds, „sondern vor allem **im Interesse der Beschäftigten und der Dienststelle an einer ordnungsgemäßen Wahrnehmung personalvertretungsrechtlicher Aufgaben"** (BVerwG v. 27. 4. 1979 – 6 P 45.78, BVerwGE 58, 54 = ZBR 1979, 310 = PersV 1980, 19; BVerwG v. 26. 2. 2003, BVerwGE 118, 1 = PersV 2003, 348 = ZfPR 2003, 262). Infolgedessen kommt es in der Regel auch nicht darauf an, **wer die Veranstaltung durchführt** und welchem Personenkreis sie zugänglich ist (vgl. auch VGH Mannheim v. 13. 11. 1979, Leits. ZBR 1980, 258 sowie Anm. 42d). Entscheidend ist allein, dass es sich um eine Veranstaltung handelt, die für die Wahrnehmung der Aufgaben der Personalvertretung objektiv erforderlich ist und deren das betreffende, zu dieser Veranstaltung zu entsendende Personalratsmitglied (subjektiv) für die Ausübung seiner Tätigkeit innerhalb der Personalvertretung bedarf.

32 3. Bei dem Begriff **„erforderlich"** handelt es sich um einen unbestimmten, einen gewissen Beurteilungsspielraum der Personalvertretung einschließenden Rechtsbegriff. Dieser gebietet, dass die in der Schulungs- und Bildungsveranstaltung vermittelten Kenntnisse für die Personalratstätigkeit nicht nur verwertbar oder nützlich, sondern notwendig sind (VGH München v. 27. 1. 1978, ZBR 1979, 23; VGH Kassel v. 20. 2. 1980, PersV 1982, 159). Die Veranstaltung muss daher die **Gewähr für eine sachgerechte Schulung** bieten. An den Veranstalter sind insoweit gewisse Anforderungen im Hinblick auf Sachkompetenz und Organisationsmöglichkeiten zu stellen. Einer Prüfung dieser Voraussetzungen bedarf es im allgemeinen dann nicht, wenn Gewerkschaften Schulungsveranstaltungen durchführen. Sie nämlich bieten „in jeder Hinsicht die Gewähr für eine ordnungsgemäße Schulung" (BVerwG v. 27. 4. 1979 – 6 P 45.78, BVerwGE 58, 54 = ZBR 1979, 310 = PersV 1980, 19). In jedem Fall aber hat die Personalvertretung die Frage, ob die Entsendung eines Personalratsmitglieds oder mehrerer Personalratsmitglieder zu einer Schulungs- und Bildungsveranstaltung erforderlich ist, nicht nur nach ihrem rein subjektiven Ermessen zu beantworten. Vielmehr muss sie sich auf den Standpunkt eines vernünftigen Dritten stellen. Allerdings ist nicht rückblickend alleine nach objektiven Maßstäben zu beurteilen, ob eine Perso-

nalvertretung bei ihrer Beschlussfassung zur Entsendung von Personalratsmitgliedern zu einer Schulungs- und Bildungsveranstaltung tatsächlich den notwendigen Maßstäben für eine Erforderlichkeit entsprochen hat. Vielmehr genügt es, wenn die Personalvertretung den **Schulungsbedarf bei pflichtgemäßer Beurteilung** der Sachlage nach entsprechender Beschlussfassung für erforderlich halten durfte (BVerwG v. 14. 6. 2006, BVerwGE 126, 122 = ZfPR 2007, 66 = PersR 2006, 468; BVerwG v. 9. 7. 2007, PersV 2008, 59 = ZfPR 2008, 35; Richardi u. a., § 46 Anm. 131).

3a. Dem Begriff der **„Erforderlichkeit"** kommt eine **sach- und personenbezogene Bedeutung** zu. Während die Sachbezogenheit auf die objektive Erforderlichkeit der Schulung für die Tätigkeit der betreffenden Personalvertretung abstellt, richtet sich die Personenbezogenheit am subjektiven Schulungsbedürfnis des jeweiligen Personalratsmitglieds aus (BVerwG v. 14. 6. 2006, BVerwGE 126, 122 = ZfPR 2007, 66 = PersR 2006, 468). Infolgedessen muss die Schulungsveranstaltung von ihrer Thematik her **Sachgebiete** betreffen, über die das zur Schulung zu entsendende Mitglied bisher noch nicht informiert worden ist und die **zur Tätigkeit der Personalvertretung,** d. h. zu den Aufgaben derjenigen Vertretung gehören, der das Personalratsmitglied angehört. Das ergibt sich sowohl aus dem Wortsinn des Abs. 6 wie aus dem Gebot der sparsamen Verwendung öffentlicher Mittel. Somit besteht auch kein Anspruch auf Freistellung von Personalratsmitgliedern für den Besuch solcher Schulungsveranstaltungen, die nicht der rechtlichen Unterrichtung über das BPersVG, sondern vorwiegend anderen Zwecken dienen. Dies gilt beispielsweise für Kurse, „die rein **gewerkschaftliche Fragen** behandeln" (BVerwG v. 27. 4. 1979 – 6 P 45.78, BVerwGE 58, 54 = ZBR 1979, 310 = PersV 1980, 19; BVerwG v. 22. 7. 1982, ZBR 1983, 165 = PersV 1983, 374). **32a**

4. Die **subjektive Erforderlichkeit einer Schulung** ergibt sich aus der Frage, ob für das betreffende Personalratsmitglied eine Schulung in den Themenbereichen in Betracht kommt, die Gegenstand der Veranstaltung sind. Die Notwendigkeit der Teilnahme ist dann gegeben, wenn das Personalratsmitglied einer personalvertretungsrechtlichen Grundschulung bedarf, um seine Tätigkeit in der Personalvertretung überhaupt sachgemäß ausüben zu können (BVerwG v. 27. 4. 1979 – 6 P 45.78, BVerwGE 58, 54 = ZBR 1979, 310 = PersV 1980, 19; vgl. auch Anm. 30). Eine Grundschulung zum Personalvertretungsrecht vermittelt nicht nur geeignete, sondern notwendige Kenntnisse für Personalratsmitglieder, wenn diese noch nicht über ausreichende Kenntnisse des geltenden Personalvertretungsrechts verfügen, was bei erstmals gewählten Mitgliedern regelmäßig der Fall ist. Aber auch bei wiedergewählten Personalratsmitgliedern kann sich die Notwendigkeit einer Grundschulung dann ergeben, wenn das früher bereits vermittelte Wissen nicht mehr aktuell ist. Darüber hinaus kann sich für das einzelne Personalratsmitglied die Notwendigkeit zu einer Spezialschulung dann ergeben, wenn ihm besondere Aufgaben innerhalb des Gremiums übertragen worden sind (BVerwG v. 11. 7. 2006, PersV 2006,438 = Leits. ZfPR 2007, 18). **33**

4a. Einem einzelnen Personalratsmitglied kann nicht, zumal dann nicht, wenn dies erstmals gewählt worden und noch weitgehend ohne für die Aufgabenerledigung notwendige Kenntnisse ist, entgegengehalten werden, dass ein Schulungsbedürfnis (Grundschulung) deshalb entfalle, weil genügend andere Personalratsmitglieder mit ausreichenden Kenntnissen vorhanden seien (so aber: BVerwG v. 16. 11. 1987, PersV 1989, 67; Lorenzen u. a., § 46 Anm. 110 a, die ihre Meinung aber zu unrecht auf BVerwG v. 11. 7. 2006, **33a**

PersV 2006, 438 = Leits. ZfPR 2007, 18 stützen; denn mit dieser Entscheidung spricht das Gericht Spezialschulungen an, bei denen es darum geht, dass ein einzelnes bzw. einzelne Personalratsmitglieder über ein bestimmtes Fachwissen verfügen sollen, das sie dem Gremium weiter vermitteln können, so auch Richardi u. a., § 46 Anm. 126). Demgegenüber ist es aber bei einer Grundschulung unerlässlich, dass jedes Personalratsmitglied über das notwendige Wissen verfügt, damit es die ihm gesetzlich gestellten Aufgaben sachkundig wahrnehmen kann (BVerwG v. 14. 6. 2006, BVerwGE 126, 122 = Leits. ZfPR 2007,18; BVerwG v. 9. 7. 2007, PersV 2008, 59 = ZfPR 2008, 35).

34 5. **Die objektive Erforderlichkeit einer Schulungsveranstaltung setzt voraus,** dass die zu behandelnde Thematik Sachgebiete betrifft, die die Aufgabenstellung derjenigen Personalvertretung anspricht, der das zu entsendende Mitglied angehört. Daher müssen die Schulungsinhalte „dienststellenbezogen“ sein (BVerwG v. 27. 4. 1979 – 6 P 17.78, ZBR 1980, 27 = PersV 1981, 161). Die Themen müssen auf die Behandlung der Rechte und Pflichten einer Personalvertretung gerichtet sein. Daher gehören zu den erforderlichen, in einer Schulungs- und Bildungsveranstaltung für Personalratsmitglieder zu behandelnden Themen u. a.: Einführung in das Personalvertretungsrecht, Mitbestimmung bei personellen Einzelmaßnahmen, allgemeine Überwachungsaufgabe, Gesetzes- und Tarifvorbehalt (§ 75 Abs. 3, § 76 Abs. 2 Satz 1 Nr. 5 bis 10), Mitbestimmung in sozialen Angelegenheiten, Rechte und Möglichkeiten der Personalvertretung bei Kündigungen, Abmahnung (vgl. für das BetrVG: LAG Nürnberg v. 28. 5. 2002, ZBVR 2003, 128), darüber hinaus auch Themen wie: Geschäftsführung der Personalvertretung, Rechtsstellung der Personalratsmitglieder, Personalversammlung, Stufenvertretungen und Gesamtpersonalrat, die besonderen Vorschriften über Jugend- und Auszubildendenvertretungen, Vertretung der nicht ständig Beschäftigten, auch Grundkenntnisse über die einschlägigen beamtenrechtlichen Regelungen sowie über Abschluss und Inhalt von Arbeitsverträgen und damit in Zusammenhang stehende, einschlägige Tarifverträge (§§ 3, 4, 33 TVöD) sowie über Voraussetzungen und Umfang von Zustimmungsverweigerungsgründen und über das personalvertretungsrechtliche Beschlussverfahren. Auch Themen wie Aufbau des Gesetzes, Wahl und Zusammensetzung der Personalvertretung, Beteiligungsverfahren, Recht der Dienstvereinbarungen, Rechte und Pflichten der Gewerkschaften gehören zu den Themen einer Grundschulung (VGH München v. 18. 11. 1988 – Nr. 18 P 88. 03626, n.v.). Keinesfalls beschränken sich die Themen auf die Wahrnehmung von Mitbestimmungsrechten, sondern beziehen sich auch auf die Wahrnehmung der allgemeinen Aufgaben einer Personalvertretung (OVG Münster v. 25. 2. 1998 – 1 A 22 69/96. PVB, n.v.). Deshalb besteht u. a. ein Anspruch auch auf Teilnahme an einer Schulungsveranstaltung, die Kenntnisse über die rechtlichen Voraussetzungen eine Zahlung leistungsbezogener Vergütungselemente und den Umfang der einer Personalvertretung insoweit zustehenden Befugnisse vermittelt (VG Köln v. 16. 1. 2001, ZfPR 2001, 143; vgl. hierzu insgesamt auch Däubler, ArbuR 2004, 525).

35 6. Die objektive Erforderlichkeit einer Schulungsveranstaltung wird grundsätzlich nicht dadurch in Frage gestellt, dass das **Lehrprogramm auch Sachgebiete enthält**, deren Kenntnis aufgrund der konkreten Situation der einzelnen Dienststelle für die dort anfallenden Personalratsaufgaben nicht erforderlich ist. In diesem Fall ist zu prüfen, ob die unterschiedlichen Themen so klar voneinander abgegrenzt sind, dass ein zeitweiliger Besuch der Schu-

lungsveranstaltung möglich und sinnvoll ist. Wenn das nicht der Fall ist, dann kann wegen des Grundsatzes der sparsamen Haushaltsführung der Freistellungs- und Kostenübernahmeanspruch nicht für die gesamte Zeit bestehen. Zu berücksichtigen ist nämlich, dass Schulungsveranstaltungen ausschließlich aus öffentlichen Mitteln zu finanzieren sind und dass es dem Grundsatz der Verhältnismäßigkeit nicht entsprechen kann, der Dienststelle Schulungskosten auch für solche Veranstaltungen anzulasten, bei denen kaum mehr als 50 % der Themen der Schulungsveranstaltung als für die Personalratsarbeit erforderlich angesehen werden können. Dieser, vom Bundesverwaltungsgericht nunmehr vertretenen Auffassung (BVerwG v. 14. 6. 2006, BVerwGE 126, 122 = ZfPR 2007, 66; BVerwG v. 9. 7. 2007, PersV 2008, 59 = ZfPR 2008, 35; kritisch Lorse, PersV 2008, 124, 128; ablehnend Richardi u. a., § 46 Anm. 114), ist nicht nur alleine unter dem Gesichtspunkt der Verpflichtung der öffentlichen Verwaltung zum sparsamen Umgang mit öffentlichen Mitteln zuzustimmen, sondern auch deshalb, weil es einer Personalvertretung, die ihrerseits ebenfalls dem Grundsatz der sparsamen Haushaltsführung verpflichtet ist, schon zugemutet werden kann, nur solche Schulungs- und Bildungsveranstaltungen als für die Personalratsarbeit erforderlich anzusehen, die Themen aufgreifen, die zum „unentbehrlichen Rüstzeug" eines Personalratsmitglieds gehören. Unter diesen Gesichtspunkten kann die vergleichbare Rechtsprechung zum Betriebsverfassungsgesetz nicht herangezogen werden (vgl. BAG v. 28. 5. 1976, BAGE 28, 126; BAG v. 4. 6. 2003, BAGE 106, 233). Die Kosten sind von der Dienststelle allerdings nur anteilig zu übernehmen (BVerwG v. 14. 6. 2006, aaO).

6a. Ein weiteres Thema einer Grundschulung ist die **Vermittlung von Grundkenntnissen des Dienst- und Arbeitsrechts** (BVerwG v. 14. 6. 2006, BVerwGE 126, 122 = ZfPR 2007, 66 – auch des Soldaten- und Wehrrechts, Lorse, PersV 2008, 124, 132) wegen der Verflechtung mit dem Personalvertretungsrecht und im Hinblick auf die allgemeine Überwachungspflicht der Personalvertretung (§ 68 Abs. 1 Nr. 2; BVerwG v. 22. 7. 1982, ZBR 1983, 165 = PersV 1983, 374). Eine ordnungsgemäße Ausübung der Beteiligungsrechte bei Einstellungen, Versetzungen und Kündigungen ist nicht vorstellbar ohne Grundkenntnisse über Abschluss und Inhalt von Dienst- bzw. Arbeitsverträgen unter Beachtung der einschlägigen Tarifverträge, über wechselseitige Rechte und Pflichten von Dienststellenleiter und Beschäftigtem etc. Allerdings erstreckt sich der Schulungsbedarf nur auf die Arbeitnehmervertreter. Sie bedürfen im Interesse einer sachgerechten Aufgabenwahrnehmung einer Grundschulung zum Arbeitsrecht wie umgekehrt Beamte über einschlägige Kenntnisse zum Dienstrecht verfügen müssen (BVerwG v. 14. 6. 2006, aaO). Dem Bundesverwaltungsgericht kann aber insofern nicht gefolgt werden, als es die Notwendigkeit einer Schulung zum Arbeitsrecht dann verneint, wenn einschlägige Kenntnisse bereits im Rahmen einer Grundschulung zum Personalvertretungsrecht vermittelt worden sind. Angesichts der Kompliziertheit der Rechtsmaterie und der Tatsache, dass die wenigsten Personalratsmitglieder Juristen sind, aber auch angesichts der Tatsache, dass die Rechtsprechung zum Personalvertretungsrecht nicht nur umfangreich, sondern teilweise widersprüchlich ist, ist die Annahme des Gerichts, innerhalb einer Grundschulung zum Personalvertretungsrecht könnten auch Grundkenntnisse des Arbeitsrechts vermittelt werden, abwegig. Im Hinblick auf die Kompliziertheit der Rechtsmaterien (Dienst- und Arbeitsrecht) und auf die übergroße Zahl gerichtlicher Entscheidungen können entsprechende Grundschulungen nur dann Erfolg versprechend sein, wenn eine mindestens dreitägige Veranstaltung besucht wird. Solche Schu- 35a lungen sind auf die Vermittlung von Grundzügen zu beschränken, während die Vermittlung vertiefter Kenntnisse im Rahmen einer Spezialschulung (insoweit ist dem BVerwG wiederum zuzustimmen) notwendig ist.

35b 6b. Mit Rücksicht auf die **Informationsverarbeitung** in Dienststellen kann die Teilnahme an entsprechenden Schulungsveranstaltungen für Personalratsmitglieder notwendig sein, damit sie sich die erforderlichen Kenntnisse zur Ausübung ihres Amtes verschaffen (Simitis, S. 158). Eine **Schulung auf dem Gebiet der elektronischen Datenverarbeitung** ist dann notwendig, wenn eine Dienststelle elektronische Datenverarbeitung einzuführen beabsichtigt (BVerwG v. 28. 2. 1984 – 6 P 36.82, n. v.; vgl. zu den Themen Personalinformationssysteme, Bildschirmtext: ArbG Stuttgart v. 16. 4. 1983, BB 1983, 1215 = DB 1983, 1718). Inzwischen müssen Personalratsmitglieder auch über **Grundkenntnisse der EDV-Verfahren** insbesondere im Hinblick auf das Mitbestimmungsrecht nach § 75 Abs. 3 Nr. 17 verfügen, um die ihnen zugewiesenen Kontrollaufgaben wahrnehmen zu können (BVerwG v. 7. 12. 1994, BVerwGE 97, 166 = ZBR 1996, 23 = PersV 1995, 369 = ZfPR 1995, 85).

35c 6 c. Die Vermittlung von Kenntnissen über die neueste **Rechtsprechung zum Personalvertretungsrecht** ist ebenfalls für die Tätigkeit im Personalrat erforderlich. Einer effektiven Personalratsarbeit nämlich kommt es zugute, wenn den Personalratsmitgliedern, die weitgehend juristische Laien sind, die aktuelle Rechtsprechung und deren Einschätzung für die dienstliche Praxis von sachkundigen Dritten in Schulungsveranstaltungen dargestellt wird (vgl. für das BetrVG: BAG v. 20. 12. 1995, BB 1996, 1169 = DB 1996, 1139 = Leits. ZBVR 1997, 4). Bestreitet ein Dienststellenleiter die Notwendigkeit einer entsprechenden Schulung, so muss die Personalvertretung darlegen, dass sich die neueste Rechtsprechung unmittelbar auf ihre Arbeit auswirkt, was im Allgemeinen dann der Fall ist, wenn es eine Reihe neuerer Entscheidungen zur Interpretation des Gesetzes gibt, die u. a. die Beteiligungsrechte oder die Aufgabenstellung der Personalvertretungen neu interpretieren und somit Auswirkungen auf deren künftige Arbeitsgestaltung haben.

35d 6 d. Begehrt eine Personalvertretung die Teilnahme des stellvertretenden Vorsitzenden an einer Schulungsveranstaltung, die für Vorsitzende von Personalvertretungen mit dem Thema **„Vorbereitung und Durchführung von Sitzungen,** Verhandlungen und Versammlungen“ bestimmt ist, dann hat sie einen entsprechenden Anspruch auf Schulungsteilnahme des Betreffenden. Die Personalvertretung nämlich hat mit der Übertragung des Vorstandsamts den Auftrag verbunden, Sitzungen vorzubereiten und durchzuführen bzw. Verhandlungen und Versammlungen zu leiten. Insoweit kommt es darauf an, den **stellvertretenden Vorsitzenden** u. a. durch Schulungsveranstaltungen, die für eine Vorsitzendentätigkeit bestimmt sind, für den Fall sachverständig zu machen, dass er den Vorsitzenden vertreten muss (aA BVerwG v. 23. 4. 1991, Leits. ZBR 1991, 312 = PersV 1992, 115 = ZfPR 1991, 101). Dies gilt erst recht für den **Vorsitzenden** einer Personalvertretung, dem eine Vielzahl gesetzlicher Aufgaben übertragen ist (§ 32 Abs. 3 Satz 1, § 34 Abs. 2 Satz 1, § 49 Abs. 1, § 66 Abs. 1 und § 38). Ihm muss die Teilnahme an Schulungsmaßnahmen zustehen, die die Vorbereitung und Durchführung von Sitzungen, Verhandlungen und Versammlungen zum Gegenstand haben (aA BVerwG v. 27. 4. 1997 – 6 P 36.78, PersV 1981, 26; Lorenzen u. a., § 46 Anm. 107; Kunze, PersV 2005, 411). Gleiches gilt für Rhetorik- und Mediatorenschulungen. Angesichts der Tatsache, dass Personalvertretungen immer mehr Kompetenzen gerade im Zusammenhang mit der Entwicklung neuer

Konzeptionen für die öffentliche Verwaltung abverlangt werden, die Dienststellenleiter im Rahmen von Führungskräfteausbildungen vermittelt werden, ist es zumindest in größeren Personalvertetungen sachgerecht, auch Personalratsvorsitzenden eine Schulung zu solchen Themen anzubieten, die vor allem im Zuge der weiter andauernden Verwaltungsreform aktuell sind (vgl. auch Lorse, PersV 2008, 124, 129).

6e. Auch **Wahlvorstandsmitglieder** haben einen Schulungsanspruch in Bezug auf jene Vorschriften, die sich auf die Vorbereitung und Durchführung von Personalratswahlen beziehen. Sie können nicht auf die Unterrichtungsmöglichkeit durch bereits früher geschulte Personalratsmitglieder verwiesen werden (vgl. für das BetrVG: ArbG Frankfurt v. 3. 3. 1999, AiB 1999, 401). Der Schulungsbedarf kann auch nicht auf erstmals gewählte Wahlvorstandsmitglieder beschränkt werden, weil Rechtsprechung und Literatur zu den Wahlvorschriften inzwischen sehr umfangreich sind, so dass deren Kenntnis auf jeweils neuestem Stand notwendig ist. Andernfalls nämlich wäre nicht gewährleistet, dass die Personalratswahl möglichst ordnungsgemäß durchgeführt und Wahlanfechtungen vermieden werden (vgl. im Übrigen § 20 Anm. 13, § 24 Anm. 17). **35e**

6f. Wenn eine Schulungsveranstaltung **nur wenige Tage vor dem Ende der Amtszeit** eines Personalratsmitglieds angeboten wird, so besteht kein Anspruch auf Teilnahme (BVerwG v. 25. 6. 1992, ZBR 1992, 379 = PersV 1992, 523 = ZfPR 1992, 168, vgl. für das BetrVG: BAG v. 9. 9. 1992, Leits. BB 1993, 508 = DB 1993, 592). Dies wäre nur dann der Fall, wenn das Personalratsmitglied die auf der Schulung vermittelten Kenntnisse noch in die Arbeit der Personalvertretung einbringen könnte (vgl. für das BetrVG: BAG v. 28. 8. 1996, BB 1996, 2569 = DB 1997, 283). **35f**

6g. Wenn einer Personalvertretung die Wahrnehmung von Interessen solcher Arbeitnehmer übertragen ist, die zu einem privaten Unternehmen geoder beigestellt bzw. die als Beamte einem privaten Arbeitgeber zur Dienstleistung zugewiesen werden (vgl. § 7 Abs. 1 Satz 1 Kooperationsgesetz der Bundeswehr, BwKooPG, v. 30. 7. 2004, BGBl. I S. 2027), dann besteht ein Schulungsanspruch zum Thema Betriebsverfassungsgesetz deshalb, weil die Personalvertretung der zuweisenden Dienststelle in dem Kooperationsbetrieb für die **Dauer des Übergangsmandats** die Aufgaben eines Betriebsrats wahrnimmt, es sei denn, dass dort bereits ein Betriebsrat besteht (Lorse, PersV 2008, 124, 128). **35g**

7. Während Personalratsmitglieder einer Grundschulung deshalb bedürfen, um ihre Personalratsaufgaben überhaupt sachgemäß wahrnehmen zu können, kommt eine **Spezialschulung** für solche Personalratsmitglieder in Betracht, denen die Personalvertretung besondere Aufgaben im Hinblick auf derzeitige, aber auch künftige Herausforderungen übertragen hat (BVerwG v. 26. 2. 2003, BVerwGE 119, 64 = ZBR 2003, 278 = PersV 2003, 348 = ZfPR 2003, 262; BVerwG v. 9. 7. 2007, PersV 2008, 59 = ZfPR 2008, 35) Die Voraussetzungen für eine Spezialschulung sind bereits dann erfüllt, wenn in für die Personalratstätigkeit bedeutsamen Themenfeldern Kenntnisse vermittelt werden sollen, die über Grundzüge hinausreichen und der Wissensvertiefung und -erweiterung dienen (BVerwG v. 11. 7. 2006, PersV 2006, 438 = Leits. ZfPR 2007, 18). Insofern also müssen auch Spezialschulungen, soll die Dienststelle zur Kostenübernahme verpflichtet werden, notwendig sein (Fischer u. a., § 46 Anm. 67; Lorse, PersV 2008, 124, 133). Die an einer Spezialschulung teilnehmenden Personalratsmitglieder (bzw. ein einzelnes **36**

Mitglied) haben das in der Schulung erworbene Fachwissen im Interesse einer sachgerechten Beratung und Beschlussfassung den Personalratskollegen weiterzuvermitteln (vgl. hierzu krit. Anm. v. Ilbertz in ZfPR online 11/2006, S. 3).

36a 7a. Im Hinblick auf den **Grundsatz der Aktualität** kommt es darauf an, ob die Kenntnisvermittlung über Spezialthemen für das betreffende Personalratsmitglied zu einem bestimmten Zeitpunkt erforderlich ist. Daher ist jeweils im konkreten Fall zu prüfen, ob gegenwärtig Anlass zur Schulung eines Personalratsmitglieds zu einem bestimmten Sachgebiet besteht, mit dem es innerhalb der Personalvertretung befasst ist und ob das betreffende Mitglied wegen seiner allgemeinen mitgliedschaftlichen Stellung der Schulung zur Ausübung seiner Tätigkeit bedarf. Daher darf bei der Prüfung der Aktualität z. B. nicht allein auf die Frage abgestellt werden, wie lange ein Gesetz, mit dem die Personalvertretung zu arbeiten hat, bereits in Kraft ist; denn „solange ein Gesetz anzuwenden ist, ist es auch aktuell" (BVerwG v. 27. 4. 1979 – 6 P 45.73, BVerwGE 58, 54 = ZBR 1979, 310 = PersV 1980, 19). Daher kann die Erforderlichkeit einer Schulungsveranstaltung, gemessen an der Aktualität, nur dann entfallen, „wenn sich die Wirkungen des Gesetzes, soweit die Personalvertretungen mit ihm befasst sind, auf einen begrenzten Zeitraum erstrecken und die Fälle, auf die es anzuwenden ist, durchweg bereits geregelt und keine besonderen Schwierigkeiten bei einer vereinzelten weiteren Anwendung zu erwarten sind" (BVerwG v. 27. 4. 1979, aaO). Gleiches gilt für eine Schulung über Gesetzentwürfe, jedenfalls dann, wenn nach dem Stand des Gesetzgebungsverfahrens noch mit erheblichen Änderungen gerechnet werden muss (vgl. für das BetrVG: BAG v. 16. 3. 1988, Leits. BB 1988, 1326 = DB 1988, 1453).

36b 7b. In Betracht kommen daher u. a. folgende Themenbereiche: Beamten- und Tarifrecht (BVerwG v. 27. 7. 1982, ZBR 1983, 175 = PersV 1983, 374), Kündigungsschutzrecht, Kosten- und Leistungsrechnung (VG Schleswig v. 21. 7. 1998, ZfPR 1998, 192), Geschäftsführung des Personalrats (Vorbereitung und Durchführung von Sitzungen, Verhandlungen, Versammlungen (BVerwG v. 23. 4. 1991, Leits. ZBR 1991, 312 = PersV 1992, 115 = ZfPR 1991, 101), effektive organisatorische Gestaltung der Personalratsarbeit (Personalratsmanagement, Lorenzen u. a., § 46 Anm. 116), Mediation und Konfliktvermittlung (OVG Berlin v. 23. 9. 1998, PersR 1999, 358), Allgemeines Gleichbehandlungsgesetz sowie Controlling, Einführung und Anwendung von SAP und ähnlichen Systemen (Gronimus, PersR 2007, 224) sowie die Vermittlung von Kenntnissen zur **Personalplanung und Personalbedarfsermittlung,** zu **Personaleinsatz** und **Arbeitsorganisation** sowie zur **Rationalisierung,** da die damit im Zusammenhang stehende Problematik in Bezug auf Personalabbaumaßnahmen, auf Belastbarkeit und Karriereerwartungen der Beschäftigten zu den latent zu behandelnden Problembereichen zählen (OVG Lüneburg v. 18. 3. 1992, PersV 1994, 25). Ein weiteres Schulungsthema das Thema **Kindergeldrecht** (BVerwG v. 27. 4. 1979 – 6 W 3. 78, PersV 1981, 242). Ebenso wie für die Themen **Arbeitswissenschaft, Gestaltung von Arbeitsplätzen** (VGH München v. 21. 1. 1981, PersV 1982, 292) sowie für das Thema **„Alkohol – Mensch – Arbeit"** (OVG Lüneburg v. 21. 3. 1990 – 18 L 21/89, n.v.), wenn entsprechende Probleme in der Dienststelle, für die die Personalvertretung gebildet ist, bestehen. Zusätzlich zu einer Grundschulung über das **Arbeitsrecht** kann eine Spezialschulung dann erforderlich sein, wenn das zur Schulung zu entsendende Personalratsmitglied mit der Bearbeitung dieser Fragen und der Vorbereitung entsprechender Beschlüsse beauftragt und ein anderes Mitglied mit der betreffenden

Materie noch nicht vertraut ist (BVerwG v. 25.6.1992, ZBR 1992, 379 = PersV 1992, 523 = ZfPR 1992, 168, VGH München v. 5.4.1995, Leits. ZfPR 1995, 204). Eine Schulung zum Thema TVöD kann bei entsprechendem Arbeitsanfall in der Personalvertretung erforderlich sein (BVerwG v. 16.11.1987, Leits. ZBR 1988, 195 = PersV 1989, 67 zum BAT). Auch eine Schulung über **beamtenrechtliche Spezialprobleme** bzw. über rechtliche Spezialfragen bei der Vertretung von Arbeitern und Angestellten kann grundsätzlich als für die Personalratsarbeit notwendig betrachtet werden. Gleiches gilt für das Thema **Arbeitssicherheit und Gesundheitsschutz,** falls nicht schon – je nach Aufgabenanfall in einer Dienststelle – dieses Thema zu einer Grundschulung zu zählen ist (vgl. für das BetrVG: BAG v. 15.5.1986, BAGE 52, 78). Ebenso kann das Thema **„Kündigungsschutz nach dem SGB IX“** für die Tätigkeit einer Personalvertretung erforderlich sein (vgl. OVG Münster v. 23.9.1992, PersR 1993, 224). Der Schwerbehindertenvertretung (s. o.) steht im Übrigen ebenfalls ein Anspruch auf Teilnahme an Schulungs- und Bildungsveranstaltungen zu, soweit diese Kenntnisse vermitteln, die für die **Arbeit der Schwerbehindertenvertretung** erforderlich sind (§ 96 Abs. 4 Satz 3 SGB IX, OVG Lüneburg v. 30.1.2002 – 17 L 2277/99, n.v.). Hierbei handelt es sich um einen Anspruch auf Teilnahme an einer Grundschulung, es sei denn, dass aufgrund einer konkreten Situation in einer Dienststelle ein Spezialthema zum Schwerbehindertenrecht zu bearbeiten ist.

7c. **Weitere Themen einer Spezialschulung** (vgl. auch Kunze, PersV 2006, 411, 413) können sein: **Mobbing** (systematisches Anfeinden, Schikanieren oder Diskriminieren von Beschäftigen untereinander oder durch Dienstvorgesetzte), sofern innerhalb der Dienststelle eine Konfliktlage besteht, aus der sich ein unmittelbarer Handlungsbedarf für die Personalvertretung ergibt, so dass sich das in der Schulung vermittelte Wissen als für die Aufgabenerledigung notwendig erweist (OVG Lüneburg v. 18.10.2000, ZfPR 2001, 105). Ob ein konkreter Schulungsbedarf besteht, ist aus der Sicht eines „vernünftigen Dritten“ zu beantworten, wobei die Interessen der Dienststelle einerseits sowie der Personalvertretung und der Beschäftigten andererseits gegeneinander abzuwägen sind. Dass eine Personalvertretung den entsprechenden Schulungsbedarf mit konkreten Tatsachen belegen müsste (vgl. für das BetrVG: BAG v. 15.1.1997, BB 1997, 1480 = DB 1997, 236, 1475 = Leits. ZBVR 1997, 29), ist deshalb abzulehnen, weil der Begriff der „Erforderlichkeit“, der auch für die Notwendigkeit der Kenntnisvermittlung in Spezialschulungen maßgebend ist, ein unbestimmter Rechtsbegriff ist. Einer Personalvertretung steht daher ein Beurteilungsspielraum zu, der nach den Bedürfnissen der praktischen Personalratstätigkeit zu bestimmen ist (Büge, PersR 2007, 350; Lorse, PersV 2008, 124, 126). Wird in einer Dienststelle das Thema **Kosten- und Leistungsverfahren** akut, dann kann eine entsprechende Spezialschulung notwendig werden (VG Schleswig 21.7.1998, ZfPR 1998, 192). Insgesamt bleibt festzustellen, dass nur solche Themen im Rahmen einer Spezialschulung als notwendig anzusehen sind, die nach der konkreten Situation in einer Dienststelle einen unmittelbaren Bezug zur Personalratstätigkeit haben. 36c

7d. Generell erfüllen solche Schulungsveranstaltungen die an Spezialschulungen zu stellenden Voraussetzungen nicht, die lediglich für die **Personalratsarbeit verwertbar und nützlich** sind, aber nicht spezielle Fachkenntnisse vermitteln, die für die Personalratstätigkeit unerlässlich, d.h. erforderlich sind. Die Vermittlung von Kenntnissen und Fähigkeiten ist nur dann für die Personalratsarbeit erforderlich, wenn sie unter Berücksichtigung der konkreten Situation in einer Dienststelle von deren Personalvertretung benötigt 36d werden, damit die Personalratsmitglieder ihre derzeitigen und alsbald anfallenden gesetzlichen Aufgaben sachgerecht wahrnehmen können (vgl. BAG v. 20. 10. 1993, BB 1994, 139 = DB 1994, 282). Bei solchen Veranstaltungen geht es – zumindest für den Vorstand größerer Personalvertretungen – darum, mit Dienststellenleitern, denen in Führungskräfteschulungen u. a. die Fähigkeit rhetorischer Argumentation vermittelt wird, „auf gleicher Augenhöhe" verhandeln zu können. Insoweit kann auch eine **Rhetorikschulung** eine notwendige Schulungsmaßnahme nach Abs. 6 sein (vgl. auch Lorse, PersV 2008, 124, 129). Demgegenüber ist ein allgemeiner **„Meinungs- und Erfahrungsaustausch"** grundsätzlich nicht geeignet, zum Thema einer Spezialschulung gemacht zu werden. Eine entsprechende Schulungs- und Bildungsveranstaltung nämlich setzt die Vermittlung eines bestimmten, in einem Arbeitsplan festgelegten Wissensstoffes in Form eines Unterrichts voraus (BVerwG v. 27. 4. 1979 – 6 P 89.78, ZBR 1980, 155 = PersV 1981, 23). Wenn allerdings die Veranstaltung als **„Personalrätekonferenz"** ausgeschrieben wird, und diese Konferenz objektiv sowie subjektiv zur Erfüllung der Aufgaben des teilnehmenden Personalratsmitglieds erforderlich ist, dann besteht neben der Freistellungs- auch eine Kostenübernahmepflicht des Dienststellenleiters. Dies setzt aber voraus, dass die Konferenz nicht vorwiegend auf den Austausch von Informationen und Meinungen, sondern schwergewichtig auf Wissensvermittlung angelegt ist (BVerwG v. 1. 8. 1996, ZBR 1996, 400 = PersV 1997, 109 = ZfPR 1996, 185), und dass die Teilnahme subjektiv und objektiv für die Aufgabenerfüllung des teilnehmenden Personalratsmitglieds erforderlich und eine andere, kostengünstigere Teilnahme nicht möglich war (VGH Kassel v. 24. 2. 2005, PersR 2005, 367 = Leits. ZfPR 2006, 13). Zu Recht plädiert Lorse (PersV 2008, 124, 135) dafür, die vorstehend genannten Kriterien deshalb auszuweiten, um sicherzustellen, dass Personalvertretungsmitglieder für Veränderungsprozesse (möglichst unter aktiver Beteiligung der Verwaltung) positiv eingestimmt werden und Wissen erhalten, das sie in Beteiligungsfällen sinnvoll einsetzen können. Insoweit befürwortet auch das OVG Münster (v. 25. 2. 1998, PersV 1999, 30 = Leits. ZfPR 1999, 130) eine Einbeziehung von Gewerkschaften. Dagegen sind **„Mitgliederversammlungen von Gewerkschaften"** nicht als Veranstaltungen anzusehen, die für Personalratsmitglieder erforderliches Wissen vermitteln. Bei diesen Veranstaltungen nämlich geht es, soweit Personalratsarbeit angesprochen wird, um Veranstaltungen, die überwiegend der Festlegung gewerkschaftlicher Strategien bei der Unterstützung der Personalratsarbeit bzw. der Kandidatenauswahl, der gewerkschaftlichen Wahlkampfführung etc. dienen. Es handelt sich nicht um spezielle Schulungsveranstaltungen für amtierende Personalratsmitglieder; sie sind daher in der Regel nicht erforderlich zur Ausübung der personalvertretungsrechtlichen Aufgaben und Pflichten, es sei denn, dass die Veranstaltungen überwiegend personalvertretungsrechtliche Themenstellungen behandeln. Die Teilnahme an einer Schulungsveranstaltung zum Thema **„Managementtechniken für Betriebs- und Personalräte"** ist jedenfalls bei fehlender Darlegung eines dienstlichen Bezugs nicht erforderlich (BAG v. 14. 9. 1994, BB 1995, 201 = DB 1995, 364). Ebenso wenig ist die Erforderlichkeit einer Schulungsveranstaltung zum Thema **„Umweltschutz in der Dienststelle"** zu bejahen, es sei denn, dass sich ein entsprechender Schulungsinhalt mit den tatsächlichen Personalratsaufgaben in der Weise deckt, dass die Schulung des Personalratsmitglieds zur Bewältigung der anstehenden Aufgaben erforderlich ist. Eine Schulung zum Thema **„Mitbestimmungsrecht bei Rationalisierungsmaßnahmen"** ist nicht notwendig, wenn das betreffende Personalratsmitglied einer örtlichen Personalvertretung angehört, der nur Gelegenheit zur Äußerung bei solchen Maßnahmen eingeräumt wird (BVerwG v. 8. 9. 1986, ZBR 1987, 58 = PersV 1997, 334). Dieser Entscheidung aber kann deshalb nicht zugestimmt werden, weil eine Stufenvertretung nur dann sachgerecht ihren Aufgaben gegenüber ihrem Dienststellenleiter nachkommen kann, wenn sie einer örtlichen Personalvertretung, die ihrerseits ausreichend kenntnisreich ist, nach § 82 Abs. 2 Gelegenheit zur Äußerung gegeben hat und dann anschließend nach eingehender Beratung unter Einbeziehung einer sachverständigen Stellungnahme der örtlichen Personalvertretung Beschluss fasst (zustimmend zur Entscheidung des BVerwG v. 8. 9. 1986, aaO jedoch OVG Lüneburg v. 15. 9. 1993 – 18 L 1687/92, n.v.; vgl. auch für das BetrVG: BAG v. 15. 2. 1995, BB 1995, 1906). Demgegenüber aber ist die Erforderlichkeit einer Schulungsmaßnahme zum Thema **„Soziale Sicherung – Grundlagen"** deshalb zu verneinen, weil die Beratung von Beschäftigten zu diesem Themenbereich nicht zum Aufgabenkatalog einer Personalvertretung gehört und auch nicht der allgemeinen Überwachungspflicht nach § 68 Abs. 1 unterfällt (vgl. für das BetrVG: BAG v. 4. 6. 2003 Leits. BB 2003, 2296 = ZBVR 2003, 246). Ebenso wenig ist eine Schulung von Personalratsmitgliedern zum Thema „Altersversorgung im öffentlichen Dienst" erforderlich. Allenfalls ist sie nützlich. Für die Beratung der Beschäftigten nämlich sind die dafür bei den jeweiligen Versorgungsträgern eingerichteten Beratungsstellen zuständig (OVG Lüneburg v. 29. 3. 2007, ZfPR online 8/2007, S. 11 = Leits. ZfPR 2007, 114).

7 e. Die zuständige Personalvertretung hat **nach pflichtgemäßem Ermessen** zu entscheiden, ob sie bestimmte spezielle Kenntnisse bei mehreren oder gar allen Personalratsmitgliedern für notwendig hält. Dies kann aber nur ausnahmsweise z. B. bei einem sehr hohen Arbeitsanfall auf einem oder mehren Spezialgebieten der Fall sein, so dass die Arbeit von einem einzigen Personalratsmitglied (oder mehreren Personalratsmitgliedern) nicht bewältigt werden kann, oder dann, wenn Personalratsmitglieder wegen Krankheit, Urlaub etc. vertreten werden müssen (Cecior u. a., § 42 Anm. 83; Allgaier, ZfPR 1994, 136). Im Hinblick aber auf den auch von einer Personalvertretung zu beachtenden Grundsatz der sparsamen Haushaltsführung kommt eine Spezialschulung für mehrere Personalratsmitglieder dann nicht in Betracht, wenn bereits andere Mitglieder über das notwendige Spezialwissen verfügen und es bei Beratungen bzw. Beschlussfassungen dem gesamten Gremium zur Verfügung stellen können (BVerwG v. 23. 4. 1991, Leits. ZBR 1991, 312 = PersV 1992, 15 = ZfPR 1991, 101; BVerwG v. 14. 6. 2006, BVerwG 126, 122 = ZfPR 2007, 66 = PersR 2006, 468; BVerwG v. 11. 7. 2006, PersV 2006, 438 = Leits. ZfPR 2007, 18; Lorenzen u. a., § 46 Anm. 110 a). Allerdings darf die Erforderlichkeit einer Schulungsmaßnahme nicht alleine davon abhängig gemacht werden, ob bereits ein Personalratsmitglied über Spezialkenntnisse, die für die Personalratsarbeit aktuell notwendig sind, verfügt. Vielmehr muss auf den Einzelfall, vor allem darauf abgestellt werden, ob der Umfang der Kenntnisse angesichts der Größe einer Dienststelle ausreichend ist, um die Aufgaben der Personalvertretung sachgerecht wahrnehmen zu können (BVerwG v. 11. 7. 2006, aaO; Lorenzen u. a., aaO). 36e

8. Das Gesetz schweigt darüber, **für welche Dauer** die Mitglieder einer Personalvertretung für den Besuch der Veranstaltungen freizustellen sind (anders Abs. 7). Es ist daher eine Freistellung für diese Veranstaltungen von angemessener Dauer anzusetzen. Deshalb kann nicht von einer starren Dauerregelung ausgegangen werden (vgl. auch BVerwG v. 14. 6. 2006, BVerwGE 126, 122 = ZfPR 2007, 66). Vielmehr ist vom Standpunkt eines objektiven 37

Betrachters die erforderliche Dauer einzuschätzen. Im allgemeinen ist davon auszugehen, dass eine Grundschulung in einem zeitlichen Umfang von fünf Kalendertagen, eine Spezialschulung in einem Umfang von zwei bis drei Kalendertagen erforderlich ist. Dabei spielen u. a. auch Umfang und Schwierigkeitsgrad des zu behandelnden Themas unter Berücksichtigung des Grundsatzes der Verhältnismäßigkeit eine Rolle (VGH München v. 27. 1. 1978, ZBR 1979, 23; (VGH München v. 9. 3. 1989, ZBR 1990, 226 = PersV 1990, 444: höchstens einwöchiger Kurs eines neugewählten Personalratsmitglieds). So wird eine Veranstaltungsreihe über sechs Tage „vom Standpunkt eines vernünftigen Dritten aus gesehen“ (vgl. für das BetrVG: BAG v. 6. 11. 1973, BAGE 25, 348 = BB 1974,461 = DB 1974, 781) als erforderlich betrachtet (vgl. für das BetrVG: BAG v. 27. 11. 1973, BAGE 25, 407 = BB 1974, 507 = DB 1974, 830); eine zweiwöchige Schulung ist insbesondere bei Lehrgängen angenommen worden, in denen betriebsverfassungsrechtliches und arbeitsrechtliches Wissen verzahnt weitergegeben wird (BAG v. 7. 6. 1989, BAGE 62, 83 = BB 1990, 993 = DB 1990, 995; vgl. im Übrigen RdSchr. d. BMI v. 15. 8. 1996 mit Änderingen im Anhang III; vgl. vor allem BVerwG v. 14. 6. 2006, aaO, das nicht nur eine personalvertretungsrechtliche Grundschulung für notwendig erachtet, sondern auch eine solche zum Dienst-, Arbeits- und Tarifrecht; daher ist konsequenter Weise eine Verdoppelung der bisherigen, nur für eine Personalratsschulung vorgesehenen Zeitspanne, vorzunehmen, vgl. auch Lorse, PersV 2008, 124, 132). Eine über diese Dauer hinausgehende Veranstaltung bedarf einer „spezifischen Rechtfertigung“ (OVG Lüneburg v. 20. 5. 1987, Leits. PersR 1988, 139). Auf der gleichen Linie liegt das BVerwG (v. 14. 11. 1990, ZBR 1991, 112 = PersV 1991, 274 = ZfPR 1991, 40 und v. 15. 5. 1991, Leits. PersR 1993, 48), das die Dauer einer Grundschulung zum Personalvertretungsrecht nicht ausnahmslos auf höchstens fünf Tage begrenzt, sondern darauf abstellt, ob im Einzelfall nach dem Maßstab der Erforderlichkeit und der Verhältnismäßigkeit, insbesondere dem Gebot der sparsamen Verwendung öffentlicher Mittel, eine darüber hinausgehende Dauer vertretbar ist. Für die Festlegung der angemessenen Dauer sind u. a. auch Umfang und Schwierigkeit des angebotenen Stoffes maßgebend, so dass in Einzelfällen insbesondere auch unter didaktischen Gesichtspunkten die Vermittlung des Stoffes in sieben Tagen (ohne An- und Abreise) noch im Rahmen der die Kostentragungspflicht der Dienststelle begrenzenden Erforderlichkeit liegen kann (OVG Lüneburg v. 29. 8. 2001, ZfPR 2002, 8). Eine weitere Grundschulung ist jedenfalls auch dann sachlich gerechtfertigt, wenn ihr bereits eine fünftägige Schulung vorausgegangen ist, nun aber weiteres Wissen vermittelt werden soll, das für eine ordnungsgemäße Personalratstätigkeit unentbehrlich ist (BVerwG v. 9. 7. 2007, PersV 2008, 59 = ZfPR 2008, 35; vgl. auch Anm. 38). Da der Dienststelle insoweit ein Prüfungsrecht hinsichtlich der Erforderlichkeit einer weiteren Schulungsmaßnahme zusteht (vgl. aber auch Anm. 36c), ist, ebenso wie auch bei anderen Grundschulungen, die Personalvertretung verpflichtet, dem Dienststellenleiter alle Tatsachen mitzuteilen, die Grundlage des Entsendungsbeschlusses waren. Nur dann nämlich kann sichergestellt werden, dass frühzeitig Einigkeit zwischen Personalvertretung und Dienststellenleiter erzielt wird und unnötige Auseinandersetzungen vermieden werden. Falls die Personalvertretung ihrer Informationspflicht nicht umfassend nachkommt, führt dies grundsätzlich nicht zum Erlöschen des Anspruchs auf Freistellung und Kostenübernahme, soweit die Schulungsteilnahme für die Personalratstätigkeit erforderlich ist (BVerwG v. 9. 7. 2007, aaO).

38 9. Die **wiederholte Freistellung** von Personalratsmitgliedern zur Teilnahme an Schulungs- und Bildungsveranstaltungen im Rahmen des Abs. 6 ist **nur**

dann „erforderlich“, wenn dies aufgrund der speziellen Aufgaben, die das betreffende Personalratsmitglied innerhalb der Interessenvertretung wahrnimmt, geboten ist. Mit Rücksicht auf die konkrete Situation in der Dienststelle und in der Personalvertretung sowie im Hinblick auf den Wissensstand des betroffenen Personalratsmitglieds muss der Schulungsbesuch als erforderlich angesehen werden (vgl. für das BetrVG: BAG v. 24. 7. 1979, DB 1980, 551). Eine wiederholte Schulung ist nur bei grundlegenden Neuregelungen des von der Personalvertretung zu beachtenden Rechts erforderlich; dies gilt auch im Fall der Wiederwahl. Eine **Wiederholungsschulung** kann bei Inkrafttreten oder bei wesentlichen Änderungen des bisherigen Rechts erforderlich sein (BVerwG v. 27. 4. 1979 – 6 B 45.78, BVerwGE 58, 54 = ZBR 1979, 310 = PersV 1980, 19). Die wiederholte Freistellung darf erst dann genehmigt werden, wenn allen Mitgliedern bereits Gelegenheit zur Teilnahme an einer Schulungsveranstaltung gegeben war. Bei einer sog. Vertiefungsschulung (s. hierzu BVerwG v. 23. 4. 1991, PersV 1992, 115) kann einem Personalratsmitglied die vorherige Teilnahme an einer Grundschulung nicht entgegengehalten werden (vgl. OVG Lüneburg v. 21. 5. 1997, ZfPR 1998, 13). Einer wiederholten (zweiten) Grundschulung bedarf ein Personalratsmitglied dann, wenn weitere notwendige Kenntnisse z. B. über Beteiligungsrechte vermittelt werden, die in der ersten Veranstaltung noch nicht behandelt wurden (BVerwG v. 9. 7. 2007, PersV 2008, 59 = ZfPR 2008, 35).

10. Die **Freistellung von Ersatzmitgliedern** zur Teilnahme an Schulungs- und Bildungsveranstaltungen wird mit der Begründung abgelehnt, dass das Gesetz nur von „Personalratsmitgliedern“ spricht (BVerwG v. 27. 4. 1979 – 6 P 4.78, ZBR 1980, 153 = PersV 1980, 237; BVerwG v. 7. 7. 1993 – 6 P 15.91, ZBR 1993, 376 = PersV 1994, 464 = ZfPR 1993, 184; VGH Kassel v. 10.8. 1989, Leits. PersV 1990, 183; OVG Lüneburg v. 21. 5. 1997, ZfPR 1997, 196; demgegenüber aber VGH München v. 3. 11. 1993, PersR 1994, 133 m. Anm. v. Stupka, der eine Schulungsteilnahme von Ersatzmitgliedern für den Fall bejaht, dass „das Ersatzmitglied im Rahmen einer für die Zukunft hinreichend zuverlässig anzustellenden Prognose voraussichtlich so häufig und lang andauernd mit Vertretungsfällen befasst sein wird, dass eine personalvertretungsrechtliche Mitwirkung und die dazu erforderliche Schulung zur Erfüllung seiner Aufgaben unabweisbar erforderlich sind“. Gleiches hat das Gericht für den Fall angenommen, dass das Ersatzmitglied „überwiegend, also mehr als das ordentliche Mitglied selbst, zur Personalratstätigkeit herangezogen wird“. Gegen die bisher vom Bundesverwaltungsgericht vertretene Auffassung spricht vor allem, dass im Falle des Nachrückens bzw. im Falle der Vertretung Ersatzmitglieder mangels ausreichender Schulungsmaßnahmen nicht unbedingt die für eine ordnungsgemäße Ausübung der Aufgaben einer Personalvertretung notwendigen Kenntnisse besitzen. Zu hoffen ist, dass sich das Bundesverwaltungsgericht angesichts seiner jüngsten Rechtsprechung, in der es immer wieder betont, dass Personalratsaufgaben nur bei hinreichender Sachkunde wahrgenommen werden können, künftig auch für die Erforderlichkeit von Schulungsmaßnahmen in Bezug zumindest auf solche Ersatzmitglieder ausspricht, die regelmäßig zur Vertretung ordentlicher Personalratsmitglieder hinzugezogen werden, (vgl. u. a. BVerwG v. 26. 2. 2003 – 6 P 9.02, BVerwGE 118, 1 = ZBR 2003, 278 = PersV 2003, 348 = ZfPR 2003, 262). Dies gilt vor allen Dingen bei einer **„einköpfigen“ Personalvertretung,** bei der das erste Ersatzmitglied bei Urlaubs- und Krankheitsanlässen regelmäßig zur Vertretung hinzugezogen wird. Dieses Ersatzmitglied muss über die Grundlagen des Personalvertretungsrechts hinreichend informiert sein, weil andernfalls die Arbeitsfähigkeit der 39

betreffenden Personalvertretung in Zeiten der Verhinderung des ordentlichen Personalratsmitglieds gefährdet ist (vgl. für das BetrVG: ArbG Bremen v. 14. 9. 2006, AiB 2007, 250; s. auch Krisam, PersV 2007, 504). Die vom Bundesarbeitsgericht für den Betriebsrat entwickelten Grundsätze für die Entsendung von Ersatzmitgliedern zu Schulungsveranstaltungen können auch für die Personalvertretung herangezogen werden. Der Betriebsrat kann ein Ersatzmitglied zu einer Schulungsveranstaltung entsenden, wenn dies im Einzelfall zur Gewährleistung der Arbeitsfähigkeit des Betriebsrats erforderlich ist (BAG v. 19. 9. 2001, BAGE 99, 103 = BB 2002, 256 = DB 2002, 51 = ZBVR 2002, 77). Nach der Rechtsprechung des Bundesarbeitsgerichts spielen die zu erwartende Dauer und Häufigkeit der Heranziehung des Ersatzmitglieds eine wesentliche Rolle (BAG v. 15. 5. 1986, BAGE 52, 73 = ZBR 1987, 57; BAG v. 14. 12. 1994, BAGE 79, 43 = Leits, BB 1995, 732 = DB 1995, 834; so im Ergebnis auch: OVG Bremen v. 1. 2. 1991, Leits. ZfPR 1992, 50; zur Schulung von Wahlvorstandsmitgliedern vgl. § 24 Anm. 19; Fischer u. a., § 46 Anm. 66; differenzierend Lorenzen u. a., § 46 Anm. 118, 118 a; Richardi u. a., § 46 Anm. 117; vgl. auch Altvater u. a., § 46 Anm. 47; Teilnahmebefugnis von Ersatzmitgliedern bejahend: OVG Lüneburg v. 9. 4. 2008, PersR 2008, 333). Der Betriebsrat hat – nach der Rechtsprechung des BAG – insoweit **eine auf Tatsachen gegründete Prognose** anzustellen, wobei der Vergangenheit eine gewisse Indizwirkung zukommen kann. Von Bedeutung sind aber auch weitere Umstände, wie insbesondere die Betriebsratsgröße, die Anzahl der im Betriebsrat vertretenen Gruppen und Listen oder der langfristige Ausfall von Personalratsmitgliedern, bedingt u. a. durch Eintritt in die Freistellungsphase auf Grund des TV zur Regelung der Altersteilzeitarbeit, durch Erreichen der Altersgrenze, durch Schwangerschaft, durch Teilzeitbeschäftigung, durch Schicht- und Nachtarbeit (vgl. Lorse, PersV 2008, 124, 130). Die Personalvertretung hat bei der von ihr anzustellenden Prognose einen **Prognosespielraum.** Die tatsächlichen Grundlagen der Prognose sind jedoch auszuweisen und einer gerichtlichen Beurteilung nicht entzogen (BAG vom 15. 5. 1986, aaO). Auch im Übrigen hat die Personalvertretung bei ihrer Entscheidung, ob es für die Arbeitsfähigkeit erforderlich ist, ein oder gar mehrere Ersatzmitglieder schulen zu lassen, einen Beurteilungsspielraum (BAG vom 19. 9. 2001, aaO). Im Interesse einer effizienten Personalratsarbeit liegt es, wie bereits dargelegt, wenn z. B. solche Ersatzmitglieder, die jederzeit nachrücken könnten (z. B. für den Fall, dass eine Gruppe nur aus einem Mitglied besteht), geschult werden, um auf diese Weise Schwierigkeiten für die Arbeit der Personalvertretung und Reibungsverluste zu vermeiden (vgl. Allgaier, ZfPR 1994, 136, 137). Keine Alternative ist darin zu sehen, Ersatzmitglieder mit den Grundfragen des Personalvertretungsrechts durch (ordentliche) Mitglieder vertraut zu machen (so aber: BVerwG v. 7. 7. 1993, ZBR 1993, 376 = PersV 1994, 464 = ZfPR 1993, 184; Vogelgesang, PersV 2003, 4, 13). Es ist praxisfremd anzunehmen, dass eine solche „Privatschulung“ tatsächlich sachverständig unter Aufbieten des hierzu notwendigen Zeitaufwands erfolgen könnte. Hinzuweisen ist schließlich noch darauf, dass der weit überwiegende Teil der Landespersonalvertretungsgesetze unter bestimmten Voraussetzungen die Freistellung von Ersatzmitgliedern für die Teilnahme an Schulungs- und Bildungsveranstaltungen vorsieht (vgl. auch Kunze, PersV 2006, 411, Fußn. 105.)

40 11. Die Freistellung für den Besuch von Schulungs- und Bildungsveranstaltungen nach Abs. 6 ist eine mit einer Freistellung i. S. von Abs. 3 vergleichbare Freistellung. Auch hierauf besteht ein **Anspruch der Personalvertretung.** Sie hat daher eine Entscheidung darüber zu treffen, ob ein Mitglied und welches zu einer bestimmten Schulungs- oder Bildungsveranstaltung zu entsenden ist. Zwar spricht Abs. 6 nicht ausdrücklich von einer Entsendung durch Beschluss der Personalvertretung. Die Notwendigkeit hierzu ergibt sich aber daraus, dass die Personalvertretung über die Wahrnehmung ihrer Aufgaben und Befugnisse im Beschlussweg zu entscheiden hat (BVerwG v. 27. 4. 1979, BVerwGE 58, 54 = ZBR 1979, 310 = PersV 1980, 19; Richardi u. a., § 46 Anm. 130). Der Beschluss muss jeweils vor einer konkreten Schulungsveranstaltung gefasst werden, so dass ein vormaliger Beschluss zur Teilnahme an einer anderen Schulung ebenso wenig den gesetzlichen Anforderungen entspricht wie eine Genehmigung nach Veranstaltungsbeginn. In diesen Fällen wird eine Pflicht zur Übernahme der Schulungskosten nicht begründet (vgl. für das BetrVG: BAG v. 8. 3. 2000 – 7 ABR 11/98, BB 2000, 1626 = DB 2000, 1335 = ZBVR 2000, 203). Allerdings wird man dem BAG nur im Grundsatz zustimmen können. Wenn nämlich – wie im der Entscheidung zugrunde liegenden Fall – derselbe Veranstalter sechs Wochen nach der zunächst vorgesehenen, aber bereits belegten Veranstaltung das gleiche Thema an einem anderen Ort behandelt, dann kann es sinnvoller Weise nur noch darum gehen, zu klären, wie im Hinblick auf eventuell höhere Reisekosten zu verfahren ist und ob eine zusätzliche Absprache insoweit erforderlich ist. Würde man selbst bei gleichen Reisekosten eine erneute Beschlussfassung verlangen, wie es das BAG getan hat, dann würde man die Anforderungen an die Vorgehensweise bei einer Schulungsteilnahme schlichtweg überspannen. Grundsätzlich aber gilt, dass der Schulungsteilnahme ein entsprechender Beschluss einer Personalvertretung vorausgehen muss, wodurch aber selbstverständlich nicht die **Eigeninitiative eines Personalratsmitglieds** ausgeschlossen wird.

12. Abs. 6 regelt eigenständig und abschließend die Voraussetzungen einer Freistellung zur Teilnahme an Schulungs- und Bildungsveranstaltungen. Ein **darüber hinausgehender Anspruch auf Dienstbefreiung** nach Abs. 2 **kommt nicht in Betracht** (BVerwG v. 23. 10. 1980, PersV 1982, 63). Daher hat ein Teilnehmer keinen Anspruch auf Dienstbefreiung und Zeitausgleich einschließlich Wochenendzuschlägen für den Fall, dass Anreisetag und Seminarbeginn bzw. Abreisetag und Seminarende auf ein Wochenende fallen; denn eine Freistellung von der Arbeitspflicht sowie eine Vergütung, die das Personalratsmitglied so stellt, als ob es in der Dienststelle verblieben wäre und gearbeitet hätte, besteht lediglich für die Zeit der Schulungsteilnahme (vgl. u. a. für das BetrVG: BAG v. 20. 10. 1993, Leits. BB 1993, 2235 = DB 1994, 334). **41**

12a. Da der Dienststellenleiter verpflichtet ist, die Kosten für eine Schulungsmaßnahme nach Abs. 6 dann zu übernehmen, wenn die entsprechenden Voraussetzungen gegeben sind, ist er unter Beachtung des Grundsatzes der sparsamen Haushaltsführung verpflichtet zu prüfen, ob die entsprechenden Voraussetzungen gegeben sind. Ist das der Fall, dann hat der **Dienststellenleiter** das betreffende Personalratsmitglied **freizustellen.** Ohne einen entsprechenden Freistellungsbescheid seitens der Dienststelle ist eine Teilnahme an einer Schulungs- oder Bildungsveranstaltung nicht zulässig. Sie wäre als ein unerlaubtes Fernbleiben vom Dienst zu werten (OVG Münster v. 4. 3. 1993, PersV 1995, 463; Fischer u. a., § 46 Anm. 78; Lorenzen u. a., § 46 Anm. 130; Richardi u. a., § 46 Anm. 139). Wird die Freistellung verweigert, so muss die Pflicht des Dienststellenleiters im Rahmen eines gerichtlichen Beschlussverfahrens festgestellt werden (VGH Mannheim v. 3. 4. 1984, ZBR 1984, 347; vgl. im Übrigen Anm. 3, 53). Keinesfalls ist das betreffende Personalratsmitglied, dessen Entsendung zu einer Schulungsveranstaltung von der Personalvertretung beschlossen worden ist, im Falle der Weigerung des Dienststellenleiters berechtigt, an der Veranstaltung teilzunehmen; denn aus dem Wortlaut **41a** von Abs. 6 ergibt sich, dass eine Teilnahmeberechtigung nur gegeben ist, wenn die betreffende Personalvertretung einen Entsendungsbeschluss fasst und das Personalratsmitglied vom Dienststellenleiter freigestellt wird (OVG Münster v. 4. 3. 1993, ZTR 1993, 436). Daher ist auch ein Dienststellenleiter zur Erstattung der Schulungskosten nicht schon deshalb verpflichtet, weil er auf eine Mitteilung der Personalvertretung, ein bestimmtes Mitglied zu einer Schulungsveranstaltung entsenden zu wollen, geschwiegen hat (vgl. für das BetrVG: BAG v. 24. 5. 1995, BB 1995, 2530 = DB 1996, 145). Wenn aber ein Dienststellenleiter vorbehaltlos erklärt, ein Personalratsmitglied für die Teilnahme an einer Grundschulung freizustellen, so enthält eine solche Erklärung auch eine Zusage zur Übernahme der entsprechenden Kosten (OVG Koblenz v. 13. 7. 2006, ZfPR online 6/2007, S. 8 = Leits. ZfPR 2007, 71).

42 13. Die durch die Tätigkeit der Personalvertretung entstehenden Kosten trägt die Dienststelle (§ 44 Abs. 1 Satz 1). Die Aufwendungen, die im Zusammenhang mit einer Schulungsveranstaltung entstehen, müssen jedoch zur Durchführung der der Personalvertretung obliegenden Aufgaben notwendig sein. Für den Umfang der zu erstattenden Kosten gilt sowohl das Gebot der **sparsamen Verwendung öffentlicher Mittel** wie auch der **Grundsatz der Verhältnismäßigkeit**. Infolgedessen muss die Personalvertretung die entstehenden Kosten in einem angemessenen Verhältnis zum Ziel der Schulungs- und Bildungsveranstaltung halten. Daher hat sie zu prüfen, ob gleichartige, weniger Kosten verursachende Veranstaltungen angeboten werden. Die Personalvertretung hat deshalb sowohl hinsichtlich der Zahl der zu entsendenden Mitglieder als auch hinsichtlich der durch die Schulung entstehenden Kosten auf die Interessen der Dienststelle Rücksicht zu nehmen (vgl. für das BetrVG: BAG v. 31. 10. 1972, BAGE 24, 459 = BB 1983, 243 = DB 1973, 528). Deshalb hat sie vorab zu prüfen, ob die für die Schulung aufzuwendenden Mittel zu dem mit ihr erstrebten Zweck im Hinblick auf den Umfang des vermittelten Wissens in einem vertretbaren Verhältnis stehen. Höhere Kosten für eine Schulungsveranstaltung sind daher nur dann in Kauf zu nehmen, wenn diese durch den Einsatz entsprechender Lehrkräfte und die Verwendung pädagogischer Hilfsmittel an wenig zentral gelegenen Schulungsorten im Hinblick auf eine möglichst große Effektivität bedingt sind bzw. dann, wenn kein alternatives Schulungsangebot zur Verfügung steht. In diesem Fall ist die Teilnahme auch an einer Schulungsveranstaltung erforderlich, die die Verwaltung mit höheren Kosten belastet; denn die Frage der Erforderlichkeit ist streng **sachbezogen** am angebotenen Themenkatalog einerseits und der konkreten Aufgabenstellung der Personalvertretung andererseits zu beantworten. Nur dann, wenn die Schulungskosten angesichts des zu erwartenden Schulungserfolges außer Verhältnis stehen, kann ausnahmsweise eine Kostenübernahme durch die Dienststelle abgelehnt werden. Wenn der Zeit- und (oder) Kostenaufwand den Rahmen des nach den Verhältnissen Zumutbaren überschreitet, so kann die Erstattung der Kosten nur in diesem Rahmen anteilig verlangt werden (vgl. für das BetrVG: BAG v. 27. 9. 1974, BAGE 26, 269 = DB 1975, 504; vgl. insbes. Rdschr. des BMI v. 15. 8. 1996 an die obersten Bundesbehörden im Anhang III). Dies gilt aber dann nicht, wenn eine Personalvertretung mit Themen konfrontiert ist, über die sie sich in einer Schulungsveranstaltung von einer Institution informieren lassen möchte, die über dem üblichen Kostenniveau sonstiger Veranstalter von Schulungsmaßnahmen liegt. In diesen Fällen, in denen die Schulungsteilnahme wegen der Aufgabenstellung der Personalvertretung erforderlich ist, kann die betroffene Verwaltung nicht unter Hinweis auf die in dem Rdschr. des BMI angegebenen Höchstkosten, die sich im Übrigen nur auf eine Pauschale, bei der ein Einzelnachweis nicht erforderlich ist, beziehen, die

Übernahme des Teils der Kosten verweigern, die über diesen Beträgen liegen. Andernfalls nämlich würden Personalratsmitglieder mit Schulungskosten belastet, die der Gesetzgeber grundsätzlich dem Dienstherrn auferlegen wollte. Wenn **kein alternatives Schulungsangebot** zur Verfügung steht, dann ist die Teilnahme auch an einer Schulungsveranstaltung erforderlich, die die Verwaltung mit höheren Kosten belastet; denn die Frage der Erforderlichkeit ist streng sachbezogen am angebotenen Themenkatalog einerseits und der konkreten Aufgabenstellung der Personalvertretung andererseits zu beantworten. Nur dann, wenn die Schulungskosten angesichts des zu erwartenden Schulungserfolges außer Verhältnis stehen, kann ausnahmsweise eine Kostenübernahme durch die Dienststelle abgelehnt werden.

13a. Entscheidend für die Pflicht zur Übernahme der Kosten ist, ob der **Schulungszweck in** einem angemessenen **Verhältnis zu** den hierfür aufzuwendenden **Mitteln** steht. Daher ist die Personalvertretung nicht gehalten, ohne Rücksicht auf den Veranstalter stets den günstigsten Anbieter zu ermitteln. Ein einzelnes Mitglied, das einer bestimmten **Gewerkschaft** angehört, ist deshalb aus Kostengründen nicht verpflichtet, auf Ausbildungsangebote anderer Gewerkschaften zurückzugreifen, zumal zu berücksichtigen ist, dass die gemeinsame Zugehörigkeit zu einer Gewerkschaft auch ein den Schulungserfolg förderndes Vertrauensverhältnis schafft (OVG Berlin v. 20. 12. 1999, PersV 2000, 406; vgl. für das BetrVG: BAG v. 28. 6. 1995, BAGE 80, 236 = BB 1995, 2478 = DB 1995, 2118 = PersR 1995, 533; vgl. auch Anm. 42 d). Die Gewerkschaften sind allerdings nicht verpflichtet, diese Veranstaltungen auch gewerkschaftsfremden Personalratsmitgliedern anzubieten (BVerwG v. 27. 4. 1979 – P 45.78, BVerwGE 58, 54, 62 = ZBR 1979, 310 = PersV 1980, 19; Fischer u. a., § 46 Anm. 71; kritisch: Lorenzen u. a., § 46 Anm. 121, 123). Die Sachgerechtigkeit einer gewerkschaftlichen Schulung deshalb anzuzweifeln, weil der Stoff aus entsprechender Perspektive behandelt wird, ist so lange nicht zulässig, wie nicht tatsächlich überwiegend gewerkschaftliche Fragen auf der Schulungsveranstaltung behandelt werden (vgl. auch Lorenzen u. a., § 46 Anm. 122). Die **Bereitstellung dienstlicher Schulungsveranstaltungen** für Mitglieder von Personalvertretungen kann im Einzelfall unter Kostengesichtspunkten bei Einvernehmen der Beteiligten sinnvoll sein. Grundsätzlich aber kann es sich nur um ergänzende Schulungsangebote handeln. Zwar kann es unter haushaltherrischen Gesichtspunkten im Einzelfall sachgerecht sein, im Einvernehmen mit den Personalvertretungen dienststellenseitig Schulungen anzubieten. Die weitere Entscheidung über die inhaltliche Ausgestaltung der Schulungsmaßnahmen einschließlich der Dozenten muss dann aber unter Wahrung des Maßstabs von Abs. 6 der im Interesse der Beschäftigten und der Dienststelle an einer ordnungsgemäßen Wahrnehmung personalvertretungsrechtlicher Aufgaben handelnden Personalvertretung vorbehalten bleiben (BVerwG v. 27. 4. 1979, aaO). Eine Dienststelle eignet sich im Übrigen auf Grund ihrer Eigenschaft als Partnerin einer Personalvertretung nur eingeschränkt als Schulungsträger; denn sie ist auf der selben Ebene wie die Personalvertretung Partei des personalvertretungsrechtlichen Systems – nicht Dritter (aA OVG Hamburg v. 14. 11. 2005, PersV 2006, 396 = ZfPR 2007, 5). 42a

13b. **Im Einzelnen** gehören zu den den Teilnehmern zu **ersetzenden Kosten** Verpflegungskosten und etwaige Kursgebühren (BVerwG v. 27. 4. 1979, BVerwGE 58, 54 = ZBR 1979, 310 = PersV 1980, 19). Da Abs. 6 und Abs. 7 dem § 37 BetrVG nachgebildet sind, ist die entsprechende Rechtsprechung des BAG für die Auslegung des § 46 Abs. 6 von Bedeutung. Die Rechtsprechung zu § 37 BetrVG hat für diese Fälle dem Arbeitgeber den Ersatz der zusätzlichen Kosten für Fahrt, Verpflegung, Unterkunft und sonstiges (Ho- 42b norare) auferlegt (BAG v. 29. 1. 1974, BAGE 25, 482 = BB 1974, 883 = DB 1974, 293; vgl. auch VGH München v. 27. 1. 1978, ZBR 1979, 23; VG Ansbach v. 8. 11. 1977, PersV 1978, 441). Den Personalratsmitgliedern sind auch keine zusätzlichen Aufwendungen **für die Kosten der persönlichen Lebensführung** zu erstatten, die anlässlich einer Schulungsveranstaltung entstanden sind, z. B. Aufwendungen für Getränke, Tabakwaren etc. Allerdings ist darauf hinzuweisen, dass eine in Rundschreiben oder in allgemeinen Verwaltungsvorschriften festgelegte Höchstgrenzenregelung für die Erstattung von Schulungskosten, soweit sie nicht auf einer gesetzlichen Grundlage beruht, lediglich eine interne Verwaltungsvorschrift darstellt, die die Gerichte nicht bindet. Die Angemessenheit der Kostenerstattung für die Teilnahme von Personalratsmitgliedern an Schulungsveranstaltungen hängt von der jeweiligen Prüfung des einzelnen Falles ab. Daher ist jeweils gesondert die Frage zu prüfen, „ob die Schulungskosten erforderlich und verhältnismäßig waren, insbesondere, ob sie dem Gebot der sparsamen Verwendung öffentlicher Mittel entsprachen“ (BVerwG v. 7. 12. 1994, BVerwGE 97, 166 = PersV 1995, 369 = ZfPR 1995, 85; BVerwG v. 20. 3. 1995, PersV 1996, 126). Der Kostenerstattungsanspruch ist ab Rechtshängigkeit zu verzinsen (OVG Münster v. 5. 2. 1997, PersR 1997, 313 m. Anm. v. Altvater, PersR 1997, 285). Bei gewerkschaftlichen Schulungsveranstaltungen ist es üblich, dass der Anspruch eines Personalratsmitglieds auf Erstattung der Schulungskosten an die Gewerkschaft abgetreten wird.

42c 13c. Personalratsmitglieder haben einen **Anspruch auf Fortzahlung ihrer Bezüge (Dienstbezuge/Arbeitsentgelte)** auch während der Teilnahme an der Schulung. Das gesetzliche Lohnausfallprinzip bewahrt Personalratsmitglieder, die an einer Schulungs- und Bildungsveranstaltung teilnehmen, vor Einkommenseinbußen, die dadurch entstehen, dass ihnen durch die Teilnahme Verdienstmöglichkeiten verwehrt werden, die sie sonst gehabt hätten (vgl. für das BetrVG: BAG v. 3. 12. 1997 – 7 AZR 490/93, Leits. BB 1998, 752 = ZBVR 1998, 52).

42d 13d. Soweit die Gewähr für eine ordnungsgemäße und sachgerechte Schulung gegeben ist, ist es **unerheblich, wer Veranstalter** ist (vgl. auch Anm. 31). Das Gesetz nämlich stellt alleine darauf ab, ob die Schulungsveranstaltung Kenntnisse vermittelt, die für die Tätigkeit in der Personalvertretung erforderlich sind. Bietet eine Dienststelle selbst Grundschulungen an, dann hat dies keinen Einfluss auf das Auswahlrecht der Personalvertretung unter allen anbietenden Wettbewerbern. Die Entscheidung darüber, ob ein Mitglied und welches Mitglied zu welcher Schulungsveranstaltung entsandt wird, hat der Gesetzgeber ausschließlich der Personalvertretung übertragen (BVerwG v. 18. 8. 1986, PersV 1987, 286). Diese entscheidet über kostenwirksame Ausgaben grundsätzlich selbst. Es genügt, wenn die Personalvertretung die Aufwendungen bei pflichtgemäßer Würdigung der Sachlage für erforderlich halten darf (BVerwG v. 22. 6. 1962, BVerwGE 14, 282). Die Tatsache, dass auch die Dienststelle eine Grundschulung anbietet, schränkt deshalb das Wahlrecht der Personalvertretung nicht ein (vgl. auch Anm. 43a). Grundsätzlich aber kann die Übernahme von Kosten nur dann verweigert werden, wenn die von der Personalvertretung ausgesuchte Schulungsveranstaltung Mehrkosten verursachen würde, die im Vergleich zu anderen Schulungsangeboten unverhältnismäßig sind (OVG Berlin v. 20. 12. 1999, PersV 2000, 406 = Leits. ZfPR 2000, 304; Fischer u. a., § 46 Anm. 74). Die Personalvertretung hat bei ihrer Entscheidung in jedem Fall das Gebot der sparsamen Verwendung öffentlicher Mittel zu beachten. Nach dem Grundsatz der Verhältnismäßigkeit müssen die anfallenden Kosten daher in einem angemessenen Verhältnis zu dem erstrebten und möglichen Nutzen stehen (BVerwG v. 18. 6. 1991, PersV 1992, 45). Ergibt sich bei einer Prüfung durch die Personalvertretung, dass mehrere Anbieter denselben Schulungsinhalt vermitteln, wie dies bei Grundschulungen der Fall sein kann, so entscheidet sie danach, von welcher Veranstaltung sie sich im Hinblick auf die zu erwartende Qualität den höchsten Nutzen für das Personalratsmitglied verspricht. Die Personalvertretung kann ihre Auswahlentscheidung bei vergleichbarem Schulungsinhalt auch von dem Veranstalter selbst abhängig machen und in diesem Zusammenhang berücksichtigen, dass **gewerkschaftliche und gewerkschaftsnahe Anbieter** eine an den praktischen Bedürfnissen der Personalratsarbeit ausgerichtete Wissensvermittlung erwarten lassen und eine gemeinsame Gewerkschaftszugehörigkeit ein Klima gegenseitigen Vertrauens schafft, durch das der Schulungserfolg gefördert wird (OVG Berlin v. 20. 12. 1999, PersV 2000, 406; vgl. zum BetrVG: BAG v. 28. 6. 1995, BAGE 80, 236 = BB 1995, 2478 = DB 1995, 2118 und Anm. 42 a). Die Gewerkschaften sind aber nicht verpflichtet, ihre Schulungsveranstaltungen für alle Personalratsmitglieder zu öffnen. Eine solche Verpflichtung kann weder aus Art. 3 GG noch aus § 2 Abs. 1 BPersVG oder gar aus der These hergeleitet werden, dass Gewerkschaften eine „staatsentlastende Tätigkeit" auszuüben haben. Wenn gewerkschaftlich nicht organisierte Personalratsmitglieder keine Gelegenheit zur Schulungsteilnahme haben, so ist eine solche Benachteiligung dadurch auszuschließen, dass die Dienstbehörden ihrerseits „Schulungsveranstaltungen durch eine breit gefächerte Beteiligung von Referenten aus Gewerkschaften und Dienststellen, die die Teilnehmer aus unterschiedlicher Sicht über den aktuellen Stand des Personalvertretungsrechts unterrichten", anbieten (BVerwG v. 27. 4. 1979, aaO – 6 P 45.78, BVerwGE 58, 54 = ZBR 1979, 310 = PersV 1980, 19; Lorenzen u. a., § 46 Anm. 121, 122). Eine Personalvertretung kann sich grundsätzlich auch für einen Privatschulungsträger oder für sog. **Indoor-Veranstaltungen** ebenso wie für **Online-Veranstaltungen** entscheiden; letztere kommen dann in Betracht, wenn dadurch privaten Verpflichtungen (z. B. Kinderbetreuung) besser nachgekommen werden kann (vgl. Ilbertz, ZfPR 2001, 219).

14. Umstritten ist, ob eine **Ungleichbehandlung von teilzeitbeschäftigten gegenüber vollzeitbeschäftigten Personalratsmitgliedern** dann gegeben ist, 42e
wenn in einer Dienststelle der Anteil teilzeitbeschäftigter Frauen gegenüber vollzeitbeschäftigten Männern erheblich höher ist und wenn die für die Personalratsarbeit erforderliche Schulungsveranstaltung während der Vollarbeitszeit, aber außerhalb der individuellen Arbeitszeit teilzeitbeschäftigter Personalratsmitglieder durchgeführt wird und wenn den vollzeitbeschäftigten Personalratsmitgliedern bei Teilnahme an derselben Schulungsveranstaltung ein Ausgleich nach Maßgabe ihrer Arbeitszeit gewährt wird, den teilzeitbeschäftigten Mitgliedern aber nicht. Der Europäische Gerichtshof hat betont, dass eine Ungleichbehandlung durch objektive Faktoren gerechtfertigt sein könne, die aber nichts mit einer Diskriminierung aufgrund des Geschlechtes zu tun hätten. Es hat das sozialpolitische Ziel des deutschen Gesetzgebers anerkannt, das darauf gerichtet ist, durch das Prinzip der Unentgeltlichkeit der Personalratstätigkeit die Unabhängigkeit des Personalratsamtes zu gewährleisten. Dieses sozialpolitische Ziel kann nach Auffassung des Gerichts höher bewertet werden als wirtschaftliche Anreize zur Ausübung des Personalratsamts. Es ist daher Sache der nationalen Gerichte, darüber zu befinden, ob die Ungleichbehandlung zur Erreichung des genannten sozialpolitischen Ziels erforderlich ist (EuGH v. 6. 2. 1996, BB 1996, 429 = DB 1996, 379; EuGH v. 7. 3. 1996, DB 1996, 897). Das BAG hat inzwischen eine Ungleichbehandlung von teilzeitbeschäftigten gegenüber

vollzeitbeschäftigten Personalratsmitgliedern wegen des genannten sozialpolitischen Ziels für gerechtfertigt angesehen (BAG v. 5. 3. 1997, BAGE 85, 224 = BB 1997, 631, 2218 = DB 1997, 580; BAG v. 3. 12. 1997, Leits. BB 1998, 752 = ZBVR 1998, 52; OVG Koblenz v. 1. 4. 1998 – 8 (4) Sa 587/93, n. v.).

43 15. **Gewerkschaften** nehmen im Rahmen ihrer personalvertretungsrechtlichen Unterstützungsfunktionen (vgl. § 2 Abs. 1) bei der Durchführung von Schulungsveranstaltungen Aufgaben nicht als soziale Gegenspieler, sondern zur Qualifizierung von Personalratsmitgliedern im Interesse der Befähigung zu sachgerechter Personalratsarbeit wahr (vgl. für das BetrVG: BAG v. 30. 3. 1994, BB 1994, 2347 = DB 1994, 2295; vgl. auch Vogelgesang, PersV 2003, 4, 13). Aus der personalvertretungsrechtlichen Unterstützungsfunktion der Gewerkschaften lässt sich nicht ableiten, dass sie bestimmte, durch die konkrete Schulung veranlasste Kosten selbst tragen müssen. Kosten, die einer Gewerkschaft als Veranstalter oder einer von ihr im Wesentlichen getragenen Bildungseinrichtung durch die jeweilige konkrete Schulung entstehen, können daher anteilig auf die Schulungsteilnehmer umgelegt werden. Das gilt auch für **Personalkosten**, so u. a. Honorare eigener Referenten, und zwar unabhängig davon, ob eine entsprechende Lehrtätigkeit zu den Haupt- oder den Nebenpflichten des Referenten aus seinem Arbeitsverhältnis gehört, so dass eine Kostentragungspflicht der Dienststelle auch dann besteht, wenn der Referent von der betreffenden Gewerkschaft ausschließlich für Schulungs- und Bildungsveranstaltungen eingesetzt wird (vgl. für das BetrVG: BAG v. 28. 6. 1995, BAGE 80, 236 = BB 1995, 2478 = DB 1995, 2118). Wenn ein gewerkschaftseigener Referent nur zeitweilig für Schulungen eingesetzt wird, dann sind die Personalkosten anteilmäßig erstattungsfähig (vgl. Lorenzen u. a., § 44 Anm. 28; vgl. auch Fitting u. a., § 40 Anm. 81). Eine Gewerkschaft bzw. eine gewerkschaftsnahe Bildungseinrichtung ist auch nicht verpflichtet, die sog. **Vorhaltekosten** (u. a. Strom, Wasser, Heizung, Reinigung, sonstige Betriebs- und Sachkosten, aber auch entsprechende Personalkosten und Lehrmittelkosten) selbst zu tragen, soweit es sich um solche Kosten handelt, die durch die personalvertretungsrechtlichen Schulungsveranstaltungen ausgelöst werden. Gleiches gilt für die Mietkosten für Tagungs- und Unterrichtsräume sowie für Inventar (u. a. Mobiliar, Medien und Seminartechnik) und für sonstige Sachkosten u. a. der Instandsetzung und Instandhaltung (vgl. auch Altvater, PersR 2003, 214, 221). Aus den gesetzlichen Vorschriften nämlich ergibt sich, dass die Dienststelle alle in diesem Zusammenhang tatsächlich entstehenden Kosten zu tragen hat, sofern sie angemessen sind. Unter dem Aspekt der Unzumutbarkeit der Finanzierung des sozialen Gegenspielers ist lediglich zu **verhindern**, dass gewerkschaftliche Einrichtungen mit den Schulungen **Gewinne** machen. Da die Vorhaltekosten – bezogen auf die tatsächliche Durchführung von Schulungs- und Bildungsveranstaltungen – aber tatsächlich anfallen, müssen sie auch übernommen werden; insoweit werden den Gewerkschaften lediglich anteilig die Kosten erstattet, die durch die Schulungsveranstaltungen in den Schulungsstätten entstanden sind. (Vogelgesang, PersV 2003, 4, 10; vgl. für das BetrVG: BAG v. 28. 6. 1995, aaO; weitgehend unentschieden unter Hinweis auf die Rechtsprechung zum BetrVG: Fischer u. a., § 44 Anm. 31 a; Lorenzen, aaO; der Rechtsprechung des BAG zustimmend: Fitting u. a., § 40 Anm. 80; vgl. darüber hinaus: BAG v. 17. 6. 1998 – 7 ABR 20/97, DB 1999, 2650; BAG v. 17. 6. 1998 – 7 ABR 22/97, BB 1999, 107 = DB 1998, 1339; 1999, 388; BAG v. 17. 6. 1998 – 7 ABR 95/97, BB 1998, 1537; 1999, 157 = DB 1998, 1339; 1999, 387; vgl. hierzu auch die Anm. v. Wedde, ArbuR 1999. 203). Ebenso wenig muss eine veranstaltende Gewerkschaft die sog. **Verwaltungskostenpauschale** (Schriftver-

kehr, Teilnahmebescheinigung, Rechnungsstellung, Porto) selbst tragen; denn dies sind Kosten, die für jeden einzelnen Teilnehmer tatsächlich anfallen (VGH München v. 3. 5. 2000 – 17 P 99.3639, n.v.). Grundstücksabgaben und Steuern sowie Kosten der Abschreibungen und der Fremd-/Eigenkapitalverzinsung sind nicht als Vorhaltekosten anzusehen. Darüber hinaus ist ein Dienststellenleiter auch nicht zur Kostenerstattung für die **Anschaffung von Büchern** aus Anlass einer Schulungsveranstaltung gezwungen, die er ohnehin der Personalvertretung zur Verfügung stellen muss, zumal der Inhalt der entsprechenden Texte in aller Regel weit über die Nutzung während der Schulungsveranstaltung hinausgeht (OVG Berlin v. 20. 12. 1999, Leits. ZBR 2000, 304 = PersV 2000, 406).

15 a) Wenn eine **Verwaltung selbst Schulungsveranstaltungen** durchführen möchte, dann ist sie verpflichtet, mit dem ausgewählten Schulungsangebot dem Verhältnismäßigkeitsgrundsatz zu entsprechen. Dies bedeutet, dass sie nicht nur ausschließlich Kostengesichtspunkte in den Vordergrund stellen darf, sondern auch die Belange einer Personalvertretung an einer objektiven Schulung und auch die besondere Situation ihrer Mitglieder im Zusammenhang u. a. mit der Wahrnehmung von Beteiligungsrechten zu beachten hat. Eine Personalvertretung ist nicht gehalten, ohne Rücksicht auf den Veranstalter stets das günstigste Angebot für eine Schulung zu akzeptieren (vgl. auch Anm. 42d). Vielmehr kann sie auch andere Gesichtspunkte, nämlich die gemeinsame Zugehörigkeit zu einer Gewerkschaft, die ein den Schulungserfolg förderndes Vertrauensverhältnis schafft, berücksichtigen (OVG Berlin v. 20. 12. 1999, PersV 2000, 406; vgl. auch für das BetrVG: BAG v. 28. 6. 1995, BAGE 80, 236). Zu beachten ist auch, dass eine Schulung möglichst „gegnerfrei“ erfolgen muss. Dies bedeutet, dass eine amtsseitige Schulung keinesfalls einseitig durch Referenten der Verwaltung erfolgen darf. Insgesamt dürfte eine Schulung von Personalratsmitgliedern durch die Verwaltung nur dann die Kriterien einer objektiven Unterrichtung gewährleisten, wenn die Themen- und Referentenauswahl die Gewähr für eine neutrale Vermittlung des Schulungsstoffes bietet, qualitativ mit anderen Angeboten (z. B. einer Gewerkschaft) vergleichbar ist und wenn der zeitliche Rahmen übereinstimmt. 43a

b) Wenn eine Dienststelle eine **Schulung durch Juristen** des Personalamtes **einer anderen Dienststelle** anbietet, dann sind Zweifel an der Neutralität und Unabhängigkeit dieser Personen grundsätzlich nicht von der Hand zu weisen. Zwar dürfen einerseits die Kosten einer Schulungsveranstaltung nicht in einem unangemessenen Verhältnis zu dem zu erwartenden Effekt stehen (BVerwG v. 7. 12. 1994, BVerwGE 97, 167 = PersV 1995, 369 = ZfPR 1995, 85; vgl. OVG Hamburg v. 14. 11. 2005, PersV 2006, 396 = ZfPR 2007, 5 für den Fall einer Kostendifferenz von ca. 9.000 Euro zwischen einer gewerkschaftlich angebotenen und einer amtsseitig angebotenen Schulungsmaßnahme). Andererseits aber ist eine gewerkschaftsnahe Schulungsveranstaltung eher auf die praktischen Bedürfnisse einer Personalvertretung abgestellt als eine amtsseitige Schulung, so dass eine Verpflichtung der Dienststelle zur Kostenübernahme schon deshalb grundsätzlich auch dann gegeben ist, wenn die Kosten einer von der Dienststelle angebotenen Schulungsveranstaltung nicht unverhältnismäßig höher sind. 43b

16. Einem Dienststellenleiter steht ein **Prüfungsrecht** hinsichtlich des Vorliegens der Voraussetzungen für die von ihm zu übernehmenden Kosten zu. Allerdings ist einer Personalvertretung ein weiter Beurteilungsspielraum einzuräumen; denn sie selbst kann am besten entscheiden, wie sie ihre Auf- 44

gaben wahrnimmt. Dabei ist allerdings der Grundsatz der vertrauensvollen Zusammenarbeit zu berücksichtigen (Lorse, PersV 2008, 124, 129). Der Dienststellenleiter kann die **Übernahme der Kosten** nur dann verweigern, „wenn aus Sicht eines objektiven Betrachters die Schulungsveranstaltung tatsächlich nicht erforderlich ist oder wenn die Kosten in einem unangemessenen Verhältnis zu dem zu erwartenden Schulungseffekt stehen bzw. wenn keine Haushaltsmittel mehr vorhanden sind" (BVerwG v. 27. 4. 1979 – 6 P 45.78, BVerwGE 58, 54 = ZBR 1979, 310 = PersV 1980, 19; BVerwG v. 14. 11. 1990, ZBR 1991, 112 = PersV 1991, 274 = ZfPR 1991, 40; vgl. aber Anm. 46 ff.). Das Prüfungsrecht erstreckt sich gerade bei Spezialschulungen auch darauf, ob die die Schulungsmaßnahme beantragende Personalvertretung eine Zuständigkeit für das jeweilige Thema besitzt; denn eine Kostenübernahmepflicht besteht für einen Dienststellenleiter immer nur dann, wenn die Themen in seinen Zuständigkeitsbereich fallen. Daher besteht für einen Dienststellenleiter dann keine Freistellungs- und Kostenübernahmeverpflichtung, wenn z. B. über das Thema „Mitbestimmungsrecht bei Rationalisierungsmaßnahmen" informiert werden soll, die Dienststelle, deren Personalvertretung einen entsprechenden Freistellungsantrag gestellt hat, aber für dieses Thema nicht zuständig ist, sondern die nächsthöhere Dienststelle (Mittelbehörde) und die dortige Stufenvertretung im Rahmen von Beteiligungsverfahren regelungsbefugt sind (BVerwG v. 8. 9. 1986, ZBR 1987, 58 = PersV 1987, 334).

45 17. Wegen der allgemeinen Geltung des Grundsatzes von Treu und Glauben kann der **Anspruch auf Kostenerstattung verwirkt** werden. Dies aber setzt voraus, dass die Personalvertretung mit der Geltendmachung des Anspruchs gezögert hat. Dadurch muss sie bei dem Leiter der Dienststelle den Eindruck erweckt haben, als werde sie auf ihren Anspruch verzichten, so dass sich der Dienststellenleiter darauf eingestellt hat, nicht mehr in Anspruch genommen zu werden. Weiterhin muss dem Leiter der Dienststelle gegenwärtig die Erfüllung des Anspruchs unter Berücksichtigung aller Umstände nach Treu und Glauben nicht mehr zumutbar sein (vgl. für das BetrVG: BAG v. 14. 11. 1978, BB 1979, 577 = DB 1979, 800). Eine **Verjährung** wegen der Teilnehmerbeiträge tritt allerdings grundsätzlich dann ein, wenn die entsprechenden Kosten erst nach der in § 3 Abs. 5 BRKG (vgl. § 44 Anm. 8) festgelegten Einjahresfrist beantragt werden, da die Bestimmungen des BRKG hier Anwendung finden (OVG Münster v. 29. 5. 1984 – CB 12/82, n. v.).

46 18. Bei der Haushaltsaufstellung und -bewirtschaftung haben die Dienststellen für eine Bereitstellung der erforderlichen Mittel (jeweils kapitalbezogen im Titel 527 03 „Reisen in Angelegenheiten der Personalvertretungen und der Gleichstellungsbeauftragten sowie in Vertretung der Interessen schwerbehinderter Menschen") zu sorgen, insbesondere anlässlich der turnusmäßigen Personalratswahlen. Eine Personalvertretung kann bei Fehlen **entsprechender Haushaltsmittel** aber nicht ohne weiteres die Erstattung von Schulungskosten verlangen. Zwar sind die Personalvertretungen in ihrer Geschäftsführung selbstständig und allein verantwortlich, d. h. den Weisungen oder der Rechtsaufsicht des Dienststellenleiters nicht unterworfen. Die Personalvertretung ist jedoch von der haushaltsrechtlichen Verantwortlichkeit nicht freigestellt; sie ist nämlich kein rechtlich verselbstständigter Bestandteil der an Gesetz und Recht gebundenen vollziehenden Gewalt. Daher ist sie auch an die Grundsätze der Sparsamkeit und Wirtschaftlichkeit, wie sie in einem Haushaltsplan zum Ausdruck kommen, gebunden. Der jeweilige Haushaltsplan ermächtigt aber grundsätzlich nur in der Höhe der in ihm ausgewiesenen Beträge Ausgaben zu leisten und Verpflichtungen einzugehen.

Das Bundesverwaltungsgericht hat bei fehlenden Haushaltsmitteln allerdings eine Verpflichtung der Dienststelle zur Übernahme von Schulungskosten dann bejaht, wenn die in einer Spezialschulung vermittelten Kenntnisse erforderlich sind, um einem akuten Handlungsbedarf auf Seiten der Personalvertretung Rechnung zu tragen (vgl. hierzu im einzelnen Anm. 46 c).

19. Allerdings darf ein Dienststellenleiter die Erfüllung von **Zahlungsverpflichtungen** gegenüber einer Personalvertretung **nicht** ohne weiteres mit der Begründung **verweigern**, dass die vorgesehenen Haushaltsmittel erschöpft seien (BVerwG v. 24. 11. 1986, ZBR 1987, 220 = PersV 1987, 422). Vielmehr muss er sich, wenn die Personalvertretung unvorhersehbare Aufwendungen geltend macht, im Hinblick auf das Institut der Nachbewilligung (§ 37 Abs. 1, 2 BHO) darum bemühen, entsprechende Mittel zu aktivieren. Dies gilt zumindest dann, wenn der Haushaltsplan bestimmte Ausgaben für gegenseitig oder einseitig deckungsfähig erklärt. Wenn eine einzelne Dienststelle überhaupt nicht mit entsprechenden Mitteln für die Finanzierung der Personalratsarbeit ausgestattet ist, dann macht dies die Kostentragungspflicht nicht gegenstandslos; denn der jeweilige Dienststellenleiter muss sich das Handeln/Unterlassen der mittelverteilenden (oberen) Dienststelle zurechnen lassen. Deren Pflicht nämlich ist es, die **notwendigen Haushaltsmittel** zur Realisierung der gesetzlich gegebenen Ansprüche für eine effektive Personalratsarbeit bereitzustellen. Hierzu zählen auch Mittel für Grundschulungen und Spezialschulungen (vgl. hierzu: OVG Berlin v. 3. 4. 2001, ZfPR 2001, 266; vgl. auch § 44 Anm. 1a, 26 ff.). **46a**

20. Um Schwierigkeiten zu vermeiden, müssen Personalvertretungen **rechtzeitig** den **Schulungsbedarf** für ihre Mitglieder **ermitteln** (Zahl der zu erwartenden Schulungsteilnehmer, Zahl der Schulungsveranstaltungen, voraussichtliche Kosten) und dem Dienststellenleiter vor Aufstellung des Haushaltsplans mitteilen (vgl. § 44 Anm. 1 a, 26). Wenn Personalvertretungen dies nicht tun, müssen sie sich grundsätzlich mit den bereitgestellten Mitteln begnügen. Ein Dienststellenleiter kann nicht ohne weiteres auf Mittel aus anderen Titeln zurückgreifen; hierzu bedarf es einer Bestimmung im Haushaltsplan über die gegenseitige Deckungsfähigkeit mit anderen Ausgaben. Zwar ist das Nachbeschaffen von Mitteln für Zwecke der Personalratsarbeit nicht schlechthin ausgeschlossen; wohl aber gelten auch in diesem Zusammenhang die Grundsätze des Haushaltsrechts. Danach ist zwischen Aufwendungen für die regelmäßige Tätigkeit einer Personalvertretung und einem unvorhergesehenen und unabweisbaren Mittelbedarf zu unterscheiden. Da es sich aber bei den laufenden Schulungskosten nicht um unvorhersehbare Ausgaben handelt, kommt insoweit zwar eine Nachbewilligung nicht in Betracht (BVerwG v. 24. 11. 1986, ZBR 1987, 220 = PersV 1987, 422 = PersR 1987, 84 m. Anm. v. Sabottig). Notfalls aber müssen Mittel aus anderen Haushaltstiteln durch die bewirtschaftende Stelle, soweit das rechtlich möglich ist, übertragen werden, um eine Haushaltsdeckung für Schulungsmaßnahmen sicherzustellen (vgl. auch OVG Magdeburg v. 1. 2. 1996, ZfPR 1996, 194). Dienststelle und Personalvertretung sind auf der Grundlage einer vertrauensvollen Zusammenarbeit daher gehalten, rechtzeitig vor Erstellung eines Haushaltsplans die nachfolgenden Kosten für Schulungsveranstaltungen zu ermitteln. Dabei ist die Dienststelle verpflichtet, diejenigen Haushaltsmittel bereitzustellen, die sich aufgrund der gesetzlichen Vorgaben nach Abs. 6 als notwendig ergeben. Die Dienststelle darf daher nicht von vorneherein Mittel in so geringem Umfang ansetzen, dass eine vorzeitige Ausschöpfung zwangsläufig ist (Gronimus, PersR 1999, 22; vgl. im Übrigen auch: OVG Magdeburg v. 6. 10. 1999, ZfPR 2000, 41). **46b**

46c 21. Inzwischen hat das Bundesverwaltungsgericht (BVerwG v. 14. 6. 2006, BVerwGE 126, 122 = ZfPR 2007, 66) sich erneut zum Problem der **Unverzüglichkeit einer Schulungsmaßnahme** nach einer Personalratswahl bei angespannter Haushaltslage geäußert – allerdings nicht in einem nachvollziehbaren Sinne; denn es stellt fest, dass der Anspruch eines Mitglieds auf unverzügliche Grundschulung bis spätestens zum Ende des Kalenderjahres erfüllt sein muss, das auf die Wahl folgt. Nach dieser Entscheidung wären erstmals in eine Personalratsvertretung gewählte Beschäftigte eventuell gewzungen, über längere Zeit ohne ausreichende Sachkunde Personalratsarbeit zu leisten.

46d 22. Wenn **Haushaltsmittel nachbewilligt** werden, so können diese nicht einseitig für Sitzungs- und Reisetätigkeiten bestimmt werden. Vielmehr muss es der Personalvertretung überlassen werden, ermessensfehlerfrei über den Einsatz der Mittel zu entscheiden. Deshalb auch kann eine Personalvertretung die Teilnahme eines ihrer Mitglieder an einer Grund- bzw. Spezialschulung dann beschließen, wenn die Schulung für die Personalratsarbeit erforderlich und die Teilnahme unaufschiebbar ist (BVerwG v. 26. 2. 2003 – 6 P 9.02, BVerwGE 118,1 = ZBR 2003, 278 = PersV 2003, 348 = ZfPR 2003, 262; BVerwG v. 26. 2. 2003 – 6 P 10.02, Leits. ZBR 2003, 289 = PersV 2003, 351 = ZfPR 2003, 328). Für den Fall, dass Haushaltsmittel erschöpft sind, wird die in Anm. 46 genannte Ausnahme zugelassen (vgl. die vorstehend zitierte Rspr. sowie insgesamt Lorse, PersV 2008, 124, 137 ff.). Ob eine Grundschulung für ein erstmals gewähltes Personalratsmitglied bei Erschöpfung der Haushaltsmittel tatsächlich – wie es das Bundesverwaltungsgericht für richtig hält – bis zu einem Zeitpunkt von mehr als eineinhalb Jahren nach der Wahl aufschiebbar ist, muss allerdings bezweifelt werden; denn das Gericht vertritt selbst den Standpunkt, dass ein Personalratsmitglied einer Grundschulung deshalb bedarf, „um seine Tätigkeit im Personalrat überhaupt sachgemäß ausüben zu können“. Eine Grundschulung sei deshalb „die notwendige Kenntnisvermittlung für solche Personalratsmitglieder, die noch keine ausreichenden Kenntnisse des geltenden Personalvertretungsrechts besitzen“. Gerade dies aber ist bei erstmals gewählten Personalratsmitgliedern regelmäßig der Fall, so dass eine Grundschulung möglichst unmittelbar nach der konstituierenden Sitzung der Personalvertretung nicht nur wünschenswert, sondern auch im Interesse des Dienststellenleiters an einer auf Sachkunde begründeten Zusammenarbeit geboten und deshalb entgegen der Auffassung des Bundesverwaltungsgerichts unaufschiebbar ist (vgl. Ilbertz, Anm. zu BVerwG v. 26. 2. 2003 – 6 P 9.02, ZfPR 2003, 328; Kunze, PersV 2006, 411, 420; vgl. auch Lorenzen u. a., § 44 Anm. 12).

VIII. Geeignete Schulungs- und Bildungsveranstaltungen (Abs. 7)

47 1. **Abs. 7 behandelt** Schulungs- und Bildungsveranstaltungen, „die von der Bundeszentrale für politische Bildung als geeignet anerkannt sind“. Auch diese **Veranstaltungen** müssen noch einen **Bezug zur Personalratstätigkeit** haben. Sie müssen für die Personalratsarbeit nützlich und förderlich und nach Inhalt und Zielsetzung darauf angelegt sein, einen Beitrag zu einer sach- und fachgerechten Erfüllung der Personalratsaufgaben zu leisten (vgl. für das BetrVG: BAG v. 11. 8. 1993, DB 1994, 535). Es muss eine „sachliche Nähe des Gegenstandes der Schulungs- und Bildungsveranstaltung zur konkreten Personalratsarbeit der Veranstaltungsteilnehmer“ bestehen. Die Schulungsteilnahme nach Abs. 7 beruht im Gegensatz zu der nach Abs. 6 auf einer individuellen Entscheidung eines Personalratsmitglieds, die der Personalvertretung nicht zuzurechnen ist und die das betreffende Personalratsmit-

glied deshalb trifft, weil es in seinem Interesse liegt, sich selbst für seine Personalratsaufgaben zu vervollkommnen. Schulungsveranstaltungen nach Abs. 6 liegen dagegen im Gesamtinteresse der Beschäftigten und der Dienststelle an einer ordnungsgemäßen und sachgerechten Personalratsarbeit. Infolgedessen ist auch eine Freistellung für eine Veranstaltung nach Abs. 7 nur dann zu gewähren, wenn ein Personalratsmitglied subjektiv das Bedürfnis zu einer Kenntniserweiterung hat, sein Wissen also ergänzen oder erweitern will (BVerwG v. 4. 2. 1988, ZBR 1988, 196 = PersV 1988, 501). Die Vermittlung von Kenntnissen über das Sozialrecht, das Sozialversicherungsrecht, über die Versammlungspraxis und die Versammlungsleitung sowie über Rhetorik für Personalratsmitglieder ist für die Personalratsarbeit nützlich und förderlich, nicht aber der Besuch von rein gewerkschaftspolitischen, allgemeinpolitischen oder kirchlichen Veranstaltungen (vgl. für das BetrVG: BAG v. 18. 12. 1983, BAGE 25, 452 = BB 1984, 601). Ebenso können auch Vorstellungen zur Änderung der bestehenden Regelungen erörtert werden, da die Einbeziehung von Reformvorschlägen das Verständnis der geltenden Vorschriften fördern kann (OVG Lüneburg v. 21. 10. 1980 – P OVG L 1/80, n. v.). Auch kann eine Schulungsmaßnahme zum **dienststelleninternen Umweltschutz** i. S. von Abs. 7 nützlich sein (vgl. für das BetrVG: BAG v. 11. 10. 1995, Leits. BB 1996, 1444 = Leits. ZTR 1996, 552; vgl. auch Anm. 36). Gleiches gilt für eine Schulungsveranstaltung mit dem Thema **„Mediation:** Wie vermittele ich in Konfliktsituationen?“ (OVG Berlin v. 23. 9. 1998, Leits. ZfPR 2000, 45). Auch eine Schulung zum Thema **Altersversorgung im öffentlichen Dienst** ist für die Personalratsarbeit nützlich, nicht jedoch erforderlich i. S. von Abs. 6; denn für die Beratung der Beschäftigten sind die dafür bei den Versorgungsträgern eingerichteten Beratungsstellen zuständig (OVG Lüneburg v. 29. 3. 2007, ZfPR online 8/2007, S. 11).

1a. Die Bundeszentrale für politische Bildung entscheidet darüber, ob eine Schulungs- und Bildungsveranstaltung die Anerkennung als „geeignet“ erfährt. An eine entsprechende Anerkennung ist die Dienststelle gebunden (Fischer u. a., § 46 Anm. 84, 89, 92; Lorenzen u. a., § 46 Anm. 151). Die Anerkennung einer Schulungsveranstaltung durch die **Bundeszentrale für politische Bildung** kann auch noch nach Veranstaltungsbeginn erfolgen (vgl. auch für das BetrVG: BAG v. 11. 10. 1995, BAGE 81, 157 = Leits. DB 1996, 1444). Dabei kann die Bundeszentrale u. a. überprüfen, ob die Voraussetzungen des Abs. 6 gegeben sind (BVerwG v. 27. 4. 1979 – 6 P 45.78, BVerwGE 58, 54 = ZBR 1979, 310 = PersV 1980, 19). 47a

1b. Das **Unterscheidungsmerkmal zwischen** einer Schulungsveranstaltung nach **Abs. 6 und** einer solchen nach **Abs. 7** liegt darin, dass die in den Schulungen vermittelten Kenntnisse für die Personalratstätigkeit erforderlich (Abs. 6) bzw. nützlich und förderlich (Abs. 7) sind. Während die rechtliche Pflicht zur Kostenerstattung bei Teilnahme an Schulungs- und Bildungsveranstaltungen nach Abs. 6 unmittelbar durch den Entsendungsbeschluss der Personalvertretung ausgelöst wird, entsteht eine Kostenerstattungspflicht bei Schulungsteilnahme nach Abs. 7 schon deshalb nicht, weil der Schulungsteilnahme kein kollektiver Beschluss, sondern die persönliche Entscheidung eines Personalratsmitglieds zugrunde liegt (BVerwG v. 4. 2. 1988, ZBR 1988, 1996 = PersV 1988, 501), das die Kosten zu tragen hat (vgl. Anm. 51). Wohl aber hat ein Dienststellenleiter einem Personalratsmitglied die Fahrkosten zu erstatten, die ihm durch die Teilnahme an einer Schulungs- und Bildungsveranstaltung entstanden sind, die von der Bundeszentrale für politische Bildung als geeignet aner- 47b kannt worden ist (OVG Münster v. 2. 9. 1992, Leits. ZfPR 1993, 133 = PersR 1993, 83).

48 2. Bei dem Anspruch nach Abs. 7 handelt es sich um einen **persönlichen Freistellungsanspruch** der Personalratsmitglieder. Auf die Teilnahme an diesen Veranstaltungen hat jedes Mitglied einer Personalvertretung (Stufenvertretung, Gesamtpersonalrat, Jugend- und Auszubildendenvertretung) Anspruch. Allerdings ist eine Freistellung im Rahmen von Abs. 7 nicht zu solchen Veranstaltungen möglich, die der allgemeinen Weiterbildung dienen (Lorenzen u. a., § 46 Anm. 138). Die **Dauer der Teilnahme** beträgt innerhalb einer regelmäßigen Amtszeit (§ 26) drei Wochen. Die Teilnahme kann je nach den Gegebenheiten auf mehrere Besuche während der Amtszeit verteilt werden. Es ist aber auch ein zusammenhängender, einmaliger Besuch möglich. Der Anspruch auf Teilnahme nach Abs. 7 tritt selbstständig neben die Freistellung nach Abs. 6 (vgl. „unbeschadet" des Abs. 6). Daher kann in den Fällen des Abs. 7 nicht durch Beschluss des Plenums darüber entschieden werden, ob und wann für das Mitglied eine Freistellung zu beantragen ist. Das Personalratsmitglied muss vielmehr seine Freistellung in diesen Fällen selbst beantragen (OVG Münster v. 17. 8. 1978 – A 325/77, n. v.). Dabei verlangt die Rücksicht auf die Arbeit der Personalvertretung wie bei der Festlegung des Urlaubs eine Verständigung zwischen dem Mitglied und der Personalvertretung über die Dauer seiner Abwesenheit.

49 3. Die Bedeutung, die der Gesetzgeber dem Besuch der Schulungs- und Bildungsveranstaltungen nach Abs. 7 beimisst, wird daraus ersichtlich, dass er für Mitglieder, die erstmals das Amt eines Personalratsmitglieds wahrnehmen (und zuvor nicht Jugend- und Auszubildendenvertreter gewesen sind), eine **Schulungsdauer von vier Wochen** in der Amtsperiode vorsieht, d. h. für erforderlich hält und wünscht. Wenn die Personalvertretung außerhalb der regelmäßigen Personalratswahlen neu gewählt worden ist, so verkürzt sich der Anspruch nicht (vgl. für das BetrVG: BAG v. 19. 4. 1989, BB 1990, 281 = DB 1990, 696). Dies gilt zum Beispiel im Falle des Rücktritts des Personalrats (§ 27 Abs. 2 Nr. 3). Eine anteilige Kürzung und Verlängerung der Schulungsdauer nach Abs. 6 und Abs. 7 wäre nicht gerechtfertigt, weil u. a. erstmals gewählte Personalratsmitglieder, auch wenn sie außerhalb der regelmäßigen Personalratswahl ihr Amt übernommen haben, umfassend sachkundig sein und auch Gelegenheit haben müssen, an nützlichen Veranstaltungen teilzunehmen (Altvater u. a., § 46 Anm. 127; Lorenzen u. a., § 46 Anm. 147; aA Fischer u. a., § 46 Anm. 93; Richardi u. a., § 46 Anm. 145).

50 4. Im Anschluss an eine Teilnahme an einer Schulungs- und Bildungsveranstaltung ist eine zusätzliche **Arbeitsbefreiung** auch dann nicht möglich, wenn der Teilnehmer im Wechseldienst beschäftigt ist und ohne die Teilnahme mehr als 40 Stunden hätte Dienst leisten müssen; denn er ist wegen der Schulungsteilnahme nicht schlechter gestellt als andere Beschäftigte. Bei der Berechnung der zu leistenden Arbeitszeiten ist immer die im Rahmen der Freistellung versäumte Arbeitszeit als geleistet anzurechnen (BVerwG v. 23. 10. 1980 = ZBR 1981, 288 = PersV 1982, 63).

51 5. Die Teilnahme an Veranstaltungen **nach Abs. 7** hat keinen unmittelbaren Zusammenhang mehr mit der Personalratsarbeit, da **lediglich förderliche, nicht aber notwendige Kenntnisse** vermittelt werden. Wohl aber muss die Veranstaltung für die Personalratsarbeit nützlich sein. Dies ist aber dann nicht der Fall, wenn ein Personalratsmitglied unmittelbar vor dem Ende seiner Amtszeit an einer Schulungsveranstaltung nach Abs. 7 teilnehmen

soll. In diesem Fall muss es darlegen, aufgrund welcher besonderen Umstände des Einzelfalles eine Schulungsteilnahme für die Personalratsarbeit förderlich sein kann (vgl. für das BetrVG: BAG v. 9. 9. 1992, Leits. BB 1993, 508 = DB 1993, 592). Von einem Nutzen einer Schulungsveranstaltung für die Personalratsarbeit kann dann nicht die Rede sein, wenn die Schulung überwiegend gewerkschaftspolitische, allgemeinpolitische, allgemeinbildende oder kirchliche Themen zum Gegenstand hat (vgl. für das BetrVG: BAG v. 11. 8. 1993, DB 1994, 535; Lorenzen u. a., § 46 Anm. 138). Während bei einer Veranstaltung nach Abs. 6 der Freistellungsbeschluss der Personalvertretung die Erstattungspflicht des Dienststellenleiters nach § 44 Abs. 1 Satz 1 auslöst (BVerwG v. 26. 2. 2003 – 6 P 10.02, Leits. ZBR 2003, 289 = PersV 2003, 351 = ZfPR 2003, 328), muss ein Personalratsmitglied, das an einer Schulungsveranstaltung nach Abs. 7 teilnehmen möchte, die **Kosten** selbst tragen (Lorenzen u. a., § 46 Anm. 135).

6. Die Vorschrift (Abs. 7) gilt nur für Mitglieder der Personalvertretungen, nicht dagegen für Mitglieder des **Wahlvorstands,** ebensowenig – jedenfalls nach der Rechtsprechung – für **Ersatzmitglieder** (BVerwG v. 27. 4. 1979, ZBR 1980, 153 = PersV 1980, 237; vgl. auch Richardi u. a., § 46 Anm. 148; vgl. aber Anm. 39). Da in den Veranstaltungen nach Abs. 7 lediglich für die Personalratsarbeit förderliche Kenntnisse vermittelt werden, wird man **Ersatzmitgliedern** keinen Anspruch auf Schulungsteilnahme im Hinblick darauf einräumen, dass sie in aller Regel nur vorübergehend für ein verhindertes ordentliches Mitglied Personalratsaufgaben wahrzunehmen haben (vgl. auch für das BetrVG: BAG v. 14.12. 1994, BAGE 79, 43 = Leits. BB 1995, 732 = DB 1995, 834). Wenn ein Ersatzmitglied allerdings für ein ausgeschiedenes ordentliches Mitglied nachrückt, dann hat es für die verbleibende Amtszeit noch einen anteiligen Freistellungsanspruch nach Abs. 7 (Fischer u. a., § 46 Anm. 94; Lorenzen u. a., § 46 Anm. 148). Im Übrigen gilt die gesamte Vorschrift – mit Ausnahme von Abs. 4 – für alle Stufen (§ 54 Abs. 1) sowie für die Mitglieder der Jugend- und Auszubildendenvertretung (§ 62; vgl. im Einzelnen die dort. Anm.). 52

IX. Streitigkeiten (Verwaltungsgerichte)

Streitigkeiten entscheiden die Verwaltungsgerichte zwischen 53
1. a) der **Personalvertretung und der Dienststelle** über die Freistellung von Personalratsmitgliedern (BVerwG v. 26. 10. 1977, ZBR 1978, 240 = PersV 1979, 73). Wenn ein Dienststellenleiter sich weigert, im Rahmen des Abs. 4 Satz 1 von seiten des Personalrats vorgesehene Freistellungen tatsächlich zu genehmigen, so kann der Freistellungsanspruch auch im Wege einer einstweiligen Verfügung geltend gemacht werden (OVG Lüneburg v. 5. 10. 1993, Leits. ZfPR 1994, 130).

b) der **Personalvertretung und einzelnen Mitgliedern** darüber, ob die Personalvertretung den Beschluss zur Freistellung eines Mitglieds nach § 46 Abs. 3 oder Abs. 6 (OVG Münster v. 19. 2. 2001, Leits. PersV 2001, 417) mit Recht gefasst oder den Beschluss unterlassen hat. In diesem Zusammenhang kann ein einzelnes Personalratsmitglied auch eine **einstweilige Verfügung** unter Hinweis darauf erwirken, dass es nicht zumutbar ist, die mit einer Vorstandstätigkeit verbundene Mehrarbeit ohne Freistellung hinzunehmen und stattdessen mit anzusehen, dass die Personalvertretung ein dem Vorstand nicht angehörendes Mitglied freistellen möchte (VG Berlin v. 23. 2. 1981 – VG FK – Bln. A 3/81, n. v.; VG Düsseldorf v. 2. 8. 1982 – PVB 26/82, n. v.). Der Antrag kann darauf gerichtet sein, die Personalvertretung zu verpflichten, der Dienststelle die Freistellung des Antragstellers vorzuschlagen

(BVerwG v. 25. 2. 1983, ZBR 1983, 212 = PersV 1984, 83). Gleiches gilt dann, wenn für eine Freistellung nur ein bestimmtes Personalratsmitglied in Betracht kommt; in diesem Fall kann die Personalvertretung verpflichtet werden, die Freistellung dieses Personalratsmitglieds beim Dienststellenleiter zu beantragen (VGH Kassel v. 29. 11. 1989, ZTR 1990, 303; Rechtsbeschwerde zurückgewiesen, BVerwG v. 30. 4. 1990 – 6 PB 2.90, n. v.; vgl. auch OVG Münster v. 15. 7. 1991 – C L 114/90, n. v.). Will ein Personalratsmitglied den Beschluss der Personalvertretung zur Freistellung anfechten, dann muss es dies in entsprechender Anwendung von § 25 binnen einer Frist von 12 Arbeitstagen nach Abschluss der (Freistellungs-)Wahl tun. Die Anfechtungsfrist beginnt grundsätzlich mit der Feststellung des Beschlussergebnisses (vgl. für das BetrVG: BAG v. 20. 4. 2005 – 7 ABR 44/04, Leits. BB 2005, 2360 = DB 2005, 2416).

c) Im Falle einer auf Grund eines Personalzuwachses notwendigen **Erhöhung der Zahl der freigestellten Personalratsmitglieder** ist eine Neuwahl aller freizustellenden Personalratsmitglieder dann erforderlich, wenn die ursprüngliche Freistellungswahl nach den Grundsätzen der Verhältniswahl erfolgt ist. Hierzu bedarf es nicht der vorherigen Abberufung der bisher freigestellten Personalratsmitglieder (vgl. für das BetrVG: BAG v. 20. 4. 2005 – 7 ABR 47/04, Leits. BB 2006, 336 = ZBVR Online 5/2006, S. 8; vgl. auch BAG v. 16. 3. 2005 – 7 ABR 37/04, Leits. BB 2005, 2360 = DB 2005, 1696 = ZBVR 2005, 102; BAG v. 16. 3. 2005 – 7 ABR 43/04, BAGE 114, 136 = Leits. BB 2005, 1800).

2. a) Die Verwaltungsgerichte haben ebenfalls über Streitigkeiten zwischen **Personalratsmitgliedern und dem Leiter der Dienststelle** über die Verpflichtung zur Fortzahlung der Bezüge (z. B. im Falle der Teilnahme an einer Schulungs- und Bildungsveranstaltung) zu entscheiden. Der Dienststellenleiter kann den Anspruch nicht deshalb ablehnen, weil nach seiner Auffassung die Bundeszentrale für politische Bildung fälschlicherweise die Veranstaltung als geeignet im Sinne von Abs. 7 anerkannt hat (vgl. für das BetrVG: BAG v. 17. 12. 1981, BB 1982, 1546). Ebenso wenig kann ein Dienststellenleiter die Kostenübernahme dann ablehnen, wenn er ein Personalratsmitglied zur Teilnahme an einer sog. Grundschulung vorbehaltlos freigestellt hat; denn mit der Freistellungserklärung hat er die Erforderlichkeit der Schulung anerkannt und dem teilnehmenden Personalratsmitglied grundsätzlich auch die Erstattung entstehender Kosten zugesagt. Die Erstattung der Schulungskosten kann nur dann mit Hinweis auf die den Erfordernissen des Abs. 6 nicht entsprechende Ausgestaltung der Schulung verweigert werden, wenn zuvor rechtzeitig die Freistellungserklärung zurückgenommen worden ist (OVG Koblenz v. 13. 7. 2006, PersV 2007, 23 = Leits. ZfPR 2007, 71).

b) Bei einem Streit über die **Kürzung der Dienstbezüge** und über die Notwendigkeit einer Dienstversäumnis ist wie folgt zu verfahren:
soweit der Kläger Beamter ist, entscheidet das Verwaltungsgericht in der Besetzung nach der VwGO (§ 172 BBG i. V. mit §§ 126, 127 BRRG, OVG Münster v. 17. 8. 1978 – 1 A 325/77, n. v.). Gleiches gilt für Streitigkeiten über Auswirkungen der einem beamteten Personalratsmitglied, das im Wechselschichtdienst tätig ist, gewährten Freistellung vom Dienst auf die Arbeitszeitberechnung; denn hierbei geht es nicht um die Folgen aus einem personalvertretungsrechtlich bedeutsamen Sachverhalt, sondern um die dienstrechtliche Rechtsstellung (BVerwG v. 23. 10. 1980, ZBR 1981, 288 = PersV 1982, 63). Dasselbe gilt für die Verfolgung eines Anspruchs auf Freizeitausgleich gem. Abs. 2 Satz 2 (BVerwG v. 12. 12. 1979, PersV 1981, 289)

und bei einem Antrag auf Feststellung, dass Wegezeiten zu Personalratssitzungen als Dienstzeit auch dann anzuerkennen sind, wenn sie außerhalb der Arbeitszeit liegen (BVerwG v. 10. 9. 1982 – 6 P 6.81, Dok. Berichte 1983, 18). Soweit der Kläger Arbeitnehmer ist, entscheidet das Arbeitsgericht im Urteilsverfahren (§ 2 Abs. 1 Nr. 2, § 8 Abs. 1 ArbGG; vgl. hierzu auch § 83 Anm. 28).

c) In einem **Streit** über die Verpflichtung der Dienststelle zur **Übernahme von Kosten** aus Anlass der Teilnahme an **einer Schulungs- und Bildungsveranstaltung** muss der Sachvortrag des Antragstellers so viele Anhaltspunkte enthalten, dass der Tatsachenrichter ersehen kann, worauf der Antrag gestützt ist. Daher ist z. B. im Zusammenhang mit der Streitfrage, ob eine Schulungsveranstaltung erforderlich war, darzulegen, was auf dieser Veranstaltung erörtert worden und wie der Wissensstand insgesamt ist (vgl. für das BetrVG: LAG Düsseldorf v. 22. 3. 1978, BB 1978, 1570). Dabei reicht selbstverständlich die bloße Nennung des Themas nicht aus, weil diesem allein der tatsächliche und rechtliche Bezug zur Erforderlichkeit für die Personalratsarbeit nicht entnommen werden kann (vgl. für das BetrVG: BAG v. 28. 1. 1975, DB 1975, 1996). Im Übrigen kann sich der Antragsteller nicht darauf berufen, dass der Leiter einer Dienststelle bereits bei einem früheren Anlass entgegen einer entsprechenden Verpflichtung Kosten übernommen hat. Eine dem Gesetz widersprechende Zahlung von Kosten kann nämlich keinen Anspruch auf künftige Zahlung begründen (BVerwG v. 27. 4. 1979 – 6 P 89.78, ZBR 1980, 155 = PersV 1981, 23). Falls eine Gewerkschaft eine Schulungs- und Bildungsveranstaltung durchgeführt hat, sich aber nicht den Anspruch auf Kostenerstattung gegenüber dem Dienststellenleiter hat abtreten lassen, dann ist für ein entsprechendes gerichtliches Verfahren nicht das Beschlussverfahren nach § 83 Abs. 1 Nr. 3, sondern der **Zivilrechtsweg** eröffnet (OVG Münster v. 30. 10. 1997, Leits. PersV 1998, 531).

d) Die Personalvertretung ist berechtigt, durch Einleitung eines Beschlussverfahrens **gerichtlich klären zu lassen,** ob die Entsendung eines Mitglieds zu einer Schulungsveranstaltung **erforderlich war.** Die begehrte Entscheidung nämlich betrifft ihre personalvertretungsrechtliche Stellung (BVerwG v. 27. 4. 1979 – 6 P 30.78, ZBR 1979, 378 = PersV 1981, 29; zur Problematik der Anfechtung eines Anerkennungsbescheides nach Abs. 7 entsprechend § 37 Abs. 7 BetrVG: BAG v. 30. 8. 1989, BB 1990, 1556 m. Anm. v. Berger-Delhey = DB 1990, 1241). Dabei allerdings darf ein Gericht keine eigenen Plausibilitätsprüfungen anstellen; denn bei der Auslegung des unbestimmten Rechtsbegriffs „Erforderlichkeit der Schulung“ steht einer Personalvertretung ein eigener Beurteilungsspielraum zu (OVG Münster v. 25. 2. 1998 – 1 A 2269/96. PVB, n. v.; VG Köln v. 16. 1. 2001, ZfPR 2001, 143, 145; Lorse, PersV 2008, 124, 129). Dem Antrag auf **Erlass einer einstweiligen Verfügung** mit dem Ziel, die Antragsteller unter vorläufiger Übernahme der notwendigen Kosten für die Teilnahme an einer Schulungsveranstaltung freizustellen, ist dann stattzugeben, wenn bei einer Abwägung der jeweiligen Interessen (einerseits Haushalts-/Kosteninteresse, andererseits Interesse an einer angemessenen Aufgabenwahrnehmung durch geschulte Personalratsmitglieder) bei einer Verweisung auf das Hauptsacheverfahren nicht mehr zumutbare Nachteile entstehen würden. Diese Voraussetzungen wären dann erfüllt, wenn nicht absehbar wäre, ob eine ähnliche Veranstaltung zu späterer Zeit noch einmal angeboten wird oder wenn die Wahrscheinlichkeit wächst, dass Haushaltsmittel für die Personalratstätigkeit – einschließlich erforderlicher Schulungsveranstaltungen – künftig nicht mehr im erforderlichen Umfang zur Verfügung stehen; denn entsprechende Risiken und Nachteile sind im „Blick auf das verfassungsrechtliche Gebot eines effektiven, sich in der Lebenswirklichkeit tatsächlich bewährenden Rechtsschutzes (Art. 19 Abs. 4 GG) nur aus genügend gewichtigen Gründen erträglich" (OVG Bremen v. 1.2.1991, PersR 1991, 176 = Leits. ZfPR 1992, 50; OVG Lüneburg v. 5. 10. 1993, Leits. ZfPR 1994, 129; VG Köln v. 8. 1. 1998, PersR 1999, 32; VG Lüneburg v. 6.5. 1998 – 8 B 3/98, n.v.; vgl. auch VGH Kassel v. 27.2.1992, Leits. ZBR 1992, 222; OVG Münster v. 14. 10. 1991, PersR 1992, 68; VG Hamburg v. 17. 11. 1995, PersR 1996, 162).

e) Bei der **Versagung der Freistellung** nach Abs. 7 entscheidet das Verwaltungsgericht im Beschlussverfahren. Eine organschaftliche Prozessstandschaft zugunsten der Personalvertretung ist nicht gegeben, da es sich im Falle von Abs. 7 um einen individuellen Anspruch des betroffenen Personalratsmitglieds handelt. Die Teilnahme an einer entsprechenden Schulungsveranstaltung nach Abs. 7 löst keinen Kostenerstattungsanspruch – auch nicht hinsichtlich der Fahrtkosten – aus (BVerwG v. 4. 2. 1988, PersV 1988, 501). Wenn eine Erstattung im Rahmen der zur Verfügung stehenden Haushaltsmittel in Betracht kommt, dann hat ein solcher Anspruch seine Rechtsgrundlage nicht im Personalvertretungsrecht, so dass er nicht im Beschlussverfahren, sondern im allgemeinen Verfahren geltend zu machen ist (OVG Lüneburg v. 21. 5. 1997, ZfPR 1997, 196). Ein Antrag auf Erlass einer einstweiligen Verfügung ist zulässig.

f) **Ansprüche einzelner Personalratsmitglieder**, die sich auf die **Erstattung von Schulungskosten** beziehen, können an den Veranstalter der Schulung (z. B. Gewerkschaft), der die Kosten verauslagt hat, abgetreten werden (BVerwG v. 8. 9. 1986, ZBR 1987, 58 = PersV 1987, 334).

3. Hat die Personalvertretung die Teilnahme eines ihrer Mitglieder an einer Schulung beschlossen, so ist sie verpflichtet, die Teilnahme bis zu einer im Beschlussverfahren ergangenen rechtskräftigen Entscheidung oder bis zum Erlass einer einstweiligen Verfügung für den Fall zurückzustellen, dass der Dienststellenleiter widerspricht. Eine gerichtliche Klärung nach der Schulungsteilnahme ginge ins Leere, falls sie zuungunsten der Personalvertretung ausfiele (OVG Münster v. 4. 3. 1993, PersV 1995, 463 = Leits. ZfPR 1994, 130; vgl. für das BetrVG: BAG v. 18. 3. 1977, BAGE 29, 89 = BB 1977, 995 = DB 1977, 1148; Allgaier, ZfPR 1994, 136). Die betreffende Personalvertretung sollte sich daher bemühen, eine einstweilige Verfügung zu erwirken. Die **Teilnahme gegen den Widerspruch des Dienststellenleiters** ist vor allem unzulässig, wenn z. B. gegenüber dem Freistellungsbegehren personalrechtliche, arbeitstechnische etc. Bedenken geltend gemacht werden, die nicht offensichtlich unbegründet sind. Würde man anders entscheiden, so könnte die Personalvertretung ungeachtet der Auffassung der Dienststelle Personalratsmitglieder zur Teilnahme an Schulungs- und Bildungsveranstaltungen freistellen (vgl. Anm. 41 a). Die Dienststelle hätte allenfalls die Möglichkeit, im Wege eines einstweiligen Verfügungs- oder verwaltungsgerichtlichen Beschlussverfahrens die Rechtsunwirksamkeit des Beschlusses der Personalvertretung feststellen zu lassen. In aller Regel dürfte aber dann die umstrittene Teilnahme an der Schulungs- und Bildungsveranstaltung bereits beendet sein, so dass der verwaltungsgerichtlichen Entscheidung keine praktische Bedeutung mehr zukommen würde. Gleiches gilt selbstverständlich bei einem Widerspruch seitens des Dienststellenleiters. Auch in diesem Fall kann bis zur Entscheidung über den Widerspruch die Schulungsveranstaltung beendet sein. Deshalb kommt es gerade in diesem Zusammenhang auf eine sinnvolle, vertrauensvolle Zusammenarbeit an.

4. Im Falle eines **Streits zwischen** einem **Personalratsmitglied und** dem zuständigen **Dienststellenleiter** über den Anspruch auf Freizeitausgleich nach Abs. 2 Satz 2 (Beanspruchung von Personalratsmitgliedern über die regelmäßige Arbeitszeit hinaus) handelt es sich um einen Streitgegenstand aus dem Beschäftigungsverhältnis. Es geht also nicht um Personalratstätigkeit, sondern lediglich um den Umfang der Arbeitspflicht des Personalratsmitglieds. Für die Entscheidung einer solchen Streitfrage sind das Arbeitsgericht (Arbeitnehmer) bzw. das Verwaltungsgericht (Beamter) zuständig (BAG v. 26. 2. 1992, Leits. BB 1992, 2151; vgl. auch Lorenzen u. a., § 46 Anm. 158; aA Fischer u. a., § 46 Anm. 103, 104: Beschlussverfahren).

X. Streitigkeiten (Wehrdienstgerichte)

Handelt es sich bei einem vom Dienst freigestellten Personalratsmitglied um einen Soldaten, so ist für seinen Antrag auf fiktive Versetzung auf einen höherwertigen Dienstposten und die Nachzeichnung seiner Laufbahnentwicklung der **Rechtsweg zu den Wehrdienstgerichten** gegeben (BVerwG v. 7. 11. 1991, BVerwGE 93, 188 = ZBR 1992, 177). 54

Schrifttum: Allgaier, Die Rechtsprechung zur Freistellung vom Dienst zur Teilnahme an Schulungs- und Bildungsveranstaltungen nach § 46 Abs. 6 und 7 BPersVG, ZfPR 1994, 136; Altvater, Kosten des Personalrats, PersR 2003, 214; Baden, Fiktive Bewährung bei freigestellten Personratsmitgliedern; zum Urteil des BVerwG v. 21. 9. 2006, PersR 2007, 63; Büge, Aktuelle Rechtsprechung des Bundesverwaltungsgerichts zum Personalvertretungsrecht, PersR 2007, 347; Däubler, Welche Seminare dürfen Betriebsräte besuchen?, ArbuR 2004, 525; ders., Wie viel darf ein Betriebsräteseminar kosten?, ArbuR 2004, 621; Dötsch/Rüßmann, Abgeltung von Mehrarbeit des Personalrats in Geld bei „Unmöglichkeit“ einer Dienstbefreiung nach § 46 II 2 BPersVG bzw. § 42 2 LPVG NW?, PersV 2003, 210; Eckinger, Zur Problematik der Freistellung nach § 46 Abs. 3 BPersVG, PersV 1981, 364; Goeres, Die Rechtslage und Praxis bei der beruflichen Förderung von freigestellten Mitgliedern der Personalvertretungen (nach Bundesrecht), PersV 2004, 124; Gronimus, Personalrat und Haushaltsplan, PerR 1999, 22; ders., Notwendige Schulungen für die Personalratsarbeit, PersR 2007, 224; Hoffmann, Die Freistellung von Personalratsmitgliedern – Zum Auswahlverfahren bei Listenwahl des Personalrats, PersV 2003,411; Ilbertz, Kostenerstattung bei Teilnahme von Personalratsmitgliedern an Schulungs- und Bildungsveranstaltungen – Erläuterungen zum Rundschreiben des BMI vom 15. 8. 1996, ZfPR 1996, 206; Kanz, Auch vom Dienst freigestellte PR-Mitglieder haben Anspruch auf beruflichen Aufstieg, PersV 1967, 82; Köpp, Arbeitszeit und Freistellung eines Personalratsmitglieds unter besonderer Berücksichtigung der teilweisen Freistellung, PersV 1978, 225; Krisam, Ersatzmitglieds des Personalrates, PersV 2007, 504; Kunze, Die Zahl der Freistellungen – nach dem BPersVG und dem LPVG Nordrhein-Westfalen – Lösungsmöglichkeiten in Streitfällen, ZfPR 2001, 274; ders., Die Schulung von Personalratsmitgliedern, PersV 2006, 411; Löhr, Berufliche Nachteile für freigestellte Personalratsmitglieder, DÖD 1982, 169; Lorse, Aktuelle Rechtsfragen der Schulung von Personalratsmitgliedern nach § 46 Abs. 6 BPersVG, PersV 2008, 124; Reich, Die Befangenheit des freizustellenden Personalratsmitglieds, PersV 1983, 265; Rengier, Dienstbefreiung und Freistellung von Mitgliedern des Personalrats und der Stufenvertretungen, PersV 1978, 41; Rheinstädter, Zur Durchführung und Kostentragung von Schulungs- und Bildungsveranstaltungen nach § 46 Abs. 6 BPersVG, PersV 1975, 161; Richardi, Freizeitausgleich teilzeitbeschäftigter Personalratsmitglieder, PersR 1991, 397; Schnellenbach, Nachzeichnung des fiktiven beruflichen Werdegangs freigestellter beamteter Personalratsmitglieder, ZfPR 2002, 51; Süllwold, Die Freistellung von Personalratsmitgliedern nach neuem Recht, ZfPR

1990, 25; dies., Fragen aus der Praxis – Antworten für die Praxis, ZfPR 1996, 32; Thannheiser-Müller, Die Personalratsvorsitzenden-Geschäftsführer des Personalrats, PersR 2004, 83; Vogelgesang, Die Pflicht der Dienststelle zur Erstattung der Kosten der Personalvertretung, PersV 2003, 4; Walldorf, Berufliche Nachteile für freigestellte Personalratsmitglieder? DÖD 1983, 7; Wank/Maties, Die Erforderlichkeit von Schulungen der Personalvertretungen nach BetrVG und BPersVG, NZA 2005, 1033; Windscheid, Über Fragen der Freistellung, PersV 1968, 269; ders., Die Freistellung von Personalratsmitgliedern und das Gruppenprinzip, PersV 1974, 165; Wolber, Überlegungen zum beruflichen Werdegang freigestellter Ehrenamtsträger in öffentlichen Dienststellen, ZfPR 1995, 166; ders. Abgeltung von Mehrarbeit des Personalrats in Geld bei „Unmöglichkeit" einer Dienstbefreiung nach § 46 II 2 BPersVG bzw. § 42 II 2 LPVG NW, PersV 2003, 210.

§ 47 [Schutz der Mitglieder des Personalrats vor außerordentlichen Kündigungen]

(1) Die außerordentliche Kündigung von Mitgliedern des Personalrates, die in einem Arbeitsverhältnis stehen, bedarf der Zustimmung des Personalrates. Verweigert der Personalrat seine Zustimmung oder äußert er sich nicht innerhalb von drei Arbeitstagen nach Eingang des Antrages, so kann das Verwaltungsgericht sie auf Antrag des Dienststellenleiters ersetzen, wenn die außerordentliche Kündigung unter Berücksichtigung aller Umstände gerechtfertigt ist. In dem Verfahren vor dem Verwaltungsgericht ist der betroffene Arbeitnehmer Beteiligter.

(2) Mitglieder des Personalrates dürfen gegen ihren Willen nur versetzt oder abgeordnet werden, wenn dies auch unter Berücksichtigung der Mitgliedschaft im Personalrat aus wichtigen dienstlichen Gründen unvermeidbar ist. Als Versetzung im Sinne des Satzes 1 gilt auch die mit einem Wechsel des Dienstortes verbundene Umsetzung in derselben Dienststelle; das Einzugsgebiet im Sinne des Umzugskostenrechts gehört zum Dienstort. Die Versetzung oder Abordnung von Mitgliedern des Personalrates bedarf der Zustimmung des Personalrates.

(3) Für Beamte im Vorbereitungsdienst und Beschäftigte in entsprechender Berufsausbildung gelten die Absätze 1, 2 und die §§ 15, 16 des Kündigungsschutzgesetzes nicht. Absätze 1 und 2 gelten ferner nicht bei der Versetzung oder Abordnung dieser Beschäftigten zu einer anderen Dienststelle im Anschluss an das Ausbildungsverhältnis. Die Mitgliedschaft der in Satz 1 bezeichneten Beschäftigten im Personalrat ruht unbeschadet des § 29, solange sie entsprechend den Erfordernissen ihrer Ausbildung zu einer anderen Dienststelle versetzt oder abgeordnet sind.

Inhaltsübersicht

Entspr. landesgesetzliche Regelungen:
Baden-Württemberg: § 48; Bayern: Art. 47; Berlin: § 44; Brandenburg: § 47 Abs. 2; Bremen: § 56 Abs. 2; Hamburg: § 50; Hessen: § 64 Abs. 2; Mecklenburg-Vorpommern: § 40; Niedersachsen: § 41 Abs. 2; Nordrhein-Westfalen: § 43; Rheinland-Pfalz: § 70; Saarland: § 46; Sachsen: § 48; Sachsen-Anhalt: § 46; Schleswig-Holstein: § 38; Thüringen: § 47.

Entspr. Vorschrift des BetrVG: § 103.

I. Vorbemerkungen

1 1. Abs. 1 regelt den **Kündigungsschutz** bei außerordentlicher Kündigung eines Mitglieds einer Personalvertretung, das im Arbeitsverhältnis steht. Nach Abs. 2 sind **Versetzungen oder Abordnungen sowie Umsetzungen,** die mit einem Wechsel des Dienstorts in der selben Dienststelle verbunden sind, gegen den Willen eines Mitglieds einer Personalvertretung nur zulässig, „wenn dies auch unter Berücksichtigung der Mitgliedschaft im Personalrat aus wichtigen dienstlichen Gründen unvermeidbar ist" und der Personalrat zustimmt. Abs. 3 nimmt Beamte im Vorbereitungsdienst und Beschäftigte in entsprechender Berufsausbildung von den Schutzbestimmungen der Absätze 1 und 2 sowie der §§ 15, 16 KSchG aus (vgl. § 9 Anm. 1).

2 2. Der natürliche Interessengegensatz zwischen Personalvertretung einerseits und Dienststellenleitung andererseits ist der Ausgangspunkt der gesetzgeberischen Zielrichtung. Es besteht immer die Gefahr, dass im Falle der Zustimmungsverweigerung zu einer beteiligungspflichtigen Maßnahme des Dienststellenleiters ein Personalratsmitglied in Misskredit gerät. Der Gesetzgeber hegt bei den in Abs. 1 und 2 genannten Maßnahmen gegenüber Personalratsmitgliedern „die generelle Besorgnis, dass sie nicht alleine aus dienstlichen, dem Allgemeinwohl verpflichteten Gründen ergehen, sondern dass sie das jeweilige Personalratsmitglied in Anknüpfung an die Wahrnehmung seines Mandats und damit aus unsachlichen Gründen treffen sollen oder doch können" (OVG Münster v. 12. 2. 2007, ZfPR online 7/2007, S. 8 unter Bezugnahme auf BVerwG v. 15. 7. 2004, Leits. ZBR 2004, 402 = PersV 2004, 427 = ZfPR 2005, 66). Daher will der Gesetzgeber mit dieser Vorschrift nicht nur den Verlust des Personalratsamtes als Folge dienstrechtlicher Maßnahmen verhindern. Er will vielmehr darüber hinaus auch die **unabhängige Amtsausübung der Personalvertretung und ihrer Mitglieder sicherstellen.** Mitglieder von Personalvertretungen sollen vor dienstlichen Maßnahmen bewahrt werden, die sie entweder dauernd oder vorübergehend an der unabhängigen Ausübung ihres Mandats hindern könnten (BVerwG v. 27. 11. 1984, ZBR 1985, 60 = PersV 1986, 468; BVerwG v. 19. 2. 1987 – 6 P 11.85, ZBR 1987, 248; BVerwG v. 19. 2. 1987 – 6 P 11.85, PersV 1987, 510).

2a 2a. Die ordentliche Kündigung von Mitgliedern der Personalvertretungen ist grundsätzlich unzulässig (§ 15 Abs. 2 KSchG), während die außerordentliche Kündigung der Zustimmung der Personalvertretung bedarf. Der Gesetzgeber wollte vermeiden, dass missliebigen Personalratsmitgliedern willkürlich fristlos gekündigt, ihre Weiterbeschäftigung während des Rechtsstreits durch alle Instanzen verhindert und dass in die Zusammensetzung der Personalvertretung eingegriffen wird (vgl. für das BetrVG: BAG v. 23. 8. 1984, BAGE 46, 258 = BB 1985, 335 = DB 1985, 554). Der Dienststellenleiter ist daher gezwungen, die Zustimmung der Personalvertretung zu einer außerordentlichen Kündigung eines Personalratsmitglieds einzuholen. Die geforderte Zustimmung muss stets vor dem Ausspruch der Kündigung vorliegen, andernfalls ist die Kündigung nichtig (vgl. für das BetrVG: BAG v. 20. 3. 1975, BAGE 27, 93 = DB 1975, 1321; BAG v. 4. 3. 1976, DB 1976, 1160). Die Kündigung kann grundsätzlich nur auf die Verletzung von Pflichten aus dem Dienstverhältnis, nicht aber auf die Verletzung von Pflichten aus der Personalratstätigkeit gestützt werden (vgl. hierzu auch Anm. 12, 13, 22). Insgesamt ist die Kündigung nur dann zulässig, wenn Tatsachen vorliegen, die den Arbeitgeber ohne Einhaltung einer Kündigungsfrist zur Kündigung aus wichtigem Grund berechtigen; unter Berücksichtigung aller Umstände des Einzelfalls und unter Abwägung der Interessen beider Seiten muss eine Fortsetzung des Arbeitsverhältnisses bis zum Ablauf der Kündigungsfrist oder bis zu einer vereinbarten Beendigung des Arbeitsverhältnisses dem Kündigungsberechtigten nicht zumutbar sein (§ 626 Abs. 1 BGB). Da organisatorische Maßnahmen nicht auf eine Veränderung in der Zusammensetzung der Personalvertretung gerichtet sind, gibt es insoweit keine besonderen Schutzvorschriften zu Gunsten von Personalratsmitgliedern (BVerwG v. 15. 7. 2004, Leits. ZBR 2004, 402 = PersV 2004, 427 = ZfPR 2005, 66).

3. **Die Vorschrift gilt** nicht nur für die **Mitglieder der örtlichen Personalräte,** 3
sondern auch für **Mitglieder der Stufenvertretungen** (§ 54 Abs. 1) und des Gesamtpersonalrats (§ 56) sowie mit gewissen Einschränkungen für die Mitglieder der Jugend- und Auszubildendenvertretungen (§ 62), der Jugend- und Auszubildendenstufenvertretungen (§ 64 Abs. 1 Satz 2), der Gesamtjugend- und Auszubildendenvertretung (§ 64 Abs. 2 Satz 2), Mitglieder des Wahlvorstands und Wahlbewerber (§ 24 Abs. 1 Satz 3 i. V. mit § 53 Abs. 3 Satz 1, § 56, § 62 Satz 3 i. V. mit § 64 Abs. 1 Satz 2 u. Abs. 2 Satz 2) sowie für die Schwerbehindertenvertretung. Die außerordentliche Kündigung des Vertrauensmanns der Schwerbehinderten bedarf nach § 96 Abs. 3 SGB IX der Zustimmung der Personalvertretung. Diese Zustimmung kann nach Abs. 1 durch das Verwaltungsgericht ersetzt werden (VGH Mannheim v. 20. 6. 1989, Leits. ZfPR 1990, 59). Unter den Schutzbereich fallen auch **Dienstordnungsangestellte,** wenn sie personalvertretungsrechtliche Aufgaben wahrnehmen, es sei denn, dass auf ihr Dienstverhältnis beamtenrechtliche Vorschriften Anwendung finden, da diese Vorschriften ausreichend Schutz gewähren (BAG v. 5. 9. 1986, BAGE 53, 23 = PersV 1988, 457). Die Vorschrift gilt auch für **Soldatenvertreter** in Personalvertretungen sowie für Mitglieder von Betriebsvertretungen bei den alliierten Streitkräften. Dagegen gilt die Vorschrift nicht für die Mitglieder der Vertretung der nicht ständig Beschäftigten, ebenso nicht für aufgrund einer nichtigen Wahl gewählte Beschäftigte, die aber ab Bekanntgabe des Wahlergebnisses den nachwirkenden Kündigungsschutz als Wahlbewerber genießen, schließlich nicht für die mit den Beamten im Vorbereitungsdienst vergleichbaren Beschäftigten in der Berufsausbildung (Fischer u. a., § 47 Anm. 5, 5 a) und für Ersatzmitglieder. Abs. 1 ist schließlich wiederum dann anwendbar, wenn die Personalvertretung nur aus einer Person besteht. In diesem Fall ist die Zustimmung zur außerordentlichen Kündigung nicht durch das betreffende Personalratsmitglied, das befangen ist, zu erteilen, sondern durch das Ersatzmitglied. Ist ein solches Mitglied nicht vorhanden, so kann das Verwaltungsgericht die Zustimmung ersetzen.

II. Kündigungsschutz

1. Die vom Schutz des § 15 KSchG und des § 47 dieses Gesetzes **nicht er-** 4
fassten Personen (Vertreter der nichtständig Beschäftigten, Mitglieder der Einigungsstelle, noch nicht nachgerückte Ersatzmitglieder) werden durch das allgemeine Behinderungs- und Benachteiligungsverbot des § 8 geschützt. Auch sie genießen einen **relativen Kündigungsschutz** bei solchen Kündigungen, die in der Absicht der Behinderung der personalvertretungsrechtlichen Arbeit erfolgen. Diese sind nicht nur i. S. des § 1 KSchG sozial ungerechtfertigt, sondern nichtig, da sie gegen ein gesetzliches Verbot verstoßen.

2. Der Kündigungsschutz gilt selbstverständlich dann nicht, wenn es zur 5
Beendigung des Arbeitsverhältnisses überhaupt keiner Kündigung bedarf, also z. B. **bei gegenseitigem Einvernehmen über die Aufhebung des Arbeitsvertrags,** Zeitablauf oder Eintritt einer auflösenden Bedingung. Ebensowenig gilt der Kündigungsschutz bei Kündigungen und Entlassungen, „die lediglich als Maßnahmen in wirtschaftlichen Kämpfen zwischen Arbeitge-

bern und Arbeitnehmern vorgenommen werden" (§ 25 KSchG). Wenn ein Beschäftigter mehreren Personalvertretungen als Mitglied angehört, bedarf es zu seiner außerordentlichen Kündigung der Zustimmung jeder einzelnen Personalvertretung (BVerwG v. 8. 12. 1986, ZBR 1987, 287 = PersV 1987, 426).

6 3. Der Kündigungsschutz gilt auch **für außerordentliche Änderungskündigungen** (vgl. auch Anm. 26a), die zum Zwecke einer Fortsetzung des Arbeitsverhältnisses unter anderen (schlechteren) Bedingungen ausgesprochen werden und zwar selbst dann, wenn einer größeren Anzahl von Arbeitnehmern – u. a. auch einem Personalratsmitglied – im Hinblick auf die Änderung der Arbeitsbedingungen gekündigt wird; denn der gesetzgeberische Zweck des § 15 KSchG bleibt auch in diesem Fall erhalten, d. h. dem geschützten Beschäftigten wird die ungestörte Erledigung der ihm übertragenen Aufgaben ermöglicht, eine weitgehend unveränderte Zusammensetzung der Personalvertretung im Hinblick auf eine gewisse Stetigkeit in der Aufgabenwahrnehmung wird gewährleistet (vgl. OVG Schleswig v. 2. 12. 1994, PersV 1997, 520; Lorenzen u. a., § 47 Anm. 26). Nur ausnahmsweise wird ein wichtiger Grund für eine außerordentliche Änderungskündigung gegeben sein. Das setzt auf seiten des Kündigenden voraus, dass für ihn die Fortsetzung derjenigen bisherigen Arbeitsbedingungen, deren Änderung er erstrebt, unzumutbar geworden ist, d. h. dass die vorgesehenen Änderungen für ihn unabweisbar sind. Die neuen Bedingungen müssen andererseits dem Gekündigten zumutbar sein. Beide Voraussetzungen müssen kumulativ vorliegen (vgl. für das BetrVG: BAG v. 21. 6. 1995, BAGE 80, 185 = BB 1995, 2113 = DB 1995, 2429).

7 4. a) Die außerordentliche Kündigung von **Mitgliedern der Personalvertretung** ist von der Zustimmung der **zuständigen Personalvertretung** abhängig. Die zuständige Personalvertretung ist diejenige, zu der die personalvertretungsrechtliche Beziehung des Arbeitnehmers besteht, dem gekündigt werden soll. Bei Mitgliedern von Stufenvertretungen und Gesamtpersonalräten ist zuständige Personalvertretung nicht die Personalvertretung ihrer Dienststelle, sondern die Stufenvertretung bzw. der Gesamtpersonalrat, zu der bzw. zu dem die Mitgliedschaft besteht (Lorenzen u. a., § 47 Anm. 30).

8 b) Den Schutz nach Abs. 2 Satz 1 genießen nur die Mitglieder der Personalvertretung. Hierzu zählen auch **Ersatzmitglieder,** die für ein gewähltes (verhindertes) Mitglied in die Personalvertretung eingerückt sind (vgl. § 31 Anm. 5). Sobald das verhinderte Personalratsmitglied sein Amt wieder ausüben kann, endet die Ersatzmitgliedschaft. Der betreffende Beschäftigte tritt wieder in den Stand eines Beschäftigten zurück, der zwar kandidiert hat, der aber nicht gewählt worden ist. Diesen Beschäftigten verleiht das Personalvertretungsrecht keine stärkere Rechtsstellung gegenüber Personalmaßnahmen als anderen Beschäftigten (BVerwG v. 28. 2. 1990, BVerwGE 85, 5 = PersV 1990, 312 = ZfPR 1990, 79; OVG Berlin-Brandenburg v. 18. 1. 2007, PersR 2007, 491). Im Falle einer außerordentlichen Kündigung eines „Ersatzmitglieds" bedarf es daher der Zustimmung der Personalvertretung nur dann und solange, wie das „Ersatzmitglied" ein ordentliches Personalratsmitglied, das verhindert ist, vertritt. Nach Beendigung dieser Tätigkeit gilt lediglich noch der Schutz des § 15 Abs. 2 Satz 2 KSchG. Dies bedeutet, dass eine Kündigung innerhalb eines Jahres unzulässig ist, es sei denn, dass Tatsachen für eine außerordentliche Kündigung vorliegen, zu der es dann aber nicht der Zustimmung der Personalvertretung bedarf (BVerwG v. 8. 12. 1986, ZBR 1987, 287 = PersV 1987, 426).

5. **Nur die außerordentliche Kündigung bedarf der Zustimmung** der Personalvertretung, dagegen nicht die ordentliche Kündigung, die grundsätzlich unzulässig ist (§ 15 Abs. 2 KSchG). Ausnahmsweise ist aber dann eine ordentliche Kündigung seitens der Personalvertretung zustimmungsbedürftig, wenn ein **Betrieb** (Dienststellenteil) **stillgelegt wird** (§ 15 Abs. 4 KSchG). Dem geschützten Personenkreis gegenüber ist eine Kündigung aber erst dann zulässig, wenn der Betrieb tatsächlich stillgelegt wird. Die Personalratsmitglieder sollen, soweit irgend möglich, bis zuletzt im Dienst verbleiben und erst als letzte ihrer Stelle verlustig gehen. Eine Ausnahme gilt nur, wenn zwingende betriebliche Erfordernisse eine Kündigung eines Personalratsmitglieds zu einem früheren Zeitpunkt notwendig machen. 9

a) Unter Stillegung ist die **Auflösung der die Einheit der Dienststelle tragenden Organisation** und Einstellung der mit ihr verfolgten Zwecke zu verstehen. Sie braucht ihrer Absicht nach nicht endgültig zu sein. Andererseits kann die Anwendbarkeit der Vorschrift zweifelhaft sein, wenn die Aufgaben der aufgelösten Dienststelle ganz oder in weitem Umfang von einer anderen Dienststelle übernommen werden. Wird dabei – zumeist auf gesetzlicher Grundlage – für die Beschäftigten die Möglichkeit der Übernahme in den neuen Verwaltungszweig eröffnet, dann wird regelmäßig davon auszugehen sein, dass für die Anwendbarkeit dieser Vorschrift die Voraussetzungen fehlen. Im Übrigen ist bei der Kontinuität der Fortführung der öffentlichen Aufgaben die Anwendung der Vorschrift nur eine entsprechende, d. h. unter Berücksichtigung der sich wesensnotwendig ergebenden Änderungen. 10

b) Nach § 15 Abs. 1 bis 3 KSchG sind die geschützten Personen, falls sie in Betriebsabteilungen beschäftigt sind, die geschlossen werden sollen, **in eine andere Betriebsabteilung zu übernehmen.** Ist dies wiederum aus zwingenden betrieblichen Gründen nicht möglich, so findet § 15 Abs. 4 KSchG Anwendung (vgl. § 15 Abs. 5 KSchG). Die Übernahme ist im öffentlichen Dienst im Wesentlichen abhängig von der Stellenlage. Bei bloßer Betriebseinschränkung verbleibt es bei dem Grundsatz der Unkündbarkeit. 11

6. **Die außerordentliche Kündigung** eines Personalratsmitgliedes ist **nur dann zulässig,** wenn Tatsachen vorliegen, die den Arbeitgeber zur Kündigung aus wichtigem Grund ohne Einhaltung einer Kündigungsfrist berechtigen, die Personalvertretung zustimmt oder die Zustimmung durch das Verwaltungsgericht ersetzt wird. Ein wichtiger Grund ist nach § 626 Abs. 1 BGB nur anzunehmen, wenn die Fortsetzung des Arbeitsverhältnisses dem anderen Vertragsteil unter Berücksichtigung aller Umstände des Einzelfalles nach Treu und Glauben nicht mehr zugemutet werden kann, und zwar auch nicht für die Dauer der Kündigungsfrist (an die Zweiwochenfrist des § 626 Abs. 2 BGB ist der öffentliche Arbeitgeber im Zusammenhang mit einer außerordentliche Kündigung nach dem Einigungsvertrag, Anlage I Kapitel XIX Sachgebiet A Abschnitt I Nr. 1 Abs. 5, nicht gebunden, BVerwG v. 30. 4. 1998, ZBR 1999, 61 = ZfPR 1998, 153; vgl. auch Anm. 2 und 24 sowie § 79 Anm. 28; vgl. aber Anm. 14a). Dies ist nicht schon der Fall, wenn ein Personalratsmitglied gegen seine Arbeitspflichten verstößt, hierfür aber Gewissensgründe geltend macht (aus Gründen der ärztlichen Ethik Weigerung einer Blutentnahme zur Feststellung des Blutalkoholgehalts ohne Einverständnis des Betroffenen, VG Freiburg v. 20. 12. 1982, PersV 1983, 415). Ebensowenig kann ein Dienststellenleiter im Falle heftiger Auseinandersetzungen mit Personalratsmitgliedern diesen außerordentlich kündigen; dies wäre mit der partnerschaftlichen Zusammenarbeit nicht vereinbar (VG Düsseldorf v. 18. 5. 1995, PersR 1995, 496). Dagegen ist die außerordentli- 12

che Kündigung eines freigestellten Personalratsmitglieds zulässig, wenn es im Arbeitsverhältnis wichtige Nebenpflichten durch einen schweren Verstoß in grober Weise verletzt hat und eine unmittelbare Rückwirkung auf das Arbeitsverhältnis erfolgt ist. Diese Voraussetzungen liegen vor, wenn das betreffende Personalratsmitglied die Presse informiert und dabei bewusst und vorsätzlich falsche Tatsachenbehauptungen aufstellt (BAG v. 16. 9. 1987, Leits. ZfPR 1989, 51). Das Beschäftigungsverhältnis eines Personalratsmitglieds kann in aller Regel nicht wegen häufiger krankheitsbedingter Fehlzeiten außerordentlich gekündigt werden (vgl. für den Fall eines Betriebsratsmitglieds: BAG v. 18. 2. 1993, NZA 1994, 74).

12a a) Auch der außerordentlichen Kündigung muss in aller Regel eine **Abmahnung** vorausgehen, soweit die Wiederherstellung des Vertrauens des Dienststellenleiters erwartet werden kann. Hiermit ist ausnahmsweise nur dann nicht zu rechnen, wenn die von dem Personalratsmitglied begangene Pflichtverletzung besonders schwer war und wenn es sich um eine solche gehandelt hat, bei der der Betroffene ohne weiteres die Rechtswidrigkeit hätte erkennen müssen und bei der es dem Dienststellenleiter nicht zumutbar ist, das Verhalten hinzunehmen (BVerwG v. 15. 10. 2002 – 6 PB 7.02, Leits. ZBR 2003, 217 = PersV 2003, 152 = Leits. ZfPR 2003, 112).

13 b) Die außerordentliche Kündigung eines Mitglieds der Personalvertretung ist nicht mit dem **Ausschluss aus dem Vertretungsorgan** wegen grober Pflichtverletzung nach § 28 Abs. 1 zu verwechseln. Eine außerordentliche Kündigung aufgrund solcher Pflichtverletzungen ist nur dann zulässig, wenn das Arbeitsverhältnis gerade wegen dieser Verletzung personalvertretungsrechtlicher Pflichten in erheblichem Ausmaß beeinträchtigt worden (vgl. für das BetrVG: BAG v. 22. 8. 1974, BAGE 26, 219 = BB 1974, 1578 = DB 1974, 2310) und der Missbrauch personalvertretungsrechtlicher Pflichten vorsätzlich erfolgt ist (VGH München v. 22. 12. 1982, PersV 1984, 159). Auch das wesentlich schwächer ausgestaltete Anhörungsrecht der Personalvertretung bei außerordentlichen Kündigungen nach § 79 Abs. 3 Satz 1 ist von dem Zustimmungsverfahren nach § 47 Abs. 1 zu unterscheiden. Jenem Anhörungsrecht, das auf den persönlichen Schutz des Betroffenen, nicht auf den des Gremiums abstellt, kommt aber hier keine besondere Bedeutung zu, weil der Kündigungsschutz nach § 47 Abs. 1 wesentlich wirksamer ausgestaltet ist.

14 c) Eine außerordentliche Kündigung eines Personalratsmitglieds bedarf zu ihrer Wirksamkeit außerdem **der vorherigen** (vgl. für das BetrVG: BAG v. 22. 8. 1974, BAGE 26, 219 = BB 1974, 1578 = DB 1974, 2310) **Zustimmung der Personalvertretung.** Wird ein Zustimmungsersetzungsantrag vor der Zustimmungsverweigerung der Personalvertretung gestellt, dann wird ein solcher Antrag auch nicht dadurch zulässig, dass die Zustimmung der Personalvertretung zu der beabsichtigten Kündigung nachträglich beantragt wird (vgl. für das BetrVG: BAG v. 24. 10. 1996, BB 1997, 629 = DB 1997, 1295 = Leits. ZBVR 1998, 22). Zuständig ist diejenige Personalvertretung, der die betreffende Person angehört, diejenige also, die durch das Ausscheiden dieser Person aus dem Beschäftigungsverhältnis in ihrer Zusammensetzung betroffen würde (BVerwG v. 9. 7. 1980, PersV 1981, 370). Gehört ein Personalratsmitglied mehreren Personalvertretungen an, so ist die Zustimmung jeder einzelnen Personalvertretung notwendig (BVerwG v. 8. 12. 1986 = PersV 1987, 426). Wenn aufgrund der internen Verwaltungsstruktur nicht der Leiter derjenigen Behörde für den Ausspruch der außerordentlichen Kündigung zuständig ist, bei der das betroffene Personalratsmitglied beschäftigt ist, so bleibt es dennoch bei der Zuständigkeit der Personalvertretung der Beschäftigungsbehörde, weil diese unmittelbar durch das Ausscheiden des Personalratsmitglieds betroffen ist (vgl. auch Anm. 7).

d) Der öffentliche Arbeitgeber muss innerhalb der **Ausschlussfrist** des § 626 Abs. 2 BGB, § 34 TVöD, also **innerhalb von zwei Wochen** seit dem Zeitpunkt, zu dem er von den von der Kündigung maßgebenden Tatsachen Kenntnis erlangt, nicht nur den Zustimmungsantrag bei der Personalvertretung stellen, sondern im Falle der Verweigerung der Zustimmung auch das Verfahren auf Ersetzung beim Verwaltungsgericht einleiten (vgl. für das BetrVG: OVG Lüneburg v. 28. 11. 1995, ZBR 1996, 344 = PersV 1997, 267; BAG v. 18. 8. 1977, NJW 1978, 661). Die Frist beginnt zu dem Zeitpunkt, zu dem der öffentliche Arbeitgeber sichere und möglichst vollständige Kenntnis von den für die Kündigung maßgeblichen Tatsachen erhält. Erst wenn eine Gesamtwürdigung aller Tatsachen möglich ist, also nicht schon während der Zeit der Aufklärung des Sachverhalts, beginnt die gesetzliche Ausschlussfrist. **14a**

e) **Wenn** die **Personalvertretung erklärt, sich** zu der beabsichtigten Kündigung **nicht äußern zu wollen,** so ist darin ein Fall des „Nichtäußerns" i. S. d. Abs. 1 Satz 2 zu sehen. Infolgedessen liegt eine Zustimmung nicht vor, so dass das Verwaltungsgericht die Zustimmung auf Antrag des Dienststellenleiters ersetzen kann (vgl. für das BetrVG: BAG v. 17. 9. 1981, DB 1982, 2041; Buns, BB 1979, 1508). Grundsätzlich kann der Dienststellenleiter auch ein zweites Mal die Zustimmung der Personalvertretung zu einer außerordentlichen Kündigung eines Personalratsmitglieds beantragen, nachdem die Zustimmung schon einmal verweigert worden war. Dadurch bleibt das Recht des Dienststellenleiters, einen Antrag auf gerichtliche Ersetzung der zuvor verweigerten Zustimmung zu stellen, unberührt. Allerdings dürfen dabei keine neuen Gründe vorgetragen werden (VGH Kassel v. 11. 3. 1997, Leits. ZfPR 1998, 195; Fischer u. a., § 69 Anm. 14; offengelassen: BVerwG v. 11. 4. 1991, BVerwGE 88, 103 = ZBR 1991, 310 = PersV 1992, 156 = ZfPR 1991, 108). Der Personalvertretung aber steht es frei, ob sie sich auf ein neues Verfahren einlässt oder sich auf Fristablauf beruft; denn es kann grundsätzlich nicht angehen, dass Dienststellenleiter wiederholt (wie oft?) Anträge auf Zustimmung zu einer außerordentlichen Kündigung eines Personalratsmitglieds stellen. Das Gesetz gibt einen Verfahrensablauf vor, an den Dienststellenleiter und Personalvertretung gebunden sind. Deshalb kann auch der Grundsatz der vertrauensvollen Zusammenarbeit nicht als eine Art Anspruchsgrundlage für die Verpflichtung der Personalvertretung, sich ein zweites Mal zu einem Zustimmungsantrag zu äußern, angesehen werden (vgl. im Übrigen auch § 68 Anm. 35). Die Zustimmung der Personalvertretung ist auch dann notwendig, wenn der Dienststellenleiter gegenüber allen Mitgliedern der Personalvertretung aus demselben Anlass nach § 626 BGB eine außerordentliche Kündigung aussprechen will und Ersatzmitglieder nicht vorhanden sind, die nachrücken könnten. Andernfalls ist die ausgesprochene Kündigung nach § 15 Abs. 1 KSchG unzulässig. Demgegenüber kann nicht darauf verwiesen werden, dass die Personalratsmitglieder deshalb nicht tätig werden können, weil ihnen aus demselben Anlass oder wegen eines gleichartigen Kündigungssachverhaltes gekündigt werden soll; denn bei einer z. B. aus drei Beschäftigten bestehenden Personalvertretung können jeweils zwei über die beabsichtigte Kündigung des weiteren dritten Mitglieds der Personalvertretung in getrennten Verfahren beraten und entscheiden. Sie sind nicht „Richter in eigener Sache", da sie in diesem Fall nicht über die beantragte Zustimmung zu ihrer eigenen Kündigung entscheiden. Vielmehr ist es auch in dieser besonderen Situation ihre Pflicht, jeden Fall getrennt zu prüfen (vgl. für das BetrVG: BAG v. 25. 3. 1976, BAGE 28, 54 = BB 1976, **15**

932 = DB 1976, 1337). Ein Personalratsmitglied ist beim Ausspruch der außerordentlichen Kündigung **nur dann als „Richter in eigener Sache" anzusehen**, wenn die Personalvertretung unter seiner Beteiligung über die beantragte Zustimmung zur Kündigung entscheidet. Für diesen Fall muss das zuständige Ersatzmitglied eintreten. Wird aber kein Ersatzmitglied für das betroffene Personalratsmitglied geladen, nimmt dieses vielmehr an der Beratung über seine eigene Kündigung teil, so ist der Personalratsbeschluss über die Kündigung nichtig. Unschädlich aber ist selbstverständlich, wenn bei Teilnahme des Ersatzmitglieds das betroffene Personalratsmitglied Gelegenheit erhält, zu den Vorwürfen des Dienststellenleiters Stellung zu nehmen (vgl. für das BetrVG: BAG v. 23. 8. 1984, BAGE 46, 258 = BB 1985, 335 = DB 1985, 554). Wenn jedoch eine Personalvertretung nur aus einem Mitglied besteht, ein Ersatzmitglied aber nicht vorhanden ist, dann ist bei einer außerordentlichen Kündigung Abs. 1 Satz 2 entsprechend anwendbar, d. h. der Leiter der Dienststelle muss die Zustimmung des Verwaltungsgerichts einholen (vgl. für das BetrVG: BAG v. 16. 12. 1982, BAGE 41, 180 = DB 1983, 149). Die Zustimmung der Personalvertretung ist unwiderruflich (Richardi, § 103 Anm. 42).

16 f) Die Zustimmung zur **außerordentlichen Kündigung eines Mitglieds der Jugend- und Auszubildendenvertretung** ist von der Personalvertretung zu erteilen. Nach § 40 Abs. 1 Satz 4 stimmt die Jugend- und Auszubildendenvertretung mit ab, da es sich um eine Angelegenheit handelt, die überwiegend die in § 57 genannten Beschäftigten betrifft (Lorenzen u. a., § 47 Anm. 45). Bei der Prüfung des wichtigen Grundes zur außerordentlichen Kündigung eines Jugend- und Auszubildendenvertreters gelten dieselben Grundsätze wie bei der außerordentlichen Kündigung eines Personalratsmitglieds. Daher ist bei der Beurteilung des wichtigen Grundes ein besonders strenger Maßstab anzulegen, wenn der Jugend- und Auszubildendenvertreter gleichzeitig gegen seine Amts- und seine Dienstvertragspflichten verstoßen hat. Hat der Jugend- und Auszubildendenvertreter allein gegen seine dienstvertraglichen Pflichten verstoßen, so beurteilen sich die Voraussetzungen für die Verweigerung der Zustimmung nach den in Anm. 13 aufgeführten Voraussetzungen. Auch die außerordentliche Kündigung des Vertrauensmanns der Schwerbehinderten bedarf nach § 96 Abs. 3 SGB IX der Zustimmung der Personalvertretung (VGH Mannheim v. 20. 6. 1989, Leits. ZfPR 1990, 59).

17 g) Ist im Falle der Kündigung eines Mitglieds der Jugend- und Auszubildendenvertretung kurzfristig keine Personalvertretung vorhanden, z. B. weil diese nach § 28 Abs. 1 aufgelöst worden ist, so ist die **Jugend- und Auszubildendenvertretung ausnahmsweise** für den Fall einer Kündigung eines Mitglieds der Jugend- und Auszubildendenvertretung **einzuschalten** (aA Fischer u. a., § 47 Anm. 25). Da es das Anliegen des Gesetzes ist, außerordentliche Kündigungen im Hinblick auf den Schutz der Vertretungsorgane in ihrer Zusammensetzung möglichst auf wenige Ausnahmefälle zu beschränken, wäre eine sofortige Einschaltung des Verwaltungsgerichts eine „Verkürzung des Rechtsweges". Das Vertretungsorgan soll über die Berechtigung der Kündigung eines seiner Mitglieder mitentscheiden können. In diesem Fall ist daher die Jugend- und Auszubildendenvertretung einzuschalten, um dann noch die Möglichkeit zur Anrufung des Verwaltungsgerichts zu eröffnen.

18 h) Eine **Verpflichtung,** die Zustimmung der Personalvertretung einzuholen, besteht **nur während der Amtszeit** der Mitglieder der Personal- oder der Jugend- und Auszubildendenvertretung. Für Mitglieder des Wahlvorstands besteht der Kündigungsschutz und damit das Zustimmungserfordernis vom Zeitpunkt der Bestellung, für Wahlbewerber vom Zeitpunkt der Aufstellung des Wahlvorschlags an und dauert in beiden Fällen bis zur Bekanntgabe des Wahlergebnisses (§ 15 Abs. 3 Satz 1 KSchG; vgl. für die Zeit innerhalb von sechs Monaten nach Bekanntgabe des Wahlergebnisses: § 15 Abs. 3 Satz 2 KSchG {kein Zustimmungserfordernis des Personalrats] und Anm. 28, 29).

i) Der Dienststellenleiter hat der Personalvertretung **möglichst frühzeitig** von der beabsichtigten Kündigung **Kenntnis zu geben.** Dies entspricht nicht nur dem Grundsatz der vertrauensvollen Zusammenarbeit (§ 2 Abs. 1), sondern dient auch der Aufklärung möglicher Missverständnisse, ein langwieriges Verfahren kann vermieden werden. Dabei hat der Dienststellenleiter die Kündigungsgründe vollständig mitzuteilen sowie die aus seiner Sicht maßgeblichen Tatsachen in einer Weise darzustellen, die der Personalvertretung eigene Nachforschungen erspart und die sie in die Lage versetzt, die Stichhaltigkeit der Kündigungsgründe prüfen und sich über ihre Stellungnahme schlüssig werden zu können (BAG. v. 6. 7. 2006, DB 2006, 2823). Selbstverständlich hat ein Dienststellenleiter auch entlastende Umstände darzulegen, sobald er sie in seine Überlegungen hat einfließen lassen. Erfolgt die Unterrichtung nicht in dem dargestellten Umfang oder ist sie gar bewusst unrichtig oder irreführend, dann führt dies zur Unwirksamkeit der Kündigung selbst dann, wenn die Personalvertretung zugestimmt hat (Fischermeier, ZTR 1998, 433, 435). **19**

j) Wenn eine Personalvertretung der außerordentlichen Kündigung nicht zustimmen will, hat sie die entsprechenden Bedenken ebenso wie im Falle eines Widerspruchs schriftlich darzulegen und zu begründen. Äußert sich die Personalvertretung nicht **innerhalb von drei Arbeitstagen** oder verweigert sie die Zustimmung, so kann das Verwaltungsgericht sie auf Antrag des Dienststellenleiters ersetzen. Im Hinblick auf dieses Antragsrecht ist es zweckmäßig, wenn die Personalvertretung ihre ablehnende Haltung begründet, damit das Verwaltungsgericht die gegenteiligen Auffassungen frühzeitig kennen lernt und das Für und Wider im Interesse klarer Verhältnisse möglichst umgehend gegeneinander abwägen kann. Hat eine Personalvertretung die Zustimmung zur außerordentlichen Kündigung innerhalb der Äußerungsfrist zunächst nicht gegeben, so kann sie diese noch während des Gerichtsverfahrens bis zur Rechtskraft der Entscheidung erteilen (VGH Mannheim v. 28. 3. 1996, Leits. ZBR 1996, 222). **20**

k) **Die Zustimmung** muss abschließend **in einer ordentlichen Personalratssitzung** erteilt worden sein. Dies ist nicht der Fall, wenn die Personalvertretung dem Dienststellenleiter mitteilt, sie stimme der Kündigung an sich zu, verlange aber noch eine schriftliche Bestätigung der Kündigungsgründe durch den von der Dienststelle angegebenen Belastungszeugen. In diesem Fall muss der Dienststellenleiter erkennen, dass die Personalvertretung die beabsichtigte Kündigung noch weiter erörtern und sich eine endgültige Entscheidung über die beantragte Zustimmung vorbehalten will (vgl. für das BetrVG: BAG v. 1. 12. 1977, DB 1978, 355). Gleiches gilt dann, wenn der Dienststellenleiter Tatsachen kennt oder kennen muss, aus denen die Unwirksamkeit eines entsprechenden Beschlusses der Personalvertretung folgt. Grundsätzlich aber muss er sich auf die Mitteilung des Vorsitzenden bzw. seines Vertreters, die Personalvertretung habe die beantragte Zustimmung erteilt, verlassen können (vgl. für das BetrVG: BAG v. 23. 8. 1984, BAGE 46, 258 = BB 1985, 335 = DB 1985, 554). **21**

l) Das Personalratsmitglied, um dessen Kündigung es geht, ist daran gehindert, an der Beratung und Beschlussfassung der Personalvertretung über die **22**

Kündigung teilzunehmen. Anstelle des betroffenen Personalratsmitglieds ist ein **Ersatzmitglied** zu laden. Unterbleibt eine solche Ladung, so ist der Personalratsbeschluss nichtig (LAG München v. 23. 1. 1991, PersR 1991, 428; vgl. hierzu auch Anm. 15 und § 31 Anm. 12).

23 m) Das **betroffene Personalratsmitglied ist Beteiligter** (Abs. 2 Satz 3). Dies bedeutet, dass es ggf. Beschwerde (§ 81 Abs. 1 ArbGG) und unter den Voraussetzungen des § 92 ArbGG Rechtsbeschwerde einlegen kann. Das einzelne Personalratsmitglied hat aber grundsätzlich gegen die Personalvertretung keinen Anspruch darauf, dass diese einer beabsichtigten Kündigung nicht zustimmt; denn dem Personalratsmitglied wird der besondere Kündigungsschutz nur über und in Anknüpfung an einen entsprechenden Beschluss der Personalvertretung gewährt (vgl. für das BetrVG: BAG v. 17. 9. 1981, DB 1982, 2041).

24 n) Ein Verwaltungsgericht kann die **Zustimmung** der Personalvertretung auf Antrag des Dienststellenleiters nur dann **ersetzen**, „wenn die außerordentliche Kündigung unter Berücksichtigung aller Umstände gerechtfertigt ist“ (Abs. 1 Satz 2). Deshalb müssen die Voraussetzungen einer fristlosen bzw. außerordentlichen Kündigung nach § 626 BGB gegeben sein. Diese Voraussetzungen sind nur dann erfüllt, wenn Tatsachen bekannt werden, die unter Berücksichtigung aller Umstände des Einzelfalls und unter Abwägung der Interessen sowohl des Dienststellenleiters als auch des betroffenen Beschäftigten dem Dienststellenleiter die Fortsetzung des Beschäftigungsverhältnisses bis zum Ablauf der Kündigungsfrist oder bis zur vereinbarten Beendigung des Beschäftigungsverhältnisses nicht zumutbar erscheinen lassen (VGH München v. 16. 6. 1999, PersV 2000, 43; vgl. auch Anm. 26).

24a o) Für den Antrag eines Dienststellenleiters auf Ersetzung der Zustimmung der Personalvertretung zu einer außerordentlichen Kündigung eines ihrer Mitglieder gilt die Ausschlussfrist von zwei Wochen nach § 626 Abs. 2 BGB. Innerhalb dieser Frist muss ein entsprechender Antrag beim Verwaltungsgericht eingehen (OVG Lüneburg v. 19. 7. 1989, Leits. PersR 1990, 343; VGH Mannheim v. 28. 11. 1995, PersV 1997, 267 = Leits. ZfPR 1997, 16). In dem Verfahren selbst kann ein Dienststellenleiter nur solche Kündigungsgründe geltend machen, die er schon in dem an die Personalvertretung gerichteten Zustimmungsantrag erwähnt hat (VGH München v. 23. 10. 1991, Leits. PersR 1993, 95). Das Verwaltungsgericht, das auf Antrag des Dienststellenleiters die Zustimmung der Personalvertretung ersetzen kann, hat **von Amts wegen alle nach § 626 Abs. 1 BGB erheblichen Umstände zu prüfen,** um feststellen zu können, ob die außerordentliche Kündigung gerechtfertigt ist. Dazu gehört auch die Prüfung, ob das Verfahren auf Ersetzung der Zustimmung beim zuständigen Verwaltungsgericht beantragt worden ist. Im Übrigen kann ein Dienststellenleiter das zuständige Verwaltungsgericht zur Ersetzung der Zustimmung der Personalvertretung erst dann anrufen, wenn diese die Zustimmung zur außerordentlichen Kündigung eines ihrer Mitglieder verweigert hat. Ein vorher (auch nur vorsorglich, BAG v. 7. 5. 1986, BAGE 52, 50 = DB 1986, 1882) gestellter Antrag ist unzulässig; er wird nicht dadurch zulässig, dass die Personalvertretung nachträglich die Zustimmung zu der beabsichtigten Kündigung verweigert (vgl. für das BetrVG: BAG v. 24. 10. 1996, BB 1997, 629 = DB 1997, 1285 = Leits. ZBVR 1998, 22; vgl. auch Anm. 14 und Lorenzen u. a., § 4 Anm. 78). Wenn die Voraussetzungen des § 626 Abs. 1 BGB vorliegen, so muss das Gericht die Zustimmung ersetzen. Es kommt nicht darauf an, ob die Personalvertretung bei ihrer ablehnenden Entscheidung einen Ermessens- oder Beurteilungsspielraum überschritten hat. Das Verwaltungsgericht hat eine Rechtsentscheidung zu treffen, die praktisch den Kündigungsschutzprozess vorwegnimmt (VGH Kassel v. 21. 12. 1983, Leits. ZBR 1984, 283). Dabei hat das Gericht eine Interessenabwägung vorzunehmen und das Verhalten eines Personalratsmitglieds grundsätzlich nicht allein wegen seines Amtes anders zu beurteilen als das entsprechende Verhalten eines nicht durch § 15 KSchG geschützten Beschäftigten (für den Fall einer vorsätzlichen Falschaussage gegenüber dem Arbeitgeber in einem Rechtsstreit: BAG v. 16. 10. 1986, BB 1987, 1952 = DB 1987, 1304). Eine unterschiedliche Beurteilung ist nur dann angezeigt, wenn die Verletzung von Dienstpflichten, die im Rahmen einer Amtstätigkeit begangen wird, aus der besonderen Konfliktsituation entstanden ist, der das Personalratsmitglied gerade wegen seines Amtes ausgesetzt ist (BAG v. 16. 10. 1986, aaO). **In keinem Fall** darf ein Verwaltungsgericht **höhere Maßstäbe** an das Verhalten eines Personalratsmitglieds **anlegen** als an das Verhalten eines **anderen Beschäftigten**. So kann es zum Beispiel nicht die fehlende Zustimmung einer Personalvertretung zu einer außerordentlichen Kündigung deshalb ersetzen, weil das betreffende Personalratsmitglied sich geweigert hat, die Frage nach seiner Zugehörigkeit zu einer verfassungsfeindlichen Partei oder Organisation zu beantworten. Zwar darf eine solche Frage gestellt, die Antwort aber dann verweigert werden, wenn deren Beantwortung eine fristlose Kündigung zur Folge haben könnte. Insoweit stellt also die Verweigerung der Auskunft keinen Verstoß gegen eine Gehorsamspflicht dar (OVG Münster v. 26. 9. 1983, ZBR 1984, 52 = Leits. PersV 1986, 432).

p) Während des verwaltungsgerichtlichen Verfahrens **kann das Personalratsmitglied sein Amt ausüben** (Fischer u. a., § 47 Anm. 34; Lorenzen u. a., § 47 Anm. 107). Dies kann ihm im Gegensatz zu einem vom Dienststellenleiter betriebenen Ausschlussverfahren (vgl. § 28 Abs. 1) nicht im Wege einer einstweiligen Verfügung (§ 85 Abs. 2 ArbGG), untersagt werden. Wenn die Personalvertretung die Zustimmung zu einer außerordentlichen Kündigung verweigert, so kann der Leiter der Dienststelle das betreffende Personalratsmitglied selbst dann nicht bis zum Abschluss des Zustimmungsersetzungsverfahrens unter Fortzahlung der Bezüge von der Arbeit suspendieren, wenn den von ihm angeführten Kündigungsgründen „einiges Gewicht" zukommt. Dies nämlich hätte Auswirkungen auf die Mitgliedschaft in der Personalvertretung. Zwar kann aus dem Personalratsamt selbst kein Anspruch auf tatsächliche Beschäftigung zur Gewährleistung des täglichen Kontaktes mit den Beschäftigten hergeleitet werden (vgl. für das BetrVG: LAG Düsseldorf v. 22. 2. 1977, DB 1977, 1053). Andererseits aber muss gewährleistet sein, dass das Personalratsmitglied den für seine Arbeit notwendigen Kontakt mit der Dienststelle und ihren Beschäftigten aufrecht erhalten kann. Daher kann der Dienststellenleiter einem (gekündigten) Personalratsmitglied jedenfalls vor Abschluss des Verfahrens kein Hausverbot erteilen. Dem Personalratsmitglied muss weiterhin die Möglichkeit zur Ausübung seines Amtes gegeben sein. Würde ihm der Zutritt zur Dienststelle verwehrt, so könnte die Personalvertretung bzw. das betreffende Personalratsmitglied den Zugang im Wege der einstweiligen Verfügung durchsetzen (ArbG Elmshom v. 10. 9. 1996, AiB 1997,173). Wenn allerdings eine unmittelbare und ernsthafte Gefährdung des Friedens in der Dienststelle zu besorgen ist, dann kann das Zutrittsrecht verwehrt werden (Fischermeier, ZTR 1998, 433, 435). 25

q) Die **Zustimmung zu einer außerordentlichen Kündigung** eines Personalratsmitglieds kann nur bei **Vorliegen eines wichtigen Grundes** i. S. von § 626 Abs. 1 BGB und auch nur dann gerichtlich ersetzt werden, wenn die außerordentliche Kündigung tatsächlich als äußerstes Mittel zulässig ist, keine 26

Möglichkeit zu einer anderweitigen Beschäftigung besteht und ein Zuwarten bis zum Ablaufen der ordentlichen Kündigungsfrist nicht zumutbar ist (VGH München 3. 5. 2005, PersV 2006, 347 = Leits. ZfPR 2007, 71). Hinzukommen muss, dass dem Dienstherrn bei einem vergleichbaren Nichtpersonalratsmitglied dessen Weiterbeschäftigung bis zum Ablauf der einschlägigen ordentlichen Kündigungsfrist unzumutbar wäre (vgl. für das BetrVG: BAG v. 27. 9. 2001, ZBVR 2002, 153; vgl. auch Anm. 24). Diese Voraussetzungen sind u. a. bei **beharrlicher Arbeitsverweigerung** erfüllt, die darin zu sehen ist, dass ein freigestelltes Personalratsmitglied die Wahl zum Gewerkschaftsvorsitzenden annimmt und ohne vorherige Freistellung durch den Dienststellenleiter der Arbeit fernbleibt (vgl. für das BetrVG: LAG Berlin v. 16. 10. 1995 AiB 1996, 683), bei einem **Diebstahl zum Nachteil des Arbeitgebers** (VGH Mannheim v. 11. 12. 2001, PersV 2003, 149 = Leits. ZfPR 2003, 236), bei einer nachhaltigen Störung des Betriebsfriedens (OVG Greifswald v. 7. 1. 2004 – 8 L 162/03, n. v.), bei einer außerordentlichen Änderungskündigung wegen **fahrlässiger Straßenverkehrsgefährdung** aufgrund erheblichen Alkoholgenusses und des gleichzeitig hiermit verbundenen Entzugs der Fahrerlaubnis, die es dem betreffenden Personalratsmitglied unmöglich macht, seine vertraglich geschuldete Arbeitsleistung zu erbringen (VGH Mannheim v. 16. 7. 2002 – PB 15 S 259/02, n.v.).

26a r) Die Voraussetzungen für eine Zustimmungsersetzung durch ein Verwaltungsgericht sind auch dann gegeben, wenn im Falle einer außerordentlichen **Änderungskündigung** der Dienststellenleiter keine Beendigungskündigung als letztes Mittel in Anspruch nehmen will, sondern lediglich eine Änderung der arbeitsvertraglichen Grundlagen anstrebt, mit der er Konsequenzen aus einer mehrmals vergeblich angemahnten ordnungsgemäßen Arbeitsweise ziehen will (OVG Schleswig v. 2. 12. 1994, PersV 1997, 520). Im Falle einer betriebsbedingten Änderungskündigung kann ein Verwaltungsgericht die fehlende Zustimmung der Personalvertretung nur dann ersetzen, wenn dem öffentlichen Arbeitgeber „die Aufrechterhaltung eines inhaltsleeren Arbeitsverhältnisses“ unzumutbar geworden ist. Diese Voraussetzung ist aber nur dann gegeben, wenn nach organisatorischen Veränderungen dem betreffenden Arbeitnehmer eine sinnvolle Arbeit innerhalb der Dienststelle nicht mehr übertragen werden kann und dem öffentlichen Arbeitgeber nicht zuzumuten ist, „ein sinnentleertes Arbeitsverhältnis über einen längeren Zeitraum aufrechtzuerhalten“ (vgl. für das BetrVG: BAG v. 27. 6. 2002, BAGE 102, 40 = BB 2003, 314 = DB 2003, 102). Diese Voraussetzungen sind bei einem freigestellten Personalratsmitglied nicht gegeben (VGH München v. 3. 5. 2005, PersV 2006, 347 = Leits. ZfPR 2007, 71).

26b s) Die Voraussetzungen für eine Zustimmungsersetzung sind weiterhin erfüllt, wenn wegen des bloßen Verdachts einer strafbaren Handlung oder einer schwerwiegenden Arbeitsvertragsverletzung dem Arbeitsverhältnis die Vertrauensgrundlage entzogen worden ist und der Arbeitgeber deshalb kündigt (**Verdachtskündigung**). Die dem Arbeitnehmer zur Last gelegte Tat ist zwar nicht oder noch nicht nachweisbar, dennoch aber können bereits so starke Verdachtsmomente bestehen, dass dem öffentlichen Arbeitgeber die Fortsetzung des Arbeitsverhältnisses nicht mehr zugemutet werden kann (vgl. für das BetrVG: BAG v. 26. 3. 1992, NJW 1993, 83). Eine **Verdachtskündigung ist dann zulässig**, wenn objektive Tatsachen starke Verdachtsmomente auslösen, die geeignet sind, das erforderliche Vertrauen für die Fortsetzung des Arbeitsverhältnisses zu zerstören und wenn vom öffentlichen Arbeitgeber alle zumutbaren Versuche zur Aufklärung des Sachverhalts unternommen worden sind u. a. Gelegenheit zur Stellungnahme des betroffenen Arbeitnehmers (vgl. für das BetrVG: BAG v. 18. 11. 1999, BAGE 93,1 = BB 2000, 672 = DB 2000, 726). Eine Verdachtskündigung und somit die Ersetzung der fehlenden Zustimmung der Personalvertretung durch ein Verwaltungsgericht ist aber dann unzulässig, wenn seitens des öffentlichen Arbeitgebers Ermittlungen ohne Kenntnis und Einwilligung des Betroffenen vorgenommen worden sind. Dies gilt beispielsweise für eine DNA-Analyse, weil durch eine solche Untersuchung in das sowohl verfassungsrechtlich als auch zivilrechtlich geschützte allgemeine Persönlichkeitsrecht (informationelles Selbstbestimmungsrecht) in unzulässiger Weise eingegriffen wird. Hier kollidiert das schützenswerte betriebliche Interesse eines Arbeitgebers mit dem Persönlichkeitsrecht des betroffenen Arbeitnehmers; letzteres geht dem Interesse des öffentlichen Arbeitgebers an der Feststellung etwaiger arbeitsrechtlicher Pflichtverletzungen vor, so dass eine Zustimmungsersetzung durch das Verwaltungsgericht ausgeschlossen ist (VGH Mannheim v. 28. 11. 2000, ZfPR 2001, 43).

t) Wenn das Verwaltungsgericht **die Zustimmung der Personalvertretung** zu dem Kündigungsantrag des Dienststellenleiters **ersetzt**, so kann dieser nach Rechtskraft der Entscheidung innerhalb von zwei Wochen kündigen (§ 626 Abs. 2 Satz 1 BGB; ob die Frist gewahrt ist, ist vom Arbeitsgericht festzustellen, OVG Greifswald v. 2. 4. 1997, PersR 1998, 29). Eine vor Rechtskraft ausgesprochene Kündigung ist **nichtig** (vgl. für das BetrVG: BAG v. 9. 7. 1998, DB 1998, 2124). Wenn der Betroffene nunmehr innerhalb einer weiteren Frist von drei Wochen Kündigungsschutzklage erhebt, so ist für dieses Verfahren bereits eine Bindungswirkung durch das vorausgegangene Verfahren gegeben. Die rechtskräftige Feststellung des wichtigen Grundes im gerichtlichen Verfahren vor dem Arbeitsgericht schließt nämlich eine Berufung auf solche Tatsachen aus, die bereits im Beschlussverfahren erfolglos geltend gemacht worden sind oder hätten geltend gemacht werden können (vgl. für das BetrVG: BAG v. 11. 5. 2000, BAGE 94, 313 = BB 2000, 1095 = DB 2000, 1132 = Leits. ZVR 2000, 256). Ein Kündigungsschutzverfahren ist nur dann möglich und zulässig, wenn das Vorliegen eines wichtigen Grundes zur Kündigung mit solchen Tatsachen bestritten wird, die erst nach Schluss der Verhandlung im Beschlussverfahren eingetreten sind, in der diese Tatsachen hätten geltend gemacht und berücksichtigt werden können (vgl. für das BetrVG: BAG v. 24. 4. 1975, BAGE 27, 113 = DB 1975, 889). Obsiegt das Personalratsmitglied, so sind ihm die Rechtsanwaltskosten zu erstatten (vgl. für das BetrVG: BAG v. 31. 1. 1990, BB 1991, 205 = DB 1991, 495). Im Falle einer außerordentlichen Kündigung eines Schwerbehinderten, der zugleich Personalratsmitglied ist, ist bei Verweigerung der Zustimmung seitens der Personalvertretung zweckmäßigerweise zunächst das Verfahren vor dem Integrationsamt durchzuführen und nach gegebener oder fingierter Zustimmung unverzüglich das Beschlussverfahren auf Ersetzung der Zustimmung einzuleiten (vgl. für das BetrVG: BAG v. 22. 1. 1987, BAGE 55, 9 = BB 1987, 1670 = DB 1987, 1743 sowie Fitting u. a., § 103 Anm. 40). Wird eine Schwerbehinderung mit Rückwirkung nach Durchführung des Zustimmungsersetzungsverfahrens festgestellt, dann ist dies als neue Tatsache im Kündigungsschutzprozess zu berücksichtigen (vgl. für das BetrVG: BAG v. 11. 5. 2000, aaO). 26c

u) **Ersetzt das Verwaltungsgericht nicht die Zustimmung** der Personalvertretung, so kann der Dienststellenleiter dem Mitglied der Personalvertretung **nicht kündigen.** Eine dennoch ausgesprochene außerordentliche Kündigung ist unwirksam. Eine Kündigungsschutzklage seitens des Betroffenen ist entbehrlich. Ebensowenig kann der Dienststellenleiter einem Personalratsmit- 27 glied gegenüber eine außerordentliche Kündigung aussprechen, wenn der Beschluss über die Ersetzung der von der Personalvertretung verweigerten Zustimmung noch nicht rechtskräftig ist. Eine vor diesem Zeitpunkt erklärte Kündigung ist unwirksam; der betroffene Arbeitnehmer kann innerhalb von drei Wochen nach Zugang der schriftlichen Kündigung Klage beim Arbeitsgericht erheben (§ 4 KSchG).

28 v) Die Schutzvorschrift des Abs. 2 gilt auch dann fort, wenn **vor Ablauf der Amtszeit** der Personalvertretung eine Versetzungs- oder eine Abordnungsmaßnahme verfügt wird, die erst nach dem Ende der Amtszeit wirksam wird und bei der die Zustimmung der Personalvertretung fehlt. Dies gilt insbesondere dann, wenn das betroffene Personalratsmitglied noch vor Eintritt der Wirksamkeit der Personalmaßnahme wiederum in die Personalvertretung gewählt wird (BVerwG v. 18. 5. 2004, PersV 2004, 460 = Leits. ZfPR 2005, 44). Erfolgt keine Wiederwahl, so setzt der nachwirkende Kündigungsschutz nach § 15 Abs. 2 Satz 2 ein.

29 w) Die Kündigungsbeschränkungen des § 15 Abs. 2 KSchG und des § 47 Abs. 1 zugunsten des einzelnen Personalratsmitglieds bzw. des Gremiums gelten auch für den Fall der außerordentlichen Kündigung von Personalratsmitgliedern, die für das frühere **Ministerium für Staatssicherheit**/Amt für nationale Sicherheit tätig waren (BAG v. 28. 4. 1994, PersV 1996, 79). In diesen Fällen ist nach dem **Einigungsvertrag** (Abschnitt III Nr. 1, Sachgebiet A, Kapitel XIX, Anlage I) zu prüfen, ob angesichts der früheren Tätigkeit ein Festhalten am Arbeitsverhältnis für den Dienstherrn zumutbar ist. Schon aus dieser Formulierung ergibt sich die Notwendigkeit der Prüfung des Einzelfalles, vor allem der Umstände der Tätigkeit (Dauer, Art, Umfang und Intensität) sowie der Bedeutung für das System. Wenn ein Personalratsmitglied, das ehemals **Mitarbeiter des MfS** war, Tätigkeiten ausgeübt hat, die mit einer freiheitlichen, demokratischen Denk- und Handlungsweise nicht vereinbar waren, dann ist eine Weiterbeschäftigung grundsätzlich unzumutbar, so dass auch eine außerordentliche Kündigung des Personalratsmitglieds gerechtfertigt ist. Unzumutbar aber ist z. B. nicht die Weiterbeschäftigung eines ehemaligen Mitarbeiters des MfS, der als Beschäftigter der Post nicht persönlich mit der Kontrolle des Post- und Fernmeldewesens befasst und nicht in das Post- und Fernmeldegeheimnis aktiv eingegriffen hat. In einem solchen Fall ist eine Weiterbeschäftigung zumutbar, zumal dann, wenn das betreffende Personalratsmitglied nunmehr eine relativ untergeordnete Tätigkeit ausübt und keinen mit seiner Funktion verbundenen Kontakt zum Bürger hat (OVG Berlin v. 4. 3. 1992, PersR 1992, 323). Ebenso ist die Rechtslage dann zu beurteilen, wenn die Tätigkeit als inoffizieller Mitarbeiter beim MfS nicht zu einer besonderen Verstrickung geführt hat und wenn die vorwerfbare Tätigkeit bereits über zwanzig Jahre zurückliegt (OVG Berlin v. 9. 12. 1994, Leits. ZfPR 1996, 18; OVG Berlin v. 23. 3. 1995 – OVG PV [Bln] 10.94, n. v.; vgl. grundlegend: BVerwG v. 28. 1. 1998, Leits. PersV 1998, 531 = ZfPR 1998, 113).

30 7. Eine **ordentliche Kündigung** während der Amtszeit ist grundsätzlich unzulässig (§ 15 Abs. 2 KSchG). Personalratsmitglieder sowie Jugend- und Auszubildendenvertreter genießen **Kündigungsschutz** (im Falle einer ordentlichen Kündigung) aber **auch noch nach Beendigung ihrer Amtszeit** und zwar für die Dauer eines Jahres vom Zeitpunkt der Beendigung der Amtszeit an gerechnet (§ 15 Abs. 2 Satz 2 KSchG). Der Sinn dieser Regelung liegt darin, den Amtsträgern eine möglichst unbeeinflusste Amtsausübung zu ermöglichen. Auf diese Weise wird allen passiv wahlberechtigten Beschäftigten der Entschluss zur Mitarbeit in den Vertretungsorganen erleichtert. Deshalb genießen auch solche Personalratsmitglieder nachwirkenden Kündigungsschutz nach § 15 Abs. 2 Satz 2 KSchG, die ihr Personalratsamt niedergelegt haben. Wenn daher der Leiter einer Dienststelle im Nachwirkungszeitraum gegenüber einem früheren Personalratsmitglied eine ordentliche Kündigung ausspricht, so ist diese auch dann nichtig, wenn ein wichtiger Grund vorgelegen hat (vgl. für das BetrVG: BAG v. 5. 7. 1979, BB 1979, 1769 = DB 1979, 2327).

8. a) Die **Kündigung von Mitgliedern des Wahlvorstands** ist vom Zeitpunkt 31
ihrer Bestellung an, die **Kündigung von Wahlbewerbern** vom Zeitpunkt der Aufstellung des Wahlvorschlages und des Vorliegens der notwendigen Zahl von Stützungsunterschriften, an, jeweils bis zur Bekanntgabe des Wahlergebnisses, grundsätzlich unzulässig (§ 15 Abs. 3 Satz 1 KSchG). Der Kündigungsschutz für Wahlbewerber setzt deren Wählbarkeit voraus (vgl. für das BetrVG: BAG v. 26. 9. 1996, BB 1997, 2164). Er besteht auch dann, wenn die Wahlvorschlagsliste, auf der er kandidiert, durch spätere Streichung von Stützungsunterschriften ungültig wird; denn zum einen sind Wahlbewerber im Hinblick auf mögliche Interessenkonflikte mit dem Dienststellenleiter ähnlich schutzbedürftig wie die Mitglieder der Personalvertretung. Zum anderen muss verhindert werden, dass der Dienststellenleiter ihm nicht genehme Kandidaten durch eine Kündigung von der Wahl und der Wahrnehmung personalvertretungsrechtlicher Ämter ausschließt (vgl. für das BetrVG: BAG v. 5. 12. 1980, BAGE 34, 291 = BB 1981, 1142 = DB 1981, 1142; vgl. im Übrigen § 24 Anm. 11).

b) Der **Kündigungsschutz gilt für Mitglieder des Wahlvorstands und für** 32
Wahlbewerber innerhalb von sechs Monaten nach Bekanntgabe des Wahlergebnisses, „es sei denn, dass Tatsachen vorliegen, die den Arbeitgeber zur Kündigung aus wichtigem Grund ohne Einhaltung einer Kündigungsfrist berechtigen; dies gilt nicht für Mitglieder des Wahlvorstands, wenn dieser durch gerichtliche Entscheidung durch einen anderen Wahlvorstand ersetzt worden ist" (§ 15 Abs. 3 Satz 2 KSchG). Für den Kündigungsschutz eines Wahlbewerbers ist nicht erforderlich, dass er im Zeitpunkt des Kündigungszugangs schon sechs Monate dem Geschäftsbereich der obersten Dienstbehörde (§ 14 Abs. 1 Nr. 1) angehört; denn es kommt für die Berechnung der Sechsmonatsfrist alleine auf den Zeitpunkt der Personalratswahl an. Diese Frist soll gewährleisten, dass der Wahlbewerber zum Zeitpunkt der Wahl den zur Ausübung seines Amtes notwendigen Überblick über die Verhältnisse in der Dienststelle besitzt. Daher wird der Kündigungsschutz nicht dadurch hinfällig, dass der betreffende Wahlbewerber zum Zeitpunkt des Zugangs der Kündigung der Dienststelle noch nicht sechs Monate angehört (vgl. für das BetrVG: LAG Hamm v. 21. 4. 1982, DB 1983, 209). Nach **Beendigung des nachwirkenden Kündigungsschutzes** kann dem erfolglosen Wahlbewerber wieder wie jedem Arbeitnehmer gekündigt werden. Daher kann der Dienststellenleiter die Kündigung auf Pflichtverletzungen des Arbeitnehmers stützen, die dieser während der Schutzfrist begangen hat und die nicht im Zusammenhang mit der Wahlbewerbung stehen. Dabei allerdings sind die Umstände des Einzelfalls sorgfältig zu prüfen, auch dahingehend, ob die Kündigungsgründe inzwischen verwirkt sein könnten. Eine solche Verwirkung käme aber nur für den Fall in Betracht, dass ein Dienststellenleiter trotz Vorliegens eines Kündigungsgrundes die Kündigung nicht ausgesprochen hat und bei dem betroffenen Arbeitnehmer dadurch das berechtigte Vertrauen entstanden ist, die Kündigung werde unterbleiben (vgl. für das BetrVG: BAG v. 13. 6. 1996, BB 1996, 2098 = DB 1996, 1832 = ZBVR 1997, 9).

9. a) Als **Amtszeit** ist die Amtszeit der Personalvertretung anzusehen; denn 33
das einzelne Mitglied hat keine Amtszeit. Die Schutzzeit für das betroffene

Personalratsmitglied beginnt daher mit der Beendigung der Amtszeit der Personalvertretung. Im Falle einer vorzeitigen Beendigung der Amtszeit infolge einer Veränderung in der Zahl der regelmäßig Beschäftigten (§ 27 Abs. 2 Nr. 1) oder des Absinkens der Zahl der Personalratsmitglieder auch nach Eintreten sämtlicher Ersatzmitglieder um mehr als ein Viertel (§ 27 Abs. 2 Nr. 2) beginnt der Lauf der Kündigungsschutzzeit mit Bekanntgabe des Wahlergebnisses der neugewählten Personalvertretung. Gleiches gilt im Falle des Rücktritts des Vertretungsorgans (§ 27 Abs. 2 Nr. 3).

34 b) Der Kündigungsschutz greift nicht Platz, wenn die **Beendigung der Mitgliedschaft auf einer gerichtlichen Entscheidung** beruht oder die Personalratswahl mit Erfolg angefochten oder deren Nichtigkeit festgestellt worden ist (§ 27 Abs. 2 Nr. 4 bzw. § 25 i. V. mit § 15 Abs. 2 Satz 2 letzter Halbsatz KSchG; vgl. für das BetrVG: BAG v. 7. 5. 1986, BAGE 52, 50 = DB 1986, 1882). Gleiches gilt bei vorzeitigem Erlöschen der Mitgliedschaft in der Personalvertretung infolge Verlustes der Wählbarkeit (§ 29 Abs. 1 Nr. 5), infolge Ausschlusses aus der Personalvertretung (§ 29 Abs. 1 Nr. 6) und infolge gerichtlicher Entscheidung über die Feststellung der Nichtwählbarkeit (§ 29 Abs. 1 Nr. 7 i. V. mit § 15 Abs. 2 Satz 2 letzter Halbsatz KSchG; vgl. auch für das BetrVG: LAG Hamm v. 17. 3. 1978, DB 1978, 1747).

III. Versetzung, Abordnung und Umsetzung von Personalratsmitgliedern

35 1. Abs. 2 **schützt** alle Mitglieder einer **Personalvertretung** (Beamte oder Arbeitnehmer) vor **Versetzungen** und **Abordnungen**. Es handelt sich hierbei um eine Schutzbestimmung im Interesse der Personalvertretung, deren Mitglieder unabhängig von den die Mitgliedschaft beeinflussenden personellen Maßnahmen sein sollen (BVerwG v. 18.10. 1977, ZBR 1978, 204 = PersV 1979, 70). Die Vorschrift gilt auch für Soldatenvertreter in Personalvertretungen (§ 51 Abs. 3 SBG) bzw. für die Vertrauensperson (§ 15 SBG) ebenso wie für Mitglieder von Betriebsvertretungen bei den alliierten Streitkräften (Lorenzen u. a., § 47 Anm. 116). Abstrakt wendet sich der Schutzzweck des Gesetzes sowohl gegen Eingriffe aus Gesichtspunkten des Dienstherrn wie auch aus Gesichtspunkten des Personalrats (ArbG Bonn v. 9. 9. 1999, Leits. ZfPR 2000, 177). Der Schutz gilt auch für Versetzungen, die im Rahmen einer Umorganisation (Ausgliederung/Überführung) erfolgen (BVerwG v. 19. 2. 1987, PersV 1987, 510; OVG Koblenz v. 15. 7. 1996, PersR 1996, 446) und für solche Versetzungen, die vor Ablauf der Amtszeit verfügt, aber erst nach deren Ende wirksam werden, wenn das betreffende Personalratsmitglied für die sich unmittelbar anschließende Amtszeit wieder gewählt worden ist (BVerwG v. 15. 7. 1999, PersV 2000, 86 = Leits. ZfPR 2000, 177). Insgesamt soll eine dem Wählerwillen entsprechende Zusammensetzung während der Amtszeit garantiert werden (Lorenzen u. a., § 47 Anm. 47). **Personalratsmitglieder dürfen** danach **nur versetzt oder abgeordnet werden, wenn**

a) sie zustimmen,

b) die Maßnahme aus wichtigen dienstlichen Gründen auch unter Berücksichtigung der Mitgliedschaft in der Personalvertretung unvermeidbar ist,

c) die Personalvertretung zustimmt, falls Versetzung oder Abordnung gegen den Willen des Personalratsmitglieds erfolgen und

d) eine Personalvertretung, die nicht mit derjenigen identisch sein muss, der das zu versetzende oder abzuordnende Mitglied angehört, mitbestimmt hat. Wenn z. B. das zu versetzende oder abzuordnende Personalratsmitglied dem Personalrat einer nachgeordneten Dienststelle angehört, während die Versetzungs- bzw. Abordnungsverfügung vom Leiter der Mittelbehörde getroffen wird, dann ist neben der Erteilung der Zustimmung nach Abs. 2 Satz 3 durch den „nachgeordneten“ Personalrat noch die Zustimmung des bei der Mittelbehörde ansässigen Bezirkspersonalrats erforderlich. Keine zustimmungspflichtige Versetzung im Sinne von Abs. 2 liegt dann vor, wenn aufgrund eines Organisationsbefehls des Bundesministers der Verteidigung eine militärische Dienststelle der höheren Dienststelle eines anderen Geschäftsbereichs unterstellt wird und die der Dienststelle angehörenden Mitglieder des Bezirkspersonalrats ihr Amt verlieren (BVerwG v. 15. 7. 2004, Leits. ZBR 2004, 402 = PersV 2004, 427 = ZfPR 2005, 66).

2. Selbstverständlich können **Mitglieder der Personalvertretung auf ihren Wunsch hin versetzt oder abgeordnet** werden, da die Mitgliedschaft in der Interessenvertretung der Beschäftigten dem Wunsch nach individuellen personellen Maßnahmen nicht entgegensteht (BVerwG v. 18. 10. 1977, ZBR 1978, 204 = PersV 1979, 70; BVerwG v. 11. 12. 1991, Leits. ZBR 1992, 251 = PersV 1992, 256 = ZfPR 1992, 136). Im Übrigen ist zu bedenken, dass eine Abordnung (und Versetzung) mit dem Willen des betroffenen Personalratsmitglieds von der Personalvertretung ohnehin nicht aufgehalten werden kann; denn das Personalratsmitglied kann jederzeit auf seine Mitgliedschaft verzichten und somit die von ihm gewollte Abordnung erreichen. Insofern kommen die nachfolgend erwähnten Voraussetzungen (Anm. 37, 38) erst zum Tragen, wenn die Zustimmung des Betroffenen zur Versetzung oder Abordnung nicht vorliegt (Lorenzen u. a., § 47 Anm. 126). **36**

3. Versetzung oder Abordnung sind **aus wichtigen dienstlichen Gründen** auch unter Berücksichtigung der Mitgliedschaft in der Personalvertretung dann **unvermeidbar,** wenn die **dienstlichen Belange so sehr im Vordergrund** stehen, dass demgegenüber eine Änderung in der Zusammensetzung des Vertretungsorgans eine geringere Rolle spielt. Dies ist nicht schon dann der Fall, wenn das „dienstliche Bedürfnis“ i. S. von § 26 Abs. 1 BBG besteht, das eine Versetzung eines Beamten im allgemeinen ohne seinen Willen zulässig macht. Vielmehr ist erforderlich, dass den dienstlichen Interessen zum angegebenen Zeitpunkt in keiner anderen Weise Genüge getan werden kann als gerade durch die Versetzung oder Abordnung des zur Diskussion stehenden Personalratsmitglieds auf die konkret zu besetzende Stelle. Nur unter dieser Voraussetzung gehen bei einem Interessenkonflikt die dienstlichen Belange vor (Fischer u. a., § 47 Anm. 46). Daraus ergibt sich aber nicht, dass die Personalvertretung gezwungen wäre, der Versetzung oder Abordnung zuzustimmen. Die fehlende Zustimmung der Personalvertretung kann auch nicht durch einen Gerichtsbeschluss ersetzt werden (vgl. Anm. 44). **37**

4. Auf die **Dauer der Abordnung** kommt es in diesem Zusammenhang nicht an. Entscheidend ist vielmehr, ob durch die Abordnung die Tätigkeit in der Personalvertretung gefährdet ist und der Betreffende an der Ausübung seines Mandats gehindert wird. **38**

5. Dem **besonderen Schutz** unterliegen auch **Umsetzungen,** die mit einem **Wechsel des Dienstortes** verbunden sind (Abs. 2 Satz 2). Der Gesetzgeber will den Schutz der Personalvertretung und ihrer Mitglieder nicht auf den Verlust des Personalratsamtes beschränken, sondern alle möglichen Erschwerungen der Ausübung des Amtes, die eine Beeinträchtigung der unabhängigen Amtsführung bewirken, einbeziehen. Infolgedessen muss die Zustimmung der Personalvertretung auch bei einer mit einem Dienstortwechsel verbundenen Umsetzung als Voraussetzung für deren Wirksamwerden vorliegen (BVerwG v. 11. 12. 1991, Leits. ZBR 1992, 251 = PersV 1992, 256 = ZfPR 1992, 136). In diesem Zusammenhang ist unerheblich, ob für die Entschei- **39**

dung des Dienststellenleiters, das betreffende Personalratsmitglied an einen anderen Dienstort umzusetzen, sachliche und nachzuvollziehende Gründe maßgebend waren. Wenn dies aber der Fall sein sollte, dann wäre u. U. eine Zustimmungsverweigerung als Überschreitung des pflichtgemäßen Ermessens der Personalvertretung anzusehen (OVG Münster v. 12. 2. 2007, ZfPR online 7/2007, S. 8).

40 6. Ein **Wechsel des Dienstortes** und damit eine zustimmungsbedürftige Maßnahme liegt nicht vor, wenn eine Veränderung des Arbeitsplatzes innerhalb des zum Einzugsgebiet im Sinne des Umzugskostenrechts gehörenden Dienstortes erfolgt. Einzugsgebiet in diesem Sinne ist ein Gebiet, das auf einer üblicher Weise befahrenen Strecke nicht mehr als 30 km von der Gemeindegrenze des Dienstorts entfernt ist (§ 3 Abs. 1 Nr. 1 c Bundesumzugskostengesetz, BUKG, v. 8. 4. 1964, BGBl. I S. 253 i. d. F. d. Bekanntm. v. 11. 12. 1990, BGBl. I S. 2682, zul. geänd. d. Art. 5 Abs. 11 G v. 15. 12. 2004, BGBl. I S. 3396).

41 7. Wenn Versetzung, Abordnung oder Umsetzung **gegen den Willen des Personalratsmitglieds** erfolgen sollen, so bedürfen diese Maßnahmen der **Zustimmung der Personalvertretung.** Die Zustimmung ist von der Personalvertretung zu erteilen, der der Betreffende angehört, da sie in ihrer Zusammensetzung geschützt werden soll (BVerwG v. 9. 7. 1980, PersV 1981, 370). Daher ist auch nicht entscheidend, von welcher Dienststelle die Maßnahme ausgesprochen wird (BVerwG v. 10. 7. 1964, BVerwGE 19,139 = ZBR 1964, 318 = PersV 1964, 228; Fischer u. a., § 47 Anm. 47; Lorenzen u. a., § 47 Anm. 131).

42 a) Die Personalvertretung hat die **Entscheidung** über die Erteilung oder Versagung der Zustimmung **nach pflichtgemäßem Ermessen** zu treffen (Lorenzen u. a., § 47 Anm. 134). Missbraucht die Personalvertretung ihr Ermessen z. B. durch ausschließliche Berücksichtigung gewerkschaftspolitischer Gesichtspunkte, so kann ihre Auflösung betrieben werden (Richardi u. a., § 47 Anm. 82; vgl. § 28 Abs. 1). An der Entscheidung über den Antrag auf Zustimmung kann das von der Maßnahme betroffene Mitglied nicht mitwirken. Es wird durch das zuständige Ersatzmitglied vertreten.

43 b) Die **Beschlussfassung** der Personalvertretung **erfolgt nach § 38 Abs. 1.** Es handelt sich hierbei nicht um eine Gruppenangelegenheit, da die Maßnahme die Personalvertretung in ihrer Gesamtheit betrifft (Fischer u. a., § 47 Anm. 50). Erteilung oder Versagung der Zustimmung sind nicht mit einem Beschluss im Rahmen der beteiligungspflichtigen Angelegenheiten (§§ 69 ff.) zu verwechseln; denn das Gesetz spricht der Personalvertretung nicht ein Mitwirkungs- oder Mitbestimmungsrecht im rechtstechnischen Sinne zu. Daher kann die Zustimmung der Personalvertretung im Rahmen von Abs. 2 auch nicht durch eine Entscheidung der Einigungsstelle ersetzt werden (BVerwG v. 10. 7. 1964, BVerwGE 19, 139 = ZBR 1964, 318 = PersV 1964, 228). Im Übrigen dient Abs. 2 dem Schutz der Personalvertretung im Blick auf ihre Zusammensetzung, während das Beteiligungsverfahren in erster Linie den Schutz des einzelnen Beschäftigten bezweckt.

44 c) Im Gegensatz zur außerordentlichen Kündigung sieht das Gesetz nicht vor, dass eine von der Personalvertretung verweigerte Zustimmung durch das Verwaltungsgericht ersetzt werden kann (BVerwG v. 29. 4. 1981, ZBR 1982, 185 = PersV 1982, 406). **Verweigert die Personalvertretung** also die **Zustimmung, so wird die Verwaltung an der Durchführung der beabsichtigten Maßnahme gehindert.** Insofern ist sie nicht frei in ihrer personellen

Entscheidung. Dies ist vor allen Dingen im Hinblick auf Beamte von Bedeutung. Diese Folge widerspricht nicht hergebrachten Grundsätzen des Berufsbeamtentums, wonach über personelle Angelegenheiten von Beamten in der Regel allein die vorgesetzte Dienstbehörde entscheidet (BVerfG v. 27. 4. 1959, BVerfGE 9, 268 = ZBR 1959, 152 = PersV 1958/59, 234); denn im vorliegenden Fall hat der Gesetzgeber bewusst die Respektierung des Wählerwillens, die freie Ausübung des Mandats und damit den Schutz der Zusammensetzung der Personalvertretung höher angesetzt. Infolgedessen kann auch nicht in analoger Anwendung des Abs. 1 Satz 2 und 3 auf Antrag des Dienststellenleiters ein Verwaltungsgericht die fehlende Zustimmung der Personalvertretung für den Fall ersetzen, dass Versetzung, Abordnung oder Umsetzung unter Berücksichtigung der Mitgliedschaft in der Personalvertretung aus wichtigen dienstlichen Gründen unvermeidbar sind. Andernfalls nämlich wäre nicht erklärbar, warum der Gesetzgeber gerade die Bestimmung über eine entsprechende Anwendung von Abs. 1 Satz 2 und 3 aus dem Gesetzentwurf gestrichen hätte (BT-Drucks. 7/176 und BT-Drucks. 7/1339; Fischer u. a., § 47 Anm. 49; Lorenzen u. a., § 135).

d) Das **betroffene Personalratsmitglied** kann unabhängig von der erteilten Zustimmung der Personalvertretung die Rechtmäßigkeit der Versetzung, Abordnung oder Umsetzung **gerichtlich nachprüfen lassen** (Fischer u. a., § 47 Anm. 53; vgl. auch BVerwG v. 11. 12. 1991, Leits. ZBR 1992, 251 = PersV 1992, 256 = ZfPR 1992, 136). Für Beamte ist das Verwaltungs-, für Arbeitnehmer das Arbeitsgericht zuständig. Liegt die Zustimmung der Personalvertretung nicht vor, so braucht das betroffene Personalratsmitglied **der dienstlichen Aufforderung nicht Folge zu leisten**; denn die entsprechenden Verfügungen sind fehlerhaft (Fischer u. a., § 47 Anm. 56) 45

e) Für die **Mitglieder des Wahlvorstands und Wahlbewerber** zu den Personalratswahlen wie auch für den Wahlvorstand und die Wahlbewerber zur Wahl der **Jugend- und Auszubildendenvertretung** sowie der **Schwerbehindertenvertretung** ist Abs. 2 anwendbar mit der Maßgabe, dass die Versetzung und Abordnung **nicht** an die **Zustimmung** der Personalvertretung gebunden ist. Der Versetzungsschutz beginnt, wenn ein Wahlvorstand besteht und wenn ein ordnungsgemäß unterzeichneter Wahlvorschlag einer in der Dienststelle vertretenen Gewerkschaft oder ein Wahlvorschlag der wahlberechtigten Beschäftigten vorliegt, der die erforderliche Zahl von Unterschriften trägt und wenn der Wahlbewerber auf einem dieser Wahlvorschläge kandidiert. Nicht erforderlich ist, dass der Wahlvorschlag bereits dem Wahlvorstand vorliegt (BVerwG v. 13. 6. 2007, ZfPR online 1/2008, S. 2). Die in einem Arbeitsverhältnis stehenden Mitglieder einer Jugend- und Auszubildendenvertretung unterliegen ebenfalls dem Schutz des Abs. 2. In ihrem Fall ist für die Zustimmung zu einer außerordentlichen Kündigung nicht die Jugend- und Auszubildendenvertretung, sondern die Personalvertretung zuständig (§ 62 Satz 2). Wenn Ersatzmitglieder für ein ausgeschiedenes Mitglied einer Personalvertretung nachgerückt sind (§ 31 Abs. 1 Satz 1), dann gilt für sie der gleiche Schutz wie für Personalratsmitglieder. Dagegen genießt ein nur zeitweilig in die Personalvertretung für ein verhindertes Personalratsmitglied eingetretenes Ersatzmitglied den Schutz nur für die Dauer der Vertretung (Fischer u. a., § 47 Anm. 5; Lorenzen u. a., § 47 Anm. 11). 46

f) Die Vorschrift ist auch auf **Soldatenvertreter in Personalvertretungen** (vgl. § 51 Abs. 1 SBG, insbesondere § 51 Abs. 3 SBG) anwendbar; denn mit Ausnahme ihrer eingeschränkten Befugnisse in Gruppenangelegenheiten der Soldaten entspricht ihr Auftrag demjenigen der übrigen Personalratsmitglieder. 47

Sie bedürfen daher grundsätzlich auch des gleichen Schutzes vor Personalmaßnahmen, die die Wahrnehmung ihres Amtes oder ihre innere Unabhängigkeit beeinflussen könnten. Die sich aus dem militärischen Auftrag der Bundeswehr ergebenden besonderen Erfordernisse im personellen Bereich können allerdings auch Soldatenvertretern gegenüber durchgesetzt werden. Das setzt voraus, dass sie als „wichtige dienstliche Gründe" für eine Versetzung oder Abordnung im Sinne des Abs. 2 zu berücksichtigen sind (BVerwG v. 19. 2. 1987 – 6 P 11.85, ZBR 1987, 248 = PersV 1987, 510; BVerwG v. 19. 2. 1987 – 6 P 12.85, PersV 1988, 125). Nationale oder übernationale Verwendungsplanungen, die auf eine Versetzung, Abordnung oder Umsetzung – auch wenn sie nicht in allen Einzelheiten die herkömmlichen Elemente enthalten – gerichtet sind, sind daher von der Zustimmung der zuständigen Personalvertretung abhängig (BVerwG v. 1. 3. 1985, PersV 1986, 331). Infolgedessen kann der Dienstherr auch einem Soldatenvertreter nicht entgegenhalten, seine Weigerung verstoße gegen die Treuepflicht, noch kann er geltend machen, dass der Soldatenvertreter sich auf die fehlende Zustimmung der Personalvertretung nicht berufen dürfe; denn die Treuepflicht gebietet nicht, auf gesetzlich zustehende Rechte zugunsten des Dienstherrn zu verzichten. Ein im Ausland verwendeter, der Personalvertretung angehörender Berufssoldat darf daher auch dann nur mit Zustimmung der Personalvertretung ins Inland zurückversetzt werden, wenn er bereits die übliche Verwendungshöchstdauer erreicht hat (OVG Münster v. 11. 9. 1984, PersV 1986, 332).

48 g) Abs. 2 gilt auch für die Mitglieder der **Jugend- und Auszubildendenvertretung** (siehe aber Anm. 46). Ebenso gilt die Vorschrift für die Mitglieder der **Stufenvertretungen** (§ 54 Abs. 1) und des **Gesamtpersonalrats** (§ 56). Wenn Versetzung oder Abordnung sich auf das Mitglied einer Stufenvertretung (bzw. eines Gesamtpersonalrats) beziehen, so bedürfen diese Maßnahmen der Zustimmung der Stufenvertretung bzw. des Gesamtpersonalrats auch dann, wenn die Dienststelle selbst, bei der das betreffende Mitglied tätig ist, die Versetzung, Abordnung oder Umsetzung verfügen kann (BVerwG v. 10. 7. 1964, BVerwGE 19, 139 = ZBR 1964, 318 = PersV 1964, 228). Zuständig ist nämlich stets diejenige Personalvertretung, der der betroffene Beschäftigte angehört, nicht entscheidend ist, von welcher Dienststelle die Maßnahme verfügt wird (Fischer u. a., § 47 Anm. 47). Wenn daher das Mitglied, das von einer Versetzungs- bzw. Abordnungsverfügung betroffen ist, einem Personalrat einer nachgeordneten Behörde angehört, so ist dieser Personalrat selbst dann zuständig, wenn jene Verfügungen von der Mittelbehörde ausgehen (vgl. hierzu auch BVerwG v. 9. 7. 1980, PersV 1981, 370). Das Zustimmungserfordernis hängt nicht davon ab, ob das betreffende Mitglied den Zuständigkeitsbereich der Stufenvertretung verlässt (vgl. hierzu auch: OVG Koblenz v. 15. 7. 1996, Leits. ZfPR 1997, 164).

49 h) Für **Mitglieder des Wahlvorstands und für Wahlbewerber** zu Personalratswahlen, zu Wahlen der Jugend- und Auszubildendenvertretung und zur Schwerbehindertenvertretung hat Abs. 2 während deren Amtszeit bzw. Kandidatur ebenfalls Wirkung (vgl. Anm. 46), wobei es auf eine Zustimmung der Personalvertretung nicht ankommt, so dass auch im Falle des Nichtbestehens einer Personalvertretung die Schutzfunktion Platz greift (Fischer u. a., § 47 Anm. 41). Der Schutz gilt nur für wählbare Wahlbewerber; er beginnt mit der Aufstellung des Wahlvorschlags (vgl. Anm. 18, 31). Dies ergibt sich aus dem Schutzzweck der Vorschrift, der darauf ausgerichtet ist, dass der Wahlbewerber wegen seiner Kandidatur keine Benachteiligungen zu befürchten haben soll. Ein Zustimmungsersetzungsverfahren beim Verwaltungsgericht kommt nicht in Betracht (Lorenzen u. a., § 47 Anm. 114).

i) Auf die **Vertreter der nichtständig Beschäftigten** ist Abs. 2 nicht anwendbar. Versetzungen, Abordnungen oder Umsetzungen sind aber fehlerhaft, wenn sie in der Absicht der Störung der Arbeit dieser Vertretung erfolgen. **Ersatzmitglieder** unterliegen während der Dauer ihrer Zugehörigkeit zur Personalvertretung ebenfalls dem Schutz des Abs. 2 (BVerwG v. 27. 9. 1984, ZBR 1985, 60 = PersV 1986, 468; OVG Berlin v. 14. 6. 1990, PersR 1991, 141; vgl. auch Anm. 8). 50

IV. Beamte im Vorbereitungsdienst etc.

1. Abs. 3 nimmt **Beamte im Vorbereitungsdienst und Beschäftigte in entsprechender Berufsausbildung** vom Schutz des Abs. 1 und 2 sowie von den Kündigungsschutzbestimmungen der §§ 15, 16 KSchG aus. Der Grund liegt darin, dass diese Beschäftigten ihre Tätigkeit bei einer Dienststelle nur vorübergehend und nur so lange ausüben, wie es ihre jeweilige Ausbildung erfordert. Im Übrigen geht eine vielseitige Berufsausbildung im Interesse der Auszubildenden der Personalratstätigkeit und der Absicht einer gleichbleibenden personellen Zusammensetzung während einer Amtszeit vor. Beamte im Vorbereitungsdienst und Beschäftigte in entsprechender Berufsausbildung müssen daher Versetzungen, Abordnungen oder Umsetzungen hinnehmen, weil ohne praktische Erfahrung in unterschiedlichen Dienststellen das Berufsausbildungsziel nicht erreicht werden kann. 51

2. **Beamte im Vorbereitungsdienst** sind solche, die einen Vorbereitungsdienst nach den §§ 16, 19 BBG und nach § 14 BLV ableisten. **Beschäftigte in entsprechender Berufsausbildung** sind Arbeitnehmer, die meist bei mehreren Dienststellen nach Weisung der Stammbehörde tätig sind, die die Einstellung verfügt und die Ausbildung im Einzelnen regelt (vgl. auch § 13 Anm. 27 f.). Für diesen Personenkreis ist es also unerheblich, ob die Personalvertretung einer Versetzung, Abordnung oder Umsetzung zustimmt. **Versetzungen, Abordnungen oder Umsetzungen sind** auch ohne die Erfüllung dieser sonst notwendigen Voraussetzung **wirksam.** 52

3. Auch die **Kündigung von Beschäftigten,** die in einer dem Vorbereitungsdienst **entsprechenden Berufsausbildung** stehen, ist bei Vorliegen der sonstigen Voraussetzungen wirksam. Die Mitgliedschaft in der Personalvertretung ist insoweit unbedeutend. Wird allerdings in der Absicht der Störung der Arbeit der Personalvertretung gekündigt, so ist die Kündigung unwirksam (vgl. Anm. 4). Der Gesetzgeber sieht insoweit den allgemeinen Schutz nach § 8 als ausreichend an. Im Übrigen findet der Kündigungsschutz nicht auf Beamte auf Probe Anwendung, da es an einer entsprechenden gesetzlichen Regelung fehlt. 53

4. Auch **nach dem Ende der Ausbildung** gelten die Absätze 1, 2 und die §§ 15, 16 KSchG nicht. Andernfalls wäre es dem Dienstherrn nur schwer möglich, eine im Anschluss an die Ausbildung notwendig werdende ordnungsgemäße Verwendung – auch nach Ausspruch einer Änderungskündigung – sicherzustellen (vgl. in diesem Zusammenhang aber § 9). 54

5. Sind Beamte im Vorbereitungsdienst und Beschäftigte in entsprechender Berufsausbildung im Hinblick auf besondere Erfordernisse ihrer Ausbildung zu einer anderen Dienststelle versetzt, abgeordnet oder sind sie umgesetzt worden, so **ruht ihre Mitgliedschaft in der Personalvertretung.** Davon unberührt bleiben selbstverständlich die Fälle des Erlöschens der Mitgliedschaft nach § 29. Die Ausbildung soll im Falle einer Versetzung, Abordnung oder Umsetzung nicht deshalb beeinträchtigt werden, weil der Betreffende Mit- 55

glied einer Personalvertretung ist. Seine Rechte und Pflichten aus dieser Mitgliedschaft sind daher während der Dauer der Versetzung, Abordnung oder Umsetzung zu einer anderen Behörde als der Stammdienststelle auszusetzen und durch das Ersatzmitglied wahrzunehmen.

V. Streitigkeiten

56 1. **Streitigkeiten über** die **Zulässigkeit von Versetzungen, Abordnungen oder Umsetzungen** entscheiden die Verwaltungs-(Beamte) bzw. Arbeitsgerichte (Arbeitnehmer). Streitigkeiten über die Rechtmäßigkeit einer Kündigung entscheiden die Arbeitsgerichte (§ 2 Abs. 1 Nr. 2 ArbGG). Das Personalratsmitglied selbst kann eine verwaltungsgerichtliche Feststellung im Hinblick darauf erstreben, dass es durch eine Versetzung, Abordnung oder Umsetzung in seiner personalvertretungsrechtlichen Rechtsstellung betroffen ist (VGH Mannheim v. 30. 3. 1999, PersR 1999, 275). Eine außerordentliche Kündigung eines Personalratsmitglieds kann auch dann unwirksam sein, wenn die Personalvertretung zugestimmt hat (Fischer u. a., § 47 Anm. 53; Lorenzen u. a., § 47 Anm. 146); dies ist z. B. der Fall, wenn ein Dienststellenleiter dem Kündigungsschreiben nicht auch die schriftliche Zustimmung der Personalvertretung beigefügt hat (vgl. für das BetrVG: LAG Hamm v. 22. 7. 1998 – 3 Sa 766/98, n. v.). Wenn eine Anordnung des Dienststellenleiters offensichtlich unwirksam ist, dann kann im Wege einer **einstweiligen Verfügung** die sofortige Weiterbeschäftigung zu den bisherigen Arbeitsbedingungen veranlagt werden (Lorenzen u. a., § 47 Anm. 147). Beamte können mit dem Ziel, ihre bisherige Position gesichert zu erhalten, eine einstweilige Anordnung nach § 123 VwGO beim Verwaltungsgericht erwirken. Stellt das Gericht die Unwirksamkeit einer Kündigung eines Personalratsmitglieds fest, das inzwischen ein neues Arbeitsverhältnis eingegangen ist, so kann es die Weiterbeschäftigung in der alten Dienststelle verweigern, falls es dies binnen einer Woche nach Rechtskraft des Urteils gegenüber dem bisherigen Arbeitgeber erklärt (§ 16 KSchG). Gleiches gilt auch für den Fall, dass nach der Entscheidung des Gerichts das Arbeitsverhältnis fortbesteht (§ 12 KSchG). Der Arbeitnehmer soll dem Risiko enthoben sein, den Ausgang des Rechtsstreits in ungewisser Position, d. h. ohne Ausnutzung einer sich etwa bietenden Möglichkeit, alsbald wieder eine Beschäftigung aufzunehmen, abzuwarten. Das gilt jedoch nur, wenn das neue Beschäftigungsverhältnis **vor** Rechtskraft der Entscheidung eingegangen war. Andernfalls kann der Arbeitnehmer die Fortsetzung seines alten Beschäftigungsverhältnisses bei der Dienststelle nicht rechtmäßig verweigern. Er würde sich in diesem Fall den Rechtsfolgen einer unberechtigten Arbeitsverweigerung aussetzen.

57 2. **Weitergehende Ansprüche** hat der Arbeitnehmer nicht, auch nicht auf Zahlung eines etwaigen Unterschieds zwischen dem alten und dem neuen Verdienst. Er hat auch kein Recht zur Lösung des inzwischen eingangenen neuen Arbeitsverhältnisses, um das alte fortzusetzen, wenn dies nicht besonders ausbedungen ist.

58 3. Besteht nach der Entscheidung des Gerichts das Arbeitsverhältnis fort, so muss sich der Arbeitnehmer nach § 11 KSchG **auf das Arbeitsentgelt,** das ihm der Arbeitgeber für die Zeit nach der Entlassung schuldet, **anrechnen lassen:**
was er durch anderweitige Arbeit verdient hat,
was er hätte verdienen können, wenn er es nicht böswillig unterlassen hätte, eine ihm zumutbare Arbeit anzunehmen,
was ihm an öffentlich-rechtlichen Leistungen infolge Arbeitslosigkeit aus der Sozialversicherung, der Arbeitslosenversicherung, der Arbeitslosenfürsorge oder der öffentlichen Fürsorge für die Zwischenzeit gezahlt worden ist. Diese Beiträge hat der Arbeitgeber der Stelle zu erstatten, die sie geleistet hat.

4. Im Übrigen kann das Mitglied der Personalvertretung oder der Jugend- und Auszubildendenvertretung etc. die Unwirksamkeit einer gegen § 15 KSchG verstoßenden Kündigung als **Vorfrage im Rahmen einer Leistungs- oder Feststellungsklage** geltend machen. Begehrt ein Personalratsmitglied, das gegen die fristlose Kündigung eine Kündigungsschutzklage erhoben hat, die Feststellung der Unwirksamkeit des Beschlusses des Personalrats betreffend die Zustimmung zur Kündigung, so fehlt für diesen Antrag sowohl die Antragsbefugnis als auch das Rechtsschutzbedürfnis (OVG Münster v. 11. 9. 1985, ZBR 1986, 178). **59**

5. Eine **einstweilige Verfügung** zur Ersetzung der Zustimmung der Personalvertretung ist auch für den Fall, dass dem Dienststellenleiter die Weiterbeschäftigung wegen schwerer Verfehlungen des Arbeitnehmers (Personalratsmitglieds) unzumutbar ist, nicht zulässig (Lorenzen u. a., § 47 Anm. 94). Wenn das zuständige Verwaltungsgericht die von der Personalvertretung verweigerte **Zustimmung zur außerordentlichen Kündigung ersetzt,** so kann das betroffene Personalratsmitglied hiergegen das statthafte Rechtsmittel (Beschwerde bzw. zugelassene Rechtsbeschwerde) auch dann einlegen, wenn die Personalvertretung die gerichtliche Entscheidung hinnimmt (vgl. für das BetrVG: BAG v. 10. 12. 1992, Leits. BB 1993, 584 = DB 1992, 889). **60**

6. Die **Kündigungsvorschriften des Einigungsvertrages** (Anl. 1 Kap. XIX Sachg. A Abschn. III Abs. 4 und 5) verdrängen nicht den Sonderkündigungsschutz für Personalratsmitglieder. Daher ist eine ordentliche Kündigung unzulässig, während eine außerordentliche Kündigung nur mit Zustimmung der Personalvertretung, im Falle der Verweigerung durch Beschluss des zuständigen Verwaltungsgerichts, erfolgen kann (LAG Chemnitz v. 14. 10. 1992, PersR 1993, 279; vgl. Anm. 29). **61**

Schrifttum: Buns, Die Ersetzung der Zustimmung zur außerordentlichen Kündigung von Betriebs- bzw. Personalratsmitgliedern, BB 1979,1508; Fischermeier, Die Beteiligung des Betriebsrats bei außerordentlichen Kündigungen gegenüber Betriebsratsmitgliedern und anderen Funktionsträgern, ZTR 1998, 433; Fuchs, Kündigungsschutz von Wahlbewerbern, Wahlvorstandsmitgliedern und Vertrauensleuten der Schwerbehinderten in betriebsratslosen Betrieben, DB 1976, 677; Löwisch, Die Verknüpfung von Kündigungsschutz und Betriebsverfassung nach dem BetrVG 1972, DB 1975, 349; Reich, Widerruf des Beamtenverhältnisses eines im Personalrat arbeitenden wissenschaftlichen Assistenten, PersV 1978, 121; Vohs, Kündigungsschutz der Personalvertretung, PersR 1991, 2571; Weber, Die Kündigung eines Betriebsratsmitglieds aus wichtigem Grund, NJW 1973, 787.

Fünfter Abschnitt **Personalversammlung**

§ 48 [Zusammensetzung, Leitung, Teilversammlung]

(1) Die Personalversammlung besteht aus den Beschäftigten der Dienststelle. Sie wird vom Vorsitzenden des Personalrates geleitet. Sie ist nicht öffentlich.

(2) Kann nach den dienstlichen Verhältnissen eine gemeinsame Versammlung aller Beschäftigten nicht stattfinden, so sind Teilversammlungen abzuhalten.

Inhaltsübersicht

Entspr. landesgesetzliche Regelungen:
Baden-Württemberg: § 49; Bayern: Art. 48; Berlin: § 45, § 46 Abs. 1; Brandenburg: § 48; Bremen: § 43; Hamburg: § 51, § 53 Abs. 1; Hessen: § 44; Mecklenburg-Vorpommern: § 41; Niedersachsen: § 42; Nordrhein-Westfalen: § 45; Rheinland-Pfalz: § 47; Saarland: § 47; Sachsen: § 49; Sachsen-Anhalt: § 47; Schleswig-Holstein: § 39; Thüringen: § 48.

Entspr. Vorschrift des BetrVG: § 42.

I. Zweck der Regelung

1 1. Die Vorschrift regelt **Zusammensetzung** und **Durchführung, Vorsitz** und **Teilnahmerecht** an einer Personalversammlung.

2 2. Die Personalversammlung ist die **Zusammenkunft aller Beschäftigten der Dienststelle,** wobei unerheblich ist, ob ein Beschäftigter wahlberechtigt oder wählbar ist. Sie ist „ein Organ der Personalvertretung" (BVerwG v. 24. 10. 1975, BVerwGE 49, 259 = ZBR 1976, 192; 1977, 414 = PersV 1976, 422; Fischer u. a., § 48 Anm. 5; Lorenzen u. a., § 48 Anm. 5; Richardi u. a., § 48 Anm. 5). Auch der Dienststellenleiter gehört ihr an, sofern er Beschäftigter ist (Fischer u. a., § 48 Anm. 9; Lorenzen u. a., § 48 Anm. 7; Richardi u. a., § 48 Anm. 16); ist er dies nicht, so folgt sein Teilnehmerecht aus § 52 Abs. 2 (vgl. im Übrigen § 4 Anm. 8 sowie § 51 Anm. 13).

3 3. Die Personalversammlung ist **kein Dienststellenparlament, sondern ein Ausspracheforum** mit geringen indirekten Möglichkeiten zur Beeinflussung der Meinungs- und Willensbildung der Personalvertretung. Entscheidungsorgan ist allein die Personalvertretung (BVerwG v. 24. 10. 1975, BVerwGE 49, 259 = ZBR 1976, 192; 1977, 414 = PersV 1976, 422; BVerwG v. 6. 9. 1984, BVerwGE 70, 69 = ZBR 1985, 55; Lorenzen u. a., § 48 Anm. 5). In Personalversammlungen sollen die Beschäftigten über die Arbeit der Personalvertretung unterrichtet werden; sie sollen Informationen über mit ihrem Beschäftigungsverhältnis zusammenhängende Fragen erhalten und zum Erfahrungsaustausch zusammentreffen. Der Gedankenaustausch soll offen

und sachlich erfolgen. Die Öffentlichkeit wird ferngehalten, politische Einflussnahmen werden ausgeschlossen (OVG Münster v. 4. 9. 1989, ZBR 1990, 30). Die Personalversammlung ist **der Personalvertretung nicht übergeordnet.** Sie kann ihr nicht mit rechtlicher Wirkung Anweisungen erteilen, ihr das Vertrauen entziehen oder sie gar absetzen. Allerdings nötigt eine berechtigte Kritik der Personalversammlung an der Geschäftsführung der Personalvertretung diese zur Berücksichtigung; ungeprüfte Nichtberücksichtigung ist Fahrlässigkeit (vgl. BVerwG v. 14. 2. 1969, BVerwGE 31, 298 = ZBR 1969, 185 = PersV 1970, 60). Allerdings steht es einer Personalversammlung nicht zu, Fragen nach der Zweckmäßigkeit von Beschlüssen der Personalvertretung – z. B. über die Freistellung eines bestimmten Personalratsmitglieds – zu stellen.

3 a. Die **Personalversammlung** ist **kein Kontrollorgan des Personalrats** oder des Dienststellenleiters. Infolgedessen ist sie nicht berechtigt, dem Dienststellenleiter in einem förmlichen Beschluss ihre Missbilligung auszusprechen. Der Personalratsvorsitzende als Leiter der Personalversammlung ist daher verpflichtet, einen entsprechenden Antrag zurückzuweisen und ihn nicht zur Abstimmung zuzulassen (OVG Münster v. 19. 3. 1979, Leits. ZBR 1980, 131). 3a

4. Die Personalversammlung ist vom **Bestehen einer Personalvertretung abhängig,** weil nur diese sie einberufen kann (§ 49). Die Funktion der Personalversammlung ergibt sich aus ihrer Beziehung zum (örtlichen) Personalrat (Fischer u. a., § 48 Anm. 6). 4

5. **Keine Personalversammlung** i. S. des Fünften Abschnitts sind Versammlungen selbst sämtlicher Beschäftigter der Dienststelle, die vom Dienststellenleiter, von Gewerkschaften oder anderen Organisationen oder von der vorgesetzten Dienststelle oder aus dem Kreis der Belegschaft (Art. 8 GG) einberufen werden. Der Dienststellenleiter verstößt gegen den Grundsatz der vertrauensvollen Zusammenarbeit zwischen Dienststelle und Personalvertretung, wenn er eine von ihm zur Information der Beschäftigten einberufene Versammlung als „Personalversammlung“ (oder als „Personal-Versammlung“) bezeichnet (BVerwG v. 23. 5. 1986, ZBR 1986, 305; Richardi u. a., § 48 Anm. 11). Er kann aber eine Mitarbeiterversammlung einberufen, um über dienststelleninterne Belange zu informieren, auch wenn dabei Fragen berührt werden, für die die Personalvertretung zuständig ist (vgl. für das BetrVG: BAG v. 27. 6. 1989, BAGE 62, 192 = Leits. BB 1989, 2254 = DB 1989, 2543; vgl. auch Britz, PersV 1997, 289). 5

6. Die Personalversammlung nach dieser Vorschrift ist mit der **Personalversammlung zur Wahl des Wahlvorstands weder identisch noch** ist sie **ein Sonderfall;** denn die Personalversammlung der § 20 Abs. 2, § 21 wird nicht vom Vorsitzenden der Personalvertretung einberufen und geleitet. Die Einberufung obliegt dem Dienststellenleiter, die Leitung einem gewählten Versammlungsleiter. Darüber hinaus bestehen diese Versammlungen nur aus Personen, die den Wahlvorstand wählen können. Außerdem haben sie eine andere Aufgabe und sind nicht vom Vorhandensein einer Personalvertretung abhängig, sondern nur bei ihrem Fehlen oder ihrer Funktionsunfähigkeit zu bilden. Schließlich finden sie nur in einem Ausnahmefall statt, während die Personalversammlung nach den §§ 48 ff. eine Dauereinrichtung ist. 6

7. Die Personalversammlung hat **keine Vertretungsmacht nach außen.** Sie kann im Gegensatz zur Personalvertretung keine rechtsverbindlichen Erklä- 7

rungen abgeben (BVerwG v. 24. 10. 1975, BVerwGE 49, 252 = ZBR 1976, 192; 1977, 414 = PersV 1976, 422; vgl. Anm. 3).

8 8. Für die Beschäftigten besteht das **Recht,** aber nicht die Pflicht **zur Teilnahme an der Personalversammlung** (Lorenzen u. a., § 48 Anm. 10). Wer nicht teilnimmt, hat keinen Anspruch auf Dienstbefreiung und darf seinen Arbeitsplatz nicht verlassen. Beschäftigte, die sich während einer regelmäßigen Personalversammlung in Erholungsurlaub befinden, können an dieser Personalversammlung teilnehmen (Fischer u. a., § 48 Anm. 9; Lorenzen u. a., § 48 Anm. 5 c; vgl. für das BetrVG: BAG v. 5. 5. 1987, BAGE 54, 314 = BB 1987, 1809 = DB 1987, 1945). Sie haben aber keinen Anspruch auf Freizeitausgleich (Lorenzen u. a., § 50 Anm. 12).

II. Einberufung/Leitung

9 1. Die **Einberufung** der Personalversammlung geschieht auf förmlichen Beschluss der Personalvertretung (OVG Münster v. 31. 7. 1975, ZBR 1975, 357). Der Vorsitzende ist aus eigenem Recht zur Einberufung einer Personalversammlung nicht berechtigt. Vielmehr hat er lediglich den Beschluss der Personalvertretung umzusetzen und die Teilnahmeberechtigten zur Personalversammlung einzuladen (Fischer u. a., § 48 Anm. 14; Lorenzen u. a., § 48 Anm. 12). Die Unterlassung der Einberufung der ordentlichen Personalversammlung ist ein Pflichtverstoß nach § 28 (BVerwG v. 25. 2. 1972, PersV 1972, 214; VG Potsdam v. 23. 2. 1999, PersV 2000, 270). Die Verpflichtung zu einer **Abstimmung** mit dem Leiter der Dienststelle über die zeitliche Lage der Personalversammlung ergibt sich aus dem Gebot der vertrauensvollen Zusammenarbeit. Wenn allerdings trotz des Bemühens der Personalvertretung ein Einvernehmen mit dem Dienststellenleiter nicht zustandekommt, dann ist der Personalvertretung das Recht zur Festlegung des endgültigen Termins der Personalversammlung nicht abzusprechen (OVG Münster v. 4. 9. 1989, ZBR 1990, 30; Fischer u. a., § 50 Anm. 5; Lorenzen u. a., § 50 Anm. 6). Wenn der Dienststellenleiter der Auffassung ist, dass die Verlegung der Personalversammlung wegen dienstlicher Erfordernisse notwendig ist, dann muss er ein personalvertretungsrechtliches Beschlussverfahren einleiten; ggf. kann er eine einstweilige Verfügung beantragen.

10 2. Die Personalversammlung wird **vom Vorsitzenden der Personalvertretung geleitet.** Bei seiner Verhinderung leitet sie sein Stellvertreter. Eine weitere Vertretung – etwa durch Mitglieder der Personalvertretung – wird überwiegend abgelehnt (Fischer u. a., § 48 Anm. 17; Richardi u. a., § 48 Anm. 26; vorsichtig: Lorenzen u. a., § 48 Anm. 9). Wenn allerdings Vorsitzender und Stellvertreter (krankheitsbedingt) verhindert sind, kann eine Personalversammlung nicht auf einen Zeitpunkt außerhalb des zweiten Kalenderhalbjahres verschoben werden; denn § 49 Abs. 1 schreibt zwingend die Erstattung eines Tätigkeitsberichts einmal im Kalenderhalbjahr vor (vgl. auch Lorenzen u. a., § 49 Anm. 2a; abweichend Fischer u. a., § 49 Anm. 6, die eine Verschiebung z. B. bei einer langen schweren Erkrankung des Vorsitzenden für zulässig halten). Im Interesse einer zeitnahen Information der Beschäftigten über die Arbeit der Personalvertretung wird man die Durchführung einer Personalversammlung im Krankheitsfall der Mitglieder des Vorstands unter Leitung eines durch Beschluss der Personalvertretung beauftragten Mitglieds für zulässig halten müssen (vgl. auch ZfPR 2008, 62).

11 3. Die **Leitung** der Personalversammlung liegt auch dann beim **Vorsitzenden der Personalvertretung,** wenn der Dienststellenleiter teilnimmt (Fischer u. a., § 48 Anm. 18). Die Leitung vollzieht sich nach den üblichen demokratischen

Gepflogenheiten. Der Leiter der Personalversammlung übt das **Hausrecht** aus, eröffnet und schließt die Versammlung, erteilt (und entzieht gegebenenfalls) das Wort und trägt die Verantwortung für eine gesetzentsprechende Durchführung einschließlich der Anfertigung und des Inhalts der Niederschrift (§ 41 Abs. 1). Wenn eine Personalversammlung allerdings wegen der Teilnahme Unbefugter oder wegen der Behandlung unzulässiger Themen ihren Charakter verliert, so lebt das Hausrecht des Dienststellenleites (theoretisch) wieder auf; er könnte die Versammlung eventuell auflösen (Fischer u. a., aaO; Richardi u. a., § 48 Anm. 30; Bieler, RiA 1989, 119, 123; vgl. auch § 51 Anm. 9)

III. Kosten der Personalversammlung

Die Kosten der Personalversammlung trägt die **Dienststelle**, da die Durchführung der Personalversammlung „Tätigkeit des Personalrats" i. S. des § 44 Abs. 1 Satz 1 ist. Die Dienststelle hat einen Raum bereitzustellen, gegebenenfalls zu mieten, und Heizung, Beleuchtung, Reinigung, etwaigen Geschäftsbedarf etc. zur Verfügung zu stellen. Die Anmietung von Räumlichkeiten kann nur in Betracht kommen, wenn sonst keine geeigneten Räume in der Dienststelle vorhanden sind (OVG Münster v. 26. 8. 1993, PersV 1995, 497). Dienstbezüge und Arbeitsentgelte sind trotz Versäumnis von Arbeitszeit zu zahlen (§ 50 Abs. 1 Satz 2). Zu den Kosten der Personalversammlung (vgl. auch § 48 Anm. 19) gehören auch die **Fahrkosten,** die den Teilnehmern entstehen, um die Versammlung zu erreichen und von ihr zurückzukehren (§ 50 Abs. 1 Satz 4). Auch die Kosten für die Ausleihe von Videofilmen sind von der Dienststelle jedenfalls dann zu tragen, wenn diese Filme unmittelbar die Beschäftigten betreffende Themen behandeln und wenn der Grundsatz der sparsamen Verwendung öffentlicher Mittel beachtet wird (OVG Münster v. 9. 8. 1989, PersV 1992, 178). 12

IV. Teilnahmerecht

1. Personalversammlungen dienen dem **Gedankenaustausch zwischen dem Dienststellenleiter, der Personalvertretung und den Beschäftigten sowie der Unterrichtung** der Beschäftigten über sie interessierende Fragen. Dieser Gedankenaustausch soll sachlich und offen geführt werden; eine dienststellenfremde Beeinflussung muss daher vermieden werden, so dass **Personalversammlungen nicht öffentlich sind** (BVerwG v. 10. 3. 1995, ZfPR 1995, 159). Im Übrigen lassen sich interne Dienststellenangelegenheiten oft auch nicht erschöpfend und ohne die Gefahr unsachlicher Auseinandersetzungen vor einer breiteren Öffentlichkeit besprechen (vgl. für das BetrVG: BAG v. 28. 11. 1978, DB 1979, 1185). Teilnahmeberechtigt ist auch die **Gleichstellungsbeauftragte,** der außerdem ein Rederecht in den Personalversammlungen der Dienststellen zu den Themen eingeräumt wird, für die sie zuständig ist, selbst dann, wenn sie diesen Dienststellen nicht selbst angehört (§ 20 Abs. 2 Satz 6 Gesetz zur Gleichstellung von Frauen und Männern in der Bundesverwaltung und in den Gerichten des Bundes, BgleiG v. 30. 11. 2001, BGBl. I S. 3234, zul. geänd. d. Art. 1 Abs. 11 G v. 14. 8. 2006, BGBl. I S. 1897; vgl. auch Richardi u. a., § 48 Anm. 17). Teilnahmeberechtigt sind die Beschäftigten der Dienststelle (ohne Rücksicht auf ihre Wahlberechtigung), einschließlich des Dienststellenleiters, Beauftragte der in der Dienststelle vertretenen Gewerkschaften und der Arbeitgebervereinigung, der die Dienststelle angehört, ein beauftragtes Mitglied der Stufenvertretung oder ein beauftragtes Mitglied des Gesamtpersonalrats, sofern ein solcher besteht, sowie ein Beauftragter der Dienststelle, bei der die Stufenvertretung errichtet ist. Teilnahmeberechtigt ist auch im Falle einer bei einer personalvertretungsrechtlich verselbstständigten Nebenstelle durchgeführten Perso- 13

nalversammlung der Leiter der Hauptdienststelle. Dies ergibt sich schon daraus, dass der Leiter der Nebenstelle in aller Regel keine wesentlichen personellen und organisatorischen Entscheidungsbefugnisse besitzt, so dass es bei vielen Themen einer Personalversammlung weniger auf die Meinung des Leiters einer Nebenstelle als vielmehr auf die Meinung des Leiters der Hauptdienststelle ankommt (so im Ergebnis auch: Lorenzen u. a., § 52 Anm. 17; vgl. auch Fischer u. a., § 52 Anm. 13 b). Teilnahmeberechtigt sind auch Soldaten in Dienststellen, die nicht in § 2 Abs. 1 SBG genannt sind. Werden gemeinsame Angelegenheiten i. S. von § 51 SBG i. V. m. § 38 BPersVG behandelt, dann sind Soldaten ebenfalls teilnahmeberechtigt (Fischer u. a., § 48 Anm. 11a; Lorenzen u. a., § 48 Anm. 6). Ebenso sind Beschäftigte, die sich in der Erziehungszeit befinden, teilnahmeberechtigt. Gleiches gilt für **Gewerkschaftsvertreter** (vgl. § 52 Abs. 1). Dagegen steht Beschäftigten, die sich in der **Freistellungsphase der Altersteilzeit im Blockmodell** befinden, ab dem Beginn der Freistellungsphase kein Teilnahmerecht mehr zu; denn sie sind nicht mehr in die Dienststelle eingegliedert und haben ihren Status als Beschäftigte verloren (vgl. BVerwG v. 15. 5. 2002, ZBR 2003, 168 = Leits. PersV 2003, 267 = ZfPR 2002, 260). Teilnahmeberechtigt sind auch nicht Beschäftigte, die sich im **Urlaub** befinden (aA Fischer u. a., § 48 Anm. 9; Lorenzen u. a., § 48 Anm. 5 c; Richardi u. a., § 48 Anm. 14). Zur Frage der Teilnahme von **Sachverständigen** und **Auskunftspersonen** sowie von **Abgeordneten** vgl. § 52 Anm. 3.

14 2. Die Beschäftigteneigenschaft ergibt sich aus § 4. Danach zählen Richter nur unter den Voraussetzungen des § 4 Abs. 1 zu den Beschäftigten, nämlich dann, wenn sie verwaltungsmäßige, nicht aber richterliche Aufgaben wahrnehmen. Im Übrigen können bei den Gerichten des Bundes **Richter** an Personalversammlungen nur bei Behandlung gemeinsamer Angelegenheiten der Richter und des nicht richterlichen Personals teilnehmen (§ 53 Abs. 1 DRiG; vgl. § 4 Anm. 11, Lorenzen u. a., § 48 Anm. 6; Richardi u. a., § 48 Anm. 15; aA Fischer u. a., § 48 Anm. 11), nämlich dann, wenn Angelegenheiten behandelt werden, die den Richterrat berechtigen, Mitglieder in die Personalvertretung zu entsenden; denn für diese Fälle ist die personalvertretungsrechtliche Trennung von Beschäftigten und Richtern aufgehoben (vgl. aber § 4 Abs. 1). Keine Beschäftigten sind die **Minister.** Ihnen steht nur als Dienststellenleiter gem. § 52 Abs. 2 Satz 1 ein Teilnahmerecht an einer Personalversammlung zu. **Soldaten** sind unter den Voraussetzungen der Regelungen der §§ 49, 51 SBG, § 38 BPersVG an den Personalversammlungen der Nichtsoldaten bei gemeinsamen Angelegenheiten teilnahmeberechtigt. **Teilnahmeberechtigt** sind auch **diejenigen Beschäftigten,** die zur Zeit der Personalversammlung infolge Abordnung in der Heimatdienststelle keinen Dienst verrichten. Ebenso sind **Leiharbeitnehmer** nach § 14 Abs. 2, 4 des Arbeitnehmerüberlassungsgesetzes (vgl. § 75 Anm. 2) teilnahmeberechtigt.

15 3. Die **Aufzählung der teilnahmeberechtigten Personen** im Gesetz **ist abschließend** und erschöpfend. Daher ist auch die Teilnahme von Vertretern der Presse und anderer Medien ebenso wie die Teilnahme von „Persönlichkeiten des öffentlichen Lebens“ ausgeschlossen. Die Durchführung von Pressekonferenzen im Anschluss an eine Personalversammlung ist ebenso unzulässig wie Presseerklärungen (Fischer u. a., § 48 Anm. 20; Lorenzen u. a., § 48 Anm. 20).

16 4. Da die Personalversammlung eine dienststeileninterne Angelegenheit ist, ist sie nicht öffentlich. Infolgedessen sind nur diejenigen teilnahmeberechtigt, denen das Gesetz ein Teilnahmerecht zugesteht. Eine **Verletzung des**

Gebots der Nichtöffentlichkeit nimmt der Versammlung die Eigenschaft einer Personalversammlung und macht sie zu einer öffentlichen Versammlung, für die die Dienststelle nicht berechtigt ist, Sachleistungen und Dienstbefreiung zu gewähren sowie Kosten zu übernehmen (Fischer u. a., § 48 Anm. 19; Lorenzen u. a., § 48 Anm. 23) Ilbertz, PersV 1976, 45. Stellt sich erst während oder nach der Versammlung heraus, dass sie die Voraussetzungen einer Personalversammlung nicht erfüllte, unterliegen Irrtumsanfechtung der Dienstbefreiung durch den Dienststellenleiter wie Gutgläubigkeit der Teilnehmer wegen der rechtsgrundlosen Versäumnis der Arbeitszeit der gerichtlichen Entscheidung. Der Versammlungsleiter, der die Verletzung des Gebots der Nichtöffentlichkeit zulässt, begeht einen Pflichtverstoß, der unter den Voraussetzungen des § 28 zum Ausschluss aus der Personalvertretung führen kann. Auf die **Rechtswirksamkeit** dessen, was in der Personalversammlung erörtert und etwa beschlossen worden ist, ist eine Verletzung des Gebots der Nichtöffentlichkeit **ohne Einfluss.**

5. **Tonaufzeichnungen** oder Aufzeichnungen auf Bildträger sind grundsätzlich dann zulässig, wenn der Vorsitzende der Personalvertretung und alle Teilnehmer der Personalversammlung zustimmen (Fischer u. a., § 48 Anm. 21; Lorenzen u. a., § 48 Anm. 22; vgl. auch Cecior u. a., § 45 Anm. 22; aA Richardi u. a., § 48 Anm. 40). Ein Dienststellenleiter ist ohne Einwilligung der Personalvertretung nicht berechtigt, Wortprotokolle von Personalversammlungen anzufertigen oder anfertigen zu lassen (Lorenzen u. a., § 48 Anm. 18a; Richardi u. a., § 48 Anm. 28). Veranstalter einer Personalversammlung nämlich ist allein die Personalvertretung. Nur sie kann daher auch die Erlaubnis erteilen, den Inhalt der Versammlung aufzuzeichnen (vgl. für das BetrVG: LAG Hamm v. 9. 7. 1986, NZA 1986, 842). Aus Gründen der Beweissicherung kann eine Niederschrift allerdings angefertigt werden (Richardi u. a., aaO). **17**

V. Andere Versammlungen

1. Die Personalversammlung ist grundsätzlich die **Vollversammlung** der Beschäftigten der Dienststelle. **Teilversammlungen** sind die Ausnahme (BVerwG v. 5. 5. 1973, BVerwGE 42, 175 = ZBR 1974, 109 = PersV 1974, 85); sie **sind nur zulässig,** wenn die „dienstlichen Verhältnisse" eine Vollversammlung nicht zulassen. Das kann z. B. der Fall sein, wenn zu einer großen Dienststelle viele Nebenstellen und räumlich entfernte Dienststellenteile gehören (Fischer u. a., § 48 Anm. 22; Lorenzen u. a., § 48 Anm. 24). Wenn kein hinreichend geeigneter Raum zur Verfügung steht (vgl. hierzu auch: Cecior u. a., § 45 Anm. 29), wenn in Schichtdienst gearbeitet wird oder wenn mit Rücksicht auf die Aufgaben gegenüber der Öffentlichkeit der Dienstbetrieb aufrechterhalten werden muss, so dass die entsprechenden Beschäftigten für die Personalversammlung nicht abkömmlich sind. Ob eine Teilversammlung abgehalten werden muss, entscheidet der Personalrat nicht nach freiem Ermessen, sondern aufgrund der **objektiven dienstlichen Verhältnisse** (OVG Münster v. 31. 7. 1975, ZBR 1975, 357; Fischer u. a., aaO; Richardi u. a., § 48 Anm. 45). Eine Teilversammlung ist nur im Zusammenhang mit anderen Teilversammlungen zur Erreichung der Gesamtheit der Beschäftigten zulässig (VGH Mannheim v. 15. 9. 1987, Leits. ZBR 1998, 130 = PersV 1990, 131). **18**

2. Keine Teilversammlungen i. S. des § 48 Abs. 2 sind **Versammlungen einzelner Gruppen** (VGH Mannheim v. 15. 9. 1987, Leits. ZBR 1988, 130 = PersV 1990, 131). Dagegen ist die Personalversammlung eines nach § 6 Abs. 3 verselbstständigten Dienststellenteils eine echte Personalversamm- **19**

lung, nicht eine Teilversammlung der Gesamt-Dienststelle (BVerwG v. 5.5.1973, BVerwGE 42, 175 = ZBR 1974, 109 = PersV 1974, 85). An **Teilpersonalversammlungen,** die für **räumlich entfernt liegende Teildienststellen** abgehalten werden, dürfen nur die dort Beschäftigten und der Personalratsvorsitzende als Leiter der Versammlung teilnehmen. Wegen des Gruppenprinzips wird man auch den Mitgliedern des Vorstands der Personalvertretung ein Teilnahmerecht an allen Teilversammlungen zubilligen müssen (Fischer u. a., § 48 Anm. 25; Lorenzen u. a., § 48 Anm. 30; Richardi u. a., § 48 Anm. 52). Mitglieder des Personalrats haben kein **Teilnahmerecht,** wenn sie nicht zu diesem Kreis der Beschäftigten gehören (BVerwG v. 5.5.1973, aaO). Das Bundesverwaltungsgericht hat ausdrücklich offen gelassen, ob diese Einschränkung auch für Vorstandsmitglieder der Personalvertretung gilt. Ein solches Teilnahmerecht ist grundsätzlich aber im Hinblick auf § 32 Abs. 3 Satz 2 anzuerkennen, wonach in Angelegenheiten, die nur eine Gruppe betreffen, der Personalratsvorsitzende, wenn er nicht selbst dieser Gruppe angehört, nur gemeinsam mit einem dieser Gruppe angehörenden Vorstandsmitglied den Personalrat vertreten kann. Dem Personalrat steht es grundsätzlich frei, die Behandlung derartiger Angelegenheiten im Rahmen einer Personalversammlung vorzusehen. Deshalb muss er auch berechtigt sein, außer dem Vorsitzenden das weitere zuständige Vorstandsmitglied mit der Teilnahme an einer Teilpersonalversammlung zu beauftragen.

20 3. Personalversammlungen finden **nicht bei Stufenvertretungen und Gesamtpersonalräten** statt, weil in § 54 Abs. 1, § 55 bei der Aufzählung der anwendbaren Vorschriften die §§ 48 bis 52 fehlen. Dagegen handelt es sich in den Fällen nicht um eine Teilpersonalversammlung, in denen sich Dienststellenteile bzw. **Nebenstellen** personalvertretungsrechtlich verselbstständigt haben (§ 6 Abs. 3). Sie gelten insoweit als selbstständige Dienststellen, die eigene Personalversammlungen durchführen (Lorenzen u. a., § 48 Anm. 8).

VI. Besonderheiten bei der DBAG

21 Für die der DBAG nach § 12 Abs. 2, 3 DBGrG **zugewiesenen Beamten** (siehe Personalvertretungsrechtliche Auswirkungen der Bahnreform, VIII zu § 69), die in den Betrieben der DBAG tätig, also keine Beschäftigten einer Dienststelle i. S. des BPersVG sind, sind ebenfalls Personalversammlungen durchzuführen. Die §§ 48 ff. BPersVG sind sinngemäß anzuwenden (vgl. § 17 Abs. 1 Satz 3 DBGrG), das bedeutet z. B., dass sich die Personalversammlung aus den zugewiesenene Beamten all der Betriebe der DBAG zusammensetzt, für die die besondere Personalvertretung zuständig ist und dass als „Leiter der Dienststelle“ der Leiter der Dienststelle des Bundeseisenbahnvermögens anzusehen ist, bei dem die besondere Personalvertretung gebildet ist. Die Personalversammlungen erstrecken sich nur insoweit auf die zugewiesenen Beamten, als zum Schutz ihrer spezifischen Interessen nach § 17 Abs. 1 Satz 1 DBGrG beim Bundeseisenbahnvermögen besondere Personalvertretungen gebildet sind, die die Beteiligungsrechte ausüben. Soweit ihre besondere Rechtsstellung als Beamte nicht betroffen ist, sie also nach § 19 Abs. 1 Satz 1 DBGrG als Arbeitnehmer gelten, demgemäß ihre allgemeine Interessenvertretung der Betriebsrat ist und somit ein Teilnahmerecht an Betriebsversammlungen in Betracht kommt, sind §§ 48 ff. nicht anzuwenden. Die Auffassung, die sinngemäße Anwendung der Vorschriften des BPersVG auf die besonderen Personalvertretungen erfasse nicht die Regelungen über die Personalversammlung (so Fischer u. a., Anh. zu K § 1 Anm. 40), verkennt, dass die nach § 17 Abs. 2 Satz 1 DBGrG auf „unterster Ebene“ gebildete besondere Personalvertretung mit einer örtlichen Vertretung vergleichbar ist und gerade auf dieser örtlichen Ebene Personalversammlungen ihre Bedeutung haben

(ähnlich Lorenzen u. a., § 48 Anm. 30 a). Die Frage, ob für eine solche Personalversammlung ein „vernünftiges Bedürfnis“ besteht oder nicht (so Fischer u. a., aaO), ist kein überzeugendes Gegenargument. Auch das Argument, dass die zugewiesenen Beamten in räumlich auseinander liegenden Betrieben der DBAG tätig sind, spricht nicht gegen die Einbeziehung der §§ 48 ff. BPersVG, wie ein Blick auf § 6 Abs. 3 BPersVG zeigt (Lorenzen u. a., § 48 Anm. 30a).

VII. Streitigkeiten

Streitigkeiten über Einberufung, Vorbereitung und Durchführung von Personalversammlungen sowie über die Berechtigung von Teilversammlungen und über das Teilnahmerecht an Voll- oder Teilversammlungen entscheiden die Verwaltungsgerichte nach § 83 Abs. 1 Nr. 3 (BVerwG v. 10. 3. 1995, ZfPR 1995, 159). Antragsberechtigt sind alle, die sich in ihrer personalvertretungsrechtlichen Rechtsstellung beeinträchtigt sehen. So muss es u. a. dem Dienststellenleiter zustehen, bei Verstößen gegen das Gebot der Nichtöffentlichkeit den Rechtsweg zu beschreiten (z. B. bei Hinzuziehung mehrerer Abgeordneter des Landtags, VGH Mannheim v. 19. 1. 1993, PersR 1993, 358). Jeder Teilnehmer besitzt ein Antragsrecht (Fischer u. a., § 48 Anm. 27; Kunze, PersV 2000, 434). Dagegen sind im Urteilsverfahren solche Ansprüche geltend zu machen, die sich auf eine Kostenerstattung richten (Fischer u. a., aaO). 22

Schrifttum: Bieler, Rechte und Aufgaben des Dienststellenleiters hinsichtlich der Personalversammlung, RiA 1989, 119; Britz, Die Personalversammlung – Grundlagen und Rechtsprechung –, PersV 1997, 289; Ilbertz, Sind Aussprachen und Verträge von Persönlichkeiten des öffentlichen Lebens auf Personalversammlungen zulässig?, PersV 1976, 45; ders, Betriebsversammlung und Personalversammlung, ZTR 2000, 247; Kunze, Die Nichtöffentlichkeit der Personalversammlung, PersV 2000, 434; Schlüter, Das „Haus- und Ordnungsrecht“ bei Betriebsversammlungen, DB 1974, 2350; Zieger, Zulässigkeit der Weitergabe von Wortprotokollen aus Personalversammlungen, PersR 1996, 268.

§ 49 [Ordentliche und außerordentliche Personalversammlung]

(1) Der Personalrat hat einmal in jedem Kalenderhalbjahr in einer Personalversammlung einen Tätigkeitsbericht zu erstatten.

(2) Der Personalrat ist berechtigt und auf Wunsch des Leiters der Dienststelle oder eines Viertels der wahlberechtigten Beschäftigten verpflichtet, eine Personalversammlung einzuberufen und den Gegenstand, dessen Beratung beantragt ist, auf die Tagesordnung zu setzen.

(3) Auf Antrag einer in der Dienststelle vertretenen Gewerkschaft muss der Personalrat vor Ablauf von zwölf Arbeitstagen nach Eingang des Antrages eine Personalversammlung nach Absatz 1 einberufen, wenn im vorhergegangenen Kalenderhalbjahr keine Personalversammlung und keine Teilversammlung durchgeführt worden sind.

Inhaltsübersicht

Entspr. landesgesetzliche Regelungen:
Baden-Württemberg: § 50; Bayern: Art. 49; Berlin: § 47; Brandenburg: § 49; Bremen: § 44; Hamburg: § 52; Hessen: § 45; Mecklenburg-Vorpommern: § 42; Niedersachsen: § 43; Nordrhein-Westfalen: § 46; Rheinland-Pfalz: § 48; Saarland: § 48; Sachsen: § 50; Sachsen-Anhalt: § 48; Schleswig-Holstein: § 40; Thüringen: § 49.

Entspr. Vorschrift des BetrVG: § 43.

I. Geltungsbereich

1 1. Die Vorschrift regelt, **innerhalb welcher Zeiträume die ordentlichen,** d. h. regelmäßigen **Personalversammlungen durchzuführen sind** (Abs. 1) und unter welchen Voraussetzungen außerordentliche Personalversammlungen abgehalten werden können (Abs. 2). Außerdem wird geregelt, wer im Einzelnen die Einberufung beantragen kann. Darüber hinaus bestimmt die Vorschrift die Aufgaben des Personalrats gegenüber der Personalversammlung und gewährt den Gewerkschaften gegenüber einem säumigen Personalrat ein Antragsrecht zur Anberaumung einer ordentlichen Personalversammlung (Abs. 3).

2 2. Das Gesetz unterscheidet zwischen **ordentlichen** (Abs. 1), d. h. in jedem Kalenderhalbjahr durchzuführenden und **außerordentlichen** (Abs. 2), je nach Bedarf einzuberufenden Versammlungen.

3 3. Die Personalversammlungen werden auf förmlichen **Beschluss des Personalrats** einberufen (BVerwG v. 8. 10. 1975, PersV 1976, 420). Die Unterlassung der Einberufung der ordentlichen Personalversammlung ist ein Pflichtverstoß (vgl. § 48 Anm. 9). Der Personalrat bestimmt Ort und Zeit der Personalversammlung unter Berücksichtigung **der dienstlichen Erfordernisse** (vgl. § 35 Satz 2). Er beschließt auch die **Tagesordnung** der Personalversammlung und sorgt für eine rechtzeitige Bekanntmachung. Der Personalrat muss die **Einladung** zur Personalversammlung so **rechtzeitig bekanntgeben,** dass die Teilnehmer (§§ 48, 52) sich angemessen vorbereiten und ihre Teilnahme zeitlich auch unter Berücksichtigung dienstlicher Erfordernisse einrichten können. Schon aus der Aufzählung dieser Vorschriften wird ersichtlich, dass ein Dienststellenleiter nicht zu einer „Personalversammlung“ einladen darf. Dieser Begriff hat im Personalvertretungsrecht eine bestimmte rechtliche Bedeutung. Die Personalversammlung ist ein Organ der Personalvertretung. Daher ist sie für die Einberufung zuständig, und zwar auch dann, wenn der Dienststellenleiter oder ein Viertel der Beschäftigten dies beantragen (BVerwG v. 23. 5. 1986, ZBR 1986, 305= PersV 1987, 196).

4 4. Der Personalrat muss **Vorsorge für die Anfertigung einer Niederschrift** treffen, da auch die Personalversammlung eine Verhandlung der Personalvertretung i. S. des § 41 ist (vgl. auch § 41 Anm. 7).

5. Die Vorschrift gilt **nur für Personalräte der örtlichen Stufe,** einschließlich der örtlichen Personalräte bei Dienststellen der Mittelstufe und bei obersten Dienstbehörden. Sie gilt nicht für Stufenvertretungen und Gesamtpersonalräte (vgl. § 48 Anm. 20). Eine Sonderregelung für die Jugend- und Auszubildendenvertretung enthält § 63. 5

II. Tätigkeitsbericht

1. Die ordentliche Personalversammlung muss **einmal im Kalenderhalbjahr** stattfinden. Die Bestimmung ist zwingend. Der Personalrat hat aus eigener Verantwortung für die Einhaltung des Termins zu sorgen. Er muss darauf achten, dass ein Abstand von einem halben Jahr zwischen den Versammlungen liegt (Fischer u. a., § 49 Anm. 7). Ein unwesentliches Überschreiten des Halbjahresrhythmus ist unbeachtlich. In der Regel können aber nur zwingende äußere Umstände, die nicht im Einflussbereich des Personalrats liegen, eine Verschiebung der Personalversammlung in das nächste Kalenderhalbjahr rechtfertigen (VG Berlin v. 5. 2. 1972, PersV 1974, 209). Wenn auch zwischen den einzelnen Halbjahresversammlungen kein bestimmter Abstand gehalten werden muss, so muss dennoch ein neu gewählter Personalrat, der im ersten Halbjahr gewählt worden ist, vor Ablauf dieses Halbjahres eine Personalversammlung durchführen (Fischer u. a., § 49 Anm. 7a; Lorenzen u. a., § 49 Anm. 4). 6

2. Der Personalrat ist verpflichtet, in der ordentlichen Personalversammlung einen **Tätigkeitsbericht** zu erstatten. Die Tagesordnung kann weitere Punkte enthalten, den Tätigkeitsbericht muss sie enthalten. Der Bericht muss mindestens in den **Grundzügen durch Beschluss** des Personalrats festgelegt werden (BVerfG v. 26. 5. 1970, BVerfGE 28, 295 = ZBR 1970, 262 = PersV 1970, 260; BVerwG v. 8. 10. 1975, PersV 1976, 420). Das Nichterstatten des Tätigkeitsberichts ist ein grober Pflichtverstoß i. S. d. § 28 (OVG Berlin v. 12. 5. 1971, PersV 1972, 215; Divergenzrechtsbeschwerde verworfen, BVerwG v. 25. 2. 1972, PersV 1972, 214). 7

3. Der Tätigkeitsbericht dient der **Unterrichtung der Beschäftigten** über die Tätigkeit des Personalrats in der Dienststelle (VGH Kassel v. 17. 5. 1972, ZBR 1973, 123). Er ist auf diese Unterrichtung zu beschränken. Auskünfte über die Tätigkeit des Gesamtpersonalrats oder der Stufenvertretung darf der Tätigkeitsbericht des (örtlichen) Personalrats allenfalls enthalten, soweit deren Tätigkeit durch den (örtlichen) Personalrat veranlasst worden ist oder sich auf die Dienststelle oder einzelne ihrer Beschäftigten bezogen hat (vgl. auch OVG Münster v. 10. 10. 1960, ZBR 1961, 60). Der Tätigkeitsbericht darf weder Auskünfte enthalten, die die Schweigepflicht des Personalrats verletzen (Engelhard-Ballerstedt, § 56 Anm. 8), noch darf er durch einseitiges Hervorheben einer von mehreren in der Dienststelle vertretenen Gewerkschaften das Neutralitätsgebot des § 67 Abs. 2 verletzen (BVerfG v. 26. 5. 1970, BVerfGE 28, 295 = ZBR 1970, 262 = PersV 1970, 227). Der **Tätigkeitsbericht** muss eine **Darstellung** mindestens **der bedeutsamen Geschäftsvorgänge** in solcher Ausführlichkeit enthalten, dass die Teilnehmer der Personalversammlung ein zutreffendes Bild von der Tätigkeit des Personalrats erhalten (Anzahl, Art und Umfang von Beteiligungsfällen). Der Bericht kann, muss aber nicht außer der Darstellung von Tatsachen die Mitteilung über Erwägungen und Beurteilungen des Personalrats enthalten. 8

4. Der Tätigkeitsbericht darf **alle Angelegenheiten** berühren, **die die Dienststelle und ihre Beschäftigten unmittelbar betreffen,** insbesondere Tarif-, Besoldungs- und Sozialangelegenheiten (§ 51 Satz 2; vgl. § 51 Anm. 2). 9

Fragen allgemeiner Art dürfen im Tätigkeitsbericht nur erwähnt werden, soweit sie den personalvertretungsrechtlichen Bereich der Dienststelle berühren (BVerwG v. 25. 5. 1962, BVerwGE 14, 206 = ZBR 1962, 285 = PersV 1962, 234; vgl. auch § 52 Anm. 4). Er darf keine Tatsachen enthalten, die der Schweigepflicht unterliegen (Richardi u. a., § 49 Anm. 9). Infolgedessen darf weder der interne Willensbildungsprozess im Tätigkeitsbericht offengelegt, noch darf über Angaben aus Personalakten oder über persönliche Verhältnisses eines Beschäftigten berichtet werden (Fischer u. a., § 49 Anm. 10; Lorenzen u. a., § 49 Anm. 6; aA Altvater u. a., § 49 Anm. 6). § 10 hebt die **Schweigepflicht** nur zwischen den dort ausdrücklich genannten Personen auf (Fischer u. a., § 49 Anm. 10; Lorenzen u. a., § 49 Anm. 6).

10 5. Angelegenheiten, in denen **die Stufenvertretung** dem Personalrat nach § 82 Abs. 2 Gelegenheit zur Äußerung gegeben hat, dürfen im Tätigkeitsbericht erwähnt werden, soweit nicht die Schweigepflicht entgegensteht (vgl. Anm. 8).

11 6. Der Personalrat muss den Tätigkeitsbericht „so gestalten, dass der Bericht nicht geeignet ist, bei einzelnen Bediensteten Zweifel an der **gewerkschaftlich neutralen Amtsführung des Personalrats** zu wecken“ (VGH Mannheim v. 22. 6. 1966, PersV 1969, 130). Die Erstattung des Tätigkeitsberichts ist **Rechtspflicht** des Personalrats **als Kollegium und Organ.** Der Bericht wird üblicherweise durch ein Mitglied des Personalrats entworfen und dem Plenum zur Beschlussfassung vorgelegt (OVG Münster v. 31. 7. 1975, ZBR 1975, 357). Eine **schriftliche Formulierung** des Tätigkeitsberichts in der vom Personalrat beschlossenen Form ist nicht vorgeschrieben, aber von Beweiswert für eine formgerechte Erstattung. Der Tätigkeitsbericht wird grundsätzlich durch den **Vorsitzenden des Personalrats vorgetragen.** Jedoch ist auch ein Vortrag durch andere Mitglieder des Vorstands oder auch des Plenums (z. B. durch dessen Sachbearbeiter für Spezialfragen) ganz oder teilweise zulässig (vgl. im Übrigen Anm. 7).

12 7. Da die **Personalversammlung** zum Tätigkeitsbericht **Stellung nehmen** kann (§ 51), kann sie Kritik üben und Ergänzungen bzw. Erläuterungen verlangen (Richardi u. a., § 49 Anm. 12). Es besteht ein unbedingter Anspruch auf Beantwortung von Fragen aus dem Plenum. Das Recht auf teilweise Nichtbeantwortung würde auf eine Distanzierung des Personalrats von seinen Wählern hinauslaufen. Die Personalversammlung kann aber dem Personalrat keine Entlastung erteilen oder ihm das Misstrauen aussprechen (OVG Münster v. 19. 3. 1979, Leits. ZBR 1980, 131; Richardi u. a., aaO; vgl. § 48 Anm. 3).

12a 8. Eine Verpflichtung des Personalrats zur Anfertigung einer **Niederschrift** besteht nicht. Wohl aber ist es aus Beweissicherungsgründen zweckmäßig, eine solche Niederschrift zu erstellen (Fischer u. a., § 49 Anm. 11 a; Lorenzen u. a., § 48 Anm. 18; Richardi u. a., § 48 Anm. 28; vgl auch § 48 Anm. 17).

III. Außerordentliche Personalversammlung

13 1. Eine **außerordentliche Personalversammlung** kann bei Bedarf stattfinden. Das **Initiativrecht** hierzu haben:
a) der Personalrat
b) der Dienststellenleiter
c) ein Viertel der wahlberechtigten Beschäftigten.
Im Falle a) ist der Personalrat berechtigt, aufgrund eines förmlichen Plenarbeschlusses eine außerordentliche Personalversammlung anzuberaumen. In den Fällen b) und c) ist er dazu verpflichtet.

2. Die **Anberaumung** einer außerordentlichen Personalversammlung auf Initiative des Personalrats ist nach pflichtgemäßem Ermessen zu beschließen. Die Prüfung hat sich auf die sachliche Notwendigkeit der außerordentlichen Personalversammlung als solche, wie auf die Notwendigkeit der alsbaldigen Erörterung des in ihr zu behandelnden Gegenstandes zu erstrecken (VG Düsseldorf v. 24. 2. 1984, ZBR 1984, 244). Kein Bedarf für die Durchführung einer außerordentlichen Personalversammlung besteht dann, wenn Fragen erörtert werden sollen, die weder einen mittelbaren noch einen unmittelbaren Bezug zu den Beschäftigten gerade dieser Dienststelle haben und die auch nicht einer unverzüglichen Beratung bedürfen. Dies gilt zum Beispiel für eine Information über ein noch in Lauf befindliches Gesetzgebungsverfahren, das in keinem Fall einen besonderen dienstlichen Bezug hat, bei dem also nicht über dienstbezogene Fragen, sondern z. B. über sozialpolitische Maßnahmen diskutiert wird (vgl. für das BetrVG: ArbG München v. 3. 2. 1986, NZA 1986, 235; vgl. aber § 51 Anm. 7). Die Notwendigkeit einer sorgfältigen Prüfung ergibt sich vor allem deshalb, weil die außerordentliche Personalversammlung grundsätzlich außerhalb der Dienststunden stattfindet (§ 50 Abs. 2). 14

3. Über die Anberaumung einer außerordentlichen Personalversammlung, die **vom Dienststellenleiter oder von einem Viertel der Wahlberechtigten** gewünscht wird, beschließt der Personalrat ebenfalls. Dabei hat er jedoch nur einen eingeschränkten Ermessensspielraum. Er beschränkt sich auf die Prüfung, ob der Gegenstand, dessen Beratung beantragt wird, ein zulässiges Thema einer Personalversammlung ist. Bejaht der Personalrat diese Frage, dann kann er den Antrag auf Anberaumung der außerordentlichen Personalversammlung nicht ablehnen. Dieser Antrag ist daher „eigentlich ein Beschluss einer qualifizierten Minderheit“ (VGH Kassel v. 25. 6. 1976, Leits. ZBR 1976, 373). 15

4. Ein Viertel der Wahlberechtigten (im Augenblick der Antragstellung; Fischer u. a., § 49 Anm. 20) ist eine rein rechnerische Größe. Auf die Gruppenzugehörigkeit der Antragsteller kommt es nicht an. **Das Viertel muss „voll“ sein;** ein Viertel von 81 Wahlberechtigten ist 21, da 20 weniger als ein Viertel von 81 ist. **Weitere Personen** können nicht mit Rechtswirkung die Anberaumung einer Personalversammlung beantragen, insbesondere nicht Beschäftigte, die dem Personalrat nicht angehören (BVerwG v. 25. 2. 1972, PersV 1972, 214). 16

5. Antragsteller, die die Anberaumung einer außerordentlichen Personalversammlung beantragen, müssen den **Gegenstand,** der beraten werden soll, **eindeutig bezeichnen,** um dem Personalrat zunächst die Prüfung zu ermöglichen, ob er die Versammlung anberaumen kann, und um ihm weiter Gelegenheit zur Vorbereitung auf diese Versammlung zu geben (Richardi u. a., § 49 Anm. 27). Wegen der für einen Antrag auf Einberufung einer außerordentlichen Personalversammlung durch Beschäftigte notwendigen Mindestzahl kann eine Personalvertretung verlangen, dass der entsprechende Antrag schriftlich gestellt wird (Altvater u. a., § 49 Anm. 14; Fischer u. a., § 49 Anm. 20; Lorenzen u. a., § 49 Anm. 14). 17

6. Nach Abs. 3 kann eine in der Dienststelle vertretene **Gewerkschaft** den Antrag auf Einberufung einer Personalversammlung stellen. Die antragsberechtigte Gewerkschaft kann nur die Anberaumung einer ordentlichen Personalversammlung beantragen, „wenn im vorhergegangenen Kalenderhalbjahr keine Personalversammlung und keine Teilversammlung durch- 18

geführt worden sind". Maßgebend ist das vorausgegangene Kalenderhalbjahr vom l. Januar bis 30. Juni bzw. vom l. Juli bis zum 31. Dezember. Daher kann eine Gewerkschaft keinen Antrag zur Einberufung einer Personalversammlung dann stellen, wenn nach der letzten Personalversammlung mehr als sechs Monate vergangen sind, ohne dass im laufenden Kalenderhalbjahr eine Personalversammlung durchgeführt worden ist; denn der Personalrat kann noch bis zum Ende des Kalenderhalbjahres eine Personalversammlung einberufen (Fischer u. a., § 49 Anm. 13). Haben im abgelaufenen Kalenderhalbjahr Teilversammlungen statt einer Vollversammlung stattgefunden, dann kann eine Gewerkschaft von ihrem Antragsrecht nur dann Gebrauch machen, wenn diese Teilversammlungen nicht für alle Beschäftigten durchgeführt worden sind (Fischer u. a., aaO; Lorenzen u. a., § 49 Anm. 14).

19 7. Beantragt eine nach Abs. 3 antragsberechtigte Gewerkschaft eine Personalversammlung, so kann der Personalrat den Antrag nicht mit der Begründung ablehnen, der Antragsteller sei zu diesem Antrag nicht befugt. Er muss vielmehr **prüfen, ob** für diesen Antrag **ein sachlicher Grund vorliegt,** d. h. er hat eine Personalversammlung einzuberufen, wenn tatsächlich „im vorhergegangenen Kalenderhalbjahr keine Personalversammlung und keine Teilversammlung durchgeführt worden sind", also keine Versammlung, in der der Personalrat einen Tätigkeitsbericht abgegeben hat.

20 8. Auf einen Antrag nach Abs. 3 ist der Personalrat verpflichtet, die beantragte Personalversammlung **„vor Ablauf von zwölf Arbeitstagen" einzuberufen** (nicht: durchzuführen; aA Altvater u. a., § 49 Anm. 12; Fischer u. a., § 49 Anm. 16; Lorenzen u. a., § 49 Anm. 23). Angesichts der Tatsache allerdings, dass ein Antrag nach Abs. 3 eine säumige Personalvertretung dazu anhalten soll, möglichst umgehend einen Tätigkeitsbericht abzugeben, wird man die Personalvertretung für verpflichtet halten müssen, eine Personalversammlung nicht nur vor Ablauf von zwölf Arbeitstagen einzuberufen, sondern tatsächlich auch durchzuführen (aA Richardi u. a., § 49 Anm. 21). Der Tag des Eingangs des Antrags wird nicht mitgerechnet (§ 187 BGB). Die Durchführung muss ohne schuldhaftes Zögern, d. h. so schnell geschehen, wie es technisch möglich ist, so dass der Personalrat keinen Spielraum hat, der ihm eine Umgehung der gesetzgeberischen Absicht ermöglichen würde. Dem Personalrat muss jedoch Zeit für die Vorbereitung insbesondere auf das von den Antragstellern gewünschte Thema gelassen werden. Dem Antrag einer Gewerkschaft auf Einberufung einer Personalversammlung hat die Personalvertretung, falls die entsprechenden Voraussetzungen nach Abs. 3 gegeben sind, zu folgen. In einer Weigerung kann eine grobe Pflichtverletzung i. S. von § 28 Abs. 1 liegen (Lorenzen u. a., § 49 Anm. 18).

IV. Streitigkeiten

21 Streitigkeiten über Notwendigkeit und Zulässigkeit einer Personalversammlung, über den Antrag eines Antragsberechtigten auf Anberaumung, über die Aufnahme eines Gegenstandes in die Tagesordnung etc. entscheiden die Verwaltungsgerichte nach § 83 Abs. 1 Nr. 3. Grobe Pflichtverstöße können zur Auflösung des Personalrats nach § 28 dann führen, wenn die Personalvertretung es unterlässt, Personalversammlungen in den vom Gesetz vorgegebenen Zeiträumen durchzuführen (VG Potsdam v. 23. 2. 1999, PersV 2000, 270). Ein Dienststellenleiter ist nicht befugt, die Zulässigkeit einer Personalversammlung zu überprüfen und bei Bedenken darüber, ob auf einer Personalversammlung Rechtsvorschriften beachtet werden, deren Durchführung zu untersagen. In diesem Fall kann die Personalvertretung eine einstweilige Verfügung beantragen,

mit der festgestellt wird, dass sie zur Durchführung der Personalversammlung berechtigt ist (VG Berlin v. 26. 4. 1991, PersR 1991, 423).

Schrifttum: Windscheid, Der Tätigkeitsbericht des Personalrats, PersV 1968, 101; ders., Gewerkschaftliche Neutralität im Tätigkeitsbericht des Personalrats, PersV 1968, 129.

§ 50 [Personalversammlung und Arbeitszeit]

(1) Die in § 49 Abs. 1 bezeichneten und die auf Wunsch des Leiters der Dienststelle einberufenen Personalversammlungen finden während der Arbeitszeit statt, soweit nicht die dienstlichen Verhältnisse eine andere Regelung erfordern. Die Teilnahme an der Personalversammlung hat keine Minderung der Dienstbezüge oder des Arbeitsentgeltes zur Folge. Soweit in den Fällen des Satzes 1 Personalversammlungen aus dienstlichen Gründen außerhalb der Arbeitszeit stattfinden müssen, ist den Teilnehmern Dienstbefreiung in entsprechendem Umfang zu gewähren. Fahrkosten, die durch die Teilnahme an Personalversammlungen nach Satz 1 entstehen, werden in entsprechender Anwendung des Bundesreisekostengesetzes erstattet.

(2) Andere Personalversammlungen finden außerhalb der Arbeitszeit statt. Hiervon kann im Einvernehmen mit dem Leiter der Dienststelle abgewichen werden.

Inhaltsübersicht

Entspr. landesgesetzliche Regelungen:
Baden-Württemberg: § 51; Bayern: Art. 50; Berlin: § 48; Brandenburg: § 50; Bremen: § 45; Hamburg: § 54; Hessen: § 46; Mecklenburg-Vorpommern: § 43; Niedersachsen: § 44; Nordrhein-Westfalen: § 47; Rheinland-Pfalz: § 49; Saarland: § 50; Sachsen: § 51; Sachsen-Anhalt: § 49; Schleswig-Holstein: § 41; Thüringen: § 50.

Entspr. Vorschrift des BetrVG: § 44.

1. Die Vorschrift regelt die **zeitliche Lage der Personalversammlungen sowie die Erstattung von Kosten**; sie ist zwingend. 1

2. Den **Zeitpunkt der Personalversammlung** bestimmt der Personalrat (OVG Bremen v. 5. 3. 1974, PersV 1980, 62). Dabei muss er auf die dienstlichen Erfordernisse (Dienststellen mit Publikumsverkehr, Versorgungseinrichtungen etc., Fischer u. a., § 50 Anm. 6 a; Lorenzen u. a., § 50 Anm. 5) 2

ebenso Rücksicht nehmen (§ 2 Abs. 1, § 35 Satz 2) wie auf die Interessen der Beschäftigten. Der Personalrat wird sich daher zweckmäßigerweise über den Zeitpunkt der Personalversammlung mit dem Dienststellenleiter verständigen (vgl. § 35 Satz 3 und § 48 Anm. 9), dessen ausdrückliche Zustimmung allerdings nicht erforderlich ist (OVG Münster v. 4. 9. 1989, ZBR 1990, 30 = PersV 1993, 28; Fischer u. a., § 50 Anm. 5; Lorenzen u. a., § 50 Anm. 6). Wenn es nicht zu einer Einigung über den Zeitpunkt der Personalversammlung kommt, dann ist es einem Dienststellenleiter zuzumuten, den Rechtsweg zu beschreiben und evtl. im Wege der einstweiligen Verfügung, falls die dienstlichen Erfordernisse dies gebieten, den Zeitpunkt festlegen zu lassen (BVerwG v. 12. 12. 2005, PersV 2006, 146; Lorenzen u. a., § 50 Anm. 6).

3 3. Der Personalrat darf für eine in die Arbeitszeit fallende Personalversammlung **nicht mehr Zeit ansetzen, als voraussichtlich benötigt wird.** Ein willkürlicher Verstoß gegen diesen Grundsatz ist ein Pflichtverstoß nach § 28, eventuell sogar eine unerlaubte Handlung nach den §§ 823, 826 BGB mit Schadensersatzfolge für das verantwortliche Mitglied, nicht aber für den Personalrat als solchen.

4 4. Wird in einer Dienststelle nur **in einer Schicht** gearbeitet, dann wird der Beginn der Personalversammlung so anzusetzen sein, dass ihr voraussichtliches Ende mit dem Schluss der Dienststunden zusammenfällt. Wird **in mehreren Schichten** gearbeitet, so ist die Personalversammlung so zu legen, dass sowohl die Beschäftigten **der ersten als auch der zweiten Schicht** jeweils zumindest mit einem Teil ihrer Arbeitszeit an der Personalversammlung **teilnehmen können** (vgl. für das BetrVG: LAG Hannover v. 30. 8. 1982, DB 1983, 1312).

5 5. Die ordentlichen Personalversammlungen und diejenigen, die auf Wunsch des Dienststellenleiters abgehalten werden, finden grundsätzlich **während der Arbeitszeit** statt. Personalversammlungen von Lehrern sind grundsätzlich während der unterrichtsfreien Zeit durchzuführen. Bei einer Abwägung der dienstlichen Pflicht, Schulunterricht durchzuführen einerseits und dem Interesse des Lehrers an einer individuellen Bestimmung der unterrichtsfreien Zeit sowie einer ausreichenden Vorbereitung des am nächsten Tag durchzuführenden Schulunterrichts andererseits, ist festzustellen, dass ein Unterrichtsausfall stärker in die Arbeit der Schule eingreift als die mögliche Beeinträchtigung des Unterrichts nach der Personalversammlung durch unterbliebene oder verkürzte Vorbereitung. Sollten es die Rücksichtnahme auf die Dauer der An- und Abreise oder sonstige zu bedenkende Belange der Teilnehmer nahelegen, die Personalversammlung im zeitlichen Anschluss an den Vormittagsunterricht abzuhalten, dann muss es die Dienststelle hinnehmen, dass die letzte, allenfalls auch die vorletzte allgemeine Unterrichtsstunde in Anspruch genommen wird (BVerwG v. 25. 6. 1984, BVerwGE 69, 313 = ZBR 1985, 26 = PersV 1984, 500). Die ordentlichen Personalversammlungen und die auf Wunsch des Dienststellenleiters einberufenen Versammlungen **finden ausnahmsweise außerhalb der Arbeitszeit** statt, wenn die dienstlichen Verhältnisse es „erfordern". Dies ist der Fall, wenn eine Personalversammlung während der Dienststunden betriebsstörend in die technische Organisation der Dienststelle eingreifen würde. Die Gefahr der Betriebsstörung muss objektiv und unausweichlich sein. Wenn die Möglichkeit besteht, für den Tag der Personalversammlung den Dienstplan so zu ändern, dass die Versammlung ohne Betriebsstörung in der Arbeitszeit stattfinden kann, darf die Personalversammlung nicht in die arbeitsfreie Zeit gelegt werden. Ein Grund, die regelmäßige Personalversammlung außerhalb der dienstüblichen Arbeitszeit einzuberufen, besteht nicht, wenn die persönliche Arbeitszeit einer bestimmten Beschäftigtengruppe (z. B. Teilzeitbeschäftigte) von der Arbeitszeit eines wesentlichen Teils der Beschäftigten abweicht (Lorenzen u. a., § 50 Anm. 5; Richardi u. a., § 50 Anm. 7; vgl. für das BetrVG: BAG v. 27. 11. 1987, BB 1988, 912 = BB 1988, 810).

6. Die **Teilnahme** an den ordentlichen und den außerordentlichen Personalversammlungen ist ein **Recht der Beschäftigten der Dienststelle,** aber keine Pflicht. Eine Rechtspflicht ist die Teilnahme nicht einmal für die Mitglieder des Personalrats. Ihre Teilnahme empfiehlt sich aber schon im Hinblick auf Fragestellungen, die nur von einem (mit Spezialkenntnissen ausgestatteten) einzelnen Personalratsmitglied beantwortet werden können. 6

7. Das **Verbot der Minderung der Dienstbezüge** bzw. Arbeitsentgelte für die Zeit der Teilnahme an der Personalversammlung entspricht dem Grundsatz des § 46 Abs. 2. Die Wahrnehmung der vertretungsrechtlichen Rechte ist zwar kein Dienst i. S. des Beamten- bzw. des Arbeitsrechts, **gilt aber als Dienst.** Nehmen im Urlaub (Erhohungs- oder Erziehungsurlaub) befindliche Beschäftigte an einer Personalversammlung teil (nicht zulässig; vgl. § 48 Anm. 13), so steht ihnen kein Anspruch auf Dienstbezüge bzw. Arbeitsentgelte zu (Fischer u. a., § 50 Anm. 12c; Richardi u. a., § 50 Anm. 39). Die betreffenden Beschäftigten können nicht besser als ihre Kolleginnen und Kollegen gestellt werden, die während der Arbeitszeit an einer Personalversammlung teilnehmen und dafür keine Aufbesserung ihrer Dienstbezüge bzw. Arbeitsentgelte erhalten. Würden Bezüge bzw. Entgelte an in Urlaub befindliche Beschäftigte, die an einer Personalversammlung während der Arbeitszeit teilnehmen, gezahlt, so würde ihnen auf diese Weise mehr gewährt werden als ihnen zustände, wenn sie außerhalb des Urlaubs während der Arbeitszeit eine Personalversammlung aufsuchen. Für die Mitglieder des Personalrats ist die Teilnahme an der Personalversammlung „Tätigkeit des Personalrats“ (BVerwG v. 16. 2. 1960, BVerwGE 11, 299 = ZBR 1961, 90; BVerwG v. 24. 10. 1969, Buchholz Nr. 2 zu § 44 PersVG). 7

8. Das Minderungsverbot des Satzes 2 gilt sowohl für die Dienstbezüge der **Beamten** (einschließlich der Zulagen wegen besonderer Erschwernisse) wie für Gehalts-/Lohnzahlungen der **Arbeitnehmer** einschließlich der Zuschläge (Akkordlohn, Erschwernis- und Schmutzzulagen usw.). Durch die Teilnahme an der Personalversammlung darf keine finanzielle Einbuße entstehen, auch nicht in bezug auf besondere Zulagen. Deshalb besteht auch eine Zahlungspflicht für die Zeit der Hin- und Rückwege (Fischer u. a., § 50 Anm. 12 a; Lorenzen u. a., § 50 Anm. 11; Richardi u. a., § 50 Anm. 20). Das Minderungsverbot des Satzes 2 gilt für die Teilnahme an den **ordentlichen und** an den **außerordentlichen** Personalversammlungen, nicht gegenüber Beschäftigten, die an der Personalversammlung nicht teilnehmen, aber für die Dauer der Versammlung Dienststelle und Arbeitsplatz verlassen. Ein solches Handeln kann disziplinarrechtliche Folgen für Beamte bzw. entsprechende Folgen für Arbeitnehmer haben (Engelhard-Ballerstedt, § 50 Anm. 6). Das Minderungsverbot gilt aber selbstverständlich für Arbeitnehmer, die an der Personalversammlung nicht teilnehmen und an ihrem Arbeitsplatz verbleiben, aber nicht arbeiten können, weil **während der Personalversammlung die Arbeit ruht;** denn die Dienststelle befindet sich in Annahmeverzug, und der Arbeitnehmer ist von sich aus arbeitsbereit (Fischer u. a., § 50 Anm. 13; Lorenzen u. a., § 50 Anm. 12; aA Fischer u. a., § 50 Anm. 22). 8

9 9. Satz 3 ordnet an, dass den Teilnehmern an ordentlichen Personalversammlungen und an solchen, die auf Wunsch des Dienststellenleiters abgehalten werden, und die ausnahmsweise in die dienstfreie Zeit verlegt werden müssen, an einem anderen Arbeitstag **Dienstbefreiung** gewährt werden muss. Die Vorschrift entspricht der Regelung des § 46 Abs. 2 Satz 2. Die Dienstbefreiung muss für dieselbe Zeitdauer gewährt werden, für die der Beschäftigte durch Teilnahme an der Personalversammlung in Anspruch genommen war. **Ein Anspruch auf eine zusätzliche Vergütung besteht nicht** (BAG v. 19. 4. 1989, PersV 1990, 354). Für die Teilnahme an außerordentlichen Personalversammlungen außerhalb der Arbeitszeit gilt die Vorschrift nicht. Für Wegezeiten von und zu einer außerhalb der Arbeitszeit stattfindenden Personalversammlung besteht kein Anspruch auf Dienstbefreiung, da Satz 3 nur einen der Dauer der Personalversammlung entsprechenden Anspruch auf Dienstbefreiung gewährt, und es dem im öffentlichen Dienst geltenden allgemeinen Grundsatz entspricht, dass Wegezeiten zwischen Wohnung und Dienststelle keine Arbeitszeit sind (BVerwG v. 28. 10. 1982, ZBR 1983, 191 = PersV 1985, 162; LAG Hannover v. 25. 10. 2000, PersV 2001, 367; Fischer u. a., § 50 Anm. 15; Lorenzen u. a., § 50 Anm. 14; Richardi u. a., § 50 Anm. 36). Entsprechendes gilt für Schichtdienstleistende, die außerhalb ihrer Schicht an Personalversammlungen teilnehmen. Ein Anspruch auf zusätzliche Vergütung besteht ebenfalls nicht (BAG v. 19. 4. 1989, Leits. BB 1990, 142 = DB 1990, 1042 = PersR 1990, 66; vgl. auch § 35 Anm. 7, § 46 Anm. 6).

10 10. Nach Satz 4 sind **Fahrkosten** zu erstatten, die den Teilnehmern an ordentlichen Personalversammlungen und an solchen entstehen, die auf Wunsch des Dienststellenleiters anberaumt worden sind. Eine Verpflichtung zur Erstattung von Fahrkosten besteht nicht gegenüber einem Beschäftigten, der während des Erziehungsurlaubs an einer Personalversammlung teilnimmt (vgl. auch VGH München v. 14. 9. 1988, ZBR 1988, 213). Zu erstatten sind nur die nachgewiesenen Fahrauslagen. Übernachtungs- und Tagegelder sind nicht zu zahlen. Die Erstattung erfolgt auf der Grundlage der jeweiligen Besoldungsgruppe des einzelnen Beamten (§ 5 Abs. 1 BRKG) bzw. der jeweiligen Vergütungsgruppe der Arbeitnehmer.

11 11. Soweit ein Beamter aus Anlass der Teilnahme an einer Personalversammlung einen **Unfall** erleidet, so ist § 11 anzuwenden. Die §§ 30 ff. Beamtenversorgungsgesetz (BeamtVG, vgl. § 11 Anm. 1) finden entsprechende Anwendung. Diese Regelung gilt nicht nur für Mitglieder des Personalrats, sondern für jeden Beamten, der Rechte nach diesem Gesetz wahrnimmt. Erleiden Arbeitnehmer einen Unfall, so liegt ein Arbeitsunfall vor (§ 8 Abs. 1 i. V. mit § 2 Abs. 1 Nr. 1 SGB VII, Siebtes Buch Sozialgesetzbuch – Gesetzliche Unfallversicherung – v. 7. 8. 1996, BGBl. I S. 1254, zul. geänd. d. G v. 27. 12. 2003, BGBl. I S. 3022, 3056). Es besteht daher ein Anspruch auf Leistungen aus der gesetzlichen Unfallversicherung. Soweit Sachschäden entstehen, sind diese in entsprechender Anwendung des § 44 von der Dienststelle zu ersetzen (Fischer u. a., § 11 Anm. 8, § 50 Anm. 19 a; Lorenzen u. a., § 50 Anm. 16).

12 12. Die Vorschriften des Abs. 1, insbesondere auch jene zur Kostenübernahme, sind **zwingend** und weder durch Tarifvertrag noch durch Dienstvereinbarung abänderbar. Ein Dienststellenleiter muss auf seine Kosten für die Durchführung von Personalversammlungen dann Räume anmieten, wenn keine geeigneten Räume in der Dienststelle selbst vorhanden sind (OVG Münster v. 26. 8. 1993, Leits. PersR 1994, 43).

13. Die **außerordentlichen Personalversammlungen** finden grundsätzlich **außerhalb der Arbeitszeit** statt. Bei diesen Personalversammlungen beschränkt sich die Verpflichtung des Dienststellenleiters auf die Überlassung eines geeigneten Versammlungsraums. Für die Zeit der Teilnahme an Personalversammlungen außerhalb der Arbeitszeit besteht kein Anspruch auf Gehalt bzw. Lohn (Fischer u. a., § 50 Anm. 12). 13

14. **Ausnahmsweise** kann eine **außerordentliche Personalversammlung**, die nicht vom Dienststellenleiter beantragt ist, im Einvernehmen mit ihm in die **Arbeitszeit** verlegt werden. Das Einvernehmen zwischen Dienststellenleiter und Personalrat ist weder Mitbestimmung noch Mitwirkung, auch keine Dienstvereinbarung, sondern eine Verständigung. Sie kann nicht erzwungen werden (Fischer u. a., § 50 Anm. 9; Lorenzen u. a., § 50 Anm. 19). 14

15. Kommt das **Einvernehmen** zwischen Dienststellenleiter und Personalrat über die Verlegung einer außerordentlichen Personalversammlung in die Arbeitszeit zustande, so ist davon auszugehen, dass der Leiter der Dienststelle vor der Verständigung mit dem Personalrat die Entscheidung der zuständigen Stelle eingeholt und mit der Zustimmung gegenüber dem Personalrat die Lohnfortzahlung stillschweigend zugesichert hat (im Ergebnis auch Fischer, § 50 Anm. 12; Lorenzen u. a., § 50 Anm. 21; Richardi u. a., § 50 Anm. 27). 15

16. Kommt zwischen Personalrat und Dienststellenleiter **keine Verständigung** über die Verlegung der außerordentlichen Personalversammlung in die Arbeitszeit zustande, so darf der Personalrat die Versammlung **nicht in die Arbeitszeit verlegen.** Tut er es dennoch, begeht er damit einen Pflichtverstoß i. S. des § 28 (Fischer u. a., § 49 Anm. 24). Außerdem kann eine solche Maßnahme Schadensersatzansprüche der Dienststelle nach den §§ 823, 826 BGB gegen die verantwortlichen Mitglieder des Personalrats, nicht aber gegen den Personalrat als solchen, und, soweit es sich um Beamte handelt, darüber hinaus disziplinarrechtliche Maßnahmen begründen (Lorenzen u. a., § 50 Anm. 20). 16

17. **Maßregelungen** irgendwelcher Art gegenüber denjenigen Beschäftigten der Dienststelle, die an einer nicht ordnungsmäßigen Personalversammlung teilnehmen, kommen nur in Betracht, wenn die Betreffenden wussten, dass die Personalversammlung gegen den Willen des Dienststellenleiters während der Arbeitszeit stattfindet oder wenn sie es vorsätzlich oder fahrlässig unterlassen haben, sich die erreichbare Kenntnis des Sachverhalts zu verschaffen. Auf die Kenntnis der Rechtslage kommt es nicht an. 17

18. Wird den Teilnehmern einer Personalversammlung erst während des Ablaufs die Unzulässigkeit wegen der zeitlichen Lage oder eines unzulässigen Verhandlungsthemas erkennbar, so werden hieraus im allgemeinen **finanzielle oder disziplinarrechtliche Folgen** nicht hergeleitet werden können. Dies würde erst bei positiver Bösgläubigkeit des Teilnehmers statthaft sein. Kommt es im Übrigen zwischen Personalrat und Dienststelle zu einem Streit darüber, ob es sich bei einem bestimmten Thema um ein zulässiges oder ein unzulässiges handelt, so kann die Dienststelle von der Gehalts-/Lohnfortzahlungspflicht selbst dann nicht befreit werden, wenn ein unzulässiges Thema behandelt wird (Fischer u. a., § 50 Anm. 10; Lorenzen u. a., § 50 Anm. 22). Der Dienststelle ist es zuzumuten, ihre Bedenken an geeigneter Stelle (z. B. Schwarzes Brett) bekanntzumachen und darüber hinaus durch eine einstweilige Verfügung die Erörterung des ihrer 18

Meinung nach unzulässigen Tagesordnungspunktes untersagen zu lassen (vgl. für das BetrVG: LAG Bremen v. 5. 3. 1982, BB 1982, 1573).

19 19. Der **Lohn- und Gehaltsanspruch** besteht unter denselben Voraussetzungen (vgl. Anm. 8)

20 20. **Streitigkeiten** darüber, ob die Personalversammlung in die Arbeitszeit gelegt werden durfte oder ob und wann sie stattfinden musste, entscheiden die Verwaltungsgerichte nach § 83 Abs. 1 Nr. 3. Bei grobem Pflichtverstoß der Personalvertretung bzw. ihrer Mitglieder kommen außerdem Maßnahmen nach § 28 in Betracht. Über Streitigkeiten zwischen der Verwaltung und Angestellten und Arbeitern wegen Kündigung oder wegen Kürzung des Arbeitsentgelts aufgrund Arbeitsversäumnis entscheidet das Arbeitsgericht im Urteilsverfahren. Über Streitigkeiten zwischen der Dienststelle und Beamten wegen Kürzung der Dienstbezüge aufgrund von Dienstversäumnis ohne Genehmigung bzw. auf Fortzahlung der Dienstbezüge entscheidet das Verwaltungsgericht in der Besetzung nach der VwGO.

Schrifttum: Ebert, Unfallfürsorge bei Gemeinschaftsveranstaltungen, PersV 1963, 127.

§ 51 [Zuständigkeit der Personalversammlung]

Die Personalversammlung kann dem Personalrat Anträge unterbreiten und zu seinen Beschlüssen Stellung nehmen. Sie darf alle Angelegenheiten behandeln, die die Dienststelle oder ihre Beschäftigten unmittelbar betreffen, insbesondere Tarif-, Besoldungs- und Sozialangelegenheiten sowie Fragen der Frauenförderung und der Vereinbarkeit von Familie und Beruf. § 66 Abs. 2 und § 67 Abs. 1 Satz 3 gelten für die Personalversammlung entsprechend.

Inhaltsübersicht

Entspr. landesgesetzliche Regelungen:
Baden-Württemberg: § 52; Bayern: Art. 51; Berlin: § 49; Brandenburg: § 51; Bremen: § 46; Hamburg: § 55; Hessen: § 47; Mecklenburg-Vorpommern: § 44; Niedersachsen: § 45; Nordrhein-Westfalen: § 48; Rheinland-Pfalz:

§ 50; Saarland: § 51; Sachsen: § 52; Sachsen-Anhalt: § 50; Schleswig-Holstein: § 42; Thüringen: § 51.

Entspr. Vorschrift des BetrVG: § 45.

I. Vorbemerkung

Die Vorschrift regelt den **Themenkreis,** mit dem sich eine Personalversammlung befassen kann; sie ist zwingend. Daher kann eine Personalversammlung nicht eigenmächtig die ihr in Bezug auf ihre Zuständigkeit gesetzlich gezogenen Grenzen ausweiten (Fischer u. a., § 51 Anm. 4). 1

II. Kompetenzbereich

1. Die **Zuständigkeit der Personalversammlung** ist mit der Novelle 1974 in Satz 2 der geltenden Neufassung erweitert worden. Während nach früherem Recht die Personalversammlung nur Angelegenheiten behandeln durfte, die zur Zuständigkeit des Personalrats gehörten, darf sie nunmehr alle Angelegenheiten erörtern, „die die Dienststelle und ihre Beschäftigten unmittelbar betreffen, insbesondere Tarif-, Besoldungs- und Sozialangelegenheiten". Dies schließt die Erörterung allgemein politischer oder verbandspolitischer Themen aus (OVG Münster v. 4. 9. 1989, ZBR 1990, 30). Außerdem ist später die Vorschrift noch um die Fragen der Förderung der Gleichberechtigung und der Vereinbarkeit von Familie und Beruf ergänzt worden (§ 68 Abs. 2 Nr. 5 a). Auf einer Personalversammlung können daher alle die Vereinbarkeit von Familie und Beruf betreffenden Angelegenheiten behandelt werden (z. B. Mangel an Teilzeitarbeitsplätzen, fehlende Möglichkeiten der Kinderbetreuung, ungenügende Maßnahmen zur Arbeitszeitflexibilisierung, ferner Information der Beschäftigten in allgemeiner Form über die Rechtslage zur Teilzeitarbeit und Befristung von Arbeitsverträgen nach dem Teilzeit- und Befristungsgesetz, TzBfG, v. 21. 12. 2000, BGBl. I S. 1966, zul. geänd. d. G v. 19. 4. 2007, BGBl. I S. 538). Insbesondere können solche Themen in einer Personalversammlung behandelt werden, die die Durchsetzung der Gleichberechtigung zum Gegenstand haben (vgl. Bundesgleichstellungsgesetz, § 14 Anm. 31). Teilversammlungen weiblicher Beschäftigter ausschließlich zur Diskussion der Themen des Bundesgleichstellungsgesetzes sind nicht zulässig (Kunze, ZfPR 1997, 133; vgl. auch Schlatmann, PersV 1996, 1 ff). Zum Thema einer Personalversammlung kann darüber hinaus auch das **Allgemeine Gleichbehandlungsgesetz** (AGG v. 14. 8. 2006, BGBl. I S. 1897, zul. geand. d. Art. 19 Abs. 10 G v. 12. 12. 2007, BGBl. I S. 2840) gemacht werden – allerdings nur insoweit, als die Beschäftigten über die Ziele dieses Gesetzes informiert werden. Eine Behandlung von Einzelfällen ist nicht zulässig. Vielmehr gelten für die von einem Dienststellenleiter im Falle von Beschwerden zu ergreifenden Maßnahmen die speziellen Vorschriften (vgl. §§ 13 bis 16 AGG; Lorenzen u. a., § 51 Anm. 9). 2

2. Die Zuständigkeit der Personalversammlung umfasst zunächst **alle Vorgänge in den Katalogen der §§ 75 bis 81,** ferner die Gegenstände der allgemeinen Rechte der Personalvertretung nach den §§ 66 bis 68 (BVerwG v. 25. 5. 1962, BVerwGE 14, 206 = ZBR 1962, 285 = PersV 1962, 234). Infolgedessen wird sich die Zuständigkeit der Personalversammlung in erster Linie auf alle mit den Arbeitsbedingungen innerhalb der Dienststelle zusammenhängenden Fragen beziehen (Durchführung von Tarifverträgen und Dienstvereinbarungen, Arbeits- und Unfallschutz, Arbeitszeit, Fragen der Beförderungs- und Aufstiegspraxis, Dienstpostenvergabe, Aus- und Fortbildung, BVerwG v. 25. 5. 1962, aaO). Die Behandlung dieser Angelegenheiten ist auch dann zulässig, wenn die Dienststelle nicht unmittelbar entschei- 3

dungsbefugt ist, sich aus der Entscheidungsbefugnis der übergeordneten Stelle aber Auswirkungen auf die nachgeordnete Dienststelle ergeben (Lorenzen u. a., § 51 Anm. 8).

4 3. Darüber hinaus erstreckt sich die Zuständigkeit der Personalversammlung auf alle in Satz 2 genannten Angelegenheiten, d. h., auf **„Fragen allgemeiner Art,** soweit diese den vertretungsrechtlichen Bereich der Dienststelle berühren" (BVerwG v. 25. 5. 1962, BVerwGE 14, 206 = ZBR 1962, 285 = PersV 1962, 234). Zwingende Voraussetzung ist, dass der Bereich der Dienststelle „unmittelbar" berührt wird, d. h. dass Beamte und Arbeitnehmer in ihrer Eigenschaft als Beschäftigte gerade dieser Dienststelle von den zu diskutierenden Problemen konkret betroffen werden (BVerwG v. 12. 12. 2005, PersV 2006, 146 = Leits. ZfPR 2006, 47; Lorenzen u. a., § 51 Anm. 8). Es genügt daher nicht, wenn die Beschäftigten wie andere Dritte auch als Staatsbürger oder Gewerkschaftsmitglieder oder in sonstigen Interessen berührt werden (VGH Kassel v. 14. 3. 1984, NVwZ 1985, 209).

5 4. Bei der **Abgrenzung der Zuständigkeit** der Personalversammlung ist zu beachten, dass sie zwar die Zuständigkeit des Personalrats umfasst, dass der Personalrat aber nicht an allen Aufgaben beteiligt ist, die dem Dienststellenleiter obliegen (BVerwG v. 24. 10. 1969, BVerwGE 34,141 = ZBR 1970, 193 = PersV 1970, 131). Daher müssen die Themen Tarif-, Besoldungs- und Sozialangelegenheiten die Beschäftigten der betreffenden Dienststelle konkret in ihrer Stellung als Beschäftigte insgesamt oder einzelne von ihnen angehen, also in erster Linie die Arbeitsbedingungen innerhalb der Dienststelle im weitesten Sinne betreffen (OVG Münster v. 4. 9. 1989, ZBR 1990, 30). Infolgedessen kann die Erörterung von bevorstehenden (gesetzlichen) Regelungen in einer Personalversammlung nicht als zulässig angesehen werden, auch dann nicht, wenn diese Regelungen Auswirkungen auf die Beschäftigten haben (aA BVerwG v. 18. 6. 1991, Leits. ZBR 1992, 58 = PersV 1992, 45 = ZfPR 1991, 136 im Zusammenhang mit der Information über den Bericht der Regierungskommission zur Postreform); denn es kann keinen Sinn machen, über Gesetzesvorhaben etc. zu informieren, weil diese erfahrensgemäß im Laufe der parlamentarischen Beratungen nicht selten erheblich verändert werden (nicht eindeutig: Fischer u. a., § 51 Anm. 13; Lorenzen u. a., § 51 Anm. 8). Dagegen ist ein unmittelbare Betroffenheit der Beschäftigen einer Personalversammlung für solche Themen zu bejahen, die strukturelle Veränderungen des Verwaltungsbereichs, Personaleinsparungen, künftige Stellenplanveränderungen etc. zum Gegenstand haben. Gleiches gilt für Themen wie Arbeits- und Unfallschutz, flexible Arbeitszeitgestaltung etc.

6 5. Unzulässig ist die Behandlung von tarifpolitischen, besoldungs- und sozialpolitischen Fragen, soweit nicht eine konkrete, dienststelleninterne Frage zur Diskussion steht. Ebenso unzulässig ist die Erörterung von Fragen aus dem gewerkschaftlichen, parteipolitischen, konfessionellen und allgemeinen wirtschaftlichen Bereich (BVerwG v. 25. 5. 1962, BVerwGE 14, 206 = ZBR 1962, 285 = PersV 1962, 234; VGH Kassel v. 14. 3. 1984, NVwZ 1985, 209; Ilbertz, PersV 1976, 45; Lehmann, PersV 1975, 168). Dagegen ist die **Vorstellung von Kandidaten** für die bevorstehenden Personalratswahlen zulässig. Hierbei handelt es sich um eine Angelegenheit, „die die Dienststelle oder ihre Beschäftigten unmittelbar" betrifft. In den meisten Fällen nämlich werden Personalratswahlen nach den Grundsätzen der Verhältniswahl durchgeführt (vgl. § 19 Abs. 3). Daher ist dem Wähler ausreichend Gelegenheit zu geben, die Kandidaten kennen zu lernen. Eine Personalversammlung ist der geeignete Rahmen zur Vorstellung der Kandidaten. Der

Leiter der Personalversammlung wird aber darauf zu achten haben, dass die Vorstellung nicht zur Demonstration gewerkschaftspolitischer Ziele „umfunktioniert“ wird.

6. **Unzulässig** ist die Erörterung außenpolitischer Themen, die Abfassung politischer Resolutionen, die **Werbung für Gewerkschaften** oder **politische Parteien,** Vorträge über oder Erörterung von Maßnahmen im Zusammenhang mit Lohn- und Arbeitskämpfen, Streiks und streikähnlichen Handlungen (vgl. für das BetrVG: BAG v. 13. 12. 1954, BAGE 1, 185). Allerdings ist **die Erörterung von gewerkschaftlichen Angelegenheiten** dann nicht ausgeschlossen, wenn Fragen über die gesetzlich vorgeschriebene Zusammenarbeit zwischen Personalrat und in der Dienststelle vertretenen Gewerkschaften zur Diskussion stehen (z. B. Vertrauensleute), sofern dabei nicht einseitig die Wirksamkeit einer gewerkschaftlichen Organisation hervorgehoben wird und die Personalversammlung auf diese Weise nicht mehr den Charakter eines neutralen Forums bewahren kann. Ebensowenig darf die Personalversammlung eine tarifpolitische Stellungnahme abgeben, Empfehlungen für die Verhandlungsführung der Gewerkschaften geben, Möglichkeiten von Kampfmaßnahmen erörtern, Besoldungsstrukturen im allgemeinen bzw. lineare Besoldungserhöhungen diskutieren, allgemeine sozialpolitische Vorhaben debattieren etc. (Richardi u. a., § 51 Anm. 26). Dagegen darf der Personalrat auch über Gesetzesvorhaben z. B. besoldungs- oder sozialrechtlichen Inhalts informieren; denn die rechtzeitige Information schon vor der Verkündung kann für die Beschäftigten von erheblicher Bedeutung z. B. im Hinblick auf finanzielle Maßnahmen bei zu erwartenden Besoldungserhöhungsgesetzen sein (OVG Münster v. 19. 3. 1979, Leits. ZBR 1980, 130; vgl. auch Anm. 4). Referentenentwürfe von Gesetzen dürfen in einer Personalversammlung grundsätzlich nicht behandelt werden, weil noch völlig ungewiss ist, ob und mit welchem Inhalt ein eventuell darauf aufbauendes Gesetz überhaupt einmal in Kraft treten wird (VGH Kassel v. 14. 3. 1984, NVwZ 1985, 209). Infolgedessen hat auch ein Dienststellenleiter nicht die Kosten eines Referates zu übernehmen, das die Personalvertretung von einem auswärtigen Wissenschaftler in einer Personalversammlung zu den Auswirkungen halten lässt, die ein erst als Bericht einer Regierungskommission vorliegendes Reformvorhaben u. a. auch auf die Beschäftigten hat (BVerwG v. 18. 6. 1991, Leits. ZBR 1992, 58 = PersV 1992, 45 = ZfPR 1991, 136). In dieser Entscheidung hat das BVerwG im Übrigen darauf hingewiesen, dass nicht schon „ein Bericht über ein Gesetzesvorhaben im Stadium des Entwurfs allein wegen der zu dieser Zeit noch bestehenden Unwägbarkeiten über das Ob und Wie des Zustandekommens des Gesetzes ausgeschlossen“ sei (ebenso Allgaier, DÖD 1992, 202). Die Personalvertretung hat stets darauf zu achten, dass die Personalversammlung keine politischen Forderungen behandelt. Dies ergibt sich schon daraus, dass sich die öffentliche Verwaltung insgesamt parteipolitisch neutral zu verhalten hat, aber auch daraus, dass im Gegensatz zum BetrVG nicht die Behandlung tarif- und sozialpolitischer, sondern nur die Behandlung von Tarif- und Sozialangelegenheiten zulässig ist (VG Braunschweig v. 17. 3. 1987 – PB 3/86, n. v.). Der Personalversammlung ist es auch nicht gestattet, durch Resolutionen Einfluss auf die Gesetzgebung zu nehmen (OVG Münster v. 19. 3. 1979, aaO; VGH Kassel v. 14. 3. 1984, aaO). Die Tarifpolitik der Gewerkschaften kann ebenfalls nicht zum Gegenstand von Erörterungen in der Personalversammlung gemacht werden. Tarifangelegenheiten sind nur solche, die die Auslegung von Zweifelsfragen – bezogen auf die **Dienststelle** – betreffen (OVG Münster v. 18. 6. 1982 – CB 7/81, Bundeswehrverwaltung 1984, 204; Fischer u. a., § 51 Anm. 12; Lorenzen u. a., § 51 Anm. 9). Insgesamt ist auf die „Dienststellen- 7

bezogenheit" des Themas abzustellen (VGH Kassel v. 12. 3. 1986, ArbuR 1987, 277; vgl. auch BVerwG v. 6. 9. 1984, BVerwGE 70, 69 = ZBR 1985, 55 = PersV 1985, 205; aA Hammer, PersR 1987, 255).

8 7. Der Personalrat ist verpflichtet, darauf zu achten, dass aus der Tagesordnung für die Personalversammlung **unzulässige Erörterungsgegenstände** ferngehalten werden. Der Leiter der Personalversammlung darf einen Antrag, der einen rechtswidrigen Beschluss der Personalversammlung bezweckt, nicht zur Abstimmung stellen. Vielmehr muss er ihn zurückweisen (OVG Münster v. 19. 3. 1979, Leits. ZBR 1980, 131) und eine außerhalb der Tagesordnung entstehende Erörterung unzulässiger Themen verhindern. Ebenso wenig darf der Leiter einer Personalversammlung Fragen nach den Gründen einer Freistellung eines Personalratsmitglieds, nach der Qualität der Arbeit eines Personalratsmitglieds oder nach der Einstellung der Personalvertretung zu diesen Fragen zulassen. So wie personelle Angelegenheiten einzelner Beschäftigter in einer Personalversammlung nicht erörtert werden dürfen, darf über die Arbeitsqualität einzelner Personalratsmitglieder nicht diskutiert werden. Die Personalversammlung ist **nicht das Forum, auf dem Personaleinzelfälle behandelt werden dürfen** (Lorenzen u. a., § 51 Anm. 9 b). Die Richtigkeit der aus der Personalversammlung heraus aufgestellten Behauptungen können in der Personalversammlung selbst nicht geklärt werden. Es könnten also bewusst oder unbewusst aufgrund von Fehlinformationen Behauptungen aufgestellt und Fragen diskutiert werden, die geeignet sind, das einzelne Personalratsmitglied oder einen einzelnen Beschäftigten öffentlich zu diskreditieren. Die Beschäftigten sind daher auf die Möglichkeit zu verweisen, Beschwerden bei der Personalvertretung geltend zu machen, um eine interne Klärung zu veranlassen oder bei vermeintlich groben Verstößen gegen eine ordnungsgemäße Amtsführung unter Wahrung der Voraussetzungen für die Antragsbefugnis nach § 28 den Ausschluss eines Mitglieds aus der Personalvertretung oder deren Auflösung beim Verwaltungsgericht zu beantragen. Im Übrigen ist zu bedenken, dass Sinn und Zweck einer Personalversammlung die Entgegennahme des Tätigkeitsberichts der Personalvertretung durch die Beschäftigten ist. Dieser Bericht betrifft aber nicht die Art und Weise der Geschäftsführung der Personalvertretung, sondern gerade deren Aufgabenerfüllung; wie eine Personalvertretung dieser nachkommt, ist ausschließlich ihre eigene Sache. Lässt daher der Leiter einer Personalversammlung die Behandlung von Angelegenheiten, die nicht in die Zuständigkeit dieser Versammlung fallen, zu, dann begeht er einen Pflichtverstoß nach § 28 (Fischer u. a., § 51 Anm. 14).

9 8. Der Leiter der Personalversammlung, der Personalratsvorsitzende, verliert bei Zulassung unzulässiger Themen **nicht sein Hausrecht.** Es gibt keine Institution – weder die Versammlung noch der Dienststellenleiter –, die hierüber zu befinden hätte; denn zunächst einmal kann im Einzelfall äußerst umstritten sein, ob ein Thema zur Zuständigkeit der Personalversammlung gehört; zum anderen enthält das Gesetz keine Grundlage dafür, dass die Personalversammlung selbst berechtigt wäre, dem Personalratsvorsitzenden das Hausrecht zu entziehen. Gleiches gilt für den Dienststellenleiter, der dem Leiter der Personalversammlung für die Dauer der Versammlung das Hausrecht in dem betreffenden Versammlungsraum uneingeschränkt übertragen hat. Zwar kann jeder Teilnehmer einen Verstoß gegen § 51 beanstanden, falls der Personalratsvorsitzende unzulässige Themen behandelt. Gleiches gilt für den Dienststellenleiter oder seinen Vertreter. Wenn der Personalratsvorsitzende nicht in der Lage ist, den gesetzmäßigen Ablauf der Personalversammlung sicherzustellen, kann der Dienststellenleiter oder sein Vertreter

das Hausrecht nicht wieder ausüben und die Personalversammlung aufheben. Die Auffassung, dass der Dienststellenleiter bei groben Verstößen das Hausrecht wieder ausüben könne (siehe hierzu § 48 Anm. 11), ist in der Praxis kaum durchsetzbar und vermag schon deshalb nicht zu überzeugen. Sollte sich der Personalratsvorsitzende weigern, die Versammlungsleitung abzugeben, wäre dem Dienststellenleiter ein in der Personalversammlung ausgetragener Streit um die Versammlungsleitung nicht zuzumuten (Leuze in Widmaier/Leuze/Wörz, § 49 Anm. 15). Gegen den Personalratsvorsitzenden kann im Rahmen des § 28 vorgegangen werden (Allgaier, DÖD 1992, 202).

III. Verfahren

1. Nach Satz 1 kann die Personalversammlung „dem Personalrat **Anträge unterbreiten**". Gegenstand dieser Anträge können nur solche Angelegenheiten sein, die zur Zuständigkeit des Personalrats gehören. Darüber hinaus kann die Personalversammlung zu Beschlüssen des Personalrats **Stellung nehmen.** Ob die Beschlüsse des Personalrats der Versammlung durch den Tätigkeitsbericht oder auf andere Weise bekannt geworden sind, ist gleichgültig. Entscheidend ist, dass Beschlüsse des Personalrats der Personalversammlung oder einzelnen ihrer Teilnehmer bekannt geworden sind. 10

2. Die Stellungnahme zu den Beschlüssen des Personalrats und die Anträge der Personalversammlung an den Personalrat müssen **von der Versammlung beschlossen werden.** Das geschieht durch Abstimmung nach den üblichen parlamentarischen Regeln (vgl. Anm. 14). 11

3. **Stimmrecht** haben die Beschäftigten der Dienststelle, da aus ihnen die Personalversammlung besteht (§ 48 Abs. 1 Satz 1) Vom Besitz des aktiven oder passiven Wahlrechts ist das Stimmrecht in der Personalversammlung nicht abhängig (Fischer u. a., § 51 Anm. 7). 12

4. Ein **Stimmrecht des Dienststellenleiters** in der Personalversammlung wird weitgehend abgelehnt (Fischer u. a., § 51 Anm. 7; Richardi u. a., § 51 Anm. 7). Dabei wird nicht danach differenziert, ob es sich um eine Angelegenheit handelt, die den Dienststellenleiter in derselben Weise trifft wie jeden anderen Beschäftigten auch oder ob eine Angelegenheit zur Erörterung steht, in der der Dienststellenleiter der Personalversammlung als Repräsentant des Dienstherrn, d. h. als „sozialer Gegenspieler" (VG Hamburg v. 17. 11. 1958, Leits. ZBR 1959,132) gegenübertritt. In diesem Fall ist er in eine Interessenkollision gestellt, die ihn hindert, an der Abstimmung teilzunehmen. In anderen Fällen dürfte dem Dienststellenleiter ein Stimmrecht zustehen. Ohne eine ausdrückliche Vorschrift ist eine grundsätzliche Aberkennung des Stimmrechts des Dienststellenleiters in der Personalversammlung mit den Grundsätzen der vertrauensvollen Zusammenarbeit (§ 2 Abs. 1) und der Gleichbehandlung aller Beschäftigten (§ 67 Abs. 1) nicht vereinbar. An einer solchen ausdrücklichen Vorschrift aber fehlt es (vgl. auch § 48 Anm. 2). 13

5. Die **Abstimmung** über Anträge an den Personalrat oder über die Stellungnahme zu seinen Beschlüssen wird regelmäßig durch den Antrag eines oder mehrerer Teilnehmer eingeleitet. Mangels abweichender Vorschriften ist die Mehrheit der abgegebenen Stimmen entscheidend. Die Personalversammlung ist auch dann beschlussfähig, wenn sie von weniger als der Hälfte der Beschäftigten der Dienststelle besucht wird. 14

IV. Wirkung von Beschlüssen

15 1. Funktion und Befugnis der Personalversammlung erschöpfen sich in der **Entgegennahme des Tätigkeitsberichts** und in der Befugnis, zu diesem und den Beschlüssen des Personalrats **Stellung** zu nehmen und Anträge an ihn zu richten. Weitere Befugnisse hat die Personalversammlung nicht. Sie kann insbesondere dem Personalrat keine Weisung erteilen, seine Beschlüsse nicht aufheben, ihn nicht abberufen und ihn nicht zum Rücktritt zwingen. Sie kann ihm auch nicht durch Billigung seiner Tätigkeit **Entlastung** erteilen. Zwar kann die Personalversammlung dem Personalrat ihr Misstrauen aussprechen, aber dies hat keine rechtliche Wirkung (vgl. § 48 Anm. 3).

16 2. Die Personalversammlung kann nicht neben dem Personalrat oder gar gegen ihn handeln. Sie hat **keine Vertretungsbefugnis,** kann keine Dienstvereinbarung abschließen, nicht in eine vom Personalrat abgeschlossene Dienstvereinbarung eingreifen und keine rechtswirksame Erklärung abgeben.

17 3. Mit der Wahl des Personalrats haben sich die Beschäftigten zu dessen Gunsten der Verfügung über ihre Vertretungsrechte weitgehend begeben. Die Personalversammlung ist **kein Dienststellenparlament.** Das repräsentative vertretungsrechtliche Organ ist der Personalrat, nicht die Personalversammlung (BVerwG v. 24. 10. 1975, BVerwGE 49, 259 = ZBR 1976, 192 = ZBR 1977, 414 = PersV 1976, 422).

18 4. Die Personalversammlung kann **keine Beschlüsse** fassen, **die den Personalrat binden.** Sie hat keine Rechtsbehelfe gegen eine Nichtberücksichtigung ihrer Beschlüsse durch den Personalrat. Ein Personalrat, der einen berechtigten Beschluss der Personalversammlung unberücksichtigt lässt, macht sich zwar möglicherweise eines Pflichtverstoßes nach § 28 schuldig. Dies aber nicht deshalb, weil er möglicherweise einen Beschluss der Personalversammlung missachtet, sondern weil er seine Pflicht gegenüber der Gesamtheit der Beschäftigten verletzt hat. Für den Fall eines Misstrauensvotums, das die Personalversammlung gegenüber dem Personalrat ausspricht, bleibt es diesem überlassen, ob er hieraus Konsequenzen zieht (Fischer u. a., § 51 Anm. 8; Lorenzen u. a., § 51 Anm. 5).

19 5. Der Hinweis auf § 66 Abs. 2, § 67 Abs. 1 Satz 3 bekräftigt auch für die Personalversammlung die **Friedenspflicht** und das **Verbot parteipolitischer Betätigung.** Daher darf in einer Personalversammlung weder zu Arbeitskämpfen aufgerufen noch darf Propaganda für eine politische Partei gemacht werden. Dies gilt gleichermaßen für Dienststellenleitung und Personalrat wie auch für alle Teilnehmer der Personalversammlung (Fischer u. a., § 51 Anm. 15; Richardi u. a., § 51 Anm. 24 ff.).

V. Streitigkeiten

20 Streitigkeiten entscheiden die Verwaltungsgerichte
a) über Aufgaben, Zuständigkeit und Befugnisse der Personalversammlung (§ 83 Abs. 1 Nr. 3) und
b) über Minderung von Dienstbezügen und Arbeitsentgelten (§ 50 Anm. 24).
Soll in einem gerichtlichen Verfahren festgestellt werden, dass der Leiter einer Personalversammlung unzulässige Fragen zugelassen hat, so kann kein Feststellungsantrag im Hinblick auf eine Pflichtverletzung gestellt werden. Das Ausschlussverfahren nach § 28 besitzt insoweit Vorrang, so dass eine **isolierte Feststellung eines Verstoßes,** ohne dass ein Ausschlussantrag gestellt

wird, nicht möglich ist (BVerwG v. 15. 3. 1968, PersV 1968, 190; VGH München v. 31. 7. 1985, ZBR 1986, 92; a. A. Lorenzen u. a., § 83 Anm. 26 b für den Fall, dass Wiederholungsgefahr besteht).

Schrifttum: Allgaier, Zur zulässigen Thematik in Personalversammlungen, DÖD 1992, 202; Bieler, Die Verantwortlichkeit von Betriebs- und Personalrat gegenüber der Belegschaft, PersV 1974, 376; ders., Die Zuständigkeit der Personalversammlung und deren Folgen, PersV 1985, 393; ders., Recht und Aufgaben des Dienststellenleiters hinsichtlich der Personalversammlung, RiA 1989, 119; Hammer, Themen der Personalversammlung, PersR 1987, 255; Ilbertz, Sind Ansprachen und Vorträge von Persönlichkeiten des öffentlichen Lebens auf Personalversammlungen zulässig? Erwiderung, PersV 1976, 45; Kunze, Handlungmöglichkeiten der Personalräte im Zusammenhang mit der Vereinbarkeit von Familie und Beruf, ZfPR 1997, 133; Lehmann, Themen von Referaten in Personalversammlungen, PersV 1975, 168; ders., Sind Ansprachen und Vorträge von Persönlichkeiten des öffentlichen Lebens auf Personalversammlungen zulässig?, PersV 1976, 16; Reich, Die Teilnahme des Behördenmitarbeiters an der Personalversammlung, PersV 1989, 241; Schlatmann, Bundespersonalvertretungsgesetz und Zweites Gleichberechtigungsgesetz, PersV 1996, 1; Windscheid, Themen für Referate in Personalversammlungen – Erwiderung, PersV 1975, 216.

§ 52 [Teilnahme des Dienststellenleiters und von Gewerkschaftsbeauftragten]

(1) Beauftragte aller in der Dienststelle vertretenen Gewerkschaften und ein Beauftragter der Arbeitgebervereinigung, der der Dienststelle angehört, sind berechtigt, mit beratender Stimme an der Personalversammlung teilzunehmen. Der Personalrat hat die Einberufung der Personalversammlung den in Satz 1 genannten Gewerkschaften und der Arbeitgebervereinigung mitzuteilen. Ein beauftragtes Mitglied der Stufenvertretung oder des Gesamtpersonalrates sowie ein Beauftragter der Dienststelle, bei der die Stufenvertretung besteht, können an der Personalversammlung teilnehmen.

(2) Der Leiter der Dienststelle kann an der Personalversammlung teilnehmen. An Versammlungen, die auf seinen Wunsch einberufen sind oder zu denen er ausdrücklich eingeladen ist, hat er teilzunehmen.

Inhaltsübersicht

Entspr. landesgesetzliche Regelungen:
Baden-Württemberg: § 53; Bayern: Art. 52; Berlin: § 46 Abs. 2, 3; Brandenburg: § 52; Bremen: § 47; Hamburg: § 53 Abs. 2, 3; Hessen: §§ 48, 49; Mecklenburg-Vorpommern: § 45; Niedersachsen: § 46; Nordrhein-Westfalen: § 49; Rheinland-Pfalz: § 51 Abs. 1, 2; Saarland: § 49; Sachsen: § 53; Sachsen-Anhalt: § 51 Abs. 1, Abs. 2; Schleswig-Holstein: § 43; Thüringen: § 52.

Entspr. Vorschrift des BetrVG: §§ 43, 46.

1 1. Der Gesetzgeber hat den **Gewerkschaftsbeauftragten** das Teilnahmerecht an Personalversammlungen als **selbständiges und uneingeschränktes Recht** zugestanden. Alle in der Dienststelle vertretenen Gewerkschaften sind zur Teilnahme an Personalversammlungen berechtigt, ohne dass es der Zustimmung oder zumindest des nachträglichen Einverständnisses des Personalrats oder der Personalversammlung bedarf.

2 2. Nach Abs. 2 ist es dem **Dienststellenleiter** freigestellt, ob er an Personalversammlungen teilnehmen will. Für den Fall, dass Versammlungen auf seinen Wunsch einberufen werden oder für den Fall, dass er eingeladen hat, hat er teilzunehmen.

3 3. Das Gesetz regelt **abschließend, wer** an Personalversammlungen **teilnehmen kann** (vgl. auch § 48 Anm. 13). Die Regelung ist zwingend und lässt Ausnahmen nicht zu (vgl. aber § 20 Abs. 2 Satz 6 BGleiG, s. § 14 Anm. 31, wonach der Gleichstellungsbeauftragten ein Teilnahmerecht zusteht; vgl. auch § 51 Anm. 2). Infolgedessen können weder der Personalrat noch die Personalversammlung durch Beschluss anderen Personen ein Teilnahmerecht zugestehen. Das gilt u. a. für Vertreter der **Presse** (Fischer u. a., § 48 Anm. 20). Ebensowenig dürfen Personalräte oder Personalversammlung auf diese Versammlung bezogene „Presseerklärungen“ oder ähnliche Informationen herausgeben (Lorenzen u. a., § 48 Anm. 20). Zu bedenken ist in diesem Zusammenhang auch, dass die Personalversammlung lediglich den Charakter eines **Ausspracheforums** hat, dem nur geringe, indirekte Möglichkeiten zur Beeinflussung der Meinungs- und Willensbildung des Personalrats gegeben sind. Insofern geht es bei einer Personalversammlung nur um Informationen, nicht aber, wie bei einer Sitzung des Personalrats, um Entscheidungen (BVerwG v. 6. 9. 1984, BVerwGE 70, 69 = ZBR 1985, 55 = PersV 1985, 205). Die Personalversammlung kann, wenn sie über bestimmte Fragen eine Aussprache herbeiführen will, dem Personalrat nur entsprechende Anträge unterbreiten. Der Personalrat seinerseits hat sich dann diesbezügliche Informationen zu beschaffen und an die Personalversammlung weiterzugeben. Da die Personalversammlung also selbst keine Entscheidungen treffen kann, hat sie auch nicht das Recht, **Sachverständige** zur Informationsbeschaffung hinzuzuziehen. Denn diese haben die Aufgabe, Entscheidungen vorzubereiten, indem sie ihre Sachkunde einem zur Entscheidung befugten Gremium zur Verfügung stellen. Die Personalversammlung bietet für eine solche Sachverständigentätigkeit mangels eigener Entscheidungsbefugnis keinen Raum (BVerwG v. 6. 9. 1984, aaO; BVerwG v. 18. 6. 1991, PersV 1992, 45 = ZfPR 1991, 136; vgl. hierzu auch Klein, PersV 1985, 187). **Auskunftspersonen** dagegen können zu einer Personalversammlung geladen werden, soweit diese Personen spezielle Tatsachenkenntnisse oder besonderes Fachwissen zur Verfügung stellen, um den Kenntnis- und Wissensstand der Personalversammlung zu verbessern. Voraussetzung ist, dass ohne die Ladung von Auskunftspersonen die Diskussionen in einer

Personalversammlung nicht zu einem sinnvollen Ergebnis geführt werden könnten (BVerwG v. 6. 9. 1984, aaO). Durch die Teilnahme von Auskunftspersonen soll eine sachgerechte Beratung bestimmter Tagesordnungspunkte sichergestellt werden (OVG Münster v. 4. 9. 1989, ZBR 1990, 30). Dies ist aber dann nicht der Fall, wenn **Landtagsabgeordnete** verschiedener politischer Parteien in Wahlkampfzeiten zur Diskussion von besoldungs- und sozialpolitischen Fragen hinzugezogen werden und wenn von Personalratsseite keine sachbezogene Information der Teilnehmer der Personalversammlung aus aktuellem, gewichtigem Anlass sichergestellt wird. Gerade in Wahlkampfzeiten ist davon auszugehen, dass parteipolitische Darstellungen und Auseinandersetzungen in der Regel nicht vermeidbar sind (BVerwG v. 10. 3. 1995, ZfPR 1995, 159; vgl. hierzu kritisch: Becker, ZfPR 1996, 130, 136; Ilbertz, Anm. zu BVerwG v. 10. 3. 1995, aaO sowie VG Berlin v. 24. 5. 2002, PersV 2002, 449 = ZfPR 2003, 68). Entgegen den zitierten Entscheidungen ist nicht ersichtlich, wie sichergestellt werden soll, „dass durch die Themenstellung sowie die konkrete Organisation der Befragung eine ausschließlich sachbezogene Information der Beschäftigten gewährleistet, insbesondere jegliche parteipolitische Darstellung und Auseinandersetzung vermieden wird" (so vor allem VG Berlin v. 24. 5. 2002, aaO). Selbst **außerhalb von Wahlkampfzeiten** ist es angesichts der Erfahrungen der letzten Jahre eine Illusion anzunehmen, es könnte eine objektive, von parteipolitischen Erwägungen losgelöste Auskunft durch Personen des politischen Lebens in einer Personalversammlung erwartet werden. Ein Abgeordneter, der der Regierungsfraktion angehört, wird – selbst bei zutreffender Darstellung der Sach- und Rechtslage – regelmäßig Widerspruch von dem der Oppositionsfraktion angehörenden Abgeordneten erfahren; dasselbe gilt umgekehrt. Infolgedessen ist auszuschließen, dass die Hinzuziehung von Abgeordneten als Auskunftspersonen dazu beiträgt, „die Offenheit und Sachlichkeit des Gedankenaustauschs unter den Beschäftigten und auch mit der Dienststellenleitung" (VG Berlin v. 24. 5. 2002, aaO unter Berufung auf BVerwG v. 10. 3. 1995, aaO) zu fördern. Die vom Bundesverwaltungsgericht aufgestellten strengen Anforderungen an eine nur im Ausnahmefall zulässige Zuziehung von politischen Mandatsträgern sind so eng gezogen, dass sie in der Praxis nicht erfüllt werden können. Von den verschiedenen Anforderungen sei nur diejenige kritisch beleuchtet, die verlangt, dass die als Auskunftspersonen hinzugezogenen Abgeordneten „über diejenige besondere Sachkunde verfügen, die für die Beantwortung der konkret an sie zu stellenden Fragen unabdingbar ist und die außer ihnen niemand sonst besitzt" (vgl. im Übrigen auch VGH Mannheim v. 19. 1. 1993, PersR 1993, 358).

4. Ebenso wie § 36 bildet auch § 52 eine **Ausnahme vom Grundsatz der Nichtöffentlichkeit** (vgl. § 35 bzw. § 48 Abs. 1 S. 3). Im Gegensatz zu § 36, wonach an den Sitzungen des Personalrats nur bei entsprechender Antragstellung ein Beauftragter einer **unter den Mitgliedern des Personalrats** vertretenen Gewerkschaft teilnahmeberechtigt ist, können nach § 52 **mehrere Beauftragte aller in der Dienststelle vertretenen Gewerkschaften** mit beratender Stimme an der Personalversammlung teilnehmen. Eine unzulässige Umgehung des Verbots, andere als die in dieser Vorschrift genannten Personen zur Personalversammlung hinzuzuziehen, wäre dann gegeben, wenn eine Personalversammlung zum Zweck der Anhörung von nicht teilnahmebefugten Personen unterbrochen wird, der anhörende Personenkreis gegenüber der Personalversammlung aber unverändert bleibt (BVerwG v. 24. 10. 1975, BVerwGE 49, 259 = ZBR 1976, 192 = ZBR 1977, 414 = PersV 1976, 422). In diesem Zusammenhang ist zu berücksichtigen, dass der Gesetzgeber dem Gebot der Friedenspflicht gerade für den Bereich der 4

öffentlichen Verwaltung besondere Bedeutung beigemessen hat. Daher hat er auch ausdrücklich darauf hingewiesen, dass Friedenspflicht und Verbot der parteipolitischen Betätigung auch für die Personalversammlung gelten (vgl. Gesetzentwurf der SPD/FDP-Bundestagsfraktionen, BT-Drucks. 7/176 zu § 50). Deshalb gilt das Verbot der Teilnahme von Politikern an Personalversammlungen auch unter diesem Gesichtspunkt uneingeschränkt; denn gerade in Zeiten vor Bundes- oder Landtagswahlen wird in aller Regel kein Politiker sich die Chance entgehen lassen, vor einem größeren Gremium die Verdienste der eigenen Partei hochzuloben, die Fehler der Konkurrenz aber deutlich hervorzuheben. Auf diese Weise werden Voraussetzungen für eine anschließende parteipolitische Diskussion innerhalb der Dienststelle geschaffen, die den Frieden stören können (Ilbertz, PersV 1976, 45; Windscheid, PersV 1977, 90; Richter, PersV 1980, 269; vgl. auch für das BetrVG: BAG v. 13. 9. 1977, BAGE 29, 281 = BB 1977, 1856 = DB 1977, 2452).

5 5. Das Gesetz will sicherstellen, dass **alle in der Dienststelle vertretenen Gewerkschaften,** d. h. die, die mindestens einen Beschäftigten in der betreffenden Dienststelle zum Mitglied haben, Beauftragte zur Teilnahme an der Personalversammlung entsenden können. Mit der Formulierung „Beauftragte aller" hat der Gesetzgeber eine „Chancengleichheit" erreichen wollen. Die Gewerkschaften können also von sich aus dazu beitragen, dass eine einseitige Information und möglicherweise eine an gewerkschaftspolitischen Interessen ausgerichtete Beratung der Personalversammlung unterbleibt (vgl. im Übrigen § 36 Anm. 16).

6 6. Die Beauftragten der in der Dienststelle vertretenen Gewerkschaften nehmen **kraft eigenen Rechts** an den Personalversammlungen teil. Es bedarf also keines besonderen Zulassungsbeschlusses seitens des Personalrats oder der Personalversammlung (vgl. Anm. 4).

7 7. Die **Gewerkschaften** können selbst darüber befinden, **wen sie als ihren Beauftragten** für die Teilnahme an einer Personalversammlung vorsehen wollen (BVerwG v. 14. 6. 1968, BVerwGE 30, 43 = ZBR 1968, 357 = PersV 1968, 276; VGH Kassel v. 13. 10. 1971, Leits. ZBR 1972, 30). Der von der Gewerkschaft entsandte Beauftragte braucht kein Gewerkschaftsamt auszuüben. Es ist nicht einmal erforderlich, dass der Beauftragte Mitglied der entsendenden Gewerkschaft ist (Richardi u. a., § 52 Anm. 8; vgl. im Übrigen auch § 36 Anm. 15). Auch ohnehin teilnahmeberechtigte Beschäftigte der Dienststelle können als Beauftragte der Gewerkschaften fungieren (Lorenzen u. a., § 52 Anm. 8). Die Gewerkschaften können generell mehrere Beauftragte entsenden, vor allem dann, wenn deren Anwesenheit im Hinblick auf unterschiedliche Beratungspunkte erforderlich ist (VG Kassel v. 10. 1. 1986, PersV 1987, 73).

8 8. Wenn die Dienststelle einer Arbeitgebervereinigung angehört, so hat ein Beauftragter dieser Vereinigung ebenfalls ein Recht zur Teilnahme an einer Personalversammlung, unabhängig davon, ob der Dienststellenleiter an der Versammlung teilnimmt. Damit ist der Arbeitgebervereinigung eine gleichberechtigte Stellung im Verhältnis zu den Gewerkschaftsbeauftragten eingeräumt. Allerdings kann die **Arbeitgebervereinigung nur einen Beauftragten** entsenden. Andernfalls hätte der Gesetzgeber auch hier formulieren müssen: „Beauftragte der Arbeitgebervereinigung . . ." Im Gegensatz zu den Ländern und den Gemeinden gehören der Bund und die sonstigen Körperschaften, Anstalten und Stiftungen des Bundes keiner Arbeitgebervereinigung an, so dass die Vorschrift keine aktuelle Bedeutung hat (Fischer u. a., § 52 Anm. 11).

9. Die Beauftragten der Gewerkschaften und der Beauftragte der Arbeitgebervereinigung haben **kein Stimmrecht** („... mit beratender Stimme ...“). Sie können nur zur Sache sprechen, aber nicht mit abstimmen, es sei denn, sie sind gleichzeitig Beschäftigte (Richardi u. a., § 52 Anm. 10). Im Hinblick auf die beratende Funktion der Beauftragten wird man ihnen kein Antragsrecht zubilligen können, weil dies zu einer Beeinflussung der Diskussion führen kann, die alleine dem Mitglied einer Personalversammlung zusteht, z. B. Anträge auf Schluss der Debatte, Anträge zur Erweiterung der Tagesordnung etc. (Fischer u. a., § 52 Anm. 7; Lorenzen, § 52 Anm. 10, die aber ein Recht, Vorschläge zur Erweiterung der Tagesordnung zu machen, zugestehen). 9

10. Im Gegensatz zu den Beauftragten der Gewerkschaften und der Arbeitgebervereinigung gesteht das Gesetz dem **Leiter der Dienststelle** ausdrücklich nicht zu, mit beratender Stimme an der Personalversammlung teilzunehmen. Dieses Recht steht ihm aber schon wegen seiner Stellung **als Beschäftigter** zu (vgl. § 51 Anm. 13). 10

11. Der Dienststellenleiter kann einem Beauftragten einer Gewerkschaft grundsätzlich nicht das Recht zur Teilnahme an einer Personalversammlung streitig machen. Er kann ausnahmsweise den **Zugang zur Dienststelle jedoch dann verwehren,** wenn ihm aufgrund besonderer Vorgänge, z. B. massive Beleidigung in der vorhergehenden Personalversammlung, nicht zugemutet werden kann, erneut mit demselben Beauftragten in einer Versammlung zusammenzutreffen. Eine einmalige Beleidigung reicht aber nicht aus. Vielmehr muss zu erwarten sein, dass der Beauftragte schwere rechtswidrige Verstöße gegen den Dienststellenleiter begehen wird (Richardi u. a., § 52 Anm. 12; Hueck-Nipperdey, Bd. II, § 62 Anm. 4). Zu erwartende erhebliche Differenzen, die sich im Rahmen einer sachlichen, kritischen Auseinandersetzung ergeben können, reichen in keinem Fall zur Verhängung eines Zutrittsverbots aus (Fischer u. a., § 52 Anm. 5 a; Lorenzen u. a., § 52 Anm. 7; vgl. auch § 2 Anm. 25 sowie § 36 Anm. 19). 11

12. Der Personalrat kann der Teilnahme von Gewerkschaftsbeauftragten bzw. eines Beauftragten der Arbeitgebervereinigung nicht widersprechen. Allerdings kann er die Teilnahme eines bestimmten Beauftragten ausnahmsweise dann verhindern, wenn zu befürchten ist, dass er das **Hausrecht des Vorsitzenden verletzen** oder die Sitzung stören wird (Richardi u. a., § 52 Anm. 12; vgl. in diesem Zusammenhang: VGH Kassel v. 13. 10. 1971, Leits., ZBR 1972, 30). Auch der Beauftragte einer Gewerkschaft hat sich an das Gebot der gedeihlichen Zusammenarbeit zu halten (§ 2 Abs. 1). Ihm steht jedoch das Recht zu, in angemessenem Rahmen Kritik zu üben (vgl. im Übrigen § 36 Anm. 16). Der Personalratsvorsitzende kann daher einem Gewerkschaftsbeauftragten nur dann das weitere Verbleiben in einer Personalversammlung untersagen, wenn dieser die Friedenspflicht und das Verbot parteipolitischer Betätigung nicht beachtet (Fischer u. a., § 52 Anm. 7). 12

13. Der Personalrat hat den **Gewerkschaften und der Arbeitgebervereinigung die Einberufung der Personalversammlung mitzuteilen.** Dabei ergibt sich wiederum aus § 2 Abs. 1, dass er aus Gründen der verbandspolitischen Neutralität allen in der Dienststelle vertretenen Gewerkschaften von Termin und Ort der Personalversammlung so rechtzeitig Kenntnis gibt, dass diese ihre Beauftragten – auch unter Einbeziehung einer angemessenen Bera- 13

tungsfrist – rechtzeitig entsenden können (BVerwG v. 14. 6. 1968, BVerwGE 30, 43 = ZBR 1968, 357 = PersV 1968, 276; vgl. auch Fischer u. a., § 52 Anm. 13; Lorenzen u. a., § 52 Anm. 21). Infolgedessen sind alle in der Dienststelle vertretenen Gewerkschaften gleichzeitig und in gleicher Weise zu benachrichtigen. Diese Benachrichtigung hat auch die Bekanntgabe der Tagesordnung mit zu umfassen, um den Gewerkschaften ausreichend Gelegenheit zur Prüfung zu geben, ob sie von ihrem Teilnahmerecht Gebrauch machen wollen. Dies gilt auch für solche Gewerkschaften, die nur jugendliche Beschäftigte zu ihren Mitgliedern zählen bzw. für solche Gewerkschaften, die von der Einberufung einer Jugend- und Auszubildendenversammlung nach § 63 Satz 5 unterrichtet werden sollen, selbst aber nur erwachsene Beschäftigte in der Dienststelle organisieren (VGH Mannheim v. 21. 3. 1988, ZBR 1989, 153 = Leits. ZfPR 1989, 114).

14 14. An der Personalversammlung können auch **ein Mitglied der (nächsthöheren) Stufenvertretung** (also nicht der Stufenvertretungen insgesamt) und ein Beauftragter der Dienststelle, bei der die Stufenvertretung besteht, teilnehmen (Richardi u. a., § 52 Anm. 17). Es kann aber nur jeweils ein Mitglied dieser Gremien bzw. dieser Dienststellen teilnehmen. Aus der Wortwahl „der Stufenvertretung" und „der Dienststelle" als Singular folgt, dass teilnahmeberechtigt jeweils nur der Beauftragte der nächsthöheren Stufenvertretung und der Dienststelle ist. Auch aus dem Zweck der Vorschrift ergibt sich, dass ein Vertreter derjenigen Stufenvertretung zur Teilnahme an der Personalversammlung berechtigt ist, die im Beteiligungsverfahren an erster Stelle mit den jeweiligen Angelegenheiten der betroffenen Dienststelle befasst wird. Nur diese Stufenvertretung steht in unmittelbarer und regelmäßiger Verbindung zu der Dienststelle und ist mit den Belangen der dortigen Beschäftigten vertraut (BVerwG v. 18. 3. 1981, ZBR 1982, 56 = PersV 1982, 237; VGH Mannheim v. 15. 10. 1991, Leits. ZBR 1992, 189 = PersV 1992, 357). An Personalversammlungen in den nach § 6 Abs. 3 personalvertretungsrechtlich verselbstständigten Nebenstellen oder Teilen einer räumlich von der Hauptstelle weit entfernten Dienststelle kann nur ein Beauftragter des Gesamtpersonalrats, nicht also ein Beauftragter der nächsthöheren Stufenvertretung teilnehmen. Dies folgt aus der Wortwahl „der Stufenvertretung **oder** des Gesamtpersonalrats" (Fischer u. a., § 52 Anm. 13a; Lorenzen u. a., § 52 Anm. 15). Wird dennoch ein Mitglied der nächsthöheren Stufenvertretung entsandt, so sind Reisekosten jedenfalls dann nicht zu erstatten, wenn bei sorgfältiger Prüfung das betreffende Mitglied davon ausgehen musste, dass eine Erstattung durch die Dienststelle wegen Aufgabenüberschreitung nicht erfolgen wird (VGH Mannheim v. 15. 10. 1991, aaO). Im Streitfall hängt das Teilnahmerecht von dem Themenkatalog, der in der Personalversammlung behandelt werden soll, ab. Dabei dürfte auch an ein „gespaltenes" Teilnahmerecht insoweit zu denken sein, als je nach Tagesordnungspunkt jeweils ein Beauftragter der Stufenvertretung bzw. des Gesamtpersonalrats teilnahmeberechtigt ist. Das Teilnahmerecht eines Beauftragten der Dienststelle, bei der die Stufenvertretung besteht, ist **nicht** von der **gleichzeitigen Teilnahme** eines **Mitglieds dieser Stufenvertretung abhängig** (Richardi u. a., § 52 Anm. 23). Den hier genannten Beauftragten steht **lediglich ein Anwesenheitsrecht,** aber keine Beratungsbefugnis zu. Sie können daher nur dann zu Wort kommen, wenn sie vom Versammlungsleiter oder von der Personalversammlung hierzu aufgefordert werden (Fischer u. a., § 52 Anm. 15). Dies ergibt sich unmittelbar aus dem Wortlaut des Gesetzes, das den sonstigen Beauftragten im Gegensatz zu den Gewerkschaftsbeauftragten kein Recht zur beratenden Teilnahme einräumt (vgl. § 52 Abs. 1 Satz 1: „... mit beratender Stimme ..."; aA Richardi u. a., § 52 Anm. 28; Lorenzen u. a., § 52

Anm. 19). Das Gesetz selbst knüpft keine besonderen Voraussetzungen an die Teilnahme. Selbstverständlich aber wird eine Reise ohne konkreten Anlass keine für die Personalratsarbeit erforderliche Tätigkeit sein, so dass auch unter dem Grundsatz der sparsamen Haushaltsführung entsprechende Kosten nicht zu erstatten sind (VG Köln v. 22. 9. 1976 – PVB 9/75, n. v.). Das Teilnahmerecht besteht kraft Gesetzes. Eines vorausgehenden Beschlusses des Personalrats oder der Personalversammlung bedarf es daher nicht. Dagegen muss die zuständige Stufenvertretung jeweils beschließen, welches Mitglied zu entsenden ist; denn Abs. 1 Satz 3 spricht ausdrücklich von einem von der Stufenvertretung beauftragten Mitglied. Dadurch wird klargestellt, dass die Stufenvertretung selbst, also das Plenum, entscheiden muss (Richardi u. a., § 52 Anm. 25). Eine generelle Entscheidung, etwa für die Dauer der Amtsperiode oder eine Entscheidung nur durch den Vorsitzenden, ist dagegen nicht zulässig (BVerwG v. 18. 3. 1981, aaO).

15. Der **Dienststellenleiter** kann an allen Personalversammlungen teilnehmen. An solchen, die auf seinen Wunsch einberufen werden (§ 49 Abs. 2) oder zu denen er ausdrücklich eingeladen ist, hat er teilzunehmen (vgl. Anm. 2). 15

a) Die **Einladung an den Dienststellenleiter** hat der Personalrat (nicht die Personalversammlung, Richardi u. a., § 52 Anm. 31) rechtzeitig zu beschließen, um ihm eine die Teilnahme ermöglichende zeitliche Disposition zu belassen. Ebenso wie der Personalrat kann auch die Personalversammlung den Dienststellenleiter einladen (Lorenzen u. a., § 52 Anm. 23); denn auch die sich zu einer Personalversammlung einfindende Gemeinschaft der Beschäftigten muss in ihrer Gesamtheit die Möglichkeit haben, den Dienststellenleiter auch ohne konkrete Zustimmung des Personalrats befragen zu können. Dies kann gegen den Willen des Personalrats u. a. dann akut werden, wenn der Tätigkeitsbericht zur Diskussion steht (§ 49 Abs. 1). 16

b) Der **Dienststellenleiter** kann das **Wort ergreifen** und zu einzelnen Tagesordnungspunkten **Stellung nehmen** (Lorenzen u. a., § 52 Anm. 25). So kann er z. B. in einer Personalversammlung zu den Kosten der Personalratsarbeit Ausführungen machen; dabei darf er durch die Art und Weise der Informationsgestaltung und -vermittlung die Personalvertretung aber nicht in ihrer Amtsführung beeinträchtigen und gegenüber den Teilnehmern den Eindruck erwecken, als gehe die Personalvertretung mit dem Geld der Dienststelle nicht sorgsam um (vgl. für das BetrVG: BAG v. 19.7. 1995, BAGE 80, 296 = BB 1996, 328 = DB 1995, 1516; vgl. hierzu auch Richardi u. a., § 52 Anm. 33). Er kann darüber hinaus dann **einen Antrag auf Ergänzung der Tagesordnung** stellen, wenn der von ihm beantragte Tagesordnungspunkt noch nicht berücksichtigt worden ist. Auf diese Weise hat er Gelegenheit, die Themen behandeln zu lassen, deretwegen er den Wunsch nach Einberufung einer Versammlung geäußert hat. In gleicher Weise muss auch den Beauftragten der Stufenvertretung oder des Gesamtpersonalrats das Recht zur Aufklärung bzw. Beratung zustehen. Dies ergibt sich aus dem Sinn des Gesetzes. Einen Antrag auf Ergänzung der Tagesordnung aber können sie wegen der ihnen alleine zukommenden Beratungsfunktion nicht stellen. Den Themenkreis, den der Personalrat aufgrund eigener Ermessensentscheidung bestimmt, können sie nicht erweitern. Sie können allenfalls eine entsprechende Anregung an den Personalrat herantragen. 17

c) Bleibt der Leiter der Dienststelle ohne zwingenden Grund einer Personalversammlung fern, zu der er ausdrücklich eingeladen ist oder zu der auf 18 seinen Wunsch eingeladen worden ist, dann wäre hierin ein Verstoß gegen das Gebot vertrauensvoller Zusammenarbeit (§ 2 Abs. 1) zu sehen, der den Personalrat zu einer **Dienstaufsichtsbeschwerde** berechtigen kann (Richardi u. a., § 52 Anm. 32).

19 d) Der **Dienststellenleiter kann sich** durch seinen ständigen Vertreter (§ 7) **vertreten lassen.** Eine gleichzeitige Teilnahme des Dienststellenleiters und seines Vertreters ist nicht möglich, da es nicht Sinn einer Vertretung sein kann, dass Vertretener und Vertreter an einer Sitzung teilnehmen, für die ein Vertreter vernünftigerweise nur entsandt werden kann, wenn der eigentliche Teilnahmeberechtigte bzw. -verpflichtete verhindert ist.

20 16. **Streitigkeiten** über das Teilnahmerecht des Dienststellenleiters, der Gewerkschaftsbeauftragten und der Vertreter der Arbeitgebervereinigung entscheiden die Verwaltungsgerichte nach § 83 Abs. 1 Nr. 3. Dienststellenleiter, Personalvertretung, Gewerkschaften und Arbeitgebervereinigung können Beteiligte sein.

Schrifttum: Ilbertz, Sind Ansprachen und Vorträge von Persönlichkeiten des öffentlichen Lebens auf Personalversammlungen zulässig? Erwiderung, PersV 1976, 45; Lehmann, Sind Ansprachen und Vorträge von Persönlichkeiten des öffentlichen Lebens auf Personalversammlungen zulässig?, PersV 1976, 16; Richter, Zweifelsfragen zum Personenkreis der Personalversammlung, PersV 1980, 269.

Sechster Abschnitt **Stufenvertretungen und Gesamtpersonalrat**

§ 53 [Bildung von Stufenvertretungen]

(1) Für den Geschäftsbereich mehrstufiger Verwaltungen werden bei den Behörden der Mittelstufe Bezirkspersonalräte, bei den obersten Dienstbehörden Hauptpersonalräte gebildet.

(2) Die Mitglieder des Bezirkspersonalrates werden von den zum Geschäftsbereich der Behörde der Mittelstufe, die Mitglieder des Hauptpersonalrates von den zum Geschäftsbereich der obersten Dienstbehörde gehörenden Beschäftigten gewählt.

(3) Die §§ 12 bis 17 Abs. 1, 2, 6 und 7, §§ 18 bis 21 und 23 bis 25 gelten entsprechend. § 14 Abs. 3 gilt nur für die Beschäftigten der Dienststelle, bei der die Stufenvertretung zu errichten ist. Eine Personalversammlung zur Bestellung des Bezirks- oder Hauptwahlvorstandes findet nicht statt. An ihrer Stelle übt der Leiter der Dienststelle, bei der die Stufenvertretung zu errichten ist, die Befugnis zur Bestellung des Wahlvorstandes nach § 20 Abs. 2, §§ 21 und 23 aus.

(4) Werden in einer Verwaltung die Personalräte und Stufenvertretungen gleichzeitig gewählt, so führen die bei den Dienststellen bestehenden Wahlvorstände die Wahlen der Stufenvertretungen im Auftrage des Bezirks- oder Hauptwahlvorstandes durch; andernfalls bestellen auf sein Ersuchen die Personalräte oder, wenn solche nicht bestehen, die Leiter der Dienststellen die örtlichen Wahlvorstände für die Wahl der Stufenvertretungen.

(5) In den Stufenvertretungen erhält jede Gruppe mindestens einen Vertreter. Besteht die Stufenvertretung aus mehr als neun Mitgliedern, erhält jede Gruppe mindestens zwei Vertreter. § 17 Abs. 5 gilt entsprechend.

Inhaltsübersicht

Entspr. landesgesetzliche Regelungen:
Baden-Württemberg: § 55; Bayern: Art. 53 a; Berlin: §§ 55, 56; Brandenburg: § 53; Bremen: –; Hamburg: –; Hessen: § 50; Mecklenburg-Vorpommern: § 46 Abs. 1 bis Abs. 4; Niedersachsen: § 47; Nordrhein-Westfalen: § 50; Rheinland-Pfalz: § 52; Saarland: § 52; Sachsen: § 54; Sachsen-Anhalt: § 52; Schleswig-Holstein: § 44 Abs. 1 bis 4; Thüringen: § 53.

Entspr. Vorschrift des BetrVG: –.

I. Stufenvertretungen

1. Entsprechend dem Verwaltungsaufbau sind bei mehrstufigen Verwaltungen **Stufenvertretungen** zu bilden. Der Aufbau der Personalvertretungen ist dem Behördenaufbau angepasst. Der Behördenaufbau der Verwaltung des Bundes ist überwiegend dreiteilig. Demgemäß werden 1

2 a) **Personalräte bei der untersten Stufe,** d. h. bei den Dienststellen errichtet, die den Mittelbehörden unmittelbar nachgeordnet sind;

3 b) **Bezirkspersonalräte bei den Behörden der Mittelstufe** errichtet, d. h. bei jenen Verwaltungsstellen, die einer obersten Dienstbehörde unmittelbar nachgeordnet, denen aber ihrerseits wiederum andere Dienststellen nachgeordnet sind, über die sie die Dienstaufsicht führen. Wenn bei einer Behörde der Mittelstufe auch nur eine einzige nachgeordnete Dienststelle angesiedelt ist, so ist bei der Behörde der Mittelstufe ein Bezirkspersonalrat zu bilden, um die Beschäftigten der nachgeordneten Dienststellen nicht ohne den Schutz des BPersVG zu lassen (Richardi u. a., § 53 Anm. 14).

4 c) **Hauptpersonalräte werden bei den obersten Dienstbehörden** gebildet, d. h. bei jenen Dienststellen, denen im Instanzenzug keine Dienststelle mehr übergeordnet ist (z. B. Bundesministerien).

5 2. Stufenvertretungen werden daher nur gebildet, wenn **mehrere Dienststellen im Verhältnis der Über- und Unterordnung zueinander** stehen. Aus der Verfassung und den jeweiligen Organisationsvorschriften ist zu entnehmen, ob dies der Fall ist und ob eine Behörde zum Geschäftsbereich einer anderen Behörde gehört (BVerwG v. 3. 10. 1958, BVerwGE 7, 254 = ZBR 1958, 381). Die Aufgaben der Stufenvertretungen ergeben sich aus § 82.

II. Personalvertretungen mehrerer Stufen

6 1. Die **dreiteilige Stufeneinteilung** ist nicht bei allen Verwaltungen durchgeführt. Zum Teil sind weniger als drei Stufen vorhanden, so dass sich nur ein Stufenaufbau von Personalräten und Hauptpersonalräten ergibt (BVerwG v. 3. 10. 1958, BVerwGE 7, 254 = ZBR 1958, 381).

7 2. **„Oberste Dienstbehörde“** ist diejenige Organisationseinheit, der keine andere Behörde mehr übergeordnet ist, die aber ihrerseits vorgesetzte Behörde der Mittelstufe ist.

8 3. Der **Hauptpersonalrat** bei der obersten Dienstbehörde ist den Bezirkspersonalräten der Behörden der Mittelstufe und den Personalräten der einzelnen Dienststellenstufen nicht übergeordnet. Er ist lediglich für diejenigen Angelegenheiten ausschließlich zuständig, die **gleichmäßig für die Gesamtheit eines Geschäftsbereichs von der Personalvertretung** zu behandeln sind. Der Hauptpersonalrat kann also weder Entscheidungen der Personalvertretungen der unteren Stufen aufheben noch ist er Berufungsinstanz für deren Entscheidungen (BVerwG v. 18. 6. 1965, BVerwGE 21, 230 = ZBR 1965, 248 = PersV 1965, 229; Richardi u. a., § 53 Anm. 3). Er kann immer nur dann gebildet werden, wenn der Geschäftsbereich einer obersten Dienstbehörde mehrstufig – mindestens zweistufig – gegliedert ist. Daher wird z. B. beim Bundesrat als einer obersten Dienstbehörde ohne nachgeordneten Bereich nur ein (örtlicher) Personalrat, nicht aber ein Hauptpersonalrat gebildet. Auch der **Bezirkspersonalrat** ist den Personalräten nicht übergeordnet. Dies ergibt sich u. a. aus § 69 Abs. 4, wonach mangels Einigung auf der unteren Stufe die Angelegenheiten nicht der höherstufigen Personalvertretung, sondern der übergeordneten Dienststelle vorzulegen sind.

9 4. Die Behörden der Mittelstufe und die obersten Dienstbehörden haben eine doppelte Funktion. Sie sind einerseits vorgesetzte Behörde, andererseits je für sich geschlossene Dienststellen. Es bestehen daher bei ihnen **zwei Personalvertretungen,** nämlich die dem Verwaltungsaufbau entsprechende

Stufenvertretung (Bezirks- bzw. Hauptpersonalrat) und neben ihr der (örtliche) Personalrat der Dienststelle („Hauspersonalrat"). Zur Abgrenzung der Zuständigkeiten vgl. § 82 Anm. 7.

5. Die Mitglieder des Bezirkspersonalrats werden von den Beschäftigten gewählt, die zum Geschäftsbereich derjenigen Behörden der Mittelstufe gehören, bei der der **Bezirkspersonalrat nach Abs. 1 zu bilden ist.** Die Mitglieder des Hauptpersonalrats werden von denjenigen Beschäftigten gewählt, die zum Geschäftsbereich der **obersten Dienstbehörde** gehören, bei der **der Hauptpersonalrat zu bilden** ist, d. h. von sämtlichen Beschäftigten der betreffenden Verwaltung. 10

III. Einzelheiten

1. Nach **Abs. 3** gelten für die Wahlen zu den Stufenvertretungen folgende, für die Wahl der Personalräte bestehenden Vorschriften entsprechend, d. h. mit den sich aus den unterschiedlichen Verhältnissen als geboten ergebenden Änderungen: 11

a) **Das aktive Wahlrecht** (§ 13) steht den planmäßig zum Geschäftsbereich der zuständigen Dienststelle (Behörde der Mittelstufe oder obersten Dienstbehörde) gehörenden Beschäftigten zu. Auch dem Dienststellenleiter der Mittelbehörde bzw. der obersten Dienstbehörde steht ein Wahlrecht zu den Stufenvertretungen zu. Gleiches gilt für den Leiter der nachgeordneten Behörde (vgl. auch § 13 Anm. 4; Fischer u. a., § 53 Anm. 15; Lorenzen u. a., § 53 Anm. 24; Richardi u. a., § 53 Anm. 33). Ein Wahlrecht zu den Stufenvertretungen haben diejenigen Beschäftigten nicht, denen das Recht, in öffentlichen Angelegenheiten zu wählen oder zu stimmen, aberkannt worden ist. Ebenfalls von der Wahl ausgeschlossen ist der Beschäftigte, der am Wahltag länger als sechs Monate unter Wegfall der Bezüge beurlaubt ist. 12

b) Wer länger als drei Monate zu einer anderen Dienststelle abgeordnet ist, **verliert ebenfalls sein Wahlrecht** (vgl. aber § 13 Abs. 2 Satz 3). Allerdings ist bei der Wahl zu den Stufenvertretungen eine Abordnung zu einer zum Geschäftsbereich der Behörde der Mittelstufe bzw. der obersten Dienstbehörde gehörenden Dienststelle unschädlich (§ 13 Abs. 2 Satz 2). 13

c) Beamte im Vorbereitungsdienst sowie Beschäftigte in entsprechender Berufsausbildung haben das Wahlrecht zu der Stufenvertretung, zu der ihre **Stammbehörde** zählt. 14

d) Nach **früherem Recht** hatten die Beschäftigten des **Bundesamtes für Verfassungsschutz kein Wahlrecht** zum Hauptpersonalrat beim Bundesminister des Innern. Da nach der besonderen Zuständigkeitsregelung des bis 1974 gültigen PersVG die zu wählende Stufenvertretung für diese Beschäftigten nicht tätig werden konnte, hatte das Bundesverwaltungsgericht (BVerwG v. 21. 1. 1972, PersV 1972, 179) den Beschäftigten des Bundesamtes für Verfassungsschutz ein Wahlrecht zum Hauptpersonalrat beim Bundesminister des Innern abgesprochen. Der bisherige § 81 ist neu gefasst worden (vgl. im Einzelnen § 87). 15

e) Infolgedessen kann unter Berufung auf diese Rechtsprechung **nicht die Auffassung vertreten werden,** das Wahlrecht zu den Stufenvertretungen müsse für die Beschäftigten der Behörde der Mittelstufe oder der obersten Dienstbehörde als örtliche Dienststelle ausgeschlossen sein, weil für diese Beschäftigten keine Zuständigkeit der Stufenvertretung gegeben sei (Gasde, 16

PersV 1976, 15). Wenn eine mittlere oder oberste Dienstbehörde Maßnahmen für den gesamten Geschäftsbereich trifft, ist die jeweilige Stufenvertretung auch für die Beschäftigten der Behörde der Mittelstufe bzw. der obersten Dienstbehörde zuständig (§ 75 Abs. 3 Nrn. 1 bis 3, 5 bis 9, 11 bis 14, 17; § 76 Abs. 2 Nrn. 1 bis 8; § 78 Abs. 1 Nr. 1; § 80; BVerwG v. 18. 10. 1978, BVerwG E 56, 330 = ZBR 1979, 316 = PersV 1979, 500; Fischer u. a., § 53 Anm. 7 b, 15; Ilbertz, PersV 1976, 81; Rengier, PersV 1976, 121).

17 f) **Zu den Stufenvertretungen wählbar** (§ 14) sind diejenigen Beschäftigten, die am Wahltag seit sechs Monaten einer dem Geschäftsbereich einer Behörde der Mittelstufe bzw. obersten Dienstbehörde zugeordneten Dienststelle angehören, 18 Jahre alt sind und nicht infolge strafgerichtlicher Verurteilung die Fähigkeit, Rechte aus öffentlichen Ämtern zu erwerben, verloren haben (vgl. im Übrigen die Erläuterungen zu § 14).

18 g) § 14 gilt bei den obersten Dienstbehörden schon an sich mit der Maßgabe, dass bei ihnen nicht nur der Leiter und sein ständiger Vertreter, sondern **auch die Leiter der Verwaltungsabteilungen nicht wählbar** sind, sofern letztere den Behördenleiter im Rahmen des BPersVG vertreten (§ 7 Satz 3). Ist dies nicht der Fall, so sind sie wählbar, falls sie nicht zu selbstständigen Entscheidungen in Personalangelegenheiten der Dienststelle befugt sind (§ 14 Abs. 3; vgl. dort Anm. 31).

19 h) Besteht die Leitung einer obersten Dienstbehörde nicht aus einer Person, sondern aus einem **Kollegium gleichberechtigter Personen,** so ist keines dieser Mitglieder wählbar, weil jedes die Funktion eines Dienststellenleiters nach § 7 ausübt.

20 i) Der **Behördenleiter einer obersten Dienstbehörde,** der nach § 14 Abs. 3 i. V. mit § 7 für den Personalrat seiner Dienststelle (in seiner Eigenschaft als Dienststellenleiter) nicht wählbar ist, ist es auch für den bei seiner Dienststelle errichteten Hauptpersonalrat nicht. Dasselbe gilt für seinen ständigen Vertreter; für den Leiter der Abteilung für Personal- und Verwaltungsangelegenheiten jedoch nur dann, wenn seine Zuständigkeit sich in gleicher Weise wie für die eigene Dienststelle im Rahmen der Vertretung nach dem BPersVG auch auf die Gesamtheit der zum Geschäftsbereich der obersten Dienstbehörde gehörenden Beschäftigten erstreckt (Lorenzen u. a., § 53 Anm. 30).

21 j) **Entsprechendes** gilt für den Behördenchef usw. der Behörde der **Mittelstufe** hinsichtlich der bei dieser bestehenden Stufenvertretung (vgl. § 14 Anm. 19).

22 k) § 53 Abs. 3 Satz 2 beschränkt den **Ausschluss von der Wählbarkeit** nach § 14 Abs. 3 für die Stufenvertretung auf die Beschäftigten der Dienststelle, bei der die Stufenvertretung zu errichten ist. Demnach also

23 aa) bei den obersten Dienstbehörden wie bei den Behörden der Mittelstufe auf die **vorstehend bezeichneten Personen;**

24 bb) auf diejenigen **Beschäftigten, die zu selbstständigen Entscheidungen in Personalangelegenheiten** für den Zuständigkeitsbereich der betreffenden Behörde der Mittelstufe oder obersten Dienstbehörde berufen sind, die denen der in § 14 Abs. 3 für die Dienststelle selbst bezeichneten Art entsprechen. Das gilt also nicht etwa für sämtliche Abteilungsleiter einer obersten Dienstbehörde, wird sich aber jedenfalls bei solchen in aller Regel auf Abteilungsleiter (zumeist Ministerialdirektoren) beschränken („selbstständige Entscheidungen"). Es kommt also entscheidend auf die Befugnis zu selbstständigen Entscheidungen in Personalsachen für den Geschäftsbereich der obersten oder mittleren Dienstbehörde einschließlich der jeweils nachgeordneten Behörden an (OVG Münster v. 7. 10. 1992, Leits. ZfPR 1993, 158; Richardi u. a., § 53 Anm. 41; vgl. auch § 14 Anm. 22). Der Personaldezernent für die Behörde selbst kann durchaus zur Stufenvertretung wählbar sein, wenn er keine derartigen Befugnisse gegenüber den Beschäftigten der nachgeordneten Behörden ausübt. Nur bei selbstständiger Entscheidungsbefugnis gegenüber Beschäftigten nachgeordneter Behörden sind diese Personen vom passiven Wahlrecht (sowohl für den örtlichen Personalrat ihrer Dienststelle als auch für die hier zu errichtende Stufenvertretung) ausgeschlossen. Personen, auf die diese Voraussetzungen für den Bezirkspersonalrat zutreffen, können z. B. für den Hauptpersonalrat wählbar sein, da die Vorschrift sie nur von der Wählbarkeit für die Stufenvertretung ausschließt, die bei ihrer Dienststelle zu errichten ist. Infolgedessen sind Dienststellenleiter nachgeordneter Dienststellen, deren ständige Vertreter und die Beschäftigten, die in diesen Dienststellen zu selbstständigen Entscheidungen in Personalangelegenheiten befugt sind, in die Stufenvertretungen wählbar (Lorenzen u. a., § 53 Anm. 30).

l) Eine andere Frage ist natürlich, ob es empfehlenswert ist, leitende Beschäftigte, insbesondere **Personaldezernenten der Behörden der Mittelinstanz, in die nächsthöhere Stufenvertretung zu wählen. Kollisionsfälle** können sich ergeben, wenn hier im Instanzenweg der §§ 69 und 72 über Maßnahmen zu beschließen ist, an denen dieselben Personen bei ihren Dienststellen beteiligt waren. Sie sind dann als befangen von der Beratung ausgeschlossen. Dasselbe gilt aber auch, wenn etwa Mitglieder des Personalrats bzw. auch der Bezirkspersonalräte zugleich Mitglieder einer höheren Stufenvertretung sein sollten. Auch sie sind wegen ihrer Mitwirkung bei einem vorangegangenen Beschluss nunmehr als befangen anzusehen. **25**

2. Für den Fall, dass die oberste Dienstbehörde bzw. die Behörde der Mittelstufe **erst weniger als ein Jahr besteht,** bedarf es für die Wählbarkeit nicht erst der sechsmonatigen Zugehörigkeit zu deren Geschäftsbereich (§ 15). **26**

3. Für die **Größe** der Stufenvertretungen ist § 16 maßgebend. Die Höchstzahl der Mitglieder beträgt 31 (§ 16 Abs. 2). **27**

4. Den Vertretern der Gruppen im Bezirks- bzw. Hauptpersonalrat fallen die **Sitze** entsprechend dem Stärkeverhältnis der einzelnen Gruppen zu der Gesamtzahl der durch die Stufenvertretungen repräsentierten Beschäftigten zu (§ 17 Abs. 1). **28**

5. Bei gleicher Stärke der Gruppen entscheidet das **Los.** Ein Gruppenverzicht auf Vertretung im Bezirks- bzw. Hauptpersonalrat wäre nur möglich, wenn sämtliche Angehörigen einer Gruppe im gesamten Geschäftsbereich der Dienststelle, bei der die Stufenvertretung errichtet werden soll, vom Wahlrecht zu ihnen keinen Gebrauch machen würden. Für einen wirksamen Gruppenverzicht reicht es nicht schon aus, dass die Angehörigen einer oder mehrerer Dienststellen nicht zur Stufenvertretung wählen. **29**

6. Um in den Stufenvertretungen das Bild der gruppenmäßigen Zusammensetzung der Beschäftigten nicht zu verzerren, **korrigiert Abs. 5** den Grundsatz des § 17 Abs. 3 und 4 wie folgt: **30**

31 a) in einer Stufenvertretung **bis zu neun Mitgliedern** muss jede Gruppe durch mindestens einen Vertreter vertreten sein;

32 b) in einer Stufenvertretung, die **zehn oder mehr Mitglieder** umfasst, stehen jeder Gruppe mindestens zwei Vertreter zu. In beiden Fällen kommt es nicht darauf an, ob diese Vertreterzahl der Gesamtzahl der Beschäftigten dieser Gruppe proportional entspricht. Allerdings wird auch hier eine **Gruppe** nicht berücksichtigt, die **nicht fünf Personen stark ist,** wenn sie nicht ein Zwanzigstel der Beschäftigten im Bereich der Stufenvertretung umfasst. Ebenso wie bei der Wahl des örtlichen Personalrats gilt auch hier, dass Angehörige einer Gruppe, die als solche nicht vertreten ist, sich durch Erklärung gegenüber dem Wahlvorstand **einer anderen Gruppe anschließen können.**

33 7. Die **Verteilung der Sitze** auf die Gruppen erfolgt nach den **Grundsätzen der Verhältniswahl** (§ 17 Abs. 2).

34 8. Die Sollvorschriften über die gleichmäßige Berücksichtigung der verschiedenen Beschäftigungsarten (**§ 17 Abs. 6**) und der Geschlechter (**§ 17 Abs.** 7) bei der Zusammensetzung der Personalvertretung finden ebenfalls entsprechende Anwendung.

35 9. Eine **abweichende Verteilung** der Mitglieder der Stufenvertretungen auf die Gruppen kann ebenfalls beschlossen werden (§ 18 Abs. 1). Ebenso können für jede Gruppe auch Angehörige anderer Gruppen vorgeschlagen werden (§ 18 Abs. 2).

36 10. So wie die Wahlen zu den (örtlichen) Personalräten, so werden auch die Wahlen zu den Stufenvertretungen grundsätzlich als **Gruppenwahlen** durchgeführt (§ 19 Abs. 2). Der Beschluss, statt Gruppen- Gemeinschaftswahlen durchzuführen, bedarf der Mehrheit der Stimmen der wahlberechtigten Gruppenmitglieder im gesamten Bereich der Behörde, in der eine Stufenvertretung gebildet werden soll.

37 11. Die **Wahlen zu den Stufenvertretungen** werden nach den **Grundsätzen der Verhältniswahl** durchgeführt. Wenn nur ein Wahlvorschlag gemacht wird oder wenn die Personalvertretung aus einer Person besteht, so findet Mehrheitswahl statt (§ 19 Abs. 3).

38 12. § **19 Abs. 4 bis 7** findet entsprechende Anwendung (vgl. im Einzelnen die dortigen Erläuterungen).

39 13. Die Vorschriften über den **Wahlvorstand** (§§ 20, 21) sind grundsätzlich entsprechend anwendbar. Bei der Wahl zum Bezirkspersonalrat wird ein Bezirkswahlvorstand, bei der Wahl zum Hauptpersonalrat ein Hauptwahlvorstand jeweils bei der Behörde gebildet, bei der die Stufenvertretung errichtet werden soll.

40 14. Kommen die Stufenvertretungen ihrer Aufgabe zur Berufung der Wahlvorstände nicht nach oder bestehen keine Stufenvertretungen, so werden die Wahlvorstände nicht in einer Personalversammlung, die wegen der Vielzahl der zum Geschäftsbereich gehörenden Beschäftigten kaum durchführbar wäre, sondern **vom jeweiligen Leiter der Dienststelle,** bei der die Stufenvertretung zu errichten ist, **bestellt** (Richardi u. a., § 53 Anm. 53). Den Gewerkschaften steht kein Vorschlagsrecht für die Besetzung der Stufenwahlvorstände zu; denn dieses Recht können sie nur in einer Personalversammlung ausüben. Dies ergibt sich aus den §§ 20 bis 22.

15. **Bei gleichzeitiger Wahl** der Personalvertretungen aller Stufen nehmen die örtlichen Wahlvorstände (§§ 20 ff.) die Aufgaben des Haupt- bzw. Bezirkswahlvorstands in ihrem jeweiligen Bereich wahr (§ 53 Abs. 4 BPersVG, §§ 34, 42 WO BPersVG), d. h. sie nehmen neben der Erfüllung ihrer eigenen Aufgaben (als örtliche Wahlvorstände) die Stimmzettel für die Wahl auch des Bezirks- und des Hauptpersonalrats entgegen, zählen sie aus und behandeln sie nach den Vorschriften der Wahlordnung. Sie tun das insoweit im Auftrag des Bezirks- oder Hauptwahlvorstands. Die örtlichen Wahlvorstände bedürfen hierzu keines ausdrücklichen Auftrags. Dieser ist vielmehr durch § 53 Abs. 4 gesetzlich erteilt. Der örtliche Wahlvorstand leitet also in diesem Fall seine Befugnisse vom Bezirks- bzw. Hauptwahlvorstand ab und unterliegt insoweit seinen Weisungen. 41

16. Werden die **Wahlen in den verschiedenen Stufen** jedoch **nicht gleichzeitig** vorgenommen, so ersucht der Haupt- bzw. Bezirkswahlvorstand die örtlichen Personalvertretungen, je einen Wahlvorstand für die Wahl der höherstufigen Personalvertretung in derselben Weise zu bestellen, als ob dieser Wahlvorstand die Neuwahlen des örtlichen Personalrats zu leiten hätte. 42

17. Besteht keine Personalvertretung, so ersucht der Bezirks- bzw. Hauptwahlvorstand den **Dienststellenleiter, den örtlichen Wahlvorstand** zu bestellen. In diesen Fällen hat der Dienststellenleiter also nicht die Personalversammlung nach § 21 zur Wahl eines Wahlvorstands einzuberufen, sondern er bestellt ihn unmittelbar. 43

18. Der Verzicht auf den Umweg über die Personalversammlung des § 21 muss nach dem Wortlaut des § 53 Abs. 4 Satz 1 Halbs. 2 **auch für den Fall angenommen werden,** dass der vom Haupt- bzw. Bezirkswahlvorstand angesprochene örtliche Personalrat diesem Ersuchen nicht oder nicht bis sechs Wochen vor der Wahl (§ 23 Satz 2) entspricht. Für diesen Fall wird das Antragsrecht des § 20 Abs. 2 ausschließlich durch die höherstufigen Wahlvorstände ausgeübt (Fischer u. a., § 53 Anm. 24; Lorenzen u. a., § 53 Anm. 37). 44

19. Die Vorschrift über die Wahlbehinderung (§ 24 Abs. 1) gilt entsprechend. Die **Kosten der Wahl** trägt jeweils die Dienststelle, bei der eine Stufenvertretung gebildet werden soll (Fischer u. a., § 53 Anm. 22; Lorenzen u. a., § 53 Anm. 46; Richardi u. a., § 53 Anm. 62). Das Verbot der Minderung der Dienstbezüge und des Arbeitsentgelts infolge vertretungsrechtlich bedingter Arbeitszeitversäumnis gilt ebenfalls (§ 24 Abs. 2). 45

20. Die Vorschriften über die **Wahlanfechtung** sind entsprechend anwendbar. Das Anfechtungsrecht steht drei zur Stufenvertretung wahlberechtigten Beschäftigten, jeder im Geschäftsbereich der betreffenden Behörde vertretenen Gewerkschaft oder dem Leiter der Dienststelle zu, bei der die Stufenvertretung gebildet worden ist (nicht den Leitern der einzelnen, zum Geschäftsbereich der Behörde der Mittelstufe bzw. obersten Dienstbehörde gehörenden Dienststelle; Fischer u. a., § 53 Anm. 23; Lorenzen u. a., § 53 Anm. 47; Richardi u. a., § 53 Anm. 63). 46

21. Auch wenn die Wahlen zum (örtlichen) Personalrat und zur Stufenvertretung (bzw. zu den Stufenvertretungen) gleichzeitig erfolgen und die Anfechtung sich vielleicht auf denselben tatsächlichen Vorgang gründet, so muss die **Anfechtung gesondert betrieben** werden, da sich häufig auch gesonderte gerichtliche Zuständigkeiten ergeben werden. Ein abweichendes Ergebnis der Würdigung desselben tatsächlichen Vorgangs ist insbesondere 47

unter dem Gesichtspunkt möglich, ob das Wahlergebnis dadurch geändert oder beeinflusst werden konnte.

48 22. **Nimmt eine Dienststelle an den Wahlen zu einer Stufenvertretung nicht teil,** so steht dies der Bildung der Stufenvertretung nicht entgegen (Engelhard-Ballerstedt, § 61 Anm. 7).

IV. Streitigkeiten

49 Streitigkeiten über die Wahl und die Zusammensetzung der Stufenvertretungen entscheiden die Verwaltungsgerichte nach § 83 Abs. 1 Nr. 2.

Schrifttum: Benz, Bildung eines Gesamtpersonalrats oder eines Hauptpersonalrats bei Berufsgenossenschaften mit Bezirksverwaltungen?, PersV 1977, 84; Ebert, Das Bundesverwaltungsgericht zum Sinn der Stufenvertretung, PersV 1958/59, 81; ders., Örtlicher Personalrat oder Stufenvertretung?, PersV 1960, 7; Gasde, Wählerauftrag der Bediensteten der Mittel- und obersten Dienstbehörden von Stufenvertretungen nicht erfüllbar, PersV 1976, 15; Hornung, Zum Selbstverständnis des Personalrats – Probleme der Stufenvertretung –, PersV 1980, 305; Ilbertz, Wählerauftrag der Beschäftigten der Mittel- und obersten Dienstbehörden, PersV 1976, 81; Mirbach, Wesentliche Einschränkungen für Gesamtpersonalräte und Stufenvertretungen – Zu den Folgen der Rechtsprechung des Bundesverfassungsgerichts für die Organisationsstruktur der Personalvertretung in Bund und Ländern, PersV 1997, 529; Rengier, Der Wählerauftrag der Beschäftigten der Mittel- und obersten Dienstbehörden ist von den Stufenvertretungen erfüllbar, PersV 1976, 121; Ulmer, Aufgaben, Pflichten und Befugnisse der Stufenvertretungen und des Gesamtpersonalrats nach dem BPersVG, PersV 1976, 7; Windscheid, Welche Personalvertretung ist zu beteiligen?, ZBR 1959, 73.

§ 54 [Amtszeit, Geschäftsführung, Aufwandsentschädigung]

(1) Für die Stufenvertretungen gelten die §§ 26 bis 39, 40 Abs. 1, §§ 41, 42, 44, 45, 46 Abs. 1 bis 3 und 5 bis 7, § 47 entsprechend, soweit in Absatz 2 nichts anderes bestimmt ist.

(2) § 34 Abs. 1 gilt mit der Maßgabe, dass die Mitglieder der Stufenvertretung spätestens zwölf Arbeitstage nach dem Wahltag einzuberufen sind.

Inhaltsübersicht

Entspr. landesgesetzliche Regelungen:
Baden-Württemberg: § 55 Abs. 3; Bayern: Art. 54; Berlin: §§ 57, 58, 59; Brandenburg: § 54; Bremen: –; Hamburg: –; Hessen: § 51; Mecklenburg-Vorpommern: § 46 Abs. 7; Niedersachsen: § 48; Nordrhein-Westfalen: § 51; Rheinland-Pfalz: § 55; Saarland: § 53; Sachsen: § 55; Sachsen-Anhalt: § 53; Schleswig-Holstein: § 44 Abs. 5; Thüringen: § 54.

Entspr. Vorschrift des BetrVG: –.

1. Für die Stufenvertretungen wird eine **längere Einberufungsfrist** zur konstituierenden Sitzung als für die örtlichen Personalräte bestimmt. 1

2. Für die Stufenvertretung sind die **Vorschriften über Amtszeit und Geschäftsführung** der (örtlichen) Personalräte **entsprechend anwendbar.** Das Wort „entsprechend" bedeutet, dass die Bestimmungen für die Personalräte der unteren Stufe auf die Stufenvertretungen nicht grundsätzlich anders angewandt werden dürfen (BVerwG v. 20. 3. 1959, BVerwGE 8, 214 = ZBR 1959, 201 = PersV 1958/59, 187; z. B. ist der Begriff der „laufenden Geschäfte" und die sich daraus ergebende Aufgabenstellung in allen Stufen derselbe). 2

Danach ergibt sich: 3
a) die **Amtszeit** beträgt vier Jahre (§ 26). Sie beginnt mit dem Ende der Amtszeit derjenigen Stufenvertretung, die sich noch im Amt befindet. Ist keine Personalvertretung im Amt, so beginnt die Amtszeit mit dem Tag der Wahl (vgl. § 26 Anm. 3). Auch für die Stufenvertretungen gelten einheitliche, regelmäßige Wahlzeiträume (§ 26 Satz 3, § 27 Abs. 1).

b) Eine **Neuwahl vor Ablauf der Amtszeit** bzw. außerhalb des regelmäßigen Zeitraums hat zu erfolgen: 4

aa) wenn mit Ablauf von vierundzwanzig Monaten vom Tag der Wahl gerechnet, die **Zahl der Beschäftigten um die Hälfte** - mindestens aber um 50 – innerhalb des Geschäftsbereichs der Stufenvertretung **gestiegen oder gesunken** ist (§ 27 Abs. 2 Nr. 1); d. h. in allen zum Geschäftsbereich der Mittelbehörde (obersten Dienstbehörde) gehörenden Dienststellen muss die Zahl der regelmäßig Beschäftigten am Tag vierundzwanzig Monate nach der Wahl mit der Zahl der regelmäßig Beschäftigten am Wahltag verglichen werden; 5

bb) wegen **Verringerung der Zahl der Mitglieder** und Ersatzmitglieder der Stufenvertretung um mehr als ein Viertel (§ 27 Abs. 2 Nr. 2); 6

cc) wegen **Rücktritts** der Stufenvertretung (§ 27 Abs. 2 Nr. 3); 7

dd) wegen **Auflösung** der Stufenvertretung durch gerichtliche Entscheidung (§ 27 Abs. 2 Nr. 4); 8

ee) wenn innerhalb des Geschäftsbereichs **keine Stufenvertretung besteht** (§ 27 Abs. 2 Nr. 5). 9

c) **Die Stufenvertretung wird aufgelöst** auf Antrag entweder eines Viertels der Wahlberechtigten oder des Dienststellenleiters der Mittel- bzw. obersten Dienstbehörde oder einer im Geschäftsbereich vertretenen Gewerkschaft **durch gerichtliche Entscheidung** (§ 28 Abs. 1 Satz 1). 10

d) Ferner ist der **Ausschluss eines Mitglieds** auf Antrag der Stufenvertretung möglich (§ 28 Abs. 1 Satz 2). 11

12 e) Die **Einsetzung eines Wahlvorstands** durch den Vorsitzenden des zuständigen Verwaltungsgerichts kann im Falle der Auflösung (§ 28 Abs. 2) erfolgen.

13 f) Die gesetzlichen Gründe für das **Erlöschen der Mitgliedschaft** in der Personalvertretung (§ 29) gelten entsprechend: Ausscheiden aus dem Geschäftsbereich der Behörde der Mittelstufe (z. B. durch Versetzung) oder der obersten Dienstbehörde (z. B. durch Übernahme in eine andere Verwaltung). In diesen Fällen erlischt die Mitgliedschaft im Bezirks- bzw. Hauptpersonalrat. Ein bloßer Wechsel der Dienststellenzugehörigkeit ist dagegen unschädlich, wenn auch die neue Dienststelle zum Zuständigkeitsbereich der Behörde der Mittelstufe bzw. der obersten Dienstbehörde gehört (BAG v. 11. 7. 1990, BAGE 65, 283 = Leits. BB 1990, 2270 = DB 1991, 1840).

14 g) Ein **Ruhen der Mitgliedschaft** eines Beamten kommt in entsprechender Anwendung des § 30 wegen Untersagung der Führung der Dienstgeschäfte oder wegen vorläufiger Dienstenthebung im förmlichen Disziplinarverfahren in Frage.

15 h) Das **Nachrücken von Ersatzmitgliedern** und die Stellvertretung verhinderter Mitglieder regelt sich nach § 31.

16 i) Für die **Bildung des Vorstands** (mit Gruppenparität) und die Bestimmung des Vorsitzenden und seiner Vertretung sowie für die Geschäftsführung des Vorstands einschließlich der laufenden Geschäfte gilt § 32.

17 j) Die **Zuwahl zweier weiterer Vorstandsmitglieder** nach § 33 erfolgt, sobald die Stufenvertretung eine Stärke von 11 oder mehr Mitgliedern erreicht.

18 k) Für die **Aufgaben des Vorsitzenden** gilt § 34 Abs. 2. Einem Viertel der Mitglieder der Stufenvertretung, der Mehrheit der Vertreter einer Gruppe, des Vertrauensmanns der Schwerbehinderten oder der Jugend- und Auszubildendenvertretung in sie besonders berührenden Angelegenheiten und dem zuständigen Dienststellenleiter steht ein **Antragsrecht auf Anberaumung einer Sitzung** nach § 34 Abs. 3 zu. Das Teilnahmerecht des Dienststellenleiters ergibt sich aus § 34 Abs. 4. Neben dem Leiter der obersten Dienstbehörde oder seinem ständigen Vertreter steht auch dem Leiter der Abteilung für Personal- und Verwaltungsangelegenheiten (§ 7) ein Teilnahmerecht zu.

19 Ferner gelten folgende Vorschriften entsprechend:
l) **Nichtöffentlichkeit und Zeitpunkt der Sitzungen** (in der Regel während der Dienstzeit, § 35); Teilnahmerecht von Gewerkschaftsvertretern (§ 36); Beschlussfähigkeit und Beschlussfassung (§ 37); Gemeinschaftliche Beratung und Gruppenentscheidung (§ 38); Suspensives Veto der sich beeinträchtigt fühlenden Gruppen (§ 39); Teilnahmerecht der Jugend- und Auszubildendenvertretung (§ 40 Abs. 1); Aufnahme einer Niederschrift (§ 41); Erlass einer Geschäftsordnung (§ 42); Verpflichtung der instanzenmäßig zuständigen Dienststelle zur Kostentragung (§ 44 Abs. 1); Gestellung der Räume, des Geschäftsbedarfs und von Büropersonal für Sitzungen, Sprechstunden und laufende Geschäftsführung (§ 44 Abs. 2); den – auch auswärtigen – Besuchern der Sprechstunden ist Dienstbefreiung zu erteilen. Die Mitglieder eines Bezirkspersonalrats sind verpflichtet, durch ihre Teilnahme an der Sitzung der Stufenvertretung für eine Beschlussfähigkeit zu sorgen, damit der Bezirkspersonalrat seine Aufgaben erfüllen kann. Infolgedessen haben sie auch darauf hinzuwirken, dass nur solche Tagesordnungspunkte behandelt werden,

die einen erkennbaren Bezug zu den Aufgaben der Stufenvertretung haben. Andernfalls müssen sie von der Tagesordnung abgesetzt oder dürfen nicht behandelt werden (OVG Münster v. 11. 1. 1979, Leits. ZBR 1980, 259).

m) **Reisekosten** werden allen Mitgliedern der Stufenvertretungen in gleichem Umfange gezahlt (Reisekostenvergütungen nach den für Beamte der Besoldungsgruppe A 15 geltenden Bestimmungen, § 44 Abs. 1 Satz 2). Diejenigen, denen ein Mehr an Reisekosten aufgrund ihrer Dienststellung zusteht, haben keinen Anspruch auf einen höheren Satz, da sie die Reise als Mitglied der Stufenvertretungen, nicht aber in ihrer dienstlichen Eigenschaft ausführen (vgl. § 44 Anm. 7 ff.) 20

n) Nach der eindeutigen Festlegung der Reisekostensätze in § 44 Abs. 1 Satz 2 sind **Überschreitungen nicht** mehr **zulässig.** Entsprechende Dienstvereinbarungen wären nichtig (Engelhard-Ballerstedt, § 52 Anm. 8). 21

o) **Dienstreisen** von Mitgliedern der Stufenvertretungen bedürfen keiner Genehmigung durch den Dienststellenleiter, weil dieser keinen Einfluss auf die Personalratstätigkeit hat. Die Personalvertretung ist ein unabhängiges, dem Dienststellenleiter nicht unterstelltes Organ der Personalverfassung (BVerwG v. 22. 6. 1962, BVerwGE 14, 282 = ZBR 1962, 286 = PersV 1962, 180; vgl. im Übrigen § 44 Anm. 11). 22

p) Verbot der Erhebung oder Annahme von **Beiträgen** (§ 45); 23

q) Da es bei Stufenvertretungen im Zusammenhang mit **Freistellungen** an einer Freistellungsstaffel entsprechend § 46 Abs. 4 mangelt, kommt es für die Zahl der Freistellungen auf Umfang und Art der dem Stufenpersonalrat obliegenden Aufgaben an. Hierzu ist ein Einvernehmen zwischen Dienststellenleitung und Personalvertretung herzustellen (OVG Münster v. 27. 1. 1993, Leits. ZfPR 1993, 158). Im Übrigen gelten die Bestimmungen über die Teilnahme an Schulungs- und Bildungsveranstaltungen, Aufwandsentschädigungen (§ 46) entsprechend; 24

r) **Schutz der Mitglieder** der Stufenvertretungen **vor Kündigungen** etc. (§ 47). Versetzungen und Abordnungen liegen nicht nur dann vor, wenn ein Mitglied der Stufenvertretung an eine außerhalb des Geschäftsbereichs der Stufenvertretung liegende Dienststelle versetzt oder abgeordnet werden soll, sondern auch dann, wenn Versetzung oder Abordnung innerhalb des Bereichs der Stufenvertretung erfolgen (BVerwG v. 29. 4. 1981, PersV 1982, 406; Fischer u. a., § 54 Anm. 21; Lorenzen u. a., § 54 Anm. 36; Richardi u. a., § 54 Anm. 29; vgl. auch § 47 Anm. 48). 25

s) Im Hinblick auf die Zusammensetzung der Stufenvertretungen mit Mitgliedern, die oft weit auseinanderliegenden Dienststellen angehören, hat die **konstituierende Sitzung** nicht wie bei den örtlichen Personalräten bereits innerhalb von sechs, sondern von zwölf Arbeitstagen stattzufinden. Innerhalb dieser Zeit hat der Wahlvorstand zur Wahl des Vorstands die Mitglieder der Stufenvertretung zur ersten Sitzung einzuberufen. 26

3. Nicht anwendbar ist dagegen § 46 Abs. 4, der für örtliche Personalvertretungen eine **Freistellungsstaffel** aufstellt. Der Gesetzgeber ist davon ausgegangen, dass bei einer Anwendung dieser Freistellungsstaffel auf Stufenvertretungen ein Freistellungsvolumen entstehen würde, das nicht zu rechtfertigen wäre. Für die Stufenvertretungen verbleibt es daher bei der 27

allgemeinen Regel des § 46 Abs. 3. Dies bedeutet, dass Mitglieder von Stufenvertretungen von ihrer dienstlichen Tätigkeit freizustellen sind, „wenn und soweit es nach Umfang und Art der Dienststelle zur ordnungsgemäßen Durchführung ihrer Aufgaben erforderlich ist". Allerdings darf der Ausschluss von § 46 Abs. 4 im Bereich der Stufenvertretungen „nicht zu einer kleinlichen Handhabung von Freistellungen durch die Dienststelle führen" (Fischer u. a., § 54 Anm. 20; Lorenzen u. a., § 54 Anm. 33).

28 4. **Streitigkeiten** über Amtszeit, Geschäftsführung etc. entscheiden die Verwaltungsgerichte nach § 83 Abs. 1 Nr. 2 und 3.

Schrifttum: Siehe Angaben zu § 53.

§ 55 [Errichten eines Gesamtpersonalrats)

In den Fällen des § 6 Abs. 3 wird neben den einzelnen Personalräten ein Gesamtpersonalrat gebildet.

Inhaltsübersicht

Entspr. landesgesetzliche Regelungen:
Baden-Württemberg: § 54 Abs. 1; Bayern: Art. 55; Berlin: § 50; Brandenburg: § 55; Bremen: § 48; Hamburg: § 56; Hessen: § 52; Mecklenburg-Vorpommern: § 47; Niedersachsen: § 49; Nordrhein-Westfalen: § 52; Rheinland-Pfalz: §§ 56, 57; Saarland: § 55; Sachsen: § 56 Abs. 1; Sachsen-Anhalt: § 54; Schleswig-Holstein: § 45; Thüringen: § 55.

Entspr. Vorschrift des BetrVG: § 47.

1 1. Die Personalvertretung stellt im Allgemeinen eine Einheit insoweit dar, als sie im Regelfall bei einer Dienststelle gebildet wird und die Gesamtheit der dort tätigen Beschäftigten repräsentiert. Sie wird vom Dienststellenleiter zu allen beteiligungspflichtigen Angelegenheiten hinzugezogen, in denen er selbst zur Entscheidung befugt ist. Ausnahmsweise aber wird auf seiten der Personalvertretung diese Einheit dann aufgegeben, wenn „Nebenstellen und Teile einer Dienststelle, die räumlich weit von dieser entfernt liegen", auf Beschluss der Mehrheit der wahlberechtigten Beschäftigten personalvertretungsrechtlich als selbstständige Dienststellen gelten. Nach einem solchen Beschluss sind bei den einzelnen verselbstständigten Dienststellen Personalvertretungen zu bilden, die neben den Personalrat der „Stammdienststelle" treten. Dem Leiter dieser Gesamtdienststelle (Hauptstelle und Nebenstellen) fällt aus personalvertretungsrechtlicher Sicht eine Doppelfunktion sowohl einerseits als Leiter dieser Gesamtdienststelle sowie andererseits als Leiter der in ihrem Rahmen bestehenden Stammdienststelle zu. Die Beteiligungsbefugnisse der einzelnen Personalvertretungen werden hierdurch beschränkt (BVerwG v. 30. 1. 1985, Leits. PersV 1987, 516); denn eine Beteiligung steht der einzelnen Personalvertretung nur an den Angelegenheiten zu, die der jeweilige Dienststellenleiter in Bezug auf die Dienststelle trifft, bei der die Personalvertretung gebildet ist. Den einzelnen Personalvertretungen fehlt die Legitimation, gegenüber dem Leiter der Stammdienststelle im Interesse aller Beschäftigten tätig zu werden.

Diese Lücke wird durch den **Gesamtpersonalrat** geschlossen, dem die Befugnis zufällt, in solchen Angelegenheiten tätig zu werden, in denen den Personalvertretungen der einzelnen Dienststellenteile die Legitimation fehlt. Auf diese Weise tritt dem Leiter der Gesamtdienststelle in allen beteiligungspflichtigen Angelegenheiten seitens der Personalvertretung ein legitimierter Partner in Gestalt des Gesamtpersonalrats gegenüber (BAG v. 3. 2. 1982, PersV 1982, 503 m. Anm. v. Widmaier; BVerwG v. 26. 11. 1982, PersV 1983, 158 m. Anm. v. Widmaier; BVerwG v. 15. 8. 1983 – 6 P 19.81, PersV 1985, 250 m. Anm. v. Gizycki; BVerwG v. 27. 2. 1986, PersV 1986, 329).

2. Im Gegensatz zu den vertikal organisierten Stufenvertretungen, die bei mehrstufigem Verwaltungsaufbau gebildet werden müssen, können **Gesamtpersonalräte für personalvertretungsrechtlich verselbstständigte Nebenstellen und Teildienststellen einer Hauptdienststelle** gebildet werden (zum Gegenstück einer organisatorischen Verselbstständigung vgl. VGH München v. 3. 5. 2000 PersR 2001, 254). Der Gesamtpersonalrat fasst die Personalräte gleicher Ebene in horizontaler Organisation zusammen (Engelhard-Ballerstedt, § 63 Anm. 2). 2

3. Durch die Errichtung eines Gesamtpersonalrats soll eine **organisatorische Einheit** zwischen den zu einer Hauptdienststelle einerseits und den zu Nebenstellen und Teildienststellen andererseits gehörenden Beschäftigten hergestellt und eine geschlossene Interessenvertretung gegenüber dem insgesamt für die einzelnen Dienststellen zuständigen Leiter sichergestellt werden („Auffangzuständigkeit", BVerwG v. 26. 11. 1982, PersV 1983, 158 m. Anm. v. Widmaier; OVG Koblenz v. 12. 12. 1995, PersR 1996, 125; Dembowski-Ladwig-Sellmann, § 80 Anm. 1 ff.). Die Zuständigkeitsverteilung folgt dem das gesamte Personalvertretungsrecht beherrschenden Repräsentations- und Partnerschaftsprinzip. Das Repräsentationsprinzip bedeutet, dass der Dienststellenleiter Repräsentant der Dienststelle (§ 7) und der Personalrat Repräsentant der in dieser Dienststelle tätigen Beschäftigten ist. Hieraus ergibt sich das Prinzip der Partnerschaft zwischen dem Dienststellenleiter einerseits und dem bei der Dienststelle gebildeten Personalrat andererseits. Die Zuständigkeit der Personalvertretung reicht deshalb nicht weiter als die Zuständigkeit des Dienststellenleiters (vgl. u. a. BVerwG v. 15. 7. 2004, ZBR 2005, 248 = PersV 2005, 33 = ZfPR 2004, 261). Der Gesamtpersonalrat wird von den Beschäftigten der gesamten Dienststelle (einschließlich Nebenstellen und Teildienststellen) gewählt. Er repräsentiert daher diese Beschäftigten gegenüber dem für die gesamte Dienststelle zuständigen Dienststellenleiter. 3

4. Aus der vorstehenden Darstellung des Partnerschafts- und des Repräsentationsprinzips sowie der Doppelfunktion des Leiters der Gesamtdienststelle als einerseits Leiter dieser Gesamtdienststelle sowie andererseits als Leiter der in ihrem Rahmen bestehenden Haupt-(Stamm-)dienststelle ergibt sich im Einzelnen folgende **Zuständigkeitsverteilung:** Wenn der Leiter der Hauptdienststelle Entscheidungen treffen will, die sich auf die gesamte Dienststelle (einschließlich nachgeordneter oder verselbstständigter Dienststellenteile) und somit auf alle Beschäftigten auswirken, dann ist der Gesamtpersonalrat zu beteiligen (BVerwG v. 27. 2. 1986, PersV 1986, 329). Gleiches gilt, wenn Entscheidungen für eine oder mehrere verselbstständigte Nebenstellen oder Teildienststellen durch den Leiter der Hauptdienststelle getroffen werden sollen, sofern den dortigen Dienststellenleitern keine eigene Entscheidungskompetenz zusteht. Ebenso ist der Gesamtpersonalrat zuständig, wenn vom Leiter der Hauptdienststelle Entscheidungen zu treffen 4

sind, die sowohl die Hauptdienststelle wie auch eine oder mehrere verselbstständigte Nebenstellen oder Dienststellenteile betreffen (BVerwG v. 20. 8. 2003, ZBR 2003, 422 = ZfPR 2003, 292). Dagegen ist der Gesamtpersonalrat dann nicht zuständig, wenn der Leiter der Hauptdienststelle eine nur diese Hauptdienststelle betreffende Entscheidung beabsichtigt (BVerwG v. 15. 8. 1983 – 6 P 18.81, BVerwGE 67, 353 = ZBR 1984, 75 = PersV 1985, 291). In diesem Fall liegt die Zuständigkeit beim (örtlichen) Personalrat der Hauptdienststelle. Soll eine Entscheidung alleine für eine verselbstständigte Dienststelle getroffen werden und liegt die Entscheidungskompetenz beim Leiter dieser verselbstständigten Dienststelle, dann ist die dort gebildete Personalvertretung zuständig (VGH München v. 25. 5. 1988, PersV 1989, 26; vgl. im Übrigen § 82 Anm. 22 ff.). Wenn eine organisatorisch nicht verselbstständigte Nebenstelle oder Teildienststelle, die keine (personalvertretungsrechtlich) verselbstständigte Dienststelle ist, eine beteiligungspflichtige Maßnahme beabsichtigt, so ist die Personalvertretung der Hauptdienststelle beteiligungsberechtigt, weil dort die fachliche Letztentscheidungsbefugnis liegt (BVerwG v. 2. 3. 1993, ZBR 1993, 316 = PersV 1994, 231 = ZfPR 1993, 147). Dagegen ist der Gesamtpersonalrat dann zuständig, wenn eine Entscheidung zu treffen ist, die der Leiter einer verselbstständigten Nebenstelle oder Teildienststelle nicht alleine entscheiden kann, zu der er vielmehr die Zustimmung des Leiters der Hauptdienststelle bedarf (OVG Lüneburg v. 4. 9. 1985 – 17 B 3/85, n.v.).

5 5. Ebensowenig wie die Stufenvertretungen ist der **Gesamtpersonalrat** den einzelnen Personalvertretungen übergeordnet. Vielmehr besteht er neben diesen und ist ihnen gegenüber **nicht weisungsbefugt.** Der Gesamtpersonalrat ist im Verhältnis zu den einzelnen Personalvertretungen in seinem Bereich keine Stufenvertretung. Diese Hervorhebung ist insbesondere im Rahmen des Mitwirkungs- und Mitbestimmungsverfahrens von Bedeutung; denn in den verfahrensmäßig ausgestalteten Beteiligungsfällen der Mitbestimmung und Mitwirkung führt im Falle der Nichteinigung zwischen der Personalvertretung einer Nebenstelle und deren Leiter der weitere Verfahrensweg unmittelbar zu der übergeordneten Dienststelle, bei der eine Stufenvertretung (Bezirks- oder Hauptpersonalrat) besteht. Infolgedessen erfolgt keine Einschaltung des Leiters der Hauptdienststelle (allenfalls zum Zwecke der Vermittlung vor Weiterverfolgung des Verfahrens) oder des Gesamtpersonalrats (Fischer u. a., § 55 Anm. 10).

6 6. Die **Errichtung eines Gesamtpersonalrats** ist davon abhängig, dass die Mehrheit der wahlberechtigten Beschäftigten von Nebenstellen und Teilen einer Dienststelle, die räumlich weit von dieser entfernt liegen, in geheimer Abstimmung die personalvertretungsrechtliche Verselbstständigung beschließt. Ein Gesamtpersonalrat ist auch bereits bei Verselbstständigung nur eines (unselbständigen) Teils zu bilden (Fischer u. a., § 55 Anm. 4; Lorenzen u. a., § 55 Anm. 7; Richardi u. a., § 55 Anm. 11). In aller Regel ist der Gesamtpersonalrat von der Existenz mindestens zweier Personalvertretungen abhängig (Personalrat in der Hauptdienststelle, Personalrat bei der personalvertretungsrechtlich verselbstständigten Nebenstelle/Teildienststelle). Selbst für den Fall, dass bei der Hauptdienststelle (ausnahmsweise) kein Personalrat bestehen oder dass nach einem Verselbstständigungsbeschluss kein Personalrat gewählt werden sollte, ist ein Gesamtpersonalrat zu bilden. Dadurch ist gewährleistet, dass keine Repräsentationslücken entstehen und das Prinzip der Einheit der Personalvertretung gegenüber der Dienststelle gewahrt bleibt (Kersten, PersV 2000, 440; vgl. auch § 6 Anm. 32). Die Bildung von Gesamtpersonalräten für selbstständige, gleichrangige, zu dem-

selben Geschäftsbereich gehörende Dienststellen ist nicht möglich. Das gilt beispielsweise für die Bundesministerien, bei denen jeweils eigenverantwortlich tätige Personalvertretungen bestehen. Hier gibt es nur die Möglichkeit, eine Art **Arbeitsgemeinschaft** zu bilden, die – ohne eigene Befugnisse zu besitzen – gemeinsam interessierende Fragen (vergleichbar den Beratungen auf Staatssekretärsebene) behandeln kann. Allerdings sieht das Gesetz solche Arbeitsgemeinschaften nicht vor.

7. Der **Beschluss zur Bildung eines Gesamtpersonalrats** ist für die folgende Wahl und die Amtszeit der aus ihr hervorgehenden Personalvertretung wirksam (§ 6 Abs. 3 Satz 2). Mit der Wahl zu den einzelnen Personalräten wird bei der dem Beschluss folgenden Wahl ein Gesamtpersonalrat gewählt. **Wahlberechtigt** sind auch die Beschäftigten der Hauptdienststelle. Nach dem Ende der Amtszeit kann erst dann wieder ein Gesamtpersonalrat gewählt werden, wenn ein entsprechender, personalvertretungsrechtlicher Verselbstständigungsbeschluss in bezug auf die Nebenstellen etc. vorliegt (Fischer u. a., § 56 Anm. 8; Lorenzen u. a., § 56 Anm. 19). 7

8. Für den Gesamtpersonalrat gilt § 26 (regelmäßige Amtszeit) entsprechend. **Neuwahl, Auflösung des Gesamtpersonalrats und Beendigung der Mitgliedschaft** beurteilen sich nach den §§ 27 bis 29. Aus diesen Bestimmungen lässt sich kein Recht eines einzelnen Personalrats zur Auflösung des Gesamtpersonalrats ableiten. Der einmal aufgrund des Verselbstständigungsbeschlusses gebildete Gesamtpersonalrat sowie die örtliche Personalvertretung der Hauptdienststelle bleiben z. B. im Fall des Rücktritts eines Personalrats einer verselbstständigten Dienststelle im Amt. In den §§ 27 ff. sind die Voraussetzungen für Neuwahl und Auflösung einer Personalvertretung geregelt. Über § 56 i. V. mit § 54 Abs. 1 Halbs. 1 wird auf diese Bestimmungen Bezug genommen. Deshalb besteht auch kein Grund für die Annahme, dass in der Konstruktion Gesamtpersonalrat/örtliche Personalräte stets nur alle Personalräte ein einheitliches Schicksal erfahren könnten und somit das Bestehen des einen Personalrats vom Bestehen des/der anderen zwingend abhängig wäre. Unabhängig davon aber kann nach dem Untergang eines Personalrats einer verselbstständigten Dienststelle für den Rest der Amtszeit des Personalrats der Hauptdienststelle erneut ein Personalrat gewählt werden, wenn eine der im Gesetz genannten Voraussetzungen für eine Neuwahl außerhalb der regelmäßigen Amtszeit gegeben ist und wenn ein neuer Verselbstständigungsbeschluss gefasst worden ist. Ist das nicht der Fall, so vertritt ausschließlich der Gesamtpersonalrat die Beschäftigten dieser Nebenstelle für den Rest der Amtszeit (vgl. auch § 6 Anm. 29). 8

9. **Streitigkeiten** über die Errichtung oder Auflösung eines Gesamtpersonalrats entscheiden die Verwaltungsgerichte nach § 83 Abs. 1 Nr. 2. Die örtliche Zuständigkeit des Verwaltungsgerichts bestimmt sich nach dem Sitz der Hauptdienststelle. 9

Schrifttum: Buhren, Zuständigkeit von Gesamtpersonalrat und Einzelpersonalrat im Bereich der Kommunalverwaltung in Nordrhein-Westfalen, PersV 1979, 98; Kersten, Die Fortentwicklung des Verselbstständigungsbeschlusses nach § 6 Abs. 3 BPersVG, PersV 2000, 440; Spohn, Der Gesamtpersonalrat. Bedeutung und Zuständigkeit. Zugl. e. Anmerkung zu d. Beschluss des OVG Lüneburg v. 19. 12. 1979, abgedr. S. 420, PersV 1981, 400; Widmaier, Zur Zuständigkeit des Gesamtpersonalrats in der baden-württembergischen Rechtsprechung, PersV 1982, 129; ders., Anmerkung zu BAG, Urteil v. 3. 2. 1982, PersV 1982, 504; ders., Anmerkung zu BVerwG v. 26. 11. 1982, PersV 1983, 160.

§ 56 [Wahl, Amtszeit, Geschäftsführung]

Für den Gesamtpersonalrat gelten § 53 Abs. 2 und 3 und § 54 Abs. 1 Halbsatz 1 entsprechend.

Inhaltsübersicht

Entspr. landesgesetzliche Regelungen:
Baden-Württemberg: § 54 Abs. 3, 4; Bayern: Art. 56; Berlin: §§ 51, 52, 53; Brandenburg: § 56; Bremen: § 48 Abs. 4, 5; Hamburg: §§ 57, 58; Hessen: § 53; Mecklenburg-Vorpommern: § 47 Abs. 5, 6; Niedersachsen: § 49 Abs. 2; Nordrhein-Westfalen: § 53; Rheinland-Pfalz: § 58; Saarland: § 56; Sachsen: § 57; Sachsen-Anhalt: § 55; Schleswig-Holstein: § 45 Abs. 5; Thüringen: § 56.

Entspr. Vorschrift des BetrVG: § 51.

1 1. Für die Wahl des Gesamtpersonalrats, der zweckmäßigerweise bei der Hauptdienststelle gebildet wird, gelten die gleichen Bestimmungen wie für die Wahl der Stufenvertretungen. **Wahlberechtigt und wählbar** sind alle Beschäftigten, die zu den Personalräten der einzelnen Dienststellen – einschließlich der Hauptdienststelle – wahlberechtigt und wählbar sind (VGH Kassel v. 29. 9. 1976, PersV 1978, 131). Wählbar sind auch solche Beschäftigten, die Mitglieder der Personalräte der einzelnen Dienststellen sind. Nicht wählbar ist dagegen der Dienststellenleiter der Hauptdienststelle und dessen Vertreter sowie die zu selbstständigen Entscheidungen in Personalangelegenheiten befugten Beschäftigten. Dagegen sind die Leiter der nach § 6 Abs. 3 vertretungsrechtlich verselbständigten Dienststellen ohne Rücksicht auf den Umfang ihrer dienstlichen Befugnisse für den Gesamtpersonalrat wählbar, da sie zu ihm nicht in ein beteiligungspflichtiges Partnerschaftsverhältnis treten und sich ein Interessenkonflikt aus ihrer Wählbarkeit somit nicht ergibt (Fischer u. a., § 56 Anm. 6; Richardi u. a., § 56 Anm. 9). Die Voraussetzung der sechsmonatigen Zugehörigkeit zur Dienststelle ist erfüllt, wenn der Wahlbewerber innerhalb dieser Zeit in einer der Dienststellen tätig war, die zum Geschäftsbereich der Dienststellen gehören, für die der Gesamtpersonalrat gebildet werden soll.

2 2. Zur Vorbereitung der Wahl des Gesamtpersonalrats wird ein **Wahlvorstand bei der Hauptdienststelle** gebildet. Besteht ein Gesamtpersonalrat, so wird der Wahlvorstand von diesem bestellt. Fehlt ein Gesamtpersonalrat, so beruft ihn der Leiter der Dienststelle, bei der dieser gebildet werden soll (BVerwG v. 10. 8. 1978, BVerwGE 56, 208 = ZBR 1979, 180 = PersV 1979, 417). Den Gewerkschaften steht kein Vorschlagsrecht zu (vgl. hierzu im Einzelnen die entsprechenden Anmerkungen zu § 54).

3 3. Ebenso wie die Wahlen zu den Stufenvertretungen, so werden auch diejenigen zu den Gesamtpersonalräten nach gleichen Vorschriften durchgeführt. Die Sitze werden auf die Gruppenvertreter entsprechend § 17 verteilt. Nach dem Wortlaut des § 56 gibt es allerdings keinen **Minderheitenschutz zugunsten kleiner Gruppen.** Auf die entsprechenden Schutzvorschriften des

§ 17 Abs. 3, 5 (für Personalvertretungen) und § 53 Abs. 5 (für Stufenvertretungen) wird nicht Bezug genommen. Da aus anderen Vorschriften des Gesetzes der Wille des Gesetzgebers ersichtlich wird, einen Minderheitenschutz zu gewähren, ist auch bei der Zusammensetzung des Gesamtpersonalrats darauf zu achten, dass eine kleine Gruppe mindestens einen Vertreter erhält (BVerwG v. 20. 11. 1979, ZBR 1980, 321 = PersV 1981, 284; Fischer u. a., § 56 Anm. 6 a; Lorenzen u. a., § 56 Anm. 18; Richardi u. a., § 56 Anm. 5; vgl. im Übrigen zur Problematik der Schließung von Gesetzeslücken: BVerwG v. 10. 3. 1982, ZBR 1983, 137 = PersV 1983, 65).

4. Die Wahl zum Gesamtpersonalrat ist ebenso geschützt wie die Wahl zum Personalrat (§ 24 Abs. 1 Satz 1 und 2). Niemand darf die Wahl zum Gesamtpersonalrat behindern oder in einer gegen die guten Sitten verstoßenden Weise beeinflussen. Nach § 53 Abs. 3 i.V. mit § 24 Abs. 1 Satz 3 gilt der Kündigungs-, Versetzungs- und Abordnungsschutz des § 47 Abs. 1, Abs. 2 Satz 1 und 2 auch für Mitglieder des Gesamtwahlvorstands und für Wahlbewerber. Die Kosten der Wahl trägt die Dienststelle (§ 53 Abs. 3 i.V. mit § 24 Abs. 2). Für die Versäumnis von Arbeitszeit infolge der Ausübung von Rechten und Pflichten im Zusammenhang mit der Wahl des Gesamtpersonalrats darf keine Minderung der Dienstbezüge oder des Arbeitsentgelts erfolgen (§ 24 Abs. 2 Satz 2). Ein Gesamtpersonalrat ist nur für die Wahlperiode zu wählen, für die ein Beschluss nach § 6 Abs. 3 maßgebend ist (Fischer u. a., § 56 Anm. 8; Lorenzen u. a., § 56 Anm. 19). Eine **vorzeitige Beendigung der Amtszeit** ist aus den gleichen Gründen wie bei den örtlichen Personalräten und den Stufenvertretungen möglich. 4

5. Eine Beendigung des Dienstverhältnisses bzw. ein Ausscheiden aus der Dienststelle wirkt sich nur dann auf die Mitgliedschaft im Gesamtpersonalrat aus, wenn der Betreffende **aus dem Zuständigkeitsbereich des Gesamtpersonalrats** ausscheidet. 5

6. Für die **Geschäftsführung des Gesamtpersonalrats** gelten ebenfalls die gleichen Vorschriften wie für die Stufenvertretungen (§ 54 Abs. 1; vgl. im Einzelnen die dort. Anm. 19 ff.). 6

7. **Die Wahl zum Gesamtpersonalrat kann** nur vom Leiter der Gesamtdienststelle, nicht von den Leitern der Teildienststellen **angefochten werden;** denn nach der Struktur des Gesetzes ist der Leiter der Gesamtdienststelle Verhandlungspartner des Gesamtpersonalrats (VG Münster v. 24. 8. 1972, PersV 1973, 269; Richardi u. a., § 57 Anm. 13). 7

8. Die **Kosten** für die Tätigkeit des Gesamtpersonalrats werden von der Dienststelle getragen, bei der er errichtet ist. Ebenso wenig wie für den Bereich von Stufenvertretungen gibt es auf der Ebene des Gesamtpersonalrats **Personalversammlungen.** 8

9. Die Mitglieder des Gesamtpersonalrats unterliegen **dem gleichen Schutz** wie die Mitglieder der örtlichen Personalräte und der Stufenvertretungen. Ebenso wenig wie für den Bereich von Stufenvertretungen gibt es auf der Ebene des Gesamtpersonalrats **Personalversammlungen**. 9

10. **Streitigkeiten** über Wahlberechtigung und Wählbarkeit, über Wahl, Amtszeit und Zusammensetzung sowie über Zuständigkeit, Geschäftsführung und Rechtsstellung der Mitglieder des Gesamtpersonalrats entscheiden die Verwaltungsgerichte nach § 83 Abs. 1 Nr. 2 und 3. 10

Drittes Kapitel **Jugendvertretung und Jugendversammlung**

§ 57 [Bildung von Jugend- und Auszubildendenvertretungen]

In Dienststellen, bei denen Personalvertretungen gebildet sind und denen in der Regel mindestens fünf Beschäftigte angehören, die das 18. Lebensjahr noch nicht vollendet haben (jugendliche Beschäftigte) oder die sich in einer beruflichen Ausbildung befinden und das 25. Lebensjahr noch nicht vollendet haben, werden Jugend- und Auszubildendenvertretungen gebildet.

Inhaltsübersicht

Entspr. landesgesetzliche Regelungen:
Baden-Württemberg: § 57; Bayern: Art. 57; Berlin: § 60 Nr. 1; Brandenburg: § 77; Bremen: §§ 22, 22 a; Hamburg: §§ 62, 63; Hessen: § 54; Mecklenburg-Vorpommern: § 49; Niedersachsen: § 50; Nordrhein-Westfalen: §§ 54, 55; Rheinland-Pfalz: § 58; Saarland: § 57; Sachsen: § 58 Abs. 1; Sachsen-Anhalt: § 72; Schleswig-Holstein: § 62; Thüringen: § 57.

Entspr. Vorschriften des BetrVG: § 60.

1 1. Durch längere Schulzeiten ist die Zahl der wahlberechtigten minderjährigen Auszubildenden zurückgegangen, die zur Jugendvertretung wahlberechtigt waren. Demgegenüber ist die Zahl der nicht zur Jugendvertretung wahlberechtigten Auszubildenden über 18 Jahre gestiegen. Dies hatte zur Folge, dass immer mehr in der Berufsausbildung stehende Beschäftigte nicht mehr von den Jugendvertretungen betreut werden konnten. Deshalb sind durch **Gesetz zur Bildung von Jugend- und Auszubildendenvertretungen** in den Verwaltungen vom 13. 7. 1988 (BGBl. I S. 1037) alle jugendlichen Beschäftigten und Auszubildenden, die das 25. Lebensjahr noch nicht vollendet haben, berechtigt, eine gemeinsame Vertretung zu bilden. Die bisherige Jugendvertretung wurde in eine Jugend- und Auszubildendenvertretung umgewandelt.

2 2. **Eine Jugend- und Auszubildendenvertretung ist zu bilden,** wenn einer Dienststelle, in der eine Personalvertretung besteht, in der Regel mindestens fünf Beschäftigte angehören, die das 18. Lebensjahr noch nicht vollendet haben (jugendliche Beschäftigte) oder die sich in einer beruflichen Ausbildung befinden und das 25. Lebensjahr noch nicht vollendet haben. In der Dienststelle müssen üblicherweise fünf aus dem Kreis der gerade genannten Personen tätig sein (vgl. zum Begriff „in der Regel“ § 12 Anm. 5). Wird diese Zahl im allgemeinen erreicht, müssen Vorbereitungen zur Wahl getroffen werden. Dabei ist nicht entscheidend, dass zum Zeitpunkt der Einleitung der Wahl nur vorübergehend weniger als fünf der genannten Personen tätig sind. Gleiches gilt auch dann, wenn am Wahltag selbst ausnahmsweise die erforderliche, sonst aber stets vorhandene Zahl nicht erreicht wird (Fischer u. a., § 57 Anm. 4; Lorenzen u. a., § 57 Anm. 21).

3. Da eine Jugend- und Auszubildendenvertretung immer dann zu bilden ist, wenn in der Regel mindestens fünf der in Anm. 2 genannten Personen in einer Dienststelle tätig sind, muss die Wahl **nicht mit derjenigen der Personalvertretung zusammenfallen.** Fällt sie zeitlich mit ihr zusammen, sind beide Wahlen getrennt vorzunehmen. 3

4. Das **Amt der Jugend- und Auszubildendenvertretung endet,** wenn nicht nur vorübergehend die Zahl der in § 57 genannten Beschäftigten unter fünf sinkt. 4

5. Die Jugend- und Auszubildendenvertretung ist **kein eigenes, selbstständig neben der Personalvertretung bestehendes Organ der Personalverfassung** zur Vertretung der Interessen der in § 57 genannten Beschäftigten unmittelbar gegenüber dem Dienststellenleiter (BVerwG v. 8. 7. 1977, ZBR 1978, 173 = PersV 1978, 309). Vielmehr ist es Aufgabe der Personalvertretung, die Interessen der Beschäftigten in ihrer Gesamtheit, also auch die Interessen der in § 57 genannten Beschäftigten wahrzunehmen (Fischer u. a., vor § 57 Anm. 5; Lorenzen u. a., § 57 Anm. 2). Die Aufgabe der Jugend- und Auszubildendenvertretung besteht insbesondere darin, der Personalvertretung die besonderen Belange der in § 57 genannten Beschäftigten nahezubringen und dafür einzutreten, dass eine angemessene Berücksichtigung dieser Belange im Rahmen der Personalratsarbeit gewährleistet ist. Somit ist die Jugend- und Auszubildendenvertretung kein von der Personalvertretung unabhängiges Mitbestimmungsorgan. Sie hat keine eigenen durchsetzbaren Mitbestimmungsrechte. Die ihr zugewiesenen Aufgaben sind vorwiegend überwachender oder beratender Art (§ 61 Abs. 1; BVerwG v. 8. 7. 1977, aaO). 5

6. Die Jugend- und Auszubildendenvertretung hat die **Interessen der in** § 57 **genannten Beschäftigten wahrzunehmen.** Diese Interessenvertretung erfolgt gegenüber der Personalvertretung, nicht gegenüber dem Dienststellenleiter. Die Jugend- und Auszubildendenvertretung ist kein der Personalvertretung gleichberechtigtes Organ (BVerwG v. 8. 7. 1977, ZBR 1978, 173 = PersV 1978, 309). Es besteht aber kein Über- und Unterordnungsverhältnis, und der Personalvertretung stehen weder Weisungs- noch Kontrollrechte zu (Fischer u. a., vor § 57 Anm. 6, Lorenzen u. a., § 57 Anm. 4; vgl. auch § 61 Anm. 10). 6

7. Die Mitglieder der Jugend- und Auszubildendenvertretung sind **ebenso wie andere Sondervertreter nicht Mitglieder der Personalvertretung.** Sie haben lediglich die in den § 34 Abs. 3, § 39 und § 40 Abs. 1 näher bezeichneten Rechte, so u. a. ein Stimmrecht bei solchen Beschlüssen der Personalvertretung, die überwiegend die in § 57 genannten Beschäftigten betreffen. Eine Gruppenbildung erfolgt nicht. 7

7a. Die der **DB AG zugewiesenen** jugendlichen Beschäftigten oder die sich in einer beruflichen Ausbildung befindlichen Beschäftigten bilden zur Wahrnehmung der Interessen gegenüber dem Bundeseisenbahnvermögen Jugend- und Auszubildendenvertretungen, die ausschließlich von diesen Beschäftigten gewählt werden (§ 17 Abs. 8 i. V. mit Abs. 1 DBGrG, s. Anh.). Aufgrund der Personalpolitik der DB AG kommt dieser Bestimmung aber immer geringere Bedeutung bei. Bei der **Deutschen Post AG,** der Deutschen Postbank AG und der Deutschen Telekom AG findet ausschließlich das BetrVG Anwendung. 7a

8. Wenn sich auch aus der Definition des § 57 („in Dienststellen, bei denen Personalvertretungen gebildet sind, ... werden Jugend- und Auszubildenden- 8

vertretungen gebildet“) und aus § 60 („der Personalrat bestimmt den Wahlvorstand ...“) ergibt, dass eine Jugend- und Auszubildendenvertretung nur gebildet werden kann, wenn eine Personalvertretung besteht, so besagt dies doch **nicht,** dass **während einer kurzen „vertretungslosen“ Zeit,** z. B. wegen erfolgreicher Wahlanfechtung, **die Jugend- und Auszubildendenvertretung aufzulösen wäre.** Wenn auch einerseits die Jugend- und Auszubildendenvertretung ihre Belange grundsätzlich nur über die Personalvertretung gegenüber dem Dienststellenleiter geltend machen kann, so ist sie damit jedoch – zumindest während kurzer Übergangszeiten – nicht an einer „direkten“ Interessenvertretung gehindert; denn es liegt im Interesse der Dienststelle und ihrer Beschäftigten, dass die Argumente einer Gruppe von Beschäftigten auch dann berücksichtigt werden, wenn das an sich zuständige Vertretungsorgan vorübergehend nicht existent ist (Fischer u. a., § 57 Anm. 6; Lorenzen u. a., § 57 Anm. 16).

9 9. **Streitigkeiten** über die Bildung von Jugend- und Auszubildendenvertretungen entscheiden die Verwaltungsgerichte nach § 83 Abs. 1 Nr. 2, nach Abs. 1 Nr. 3 Streitigkeiten über Zuständigkeit, Geschäftsführung und Rechtsstellung.

§ 58 [Aktives und passives Wahlrecht]

(1) Wahlberechtigt sind alle in § 57 genannten Beschäftigten. § 13 Abs. 1 gilt entsprechend.

(2) Wählbar sind Beschäftigte, die am Wahltage noch nicht das 26. Lebensjahr vollendet haben. § 14 Abs. 1 Satz 1 Nr. 1, Satz 2, Abs. 2 und 3 gilt entsprechend.

Inhaltsübersicht

Entspr. landesgesetzliche Regelungen:
Baden-Württemberg: § 58; Bayern: Art. 58; Berlin: § 61; Brandenburg: § 78; Bremen: §§ 22, 22 a; Hamburg: § 63; Hessen: § 54 Abs. 2; Mecklenburg-Vorpommern: § 50; Niedersachsen: § 50 Abs. 2, 3; Nordrhein-Westfalen: § 55; Rheinland-Pfalz: § 59; Saarland: § 58; Sachsen: § 59; Sachsen-Anhalt: § 73; Schleswig-Holstein: § 63; Thüringen: § 58.

Entspr. Vorschrift des BetrVG: § 61.

1 1. Die Vorschrift regelt das **aktive und passive Wahlrecht** zu den Jugend- und Auszubildendenvertretungen. Abs. 1 wurde geändert durch Art. 1 Nr. 8 des Gesetzes zur Bildung von Jugend- und Auszubildendenvertretungen in den Verwaltungen vom 13. 7. 1988 (BGBl. I S. 1037). Wenn die Voraussetzungen für die Bildung einer Jugend- und Auszubildendenvertretung nach § 57 vorliegen, dann muss die Personalvertretung die Voraussetzungen für die Wahl einer solchen Vertretung schaffen, indem sie einen Wahlvorstand und einen Vorsitzenden bestimmt. Wenn kein Interesse an der Bildung einer Jugend- und Auszubildendenvertretung besteht, dann werden deren Rechte

weder von der Personalvertretung noch etwa von einer in der Dienststelle vertretenen Gewerkschaft wahrgenommen (Lorenzen u. a., § 57 Anm. 13).

2. **Wahlberechtigt** sind zum einen diejenigen Beschäftigten, die das 18. Lebensjahr noch nicht vollendet haben. Entscheidend ist auch hier das Alter am Wahltag. Erstreckt sich die Wahl über mehrere Tage, so kommt es für die Bestimmung der Wahlberechtigung auf das Alter am letzten Tag der Wahl an. Entscheidend ist aber nicht, ob die jugendlichen Beschäftigten (vgl. § 57) der Dienststelle nur vorübergehend oder in der Regel angehören (Richardi u. a., § 58 Anm. 5; Fischer u. a., § 58 Anm. 7). Wahlberechtigt sind außerdem Beschäftigte, die sich in einer beruflichen Ausbildung befinden und das 25. Lebensjahr noch nicht vollendet haben. Diese Beschäftigten verfügen über das Wahlrecht sowohl zur Jugend- und Auszubildendenvertretung als auch zum Personalrat. Bedenken gegen eine zweifache Wahlberechtigung sind nicht zu erheben, da für die zu ihrer Ausbildung Beschäftigten, die schon älter als 18 Jahre sind, und die jugendlichen Beschäftigten aus der Ausbildung Fragen resultieren, die vorwiegend altersunabhängig sind (Lorenzen, PersV 1988, 465). **2**

2a) Da Abs. 1 Satz 2 nicht auf § 13 Abs. 2 und 3 verweist, ist es für das aktive Wahlrecht ohne Belang, **wie lange** der betreffende Beschäftigte bereits in der Dienststelle **tätig ist.** Die Wahlberechtigung beginnt daher bereits am ersten Tag der Dienststellenzugehörigkeit (Fischer u. a., § 58 Anm. 5; Lorenzen u. a., § 58 Anm. 8; Richardi u. a., § 58 Anm. 5). Gleiches gilt dann, wenn ein jugendlicher Beschäftigter abgeordnet ist. Das aktive Wahlrecht bei der Dienststelle, zu der er abgeordnet ist, beginnt am Tage des Dienstantritts (Fischer u. a., § 58 Anm. 6; Lorenzen u. a., § 58 Anm. 9). Jugendliche Beamte im Vorbereitungsdienst und Beschäftigte in entsprechender Berufsausbildung sind wahlberechtigt zu derjenigen Jugend- und Auszubildendenvertretung, die zu der Dienststelle gehört, der sie zur Zeit der Ausbildung zugeteilt sind (Fischer u. a., § 58 Anm. 5, 6; Lorenzen u. a., § 58 Anm. 10; Richardi u. a., aaO). **2a**

3. **Nicht wahlberechtigt** sind solche jugendlichen Beschäftigten, die am Wahltag seit mehr als sechs Monaten unter Wegfall der Bezüge beurlaubt sind. Wenn die in § 57 genannten Beschäftigten **Grundwehrdienst oder Zivildienst** ableisten, dann bleiben sie solange wahlberechtigt, wie ihre Abwesenheit sechs Monate nicht übersteigt (BVerwG v. 20. 11. 1979, ZBR 1980, 322 = PersV 1981, 285). Entsprechendes gilt für die, die sich in **Erziehungsurlaub** befinden. Ist für eine der in § 57 genannten Beschäftigten zur Besorgung aller seiner Angelegenheiten durch das Vormundschaftsgericht ein **Betreuer** bestellt worden (§§ 1896 ff. BGB), so ist eine Wahlberechtigung nicht gegeben. Anders verhält es sich im Falle der unter **Vormundschaft** gestellten Beschäftigten (§ 1773 BGB, Fischer u. a., § 58 Anm. 14 ff.; Lorenzen u. a., § 58 Anm. 12 ff.; Richardi u. a., § 58 Anm. 8, 9). **3**

4. Die **Wählbarkeit** ist von folgenden Voraussetzungen abhängig: **4**
a) der Bewerber darf am Wahltag noch nicht das 26. Lebensjahr vollendet haben;
b) er muss seit sechs Monaten dem Geschäftsbereich der obersten Dienstbehörde angehören.

5. Die **Wählbarkeit** ist demnach **nicht auf die jugendlichen Beschäftigten beschränkt.** Vielmehr können auch diejenigen, die das 18. Lebensjahr bereits vollendet, am Wahltag aber noch nicht das 26. Lebensjahr vollendet haben, gewählt werden. Damit sind die 18 bis 25 Jahre alten Beschäftigten sowohl **5**

für die Jugend- und Auszubildendenvertretung als auch für die Personalvertretung wählbar (Richardi u. a., § 58 Anm. 11).

5a 5a) Zur Vermeidung einer zu starken Einschränkung der **Wählbarkeit bei neuen Dienststellen**/obersten Dienstbehörden ist § 15 Abs. 1 auch auf die Voraussetzungen der Wählbarkeit von jugendlichen Beschäftigten anwendbar, obwohl in Abs. 2 Satz 2 auf diese Vorschrift nicht verwiesen wird (Fischer u. a., § 58 Anm. 18; Lorenzen u. a., § 58 Anm. 19). Im Falle des Wechsels des Geschäftsbereichs einer obersten Dienstbehörde durch Versetzung oder Abordnung erwirbt der Betreffende das aktive Wahlrecht erst dann, wenn er dem neuen Geschäftsbereich sechs Monate angehört (Fischer u. a., § 58 Anm. 19; Lorenzen u. a., § 58 Anm. 20).

6 6. **Nicht wählbar** sind diejenigen Beschäftigten,
a) die infolge Richterspruchs die Fähigkeit, Rechte aus öffentlichen Wahlen zu erlangen, nicht besitzen;
b) die wöchentlich regelmäßig weniger als 18 Stunden beschäftigt sind;
c) Dienststellenleiter und deren Vertreter; bei obersten Dienstbehörden der Leiter der Abteilung für Personal- und Verwaltungsangelegenheiten; bei Bundesoberbehörden ohne nachgeordnete Dienststellen und bei Behörden der Mittelstufe der jeweils entsprechende Abteilungsleiter, falls diese zu Vertretern des Dienststellenleiters bestimmt sind sowie Beschäftigte, die zu selbstständigen Entscheidungen in Personalangelegenheiten der Dienststelle befugt sind (vgl. im Einzelnen § 14 Anm. 18 ff.). Im Allgemeinen werden sie aber insgesamt älter als 26 Jahre sein.

7 7. **Beamte im Vorbereitungsdienst und Beschäftigte in entsprechender Berufsausbildung** sind nur bei ihrer **Stammbehörde** zur Jugend- und Auszubildendenvertretung bei Vorliegen der übrigen Voraussetzungen wählbar. Für eine Stufenvertretung sind sie nicht wählbar (§ 58 Abs. 2 i. V. mit § 14 Abs. 2 und § 13 Abs. 3).

8 8. Im Gegensatz zu § 61 Abs. 2 Satz 2 BetrVG hat der Gesetzgeber eine **gleichzeitige Mitgliedschaft in einer Jugend- und Auszubildendenvertretung sowie in einer Personalvertretung** nicht ausgeschlossen. Da das Gesetz abschließend die Tatbestände aufzählt, die der Wählbarkeit entgegenstehen (BVerwG v. 23. 11. 1962, BVerwGE 15, 166 = ZBR 1963, 24 = PersV 1963, 62), ist somit eine **Doppelmitgliedschaft** zulässig (Fischer u. a., § 58 Anm. 25; Lorenzen u. a., § 58 Anm. 25). Allerdings empfiehlt sich eine solche Doppelmitgliedschaft schon allein deshalb nicht, weil nach § 40 Abs. 1 die Jugend- und Auszubildendenvertreter bei Beschlüssen, die überwiegend die in § 57 genannten Beschäftigten betreffen, ein Stimmrecht haben. Bei einer Doppelmitgliedschaft können in diesen Fällen also nicht alle Stimmen in der Personalvertretung zum Tragen kommen.

9 9. Bei der Frage nach der **Bestimmung der Höchstaltersgrenze** ist wiederum der Wahltag bzw. bei einer sich über mehrere Tage erstreckenden Wahl der letzte Tag maßgebend. Der Bewerber darf also an diesem Tag noch nicht 26 Jahre alt sein (Fischer u. a., § 58 Anm. 10; Lorenzen u. a., § 58 Anm. 11). Die Wählbarkeitsvoraussetzung der Altersgrenze ist auf den Wahltag selbst als Stichtag bezogen. Eine solche Wählbarkeitsvoraussetzung ist endgültig erfüllt, wenn sie am Stichtag vorliegt (vgl. BVerwG v. 28. 3. 1979, ZBR 1979, 273 = PersV 1980, 428). Auch wenn ein Jugend- und Auszubildendenvertreter entweder vor Beginn oder während der Amtszeit das 26. Lebensjahr vollendet, bleibt er Mitglied der Jugend- und Auszubildendenvertretung bis zum Ende der Amtszeit, da die Wählbarkeitsvoraussetzung der Altersgrenze

auf den Wahltag als Stichtag bezogen ist und somit ein Wegfall nach dessen Ablauf logisch ausgeschlossen ist (VGH München v. 19. 12. 1984, ZBR 1985, 88; Fischer u. a., § 58 Anm. 24; Lorenzen u. a., § 58 Anm. 18, 24; Richardi u. a., § 58 Anm. 13).

10. **Streitigkeiten** entscheiden die Verwaltungsgerichte nach § 83 Abs. 1 Nr. 1. 10
Unabhängig von einer Wahl kann bei Vorliegen eines Rechtsschutzinteresses über Wahlrecht und Wählbarkeit entschieden werden (vgl. § 14 Anm. 35).

Schrifttum: Lorenzen, Die Umwandlung der Jugendvertretungen in Jugend- und Auszubildendenvertretungen, PersV 1988, 465.

§ 59 [Stärke und Zusammensetzung der Jugend- und Auszubildendenvertretung]

(1) Die Jugend- und Auszubildendenvertretung besteht in Dienststellen mit in der Regel
5 bis 20 der in § 57 genannten Beschäftigten aus einem Jugend- und Auszubildendenvertreter,
21 bis 50 der in § 57 genannten Beschäftigten aus drei Jugend- und Auszubildendenvertretern,
51 bis 200 der in § 57 genannten Beschäftigten aus fünf Jugend- und Auszubildendenvertretern,
201 bis 300 der in § 57 genannten Beschäftigten aus sieben Jugend- und Auszubildendenvertretern,
301 bis 1000 der in § 57 genannten Beschäftigten aus elf Jugend- und Auszubildendenvertretern,
mehr als 1000 der in § 57 genannten Beschäftigten aus fünfzehn Jugend- und Auszubildendenvertretern.

(2) Die Jugend- und Auszubildendenvertretung soll sich aus Vertretern der verschiedenen Beschäftigungsarten der der Dienststelle angehörenden in § 57 genannten Beschäftigten zusammensetzen.

(3) Die Geschlechter sollen in der Jugend- und Auszubildendenvertretung entsprechend ihrem Zahlenverhältnis vertreten sein.

Entspr. landesgesetzliche Regelungen:
Baden-Württemberg: § 59; Bayern: Art. 59; Berlin: § 62; Brandenburg: § 79; Bremen: § 22 Abs. 2, § 22 a; Hamburg: §§ 64, 65; Hessen: § 54; Mecklenburg-Vorpommern: § 51; Niedersachsen: § 51; Nordrhein-Westfalen: § 56; Rheinland-Pfalz: § 60; Saarland: § 57 Abs. 2, 3; Sachsen: § 60; Sachsen-Anhalt: § 74; Schleswig-Holstein: § 64; Thüringen: § 59.

Entspr. Vorschrift des BetrVG: § 62.

1. § 59 wurde geändert durch Art. 1 Nr. 9 des Gesetzes zur Bildung von Ju- 1
gend- und Auszubildendenvertretungen in den Verwaltungen vom 13. 7. 1988 (BGBl. I S. 1037). Die Vorschrift erhöht die Zahl der Mitglieder der Jugend- und Auszubildendenvertretung **auf die Höchstzahl von fünfzehn** Jugend- und Auszubildendenvertretern. Darüber hinaus ist die bisherige Staffelung bis zu dieser Höchstgrenze verändert worden. Durch die Absätze 2 und 3 soll sichergestellt werden, dass bei der Zusammensetzung der Jugend- und Auszubildendenvertretung die verschiedenen Beschäftigungsarten sowie die Geschlechter entsprechend ihrem Zahlenverhältnis berücksichtigt werden.

2. Die **Größe der Jugend- und Auszubildendenvertretung** ergibt sich unmit- 2
telbar aus der Tabelle des Abs. 1. Für die Klärung der Frage, ob eine Jugend-

und Auszubildendenvertretung zu bilden bzw. von welcher Zahl der in § 57 genannten Beschäftigten hierbei auszugehen ist, ist der Wahlvorstand verantwortlich.

3 3. Die Größe der Jugend- und Auszubildendenvertretung bestimmt sich nach der Zahl der zum Zeitpunkt des Wahlausschreibens **„in der Regel", d. h. üblicherweise in der Dienststelle tätigen, in § 57 genannten Beschäftigten.** Ändert sich danach die Zahl der Jugendlichen und Auszubildenden sowohl nach oben wie nach unten, so ist von der zum Zeitpunkt des Wahlausschreibens bestimmten Größe der Jugend- und Auszubildendenvertretung auszugehen. Die neu hinzugekommenen, in § 57 genannten Beschäftigten wählen mit (Fischer u. a., § 59 Anm. 9; Lorenzen u. a., § 59 Anm. 8; Richardi u. a., § 59 Anm. 5).

4 4. **Ändert sich die Zahl** der in der Regel tätigen, in § 57 genannten Beschäftigten nach der Wahl, so bleibt dies auf die Größe der Jugend- und Auszubildendenvertretung dann nicht ohne Einfluss, wenn die Gesamtzahl der Mitglieder um mehr als ein Viertel der vorgeschriebenen Zahl gesunken ist (vgl. § 27 Abs. 2 Nr. 2). Sinkt die Zahl der in der Regel tätigen, in § 57 genannten Beschäftigten unter fünf, so entfallen die Voraussetzungen für die Bildung einer Jugend- und Auszubildendenvertretung. Das Amt endet daher automatisch (Fischer u. a., § 59 Anm. 9; Lorenzen u. a., § 59 Anm. 8; Richardi u. a., § 59 Anm. 7).

5 5. Ebenso wie § 17 Abs. 6 vorschreibt, dass bei der Zusammensetzung der Personalvertretung **Vertreter der verschiedenen Beschäftigungsarten** zu berücksichtigen sind, so sieht dies Abs. 2 auch für die Zusammensetzung der Jugend- und Auszubildendenvertretung vor. Die Beachtung dieser Vorschrift ist im Rahmen der Jugend- und Auszubildendenvertretung deshalb von besonderer Bedeutung, weil die Vertretung der in § 57 genannten Beschäftigten nicht in Form der Gruppenwahl gewählt wird und daher wichtig ist, dass in ihr alle Berufsarten – abgestellt auf die tatsächlich ausgeübten Funktionen der einzelnen Jugendlichen oder Auszubildenden (Lorenzen u. a., § 59 Anm. 10; Richardi u. a., § 59 Anm. 8) – repräsentiert werden und deren besondere Belange Berücksichtigung finden.

6 6. Ebenso sollen auch die **Geschlechter in der Jugend- und Auszubildendenvertretung** entsprechend ihrem Zahlenverhältnis vertreten sein (Abs. 3). Diese Bestimmung ist Ausfluss des Grundsatzes der Gleichberechtigung von Mann und Frau (Art. 3 Abs. 2 GG). Eine Verletzung begründet keine Wahlanfechtung nach § 25.

7 7. Abs. 2 und 3 richten sich an diejenigen, die Wahlvorschläge unterbreiten. Sie sollen aufgefordert werden, hierbei die **jeweilige Struktur der in § 57 genannten Beschäftigten nach Beschäftigungsarten und Geschlecht** zu berücksichtigen.

8 8. **Streitigkeiten** entscheiden die Verwaltungsgerichte nach § 83 Abs. 1 Nr. 2.

§ 60 [Wahl und Amtszeit der Jugend- und Auszubildendenvertretung]

(1) Der Personalrat bestimmt den Wahlvorstand und seinen Vorsitzenden. § 19 Abs. 1, 3, 4 Satz 1, Abs. 5, 7 und 9, § 20 Abs. 1 Satz 3 und 4, § 24 Abs. 1 Satz 1 und 2, Abs. 2 und § 25 gelten entsprechend.

(2) Die regelmäßige Amtszeit der Jugend- und Auszubildendenvertretung beträgt zwei Jahre. Sie beginnt mit dem Tage der Wahl oder, wenn zu diesem Zeitpunkt noch eine Jugend- und Auszubildendenvertretung besteht, mit dem Ablauf ihrer Amtszeit. Die regelmäßigen Wahlen der Jugend- und Auszubildendenvertretung finden alle zwei Jahre in der Zeit vom 1. März bis 31. Mai statt. Die Amtszeit endet spätestens am 31. Mai des Jahres, in dem nach Satz 3 die regelmäßigen Wahlen der Jugend- und Auszubildendenvertretung stattfinden. Für die Wahl der Jugend- und Auszubildendenvertretung außerhalb des Zeitraums für die regelmäßigen Wahlen gilt § 27 Abs. 2 Nr. 2 bis 5, Abs. 3 und 5 entsprechend.

(3) Besteht die Jugend- und Auszubildendenvertretung aus drei oder mehr Mitgliedern, so wählt sie aus ihrer Mitte einen Vorsitzenden und dessen Stellvertreter.

(4) Die §§ 28 bis 31 gelten entsprechend.

Inhaltsübersicht

Entspr. landesgesetzliche Regelungen:
Baden-Württemberg: § 60; Bayern: Art. 60; Berlin: § 63; Brandenburg: § 80; Bremen: § 22 Abs. 5, 6, § 22 a; Hamburg: §§ 66, 67, 68, 69, 70; Hessen: § 54 Abs. 3, 4; Mecklenburg-Vorpommern: § 52; Niedersachsen: §§ 52, 53; Nordrhein-Westfalen: § 57; Rheinland-Pfalz: § 61; Saarland: §§ 59, 60, 61; Sachsen: § 61; Sachsen-Anhalt: § 75; Schleswig-Holstein: § 65; Thüringen: § 60.

Entspr. Vorschriften des BetrVG: §§ 63, 64.

I. Amtszeit/Vorstandswahl

1. Das Gesetz legt auch für die Jugend- und Auszubildendenvertretung eine **regelmäßige Amtszeit sowie regelmäßige Wahlzeiträume** fest. Neuwahlen außerhalb dieser Zeit richten sich nach § 27. 1

2. Die **Bildung eines Vorstands der Jugend- und Auszubildendenvertretung** soll der erweiterten Aufgabenstellung Rechnung tragen. 2

II. Wahlvorstand

3 1. Abs. 1 Satz 2 wurde neu gefasst durch Art. 1 Nr. 6 des Gesetzes zur Änderung des Bundespersonalvertretungsgesetzes vom 10. 7. 1989 (BGBl. I S. 1380). Durch Art. 1 Nr. 10 des Gesetzes zur Bildung von Jugend- und Auszubildendenvertretungen in den Verwaltungen vom 13. 7. 1988 (BGBl. I S. 1037) wurde Abs. 2 neu gefasst, Abs. 3 geändert und Abs. 4 eingefügt. Die Vorbereitung der Wahlen zu den Jugend- und Auszubildendenvertretungen gehört zu den **Aufgaben der Personalvertretung.** Sie hat den Wahlvorstand und einen Vorsitzenden zu bestellen. Wenn die Personalvertretung die Bestellung unterlässt, so kann darin eine grobe Pflichtverletzung nach § 28 liegen. Da es sich bei der Bestellung des Wahlvorstands für die Wahl einer Jugend- und Auszubildendenvertretung um eine Angelegenheit handelt, die überwiegend jugendliche Beschäftigte bzw. Auszubildende betrifft, haben die Jugendvertreter gem. § 40 Abs. 1 ein Stimmrecht (Fischer u. a., § 60 Anm. 9; Lorenzen u. a., § 60 Anm. 13; Richardi u. a., § 60 Anm. 11).

4 2. Im Gegensatz zu den Bestimmungen über die **Berufung eines Wahlvorstands** zur Vorbereitung der Personalratswahlen und auch im Gegensatz zu der entsprechenden Vorschrift des § 63 Abs. 3 BetrVG sieht das Gesetz keine Maßnahmen für den Fall vor, dass die Personalvertretung ihrer Verpflichtung nicht nachkommt. Im Hinblick auf die Erweiterung der Rechte der Jugend- und Auszubildendenvertretung wäre es aber konsequent gewesen, entsprechend den Regelungen für die Bildung von Wahlvorständen im Zusammenhang mit Personalratswahlen (§§ 20 bis 23) sicherzustellen, dass im Falle eines Untätigbleibens der Personalvertretung die Initiative zur Bestimmung eines Wahlvorstands von anderen ergriffen werden kann. Nur so hätte vermieden werden können, dass die Wahl einer Jugend- und Auszubildendenvertretung an der Nachlässigkeit einer Personalvertretung scheitern kann. Das Verfahren zur Auflösung der Personalvertretung wegen grober Vernachlässigung ihrer Pflichten (§ 28) im Zusammenhang mit der unterlassenen Bestellung eines Wahlvorstands zur Wahl einer Jugend- und Auszubildendenvertretung kann sich über einen so langen Zeitraum hinziehen, dass es bereits zu einer entscheidenden Vernachlässigung der Interessen der in § 57 genannten Beschäftigten gekommen sein kann, so dass diese Maßnahme nicht wirkungsvoll ist. Es dürfte daher zulässig sein, auf Antrag eines Dienststellenleiters oder einer in der Dienststelle vertretenen Gewerkschaft eine **einstweilige Verfügung zur Bestellung des Wahlvorstands** zu erwirken (Altvater u. a., § 60 Anm. 3). Die gegenüber dieser Auffassung geäußerte Kritik (Fischer u. a., § 60 Anm. 4; Lorenzen u. a., § 60 Anm. 8; Richardi u. a., § 60 Anm. 12), es bestehe kein durch ein einstweiliges Verfügungsverfahren zu sichernder Anspruch, überzeugt nicht, da eine säumige Personalvertretung sich sicherlich nicht durch die Drohung eines Dienststellenleiters mit einem Auflösungsantrag nach § 28 zu aktivem Handeln veranlasst sehen dürfte, zumal ein Dienststellenleiter nur ein geringes Interesse an der Einleitung eines entsprechenden Verfahrens haben dürfte. Gleiches mag zwar auch für die Einleitung eines Verfahrens der einstweiligen Verfügung gelten; hier aber besteht immerhin die Aussicht darauf, dass eine in der Dienststelle vertretene Gewerkschaft das Verfahren einleitet.

5 3. Der **Wahlvorstand muss sich nicht ausschließlich aus den in § 57 genannten Beschäftigten** zusammensetzen. Vielmehr empfiehlt sich die Beteiligung eines erfahrenen älteren Beschäftigten, damit die reibungslose Durchführung der Wahl weitgehend sichergestellt werden kann (Fischer u. a., § 60 Anm. 7; Lorenzen u. a., § 60 Anm. 10). In jedem Fall aber muss dem Wahlvorstand ein **wählbarer Beschäftigter** angehören (§ 46 Abs. 1 i. V. m. § 31 Abs. 1 Satz 2 WO). Im Übrigen ist es der Personalvertretung nicht verwehrt, einen aus mehr

als drei Beschäftigten bestehenden Wahlvorstand zu bestellen. Dabei hat sie jedoch darauf zu achten, dass im Interesse der Vermeidung von Pattsituationen eine ungerade Zahl von Wahlvorstandsmitgliedern bestellt wird (Fischer u. a., § 60 Anm. 6; Lorenzen u. a., § 60 Anm. 9). Bei der Abstimmung über die Bestellung eines Wahlvorstands sind die Mitglieder einer im Amt befindlichen Jugend- und Auszubildendenvertretung nach § 40 Abs. 1 S. 3 zu beteiligen, da es sich um eine überwiegend die in § 57 genannten Beschäftigten betreffende Angelegenheit handelt (Fischer u. a., § 60 Anm. 9).

4. Bei der **Zusammensetzung des Wahlvorstands** ist eine Berücksichtigung des Gruppenprinzips nicht vorgeschrieben. § 20 Abs. 1 Satz 2, der dies für die Zusammensetzung des die Personalratswahlen durchführenden Wahlvorstands vorsieht, ist nicht für entsprechend anwendbar erklärt worden. Gehören jugendliche Beschäftigte bzw. Auszubildende verschiedenen Gruppen an, so empfiehlt es sich, im Hinblick auf die unterschiedlichen Interessen jede Gruppe im Wahlvorstand zu berücksichtigen. Dem Wahlvorstand sollen im Übrigen Frauen und Männer angehören. Die Bestimmung des Vorsitzenden obliegt dem Personalrat (Fischer u. a., § 60 Anm. 8; Lorenzen u. a., § 60 Anm. 10). 6

5. An den **Sitzungen des Wahlvorstands** kann je ein **Beauftragter der in der Dienststelle vertretenen Gewerkschaften** teilnehmen (vgl. § 20 Abs. 1 Satz 3). Bei dem Beauftragten der Gewerkschaft muss es sich nicht um einen Jugendlichen oder Auszubildenden handeln (Lorenzen u. a., § 60 Anm. 16). Gerade im Zusammenhang mit der Arbeit eines Wahlvorstands zur Vorbereitung von Wahlen zu Jugend- und Auszubildendenvertretungen dürfte es auf die sachverständige Unterstützung und Beratung durch die Gewerkschaften ankommen. 7

III. Wahlen

1. Die Jugend- und Auszubildendenvertretung wird **in geheimer und unmittelbarer Wahl** gewählt (vgl. § 19 Abs. 1). Statt der üblichen Gruppenwahl (§ 19 Abs. 2) wird die Jugend- und Auszubildendenvertretung **in gemeinsamer Wahl** gewählt. 8

a) Die Wahl erfolgt nach den **Grundsätzen der Verhältniswahl** (vgl. § 19 Abs. 3). **Personenwahl** findet ausschließlich dann statt, wenn nur ein Wahlvorschlag eingereicht worden ist. In kleineren Dienststellen, in denen nur ein Jugend- oder Auszubildendenvertreter zu wählen ist, wird dieser mit einfacher Stimmenmehrheit gewählt. 9

b) Die wahlberechtigten jugendlichen Beschäftigten oder Auszubildenden und die in der Dienststelle (nicht unbedingt unter den Jugendlichen oder Auszubildenden) vertretenen Gewerkschaften (Richardi u. a., § 60 Anm. 20), können **Wahlvorschläge** machen (vgl. § 19 Abs. 4 Satz 1). Wahlvorschläge der Gewerkschaften müssen von zwei Beauftragten unterzeichnet sein, die ihrerseits Beschäftigte der Dienststelle sind und einer in der Dienststelle vertretenen Gewerkschaft angehören (vgl. § 19 Abs. 9). Unerheblich ist, ob die Beauftragten jugendliche oder ältere Beschäftigte sind (vgl. § 19 Anm. 49). 10

c) Jeder jugendliche Beschäftigte oder Auszubildende kann **nur auf einem Wahlvorschlag** benannt werden (vgl. § 19 Abs. 7). 11

2. Auch die **Wahl** der Jugend- und Auszubildendenvertretung **darf niemand behindern** oder in einer gegen die guten Sitten verstoßenden Weise beeinflussen. Insbesondere hat eine Beschränkung in der Ausübung des aktiven und passiven Wahlrechts zu unterbleiben (vgl. § 24 Abs. 1 Satz 1 und 2). 12

13 3. Auch die Vorschriften über die **Kostentragungspflicht** im Zusammenhang mit einer Wahl finden entsprechende Anwendung (vgl. im Einzelnen § 24 Abs. 2). Eine Wahlanfechtung ist dann möglich, wenn gegen wesentliche Vorschriften des Wahlrechts, der Wählbarkeit oder des Wahlverfahrens verstoßen worden ist (§ 25). Angefochten werden kann die Wahl allerdings nur von jugendlichen Beschäftigten oder Auszubildenden, einer in der Dienststelle vertretenen Gewerkschaft oder vom Leiter der Dienststelle. Einem Wahlbewerber, der kein Jugendlicher oder Auszubildender ist, steht kein Anfechtungsrecht zu (Fischer u. a., § 60 Anm. 18; Lorenzen u. a., § 60 Anm. 32).

IV. Amtszeit/Neuwahl/Auflösung

14 1. Die **regelmäßige Amtszeit** der Jugend- und Auszubildendenvertretung beträgt **zwei Jahre** (Abs. 2). Die Amtszeit ist gegenüber derjenigen der Personalvertretung um zwei Jahre kürzer, um den jugendlichen Beschäftigten und Auszubildenden wenigstens einmal während ihrer Tätigkeit die Gelegenheit zur Wahl einer Vertretung zu geben. Im Hinblick auf die Schulverweildauer sind jugendliche Beschäftigte nur für eine verhältnismäßig kurze Zeit tätig, bevor sie das 18. Lebensjahr erreicht bzw. ihre Ausbildung beendet haben (Fischer u. a., § 60 Anm. 19; Lorenzen u. a., § 60 Anm. 34).

15 a) **Die regelmäßigen Wahlen** der Jugend- und Auszubildendenvertretung finden ebenso wie die der Personalvertretung in der Zeit vom 1. 3. bis 31. 5. statt (vgl. § 27 Anm. 3 ff.).

16 b) Zur konstituierenden Sitzung der Jugend- und Auszubildendenvertretung hat der Wahlvorstand einzuladen. Er hat die Sitzung bis zur Bestellung eines Wahlleiters zu leiten (Fischer u. a., § 60 Anm. 12) Die **Amtszeit beginnt mit dem Tag der Wahl.** Befindet sich zu diesem Zeitpunkt noch eine Jugend- und Auszubildendenvertretung im Amt, so beginnt die Amtszeit der neuen Vertretung mit dem Tag nach Ablauf der Amtszeit der vorher amtierenden Jugend- und Auszubildendenvertretung (vgl. im Einzelnen § 26 Anm. 3 ff.).

17 2. Ebenso wie die Personalvertretung, so kann auch die Jugend- und Auszubildendenvertretung **während einer Amtszeit neu gewählt werden.** Allerdings hat eine wesentliche Änderung im Bestand der in § 57 genannten Beschäftigten (Steigen oder Sinken der Zahl der Beschäftigten um die Hälfte, mindestens aber um 50) keine Neuwahl während der Amtszeit zur Folge (§ 27 Abs. 2 Nr. 1), da diese Bestimmung nicht für anwendbar erklärt worden ist.

18 3. **Außerhalb des regelmäßigen Wahlzeitraums ist** die Jugend- und Auszubildendenvertretung **neu zu wählen,** wenn
a) die Gesamtzahl der Mitglieder der Jugend- und Auszubildendenvertretung auch nach Eintreten sämtlicher Ersatzmitglieder um mehr als ein Viertel der vorgeschriebenen Zahl gesunken ist oder
b) die Jugend- und Auszubildendenvertretung mit der Mehrheit ihrer Mitglieder ihren Rücktritt beschlossen hat oder
c) die Jugend- und Auszubildendenvertretung durch gerichtliche Entscheidung aufgelöst ist (nicht dagegen, wenn ein einzelnes Mitglied oder mehrere Mitglieder ausgeschlossen worden sind)
d) in der Dienststelle keine Jugend- und Auszubildendenvertretung besteht, weil bisher von Wahlen abgesehen wurde.

19 4. In den beiden ersten Fällen **führt die Jugend- und Auszubildendenvertretung** bis zur Wahl einer neuen Vertretung **die Geschäfte weiter** (vgl. § 27 Abs. 3). Das Amt der bisherigen Jugend- und Auszubildendenvertretung

endet mit der Bekanntgabe des Wahlergebnisses (Richardi u. a., § 60 Anm. 29; aA Fischer u. a., § 60 Anm. 25; Lorenzen u. a., § 60 Anm. 42). Da, anders als bei den Voraussetzungen für die Wählbarkeit zur Personalvertretung, die Wählbarkeit zur Jugend- und Auszubildendenvertretung und Jugend- und Auszubildendenstufenvertretung nicht vom aktiven Wahlrecht abhängig ist (§ 64 Abs. 1 Satz 1, § 58 Abs. 2), führt eine Beurlaubung unter Wegfall der Dienstbezüge, die während der Amtszeit der Jugend- und Auszubildendenstufenvertretung länger als sechs Monate andauert, nicht zum Verlust der Wählbarkeit (VGH München v. 5. 6. 1978 – Nr. 5 XVIII 78, n. v.).

5. Wenn außerhalb des für die regelmäßigen Wahlen zu den Jugend- und Auszubildendenvertretungen festgelegten Zeitraums eine **Wahl zur Jugend- und Auszubildendenvertretung stattgefunden hat,** so ist in dem auf die Wahl folgenden nächsten Zeitraum der regelmäßigen Wahlen neu zu wählen. Wenn allerdings die Amtszeit der Jugend- und Auszubildendenvertretung zu Beginn des für die regelmäßigen Personalratswahlen festgelegten Zeitraums noch nicht ein Jahr betragen hat, so ist die Jugend- und Auszubildendenvertretung in dem übernächsten Zeitraum der regelmäßigen Wahlen neu zu wählen (vgl. § 27 Abs. 5). 20

6. Da auch **§ 28 entsprechend anwendbar** ist, kann die Jugend- und Auszubildendenvertretung bei grober Vernachlässigung ihrer gesetzlichen Befugnisse oder grober Verletzung ihrer gesetzlichen Pflichten durch Beschluss des Verwaltungsgerichts auf Antrag von mindestens einem Viertel der wahlberechtigten jugendlichen Beschäftigten oder Auszubildenden, jeder in der Dienststelle vertretenen Gewerkschaft und des Dienststellenleiters aufgelöst werden. Der Personalvertretung steht kein Antragsrecht zu (Fischer u. a., § 60 Anm. 27; Lorenzen u. a., § 60 Anm. 47; Richardi u. a., § 60 Anm. 29, 31). Ebenso kann ein Jugend- und Auszubildendenvertreter bei grober Amtspflichtverletzung seines Amtes enthoben werden. 21

7. Im Hinblick auf ein geordnetes Tätigwerden der Jugend- und Auszubildendenvertretung **wählt** diese aus ihrer Mitte **einen Vorsitzenden und einen Stellvertreter,** sobald die Vertretung aus mindestens drei Mitgliedern besteht (Abs. 3). Gewählt ist derjenige, der in gemeinsamer Wahl die meisten Stimmen auf sich vereinigt; denn hier spielt – wie in der gesamten Jugend- und Auszubildendenvertretung – das Gruppenprinzip keine Rolle (Fischer u. a., § 60 Anm. 34; Lorenzen u. a., § 60 Anm. 44). 22

8. Die Bestimmungen über den Ausschluss eines Mitglieds und die Auflösung der Vertretung (§ 28), über das Erlöschen (§ 29) bzw. das Ruhen der Mitgliedschaft (§ 30) und über die Ersatzmitgliedschaft (§ 31) gelten gem. Abs. 4 entsprechend. Wenn ein Mitglied der Jugend- und Auszubildendenvertretung aus dem Arbeitsverhältnis ausscheidet, rückt daher das zuständige **Ersatzmitglied** nach (Richardi u. a., § 60 Anm. 37). Wenn dieses aber vor Amtsantritt das 25. Lebensjahr vollendet hat, so ist ein Nachrücken nicht möglich; denn maßgebender Zeitpunkt für die Höchstaltersgrenze (§ 58 Abs. 2) ist der Tag des Beginns der Amtszeit (vgl. für das BetrVG: LAG Düsseldorf v. 13. 10. 1992, Leits. NZA 1993, 474). 23

V. Streitigkeiten

Streitigkeiten entscheiden die Verwaltungsgerichte nach § 83 Abs. 1 Nr. 2. 24

§ 61 [Befugnisse der Jugend- und Auszubildendenvertretung]

(1) Die Jugend- und Auszubildendenvertretung hat folgende allgemeine Aufgaben:

1. **Maßnahmen, die den in § 57 genannten Beschäftigten dienen, insbesondere in Fragen der Berufsbildung, beim Personalrat zu beantragen,**
2. **darüber zu wachen, dass die zugunsten der in § 57 genannten Beschäftigten geltenden Gesetze, Verordnungen, Unfallverhütungsvorschriften, Tarifverträge, Dienstvereinbarungen und Verwaltungsanordnungen durchgeführt werden,**
3. **Anregungen und Beschwerden von in § 57 genannten Beschäftigten, insbesondere in Fragen der Berufsbildung, entgegenzunehmen und, falls sie berechtigt erscheinen, beim Personalrat auf eine Erledigung hinzuwirken; die Jugend- und Auszubildendenvertretung hat die betroffenen in § 57 genannten Beschäftigten über den Stand und das Ergebnis der Verhandlungen zu informieren.**

(2) Die Zusammenarbeit der Jugend- und Auszubildendenvertretung mit dem Personalrat bestimmt sich nach § 34 Abs. 3, §§ 39 und 40 Abs. 1.

(3) Zur Durchführung ihrer Aufgaben ist die Jugend- und Auszubildendenvertretung durch den Personalrat rechtzeitig und umfassend zu unterrichten. Die Jugend- und Auszubildendenvertretung kann verlangen, dass ihr der Personalrat die zur Durchführung ihrer Aufgaben erforderlichen Unterlagen zur Verfügung stellt.

(4) Der Personalrat hat die Jugend- und Auszubildendenvertretung zu den Besprechungen zwischen Dienststellenleiter und Personalrat nach § 66 Abs. 1 beizuziehen, wenn Angelegenheiten behandelt werden, die besonders in § 57 genannte Beschäftigte betreffen.

(5) Die Jugend- und Auszubildendenvertretung kann nach Verständigung des Personalrates Sitzungen abhalten; § 34 Abs. 1, 2 gilt sinngemäß. An den Sitzungen der Jugend- und Auszubildendenvertretung kann ein vom Personalrat beauftragtes Personalratsmitglied teilnehmen.

Inhaltsübersicht

Entspr. landesgesetzliche Regelungen:
Baden-Württemberg: § 61; Bayern: Art. 57 Abs. 2, 3, Art. 61; Berlin: § 65; Brandenburg: § 81; Bremen: § 22 a; Hamburg: § 97; Hessen: § 55; Mecklenburg–Vorpommern: § 53; Niedersachsen: §§ 53, 54, 56; Nordrhein-Westfalen: § 61; Rheinland-Pfalz: § 62; Saarland: §§ 62, 63, 64, 66; Sachsen: § 62; Sachsen-Anhalt: § 76; Schleswig-Holstein: § 66; Thüringen: § 61.

Entspr. Vorschriften des BetrVG: §§ 68 bis 70.

I. Vorbemerkung

Die Vorschrift wurde neu gefasst durch Art. 1 Nr. 11 des Gesetzes zur Bildung 1
von Jugend- und Auszubildendenvertretungen in den Verwaltungen vom 13. 7. 1988 (BGBl. I S. 1037). Durch die Aufzählung und Zusammenfassung von Vorschriften, die die Befugnisse der Jugend- und Auszubildendenvertretung gegenüber der Personalvertretung (nicht gegenüber dem Dienststellenleiter) regeln, wird die Intention des Gesetzes verdeutlicht, die **Rechte** der in § 57 genannten Beschäftigten über ihre Jugend- und Auszubildendenvertretung **auszuweiten und die Mitverantwortung zu stärken.** Gleichzeitig wird im Hinblick auf eine sinnvolle Vertretung der Interessen der jugendlichen Beschäftigten in Abs. 3 sichergestellt, dass der Jugend- und Auszubildendenvertretung durch die Personalvertretung die zur Durchführung ihrer Aufgaben erforderlichen Unterlagen zur Verfügung zu stellen sind.

II. Rechte und Pflichten

1. Da es sich bei der hier zur Diskussion stehenden Norm um zwingendes 2
Recht handelt, ist ein Abweichen weder durch Tarifvertrag noch durch Dienstvereinbarungen möglich, ebenso wenig durch eine Vereinbarung abweichender Modalitäten zwischen Personalrat und Jugend- und Auszubildendenvertretung (Fischer u. a., § 61 Anm. 4; Lorenzen u. a., § 61 Anm. 4). Die Jugend- und Auszubildendenvertretung hat in Anlehnung an die für die Personalvertretung geltenden Bestimmungen (§ 68) eine Reihe von **allgemeinen Aufgaben** gegenüber der Personalvertretung und gegenüber den in § 57 genannten Beschäftigten. Diese Aufgaben sind überwiegend überwachender Natur bzw. beratender Art, so dass die **Jugend- und Auszubildendenvertretung keine eigenen durchsetzbaren Mitbestimmungsrechte** hat (BVerwG v. 8. 7. 1977, ZBR 1978, 173 = PersV 1978, 309). Damit wird aber auch verhindert, dass sich zwei miteinander konkurrierende Interessenvertretungen um die Wahrung der Belange desselben Personenkreises bemühen

(Fischer u. a., § 61 Anm. 7). Der Jugend- und Auszubildendenvertretung ist aber ein selbstständiges Handeln nicht verwehrt, so z. B. nicht die Durchführung einer Fragebogenaktion unter den jugendlichen Beschäftigten und Auszubildenden. Die Fragen müssen sich allerdings im Rahmen der gesetzlichen Aufgaben der Jugend- und Auszubildendenvertretung und der Personalvertretung halten und dürfen den Dienstablauf und den Frieden in der Dienststelle nicht beeinträchtigen (vgl. für das BetrVG: BAG v. 8. 2. 1977, BB 1977, 647 = DB 1977, 914). Daher ist die Verwendung von Fragebögen durch eine Jugend- und Auszubildendenvertretung zur Beurteilung der einzelnen Ausbilder durch Auszubildende unzulässig (VG Bremen v. 31. 5. 1978, PersV 1979, 251 m. krit. Anm. v. Hambusch).

3 a) Die Jugend- und Auszubildendenvertretung kann **Maßnahmen,** die den jugendlichen Beschäftigten und Auszubildenden dienen, **beantragen.** Dieses Initiativrecht wendet sich an die Personalvertretung und kann auch solche Maßnahmen betreffen, für die dieser kein förmliches Beteiligungsrecht zusteht. Insgesamt aber müssen alle Maßnahmen auf die in einer Dienststelle beschäftigten Jugendlichen und Auszubildenden gerichtet sein. Die Jugend- und Auszubildendenvertretung kann **vor allem solche Maßnahmen** beantragen, die sich auf die Arbeitszeit, auf die Urlaubsregelung oder auf die Schaffung von besonderen Sozialeinrichtungen beziehen. Besonders hervorgehoben werden **Fragen der Berufsbildung.** Die Jugend- und Auszubildendenvertretung kann beantragen, dass die Personalvertretung in diesen Fragen – soweit jugendliche Beschäftigte oder Auszubildende betroffen sind – in einer bestimmten Richtung von ihren Mitbestimmungsrechten Gebrauch macht (vgl. hierzu im Einzelnen § 40). Der Initiative muss eine entsprechende **Beschlussfassung der Jugend- und Auszubildendenvertretung** vorausgehen. Die Personalvertretung hat die Pflicht, den Antrag der Jugend- und Auszubildendenvertretung entgegenzunehmen und sich mit ihm auseinanderzusetzen. In Verhandlungen mit dem Dienststellenleiter hat sie den Antrag der Jugend- und Auszubildendenvertretung aufzugreifen und auf die Erledigung zu drängen. Diese Verpflichtung ergibt sich aus § 68 Abs. 1 Nr. 3 und 6. Selbstverständlich aber ist die Personalvertretung nicht verpflichtet, ungeprüft die Anträge der Jugend- und Auszubildendenvertretung an den Dienststellenleiter weiterzureichen. Vielmehr hat sie das Recht und die Pflicht zur Überprüfung im Hinblick auf Sachdienlichkeit, Zweckmäßigkeit und Begründetheit. Folgt die Personalvertretung dem Antrag der Jugend- und Auszubildendenvertretung nicht, so hat sie diese über ihre Entscheidung zu unterrichten, wenn sie nicht schon an der Personalratssitzung teilgenommen hat. Selbstverständlich hat die Personalvertretung die Jugend- und Auszubildendenvertretung, falls sie deren Antrag folgt, über die Weiterleitung des Antrags und über das Ergebnis der Verhandlungen mit dem Dienststellenleiter zu informieren (Fischer u. a., § 61 Anm. 8; Lorenzen u. a., § 61 Anm. 19).

4 b) Die **Jugend- und Auszubildendenvertretung hat darüber zu wachen,** dass die zugunsten der jugendlichen Beschäftigten und Auszubildenden bestehenden Gesetze etc. eingehalten und durchgeführt werden. Gleichzeitig wird hiermit auch eine Überwachungspflicht der Jugend- und Auszubildendenvertretung normiert. Die Überwachung bezieht sich auf alle zugunsten der jugendlichen Beschäftigten und Auszubildenden bestehenden Rechtsnormen (Gesetze, Verordnungen, Unfallverhütungsvorschriften, Tarifverträge, Dienstvereinbarungen und Verwaltungsanordnungen). Ausreichend ist, dass diese Rechtsnormen sich auch auf Jugendliche oder Auszubildende beziehen; sie brauchen nicht ausschließlich für jugendliche Be-

schäftigte oder Auszubildende zu gelten (Fischer u. a., § 61 Anm. 14; Lorenzen u. a., § 61 Anm. 12; Richardi u. a., § 61 Anm. 9).

2. Die Jugend- und Auszubildendenvertretung hat darauf zu achten, dass **die geltenden Rechtsnormen durchgeführt** und zugunsten der einzelnen jugendlichen Beschäftigten oder Auszubildenden angewendet werden. Stellt die Jugend- und Auszubildendenvertretung im Rahmen dieser Überwachung Missstände fest, so hat sie gegenüber der Personalvertretung auf deren Beseitigung zu drängen, die ihrerseits wiederum gegenüber dem Dienststellenleiter und den übrigen, insbesondere für die Einhaltung von Unfallverhütungsvorschriften zuständigen Stellen tätig werden muss (Fischer u. a., § 61 Anm. 16; Richardi u. a., § 61 Anm. 10; aA Lorenzen u. a., § 61 Anm. 30). 5

3. Hervorzuheben ist, dass die Jugend- und Auszubildendenvertretung **kein** übergeordnetes **Kontrollorgan** ist, das von sich aus **ohne konkreten Anlass Nachforschungen** anstellen kann (Fischer u. a., § 61 Anm. 16; Lorenzen u. a., § 61 Anm. 28). Vielmehr hat sie nur Rechte und Pflichten gegenüber der Personalvertretung (BVerwG v. 8. 7. 1977, ZBR 1978, 173 = PersV 1978, 309). Mit ihrer Zustimmung kann sie allerdings die Arbeitsplätze jugendlicher Beschäftigter und Auszubildender aufsuchen, ohne dass sie einen konkreten Verdacht der Nichtbeachtung der zugunsten der Jugendlichen Beschäftigten und Auszubildenden geltenden Gesetze etc. darlegen muss (Fischer u. a., § 61 Anm. 17; vgl. für das BetrVG: BAG v. 21. 1. 1982, BAGE 37, 348 = Leits. BB 1982, 1236 = DB 1982, 1277); denn die Jugend- und Auszubildendenvertretung muss Gelegenheit haben, sich am konkreten Arbeitsplatz von der Beachtung einschlägiger Bestimmungen zu überzeugen. 6

4. Die Jugend- und Auszubildendenvertretung hat außerdem in Anlehnung an § 68 Abs. 1 Nr. 3 die Pflicht, **Anregungen und Beschwerden von jugendlichen Beschäftigten und Auszubildenden entgegenzunehmen** und bei der Personalvertretung auf eine Erledigung hinzuwirken. Anregungen in Fragen der Berufsbildung werden auch hier wieder in den Vordergrund gestellt. Die jugendlichen Beschäftigten und Auszubildenden können der Jugend- und Auszubildendenvertretung Vorschläge unterbreiten, über die diese Beschluss zu fassen hat (Fischer u. a., § 61 Anm. 20, 21; Lorenzen u. a., § 61 Anm. 36). Hält sie die Anregung für zweckdienlich und sachgemäß, so hat sie der Personalvertretung gegenüber auf eine Erledigung hinzuwirken. 7

5. Gleiches gilt für das Verfahren in bezug auf Beschwerden, die von jugendlichen Beschäftigten und Auszubildenden erhoben werden. Allerdings sind diese nicht darauf beschränkt, Beschwerden gegenüber der Jugend- und Auszubildendenvertretung vorzubringen. Vielmehr steht ihnen wie allen übrigen Beschäftigten das **allgemeine Beschwerderecht gegenüber der Personalvertretung** (§ 68 Abs. 1 Nr. 3) zu (Fischer u. a., § 61 Anm. 18; Lorenzen u. a., § 61 Anm. 33). Auf diese Weise kann eine Vorinstanz umgangen werden, die ihrerseits zunächst Beschluss fassen muss, bevor sie die Angelegenheit an die Personalvertretung weiterleitet. Diese kann ihrerseits nicht die bei ihr vorsprechenden jugendlichen Beschäftigten und Auszubildenden zunächst auf die Vorinstanz Jugend- und Auszubildendenvertretung verweisen, da sie zur Entgegennahme und Prüfung unmittelbar verpflichtet ist. Es dürfte sich aber in diesem Falle empfehlen, die Jugend- und Auszubildendenvertretung zur Vorklärung einzuschalten. 8

6. Die Jugend- und Auszubildendenvertretung ist verpflichtet, die jugendlichen Beschäftigten und Auszubildenden **in angemessener Frist über den Stand und das Ergebnis der Verhandlungen zu unterrichten.** Dies bedeutet, 9

dass sich die Unterrichtung zunächst auf die Art der Behandlung der Anregung oder Beschwerde in der Jugend- und Auszubildendenvertretung zu beziehen hat. Der einzelne jugendliche Beschäftigte oder Auszubildende ist über den Beschluss der Jugend- und Auszubildendenvertretung zu unterrichten. Sodann ist über das Ergebnis der Verhandlungen mit der Personalvertretung zu berichten, falls die Jugend- und Auszubildendenvertretung Anregung und Beschwerde für sach- und zweckdienlich gehalten hat.

10 7. Die sich vor allem aufgrund der vorstehend erläuterten Rechte und Pflichten der Jugend- und Auszubildendenvertretung gegenüber der Personalvertretung ergebenden Beziehungen werden durch **Regeln der Zusammenarbeit** nach Abs. 2 bestimmt. Da die Jugend- und Auszubildendenvertretung kein eigenständiges Organ neben der Personalvertretung ist, sie also auch keine selbstständigen Mitwirkungs- oder Mitbestimmungsrechte gegenüber dem Dienststellenleiter hat und daher auch nicht in der Lage ist, die besonderen Interessen der von ihr Vertretenen direkt gegenüber dem Dienststellenleiter durchzusetzen, kommt es auf eine enge Zusammenarbeit mit der Personalvertretung als der unmittelbaren Gesprächs-/Verhandlungspartnerin des Dienststellenleiters an.

11 a) Auf **Antrag der Mehrheit der Mitglieder der Jugend- und Auszubildendenvertretung hat der Vorsitzende der Personalvertretung eine Sitzung anzuberaumen** und den Gegenstand, dessen Beratung beantragt ist, auf die Tagesordnung zu setzen. Voraussetzung ist, dass der Beratungsgegenstand sich auf Angelegenheiten bezieht, „die besonders die in § 57 genannten Beschäftigten betreffen" (vgl. hierzu im Einzelnen § 40 Anm. 9).

12 b) Wenn die Mehrheit der Jugend- und Auszubildendenvertretung „einen Beschluss des Personalrats als eine wesentliche Beeinträchtigung wichtiger Interessen der durch sie vertretenen Beschäftigten" ansieht, „so ist auf ihren Antrag der **Beschluss auf die Dauer einer Woche** vom Zeitpunkt der Beschlussfassung an **auszusetzen"** (Abs. 2 i. V. mit § 39 Abs. 1 Satz 1).

13 8. Der Antrag auf Aussetzung bedarf eines **Mehrheitsbeschlusses** der Jugend- und Auszubildendenvertretung. Für diesen Beschluss reicht eine einfache Stimmenmehrheit (§ 39 Abs. 1) aus. Weitere Voraussetzung ist, dass bei der Beschlussfassung mindestens die Hälfte der Mitglieder der Jugend- und Auszubildendenvertretung anwesend ist (§ 37 Abs. 2).

14 9. Es kommt nicht darauf an, dass eine Beeinträchtigung von Interessen der in § 57 genannten Beschäftigten tatsächlich gegeben ist. Ausreichend ist vielmehr, dass die **Mehrheit** der Jugend- und Auszubildendenvertretung der Ansicht ist („erachtet"), **ihre Interessen würden erheblich beeinträchtigt.**

15 10. Im Gegensatz zu § 39 Abs. 1 muss aber in diesem Zusammenhang als **Kriterium** grundsätzlich **hinzukommen,** dass der angegriffene Beschluss der Personalvertretung Angelegenheiten betrifft, die besonders die in § 57 genannten Beschäftigten berühren (vgl. § 40 Abs. 1 Satz 2 und 3; vgl. Anm. 12).

16 11. Allerdings wird man der Jugend- und Auszubildendenvertretung das Recht, einen Aussetzungsantrag im Hinblick auf solche Beschlüsse zu stellen, an denen sie weder beratend noch „abstimmend" beteiligt war, dann **nicht absprechen können, wenn** Personalratsbeschlüsse Interessen der jugendlichen Beschäftigten oder Auszubildenden besonders betreffen. Entscheidend ist nämlich nicht, ob bei der Beschlussfassung die Jugend- und Auszubildendenvertretung zugegen war, sondern dass sie der Ansicht ist, ein konkreter

Beschluss berühre in erheblicher Weise ihre Interessen. Wegen der sonstigen Einzelheiten wird auf die Anmerkungen zu § 39 verwiesen.

12. Ein Vertreter der Jugend- und Auszubildendenvertretung hat das Recht, **an allen Sitzungen der Personalvertretung beratend teilzunehmen.** Dieses Recht erstreckt sich auf die gesamte Jugend- und Auszubildendenvertretung, wenn Angelegenheiten behandelt werden, die besonders jugendliche Beschäftigte oder Auszubildende betreffen. Berühren diese Beschlüsse überwiegend jugendliche Beschäftigte oder Auszubildende, so steht der Jugend- und Auszubildendenvertretung ein Stimmrecht zu (§ 40 Abs. 1; vgl. im Einzelnen die dortigen Anmerkungen). **17**

13. Die Jugend- und Auszubildendenvertretung ist **durch die Personalvertretung rechtzeitig und umfassend zu unterrichten,** damit sie ihre Aufgaben ordnungsgemäß durchführen kann. Diesen Unterrichtungsanspruch kann die Jugend- und Auszubildendenvertretung nur gegenüber der Personalvertretung, nicht gegenüber dem Dienststellenleiter geltend machen (Fischer u. a., § 61 Anm. 29; Lorenzen u. a., § 61 Anm. 50; Richardi u. a., § 61 Anm. 19). **18**

14. Die Personalvertretung hat die Jugend- und Auszubildendenvertretung nicht nur dann zu unterrichten, wenn sie ein **Auskunftsverlangen** stellt. Vielmehr muss sie die Unterrichtung von sich aus in dem Umfang vornehmen, dass die Jugend- und Auszubildendenvertretung ihren gesetzlichen Aufgaben – vor allem den in Abs. 1 genannten – nachkommen kann. Daher hat die Personalvertretung der Jugend- und Auszubildendenvertretung nicht nur Mitteilungen tatsächlicher Art zu machen, sondern ihr auch im Hinblick auf die Beratung jugendlicher Beschäftigter und Auszubildender Gesetzestexte, Tarifbestimmungen, Literatur etc. zur Verfügung zu stellen und evtl. auch Rechtsauskunft zu erteilen (Fischer u. a., § 61 Anm. 31; Lorenzen u. a., § 61 Anm. 51). **19**

15. **Der Umfang der Unterrichtung** bestimmt sich nach den **Umständen des jeweiligen Einzelfalls.** Die Personalvertretung hat eingehend zu prüfen, welche Unterlagen sie der Jugend- und Auszubildendenvertretung zu einer ordnungsgemäßen Aufgabenerfüllung zur Verfügung stellen muss. Sie kann die Unterrichtung nicht mit der Begründung verweigern, dass interne Dienststellengeheimnisse offenbart werden. Dieser Einwand kann nur dann gemacht werden, wenn die Interessen der jugendlichen Beschäftigten und Auszubildenden nicht berührt sind. In den übrigen Fällen ist eine Einschränkung nicht zulässig, weil auch die Vertretung der in § 57 genannten Beschäftigten der Schweigepflicht (§ 10) unterliegt (Fischer u. a., § 61 Anm. 33; Lorenzen u. a., § 61 Anm. 54). **20**

16. Im Gegensatz zur Unterrichtungspflicht besteht eine **Vorlagepflicht im Hinblick auf Unterlagen** der Personalvertretung nur in den Fällen, in denen die Jugend- und Auszubildendenvertretung dies **aus konkretem Anlass** ausdrücklich verlangt. Da die Unterlagen nur zur Verfügung zu stellen sind, hat die Jugend- und Auszubildendenvertretung keinen Überlassungsanspruch, sondern nur das Recht auf Einsichtnahme. Allerdings ist grundsätzlich davon auszugehen, dass eine sorgfältige Unterrichtung nur bei intensiver Einsichtnahme möglich ist, die zumindest ein kurzfristiges Überlassen der Unterlagen voraussetzt (Lorenzen u. a., § 61 Anm. 59). **21**

17. Die **Unterrichtung hat rechtzeitig zu erfolgen,** d.h. sie ist zu einem Zeitpunkt vorzunehmen, zu dem die Jugend- und Auszubildendenvertretung **22**

ihre Aufgaben noch ordnungsgemäß durchführen kann, vor allem also vor einer Beschlussfassung. Allerdings reicht es nicht, der Jugend- und Auszubildendenvertretung die Unterlagen in die Sitzung zu reichen. Vielmehr muss die Unterrichtung so rechtzeitig erfolgen, dass sich die einzelnen Mitglieder der Jugend- und Auszubildendenvertretung vor der Sitzung noch eingehend informieren können (vgl. aber § 34 Anm. 29).

23 18. Die Personalvertretung hat die Jugend- und Auszubildendenvertretung darüber hinaus **an Besprechungen mit dem Dienststellenleiter („Monatsgespräch") zu beteiligen,** wenn Angelegenheiten behandelt werden, die besonders jugendliche Beschäftigte und Auszubildende betreffen. Das Teilnahmerecht besteht unter den Voraussetzungen, die für die Teilnahme der Jugend- und Auszubildendenvertretung an einer Personalratssitzung gelten (§ 40 Abs. 1; vgl. im Einzelnen die dortigen Anm.).

24 19. Die Pflicht der Personalvertretung zur Beiziehung der Jugend- und Auszubildendenvertretung besteht im Gegensatz zu § 68 BetrVG nur in den Fällen, in denen zwischen Personalvertretung und Dienststellenleiter ein Monatsgespräch (§ 66 Abs. 1) stattfindet. Der Personalvertretung bleibt es aber unbenommen, die Jugend- und Auszubildendenvertretung **zu allen Besprechungen mit dem Dienststellenleiter hinzuzuziehen,** falls Angelegenheiten behandelt werden, die besonders jugendliche Beschäftigte oder Auszubildende betreffen (Fischer u. a., § 61 Anm. 40; Lorenzen u. a., § 61 Anm. 65; Richardi u. a., § 61 Anm. 26). Auf diese Weise nämlich können Auseinandersetzungen zwischen beiden Vertretungsorganen vermieden und sachverständige Diskussionen sichergestellt werden.

25 20. Die **Personalvertretung hat** die Jugend- und Auszubildendenvertretung **beizuziehen.** Dies bedeutet, dass sie die Jugend- und Auszubildendenvertretung **zu den Besprechungen zu laden hat.** Die Ladung kann schriftlich oder mündlich gegenüber dem Vorsitzenden der Jugend- und Auszubildendenvertretung erfolgen (Fischer u. a., § 61 Anm. 42; Richardi u. a., § 61 Anm. 27). **„Beiziehen"** bedeutet nicht, dass die Personalvertretung nur dann eine entsprechende Mitteilung an die Jugend- und Auszubildendenvertretung zu machen hat, wenn die Besprechung von Angelegenheiten vorgesehen ist, die besonders jugendliche Beschäftigte oder Auszubildende betreffen. Vielmehr bedeutet „beiziehen" auch, dass die in § 57 genannten Beschäftigten noch während einer Besprechung mit dem Dienststellenleiter zu laden sind, falls sich erst zu diesem Zeitpunkt die Notwendigkeit einer Diskussion über besonders die jugendlichen Beschäftigten oder Auszubildenden interessierende Fragen ergibt und eine Beiziehung der Jugend- und Auszubildendenvertreter noch möglich ist. Aus diesem Grund empfiehlt es sich, dass die Personalvertretung der Jugend- und Auszubildendenvertretung in jedem Fall rechtzeitig von dem Monatsgespräch Kenntnis gibt (Lorenzen u. a., § 61 Anm. 62).

26 21. Der Jugend- und Auszubildendenvertretung ist es **freigestellt,** ob sie in ihrer Gesamtheit an dem Monatsgespräch teilnimmt oder ob sie nur Beauftragte entsendet. Eine Teilnahmepflicht besteht nicht (Fischer u. a., § 61 Anm. 38; Lorenzen u. a., § 61 Anm. 64).

27 22. Die Jugend- und Auszubildendenvertretung kann nach Verständigung (nicht im Einvernehmen) mit der Personalvertretung **eigene Sitzungen** abhalten. Die Verständigung der Personalvertretung ist keine Wirksamkeitsvoraussetzung für die Rechtmäßigkeit einer Sitzung der Jugend- und Auszu-

bildendenvertretung; denn Abs. 6 ist lediglich eine Ordnungsvorschrift (Fischer u. a., § 61 Anm. 43; Lorenzen u. a., § 61 Anm. 66; Richardi u. a., § 61 Anm. 30). Sie dient dem Zweck, der Personalvertretung rechtzeitig von der beabsichtigten Sitzung Kenntnis und ihr die Möglichkeit zu geben, ein beauftragtes Mitglied zur Teilnahme zu entsenden.

23. Die Anberaumung einer Sitzung der Jugend- und Auszubildendenvertretung liegt **im Ermessen ihres Vorsitzenden.** Es bedarf keines entsprechenden Beschlusses der Jugend- und Auszubildendenvertretung; allerdings kann daneben die Jugend- und Auszubildendenvertretung weitere Sitzungen festlegen (Fischer u. a., § 61 Anm. 44; Lorenzen u. a., § 61 Anm. 67). Weder der Dienststellenleiter noch die Schwerbehindertenvertretung noch ein Teil der Mitglieder der Jugend- und Auszubildendenvertretung können die Anberaumung einer Sitzung verlangen; denn in Abs. 5 erfolgt keine Verweisung auf die entsprechende Regelung des § 34 Abs. 3. Ebenso wie die Personalvertretung, so hat auch die Jugend- und Auszubildendenvertretung auf die dienstlichen Verhältnisse Rücksicht zu nehmen und dementsprechend den Dienststellenleiter vom Zeitpunkt der Sitzung zu verständigen. 28

24. Für die Einladung zu den Sitzungen der Jugend- und Auszubildendenvertretung **gilt § 34 Abs. 1 und 2 entsprechend.** Die Sitzungen beraumt der Vorsitzende an. Er setzt die Tagesordnung fest und hat sie rechtzeitig den Mitgliedern der Jugend- und Auszubildendenvertretung zuzuleiten. 29

25. Die **konstituierende Sitzung** beruft der Wahlvorstand zur Vornahme der Vorstandswahlen ein. Er leitet die Sitzung so lange, bis die Jugend- und Auszubildendenvertretung aus ihrer Mitte einen Wahlleiter bestellt hat. 30

26. **Die Personalvertretung** kann die Einberufung einer Sitzung der Jugend- und Auszubildendenvertretung **nicht verlangen** (Fischer u. a., § 61 Anm. 44, 48; Lorenzen u. a., § 61 Anm. 70; Richardi u. a., § 61 Anm. 32). Die Jugend- und Auszubildendenvertretung ist zwar ein von der Existenz einer Personalvertretung abhängiges Vertretungsorgan. In der Ausgestaltung der Geschäftsführung aber ist sie frei. 31

27. Die **Sitzungen** der Jugend- und Auszubildendenvertretung sind **nicht öffentlich** (Fischer u. a., § 61 Anm. 46; Lorenzen u. a., § 61 Anm. 70 ff.). Zwar ist § 35 nicht für entsprechend anwendbar erklärt worden. Dies dürfte aber auf einem Versehen des Gesetzgebers beruhen, da kein Grund für eine „öffentliche“ Beratung ersichtlich ist. 32

28. Ein von der **Personalvertretung beauftragtes Mitglied** kann **an den Sitzungen** der Jugend- und Auszubildendenvertretung **teilnehmen.** Dieses Teilnahmerecht bezweckt eine sachkundige Beratung der Jugend- und Auszubildendenvertretung durch die Personalvertretung und dient darüber hinaus dem beiderseitigen Interesse an einer durchgehenden Information. Eine Teilnahmeverpflichtung seitens der Personalvertretung besteht nicht. Ein ständiges Fernbleiben kann aber eine grobe Pflichtverletzung darstellen. 33

29. Der **Personalvertretung** ist **rechtzeitig** unter Übersendung der Tagesordnung von der Sitzung der Jugend- und Auszubildendenvertretung **Kenntnis zu geben.** 34

30. Eine entsprechende Anwendung des § 36 ist ebenfalls nicht vorgesehen. Auch dies dürfte auf einem Versehen des Gesetzgebers beruhen; denn es ist 35

kein Grund dafür ersichtlich, **warum Gewerkschaftsbeauftragte die Jugend- und Auszubildendenvertretung nicht beraten sollten.** Zwar stehen der Jugend- und Auszubildendenvertretung keine eigenen durchsetzbaren Mitbestimmungsrechte zu (vgl. Anm. 2). Jedoch lassen die allgemeinen Rechte sowie die Teilnahmerechte an Sitzungen der Personalvertretung eine rechtzeitige Beratung durch Beauftragte der in der Jugend- und Auszubildendenvertretung vertretenen Gewerkschaften sinnvoll erscheinen (Fischer u. a., § 61 Anm. 49; Lorenzen u. a., § 61 Anm. 75; Richardi u. a., § 61 Anm. 37).

III. Streitigkeiten

36 Streitigkeiten über die Rechtsstellung der Jugend- und Auszubildendenvertretung, insbesondere über Inhalt, Umfang und Grenzen ihrer Aufgaben entscheiden die Verwaltungsgerichte nach § 83 Abs. 1 Nr. 3. Ebenso entscheiden die Verwaltungsgerichte über Streitigkeiten aus dem Unterrichtungs- und Informationsrecht, aus dem Recht auf Beiziehung zu den Monatsgesprächen sowie über Streitigkeiten im Zusammenhang mit Sitzungen der Jugend- und Auszubildendenvertretung.

§ 62 [Sonstige, entsprechend anwendbare Bestimmungen]

Für die Jugend- und Auszubildendenvertretung gelten die §§ 43 bis 45, § 46 Abs. 1, 2, 3 Satz 1 und 6, Abs. 6,7 und § 67 Abs. 1 Satz 3 sinngemäß. § 47 gilt entsprechend mit der Maßgabe, dass die außerordentliche Kündigung, die Versetzung und die Abordnung von Mitgliedern der Jugend- und Auszubildendenvertretung der Zustimmung des Personalrates bedürfen. Für Mitglieder des Wahlvorstandes und Wahlbewerber gilt § 47 Abs. 1, 2 Satz 1 und 2 entsprechend.

Inhaltsübersicht

Entspr. landesgesetzliche Regelungen:
Baden-Württemberg: § 62; Bayern: Art. 62; Berlin: § 66; Brandenburg: § 81 Abs. 2, 3; Bremen: § 22 a Abs. 3 S. 4, § 29; Hamburg: § 71 Abs. 2, §§ 72, 74; Hessen: § 56; Mecklenburg-Vorpommern: § 53 Abs. 2, 3; Niedersachsen: § 53 Abs. 2; Nordrhein-Westfalen: §§ 53, 58; Rheinland-Pfalz: § 66; Saarland: § 62 Abs. 1; Sachsen: § 63; Sachsen-Anhalt: § 76 Abs. 2, 3; Schleswig-Holstein: § 66 Abs. 2 bis 5; Thüringen: § 62.

Entspr. Vorschriften des BetrVG: §§ 65, 69.

1 1. Die Vorschrift regelt die **Geschäftsführungsbefugnisse der Jugend- und Auszubildendenvertretung** sowie die Rechtsstellung der Jugend- und Auszubildendenvertreter einschließlich des Kündigungsschutzes, der Versetzung und der Abordnung. Die für die Personalvertretung geltenden Bestimmungen werden für entsprechend anwendbar erklärt. Da es sich bei der Vorschrift nicht um

eine abschließende Aufzählung der auf die Jugend- und Auszubildendenvertretung entsprechend anwendbaren Vorschriften aus dem für Personalvertretungen geltenden Teil des Gesetzes handelt, sind außerdem folgende Vorschriften analog anwendbar: § 34 Abs. 1, 2 (vgl. § 61 Abs. 5), § 34 Abs. 3, §§ 39 und 40 Abs. 1 (vgl. § 61 Abs. 2). Wegen des Themas Sitzungen wird auf § 61 Anm. 32 ff. verwiesen.

a) § 43: Die Jugend- und Auszubildendenvertretung kann **eigene Sprechstunden** während der Arbeitszeit abhalten. Im Gegensatz zu § 69 BetrVG unterwirft § 62 die Jugend- und Auszubildendenvertretung hinsichtlich der Voraussetzungen (nur in Betrieben mit in der Regel mehr als 50 jugendlichen Arbeitnehmern) sowie der Bestimmung von Zeit und Ort im Einvernehmen mit dem Leiter der Dienststelle (§ 69 Satz 2 BetrVG: Zeit und Ort sind durch Betriebsrat und Arbeitgeber zu vereinbaren) keinen besonderen Beschränkungen. Im Hinblick aber darauf, dass die Jugend- und Auszubildendenvertretung kein eigenständiges, von der Personalvertretung unabhängiges Organ der Personalverfassung ist, ist sie wegen der Bestimmung von Zeit und Ort an das Einvernehmen zwischen Personalvertretung und Dienststellenleiter gebunden (Fischer u. a., § 62 Anm. 7; Lorenzen u. a., § 62 Anm. 8; Richardi u. a., § 62 Anm. 5). 2

b) § 44: Die durch die Tätigkeit der Jugend- und Auszubildendenvertretung entstehenden **Kosten trägt die Dienststelle.** Sollte nach Absprache mit der Personalvertretung eine Reise im Hinblick auf die Interessenwahrnehmung erforderlich werden, so sind dem betreffenden Jugend- oder Auszubildendenvertreter Reisekosten entsprechend der Regelung des § 44 Abs. 1 zu zahlen. 3

c) Die Dienststelle hat der Jugend- und Auszubildendenvertretung für ihre Sitzungen, Sprechstunden und für die laufende Geschäftsführung **Räume, Geschäftsbedarf und Büropersonal** in erforderlichem Umfang zur Verfügung zu stellen (vgl. im Einzelnen § 44 Abs. 2 Anm. 17 ff.). Die der Personalvertretung zur Verfügung gestellten Räume und Sachmittel sind von der Jugend- und Auszubildendenvertretung dann mitzubenutzen, wenn dies nicht zu einer Beeinträchtigung ihrer Aufgabenstellung führt (Fischer u. a., § 62 Anm. 14; Lorenzen u. a., § 62 Anm. 15). 4

d) Schließlich sind der Jugend- und Auszubildendenvertretung in allen Dienststellen geeignete **Plätze für Bekanntmachungen** und Anschläge zur Verfügung zu stellen (§ 44 Abs. 3). 5

e) § 45: Die Jugend- und Auszubildendenvertretung darf für ihre Zwecke von den jugendlichen Beschäftigten (selbstverständlich auch von den übrigen Beschäftigten und Auszubildenden) **keine Beiträge erheben oder annehmen.** 6

f) § 46 Abs. 1: Die Mitglieder der Jugend- und Auszubildendenvertretung haben ihr **Amt unentgeltlich als Ehrenamt** zu führen. 7

g) Wenn die Mitglieder der Jugend- und Auszubildendenvertretung Arbeitszeit versäumen, die zur ordnungsgemäßen Durchführung ihrer Aufgaben erforderlich ist, so hat dies **keine Minderung der Dienstbezüge** oder des Arbeitsentgelts zur Folge. Erfolgt durch die Erfüllung der Aufgaben der Jugend- und Auszubildendenvertretung eine Inanspruchnahme über die regelmäßige Arbeitszeit hinaus, so erhalten die betroffenen Mitglieder der Jugend- und Auszubildendenvertretung **Dienstbefreiung** in entsprechendem Umfang (§ 46 Abs. 2). Dasjenige Mitglied der Jugend- und Auszubildenden- 8 vertretung, das während der Arbeitszeit eine Sprechstunde durchführt, erhält ebenso entsprechende Dienstbefreiung, wie die in § 57 genannten Beschäftigten, die die Sprechstunde aufsuchen. Das Aufsuchen der Sprechstunde führt nicht zu einer Minderung der Dienstbezüge oder des Arbeitsentgelts (Fischer u. a., § 62 Anm. 9; Lorenzen u. a., § 62 Anm. 12).

9 h) Auch Mitglieder der Jugend- und Auszubildendenvertretung sind unter den gleichen Voraussetzungen wie Mitglieder der Personalvertretung **von ihrer dienstlichen Tätigkeit freizustellen,** „wenn und soweit es nach Umfang und Art der Dienststelle zur ordnungsgemäßen Durchführung ihrer Aufgaben erforderlich ist" (§ 46 Abs. 3 Satz 1). Bei der Ermittlung der Zahl der freizustellenden Mitglieder ist auch die Tatsache zu berücksichtigen, dass die räumliche oder zeitliche Aufsplitterung der Tätigkeiten und der Arbeitsplätze einen größeren Beratungsaufwand erforderlich machen kann (Lorenzen u. a., § 62 Anm. 19). Infolgedessen muss die Jugend- und Auszubildendenvertretung bei der Geltendmachung ihrer Freistellungswünsche die näheren Umstände für eine Freistellung deutlich machen. Den Vorschlag muss sie über die Personalvertretung an den Dienststellenleiter weiterleiten. Dabei ist der Personalvertretung nicht das Recht zuzusprechen, den Freistellungsantrag abzuändern oder gar abzulehnen; denn die Jugend- und Auszubildendenvertretung nimmt ihre Angelegenheiten grundsätzlich in eigener Verantwortung wahr. Will die Personalvertretung den Antrag nicht an den Dienststellenleiter weiterleiten, so muss sie den Beschluss an die Jugend- und Auszubildendenvertretung zurückgeben, damit diese Gelegenheit hat, entweder ihren Beschluss abzuändern oder aber das Verfahren nach § 39 Abs. 1 Satz 1 einzuleiten (Lorenzen u. a., § 62 Anm. 21; aA Fischer u. a., § 62 Anm. 23).

10 i) Das **Gruppenprinzip** ist bei der **Freistellung** von Mitgliedern der Jugend- und Auszubildendenvertretung **nicht zu berücksichtigen.**

11 j) Auch für die Mitglieder der Jugend- und Auszubildendenvertretung gilt, dass eine **Freistellung (auch Teilfreistellung) nicht zur Beeinträchtigung des beruflichen Werdegangs führen darf** (§ 46 Abs. 3 Satz 7). Dabei müssen allerdings die Plenumsmitglieder darauf achten, dass auch weiterhin das Erreichen des Ausbildungsziels sichergestellt ist. Deshalb empfehlen sich Teilfreistellungen (Fischer u. a., § 62 Anm. 24; Lorenzen u. a., § 62 Anm. 22). Da § 46 Abs. 5 nicht für entsprechend anwendbar erklärt worden ist, erhalten teilweise oder ganz freigestellte Mitglieder der Jugend- und Auszubildendenvertretung keine monatliche Aufwandsentschädigung.

12 k) § 62 nimmt nicht Bezug auf § 46 Abs. 5 (Aufwandsentschädigung für freigestellte Mitglieder von Personalvertretungen), wohl aber auf Abs. 6 und Abs. 7 (Freistellung zur Teilnahme an Schulungs- und Bildungsveranstaltungen), da es gerade für die Mitglieder von Jugend- und Auszubildendenvertretungen wesentlich auf die Kenntnis einschlägiger Bestimmungen ankommt. Sie werden in der Regel erstmalig einer Vertretung angehören. Die **Teilnahme an Schulungs- und Bildungsveranstaltungen** ist im Hinblick auf eine befriedigende Vertretung der Interessen der jugendlichen Beschäftigten und Auszubildenden unerlässlich (vgl. in diesem Zusammenhang § 46 Anm. 30 ff.). Allerdings ist wegen des geringen Umfangs des Aufgabengebietes im Vergleich zur Personalvertretung zu berücksichtigen, dass an die **„Erforderlichkeit"** der Veranstaltungen **strengere Anforderungen** zu stellen sind (Fischer u. a., § 62 Anm. 27; Lorenzen u. a., § 62 Anm. 27; Richardi u. a., § 62 Anm. 18; aA Altvater u. a., § 62 Anm. 11). Im Übrigen kann die Jugend- und

Auszubildendenvertretung für ihre Interessen stets die Personalvertretung in Anspruch nehmen (vgl. für das BetrVG: BAG v. 10. 5. 1974, BB 1974,1205 = DB 1974, 1772). Im Allgemeinen wird aber die Teilnahme an Schulungs- und Bildungsveranstaltungen dann für erforderlich angesehen werden müssen, „wenn die Jugend- und Auszubildendenvertreter erstmalig in die Jugend- und Auszubildendenvertretung gewählt worden sind" (BAG v. 10. 5. 1974, aaO) und Kenntnisse vermittelt werden, die für die Tätigkeit in der Jugend- und Auszubildendenvertretung erforderlich sind (Richardi u. a., § 62 Anm. 19; vgl. für das BetrVG: BAG v. 10. 6. 1975, BB 1975, 1112 = DB 1975, 1947; vgl. die an dieser Rechtsprechung geübte Kritik: Lorenzen u. a., § 62 Anm. 28). Die Teilnahme eines nicht endgültig nachgerückten **Ersatzmitglieds** einer einköpfigen Jugend- und Auszubildendenvertretung an Schulungs- und Bildungsveranstaltungen muss dann als für die Arbeit der Jugend- und Auszubildendenvertretung erforderlich angesehen werden, wenn die Vertretung sich wiederholt. Gerade in diesem Fall müssen von dem Ersatzmitglied annähernd die Kenntnisse verlangt werden, die auch das einzige (ordentliche) Mitglied der Jugend- und Auszubildendenvertretung haben muss. Andernfalls ließe sich die Vertretung nur sehr unvollkommen durchführen. Dem kann nicht entgegengehalten werden, dass das Ersatzmitglied des einzigen Jugend- und Auszubildendenvertreters im Falle der Vertretung in den auf ihn zukommenden Fragen nicht auf sich alleine gestellt ist, da die Vertretung der Interessen aller Beschäftigten einschließlich der Jugendlichen und Auszubildenden nach wie vor auch der Personalvertretung zusteht (vgl. für das BetrVG: BAG v. 10. 5. 1974, aaO; aA Dietz-Richardi, § 62 Anm. 14). Es darf nämlich nicht übersehen werden, dass die Jugend- und Auszubildendenvertretung eine Reihe von speziellen Befugnissen hat (vgl. §§ 61 ff.), die sie auch gegenüber der Personalvertretung in eigener Verantwortung wahrnehmen muss. Der einzige Vertreter der Jugend- und Auszubildendenvertretung (wie auch das Ersatzmitglied) muss daher über die Kenntnisse verfügen, die notwendig sind, um auch die Rechte gegenüber der Personalvertretung wahrnehmen zu können (vgl. § 34 Abs. 3, § 39, § 40 Abs. 1). Die Teilnahme von Vertretern der jugendlichen Beschäftigten und Auszubildenden an Schulungsveranstaltungen bedarf einer Beschlussfassung durch die Personalvertretung (BAG v. 10. 5. 1974, aaO; Fischer u. a., § 62 Anm. 31). Trotz der regelmäßigen Amtszeit einer Jugend- und Auszubildendenvertretung von zwei Jahren besteht ein Anspruch auf Teilnahme an Schulungs- und Bildungsveranstaltungen entsprechend § 46 Abs. 7 für insgesamt drei Wochen sowie für erstmals in die Jugend- und Auszubildendenvertretung gewählte Mitglieder von vier Wochen (Fischer u. a., § 62 Anm. 32; Lorenzen u. a., § 62 Anm. 31).

l) Die Mitglieder der Jugend- und Auszubildendenvertretung dürfen sich in der Dienststelle **nicht parteipolitisch betätigen** (§ 67 Abs. 1 Satz 2). 13

m) **Jede außerordentliche Kündigung von Mitgliedern der Jugend- und Auszubildendenvertretung,** die in einem Arbeitsverhältnis stehen, **bedarf der Zustimmung der Personalvertretung.** Wenn diese die Zustimmung verweigert oder wenn sie sich nicht innerhalb von drei Arbeitstagen nach Eingang des Antrags äußert, so kann auf Antrag des Dienststellenleiters das Verwaltungsgericht die Zustimmung ersetzen, falls die außerordentliche Kündigung unter Würdigung aller Umstände gerechtfertigt ist. Der betroffene jugendliche Arbeitnehmer oder Auszubildende ist in dem Verfahren vor dem Verwaltungsgericht Beteiligter (vgl. § 47 Abs. 1; vgl. auch die dort. Anm. 21). Für Mitglieder des Wahlvorstands und für die Wahlbewerber gilt der gleiche Schutz wie für diesen Personenkreis bei Personalratswahlen. 14

15 n) Mitglieder der Jugend- und Auszubildendenvertretung dürfen **gegen ihren Willen nur versetzt oder abgeordnet werden,** wenn dies auch unter Berücksichtigung der Mitgliedschaft in der Jugend- und Auszubildendenvertretung aus wichtigen dienstlichen Gründen unvermeidbar ist. Als Versetzung gilt auch die mit einem Wechsel des Dienstortes verbundene Versetzung in derselben Dienststelle. Das Einzugsgebiet im Sinne des Umzugskostenrechts gehört zum Dienstort. Gleiches gilt für Mitglieder des Wahlvorstands und für Wahlbewerber. Die Versetzung oder Abordnung bedarf der Zustimmung der Personalvertretung (vgl. § 47 Abs. 2).

16 2. **Streitigkeiten,** insbesondere über Freistellungen, entscheiden die Verwaltungsgerichte nach § 83 Abs. 1 Nr. 3.

§ 63 [Jugend- und Auszubildendenversammlung]

Die Jugend- und Auszubildendenvertretung hat einmal in jedem Kalenderjahr eine Jugend- und Auszubildendenversammlung durchzuführen. Diese soll möglichst unmittelbar vor oder nach einer ordentlichen Personalversammlung stattfinden. Sie wird vom Vorsitzenden der Jugend- und Auszubildendenvertretung geleitet. Der Personalratsvorsitzende oder ein vom Personalrat beauftragtes anderes Mitglied soll an der Jugend- und Auszubildendenversammlung teilnehmen. Die für die Personalversammlung geltenden Vorschriften sind sinngemäß anzuwenden. Außer der in Satz 1 bezeichneten Jugend- und Auszubildendenversammlung kann eine weitere, nicht auf Wunsch des Leiters der Dienststelle einberufene Versammlung während der Arbeitszeit stattfinden.

Inhaltsübersicht

Entspr. landesgesetzliche Regelungen:
Baden-Württemberg: § 63; Bayern: Art. 63; Berlin: § 67; Brandenburg: § 82; Bremen: § 22 a Abs. 5; Hamburg: § 75; Hessen: § 57; Mecklenburg-Vorpommern: § 54; Niedersachsen: § 55; Nordrhein-Westfalen: § 59; Rheinland-Pfalz: § 63; Saarland: § 67 Abs. 1; Sachsen: § 65; Sachsen-Anhalt: § 77; Schleswig-Holstein: § 67; Thüringen: § 63.

Entspr. Vorschrift des BetrVG: § 71.

1 1. § 63 wurde geändert durch Art. 1 Nr. 13 des Gesetzes zur Bildung von Jugend- und Auszubildendenvertretungen in den Verwaltungen vom

13. 7. 1988 (BGBl. I S. 1037). Nach dieser Vorschrift ist die Jugend- und Auszubildendenvertretung verpflichtet, **einmal in jedem Kalenderjahr eine Jugend- und Auszubildendenversammlung** durchzuführen, um den Jugendlichen und Auszubildenden die Möglichkeit zu geben, „ihre besonderen Angelegenheiten in ihrem Kreise zu besprechen" (vgl. die Begründung des Gesetzentwurfs der SPD/FDP-Fraktionen zu § 62, Drucks. 7/176).

2. Gleichzeitig dient die Jugend- und Auszubildendenversammlung der Stärkung der Verbindung der **jugendlichen Beschäftigten und Auszubildenden untereinander.** Sie fördert außerdem ein gutes Verhältnis zu der von ihnen gewählten Jugend- und Auszubildendenvertretung. 2

3. Die Jugend- und Auszubildendenvertretung bedarf zur Abhaltung einer Jugend- und Auszubildendenversammlung (im Gegensatz zum BetrVG) **nicht des Einvernehmens der Personalvertretung.** Vielmehr ist sie frei in der Entscheidung, wann sie eine Jugend- und Auszubildendenversammlung einberuft. Allerdings soll die Versammlung im Interesse eines möglichst aktuellen Bezugs zu den Personalversammlungen möglichst vor oder nach einer ordentlichen Personalversammlung stattfinden (Fischer u. a., § 63 Anm. 16; Lorenzen u. a., § 63 Anm. 9). 3

4. Die **Einberufung einer Jugend- und Auszubildendenversammlung erfolgt** nach einem entsprechenden Beschluss der Jugend- und Auszubildendenvertretung **durch den Vorsitzenden,** dem gleichzeitig die Pflicht einer Ladung sowie der rechtzeitigen Festsetzung und Bekanntgabe der Tagesordnung obliegt. Der Beschluss bedarf keiner besonderen Mehrheit. Es reicht die einfache Stimmenmehrheit der anwesenden Mitglieder der Jugend- und Auszubildendenvertretung. Wenn die Jugend- und Auszubildendenvertretung ihrer Verpflichtung zur Einberufung einer ordentlichen Jugend- und Auszubildendenversammlung nicht nachkommt, so kann dies zur Auflösung der Vertretung führen (VG Potsdam v. 23. 2. 1999, PersV 2000, 270). 4

5. Die **Leitung** der Jugend- und Auszubildendenversammlung **obliegt dem Vorsitzenden** der Jugend- und Auszubildendenvertretung. Diese Leitung hat den allgemein gültigen parlamentarischen Regeln zu folgen. Besondere Bedeutung hat das Hausrecht des Leiters im Hinblick auf die Wahrung der Nichtöffentlichkeit. 5

6. Wenn die Jugend- und Auszubildendenvertretung keinen Vorsitzenden hat, obliegt die Leitung der Versammlung demjenigen Mitglied der Jugend- und Auszubildendenvertretung, das von Fall zu Fall von ihr **beauftragt** wird. 6

7. **An den ordentlichen oder außerordentlichen Jugend- und Auszubildendenversammlungen** soll der **Personalratsvorsitzende** oder ein von der Personalvertretung beauftragtes anderes, besonders sachverständiges Mitglied **teilnehmen,** das nicht dem Vorstand der Personalvertretung angehören muss. Dadurch soll die Beratung durch erfahrene Mitglieder der Personalvertretung sichergestellt werden. Die Jugend- und Auszubildendenversammlung kann, da es sich nur um eine Sollvorschrift über die Anwesenheit eines Vertreters des Personalrats handelt, auch ohne dessen Teilnahme durchgeführt werden (Fischer u. a., § 63 Anm. 29; Lorenzen u. a., § 63 Anm. 23). 7

8. Wenn auch eine Teilnahmepflicht nicht besteht, so kann doch in dem **beharrlichen Fernbleiben eine grobe Pflichtverletzung** insofern liegen, als der 8

Personalratsvorsitzende seiner allgemeinen Verpflichtung, die Arbeit der Jugend- und Auszubildendenvertretung zu unterstützen, nicht nachkommt.

9 9. Im Gegensatz zum BetrVG sind alle **Vorschriften über die Personalversammlung (§§ 48 ff.) analog anzuwenden.** Es finden danach folgende Vorschriften Anwendung:

10 a) § 48 Abs. 1 Satz 1: Die Jugend- und Auszubildendenversammlung besteht aus der Jugend- und Auszubildendenvertretung und den jugendlichen Beschäftigten und Auszubildenden der Dienststelle (Lorenzen u. a., § 63 Anm. 20). Die **Berechtigung zur Teilnahme an der Jugend- und Auszubildendenversammlung tritt nicht an die Stelle der Berechtigung zur Teilnahme an der Personalversammlung,** sondern zu ihr hinzu. Die Teilnehmer der Jugend- und Auszubildendenversammlung sind und bleiben „Beschäftigte der Dienststelle". Sie sind daher an beiden Versammlungen teilnahmeberechtigt, wenn auch nicht teilnahmepflichtig. Auch jugendliche Leiharbeitnehmer sind berechtigt, an den Jugend- und und Auszubildendenversammlungen des Entleiherbetriebs teilzunehmen (vgl. hierzu: § 14 Abs. 2, 4, AÜG; vgl. § 75 Anm. 4c).

11 b) § 48 Abs. 1 Satz 3: Die **Jugend- und Auszubildendenversammlung ist nicht öffentlich.**

12 c) § 48 Abs. 2: Kann nach den dienstlichen Verhältnissen (größere Verwaltung mit verstreuten einzelnen Dienststellen) eine gemeinsame Versammlung aller jugendlichen Beschäftigten und Auszubildenden nicht stattfinden, so sind **Teiljugend- und Auszubildendenversammlungen** abzuhalten.

13 d) § 49 Abs. 1: Die Jugend- und Auszubildendenvertretung hat einmal in jedem Kalenderjahr einen **Tätigkeitsbericht** zu erstatten, zu dem die Teilnehmer einer Jugend- und Auszubildendenversammlung Stellung nehmen können.

14 e) Ebenso wie für die Personalversammlung, so gilt auch für die Jugend- und Auszubildendenversammlung, dass ihre Tagesordnung außer dem Tätigkeitsbericht **weitere Verhandlungspunkte** enthalten kann. Soweit die Tagesordnung der Jugend- und Auszubildendenversammlung weitere Punkte neben dem Tätigkeitsbericht enthält, muss sie den Teilnehmern so rechtzeitig bekanntgemacht werden, dass sie sich vorbereiten können.

15 f) § 49 Abs. 2: Auf Wunsch des Leiters der Dienststelle oder eines Viertels der wahlberechtigten jugendlichen Beschäftigten und Auszubildenden ist die Jugend- und Auszubildendenvertretung **zur Einberufung einer Jugend- und Auszubildendenversammlung verpflichtet.** Sie hat den Gegenstand, dessen Beratung beantragt ist, auf die Tagesordnung zu setzen. Unter den Voraussetzungen des § 49 Abs. 3 kann auch eine in der Dienststelle vertretene Gewerkschaft die Einberufung einer Jugend- und Auszubildendenversammlung verlangen.

16 g) § 50 Abs. 1: Grundsätzlich finden die **Jugend- und Auszubildendenversammlungen während der Arbeitszeit** statt, es sei denn, dass dienstliche Verhältnisse eine andere Regelung erfordern. Müssen aus dienstlichen Gründen Jugend- und Auszubildendenversammlungen **außerhalb der Arbeitszeit** stattfinden, so ist den Teilnehmern **Dienstbefreiung** in entsprechendem Umfang zu gewähren.

h) Neben der einmal jährlich stattfindenden Jugend- und Auszubildendenversammlung **kann** eine **weitere,** nicht auf Wunsch des Leiters der Dienststelle einberufene Versammlung **während der Arbeitszeit stattfinden** (Satz 6). 17

i) Eine **Minderung der Dienstbezüge** oder des Arbeitsentgelts beim Besuch der in der Arbeitszeit stattfindenden Jugend- und Auszubildendenversammlung ist nicht zulässig. 18

j) § 50 Abs. 2: **Außerordentliche Jugend- und Auszubildendenversammlungen,** z. B. die aus eigener Initiative einberufenen, finden grundsätzlich **außerhalb der Arbeitszeit** statt, es sei denn, der Dienststellenleiter ist mit einer Versammlung während der Arbeitszeit einverstanden. 19

k) § 51: Die Jugend- und Auszubildendenversammlung kann **der Jugend- und Auszubildendenvertretung Anträge unterbreiten** und zu den Beschlüssen Stellung nehmen. Sie darf alle Angelegenheiten behandeln, die die Dienststelle oder die jugendlichen Beschäftigten und Auszubildenden unmittelbar betreffen, insbesondere Tarif-, Besoldungs- und Sozialangelegenheiten. 20

l) Die Jugend- und Auszubildendenversammlung hat ebenso wie die Personalversammlung das **Gebot der Friedenspflicht,** das Arbeitskampfverbot und das Verbot parteipolitischer Betätigung zu beachten (vgl. § 51 Satz 3). 21

m) § 52 Abs. 1: Danach sind **Beauftragte aller in der Dienststelle vertretenen Gewerkschaften** berechtigt, an der Personalversammlung teilzunehmen. Ob die in § 63 vorgeschriebene sinngemäße Anwendung des § 52 für die Festlegung des Teilnahmerechts an Jugend- und Auszubildendenversammlungen das Vorhandensein eines jugendlichen Gewerkschaftsangehörigen oder lediglich eines Gewerkschaftsangehörigen voraussetzt, ist dem Wortlaut der Bestimmungen nicht zu entnehmen. Für die Beantwortung dieser Frage ist daher Sinn und Zweck des Teilnahmerechts der Gewerkschaften an einer Personalversammlung bzw. an einer Jugend- und Auszubildendenversammlung entscheidend. Nach der Zielsetzung des § 52 soll die Zulassung aller in der Dienststelle vertretenen Gewerkschaften die Chancengleichheit gewährleisten. Den Gewerkschaften soll die Möglichkeit eingeräumt werden, eine einseitige Information und möglicherweise eine an gewerkschaftspolitischen Interessen ausgerichtete Beratung der Personalversammlung zu verhindern (§ 52 Anm. 5). In der Personalversammlung sollen alle Gewerkschaften zu Wort kommen. Damit soll sichergestellt werden, dass den Beschäftigten ausnahmslos alle Sichtweisen eines Beratungspunktes mitgeteilt werden. Dieses Ziel wird aber in einer Jugend- und Auszubildendenversammlung nur dann erreicht, wenn nicht nur diejenigen Gewerkschaften ein Teilnahmerecht haben, die durch einen Jugendlichen oder Auszubildenden vertreten sind. Hierfür spricht auch, dass die Jugend- und Auszubildendenvertretung nicht als selbstständiges Organ der Personalverfassung, sondern als „Zuarbeitungsgremium" zu verstehen ist, das der Personalvertretung die besonderen Belange der Jugendlichen und der Auszubildenden unterbreiten und nahebringen soll. Auch unter diesem Gesichtspunkt haben alle Gewerkschaften ein Teilnahmerecht an Jugend- und Auszubildendenversammlungen, auch diejenigen, die lediglich durch einen erwachsenen Beschäftigten in der Dienststelle vertreten sind (VGH Mannheim v. 21. 3. 1988, ZBR 1989, 153; Fischer u. a., § 63 Anm. 29; Lorenzen u. a., § 63 Anm. 24). 22

n) § 52 Abs. 2: Der **Leiter der Dienststelle kann** an der Jugend- und Auszubildendenversammlung **teilnehmen.** An solchen Versammlungen, die auf 23 seinen Wunsch einberufen worden sind oder zu denen er ausdrücklich eingeladen worden ist, hat er teilzunehmen.

24 10. **Streitigkeiten** über die Zuständigkeit und die Durchführung von Jugend- und Auszubildendenversammlungen sowie über das Teilnahmerecht entscheiden die Verwaltungsgerichte nach § 83 Abs. 1 Nr. 3.

§ 64 [Jugend- und Auszubildendenstufenvertretungen]

(1) Für den Geschäftsbereich mehrstufiger Verwaltungen werden, soweit Stufenvertretungen bestehen, bei den Behörden der Mittelstufen Bezirks-Jugend- und Auszubildendenvertretungen und bei den obersten Dienstbehörden Haupt- Jugend- und Auszubildendenvertretungen gebildet. Für die Jugend- und Auszubildenden-Stufenvertretungen gelten § 53 Abs. 2 und 4, §§ 57 bis 62 entsprechend.

(2) In den Fällen des § 6 Abs. 3 wird neben den einzelnen Jugend- und Auszubildendenvertretungen eine Gesamt-Jugend- und Auszubildendenvertretung gebildet. Absatz 1 Satz 2 gilt entsprechend.

Inhaltsübersicht

Entspr. landesgesetzliche Regelungen:
Baden-Württemberg: keine Stufenvertretung; Bayern: Art. 64; Berlin: §§ 68, 69; Brandenburg: § 83; Bremen: –; Hamburg: –; Hessen: § 58; Mecklenburg-Vorpommern: § 55; Niedersachsen: § 57; Nordrhein-Westfalen: § 60; Rheinland-Pfalz: § 64; Saarland: § 68; Sachsen: § 64 Abs. 1; Sachsen-Anhalt: § 72 Abs. 2 (keine Jugend- und Auszubildendenvertretungen); Schleswig-Holstein: § 68 Abs. 1; Thüringen: § 64.

Entspr. Vorschrift des BetrVG: § 72.

I. Allgemeines

1. § 64 wurde durch Art. 1 Nr. 14 des Gesetzes zur Bildung von Jugend- und Auszubildendenvertretungen in den Verwaltungen vom 13. 7. 1988 (BGBl. I S. 1037) geändert. Die Vorschrift regelt die Rechte der Jugend- und Auszubildendenstufenvertretung im **Geschäftsbereich mehrstufiger Verwaltungen** sowie der **Gesamtjugend- und Auszubildendenvertretungen,** soweit dort Stufenvertretungen bzw. Gesamtpersonalräte bestehen. Die Vorschrift ist zwingend. Dies bedeutet, dass bei Vorliegen der gesetzlichen Voraussetzungen den Jugendlichen und Auszubildenden durch Einleitung einer Wahl die Möglichkeit gegeben werden muss, eine Stufenvertretung zu wählen. 1

2. Die Bildung von Jugend- und Auszubildenden-Stufenvertretungen ist ebenso wie die Bildung von Jugend- und Auszubildendenvertretungen auf der örtlichen Stufe **von der Existenz einer Personalvertretung abhängig** (vgl. im Einzelnen § 57 Anm. 8). 2

II. Jugend- und Auszubildendenstufenvertretungen

1. Die **Mitglieder der Bezirksjugend- und Auszubildendenvertretung** werden von den zum Geschäftsbereich der Behörde der Mittelstufe, die **Mitglieder der Hauptjugend- und Auszubildendenvertretung** von den zum Geschäftsbereich der obersten Dienstbehörde gehörenden jugendlichen Beschäftigten und Auszubildenden gewählt (vgl. § 53 Abs. 2). 3

2. Werden in einer Behörde der Mittelstufe oder obersten Dienstbehörde die Jugend- und Auszubildendenvertretung und die Jugend- und Auszubildenden-Stufenvertretungen gleichzeitig gewählt, so führen die bei den Dienststellen bestehenden **Wahlvorstände die Wahlen der Jugend- und Auszubildenden-Stufenvertretungen** im Auftrag des Bezirks- oder Hauptwahlvorstands durch. Andernfalls bestellen auf sein Ersuchen die Personalräte die örtlichen Wahlvorstände für die Wahl der Jugend- und Auszubildenden-Stufenvertretungen (vgl. § 53 Abs. 4). Im Übrigen bestimmt der Bezirks- bzw. Hauptpersonalrat den Wahlvorstand und seinen Vorsitzenden (vgl. § 60 Abs. 1). 4

3. Jugend- und Auszubildenden-Stufenvertretungen sind **in allen mehrstufigen Verwaltungen** zu wählen, in denen in der Regel mindestens fünf Beschäftigte tätig sind, die das 18. Lebensjahr noch nicht vollendet haben bzw. Auszubildende, die das 25. Lebensjahr noch nicht vollendet haben (vgl. § 57), und in denen entsprechende Personalvertretungen bestehen. 5

4. **Wahlberechtigt** sind alle in § 57 genannten Beschäftigten (vgl. § 58 Abs. 1). 6

5. **Wählbar** sind alle Beschäftigten, die am Wahltag noch nicht das 26. Lebensjahr vollendet haben (vgl. § 58 Abs. 2). 7

6. Die **Größe der Jugend- und Auszubildenden-Stufenvertretung** bestimmt sich nach der Zahlentabelle des § 59 Abs. 1. Die Höchstzahl der Mitglieder ist 15. 8

7. Auch die Jugend- und Auszubildenden-Stufenvertretung soll sich aus Vertretern der verschiedenen **Beschäftigungsarten** der der Dienststelle angehörenden jugendlichen Beschäftigten und Auszubildenden zusammensetzen (vgl. § 59 Abs. 2). Die **Geschlechter** sollen entsprechend ihrem Zahlenverhältnis in der Jugend- und Auszubildenden-Stufenvertretung vertreten sein (vgl. § 59 Abs. 3). 9

10 8. Die **regelmäßige Amtszeit** der Jugend- und Auszubildenden-Stufenvertretung beträgt **zwei Jahre.** Die Wahl findet ebenfalls während fester Wahlzeiträume statt (vgl. § 60 Abs. 2).

11 9. Besteht die Jugend- und Auszubildenden-Stufenvertretung aus drei oder mehr Mitgliedern, so wählt sie aus ihrer Mitte einen **Vorsitzenden** und dessen Stellvertreter (vgl. § 60 Abs. 3).

12 10. Die Vorschriften über die Kostentragungspflicht sowie das Verbot der Beitragserhebung, die Vorschriften über die Rechtsstellung der Personalratsmitglieder (§ 46) sowie das Verbot der parteipolitischen Betätigung (§ 67 Abs 1 Satz 2) gelten sinngemäß (§ 62 Satz 1). Dagegen kann eine Jugend- und Auszubildenden-Stufenvertretung **keine Sprechstunden** durchführen. Insoweit ist die Verweisung über Abs. 1 Satz 2 auf § 62 Satz 1, der § 43 für entsprechend anwendbar erklärt, ein Redaktionsversehen; denn es kann nicht angehen, dass der Jugend- und Auszubildenden-Stufenvertretung die Einrichtung von Sprechstunden ermöglicht wird, wogegen die Stufenvertretungen (der Personalvertretungen) kein Recht zur Durchführung von Sprechstunden haben (Fischer u. a., § 43 Anm. 2, § 64 Anm. 19; Lorenzen u. a., § 43 Anm. 3a; § 64 Anm. 25; Richardi u. a., § 64 Anm. 12).

13 11. Die **außerordentliche Kündigung** von Mitgliedern der Jugend- und Auszubildenden-Stufenvertretung, des Wahlvorstands und der Wahlbewerber, die in einem Arbeitsverhältnis stehen, bedarf der Zustimmung des Bezirks- bzw. Hauptpersonalrats (vgl. § 62 Satz 2).

14 12. Die Vorschrift über die **Jugend- und Auszubildendenversammlung** (§ 63) ist nicht für entsprechend anwendbar erklärt worden. Dies hat seinen Grund darin, dass eine Jugend- und Auszubildendenversammlung im Bereich einer Behörde der Mittelstufe oder obersten Dienstbehörde wegen der in der Regel bestehenden großen räumlichen Entfernung praktisch kaum durchführbar wäre.

III. Rechte, Voraussetzungen der Verselbständigung

15 1. Den Jugend- und Auszubildenden-Stufenvertretungen stehen in den jeweiligen Bereichen mehrstufiger Verwaltungen die gleichen Rechte zu wie den Jugend- und Auszubildendenvertretungen auf der örtlichen Ebene. Sie haben daher **folgende Rechte:**

16 a) In Angelegenheiten, die besonders jugendliche Beschäftigte und Auszubildende betreffen, hat der Vorsitzende der jeweiligen Stufenvertretung eine **Sitzung** anzuberaumen und den Gegenstand, dessen Beratung beantragt ist, auf die Tagesordnung zu setzen, wenn die Mehrheit der Mitglieder der Jugend- und Auszubildendenstufenvertretung dies beantragt (vgl. § 34 Abs. 3).

17 b) Wenn die Mehrheit der Vertreter der Jugend- und Auszubildenden-Stufenvertretung einen Beschluss der Stufenvertretung als eine **erhebliche Beeinträchtigung wichtiger Interessen** der durch sie vertretenen jugendlichen Beschäftigten und Auszubildenden ansieht, so ist auf ihren Antrag der Beschluss auf die Dauer einer Woche vom Zeitpunkt der Beschlussfassung an auszusetzen. In dieser Frist soll ggf. mit Hilfe der unter den Mitgliedern der Jugend- und Auszubildenden-Stufenvertretung vertretenen Gewerkschaften eine Verständigung versucht werden (§ 39 Abs. 1 und 2).

c) Ein Vertreter der Jugend- und Auszubildenden-Stufenvertretung, der von dieser benannt wird, kann **an allen Sitzungen der Stufenvertretung beratend teilnehmen.** Die gesamte Jugend- und Auszubildenden-Stufenvertretung kann beratend an diesen Sitzungen teilnehmen, wenn Angelegenheiten behandelt werden, die besonders jugendliche Beschäftigte und Auszubildende angehen. Bei überwiegend die jugendlichen Beschäftigten und Auszubildenden betreffenden Beschlüssen der Stufenvertretung haben die Jugend- und Auszubildendenvertreter ein Stimmrecht (vgl. § 40 Abs. 1). 18

2. Wenn Nebenstellen und Teile einer Dienststelle räumlich weit von dieser entfernt liegen, so kann die Mehrheit der wahlberechtigten Beschäftigten, d. h. der zur Personalvertretung Wahlberechtigten, die personalvertretungsrechtliche Verselbstständigung dieser Dienststelle beschließen. Ist dies der Fall, so ist neben den jeweiligen Jugend- und Auszubildendenvertretungen in den einzelnen Dienststellen eine **Gesamtjugend- und Auszubildendenvertretung** zu bilden (Fischer u. a., § 64 Anm. 23; Lorenzen u. a., § 64 Anm. 37). 19

a) Die Gesamtjugend- und Auszubildendenvertretung wird von den jugendlichen Beschäftigten und Auszubildenden **der gesamten Dienststelle** gewählt. 20

b) Ebenso wie die Bildung einer Jugend- und Auszubildendenvertretung die Existenz einer Personalvertretung voraussetzt, so setzt auch die Bildung einer Gesamtjugend- und Auszubildendenvertretung das **Bestehen eines Gesamtpersonalrats** voraus. Die Errichtung einer Gesamtjugend- und Auszubildendenvertretung ohne das Bestehen eines Gesamtpersonalrats würde dazu führen, dass die Jugend- und Auszubildendenvertretung weitgehend im „luftleeren Raum“ arbeiten müßte, weil sie insbesondere die in § 61 vorgesehenen Rechte nicht ausüben könnte. Sinnvoll ist es, wenigstens Gesamt-Jugend- und Auszubildendenvertretung zu bilden, wenn weder in der (Haupt-) Dienststelle noch in den verselbstständigten Teildienststellen eine Jugend- und Auszubildendenvertretung besteht, etwa deshalb, weil nicht die erforderliche Zahl Wahlberechtigter erreicht wird (Altvater, § 64 Anm. 11; Fischer u. a., § 64 Anm. 23; Lorenzen u. a., § 64 Anm. 38). 21

c) Räumlich weit von der Hauptdienststelle entfernte Nebenstellen und Dienststellenteile gelten als selbstständige Dienststellen, wenn die Mehrheit der (jugendlichen und auszubildenden) Wahlberechtigten, nicht nur der an der Abstimmung teilnehmenden Beschäftigten des gesamten Geschäftsbereichs der Hauptdienststelle dies in geheimer Abstimmung beschließt. Dieser Beschluss hat **unmittelbar konstitutive Wirkung,** d. h. die Jugend- und Auszubildendenvertretung der Hauptdienststelle ist für die Nebenstellen und Dienststellenteile nicht mehr zuständig. 22

d) Erfolgt gleichzeitige Wahl der einzelnen Jugend- und Auszubildendenvertretungen wie der Gesamtjugend- und Auszubildendenvertretung, so führen die bei den einzelnen Nebenstellen und Dienststellenteilen gebildeten Wahlvorstände die **Wahlen der Gesamtjugend- und Auszubildendenvertretung** im Auftrag des bei der Hauptdienststelle bestehenden Wahlvorstands durch. Andernfalls bestellen auf sein Ersuchen die Jugend- und Auszubildendenvertretungen oder, falls solche nicht bestehen, die Leiter der Dienststellen die örtlichen Wahlvorstände für die Wahl der Gesamtjugend- und Auszubildendenvertretung (vgl. § 53 Abs. 4). 23

e) **Zur Gesamtjugend- und Auszubildendenvertretung** sind alle jugendlichen Beschäftigten und Auszubildenden **wahlberechtigt. Wählbar** sind die Beschäftigten, die das 16., aber noch nicht das 26. Lebensjahr vollendet 24 haben, sofern sie seit sechs Monaten dem Geschäftsbereich ihrer obersten Dienstbehörde angehören und seit einem Jahr in öffentlichen Verwaltungen oder von diesen geführten Betrieben beschäftigt sind (vgl. § 58 Abs. 2 i. V. m. § 14 Abs. 1 Nr. 1 und 2). Die **Größe der Gesamtjugend- und Auszubildendenvertretung** bestimmt sich nach der Zahlentabelle des § 59 Abs. 1. Auch die **Gesamtjugend- und Auszubildendenvertretung** soll sich **aus Vertretern der verschiedenen Beschäftigungsarten** der dem Geschäftsbereich der gesamten Dienststelle angehörenden jugendlichen Beschäftigten und Auszubildenden zusammensetzen (vgl. § 59 Abs. 2). Die Geschlechter sollen entsprechend ihrem Zahlenverhältnis in der Gesamtjugend- und Auszubildendenvertretung vertreten sein (vgl. § 59 Abs. 3).

25 f) Die **regelmäßige Amtszeit der Gesamtjugend- und Auszubildendenvertretung** beträgt zwei Jahre. Auch die Gesamtjugend- und Auszubildendenvertretung soll während eines festgelegten Wahlzeitraums gewählt werden. Im Übrigen gelten die Bestimmungen über zwischenzeitliche Wahlen (§ 27) mit den sich daraus ergebenden Besonderheiten entsprechend (vgl. § 60 Abs. 2).

26 g) Ebenso gelten entsprechend auch die Vorschriften über die **Zusammenarbeit zwischen Jugend- und Auszubildendenvertretungen und Personalvertretungen** (vgl. § 61) und über den Schutz der Jugend- und Auszubildendenvertretung (vgl. § 62). Für die Entsendung eines Jugend- und Auszubildendenvertreters, der gleichzeitig Mitglied der Gesamtjugend- und Auszubildendenvertretung ist, zur Teilnahme an einer Schulungs- und Bildungsveranstaltung kommt nur die Personalvertretung der Dienststelle als Entscheidungsorgan in Betracht, der der Jugend- und Auszubildendenvertreter angehört. Der Gesamtpersonalrat ist also nicht entscheidungsbefugt (vgl. für das BetrVG: BAG v. 10. 6. 1975, DB 1975, 2234).

27 h) Die Gesamt- Jugend- und Auszubildendenvertretung hat grundsätzlich die gleichen Aufgaben wie die Jugend- und Auszubildendenvertretung. In den personalvertretungsrechtlich verselbstständigten Teileinheiten sind sie von diesen abzugrenzen. Soweit eine Zuständigkeit des Gesamtpersonalrats besteht, besteht auch eine solche der Gesamt – Jugend- und Auszubildendenvertretung (Fischer u. a., § 64 Anm. 22; Lorenzen u. a., § 64 Anm. 41).

IV. Streitigkeiten

28 Streitigkeiten über die Bildung und Zusammensetzung von Jugend- und Auszubildenden-Stufenvertretungen und Gesamtjugend- und Auszubildendenvertretung entscheiden die Verwaltungsgerichte nach § 83 Abs. 1 Nr. 2.

Viertes Kapitel **Vertretung der nichtständig Beschäftigten**

§ 65 [Vertretung der nichtständig Beschäftigten]

(1) Steigt während der Amtszeit des Personalrates die Zahl der Beschäftigten vorübergehend um mehr als 20 Personen, die voraussichtlich nur für einen Zeitraum von höchstens sechs Monaten beschäftigt werden, so wählen die nichtständig Beschäftigten in geheimer Wahl

bei 21 bis 50 nichtständig Beschäftigten	**einen Vertreter,**
bei 51 bis 100 nichtständig Beschäftigten	**zwei Vertreter,**
bei mehr als 100 nichtständig Beschäftigten	**drei Vertreter.**

Der Personalrat bestimmt den Wahlvorstand und seinen Vorsitzenden. Im Übrigen gelten für die Wahl der Vertreter § 13 Abs. 1 und 3, §§ 14, 17 Abs. 6 und

7, §§ 19, 24 Abs. 1 Satz 1 und 2, Abs. 2 und § 25 mit Ausnahme der Vorschriften über die Dauer der Zugehörigkeit zum Geschäftsbereich der obersten Dienstbehörde und zum öffentlichen Dienst entsprechend.

(2) Die Amtszeit der in Absatz 1 bezeichneten Vertreter endet mit Ablauf des für die Beschäftigung der nichtständig Beschäftigten vorgesehenen Zeitraums oder mit Wegfall der Voraussetzungen für ihre Wahl. § 26 Satz 2, § 27 Abs. 2 Nr. 2 bis 4, Abs. 3 und §§ 28 bis 31 gelten entsprechend.

(3) Für die in Absatz 1 bezeichneten Vertreter gelten §§ 43 bis 45, § 46 Abs. 1, 2, 3 Satz 1 und § 67 Abs. 1 Satz 3 sinngemäß.

(4) An den Sitzungen des Personalrats nehmen die in Absatz 1 bezeichneten Vertreter nach Maßgabe des § 40 Abs. 2 teil.

Inhaltsübersicht

Entspr. landesgesetzliche Regelungen:
Baden-Württemberg: –; Bayern: –; Berlin: –; Brandenburg: –; Bremen: –; Hamburg: -; Hessen: –; Mecklenburg-Vorpommern: § 56; Niedersachsen: -; Nordrhein-Westfalen: –; Rheinland-Pfalz: –; Saarland:–; Sachsen: –; Sachsen-Anhalt: –; Schleswig-Holstein: § 75;Thüringen:–.

Entspr. Vorschrift des BetrVG: –.

I. Einleitung

1. Die Vorschrift regelt die **Bildung einer besonderen Vertretung für diejenigen Beschäftigten, die nur vorübergehend tätig werden.** Diese Vertretung soll ein Bindeglied zwischen den betreffenden Beschäftigten und dem jeweiligen Personalrat herstellen. Die Voraussetzungen für die Wahl der Vertretung der nichtständig Beschäftigten sind in Abs. 1 aufgeführt, während Abs. 2 die Amtszeit, die Auflösung etc. betrifft. Abs. 3 erklärt die für die Personalvertretungen geltenden Bestimmungen hinsichtlich Sprechstunden, Reisekostenvergütung, Geschäftsbedarf, Dienstbefreiung bei Arbeitszeitüberschreitung, 1

Freistellung und Verbot parteipolitischer Betätigung für entsprechend anwendbar. Abs. 4 regelt ein Teilnahme- und Stimmrecht der Vertretung der nichtständig Beschäftigten an den Sitzungen der Personalvertretung.

2 2. **Nichtständig Beschäftigte** sind solche Angehörigen der öffentlichen Verwaltung, **die voraussichtlich höchstens für einen Zeitraum von sechs Monaten** bei einer bestimmten Dienststelle **tätig werden** sollen. Die zeitliche Beschränkung der Tätigkeit ergibt sich entweder aus dem Arbeitsvertrag oder aus einer Abordnungsverfügung. Praktisch wird dies vor allem bei befristeten Arbeitsverträgen von Personen, die zur Aushilfe beschäftigt werden oder bei der Abordnung von Beschäftigten zur Erfüllung kurzfristiger Aufgaben bzw. bei der Erledigung zusätzlicher, vorübergehender Aufgaben und regelmäßig auch bei ABM-Kräften (Fischer u. a., § 65 Anm. 10 a). Auf Grund der kurzen Beschäftigungsdauer sind diese Beschäftigten nicht in die Dienststellen integriert. Sie haben in aller Regel wegen unterschiedlicher Arbeitsverfahren und Arbeitsabläufe andere Interessen, zu deren Wahrung der Personalrat nicht hinreichend legitimiert ist, so dass das Gesetz eine Sondervertretung vorsieht, um der Interessenvertretung aller Beschäftigten die besonderen Belange vortragen und ihr gegenüber wahrnehmen zu können (Lorenzen u. a., § 65 Anm. 6, 7).

3 3. Entscheidend für die Beantwortung der Frage, ob eine nur vorübergehende Beschäftigung vereinbart ist, ist nicht allein die tatsächliche Vereinbarung. Vielmehr kommt es entscheidend darauf an, **ob** von beiden Partnern **beabsichtigt war, dass die Tätigkeit nur für einen Zeitraum von nicht mehr als sechs Monaten** ausgeübt werden sollte. Eine unvorhergesehene, unwesentliche Verlängerung ist unschädlich, weil nicht ohne weiteres in allen Fällen mit Sicherheit der Zeitaufwand für die Erledigung bestimmter Aufgaben festgelegt werden kann. Bei mehrfacher Verlängerung kurzfristiger Arbeitsverträge (Kettenarbeitsverträge) kommt es auf den jeweiligen Einzelfall und darauf an, ob der ursprünglich vorübergehende Charakter des Arbeitsvertrages verlassen und ein dauerhafter Vertrag vereinbart ist (Fischer u. a., § 65 Anm. 10; Lorenzen u. a., § 65 Anm. 12).

II. Rechte und Pflichten

4 1. Die **Vertretung der nichtständig Beschäftigten** ist ein **verhältnismäßig schwach ausgestaltetes Organ** innerhalb der Personalverfassung. Ihr stehen weder Beteiligungsrechte noch das Recht zum Abschluss von Dienstvereinbarungen zu. Vielmehr kann sie lediglich mit beratender Stimme an Sitzungen des Personalrats teilnehmen, wenn dieser Angelegenheiten behandelt, „die besonders die nichtständig Beschäftigten betreffen“ (§ 40 Abs. 2). Der Gesetzgeber will der Vertretung der nichtständig Beschäftigten damit Gelegenheit geben, ihre besonderen Belange in die Entscheidungsfindung der Personalvertretung einfließen zu lassen. Dadurch wird der Tatsache Rechnung getragen, dass die nichtständig Beschäftigten auf die Zusammensetzung der Personalvertretung keinen Einfluss haben. Allerdings kann die Sondervertretung auch mit dem Dienststellenleiter verhandeln, um ihm die besondere Situation der nichtständig Beschäftigten nahezubringen (Fischer u. a., § 65 Anm. 6), falls auf beiden Seiten ein entsprechender Wunsch besteht (Lorenzen u. a., § 65 Anm. 8; Richardi u. a., § 65 Anm. 6).

5 2. **Die persönliche Stellung der Mitglieder der Sondervertretung ist schwächer als die der Mitglieder der Personalvertretung.** Die Vertreter der nichtständig Beschäftigten genießen, da sie nicht Mitglieder der Personalvertretung sind, z. B. keinen Kündigungsschutz nach § 47 Abs. 1.

3. Da die §§ 53 bis 56 keinen Bezug auf § 65 nehmen, werden Vertretungen der nichtständig Beschäftigten **nur auf örtlicher Ebene,** nicht aber für die Bereiche der Stufenvertretungen oder des Gesamtpersonalrats gebildet (Fischer u. a., § 65 Anm. 11; Lorenzen u. a., § 65 Anm. 9). 6

4. **Beamte im Vorbereitungsdienst** und andere Beschäftigte in entsprechender Berufsausbildung sind nicht wahlberechtigt. Sie sind aber mangels einer entsprechenden Einschränkung bei der Ermittlung der Zahl der zu wählenden Vertreter mitzuzählen (Fischer u. a., § 65 Anm. 15; Lorenzen u. a., § 65 Anm. 14). Im Falle einer kurzfristigen Tätigkeit bei einer Dienststelle richtet sich ihr Wahlrecht nach § 13 Abs. 3. 7

5. Die zunehmende Einstellung von nichtständig Beschäftigten bleibt **ohne Einfluss auf den Bestand des Personalrats,** da dieser nur dann neu zu wählen ist, wenn die Zahl der regelmäßig Beschäftigten steigt (§ 27 Abs. 1 Nr. 1). 8

6. Der Wahlvorstand und sein Vorsitzender werden ausschließlich durch den Personalrat bestimmt. Besteht ein solcher nicht, dann kann kein Wahlvorstand bestellt, eine Wahl kann nicht durchgeführt werden (Lorenzen u. a., § 65 Anm. 22). Dem Wahlvorstand müssen mindestens drei Mitglieder angehören. Allerdings ist eine höhere Zahl nicht ausgeschlossen (Fischer u. a., § 65 Anm. 13; Lorenzen u. a., § 65 Anm. 23). Wenn der Dienststelle nicht ständig Beschäftigte verschiedener Gruppen angehören, sollte **jede Gruppe im Wahlvorstand** vertreten sein (Lorenzen u. a., § 65 Anm. 25; Richardi u. a., § 65 Anm. 19; aA Fischer u. a., § 65 Anm. 13). An den Sitzungen des Wahlvorstands können auch **Gewerkschaftsbeauftragte** mit beratender Stimme teilnehmen, obwohl ein Verweis auf § 20 Abs. 1 Satz 4 nicht erfolgt ist (Fischer u. a., § 65 Anm. 13; aA Lorenzen u. a., § 65 Anm. 30). Zur Vermeidung von Fehlern, die zu einer Wahlanfechtung führen könnten, kann eine gewerkschaftliche Beratung zumal dann sinnvoll sein, wenn im Wahlvorstand selbst keine mit Wahlen vertrauten Beschäftigten vertreten sind. Da für die Tätigkeit des Wahlvorstands eine gewisse Kenntnis der Dienststelle nützlich ist, ist es zweckmäßig, den Wahlvorstand nicht ausschließlich aus dem Kreis der nichtständig Beschäftigten zu bilden (Fischer u. a., aaO). Kommt der Personalrat der Pflicht, einen Wahlvorstand zu bestellen, nicht nach, so kann darin eine grobe Pflichtverletzung nach § 28 liegen. 9

7. **Für die Wahl der Vertretung der nichtständig Beschäftigten** müssen folgende Voraussetzungen gegeben sein: 10

a) Während der Amtszeit eines Personalrats, d. h. nach dessen Wahl, muss die Zahl der nichtständig Beschäftigten **um mehr als 20 Personen steigen.** Die Amtszeit beginnt mit dem Tag der Wahl oder, wenn zu diesem Zeitpunkt noch ein Personalrat besteht, mit dem Ablauf der Amtszeit des bisherigen Personalrats. 11

b) Außerdem muss ein **Personalrat bestehen.** Dies ergibt sich einmal aus der Formulierung des Gesetzes „... Während der Amtszeit des Personalrats“, zum anderen daraus, dass nur der Personalrat zur Bestellung des Wahlvorstands befugt ist (Abs. 1 Satz 2). Schließlich kann die Vertretung der nichtständig Beschäftigten nur im Rahmen der Beschlussfassung des Personalrats tätig werden. 12

c) **Wahlberechtigt** sind nur die nichtständig Beschäftigten, die nach der Wahl des Personalrats in die Dienststelle eingetreten sind (Fischer u. a., § 65 13

Anm. 15); denn das Gesetz will dem nichtständig Beschäftigten mit der Wahl der Sondervertretung einen Ausgleich dafür schaffen, dass er auf die Zusammensetzung des Personalrats keinen Einfluss hatte (vgl. Anm. 4). Infolgedessen können sich diejenigen nichtständig Beschäftigten nicht an der Wahl beteiligen, die bereits an der Personalratswahl teilgenommen haben (Lorenzen u. a., § 65 Anm. 31; Richardi u. a., § 65 Anm. 12). Wahlberechtigt sind auch abgeordnete nichtständig Beschäftigte; eine voraufgehende dreimonatige Beschäftigung ist nicht Voraussetzung (Fischer u. a., § 65 Anm. 15; Lorenzen u. a., § 65 Anm. 32). Wahlberechtigt sind auch abgeordnete nichtständig Beschäftigte; eine voraufgehende dreimonatige Beschäftigung ist nicht Voraussetzung (Fischer u. a., § 65 Anm. 15; Lorenzen u. a., § 65 Anm. 32)

14 d) **Die nichtständig Beschäftigten,** die sich an der Wahl ihrer Vertretung beteiligen wollen, müssen die Voraussetzungen des § 13 Abs. 1 Satz 1 erfüllen, d. h. sie **müssen am Wahltag das 18. Lebensjahr vollendet haben** und dürfen nicht infolge Richterspruchs das Recht, in öffentlichen Angelegenheiten zu wählen oder zu stimmen, verloren haben.

15 e) Die **Wählbarkeitsvoraussetzungen** sind grundsätzlich die gleichen wie für die Wahl der Personalvertretung (§ 14). Selbstverständlich kommt es auf die Dauer der Zugehörigkeit zum Geschäftsbereich der obersten Dienstbehörde und zum öffentlichen Dienst insgesamt nicht an.

16 f) In die Sondervertretungen können **nicht** auch **Beschäftigte** gewählt werden, **die ständig** in der Dienststelle **tätig sind** (Fischer u. a., § 65 Anm. 16; Lorenzen u. a., § 65 Anm. 35). Der entsprechende Hinweis auf § 14 bedeutet nämlich, dass nur wählbar ist, wer das aktive Wahlrecht besitzt (Fischer u. a., aaO).

17 g) Ebenso wie im Zusammenhang mit den Wählbarkeitsvoraussetzungen für die Jugend- und Auszubildendenvertretung, so hat der Gesetzgeber auch hier **nicht eine gleichzeitige Mitgliedschaft in Sonder- und Personalvertretung** ausgeschlossen. Wählbar sind also auch Mitglieder des Personalrats; denn weder für die Kandidaten zur Personal- noch zur Jugend- und Auszubildendenvertretung wird darauf abgestellt, dass der Kandidat seit sechs Monaten zur Dienststelle gehört. Das Gesetz zählt in jedem Fall die Tatbestände abschließend auf, die einer Wählbarkeit entgegenstehen (BVerwG v. 12. 1. 1962, BVerwGE 13, 296 = ZBR 1963, 24 = PersV 1963, 62; BVerwG v. 23. 11. 1962, BVerwGE 15, 166 = ZBR 1962, 88 = PersV 1962, 66). Dieser Fall aber dürfte kaum praktisch werden, da es sich bei den Personalratsmitgliedern in aller Regel um ständig Beschäftigte, die nicht wählbar sind, handeln wird (Lorenzen u. a., § 65 Anm. 36).

18 h) Eine **Doppelmitgliedschaft** empfiehlt sich allerdings schon deshalb nicht, weil nach § 40 Abs. 2 „an der Behandlung von Angelegenheiten, die besonders die nichtständig Beschäftigten betreffen", die Mitglieder der Sondervertretung mit beratender Stimme teilnehmen. Damit können bei einer Doppelmitgliedschaft also nicht alle Stimmen im Personalrat zum Tragen kommen, ein Umstand, der nicht im Interesse der nichtständig Beschäftigten liegen kann.

19 i) Die Vertretung der nichtständig Beschäftigten soll sich aus Vertretern der verschiedenen **Beschäftigungsarten** zusammensetzen (§ 17 Abs. 6). Außerdem sollen die Geschlechter entsprechend dem Zahlenverhältnis vertreten sein (§ 17 Abs. 7). Weitere Regeln über die Zusammensetzung stellt das Gesetz nicht auf (Richardi u. a., § 65 Anm. 16).

j) Die Sondervertretung wird **in geheimer und unmittelbarer Wahl gewählt** (§ 19 Abs. 1). Ihre Vertreter werden in **Gruppenwahl** gewählt, es sei denn, es wäre Gemeinschaftswahl beschlossen (§ 19 Abs. 2). Die Wahl wird nach den **Grundsätzen der Verhältniswahl** durchgeführt. Personenwahl findet nur statt, wenn lediglich ein Wahlvorschlag eingereicht worden ist bzw. nur eine Person gewählt werden soll (§ 19 Abs. 3). **Wahlvorschläge** können von den nichtständig Beschäftigten gemacht werden (§ 19 Abs. 4). Eine Mindestzahl von Wahlberechtigten muss nicht vorhanden sein. Wohl aber müssen die Wahlvorschläge von mindestens drei Wahlberechtigten unterzeichnet sein (Fischer u. a., § 65 Anm. 18; Lorenzen u. a., § 65 Anm. 37). Die übrigen Absätze des § 19 finden ebenfalls entsprechende Anwendung. 20

k) Die Wahl der Vertretung der nichtständig Beschäftigten darf ebensowenig wie die Wahl der Personalvertretung **behindert** noch darf ein Wahlberechtigter in der Ausübung seines aktiven und passiven Wahlrechts **beschränkt** werden (§ 24 Abs. 1 Satz 2). Die **Kosten der Wahl** trägt die Dienststelle (§ 24 Abs. 2). Im Falle eines wesentlichen Verstoßes gegen Wahlvorschriften kann die **Wahl angefochten** werden (§ 25). Für Wahlvorstandsmitglieder und Wahlbewerber gibt es keinen besonderen Kündigungs-, Versetzungs- und Abordnungsschutz (Fischer u. a., § 65 Anm. 13 b; Lorenzen u. a., § 65 Anm. 39). 21

l) Die Zahl der Sondervertreter ergibt sich aus Abs. 1 Satz 1. Entscheidend ist die tatsächliche Zahl der nach der letzten Personalratswahl eingestellten nichtständig Beschäftigten. Stichtag ist der Tag der Einleitung des Wahlverfahrens, nämlich der Tag des Erlasses des Wahlausschreibens (Altvater u. a., § 65 Anm. 10; Lorenzen u. a., § 65 Anm. 18; Richardi u. a., § 65 Anm. 14; aA Fischer u. a., § 65 Anm. 12, die auf die Zahl am Wahltag abstellen). 22

8. Die **Amtszeit** der Vertretung der nichtständig Beschäftigten beginnt mit dem Tag der Wahl (vgl. § 26 Anm. 3 ff.). Die Amtszeit endet mit Ablauf des Zeitraums, für den die Beschäftigung der vorübergehend tätigen Personen bestimmt ist (z. B. Fertigstellung eines Baues), und zwar selbst dann, wenn einzelne Beschäftigte weiter tätig sein werden (Lorenzen u. a., § 65 Anm. 45). Sie endet auch mit Wegfall der objektiven oder persönlichen Voraussetzungen für ihre Wahl, insbesondere beim Absinken der Zahl der nichtständig Beschäftigten unter die Mindestzahl 21 (Richardi u. a., § 65 Anm. 37) oder bei Wegfall der Voraussetzungen für das Vorhandensein eines Personalrats. Dazu kommen die Fälle des § 27 Abs. 2 Nr. 2 bis 4, begrenzt auf diese Sonderregelung, d. h.: 23
(a) wenn auch nach Eintritt sämtlicher Ersatzmitglieder die Gesamtzahl der Vertreter um mehr als ein Viertel unter ihre vorgeschriebene Zahl gesunken ist,
(b) wenn die Vertretung mit der Mehrheit der Mitglieder ihren Rücktritt beschließt oder sämtliche Mitglieder oder Ersatzmitglieder ihre Ämter niederlegen,
(c) wenn nach § 28 die Vertretung durch gerichtliche Entscheidung aufgelöst wird.
In den unter a) bis c) erwähnten Fällen führt die Sondervertretung die Geschäfte bis zur Neuwahl einer neuen Sondervertretung weiter (vgl. § 27 Abs. 2).

a) Für die Sondervertretung gibt es **keine für alle Fälle gleiche Amtszeit.** Sofern die Zahl 21 nicht unterschritten wird, ist Vergrößerung oder Verringerung der Zahl im Ausmaß des § 27 Abs. 2 Nr. 1 kein Beendigungsgrund. Eine Verringerung der Zahl, z. B. von 60 auf 30, berührt die Amtszeit der gewählten Vertretung nicht. Ihre Amtszeit ist auch unabhängig von der des Personalrats (Lorenzen u. a., § 65 Anm. 45), sofern nur ein solcher überhaupt besteht bzw. 24

alsbald wieder zu wählen ist. Zwar können bei der nunmehr durchzuführenden Wahl auch die nichtständig Beschäftigten den Personalrat wählen. Das aber kann nicht die automatische Beendigung der Amtszeit der Sondervertretung bedeuten, da sich die Aufgabenstellung (Wahrnehmung der besonderen Belange der nichtständig Beschäftigten) nicht ändert, sondern möglichst kontinuierlich weiter verfolgt werden sollte (Fischer u. a., § 65 Anm. 22; Lorenzen u. a., § 65 Anm. 47; Richardi u. a., § 65 Anm. 38).

25 b) Während vorübergehenden Fehlens des Personalrats (z. B. zwischen Auflösung und Neuwahl) läuft die Amtszeit der Vertretung noch weiter, aber ihre **Rechte ruhen,** weil sie kein eigenes Organ mit besonderen Befugnissen ist und ihr Amt nur in Anlehnung an einen ordnungsgemäß gewählten Personalrat ausüben kann (vgl. Lorenzen u. a., § 65 Anm. 48; Richardi u. a., § 65 Anm. 40). Wird jedoch nach Ablauf der Amtszeit des Personalrats ein neuer Personalrat nicht gewählt oder verliert die Dienststelle die Personalratsfähigkeit, so endet die Amtszeit der Sondervertretung ohne Förmlichkeit.

26 9. Im Falle einer groben Pflichtverletzung kann das Verwaltungsgericht den **Ausschluss eines Mitglieds aus der Sondervertretung** oder deren Auflösung beschließen (vgl. § 28 Abs. 1). Ist die Sondervertretung aufgelöst, so setzt der Vorsitzende der zuständigen Kammer des Verwaltungsgerichts einen Wahlvorstand ein, der eine **Neuwahl** unverzüglich einzuleiten hat. Bis zur Neuwahl nimmt der Wahlvorstand die der Sondervertretung zustehenden Befugnisse wahr (vgl. § 28 Abs. 2).

27 10. Die **Beendigungsgründe der Mitgliedschaft** der einzelnen Vertreter sind grundsätzlich mit den aus der unterschiedlichen Vertretung gebotenen Änderungen die gleichen wie bei den Personalratsmitgliedern. § 29 findet entsprechende Anwendung. Auch rückt, sobald die Mitgliedschaft eines einzelnen Vertreters erlischt, nach Maßgabe des § 31 ein Ersatzmitglied nach. Das gleiche gilt für die Stellvertreter im Falle zeitweiliger Verhinderung (§ 31 Abs. 1 Satz 2). Ist einem abgeordneten Beamten, der vorübergehend ein Amt eines nichtständig Beschäftigten innehat, die **Führung der Dienstgeschäfte verboten** oder ist er wegen eines gegen ihn schwebenden Disziplinarverfahrens vorläufig des Dienstes enthoben, so ruht seine Mitgliedschaft in der Vertretung der nichtständig Beschäftigten (vgl. § 30).

28 11. In bezug auf die Geschäftsführung finden nur einige wenige Bestimmungen für die Vertretung der nichtständig Beschäftigten entsprechende Anwendung: die Vertretung der nichtständig Beschäftigten kann während der Amtszeit **Sprechstunden** einrichten (vgl. § 43); die durch ihre Tätigkeit entstehenden Kosten trägt die Dienststelle (vgl. § 44 Abs. 1 Satz 1); die Sondervertreter erhalten bei zur Erfüllung ihrer Aufgaben notwendigen Reisen eine sich nach den für Beamte der Besoldungsgruppe A 15 geltenden Bestimmungen richtende **Reisekostenvergütung** (vgl. § 44 Abs. 1 Satz 2); dagegen kann die Vertretung der nichtständig Beschäftigten **keine Sitzungen,** sondern nur Zusammenkünfte, die informellen Charakter tragen, durchführen, da ihre Vertreter an den Sitzungen der Personalvertretung entsprechend § 40 Abs. 2 teilnehmen. Infolgedessen bedarf es auch keines Vorsitzenden bzw. keiner besonderen internen Organisation (Richardi u. a., § 65 Anm. 46); die Dienststelle hat den erforderlichen **Geschäftsbedarf** für Sprechstunden etc. bereitzustellen (vgl. § 44 Abs. 2); für Bekanntmachungen und Anschläge sind der Sondervertretung geeignete Plätze in allen Dienststellen zur Verfügung zu stellen (vgl. § 44 Abs. 3); die Vertretung der nichtständig Beschäftigten darf für ihre „Zwecke von den Beschäftigten keine **Beiträge** erheben oder annehmen" (vgl. § 45); die Sondervertreter führen ihr Amt unentgeltlich als **Ehrenamt** (vgl. § 46 Abs. 1); **Arbeitszeitversäumnis** infolge der Durchführung von Aufgaben der Vertretung der nichtständig Beschäftigten führt nicht zur Minderung des Arbeitsentgelts; Dienstbefreiung ist zu gewähren, wenn Sondervertreter „durch die Erfüllung ihrer Aufgaben über die regelmäßige Arbeitszeit hinaus beansprucht" werden (vgl. § 46 Abs. 2); eine **Freistellung** der Sondervertreter hat zu erfolgen, wenn es „zur ordnungsgemäßen Durchführung ihrer Aufgaben erforderlich ist" (vgl. § 46 Abs. 3 Satz 1); dagegen erfolgt keine Freistellung zur Teilnahme an Schulungs- und Bildungsveranstaltungen für Personalratsmitglieder (Lorenzen u. a., § 65 Anm. 52; Richardi u. a., § 65 Anm. 55). Der spezielle Schutz von Personalratsmitgliedern nach § 47 erfolgt für die Vertreter der nichtständig Beschäftigten nach § 8 (Fischer u. a., § 65 Anm. 3; Lorenzen u. a., § 65 Anm. 60); die Sondervertreter „dürfen sich in der Dienststelle nicht parteipolitisch betätigen" (vgl. § 67 Abs. 1 Satz 2).

12. Abs. 4 wiederholt das in § 40 Abs. 3 verankerte Recht der Vertreter der nichtständig Beschäftigten, **an** der Behandlung solcher Angelegenheiten in der **Sitzung der Personalvertretung** mit beratender Stimme **teilzunehmen,** „die besonders die nichtständig Beschäftigten betreffen". Werden Angelegenheiten behandelt, die nur von „unwesentlichem" Einfluss auf die Interessenlage der nichtständig Beschäftigten sind, so ist eine Beteiligung der Sondervertretung nicht möglich. In jedem Einzelfall muss nach objektiven Gesichtspunkten entschieden werden, ob eine „besondere" Berührung von Interessen der nichtständig Beschäftigten gegeben ist. Der Sondervertretung steht kein Stimmrecht, wohl aber das Recht zur Beratung des Personalrats zu. Sie kann beim Personalrat beantragen, dass Angelegenheiten von besonderem Gewicht auf die Tagesordnung gesetzt werden (Fischer u. a., § 65 Anm. 29 a; Lorenzen u. a., § 65 Anm. 62). 29

a) **Ein Beschluss** der Personalvertretung über Angelegenheiten, die die Interessen der nichtständig Beschäftigten besonders berühren, dennoch aber **ohne** die betroffene Sondervertretung gefasst worden ist, ist **grundsätzlich gültig** (Fischer u. a., § 40 Anm. 29; § 65 Anm. 31). Eine Unwirksamkeit des Beschlusses ohne die beratenden Stimmen der Sondervertreter ist nur für besondere Fälle anzunehmen, z. B. dann, wenn die Personalvertretung die nichtständig Beschäftigten trotz klarer Erkenntnis der Pflicht zu der betreffenden Sitzung nicht einlädt (Fischer u. a., § 65 Anm. 31; Lorenzen u. a., § 40 Anm. 23). 30

b) Die **Unterlassung der Einladung** ist dann ein Pflichtverstoß, der in schweren Fällen den Ausschlussantrag nach § 28 gegen das säumige Vorstandsmitglied, u. U. den Auflösungsantrag gegen den gesamten Personalrat zur Folge haben kann, falls dieser geschlossen die Einladung der Vertreter der nichtständig Beschäftigten abgelehnt hat. 31

c) Das **Teilnahmerecht der Sondervertretung beschränkt sich** innerhalb der betreffenden Sitzung **auf die Erörterung derjenigen Angelegenheiten,** die die Interessen der nichtständig Beschäftigten wesentlich berühren (Fischer u. a., § 65 Anm. 30; Lorenzen u. a., § 65 Anm. 61; Richardi u. a., § 65 Anm. 57). Bei den anderen Punkten der Tagesordnung haben sie kein Teilnahmerecht. Ebenfalls haben sie kein Teilnahmerecht bei der Erörterung von Angelegenheiten, die die Interessen aller Beschäftigten der Dienststelle gleichmäßig betreffen, es sei denn, die Interessen der nichtständig Beschäftigten würden in besonderer Weise berührt. Bei einer Massenkündigung sind z. B. die nichtständig beschäftigten Arbeiter in höherem Ausmaß von der Entlassung bedroht als die ständig Beschäftigten (vgl. § 40 Anm. 9, 12, 14). 32

III. Streitigkeiten

33 Streitigkeiten über die im Zusammenhang mit der Wahl und der Amtszeit der Sondervertretung auftretenden Fragen entscheiden die Verwaltungsgerichte nach § 83 Abs. 1 Nr. 2, Streitigkeiten über die Zuständigkeit und Geschäftsführung von Vertretern der nichtständig Beschäftigten nach § 83 Abs. 1 Nr. 3.

Schrifttum: Sembdner, Die Wahlberechtigung (das aktive Wahlrecht) zu den Wahlen der Personalvertretungen, PersV 1960, 33; ders., Die Wählbarkeit bei den Wahlen der Personalvertretungen, PersV 1960, 121; ders., Die Wählbarkeit der Mitglieder des Wahlvorstands bei den Wahlen der Personalvertretungen, PersV 1962, 265.

Fünftes Kapitel **Beteiligung der Personalvertretung**

Erster Abschnitt **Allgemeines**

Vorbemerkungen zu § 66

Inhaltsübersicht

1 1. **Kernstück der grundlegenden Neuregelung des Personalvertretungsrechts von 1974** ist „die Erweiterung der Mitbestimmungsbefugnisse der Personalvertretung in personellen, sozialen und organisatorischen Angelegenheiten der Verwaltungsangehörigen unter Beachtung der verfassungsrechtlichen Schranken“ (vgl. Bericht des Innenausschusses des Deutschen Bundestages v. 6. 12. 1973, BT-Drucks. 7/1373). Daran hat sich trotz der inzwischen vorgenommenen zahlreichen Novellierungen nichts geändert. Die verfassungsrechtlichen Schranken sind in der Entscheidung des Bundesverfassungsgerichts (BVerfG v. 27. 4. 1959, BVerfGE 9, 268 = ZBR 1959, 152 = PersV 1958/59, 234) gezogen worden. Danach dürfen Entscheidungen der Dienststelle, die wegen ihrer Auswirkung auf die Allgemeinheit wesentlicher Bestandteil der Regierungsgewalt sind, nicht auf neutrale Stellen übertragen werden, die außerhalb der Regierungsverantwortung stehen. Diese Entscheidung hat ihren Niederschlag in § 76, § 85 Abs. 1 Nr. 7 und § 104 des Gesetzes gefunden. Während der Beratung des Gesetzes im Deutschen Bundestag ist ergänzend darauf hingewiesen worden, dass an die Stelle der Selbstbestimmung des Bürgers nicht eine Mitbestimmung der Be-

schäftigten treten dürfe, da die öffentliche Verwaltung andernfalls „ein sich selbst regulierender Staat im Staate“ werde (vgl. Dritte Lesung des BPersVG am 12. 12. 1973, 70. Sitzung, 4337). Damit macht der Gesetzgeber deutlich, dass sich die Mitbestimmung nach diesem Gesetz an den Grundsätzen der Wahrung der parlamentarischen Verantwortung der vollziehenden Gewalt als einem Wesenskern der Demokratie auszurichten hat. Ausübung von Staatsgewalt ist nicht nur die Wahrnehmung echter Hoheitsbefugnisse, sondern der Gesamtbereich öffentlicher Verwaltung des Staates, der Gemeinden und Gemeindeverbände einschließlich der von ihnen getragenen Einrichtungen des öffentlichen Rechts. Vertretungen von Beschäftigten können demokratische Legitimationen nicht vermitteln. Sie sind weder Volk noch eine vom Volk legitimierte Vertretung. Die Personalvertretungen verfügen nicht über eine auf die Gesamtheit der Wahlbürger und damit das Volk als Inhaber und Träger der Staatsgewalt zurückzuführende Legitimation. Das Sozialstaatsprinzip ist nicht geeignet, die Unterbrechung demokratischer Legitimations- und Verantwortungsstränge zu rechtfertigen (VerfGH Nordrhein-Westfalen v. 15. 9. 1986, PersV 1987, 103 = DVBl. 1986, 1196 m. Anm. v. Püttner; kritisch zum Thema Personalvertretungsrecht und Verfassungsrecht vgl. insbesondere Becker, ZBR 1994, 97 [98 f. m. w. N.]; Orth, PersR 1986, 222). Die Legitimationsbasis der Personalvertretungen – die Beschäftigten des öffentlichen Dienstes und nicht das Gesamtvolk – ist eine andere und zudem engere als die der verfassungsmäßig berufenen Staats- und Kommunalorgane. Die Personalvertretungen haben auch nicht in erster Linie das Allgemeininteresse, sondern vor allem die Belange ihrer Wähler, nämlich der Beschäftigten, zu vertreten (HessStGH v. 30. 4. 1986, ZBR 1986, 250 = PersV 1986, 227; kritisch: Sarge-Schneider, PersR 1987, 203 m. w. Nachw. und Plander, PersR 1987, 13 ff.). Ein Vertretungsrecht steht daher der Personalvertretung auch immer nur dann zu, wenn es sich bei den betreffenden Personen um „Beschäftigte“ handelt; denn die Zugehörigkeit zu einer Dienststelle ist eine ungeschriebene systemimmanente Voraussetzung der Beteiligungsrechte (BVerwG v. 29. 1. 1993, PersV 1993, 371; vgl. im Einzelnen Einleitung Anm. 47 ff., vor § 66 Anm. 1a, 9, § 69 Anm. 1, § 71 Anm. 2, § 104 Anm. 1).

a) Der Beschluss des Bundesverfassungsgerichts (BVerfG v. 24.5. 1995, BVerfGE 93, 37 = ZBR 1996, 15 = PersV 1995, 553 = ZfPR 1995, 185; siehe Einleitung Anm. 53 sowie Lecheler, PersV 2007, 218 m. w. N.) enthält als zwingenden Hinweis auch für die Gesetzgeber des Bundes und der Länder u. a. den Grundsatz der Verantwortungsgrenze (vgl. hierzu Albers, PersR 1995, 501; Cecior, PersV 1998, 49). Die Verantwortungsgrenze ist auf die Entscheidungsbefugnis der Einigungsstelle beschränkt. Sie erfasst nur die Mitbestimmungstatbestände, weil nur bei der Mitbestimmung der Weg zur Einigungsstelle führen kann. Deren Existenz und deren Verfahren bleiben von den Ausführungen des Bundesverfassungsgerichts gänzlich unberührt. Bei der Verteilung der einzelnen, im Gesetz vorgeschriebenen Mitbestimmungstatbestände auf die bei der Verantwortungsgrenze vom Bundesverfassungsgericht entwickelten drei Stufen fallen unter (vgl. auch § 104 Anm. 1 sowie Einl. Anm. 53) 1a

- **Stufe 1** („Regelung von Angelegenheiten, die in ihrem Schwerpunkt die Beschäftigten in ihrem Beschäftigungsverhältnis betreffen, typischerweise aber nicht oder nur unerheblich die Wahrnehmung von Amtsaufgaben gegenüber dem Bürger berühren“): § 75 Abs. 2 und § 75 Abs. 3 außer Nrn. 10, 14 und 17 (so ausdrücklich BVerfG);
- **Stufe 2** („Maßnahmen, die den Binnenbereich des Beschäftigungsverhältnisses betreffen, die Wahrnehmung des Amtsauftrages jedoch ty-

pischerweise nicht nur unerheblich berühren"): § 75 Abs. 3 Nrn. 14 und 17, § 78 Abs. 1 Nr. 1 (so ausdrücklich BVerfG), aber auch § 76 Abs. 2 außer Nrn. 4, 5, 7 und 9 (gegen BVerfG); letzteres deshalb, weil die Maßnahmen lediglich Beschäftigte betreffen und keinen Regelungscharakter im Sinne einer Statusmaßnahme oder eines Eingriffs in die persönlichen Verhältnisse enthalten;
- **Stufe 3** („Innerdienstliche Maßnahmen, insbesondere organisatorische, personelle und – in Einzelfällen – soziale Maßnahmen, die schwerpunktmäßig die Erledigung von Amtsaufgaben betreffen, unvermeidlich aber auch die Interessen der Beschäftigten berühren, sind stets von so großer Bedeutung für die Erfüllung des Amtsauftrages, dass die parlamentarische Verantwortlichkeit der Regierung für sie keine substantielle Einschränkung erfahren darf"): § 75 Abs. 1 (so ausdrücklich BVerfG), § 75 Abs. 3 Nr. 10 (Statusregelung), § 76 Abs. 1 (so ausdrücklich BVerfG) sowie § 76 Abs. 2 Nrn. 4 (Statusregelung), 5, 7 (beides Regelungen mit erheblicher Außenwirkung) und 9 (Eingriffsrecht).

1b b) In Angelegenheiten der **Stufe 1** gestattet das demokratische Prinzip grundsätzlich die uneingeschränkte Mitbestimmung der Beschäftigten. Der Gesetzgeber darf vorsehen, dass solche Maßnahmen der Entscheidung einer weisungsunabhängigen Einigungsstelle überlassen werden, falls Dienststelle und Personalvertretung nicht zu einer Einigung gelangen. Für diejenigen Fälle der Stufe 1, in denen im Einzelfall die mitbestimmungspflichtige Maßnahme wegen ihrer Auswirkungen auf das Gemeinwohl wesentlicher Bestandteil der Regierungsgewalt ist, muss der Gesetzgeber ein Letztentscheidungsrecht des parlamentarisch verantwortlichen Amtsträgers vorsehen. Dies kann in Gestalt eines Evokationsrechts, also des Rechts der obersten Dienstbehörde, die Entscheidung in der fraglichen Angelegenheit an sich zu ziehen, geschehen oder durch einen Beschluss der Einigungsstelle, der lediglich empfehlenden Charakter hat. In den Angelegenheiten der **Stufe 2** kann sich der Gesetzgeber für ein Modell entscheiden, in welchem der Beschluss der Einigungsstelle nur die Bedeutung einer Empfehlung an die oberste Dienstbehörde hat oder aber auch die Ausübung eines Evokationsrechts durch die oberste Dienstbehörde vorsehen. Dadurch, dass das Bundesverfassungsgericht in seinem Beschluss vom 24. 5. 1995 (BVerfGE 93, 37 = ZBR 1996, 15 = PersV 1995, 553 = ZfPR 1995, 185) betont, in den Angelegenheiten der **Stufe 3** verfehle eine über ein bloßes Evokationsrecht zurückgenommene Entscheidungsbefugnis des demokratisch-legitimierten und parlamentarisch verantwortlichen Amtsträgers schon im Ansatz die Anforderungen des demokratischen Prinzips, weil solche Entscheidungen einer Mediatisierung durch eine nicht volldemokratisch legitimierte Stelle unzugänglich seien, liegt es nahe, dass der Gesetzgeber in den Angelegenheiten der Stufe 3 eine Regelung vorsehen muss, die der Entscheidung der Einigungsstelle nur den Charakter einer Empfehlung an die zuständige Dienstbehörde zuweist (vgl. auch: Büge, PersR 2003, 171).
Im Übrigen ist deutlich hervorzuheben, dass es für die Einigungsstellen – wie auch für die Dienststellen und Personalvertretungen – keine Möglichkeit gibt, aufgrund des eingangs genannten Beschlusses des Bundesverfassungsgerichts Teile des Gesetzes nicht oder anders anzuwenden, als es seinem gegenwärtigen Inhalt entspricht. Fachgerichte, die sich mit einem Einigungsstellenbeschluss zu befassen haben, der eine Sachentscheidung statt einer bloßen Empfehlung enthält, werden aber prüfen müssen, ob durchgreifende Bedenken gegen die Verfassungsmäßigkeit der zugrundeliegenden Regelung bestehen. In diesem Fall haben sie die Sache nach Art. 100 GG dem Bundesverfassungsgericht vorzulegen; denn das Demokratieprinzip, aus dem das Bundesverfassungsge-

richt seine Grundsätze hergeleitet hat, gilt unmittelbar aufgrund des Grundgesetzes (vgl. auch Einl. Anm. 53; § 104 Anm. 1).

2. Aus den **Unterschieden** zwischen **der öffentlichen Verwaltung** und **der privaten Wirtschaft** ergibt sich zwangsweise auch eine Unterscheidung in den Möglichkeiten und Grenzen einer Mitbestimmung. Die **Ziele der Verwaltung** werden **vom Parlament festgelegt.** Im Bereich der privaten Wirtschaft dagegen wird das Ziel des Unternehmens ausschließlich von diesem alleine bestimmt. Die Erfüllung der vom Parlament beschlossenen Gesetze obliegt der Verwaltung, die ihrerseits dem Parlament hierfür verantwortlich ist und daher seiner Kontrolle unterliegt. Eine Kontrolle in diesem Rahmen kann aber nur aufrecht erhalten werden, solange der jeweils zuständige Minister gegenüber seinem Verwaltungsbereich nicht nur ein bloßes Kontrollrecht in der Form von Beanstandungen hat, sondern seinerseits auch Initiativen hinsichtlich der Aufgabenerfüllung ergreifen kann. Eine Schmälerung der Verantwortung des Ministers führt zu einer Unterwanderung des repräsentativen demokratischen Systems und gefährdet die parlamentarische Kontrolle, d.h. die Kontrolle des durch Wahlen von der Bevölkerung legitimierten Deutschen Bundestages (vgl. § 1 Anm. 28; Dietrich, ZBR 1974, 113; Ilbertz, Vorbem. zu § 70 LPersVG Berlin; Kröger, NJW 1975, 953; Leisner, ZZP 1961, 65; ders., Mitbestimmung im öffentlichen Dienst, S. 35 ff.; Ritter, JZ 1972, 107; Schmidt-Glaeser, DÖV 1974,152; Zeidler, DVBl. 1973, 719; vgl. im Übrigen die Hinweise bei Richardi u. a. und Fischer u. a., jeweils zu § 66; vgl. aber auch die krit. Beiträge von Sarge-Schneider, PersR 1987, 203 und von Bobke, PersR 1985, 4 ff.; vgl. auch Ziekow, PersV 2002, 482). Um ihrer Verantwortung nachkommen zu können, müssen die Regierung und im Rahmen ihrer selbstständigen Kompetenz auch ihre Mitglieder die Befugnisse haben und auch behalten, die erforderlich sind, damit sie selbstständig und dem Parlament verantwortlich ihre Funktion erfüllen können (HessStGH v. 30. 4. 1986, ZBR 1986, 250 = PersV 1986, 227, [230]). Letztere besteht – abgesehen von bestimmten, durch Verfassung oder Gesetz übertragenen Zuständigkeiten – grundsätzlich darin, „in Verantwortlichkeit gegenüber der Volksvertretung und von ihr getragen, der gesamten Staatstätigkeit eine bestimmte Richtung zu geben und für die Einhaltung dieser Linie durch die ihr unterstellten Instanzen zu sorgen“ (BVerfG v. 27. 4. 1959, BVerfGE 9, 268 [281] = ZBR 1959, 152 = PersV 1958/59, 234). Die **Verantwortlichkeit der Regierung** gegenüber dem Parlament setzt demnach ihre selbstständige politische Entscheidungsgewalt voraus, „denn Verantwortung kann nicht tragen, wer in seiner Entscheidung inhaltlich im vollen Umfang an die Willensentscheidung eines anderen gebunden ist“ (BayVerfGH v. 10. 3. 1951, BayVerfGHE 4, 30 [47]). Aus diesem **Grundsatz der parlamentarischen Verantwortlichkeit der Regierung** und daraus, dass sie nur für das verantwortlich sein kann, was sie auch zu entscheiden hat, ergibt sich jedoch nicht, dass die Regierung – abgesehen von der faktischen Unmöglichkeit der Regelung jeder Detailfrage durch sie – die rechtliche Möglichkeit haben muss, jede Entscheidung auf dem Gebiet der Staatsverwaltung selbst zu treffen oder für sie Weisungen bzw. Richtlinien zu geben. Es ist durchaus zulässig, Verwaltungsentscheidungen durch gesetzliche oder sonstige Regelungen aus dem Aufgabenbereich und der Entscheidungsbefugnis der Regierung herauszunehmen und zum Beispiel der Einigungsstelle zu übertragen, sofern es nicht erforderlich ist, dass die Regierung diese Entscheidungen selbst treffen oder maßgeblich beeinflussen können muss, um die Richtung der Staatstätigkeit zu bestimmen und für deren Einhaltung durch den ihr unterstellten Verwaltungsapparat zu sorgen und hierfür gegenüber dem Parlament die Verantwortung übernehmen zu können. Hierbei kann es sich jedoch nur um Staats- 2

geschäfte minderer politischer Wichtigkeit und Bedeutung handeln (HessStGH v. 30. 4. 1986, aaO). „Wohl aber gibt es Regierungsaufgaben, die wegen ihrer politischen Tragweite nicht generell der Regierungsverantwortung entzogen und auf Stellen übertragen werden können, die von Regierung und Parlament unabhängig sind; andernfalls würde es der Regierung unmöglich gemacht, die von ihr geforderte Verantwortung zu tragen, da auf diese Weise unkontrollierte und niemand verantwortliche Stellen Einfluss auf die Staatsverwaltung gewinnen würden" (BVerfG v. 27. 4. 1959, aaO). Zu berücksichtigen aber ist stets, dass das Mitbestimmungsrecht nicht auf die Aufgabenstellung einer Behörde bzw. auf die Erfüllung der Aufgaben gerichtet sein kann. Der Mitbestimmung können immer nur solche Maßnahmen unterliegen, die sich direkt an die Beschäftigten wenden, nicht aber solche, mit denen sich eine Dienststelle im Rahmen ihrer Aufgabenerfüllung gegenüber Dritten nach außen wendet (BVerwG v. 7. 3. 1983, PersV 1984, 240; BVerwG v. 24. 9. 1991, BVerwGE 89, 65 = Leits. ZBR 1992, 91 = PersV 1992, 161 = ZfPR 1992, 47; VGH München v. 17. 9. 1992 –17 P 92.2174, n. v.). Eine „Allzuständigkeit" des Personalrats in der von Plander vorgeschlagenen Form (PersR 1989, 238) ist verfassungsrechtlich solange unbedenklich als das Letztentscheidungsrecht der Regierung und anderer parlamentarisch verantwortlicher Stellen (§ 104 Satz 3) gewahrt bleibt.

3 3. **Grundgedanke der Mitbestimmung** nach dem Personalvertretungsrecht ist es, den Beschäftigten bei den sie betreffenden innerdienstlichen Maßnahmen eine Mitsprachebefugnis einzuräumen, die verhindern soll, dass schutzwürdige Interessen durch Maßnahmen der Dienststelle beeinträchtigt werden. Dem möglichen Missbrauch der Befugnisse von Dienststellenleitern soll durch die Institution Personalvertretung vorgebeugt werden. Die Beteiligungsrechte sind daher ein wichtiges Mittel zur Wahrung der Menschenwürde und der Persönlichkeitsentfaltung in der Dienststelle. Sie wurzeln im Sozialstaatsgedanken und gehen auf Vorstellungen zurück, die auch den Grundrechtsverbürgungen der Art. 1, 2, 5 Abs. 1 GG zugrunde liegen (BVerfG v. 26. 5. 1970, BVerfGE 28, 314 = PersV 1970, 260; vgl. auch Daubler, PersR 1988, 65).

4 4. Die **Beteiligungsrechte der Personalvertretung** sind in ihrer Intensität unterschiedlich ausgestaltet. Oberbegriff ist die „Beteiligung". Die einzelnen Rechte der Personalvertretungen in personellen, sozialen und organisatorischen Angelegenheiten sind je nach ihrer Auswirkung in der Form der Mitbestimmung, der Mitwirkung, der Anhörung und der Beratung ausgestaltet (vgl. hierzu: BVerwG v. 12. 1. 1962, BVerwGE 13, 291 = ZBR 1962, 156 = PersV 1962, 160). Im Rahmen der Beteiligungsrechte ist die Personalvertretung gleichberechtigter Partner des Dienststellenleiters (vgl. OVG Rheinland-Pfalz v. 26. 1. 1982, PersV 1983, 27: „... ist es dem Personalrat als **dem Dienststellenleiter gleichberechtigt gegenüberstehender Partner** grundsätzlich gestattet ..."; vgl. auch BVerwG v. 26. 11. 1982, ZBR 1983, 132, 310 = PersV 1983, 376: „... Personalvertretung, die zwar ein dienststelleninternes Organ ist, der Dienststelle aber im Rahmen ihrer Aufgaben gleichberechtigt gegenübersteht ...").

5 a) Die **Mitbestimmung** ist die weitestgehende Form der Beteiligung der Personalvertretung. Sie schließt grundsätzlich auch ein **Initiativrecht** ein als Ausdruck gleicher Rechte für Dienststellenleiter und Personalvertretung. Nach § 69 kann die Dienststelle eine der Mitbestimmung unterliegende Maßnahme nur mit Zustimmung der Personalvertretung treffen. Kommt es zwischen Dienststelle und Personalvertretung nicht zu einer Einigung, so

kann die Einigungsstelle eine beide Seiten bindende Entscheidung treffen. Im Hinblick auf die vorstehend erwähnten verfassungsrechtlichen Schranken kann die Einigungsstelle in einigen Fällen lediglich eine Empfehlung an die dann zur endgültigen Entscheidung aufgerufene oberste Dienstbehörde aussprechen (§ 76, § 85 Abs. 1 Nr. 7). Damit in Verbindung steht das Initiativrecht der Personalvertretung nach § 70, das einerseits eine verbindliche Entscheidung der Einigungsstelle ermöglicht (Abs. 1), zum anderen ebenfalls wieder lediglich eine empfehlende Beschlussfassung der Einigungsstelle an die oberste Dienstbehörde auslöst (Abs. 2). **Mitbestimmung bedeutet, dass Dienststelle und Personalvertretung** in Erfüllung gleicher Aufgaben und Pflichten **gleichberechtigt an der Willensbildung beteiligt** sind, die der von der Dienststelle beabsichtigten und durchzuführenden (§ 74) Maßnahme vorangeht. Das Mitbestimmungsrecht der Personalvertretung beschränkt die alleinige Entscheidungsbefugnis des Dienstherrn, während die Mitwirkung (§ 72) auf seine Entscheidung „nur Einfluss nehmen kann" (BVerwG v. 12. 1. 1962, BVerwGE 31, 291 = ZBR 1962, 156 = PersV 1962, 160). Die Beteiligung der Personalvertretung besteht in der Zustimmung zu einer von der Dienststelle beabsichtigten Maßnahme oder ihrer (vollen oder teilweisen) Ablehnung. Die Personalvertretung kann aber im Rahmen eines konkreten Mitbestimmungsfalles nicht über den Weg eines Initiativantrags eine andere als die von der Dienststelle beabsichtigte Maßnahme verlangen (BVerwG v. 13. 2. 1976, BVerwGE 50, 186 = ZBR 1976, 228 = PersV 1977, 183). Wieweit eine Maßnahme der Mitbestimmung unterliegt, ergibt sich aus den Vorschriften der §§ 75 ff. Die der Mitbestimmung unterworfenen Angelegenheiten sind in den **Katalogen der §§ 75, 76 abschließend aufgeführt.** Beteiligungsrechte können sich daher nur aus diesen Bestimmungen ergeben. Ein einzelner Beschäftigter kann der Personalvertretung kein Beteiligungsrecht unabhängig vom Gesetz „verschaffen", auch dann nicht, wenn er die Personalvertretung an einem Sicherheitsgespräch beteiligen möchte (OVG Münster v. 7. 12. 1978, PersV 1980, 285). Der Personalvertretung steht jedoch schon ein förmliches Mitbestimmungsrecht an solchen Maßnahmen zu, die eine Vorentscheidung für eine mitbestimmungspflichtige Maßnahme sind (BVerwG v. 22. 8. 1979, Leits. ZBR 1981, 231 = PersV 1981, 202). Dem Mitbestimmungsrecht der Personalvertretung steht nicht entgegen, dass zuvor eine übergeordnete Dienststelle oder beispielsweise mehrere Ministerien gleichzeitig eine Regelung festlegen, die vom Leiter der Dienststelle für seinen Zuständigkeitsbereich umgesetzt wird; denn mit dieser „Umsetzung" wird eine konkrete personalvertretungsrechtlich erhebliche Maßnahme beabsichtigt (BVerwG v. 19. 10. 1983 – 6 P 16.81 – Buchholz 238.31 § 79 Nr. 4; vgl. hierzu auch § 69 Anm. 7; § 82 Anm. 6). An dem Mitbestimmungsrecht einer Personalvertretung ändert nichts die Tatsache, dass eine interne Bindung des zuständigen Dienststellenleiters an die Rechtsauffasung einer übergeordneten Dienststelle besteht. Gleiches gilt im Falle einer Weisung der übergeordneten Dienststelle (BVerwG v. 18. 4. 1986, ZBR 1986, 308 = PersV 1987, 157; BVerwG v. 22. 8. 1988, ZBR 1989, 81). Anders ist die Rechtslage nur dann zu beurteilen, wenn bei verwaltungsinternen Richtlinien und Weisungen die Dienststelle der nachgeordneten Verwaltungsebene gewissermaßen nur die Funktion eines „Briefträgers" wahrnimmt. Für diesen Fall steht der Personalvertretung ebensowenig ein Mitbestimmungsrecht zu wie dann, wenn eine Dienststelle lediglich auf eine gesetzliche oder tarifliche Regelung hinweist und um deren Beachtung bittet (BVerwG v. 30. 11. 1982, Leits. ZBR 1984, 54 = PersV 1983, 411; BVerwG v. 24. 9. 1985, PersV 1988, 353; OVG Münster v. 3. 7. 1986, PersV 1989, 28; vgl. auch § 69 Anm. 7). Das Mitbestimmungsrecht der Personalvertretung besteht nur dort, wo der Dienststelle bei ihrer Entscheidung ein Ermessen zusteht. Wenn der Dienststellenleiter selbst bei der Ausübung seines Direktionsrechts keinen Entscheidungsspielraum mehr für eine bestimmte Regelung hat, entfällt ein Mitbestimmungsrecht (vgl. für das BetrVG: BAG v. 26. 5. 1988, BAGE 58, 297 = BB 1988, 1182, 1894, 2316 = DB 1988, 1276, 2055). Es ist auch gegenüber **normvollziehenden Maßnahmen** gegeben (Kontrollfunktion). Dies gilt auch im Rahmen tariflicher Einstufungsmaßnahmen; denn die Personalvertretung soll auf die Einhaltung des Tarifgefüges in der Dienststelle achten und damit gleichzeitig zur Wahrung des Friedens beitragen. Sie kann verhindern, dass durch eine mehr oder minder wohlwollende Beurteilung z. B. im Rahmen **korrigierender Höhergruppierung** einzelne Angestellte bevorzugt, andere dagegen benachteiligt werden (BVerwG v. 13. 2. 1976, aaO; vgl. auch für das BetrVG: BAG v. 9. 10. 1970, BAGE 22, 448). Ebensowenig wird das Mitbestimmungsrecht der Personalvertretung dann beeinträchtigt, wenn eine Maßnahme durchgeführt werden soll, die auf Bitten einer außenstehenden Stelle an den Dienststellenleiter herangeführt worden ist. Dieser nämlich setzt die Maßnahme gegenüber den Beschäftigten um. Infolgedessen hat die zuständige Personalvertretung dann mitzubestimmen, wenn ein Landesrechnungshof einem Dienststellenleiter zur Prüfung der Haushalts- und Wirtschaftsführung Personalfragebogen mit der Bitte zuleitet, diese von den Beschäftigten ausfüllen zu lassen (BVerwG v. 2. 8. 1989, ZBR 1990, 52 = PersV 1990, 170 = ZfPR 1989, 173 m. Anm. von Ilbertz). Ein Mitbestimmungsrecht der Personalvertretung ist auch dann gegeben, wenn sich ein Dienststellenleiter zu einer mitbestimmungspflichtigen Maßnahme (Verlängerung eines ursprünglich wirksam befristeten Arbeitsvertrages oder Umwandlung eines befristeten in ein unbefristetes Arbeitsverhältnis) in einem gerichtlichen Vergleich verpflichtet hat (BVerwG v. 25. 8. 1988, ZBR 1989, 81 = PersV 1989, 271; BVerwG v. 1. 2. 1989, PersV 1989, 354 = ZfPR 1989, 105). Die Personalvertretung kann aber im Rahmen ihres Mitbestimmungsrechts nicht gegen das Gesetz statuarisches Recht setzen. Insbesondere kann sie nicht Aufgaben auf andere Einrichtungen delegieren (BVerwG v. 5. 2. 1971, ZBR 1971, 285 = PersV 1971, 271). Erst recht kann die Personalvertretung nicht auf ihr gesetzlich zustehende Mitbestimmungsbefugnisse mit Wirkung für die Zukunft verzichten (BVerwG v. 16. 7. 1977, ZBR 1978, 207).

6 b) Demgegenüber gewährt das **Mitwirkungsrecht der Personalvertretung ein Einspruchsrecht,** das die Einschaltung der im Instanzenzug übergeordneten Dienststellen dann zur Folge hat, wenn die (örtliche) Dienststelle dem Einspruch nicht Rechnung trägt. Auch das Mitwirkungsverfahren gibt den Weg bis zur obersten Dienstbehörde frei, allerdings mit der Maßgabe, dass die Einigungsstelle nicht eingeschaltet wird, sondern die Letztentscheidung bei der obersten Dienstbehörde in jedem Fall selbst liegt. Ein dem im Mitbestimmungsverfahren vorgesehenen Initiativrecht vergleichbares Recht sieht das Gesetz für Mitwirkungsangelegenheiten nicht vor. Die Fälle, in denen einer Personalvertretung ein Mitwirkungsrecht zusteht, sind in § 78 Abs. 1 und § 79 Abs. 1 geregelt.

7 c) Neben diesen verfahrensmäßig besonders ausgestalteten Beteiligungsrechten steht der Personalvertretung **eine Reihe schwächerer Beteiligungsrechte in Form der Anhörung und der Beratung** zu (§ 78 Abs. 3 Satz 1, § 78 Abs. 3 Satz 3, § 78 Abs. 4, § 78 Abs. 5 und § 79 Abs. 3). Darüber hinaus hat sie allgemeine, ebenso verfahrensmäßig nicht besonders ausgestaltete **Initiativrechte** (§ 68 Abs. 1, § 78 Abs. 3 bis 5, § 79 Abs. 3, §§ 80, 81). Ein Instanzenzug wie im Rahmen des Mitbestimmungs- oder Mitwirkungsverfahrens ist nicht vorgesehen. Im Gegensatz z. B. zum Mitwirkungsverfahren ist der

Leiter einer Dienststelle bei der Anhörung nicht gehalten, mit der Personalvertretung eine bestimmte Maßnahme zu erörtern oder sie mündlich anzuhören (OVG Münster v. 18. 2. 1998, Leits. PersV 1998, 525, n. rkr.) und sich mit den vorgebrachten Einwendungen im Einzelnen auseinanderzusetzen (BVerwG v. 24. 11. 1983, BVerwGE 68, 189; vgl. auch OVG Münster v. 18. 2. 1998, Leits. ZfPR 1999, 32). Wohl aber ist der Dienststellenleiter verpflichtet sicherzustellen, dass die Anhörung in jedem Fall vor Erlass der beabsichtigten Maßnahme erfolgt. Andernfalls nämlich würde die Personalvertretung vor vollendete Tatsachen gestellt, die von ihr vorgetragenen Bedenken könnten einfach beiseite geschoben werden. Es darf daher die beabsichtigte Maßnahme zum Zeitpunkt der Anhörung noch nicht eingeleitet sein, damit die Personalvertretung die Möglichkeit hat, dem Dienststellenleiter noch ihre Wünsche und Einwendungen zur Kenntnis zu bringen (BVerwG v. 27. 11. 1991, Leits. ZBR 1992, 251 = PersV 1992, 228).

d) Der Gesetzgeber hat **abschließend** die Fälle geregelt, in denen die **Perso-** 8
nalvertretung zu beteiligen ist. Eine Personalvertretung kann daher weder auf die Beteiligung verzichten (BVerwG v. 16. 7. 1977, ZBR 1978, 207) noch die ihr zustehenden Beteiligungsrechte delegieren. Ebensowenig ist es der Dienststelle gestattet, zusätzliche Rechte einzuräumen (Fischer u. a., vor § 77 Anm. 17, 18; Ilbertz, § 6 Anm. 8 LPersVG Berlin). Dies geht auch nicht über den Weg einer Dienstvereinbarung, da sich der Dienststellenleiter insoweit nicht seiner Entscheidungskompetenz begeben darf (BVerwG v. 11. 12. 1991, Leits. ZBR 1992, 251 = PersV 1992, 256 = ZfPR 1992, 136). Das hindert den Leiter der Dienststelle aber selbstverständlich nicht daran, im Zusammenhang mit der Ausgestaltung des Grundsatzes der vertrauensvollen Zusammenarbeit (§ 2 Abs. 1) die Personalvertretung auch in solchen Angelegenheiten einzuschalten, die weder der Mitbestimmung noch der Mitwirkung unterliegen. Ein förmlich ausgestaltetes Verfahren gibt es in diesen Fällen allerdings nicht, so dass die Personalvertretung lediglich eine Stellungnahme abgeben kann (Ilbertz in Anm. zu BVerwG v. 2. 8. 1989, ZBR 1990, 52 = PersV 1990, 170 = ZfPR 1989, 173; vgl. auch Schleicher, PersV 1990, 457; vgl. auch Fischer u. a., Vorbem. vor § 75 Anm. 1; Lorenzen u. a., vor §§ 75–81 Anm. 11). Auch ist darauf hinzuweisen, dass im Rahmen eines Monatsgesprächs **„alle Vorgänge, die die Beschäftigten wesentlich berühren"**, besprochen werden sollen. Beide Seiten haben dabei auf einen Konsens hinzuarbeiten; denn sie sollen „mit dem ernsten Willen zur Einigung" miteinander verhandeln und „Vorschläge für die Beilegung von Meinungsverschiedenheiten" machen (§ 66 Abs. 1 Satz 3). Außerdem darf in diesem Zusammenhang nicht übersehen werden, dass der Personalvertretung gemäß § 68 Abs. 1 Nr. 1 die Pflicht obliegt, „Maßnahmen, die der Dienststelle und ihren Angehörigen dienen, zu beantragen". Andererseits kann die Verwaltung nicht durch Aufstellen von Richtlinien **Mitbestimmungstatbestände,** die Rechte von Beschäftigten betreffen, **unterlaufen.** Gleiches gilt in bezug auf solche Richtlinien, mit denen offene Gesetzesbegriffe durch die Verwaltung konkretisiert werden. An diese Auslegung ist die Einigungsstelle nicht gebunden, weil ihre Entscheidungsbefugnis sich ausschließlich an Rechtsvorschriften ausrichtet (BVerwG v. 9. 7. 1980, Leits. ZBR 1982, 190 = PersV 1981, 369; vgl. auch § 71 Anm. 23).

e) Wenn **zwei unterschiedliche Beteiligungstatbestände,** die zum einen der 9
Mitbestimmung und zum anderen der Mitwirkung der Personalvertretung unterliegen (z. B. wenn in einer Verwaltungsanordnung auch mitbestimmungspflichtige Angelegenheiten geregelt werden), zusammentreffen, dann geht die schwächere Beteiligungsform nicht ohne weiteres vor. Die Beschränkung der Beteiligung des Personalrats auf ein Mitwirkungsrecht bei der Vor-

bereitung von Verwaltungsanordnungen nach § 78 Abs. 1 Nr. 1 schließt nicht aus, dass die Verwaltungsanordnung ganz oder teilweise der Mitbestimmung unterliegt (BVerwG 19. 5. 2003, ZBR 2003, 433 = PersV 2003, 339 = ZfPR 2003, 267; BVerwG v. 1. 9. 2004, ZBR 2005, 49 = PersV 2005, 59 = ZfPR 2004, 293; vgl. auch § 76 Anm. 39, 41 sowie § 78 Anm. 8a). Unter dem Gesichtspunkt der so genannten Schutzzweckgrenze (BVerfG v. 24. 5. 1995, BVerfGE 93, 37 = ZBR 1996, 15 = PersV 1995, 553 = ZfPR 1995, 185) ist die Mitbestimmung des Personalrats nur ausgeschlossen, wenn die in Rede stehende Maßnahme keinen innerdienstlichen Charakter aufweist. Bei einer eine Außenwirkung erzielenden Maßnahme, die die Interessen der Beschäftigten berührt, entfällt entgegen der früheren Rechtsprechung (BVerwG v. 2. 10. 1995, BVerwGE 99, 295 = Leits. ZBR 1996, 221 = PersV 1996, 317 = ZfPR 1996, 79) das Mitbestimmungsrecht nicht insgesamt. Vielmehr haben sich Dienststellenleiter und Personalvertretung über die der Mitbestimmung unterliegende Maßnahme nach den Vorgaben des § 69 Abs. 2 bis 3 zu verständigen. Gelingt dies nicht und wird die Einigungsstelle angerufen, so steht dieser nur ein Empfehlungs-, aber kein Letztentscheidungsrecht zu (BVerwG v. 19. 5. 2003, aaO). Mit dieser Entscheidung trägt das Bundesverwaltungsgericht der durch das Bundesverfassungsgericht (BVerfG v. 24. 5. 1995, aaO) vorgegebenen Neuausrichtung der Mitbestimmung im öffentlichen Dienst Rechnung. Das Bundesverfassungsgericht (vgl. auch Einl. Anm. 53, vor § 66 Anm. 1, § 104 Anm. 1) hatte die Grundsätze der Schutzzweckgrenze und der Verantwortungsgrenze hervorgehoben und ausgeführt, dass aus dem demokratischen Prinzip das Gebot herzuleiten ist, wonach die Mitbestimmung einschließlich eines Letztentscheidungsrechts der Einigungsstelle sich nur auf innerdienstliche Maßnahmen erstrecken und nur so weit gehen dürfe, wie die spezifischen, im Beschäftigungsverhältnis angelegten Interessen der Beschäftigten dies rechtfertigen würden. Diesen Gedanken hat das Bundesverwaltungsgericht nunmehr aufgegriffen und als innerdienstliche Maßnahmen alle Entscheidungen im internen Bereich von Regierung und Verwaltung bezeichnet und darauf hingewiesen, dass durch sie die Beschäftigten in ihren spezifischen Interessen als Beamte und Arbeitnehmer berührt werden. Deshalb auch sind die Beteiligungsrechte der Personalvertretung bei der Vorbereitung von Verwaltungsanordnungen (§ 78 Abs. 1 Nr. 1) nicht auf das dort geregelte Mitwirkungsrecht beschränkt. Vielmehr kann die Personalvertretung, falls in der Verwaltungsanordnung auch Tatbestände enthalten sind, die der Mitbestimmung unterliegen (§§ 75, 76), von ihrem Mitbestimmungsrecht Gebrauch machen (BVerwG v. 10. 1. 2006, PersV 2006, 177 = ZfPR 2006, 38; vgl. auch Gronimus, PersR 2003, 471).

10 f) Wird zwischen Personalvertretung und Dienststellenleiter vereinbart, eine **mitbestimmungspflichtige Maßnahme nur für eine bestimmte Dauer** durchzuführen, dann darf der Dienststellenleiter nach Ablauf der Frist auch nicht in eingeschränkter Form ohne Zustimmung der Personalvertretung die Maßnahme fortführen. Dies gilt auch dann, wenn die vollständige Einstellung der Maßnahme mit finanziellen Nachteilen für die Dienststelle verbunden wäre (OVG Münster v. 19. 2. 1986, PersV 1987, 203).

11 5. Die Beteiligungsrechte der Personalvertretung schließen selbstverständlich **Eigeninitiativen der Beschäftigten** nicht aus. Dies ergibt sich u. a. schon daraus, dass in bestimmten Einzelfällen die Personalvertretung lediglich auf Antrag des betroffenen Beschäftigten tätig werden kann (z. B. § 75 Abs. 2, § 76 Abs. 2 Nr. 9, § 77 Abs. 1).

12 6. Als **gleichberechtigter Partner des Dienststellenleiters** (BVerwG v. 26. 11. 1982 = ZBR 1983, 132, 310 = PersV 1983, 376) ist die Personalvertretung im Interesse einer sachverständigen Mitarbeit grundsätzlich auf Vorlage aller der Unterlagen angewiesen, die auch dem Leiter der Dienststelle bei seiner Meinungsbildung zur Vorbereitung einer beteiligungspflichtigen Maßnahme zur Verfügung gestanden haben. Die Personalvertretung muss in der Lage sein nachzuvollziehen, weshalb beispielsweise der Leiter einer Dienststelle einen bestimmten Beamten aus einer größeren Zahl von Mitbewerbern befördern will. Die **Personalvertretung muss** daher **alle entscheidenden Gesichtspunkte kennen, um ihr Beteiligungsrecht sachgerecht ausüben zu können** (BAG v. 5. 2. 1981, PersV 1983, 73 = DB 1982, 1171; vgl. im Einzelnen § 68 Anm. 2, 36 ff.). Das **Informationsrecht der Personalvertretung gilt in gleicher Weise für die förmlichen Beteiligungsrechte** (Mitbestimmung, Mitwirkung, Anhörung) **wie für die allgemeinen Aufgaben** (§ 68 Abs. 1). Gleiches gilt für die Vorlagepflicht der Dienststelle (BVerwG v. 27. 7. 1983, ZBR 1984, 79 = PersV 1985, 66). Eine Vorlage der Dienststelle, die den Anforderungen des § 68 Abs. 2 nicht genügt, ist unvollständig; durch sie kann ein ordnungsgemäßes Mitbestimmungsverfahren nicht eingeleitet werden. Die Erklärungsfrist des § 69 Abs. 2 Satz 3 beginnt erst mit dem Zeitpunkt zu laufen, zu dem die Personalvertretung ausreichend unterrichtet worden ist (BVerwG v. 10. 8. 1987, ZBR 1988, 258 = PersV 1988, 357 = ZfPR 1989, 17). Zwar ist der Informationsanspruch der Personalvertretung innerhalb der Vorschriften über die allgemeinen Aufgaben geregelt. Aber sowohl im Rahmen der Wahrnehmung dieser Aufgaben wie auch der Mitbestimmungs-, Mitwirkungs- und Anhörungsaufgaben ist der Personalvertretung die ordnungsgemäße und sachgerechte Ausübung dieser Rechte nur dann möglich, wenn sie ausreichende Kenntnis über die Vorgänge und Umstände besitzt, die als Grundlage ihrer Willensbildung unentbehrlich sind (BAG v. 5. 2. 1981, aaO; vgl. auch BVerwG v. 27. 7. 1983, aaO sowie BVerwG v. 10. 8. 1987, aaO). Zu einer umfassenden Unterrichtung gehört deshalb auch die Begründung der beabsichtigten Maßnahme. Die in § 69 Abs. 2 Satz 2 für das Mitbestimmungsverfahren enthaltene Regelung, wonach die Personalvertretung verlangen kann, „dass der Leiter der Dienststelle die beabsichtigte Maßnahme begründet", stellt lediglich eine Klarstellung dar.

7. Der Personalvertretung steht **kein allgemeines Recht** gegenüber dem Dienststellenleiter **auf Unterlassung** solcher Handlungen zu, die gegen Mitbestimmungs- oder Mitwirkungsrechte verstoßen. Dem Dienststellenleiter kann nicht auf Antrag der Personalvertretung durch einstweilige Verfügung untersagt werden, eine der Mitbestimmung unterliegende Maßnahme zu treffen oder aufrechtzuerhalten. Das BVerwG vertritt die Auffassung, der die Oberverwaltungsgerichte und Verwaltungsgerichtshöfe folgen, dass der Personalvertretung nicht das im Beschlussverfahren verfolgbare – und damit erst recht nicht im Verfahren der einstweiligen Verfügung zu sichernde – Recht zusteht, der Dienststelle die Durchführung bestimmter, der Mitbestimmung unterliegender Maßnahmen zu untersagen (BVerwG v. 15. 12. 1978, ZBR 1980,59; VGH Mannheim v. 2. 7. 2002, Leits. ZfPR 2003, 141; Widmaier, ZfPR 1989, 79). Zur Begründung verweist das BVerwG darauf, dass die §§ 23 Abs. 3, 101 BetrVG dem Betriebsrat Ansprüche darauf gewähren, der Mitbestimmung unterliegende Maßnahmen zu unterlassen oder rückgängig zu machen derart, dass der Arbeitgeber hierzu durch gerichtliche Ver- und Gebote zu zwingen ist, im Personalvertretungsrecht hingegen Vorschriften solchen Inhalts fehlen. Die Rechtsprechung gewährt der Personalvertretung sonach keinen Abwehr-, Rückgängigmachungs- oder Unterlassungsanspruch gegen den Dienststellenleiter (BVerwG v. 6. 12. 1968, BVerwGE 17, 252; VGH Mannheim v. 11. 1. 1983, PersV 1985, 332; VGH München v. 19. 10. 1983, PersV 1985, 335; Wid- 13

maier, PersV 2000, 50). Im Wege einer einstweiligen Verfügung kann daher auch nicht die vorläufige Feststellung der Verletzung der Beteiligungsrechte der Personalvertretung begehrt werden (VGH Kassel v. 2. 12. 1987, PersV 1989, 38). Nach der ständigen Rechtsprechung der Oberverwaltungsgerichte soll dies sogar dann gelten, wenn das Beteiligungsrecht der Personalvertretung unwiderbringlich vereitelt wird, indem die betreffende Maßnahme ohne ihre Beteiligung ergeht (VGH Kassel v. 23. 9. 1981 – HPV TL 5/80 und v. 14. 4. 1982 – HPV TL 10/82, n. v.; VGH München v. 19. 10. 1983, aaO). Ein Unterlassungsanspruch ergibt sich weder aus dem Wortlaut des Gesetzes noch aus den Beteiligungsrechten, die der Personalvertretung eine bestimmte Berechtigung gewähren, aber keinen Anspruch auf ein bestimmtes Verhalten eines Dienststellenleiters einräumen. Die Unwirksamkeit der Zustimmung der Personalvertretung allein rechtfertigt nicht den Erlass einer einstweiligen Verfügung auf Unterlassung, weil die Entscheidung in einem Hauptsacheverfahren grundsätzlich nur auf die Feststellung beschränkt ist, ob der Personalvertretung ein Zustimmungsrecht zusteht, und in einem Eilverfahren nicht mehr als in einem Hauptsacheverfahren zuerkannt werden darf (VGH Kassel v. 11. 11. 1987, PersV 1989, 39). Der Dienststelle kann auch nicht im Wege einer einstweiligen Verfügung aufgegeben werden, eine nach § 69 Abs. 5 erlassene vorläufige Regelung aufzuheben bzw. deren Verlängerung zu unterlassen (VGH Mannheim v. 6. 7. 1982, PersV 1985, 331; OVG Bremen v. 14. 11. 1985, ZBR 1986, 23 = PersV 1987, 108; VGH München v. 26. 3. 1986, Leits. PersR 1987, 42; VGH Mannheim v. 2. 12. 1986, ZBR 1987, 224; vgl. auch § 69 Anm. 43). Ebensowenig kann einem Dienststellenleiter ein bestimmtes Handeln im Wege einer einstweiligen Verfügung aufgegeben werden. Wohl aber wird eine einstweilige Verfügung mit der Verpflichtung des Dienststellenleiters, „das Beteiligungsverfahren einzuleiten und/oder ihm einstweilen Fortgang zu geben", bejaht (BVerwG v. 27. 7. 1990, ZBR 1990, 354 m. Anm. von Albers = PersV 1991, 29 = ZfPR 1991, 19 m. Anm. von Ilbertz; ebenso VGH München v. 19. 2. 1992, PersR 1992, 459; aA OVG Münster v. 14. 10. 1991, PersR 1992, 68 m. Anm. von Manstetten; zur einstweiligen Verfügung vgl. § 83 Anm. 25). Ein personalvertretungsrechtliches Verfahren dient im Übrigen in erster Linie der Klärung von Rechtspositionen, nicht aber der Durchsetzung von Ansprüchen (VGH Kassel v. 28. 9. 1982 – BPV TK 14/82, n. v.). Im Übrigen hat der Gesetzgeber offensichtlich abschließend die Folgen aus einem Verstoß des Dienststellenleiters gegen ausdrücklich normierte Verpflichtungen geregelt. So ist die ohne Zustimmung der Personalvertretung ausgesprochene Kündigung „unwirksam, wenn der Personalrat nicht beteiligt worden ist" (§ 79 Abs. 4; vgl. im Übrigen § 69 Anm. 37 ff.).

14 8. Eine Personalvertretung hat **keinen Anspruch darauf, dass der Dienststellenleiter eine Maßnahme,** der zugestimmt worden ist, **auch tatsächlich trifft.** Der Antrag auf Zustimmung zu einer mitbestimmungspflichtigen Maßnahme einerseits und die Zustimmung der Personalvertretung andererseits begründen keinen Vertrag mit der Folge, dass die Dienststelle zur Durchführung der Maßnahmen auch tatsächlich verpflichtet wäre. Wenn eine Personalvertretung einer mitbestimmungspflichtigen Maßnahme zugestimmt hat, so bedeutet dies gem. § 69 Abs. 1 lediglich, dass die Dienststelle nunmehr die Maßnahme treffen kann (VGH München v. 30. 11. 1994, PersR 1995, 219). Eine andere Beurteilung ergibt sich auch nicht aus § 74 Abs. 1; denn nach dieser Vorschrift wird das Direktionsrecht des Leiters der Dienststelle nur dahingehend umschrieben, dass er grundsätzlich allein befugt ist, eine mitbestimmungspflichtige Maßnahme auszuführen. Wenn also der Leiter einer Dienststelle nach Zustimmung der Personalvertretung zu einer

mitbestimmungspflichtigen Maßnahme diese Maßnahme nicht durchführt, dann unterliegt auch die Unterlassung nicht dem Mitbestimmungsrecht der Personalvertretung (OVG Hamburg v. 5. 4. 1982, PersV 1984, 245).

9. Da der Leiter einer Dienststelle auch zur Beachtung interner Regelungen 15
verpflichtet ist und da ihm keine Ermessensentscheidung darüber zusteht, wie er bei Vorliegen solcher Regelungen eine bestimmte Angelegenheit behandelt, ist eine Personalvertretung bei der **Aufhebung von Maßnahmen,** die gegen interne Organisationsverfügungen verstoßen, nicht zu beteiligen. Gleiches gilt bei der Rücknahme von personellen Maßnahmen, denen die Personalvertretung bereits zugestimmt hat, wenn sich nachträglich begründete Zweifel an der Verfassungstreue eines Beamten ergeben (OVG Münster v. 10. 12. 1979, Leits. PersV 1986, 434). Ebensowenig unterliegt die Aufhebung dienstlicher Anordnungen, die offensichtlich rechtswidrig waren, der Mitbestimmungspflicht der Personalvertretung; denn auch die Personalvertretung selbst ist an den Grundsatz der Gesetzmäßigkeit der Verwaltung (Art. 20 Abs. 3 GG) gebunden, so dass sie die Zustimmung zu einer Maßnahme, mit der ein rechtmäßiger Zustand wiederhergestellt werden soll, nicht verweigern kann (BVerwG v. 9. 10. 1991, ZBR 1992, 107 = PersV 1992, 163 = ZfPR 1992, 4).

10. Im Zusammenhang mit der Überprüfung des Hessischen Personalver- 16
tretungsgesetzes durch den Hessischen Staatsgerichtshof (vgl. Urt. v. 30. 4. 1986, ZBR 1986, 250 = PersV 1986, 227) ist auch die Frage der Verfassungsmäßigkeit solcher Bestimmungen diskutiert worden, die die **Einführung und Anwendung neuer Techniken** betreffen. Selbstverständlich ist, dass auch in diesem Zusammenhang der Grundsatz des Letztentscheidungsrechts zu beachten ist, so dass Entscheidungen in organisatorischen Angelegenheiten nicht den Stellen entzogen werden dürfen, die der Volksvertretung verantwortlich sind (vgl. § 104). Deshalb muss bei der Einführung von neuen Techniken die der Volksvertretung jeweils verantwortliche Stelle letztlich die Entscheidung treffen (vgl. § 75 Anm. 199). Das Letztentscheidungsrecht wird allerdings nicht dadurch berührt, dass langwierige Mitwirkungs- und Mitbestimmungsverfahren zu durchlaufen sind. Solange es also nicht um die Beteiligung an der organisatorischen Entscheidung selbst geht, sondern allein darum, entsprechend dem Schutzzweck der einschlägigen Bestimmungen auf die die Beschäftigten am wenigsten beeinträchtigenden Maßnahmen hinzuwirken, ist das Letztentscheidungsrecht nicht berührt (Löwisch, PersV 1987, 360, 365).

Schrifttum: Albers, Auswirkungen der Entscheidung des Bundesverfassungsgerichts zum Mitbestimmungsgesetz Schleswig-Holstein auf das BPersVG, PersR 1995, 501; Battis, Personalvertretung und Verfassung – kein Ende der Debatte, PersV 2005,286; ders./Kersten, Demokratieprinzip und Mitbestimmung im öffentlichen Dienst, DÖV 1996, 584; Battis/Nebel, Auswirkungen der Föderalismusreform auf das öffentliche Dienstrecht, PersR 2007,48; Das Bundesverfassungsgericht und die Personalvertretung, DöD 1996, 52; Büge, Personalvertretung und demokratisches Prinzip – Ein Wunsch nach Ende der Debatte, PersR 2003, 171; Cecior, Auswirkungen der Entscheidung des Bundesverfassungsgerichts zum Mitbestimmungsgesetz Schleswig-Holstein auf das nordrhein-westfälische Personalvertretungsrecht, PersV 1998, 49; Edenfeld, Die Abwehr mitbestimmungswidrigen Arbeitgeberverhaltens, PersV 2001, 298; Gronimus, Neuausrichtung der objektiv-finalen Betrachtungsweise anhand der Schutzzweckgrenze?, PersR 2003, 471; Kersten, Zäsur Föderalismusreform? Die Entwicklung des Personalvertretungsrechts in Bund und Ländern, ZfPR 2007, 72;

Lecheler, Neuere Entwicklungen der Personalvertretung in Deutschland, PersV 2007, 218; Schleicher, Beteiligungsrechte kraft Vereinbarung?, PersV 1990, 457; Vogelgesang, Der Wandel in der Rechtsprechung des Bundesverwaltungsgerichts – ein Spiegelbild der Entwicklung des Personalvertretungsrechts, PersV 2005, 326; Widmaier, Rechtsfolgen der Verletzung des Mitbestimmungsrechts unter besonderer Berücksichtigung der neueren Rechtsprechung, PersV 2000, 50 ff.; Ziekow, Verfassungsrecht und Personalvertretung – Eine unendliche Geschichte, fortgesetzt am Beispiel des Berliner Personalvertretungsgesetzes, PersV 2002, 482.

§ 66 [Monatsgespräch, Friedenspflicht]

(1) Der Leiter der Dienststelle und die Personalvertretung sollen mindestens einmal im Monat zu Besprechungen zusammentreten. In ihnen soll auch die Gestaltung des Dienstbetriebes behandelt werden, insbesondere alle Vorgänge, die die Beschäftigten wesentlich berühren. Sie haben über strittige Fragen mit dem ernsten Willen zur Einigung zu verhandeln und Vorschläge für die Beilegung von Meinungsverschiedenheiten zu machen.

(2) Dienststelle und Personalvertretung haben alles zu unterlassen, was geeignet ist, die Arbeit und den Frieden der Dienststelle zu beeinträchtigen. Insbesondere dürfen Dienststelle und Personalvertretung keine Maßnahmen des Arbeitskampfes gegeneinander durchführen. Arbeitskämpfe tariffähiger Parteien werden hierdurch nicht berührt.

(3) Außenstehende Stellen dürfen erst angerufen werden, wenn eine Einigung in der Dienststelle nicht erzielt worden ist.

Inhaltsübersicht

Entspr. landesgesetzliche Regelungen:
Baden-Württemberg: § 66; Bayern: Art. 67; Berlin: § 70; Brandenburg: § 57; Bremen: § 52 Abs. 2, 3; Hamburg: § 76 Abs. 2, 3; Hessen: § 60 Abs. 3, 4; Mecklenburg-Vorpommern: § 58; Niedersachsen: § 62 Abs. 1, 2; Nordrhein-Westfalen: § 2 Abs. 2, 3, § 63, Rheinland Pfalz: § 67; Saarland: § 69 Abs. 1, 2, 5; Sachsen: § 71; Sachsen-Anhalt: § 56; Schleswig-Holstein: § 47; Thüringen: § 66.

Entspr. Vorschrift des BetrVG: § 74.

I. Vorbemerkung

Die **Vorschrift gilt für alle Stufen,** d. h. für die (örtliche) Personalvertretung, für Stufenvertretungen und den Gesamtpersonalrat sowie für die in den jeweiligen Zuständigkeitsbereichen tätigen Dienststellenleiter. Dagegen kann die Jugend- und Auszubildendenvertretung kein Monatsgespräch durchführen. Gleiches gilt für die Jugendstufen- und Auszubildendenvertretungen und die Gesamtjugend- und Auszubildendenvertretung sowie für die Vertretung der nichtständig Beschäftigten (Fischer u. a., § 66 Anm. 2; Lorenzen u. a, § 66 Anm. 2). Wohl aber besteht für alle personalvertretungsrechtlichen Einrichtungen die Möglichkeit, direkte Gespräche mit dem Dienststellenleiter, seinen Vertretern oder anderen sachkundigen Personen zu führen. Dies gilt insbesondere für die Personalvertretung selbst, die auf diese Weise zusätzliche Informationen erhalten kann. Alle diese Besprechungen mit Vertretern oder sachkundigen Personen bedürfen allerdings des Einverständnisses des Dienststellenleiters (vgl. im Einzelnen: Fischer u. a., § 66 Anm. 10a). 1

II. Monatsgespräch

1. Das sogenannte **Monatsgespräch** ist zwar durch eine Soll-Vorschrift angeordnet. Dem Sinn des BPersVG, insbesondere dem Gebot der vertrauensvollen Zusammenarbeit (§ 2 Abs. 1) sowie dem Ziel, offen zu sein für die Argumente der anderen Seite und auf Grund neuer Aspekte den eigenen Standpunkt noch einmal zu überdenken, ist aber zu entnehmen, dass dem Dienststellenleiter und der Personalvertretung nicht ein Ermessen darüber eingeräumt ist, ob sie überhaupt zusammentreten. Vielmehr bedeutet die Soll-Vorschrift, dass beide Partner grundsätzlich mindestens einmal monatlich zusammentreffen sollen, es aber unschädlich ist, wenn der Turnus der Besprechungen die Monatsfrist geringfügig überschreitet. Die Soll-Vorschrift erlaubt es auch, das Monatsgespräch ausfallen zu lassen, wenn in dem betreffenden Zeitabschnitt eine Personalratssitzung mit Beteiligung des Dienststellenleiters stattgefunden hat oder wenn tatsächlich keine Angelegenheiten zur Besprechung anstehen (Fischer u. a., § 66 Anm. 5 a; Lorenzen u. a., § 66 Anm. 5 a; Richardi u. a., § 66 Anm. 5). Die schlichte und grundsätzliche Weigerung, das Monatsgespräch abzuhalten, würde dagegen auf seiten des Dienststellenleiters ein Grund zur Dienstaufsichtsbeschwerde durch die Personalvertretung, auf seiten der Personalvertretung ein Pflichtverstoß nach § 28 sein. Diese Betrachtungsweise ist Folge der Bedeutung des Monatsgesprächs, das darin besteht, in freier, offener Atmosphäre einen regelmäßigen, organisierten Meinungsaustausch zwischen Dienststelle und Personalvertretung als gleichberechtigten Partnern durchzuführen. Über die in der Dienststelle anstehenden Probleme soll kontinuierlich und frühzeitig gesprochen werden, wobei Meinungsverschiedenheiten beigelegt sowie Unklarheiten oder Missverständnisse beseitigt, zumindest aber Kompromisslösungen gefunden werden sollen. 2

2. Das **Monatsgespräch** wird **zwischen dem Dienststellenleiter und der gesamten Personalvertretung** geführt. Die Personalvertretung kann daher auch nicht den Vorstand oder den Vorsitzenden ermächtigen, diese Besprechung unter Ausschluss der übrigen Personalratsmitglieder durchzuführen; denn es handelt sich nicht um ein laufendes Geschäft i. S. von § 32 Abs. 1 Satz 3 (Fischer u. a., § 66 Anm. 6; Lorenzen u. a., § 66 Anm. 7; Richardi u. a., § 66 Anm. 7; vgl. auch den Rechtsgedanken in BVerwG v. 5. 2. 1971, ZBR 1971, 285 = PersV 1971, 271). Das Monatsgespräch nämlich dient der Aussprache zwischen dem Dienststellenleiter auf der einen und der gesamten Personalvertretung auf der anderen Seite. Eine Aussprache unter Berücksichtigung 3

aller anstehenden Probleme ist nämlich nur dann gewährleistet, wenn alle Personalratsmitglieder die Möglichkeit haben, die aus ihrer Sicht wichtigen Angelegenheiten mit dem Ziel anzusprechen, möglichst frühzeitig eine gemeinsame Lösung zu finden und Meinungsverschiedenheiten zu klären. Das Monatsgespräch ist daher gleichzeitig auch eine Konkretisierung des Gebots der vertrauensvollen Zusammenarbeit nach § 2 Abs. 1. Die Verpflichtung beider Seiten zur vertrauensvollen Zusammenarbeit erfordert zugleich eine besondere Sensibilität hinsichtlich der jeweils bekanntgewordenen Tatsachen. Ein offener Meinungs- und Informationsaustausch kann nämlich nur bei strikter Beachtung der Schweigepflicht gewährleistet werden. Jede Seite muss darauf vertrauen können, dass die andere die erlangten Informationen nicht nach außen weitergibt. Insbesondere die Personalvertretung muss an einer möglichst umfassenden Information durch den Dienststellenleiter interessiert sein. Eine fortlaufende, umfassende Information ist aber nur dann gewährleistet, wenn sich ein Dienststellenleiter darauf verlassen kann, dass die Informationen nicht ohne sein Wissen bzw. seine Zustimmung Dritten offenbart werden.

4 3. Das **Monatsgespräch** (offener Meinungs- und Informationsaustausch zwischen Dienststellenleiter und Personalvertretung auf der Basis gleichberechtigter Partnerschaft) ist keine Sitzung der Personalvertretung (internes Beratungs- und Beschlussforum) und daher von dieser grundsätzlich getrennt zu halten. Es kann aber **in Ausnahmefällen mit einer förmlichen Sitzung verbunden** oder während seines Ablaufs durch einstimmigen Beschluss der vollzählig anwesenden Mitglieder der Personalvertretung (vgl. OVG Münster v. 27. 11. 1956, ZBR 1957, 25) zu einer förmlichen Sitzung gemacht werden (aA Cecior u. a., § 63 Anm. 17). Das Gesetz enthält keine besonderen Verfahrensvorschriften für die Durchführung der gemeinschaftlichen Besprechungen. Infolgedessen finden auch die Vorschriften über die Geschäftsführung der Personalvertretung (§§ 32 ff.) keine Anwendung. Dies gilt aber nicht für die Niederschrift (aA OVG Münster v. 4. 10. 1990, PersV 1995, 40 = Leits. ZfPR 1991, 81; Fischer u. a., § 66 Anm. 7). Die Aufnahme einer Niederschrift ist nämlich schon deshalb sinnvoll, da auch das Monatsgespräch eine „Verhandlung des Personalrats" (§ 41) ist und im Monatsgespräch über die dort zu machenden Vorschläge (Abs. 1 Satz 3) Beschlüsse gefasst werden können, die beide Partner binden (vgl. auch § 41 Anm. 7). Im Übrigen dient eine solche, mit dem Dienststellenleiter im Rahmen der vertrauensvollen Zusammenarbeit abzustimmende Niederschrift auch der Vermeidung späterer Missverständnisse über die Themen, die in dem Monatsgespräch behandelt worden sind oder über bei dieser Gelegenheit getroffene Vereinbarungen (Fischer u. a., aaO; Lorenzen u. a., § 66 Anm. 11).

5 4. **Gewerkschaften haben kein Recht zur Entsendung von Beauftragten** zur Teilnahme an den Monatsgesprächen. Das Gesetz enthält keine entsprechende Regelung. Dennoch aber können Gewerkschaftsbeauftragte im beiderseitigen Einvernehmen zwischen Dienststellenleiter und Personalvertretung hinzugezogen werden (vgl. auch Anm. 4). Dies ergibt sich u. a. aus § 2 Abs. 1, wonach Dienststelle und Personalvertretung vertrauensvoll mit den in der Dienststelle vertretenen Gewerkschaften zusammenwirken sollen (Dietz-Richardi, § 66 Anm. 9). Die Personalvertretung kann aber die Hinzuziehung von Gewerkschaftsbeauftragten nicht verlangen; auch insoweit fehlt eine entsprechende Regelung im Vergleich zu der Teilnahme von Gewerkschaftsbeauftragten an Personalratssitzungen (vgl. § 36; Richardi u. a., § 66 Anm. 7; vgl. auch Lorenzen u. a., § 66 Anm. 9).

4a. Der **Kreis der Teilnahmeberechtigten** ist in Abs. 1 abschließend geregelt (Dienststellenleiter oder seine in § 7 genannten Vertreter sowie alle ordentlichen Personalratsmitglieder, bei Verhinderung zuständige Ersatzmitglieder). Dies schließt aber nicht aus, dass Dienststellenleiter und Personalvertretung einvernehmlich den Kreis der Beteiligten erweitern können; keiner Seite aber steht das Recht zu, den Teilnehmerkreis einseitig auszudehnen (BVerwG v. 5. 8. 1983, ZBR 1984, 72 = PersV 1981, 71; vgl. Anm. 1). Darüber hinaus steht der **Schwerbehindertenvertretung** ein Teilnahmerecht zu (§ 95 Abs. 5 SGB IX; vgl. § 40 Anm. 1). Der **Jugend- und Auszubildendenvertretung** steht ein Teilnahmerecht dann zu, wenn Angelegenheiten behandelt werden, die besonders die in § 57 genannten Beschäftigten betreffen (vgl. § 61 Abs. 4). Kein Teilnahmerecht steht der **Gleichstellungsbeauftragten** zu; denn das Bundesgleichstellungsgesetz (BGleiG, § 68 Anm. 29 a) gewährt der Beauftragten kein eigenständiges Teilnahmerecht. Da das Monatsgespräch im Übrigen dem Meinungsaustausch zwischen Dienststellenleiter und Personalvertretung dient und daher keine Sitzung der Personalvertretung ist, kann ein Teilnahmerecht am Monatsgespräch nicht aus einer entsprechenden Anwendung von § 34 Abs. 3 hergeleitet werden (Lorenzen u. a., § 66 Anm. 10). Unabhängig vom Bestehen eines Teilnahmerechts können Dienststellenleiter und Personalvertretung vereinbaren, die Beschäftigten über die im Monatsgespräch behandelten Themen und die dabei getroffenen Entscheidungen zu informieren (OVG Berlin v. 5. 10. 1995, Leits. ZfPR 1996, 163). 5a

4b. Will eine Personalvertretung einen **Sachverständigen** zum Monatsgespräch hinzuziehen, so ist hierfür das Einverständnis des Dienststellenleiters notwendig. Will umgekehrt ein Dienststellenleiter einen Beschäftigten hinzuziehen, so bedarf er des Einverständnisses der Personalvertretung. Die Gegenstände der Besprechung können es erforderlich machen, dass Sachbearbeiter, die die zu besprechenden Angelegenheiten bearbeiten und sich deshalb am besten auskennen, am Monatsgespräch beteiligt werden und die Möglichkeit erhalten, den Beratungsgegenstand sachkundig vorzutragen. Aber auch die Hinzuziehung solcher sachverständigen Beschäftigten ist nur möglich, wenn beide Seiten hierüber eine Einigung erzielen. Die Personalvertretung wird sich der Hinzuziehung eines sachverständigen Beschäftigten durch den Dienststellenleiter jedoch in der Regel nicht widersetzen, da eine sachkundige Information mit detaillierten Angaben ihrem eigenen Interesse an einer umfassenden Information über die Angelegenheit entspricht. Der Dienststellenleiter ist unter Umständen nicht immer in der Lage, die zu behandelnden Angelegenheiten mit sämtlichen Details zu erläutern. Eine Erweiterung des Teilnehmerkreises gegen den Widerspruch nur eines Beteiligten ist aber in keinem Fall zulässig (Fischer u. a., § 66 Anm. 6, 8; Lorenzen u. a., § 66 Anm. 9). Die Ausweitung des Teilnehmerkreises darf sich nur auf solche Personen beziehen, die zu den behandelnden Tagesordnungspunkten Sachauskünfte geben können. Die Hinzuziehung eines „Zeugen“ durch den Dienststellenleiter würde dieser Intention widersprechen. Gleiches gilt für die Hinzuziehung eines Protokollführers. 5b

5. Das Monatsgespräch wird zwischen Personalvertretung und Dienststellenleiter als gleichberechtigten Partnern vereinbart. Es kann auch eine Vereinbarung über den Ort, den Einladenden und den Vorsitz – generell oder von Fall zu Fall – getroffen werden. Ein Personalratsvorsitzender ist aber nicht berechtigt, einseitig die **Tagesordnung** für das Monatsgespräch festzusetzen bzw. dieses zu leiten (OVG Münster v. 4. 10. 1990, Leits. ZfPR 1991, 81). Vielmehr bedarf es einer Absprache zwischen den am Monatsgespräch teilnehmenden Partnern Personalvertretung und Dienststellenleiter. Aus dem 6

Gesetz ergeben sich allerdings keine Anhaltspunkte dafür, auf welche Weise die Tagesordnungspunkte aus Sicht der Personalvertretung festgelegt werden sollen. Soweit dies nicht in einer Geschäftsordnung besonders geregelt ist, ist davon auszugehen, dass dem Vorstand die Vorbereitung des Monatsgesprächs und somit die Festlegung der Tagesordnung obliegt. Insoweit handelt es sich um ein laufendes Geschäft i. S. des § 32 Abs. 1 Satz 3 (Fischer u. a., § 66 Anm. 7). Allerdings wird man einem Personalratsvorsitzenden das Recht zugestehen müssen, trotz einer vorausgegangenen Vorbereitung des Monatsgesprächs im Plenum während des Gesprächs noch dringende aktuelle Themen, soweit sich der Dienststellenleiter auf deren Behandlung einlässt, selbst einzubringen. Dasselbe Recht steht aber auch einem anderen Personalratsmitglied zu, jeweils unter dem Vorbehalt, dass der Dienststellenleiter als Gesprächspartner damit einverstanden ist. Dem Dienststellenleiter kann also kein weiterer Tagesordnungspunkt aufgezwungen werden. Die Grenze für die Zulässigkeit der Behandlung nicht zuvor im Plenum abgesprochener Tagesordnungspunkte dürfte nur für den Fall des Missbrauchs gegeben sein. Es darf also nicht die Regel werden, dass nicht dem Plenum angekündigte und daher von den Personalratsmitgliedern vorbereitete Punkte im Monatsgespräch zur Sprache kommen. Solange es sich aber nur um Ausnahmefälle handelt, bestehen gegen die angesprochene Vorgehensweise keine Bedenken. Dies gilt insbesondere auch vor dem Hintergrund, dass das Monatsgespräch in einer entspannten und offenen Atmosphäre stattfinden soll und im Laufe eines Gesprächs auch mit einem Thema nur lose zusammenhängende Themen zur Sprache kommen können, deren sofortige Besprechung sich anbietet.

7 6. **Gegenstand des Monatsgesprächs** können alle Angelegenheiten sein, die die Dienststelle und die Beschäftigten betreffen, nicht nur Angelegenheiten der förmlichen Mitbestimmung und Mitwirkung („auch die Gestaltung des Dienstbetriebes", Abs. 1 Satz 2; Fischer u. a., § 66 Anm. 9; Lorenzen u. a., § 66 Anm. 12). Eine Zuständigkeit der Personalvertretung besteht immer dort, wo eine Regelungsbefugnis des Dienststellenleiters gegeben ist (BVerwG v. 13. 12. 1974, ZBR 1975, 125 = PersV 1975, 178). Infolgedessen kann Gegenstand des Monatsgesprächs auch das Thema einer eventuellen **Privatisierung** bestimmter Dienstleistungen sein (vgl. zur Privatisierung auch Einleitung Anm. 54). In diesem Zusammenhang kann die Personalvertretung darauf drängen, möglichst umfassend über den jeweiligen Stand der Überlegungen informiert und in eventuelle Planungsgruppen einbezogen zu werden. Gerade das Monatsgespräch bietet die Möglichkeit, außerhalb des offiziellen Beteiligungsverfahrens im persönlichen Kontakt die näheren Einzelheiten, speziell, was die künftige Rechtsstellung der Beschäftigten angeht, zu erörtern (Vogelgesang, PersV 2005, 4). Die Personalvertretung sollte bemüht sein, eine ausführliche und konkrete Begründung für die beabsichtigte Privatisierung zu erhalten, um diese nicht nur auf ihre Stichhaltigkeit überprüfen, sondern auch Initiativen im Hinblick auf die künftige Rechtsstellung der Beschäftigten ergreifen zu können. Dabei sollte sie als Grundlage für ihre Arbeit einen Vergleich der bisherigen Rechtsstellung mit der nach der Privatisierung eintretenden ziehen. Sie kann verlangen, dass in bezug auf jeden einzelnen Beschäftigten geklärt wird, welche Vorschriften, die seine Rechtsstellung beschreiben, auf ihn anwendbar sind (Geltungsbereich von Tarifverträgen). Zum Schutz der Beschäftigten hat die Personalvertretung auch auf eine lückenlose Fortführung bisheriger Anwartschaften in der Zusatzversorgung und auf eine Sicherung der bisher durch Dienstvereinbarung gewährleisteten Rechte hinzuwirken.

7. Dass im Monatsgespräch Personalvertretung und Dienststellenleiter über Fragen, soweit sie überhaupt strittig sind, **mit dem ernsten Willen zur Einigung** zu verhandeln haben, ist bereits aus dem Gebot der vertrauensvollen Zusammenarbeit (§ 2 Abs. 1, vgl. auch § 72 Abs. 1) abzuleiten. Damit unvereinbar wäre ein Bestreben, dem anderen Teil den eigenen Willen aufzuzwingen, oder eine nur formale Anhörung, die der anderen Seite zwar Gehör schenkt, es jedoch nicht zur ernstlichen Auseinandersetzung mit ihren Auffassungen und Vorschlägen kommen lässt. Realisierbare Vorschläge müssen im Rahmen des Möglichen verwirklicht werden. Der vom Gesetz geforderte Wille zur Einigung darf jedoch nicht dazu führen, der erkennbaren Rechtswidrigkeit einer Forderung des Verhandlungspartners nachzugeben (VG Düsseldorf v. 3. 4. 1973, PersV 1974, 20); denn eine Kompromisspflicht besteht nicht (ähnlich auch Fischer u. a., § 66 Anm. 10). 8

III. Friedenspflicht

1. Abs. 2 behandelt die **Friedenspflicht.** Die Bestimmung ist ein Schutzgesetz i. S. von § 823 Abs. 2 BGB (Fischer u. a., § 66 Anm. 17; Lorenzen u. a., § 66 Anm. 26; aA Richardi u. a., § 66 Anm. 31, die einen Schadensersatzanspruch gegen ein Personalratsmitglied selbst dann nicht zulassen wollen, wenn das gleiche Verhalten eines Beschäftigten ohne Funktion in der Personalvertretung einen Schadensersatzanspruch auslösen würde). Ein Personalratsmitglied darf aber wegen seines Amtes weder benachteiligt noch bevorzugt werden. 9

2. Das Verbot des Satzes 1 richtet sich ausdrücklich und **unmittelbar** einerseits an den Dienststellenleiter als solchen, andererseits an die Personalvertretung als Organ. **Mittelbar** richtet es sich ebenso an die natürlichen Personen, die die Aufgaben der Dienststellenleitung und der Personalvertretung wahrnehmen. Sowohl dem Dienststellenleiter als auch der Personalvertretung sind schuldhafte, d. h. vorsätzliche und fahrlässige Handlungen verboten, die geeignet sind, den Frieden in der Dienststelle zu stören. Es kommt nicht darauf an, ob diese Handlungen Arbeit und Frieden gefährden, sondern darauf, dass sie geeignet sind, das zu tun. Demgegenüber verbietet Satz 1 selbstverständlich nicht die Lösung von Problemen z. B. über die Einigungsstelle oder die Klärung von Rechtsfragen im personalvertretungsrechtlichen Beschlussverfahren. 10

3. **Arbeits- und friedensstörende Handlungen sind solche, die den Ablauf des Dienstbetriebes in seiner Gesamtheit beeinträchtigen** können, gleich, ob sie auf dem Gebiet des Rechts, der menschlichen Beziehungen, dem parteipolitischen oder dem organisationspolitischen Bereich liegen, z. B. Druckschriften mit Angriffen auf den Dienststellenleiter, parteipolitische Agitation (wegen der Rechte der Gewerkschaftsmitglieder vgl. einerseits BVerfG v. 30. 11. 1965, BVerfGE 19, 303 = ZBR 1966, 152 m. Anm. Windscheid = PersV 1966, 79, andererseits BVerfG v. 26. 5. 1970, BVerfGE 28, 295 = ZBR 1970, 262 = PersV 1970, 227). Eine Kontroverse zwischen einem Mitglied der Personalvertretung und dem Dienststellenleiter in der (nicht öffentlichen) Personalratssitzung ist dagegen nicht friedensstörend (OVG Berlin v. 1. 9. 1969, RdA 1969, 360). Demgegenüber handelt es sich um eine friedensstörende Maßnahme, wenn eine Personalvertretung **Fragebögen** über Ausbilder sammelt und zur Einsicht bereithält, in denen Beschäftigte ohne Kenntnis der Betroffenen Beurteilungen über ihre Ausbilder, insbesondere auch über deren Verhalten, Einstellungen und Fähigkeiten abgeben (z. B. im Rahmen der Referendarausbildung, OVG Hamburg v. 24. 6. 1980, PersV 1982, 154). Ebenso liegt eine friedensstörende Handlungsweise der Perso- 11

nalvertretung vor, wenn sie ein **Flugblatt** herausgibt, auf dem der Dienststellenleiter angegriffen und – zumindest versteckt – zum Rücktritt aufgefordert wird. Mit einem solchen Flugblatt überschreitet eine Personalvertretung ihren Aufgabenbereich und verletzt gleichzeitig den Grundsatz der vertrauensvollen Zusammenarbeit sowie die von beiden Seiten zu beachtende Friedenspflicht (BVerwG v. 27. 11. 1981, PersV 1983, 409). Einer Personalvertretung ist es auch untersagt, ohne Einvernehmen mit dem Dienststellenleiter Beschäftigte an deren Arbeitsplatz aufzusuchen, um **durch Unterschrift Unterstützung** zu einer von der Personalvertretung eingenommenen Gegenposition zum Dienststellenleiter zu erhalten (VGH Mannheim v. 8. 9. 1992, PersV 1995, 121; vgl. für das BetrVG: BAG v. 8. 2. 1977, BB 1977, 647). Gleiches gilt für den Fall, dass eine Personalvertretung **Erklärungen** in Form von Solidarisierung bzw. Protest in polemischer Weise zu Geschehnissen außerhalb der Dienststelle abgibt (VG Berlin v. 20. 2. 1981, PersV 1982, 295). Deshalb ist es einer Personalvertretung untersagt, am „Schwarzen Brett“ Flugblätter einer Gewerkschaft aufzuhängen, in denen zum Beispiel gegen die sog. Nachrüstung Stellung genommen wird (vgl. für das BetrVG: BAG v. 12. 6. 1986, DB 1987, 1898). Außerdem ist es der Personalvertretung untersagt, Flugblätter herauszugeben, die gegen ein Strafgesetz oder gegen sonstige gesetzliche Bestimmungen, insbesondere gegen die Friedenspflicht, verstoßen. Beispiel: In Flugblättern wird dazu aufgefordert, vom Leiter der Dienststelle angeordnete Maßnahmen nicht zu befolgen (OVG Koblenz v. 26. 1. 1982, PersV 1983, 27; Lorenzen u. a., § 66 Anm. 16). Aber auch einem Dienststellenleiter sind friedensstörende Maßnahmen untersagt. Daher darf z. B. ein Dienststellenleiter nicht durch Herausgabe schriftlicher Informationen oder durch Aushang am schwarzen Brett auf „Fehlzeiten“ von Mitgliedern der Personalvertretung hinweisen, die durch Krankheit, Personalratstätigkeit oder Lehrgänge verursacht worden sind (vgl. für das BetrVG: ArbG Verden v. 14. 4. 1989, Leits. NZA 1989, 943). Ebensowenig darf ein Dienststellenleiter gegenüber den Beschäftigten auf zu hohe Kosten der Personalratsarbeit hinweisen und den Eindruck erwecken, als würden dadurch andere, sinnvollere Maßnahmen verhindert (z. B. Durchführung von Fortbildungsmaßnahmen; vgl. hierzu für das BetrVG: BAG v. 12.11. 1997, BB 1998, 1006 = DB 1997, 2440).

12 4. Arbeits- und friedensstörende Handlungen sind, wenn sie von Repräsentanten der Dienststelle begangen werden, ein Grund zum **dienstrechtlichen, evtl. disziplinarrechtlichen Einschreiten.** Mitglieder der Personalvertretung sind über arbeitsvertragsrechtliche (Arbeitnehmer) bzw. dienstrechtliche (Beamte) und schadensersatzrechtliche Folgerungen hinaus der Gefahr eines Ausschlussverfahrens (§ 28) ausgesetzt (BDH v. 20. 12. 1955, BDHE 2, 170 = ZBR 1956, 222; vgl. hierzu BVerwG v. 23. 2. 1994, ZBR 1994, 280 für den Fall des Streikaufrufs durch ein Personalratsmitglied; ferner Lorenzen u. a., § 66 Anm. 24 ff.). Gegenüber der Personalvertretung steht dem Dienststellenleiter bei Verstößen gegen die Friedenspflicht ein Unterlassungsanspruch zu (vgl. für das BetrVG: BAG v. 22. 7. 1980, BAGE 34, 75 = BB 1981, 494). Diesen Anspruch kann der Leiter der Dienststelle evtl. in einem einstweiligen Verfügungsverfahren durchzusetzen versuchen (VG Berlin v. 20. 2. 1981, PersV 1982, 295).

IV. Arbeitskampfmaßnahmen

13 1. Satz 2 **verbietet** der Dienststelle wie der Personalvertretung (als Organ) eine **Beteiligung an Maßnahmen des Arbeitskampfes.** Dazu gehören in erster Linie Streik und streikähnliche Handlungen auf der einen sowie Aussperrung auf der anderen Seite. Die Personalvertretung darf als solche selbst einen

legalen Streik nicht dadurch unterstützen, dass sie z. B. ihre Räume und Mittel zur Verfügung stellt oder zur Streikbeteiligung aufruft. Der Dienststellenleiter darf, selbst auf Weisung nicht, „den Personalrat" als solchen aussperren. Dem einzelnen Personalratsmitglied ist dagegen eine Beteiligung an einem legalen Streik nur insoweit untersagt, als es hierbei die Autorität seines Amtes ausnutzt. Immer nämlich wird auch bei einer Streikbeteiligung das Gewicht des Personalratsamtes mit ins Spiel gebracht. Einem beamteten Personalratsmitglied, das sich an rechtswidrigen Kampfmaßnahmen beteiligt und dabei in Kauf nimmt, dass seine Vertrauensposition als Personalratsvorsitzender zur Unterstützung der Aktion beiträgt, belastet damit zugleich das Vertrauensverhältnis zu seinem Dienstherrn; diesem nämlich ist er als Beamter unterstellt und im Rahmen seines Dienst- und Treueverhältnisses zu vertragsgerechtem Verhalten verpflichtet (BVerwG v. 23. 2. 1994, ZBR 1994 280 = PersV 1995, 14 = Leits. ZfPR 1995, 20). Dagegen ist die bloße Anwesenheit eines Personalratsmitglieds bei einem kurzen Warnstreik, bei dem dieses Mitglied keinerlei Aktivitäten entwickelt, zulässig und kein Grund zur Einleitung eines Ausschlussverfahrens (vgl. für das BetrVG: LAG Hamm v. 10. 4. 1996, AiB 1996, 736). Im Übrigen aber kann es sich an einem von seiner Organisation durchgeführten Arbeitskampf in gleicher Weise beteiligen wie jeder andere Beschäftigte auch (Fischer u. a., § 66 Anm. 18; Lorenzen u. a., § 66 Anm. 24). Im Falle eines Streiks sind Dienststellenleiter und Personalvertretung zu absoluter Zurückhaltung verpflichtet. Die Beteiligungsrechte der Personalvertretung ruhen aber nicht während des Streiks (Fischer u. a., § 66 Anm. 18a; Lorenzen u. a., § 66 Anm. 22; Richardi u. a., § 66 Anm. 27). Dies wäre schon allein gegenüber denjenigen Beschäftigten nicht gerechtfertigt, die sich an dem Streik nicht beteiligen. Etwas anderes gilt nur in bezug auf solche Maßnahmen, die sich unmittelbar aus dem Arbeitskampf ergeben (z. B. Umsetzungen auf bestreikte Arbeitsplätze). Andernfalls nämlich wäre die Chancengleichheit („Kampfparität") zu Lasten des Dienststellenleiters beeinträchtigt (Lorenzen u. a., aaO).

2. Beamten steht im Gegensatz zu Arbeitnehmern kein Streikrecht zu (vgl. Isensee, S. 33 ff.). Wenn Mitglieder einer Personalvertretung sich an Arbeitskampfmaßnahmen beteiligen, so verstoßen sie damit nicht gegen ihre personalvertretungsrechtlichen Pflichten, soweit es sich um die **Teilnahme an einem legalen Streik** handelt. Infolgedessen genießen sie auch die gleichen Schutzrechte wie Personalratsmitglieder, die sich nicht am Streik beteiligen (§§ 8, 47). Im Falle der Teilnahme an einem rechtswidrigen Streik muss der Schutzanspruch als verwirkt angesehen werden, da unter diesen Voraussetzungen eine vertrauensvolle Zusammenarbeit nicht mehr gewährleistet ist. Allerdings kann auch einem Personalratsmitglied durch eine einstweilige Verfügung die Ausübung seines Amtes bei Teilnahme an einem rechtswidrigen Streik untersagt werden (Richardi u. a., § 66 Anm. 42). 14

V. Arbeitskampf tariffähiger Parteien

1. Satz 3 betrifft **Arbeitskämpfe tariffähiger Parteien.** Sie werden durch das BPersVG nicht berührt. Soweit eine öffentliche Verwaltung einer tariffähigen Vereinigung (z. B. Tarifgemeinschaft Deutscher Länder) angehört, kann ein Dienststellenleiter von der vorgesetzten Dienststelle angewiesen werden, Maßnahmen des Arbeitskampfes durchzuführen. Ebenso können die Gewerkschaften ihre Einzelmitglieder, auch soweit sie einer Personalvertretung angehören, auffordern, sich an Maßnahmen des Arbeitskampfes zu beteiligen. Personalratsmitglieder, die sich an einem Streik beteiligen, müssen sich dabei größter Zurückhaltung befleißigen (vgl. auch Fischer u. a., § 66 Anm. 18; Lorenzen u. a., § 66 Anm. 23; Richardi u. a., § 66 Anm. 21). 15

16 2. **Wegen personalvertretungsrechtlicher Streitfragen** darf ein **Arbeitskampf** in einer Dienststelle **nicht durchgeführt werden,** um z. B. auf diesem Wege den Abschluss einer Dienstvereinbarung zu erzwingen. Vielmehr müssen alle Meinungsverschiedenheiten zwischen Dienststelle und Personalvertretung auf friedlichem Weg im gesetzlich geordneten Verfahren entweder durch die Einigungsstelle oder das Verwaltungsgericht im Beschlussverfahren ausgetragen werden. Arbeitskämpfe auf dem Gebiet der Personalverfassung sind daher ohne Rücksicht auf die Frage, wer sie organisiert, rechtswidrig (vgl. für das BetrVG: BAG v. 17. 12. 1976, BAGE 28, 302 = BB 1977, 544 = DB 1977, 728).

VI. Außenstehende Stellen

17 1. Bereits das Gebot der vertrauensvollen Zusammenarbeit, die Pflicht, Meinungsverschiedenheiten beizulegen, und die Schweigepflicht verbieten es, außenstehende Stellen mit Meinungsverschiedenheiten zwischen Dienststellenleiter und Personalvertretung zu befassen, ehe **nicht alle Versuche einer Einigung** innerhalb der Dienststelle erschöpft sind. Dennoch ist es einem Dienststellenleiter erlaubt, im Falle von Meinungsverschiedenheiten mit „seiner“ Personalvertretung die vorgesetzte Dienststelle um Auskunft zu bitten. Diese Dienststelle wird nicht einer Entscheidung wegen eingeschaltet, sondern um rechtliche Informationen und/oder ergänzende Daten zu erhalten, damit die nachfolgenden, abschließenden Verhandlungen mit der Personalvertretung vor Ort auf Grund des Zugewinns an Informationen zu Ende geführt werden können. Ein Mehr an Informationen ist der Behandlung einer Sache mit dem Ziel einer sachlich qualifizierten Lösung förderlich. Diese Informationen können auch dazu führen, dass der Dienststellenleiter von seiner zunächst irrigen Auffassung abrückt und sich der Auffassung der Personalvertretung anschließt. Informationszugewinn ist zunächst einmal neutral. In jedem Fall aber dienen zusätzliche Informationen dem Finden einer sachlichen und qualifizierten Entscheidung. Ebenso wie auf der einen Seite eine Personalvertretung sich während des Einigungsverfahrens mit dem Dienststellenleiter an die im Personalrat vertretenen Gewerkschaften oder z. B. an den Datenschutzbeauftragten oder an Arbeitsschutzstellen wenden kann, um nähere Auskünfte, die für eine Stellungnahme in der Sache förderlich sind, zu erhalten, muss es auf der andern Seite dem Dienststellenleiter möglich sein, Informationen und Auskünfte über seine vorgesetzte Dienststelle oder bei einer Fachbehörde einzuholen. Die angerufene Stelle darf sich aber in keinem Fall in den Einigungsprozess zwischen Dienststellenleiter und Personalvertretung einschalten. Die vorgesetzte Dienststelle selbst muss von sich aus darauf achten, dass sie sich im Rahmen einer Auskunftserteilung hält und nicht inhaltlich „das Verfahren an sich zieht“.

18 2. **Außenstehende Stellen** in diesem Sinne sind alle amtlichen und nichtamtlichen Einrichtungen außerhalb der Dienststelle, die mit dem Ziel der Vermittlung oder Entscheidung eingeschaltet werden (Altvater u. a., § 66 Anm. 12; Lorenzen u. a., § 66 Anm. 28a, b), z. B. Stufenvertretungen, nächsthöhere Dienststelle, Einigungsstellen, Verwaltungsgerichte; denn diese Institutionen sind nicht in den unmittelbaren Rechts- und Pflichtenkreis, in dem Dienststelle und Personalvertretung selbst stehen, eingebunden. Das Verbot der Anrufung von Stellen betrifft danach aber nur solche außenstehenden Stellen, denen vom Gesetz die Kompetenz zugewiesen ist, im Nichteinigungsfall Streitigkeiten zwischen Dienststelle und Personalvertretung beizulegen (OVG Münster v. 27. 6. 1983, PersV 1984, 664; aA Fischer u. a., § 66 Anm. 21). Zwar hat eine Personalvertretung vor der Einschaltung dieser Stellen die Einigung in der Dienststelle zu suchen. Dies schließt aber informelle Verbindungen, die weitere Anhaltspunkte für

die Verhandlungen mit dem Leiter der Dienststelle geben sollen, nicht aus (z. B. Auskunftspersonen, Sachverständige, Lorenzen u. a., § 66 Anm. 29; Richardi u. a., § 66 Anm. 33). Vom Sinn der Vorschrift ausgehend gehören zu außenstehenden Stellen nur solche, denen die Befugnis zur Beilegung von Streitigkeiten zusteht, nicht also solche Einrichtungen, denen lediglich Beratungsfunktionen zufallen, über deren Inanspruchnahme beispielsweise die Personalvertretung kraft eigenen Rechts entscheidet (Fischer u. a., § 66 Anm. 21). Daher ist das **Parlament** keine außenstehende Stelle (Lorenzen u. a., § 66 Anm. 32a; Richardi u. a., § 66 Anm. 35; Kunze, PersV 1996, 529, 541; Treutlein, PersV 1964, 144). Zu den außenstehenden Stellen zählt auch nicht der **Petitionsausschuss** als ein Parlamentsausschuss.

3. Die **Verwaltungsgerichte sind „außenstehende Stellen“** im Sinne dieser Vorschrift (Lorenzen u. a., § 66 Anm. 28 a). Das Gericht kann einen Antrag nach § 83 wegen fehlenden Rechtsschutzbedürfnisses zurückweisen, „wenn es zu der Auffassung gelangt, dass von der einreichenden Stelle nicht alles für die Einigung unternommen worden ist“ (BVerwG v. 5. 2. 1971, Leits. ZBR 1971, 288 = PersV 1972, 36). Wenn es allerdings einem Personalratsmitglied nicht gelungen ist, eine von ihm beantragte Beschlussfassung des Plenums herbeizuführen, so kann dieses Mitglied ein Beschlussverfahren nach § 83 Abs. 1 Nr. 3 einleiten. Dabei kann „ihm die Regelung des § 66 Abs. 3 BPersVG nicht entgegengehalten werden“, wenn der Antragsteller „sich vor Einleitung des Beschlussverfahrens in ausreichendem Maße bemüht (hat), sein Anliegen innerhalb der Personalvertretung zu klären“ (BVerwG v. 29. 8. 1975, BVerwGE 49, 144 = ZBR 1976, 124 = PersV 1976, 385). **Vorgesetzte Dienststellen oder Stufenvertretungen** sind deshalb als „außenstehende Stellen“ anzusehen, weil die Personalvertretung die Entscheidung dieser Stellen anstrebt (Lorenzen u. a., aaO; Kunze, PersV 1996, 529, 541). **Gewerkschaften** sind dagegen keine außenstehende Stellen. Die Gewerkschaften nämlich gehören nicht zu jenem Kreis von Stellen, denen vom Gesetz her die Kompetenz zur Beilegung von Streitigkeiten zwischen Dienststelle und Personalvertretung zugewiesen ist. Gleiches gilt für **Arbeitgebervereinigungen** (VGH München v. 27. 1. 1981, PersV 1982, 287; OVG Münster v. 27. 6. 1983, PersV 1984, 464; Dietz-Richardi, § 66 Anm. 39). Dasselbe gilt für Anfragen an den **Bundesbeauftragten für den Datenschutz.** Allerdings wird man einer Personalvertretung ganz allgemein das Recht, Hinweise auf Missstände „nach außen“ zu geben, erst dann zugestehen können, wenn in der Dienststelle keine Einigung über die Abstellung dieser Missstände erzielt werden konnte (Lorenzen, PersV 1979, 305; vgl. auch 12. Tätigkeitsbericht des Bundesbeauftragten für den Datenschutz, BT-Drucks. 11/6458, S. 32). Der Weg in die Öffentlichkeit ist einer Personalvertretung insbesondere dann zuzugestehen, wenn sie tatsächlich alle rechtlichen Möglichkeiten ausgeschöpft hat und bemüht sein muss, sich gegen ungerechtfertigte Kritiken zur Wehr zu setzen. Ist eine Personalvertretung bereits Gegenstand von Pressedarstellungen geworden, dann wird man ihr das Recht zur „Gegenoffensive“ nicht absprechen können. Ein Leserbrief und eine Gegendarstellung sind angemessene Reaktionen, die selbstverständlich so angelegt sein müssen, dass die Schweige- und Friedenspflicht beachtet werden (Fischer u. a., § 66 Anm. 21 a; Lorenzen u. a., § 66 Anm. 30, 30 a; Kunze, PersV 1996, 529; vgl. auch Müller-Borutta, NZA 1996, 1071). 19

4. Das **Verbot** der Anrufung außenstehender Stellen **gilt für den Dienststellenleiter ebenso** wie **für die Personalvertretung.** Die Vorschrift stellt eine wesentliche Konkretisierung des Grundsatzes der vertrauensvollen Zusammenarbeit dar. Sie macht es Dienststellenleitern und Personalvertretungen 20

zur Pflicht, zunächst einmal alle Möglichkeiten zur Einigung auszuschöpfen und sich erst dann „nach außen" zu wenden, wenn alle Einigungsbemühungen zum Scheitern verurteilt sind bzw. waren. Solange nämlich noch Einigungschancen bestehen, soll sich nicht einer der Partner des Einigungsprozesses vorzeitig einer Stelle gegenübersehen, die sich möglicherweise einseitig interessenbesetzt in den Einigungsprozess einschaltet und somit auch eine Einigung gefährden könnte (Fischer u. a., § 66 Am. 21 b). Das Verbot, außenstehende Stellen bereits während laufender Einigungsbemühungen anzurufen, gilt für Personalvertretungen um so mehr dann, wenn sie in der betreffenden Angelegenheit überhaupt keine Zuständigkeit besitzen. Eine Personalvertretung nämlich darf sich nicht Aufgaben anmaßen, die ihr nach dem Gesetz nicht zustehen. Deshalb dürfen Personalvertretungen grundsätzlich nicht über den Bereich der Dienststelle hinausgehen und gegen Maßnahmen anderer Behörden (öffentlich) protestieren (VGH Kassel v. 23. 11. 1988, Leits. PersV 1990, 183 = ZfPR 1989, 142). Im Übrigen ergibt sich eine Einschränkung für das Recht, außenstehende Stellen anzurufen, aus § 10 sowie aus der allgemeinen Friedenspflicht. Dagegen steht die Vorschrift nicht einer Erörterung bestimmter strittiger Probleme in der Personalversammlung entgegen. Die **Einschaltung der Medien** (Presse, Funk, Fernsehen) ist aber erst dann zulässig, wenn nach sorgfältiger Interessenabwägung und vorausgegangenen Bemühungen um eine verwaltungsinterne Regelung eine nicht unerhebliche Beeinträchtigung der Arbeit der Personalvertretung festzustellen ist (Lorenzen u. a., § 66 Anm. 32; Richardi u. a., § 66 Anm. 34). Aber auch in diesem Fall hat die Personalvertretung die Pflicht zu einer sachlichen und die besonderen Verhältnisse der öffentlichen Verwaltung berücksichtigenden Information (Lorenzen u. a., aaO; Schnupp, DÖD 1976, 241; vgl. auch Kunze, RiA 1979, 48). Allerdings ist es sowohl der Personalvertretung wie dem Dienststellenleiter verwehrt, in Mitwirkungs- und Mitbestimmungsangelegenheiten **Streitfragen** durch Bekanntgabe **an die Presse in die Öffentlichkeit** zu bringen. Dies gilt insbesondere dann, wenn auf den jeweiligen Partner Druck ausgeübt werden soll, um die eigenen Vorstellungen über die Regelung eines dienststelleninternen Interessenkonfliktes durchzusetzen (grundsätzlich ablehnend: Fischer u. a., § 66 Anm. 19 d, 21; für eine Interessenabwägung im Einzelfall: Lorenzen u. a., aaO). Wohl aber darf ein Dienststellenleiter eine interne Zeitung herausgeben, in der die Arbeit der Personalvertretung anonym kritisiert wird; denn es gehört zum Grundrecht der Pressefreiheit, Zuschriften Dritter anonym zu veröffentlichen. Nicht nur der Inhalt, sondern auch die Form einer Publikation wird von der Verfassung geschützt (vgl. für das BetrVG: BVerfG v. 8. 10. 1996, BVerfGE 95, 28 = BB 1997, 205). Einem einzelnen Journalisten steht kein Zutrittsrecht zum Personalratsbüro auf dem Gelände der Dienststelle zu, es sei denn, dass die Unterrichtung des Journalisten zur Erfüllung der personalvertretungsrechtlichen Aufgaben erforderlich ist (vgl. für das BetrVG: BAG v. 18. 9. 1991, Leits. BB 1992, 144 = DB 1992, 434).

VII. Streitigkeiten

21 Streitigkeiten entscheiden die Verwaltungsgerichte nach § 83 Abs. 1 Nr. 3. Verstöße gegen die Vorschriften dieser Bestimmung können grobe Pflichtverstöße i. S. von § 28 sein (Dietz-Richardi, § 66 Anm. 18). Gegen den Dienststellenleiter kommen aufsichts- und disziplinarrechtliche Maßnahmen in Betracht (Lorenzen u. a., § 66 Anm. 25). Ein gescheiterter Einigungsversuch ist allerdings nicht Prozessvoraussetzung für ein verwaltungsgerichtliches Verfahren nach § 83 (BVerwG v. 5. 2. 1971, ZBR 1971, 288 = PersV 1972, 36). Im Interesse eines effektiven Rechtsschutzes kann der Antrag auf Erlass einer einstweiligen Verfügung zulässig und begründet sein (Lorenzen u. a., § 66 Anm. 34).

Schrifttum: Grabendorff, Die Stellung des Personalrats zur Dienststelle und zu den Gewerkschaften, PersV 1960, 193; Jähn, Dienstaufsichtsbeschwerde des Personalrats, Bundeswehrverwaltung 1963, 215; Müller-Borutta, Presseerklärungen des Betriebsrats, NZA 1996, 1071; Kunze, Der presserechtliche Gegendarstellungsanspruch des Personalrats, RiA 1979, 48; ders., Die unterschiedlichen Beteiligungsrechte des Personalrats und ihre Grenzen, PersV 1996, 529; ders., Handlungsmöglichkeiten der Personalräte im Zusammenhang mit der Vereinbarkeit von Familie und Beruf, ZfPR 1997, 133; ders., Das Monatsgespräch – ein Instrument zur Konfliktlösung, ZfPR 2000, 347; Reich, Die unzulässige Beteiligung einer Personalvertretung, PersV 1981, 270; Sabottig, Personalrat und Arbeitskampf, PersR 1984, 66; Schinkel, Arbeitskampf im öffentlichen Dienst, ZBR 1974, 282; Schneider, Die Grundsätze des BPersVG für die Zusammenarbeit zwischen Dienststelle und Personalvertretung, Unterrichtsblätter für die Bundeswehrverwaltung, 1981, 233; Treutlein, Petitionsrecht und Personalrat, PersV 1964, 145; Schnupp, Pressemitteilungen durch den Personalrat, DÖD 1976, 241; ders. Beteiligung der Gewerkschaften und Berufsverbände und der Personalvertretungen im öffentlichen Dienst, DÖD 1963, 141; Vogelgesang, Beteiligungsrechtliche Probleme bei der Privatisierung, PersV 2005, 4; Wahlers, Protokollierungspflicht für das Montas-(Vierteljahres-)gespräch, PersV 1989, 145; Windscheid, Unterrichtung der Gewerkschaften aus der Arbeit und über die Wahlen der Personalvertretungen, PersV 1961, 251; Wolber, Rechtsauskünfte an die Personalvertretung durch die Aufsichtsbehörde der Dienststelle, RiA 1983, 104; ders., Die „vertrauensvolle Zusammenarbeit“, Der Versorgungsbeamte 1972, 88; ders., Sitzungen der Personalvertretung ohne Frauenbeauftragte, ZfPR 1996, 208; siehe im Übrigen auch die Angaben zu § 2.

§ 67 [Allgemeine Grundsätze]

(1) Dienststelle und Personalvertretung haben darüber zu wachen, dass alle Angehörigen der Dienststelle nach Recht und Billigkeit behandelt werden, insbesondere, dass jede Benachteiligung von Personen aus Gründen ihrer Rasse oder wegen ihrer ethnischen Herkunft, ihrer Abstammung oder sonstigen Herkunft, ihrer Nationalität, ihrer Religion oder Weltanschauung, ihrer Behinderung, ihres Alters, ihrer politischen oder gewerkschaftlichen Betätigung oder Einstellung oder wegen ihres Geschlechts oder ihrer sexuellen Identität unterbleibt. Dabei müssen sie sich so verhalten, dass das Vertrauen der Verwaltungsangehörigen in die Objektivität und Neutralität ihrer Amtsführung nicht beeinträchtigt wird. Der Leiter der Dienststelle und die Personalvertretung haben jede parteipolitische Betätigung in der Dienststelle zu unterlassen; die Behandlung von Tarif-, Besoldungs- und Sozialangelegenheiten wird hierdurch nicht berührt.

(2) Beschäftigte, die Aufgaben nach diesem Gesetz wahrnehmen, werden dadurch in der Betätigung für ihre Gewerkschaft auch in der Dienststelle nicht beschränkt.

(3) Die Personalvertretung hat sich für die Wahrung der Vereinigungsfreiheit der Beschäftigten einzusetzen.

Inhaltsübersicht

Entspr. landesgesetzliche Regelungen:
Baden-Württemberg: § 67; Bayern: Art. 68; Berlin: § 71; Brandenburg: § 57 Abs. 4, 5, § 58 Abs. 1 Nr. 2, 6; Bremen: § 53 Abs. 3, 4; Hamburg: §§ 76, 77; Hessen: § 61; Mecklenburg-Vorpommern: § 59; Niedersachsen: § 59 Nr. 1, § 2 Abs. 3, 4; § 3 Abs. 3, 4; Nordrhein-Westfalen: § 3, § 62; Rheinland-Pfalz: § 68; Saarland: § 70; Sachsen: § 72; Sachsen-Anhalt: § 56 Abs. 4, Abs. 5, § 58; Schleswig-Holstein: § 2 Abs. 2 Nr. 2, § 48; Thüringen: § 67.

Entspr. Vorschrift des BetrVG: § 75.

I. Vorbemerkung

1 Durch Art. 3 Abs. 4 des Gesetzes zur Umsetzung europäischer Richtlinien zur Verwirklichung des Grundsatzes der Gleichbehandlung vom 14. 8. 2006 (BGBl. I S. 1897, zul. geänd. d. Art. 19 Abs. 10 G v. 12.12.2207, BGBl. I S. 2840, 2859) ist § 67 Abs. 1 Satz 1 neu gefasst worden. Dabei wurde den Vorgaben aus den Richtlinien 2000/43/EG, 2000/73/EG und 2002/73/EG gefolgt. Die (bisherige) beispielhafte Aufzählung von Benachteiligungsverboten wurde ergänzt durch das Allgemeine Gleichbehandlungsgesetz (AGG). Dieses Gesetz gilt für Beamtinnen und Beamte, Richterinnen und Richter „unter Berücksichtigung ihrer besonderen Rechtsstellung" (§ 24 AGG). Im Übrigen gilt es für die auf Grund eines privatrechtlichen Arbeitsvertrags in den öffentlichen Verwaltungen beschäftigten Arbeitnehmer (vgl. § 1 Abs. 1 TVöD). Durch die Änderung sind Personalvertretung und Dienststelle gehalten, künftig alle Maßnahmen anhand der Diskriminierungsverbote wegen Rasse, Herkunft, Nationalität, Religion, Weltanschauung, Geschlecht, Alter und Behinderung zu prüfen (Fischer u. a., § 67 Anm. 3b). Mit § 67 legt der Gesetzgeber einige **Grundregeln für die Aufgabenstellung der Personalverfassungsorgane** fest. Außerdem stellt er Grundprinzipien für das Verhalten der Organe und ihrer Mitglieder auf (BVerwG v. 6. 2. 1979, ZBR 1980, 191 = PersV 1980, 196 m. Anm. v. Widmaier; BVerwG v. 23. 2. 1979, ZBR 1979, 377 = PersV 1980, 205). Weder diese Vorschrift noch § 68 geben

aber der Personalvertretung ein Mandat, ganz allgemein Grundrechte der Beschäftigten gegenüber dem Dienstherrn wahrzunehmen (BVerfG v. 26. 5. 1970, BVerfGE 28, 295 = ZBR 1970, 262 = PersV 1970, 227; denn über das Gesetz „hinausreichende Handlungsbefugnisse stehen dem Personalrat nicht zu“ (BVerfG v. 26. 5. 1970, aaO). Wohl aber haben Dienststellenleiter und Personalvertretung in dieser Vorschrift auch die Verpflichtung zu sehen, durch positives und gemeinsames Handeln für die praktische Verwirklichung der Grundrechte der Beschäftigten einzutreten (Fischer u. a., § 67 Anm. 3; Lorenzen u. a., § 67 Anm. 2). Voraussetzung für die Ausübung des Überwachungsrechts ist, dass die zuständige Personalvertretung vom Leiter der Dienststelle nicht nur über Einzelmaßnahmen unterrichtet wird, die der Beteiligung unterliegen. Vielmehr ist ihr darüber hinaus ein Überblick über alle bedeutsamen Fakten und Vorhaben zu geben, damit die Personalvertretung in der Lage ist, frühzeitig Rechtsverstößen und Unbilligkeiten entgegenwirken zu können (BVerwG v. 27. 2. 1985, ZBR 1985, 173; vgl. auch § 68 Anm. 2 sowie BVerwG v. 29. 8. 1990, Leits. ZBR 1991, 58 = PersV 1991, 78 = ZfPR 1990, 175). Die Vorschrift gilt insgesamt für Stufenvertretungen und Gesamtpersonalräte, für Jugend- und Auszubildendenvertretungen sowie für die Vertretung der nichtständig Beschäftigten; alle diese Interessenvertretungen haben das Recht, in allen sozialen, personellen und organisatorischen Fragen der Beschäftigten gegenüber der Dienststelle unabhängig von einem Beteiligungsfall der §§ 75, 76 initiativ zu werden (Lorenzen u. a., § 68 Anm. 2). Die Pflicht, die Beachtung und Überwachung des Gerechtigkeitsgebotes in der Dienststelle zu gewährleisten, besteht für Dienststellenleiter und Personalvertretung gegenüber allen Beschäftigten, gleichgültig, ob sie nur eine vorübergehende bzw. geringfügige Tätigkeit ausüben oder ob sie wahlberechtigt sind (Fischer u. a., § 67 Anm. 5). Schließlich soll es jede Seite der anderen entsprechend dem Gebot der vertrauensvollen Zusammenarbeit erleichtern, den ihr jeweils obliegenden Aufgaben nachzukommen (BVerwG v. 9. 3. 1990, BVerwGE 85, 36 = ZBR 1990, 398 = PersV 1990, 315 = ZfPR 1990, 75).

II. Allgemeine Grundsätze

1. Das aus dem Gleichheitssatz des Art. 3 GG folgende **Gebot der Gleichbehandlung** richtet sich in gleicher Weise an die Personalvertretung wie an den Dienststellenleiter. Beide dürfen das Gebot weder selbst verletzen noch seine Verletzung durch andere, auch Außenstehende, dulden. Einem Dienststellenleiter ist es daher untersagt, im Rahmen einer Kontrolle einer missbräuchlichen Nutzung der dienstlichen Telefonanlage ohne besondere Anhaltspunkte und außerhalb einer allgemeinen Stichprobenregelung nur die Gesprächsdaten des Personalratsvorsitzenden auszuwerten (vgl. für das BetrVG: LAG Halle v. 23. 11. 1999, RDV 2001, 28). Dienststellenleiter und Personalvertretung haben die Einhaltung des Gebots zu „überwachen“, d. h. auch ohne Anstoß durch Betroffene oder Dritte einzuschreiten und eine willkürliche Schlechterstellung einzelner gegenüber vergleichbaren anderen Beschäftigten zu vermeiden. Der Überwachungspflicht kann eine Personalvertretung insgesamt nur dann nachkommen, wenn sie ausreichend unterrichtet ist und sich ein eigenes Bild darüber machen kann, ob die im Einzelnen in Abs. 1 aufgeführten Gebote auch tatsächlich beachtet werden. Infolgedessen hat die Personalvertretung gegenüber der Dienststelle ein entsprechendes Informations- und Unterrichtungsrecht (aA VGH Mannheim v. 5. 6. 1984, Leits. ZBR 1986, 27; vgl. hierzu auch § 68 Anm. 2). 2

2. a) **Recht** i. S. dieser Vorschrift ist das geschriebene Recht (§ 68 Abs. 1 3
Nr. 2), auch das ungeschriebene Gewohnheitsrecht, dagegen nicht das sog.

Naturrecht. Zum Recht gehören auch die normativen Bestimmungen der Tarifverträge. Zu der dem Recht entsprechenden Behandlung der Beschäftigten gehört es, dass die Personalvertretung die Beteiligungsrechte, die das Gesetz ihr „zum Wohle der Beschäftigten" zur Wahrnehmung übertragen hat (§ 2 Abs. 1), weder über- noch unterschreitet. Das Gesetz enthält in den Mitbestimmungs- und Mitwirkungskatalogen eine zwingende, aber auch erschöpfende Aufzählung derjenigen Angelegenheiten, an denen die Personalvertretung in einem förmlich geregelten Verfahren beteiligt werden muss (BVerwG v. 28. 2. 1958, BVerwGE 6, 220 = ZBR 1958, 211). Neben diesen Beteiligungsrechten bestehen die allgemeinen Beteiligungsrechte nach § 68, für deren Ausübung das Gesetz eine Form nicht vorschreibt.

4 b) **Billigkeit** ergänzt – namentlich bei der Handhabung des Ermessens – die strenge Ordnung des formalen Rechts durch Berücksichtigung des Rechtsgefühls, des Grundsatzes von Treu und Glauben, des sozialen Gedankens des Schutzes der Schwachen und der berechtigten menschlichen und sozialen Belange aller Beteiligten nach dem Gerechtigkeitsgefühl der billig und gerecht Denkenden und nach den besonderen Erfordernissen des Einzelfalls.

5 3. a) Das **Überwachungsgebot legt** im allgemeinen Interesse sowohl dem Dienststellenleiter wie auch der Personalvertretung eine **Mitverantwortung für die Gestaltung der einzelnen Dienst- und Arbeitsverhältnisse auf.** Dabei darf sich im Sinne der Wahrung der Persönlichkeitsrechte die Personalvertretung in die Interessen der Beschäftigten nur mit deren Einverständnis einmischen, es sei denn, dass es sich um Fälle handelt, in denen die Duldung der Benachteiligung des Betroffenen sich offenkundig aus dessen Hilflosigkeit oder seinem Unvermögen erklärt, seine Rechte, selbst zu wahren.

6 b) Die Abhilfemittel gegen die Bedrohung des Rechtsguts müssen angemessen sein, z. B. Gegenvorstellung, Verhandlung, Aufklärung der Beteiligten durch Wort oder Schrift. Oberster Grundsatz dabei ist die **Unterlassung aller Handlungen, die bei den Beschäftigten begründete Zweifel an der Objektivität und Neutralität der Personalvertretung** und ihrer Mitglieder hervorrufen können (BVerfG v. 26. 5. 1970, BVerfGE 28, 295 = ZBR 1970, 262 = PersV 1970, 227).

7 4. Die **Aufzählung unzulässiger Unterscheidungsmerkmale** (Abstammung, Religion, Nationalität usw.) **ist beispielhaft,** nicht erschöpfend. Das ergibt sich bereits aus dem Wort „insbesondere". **Verboten ist** daher für den Dienststellenleiter wie für die Personalvertretung **jede Ungleichbehandlung,** die nicht durch Unterschiedlichkeiten der betroffenen Personen oder ihrer Lebensumstände (BVerfG v. 23. 10. 1951, BVerfGE 1, 52; BVerfG v. 20. 3. 1952, BVerfGE 1, 176), z. B. der Leistung, gerechtfertigt ist. Zu der bisherigen Aufzählung sind durch § 1 AGG weitere Merkmale hinzugekommen, nämlich Benachteiligungen aus Gründen der Rasse oder wegen der ethnischen Herkunft, wegen der Weltanschauung, wegen einer Behinderung, wegen des Alters und wegen der sexuellen Identität (vgl. zu den einzelnen Anwendungsfällen im Zusammenhang mit einer Kündigung: Däubler, AiB 2007, 22). Den durch die Vorschrift gewährleisteten Schutz genießen „alle in der Dienststelle tätigen Personen", gleich, ob sie „Beschäftigte" (§ 4) sind oder nicht.

8 5. Im Sinne der Aufzählung unzulässiger Unterscheidungsmerkmale bedeutet **Abstammung** die blutsmäßige (anthropologisch = Rasse) landsmannschaftliche oder volkstummäßige Herkunft.

6. Untersagt ist die unterschiedliche Behandlung wegen der „Religion oder Weltanschauung“ (Richtlinie 2000/78/EG). **Religion** ist jedes weltanschauliche innere Bekenntnis, wie die äußere Zugehörigkeit zu Religions- oder Weltanschauungsgemeinschaften, auch die betonte Nichtzugehörigkeit zu solchen Gemeinschaften. Bereits nach Art. 3 Abs. 3 GG darf niemandem aus seiner Zugehörigkeit zu einem Bekenntnis oder einer Weltanschauung ein Nachteil erwachsen, und nach dem durch Art. 140 GG übernommenen Art. 136 WRV werden die bürgerlichen und staatsbürgerlichen Rechte und Pflichten durch die Ausübung der Religionsfreiheit weder bedingt noch beschränkt. Der Genuss dieser Rechte und die Zulassung zu öffentlichen Ämtern (mit Ausnahme von konfessionsgebundenen Funktionen) sind unabhängig von dem religiösen Bekenntnis. Die Vorstellungen einer Person über die Welt und ihren Sinn und das Dasein in ihr zählen zur **Weltanschauung** (vgl. Anm. 16 a und Fischer u. a., § 67 Anm. 7 e). Neu eingefügt wurden in Abs. 1 Satz 1 die unterschiedliche Behandlung von Personen wegen ihrer **„Behinderung“** und ihres **„Alters“** (Richtlinie 2000/78/EG; s. auch Anm. 16 a). Im Unterschied zu § 68 Abs. 1 Nr. 4 hat das Merkmal des „Alters“ in Abs. 1 Satz 1 nicht die Bedeutung einer spezifischen Zielsetzung zugunsten älterer Beschäftigter (Fischer u. a., § 67 Anm. 7 g). 9

7. **Nationalität** ist sowohl die Staatsangehörigkeit im Rechtssinn wie die spezielle Volkszugehörigkeit, die nach objektiven und subjektiven Merkmalen zu beurteilen ist. Zu den objektiven Merkmalen gehört vornehmlich die Sprache, zu den subjektiven das persönliche Bekenntnis zu einer Volksgruppe. **Herkunft** ist dagegen „die von den Vorfahren hergeleitete soziale Verwurzelung, nicht die Zugehörigkeit zu einer bestimmten sozialen Schicht, die sich aus den persönlichen Lebensverhältnissen ergibt“ (BVerfG v. 22. 1. 1959, BVerfGE 9, 124). Einzubeziehen ist auch der Begriff **Heimat** (Lorenzen u. a., § 67 Anm. 9 b). Überschneidungen mit „Abstammung“ und „Nationalität“ sind möglich. 10

8. **Politische Einstellung oder Betätigung,** gleich, ob allgemeinpolitisch oder parteipolitisch, darf ebenfalls nicht zur Ungleichbehandlung eines Angehörigen der Dienststelle führen. Einstellung ist die innere Überzeugung, Betätigung die für andere erkennbare Manifestation der Überzeugung. Auch die Ablehnung des einzelnen, sich einer politischen Denkgemeinschaft anzuschließen, darf nicht zu dessen Nachteil gereichen. Geschützt ist vor allem die Zugehörigkeit zu einer politischen Partei, die Mitarbeit in ihr, aber selbstverständlich auch die Nichtzugehörigkeit zu einer Partei (Fischer u. a., § 67 Anm. 7 a; Lorenzen u. a., § 67 Anm. 9 e). Auch die Betätigung in einer politischen Gruppierung, die nicht als Partei bezeichnet werden kann, ist geschützt (Lorenzen u. a., aaO). 11

9. Der **Schutz** des Abs. 1 wirkt jedoch **nicht zugunsten einer verfassungsfeindlichen Betätigung.** Beamte verstoßen gegen die Treuepflicht, wenn sie sich für verfassungsfeindliche Parteien bzw. Gemeinschaften betätigen oder anderweitig durch Handlungen das Gebot des § 52 Abs. 2 BBG (= § 35 BRRG) verletzen, sich „zu der freiheitlichen demokratischen Grundordnung im Sinne des Grundgesetzes (zu) bekennen und für deren Erhaltung ein(zu)treten“. Entsprechende Grundsätze gelten für Arbeitnehmer der öffentlichen Verwaltung. Ein Bewerber für ein Beamtenverhältnis darf nur berufen werden, wenn er „die Gewähr dafür bietet, dass er jederzeit für die freiheitliche demokratische Grundordnung eintritt“ (§ 7 Abs. 1 BBG; § 4 BRRG; vgl. hierzu auch: BVerwG v. 6. 2. 1975, ZBR 1975, 185 = PersV 1975, 307). 12

13 10. **Gewerkschaftliche Einstellung oder Betätigung ist in derselben Weise geschützt wie die politische** (vgl. Anm. 11). Beschäftigte dürfen, wenn sie Mitglied einer Gewerkschaft sind, nicht begünstigt oder benachteiligt werden. Dies gilt u. a. für die Übernahme von Ämtern in gewerkschaftlichen Gremien oder für die Betätigung z. B. durch das Verteilen von Informations- und Werbematerial (Altvater u. a., § 67 Anm. 12; Lorenzen u. a., § 67 Anm. 9 h). Geschützt ist auch die sog. negative Koalitionsfreiheit, d. h. das Recht, sich überhaupt keiner Gewerkschaft anzuschließen oder einer bestimmten Gewerkschaft fernzubleiben (Art. 9 GG; BVerfG v. 22. 5. 1975, BVerfGE 39, 334, 353). So darf die Personalvertretung z. B. keine Personalkartei führen, aus der die gewerkschaftliche Zugehörigkeit der Beschäftigten zu erkennen ist (VG Berlin v. 20. 1. 1972, PersV 1977, 107). Die gewerkschaftliche Betätigung von Funktionsträgern darf daher auch nicht durch Vereinbarungen zwischen einer Gewerkschaft und dem Dienstherrn in der Weise besonders geschützt werden, dass für den Fall einer Entlassung, Versetzung oder Abordnung ein weitergehender Schutz als für die übrigen Beschäftigten gewährt wird; denn § 67 verpflichtet neben der Personalvertretung auch die Dienststelle, darüber zu wachen, dass jede unterschiedliche Behandlung wegen gewerkschaftlicher Betätigung oder Einstellung unterbleibt. Die Vorschrift verbietet generell und konsequent eine Berücksichtigung gewerkschaftlicher Mitgliedschaft oder Aktivität und damit jede unterschiedliche Behandlung (vgl. Kraft in der 111. Sitzung des Innenausschusses des Deutschen Bundestages vom 19. 5. 1976 zum sog. Funktionärsschutzabkommen). Infolgedessen würde ein Dienststellenleiter, der die Einstellung eines Bewerbers davor abhängig macht, dass dieser nicht Gewerkschaftsmitglied ist, gegen das nach Art. 9 Abs. 3 GG geschützte Recht, Mitglied einer Gewerkschaft zu sein, verstoßen (vgl. für das BetrVG: BAG v. 28. 3. 2000, BAGE 94, 169 = BB 2000, 826, 2311 = DB 2001, 203 = Leits. ZBVR 2000, 159). Das gewerkschaftliche Diskriminierungsverbot gilt nicht nur im Verhältnis der Verwaltung zu den Beschäftigten der Dienststelle, sondern auch innerhalb der Personalvertretung selbst (Fischer u. a., § 67 Anm. 7k). Maßgeblich in Abs. 1 Satz 1 ist der Begriff der **Gewerkschaft im Sinne des Personalvertretungsrechts.** Dieser umfasst nicht nur die arbeitsrechtlichen Gewerkschaften nach § 1 TVG, sondern auch alle auf überbetrieblicher Grundlage errichteten Berufsorganisationen der Beamten, Richter und Soldaten, nicht jedoch Berufsverbände ohne „hinreichende Durchsetzungskraft“ (vgl. BVerwG v. 25. 7. 2006, PersV 2007, 112 sowie § 2 Anm. 32 ff.).

14 11. Verboten ist auch eine **Ungleichbehandlung wegen des Geschlechts.** Allerdings gebietet der Gleichheitsgrundsatz des Art. 3 Abs. 2 GG die Gleichbehandlung von Männern und Frauen nur dann, wenn wirkliche Gleichartigkeit besteht. Es ist z. B. nicht verboten, Männer und Frauen jeweils für Arbeitsaufgaben einzusetzen, für die sie objektiv besser geeignet sind, z. B. Einsatz in leichterer oder schwererer Arbeit durch Bestimmungen der Tarifverträge. Die öffentliche Verwaltung ist wegen ihrer Bindung an Gesetz und Recht (Art. 20 Abs. 3 GG) in besonderem Maße verpflichtet, bei gleicher Tätigkeit und Leistung gleiche Vergütung zu gewähren. Das Gesetz zur Durchsetzung der Gleichberechtigung von Frauen und Männern und zur Erhöhung des Frauenanteils in den Verwaltungen und Gerichten des Bundes (Bundesgleichstellungsgesetz, BGleiG v. 30. 11. 2001, BGBl. I S. 3234, zul. geänd. d. Art. 3 Abs. 11 G v. 14. 8. 2006, BGBl. I S. 1897) verpflichtet die Dienststellen zur **Aufstellung eines Gleichstellungsplans** und zu geeigneten Maßnahmen zur Frauenförderung, zu einem ausreichenden Angebot von Teilzeitarbeitsplätzen und zur Bestellung einer Gleichstellungsbeauftragten. Arbeitsplätze sind geschlechtsneutral auszuschreiben (§ 6 Abs. 1 BGleiG).

Dieses Gebot stellt zugleich eine Konkretisierung von § 611 h BGB für die Arbeitnehmer dar, während sich aus § 8 Abs. 3 BBG und § 4 Abs. 3 BLV die Verpflichtung ergibt, Beamtenstellen geschlechtsneutral auszuschreiben. Zu beachten ist auch das Behindertengleichstellungsgesetz (BGG v. 27. 4. 2002, BGBl. I S. 1467, zul. geänd. d. Art. 12 G v. 19. 12. 2007, BGBl. S. 3024), das zur Berücksichtigung der besonderen Belange behinderter Frauen und zur Beseitigung bestehender Benachteiligungen auffordert.

11a) Eine Begünstigung oder Benachteiligung von Beschäftigten wegen ihrer **sexuellen Identität** ist ebenfalls unzulässig. Dies bedeutet, dass die zuständige Personalvertretung darauf zu achten hat, dass niemand wegen seiner homosexuellen Neigungen oder wegen bisexueller oder transsexueller Betätigung benachteiligt oder begünstigt wird (vgl. BT-Drucks. 16/1780, S. 31). **14a**

12. In diesem Zusammenhang ist auch die Verordnung Nr. 1612/68 des Rates über die **Freizügigkeit der Arbeitnehmer innerhalb der Europäischen Gemeinschaft** vom 15. 10. 1968 (ABl. Nr. 257/2) zu beachten, die in Ausführung der Art. 48 ff. des EWG-Vertrages erlassen worden ist. Danach dürfen Arbeitnehmer, die einem Staat der Europäischen Union angehören, wegen ihrer Staatsangehörigkeit im Hoheitsgebiet der anderen Mitgliedsstaaten nicht anders behandelt werden als inländische Arbeitnehmer. Von der Teilnahme an der Verwaltung von Körperschaften des öffentlichen Rechts und der Ausübung eines öffentlich-rechtlichen Amtes können sie aber entsprechend Art. 8 Abs. 1 der VO Nr. 16/18 ausgeschlossen werden. Darüber hinaus ist Art. 116 GG zu beachten, wonach in das Beamtenverhältnis nur berufen werden kann, wer Deutscher ist. **15**

13. Unabhängig von dem grundsätzlichen Verbot der Ungleichbehandlung der Beschäftigten gibt es aber **Unterscheidungsmerkmale, deren Beachtung keinen Verstoß gegen den Gleichbehandlungsgrundsatz darstellt.** Hierzu können das Alter von Beschäftigten zählen, die Dauer der Zugehörigkeit zur Dienststelle etc. Darüber hinaus kann eine unterschiedliche Behandlung auch wegen der Notwendigkeit einer besonderen Rücksichtnahme gegenüber weiblichen, jugendlichen oder behinderten Beschäftigten oder auch im Hinblick auf unterschiedliche Leistungen gerechtfertigt sein (Fischer u. a., § 67 Anm. 8; Lorenzen u. a., § 67 Anm. 9 h). Allerdings ist stets zu berücksichtigen, dass eine angemessene Relation zwischen dem Unterscheidungsgrund einerseits und den Folgen der Unterscheidung andererseits gegeben sein muss. Andernfalls liegt ein Verstoß gegen den Gleichbehandlungsgrundsatz vor, der auch gebietet, dass Verschiedenes seiner Eigenart entsprechend und Gleiches unter gleichen Voraussetzungen gleich zu behandeln ist. **16**

13 a) Insgesamt kann von einer **unmittelbaren Benachteiligung** immer nur dann die Rede sein, wenn ein Beschäftigter im Hinblick auf einen der in § 1 AGG, § 67 Abs. 1 Satz 1 genannten Gründe eine weniger günstige Behandlung als ein anderer Beschäftigter in vergleichbarer Situation erhält (Lorenzen u. a., § 67 Anm. 8 b). **16a**
b) Eine Benachteiligung wegen der **Rasse** oder der **ethnischen Herkunft** meint eine Benachteiligung im Hinblick auf die Hautfarbe oder Abstammung, auf den nationalen Ursprung oder das Volkstum (vgl. u. a. BT-Drucks. 16/1780, S. 30). Eine Benachteiligung wegen der **sonstigen Herkunft** ist in erster Linie auf die Abstammung bezogen; diese darf vor allem bei personellen Maßnahmen (Einstellungen, Beförderungen etc.; vgl. im Übrigen Anm. 8) keine Rolle spielen.

c) Das Verbot einer Bevorzugung oder Benachteiligung wegen der **Weltanschauung** meint eine wertende Stellungnahme eines Beschäftigten zum Sinn des Weltgeschehens (BVerwG v. 27. 3. 1992, BVerwGE 90, 112), ohne dass eine Beschränkung auf innerweltliche Bezüge vorgegeben wäre. Es geht sowohl um die innerliche Einstellung als auch um deren Äußerung (z. B. engagierte Mitgliedschaft in entsprechenden Gruppierungen, Lorenzen u. a., § 67 Anm. 9 d).
d) Eine Bevorzugung oder Benachteiligung wegen **Behinderung** bezieht sich vor allen Dingen auf die in § 2 Abs. 1 Satz 1 SGB IX vorgegebenen Definitionen, nämlich Behinderungen wegen körperlicher Funktion, geistiger Fähigkeit oder seelischer Gesundheit. Zu berücksichtigen ist allerdings, dass Bevorzugungen wegen einer Behinderung dann mit Art. 3 Abs. 3 Satz 2 GG übereinstimmen, wenn eine Angleichung der Verhältnisse von Nichtbehinderten und Behinderten angestrebt wird; entsprechende Vorgehensweisen müssen sachlich begründet oder geboten (vgl. § 81 SGB IX; vgl. BVerfG v. 8. 10. 1998, BVerfGE 96, 288, 302) sein.
e) Auch das **Alter** darf weder für einen Dienststellenleiter noch für eine Personalvertretung Anlass für eine ungleiche Behandlung sein. Dabei geht es sowohl um eine nicht gerechtfertigte bevorzugte Behandlung älterer Menschen gegenüber Jüngeren als auch um eine ungerechtfertigte Benachteiligung älterer Beschäftigter gegenüber Jüngeren.

16b Wenn eine **beabsichtigte Kündigung** durch eines der in Abs. 1 festgelegten Diskriminierungsmerkmale (Benachteiligung aus Gründen der Rasse oder der ethnischen Herkunft, der Abstammung oder sonstigen Herkunft, der Nationalität, der Religion oder Weltanschauung, der Behinderung, des Alters, der politischen oder gewerkschaftlichen Betätigung oder Einstellung oder wegen des Geschlechts oder der sexuellen Identität) bestimmt ist, dann hat die Personalvertretung der Kündigungsabsicht zu widersprechen (Berkowsky, ZBVR online 4/2007, S. 21, 32).

III. Gebot der Objektivität und Neutralität

17 Das Gebot, das sich gleichermaßen an Dienststellenleiter und Personalvertretung richtet, sich so zu verhalten, dass das **Vertrauen der Beschäftigten in die Objektivität und Neutralität der Amtsführung** nicht beeinträchtigt wird, drückt eine der Grundregeln des Personalvertretungsrechts aus (BVerfG v. 26. 5. 1970, BVerfGE 28, 295 = ZBR 1970, 262 = PersV 1970, 227). Es ist eine zwingende Anweisung nicht mehr nur für die gewerkschaftliche Betätigung einzelner Beschäftigter nach Abs. 2 (einschließlich der Mitglieder der Personalvertretung), sondern für die gesamte Amtsführung von Dienststelle und Personalvertretung (Lorenzen u. a., § 67 Anm. 11). Durch die Stellung des Satzes 2 soll zum Ausdruck gebracht werden, dass gerade durch eine strikte Einhaltung der Gleichbehandlung durch Dienststelle und Personalvertretung das Vertrauen der Beschäftigten in die Neutralität und Objektivität der Amtsführung dieser Einrichtungen besondere Bedeutung hat (vgl. auch Fluck, ZfPR 1989, 187). Auch innerhalb der Personalvertretung muss der Grundsatz der Neutralität und Objektivität beachtet werden. Dies gilt z. B. im Zusammenhang mit der möglichen Erhebung von Beiträgen für die Herausgabe von Informationsblättern durch die Personalvertretung (vgl. § 45 Anm. 1). Würden einzelne Personalratsmitglieder Beitragsleistungen in diesem Zusammenhang erbringen, so könnten sie einen erhöhten Einfluss innerhalb der Personalvertretung gewinnen (BVerwG v. 10. 10. 1990, Leits. ZBR 1991, 58 = PersV 1991, 272 = ZfPR 1991, 37). Zu dem verpflichteten Personenkreis gehört im Übrigen auch der Wahlvorstand. Dieser ist nicht befugt, zur Klärung der Wählbarkeit der Wahlbewerber eine Anhörung mit dem Ziel zu veranstalten, dass sich die Beschäftigten ein Bild von der persönlichen Eignung einzelner vom Wahlvorstand bezeichneter Kandidaten machen. Damit würde der Wahlvorstand die Eignung einzelner Bewerber in Zweifel ziehen und seine Neutralitätspflicht verletzen. Im Übrigen sind dem Wahlvorstand von der Wahlordnung im Einzelnen die Handlungen vorgeschrieben, die zur Feststellung der Wählbarkeit führen (VG Berlin v. 23. 10. 1975, PersV 1975, 426).

IV. Parteipolitische Betätigung

1. Das **Verbot der parteipolitischen Betätigung** stellt keine unzulässige Einschränkung des Grundrechts der Meinungsfreiheit (Art. 5 GG) dar (Lorenzen u. a., § 67 Anm. 12). Vielmehr gehört die Vorschrift zu den allgemeinen Gesetzen, die der Freiheit der Meinungsäußerung nach Art. 5 Abs. 2 GG Schranken setzen. Die politische Betätigung wird nicht wegen ihrer Zielsetzung untersagt. Vielmehr dient sie der Erhaltung des Friedens in der Dienststelle und hat die Wahrung der Neutralität der Leiter der Dienststellen und der Personalratsmitglieder zum Ziel (vgl. auch BVerfG v. 28. 4. 1976, BVerfGE 42, 133 = Leits. ZBR 1976, 374). Das Verbot gilt daher auch für einzelne Personalratsmitglieder (OVG Berlin v. 19. 9. 1975, ZBR 1976, 92 = PersV 1977, 102; Lorenzen u. a., § 67 Anm. 12). Es ist verfassungskonform (BVerfG v. 28. 4. 1976, aaO). Dies folgt bereits aus der Friedenspflicht und ergibt sich für Beamte aus dem Mäßigungsgebot des § 53 BBG (= § 35 BRRG). Dem Dienststellenleiter und der Personalvertretung ist **jede parteipolitische Betätigung schlechthin untersagt,** d. h. ohne Rücksicht darauf, ob im Einzelfall eine konkrete Gefährdung des Friedens der Dienststelle zu besorgen ist. Darüber hinaus verpflichtet die Friedenspflicht zur **Neutralität gegenüber allen Beschäftigten** der Dienststelle, so dass der Dienststellenleiter und die Personalvertretung jede unterschiedliche Behandlung wegen der politischen Betätigung oder Einstellung zu unterlassen haben. Sie selbst haben sich jeder parteipolitischen Betätigung in der Dienststelle zu enthalten. Infolgedessen ist es Personalratsmitgliedern untersagt, für oder gegen eine politische Partei oder politische Gruppierung tätig zu werden. Dies gilt z. B. für die Verbreitung von politischen Zeitungen, Druckschriften, Anschlägen oder Flugblättern (vgl. für das BetrVG: BAG v. 12. 6. 1986, AuR 1988, 63). Umstritten ist dagegen, ob dem Dienststellenleiter und dem Vorsitzenden einer Personalvertretung im Rahmen der Personalversammlung die Pflicht zukommt, dem Verbot einer parteipolitischen Betätigung auch während einer entsprechenden Versammlung insoweit Geltung zu verschaffen, als sie dafür einzutreten haben, dass eine einseitige parteipolitische Betätigung (Agitation) ebenso wie bei anderen Gelegenheiten innerhalb der Dienststelle unterbleibt. Dafür spricht die Tatsache, dass jede einseitige, von Dienststellenleiter oder Personalvertretung geduldete parteipolitische Betätigung den Anschein einer Unterstützung durch Schweigen erweckt, der im Interesse des Friedens innerhalb der Dienststelle in jedem Fall vermieden werden muss (aA Fischer u. a., § 67 Anm. 12 e, die weder dem Dienststellenleiter noch den Mitgliedern der Personalvertretung eine entsprechende Garantenstellung zubilligen wollen, was aber schon deshalb zwingend geboten ist, weil sie an die personalvertretungsrechtlichen Verbote nicht nur selbst gebunden, sondern auch zu deren Durchsetzung verpflichtet sind). 18

2. In räumlicher Hinsicht beschränkt sich das Verbot nicht auf das dienstliche Gelände, sondern **es richtet sich gegen jede parteipolitische Betätigung im Zusammenhang mit der oder bei Hinweis auf die Stellung als Dienststellenleiter bzw. Personalratsmitglied.** Wenn daher ein einzelnes Personalratsmitglied unter Hinweis auf seine Mitgliedschaft in einer Personalvertretung Flugblätter mit Wahlaufrufen für eine bestimmte Partei verteilt, die sich mit Vorgängen in 19

der Dienststelle und aus der Personalratsarbeit befassen, so ist ein solches Tätigwerden mit der gebotenen parteipolitischen Neutralität eines Personalratsmitglieds auch dann unvereinbar, wenn die Verteilung außerhalb des räumlichen Bereichs der Dienststelle erfolgt (OVG Berlin v. 19. 9. 1975, ZBR 1976, 92 = PersV 1977, 102; Fischer u. a., § 67 Anm. 11). Ebensowenig gehört es zur koalitionsmäßigen Betätigung, in einer Dienststelle Wahlwerbung vor politischen Wahlen zu betreiben (BVerfG v. 28. 4. 1976, BVerfGE 42, 133 = Leits. ZBR 1976, 374).

20 3. Inhaltlich umfasst das **Verbot jegliche Kundgebung einer parteipolitischen Meinung in Wort, Schrift, Ton, Bild oder beliebiger Ausdrucksweise,** z. B. Verteilung von Flugblättern oder Schriften unter Hervorhebung des Amtes. Weder der Dienststellenleiter noch die einzelnen Personalratsmitglieder können ihre jeweilige Eigenschaft als Leiter der Dienststelle bzw. Mitglieder der Personalvertretung ohne weiteres ablegen. Es ist daher nur sehr schwer möglich, den Dienststellenleiter oder die Mitglieder der Personalvertretung losgelöst von ihrer jeweiligen Eigenschaft zu betrachten (Fischer u. a., § 67 Anm. 11). Dagegen ist selbstverständlich nicht die **schlichte politische Meinungsäußerung** verboten, da es weder dem Dienststellenleiter noch den Personalratsmitgliedern für ihre Person untersagt sein kann, ihre Meinung zu politischen Problemen zu äußern (Fischer u. a., § 67 Anm. 11). Etwas anderes kann nur dann gelten, wenn mit dieser politischen Meinungsäußerung gleichzeitig eine Agitation oder Propaganda verbunden ist. Daher ist auch eine parteipolitische Betätigung noch nicht darin zu erblicken, dass ein Beschäftigter anlässlich der bevorstehenden Personalratswahl für eine noch aufzustellende Wahlliste um Unterschriften wirbt und dazu ein „Programm“ veröffentlicht, das für die künftige Personalratsarbeit die Zielsetzung einer bestimmten politischen Partei übernimmt, sofern sich die Wahlwerbung im Rahmen der Rechtsordnung hält und insbesondere nicht die Rechte Dritter verletzt (vgl. für das BetrVG: BAG v. 13. 10. 1977, BB 1978, 660 = DB 1978, 641). Das Verbot der parteipolitischen Betätigung betrifft nicht die gewerkschaftliche Betätigung (BVerwG v. 1. 10. 1965, BVerwGE 22, 96 = ZBR 1966, 56 = PersV 1966, 21; vgl. insgesamt: Thiele, PersV 1993, 433).

V. Gewerkschaftliche Betätigung

21 1. Abs. 2 betrifft alle Beschäftigten, die Aufgaben nach diesem Gesetz wahrnehmen, einschließlich der Mitglieder der Sondervertretungen (VG Gelsenkirchen v. 7. 3. 1978 – PVB 12/77, n. v.). **Die Freiheit der gewerkschaftlichen Betätigung** ist ein **Ausfluss der Koalitionsfreiheit** des Art. 9 Abs. 3 GG (BVerfG v. 30. 11. 1965, BVerfGE 19, 303 = ZBR 1966, 152 = PersV 1966, 79; Plander, PersR 1986, 25). Vom grundgesetzlichen Schutz der gewerkschaftlichen Betätigung wird auch die **Werbung neuer Mitglieder** während der Arbeitszeit umfasst. Die Verfassung schützt insoweit nicht nur diejenigen Tätigkeiten, die für die Erhaltung und die Sicherung des Bestandes einer Gewerkschaft unerlässlich sind. Vielmehr sind alle koalitionsspezifischen Verhaltensweisen geschützt – einschließlich der Mitgliederwerbung durch eine Gewerkschaft und durch einzelne ihrer Mitglieder, unabhängig davon, ob sie gleichzeitig auch (freigestellte) Personalratsmitglieder sind. Die Werbung kann auch durch dienststellenfremde Beauftragte einer Gewerkschaft erfolgen; dabei sind jedoch die Grenzen des Zugangsrechts (§ 2 Abs. 2) zu beachten. Im Übrigen muss sich die Werbung auf die Dauer eines normalen Gesprächs zwischen Beschäftigten während der Arbeitszeit beschränken (BVerfG v. 14. 11. 1995, ZBR 1996, 180, 208 = ZfPR 1996, 77). Gewerkschaftlich organisierten Mitgliedern der Personalvertretungen

ist nicht schlechthin untersagt, Mitglieder für ihre Gewerkschaft zu werben, sondern nur dann, wenn die Werbung nachhaltig und unter Anwendung psychischen Drucks ausgeübt wird (BVerwG v. 6. 2. 1979, ZBR 1980, 191 = PersV 1980,196 m. Anm. v. Widmaier; BVerwG v. 21. 2. 1979 – 6 P 50.78 – Buchholz 238.3 A § 67 Nr. 2; BVerwG v. 23. 2. 1979, ZBR 1979, 377 = PersV 1980, 205). Keinesfalls ist es aber einer Personalvertretung gestattet, auf einer ihr evtl. vom Dienststellenleiter zur Verfügung gestellten Homepage Mitgliederwerbung für eine Gewerkschaft zu betreiben oder gar zu einem Streik aufzurufen (vgl. für das BetrVG: LAG Hamm v. 12. 3. 2004 – 10 Ta BV 161/03, n.v.; Beckschulze, DB 2007, 1526, 1535). Die Vorschrift trägt der Tatsache Rechnung, dass in vielen Dienststellen Personalratsmitglieder zugleich in gewerkschaftlichen Funktionen tätig sind. Oft gelangen sie erst aus diesen Funktionen heraus zur Personalratsarbeit. Infolgedessen soll ein Personalratsmitglied derartige **Doppelfunktionen** nicht verleugnen müssen. Bei Ausübung der Doppelfunktion allerdings muss strikt auf den Grundsatz der Neutralität geachtet werden. Infolgedessen muss ein allen Beschäftigten einer Dienststelle zugesandtes Rundschreiben von Personalratsmitgliedern einer bestimmten Gewerkschaft über die von ihnen geleistete Arbeit in der Personalvertretung sich bei der „Abrechnung" mit der Arbeit der einer anderen Gewerkschaft angehörenden Personalratsmitglieder im Rahmen einer **sachlichen Auseinandersetzung** halten (BVerwG v. 6. 2. 1979, aaO). Generell hat sich die Werbe- und Informationstätigkeit durch eine Gewerkschaft oder durch einer Gewerkschaft angehörende Personalratsmitglieder auf sachliche Hinweise zu beschränken, die fernab von Drohungen, Zwang oder Angriffen gegenüber nicht oder anders organisierten Beschäftigten erfolgen und die parteipolitische und auch allgemein-politische Themen ausklammern. Eine mit unlauteren Mitteln erfolgende aggressive oder gar auf die Existenzvernichtung einer konkurrierenden Gewerkschaft gerichtete Werbung ist unzulässig (BVerfG v. 28. 4. 1976, BVerfGE 42, 133; vgl. für das BetrVG: BAG v. 31. 5. 2005, BAGE 115,58 = Leits. BB 2006, 1456 = DB 2005, 1858 = NZA 2005, 1182; vgl. auch: Lorenzen u. a., § 2 Anm. 75 ff.).

2. Die in Abs. 2 bestätigte Freiheit der gewerkschaftlichen Betätigung ist für 22
den Leiter der Dienststelle und die Personalvertretung als Organ sowie für das einzelne Personalratsmitglied durch Abs. 1 Satz 2 (**Gebot zu Objektivität und Neutralität**) eingeschränkt. Diese Einschränkung ist verfassungskonform (BVerfG v. 26. 5. 1970, BVerfGE 28, 295 = ZBR 1970, 262 = PersV 1970, 227). Sie trägt der Tatsache Rechnung, dass der Personalvertretung eine Vielzahl von Aufgaben übertragen worden ist, die eine strikte Einhaltung des Objektivitäts- und Neutralitätsgebots erfordern. Wenngleich Abs. 2 verdeutlicht, dass die Beschäftigten bei der Wahrnehmung von Aufgaben nach dem BPersVG in der Tätigkeit für ihre Gewerkschaft in der Dienststelle nicht beschränkt werden, so ergibt sich hieraus aber nicht, dass Personalratsmitglieder ihr Personalratsamt gänzlich außer Acht lassen dürfen. Sie haben sich grundsätzlich dem Gebot gewerkschaftsneutraler Amtsführung zu unterwerfen (Hahn, PersV 1991, 505 [514]; vgl. auch Honnen, ZfPR 1993, 63), sind aber berechtigt, für ihre Gewerkschaft – auch während der Dienstzeit – zu werben, und zwar unabhängig davon, ob sie für die Personalratsarbeit freigestellt sind oder nicht (BVerfG v. 14. 11. 1995, ZfPR 1996, 77). Das bedeutet aber nicht, dass jede Art von Werbung für eine Gewerkschaft durch ein Personalratsmitglied untersagt wäre (vgl. Anm. 21). Zu bedenken nämlich ist, dass in aller Regel bekannt ist, welchen Gewerkschaften die einzelnen Personalratsmitglieder angehören und dass die Beschäftigten es für durchaus legitim ansehen, dass Personalratsmitglieder gleichzeitig auch Gewerkschaftsmitglieder sind und sich in dieser Eigen-

schaft – auch in der Form der Werbung – betätigen. Wenn daher Personalratsmitglieder für ihre Gewerkschaft in ruhiger, sachlicher und informativer Art werben, dabei die Vorzüge der eigenen Gewerkschaft darstellen und auf weniger qualifizierte Arbeit von Konkurrenzgewerkschaften hinweisen, so ist darin kein Verstoß gegen das Gebot der Objektivität und Neutralität von Personalratsmitgliedern zu sehen. Sofern der Arbeitsablauf nicht oder nur unerheblich gestört und keine Störung des Betriebsfriedens bewirkt wird, ist eine Werbung durch Personalratsmitglieder für ihre Gewerkschaft zulässig, insbesondere durch Aushändigung eines gewerkschaftlichen Werbeprospekts mit Beitrittsformular in der Dienststelle und während der Arbeitszeit bei kurzem Gespräch (BVerfG v. 14. 11. 1995, aaO). Im Einvernehmen mit dem Dienststellenleiter können Kolleginnen und Kollegen auch am Arbeitsplatz aufgesucht werden (BVerwG v. 9. 3. 1990, BVerwGE 85,36 = ZBR 1990, 398 = PersV 1990, 315 = ZfPR 1990, 75). Dagegen ist eine nachhaltige und unter Ausübung von Druck betriebene gewerkschaftliche Werbung gegenüber Beschäftigten zum Eintritt oder Übertritt in eine bestimmte Gewerkschaft als eine Verletzung des Gebots der objektiven und neutralen Amtsführung anzusehen. Das gilt z. B. für den Fall, dass ein Personalratsmitglied Druck auf ein abtrünnig gewordenes oder abgeworbenes Gewerkschaftsmitglied ausübt (BVerwG v. 21. 2. 1979 – 6 P 50.78 – Buchholz 238.3 A § 67 Nr. 2). Entscheidend kommt es darauf an, ob Druck auf einen Beschäftigten ausgeübt wird, ob also die nachhaltige Werbung durch offene oder versteckte Hinweise auf die Möglichkeiten eines Personalratsmitglieds zur Einwirkung auf die den einzelnen Beschäftigten betreffenden personellen oder sozialen Angelegenheiten wesentlich verstärkt wird (BVerwG v. 23. 2. 1979, ZBR 1979, 377 = PersV 1980, 205; vgl. zum Begriff des Druckausübens auch: Windscheid, PersV 1979, 46; BVerwG v. 22. 8. 1991, ZBR 1992, 57 = PersV 1992, 158). Das BVerwG (v. 23. 2. 1979, aaO) hat keine unzulässige Werbung durch ein Personalratsmitglied dann angenommen, wenn die Werbung durch einen der Personalvertretung nicht angehörenden Gewerkschaftsvertreter im Personalratszimmer durch den Vorsitzenden geduldet wird, sofern sich dieser Vorsitzende „über die bloße Duldung hinaus (nicht) in irgendeiner Weise an dieser Werbung aktiv beteiligt und sie – wenn auch unausgesprochen – mit dem Gewicht seines Amtes“ unterstreicht. Im Hinblick auf den örtlichen Zusammenhang muss diese Entscheidung aber deshalb angezweifelt werden, weil das Vertrauen der Beschäftigten in die Objektivität und Neutralität der Amtsführung eines solchen Personalratsvorsitzenden auch bei „bloßer Duldung“ der Werbung beeinträchtigt wird (aA Fischer u. a., § 67 Anm. 17). Für den in einem Personalratszimmer werbend Angesprochenen nämlich muss bei Schweigen des Vorsitzenden eine Identifizierung mit der Gewerkschaftswerbung vermutet werden. Es kommt im Übrigen nicht allein auf die Intensität der Druckausübung an. Vielmehr muss auch die Empfindsamkeit des werbend Angesprochenen berücksichtigt werden. Die Gefahr ist nämlich nicht auszuschließen, dass sich ein Beschäftigter gerade gegenüber einem Personalratsvorsitzenden „abhängig“ (BVerfG v. 27. 4. 1959, BVerfGE 9, 268 = ZBR 1959, 152) fühlt und glaubt, dieser könne seine Laufbahn „günstig oder ungünstig beeinflussen“ (BVerfG v. 27. 4. 1959, aaO; vgl. hierzu auch: Windscheid, aaO). Selbst wenn der angesprochene Beschäftigte sich von dem Personalratsvorsitzenden nicht unter Druck gesetzt fühlt, so kann und wird er das Vertrauen in dessen objektive und neutrale Amtsführung verlieren. Diese Beeinträchtigung des Vertrauens aber genügt, um eine unzulässige Werbung durch Personalratsmitglieder anzunehmen; denn im Hinblick auf die vielfach zu beobachtende Praxis wäre es eine Illusion anzunehmen, dass ein Personalratsvorsitzender dann auch als objektiv und neutral handelnde Person angesehen wird, wenn er in seiner Anwesenheit im Personalratszimmer die Werbung durch einen Gewerkschaftsvertreter duldet (so im Ergebnis auch: BVerwG v. 6.2.1979, ZBR 1980, 191 = PersV 1980, 196 m. Anm. v. Widmaier). Insgesamt aber wird man von einer Druckausübung, d. h. nachhaltigen Werbung durch offene oder versteckte Hinweise auf eventuelle Einflussmöglichkeiten aber nur dann sprechen können, wenn der Gewerkschaftsvertreter ohne Widerspruch des Personalratsvorsitzenden hierauf besonders hinweist. Der vorliegende Fall macht die Schwierigkeiten einer klaren Grenzziehung zwischen erlaubter und nicht erlaubter Gewerkschaftswerbung durch Personalratsmitglieder deutlich. Er zeigt, dass **im Konfliktfall die Pflicht zur unparteiischen Amtsführung vorgehen** muss (vgl. hierzu auch: OVG Lüneburg v. 24.10.1978 – P OVG L 18/77, n.v.). Zu berücksichtigen ist in diesem Zusammenhang auch, dass Mitglieder einer Personalvertretung diese Eigenschaft in der Dienststelle und während der Dienststunden „nicht ablegen können“ (BVerfG v. 26.5.1970, BVerfGE 28, 295 = ZBR 1970, 262 = PersV 1970, 227). Daher muss klar erkennbar sein, dass das Mitglied der Personalvertretung nicht in dieser Eigenschaft, sondern für seine Person handelt oder spricht (BVerwG v. 23.10.1970, BVerwGE 36, 177 = ZBR 1971, 118 = PersV 1971, 62; vgl. auch Gester-Kittner, RdA 1971, 161; Richardi, RdA 1972, 8). Im Zweifel muss daher von einer unzulässigen Werbung immer dann ausgegangen werden, wenn ein Personalratsmitglied unter Hinweis auf seine Einflussmöglichkeiten durchblicken lässt, dass eine Absage an die gewerkschaftliche Werbung mit nachteiligen Folgen – u.a. Nachlassen der Bereitschaft zum Einsatz für den werbend Angesprochenen – verbunden sein kann. Mit Widmaier in seinen Bemerkungen zu BVerwG v. 6.2.1979, aaO, ist aber festzustellen, dass die Rechtsprechung mit den verschiedentlich verwendeten unbestimmten Rechtsbegriffen bisher noch zu keiner für die Praxis befriedigenden Klärung der Problematik einer Verknüpfung von **Personalratsamt und Gewerkschaftsfunktion** beigetragen hat. Dies macht eine Entscheidung des BVerwG (v. 22.8.1991, ZBR 1992, 57 = PersV 1992, 158) besonders deutlich. Das Gericht hatte sich mit der Frage auseinanderzusetzen, ob sich ein freigestelltes Mitglied einer Personalvertretung einer groben Pflichtverletzung schuldig macht, wenn es allen Arbeitern seiner Dienststelle mit dem Absender „Deutsche Postgewerkschaft“ ein Schreiben mit dem Briefkopf „Deutsche Bundespost, Personalrat ...“ zustellt und sie zum Protest gegen Umstrukturierungspläne, gleichzeitig aber auch zum Eintritt in die Gewerkschaft auffordert. Das BVerwG hat zwar eine Pflichtverletzung bejaht, gleichzeitig aber eine „grobe“ Pflichtvergessenheit verneint, weil die Werbung durch das freigestellte Personalratsmitglied weder nachhaltig noch unter Anwendung von Druck erfolgt sei. Die Entscheidung macht gleichzeitig deutlich, wie wenig hilfreich die Vokabeln „nachhaltig“ und „Ausübung von Druck“ sind. Widmaier (PersV 1980, 196) weist zu Recht darauf hin, dass das Tatbestandsmerkmal nicht geeignet sei, weil es stets auch zu viele subjektive Faktoren einschließt. Entscheidend für die Beurteilung des Verhaltens eines Personalratsmitglieds, das werbend für seine Gewerkschaft auftritt, muss sein, ob aufgrund der Gesamtumstände angenommen werden kann, dass durch das konkrete Vorgehen Autorität und Vertrauen, das die Personalvertretung bei den Beschäftigten genießt, mit der Folge Schaden genommen haben, dass erhebliche Zweifel an der gewerkschaftlichen Neutralität der gesamten Personalvertretung entstanden sind. Im Ergebnis ist es jedenfalls lebensfremd anzunehmen, das Vertrauen in eine neutrale und objektive Amtsführung eines einzelnen Personalratsmitglieds bzw. des Personalrats könne nicht dadurch geschmälert werden, dass für die Werbung der Briefkopf des Personalrats verwendet und der Personalrat als Adressat der Aufnahmeanträge zu einer Gewerkschaft angegeben wird.

23 3. Die Wahlwerbung vor Personalratswahlen durch einen Wahlbewerber ist nach Abstimmung mit dem Dienststellenleiter in zeitlich begrenztem Umfang zulässig. Dieses Recht erstreckt sich auch auf das Recht zum Aufsuchen von Beschäftigten am Arbeitsplatz (vgl. auch § 68 Anm. 14). Ebenso ist die **Werbung einer Gewerkschaft für ihre Kandidaten zur Personalratswahl** stets zulässig. Die Beauftragten einer Gewerkschaft (auch Personalratsmitglieder) können jedenfalls nach vorheriger Unterrichtung des Dienststellenleiters nicht zu beanstandendes Werbematerial auslegen, an Anwesende verteilen und an dem für die Gewerkschaften vorgesehenen schwarzen Brett anbringen (VGH München v. 17. 7. 1974, PersV 1975, 220 m. Anm. v. Schleicher; vgl. auch § 2 Anm. 19). Dieses Recht ergibt sich unmittelbar aus Art. 9 Abs. 3 GG. Es findet seine Grenze dort, wo durch die Werbung Rechte Dritter verletzt werden (Inanspruchnahme des Eigentums der Dienststelle: für den Fall der Nutzung von verwaltungseigenen Postfächern: BAG v. 23. 9. 1986, BAGE 53, 89 = BB 1987, 964 = DB 1987, 440). Dagegen ist es als Verstoß gegen die Neutralitätspflicht zu werten, wenn eine Personalvertretung Werbematerial für eine bestimmte Gewerkschaft in ihrem Dienstzimmer auslegt, verteilt oder Werbeplakate dieser Gewerkschaft aushängt (OVG Lüneburg v. 29. 9. 1972, PersV 1973, 50); allerdings dürfte es zulässig sein, wenn eine Personalvertretung Werbematerial aller in der Dienststelle vertretenen Gewerkschaften auslegt, weil hierin keine einseitige, mit der Neutralitätspflicht der Personalvertretung nicht vereinbare Werbung zu sehen ist.

24 4. Da die **Personalräte „nicht der verlängerte Arm der Gewerkschaften“**, sondern „eigenständige Rechtsgrößen“ sind (VGH Kassel v. 23. 4. 1975 – BPV TK 1/75, n. v.; vgl. für das BetrVG: BAG v. 14. 2. 1967, BAGE 19, 217; vgl. hierzu auch BVerfG v. 30. 11. 1965, BVerfGE 19, 303 = ZBR 1966, 152 m. Anm. v. Windscheid = PersV 1966, 79), gehört zu ihren Aufgaben „nicht die Werbung von Bediensteten für eine Gewerkschaft“ (BVerwG v. 28. 4. 1967, ZBR 1968, 20 = PersV 1969, 109), nicht einmal die Werbung für die einzige in der Dienststelle vertretene Gewerkschaft (VG Berlin v. 21. 5. 1963, PersV 1963, 210). Allerdings werden Personalratsmitglieder durch die Annahme der Wahl nicht verpflichtet, eine „mimosenhafte Zurückhaltung ... etwa dahin (zu üben), dass gewerkschaftliche Dinge nicht einmal erwähnt werden dürfen“ (VGH München v. 2. 12. 1965 – Nr. 2 IX 65, n. v.). Aber „bei der Erfüllung der Dienstaufgaben darf die Zugehörigkeit zu einer Gewerkschaft keine Rolle spielen“ (BVerwG v. 24. 10. 1969, ZBR 1970, 132 = PersV 1970, 131). **Gewerkschaftliche Rivalität ist daher keine Rechtfertigung für eine ermessensfehlerhafte Entscheidung** der Personalvertretung oder ihrer Mitglieder, die mit der zutreffenden Auslegung einer gesetzlichen Bestimmung in Widerspruch steht (BVerwG v. 15. 12. 1961, BVerwGE 13, 242; BVerwG v. 9. 2. 1962, BVerwGE 13, 341 = ZBR 1962, 280 = PersV 1962, 229).

VI. Schutz der Vereinigungsfreiheit

25 Die **Vereinigungsfreiheit** ist als Grundrecht nach Art. 9 Abs. 3 GG unantastbar. Schon aus diesem Grund muss die Personalvertretung für sie eintreten. Hierzu gehört in erster Linie der Respekt vor dem „durch Art. 9 Abs. 3 anerkannten Koalitionspluralismus“ (BVerfG v. 30. 11. 1965, BVerfGE 19, 303 = ZBR 1966, 152 m. Anm. v. Windscheid = PersV 1966, 79; vgl. für das BetrVG: BAG v. 14. 2. 1967, BAGE 19, 217; BAG v. 11. 11. 1968, BAGE 21, 201), d. h. die Personalvertretung muss von der **Existenzberechtigung aller in der Dienststelle vertretenen und miteinander konkurrierenden Gewerkschaften** ausgehen. Infolgedessen haben auch gewerkschaftlich einseitig ausgerichtete Personalvertretungen, deren Mitglieder überwiegend dersel-

ben Gewerkschaft angehören, alles zu unterlassen, was als Beeinträchtigung anderer in der Dienststelle vertretenen Gewerkschaften gewertet werden kann. Dies gilt auch für den Fall, dass diese Gewerkschaften nur in der Minderheit in der Personalvertretung repräsentiert werden. Die Personalvertretung darf daher nicht für eine bestimmte von mehreren in der Dienststelle vertretenen Gewerkschaften eintreten (Fischer u. a., § 67 Anm. 20; Lorenzen u. a., § 67 Anm. 23). Personalvertretungen müssen sich bewusst sein, dass sie eine zum Wohl der Beschäftigten und zur Erfüllung der Aufgaben der Dienststelle geschaffene Einrichtung sind, die ihre Aufgaben objektiv und neutral zu erfüllen haben und zwar unabhängig von den politischen und gewerkschaftlichen Auffassungen und Aktivitäten der Mitglieder (BVerwG v. 16. 6. 1982, BVerwGE 66, 7 = ZBR 1983, 163 = PersV 1983, 195). Infolgedessen hat sich eine Personalvertretung auch für die Wahrung des Rechts, einer Koalition beizutreten oder ihr fernzubleiben und für den Schutz derjenigen einzusetzen, die davon Gebrauch machen (Fischer u. a., § 67 Anm. 19; Lorenzen u. a., § 67 Anm. 24).

VII. Streitigkeiten

Streitigkeiten im Zusammenhang mit Verstößen gegen die Bestimmungen dieser Vorschrift können ein Verfahren nach § 83 Abs. 1 Nr. 3, in schweren Fällen Verfahren nach § 28 auslösen; darüber hinaus können sie eine Kündigung von Arbeitnehmern und Disziplinarmaßnahmen gegen Beamte begründen. **26**

Schrifttum: Berger-Delhey, Parteipolitische Betätigung in Dienststellen und Betrieben, PersV 1995,391; Bieler, Dienstpflichten versus Personalratsarbeit?, ZfPR 1997, 56; Böhm, Vom allgemeinen Gleichheitsgrundsatz zum AGG, PersV 2007, 210; Däubler, Die Kündigung als unmittelbare Diskriminierung, AiB 2007, 22; Hahn, Schranken bei der gewerkschaftlichen Betätigung in der Dienststelle, PersV 1991, 505; ders., Die Werbung der Gewerkschaften in der Dienststelle, PersV 1992, 505; Honnen, Grenzen gewerkschaftlicher Werbung durch Personalratsmitglieder, ZfPR 1993, 63; Ladeur, Gleichberechtigung und Gleichstellung von Mann und Frau im öffentlichen Dienst, ZBR 1992, 39; Nollert-Borasio, Das allgemeine Gleichbehandlungsgesetz, PersR 2006, 316; Pfohl, Koalitionsfreiheit und öffentlicher Dienst, ZBR 1997, 78; Plander, Gewerkschaftliche Betätigung von Personalratsmitgliedern, PersR 1986, 25; Schiek, Dienststelle, Personalvertretung und die Gleichstellung von Frauen im öffentlichen Dienst, PersR 1995, 110; Schimmelpfennig-Schimmelpfennig, Mobbing als Problem für Kollegen, Vorgesetzte und Personalvertretung, PersV 1998, 299; Thiele, Zum Problem der parteipolitischen Betätigung in der Dienststelle, PersV 1993, 433; Widmaier, Die Rechtsprechung zur gewerkschaftlichen Betätigung von Personalratsmitgliedern, PersV 1980, 323; ders., Anmerkung zu BVerwG v. 6. 2. 1979 und 23. 2. 1979, PersV 1980, 196 ff.; Windscheid, Gewerkschaftstätigkeit und Amt im Personalrat, PersV 1974, 202; ders., Partei-Betriebsgruppen?, PersV 1977, 90; ders., Gewerkschaftswerbung durch Personalratsmitglieder?, PersV 1979, 27; ders., Gewerkschaftliche Werbung durch Personalratsmitglieder in der höchstrichterlichen Rechtsprechung, PersV 1979, 415; ders., Personalratstätigkeit und Gewerkschaftsfunktion, PersV 1973, 257; Wolber, Einflussmöglichkeiten der Personalvertretung bei Mobbing, ZfPR 1996, 102; Wolmerath, Mobbing im Fokus der Rechtsprechung PersR 2004, 327.

§ 68 [Allgemeine Aufgaben]

(1) Die Personalvertretung hat folgende allgemeine Aufgaben:

1. Maßnahmen, die der Dienststelle und ihren Angehörigen dienen, zu beantragen,

2. darüber zu wachen, dass die zugunsten der Beschäftigten geltenden Gesetze, Verordnungen, Tarifverträge, Dienstvereinbarungen und Verwaltungsanordnungen durchgeführt werden,
3. Anregungen und Beschwerden von Beschäftigten entgegenzunehmen und, falls sie berechtigt erscheinen, durch Verhandlung mit dem Leiter der Dienststelle auf ihre Erledigung hinzuwirken,
4. die Eingliederung und berufliche Entwicklung Schwerbehinderter und sonstiger schutzbedürftiger, insbesondere älterer Personen zu fördern,
5. Maßnahmen zur beruflichen Förderung Schwerbehinderter zu beantragen,
5a. die Durchsetzung der tatsächlichen Gleichberechtigung von Frauen und Männern, insbesondere bei der Einstellung, Beschäftigung, Aus-, Fort- und Weiterbildung und dem beruflichen Aufstieg, zu fördern,
6. die Eingliederung ausländischer Beschäftigter in die Dienststelle und das Verständnis zwischen ihnen und den deutschen Beschäftigten zu fördern,
7. mit der Jugend- und Auszubildendenvertretung zur Förderung der Belange der in § 57 genannten Beschäftigten eng zusammenzuarbeiten.

(2) Die Personalvertretung ist zur Durchführung ihrer Aufgaben rechtzeitig und umfassend zu unterrichten. Ihr sind die hierfür erforderlichen Unterlagen vorzulegen. Personalakten dürfen nur mit Zustimmung des Beschäftigten und nur von den von ihm bestimmten Mitgliedern der Personalvertretung eingesehen werden. Dienstliche Beurteilungen sind auf Verlangen des Beschäftigten der Personalvertretung zur Kenntnis zu bringen.

Inhaltsübersicht

Entspr. landesgesetzliche Regelungen:
Baden-Württemberg § 68; Bayern: Art. 69 Abs. 1, 3; Berlin: § 72 Abs. 1, § 73 Abs. 1; Brandenburg: § 58, 60; Bremen: § 54 Abs. 1, 2; Hamburg: § 78; Hessen § 62; Mecklenburg-Vorpommern: §§ 60, 61; Niedersachsen: §§ 59, 60, 61; Nordrhein-Westfalen: §§ 64, 65, Rheinland-Pfalz: § 69, Saarland: § 71, § 69 Abs. 3; Sachsen: § 73; Sachsen-Anhalt: § 57; Schleswig-Holstein: § 2, zusätzlich § 49; Thüringen: § 68.

Entspr. Vorschrift des BetrVG: § 80.

I. Vorbemerkungen

1 1. Die Vorschrift regelt zwei Sachverhalte: Die **allgemeinen Aufgaben der Personalvertretung** (Abs. 1, zum Umfang dieses Rechts vgl. § 67 Anm. 1) und die **Pflicht des Dienststellenleiters zur rechtzeitigen und umfassenden Unterrichtung** (Abs. 2). Daneben erhält die Personalvertretung Informationen direkt von den Beschäftigten. Wenn dies in erster Linie auch im Rahmen der Sprechstunden (§ 43) geschieht, so ist die Interessenvertretung doch zu „Begehungen", grundsätzlich nach vorheriger Unterrichtung des Dienststellenleiters, berechtigt (OVG Saarlouis v. 30. 7. 1975, PersV 1977, 146). Im Rahmen ihres Beteiligungsrechts muss sie nämlich Gelegenheit haben, **direkte Gespräche am Arbeitsplatz oder im Geschäftszimmer** mit von einer personellen Maßnahme betroffenen Beschäftigten zu führen; denn der Personalvertretung steht das Recht und die Pflicht zu, sich im Rahmen ihrer Aufgabenstellung zu informieren und vor allem denjenigen Beschäftigten ein „Anhörungsrecht" einzuräumen, die von einer personellen Maßnahme evtl. benachteiligt sein könnten (z. B. Kündigung, Versetzung, Abordnung). Sie kann insbesondere im Hinblick auf die in den §§ 69, 72 vorgegebenen Fristen nicht darauf warten, ob ihr in einer Sprechstunde die zur Ausübung des Beteiligungsrechts notwendigen Informationen gegeben werden (vgl. hierzu auch Anm. 14 sowie § 1 Anm. 26). Die Personalvertretung soll durch die in Abs. 1 Nr. 5 bis 7 aufgeführten Tatbestände verpflichtet und in die Lage versetzt werden, die Interessen **bestimmter Beschäftigtengruppen** wahrzunehmen.

2 2. Die Personalvertretung kann der in Abs. 1 Nr. 2 eingeräumten Überwachungsfunktion nur dann nachkommen, wenn ihr im Rahmen ihrer Aufgabenstellung ein **weitreichender Informationsanspruch** gegen den Dienststellenleiter zusteht. Ihr sind alle Auskünfte und Informationen zugänglich zu machen, die es ihr erlauben, die ihr „obliegenden Aufgaben erfüllen und ihre Beteiligungsrechte rechtzeitig und uneingeschränkt wahrnehmen zu können" (BVerwG v. 21. 9. 1984, ZBR 1985, 58 = Leits. PersV 1987, 516; BVerwG v. 27. 11. 1991, Leits. ZBR 1992, 251 = PersV 1992, 228; BVerwG v. 26. 1. 1994, BVerwGE 95, 73 = PersV 1994, 539 = ZfPR 1994, 76; BVerwG v. 24. 2. 2006, PersV 2006, 217 = ZfPR 2006, 68). Infolgedessen „sind der Personalvertretung alle die Informationen und Unterlagen vorzulegen, die sie als für die Prüfung der Frage bedeutsam halten darf, ob ein Versagungsgrund vorliegen könnte" (BVerwG v. 26. 1. 1994, aaO; vgl. auch: BVerwG v. 10. 8. 1987, BVerwGE 78, 65, 69 = ZBR 1988, 258 = PersV 1988, 195; BVerwG v. 8. 11. 1989, BVerwGE 84, 58, 65 = PersV 1990, 342). Im Übrigen hat die Personalvertretung darauf zu achten, dass die rechtlichen und sozialen Belange auch der einzelnen Beschäftigten untereinander gewahrt werden. Daher sind ihr zu diesem Zweck nicht nur Einzelinformationen zu geben, sondern ihr muss auch ein Überblick über alle einschlägigen Fakten und Vorhaben verschafft werden, und zwar unabhängig davon, ob von seiten der Personalvertretung ein konkreter Rechtsverstoß behauptet wird (so auch: OVG Münster v. 23. 2. 1989, ZBR 1990, 151; Ilbertz, PersV 1983, 177; aA Lecheler, PersV 1982, 441; PersV 1983, 183). Ohne entsprechende Informationen seitens der Dienststelle kann die Personalvertretung ihre gesetzliche Überwachungsaufgabe nach Abs. 1 Nr. 2 nicht erfüllen. Während also der in Abs. 2 Satz 1 geregelte allgemeine Unterrichtungsanspruch der Personalvertretung nicht voraussetzt, dass der Gegenstand der Unterrichtung in einer konkreten Beziehung zu den Aufgaben der Personalvertretung steht oder auf einen konkreten Einzelfall bezogen ist (aA OVG Münster v. 25. 5. 1987, ZBR 1988, 107 = PersV 1991, 301), setzt der Vorlageanspruch als der speziellere Informationsanspruch einen konkreten Bezug

zu den Aufgaben der Personalvertretung voraus. Diesem Vorlageanspruch hat der Leiter einer Dienststelle unabhängig davon nachzukommen, ob eine Personalvertretung bestimmte Beteiligungsrechte (§§ 75, 76, 78, 79) oder allgemeine Aufgaben (§ 68 Abs. 1) wahrzunehmen hat (BVerwG v. 27. 7. 1983, ZBR 1984, 79 = PersV 1985, 66; vgl. hierzu auch VGH Mannheim v. 5. 6. 1984, ZBR 1986, 27). Für diese Auslegung spricht im Einzelnen folgende Überlegung: Den Personalvertretungen obliegt gemeinsam mit den jeweiligen Dienststellenleitern die Pflicht, „darüber zu wachen, dass die zugunsten der Beschäftigten geltenden Gesetze, Verordnungen ... durchgeführt werden“ (Abs. 1 Nr. 2; so auch für das BetrVG: BAG v. 26. 1. 1988, BB 1988,1387 = DB 1988, 1551). Dieser **Überwachungspflicht** können die Personalvertretungen aber selbstverständlich nur dann nachkommen, wenn sie über alle innerdienstlichen, personellen, sozialen und organisatorischen Angelegenheiten informiert und mit solchen Kenntnissen ausgestattet werden, die sie zur sachgemäßen Erfüllung ihrer Aufgaben benötigen (BVerwG v. 27. 2. 1985, ZBR 1985, 173; vgl. auch § 67 Anm. 1). Selbstverständlich hat eine Personalvertretung einen Informationsanspruch nur insoweit, als sie Auskünfte benötigt, um die ihr obliegenden Aufgaben erfüllen und ihre Beteiligungsrechte rechtzeitig und uneingeschränkt wahrnehmen zu können. Daher ist eine Personalvertretung nicht generell über alle innerbetrieblichen Maßnahmen zu unterrichten. Deshalb kann sich die Personalvertretung auch nicht ohne weiteres in die laufenden Personal- und Verwaltungsangelegenheiten einschalten, sondern nur dann, wenn sie Anhaltspunkte für das Vorliegen von Verstößen und Unbilligkeiten hat (BVerwG v. 22.12. 1993, Leits. ZBR 1994, 189 = PersV 1994, 523 = ZfPR 1994, 41). Allerdings erfordert die Ausübung der Überwachungsrechte einen breiten, über Konfliktfälle hinausgehenden Kenntnisstand der Personalvertretungen; denn ihre Aufgabe ist es auch, auf die Vermeidung von Konflikten hinzuarbeiten und für die Erhaltung des Friedens in der Dienststelle einzutreten (vgl. auch: BVerwG v. 27. 2. 1985, ZBR 1985, 173; BVerwG v. 29. 8. 1990, Leits. ZBR 1991, 58 = PersV 1991, 78 = ZfPR 1990, 175; BVerwG v. 22. 4. 1998, Leits. ZBR 1998, 433 = PersV 1999, 23 = ZfPR 1999, 10 sowie Anm. 36).

3. Der **Überwachungspflicht** auf der Seite der Personalvertretungen entspricht die **Informationspflicht** auf der Seite der Dienststellenleiter. Diese **2a** Pflicht ist ebenso wie die Pflicht zur Vorlage der notwendigen Unterlagen eine konkrete Ausprägung des Grundsatzes der vertrauensvollen Zusammenarbeit zwischen Dienststelle und Personalvertretung. Daher sind der Personalvertretung nicht nur diejenigen Informationen und Unterlagen zuzugestehen, die für die Aufgabenerfüllung (gleichsam als „Mindestausstattung“) unbedingt notwendig sind, sondern auch solche, die, sei es auch nur als Hintergrund- oder Abrundungsinformation, für die Arbeit hilfreich und förderlich sind, insbesondere diejenigen, die eine breitere Grundlagenkenntnis als Basis zu treffender konkreter Entscheidungen ermöglichen. Nur eine umfassende Information der Personalvertretung führt dazu, dass deren Tätigkeit mit mehr Sachkompetenz und besserem Judiz wahrgenommen werden kann. Dies trägt tendenziell zur Vermeidung kurzsichtiger oder sachwidriger Einwendungen bei und dient unmittelbar der qualifizierteren und reibungsloseren Aufgabenerfüllung der Dienststelle insgesamt und damit dem öffentlichen Interesse (VG Freiburg v. 3. 6. 2004, ZfPR 2005, 39). Im konkreten Einzelfall einer verhaltensbedingten Kündigung hat der Dienststellenleiter neben der Person des zu Kündigenden sowie allen Umständen und Erwägungen, aufgrund derer er die Kündigung für gerechtfertigt hält, auch alle Sozialdaten des zu Kündigenden mitzuteilen, wenn die Personalvertretung darlegt, dass diese Sozialdaten für ihre Beur-

teilung erforderlich sind. Die Frage der Erforderlichkeit ist zu bejahen, wenn zwischen dem Kündigungsgrund und der von der Personalvertretung geforderten Mitteilung bestimmter Sozialdaten, wie z. B. die der Unterhaltspflichten des zu Kündigenden, ein konkreter Bezug besteht (BVerwG v. 9. 10. 1996, Leits. ZBR 1997, 100 = PersV 1997, 171 = ZfPR 1997, 12). **Die Informationspflicht gilt daher auch für die Fälle, in denen ein förmliches Beteiligungsrecht nicht besteht.** Infolgedessen hat ein Dienststellenleiter die Personalvertretung bei der Beförderung eines Beamten in ein Amt, das der Besoldungsgruppe A 16 zugewiesen ist, trotz fehlenden Mitbestimmungsrechts (§ 77 Abs. 1 Satz 2) darüber zu informieren, weshalb er aus dem Kreis der Bewerber einen bestimmten Beamten ausgewählt hat. Eine solche Information ist auch deshalb zweckmäßig, um eventuelle Bedenken der Personalvertretung bei der zu treffenden Entscheidung berücksichtigen zu können. Selbstverständlich steht der Personalvertretung in diesem konkreten Fall nur ein Äußerungs-, nicht aber ein förmliches Beteiligungsrecht zu. § 69 Abs. 1 Satz 2 steht dieser Auslegung deshalb nicht entgegen, weil dort nur die Verpflichtung des Leiters der Dienststelle zur Unterrichtung der Personalvertretung, nicht aber die Art und Weise (umfassend und rechtzeitig) geregelt ist. § 68 Abs. 2 ist daher die allgemeine Regelung, die für die Aufgabenerfüllung der Personalvertretung insgesamt gilt. Diese Auslegung läuft nicht auf eine generelle Kontrolle der Tätigkeit der Verwaltung hinaus. Schon gar nicht wird die Personalvertretung auf diese Weise zu einer Aufsichtsinstanz oder zu einem Kontrollorgan der Dienststelle (aA OVG Münster v. 7. 12. 1978, PersV 1980, 249; vgl. auch Wahlers, PersV 1986, 393). Wohl aber ist zu berücksichtigen, dass der Personalvertretung eine Mitkontrolle im Rahmen des § 77 Abs. 2 Nr. 1 zusteht (vgl. BVerwG v. 26. 1. 1994, BVerwGE 95, 73 = PersV 1994, 539 = ZfPR 1994, 76; vgl. im Übrigen Anm. 36 ff.).

3 4. Eine Personalvertretung hat **keine allgemeinen Aufsichtsbefugnisse.** Sie ist kein den Fach- und Rechtsaufsichtsinstanzen nebengeordnetes Kontrollorgan (vgl. Anm. 14a). Daher ist ein Dienststellenleiter auch nicht verpflichtet, einer Personalvertretung von sich aus oder auf deren Verlangen alle Unterlagen über alle sie interessierenden Vorgänge unabhängig davon vorzulegen, ob sich hieraus Aufgaben ergeben (BVerwG v. 11. 2. 1981, BVerwG E 61, 325 = ZBR 1981, 381 = PersV 1981, 320; vgl. auch Anm. 14a). Erforderlich ist vielmehr, dass die Unterlagen, deren Vorlage die Personalvertretung verlangt, einen Bezug zu möglichen Aufgaben haben. Einer Personalvertretung steht nicht das Recht zu, sich in laufende Personal- und Verwaltungsangelegenheiten einzuschalten (BVerwG v. 22. 12. 1993, Leits. ZBR 1994, 189 = PersV 1994, 523 = ZfPR 1994, 41). Daher muss zumindest eine gewisse Wahrscheinlichkeit für ein Beteiligungsrecht bzw. für das Bestehen von Aufgaben der Personalvertretung gegeben sein (BVerwG v. 29. 8. 1990, Leits. ZBR 1991, 58 = PersV 1991, 78 = ZfPR 1990, 175 für den Fall der Unterrichtung der Personalvertretung über die Schwangerschaft von Mitarbeiterinnen; eine solche Unterrichtungspflicht wird vom BVerwG unter Berücksichtigung des Grundsatzes der Verhältnismäßigkeit – sachlich berechtigter Anlass für das Informationsverlangen – abgelehnt; vgl. aber für das BetrVG: BAG v. 27. 2. 1968, BAGE 20, 333). Andererseits aber ist zu berücksichtigen, dass die **Verpflichtung zur Vorlage von Unterlagen** nicht erst dann besteht, wenn sich für eine Personalvertretung bereits bestimmte Aufgaben ergeben haben; denn sie soll grundsätzlich in die Lage versetzt werden, in eigener Verantwortung prüfen zu können, ob sich Aufgaben für sie ergeben und ob sie deshalb tätig werden muss (BVerwG v. 29. 8. 1990, aaO; vgl. für das BetrVG u. a. BAG v. 17. 3. 1987, BAGE 54, 278 = BB 1987, 1673 = DB 1987, 1639). Der Personalvertretung steht eine Reihe von Initia-

tivrechten zu (Abs. 1 Nr. 1 bis 7, § 70). In bezug auf diese Initiativrechte hat die Personalvertretung einen Anspruch auf Vorlage von Unterlagen, die es ihr ermöglichen zu prüfen, ob sie aus eigenem Antrieb zur Erfüllung dieser Aufgaben tätig werden soll, „sofern nur wahrscheinlich ist, dass die geforderten Unterlagen eine solche Prüfung überhaupt ermöglichen" (vgl. für das BetrVG: BAG v. 27. 6. 1989, Leits. BB 1989, 2254 = DB 1990, 181; vgl. vor allem auch BVerwG v. 27. 2. 1985, ZBR 1985, 173). Die Vorlagepflicht des Dienststellenleiters kann im Übrigen auch nicht schon deshalb vom Vorliegen einer konkreten Absicht abhängig gemacht werden, weil sonst eine gleichberechtigte Teilhabe der Personalvertretung in beteiligungspflichtigen Angelegenheiten nicht möglich wäre. Die Personalvertretung nämlich muss ebenso wie der Dienststellenleiter über Informationen verfügen, die erforderlich sind, um ein Initiativrecht mit dem Ziel einer bestimmten Regelung ausüben zu können (vgl. für das BetrVG: BAG v. 20. 9. 1990, PersR 1991, 182 m. Anm. von Stupka). Deshalb wird ein **Auskunftsanspruch** (und eine Vorlageverpflichtung) bereits dann ausgelöst, wenn eine gewisse Wahrscheinlichkeit für ein Beteiligungsrecht, das die Personalvertretung erst aufgrund der Unterrichtung prüfen kann, besteht. Die Personalvertretung nämlich muss im Rahmen der vertrauensvollen Zusammenarbeit mit dem Dienststellenleiter die Möglichkeit haben, Meinungsunterschiede über das Bestehen eines Beteiligungsrechts zu klären. Daher dient insoweit die rechtzeitige und umfassende Unterrichtung dem innerbehördlichen Rechtsfrieden und der Vermeidung von Verfahren (vgl. für das BetrVG: BAG v. 10. 2. 1987, BB 1987, 1177 = DB 1987, 1152; BAG v. 26. 1. 1988, BB 1988, 1387 = DB 1988, 1551; vgl. auch Anm. 2a).

5. Die Informationspflicht des Dienststellenleiters bezieht sich aber nicht auf die individuelle Vertragsgestaltung zwischen ihm und einem Beschäftigten. Daher ist der Dienststellenleiter auch nicht verpflichtet darzulegen, wie er seine vertraglichen Rechte gegenüber einem Beschäftigten ausübt, so dass die Personalvertretung keinen Anspruch auf **Unterrichtung über eine Abmahnung** oder auf Überlassung von Durchschriften der Abmahnungsschreiben hat (vgl. für das BetrVG: LAG Kiel v. 27. 5. 1983, DB 1983, 2145; vgl. hierzu auch: BVerwG v. 10. 1. 1983, ZBR 1983, 131, 308 = PersV 1983, 507). Ebensowenig hat eine Personalvertretung Anspruch darauf, dass der Leiter der Dienststelle Lärmmessgeräte an mehreren Arbeitsplätzen mit starker Lärmbelästigung installiert (Drucker einer Textilverarbeitungsanlage, damit sie auf diese Weise Unterlagen über die tatsächliche Lärmbelästigung der Beschäftigten erhält). Eine Personalvertretung kann nämlich nur die Überlassung von vorhandenen oder jederzeit erstellbaren Unterlagen verlangen. Sie hat aber keinen Anspruch darauf, dass ein Dienststellenleiter zum Zweck der Anfertigung von Unterlagen zunächst technische Anlagen installiert (vgl. für das BetrVG: BAG v. 7. 8. 1986, BAGE 52, 316 = BB 1987, 195 = DB 1987, 101; BAG v. 28. 11. 1989, BAGE 63, 283 = BB 1990, 1062 = DB 1990, 743 = RDV 1990, 88). 4

6. Eine Reihe weiterer **Unterrichtungspflichten des Dienststellenleiters** ergibt sich aus den Bestimmungen des sozialen und technischen Arbeits- und Umweltschutzes, so u. a. aus dem Arbeitszeitgesetz (ArbZG v. 6. 6. 1994, BGBl. I S. 1170, zul. geänd. d. Art. 299 V v. 31. 10. 2006, BGBl. I S. 2407, aus der Arbeitszeitverordnung, AZV i. d. F. v. 23. 2. 2006, BGBl. I S. 427, die für Bundesbeamte gilt, aus der Gefahrstoffverordnung (GefstoffV i. d. F. d. Art. 1 V v. 23. 12. 2004, BGBl. I S. 3758, zul. geänd. d. Art. 442 V v. 31. 10. 2006, BGBl. I S. 2407). Darüber hinaus ergeben sich Informationspflichten für den Dienststellenleiter aus dem Teilzeit- und Befristungsgesetz 5

(TzBfG v. 21. 12. 2000, BGBl. I S. 1966; vgl. § 51 Anm. 2) sowie aus § 81 Abs. 1 Satz 4 SGB IX (vgl. zu allen Gesetzen § 81 Anm. 9); danach ist die Personalvertretung über Vermittlungsvorschläge der Agentur für Arbeit und über Bewerbungen von schwerbehinderten Menschen zu unterrichten; (vgl. auch Lorenzen u. a., § 68 Anm. 4).

II. Initiativ- und Überwachungsrechte

6 1. **„Allgemeine Aufgaben"** sind solche, die der Personalvertretung durch die Vorschriften des Ersten Abschnitts des Sechsten Kapitels, namentlich durch die §§ 66 bis 68 zugewiesen werden, ohne dass sie in den Aufzählungen der §§ 75 und 76 über die förmliche Mitbestimmung und die förmliche Mitwirkung genannt sind. Die Kataloge des BPersVG enthalten eine „zwingende und erschöpfende Aufzählung" (BVerwG v. 28. 2. 1958, BVerwGE 6, 220 = ZBR 1958, 211; OVG Münster v. 7. 12. 1978, Leits. ZBR 1980, 132; Lorenzen u. a., § 68 Anm. 6; Goeres, PersV 2008, 4). § 68 erweitert die Zuständigkeit der Personalvertretung um die dort genannten allgemeinen Aufgaben. Die Personalvertretung kann daher ihre allgemeinen Aufgaben auch neben den förmlichen Beteiligungsrechten wahrnehmen (BVerwG v. 26. 2. 1960, BVerwGE 10, 196; BVerwG v. 13. 5. 1960, ZBR 1960, 269); sie muss das sogar tun, wenn sie nicht durch Unterlassen eine grobe Vernachlässigung ihrer gesetzlichen Befugnisse begehen will (Grabendorff, PersV 1958/59, 73). In den Fällen, in denen die Personalvertretung wegen des Gebots des § 104 Satz 3 (Auswirkungen einer Maßnahme auf das Gemeinwohl) von einer Mitbestimmung ausgeschlossen ist (BVerwG v. 29. 1. 1996, Leits. ZBR 1996, 410 = PersV 1996, 460 = ZfPR 1996, 119) und in denen ein schwächeres Beteiligungsrecht besteht, kann die Personalvertretung über das allgemeine Initiativrecht tätig werden (BVerwG v. 31.10. 1995, Leits. ZBR 1996, 221 = PersV 1996, 321 = Leits. ZTR 1996, 92; Lorenzen u. a., § 68 Anm. 11 a). Jedoch ist auch hier die Zuständigkeit der Personalvertretung auf diejenigen Angelegenheiten beschränkt, in denen der Dienststellenleiter entscheidungsbefugt ist (BVerwG v. 13. 12. 1974, ZBR 1975, 125 = PersV 1975, 178). Nur ihm gegenüber auch besteht das Initiativrecht, nicht dagegen im Verhältnis zu außenstehenden Stellen, mit denen der Dienststellenleiter z. B. wegen eines Neubaus Verhandlungen führt. Eigene Anträge kann die Personalvertretung daher nur dem Dienststellenleiter unterbreiten, der seinerseits selbstverständlich zur rechtzeitigen und umfassenden Information der Personalvertretung verpflichtet ist (VGH Mannheim v. 3. 9. 1991, Leits. ZBR 1992, 189 = PersV 1992, 354 = Leits. ZfPR 1992, 117).

7 2. Die Wahrnehmung der allgemeinen Aufgaben, deren Aufzählung nur beispielhaft ist, **löst** den **vertretungsrechtlichen Instanzenzug** des § 69 Abs. 4 und des § 71 Abs. 4 **nicht aus** (BVerwG v. 20. 1. 1993, Leits. ZBR 1993, 319 = PersV 1994, 219). Vielmehr liegt es im pflichtgemäßem Ermessen des Dienststellenleiters, ob er dem Antrag der Personalvertretung entsprechen will. Im Hinblick auf § 66 Abs. 1 Satz 3 besteht allerdings die Verpflichtung, sich um eine Einigung zu bemühen.

8 3. Während der Dienststellenleiter in Angelegenheiten der förmlichen Mitbestimmung und Mitwirkung die Personalvertretung von Amts wegen beteiligen muss (§ 69 Abs. 2, § 72 Abs. 1), ist es dem **pflichtgemäßen Ermessen der Personalvertretung** überlassen, ob sie im Einzelfall ihr Antragsrecht aus § 68 ausüben will. Die Initiative liegt in diesem Fall bei der Personalvertretung, nicht beim Dienststellenleiter (BVerwG v. 13. 4. 1962, BVerwGE 14, 127 = ZBR 1962, 282 = PersV 1962, 210). Grundsätzlich kann die Perso-

nalvertretung dann, wenn ihr auch ein Antragsrecht nach § 70 zusteht, wählen, ob sie von diesem oder von dem Antragsrecht nach Abs. 1 Nr. 1 Gebrauch machen will (Fischer u. a., § 68 Anm. 5). Weder in dem einen noch in dem andern Fall steht die Entscheidung dem Vorstand der Personalvertretung zu. Vielmehr handelt es sich um eine in die Zuständigkeit der Personalvertretung fallende Entscheidung, die auch nicht durch Geschäftsordnung dem Vorstand oder dem Vorsitzenden übertragen werden kann (Fischer u. a., § 68 Anm. 6).

4. a) Abs. 1 Nr. 1 begründet das **Initiativrecht der Personalvertretung** für Maßnahmen, „die der Dienststelle und ihren Angehörigen dienen" (vgl. auch BVerwG v. 9. 10. 1991, ZBR 1992, 109 = PersV 1992, 166 = ZfPR 1992, 7). Es kann sich daher nur um Angelegenheiten aus dem räumlichen und sachlichen Zuständigkeitsbereich der Personalvertretung handeln, d. h. um konkrete Angelegenheiten, in denen die Dienststelle befugterweise im Rahmen der Gesetze und Tarifverträge entscheiden kann (BVerwG v. 13. 12. 1974, ZBR 1975, 125). Ist für die Entscheidung dieser Frage die übergeordnete Dienststelle zuständig, dann hat der nicht zuständige Dienststellenleiter den Antrag an die nächst höhere Dienststelle weiterzuleiten; dies ergibt sich unmittelbar aus dem Grundsatz der vertrauensvollen Zusammenarbeit (Richardi u. a., § 68 Anm. 11). Die Personalvertretung kann ihrerseits die bei der übergeordneten Behörde bestehende Stufenvertretung einschalten und sie veranlassen, die Angelegenheit mit der zuständigen Dienstbehörde zu erledigen (Lorenzen u. a., § 68 Anm. 9). Die Anträge der Personalvertretung können keine Angelegenheiten betreffen, die über die Zuständigkeit der Dienststelle hinausreichen, z. B. nicht allgemeine Fragen des Dienstrechts, der Besoldung und der Arbeitsentgelte, noch weniger allgemeine politische Fragen. Dagegen kann eine Personalvertretung die Einführung von Qualifikationsmaßnahmen zur Einführung in die Datenverarbeitung anregen; denn das allgemeine Initiativrecht der Personalvertretung erstreckt sich auch auf solche Maßnahmen, die allein den Beschäftigten dienen, selbst dann, wenn die Dienststelle hierdurch belastet wird (Lorenzen u. a., § 68 Anm. 10; Richardi u. a., § 68 Anm. 7; Goeres, PersV 2008, 4). **9**

b) Soweit die von der Personalvertretung gewünschten Maßnahmen in den **Zuständigkeitsbereich einer übergeordneten Dienststelle** fallen (z. B. generelle Regelungen, die über den Bereich der Dienststelle hinausgehen), ist für sie die Stufenvertretung bei der entscheidungsbefugten Dienststelle zuständig (BVerwG v. 24. 10. 1969, ZBR 1970, 98 = PersV 1970, 107; vgl. auch Anm. 9). Dies gilt im allgemeinen für im Zusammenhang mit einem drohenden Personalabbau verbundene Maßnahmen; denn entsprechende Entscheidungen werden in aller Regel auf der Ebene der obersten Dienstbehörde fallen. Auf dieser Ebene können Hauptpersonalräte eigene Vorschläge zur Beschäftigungssicherung machen (z. B. neue Formen der Arbeitsorganisation, Teilzeitarbeit, Altersteilzeit, Alternativen zur Ausgliederung bestimmter Arbeiten). **10**

5. Abs. 1 Nr. 2 begründet das **Überwachungsrecht der Personalvertretung** darüber, dass alle die Dienststelle bindenden Vorschriften angewendet werden. Zur Ausübung dieses Überwachungsrechts hat die Dienststelle für einen möglichst umfassenden Kenntnisstand der Personalvertretung zu sorgen. Diese Pflicht trifft die Dienststelle schon deshalb, damit unnötige Konflikte vermieden werden und der Friede in der Dienststelle in möglichst umfassender Weise gewahrt werden kann (Lorenzen u. a., § 68 Anm. 23). Zum Katalog der zu beachtenden Vorschriften gehören sämtliche einschlägigen, allgemein verbindlichen Gesetze und Verordnugen, z. B. über Arbeitsschutz, **11**

Arbeitszeit, Jugendschutz, Schwerbehinderte, verwaltungsinterne Anordnungen und vertragliche Vereinbarungen (Tarifverträge, TVöD, Dienstvereinbarungen) sowie Verwaltungsanordnungen. Insgesamt sind sämtliche Regelungen einzubeziehen, die sich **für die Beschäftigten** in ihrem Verhältnis zur Dienststelle in irgendeiner Weise **günstig auswirken** (Lorenzen u. a., § 68 Anm. 16). Deshalb ist auch das Bundesdatenschutzgesetz (vgl. § 10 Anm. 20) als ein „zugunsten der Beschäftigten" geltendes Gesetz einzubeziehen, über dessen Durchführung die Personalvertretung zu wachen hat; denn das BDSG schützt auch die auf die Beschäftigten bezogenen persönlichen Daten, die bei der einzelnen Dienststelle gespeichert sind oder dort anderweitig verarbeitet werden (BVerwG v. 26. 3. 1985, ZBR 1985, 174; Lorenzen u. a., § 68 Anm. 51; Simitis, BDSG, § 34 Anm. 18; Lorenzen, PersV 1979, 305; Wolber, PersV 1980, 177). Die Personalvertretung ist daher über sämtliche Vorgänge der automatisierten Personaldatenverarbeitung zu informieren. Dies beinhaltet auch das Recht, selbst ohne tatsächliche Anhaltspunkte für eine Nichtanwendung datenschutzrechtlicher oder über eine Dienstvereinbarung festgelegter Überwachungsmaßstäbe Stichproben machen und Ausdrucke sowie Abbildungen von Programmen oder Datenläufen verlangen zu können (vgl. für das BetrVG: LAG Frankfurt/M v. 18. 3. 1993, RDV 1994, 189). Gegenüber diesem Informationsrecht kann nicht auf allgemeine Datenschutzvorschriften verwiesen werden; denn diese sind gegenüber den speziellen Informationsansprüchen der Personalvertretung subsidiär (Gola, DÖV 1984, 839, 841; vgl. auch Anm. 54, 55). Infolgedessen hat die Personalvertretung ein Informationsrecht vor allen Dingen in Bezug auf Beschäftigtendaten, die Gegenstand ihres Mitbestimmungsrechts sind (§ 75 Abs. 3 Nr. 17). Zur Ausübung dieses Überwachungsrechts kann sie vom Leiter der Dienststelle eine Übersicht über die Art der gespeicherten personenbezogenen Daten, eine Auskunft über die vorhandenen Auswertungsprogramme sowie bei Systemen mit beliebiger Abfrage eine Übersicht über die Abfrageziele verlangen. In diesem Zusammenhang kommt es vor allen Dingen auf eine rechtzeitige Information der Personalvertretung an, die gerade dann von Bedeutung ist, wenn Maßnahmen (Einrichtung von Personalinformations-/Personalabrechnungssystemen) geplant sind, die personenbezogene Daten der Beschäftigten betreffen (vgl. hierzu im Einzelnen Anm. 34). Ein allgemeines, unbeschränktes Zugangsrecht zu gespeicherten Daten steht der Personalvertretung aber nicht zu. Dies ergibt sich alleine schon aus Abs. 2 Satz 2 und 3. Dagegen kann in einer Dienstvereinbarung eine stichprobenweise Kontrolle von Programmen vereinbart werden.

11a a) Die Personalvertretung hat darüber zu wachen, dass alle Vorschriften eingehalten werden, die sich auf die Verarbeitung personenbezogener Daten richten. Gleichzeitig hat sie mit zu Verarbeitungsvoraussetzungen beizutragen, die im Einzelfall einen bestmöglichen Schutz der Beschäftigten garantieren. Insoweit sind auch für diese Kontrolle die jeweils erforderlichen Unterlagen vorzulegen (vgl. Simitis, S. 43). Die Personalvertretung kann daher die ihr übertragenen Aufgaben so lange nicht wahrnehmen, wie ihr der Zugang zu den jeweils erforderlichen Daten nicht ermöglicht wird (vgl. Simitis, S. 47). Die Aufgabenstellung der Personalvertretung bleibt im Übrigen angesichts des BDSG unverändert. Infolgedessen ist die Personalvertretung „genauso befugt und verpflichtet, die Informationsverarbeitung zu kontrollieren, wie zu dem Zeitpunkt, zu dem es eine besondere gesetzliche Regelung über die Verarbeitung personenbezogener Angaben nicht gab" (Simitis, S. 22). Daher ist die Personalvertretung auch berechtigt, selbst dann Stichproben im Hinblick auf ein **Personalinformationssystem** zu machen, wenn keine tatsächlichen Anhaltspunkte für eine Nichtanwendung einer entsprechenden Dienstvereinbarung bestehen. Ebenso kann eine Personalvertretung EDV-Ausdrucke über verfallene Gleitzeiten beanspruchen, selbst dann, wenn sie zu den Personalakten genommen worden sind (vgl. für das BetrVG: LAG Stuttgart v. 21. 2. 1994, DB 1995, 51). Aus der Tatsache, dass das BDSG (vgl. § 2 Anm. 11) kein speziell die Beschäftigten der öffentlichen Verwaltung schützendes Gesetz ist, kann nicht geschlossen werden, dass der Personalvertretung kein entsprechendes Überwachungsrecht im Hinblick auf die Einhaltung der einschlägigen Bestimmungen zustehen würde; denn Voraussetzung für die Anwendung des Abs. 1 Nr. 2 ist nicht, dass es sich um Gesetze handelt, die **allein** zugunsten der Beschäftigten bestehen, sondern um Gesetze, die **auch** die Beschäftigten der öffentlichen Verwaltung schützen. Insgesamt hat die Personalvertretung darauf zu achten, dass die gesetzlichen Voraussetzungen für die Erhebung (§ 13 BDSG), für die Verarbeitung (Speichern, Verändern, Übermitteln, Sperren, Löschen) und für die Nutzung personenbezogener Daten (§ 28 Abs. 1, 2 Nr. 1 BDSG) eingehalten und die persönlichen Rechte der Betroffenen durch die notwendigen Vorkehrungen (§§ 33 bis 35 BDSG) geschützt werden. Die Personalvertretung hat auf die Einhaltung dieser Vorschriften zwar keinen Rechtsanspruch. Sie hat aber darauf hinzuwirken, dass der Dienststellenleiter die entsprechenden Vorschriften beachtet (BVerwG v. 26. 3. 1985, ZBR 1985, 174). Personalvertretung und Dienststellenleitung sind auch berechtigt, eine entsprechende Dienstvereinbarung über die Einführung und Anwendung automatisierter Verfahren für die Personaldatenverarbeitung abzuschließen (BVerwG v. 9. 12. 1992, BVerwGE 91, 276 = ZBR 1993, 317 = PersV 1994, 173 = ZfPR 1993, 118). Eine solche Dienstvereinbarung muss neben dem BDSG auch alle **sonstigen, auf den Datenschutz zugeschnittenen Gesetze** bzw. Verordnungen berücksichtigen (vgl. u. a., Telekommunikationsgesetz, TKG v. 22. 6. 2004, BGBl. I S. 1190, zul. geänd. d. Art. 2 G v. 21. 12. 2007, BGBl. I S. 3198). Eine Dienstvereinbarung kann Regelungen enthalten, die sich u. a. beziehen auf: Organisation des technischen Systems, Nutzung durch Festlegung des Kreises der berechtigten Personen, Nutzung auch zu privaten Zwecken, Verwertungsverbot, Schulung der Beschäftigten, Kontrollrechte der Personalvertretung, nichtkontrollierbarer Internetanschluss der Personalvertretung, Homepage der Personalvertretung (vgl. Schierbaum, PersR 2000, 499, 506).

b) Einen besonderen Stellenwert für die Arbeit der Personalvertretung hat **11b** das **Teilzeit- und Befristungsgesetz** (TzBfG v. 21. 12. 2000, BGBl. I S. 1966, zul. geänd. d. Art. 1 G v. 19. 4. 2007, BGBl. I S. 538). Die Personalvertretung hat u. a. das Diskriminierungs- und Benachteiligungsverbot (§§ 4, 5 TzBfG) zu überwachen und sich für die Realisierung des Teilzeitanspruchs (§ 8 TzBfG) sowie für die Zulässigkeit von Befristungen (§ 14 TzBfG) einzusetzen. Darüber hinaus hat die Personalvertretung nach diesem Gesetz umfassende Informationsrechte (hierzu: Kröll, PersR 2001, 179). Der Arbeitgeber hat sie gem. § 7 Abs. 3 TzBfG über Teilzeitarbeitsplätze in der Dienststelle zu informieren, wobei sich diese Informationspflicht insbesondere auf vorhandene oder geplante Teilzeitarbeitsplätze und über die Umwandlung von Teilzeit- in Vollzeitarbeitsplätze oder umgekehrt bezieht. Ferner hat der Arbeitgeber gemäß § 20 TzBfG die Personalvertretung über die Anzahl der befristet beschäftigten Arbeitnehmer und deren Anteil an der Gesamtbelegschaft der Dienststelle zu informieren.

c) Das **Allgemeine Gleichbehandlungsgesetz** (AGG) gibt der Personalver- **11c** tretung eine Reihe zusätzlicher Überwachungsrechte, legt ihr zugliech aber auch Überwachungspflichten auf. Nach § 7 Abs. 1 AGG dürfen Beschäftigt nicht „wegen eines in § 1 AGG genannten Grundes" benachteiligt werden. Solche Gründe sind die Rasse, die ethnische Herkunft, das Geschlecht, die Religion, die Weltanschauung, eine Behinderung, das Alter und die sexuelle Identität. Nach § 3 Abs. 1 AGG liegt eine unmittelbare Diskriminierung dann vor, wenn ein Beschäftigter wegen der genannten Merkmale vor allem bei personellen Maßnahmen im Vergleich zu einem anderen schlechter gestellt wird. Dies gilt für Bewerbungen ebenso wie für faktische Beeinträchtigungen (vgl. u. a. Däubler, AiB 2006, 614).

11d d) Das Überwachungsrecht und die Überwachungspflicht der Personalvertretung erstrecken sich darüber hinaus auf Verordnungen (Arbeits-, Erholungsurlaubs-, „ Elternteilzeitverordnung etc.; vgl. Anm. 11), auf allgemeine Verwaltungsvorschriften mit lediglich interner Verbindlichkeit, die auf dem Direktionsrecht des Arbeitgebers bzw. auf beamtenrechtlicher Grundlage beruhen, auf das Satzungsrecht der bundesunmittelbaren Körperschaften, Anstalten und Stiftungen des öffentlichen Rechts sowie auf **Tarifverträge,** so u. a. Tarifvertrag für den öffentlichen Dienst (TVöD) vom 13. 9. 2005 und auf Tarifverträge der tariffähigen bundesunmittelbaren Körperschaften, Anstalten und Stiftungen des öffentlichen Rechts. Darüber hinaus hat die Personalvertretung u. a. das Gesetz über die Gleichbehandlung der Soldatinnen und Soldaten (SoldGG v. 14. 8. 2006, BGBl. I S. 2742) sowie alle auf den Status der Beamten bezogenen Gesetze (Beamtenrechtsrahmengesetz, Bundesbeamtengesetz, auch die Bundeslaufbahn- und die Bundesnebentätigkeitsverordnung, das Disziplinargesetz, die in § 81 Anm. 9 aufgeführten Arbeitsschutzgesetze, das Bundesreisekosten- und Bundesumzugskostengesetz, das Bundesurlaubsgesetz, das Bundesreise- und das Bundesgleichstellungsgesetz etc. zu beachten.

12 e) Auch das **Richterrecht** gehört in den Rahmen des Abs. 1 Satz 1 Nr. 2; die Personalvertretung hat die Einhaltung der durch die Rechtsprechung festgelegten Rechtsgrundsätze zu überwachen (Richardi u. a., § 68 Anm. 17).

13 f) Die Personalvertretung hat die Einhaltung der „zugunsten der Beschäftigten" geltenden Gesetze etc., nämlich aller für sie günstigen Regelungen, zu überwachen. Aus dieser Überwachungsaufgabe folgt aber noch kein eigener Rechtsanspruch darauf, dass der Dienststellenleiter die betreffenden Rechtsvorschriften gegenüber den Beschäftigten tatsächlich auch einhält und durchführt (vgl. für das BetrVG: BAG v. 27. 5. 1986, BAGE 52, 88 = Leits. BB 1986, 1087, 2333 m. Anm. v. Kappes = DB 1986, 1287, 2080 = ArbuR 1987, 149 m. Anm. v. Mostert; BAG v. 10. 6. 1986, BAGE 52, 150 = BB 1987, 62 = DB 1986, 2393, 2396; vgl. auch BVerwG v. 26. 3. 1985, ZBR 1985, 174). Vielmehr kann die Personalvertretung lediglich die „Nichtbeachtung oder fehlerhafte Durchführung ... beanstanden und auf Abhilfe ... drängen" (vgl. für das BetrVG: BAG v. 16. 7. 1985, DB 1986, 231). Gleichfalls steht einer Personalvertretung auch nicht das Recht zu, sich in laufende Personal- und Verwaltungsangelegenheiten einzuschalten, wohl aber ein Beanstandungsrecht in den Fällen, in denen sie einen Rechtsverstoß annimmt. **Ebensowenig** steht einer Personalvertretung **das Recht zu,** gerichtlich feststellen zu lassen, in welche Gehaltsstufe ein Beschäftigter eingestuft werden soll (BVerwG v. 13. 2. 1976, BVerwGE 50, 176 = ZBR 1976, 351 = PersV 1977, 179). Gleiches gilt für Meinungsverschiedenheiten über die Auslegung eines für die Dienststelle geltenden Tarifvertrages. Bei Verstößen des Dienstherrn gegen tarifliche Bestimmungen können nur die betroffenen Beschäftigten Ansprüche gerichtlich durchsetzen (vgl. für das BetrVG: BAG v. 24. 2. 1987, BAGE 54, 191 = BB 1987, 1246 = DB 1987, 1435). Der Personalvertretung nämlich obliegt nicht die Aufgabe, Individualansprüche von Beschäftigten gegenüber der Dienststelle gerichtlich überprüfen zu lassen (VGH Mannheim v. 23. 7. 1985, ZBR 1986, 90). Würde man der Personalvertretung auch das gerichtlich durchsetzbare Recht geben, vom Dienststellenleiter ein den genannten Vorschriften entsprechendes Tun zu verlangen, so würde dies im Ergebnis bedeuten, dass Rechtsstreitigkeiten über Ansprüche der Beschäftigten aus den zu ihren Gunsten geltenden Vorschriften zwischen Dienststellenleiter und Personalvertretung ausgetragen würden (vgl. für das BetrVG: BAG v. 10. 6. 1986, aaO; dies würde der Struktur des Personalvertretungsrechts zuwiderlaufen). Der Personalvertretung obliegt es daher zum Beispiel auch nicht, darüber zu wachen, dass ein Dienststellenleiter Datenschutzrechte nicht verletzt (z. B. durch die Aufzeichnung von Telefondaten) bzw. sich dafür einzusetzen, dass im Einzelfall eine schärfere Disziplinarmaßnahme verhängt wird, als sie von der Dienststelle beabsichtigt ist. Demgegenüber ist es aber Aufgabe der Personalvertretung, dafür einzutreten, dass die in den zugunsten der Beschäftigten geltenden Vorschriften liegenden Möglichkeiten im Sinne des sozialen Rechtsstaats auch tatsächlich zugunsten der Beschäftigten ausgeschöpft werden. Die Personalvertretung darf daher insoweit auch entsprechende Anregungen geben. Soweit dies zu einer sinnvollen Aufgabenwahrnehmung notwendig ist, hat der Dienststellenleiter der Personalvertretung auch die zur Wahrnehmung ihrer Überwachungsaufgaben notwendigen Unterlagen zugänglich zu machen (Fischer u. a., § 68 Anm. 10).

g) Ein Dienststellenleiter kann sich gegenüber dem Wunsch einer Personal- **13a**
vertretung, ihr Auskunft hinsichtlich der Einhaltung arbeitszeitrechtlicher Normen zu geben, nicht mit dem Hinweis entziehen, dass er bewusst auf eine Kontrolle der Arbeitszeit verzichte (**Vertrauensarbeitszeit**) und deshalb weder über die gewünschten Informationen noch über entsprechende Unterlagen verfüge. Wenn die Personalvertretung aufgrund konkreter Hinweise Anlass zu der Annahme hat, dass gegen entsprechende Normen verstoßen wird, dann hat sich der Dienststellenleiter die entsprechenden Informationen zu beschaffen (vgl. für das BetrVG: BAG v. 6. 5. 2003, Leits. BB 2003, 2692 = DB 2003, 2445 = ZfPR 2003, 135).

6. Zur Ausübung des Überwachungsrechts gehört **nicht die Prozessvertre- 14**
tung von Beschäftigten durch Mitglieder der Personalvertretung. Wenn sie einen Beschäftigten vor Gericht vertreten (z. B. im Rahmen des § 40 BDO), so handelt es sich um eine kollegiale persönliche Hilfeleistung, nicht um eine „Tätigkeit des Personalrats" (BVerwG v. 13. 2. 1976, BVerwGE 50, 176 = ZBR 1976, 351 = PersV 1977, 179). Wohl aber gehört zur Ausübung des Überwachungsrechts das Recht zum **Aufsuchen der Beschäftigten am Arbeitsplatz** (vgl. hierzu § 1 Anm. 26 sowie oben Anm. 1). Grundsätzlich hat aber im Interesse eines ordnungsgemäßen Dienstablaufs eine Unterrichtung des Dienststellenleiters vorab zu erfolgen (OVG Saarlouis v. 30. 7. 1975, PersV 1977, 146; VGH Kassel v. 24. 10. 1984, ZBR 1985, 280 = Leits. PersV 1989, 43; Wahlers, PersV 1986, 393; Wahsner, RiA 1986, 73 und PersR 1986, 126). Bei planmäßigen Aktionen mit dem Ziel, Beschäftigte nacheinander an ihrem Arbeitsplatz aufzusuchen, ist ein Einvernehmen mit dem Dienststellenleiter herzustellen. Richtschnur ist hierbei das Gebot der vertrauensvollen Zusammenarbeit. Infolgedessen kann ein Dienststellenleiter das Einvernehmen nicht grundlos verweigern (OVG Saarlouis v. 30. 7. 1975, aaO). Einer Personalvertretung steht zur Wahrnehmung ihrer Aufgaben auch ein Zutrittsrecht zu den außerhalb der Dienststelle befindlichen Telearbeitsplätzen zu (Wedde, S. 57).

14a 7. Die Personalvertretung ist **kein Kontrollorgan,** das die Aufgabenerfüllung und den inneren Betrieb einer Dienststelle allgemein zu überwachen hat und das gleichrangig neben den Fach- und Rechtsaufsichtsinstanzen besteht (vgl. Anm. 3). Sie hat daher auch nicht den Auftrag, die Dienststelle allgemein zu überwachen und kann daher auch nicht ohne einen bestimmten, sachlich gerechtfertigten Anlass vom Dienststellenleiter Informationen verlangen. Vielmehr muss sie ihr Informationsverlangen anlassbezogen begründen, um die ihr obliegenden Aufgaben erfüllen und ihre Beteiligungsrechte rechtzeitig und uneingeschränkt wahrnehmen zu können (BVerwG v. 26. 1. 1994, BVerwGE 95, 73 = Persv 1994, 539 = ZfPR 1994, 76; OVG Münster v. 27. 10. 1999, Leits. ZBR 2000, 179 = PersV 2000, 320 = Leits. ZfPR 2000, 305; Fischer u. a., § 68 Anm. 27; Lorenzen u. a., § 68 Anm. 39; vgl. auch Anm. 3, 13 und 36).

III. Anregungen und Beschwerden

15 1. Zu den allgemeinen Aufgaben der Personalvertretung gehört nach Abs. 1 Nr. 3 die **Entgegennahme von „Anregungen und Beschwerden** der Beschäftigten“. Beschwerden i. S. dieser Vorschrift sind nicht formelle prozess- oder verwaltungsrechtliche Rechtsmittel bzw. Rechtsbehelfe (Richardi u. a., § 68 Anm. 26). Vielmehr ist als Beschwerde jede Äußerung der Unzufriedenheit anzusehen. Die Beschwerde braucht nicht durch die Verletzung von Rechtsansprüchen ausgelöst zu sein. Vielmehr kommen auch Fragen der persönlichen Behandlung, unzweckmäßiger Dienstgestaltung, mangelhafter Ausstattung mit Arbeitsmitteln und Diensträumen usw. in Betracht (§ 66 Abs. 1 Satz 2). Es ist aber nicht Aufgabe der Personalvertretung, Beschäftigte in Rechtsangelegenheiten zu beraten oder Rechtsauskünfte zu erteilen. Das Recht, eine Beschwerde vorzubringen, hat jeder Beschäftigte; in diesem Recht soll ihn die Personalvertretung unterstützen. Dabei kann es um mögliche Begehren nach Änderung der Arbeitszeit (Arbeitszeitreduzierung, § 8 TzBfG oder aber Arbeitszeitverlängerung, § 9 TzBfG) gehen.

16 2. a) Die **Beschwerde** kann bei jedem Mitglied der Personalvertretung **schriftlich oder mündlich** vorgebracht werden. Das Personalratsmitglied ist verpflichtet, von der Beschwerde Kenntnis zu nehmen und sie der Personalvertretung (d. h. zunächst dem die laufenden Geschäfte führenden Vorstand) bekanntzumachen (Lorenzen u. a., § 68 Anm. 25).

17 b) Allerdings sind die Beschäftigten nicht verpflichtet, ihre **Beschwerden über die Personalvertretung** zu leiten. Sie können sie vielmehr auch unmittelbar auf dem Dienstweg einreichen (§ 171 BBG) oder durch ihre Gewerkschaft vorbringen lassen (Treutlein, PersV 1964, 145; Schnupp, PersV 1969, 50; Schütz, PersV 1970, 33).

18 3. Die mit der Beschwerde eines Beschäftigten befasste Personalvertretung hat ein **Prüfungsrecht und eine Prüfungspflicht** hinsichtlich der Berechtigung der Beschwerde. Die Prüfungspflicht umfasst auch Beschwerden, die unter der Bezeichnung „Betriebsgruppe“ einer Gewerkschaft vorgelegt werden. Ein Beschluss, mit dem Schreiben aus dem Kreis der Beschäftigten unter bestimmten Firmierungen an die Personalvertretung herangetragen werden, nicht zur Kenntnis zu nehmen, ist gesetzwidrig (VG Hannover v. 24. 9. 1973, DÖD 1974, 237). Die Prüfung gehört nicht zu den laufenden Geschäften des Vorstands (Fischer u. a., § 68 Anm. 14; Lorenzen u. a., § 68 Anm. 26; Richardi u. a., § 68 Anm. 29).

a) Die Prüfung durch die Personalvertretung setzt nicht ein vorausgegangenes Tätigwerden des Beschwerdeführers gegenüber dem Dienststellenleiter voraus (Fischer u. a., § 68 Anm. 13; Richardi u. a., § 68 Anm. 26). Zunächst hat die Personalvertretung zu prüfen, **ob die Dienststelle für die Abhilfe zuständig ist** (BVerwG v. 24. 10. 1969, ZBR 1970, 98 = PersV 1970, 107). Andernfalls kann die Personalvertretung die Beschwerde nicht „entgegennehmen", sondern sie muss den Beschwerdeführer an den zuständigen Empfänger verweisen bzw. dem Beschwerdeführer einen Abgabebescheid erteilen; denn die Entgegennahme der Beschwerde lässt sich von ihrer Bearbeitung nicht trennen (BVerwG v. 24. 10. 1969, aaO). Allerdings kann die Personalvertretung nicht verlangen, dass der Beschwerdeführer sich zuvor persönlich um die Beseitigung des Beschwerdeanlasses bemüht hat (Fischer u. a., § 68 Anm. 13). 19

b) Hält die Personalvertretung eine Abhilfe durch die Dienststelle für rechtlich möglich, so muss sie die Beschwerde **auf ihre sachliche Berechtigung prüfen.** Die Unterstützung einer unberechtigten und als unberechtigt erkannten Beschwerde würde mit dem Grundsatz der vertrauensvollen Zusammenarbeit und der Friedenspflicht nicht vereinbar sein. Allerdings ist der Personalvertretung die Prüfung der Berechtigung einer Beschwerde nur in beschränktem Umfang möglich, da sie z. B. für den Fall, dass an dem Beschwerdesachverhalt mehrere Beschäftigte beteiligt sind, keine Zwangsmittel besitzt, sie zu einer Äußerung zu veranlassen. 20

4. Hält die Personalvertretung die Beschwerde für berechtigt, so muss sie in Verhandlungen mit dem Dienststellenleiter **auf eine Abstellung des Beschwerdegegenstands hinwirken.** Das kann nur aufgrund eines Plenarbeschlusses geschehen, weil diese Einwirkung eine Angelegenheit ist, die „vom Gesetzgeber zum Gegenstand einer Beschlussfassung des Personalrats gemacht wird" (BVerwG v. 20. 3. 1959, BVerwGE 8, 214 = ZBR 1959, 201 = PersV 1958/59, 187). Verantwortlich für die Abstellung einer berechtigten Beschwerde ist nicht die Personalvertretung, sondern der Dienststellenleiter, der zu amtlichem Handeln „im Rahmen der Gesetze und Tarifverträge" verpflichtet ist. Es entspricht dem Grundsatz der vertrauensvollen Zusammenarbeit, dass der Dienststellenleiter die Personalvertretung von seiner Entscheidung informiert und diese wiederum den Betroffenen (Fischer u. a., § 68 Anm. 14; Lorenzen u. a., § 68 Anm. 26; Richardi u. a., § 68 Anm. 28). 21

5. Die **Schlichtung von Streitigkeiten zwischen den Beschäftigten gehört nicht zu den** gesetzlich geregelten **Aufgaben der Personalvertretung.** Sie kann jedoch von den Beteiligten um Vermittlung gebeten werden. Sie darf aber nicht von sich aus oder nur auf einseitiges Ersuchen eines der Beteiligten eingreifen. Ein Entscheidungsrecht hat die Personalvertretung in diesem Fall nicht. Sie darf z. B. einem Beschäftigten keine Vorhaltungen deswegen machen, weil dieser eine dienstliche Meldung an den Vorgesetzten erstattet hat (OVG Hamburg v. 6. 10. 1961 – Bs PH 1/61, n. v.). 22

6. Bei der Behandlung von Beschwerden muss zwar die Personalvertretung die Zuständigkeit ihrer Dienststelle beachten (BVerwG v. 24. 10. 1969, ZBR 1970, 98 = PersV 1970, 107). Das schließt aber nicht aus, dass sie gegebenenfalls eine **Beschwerde an die** als zuständig erkannte **Stufenvertretung weitergibt,** obwohl diese nicht Beschwerdeinstanz gegen Entscheidungen der Dienststelle ist. 23

24 7. a) Eine bei der Personalvertretung eingebrachte Beschwerde hat **keine aufschiebende Wirkung.** Sie berührt das Direktionsrecht des Dienststellenleiters nicht (vgl. für das BetrVG: BAG v. 18. 7. 1963, DB 1963, 1542). Der Beschwerdeführer kann unabhängig davon gleichzeitig selbst seine Beschwerde weiterverfolgen (Fischer u. a., § 68 Anm. 15).

25 b) **Keine Beschwerden** i. S. dieser Vorschrift sind die beamtenrechtlichen Beschwerden nach den §§ 60 BRRG, 171 BBG. Sie können nicht bei der Personalvertretung, sondern nur bei dem Dienststellenleiter angebracht werden. Die Personalvertretung ist zur Entgegennahme nicht berechtigt.

IV. Initiativen zugunsten Schwerbehinderter oder sonstiger Schutzbedürftiger

Förderung der Eingliederung und beruflichen Entwicklung schwerbehinderter und sonstiger schutzbedürftiger Personen (Abs. 1 Nr. 4), Anträge zur beruflichen Förderung Schwerbehinderter (Abs. 1 Nr. 5).

26 1. Zu den allgemeinen Aufgaben der Personalvertretung gehört nach Abs. 1 Nr. 4 die **Förderung der Eingliederung Schwerbehinderter und sonstiger schutzbedürftiger Personen.** Der Begriff **„Schwerbehinderte"** ist in § 2 Abs. 2 SGB IX (vgl. § 40 Anm. 1) dahingehend definiert, dass solche Menschen schwerbehindert sind, bei denen „ein Grad der Behinderung von wenigstens 50 vorliegt". Den schwerbehinderten Menschen sind nach § 2 Abs. 3 SGB IX solche „mit einem Grad der Behinderung von weniger als 50, aber wenigstens 30" (§ 2 Abs. 3 SGB IX) gleichgestellt. Abs. 1 Nr. 4 ist auf diese Personen insoweit anzuwenden, als sie zumindest als „schutzbedürftige Personen" gelten. Aufgrund einer entsprechenden Antragstellung kann das Arbeitsamt die Gleichstellung dann anerkennen, wenn die entsprechenden Personen infolge ihrer Behinderung ohne eine Gleichstellung keinen geeigneten Arbeitsplatz i. S. von § 73 SGB IX erhalten oder behalten können (vgl. auch §§ 68, 69 SGB IX, die das entsprechende Verfahren regeln). **Sonstige schutzbedürftige Personen** sind darüber hinaus u. a. solche, die aufgrund ihrer Herkunft (Flüchtlinge, Aussiedler) Anpassungsschwierigkeiten in den Dienststellen haben, außerdem ehemalige Strafgefangene, schwangere Beschäftigte, längerfristig bisher Arbeitslose, chronisch Kranke, Suchtkranke, ältere Personen, die aufgrund ihres Alters Anpassungsschwierigkeiten an den üblichen Dienstablauf haben (vgl. auch: Fischer u. a., § 68 Anm. 18 a; Lorenzen u. a., § 68 Anm. 30 sowie Seidel, PersR 2004, 303).

27 2. Die besonderen dienstrechtlichen Verhältnisse der **Schwerbehinderten** sind durch das SGB IX geregelt. Das BPersVG hat zudem der Interessenvertretung der Schwerbehinderten in § 39 Abs. 3, § 40 Abs. 1 unmittelbar, und mit weiteren Bestimmungen (z. B. § 8, § 67 Abs. 2, § 79) mittelbar Rechte eingeräumt. Das SGB IX selbst hat die Zuständigkeiten und Aufgaben der Personalvertretung bei der Eingliederung in den Arbeitsprozess u. a. durch folgende Vorschriften neben den bereits bisher geltenden personalvertretungsrechtlichen, hier ebenfalls aufgeführten Vorschriften wesentlich erweitert:
- Förderung der Eingliederung der Schwerbehinderten (§ 93 SBG IX),
- Überwachung hinsichtlich der Erfüllung der den öffentlichen Arbeitgeber obliegenden Verpflichtungen (§§ 71, 72, 81 bis 84 SGB IX, vor allem Einhaltung der gesetzlich vorgeschriebenen Beschäftigungsquoten),
- Hinwirken auf die Wahl einer Schwerbehindertenvertretung (§ 93 SGB IX),

- Bemühen um eine enge Zusammenarbeit mit der Schwerbehindertenvertretung, dem öffentlichen Arbeitgeber und dem Beauftragten des öffentlichen Arbeitgebers (§§ 98, 99 Abs. 1 SGB IX),
- Unterstützung der öffentlichen Arbeitgeber und der Rehabilitationsträger (§ 99 Abs. 2 Satz 1 SGB IX),
- Einbeziehung der Schwerbehindertenvertretung in alle Sitzungen, auch Ausschusssitzungen (§ 95 Abs. 4 Satz 1 SGB IX; vgl. hierzu auch § 40 Anm. 7); das bedingt:
- rechtzeitige Ladung der Schwerbehindertenvertretung durch den Vorsitzenden des Personalrats unter Bekanntgabe der Tagesordnung (§ 34 Abs. 2, Satz 4),
- Aussetzung von Beschlüssen auf Antrag der Schwerbehindertenvertretung (§ 39 BPersVG, § 95 Abs. 2 Satz 1, Abs. 4 Satz 2),
- Hinzuziehung der Schwerbehindertenvertretung zu den Monatsgesprächen mit dem Dienststellenleiter (§ 66 Abs. 1 BPersVG, § 95 Abs. 5 SGB IX).

§ 128 SGB IX enthält Sonderbestimmungen für schwerbehinderte Beamte. Diese Bestimmungen beziehen sich auf die Eingliederung. Es ist Aufgabe der Personalvertretung, die Eingliederung zu fördern, u. a. durch eine Beratung und Information der Betroffenen über ihre Rechtsstellung. Außerdem ist die Personalvertretung verpflichtet, Anregungen zur Ausgestaltung der Arbeitsplätze etc. zu geben.
Im Übrigen hat die Personalvertretung in enger Zusammenarbeit mit dem Dienststellenleiter für eine möglichst gute **Förderung behinderter Menschen** einzutreten. Sie hat die **soziale Integration aller Behinderten** anzustreben (Wolber, PersV 2003, 214, 215).

3. Daneben hat die Personalvertretung eine **Vielzahl weiterer Aufgaben**, so u. a.: 28

- Prüfung im Wege der Erörterung mit dem öffentlichen Arbeitgeber, ob eventuell freie Arbeitsplätze mit Schwerbehinderten besetzt werden können (§ 80 Abs. 2 Satz 3 SGB IX, § 81 Abs. 1 Satz 6 i. V. m. § 93 SGB IX),
- Prüfung der dem öffentlichen Arbeitgeber vorliegenden Bewerbungen von Schwerbehinderten, Erörterung mit dem Arbeitgeber (§ 81 SGB IX).

Darüber hinaus muss sich die Personalvertretung um den Abschluss verbindlicher **Integrationsvereinbarungen** bemühen (§ 83 Abs. 1, § 93 SGB IX). Unter Beteiligung der Personalvertretung ist auf Antrag der Schwerbehindertenvertretung über den Abschluss einer solchen Vereinbarung zu verhandeln. Falls keine Schwerbehindertenvertretung gewählt worden sein sollte, ist die Personalvertretung zu einer entsprechenden Antragstellung berufen. Die Integrationsvereinbarung soll insbesondere Regelungen „zur Personalplanung, Arbeitsplatzgestaltung, Gestaltung des Arbeitsplatzumfelds, Arbeitsorganisation, Arbeitszeit, sowie Regelungen über die Durchführung in den Betrieben und Dienststellen" enthalten (§ 83 Abs. 2 Satz 1 SGB IX). Im Übrigen sind folgende Bestimmungen des SGB IX einschlägig:

- Bemühen um eine möglichst dauerhafte Fortsetzung des Arbeits- oder sonstigen Beschäftigungsverhältnisses bei Eintreten von personen-, verhaltens- oder betriebsbedingten Schwierigkeiten (§ 84 SGB IX: Prävention),
- Hinwirken auf eine dauerhafte behinderungsgerechte Einrichtung und Unterhaltung der Arbeitsstätten (§ 81 Abs. 4 Nr. 4 SGB IX),
- Stellungnahme gegenüber dem Integrationsamt zu einer vom öffentlichen Arbeitgeber beantragten Zustimmung zur Kündigung (§ 87 Abs. 2 SGB IX),
- Beachtung der besonderen Vorschriften und Grundsätze für die Besetzung der Beamtenstellen in der Weise, „dass die Einstellung und Beschäftigung

schwerbehinderter Menschen gefördert und ein angemessener Anteil schwerbehinderter Menschen unter den Beamten und Beamtinnen erreicht wird" (§ 128 Abs. 1 SGB IX).

Im Übrigen hat sich die Personalvertretung darum zu bemühen, mit einer Vielzahl von Anregungen die Eingliederung des betroffenen Personenkreises zu fördern. Dazu zählen u. a.

- Berücksichtigung der Behinderung bei der Einrichtung und Ausgestaltung von Arbeitsplätzen, bei der Beschaffung von Hilfsmitteln, der Einrichtung der Parkplätze, des Essensangebotes in der Kantine etc.,
- Vorschläge zur Verbesserung der statusrechtlichen Verhältnisse in Einzelfällen,
- besondere Fortbildungsmaßnahmen (Lorenzen u. a., § 68 Anm. 33).

29 4. Die Bestimmung, **„Maßnahmen zur beruflichen Förderung Schwerbehinderter"** (Abs. 1 Nr. 5), zu beantragen, erstreckt sich auf generelle wie auf individuelle Anträge. Dieser Tatbestand ist aber bereits in Abs. 1 Nr. 4 geregelt, so dass der Nr. 5 keine selbstständige Bedeutung zukommt (Richardi u. a., § 68 Anm. 44; Lorenzen u. a., § 68 Anm. 36).

V. Durchsetzung der tatsächlichen Gleichberechtigung (Abs. 1 Nr. 5 a)

29a Der Personalvertretung wird auf der Grundlage des Gesetzes zur Gleichstellung von Frauen und Männern in der Bundesverwaltung und in den Gerichten des Bundes (Bundesgleichstellungsgesetz, BGleiG, vgl. § 48 Anm. 13) u. a. aufgegeben, **Gleichstellungsmaßnahmen** in der Dienststelle nicht nur zu unterstützen, sondern sie auch **aktiv zu fördern.** Im Einzelnen geben die Vorschriften des BGleiG Ansatzpunkte für eine Umsetzung der der Personalvertretung nach der Spezialvorschrift des § 68 Abs. 1 Nr. 5 a obliegenden Aufgaben. Ziel des BGleiG ist es, Frauen zu fördern, „um bestehende Benachteiligungen abzubauen" und „die Vereinbarkeit von Familie und Erwerbstätigkeit für Frauen und Männer zu verbessern" (§ 1 Abs. 1 BGleiG). Im Einzelnen beziehen sich Maßnahmen zur Gleichstellung von Frauen und Männern u. a. auf Arbeitsplatzausschreibungen (§ 6 BGleiG), auf Bewerbungsgespräche (§ 7 BGleiG), auf Auswahlentscheidungen bei Einstellungen, beruflichem Aufstieg, Vergabe von Ausbildungsplätzen (§ 8 BGleiG), auf Qualifikation (§ 9 BGleiG) und Fortbildung (§ 10 BGleiG). Daneben geht es um die Erstellungen eines Gleichstellungsplans für die Dauer von vier Jahren, der nach zwei Jahren der aktuellen Entwicklung anzupassen ist (§ 11 Abs. 4 BGleiG). Darüber hinaus soll die Personalvertretung zugunsten von Maßnahmen zur Vereinbarkeit von Familie und Erwerbstätigkeit für Frauen und Männer (§§ 12 bis 15 BGleiG) eintreten. Unterstützen oder anregen kann eine Personalvertretung die genannten Maßnahmen aber nur dann, wenn sie – ebenso wie die Gleichstellungsbeauftragte – frühzeitig über alle beabsichtigten personellen, organisatorischen und sozialen Maßnahmen, „die die Gleichstellung von Frauen und Männern, die Vereinbarkeit von Familie und Erwerbstätigkeit sowie den Schutz vor sexueller Belästigung am Arbeitsplatz betreffen" (§ 19 Abs. 1 BGleiG), informiert wird. Daher sollte auch der Dienststellenleiter der Personalvertretung den Gleichstellungsplan (§ 11 BGleiG) zur Verfügung stellen, damit diese überhaupt in der Lage ist, die Einhaltung der Vorgaben dieses Plans zu überwachen und Anregungen für eine Anpassung (§ 11 Abs. 4 BGleiG) zu geben (vgl. im Übrigen § 76 Anm. 56). Umgekehrt ist ein Dienststellenleiter aber nicht berechtigt, in allen Angelegenheiten, in denen die Personalvertretung zu beteiligen ist, den entsprechenden Schriftwechsel zwischen ihm und der Personalvertretung der Gleichstellungsbeauftragten zuzuleiten. Der Gesetzgeber hat ein umfassendes Beteiligungsrecht nur der Personalvertretung, nicht aber der Gleichstellungsbeauftragten zugewiesen. Diese hat die Angelegenheiten zu behandeln, die einen Bezug zu den weiblichen Beschäftigten haben.

VI. Förderung der Eingliederung ausländischer Beschäftigter (Abs. 1 Nr. 6)

Abs. 1 Nr. 6 stellt der Personalvertretung die Aufgabe, die **Eingliederung ausländischer Arbeitskräfte zu fördern.** Die der Personalvertretung obliegende Förderung des Verständnisses zwischen den einheimischen und den ausländischen Beschäftigten bezieht sich sowohl auf die Überwindung des Nachteils in der sprachlichen Verständigung (BVerwG v. 23. 10. 1970, BVerwGE 36, 177 = ZBR 1971, 118 = PersV 1971, 162), wie vor allem auf die Aufklärung über nationalitäts- und herkunftsbedingte Denk- und Lebensgewohnheiten. Die Personalvertretung kann Einzelmaßnahmen auch im Rahmen übergreifender Programme unterstützen. Im Übrigen hat die Personalvertretung im Rahmen ihrer Beteiligungsrechte bei Einstellung, Ein- und Umgruppierung, Versetzung, Abordnung (§ 75 Abs. 1 Nr. 1 1 bis 4), bei Sozialeinrichtungen (§ 75 Abs. 2 Nr. 2), bei Jahres- und Sonderurlaub (§ 75 Abs. 3 Nr. 3), bei der Berufs- und Fortbildung (§ 75 Abs. 3 Nr. 6, 7), bei Fragen der Arbeitssicherheit (§ 75 Abs. 3 Nr. 11) und bei Kündigungen (§ 79) die Interessen der ausländischen Beschäftigten zu berücksichtigen (Pakirnus, PersR 1995, 193). 30

VII. Zusammenarbeit mit der Jugend- und Auszubildendenvertretung

Abs. 1 Nr. 7 betrifft die **Zusammenarbeit der Personalvertretung mit der Jugend- und Auszubildendenvertretung.** Danach hat die Personalvertretung mit der Jugend- und Auszubildendenvertretung zusammenzuarbeiten und die Belange der jugendlichen Beschäftigten und der Auszubildenden zu fördern. Die besondere Hervorhebung dieses Grundsatzes entspricht der Absicht des Gesetzgebers nach einer stärkeren Stellung der Jugend- und Auszubildendenvertretung. Die Zusammenarbeit der Personalvertretung mit der Jugend- und Auszubildendenvertretung ist um so notwendiger, als die Jugend- und Auszubildendenvertretung „kein selbstständiges Organ der Personalvertretung“ ist und daher dem Dienststellenleiter nicht als Verhandlungspartner gegenübertritt (BVerwG v. 8. 7. 1977, ZBR 1978, 173 = PersV 1978, 309; vgl. im Übrigen § 57 Anm. 5). 31

VIII. Allgemeines Initiativrecht

1. Obwohl das Personalvertretungsgesetz so angelegt ist, dass die Anregung zu förmlichen beteiligungspflichtigen Maßnahmen grundsätzlich von der Dienststelle auszugehen hat (Anm. 6), kann auch die Personalvertretung die **Initiative** ergreifen (BVerwG v. 13. 4. 1962, BVerwGE 14, 127 = ZBR 1962, 282 = PersV 1962, 210; vgl. Anm. 7). Für beteiligungspflichtige Maßnahmen nach den §§ 75 ff. regelt § 70 dies ausdrücklich. 32

2. Die Aufzählung in Abs. 1 ist **beispielhaft, nicht erschöpfend.** Die Personalvertretung muss jedem Beschäftigten, bei dem ein individuelles Schutzbedürfnis erkennbar wird, fördernd zur Seite stehen. Dazu bedarf die Personalvertretung eines umfassenden Überblicks über alle Vorgänge, weil sie sonst nicht in der Lage wäre, eventuellen Rechtsverstößen und Unbilligkeiten bereits im Vorfeld zu begegnen (BVerwG v. 27. 2. 1985, ZBR 1985, 173). Eine entsprechende Mitteilungspflicht trifft den Dienststellenleiter unabhängig von der Besorgnis einer Rechtsverletzung und auch unabhängig von einem besonderen Anlass (BVerwG v. 21. 2. 1980, ZBR 1981, 70 = PersV 33

1980, 278). Da aber die Personalvertretung nicht die Funktion eines allgemeinen Kontrollorgans hat (OVG Münster v. 7. 12. 1978, PersV 1980, 249), muss sie nicht ununterbrochen und ständig vom Leiter der Dienststelle informiert werden. Unabhängig von einer konkreten Aufgabenstellung ist daher auch nicht Name, Dienstanschrift und Dauer des Beschäftigungsverhältnisses der Beschäftigten mitzuteilen (OVG Münster v. 22. 1. 1986, ZBR 1987, 26 = PersV 1986, 161).

IX. Informationsanspruch/Vorlage von Unterlagen (Abs. 2)

34 1. a) Abs. 2 Satz 1 enthält die Verpflichtung zu **rechtzeitiger und umfassender Unterrichtung** der Personalvertretung durch den Dienststellenleiter. Außerdem beinhaltet die Vorschrift die Pflicht zur Vorlage der notwendigen Unterlagen. Die Pflicht eines Dienststellenleiters zu rechtzeitiger und umfassender Information sowie zur Vorlage der notwendigen Unterlagen ist eine konkrete Ausgestaltung des Grundsatzes der vertrauensvollen Zusammenarbeit. Deshalb sind einer Personalvertretung nicht nur solche Informationen und Unterlagen zu überlassen, die für die Aufgabenstellung als „Mindestausstattung" unbedingt notwendig sind, vielmehr sind ihr darüber hinaus auch solche zugänglich zu machen, die für ihre Arbeit hilfreich und förderlich sind, vor allem Hintergrund – oder Abrundungsinformationen, die der Personalvertretung eine breitere Grundlage für ihre Entscheidungen ermöglichen (VG Freiburg v. 3. 6. 2004, ZfPR 2005, 39). Diese Rechtspflicht erstreckt sich nicht nur auf die Beteiligungsangelegenheiten der §§ 75, 76, sondern auf alle Aufgaben, die der Personalvertretung nach dem Gesetz zugewiesen sind (vgl. u. a.: BVerwG v. 22. 12. 1993, Leits. ZBR 1994, 189 = PersV 1994, 523 = ZfPR 1994, 41; BVerwG v. 26. 1. 1994, BVerwGE 95, 73 = PersV 1994, 539 = ZfPR 1994, 76; BVerwG v 22. 4. 1998, Leits. ZBR 1998, 433 = PersV 1999, 23 = ZfPR 1999, 10; BVerwG v. 23. 1. 2002, Leits. ZBR 2002, 144 = PersV 2003, 153 = ZfPR 2002, 73). Da der Personalvertretung der gesetzliche Auftrag übertragen worden ist, darauf zu achten, dass alle Beschäftigten nach Recht und Billigkeit behandelt werden (§ 67 Abs. 1 Satz 1), bedarf sie über Einzelinformationen hinaus „daher Kenntnisse über alle i Fakten und Vorhaben, die diese Belange berühren, um Rechtsverstößen und Unbilligkeiten bereits im Vorfeld entgegenwirken zu können" (BVerwG v. 24. 2. 2006, PersV 2006, 217 = Leits ZfPR 2006, 68 = PersR 2006, 255) Dies bedeutet zugleich, dass der Informationsanspruch der Personalvertretung nicht auf die beteiligungspflichtigen Angelegenheiten (§§ 75, 76 ff.) beschränkt ist. Vielmehr erstreckt sich dieser Anspruch auch auf sonstige Aufgaben, z. B. auf die allgemeinen Überwachungsaufgaben nach Abs. 1 (OVG Münster v. 4. 11. 2005, PersR 2006, 522; vgl. Anm. 2 ff.) Datenschutzrechtliche Bestimmungen bzw. der Schutz des Grundrechts auf informationelle Selbstbestimmung stehen dem Informationsanspruch der Personalvertretung grundsätzlich nicht entgegen, soweit es sich nicht um solche Daten handelt, die den Kernbereich der privaten Lebensgestaltung betreffen (OVG Münster v. 4. 11. 2005, aaO).

34a b) Rechtzeitig ist die Unterrichtung der Personalvertretung aber nur dann, wenn die beabsichtigte **Maßnahme noch gestaltungsfähig** ist, d. h. die Information hat zu einem Zeitpunkt zur erfolgen, zu dem die Personalvertretung noch Einfluss auf die zu treffende Maßnahme ausüben kann. Dies bedeutet, dass die für den Dienststellenleiter bestehende Informationspflicht dann einsetzt, wenn er die Zustimmung zu einer von ihm beabsichtigten mitbestimmungspflichtigen Maßnahme bei der Personalvertretung beantragt (VGH Mannheim v. 23. 2. 1996, Leits. ZBR 1997, 30). Es dürfen nicht bereits durch eine von der Dienststelle getroffene -wenn auch formal beteiligungsfreie – Vorentscheidung in gewissem Umfang vollendete Tatsachen geschaffen worden sein (BVerwG v. 28. 4. 1967, ZBR 1967, 274 = PersV 1967, 275; Lorenzen u. a., § 68 Anm. 40; vgl. auch Fischer u. a., § 68 Anm. 28). Die Maßnahme darf daher noch nicht faktisch vollzogen sein (vgl. für die Schließung einer Schule: BVerwG v. 18. 3. 2008, ZfPR 2008, 68). Grundsätzlich ist einer Personalvertretung so viel Zeit einzuräumen, dass sie bei sachgerechter Würdigung der ihr zugegangenen Informationen in der Lage ist, eine sachgemäße und sinnvolle Entscheidung zu treffen (Kluge, PersR 1993, 64, 68). Daher ist es auch sachgerecht, wenn eine Personalvertretung zunächst über eine mitbestimmungspflichtige Maßnahme informiert wird, um sodann in einem zeitlich angemessenen Abstand ihre Zustimmung zu beantragen (Mayer, PersV 1978, 28; Kluge, aaO). Die rechtzeitige und umfassende Information, die gemeinsame Besprechung etc. sind „der eigentliche Wesensgehalt der vertrauensvollen Zusammenarbeit" (Cornelißen, PersV 1979, 481). Daher hat gerade im Zusammenhang mit solchen Maßnahmen, die nach Abschluss einer längeren Planungsphase durchgeführt werden sollen, eine rechtzeitige Unterrichtung der Personalvertretung zu erfolgen. Dies gilt u. a. im Zusammenhang mit der beabsichtigten **Einrichtung von Telearbeitsplätzen** bzw. mit allen Maßnahmen, die im Zuge einer **Organisationsreform** einer Verwaltung anstehen. Dabei geht es um das geplante Volumen von Telearbeit sowie um die konkrete Ausgestaltung des Telearbeitsplatzes (Wedde, ZfPR 1998, 18, 23). Diese Unterrichtung hat nach Abschluss bloßer Vorüberlegungen und bei Beginn der eigentlichen Planung (Festlegung von Planungsziel und Durchführungsmethoden) zu erfolgen, um der Personalvertretung im Rahmen der Beteiligungsrechte Einflussmöglichkeiten einzuräumen (vgl. für das BetrVG: BAG v. 27. 6. 1989, Leits. BB 1989, 2254 = DB 1990, 181). Eine Information erst nach Abschluss einer Planungsphase würde die Personalvertretung zumindest für diesen Abschnitt vor bereits entschiedene Tatsachen stellen. Einflussmöglichkeiten wären erschwert, wenn nicht gar ausgeschlossen.

c) **Rechtzeitig ist die Unterrichtung** der Personalvertretung durch den Dienststellenleiter nur, wenn den Mitgliedern **ausreichend Zeit** bleibt, sich über die maßgebenden Einzelheiten der beabsichtigten Regelung zu unterrichten, sie zu prüfen und in einer Beratung gegebenenfalls widerstreitende Interessen gegeneinander abzuwägen. Dies gilt in besonderem Maße in bezug auf Angelegenheiten, die weitreichende Folgen für die Beschäftigten haben (z. B. Privatisierung bestimmter Dienstleistungsbereiche). Sollte die Dienststelle entsprechende Absichten verfolgen, so hat sie die Personalvertretung im Hinblick auf die mit einer solchen Organisationsentscheidung verbundenen Folgen für die Beschäftigten sehr frühzeitig zu informieren (vgl. zu den Einzelheiten: § 66 Anm. 7). Dazu gehört eine so rechtzeitige Information der Personalvertretung durch die Dienststelle, dass der Vorstand der Personalvertretung seinerseits die Möglichkeit hat, die Mitglieder des Plenums rechtzeitig zu unterrichten und gegebenenfalls mit dem erforderlichen schriftlichen Entscheidungsmaterial zu versehen (BVerwG v. 28. 4. 1967, ZBR 1967, 274 = PersV 1967, 275; VGH München v. 2. 6. 1972 – Nr. 5 IX 70, PersV 1972, 335; VGH München v. 2. 6. 1972 – Nr. 6 IX 70, PersV 1972, 338; Lorenzen u. a., § 68 Anm. 40; Windscheid, PersV 1973, 44). Wenn § 68 auch das Außenverhältnis Dienststelle-Personalvertretung regelt, während § 34 das Innenverhältnis Vorstand-Personalvertretung betrifft, so kann doch auch auf dieses Innenverhältnis der für das Außenverhältnis maßgebende Gedanke übertragen werden, dass den Mitgliedern der Personalvertretung das für die Beratung notwendige Unterlagenmaterial rechtzeitig zur Verfügung zu stellen ist. Aus der Definition des 35

Begriffs „rechtzeitig" kann sich nur ergeben, dass die Beschaffung der Informationen zu einem Zeitpunkt erfolgen muss, zu dem dem einzelnen Mitglied ausreichend Zeit gelassen wird, sich auf die bevorstehenden Beratungen vorzubereiten und sich bereits eine Meinung über das von ihm abzugebende Votum zu bilden (vgl. auch § 34 Anm. 29). In jedem Fall muss die Personalvertretung zur sachgemäßen Ausübung ihrer Beteiligungsrechte genügend Zeit haben, die ihr gegebenen Informationen in ihren Willensbildungsprozess einzubeziehen (BVerwG v. 28. 4. 1967, aaO). Die Informationspflicht des Dienststellenleiters setzt daher spätestens zu dem Zeitpunkt ein, zu dem er sich für eine bestimmte Maßnahme (z. B für die Einstellung eines Bewerbers, BVerwG v. 11. 2. 1981, BVerwGE 61, 325 = ZBR 1981, 391 = PersV 1981, 320) entschieden hat. Gemeinsame Vorgespräche vor der Entscheidung des Dienststellenleiters werden aber dadurch nicht ausgeschlossen. Solche Gespräche empfehlen sich im Übrigen vor allem dann, wenn in ihrer Auswirkung problematische Entscheidungen anstehen. Informelle Gespräche können schließlich auch dazu beitragen, Überraschungsentscheidungen beider Seiten zu vermeiden (BVerwG v. 27. 11. 1991, Leits. ZBR 1992, 251 = PersV 1992, 228). Zur Verstärkung ihrer Bemühungen um eine möglichst umfassende Information könnte es sich für eine Personalvertretung empfehlen, einen **Fragenkatalog** zu erstellen, mit dem insbesondere bei langwierigen Veränderungsprozessen laufend Informationen beim Dienststellenleiter eingefordert werden. In einem solchen Katalog könnten u. a. folgende Fragen gestellt werden: Darstellung des Ziels und der Folgen des beabsichtigten Veränderungskonzepts unter Hinweis auf die Ausgangslage- und die zu erzielenden Daten personeller, sozialer und finanzieller Inhalte, vor allen Dingen Darstellung der beabsichtigten Personalreduzierung und evtl. Abfederungsmaßnahmen, Daten über künftige Personalplanungen etc. (vgl. auch: Krenz, PersR 2007, 234).

35a d) Im Interesse einer umfassenden Information der Personalvertretung kann es für zulässig angesehen werden, dass ein Dienststellenleiter im Laufe des Verfahrens noch Gründe nachschieben kann. Soweit es sich um rechtliche Ausführungen handelt, wird man ein **„Nachschieben"** bis zur Beschlussfassung der Personalvertretung bejahen können. Handelt es sich dagegen um Tatsachen, so hat dies Auswirkungen auf den Beginn der Erklärungsfrist; diese wird erst (oder erst dann) in Gang gesetzt, wenn die weitere, durch Tatsachen belegte Begründung der Personalvertretung zugegangen ist. Werden allerdings der Personalvertretung (bewusst oder unbewusst) entscheidungserhebliche Tatsachen oder rechtliche Erwägungen vorenthalten, dann wird die Erklärungsfrist (§ 69 Abs. 2 Satz 3) erst gar nicht in Gang gesetzt. Ähnlich verhält es sich im Stufenverfahren, wenn der (erstzuständige) Dienststellenleiter der nächsthöheren Instanz weitere Tatsachen oder Rechtserwägungen mitteilt. In diesem Fall ist die Sache dem nachgeordneten Dienststellenleiter zur erneuten Einleitung des Mitbestimmungsverfahrens zurückzugeben; denn unter den dargestellten Umständen hatte die (erstzuständige) Personalvertretung bisher keine Gelegenheit, sich mit den tatsächlichen Gegebenheiten anhand aller vorhandenen Informationen zu befassen (Schnellenbach, PersV 1991, 289). Wenn das Mitbestimmungsverfahren vom Dienststellenleiter ordnungsgemäß eingeleitet wurde, es aber nicht zu einer Einigung mit der zuständigen Personalvertretung gekommen ist, dann kann im anschließenden Stufenverfahren die nächsthöhere Dienststelle selbstverständlich neue Erwägungen anstellen. Sie nämlich muss in eigener Zuständigkeit prüfen, ob die Überlegungen des (nachgeordneten) Dienststellenleiters zutreffend sind und ob das Verfahren unter Einschaltung der Stufenvertretung weiterverfolgt oder aber eingestellt werden sollte. Gleiches gilt im Übrigen für das Verfahren der (letztinstanzlichen) obersten Dienstbehörde. Umgekehrt kann eine Personalvertretung nur innerhalb der Erklärungsfrist Tatsachen und rechtliche Erwägungen „nachschieben"; denn die Erklärungsfrist ist eine Ausschlussfrist, an die beide Partner gebunden sind und die sie nicht einseitig oder einvernehmlich abkürzen oder verlängern können (vgl. § 69 Anm. 11). Nach Ablauf der Erklärungsfrist kann daher eine Personalvertretung weder Tatsachen noch rechtliche Erwägungen „nachschieben". Nur dann, wenn das Verfahren in die nächsthöhere Stufe gelangt ist, kann die (erstzuständige) Personalvertretung der Stufenvertretung gegenüber Tatsachen und rechtliche Erwägungen nachschieben. Es steht in deren Ermessen, ob sie diese Tatsachen und rechtlichen Erwägungen in ihrer Stellungnahme gegenüber der Dienststelle, bei der sie gebildet ist, verwendet (vgl. ähnlich auch: Schnellenbach, aaO).

b) **Da** die **Schwerbehindertenvertretung** ein eigenständiges Organ der Dienststelle ist (§§ 94, 95 SGB IX), hat sie einen **Unterrichtungsanspruch** über vorliegende Bewerbungen von schwerbehinderten Menschen (vgl. § 81 Abs. 1 Satz 4 SGB IX). Ein Dienststellenleiter genügt daher seiner Unterrichtungspflicht gegenüber der Schwerbehindertenvertretung dann nicht, wenn er die Personalvertretungen über vorliegende Bewerbungen informiert. Für den Empfang von Mitteilungen, die für die Schwerbehindertenvertretung bestimmt sind, ist ausschließlich diese Vertretung zuständig (LAG Hamm v. 16. 12. 2005 – 15 Sa 1698/05, n.v.) **35b**

2. Nach Abs. 2 Satz 1 und 2 ist „die Personalvertretung . . . zur Durchführung ihrer Aufgaben rechtzeitig und **umfassend zu unterrichten**. Ihr sind die hierfür erforderlichen Unterlagen vorzulegen". Daraus ergibt sich kein von den Aufgaben der Personalvertretung losgelöster umfassender Informationsanspruch. Vielmehr setzt dieser Satz voraus, „dass die Personalvertretung mindestens eine Aufgabe zu erfüllen hat, deren Erfüllung es erfordert, sie über einen bestimmten Sachverhalt zu unterrichten" (BVerwG v. 29. 8. 1990, Leits. ZBR 1991, 58 = PersV 1991, 78 = ZfPR 1990, 175; BVerwG v. 20. 3. 2002, PersV 2002, 405 = ZfPR 2002, 229). Der Informationsanspruch muss also auf einen bestimmten Anlass und auf eine konkrete, aus der gesetzlichen Aufgabenstellung der Personalvertretung sich ergebende Aufgabe bezogen sein(Richardi u. a., § 68 Anm. 55). Wenn auch einer Personalvertretung nicht die Überwachung der Aufgabenerfüllung und des inneren Betriebs einer Dienststelle allgemein und unabhängig von den ihr zugewiesenen Aufgaben obliegt, so erschöpft sich ihr Tätigwerden jedoch „nicht darin, den ihr zugestandenen rechtlichen oder tatsächlichen Einfluss in sachlich abgrenzbaren Zusammenhängen oder gar nur in Einzelfällen zur Geltung zu bringen" (BVerwG v. 22. 4. 1998, Leits. ZBR 1998, 433 = PersV 1999, 23 = ZfPR 1999, 10; OVG Münster v. 4. 11. 2005, PersV 2006, 379). Vielmehr hat sie vorrangig darauf zu achten, dass alle Beschäftigten unter Berücksichtigung ihrer gemeinsamen rechtlichen und sozialen Belange ebenso wie Gruppen von ihnen und auch der Einzelne nach Recht und Billigkeit behandelt werden. Dies ergibt sich bereits aus dem Grundsatz der vertrauensvollen Zusammenarbeit (§ 2). Infolgedessen bedarf die Personalvertretung über Einzelinformationen hinaus eines Überblicks über alle diese Interessen berührenden Fakten und Vorhaben; andernfalls kann sie eventuellen Rechtsverstößen und Unbilligkeiten nicht „bereits im Vorfeld entgegenwirken" (BVerwG v. 22. 4. 1998, aaO). **Umfassend ist die Unterrichtung** der Personalvertretung im Rahmen von Beteiligungsangelegenheiten durch den Dienststellenleiter daher nur dann, **wenn** ihr das **Entscheidungsmaterial in derselben Vollstän-** **36**

digkeit zugänglich (vgl. Anm. 41) gemacht wird, in der es dem Dienststellenleiter bei seiner Meinungsbildung zur Verfügung gestanden hat (OVG Lüneburg v. 24. 2. 1993, PersR 1993, 460; OVG Greifswald v. 6. 4. 2006 – 8 L 300/04, n. v.; OVG Saarlouis v. 2. 9. 2005, PersR 2006, 392; Altvater u. a., § 68 Anm. 14 a; Mayer, PersV 1978, 28; Stupka, PersV 1987, 278). Die Personalvertretung hat Anspruch auf alle Auskünfte und Unterlagen, die sie aus ihrer Sicht nach pflichtgemäßem Ermessen für erforderlich halten darf (BVerwG v. 20. 6. 2005, Pers V 2005, 388 = ZfPR 2007, 2; vgl. auch Gronimus, PersV 2005, 377). In beteiligungspflichtigen Angelegenheiten ist die Unterrichtung daher nur dann umfassend, wenn der Personalvertretung eine sachgerechte Beurteilung der jeweiligen Maßnahme und des ihr zugrunde liegenden Sachverhalts möglich ist (BVerwG v. 20. 6. 2005, aaO). Die Unterlagen müssen sich auf konkrete Aufgaben der Personalvertretung beziehen. Infolgedessen unterfallen solche Unterlagen nicht der Vorlagepflicht, die generell und losgelöst von einem bestimmten und konkreten Anlass der Dienststelle unterbreitet worden sind (z. B. Vorschläge von Sicherheitsbeauftragten und Sicherheitskräften, OVG Münster v. 22.5. 1996, Leits. ZBR 1996, 350 = PersV 1998, 517). Unabhängig von dieser Einschränkung aber muss sich eine Personalvertretung in dem selben Informationsstand („identischer Informationsstand“, BVerwG v. 26. 1. 1994, BVerwGE 95, 73 = PersV 1994, 539 = ZfPR 1994, 76; vgl. auch Fischer u. a., § 68 Anm. 28) wie der Dienststellenleiter befinden. Nur unter dieser Voraussetzung „ist die für eine tatsächlich wirksame Personalratsarbeit unerlässliche geistige Waffengleichheit gewährleistet“; andernfalls nämlich wäre die Interessenvertretung der Beschäftigten zu einer sachlichen Auseinandersetzung mit dem Dienststellenleiter nicht in der Lage, sie müßte sich auf allgemeine Hinweise und Einwendungen beschränken, ohne die notwendige umfassende Kenntnis von dem zu prüfenden Sachverhalt zu besitzen (OVG Koblenz v. 16. 9. 1986, PersR 1987, 174). Nur die umfassende Unterrichtung entspricht im Übrigen auch dem Gebot der vertrauensvollen Zusammenarbeit und dem Postulat der Partnerschaft (VGH München v. 2. 6. 1972 – Nr. 6 IX 70, PersV 1972, 338; OVG Münster v. 7. 12. 1978, Leits. ZBR 1980, 132; Ilbertz, ZfPR 1989, 147). Sie nur ermöglicht es der Personalvertretung, sich auch in komplexen und nur schwer überschaubaren Angelegenheiten ein vollständiges Bild von dem zugrundeliegenden Sachverhalt zu machen und daher in der Lage zu sein, sachkundig und sachgerecht mitentscheiden zu können (Kruse, PersR 1993, 64, 68). Deshalb hat die **Unterrichtung der Personalvertretung so umfassend zu sein,** dass sie **alle entscheidenden Gesichtspunkte** kennt, um ihr Mitbestimmungsrecht sachgerecht ausüben und ihrer Überwachungspflicht gerade in Konfliktfällen nachkommen zu können. Daher ist die Personalvertretung mit allen Erwägungen und ggf. Unterlagen vertraut zu machen, die der Leiter der Dienststelle seinem Meinungsbildungsprozess zugrunde gelegt hat (BVerwG v. 29.8. 1975, BVerwGE 49, 144 = ZBR 1976, 124 = PersV 1976, 385; BVerwG v. 27. 11. 1991, Leits. ZBR 1992, 251 = PersV 1992, 228). Nur wenn die Personalvertretung den wesentlichen Sachverhalt und die für den Dienststellenleiter maßgebenden Gründe kennt, ist sie in der Lage, die Angelegenheit sachverständig zu beraten (OVG Münster v. 21. 3. 1991, ZfPR 1991, 112) und sich über die Erteilung oder Versagung der beantragten Zustimmung schlüssig zu werden (Schnellenbach, PersV 1991, 289; vgl. vor allem auch: BVerwG v. 8. 11. 1989, BVerwGE 84, 59 = PersV 1990, 342 = ZfPR 1990, 86). Daher muss die Unterrichtung so umfassend erfolgen, dass die Personalvertretung alle entscheidenden Gesichtspunkte kennt, die für die Ausübung des Mitbestimmungsrechts von Bedeutung sein können (BVerwG v. 10. 8. 1987, aaO). Sinn dieser umfassenden Unterrichtungspflicht ist es sicherzustellen, dass die Personalvertretung eine sachverständige und alle maßgeblichen Tatsachen berücksichtigende Entscheidung treffen kann. Daneben soll vermieden werden, dass aufgrund unzureichender Kenntnisse der Sachlage die Zustimmung verweigert und die nächsthöhere Dienststelle mit deren zuständiger Personalvertretung mit der Weiterführung des Verfahrens belastet wird (VG Freiburg v. 3. 6. 2004, ZfPR 2005, 39; vgl. Anm. 34).

a) Im Übrigen ist eine Personalvertretung nur dann als gleichberechtigte Partnerin im Beteiligungsverfahren anzusehen, wenn sie auch über – im Wesentlichen – **gleiche Kenntnisse wie der Dienststellenleiter** verfügt (Lorenzen u. a., § 68 Anm. 39b). Hierzu stehen die Ausführungen des Bundesverwaltungsgerichts (BVerwG v. 11. 2. 1981, BVerwGE 61, 325 = ZBR 1981, 381 = PersV 1981, 320 m. Anm. v. Widmaier) nicht in Widerspruch, wonach der Personalvertretung kein allumfassendes Informationsrecht zusteht und sie „nicht die Vorlage aller Unterlagen verlangen kann, um dadurch eine allgemeine Kontrolle der Tätigkeit der Dienststelle vorzunehmen". Zutreffend nämlich ist, dass die Erforderlichkeit der Vorlage der Unterlagen sich aus einer bestimmten und konkreten Aufgabe der Personalvertretung ergeben muss, „die ohne die Vorlage dieser Unterlagen nicht oder nur unvollkommen wahrgenommen werden könnte" (BVerwG v. 11. 2. 1981, aaO). Insgesamt muss daher eine Personalvertretung so umfassend und rechtzeitig informiert sein, dass sie die ihr obliegenden Aufgaben erfüllen und ihre Beteiligungsrechte jederzeit und uneingeschränkt sachgerecht wahrnehmen kann (BVerwG v. 26.1. 1994, BVerwGE 95, 73 = PersV 1994, 539 = ZfPR 1994, 539; BVerwG v. 9. 10. 1996, Leits. ZBR 1997, 100 = PersV 1997, 171 = ZfPR 1997, 12; BVerwG v. 22. 4. 1998, Leits. ZBR 1998, 433 = PersV 1999, 23 = ZfPR 1999, 10; BVerwG v. 23. 1. 2002, Leits. ZBR 2002, 144 = PersV 2003, 153 = ZfPR 2002, 73; BVerwG v. 20. 6. 2005, PersV 2005, 388 = ZfPR 2007, 2; BVerwG v. 24. 2. 2006, PersV 2006, 217 = ZfPR 2006, 68 = PersR 2006, 255.). Hinzuweisen ist darauf, dass die Verpflichtung eines Dienststellenleiters zur Unterrichtung der Personalvertretung vom Umfang her deckungsgleich mit deren Informationsanspruch ist, es sei denn, dass sich aus dem konkreten Fall Besonderheiten ergeben (für den Fall einer verhaltensbedingten Kündigung: BVerwG v. 9.10. 1996, aaO). Im Rahmen der Anordnung von Mehrarbeit sind daher von seiten des Dienststellenleiters Angaben darüber zu machen, an welchen Tagen und zu welchen Tageszeiten wie viel Mehrarbeit zu leisten ist (VGH Kassel v. 27. 11. 1991, Leits. ZBR 1992, 287). **36a**

b) Zu den **notwendigen** rechtlichen und tatsächlichen **Grundlagen** für eine sachgerechte, dem allgemeinen Vertretungsauftrag entsprechende Entscheidung gehören somit alle Unterlagen, die auch der Dienststelle selbst bei ihrer Meinungsbildung zur Verfügung gestanden haben; denn wenn die Dienststelle es für erforderlich gehalten hat, bestimmte Unterlagen beizuziehen, dann hat sie damit dokumentiert, dass sie diese Unterlagen – wenn im Einzelfall auch unterschiedlich – für bedeutsam hält. Würde sie nun nach ihren eigenen Vorstellungen nur die Unterlagen an die Personalvertretung weitergeben, die sie nach ihrer subjektiven Einschätzung für die Meinungsbildung der Personalvertretung für erforderlich hält, dann wäre nicht gewährleistet, dass die Personalvertretung in jedem Fall entsprechend ihrer Aufgabenstellung sachgerecht anhand der ihr überlassenen Unterlagen entscheiden könnte. Dabei geht es nicht darum, gegenüber der Dienststelle anhand von Unterlagen als Kontrollinstanz tätig zu werden, sondern ausschließlich darum, als gleichberechtigter Partner eines Beteiligungsverfahrens aufgrund des gleichen Informationsstandes eine bestimmte Angelegenheit beurteilen und den Entscheidungsprozess des Dienststellenleiters nachvollziehen zu können sowie darum, in der Lage zu sein, über strittige Einzelpunkte eine **36b**

Erörterung mit dem anderen Partner zu führen. Insoweit können die Hinweise des Bundesverwaltungsgerichts (BVerwG v. 11. 2. 1981, BVerwGE 61, 325 = ZBR 1981, 381 = PersV 1981, 320 m. Anm. v. Widmaier) nur dahingehend interpretiert werden, dass die Dienststelle verpflichtet ist, der Personalvertretung alle Unterlagen zur Verfügung zu stellen, deren sie sich bei der konkreten Meinungsbildung tatsächlich bedient hat. Daher sind einer Personalvertretung auch Unterlagen vorzulegen, „in denen vorhandene Erkenntnisse oder eingeholte Auskünfte zur Eignung, Befähigung und fachlichen Leistung der Bewerber zusammengestellt und abgewogen werden", sofern der Personalvertretung diese Informationen nicht auf andere Weise zugänglich sind (BVerwG v. 26. 1. 1994, BVerwGE 95, 73 = PersV 1994, 539 = ZfPR 1994, 76; BVerwG v. 22. 4. 1998, Leits. ZBR 1998, 433 = PersV 1999, 23 = ZfPR 1999, 10; BVerwG v. 23. 1. 2002, Leits. ZBR 2002, 144 = PersV 2003, 153 = ZfPR 2002, 73; BVerwG v. 24. 2. 2006, PersV 2006, 217 = ZfPR 1 2006, 68 = PersR 2006, 255). Generell ist entscheidend, was aus Sicht einer verständig handelnden Personalvertretung für notwendig gehalten werden darf. Daher sind ihr auch – mit Ausnahme von persönlichen Notizen – Zusammenstellungen von Daten, die die Dienststelle ohne Verpflichtung aus eigener Initiative gefertigt hat, zugänglich zu machen. Solche Unterlagen sind lediglich Teile einer Sachakte, so dass z. B. vorgelegt werden müssen: aktenmäßige Zusammenfassung von Bewerbungsunterlagen (BVerwG v. 8. 11. 1957, BVerwGE 5, 344 = ZBR 1958, 146 = PersV 1958/59, 25), Vorschläge einer Auswahlkommission aufgrund von Auswertungen vorangegangener Vorstellungsgespräche (BVerwG v. 6. 12. 1978, BVerwGE 57, 151 = ZBR 1979, 240 = PersV 1979, 50), Stellungnahmen, Berichte und Verfügungen. Insgesamt ist im Zusammenhang mit der Diskussion um den Umfang der Unterrichtungspflicht des Dienststellenleiters zu berücksichtigen, dass die Rechtsprechung nicht gerade geringe Anforderungen an die wirksame Versagung der Zustimmung zu beabsichtigten Maßnahmen stellt. Insoweit also müssen „die Anforderungen an die Informations- und Argumentationsdichte" in Relation zu diesen Anforderungen gesehen werden (Schnellenbach, PersV 1991, 289).

36c c) Die **Unterrichtungspflicht** gilt – ebenso wie die Pflicht zur Vorlage von Unterlagen – nicht nur **für** personelle, sondern auch für **organisatorische Maßnahmen.** Eine entsprechende Pflicht, über beide Maßnahmen zu unterrichten, ist auch dann gegeben, wenn ein Beteiligungsrecht nicht besteht, da eine Personalvertretung in der Lage sein muss zu prüfen, welche (eventuell beteiligungspflichtigen) personellen Maßnahmen die Folge organisatorischer Veränderungen sein können. Daher muss im Zusammenhang mit einer beabsichtigten Privatisierung die zuständige Personalvertretung über den Zeitpunkt bzw. den geplanten Zeitpunkt für den Übergang, über den Grund für den Übergang, über die rechtlichen, wirtschaftlichen und sozialen Folgen des Übergangs für die Beschäftigten und über eventuell in Aussicht genommene Maßnahmen in Bezug auf die Beschäftigten informiert werden (vgl. Gemeinsame Richtlinie 2002/14/EG zur Festlegung eines allgemeinen Rahmens für die Unterrichtung und Anhörung der Arbeitnehmer in der Europäischen Gemeinschaft, Amtsbl. Nr. L 080 v. 23. 3. 2002, S. 29; vgl. auch Rdschr. v. 15. 7. 2005 des BMI – D I 3 – 121 000/0 sowie Vogelgesang, PersV 2006, 364; vgl. auch Richtlinie 201/23/EG v. 12. 3. 2001, ABL 82/16; Vogelgesang, PersV 2004, 4; Küpper/Twardy, ZfPR 2008, 52). Auf dieser Rechtsgrundlage steht einer Personalvertretung auch ein Konsultationsanspruch dann zu, wenn eine Privatisierung beabsichtigt ist (Widmaier, ZfPR 2001, 122). Ziel der Konsultation soll eine konstruktive, einvernehmliche Regelung der Privatisierungsmaßnahme entweder durch den Abschluss einer verbindlichen Vereinbarung oder aber durch den vollständigen Verzicht auf die Umsetzung sein (Widmaier, aaO). Allerdings besteht kein Anspruch einer Personalvertretung auf Abschluss einer entsprechenden Vereinbarung (Thannheiser, PersR 2006, 5; Krenz, PersR 2007, 370).

d) Der Personalvertretung steht kein **Teilnahmerecht an Vorstellungsgesprächen** der Dienststelle mit Bewerbern zu, wenngleich es sich in der Praxis empfiehlt, der Personalvertretung diese Möglichkeit einzuräumen, um sie frühzeitig in den Entscheidungsprozess miteinzubeziehen. Ein Teilnahmerecht der Personalvertretung scheitert daran, dass Vorstellungsgespräche **noch kein Beginn der Einstellung** gem. § 75 Abs. 1 Nr. 1, § 76 Abs. 1 Nr. 1 sind, sondern diese erst vorbereiten. Erst wenn der für die Einstellung zuständige Dienststellenleiter sich entschlossen hat, einen oder mehrere bestimmte Bewerber einzustellen, wird die Mitbestimmung der Personalvertretung ausgelöst. Das ergibt sich aus § 69 Abs. 2 Satz 1, der das Mitbestimmungsverfahren regelt. Danach unterrichtet der Leiter der Dienststelle die Personalvertretung von der beabsichtigten Maßnahme und beantragt deren Zustimmung. Beabsichtigt ist eine Maßnahme aber erst dann, wenn der Willensbildungsprozess darüber, welcher Bewerber oder wer von den Bewerbern eingestellt werden soll, abgeschlossen ist. Die Auswahl unter den Stellenbewerbern ist allein Sache des Dienststellenleiters (so auch für das BetrVG: BAG v. 18. 7. 1978, DB 1978, 2320). An diesem Willensbildungsprozess ist die Personalvertretung nicht beteiligt (BVerwG v. 6. 12. 1978, BVerwGE 57, 151 = ZBR 1979, 240 = PersV 1979, 504; vgl. auch BVerwG v. 2. 6. 1993 – 6 P 23.91, BVerwGE 92, 295 = Leits. ZBR 1993, 382 = PersV 1994, 82 = Leits. ZfPR 1994, 16; BVerwG v. 15. 12. 1995, Buchholz 251.8 § 122 LPersVG Rh-Pf Nr. 1).Wenn es allerdings ein Dienststellenleiter einer Personalvertretung anheimstellt, an Vorstellungs- bzw. Einstellungsgesprächen teilzunehmen, dann obliegt es ihr, nach pflichtgemäßem Ermessen darüber zu entscheiden, ob sie ein Personalratsmitglied zur Teilnahme entsenden will (OVG Hamburg v. 2.12. 1994, ZfPR 1995, 10). In jedem Fall ist ein Dienststellenleiter aber verpflichtet, die Eindrücke eines Vorstellungsgesprächs bzw. die Vorschläge einer Auswahlkommission der Personalvertretung zuzuleiten (BVerwG v. 6.12. 1978, aaO; vgl. auch Fischer u. a., § 68 Anm. 29 a; Lorenzen u. a., § 68 Anm. 41). 37

e) Bei personellen Maßnahmen, die auf einer **Auswahlentscheidung** des Dienstherrn zwischen mehreren Bewerbern oder Beschäftigten beruhen, ist die Personalvertretung nicht nur über den ausgewählten Bewerber oder Beschäftigten zu unterrichten. Vielmehr erstreckt sich die Unterrichtungspflicht auch auf die fachlichen und persönlichen Verhältnisse der nicht berücksichtigten Mitbewerber oder der nicht ausgewählten anderen Beschäftigten, darüber hinaus auch auf Aufzeichnungen über die mit Bewerbern geführten Vorstellungsgespräche (BVerwG v. 10. 8. 1987, BVerwGE 78, 65 = ZBR 1988, 258 = PersV 1988, 357; OVG Lüneburg v. 19. 7. 1989, PersR 1990, 264; VGH München v. 24. 4. 1991, Leits. PersR 1992, 80). Ein Dienststellenleiter ist daher verpflichtet, diejenigen Gesichtspunkte gegenüber der Personalvertretung (und dem unterlegenen Bewerber, LAG Thüringen v. 15. 1. 1997, Leits. ZfPR 1998, 17) zu erwähnen, die ihn zu der Maßnahme veranlasst haben; denn die Personalratsmitglieder müssen aufgrund der Unterrichtung Aufschluss darüber erlangen, ob die vom Gesetz vorgesehenen Zustimmungsverweigerungsgründe vorliegen oder nicht (VGH Mannheim v. 24. 6. 1997, ZfPR 1997, 184, z. B. beruflicher Werdegang, Datum, Art und Note der Laufbahnprüfungen, Datum und Noten aller bisherigen dienstlichen Beurteilungen, Datum, Note und Gesamturteil der 38

Anlassbeurteilung, Fachkenntnisse, Persönlichkeitsbild und verwaltungsspezifische Aufgaben des Dienstpostens, VGH München v. 11.9.1991, Leits. PersR 1992, 270). Die Personalvertretung muss erkennen können, von welchen Gesichtspunkten die Dienststelle bei der Ausübung ihres Auswahlermessens ausgegangen ist. Daher muss deutlich werden, welche Abwägungen der Dienststellenleiter im Einzelnen vorgenommen und welchen Gesichtspunkten er Vorrang eingeräumt hat (OVG Lüneburg v. 24.2.1993, PersR 1994, 30). Nur wenn die Personalvertretung die entsprechenden Informationen erhält, kann sie der ihr obliegenden Überwachungspflicht sachgerecht nachkommen (BVerwG v. 10.8.1987, aaO). Das Bundesverwaltungsgericht (BVerwG v. 11.2.1981, BVerwGE 61, 325 = ZBR 1981, 381 = PersV 1981, 320 m. Anm. v. Widmaier) hat betont, dass die Personalvertretung Gelegenheit haben müsse zu prüfen, ob die Dienststelle evtl. gegen ein Gesetz, eine Verordnung, eine Bestimmung in einem Tarifvertrag, eine gerichtliche Entscheidung oder gegen eine Verwaltungsanordnung oder gegen eine Richtlinie i. S. des § 76 Abs. 2 Nr. 8 verstoßen habe (§ 77 Abs. 2 Nr. 1). Nicht „umfassend" ist z. B. die Information durch die Dienststelle, wenn der Personalvertretung bei Vorhandensein mehrerer Bewerber um eine Einstellung oder um eine Zuteilung eines Dienstpostens nur die Daten der von der Dienststelle in Betracht gezogenen, nicht aber Angaben über die vorab von ihr ausgeschiedenen Bewerber gemacht werden. Die Personalvertretung muss in der Lage sein, die vom Dienststellenleiter getroffene Auswahlentscheidung nachzuvollziehen. Wenn ein höherwertiger Dienstposten zu besetzen ist, muss die Dienststelle in aller Regel hierfür ein spezifisches Anforderungsprofil festlegen, soweit ein solches nicht schon durch Gesetz, Verordnung oder Verwaltungsvorschrift vorgegeben ist. Eignung und Leistung der Bewerber müssen im Hinblick auf das spezifische Anforderungsprofil des zu besetzenden Dienstpostens miteinander verglichen werden. Nach Feststellung der insoweit bedeutsamen Tatsachen ist eine wertende Abwägung und Zuordnung unter Berücksichtigung des bedeutsamen Inhalts der Personalakten einschließlich der aktuellen Beurteilung vorzunehmen, die Personalvertretung ist entsprechend zu informieren (vgl. hierzu: VGH Kassel v. 26.10.1993 – 1 TG 1585/93, n. v.). Daher sind einer Personalvertretung gerade in Zusammenhang mit personellen Angelegenheiten „alle die Informationen und Unterlagen vorzulegen, die sie als für die Prüfung der Frage bedeutsam halten darf, ob ein Versagungsgrund vorliegen könnte" (BVerwG v. 26.1.1994, BVerwGE 95, 73 = PersV 1994, 539 = ZfPR 1994, 76; BVerwG v. 22.4.1998, Leits. ZBR 1998, 433 = PersV 1999, 23 = ZfPR 1999, 10; BVerwG v. 23.1.2002, Leits. ZBR 2002, 144 = PersV 2003, 153 = ZfPR 2002, 73). Da der Personalvertretung der gesetzliche Auftrag übertragen worden ist, darauf zu achten, dass alle Beschäftigten nach Recht und Billigkeit behandelt werden, benötigt sie über Einzelinformationen hinaus „daher Kenntnisse über alle Fakten und Vorhaben, die diese Belange berühren, um Rechtsverstößen und Unbilligkeiten bereits im Vorfeld entgegenwirken zu können" (BVerwG v. 24.2.2006, PersV 2006, 217 = ZfPR 2006, 68 = PersR 2006, 255; vgl. auch Anm. 2 ff.; 36) Andernfalls nämlich könnte eine Personalvertretung den Entscheidungsprozess der Verwaltung in den bedeutsamen Fällen eines Auswahlverfahrens nicht nachvollziehen. Gerade im Zusammenhang mit Auswahlverfahren darf nicht übersehen werden, dass der Personalvertretung die Unterlagen über alle in Betracht kommenden Personen vorzulegen sind (vgl. BT-Drucks. 7/176, zu § 68 S. 33). Die Personalvertretung muss alle Kriterien kennen, die einen Dienststellenleiter zu der von ihm beabsichtigten Auswahl veranlasst haben.

f) Zur Sicherstellung der Transparenz des Auswahlverfahrens sind Dienststellenleiter verpflichtet, vor der Auswahlentscheidung ein **Anforderungsprofil** für die zu besetzende Stelle festzulegen. Die Leistungsbewertungen und die wesentlichen Auswahlerwägungen sind in einer schriftlichen Dokumentation niederzulegen, um zu gewährleisten, dass die jeweils zuständige Stelle alle wesentlichen Entscheidungsgrundlagen erfährt. Zeitnah zur Auswahlentscheidung ist ein Leistungsvergleich zwischen den Bewerbern zu erstellen. 38a

g) Daher müssen der Personalvertretung alle **auswahlerheblichen** Aspekte mitgeteilt und Auskünfte aus den dienstlichen Beurteilungen durch Einblick in schriftliche Unterlagen gegeben werden. Eventuell kann eine Personalvertretung die Zustimmung zu einer personellen Maßnahme mit der Begründung verweigern, die Auswahlentscheidung sei nicht schlüssig dargelegt worden (OVG Münster v. 4. 3. 1994, PersV 1996, 412). Der Personalvertretung muss Gelegenheit gegeben werden, Bevorzugungen und Benachteiligungen unter den Bewerbern mit Hilfe des Mitbestimmungsrechts auszuschalten. Sie muss in der Lage sein, auf der Grundlage von Informationen und Unterlagen den **Entscheidungsprozess der Verwaltung nachzuvollziehen** (VGH Mannheim v. 24. 6. 1997, ZfPR 1997, 184). Sie wäre sonst außerstande, sich eine Meinung zu bilden und könnte die ihr gesetzlich übertragenen Aufgaben nicht wahrnehmen. Auf diese Weise würde die Personalvertretung „zum reinen Akklamationsorgan“ degradiert (Kunze, PersV 1979, 271). Sie kann daher hinsichtlich des Zugangs zu Informationen grundsätzlich nicht schlechter gestellt werden als die Dienststelle selbst (vgl. Anm. v. Widmaier zu BVerwG v. 11. 2. 1981, BVerwGE 61, 325 = ZBR 1981, 381 = PersV 1981, 320 sowie im Übrigen auch als Beispiel für eine landesgesetzliche Regelung: § 68 Abs. 2 Satz 2 ThürPersVG: „Ihr sind die Unterlagen vorzulegen, die die Dienststelle zur Vorbereitung der von ihr beabsichtigten Maßnahmen beigezogen hat“). Infolgedessen kann die Verpflichtung des Dienststellenleiters zur Vorlage sämtlicher Bewerbungsunterlagen (Bewerbung, Lebenslauf, Zeugnisse, OVG Münster v. 16. 11. 1978, ZBR 1980, 131 = PersV 1980, 280; Eignungsgutachten, Bewerberlisten, OVG Münster v. 8. 11. 1988 – CL 41/86, n. v.) auch nicht von der Zahl der Bewerbungen abhängig gemacht werden, was Widmaier (Anm. zu BVerwG v. 11. 2. 1981 aaO) allerdings für den Fall befürwortet, dass es sich um aussichtslose Bewerber handelt. In diesen Fällen muss vielmehr zwischen Dienststelle und Personalvertretung ein Verfahren vereinbart werden, das praktikabel ist und z. B. den Vorstand der Personalvertretung rechtzeitig in die Überlegungen der Dienststelle einbezieht. Im Wesentlichen werden sich Prüfungsrecht und Prüfungspflicht der Personalvertretung auf die Frage beziehen, ob die Einstellungsbehörde bei ihrer Entscheidung andere Bewerber **aus unsachlichen Gründen benachteiligt** hat (Wahlers, PersV 1986, 393 unter Hinweis auf BVerwG v. 11. 2. 1981, aaO). Die Personalvertretung hat allerdings keinen Anspruch auf Vorlage von Bewerbungsunterlagen, wenn der Leiter der Dienststelle nach Prüfung dieser Bewerbungsunterlagen zu dem Schluss gekommen ist, dass keiner der Bewerber für die Besetzung einer freien Stelle in Betracht kommt. Dies ergibt sich schon daraus, dass nach § 69 Abs. 2 Satz 1 die Personalvertretung nur an „beabsichtigten Maßnahmen“ zu beteiligen ist. Solange der Leiter einer Dienststelle prüft, ob er eine bestimmte Maßnahme (Einstellungsmaßnahme bezogen auf einen bestimmten Bewerber) überhaupt treffen soll, ist eine konkrete Maßnahme noch nicht beabsichtigt mit der Folge, dass der Personalvertretung keine Bewerbungsunterlagen vorzulegen sind (vgl. hierzu BVerwG v. 30. 11. 1982, PersV 1983, 411; BVerwG v. 10. 1. 1983, ZBR 1983, 131, 308 = PersV 1983, 507 sowie § 69 Anm. 8). Eine andere Beurteilung ist auch dann nicht angezeigt, wenn 38b

Dienststellenleiter und Personalvertretung sich gemeinsam um qualifizierte Bewerber bemüht haben und nach Eingang verschiedener Bewerbungen nunmehr die Personalvertretung prüfen möchte, ob entgegen der Auffassung des Dienststellenleiters nicht doch einer der Bewerber qualifiziert genug ist. Gerade in diesem Fall dürfte es aber selbstverständlich sein, dass wegen der vorangegangenen gemeinsamen Bemühungen Dienststellenleiter und Personalvertretung im Wege der vertrauensvollen Zusammenarbeit eingehend die Situation besprechen, zumal in aller Regel die Nichtbesetzung einer freien Stelle zu einer Mehrbelastung einzelner Beschäftigter führt. Die hier angesprochene Situation wird insbesondere im Blick auf Teilzeitbeschäftigungsverhältnisse akut, wenn mit einem Beschäftigten eine Teilzeitbeschäftigung vereinbart worden ist und nunmehr die insoweit teilweise freigewordene Stelle besetzt werden muss. Wird diese Besetzung nämlich längere Zeit hinausgeschoben, werden andere Beschäftigte zusätzlich belastet bzw. von seiten der Dienststelle könnte derjenige, mit dem die Teilzeitbeschäftigung vereinbart worden ist, vor die Wahl gestellt werden, wieder in die Vollzeitbeschäftigung zurückzukehren oder aber die Beschäftigung dann ganz aufzugeben, wenn qualifizierte Bewerber für eine Ganztagsstelle vorhanden sind. Im Übrigen besteht die Pflicht zur Vorlage von Bewerbungsunterlagen ohne Rücksicht darauf, ob die zu besetzende Stelle ausgeschrieben worden ist oder nicht (BVerwG v. 12. 12. 1979, BVerwGE 59, 184 = PersV 1981, 287; Köpp, PersV 1980, 1).

38c h) Bei allen Entscheidungen, denen eine Auswahl zugrunde liegt, steht der Personalvertretung ein umfassendes Informationsrecht zu. Daher reicht es nicht aus, wenn der Dienststellenleiter die zuständige Personalvertretung lediglich darüber informiert, dass der von ihm ausgewählte Bewerber den gestellten Anforderungen genügt. Vielmehr muss die **Information mit einer Auswahlbegründung verbunden** werden, da die Personalvertretung in die Lage zu versetzen ist, beurteilen zu können, ob die getroffene Auswahlentscheidung sich tatsächlich im Rahmen des dem Dienststellenleiter zustehenden Beurteilungs- und Ermessensspielraums hält. Der Dienststellenleiter hat im Einzelnen auch darzulegen, wie er die für wesentlich gehaltenen Fähigkeiten, Fertigkeiten und Charaktereigenschaften der übrigen Bewerber einschätzt. Insbesondere ist die Personalvertretung über eine vergleichende Betrachtungsweise zwischen den ausgewählten und nicht berücksichtigten Bewerbern zu unterrichten. Der Werdegang aller Bewerber ist der Personalvertretung mit Daten mitzuteilen (OVG Saarlouis v. 2. 9. 2005, PersR 2006, 392 = ZfPR online 1/2007, S. 17).

39 i) Insbesondere in Personalangelegenheiten kann eine Personalvertretung nur sinnvoll entscheiden, wenn sie in genügendem Maße unterrichtet wird und wenn ihr Unterlagen vorgelegt werden, die auch die Dienststelle ihrerseits zur Meinungsbildung genutzt hat. Infolgedessen ist **Abs. 2 extensiv auszulegen** (LAG Köln v. 7. 3. 1989, PersV 1990, 70). Der Personalvertretung ist daher zu ermöglichen, „das Verwaltungshandeln der Dienststelle“ mitzugestalten. Je umfassender nämlich eine Personalvertretung über den ihrer Beteiligung unterliegenden Bereich vom Dienststellenleiter unterrichtet wird, um so nützlicher und reibungsloser wird sich die auf das Wohl der Beschäftigten und die Erfüllung der dienstlichen Aufgaben gerichtete vertrauensvolle Zusammenarbeit (§ 2) gestalten lassen (BVerwG v. 26. 2. 1960, BVerwGE 10, 196 = ZBR 1960, 128 = PersV 1960, 157). Dies setzt zwangsläufig einen gleichen Informationsstand voraus, damit die Personalvertretung auch ihrerseits zur Vermeidung von Konflikten und damit zur Erhaltung des Friedens in der Dienststelle beitragen kann (vgl. in diesem Zusammen-

hang: OVG Münster v. 23. 2. 1989, ZBR 1990, 152). Daher ist einer Personalvertretung auch mit der Vorlage von **Bewerbungsunterlagen** das jeweilige **amtsärztliche Gesundheitszeugnis** (vgl. in diesem Zusammenhang Anm. 43e) zur Kenntnis zu bringen (OVG Münster v. 16. 11. 1978, Leits. ZBR 1980, 131 = PersV 1980, 280; vgl. auch Anm. 2, 3, 36, 43)

3. Gegenüber der zwingenden Forderung des Gesetzes nach umfassender Unterrichtung **versagt der Hinweis auf technische Schwierigkeiten der Vervielfältigung** und auf einen „unangemessenen Verwaltungsaufwand" oder auf Fristendruck (BVerwG v. 8. 11. 1989, BVerwGE 84, 59 = PersV 1990, 342 = ZfPR 1990, 86; Lorenzen u. a., § 68 Anm. 44a); denn es ist „den Dienststellen und den Personalvertretungen überlassen, sich gemeinsam um die Überwindung auftretender Schwierigkeiten zu bemühen" (BVerwG v. 16. 10. 1964, BVerwGE 19, 325 = ZBR 1964, 377 = PersV 1965, 14), und es kommt „nicht auf bequeme und möglichst wenig Aufwand verursachende Lösungen an, sondern darauf, dass der vom Gesetz gewollte Zweck erfüllt wird: eine möglichst weitgehende Einschaltung der Personalvertretung zur Wahrnehmung der dienstlichen und sozialen Belange der Bediensteten" (BVerwG v. 5. 2. 1971, ZBR 1971, 285 = PersV 1971, 271). Wenn es einerseits auch der Grundsatz der vertrauensvollen Zusammenarbeit sowie der Umstand, dass die Personalvertretung die Grundsätze einer sparsamen Haushaltsführung zu beachten hat, gebieten, dass sie nicht die Erstellung von Unterlagen verlangen kann, die einen unverhältnismäßig hohen finanziellen Aufwand erfordern würde, so wäre es andererseits aber bedenklich, würde man den Leiter einer Dienststelle von seiner Unterrichtungspflicht gegenüber der Personalvertretung dann entbinden, wenn die Unterrichtung nur mit einem außergewöhnlich hohen Aufwand verbunden ist (so aber Kruse, PersR 1993, 68); denn im Interesse einer sachverständigen Mitarbeit darf eine Personalvertretung nicht aus fiskalischen Gesichtspunkten ohne ausreichende Informationen und Unterlagen bei ihrer Meinungsbildung sein (Kunze, ZfPR 2003, 248). In diesen Fällen wird man allenfalls abzuwägen haben, ob der Leiter der Dienststelle seiner Unterrichtungspflicht nicht auch durch eine zusammenfassende Darstellung der Informationen nachkommen kann, die der Personalvertretung eine sachgerechte Entscheidung ermöglichen. Im Übrigen besteht auch während der Dauer von Arbeitskampfmaßnahmen in einer Dienststelle die Unterrichtungspflicht des Dienststellenleiters gegenüber der Personalvertretung weiter; denn die Arbeitskampffreiheit des öffentlichen Arbeitgebers wird dadurch nicht eingeschränkt (vgl. für das BetrVG: BAG v. 10. 12. 2002, BB 2003, 1900 = DB 2003, 2073). 40

Der Begriff **„Vorlegen"** umfasst „grundsätzlich alle Varianten von der Einsichtnahme bis zur zeitweisen oder dauerhaften Überlassung" von Unterlagen (BVerwG v. 23. 1. 2002, Leits. ZBR 2002, 144 = PersV 2003, 153 = ZfPR 2002, 73) – und zwar unabhängig von einem entsprechenden Verlangen der Personalvertretung. Wie die Vorlagepflicht des Dienststellenleiters im Einzelfall auszugestalten ist, hängt vom Maßstab der Erforderlichkeit ab. Die „Versorgung mit schriftlichem Material" knüpft an das jeweilige Beteiligungsrecht an; die Vorlage von Unterlagen ist wesentlicher Bestandteil des Informationsanspruchs der Personalvertretung. Deshalb ist darauf abzustellen, wie eingehend und wie häufig sich eine Personalvertretung mit den betreffenden Unterlagen befassen muss. Infolgedessen kann die Gewährung von Einblick in die Unterlagen oder aber deren befristete oder dauerhafte Überlassung notwendig sein. Im Rahmen des Anhörungsrechts im Bereich einer Personalplanung (§ 78 Abs. 3 Satz 3) genügt die zeitweilige Überlassung einer Kopie der Personalbedarfsberechnung und des Stellenplans, um 41 der Personalvertretung ausreichend Gelegenheit zur Beratung anhand der Unterlagen zu geben. Die Unterlagen sind der Personalvertretung für einen angemessenen Zeitraum auszuhändigen, wobei sich die Frist im allgemeinen nach dem Zeitpunkt der Abgabe der Stellungnahme richtet. Geht es um die Überwachung des Gleichbehandlungsgebots (§ 67 Abs. 1 Satz 1, § 68 Abs. 1 Nr. 2), dann ist es ausreichend, der Personalvertretung die Möglichkeit zur Einsichtnahme in die entsprechenden Unterlagen zu geben und ihr gleichzeitig die Befugnis einzuräumen, sich zur eventuellen Aufdeckung von Unregelmäßigkeiten Notizen zu machen (BVerwG v. 27. 2. 1985, ZBR 1985, 173; BVerwG v. 22. 4. 1998, Leits. ZBR 1998, 433 = PersV 1999, 23 = ZfPR 1999, 10; vgl. auch BVerwG v. 22. 12. 1993, Leits. ZBR 1994, 189 = PersV 1994, 523 = ZfPR 1994, 41). In beteiligungspflichtigen personellen Angelegenheiten allerdings sind der Personalvertretung dauerhaft solche Unterlagen zu überlassen, die es ihr ermöglichen, die von der Dienststellenleitung vorgeschlagene Maßnahme daraufhin zu überprüfen, ob mit ihr nachteilige Folgen für andere Beschäftigte verbunden sind, ohne dass eine unterschiedliche Behandlung aus dienstlichen oder persönlichen Gründen gerechtfertigt ist (§ 77 Abs. 2 Nr. 2; vgl. für eine Personalbedarfsberechnung und für den Stellenplan: BVerwG v. 23. 1. 2002 aaO). Die Notwendigkeit zur dauerhaften Aushändigung von Unterlagen ergibt sich immer in Bezug auf solche personellen Maßnahmen, in deren Zusammenhang es Aufgabe der Personalvertretung ist, dem Grundsatz der Gleichbehandlung besonderes Augenmerk zu widmen und bei Aufdeckung von Unregelmäßigkeiten darauf hinzuwirken, dass der Dienststellenleiter Abhilfe schafft (vgl. zur Vorlage von Lohn- und Gehaltslisten: BVerwG v. 27. 2. 1985, ZBR 1985, 173). Würden die entsprechenden Unterlagen der Personalvertretung nicht dauerhaft ausgehändigt, dann würde ein Dienststellenleiter dem Grundsatz der gleichberechtigten vertrauensvollen Zusammenarbeit nicht Rechnung tragen (BVerwG v. 4. 9. 1990, Leits. ZBR 1991, 58 = PersV 1991, 83 = ZfPR 1990, 179). Seiner Verpflichtung zur Vorlage von Unterlagen kommt ein Dienststellenleiter schließlich unter den genannten Voraussetzungen dadurch nach, dass er diese Unterlagen dem Vorsitzenden bzw. dessen Stellvertreter aushändigt (BVerwG v. 23. 1. 2002, aaO). Wenn daher Unterlagen als „Basismaterial" für unterschiedliche beteiligungspflichtige Maßnahmen in Betracht kommen, also auch unabhangig von dem zu entscheidenden Fall, so genügt ein Dienststellenleiter grundsätzlich nur dann seiner Vorlagepflicht, wenn er diese Unterlagen der Personalvertretung dauerhaft in Kopie überlässt. Er darf nicht kleinlich verfahren und die Personalvertretung in die **Rolle eines Bittstellers** bringen (BVerwG v. 23. 1. 2002, aaO). Die demgegenüber geäußerte Kritik (Vogelgesang, ZTR 2003, 366, 373 und PersV 2005, 326, 336; vgl. auch Leuze, ZTR 2002, 558, 566), die eine Abkehr von der bisher vom BVerwG vertretenen Auffassung feststellen will, wonach der Personalvertretung kein von der (konkreten) Aufgabe losgelöster Informationsanspruch zustehe, verkennt, dass es viele personelle Angelegenheiten gibt, über die zu entscheiden nur möglich ist, **wenn der Interessenvertretung der Beschäftigten bestimmte Grundlageninformationen vorliegen.** Zu diesen Grundlageninformationen gehören nun einmal Personalbedarfsberechnungen und Stellenpläne, die im personalvertretungsrechtlichen Alltag immer wieder eine Rolle spielen und auf die eine Personalvertretung ohne Zeitverlust dann zurückgreifen muss, wenn wieder eine einschlägige personelle Maßnahme ansteht. Insoweit ist der Informationsanspruch daher auch nicht von der (konkreten) Aufgabe losgelöst. Im Übrigen wäre es wenig praktikabel, würde eine Personalvertretung nach Abschluss einer personellen Maßnahme die ihr überlassene Personalbedarfsberechnung und den Stellenplan dem Dienststellenleiter zurückreichen, um schon kurze Zeit danach wiederum dieselben Informationsgrundlagen für eine entsprechende Beschlussfassung anfordern zu müssen. Schließlich muss die wiederholt schon angesprochene enge Verbindung zwischen (konkreter) Aufgabe einerseits und Informationsanspruch andererseits dahin verstanden werden, dass eine Personalvertretung nicht losgelöst von einem konkreten Beteiligungsrecht die „Versorgung mit schriftlichem Material" (s. o.) verlangen kann, wohl aber darauf bestehen muss, für die Beratung und Beschlussfassung über eine konkrete beteiligungspflichtige Angelegenheit alle die Unterlagen zu erhalten, die auch dem Dienststellenleiter bei seiner Meinungsbildung zur Verfügung gestanden haben (einheitlicher Informationsstand von Dienststellenleiter und Personalvertretung).

5. Eine Entscheidung über das **Maß des Erforderlichen** im Einzelfall hat das Gesetz weder dem Dienststellenleiter gegenüber der Personalvertretung noch umgekehrt überlassen. Der Gesetzgeber hat sie selbst getroffen (vgl. Anm. 36). Erforderlich ist die Vorlage solcher Unterlagen, deren Kenntnis „im konkreten Falle eine Voraussetzung für die sinnvolle Ausübung des Mitwirkungsrechts darstellt und sich das Vorlagebegehren bereits aus der Mitwirkung selbst rechtfertigt" (BVerwG v. 21. 9. 1984, ZBR 1985, 58; BVerwG v. 22. 12. 1993, Leits. ZBR 1994, 189 = PersV 1994, 523 = ZfPR 1994, 41). Zum Zweck der „Mitkontrolle" muss es der Personalvertretung ermöglicht werden, alle diejenigen Erkenntnisse zu gewinnen, die in einem Zusammenhang mit dem Versagungskatalog des § 77 Abs. 2 stehen können (Becker, ZfPR 1996, 130, 134). Die Personalvertretung kann daher insgesamt die Vorlage der Unterlagen verlangen, die sie in die Lage versetzt, ihre Aufgaben nach dem Gesetz wahrzunehmen. Sie ist deshalb auch berechtigt, **zusätzliche Auskünfte** zu verlangen. Dabei muss sie darlegen, dass ihr Informationsbedürfnis noch nicht erfüllt ist. Hierfür muss sie Anhaltspunkte benennen; sie kann sich nicht auf abstrakte Kommentierungen der gesetzlichen Unterrichtungspflicht eines Dienststellenleiters beschränken. Ohne einzelfallbezogene Ausführungen kann die Personalvertretung nicht behaupten, über die beabsichtigte Maßnahme nicht hinreichend unterrichtet zu sein, (BVerwG v. 8. 1. 1989, BVerwGE 84, 71 = PersV 1990, 342 = ZfPR 1990, 86; BVerwG v. 29. 1. 1996, PersV 1996, 465 = ZfPR 1996, 122; Jobs-Rauschenberg, RDV 1990, 77). Dem Auskunftsverlangen kann der Leiter der Dienststelle nicht mit dem Hinweis begegnen, dass er die zur Durchführung der Maßnahmen zu berücksichtigenden Gesetze, Tarifverträge etc. beachtet habe und daher kein Grund für (weitere) Informationen bestehe. Schon allein ein solcher Hinweis würde die Grundlagen der vertrauensvollen Zusammenarbeit zerstören, weil dann jedes Verlangen nach Unterrichtung seitens der Personalvertretung gleichzeitig die Unterstellung einer Rechtsverletzung beinhalten würde (so im Ergebnis auch DietzRichardi, § 68 Anm. 42). Wenn ein Dienststellenleiter die Personalvertretung nicht oder nicht ausreichend unterrichtet, so stellt dies einen Mangel in der Einleitung des Mitbestimmungsverfahrens dar, der zur Unwirksamkeit der betreffenden Maßnahme führt (BAG v. 5. 2. 1981, DB 1982, 1171). 42

5a) Wenn sich auch die Personalvertretung wegen der von ihr für erforderlich gehaltenen Auskünfte und Informationen grundsätzlich stets an den Leiter der Dienststelle wenden muss (Dietz-Richardi, § 68 Anm. 43; Wahlers, PersV 1986, 393), so ist ihr zumindest bei einer von ihr nicht für umfassend gehaltenen Information das Recht zuzugestehen, sich über bestimmte Fragen tatsächlicher Art oder über solche, deren Beantwortung eine bestimmte Sachkunde voraussetzt, selbst zu informieren, um sachgerechte Beschlüsse fassen zu können (BVerwG v. 8. 11. 1989, BVerwGE 84, 71 = 42a

PersV 1990, 342 = ZfPR 1990, 86 m. Anm. v. Ilbertz; Fischer u. a., § 68 Anm. 29b; Lorenzen u. a., § 68 Anm. 40f). Sicherlich wird man das **Selbstinformationsrecht** (vgl. hierzu: Lorenzen u. a., § 68 Anm. 40 f.) der Personalvertretung in erster Linie auf die Anhörung sachkundiger Personen in den Fällen beschränken müssen, in denen der Personalvertretung selbst die notwendige Sachkunde fehlt. **Die Anhörung** solcher **sachverständiger Personen** soll gerade dazu dienen, den eigenen Kenntnis- und Wissensstand zu verbessern. Die Personalvertretung nämlich ist in Wahrnehmung ihrer Aufgaben nicht allein auf die Information durch den Dienststellenleiter angewiesen. Allerdings ist sie unter Beachtung des Gebots der vertrauensvollen Zusammenarbeit nur dann in aller Regel zu einer kostenverursachenden Beziehung von Sachverständigen berechtigt, wenn sie zu der Auffassung gelangt, dass die ihr von der Dienststelle gegebenen Auskünfte und Erläuterungen nicht ausreichend sind, um zu einer abschließenden Beurteilung der Sachlage kommen zu können (BVerwG, 8. 11. 1989, aaO; Fischer u. a., aaO; Jobs-Rauschenberg, RDV 1970, 77; vgl. auch Kunze, PersV 2007, 414).

42b 5b) Die von einer Personalmaßnahme i. S. des § 23 Abs. 1 Satz 1 SBG betroffenen Soldaten sind darüber zu in formieren, dass im konkreten Einzelfall auf Antrag das zuständige Beteiligungsorgan eingeschaltet werden kann (BVerwG v. 11. 1. 2007, PersR 2007, 249). In den nach dem BPersVG beteiligungspflichtigen Angelegenheiten ist es zulässig, diejenigen **Beschäftigten anzuhören,** deren Personalangelegenheiten behandelt werden sollen. Daher kann die Personalvertretung zu ihren Sitzungen auch Betroffene einladen und nach ihrer Meinung befragen, bevor sie selbst (unter Ausschluss des Befragten) über die Angelegenheit berät und beschließt (OVG Münster v. 4. 3. 1993, PersV 1994, 235 = Leits. ZfPR 1994, 57; hierzu kritisch: Wahlers, PersV 1994, 201; zum Selbstinformationsrecht der Personalvertretung: § 69 Anm. 19; § 75 Anm. 19; § 75 Anm. 197; wie hier auch Kruse, PersR 1993, 64, 70). Infolgedessen muss es auch im Interesse einer sachkundigen Erörterung innerhalb eines Beteiligungsverfahrens zulässig sein, dass Personalratsmitglieder zur Erlangung zusätzlicher Informationen (nach vorheriger Unterrichtung des Dienstvorgesetzten, vgl. § 2 Anm. 7) Beschäftigte an Arbeitsplätzen aufsuchen (BVerwG v. 9. 3. 1990, BVerwGE 85, 36 = ZBR 1990, 398 = PersV 1990, 315 = ZfPR 1990, 75; Fischer u. a., § 68 Anm. 29b). Die Information über Fragen tatsächlicher Art muss in jedem Fall vom Leiter der Dienststelle aus erfolgen. Nur ganz ausnahmsweise wird man daher die Personalvertretung für berechtigt halten können, eigene Informationen über Tatsachen einholen zu können; denn wenn der Leiter der Dienststelle nicht bereit ist, die Personalvertretung umfassend und nach entsprechender Rückfrage zusätzlich zu informieren, obwohl dies zur Aufgabenerfüllung notwendig wäre, dann verlässt er seinerseits die Basis der vertrauensvollen Zusammenarbeit, so dass die Personalvertretung berechtigt ist, auch durch Initiativen gegenüber Dritten zusätzliche Tatsacheninformationen zu erhalten (zu Kostenfragen: vgl. § 44 Anm. 5).

42c 5c) Von besonderer Bedeutung ist die Frage nach einer zusätzlichen **Auskunft durch Dritte bei der Einführung und Anwendung neuer Techniken.** Hierbei geht es um die Funktions- und Arbeitsweise elektronischer Datenverarbeitungsanlagen sowie darum, inwieweit mit deren Hilfe Leistungs- und Verhaltenskontrollen möglich sind. Auch in diesem Zusammenhang muss sich die Personalvertretung grundsätzlich aus den vom Dienststellenleiter angebotenen Informationsquellen sachkundig machen und sich z. B. durch Mitarbeiter der eigenen EDV-Abteilung unterrichten und informieren lassen. Erst dann, wenn eine Personalvertretung aufgrund der ihr zur Verfügung stehenden Informationsquellen zu der Überzeugung kommt, nicht ausreichend unterrichtet zu sein, um das Mitbestimmungsrecht sachverständig wahrnehmen zu können, kann sie sich nach vorheriger Unterrichtung und mit Einverständnis des Dienststellenleiters eines Sachverständigen bedienen. Einer Absprache mit dem Dienststellenleiter bedarf es dann nicht, wenn ein Sachverständiger im Rahmen des § 36 als Beauftragter einer im Personalrat vertretenen Gewerkschaft an einer Sitzung beratend teilnimmt (vgl. zur Informationspflicht über Funktions- und Arbeitsweise von elektronischen Datenverarbeitungsanlagen sowie über die Problematik der Hinzuziehung Dritter: BAG v. 4. 6. 1987, Leits. BB 1988, 69 = DB 1988, 50). Eine Personalvertretung bedarf generell keiner Absprache mit dem Dienststellenleiter, wenn sie von anderen, behördlichen Stellen Informationen und Auskünfte unmittelbar einholen will. Dies gilt z. B. für Auskünfte, die eine Personalvertretung beim Bundesbeauftragten für den Datenschutz abfragen möchte.

6. Welche Unterlagen der Personalvertretung vorzulegen sind, richtet sich nach dem **Einzelfall**, insbesondere danach, in welchem Kenntnisstand sich die Personalvertretung befindet (vgl. für das BetrVG: BAG v. 8. 6. 1999, ZBVR 2000, 50). Die Erforderlichkeit der Vorlage muss sich aus einer bestimmten und konkreten Aufgabe der Personalvertretung ergeben, d. h. die Personalvertretung bedarf aller der Unterlagen, ohne die sie nicht oder nur unvollkommen in der Lage wäre, ihre Aufgaben vor allem im Rahmen der Beteiligungsrechte wahrzunehmen. Es sind daher die notwendigen rechtlichen und tatsächlichen Grundlagen zu vermitteln, die zu einer sachgerechten, ihrem allgemeinen Vertretungsauftrag entsprechenden Entscheidung erforderlich sind (BVerwG v. 11. 2. 1981, BVerwGE 61, 325 = ZBR 1981, 381 = PersV 1981, 320 m. Anm. v. Widmaier). Da das Gesetz von „erforderlichen Unterlagen" spricht, sind der Personalvertretung immer die Unterlagen auszuhändigen, deren sie „zur sachgemäßen und sinnvollen Erfüllung" der ihr gestellten Aufgaben bedarf. Daher muss stets ein konkreter Bezug zu den von der Personalvertretung zu erfüllenden Aufgaben dem Anspruch auf Vorlage von Unterlagen zugrunde liegen (OVG Münster v. 7. 12. 1978, Leits. ZBR 1980, 260 = PersV 1980, 249; OVG Münster v. 30. 9. 1980, PersV 1981, 377). Die Verpflichtung zur Vorlage von Unterlagen beschränkt sich aber nicht auf die Ausübung der Beteiligungsrechte (Mitbestimmung, Mitwirkung, Anhörung oder Stellungnahme). Vielmehr bezieht sie sich auch auf die Wahrnehmung der in Abs. 1 aufgeführten allgemeinen Aufgaben der Personalvertretung (BVerwG v. 27. 7. 1983, ZBR 1984, 79 = PersV 1985, 66). Beispielsweise hat die Personalvertretung Anspruch auf eine Information im Zusammenhang mit **Versetzungsmaßnahmen** über Namen und Rangdienstalter sämtlicher Bewerber und über die Erwägungen, die zur Entscheidung für den zur Versetzung vorgesehenen Beamten geführt haben (BVerwG v. 12. 1. 1962, BVerwGE 13, 291) und auf einen zahlenmäßigen Überblick über die „Beförderungssituation" (BVerwG v. 13. 5. 1960, ZBR 1960, 269). Werden **Beförderungslisten** vorgelegt, so darf daraus nicht im Einzelnen die Beurteilung eines Beamten ersichtlich sein (vgl. Abs. 2 Satz 3; OVG Münster v. 28. 1. 1963, ZBR 1963, 221). Die Personalvertretung hat darüber hinaus **Anspruch auf Informationen über die bisherige Laufbahn** von Bewerbern und – soweit es bei der Besetzung einer Stelle darauf ankommt – über sonstige wesentliche Verhältnisse der einzelnen Bewerber. Auch **Bewerbungsunterlagen**, alle im Zusammenhang mit einer Bewerbung um eine Stelle vom Bewerber selbst eingereichten Unterlagen, u. a. (Bewerbungsschreiben, Zeugnisse, Lebenslauf, Lichtbild, Angaben über den Gesundheitszustand, sind der Personalvertretung ebenso wie Unterlagen, die ein Dienststellenleiter anlässlich der Bewerbung über die jeweiligen Be- 43

werber erstellt hat (Personalfragebögen, schriftliche Auskünfte von dritter Seite, Testergebnisse, Ergebnisse von Einstellungsprüfungen; vgl. für das BetrVG: BAG v. 3. 12. 1985, BAGE 50, 236; BAG v. 14. 12. 2004, BAGE 113, 109 = DB 2005, 1524) zugänglich zu machen. Bewerbungsunterlagen sind hinsichtlich ihrer Vertraulichkeit mit Personalakten nicht zu vergleichen, solange der Bewerber noch nicht eingestellt ist (VGH München 24. 4. 1991, Leits. PersR 1992, 80). Im Übrigen kann die Personalvertretung die Vorlage von Bewerbungsunterlagen auch deshalb verlangen, um u. a. prüfen zu können, ob Bewerber aus unsachlichen Gründen benachteiligt worden sind (BVerwG v. 11. 2. 1981, BVerwGE 61, 325 = ZBR 1981, 381 = PersV 1981, 320). Eine Übersicht über die **Beförderungssituation** ist der Personalvertretung ebenso vorzulegen (BVerwG v. 23. 1. 2002, Leits. ZBR 2002, 144 = PersV 2003, 153 = ZfPR 2002, 73) wie eine **Dienstaltersliste** (Lorenzen u. a., § 68 Anm. 45). Bei der **Einstellung von Teilzeitbeschäftigten** steht der Personalvertretung ein Informationsrecht über Dauer und Lage der Arbeitszeit des betreffenden Beschäfigten zu (vgl. für das BetrVG: LAG Frankfurt v. 18. 11. 1986, Leits. ZTR 1987, 222). Auch hat eine Personalvertretung Anspruch auf Auskunft über die Auswertung einer **Umfrage,** die von einer Dienststelle durch Fragebögen oder durch Benutzung des hauseigenen Intranets durchgeführt worden ist (Lorenzen u. a., § 68 Anm. 40 g).

43a a) Die Personalvertretung hat darüber hinaus einen Anspruch auf Vorlage von **Personalbewirtschaftungslisten und Personalbeschaftungslisten** (BVerwG v. 26. 2. 1960, BVerwGE 10, 196 = ZBR 1960, 128 = PersV 1960, 157; Lorenzen u. a., § 68 Anm. 45). Die Vorlage dieser Listen kann deshalb verlangt werden, weil sich hieraus in aller Regel Einstufungen, Planstellenbesetzungen sowie Tätigkeitsbereiche der Beschäftigten ergeben und keine Informationen erfolgen, die nach Abs. 2 Satz 3 nur mit Zustimmung des Betroffenen weitergegeben werden dürfen (BVerwG v. 26. 2. 1960, aaO). Ebenso besteht eine Verpflichtung zur Vorlage einer **Stellenbesetzungsliste** für den Fall, dass eine Stellenausschreibung erfolgt; denn diese Unterlage soll die Personalvertretung in die Lage versetzen, prüfen zu können, ob eventuell eine beabsichtigte Stellenausschreibung zur Benachteiligung eines in der Dienststelle bereits Beschäftigten führen kann. Ebenso besteht ein Anspruch auf Vorlage von Unterlagen über die **Verwaltung von Sozialeinrichtungen** der Dienststelle sowie über die **Bedienungsanleitung sowie das Pflichtenheft einer EDV-Anlage** und von **Arbeitszeitkarten** (vgl. hierzu auch: BVerwG v. 23. 1. 2002, Leits. ZBR 2002, 144 = PersV 2003, 153 = ZfPR 2002, 73; aA OVG Münster v. 11. 9. 1997, PersV 1998, 480; vgl. hierzu auch Anm. 41).

43b b) Auch ist die Personalvertretung umfassend darüber zu unterrichten, nach welchem System an Angestellte **über- und außertarifliche Vergütungsbestandteile bzw. -zulagen** gezahlt werden (VGH Kassel v. 10. 8. 1988, ZfPR 1989, 182) oder an welche Beschäftigten Leistungszulagen/-prämien gezahlt werden sollen (vgl. Verordnung über die Gewährung von Prämien und Zulagen für besondere Leistungen, LPZV v. 1. 7. 1997, BGBl. I S. 1598 i. d. F. d. Bekanntm. v. 25. 9. 2002, BGBl. I S. 3745, zul. geänd. d. Art. 8 G v. 9. 12. 2004, BGBl. I S. 3235; Verordnung über das leistungsabhängige Aufsteigen in den Grundgehaltsstufen, LSTUV v. 1. 7. 1997, BGBl. I S. 1600 i. d. F. d. Bekanntm. v. 25. 9. 2002, BGBl. I S. 3743, zul. geänd. d. Art. 348 V v. 31. 10. 2006, BGBl. I S. 2407; vgl. auch BVerwG v. 22. 12. 1993, Leits. ZBR 1994, 198 = PersV 1994, 523 = ZfPR 1994, 41; Schlatmann, ZTR 1989, 54; vgl. hierzu weiter Anm. 43 d und Fischer u. a., § 68 Anm. 29 d; Lorenzen u. a., § 68 Anm. 45; vgl. auch Durchführungshinweise des BMI: RdSchr. v. 22. 11. 2002,

GMBl. 2003, S. 38 zur LPZV i. d. F. d. Bekanntm. v. 25. 9. 2002, BGBl. I S. 3745, zur LStufV i. d. F. d. Bekanntm. v. 25. 9. 2002, BGBl. I S. 3743).

c) Ebenso ist der Personalvertretung ein **Einblicksrecht in die Lohn- und Gehaltslisten** zuzugestehen (BVerwG v. 22. 4. 1998, Leits. ZBR 1998, 433 = PersV 1999, 23 = ZfPR 1999, 10; Lorenzen u. a., § 68 Anm. 45). Bei der Einsichtnahme dürfen Personen anwesend sein, die ohnehin in dem betreffenden Raum arbeiten. Allerdings muss sichergestellt sein, dass sie dabei die Personalvertretung nicht überwachen (OVG Bautzen v. 22. 10. 1996, PersR 1997, 311 = Leits. ZfPR 1997, 200; vgl. für das BetrVG v. 21. 8. 1995, BB 1996, 485; Leege, BB 1996, 479). Im Übrigen besteht das Einblicksrecht unabhängig davon, ob ein konkreter Anlass (z. B. befürchteter Rechtsverstoß) gegeben ist (BVerwG v. 27. 2. 1985, ZBR 1985, 173). Schutzrechtliche Erwägungen allgemeiner Art sowie die Vorschrift, wonach Personalakten „nur mit Zustimmung des Beschäftigten und nur von den von ihm bestimmten Mitgliedern der Personalvertretung eingesehen werden“ dürfen (Abs. 2 Satz 3), stehen einem solchen Einsichtsrecht nicht entgegen (OVG Münster v. 25. 3. 1992, PersR 1993, 129). 43c

d) Der Personalvertretung steht auch ein Informationsrecht im Zusammenhang mit der **Vergabe von Leistungszulagen/-Prämien** zu (vgl. auch Anm. 43 b). Die Interessenvertretung der Beschäftigten ist vor der Vergabe im Einzelnen über Anzahl, Arten, Stufen und Empfänger zu unterrichten; ihr ist Einsicht in entsprechende Unterlagen zu gewähren. Verbleibende Unklarheiten sind durch ergänzende Erläuterungen abzuklären. Der Personalvertretung ist Gelegenheit zu einer abschließenden Stellungnahme zu geben (OVG Münster v. 20. 9. 2002, ZfPR 2003, 167, bestätigt durch: BVerwG v. 10. 2. 2003 – 6 PB 15.02, n.v.; zuvor schon: BVerwG v. 22. 12. 1993, Leits. ZBR 1994, 189 = PersV 1994, 523 = ZfPR 1994, 41; Lorenzen u. a., § 68 Anm. 45; kritisch: Lorse, RiA 2000, 219, 228). Die Personalvertretung muss nicht zuvor die Besorgnis einer Rechtsverletzung darlegen. Diesem Anspruch stehen datenschutzrechtliche Regelungen nicht entgegen; denn das Informationsrecht der Personalvertretung geht als bereichsspezifische Regelung des Dienstrechts dem Datenschutz vor. Allerdings dürfen die Listen mit den Namen der Empfänger aus Gründen des Persönlichkeitsschutzes von der Personalvertretung nur innerhalb der Dienststelle eingesehen werden. Dabei ist aber die Personalvertretung nicht berechtigt, die Listen vollständig abzuschreiben oder zu kopieren. Vielmehr kann sie sich nur Notizen machen (BVerwG v. 22. 12. 1993, aaO; hierzu kritisch Brinks, ZTR 1994, 54).Der Personalvertretung steht kein Mitbestimmungsrecht darüber zu, ob einem Beschäftigten eine Leistungszulage, in welcher Höhe und für welche Zeit gewährt werden soll (BVerwG v. 22. 12. 1993, aaO; vgl. auch Sabottig, PersR 1994, 319). 43d

e) **Informationen über die Persönlichkeit** und den beruflichen Werdegang von Beamten (und Arbeitnehmern), die für einen Beförderungsdienstposten vorgesehen sind, sind der Personalvertretung nur insoweit mitzuteilen, als dies für die Ausübung des Beteiligungsrechts erforderlich ist (OVG Münster v. 7. 12. 1978, Leits. ZBR 1980, 260 = PersV 1980, 249). Solche Informationen dürften aber in aller Regel stets erforderlich sein, um der Personalvertretung die Möglichkeit zu geben, ihre Entscheidung auf der Grundlage ausreichender Kenntnisse treffen zu können. Anders ist die Rechtslage auch nicht in Bezug auf Beschäftigte zu beurteilen, über die Informationen in Personalakten enthalten sind. Dies gilt für Auskünfte über eine amtsärztliche Untersuchung, über disziplinarrechtliche Vorermittlungsverfahren bzw. 43e über eine strafrechtliche Verurteilung. Die Übermittlung von ärztlichen Gutachten und Befunden (z. B. im Zusammenhang mit einer Alkoholkrankheit) soll nach Auffassung des OVG Bautzen (v. 26. 11. 2003, ZfPR 2004, 332) dagegen nur mit ausdrücklicher Zustimmung des Betroffenen zulässig sein. Dem aber kann nicht zugestimmt werden; denn die zwischen Dienststellenleiter und Personalvertretung notwendige „geistige Waffengleichheit" (OVG Koblenz v. 16. 9. 1986, PersR 1987, 174) kann nur dann erreicht werden, wenn auch die Personalvertretung die für die beabsichtigte Entscheidung (Entlassung eines Beamten auf Probe) maßgebenden Unterlagen kennt. Nur dann nämlich kann die Personalvertretung den Entscheidungsprozess der Verwaltung nachvollziehen und eine Sachdiskussion auf der Grundlage des selben Informationsmaterials führen (VGH Mannheim v. 24. 6. 1997, ZfPR 1997, 184). Die Personalvertretung muss den wesentlichen Sachverhalt und die für den Dienststellenleiter für seine Entscheidung maßgebenden Gründe kennen (OVG Münster v. 21. 3. 1991, ZfPR 1991, 112). Gleiches gilt für solche Unterlagen, die für die Entscheidungsfindung des Dienststellenleiters maßgebend waren. Nur dann nämlich kann sie sich über die Erteilung oder Versagung der beantragten Zustimmung schlüssig werden (BVerwG v. 8. 11. 1989, BVerwGE 84, 71 = PersV 1990, 342 = ZfPR 1990, 86). Bei Personalentscheidungen, die aufgrund Alkoholauffälligkeit getroffen werden sollen, kommt es in aller Regel ganz wesentlich auf amtsärztliche Gesundheitszeugnisse an (OVG Münster v. 16. 11. 1978, Leits. ZBR 1980,131 – PersV 1980, 280). Daher muss eine Personalvertretung über alle Vorgänge informiert sein (vgl. „identischer Informationsstand", BVerwG v. 26. 1. 1994, BVerwGE 95, 73 = PersV 1994, 539 = ZfPR 1994, 76), die der Entscheidung der Verwaltung zugrunde liegen. Nur dann nämlich kann die Personalvertretung ihr Beteiligungsrecht sachgerecht wahrnehmen. Daher auch ist die Vorlage amtsärztlicher Gutachten nicht davon abhängig, ob sie bereits Teil der Personalakte geworden sind. Entsprechend dem Grundsatz der Verhältnismäßigkeit ist in jedem Einzelfall zu beurteilen, ob und in welchem Umfang dem Persönlichkeitsschutz des Betroffenen im Zusammenhang mit einer Beteiligung der zuständigen Personalvertretung Rechnung getragen werden kann. Das Grundrecht auf informationelle Selbstbestimmung aus Art. 2 Abs. 1, Art. 1 Abs. 1 GG wird nicht schrankenlos gewährt, es darf vielmehr im Rahmen des Verhältnismäßigkeitsgrundsatzes eingeschränkt werden. So liegt es zum Beispiel im Falle des § 84 Abs. 2 Satz 7 SGB IX. Danach hat der Personalrat die Aufgabe, darüber zu wachen, dass allen betroffenen Beschäftigten ein betriebliches Eingliederungsmanagement angeboten und ggf. durchgeführt wird. Dieser Aufgabe kann der Personalrat nur nachkommen, wenn ihm auch ohne Zustimmung des jeweils betroffenen Beschäftigen durch den Arbeitgeber/Dienststellenleiter mitgeteilt wird, welche Beschäftigte der Dienststelle innerhalb eines Jahres länger als sechs Wochen ununterbrochen oder wiederholt arbeitsunfähig waren (VG Hamburg v. 10. 11. 2006, PersR 2007, 130). Auch hat die Personalvertretung Anspruch auf **Vorlage psychologischer Eignungsgutachten** und entsprechender Testunterlagen in Bezug auf solche Personen, die zur Einstellung vorgesehen sind, nachdem vor der beabsichtigten Einstellung Eignungstests und Gruppengespräche stattgefunden haben. Der Vorlage der entsprechenden Unterlagen steht nicht entgegen, dass die Personalvertretung an den im Rahmen der psychologischen Eignungsuntersuchung vorgenommenen Eignungstests und Gruppendiskussionen nicht zu beteiligen ist. Ihr muss nämlich Gelegenheit gegeben werden zu prüfen, ob bei Einstellungen Bewerber evtl. aus unsachlichen Gründen benachteiligt worden sind (VGH Mannheim v. 12. 3. 1982, Leits. ZBR 1983, 137). Ferner sind der Personalvertretung sog. **Eignungstests** zur Verfügung zu stellen, die ein Dienstherr bei der Einstellung zur Prüfung der Fähigkeiten der Bewerber hat erstellen lassen (LAG Köln v. 7. 3. 1989, PersR 1990, 70 m. Anm. v. Hindinger).

f) Dagegen kann eine Personalvertretung nicht verlangen, dass ihr zur Überprüfung der Ordnungsmäßigkeit eines computergesteuerten Einstellungsverfahrens Programm und Programmierungsanweisung vorgelegt werden (OVG Münster v. 31. 5. 1988, PersV 1990, 35). Ebensowenig steht der Personalvertretung ein Anspruch auf Vorlage von Unterlagen über eine Sicherheitsüberprüfung zu; denn die **Sicherheitsüberprüfung** dient nicht der Feststellung der persönlichen Eignung eines Bewerbers und steht nicht im Zusammenhang mit dem künftigen Dienstverhältnis. Vielmehr dient sie hiervon „sachlich zu trennenden Zwecken", nämlich der Gewährleistung der Sicherheit des Staates und seiner Einrichtungen (OVG Berlin v. 28. 10. 1982 – OVG PV Bln. 682, n. v.; vgl. in diesem Zusammenhang auch BVerwG v. 26. 1. 1978, ZBR 1979, 52). Demgegenüber hat eine Personalvertretung Anspruch auf die **Offenlegung der Arbeitszeiten** in anonymisierter Form, allerdings mit festen Kennziffern. Darin ist kein Verstoß gegen datenschutzrechtliche Aspekte zu sehen, da die Vergabe bestimmter Kennziffern an einzelne Beschäftigte gerade eine Form der Anonymisierung personenbezogener Daten ist (OVG Münster v. 4. 11. 2005, PersV 2006, 379). 43f

g) Demgegenüber hat die Personalvertretung Anspruch auf eine rechtzeitige und umfassende **Unterrichtung über technische Einrichtungen** zur Überwachung des Verhaltens oder der Leistung von Beschäftigten dann, wenn diese in Verbindung mit einem Programm geeignet sind, Verhaltens- und Leistungsdaten zu erfassen und aufzuzeichnen und zwar unabhängig davon, ob diese Daten für eine Überwachung tatsächlich genutzt werden oder nur zur Erledigung der mit dem Anwendungsprogramm zu bearbeitenden Aufgaben erforderlich oder nützlich sind oder für andere Zwecke benötigt werden (vgl. auch Anm. 34a). Die Personalvertretung kann in diesen Fällen Auskunft über das jeweilige Programm und dessen Arbeitsweise verlangen. Die Auskunftspflicht erstreckt sich auch auf eine Mitteilung darüber, welche Hard- und Software eingesetzt wird und welche **Verhaltens- und Leistungsdaten** der Beschäftigten zu welchem Zeitpunkt erfasst und aufgezeichnet werden (vgl. für das BetrVG: BAG v. 6. 12. 1983, BAGE 44, 285 = BB 1984, 850 = DB 1984, 75). Darüber hinaus kann eine Personalvertretung umfassend Auskunft darüber verlangen, welche **personenbezogenen Daten** der Beschäftigten zu welchen Zwecken bei einer Dienststelle verarbeitet werden (Auswertung/Protokolle). Sie kann Einsicht nehmen in eine Übersicht über alle bestehenden Dateien, in denen personenbezogene Daten gespeichert werden. Ausserdem hat sie ein Auskunftsrecht hinsichtlich zugriffsberechtigter Personen, über Schnittstellen und Löschungsfristen, über Verknüpfungsmöglichkeiten der Datenfelder etc. Dieses Recht wird nicht dadurch eingeschränkt, dass die betreffende Dienststelle nicht selbst die Datenverarbeitung betreibt, sondern durch Dritte ausführen lässt (vgl. für das BetrVG: BAG v. 17. 3. 1987, BAGE 54, 278 = BB 1987, 1806 = DB 1987, 1491). Insgesamt ist davon auszugehen, dass auf seiten der Dienststellen personenbezogene Daten nur insoweit erhoben werden, als „dies zur Begründung, Durchführung, Beendigung oder Abwicklung des Beschäftigungsverhältnisses oder zur Durchführung organisatorischer, personeller und sozialer Maßnahmen – insbesondere auch zu Zwecken der Personalplanung und des Personaleinsatzes – erforderlich ist und dadurch schutzwürdige Belange des/der Betroffenen nicht beeinträchtigt werden oder eine Rechtsvorschrift dies erlaubt" (vgl. Richtlinie über die Erhebung und Führung von Personalaktendaten, Bremen v. 25. 5. 1996, ABl. S. 433). Entsprechende Grundsätze über die 43g

Zulässigkeit der Erhebung personenbezogener Daten sind für die meisten Dienststellen maßgebend. Bei entsprechenden Veränderungen bzw. Erweiterungen sind die Personalvertretungen zu informieren, um ihnen eine Übersicht darüber zu vermitteln, zu welchen Zwecken Daten erhoben werden und um sie in den Stand zu setzen, in Bezug auf eine konkrete personelle, ihrer Beteiligung unterliegende Maßnahme überprüfen zu können, ob ihr alle zur Ausübung ihres Beteiligungsrechts notwendigen Informationen gegeben worden sind. Im Zusammenhang mit der Einführung und Anwendung neuer Techniken hat sich die Unterrichtung der Personalvertretung u. a. auf folgende Informationen zu erstrecken: Ziel und Umfang der Planungen, geplante Bauten oder Veränderung von Bauten, geplante technische Anlagen und/oder wesentliche Veränderungen solcher Anlagen, geplante Veränderungen der Arbeitsinhalte, -methoden und -abläufe, Auswirkungen auf die Art der Arbeitserledigung und die Gestaltung der Arbeitsumgebung sowie auf Personalbedarf und Qualifizierungsanforderungen. Dagegen steht der Personalvertretung kein Anspruch auf Herausgabe eines Computerprogramms und der Programmierungsanweisung zur Überprüfung der Ordnungsmäßigkeit eines computergesteuerten Einstellungsverfahrens zu (OVG Münster v. 31. 5. 1988, ZBR 1988, 360).

43h h) Auch bei der Einrichtung von **Telearbeitsplätzen** ist die Personalvertretung umfassend und rechtzeitig zu informieren, um ihr Gelegenheit zu geben, sich an der Ausgestaltung der Telearbeit zu beteiligen. Daher ist ihr die Konzeptionierung der Telearbeit darzulegen; sie ist in die Planung und Durchführung von entsprechenden Pilotprojekten einzubeziehen. Darüber hinaus ist die Personalvertretung über die Planungen, die sich auf die technische und organisatorische Gestaltung der Telearbeit beziehen, zu informieren, über die erforderlichen DV-Systeme, über die organisatorische, räumliche und zeitliche Gestaltung des Arbeitsprozesses sowie der Arbeitsabläufe und über die Gestaltung der örtlichen Arbeitsbereiche und der Arbeitsplätze (vgl. im Einzelnen: Boemke-Ankersen, BB 2000, 2254).

43i i) Eine Personalvertretung hat im Zusammenhang mit einer verhaltensbedingten Kündigung Anspruch darauf, Sozialdaten des zu Kündigenden selbst dann zu erhalten, wenn der Dienststellenleiter diese Daten für unerheblich hält; Voraussetzung aber ist, dass die Personalvertretung auf die Bedeutung der **Sozialdaten** für ihre Entscheidung hinweist oder dass der Betroffene einwilligt. Allerdings müssen besonders strenge Anforderungen an die Weiterleitung der Sozialdaten dann gestellt werden, wenn sie die persönliche Sphäre des Beschäftigten besonders berühren (BVerwG v. 9. 10. 1996, Leits. ZBR 1997, 100 = PersV 1997, 171 = ZfPR 1997, 12). Insbesondere bei **Auswahlentscheidungen** (im Zusammenhang mit Kündigungen) muss der Dienstherr, falls er soziale Gesichtspunkte zugrundelegen möchte, der Personalvertretung die entsprechenden Daten aller vergleichbaren Beschäftigten mitteilen (vgl. für das BetrVG: BAG v. 7. 11. 1995, BAGE 82, 245 = BB 1996, 592 = DB 1995, 1525).

44 7. Immer wieder ergibt sich im Zusammenhang mit dem Informationsanspruch der Personalvertretung folgender **Konfliktfall**: Auf der einen Seite ist die Personalvertretung umfassend zu unterrichten, um ihr eine sachverständige Mitarbeit zu ermöglichen; auf der anderen Seite sind jedoch Persönlichkeitsrechte von Beschäftigten zu berücksichtigen. Die Weitergabe persönlicher Daten und Lebensachverhalte aus der Intim- bzw. Privatsphäre bedeutet ohne Einwilligung der betroffenen Mitarbeiter grundsätzlich eine Beeinträchtigung von Persönlichkeitsrechten. Daher sind unter Berücksich-

tigung des Grundsatzes der Verhältnismäßigkeit an die Erforderlichkeit der Unterrichtung strenge Anforderungen zu stellen, um die Beeinträchtigung von Persönlichkeitsrechten tatsächlich auf Ausnahmefälle mit besonderem Gewicht beschränken zu können. Deshalb kann eine Personalvertretung nicht verlangen, über die **Schwangerschaft von Mitarbeiterinnen** ohne deren Einwilligung informiert zu werden (BVerwG v. 29. 8. 1990, Leits. ZBR 1991, 58 = PersV 1991, 78 = ZfPR 1990, 175). Bei einer geplanten unbefristeten Einstellung einer Frau ist ein (öffentlicher) Arbeitgeber nicht berechtigt, nach einer bestehenden Schwangerschaft zu fragen. Eine solche Frage würde gegen § 611 a BGB selbst dann verstoßen, wenn die vereinbarte Tätigkeit wegen eines mutterschutzrechtlichen Beschäftigungsverbots zunächst von der Frau nicht aufgenommen werden könnte (BAG v. 6. 2. 2003, BB 2003, 1734 = DB 2003, 1795 = Leits. ZBVR 2003, 87).

8. Ein Dienststellenleiter kann **nicht** unter Hinweis auf Persönlichkeits- 45
rechte der Beschäftigten die **Aushändigung von Unterlagen verweigern.** Eine entsprechende Anwendung der Regelung für Personalakten, die nach § 68 Abs. 2 Satz 3 „nur mit Zustimmung des Beschäftigten und nur von den von ihm bestimmten Mitgliedern der Personalvertretung eingesehen werden" dürfen, ist schon deshalb nicht zulässig, weil Personalbedarfsberechnungen, Stellenpläne, Bruttolohn- und Gehaltslisten u. a. keine personenbezogenen Angaben enthalten; denn sie geben kein umfassendes, lückenloses Bild über Herkunft, Ausbildung, beruflichen Bildungsgang, sonstige dienstlich relevante Daten, dienstliches/außerdienstliches Verhalten etc. wieder. Im Übrigen enthält Abs. 2 eine bereichsspezifische Regelung, die einem weitergehenden Datenschutz vorgeht und schließlich ist zu beachten, dass Personalratsmitglieder der Schweigepflicht und die Personalratssitzung dem Grundsatz der Nichtöffentlichkeit unterliegen.

9. Nicht unter die Vorlagepflicht fallen **Personalakten.** Personalakten 45a
i. S. von Abs. 2 sind ausschließlich Personalakten nach dem Beamtenrecht (BVerwG v. 8. 11. 1957, BVerwGE 5, 344 = ZBR 1958, 146 = PersV 1958/59, 256; BVerwG v. 24. 2. 1965, ZBR 1965, 215 = PersV 1966, 91). Dies sind alle Unterlagen einschließlich der in Dateien gespeicherten Daten, die den Beamten betreffen, sobald sie in einem unmittelbaren inneren Zusammenhang mit seinem Dienstverhältnis stehen (§ 90 Abs. 1 Satz 2 BBG: vgl. auch § 3 TVöD). Hierzu zählen u. a. folgende Unterlagen: Bewerbungsschreiben, Personenstandsurkunden, Prüfungszeugnisse, andere Befähigungsnachweise, Gesundheitszeugnisse, dienstliche Beurteilungen und Dienstzeugnisse, Disziplinarvorgänge. Beihilfeunterlagen sind als Teilakte zu führen und von den übrigen Personalakten getrennt aufzubewahren. Soweit Unterlagen nicht in einem unmittelbaren inneren Zusammenhang mit dem beamtenrechtlichen Dienstverhältnis stehen, sind sie nicht zur Personalakte zu nehmen, z. B. Prüfungs-, Sicherheits- und Kindergeldakten (§ 90 Abs. 1 Satz 4 BBG); hierbei handelt es sich um sog. Sachakten, die sich nicht unmittelbar auf das Dienstverhältnis beziehen, sondern Unterlagen umfassen, die im Zusammenhang mit Personalplanungen, Stellenausschreibungen, Ausleseverfahren, Stellenbewertungen und Geschäftsverteilungen erstellt worden sind. Insgesamt gehören alle Schriftstücke, Drucksachen und Vermerke zu den Personalakten, die Angaben oder Aufzeichnungen über die Person oder über die Art und Weise der Aufgabenerledigung enthalten (BVerwG v. 19. 8. 1964, BVerwGE 19, 179; Wahlers, PersV 1986, 393).

10. Ohne die Zustimmung des betroffenen Beamten kann die Personalver- 45b
tretung keine Einsichtnahme in dessen Personalakte verlangen. Der Gesetz-

geber hat den **Interessengegensatz** zwischen einerseits dem der Sache nach berechtigten **Informationsverlangen der Personalvertretung und** andererseits dem **Vertrauensschutz des Beschäftigten** zu dessen Gunsten zwingend entschieden (OVG Hamburg v. 13. 5. 1986, ZBR 1986, 380; VGH München v. 4. 5. 1994, ZBR 1995, 84). Dies ergibt sich eindeutig aus der Formulierung des Gesetzestextes. Zwar ist die Personalvertretung in personellen Angelegenheiten nur in einem sehr eng begrenzten Rahmen in der Lage, den Entscheidungsprozeß der Verwaltung nachzuvollziehen, wenn sie nicht mit Zustimmung des Betroffenen und erst recht nicht mit Zustimmung derjenigen Einsicht in die Personalakten erhält, die durch eine personelle Maßnahme möglicherweise benachteiligt werden könnten. Allerdings ist zu berücksichtigen, dass zumindest diejenigen Beschäftigten, die diese Benachteiligung behaupten und sich daher an die Personalvertretung wenden, im allgemeinen mit einer Einsichtnahme in die Personalakten einverstanden sein werden. Ein umfassendes Recht der Personalvertretung zur Personalakteneinsicht kann dagegen nicht damit begründet werden, dass sich aus der Stellung des Abs. 2 eine Bezugnahme lediglich auf die allgemeinen Aufgaben der Personalvertretung, nicht aber auf die Mitbestimmungs- und Mitwirkungsrechte ergebe (so aber Köpp aaO); denn Abs. 2 enthält eine allgemeine Richtschnur für die Beteiligung der Personalvertretung überhaupt. Die Vorschrift ist eine konkrete Ausgestaltung des Grundsatzes der vertrauensvollen Zusammenarbeit, der ganz allgemein das Verhältnis zwischen Dienststellenleiter und Personalvertretung regelt. Im Übrigen ist zu berücksichtigen, dass der vom Gesetzgeber mit dem BPersVG angestrebte Individualrechtsschutz nicht durchschlagen würde, wenn er lediglich für die weit selteneren Fälle des Abs. 1, nicht aber für die viel wichtigeren personellen Angelegenheiten der §§ 75, 76 gelten würde.

46 11. **Personalakten** dürfen **nur mit Zustimmung des Betroffenen** von den von ihm bestimmten Mitgliedern der Personalvertretung (einem einzelnen oder mehreren Mitgliedern) insgesamt oder in einzelnen Teilen eingesehen werden. Die Zustimmung zur Einsicht zugunsten aller Mitglieder der Personalvertretung läuft zwar auf die „Vorlage der Personalakten“ an die Personalvertretung als Organ hinaus. Man wird eine solche Ermächtigung aber für zulässig halten müssen, weil es sich bei Abs. 2 Satz 2 um eine Schutzvorschrift im Interesse des betroffenen Beschäftigten handelt. Daher steht es diesem Beschäftigten frei zu entscheiden, wie vielen Mitgliedern einer Personalvertretung er seine Personalakten zugänglich machen möchte (Lorenzen u. a., § 68 Anm. 46e). Da mit der Bevollmächtigung dem Personalratsmitglied oder den Personalratsmitgliedern die Möglichkeit zur Einsichtnahme im Interesse der Vorbereitung einer personalvertretungsrechtlichen Entscheidung eingeräumt wird, wird sich in aller Regel unmittelbar an den Einblick in die Personalakten die Information der Personalvertretung anschließen. Dabei haben das betreffende Personalratsmitglied bzw. die Personalratsmitglieder aber das Interesse des betroffenen Beschäftigten an einer möglichst weitgehenden Geheimhaltung zu respektieren. Deshalb dürfen nur solche Informationen aus den Personalakten an das Plenum weitergegeben werden, die tatsächlich für die Meinungsbildung erforderlich sind. Die Zustimmung selbst ist gegenüber dem Dienststellenleiter zwar nicht schriftlich oder zur amtlichen Niederschrift zu erklären, wohl aber ist eine solche Vorgehensweise zu empfehlen, um die Genehmigung zur Einsicht im Interesse der Vermeidung von Streitfällen zu dokumentieren (Lorenzen u. a., § 68 Anm. 46g; Richardi u. a., § 68 Anm. 101; aA Fischer u. a., § 68 Anm. 32a). Mit Ausnahme der Beurteilungen, die Teil der Personalakte sind, darf das Recht zur Einsicht nicht auf einen Teil der Personalakten beschränkt werden

(Lorenzen u. a., 7 68 Anm. 46a). Es erstreckt sich auch auf Personaldaten, die in elektronischen Datenbanken gespeichert sind (Fischer u. a., § 68 Anm. 32). Das Einsichtsrecht beinhaltet im Übrigen das Recht, Notizen zu machen (vgl. § 90c BBG; Richardi u. a., § 68 Anm. 104), nicht aber Auszüge mit wörtlichen Abschriften. Die Personalakten dürfen dem Personalratsmitglied nicht überlassen werden (BVerwG v. 27. 2. 1985, ZBR 1985, 173).

a) Die gesetzlichen Beschränkungen des Rechts auf Einsicht in die Personal- 47
akten dürfen nicht durch mündliche oder schriftliche Auskünfte umgangen werden, die die beamten- und vertretungsrechtliche Schweigepflicht verletzen. Es ist darauf zu achten, dass durch die Auskunftserteilung/Einsichtnahme nicht der vom Gesetzgeber als vorrangig angesehene Schutz der Persönlichkeitssphäre umgangen wird (Wahlers, PersV 1986, 393). Bis an diese Grenze kann der Leiter der Dienststelle der Personalvertretung aber auch ohne Einwilligung des Betroffenen **Auskünfte aus Personalakten** geben, soweit die Personalvertretung ihrer im Einzelfall objektiv bedarf, z. B. Daten des beruflichen Werdeganges eines Beschäftigten, Auskünfte über solche dienstlichen Beurteilungen, die den Betroffenen als für eine bestimmte Aufgabe geeignet erweisen, oder eine **abschließende Bewertung der dienstlichen Beurteilung.** Gerade im Zusammenhang mit Auswahlentscheidungen kommt es ganz wesentlich darauf an, dass eine Personalvertretung ihre Aufgaben zweckentsprechend und sachgerecht erfüllen kann. Daher muss die Personalvertretung über alle Unterlagen (z. B. Zusammenstellung einzelner Aspekte als Ergebnis von Beurteilungen) verfügen, die ihr Aufschluss darüber geben können, ob einer der gesetzlich vorgesehenen Zustimmungsverweigerungsgründe (§ 77 Abs. 2) gegeben ist. Eine solche Feststellung kann sie aber nur dann treffen, wenn sie Zusammstellungen von abschließenden Bewertungen aus dienstlichen Beurteilungen erhält. Darin ist kein unvertretbarer Eingriff in die Persönlichkeitsphäre der betroffenen Beschäftigten zu sehen; denn Übersichten/Zusammenstellungen von Beurteilungen verzichten auf die Erwähnung unnötiger Einzelheiten. Im Übrigen können die Unterlagen der Personalvertretung auch lediglich zur Einsichtnahme vorgelegt werden (VGH Mannheim v. 24. 6. 1997, ZfPR 1997, 184; vgl. auch BVerwG v. 26. 1. 1994, BVerwGE 95, 73 = PersV 1994, 539 = ZfPR 1994, 76; vgl. auch Anm. 38; vgl. auch Fischer u. a., § 68 Anm. 32; Lorenzen u. a., § 68 Anm. 47b). Ohne eine Bekanntgabe gerade der abschließenden Bewertungen würde in vielen Fällen die personalvertretungsrechtliche Mitbestimmung in personellen Angelegenheiten ins Leere laufen. Bei personellen Entscheidungen, die auf bereits im Dienst befindliche Beschäftigte bezogen sind, wäre eine Personalvertretung ansonsten von ausschlaggebenden Informationen völlig abgeschnitten und nicht in der Lage, das ihr letztlich aufgegebene Mitbestimmungsrecht wirksam auszuüben, wenn selbst Einzelauskünfte aus den Personalakten unzulässig wären. Konkurrieren externe und interne Bewerber um eine Stelle, hätten die externen den entscheidenden Vorteil, dass ihre Bewerbungsunterlagen vollständig der Personalvertretung vorzulegen sind, bei internen Bewerbern aber mangels ausreichender Information keine Beschlussfassung der Personalvertretung möglich wäre. Der Gleichstellungsbeauftragten wird man als Teil der personalaktenführenden Behörde das Recht zugestehen müssen, Einsichtnahme in Personalakten jedenfalls soweit nehmen zu können, wie durch eine Personalentscheidung Belange weiblicher Beschäftigter berührt werden (OVG Münster v. 4. 5. 1994, ZBR 1995, 84 = RiA 1995, 298). Der Personalvertretung steht allerdings eine Sonderstellung zu, „in der die allgemeinen Restriktionen des Bundesbeamtenrechts durch die Spezialregelungen in § 68 Abs. 2 Sätze 3 und 4 BPersVG überlagert werden“ (Becker, ZfPR 1996, 130, 134). Soweit sensible

Gesundheitsdaten in die Personalakte aufgenommen werden dürfen, hat dies unter Berücksichtigung der Interessen des Beschäftigten zu geschehen. Die zur Personalakte genommenen Gesundheitsdaten sind vor unbefugter zufälliger Kenntnisnahme durch Einschränkung des Kreises der Informationsberechtigten zu schützen (vgl. BAG v. 12. 9. 2006, DB 2007, 523 = ZTR 2007, 271 = ZfPR online 3/2007, S. 17).

48 b) Ein Beschäftigter, mit dessen Angelegenheit die Personalvertretung befasst ist, ist nicht verpflichtet, einem Mitglied der Personalvertretung **Vollmacht zur Einsichtnahme in die Personalakten** zu erteilen. Aus seiner Weigerung können keine für ihn nachteiligen Schlüsse gezogen werden, weil das Gesetz keine Pflicht zur Erteilung der Zustimmung aufstellt. Im Übrigen ist zu bedenken, dass mit der Neuregelung des Personalaktenrechts durch das Neunte Gesetz zur Änderung dienstrechtlicher Vorschriften vom 11. 6. 1992 (BGBl. I S. 1030) ein stärkerer Schutz des Persönlichkeitsrechts bezweckt wird. Auch wenn das Personalvertretungsrecht formell von diesem Gesetz nicht berührt wird, so ist doch im Hinblick auf die Entscheidung des Bundesverfassungsgerichts vom 15. 12. 1983 (BVerfGE 65, 1) zu berücksichtigen, dass mit der Einführung des Begriffs des informationellen Selbstbestimmungsrechts auch ein stärkerer Schutz des einzelnen im Hinblick auf seine Personalakten einhergeht (Lorenzen u. a., § 68 Anm. 46a). Personalvertretung und Dienststellenleiter haben deshalb zu bedenken, dass das Interesse von Beschäftigten an einer Geheimhaltung ihrer persönlichen Daten den sich aus dem Personalvertretungsrecht ergebenden gemeinsamen Aufgaben grundsätzlich vorzugehen hat (OVG Münster v. 4. 5. 1994, ZBR 1995, 84 = ZfPR 1995, 22).

49 c) Wie Personalakten der Beamten sind auch die **Personalakten der Arbeitnehmer** zu behandeln (vgl. hierzu u. a. § 3 TVöD).

50 d) Nicht zu den Personalakten i. S. von Abs. 2 gehören **Personalunterlagen,** die ein Bewerber einreicht. Jedoch genießen solche Unterlagen dann den gleichen Schutz wie Personalakten, wenn sie in einem früheren öffentlichen Dienstverhältnis als amtliche Personalakten angelegt worden sind (BVerwG v. 24. 2. 1965, ZBR 1965, 215 = PersV 1966, 91).

51 e) Nicht zu den Personalakten, sondern zu den Sachakten, gehören Gerichts-, Erstattungs- oder Prüfungsakten. Auch Unterlagen, die im Zusammenhang mit Personalplanungen, Stellenausschreibungen, Ausleseverfahren, Stellenbewertungen und Geschäftsverteilungen zusammengestellt werden (z. B. Vorschläge einer Auswahlkommission aufgrund von Auswertungen anlässlich von Vorstellungsgesprächen) zählen nicht zu den Personalakten. Ebensowenig gehören Bewerbungsunterlagen, solange ein Dienstverhältnis noch nicht begründet worden ist, zu den Personalakten (vgl. aber Anm. 43). Dagegen sind **alle sonstigen aktenmäßig festgehaltenen Vorgänge,** die persönliche und (oder) dienstliche Verhältnisse der Beschäftigten betreffen, als Personalakte anzusehen, und zwar unabhängig davon, ob sie in die als Personalakte bezeichnete Blattsammlung eingeheftet sind.

52 12. **Dienstliche Beurteilungen** sind als Bestandteil der Personalakten anzusehen (BVerwG v. 20. 3. 1959, BVerwGE 8, 219; BVerwG v. 20. 2. 1989, DÖD 1989, 167; vgl. auch Anm. 47). Abs. 2 Satz 4 bedeutet eine Ausnahme von dem Grundsatz des Abs. 2 Satz 3, wonach nur die gesamte Personalakte eingesehen werden kann. Nach Satz 4 kann auch ein Teil der Personalakte, nämlich die dienstliche Beurteilung, der (gesamten) Personalvertretung zur

Kenntnis gebracht werden, ohne dass der Beschäftigte die Personalakte als Ganzes offenlegen muss. Hierdurch wird einerseits dem Bedürfnis nach Geheimhaltung seitens des Beschäftigten Rechnung getragen, andererseits aber auch seinem Interesse, dass der Personalvertretung bei deren Votum über bestimmte Personalmaßnahmen die dienstliche Beurteilung zugänglich gemacht wird, die Angaben über fachliche Leistung, Eignung, Befähigung etc. über den Beschäftigten enthält. Da ein Beschäftigter seine dienstliche Beurteilung nach dem Gesetzeswortlaut nur der Personalvertretung insgesamt zur Kenntnis bringen kann, kann das Einsichtsrecht nicht auf einzelne Personalratsmitglieder beschränkt werden (BVerwG v. 11. 3. 1983, BVerwGE 67, 58 = ZBR 1983, 215 = PersV 1984, 317). Schließlich ist darauf hinzuweisen, dass mit Abs. 2 Satz 4 kein Anspruch einer Personalvertretung darauf begründet wird, dass eines ihrer Mitglieder an einem vom Dienststellenleiter mit einem Beschäftigten zu führenden **Beurteilungsgespräch** teilnehmen kann, selbst dann nicht, wenn dieser es beantragt (BVerwG v. 11. 3. 1983, BVerwGE 67, 58 = ZBR 1983, 215 = PersV 1984, 317).

X. Datenschutzaufgaben

1. Grundlagen und Umfang des Informationsanspruchs der Personalvertre- 53
tungen erhalten eine besondere Bedeutung durch das **Bundesdatenschutzgesetz** (BDSG, vgl. § 10 Anm. 20 und § 68 Anm. 11). Dieses Gesetz gilt sowohl für öffentliche wie auch für nichtöffentliche Stellen. Die Aufgaben der Personalvertretung und ihre Rechtstellung bleiben durch dieses Gesetz unberührt (vgl. Simitis, S. 22). Das Gesetz bezweckt den Persönlichkeitsschutz im Zusammenhang mit dem Umgang mit personenbezogenen Daten (§ 1 Abs. 1 BDSG). Die Übermittlung solcher Daten an Dritte ist nur unter den im Gesetz im Einzelnen vorgesehenen Voraussetzungen (§ 16 BDSG) zulässig. Daneben sind auch das Telekommunikationsgesetz (TKG), das Teledienstegesetz (TDC) und Teledienstedatenschutzgesetz (TDDSG) einschlägig (vgl. hierzu: § 68 Anm. 11 a). In ihrem Geltungsbereich verdrängen diese Gesetze das BDSG. Die jeweiligen Bestimmungen enthalten weitere Vorgaben zum Datenschutz. Sie gehen von einem Verbot der Verarbeitung personenbezogener Daten mit Erlaubnisvorbehalt aus. Für die erlaubte oder geduldete private Nutzung durch Beschäftigte bedeutet dies, dass entsprechende Daten und andere nicht zur Abrechnung benötigte Daten unverzüglich zu löschen sind. Personenbezogene Nutzungsprofile dürfen nicht erstellt, Daten über die Netzbenutzung der Beschäftigten dürfen nicht ausgewertet werden (§§ 3 ff TDDSG).

a) Die Personalvertretung ist Repräsentant der Beschäftigten innerhalb der 54
Dienststelle. Sie ist an der internen Willensbildung ohne Außenwirkung beteiligt. Zu den gesetzlichen Aufgaben einer Personalvertretung gehört die Beteiligung an Personalangelegenheiten und damit **zwangsläufig auch der Umgang mit personenbezogenen Daten** (Lorenzen u. a., § 68 Anm. 61; Lorenzen, PersV 1979, 305; Erster Tätigkeitsbericht des Bundesbeauftragten für den Datenschutz gem. § 19 Abs. 2 Satz 2 des Bundesdatenschutzgesetzes, BDSG, a. F., BT-Drucks. 8/2460). Das Bundesdatenschutzgesetz hat keinen Einfluss auf Grundlagen und Umfang des Informationsanspruchs der Personalvertretung gegenüber der Dienststelle, die personenbezogene Daten speichert (Lorenzen, aaO). Da die Personalvertretung sich zu konkreten Maßnahmen des Dienststellenleiters nur dann äußern kann, wenn sie über bestimmte personenbezogene Daten z. B. im Zusammenhang mit einer Kündigung, Höhergruppierung, Beförderung, Versetzung verfügt, ist sie im Hinblick auf diese Aufgabe Informationsempfänger. Die Personalvertretung ist daher Konsument von Daten, gleichzeitig aber auch Kontrolleur; sie kann

Daten verlangen und verwerten. Darüber hinaus hat sie dafür einzutreten, dass die datenschutzrechtlichen Bestimmungen beachtet werden.

55 b) Dem Informationsanspruch der Personalvertretung stehen somit die Bestimmungen des **Bundesdatenschutzgesetzes** grundsätzlich nicht entgegen (BVerwG v. 23. 1. 2002, Leits. ZBR 2002, 144 = PersV 2003, 153 = ZfPR 2002, 73). Durch das BDSG ist das Einblicksrecht der Personalvertretung auch in solche Daten nicht eingeschränkt, die an sich in den sachlichen Geltungsbereich des Gesetzes fallen; denn § 1 Abs. 3 BDSG bestimmt die **Subsidiarität** dieses Gesetzes zu anderen rechtlichen Regelungen (Lorenzen u. a., § 68 Anm. 61; vgl. auch Anm. 11). Soweit das Informationsrecht der Personalvertretung den Zugang zu personenbezogenen Daten zum Gegenstand hat (z. B. bei einem Einblicksrecht in Lohn- und Gehaltslisten, vgl. Anm. 43 c), geht dieser Informationsanspruch dem BDSG vor (vgl. für das BetrVG: BAG v. 17. 3. 1983, BB 1983, 1282 = DB 1983, 1607 für den Fall des Einblicksrechts des Betriebsrats in Bruttolohn- und -gehaltslisten). Im Hinblick auf die Vertraulichkeit und Sensibilität personenbezogener Daten erscheint es zweckmäßig, das Einsichtsrecht von einem oder einigen wenigen Personalratsmitgliedern wahrnehmen zu lassen (so auch Lorenzen u. a., § 68 Anm. 44 a).

56 2. Eine andere Frage ist, ob in Einzelfällen eine **Personalvertretung ihrerseits personenbezogene Daten** in einem automatisierten Verfahren zum Zweck ihrer weiteren Verwendung erheben, verarbeiten und nutzen darf (Beispiele: Name, Vorname, Geburtsdatum, Geburtsort, Geschlecht, Familienstand, Zahl der Kinder, Anschrift, Religionszugehörigkeit, Steuerklasse, Bildungsabschlüsse, Prüfungsergebnisse, sonstige Qualifikationen, Beginn und Ende des Dienst-/Arbeitsverhältnisses, Dienstbezeichnung, Titel, Besoldungs-/Vergütungsgruppe, Zulagen, Zuschüsse, Laufbahn, dienstliche Beurteilungen, Probezeiten, Fehlzeiten, Schwerbehinderteneigenschaft – insgesamt also Daten, die im Rahmen des Dienst- und Arbeitsverhältnisses erhoben und zur Personalakte genommen werden). Die Personalvertretung kann im Rahmen der von ihr selbst zu bestimmenden Art der Aufgabenerledigung grundsätzlich eigenverantwortlich darüber entscheiden, wie sie Informationen sammelt, aufnimmt und aufbewahrt. Dabei ist aber zunächst einmal zu prüfen, ob die Informationen für die Wahrnehmung der der Personalvertretung gesetzlich zugewiesenen Aufgaben erforderlich sind. Nur insofern nämlich müssen die Beschäftigten im Rahmen ihres Dienst- bzw. Arbeitsverhältnisses die mit der Personaldatenverarbeitung verbundenen Eingriffe in ihr Persönlichkeitsrecht dulden. Ausgangspunkt ist § 14 Abs. 1 BDSG. Danach ist zu prüfen, ob das Speichern, Verändern oder Nutzen der Daten zur rechtmäßigen Erfüllung der Aufgaben der Personalvertretung erforderlich ist. Diese Frage beantwortet sich aber nicht nach dem Personalvertretungsgesetz, das in § 68 Abs. 2 lediglich den Informationsanspruch der Personalvertretung gegenüber dem Dienststellenleiter regelt. Vielmehr ist nach datenschutzrechtlichen Bestimmungen zu entscheiden, ob das Speichern bestimmter Daten zur rechtmäßigen Erfüllung der Aufgaben der Personalvertretung erforderlich ist. Dies wird man für die allgemeine Speicherung von Personaldaten nicht für zulässig halten können, da es nicht zu den Aufgaben einer Personalvertretung gehört, allgemeine Informationen „vorrätig“ zu halten. Die Personalvertretung hat aufgabenbezogen ihre jeweils anfallende Arbeit zu erledigen. Der Besitz von allgemeinen Personallisten ist daher allenfalls zweckmäßig. Sie **genügt aber nicht den gesetzlichen Anforderungen,** da die Personalvertretung das jeweils mildeste Mittel zur Zweckerfüllung nutzen muss. Insoweit reicht es zur Aufgabenerfüllung der Perso-

nalvertretung aus, wenn sie Einsicht in die bei der Dienststelle vorhandenen Listen nimmt. Wenn die Personallisten aber lediglich Auskunft über den Mitarbeiterbestand, über Namen und Familienstand, über Planstellen-Nummern, über Tätigkeitsbereiche, tatsächliche Besoldungsgruppen, Geburts-, Einstellungs- und Ernennungsdaten geben, so wird man das Speichern dieser Daten zur rechtmäßigen Erfüllung der Aufgaben der Personalvertretung als erforderlich ansehen können. Anders verhält es sich dagegen bei der Speicherung der Daten Funktion und Bewertung der Funktion, da es nicht Aufgabe der Personalvertretung ist, individuelle Eingruppierungsansprüche zu überprüfen (so im Ergebnis auch: Gola und Wronka, jeweils in Anm. zu VGH München v. 1. 7. 1987, RDV 1988, 36, das einer Personalvertretung die Speicherung von Mitarbeiterlisten generell untersagt; vgl. die Rechtsbeschwerdeentscheidung BVerwG v. 4. 9. 1990, ZBR 1991, 58 = PersV 1991, 83 = ZfPR 1990, 179; danach ist die Speicherung von Personaldaten im Wege der EDV durch die Personalvertretung jedenfalls bei einer Dienststelle von ca. 100 Beschäftigten unzulässig; vgl. auch Gola, PersR 1990, 33; vgl. auch Fischer u. a., § 68 Anm. 34a; Lorenzen u. a., § 68 Anm. 64). Grundsätzlich ist die Zulässigkeit der Datenverarbeitung durch eine Personalvertretung nach den Regeln zu beurteilen, die auch für die Erhebung, Verarbeitung und Nutzung personenbezogener Daten durch die Dienststelle gelten. Im Rahmen der Zweckbestimmung eines Vertragsverhältnisses oder soweit es zur Wahrung berechtigter Interessen der speichernden Stelle erforderlich ist und kein Grund zur Annahme besteht, dass dadurch schutzwürdige Interessen des Betroffenen beeinträchtigt werden, ist es gemäß § 13 Abs. 1 BDSG zulässig, personenbezogene Daten zu erheben, „wenn ihre Kenntnis zur Erfüllung der Aufgaben der erhebenden Stellen erforderlich ist". Zur effektiven Wahrnehmung der Beteiligungsrechte ist die Erhebung solcher Personaldaten durch die Personalvertretung erforderlich, deren Kenntnis Voraussetzung für eine sachgerechte Meinungsbildung ist. Der Umfang der erforderlichen Datenerhebung wird aber in Dienststellen, denen keine Personalhoheit zusteht, von geringerer Bedeutung sein. Generell gilt, dass nur die Daten erhoben werden dürfen, deren Kenntnis für eine sachgerechte Aufgabenwahrnehmung durch die jeweilige Personalvertretung auch tatsächlich erforderlich ist. Für den Bereich kleinerer Dienststellen hält das BVerwG (v. 4. 9. 1990, aaO) allerdings das Erheben personenbezogener Daten durch die Personalvertretung jedenfalls dann ohne Einwilligung der Betroffenen für unzulässig, wenn auf diese Daten lediglich „bei passender Gelegenheit" zurückgegriffen werden soll.

a) Angesichts der hohen Sensibilität personenbezogener Daten wird man einer Personalvertetung das Recht zur Speicherung entsprechender Daten der Beschäftigten nur dann zubilligen können, wenn **schutzwürdige Interessen nicht beeinträchtigt werden.** Eine solche Beeinträchtigung ist dann nicht gegeben, wenn Daten im Rahmen der Wahrnehmung konkreter Aufgaben, die auf Grund des Gesetzes oder einer Dienstvereinbarung anfallen, im Rahmen der laufenden Aufgabenerfüllung benötigt werden (Gola, DuD 1987, 440, 443; Krischel, NZA 1989, 668, 670). Die Personalvertretung hat bei ihren Überlegungen vor allen Dingen auf das Recht der Beschäftigten auf informationelle Selbstbestimmung Bedacht zu nehmen. Die zur Verfügung gestellten Daten dürfen daher grundsätzlich nur für die Dauer des konkreten Vorgangs in automatisierten Verfahren ausgewertet werden, es sei denn, dass Daten einer Personalvertretung dauerhaft zur Verfügung zu stellen sind (BVerwG v. 29. 2. 1990, ZBR 1991, 56 = PersV 1991, 78 = ZfPR 1990, 175; BVerwG v. 4. 9. 1990, Leits. ZBR 1991, 58 = PersV 1991, 83 = ZfPR 1990, 180; Gola/Wronka, NZA 1991, 97, 794). In aller Regel sind daher perso- 56a nenbezogene Daten nach Abschluss eines Beteiligungsverfahrens zu sperren bzw. auf Verlangen des Beschäftigten zu löschen; denn die Rechtfertigung für die Speicherung ist entfallen. Soweit eine Personalvertretung eine Beschäftigtenliste mit gewissen Grunddaten (Name, Alter, Status, Besoldung/Bezahlung, ADA etc.) bereithält, ist sie zur Speicherung dieser Daten berechtigt, zumal diese Daten in der Dienststelle ohnehin bekannt sein dürften (Lorenzen u. a., § 68 Anm. 66; Gola, aaO; anders offenbar Krischel, aaO). Diese Daten hält die Personalvertretung nicht lediglich auf Vorrat vor. Vielmehr dienen sie ihr bei personellen Maßnahmen (Beförderung, Höhergruppierung etc.) zum schnelleren Abgleich mit Daten von Mitbewerbern. Dadurch wird der Personalvertretung in aller Regel eine schnelle und zutreffende Meinungsbildung ermöglicht.

57 b) Eine Personalvertretung kann grundsätzlich selbst bestimmen, auf welche Weise sie ihre Aufgaben erfüllen will (vgl. Anm. 56). Sie ist daher grundsätzlich auch frei in der Entscheidung darüber, ob sie bisher manuell und mit herkömmlichen Mitteln erledigte Tätigkeiten künftig unter Einsatz neuer Techniken der Informationsverarbeitung und Bürokommunikation erledigen will. Die **Personalvertretung wird durch den Aufbau eines eigenen automatisierten Verfahrens nicht zu einer selbstständigen, speichernden Stelle im Sinne des BDSG** (Lorenzen u. a., § 68 Anm. 65). Die Datenverarbeitung erfolgt nämlich nicht im Auftrag der Verwaltung. Personalvertretungen sind Teil der öffentlichen Verwaltung und verfügen nicht über eine rechtliche bzw. tatsächliche Selbstständigkeit, die als Voraussetzung für den Begriff der „speichernden Stelle“ erfüllt sein muss. Die Weitergabe von Daten an Gewerkschaftsbeauftragte ist der Personalvertretung daher auch nur unter den besonderen Zulässigkeitsvoraussetzungen der §§ 14, 16 BDSG (gesetzliche Zulassung, Einwilligung des Betroffenen) erlaubt. Gleiches gilt im Verhältnis der Personalvertretung zu gewerkschaftlichen Vertrauensleuten. Diese sind selbst dann Dritte, wenn ein Personalratsmitglied diese Position des gewerkschaftlichen Vertrauensmanns in einer Verwaltung einnimmt; denn hier ist alleine auf die Funktion als Vertrauensmann abzustellen.

58 c) Angesichts der rasanten Entwicklung der Technik und der enormen Nutzungsmöglichkeiten von EDV-Anlagen wird deren Anwendung auch für Personalvertretungen immer sinnvoller. Auf der Grundlage einer vertrauensvollen Zusammenarbeit sollten daher Dienststellenleiter und Personalvertretung prüfen, ob die EDV-Nutzung durch den Zugang zu Geräten des Dienststellenleiters oder in der Form der Aufstellung von Geräten, die ausschließlich zur Aufgabenerfüllung der Personalvertretung dienen, zweckmäßig ist. Da der Dienststellenleiter auch aus Gründen der Fürsorgepflicht gegenüber den Beschäftigten gehalten ist, für einen möglichst umfassenden Schutz von Personendaten zu sorgen, sollte eine **Vereinbarung** getroffen werden, in der **Umfang und Grenzen der Datenverarbeitung durch die Personalvertretung** festgelegt werden (Beschränkung der Datenverarbeitung auf die bei der Personalratsarbeit anfallenden Aufgaben; keine Datenweitergabe an Dritte; Festlegung der Zugriffsberechtigung etc.; vgl. hierzu: Krichel, NZA 1989, 668). In einer solchen Vereinbarung sollte auch festgehalten werden, dass neben den bereits erwähnten Daten auch die Namen der Aktiv- und Passivwahlberechtigten gespeichert werden dürfen. Gleiches gilt für die Aufstellung der Kandidaten für die Wahl zur Personalvertretung und für Wahlvorstände mit Angaben über Laufbahngruppen, außerdem für Daten über Freistellungen, für Daten über die Teilnehmer an Schulungs- und Bildungsveranstaltungen sowie für Listen über zu benennende Beisitzer in Einigungsstellen (Lorenzen u. a., § 68 Anm. 66). Dabei ist zu betonen, dass auch die Personalvertretung ihrerseits selbstverständlich die Individualrechte der Beschäftigten zu berücksichtigen hat (§§ 33 bis 35 BDSG). Der Personalvertretung obliegt im Übrigen die Aufgabe, den internen Datenschutzbeauftragten dahingehend zu überprüfen, ob er seinen gesetzlichen Aufgaben gerade im Bereich des „Arbeitnehmerdatenschutzes" ordnungsgemäß nachkommt (Gola, ZfPR 1997, 94, 95).

d) Die öffentlichen Stellen des Bundes haben einen Beauftragten für den Datenschutz schriftlich zu bestellen (§ 4 f BDSG). Dieser wirkt auf die Einhaltung des Bundesdatenschutzgesetzes und anderer Datenschutzvorschriften hin (§ 4 g BDSG). Zum **Datenschutzbeauftragten** kann auch ein Personalratsmitglied bestellt werden, obwohl hier Interessenkonflikte schon deshalb nicht auszuschließen sind, weil die Personalvertretung nach § 68 Abs. 1 auf eine ordnungsgemäße Wahrnehmung der Aufgaben durch den behördlichen Datenschutzbeauftragten zu achten hat (Lorenzen u. a., § 68 Anm. 58). Eine möglichst enge Zusammenarbeit zwischen Personalvertretung und Datenschutzbeauftragten empfiehlt sich angesichts der Aufgabenkongruenz (Wohlgemuth, BB, 1995, 673). Infolgedessen können Personalvertretungen und Datenschutzbeauftragte auch gemeinsam im Interesse einer möglichst umfassenden datenschutzrechtlichen Regelung gegenüber einem Dienststellenleiter insoweit initiativ werden, als sie die Erhebung personenbezogener Daten u. a. alleine zur Begründung, Durchführung, Beendigung oder Abwicklung eines Beschäftigungsverhältnisses oder zur Durchführung organisatorischer, personeller und sozialer Maßnahmen der Personalplanung und des Personaleinsatzes, soweit im Interesse der Dienstaufgaben erforderlich, vorschlagen und gleichzeitig empfehlen zu prüfen, ob dadurch schutzwürdige Belange von Betroffenen beeinträchtigt oder Rechtsvorschriften verletzt werden. 59

e) Allerdings wird man einem **internen Datenschutzbeauftragten kein Kontrollrecht gegenüber der Personalvertretung** einräumen können. Ein solches Kontrollrecht wäre mit dem vom Personalvertretungsgesetz vorgegebenen Gedanken der Unabhängigkeit und Weisungsfreiheit der Personalvertretung unvereinbar. Der interne Datenschutzbeauftragte nämlich nimmt keine neutrale Position zwischen Dienststellenleiter und Personalvertretung ein, sondern erfüllt Aufgaben des Dienstherrn. Zwar ist er von fachlichen Weisungen unabhängig, kann seinerseits aber keine eigenen Maßnahmen zum Datenschutz ergreifen (vgl. für das BetrVG: BAG v. 11. 11. 1997, BB 1998, 897 = DB 1998, 627 = ZBVR 1998, 34; Fitting u. a., § 1 Anm. 214; Simitis, NJW 1998, 2395; Weidemann, ZBVR 1998, 74; ders., ZfPR 1999, 31; Wolber, PersR 1998, 420; aA Leuze, ZTR 2003, 167). Infolgedessen wären Kontrollmaßnahmen des Datenschutzbeauftragten letztlich dem Dienststellenleiter zuzurechnen, zumal er den Datenschutzbeauftragten auswählt und bestellt (vgl. § 36 Abs. 1 BDSG). Würde dem Datenschutzbeauftragten, dem die Aufgabe obliegt, die Ausführung des BDSG „sicherzustellen", gegenüber der Personalvertretung ein Kontrollrecht zuwachsen, dann würde er praktisch an die Stelle des Dienststellenleiters, dem die Verantwortung für einen ordnungsgemäßen Datenschutz innerhalb seiner Dienststelle obliegt, treten. Wegen dieser Verantwortung ist der Dienststellenleiter auch berechtigt, dem Datenschutzbeauftragten Prüfaufträge zu erteilen, so dass einem Dienststellenleiter über die Person des Datenschutzbeauftragten schließlich die Verantwortung auch für die Rechtmäßigkeit der Amtsführung der Personalvertretung obliegen würde. Dies bedeutet nicht, dass sich eine Personalvertretung, die ihrerseits personenbezogene Daten verarbeitet, im rechtsfreien Raum bewegen würde und keinerlei Kontrolle unterworfen wäre. Ihr 59a gegenüber bestehen Kontrollbefugnisse der Aufsichtsbehörde nach § 38 BDSG (vgl. für das BetrVG: BAG v. 11. 11. 1997, aaO; für das Personalvertretungsrecht ausdrücklich offen gelassen: BVerwG v. 4. 9. 1990, Leits. ZBR 1991, 58 = PersV 1991, 83 = ZfPR 1990, 180; aA Simitis u. a., § 29 Anm. 17; Gola, ZfPR 1997, 94; vgl. auch Gola/Jaspers, RDV 1998, 47; Wohlgemuth, BB 1995, 673; wie hier [entgegen der früheren Auflage] vgl. auch: Lorenzen u. a., § 68 Anm. 67 ff. sowie die Meinung des Hessischen Datenschutzbeauftragten, RDV 2000, 87). Unabhängig davon, ob man nun ein Kontrollrecht des Datenschutzbeauftragten gegenüber der Personalvertretung bejaht, sollte im Interesse des informationellen Selbstbestimmungsrechts eine regelmäßige gegenseitige Information vereinbart werden. Dienststelle und Personalvertretung sollten eine Dienstvereinbarung über die Verwendung personenbezogener Beschäftigtendaten abschließen, der Datenschutzbeauftragte sollte beratend beteiligt werden. Die Personalvertretung könnte sich ein eigenes Datenschutzkonzept geben (vgl. Bekanntm. des Innenministeriums Baden-Württemberg, Staatsanzeiger Nr. 1/2 v. 4. 1. 1995, Hinweis Nr. 33), das mit dem Datenschutzbeauftragten abgestimmt werden sollte (vgl. auch Simitis u. a., § 3 Anm. 236).

60 3. Der Personalvertretung steht generell **kein Zugriffsrecht auf eine Personaldatei der Dienststelle** zu. In einer solchen Datei sind im allgemeinen u. a. Titel, Name, Geburtsname, Geschlecht, Trennungsgeldempfänger, Laufbahngruppe, Laufbahnwechsel, Zulagengewährung, Funktionen, Qualifikationen, Teilnahme an Lehrgängen gespeichert. Wenn eine Personalvertretung über ein Bildschirmgerät diese Daten lesen, sortieren und ausdrucken lassen kann, würde darin ein unbeschränktes Zugriffsrecht auf Personaldaten liegen, das mit Abs. 2 Satz 3, wonach Personalakten nur mit Zustimmung des Betroffenen eingesehen werden dürfen, unvereinbar wäre; denn nach § 90 Abs. 1 Satz 2 BBG gehören zu einer Personalakte alle Unterlagen (einschließlich der in Dateien gespeicherten), die den Beamten betreffen, soweit sie mit seinem Dienstverhältnis in einem unmittelbaren inneren Zusammenhang stehen. Die Regelung, wonach Personalakten von Mitgliedern der Personalvertretung nur mit Zustimmung des Betroffenen eingesehen werden dürfen, gilt nicht nur für die Personalakte insgesamt, sondern auch für einzelne ihrer Bestandteile (vgl. auch Anm. 58).

60a 4. Eine Personalvertretung ist berechtigt, sich durch den **Bundesbeauftragten für den Datenschutz** beraten zu lassen, wenn es um allgemeine Fragen und Informationen über Informations- und Kommunikationstechniken, über Verfahren und Missstände geht. Vor allen Dingen im Zusammenhang mit der Einführung von automatisierten Personaldatenverarbeitungssystemen wird man einer Personalvertretung im Hinblick auf ihr nach § 75 Abs. 3 Nr. 17 bestehendes Mitbestimmungsrecht die Möglichkeit einräumen müssen, den Bundesbeauftragten für den Datenschutz einzuschalten, ohne dass dies als Verstoß gegen § 66 Abs. 3 (grundsätzliches Verbot zur Einschaltung außenstehender Stellen) zu werten ist (Lorenzen u. a., § 68 Anm. 60). Hat die Dienststelle sich ihrerseits beim Bundesbeauftragten für den Datenschutz um Klärung datenschutzrechtlicher Probleme bemüht, so hat sie die Personalvertretung bei Einleitung eines entsprechenden Mitbestimmungsverfahrens über die eingeholte Stellungnahme zu informieren (BVerwG v. 8. 11. 1989, BVerwGE 84, 58 = PersV 1990, 342 = ZfPR 1990, 86).

60b 5. Die **private Nutzung von Internet, Intranet und E-Mail** kann den Beschäftigten in einzelnen Dienststellen gestattet sein. In diesem Fall hat der Dienststellenleiter die Personalvertretung über die entsprechende Hard- und Software rechtzeitig und umfassend zu informieren, zumal die Protokollierung und Auswertung entsprechender Nutzungsaktivitäten dem Mitbestimmungsrecht nach § 75 Abs. 3 Nr. 17 unterliegt (Lorenzen, u. a., § 68 Anm. 53a; vgl. hierzu auch: Orientierungshilfe der Datenschutzbeauftragten des Bundes und der Länder v. 7./8. 3. 2002, ZfPR 2002, 153 sowie Süllwold, ZfPR 2003, 276).

XI. Streitigkeiten

Streitigkeiten über Meinungsverschiedenheiten in bezug auf die Befugnisse der Personalvertretung nach dieser Vorschrift entscheiden die Verwaltungsgerichte nach § 83 Abs. 1 Nr. 3. Da die Vorschriften des Personalvertretungsgesetzes eine Verpflichtung zur Vorlage von Unterlagen oder zur Unterrichtung der Personalvertretung festlegen und ihr gleichzeitig einen Anspruch auf Erfüllung dieser Verpflichtung gewähren, kann sie bei einem Verwaltungsgericht Antrag auf Feststellung der Verpflichtung des Dienststellenleiters zur Vorlage von Unterlagen stellen. Dabei kann es um Umfang, Art und Form der Unterrichtung gehen. Soweit ein Dienststellenleiter schon mit der Durchführung der beabsichtigten Maßnahme ohne hinreichende Unterrichtung der Personalvertretung begonnen haben sollte, kann diese ein **einstweiliges Verfügungsverfahren** einleiten, wobei allerdings Voraussetzung ist, dass dieses Verfahren zur Vermeidung unzumutbarer Rechtsnachteile (drohender Vollzug einer mitbestimmungspflichtigen Maßnahme) notwendig ist (OVG Münster v. 17. 2. 2003, PersR 2003, 2002; OVG Magdeburg v. 27. 10. 2006, PersR 2007, 31). Ein Antrag auf Feststellung der Rechte hinsichtlich künftiger Maßnahmen muss diese Maßnahmen konkret umschreiben, damit der Entscheidung entnommen werden kann, wann die Rechte der Personalvertretung gegeben sind (vgl. für das BetrVG: BAG v. 17. 5. 1983, BAGE 42, 366 = BB 1983, 1984 = DB 1983, 1986). Im Übrigen löst eine Verletzung der Geheimhaltungspflicht durch Mitglieder der Personalvertretung die Folgen des § 28 aus. Die Verletzung der Geheimhaltungspflicht durch Beschäftigte zieht Disziplinarmaßnahmen nach sich. Dem durch Geheimnisverletzung Geschädigten kann ein verwaltungsrechtlicher Schadensersatzanspruch gegen die Behörde und ein zivilrechtlicher Anspruch aus unerlaubter Handlung gegen den Täter erwachsen. 61

Schrifttum: Beckschulze, Internet, Intranet- und E-Mail-Einsatz am Arbeitsplatz-Rechte der Beteiligten und Rechtsfolgen bei Pflichtverletzungen, DB 2003, 2777; Blanke, Beteiligungsrechte der Personalvertretung bei Privatisierung, PersR 2000, 43; Boehmke/Ankersen, Telearbeit und Betriebsverfassung, BB 2000, 2249; Brinks, Der Umfang des Informationsanspruchs der Personalvertretung bei der Zahlung von Leistungszulagen, ZTR 1994, 54; Franke, Informationstechniken der Personalratsarbeit, ZfPR 2004, 90; Gerhold, Zum Verhältnis zwischen Personalvertretung und behördlichem Datenschutzbeauftragten, in: Festgabe für Dr. Uwe Lorenzen, von Etzel, Gerhold, Schlatmann, Rehak, Faber; Beilage zum BPersVG-Kommentar, 2007; Goeres, Die Handlungsmöglichkeiten der Personalvertretung zugunsten der Schwerbehinderten, PersV 1997, 149; ders., Zum Umfang der Initiativrechte nach § 70 BPersVG und zur teleologischen Symmetrie als Voraussetzung für ihre Ausübungen, PersV 2008, 4; Gola, Zum Datenschutz der Beschäftigten gegenüber den Betriebs- und Personalräten, DuD 1987, 449; ders., Zur Entwicklung des Datenschutzrechts im Jahre 1987, NJW 1988, 1637; ders., EDV für den Personalrat, PersR 1990, 33; ders. Mitarbeitervertretung und Datenschutzbeauftragter-Kontrolle und/oder Kooperation beim Personaldatenschutz? ZfPR 1997, 94; Gola-Jaspers, Von der Unabhängigkeit des betrieblichen Datenschutzbeauftragten, RDV 1998, 47; Gola-Wronka, Arbeitnehmerdatenverarbeitung beim Betriebs-/Personalrat und der Datenschutz, NZA 1991, 790; Gronimus, Reichweite der Unterrichtungsansprüche des Personalrats, PersV 2005, 377; Ilbertz, Der Informationsanspruch der Personalvertretung – eine Erwiderung auf Lecheler, PersV 1983, 177; ders., Wo sich die Personalvertretung informieren kann, ZfPR 1989, 147; Jacob, Arbeitnehmerdatenschutz, ZfPR 2002,148; ders., Datenschutzrechtliche Aspekte einer Novellierung des Personalvertretungsrechts, ZfPR 2003, 210; Jobs-Rauschenberg, Der Anspruch des Betriebsrats auf einen Sachverständigen, RDV 1990, 77; Jürgens, Zum allgemeinen Überwachungsrecht des Personalrats, DÖD 1960, 109; Kersten, Personalvertretung und Computer – Rechtsprobleme der computergestützten Datenverarbeitung durch Personalvertretungen –, PersV 2001, 307; Köpp, Umfang und Zeitpunkt der Vorlage von Unterlagen bei Mitbestimmung und Mitwirkung, PersV 1980, 1; Krenz, Das Informationsrecht des Personalrates, PersR 2007, 234; Krichel, Zur EDV-Nutzung durch den Betriebsrat, NZA 1989, 668; Kröll, Neuregelung der Teilzeitarbeit und Befristung – auch ein Handlungsfeld für Personalräte, PersR 2001, 179; Kruse, Das Informationsrecht der Personalvertretung, PersR 1993, 64; Küpper/Quardi, Handlungsmöglichkeiten des Personalrats bei Privatisierungen, ZfPR 2008, 52; Kunze, Umfang der Informationspflicht der Dienststelle bei Einstellungen, PersV 1979, 271; ders., Handlungsmöglichkeiten der Personalräte im Zusammenhang mit der Vereinbarkeit von Familie und Beruf, ZfPR 1997, 133; ders., Der Informationsanspruch der einzelnen Personalratsmitglieder, ZfPR 2003, 248; Kunze, Gespräche des Personalrats oder einzelner Mitglieder mit Beschäftigten zu Informationszwecken, PersV 2007, 440; Lecheler, Der Informationsanspruch der Personalvertretung an der Hochschule, PersV 1982, 441; ders., Zum Informationsanspruch der Personalvertretung – Schlusswort, PersV 1983, 183; Leege, Anwesenheit des Arbeitgebers bei der Einsichtnahme des Betriebsrats in Lohn- und Gehaltslisten, BB 1996, 479; Lorenzen, Bundesdatenschutzgesetz und Personalvertretung, PersV 1979, 305; Lorse, Die leistungsbezogenen Bezahlungselemente des Dienstrechtsreformgesetzes, RiA 2000, 219d; Ludwig, Anregungen und Beschwerden von Beschäftigten gem. § 68 Abs. 1 Nr. 3 BPersVG, Bundeswehrverwaltung 1979, 218; Mayer, Informationsanspruch des Personalrates gegenüber der Dienststelle und des Personalratsmitglieds gegenüber dem Vorstand des Personalrats, PersV 1978, 28; Neef, Vorlage von Bewerbungsunterlagen an den Betriebsrat, BB 1973, 988; Pakirnus, Handlungsmöglichkeiten des Personalrats zur Gleichstellung ausländischer Arbeitsnehmer, PersR 1995, 193; Pull, Entgegennahme und Behandlung von Beschwerden durch den Personalrat, PersV 1967, 196; Rothländer, Die Vorlage von Verwaltungs-Vorgängen im Personalvertretungsrecht, Der Deutsche Beamte 1963, 119; Sabottig, Zur Unterrichtung des Personalrats über die Gewährung von Leistungszulagen im Bereich der Deutschen Bundespost, PersR 1994, 319; Schierbaum, Der behördliche Datenschutzbeauftragte – eine obligatorische Institution mit der Umsetzung der EG-Datenschutzrichtlinie, PersR 1998, 259; ders., Datenschutz bei Internet- und E-Mail-Nutzung – Handlungsmöglichkeiten von Personalräten, PersR 2000, 499; Schlatmann, Bundespersonalvertretungsgesetz und 2. Gleichberechtigungsgesetz, PersV 1996, 1; ders., Die Beteiligung der Personalvertretung bei der Vergabe von Leistungsbezahlungselementen, ZTR 1998, 54; Schnellenbach, Zum Nachschieben von Gründen in Verfahren der Mitbestimmung nach Bundesrecht, PersV 1991, 289; Schnupp, Beschwerden an den Personalrat, PersV 1969, 50; Schütz, Das Beschwerderecht der Beamten, PersV 1970, 33; Seemann, Die Personalvertretung als Instrument verwaltungsinterner Kontrolle, PersV 1983, 305; Seibel, Der Beitrag des Personalrats bei der Eingliederung Schwerbehinderter, PersR 2004, 303; Simitis, Schutz von Arbeitnehmerdaten, Regelungsdefizite – Lösungsvorschläge, Forschungsbericht 31 des Bundesministers für Arbeit und Sozialordnung, Bonn, August 1980; ders., Die betrieblichen Datenschutzbeauftragten – Zur notwendigen Korrektur einer notwendigen Kontrollinstanz, NJW 1998, 2395; Süllwold, Nutzung der neuen Informations- und

Kommunikationstechniken Intranet, E-Mail und Internet durch die in der Dienststelle/im Betrieb vertretenen Gewerkschaften, ZfPR 2003, 276; Vogelgesang, Tendenzen in der neueren Rechtsprechung des Bundesverwaltungsgerichts zum Personalvertretungsrecht, ZTR 2003, 366; ders., Der Wandel in der Rechtsprechung des Bundesverwaltungsgerichts – ein Spiegelbild der Entwicklung des Personalvertretungsrechts, PersV 2005, 326; ders., Hat der Bundesgesetzgeber die Pflicht zur Umsetzung der Informationsrichtlinie 2002/14/EG zu Recht verstreichen lassen?, PersV 2006, 364; Welkoborsky, Zu den Voraussetzungen einer effektiven Mitbestimmung, PersR 1989, 220; Stupka, „Umfassende Information" – ein zentrales Spannungsfeld der Praxis, PersV 1987, 278; Wahlers, Informationsrecht und Schweigepflicht des Personalrats, PersV 1986, 393; ders., Zum Informationsrecht des Personalrats 1994, 201; Wahsner, Zum Recht des Personalrats auf Arbeitsplatzbesuche und Gespräche am Arbeitsplatz, PersR 1986, 126; ders., Zum Recht der Personalräte, Räumlichkeiten und Arbeitsplätze der Dienststelle zu inspizieren und mit Beschäftigten am Arbeitsplatz zu sprechen, RiA 1986, 73; Wedde, Telearbeit – eine neue Arbeitsform im öffentlichen Dienst ZfPR 1998, 18 und ZfPR 1998, 57; Weidemann, Kontrollbefugnis des Datenschutzbeauftragten bei Betriebs- und Personalräten, ZBVR 1998, 74 und ZfPR 1999, 31; Widmaier, Zur Neufassung des Jugendarbeitsschutzgesetzes unter Berücksichtigung des öffentlichen Dienstes, PersV 1976, 268; ders., Anmerkung zu BVerwG v. 11. 2. 1981 – 6 P 44.79, PersV 1981, 323; Windscheid, Zur Frage des Auskunftsrechts des Personalrats, ZBR 1958, 305; ders., Der Anspruch des Personalrats auf Vorlage von Unterlagen, PersV 1961, 121; ders., Das Initiativrecht des Personalrats, PersV 1964, 217; Wolber, Beteiligungsrechte einer Personalvertretung im Bereich der Datenverarbeitung, PersV 1980, 177; ders., Keine Kontrolle der Personalvertretung durch den behördeninternen Datenschutzbeauftragten, PersR 1998, 420; Wohlgemuth, Mitwirkung des Datenschutzbeauftragten beim Arbeitnehmerdatenschutz, BB 1995, 673; Wolber, Die Nicht-Schwerbehinderten als besondere Zielgruppe des Personalrates, PersV 2003, 214.

Zweiter Abschnitt **Formen und Verfahren der Mitbestimmung und Mitwirkung**

§ 69 [Mitbestimmungsverfahren]

(1) Soweit eine Maßnahme der Mitbestimmung des Personalrats unterliegt, kann sie nur mit seiner Zustimmung getroffen werden.

(2) Der Leiter der Dienststelle unterrichtet den Personalrat von der beabsichtigten Maßnahme und beantragt seine Zustimmung. Der Personalrat kann verlangen, dass der Leiter der Dienststelle die beabsichtigte Maßnahme begründet; der Personalrat kann außer in Personalangelegenheiten auch eine schriftliche Begründung verlangen. Der Beschluss des Personalrates über die beantragte Zustimmung ist dem Leiter der Dienststelle innerhalb von zehn Arbeitstagen mitzuteilen. In dringenden Fällen kann der Leiter der Dienststelle diese Frist auf drei Arbeitstage abkürzen. Die Maßnahme gilt als gebilligt, wenn nicht der Personalrat innerhalb der genannten Frist die Zustimmung unter Angabe der Gründe schriftlich verweigert. Soweit dabei Beschwerden oder Behauptungen tatsächlicher Art vorgetragen werden, die für einen Beschäftigten ungünstig sind oder ihm nachteilig werden können, ist dem Beschäftigten Gelegenheit zur Äußerung zu geben; die Äußerung ist aktenkundig zu machen.

(3) Kommt eine Einigung nicht zustande, so kann der Leiter der Dienststelle oder der Personalrat die Angelegenheit binnen sechs Arbeitstagen auf dem Dienstwege den übergeordneten Dienststellen, bei denen Stufenvertretungen

bestehen, vorlegen. In Körperschaften, Anstalten oder Stiftungen des öffentlichen Rechtes ist als oberste Dienstbehörde das in ihrer Verfassung für die Geschäftsführung vorgesehene oberste Organ anzurufen. In Zweifelsfällen bestimmt die zuständige oberste Bundesbehörde die anzurufende Stelle. Absatz 2 gilt entsprechend. Legt der Leiter der Dienststelle die Angelegenheit nach Satz 1 der übergeordneten Dienststelle vor, teilt er dies dem Personalrat unter Angabe der Gründe mit.

(4) Ergibt sich zwischen der obersten Dienstbehörde und der bei ihr bestehenden zuständigen Personalvertretung keine Einigung, so entscheidet die Einigungsstelle (§ 71); in den Fällen des § 77 Abs. 2 stellt sie fest, ob ein Grund zur Verweigerung der Zustimmung vorliegt. Die Einigungsstelle soll binnen zwei Monaten nach der Erklärung eines Beteiligten, die Entscheidung der Einigungsstelle herbeiführen zu wollen, entscheiden. In den Fällen der §§ 76, 85 Abs. 1 Nr. 7 beschließt die Einigungsstelle, wenn sie sich nicht der Auffassung der obersten Dienstbehörde anschließt, eine Empfehlung an diese. Die oberste Dienstbehörde entscheidet sodann endgültig.

(5) Der Leiter der Dienststelle kann bei Maßnahmen, die der Natur der Sache nach keinen Aufschub dulden, bis zur endgültigen Entscheidung vorläufige Regelungen treffen. Er hat dem Personalrat die vorläufige Regelung mitzuteilen und zu begründen und unverzüglich das Verfahren nach den Absätzen 2 bis 4 einzuleiten oder fortzusetzen.

Inhaltsübersicht

Entspr. landesgesetzliche Regelungen:
Baden-Württemberg: § 69; Bayern: Art. 70; Berlin: §§ 79, 80; Brandenburg: § 61; Bremen: §§ 58, 59, 60; Hamburg: §§ 79, 80, 81; Hessen: §§ 69, 70; Mecklenburg-Vorpommern: § 62; Niedersachsen: §§ 64, 68, 70; Nordrhein-Westfalen: § 66, § 68; Rheinland-Pfalz: § 74; Saarland: § 73, § 75; Sachsen: § 79; Sachsen-Anhalt: §§ 61, 62; Schleswig-Holstein: § 52, § 54 Abs. 4, § 55; Thüringen: § 69.

Entspr. Vorschrift des BetrVG: §§ 74 ff.

I. Allgemeines

1. Der **Bundesgesetzgeber** hat bisher aus dem Beschluss des **BVerfG v. 24. 5. 1995** (s. hierzu vor § 66 Anm. 1a) und der seitdem ergangenen Rechtsprechung des **BVerwG** (vgl. z. B. BVerwG v. 24. 4. 2002 – 6 P 4.01, PersV 2002, 542 = ZfPR 2002, 294; BVerwG v. 24. 4. 2002 – 6 P 3.01, BVerwGE 116, 216 = ZBR 2003, 105 = PersV 2002, 546 = ZfPR 2002, 235) zur verfassungskonformen Anwendung der vollen Mitbestimmung **keine Konsequenzen** gezogen. Das BVerwG löst die verfassungsrechtliche Problematik mit Hilfe des Begriffs der „planwidrigen Lücke“. Diese ist dadurch zu schließen, dass die nicht verfassungskonformen Vorschriften des § 69 Abs. 4 Satz 1, erster Satzteil i. V. m. § 75 Abs. 1, 3 Nr. 10, 14, 17 letztlich entgegen dem Wortlaut ausgelegt und angewandt werden mit der Folge, dass die Einigungsstelle nur eine Empfehlung an die parlamentarisch verantwortliche Exekutive ausspricht (vgl. auch Fischer u. a., § 69 Anm. 3 a, 5). Das 1

BVerwG trägt hierdurch bis zur Anpassung der gesetzlichen Vorschrift an die Verfassungslage zur Rechtssicherheit bei (Büge, PersR 2003,171; Fischer u.a., § 69 Anm. 3a; Richardi u.a., vor § 69 Anm. 13; aA u. deshalb ablehnend: Blanke, ZfPR 2003, 239; Wahlers, PersV 2003, 18; Vogelgesang, ZfPR 2003, 194; vgl. auch Anm. 33a). § 69 regelt das **Verfahren der Beteiligung in den der Mitbestimmung unterliegenden Angelegenheiten.** Die Mitbestimmung ist die stärkste Form der Beteiligung der Personalvertretung. Das Wesen der Mitbestimmung liegt darin, dass bei Nichteinigung zwischen der Dienststelle und der Personalvertretung in aller Regel die Einigungsstelle letztentscheidend zu Wort kommt (§ 69 Abs. 4 Satz 1 Halbs. 1; BVerwG v. 9. 7. 1980, PersV 1981, 369). Die Entscheidungsbefugnis der Einigungsstelle ist in § 69 als uneingeschränkte und eingeschränkte Beteiligung geregelt. In den weitaus meisten der Mitbestimmung unterliegenden Angelegenheiten (§ 75 Abs. 2, 3 und 4) steht dem Leiter der Dienststelle die **Peronalvertretung als uneingeschränkt gleichberechtigter Partner** gegenüber. Das schließt es aus, dass ein Partner den anderen zwingen kann, sich seiner rechtlichen oder sachlichen Auffassung im Vorfeld der Entscheidung der Einigungsstelle anzuschließen. Dem Dienststellenleiter ist grundsätzlich nicht gestattet, ein Verfahren auf der Grundlage seiner rechtlichen Entscheidung abzubrechen und die Maßnahme gegen den Willen der Personalvertretung durchzuführen (BVerwG v. 12. 3. 1986, BVerwGE 74, 100 = ZBR 1986, 310 = PersV 1986, 417; BVerwG v. 18. 4. 1986, ZBR 1986, 308 = PersV 1987, 157). Ohne die (vorherige) Zustimmung der Personalvertretung kann der Leiter der Dienststelle eine von ihm beabsichtigte Maßnahme, die unter den Mitbestimmungskatalog fällt, nicht durchführen (BVerwG v. 15. 11. 1995, Leits. ZBR 1996, 220 = PersV 1996, 453 = ZfPR 1996, 83). Im Konfliktfall entscheidet die Einigungsstelle – im Gegensatz zu den der eingeschränkten Mitbestimmung unterliegenden Angelegenheiten – für beide Seiten verbindlich. In den Fällen der § 76, § 85 Abs. 1 Nr. 7 kann die Einigungsstelle nur eine Empfehlung aussprechen, an die die oberste Dienstbehörde aber nicht gebunden ist (eingeschränkte Mitbestimmung; vgl. im Übrigen vor § 66). Da die oberste Dienstbehörde endgültig entscheidet (§ 69 Abs. 4 Satz 4), d. h. ggf. auch abweichend von der Empfehlung der Einigungsstelle, handelt es sich um eine Beteiligungsform, die zu Recht „ein besonders strukturiertes Mitwirkungsrecht" genannt wird (Richardi u. a., § 69 Anm. 100). In den Fällen des § 75 Abs. 1 und des § 76 Abs. 1 kann die Personalvertretung nur aus einer begrenzten Anzahl von Gründen die Zustimmung verweigern (§ 77 Abs. 2). Schließlich unterliegt das Mitbestimmungsrecht weiteren Einschränkungen insoweit, als in den Fällen des § 75 Abs. 2 Satz 1 und § 76 Abs. 2 Satz 2 ein Antrag des betroffenen Beschäftigten auf Beteiligung der Personalvertretung vorliegen muss. Wenn eine beabsichtigte Maßnahme mehrere Beteiligungstatbestände erfüllt, die unterschiedliche Beteiligungsrechte (Mitbestimmungs- und Mitwirkungsrechte) auslöst, so kommt jedenfalls dann nur das eingeschränkte Mitwirkungsrecht in Betracht, wenn der Gesetzgeber den in Form des Mitwirkungsrechts ausgestalteten Beteiligungstatbestand zu denjenigen Entscheidungen gezählt hat, „die wegen ihrer Auswirkungen auf das Gemeinwesen wesentlicher Bestandteil der Regierungsgewalt sind" (§ 104; BVerwG v. 7. 2. 1980, ZBR 1981, 72 = PersV 1980, 239; vgl. auch hierzu vor § 66 Anm. 1a, § 71 Anm. 2 sowie Einl. Anm. 53, 53a).

2 2. Wenn die Personalvertretung die Zustimmung zu einer mitbestimmungspflichtigen Maßnahme verweigert und die Einigungsstelle angerufen worden ist, so **darf die Dienststelle die beabsichtigte Maßnahme vor der Entscheidung der Einigungsstelle nicht durchführen** (Ausnahme: Abs. 5). Bei personellen Maßnahmen ist der Leiter der Dienststelle an der Durchführung einer

Maßnahme (z. B. Einstellung, Beförderung) gehindert, wenn die Verweigerung der Zustimmung wegen Benachteiligung anderer Beschäftigter (§ 77 Abs. 2 Nr. 2) auf Tatsachen gestützt wird, die die Besorgnis einer Benachteiligung begründen. Der Dienststellenleiter kann die sachliche Erfolgsaussicht nicht abschließend bewerten; denn andernfalls würde er das Einigungsverfahren unterbinden und das Mitbestimmungsverfahren letztlich sinnlos machen (VG Köln v. 29. 3. 1978, PersV 1979, 199; vgl. hierzu vor allem § 77 Anm. 15). Vielmehr ist die Dienststelle zur Durchführung der von ihr beabsichtigten Maßnahme erst dann berechtigt, wenn das Verfahren nicht zugunsten der Personalvertretung ausgegangen ist. Dies ist vor allen Dingen im Zusammenhang mit unwiderruflichen Entscheidungen (z. B. Einstellungen oder Beförderungen) zu beachten (VG Berlin v. 13. 1. 1975, ZBR 1975, 428). Wenn allerdings Streit darüber besteht, ob es sich im konkreten Fall um eine der Mitbestimmung unterliegende Maßnahme handelt, dann kann der Dienststellenleiter seiner Überzeugung folgen und die Maßnahme als mitbestimmungsfrei behandeln (VGH München v. 1. 7. 1987, Leits. PersR 1988, 111). Die Personalvertretung kann die strittige Frage im personalvertretungsrechtlichen Beschlussverfahren durch das Verwaltungsgericht klären lassen (BVerwG v. 25. 8. 1986, ZBR 1987, 60 = PersV 1987, 287; BVerwG v. 2. 2. 1990, PersR 1990, 114; § 71 Anm. 4; VGH Kassel v. 29. 3. 1989, PersV 1990, 176; Dannhäuser, PersV 1990, 145; vgl. im Übrigen Anm. 1).

II. Einzelne Verfahrensschritte

1. Das Gesetz geht in Abs. 2 Satz 1 davon aus, dass die **Initiative** zu mitbestimmungsbedürftigen Maßnahmen grundsätzlich vom Dienststellenleiter ergriffen wird, jedoch kann auch die Personalvertretung initiativ werden (§ 70). Zur allgemeinen Vertretung des Dienststellenleiters sind in diesem Rahmen nur die in § 7 Sätze 2 und 3 bezeichneten Personen befugt. Dadurch nämlich soll gewährleistet sein, dass der Personalvertretung ein Partner gegenübertritt, der sowohl über umfassende Sachkenntnisse als auch über Entscheidungsbefugnisse verfügt, auf die es im Rahmen eines Mitbestimmungsverfahrens ankommt. Soweit eine zur Vertretung des Dienststellenleiters nicht berechtigte Person ein Mitbestimmungsverfahren einleitet, leidet dieses an einem Rechtsmangel (BVerwG v. 26. 8. 1987, BVerwGE 78, 72 = ZBR 1988, 101 = PersV 1988, 488; BVerwG v. 26. 8. 1987 – 6 P 15.86 – Buchholz 250 § 7 Nr. 2). Die Personalvertretung verliert ihr Rügerecht dann, wenn sie auf den Verfahrensmangel nicht innerhalb der Ausschlussfrist von zehn Arbeitstagen (Abs. 2 Satz 3) hinweist. In keinem Fall wird aber ein durch einen unzuständigen Vertreter des Dienststellenleiters eingeleiteter Verwaltungsakt durch fristgemäße Zustimmung der örtlichen Personalvertretung oder einer Stufenvertretung geheilt (VGH Kassel v. 1. 4. 1987, Leits. PersR 1988, 168). Einem Dienststellenleiter sind mitbestimmungspflichtige Maßnahmen auch dann zuzurechnen, wenn er von dem entsprechenden Handeln eines zu seiner Vertretung nicht befugten Beschäftigten nichts gewusst, er also die Maßnahmen nicht gewollt und nicht veranlasst hat (aA BVerwG v. 15. 11. 1995, Leits. ZBR 1996, 222 = PersV 1996, 453 = ZfPR 1996, 83; Lorenzen u. a., § 69 Anm. 13 b). Der gegenteiligen Auffassung könnte nur dann zugestimmt werden, wenn die Personalvertretung dies hätte erkennen können. Ist dies nicht der Fall, dann kann es schon vom Schutzzweck des Mitbestimmungsrechts gesehen nicht angehen, dass eine von nicht dazu befugten Beschäftigten veranlasste mitbestimmungspflichtige Maßnahme dem Dienststellenleiter „personalvertretungsrechtlich grundsätzlich nicht zuzurechnen“ ist. Gerade aber in den Fällen, in denen ohne besonderes zusätzliches Tun eine mitbestimmungspflichtige Maßnahme ausgelöst wird 3

(Weiterbeschäftigung einer Angestellten nach dem Ende eines befristeten Arbeitsvertrages), muss die zuständige Personalvertretung davon ausgehen, dass – zumindest stillschweigend – die Zustimmung des Dienststellenleiters vorliegt, so dass ihm die Maßnahme direkt zuzurechnen ist (so im Ergebnis auch: OVG Münster v. 20. 3. 1997, Leits. ZfPR 1997, 164).

4 2. Die dem Dienststellenleiter gegenüber der Personalvertretung obliegende Informationspflicht beginnt zu dem Zeitpunkt, zu dem er die Zustimmung zu einer der Mitbestimmung unterliegenden Maßnahme beantragt (VGH Mannheim v. 23. 2. 1996, Leits. ZBR 1997, 30). Die Notwendigkeit zur Unterrichtung der Personalvertretung folgt bereits aus dem Gebot der vertrauensvollen Zusammenarbeit (§ 2 Abs. 1). Durch die Unterrichtung sollen der Personalvertretung Kenntnisse verschafft werden, die zu einer sachgerechten Entscheidung über den Gegenstand der Mitbestimmung notwendig sind. Der Personalvertretung sind daher alle entscheidenden Gesichtspunkte bekanntzugeben, die für die Ausübung des Mitbestimmungsrechts bedeutsam sind. Mit dem Antrag auf Zustimmung hat daher der Dienststellenleiter der Personalvertretung alle erforderlichen Informationen zu geben, die für die Meinungs- und Willensbildung erforderlich sind. Geschieht dies nicht, dann ist eine entsprechende Vorlage unvollständig; die Personalvertretung kann die ihr obliegende Überwachungspflicht nicht sachgerecht ausüben, die Erklärungsfrist des Satzes 3 beginnt bei entsprechender, fristgemäßer Rüge der Personalvertretung nicht zu laufen (BVerwG v. 8. 11. 1989, BVerwGE 84, 71 = PersV 1990, 342 = ZfPR 1990, 86; vgl. Anm. 5). Die Unterrichtung kann mündlich geschehen, **Schriftform ist** aber **empfehlenswert,** weil die Mitteilung des Dienststellenleiters an die Personalvertretung, eine der Mitbestimmung unterliegende Maßnahme durchführen zu wollen, eine Frist in Lauf setzt. In jedem Fall aber muss deutlich sein, dass es sich um einen verbindlichen Zustimmungsantrag im Rahmen des gesetzlichen Mitbestimmungsverfahrens handelt. Diese Voraussetzung ist bei einer ohne Anschreiben erfolgenden Übermittlung eines Vorgangs nicht gegeben. Die Zustimmungsverweigerungsfrist nach Abs. 2 Satz 3 wird daher nicht in Lauf gesetzt (VGH Mannheim v. 4. 6. 1991, PersV 1992, 352).

5 3. a) Aus der Tatsache, dass das Gesetz für die Durchführung der Mitbestimmung die für die Mitwirkung festgelegte Forderung **der rechtzeitigen und eingehenden Erörterung mit dem Ziel der Verständigung** (§ 72 Abs. 1) nicht erwähnt, kann nicht gefolgert werden, dass es auf die Erörterung in den Fällen der Mitbestimmung verzichtet. Diese Erörterung ist vielmehr bei der stärkeren Beteiligungsform der Mitbestimmung ebenso notwendig wie in den Fällen der Mitwirkung (BVerwG v. 29. 8. 1975, BVerwGE 49, 144 = ZBR 1976, 124 = PersV 1976, 388). Satz 2 enthält daher mit Recht die an sich selbstverständliche Verpflichtung des Dienststellenleiters, auf Verlangen der Personalvertretung die beabsichtigte Maßnahme zu begründen. Diese Pflicht umfasst für den Dienststellenleiter die Notwendigkeit, die Personalvertretung mit allen Erwägungen und gegebenenfalls Unterlagen bekanntzumachen, die er bei seiner Meinungsbildung angestellt bzw. über die er verfügt hat. Infolgedessen hat er die Personalvertretung über fachliche und persönliche Voraussetzungen wie auch über soziale Gesichtspunkte zu informieren. Dies gilt vor allen Dingen dann, wenn man den sog. Versagungskatalog (§ 77 Abs. 2) in der Weise interpretiert, dass nur bei Vorliegen der im Einzelnen dort angeführten Tatbestände die Zustimmung zu einer personellen Maßnahme verweigert werden kann. Die Personalvertretung kann aber keine Auskünfte über das Zustandekommen des amtlichen Entschlusses zu der „beabsichtigten“ Maßnahme beanspruchen (OVG Münster v. 6. 12. 1990,

ZTR 1991, 262); denn wäre die Verwaltung verpflichtet, der Personalvertretung Informationen über etwaige verwaltungsinterne, möglicherweise kontroverse Erwägungen und Erörterungen zu geben, dann liefe dies „auf eine Kontrolle der Willensbildung der Verwaltung in deren innerem Bereich und damit auf eine Verwischung der Grenzlinien der gegenseitigen Zuständigkeiten hinaus“ (OVG Münster v. 16. 11. 1978, Leits. ZBR 1980, 131 = PersV 1980, 280). Wohl aber sind der Personalvertretung auch Unterlagen über „vorhandene Erkenntnisse oder eingeholte Auskünfte zur Eignung, Befähigung und fachlichen Leistung“ von Bewerbern zu geben, die aus einer Zusammenstellung oder internen Abwägung zu entnehmen sind, wenn diese Informationen sonst nicht zur Verfügung stehen (BVerwG v. 26. 1. 1994, BVerwGE 95, 73 = PersV 1994, 539 = ZfPR 1994, 76).

b) In den Fällen, in denen die Personalvertretung glaubt, **nicht ausreichend informiert** worden zu sein, kann sie die Zustimmung zu einer beabsichtigten Maßnahme verweigern. Allerdings kann die Personalvertretung dabei nicht lediglich abstrakt auf gesetzliche Unterrichtungspflichten eines Dienststellenleiters hinweisen. Vielmehr muss sie konkrete, fallbezogene Ausführungen machen, aus denen sich ergibt, dass der zuständige Dienststellenleiter über einzelne, für die beabsichtigte Maßnahme wesentliche Umstände nicht informiert hat (BVerwG v. 29. 1. 1996, PersV 1996, 465 = ZfPR 1996, 122; OVG Magdeburg v. 4. 8. 1998, ZfPR 2001, 79; vgl. auch Anm. 5 sowie § 68 Anm. 42). Wenn eine Personalvertretung in dieser Weise die Zustimmung zu einer beabsichtigten Maßnahme verweigert, dann beginnt die Frist nach Abs. 2 Satz 3 nicht zu laufen. Gleiches gilt dann, wenn sich der Leiter der Dienststelle in Personalangelegenheiten weigert, die von ihm beabsichtigte Maßnahme zu begründen (vgl. BVerwG v. 8. 11. 1989, BVerwGE 84, 71 = PersV 1990, 342 = ZfPR 1990, 86 m. Anm. v. Ilbertz; VGH Kassel v. 14. 12. 1988, ZfPR 1989, 145). In diesem Fall kann sich die Personalvertretung außerdem auf § 77 Abs. 2 Nr. 2 berufen, wenn dieser Umstand zusammen mit anderen Tatsachen die Besorgnis einer ungerechtfertigten Benachteiligung verstärkt. Im Falle eines rechtsmissbräuchlichen Vorgehens der Personalvertretung kann der Dienststellenleiter selbstverständlich von seinem Antragsrecht auf Ausschluss oder Auflösung nach § 28 Abs. 1 Satz 3 Gebrauch machen (vgl. auch BAG v. 5. 2. 1981, DB 1982, 1171). 6

4. a) Von einer **Maßnahme im personalvertretungsrechtlichen Sinne** kann immer nur dann gesprochen werden, wenn eine Handlung und Entscheidung in den Rechtsstand eines oder mehrerer Beschäftigten eingreift. Die Maßnahme selbst muss auf die Veränderung eines bestehenden Zustands gerichtet sein (BVerwG v. 16. 11. 1999, ZBR 2000, 277 = ZfPR 2000, 68). Nach Durchführung einer Maßnahme müssen die betreffenden Beschäftigungsverhältnisse oder die Arbeitsbedingungen geändert worden sein (vgl. u. a. BVerwG v. 18. 12. 1996, BVerwGE 104, 14 = PersV 1998, 485 = ZfPR 1997, 81; BVerwG v. 26. 1. 2000 – 6 P 2.99, BVerwGE 110, 287 = Leits. ZBR 2000, 321 = PersV 2000, 559 = ZfPR 2000, 197). Eine Maßnahme i. S. des Gesetzes ist daher immer dann beabsichtigt, sobald sich die Planung eines Dienststellenleiters zu einem Entschluss verdichtet hat, der die Veränderung eines bestehenden Zustandes und speziell bei personellen Maßnahmen eine unmittelbare Einwirkung auf das Dienst- oder Arbeitsverhältnis bezweckt (OVG Münster 21. 12. 1978, PersV 1980, 286; Windscheid, PersV 1972, 41). Dies ist bei einer Nichtverlängerung eines befristeten Arbeitsvertrags nicht der Fall, da lediglich bestätigt wird, dass die vertraglich vereinbarte Vertragsdauer eingehalten und nicht über den darin genannten Zeitpunkt 7

hinaus verlängert wird (BVerwG v. 29. 1. 2003 – 6 P 15.01, Leits. ZBR 2003, 217 = PersV 2003, 345 = Leits. ZfPR 2003, 236).

7a b) Als Maßnahme i. S. des Gesetzes kann aber nur jede Handlung und Entscheidung eines Dienststellenleiters angesehen werden, durch die er in eigener Zuständigkeit eine Angelegenheit der Dienststelle regeln will (BVerwG v. 12. 8. 1983, PersV 1985, 248; OVG Münster v. 29. 7. 1994, ZfPR 1995, 14). Entscheidend kommt es daher auf die **Eigenverantwortlichkeit eines Dienststellenleiters** an. Diese Eigenverantwortlichkeit ist auch dann gegeben, wenn das Handeln des Dienststellenleiters von internen Weisungen einer übergeordneten Dienststelle ganz oder teilweise bestimmt wird, sofern ihm nur ein eigener Gestaltungsspielraum hinsichtlich der vorgegebenen Maßnahme verbleibt. In diesem Fall nämlich ist ihm die Maßnahme im personalvertretungsrechtlichen Sinne zuzurechnen (BVerwG v. 10. 3. 1992, PersV 1992, 389 = ZfPR 1992, 107). Wenn allerdings ein Sachverhalt unmittelbar durch Gesetz oder Tarifvertrag abschließend geregelt ist und es keiner Ausführungsakte mehr bedarf, entfällt ein Mitbestimmungsrecht (BVerwG v. 23. 1. 1986, ZBR 1986, 213 = PersV 1986, 323). Falls aber ein Gesetz die Regelung eines Einzelfalles dem jeweiligen Dienststellenleiter überlässt, dann unterliegt dessen Entscheidung selbst bei normvollziehenden Maßnahmen ohne Ermessensspielraum der Richtigkeitskontrolle der Personalvertretung (BVerwG v. 18. 5. 2004, BVerwGE 121, 38 = Leits. ZBR 2004, 401 = PersV 2004, 386 = ZfPR 2004, 231; BVerwG v. 24. 2. 2006, PersV 2006, 217 = ZfPR 2006, 68 = PersR 2006, 255). Bei verwaltungsinternen Anordnungen und Weisungen ist darauf abzustellen, ob ein Dienststellenleiter einer nachgeordneten Verwaltungsebene nur eine Art „Briefträgerfunktion“ wahrnimmt oder ob er sein Handeln – obwohl es von einer Anordnung oder Weisung der übergeordneten Dienststelle bestimmt wird – nach außen hin selbst zu verantworten hat (BVerwG v. 7. 8. 1996, ZBR 1996, 402 = PersV 1997, 112 = ZfPR 1996, 189). Umgekehrt verbleibt es bei der Entscheidungszuständigkeit des Leiters einer vorgesetzten Dienststelle auch dann, wenn dessen Entscheidung durch den Leiter der nachgeordneten Dienststelle umfassend vorbereitet und unverändert übernommen wurde (BVerwG v. 7. 8. 1996, aaO). Gleiches gilt für die Bekanntgabe und Erläuterung von Anordnungen übergeordneter Stellen (vgl. VGH Mannheim v. 8. 5. 1990, Leits. DÖV 1991, 257) sowie für den Vollzug einer behördlichen Anordnung (vgl. für das BetrVG: BAG v. 26. 5. 1988, ArbuR 1989, 95) und für Anordnungen einer die Rechtsaufsicht führenden Vorgesetzten an eine nachgeordnete Behörde, soweit der angewiesenen Dienststelle kein eigenes Entscheidungsrecht zusteht (VGH München v. 8. 9. 1993, PersR 1994, 172).

7b c) Bloß **vorbereitende Maßnahmen,** die nicht bereits eine mitbestimmungspflichtige Angelegenheit festlegen oder beeinflussen, sondern nur die interne Willensbildung betreffen, sind keine „Maßnahmen“ im Sinne des Gesetzes. Ebenso wenig sind dienststelleninterne Vorprüfungen und Vorgespräche im Vorfeld von Entscheidungen bereits als eine „Maßnahme“ zu werten (BVerwG v. 14. 10. 2002, ZBR 2003, 390 = PersV 2003, 186 = ZfPR 2003, 37). Dies schließt jedoch nicht aus, dass vor der Einleitung eines offiziellen Beteiligungsverfahrens informelle Gespräche zwischen Dienststellenleiter und Personalvertretung stattfinden, „um Überraschungsentscheidungen beider Seiten schon frühzeitig zu vermeiden“ (BVerwG v. 27. 11. 1991 – 6 P 24.90, Leits. ZBR 1992, 251 = PersV 1992, 228). Eine Beteiligung der Personalvertretung setzt nicht schon ein, wenn sich der Dienststellenleiter noch mit Erwägungen befasst, ob eine in Betracht kommende Maßnahme überhaupt getroffen werden soll (VGH Kassel 15. 7. 1976, Leits. ZBR 1976,

374). Ebenso wenig ist eine Maßnahme schon dann beabsichtigt, wenn in einem Arbeitspapier lediglich Perspektiven für eine künftige Entwicklung aufgezeigt werden; in einem solchen Fall nämlich ist die Meinungsbildung der Dienststelle noch nicht abgeschlossen (OVG Münster v. 29. 7. 1994, ZfPR 1995, 14). Auch durch eine zu Arbeitsschutzzwecken durchgeführte Befragung der Beschäftigten erfolgt noch keine Veränderung des bestehenden Zustands; sie stellt lediglich eine Vorbereitungshandlung dar (BVerwG v. 14. 10. 2002, ZBR 2003, 390 = PersV 2003,186 = ZfPR 2003, 37). Dagegen handelt es sich nicht um eine Vorbereitungsmaßnahme bei der Einführung und Durchführung eines Assessment-Centers, einem speziellen Verfahren zur Auswahl der Teilnehmer an Kursen der Aufstiegsweiterbildung etc. Die Veranstaltung ist nicht der mitbestimmungsfreien Vorbereitungsphase zuzurechnen. Vielmehr ist sie der mitbestimmungspflichtigen Maßnahme gleichzuachten. Die Auswahl der Teilnehmer an entsprechenden Fortbildungsveranstaltungen betrifft eine Maßnahme, die, wenn sie absolviert wird, Voraussetzung für eine spätere Beförderung ist. Somit ist die Teilnahme an der Maßnahme die Vorstufe zum beruflichen Aufstieg, so dass „die Auswahl der an der Fortbildungsmaßnahme Berechtigten in die Nähe einer Beförderungsentscheidung" gerät (BVerwG v. 29. 1. 2003, ZBR 2003, 280 = PersV 2003, 297 = ZfPR 2003,135; vgl. auch § 75 Anm. 134; BVerwG v. 16. 8. 2004 – 6 PB 7.04, n.v.).

d) **Keine Maßnahmen im personalvertretungsrechtlichen Sinne** sind **Hinweise** auf rechtliche oder tarifliche Regelungen oder solche Hinweise, die die Erfüllung bestimmter Arbeitspflichten annahmen. Eine als schlichte Abmahnung anzusehende Missbilligung ist keine den Rechtskreis des betroffenen Beschäftigten und keine sein Dienst-/Arbeitsverhältnis berührende Maßnahme (vgl. u. a. BVerwG v. 10. 1. 1983, ZBR 1983, 131, 308 = PersV 1983, 507). **7c**

e) Auch **ablehnende Entscheidungen,** durch die mitbestimmungspflichtige Maßnahmen unterbleiben, sind keine Maßnahmen im Sinne von Abs. 1. Ein Dienststellenleiter beabsichtigt mit der Ablehnung eines Antrags keine Maßnahme; denn die Initiative geht nicht von ihm aus; sie erschöpft sich in der Ablehnung einer von dritter Seite ausgehenden Initiative (BVerwG v. 1. 8. 1983, ZBR1984, 76 = PersV 1985, 68). Dagegen unterliegt die Ablehnung eines Antrags auf Beurlaubung ohne Dienstbezüge nach § 76 Abs. 1 Nr. 8 ebenso der Mitbestimmung wie die Ablehnung sozialer Zuwendungen nach § 75 Abs. 2. Im Hinblick auf die ausdrückliche Regelung als Maßnahme unterliegen diese Angelegenheiten dem Mitbestimmungsrecht der Personalvertretung (BVerwG v. 30. 3. 1989, ZBR 1990, 57 = PersV 1989, 362 = ZfPR 1989, 111). **7d**

f) Eine beteiligungspflichtige „Maßnahme" liegt dagegen vor, wenn eine bestimmte **Maßnahme nur versuchsweise durchgeführt** werden soll (Fischer u. a., § 69 Anm. 78; Lorenzen u. a., § 69 Anm. 13b); denn mit der versuchsweisen Einführung können dieselben Belastungen, Überforderungen oder sonstigen Nachteile wie bei einer endgültigen Maßnahme eintreten. Das Mitbestimmungsrecht soll – wenn auch für begrenzte Zeit – diese Nachteile abwenden, mildern oder ausgleichen (BVerwG v. 15. 12. 1978, ZBR 1980, 59 = PersV 1980, 145; vgl. hierzu auch: LAG Berlin v. 12. 8. 1986, Leits. BB 1987, 334 für die versuchsweise Einführung eines EDV-Programms und VG Bremen v. 25. 5. 1987, PersR 1988, 137 für die Aufstellung und Inbetriebnahme von Personalcomputern in einer sogenannten Planungs-/Entwurfs- **8** phase; vgl. auch OVG Münster v. 30. 10. 1996, Leits. ZBR 1997, 160 = PersR 1997, 212 = Leits. ZfPR 1997, 164).

8a g) Auf Verlangen der Personalvertretung muss der Dienststellenleiter eine **Begründung für die beabsichtigte Maßnahme** geben (Abs. 2 Satz 2). Dabei kann es der Personalvertretung darum gehen zu erfahren, warum der Dienststellenleiter die beabsichtigte Maßnahme gerade zu dem von ihm benannten Zeitpunkt vollziehen will (Lorenzen u. a., § 69 Anm. 15). Die Personalvertretung kann, außer in Personalangelegenheiten, auch eine schriftliche Begründung verlangen (vgl. Anm. 4). Angesichts der Tatsache, dass der Dienststellenleiter zu einer umfassenden und rechtzeitigen Unterrichtung verpflichtet ist, ist eine Abgrenzung zwischen den Begriffen „Unterrichtung“ und „Begründung“ nur schwer möglich. Deshalb auch ist davon auszugehen, dass die von einer Personalvertretung im Sinne von Abs. 2 Satz 2 verlangte (schriftliche) Begründung im Ergebnis dem Verlangen nach einer umfassenderen Unterrichtung im Interesse einer breiteren Entscheidungsgrundlage entspricht.

9 5. Nach Abs. 2 Satz 3 hat sich die Personalvertretung **„innerhalb von zehn Arbeitstagen“** seit dem Zugang des Zustimmungsantrags beim Personalratsvorsitzenden oder dessen Stellvertreter zu erklären; im Falle der Verweigerung der Zustimmung sind auch die Weigerungsgründe innerhalb der Frist anzugeben (OVG Münster v. 19. 4. 1993, Leits. ZBR 1993, 320). Die Frist wird nach den §§ 187 bis 193 BGB berechnet. Der Tag der Unterrichtung rechnet nicht mit. Zur Fristwahrung auf Seiten der Personalvertretung reicht es aus, wenn das Schreiben über die beabsichtigte Zustimmungsverweigerung am letzten Tag der Äußerungsfrist dem Leiter der für Personalangelegenheiten zuständigen Abteilung nach Dienstschluss persönlich übergeben wird (OVG Münster v. 10. 2. 1999, Leits. ZfPR 2000, 79) oder wenn die Personalvertretung die schriftliche Zustimmungsverweigerung innerhalb der Frist in den verwaltungsinternen Postverkehr gibt; denn auf Organisation, Dauer und Ablauf des internen Postverkehrs hat sie keinen Einfluss. Unschädlich ist es, wenn in diesem Fall die Mitteilung der Personalvertretung erst nach Fristablauf der zuständigen Abteilung zugeht (OVG Berlin v. 31. 7. 1991, Leits. PersR 1992, 270).

9a a) Wird ein **Antrag** auf Zustimmung vom Dienststellenleiter **mündlich** gestellt, so ist er mit der Erklärung zugegangen, so dass von diesem Zeitpunkt ab die Erklärungsfrist in Gang gesetzt ist; bei schriftlicher Antragstellung ist ein Antrag dann zugegangen, „wenn er so in den Machtbereich des Personalrats gelangt ist, dass dieser unter normalen Verhältnissen die Möglichkeit hat, von dem Inhalt der Erklärung Kenntnis zu nehmen“ (OVG Bautzen v. 12. 1. 1999, PersR 2000, 76). Allerdings kann man die konkreten Gegebenheiten des jeweiligen Einzelfalls nicht unberücksichtigt lassen, da die Möglichkeiten einer Personalvertretung, von Erklärungen des Dienststellenleiters Kenntnis zu nehmen, hiervon insoweit abhängig sind, als größere Personalvertretungen über ein eigenes Büro bzw. kleinere Personalvertretungen möglicherweise lediglich über ein Posteingangsfach verfügen. Möglich ist aber auch eine Vereinbarung zwischen Dienststellenleiter und Personalvertretung dahingehend, dass für den Fristbeginn nicht auf den tatsächlicher Zugang von Vorgängen bei der Geschäftsführung, sondern auf die tatsächliche Kenntnisnahme durch die Personalvertretung als Gremium abgestellt wird (BVerwG v. 9. 12. 1992, ZBR 1993, 317 = PersV 1994,173 = ZfPR 1993, 118).

b) Wenn sich **nach Fristablauf die Sach- und Rechtslage** in Bezug auf die beabsichtigte Maßnahme – wenn auch nur geringfügig – **ändert,** dann hat der Dienststellenleiter ein **neues Zustimmungsverfahren einzuleiten.** Ein begonnener Fristlauf und auch ein Fristablauf sind insoweit unerheblich. Die Personalvertretung kann verlangen, dass der Dienststellenleiter, falls er dies nicht schon von sich aus tut, ein neues Mitbestimmungsverfahren einleitet, da die ursprünglich beabsichtigte Maßnahme in eine neue Maßnahme umgewandelt werden muss. Der Personalvertretung ist deshalb erneut Gelegenheit zu geben, darüber zu entscheiden, ob sie unter den nunmehr veränderten Bedingungen die Zustimmung erteilen soll oder nicht (vgl. auch Nassauer, ZfPR 2003, 313, 317). 9b

c) Die **Erklärungsfrist der Stufenvertretungen verlängert** sich um weitere zehn Arbeitstage, wenn diese einem Personalrat Gelegenheit zur Äußerung geben müssen (§ 82 Abs. 2). Die Mitteilung über die Beschlussfassung der Stufenvertretung muss dem Dienststellenleiter spätestens am letzten Tag der Erklärungsfrist zugehen; sonst gilt die vom Dienststellenleiter beabsichtigte Maßnahme als gebilligt (Satz 5; vgl. Anm. 17). 10

d) **Die Erklärungsfrist wird aber nur dann in Lauf gesetzt,** wenn der Antrag des Dienststellenleiters eine genaue Bezeichnung der beabsichtigten Maßnahme enthält und wenn die Zustimmung bei der zuständigen Personalvertretung beantragt worden ist. Mit seinem Zustimmungsantrag muss der zuständige Leiter der Dienststelle die für die Meinungs- und Willensbildung der Personalvertretung erforderlichen Informationen und Unterlagen zur Verfügung stellen. Hierdurch soll der Personalvertretung Gelegenheit gegeben werden, alle entscheidenden Gesichtspunkte, die für die Ausübung des Mitbestimmungsrechts bedeutsam sind, kennen zu lernen. Werden die erforderlichen Informationen erst nachträglich zur Verfügung gestellt, so beginnt die Erklärungsfrist erst mit dem Zeitpunkt zu laufen, zu dem die Personalvertretung ausreichend unterrichtet worden ist (BVerwG v. 10. 8. 1987, BVerwGE 78, 65 = ZBR 1988, 258 = PersV 1988, 357 = ZfPR 1989, 17; BVerwG v. 8. 11. 1989, BVerwGE 84, 71 = PersV 1990, 342 = ZfPR 1990, 86 m. Anm. von Ilbertz; vgl. auch § 77 Anm. 20). Eine offensichtlich unvollständige Unterrichtung der Personalvertretung setzt die Zehntagefrist selbst dann nicht in Gang, wenn die Personalvertretung zum Zustimmungsersuchen des Dienststellenleiters in der Sache Stellung nimmt (vgl. für das BetrVG: BAG v. 14. 12. 2004, BAGE 113, 109 = Leits. BB 2006, 612 = DB 2005, 1524). Allerdings muss die Personalvertretung innerhalb der Frist (Abs. 2 Satz 3) den Mangel der unzureichenden Unterrichtung rügen; denn die personalvertretungsrechtliche Ungewissheit über das Schicksal einer der Mitbestimmung unterliegenden Maßnahme soll nicht länger als zehn Arbeitstage in der Schwebe bleiben (vgl. für das BetrVG: BAG v. 14. 3. 1989, DB 1989, 1523). Zwar muss die Personalvertretung darüber hinaus nicht auch ausdrücklich die Zustimmung verweigern (so aber OVG Koblenz v. 16. 9. 1986, PersR 1987, 197). Sie muss aber unmissverständlich zum Ausdruck bringen, dass sie zu ihrer Meinungsbildung weiterer Unterlagen bedarf (Anm. 5, 6). Der Leiter der Dienststelle kann sich nur dann über das Verlangen der Personalvertretung nach zusätzlicher Information hinwegsetzen, wenn dieses Verlangen rechtsmissbräuchlich ist und wenn für die Personalvertretung keinerlei Anhaltspunkte dafür gegeben sind, dass die Dienststelle über weitere Unterlagen verfügt, die für die Meinungsbildung erforderlich sind (so im Ergebnis auch: VGH München v. 18. 7. 1991, Leits. PersR 1992, 270). 11

11a e) In solchen Dienststellen, in denen noch in einer **Sechstagewoche** oder durchgehend im Schichtbetrieb gearbeitet wird, sind Samstage und Sonntage in die Frist mit einzubeziehen (Fischer u. a., § 69 Anm. 11; Lorenzen u. a., § 69 Anm. 18). Dies gilt nicht in den Fällen, in denen nur teilweise in der genannten Zeitspanne gearbeitet wird. Wenn der Fristablauf auf einen Samstag oder Sonntag fällt, dann läuft die Frist aber erst am darauffolgenden Montag ab; sie endet am letzten Tag um 24.00 Uhr (§ 188 Abs. 1 BGB; Fischer u. a., § 69 Anm. 11). Eine Unterbrechung oder Hemmung der Äußerungsfrist im Hinblick auf einen von einer Gruppe innerhalb der Personalvertretung, der Jugend- und Auszubildendenvertretung oder der Schwerbehindertenvertretung gestellten Aussetzungsantrag nach § 39 tritt nicht ein (Lorenzen u. a., § 69 Anm. 18 a).

11b f) Die **Begrenzung der Frist** für die Zustimmungsverweigerung der Personalvertretung liegt überwiegend im Interesse des Leiters der Dienststelle, da er alsbald Klarheit darüber haben muss, ob er die beabsichtigte Maßnahme endgültig durchführen kann oder nicht. Zwar werden insbesondere auch bei einer personellen Maßnahme die Interessen des betroffenen Beschäftigten an einer möglichst baldigen Klärung seiner künftigen Rechtsstellung berührt. In erster Linie aber geht es im Rahmen des Personalvertretungsrechts um das Interesse des Dienststellenleiters an einer zügigen Durchführung notwendiger Maßnahmen. Daher ist auch die Erklärungsfrist als eine gesetzliche **Ausschlussfrist** zu betrachten (BVerwG v. 26. 8. 1987, BVerwGE 78, 72 = ZBR 1988, 101 = PersV 1988, 488; OVG Berlin v. 31. 7. 1991, Leits. PersR 1992, 270; Fischer u. a., § 69 Anm. 11 b; Lorenzen u. a., § 69 Anm. 21; Widmaier, PersV 1988, 106; aA Richardi u. a., § 69 Anm. 45; offen: BVerwG v. 8. 11. 1989, BVerwGE 84, 71 = PersV 1990, 342 = ZfPR 1990, 86), die nicht, auch nicht im gegenseitigen Einvernehmen zwischen Dienststellenleiter und Personalvertretung, verlängert werden kann (VGH Mannheim v. 12. 4. 1983, ZBR 1984, 216; aA für das BetrVG: BAG v. 22. 4. 2004, ZTR 2004, 582; BAG v. 16. 11. 2004, DB 2005, 1469 = Leits. ZBVR 2005, 37; aA wohl auch BVerwG v. 9. 12. 1992, ZBR 1993, 317 = PersV 1994, 173 = ZfPR 1993, 118, wenn es sinngemäß zum Ausdruck bringt, dass Unklarheiten über den Fristlauf durch einvernehmliche Klarstellung bereinigt werden könnten). Die Zustimmung der Personalvertretung zu einer ihrer Mitbestimmung unterliegenden Maßnahme gilt auch dann wegen Verstreichens der Äußerungsfrist als erteilt, wenn zwischen Dienststellenleiter und Personalvertretung eine Abrede besteht, dass sich der Dienststellenleiter in bestimmten Fällen nicht darauf beruft (VGH Mannheim v. 12. 4. 1983, aaO). Eine Ausschlussfrist begrenzt ein Recht in zeitlicher Hinsicht. Personalvertretung und Dienststelle sind an Gesetz und Recht gebunden (Art. 20 Abs. 3 GG; vgl. auch Anm. 9). Sie haben die Kompetenz des Gesetzgebers und damit auch die gesetzliche Frist zu respektieren (vgl. Widmaier, aaO). Die Möglichkeit zur Zusammenarbeit ist durch den Rahmen der Rechtsordnung abgegrenzt. Innerhalb dieses Rahmens kann keine Seite von der anderen ein Zusammenwirken verlangen, das gegen bestehende Rechtsgrundsätze verstößt. Auch unter Berufung auf den Grundsatz zur vertrauensvollen Zusammenarbeit kann im öffentlichen Bereich keine Seite Regelungsbefugnisse für sich beanspruchen, die ihr nicht durch das Gesetz eingeräumt sind (Fischer u. a., § 2 Anm. 8). Unter Berücksichtigung einer **vertrauensvollen Zusammenarbeit** zwischen Dienststelle und Personalvertretung wird es sich aber einrichten lassen, dass ein Dienststellenleiter gegenüber dem Personalratsvorsitzenden seine Absicht ankündigt und den Zustimmungsantrag unmittelbar vor der nächsten Personalratssitzung zuleitet, um der Personalvertretung Gelegenheit zur eingehenden Diskussion im Gremium nach entsprechender

Vorbereitung durch den Vorstand zu geben (vgl. hierzu auch: Lorenzen u. a., § 69 Anm. 17 a; Gillengerten, PersR 1993, 209; Nassauer, ZfPR 2003, 313, der konkrete Spielraum zur Gestaltung des Fristbeginns aufzeigt sowie BVerwG v. 9. 12. 1992, ZBR 1993, 317 = PersV 1994, 173 = ZfPR 1993, 118). Eine Absprache zwischen Dienststellenleiter und Personalvertretung über den Beginn der Erklärungsfrist stößt auf keine Bedenken, sofern die Frist als solche nicht verlängert und das Fristende nicht hinausgeschoben wird (vgl. auch Fischer u. a., § 69 Anm. 11b; weitergehend für das BetrVG: BAG v. 3. 5. 2005, ZBVR online 7-8/2007, S. 2, wonach die Wochenfrist des § 99 Abs. 3 BetrVG einvernehmlich verlängert, jedoch das Fristende eindeutig bestimmbar sein muss).

6. Die **Entscheidung** darüber, **ob die Personalvertretung** der vom Dienst- 12
stellenleiter beabsichtigten Maßnahme **zustimmt, ist** kein laufendes Geschäft des Vorstands, sondern **Gegenstand eines förmlichen Beschlusses** des Plenums (BVerwG v. 11. 10. 1972, BVerwGE 41, 30 = ZBR 1972, 381 = PersV 1973, 48 m. Anm. v. Windscheid). Wenn es der Personalvertretung notwendig erscheint, kann sie vor ihrer Beschlussfassung eine Erörterung mit dem Dienststellenleiter verlangen. Dadurch wird aber die Erklärungsfrist weder unterbrochen noch verlängert (Richardi u. a., § 68 Anm. 42). Nach Ablauf der Erklärungsfrist ist eine erteilte Zustimmung nicht mehr widerrufbar, (vgl. Anm. 15) da es sich um eine öffentlich-rechtliche Erklärung handelt. Ebenso wenig kommt eine **Wiedereinsetzung in den vorigen Stand** (§ 232 ZPO) in Betracht; denn die Versäumnis einer Ausschlussfrist beseitigt das Recht selbst (OVG Berlin v. 31. 7. 1991, Leits. PersR 1992, 270). Die Durchsetzung einer Maßnahme soll durch das Beteiligungsverfahren nicht unvermeidbar hinausgeschoben und somit die Effektivität der Erfüllung der öffentlichen Aufgaben nicht beeinträchtigt werden (VG Köln v. 18. 8. 1999, PersR 1999, 541).

a) Im Übrigen kann der Beschluss der Personalvertretung die **bedingungslo-** 13
se Zustimmung, die Zustimmung mit Einschränkungen oder die Verweigerung der Zustimmung beinhalten (Lorenzen u. a., § 69 Anm. 20; aA Fischer u. a., § 69 Anm. 10d). Eine Verweigerung der Zustimmung wegen unzureichender Information ist nur dann beachtlich, wenn die Information objektiv den Anforderungen nicht genügt (VGH München v. 18. 7. 1991, PersV 1993, 81; OVG Münster v. 19. 4. 1993, Leits. ZBR 1993, 320). Im Fall der Zustimmung muss die Personalvertretung beschließen, ob sie die **Zustimmung durch Schweigen** oder durch eine **ausdrückliche Erklärung** vornehmen will. Eine Zustimmung mit Einschränkungen ist nur sehr bedingt möglich, weil die Grenzen zu einer (bedingungslosen) Zustimmungsverweigerung kaum deutlich zu ziehen sind. Insoweit dürften in erster Linie nur soziale Angelegenheiten in Betracht kommen, bei denen die Personalvertretung andere zeitliche oder inhaltliche Vorstellungen hat. In diesen Fällen wird es aber regelmäßig zu weiteren Gesprächen zwischen dem Dienststellenleiter und der Personalvertretung kommen müssen, um einen Kompromiss über die dann tatsächlich durchzuführende Maßnahme finden zu können. Andernfalls muss das Mitbestimmungsverfahren durchgeführt werden. Wenn die Personalvertretung die Zustimmung unter einer Bedingung erteilt (z. B. Höhergruppierung des A nur bei gleichzeitiger Höhergruppierung auch des B), dann kommt dieser Beschluss im Ergebnis einer Ablehnung der Höhergruppierung des A gleich. Unabhängig davon aber kann der Dienststellenleiter weitere Gespräche mit der Personalvertretung führen (vgl. hierzu auch Lorenzen u. a., § 69 Anm. 20; vgl. auch Fischer u. a., aaO). Eine Zustimmung ist auch dann wirksam, wenn sie bereits vorab erteilt worden ist und der

Dienststellenleiter überhaupt noch kein Mitbestimmungsverfahren eingeleitet hat; denn es wäre widersinnig, eine mitbestimmungspflichtige Maßnahme trotz Zustimmung der Personalvertretung deshalb als unwirksam anzusehen, weil der Dienststellenleiter ein notwendiges Mitbestimmungsverfahren nicht eingeleitet hat (vgl. auch Anm. 39 ff.). Dies würde nach den Grundsätzen von Treu und Glauben **rechtsmissbräuchlich** sein (BAG v. 6.3.1985, PersV 1987, 514). Allerdings kann eine Personalvertretung grundsätzlich nicht im voraus für jeden Einzelfall, der der Mitbestimmung unterliegt, die Zustimmung geben. Eine solche Vorgehensweise kann ausnahmsweise nur dann in Betracht kommen, wenn die Fälle gleichliegend sind und immer wieder auftreten (für den Fall der Einstellung von Abrufkräften: VGH Kassel v. 19. 3. 1989, PersR 1989, 162 m. Anm. von Sabottig; in der Rechtsbeschwerdeinstanz ausdrücklich offengelassen: BVerwG v. 3. 2. 1993, BVerwGE 92, 47 = Leits. ZBR 1993, 319 = ZfPR 1993, 127; vgl. auch § 75 Anm. 7); denn das Mitbestimmungsrecht ist – insbesondere in personellen Angelegenheiten – in aller Regel auf den Einzelfall abgestellt, weil die in der Person eines Betroffenen liegenden Einzelumstände nur in einem individuellen Verfahren ausreichend gewürdigt werden können. Gerade unter Berücksichtigung dieses Umstands muss ein Dienststellenleiter erneut die Zustimmung der Personalvertretung auch dann beantragen, wenn er eine personelle Einzelmaßnahme, der die Personalvertretung bereits zugestimmt hatte, für gegenstandslos erklärt, sie aber doch durchzuführen beabsichtigt (vgl. für das BetrVG: BAG v. 21. 8. 1990, Leits. BB 1990, 70 = DB 1991, 1469).

14 b) Will aber eine Personalvertretung die Zustimmung ausdrücklich verweigern, dann muss sie hierfür **schriftlich Gründe** angeben. Hierdurch soll der zuständige Dienststellenleiter in die Lage versetzt werden, den Standpunkt der Personalvertretung zu der beabsichtigten Maßnahme zu erkennen und zu erfahren, auf welche Einwendungen die Ablehnung gestützt wird. Die Angabe der Gründe gehört zum notwendigen Inhalt der Zustimmungsverweigerungserklärung. Eine Erklärung ohne Angabe von Gründen ist unwirksam (BVerwG v. 27. 7. 1979, ZBR 1980, 355 = PersV 1981, 162 m. krit. Anm. v. Windscheid = DÖV 1980, 563 m. Anm. v. Franz; BVerwG v. 4. 4. 1985, ZBR 1985, 283 = PersV 1987, 155; BVerwG v. 20. 6. 1986, BVerwGE 74, 273 = ZBR 1987, 28 = PersV 1987, 63). Gleiches gilt für den Fall, dass eine Begründung nicht auf einen bestimmten Mitbestimmungstatbestand bezogen ist, so z. B. wenn in der Zustimmungsverweigerungserklärung lediglich die Versagungsgründe des § 77 Abs. 2 ihrem Wortlaut nach wiedergegeben werden, ohne dass konkrete Tatsachen genannt werden, aus denen sich nach Auffassung der Personalvertretung das Vorliegen der Voraussetzungen für die Verweigerung der Zustimmung ergibt. **Eine nur formelhafte, nicht dem Einzelfall angepasste Begründung ist ebenso zu behandeln wie eine Zustimmungsverweigerungserklärung ohne Angabe von Gründen** (BVerwG v. 12. 3. 1986, BVerwGE 74, 100 = ZBR 1986, 310 = PersV 1986, 417; BVerwG v. 3. 3. 1987, ZBR 1987, 250 = PersV 1987, 375; vgl. im Übrigen § 77 Anm. 14, 17 ff.). Wenn auch eine Personalvertretung nicht immer über spezielle dienstrechtliche Kenntnisse verfügen kann und wenn daher – auch aus Zeitgründen – an die Begründung der Zustimmungsverweigerung keine strengen Anforderungen zu stellen sind, so dass ein großzügiger Maßstab anzulegen ist, so muss doch stets ein konkreter Anlass und ein konkreter Bezug zum Einzelfall erkennbar sein (BVerwG v. 9. 12. 1992, BVerwGE 91, 276, 282 = ZBR 1993, 317 = PersV 1994, 173 = ZfPR 1993, 118). Die mündliche Erklärung, dass die Personalvertretung die Zustimmung verweigere, reicht ebensowenig aus wie die schriftliche Erklärung ohne Angabe der Gründe (vgl. für das BetrVG: BAG v. 21. 11. 1978, BB 1979, 678 = DB 1979,

749). Auch eine schriftlich begründete Verweigerung, die nach Ablauf der Erklärungsfrist dem Dienststellenleiter zugeht, hat keine Rechtswirkung. Die Personalvertretung ist verpflichtet, alle Gründe, mit denen sie die Zustimmung zu einer vom Dienststellenleiter geplanten Maßnahme verweigern will, mitzuteilen. Sie kann nicht weitere Gründe im späteren Verfahren nachschieben; denn der Dienststellenleiter muss seinerseits nach der Mitteilung der Personalvertretung, die Zustimmung zu verweigern, in der Lage sein zu prüfen, ob er die Angelegenheit weiterverfolgen soll oder nicht. Diese Entscheidung kann er nur dann treffen, wenn ihm alle Gründe, aus denen die Zustimmung verweigert werden soll, bekannt sind (vgl. hierzu für das BetrVG: BAG v. 3. 7. 1984, BAGE 46, 158 = BB 1985, 199 = DB 1984, 2304).

c) Die Übermittlung entsprechender Schriftsätze, mit denen die Personalvertretung die Zustimmung verweigert, kann auch durch **elektronische Übertragung einer Textdatei** mit eingescannter Unterschrift auf ein Faxgerät des Dienststellenleiters ebenso erfolgen wie durch Telegramm oder durch Fernschreiben (BGH v. 5. 4. 2000, NZA 2000, 959). **14a**

d) Ein **Widerruf** der Zustimmungserklärung ist nicht möglich (Fischer u. a., § 69 Anm. 10b; Lorenzen u. a., § 69 Anm. 20c). Die Dienststelle muss sich generell auf die Endgültigkeit einer entsprechenden Mitteilung der Personalvertretung verlassen können (vgl. hierzu auch: OVG Münster v. 22. 10. 1984, ZBR 1985, 117). Umgekehrt kann aber ein Dienststellenleiter von einer beabsichtigten Maßnahme aus zwingenden Gründen auch dann noch zurücktreten, wenn er bereits die Zustimmung der Personalvertretung beantragt hat, z. B. bei nachträglich auftretenden Zweifeln an der Verfassungstreue eines Bewerbers (OVG Münster v. 10. 12. 1979 – CL 12/79, n. v.). Grundsätzlich ist von einer Bindungswirkung des Dienststellenleiters im Falle der Zustimmung der Personalvertretung auszugehen; ihm ist aber ausnahmsweise ein Absehen von der Durchführung der beabsichtigten Maßnahme trotz Zustimmung der Personalvertretung erlaubt, wenn äußere Umstände oder veränderte Rahmenbedingungen dies zwingend gebieten, weil er sonst seine Dienstpflichten verletzen müßte (z. B. bei Verstoß gegen den Grundsatz der Bestenauslese, Art. 33 Abs. 2 GG, VGH Kassel v. 29. 8. 1990 – HPV TL 1654/86, n. v.; vgl. auch VGH Kaasel v. 14. 1. 1993, Leits. ZfPR 1994, 130 und Windscheid, PersV 1975, 90, 93; vgl. auch Fischer u. a., § 69 Anm. 10c; Lorenzen u. a., § 69 Anm. 20b). **15**

7. Nach Abs. 2 Satz 4 kann die Erklärungsfrist „in dringenden Fällen" auf drei Arbeitstage abgekürzt werden. Ob ein **„dringender Fall"** vorliegt, entscheidet der Dienststellenleiter nach sachlichen Gründen (Ermessensentscheidung). Er kann aber die Erklärungsfrist weder auf einen größeren noch auf einen geringeren Zeitraum abkürzen (VGH München v. 13. 7. 1988, ZBR 1989, 184). Ein dringender Fall ist gegeben, wenn außergewöhnliche Umstände bzw. wichtige Gründe vorliegen, die keinen Aufschub der beabsichtigten Maßnahme gestatten, weil andernfalls Rechtsverluste bei einem Beschäftigten drohen oder Rechtsnachteile bei einer Dienststelle eintreten, die gegenüber der Allgemeinheit nicht zu vertreten sind (u. a. zur Vermeidung einer längeren Unterbrechung der Tätigkeit eines Zeitangestellten, BVerwG v. 15. 11. 1995 – 6 P 4.94, Leits. ZBR 1996, 221 = PersV 1996, 326 = ZfPR 1996, 88 m. krit. Anm. von Ilbertz). Ob dabei die Dringlichkeit vom Dienststellenleiter verursacht worden ist, ist unerheblich, es sei denn, das Verhalten des Dienststellenleiters gegenüber der Personalvertretung wäre rechtsmissbräuchlich. Die Verkürzung der Erklärungsfrist der Personalvertretung unterscheidet sich vom Erlass vorläufiger Regelungen nach Abs. 5 dadurch, **16**

dass eine vorläufige Regelung dann in Betracht kommt, wenn die mögliche Abkürzung unzureichend oder wenn mit einer Zustimmung der Personalvertretung nicht zu rechnen wäre (VGH Mannheim v. 19. 1. 1993, Leits. ZBR 1993, 254 = Leits. ZfPR 1994, 58). Die Personalvertretung kann der Fristabkürzung innerhalb von drei Arbeitstagen widersprechen. Wenn der Leiter der Dienststelle trotzdem die Maßnahme durchführt, obwohl die Personalvertretung berechtigterweise widersprochen hat, so treten die **Folgen einer nicht ordnungsgemäßen Mitbestimmung** ein (BVerwG v. 15. 11. 1995, aaO; Lorenzen u. a., § 69 Anm. 21 a). Mit Hilfe einer **einstweiligen Verfügung** kann die Personalvertretung, die die Voraussetzungen für die Abkürzung der Äußerungsfrist nicht akzeptieren möchte, dieser Abkürzung widersprechen. Ebenso wie in sonstigen Fällen muss die Personalvertretung einen Beschluss darüber fassen, ob sie der beantragten Maßnahme zustimmen möchte oder nicht. Hierbei handelt es sich nicht um ein laufendes Geschäft des Vorstands (vgl. Anm. 12). Wenn nach Auffassung der Personalvertretung kein dringender Fall vorliegt, dann muss sie innerhalb der verkürzten Frist widersprechen (BVerwG v. 15. 11. 1995, aaO). In personellen Angelegenheiten muss sie vor Ablauf der Zehntagefrist eine Entscheidung darüber herbeiführen, ob sie zustimmen will oder nicht (Fischer u. a., § 69 Anm. 9 b, Lorenzen u. a., § 69 Anm. 21 a).

17 8. Wenn eine Personalvertretung die beantragte Zustimmung zu einer mitbestimmungspflichtigen Maßnahme verweigern möchte, hat dies **„unter Angabe der Gründe schriftlich“** zu erfolgen (Abs. 2 Satz 5). Aus der schriftlichen Verweigerung sollen sich die Gründe ergeben, warum eine Personalvertretung der beantragten Maßnahme im Einzelnen widerspricht. Der Dienststellenleiter soll Gelegenheit haben, sich mit diesen Gründen auseinanderzusetzen und seinerseits abzuwägen, ob diese Gründe möglicherweise so überzeugend sind, dass er eventuell seine Absicht zurücknimmt oder aber mit der Personalvertretung in eine Erörterung darüber eintritt, wie bestehende Meinungsunterschiede ausgeglichen werden können. Die von der Personalvertretung für ihre Zustimmungsverweigerung zu gebende Begründung dient daher in erster Linie der Information des Dienststellenleiters (vgl. Anm. 11). Sie soll ihm die Möglichkeit geben, „die vorgebrachten Einwände daraufhin zu würdigen, ob und inwieweit sie beachtlich, stichhaltig oder sonst erwägenswert sind, und ob er ihnen Rechnung tragen will oder nicht“ (Müller, PersR 1991, 455; vgl. auch VGH Mannheim v. 23. 10. 1990, PersV 1992, 448). Wegen dieser Informationsfunktion, die der Zustimmungsverweigerung der Personalvertretung zukommt, ist es daher auch folgerichtig, wenn nach Abs. 2 Satz 5 **Schweigen** der Personalvertretung **als Zustimmung** gilt. Diese Fiktion tritt ein, wenn die Personalvertretung sich nicht innerhalb der Frist von 10 Arbeitstagen äußert bzw. wenn sie die beantragte Zustimmung zwar ablehnt, aber nicht begründet (vgl. hierzu; OVG Münster v. 24. 2. 1995, Leits. ZfPR 1996, 59, 92). Einer solchen, nicht begründeten Zustimmungsverweigerung ist eine Ablehnung gleichzusetzen, die „aus Gründen verweigert wird, die so offensichtlich außerhalb des Rahmens des einschlägigen Mitbestimmungstatbestandes liegen, dass sich die Verweigerung der Zustimmung als Rechtsmissbrauch darstellt“ (VG Potsdam v. 27. 2. 1997, Leits. ZBR 1997, 299 = ZfPR 1998, 188). Selbstverständlich aber muss die Personalvertretung vom Leiter der Dienststelle ordnungsgemäß unterrichtet worden sein (OVG Münster v. 19. 4. 1993, Leits. ZBR 1993, 320 = PersV 1995, 493). Andernfalls wird **ein ordnungsgemäßes Mitbestimmungsverfahren nicht in Gang gesetzt** (OVG Saarlouis v. 14. 9. 1992, Leits. PersR 1993, 336). Von einer ordnungsgemäßen Unterrichtung ist bei einer Auswahlentscheidung aber dann auszugehen, wenn der zuständige Dienststellenleiter die Personalver-

tretung bei gleichem Gesamturteil mehrerer Bewerber darüber unterrichtet, welche einzelnen Leistungs- und Befähigungsmerkmale er der von ihm getroffenen Auswahlentscheidung zugrundegelegt hat. In diesem Fall gilt die beabsichtigte Beförderung als gebilligt, wenn die Personalvertretung zur Begründung ihrer Zustimmungsverweigerung nur das höhere Dienst- und Lebensalter eines Mitbewerbers geltend macht. Dann aber steht der Zustimmungsfiktion auch nicht das Verlangen der Personalvertretung nach zusätzlichen Informationen entgegen (OVG Münster v. 27. 3. 1998, Leits. PersV 1998, 528). Die Nichtäußerung kann ihre Ursache darin haben, dass die Personalvertretung keinen Beschluss fassen möchte oder dass sie nicht in der Lage ist, innerhalb der Frist zu einer Entscheidung zu kommen. Ist letzteres die Ursache, dann tritt die Fiktion der Zustimmung durch Schweigen aber dann nicht ein, wenn der Leiter der Dienststelle die Personalvertretung nicht ordnungsgemäß unterrichtet hat; dies aber muss die Personalvertretung fristgerecht rügen (OVG Münster v. 11. 10. 1988, ZBR 1989, 201 = PersV 1990, 79 = ZfPR 1989, 75; vgl. auch Anm. 11). Andererseits kann sich der Leiter der Dienststelle nicht auf Abs. 2 Satz 5 berufen, wenn er die Zustimmung zu einer beabsichtigten Maßnahme nicht beim zuständigen Gesamtpersonalrat, sondern beim örtlichen Personalrat beantragt hat (BAG v. 27. 8. 1974, PersV 1975, 378). Als gebilligt gilt eine Maßnahme auch dann, wenn die entsprechenden Erklärungen der Personalvertretung unter Missachtung der gemeinsamen Vertretungsbefugnis von Vorsitzendem und stellvertretendem Vorsitzenden abgegeben worden sind (BVerwG v. 14. 7. 1986, ZBR 1986, 312 = PersV 1987,199; VGH Mannheim v. 23. 7. 1985, Leits. DÖV 1986, 164; vgl. auch § 32 Anm. 35) oder wenn das Personalratsplenum in einer Gruppenangelegenheit den Widerspruch der Mehrheit der Vertreter der betroffenen Gruppe missachtet (OVG Münster v. 14. 10. 1991, PersR 1992, 158). Wenn die Personalvertretung die Zustimmung verweigert, gleichzeitig aber zu erkennen gibt, wie Bedenken ausgeräumt werden können, dann kann sich ein Dienststellenleiter nicht auf die Fiktion der Zustimmung mit der Begründung stützen, dass sich die Vorschläge der Personalvertretung zur Umgestaltung der Maßnahmen nicht verwirklichen lassen (BVerwG v. 19. 4. 1988, ZBR 1988, 284 = PersV 1988, 528). Grundsätzlich kann ein Dienststellenleiter nach Verweigerung der Zustimmung durch die Personalvertretung einen entsprechenden **Antrag erneut** (auch noch nach Ablauf der Erklärungsfrist) **stellen.** Allerdings ist die Personalvertretung nicht verpflichtet, auf diesen Antrag einzugehen. Sie kann sich auf Fristablauf berufen (vgl. hierzu: § 47 Anm. 15 und VGH Kassel v. 22. 3. 1989, Leits. ZfPR 1989, 114). Im Übrigen gilt die Zustimmungsfiktion nicht im Zusammenhang mit dem Abschluss einer Dienstvereinbarung, weil die Fiktion mit dem Vertragscharakter einer Vereinbarung nicht in Übereinstimmung zu bringen wäre (VGH Kassel v. 23. 9. 1993, Leits. ZfPR 1995, 22).

9. Die **Stellungnahme der Personalvertretung** wird dem Dienststellenleiter **durch den Vorsitzenden** (bzw. durch seinen Vertreter im Amt) erklärt (§ 32 Abs. 3 Satz 1). Der Vorsitzende ist dabei Vertreter des Personalrats in der Erklärung, nicht in der Willensbildung (BAG v. 26. 9. 1963, PersV 1964, 45). Der Dienststellenleiter darf darauf vertrauen, dass die Erklärung des Repräsentanten der Personalvertretung deren Beschluss zutreffend wiedergibt (BVerwG v. 24. 6. 1965, PersV 1966, 113). Eine Rechtspflicht zur **Überprüfung der Erklärungen der Personalvertretung** dahingehend, ob sie nach Form und Inhalt den gesetzlichen Anforderungen genügen, trifft den Dienststellenleiter nicht. Er ist daher auch nicht verpflichtet, der Personalvertretung gegebenenfalls noch vor Ablauf der Erklärungsfrist Gelegenheit zu geben, Mängel zu beseitigen. Andernfalls nämlich würde dem Dienststellenleiter 18

eine Kontrollfunktion zugemessen, die ihm aber schon deshalb nicht zusteht, weil die Tätigkeit der Personalvertretung weder den Weisungen noch der Rechtsaufsicht des Dienststellenleiters unterliegt (BVerwG v. 14. 7. 1986, ZBR 1986, 312 = PersV 1987, 199; BVerwG v. 24. 11. 1986, ZBR 1987, 220 = PersV 1987, 422). Der Dienststellenleiter darf sich jedoch mit der vom Personalratsvorsitzenden abgegebenen Erklärung dann nicht begnügen, wenn es zweifelhaft ist, „ob ihr ein ordnungsgemäßer Beschluss des Gremiums zugrunde liegt; vielmehr muss die Dienststelle Zweifeln in dieser Richtung nachgehen“ (BVerwG v. 24. 6. 1965, aaO; vgl. auch BVerwG v. 27. 9. 1962, ZBR 1963, 213). Es wird „als Zweifel ... ausschließender besonderer Umstand regelmäßig gelten können, wenn der Dienststelle gegenüber ausdrücklich – sei es auch unzutreffend – das Einvernehmen des Personalrats behauptet worden war“ (BVerwG v. 24. 6. 1965, aaO; vgl. auch § 32 Anm. 27).

19 10. Abs. 2 Satz 6 ist dem § 90 Satz 2 BBG (= § 56 BRRG) nachgebildet und gesteht dem Betroffenen das (an sich selbstverständliche) **Recht zur Äußerung** im Fall negativen Vortrags (Behauptungen tatsächlicher Art, keine Werturteile oder Beurteilungen, Fischer u. a., § 69 Anm. 13; Lorenzen u. a., § 69 Anm. 24) durch die Personalvertretung anlässlich des Beteiligungsverfahrens zu. Die Prüfung hinsichtlich des Inhalts der Äußerungen obliegt dem Leiter der Dienststelle. Im Zweifel hat er dem Betroffenen Gelegenheit zur Äußerung zu geben, die in jedem Fall aktenkundig zu machen und erst nach der Erklärung der Personalvertretung durchzuführen ist (Fischer u. a., aaO; Lorenzen u. a., aaO). Da auch von Seiten des Leiters der Dienststelle während eines Mitbestimmungsverfahrens Beschwerden oder Behauptungen tatsächlicher Art im Hinblick auf einen Beschäftigten vorgetragen werden können, ist dem Betroffenen auch in diesem Fall Gelegenheit zur Äußerung zu geben (Richardi u. a., § 69 Anm. 60). Der Personalvertretung obliegt aber nicht die Pflicht zur Anhörung der Beschäftigten bei personellen Maßnahmen unmittelbar vor einer Beschlussfassung; denn die Personalvertretung ist eine von den Beschäftigten weitgehend unabhängige Institution. Sie ist verpflichtet, sich ihre Meinung aufgrund des ihr von der Dienststelle zur Verfügung zu stellenden Informationsmaterials zu bilden. Nur dann, wenn sich aus diesem Material Zweifelsfragen ergeben, ist die Personalvertretung im Interesse einer sachgemäßen Beschlussfassung dann zur Anhörung eines Betroffenen verpflichtet, wenn sich hieraus eine weitere Aufklärung ergeben könnte. Zu berücksichtigen ist nämlich, dass die Personalvertretung in manchen Sitzungen nicht selten über eine Fülle personeller Individualmaßnahmen zu entscheiden hat. Im Hinblick auf die Frist zur Stellungnahme (zehn Arbeitstage, Abs. 2 Satz 3) wäre somit oft eine Anhörung aller Betroffenen durch die Personalvertretung praktisch nicht möglich. Eine Anhörung nur einzelner könnte aber u. U. zu einer Berücksichtigung von Einzelinteressen unter Zurückstellung der Belange anderer führen. Die Personalvertretung kann dem von einer beabsichtigten Maßnahme betroffenen Beschäftigten aber auch dann noch Gelegenheit zur Anhörung geben, wenn zwischen Dienststellenleiter und Personalvertretung bereits Gespräche über die Maßnahme stattgefunden haben. Entscheidend nämlich kommt es darauf an, dass die Personalvertretung hinreichend unterrichtet ist und sich aufgrund von Informationen seitens der Betroffenen konkret zu der beabsichtigten Maßnahme äußern kann. Auf diese Weise wird vermieden, dass die Personalvertretung von einem unzutreffenden Sachverhalt ausgeht. Außerdem wird die Chance, zu einer Einigung zwischen Dienststellenleiter und Personalvertretung zu kommen, erhöht. Insofern steht der Personalvertretung also ein **Selbstinformationsrecht** zu (OVG Münster v. 4. 3. 1993, PersV 1994, 235

= Leits. ZfPR 1994, 57; hierzu kritisch: Wahlers, PersV 1994, 201; vgl. auch § 68 Anm. 42 a).

III. Verfahren bei Nichteinigung (Abs. 3)

1. a) Wenn zwischen der Personalvertretung und dem Leiter der Dienststelle **keine Einigung zustande kommt**, nachdem die Möglichkeiten einer Einigung ausgeschöpft sind bzw. eine Seite nicht mehr verhandlungsbereit ist, dann ist die **nächsthöhere Dienststelle binnen sechs Arbeitstagen anzurufen;** die Anrufung kann sowohl durch den Leiter der Dienststelle als auch durch die zuständige Personalvertretung erfolgen (Abs. 3 Satz 1). Voraussetzung für die Vorlage ist, dass zuvor alle **Möglichkeiten zu einer Einigung genutzt worden** sind. Dazu gehört auch, dass sich der Leiter der Dienststelle nach einer Zustimmungsverweigerung durch die Personalvertretung mit deren Gründen eingehend auseinandersetzt und prüft, inwieweit diese Gründe beachtlich sind und ob er von der Durchführung der beabsichtigten Maßnahme absieht oder ob er „die Angelegenheit binnen sechs Arbeitstagen auf dem Dienstwege den übergeordneten Dienststellen" vorlegt (Abs. 3 Satz 1). Will er die beabsichtigte Maßnahme trotz des Widerspruchs der Personalvertretung vollziehen, dann muss er das Stufenverfahren einleiten; er darf hiervon nicht deshalb absehen, weil er die vorgetragenen Gründe für unbeachtlich hält. In einem solchen Fall nämlich würde sich der Dienststellenleiter wie ein „Richter in eigener Sache" (Altvater u. a., § 69 Anm. 42) verhalten und dem Partnerschaftsgedanken zuwiderhandeln (Fischer u. a. § 69 Anm. 12 a; vgl. ausführlich § 77 Anm. 14 ff.). Vor einer Einigung bzw. vor einer Entscheidung der Einigungsstelle darf der Leiter der Dienststelle die beabsichtigte Maßnahme nicht durchführen (VG Berlin v. 13. 1. 1975, PersV 1975, 428). Die Frist zur Anrufung der nächsthöheren Dienststelle beträgt nach Abs. 3 Satz 1 sechs Arbeitstage. Sie beginnt mit dem Zugang der begründeten Zustimmungsverweigerung. Im Hinblick auf das Erfordernis, die Angelegenheit auf dem Dienstweg den übergeordneten Dienststellen vorzulegen, genügt es, wenn die Vorlage innerhalb der Frist abgesandt wird (Richardi u. a., § 69 Anm. 68; nicht entscheidend ist, ob die Vorlage innerhalb der Frist bei der übergeordneten Dienststelle eingegangen ist (Fischer u. a., § 69 Anm. 14; Lorenzen u. a., § 69 Anm. 29; Richardi u. a., aaO). Erfolgt keine fristgerechte Vorlage, so kann das Verfahren nicht weiterbetrieben werden. Die beabsichtigte Maßnahme muss dann unterbleiben. Das aber gilt dann nicht, wenn ein Dienststellenleiter die Frist für die Zustimmungsverweigerung ständig abweichend vom Gesetz berechnet und Erklärungen der Personalvertretung auch dann als fristgemäß behandelt hat, wenn sie bei zutreffender gesetzlicher Würdigung verspätet gewesen wären. Infolgedessen kann er sich auch ohne vorherige ausdrückliche Rücknahme der bisherigen Verfahrensweise nicht auf die Folgen einer verspäteten Zustimmungsverweigerung berufen (BVerwG v. 9. 12. 1992, BVerwGE 91, 276 = ZBR 1993, 317 = PersV 1994, 173 = ZfPR 1993, 118). Bei der Frist des Abs. 3 Satz 1 nämlich handelt es sich um eine Ausschlussfrist, so dass die Zustimmungsverweigerung der Personalvertretung für den Dienststellenleiter dann bindend wird, wenn die Angelegenheit durch ihn nicht fristgerecht der nächsthöheren Dienstbehörde vorgelegt wird. Daher kann auch in einem solchen Fall nicht erneut der Personalvertretung ein Antrag auf Zustimmung zugestellt werden. Dies gilt selbst dann, wenn die Personalvertretung sich sachlich auf einen neuen Antrag einlässt. Die Personalvertretung muss davon ausgehen können, dass der Dienststellenleiter nach Ablauf der Frist grundsätzlich kein Interesse mehr daran hat, von ihm beabsichtigte Maßnahmen weiterzuverfolgen. Könnte aber der Dienststellenleiter auch nach Fristablauf die Personalvertretung erneut mit derselben Angelegenheit befassen, so ist 20

nicht auszuschließen, dass in Einzelfällen eine „günstige Zusammensetzung" der Personalvertretung abgewartet und sodann in der Hoffnung auf Zustimmung die Angelegenheit erneut vorgelegt wird. Daher kann es auch nicht angehen, dass ein Dienststellenleiter nach Ablauf der Vorlagefrist erneut einen Antrag auf Zustimmung stellt, obwohl sich die Sach- oder Rechtslage nicht wesentlich geändert hat und sich das Verfahren noch in einem „frühen Stadium" befindet. Eine solche Vorgehensweise würde keinesfalls zur Rechtsklarheit und Rechtssicherheit beitragen; denn immer bliebe offen, ob sich die Sach- oder Rechtslage wesentlich geändert hat oder ob sich das Verfahren noch in einem frühen Stadium befindet. Insoweit kann **nicht anders verfahren werden** als in dem Fall, in dem eine **Personalvertretung die Frist zur Verweigerung der Zustimmung hat verstreichen lassen.** Nach Fristablauf kann die Personalvertretung dann in Erörterungen mit dem Dienststellenleiter eintreten, wenn dieser einverstanden ist. Eine erneute Vorlage an die Personalvertretung kann damit gerechtfertigt werden, dass die Möglichkeiten einer Einigung ausgeschöpft werden sollten (BVerwG v. 11.4.1991, BVerwGE 88, 103 = ZBR 1991, 310 = PersV 1992, 156 = ZfPR 1991, 108; Fischer u. a., § 69 Anm. 14; Lorenzen u. a., § 69 Anm. 28). Dies muss insbesondere dann gelten, wenn neue tatsächliche oder rechtliche Gesichtspunkte, die vor Fristablauf nicht bekannt waren bzw. ohne Verschulden übersehen wurden, vorliegen. In diesem Fall können sowohl Dienststellenleiter (nach Ablauf der Vorlagefrist) wie Personalvertretung (nach Ablauf der Frist zur Zustimmungsverweigerung) prüfen, ob sich unter Beachtung des übergreifenden Gebotes zur vertrauensvollen Zusammenarbeit ein erneutes Eingehen auf die Angelegenheit empfiehlt (vgl. insoweit Schnellenbach, PersV 1991, 289, 292).

21 b) Falls die Personalvertretung die beantragte Zustimmung zu der beabsichtigten Maßnahme verweigert, kann sich selbstverständlich der Dienststellenleiter hiermit abfinden und von weiteren Initiativen absehen. Er kann aber darüber hinaus den Versuch einer Einigung machen, indem er der Personalvertretung **Kompromissverhandlungen** anbietet. In personellen Angelegenheiten könnte der Dienststellenleiter also ein „Paket" in der Weise schnüren, dass er nur dann entsprechende Maßnahmen vollzieht, wenn die Personalvertretung den beabsichtigten personellen Maßnahmen insgesamt zustimmt (vgl. hierzu: VGH Kassel v. 29.8.1990 – HPV TL 1654/86, n. v.; Lorenzen u. a., § 69 Anm. 20). Der Leiter der Dienststelle ist zwar nach § 66 Abs. 1 Satz 3 und Abs. 3 gehalten, eine Einigung mit der Personalvertretung herbeizuführen. Dennoch aber ergibt sich hieraus keine Schranke für das unmittelbare Vorlagerecht einer bestimmten Angelegenheit an die nächsthöhere Dienststelle (Fischer u. a., § 69 Anm. 14). Auch die Personalvertretung kann ihrerseits die Angelegenheit der nächsthöheren Dienststelle vorlegen. Hierzu wird sie im allgemeinen aber keine Veranlassung haben, da die Initiative zur Veränderung eines bestehenden Zustands im allgemeinen vom Dienststellenleiter ausgeht, der seinerseits deshalb an der Durchführung des Mitbestimmungsverfahrens interessiert ist, damit die von ihm beabsichtigte Maßnahme wirksam werden kann. Nur in Ausnahmefällen wird daher die Personalvertretung von ihrem Vorlagerecht Gebrauch machen (vgl. Richardi u. a., § 69 Anm. 65).

22 2. Die Vorschrift, nach der die Anrufung der übergeordneten Dienststellen (also nicht der Stufenvertretungen) **auf dem Dienstweg** zu geschehen hat, ist **zwingend.** Dennoch nimmt eine Anrufung außerhalb des Dienstweges ihr nicht die rechtliche Wirkung. Der Dienststellenleiter wird im Falle der Zustimmungsverweigerung die nächsthöhere Dienststelle anrufen. Die Personalvertretung wird dies tun, wenn der Leiter der Dienststelle einen Initiativantrag nach § 70 abgelehnt hat. Zweckmäßig ist es, wenn die jeweils andere Seite von der Anrufung der übergeordneten Dienststelle informiert wird (vgl. Anm. 20). Die Notwendigkeit zur schriftlichen Vorlage ergibt sich bereits aus dem im Gesetz enthaltenen Begriff „vorlegen“ (Fischer u. a., § 69 Anm. 16; Lorenzen u. a., § 69 Anm. 30).

3. Wenn der Leiter einer nachgeordneten Dienststelle über eine von ihm beabsichtigte mitbestimmungspflichtige Angelegenheit keine Einigung mit der örtlichen, bei ihm bestehenden Personalvertretung erzielt hat, an seiner Absicht aber festhalten möchte und daher gem. Abs. 3 Satz 1 die nächsthöhere Dienststelle angerufen hat, dann steht es dieser Dienststelle selbstverständlich frei, darüber zu entscheiden, ob sie das **Mitbestimmungsverfahren durch Einschaltung der bei ihr gebildeten Stufenvertretung weiterverfolgen** möchte. Die nächsthöhere Dienststelle im Rahmen ihrer Fach- und Dienstaufsicht kann das Verfahren dadurch beenden, dass sie die nachgeordnete Dienststelle anweist, ihre Absicht zur Durchführung einer mitbestimmungspflichtigen Maßnahme aufzugeben. Für diesen Fall ist die Stufenvertretung nicht einzuschalten. Zur Beteiligung der Stufenvertretung ist die übergeordnete Dienststelle erst dann verpflichtet, wenn sie auch ihrerseits die geplante Maßnahme durchsetzen möchte. Im Übrigen ist die übergeordnete Dienststelle auch dann nicht zur Beteiligung der Stufenvertretung verpflichtet, wenn sie der Auffassung ist, dass die Maßnahme gem. Abs. 2 Satz 5 als durch die örtliche Personalvertretung gebilligt gilt, da Gründe, auf die die Zustimmungsverweigerung gestützt wurde, nach ihrer Auffassung außerhalb des betreffenden Mitbestimmungstatbestandes liegen (OVG Hamburg v. 1. 4. 1992, PersV 1994, 275 = Leits. ZfPR 1993, 22). In diesen Fällen kann die örtliche Personalvertretung die Verletzung ihrer Beteiligungsrechte geltend machen (BVerwG v. 2. 11. 1994, PersV 1995, 227 = ZfPR 1995, 39). Die Stufenvertretung ihrerseits ist frei in der Entscheidung darüber, wie sie sich im konkreten Fall verhalten möchte; eine Bindung an die Auffassung der bei der vorlegenden Dienststelle gebildeten Personalvertretung ist nicht gegeben (BVerwG v. 28. 12. 1994, Leits. ZBR 1995, 317 = PersV 1995,406 = ZfPR 1995, 200; Fischer u. a., § 69 Anm. 18; Lorenzen u. a., § 69 Anm. 36). 23

4. Dienststelle und Personalvertretung können nur übergeordnete Dienststellen anrufen, „bei denen Stufenvertretungen bestehen“. Dabei **folgt die Zuständigkeit der Personalvertretung der Zuständigkeit der Dienststelle** (BVerwG v. 19. 12. 1975, BVerwGE 50, 80 = ZBR 1976, 197 = PersV 1976, 457). Besteht bei der im hierarchischen Behördenaufbau zuständigen Dienststelle aber keine Stufenvertretung, obwohl die gesetzlichen Voraussetzungen für ihre Errichtung vorliegen, so kann nicht diese Dienststelle sondern die nächsthöhere Dienststelle, bei der eine Stufenvertretung besteht, angerufen werden. Andernfalls würde es an einem mitbestimmenden Partner fehlen. Besteht auch bei der obersten Dienstbehörde keine handlungsfähige Stufenvertretung, so können Dienststelle und Personalvertretung direkt die Einigungsstelle anrufen. Gesamtpersonalräte sind keine Stufenvertretungen. Der Leiter einer Dienststelle, bei der ein Gesamtpersonalrat besteht, kann daher nicht angerufen werden. Der Gesamtpersonalrat wird lediglich dann beteiligt, wenn der Leiter einer Hauptdienststelle für den Gesamtbereich der ihm zugewiesenen Nebenstellen eine mitbestimmungspflichtige Maßnahme beabsichtigt. Kommt es nicht zu einer Einigung, so ist die Angelegenheit der nächsthöheren Dienststelle vorzulegen, bei der eine Stufenvertretung (also nicht Gesamtpersonalrat) besteht. 24

25 5. **Wegen der besonderen organisatorischen Verhältnisse der Körperschaften** etc. ist eine besondere Regelung für die Zuständigkeit als oberste Dienstbehörde geschaffen worden. Zuständig ist das für die Geschäftsführung vorgesehene oberste Organ. Dieses muss aber insbesondere dort, wo nach der Verfassung besondere Organe (Beiräte, Verwaltungsräte etc.) vorgesehen sind, nicht mit dem nach der Verfassung vorgesehenen eigentlichen Organ identisch sein; denn diese Organe sind allgemein nur zur Entscheidung von Problemen grundsätzlicher Art bestimmt. In diesen Fällen ist das Organ anzurufen, das für die laufende Geschäftsführung zuständig ist (Fischer u. a., § 69 Anm. 33; Richardi u. a., § 69 Anm. 79). Dieses nämlich steht in dem für das Mitbestimmungsverfahren notwendigen ständigen Kontakt zur Personalvertretung(vgl. im Übrigen §§ 88, 89).

26 6. a) Mangels Einigung können **sowohl der Leiter der Dienststelle wie die Personalvertretung** eine Meinungsverschiedenheit **durch alle Stufen** der betreffenden Verwaltung zur Entscheidung der übergeordneten Dienststellen bringen, bei denen planmäßig Stufenvertretungen bestehen. Kommt es daher bei einem dreistufigen Verwaltungsaufbau auch auf der Mittelebene nicht zu einer Einigung, dann ist nach dem gleichen Verfahren die oberste Dienstbehörde anzurufen (Fischer u. a., § 69 Anm. 19).

27 b) Wenn der Leiter einer obersten Dienstbehörde für „sein Haus" eine mitbestimmungspflichtige Maßnahme beabsichtigt, so hat er den zuständigen (örtlichen) Personalrat zu beteiligen. Kommt es zwischen beiden nicht zu einer Einigung, so fehlt es im weiteren Mitbestimmungsverfahren an einer nächsthöheren Dienststelle, so dass **unmittelbar die Einigungsstelle angerufen werden muss** (Richardi u. a., § 69 Anm. 92). Keinesfalls kann in diesen Fällen noch der Hauptpersonalrat eingeschaltet werden. Dies ergibt sich eindeutig aus dem Gesetzeswortlaut (Abs. 3). Zudem wäre eine solche Beteiligung deshalb wenig sinnvoll, weil in diesem Fall auf der Seite der Verwaltung der „weitere" Verhandlungspartner mit dem „ursprünglichen" Partner identisch ist. Die Einigungsstelle ist im Übrigen auch dann unmittelbar anzurufen, wenn der Leiter einer obersten Dienstbehörde für seinen gesamten Zuständigkeitsbereich eine mitbestimmungspflichtige Maßnahme beabsichtigt und sich mit dem zuständigen Hauptpersonalrat nicht einigt.

IV. Anrufen der Einigungsstelle (Abs. 4)

28 1. Die Einigungsstelle ist ausschließlich für die Entscheidung darüber zuständig, ob eine **Einwendung der Personalvertretung berechtigt** war. Sie kann daher nicht über die Rechtmäßigkeit der amtlichen Maßnahme entscheiden, der sich die Personalvertretung widersetzt hat (BVerwG v. 13.2.1976, BVerwGE 50, 186 = ZBR 1976, 228 = PersV 1977, 183; BVerwG v. 13.2.1976 – VII P 5.75, n. v.). Der Weg zur **Einigungsstelle** ist nur für die oberste Dienstbehörde und die bei ihr bestehende zuständige Personalvertretung offen. Voraussetzung ist ein **gescheiterter Einigungsversuch.** Unerheblich ist dabei, ob die oberste Dienstbehörde im Rahmen eines Mitbestimmungsverfahrens, das seinen Anfang auf einer nachgeordneten Ebene genommen hat, angerufen worden ist. Sie kann auch die (erst) entscheidende Dienststelle sein, wenn sie selbst die der Mitbestimmung unterliegende Maßnahme treffen will. Wenn sie eine soziale Maßnahme beabsichtigt, die für den gesamten Geschäftsbereich Geltung haben soll, so hat sie den bei ihr bestehenden Hauptpersonalrat zu beteiligen. Kommt es zwischen beiden nicht zu einer Einigung, so ist die Einigungsstelle anzurufen (Fischer u. a., § 69 Anm. 20; Lorenzen u. a., § 69 Anm. 37). Die oberste Dienstbehörde kann aber auch eine mitbestimmungspflichtige Maßnahme beabsichtigen,

die lediglich für das Haus der obersten Dienstbehörde gilt. In diesem Fall hat sie den bei ihr bestehenden (örtlichen) Personalrat zu beteiligen. Kommt es nicht zu einer Einigung, so gibt in diesem Fall keine übergeordnete Dienststelle mehr, so dass das Mitbestimmungsverfahren unmittelbar zur Einigungsstelle kommt (Anm. 27; Lorenzen u. a., § 69 Anm. 37; Richardi u. a., § 69 Anm. 76). Falls es im Bereich der obersten Dienstbehörde personalvertretungsrechtlich verselbständigte Dienststellen gibt, ist der Gesamtpersonalrat die zuständige Personalvertretung (Fischer u. a., § 69 Anm. 20). Oberste Dienstbehörde und zuständige Stufenvertretung können im Übrigen die Einigungsstelle immer nur dann anrufen, wenn Einigkeit darüber besteht, dass es sich um einen Fall der Mitbestimmung handelt. Bei Meinungsverschiedenheiten darüber, ob die Personalvertretung überhaupt zu beteiligen ist, sind die Verwaltungsgerichte anzurufen (VGH Kassel v. 6. 12. 1972, Leits. ZBR 1974, 67; vgl. Anm. 46 ff.).

2. Im Falle der Mitbestimmung **in Personalangelegenheiten** der Arbeitnehmer (§ 75 Abs. 1) und der Beamten (§ 76 Abs. 1) **kann die Einigungsstelle nur feststellen,** ob die Personalvertretung die Zustimmung zu der von der Dienststelle beabsichtigten Maßnahme aus einem Grund verweigert hat, der durch den Versagungskatalog des § 77 Abs. 2 gedeckt ist. Falls die Einigungsstelle feststellt, dass die Personalvertretung die Zustimmung unbegründet verweigert hat, ersetzt die Feststellung der Einigungsstelle die Zustimmung. Bis zur Entscheidung der Einigungsstelle ist während des gesamten Mitbestimmungsverfahrens noch eine Einigung auf der unteren Ebene zwischen dem Leiter der Dienststelle und der Personalvertretung möglich. 29

3. Die Einigungsstelle wird **nicht von Amts wegen,** sondern nur auf Anruf eines der Beteiligten (oder beider) tätig. Satz 2 erwähnt die „Erklärung eines Beteiligten, die Entscheidung der Einigungsstelle herbeiführen zu wollen“. In aller Regel wird dies der Initiator der Maßnahme sein, da er bei der Ablehnung seiner Absicht entscheiden muss, ob er mit einem Kompromissvorschlag an die Gegenseite herantreten soll. Ist er hierzu nicht bereit, dann kann es zu keiner Einigung mehr kommen (vgl. OVG Hamburg v. 23. 6. 1981, PersV 1985, 76). 30

4. Eine **Frist für die Anrufung der Einigungsstelle** gibt es weder für die oberste Dienstbehörde noch für die bei ihr bestehende Stufenvertretung (Fischer u. a., § 69 Anm. 20; Lorenzen u. a., § 69 Anm. 38). Wenn auf der obersten Ebene keine Einigung erzielt wird, aber kein Beteiligter die Einigungsstelle anruft, kann die von der Behörde beabsichtigte Maßnahme nicht durchgeführt werden. 31

5. Abs. 3 Satz 2, wonach die Einigungsstelle „binnen zwei Monaten“ entscheiden soll, dient der **Beschleunigung des Verfahrens.** Eine Verletzung dieser Sollvorschrift ist unschädlich (Fischer u. a., § 69 Anm. 32; Lorenzen u. a., § 69 Anm. 38). 32

6. Während die Einigungsstelle in den Fällen der vollen Mitbestimmung – nach dem Beschluss des BVerfG v. 24. 5. 1995 (BVerfGE 93, 37 = ZBR 1996, 15 = PersV 1995, 553 = ZfPR 1995,185) und der im Anschluss hierzu ergangenen Rechtsprechung des BVerwG zur verfassungskonformen Auslegung der vollen Mitbestimmung (vgl. z. B. BVerwG v. 24. 4. 2002, BVerwGE 116, 216 = ZBR 2003,105 = PersV 2002, 546 = ZfPR 2002, 235) ist hier ein grundlegender Wandel eingetreten – endgültig entscheidet, kann sie in den Fällen der §§ 76,85 Abs. 1 lediglich eine **Empfehlung an die oberste Dienst-** 33

behörde geben. Hiervon sind folgende Fälle betroffen: § 76: Mitbestimmung in Personalangelegenheiten der Beamten und in sonstigen Angelegenheiten (z. B. Einführung grundlegend neuer Arbeitsmethoden); § 85 Abs. 1 Nr. 7: Mitbestimmung der Bundespolizeipersonalvertretung bei Berufsförderungsmaßnahmen. In diesen Angelegenheiten kann die Einigungsstelle nicht abschließend zur Sache entscheiden; denn Entscheidungen der Dienststelle, die wegen ihrer Auswirkungen auf die Allgemeinheit wesentlicher Bestandteil der Regierungsgewalt sind, dürfen nicht auf neutrale Stellen übertragen werden, die außerhalb der Regierungsverantwortung stehen (so schon BVerfG v. 27. 4. 1959, BVerfGE 9, 268 = ZBR 1959, 152 = PersV 1958/59, 234, 245; vgl. auch Widmaier, Diss., S. 82).

33a 6 a) Ein Letztentscheidungsrecht der Einigungsstelle in **personellen Angelegenheiten von Arbeitnehmern** (§ 75 Abs. 1) erweist sich nach dem Beschluss des Bundesverfassungsgerichts (BVerfG v. 24. 5. 1995, BVerfGE 93, 37 = ZBR 1996, 15 = PersV 1995, 553 = ZfPR 1995, 185), der gegenüber der „Bremen-Entscheidung" (BVerfG v. 27. 4. 1959, BVerfGE 9, 268 = ZBR 1959, 152 = PersV 1958/59, 234) eine erhebliche Einschränkung der Mitbestimmung zur Folge hat (vgl. Einl. Anm. 53 sowie vor § 66 Anm. 1 a), als verfassungswidrig. Gleiches gilt für die Angelegenheiten des § 75 Abs. 3 Nr. 10, 14,17. Die Aussage des BVerfG betrifft nicht nur Besonderheiten des von ihm beurteilten Mitbestimmungsgesetzes von Schleswig-Holstein, sondern beansprucht allgemeine Gültigkeit und hat über Schleswig-Holstein hinaus grundsätzliche Bedeutung, denn das BVerfG hat seine Feststellungen wiederholt durch Hinweise auf Bestimmungen des BPersVG konkretisiert. Eine Anpassung des Gesetzgebers an diese Rechtsprechung ist jedoch noch nicht erfolgt. Es entspräche dem **Gebot der Rechtssicherheit**, wenn der Bundesgesetzgeber sich dazu entschließen würde, das BPersVG an die Rechtsprechung des BVerfG anzupassen. Die Untätigkeit des Bundesgesetzgebers und von Landesgesetzgebern hat dazu geführt, dass das BVerwG mit Rücksicht auf die neue Rechtsprechung des BVerfG ein in den Landespersonalvertretungsgesetzen von Hamburg und Nordrhein-Westfalen vorgesehenes Letztentscheidungsrecht der Einigungsstelle zu einer Empfehlung herabgestuft hat (BVerwG v. 24. 4. 2002 – 6 P 3.01, BVerwGE 116, 216 = ZBR 2003, 105 = PersV 2002, 546 = ZfPR 2002, 235 m Anm. v. Ilbertz; BVerwG v. 24. 4. 2002 – 6 P 4.01, ZBR 2002, 361 = PersV 2002, 542 = ZfPR 2002, 294; BVerwG v. 18. 6. 2002, ZBR 2002, 440 = PersV 2003, 24 = ZfPR 2002, 323). Das **BVerwG** begründet seine **gewandelte Rechtsprechung** im Wesentlichen damit, das urprüngliche Gesetzeswerk weise aufgrund der rechtlichen Entwicklung durch die neue Rechtsprechung des BVerfG eine **„planwidrige Lücke"** auf, die dadurch zu schließen sei, dass die entsprechenden Vorschriften, die den Grundsätzen des BVerfG nicht entsprechen, „über ihren Wortlaut hinaus" anzuwenden seien. Geht es danach um die Anwendung eines nicht an die geänderten verfassungsgerichtlichen Maßstäbe angepassten Personalvertretungsgesetzes, kann hinsichtlich der Verfehlung dieser Anforderungen von einer unbeabsichtigten Lücke im jeweiligen Personalvertretungsgesetz ausgegangen werden. Diese Lücke rechtfertigt es nach Auffassung des BVerwG, anstelle einer vollen Mitbestimmung mit abschließender verbindlicher Einigungsstellenentscheidung im Wege der Analogie die **eingeschränkte**, für Beamtenangelegenheiten vorgesehene **Mitbestimmung** treten zu lassen (v. Roetteken, PersR 2003, 331). Dies hatte z. B. für die beiden nach dem Landespersonalvertretungsgesetz von Hamburg abzuwickelnden Fälle zur Folge, dass die Mitbestimmung zwar zur abschließenden Befassung der Einigungsstelle führt, die Entscheidung dieser Einigungsstelle aber nur noch diejenigen Wirkungen haben kann, die sie hätte, müsste die Entscheidung in einer Beamtenangelegenheit ergehen. Obgleich die Rechtsprechung des BVerwG im Ergebnis sachlich berechtigt ist, weil eine eingeschränkte Mitbestimmung der Sicherheit der Rechtsanwendung eher dient als der völlige Ausschluss der Beteiligung des Personalrats wegen eines nicht an die neue Verfassungslage angepassten Gesetzes (so noch BVerwG v. 3. 12. 2001, ZBR 2002, 357, PersV 2003, 30 = ZfPR 2002, 67, 71; das BVerwG hatte ein Mitbestimmungsrecht ausgeschlossen, „solange der hamburgische Gesetzgeber eine Anpassung des Gesetzes“ an die neuere Rechtsprechung des BVerfG nicht vornimmt), so **stellt sich doch die Frage, ob das BVerwG die Grenzen einer verfassungskonformen Auslegung überschritten** und sich als **Quasi Gesetzgeber** betätigt hat (in diesem Sinne: Wahlers, PersV 2003, 18; kritisch auch Vogelgesang, ZfPR 2003, 194 sowie Blanke ZfPR 2003, 239; aA Büge, PersR 2003, 171, der nicht zu Unrecht darauf hinweist, die Kritiker berücksichtigten nicht hinreichend, dass gerade wegen der ungewöhnlich präzisen Abklärung der Problematik durch das BVerfG erwartet werden müsse, dass die Gerichte alle Auslegungsspielräume zur Herleitung eines verfassungskonformen Ergebnisses nutzten), wenn es entgegen dem klaren Wortlaut des Gesetzes lediglich von einer unverbindlichen Empfehlung der Einigungsstelle ausgeht. Stellt somit die Einigungsstelle in den personellen Angelegenheiten der Arbeitnehmer (§ 75 Abs. 1) fest, dass einer der Gründe des Versagungskatalogs des § 77 Abs. 2 vorliegt und die Personalvertretung zu Recht die Zustimmung verweigert hat, kann der Dienststellenleiter die beabsichtigte Maßnahme gleichwohl durchführen. Im **Zentrum der Diskussion** über die neue Rspr. des BVerwG steht die Frage, ob das Gericht das Prinzip der Gesetzesbindung des Richters verkannt und die Grenzen der richterlichen Rechtsfortbildung überschritten hat bzw. wem das Prinzip der Rechtssetzung zukommt, dem **parlamentarischen Gesetzgeber** oder der **Gerichtsbarkeit** (Blanke, aaO). Das BVerwG (BVerwG v. 24. 4. 2002 – 6 P 3.01, aaO) sieht sich der Anforderungen an die prozedural durch Art. 100 Abs. 1 GG vorgegebenen Möglichkeiten zur Gesetzeskorrektur auch durch einen Beschluss des Bundesverfassungsgerichts (BVerfG v. 20. 7. 2001, PersV 2001, 557) enthoben, indem es wörtlich ausführt: „Der beschließende Senat sieht sich ferner durch den Beschluss der 4. Kammer des zweiten Senats des Bundesverfassungsgericht vom 20. Juli 2001 – 2 BvL 8/00 – (PersV 2001, 557) aufgefordert, in der vorliegenden Rechtsmaterie nicht zurückhaltend von der Befugnis der Gerichte Gebrauch zu machen, mit den Mitteln der Auslegung und Rechtsfortbildung die Rechtslage in Einklang mit der Verfassung zu bringen, solange der Gesetzgeber von seiner diesbezüglichen Gestaltungsmacht keinen Gebrauch macht“. Mit dieser Entscheidung hatte es das BVerfG abgelehnt, im Verfahren der konkreten Normenkontrolle nach Art. 100 Abs. 1 GG die Verfassungsmäßigkeit von Normen des LPVG Bbg zu prüfen und den entsprechenden Vorlagebeschluss des LAG Potsdam für unzulässig erklärt. Nach Auffassung der Kammer hätte das LAG eine Lösung der aufgeworfenen Rechtsfrage – Mitbestimmungspflichtigkeit einer Änderungskündigung gem. §§ 63 Abs. 1 Nr. 17 i. V. m. § 61 Abs. 1 und 8 i. V. m. § 72 Abs. 3 und 4 Satz 2 LPVG Bbg – im Wege der verfassungskonformen Auslegung der von ihm im Hinblick auf die Entscheidung des BVerfG v. 24. 5. 1995 als verfassungswidrig erachteten Regelungen finden können. Die Begründung des Beschlusses des BVerfG v. 20. 7. 2001 für die Zurückweisung des Vorlagebeschlusses des LAG Potsdam hat das BVerwG wohl nicht zu Unrecht als Ermunterung zur extensiven Handhabung des Instruments der verfassungskonformen Auslegung gedeutet (Blanke, aaO). Gleichwohl unterscheidet sich die Gesetzeslage in Brandenburg von den vom BVerwG entschiedenen drei Fällen. Eine verfassungskonforme Anwendung des § 73 LPVG Bbg war möglich, weil sowohl vom Wortlaut als auch vom

Ziel des Gesetzes her die Letztentscheidung durch den zuständigen Amtsträger nicht ausgeschlossen war (Vogelgesang, ZTR 2003, 366). Die kontrovers geführte Diskussion um die neue Rechtsprechung des BVerwG macht deutlich, dass der **Gesetzgeber dringend gefordert ist, Klarheit zu schaffen,** indem er die **„planwidrige Lücke" selbst ausfüllt und die für ihn trotz der nach der Entscheidung** des BVerfG v. 24. 5. 1995 **beschränkten Perspektiven nach wie vor bestehenden Gestaltungsräume nutzt** (Rinken, ZfPR 2003, 199).

34 7. Die **oberste Dienstbehörde ist** in den Fällen der § 76, § 85 Abs. 1 Nr. 7 **an die Empfehlung der Einigungsstelle nicht gebunden.** Sie entscheidet vielmehr nach pflichtgemäßem Ermessen. Da Verwaltungshandeln stets einem Begründungszwang unterliegt, ist die oberste Dienstbehörde verpflichtet, ihre Absicht, von der Empfehlung einer Einigungsstelle abzuweichen, den Beteiligten gegenüber zu begründen. Ein Unterlassen der Begründung führt aber nicht zur Unwirksamkeit der beabsichtigten Maßnahme (BAG v. 21. 6. 2006, Leits. PersR 2007, 134 = ZfPR online 2/2007, S. 10). Dem Beamten, der sich durch die Entscheidung der obersten Dienstbehörde in einem subjektiv-öffentlichen Recht verletzt fühlt, steht der Weg zum Verwaltungsgericht auch dann offen, wenn die oberste Dienstbehörde der Empfehlung der Einigungsstelle gefolgt ist.

35 8. Durch Art. 2 des Gesetzes über den deutschen Auslandsrundfunk vom 16. 12. 1997 (BGBl. I S. 3094, zul. geänd. d. G v. 27. 12. 2003, BGBl. I S. 3007, 3011) ist § 90 BPersV geändert worden. Für die Rundfunkanstalt des Bunderrechts **„Deutsche Welle"** gilt grundsätzlich das BPersV mit einigen Abweichungen. Die Beschäftigten sind regelmäßig nicht Beamte, sondern Angestellte mit qualifizierten Aufgaben. Sie werden vertretungsrechtlich wie Beamte behandelt, d. h. die Einigungsstelle ist auch in ihren Personalangelegenheiten auf eine Empfehlung beschränkt, die die oberste Dienstbehörde im Rahmen ihres pflichtmäßigen Ermessens zu würdigen hat. Die betroffenen Personen müssen maßgeblich an der Programmgestaltung beteiligt sein, aber nicht zum Personenkreis des § 77 Abs. 1 Satz 2 gehören. Insofern kann es sich nur um Beschäftigte mit vorwiegend journalistischen Aufgaben handeln. Entscheidend sind die jeweilige Aufgabenverteilung und die tatsächlichen Verhältnisse der Rundfunkanstalt. Daher dürfte es ausreichend sein, wenn die Möglichkeit der Einflussnahme auf bestimmte, abgegrenzte Teile des Programms beschränkt ist. Im Übrigen bezieht sich die eingeschränkte Mitbestimmung nur auf solche Mitarbeiter, die in einem festen Beschäftigungsverhältnis stehen. Die sog. freien Mitarbeiter sind aufgrund von Werkverträgen tätig. Ihnen fehlt also die Beschäftigteneigenschaft i. S. von § 4 (Fischer u. a., § 69 Anm. 25).

V. Vorläufige Regelungen

36 1. a) Wenn eine Maßnahme der Mitbestimmung (oder der Mitwirkung) unterliegt, so darf sie grundsätzlich erst dann durchgeführt werden, wenn das Mitbestimmungs-/Mitwirkungsverfahren durchlaufen ist. Die Realisierung der von der Dienststelle beabsichtigten Maßnahme kann sich dadurch verzögern. Durch eine solche Verzögerung kann in Ausnahmefällen die **Aufgabenerfüllung der Dienststelle beeinträchtigt** werden. Abs. 5 gibt daher dem Dienststellenleiter die Möglichkeit, vor Durchführung des Mitbestimmungs- bzw. Mitwirkungsverfahrens die notwendige Regelung bereits vorzunehmen und das Mitbestimmungs- bzw. Mitwirkungsverfahren erst im Anschluss daran zu durchlaufen. Diese aus verfassungsrechtlichen Gründen gebotene Ausnahme soll sicherstellen, dass die Dienststelle ihren Amtsauftrag sach-

und zeitgerecht erfüllen kann (BVervfG v. 24. 5. 1995, BVerfGE 93, 37 = ZBR 1996, 15 = PersV 1995, 553 = ZfPR 1995/185). Gleichzeitig regelt Abs. 5 jedoch, dass die gesetzlich vorgeschriebene Beteiligung der Personalvertretung trotz beteiligungsfreier Durchführung der vorläufigen Regelung bei der endgültigen Maßnahme erfolgt (BVerwG v. 19. 4. 1988, ZBR 1988, 284 = PersV 1988, 528 = PersR 1988, 158 m. Anm. v. Haas in PersR 1989, 192).

b) Grundsätzlich ist es Pflicht eines Dienststellenleiters, ein Mitbestimmungsverfahren von sich aus frühzeitig und zügig einzuleiten bzw. zu betreiben (OVG Münster v. 9. 12. 1982, Leits. PersV 1986, 436). Deshalb kann nur ausnahmsweise unter eng begrenzten Voraussetzungen ein Dienststellenleiter schon vor der Einleitung des Mitbestimmungs- bzw. des sich anschließenden Einigungsverfahrens **vorläufige Maßnahmen** treffen (Abs. 5 Satz 1). Eine vorläufige Regelung kann nicht nur vom Dienststellenleiter der ersten Stufe, sondern auf jeder Stufe des Mitbestimmungsverfahrens vorgenommen werden, wenn die Maßnahme unaufschiebbar geworden ist. Voraussetzung ist, dass selbst die verkürzte Frist von drei Arbeitstagen (Abs. 2 Satz 4) noch zu nicht hinnehmbaren Verzögerungen führt und dass es sich bei der beabsichtigten Maßnahme um eine **der Natur der Sache nach unaufschiebbare Maßnahme** handelt, die einer vorläufigen Regelung zugänglich ist und weder rechtlich noch tatsächlich vollendete Tatsachen schafft (BVerwG v. 20. 7. 1984, BVerwGE 70, 1 = ZBR 1984, 379 = PersV 1985, 71; Fischer, ZBR 1979, 322). Eine Maßnahme ist aber nur dann unaufschiebbar, wenn sie trotz des noch laufenden Mitbestimmungsverfahrens und der fehlenden Zustimmung der Personalvertretung eine – wenn auch nur vorläufige – Regelung im Hinblick auf die dringende Erfüllung von Pflichten und Aufgaben der Dienststelle im Interesse der Allgemeinheit sicherstellen soll (Kunze, ZfPR 1994, 204); bloße Eilbedürftigkeit reicht nicht aus (BVerwG v. 25. 10. 1979, ZBR 1980, 161 = PersV 1981, 203; BVerwG v. 16. 12. 1992, ZBR 1993, 185 = PersV 1993, 355 = ZfPR 1993, 76; BVerwG v. 2. 8. 1993, Leits. ZBR 1993, 382 = PersV 1994, 506). Von einer Unaufschiebbarkeit einer beabsichtigten Maßnahme kann daher nur dann die Rede sein, wenn bei Unterlassung der alsbald durchzuführenden Maßnahme die Erfüllung von Pflichten und Aufgaben der Dienststelle nicht sichergestellt werden könnte und schwere Behinderungen der Funktionsfähigkeit der Verwaltung nicht auszuschließen wären (BVerwG v. 2. 8. 1993, Leits. ZBR 1993, 382 = PersV 1994, 506 = ZfPR 1993, 187). Daher muss sich bei einer Abwägung ergeben, dass die Gründe für eine vorläufige Regelung ein so starkes Gewicht haben, dass umgehend eine Maßnahme durchgeführt werden und dass das Interesse an der Durchführung eines Mitbestimmungsverfahrens nach Abs. 2 demgegenüber zurücktreten muss. Deshalb hat ein Dienststellenleiter der Personalvertretung die vorläufige Regelung in ihrem vollen Wortlaut mitzuteilen und diese schriftlich oder mündlich zu begründen. Die Personalvertretung muss in der Lage sein, die vorstehend genannten Voraussetzungen der vorläufigen Regelung nachzuvollziehen. Ohne eine Begründung ist die vorläufige Regelung unwirksam (BVerwG v. 16. 12. 1992, aaO); die Begründung kann nicht nachgeholt werden (OVG Magdeburg v. 2. 4. 2004, PersV 2004, 349 = Leits. ZfPR 2004, 339 und v. 5. 10. 2005, PersR 2006, 169 = Leits. ZfPR 2007, 18) Die vorläufige Regelung kann sowohl vor Einleitung des erforderlichen Mitbestimmungs- bzw. Mitwirkungsverfahrens ergriffen werden als auch während eines bereits laufenden Beteiligungsverfahrens, wenn sich dann erst die Unaufschiebbarkeit der Maßnahme herausstellt. In jedem Fall muss die vorläufige Regelung sachlich wie zeitlich eng begrenzt und auf das unbedingt notwendige sachli- 36a che und zeitliche Maß beschränkt sein. Sie darf nicht so weit gehen, dass eine wirkungsvolle Ausübung der Mitbestimmungsrechte nicht mehr möglich ist; denn das Mitbestimmungsrecht der Personalvertretung darf auch nicht faktisch ausgeschlossen werden. Vielmehr muss so viel Spielraum verbleiben, dass auch noch eine modifizierte Regelung im weiteren Verfahren getroffen werden kann (BVerwG v. 22. 8. 1988, ZBR 1989, 81 = PersV 1989, 269 = ZfPR 1989, 69; Richardi u. a., § 69 Anm. 110 zur Rspr. d. BVerwG vgl. Widmaier, PersV 1989, 421). Die beabsichtigte Maßnahme darf auch nicht im „Gewand der vorläufigen Regelung“ die endgültige Maßnahme mit der Folge praktisch in Kraft setzen, dass sie nicht mehr gestaltungsfähig ist (BVerwG v. 14. 3. 1989, PersV 1989, 359 = ZfPR 1989, 101). Daher ist z. B. eine Kündigung von Wohnungen, über die die Dienststelle verfügt, im Rahmen des Abs. 5 unzulässig (Fischer u. a., § 69 Anm. 36); denn die Kündigung ist bedingungsfeindlich und unwiderruflich (Fischer aaO). Die Versetzung eines Beschäftigten kann nicht in Betracht gezogen werden, wenn eine Abordnung als vorläufige Maßnahme ausreichend ist (BVerwG v. 17. 1. 1969, PersV 1969, 175). Ebensowenig kann im Wege einer vorläufigen Regelung die zeitliche Festlegung von Überstunden vorgenommen werden, da auf diese Weise ein Tatbestand geschaffen würde, der sich nicht mehr rückgängig machen ließe (OVG Münster v. 9. 8. 1989, PersR 1990, 29). Insgesamt ist unerheblich, ob ein Dienststellenleiter durch eigenes Verhalten (Unterlassen der rechtzeitigen Einleitung des Beteiligungsverfahrens) die „prekäre Situation“ selbst herbeigeführt und dazu beigetragen hat, dass eine Maßnahme nunmehr unaufschiebbar ist. Im öffentlichen Interesse kommt es alleine darauf an, ob die Aufgabenerfüllung der Dienststelle nur durch eine vorläufige Maßnahme sichergestellt werden kann (BVerwG v. 25. 10. 1979, aaO; OVG Münster v. 27. 10. 1999, PersV 2000, 414; Fischer u. a., § 69 Anm. 36c; Lorenzen u. a., § 69 Anm. 53; Richardi u. a., § 69 Anm. 109).

36b c) Generell muss gelten, dass ein Dienststellenleiter eine von ihm beabsichtigte mitbestimmungspflichtige Maßnahme im allgemeinen Interesse, aber auch im Interesse der Beschäftigten zügig behandelt, d. h. das notwendige Mitbestimmungs-/Mitwirkungsverfahren so rechtzeitig durchführt, dass eine vorläufige Maßnahme nicht erforderlich wird (OVG Münster v. 27. 10. 1999, PersV 2000,414; Lorenzen u. a., § 69 Anm. 53). Allerdings wird bei schuldhaftem Zögern eine vorläufige Maßnahme nicht unzulässig. Vielmehr ist alleine auf die objektiven Gegebenheiten abzustellen; denn eine vorläufige Regelung i. S. von Abs. 5 dient insoweit öffentlichen Belangen, als sie die Erfüllung von Pflichten und Aufgaben der Dienststelle im öffentlichen Interesse sicherstellen soll (BVerwG v. 25. 10. 1979, ZBR 1980, 161 = PersV 1981, 203; BVerwG v. 20. 7. 1984, BVerwGE 70, 1 = ZBR 1984, 379 = PersV 1985, 71; BVerwG v. 4. 2. 1992, PersR 1993, 384; vgl. auch Anm. 36a). Allerdings wird man angesichts der Tatsache, dass der Gesetzgeber in den der Mitbestimmung bzw. Mitwirkung unterliegenden Angelegenheiten eine hinreichend wirksame Beteiligung der Personalvertretung sicherstellen will, davon ausgehen müssen, dass eine vorläufige Regelung nur dann in Betracht kommen kann, wenn eine **unerwartete Entwicklung** eingetreten ist, auf die sich die Dienststelle nicht rechtzeitig einstellen konnte (vgl. in diesem Zusammenhang: BVerwG v. 2. 8. 1993, Leits. ZBR 1993, 382 = ZfPR 1993, 187; Kunze, PersV 1988, 417).

36c d) Das Gesetz lässt **vorläufige beamtenrechtliche Maßnahmen** nur unter der Voraussetzung ihrer beamtenrechtlichen Zulässigkeit zu. Die Zulässigkeit solcher vorläufigen Maßnahmen ist zu verneinen, wenn durch sie der Status des Beamten berührt wird. Der Dienstherr muss eine unaufschiebbare, der

Mitbestimmung der Personalvertretung unterliegende beamtenrechtliche Verfügung so planen und vorbereiten, dass das Mitbestimmungsverfahren noch vor dem maßgeblichen Zeitpunkt abgeschlossen ist (OVG Bremen v. 21. 3. 1991, PersV 1993, 87). Eine vorläufige **Hinausschiebung des Eintritts in den Ruhestand** ist als vorläufige Regelung nicht zulässig. Die Hinausschiebung des Ruhestand nämlich schafft, auch wenn sie nur vorläufig gilt, vollendete Tatsachen (teilweise anders: OVG Hamburg v. 14. 7. 1994, PersR 1995, 378). Die Veränderung des Status des aktiven Beamten in den des Ruhestandsbeamten, die an sich mit dem Überschreiten der Altersgrenze verbunden ist, tritt nicht ein. Die Pflichten des aktiven Beamten bleiben in vollem Umfang erhalten. Wegen dieser Wirkungen kann eine vorläufige Hinausschiebung des Eintritts in den Ruhestands nicht zurückgenommen werden und darf deshalb von vornherein nicht getroffen werden (OVG Bremen v. 21. 3. 1991, aaO). Auch **Rückgruppierungen** stellen keine unaufschiebbaren Maßnahmen dar, die als vorläufige Regelung auch ohne vorherige Beteiligung der Personalvertretung angeordnet und vollzogen werden dürfen, weil es sich insoweit nicht um nur vorläufige, sondern endgültige Maßnahmen handelt. **Disziplinarmaßnahmen** sind ebenfals keine Maßnahme, die der Natur der Sache nach keinen Aufschub dulden (OVG Hamburg v. 22. 5. 2000, PersR 2001, 40). Wohl aber kann ein Dienststellenleiter einen Beschäftigten, der wegen einer im Zusammenhang mit seiner Amtstätigkeit begangenen Straftat rechtskräftig verurteilt worden ist, im Wege einer vorläufigen Regelung **umsetzen** (OGV Münster v. 25. 8. 2005, ZfPR online 5/ 2006, S. 8 = Leits. ZfPR 2007, 18).

e) Ausnahmsweise dürfen die aufgezeigten Grenzen vorläufiger Regelungen (Anm. 36) dann überschritten werden, wenn ein unverzügliches Handeln des Dienststellenleiters dringend geboten ist, die beabsichtigte Maßnahme der Natur der Sache nach weder sachliche noch zeitliche Einschränkungen zulässt und wenn die durch die Beteiligung der Personalvertretung eintretende Verzögerung zu einer **Schädigung überragender Gemeinschaftsgüter** oder -interessen führen würde (Fischer u. a., § 69 Anm. 36c; Lorenzen u. a., § 69 Anm. 53a; Richardi u. a., § 69 Anm. 112). In diesen Ausnahmefällen, in denen ein geordneter Dienstbetrieb in der Dienststelle auf dem Spiel steht, kommt es zu einem faktischen Ausschluss der Mitbestimmung durch eine vorläufige Regelung, die nicht mehr abänderbar ist, z. B. bei Mehrarbeit und Überstunden in Katastrophenfällen (BVerwG v. 16. 12. 1992 – 6 P 6.91, Leits. ZBR 1993, 185 = PersV 1993, 355 = ZfPR 1993, 76; BVerwG v. 16. 12. 1992 – 6 P 27.91, BVerwGE 91, 295 = Leits. ZBR 1993, 154 = PersV 1993, 359 = ZfPR 1993, 81; BVerwG v. 16. 12. 1992 – 6 P 29.91, Leits. ZBR 1993, 154 = PersV 1993, 365 = ZfPR 1993, 113; BVerwG v. 2. 2. 1993, Leits. ZBR 1993, 382 = ZfPR 1993, 187). 36d

2. Nach Abs. 5 Satz 2 muss der **Dienststellenleiter** 37
a) die Personalvertretung über seine Anordnung **unterrichten**,
b) ihr die Begründung für sie geben und
c) das Mitbestimmungsverfahren nach Abs. 2 bis 4 unverzüglich einleiten bzw., wenn es schon eingeleitet ist, für seine Fortsetzung sorgen, soweit ihm das möglich ist.

Der Dienststellenleiter ist daher verpflichtet, das Mitbestimmungsverfahren unverzüglich einzuleiten (innerhalb von drei Arbeitstagen, OVG Hamburg v. 1. 12. 1994, PersR 1995, 342). Hält ein Dienststellenleiter diese Frist nicht ein bzw. begründet er die vorläufige Regelung nicht oder nur unzureichend, so ist sie rechtswidrig und somit unwirksam (OVG Magdeburg v. 2. 4. 2004, PersR 2004, 320; Fischer u. a., § 69 Anm. 36 d; Lorenzen u. a., § 69 Anm. 54).

38 3. Wenn die Personalvertretung die **Zustimmung** zu einer mitbestimmungspflichtigen Maßnahme **abschließend** verweigert, so darf die beabsichtigte Maßnahme **nicht durchgeführt** werden. Eine bereits getroffene vorläufige Regelung ist aufzuheben (VGH Kassel v. 11. 3. 1981, Leits. ZBR 1982, 192). Dabei kann ein Gericht aber nur prüfen, ob die Maßnahme keinen Aufschub duldet und ob sie noch den Charakter der Vorläufigkeit trägt. Es kann aber nicht prüfen, ob die Maßnahme zweckmäßig, praktikabel und – vom vertretungsrechtlichen Bereich abgesehen – rechtmäßig war (OVG Münster v. 25. 5. 1959, ZBR 1959, 340). Im Übrigen muss der Dienststellenleiter dafür Sorge tragen, dass bei aus seiner Sicht negativem Ausgang des Beteiligungsverfahrens die Maßnahme entweder gegenstandslos wird oder sofort wieder aufgehoben werden kann. Daher muss er die betreffende Maßnahme entweder befristen, eine auflösende Bedingung vereinbaren oder aber einen sonstigen Vorbehalt zum Ausdruck bringen (VGH Kassel v. 10. 8. 1988 – BPV TK 1935/88, n. v.; Fischer u. a., § 69 Anm. 36 b). Gegen eine vorläufige Regelung kann die Personalvertretung auch eine **einstweilige Verfügung** erwirken, so z. B. dann, wenn die Eilbedürftigkeit durch rechtzeitiges Handeln der Dienststelle hätte vermieden werden können und durch die Verweisung auf das Hauptsacheverfahren unzumutbare Nachteile (vollendete Tatsachen) drohen, die praktisch nicht rückgängig zu machen sind und deshalb die begründete Gefahr besteht, dass das Mitbestimmungsrecht der Personalvertretung vereitelt wird (vgl. Fischer u. a., § 69 Anm. 36 d).

38a 4. Ein Dienststellenleiter darf nicht über den Weg einer vorläufigen Regelung **Gestaltungsmaßnahmen** wie Ernennung, Versetzung, vorbehaltslose Einstellung oder Hinausschiebung des Eintritts in den Ruhestand vornehmen (OVG Bremen v. 21.3. 1991, PersV 1993, 87; nach Auffassung des OVG Hamburg v. 14.7. 1994, PersR 1995, 378 soll das aber nicht für das Hinausschieben des Eintritts in den Ruhestand gelten, wenn sie dienstzeitlich befristet vorgenommen wird). Ist bereits ein Verfahren nach Abs. 2, 3 und 4 eingeleitet, so kann dennoch eine vorläufige Regelung nach Abs. 5 getroffen werden, für die der mit der Angelegenheit erstmals befasste Dienststellenleiter zuständig ist (Fischer u. a., § 69 Anm. 36 f.; Lorenzen u. a., § 69 Anm. 54).

VI. Fehlerhafte Mitbestimmung

39 1. Wenn ein Dienststellenleiter eine Maßnahme getroffen und vollzogen hat, ohne die Personalvertretung zu beteiligen, dann ist er objektiv-rechtlich verpflichtet, die Maßnahme jedenfalls dann rückgängig zu machen, wenn dies rechtlich und tatsächlich noch möglich ist. Die Personalvertretung hat in diesem Fall einen gerichtlich durchsetzbaren verfahrensrechtlichen Anspruch auf Nachholung des Mitbestimmungsverfahrens (BVerwG v. 16. 9. 1994, BVerwGE 96, 335 = ZBR 1995, 340 = PersV 1995, 175 = ZfPR 1005, 5; BVerwG v. 9. 11. 1998, Leits. ZBR 1999, 142 = PersV 1999, 404 = ZfPR 1999, 45; BVerwG v. 23. 8. 2007, PersR 2007, 476). Dies hat zur Folge, dass die mitbestimmungspflichtige Maßnahme aufzuheben oder außer Vollzug zu setzen und nach Durchführung eines ordnungsgemäßen Mitbestimmungsverfahrens – evtl. mit verändertem Inhalt – zu erlassen ist (BVerwG v. 23. 8. 2007, aaO). Die in der Praxis häufigsten Fälle einer Verletzung von Mitbestimmungsrechten sind die, in denen eine Beteiligung überhaupt nicht erfolgt. Mangelhafte Mitbestimmung führt in den gesetzlich angeordneten Fällen des § 79 Abs. 4 und des § 108 Abs. 2 zwingend zur Unwirksamkeit der Maßnahme (vgl. Battis/Kersten, wonach sich im Übrigen die Rechtsfolgen mangelhafter Mitbestimmung aufgrund einer Abwägung im Einzelfall ergeben, PersR 2005, 138). Die **Rechtswirkungen einer unterlassenen Mitbestimmung** sind unterschiedlich, je nach dem, ob es sich um

rechtsgeschäftliche Handlungen nach dem Privatrecht (Arbeitsrecht) oder um (öffentlich-rechtliche) Verwaltungsakte handelt. Dieser Grundsatz ist in der Rechtsprechung des BAG jedoch aufgelockert worden (ausführlich: Fischer u. a., § 69 Anm. 38). Sie gelangt zu der Rechtsfolge der Unwirksamkeit dann, wenn ein den Arbeitnehmer belastendes Rechtsgeschäft mitbestimmungspflichtig ist (BAG v. 13. 4. 1994, Leits. BB 1994, 1359 = DB 1995, 435 = PersR 1994, 382 m.w.N.). Die Rechtsprechung des BAG differenziert hinsichtlich der Rechtslage eines mitbestimmungswidrigen Verhaltens des Arbeitgebers auf die einzelvertraglichen Beziehungen entsprechend dem Schutzzweck der Mitbestimmung dahingehend, ob die Maßnahme den Arbeitnehmer begünstigt – in diesem Fall ist das Rechtsgeschäft wirksam – oder ihn belastet (z. B. Versetzung oder Umsetzung, BAG v. 6. 8. 1991, ZTR 1992, 128 oder Abordnung, BAG v. 15. 1. 1991, BAGE 67, 36 = PersR 1991, 307), was die Unwirksamkeit des Rechtsgeschäfts zur Folge hat. Diese Rechtsprechung hat zur Folge, dass die Dienststelle begünstigende Maßnahmen an der Personalvertretung vorbei durchführen könnte, deren Wirksamkeit dann sogar bei Vorliegen von Versagungsgründen gegeben ist (Fischer u. a., § 69 Anm. 38 d).

a) Die **Frage** nach den **Rechtsfolgen** einer **unterbliebenen** oder fehlerhaften **Beteiligung der Personalvertretung** ist **nicht einheitlich** zu beantworten. Personalmaßnahmen nach § 75 Abs. 1 Satz 1 Nrn. 1 bis 7 gegenüber Arbeitnehmern sind zivilrechtliche Handlungen, die arbeitsrechtlichen Grundsätzen folgen. Der Lösungsansatz des BAG, wonach die Zustimmung der Personalvertretung keine Wirksamkeitsvoraussetzung (mehr) ist, ist nicht unproblematisch (Rehak, Festgabe Lorenzen, S. 56; kritisch Widmaier, Anm. zu BAG v. 2. 7. 1980, PersV 1982, 375). Das BAG hat bei einer Nichtbeteiligung der Personalvertretung bei einer Einstellung ein Beschäftigungsverbot des eingestellten Arbeitnehmers bejaht, auf das sich die Personalvertretung berufen könne. Das Beschäftigungsverbot solle – bei Fortbestehen des Anspruchs des eingestellten Arbeitnehmers auf Entgeltzahlung – eine Aushöhlung des Mitbestimmungsrechts vermeiden (BAG v. 13. 4. 1994, PersR 1994, 382). Auf dieser Linie liegt eine andere Entscheidung des BAG, in welcher es den arbeitsvertraglichen Anspruch auf Übertragung einer höherwertigen Tätigkeit und die entsprechende Vergütung auch ohne Zustimmung der Personalvertretung für wirksam hält und hiervon den Vollzug dieser Vereinbarung unterscheidet. Die Personalvertretung könne jederzeit die Rückgängigmachung einer ohne ihre Zustimmung durchgeführten Zuweisung einer höherwertigen Tätigkeit verlangen (BAG v. 16. 1. 1991, BAGE 67, 59 = Leits. ZfPR 1991, 115; Widmaier, PersV 2000, 57). Das Bundesverwaltungsgericht ist der arbeitsgerichtlichen Rechtsprechung nicht uneingeschränkt gefolgt (Rehak, aaO). Das Bundesverwaltungsgericht hat zwar einen Arbeitsvertrag auch ohne Zustimmung der Personalvertretung vorerst als wirksam betrachtet, jedoch ausgeführt, dass das Beteiligungsverfahren nach Feststellung eines unzulässigen Abbruchs des Mitbestimmungsverfahrens fortzusetzen sei (BVerwG v. 7. 12. 1994, PersV 1995, 399 = ZfPR 1995, 121). **39a**

b) Die Personalvertretung hat **weder** vor dem Vollzug einer unter Übergehung ihres Beteiligungsrechts beabsichtigten Maßnahme einen **Unterlassungsanspruch noch** nach dem Vollzug einer solchen Maßnahme einen **Anspruch auf Rückgängigmachung** (BVerwG v. 29. 10. 1991, PersR 1992, 24; VGH Mannheim v. 2. 7. 2002, PersR 2003, 76 = Leits. ZfPR 2003, 141; vgl. auch Widmaier PersV 2000, 50 sowie vor § 66 Anm. 13 und § 83 Anm. 22). Beachtet der Dienststellenleiter die Mitbestimmungsrechte und die hiermit **39b** korrespondierenden Verfahrensrechte nicht, verlieren diese Rechtspositionen der Personalvertretung durch den gesetzwidrigen Vollzug der Maßnahme nicht ihre Bedeutung. Wird in einem solchen Fall später die Verletzung oder das Fortbestehen eines Mitbestimmungsrechts rechtskräftig festgestellt, so ist der Dienststellenleiter zur Rückgängigmachung oder zur Einleitung des nachzuholenden Mitbestimmungsverfahrens bzw. zur Fortsetzung eines zu Unrecht abgebrochenen Mitbestimmungsverfahrens verpflichtet; dies ergibt sich, unbeschadet der Frage nach einem damit korrespondierenden Rechtsanspruch der Personalvertretung, der in der Rechtsprechung des Bundesverwaltungsgericht bisher stets verneint worden ist, ohne weiteres aus Art. 20 Abs. 3 GG (Becker, ZfPR 1996, 166; siehe auch BVerwG v. 20. 1. 1993, Leits. ZBR 1993, 319 = PersV 1994, 215; BVerwG v. 18. 5. 1994, Leits. ZBR 1994, 387 = PersV 1995, 30 = ZfPR 1994, 148; BVerwG v. 19. 7. 1994, Leits. ZBR 1995, 318 = PersV 1995, 115 = ZfPR 1994, 191; BVerwG v. 28. 12. 1994, Leits. ZBR 1995, 317 = PersV 1995, 406 = ZfPR 1995, 200; vgl. auch OVG Magdeburg v. 8. 4. 1998 – A 5 S 1/97, n. v.). Obgleich die Geltung des „Unwirksamkeitsdogmas“ von der in der Literatur wohl herrschenden Meinung nach wie vor als Grundsatz hochgehalten wird (vgl. etwa Fischer u. a., § 69 Anm. 38; Lorenzen u. a., § 69 Anm. 56), ist festzustellen, dass die Folgen mangelhafter Mitbestimmung sich nach der Rechtsprechung des Bundesverwaltungsgerichts nicht anhand des unflexiblen „Unwirksamkeitsdogmas“, sondern anhand eines flexiblen Sanktionssystems aufgrund einer Abwägung im Einzelfall bestimmen (Battis/Kersten, PersR 2005, 138). Hierbei steht der betroffenen Personalvertretung kein subjektives Recht auf Sanktionierung einer mitbestimmungswidrigen Maßnahme zu; ein solches Recht kann jedoch durch den Gesetzgeber eingeführt werden (Battis/Kersten, aaO). Im Falle einer Änderungskündigung führt die unterbliebene Beteiligung der Personalvertretung dazu, dass der öffentliche Arbeitgeber die geänderten Vertragsbedingungen nicht durchsetzen kann. Der betreffende Arbeitnehmer ist im bisherigen Arbeitsbereich weiter zu beschäftigen (vgl. für das BetrVG: BAG v. 30. 9. 1993, BAGE 76, 291 = BB 1994, 426 = DB 1994, 637). Ebenso ist die Rechtslage dann zu beurteilen, wenn unter Verletzung des Mitbestimmungsrechts ein wegen Dienstunfähigkeit vorläufig in den Ruhestand versetzter Beamter erneut ernannt wird. Die Ernennung ist zwar nicht unwirksam, aber rechtswidrig. Mit einer einstweiligen Verfügung kann die betroffene Personalvertretung erreichen, dass die beamtenrechtlichen Folgen der Ernennung für die Dauer der aufschiebenden Wirkung des Rechtsbehelfs suspendiert werden. Der Vollzug der angefochtenen Maßnahme wird dann gehemmt. Der betroffene Beamte ist für die Dauer der aufschiebenden Wirkung des Rechtsbehelfs so zu stellen, als ob die Ernennung – noch – nicht stattgefunden hätte (VGH Kassel v. 29. 11. 1994, DÖV 1995, 431 = Leits. ZfPR 1995, 163).

40 c) Ein Arbeitsvertrag ist nach der Rechtsprechung nicht deshalb unwirksam, weil der Personalrat der **Einstellung** nicht zugestimmt hat (BAG v. 2. 7. 1980, BAGE 34, 1 = PersV 1982, 368 m. kritischer Anm. v. Widmaier; Lorenzen u. a., § 69 Anm. 57; kritisch Fischer u. a., § 69 Anm. 38 bis 39; Joerres, PersV 1981, 353; LAG Hamm v. 23. 8. 1979, PersV 1982, 51). Ein ohne Zustimmung der Personalvertretung abgeschlossener Arbeitsvertrag muss nach dieser Auffassung voll wirksam sein, um die Rechtsstellung des betroffenen Arbeitnehmers nicht in unangemessener Weise zu beeinträchtigen. Die Dienststelle darf allerdings den Bewerber so lange nicht beschäftigen, bis die Personalvertretung dazu ihre Zustimmung erteilt. Gleiches gilt, wenn ein Dienststellenleiter einem Arbeitnehmer eine höherwertige Tätigkeit auf Dauer oder rechtsmissbräuchlich nur vorübergehend ohne vorherige Beteiligung der Personalvertretung überträgt. Auch in diesen Fällen ist er arbeitsvertraglich zur Zahlung der Vergütung nach der höheren Vergütungsgruppe verpflichtet (vgl. für das BetrVG: BAG v. 16. 1. 1991, Leits. BB 1991, 1051 = DB 1991, 1284; vgl. auch: BAG v. 30.5. 1990, BAGE 65, 163 = BB 1990, 2043 = DB 1991, 338).

d) Das Mitbestimmungsrecht der Personalvertretung wird **verletzt,** wenn eine personelle Maßnahme zu einem Zeitpunkt getroffen wird, zu dem die **Äußerungsfrist** der Personalvertretung **noch nicht abgelaufen** und noch keine Zustimmung erfolgt ist (VGH Mannheim v. 25. 9. 1979, Leits. ZBR 1980, 258). Besteht zwischen Dienststellenleiter und Personalvertretung Streit darüber, ob eine mitbestimmungspflichtige Angelegenheit vorliegt und führt der Dienststellenleiter eine Maßnahme durch, ohne vorher das Beteiligungsverfahren einzuleiten, so kann die Personalvertretung vor dem Verwaltungsgericht auf Feststellung klagen, dass das Mitbestimmungsrecht verletzt ist (vgl. Dannhäuser, PersV 1990, 145). 41

2. **Beteiligungspflichtige, auf Beamte bezogene personelle Maßnahmen sind rechtswidrig,** wenn das gesetzlich vorgeschriebene Beteiligungsverfahren nicht ordnungsgemäß eingeleitet und durchgeführt worden ist. Die beamtenrechtlichen Personalmaßnahmen sind bei Verletzung des Mitbestimmungsrechts in aller Regel nicht unwirksam, weil die Verletzung des Mitbestimmungsrechts nicht als offenkundiger Fehler anzusehen ist, der zur Nichtigkeit des Verwaltungsakts führen würde (vgl. § 44 Abs. 1 VwVfG Verwaltungsverfahrensgesetz, i. d. F. v. 23. 1. 2003, BGBl. I S. 102, zul. geänd. d. Art. 4 Abs. 8 G v. 5. 5. 2004, BGBl. I S. 718 oder einer der Fälle des § 44 Abs. 2 VwVfG vorliegt). Gleichwohl sind beteiligungspflichtige, auf Beamte bezogene personelle Maßnahmen fehlerhaft und somit rechtswidrig, wenn das gesetzlich vorgeschriebene Beteiligungsverfahren nicht ordnungsgemäß eingeleitet und durchgeführt worden ist. Die mitbestimmungswidrige Maßnahme bleibt jedoch bis zur Anfechtung wirksam (Fischer u. a., § 69 Anm. 39 a; Widmaier, PersV 2000, 57; zu einzelnen Fallgruppen mit unterschiedlichen Rechtsfolgen s. Zimmerling, PersV 2000, 257); ihr Bestand ist aber wegen des Mangels „gefährdet“ (Rehak, Festgabe Lorenzen, S. 57). Die betreffende Maßnahme ist bei fristgerechter Anfechtung durch den Betroffenen aufzuheben (BVerwG v. 28. 8. 1986, ZBR 1987, 158 = PersV 1988, 355; BVerwG v. 12. 3. 1987, ZBR 1987, 286; vgl. auch für das BetrVG: BAG v. 15. 1. 1991, ZTR 1991, 346; Grabendorff, ZBR 1960, 97), das **Mitbestimmungsverfahren** ist **nachzuholen** (BVerwG v. 15. 3. 1995, ZBR 1996, 49 = PersV 1996, 121 = ZfPR 1996, 5; OVG Münster v. 22. 3. 1996, PersR 1996, 365; Fischer u. a., § 69 Anm. 39a; Lorenzen u. a., § 69 Anm. 57a; Richardi u. a., § 69 Anm. 119) bzw. dann **fortzusetzen,** wenn rechtskräftig festgestellt worden ist, dass das Beteiligungsverfahren in unzulässiger Weise abgebrochen worden ist (BVerwG v. 7. 12. 1994, Leits. ZBR 1995, 318 = PersV 1995, 399 = ZfPR 1995, 121). Im Wege der einstweiligen Verfügung kann das gleiche Ziel erreicht werden (VG Potsdam v. 27. 2. 1997, PersR 1997, 222). Durch einen von dem betroffenen Beamten eingelegten Widerspruch wird der Vollzug der Maßnahme (z. B. Versetzung, Umsetzung oder Abordnung) zunächst gehindert (§ 80 VwGO, Verwaltungsgerichtsordnung v. 21. 1. 1960, i. d. F. d. Bekanntm. v. 19. 3. 1991, BGBl. I S. 686, zul. geänd. d. Art. 13 G v. 12. 12. 2007, BGBl. I S. 2840). Wird allerdings in einer der Mitwirkung unterliegenden personellen Angelegenheit die Personalvertretung nicht beteiligt, so ist zu prüfen, ob sie deshalb noch die Möglichkeit hat, ihre Auffassung zur Geltung zu bringen und auf die Entschließung des Dienststellenleiters Einfluss zu nehmen, weil die endgültige Entscheidung 42

noch nicht in der Form des Widerspruchsbescheides gegenüber einem Beamten abschließend verlautbart ist (BVerwG v. 24. 11. 1983, BVerwGE 68, 203 = ZBR 1984, 189). Der Leiter der Dienststelle nämlich kann bis zum Abschluss eines Widerspruchsverfahrens die von der Personalvertretung abgegebene Stellungnahme noch berücksichtigen. Infolgedessen entspricht es Sinn und Zweck des Beteiligungsverfahrens, wenn eine Erörterung und eine Auseinandersetzung mit den von der Personalvertretung vorgetragenen Bedenken noch vor einer abschließenden Entscheidung erfolgt und somit das Verfahren nachgeholt wird (BVerwG v. 24. 11. 1983, aaO; BVerwG v. 9. 5. 1985, ZBR 1985, 347). Eine infolge unterbliebener Mitbestimmung des Personalrats fehlerhafte **Umsetzung** kann nur dadurch in einer dem Rechtsschutzanspruch eines Beamten genügenden Weise rückgängig gemacht werden, dass der ursprüngliche Zustand wiederhergestellt, d. h. dem Beamten sein früherer Dienstposten wieder übertragen wird. Andernfalls würde das Beteiligungsrecht der Personalvertretung in personellen Angelegenheiten, dessen Beachtung auch der einzelne Beamte verlangen kann, im Ergebnis unterlaufen. Erst von der Rückübertragung des alten Dienstpostens ausgehend darf der Dienstherr gegebenenfalls ein neues Umsetzungsverfahren – unter Einschaltung der Personalvertretung in der im Gesetz vorgeschriebenen Weise – durchführen (BVerwG v. 13. 11. 1986, ZBR 1987, 187).

43 a) Anfechtungsberechtigt zum Widerspruch (vgl. § 126 Abs. 3 BRRG, §§ 68 ff. VwGO) bzw. zur Anfechtungsklage ist der betroffene Beschäftigte, d. h. der Beamte, der durch den belastenden Verwaltungsakt beschwert ist (Richardi u. a., § 69 Anm. 120; z. B. § 76 Abs. 1 Nr. 3 BPersVG: Übertragung einer niedriger zu bewertenden Tätigkeit, Nr. 6: Anordnungen, welche die Freiheit in der Wahl der Wohnung beschränken, Nr. 7: Versagung oder Widerruf der Genehmigung einer Nebentätigkeit, Nr. 8: Ablehnung eines Antrags nach § 72 a oder § 72 e BBG auf Teilzeitbeschäftigung). Begünstigende Verwaltungsakte (z. B. § 76 Abs. 1 Nr. 2 BPersVG: Beförderung, Übertragung eines anderen Amtes mit höherem Endgrundgehalt, Nr. 3: Übertragung einer höher zu bewertenden Tätigkeit) können dagegen mangels einer Beschwerde nicht angefochten werden. Bei erfolgreicher Anfechtung durch den Beamten in den sonstigen Angelegenheiten kann die infolge unterbliebener Mitbestimmung der Personalvertretung fehlerhafte Maßnahme in der Regel nur dadurch in einer dem Rechtsanspruch des Beamten genügenden Weise rückgängig gemacht werden, dass die Dienststelle den ursprünglichen Zustand wiederherstellt. Personelle Maßnahmen der Beamten, wie die Ernennung oder Beförderung, können bei unterbliebener oder nicht ordnungsgemäßer Beteiligung der Personalvertretung nicht rückgängig gemacht werden (vgl. § 12 BBG). Neben dem betroffenen Beamten steht der Personalvertretung kein Anfechtungsrecht zu, weil sich der Verwaltungsakt gegen den Beamten und nicht gegen die Personalvertretung richtet, die deshalb durch die fehlerhafte Maßnahme auch nicht in ihren Rechten beeinträchtigt ist. Der Personalvertretung bleibt nur der Weg über ein verwaltungsgerichtliches Beschlussverfahren nach § 83 Abs. 1 Nr. 3 (Grabendorff, ZBR 1960, 97, 103).Wird in einem solchen Verfahren festgestellt, dass die Mitbestimmung zu Unrecht unterblieben ist, dann folgt daraus noch nicht ein Anspruch der Personalvertretung auf Rückgängigmachung der Maßnahme (BVerwG v. 29.10. 1991, PersR 1992, 24; VGH Kassel v. 13. 11. 1997, Leits. PersV 1998, 527). Wohl aber ist der betreffende Dienststellenleiter zur Herstellung des gesetzlichen Zustands verpflichtet (Art. 20 Abs. 3 GG), zu der er notfalls durch eine **Dienstaufsichtsbeschwerde** gezwungen werden kann (BVerwG v. 9.12. 1992, BVerwGE 91, 276 = PersV 1994, 173 = ZfPR 1993, 118; Richardi u. a., § 69 Anm. 130). Auch in den Fällen, in denen die Folgen eines fehlerhaften Vorgehens der Verwaltung sowie die Voraussetzungen für deren Beseitigung geregelt sind (§§ 11,12 BBG), muss sich eine Rücknahmeverpflichtung unmittelbar aus Art. 20 Abs. 3 GG bzw. aus der Verpflichtung der öffentlichen Verwaltung zur Wahrung rechtsstaatlicher Grundsätze ergeben, die Maßnahme rückgängig zu machen oder aber das nachzuholende Mitbestimmungsverfahren unverzüglich einzuleiten, falls es sich um eine fortwirkende, noch abänderbare oder rückgängig zu machende Maßnahme handelt. Notfalls kann die Personalvertretung die nachträgliche Einleitung eines Mitbestimmungsverfahrens im Beschlussverfahren durchsetzen (BVerwG v. 16. 9. 1994, BVerwGE 96, 355 = Leits. ZBR 1994, 387 = PersV 1995, 34 = ZfPR 1995, 5; Fischer u. a., § 69 Anm. 39b; Lorenzen u. a., § 69 Anm. 58, 62).

b) Trifft der Dienststellenleiter seine Entscheidung unter Einbeziehung der Stellungnahme der Personalvertretung, so kann er diese Entscheidung intern noch so lange zurücknehmen, wie sie gegenüber dem Betroffenen noch nicht wirksam geworden ist. Ist jedoch eine bestimmte personelle Maßnahme bereits vollzogen, so kann sie selbst im Falle eines belastenden Verwaltungsaktes nicht mit der Begründung zurückgenommen werden, zuvor sei die Personalvertretung in unzulässiger Weise beteiligt worden. Auch der Betroffene seinerseits kann gegen die Maßnahme nicht vorgehen, da es sich bei der unzulässigen Beteiligung einer Personalvertretung um eine rein innerdienstliche Angelegenheit handelt. Wenn allerdings der Dienststellenleiter seine ihm gebotene Fürsorgepflicht durch die unzulässige Beteiligung der Personalvertretung verletzt hat, so könnte ein Schadensersatzanspruch des Betroffenen gegen den Dienststellenleiter infrage kommen (Windscheid, PersV 1977, 210). Es dürfte allerdings äußerst selten vorkommen, dass eine unzulässige Beteiligung einer Personalvertretung ursächlich für den bei einem Betroffenen entstandenen Schaden ist (vgl. z. T. aA: Reich, PersV 1981, 270). Bisher ist kaum die Frage erörtert worden, welche **Folgen die Beteiligung einer Personalvertretung** in den Fällen hat, **in denen weder** ein **Mitwirkungs- noch** ein **Mitbestimmungsrecht** oder ein sonstiges Beteiligungsrecht **vorgesehen** ist. Dies könnte beispielsweise im Rahmen des § 77 der Fall sein, wenn ein Beschäftigter eine Beteiligung der Personalvertretung nicht ausdrücklich gewünscht hat (Beschäftigte, die zu selbstständigen Entscheidungen in Personalangelegenheiten der Dienststelle befugt sind), dennoch aber eine Beteiligung der Personalvertretung erfolgt ist. Von einer Nichtigkeit analog § 134 BGB kann aber nur dann die Rede sein, wenn die Fehlerhaftigkeit nach Würdigung aller Umstände offenkundig ist. Dies muss aber nicht immer der Fall sein; jedenfalls ist der Dienststellenleiter an eine entsprechende Stellungnahme der Personalvertretung nicht gebunden. Die Personalvertretung kann in keinem Fall darauf bestehen, dass ihre Stellungnahme nur deshalb beachtet wird, weil sie – wenn auch unzulässig – ursprünglich in ein Verfahren einbezogen und zur Meinungsäußerung aufgefordert worden ist. Einen entsprechenden Vertrauensschutz gibt es in diesem Zusammenhang nicht. 43a

c) Beteiligt der Dienststellenleiter eine nicht zuständige Personalvertretung (z. B. statt des „örtlichen“ Personalrats der Stammdienststelle den Gesamtpersonalrat), dann hat das die **Unwirksamkeit** einer entsprechenden Maßnahme zur Folge (vgl. für das BetrVG: BAG v. 3. 2. 1982, BAGE 37, 387 = Leits. BB 1982, 1857 = DB 1982, 1624; Widmaier, PersV 1982, 129). Eine Heilung unwirksamer oder fehlerhafter beteiligungspflichtiger Maßnahmen durch eine nachträgliche Zustimmung der Personalvertretung ist nicht möglich. Ist ein Beteiligungsverfahren nicht durch den zuständigen Dienststellenleiter selbst, sondern durch einen personalvertretungsrechtlich unzuständigen Vertreter eingeleitet worden, so führt dies ebenfalls zur Unwirk- 44 samkeit der Maßnahme, es sei denn, dass die Personalvertretung den Fehler nicht rügt, sondern zu der beabsichtigten Maßnahme abschließend Stellung nimmt (BAG v. 27.2.1997 – 2 AZR 513/96, Leits. BB 1997, 1316 = DB 1997, 1573; BAG v. 25.2.1998, BB 1998, 1848; vgl. auch § 79 Anm. 34 und BAG v. 29.10.1998, BAGE 90, 91 = ZfPR 1999, 76). Dies setzt allerdings die Kenntnis der Personalvertretung vom Mangel der Vertretung voraus; denn nur dann ist sie in der Lage, den erkannten Mangel unverzüglich zu rügen oder den für den Dienststellenleiter handelnden Beauftragten als kompetenten Gesprächspartner anzuerkennen (vgl. auch: BVerwG v. 26.8.1987, BVerwGE 78, 72 = ZBR 1988, 101 = PersV 1988, 196). Auf die Zustimmung einer Personalvertretung bei Verfahrensverstössen kann sich ein Dienststellenleiter schon deshalb nicht berufen, weil er sonst gegen das Gebot vertrauensvoller Zusammenarbeit verstoßen würde (vgl. für das BetrVG: BAG v. 4.8.1975, BAGE 27, 209).

45 d) Unterlässt ein Dienststellenleiter die nach § 25 Abs. 2 SchwbG vorgeschriebene Anhörung der Schwerbehindertenvertretung zu einer Maßnahme, die einen Schwerbehinderten berührt (Beförderung, Kündigung etc.), so ist die **ohne Anhörung der Schwerbehindertenvertretung** durchgeführte Maßnahme dennoch wirksam. Insoweit ist die Rechtslage anders als im Falle einer unterlassenen Mitbestimmung der Personalvertretung (vgl. für das BetrVG: LAG Hamm v. 4.10.1990, DB 1991, 1468; vgl. auch Anm. 39).

VII. Streitigkeiten

46 Streitigkeiten entscheiden die Verwaltungsgerichte:

46a a) Eine Personalvertretung hat keinen Anspruch darauf, dass ein Dienststellenleiter eine der Mitbestimmung unterliegende Maßnahme unterlässt oder rückgängig macht (vgl. aber hinsichtlich einer sich unmittelbar aus Art. 20 Abs. 3 GG ergebenden Rücknahmeverpflichtung: Anm. 39b, 43). Infolgedessen kann auch nicht über eine einstweilige Verfügung beantragt werden, dem Dienststellenleiter eine für mitbestimmungspflichtig gehaltene Maßnahme einstweilen zu untersagen oder ihm aufzugeben, eine mitbestimmungspflichtige Maßnahme rückgängig zu machen (VGH Mannheim v. 19.1.1993, PersR 1993, 559; vgl. in diesem Zusammenhang auch: BVerwG v. 27.7.1990, ZBR 1990, 354 m. Anm. v. Albers = PersV 1991, 29 = ZfPR 1991, 19 sowie VGH München v. 19.2.1992, PersR 1992, 459). Wenn dagegen ein Dienststellenleiter ein bereits eingeleitetes Mitbestimmungsverfahren einseitig abbricht, kann die betroffene Personalvertretung den **Erlass einer einstweiligen Verfügung** beantragen (zum Erlass einer einstweiligen Verfügung mit einem Ausspruch verfahrensrechtlichen Inhalts, vgl. OVG Münster v. 17.2.2003, PersV 2003,236). Dazu reicht es aber nicht schon aus, dass in absehbarer Zeit eine Klärung der Rechtslage im Verfahren der Hauptsache nicht zu erreichen ist und daher eine Verletzung des Mitbestimmungsrechts für längere Zeit hinzunehmen wäre. Vielmehr ist zusätzlich erforderlich, dass das behauptete Mitbestimmungsrecht im Hauptsacheverfahren mit hoher Wahrscheinlichkeit festgestellt werden wird und dass ohne den Erlass einer einstweiligen Verfügung eine schwerwiegende Beeinträchtigung der Aufgaben der Personalvertretung erfolgen würde (Lorenzen u.a., § 69 Anm. 163). Eine solche Beeinträchtigung kann z. B. im Zusammenhang mit einer Arbeitszeitregelung nach § 75 Abs. 3 Nr. 1 gegeben sein. Dem Gericht steht es frei, welche Anordnungen es zur Sicherung des Anspruchs der Personalvertretung trifft (§ 938 Abs. 1 ZPO). Die Anordnung kann im Verbot einer Handlung (hier: einseitiger Abbruch des Mitbestimmungsverfahrens durch den Dienststellenleiter) bestehen. Eine einstweilige Verfügung kann eine Personalvertretung darüber hinaus auch dann beantragen, wenn ein Dienststellenleiter eine bestimmte Maßnahme für mitbestimmungsfrei, sie selbst aber für mitbestimmungsrelevant ansieht (vgl. hierzu auch: Fischer u. a., § 69 Anm. 43 a; Lorenzen u. a., § 69 Anm. 163). Auch gegenüber vorläufigen Regelungen (Abs. 5) kann eine einstweilige Verfügung beantragt werden, (VGH Mannheim v. 26. 11. 1991, PersV 1992, 359; OVG Koblenz v. 22. 6. 1995, Leits. ZfPR 1995, 205 = PersR 1995, 348; OVG Magdeburg v. 26. 5. 1999, PersR 2000, 162; OVG Hamburg v. 8. 11. 1999, Leits. ZfPR 2000, 205 = PersR 2000, 252; OVG Münster v. 17. 2. 2003, aaO).

b) Zur Wahrung ihrer Rechte bedarf die Personalvertretung allerdings dann nicht einer gerichtlichen Anweisung, wenn das **Mitbestimmungsverfahren vom Dienststellenleiter** im Falle der Nichteinigung **nicht weiterverfolgt wird** oder wenn noch die Möglichkeit besteht, dass die Personalvertretung ihrerseits das Stufenverfahren nach Abs. 3 Satz 1 einleitet. Wenn allerdings die Frist zur Anrufung bereits abgelaufen ist, so bedarf es des gerichtlichen Schutzes (OVG Bremen v. 31. 7. 1991, PersV 1993, 91; vgl. hierzu auch § 83 Anm. 25 c). **46b**

c) Die **Einigungsstelle** kann erst und nur entscheiden, wenn zwischen der obersten Dienstbehörde und der bei ihr bestehenden Stufenvertretung Einigkeit darüber besteht, dass es sich um einen Fall von Mitbestimmung handelt (vgl. Anm. 2), aber umstritten ist, ob die Personalvertretung zurecht die Zustimmung verweigert (BVerwG v. 2. 2. 1990, PersR 1990, 114, das mit diesem Beschluss die Beschwerde gegen die Nichtzulassung der Rechtsbeschwerde des VGH Kassel v. 29. 3. 1989, PersV 1990, 176 zurückgewiesen hat; Fischer u. a., § 69 Anm. 43; Lorenzen u. a., § 69 Anm. 65). **46c**

d) Wenn zwischen Dienststellenleiter und Personalvertretung streitig ist, ob es sich überhaupt um einen Fall von Mitbestimmung handelt, so besteht eine ausschließliche **Zuständigkeit des Verwaltungsgerichts** nach § 83 Abs. 1 Nr. 3 (vgl. Anm. 2). Gleiches gilt bei einem Streit über den Umfang der Mitbestimmung bzw. einzelner gesetzlicher Mitbestimmungstatbestände (Dannhäuser in Anm. zu BVerwG v. 2. 2. 1990, PersV 1991, 22). **46d**

e) Wenn die persönliche Rechtsstellung eines einzelnen berührt ist, d. h. wenn ein einzelner Beschäftigter aufgrund einer unterlassenen Beteiligung einen **Rechtsnachteil** erleidet, so kann er vor dem Verwaltungsgericht (Beamter) bzw. vor dem Arbeitsgericht (Arbeitnehmer) Ansprüche geltend machen (Lorenzen u. a., § 69 Anm. 51). Er kann sich dabei aber nicht auf einen Fehler im Zusammenhang mit der Durchführung des Mitbestimmungsverfahrens berufen; denn in diesem Verfahren geht es nicht in erster Linie um Individualinteressen von Beschäftigten, sondern darum, dass in einem geordneten Verfahren einer Personalvertretung die Möglichkeit der Einflussnahme im Interesse der Beschäftigten an der Regelung des Dienstes sowie der Dienst- und Arbeitsverhältnisse gegeben wird. Infolgedessen ist die Entlassung eines Beamten auf Probe nicht deshalb rechtswidrig, weil eine Beteiligung der Personalvertretung deshalb unterblieben ist, weil der betreffende Beamte nach der personalvertretungsrechtlich vorgeschriebenen vorherigen Unterrichtung über die beabsichtigte Maßnahme erst während des Widerspruchsverfahrens einen Antrag auf Beteiligung gestellt hat (BVerwG v. 23. 2. 1989, ZBR 1990, 87; vgl. auch BVerwG v. 6. 4. 1989, PersR 1989, 203). **46e**

f) **Ein einzelnes Personalratsmitglied** kann im Beschlussverfahren auch die Frage klären lassen, **ob die Personalvertretung in einem konkreten Fall zur** **46f**

Ausübung des Mitbestimmungsrechts verpflichtet ist; denn wenn die Personalvertretung die Wahrnehmung von Aufgaben unterlässt, so werden dadurch die Rechte eines jeden Mitglieds insofern unmittelbar berührt, als es dadurch in der Ausübung seiner Rechte beschränkt wird (BVerwG v. 15. 12. 1978, ZBR 1979, 342 = PersV 1980, 105).

46g g) Für die Entscheidung darüber, ob die zur **Bestellung der Beisitzer** der Einigungsstelle zuständigen Organe nach dem für sie geltenden Recht die Beisitzer rechtmäßig berufen haben, ist nicht die Fachkammer, sondern das Verwaltungsgericht in der Besetzung nach der VwGO zuständig (BVerwG v. 5. 5. 1976 – VII P 17.74 – Buchholz 238.35 § 92 Nr. 1).

46h h) Im Beschlussverfahren über eine Entscheidung der **Einigungsstelle** ist diese stets **Beteiligte** (BVerwG v. 13. 2. 1976, BVerwGE 50, 176 = ZBR 1976, 351 = PersV 1977, 179).

46i i) Wenn die Verletzung von Mitbestimmungsrechten einer Personalvertretung gerichtlich festgestellt wird, so ist der Dienststellenleiter zur **Rückgängigmachung der Maßnahme verpflichtet**, falls dies tatsächlich noch möglich ist bzw. er hat das nachzuholende Mitbestimmungsverfahren unverzüglich einzuleiten (BVerwG v. 18. 5. 1994, BVerwGE 96, 355 = Leits. ZBR 1994, 387 = PersV 1995, 34 = ZfPR 1994, 148; BVerwG v. 16. 9. 1994, BVerwGE 96, 355 = ZBR 1995, 340 = PersV 1995, 175 = ZfPR 1995, 5; BAG v. 6. 8. 2002, ZfPR 2003, 76). Dies ergibt sich unmittelbar aus Art. 20 Abs. 3 GG. Daher kann auch der betreffende Dienststellenleiter im Rahmen der Dienstaufsicht notfalls zur Rückgängigmachung einer mitbestimmungspflichtigen Maßnahme, an der die zuständige Personalvertretung nicht beteiligt war, gezwungen werden (BVerwG v. 20. 1. 1993, ZTR 1993, 385; BVerwG v. 15. 3. 1995, BVerwGE 98, 77 = ZBR 1996, 49 = PersV 1996, 121 = ZfPR 1996, 5; OVG Münster v. 8. 5. 1995, Leits. ZfPR 1995, 164). Da mitbestimmungspflichtige Maßnahmen nur mit Zustimmung der Personalvertretung getroffen werden können, muss auch ein Verwaltungsgericht, das die Verletzung von Mitbestimmungsrechten festgestellt hat, dem Dienststellenleiter die Rückgängigmachung der Maßnahme jedenfalls dann auferlegen können, wenn sie tatsächlich und rechtlich noch rücknehmbar bzw. änderbar ist. Eine Rücknahme einer Maßnahme ist z. B. dann möglich, wenn einem Bewerber ein höherwertiger Dienstposten zum Zweck der späteren Beförderung übertragen worden ist. Die Aufgabenübertragung nämlich ist jederzeit rücknehmbar; sie begründet noch keinen Anspruch des Beamten auf Beförderung für den Fall der Bewährung (OVG Berlin v. 7. 8. 1992 – OVG PV Bund 1.92, n. v.). Auf Antrag der Personalvertretung kann ein Verwaltungsgericht als Alternative zur Rückgängigmachung auch die Verpflichtung des Dienststellenleiters zur Nachholung des Mitbestimmungsverfahrens feststellen (OVG Münster v. 17. 6. 1993, Leits. ZBR 1993, 319; OVG Münster v. 8. 5. 1995, aaO.). Eine Personalvertretung kann im Beschlussverfahren aber nicht die Verpflichtung des Leiters einer Dienststelle durchsetzen, eine bestimmte Maßnahme zu unterlassen. Auch kann ein Verwaltungsgericht auf Antrag der Personalvertretung nicht einem Dienststellenleiter, der sich mehrfach über Beteiligungsrechte hinweggesetzt hat, die Wiederholung eines solchen Verhaltens untersagen. Das BPersVG räumt einer Personalvertretung **keine Folgeansprüche** für den Fall ein, dass ein Dienststellenleiter Mitbestimmungs- oder Mitwirkungsrechte im Einzelfall missachtet. Um den verfassungsrechtlich gebotenen wirksamen und schnellen Rechtsschutz auch in Beteiligungsangelegenheiten zu gewährleisten, liegt der Lösungsansatz im Erlass **einstweiliger Verfügungen** mit feststellendem

Ausspruch (zur einstweiligen Verfügung vgl. § 83 Anm. 25 und Bosch, PersR 1994, 455). Bezüglich des Inhalts der Feststellung sind in der Rechtsprechung durchaus unterschiedliche Akzente zu erkennen. Ein Teil der Verwaltungsgerichte geht davon aus, dass im personalvertretungsrechtlichen Beschlussverfahren durch eine einstweilige Verfügung das „Bestehen eines Beteiligungsrechts“ vorläufig festgestellt werden kann (VG Hamburg v. 17. 11. 1995, PersR 1996, 162; OVG Lüneburg v. 12. 6. 1991 – 18 M 8459/91, n.v.). Ein anderer Teil befürwortet sogar die endgültige Feststellung eines Mitbestimmungs- bzw. Mitwirkungsrechts oder der Beachtlichkeit der Zustimmungsverweigerung des Personalrats im Rahmen einer einstweiligen Verfügung (OVG Münster v. 6. 9. 1994, ZfPR 1995, 53 = PersR 1994, 571). Andere wiederum sind der Auffassung, dass Gegenstand einer einstweiligen Verfügung ein Anspruch auf Unterlassung oder Rückgängigmachung einer ohne Beteiligung der zuständigen Personalvertretung durchgeführten Maßnahme sein kann (OVG Saarlouis v. 2. 6. 2004, ZfPR 2004, 338; VG Meiningen v. 7. 12. 1995, PersR 1996, 164). Nach dem überwiegenden Teil der Rechtsprechung kommt jedoch lediglich eine einstweilige Verfügung mit einem Ausspruch verfahrensrechtlichen Inhalts in dem Sinne in Betracht, dass er sich nur auf Verfahrenshandlungen (z. B. Verpflichtung des Dienststellenleiters zur Einleitung des personalvertretungsrechtlichen Beschlussverfahrens) bezieht (BVerwG v. 27. 7. 1990, ZBR 1990, 354 m. Anm. v. Albers = PersV 1991, 29 = ZfPR 1991, 19; OVG Magdeburg v. 26. 10. 1994, PersR 1995, 138; VGH München v. 19. 2. 1992, PersR 1992, 459; OVG Bremen v. 31. 7. 1991, PersV 1993, 91). Stellt man darauf ab, dass die beabsichtigte Maßnahme selbst nicht Gegenstand des Beschlussverfahrens sein kann, so erscheint die letztgenannte Auffassung plausibel. Eine Personalvertretung kann dann im Falle mangelnder Zustimmung zu einer beabsichtigten Maßnahme nicht durch einstweilige Verfügung eine Unterlassung des Vollzugs erwirken (vgl. auch vor § 66 Anm. 13). An die Darlegung des Verfügungsgrundes und des Verfügungsanspruchs sind allerdings strenge Anforderungen zu stellen, nämlich Drohen unzumutbarer Nachteile für den Personalrat und – als Verfügungsanspruch – die hohe Wahrscheinlichkeit, dass das Mitbestimmungsrecht gegeben ist (OVG Lüneburg v. 20. 8. 1991, PersR 1992, 25; OVG Hamburg v. 8. 11. 1999, PersR 2000, 252 = Leits. ZfPR 200, 305; vgl. auch § 83 Anm. 25 a). Eine Personalvertretung kann im Beschlussverfahren eine einstweilige Verfügung auch gegen eine **vorläufige Maßnahme** des Dienststellenleiters nach Abs. 5 beantragen (VG Bremen v. 5. 7. 1990, PersR 1991, 34; aA VGH Kassel v. 26. 11. 1991, PersV 1992, 359; vgl. Anm. 38). Erlässt der Dienststellenleiter eine vorläufige Regelung, so kann auf Antrag der Personalvertretung jedoch keine auf das Verfahren bezogene einstweilige Verfügung ergehen, wenn der Dienststellenleiter die bei einer vorläufigen Regelung aus § 69 Abs. 5 Satz 2 sich ergebenden Pflichten uneingeschränkt erfüllt hat (VGH Mannheim v. 26. 11. 1991, Leits. ZBR 1992 = PersV 1992, 359; OVG Saarlouis v. 8. 3. 1993, Leits. ZfPR 1994, 162). Über die Folgen bei Maßnahmen, die bestimmte Beschäftigte betreffen, entscheiden entweder die Verwaltungs- oder Arbeitsgerichte (VGH Mannheim v. 2. 12. 1986, ZBR 1987, 224), je nach dem, ob es sich um Beamte oder Arbeitnehmer handelt. Der Antrag muss von den betreffenden Beschäftigten gestellt werden. So kann z. B. ein Arbeitnehmer im Wege der einstweiligen Verfügung erreichen, dass dem Arbeitgeber, der von ihm die Ausfüllung eines Personalfragebogens verlangt, ohne zuvor das Mitbestimmungsverfahren durchgeführt zu haben, aufgegeben wird, es zu unterlassen, von ihm die Ausfüllung des Fragebogens zu verlangen (vgl. für das BetrVG: LAG Frankfurt v. 26. 1. 1989, DB 1989, 2030). In gleicher Weise kann ein Arbeitnehmer den Erlass einer einstweiligen Verfügung beantragen, wenn ein Dienstherr einseitig eine Eingruppierung korrigiert und die Vergütung aus einer niedrigeren Gruppe vornimmt (Schmidt, ZTR 1992, 237, 244).

46j j) Wenn ein Dienststellenleiter das Mitbestimmungsrecht der Personalvertretung nicht beachtet hat, so kann z. B. ein bei einer Beförderung übergangener Beamter hieraus keine Ansprüche herleiten, da das Gesetz keinen Mitbestimmungstatbestand „Ablehnung einer Beförderung" vorsieht. Allenfalls kann der bei einer Beförderung übergangene Beamte einen Beförderungsanspruch bzw. einen sich daraus ergebenden eventuellen **Schadensersatzanspruch** aus einer konkreten Zusage herleiten (LAG Hamm v. 4. 10. 1990, DB 1991, 1468).

46k k) Hat eine Personalvertretung die Zustimmung zu einer mitbestimmungspflichtigen Maßnahme verweigert und ist die Angelegenheit der nächsthöheren Dienststelle, bei der eine Stufenvertretung besteht, vorgelegt worden, dann kann im Falle des **Abbruchs des Verfahrens** durch die nächsthöhere Dienststelle die erstzuständige Personalvertretung kein Beschlussverfahren einleiten. Sie nämlich ist seit der Einleitung des Stufenverfahrens nicht mehr beteiligt. Vielmehr tritt die Stufenvertretung in alle personalvertretungsrechtlichen Rechte und Pflichten ein, die bisher der erstzuständigen Personalvertretung gegenüber der nachgeordneten Dienststelle zugestanden haben (BVerwG v. 2. 11. 1994 – 6P 28.92, ZfPR 1995, 39; BVerwG v. 28. 12. 1994 – 6P 35.93, n. v.; OVG Münster v. 24. 2. 1995, Leits. ZBR 1996, 30). Weigert sich allerdings der Leiter der übergeordneten Dienststelle, die bei ihm gebildete Stufenvertretung mit der Angelegenheit zu befassen, so ist der örtliche Personalrat berechtigt, seinen Anspruch auf Durchführung des Stufenverfahrens gerichtlich geltend zu machen (BVerwG v. 22. 10. 2007 – 6P 1.07, n. n. v.).

46l l) Eine Personalvertretung kann sich in einem Beschlussverfahren auch gegen die Absicht der Dienststelle zum **Erlass einer vorläufigen Maßnahme** wenden. Die Voraussetzungen hierfür sind insbesondere dann gegeben, wenn die Personalvertretung der Auffassung ist, dass die formalen Anforderungen nicht oder nicht hinreichend beachtet worden sind, weil es an der erforderlichen Begründung mangelt, also nicht nachvollziehbar ist, warum z. B. eine Einstellung im Wege einer vorläufigen Regelung erfolgen soll (OVG Magdeburg v. 2. 4. 2004, PersV 2004, 349 = Leits. ZfPR 2004, 339 und v. 5. 10. 2005, PersR 2006, 169 = Leits. ZfPR 2007, 18).

VIII. Besondere Verfahrensvorschriften für Bahn und Post

47 1. **Personalvertretungsrechtliche Auswirkungen der Bahnreform.** Mit Inkrafttreten des ENeuOG am 1. 1. 1994 (Eisenbahnneuordnungsgesetz v. 27. 12. 1993, BGBl. I S. 2378, zul. geänd. d. V v. 28. 10. 2001, BGBl. I S. 2785; vgl. Anhang) wurden die Sondervermögen des Bundes Deutsche Bundesbahn und Deutsche Reichsbahn im Bundeseisenbahnvermögen zusammengefasst. Dieses unterteilt sich in einen „Unternehmerischen Bereich" und einen „Verwaltungsbereich" (vgl. Bäsler, PersR 1996, 357). Aus dem „Unternehmerischen Teil" wurde – mit Eintragung im Handelsregister am 5. 1. 1994 – die Deutsche Bahn Aktiengesellschaft (DBAG) gegründet. Neben der DBAG und dem fortbestehenden Bundeseisenbahnvermögen – die Dienststellen des Bundeseisenbahnvermögens sind Bundesdienststellen – wurde das Eisenbahn-Bundesamt als Bundesoberbehörde im Geschäftsbereich des BMV geschaffen. Für die Beschäftigten des Bundeseisenbahnvermögens und des Eisenbahn-Bundesamtes gilt das BPersVG und damit auch § 69 unmittelbar. Dagegen gelten für die der **DBAG** nach § 12 Abs. 2 DBGrG (Deutsche Bahn Gründungsgesetz; vgl. Anhang XIV) **zugewiesenen**

Beamten besondere Verfahrensvorschriften. Das sind die Beamten des Bundeseisenbahnvermögens, die mit Gründung der DBAG kraft Gesetzes ihr zugewiesen worden waren, soweit nicht durch Einzelfallentscheidung ein Verbleib im Bundeseisenbahnvermögen bestimmt worden war. Hiervon zu unterscheiden sind die Beamten des Bundeseisenbahnvermögens, die mit Gründung der DBAG die Möglichkeit hatten, sich nach § 12 Abs. 1 DBGrG beurlauben zu lassen, um ein privatrechtliches Beschäftigungsverhältnis zur DBAG zu begründen und für die daher ausschließlich das BetrVG anwendbar ist. Die nachstehenden Erläuterungen befassen sich schwerpunktmäßig mit den „zugewiesenen Beamten".

Die **der DBAG zugewiesenen Beamten** werden in arbeitsrechtlichen Angelegenheiten den eigenen Arbeitnehmern der AG gleichgestellt. Nach § 19 Abs. 1 Satz 1 DBGrG gelten die Beamten für die Anwendung des BetrVG als Arbeitnehmer, so dass ihre **allgemeine Interessenvertretung,** die nicht ihre besondere Rechtsstellung als Beamte betrifft, **betriebsverfassungsrechtlich** abgewickelt wird. Der Betriebsrat der AG, zu dem sie das aktive und passive Wahlrecht haben, aber keine eigene Gruppe bilden können (Lorenzen, PersV 1994, 145; Fischer u. a., Anh. zu K § 1 Anm. 37), vertritt auch ihre Interessen. Insoweit gilt das BetrVG einschließlich des Rechtsschutzsystems nach §§ 2, 80 ff. ArbGG. Dagegen werden zum Schutz der spezifischen Interessen der Beamten, die gem. § 12 Abs. 2 und 3 der DBAG zugewiesen sind, gegenüber den sie betreffenden Entscheidungen und Maßnahmen des Bundeseisenbahnvermögens beim **Bundeseisenbahnvermögen besondere Personalvertretungen** gebildet, die die personalvertretungsrechtlichen Beteiligungsrechte ausüben (§ 17 Abs. 1 Satz 1 DBGrG). Das Bundeseisenbahnvermögen bestimmt durch Verwaltungsanordnung die Zusammensetzung des Kreises der zugewiesenen Beamten, für den jeweils eine besondere Personalvertretung zuständig ist; die zuständige besondere Personalvertretung wirkt bei der Entscheidung des Bundeseisenbahnvermögens mit (§ 17 Abs. 1 Satz 2 DBGrG). Nach § 17 Abs. 8 DBGrG werden auch besondere Jugend- und Auszubildendenvertretungen sowie besondere Schwerbehindertenvertretungen gebildet. Es sind zwei Fallgruppen der Beteiligung der besonderen Personalvertretung zu unterscheiden: Zum einen die Beteiligung an beamtenrechtlichen Entscheidungskompetenzen des Bundeseisenbahnvermögens nach § 17 Abs. 1 DBGrG, zum anderen die Beteiligung an beamtenrechtlichen Zuständigkeiten der DBAG, die ihr gem. § 17 Abs. 2 DBGrG zur Ausübung übertragen wurden. Oder anders ausgedrückt: Die besondere Personalvertretung hat einerseits die Zuständigkeit gegenüber dem Bundeseisenbahnvermögen, die sich auf Entscheidungen gegenüber einem der DBAG zugewiesenen Beamten bezieht, die **nicht** durch die DBAGZustV (Verordnung über die Zuständigkeit der Deutschen Bahn Aktiengesellschaft für Entscheidungen in Angelegenheiten der zugewiesenen Beamten des Bundeseisenbahnvermögens; vgl. Anhang XVI) an die DBAG übertragen worden sind und die gleichzeitig nach § 76 Abs. 1 BPersVG der Mitbestimmung bzw. nach § 78 Abs. 1 Nr. 3 bis 5, Abs. 2 BPersVG der Mitwirkung oder nach § 79 Abs. 3 BPersVG der Anhörung des Personalrats unterliegen; andererseits hat die besondere Personalvertretung die Zuständigkeit gegenüber der DBAG, die sich auf die in § 76 Abs. 1 BPersVG genannten Fälle erstreckt, die durch die DBAGZustV auf die DBAG übertragen worden sind (Fischer u. a., Anh. zu K § 1 Anm. 41, 42). Neben der Beteiligung der besonderen Personalvertretung nach § 17 Abs. 1 bzw. § 17 Abs. 2 DBGrG ist eine weitere Beteiligung des Betriebsrats an derselben Maßnahme ausgeschlossen (vgl. ArbG Hannover v. 2. 12. 1994, ZfPR 1995, 5; Lorenzen, ZfPR 1995, 97; Fischer u. a., Anh. zu K § 1 Anm. 47; vgl. auch OVG Berlin v. 2. 9. 2003, PersR 2003, 509; kritisch auch Lorenzen u. a., § 69 48

Anm. 120; aA BAG v. 12.12. 1995, PersR 1996, 208; siehe hierzu auch Einleitung Anm. 55), weil durch eine zusätzliche Beteiligung nach § 99 BetrVG an derselben Maßnahme die Letztentscheidung der obersten Behörde aufgehoben werden könnte (vgl. BVerfG v. 24. 5. 1995, BVerfGE 93, 37 = ZBR 1996, 15 = PersV 1995, 353 = ZfPR 1995, 185).

49 Für die **besonderen Personalvertretungen** sind nur die **zugewiesenen Beamten wahlberechtigt** und **wählbar.** Die Vertretungen werden neben den beim Bundeseisenbahnvermögen bestehenden allgemeinen Personalvertretungen gewählt. Beide Personalvertretungen haben getrennte Zuständigkeitsbereiche (Lorenzen, PersV 1994, 145). Soweit sich die Zuständigkeit der besonderen Personalvertretung auf **beamtenrechtliche Entscheidungen des Bundeseisenbahnvermögens** bezieht, gilt für die Durchführung des Mitbestimmungsverfahrens das BPersVG (vgl. § 17 Abs. 1 Satz 3 DBGrG). Verfahrensvorschrift ist demnach § 69 i. V. m. § 68 Abs. 2 BPersVG; ferner gelten §§ 77, 71 BPersVG sowie hinsichtlich des Rechtsschutzsystems §§ 83 ff. BPersVG. Zu beteiligen ist insoweit die **besondere Personalvertretung** z. B. in **folgenden Angelegenheiten,** für die das BPersVG einen Beteiligungstatbestand (Mitbestimmung, Mitwirkung, Anhörung) enthält (vgl. Bäsler, PersR 1996, 357):
- § 76 Abs. 1 Nr. 2: Beförderung, Übertragung eines anderen Amtes mit höherem Endgrundgehalt ohne Änderung der Amtsbezeichnung, Verleihung eines anderen Amtes mit anderer Amtsbezeichnung beim Wechsel der Laufbahngruppe, Laufbahnwechsel;
- § 76 Abs. 1 Nr. 3: Übertragung einer höher oder niedriger zu bewertenden Tätigkeit;
- § 76 Abs. 1 Nr. 8: Ablehnung eines Antrags nach § 72 a oder § 72 e des Bundesbeamtengesetzes auf Teilzeitbeschäftigung, Ermäßigung der regelmäßigen Arbeitszeit oder Urlaub;
- § 78 Abs. 1 Nr. 3: Erhebung der Disziplinarklage gegen einen Beamten;
- § 78 Abs. 1 Nr. 4: Entlassung von Beamten auf Probe oder auf Widerruf, wenn sie die Entlassung nicht selbst beantragt haben;
- § 78 Abs. 1 Nr. 5: Vorzeitige Versetzung in den Ruhestand;
- § 79 Abs. 3: Anhörung vor fristloser Entlassung.

50 Die **örtliche Zuständigkeit** der **besonderen Personalvertretungen** ergibt sich aus der nach § 17 Abs. 1 Satz 2 DBGrG erlassenen Verwaltungsanordnung des Präsidenten des Bundeseisenbahnvermögens vom 5. 1. 1994. Örtlich besondere Personalvertretungen werden danach bei folgenden Dienststellen/Außenstellen gebildet: Berlin, Essen, Frankfurt, Hamburg, Hannover, Karlsruhe, Köln, München, Nürnberg, Saarbrücken und Stuttgart. Da aufgrund derselben Verwaltungsanordnung auch ein besonderer Hauptpersonalrat beim Präsidenten des Bundeseisenbahnvermögens gebildet wurde, ist das Stufenverfahren des § 69 und im Übrigen, was die Zuständigkeitsabgrenzung der beiden besonderen Personalvertretungen angeht, § 82 zu beachten (Lorenzen u. a., § 69 Anm. 118).

51 Soweit es sich um **Personalmaßnahmen der DBAG gegenüber den ihr zugewiesenen Beamten** handelt, gilt folgendes: Nach § 17 Abs. 2 DBGrG hat in den der DBAG übertragenen, in „76 Abs. 1 BPersVG genannten Personalangelegenheiten der Beamten die auf unterster Ebene gebildete besondere Personalvertretung ein Mitbestimmungsrecht. Auf dieses Mitbestimmungsrecht finden die Vorschriften des § 77 BPersVG entsprechende Anwendung.“ Daraus ergibt sich, dass für die nach § 76 Abs. 1 BPersVG i. V. m. § 17 Abs. 2 DBGrG, § 1 DBAGZustV von der AG zu treffenden Entscheidungen ein **Stufenverfahren ausgeschlossen** ist. Erfasst werden von dem Mitbestimmungsrecht diejenigen in **§ 76 Abs. 1 BPersVG** aufgeführten Per-

sonalangelegenheiten, die durch die **DBAGZustV** auf die **AG** bzw. einzelne ihrer Betriebe **übertragen** worden sind:

- § 76 Abs. 1 Nr. 3, § 12 Abs. 6 Satz 1 DBGrG: Übertragung einer höher zu bewertenden Tätigkeit (während die Übertragung eines Beförderungsdienstpostens bei der DBAG liegt, ist die Beförderung Sache des Bundeseisenbahnvermögens OVG Saarlouis v. 14. 11. 1997, ZBR 1998, 285; zur Frage von dienstlichen Beurteilungen aufgrund der Konzernrichtlinie „Mitarbeiter beurteilen" der DBAG siehe OVG Saarlouis, aaO);
- § 76 Abs. 1 Nr. 4, § 1 Nr. 1 DBAGZustV: Umsetzung innerhalb eines Betriebes der DBAG, wenn sie mit einem Wechsel des Dienstortes verbunden ist;
- § 76 Abs. 1 Nr. 4, § 1 Nr. 2 DBAGZustV: Zuweisung einer Tätigkeit auf Dauer in einem anderen Betrieb der DBAG, Versetzung;
- § 76 Abs. 1 Nr. 5, § 1 Nr. 3 DBAGZustV: Vorübergehende Zuweisung einer Tätigkeit bei einem anderen Betrieb der DBAG, Abordnung;
- § 76 Abs. 1 Nr. 6, § 1 Nr. 4 DBAGZustV: Anordnungen, welche die Freiheit in der Wahl der Wohnung beschränken;
- § 76 Abs. 1 Nr. 7, § 1 Nr. 23 DBAGZustV: Entscheidungen über Anträge auf Genehmigung einer Nebentätigkeit, Widerruf einer Nebentätigkeitsgenehmigung;
- § 76 Abs. 1 Nr. 8, § 1 Nr. 24 DBAGZustV: Entscheidung über Anträge nach § 72 a oder § 79 a des Bundesbeamtengesetzes auf Teilzeitbeschäftigung, auf Ermäßigung der regelmäßigen Arbeitszeit.

Die folgenden Erläuterungen betreffen die der DBAG zugewiesenen Angelegenheiten. Das **Mitbestimmungsverfahren** ist in **§ 17 Abs. 2, 3 DBGrG** in der Weise geregelt, dass ein den **§§ 69 Abs. 1, 2, 77** entsprechendes Verfahren durchzuführen ist. Die **entsprechende Anwendung des** § 77 **BPersVG** (vgl. § 17 Abs. 2 Satz 2 DBGrG) bedeutet zum einen, dass für den in § 77 Abs. 1 Satz 2 genannten Personenkreis die Mitbestimmung ausgeschlossen ist, zum anderen, dass das Mitbestimmungsrecht der auf unterster Ebene gebildeten besonderen Personalvertretung durch den Versagungskatalog des § 77 Abs. 2 eingeschränkt ist. **Verweigert** die besondere Personalvertretung, d. h. die Personalvertretung, die nach der Verwaltungsanordnung des Präsidenten des Bundeseisenbahnvermögens vom 5. 1. 1994 dem Betrieb zugewiesen ist, in welchem der betreffende Beamte seinen Arbeitsplatz hat, ihre **Zustimmung,** so hat sie dies unter **Angabe von Gründen innerhalb einer Woche nach Unterrichtung** durch die DBAG bzw. den Leiter des Betriebs der DBAG dieser/diesem schriftlich mitzuteilen (§ 17 Abs. 3 Satz 1 DBGrG). Die Gründe müssen sich ausschließlich auf die Gründe des Versagungskataloges des § 77 Abs. 2 BPersVG stützen. Im Übrigen steht es dem Fehlen einer Begründung gleich, wenn die besondere Personalvertretung eine Rechtsauffassung darlegt oder Tatsachen vorträgt, aus denen sich ersichtlich keine der Verweigerungsgründe des § 77 Abs. 2 ergibt (siehe hierzu die Rechtsprechung des BVerwG, § 77 Anm. 14 ff.; ebenso Lorenzen u. a., § 69 Anm. 123). In diesem Fall ist eine verweigerte Zustimmung unbeachtlich. Teilt die besondere Personalvertretung der DBAG bzw. dem Leiter des Betriebs die Verweigerung ihrer Zustimmung **nicht innerhalb der Frist** schriftlich mit, so gilt die Zustimmung als **erteilt** (§ 17 Abs. 3 Satz 2 DBGrG). Hat die besondere Personalvertretung ihre Zustimmung zu der beabsichtigten Personalmaßnahme **wirksam verweigert,** gibt es für die DBAG bzw. den Leiter des Betriebs zwei Möglichkeiten des weiteren Verhaltens: Entweder wird die Maßnahme nicht durchgeführt oder es wird an der Maßnahme festgehalten und das Einigungsverfahren eingeleitet. Für das Einigungsverfahren bestimmt § 17 Abs. 4 DBGrG ein von § 69 BPersVG abweichendes Verfahren. Die Einigungsstelle ist **unverzüglich nach Feststellung der** 52

Nichteinigung anzurufen (§ 17 Abs. 4 Satz 1 DBGrG). Wer die Einigungsstelle anruft, lässt § 17 Abs. 4 DBGrG offen. Da die besondere Personalvertretung ihre Zustimmung verweigert hat und die DBAG bzw. der Leiter des Betriebs die beabsichtigte Maßnahme deshalb nicht durchführen können, wird regelmäßig die DBAG bzw. der Leiter des Betriebs die Einigungsstelle anrufen. Dies muss unverzüglich, d. h. ohne schuldhaftes Zögern (vgl. § 121 Abs. 1 BGB), geschehen; eine Frist für die Anrufung der Einigungsstelle ist allerdings nicht vorgeschrieben.

53 Die **Einigungsstelle** besteht nach § 17 Abs. 5 DBGrG **aus je drei Beisitzern,** die von der DBAG und der beteiligten besonderen Personalvertretung bestellt werden sowie einem unparteiischen Vorsitzenden, auf den sich die DBAG und die besondere Personalvertretung einigen müssen. Unter den Beisitzern, die von der Personalvertretung bestellt werden, müssen sich mindestens zwei Beamte befinden, die jedoch nicht der besonderen Personalvertretung oder dem betroffenen Betrieb angehören müssen (ebenso Fischer u. a., Anh. zu K § 1 Anm. 45). Der Gesetzgeber hat nicht geregelt, wer bei **Nichteinigung** der beiden Seiten **den Vorsitzenden** der **Einigungsstelle** bestimmt. Wegen Fehlens einer dem § 71 Abs. 1 Satz 4 BPersVG vergleichbaren Regelung bleibt es der DBAG und der besonderen Personalvertretung **unbenommen, an welche Stelle** sie sich **wenden.** Nach dem eindeutigen Wortlaut des § 17 Abs. 4 Satz 1 DBGrG **muss** die Einigungsstelle innerhalb von zwei Monaten feststellen, ob ein Grund zur Verweigerung der Zustimmung i. S. d. § 77 Abs. 2 BPersVG vorliegt (ebenso Lorenzen u. a., § 69 Anm. 126). Es handelt sich also **nicht** bloß um eine **Sollvorschrift** wie § 69 Abs. 4 Satz 2 (so wohl Fischer u. a., Anh. zu K § 1 Anm. 46). Dies hat zur Folge, dass im Falle des Überschreitens der Frist durch die Einigungsstelle – unabhängig davon, ob sie von Fall zu Fall gebildet oder auf Dauer eingerichtet wird – von der fortbestehenden Zustimmungsverweigerung der besonderen Personalvertretung auszugehen ist, und die **DBAG**, sofern sie an ihrer Maßnahme festhält, sich an die **rechtsaufsichtsführende Stelle** wenden muss (§ 17 Abs. 4 Satz 3 DBGrG; Lorenzen u. a., § 69 Anm. 126). Die Einigungsstelle hat **zwei Möglichkeiten** einer fristgerechten Entscheidung: Schließt sie sich der Auffassung der besonderen Personalvertretung nicht an, stellt sie also fest, dass kein Zustimmungsverweigerungsgrund nach § 77 Abs. 2 vorliegt, so teilt sie dies der DBAG mit, die dann die beabsichtigte Maßnahme durchführen kann. Schließt sie sich dagegen der Auffassung der DBAG nicht an, so gibt sie dieser nach § 17 Abs. 4 Satz 2 DBGrG **eine Empfehlung.** Die DBAG kann daraufhin der Empfehlung folgen, was in der Regel auf ein Unterlassen der konkret beabsichtigten Maßnahme hinausläuft; will sie jedoch entgegen der Empfehlung der Einigungsstelle an ihrer Maßnahme festhalten, so hat sie gem. § 17 Abs. 4 Satz 3 DBGrG innerhalb von zehn Arbeitstagen die Angelegenheit mit der Empfehlung der Einigungsstelle der rechtsaufsichtsführenden Stelle zur **endgültigen Entscheidung** vorzulegen. Dies ist nach § 13 Abs. 1 DBGrG i. V. m. Art. 1 § 10 Abs. 2 ENeuOG der Präsident des Bundeseisenbahnvermögens als oberste Dienstbehörde. Er kann nunmehr, gegebenenfalls nach nochmaliger Anhörung der beteiligten besonderen Personalvertretung und der DBAG, entweder der Durchführung der Maßnahme i. S. der DBAG zustimmen oder sie i. S. der verweigerten Zustimmung durch die besondere Personalvertretung untersagen; eine weitere Möglichkeit steht ihm nach dem Gesetz nicht zu (Fischer u. a., Anh. zu K § 1 Anm. 46). Aus dem klaren Wortlaut des § 17 Abs. 4 Satz 3 DBGrG, wonach die DBAG die Angelegenheit innerhalb von zehn Arbeitstagen der rechtsaufsichtsführenden Stelle vorzulegen „hat“, ergibt sich, dass diese **Frist nicht überschritten werden darf.** Wird sie gleichwohl überschritten, kann sich die rechtsaufsichtsführende Stelle nicht mehr mit der Sache befas-

sen, so dass der DBAG im Ergebnis nichts anderes übrig bleibt, als der Empfehlung der Einigungsstelle zu folgen und auf die von ihr beabsichtigte Maßnahme zu verzichten (ebenso Lorenzen u. a., § 69 Anm. 128).

Bei **Streitigkeiten** in Beteiligungsangelegenheiten zwischen der besonderen Personalvertretung und der DBAG sind nach § 17 Abs. 6 DBGrG die **Verwaltungsgerichte,** im dritten Rechtszug das Bundesverwaltungsgericht, zuständig. Die Vorschriften des arbeitsgerichtlichen Beschlussverfahrens gelten entsprechend. 54

Im Hinblick auf die Anwendung des **Disziplinarrechts** auf **weiterbeschäftigte Bahnbeamte** hat das Bundesdisziplinargericht festgestellt, „dass wegen der Privatisierung der Bundesbahn zumindest außerdienstlich begangene Dienstpflichtverletzungen, sofern sie überhaupt noch disziplinar zu ahnden sein sollen, nicht mehr dieselbe Bedeutung beigemessen zu werden braucht wie bisher, weil ein der Deutschen Bahn AG zugewiesener Beamter eben bei einer juristischen Person des Privatrechts Dienst versieht und für den dort wahrgenommenen Aufgabenbereich außerdienstliche Trunkenheitsfahrten kaum noch zu einer relevanten Ansehensbeeinträchtigung i. S. der §§ 54 Satz 3, 77 Abs. 1 Satz 2 BBG dort oder – selbst bei Berücksichtigung der Anbindung an das Bundeseisenbahnvermögen – im Ansehen der Öffentlichkeit führen können“ (BDiG v. 18. 5. 1995, BDiG 58/93; siehe auch Weiß, ZBR 1996, 234 Anm. 75; vgl. aber auch die gegenteilige Auffassung des BVerwG v. 20. 8. 1996, BVerwGE 103, 375 = ZBR 1997, 50 = Leits. ZfPR 1997, 164; zu den Postbeamten, Anm. 64 zu § 69; vgl. auch Allgaier, DÖD 1998, 125; Blanke/Sterzel, PersR 1998, 265). 54a

2. **Personalvertretungsrechtliche Auswirkungen der Postreform.** Nach der Eintragung der drei neuen Aktiengesellschaften Deutsche Post AG, Deutsche Postbank AG und Deutsche Telekom AG in das Handelsregister am 2. 1. 1995 findet für die Interessenvertretung der dort Beschäftigten nach § 24 Abs. 1 PostPersRG (Postpersonalrechtsgesetz vom 14. 9. 1994, BGBl. I S. 2325, 2353, zul. geänd. d. G v. 7. 5. 2002, BGBl. I S. 1529, vgl. Anhang; zum PostPersRG siehe Britz, PersV 1998, 372) das **Betriebsverfassungsgesetz** Anwendung, soweit im **PostPersRG nichts anderes bestimmt ist.** Auch für die Vertretung der Interessen der auf die Aktiengesellschaften übergeleiteten Beamten gilt grundsätzlich das BetrVG. Soweit das BetrVG und die Wahlordnungen zwischen Arbeitern, Angestellten und leitenden Angestellten unterscheiden, sind die Beamten nach § 24 Abs. 2 Satz 2 PostPersRG grundsätzlich diesen Gruppen entsprechend ihrer jeweiligen Tätigkeit zuzuordnen. Anders als bei der Regelung der Bahnreform in § 17 Abs. 1 DBGrG hat der Gesetzgeber für diese Beamten **keine besonderen Personalvertretungen** vorgesehen; zuständig für die Interessenvertretung der Beamten ist somit der **Betriebsrat,** zu dem die Beamten das aktive und passive Wahlrecht haben. Zu Fragen der Abgrenzung der Zuständigkeiten des Betriebsrats vom Gesamtbetriebsrat und Konzernbetriebsrat, die nicht in einem Verhältnis der Über- und Unterordnung stehen, siehe § 50 Abs. 1 Satz 2, § 58 Abs. 1 Satz 2 BetrVG. Die Zuordnung der Beamten zu den Gruppen der Arbeiter und Angestellten innerhalb des Betriebsrats gilt nach § 27 Satz 2 PostPersRG allerdings nicht für die in § 28 PostPersRG genannten Angelegenheiten der Beamten (Lorenzen, PersV 1995, 97). Insoweit sind die personellen Beteiligungsrechte des Betriebsrats, wie sie sich aus §§ 99 bis 104 BetrVG ergeben, in Personalangelegenheiten der übergeleiteten Beamten durch §§ 28, 29 PostPersRG modifiziert, und der Betriebsrat kann für denselben Sachverhalt nicht auch Beteiligungsrechte aus § 99 BetrVG geltend machen (Fischer u. a., Anh. zu K § 1 Anm. 14; aA BAG v. 55

26. 6. 1996, Leits. BB 1996, 1724 = Leits. ZBVR 1997, 4; LAG Mainz v. 15. 1. 1996, PersR 1996, 212; allerdings bejaht das BAG in der Entscheidung v. 12. 8. 1997, PersR 1998, 206 den Ausschluss des Mitbestimmungsrechts nach § 99 BetrVG in den Fällen, in denen der Betriebsrat nach den §§ 28, 29 PostPersRG i. V. m. § 76 Abs. 1 BPersVG mitbestimme. Gehöre eine Versetzung hingegen nicht zu den nach § 76 Abs. 1 BPersVG mitbestimmungspflichtigen Angelegenheiten, erfülle sie aber die Merkmale des § 95 Abs. 3 BetrVG so bestehe ein Mitbestimmungsrecht des Betriebsrats nach § 99 BetrVG; zur Abgrenzung von § 99 BetrVG zu § 76 BPersVG siehe Hummel/Spoo, ZTR 1998, 352). § 28 Satz 1 PostPersRG regelt, dass der Betriebsrat in den Personalangelegenheiten der Beamten nach § 76 Abs. 1, § 78 Abs. 1 Nr. 3 bis 5 und § 79 Abs. 3 BPersVG zu beteiligen ist, und § 28 Satz 2 PostPersRG bestimmt, dass in diesen Angelegenheiten nach gemeinsamer Beratung im Betriebsrat nur die **Vertreter der Beamten,** die insoweit eine eigenständige Gruppe innerhalb des Betriebsrats bilden, **zur Beschlussfassung berufen** sind, es **sei denn,** dass sie **im Betriebsrat nicht vertreten sind,** siehe hierzu § 38 Abs. 2 BPersVG; § 33 Abs. 1 und 2 BetrVG gelten gem. § 28 Satz 3 PostPersRG entsprechend.

56 Nach § 29 Abs. 1 Satz 1 PostPersRG steht dem Betriebsrat in den in § 76 Abs. 1 BPersVG aufgeführten – statusrechtlichen – Personalangelegenheiten der Beamten ein Mitbestimmungsrecht zu; über § 29 Abs. 1 Satz 2, Abs. 4 PostPersRG sind die §§ 77 und 69 Abs. 5 BPersVG entsprechend anwendbar. **Andere Beteiligungstatbestände des BPersVG,** wie z. B. § 75 Abs. 3 Nr. 1 bis 5, 11 bis 17, § 76 Abs. 2, werden von dem Mitbestimmungsrecht **nicht erfasst.** Maßgebend für das Mitbestimmungsverfahren bei den in § 76 Abs. 1 BPersVG genannten Personalangelegenheiten sind – abweichend von § 69 BPersVG – die besonderen Verfahrensbestimmungen des **§ 29 Abs. 2 bis 4 und 9 PostPersRG. Mitbestimmungsangelegenheiten** des § 76 Abs. 1 BPersVG:

- Nr. 1: Einstellung, Anstellung; der Mitbestimmungstatbestand der Einstellung ist z. B. bei der Übernahme von Beamten aus anderen Aktiengesellschaften anwendbar, im Übrigen ist die Neubegründung eines Beamtenverhältnisses nach § 3 Abs. 2 Satz 3 PostPersRG nicht mehr möglich. Anstellung i. S. des Beteiligungstatbestandes kann nur die zur Zeit der Privatisierung noch vorhandenen zA-Beamten betreffen (Fischer u. a., Anh. zu K § 1 Anm. 16).
- Nr. 2: Beförderung, Übertragung eines anderen Amtes mit höherem Endgrundgehalt ohne Änderung der Amtsbezeichnung, Verleihung eines anderen Amtes mit anderer Amtsbezeichnung beim Wechsel der Laufbahngruppe, Laufbahnwechsel; im Hinblick auf die privatrechtliche Natur der Aufgabenerfüllung der Beamten beschränkt sich hier das Mitbestimmungsrecht auf Beförderungen.
- Nr. 3: Übertragung einer höher oder niedriger zu bewertenden Tätigkeit.
- Nr. 4: Versetzung zu einer anderen Dienststelle, Umsetzung innerhalb der Dienststelle, wenn sie mit einem Wechsel des Dienstortes verbunden ist; der Begriff der Dienststelle ist im Sinne des Beschäftigungsbetriebes des Beamten zu verstehen. Beantragt der Leiter einer Niederlassung der Deutschen Telekom AG festzustellen, dass die Umsetzung von Beamten innerhalb der Niederlassung ohne Wechsel des Dienstorts nicht der Mitbestimmung des Betriebsrats unterliegt, ist dafür die ausschließliche Zuständigkeit der Gerichte für Arbeitssachen gegeben (BVerwG v. 27. 2. 1998 – 6 P 3.97, n. n. v.).
- Nr. 5: Abordnung für die Dauer von mehr als drei Monaten.
- Nr. 5 a: Zuweisung nach § 123 a des Beamtenrechtsrahmengesetzes für eine Dauer von mehr als drei Monaten; die Zuweisung einer vorübergehenden Tätigkeit bei einer öffentlichen Einrichtung außerhalb des Beamtenrechtsrahmengesetzes dürfte kaum praktische Bedeutung erlangen.

- Nr. 6: Anordnungen, welche die Freiheit in der Wahl der Wohnung beschränken; es ist verfassungsrechtlich problematisch, ob der Mitbestimmungstatbestand auf Beamte, deren Aufgabenwahrnehmung privatrechtlicher Natur ist, anwendbar ist, denn der Mitbestimmungstatbestand erklärt sich aus dem besonderen Pflichtenverhältnis der Beamten (siehe auch Fischer u. a., aaO).
- Nr. 7: Versagung oder Widerruf der Genehmigung einer Nebentätigkeit; es finden die Nebentätigkeitsbestimmungen der §§ 65, 66 BBG mit ihren Versagungs- bzw. Widerrufsgründen Anwendung.
- Nr. 8: Ablehnung eines Antrags nach § 72 a oder § 72 e des Bundesbeamtengesetzes auf Teilzeitbeschäftigung, Ermäßigung der regelmäßigen Arbeitszeit oder Urlaub; von den in den §§ 72 a, 72 e BBG genannten Voraussetzungen der arbeitsmarktpolitischen Teilzeitbeschäftigung und Beurlaubung bei Bewerberüberhang sowie der familienpolitischen Teilzeitbeschäftigung und Beurlaubung kann im Hinblick auf § 35 PostPersRG nicht durch anderweitige Regelungen abgewichen werden.
- Nr. 9: Hinausschieben des Eintritts in den Ruhestand wegen Erreichens der Altersgrenze. Hiervon zu unterscheiden ist das Beteiligungsverfahren nach § 99 Abs. 1 BetrVG, das dann zum Zuge kommt, wenn ein wegen Erreichens der Altersgrenze in den Ruhestand getretener Beamter auf der Basis eines privatrechtlichen Vertrages weiterbeschäftigt werden soll (hierzu Fischer u. a., aaO).

Die entsprechende Anwendung des § 77 BPersVG für die Mitbestimmungs- **57**
fälle des § 76 Abs. 1 BPersVG hat zur Folge, dass die in § 77 Abs. 1 Satz 2 BPersVG genannten Beamten nicht unter die Mitbestimmung fallen, die in § 77 Abs. 1 Satz 1 BPersVG bezeichneten Beamten nur, wenn sie dies beantragt haben (hierzu zählen z. B. die Leiter der Betriebe, ihre ständigen Vertreter sowie Beamte, die zu selbstständigen Entscheidungen in Personalangelegenheiten des Betriebes befugt sind, vgl. § 77 Abs. 1 Satz 1 i. V m. § 14 Abs. 3 BPersVG) und dass für die Zustimmungsverweigerung des Betriebsrats der Versagungskatalog des § 77 Abs. 2 gilt. Der Betriebsrat kann demnach seine Zustimmung nur aus einem der in § 77 Abs. 2 aufgeführten Versagungsgründe verweigern; die Darlegung einer Rechtsauffassung oder der Vortrag von Tatsachen, aus denen sich ersichtlich keiner der Verweigerungsgründe ergibt, ist unbeachtlich (BVerwG v. 7. 12. 1994, Leits. ZBR 1995, 318 = PersV 1995, 399 = ZfPR 1995, 121).

Auf **Arbeitgeberseite** kann das Mitbestimmungsverfahren eingeleitet werden **58**
durch den **Arbeitsdirektor,** der nach § 1 Abs. 8 PostPersRG in Personalunion die personellen und sozialen Angelegenheiten der Beamten wahrnimmt oder durch den **Vorstand,** der gem. § 2 PostPersRG die Befugnisse der obersten Dienstbehörde sowie des obersten Dienstvorgesetzten wahrnimmt, zum anderen aber auch gemäß § 1 Abs. 5 PostPersRG von **Organisationseinheiten** oder **Stelleninhabern,** denen der Vorstand die ihm zustehenden Befugnisse übertragen hat und die nach § 3 Abs. 1 PostPersRG die Befugnisse einer Dienstbehörde oder eines Dienstvorgesetzten ausüben. Der Arbeitgeber unterrichtet den Betriebsrat von der beabsichtigten Personalmaßnahme und beantragt seine Zustimmung. Mangels einer gesetzlichen Regelung müssen hier § 99 Abs. 1 BetrVG und § 69 Abs. 2 Satz 1 BPersVG sowie die dazu ergangene Rechtsprechung den Maßstab für den Umfang der Unterrichtung bilden. Dem Betriebsrat sind daher **alle entscheidenden Gesichtspunkte bekanntzugeben,** die für die Ausübung des Mitbestimmungsrechts bedeutsam sind. Mit dem Antrag auf Zustimmung sind sonach dem **Betriebsrat alle erforderlichen Informationen** einschließlich Unterlagen zu geben, die für seine Meinungs- und

Willensbildung erforderlich sind (vgl. auch Anm. 4). Fehlt es an einer umfassenden Unterrichtung des Betriebsrats, so ist diese unvollständig und die **Erklärungsfrist** von einer Woche gem. § 29 Abs. 2 Satz 1 PostPersRG **beginnt nicht zu laufen.** Andererseits ist zu berücksichtigen, dass der Betriebsrat nicht verlangen kann, dass der Arbeitgeber die beabsichtigte Maßnahme begründet; eine solche **Begründungspflicht,** wie sie § 69 Abs. 2 Satz 2 BPersVG vorsieht, **fehlt** in § 29 Abs. 2 PostPersRG. In den mitbestimmungspflichtigen Beamtenangelegenheiten des § 76 Abs. 1 BPersVG **beschließt** die Gruppe der **Beamten** innerhalb des Betriebsrats nach gemeinsamer Beratung (§ 28 Satz 2 PostPersRG). Nach Wortlaut und Sinn dieser Bestimmung (Gruppenschutz für Beamte) darf von diesem Prinzip nur dann abgewichen werden, wenn die Beamten im Betriebsrat nicht vertreten sind. Die Verweisung in § 28 Satz 3 PostPersRG auf die entsprechende Anwendung des § 33 Abs. 1 und 2 BetrVG bedeutet, dass die Beschlüsse des Betriebsrats, d. h. hier die Beschlüsse der Beamtengruppe, mit der Mehrheit der Stimmen der anwesenden Mitglieder gefasst werden, dass bei Stimmengleichheit ein Antrag abgelehnt ist und dass der Betriebsrat, d. h. die Beamtengruppe, nur beschlussfähig ist, wenn mindestens die Hälfte seiner/ihrer Mitglieder an der Beschlussfassung teilnimmt; Stellvertretung durch Ersatzmitglieder ist zulässig.

59 Die Erteilung der Zustimmung, die in § 29 PostPersRG nicht geregelt ist, bedarf im Unterschied zur Zustimmungsverweigerung des Betriebsrats **keiner besonderen Form,** sie kann also mündlich ohne besondere Begründung erklärt werden. Verweigert der Betriebsrat seine Zustimmung, so hat er dies nach § 29 Abs. 2 PostPersRG unter Angabe von Gründen innerhalb einer Woche nach Unterrichtung durch den Arbeitgeber diesem schriftlich mitzuteilen; andernfalls gilt die Zustimmung als erteilt, so dass der Arbeitgeber die Maßnahme durchführen kann. Eine **wirksame Zustimmungsverweigerung** des Betriebsrats setzt danach voraus: Wahrung der **Wochenfrist,** Wahrung der **Schriftform** und Angabe von **Gründen,** die sich auf **§ 77 Abs. 2 BPersVG** stützen müssen. Die Wochenfrist entspricht der Frist des § 99 Abs. 3 Satz 1 BetrVG wie überhaupt der Wortlaut von § 99 Abs. 3 BetrVG und § 29 Abs. 2 PostPersRG identisch ist. Die Wochenfrist ist wesentlich kürzer bemessen als die Frist des § 69 Abs. 2 Satz 3 BPersVG, was seine Erklärung darin haben dürfte, dass nach dem Willen des Gesetzgebers die nunmehr privatwirtschaftlich organisierten Betriebe in die Lage versetzt werden sollen, rasche Entscheidungen zu treffen. Fehlt eine der oben genannten Voraussetzungen, so ist die **Zustimmungsverweigerung nicht rechtswirksam** erklärt und somit unbeachtlich. Unter Berücksichtigung der Angleichung an das BetrVG ist davon auszugehen, dass die Wochenfrist keine **Ausschlussfrist** ist; sie kann durch Vereinbarung zwischen Arbeitgeber und Betriebsrat verlängert, nicht aber ganz aufgehoben werden (BAG v. 3. 5. 2005, ZBVR online 7/8/2007, S. 1). Die Frist beginnt nach § 187 BGB mit dem Ablauf des Tages, an dem der Arbeitgeber den Betriebsrat von der beabsichtigten Maßnahme umfassend unterrichtet hat. Ist der letzte Tag der Frist ein Samstag, Sonntag oder ein gesetzlicher Feiertag, so verlängert sich gem. § 193 BGB die Frist bis zum Ablauf des nächsten Wochentages.

60 Ergibt sich in den Fällen des § 76 Abs. 1 BPersVG nach verweigerter Zustimmung des Betriebsrats keine Einigung zwischen Arbeitgeber und Betriebsrat, so ist nach § 29 Abs. 3 Satz 1 PostPersRG unmittelbar die Einigungsstelle anzurufen, da ein Stufenverfahren nicht stattfindet. Nach § 29 Abs. 3 Satz 1 PostPersRG **soll** die Einigungsstelle – sie muss also nicht – binnen zwei Monaten nach ihrer Anrufung entscheiden. Das **Verfahren** der **Einigungsstelle** orientiert sich an **§ 76 Abs. 3 BetrVG,** d. h. sie fasst ihre

Beschlüsse nach mündlicher Beratung mit Stimmenmehrheit. Bei der Beschlussfassung hat sich der Vorsitzende zunächst der Stimme zu enthalten; kommt eine Stimmenmehrheit nicht zustande, so nimmt der Vorsitzende nach weiterer Beratung an der erneuten Beschlussfassung teil. Die Beschlüsse der Einigungsstelle sind schriftlich niederzulegen, vom Vorsitzenden zu unterschreiben und Arbeitgeber und Betriebsrat zuzuleiten. Allerdings ist nach § **29 Abs. 3 Satz 2 PostPersRG** die Besonderheit zu beachten, dass die Prüfungskompetenz der Einigungsstelle darauf beschränkt ist, festzustellen, ob **ein Grund** i. S. des § **77 Abs. 2 BPersVG zur Verweigerung der Zustimmung** durch die Beamtenvertreter im Betriebsrat vorliegt. Stellt die Einigungsstelle fest, dass ein Zustimmungsverweigerungsgrund nicht vorliegt, so ist das Mitbestimmungsverfahren beendet und der Arbeitgeber kann die beabsichtigte Maßnahme durchführen. Schließt sie sich dagegen nicht der Auffassung des Arbeitgebers an, so gibt sie diesem eine Empfehlung (vgl. § 29 Abs. 3 PostPersRG). Der Arbeitgeber kann sich nunmehr – nach Prüfung – der **Empfehlung** anschließen oder auch nicht. Folgt er der Empfehlung der Einigungsstelle und damit der vom Betriebsrat verweigerten Zustimmung, kann er die ursprünglich von ihm beabsichtigte Maßnahme nicht vollziehen, und das Mitbestimmungsverfahren ist damit abgeschlossen. **Folgt** der Arbeitgeber jedoch der Empfehlung der Einigungsstelle **nicht,** so hat er nach § 29 Abs. 3 Satz 4 PostPersRG **innerhalb von zehn Arbeitstagen** die Angelegenheit mit der Empfehlung der Einigungsstelle dem nunmehr nach Auflösung des Bundesministeriums für Post und Telekommunikation zuständigen Bundesminister der Finanzen zur endgültigen Entscheidung vorzulegen (vgl. den Organisationserlass des Bundeskanzlers vom 17. 12. 1997, BGBl. I 1998, S. 68, durch den dem BMF mit Wirkung vom 1. 1. 1998 aus dem Geschäftsbereich des BMPT die beamten- und personalvertretungsrechtlichen Zuständigkeiten für die Beamten bei den Aktiengesellschaften Deutsche Post, Deutsche Telekom und Deutsche Postbank übertragen wurden; siehe ferner das Begleitgesetz zum Telekommunikationsgesetz vom 17. 12. 1997 [BGBl. I S. 3108], das die Überleitung der Beschäftigten des BMPT und des Bundesamtes für Post und Telekommunikation auf die neu geschaffene Regulierungsbehörde für Post und Telekommunikation im Geschäftsbereich des BMWi regelt). Für die Berechnung der Frist von zehn Arbeitstagen gelten, wie bei der Wochenfrist des § 29 Abs. 2 PostPersRG, die §§ 187 bis 193 BGB, so dass die Frist nach § 187 BGB mit dem Ablauf des Tages beginnt, an dem dem Arbeitgeber die Empfehlung der Einigungsstelle zugeleitet wurde. Ein **Überschreiten der Frist** hat zur Folge, dass die beabsichtigte **Maßnahme unterbleiben** muss (ebenso Lorenzen u. a., § 69 Anm. 140). § 29 Abs. 3 PostPersRG lässt es offen, wer auf Seiten des Arbeitgebers die Angelegenheit dem BMF vorzulegen hat. Daraus ergibt sich, dass dies nicht zwangsläufig der Vorstand der AG sein muss, letztlich dürfte dies aber eine innerorganisationsrechtliche Frage der AG sein (Lorenzen u. a., aaO). Dem BMF bleibt es vor seiner endgültigen Entscheidung **unbenommen,** eine **Stellungnahme der Einigungsstelle oder des Betriebsrats einzuholen.**

§ 29 PostPersRG enthält keine Regelung darüber, ob die Einigungsstelle lediglich bei **Bedarf** gebildet wird oder ob sie als **ständige Stelle** einzurichten ist. Daher sind grundsätzlich **beide Konstellationen möglich.** Im Hinblick auf die enge Anlehnung der betrieblichen Interessenvertretung der AG an das BetrVG und dessen Anwendung, wie dies in § 24 PostPersRG deutlich zum Ausdruck kommt, ist davon auszugehen, dass eine ständige Einigungsstelle nur durch eine Betriebsvereinbarung errichtet werden kann (vgl. § 76 Abs. 1 Satz 2 BetrVG; ebenso Lorenzen u. a., § 69 Anm. 139). Für die **Besetzung der** 61

Einigungsstelle bestimmt § 30 **PostPersRG,** dass in Angelegenheiten des § 76 Abs. 1 BPersVG die Einigungsstelle aus einer gleichen Anzahl von Beisitzern besteht, die vom Arbeitgeber und den Vertretern der Beamten im Betriebsrat bestellt werden sowie einem unparteiischen Vorsitzenden, auf dessen Person sich beide Seiten einigen müssen. Eine Höchstzahl der Beisitzer, wie in § 71 Abs. 1 Satz 2 BPersVG vorgeschrieben, sieht § 30 PostPersRG nicht vor. Aufgrund der sich aus § 24 Abs. 1 PostPersRG ergebenden Anwendbarkeit des Betriebsverfassungsgesetzes und wegen Fehlens einer ausdrücklichen Regelung in § 30 PostPersRG kommt § 76 Abs. 2 Satz 3 BetrVG zum Zuge, wonach das Arbeitsgericht entscheidet, wenn beide Seiten kein Einverständnis über die Zahl der Beisitzer erzielen. Es ist zwar ungewöhnlich, aber unbedenklich (ebenso Fischer u. a., Anh. zu K § 1 Anm. 25), dass über die Anzahl der Beisitzer das Arbeitsgericht entscheidet, während für die Beteiligungsangelegenheiten durch § 29 Abs. 9 PostPersRG die Verwaltungsgerichtsbarkeit begründet wird und auch für den Fall der Nichteinigung über die Person des Vorsitzenden der Einigungsstelle dieser durch den Präsidenten des zuständigen Verwaltungsgerichts bestellt wird (siehe § 30 Satz 2 PostPersRG). Bei den von den **Beamtenvertretern zu bestellenden Beisitzern** muss es sich **nicht** um **Beamte** handeln, es können auch Arbeiter oder Angestellte bestellt werden (Bacher, PersR 1994, 489). Wenn jedoch im Betriebsrat keine eigene Vertretung der Beamten besteht, **entscheidet** der **Betriebsrat** über die Beisitzer, unter denen sich nach § 30 Satz 3 PostPersRG mindestens **ein Beamter** befinden muss.

62 Aufgrund der in § 29 Abs. 4 PostPersRG erklärten entsprechenden Anwendbarkeit des § 69 Abs. 5 BPersVG kann der Arbeitgeber in den personellen Angelegenheiten der Beamten nach § 76 Abs. 1 BPersVG **vorläufige Regelungen** treffen, wenn die Maßnahme der Natur der Sache nach keinen Aufschub duldet. Bricht der Arbeitgeber jedoch das Mitbestimmungsverfahren ab, so liegt keine vorläufige Regelung, sondern der Versuch einer endgültigen Regelung vor. In dieser Situation muss dem Betriebsrat die Möglichkeit einer einstweiligen Verfügung zur Sicherung seines Mitbestimmungsrechts zur Seite stehen (Hummel/Spoo, ZTR 1998, 352).

63 Für **Streitigkeiten** zwischen Betriebsrat und Arbeitgeber, die sich aus den Beteiligungsrechten des § 29 Abs. 1 bis Abs. 8 PostPersRG ergeben, sind gem. § 29 Abs. 9 Satz 1 PostPersRG die **Verwaltungsgerichte zuständig.** Die Vorschriften des Arbeitsgerichtsgesetzes über das Beschlussverfahren gelten nach § 29 Abs. 9 Satz 2 PostPersRG entsprechend. Die Begründung einer Zuständigkeit der Arbeitsgerichte nach § 22 ArbGG zur Klärung, ob neben den Beteiligungsrechten aus § 76 Abs. 1, § 78 Abs. 1 Nr. 3 bis 5, § 79 Abs. 3 BPersVG dem Betriebsrat auch Beteiligungsrechte aus § 99 BetrVG für denselben Sachverhalt zustehen, vermag nicht zu überzeugen; diese Auffassung (BAG v. 26. 6. 1996, Leits. BB 1996, 1724 = Leits. ZBVR 1997, 4; LAG Mainz v. 15. 1. 1996, PersR 1996, 212) verkennt den öffentlich-rechtlichen Charakter der Rechtsverhältnisse der Beamten (so zutreffend Fischer u. a., Anh. zu K § 1 Anm. 22; siehe auch Lorenzen, ZfPR 1995, 130) und ist daher abzulehnen. Wenn der Leiter einer Niederlassung der Deutschen Telekom die Feststellung beantragt, dass eine Umsetzung von Beamten innerhalb der Niederlassung ohne Dienstortwechsel nicht der Mitbestimmung unterliegt, dann ist die ausschließliche Zuständigkeit der Arbeitsgerichte gegeben (BAG v. 22. 8. 1998, ZBR 1998, 424).

64 Bei der Frage der Anwendung des **Disziplinarrechts** auf die in den Postnachfolgeunternehmen **weiterbeschäftigten Beamten** hat sich bisher noch keine

einheitliche Meinung herauskristallisiert. Während das BVerwG die Auffassung vertritt, dass die Rechtsgrundsätze zur disziplinaren Ahndung von außerdienstlichen alkoholbedingten Verkehrsdelikten auch für Beamte gelten, die bei der Deutschen Telekom AG beschäftigt sind und dass sich aus der Tatsache, dass die Beamten nunmehr in privatrechtlichen Unternehmen tätig sind und keine staatlichen Funktionen mehr ausüben, keine rechtlich relevanten Einschränkungen für die Anwendung des Disziplinarrechts ergeben (BVerwG v. 20. 8. 1996, BVerwGE 103, 375 = ZBR 1997, 50 = Leits. ZfPR 1997, 164; gegen die Entscheidung ist eine Verfassungsbeschwerde anhängig), wird im Schrifttum nicht zu Unrecht darauf hingewiesen, dass die in den Aktiengesellschaften weiterbeschäftigten Beamten nicht mehr den Staat repräsentieren, sondern sich ausschließlich den privatwirtschaftlichen Interessen der AG unterzuordnen haben und sich von daher in den privatisierten Unternehmen eine Pflichtenreduktion der Beamten ergebe, die dazu führe, dass das Disziplinarrecht der Beamten nur in einem stark eingeschränkten Rahmen auf den neu geschaffenen Beamtentyp des privatisierten Beamten anwendbar sei (Blanke/Sterzel, PersR 1998, 265; vgl. auch Allgaier DÖD 1998, 125). In diese Richtung weist auch das Bundesdisziplinargericht, wenn es in zwei – Postbeamte betreffenden – Urteilen feststellt, dass sich der eingetretene Ansehensschaden infolge des Dienstvergehens anders darstelle, als würde – wie bezüglich der ehemaligen Deutschen Bundespost – die Maßnahmebemessung „den an ein Staatsorgan gestellten hohen gesetzlichen und moralischen Ansprüchen unterliegen" (BDiG v. 16. 2. 1995 – XVIVL 42/94 – mitgeteilt bei Weiß, ZBR 1996, 232 und v. 15. 11. 1995 – XVIVL 32/95 mitgeteilt bei Weiß, ZBR 1996, 232). Ein anderer Aspekt, nämlich die strafrechtliche und disziplinarrechtliche Verantwortung eines Postbeamten, der nicht den eigenen Dienstherrn, den Bund, sondern einen fremden Dienstherrn, die Telekom AG, schädigte, ist Gegenstand einer näheren Betrachtung von Allgaier (DÖD 1998, 125 ff.).

Schrifttum: Albers, Vorläufiger Rechtschutz und objektives Beschlussverfahren, PersV 1993, 487; Alke, Dienstliche Nutzung privater Hard- und Software, DuD 1994, 264; Allgaier, Zur strafrechtlichen und disziplinarrechtlichen Verantwortung von Beamten privatisierter Unternehmen, DöD 1998, 125; ders., Änderungen des Disziplinarrechts durch die Postreform II im Bereich der Nachfolgeunternehmen der Deutschen Bundespost, ZfPR 1997, 30; Altvater/Wendelin-Schröder, Gibt es einen verfassungsrechtlichen Generalvorbehalt für Personalratsrechte?, RiA 1994, 73; Bacher, Äußerungsfrist des Personalrats im Mitbestimmungsverfahren, PersR 1988, 68; Battis/Kersten, Rechtsfolgen mangelhafter Mitbestimmung, PersR2005, 138; Becker, Aktuelle Entwicklungen und Probleme in der neueren Rechtsprechung des Bundesverwaltungsgerichts zum Personalvertretungsrecht, ZfPR 1996, 166; Blanke, Die Korrektur der landesgesetzlichen Mitbestimmungsregelungen durch das Bundesverwaltungsgericht – Meilensteine auf dem Weg in den autonomen Rechtsstaat, ZfPR 2003, 239; Blanke-Sterzel, „Privatbeamte" der Postnachfolgeunternehmen und Disziplinarrecht, PersR 1998, 265; Bosch, Sollte nicht endlich ein wirksamer Rechtsschutz in Beteiligungsangelegenheiten geschaffen werden?, PersR 1994, 455; ders., Zum Rechtsschutz der Personalvertretungen in Mitbestimmungsangelegenheiten, PersR 1997, 94; ders., Verlängerung der Frist nach § 69 Abs. 2 Satz 3 BPersVG?, ZfPR 1994, 99; Britz, Die Rechtsstellung der Beamten bei den Postunternehmen, PersV 1998, 372; Büge, Personalvertretung und demokratisches Prinzip – Ein Wunsch nach Ende der Debatte, PersR 2003, 171; Cecior, Auswirkungen der Entscheidung des Bundesverfassungsgerichts zum Mitbestimmungsgesetz Schleswig-Holstein auf das nordrhein-westfälische Personalvertretungsrecht, PersV 1998, 49; Dannhäuser, Noch immer umstritten: Streit über den Umfang der Mitbestimmung und Eignungsverfahren, PersV 1990, 145; Dembowski, Vorläufige Regelungen nach § 69 Abs. 5 BPersVG: Ausnahme- oder

Regelinstrumentarium?, ZfPR 2000, 216; Edenfeld, Die Abwehr mitbestimmungswidrigen Arbeitgeberverhaltens, PersV 2001, 298; Fischer, Vorläufige Regelungen nach dem Bundespersonalvertretungsgesetz, ZBR 1979, 322; Fleig, Rechtsfolgen bei fehlerhafter Beteiligung der Personalvertretung, ZfPR 2000, 47; Gaul, Zur Verlängerung der Wochenfrist nach § 99 Abs. 3 BetrVG, DB 1985, 812; Gillengerten, Fristverlängerung und Fristversäumnis im Mitbestimmungsverfahren, PersR 1993, 209; Gola, Der private PC am Arbeitsplatz, DuD 1990, 392; ders., Dienstliche Daten auf privatem PC, RDV 1993, 162; Grabendorff, Die Folgen fehlender oder fehlerhafter Beteiligung der Personalvertretung, ZBR 1960, 97; Hummel/Spoo, Mitbestimmung bei Versetzungen/Umsetzungen/Abordnungen von Beamten in den privatisierten Unternehmen der früheren Deutschen Bundespost, ZTR 1998, 352; Ilbertz, Effektive Mitbestimmung, PersV 1982, 184; Kunze, Die vorläufige Regelung durch die Dienststellenleiter, PersV 1988, 417; ders., Voraussetzungen und Grenzen der vorläufigen Regelung nach § 69 Abs. 5 BPersVG, ZfPR 1994, 204; Lorenzen, Die Bahnreform – Neuland für Dienst- und Personalvertretungsrecht, PersV 1994, 145; ders., Die Postreform II, dienst- und personalvertretungsrechtliche Regelungen, PersV 1995, 99; ders., Die personalvertretungsrechtlichen Auswirkungen der Privatisierungen von Bahn und Post, ZfPR 1995, 97; ders., Die personalvertretungsrechtlichen Auswirkungen der Privatisierung von Bahn und Post, ZfPR 1995, 130 (Fortsetzung); Müller, Einige Bemerkungen zum Abbruch des Mitbestimmungsverfahrens, PersR 1991, 455; Nassauer, Personalräte unter Zeitdruck – Spielräume beim Fristbeginn?, ZfPR 2003, 313; Pieper, Möglichkeiten und Grenzen vorläufiger Regelungen gem. § 69 Abs. 5 BPersVG, PersR 1990, 123; ders., Vorläufige Regelungen, PersR 1991, 211; Rehak in: Festgabe für Dr. Uwe Lorenzen zum 80. Geburstag, Beilage zum BPersVG – Komentar (2007); Rinken, Die Entscheidung des Bundesverfassungsgerichts zum Mitbestimmungsgesetz Schleswig-Holstein: Wie viel Mitbestimmung ist möglich?, ZfPR 2003, 199; Schnellenbach, Zum Nachschieben von Gründen in Verfahren der Mitbestimmung nach Bundesrecht, PersV 1991, 289; Scholz, Die unterbliebene und fehlerhafte Beteiligung des Personalrats, PersV 1978, 381, 422; Thannheiser, Frist, Wahrung per Telefaxschreiben?, PersR 1997, 481; Vogelgesang, Tendenzen in der neueren Rechtsprechung des Bundesverwaltungsgerichts zum Personalvertretungsrecht, ZTR 2003, 366; Wahlers, Zum Informationsrecht des Personalrats, PersV 1994, 201; ders., Hat der Beschluss des BVerfG zum schleswig-holsteinischen Mitbestimmungsgesetz zu einer „planwidrigen Lücke“ in § 66 Abs. 7 Satz 4 NWPersVG geführt?, PersV 2003, 18; Widmaier, Überlegungen zum personalvertretungsrechtlichen Letztentscheidungsrecht in personellen Angelegenheiten der Beamten, PersV 1976, 144; ders., Die Spannungen zwischen den Gruppeninteressen und dem Interesse des Staates in der Mitbestimmung der Organe der Personalvertretung, Göttingen jur. Diss. 1975; ders., Aktuelles zum Personalvertretungsrecht unter besonderer Berücksichtigung aus den Bereichen der §§ 69, 75, 76 BPersVG, PersV 1989, 421; ders., Einvernehmliche Verlängerung der Äußerungsfrist des § 69 Abs. 2 Satz 3 BPersVG?, PersV 1988, 106; ders., Rechtsfolgen der Verletzung des Mitbestimmungsrechts unter besonderer Berücksichtigung der neueren Rechtsprechung, PersV 2000, 50; Windscheid, Wann ist eine Maßnahme „beabsichtigt“?, PersV 1972, 81; Zimmerling, Auswirkungen der fehlerhaften Personalratsbeteiligung auf das Beamtenverhältnis, PersV 2000, 250; ders., Auswirkungen der fehlerhaften Personalratsbeteiligung auf das Angestellten-/Arbeitsverhältnis, PersV 2002, 386.

§ 70 [Initiativrecht des Personalrats]

(1) Beantragt der Personalrat eine Maßnahme, die nach § 75 Abs. 3 Nr. 1 bis 6 und 11 bis 17 seiner Mitbestimmung unterliegt, so hat er sie schriftlich dem Leiter der Dienststelle vorzuschlagen. Entspricht dieser dem Antrag nicht, so bestimmt sich das weitere Verfahren nach § 69 Abs. 3 und 4.

(2) Beantragt der Personalrat eine Maßnahme, die nach anderen als den in Absatz 1 Satz 1 bezeichneten Vorschriften seiner Mitbestimmung unterliegt, so hat er sie schriftlich dem Leiter der Dienststelle vorzuschlagen. Entspricht dieser dem Antrag nicht, so bestimmt sich das weitere Verfahren nach § 69 Abs. 3; die oberste Dienstbehörde entscheidet endgültig.

Inhaltsübersicht

Entspr. landesgesetzliche Regelungen:
Baden-Württemberg: § 70; Bayern: Art. 70 a; Berlin: § 79 Abs. 4; Brandenburg: § 69; Bremen: § 58 Abs. 4; Hamburg: § 79 Abs. 3; Hessen: § 69 Abs. 3; Mecklenburg-Vorpommern: § 65; Niedersachsen: § 69; Nordrhein-Westfalen: § 66 Abs. 4, Abs. 6; Rheinland-Pfalz: § 74 Abs. 3; Saarland: § 73 Abs. 3, 4, 5; Sachsen: § 83; Sachsen-Anhalt: § 61 Abs. 4, § 62 Abs. 1 bis Abs. 8; Schleswig-Holstein: § 56; Thüringen: § 70.

Entspr. Vorschrift des BetrVG: u. a. § 80 Abs. 1 Nr. 2.

I. Vorbemerkung

Die sich aus dem demokratischen Prinzip ergebenden Einschränkungen der Mitbestimmung, wie sie dem Beschluss des **Bundesverfassungsgerichts** (BVerfG v. 24. 5. 1995, vgl. vor § 66 Anm. 1 a; Einl. Anm. 53; § 104 Anm. 1 sowie nachfolgende Anm. 2) zu entnehmen sind, gelten auch für das Initiativrecht (Widmaier, PersV 2004, 23). Wird daher z. B. im Bereich von Maßnahmen der Stufe 2 (§ 75 Abs. 3 Nr. 14 BPersVG) das Initiativrecht ausgeübt, so bestehen dagegen keine verfassungsrechtlichen Bedenken, wenn das Mitbestimmungsverfahren durch die **Entscheidung der obersten Dienstbehörde abgeschlossen wird** (vgl. BVerfG v. 24. 10. 2001, ZfPR 2002, 101 = PersR 2002, 21). Die Vorschrift regelt das Mitbestimmungsverfahren bei einer **Initiative der Personalvertretung** in sozialen und organisatorischen (Abs. 1) sowie in teils sozialen/organisatorischen und personellen (Abs. 2) Angelegenheiten. Durch das Initiativrecht wird es der Personalvertretung ermöglicht, den jeweiligen Mitbestimmungsrechten von sich aus dadurch Geltung zu verschaffen, dass sie entsprechende Anträge stellt; eine Erweite- 1 rung der Mitbestimmungsrechte über das Initiativrecht allerdings ist ausgeschlossen (BVerwG v. 24. 3. 1998, Leits. ZBR 1998, 433 = PersV 1998, 557 = ZfPR 1998, 149). Daher bedeutet das Initiativrecht „die **Ausübung von Mitbestimmungsrechten in aktiver Form**" (BVerwG v. 1. 11. 1983, ZBR 1984, 151 = PersV 1985, 473). Dadurch wird dem das Personalvertretungsrecht insgesamt beherrschenden Grundsatz der gleichberechtigten Partnerschaft zwischen Dienststellenleiter und Personalvertretung Rechnung getragen. Der Personalvertretung wird insoweit der gleiche Rang wie dem Dienststel-lenleiter eingeräumt (BVerwG v. 6. 10. 1992 – 6 P 22.90, ZBR 1993, 122 = ZfPR 1993, 17; BVerwG v. 6. 10. 1992 – 6 P 25.90, Leits. PersV 1993, 328 = ZfPR 1993, 92; BVerwG v. 20. 1. 1993, Leits. ZBR 1993, 319 = PersV 1994, 219 = ZfPR 1994, 4). Das Gesetz stellt der Personalvertretung innerhalb des Initiativverfahrens gleiche Mittel zur Verfügung wie dem Dienststellenleiter im Rahmen eines von ihm ausgelösten Mitbestimmungsverfahrens. Daher braucht sich die Personalvertretung nach einer entsprechenden Initiative nicht mit ergebnislosen Einigungsbemühungen abzufinden. Sie kann vielmehr die übergeordnete Dienststelle einschalten. Diese hat sodann den Initiativantrag in der gleichen Weise mit der bei ihr bestehenden Stufenvertretung zu behandeln wie zuvor der Leiter der (örtlichen) Dienststelle und die dortige Personalvertretung, von der das Initiativverfahren ausgegangen ist. Die Stufenvertretung kann nicht von sich aus anstelle örtlich zuständiger Personalvertretungen ein Initiativrecht zur einheitlichen Gestaltung einer mitbestimmungspflichtigen Angelegenheit auf der Gesamtebene an sich ziehen. Vielmehr kann die Stufenvertretung in diesem Fall nur im Rahmen eines Stufenverfahrens eingeschaltet werden, nachdem zuvor Einigungsbemühungen zwischen dem (örtlichen) Dienststellenleiter und der für das Initiativverfahren zuständigen Personalvertretung gescheitert sind (BVerwG v. 20. 1. 1993, aaO). Wohl aber steht Stufenvertretungen und Gesamtpersonalräten in den Fällen ein Initiativrecht zu, in denen sie über eine Erstzuständigkeit verfügen (Lorenzen u. a., § 70 Anm. 21), nicht dagegen einer (örtlichen) Personalvertretung für eine Maßnahme, für die nicht die Dienststelle zuständig ist, der sie zugeordnet ist (OVG Münster v. 11. 12. 1995, Leits. ZfPR 1996, 164). Die Sondervertretungen verfügen nicht über ein Initiativrecht (Fischer u. a., § 70 Anm. 4). Zum Informationsanspruch einer Personalvertretung als Grundlage für die Ausübung des Initiativrechts: § 68 Anm. 3.

2 2. Das Initiativrecht gibt einer Personalvertretung die Möglichkeit, dafür zu sorgen, dass **„beteiligungspflichtige Angelegenheiten nicht oder jedenfalls nicht zu lange ungeregelt bleiben,** weil die Dienststelle nicht initiativ wird" (BVerwG v. 13. 2. 1976, BVerwGE 50, 176 = ZBR 1976, 351 = PersV 1977, 179). Nach dem Verständnis des BVerwG ist eine Initiative der Personalvertretung deshalb nur und erst dann möglich, wenn andernfalls eine zu regelnde Angelegenheit überhaupt nicht geregelt würde oder über einen zu langen Zeitraum hinweg ungeregelt bliebe. Dieser einschränkenden Interpretation des Initiativrechts durch das BVerwG ist zuzustimmen. Ansonsten könnte die Personalvertretung über ihr Initiativrecht dem Dienststellenleiter die Leitung der Dienststelle gleichsam aus den Händen nehmen und ihn durch Überhäufung mit Initiativanträgen in eine Situation bringen, in der er – überspitzt gesagt – lediglich noch „reagieren", nicht aber mehr aktiv die Angelegenheiten der Dienststelle steuern könnte. Durch das Initiativrecht wird die Personalvertretung in die Lage versetzt, eine der Mitbestimmung unterliegende Angelegenheit gegen den Willen des Dienststellenleiters durchzusetzen. Allerdings ist darauf zu achten, dass der als Ausfluss des Demokratie- und des Rechtsstaatsprinzips bestehende Verwaltungs- und Parlamentsvorbehalt ge-

wahrt bleibt und dass bei Angelegenheiten, die die Wahrnehmung von **Amtsaufgaben** nicht nur unerheblich berühren, ein **Letztentscheidungsrecht der Einigungsstelle** nicht besteht (BVerfG v. 24. 5. 1995, BVerfGE 93, 37 = ZBR 1996, 15 = PersV 1995, 553 = ZfPR 1995, 195; vgl. auch: BVerwG v. 29. 1. 1996, Leits. ZBR 1996, 410 = PersV 1996, 460 = ZfPR 1996, 119; Fischer u. a., § 70 Anm. 7; Lorenzen u. a., § 70 Anm. 4, 5).

a) Wenn ein Dienststellenleiter im Rahmen von § 70 bzw. § 68 Abs. 1 Nr. 1 von vornherein ein Initiativ- bzw. Antragsrecht der Personalvertretung verneint und jede Erörterung ablehnt, dann kann die Personalvertretung zur Klärung des Bestehens eines entsprechenden Rechts unmittelbar ein **verwaltungsgerichtliches Beschlussverfahren einleiten**, ohne dass zuvor die Durchführung eines Stufenverfahrens erforderlich wäre (VGH München v. 5. 4. 1995, PersR 1995, 346; Lorenzen u. a., § 70 Anm. 9). Allerdings besteht für die Personalvertretung auch die Möglichkeit, in diesem Fall den Initiativantrag unmittelbar an den Leiter der übergeordneten Dienststelle zu richten (BVerwG v. 20. 1. 1993, Leits. ZBR 1993, 319 = PersV 1994, 219 = ZfPR 1994, 4). 2a

b) Der Dienststellenleiter muss sich mit dem an ihn herangetragenen, auf eine konkrete mitbestimmungspflichtige Maßnahme gerichteten Initiativantrag sachlich befassen und – ebenso wie die Personalvertretung bei einem vom Dienststellenleiter ausgehenden Mitbestimmungsverfahren – seine Entscheidung dem Mitbestimmungspartner (Personalvertretung) bekanntgeben. Wenn der Dienststellenleiter untätig bleibt, so liegt darin ein Gesetzesverstoß (Lorenzen u. a., § 70 Anm. 30). Wenn er den von der Personalvertretung beantragten Maßnahmen zustimmt, dann hat er die Maßnahme gemäß § 74 Abs. 1 durchzuführen. In diesem Fall hat die Personalvertretung einen Anspruch auf Vollzug der von ihr beantragten Maßnahme (vgl. OVG Hamburg v. 5. 4. 1982, PersV 1894, 245; Lorenzen u. a., aaO). Auch im Rahmen eines Initiativverfahrens sind die Partner verpflichtet, sich **um eine Einigung zu bemühen.** Lehnt ein Dienststellenleiter den Initiativantrag auch nach Verhandlungen mit der Personalvertretung dagegen ab, so muss er ihr dies zur Kenntnis geben (§ 70 Abs. 1 Sätze 1, 2; § 69 Abs. 3 Satz 1; § 2 Abs. 1; § 66 Abs. 1 Satz 3). Danach kann die Personalvertretung eine Vorlage an den Dienststellenleiter richten und ihn auffordern, sie an die übergeordnete Dienststelle, bei der eine Stufenvertretung gebildet ist, weiterzuleiten; die Personalvertretung selbst kann allerdings auch von sich aus das Stufenverfahren (§ 69 Abs. 3 und 4) betreiben (VGH Mannheim v. 18. 9. 1990, DÖV 1991, 1080; Lorenzen u. a., aaO) und sich mit ihrem Initiativantrag unmittelbar an den Leiter der übergeordneten Dienststelle richten. Der Leiter der übergeordneten Dienststelle hat die ihm vom Leiter der örtlichen Dienststelle zugeleitete Vorlage entgegenzunehmen und die Stufenvertretung, die nicht zur Unterstützung des Initiativvertrags der Personalvertretung bei der nachgeordneten Dienststelle verpflichtet ist (VGH Mannheim v. 5. 6. 1991, PersV 1992, 451), zur gemeinsamen Erörterung der Angelegenheit einzuschalten. Dieses Verfahren unterscheidet sich wesentlich von dem Verfahren über das allgemeine Antragsrecht nach § 68 Abs. 1 Nr.; denn das dort geregelte Antragsrecht erschöpft sich in der Erörterung einer bestimmten Angelegenheit zwischen Dienststelle und Personalvertretung. Für die Personalvertretung besteht im Falle des Scheiterns der Verhandlungen keine Möglichkeit, die übergeordnete Dienststelle über den Dienstweg einzuschalten (BVerwG v. 20. 1. 1993, Leits. ZBR 1993, 319 = PersV 1994, 219 = ZfPR 1994, 4). 2b

3 3. Wenn eine Personalvertretung einer mitbestimmungspflichtigen Maßnahme zugestimmt hat, der Dienststellenleiter aber die Durchführung der Maßnahme unterlässt, so kann die betreffende Personalvertretung von ihrem Initiativrecht Gebrauch machen (VGH München v. 30. 11. 1994, Leits. ZfPR 1995, 127). Das Initiativrecht kann aber nicht dafür in Anspruch genommen werden, einer bereits **getroffenen Entscheidung** einen **anderen Vorschlag entgegenzusetzen** (BVerwG v. 22. 2. 1991, Leits. ZBR 1991, 150 = PersV 1991, 475 = ZfPR 1991, 140; OVG Lüneburg v. 16. 2. 2000, PersV 2000, 412; weniger eng: Lorenzen u. a., § 70 Anm. 9; Richardi u. a., § 70 Anm. 10). Gleiches kann aber entgegen der Auffassung des BVerwG dann nicht gelten, wenn „einer erkennbar bevorstehenden Entscheidung mit einem Vorschlag anderen Inhalts" zuvorgekommen werden soll. Wäre dieser Auffassung zuzustimmen, dann könnte ein Dienststellenleiter das Initiativrecht der Personalvertretung dadurch unterlaufen, dass er geltend macht, die betreffende Maßnahme ohnehin „in Kürze" der Personalvertretung zur Zustimmung vorlegen zu wollen. Im Interesse der Rechtsklarheit und der Rechtssicherheit muss deutlich sein, dass eine Personalvertretung von ihrem Initiativrecht nur dann keinen Gebrauch mehr machen kann, wenn der Dienststellenleiter bereits eine einschlägige Entscheidung beabsichtigt und der Personalvertretung zur Zustimmung vorgelegt hat bzw. wenn die vorgesetzte Dienstbehörde die Angelegenheit zur Regelung an sich gezogen hat und dem Leiter der Dienststelle selbst kein Entscheidungsspielraum mehr verbleibt (vgl. auch Fischer u. a., § 70 Anm. 2) In allen anderen Fällen, in denen eine mitbestimmungspflichtige Angelegenheit bisher ungeregelt ist, muss die Personalvertretung von ihrem Initiativrecht Gebrauch machen können (vgl. auch Anm. 7).

II. Qualifiziertes (uneingeschränktes) Initiativrecht

4 1. Das förmliche Initiativrecht nach dieser Vorschrift gibt einer Personalvertretung die Möglichkeit, mit konkreten Anträgen **auf die Gestaltung der sozialen und personellen Angelegenheiten in der Dienststelle einzuwirken** (VGH Kassel v. 1. 9. 1982, PersV 1983, 281; Lorenzen u. a., § 70 Anm. 6). Die Personalvertretung ist nicht nur auf eine Reaktion gegenüber Maßnahmen des Dienststellenleiters beschränkt. Vielmehr kommt ihr hinsichtlich der Einleitung derjenigen mitbestimmungspflichtigen Maßnahmen, auf die das Initiativrecht sich erstreckt, die gleiche Stellung wie dem Dienststellenleiter zu (BVerwG v. 25. 10. 1983, BVerwGE 68, 137 = ZBR 1984, 73, 150 = PersV 1985, 434; BVerwG v. 26. 10. 1983, PersV 1985, 477; BVerwG v.1. 11. 1983 – 6 P 28.82, ZBR 1984, 151 = PersV 1985, 473; BVerwG v. 1. 11. 1983 – 6 P 12.83, PersV 1985, 475; BVerwG v. 23. 11. 1983 – 6 P 12.81, n. v.; BVerwG v. 3. 5. 1984 – 6 P 26.83, n. v.; BVerwG v. 3. 5. 1984 – 6 P 34.83, Leits. ArbuR 1984, 380). Daher ist das Initiativrecht Ausdruck gleicher Rechte für Dienststellenleiter und Personalvertretung (BVerwG v. 6. 10. 1992 – 6 P 22.90, ZBR 1993, 122 = PersV 1993, 328 = ZfPR 1993, 17); es spiegelt den das Personalvertretungsrecht beherrschenden Grundsatz der gleichberechtigten Partnerschaft von Personalvertretung und Dienststellenleiter wieder (BVerwG v. 29. 9. 2004, ZBR 2005, 250 = PersV 2005, 97 = ZfPR 2005, 3; zuvor schon: BVerwG v. 24. 10. 2001, BVerwGE 115, 205 = ZBR 2003, 50 = PersV 2002, 260 = ZfPR 2002, 101). Das Initiativrecht kann durch alle Instanzen der amtlichen Hierarchie geltend gemacht werden. Mit seiner Hilfe kann die Personalvertretung die Regelung bestimmter Angelegenheiten „auch gegen den Willen des Dienststellenleiters durchsetzen", damit „beteiligungspflichtige Angelegenheiten nicht oder jedenfalls nicht zu lange ungeregelt bleiben, weil die Dienststelle nicht initiativ wird" (BVerwG v. 13. 2. 1976, BVerwGE 50, 176 = ZBR 1976, 351 = PersV 1977, 179; BVerwG v. 13. 2. 1976 – VII P 24.75 – Buchholz 238.33 § 58 Nr. 1; BVerwG

v. 5. 5. 1977, PersV 1978, 272; vgl. Anm. 1). Die Möglichkeit, sich gegen den Willen des Dienststellenleiters durchzusetzen, besteht für eine Personalvertretung aber uneingeschränkt nur in den in Abs. 1 angeführten Fällen, bei denen eventuell die Einigungsstelle als letzte, verbindlich entscheidende Instanz angerufen werden kann. In den Fällen des Abs. 2 dagegen entscheidet die oberste Dienstbehörde abschließend, ohne dass überhaupt die Einigungsstelle angerufen werden kann. Im Übrigen ist zu berücksichtigen, dass eine Personalvertretung über das Initiativrecht nicht in die einer Dienststelle nach außen obliegenden Aufgaben mehr als unerheblich eingreifen darf (BVerfG V. 24. 5. 1995, BVerfGE 93, 37 = ZBR 1996, 15 = PersV 1995, 553 = ZfPR 1995, 185; vgl. auch: BVerwG v. 24. 4. 2002 – 6 P 3.01, BVerwGE 116, 216 = PersV 2002, 546 = ZfPR 2002, 235).

a) Das Mitbestimmungsrecht der Personalvertretung schließt grundsätzlich immer auch ein Initiativrecht ein, da die Mitbestimmung gleiche Rechte für Dienststellenleiter und Personalvertretung mit der Folge beinhaltet, dass beide Seiten die Initiative für eine erstrebte Regelung ergreifen und erforderlichenfalls die Einigungsstelle anrufen können, es sei denn, dass es sich um jene Angelegenheiten handelt, in denen nach Abs. 2 die Einigungsstelle keine Zuständigkeit besitzt. Das Initiativrecht der Personalvertretung entspricht daher dem Inhalt des Mitbestimmungsrechts. Dieser Zweckbestimmung widerspricht es aber nach der Rechtsprechung des BVerwG, der Personalvertretung ein Initiativrecht zur **Einführung** eines automatischen Zeiterfassungsgerätes nach § 75 Abs. 3 Nr. 17 einzuräumen. Verfolge ein Initiativantrag das Ziel, tatsächlich erbrachte Arbeitszeiten mittels eines automatischen Zeiterfassungsgerätes im Rahmen des § 75 Abs. 3 Nr. 17 nachzuweisen, so überschreite ein solcher Initiativantrag die Aufgabenstellung einer Personalvertretung und verpflichte die Dienststelle nicht zur Durchführung eines Mitbestimmungsverfahrens (BVerwG v. 29. 9. 2004, ZBR 2005, 250 = PersV 2005, 97 = ZfPR 2005, 3 mit ablehnender Anmerkung v. Ilbertz, der auf die Zielrichtung des Initiativrechts abstellt; so auch VG Frankfurt v. 16. 6. 2003, PersV 2003, 434, n. rkr. geworden; dem Bundesverwaltungsgericht zustimmend: Richardi u. a., § 70 Anm. 7). Diese Rechtsprechung vermag nicht zu überzeugen. Denn Sinn und Zweck dieses Mitbestimmungstatbestandes sind gerade darin zu sehen, dass die Beeinträchtigungen und Gefahren für den Schutz der Persönlichkeit der Beschäftigten am Arbeitsplatz, die von der Technisierung der Verhaltens- und Leistungskontrolle ausgehen, auf das erforderliche Maß eingeschränkt werden. Auch ist ein Initiativantrag der Personalvertretung, mit welchem durch Änderungen an einer **bestehenden** Anlage der Überwachungsdruck für die Beschäftigen gemindert werden soll, vom Wortlaut, Sinn und Zweck des Mitbestimmungstatbestandes gedeck (BVerwG v. 29. 9. 2004, aaO; vgl. auch § 75 Anm. 199a und 222). Nicht vom Wortlaut, wohl aber von Sinn und Zweck des Mitbestimmungsrechts des § 75 Abs. 3 Nr. 17 erfasst ist dagegen die Initiative der Personalvertretung zur Abschaffung einer bestehenden technischen Kontrolleinrichtung (aA für das BetrVG: BAG v. 28. 11. 1989, BAGE 63, 283 = BB 1990, 563 = DB 1990, 743). Generell kann die Personalvertretung immer nur ein Handeln des Dienststellenleiters, nicht aber ein Unterlassen fordern. Infolgedessen kann sie auch nicht verlangen, dass eine **konkrete mitbestimmungspflichtige Maßnahme,** nämlich z. B. die Versetzung eines Beschäftigten, **unterbleibt** (VGH Kassel v. 1. 9. 1982, PersV 1983, 281; vgl. auch Goeres, PersV 2008, 4,6). Im allgemeinen sind die Mitbestimmungsrechte auf den Schutz der Beschäftigten gerichtet, insbesondere dort, wo es um Beeinträchtigungen und Belastungen geht. Dies gilt in besonderem Maße für die Einführung und Anwendung technischer Einrichtungen, die zur Überwachung von Verhalten 5 oder Leistung der Beschäftigten geeignet sind. Schutzzweck des Mitbestimmungsrechts ist es, Eingriffe in den Persönlichkeitsbereich durch Verwendung anonymer technischer Kontrolleinrichtungen nur bei gleichberechtigter Mitbestimmung der Personalvertretung zuzulassen (vgl. im Einzelnen: § 75 Anm. 196 a). Infolgedessen kommt dem Mitbestimmungsrecht der Personalvertretung eine **Abwehrfunktion** zu.

6 b) Da die Mitbestimmung begrifflich beiden Teilen der Personalverfassung gleiche Rechte einräumt, steht der Personalvertretung ein Initiativrecht grundsätzlich in allen der **Mitbestimmung unterliegenden Angelegenheiten zu.** Die Personalvertretung kann über das Initiativrecht den Dienststellenleiter auch zum **Abschluss einer Dienstvereinbarung** auffordern, wenn Dienstvereinbarungen über den Antragsgegenstand gesetzlich ausdrücklich vorgesehen sind (BVerwG v. 20. 1. 1993 – 6 P 21.90, BVerwGE 91, 346 = Leits. ZBR 1993, 319 = PersV 1994, 219 = ZfPR 1994, 4; Fischer u. a., § 70 Anm. 9c; Lorenzen u. a., § 70 Anm. 20; Richardi u. a., § 70 Anm. 11). Der Abschluss einer Dienstvereinbarung hat den Zweck, die Beteiligung der Personalvertretung in einer Vielzahl von Einzelfällen mit gleichem sachlichen Gegenstand zu erübrigen. Die Einigung über eine Dienstvereinbarung stellt sich mithin als „vorweggenommene" Mitbestimmung dar (BVerwG v. 1. 11. 1983, ZBR 1984, 151 = PersV 1985, 473). Das Initiativrecht begründet zwar keinen Anspruch gegen den Dienststellenleiter auf Zustimmung zu einer Dienstvereinbarung (OVG Münster v. 24. 2. 1983, PersV 1985, 126; vgl. auch § 75 Anm. 79). Wohl aber hat die Personalvertretung einen Anspruch auf Sachverhandlungen; sie kann das gesetzlich vorgeschriebene Stufenverfahren einleiten (BVerwG v. 1. 11. 1983, aaO). Folgt die Einigungsstelle den Argumenten der Personalvertretung, dann hat der Leiter der Dienststelle die Regelung in der Form durchzuführen, wie sie die Einigungsstelle festgestellt hat, soweit Angelegenheiten betroffen sind, die dem vollen Initiativrecht nach Abs. 1 Satz 1 unterliegen (Fischer u. a., § 70 Anm. 9c). Die Einigungsstelle trifft somit eine materielle Entscheidung in der Sache selbst (vgl. Richardi u. a., § 70 Anm. 11). Andernfalls liefe das Initiativrecht der Personalvertretung immer dann leer, wenn es sich nicht auf eine Einzelmaßnahme, sondern auf ein Bündel von Maßnahmen beziehen würde (Lorenzen u. a., § 69 Anm. 44; aA VGH Kassel v. 22. 3. 1989, ZBR 1989, 317; Haas, PersV 1994, 9; vgl. auch § 73 Anm. 27). Der von Haas diskutierte Lösungsvorschlag, den Beschluss der Einigungsstelle über die nicht im Verhandlungsweg zwischen Dienststelle und Personalvertretung zustande gekommene Dienstvereinbarung als Einzelfallregelung mit einem Anhang als Verwaltungsanweisung zu erlassen bzw. zu verfügen, ist nicht überzeugend. Der Charakter einer Dienstvereinbarung ginge auf diese Weise verloren. Die Dienstvereinbarung ist eine „en bloc-Vereinbarung" vieler Einzelmaßnahmen. Der Vorschlag von Haas ist demgegenüber eine „Einmalaktion" in Form eines nur für einen einzigen Fall geltenden Erlasses bzw. einer geltenden Verfügung. Die Konsequenz wäre, dass bei einer nachfolgenden Einzelmaßnahme, der der gleiche sachliche Gegenstand zugrunde liegt, erneut ein Mitbestimmungsverfahren eingeleitet werden müßte. Allein unter verwaltungsökonomischen Gesichtspunkten wäre ein solches Verfahren wenig sinnvoll. Konsequenterweise kann die Lösung nur folgende sein: Die Dienstvereinbarung ist eine Bündelung von „vorweggenommenen" einzelnen Mitbestimmungstatbeständen (BVerwG v. 1. 11. 1983, aaO; OVG Münster v. 24. 2. 1983, aaO). Infolgedessen kann es bei den aus einem Beschluss einer Einigungsstelle zu ziehenden Folgerungen keinen Unterschied machen, ob sich dieser Beschluss auf eine einzelne Maßnahme oder auf die Zusammenfassung mehrerer gleichgelagerter Mitbestimmungstatbestände

in Form einer Dienstvereinbarung bezieht. Für die einzelne, der Mitbestimmung unterliegende Maßnahme schreibt das Gesetz ein Einigungsverfahren vor (§ 69 Abs. 3, 4). Dieses Verfahren ist auch dann anzuwenden, wenn mehrere einzelne Mitbestimmungsfälle in einer Dienstvereinbarung zusammengefasst werden und wenn für den Fall der Nichteinigung die Einigungsstelle eingeschaltet wird. Die für den Abschluss einer Dienstvereinbarung notwendige „übereinstimmende Willenserklärung" wird durch den **Beschluss der Einigungsstelle** ebenso **ersetzt** (BVerwG v. 17. 12. 2003, PersV 2004,223 = ZfPR 2004, 99; Lorenzen u. a., § 70 Anm. 6a; vgl. auch Richardi u. a., § 70 Anm. 11; aA Fischer u. a., § 70 Anm. 9 c, die nur eine verbindliche Feststellung des Dienststellenleiters annehmen, entsprechend der von der Einigungsstelle gebilligten Regelung zu verfahren) wie für den Fall, dass bei einer mitbestimmungspflichtigen Einzelmaßnahme eine Einigung, d. h. eine übereinstimmende Willenserklärung zwischen dem Dienststellenleiter und der Personalvertretung, nicht zu erreichen ist.

c) Das **Initiativrecht ist** selbstverständlich an den Grundsätzen der personalvertretungsrechtlichen Arbeit, insbesondere **an den Grundsätzen der vertrauensvollen Zusammenarbeit** (§ 2 Abs. 1), **auszurichten.** Es kann daher in Mitbestimmungsangelegenheiten weder willkürlich noch unsachlich ausgeübt werden und hat auch solche Bestimmungen zu beachten, die außerhalb des Personalvertretungsgesetzes liegen (z. B. Haushaltsrecht, öffentliches Dienstrecht, Laufbahnvorschriften). Eine Personalvertretung würde daher rechtswidrig handeln, wenn sie ihr Initiativrecht dazu nutzen würde, einer unmittelbar bevorstehenden Maßnahme des Dienststellenleiters zuvorzukommen (BVerwG v. 20. 1. 1993 – 16 P 21.90, BVerwGE 91, 346 = Leits. ZBR 1993, 319 = PersV 1994, 219 = ZfPR 1994, 4), sofern hierüber bereits erste Gespräche zwischen den Beteiligten stattgefunden haben (vgl. Anm. 3) bzw. erkennbare Vorbereitungsmaßnahmen bereits getroffen wurden. Infolgedessen kann die Personalvertretung auch nicht über ein Initiativrecht die stellenplanmäßigen Voraussetzungen für die Beförderung eines Beamten herbeiführen. Ferner kann die Personalvertretung über den Umweg des Initiativrechts nicht in einen auf mehrere Bewerber bezogenen Auswahlvorgang eingreifen. Dies ergibt sich aus einem Vergleich des Mitbestimmungsrechts bei von der Dienststelle ausgehenden Initiativen. Bei diesen Initiativen setzt nämlich das Mitbestimmungsrecht der Personalvertretung **erst dann ein, wenn der Willensbildungsprozess der Dienststelle abgeschlossen,** eine Auswahl des zu befördernden Beamten bereits getroffen worden ist oder die Ermittlungen über die Eignung mehrerer Bewerber abgeschlossen sind. Infolgedessen kann die Personalvertretung zwar die Zustimmung zur Beförderung eines Beamten mit der Begründung ablehnen, dass sie einen anderen Kandidaten für besser hält. Wenn sie diesen Kandidaten im Wege des Initiativrechts aber vorschlägt, dann findet das Einigungsverfahren nur über den Vorschlag der Dienststelle, nicht aber über den Vorschlag der Personalvertretung statt; denn dieser Vorschlag ist rechtlich nur als ein Teil der Begründung für die Ablehnung der Zustimmung anzusehen und lediglich den Anregungen nach § 68 Abs. 1 zuzurechnen (vgl. OVG Berlin v. 30. 4. 1981 – OVG PV Bln 4.80, n. v.). Da es bei dem Initiativrecht der Personalvertretung darum geht, bestimmte Angelegenheiten wegen bestehender Regelungsbedürftigkeit nicht ungeregelt zu lassen, wird ein sog. Initiativantrag, der nicht ein Tätigwerden eines untätigen Dienststellenleiters, sondern eine andere als die vom Dienststellenleiter beabsichtigte Maßnahme zum Ziel hat, von Sinn und Zweck der gesetzlichen Regelung nicht gedeckt (BVerwG v. 23. 11. 1983 – 6 P 12.81, n. v.; BVerwG v. 3. 5. 1984, Leits. ArbuR 1984, 380). Wohl aber kann eine Personalvertretung von ihrem Initiativrecht in- 7 soweit Gebrauch machen, als sie zum Beispiel im Zusammenhang mit der Vergabe von Leistungsstufen, Leistungsprämien und -zulagen (vgl. Verordnung über die Gewährung von Prämien und Zulagen für besondere Leistungen, ZfPR 1997, 139) mit konkreten Entwürfen Vorschläge für die Definition der zentralen Begriffe „dauerhaft herausragende Gesamtleistung" bzw. „herausragende besondere Einzelleistungen" macht. Die entsprechenden Verordnungen lassen ausdrücklich einen weiten Bewertungsspielraum insoweit zu. Nach der Begründung der Durchführungshinweise sollen eine flexible Handhabung und eine dezentrale Entscheidungskompetenz gefördert werden. Den Personalvertretungen steht es daher im Rahmen ihres Mitbestimmungsrechts frei, zur Objektivierung und als Grundlage für nachvollziehbare Entscheidungen selbst allgemeine Grundsätze für die Vergabe von Leistungszulagen jedenfalls so lange in Form von Kriterienkatalogen oder Beurteilungsrichtlinien zu entwickeln, wie der zuständige Dienststellenleiter die in seine Zuständigkeit fallende Angelegenheit gar nicht regelt oder jedenfalls zu lange ungeregelt lässt.

8 d) In den in **Abs. 1 aufgeführten Angelegenheiten** steht der Personalvertretung nach dem gesetzlichen Wortlaut zwar ein **umfassendes Initiativrecht** zu. Unter Beachtung der vom **BVerfG** (BVerfG v. 24. 5. 1995, BVerfGE 93, 37 = ZBR 1996, 15 = PersV 1995, 553 = ZfPR 1995,185) gezogenen **Schranken der Mitbestimmung** und der verfassungskonformen Auslegung der vollen Mitbestimmung (vgl. u. a. Einl. Anm. 53; vor § 66 Anm. 1 a; § 69 Anm. 1) sowie der Weiterentwicklung der Rechtsprechung des BVerwG (vgl. z. B. BVerwG v. 24. 4. 2002 – 6 P 3.01, BVerwGE 116, 216 = ZBR 2003,105 = PersV 2002, 546 = ZfPR 2002, 235) kann die Einigungsstelle aber in den Mitbestimmungsangelegenheiten des § 75 Abs. 3 Nr. 14 und 17 lediglich eine Empfehlung an die oberste Dienstbehörde aussprechen (vgl. Widmaier, PersV 2004, 23). Im einzelnen handelt es sich um folgende Angelegenheiten (§ 75 Abs. 3):

Nr. 1: Beginn und Ende der täglichen Arbeitszeit und der Pausen sowie die Verteilung der Arbeitszeit auf die einzelnen Wochentage;
Nr. 2: Zeit, Ort und Art der Auszahlung der Dienstbezüge und Arbeitsentgelte;
Nr. 3: Urlaubsplan;
Nr. 4: Lohngestaltung usw.;
Nr. 5: Errichtung, Verwaltung und Auflösung von Sozialeinrichtungen;
Nr. 6: Berufsausbildung bei Angestellten und Arbeitern;
Nr. 11: Verhütung von Dienst- und Arbeitsunfällen;
Nr. 12: Grundsätze über die Bewertung von anerkannten Vorschlägen;
Nr. 13: Sozialpläne;
Nr. 14: Verzicht auf Ausschreibung von Dienstposten;
Nr. 15: Ordnung in der Dienststelle;
Nr. 16: Gestaltung der Arbeitsplätze;
Nr. 17: Einführung technischer Überwachungseinrichtungen (vgl. aber Anm. 5).

Das Initiativrecht kann sich in diesen wie in den in Abs. 2 aufgeführten Angelegenheiten grundsätzlich auch auf die **Aufhebung von Maßnahmen** erstrecken; denn die Personalvertretung kann nicht darauf beschränkt sein, nur Verbesserungen durch konkrete Initiativen zu betreiben (Fischer u. a., § 70 Anm. 9f). Vielmehr muss sie auch die Möglichkeit haben, für die Aufhebung bzw. Beseitigung negativer Erscheinungen einzutreten (vgl. aber Anm. 5); denn das Initiativrecht reicht grundsätzlich soweit wie das Mitbestimmungsrecht (vgl. auch Struck in Anm. zu OVG Hamburg v. 15. 1. 1990 = PersR 1990, 145). Allerdings kann eine Personalvertretung nicht im Wege des Initiativantrags die Änderung bzw. Aufhebung einer Vereinbarung (z. B.

Sozialplan) fordern, wenn der zugrundeliegende Sachverhalt sich nicht entscheidend verändert hat. Ebensowenig nämlich wie eine Personalvertretung eine einmal erteilte Zustimmung widerrufen kann (OVG Münster v. 22. 10. 1984, ZBR 1985, 117), kann sie mit Hilfe eines Initiativantrags die Änderung einer endgültigen Regelung erreichen, es sei denn, dass der zugrundeliegende Sachverhalt sich entscheidend verändert hat. Im allgemeinen werden Sozialpläne über Dienstvereinbarungen abgewickelt, so dass die Personalvertretung nach Ablauf der vereinbarten Frist oder nach Kündigung in neue Verhandlungen mit der Dienststelle über einen weiteren Ausgleich zur Vermeidung wirtschaftlicher Nachteile eintreten kann (OVG Münster v. 17. 12. 1993, Leits. ZfPR 1994, 195). Ein Initiativrecht kann von der Personalvertretung aber nicht dafür in Anspruch genommen werden, dass ein Dienststellenleiter bestimmte mitbestimmungspflichtige Angelegenheiten unterlässt (VGH Mannheim v. 2. 7. 2002, PersV 2003, 99; Fischer u. a., § 70 Anm. 9 g; Lorenzen u. a., § 70 Anm. 7; Richardi u. a., § 70 Anm. 10; aA Altvater u. a., § 70 Anm. 10).

e) Bereits aus der vorgenannten Aufzählung ergibt sich, dass in organisato- 9
rischen Angelegenheiten möglicherweise der Dienststellenleiter zu Maßnahmen gezwungen werden kann, die Auswirkungen auf die Allgemeinheit haben und die die Voraussetzungen erfüllen, die den Gesetzgeber veranlasst haben, in den Fällen des § 76 und des § 85 Abs. 1 Nr. 7 nur ein eingeschränktes Mitbestimmungsrecht ohne ein Letztentscheidungsrecht der Einigungsstelle zuzulassen. Daher wären von der Personalvertretung beantragte **Maßnahmen, die ihrem Umfang und ihren Auswirkungen nach eine politische Qualität** hätten, rechtswidrig, wenn sie von der Einigungsstelle der Verwaltung gegen deren Willen aufgezwungen würden (BVerwG v. 27. 4. 1959, BVerfGE 9, 268 = ZBR 1959, 152). Die Einigungsstelle hat daher im Hinblick auf ihre Verpflichtung, das geltende Recht zu beachten (§ 71 Abs. 3 Satz 3), die Initiativen der Personalvertretung daraufhin sorgfältig zu überprüfen (Fischer u. a., § 75 Anm. 7 c; Lorenzen u. a., § 70 Anm. 36; vgl. Anm. 2). Insoweit unterliegt die Entscheidung der Einigungsstelle der gerichtlichen Nachprüfung (§ 83 Abs. 1 Nr. 3).

2. Für Anträge der Personalvertretung in den in Satz 1 genannten Angele- 10
genheiten ist **Schriftform** zwingend vorgeschrieben. Ein mündlicher Antrag setzt das Mitbestimmungsverfahren nicht in Gang. Eine Begründung ist im Übrigen zur Sicherstellung einer sorgfältigen Prüfung sinnvoll (vgl. auch Fischer u. a., § 70 Anm. 10d; Lorenzen u. a., § 70 Anm. 25).

3. Die **Entscheidung** darüber, ob die Personalvertretung einen Antrag nach 11
Abs. 1 stellen will, **trifft das Plenum.** Diese Entscheidung gehört nicht zum Kreis der laufenden Geschäfte des Vorstands. Wenn die beantragte Maßnahme nur die Angehörigen einer Gruppe betrifft, so beschließen nur die betreffenden Gruppenmitglieder (Fischer u. a., § 70 Anm. 10 c).

4. Die Personalvertretung kann selbstverständlich **nur solche Maßnahmen** 12
beantragen, **für die die Dienststelle zuständig ist** (BVerwG v. 19. 12. 1975, BVerwGE 50, 80 = ZBR 1976, 197 = PersV 1976, 457; VGH Mannheim v. 26. 4. 1994, PersV 1995, 138 = Leits. ZfPR 1995, 51; OVG Lüneburg v. 16. 2. 2000, PersV 2000, 412; Lorenzen u. a., § 70 Anm. 22). Wenn eine über den Zuständigkeitsbereich hinausgehende Angelegenheit beantragt wird, für die die nächsthöhere Dienststelle zuständig ist, so kann die Personalvertretung lediglich versuchen, die dort bestehende Stufenvertretung zur Übernahme ihrer Initiative einzuschalten. Dies gilt z. B. für den Fall, dass eine

Dienststelle an eine Fernsprechzentrale bei der nächsthöheren Dienststelle angeschlossen ist. Der Personalvertretung, die bei der nachgeordneten Dienststelle gebildet ist, steht kein Initiativrecht auf Änderung des bei der nächsthöheren Dienststelle bestehenden Fernsprechsystems zu (VGH Mannheim v. 26. 4. 1994, aaO).

13 5. a) Der **Dienststellenleiter ist nicht verpflichtet, innerhalb einer bestimmten Frist** auf den Antrag der Personalvertretung **zu reagieren.** Ein Schweigen auf eine Initiative der Personalvertretung gilt – im Gegensatz zu § 69 Abs. 2 – nicht als Zustimmung (Fischer u. a., § 70 Anm. 11a; Lorenzen u. a., § 70 Anm. 32). Wenn aber der Dienststellenleiter seine Entscheidung über eine unangemessen lange Zeit hinauszögert und untätig bleibt, so ist darin ein Verstoß gegen das Gebot zur vertrauensvollen Zusammenarbeit zu sehen. Allerdings hängt es von den konkreten Umständen des Einzelfalls ab, innerhalb welcher Zeit der Leiter der Dienststelle reagieren muss. Im Hinblick auf das zwischen Personalvertretung und Dienststellenleiter bestehende Partnerschaftsverhältnis wird man im allgemeinen vom Dienststellenleiter eine Reaktion innerhalb der Frist erwarten können, in der auch die Personalvertretung im umgekehrten Fall bei Initiativen des Dienststellenleiters Stellung nehmen muss, nämlich innerhalb von zehn Arbeitstagen (vgl. § 69 Abs. 2 Satz 3). Der Personalvertretung ist daher das Recht zuzubilligen, nach Ablauf einer im Hinblick auf die Dringlichkeit der Maßnahme unangemessen langen Zeit von der Ablehnung des Antrags durch den Dienststellenleiter auszugehen und das weitere Verfahren nach § 69 Abs. 3 und 4 einzuleiten. Andernfalls würde durch ein Untätigbleiben des Leiters der Dienststelle das Initiativrecht der Personalvertretung ausgehöhlt und die angestrebte Partnerschaft zwischen dem Repräsentanten der Dienststelle und der Interessenvertretung der Beschäftigten ad absurdum geführt (Fischer u. a., § 70 Anm. 12; Lorenzen u. a., § 70 Anm. 34). Der Dienststellenleiter ist seinerseits verpflichtet, die Personalvertretung dann schriftlich zu informieren, wenn er beabsichtigt, dem Initiativantrag nicht zu folgen (BVerwG v. 20. 1. 1993, BVerwGE 91, 346 = Leits. ZBR 1993, 319 = PersV 1994, 219 = ZfPR 1994, 4; Richardi u. a., § 70 Anm. 15). **Lehnt der zuständige Dienststellenleiter** die Initiative der Personalvertretung (schriftlich) **ab,** so können sowohl der Dienststellenleiter wie die Personalvertretung (auf dem Dienstweg) das **Mitbestimmungsverfahren nach § 69 Abs. 3 in Gang setzen,** indem sie die übergeordnete Dienststelle anrufen (Richardi u. a., § 70 Anm. 15, 16; Lorenzen u. a., § 70 Anm. 30; vgl. auch Anm. 2 b). Hierdurch geht die Wahrnehmung der personalvertretungsrechtlichen Befugnisse auf die Stufenvertretung über. Diese nimmt nunmehr gegenüber der Mittel- bzw. obersten Dienstbehörde das von der Personalvertretung der nachgeordneten Behörde in Anspruch genommene Initiativrecht auf, wobei sie allerdings keinen Anspruch gegenüber der Stufenvertretung darauf hat, dass sich diese ihrer Initiative anschließt (VGH Mannheim v. 4. 6. 1991, PersV 1992, 451; vgl. auch Anm. 2 b). Die Anrufungsfrist beträgt zehn Arbeitstage (wegen der fristgerechten Vorlage vgl. § 69 Anm. 9). Da die Personalvertretung den bestehenden Zustand durch ihre Initiative verändern will, wird sie es in der Regel sein, die im Falle der Ablehnung der beantragten Maßnahme die Angelegenheit durch eine entsprechende Vorlage weiterverfolgt. Dies aber kann sie nicht mehr, wenn sie die Frist verstreichen lässt.

14 b) **Eine Verdoppelung der** in Anm. 11 **genannten Frist** tritt dann ein, wenn die Initiative von einer Stufenvertretung ausgegangen ist, weil der Leiter der nachgeordneten Dienststelle keine Entscheidungskompetenz besitzt.

Gleiches gilt im Falle der Zuständigkeit des Gesamtpersonalrats (vgl. § 82 Abs. 2 Satz 2 und Abs. 3). Hält die übergeordnete Dienststelle die Initiative der Personalvertretung für sachgerecht, so kann sie die nachgeordnete Dienststelle zur Durchführung der Maßnahmen anweisen. Ist das nicht der Fall, so muss sie ein Einigungsverfahren mit der bei ihr bestehenden Stufenvertretung betreiben. Innerhalb dieses Verfahrens kann sich möglicherweise ergeben, dass die Stufenvertretung ihrerseits die Initiative der Personalvertretung für nicht sachgerecht hält. In diesem Fall kann die von der Personalvertretung angestrebte Maßnahme nicht durchgeführt werden. Falls aber die Stufenvertretung die angestrebte Maßnahme für sinnvoll hält, eine Einigung mit der zuständigen Dienststelle aber nicht zu erzielen ist, so kann sie die oberste Dienstbehörde anrufen. Zwischen dieser und dem dort bestehenden Hauptpersonalrat ist dann das gleiche Verfahren durchzuführen.

6. **Mangels Einigung** zwischen dem Leiter der obersten Dienstbehörde und der zuständigen Personalvertretung besteht in den Fällen des Abs. 1 eine **Zuständigkeit der Einigungsstelle** (§ 69 Abs. 4), die eine Entscheidung über die Berechtigung der von der Personalvertretung beantragten Maßnahme zu treffen hat. Angesichts der Rechtsprechung der vergangenen Jahre (BVerfG v. 24. 5. 1995; BVerfGE 93, 37 = ZBR 1996, 15 = PersV 1995, 553 = ZfPR 1995, 185; BVerwG v. 19. 5. 2003, ZBR 2003, 423 = PersV 2003, 339 = ZfPR 2003, 267; BVerwG v. 1. 9. 2004, ZBR 2005, 49 = PersV 2005, 59 = ZfPR 2004, 293 m.Anm. v. Ilbertz; vgl. auch Vogelgesang, PersV 2005, 326, 336) sind die verfassungsrechtlichen Schranken, die einer Einigungsstelle gesetzt sind, besonders zu beachten. Insoweit kommt der Einigungsstelle nur das Recht einer Empfehlung an die oberste Dienstbehörde (Fischer u. a., § 70 Anm. 13; Lorenzen u. a., § 70 Anm. 36; Büge, PersR 2003,171; Vogelgesang, ZTR 2003, 360) zu, es sei denn, dass die Auswirkungen der beantragten Maßnahme auf den innerdienstlichen Bereich beschränkt bleiben und nicht in den der öffentlichen Verwaltung obliegenden Bereich hineinreichen, der den parlamentarisch verantwortlichen Gremien vorbehalten ist (Fischer u. a., aaO; vgl. auch Anm. 2). 15

III. Eingeschränktes Initiativrecht

1. Das Initiativrecht der Personalvertretung nach Abs. 2 entspricht schon wegen seiner technischen Ausgestaltung eher dem Mitwirkungsrecht nach § 72 als dem Mitbestimmungsrecht nach § 69. Die in Abs. 2 **erwähnten Fälle** sind: 16

a) Mitbestimmung in Personalangelegenheiten der Arbeitnehmer (§ 75 Abs. 1);

b) Mitbestimmung in sozialen Angelegenheiten aller Gruppen (§ 75 Abs. 2, nach Abs. 3 Nr. 7 bis 10 nur bei Arbeitnehmern);

c) Mitbestimmung in personellen Angelegenheiten der Beamten (§ 76 Abs. 1) sowie in sozialen/organisatorischen Angelegenheiten (§ 76 Abs. 2).

In jedem Fall beschränkt sich das Initiativrecht auf die der Dienststelle angehörenden Beschäftigten. Dies ergibt sich schon daraus, dass die Personalvertretung nur diejenigen zu vertreten hat, die sie gewählt haben (BVerwG v. 17. 8. 1989, ZBR 1990, 50 = PersV 1990, 226). Im Übrigen muss die Maßnahme in die Entscheidungskompetenz des Dienststellenleiters fallen, der sie treffen soll (VGH Kassel v. 14. 11. 1990, PersV 1993, 560).

2a). Das Initiativrecht der Personalvertretung ist nicht auf kollektive Maßnahmen beschränkt, sondern greift auch dann Platz, wenn individuelle, **personelle Angelegenheiten** zur Diskussion stehen (nunmehr auch BVerwG v. 17

24. 10. 2001, BVerwGE 115, 205 = ZBR 2003, 50 = PersV 2002, 260 = ZfPR 2002, 101; Fischer u. a., § 70 Anm. 16; Richardi u. a., § 70 Anm. 25; Goeres, PersV 2007, 4; Neubert, PersR 2003, 51; Wahlers, PersV 2002, 347; Vogelgesang, PersV 2005, 326; Widmaier, PersV 2004, 23; s. hierzu ausführlich unter Anm. 21).

18 b) Das **Initiativrecht** der Personalvertretung in Personalangelegenheiten ist **nicht durch** einen dem § 77 Abs. 2 vergleichbaren **Katalog begrenzt** (Altvater u. a., § 70 Anm. 9; Fischer u. a., § 70 Anm. 16b; Lorenzen u. a., § 70 Anm. 15; Goeres, PersV 2007, 4, 11; aA Richardi u. a., § 70 Anm. 28). Das Letztentscheidungsrecht der obersten Dienstbehörde bleibt unangetastet, eine Übertragung der Entscheidungskompetenz auf eine neutrale Stelle erfolgt also nicht (aA Richardi u. a., § 70 Anm. 22). Die Personalvertretung kann aber Einwendungen im Rahmen des Mitbestimmungsverfahrens „auf Gründe aller Art stützen kann“ (BVerwG v. 12. 1. 1962, BVerwGE 13, 291 = ZBR 1962, 156 = PersV 1962, 160). Infolgedessen muss ihr auch im umgekehrten Fall bei einer von ihr ausgehenden Initiative die Möglichkeit eingeräumt werden, die von ihr beantragte Maßnahme „auf Gründe aller Art“ zu stützen (Fischer u. a., aaO; Goeres, PersV 2007, 4, 11). Es kann nämlich keinesfalls unterstellt werden, dass Personalvertretungen unsachliche Anträge in der Absicht stellen, die Funktionsfähigkeit der öffentlichen Verwaltung zu beeinträchtigen.

19 3. Von der Mitbestimmung nach § 69 **unterscheidet sich das Initiativrecht nach Abs. 2** dadurch, dass
a) keine Zuständigkeit der Einigungsstelle besteht,
b) die letztlich entscheidungszuständige übergeordnete Dienststelle zwar nach Erörterung mit der bei ihr errichteten Stufenvertretung, aber „endgültig“, d. h. gegebenenfalls abweichend von der Meinung der Stufenvertretung, entscheidet,
c) mithin in diesen Fällen die entscheidungszuständige oberste Dienststelle entgegen § 69 Abs. 1 nicht an die Zustimmung der Personalvertretung gebunden ist.

20 4. a) Auch in den Fällen des Abs. 2 ist für eine Vorlage an die übergeordnete Dienststelle **Schriftform** zwingend vorgeschrieben (vgl. Anm. 8). Kommt es nicht zu einer Einigung zwischen der Personalvertretung und dem Leiter der Dienststelle, so kann das Mitbestimmungsverfahren durchgeführt werden. Eine Entscheidung kann auch durch die Behörde der Mittelstufe für den Fall getroffen werden, dass der Bezirkspersonalrat trotz Meinungsverschiedenheiten über den Initiativantrag nicht innerhalb angemessener Zeit die oberste Dienstbehörde anruft.

21 b) Wenn es zwischen oberster Dienstbehörde und zuständiger Stufenvertretung nicht zu einer Einigung kommt, so ist über den **Initiativantrag innerhalb angemessener Frist** zu entscheiden. Als angemessen kann die Frist angesehen werden, in der die Einigungsstelle entscheiden soll (vgl. § 69 Abs. 4 Satz 1: zwei Monate nach Anrufung; Fischer u. a., § 70 Anm. 27a). Eine sofortige, unveränderte Wiederholung desselben Antrags durch die Personalvertretung unmittelbar nach einer Ablehnung wäre eine Verletzung des Gebots zur vertrauensvollen Zusammenarbeit (Lorenzen u. a., § 70 Anm. 48).

22 5. Wenn der Dienststellenleiter einer Initiative der Personalvertretung zugestimmt hat, so obliegt ihm eine Vollzugspflicht, weil er mit seiner Zustimmung die Bereitschaft zum Ausdruck gebracht hat, der Initiative der Personalvertretung folgen zu wollen (vgl. Anm. 2 b). Er hat damit eine **Selbstbindung** vorgenommen, von der er ausnahmsweise nur dann befreit

werden kann, wenn sich inzwischen grundsätzlich andere Voraussetzungen für die Durchführung der Maßnahme ergeben haben (z. B. veränderte Haushaltssituation; vgl. hierzu: OVG Hamburg v. 5. 4. 1982, PersV 1984, 245).

6. Schließlich ist darauf hinzuweisen, dass eine Personalvertretung nach Abs. 2 auch solche Maßnahmen initiieren kann, die der **Vereinbarkeit von Familie und Beruf** dienen (z. B. Einführung flexibler Arbeitszeitmodelle, Möglichkeiten zur Kinderbetreuung durch Einrichtung von Kindertagesstätten, Verbesserung der Möglichkeiten zur Teilzeitarbeit auch in Leitungsfunktionen, Erleichterung für den Wiedereinstieg in den Beruf nach einer Beurlaubung aus familiären Gründen (Kunze, ZfPR 1997, 133, 136; vgl. auch § 68 Anm. 29 a). 23

IV. Streitigkeiten

Streitigkeiten entscheiden die Verwaltungsgerichte nach § 83 Abs. 1 Nr. 3. 24
Dies gilt z. B. dann, wenn ein Dienststellenleiter einen Initiativantrag der Personalvertretung unter Hinweis darauf ablehnt, dass es sich um keine der Mitbestimmung unterliegende Angelegenheit handele. Zuvor ist kein Stufenverfahren und kein Verfahren vor der Einigungsstelle durchzuführen (VGH Kassel v. 9. 11. 1988, Leits. ZfPR 1989, 78; VGH München v. 5. 4. 1995, PersR 1995, 346; vgl. auch Anm. 2 a). Die Einigungsstelle darf einer Dienststelle nicht das Unterlassen bestimmter Maßnahmen aufgeben, wohl aber die Durchführung einer Maßnahme auf Grund des Initiativantrags (VGH Mannheim v. 2. 7. 2002, PersV 2003, 99 = Leits. ZfPR 2003, 141; Lorenzen u. a., § 70 Anm. 7; Goeres, PersV 2008, 4,7). Im Übrigen ist festzuhalten, dass sich Beschlüsse der Einigungsstelle im Rahmen der haushaltsrechtlichen Vorgaben einer Dienststelle zu halten haben (§ 71 Abs. 3 Satz 4). Sie unterliegen daher einer Überprüfung durch die Verwaltungsgerichte, die einen Beschluss einer Einigungsstelle, der gegen das Haushaltsrecht verstößt, aufzuheben haben (VGH Kassel v. 18. 3. 1993, Leits. ZfPR 1994, 133 = PersR 1994, 123; Fischer u. a., § 71 Anm. 26; Goeres, PersV 2008, 4, 8).

Schrifttum: Battis, Personalvertretung und Verfassung – kein Ende der Debatte, PersV 2005, 286; Büge, Personalvertretung und demokratisches Prinzip – ein Wunsch nach Ende der Debatte, PersR 2003, 171; Goeres, Zum Umfang der Initiativrechte nach § 70 BPersVG und zur teleologischen Symmetrie als Voraussetzung für ihre Ausübung, PersV 2007, 4; Haas, Die Befugnis der Einigungsstelle beim Abschluss von Dienstvereinbarungen, PersV 1994, 9; Heinz, Initiativrecht und Regierungsverantwortung, RiA 1987, 9; Ilbertz, Das Initiativrecht der Personalvertretung, ZBR 1977, 59; ders., Effektive Mitbestimmung, PersV 1982, 184; Kunze, Handlungsmöglichkeiten der Personalräte im Zusammenhang mit der Vereinbarkeit von Familie und Beruf, ZfPR 1997, 133; Lecheler, Personalvertretung und Verfassung, NJW 1986, 1079; Neubert, Das Initiativrecht des Personalrats bei personellen Einzelmaßnahmen, PersR 2003, 51; Vogelgesang, Tendenzen in der neuesten Rechtsprechung des Bundesverwaltungsgerichts zum Personalvertretungsrecht, ZTR 2003, 366; ders., Der Wandel in der Rechtsprechung des Bundesverwaltungsgerichts -ein Spiegelbild der Entwicklung des Personalvertretungsrechts, PersV 2005, 326; Wahlers, Initiativrecht des Personalrats nach § 66 Abs. 4 Satz 1 LPVG NW 1994 auch in „Einzelpersonalien" – ein Paradigmawechsel, PersV 2002, 347; ders., „Ideologische Gründe" als Grenze für das personalvertretungsrechtliche Initiativrecht?, PersV 2005, 339; Widmaier, Das personalvertretungsrechtliche Initiativrecht (§ 70 BPersVG) im Wandel der verfassungs- und verwaltungsgerichtlichen Rechtsprechung, PersV 2004, 23; Wolber, Vollzugspflicht der Dienststelle in Mitbestimmungsangelegenheiten?, RiA 1984, 228.

§ 71 [Einigungsstelle]

(1) Die Einigungsstelle wird bei der obersten Dienstbehörde gebildet. Sie besteht aus je drei Beisitzern, die von der obersten Dienstbehörde und der bei ihr bestehenden zuständigen Personalvertretung bestellt werden, und einem unparteiischen Vorsitzenden, auf dessen Person sich beide Seiten einigen. Unter den Beisitzern, die von der Personalvertretung bestellt werden, muss sich je ein Beamter und ein Arbeitnehmer befinden, es sei denn, die Angelegenheit betrifft lediglich die Beamten oder die im Arbeitsverhältnis stehenden Beschäftigten. Kommt eine Einigung über die Person des Vorsitzenden nicht zustande, so bestellt ihn der Präsident des Bundesverwaltungsgerichts.

(2) Die Verhandlung ist nicht öffentlich. Der obersten Dienstbehörde und der zuständigen Personalvertretung ist Gelegenheit zur mündlichen Äußerung zu geben. Im Einvernehmen mit den Beteiligten kann die Äußerung schriftlich erfolgen.

(3) Die Einigungsstelle entscheidet durch Beschluss. Sie kann den Anträgen der Beteiligten auch teilweise entsprechen. Der Beschluss wird mit Stimmenmehrheit gefasst. Er muss sich im Rahmen der geltenden Rechtsvorschriften, insbesondere des Haushaltsgesetzes, halten.

(4) Der Beschluss ist den Beteiligten zuzustellen. Er bindet, abgesehen von den Fällen des § 69 Abs. 4 Sätze 3, 5 die Beteiligten, soweit er eine Entscheidung im Sinne des Absatzes 3 enthält.

Inhaltsübersicht

Entpr. landesgesetzliche Regelungen:
Baden-Württemberg: § 71; Bayern: Art. 71; Berlin: § 81 ff; Brandenburg: §§ 71, 72, 73; Bremen: § 60 Abs. 3, § 61; Hamburg: § 81; Hessen: § 71; Mecklenburg-Vorpommern: §§ 63, 64; Niedersachsen: §§ 71, 72, 73; Nordrhein-Westfalen: § 67; Rheinland-Pfalz: § 75; Saarland: § 75; Sachsen: § 85; Sachsen-Anhalt: §§ 63, 64; Schleswig-Holstein: §§ 53, 54, 55; Thüringen: § 71.

Entspr. Vorschrift des BetrVG: § 76.

I. Vorbemerkung

Die Vorschrift schafft eine **Einrichtung zur Beilegung von Meinungsverschiedenheiten** in den der Mitbestimmung der Personalvertretung unterliegenden Fällen. Errichtung, Organisation und Verfahren der Einigungsstelle werden im Einzelnen in dieser Vorschrift geregelt. Abs. 1 Satz 3 entspricht der durch den TVöD geschaffenen – anstelle der bisherigen Aufteilung in Angestellte und Arbeiter – einheitlichen Statusgruppe der Arbeitnehmer (s. G v. 14. 9. 2005, BGBl. I S. 2746; vgl. § 4 Anm. 1 ff.). 1

II. Verfahren vor der Einigungsstelle

1. Die **Einigungsstelle ist** eine **Schiedsstelle für Meinungsverschiedenheiten** 2
zwischen der obersten Dienstbehörde und der zuständigen Personalvertretung in Angelegenheiten der Mitbestimmung. Sie ist vom Parlament (Legislative) und der Regierung (Exekutive) unabhängig. Sie nimmt Aufgaben der Personalverfassung wahr, die zum Bereich der Exekutive gehören (BVerfG v. 27. 4. 1959, BVerfGE 9, 268 = ZBR 1959, 152 = PersV 1958/59, 234, 245 m. Anm. v. Fritzsche; zur Problematik der Letztentscheidung: Widmaier, Göttingen 1975). Verfassungs- bzw. Staatsgerichtshöfe haben sich wiederholt mit der Entscheidungskompetenz der Einigungsstelle befasst (vgl. auch Einleitung). Aus den in der Verfassung festgelegten Grundsätzen der **Volkssouveränität,** der **parlamentarischen Verantwortlichkeit** und des **Selbstverwaltungsrechts der Gemeinden** folgt, dass die verfassungsmäßig berufenen obersten Exekutivorgane des Landes, der Gemeinden und sonstigen juristischen Personen des öffentlichen Rechts das Recht und die Möglichkeit haben müssen, die Angelegenheiten, die für die Organisation und die Leitung und Steuerung der betreffenden juristischen Personen des öffentlichen Rechts wesentlich sind, selbstständig und gegenüber der zuständigen, aus Wahlen hervorgegangenen Vertretungskörperschaft verantwortlich zu entscheiden (HessStGH v. 30. 4. 1986, PersV 1986, 227 ff.; vgl. auch Widmaier, in: Widmaier-Leuze-Wörz, § 1 Anm. 14 bis 23). Insoweit ist eine **gleichberechtigte Mitbestimmung der Personalvertretungen des öffentlichen Dienstes verfassungsrechtlich nicht zulässig.** Beschäftigtenvertretungen können demokratische Legitimationen nicht vermitteln, da sie weder Volk noch eine vom Volk legitimierte Vertretung sind. Das Sozialstaats-Prinzip ist nicht geeignet, die Unterbrechung demokratischer Legitimations- und Verantwortungsstränge zu rechtfertigen (VerfGH Nordrhein-Westfalen v. 15. 9. 1986, DVBl. 1986, 1196 m. Anm. v. Püttner). Bereits der HessStGH (aaO) hatte entschieden, dass in Personalangelegenheiten von „Angestellten in gehobener Stellung im hoheitlichen Bereich“ oder von solchen Angestellten, die eine außertarifliche Vergütung erhalten, ebenso wie in organisatorischen und wirtschaftlichen Angelegenheiten, ein uneingeschränktes Mitbestimmungsrecht der Personalvertretung mit der Folge der Möglichkeit der bindenden Entscheidung einer unabhängigen Einigungsstelle mit der Hessischen Verfassung nicht vereinbar ist. Da die vom HessStGH genannten verfassungsrechtlichen Grundsätze der Volkssouveränität, der parlamentarischen Verantwortlich-

keit und des Selbstverwaltungsrechts der Gemeinden auch im Grundgesetz und in den anderen Landesverfassungen verankert sind, ist im Anschluss an das Urteil des HessStGH für den Bereich des BPersVG zweifelhaft geworden, ob der Letztentscheid der Einigungsstelle in Personalangelegenheiten der hoheitlich tätigen Angestellten in gehobener Stellung verfassungsrechtlich zulässig ist. Der HessStGH ist mit der Ausgliederung dieser Angestellten aus der uneingeschränkten Mitbestimmung über das „Bremen"-Urteil des Bundesverfassungsgerichts vom 27. 4. 1959 (BVerfGE 9, 268, ZBR 1959, 152 = PersV 1958/59, 234) hinausgegangen. Das Bundesverfassungsgericht hatte entschieden, dass das Letztentscheidungsrecht der Einigungsstelle in den personellen Angelegenheiten der Beamten mit dem Grundgesetz unvereinbar ist. Dagegen hatte es keine Bedenken, der Einigungsstelle die letzte Entscheidung in den personellen Angelegenheiten der Arbeiter und Angestellten zuzugestehen. Mit dieser nicht ohne weiteres überzeugenden Differenzierung hatte sich schon Widmaier kritisch auseinandergesetzt (Diss., aaO S. 84 ff.). Andererseits fällt in der Begründung des Hessischen Staatsgerichtshofes gerade in bezug auf das Urteil des Bundesverfassungsgerichts vom 27. 4. 1959, aaO zur Letztentscheidung in Personalangelegenheiten der Beamten auf, dass an dieser Stelle teilweise weniger aus rechtlicher Sicht als aus der tatsächlichen Situation heraus argumentiert wird, wenn der Staatsgerichtshof etwa ausführt: „... Gleiches muss – insoweit zum Unterschied von der in der vorgenannten Entscheidung zum Ausdruck gekommenen Auffassung – jedenfalls für einen Teil der Angestellten gelten, weil auch die Voraussetzungen, von denen das Bundesverfassungsgericht in jener Entscheidung ausgegangen ist, sich zumindest heute anders darstellen ...". Gemeint ist damit, dass sich im öffentlichen Dienst eine erhebliche Zahl von Arbeitnehmern, und zwar abweichend von der Richtschnur des Art. 33 Abs. 4 GG, auch im hoheitlichen Bereich findet, ein Zustand, der nach der Rechtsprechung des Bundesverfassungsgerichts nicht bestehen darf. Auch ist zu bemerken, dass der HessStGH die Personengruppe der „hoheitlich tätigen Angestellten in gehobener Stellung" sehr weit fasste, indem er Angestellte bis zur Vergütungsgruppe V b BAT einbezog. Ob dies sachlich gerechtfertigt war, gibt im Hinblick auf die Tätigkeitsmerkmale dieser Vergütungsgruppe ebenso zu denken wie die verallgemeinernde Betrachtungsweise des HessStGH, die nicht auf die konkrete Verwendung abstellte, sondern davon ausgung, dass der Kreis von Angestellten, für den eine der Mitbestimmung in Beamtenpersonalangelegenheiten entsprechende Beschränkung der Mitbestimmung gelten müsse, diejenigen Angestellten umfasse, die nach ihrer Vergütung den Beamten des gehobenen und höheren Dienstes vergleichbar.

2a a) In seinem Beschluss v. 24. 5. 1995 (BVerfGE 93, 37 = ZBR 1996,15 = PersV 1995, 553 = ZfPR 1995,185) zum schleswig-holsteinischen Mitbestimmungsgesetz, der ebenfalls über das „Bremen"-Urteil des BVerfG hinausgeht, hat das BVerfG die Frage der Vereinbarkeit des Letztentscheidungsrechts der Einigungsstelle mit dem Demokratie- und Rechtsstaatsprinzip und der parlamentarischen Verantwortlichkeit der Regierung einer erneuten, nunmehr strengeren verfassungsrechtlichen Bewertung unterzogen und in der Weise geklärt, dass es sämtliche **Personalangelegenheiten** und die **organisatorischen** Angelegenheiten der uneingeschränkten Mitbestimmung entzogen wissen will. In diesen Bereichen soll die Entscheidungsfindung der Dienststellen ohne eine Bindung an Einigungsstellenentscheidungen ablaufen können (hierzu von Roetteken, PersR 2004, 287). Das bedeutet, dass z. B. in den Angelegenheiten des § 75 Abs. 1, Abs. 3 Nr. 10, § 76 Abs. 1, Abs. 2 Nrn. 4, 5, 7 und 9 lediglich eine eingeschränkte Mitbestimmung verbleibt und die Entscheidung der Einigungsstelle nur den

Charakter einer Empfehlung an die zuständige Dienststelle haben darf (zur Umsetzung d. Beschlusses des BVerfG v. 24.5.1995: siehe BVerwG v. 24.4.2002, BVerwGE 116, 216 = ZBR 2003,105 = PersV 2002, 546 = ZfPR 2002, 235; BVerwG v. 24.4.2002, ZBR 2002,361 = PersV 2002, 542 = ZfPR 2002, 294; BVerwG v. 19.5.2003, ZBR 2003, 423 = PersV 2003, 339 = ZfPR 2003, 267 vgl. im Übrigen: Einleitung Anm. 53, 53a, ferner vor § 66 Anm. 1 a, 9, § 69 Anm. 1 und § 104 Anm. 1)

2. Die immer noch nicht einheitlich beantwortete Frage, ob die Einigungsstelle eine **Dauereinrichtung** ist **oder** ob sie **von Fall zu Fall zu bilden** ist (Fischer u. a., § 71 Anm. 11; Lorenzen u. a., § 71 Anm. 14; Richardi u. a., § 71 Anm. 11), hat für die Praxis keine große Bedeutung (vgl. auch Fischer u. a., § 71 Anm. 7). Die Einigungsstelle kann sowohl als Dauereinrichtung als auch von Fall zu Fall gebildet werden (Fischer u. a., § 71 Anm. 7; ebenso Lorenzen u. a., aaO). Der Gesetzestext lässt beide Möglichkeiten zu. Anders wäre es, wenn der Gesetzgeber die Worte „von Fall zu Fall" ausdrücklich gebrauchen würde, wie etwa in Art. 71 LPersVG Bayern oder § 71 LPersVG Baden-Württemberg. Für eine Dauereinrichtung spricht die Überlegung, dass bei Einrichtung von Fall zu Fall möglicherweise unnötige Verzögerungen dadurch eintreten, dass Streitigkeiten über die personelle Zusammensetzung der Einigungsstelle entstehen. Mit Ablauf der Amtszeit der Personalvertretung endet das Mandat der Einigungsstelle; denn der nachfolgenden Personalvertretung kann das Recht zur Einflussnahme auf die Zusammensetzung der Einigungsstelle nicht genommen werden (Fischer u. a., § 71 Anm. 7 a; Lorenzen u. a., aaO). Allerdings wird man der Einigungsstelle das Recht einräumen müssen, auch über die Amtszeit einer Personalvertretung hinaus in Gang gebrachte Fälle abzuschließen, ohne dass die von der im Amt vorangegangenen Personalvertretung berufenen Mitglieder einer Bestätigung durch die neue Personalvertretung bedürfen (Lorenzen u. a., § 71 Anm. 30). Infolgedessen ist die Bestellung von Ersatzmitgliedern zweckmäßig. Dies gilt auch für die Person des Vorsitzenden (Fischer u. a., aaO; Lorenzen u. a., § 71 Anm. 27; Richardi u. a., § 71 Anm. 26). 3

3. Die Einigungsstelle kann nur angerufen werden, wenn Einigkeit darüber besteht, dass es sich um einen **Fall von Mitbestimmung** handelt, bei dem es aber zum Streit über die Gründe gekommen ist, mit denen die Personalvertretung die Zustimmung zu einer vom Dienststellenleiter beabsichtigten Maßnahme verweigert (OVG Lüneburg v. 14.5.1974, ZBR 1975, 64) oder bei dem es im Falle einer Initiative der Personalvertretung um die Gründe geht, die der Dienststellenleiter zur Abwehr anführt (§ 70 Abs. 1). Besteht aber Streit darüber, ob eine bestimmte Angelegenheit überhaupt dem Mitbestimmungsrecht der Personalvertretung unterliegt, so ist das zuständige Verwaltungsgericht anzurufen (BVerwG v. 2.2.1990, PersR 1990, 114). Im Verfahren vor der Einigungsstelle kann daher auch nicht über die Zuständigkeit der Personalvertretung, sondern nur über eine **Meinungsverschiedenheit zwischen der obersten Dienstbehörde und der zuständigen Personalvertretung** über die Durchführung einer beabsichtigten Maßnahme entschieden werden (BVerwG v. 14.6.1968, BVerwGE 30, 39 = ZBR 1968, 285 = PersV 1968, 264). 4

4. Vor einem Beschluss der Einigungsstelle kann der **Leiter der Dienststelle nicht einseitig darüber entscheiden, ob die Personalvertretung zu Recht die beantragte Zustimmung verweigert hat** (vgl. aber § 77 Anm. 14 ff.). In diesem Verfahrensstadium ist es ihm daher untersagt, eine endgültige Entscheidung zu treffen (VG Berlin v. 3.11.1975, PersV 1977, 151). 5

6 5. Eine **Einigungsstelle** wird **bei jeder obersten Dienstbehörde** eingerichtet. Wenn bei einer obersten Dienstbehörde mehrere Hauptpersonalräte bestehen, werden auch mehrere Einigungsstellen errichtet (z. B. beim Bundesminister des Innern: für die Bundespolizei und für den Bereich der obersten [BMI] sowie der oberen Dienstbehörden). Da der Hauptpersonalrat und der sog. Hauspersonalrat bei obersten Dienstbehörden (vgl. § 82 Anm. 9) nicht darauf beschränkt sind, eigene Mitglieder in die Einigungsstelle zu entsenden (Richardi u. a., § 71 Anm. 9; aA Fischer u. a., § 71 Anm. 9), können die vom Hauptpersonalrat und vom „Hauspersonalrat" in die Einigungsstelle entsandten Mitglieder identisch sein (vgl. Anm. 8). Bei Körperschaften, Anstalten und Stiftungen wird die Einigungsstelle bei dem nach der Verfassung der Institution für die Geschäftführung vorgesehenen obersten Organ gebildet; für den Bereich der Sozialversicherung und für die Bundesagentur für Arbeit (§ 88 Nr. 3)und für die Deutsche Bundesbank (§ 89 Nr. 2) wird die jeweilige oberste Dienstbehörde ausdrücklich bestimmt.

7 6. Die **Beisitzer der Einigungsstelle** werden je zur Hälfte von der obersten Dienstbehörde und der „zuständigen" Personalvertretung (Hauptpersonalrat, in den der Zuständigkeit des „Hauspersonalrats" bei der obsten Dienstbehörde unterliegenden Fällen von diesem) bestellt (Fischer u. a., § 71 Anm. 9). Die oberste Dienstbehörde wählt die von ihr zu stellenden Beisitzer nach Verwaltungsgrundsätzen aus. Die zuständige Personalvertretung bestimmt ihre Vertreter durch förmlichen Beschluss unter Beachtung des erforderlichen Kostenaufwands und der konkreten Verhältnisse in der Dienststelle (OVG Berlin v. 26. 2. 1993, Leits. PersR 1994, 44). Die Auswahl der Beisitzer der Einigungsstelle ist ein Akt der Geschäftsführung der Personalvertretung. Sie kann daher gerichtlich angegriffen werden (VGH Kassel v. 14. 10. 1978 – BPV TK 13/76, n. v.). Während das Gesetz über die Berufung und Entsendung von Frauen und Männern in Gremien im Einflussbereich des Bundes (Gesetz über die Berufung und Entsendung von Frauen und Männer in Gremien im Einflussbereich des Bundes, Bundesgremienbesetzungsgesetz – BGremBG v. 24. 6. 1994, BGBl. I S. 1406, 1413) für die Personalvertretung, da sie gewählt wird, nicht gilt, ist die Dienststelle verpflichtet, auf die Schaffung bzw. Erhaltung einer gleichberechtigten Teilhabe von Frauen und Männern in der Einigungsstelle zu achten. Unter dem Vorbehalt gleicher fachlicher Eignung und Qualifikation sind daher für jeden Sitz eine Frau und ein Mann zu benennen (§ 4 BGremBG; vgl. auch Lorenzen u. a., § 71 Anm. 25; Richardi u. a., § 71 Anm. 14; aA Fischer u. a., § 71 Anm. 9 a).

8 a) Das BPersVG schreibt nicht vor, dass die **von der Personalvertretung zu entsendenden Beisitzer** der betreffenden Verwaltung angehören müssen. Gleiches gilt für die Berufung von Beisitzern durch die Dienststelle (Fischer u. a., § 71 Anm. 9; Lorenzen u. a., § 71 Anm. 24). In aller Regel wird allerdings der Hauptpersonalrat darauf Wert legen, solche Beisitzer in die Einigungsstelle zu entsenden, die an der Meinungsbildung teilgenommen haben und daher besonders sachverständig sind. In jedem Fall sollte aber darauf Bedacht genommen werden, die Beisitzer aus der jeweils betroffenen Gruppe zu bestellen (so im Ergebnis auch: Fischer u. a., aaO). Sofern im öffentlichen Dienst tätige Beschäftigte von einer Personalvertretung in die Einigungsstelle berufen werden, bedürfen sie der vorherigen Genehmigung der entsprechenden Tätigkeit. Sofern allerdings die Tätigkeit unentgeltlich ausgeübt wird, bedarf sie keiner Genehmigung (§ 66 Abs. 1 Nr. 1 BBG; Fischer u. a., § 71 Anm. 16 a; Lorenzen u. a., § 71 Anm. 41).

b) Wenn eine Personalvertretung einen **dienststellenfremden Beisitzer** als Mitglied der Einigungsstelle beruft, dann ergibt sich eine Kostentragungspflicht der Dienststelle aus einer entsprechenden Anwendung des § 44 Abs. 1 Satz l. Nach dieser Vorschrift hat die Dienststelle alle Kosten zu tragen, die bei den vom Gesetz vorgesehenen Institutionen entstehen (Lorenzen u. a. § 44 Anm. 22; § 71 Anm. 35; so auch Fischer u. a., § 71 Anm. 15 ff.) Grundlage eines Vergütungsanspruchs kann eine Vereinbarung zwischen Dienststelle und dem jeweiligen Beisitzer sein. Besteht ein solcher Vertrag nicht, dann hat der Betreffende einen **Anspruch auf Aufwendungsersatz** in analoger Anwendung des § 44 Abs. 1 Satz 1 i. V. m. § 71 Abs. 1 Sätze 1 und 2 (BVerwG v. 9. 10. 1991, BVerwGE 89, 93 = Leits. ZBR 1992,107 = PersV 1992, 218 = ZfPR 1992, 38). 8a

c) Ein **Wechsel der Gruppenzugehörigkeit berührt** die einmal vorgenommene **Bestellung der Beisitzer der Einigungsstelle** deshalb, weil die Gruppenzugehörigkeit im Hinblick auf die notwendige Berücksichtigung gruppenspezifischer Gesichtspunkte für die Berufung in die Einigungsstelle maßgebend ist. Bei einem Gruppenwechsel ist aber nicht sichergestellt, dass der unterschiedlichen Interessenlage der jeweiligen Gruppen Rechnung getragen wird, so dass eine entsprechende Umbesetzung vorgenommen werden muss. 9

7. Abgesehen von den Fällen, in denen bei obersten Dienstbehörden mehrere Hauptpersonalräte bestehen können (Hauptpersonalrat und Bundespolizeihauptpersonalrat beim Bundesminister des Innern), bestehen **bei jeder obersten Dienstbehörde mindestens zwei „zuständige" Personalvertretungen,** der Hauptpersonalrat und der örtliche Personalrat für das Haus der obersten Dienstbehörde („Hauspersonalrat") in ihrer Eigenschaft als Dienststelle nach § 6. Jede dieser Personalvertretungen muss daher Beisitzer für die jeweilige Einigungsstelle bestellen. Zuständig ist immer die Personalvertretung, die für die Verhandlung mit der obersten Dienstbehörde nach § 69 Abs. 3 zuletzt zuständig war, also entweder der örtliche Personalrat bei einer obersten Dienstbehörde (wenn eine Angelegenheit nur für das Hus oberste Dienstbehörde geregelt werden soll) oder aber der Hauptpersonalrat (Fischer u. a., § 71 Anm. 9; Lorenzen u. a., § 71 Anm. 24; vgl. Anm. 6, 7). 10

8. Während die oberste Dienstbehörde in der Auswahl der von ihr zu bestellenden Beisitzer frei ist, ist die Personalvertretung insofern gebunden, als von ihrer Seite **mindestens ein Beamter und ein Arbeitnehmer** in die Einigungsstelle entsandt werden müssen. Als dritten Beisitzer kann die Personalvertretung daher auch eine nicht dem öffentlichen Dienst angehörende Person, z. B. einen Beauftragten einer Gewerkschaft, bestellen. Dies gilt selbst dann, wenn der Dienststelle dadurch Kosten entstehen. Voraussetzung allerdings ist, dass die Personalvertretung auf andere zumutbare Weise keine qualifizierte Person gewinnen kann, die ihr Vertrauen genießt. Die Personalvertretung hat abzuwägen, ob ihr Interesse an einer sachkundigen und vertrauensvollen Vertretung in der Einigungsstelle durch eine dienststellenfremde Person so gewichtig ist, dass der damit verbundene Honoraraufwand unabweisbar wird. Aus der entsprechenden Beschlussfassung der Personalvertretung allerdings muss ersichtlich sein, „dass alle abwägungserheblichen Gesichtspunkte erkannt und mit dem ihnen zukommenden Gewicht in die Abwägung eingestellt worden sind" (BVerwG v. 9. 10. 1991, BVerwGE 89, 83 = Leits. ZBR 1992, 107 = PersV 1992, 218 = ZfPR 1992, 38). 11

11a a) Die Personalvertretung hat darauf zu achten, dass sie keinen Beschäftigten zum Beisitzer bestellt, der von dem **von der Maßnahme Betroffenen als befangen angesehen wird.** Dies gilt beispielsweise im Zusammenhang mit einer Beförderung, für die neben dem Betroffenen auch der in Aussicht genommene Beisitzer in Frage kommt. Die Personalvertretung nämlich hat dafür einzutreten, dass ihrerseits alle Voraussetzungen erfüllt werden, die eine objektive Entscheidung ermöglichen. Da die Beteiligten in der Benennung der Beisitzer frei sind und Ablehnungsrechte der jeweils anderen Seite nicht bestehen, können die Beisitzer von der anderen Seite nicht wegen Befangenheit abgelehnt werden (vgl. für das BetrVG: LAG Baden-Württemberg v. 4. 9. 2002, ArbuR 2002, 152). Andernfalls nämlich hätte der Gesetzgeber alle diejenigen von der Bestellung zu Mitgliedern der Einigungsstelle ausschließen müssen, „die an den der Entscheidung der Einigungsstelle vorausgehenden und ihrer Nachprüfung unterworfenen Beschlüssen teilgenommen haben" (BVerwG v. 21. 6. 1982, BVerwGE 66, 15 = ZBR 1983, 161 = PersV 1983, 239).

11b b) Ein **Befangenheitsgesuch gegen den Vorsitzenden** der Einigungsstelle kann sowohl vom Dienststellenleiter als auch von der Personalvertretung schriftlich erfolgen. Das Gesuch kann nicht von den Beisitzern der Einigungsstelle gestellt werden; diese kommen allenfalls als Boten in Betracht (vgl. für das BetrVG: BAG v. 29. 1. 2002, BAGE 100, 239 = Leits. BB 2002, 2024 = DB 2002, 1948 = ZBVR 2002, 194; Richardi u. a., § 71 Anm. 25). Der Vorsitzende der Einigungsstelle kann zu jedem Zeitpunkt des Verfahrens wegen Besorgnis der Befangenheit abgelehnt werden. Er muss unparteiisch sein. Das folgt u. a. aus dem Rechtsstaatsgebot des Grundgesetzes und der Funktion der Einigungsstelle. Mit rechtsstaatlichen Verfahrensgrundsätzen nämlich wäre es unvereinbar, die Betroffenen (Dienststelle und Personalvertretung) zur Geltendmachung von Ablehnungsgründen ausnahmslos auf eine gerichtliche Anfechtung einer Entscheidung der Einigungsstelle zu verweisen, obwohl der Vorsitzende während des Verfahrens Anlass zu Zweifeln an seiner Unparteilichkeit geben kann. Das Verfahren richtet sich entsprechend nach den Vorschriften der ZPO (§§ 1036, 1037 Zivilprozessordnung i. d. F. d. Bekanntm. v. 5. 12. 2005, BGBl. I S. 3202, zul. geänd. d. Art. 2 G v. 26. 3. 2008, BGBl. I S. 441) über die Ablehnung von Schiedsrichtern im schiedsgerichtlichen Verfahren. Über einen Antrag auf Ablehnung des Vorsitzenden wegen Besorgnis der Befangenheit entscheidet in Analogie zu § 83 Abs. 1 Nr. 3 das Verwaltungsgericht (im Ergebnis ebenso Lorenzen u. a., § 71 Anm. 21; ähnlich Fischer u. a., § 71 Anm. 13 b). Demgegenüber ist die **Ablehnung der Beisitzer wegen Befangenheit** nicht möglich, da die Beisitzer von jeder Seite auch in der Absicht der Unterstützung der eigenen Position im Verfahren vor der Einigungsstelle berufen werden (vgl. für das BetrVG: LAG Stuttgart v. 4. 9. 2002, ArbuR 2002, 152; Fischer u. a., § 71 Anm. 9a, 11; Lorenzen u. a., § 71 Anm. 26).

12 9. Die Vorschrift, mindestens einen Vertreter der Beamtengruppe und mindestens einen Vertreter der Arbeitnehmergruppe in die Einigungsstelle zu entsenden, erfährt eine Variante, wenn **die in der Einigungsstelle zu erörternde Angelegenheit „lediglich"** (§ 38 Abs. 2) die **Gruppe** Beamte oder „lediglich" die Gruppe Arbeitnehmer **betrifft.** In diesem Fall entscheiden ausschließlich die Gruppen über die Beisitzer. Der Gruppe steht es frei, ob sie als Beisitzer Angehörige der eigenen oder einer anderen Gruppe bestellt. Dem Gruppenschutz ist schon allein dadurch ausreichend Rechnung getragen, dass der Gruppe selbst die Entscheidung überlassen bleibt (Fischer u. a., § 71 Anm. 9; Lorenzen u. a., § 71 Anm. 24). Ebenso steht es der Gruppe frei, für

den Fall andere Personen zu Beisitzern der Einigungsstelle zu berufen, dass sie selbst nicht über genügend eigene Gruppenmitglieder verfügt; denn die Gruppe kann – ebenso wie das Plenum – auf Personen zurückgreifen, die nicht der eigenen Verwaltung angehören (vgl. Anm. 8). Sie müssen aber die betreffende Gruppeneigenschaft (Beamter oder Arbeitnehmer) besitzen.

10. Auf die **Person des unparteiischen Vorsitzenden einigen sich die oberste Dienstbehörde und die zuständige Personalvertretung** (nicht: die Beisitzer). Das Gesetz spricht in Abs. 1 Satz 1 von der Einigung „beider Seiten" auf die Person des Vorsitzenden. Damit sind die Verwaltung und die Personalvertretung gemeint. Dies ergibt sich im Übrigen auch aus der Interessenlage beider Partner (Fischer u. a., § 71 Anm. 12; Lorenzen u. a, § 71 Anm. 17; Richardi u. a., § 71 Anm. 20). Der unparteiische Vorsitzende braucht nicht der betreffenden Verwaltung anzugehören. 13

11. Wenn sich oberste Dienstbehörde und zuständige Personalvertretung über die Person des Vorsitzenden nicht einigen können, können beide beim **Präsidenten des Bundesverwaltungsgerichts** die Ernennung eines Vorsitzenden beantragen. Sie können auch personelle Vorschläge machen, an die der Präsident des Bundesverwaltungsgerichts aber nicht gebunden ist. Seine Entscheidung ist nicht anfechtbar. Er hat zuvor nachzuprüfen, ob Einigungsbemühungen um die Person eines Vorsitzenden gescheitert sind. Wenn von der obersten Dienstbehörde überhaupt bestritten wird, dass die Maßnahme der Mitbestimmung unterliegt, so kann der Präsident des Bundesverwaltungsgerichts jedenfalls dann die Bestellung eines Vorsitzenden ablehnen, wenn die Einigungsstelle offenbar nicht zuständig ist (Fischer u. a., § 71 Anm. 12a). 14

12. Die **Abberufung eines Mitglieds der Einigungsstelle** durch den entsendenden Teil (beim Vorsitzenden durch beide Teile) ist deshalb möglich, weil die Mitglieder keine richterliche Funktion ausüben und ein Mandat besitzen, mit dem sie auftragsgemäß verfahren sollen (Fischer u. a., § 71, Anm. 11b; Lorenzen u. a., § 71 Anm. 29). 15

13. Die **Rechtsstellung der Mitglieder der Einigungsstelle** und ihres Vorsitzenden ergibt sich aus den §§ 8, 10, 11, § 46 Abs. 2. Sie sind in ihrer Entscheidung unabhängig und nicht an Weisungen gebunden, obwohl von ihnen erwartet wird, dass sie sich die Meinung zueigen machen, die von der entsendenden Stelle (Dienststelle, Personalrat) vertreten wird. Die sächlichen und personellen Kosten des Verfahrens vor der Einigungsstelle sind Kosten im Sinne des § 44. Soweit die Beisitzer aufgrund dienstlicher Anweisung handeln, gilt ihre Tätigkeit als dienstliche Tätigkeit. Eine zusätzliche Vergütung kann nicht verlangt werden. In den übrigen Fällen kann eine Entschädigung, auch ein Honorar, ohne Verstoß gegen das Begünstigungsverbot gezahlt werden (Fischer u. a., § 71 Anm. 15f, 16; Lorenzen u. a., § 71 Anm. 35; vgl. auch für das BetrVG: BAG v. 11. 5. 1976, BAGE 28, 103 = BB 1976, 1222 = DB 1976, 1772). Die Personalvertretung ist nämlich befugt, Beisitzer für die Einigungsstelle zu bestellen. Daher steht ihr auch das Recht zu, entsprechende **Honorarvereinbarungen** in angemessener Höhe mit (dienststellenfremden) Beisitzern zu treffen, soweit geeignete Beisitzer anders nicht zu gewinnen sind (vgl. Schaub/Koch, ArbR-Hdb. § 268 Anm. 49 sowie für das BetrVG: BAG v. 21. 6. 1989, BAGE 62, 129 = BB 1990, 1349 = DB 1989, 2438; für die Kosten eines Sachverständigen: BAG v. 13. 11. 1991, BB 1992, 855 = DB 1992, 789; BAG v. 14. 2. 1996, BB 1996, 1937 = DB 1996, 2233; BAG v. 24. 4. 1996, BB 1996, 1991 = DB 1996, 2232; vgl. auch 16

§ 44 Anm. 17). Dabei hat die Personalvertretung die gleichen Grundsätze zu beachten wie bei allen anderen Entscheidungen, die Kosten verursachen. Deshalb hat die Personalvertretung bei pflichtgemäßer Berücksichtigung aller objektiven Gegebenheiten und bei Würdigung aller Umstände zu prüfen, ob die Bestellung außenstehender Beisitzer tatsächlich erforderlich und im Hinblick auf die entstehenden Kosten vertretbar ist. Eine ohne rechtzeitige Information des Dienststellenleiters vorgenommene atypische Honorarzusage verstößt gegen den Grundsatz der vertrauensvollen Zusammenarbeit (vgl. für das BetrVG: LAG Frankfurt v. 26. 11. 1987, NZA 1988, 441). Für die Tätigkeit als Mitglied der Einigungsstelle ist nicht vorgesehen, dass sie unentgeltlich als Ehrenamt geführt wird. Infolgedessen ist davon auszugehen, dass die Tätigkeit des (dienststellenfremden) Vorsitzenden (wie aber auch der übrigen – ebenfalls dienststellenfremden – Beisitzer) nicht unentgeltlich zu erbringen ist. Eine entsprechende Vergütung kann nur zwischen dem Dienststellenleiter und dem Beisitzer, nicht aber zwischen Beisitzer und Personalvertretung abgesprochen werden. Eine Honorarabsprache zwischen der Personalvertretung einerseits und einem Beisitzer andererseits kann aber für diesen keinen direkten Zahlungsanspruch gegenüber dem Dienststellenleiter begründen (VG Berlin v. 20. 1. 1989 – VG FK (Bund) – C 179.88, n. v.). Die dienststellenfremden Beisitzer haben aber einen Anspruch auf Aufwendungsersatz in Höhe der üblichen Vergütung, soweit die Beisitzertätigkeit zum Berufsfeld des Beisitzers gehört und der Kostenaufwand angemessen erscheint (BVerwG v. 9. 10. 1991, BVerwGE 89, 93 = Leits. ZBR 1992, 107 = PersV 1992, 218 = ZfPR 1992, 38). Ist keine besondere Honorarvereinbarung getroffen worden, so bemisst sich die Höhe des Honorars nach den §§ 612, 315 BGB entsprechend. Bei der Berechnung des Honorars des Vorsitzenden ist von den Gebührensätzen des Gesetzes über die Vergütung der Rechtsanwältinnen und Rechtsanwälte (Rechtsanwaltsvergütungsgesetz – RVG v. 5. 5. 2004, zul. geänd. d. Art. 5 G v. 13. 12. 2007, BGBl. I S. 2894) auszugehen. Im Falle von Streitigkeiten sind die personalvertretungsrechtlichen Fachkammern der Verwaltungsgerichte zuständig; denn ein möglicher Anspruch auf eine Vergütung für eine Tätigkeit in einer Einigungsstelle ist notwendig in der personalvertretungsrechtlichen Rechtsbeziehung zwischen der obersten Dienstbehörde und der Personalvertretung zu sehen (VGH Mannheim v. 15. 5. 1984, ZBR 1985, 121; vgl. insgesamt Richardi u. a., § 71 Anm. 57).

16a 14. Soweit Mitglieder Einigungsstelle im öffentlichen Dienst tätig sind, üben sie mit ihrer Tätigkeit in der Einigungsstelle eine Nebentätigkeit aus, es sei denn, dass sie sich auf Grund dienstlicher Weisung oder im Hinblick auf ihr Mandat in der Personalvertretung in der Einigungsstelle befinden. Daher ist grundsätzlich eine Genehmigung für die Tätigkeit in der Einigungsstelle einzuholen. Dies ergibt sich für Beamte aus den §§ 64 bis 69 BBG in Verbindung mit der Bundesnebentätigkeitsverordnung, für Arbeitnehmer gelten die Regelungen zur Nebentätigkeit nach dem TVöD (Fischer u. a., § 71 Anm. 16 a; Lorenzen u. a., § 71 Anm. 40; vgl. auch RdSchr. des BMI v. 28. 12. 2005 – D I 3-212, 213/3).

III. Verfahren vor der Einigungsstelle

17 1. Für das **Verfahren vor der Einigungsstelle** stellt das Gesetz nur wenige Regeln auf. Die Verhandlung ist nicht öffentlich. Außenstehende haben keinen Zutritt. Auch demjenigen Beschäftigten, dessen Personalangelegenheit der Grund für den Streit vor der Einigungsstelle ist, fehlt ein rechtliches Interesse an der Teilnahme. Die Einigungsstelle entscheidet nicht über ein persönliches Recht des Betroffenen, sondern über gegenseitige Befugnisse und Pflichten von Personalvertretung und Dienststelle (BVerwG v. 13. 2. 1976, BVerwGE 50, 186 = ZBR 1976, 228 = PersV 1977, 183). Der Betroffene kann sein Recht eventuell vor dem zuständigen Gericht suchen. Für einen entsprechenden Antrag ist das Verfahren vor der Einigungsstelle nicht Prozessvoraussetzung (BVerwG v. 16. 12. 1960, BVerwGE 11, 303 = ZBR 1961, 190 = PersV 1961, 131). Der Vorsitzende einer Einigungsstelle kann im Übrigen von den Beteiligten wegen Besorgnis der Befangenheit abgelehnt werden (vgl. für das BetrVG: BAG v. 9. 5. 1995, BAGE 80, 104 = Leits. BB 1995, 2536 = DB 1995, 2610; vgl. Anm. 11 b).

2. Aus Satz 2 (Gelegenheit zur mündlichen Äußerung) ergibt sich das **Anwesenheitsrecht** der Vertreter der obersten Dienstbehörde und der zuständigen Personalvertretung (ähnlich Fischer u. a., § 71 Anm. 18 a; Lorenzen u. a., § 71 Anm. 48). Während den Beteiligten (oberste Dienstbehörde und Hauptpersonalrat bzw. [örtlicher] Personalrat) **Gelegenheit zur mündlichen Äußerung** gegeben werden muss, unterliegt es dem Einvernehmen zwischen der Einigungsstelle und den Beteiligten, ob ihnen außerdem eine schriftliche Äußerung gestattet wird. Da die Einigungsstelle das im Einzelnen einzuhaltende Verfahren selbst bestimmen kann, ist es rechtlich nicht zu beanstanden, wenn Rechtsanwälte weder als Vertreter der Verwaltung noch der Personalvertretung zugelassen werden; denn es ist nicht Aufgabe der Einigungsstelle, Rechtsfragen zu klären, sondern Regelungsstreitigkeiten beizulegen (VG Berlin v. 10. 11. 1975, PersV 1977, 152). In der Erörterung vor der Einigungsstelle geht es nicht darum zu klären, ob eine bestimmte Maßnahme einem Beteiligungsrecht der Personalvertretung unterliegt. Vielmehr geht es darum festzustellen, ob die Personalvertretung einer beabsichtigten Maßnahme des Leiters einer Dienststelle aus sachlich überzeugenden Gründen widersprochen hat oder nicht. Da bei einer solchen Erörterung zunehmend aber auch die umfangreicher werdende Rechtsprechung zum Zustimmungsverweigerungsrecht gerade bei personellen Entscheidungen eine Rolle spielt, ist nicht auszuschließen, dass es vor der Einigungsstelle auf die besonderen Rechtskenntnisse eines Rechtsanwalts ankommen kann, der die Position der Personalvertretung gegenüber der juristisch beratenen Dienststelle besser als die Personalvertretung selbst vertreten kann (Fischer u. a., § 71 Anm. 18; Lorenzen u. a., § 71 Anm. 49). Sind diese Voraussetzungen erfüllt, dann ist die Inanspruchnahme eines Rechtsanwalts als im Rahmen der Aufgabenerfüllung notwendig (§ 44 Abs. 1) anzusehen, die Kosten sind von der Dienststelle zu erstatten (so im Ergebnis auch: OVG Hamburg v. 23. 11. 1978, Leits. RiA 1980, 120). 18

3. a) Da weitere Verfahrensvorschriften fehlen, wird die Einigungsstelle unter Ausübung ihres pflichtgemäßen Ermessens selbst eine **Verfahrensordnung** aufstellen müssen (VGH Kassel v. 14. 8. 1985, ZBR 1986, 62; OVG Münster v. 20. 12. 1989, PersV 1991, 177; Fischer u. a., § 71 Anm. 17; Lorenzen u. a., § 71 Anm. 45), die mindestens folgende Bestimmungen enthalten sollte: Rechte und Pflichten des Vorsitzenden, Ladungsfristen, Niederschrift, Vertretung der Beteiligten, Beweisaufnahme, Zeugen, Sachverständige, Augenschein. Nicht anwendbar sind für das Verfahren vor der Einigungsstelle die Vorschriften der §§ 1025 ff. ZPO über das schiedsgerichtliche Verfahren (Fischer u. a., § 71 Anm. 17a; Lorenzen u. a., aaO). Auch die Vorschriften des VwVfG finden keine Anwendung (vgl. Fischer u. a., aaO; Lorenzen u. a., aaO). Die Einigungsstelle kann Zeugen vernehmen oder Sachverständige hören, die dazu bereit sind. Sie kann Zeugen aber nicht zur Aussage, nicht einmal zum Erscheinen zwingen. Sie kann keine eidliche Vernehmung durchführen, auch keine Rechtshilfe der Gerichte er- 19

bitten, auch keine eidesstattliche Erklärung fordern (wohl annehmen, aber diese Erklärung würde nicht den Charakter einer Erklärung zur Verwendung vor Gericht haben; vgl. hierzu auch: Fischer u. a., § 71 Anm. 19 a; Lorenzen u. a., § 71 Anm. 49). Im Übrigen kann die Einigungsstelle zur Vorbereitung einer Sitzung zusätzliche Unterlagen und Akten beiziehen. Sie ist dabei nicht auf die Unterlagen beschränkt, die der Personalvertretung vorgelegen haben (OVG Lüneburg v. 5. 4. 1987, Leits. PersR 1988, 196; Fischer u. a., § 71 Anm. 19; Lorenzen u. a., § 71 Anm. 47).

20 b) Ob in einem Einigungsstellenverfahren **Gründe** für eine der Mitbestimmung unterliegende Maßnahme durch den Dienststellenleiter **nachgeschoben** werden können, ergibt sich mittelbar aus den im Personalvertretungsrecht vom Gesetzgeber selbst aufgestellten Grundsätzen. In § 69 Abs. 2 Satz 1 hat der Gesetzgeber dem Dienststellenleiter auferlegt, die Personalvertretung von der beabsichtigten Maßnahme zu unterrichten. Nach § 68 Abs. 2 Satz 1 ist die Personalvertretung zur Durchführung ihrer Aufgaben rechtzeitig und umfassend zu unterrichten. Daraus folgt, dass die **Verpflichtung des Dienststellenleiters zur Unterrichtung** der Personalvertretung **so umfassend zu erfolgen hat, dass sie alle entscheidenden Gesichtspunkte** kennt, die für die Ausübung des Mitbestimmungsrechts von Bedeutung sein können (BVerwG v. 10. 8. 1987, BVerwGE 78, 65 = ZBR 1988, 258 = PersV 1988, 357). Dadurch soll eine sachverständige und alle maßgeblichen Tatsachen berücksichtigende Entscheidung der Personalvertretung ermöglicht werden. Gleichzeitig soll vermieden werden, dass aufgrund unzureichender Kenntnis der Sachlage die Zustimmung verweigert und die nächsthöhere Dienststelle mit deren zuständiger Personalvertretung mit der Weiterführung des Verfahrens belastet werden. Daher hätte es auch wenig Sinn, wenn ein Dienststellenleiter in jeder Phase eines Stufenverfahrens und auch vor der Einigungsstelle tatsächliche Gründe für die Begründung seiner beabsichtigten Maßnahme nachschieben könnte. Eine solche Handhabung widerspräche allen prozessökonomischen und nicht zuletzt auch haushaltsrechtlichen Erwägungen, da eine u. U. überflüssige Weitergabe der Beteiligungsangelegenheit ins Stufenverfahren und letztlich zur Einigungsstelle die öffentlichen Haushalte belastende Kosten verursacht, die bei umfassender Information bereits auf der ersten Stufe möglicherweise hätten vermieden werden können. Im Übrigen würde ein Nachschieben von Gründen zumindest im Bereich des Tatsachenstoffes den Grundsatz der gleichberechtigten Partnerschaft zwischen Dienststellenleiter und Personalvertretung verletzen. Eine Personalvertretung ist nur dann gleichberechtigter Partner im Beteiligungsverfahren, wenn sie auch über – im Wesentlichen – gleiche Kenntnisse wie der Dienststellenleiter verfügt. Dem widerspräche es, wenn dieser bewusst oder unbewusst Tatsachenstoff zurückhalten und so die Ursache dafür setzen würde, dass die Personalvertretung mangels hinreichender Information eine den Sachverhalt nicht voll erfassende und damit u. U. falsche Entscheidung trifft. Bei mangelnder Information nämlich kann die Personalvertretung sich mit der endgültigen Sachlage nicht auseinandersetzen. Eine kompetente und verantwortungsbewusste Entscheidung, wie sie der Gesetzgeber von der Personalvertretung verlangt, ist in diesem Fall nicht möglich. Daher muss eine Personalvertretung bereits bei der Unterrichtung auf der ersten Stufe des Beteiligungsverfahrens über die Maßnahmen umfassend unterrichtet sein. Das **Nachschieben von Gründen** durch den Dienststellenleiter im weiteren Stufenverfahren und dem Verfahren vor der Einigungsstelle widerspricht den vorgenannten Grundsätzen und würde in der Praxis zudem einer Missachtung des vom Gesetzgeber aufgestellten Gebots der umfassenden Unterrichtung gleichkommen. Auch die Dienststelle muss ihrerseits an einer zügigen

Verwirklichung der von ihr beabsichtigten mitbestimmungspflichtigen Maßnahme – möglichst schon auf der ersten Stufe – interessiert sein. Daher ist ein Nachschieben von Tatsachenstoff durch den Dienststellenleiter weder im Stufenverfahren noch im Verfahren vor der Einigungsstelle zulässig. Nachgeschobene Tatsachen müssen daher sowohl im Stufenverfahren als auch im Verfahren vor der Einigungsstelle unberücksichtigt bleiben. Die Einigungsstelle muss ihrer Entscheidung denjenigen tatsächlichen Sachverhalt zugrundelegen, der auch der Personalvertretung in der ersten Stufe bekannt war. Nur in diesem Fall kann sie entscheiden, ob der Beschluss der Personalvertretung richtig oder falsch war, ob nämlich die Zustimmung zu Recht oder zu Unrecht verweigert wurde. Ebensowenig kann ein Dienststellenleiter beliebig rechtliche Erwägungen ergänzen oder austauschen, da sich andernfalls die beabsichtigte Maßnahme in ihrem wesentlichen Inhalt verändern würde. Lediglich die Mitteilung von Rechtsansichten über die bestehende tatsächliche Situation ist unschädlich und kann zu jedem Zeitpunkt des Beteiligungsverfahrens, auch noch im Verfahren vor der Einigungsstelle, geändert oder ergänzt werden (vgl. zu diesem Problem auch: Schnellenbach, PersV 1991, 289; von Seggern, PersR 1991, 14; vgl. im Einzelnen auch § 69 Anm. 35a sowie Fischer u. a., § 71 Anm. 19 b; aA Lorenzen u. a., § 71 Anm. 53).

4. Die Einigungsstelle ist nur bei **Anwesenheit sämtlicher Mitglieder** beschlussfähig (OVG Bautzen v. 1. 4. 2004, PersV 2004,472; Fischer u. a., § 71 Anm. 21; Lorenzen u. a., § 71 Anm. 52). Infolgedessen hat der Vorsitzende der Einigungsstelle für die Einladung der Beisitzer zu sorgen. Werden nicht alle Beisitzer zur Sitzung der Einigungsstelle geladen, so ist ein dennoch ergehender Spruch der Einigungsstelle unwirksam (vgl. für das BetrVG: BAG v. 27. 6. 1995, BAGE 80, 222 = BB 1995, 2581 = DB 1995, 2219).Wenn aber eine Seite keine Beisitzer benennt oder die von einer Seite benannten Beisitzer der Sitzung fernbleiben, ist ein von der Einigungsstelle gefasster Beschluss verfahrensfehlerhaft zustande gekommen, denn es fehlt – anders als im Betriebsverfassungsrecht gem. § 76 Abs. 5 BetrVG – eine Regelung, die bei solchen Fällen die Beschlussfähigkeit der restlichen Mitglieder begründet (vgl. OVG Bautzen v. 1. 4. 2004, aaO; Richardi u. a., § 71 Anm. 29; aA Fischer u. a., § 71 Anm. 21; Lorenzen u. a., § 71 Anm. 52). 21

5. Die Einigungsstelle entscheidet durch **Beschluss** (Abs. 3 Satz 1), der **von allen Mitgliedern zu unterzeichnen** (OVG Hamburg v. 21. 1. 1997, Leits. ZfPR 1998, 16), der aber auch zu protokollieren ist (Lorenzen u. a., § 71 Anm. 51). Fehlende Unterschriften können jederzeit nachgeholt werden (OVG Münster v. 20. 12. 1989, Leits. ZBR 1991, 123 = PersV 1991, 177). Nach Abs. 4 Satz 1 ist der Beschluss den Beteiligten zuzustellen. Daraus ergibt sich, dass der Beschluss der Schriftform bedarf. Diesem Erfordernis wird dadurch Rechnung getragen, dass die Beschlussformel schriftlich niedergelegt und von allen Mitgliedern der Einigungsstelle unterzeichnet wird (BVerwG v. 10. 3. 1987, BVerwGE 77, 91 = ZBR 1987, 244 = PersV 1988, 128; Fischer u. a., § 71 Anm. 24; Lorenzen u. a., § 71 Anm. 57). Dagegen ist die Einigungsstelle nicht verpflichtet, das Beratungsergebnis in einer schriftlichen Begründung niederzulegen (BVerwG v. 20. 12. 1988, ZBR 1989, 150 = PersV 1989, 319 = Leits. ZfPR 1989, 51; Fischer u. a., § 71 Anm. 24a; Lorenzen u. a., aaO). Eine Verpflichtung, den Beschluss zu begründen, besteht nach der gesetzlichen Regelung nämlich nicht. Dennoch empfiehlt es sich, die wesentlichen Entscheidungsgründe mitzuteilen, um den Beteiligten die Möglichkeit zu geben, sich von der Richtigkeit und Zweckmäßigkeit des Beschlusses zu überzeugen. Auch wird die gerichtliche Nachprüfung erleichtert (BVerwG v. 9. 7. 1980, PersV 1981, 369). Eine Begründung ist 22

zudem gerade in den Fällen zweckmäßig, in denen die Einigungsstelle lediglich eine Empfehlung aussprechen kann (vgl. § 69 Abs. 4). Der Dienststellenleiter nämlich soll anhand der Entscheidung der Einigungsstelle prüfen können, ob er sich der Empfehlung anschließt oder nicht. Im Übrigen ergehen die **Beschlüsse der Einigungsstelle mit einfacher Mehrheit** (Satz 3). Die Zahl von sieben Mitgliedern verhindert eine Stimmengleichheit. Eine Stimmenthaltung ist weder eine Stimme für noch gegen einen Beschluss. Ein Beisitzer, der sich der Stimme enthält, gibt keine Stimme ab. Stimmenmehrheit liegt vor, wenn die Zahl der Ja-Stimmen größer als die der Nein-Stimmen ist (vgl. für das BetrVG: BAG v. 17. 9. 1991, BAGE 68, 277 = BB 1992, 1133 = DB 1992, 229).

23 6. Die **Entscheidung der Einigungsstelle** kann darin bestehen, dass sie dem Antrag des Antragstellers völlig entspricht, dass sie ihn völlig abweist oder dass sie ihm teilweise entspricht. Die Einigungsstelle kann aber dem Antragsteller nicht mehr zugestehen, als er beantragt hat. Sie kann das Verfahren dann aussetzen, wenn ihre Zuständigkeit bestritten und behauptet wird, das Verwaltungsgericht sei zuständig. Auf diese Weise nämlich können unnötige Kosten vermieden werden (Richardi u. a., § 71 Anm. 37). Im Übrigen soll die Einigungsstelle innerhalb einer Frist von zwei Monaten nach der Erklärung eines Beteiligten, die Entscheidung der Einigungsstelle herbeiführen zu wolle, entscheiden (§ 69 Abs. 4 Satz 2). Die Nichteinhaltung dieser Frist ist, da es sich um eine Sollvorschrift handelt, folgenlos (Fischer u. a., § 71 Anm. 20; Lorenzen u. a., § 69 Anm. 38; vgl. auch § 69 Anm. 32).

24 7. Satz 4 schreibt vor allem die **Beachtung der Haushaltsgesetze** sowie die Beachtung der Grundsätze einer sparsamen Verwendung öffentlicher Mittel vor (vgl. auch OVG Bremen v. 15. 9. 1981, Leits. ZBR 1983, 138). Die Vorschrift will verhindern, dass eine dem Parlament nicht verantwortliche Einigungsstelle die Verwaltung zur Ausgabe von Mitteln verpflichtet, die im Haushalt nicht vorgesehen sind. Daher kann eine Einigungsstelle keine haushaltswirksamen Beschlüsse fassen, ohne sich zuvor vergewissert zu haben, ob überhaupt Haushaltsmittel zur Verfügung stehen (VGH Kassel v. 18. 3. 1993, Leits. ZfPR 1994, 131; Fischer u. a., § 71 Anm. 23; Lorenzen u. a., § 71 Anm. 57 ff.). Für die Feststellung des Haushaltsplanes ist gem. Art. 100 GG ausschließlich der Gesetzgeber (Parlament) zuständig. Die Verwaltung kann nicht Richtlinien aufstellen, die die Verwendung der im Haushaltsplan bereitgestellten Mittel einschränken, um auf diese Weise über die Bindung der Einigungsstelle an das Haushaltsrecht das Mitbestimmungsrecht der Personalvertretung auszuschalten „und eine die Versagung der Mitbestimmung bestätigende Entscheidung der Einigungsstelle als nicht bindend ansehen“. Ebensowenig kann die Verwaltung offene Gesetzesbegriffe in der Weise konkretisieren und ausfüllen, dass die Einigungsstelle hieran gebunden wäre; denn die Entscheidungsbefugnis der Einigungsstelle wird nur durch Rechtsvorschriften eingeschränkt (BVerwG v. 9. 7. 1980, ZBR 1981, 369 = PersV 1981, 369).

25 8. Die Vorschrift über die **Zustellung des Beschlusses der Einigungsstelle** schließt die Notwendigkeit ein, die Beschlussformel schriftlich abzusetzen. Eine Zustellung der Begründung ist nicht vorgeschrieben, aber empfehlenswert (vgl. auch Anm. 22). Unter Zustellung ist die Zuleitung einer schriftlichen Ausfertigung des Beschlussses an die Beteiligten zu verstehen. Es bedarf keiner besonderen Formalitäten (z. B. Zustellungsurkunde). Insbesondere muss sich die Zustellung nicht nach dem Verwaltungszustellungsgesetz (VwZG v. 12. 8. 2005, BGBl. I S. 2354; Fischer u. a., § 71 Anm. 24 b; Lo-

renzen u. a., § 71 Anm. 58; Richardi u. a., § 71 Anm. 39) richten. Mit der Zustellung ist das Verfahren abgeschlossen; denn der Auftrag der Einigungsstelle beschränkt sich darauf, im Rahmen der Anträge eine bindende oder empfehlende Entscheidung in bezug auf die beabsichtigte mitbestimmungspflichtige Maßnahme zu treffen und diese sodann den Beteiligten förmlich zu übermitteln. Es ist allein Sache des Dienstherrn, ob er der Empfehlung der Einigungsstelle in den Fällen des § 69 Abs. 4 Satz 3 folgen will. Auf diese Entscheidung hat die Personalvertretung keinen Einfluss (BVerwG v. 17. 3. 1987, ZBR 1987, 249).

9. Ein **förmliches Rechtsmittel** gegen die Entscheidung der Einigungsstelle **gibt es nicht.** Sie ist (mangels ausdrücklicher Vorschrift) nicht vollstreckbar. Die Beschlüsse der Einigungsstelle unterliegen jedoch in vollem Umfang der gerichtlichen Kontrolle durch die Verwaltungsgerichte (BVerwG v. 21. 10. 1983, BVerwGE 68, 116 = ZBR 1984, 246 = PersV 1985, 432; BVerwG v. 27. 2. 1986, PersV 1986, 329; BVerwG v. 19. 12. 1990, Leits. ZBR 1991, 150 = PersV 1991, 277; ZfPR 1991, 43 = PersR 1991, 133 m. Anm. v. Plander; Witzel, PersV 1977, 281). Die verwaltungsgerichtliche Überprüfung der Beschlüsse der Einigungsstelle erstreckt sich auf deren Rechtmäßigkeit und, soweit der Einigungsstelle ein Ermessen zusteht, auf die Einhaltung der Ermessensgrenzen (OVG Münster v. 30. 9. 1980, PersV 1983, 285; aA OVG Schleswig v. 11. 2. 1994, Leits. ZfPR 1995, 93). Die Prüfung der Frage, ob ein Spruch der Einigungsstelle die Grenze des Ermessens überschreitet, ist eine Rechtsfrage, die auch in der Rechtsbeschwerdeinstanz noch voll überprüfbar ist. Dabei hat das Gericht zu untersuchen, ob die getroffene Regelung die Belange der Dienststelle und der betroffenen Beschäftigten angemessen berücksichtigt und insgesamt billigem Ermessen entspricht (Buhren, PersV 1983, 393). Im Falle einer die oberste Dienstbehörde verpflichtenden Entscheidung muss schon wegen der Bindung an Gesetz und Recht (Art. 20 Abs. 3 GG) die Möglichkeit einer Rechtskontrolle durch eine unabhängige Instanz bestehen. Ebenso muss auch die Personalvertretung die Möglichkeit zur Anrufung des Verwaltungsgerichts haben, da auch für sie die Rechtsschutzgarantie des Grundgesetzes gilt (Lorenzen u. a., § 71 Anm. 62; Richardi u. a., § 71 Anm. 48; im Ergebnis auch: Fischer u. a., § 71 Anm. 24c). In einem Beschlussverfahren über die Vereinbarkeit eines Beschlusses der Einigungsstelle mit Rechtsvorschriften ist die Einigungsstelle beteiligt (BVerwG v. 13. 2. 1976 – VII P 9.74, BVerwGE 50, 176 = ZBR 1976, 351 = PersV 1977, 179). Wenn für die Entscheidung der Einigungsstelle die gesetzlichen Grundlagen gefehlt haben, so kann das Verwaltungsgericht diese Entscheidung aufheben (BVerwG v. 13. 2. 1976 – VII P 4.75, BVerwGE 50, 186 = ZBR 1976, 228 = PersV 1977, 179). Gleiches gilt für die Klage eines Beschäftigten, der sich durch eine von der Einigungsstelle gebilligte amtliche Maßnahme beschwert fühlt. Er kann das Gericht zur Prüfung des rechtlichen Bestandes der Entscheidung der Einigungsstelle veranlassen (OVG Lüneburg v. 4. 5. 1974, ZBR 1975, 65). Das Gericht kann aber nicht die fehlende Zustimmung zu einer der Mitbestimmung unterliegenden Angelegenheit ersetzen oder die Verpflichtung der Einigungsstelle zur Ersetzung der mangelnden Zustimmung aussprechen (OVG Münster v. 20. 2. 1982, RiA 1982, 216). 26

IV. Wirkung der Entscheidung

1. Der **Beschluss** der Einigungsstelle **bindet** (grundsätzlich, Ausnahme Anm. 28; vgl. insbesondere auch Anm. 33, 33a im Hinblick auf den Beschluss des BVerfG v. 24. 5. 1995 und die gewandelte Rspr. des BVerwG zur verfassungskonformen Anwendung der vollen Mitbestimmung) **die Betei-** 27

ligten des Einigungsverfahrens, d. h. die oberste Dienstbehörde und die bei ihr bestehende zuständige Personalvertretung. Im Falle einer wirksamen Entscheidung der Einigungsstelle darf die Dienststelle in einem gleichgelagerten Fall nicht versuchen, ihre von der Ansicht der Personalvertretung abweichende Auffassung in einem erneuten Einigungsverfahren oder durch vorläufige Regelungen durchzusetzen (OVG Hamburg v. 28. 6. 1977 – OVG Bs PH 5/77, n. v.). Da der Dienststellenleiter nach Art. 20 Abs. 3 GG an Gesetz und Recht gebunden ist, kann er nicht anders handeln, als dem bindenden Beschluss der Einigungsstelle zu folgen. Wenn er der Auffassung ist, dass deren Entscheidung rechtswidrig ist, so muss er das verwaltungsgerichtliche Beschlussverfahren in Gang setzen, weil andernfalls die vom Gesetz vorgegebene Struktur des Einigungsverfahrens in Mitbestimmungsangelegenheiten einseitig unterlaufen werden könnte. Ohne eine entsprechende gerichtliche Entscheidung kann ein Dienststellenleiter daher nicht die Entscheidung der Einigungsstelle übergehen (Lorenzen u. a., § 71 Anm. 61; Richardi u. a., § 71 Anm. 42; aA Fischer u. a., § 71 Anm. 26a; vgl. auch: BVerwG v. 21.10. 1983, BVerwGE 68, 116 = ZBR 1984, 246 = PersV 1985, 432). Zur Durchführung einer von der Personalvertretung im Rahmen von § 70 beantragten Maßnahme ist ein Dienststellenleiter dann verpflichtet, wenn die Einigungsstelle deren Berechtigung anerkannt hat (Lorenzen u. a., § 71 Anm. 60; Fischer u. a., aaO). Will er der Entscheidung nicht folgen, muss er ebenfalls das Beschlussverfahren einleiten. Dagegen sind solche Beschlüsse der Einigungsstelle nicht bindend, denen die gesetzlichen Grundlagen fehlen (BVerwG v. 13. 2. 1976 – VII P 9.74, BVerwGE 50, 176 = ZBR 1976, 351 = PersV 1977, 179). Dies wäre z. B. dann der Fall, wenn die Einigungsstelle über spezifische Fragen der Eignung und Befähigung von Bewerbern entscheiden würde (Harms, PersV 1990, 201). Auch der Beschluss einer Einigungsstelle, der den Dienststellenleiter zu rechtswidrigen Amtshandlungen nötigen würde, ist wegen des Rechtsstaatsgrundsatzes nicht bindend. Ebensowenig hat die Entscheidung der Einigungsstelle eine bindende Wirkung für den Beschäftigten, wegen dessen Angelegenheit der Streit zwischen der obersten Dienstbehörde und der bei ihr bestehenden zuständigen Personalvertretung stattgefunden hat; denn im Verfahren vor der Einigungsstelle werden nicht individuelle Rechte der Beschäftigten erörtert, sondern die gegenseitigen Befugnisse und Rechte der Dienstbehörde und der Personalvertretung (BVerwG v. 13. 2. 1976, aaO). **Unbeschadet der Entscheidung der Einigungsstelle steht dem Betroffenen aber der Rechtsweg offen** (Beamte: Verwaltungsgericht in der Besetzung nach der VwGO, Arbeitnehmer: Arbeitsgericht nach dem ArbGG). Dem Kläger kann das Gericht nicht die Versagung der Zustimmung der Personalvertretung entgegenhalten (BVerwG v. 13. 2. 1976, aaO). Zur Wirkung des Beschlusses der Einigungsstelle im Fall einer Dienstvereinbarung vgl. § 70 Anm. 6 und § 73 Anm. 27.

28 2. **Der Beschluss der Einigungsstelle bindet die Beteiligten nicht,** soweit er eine Entscheidung nach § 69 Abs. 4 Satz 3 enthält, d. h. eine Empfehlung in Personalangelegenheiten von Beamten, in sonstigen Angelegenheiten (§ 76 Abs. 2) und bei Berufsförderungsmaßnahmen im Bereich der Bundespolizei. Auch in den Angelegenheiten, die aufgrund des Beschlusses des BVerfG v. 24. 5. 1995 (BVerfGE 93, 37 = ZBR 1996, 15 = PersV 1995, 553 = ZfPR 1995,185) aus verfassungsrechtlichen Gründen lediglich der eingeschränkten Mitbestimmung unterliegen, hat der Beschluss der Einigungsstelle nur den Charakter einer Empfehlung (s. Anm. 2; ferner BVerwG v. 24. 4. 2002, BVerwGE 116, 216 = ZBR 2003, 105 = PersV 2002, 546 = ZfPR 2002, 235; BVerwG v. 24. 4. 2002, ZBR 2002, 361 = PersV 2002, 542 = ZfPR 2002, 294). In diesen Fällen steht es dem Dienststellenleiter frei, ob er der Empfehlung der Einigungsstelle folgen will. Unabhängig davon ist er in jedem Fall verpflichtet, die Empfehlung sorgfältig im Hinblick auf sein weiteres Vorgehen zu prüfen (Fischer u. a., § 71 Anm. 27).

V. Abweichende Regelungen für Bahn und Post

1. **Bahn:** Die Verweigerung der Zustimmung durch die besondere Personalvertretung zu einer beamtenrechtlichen Entscheidung der **DBAG** löst nach **§ 17 DBGrG** ein Verfahren aus, das in etlichen Punkten von den §§ 69, 71 BPersVG abweicht. Insoweit wird im Einzelnen auf § 69 Anm. 47 ff., insbesondere auf Anm. 52 f. (Besonderheiten bezüglich des Einigungsverfahrens und der Einigungsstelle), verwiesen. **28a**
2. **Post:** Verweigert der Betriebsrat in einer beamtenrechtlichen Angelegenheit seine Zustimmung gegenüber der AG oder dem BMF, so greifen die besonderen Verfahrensbestimmungen des **§ 29 PostPersRG** ein, die in mehrfacher Hinsicht von der Regelung der §§ 69, 71 BPersVG – wie auch von der Regelung des § 17 DBGrG – abweichen. Die Besonderheiten hinsichtlich des Einigungsverfahrens und der Einigungsstelle werden in § 69 Anm. 58 ff. dargestellt.

VI. Streitigkeiten

1. **Die Verwaltungsgerichte** entscheiden über die Notwendigkeit der Anrufung, Zusammensetzung und **Zuständigkeit der Einigungsstelle** und auch über eine eventuelle Vornahmeklage wegen ihrer Untätigkeit nach § 83 Abs. 1 Nr. 3. Ebenso entscheiden die Verwaltungsgerichte auch darüber, in welchem Umfang eine Entscheidung der Einigungsstelle die beteiligten Dienststellen bindet (BVerwG v. 13. 2. 1976 – VII P 9.74, BVerwGE 50,176 = ZBR 1976, 351 = PersV 1977, 179; VGH Kassel v. 14. 8. 1985, ZBR 1986, 62 = PersV 1989, 42; OVG Lüneburg v. 5. 4. 1987, Leits. PersR 1988, 196). Besteht Streit über die Bestellung der Beisitzer der Einigungsstelle, so ist die Frage zu klären, ob die Bestellungsorgane bei ihrer Willensbildung ordnungsgemäß vorgegangen sind. Wird der entsprechende Beschluss der Personalvertretung angegriffen, so ist das Verfahren nach § 83 Abs. 1 Nr. 3 zu wählen, da nicht die Zusammensetzung der Einigungsstelle, „sondern eine Maßnahme der Geschäftsführung der Personalvertretung Gegenstand des Verfahrens ist" (BVerwG v. 5. 5. 1976 – VII P 17.74 – Buchholz 238.35 § 92 Nr. 1). Wird dagegen der Bestellungsakt der obersten Dienstbehörde angegriffen, so handelt es sich nicht um ein personalvertretungsrechtliches Verfahren, sondern ausschließlich um die Frage, ob die Behörde nach dem für sie maßgebenden Recht ordnungsgemäß gehandelt hat. Dies ist daher eine Streitigkeit, die im Rechtsweg vor den Verwaltungsgerichten nach den Vorschriften der VwGO zu entscheiden ist (BVerwG v. 5. 5. 1976, aaO; Richardi u. a., § 71 Anm. 24). Die Verwaltungsgerichte sind auch zuständig für die **Überprüfung von Beschlüssen der Einigungsstellen** auf ihre Rechtmäßigkeit (BVerwG v. 27. 2. 1986, PersV 1986, 329). Grundsätzlich ist eine Anfechtung eines Beschlusses der Einigungsstelle vor dem Verwaltungsgericht nur dann möglich, wenn dieser Beschluss die Beteiligten bindet (§ 69 Abs. 4 Satz 1), nicht aber dann, wenn dem Beschluss lediglich empfehlender Charakter zukommt; denn in diesem Fall kann sich die oberste Dienstbehörde jederzeit über die Empfehlung hinwegsetzen (§ 69 Abs. 4 Satz 3, BVerwG v. 24. 1. 2001, ZBR 2001, 219 = PersV 2001, 417 = ZfPR 2001, 72; OVG Hamburg v. 19. 4. 2004, PersR 2004, 485 = Leits. ZfPR 2005, 44; OVG Magdeburg v. 29. 7. 2005, PersR 2006, 215 = Leits. ZfPR 2006, 75; Fischer u. a., § 71 Anm. 46; Lorenzen u. a., § 83 Anm. 63; Richardi u. a., § 71 Anm. 46). Für die Anfechtung muss ein rechtliches Interesse daran bestehen, **29**

dass ein Spruch der Einigungsstelle rechtunwirksam ist (BAG v. 19. 2. 2002, BAGE 100, 281 = Leits. BB 2002, 2236). In diesen Fällen ist die Einigungsstelle Beteiligte. Das angerufene Verwaltungsgericht aber kann die Entscheidung der Einigungsstelle, falls sie sie für rechtwidrig hält, nicht ersetzen, sondern es kann nur die Rechtswidrigkeit des Beschlusses feststellen. Der Beschluss ist sodann aufzuheben (BVerwG v. 13. 2. 1976 – VII P 4.75, BVerwGE 50, 186, [198] = ZBR 1976, 228 = PersV 1977, 183). Das Verwaltungsgericht kann auch nicht die fehlende Zustimmung zu einer der Mitbestimmung unterliegenden Maßnahme ersetzen oder die Verpflichtung der Einigungsstelle zur Ersetzung aussprechen (OVG Münster v. 4. 5. 1987, PersR 1988, 104), z. B. dann, wenn die Einigungsstelle zu Unrecht ein Mitbestimmungsrecht angenommen hat (vgl. für das BetrVG: BAG v. 20. 7. 1999, Leits. BB 2000, 728 = DB 2000, 929 = Leits. ZBVR 2000, 182). Schließlich sind die Verwaltungsgerichte auch dann zuständig, wenn Streit über die Voraussetzungen einer Kostentragungspflicht und über den Umfang der Kosten besteht (Richardi u. a., § 71 Anm. 85). Der Anspruch auf Aufwendungsersatz bzw. auf Kostenersatz kann von einem Beisitzer unmittelbar gegenüber dem Leiter der Dienststelle geltend gemacht werden (BVerwG v. 9. 10. 1991, BVerwGE 89, 93 = Leits. ZBR 1992, 107 = PersV 1992, 218 = ZfPR 1992, 38).

30 2. Die Personalvertretung kann bei einem zuständigen Verwaltungsgericht einen Feststellungsantrag dahingehend stellen, dass die Verwaltung verpflichtet ist, einen sie bindenden Beschluss der Einigungsstelle zu vollziehen. Sie kann einen solchen Antrag aber auch im Wege einer **einstweiligen Verfügung** mit dem Ziel verfolgen, dass der Beschluss der Einigungsstelle vom Dienststellenleiter nicht vollzogen wird. Eine solche Anordnung bleibt hinter der Aufhebung des angefochtenen Beschlusses zurück. Eine Vorwegnahme der **Hauptsache ist** daher nicht gegeben. Allerdings verletzt eine Dienststelle das Mitbestimmungsrecht einer Personalvertretung nicht dadurch, dass sie nach der Entscheidung einer Einigungsstelle die beabsichtigte Maßnahme durchführt, ohne den Ausgang eines von der Personalvertretung eingeleiteten Verfahrens auf Aufhebung des Beschlusses der Einigungsstelle abzuwarten (OVG Hamburg v. 7. 5. 1996, Leits. PersV 1998, 530).

31 3. Wenn ein von der Entscheidung der Einigungsstelle **betroffener einzelner Beschäftigter** die Ordnungsmäßigkeit dieser Entscheidung angreifen möchte, dann muss er als Beamter das Verwaltungs-, als Arbeitnehmer das Arbeitsgericht anrufen (Lorenzen u. a., § 71 Anm. 72).

Schrifttum: Albers, Auswirkungen der Entscheidung des Bundesverfassungsgerichts zum Mitbestimmungsgesetz Schleswig-Holstein auf das BPersVG, PersR 1995, 501; Battis, Personalvertretung und Verfassung – kein Ende der Debatte, PersV 2005, 286; Blanke, Die Korrektur der landesgesetzlichen Mitbestimmungsregelungen durch das Bundesverwaltungsgericht-Meilensteine auf dem Weg in den autonomen Rechtsstaat, ZfPR 2003, 239; Bosch, Zum Verfahren der Einigungsstelle, ZfPR 1998, 209; Büge, Personalvertretungsrecht und demokratisches Prinzip-Ein Wunsch nach Ende der Debatte, PersR 2003, 171; Buhren, Zur gerichtlichen Kontrolle der Beschlüsse der Einigungsstelle, PersV 1983, 393; Gotthard, Dienstvereinbarung und Einigungsstelle, PersV 2002, 50; Haas, Die Befugnis der Einigungsstelle beim Abschluss von Dienstvereinbarungen, PersV 1994, 9; Harms, Kompetenzen der personalvertretungsrechtlichen Einigungsstellen bei der Personalauswahl, PersV 1990, 201; Kisker, Zum Streit um Rechtfertigung und Grenzen der Mitbestimmung des Personalrats; Besprechung des Beschlusses des Bundesverfassungsgerichts v. 24. 5. 1995, PersV 1995, 529;

Kneis, Können Gründe, die den Personalrat nicht zur Verweigerung der Zustimmung in Mitbestimmungsangelegenheiten berechtigen, zum Einigungsverfahren führen?, PersV 1975, 46; ders., Erwiderung auf Klein, PersV 1975, 241; Koch, in: Schaub, Arbeitsrechts-Handbuch, 11. Aufl. (2005), § 268 Anm. 49; Kunze, Die Einigungsstelle – Errichtung, Verfahren und Entscheidung, PersV 1977, 161; ders., Die verfassungsgemäße Einigungsstelle nach dem Dreistufenmodell des Bundesverfassungsgerichts, ZfPR 1997, 208; Plander, Verbindliche Entscheidung der Einigungsstelle in Personalangelegenheiten hoheitlich tätiger Angestellter?, PersR 1987, 13; Schnellenbach, Zum Nachschieben von Gründen im Verfahren der Mitbestimmung nach Bundesrecht, PersV 1991, 289; ders., Die Unterzeichnung der Einigungsstellenbeschlüsse, PersV 1990, 97; von Seggern, Zum Entscheidungsspielraum der Einigungsstelle im Personalvertretungsrecht, PersR 1991, 14; Widmaier, Die nach dem Personalvertretungsrecht bindende Entscheidung der Einigungsstelle in der Staatsverwaltung aus verfassungsrechtlicher Sicht, PersV 1975, 412; ders., Die Spannungen zwischen den Gruppeninteressen und dem Interesse des Staates in der Mitbestimmung der Organe der Personalvertretung, Diss. Göttingen 1975; ders., Überlegungen zum personalvertretungsrechtlichen Letztentscheidungsrecht der Gesamtregierung in personellen Angelegenheiten der Beamten, PersV 1976, 447.

§ 72 [Mitwirkungsverfahren]

(1) Soweit der Personalrat an Entscheidungen mitwirkt, ist die beabsichtigte Maßnahme vor der Durchführung mit dem Ziele einer Verständigung rechtzeitig und eingehend mit ihm zu erörtern.

(2) Äußert sich der Personalrat nicht innerhalb von zehn Arbeitstagen oder hält er bei Erörterung seine Einwendungen oder Vorschläge nicht aufrecht, so gilt die beabsichtigte Maßnahme als gebilligt. Erhebt der Personalrat Einwendungen, so hat er dem Leiter der Dienststelle die Gründe mitzuteilen. § 69 Abs. 2 Satz 6 gilt entsprechend.

(3) Entspricht die Dienststelle den Einwendungen des Personalrates nicht oder nicht in vollem Umfange, so teilt sie dem Personalrat ihre Entscheidung unter Angabe der Gründe schriftlich mit.

(4) Der Personalrat einer nachgeordneten Dienststelle kann die Angelegenheit binnen drei Arbeitstagen nach Zugang der Mitteilung auf dem Dienstwege den übergeordneten Dienststellen, bei denen Stufenvertretungen bestehen, mit dem Antrag auf Entscheidung vorlegen. Diese entscheiden nach Verhandlung mit der bei ihnen bestehenden Stufenvertretung. § 69 Abs. 3 Sätze 2, 3 gilt entsprechend. Eine Abschrift seines Antrags leitet der Personalrat seiner Dienststelle zu.

(5) Ist ein Antrag gemäß Absatz 4 gestellt, so ist die beabsichtigte Maßnahme bis zur Entscheidung der angerufenen Dienststelle auszusetzen.

(6) § 69 Abs. 5 gilt entsprechend.

Inhaltsübersicht

Entspr. landesgesetzliche Regelungen:
Baden-Württemberg: § 72; Bayern: Art. 72; Berlin: § 84; Brandenburg: § 67; Bremen: –; Hamburg: –; Hessen: §§ 72, 73; Mecklenburg-Vorpommern: § 62 Abs. 10; Niedersachsen: §§ 75, 76; Nordrhein-Westfalen: § 69; Rheinland-Pfalz: –; Saarland: § 74; Sachsen: § 76; Sachsen-Anhalt: –; Schleswig-Holstein: –; Thüringen: § 69a.

Entspr. Vorschrift des BetrVG: §§ 81 ff.

I. Vorbemerkungen

1 1. Die Vorschrift regelt das schwächere Beteiligungsrecht der **Mitwirkung.** Während die Mitbestimmung die alleinige Entscheidungsbefugnis des Leiters einer Dienststelle einschränkt, kann die Mitwirkung auf die Entscheidung des Dienststellenleiters „nur Einfluss nehmen" (BVerwG v. 12. 1. 1962, BVerwGE 13, 291 = ZBR 1962, 156 = PersV 1962, 160). Eine rechtlich festgelegte Einflussnahme auf die Maßnahmen des Dienststellenleiters ermöglicht das Mitwirkungsrecht nicht. Allerdings soll sichergestellt werden, „dass die Personalvertretung nicht nur formal angehört wird, sondern dass ihre Überlegungen in die Entscheidungen darüber einbezogen werden, ob und wie bestimmte Regelungen oder Maßnahmen getroffen werden sollen" (BVerwG v. 22. 3. 1990, PersV 1990, 437 = ZfPR 1990, 112). In den der Mitwirkung unterliegenden Angelegenheiten hat die Dienststelle die beabsichtigte Maßnahme mit der Personalvertretung rechtzeitig und eingehend mit dem Ziel der Verständigung zu erörtern (Abs. 1). Erhebt die Personalvertretung Einwendungen, so hat sie diese zu begründen (Abs. 2). Der Leiter der Dienststelle hat sodann die Auffassung der Personalvertretung zu prüfen. Will er sich dieser Auffassung nicht oder nicht in vollem Umfang anschließen, so hat er seine Entscheidung der Personalvertretung unter Angabe der Gründe mitzuteilen (Abs. 3). Die Personalvertretung kann innerhalb von drei Arbeitstagen nach Zugang der Mitteilung das im Einzelnen in Abs. 4 geregelte Verfahren einleiten.

1a 2. Ein **Initiativrecht** steht der Personalvertretung in bezug auf die ihrer Mitwirkung unterliegenden Angelegenheiten **nicht zu**; denn § 70 bezieht sich nur auf Mitbestimmungs-, nicht aber auf Mitwirkungsangelegenheiten. Hiervon unberührt bleibt das (allgemeine) Initiativrecht der Personalvertretung nach § 68 Abs. 1 (Fischer u. a., § 72 Anm. 11; Lorenzen u. a., § 72 Anm. 9).

3. Gegenüber der Mitbestimmung ist die Mitwirkung die schwächere Beteiligungsform, weil sie nicht die Einschaltung einer Einigungsstelle vorsieht. In den der Mitwirkung unterliegenden Angelegenheiten soll der Personalvertretung Gelegenheit gegeben werden, sich im Bereich der Organisations- und Personalhoheit des Dienstherrn zu äußern (BVerwG v. 22.3. 1990, PersV 1990, 437 = ZfPR 1990, 110). Die Mitwirkung der Personalvertretung setzt erst ein, wenn die Dienststelle eine Maßnahme „beabsichtigt". Das ist jedoch so lange noch nicht der Fall, wie die Dienststelle noch mit der Erwägung befasst ist, ob überhaupt eine Maßnahme getroffen werden soll (VGH Kassel v. 15. 7. 1976, Leits. ZBR 1976, 374; vgl. auch Windscheid, PersV 1972, 81 sowie § 69 Anm. 8). Ebensowenig ist die Willensbildung des Dienststellenleiters dann abgeschlossen, wenn der vor der Anfechtung beamtenrechtlicher Maßnahmen stets erforderliche Widerspruchsbescheid (§ 126 Abs. 3 Nr. 1 BRRG) noch nicht erlassen ist (BVerwG v. 24. 11. 1983, BVerwGE 68, 189 = PersV 1986, 24). Eine bis dahin unterbliebene Mitwirkung der Personalvertretung kann noch während des Widerspruchsverfahrens in einem ordnungsgemäßen Mitwirkungsverfahren nachgeholt werden (BVerwG v. 24. 11. 1983, aaO). Die Personalvertretung muss über die beabsichtigte mitwirkungspflichtige Maßnahme eingehend (schriftlich oder mündlich) und so frühzeitig informiert werden, dass ihr genügend Zeit bleibt, um sich auf die Erörterung mit dem Dienststellenleiter vorzubereiten. Die Information über die beabsichtige Maßnahme muss **vollständig** erfolgen (BVerwG v. 27. 1. 1995, ZfPR 1995, 80). Dies bedeutet, dass die Personalvertretung so umfassend wie der Dienststellenleiter selbst unterrichtet sein muss; denn nur dann kann sie „alle von der beabsichtigten Maßnahme im Einzelfall betroffenen Belange umfassend und vertretbar" würdigen (BVerwG v. 9. 10. 1996, ZfPR 1997, 12; vgl. eingehend § 68 Anm. 34 ff.). Eine **mangelhafte bzw. unterbliebene Beteiligung** der Personalvertretung an den der Mitwirkung unterliegenden Maßnahmen führt nicht zur Unwirksamkeit der Maßnahme. Die Personalvertretung kann die Verletzung ihres Mitwirkungsrechts aber in einem personalvertretungsrechtlichen Beschlussverfahren feststellen lassen. Falls das Gericht dem Antrag der Personalvertretung stattgibt, ist der Dienststellenleiter auf Grund seiner Bindung an Gesetz und Recht (Art. 20 Abs. 3 GG) verpflichtet, die Maßnahme rückgängig zu machen. Dies gilt für organisatorische Maßnahmen. Nur für die Kündigung hat der Gesetzgeber ausdrücklich festgelegt, dass diese unwirksam ist, wenn die Personalvertretung nicht beteiligt worden ist (§ 79 Abs. 4). Wenn es sich bei der mitwirkungspflichtigen Maßnahme, bei der die Personalvertretung überhaupt nicht oder unter Verletzung von Verfahrensvorschriften beteiligt worden ist, um einen Verwaltungsakt handelt (z. B. Erhebung einer Disziplinarklage gegen einen Beamten, Entlassung eines Beamten auf Probe), dann kann der Betroffene die Maßnahme fristgerecht anfechten. Hat eine Personalvertretung einer mitwirkungspflichtigen Maßnahme (Entlassung eines Beamten auf Probe) zugestimmt, so ist diese Maßnahme nicht wegen eines vom Dienststellenleiter zu verantwortenden Mangels bei der Einleitung des Mitwirkungsverfahrens (z. B. nicht ordnungsgemäße Vertretung) rechtswidrig (BVerwG v. 6. 4. 1989, ZBR 1990, 19 = PersV 1989, 531). 2

II. Verfahren

1. Die **Mitwirkung** der Personalvertretung ist **für Angelegenheiten nach den §§ 78 Abs. 1, 79 Abs. 2 zwingend vorgeschrieben** (Fischer u. a., § 72 Anm. 4). Das Mitwirkungsverfahren ist zwar – ebenso wie das Mitbestimmungsverfahren – dreistufig ausgestaltet. Wenn es aber zwischen Dienststellenleiter und Personalvertretung nicht zu einer Einigung kommt, dann kann die nächst höhere Dienststelle lediglich durch die Personalvertretung angerufen 3

werden. Spätestens bei der obersten Dienstbehörde endet das Verfahren. Die Einigungsstelle kann nicht eingeschaltet werden.

4 2. Wenn der Dienststellenleiter eine mitwirkungsbedürftige Maßnahme beabsichtigt, muss er diese Absicht rechtzeitig, eingehend und mit dem **Ziel der Verständigung** mit der Personalvertretung erörtern. Teilweise wird die Auffassung vertreten, dass eine **Erörterung** auch schriftlich erfolgen könne (BVerwG v. 26. 7. 1984, PersV 1986, 110; Fischer u. a., § 72 Anm. 8; Lorenzen u. a., § 72 Anm. 17; Richardi u. a., § 72 Anm. 21). Dem aber ist entgegenzuhalten, dass nach dem allgemeinen Sprachverständnis das Wort „erörtern" ein Gespräch zwischen den Beteiligten voraussetzt. Der Austausch gegensätzlicher schriftlicher Stellungnahmen kann ein Gespräch nicht ersetzen (vgl. für das BetrVG: BAG v. 15. 8. 2006, PersR 2007, 164 = ZfPR online 3/2007, S. 9 unter Hinweis auf zahlreiche frühere Entscheidungen der zuständigen Senate). Auch das Bundesverwaltungsgericht (BVerwG v. 27. 1. 1995, BVerwGE 97, 349 = PersV 1995, 443 = ZfPR 1995, 80) vertritt die Auffassung, dass zum Mindestbestandteil einer Erörterung ein Informations- und/oder Gedankenaustausch gehört. Dem ist aus folgenden Gründen zuzustimmen: Die Mitwirkung ist eine relativ schwache Form der Beteiligung. Umso mehr muss es in den Fällen, in denen der Gesetzgeber eine Angelegenheit der Mitwirkung der Personalvertretung unterwirft, darauf ankommen, dass ein Gespräch zwischen Dienststellenleiter und Personalvertretung zustande kommt, in dem das Für und Wider einer beabsichtigten Maßnahme und deren Folgen eingehend „mit dem Ziel einer Verständigung rechtzeitig und eingehend" diskutiert werden. Dieses Ziel kann grundsätzlich nur bei einer persönlichen Begegnung erreicht werden, die eher als der Austausch von Schriftstücken eine Atmosphäre schafft, in der eine Verständig möglich wird. Ein persönliches Gespräch ist nur dann entbehrlich, wenn eine ordnungsgemäße Unterrichtung über die beabsichtigte Maßnahme erfolgt ist und die Personalvertretung dieser Maßnahme ausdrücklich zustimmt oder wenn die Maßnahme deshalb als gebilligt gilt, weil die Personalvertretung keine Stellungnahme innerhalb der gesetzlichen Äußerungsfrist von zehn Arbeitstagen (Abs. 2 Satz 1) abgegeben hat oder wenn sie auf eine Erörterung verzichtet, obwohl sie zuvor Einwendungen erhoben hat (vgl. für das BetrVG: BAG v. 20. 1. 2000, Leits. BB 2000, 728). Falls eine Personalvertretung Einwände erhebt, ohne entweder ausdrücklich oder aber konkludent eine Erörterung zu verlangen, ist der Austausch von Schriftsätzen ausreichend.

4a a) Hat eine **Personalvertretung auf einzelne Verfahrensrechte** im Rahmen des Mitwirkungsverfahrens **verzichtet,** so ist sie selbst dann nicht zu einer Erörterung mit dem Dienststellenleiter verpflichtet wenn sie Einwendungen gegen die beabsichtigte Maßnahme erhoben hat. Infolgedessen kann sie auch nicht die Endgültigkeit einer mitwirkungsbedürftigen Maßnahme dann geltend machen, wenn eine jahrelange Verfahrensabrede mit der Dienststelle dahingehend bestand, seitens der Personalvertretung auf eine Erörterung trotz erhobener Einwendungen zu verzichten, es sei denn, dass die Absicht der Erörterung dem Dienststellenleiter gesondert angezeigt wird. In diesen Fällen darf ein Dienststellenleiter davon ausgehen, dass trotz der von der Personalvertretung erhobenen Einwendungen eine Erörterung dann unterbleiben kann, wenn mit den Einwendungen nicht zugleich auch der Wunsch nach einer Erörterung mit dem Dienststellenleiter geäußert wird (OVG Koblenz v. 6. 6. 2000, Leits. PersV 2001, 44 = ZfPR 2001, 113).

4b b) Hat die Personalvertretung den **Wunsch nach weiteren Informationen** geäußert, dann muss der Dienststellenleiter diesem Wunsch nachkommen. In jedem Fall muss die Personalvertretung innerhalb der Frist von zehn Arbeitstagen die Erörterung bzw. die weiteren Informationen wünschen. Ob dann der Dienststellenleiter die Erörterung durchführt bzw. die Informationen nachreicht, ist ihm überlassen. In jedem Fall aber muss beides vor Durchführung der beabsichtigten Maßnahme erfolgen (BVerwG v. 27. 1. 1995, BVerwGE 97, 349 = Leits. ZBR 1995, 319 = PersV 1995, 443 = ZfPR 1995, 80).

3. **„Rechtzeitig" ist die Erörterung nur** dann, wenn sie so frühzeitig geführt wird, dass etwaige Gegenvorstellungen der Personalvertretung noch bei der weiteren Planung berücksichtigt und in sie einbezogen werden können. Daher muss die Erörterung so frühzeitig wie möglich stattfinden (BVerwG v. 24. 11. 1983, BVerwGE 68, 189 = PersV 1986, 24). Infolgedessen muss ein Dienststellenleiter die Personalvertretung so frühzeitig unterrichten, dass diese ausreichend Gelegenheit hat, sich auf die Erörterung einzustellen und evtl. eine Vorberatung durchzuführen; sie darf nicht vor vollendete Tatsachen gestellt werden (Lorenzen u. a., § 72 Anm. 12; vgl. Anm. 2). Deshalb ist im Zusammenhang mit der Frage der Rechtzeitigkeit der Information auf den Einzelfall, vor allen Dingen darauf abzustellen, ob der Personalvertretung noch ausreichend Zeit zur Vorbereitung bleibt (Fischer u. a., § 72 Anm. 7). 5

4. **„Eingehend" ist die Erörterung nur,** wenn alle für und gegen die beabsichtigte Maßnahme sprechenden erkennbaren Erwägungen zur Sprache kommen und wenn die Position der jeweils anderen Seite zum Gegenstand einer ernsthaften Auseinandersetzung gemacht wird (BVerwG v. 27. 1. 1995, BVerwGE 97, 349 = Leits. ZBR 1995, 319 = PersV 1995, 443 = ZfPR 1995, 80). Dazu gehört die Kenntnis des vollständigen Unterlagenmaterials, das dem Dienststellenleiter zur Verfügung steht und für ihn maßgebend war (BVerwG v. 27. 1. 1995, BVerwGE 97, 349 = Leits. ZBR 1995, 319 = PersV 1995, 443 = ZfPR 1995, 80; vgl. im Übrigen § 68 Anm. 36). 6

5. **„Mit dem Ziel der Verständigung" wird die Erörterung nur** dann geführt, wenn sowohl Dienststellenleiter wie Personalvertretung in die Erörterung mit der Absicht eintreten, ein positives Ergebnis zu erzielen und wenn beide diese Absicht bis zum Abschluss der Erörterung beibehalten (Lorenzen u. a., § 72 Anm. 8). 7

6. Die **Erörterung** zwischen Dienststellenleiter und Personalvertretung **ist kein laufendes Geschäft des Vorstands** (Fischer u. a., § 72 Anm. 9; Lorenzen u. a., § 72 Anm. 24, § 79 Anm. 57). Vielmehr ist für sie das Plenum zuständig, da die Erörterung Bestandteil des Mitwirkungsverfahrens ist und daher nicht auf den Vorsitzenden im Rahmen der laufenden Geschäftsführung übertragen werden kann. Durch die Erörterung werden keine neuen Fristen ausgelöst, so dass sich die Personalvertretung, wenn es erst nach Ablauf der Äußerungsfrist zu einer Erörterung gekommen ist, noch während dieser Erörterung oder unmittelbar danach endgültig zu der beabsichtigten Maßnahme äußern muss (BVerwG, 27. 1. 1995, BVerwGE 97, 349 = Leits. ZBR 1995, 319 = PersV 1995, 443 = ZfPR 1995, 80). Dabei ist die Personalvertretung nicht auf bestimmte Widerspruchsgründe beschränkt; sie kann daher auch Gegenvorschläge aller Art machen, die sich allerdings auf die beabsichtigte Maßnahme beziehen müssen. Lediglich im Hinblick auf den Fall des § 78 Abs. 1 Nr. 3 (Erhebung der Disziplinarklage) kann die Personalvertretung nur die sich aus § 77 Abs. 2 Nr. 1 ergebenden Einwendungen geltend machen (Lorenzen u. a., § 72 Anm. 25). Die mündliche Erörterung führt auf seiten der Dienststelle grundsätzlich der Dienststellenleiter oder sein ständiger Vertreter. 8

III. Fristen/Inhalt der Äußerung

9 1. Abs. 2 Satz 1 schreibt der Personalvertretung eine **Äußerung innerhalb einer Frist von zehn Arbeitstagen** vor. Bei einer unvollständigen Information, z. B. dann, wenn nicht alle Unterlagen der Personalvertretung vorgelegt werden, wird das Mitwirkungsrecht verletzt (BVerwG v. 24. 2. 2006, PersV 2006, 217 = Leits. ZfPR 2006, 68 = PersR 2006, 255). Die Frist beginnt mit der ordnungsgemäßen, d. h. vollständigen Unterrichtung der Personalvertretung über die das Mitwirkungsrecht auslösende Maßnahme. Der Fristbeginn setzt nicht auch die (schriftliche oder mündliche) Erörterung voraus (BVerwG v. 27. 1. 1995, BVerwGE 97, 349 = Leits. ZBR 1995, 319 = PersV 1995, 443 = ZfPR 1995, 80); die gleiche Frist gilt auch für den Fall, dass sich die Personalvertretung zu der beabsichtigten Maßnahme noch nicht geäußert, sondern eine Erörterung verlangt hat (Fischer u. a., § 72 Anm. 9). Ebenso wenig wie im Zusammenhang mit einem Mitbestimmungsverfahren kann die Frist im Mitwirkungsverfahren einvernehmlich verlängert werden (vgl. § 69 Anm. 11). Schweigt die Personalvertretung, so gilt die Absicht der Dienststelle als gebilligt. Da die Mitteilung der Dienststelle über die von ihr beabsichtigte Maßnahme eine Frist in Lauf setzt, muss sie aktenkundig gemacht werden. Die Mitteilung kann schriftlich oder mündlich ergehen (Fischer u. a., § 72 Anm. 7; Richardi u. a., § 72 Anm. 13). Gegen die Versäumung der Äußerungsfrist ist Wiedereinsetzung in den vorigen Stand nicht möglich (vgl. § 69 Anm. 9). Die geringeren Rechte einer Personalvertretung im Rahmen eines Mitwirkungsverfahrens sollen zumindest dadurch teilweise ausgeglichen werden, dass die betreffende Maßnahme rechtzeitig und eingehend mit dem Ziel der Verständigung erörtert wird. Infolgedessen hat eine Dienststelle ohne schuldhaftes Zögern auch einem nicht näher begründeten Erörterungsverlangen der Personalvertretung grundsätzlich zu entsprechen. Im Übrigen korrespondiert ein solches Verhalten mit dem Grundsatz der vertrauensvollen Zusammenarbeit (Becker, ZfPR 1996, 166, 169).

10 2. Die **Äußerung der Personalvertretung** kann darin bestehen, dass sie der beabsichtigten Maßnahme im ganzen oder teilweise widerspricht (Abs. 2 Satz 2) oder dass sie der Maßnahme zustimmt. Aus Beweissicherungsgründen ist Schriftform notwendig (Fischer u. a., § 72 Anm. 14; aA Lorenzen u. a., § 79 Anm. 71). Stimmt die Personalvertretung ausdrücklich zu, so ist die Maßnahme gebilligt; schweigt sie, so gilt sie als gebilligt (vgl. hierzu § 69 Anm. 17). Der Widerruf der Zustimmung ist nicht möglich (Lorenzen u. a., § 79 Anm. 68).

11 3. Wenn die Personalvertretung der beabsichtigten Maßnahme nicht zustimmen will, muss sie dem Dienststellenleiter eine **Begründung für ihre Ablehnung** geben. Andernfalls sind die Einwendungen unbeachtlich (BVerwG v. 27. 1. 1995, BVerwGE 97, 349 = Leits. ZBR 1995, 319 = PersV 1995, 443 = ZfPR 1995, 80; Fischer u. a., § 72 Anm. 13, 15; Lorenzen u. a., § 72 Anm. 20), obwohl das Gesetz keine inhaltlichen Anforderungen an die Stellungnahme stellt. Die Begründung darf aber nicht formelhaft erfolgen; vielmehr muss sie dem Einzelfall angepasst sein. Andernfalls ist sie wie eine Zustimmungsverweigerungserklärung ohne Angabe von Gründen zu behandeln (BVerwG v. 12. 3. 1986, BVerwGE 74, 100 = ZBR 1986, 310 = PersV 1986, 417). Die Personalvertretung kann grundsätzlich Einwendungen jeder Art erheben und dadurch die Entscheidung der übergeordneten Dienststellen veranlassen. Sie ist nicht auf die in § 77 Abs. 2 aufgeführten Tatbestände beschränkt (VGH Mannheim v. 24. 7. 2007, Leits. ZfPR 2007, 114). Der Leiter der Dienststelle ist jedoch gehalten, unmittelbar nach Zugang der Ablehnung – aber noch innerhalb der Äußerungsfrist – der Perso-

nalvertretung Gelegenheit zu geben, unverzüglich Gründe nachschieben zu können. Liegen der Dienststelle nicht innerhalb dieser Frist Gründe für die Ablehnung vor, so gilt die Maßnahme als gebilligt (VGH München v. 10. 12. 1986, Leits. PersR 1988, 28)

4. Wenn die Personalvertretung ihre volle oder teilweise Ablehnung **mit Behauptungen tatsächlicher Art** begründet, die für einen Beschäftigten ungünstig sind oder nachteilig werden können, so muss seitens des Dienststellenleiters **dem Betroffenen Gelegenheit zur Äußerung** gegeben und diese Äußerung aktenkundig gemacht werden (vgl. § 90 Satz 2 BBG; Fischer u. a., § 72 Anm. 12). Der Betroffene braucht nicht derjenige Beschäftigte zu sein, auf den sich die beabsichtigte Maßnahme bezieht. Der Grundsatz der vertrauensvollen Zusammenarbeit und die Schutzfunktion der Personalvertretung (vgl. § 68) gebieten es, dem durch eine tatsächliche Behauptung Betroffenen auch dann Gelegenheit zur Äußerung zu geben, wenn die Personalvertretung eine tatsächliche Behauptung über ihn in anderem Zusammenhang amtlich aufgestellt hat (zur Rechtswidrigkeit einer nicht stichhaltigen Äußerung der Personalvertretung: § 69 Anm. 19). 12

5. Der Dienststellenleiter ist nicht verpflichtet, nicht einmal berechtigt, zu untersuchen, ob die interne Willensbildung der Personalvertretung die von ihr ausdrücklich oder durch Schweigen erklärte Zustimmung rechtfertigt. Hat der Dienststellenleiter aber begründete **Zweifel an dem korrekten Zustandekommen der internen Willensbildung,** so muss er diesen nachgehen. Er darf die Stellungnahme der Personalvertretung nicht berücksichtigen, wenn er damit seine in Art. 20 Abs. 3 GG festgelegte Bindung an Recht und Gesetz verletzen würde (VG Düsseldorf v. 3. 4. 1973, PersV 1974, 20). 13

IV. Entscheidung des Dienststellenleiters

Wenn die Personalvertretung Einwendungen gegen die beabsichtigte Maßnahme erhebt, die sie auch nach einer Erörterung aufrechterhält, so entscheidet der **Dienststellenleiter nach pflichtgemäßem Ermessen,** ob und gegebenenfalls wie weit er diesen Einwendungen und Gegenvorschlägen entsprechen will. Tut er dies nicht oder nicht in vollem Umfang, so ist er verpflichtet, seine Entscheidung unter Angabe der Gründe der Personalvertretung bekanntzugeben. Schriftform ist zur Vermeidung von Missverständnissen zwingend vorgeschrieben (Abs. 3), vor allem aber deshalb, weil sie die Grundlage für ein evtl. Verfahren nach Abs. 4 bilden kann. Eine schriftliche Mitteilung erübrigt sich auch dann nicht, wenn der zuständigen Personalvertretung im Organisationsaufbau keine weitere Personalvertretung mehr vorgeht (aA Fischer u. a., § 69 Anm. 14; Lorenzen u. a., § 72 Anm. 27). 14

V. Weiteres Verfahren

1. Kommt es auch **nach Erörterung** zwischen Personalvertretung und Dienststellenleiter **nicht zu einer Einigung,** so geht die Entscheidungsbefugnis dann auf die nächsthöhere Dienststelle über, wenn innerhalb von drei Arbeitstagen nach Zugang der Mitteilung, den Einwendungen der Personalvertretung nicht stattgeben zu wollen, die Personalvertretung einer nachgeordneten Dienststelle die Angelegenheit „auf dem Dienstwege den übergeordneten Dienststellen, bei denen Stufenvertretungen bestehen, mit dem Antrag auf Entscheidung“ vorlegt (Abs. 4 Satz 1). Die übergeordnete Dienststelle kann das Mitwirkungsverfahren nicht einseitig abbrechen. Vielmehr muss sie nach Verhandlung mit der bei ihr gebildeten Stufenvertretung entscheiden. Es kommt in diesem Zusammenhang nicht darauf an, ob deren Einwendungen sachlich begründet oder auch nur einleuchtend sind. 15

16 2. Anders als im Mitbestimmungsverfahren kann **alleine die Personalvertretung die Angelegenheit der nächsthöheren Dienststelle vorlegen.** Zwar könnte auch der Dienststellenleiter die übergeordnete Dienststelle anrufen. Er wird hierzu aber regelmäßig keine Veranlassung haben, weil er nach Ablauf von drei Arbeitstagen dann zur Durchführung der beabsichtigten Maßnahme auch gegen den Willen der Personalvertretung berechtigt ist, wenn diese die Angelegenheit nicht der nächsthöheren Dienststelle vorlegt.

17 3. Die **Vorlage** muss **innerhalb** einer Frist **von drei Arbeitstagen** schriftlich und mit Begründung erfolgen. Die Frist wird verdoppelt, wenn das Mitwirkungsrecht von einer Stufenvertretung oder einem Gesamtpersonalrat auszuüben ist und es sich um eine Angelegenheit handelt, die eine einzelne Dienststelle bzw. einen einzelnen Beschäftigten einer nachgeordneten Dienststelle oder eines Dienststellenteils betrifft (§ 82 Abs. 2). Der Tag des Zugangs der Mitteilung durch den Dienststellenleiter, der den Einwendungen der Personalvertretung nicht folgen will, wird nicht mitgerechnet (§ 187 Abs. 1 BGB). Die Frist ist auch gewahrt, wenn die Angelegenheit nicht innerhalb von drei Arbeitstagen der übergeordneten Dienststelle zugeht, sondern dem Dienststellenleiter, der die mitwirkungsbedürftige Maßnahme beabsichtigt (Fischer u. a., § 72 Anm. 16; Lorenzen u. a., § 72 Anm. 29; Richardi u. a., § 72 Anm. 38). Im Übrigen ist es zur Fristwahrung ausreichend, wenn die Angelegenheit binnen drei Arbeitstagen auf den Dienstweg gebracht wird (Fischer u. a., § 72 Anm. 16).

18 4. **Jeweils übergeordnete Dienststelle** ist diejenige Dienststelle, die im Instanzenzug der Dienststelle übergeordnet ist, bei der die Personalvertretung, die die betreffende Angelegenheit weiterbringen will, besteht. Ein (örtlicher) Personalrat hat daher die Angelegenheit der Behörde der Mittelstufe, bei der ein Bezirkspersonalrat besteht, vorzulegen. Der Bezirkspersonalrat seinerseits hat die oberste Dienstbehörde, bei der ein Hauptpersonalrat gebildet ist, anzurufen. Ist es in einer der Mitwirkung unterliegenden Angelegenheit zwischen der obersten Dienstbehörde und dem dort bestehenden (örtlichen) Personalrat nicht zu einer Einigung gekommen, so besteht keine Vorlagemöglichkeit mehr, da die Angelegenheit mit der Mitteilung des Leiters der obersten Dienstbehörde entschieden ist (Fischer u. a., § 72 Anm. 16; vgl. im Übrigen § 69 Anm. 20 ff.).

19 5. Die von der Personalvertretung nach vorangegangenem Plenumsbeschluss **angerufene Dienststelle entscheidet „nach Verhandlung“** mit der bei ihr bestehenden Stufenvertretung. Diese Verhandlung ist ebenfalls eine „rechtzeitige und eingehende Erörterung mit dem Ziel der Verständigung“, wobei keine der beiden Seiten an die Auffassung der vorangegangenen Stufe, weder des dortigen Dienststellenleiters noch der bei ihm gebildeten Personalvertretung, gebunden ist (Fischer u. a., § 72 Anm. 18; Lorenzen u. a., § 72 Anm. 31). Besteht – gleich aus welchen Gründen – bei der nächsthöheren Dienststelle keine Stufenvertretung, so ist eine Anrufung dieser Dienststelle nicht möglich. In diesem Fall kann sofort die oberste Dienstbehörde, bei der eine Stufenvertretung gebildet ist, angerufen werden (Richardi u. a., § 72 Anm. 45). Das Verfahren ist dann beendet, wenn die Entscheidung über die Einwendungen der Personalvertretung durch eine oberste Dienstbehörde ergeht, ebenfalls dann, wenn bei der übergeordneten Dienststelle keine Stufenvertretung besteht (Fischer u. a., § 72 Anm. 16).

20 6. Die entsprechende Anwendung des § 69 Abs. 3 Sätze 2 und 3 bedeutet, dass in **Körperschaften,** Anstalten oder Stiftungen des öffentlichen Rechts

das in ihrer Verfassung vorgesehene oberste Organ der obersten Dienstbehörde gleichzusetzen ist. Der obersten Dienstbehörde ist das in der Verfassung für die Geschäftsführung vorgesehene oberste Organ gleichzusetzen (vgl. im Einzelnen § 69 Anm. 25).

7. In Fällen der Mitwirkung ist die **Zuleitung der Abschrift** des Antrags der Personalvertretung auf Entscheidung der übergeordneten Dienststelle an die eigene Dienststelle (Abs. 4 Satz 4) deswegen notwendig, weil der Dienststellenleiter wissen muss, ob er die Maßnahme auszusetzen hat. Zweckmäßig ist es, mit dem Antrag an die übergeordnete Dienststelle gleichzeitig an die eigene Dienststelle eine Abschrift zuzuleiten. Da das Gesetz von der Zuleitung einer Abschrift spricht, muss diese Abschrift identisch mit dem Antrag selbst sein (Fischer u. a., § 72 Anm. 17; Lorenzen u. a., § 72 Anm. 29). Die Unterlassung der Zuleitung einer Abschrift ist zwar ein Pflichtverstoß, weil der Dienststellenleiter in dem irrigen Glauben gehalten werden kann, die Personalvertretung habe durch Schweigen zugestimmt. Materiell aber wird die Entscheidung der übergeordneten Dienststelle durch die Unterlassung nicht berührt (vgl. auch Abs. 5). 21

VI. Entscheidungen

1. Nach Abs. 5 ist die Dienststelle verpflichtet, die **Durchführung der beabsichtigten Maßnahme** so lange **zurückzustellen,** wie über einen Antrag der Personalvertretung nach Abs. 4 noch nicht abschließend entschieden worden ist. Die Dienststelle kann auch keine Teilregelung oder nur vorbereitende Maßnahmen treffen, die die angestrebte endgültige Maßnahme möglicherweise vorwegnehmen oder doch zumindest in bestimmter Richtung vorherbestimmen (Fischer u. a., § 72 Anm. 20; Lorenzen u. a., § 72 Anm. 35). 22

2. Die oberste Dienstbehörde hat nach Verhandlung mit der bei ihr bestehenden Stufenvertretung zu entscheiden (Abs. 4 Satz 2). Dies bedeutet, dass die oberste Dienstbehörde „mit dem Ziel einer Verständigung" die Maßnahme rechtzeitig und eingehend mit der Stufenvertretung zu erörtern hat (vgl. Abs. 1). Ebenso findet Abs. 2 entsprechende Anwendung (Fischer u. a., § 72 Anm. 18). Wenn es nicht zu einer Verständigung zwischen oberster Dienstbehörde und Stufenvertretung kommt, so **entscheidet** nach pflichtgemäßem Ermessen die **oberste Dienstbehörde endgültig.** Sie hat sodann die nachgeordneten Dienststellen anzuweisen, entsprechend ihrer Entscheidung zu verfahren. Über das Ergebnis ihrer Entscheidung hat sie auch die Personalvertretung zu unterrichten (Richardi u. a., § 72 Anm. 51). 23

VII. Vorläufige Regelung

Auch im Mitwirkungsverfahren kann die Dienststelle **vorläufige Regelungen** treffen (Abs. 6). Die Voraussetzungen sind denen vergleichbar, die auch für das Mitbestimmungsverfahren gelten (§ 69 Abs. 5). Eine vorläufige, in Bezug auf eine dem Mitwirkungsrecht der Personalvertretung unterliegende Maßnahme darf nur dann getroffen werden, wenn die Dauer eines evtl. Stufenverfahrens zu einer nicht hinnehmbaren Verzögerung führen würde. Durch die entsprechende Maßnahme dürfen aber weder rechtlich noch tatsächlich vollendete Tatsachen geschaffen werden. Die vorläufige Maßnahme muss im Übrigen sachlich und zeitlich eng begrenzt sowie auf das unbedingt notwendige Maß beschränkt sein. Daher darf die Maßnahme nicht soweit gehen, dass eine wirkungsvolle Ausübung des Mitwirkungsrechts unmöglich gemacht wird. Der Dienststellenleiter hat die Personalvertretung von der vorläufigen Maßnahme zu unterrichten und deren Notwendigkeit zu begründen. Im Übrigen wird auf die Anm. 36 ff. zu § 69 verwiesen. 24

VIII. Folgen der Nichtbeachtung des Mitwirkungsverfahrens

24a Es wird verwiesen auf Anm. 2. Die Rechtsfolgen der Verletzung des Mitwirkungsrechts bei den mitwirkungspflichtigen Maßnahmen werden bei § 78 Anm. 34 b dargestellt.

IX. Streitigkeiten

25 Die Verwaltungsgerichte entscheiden bei Streitigkeiten und Meinungsverschiedenheiten darüber, ob überhaupt ein Beteiligungsfall in Form der Mitwirkung vorliegt und Streitigkeiten darüber, ob die Verfahrensregeln eingehalten wurden (Lorenzen u. a., § 72 Anm. 41).

Schrifttum: Fischer, Vorläufige Regelungen nach dem Bundespersonalvertretungsgesetz, ZBR 1979, 322; Grabendorff, Die Folgen fehlender oder fehlerhafter Beteiligung des Personalrats, ZBR 1960, 97; Windscheid, Wann ist eine Maßnahme „beabsichtigt"?, PersV 1972, 81; ders., Die Beteiligung des Personalrats bei der Übertragung eines Beförderungsdienstpostens bzw. einer höherbewerteten Tätigkeit und bei der Einstellung, PersV 1969, 146; ders., Zur Frage der Mitwirkung oder Mitbestimmung in personellen Angelegenheiten der Beamten, PersV 1971, 49.

§ 73 [Dienstvereinbarungen]

(1) Dienstvereinbarungen sind zulässig, soweit sie dieses Gesetz ausdrücklich vorsieht. Sie werden durch Dienststelle und Personalrat gemeinsam beschlossen, sind schriftlich niederzulegen, von beiden Seiten zu unterzeichnen und in geeigneter Weise bekanntzumachen.

(2) Dienstvereinbarungen, die für einen größeren Bereich gelten, gehen den Dienstvereinbarungen für einen kleineren Bereich vor.

Inhaltsübersicht

Entspr. landesgesetzliche Regelungen:
Baden-Württemberg: § 73; Bayern: Art. 73; Berlin: § 74; Brandenburg: § 70; Bremen: § 62; Hamburg: § 83; Hessen: § 113 Abs. 2 bis 4; Mecklenburg-Vorpommern: § 66; Niedersachsen: § 78; Nordrhein-Westfalen: § 70; Rheinland-Pfalz: § 76; Saarland: § 76; Sachsen: § 84; Sachsen-Anhalt: § 70; Schleswig-Holstein: § 57; Thüringen: § 72.

Entspr. Vorschrift des BetrVG: § 77.

I. Vorbemerkungen

1. Die Dienstvereinbarung dient dazu, **bestimmte Angelegenheiten** des öffentlichen Dienstes für beide an der Ausgestaltung des Personalverfassungsrechts beteiligten Partner **verbindlich festzulegen,** soweit eine gesetzliche oder tarifliche Regelung nicht besteht. **Sie ist nur zulässig,** soweit sie das Gesetz ausdrücklich vorsieht. Durch diese Beschränkung unterscheidet sich die Dienstvereinbarung des BPersVG wesentlich von der Betriebsvereinbarung des BetrVG, das eine solche Beschränkung nicht kennt. Das BPersVG lässt Dienstvereinbarungen ausdrücklich nur in den Fällen des § 75 Abs. 3, 5 und des § 76 Abs. 2 zu (Beispiele: gleitende Arbeitszeit, BVerwG v. 28. 1. 1975 – VII P 19.74, n. v.; Fortbildung, BVerwG v. 14. 7. 1977 – VII P 5.75 – Buchholz 238.3 A § 77 Nr. 2; Sozialeinrichtungen, BVerwG v. 16. 9. 1977, ZBR 1978, 207 = PersV 1979, 63; BVerwG v. 8. 7. 1983, ZBR 1984, 79 = PersV 1985, 65). Wird in einem dieser Mitbestimmungsfälle eine Dienstvereinbarung abgeschlossen, so ist das Mitbestimmungsrecht der Personalvertretung abgegolten. Das Institut der Dienstvereinbarung soll Dienststellenleitern und Personalvertretungen die Möglichkeit geben, in dem jeweiligen Sachzusammenhang zu überlegen, ob der Abschluss einer generellen Vereinbarung (Dienstvereinbarung) im Verhältnis zu einer Aneinanderreihung einzelner Regelungen mit jeweiliger Beteiligung der Personalvertretung zweckmäßiger ist (BVerwG v. 1. 11. 1983, ZBR 1984, 151; BVerwG v. 9. 12. 1992,BVerwGE 91, 276 = ZBR 1993, 317 = PersV 1994, 173 = ZfPR 1993, 118; vgl. auch § 75 Anm. 78). Erfolgt der Abschluss einer Dienstvereinbarung zwischen oberster Dienstbehörde und Hauptpersonalrat, so scheidet eine Mitbestimmung im nachgeordneten Bereich aus (BVerwG v. 8. 7. 1983, ZBR 1984, 79 = PersV 1985, 65; VGH Mannheim v. 7. 5. 1988, ZBR 1989, 95). Zum Initiativrecht auf Abschluss von Dienstvereinbarungen vgl. § 70 Anm. 6. 1

2. **Dienstvereinbarungen,** die das Gesetz nicht ausdrücklich vorsieht, **sind rechtsunwirksam** (BVerwG v. 16. 12. 1960, BVerwGE 11, 307 = ZBR 1961, 215 = PersV 1961, 104; VGH Kassel v. 18. 4. 1983, DÖV 1984, 119). Dies gilt beispielsweise für eine Dienstvereinbarung, die die Verpflichtung zur Gewährung eines Essensgeldzuschusses zum Gegenstand hat (OVG Münster v. 26. 6. 1984, RiA 1985, 46). Ebenso ist eine Dienstvereinbarung unwirksam, die eine Versetzung eines Arbeitnehmers im Wege einer Disziplinarmaßnahme vorsieht, da eine entsprechende Ermächtigung im Personalvertretungsgesetz nicht enthalten ist (BAG v. 30. 10. 1986, BAGE 53, 247). Auch kann keine Dienstvereinbarung über eine Freistellung abweichend von § 46 Abs. 4 abgeschlossen werden (Fischer u. a., § 73 Anm. 7 a). Es handelt sich dabei aber nicht um Dienstvereinbarungen i. S. des § 73, sondern um **Abreden ohne normativen Charakter,** über die im Streitfall nach § 83 Abs. 1 Nr. 3, nicht nach § 83 Abs. 1 Nr. 4 zu entscheiden ist. 2

2. a) Ein Unterfall einer Dienstvereinbarung ist die **Integrationsvereinbarung,** die zwischen Arbeitgeber, Schwerbehindertenvertretung und Perso- 2a

nalvertretung abgeschlossen wird. Sie kann Regelungen zur Eingliederung Schwerbehinderter enthalten (§ 83 SGB IX) Dabei werden beispielhaft Regelungen zur Personalplanung, zur Arbeitsplatzgestaltung, zur Gestaltung des Arbeitsumfelds, zur Arbeitsorganisation, zur Arbeitszeit und die Vereinbarung über Einzelheiten ihrer Durchführung in den Betrieben und Dienststellen erwähnt. Der Schwerbehindertenvertretung steht ein eigenes Antragsrecht zu.

3 3. Einzelmaßnahmen können nicht zum Gegenstand von Dienstvereinbarungen gemacht werden. Vielmehr muss eine **Dienstvereinbarung generelle Regelungen mit Dauerwirkung** zum Inhalt haben (Fischer u. a., § 73 Anm. 4; Lorenzen u. a., § 73 Anm. 3). Dies kann zum Beispiel auch eine sog. **Modernisierungsvereinbarung** sein, soweit sich diese auf Organisationsgestaltungen bezieht und u. a. Maßnahmen zur Hebung der Arbeitsleistung und Erleichterung des Arbeitsablaufs (§ 76 Abs. 2 Nr. 5) oder Maßnahmen zur Einführung grundlegend neuer Arbeitsmethoden (§ 76 Abs. 2 Nr. 7) betrifft. In aller Regel aber werden solche Modernisierungsvereinbarungen zwischen Verwaltung und Gewerkschaften abgeschlossen.

II. Abschluss von Dienstvereinbarungen

4 1. Dienstvereinbarungen entstehen aus einem gemeinsamen Entschluss des Dienststellenleiters und der Personalvertretung. Die Dienstvereinbarung ist ein **öffentlich-rechtlicher Vertrag** zwischen der Dienststelle (vertreten durch den Dienststellenleiter, § 7) und der Personalvertretung. Dieser Vertrag kommt durch Abgabe übereinstimmender Willenserklärungen zustande und hat normativen Charakter. Die Dienstvereinbarung stellt Normen für die rechtliche Gestaltung der Dienst- und Arbeitsverhältnisse der Dienststelle auf. Sie kann daneben aber auch obligatorische Bestandteile enthalten (OVG Hamburg v. 23. 8. 1966, PersV 1967, 40; Fischer u. a., § 73 Anm. 5; Lorenzen u. a., § 73 Anm. 4; vgl. auch Richardi u. a., § 73 Anm. 4 ff.). Aus dem Erfordernis eines gemeinsamen Beschlusses von Dienststelle und Personalvertretung als Wirksamkeitsvoraussetzung für eine Dienstvereinbarung ergibt sich, dass die Entscheidung über den Abschluss einer Dienstvereinbarung im Ermessen beider Partner liegt, somit zu ihrer freien Disposition steht und nicht erzwungen werden kann (OVG Münster v. 24. 2. 1983, PersV 1985, 126; vgl. hierzu auch § 70 Anm. 6 und § 75 Anm. 79). Der Austausch einseitig unterzeichneter, gleichlautender Erklärungen bis zum Abschluss einer Dienstvereinbarung ist nach dem Wortlaut von Abs. 1 nicht ausreichend (Fischer u. a., § 73 Anm. 13; aA Lorenzen u. a., § 73 Anm. 7).

5 2. Die **Dienstvereinbarung** wird nicht unmittelbar Inhalt der Dienst- und Arbeitsverhältnisse der betroffenen Beschäftigten. Vielmehr **wirkt** sie wie eine gesetzliche Regelung auf die Beschäftigungsverhältnisse (Fischer u. a., § 73 Anm. 15; Lorenzen u. a., § 73 Anm. 16). Sie ist unabdingbar, d. h., es kann von ihrem Inhalt nicht zugunsten der betroffenen Beschäftigten abgewichen werden. Einer Dienstvereinbarung kommt gegenüber arbeitsvertraglichen Vereinbarungen keine ablösende Wirkung in der Weise zu, dass die Regelungen der Dienstvereinbarung an die Stelle der vertraglichen Vereinbarungen treten (Ausnahme: Sozialleistungen). Eine Dienstvereinbarung kann den Inhalt eines Arbeitsvertrages nicht ändern. Wenn allerdings Normen der Dienstvereinbarung für den Beschäftigten günstiger als die arbeitsvertraglichen Vereinbarungen sind, so verdrängen diese Normen für die Dauer ihrer Wirkung die arbeitsvertraglichen Vereinbarungen (BAG v. 21. 9. 1989, BAGE 62, 360 = BB 1990, 994 = DB 1990, 692).

3. Das öffentlich-rechtliche Dienstverhältnis der Beamten ist **weitgehend gesetzlich normiert** und insoweit einer Regelung durch Dienstvereinbarungen entzogen. Hinzu kommt, dass in den Fällen des § 75 Abs. 5 (Arbeitsentgelte und sonstige Arbeitsbedingungen, die durch Tarifvertrag geregelt sind oder üblicherweise geregelt werden) der Abschluss einer für Beamte geltenden Dienstvereinbarung ohnehin nicht möglich ist. Das Vertragsverhältnis der Arbeitnehmer im öffentlichen Dienst unterliegt zwar grundsätzlich der bürgerlich-rechtlichen Vertragsfreiheit. Aber auch diese Vertragsverhältnisse sind praktisch ebenfalls weitgehend durch Gesetze, Rechtsverordnungen und Tarifverträge festgelegt. Daher können durch Dienstvereinbarungen auch keine essentiellen Elemente des Dienstverhältnisses geregelt werden. Vielmehr werden nur Folgerungen aus ihm gezogen. Zudem ist gerade auf diesen Gebieten die Vertragsfreiheit weitgehend durch gesetzliche und tarifliche Bestimmungen beschränkt. 6

4. Nach § 75 Abs. 3 sind die **allein möglichen Dienstvereinbarungen,** die das Dienstverhältnis des einzelnen Beschäftigten unmittelbar inhaltlich mitgestalten können, vorwiegend solche, die Beginn und Ende der täglichen Arbeitszeit und der Pausen, Fragen der Lohngestaltung, insbesondere die Einführung und Umsetzung der leistungsorientierten Bezahlung oder Fragen der Arbeitsicherheit, des Arbeitsablaufs, der Gestaltung der Arbeitsplätze und der Ordnung in der Dienststelle (z. B. Vereinbarungen über Raubverbote, vgl. hierzu Musterdienstvereinbarung von Sperl, PersR 2006, 156, 158) betreffen. Dienstpläne, die nicht nur die zeitliche Begrenzung der Arbeitszeit und der Pausen, sondern darüber hinaus auch die personelle Besetzung einzelner Dienstposten regeln, können nicht Gegenstand einer Dienstvereinbarung sein, selbst dann nicht, wenn der Wille der Partner auf Abschluss einer Dienstvereinbarung gerichtet war und dies einer bestehenden Übung entsprach (BVerwG v. 16. 12. 1960, BVerwGE 11, 307 = ZBR 1961, 215 = PersV 1961, 104). Dienstvereinbarungen, die von der gesetzlichen Ermächtigung nicht gedeckt sind, sind von Anfang an unwirksam, so dass sie auch keine Nachwirkung entfalten können (OVG Lüneburg v. 18. 12. 1996, ZBR 1998, 106). Durch § 18 TVöD ist ab dem 1. 1. 2007 ein Leistungsentgelt eingeführt worden. Für die Beschäftigten (des Bundes) gibt es seit August 2006 einen Tarifvertrag über das Leistungsentgelt, mit dem ein Rahmen für Dienstvereinbarungen gesetzt wird. Die Einführung von Leistungsentgelt mit Hilfe einer Dienstvereinbarung setzt eine ausführliche Diskussion zwischen Dienststellenleiter und Personalvertretung über sinnvolle Leistungsziele und förderliche Leistungsbedingungen voraus. 7

5. Eine Dienstvereinbarung über die **Aufstellung des Urlaubsplans** kann nicht die Festsetzung der zeitlichen Lage des Erholungsurlaubs für einzelne Beschäftigte betreffen, wenn zwischen dem Leiter der Dienststelle und dem betroffenen Beschäftigten kein Einverständnis zu erzielen ist (§ 75 Abs. 3 Nr. 3). Dass eine Dienstvereinbarung über Errichtung, Verwaltung und Auflösung von Sozialeinrichtungen (§ 75 Abs. 3 Nr. 5) nicht in das einzelne Dienstverhältnis eingehen kann, liegt in der Natur der Sache; denn hier handelt es sich nicht um die Leistungen der Sozialeinrichtungen an den einzelnen Beschäftigten, sondern z. B. um die Grundsätze der Verwaltung der Einrichtung. 8

a) Eine **Kantine** ist zwar eine **Sozialeinrichtung;** allerdings umfasst das Mitbestimmungsrecht nach § 75 Abs. 3 Nr. 5 nicht auch die Beteiligung derjenigen Beschäftigten an den Kosten der Kantine, die ihre Leistungen nicht in Anspruch nehmen, so dass Beschäftigte nicht durch Dienstvereinbarung 8a verpflichtet werden können, die Kosten für das Kantinenessen auch dann zu tragen, wenn sie es nicht in Anspruch nehmen (vgl. für das BetrVG: BAG v. 11. 7. 2000, BAGE 75, 221 = BB 2001, 471 = DB 2000, 1522 = Leits. ZBVR 2000, 206).

9 6. Im Übrigen kommen neben den bereits erwähnten Angelegenheiten (§ 75 Abs. 3 Nr. 1, Nr. 2, Nr. 3 und Nr. 5) **folgende Angelegenheiten** für den Abschluss von Dienstvereinbarungen in Betracht:

- Fragen der Lohngestaltung innerhalb der Dienststelle, insbesondere die Aufstellung von Entlohnungsgrundsätzen, die Einführung und Anwendung von neuen Entlohnungsmethoden und deren Änderung sowie die Festsetzung der Akkord- und Prämiensätze und vergleichbarer leistungsbezogener Entgelte, einschließlich der Geldfaktoren (§ 75 Abs. 3 Nr. 4),
- Durchführung der Berufsausbildung bei Arbeitnehmern (§ 75 Abs. 3 Nr. 6),
- Inhalt von Personalfragebogen (§ 75 Abs. 3, 8; § 76 Abs. 2 Nr. 2),
- Beurteilungsrichtlinien (§ 75 Abs. 3 Nr. 9; § 76 Abs. 2 Nr. 3),
- Maßnahmen zur Verhütung von Dienst- und Arbeitsunfällen und sonstigen Gesundheitsschädigungen (§ 75 Abs. 3 Nr. 1),
- Grundsätze über die Bewertung von anerkannten Vorschlägen im Rahmen des betrieblichen Vorschlagwesens (§ 75 Abs. 3 Nr. 12),
- Aufstellung von Sozialplänen einschließlich Plänen für Umschulungen zum Ausgleich oder zur Milderung von wirtschaftlichen Nachteilen, die den Beschäftigten infolge von Rationalisierungsmaßnahmen entstehen (§ 75 Abs. 3 Nr. 13),
- Regelung der Ordnung in der Dienststelle und des Verhaltens der Beschäftigten (§ 75 Abs. 3 Nr. 15),in diesem Zusammenhang: Dienstvereinbarung über ein Rauchverbot, vgl. § 75 Anm. 180,
- Gestaltung der Arbeitsplätze (§ 75 Abs. 3 Nr. 16),
- Einführung und Anwendung technischer Einrichtungen, die dazu bestimmt sind, das Verhalten oder die Leistung der Beschäftigten zu überwachen (§ 75 Abs. 3 Nr. 17); in diesem Zusammenhang könnte die Personalvertretung Vorschläge für die Verarbeitungsbedingungen und ihre entsprechenden Kontrollrechte dem Dienststellenleiter unterbreiten (vgl. auch Gola, ZfPR 1997, 94, 95),
- Einführung und Nutzung von E-Mail und Internet sowie einem behördeninternen Intranet; dabei kommen insbesondere folgende Mitbestimmungstatbestände in Betracht: § 75 Abs. 3 Nr. 15,16 und 17, § 76 Abs. 2 Nr. 7 und § 78 Abs. 5 (vgl. zum Muster einer Dienstvereinbarung: Süllwold, ZfPR 2004, 343; S. Süllwold, Dienstvereinbarung, Intranet, E-Mail- und Internetnutzung, ZfPR 2004, 343;
- Maßnahmen zur Hebung der Arbeitsleistung und Erleichterung des Arbeitsablaufs (§ 76 Abs. 2 Nr. 5),
- allgemeine Fragen der Fortbildung der Beschäftigten (§ 76 Abs. 2 Nr. 6),
- Einführung grundlegend neuer Arbeitsmethoden (§ 76 Abs. 2 Nr. 7),
- Erlass von Richtlinien über die personelle Auswahl bei Einstellungen,
- Versetzungen, Umgruppierungen und Kündigungen (§ 76 Abs. 2 Nr. 8),
- Auswertung von Daten über die Nutzung einer digitalen Telekommunikationsanlage in der Dienststelle bei begründetem Verdacht des Missbrauchs unter Beteiligung der Personalvertretung durch Einbeziehung des Vorsitzenden und seines Stellvertreters (OVG Münster v. 17. 12. 2003, PersR 2004, 309),
- Maßnahmen zur sozialverträglichen Gestaltung des e-Govemments (Kiper, PersR 2005, 211),

– Regelungen zur IT-Sicherheit am Arbeitsplatz und zur Internetnutzung (Verwendung von Protokolldateien zur Verhaltens- und Leistungskontrolle, Franke, ZfPR 2005, 78).

Da die Personalvertretung nur aktive Beschäftigte vertreten kann, ist sie nicht legitimiert, mit Hilfe einer Dienstvereinbarung Rechte und Pflichten ausgeschiedener Beschäftigter und Hinterbliebener zu regeln (Fischer u. a., § 73 Anm. 18 a; Richardi u. a., § 73 Anm. 26).

7. Dienststelle und Personalvertretung führen **gemeinsame Erörterungen** mit dem Ziel durch, eine Übereinstimmung über den Inhalt der beabsichtigten Dienstvereinbarung zu erreichen. Sodann erfolgen eine getrennte förmliche Beschlussfassung der Personalvertretung (§§ 37, 38), ggf. durch Gruppenbeschluss (§ 38 Abs. 2), sowie eine gesonderte Beschlussfassung des Dienststellenleiters. Spätestens dabei hat er zu prüfen, ob etwa innerdienstliche Vorschriften ihn verpflichten, über den Gegenstand der Dienstvereinbarung vorher oder nachher die Zustimmung der vorgesetzten Behörde einzuholen. Die Nichteinholung der etwa notwendigen Zustimmung berührt das Verhältnis des Dienststellenleiters zur Personalvertretung und die Gültigkeit der Dienstvereinbarung nicht. Das BPersVG kennt keinen Vorbehalt zugunsten der vorgesetzten Behörde. 10

a) Die Verhandlungen über eine Dienstvereinbarung werden durch **Austausch der übereinstimmenden Willenserklärungen** formell abgeschlossen. Der Leiter der Dienststelle kann im Rahmen des Mitbestimmungsverfahrens der Personalvertretung den Abschluss einer Dienstvereinbarung vorschlagen und deren Zustimmung beantragen. Wenn es zwischen Personalvertretung und Dienststellenleiter nicht zu einer Einigung kommt, so bestimmt sich das weitere Verfahren nach § 69 Abs. 3 und 4. Dies bedeutet, dass im Falle der Ablehnung einer vom Dienststellenleiter vorgelegten Dienstvereinbarung durch die Personalvertretung das Stufenverfahren einzuleiten ist. Erfolgt eine entsprechende Initiative seitens der Personalvertretung, so ist der Leiter der übergeordneten Dienststelle zur Entgegennahme der Vorlage und zur Einleitung des Stufenverfahrens durch Einschaltung der Stufenvertretung verpflichtet (BVerwG v. 20. 1. 1993, BVerwGE 91, 346 = Leits. ZBR 1993, 319 = Leits. PersV 1993, 310 = ZfPR 1994,4). Am Ende des Verfahrens kann die Einigungsstelle die fehlende Zustimmung der Personalvertretung zu einer vom Dienststellenleiter vorgeschlagenen Dienstvereinbarung ersetzen (BVerwG v. 17. 12. 2003, PersV 2004, 223 = ZfPR 2004,99). Fehlt dagegen die Zustimmung des Dienststellenleiters zu einer von der Personalvertretung gewünschten Dienstvereinbarung, dann wird man dem Beschluss der Einigungsstelle lediglich empfehlenden Charakter beimessen können, während das Letztentscheidungsrecht beim Leiter der obersten Dienstbehörde verbleibt (von Roetteken, PersR 2005,4; Lorenzen u. a., § 73 Anm. 6 a; vgl. u. a. § 69 Anm. 1, 2). Allerdings kann die Dienstvereinbarung nicht durch eine Untätigkeit der Personalvertretung wirksam werden. Dies würde der Natur der Sache widersprechen, da eine Dienstvereinbarung durch übereinstimmenden Beschluss der Beteiligten zustandekommen muss (VGH Kassel v. 23. 9. 1993, Leits. ZfPR 1995, 22; Fischer u. a., § 73 Anm. 11; Lorenzen u. a., aaO). In einer Dienststelle, die keine Personalvertretung besitzt, kann eine Dienstvereinbarung nicht abgeschlossen werden. Dem Dienststellenleiter fehlt es insoweit an einem Vertragspartner. 11

b) Zwingend vorgeschrieben ist die **Schriftform.** Ihr Mangel bewirkt Nichtigkeit. Die Schriftform dient sowohl der Fixierung des Inhalts wie dem Nachweis der Existenz der Dienstvereinbarung. 12

13 c) Zwingend vorgeschrieben ist ferner eine **gemeinsame Unterzeichnung** durch den Dienststellenleiter und den Vorsitzenden der Personalvertretung bzw. ein dem Vorstand angehörendes Gruppenmitglied gemäß § 32 Abs. 3. Es genügt also nicht, dass der Dienststellenleiter und der Vorsitzende der Personalvertretung einander eine je nur vom Absender unterzeichnete Ausfertigung der Dienstvereinbarung zuschicken. Dagegen reicht eine gemeinsame Unterzeichnung der Niederschrift über die Sitzung der Personalvertretung, in der die Dienstvereinbarung beschlossen worden ist, aus (Fischer u. a., § 73 Anm. 13; Richardi u. a., § 73 Anm. 12; aA Lorenzen u. a., § 73 Anm. 7).

14 d) Außerdem ist auch die **Bekanntmachung der Dienstvereinbarung** zwingend vorgeschrieben. Sie hat im Hinblick auf § 74 Abs. 1 (Ausführung von gemeinsam beschlossenen Entscheidungen) durch den Dienststellenleiter zu erfolgen. Wegen des Wortlauts („... sind ... bekanntzumachen ... “) ist davon auszugehen, dass die Bekanntmachung konstitutive Wirkung hat (aA Fischer u. a., § 73 Anm. 14; Lorenzen u. a., § 73 Anm. 8; Richardi u. a., § 73 Anm. 15).

15 e) Das **ordnungsgemäße Zustandekommen** einer Dienstvereinbarung kann **gerichtlich überprüft** werden. Ein Verstoß gegen die gesetzlichen Formerfordernisse macht die Dienstvereinbarung unwirksam. Unwirksamkeit liegt dann vor, wenn die Dienstvereinbarung nicht ordnungsgemäß beschlossen ist, jedenfalls bei grobem Verstoß, wenn sie gegen zwingende Rechtsvorschriften verstößt, wenn sie z. B. abgeschlossen wurde, obwohl sie nach dem Gesetz unzulässig ist, sowie bei Verstößen gegen die guten Sitten oder wenn sie über die ihr gesetzten Grenzen hinausgeht.

16 f) Dienstvereinbarungen sind wie Gesetze **auszulegen** (ebenso Vogelgesang-Schroeder-Printzen-Stange-Bieler, § 66 Anm. 5). Danach kommt es maßgeblich auf den in der Dienstvereinbarung selbst zum Ausdruck gekommenen Willen des Dienststellenleiters und der Personalvertretung an. Daneben besteht keine Möglichkeit für die Feststellung eines davon abweichenden Willens der Betroffenen etwa mit Hilfe von Zeugen (VGH Kassel v. 29. 7. 1987 – BPV TK 1991/86, n. v.; vgl. auch für das BetrVG: BAG v. 11. 6. 1975, BAGE 27, 187 = BB 1975, 1252 = DB 1975, 1945, 2044).

17 8. Die Dienstvereinbarung ist **nicht anfechtbar** (aA Richardi u. a., § 73 Anm. 16), weil das Wesen des durch die Dienstvereinbarung begründeten Rechtsverhältnisses einer rückwirkenden Vernichtung widerspricht. Sie kann lediglich für die Zukunft gekündigt werden (Fischer u. a., § 73 Anm. 23). Der Ausschluss der Anfechtbarkeit beeinträchtigt nicht eine gerichtliche Feststellung, dass eine Dienstvereinbarung nichtig ist (§ 83 Abs. 1 Nr. 4). Eine Dienstvereinbarung kann dann nichtig sein, wenn sich die Personalvertretung eines wesentlichen Einflusses auf den Inhalt ihrer (künftigen) Entscheidungen begibt (vgl. BVerwG v. 16. 9. 1977, ZBR 1978, 207 = PersV 1979, 63). Eine Dienstvereinbarung kann einseitig vom Leiter der Dienststelle nicht geändert werden (BVerwG v. 21. 8. 1962, PersV 1962, 276).

18 9. Die Dienstvereinbarung ist **unabdingbar,** d. h., es kann von ihr nicht zuungunsten der Beschäftigten abgewichen werden (Fischer u. a., § 73 Anm. 16; Lorenzen u. a., § 73 Anm. 16; Richardi u. a., § 73 Anm. 24). Das gilt mindestens hinsichtlich derjenigen Teile der Dienstvereinbarung, die einen einwandfreien normativen Inhalt haben und damit unmittelbar geltendes Recht setzen. Von diesen Normen kann auch zugunsten des von ihnen Begünstigten nicht durch Einzelabrede abgewichen werden.

10. Eine Dienstvereinbarung kann nur dann zurückwirken, wenn dies ausdrücklich vereinbart worden ist (Fischer u. a., § 73 Anm. 20; Lorenzen u. a., § 73 Anm. 16). Eine **Rückwirkung** setzt voraus, dass die Dienstvereinbarung zu einem Zeitpunkt vor ihrem Abschluss in Kraft tritt und sich auf Rechte und Pflichten bezieht, die noch erfüllt werden können. Die **Nachwirkung** der Dienstvereinbarung, d. h. die Weitergeltung ihrer Bestimmungen über die Beendigung der Dienstvereinbarung bis zum Erlass einer neuen Dienstvereinbarung, ist davon abhängig, ob es sich um ersetzbare oder um freiwillige Dienstvereinbarungen handelt. Fehlt nämlich den Parteien der Personalverfassung die übereinstimmende Regelungsmacht für den konkreten Tatbestand, dann kann eine Dienstvereinbarung nicht nachwirken. Dies ist immer dann anzunehmen, wenn Mitbestimmungsrechte fehlen oder aber nicht mehr bestehen (vgl. BVerwG v. 3. 12. 2001, ZBR 2002, 357 = PersV 2003, 30 = ZfPR 2002, 67; BAG v. 5. 5. 1988, BAGE 58, 248 = Leits. BB 1989, 74 = DB 1989, 633; Fischer u. a., § 73 Anm. 24; Richardi u. a., § 73 Anm. 51; vgl. insgesamt auch von Roetteken, PersR 1995, 151). Wenn aber die Partner eine entsprechende Nachwirkung vereinbart haben, dann kann diese gegen den Willen einer Seite beendet werden (vgl. hierzu für das BetrVG: BAG v. 28. 4. 1998, BB 1998, 1057 = DB 1998, 1040 = Leits. ZBVR 1998, 57; vgl. auch Lorenzen u. a., aaO und Bosch, PersR 1998, 418). **19**

11. Eine **Dienstvereinbarung endet** **20**
a) durch Ablauf der Zeit, für die sie abgeschlossen ist;
b) durch Fortfall der Dienststelle;
c) durch übereinstimmenden Beschluss der Dienststelle und der Personalvertretung;
d) durch Kündigung von seiten des Partners (Fischer u. a., § 73 Anm. 20; Lorenzen u. a., § 73 Anm,. 18).

12. Ist eine **Kündigungsfrist** nicht vereinbart worden, so kann die Kündigung jederzeit ohne Frist erfolgen (vgl. für das BetrVG: BAG v. 5. 5. 1988, BAGE 58, 248 = Leits. BB 1989, 74 = DB 1989, 633 = PersV 1991, 118; Fischer u. a., § 73 Anm. 22; Lorenzen u. a., § 73 Anm. 18; Richardi u. a., § 73 Anm. 45). Ist eine Frist vereinbart, so ist eine fristgemäße Kündigung notwendig. Aus wichtigen Gründen kann fristlos gekündigt werden. Von seiten der Behörde kann immer nur die beteiligte, nicht eine vorgesetzte Dienststelle kündigen. **21**

13. Eine Dienstvereinbarung **endet** auch durch Inkrafttreten einer inhaltlich abweichenden Dienstvereinbarung für einen größeren Bereich, ebenso infolge abweichender Regelung einer ranghöheren Vorschrift (Gesetz, Rechtsverordnung, Tarifvertrag; Fischer u. a., § 73 Anm. 22c; Lorenzen u. a., § 73 Anm. 18; Richardi u. a., § 73 Anm. 42). Wenn eine Dienstvereinbarung als Ergänzung zu einem Tarifvertrag abgeschlossen worden ist, so ist ihre Laufzeit auf die Dauer dieses Tarifvertrages sowie eventuell auf dessen Nachwirkungszeitraum beschränkt (vgl. für das BetrVG: BAG v. 25. 8. 1983, BAGE 44, 94 = BB 1984, 981 = DB 1984, 1302). Dagegen berühren der Wechsel des Dienststellenleiters oder die Neuwahl der Personalvertretung nicht die Existenz einer Dienstvereinbarung (Fischer u. a., § 73 Anm. 21; Lorenzen u. a., § 73 Anm. 18). **22**

14. Wenn sich eine größere Dienststelle mit einer kleineren vereinigt, dann behält die bei der großen Dienststelle bestehende Dienstvereinbarung dann weiterhin Gültigkeit, wenn diese Dienststelle bei gleichzeitiger Auflösung der Dienststellen der kleineren Behörden unverändert weiterbestehen oder aber **22a**

die Identität der großen Dienststelle weiterhin gewahrt bleibt. Gleiches gilt auch dann, wenn eine Dienststelle im Wege der **Umorganisation der Verwaltung** einem anderen Rechtsträger zugeordnet wird, soweit die Identität der ursprünglichen Dienststelle weiterhin gewahrt ist. Wesentlich kommt es bei der Frage nach der Wahrung der Identität auf das Weiterbestehen des bisherigen Weisungsrechts des Dienststellenleiters vor allem im Zusammenhang mit den für eine Beteiligung der Personalvertretung maßgebenden Angelegenheiten an (BVerwG v. 25. 6. 2003, Leits. ZBR 2003, 397 = PersV 2004, 48).

III. Bereich für Dienstvereinbarungen

23 1. Aus Abs. 2 ergibt sich, dass **Dienstvereinbarungen** für eine einzelne Dienststelle, für mehrere Dienststellen und für den **Gesamtbereich** einer bestimmten Verwaltung abgeschlossen werden können. Insoweit regelt die Vorschrift das Verhältnis zwischen Dienstvereinbarungen mit dem Gesamtpersonalrat zu Dienstvereinbarungen mit Personalvertretungen von nach § 6 Abs. 3 verselbstständigten Dienststellen. Gleiches gilt für Dienstvereinbarungen des Bezirkspersonalrates im Verhältnis zu Dienstvereinbarungen einzelner Personalräte und Gesamtpersonalräte im Bereich der Mittelbehörde sowie schließlich für Dienstvereinbarungen der Hauptpersonalräte im Verhältnis zu Dienstvereinbarungen, die von Bezirks-, Gesamt- und Personalräten des Geschäftsbereichs der obersten Dienstbehörde abgeschlossen worden sind (Fischer u. a., § 73 Anm. 17; Lorenzen u. a., § 73 Anm. 17). Eine Dienstvereinbarung, die lediglich eine bei einer nachgeordneten Dienststelle bestehende Dienstvereinbarung aufheben, aber keine positive Regelung treffen will, kann keinen Vorrang nach Abs. 2 beanspruchen.

24 2. Die **Stufenvertretungen** können Dienstvereinbarungen nur über solche Angelegenheiten abschließen, für die sie zuständig sind. Sie können z. B. keine Dienstvereinbarung abschließen, die Beginn und Ende der Arbeitszeit in einer einzelnen (nachgeordneten) Dienststelle regelt, wohl aber eine Dienstvereinbarung über Beginn und Ende der Arbeitszeit in sämtlichen Dienststellen, die derjenigen nachgeordnet sind, bei der die Stufenvertretungen errichtet sind.

25 3. Für einen größeren Bereich können Dienstvereinbarungen abgeschlossen werden, die mit bereits bestehenden Dienstvereinbarungen bei einzelnen Dienststellen in Widerspruch stehen. Die für den **größeren Bereich** abgeschlossenen **gehen vor.** Das ist auch dann der Fall, wenn die bereits bestehende Dienstvereinbarung günstigere Auswirkungen für die Beschäftigten hatte. Der Inhalt von Dienstvereinbarungen für einen kleineren Bereich ist kraft Gesetzes unwirksam, sobald und soweit ihr Inhalt von einer für einen größeren Bereich beschlossenen Dienstvereinbarung abweicht. Hieraus folgt ferner, dass für einen kleineren Bereich eine Dienstvereinbarung nicht abgeschlossen werden kann, deren Inhalt von einer bereits bestehenden Dienstvereinbarung für einen größeren Bereich abweicht. Sie würde von vornherein unwirksam sein.

26 4. In jedem Fall muss es sich bei der vorrangigen Dienstvereinbarung um eine solche handeln, die für den gesamten Geschäftsbereich eine bestimmte Angelegenheit **einheitlich** positiv **regelt.** Das ist z. B. im Verhältnis einer mit dem Gesamtpersonalrat abgeschlossenen Dienstvereinbarung zu einer Dienstvereinbarung bei einer einzelnen (Neben-)Dienststelle (§ 6 Abs. 3) ebenso der Fall wie bei einer mit dem Bezirkspersonalrat abgeschlossenen Dienstvereinbarung im Verhältnis zu solchen Dienstvereinbarungen auf der Ebene örtlicher Personalvertretungen. Gleiches gilt im Verhältnis

von Dienstvereinbarungen auf der Ebene der Bezirkspersonalräte. Wenn daher beispielsweise eine Dienstvereinbarung die Grundsätze für die Aufstellung des Urlaubsplans regelt, so geht sie, falls sie für den nachgeordneten Bereich vereinbart worden ist, einer für den Geschäftsbereich einer Mittelbehörde geregelten Dienstvereinbarung nach (Lorenzen u. a., § 73 Anm. 17).

5. Die Einigungsstelle ist befugt, die **fehlende Zustimmung der Personalvertretung zu einer vom Dienststellenleiter vorgeschlagenen Dienstvereinbarung** ebenso **zu ersetzen** wie dann, wenn eine Personalvertretung den Abschluss einer Dienstvereinbarung initiiert hat. Wenn es auf einer unteren Verwaltungsebene (beispielsweise zwischen einer Mittelbehörde und dem bei ihr bestehenden Bezirkspersonalrat) nicht zu einer Einigung kommt, dann kann das Verfahren über die oberste Dienstbehörde und den dort bestehenden Hauptpersonalrat bei Weiterbestehen von Meinungsverschiedenheiten bis hin zur Einigungsstelle weiterbetrieben werden. Der Grundsatz der Waffengleichheit gebietet, dass nicht nur die fehlende Zustimmung der Personalvertretung zu einer von einer Dienststelle vorgeschlagene Dienstvereinbarung von der Einigungsstelle ersetzt werden kann, sondern auch die fehlende Zustimmung des Dienststellenleiters dann, wenn die Initiative von einer Personalvertretung ausgeht (BVerwG v. 17. 12. 2003, PersV 2004, 223 = ZfPR 2004, 99). Allerdings bleibt im letzteren Fall das Entscheidungsrecht des Dienststellenleiters in vollem Umfang erhalten; der Entscheidung der Einigungsstelle kommt nur ein empfehlender Charakter zu (vgl. Anm. 11). **26a**

IV. Streitigkeiten

1. **Streitigkeiten** über das Bestehen oder Nichtbestehen von Dienstvereinbarungen entscheiden die Verwaltungsgerichte nach § 83 Abs. 1 Nr. 4. Über die Durchführung und Auslegung von Dienstvereinbarungen entscheiden die Verwaltungsgerichte ebenfalls im Beschlussverfahren, falls eine Rechtsposition aus der Dienstvereinbarung, die gerade die Rechtsstellung der Personalvertretung betrifft, strittig geworden ist (OVG Münster v. 17. 12. 2003, PersR 2004, 309 = Leits. ZfPR 2004, 307). Dabei kommt es nicht darauf an, welche Stellen die Dienstvereinbarung abgeschlossen haben (BVerwG v. 5. 2. 1971, BVerwGE 37, 166 = Leits. ZBR 1971, 288). Kommt es zwischen Dienststellenleiter und Personalvertretung nicht zu einer Einigung über den **Abschluss einer Dienstvereinbarung,** dann kann die Einigungsstelle die fehlende Zustimmung der Personalvertretung zu der vom Dienststellenleiter vorgeschlagenen Dienstvereinbarung ersetzen (BVerwG v. 17. 12. 2003, PersV 2004, 223 = ZfPR 2004, 99). Die Ersetzung der Zustimmung tritt grundsätzlich auch in den Fällen ein, in welchen der Dienststellenleiter einer von der Personalvertretung vorgeschlagenen Dienstvereinbarung nicht zustimmt. Hierbei besteht allerdings insofern eine Besonderheit, als dann, wenn die von der Personalvertretung vorgeschlagene Dienstvereinbarung Maßnahmen zum Gegenstand hat, die wegen ihrer Auswirkungen auf das Gemeinwohl wesentlicher Bestandteil der Regierungsverantwortung sind und deshalb der Entscheidung einer parlamentarisch verantwortlichen Stelle i. S. der Rechtsprechung des Bundesverfassungsgerichts nicht entzogen werden dürfen, dem Spruch der Einigungsstelle lediglich ein empfehlender Charakter zugebilligt werden kann (vgl. Lorenzen u. a., § 73 Anm. 6 a; vgl. Anm. 11). Lehnt ein Dienststellenleiter den Abschluss einer Dienstvereinbarung grundsätzlich ab, so kann die zuständige Personalvertretung ein entsprechendes verwaltungsgerichtliches Beschlussverfahren zur Klärung darüber einleiten, ob in der konkreten Angelegenheit der Abschluss einer **27**

Dienstvereinbarung zulässig ist (VG Frankfurt/M. v. 10. 12. 2001, PersV 2002, 237 = ZfPR 2002, 269).

28 2. Behauptet ein **einzelner Beschäftigter,** durch eine aus einer Dienstvereinbarung folgende Entscheidung des Dienststellenleiters in seinen individuellen Rechtsverhältnissen verletzt zu sein, so steht einem Beamten der Verwaltungsweg nach vorhergehender Durchführung des Widerspruchsverfahrens, einem Angestellten oder Arbeiter die Klage auf Vertragserfüllung vor dem Arbeitsgericht zu. In beiden Fällen wird das Gericht ggf. vorab über Bestehen oder Nichtbestehen der Dienstvereinbarung zu entscheiden haben.

Schrifttum: Benra, Einführung und Umsetzung der leistungsorientierten Bezahlung, ZfPR 2007, 55; Berger-Delhey, Unwirksame Dienstvereinbarungen als Quelle individual vertraglicher Ansprüche?, PersV 1989, 293; Boegl, Die Ausgestaltung von Leistungsstufen in Dienstvereinbarungen bei der leistungsorientierten Bezahlung unter besonderer Berücksichtigung der Vorgaben des LeistungsTV-Bund, ZfPR 2007, 82; Bosch, Außerkrafttreten von Dienstvereinbarungen, PersR 1998, 418; Franke, Aufgaben der Personalvertretung im Umgang mit der Sicherheit in der Informationstechnik (IT, ZfPR 2005, 78); Goeres, Dienstvereinbarungen im Personalvertretungsrecht des Bundes, PersV 1980, 394: Haas, Die Befugnis der Einigungsstelle beim Abschluss von Dienstvereinbarungen, PersV 1994, 9; Kiper, Dienstvereinbarungen zu Telekommunikations- und Telediensten (DV E-Mail und Internet, PersR 2002, 104; ders., Sozialverträgliche Gestaltung von e Government, PersR 2005, 211; Kunze, Dienstvereinbarung über interne Stellenausschreibung, PersV 1977, 16; ders., Abschluss und Beendigung von Dienstvereinbarungen, PersV 1998, 510; Lorenzen, Gesetz zur Bekämpfung der Arbeitslosigkeit Schwerbehinderte-Neue Aufgaben für den Personalrat, PersV 2001,50; von Roetteken, Dienst- und Betriebsvereinbarung, PersR 1995, 151; Rothländer, Tarifvertragliche Öffnungsklauseln im TVöD und TV-L, PersR 2007, 459; Sendatzki, Dienstvereinbarung über die Einführung eines Gesundheitsmanagements, PersR 2001, 509; Süllwold, Dienstvereinbarung, Intranet, E-Mail- und Internetnutzung, ZfPR 2004, 343; Thannheiser, Initiativrecht und Dienstvereinbarung, PersR 2004, 383; Wurm, Die Rolle der Personalvertretung bei Privatisierungen, ZfPR 2000, 307.

§ 74 [Durchführung der Beschlüsse; Verbot einseitiger Eingriffe]

(1) Entscheidungen, an denen der Personalrat beteiligt war, führt die Dienststelle durch, es sei denn, dass im Einzelfall etwas anderes vereinbart ist.

(2) Der Personalrat darf nicht durch einseitige Handlungen in den Dienstbetrieb eingreifen.

Entspr. landesgesetzliche Regelungen:
Baden-Württemberg: § 74; Bayern: Art. 74; Berlin: § 78; Brandenburg: § 74; Bremen: –; Hamburg: § 85; Hessen: –; Mecklenburg-Vorpommern: § 67; Niedersachsen: –; Nordrhein-Westfalen: § 71; Rheinland-Pfalz: § 77; Saarland: § 77; Sachsen: § 86; Sachsen-Anhalt: –; Schleswig-Holstein: § 58; Thüringen: § 73.

Entspr. Vorschrift des BetrVG: § 77.

I. Vorbemerkungen

1 Aus dem Wortlaut des Abs. 1 („führt durch") ergibt sich eine **Durchführungspflicht** für den Dienststellenleiter, es sei denn, dass im Einzelfall durch Vereinbarung die Durchführungsbefugnis auf die Personalvertretung

übergeht. Die Durchführungspflicht betrifft alle Maßnahmen, an denen die Personalvertretung beteiligt worden ist. Dies ergibt sich auch aus dem Direktionsrecht des Dienststellenleiters, das durch die Mitbestimmungs- und Mitwirkungsrechte der Personalvertretung nur insoweit eingeschränkt ist, als er an jene Beschlüsse, an denen die Personalvertretung beteiligt war, gebunden ist (vgl. hierzu auch § 69 Anm. 15).

II. Einzelerläuterungen

1. Abs. 1 umfasst diejenigen **Entscheidungen,** die Dienststelle und Personalvertretung entweder gemeinsam beschlossen haben (z. B. § 73) oder **an denen die Personalvertretung beteiligt war,** sei es im Wege der Mitbestimmung (§ 75), sei es im Wege der Mitwirkung (§ 78), sei es auch nur im Wege der Anregung (z. B. § 68 Abs. 1 Nr. 1, § 81), die ein förmliches Beteiligungsverfahren nicht auslöst. Die Dienststelle hat auch solche Maßnahmen durchzuführen, bei denen die Personalvertretung von ihrem Initiativrecht nach § 70 Gebrauch gemacht hat. Entscheidungen, die auf einem Spruch der Einigungsstelle bzw. auf Abreden zwischen einer Stufenvertretung und der jeweils zuständigen übergeordneten Dienstbehörde beruhen, sind ebenfalls von der Dienststelle durchzuführen (Fischer u. a., § 74 Anm. 4; Lorenzen u. a., § 74 Anm. 4). Der Personalvertretung steht kein Einflussrecht auf die Durchführung einer Maßnahme nach dem Beschluss einer Einigungsstelle zu. Die personalvertretungsrechtliche Befugnis der Einflussnahme endet mit dem Beschluss der Einigungsstelle (Lorenzen u. a., § 71 Anm. 40). Die Art und Weise der Durchführung des Beschlusses der Einigungsstelle gehört zum Bereich der Behördenorganisation (VGH Kassel v. 14. 11. 1990, Leits. ZBR 1991, 255). 2

2. Beschlüsse, die in die **ausschließliche Zuständigkeit der Personalvertretung** fallen (z. B. die gesamte Geschäftsführung), führt sie selbst durch, z. B. Einberufung der Personalversammlung (§ 49), Bestellung des Wahlvorstands (§ 20), Anschlag ihrer Beschlüsse am Schwarzen Brett etc. 3

3. Das Direktionsrecht des Dienststellenleiters wird auch in dem Fall nicht beseitigt, in dem die Vorbereitung und die **Durchführung einer Entscheidung vereinbarungsgemäß der Personalvertretung** überlassen werden (VGH Kassel v. 15. 12. 1975, PersV 1977, 137). Hierzu zählen üblicherweise die Vorbereitung einer Feier der Dienststelle und ähnliche Angelegenheiten (Betriebsausflug), die Förderungsmaßnahmen für die Eingliederung schutzbedürftiger Personen (§ 68 Abs. 1 Nr. 4, 6) und die Verwaltung von Wohlfahrtseinrichtungen (§ 75 Abs. 3, 5). Aber auch in diesen Fällen bleibt die Verantwortlichkeit für den Vollzug der Maßnahme beim Leiter der Dienststelle. Die Personalvertretung ist in ihrer Tätigkeit ausschließlich auf die Durchführung der Entscheidung beschränkt (Fischer u. a., § 74 Anm. 6 a). Da die Vereinbarung kein laufendes Geschäft i. S. von § 32 Abs. 1 Satz 4 ist, muss die Personalvertretung einen entsprechenden Beschluss fassen (Fischer u. a., § 74 Anm. 6; Lorenzen u. a., § 74 Anm. 5). 4

4. Das Direktionsrecht des Dienststellenleiters wird besonders durch das Verbot des Abs. 2 betont, nach dem die Personalvertretung **nicht in den Dienstbetrieb eingreifen** darf. Die Personalvertretung darf eigenmächtig keine Anordnungen des Dienststellenleiters widerrufen oder abändern, seine Anschläge am Schwarzen Brett nicht entfernen, keine Dienstbefreiung erteilen oder sonstige eigenmächtige Handlungen vornehmen (BVerwG v. 23. 2. 1994, ZBR 1994, 280 = PersV 1995, 14). Sie darf selbst dann nicht in den Dienstbetrieb eingreifen, wenn sie der Ansicht ist, dass der Dienststel- 5

lenleiter eine Vereinbarung oder gar das Gesetz verletzt (OVG Koblenz v. 26. 1. 1982, PersV 1983, 27). In einem solchen Fall kann die Personalvertretung die Rücknahme der beanstandeten Maßnahmen verlangen. Sie kann auch **Dienstaufsichtsbeschwerde** gegen den Dienststellenleiter erheben (Fischer u. a., § 74 Anm. 7 b; Lorenzen u. a., § 74 Anm. 10; Richardi u. a., § 74 Anm. 8). Aber auch dann ist sie nicht berechtigt, eigenmächtig in die Anordnungen des Dienststellenleiters einzugreifen.

6 5. Ein **Verstoß gegen das Verbot,** eigenmächtig zu handeln, begründet
a) vertretungsrechtlich das Recht des Dienststellenleiters, den Antrag nach § 28 auf Ausschluss eines Mitglieds aus der Personalvertretung, eventuell (wenn sämtliche Personalratsmitglieder gegen das Verbot verstoßen haben) auf Auflösung der Personalvertretung zu stellen;
b) außerdem eine Reihe individueller dienstrechtlicher Maßnahmen. Begeht ein Beamter als Mitglied der Personalvertretung einen derartigen Verstoß, so kann dies disziplinare Maßnahmen, in schweren Fällen die Einleitung des förmlichen Disziplinarverfahrens nach sich ziehen (Lorenzen u. a., § 74 Anm. 10). Ein im Vertragsverhältnis stehender Angestellter oder Arbeiter gibt unter derselben Voraussetzung einen wichtigen Grund zur fristlosen Entlassung.
c) Darüber hinaus kann ein Eingriff der Personalvertretung in die Anordnungen des Leiters der Dienststelle zu einem Schadensersatzanspruch nach den §§ 823, 826 BGB führen. § 74 ist allerdings kein Schutzgesetz i. S. des § 823 Abs. 2 BGB (Fischer u. a., § 74 Anm. 7 e; Richardi u. a., § 74 Anm. 12).

7 6. Den Maßnahmen unter Anm. 6b) stehen die Beteiligungsrechte nicht entgegen. Sie richten sich nämlich nicht gegen die Ausübung von Befugnissen der Personalvertretung, sondern sollen ein **unbefugtes Handeln** des Interessenorgans der Beschäftigten abwehren.

III. Streitigkeiten

8 Streitigkeiten entscheiden die Verwaltungsgerichte nach § 83 Abs. 1 Nr. 3.

Schrifttum: Kunze, Die Durchführung von Maßnahmen, an denen der Personalrat beteiligt war, PersV 1999, 146; Ruppert, Das Direktionsrecht des öffentlichen Arbeitgebers, PersV 1988, 60; Wolber, Vollzugspflicht der Dienststelle in Mitbestimmungsangelegenheiten?, RiA 1984, 228.

Dritter Abschnitt **Angelegenheiten, in denen der Personalrat zu beteiligen ist**

§ 75 [Mitbestimmung in personellen und sozialen Angelegenheiten]

(1) Der Personalrat hat mitzubestimmen in Personalangelegenheiten der Arbeitnehmer bei
1. Einstellung,
2. Übertragung einer höher oder niedriger zu bewertenden Tätigkeit, Höher- oder Rückgruppierung, Eingruppierung,
3. Versetzung zu einer anderen Dienststelle, Umsetzung innerhalb der Dienststelle, wenn sie mit einem Wechsel des Dienstortes verbunden ist (das Einzugsgebiet im Sinne des Umzugskostenrechts gehört zum Dienstort),
4. Abordnung für eine Dauer von mehr als drei Monaten,

4. a. Zuweisung entsprechend § 123a des Beamtenrechtsrahmengesetzes für eine Dauer von mehr als drei Monaten,
5. Weiterbeschäftigung über die Altersgrenze hinaus,
6. Anordnungen, welche die Freiheit in der Wahl der Wohnung beschränken,
7. Versagung oder Widerruf der Genehmigung einer Nebentätigkeit.

(2) Der Personalrat hat mitzubestimmen in sozialen Angelegenheiten bei
1. Gewährung von Unterstützungen, Vorschüssen, Darlehen und entsprechenden sozialen Zuwendungen,
2. Zuweisung und Kündigung von Wohnungen, über die die Dienststelle verfügt, sowie die allgemeine Festsetzung der Nutzungsbedingungen,
3. Zuweisung von Dienst- und Pachtland und Festsetzung der Nutzungsbedingungen.

Hat ein Beschäftigter eine Leistung nach Nummer 1 beantragt, wird der Personalrat nur auf seinen Antrag beteiligt; auf Verlangen des Antragstellers bestimmt nur der Vorstand des Personalrats mit. Die Dienststelle hat dem Personalrat nach Abschluss jedes Kalendervierteljahres einen Überblick über die Unterstützungen und entsprechenden sozialen Zuwendungen zu geben. Dabei sind die Anträge und die Leistungen gegenüberzustellen. Auskunft über die von den Antragstellern angeführten Gründe wird hierbei nicht erteilt.

(3) Der Personalrat hat, soweit eine gesetzliche oder tarifliche Regelung nicht besteht, gegebenenfalls durch Abschluss von Dienstvereinbarungen mitzubestimmen über
1. Beginn und Ende der täglichen Arbeitszeit und der Pausen sowie die Verteilung der Arbeitszeit auf die einzelnen Wochentage,
2. Zeit, Ort und Art der Auszahlung der Dienstbezüge und Arbeitsentgelte,
3. Aufstellung des Urlaubsplanes, Festsetzung der zeitlichen Lage des Erholungsurlaubs für einzelne Beschäftigte, wenn zwischen dem Dienststellenleiter und den beteiligten Beschäftigten kein Einverständnis erzielt wird,
4. Fragen der Lohngestaltung innerhalb der Dienststelle, insbesondere die Aufstellung von Entlohnungsgrundsätzen, die Einführung und Anwendung von neuen Entlohnungsmethoden und deren Änderung sowie die Festsetzung der Akkord- und Prämiensätze und vergleichbarer leistungsbezogener Entgelte, einschließlich der Geldfaktoren,
5. Errichtung, Verwaltung und Auflösung von Sozialeinrichtungen ohne Rücksicht auf ihre Rechtsform,
6. Durchführung der Berufsausbildung bei Arbeitnehmern,
7. Auswahl der Teilnehmer an Fortbildungsveranstaltungen für Arbeitnehmer,
8. Inhalt von Personalfragebogen für Arbeitnehmer,
9. Beurteilungsrichtlinien für Arbeitnehmer,
10. Bestellung von Vertrauens- und Betriebsärzten als Arbeitnehmer,
11. Maßnahmen zur Verhütung von Dienst- und Arbeitsunfällen und sonstigen Gesundheitsschädigungen,
12. Grundsätze über die Bewertung von anerkannten Vorschlägen im Rahmen des betrieblichen Vorschlagwesens,
13. Aufstellung von Sozialplänen einschließlich Plänen für Umschulungen zum Ausgleich oder zur Milderung von wirtschaftlichen Nachteilen, die den Beschäftigten infolge von Rationalisierungsmaßnahmen entstehen,
14. Absehen von der Ausschreibung von Dienstposten, die besetzt werden sollen,
15. Regelung der Ordnung in der Dienststelle und des Verhaltens der Beschäftigten,
16. Gestaltung der Arbeitsplätze,
17. Einführung und Anwendung technischer Einrichtungen, die dazu bestimmt sind, das Verhalten oder die Leistung der Beschäftigten zu überwachen.

(4) Muss für Gruppen von Beschäftigten die tägliche Arbeitszeit (Absatz 3 Nr. 1) nach Erfordernissen, die die Dienststelle nicht voraussehen kann, unregelmäßig und kurzfristig festgesetzt werden, so beschränkt sich die Mitbestimmung auf die Grundsätze für die Aufstellung der Dienstpläne, insbesondere für die Anordnung von Dienstbereitschaft, Mehrarbeit und Überstunden.

(5) Arbeitsentgelte und sonstige Arbeitsbedingungen, die durch Tarifvertrag geregelt sind oder üblicherweise geregelt werden, können nicht Gegenstand einer Dienstvereinbarung (Absatz 3) sein. Dies gilt nicht, wenn ein Tarifvertrag den Abschluss ergänzender Dienstvereinbarungen ausdrücklich zulässt.

Inhaltsübersicht

Entspr. landesgesetzliche Regelungen:
Baden-Württemberg: §§ 76, 78, 79, Bayern: Art. 75, 75 a; Berlin: §§ 85 ff.; Brandenburg: §§ 63, 64, 65, 66, 70; Bremen: §§ 63 ff.; Hamburg: §§ 86, 87; Hessen: §§ 74, 77; Mecklenburg-Vorpommern: §§ 68, 69, 70; Niedersachsen: §§ 65 ff.; Nordrhein-Westfalen: § 72; Rheinland-Pfalz: §§ 78 Abs. 1, 80 Abs. 1; Saarland: §§ 78, 80 Abs. 2; Sachsen: § 80; Sachsen-Anhalt: §§ 65, 67 Abs. 1; Schleswig-Holstein: § 54 Abs. 4 S. 3; Thüringen: § 74

Entspr. Vorschriften des BetrVG: §§ 87, 99

I. Vorbemerkungen

1. Der zum 1. 10. 2005 in Kraft getretene **TVöD** ersetzt die bisher geltenden BAT und den BMT-G II. Die Differenzierung zwischen Angestellten und Arbeitern wurde zu Gunsten eines einheitlichen Begriffs der Arbeitnehmer aufgegeben (vgl. Ges. v. 14. 9. 2005, BGBl. I S. 2746). **Abs. 1** regelt die (uneingeschränkte) Mitbestimmung der Personalvertretung in Personalangelegenheiten der Angestellten und Arbeiter, während die **Abs. 2 bis 5** gemeinsame soziale Angelegenheiten aller Beschäftigten, soweit bei den einzelnen Angelegenheiten nicht bestimmte Beschäftigungsgruppen ausschließlich angesprochen sind, betreffen. Personelle Maßnahmen sind solche, die sich auf das Beschäftigungsverhältnis, soziale Maßnahmen sind solche, die sich auf die berufliche Situation im Sinne einer Veränderung der Arbeitsbedingungen auswirken. Die Aufzählung der Mitbestimmungsfälle ist erschöpfend und abschließend (vgl. schon zur bisherigen Rechtslage unter der Geltung des PersVG 1955: BVerwG v. 28. 2. 1958, BVerwGE 6, 220 = ZBR 1959, 211). Eine Erweiterung von Mitbestimmungsrechten ist auch nicht unter dem Gesichtspunkt der vertrauensvollen Zusammenarbeit möglich (BVerwG v. 6. 12. 1978, BVerwGE 57, 151, 156 = ZBR 1979, 240 = PersV 1979, 504). Die Personalvertretung kann ihre Aufgaben weder auf eine andere Einrichtung oder Stelle delegieren noch auf die ihr gesetzlich zustehenden Mitbestimmungsrechte für die Zukunft verzichten (BVerwG v. 16. 9. 1977, ZBR 1978, 207 = PersV 1979, 63). 1

2. Der **Beschluss des Bundesverfassungsgerichts** (BVerfG v. 24. 5. 1995, BVerfGE 93, 37 = ZBR 1996, 15 = PersV 1995, 553 = ZfPR 1995, 185), mit welchem wesentliche Teile des schleswig-holsteinischen Mitbestimmungsgesetzes v. 11. 12. 1990 für verfassungswidrig erklärt wurden, brachte **erhebliche Einschränkungen der personalvertretungsrechtlichen Mitbestimmung** mit sich (vgl. ausführlich vor § 66 Anm. 1 a; ferner Einl. Anm. 53 und § 104 Anm. 1). Danach erweist sich ein Letztentscheidungsrecht der Einigungsstelle in personellen Angelegenheiten von Arbeitnehmern als verfassungswidrig. Hiervon ist z. B. § 75 Abs. 1 und Abs. 3 Nr. 10 betroffen. Eine Anpassung des Gesetzgebers an diese verfassungsgerichtliche Rechtsprechung ist bislang nicht erfolgt. Die Bedeutung der Entscheidung des BVerfG wird verkannt, wenn man sich auf den formalen Standpunkt zurückzieht, der Beschluss sei zum Mitbestimmungsgesetz Schleswig-Holstein ergangen und habe folglich keine Bindungswirkung für das BPersVG. Diese Argumentation greift zu kurz (zutreffend Büge, PersR 2003, 171; Vogelgesang, ZfPR 2003, 194). **Das BVerwG** hat in Entscheidungen zum LPVG Hamburg und LPVG Nordrhein-Westfalen, obwohl nach diesen Gesetzen die Einigungsstelle in personellen Angelegenheiten noch das Letztentscheidungsrecht hat, dieses entgegen dem Gesetzeswortlaut zu einer Empfehlung herabgestuft und dies damit begründet, das ursprüngliche Gesetzeswerk weise aufgrund der neuen Rechtsprechung des BVerfG eine „planwidrige Lücke“ auf, die dadurch zu schließen sei, dass diejenigen Vorschriften, die den Grundsätzen 2

des BVerfG nicht entsprechen, „über den Wortlaut hinaus“ anzuwenden seien (BVerwG v.24. 4. 2002 – 6 P3.01,BVerwGE 116,216 = ZBR2003,105 = PersV 2002, 546 = ZfPR 2002,235; BVerwG v. 24. 4. 2002 – 6 P 4.01, ZBR 2002, 361 = PersV 2002,542 = ZfPR 2002,294; BVerwG v. 18. 6. 2002, ZBR 2002,440 = PersV 2003, 24 = ZfPR 2002, 323; zur Problematik der **„planwidrigen** Lücke“, die das BVerwG anstelle des Gesetzgebers ausgefüllt hat, siehe § 69 Anm. 33 sowie Wahlers, PersV 2003,18).

2a 3. Ein gesondertes, neuartiges Problem stellen die sog. **Arbeitsgemeinschaften,** die auf Grund des § 44 b SGB II gegründet worden sind, dar (s. aber BVerfG v. 20. 12. 2007 – 2 BVR 2433/04, 2 BVR 2434/04, n.n.v.). Ihnen ist die Aufgabe übertragen, die Grundsicherung für Arbeitssuchende „aus einer Hand“ zu erbringen. Träger der Grundsicherung für Arbeitsuchende sind die Bundesagentur für Arbeit und die kommunalen Träger, nämlich die kreisfreien Städte und Kreise, soweit nicht durch Landesrecht andere Träger bestimmt werden. Die Träger der Grundsicherung können die Rechtsform der Arbeitsgemeinschaften bestimmen. Sie können sie also in privatrechtlicher oder in öffentlich-rechtlicher Form errichten. Beamte, die in einer privatrechtlich organisierten Arbeitsgemeinschaft eingesetzt werden, verlieren ihr Wahlrecht und ihre Wählbarkeit in ihrer Herkunftsdienststelle; sie sind zum Betriebsrat weder wahlberechtigt noch wählbar. Arbeitnehmer verlieren zwar ebenfalls Wahlrecht und Wählbarkeit zum Personalrat der Herkunftsdienststelle. Sie erlangen aber das aktive Wahlrecht zum Betriebsrat der Arbeitsgemeinschaft. Im Falle einer öffentlich-rechtlichen Organisation der Arbeitsgemeinschaft gilt für die dort eingesetzten Beamten und Arbeitnehmer folgendes: Wahlrecht und Wählbarkeit in der Herkunftsdienststelle gehen in der Regel nach drei Monaten verloren, wenn nicht innerhalb eines bestimmten Zeitraums eine Rückkehr in die Herkunftsdienststelle vorgesehen ist. Wahlrecht und Wählbarkeit werden bei der Arbeitsgemeinschaft begründet (in Berlin steht allen zugewiesenen Beschäftigten kein passives Wahlrecht zu, in Niedersachsen steht es nur den Beschäftigten der Bundesagentur für Arbeit nicht zu. In Hessen, NRW und Saarland ist die gesetzliche Regelung zur Zeit nicht eindeutig; ob das passive Wahlrecht besteht oder nicht, ist Auslegungssache). Das Hauptdefizit allerdings besteht hinsichtlich der Beteiligung an den in der Herkunftsdienstelle zu treffenden **statusrechtlichen Entscheidungen.** Die in der privatrechtlich oder öffentlich-rechtlich organisierten Arbeitgemeinschaft eingesetzten Beamten und Arbeitnehmer verlieren nach einer Übergangszeit Wahlrecht und Wählbarkeit zu demjenigen Personalrat, der bei der Herkunftsdienststelle gebildet ist. Etwas anderes gilt nur dann, wenn die Beschäftigten nur für einen Zeitraum von drei Monaten vorrübergehend in der Arbeitgemeinschaft eingesetzt werden und danach in ihre Herkunftsdienststelle zurückkehren. In der privat-rechtlich organisierten Arbeitsgemeinschaft sind die Beamten ohne jede Interessenvertretung, die Arbeitnehmer besitzen wenigstens das aktive Wahlrecht zum Betriebsrat. Dagegen erlangen die in einer öffentlichrechtlichen Arbeitsgemeinschaft tätigen Beamten und Arbeitnehmer Wahlrecht und Wählbarkeit, so dass für sie der dort gebildete Personalrat zuständig ist (zur Dienststelleneigenschaft einer in NRW gegründeten ARGE, s. VG Arnsberg v. 22. 3. 2007, ZfPR 2007, 111). Wird einer öffentlich-rechtlich organisierten Arbeitsgemeinschaft die Dienstherrenfähigkeit vorenthalten, so ist sie eine teilrechtsfähige Organisation sui generis. Hier handelt es sich um eine gemeinsame Dienststelle des Bundes und des kommunalen Trägers, so dass jeweils ein Personalrat nach Bundes- und Landesrecht dann gebildet werden, wenn die jeweiligen Landespersonalvertretungsgesetze eine § 6 Abs. 4 BPersVG entsprechende Regelung enthalten. In diesem Fall bleiben die Dienststellenleiter der Herkunftsdienststellen für die grundlegenden Personalentscheidungen zuständig (vgl. VG Dresden v. 28. 1. 2005 – 9 K 2922/04, n.v.). In den übrigen, dem Mitbestimmungsrecht der Personalvertretung unterliegenden, alleine auf die Arbeitsgemeinschaft bezogenen Angelegenheiten sollte der Dienststellenleiter beide Personalvertretungen beteiligen. Kommt es nicht zu einer einvernehmlichen Lösung, dann könnte eine Einigungsstelle errichtet werden, in die beide Personalvertretungen Vertreter entsenden (Lorenzen u. a., Vorbem. zu §§ 75–81, Anm. 24; vgl. auch zu der Gesamtproblematik: Kersten, ZfPR 2005,130).

II. Mitbestimmung in personellen Angelegenheiten: Einstellung (Abs. 1 Nr. 1)

1. Die Personalvertretung hat mitzubestimmen bei einer **Einstellung** (Abs. 1 **3**
Nr. 1). Einstellung ist die Eingliederung eines Beschäftigten in die Dienst-' stelle, die grundsätzlich durch den Abschluss eines Arbeitsvertrages und die tatsächliche Aufnahme der vorgesehenen Tätigkeit im Rahmen der Arbeitsorganisation (Auf-/Ablauforganisation) erfolgt. Ein rechtswirksamer Arbeitsvertrag zwischen dem öffentlichen Arbeitgeber und dem neuen Beschäftigten wird aber nicht notwendig vorausgesetzt (BVerwG 22. 10. 2007, PersR 2008, 23). An einem Arbeitsvertrag kann es u. a. dann fehlen, wenn ein solcher zwar gewollt war, aber rechtsunwirksam ist (BVerwG v. 20. 5. 1992, BVerwGE 90,194 = Leits. ZBR 1992, 380 = PersV 1993, 171 = ZfPR 1992, 171). Eine mitbestimmungspflichtige Eingliederung in die Dienststelle ist immer dann gegeben, wenn ein arbeitsrechtliches Band zwischen dem Dienstherrn und dem Arbeitnehmer besteht, aus dem arbeitsrechtliche Rechtsbeziehungen erwachsen. Dies ist dann der Fall, wenn auf der Seite des Dienststellenleiters ein Weisungsrecht mit entsprechenden Schutzpflichten gegeben ist und wenn auf der anderen Seite, nämlich der des Arbeitnehmers, eine Weisungsgebundenheit mit entsprechenden Schutzrechten vorliegt (BVerwG v. 18. 6. 2002, ZBR 2002, 440 = PersV 2003, 24 = ZfPR 2002, 323). Das Mitbestimmungsrecht bezieht sich inhaltlich auf die zur Einstellung vorgesehene Person sowie auf die von ihr auszuübende Tätigkeit und die mit der Übertragung dieser Tätigkeit verbundene tarifliche Bewertung (Eingruppierung). Der Sinn und Zweck der Mitbestimmung der Personalvertretung bei Einstellungen besteht im kollektiven Schutz der in der Dienststelle bereits tätigen Beschäftigten und ihrer hierbei zu berücksichtigenden Interessen. Die Personalvertretung kann die Zustimmung wegen Gesetzes- oder Tarifwidrigkeit verweigern, wenn der Zweck der Verbotsnorm nur dadurch erreicht werden kann, dass die Einstellung insgesamt unterbleibt. Ein Instrument zur umfassenden Vertragsinhaltskontrolle hat sie damit nicht (BVerwG v. 14. 6. 2006, BVerwGE 126,122 = ZfPR 2007, 66; BVerwG v. 21. 3. 2007, PersR 2007, 309 = ZfPR online 6/2007, S. 2). Ob eine Eingliederung eines neuen Beschäftigten in die Dienststelle beabsichtigt ist, hängt davon ab, ob dieser einer regelmäßigen und dauernden, nicht nur einer vorrübergehenden und auch nicht nur geringfügigen Arbeit nachgehen soll (BVerwG v. 20. 5. 1992, BVerwGE 90,194 = Leits. ZBR 1992,380 = PersV 1993,171 = ZfPR 1992, 171; OVG Hamburg v. 22. 5. 2000, PersR 2001, 39). Wenn einem Arbeitnehmer Daueraufgaben der Dienststelle übertragen werden sollen, die auch von anderen, bereits in der Dienststelle tätigen Beschäftigten wahrgenommen werden, dann ist von einer Eingliederung auszugehen, vor allem dann, wenn räumliche und sachliche Berührungspunkte entstehen (BVerwG v. 27. 11. 1991, Leits. ZBR 1992, 275 = PersV 1992, 225).

3a 3. a) Diese Voraussetzungen sind regelmäßig auch bei **Teilzeitbeschäftigten** (vgl. für das BetrVG: Wank, RdA 1985, 1; vgl. auch Honnen, ZfPR 1995, 23) ebenso gegeben wie im Rahmen sog. **Gestellungsverträge**, wenn der (künftige) Beschäftigte einer konkreten Dienstleitung unterstellt wird und deren Weisungen – auch hinsichtlich des Arbeitseinsatzes nach Ort und Zeit – unterliegt (BVerwG v. 18. 6. 2002, ZBR 2002, 440 = PersV 2003, 24 = ZfPR 2002, 323; vgl. auch BVerwG v. 8. 1. 2003, ZfPR 2003, 259; BVerwG v. 13. 4. 2004, PersV 2004, 374 = Leits. ZfPR 2004, 307). Anders ist die Situation bei sog. **freien Mitarbeitern**; denn sie sind in aller Regel nicht in die Dienststelle eingegliedert, weil sie sich nicht in einer weisungsabhängigen Stellung befinden. Wenn aber einem Dienststellenleiter ein Weisungsrecht in Bezug auf Inhalt, Durchführung, Zeit, Dauer und Ort der Tätigkeit zusteht, dann liegt eine Eingliederung vor, die das Mitbestimmungsrecht der Personalvertretung auslöset (BVerwG v. 12. 4. 2006 – 6 PB 1.06, PersR 2006, 398 = Leits. ZfPR 2006, 116; diese Entscheidung bestätigt den Beschluss des OVG Münster v. 1. 12. 2005, PersV 2006, 141 = Leits. ZfPR online 10/2006, S. 22; Lorenzen u. a., § 75 Anm. 16). Als mitbestimmungspflichtige Einstellung gilt auch die Vereinbarung einer aushilfsweisen, befristeten Teilzeitbeschäftigung auf dem bisherigen Arbeitsplatz mit einer im **Erziehungsurlaub** befindlichen Beschäftigten (Lorenzen u. a., § 75 Anm. 21b; vgl. für das BetrVG: BAG v. 28. 4. 1998, BB 1998, 1161 = DB 1998, 992, 2278). Dagegen kann wegen der nur kurzfristig zu erbringenden Arbeitsleistung bei der Übertragung von **Aushilfstätigkeiten** nicht von einer Eingliederung der Betroffenen in die Dienststelle die Rede sein. Es kommt nicht zu einer sozialen Abhängigkeit des Arbeitnehmers vom jeweiligen Dienstherrn. Auch die persönlichen und sozialen Kontakte zu den übrigen Arbeitnehmern sind auf das Notwendigste beschränkt. In der Regel werden Aushilfstätigkeiten aus besonderem Anlass für einen kurzen, längstens zwei Monate andauernden Zeitraum vereinbart (Vertretung bei Häufung von Krankheitsfällen und/ oder Urlaub, Kur etc.; vgl. auch OVG Berlin v. 3. 4. 2001, PersV 2003, 72). Bei Arbeitnehmern, die im Rahmen eines **Werkvertrages** in einer öffentlichrechtlichen Stelle tätig sind, bei denen dem Unternehmer die Personalhoheit aber verbleibt, kann von einer Eingliederung ebenfalls nicht die Rede sein (BVerwG v. 8. 1. 2003, aaO; Lorenzen u. a., § 75 Anm. 16b; vgl. auch Vogelgesang, PersV 2005, 326, 332). Ob eine Eingliederung vorliegt, hängt im übrigem nicht von der **Dauer der wöchentlichen Arbeitszeit** und von der Höhe des Entgelts ab; denn auch Beschäftigte, die täglich nur für kurze Zeit oder nur an manchen Tagen in der Dienststelle tätig sind, sind als Beschäftigte im personalvertretungsrechtlichen Sinne dann anzusehen, wenn die Arbeitsleistung nicht nur vorrübergehend und in ihrer Dauer nicht geringfügig ist, sondern sich über einen längeren Zeitraum von mehr als zwei Monaten erstreckt (BVerwG v. 25. 9. 1995, BVerwGE 1999, 230 = ZBR 1996, 265 = PersV 1996, 270 = ZfPR 1996, 51).

4 b) Der Personalvertretung steht auch ein Mitbestimmungsrecht bei der Einstellung solcher Personen zu, die im Rahmen der **Arbeitsförderung** nach dem Dritten Buch Sozialgesetzbuch-Arbeitsförderung (SGB III v. 24. 3. 1997, BGBl. I S. 595, zul. geänd. d. Art. 1 G v. 8. 4. 2008, BGBl. I S. 681) beschäftigt werden sollen (Maßnahmen im Rahmen der Arbeitsbeschaffung; vgl. hierzu auch: BVerwG v. 15. 3. 1994, Leits. ZBR 1995,57 = PersV 1995, 26 = ZfPR 1994, 112; BVerwG v. 6. 9. 1995 – 6 P 9.93, BVerwGE 99, 214, Leits. ZBR 1996, 221 = PersV 1996, 258 = ZfPR 1996, 42). Auch wenn es sich hierbei um von Agenturen für Arbeit zugewiesene Beschäftigte handelt, deren Einsatz nur im Rahmen einer bestimmten Förderungsmaßnahme erfolgen darf, so unterscheidet sich dieses Arbeitsverhältnis nicht wesentlich von dem

eines anderen Beschäftigten, der ebenfalls nur vorübergehend eingestellt wird; denn auch in diesem Fall erfolgt eine Eingliederung, die zu einem Weisungsrecht auf der einen und zu einer Weisungsgebundenheit auf der anderen Seite führt (BVerwG v. 15. 3. 1994, aaO; OVG Koblenz v. 14. 11. 1977, PersV 1979, 28; OVG Hamburg v. 15. 5. 1985, PersR 1987, 24; BAG v. 13. 10. 2004, BAGE 112, 180 = Leits. BB 2006, 336 = DB 2005, 837). Allerdings kann eine Personalvertretung der Einstellung eines Bewerbers im Rahmen einer Arbeitsbeschaffungsmaßnahme nicht mit der Begründung widersprechen, dass diese Maßnahme zu einer zweckfremden Verwendung von ABM-Mitteln führen würde (VGH Kassel v. 9. 4. 1986, ZBR 1987, 344 = PersV 1991, 214; OVG Lüneburg v. 14. 8. 1987, Leits. PersR 1988,168).

c) Das Mitbestimmungsrecht der Personalvertretung in personellen Ange- **4a**
legenheiten der Arbeitnehmer erstreckt sich auch auf die sog. **Dienstordnungsangestellten** der Träger der Sozialverscherung (DO-Angestellte). Dabei spielt es keine Rolle, dass die arbeitsrechtliche Terminologie beamtenrechtliche Begriffe verwendet (z. B. „Beförderung“ statt „Höhegruppierung“; Lorenzen u. a., § 75 Anm. 13; vgl. auch § 4 Anm. 17).

d) Ein Mitbestimmungsrecht der Personalvertretung besteht auch hin- **4b**
sichtlich der Beschäftigten, die als sogenannte **Ein-Euro-Kräfte** in einer Dienststelle nach dem Zweiten Buch Sozialgesetzbuch – Grundsicherung für Arbeitssuchende (§ 16 Abs. 3 SGB II v. 24. 12. 2003, BGBl. I S. 2954, zul. geänd. d. Art. 2 G v. 8. 4. 2008, BGBl. I S. 681) tätig sind. Die erwerbsfähigen Hilfsbedürftigen kommen zur Verrichtung im öffentlichen Interesse liegender, zusätzlicher Arbeiten in der jeweiligen Dienststelle zum Einsatz. Insoweit liegt eine Eingliederung im Sinne des personalvertretungsrechtlichen Einstellungsbegriffs vor. Zwar wird kein Arbeitsverhältnis begründet, wohl aber finden die Vorschriften über den Arbeitsschutz und den Urlaub entsprechende Anwendung. Gleiches gilt für die Haftung und die damit im Zusammenhang stehenden arbeitnehmertypischen Haftungserleichterungen. Der erwerbsfähige Hilfsbedürftige ist bei der Verrichtung seiner Arbeit im Rahmen von Arbeitsgelegenheiten weisungsabhängig. Der jeweilige Dienststellenleiter ist berechtigt, Inhalt, Ort und Zeit der Arbeitsleistung zu bestimmen – jedenfalls soweit, wie diese durch Eingliederungsvereinbarung und Verwaltungsakt der Arbeitsgemeinschaft noch nicht erfolgt ist. In aller Regel bewilligt die **Arbeitsgemeinschaft** einer Dienststelle Förderleistungen auf deren Antrag; die Dienststelle kann ihr bekannte Hilfebedürftige benennen. Wenn die Arbeitsgemeinschaft ihrerseits mit einem Bewilligungsbescheid die betreffenden Hilfsbedürftigen für die Arbeitseinsätze vorschlägt, dann kann der jeweilige Dienststellenleiter darüber entscheiden, ob die vorgeschlagenen Teilnehmer akzeptiert werden. Insofern also trifft die jeweilige Dienststelle eine Entscheidung, die sie selbst verantwortet. Ein Mitbestimmungsrecht der jeweiligen Personalvertretung ist im Übrigen auch vom Zweck der Mitbestimmung – kollektiver Schutz der Beschäftigteninteressen – geboten. Die Beschäftigten der Dienststelle können durch die Aufnahme von Arbeiten durch erwerbsfähige Hilfsbedürftige dann benachteiligt werden, wenn die fachliche oder persönliche Eignung des Betreffenden in Frage steht. Den Beschäftigten können Anleitungs-, Beaufsichtigungs- und Koordinierungsfunktionen obliegen. Im Übrigen können spezifische Beschäftigteninteressen (Entziehung von Arbeitsfeldern, erzwungene Untätigkeit, Zuweisung neuer Tätigkeitsbereiche und Umsetzung innerhalb der Dienststelle) dann berührt werden, wenn die beabsichtigte Maßnahme (Eingliederung erwerbsfähiger Hilfsbedürftiger) gesetzwidrig ist. Diese Voraus-

setzung kann dann erfüllt sein, wenn das Merkmal der Zusätzlichkeit der Arbeiten falsch interpretiert wird. Zusätzlich sind solche Arbeiten, die ohne eine Förderung erst später durchgeführt werden können, im Falle von juristischen Personen solche, die voraussichtlich erst nach zwei Jahren durchgeführt werden (BVerwG v. 21. 3. 2007, PersV 2007, 483 = ZfPR online 6/2007, S. 2 = ZfPR 2007, 67; BAG v. 2. 10. 2007, ZBVR online 10/2007, S. 19; Lorenzen u. a., § 75 Anm. 21e; Daniels, PersR 2006, 184; vgl. auch: Kröll, PersR 2005, 132; Süllwold, ZfPR 2005, 82, 85; Vogelgesang, PersV 2005, 326, 332).

4c e) Die Aufnahme von **Leiharbeitnehmern** i. S. des Gesetzes zur Regelung der gewerbsmäßigen Arbeitnehmerüberlassung (AÜG v. 7. 8. 1972, BGBl. I S. 1393, i. d. F. v. 24. 3. 1997, BGBl. I S. 594, zul. geänd. d. Art. 233 V v. 31. 10. 2006, BGBl. I S. 2407) ist mitbestimmungspflichtig. Dem Leiharbeitnehmerverhältnis liegen besondere Vertragsbeziehungen zwischen dem Verleiher und Entleiher auf der einen Seite (Arbeitnehmerüberlassungsvertrag) und zwischen Verleiher und Arbeitnehmer auf der anderen Seite (Leiharbeitsvertrag) zugrunde; arbeitsvertragliche Beziehungen zwischen Arbeitnehmer und Entleiher fehlen (BVerwG v. 15. 11. 1995, ZBR 1996, 221 = ZfPR, 88). Das Mitbestimmungsrecht der Personalvertretung ergibt sich aus § 14 Abs. 4 i. V. mit Abs. 3 AÜG. **Voraussetzung** allerdings ist, dass ein **Mindestbestand** von arbeitsrechtlichen Rechtsbeziehungen zwischen dem Leiharbeitnehmer und der Dienststelle/dem Arbeitgeber gegeben ist (vgl. BVerwG v. 25. 9. 1995, PersV 1996, 270). Deshalb ist konkret zu fragen, ob die Betreffenden gemeinsam mit den in der Dienststelle bereits Beschäftigten eine Tätigkeit verrichten sollen, die der Art nach weisungsgebunden ist und der Verwirklichung des arbeitstechnischen Zwecks der Dienststelle zuzuordnen ist und vom Dienststellenleiter/Arbeitgeber organisiert sein muss. Diesem muss das für das betreffende Arbeitsverhältnis typische Weisungsrecht zustehen; er muss die Entscheidung über den Arbeitseinsatz nach Zeit und Ort treffen. Wenigstens im Sinne einer **aufgespaltenen Arbeitgeberstellung** muss der Dienststellenleiter/Arbeitgeber die typische Funktion teilweise ausüben können. Gegenüber den Betreffenden muss eine geteilte „Personalhoheit" in dem Sinne bestehen, dass auf Seiten des Dienststellenleiters/Arbeitgebers ein Weisungsrecht und auf der Seite des Leiharbeitnehmers eine Weisungsgebundenheit besteht. Wenn aber sämtliche Regelungen des Arbeitsvertrags (Dauer der Arbeitszeit, Dienst- und Rufbereitschaften, Urlaubsgewährung etc.) einem Dritten zustehen, dann werden die Betreffenden nicht in die Arbeitsorganisation des Dienststellenleiters/Arbeitgebers eingegliedert, so dass von einer Einstellung nicht die Rede sein kann (BVerwG v. 8. 1. 2003 – 6 P 8.02, ZfPR 2003, 259; vgl. auch: BVerwG v. 4. 9. 1995, Leits. ZBR 1996 221 = PersV 1996,220 = ZfPR 1996, 13). Werden die Leiharbeitnehmer aber nach den Vorstellungen des Dienststellenleiters/Arbeitgebers so wie andere Beschäftigte eingesetzt und unterliegen sie hinsichtlich Art, Zeit und Umfang der Dienstleistung dessen Weisungsrecht, dann steht der Personalvertretung bei der Einstellung solcher Leiharbeitnehmer ein Mitbestimmungsrecht zu (BVerwG V. 20. 5. 1992, BVerwGE 90, 194 = Leits. ZBR 1992, 380 = PersV 1993, 171 = ZfPR 1992, 171; BVerwG v. 4. 9. 1995, Leits. ZBR 1996,221 = PersV 1996, 220 = ZfPR 1996, 13; BVerwG v. 8. 1. 2003 – 6 P 8.02, aaO; Fischer u. a., § 75 Anm. 12; Lorenzen u. a., § 75 Anm. 16g bis 16j; Vogelgesang, ZBR 1999, 260; vgl. auch Boemke, PersV 2004, 404 ff.; Vogelgesang, PersV 2005, 326). Grundsätzlich anders ist die Rechtslage in Bezug auf **Fremdpersonen** die Mitarbeiter einer Fremdfirma aufgrund eines, mit dieser bestehenden Werkvertrages sind und die zur Erledigung konkreter * Aufgaben in einer Dienststelle tätig werden (Fischer u. a., § 75 Anm. 12a). Sie werden im allgemeinen nicht in die Dienststelle eingegliedert, unterliegen nicht dem Weisungsrecht des Dienststellenleiters/Arbeitgebers und wirken im allgemeinen nicht gemeinsam mit den übrigen Beschäftigten an der Erfüllung des arbeitstechnischen Zwecks der Dienststelle mit. Allerdings ist für die Beantwortung der Frage, ob ein Mitbestimmungsrecht der Personalvertretung bei der Beschäftigung von **Fremdpersonen** besteht, stets auf den Einzelfall abzustellen (Lorenzen u. a, § 75 Anm. 16g). Oft werden die genannten Fälle beim Einsatz von Unternehmen der Informationstechnik akut, wenn die Betroffenen bei der Installation von Einrichtungen und Software längere Zeit in einer Dienststelle der Auftraggeberin tätig sind. Gleiches gilt für Beschäftigte von Fremdfirmen, die Diensträume reinigen oder für sonstige Serviceleistungen wie z. B. Wach-, Boten- und Fahrdienste oder für Druckereien und für Kantinen (Fischer u. a., § 75 Anm. 12 a).Auch bei der **Einstellung von Abrufkräften**, die in einer Abrufliste aufgenommen werden und bei denen der Zeitpunkt der Dienstaufnahme und die voraussichtliche Dauer der Beschäftigung nicht feststehen, hat die Personalvertretung mitzubestimmen (Lorenzen u. a., § 75 Anm. 18b). Dem stehen nicht unregelmäßige und nicht vorhersehbare Beschäftigungsunterbrechungen entgegen; denn sie sind in aller Regel vorgeprägt (BVerwG v. 3. 2. 1993, BVerwGE 92,47 = Leits. ZBR 1993,319 = PersV 1993,171 = ZfPR 1993,127). Im Falle von **Honorarkräften** ist für das Mitbestimmungsrecht einer Personalvertretung entscheidend, ob die Betreffenden in die Dienststelle eingegliedert, also in die Arbeitsorganisation integriert werden, den Weisungen des Dienststellenleiters so wie die übrigen Beschäftigten unterliegen und Anspruch auf konkrete Schutzrechte haben sollen. Sind diese Voraussetzungen gegeben, dann liegt eine das Mitbestimmungsrecht der Personalvertretung auslösende Einstellung vor. Ist aber eine Weisungsgebundenheit nicht gegeben und unterliegt der Betreffende nicht der für die übrigen Beschäftigten maßgebenden Arbeitsorganisation, kann er seine Arbeitszeit frei bestimmen und Schutzrechte wie die (vorhandenen) Beschäftigten nicht in Anspruch nehmen, dann kommt ein Mitbestimmungsrecht nicht in Betracht. Dennoch aber ist eine Unterrichtung der Personalvertretung deshalb erforderlich, um ihr Gelegenheit zur Prüfung zu geben, ob die in der Dienststelle bereits Beschäftigten in ihren Interessen durch die Einstellung einer Honorarkraft berührt sein können (BVerwG v. 12. 4. 2006, PersR 2006, 389 = Leits. ZfPR 2006, 116; vgl. zum Ganzen auch Plander, PersR 2007, 424).

f) Eine besondere Situation ist dann gegeben, wenn nach einer vom Dienst- 4d
stellenleiter getroffenen Auswahlentscheidung beim Bundesamt für den Zivildienst die **Zuweisung bestimmter Zivildienstleistender** beantragt wird. Mit diesem Antrag nämlich trifft der Dienststellenleiter bereits vor der Zuweisung die Entscheidung über eine Personalauswahl, durch die die Interessen der Beschäftigten betroffen werden, deren Schutz aber Sinn und Zweck des Mitbestimmungsrechts der Personalvertretung bei der Einstellung (vgl. für das BetrVG: BAG v. 19. 7. 2001, ZBVR 2002, 50) ist. In diesem Fall hat der Dienststellenleiter die ursprüngliche Auswahlentscheidung gegenüber der Personalvertretung zu begründen, die ihrerseits sodann das Vorliegen eventueller Zustimmungsverweigerungsgründe zu prüfen hat. Der Zivildienstleistende ist in die jeweilige Dienststelle eingegliedert; er ist den Weisungen des Dienststellenleiters unterworfen, so dass ein Mitbestimmungsrecht gerechtfertigt ist (aA OVG Lüneburg v. 30. 11. 2005, PersV 2006, 181; Lorenzen u. a., § 75 Anm. 21e)

4e g) Auch die endgültige Übernahme eines bisher abgeordneten Beschäftigten, falls dessen Arbeitsverhältnis mit der bisherigen Dienststelle aufgelöst worden ist, ist als Einstellung anzusehen (Fischer u. a., § 75 Anm. 14). Dagegen unterliegt die **Bestellung eines Beschäftigten zum internen Datenschutzbeauftragten** nicht der Mitbestimmung der Personalvertretung (vgl. § 4f BDSG; Lorenzen u. a., § 7.5 Anm. 21 d). Die Bestellung eines Beschäftigten zum internen Datenschutzbeauftragten erfolgt in aller Regel nicht durch Begründung eines neuen Beschäftigungsverhältnisses, sondern durch Übertragung zusätzlicher Aufgaben, so dass nur dann, wenn ein Beschäftigungsverhältnis begründet wird, eine Mitbestimmung nach Abs. 1 Nr. 1 unter dem Gesichtspunkt der Einstellung in Frage kommt. Außerdem kann ein Mitbestimmungsrecht dann durchgreifen, wenn die Bestellung aufgrund einer Versetzung erfolgen soll (Lorenzen, PersV 1979, 305; Simitis, S. 82 ff.; aA Wolber, PersV 1980, 177; vgl. für das BetrVG: LAG München v. 16. 11. 1978, NJW 1979, 1847; Garstka, ZBR 1978, 241; Linnekohl, NJW 1979, 1190; vgl. auch für das BetrVG: LAG Frankfurt v. 28. 2. 1989, RDV 1990, 149). Der Datenschutzbeauftragte hat seinerseits in gewissem Umfang ein Beteiligungsrecht an Personalentscheidungen. Wenn er im Rahmen des § 37 Abs. 1 Nr. 3 BDSG (der entspr. auch für behördliche Datenschutzbeauftragte gelten dürfte) „bei der Auswahl der in der Verarbeitung personenbezogener Daten tätigen Personen beratend“ mitwirkt, so ist der Personalvertretung die entsprechende Stellungnahme zur Kenntnis zu bringen (§ 68 Abs. 2). Das Beteiligungsrecht darf unter Hinweis auf die Tätigkeit eines Datenschutzbeauftragten nicht geschmälert werden (vgl. § 68 Anm. 10 und für das BetrVG: Gola, BB 1979, 581; vgl. im Übrigen: Wächter, DüD 1994, 256).

5 h) Der Zweck der Mitbestimmung der Personalvertretung bezieht sich aber nicht nur auf die erstmalige Eingliederung eines Beschäftigten. Vielmehr erstreckt er sich auch auf eine Reihe von **Statusveränderungen** im Rahmen eines bereits bestehenden Beschäftigungsverhältnisses. Daher gibt es eine Reihe von Angelegenheiten, die trotz bereits erfolgter Eingliederung als (erneute) Einstellung zu werten sind. Die Personalvertretung soll bei der Einstellung die Interessen der (bereits tätigen) Beschäftigten wahren und dabei insbesondere solche Gesichtspunkte erwägen, die im Versagungskatalog des § 77 Abs. 2 aufgeführt sind. Bei der (erstmaligen) Einstellung prüft die Personalvertretung die zu diesem Zeitpunkt möglichen Auswirkungen auf die Beschäftigten. Bei Statusänderungen stellt sich dagegen die Frage nach möglichen Zustimmungsverweigerungsgründen erneut; denn es können neue bzw. veränderte Versagungsgründe gegeben sein, die bei der erstmaligen Einstellung noch nicht vorlagen. Deshalb steht der Personalvertretung bei der Verlängerung eines befristeten Arbeitsvertrages wie auch bei der Umwandlung eines derartigen Arbeitsverhältnisses in ein unbefristetes Arbeitsverhältnis ein Mitbestimmungsrecht zu. Beide Maßnahmen sind als Einstellung zu werten (BVerwG v. 1. 2. 1989, ZBR 1989, 303 = PersV 1989, 354 = ZfPR 1989, 105; Lorenzen u. a., § 75 Anm. 18c). Die Verlängerung eines ursprünglich befristeten Arbeitsvertrages kann Zustimmungsverweigerungsgründe auslösen, die zum Zeitpunkt der zunächst geplanten befristeten Einstellung nicht vorlagen (vgl. für' das BetrVG: BAG v. 28. 10. 1986, BAGE 53, 237 = BB 1987, 2298 = DB 1987, 847); dies gilt beispielsweise für den Fall, dass eine vollzeitbeschäftigte Arbeitnehmerin, die zunächst den Erziehungsurlaub angetreten hatte, während dieses Urlaubs vom öffentlichen Arbeitgeber für die Dauer von sechs Monaten mit 19 Wochenstunden wieder in ihren Tätigkeitsbereich eingesetzt wird (vgl. für das BetrVG: BAG v. 28. 4. 1998, BB 1998, 1161, 2525 = DB 1998, 992, 2278). Dagegen unter-

liegt die **Umwandlung eines befristeten Probearbeitsverhältnisses nach Ablauf der Probezeit** in ein unbefristetes Arbeitsverhältnis dann nicht dem Mitbestimmungsrecht der Personalvertretung, wenn ihr vor der Einstellung zur Probe bereits mitgeteilt worden ist, der betreffende Arbeitnehmer solle bei Bewährung auf unbestimmte Zeit weiterbeschäftigt werden (vgl. für das BetrVG: BAG v. 7. 8. 1990, BAGE 65,329 = BB 1990, 2489 = DB 1991, 46). Auch in Bezug auf eine **Befristungsabrede** steht einer Personalvertretung kein Mitbestimmungsrecht zu (BVerwG v. 15. 11. 1989, ZBR 1990, 212 = PersV 1990, 235 = ZfPR 1990, 20; vgl. auch Plander, PersR 2006, 54). Ebensowenig unterliegt die Vereinbarung (d. h. die rechtliche Grundlage; sie ist zu unterscheiden von der tatsächlichen Eingliederung) von Teilzeitbeschäftigung hinsichtlich des zeitlichen Umfangs der Arbeitsleistung dem Mitbestimmungsrecht der Personalvertretung (BVerwG v. 14. 11. 1989, ZBR 1990, 211 = PersV 1990, 234 = ZfPR 1990, 17 m. Anm. von Ilbertz; gleiches gilt bei einer höchstens zweimonatigen, vorübergehenden Aufstokkung, BVerwG v. 21. 7. 1994, ZBR 1994, 382 = PersV 1995, 38; vgl. in diesem Zusammenhang das Gesetz über Teilzeitarbeit und befristete Arbeitsverträge TzBfG v. 21. 12. 2000, BGBl. I S. 1966, zul. geänd. d. Art. 1 G v. 19. 4. 2007, BGBl. I S. 538; danach ist die Personalvertretung bei einer Arbeitszeitreduzierung nach § 8 TzBfG (s. § 68 Anm. 11b) oder einer Arbeitszeitverlängerung nach § 9 TzBfG zu beteiligen, Lorenzen u. a., § 75 Anm. 19; Kröll, PersR 2001, 179). Ebensolches gilt dann, wenn die Regelung der Frage zur Diskussion steht, wie die Arbeitszeit zweier neu einzustellender Teilzeitbeschäftigter, die sich einen Arbeitsplatz teilen sollen, festzulegen ist. Hierbei nämlich handelt es sich ebenfalls nicht um die Eingliederung von Beschäftigten, sondern alleine um einzelvertragliche Abreden, die auf der Abstimmung der gegenseitigen Interessen von Dienststellenleiter und Beschäftigten beruhen (OVG Berlin v. 17. 6. 1998, PersV 1999, 304 = Leits. ZfPR 1999, 20). Dem Mitbestimmungsrecht der Personalvertretung wiederum unterliegt dagegen die **Umwandlung eines Teilzeitbeschäftigungsverhältnisses in ein Vollzeitbeschäftigungsverhältnis**. Diese Umwandlung ist wie eine Einstellung zu werten. Der Personalvertretung muss Gelegenheit gegeben werden, Fragen zu stellen, die bei der vorangegangenen Ersteinstellung als Teilzeitkraft nicht bestanden haben, jetzt aber deshalb anstehen können, weil auch andere Teilzeitbeschäftigte an einer entsprechenden Umwandlung ihres Beschäftigungsverhältnisses in ein Vollzeitbeschäftigungsverhältnis interessiert sind. Daher muss die Personalvertretung die“ Möglichkeit haben, „die Auswahlentscheidung zugunsten eines anderen Teilzeitbeschäftigten der Dienststelle“ angreifen zu können (BVerwG v. 2. 6. 1993, BVerwGE 92,295 = Leits. ZBR 1993,382 = PersV 1994, 126 = ZfPR 1993, 190; Widmaier, PersV 1984, 148). Auch eine nicht nur **vorübergehende und nicht nur geringfügige Aufstockung eines Teilzeitbeschäftigungsverhältnisses** ist als Einstellung anzusehen und somit mitbestimmungspflichtig (BVerwG v. 23. 3. 1999, BVerwGE 108, 347 = PersV 2000, 89 = ZfPR 1999, 112 für den Fall einer Aufstockung um 14,75 Stunden Wochenarbeitszeit für die Dauer von fünf Monaten; dagegen wird ein Mitbestimmungsrecht für den Fall einer für höchstens zwei Monate vorgesehenen vorübergehenden Aufstockung verneint, BVerwG v. 21. 7. 1994, ZBR 1994, 382 = PersV 1995, 38; ebenso auch das OVG Berlin v. 3. 4. 2001, PersV 2003, 72 für den Fall einer auf sechs Wochen begrenzten Zusatzbeschäftigung am Ende eines Beamtenverhältnisses auf Widerruf zur Krankheitsvertretung wegen fehlender Eingliederung). Die Arbeitszeitaufstockung muss mehr als nur geringfügiger Natur sein. Deshalb muss es sich um ein Arbeitszeitvolumen handeln, das auch selbständig an einen anderen Beschäftigten vergeben werden könnte (BVerwG v. 23. 3. 1999, aaO; vgl. auch für das BetrVG: BAG v. 25. 1. 2005, BAGE 113, 206 = BB 2006, 2421 = DB 2005, 1630 = Leits. ZBVR 2005, 110; BAG v. 15. 5. 2007, ZBVR online 10/ 2007, S. 10). Dagegen unterliegt **Umwandlung eines Vollzeitbeschäftigungsverhältnisses in ein Teilzeitbeschäftigungsverhältnis** nach dem Altersteilzeitgesetzt (AlterTzG v. 23. 7. 1996, zul. geänd. d. Art. 26a G v. 20 12. 2007, BGBl. I S. 3150) nicht dem Mitbestimmungsrecht; weder liegt eine erstmalige noch eine erneute Eingliederung dann vor, wenn ein älterer Arbeitnehmer bei reduzierter Arbeitszeit das bestehende Arbeitsverhältnis fortsetzt (BVerwG v. 12. 6. 2001, BVerwG 114, 308 = ZBR 2002, 95 = PersV 2002, 93 = ZfPR 2001, 228). Auch eine **Befristung eines bisher unbefristeten Arbeitsverhältnisses** unter gleichzeitiger Vereinbarung einer Teilzeitregelung unterliegt dem Mitbestimmungsrecht der Personalvertretung.

6 i. Mitbestimmungsrecht der Personalvertretung bezieht sich immer nur auf die konkrete Maßnahme, die von der Dienststelle beabsichtigt ist, so dass keine Möglichkeit besteht, im Rahmen des Mitbestimmungsverfahrens einschließlich des Initiativrechts eine andere bzw. veränderte Maßnahme anzustreben. Deshalb kann die Personalvertretung die Zustimmung zu einer befristeten Einstellung nicht mit dem Ziel verweigern, die zeitliche Begrenzung des Arbeitsverhältnisses aufzuheben, also den Umfang der vorgesehenen Einstellung zu erweitern (BVerwG v. 25.8,1988, ZBR 1989, 81 = PersV 1989, 271 = ZfPR 1989, 37; BVerwG v. 17. 8. 1989, ZBR 1990,50 = PersV 1990, 226). **Gegenstand des Mitbestimmungsrechts** ist alleine die Einstellung in dem vom Dienststellenleiter beabsichtigten Umfang, nicht aber das Beschäftigungsverhältnis selbst. Während das Beamten-/Verhältnis schon wegen seiner gesetzlichen Regelung einer Mitbestimmung nicht zugänglich ist, unterliegt der Arbeitsvertrag, soweit nicht Rechtsvorschriften oder tarifliche Regelungen seinen Inhalt ohnehin unmittelbar festlegen, der Vereinbarung der Vertragsparteien (BVerwG v. 30. 9. 1983 – 6 P 5.81, n. v.; BVerwG v. 30. 9. 1983 – 6 P 13.81 – Buchholz 238.37 § 72 Nr. 1; BVerwG v. 30. 9. 1983 – 6 P 2.82, n. v.; BVerwG v. 30. 9. 1983 – 6 P 4.82, ZBR 1984,78 = PersV 1985,167; BVerwG v. 30. 9. 1983 – 6 P 11.83, PersV 1986, 466; OVG Hamburg v. 6. 4. 1987, PersV 1989,226). Im Übrigen soll die Gestaltungsfreiheit der Vertragsparteien (öffentliche Arbeitgeber, Arbeitnehmer) nicht eingeengt werden (BVerwG v. 17. 8. 1989, aaO). Daher steht der Personalvertretung auch kein Mitbestimmungsrecht bei der Einstellung einer teilzeitbeschäftigten Schreibkraft hinsichtlich der Verteilung der wöchentlichen Arbeitszeit zu; denn die Festlegung der individuellen Arbeitszeitregelung ist alleine der Vereinbarung zwischen Dienststellenleiter und Bewerber überlassen (BVerwG v. 12. 9. 1983, ZBR 1984, 78 = PersV 1985, 163).

7 j) Das Mitbestimmungsrecht der Personalvertretung bei einer Einstellung besteht aber nicht darin, gemeinsam mit dem Dienststellenleiter den betreffenden Bewerber auszuwählen. Die **Auswahlentscheidung ist** vielmehr **alleine Sache des Dienststellenleiters;** denn die Personalpolitik ist Aufgabe der Verwaltung, der Personalvertretung. Hat daher der Leiter der Dienststelle einen ihm geeignet erscheinenden Bewerber ausgesucht, so hat er die Einstellungsabsicht sachlich zu begründen. Die Personalvertretung hat sodann zu prüfen, ob etwa andere Bewerber aus unsachlichen Gründen benachteiligt werden (Art. 3 Abs. 1 und 3 GG; BVerwG v. 11. 2. 1981, BVerwGE 61, 325 = PersV 1981, 320 m. Anm. von Widmaier; Becker, ZBR 1982, 258). Der Personalvertretung steht selbst dann **kein Auswahlrecht** in Bezug auf sonstige Bewerber, die sie für geeignet hält und daher zur Einstellung vorschlagen möchte, zu, wenn sie den vom Dienststellenleiter zur Einstellung vorgeschlagenen Bewerber mit Erfolg abgelehnt hat (BVerwG v. 1. 8. 1983,

ZBR 1984, 77). Ebenso ist es alleine Sache des Dienststellenleiters, Eignung und Befähigung eines Bewerbers festzustellen. Allerdings kann die Personalvertretung die Zustimmung verweigern, wenn der Dienststellenleiter bei der Eignungsbeurteilung den anzuwendenden Begriff oder den gesetzlichen Rahmen, in dem er sich frei bewegen kann, verkannt hat oder von einem unrichtigen Sachverhalt ausgegangen ist oder allgemeingültige Maßstäbe nicht beachtet oder sachfremde Erwägungen angestellt hat (vgl. auch § 77 Anm. 14 ff.).

2. Eingruppierung (Abs. 1 Nr. 2)

2 a) Einstellung und **Eingruppierung** (erstmalige Zuordnung zu einer Entgeltgruppe) sind zwei unterschiedliche Mitbestimmungstatbestände. Dies ergibt sich bereits aus der Aufteilung von „Einstellung" und „Eingruppierung" in dem Nrn. 1 und 2 des Abs. 1. Die Personalvertretung ist nicht nur bei der im Zusammenhang mit einer Einstellung erfolgenden erstmaligen Eingruppierung, d. h. Einreihung eines Arbeitnehmers in ein kollektives Entgeltschema (BVerwG v. 21. 3. 2005, PersV 2005,425 = Leits. ZfPR 2006,13; BVerwG v. 22. 10. 2007, PersV 2008, 103 = ZfPR online 2/2008, S. 2), zu beteiligen, sondern auch dann, wenn eine bestehende Eingruppierung im Zusammenhang mit der Übertragung neuer Aufgaben an einem neuen (anderen) Arbeitsplatz verändert werden soll. Auch die Neu-Eingruppierung unterliegt dem Mitbestimmungsrecht der Personalvertretung, und zwar auch dann, wenn diese nicht zu einem Wechsel der Entgeltgruppe führt. Der Personalvertretung nämlich soll auch in einem solchen Fall Gelegenheit gegeben werden, auf die Beachtung des arbeitsrechtlichen Gleichheitsgrundsatzes innerhalb der Dienststelle und innerhalb des dort angewendeten Entgeltsystems hinzuwirken. Auf diese Weise soll ein Beitrag zur Wahrung des Friedens in der Dienststelle geleistet und verhindert werden, dass eine Bevorzugung oder Benachteiligung einzelner Arbeitnehmer durch eine nicht gerechtfertigte Beurteilung im Rahmen bestehender Auslegungsspielräume erfolgt. Diese Überlegungen müssen gleichmäßig für alle Arbeitsplätze gelten, selbstverständlich auch für solche, die durch Maßnahmen der Umorganisation oder der Rationalisierung neu geschaffen werden, zumal aufgrund fortschreitender technischer Entwicklungen und Haushaltszwänge in der öffentlichen Verwaltung der Wegfall alter und die Schaffung neuer Arbeitsplätze immer aktueller wird (BVerwG v. 8. 12. 1999, BVerwGE 110, 151 = Leits. ZBR 2000, 177 = PersV 2001, 32 = ZfPR 2000, 100; zustimmend: Lorenzen u. a., § 75 Anm. 30 c; Vogelgesang, PersV 2005, 326, 333; kritisch: Fischer u. a., § 75 Anm. 20; Goeres, PersV 2004, 9). Demgegenüber gibt es im System des TVöD keine Bewährungs- und Zeitaufstiege mehr. Im Übrigen kann ein Personalrat einer beabsichtigten Einstellung zustimmen, die Zustimmung zu der beabsichtigten Eingruppierung aber verweigern, weil es sich um zwei voneinander unabhängige Mitbestimmungstatbestände handelt, mit denen der Gesetzgeber unterschiedliche Zielsetzungen (kollektiver Schutz der in der Dienststelle bereits tätigen Beschäftigten einerseits und Sicherstellung der korrekten Anwendung des kollektiven Entgeltschemas andererseits) verbunden hat (BVerwG v. 22. 10. 2007, aaO). 8

b) Der Dienststellenleiter hat die Personalvertretung über die von ihm für richtig befundene **Eingruppierung zu unterrichten**, ihr alle einschlägigen Unterlagen (u. a. Arbeitsplatzbeschreibungen) zugänglich zu machen und ihr Gelegenheit zur Stellungnahme zu geben (vgl. für das BetrVG: BAG v. 9. 2. 1993, BB 1993, 1007 = DB 1993, 1294). Regelmäßig fallen Einstellung und Eingruppierung in einem Akt zusammen, weil bei der Einstellung zugleich über die Eingruppierung entschieden wird Fischer u. a., § 75 Anm. 16, 8a

19; Lorenzen u. a., § 75 Anm. 27). Das Mitbestimmungsrecht bei der Eingruppierung beschränkt sich materiell auf eine Richtigkeitskontrolle, bei der die Personalvertretung mitverantwortlich sicherstellen soll, dass der betreffende Arbeitnehmer richtig in die für ihn maßgebliche kollektive Ordnung eingestuft wird, die für seine Bezüge maßgebend ist. Auf diese Weise soll die Personalvertretung zu einer innerbehördlichen Entgeltgerechtigkeit und zu einer gleichmäßigen Anwendung der Entgeltordnung (Vergütungsordnung) beitragen (BVerwG v. 14. 6. 1995, Leits. ZBR 1995, 318 = PersV 1996, 182 = ZfPR 1995, 156). Auch die **Überleitung** von Angestellten und Arbeitern aus der bisherigen Vergütungs- bzw. Lohngruppe in eine Entgeltgruppe des **TVöD** fällt unter die Richtigkeitskontrolle und damit das Mitbestimmungsrecht der Personalvertretung (ebenso Lorenzen u. a., § 75 Anm. 22; aA VG Mainz v. 5. 4. 2006, PersV 2006, 456; vgl. auch Anm. 8e). Eine möglichst zutreffende Zuweisung einer Tätigkeit zu der zugehörigen Vergütungsgruppe ist das Ziel des Mitbestimmungsrechts der Personalvertretung (vgl. für das BetrVG: BAG v. 9. 2. 1993, aaO). Daher erschöpft sich auch das Mitbestimmungsrecht bei einer Eingruppierung nicht in der Entgegennahme der Mitteilung über die beabsichtigte Eingruppierung und darauf, dass der Personalvertretung Gelegenheit zur Stellungnahme gegeben wird. Vielmehr bedarf auch die Eingruppierung der (ausdrücklichen oder stillschweigenden) Zustimmung; denn das Mitbestimmungsrecht ist nicht nur ein Mitgestaltungs-, sondern auch ein Mitbeurteilungsrecht, so dass im Falle der Zustimmungsverweigerung das Einigungsverfahren nach § 69 Abs. 3 einzuleiten ist. Die Personalvertretung kann daher die Zustimmung zu einer Eingruppierung auch mit der Begründung verweigern, dass der betroffene Beschäftigte lediglich die Voraussetzungen einer niedrigeren Gruppe erfüllt (vgl. für das BetrVG: BAG v. 28. 4. 1998, BB 1998, 1057, 2059). Dagegen erstreckt sich das Mitbestimmungsrecht nicht auf die Frage, ob die Eingruppierung und somit das Entgelt letztlich angemessen sind (BVerwG v. 12. 9. 1983, ZBR 1984, 78 = PersV 1985, 163; BVerwG v. 19. 9. 1983, BVerwGE 68, 30) oder ob das bestehende Tarifsystem in ausreichendem Maß den arbeitsrechtlichen Gleichheitssatz berücksichtigt (BVerwG v. 14. 6. 1995, aaO). Gegenstand des Mitbestimmungsrechts bei der Eingruppierung ist allein die richtige Einstufung der vorgesehenen Tätigkeit z. B. in Entgeltgruppen des TVöD, nicht aber die Bemessung das Entgelts (BVerwG v. 24. 5. 1989, ZfPR 1989, 176 m. Anm. von Ilbertz). Ebensowenig kann eine Personalvertretung bei der Erhebung von Daten zur Sicherstellung einer konkreten Eingruppierung mitbestimmen. Dabei nämlich handelt es sich ausschließlich um vorbereitende Untersuchungen, die das Ergebnis weder vorwegnehmen, noch bereits zu einer mitbestimmungspflichtigen Maßnahme führen (BVerwG v. 21. 3. 2005, PersV 2005, 425 = Leits. ZfPR 2006, 13).

8b c) Die Personalvertretung kann die Einstellung eines Bewerbers als solche befürworten und gleichzeitig die **Zustimmung zu dessen Eingruppierung verweigern**. Der Personalrat muss in der Lage sein, durch die Zustimmung zur Einstellung den Weg für die Aufnahme der Beschäftigung freizumachen und zugleich dafür Sorge zu tragen, dass eine nach seiner Überzeugung unrichtige Eingruppierung korrigiert wird (BVerwG v. 22. 10. 2007, PersR 2008, 23). Ein Streit lediglich über die richtige Eingruppierung kann isoliert im Einigungsverfahren über die Eingruppierung geklärt werden, ohne dass hierzu die Einstellung als solche zurückzustellen wäre (OVG Berlin v. 9. 9. 1994, PersR 1995, 302). Für diesen Fall kann die Einstellung mit einer vorläufigen Gehaltszahlung unter Vorbehalt der Rückforderung erfolgen. Darin ist keine Verletzung des Mitbestimmungsrechts zu sehen (VGH München v. 26. 3. 1986, ZBR 1986, 378; Lorenzen u. a., § 75 Anm. 22 b).

d) Die Personalvertretung hat bei den ihrer Mitbestimmung unterliegenden Maßnahmen die richtige Anwendung des Tarifrechts und der **Richtlinien** der obersten Dienstbehörde durch den Dienststellenleiter zu **überwachen.** Sie darf jedoch nicht versuchen, sich der richtigen Anwendung dieser höherrangigen, nicht ihrer Kompetenz unterliegenden Norm entgegenzustellen. Tut sie dies doch, so ist die entsprechende Zustimmungsverweigerung unbeachtlich (OVG Münster v. 20. 11. 1986, ZTR 1987, 154; VG Braunschweig v. 15. 4. 1986, PersV 1987, 71).Das mit der Einstellung zu begründende Beschäftigungsverhältnis nämlich ist nicht Gegenstand der Mitbestimmung. Dies gilt sowohl hinsichtlich der Art (Beamten- oder Arbeitsverhältnis) wie auch hinsichtlich des durch einzelvertragliche Abreden festzulegenden Inhalts, so dass eine Personalvertretung zur Begründung der Zustimmungsverweigerung zu einer beabsichtigten Eingruppierung nicht die Anwendung eines anderen als des vom Dienststellenleiter vorgesehenen Tarifvertrages verlangen kann (BVerwG v. 15. 11. 1995 – 6 P 53.23, Leits. ZBR 1996, 221 = PersV 1996, 323 = ZfPR 1996, 119). Die Personalvertretung kann einer Einstellung nicht mit der Begründung widersprechen, dass die vorgesehene Eingruppierung gegen die maßgebende Entgeltgruppenordnung verstoße (vgl. für das BetrVG: BAG v. 20. 12. 1988, BAGE 60, 330 = BB 1989, 1549 = DB 1989, 1240). Der Personalvertretung steht kein Mitbestimmungsrecht bei der Festlegung von Zulagen zu, die nur für die Dauer einer Tätigkeit unter besonderen Umständen gezahlt werden (z. B. Erschwerniszulagen), aber nichts über die Stellung eines Arbeitnehmers innerhalb der Entgeltordnung aussagen (Fischer u. a., § 76 Anm. 20; Lorenzen u. a., § 75 Anm. 28; vgl. für das BetrVG: BAG v. 24. 6. 1986, BAGE 52, 218 = BB 1987, 60 = DB 1986, 2392). Jedoch kann eine Personalvertretung im Rahmen ihres allgemeinen Überwachungsrechts überprüfen, ob die Gewährung von Zulagen zutreffend erfolgt (OVG Berlin v. 28. 8. 2001, PersV 2002, 401). **8c**

e) Die **nachträgliche Korrektur einer fehlerhaften Eingruppierung** ist kein Fall der Eingruppierung. Vielmehr ist diese Korrektur unter dem Gesichtspunkt der Höhergruppierung bzw. Herabgruppierung mitbestimmungspflichtig (Richardi u. a., § 75 Anm. 39); denn eine Korrektur ist nicht – wie es die Eingruppierung begrifflich verlangt – die erstmalige Zuordnung zu einer Lohn- oder Entgeltgruppe anlässlich der Einstellung (OVG Magdeburg v. 30. 8. 2000, PersV 2001, 318). **8d**

f) Bei der **Überleitung** von Angestellten und Arbeitern von den bisherigen tariflichen Vergütungs- bzw. Lohngruppen in die Entgeltgruppen des TVöD steht einer Personalvertretung unter dem Gesichtspunkt der Richtigkeitskontrolle als Wesenmerkmal des Mitbestimmungsrechts (BVerwG v. 13. 2. 1976, BVerwGE 50, 186) ein entsprechendes Beteiligungsrecht zu (Lorenzen u. a., § 75 Anm. 22; Gronimus, PersV 2006, 210). Dies verkennt die Gegenmeinung, wonach die Überleitung ausdrücklich nur als eine Überleitung des bisherigen status quo der Eingruppierung erfolge und die Tätigkeiten unverändert blieben (Bepler u. a., § 4 TVÜ Bund Anm. 5; so im Ergebnis auch VG Mainz v. 5. 4. 2006, PersV 2006, 456; vgl. auch Kallenberg, ZfPR 2007, 20). Ein Mitbestimmungsrecht im Interesse der Richtigkeitskontrolle besteht auch bei der **Stufenzuweisung** des § 15 Abs. 1 TVÖD/TV-L (Vogelgesang, ZfPR 2008, 47). **8e**

g) Bei der **erstmaligen Stufenzuordnung** innerhalb der Entgeltgruppe nach dem TVÖD steht einer Personalvertretung ein Mitbestimmungsrecht zu. Bei der Stufenzuordnung nämlich handelt es sich um eine der Eingruppierung inhaltlich vergleichbare personelle Maßnahme. Diese hat unmittelbare Aus- **8f** wirkungen auf das dem einzelnen Beschäftigten zu zahlende Entgelt. Das Mitbestimmungsrecht hat eine Richtigkeitskontrolle insofern zum Ziel, als die Personalvertretung die Feststellung eines Dienststellenleiters, ob eine einschlägige Berufserfahrung vorliegt, mit beurteilen soll (Vogelgesang, ZfPR 2008, 47; vgl. auch Anm. 107; vgl. auch OVG Koblenz v. 22. 8. 2008, PersR 2008, 218).

3. Übertragung einer höher oder niedriger zu bewertenden Tätigkeit, Höher- oder Rückgruppierung (Abs. 1 Nr. 2)

9 a) Bei der Übertragung einer höher zu bewertenden Tätigkeit, nämlich bei der Zuweisung eines anderen Arbeitsplatzes oder der Erweiterung des Aufgabengebietes, die zu einer neuen Gesamttätigkeit auf der Basis einer höheren tariflichen Entgeltgruppe führen, dient das Mitbestimmungsrecht dem Schutz der Mitbewerber (VGH Mannheim v. 30. 6. 1987, ZBR 1988, 106 = PersV 1990, 130); bei der Übertragung einer niedriger zu bewertenden Tätigkeit ist das Mitbestimmungsrecht auf den Schutz des betroffenen Beschäftigten gerichtet (VGH Mannheim v. 22. 1. 1991, PersR 1992, 39). Die Übertragung einer höher oder niedriger zu bewertenden Tätigkeit unterliegt nur dann dem Mitbestimmungsrecht der Personalvertretung, wenn sie zu einem **Wechsel der Entgeltgruppe** führt (BVerwG v. 3. 6. 1977 – VII P 2.76, Leits. Buchholz 251.2 § 79 Nr. 2; VGH Kassel v. 9. 11. 1988, Leits. ZfPR 1989, 184; vgl. für das BetrVG: BAG v. 27. 11. 1991, PersV 1992, 524). Daher ist auf die tarifliche Entgeltskala abzustellen, nicht aber auf Tätigkeitsveränderungen, die hierauf ohne Einfluss bleiben (Lorenzen, PersV 1979, 305). Die Zuteilung eines höherwertigen Arbeitsplatzes im Rahmen einer Höhergruppierung hat ebenso wie die Einstellung und die damit verbundene Eingruppierung zwei unterschiedliche Personalmaßnahmen zur Folge. Zum einen geht es um die Übertragung der höher zu bewertenden Tätigkeit, zum anderen um die tarifliche Zuordnung der Tätigkeit. Beide Maßnahmen unterliegen dem Mitbestimmungsrecht der Personalvertretung, so dass daher eine Zustimmung in der Weise gesplittet werden kann, dass die Zustimmung zur Übertragung der höherwertigen Tätigkeit, nicht aber zur tariflichen Eingruppierung erfolgt (OVG Lüneburg v. 21. 11. 1994, Leits. ZfPR 1995, 128). Für die Übertragung einer höherwertigen Tätigkeit muss aber immer ein sachlicher Grund vorhanden sein (BAG v. 16. 1. 1991, Leits. ZfPR 1991, 115). Ein Mitbestimmungsrecht bei der Übertragung einer niedriger zu bewertenden Tätigkeit setzt voraus, dass die neue Tätigkeit nach der Entgeltordnung mit einer niedrigeren Entgeltgruppe bewertet wird als die bisherige (OVG Berlin v. 7. 8. 1987, Leits. PersR 1988, 139). Das BAG verneinte in ständiger Rechtsprechung eine mitbestimmungspflichtige Höhergruppierung beim „Hineinwachsen“ (BAG v. 1. 7. 1970 – 4 AZR 351/69, AP Nr. 11 zu § 71 PersVG; BAG v. 7. 10. 1981, PersV 1983, 472). Ein „Hineinwachsen“ bedeutete, dass ein Beschäftigter, der ununterbrochen sechs Monate lang eine höherwertige Tätigkeit ausgeübt hatte, mit Beginn des siebten Monats in der höheren Vergütungsgruppe eingruppiert war (§ 23 BAT). Die Dienststelle ihrerseits gab keine rechtsgeschäftliche Erklärung ab. Vielmehr bestand ihr Handeln ausschließlich in einer normvollziehenden Maßnahme (BAG v. 7. 10. 1981, PersV 1983, 472; Fischer u. a., § 75 Anm. 25; Lorenzen u. a., § 75 Anm. 37).

10 b) Auch die nur **vorübergehende oder vertretungsweise Übertragung** einer höher oder niedriger zu bewertenden Tätigkeit an einen Arbeitnehmer unterliegt dem Mitbestimmungsrecht der Personalvertretung (BVerwG v. 22. 10. 1991, Leits. ZfPR 1992, 176; BVerwG v. 8. 10. 1997 – 6 P 9.95,

BVerwGE 105, 247 = ZBR 1998, 236 = ZfPR 1998, 45). Dieses Mitbestimmungsrecht folgt aus dem Wortlaut der Bestimmung, die keine zeitliche Beschränkung enthält; es ergibt sich aber auch aus dem Schutzgedanken des Mitbestimmungsrechts gegenüber den Betroffenen und gegenüber anderen Beschäftigten der Dienststelle. Die Personalvertretung soll durch ihr Beteiligungsrecht die Behandlung aller Beschäftigen nach Recht und Billigkeit gewährleisten. Sowohl die Rechtsstellung des betroffenen Arbeitnehmers als auch die Interessen der anderen in der Dienststelle beschäftigten Arbeitnehmer können von einer auch nur vorübergehenden Übertragung einer höherwertigen Tätigkeit im Hinblick auf den künftigen beruflichen Aufstieg berührt sein, auch wenn einzuräumen ist, dass die vorübergehende Übertragung lediglich einen Anspruch auf die nach §§ 31 Abs. 3 und 14 TVöD-AT/TV-L (§ 24 BAT) zu zahlenden Zulagen auslöst (kritisch Richardi u.a., § 75 Anm. 47) Ausgeschlossen allerdings ist das Mitbestimmungsrecht dann, wenn bei Vertretungsregelungen die Übertragung bereits durch den Geschäftsverteilungs-und/oder Vertretungsplan festgelegt ist. Tritt der Vertretungsfall ein, dann wird lediglich die vorher bereits getroffene Regelung vollzogen. Bei nur kurzfristig angeordneten Vertretungstätigkeiten (Notwendigkeit eines nicht vorhersehbaren Arztbesuches) kann das Mitbestimmungsrecht der Personalvertretung deshalb nicht in Betracht kommen, weil eine Beteiligung praxisfremd wäre (vgl. auch Vogelgesang, PersV 2005, 326, 334).

4. Die **Übertragung einer niedriger zu bewertenden Tätigkeit** ist die Zu- 11
weisung eines anderen Arbeitsplatzes oder die Veränderung des Aufgabengebiets eines Beschäftigten mit der Folge, dass die neue Gesamttätigkeit einer niedrigeren als der bisherigen Lohn- oder Vergütungsgruppe entspricht (BAG v. 16. 2. 1966, BAGE 18, 148). Das Mitbestimmungsrecht der Personalvertretung erstreckt sich nicht auf die Entgeltfestsetzung für einen einzelnen Arbeitnehmer, der im Zusammenhang mit einer Rationalisierungsmaßnahme von der Zuweisung einer niedriger zu bewertenden Tätigkeit betroffen ist (BVerwG v. 30. 4. 2001, Leits. ZBR 2001, 305 = PersR 2001, 382).

5. Höher- und Rückgruppierung sowie Eingruppierung **sind grundsätzlich** 12
auf Dauer berechnete Maßnahmen. Die Eingruppierung wird regelmäßig bei der Einstellung vorgenommen; sie ist die erstmalige Zuordnung zu einer Entgeltgruppe bei Einstellung eines Arbeitnehmers (vgl. Anm. 8). Selbst wenn eine Neu-Eingruppierung nach dem früheren Tarifsystem des BAT nicht zu einem Wechsel der Vergütungs- oder Fallgruppe mit veränderten Möglichkeiten eines Zeit- oder Bewährungsaufstiegs führte, war ein Mitbestimmungsrecht der Personalvertretung gegeben, soweit die neue Tätigkeit im Vergleich zur bisherigen eine andere war (BVerwG v. 8. 12. 1999, BVerwGE 110, 151 = Leits. ZBR 2000, 177 = ZfPR 2000, 100). Eine Höhergruppierung liegt demgegenüber vor, wenn während des Bestehens eines Arbeitsverhältnisses die Zuordnung einer auf einem Arbeitsplatz zu verrichtenden Tätigkeit zu einer höheren Entgeltgruppe erfolgt. Wesentliches Merkmal der Höhergruppierung ist der Wechsel der Entgeltgruppe (BVerwG v. 30. 1. 1979, BVerwGE 57, 260 = ZBR 1980, 32 = PersV 1980, 56; BVerwG v. 18. 12. 1979, Leits. ZBR 1980, 258 = PersV 1981, 290). Das Mitbestimmungsrecht bezieht sich auch auf den Zeitpunkt, von dem ab die Höhergruppierung wirksam werden soll. Die Personalvertretung kann geltend machen, dass die Höhergruppierung zu einem früheren Zeitpunkt beginnen müsse. Wenn sich die Höhergruppierung nur für die Zukunft auswirken soll, ist zu prüfen, ob sich das Schweigen zur Vergangenheit als mitbestimmungspflichtige Ablehnung oder als mitbestimmungsfreies Unterlassen darstellt; maßgebend sind die Umstände des Einzelfalles (BVerwG v. 6. 10. 1992, ZBR

1993, 122 = PersV 1993, 446 = ZfPR 1993, 17). Das Mitbestimmungsrecht umfasst sowohl eine tarifgerechte wie eine „übertarifliche" Höhergruppierung, nicht dagegen die Vereinbarung einer übertariflichen Vergütung im Einzelfall (OVG Münster v. 4. 5. 1987 – CL 25/85, n. v.). Die Höhergruppierung eines Arbeitnehmers ohne vorherige Beteiligung der Personalvertretung ist unwirksam, da der Personalvertretung nach Abs. 1 Nr. 2 ein Mitbestimmungsrecht zusteht. Aus der Verletzung der vorherigen Beteiligung der Personalvertretung kann jedoch der bei der Höhergruppierung übergangene Arbeitnehmer gegenüber seinem öffentlichen Arbeitgeber keine Ansprüche herleiten, da in dem abschließenden Mitbestimmungskatalog zu personellen Maßnahmen des § 75 Abs. 1 Satz 1 der Mitbestimmungstatbestand „Ablehnung einer Bewerbung" nicht aufgenommen ist. Der übergangene Bewerber kann gegenüber seinem öffentlichen Arbeitgeber einen Höhergruppierungsanspruch und einen daraus sich etwa ergebenden Schadensersatzanspruch nur aus einer entsprechenden einzelvertraglichen Zusage oder allgemein aus Art. 33 Abs. 2 GG herleiten (vgl. hierzu LAG Hamm v. 4. 10. 1990 für das PersVG von Nordrhein-Westfalen, PersR 1991, 71 = ZTR 1991, 37).

13 6. Das Mitbestimmungsrecht der Personalvertretung bei einer Höhergruppierung umfasst zwei voneinander zu trennende Personalmaßnahmen; zum einen geht es um die Übertragung der höher zu bewertenden Tätigkeit, zum andern um die tarifliche Zuordnung der Tätigkeit. Daher kann eine Personalvertretung die Zustimmung in der Weise splitten, dass sie der Übertragung der Tätigkeit zustimmt, der tariflichen Eingruppierung aber widerspricht (BVerwG v. 6. 10. 1992, ZBR 1993, 122 = PersV 1993, 446 = ZfPR 1993, 17; OVG Lüneburg v. 21. 11. 1994, Leits. ZfPR 1995,128). Wenn auch grundsätzlich der Begriff der Höhergruppierung dem Tarifrecht entnommen und daher in demselben Sinn und mit demselben Inhalt, den er im Tarifrecht hat, anzuwenden ist, so bedeutet dies aber nicht, dass die Fälle der Höhergruppierung, die der Mitbestimmung der Personalvertretung unterliegen, auf tarifvertragliche Vorgänge alleine beschränkt wären. Vielmehr ist auf Sinn und Zweck des Mitbestimmungsrechts abzustellen. Auch bei einer außertariflichen Höhergruppierung ist Zweck des Mitbestimmungsrechts, auf die Wahrung des Tarifgefüges und auf die Wahrung des Friedens in der Dienststelle hinzuwirken, um sachlich nicht gerechtfertigte Unterschiede in der Bezahlung zu vermeiden. Infolgedessen liegt eine mitbestimmungspflichtige Höhergruppierung auch dann vor, wenn einem außertariflich bezahlten Arbeitnehmer ein höherer Titel verliehen wird, der zwar nicht unmittelbar zu einer höheren Vergütung, wohl aber zur Anhebung des Gehaltsrahmens führt (BVerwG v. 22. 2. 1989, PersV 1989, 356 = ZfPR 1989, 108). Eine Mitbestimmung der Personalvertretung kam auf der Grundlage des BAT insbesondere bei der **Höhergruppierung** eines Angestellten **im Wege des Bewährungsaufstiegs** in Betracht (BVerwG v. 17. 4. 1970, BVerwGE 35, 164 = ZBR 1970, 269 = PersV 1970, 277; vgl. auch Anm. 18). Hierbei handelte es sich um einen Wechsel in die nächsthöhere Vergütungsgruppe aufgrund einer mehrjährigen Bewährung, ohne dass sich die Tätigkeit änderte (Lorenzen u. a., § 75 Anm. 39). Dagegen kann die Personalvertretung bei der **Überprüfung eines Arbeitsplatzes** nicht mitbestimmen; denn diese Maßnahme betrifft keinen der in Abs. 1 Nr. 2 genannten Tatbestände (BVerwG v. 6. 2. 1979, ZBR 1980, 30 = PersV 1980, 421). Die Überprüfung dient der Feststellung der von dem Inhaber eines bestimmten Arbeitsplatzes zu erledigenden Aufgaben und damit der Feststellung von Tätigkeitsmerkmalen, die nach der Entgeltordnung für die Zugehörigkeit eines Arbeitnehmers zu einer bestimmten Entgeltgruppe (Eingruppierung)

maßgebend sind. Infolgedessen soll mit der Überprüfung eines Arbeitsplatzes die tarifgerechte Bezahlung sichergestellt werden. Erst nach dem Prüfungsergebnis kann eine Mitbestimmung der Personalvertretung insoweit in Frage kommen, als der Dienstherr aufgrund der Überprüfung eine Korrektur der bisherigen Eingruppierung in Form einer Höher- oder Rückgruppierung beabsichtigt. Die Überprüfung stellt auch keine Vorentscheidung über eine Höher- oder Rückgruppierung dar; denn bei der Überprüfung des Arbeitsplatzes besteht noch keine irgendwie konkretisierte Absicht, eine der in Abs. 1 Nr. 2 erwähnten Maßnahmen zu ergreifen (BVerwG v. 6. 2. 1979, aaO).

7. Keine mitbestimmungsbedürftige Höhergruppierung liegt dann vor, wenn der Beschäftigte bei gleicher Tätigkeit infolge einer **Änderung der tariflichen Bestimmungen** einen Anspruch auf höhere Bezahlung erworben hat (Engelhard-Ballerstedt, § 78 Anm. 49). Keine Höhergruppierung ist auch die **Gewährung einer Funktionszulage** (weil hier kein Wechsel der Entgeltgruppe erfolgt, BVerwG v. 14. 12. 1962, BVerwGE 15, 212 = ZBR 1963, 62 = PersV 1963, 206). Ebensowenig stellt die **Gewährung einer übertariflichen Zulage** eine Höhergruppierung dar (BAG v. 16. 2. 1966, BAGE 18, 142 = PersV 1967, 188; Fischer u. a., § 75 Anm. 20; Lorenzen u. a., § 75 Anm. 28). 14

a) Hat ein Arbeitgeber die Personalvertretung bei der Übertragung einer höherwertigen Tätigkeit **nicht beteiligt,** so ist eine gegenüber dem betroffenen Arbeitnehmer gegebene Zusage rechtswirksam. Die Höhergruppierung lässt sich, falls die Personalvertretung nicht zustimmt, aber nicht realisieren. Dem Arbeitnehmer aber bliebe wegen der vom Arbeitgeber zu vertretenen Unmöglichkeit der zugesagten **Höhergruppierung** ein Schadensersatzanspruch nach §§ 823 ff. BGB. Auch ohne die entsprechende arbeitsmäßige Gegenleistung seitens des Arbeitnehmers ist der Arbeitgeber zur Zahlung einer entsprechend höheren Vergütung verpflichtet (BAG v. 16. 1. 1991, PersR 1991, 185; Fischer u. a., § 75 Anm. 23 b, c). 14a

8. Eine **Rückgruppierung** ist die im Wege der Änderung des Arbeitsvertrages entweder einvernehmlich oder im Wege der Änderungskündigung erfolgende Bezahlung aus einer niedrigeren Entgeltgruppe als der bisherigen, also die Berichtigung einer zu hohen Eingruppierung. Voraussetzung ist die Übertragung einer niedriger zu bewertenden Tätigkeit, so zum Beispiel, wenn der Arbeitgeber das Aufgabengebiet des Beschäftigten verringert (BVerwG v. 17. 4. 1970, BVerwGE 35, 164 = ZBR 1970, 269 = PersV 1970, 277, Wechsel der bisherigen Entgeltgruppe). Rechtlich entscheidend ist bei der Eingruppierung der Wechsel der Entgeltgruppe. Die Rückgruppierung hat eine Vertragsänderung zur Voraussetzung, aufgrund deren der Arbeitgeber dem Beschäftigten eine qualitativ geringer bewertete Tätigkeit zuweist. Ein Arbeitnehmer kann nur durch eine entsprechende Änderung seines Arbeitsvertrags herabgruppiert werden; eine solche Herabgruppierung ist mitbestimmungspflichtig (BVerwG v. 4. 8. 1988, PersV 1989, 266). Ob die Herabgruppierung durch einen Änderungsvertrag oder durch eine – mitwirkungsbedürftige – Änderungskündigung geschieht, ist gleichgültig (vgl. für das BetrVG: BAG v. 14. 7. 1965, BAGE 17, 248; Honnen, ZfPR 1994, 60). Für die Beteiligung der Personalvertretung sind **zwei Verfahren** notwendig: Einmal muss sie nach § 75 Abs. 1 Nr. 2 i. V. mit § 69 der Rückgruppierung zustimmen, zum anderen muss sie bei der Änderungskündigung nach § 79 Abs. 1 i. V. mit § 72 mitwirken; denn die Entscheidung der Personalvertretung muss nicht notwendig einheitlich erfolgen (vgl. für das BetrVG: BAG v. 3. 11. 1977, DB 1978, 1135). So kann die Personalvertretung die Zustimmung zu einer beabsichtigten Rückgruppierung im Wege einer Ände- 15

rungskündigung mit der Begründung ablehnen, dass die Voraussetzungen, unter denen nach dem Kündigungsschutzgesetz eine Änderungskündigung ausgesprochen werden kann, nicht erfüllt seien (OVG Münster v. 30. 9. 1980, PersV 1983, 285). Dem Mitbestimmungsrecht der Personalvertretung unterliegt auch die sog. **korrigierende Rückgruppierung** (BAG v. 26. 8. 1992, ZTR 1993, 126; OVG Berlin v. 27. 9. 1993, Leits. ZfPR 1994, 162; Schmidt, ZTR 1992, 237; vgl. hierzu kritisch: Gewehr, ZfPR 1997, 130). Diese wird dann erforderlich, wenn infolge des Absinkens der Wertigkeit der bisher ausgeübten Tätigkeit die ursprünglich vorgenommene Einstufung „nach unten" korrigiert wird (BVerwG v. 17. 4. 1970, aaO) oder wenn ein Arbeitnehmer irrtümlich in eine höhere Vergütungsgruppe eingruppiert worden ist (BAG v. 30. 5. 1990, BAGE 65, 163 = BB 1990, 2043 = DB 1991, 338 = Leits. ZfPR 1990, 185; BAG v. 26. 8. 1992, aaO). Der Beschäftigte rückt damit nicht automatisch in eine niedrigere Entgeltgruppe ein. Vielmehr muss grundsätzlich der betreffende Arbeitsvertrag geändert werden. Eine Änderung des Arbeitsvertrages als Folge einer korrigierenden Rückgruppierung ist aber nicht immer notwendig. Dies vor allem dann nicht, wenn eine von Anfang an unrichtige Zuordnung und Einstufung in die tarifvertraglich festgelegten Entgeltgruppen berichtigt wird. In diesen Fällen wird keine andere Tätigkeit zugewiesen. Die korrigierende Rückgruppierung im vorstehenden Sinn wirkt also nicht rechtsgestaltend. Sie hat vielmehr nur deklaratorische Bedeutung. Dennoch besteht das Mitbestimmungsrecht der Personalvertretung, weil eine „mitbeurteilende Richtigkeitskontrolle" notwendig ist (OVG Bremen v. 27. 11. 1990, PersV 1994, 22). Eine korrigierende Rückgruppierung löste bei Anwendung des BAT selbst dann ein Mitbestimmungsrecht der Personalvertretung aus, wenn sie durch einen gleichzeitig erfolgenden Bewährungsaufstieg ausgeglichen wurde (BVerwG v. 10. 7. 1995, Leits. ZBR 1996, 221 = PersV 1996, 185 = ZfPR 1996, 8). Dagegen sind der **Widerruf oder die Absenkung einer Zulage** (Erschwerniszulagen, Funktionsgruppenzulagen, Zulagen für Dienst zu ungünstigen Zeiten, Leistungszulagen etc.) deshalb keine Rückgruppierung, da die Entgeltgruppenzuordnung hiervon unberührt bleibt, so dass ein Mitbestimmungsrecht nicht besteht (VG Potsdam v. 13. 12. 2000, PersV 2001, 328; vgl. auch: BVerwG v. 3. 6. 1977, PersV 1978, 247; OVG Berlin v. 28. 8. 2001, PersV 2002, 401).

16 9. Die Personalvertretung bestimmt auch bei der **Korrektur einer fehlerhaften Eingruppierung** mit (BVerwG v. 13. 2. 1976, BVerwGE 50, 186 = ZBR 1976, 228 = PersV 1977, 183; BVerwG v. 5. 5. 1976, PersV 1978, 272; BAG v. 30. 5. 1990, BAGE 65, 163 = BB 1990, 2043 = DB 1991, 338 = Leits. ZfPR 1990, 185; Fischer u. a., § 75 Anm. 26; Lorenzen u. a., § 75 Anm. 40, 40a; Schmidt, ZTR 1992, 237). Dieses Mitbestimmungsrecht resultiert aus der Aufgabe der Personalvertretung festzustellen, ob der öffentliche Arbeitgeber im Zusammenhang mit der Ein-, Um- und Rückgruppierung eine konkrete Eingruppierung vorgenommen hat (BAG v. 26. 8. 1992, BAGE 71, 139 = Leits. BB 1992, 2295 = DB 1993, 839). Mitbestimmungspflichtig ist nicht schon die Überprüfung als solche, sondern die danach erfolgende Übertragung einer höher oder niedriger bewerteten Tätigkeit (OVG Münster v. 25. 2. 1998, Leits. PersV 1998, 526; aA BAG v. 21. 3. 1995, Leits. BB 1995, 2224 = DB 1996, 480). Ein Mitbestimmungsrecht der Personalvertretung entfällt nur dann, wenn es sich um die Berichtigung eines offenbaren Fehlers handelt, z. B. eines für jeden ersichtlichen Schreibfehlers (Engelhard-Ballerstedt, § 78 Anm. 53).

17 10. Bei der **Korrektur einer fehlerhaften Eingruppierung bezieht sich die Mitbestimmung** nicht auf die Überführung in die richtige Entlegtgruppe,

sondern auf die **auf den Wechsel der Entgeltgruppe folgende tarifrechtliche Einstufung** (BVerwG v. 17. 4. 1970, BVerwGE 35, 164 = ZBR 1970, 269 = PersV 1970, 277). Dem Mitbestimmungsrecht der Personalvertretung kann nicht entgegengehalten werden, dass bei einer korrigierenden Höhergruppierung die Dienststelle lediglich ein Gesetz zu vollziehen habe, so dass die Personalvertretung nicht beteiligt werden könne. Dies wäre nur zutreffend, wenn ein bestimmter Sachverhalt unmittelbar, ohne dass es weiterer Ausführungsakte bedürfte, bereits durch das Gesetz selbst geregelt wäre. In diesem Fall nämlich nimmt der Gesetzgeber selbst die generelle Regelung vor, ohne dass es noch eines Normvollzugs durch die Dienststelle bedarf. Bei der Tarifautomatik aber kann hiervon keine Rede sein. Vielmehr sind stets die Tätigkeitsmerkmale zu untersuchen und zu prüfen, um die sich daraus ergebende Bezahlung zu ermitteln. Zwar kann ein Dienststellenleiter im Rahmen seines Direktionsrechts einen Arbeitnehmer in die für richtig gehaltene Vergütungsgruppe zurückführen, eine begleitende Rechtskontrolle durch die Personalvertretung in Form des Mitbestimmungsrechts ist zur Wahrung des Tarifgefüges in der Dienststelle aber notwendig (OVG Magdeburg v. 29. 7. 2005 – 5 L 6/04, PersV 2006, 110).

11. Einer Personalvertretung stand bei Anwendung des BAT auch ein Mit- 18
bestimmungsrecht bei einem **Fallgruppenwechsel** innerhalb derselben Vergütungsgruppe zu, der mit einem automatischen Zeitaufstieg in eine höhere Vergütungsgruppe verbunden war (vgl. auch BVerwG v. 8. 10. 1997, BVerwGE 105, 241 = Leits. ZBR 1998, 184 = ZfPR 1998, 41; OVG Magdeburg v. 9. 4. 2003, ZfPR 2004, 238; Vogelgesang, PersV 2005, 326, 328). Bewährungs-, Zeit- und Tätigkeitsaufstiege gibt es nach dem **TVöD** nicht mehr. Ein Mitbestimmungsrecht bestand auch bei einem Fallgruppenwechsel, der mit einem **Bewährungsaufstieg** verbunden war oder dann, wenn für die bisherige Fallgruppe, die einem Betroffenen zugeordnet war, ein Bewährungsaufstieg vorgesehen war, für die neue Fallgruppe aber die Bewährungszeit für den Aufstieg kürzer ausfiel (OVG Berlin v. 11. 12. 1998, PersV 1999, 403). Ebenso mitbestimmungspflichtig war eine korrigierende Rückgruppierung in eine niedrigere Vergütungsgruppe, wenn sie durch einen gleichzeitig erfolgenden Bewährungsaufstieg in die alte Vergütungsgruppe ausgeglichen wurde. Das Mitbestimmungsrecht ist nur dann ausgeschlossen, wenn eine gleichwertige Fallgruppenzuordnung bzw. -änderung keine Auswirkung auf die Eingruppierung hat und als Ausübung des Direktionsrechts anzusehen ist (vgl. für das BetrVG: BAG v. 30. 8. 1995, PersR 1996, 74, 379). Da die Personalvertretung im Zusammenhang mit Fallgruppenänderungen in besonderem Maße der sich aus § 68 Abs. 1 Nr. 2 ergebenden Überwachungspflicht hinsichtlich der Einhaltung der Eingruppierungsregeln nachkommen muss, ist sie umfassend über die der Eingruppierung zugrundegelegte Fallgruppe bzw. deren Änderung zu informieren (BVerwG v. 8. 10. 1997, BVerwGE 105, 241 = Leits. ZBR 1998, 184 = ZfPR 1998, 41; Fischer u. a., § 75 Anm. 20 c).

12. **Versetzung zu einer anderen Dienststelle, Umsetzung** innerhalb der 19
Dienststelle, wenn sie mit einem Wechsel des Dienstortes verbunden ist (das Einzugsgebiet im Sinne des Umzugskostenrechts gehört zum Dienstort, Abs. 1 Nr. 3):

a) Die Versetzung zu einer anderen Dienststelle ist die aus dem Direktionsrecht folgende **Übertragung einer Dauerbeschäftigung in einer anderen Dienststelle** desselben Arbeitgebers bei Aufrechterhaltung des bestehenden Arbeitsverhältnisses (Lorenzen u. a., § 75 Anm. 48; Richardi u. a., § 75 Anm. 72; vgl. auch für das BetrVG: BAG v. 22. 1. 2004, PersR 2005, 162;

BAG v. 15. 8. 2006, PersR 2007, 164 sowie Protokollerklärung zu § 4 TVöD). Als Versetzungen gelten auch solche Maßnahmen, die im Anschluss an eine Verlagerung von Teilen einer Behörde in eine andere zu entsprechenden personellen Verlagerungen führen (Fischer u. a., § 75 Anm. 35 a). Dienststelle ist jede organisatorisch abgrenzbare Verwaltungseinheit, also eine Behörde im organisationsrechtlichen Sinn, der ein konkretes Aufgabengebiet in einem organisatorisch eigenverantwortlich zu bestimmenden Verfahren zugewiesen ist (BVerwG v. 3. 7. 1990, ZBR 1991, 52 = PersV 1990, 540; LAG Nürnberg v. 24. 7. 2001, Leits. ZTR 2002, 47). Wird ein Arbeitnehmer von einem nach § 6 Abs. 3 personalvertretungsrechtlich verselbstständigten Dienststellenteil in einen anderen Teil derselben Dienststelle umgesetzt, dann liegt keine Versetzung vor (BVerwG v. 16. 6. 2000, ZBR 2001, 102 = PersV 2001, 79 = ZfPR 2000, 293). Wenn ein Beschäftigter nach einer längeren Beurlaubung in die Dienststelle zurückkehrt und wenn zu diesem Zeitpunkt eine auf ihn bezogene personelle Maßnahme (Versetzung) beabsichtigt ist, dann muss er den Schutz des Personalvertretungsrechts für sich in Anspruch nehmen können. Er bedarf der Unterstützung der Personalvertretung, damit sichergestellt ist, dass eine ungerechtfertigte Benachteiligung unterbleibt. In diesem Zusammenhang hat die zuständige Personalvertretung im Übrigen darauf zu achten, dass die schützenswerten Belange von Beschäftigten, die aus Gründen des beruflichen Fortkommens evtl. ebenfalls an einer Versetzung interessiert sind, angemessen gewahrt werden (BVerwG v. 15. 11. 2006, PersV 2007, 370). Nach § 4 TVöD kann ein Beschäftigter bei Vorliegen von dienstlichen oder betrieblichen Gründen (z. B. Gründe technischer, wirtschaftlicher oder organisatorischer Art) aufgrund des tariflichen Direktionsrechts des Arbeitgebers versetzt werden, allerdings ist bei Versetzungen an eine Dienststelle außerhalb des bisherigen Dienstorts der Arbeitnehmer vorher zu hören (§ 4 Abs. 1 Satz 2 TVöD); für die Versetzung in einen anderen Geschäftsbereich ist die Zustimmung des Arbeitnehmers erforderlich (§ 4 Abs. 2 TVöD), wobei die Zustimmung nur aus wichtigem Grund verweigert werden kann (Lorenzen u. a., § 75 Anm. 51).

19a b) Aus dem Katalog der Zustimmungsverweigerungsgründe (§ 77 Abs. 2) ergibt sich, dass die Personalvertretung bei einer Versetzung neben den Individualinteressen vor allem die kollektiven Interessen der Gesamtheit der Beschäftigten zu beachten hat. Infolgedessen entfällt das Mitbestimmungsrecht nicht dann, wenn der Betroffene der Versetzung zugestimmt hat (OVG Berlin v. 6. 3. 1996, Leits. ZfPR 1997, 120; Lorenzen u. a., § 75 Anm. 48 c). Wenn eine **Versetzung gegen den Willen des betroffenen Beschäftigten erfolgt,** dann hat die Personalvertretung, da es sich um eine belastende Maßnahme handelt, zu prüfen, ob der Betroffene eventuell ungerechtfertigt benachteiligt wird. Ebenso hat die Personalvertretung zu prüfen, ob mit der beabsichtigten Versetzung eine unzumutbare Mehrbelastung für die Beschäftigten der abgebenden Dienststelle verbunden sein könnte. Außerdem geht es darum, ob schützenswerte Belange von etwaigen Mitarbeitern dann ausreichend beachtet werden, wenn mit der Versetzung das berufliche Fortkommen des betreffenden Beschäftigten gefördert wird (BVerwG v. 28. 5. 2002, ZBR 2003, 91 = Leits. PersV 2002, 422 = ZfPR 2002, 265). Keine Versetzung ist dagegen „die Zurverfügungstellung der Dienstleistungen des Personals“ an eine private Einrichtung, sofern „die dienstlichen und arbeitsrechtlichen Beziehungen in ihrer Zuordnung zur Dienststelle nicht berührt werden“ (BVerwG v. 15. 12. 1978 – 6 P 10.78, ZBR 1979, 342 = PersV 1980, 105; BVerwG v. 15. 12. 1978 – 6 P 18.78, ZBR 1981, 257 = PersV 1980, 151). Besteht ein Zentrales Personalüberhangsmanagement

(Stellenpool), dann ist in einer entsprechenden Zuweisung so lange keine Versetzung zu sehen, wie mit dieser Zuweisung nicht gleichzeitig auch die Übertragung einer anderen Tätigkeit erfolgt, sondern der Betreffende auf seinem bisherigen Arbeitsplatz verbleibt. Nur wenn der Beschäftigte in dem Zentralen Personalüberhangmanagement (Stellenpool) eine neue Tätigkeit zugewiesen erhält und somit an der Verwaltungstätigkeit dieser Dienststelle teilnimmt, kann von einer Versetzung die Rede sein (BVerwG v. 2. 8. 2005, ZBR 2006, 49 = Leits. ZfPR 2007, 19). Von einer Versetzung i. S. des einschlägigen Beamten- und Tarifrechts kann auch dann nicht die Rede sein, wenn eine Dienststelle als selbstständige Dienststelle aufgelöst und in eine neue gemeinsame Dienststelle eingebracht wird; denn in einem solchen Fall der Zusammenlegung bzw. Eingliederung einer Dienststelle fehlt es an dem notwendigen Merkmal des Wechsels (BVerwG v. 15. 12. 1978 – 6 P 18.78, aaO; VGH Kassel v. 14. 1. 1993, PersR 1993, 459; OVG Lüneburg v. 1. 4. 1998, Leits. ZBR 1998, 365 = Leits. ZfPR 1999, 23). Werden dagegen in den letzteren Fällen die Rechtsverhältnisse der Beschäftigten der eingebrachten Dienststelle berührt, liegt eine Versetzung vor (Lorenzen u. a., § 75 Anm. 50). Eine aus haushaltsrechtlichen Gründen erfolgende (Teil-) Versetzung, die an der bisherigen Beschäftigungssituation tatsächlich nichts verändert, ist keine dem Mitbestimmungsrecht der Personalvertretung unterfallende Maßnahme (OVG Münster v. 27. 3. 1998, Leits. PersV 1998, 528).

c) Falls eine Versetzung **ohne die Mitbestimmung der Personalvertretung** erfolgt, ist sie **fehlerhaft;** der betroffene Arbeitnehmer kann die Fehlerhaftigkeit durch das Arbeitsgericht feststellen lassen (BAG v. 6. 8. 1991, ZTR 1992, 128). Die Personalvertretung kann ihrerseits auf die Rücknahme der fehlerhaften Versetzung hinwirken, zumal die Dienststelle schon aus dienstrechtlichen Gründen hierzu gezwungen ist (vgl. u. a.: BVerwG v. 4. 6. 1993, ZBR 1993, 373 = PersV 1994, 414 = ZfPR 1993, 197; Fischer u. a., § 75 Anm. 37 a). 19b

13. Von einer Versetzung sind sowohl die Beschäftigten der abgebenden wie die der aufnehmenden Dienststelle betroffen. Die Beteiligung der **abgebenden Personalvertretung** entspricht dem das Personalvertretungsrecht beherrschenden Grundsatz der Partnerschaft zwischen dem Leiter der Dienststelle und der bei ihm bestehenden Personalvertretung. Im Übrigen ergibt sich das Mitbestimmungsrecht der abgebenden Personalvertretung bereits aus dem Wortlaut des Gesetzes (Versetzung „zu“ einer anderen Dienststelle). Außerdem geht es aber auch um den Schutz der betroffenen Beschäftigten vor einer „missbräuchlichen Abschiebung“ (OVG Münster v. 10. 2. 1991, PersV 1983, 288). Daneben ist für die **aufnehmende Dienststelle** die zuständige Personalvertretung zu beteiligen. Dies ergibt sich daraus, dass diese Personalvertretung die Interessen der in der „aufnehmenden“ Dienststelle tätigen Beschäftigten insoweit zu wahren hat, als es um eine mögliche Benachteiligung (Minderung von Karrierechancen) oder um eine ungerechtfertigte Bevorzugung bzw. eine Störung des Dienstfriedens gehen kann (vgl. auch § 76 Anm. 15). Eine Beteiligung der aufnehmenden Personalvertretung ist auch deshalb geboten, weil es keinen Unterschied machen kann, ob eine freie Stelle mit einer außerhalb der Verwaltung stehenden Person (Einstellung) oder mit einem bereits in der öffentlichen Verwaltung tätigen Beschäftigten einer anderen Behörde besetzt werden soll. Im Übrigen ist auf den Schutzzweck des Mitbestimmungsrechts abzustellen (BVerwG v. 18. 6. 1999, ZBR 1999,420 = Leits. PersV 2000, 325 = ZfPR 2000,165; BVerwG v. 2. 8. 2005, ZBR 2006, 49 = Leits. ZfPR 2007, 19). Bei Verset- 20

zungen, Abordnungen oder Umsetzungen kann die Personalvertretung der abgebenden Dienststelle auf Mehrbelastungen der verbleibenden Beschäftigten von nicht unerheblichem Gewicht hinweisen, während die Personalvertretung der aufnehmenden Dienststelle geltend machen kann, dass wegen des fortgeschrittenen Lebensalters und einer vollständigen Veränderung des bisherigen Arbeitsgebietes nicht unerhebliche Mehrbelastungen für die von ihr vertretenen Beschäftigten eintreten könnten (BVerwG v. 4. 6. 1993, ZBR 1993, 373 = PersV 1994, 414 = ZfPR 1993, 197). Für den Fall des Dissenses zwischen den beteiligten Personalvertretungen: § 76 Anm. 15a.

20a 13 a) Bei der **Abgrenzung der Zuständigkeit** der verschiedenen Personalvertretungen ist von folgendem auszugehen: Für die aufnehmende Dienststelle ist die zuständige Stufenvertretung zu beteiligen, denn bei einer „vertikalen“ Versetzung, d. h. einer Versetzung innerhalb eines Geschäftsbereichs von oben nach unten dürfte die aufnehmende Dienststelle kaum einen eigenen Entscheidungsspielraum haben. Anstelle der Personalvertretung der aufnehmenden Dienststelle ist daher die zuständige Stufenvertretung zu beteiligen (Fischer u. a., § 75 Anm. 37). Falls dagegen eine übergeordnete Dienststelle die Versetzung von einer nachgeordneten Dienststelle, der insoweit keine Zuständigkeit obliegt, zu der übergeordneten Dienststelle verfügt, dann sind statt der Personalvertretung der nachgeordneten Dienststelle die Stufenvertretung bei der übergeordneten Dienststelle (§ 82 Abs. 1, 2) und gleichzeitig die dort bestehende örtliche Personalvertretung zu beteiligen. Wenn eine Versetzung von einer nachgeordneten Dienststelle in eine andere nachgeordnete Dienststelle erfolgt, dann ist die bei der übergeordneten Dienststelle gebildete Stufenvertretung dann zuständig, wenn die übergeordnete Dienststelle über die Versetzung von einem nachgeordneten Bereich in den anderen entscheidungsbefugt ist. In diesem Fall ist nicht nur die bei der abgebenden Dienststelle, sondern auch die bei der aufnehmenden Dienststelle bestehende Personalvertretung im Rahmen des § 82 zu beteiligen (LAG Köln v. 11. 8. 1995, PersR 1996, 247). Da bei einer Versetzung auch die Personalvertretung der aufnehmenden Dienststelle zuständig ist und ein Mitbestimmungsrecht hat (Anm. 20), hat dies im Falle eines **Dissenses** zwischen der **abgebenden** und der **aufnehmenden Personalvertretung** etwa in der Weise, dass die abgebende Personalvertretung der Versetzung zustimmt, die aufnehmende Personalvertretung jedoch die Zustimmung verweigert, zur Folge, dass eine ohne Zustimmung der aufnehmenden Personalvertretung bzw. ohne Durchführung des Einigungsverfahrens (§ 69 Abs. 2 bis 4) vorgenommene Versetzung fehlerhaft ist. Die aufnehmende Personalvertretung kann gegebenenfalls die Rückgängigmachung der Maßnahme fordern. Außerdem kann der betroffene Arbeitnehmer Feststellungsklage vor dem Arbeitsgericht erheben (vgl. § 75 Anm. 19 b).

20b 13 b) Eine Versetzung ist grundsätzlich dann vom **Direktionsrecht des Dienstherrn** gedeckt, wenn dienstliche oder betriebliche Gründe vorliegen (§ 4 TVöD). Insoweit bedarf es auch keiner Änderung des Arbeitsvertrages, es sei denn, die Versetzung erfolgt an eine Dienststelle außerhalb des bisherigen Dienstortes; in diesem Fall ist der Betroffene vorher zu hören (§ 4 Abs. 1 Satz 2 TVöD). Bei einer Versetzung in einen anderen Geschäftsbereich ist die Zustimmung des Betroffenen erforderlich (§ 4 Abs. 2 TVöD), die aber nur aus wichtigem Grund verweigert werden kann. Im Falle der Versetzung, die mit einem Wechsel des Arbeitgebers verbunden ist, kann nur ein Ausscheiden aus dem bisherigen Arbeitsverhältnisses und eine Begründung eines neuen erfolgen (Lorenzen u. a., § 75 Anm. 51).

14. Wenn **mit der Maßnahme der Versetzung zugleich die Übertragung einer höherwertigen Tätigkeit** verbunden ist, dann ist bei der Vergabe des höherwertigen Dienstpostens bei einer nachgeordneten Dienststelle an einen Mitarbeiter der vorgesetzten Dienststelle die örtliche Personalvertretung der nachgeordneten Dienststelle nur dann zu beteiligen, wenn dem dortigen Dienststellenleiter die dienstrechtliche Kompetenz hierfür zusteht. Dies wird im allgemeinen nicht der Fall sein. Vielmehr entscheidet der Leiter der Mittel- oder obersten Dienstbehörde über die Besetzung eines Dienstpostens im nachgeordneten Bereich, so ist die Stufenvertretung zu beteiligen (BVerwG v. 18. 10. 1978, BVerwGE 56, 330 = ZBR 1979, 216 = PersV 1979, 500; vgl. auch Anm. 20 sowie § 82 Anm. 7). Auch im umgekehrten Fall, nämlich in dem Fall der Versetzung eines Beschäftigten von einer nachgeordneten Dienststelle zur Mittel- bzw. obersten Dienstbehörde, ist für die Ermittlung der personalvertretungsrechtlichen Zuständigkeit ebenfalls darauf abzustellen, welcher Dienststellenleiter für die dienstrechtliche Entscheidung zuständig ist. Dies wird im allgemeinen der Leiter der Mittel- bzw. obersten Dienstbehörde sein, so dass die dort bestehende Stufenvertretung zu beteiligen ist (BVerwG v. 18. 10. 1978, aaO). Die Stufenvertretung hat sodann der bei der nachgeordneten Dienststelle bestehenden örtlichen Personalvertretung Gelegenheit zur Äußerung zu geben. Wenn in diesem Zusammenhang von der Mittel- bzw. obersten Dienstbehörde ein bestimmender Einfluss auf die Versetzung aus dem nachgeordneten Bereich ausgegangen ist, dann ist auch die örtliche Personalvertretung der Mittel- bzw. obersten Dienstbehörde zu beteiligen, um die Interessen der betroffenen Beschäftigten wirksam zur Geltung bringen zu können. Wenn ausnahmsweise die Kompetenz für Personalentscheidungen bei der nachgeordneten Behörde liegt und die Versetzung zur vorgesetzten Dienststelle erfolgen soll, dann ist die örtliche Personalvertretung des nachgeordneten Bereichs (Mittelbehörde oder dieser nachgeordneten Behörde) zu beteiligen. Der Leiter der im hierarchischen Aufbau vorgesetzten Dienstbehörde (Leiter der Mittelbehörde bzw. obersten Dienstbehörde) hat die jeweilige örtliche Personalvertretung zu beteiligen. Ist mit einer entsprechenden Versetzung die Übertragung eines höherwertigen Dienstpostens bei der Mittel- bzw. obersten Dienstbehörde verbunden, so werden die Leiter dieser Behörden in ihrer Eigenschaft als für ihr Haus zuständige Dienststellenleiter tätig, so dass die dort bestehenden örtlichen Personalvertretungen, nicht aber der Bezirks- bzw. Hauptpersonalrat zu beteiligen sind. Dies gilt auch im Falle eines bisher zum nachgeordneten Bereich gehörenden Beschäftigten (BVerwG v. 18. 10. 1978, aaO). 21

15. Der Versetzung zu einer anderen Dienststelle steht vertretungsrechtlich eine **Umsetzung** gleich. Als Umsetzung ist jede Zuweisung eines anderen Arbeitsplatzes innerhalb der Behörde (Arbeitnehmer) bzw. die Zuweisung eines anderen Dienstpostens (Beamter), die sowohl das statusrechtliche als auch das funktionelle Amt im abstrakten Sinn unberührt lässt, zu verstehen (BVerwG v. 22. 5. 1980, BVerwGE 60, 144 = ZBR 1981, 28; OVG Münster v. 12. 2. 2007, ZfPR online 7/2007, S. 8). Die betreffende Maßnahme muss den Beschäftigten zwingen, unter veränderten personellen Bedingungen andere Aufgaben zu übernehmen. Daher ist von einer Umsetzung im personalvertretungsrechtlichen Sinn auch dann auszugehen, wenn einem Beschäftigten nur Teile seines bisherigen Aufgabenbereichs entzogen und dafür neue Aufgaben übertragen werden, soweit jedenfalls der entzogene Aufgabenteil für den Arbeitsplatz/Dienstposten prägend gewesen ist und dieser durch den neuen Aufgabenbereich eine andere Prägung erhält. Soweit also im Vergleich zum vorherigen Zustand die Veränderung als wesentlich betrachtet werden kann, liegt eine mitbestimmungspflichtige Umsetzung unabhängig davon 22

vor, ob eine förmliche Entziehung des bisherigen Aufgabenbereichs gegeben ist (BVerwG v. 22. 7. 2003, ZBR 2004, 59 = PersV 2004, 59 = Leits. ZfPR 2004, 114; OVG Münster v. 12. 2. 2007, aaO). Die Zuweisung muss auf Dauer angelegt sein, so dass die nur vorübergehende, befristete oder vertretungsweise Zuweisung eines anderen Arbeitsplatzes dem Mitbestimmungsrecht der Personalvertretung nicht unterliegt (Fischer u. a., § 75 Anm. 39). Wenn daher eine zeitlich unbefristete Umsetzung mit der Maßgabe verbunden ist, dass während einer Einarbeitungszeit sowohl Dienststellenleiter als auch betroffener Beschäftigter die Rückkehr an den früheren Arbeitsplatz verlangen können, dann stellt ein solcher vom Dienststellenleiter verfügter „Rückruf" auf den früheren Arbeitsplatz mangels hinreichender Bewährung in der Einarbeitungszeit eine dem Mitbestimmungsrecht der Personalvertretung unterliegende Rückumsetzung dar (OVG Hamburg v. 15. 8. 1996, Leits, ZfPR 1997, 114). Soweit mit einer Arbeitszeitreduzierung nach einer Arbeitszeitverlängerung nach § 9 TzbfG die Übertragung eines anderen Arbeitsplatzes verbunden ist, kommt auch der Mitbestimmungstatbestand der Umsetzung in Betracht.

22a a) Die Umsetzung unterscheidet sich von sonstigen Änderungen des einem Beschäftigten zugewiesenen Aufgabenbereichs dadurch, dass die Abberufung von dem bisherigen Arbeitsplatz mit der **Zuweisung eines anderen Arbeitsplatzes/Dienstpostens innerhalb derselben Dienststelle** verbunden ist (BVerwG v. 9. 11. 1984 – 6 PB 23.84, n. v.; OVG Münster v. 10. 4. 1984, ZBR 1984, 339). Das Mitbestimmungsrecht der Personalvertretung wird durch die Übertragung eines anderen Arbeitsplatzes innerhalb der Dienststelle bei einem Wechsel des Dienstortes ausgelöst (BVerwG v. 18. 12. 1996, ZBR 1998, 32 = ZfPR 1997, 114; Richardi u. a., § 75 Anm. 80). Der Betroffene ist gezwungen, den bisherigen Dienst unter veränderten personellen Bedingungen und einem anderen örtlichen Aufgabenbereich zu verrichten (OVG Münster v. 16. 12. 1991, ZfPR 1992, 151). Ein Wechsel des Dienstorts liegt nur vor, wenn die betreffende Abteilung der Dienststelle außerhalb des Einzugsgebiets der verlassenen Abteilung liegt. Einzugsgebiet ist der Umkreis, der nicht mehr als 30 km von der Gemeindegrenze der bisherigen Dienststätte (Lorenzen u. a., § 75 Anm. 58) entfernt liegt (§ 3 Abs. 6 Bundesumzugskostengesetz, BUKG, i. d. F. v. 11. 12. 1990, BGBl. I. S. 2682, zul. geänd. d. G v. 15. 12. 2004, BGBl. I. S. 3396). Die Umsetzung ist in einem solchen Fall nicht mitbestimmungspflichtig (Lorenzen u. a., § 75 Anm. 58). Wenn Beschäftigte dieselbe Tätigkeit wie bisher nur in anderen Räumen ausüben, liegt keine Umsetzung vor (BVerwG v. 27. 7. 1979, ZBR 1980, 160 = PersV 1981, 73). Änderungen des personellen Umfelds und der zu erfüllenden Aufgaben reichen nicht aus, um eine Umsetzung zu bejahen. Vielmehr muss eine Abberufung vom bisherigen Arbeitsplatz und eine Zuweisung einer anderen Arbeitsplatzes hinzukommen, weil sonst alleine schon verwaltungsorganisatorische Maßnahmen dem Mitbestimmungsrecht der Personalvertretung unterliegen würden, ohne dass die Direktions- und Organisationsgewalt des Dienstherrn genügend Berücksichtigung fände. Dagegen können disziplinarrechtliche Gründe zu einer mitbestimmungspflichtigen Umsetzung führen (OVG Saarlouis v. 2. 6. 2005, PersV 2005, 28).

22b b) Für eine Umsetzung gelten die für eine Versetzung in Bezug auf eine Beteiligung der Personalvertretung der abgebenden Dienststelle entwickelten Grundsätze (BVerwG v. 16. 9. 1994, BVerwGE 96, 355 = ZBR 1995, 340 = PersV 1995, 175 = ZfPR 1995, 4) dann, wenn einer Behörde personalvertretungsrechtlich selbstständige Dienststellen angehören. In diesem Fall ist bei einer Umsetzung innerhalb der Behörde sowohl die **aufnehmende als auch die**

abgebende Personalvertretung zu beteiligen (Richardi u. a., § 75 Anm. 87); denn wie bei einer Versetzung, so stellt sich auch eine Umsetzung aus Sicht der aufnehmenden Dienststelle wie eine Einstellung dar. Der neue Beschäftigte wird in die Dienststelle eingegliedert, so dass die aufnehmende Personalvertretung auch die Möglichkeit zur Prüfung haben muss, ob zu befürchten ist, dass er durch sein Verhalten den Frieden in der Dienststelle stören wird (BVerwG v. 16. 6. 2000, ZBR 2001, 102 = Leits. PersV 2001, 79 = ZfPR 2000, 293). Wenn eine Umsetzung von einer Hauptdienststelle zu einer personalvertretungsrechtlich verselbstständigten Nebenstelle erfolgt, dann haben – wie bei der Versetzung (vgl. Anm. 20) – zwei Personalvertretungen mitzubestimmen: zum einen die örtliche Personalvertretung der Hauptdienststelle, zum anderen der Gesamtpersonalrat für die aufnehmende Nebenstelle, da dieser keine eigenständige Zuständigkeit zusteht. Wenn die Umsetzung von einer personalvertretungsrechtlich verselbstständigten Nebenstelle zu einer anderen erfolgt, dann ist der Gesamtpersonalrat zu beteiligen (vgl.: BVerwG v. 16. 9. 1994, aaO; Fischer u. a., § 75 Anm. 45; vgl. Anm. 20a).

c) Der entzogene Aufgabenteil muss, um eine Umsetzung bejahen zu können, für den bisherigen Dienstposten prägend sein; der **neue Dienstposten muss eine andersartige Prägung** hinsichtlich des Aufgabenbereichs enthalten (BVerwG v. 18. 12. 1996, ZBR 1998, 32 = Leits. PersV 1998, 527 = ZfPR 1997, 114). Das statusrechtliche Amt und das funktionelle Amt im abstrakten Sinn bleiben durch die Umsetzung unberührt. Gleiches gilt für eine individuelle Rechtsbeeinträchtigung, da dieses Kriterium im Personalvertretungsrecht als kollektivrechtliche Materie kein Gewicht hat. Allein entscheidend ist, ob die Maßnahme einen Wechsel des Arbeitsplatzes bewirkt, den betroffenen Beschäftigten also zwingt, unter veränderten personellen Bedingungen andere Aufgaben an einem anderen Dienstort zu erfüllen. Wenn daher ein Beschäftigter von einem hinsichtlich der Aufgabenerfüllung verselbstständigten Dienststellenteil in einen anderen derartigen Dienststellenteil umgesetzt wird, so hat die Personalvertretung mitzubestimmen und zwar unabhängig davon, ob der Betroffene in dem für ihn neuen Dienststellenteil Aufgaben zu erfüllen hat, die nach Eigenart und Verantwortung den in seiner früheren Verwendung gleichen. Entscheidend nämlich ist alleine, dass er in eine andere personelle Umgebung und in ein zumindest örtlich anderes Aufgabenfeld umgesetzt wird. Diese Maßnahme hat personelles Gewicht nicht nur für ihn, sondern auch für die davon berührten Beschäftigten (OVG Münster v. 26. 6. 1984, ZBR 1985, 118). 22c

d) Wegen ihrer Gleichstellung mit der Versetzung ist davon auszugehen, dass die **Umsetzung auf Dauer** erfolgen muss (Richardi u. a., § 75 Anm. 82). Die nur vorübergehende Umsetzung löst daher das Mitbestimmungsrecht der Personalvertretung noch nicht aus. Offensichtlich wollte der Gesetzgeber nicht schon jede kurzfristige Änderung in bezug auf einen zugewiesenen Dienstposten dem Mitbestimmungsrecht der Personalvertretung unterwerfen. Dies gilt auch für eine Umsetzung, die mit einem Wechsel des Dienstortes verbunden ist. Eine Bezugnahme auf die Abordnung, die bei einer Dauer von mehr als drei Monaten mitbestimmungspflichtig ist, kann aber schon deshalb nicht in Betracht kommen, weil einer solchen Erweiterung der Gesetzeswortlaut entgegensteht (BVerwG v. 10. 10. 1991, PersR 1992, 301; BVerwG v. 11. 12. 1991, Leits. ZBR 1992, 251 = PersV 1992, 256 = ZfPR 1992, 136; VGH München v. 5. 4. 1995, Leits. ZfPR 1996, 17). 22d

e) Einer Personalvertretung steht ein Mitbestimmungsrecht auch bei einer **Personalgestellung** nach § 4 Abs. 3 TVöD (auf Dauer angelegte Be- 22e schäftigung bei einem Dritten, auf den die von dem Betroffenen bisher erledigten Aufgaben verlagert werden) zu. Auf Verlangen des Arbeitgebers kann die arbeitsvertraglich geschuldete Arbeitsleistung bei dem Dritten zu erbringen sein. Das bisherige Arbeitsverhältnis bleibt bestehen. Das Mitbestimmungsrecht greift aber nur bei einer mit der Personalgestellung verbundenen Umsetzung (Lorenzen u. a., § 75 Anm. 70 b).

23 16. Eine **Abordnung** ist die **vorübergehende Übertragung einer Tätigkeit** in einer anderen Dienststelle desselben oder eines anderen öffentlich-rechtlichen Dienstherrn bei Aufrechterhaltung des Arbeitsverhältnisses und der Zugehörigkeit zur bisherigen Dienststelle (BVerwG v. 28. 5. 2002, ZfPR 2002, ZBR 2003, 91 = 265; BVerwG v. 29. 1. 2003, Leits. ZBR 2003, 282 = Leits. PersV 2003, 267 = ZfPR 2003, 325; Richardi u. a., § 75 Anm. 105). Daher ist eine Abordnung mit dem Ziel der späteren endgültigen Versetzung (Wechsel des Dienstherrn) noch keine Versetzung, da der betroffene Arbeitnehmer zwar schon in einer anderen Dienststelle arbeitet, aber seiner bisherigen Dienststelle noch weiter angehört. Allerdings besteht für den Fall ein Mitbestimmungsrecht, dass bei einer als Abordnung bezeichneten, aber schon auf Dauer angelegten Maßnahme davon auszugehen ist, dass eine Rückkehr nur für den unwahrscheinlichen Fall erfolgen könnte, dass der Betroffene sich in der neuen Behörde nicht bewähren sollte (OVG Berlin v. 26. 6. 2001, PersR 2002, 343 = Leits. ZfPR 2002, 336). Wenn eine Abordnung zunächst nur für drei Monate vorgesehen ist, aber in eine Versetzung übergehen soll, dann besteht ebenfalls ein Mitbestimmungsrecht (OVG Berlin v. 27. 2. 2001, PersR 2001, 477 = Leits. ZfPR 2002, 273; Lorenzen u. a., § 75 Anm. 65 a). Im Übrigen gilt für die Abordnung, was Sinn und Zweck des Mitbestimmungsrechts der Personalvertretung angeht, das zu Anm. 19 a Gesagte.

23a a) Die **Abordnung ist nur zulässig,** wenn sie im Tarifvertrag oder im Einzelarbeitsvertrag zugelassen ist (vgl. für das BetrVG: BAG v. 20. 1. 1960, BAGE 8, 338). Von der Versetzung unterscheidet sie sich dadurch, dass sie nur **vorübergehender Natur** ist. Abordnung und Versetzung ist jedoch gemeinsam, dass sie mit einem **Wechsel der Dienststelle** verbunden sind, während eine **Umsetzung** die Zuweisung eines anderen Dienstpostens innerhalb derselben Dienststelle bedeutet (BVerwG v. 10. 10. 1991, PersR 1992, 301; vgl auch BVerwG v. 29. 1. 2003 – 6 P 19.01, ZBR 2003, 282 = Leits. PersV 2003, 267 = ZfPR 2003, 325 sowie Anm. 23 d).

23b b) Der Mitbestimmung unterliegt nicht nur die Abordnung in vollem Umfang, sondern auch die **Teilabordnung,** d. h. die vorübergehende Zuweisung zu einer anderen Diensttstelle mit der Begrenzung auf einen Teil der dort zu leistenden Arbeitszeit (BVerwG v. 28. 5. 2002, Leits. PersV 2002, 422 = ZfPR 2002, 265; Lorenzen u. a., § 75 Anm. 65b; Richardi u. a., § 75 Anm. 101). Von einer mitbestimmungspflichtigen Abordnung ist auch dann auszugehen, wenn die rechtlichen Bestimmungen des Dienstverhältnisses nicht endgültig geklärt sind, der Betroffene aber in die andere Dienststelle tatsächlich arbeitsmäßig eingegliedert werden soll (VGH München v. 3. 11. 1993, PersR 1994, 333 = Leits. ZfPR 1995, 21). Keine Abordnung i. S. von Abs. 1 Nr. 4 ist der Antrag, in einer anderen Dienststelle Aufgaben zu erfüllen, für deren Ausführung die eigene Dienststelle zuständig ist (z. B. Kontrollaufgaben). Im Übrigen gilt für die Abordnung, was Sinn und Zweck des Mitbestimmungsrechts der Personalvertretung angeht, das zu § 75 Anm. 19 a Gesagte.

23c c) Ob künftig eine Tätigkeit in einer anderen Dienststelle vorübergehend wahrgenommen werden soll, hängt davon ab, ob diese Dienststelle auf der

Grundlage des einschlägigen Dienst- und Organisationsrechts tatsächlich eine **andere Dienststelle** ist. Das ist dann nicht der Fall, wenn einem Beschäftigten, ohne dass er von seinen bisherigen Aufgaben entbunden wird, eine Tätigkeit in einer anderen Dienststelle vorübergehend zugewiesen wird, die zum Aufgabenbereich der Dienststelle gehört, in der der Betroffene bisher (ausschließlich) tätig war (BVerwG v. 12. 9. 2002, ZBR 2003, 103 = PersV 2003, 184 = Leits. ZfPR 2003, 141).

d) Ebenso wie bei einer Versetzung, so sind auch bei einer Abordnung die Beschäftigten sowohl der abgebenden wie der aufnehmenden Dienststelle betroffen (vgl. Anm. 20). Bei der abgebenden Dienststelle könnte ein Beschäftigter ungerechtfertigt benachteiligt werden bzw. es könnte sein, dass der aufzunehmende Beschäftigte durch sein Verhalten den Frieden in der Dienststelle stört. Insoweit also kann von einer **doppelten Dienststellenbetroffenheit** gesprochen werden, so dass grundsätzlich sowohl die Zuständigkeit der Personalvertretung der abgebenden als auch die Zuständigkeit der Personalvertretung der aufnehmenden Dienststelle gegeben sind (vgl. BVerwG v. 29. 1. 2003, ZBR 2003, 282 = Leits. PersV 2003, 267 = ZfPR 2003, für die besondere Rechtslage nach dem Berliner Personalvertretungsgesetz, das in § 86 Abs. 3 Satz 1 Nr. 1 ausdrücklich eine doppelte Zuständigkeit bei der Versetzung, nicht aber bei der Abordnung vorsieht). An der Zuständigkeit der Personalvertretung bei der aufnehmenden Dienststelle ändert auch nichts die Tatsache, dass bei einer Abordnung die Interessen der Beschäftigten der aufnehmenden Dienststelle nicht mit der gleichen Intensität berührt sind wie bei einer durch Versetzung erfolgenden dauerhaften Zuweisung eines Beschäftigten; denn auch die Abordnung kann für eine längere Zeitspanne vorgesehen werden, so dass auch der nur vorübergehend zugewiesene Beschäftigte durchaus den Frieden in der Dienststelle stören könnte. Insoweit ist auch bei einer Abordnung durchaus eine Betroffenheit auch der Beschäftigten derjenigen Dienststelle festzustellen, der ein Beschäftigter im Zuge einer mehr als drei Monate währenden Abordnung zugewiesen ist. Diese Betroffenheit rechtfertigt ein Mitbestimmungsrecht der bei der aufnehmenden Dienststelle bestehenden Personalvertretung. 23d

17. Die **Abordnung** unterliegt nur dann der Mitbestimmung, wenn sie von vornherein **für mehr als drei Monate** (Fristberechnung: § 188 BGB) vorgesehen ist, so dass es also entscheidend auf die Absicht, nicht auf die tatsächliche Dauer ankommt (Richardi u. a., § 75 Anm. 106). Wenn allerdings die Abordnung von vornherein für einen längeren Zeitraum als für drei Monate vorgesehen ist, dann unterliegt sie dem Mitbestimmungsrecht der Personalvertretung (BVerwG v. 18. 9. 1984, PersR 1986, 36). Stellt sich bei einer Abordnung für kürzere Zeit die Notwendigkeit einer Verlängerung heraus, so muss die Personalvertretung beteiligt werden, sobald zu erkennen ist, dass die Abordnung insgesamt länger als drei Monate dauern wird. Der Gesetzgeber nämlich wollte die Mitbestimmungspflichtigkeit von dem Gewicht der Maßnahme abhängig machen, das dann erreicht ist, wenn die Abordnung mehr als drei Monate dauert. Insoweit ist es auch unbeachtlich, ob die Abordnungsdauer in einem einzigen rechtlichen Akt oder in mehreren Einzelschritten festgelegt wird. Kurzabordnungen, die sich in der Weise aneinanderreihen, dass sie zusammen einen ununterbrochenen Zeitraum von mehr als drei Monaten erreichen, unterliegen daher dem Mitbestimmungsrecht der Personalvertretung (BVerwG v. 18. 9. 1984 – 6 P 19.83, Buchholz 238.36 § 78 Nr. 5; VGH Mannheim v. 7. 12. 1993, ZfPR 1994, 156). Eine mitbestimmungspflichtige Abordnung ist auch dann gegeben, wenn im unmittelbaren Anschluss an eine Abordnung ein Erholungsurlaub 24

genommen wird und an dessen Ende eine weitere Abordnung erfolgt, ohne dass der Betreffende zwischen den beiden Abordnungen seinen Dienst in der Stammdienststelle wieder aufgenommen hätte (VGH Kassel v. 17. 11. 2005, PersV 2006, 231 = Leits. ZfPR 2007, 19; vgl. auch Anm. 23). Eine Umgehung des Mitbestimmungstatbestandes ist immer dann gegeben, wenn sich an den ersten Abordnungszeitraum ein zweiter unmittelbar anschließt (BVerwG v. 18. 9. 1984 – 6 P 19.83, n. v.; vgl. zum Thema „Kettenabordnungen“: VGH Mannheim v. 7. 12. 1993, aaO). Zuständig ist sowohl die bei der abordnenden Dienststelle gebildete Personalvertretung als auch die bei der aufnehmenden Dienststelle (BVerwG v. 21. 10. 1993, ZBR 1994, 251 = PersV 1994, 515 = ZfPR 1994, 90).

25 18. Der Personalvertretung steht auch bei einer **Zuweisung nach § 123a BRRG** ein Mitbestimmungsrecht zu (Abs. 1 Nr. 4a). Dieses Mitbestimmungsrecht kommt dann in Betracht, wenn bei dienstlichem oder öffentlichem Interesse Arbeitnehmern mit deren Zustimmung für eine Dauer von mehr als drei Monaten vorübergehend eine zumindest gleichwertige Tätigkeit bei einer Einrichtung außerhalb des Geltungsbereichs des TVöD zugewiesen wird (vgl. § 4 Abs. 2 TVöD im In- oder Ausland). Die Rechtsstellung des Betroffenen bleibt unberührt. Mit der Zuweisung wird die Absicht verfolgt, die Abordnung von Beschäftigten aus dem Bereich der öffentlichen Verwaltung der Bundesrepublik Deutschland für Tätigkeiten bei internationalen oder supranationalen Organisationen, aber auch für andere Staaten und Einrichtungen in diesen Organisationen zu ermöglichen. Dem Mitbestimmungsrecht der Personalvertretung unterliegt auch eine Zuweisung an die nach § 44 b SGB II errichteten Arbeitsgemeinschaften, die zur Sicherstellung der Grundsicherung der Arbeitssuchenden von der Bundesagentur für Arbeit und den kommunalen Trägern (Kreis, kreisfreie Städte) gebildet worden sind (Lorenzen u. a., § 75 Anm. 70 a). Das Mitbestimmungsrecht der Personalvertretung wird sich in erster Linie auf Maßnahmen konzentrieren, die im Vorfeld der tatsächlichen Zuweisung liegen, nämlich u. a. auf Ausschreibungen, Vorauswahlverfahren, Entscheidungen über Einkommensanrechnungen. Die Zuweisungsentscheidung selbst ist mitbestimmungsfrei. Der Betroffene kann die Zustimmung zu einer Zuweisung nur dann verweigern, wenn ein wichtiger Grund vorliegt (§ 4 Abs. 2 Satz 2 TVöD; vgl. Anm. 23).

25a a) Eine **Zuweisung** kann auch **ohne Zustimmung des Beschäftigten** für den Fall erfolgen, dass eine Dienststelle ganz oder teilweise in eine privatrechtlich organisierte Einrichtung der öffentlichen Hand umgebildet wird. Voraussetzung ist, dass dem Beschäftigten eine seiner bisherigen Tätigkeit entsprechende Tätigkeit zugewiesen wird und dass dringende öffentliche Interessen dies erfordern (vgl. Gesetz zur Reform des öffentlichen Dienstrechts vom 24. 2. 1997, BGBl. I S. 322, 325; vgl. im Übrigen § 76 Anm. 17 b). Die Personalgestellung nach **§ 4 Abs. 3 TVöD** unterliegt nur dann der Mitbestimmung der Personalvertretung, wenn damit eine Umsetzung i. S. von Abs. 1 Nr. 3 verbunden ist (Lorenzen u. a., § 75 Anm. 70 b).

26 19. **Weiterbeschäftigung über die Altersgrenze hinaus** (Abs. 1 Nr. 5):
Die Maßnahme ist bei denjenigen Arbeitnehmern von Bedeutung, für die die Tarifverträge eine Altersgrenze (Ablauf des Monats, in dem der Beschäftigte das 65. Lebensjahr vollendet) vorsehen, bei deren Erreichen das Arbeitsverhältnis ohne Kündigung beendet wird, z. B. das 25. Lebensjahr nach § 33 Abs. 1a TVöD. Die Weiterbeschäftigung ist zulässig und geschieht aufgrund eines neuen schriftlichen Arbeitsvertrages nach **§ 33 Abs. 5 TVöD**, dessen

Abschluss der Mitbestimmung unterliegt (ebenso Lorenzen u. a., § 75 Anm. 71). Die Personalvertretung hat dabei zu prüfen, ob der von der Dienststelle angebotene neue Vertrag im Verhältnis zu anderen Beschäftigten dem Gleichbehandlungsgrundsatz und das vereinbarte Entgelt der zugewiesenen Tätigkeit entsprechen (vgl. BVerwG v. 13. 2. 1979, BVerwGE 57, 280 = ZBR 1979, 279 = PersV 1980, 236; Fischer u. a., § 75 Anm. 51).

20. **Anordnungen, welche die Freiheit in der Wahl der Wohnung beschränken (Abs. 1 Nr. 6):** 27
Eine Beschränkung der Freiheit in der Wahl der Wohnung kann dann eintreten, **wenn der Arbeitnehmer eine Dienstwohnung zu beziehen hat** (z. B. Hausmeister, Pförtner, Fahrer). Dies sind solche Wohnungen, die ihm als Inhaber eines bestimmten Dienstpostens unter ausdrücklicher Bezeichnung als Dienstwohnung und ohne Abschluss eines Mietvertrages aus dienstlichen Gründen zugewiesen werden. Die Verpflichtung zum Bezug einer Dienstwohnung ergab sich für Angestellte aus § 65 BAT, für Arbeiter aus § 69 MTArb. Für die Zuweisung von Dienstwohnungen und für die Bemessung der Dienstwohnungsvergütung gelten im Übrigen die „Allgemeinen Verwaltungsvorschriften über die Bundesdienstwohnungen (Dienstwohnungsvorschriften-DWV)" vom 16. 2. 1970 (GMBl. 1970, S. 99) i. d. F. vom 30. 11. 1970 (GMBl. 1971, S. 21, zul. geänd. d. Rd. Erl. d. BMI v. 12. 2. 1981, GMBl. S. 104). Das Mitbestimmungsrecht der Personalvertretung kommt nur dann zum Zuge, wenn der Dienststelle für die Anordnung ein Ermessensspielraum verbleibt und sie eine Auswahlentscheidung treffen kann (Lorenzen u. a., § 75 Anm. 75, 76; vgl. auch Fischer u. a., § 75 Anm. 52; Richardi u. a., § 75 Anm. 143).

21. **Versagung oder Widerruf der Genehmigung einer Nebentätigkeit** (Nebenbeschäftigung innerhalb oder außerhalb des öffentlichen Dienstes, Abs. 1 Nr. 7): 28
Nach § 11 BAT und nach § 13 MTArb galten für Arbeitnehmer der öffentlichen Verwaltung die Vorschriften der des Beamtenrechts (§§ 64 ff. BBG vgl. auch § 1 Abs. 1 bis 3 der Verordnung über die Nebentätigkeit der Bundesbeamten, Berufssoldaten und Soldaten auf Zeit i. d. F. d. Bekanntm. v. 12. 11. 1987, BGBl. I S. 2377, zul. geänd. d. Art. 5 G v. 3. 12. 2001, BGBl. I S. 2306) entsprechend. Ein Mitbestimmungsrecht der Personalvertretung kommt nur in Betracht, wenn die Dienststelle den **Antrag auf Genehmigung einer Nebentätigkeit** (z. B. Übernahme einer Nebentätigkeit gegen Vergütung) **ablehnen oder eine bereits erteilte Genehmigung zurücknehmen will.** Grundsätzlich besteht ein Anspruch auf Erteilung der Genehmigung. Sie kann nur versagt werden, wenn bei Übernahme der Nebentätigkeit dienstliche Interessen beeinträchtigt würden. Der Widerruf einer bereits erteilten Genehmigung setzt voraus, dass nachträglich Versagungsgründe aufgetreten sind. Die Untersagung einer als genehmigt geltenden Nebenbeschäftigung steht dem Widerruf der Genehmigung gleich (Fischer u. a., § 75 Anm. 54). Da das Mitbestimmungsrecht nur bei der Versagung bzw. dem Widerruf der Genehmigung einer Nebentätigkeit in Betracht kommt, kann die Personalvertretung nicht in den Fällen mitbestimmen, in denen **Arbeitnehmer** auf Verlangen der obersten Dienstbehörde ein Nebenamt oder eine **Nebenbeschäftigung im öffentlichen Dienst übernehmen müssen** (§ 64 BBG: „... sofern diese Tätigkeit der Vorbildung oder Berufsausbildung entspricht und den Betreffenden nicht über Gebühr in Anspruch nimmt"). Ebensowenig steht der Personalvertretung beim Entzug einer solchen Tätigkeit ein Mitstimmungsrecht zu. Der Personalvertretung ist aber ein Mitbestimmungsrecht dann zuzuerkennen, wenn ein Arbeitnehmer die **Genehmigung**

einer „Urlaubsbeschäftigung" beantragt; denn hierbei handelt es sich im Ergebnis um die Versagung einer Nebentätigkeit, wenn die zuständige Dienstbehörde einen solchen Antrag ablehnt (Lorenzen u. a., § 75 Anm. 86; Schnupp, PersV 1968, 248). Nach **neuem Tarifrecht** (§ 3 Abs. 3 TVöD-AT) ist die Bindung an das Beamtenrecht entfallen, was u. a. zur Folge hat, dass die Gründe für die Untersagung der Nebentätigkeit sich nicht mehr an § 65 Abs. 2 BBG orientieren können (BMI Rds. v. 22. 12. 2005, GMBl. 2006, S. 175 zu § 3 Nr. 3; Fischer u. a., § 75 Anm. 56; aA Lorenzen u. a., § 75 Anm. 78 ff.). Nebentätigkeiten der Arbeitnehmer sind grundsätzlich nicht mehr im Einzelfall genehmigungspflichtig, es sei denn, ein Genehmigungsvorbehalt ist vertraglich ausdrücklich vereinbart (Fischer u. a., § 75 Anm. 54). Beantragt ein Arbeitnehmer die Genehmigung, ist die Versagung mitbestimmungspflichtig und stellt eine Untersagung gem. § 3 Abs. 3 Satz 2 TVöD-AT dar (Richardi u. a., § 75 Anm. 181). Im Übrigen wird der Begriff des Widerrufs i. S. des Abs. 1 Nr. 7 von der Untersagung in § 3 Abs. 3 Satz 2 TVöD-AT erfasst. Die Personalvertretung kann bei Untersagung ihre Zustimmung aus den in § 77 Abs. 2 aufgezählten Gründen verweigern (ebenso Fischer u. a., § 75 Anm. 57).

III. Mitbestimmung in sozialen Angelegenheiten

29 1. Die Personalvertretung hat in den in Abs. 2 und 3 genannten **sozialen Angelegenheiten** mitzubestimmen. Unter diesen Angelegenheiten sind alle die Arbeitsbedingungen im weitesten Sinne betreffenden Maßnahmen zu verstehen, die Auswirkungen auf die wirtschaftliche und berufliche Situation der Beschäftigten haben, sowie solche Angelegenheiten, die sich auf Leben und Gesundheit der im öffentlichen Dienst Tätigen auswirken.

30 a) Die der Mitbestimmung der Personalvertretung unterliegenden sozialen Angelegenheiten sind in § 75 Abs. 2 sowie in § 76 Abs. 2 **abschließend aufgezählt.** Durch Tarifvertrag oder Dienstvereinbarung können weitere soziale Angelegenheiten nicht der Beteiligung der Personalvertretung unterstellt werden (§§ 3, 73). Demgegenüber kann sie wohl in den in § 75 Abs. 3, § 76 Abs. 2 katalogmäßig aufgeführten Angelegenheiten durch Abschluss von Dienstvereinbarungen mitbestimmen, es sei denn, dass Arbeitsentgelte und sonstige Arbeitsbedingungen durch Tarifvertrag geregelt sind oder üblicherweise durch Tarifvertrag geregelt werden (§ 75 Abs. 5).

31 b) Der Personalvertretung steht grundsätzlich nicht nur ein Mitbestimmungsrecht bei der Aufstellung allgemeiner Regeln für die aufgeführten Angelegenheiten, sondern auch ein entsprechendes Recht bei der **Regelung eines Einzelfalles** zu. Die Ausnahme bildet allerdings Abs. 2 Nr. 1, weil von dem Begriff „Gewährung" nur der einzelne Fall erfasst wird, während abstrakt – generelle Verwaltungsanordnungen, die sich auf innerdienstliche soziale Angelegenheiten der Beamten und Arbeitnehmer beziehen –, grundsätzlich dem Mitwirkungsrecht der Personalvertretung nach § 78 Abs. 1 Nr. 1 unterfallen (OVG Münster v. 13. 11. 1996, Leits. ZBR 1997, 160; vgl. auch BVerwG v. 7. 11. 1969, PersV 1970, 187). Im Übrigen gilt Abs. 2 im Gegensatz zu Abs. 1 für alle Beschäftigten (Beamte, Arbeitnehmer; vgl. auch Anm. 1).

32 2. Die Personalvertretung hat mitzubestimmen bei der **Gewährung von Unterstützungen,** Vorschüssen, Darlehen und entsprechenden sozialen Zuwendungen (Abs. 2 Nr. 1).

a) Das Mitbestimmungsrecht der Personalvertretung setzt nach Abs. 2 Satz 2 voraus, dass derjenige Beschäftigte, der die Gewährung einer entsprechenden Leistung beantragt, **ausdrücklich eine Beteiligung der Personalvertretung wünscht.** Die Ausübung des Mitbestimmungsrechts kann sich auf den Vorstand beschränken, falls der Betreffende dies beantragt. Zweckbestimmung des Mitbestimmungsrechts ist eine gerechte Verteilung der in Betracht kommenden Leistungen, nicht aber eine Einflussnahme der Personalvertretung auf die Bereitstellung entsprechender Mittel; denn es verstieße gegen die verfassungsrechtlich geschützten Grundsätze des Haushaltsrechts, wenn ein Dienststellenleiter sich im Konfliktfall wegen der Voraussetzungen und der Höhe sozialer Leistungen der Entscheidung einer Einigungsstelle beugen müßte (VGH Kassel v. 27. 11. 1991 – HPV TL 1265/84, n. v.). 33

aa) **Unterstützung ist eine ohne rechtliche Verpflichtung** mit Rücksicht auf eine allgemeine Fürsorgepflicht **gewährte Leistung zur Erleichterung einer individuellen Notlage** (BVerwG v. 12. 7. 1968, ZBR 1968, 284 = PersV 1968, 277; Lorenzen u. a., § 75 Anm. 90, 94; aA Richardi u. a., § 75 Anm. 164 für eine umfassende Beteiligung). Es muss sich um eine freiwillige Leistung der Behörde handeln, auf die kein Rechtsanspruch besteht. Dies ergibt sich schon daraus, dass die Personalvertretung nur an Ermessensentscheidungen zu beteiligen ist, nicht dagegen an solchen Maßnahmen, zu denen die Dienststelle rechtlich verpflichtet ist (Beihilfen in Krankheits-, Geburts- oder Todesfällen). 34

bb) In Betracht kamen früher vor allem die **Gewährung von Unterstützungen** auf der Grundlage der Unterstützungsgrundsätze für Beamte i. d. F. des Rdschr. des BMI v. 19. 7. 1962 (GMBl. S. 309 und v. 25. 7. 2001, GMBl. S. 679). Die Unterstützungsgrundsätze waren nach den früher geltenden § 49 BAT und § 46 MTArb auf Arbeitnehmer unmittelbar anwendbar, sind aber zwischenzeitlich als überholt aufgehoben worden (Rds. BMI v. 14. 3. 2005, GMBl. S. 730). Danach standen nur soziale Zuwendungen zur Erleichterung einer unverschuldeten, individuellen wirtschaftlichen Notlage (vgl. Nr. 2 der Unterstützungsgrundsätze) zur Diskussion. Daher unterfiel die Aufstellung allgemeiner Regeln, nach denen in einer Dienststelle im Falle individueller Not verfahren werden soll, grundsätzlich nicht der Mitbestimmung der Personalvertretung, es sei denn, dass tatsächlich solche allgemeinen Regeln aufgestellt werden, die eine jeweils individuelle Anwendung ermöglichen. Hier kann eventuell eine Mitwirkung bei der Vorbereitung von Verwaltungsanordnungen in Frage kommen (§ 78 Abs. 1 Nr. 1). Ebensowenig unterliegt die Gewährung eines Essensgeldzuschusses dem Mitbestimmungsrecht, weil es sich nicht um eine individuelle Zuwendung handelt, die im Übrigen eine Bedürftigkeitssituation voraussetzen würde (OVG Münster v. 26. 6. 1984, DÖD 1985, 45). 35

cc) Unter die mitbestimmungspflichtigen Leistungen fielen früher auch die Gewährung von Vorschüssen. **Vorschüsse sind alle geldlichen Leistungen an einen Beschäftigten im Vorgriff** auf Gehalt oder Arbeitsentgelt zu einem Zeitpunkt, zu dem noch kein Anspruch auf diese Leistung (vgl. Richtlinien für die Gewährung von Vorschüssen in besonderen Fällen, Rdschr. des BMI v. 28. 11. 1975, GMBl. S. 829) besteht. **Vorschuss** kann nur gewährt werden, wenn der betreffende Beschäftigte durch „besondere Umstände" zu Ausgaben gezwungen ist, die er aus eigenen Mitteln ohne weiteres nicht bestreiten kann. Im einzelnen sind die Voraussetzungen in den Vorschussrichtlinien abschließend aufgeführt. Daneben kann ein Vorschuss nach dem Rdschr. d. 36

BMI vom 8. 7. 1965 über den Rechtsschutz in Strafsachen von Bundesbediensteten (GMBl. S. 210) gezahlt werden.

37 dd) Weiterhin waren früher Darlehen, die von der Dienststelle zu vergeben waren, mitbestimmungspflichtig. **Darlehen sind ebenfalls geldliche Leistungen** an einen Beschäftigten, die **zu einem bestimmten Zweck** (z. B. Finanzierung von Familienheimen) unter der Vereinbarung der Rückzahlung (eventuell zuzüglich Zinsen) in Raten oder zu einem festgesetzten Zeitpunkt gewährt werden. Der einzelne Beschäftigte kann bei Erfüllung bestimmter Voraussetzungen einen Rechtsanspruch auf ein Darlehen haben, es kann ihm aber auch aufgrund freier Ermessensentscheidung im Hinblick auf eine augenblickliche Notsituation gewährt werden. Hat der einzelne einen Rechtsanspruch auf die Gewährung eines Darlehens, so kommt ein Mitbestimmungsrecht der Personalvertretung nicht in Betracht (vgl. Anm. 34). Infolgedessen kann die Personalvertretung bei der Gewährung von **Familienheimdarlehen** (Rdschr. des BMBau v. 12. 7. 1976, GMBl. S. 633 u. v. 24. 8. 1976, GMBl. S. 463, 529) deshalb nicht mitbestimmen, weil mit ihr eine fiskalische Zielsetzung verbunden ist. Es handelt sich also nicht um eine soziale Zuwendung mit Unterstützungscharakter (Fleischmann, ZBR 1975, 341). Die Gewährung von Familienheimdarlehen erfolgt nicht ausschließlich im Interesse des Beschäftigten, sondern auch im Interesse des Dienstherrn daran, dass möglichst viele Beschäftigte am Dienstort selbst oder zumindest in angemessener Entfernung hierzu eine Wohnung für sich und ihre Familie zur Verfügung haben (Fischer u. a., § 75 Anm. 60, 61; Richardi u. a., § 75 Anm. 166). Damit wird gleichzeitig die an Beschäftigte zu zahlende Trennungsentschädigung eingespart. Entscheidend also ist, dass bei der Gewährung von Familienheimdarlehen der Zuweisungsgrund nicht „ausschließlich in den persönlichen Verhältnissen der Beschäftigten liegt, die einer Hilfe des Dienstherrn oder Arbeitgebers bedürfen“ (BVerwG v. 21. 3. 1980, ZBR 1981, 33 = PersV 1981, 329; aA Wolber, RiA 1980, 168).

38 ee) **Entsprechende soziale Zuwendungen** sind solche, die durch in der Person des Antragstellers liegende besondere Gründe veranlasst sind, so dass also alle Zuwendungen, die wegen in der Person liegender, ausschließlich sozialer Gründe gewährt werden, dem Mitbestimmungsrecht der Personalvertretung unterfallen (BVerwG v. 30. 3. 1989, ZBR 1990, 57 = PersV 1989, 362 = ZfPR 1989, 111). Sie müssen auf besondere Bedürfnisse abgestellt sein, die nicht bei allen Beschäftigten in gleichem Umfang gegeben sind. Der Personalvertretung steht ein Mitbestimmungsrecht unabhängig davon zu, ob die sozialen Zuwendungen von der Verwaltung selbst gewährt oder über ein zweckgebundenes Sondervermögen abgewickelt werden (vgl. für das BetrVG: BAG v. 9. 12. 1980, BAGE 34, 297 = BB 1981, 735 = DB 1981, 996). Nicht zu den sozialen Zuwendungen zählen: Trennungsentschädigung, Reisekosten-, Umzugskostenvergütung, Jubiläumszuwendungen etc.; denn diese haben keinen Unterstützungscharakter. Zudem besteht ein Rechtsanspruch auf diese Leistungen.

39 ff) Allerdings reicht es für die Entscheidung der Frage, ob eine der Unterstützung entsprechende soziale Zuwendung gegeben ist, nicht aus, dass die Bewilligung im Ermessen des Leiters der Dienststelle steht. Vielmehr muss die für eine Unterstützung übliche Beschränkung auf vorhandene Haushaltsmittel hinzukommen sowie die Gewährung mit dem **Ziel, eine Notlage zu beheben** (BVerwG v. 12. 7. 1968, ZBR 1968, 284 = PersV 1968, 277; Fischer u. a., § 75 Anm. 60; Lorenzen u. a., § 75 Anm. 94).

gg) Zu den „entsprechenden sozialen Zuwendungen“ gehören auch **nicht solche Leistungen, die unter gleichen Voraussetzungen allen Beschäftigten gewährt werden,** z. B. Gehaltsvorschüsse, Zuschüsse für besondere dienstliche Aufwendungen etc. Ebensowenig gehören hierzu Fahrkostenzuschüsse, die sämtlichen Beschäftigten gewährt werden. Zwar handelt es sich hierbei um „eine über den Inhalt des arbeitsrechtlichen Verhältnisses hinausgehende Wohltat, die eine soziale Wirkung hat“. Fahrgeldzuschüsse aber sind sonstige Zuwendungen, die in den Kreis der materiellen Arbeitsbedingungen fallen. Sie werden nicht alleine aus sozialen Erwägungen gewährt, und es kommt nicht auf die Bedürftigkeit der Beschäftigten an (VGH Kassel v. 15. 12. 1975, PersV 1977, 138). 40

hh) In der Regel werden die Unterstützungen etc. aufgrund eines entsprechenden Antrags eines Beschäftigten gewährt. In diesen Fällen setzt die Ausübung des Mitbestimmungsrechts der Personalvertretung einen **Antrag des Betroffenen** voraus. Der Dienststellenleiter hat den Beschäftigten auf diese Möglichkeit hinzuweisen (Fischer u. a., § 75 Anm. 62; aA Richardi u. a., § 75 Anm. 169). Der Antrag auf Mitbestimmung der Personalvertretung kann dem Antrag auf Gewährung der Unterstützung beigefügt, er kann aber auch erst im Laufe des Entscheidungsprozesses nachgereicht werden. Dem Betroffenen steht es frei, den Antrag auf Mitbestimmung der Personalvertretung an die Dienststelle oder unmittelbar an die Personalvertretung zu richten. 41

ii) Der Gesetzgeber trägt auf diese Weise dem Interesse der Beschäftigten an der **Geheimhaltung** sie persönlich betreffender Angelegenheiten Rechnung (Richardi u. a., § 75 Anm. 161). Er stellt es daher in ihre freie Entscheidung, ob sie sich zur Unterstützung ihres Anliegens der Hilfe der Personalvertretung bedienen wollen. 42

jj) Erfolgt die Gewährung einer Unterstützungsmaßnahme **ohne vorherigen Antrag des Beschäftigten,** so ist die Personalvertretung in jedem Fall rechtzeitig zu beteiligen, sobald der Betroffene dies beantragt (Richardi u. a., § 75 Anm. 169). 43

kk) Gerade auch aus dem Grund des Schutzes der persönlichen Sphäre gesteht das Gesetz dem Betroffenen das Recht zu, die **Mitbestimmung der Personalvertretung auf deren Vorstand zu beschränken.** Dies ist der einzige Fall, in dem der Vorstand ein echtes Beschlussorgan ist. 44

ll) Die Vorstandsmitglieder sind zum **Schweigen** gegenüber den übrigen Mitgliedern der Personalvertretung verpflichtet. Andernfalls nämlich hätte die Beschränkung des Mitbestimmungsrechts auf den Vorstand wenig Sinn. Der Vorstand kann das Plenum nur insoweit unterrichten, als allgemeine Grundregeln der Gewährung von sozialen Zuwendungen im Zusammenhang mit einem konkreten Fall zur Diskussion gestanden haben (vgl. im Übrigen § 10 Anm. 17). 45

mm) Es sind **nur die Vertreter der Gruppe** zur Beschlussfassung befugt, der der betreffende Beschäftigte angehört bzw. der entsprechende Vertreter der Gruppe im Vorstand, da andernfalls eine unzureichende Berücksichtigung der besonderen Interessenlage nicht auszuschließen ist. 46

nn) Die Personalvertretung ist auch dann zu beteiligen, wenn die zuständige Behörde einen **Unterstützungsantrag eines Beschäftigten ablehnen** will; denn 47

„die wirksame Überwachung einer gleichmäßigen und gerechten Verteilung der in beschränktem Umfang zur Verfügung stehenden Mittel verlangt zwingend eine Mitbestimmung bei allen, sowohl den gewährenden als auch den ablehnenden Entscheidungen" (BVerwG v. 3. 8. 1962, BVerwGE 14, 338 = ZBR 1962, 392 = PersV 1962, 274; Fischer u. a., § 75 Anm. 60; Lorenzen u. a., § 75 Anm. 96; Richardi u. a., § 75 Anm. 168). Gerade dann, wenn bisher gewährte Leistungen entzogen werden, bedarf der einzelne des besonderen Schutzes (LAG Berlin v. 21. 2. 1989, ZTR 1989, 247).

48 oo) Nach Abschluss jedes Kalendervierteljahres hat die Dienststelle der Personalvertretung einen **Überblick über die Unterstützungen,** Vorschüsse, Darlehen und entsprechenden sozialen Zuwendungen zu geben. Der eingeschränkte Wortlaut des Satzes 3 ist auf ein Redaktionsversehen zurückzuführen (Fischer u. a., § 75 Anm. 63; Lorenzen u. a., § 75 Anm. 97; Richardi u. a., § 75 Anm. 171). Der Personalvertretung soll ein Gesamtbild über die für Unterstützungszwecke zur Verfügung stehenden Mittel und deren Verwendung gegeben werden. Zuständig ist die Personalvertretung bei derjenigen Dienststelle, die die Unterstützung bzw. sozialen Zuwendungen gewährt (Lorenzen u. a., aaO).

49 pp) Der Überblick hat **alle gewährten Unterstützungen,** also auch diejenigen einzuschließen, bei deren Gewährung ein Antrag auf Mitbestimmung der Personalvertretung nicht vorgelegen hat. Selbstverständlich darf die Dienststelle aus Gründen der Geheimhaltung **nicht die Namen** derer anführen, die eine Beteiligung der Personalvertretung nicht gewünscht haben. Andernfalls wäre es wenig sinnvoll, dass der Gesetzgeber die Beteiligung der Personalvertretung von der Antragstellung des Betroffenen abhängig macht. Obwohl die Namensnennung derjenigen, die die Beteiligung der Personalvertretung beantragt haben, keinen Informationswert besitzt, ist sie zulässig; denn in diesen Fällen ist ein besonderes Geheimhaltungsinteresse gerade gegenüber der Personalvertretung nicht zum Ausdruck gebracht worden. Allerdings sollten die Antragsteller auf die Pflicht des Leiters der Dienststelle zur Information der Personalvertretung hingewiesen werden (vgl. hierzu: BVerwG v. 28. 3. 1958, BVerwGE 6, 302 = PersV 1959, 139 = RiA 1958, 222; Fischer u. a., § 75 Anm. 63; Lorenzen u. a., § 75 Anm. 97 b; Richardi u. a., § 75 Anm. 172).

50 qq) Die **Unterrichtung** der Personalvertretung **dient dem allgemeinen Informationsbedürfnis** sowie der Tatsache, dass dem Vertretungsorgan der Beschäftigten die Überwachung des Gleichbehandlungsgebots obliegt (§ 67 Abs. 1). Aus diesem Grunde handelt es sich hierbei nicht um eine Beteiligung der Personalvertretung i. S. von § 69 mit dem danach vorgesehenen Verfahren. Die Personalvertretung hat dagegen wohl die Möglichkeit, gegen den Dienststellenleiter eine Dienstaufsichtsbeschwerde zu erheben, wenn dieser seiner Informationspflicht nicht (oder wiederholt verspätet) nachkommt.

51 rr) Das Gesetz schreibt dem Leiter der Dienststelle nicht vor, den Überblick der Personalvertretung **schriftlich** vorzulegen. Aus Gründen der Beweissicherung und der Arbeitserleichterung empfiehlt sich allerdings die Erstellung eines schriftlichen Überblicks (Fischer u. a., § 75 Anm. 63; Lorenzen u. a., § 75 Anm. 97 a).

52 ss) Die Dienststelle hat unverzüglich nach Ablauf eines jeden Kalendervierteljahres die Personalvertretung in Form einer **Gegenüberstellung von Leistungen und Anträgen** zu unterrichten. Diese Unterrichtung kann auch im

Rahmen eines sog. Monatsgesprächs (§ 66 Abs. 1) erfolgen. Im Hinblick auf die vorerwähnten Gründe für die Vorlage einer schriftlichen Stellungnahme empfiehlt sich in diesem Zusammenhang eine Besprechung anhand einer von der Dienststelle der Personalvertretung vorher zugestellten Unterlage.

tt) **Die Begründung** der Dienststelle für die jeweilige Entscheidung über die Unterstützungsgesuche darf im Hinblick auf die notwendige Diskretion **nicht bekanntgegeben werden.** Eine Ausnahme muss jedoch dann für zulässig gehalten werden, wenn der Antragsteller, zu dessen Schutz das Gesetz diese Bestimmung aufgenommen hat, die Mitteilung der von ihm vorgetragenen Gründe an die Personalvertretung ausdrücklich gestattet oder sein Gesuch durch die Personalvertretung vorgelegt haben sollte. 53

b) Der Personalvertretung steht ein Mitbestimmungsrecht auch bei der **Zuweisung und Kündigung von Wohnungen,** über die die Dienststelle verfügt, sowie bei der allgemeinen Festsetzung der Nutzungsbedingungen (Abs. 2 Nr. 2) zu. 54

aa) Im Rahmen der allgemeinen Wohnungsvergabe durch Dienststellen kommt dem Mitbestimmungsrecht der **Personalvertretung** vor allem in Zeiten der „Wohnungsknappheit" **besondere Bedeutung** zu. Dies nicht nur in Form der Beteiligung bei der Vergabe. Vielmehr ist die Personalvertretung ganz allgemein verpflichtet, die verteilende Dienststelle darauf aufmerksam zu machen, dass bei einem der Bewerber eine besondere Notlage (z. B. infolge hoher Kinderzahl, Krankheit eines Familienmitglieds, derzeit unzureichende Unterbringung, die Verhältnisse übersteigende Mietpreise, allzu weiter Anmarschweg zur Dienststelle etc.) gegeben ist. Das Mitbestimmungsrecht bei der Errichtung, Verwaltung und Auflösung von Sozialeinrichtungen (Abs. 3 Nr. 5) dagegen soll einer Personalvertretung die Möglichkeit geben, die sozialen Interessen der Beschäftigten an diesen Maßnahmen zur Geltung zu bringen, vor allem dann, wenn eine Dienststelle Sozialeinrichtungen errichtet oder auflöst. Infolgedessen verfolgt der Gesetzgeber mit den Mitbestimmungstatbeständen nach Abs. 2 Nr. 2 und Abs. 3 Nr. 5 verschiedenartige Zielsetzungen (BVerwG v. 24. 4. 1992, Leits. ZBR 1992, 286 = PersV 1992, 437 = ZfPR 1992, 146). 55

bb) Eine Dienststelle verfügt dann über eine Wohnung, wenn ihr eine **unmittelbare Verfügungsbefugnis** oder das Recht zusteht, den Wohnungsmieter verbindlich vorzuschlagen. Diese Rechte müssen entweder allgemein mit den Pflichten einer Dienststelle gegenüber den Beschäftigten im Zusammenhang stehen oder sich im Einzelfall aus diesen Pflichten ergeben. Allein die rechtliche oder tatsächliche Möglichkeit der Dienststelle, den Mieter einer Wohnung verbindlich auszuwählen, ohne Rücksicht darauf, woraus sich diese Befugnis ergibt, ist Anknüpfungspunkt für das Mitbestimmungsrecht der Personalvertretung. Sie soll darüber wachen, dass der künftige Wohnungsinhaber möglichst aus dem Kreis der Beschäftigten unter Berücksichtigung sozialer Belange und ohne Verstoß gegen das Gleichbehandlungsgebot ausgewählt wird (BVerwG v. 24. 4. 1992, PersV 1992, 437 = ZfPR 1992, 146; BVerwG v. 20. 12. 2000, ZBR 2001, 218 = PersV 2001, 329 = ZfPR 2001, 137). Aber selbst dann, wenn der Zuweisung einer Personalunterkunft keine Auswahlentscheidung vorausgeht, steht einer Personalvertretung deshalb ein Mitbestimmungsrecht zu, weil ihr Gelegenheit gegeben werden soll zu prüfen, ob der Betreffende zum Kreis der berechtigten Personen zählt, ob eine Konkurrenzsituation tatsächlich nicht besteht, ob der Gleichbehandlungsgrundsatz keine Rolle spielt und ob sonstige soziale Belange nicht vorliegen 56

(OVG Münster v. 9. 6. 2006 PersV 2007, 20 = Leits. ZfPR 2007, 71). Falls eine Wohnung an eine nicht der Dienststelle angehörende Person vergeben werden soll und sich kein Beschäftigter der Dienststelle darum beworben hat, ist ein Mitbestimmungsrecht deshalb abzulehnen, weil der entsprechende Schutzzweck nicht zum Tragen kommt.

57 cc) Die Personalvertretung ist auch dann zu beteiligen, wenn die Dienststelle nicht ausschließlich, aber **maßgeblich an der Wohnungszuweisung beteiligt** ist; denn gerade bei der Wohnungsvergabe kommt es auf eine gleichmäßige Berücksichtigung aller in Frage kommenden Beschäftigten an, so dass die Personalvertretung ihrer Verpflichtung, die Beachtung des Gleichbehandlungsgebots zu überwachen (vgl. § 67 Abs. 1), nur dann in vollem Umfang nachkommen kann, wenn sie die für eine Wohnungsvergabe maßgebenden Gründe auch im Falle einer nicht ausschließlichen Verfügungsberechtigung der Dienststelle prüfen kann. Andernfalls wäre die Personalvertretung in sehr vielen Fällen der Wohnungszuweisung ausgeschlossen. Damit wäre außerdem nicht sichergestellt, dass die Dienststelle im Rahmen ihrer Ermessensentscheidung möglichst alle bedeutsamen Erwägungen berücksichtigt (so im Ergebnis auch: Dietz-Richardi, § 75 Anm. 130; Fischer u. a., § 75 Anm. 64; Lorenzen u. a., § 75 Anm. 99; vgl. aber auch: BVerwG v. 23. 2. 1962, ZBR 1962, 159 = PersV 1962, 230, das eine Beteiligung der Personalvertretung dann ausschließt, wenn eine Dienststelle mit der Herausnahme einer zur Deckung des eigenen Bedarfs vorgesehenen Wohnung und der Zuweisung an Beschäftigte einer anderen Behörde einverstanden ist). Daher besteht auch ein Mitbestimmungsrecht dann, wenn ein Dienststellenleiter gegenüber der Wohnungsfürsorgebehörde (Bundesvermögensamt), die ihm die Möglichkeit eingeräumt hat, verbindlich über die Zuweisung einer Wohnung zu entscheiden, einen Beschäftigten **vorschlägt** (VGH Kassel v. 6. 7. 1995 – 21 TK 864/95, n. v.). Das Mitbestimmungsrecht der Personalvertretung reicht aber nur so weit wie die Rechte des Leiters der Dienststelle gegenüber dem Vermieter (vgl. Anm. 58) oder gegenüber den anderen Dienststellen (vgl. für das BetrVG: BAG v. 18. 7. 1978, BB 1978, 1668 = DB 1978, 2419). Andererseits steht der Personalvertretung ein Mitbestimmungsrecht dann nicht zu, wenn eine Wohnung einem Außenstehenden zugewiesen wird, nachdem sich in der Dienststelle selbst kein Beschäftigter um sie beworben hat (Fischer u. a., § 75 Anm. 64; aA Richardi u. a., § 75 Anm. 186). Dies entspricht dem Schutzzweck des Mitbestimmungsrechts, das im Interesse einer Gleichbehandlung aller Beschäftigten eine zusätzliche Kontrolle des Verwaltungshandelns bewirken soll. Wenn ein Interesse an einer Wohnung seitens der Beschäftigten aber nicht besteht, so kann ein Mitbestimmungsrecht nicht eingreifen (OVG Münster v. 16. 1. 1984, Leits. ZBR 1984, 284; aA VGH Kassel v. 26. 1. 1983, Leits. PersV 1989, 45). Ein Mitbestimmungsrecht lässt sich auch nicht daraus rechtfertigen, dass die Wohnungsvergabe an einen außenstehenden Dritten die Chancen möglicher künftiger Interessenten der Dienststelle an Wohnungen verringert. Im Übrigen ist das Mitbestimmungsrecht nicht davon abhängig, dass die Dienststelle eine Auswahlentscheidung zwischen mehreren Wohnungsbewerben durchführt (OVG Münster v. 9. 6. 2006, PersV 2008, 20 = Leits. ZfPR 2007, 71).

58 dd) Wenn allerdings eine Dienststelle beauftragt ist, für mehrere Dienstbereiche oder **Behörden zentral Wohnungen zu bewirtschaften**, kommt eine Mitbestimmung der Personalvertretung nicht in Betracht (BVerwG v. 25. 9. 1984, ZBR 1985, 60), weil ein über den Bereich der eigenen Dienststelle hinausgehendes Mitbestimmungsrecht der Personalvertretung sys-

temwidrig wäre. Das das Personalvertretungsrecht beherrschende Repräsentationsprinzip würde verletzt, wenn der bei der vergebenden Verwaltung gebildete Hauptpersonalrat mitbestimmen würde; denn er würde auf diese Weise in die Rechtsverhältnisse Dritter eingreifen, die zwar von der Maßnahme betroffen sind, die den betreffenden Hauptpersonalrat aber mit der Wahrnehmung ihrer Interessen nicht beauftragt haben und dies auch nicht können. Infolgedessen kann auch der beim Bundesminister der Finanzen gebildete Hauptpersonalrat bei der Herausgabe allgemeiner Anweisungen deshalb nicht mitbestimmen, weil es sich in aller Regel um einheitliche Verwaltungsanordnungen für sämtliche Wohnungen ohne Rücksicht auf das Beschäftigungsverhältnis der jeweiligen Mieter handelt (vgl. in diesem Zusammenhang auch: Grau, DÖD 1983, 97). Ist jedoch die Zuweisungsentscheidung zwischen Mietbewerbern der eigenen Dienststelle zu treffen, dann kann die Personalvertretung ausnahmsweise auch dann mitbestimmen, wenn die zuständige Dienststelle mit der Zuweisung von Wohnungen auch an Beschäftigte anderer Dienststellen beauftragt ist (BVerwG v. 25. 9. 1984, aaO).

ee) Die Personalvertretung ist grundsätzlich **nicht bei der Zuweisung von Dienstwohnungen zu beteiligen.** Hierbei handelt es sich um Wohnungen, zu deren Benutzung Beschäftigte aus dienstlichen Gründen verpflichtet werden können (§ 74 Abs. 2 BBG) und um Werkdienstwohnungen (für nichtbeamtete Beschäftigte). Diese Wohnungen sind nicht nur zweckgebunden, sondern werden einem bestimmten Inhaber eines Dienstpostens zugewiesen, ohne dass ein Mietvertrag abgeschlossen wird. Die Dienststelle trifft mit der Zuweisung daher keine sozial-bestimmte Entscheidung. Deshalb unterliegt ihre aus Verwaltungsvorschriften sich zwangsläufig ergebende Entscheidung nicht der Mitbestimmung der Personalvertretung (BVerwG v. 21. 3. 1985, ZBR 1985, 281 = PersV 1987, 516; Fischer u. a., § 75 Anm. 65; Müller, RiA 1982, 144). Etwas anderes gilt allerdings dann, wenn die Dienststelle unter mehreren Dienst- oder Werkdienstwohnungen oder unter mehreren Dienstwohnungsberechtigten auszuwählen hat. Diese Entscheidung setzt eine Abwägung voraus, bei der soziale oder personenbezogene Erwägungen zu beachten sind. In diesen Fällen steht der Personalvertretung daher ein Mitbestimmungsrecht zu (BVerwG v. 16. 11. 1987, ZBR 1989, 104 = PersV 1989, 65 = ZfPR 1989, 19; so auch für das BetrVG: BAG v. 15. 12. 1992, PersR 1993, 468). Ein Mitbestimmungsrecht besteht auch bei der Kündigung bzw. dem Widerruf der Zuweisung einer Dienstwohnung (OVG Münster v. 9. 9. 1999, Leits. ZBR 2000, 178 = PersV 2000, 283). 59

ff) Auf die Gültigkeit der Zuweisung einer Wohnung oder den Abschluss eines Mietvertrages über eine verwaltungseigene Wohnung ist es **ohne Einfluss, ob die Personalvertretung zustimmt.** Die Vermietung bzw. Zuweisung durch die Dienststelle ist auch dann rechtswirksam, wenn die Personalvertretung nicht ordnungsgemäß beteiligt worden ist. 60

gg) Erst recht kann ein Beschluss der Personalvertretung **nicht in ein Mietverhältnis eingreifen,** das ein Beschäftigter mit einem gegenüber der Dienststelle vertraglich gebundenen Grundstückseigentümer abschließt, da hier die Dienststelle, die der Personalvertretung als vertretungsrechtlicher Partner gegenübersteht, nicht einmal als Vertragspartei auftritt. 61

hh) Stets ist das **Plenum der Personalvertretung** zu beteiligen, da es sich bei dem Tätigwerden nicht um ein solches im Rahmen der „laufenden Geschäftsführung“ handelt. Die bei einzelnen Verwaltungen bestehenden sog. 62

Wohnungsausschüsse haben keinerlei vertretungsrechtliche Zuständigkeit (BVerwG v. 13. 6. 1969, BVerwGE 32, 196 = ZBR 1969, 360 = PersV 1970, 15).

63 ii) Die Mitbestimmung der Personalvertretung hat zu einem möglichst frühen Zeitpunkt einzusetzen, damit ein **volles Überprüfungs- und Überwachungsrecht** bei der Auswahlentscheidung hinsichtlich der Bewerber gewährleistet ist. Aus diesem Grund ist vor der Vergabe von Wohnungen, über die die Dienststelle verfügt, der zur Mitbestimmung berufenen Stufenvertretung ein vollständiges Verzeichnis der Wohnungsbewerber, nicht nur ein Verzeichnis der vom Wohnungsausschuss ausgewählten und auf seinen Rat von der Dienststelle zur Berücksichtigung empfohlenen Bewerber vorzulegen. In der Empfehlung liegt bereits eine Vorentscheidung, die auf die endgültige Entscheidung nicht ohne Einfluss ist (BVerwG v. 13. 6. 1969, BVerwGE 32, 186 = ZBR 1969, 360 = PersV 1970, 15).

64 jj) Die Personalvertretung hat außerdem bei der **Kündigung von Wohnungen** (§§ 535 ff. BGB) mitzubestimmen, über die die Dienststelle verfügt. Sie ist auch an solchen Maßnahmen zu beteiligen, die eine Auflösung des Mietverhältnisses durch den Berechtigten zum Ziel haben (Lorenzen u. a., § 75 Anm. 101; Richardi u. a., § 75 Anm. 188; aA Fischer u. a., § 75 Anm. 66). Dem in diesem Zusammenhang angesprochenen Mitbestimmungsrecht der Personalvertretung unterfallen alle die Wohnungen, die der Beteiligung bei der Zuweisung unterliegen. Voraussetzung für die Einschaltung der Personalvertretung ist, dass das Dienstverhältnis noch besteht (OLG Frankfurt v. 14. 8. 1992, PersR 1994, 223); denn die Personalvertretung ist nur zur Vertretung der Interessen der tatsächlich in einer Dienststelle tätigen Personen berufen.

65 kk) Für die **Entscheidung der Personalvertretung** wird es in erster Linie darauf ankommen, ob die Dienststelle ein berechtigtes Interesse an der Kündigung hat, z. B. dann, wenn der Mieter seine vertraglichen Pflichten schuldhaft nicht unerheblich verletzt hat oder wenn Eigenbedarf vorliegt (Lorenzen u. a., § 75 Anm. 102).

66 ll) Darüber hinaus steht der Personalvertretung ein **Mitbestimmungsrecht bei der allgemeinen Festsetzung der Nutzungsbedingungen für Wohnungen** zu, über die die Dienststelle verfügt. Hierunter fällt vor allem die Festlegung der Grundsätze, die den Inhalt des Mietverhältnisses maßgebend mitgestalten (z. B. Mietzinsbildung, Hausordnung, Mustermietvertrag) und beim Abschluss des einzelnen Mietverhältnisses zum Gegenstand der vertraglichen Vereinbarungen gemacht werden (Battis/Schlenga, PersR 1993, 245; vgl. hierzu auch für das BetrVG: BAG v. 3. 6. 1975, BB 1975, 1159 = DB 1975, 1752). Die allgemeine Festsetzung der Nutzungsbedingungen für Wohnungen umfasst nur Festsetzungen von grundsätzlicher Bedeutung, nicht aber die Festsetzung im Einzelfall, so dass die Umwandlung einer einzelnen Dienstwohnung in eine Mietwohnung nicht dem Mitbestimmungsrecht der Personalvertretung unterliegt (OVG Münster v. 26. 8. 1994, Leits. ZfPR 1995, 52; Richardi u. a., § 75 Anm. 191). Soweit kein Mitbestimmungsrecht aus Abs. 2 Nr. 2 herzuleiten ist, kann auf Abs. 3 Nr. 5 zurückgegriffen werden, weil es sich bei dieser Bestimmung um eine Ergänzungsvorschrift handelt (Battis/Schlenga, aaO; vgl. hierzu auch: OVG Münster v. 23. 10. 1986, ZBR 1987, 381 = PersV 1987, 382). Die **Zuständigkeit** hinsichtlich der bundeseigenen Wohnungen liegt beim Bundesvermögensamt sowie bei den Oberfinanzdirektionen. Die Entscheidungsbefug-

nis steht daher nicht den Beschäftigungsdienststellen zu, so dass die dort bestehenden Personalvertretungen nur dann ein entsprechendes Mitbestimmungsrecht ausüben können, wenn ausnahmsweise Wohnungen für die dortigen Beschäftigten von der Dienststelle selbst verwaltet werden (Fischer u. a., § 75 Anm. 67; Lorenzen u. a., § 75 Anm. 103; Richardi u. a., § 75 Anm. 185). Das Mitbestimmungsrecht der Personalvertretung bei der Festsetzung von Nutzungsbedingungen für Dienstwohnungen soll die Mitsprache bei der Unterstützung und Förderung von Beschäftigten im Bereich ihrer privaten Lebensführung ermöglichen. Das Mitbestimmungsrecht findet aber seine Anknüpfung ausschließlich an der Beschäftigteneigenschaft. Wenn daher einzelne Nutzungsbedingungen vereinbart werden sollen, die erst im Zusammenhang mit einer endgültigen Beendigung des Beschäftigungsverhältnisses Rechtswirkung entfalten, dann kommt der erwähnte Schutzzweck nicht zum Tragen. Ein Mitbestimmungsrecht entfällt in diesen Fällen, weil es nicht Aufgabe der Personalvertretung ist, sich für die Belange ehemaliger Beschäftigter einzusetzen (BVerwG v. 7. 7. 1993, Leits. ZBR 1993, 383 = PersV 1994, 419 = ZfPR 1993, 194).

mm) Dagegen steht der Personalvertretung keine Einflussnahme i. S. eines Mitbestimmungsrechts auf die **Festsetzung der Mietzinshöhe im Einzelfall** zu (BVerwG v. 20. 12. 2000, ZBR 2001, 218 = PersV 2001, 329 = ZfPR 2001, 137; Richardi u. a., § 75 Anm. 176). Vielmehr ist sie an der Festlegung der Grundsätze für die Mietpreisgestaltung zu beteiligen; denn es geht nicht darum, welche Zahlungen der Beschäftigte im Einzelfall zu leisten hat, sondern darum, dass die Personalvertretung über die Einhaltung gleicher Grundsätze und Verfahren unter dem Gesichtspunkt der gleichmäßigen Belastung aller Beschäftigten zu wachen hat. Zu den Grundsätzen, über die eine Personalvertretung bei Mieterhöhungen mitbestimmen kann, gehören u. a. der Erhöhungssatz, wenn dieser als ein allgemeiner Durchschnittswert angestrebt wird und die Entscheidung darüber, ob die Mieten linear oder nicht linear angehoben werden sollen (BVerwG v. 15. 3. 1995, Leits. ZBR 1995, 318 = Leits. ZfPR 1995, 203). 67

nn) Das Mitbestimmungsrecht der Personalvertretung richtet sich auch auf die **Kündigung von Wohnraum.** Von diesem Mitbestimmungsrecht kann aber die Personalvertretung nur dann Gebrauch machen, wenn die Dienststelle selbst über den Wohnraum als Eigentümerin verfügt, für den Eigentümer handeln kann oder ein Belegungsrecht mit der Befugnis zur Auflösung eines Mietverhältnisses beseitzt (Fischer u. a., § 75 Anm. 66). 68

c) Bei der **Zuweisung von Dienst- und Pachtland** und bei der Festsetzung der Nutzungsbedingungen (Abs. 2 Nr. 3) steht der Personalvertretung ebenfalls ein Mitbestimmungsrecht zu. 69

aa) Die Zuweisung von Dienst- und Pachtland und die Festsetzung der Nutzungsbedingungen ist bei denjenigen öffentlichen Verwaltungen, die **dienstlich nicht genutzte Grundstücke** besitzen, von nicht unerheblicher sozialer Bedeutung. Es handelt sich dabei in der Regel um Gärten, die der Gesundheitspflege, und um landwirtschaftlich nutzbare Flächen, die der Kleinlandwirtschaft und Tierhaltung dienen, für den Benutzer also einen wirtschaftlichen Vorteil bedeuten. Auch hier wird die Personalvertretung das soziale Bedürfnis in den Vordergrund zu stellen haben. Die praktische Bedeutung der Vorschrift ist gering. 70

71 bb) Der Personalvertretung steht ein Mitbestimmungsrecht nicht nur bei der **Auswahl der zu begünstigenden Beschäftigten** zu, sondern auch bei der (nicht nur allgemeinen) **Festlegung der Nutzungsbedingungen** (Nutzungsvergütung). Werden diese jedoch von der im Instanzenzug höheren Dienststelle festgelegt, so hat die entsprechende Stufenvertretung mitzubestimmen (Lorenzen u. a., § 75 Anm. 104). Die bei der unteren Dienststelle bestehende Personalvertretung kann dann nur bei der Auswahl der Personen mitbestimmen. Der Personalvertretung steht jedoch kein Mitbestimmungsrecht zu, wenn die Dienststelle Pachtland außenstehenden Personen oder Beschäftigten anderer Dienststellen zuweisen will.

72 cc) Dem Mitbestimmungsrecht der Personalvertretung unterfällt neben der Zuweisung und der Festsetzung der Nutzungsbedingungen **nicht auch die Kündigung** oder die Aufhebung der Zuweisung (Fischer u. a., § 75 Anm. 68; Richardi u. a., § 75 Anm. 204).

IV. Mitbestimmungsangelegenheiten des Abs. 3

73 Nach den in Abs. 2 genannten Angelegenheiten sind in Abs. 3 weitere Angelegenheiten sozialer Art (mit z. T. personellen, z. T. organisatorischen Bezügen) aufgeführt, in denen der Personalvertretung ein Mitbestimmungsrecht zusteht. Die Ausübung dieses Mitbestimmungsrechts ist nicht an den Versagungskatalog des § 77 Abs. 2 gebunden. Wird die Personalvertretung nicht beteiligt, so ist die entsprechende Maßnahme unwirksam (BAG v. 7. 4. 1992, PersV 1996, 18; Fischer u. a., § 75 Anm. 72). Die Unwirksamkeit erfasst auch vorläufige Regelungen nach § 69 Abs. 5 (vgl. OVG Magdeburg v. 5. 10. 2005, PersR 2006, 169).

74 1. Das **Mitbestimmungsrecht** der Personalvertretung ist allerdings insofern eingeschränkt, als ihr **nur dann** ein Recht auf Beteiligung zusteht, **wenn eine gesetzliche oder tarifliche Regelung nicht besteht.** Durch Abs. 3 wird die Reihenfolge möglicher Normensetzung klar bestimmt: Gesetz (jedes förmliche oder materielle Gesetz, also auch eine Rechtsverordnung, auch eine Dienstordnung als autonomes Satzungsrecht einer öffentlich-rechtlichen Körperschaft, BAG v. 25. 5. 1982, BAGE 39, 77 = PersV 1984, 328; Richardi u. a., § 75 Anm. 214), Tarifvertrag, Dienstvereinbarung, Beteiligungsangelegenheiten. Das Gesetz bindet jedermann, der Tarifvertrag seine Partner, die Dienstvereinbarung gilt für die Dienststelle bzw. eine Gruppe von solchen (§ 73 Abs. 2). Eine das Mitbestimmungsrecht der Personalvertretung ausschließende gesetzliche oder tarifliche Regelung besteht immer nur dann, wenn der Sachverhalt vollständig, umfassend und erschöpfend unmittelbar geregelt ist und es zum Vollzug der Maßnahme keines Ausführungsaktes mehr bedarf. Eine solche Regelung lässt einem Dienststellenleiter keinen Gestaltungsspielraum mehr; sie trägt Ausschließlichkeitscharakter (BVerwG v. 12. 8. 2002, PersV 2003,192 = ZfPR 2002, 298; BVerwG v. 18. 5. 2004, BVerwGE 121, 38 = ZBR 2004, 401 = PersV 2004, 386 = ZfPR 2004, 231; BVerwG v. 1. 6. 2007, PersR 2007, 356 = Leits. ZfPR 2007, 114). In diesen Fällen steht einer Personalvertretung auch kein Initiativrecht zu. Dies gilt z. B. für die Aufstellung eines Sozialplans, wenn die soziale Absicherung der Beschäftigten durch eine umfassende und abschließende Regelung unmittelbar durch den Gesetzgeber erfolgt ist (BVerwG v. 19. 12. 1991, BVerwG 89, 286 = Leits. ZBR 1992, 285 = PersV 1992, 383 = Leits. ZfPR 1992, 177). In den Fällen aber, in denen einem Dienststellenleiter noch ein Gestaltungsspielraum hinsichtlich einer Einzelmaßnahme verbleibt, unterliegt diese Maßnahme „der Richtigkeitskontrolle des Personalrats im Wege der Mitbestimmung“ (BVerwG v. 27. 11. 1991, ZBR 1992, 100 = PersV 1992, 385 =

ZfPR 1992, 100). Dies ist bei einer gesetzlichen Ermessensvorschrift deshalb der Fall, weil die Regelung nicht umfassend, vollständig und erschöpfend ist, sondern der Verwaltung die Ausgestaltung der Einzelmaßnahme überlässt und ihr außerdem die Wahl zwischen unterschiedlichen Rechtsfolgen gibt (BVerwG v. 15. 12. 1994 – 6 P 19.92, aaO; BVerwG v. 15. 12. 1994 – 6 P 17.93, PersV 1997, 223; BVerwG v. 12. 8. 2002, aaO) Gleiches gilt für den Fall, dass bei Einführung und Anwendung eines Personalinformationssystems durch eine Verordnung über die zur Verarbeitung zugelassenen Personaldaten ein Handlungs- bzw. Gestaltungsspielraum verbleibt, die entsprechende Verordnung also keinen Ausschließlichkeitscharakter besitzt, sondern der Dienststellenleiter Voraussetzungen und Umfang einer Verarbeitung personenbezogener Daten regeln kann (BVerwG v. 1. 6. 2007, aaO). Ebenso ist die Rechtslage zu beurteilen, wenn die Maßnahme eines Dienststellenleiters Doppelnatur besitzt. Dies kann z. B. der Fall sein, wenn aufgrund gesetzlicher Vorgaben die Dienstpflichten konkretisiert werden, diese Konkretisierung aber gleichzeitig eine sozial-personelle Dimension hat, so dass mit der betreffenden Maßnahme „zwangsläufig und unausweichlich" von den betroffenen Beschäftigten eine höhere Arbeitsleistung (als zuvor) zu erbringen ist (OVG Bremen v. 12. 1. 1993, Leits. ZfPR 1994, 130). Mitbestimmungsrechte entfallen daher nur dann, wenn durch zwingende gesetzliche oder tarifvertragliche Regelungen eine effektive Schutzwirkung (z. B. Arbeitsbedingungen an Bildschirmgeräten) tatsächlich besteht (Hindinger, PersR 1989, 320, 323). In allen in Abs. 3 angeführten Angelegenheiten erfolgt die **Beschlussfassung der Personalvertretung nach den in § 38 aufgestellten Regeln.** Sind daher von bestimmten Maßnahmen nur Angehörige einer oder zweier Gruppen betroffen, so sind nach gemeinsamer Beratung in der Personalvertretung nur die Vertreter dieser Gruppe(n) zur Beschlussfassung berufen. Gegenüber einer Verwaltungsanordnung (§ 78), die sich auf Gegenstände bezieht, die der Mitbestimmung nach Abs. 3 unterliegen, geht das Mitbestimmungsrecht der Personalvertretung dann vor, wenn die Verwaltungsanordnung eine nach Abs. 3 der Mitbestimmung unterfallende Angelegenheit unmittelbar regelt (BVerwG v. 7. 11. 1969, ZBR 1970, 238 = PersV 1970, 187; Dietrich, ZBR 1974, 119). Wenn dagegen die Verwaltungsanordnung keine unmittelbare Regelung enthält, die sich also auch nicht auf den Einzelfall auswirkt, so kommt für die Beteiligung der Personalvertretung das Mitwirkungsrecht nach § 78 Abs. 1 Nr. 1 in Betracht (BVerwG v. 7. 11. 1969, aaO). Dies bedeutet keine Einschränkung des Mitbestimmungsrechts der Personalvertretung, da bei einer Übertragung der Verwaltungsanordnung auf den Einzelfall und bei der damit zu treffenden Entscheidung das Mitbestimmungsrecht nach Abs. 3 voll durchgreift (Fischer u. a., § 75 Anm. 71).

a) **Mit Hilfe einer Dienstvereinbarung** können Bestimmungen eines Gesetzes oder Tarifvertrages **den speziellen Bedürfnissen einer Dienststelle angepasst** werden. Aber auch diese Möglichkeit ist insoweit begrenzt, als Dienstvereinbarungen dann nicht abgeschlossen werden können, wenn Arbeitsentgelte und sonstige Arbeitsbedingungen durch Tarifvertrag geregelt sind oder üblicherweise geregelt werden (Abs. 5). Das gilt sowohl dann, wenn ein Tarifvertrag überhaupt nicht besteht, als auch dann, wenn ein Tarifvertrag zwar besteht, diese Fragen aber nicht behandelt. Es kommt nur darauf an, ob die Regelung dieser Fragen durch Tarifvertrag üblich ist. **75**

b) **Die Zuständigkeit der Koalitionen wird** durch Abs. 3 **nicht berührt.** Dies **76**
ist ausdrücklich in § 2 Abs. 3 festgelegt. Für Arbeitnehmer können die Koalitionen durch den Abschluss von Tarifverträgen Normen setzen, an die die

Personalverfassungsorgane gebunden sind und die sie hindern, eigene Vereinbarungen zu treffen. Gleiches gilt in bezug auf Beamte (aber auch in Bezug auf Arbeitnehmer), wenn z. B. der Bundesminister des Innern allgemeine Regelungen ohne Rechtssatzcharakter (Verwaltungsvorschriften, Richtlinien etc.) festlegt. Hierzu zählen die ressortübergreifenden Regelungen. Da für das jeweilige Ressort grundsätzlich kein Regelungsspielraum verbleibt, sind abweichende Vereinbarungen im Rahmen des Abs. 3 nicht möglich. Insoweit kann also eine Personalvertretung nicht eingeschaltet werden. In diesen Fällen sind aber die Spitzenorganisationen der zuständigen Gewerkschaften nach § 94 BBG zu beteiligen. Gleiches gilt im Falle einer Regelung durch die Bundesregierung selbst (Fischer u. a., § 75 Anm. 71; unentschieden: Lorenzen u. a., § 75 Anm. 109c).

77 c) In den Fällen, in denen die Dienststelle eine soziale Maßnahme zu treffen beabsichtigt, kann die Personalvertretung ihr Mitbestimmungsrecht entweder durch **Erteilung oder Verweigerung der Zustimmung** ausüben. Will die Personalvertretung ihrerseits die Initiative ergreifen, so kann sie der Dienststelle einen Vorschlag zur Regelung einer bestimmten Angelegenheit machen. Kommt es in beiden Fällen nicht zu einer Einigung, so wird das Mitbestimmungsverfahren nach den §§ 69, 70, 71 ausgelöst mit der Möglichkeit einer verbindlichen Entscheidung durch die Einigungsstelle, soweit es sich um Angelegenheiten nach Abs. 3 Nr. 1 bis 6 und 11 bis 17 handelt (vgl. im Einzelnen insbes. § 70).

78 d) Das Mitbestimmungsrecht kann auch **durch generelle Regelungen** (Dienstvereinbarung) ausgeübt werden. Dann ist der im Rahmen dieser generellen Regelung handelnde Dienststellenleiter nicht zu einer zusätzlichen, speziellen Beteiligung der Personalvertretung in Einzelfällen verpflichtet (BVerwG v. 16. 9. 1977, ZBR 1978, 207 = PersV 1979, 63). Das Institut der Dienstvereinbarung soll Dienststellenleitern und Personalvertretungen die Möglichkeit geben, in dem jeweiligen Sachzusammenhang zu überlegen, ob der Abschluss einer generellen Vereinbarung (Dienstvereinbarung) im Verhältnis zu einer Aneinanderreihung einzelner Regelungen mit jeweiliger Beteiligung der Personalvertretung zweckmäßiger ist (BVerwG v. 9. 12. 1992, BVerwGE 91, 276 = ZBR 1993, 317 = PersV 1994, 173 = ZfPR 1993, 118; vgl. auch § 73 Anm. 1). Nach Abs. 3 sind – etwa im Gegensatz zu Abs. 2 – Gegenstand der Mitbestimmung **generelle Regelungen** mit Ausnahme der Nr. 6, Nr. 7, Nr. 10 und Nr. 14 (zu Nr. 6 vgl. BVerwG v. 15. 12. 1972, ZBR 1973, 254 = PersV 1973, 111: das Mitbestimmungsrecht ist nicht auf generelle Regelungen beschränkt, sondern erfasst auch Einzelzuweisungen der Auszubildenden). Die Personalvertretung kann daher nicht bei Maßnahmen mitbestimmen, die auf einzelne Beschäftigte bezogen sind. Dies gilt z. B. für den Fall einer für einen bestimmten Beschäftigten geltenden Arbeitszeit. Zweck der Mitbestimmung nämlich ist der kollektive Schutz der Beschäftigten, deren berechtigte Belange in Übereinstimmung mit den dienstlichen Erfordernissen gebracht werden müssen (BVerwG v. 23. 12. 1982, ZBR 1983, 132 = PersV 1983, 413; Fischer u. a., § 75, § 76 Anm. 76). Soweit also von den Mitbestimmungstatbeständen des Abs. 3 generelle Regelungen erfasst werden, kann das Mitbestimmungsrecht sich nicht auf eine nur eine Einzelperson betreffende Maßnahme erstrecken.

79 e) Es besteht, wie das Wort „gegebenenfalls" deutlich macht, **kein Zwang zu einer generellen Regelung.** Vielmehr ist in den Fällen der Nr. 6, Nr. 7, Nr. 10 und Nr. 14 die Möglichkeit zum Abschluss sowohl einer generellen wie auch einer speziellen Regelung gegeben. Daher liegt es im freien Ermessen von

Dienststellenleiter und Personalvertretung, ob sie eine generelle oder eine spezielle Regelung treffen wollen. Eine andere Möglichkeit als die der generellen Regelung durch Dienstvereinbarung oder die der Ausübung des Mitbestimmungsrechts in Einzelfällen besteht nicht. **Einzelanordnungen des Dienststellenleiters** im Rahmen seines Direktions- und Weisungsrechts unterliegen nicht dem Mitbestimmungsrecht der Personalvertretung.

f) Ein besonderes Problem entsteht durch den Austritt öffentlich-rechtlicher Körperschaften und Anstalten aus den für den öffentlichen Dienst bestehenden Tarifverträgen. Werden von den Arbeitgebern **allgemeine Vertragsbedingungen nach dem Ende der tariflichen Bindung** aufgestellt, dann unterliegen die entsprechenden Maßnahmen dem Mitbestimmungsrecht der Personalvertretung nach Maßgabe der Mitbestimmungskataloge (Beginn und Ende der täglichen Arbeitszeit, Abs. 3 Nr. 1, Fragen der Lohngestaltung, Abs. 3 Nr. 4, Maßnahmen zur Verhütung von Dienst- und Arbeitsunfällen, Abs. 3 Nr. 11 und Regelung der Ordnung in der Dienststelle, Abs. 3 Nr. 15; vgl. hierzu auch Löwisch, ZTR 2005,134). **79a**

2. Nach Abs. 3 Nr. 1 hat die Personalvertretung mitzubestimmen über **Beginn und Ende der täglichen Arbeitszeit und der Pausen sowie die Verteilung der Arbeitszeit auf die einzelnen Wochentage (Nr. 1):** **80**

a) Allgemein ist zunächst darauf hinzuweisen, dass die einschlägigen Regelungen des **TVöD** für die Personalvertretungen von erheblicher Bedeutung – i. S. von Beteiligungsmöglichkeiten – sind, da durch den Abschluss von **Dienstvereinbarungen** aus „dringenden betrieblichen/dienstlichen Gründen“ unter Beachtung des in § 7 Abs. 1, 2 TVöD gesetzten Rahmens von den Vorschriften des Arbeitszeitgesetzes abgewichen werden kann (§ 6 Abs. 4 TVöD; vgl. auch Lorenzen u. a., § 75 Anm. 136; v. Roetteken, PersR 2006, 96). Dem **Mitbestimmungsrecht** der Personalvertretung **unterfällt** jede Maßnahme, durch die eine generelle und unmittelbar verbindliche Verteilung der vorgeschriebenen Arbeitszeit und der Arbeitspausen auf die Wochenarbeitszeit oder auf die einzelnen Wochentage erfolgen soll (BVerwG v. 12. 8. 2002, PersV 2003, 192 = ZfPR 2002, 298; BVerwG v. 30. 6. 2005, BVerwGE 124, 34 = PersV 2006, 24 = Leits. ZfPR 2006, 6; BVerwG v. 23. 8. 2007, PersR 2007, 476), nicht dagegen die Dauer der wöchentlichen Arbeitszeit, die durch § 6 Abs. 1, 2 TVöD bestimmt wird, der den BAT und den BMT-G II abgelöst hat (zur Arbeitszeitmitbestimmung im Geltungsbereich des TVöD: v. Roetteken, PersR 2006, 96). Diese Voraussetzung ist bereits dann erfüllt, wenn eine Verteilung der Arbeitszeit einer Teilzeitbeschäftigten auf die Wochentage einschließlich von Regelungen zur Zusammenfassung von Arbeitszeiten mit anschließender Freistellung erfolgt; denn die Interessen der übrigen Beschäftigten sind zumindest schon dann berührt, wenn für den Fall der Abwesenheit der Teilzeitkraft deren Aufgaben durch andere Beschäftigte wahrgenommen werden müssen (v. Roetteken, PersR 2005, 481; aA OVG Münster v. 21. 7. 2004, PersV 2005, 103 = Leits. ZfPR 2005, 104). Eine mitbestimmungspflichtige Regelung der Arbeitszeit liegt nur dann vor, wenn die gesamte oder wenn Teile der Belegschaft oder eine bestimmte Gruppe betroffen ist. Wenn dagegen nur einzelne oder ein einzelner betroffen ist, kommt ein Mitbestimmungsrecht der Personalvertretung nur dann in Betracht, wenn die beabsichtigte Arbeitszeitregelung unmittelbar Auswirkungen auch noch auf andere Beschäftigte hat (OVG Münster v. 21. 7. 2004, aaO). Eine auf einen einzelnen Arbeitsplatz bezogene Maßnahme ist dagegen ebenso mitbestimmungsfrei (VGH Kassel v. 23. 5. 2000, PersR 2001, 83) wie die Festlegung des zeitlichen Umfangs der von den **81**

Beschäftigten geschuldeten Arbeitsleistung (BVerwG v. 20. 7. 1984, BVerwGE 70, 1 = ZBR 1984, 379 = PersV 1985, 71). Sinn des Mitbestimmungsrechts der Personalvertretung bei der Festlegung von Beginn und Ende der täglichen Arbeitszeit und der Pausen sowie der Verteilung der Arbeitszeit auf die einzelnen Wochentage ist die Einschaltung eines zusätzlichen Überwachungsorgans. Es soll auf die **Einhaltung der arbeitszeitrechtlichen Vorschriften bei der Festlegung der Arbeitszeit** (**§ 6 Abs. 1, 2 TVöD**) achten und sicherstellen, dass vor allem die zugunsten weiblicher und jugendlicher Beschäftigter geltenden Bestimmungen beachtet werden. Gleichzeitig soll die Personalvertretung dafür eintreten, dass berechtigte Wünsche von Beschäftigten, die sich beispielsweise aus den besonderen Verkehrsverhältnissen bei der An- und Abfahrt ergeben „in Einklang mit den dienstlichen Erfordernissen gebracht werden" (BVerwG v. 14. 6. 1968, BVerwGE 30, 39 = ZBR 1968, 285 = PersV 1968, 264; BVerwG v. 23. 12. 1982, ZBR 1983, 132, 307 = PersV 1983, 413). Die Interessen und Bedürfnisse der Beschäftigten sollen von der Personalvertretung in die Entscheidungsfindung über Beginn und Ende der täglichen Arbeitszeit, über Pausen und über die Verteilung der Arbeitszeit auf die Wochentage eingebracht werden. Gleichzeitig soll die Personalvertretung darauf achten, dass der Schutz der Beschäftigten mit den dienstlichen Aufgaben in Einklang steht, so dass ihr „eine tätige Mitarbeit und eigenes Bemühen im Hinblick auf einen optimalen Ausgleich zwischen den persönlichen Belangen der Beschäftigten auf der einen und den dienstlichen Belangen auf der anderen Seite abverlangt" wird (BVerwG v. 20. 1. 1993, BVerwGE 91, 346 = Leits. ZBR 1993, 319 = PersV 1994, 215). Der Personalvertretung obliegt insoweit ein kollektiver Schutzauftrag. Für das Einsetzen der Mitbestimmung reicht es aus, wenn die konkrete Regelung zur Arbeitszeit, selbst wenn sie nur einen Teil der Arbeitszeit und der Beschäftigten betrifft, die **kollektiven Interessen** von Beschäftigten berührt (BVerwG v. 12. 8. 2002, PersV 2003, 192 = ZfPR 2002, 298). Ein kollektiver Tatbestand ist anzunehmen, wenn die Interessen der Beschäftigten unabhängig von der einzelnen Person und den individuellen Wünschen des Einzelnen berührt werden. Auf die Zahl der von einer Regelung betroffenen Beschäftigten kommt es nicht maßgeblich an, da eine generelle Regelung sich nicht an alle Beschäftigten oder zumindest an eine funktional abgrenzbare Gruppe richten muss (OVG Münster v. 21. 7. 2004, aaO).

81a b) Von besonderer Bedeutung im Zusammenhang mit **Beginn und Ende** der täglichen Arbeitszeit ist die Frage, **in welchem Bereich einer Dienststelle** die Arbeitszeit beginnt bzw. endet. Soweit tarifrechtliche Regelungen fehlen bzw. ausgestaltungsfähig sind, kann ein Mitbestimmungsrecht im Zusammenhang mit der Frage, **wo** die **Arbeit beginnt** (mit dem Betreten des Geländes der Dienststelle, des Dienstgebäudes oder beim Erreichen des individuellen Arbeitsplatzes), gegeben sein. Dazu gehört auch die Frage, ob das Umkleiden bereits zum Arbeitsbeginn rechnet. Gleiches gilt für entsprechende Fragen des Arbeitsendes (v. Roetteken, PersR 1998, 54).

82 c) Die **gesetzlichen** bzw. **tariflichen** Regelungen oder **individualrechtliche** Vereinbarungen über die Dauer der wöchentlichen Arbeitszeit hat die Personalvertretung als Vorgaben bei der Ausübung ihres Mitbestimmungsrechts zu beachten. Das Mitbestimmungsrecht entfällt aber nur dann, wenn ein Sachverhalt unmittelbar geregelt ist und es zum Vollzug keines Ausführungsaktes durch den betreffenden Dienststellenleiter mehr bedarf. Verbleibt diesem aber die Entscheidung über eine Einzelmaßnahme, dann unterliegt diese der Richtigkeitskontrolle der Personalvertretung im Wege der Mitbestimmung (BVerwG v. 12. 8. 2002, PersV 2003, 192 = ZfPR 2002, 298;

Richardi u. a., § 75 Anm. 233). Die Entscheidung über die Arbeitszeit selbst, d. h. über den Umfang der von den Beschäftigten zu erbringenden Leistung, unterliegt nicht dem Mitbestimmungsrecht der Personalvertretung. Vielmehr ist Gegenstand des Mitbestimmungsrechts allein die Verteilung der nach gesetzlichen oder tariflichen Vorgaben abzuleistenden Arbeitszeit auf die einzelnen Arbeitstage sowie die Festlegung ihrer zeitlichen Lage am einzelnen Arbeitstag. Somit erstreckt sich das Mitbestimmungsrecht der Personalvertretung auch auf die sich aus der Verteilung ergebende Dauer der täglichen Arbeitszeit, nicht aber auf den zeitlichen Umfang, der dem einzelnen Beschäftigten obliegenden wöchentlichen Arbeitsverpflichtung (BVerwG v. 20. 7. 1984, BVerwGE 70, 1 = ZBR 1984, 379 = PersV 1985, 71; BVerwG v. 4. 4. 1985, ZBR 1985, 283 = PersV 1987, 155). Die Dauer der Arbeitszeit nämlich bestimmt sich bei Beamten nach § 72 BBG, § 44 BRRG sowie den aufgrund dieser Vorschriften ergangenen Rechtsverordnungen (Verordnung über die Arbeitszeit der Beamtinnen und Beamten des Bundes, Arbeitszeitverordnung, AZV v. 23. 2. 2006, BGBl. I S. 427; Verordnung über den Mutterschutz für Beamtinnen i. d. F. d. Bekanntm. v. 11. 11. 2004, BGBl. I S. 2828; vgl. auch Jugendarbeitsschutzgesetz, JArbSchG, v. 12. 4. 1976, BGBl. I S. 965, zul. geänd. d. Art. 230 V v. 31. 10. 2006, BGBl. I S. 2407; bei Arbeitnehmern nach entsprechenden Tarifverträgen, § 6 Abs. 1 , 2 TVöD vgl. im Übrigen Arbeitszeitgesetz, ArbZG, v. 6. 6. 1994, BGBl. I S. 1170, zul. geänd. d. G v. 27. 12. 2003, BGBl. I S. 3002, 3005 u. durch Art. 229 V v. 31. 10. 2006, BGBl. I S. 2407, 2435). Bei der Umsetzung einer Arbeitszeitverkürzung verstößt ein Arbeitgeber gegen den Grundsatz des billigen Ermessens (§ 315 Abs. 1 BGB), wenn er versucht, allein seine Interessen durchzusetzen, indem er z. B. eine bestimmte Pausenregelung vornimmt (BAG v. 19. 5. 1992, BB 1992, 1071 = DB 1992, 1143). Selbst wenn Tarifverträge nicht bestehen würden, wäre der Abschluss von Dienstvereinbarungen im Hinblick auf Abs. 5 nicht zulässig, weil die Festlegung der Dauer der Arbeitszeit üblicherweise tarifvertraglich bestimmt wird. Infolgedessen kann die Personalvertretung bei Arbeitszeitregelungen nur dann mitbestimmen, wenn aufgrund der gesetzlichen oder tarifvertraglichen Bestimmungen noch Spielraum für die Regelung von Beginn und Ende der täglichen Arbeitszeit besteht (BVerwG v. 14. 6. 1968, PersV 1968, 264). Das ist im Zusammenhang mit der **Erstellung von Schicht- oder Dienstplänen** im allgemeinen der Fall, wenn die Pläne wochenweise festgelegt werden, die Erfordernisse vorhersehbar sind und die Arbeitszeit nicht unregelmäßig und kurzfristig bestimmt wird (BVerwG v. 2. 3. 1993, ZBR 1993, 316 = PersV 1994, 231 = ZfPR 1993, 147). Vom Mitbestimmungsrecht wird auch die Änderung der Schichtdauer umfasst, da durch eine Verkürzung bzw. Verlängerung Beginn und Ende der täglichen Arbeitszeit neu festgelegt werden (BVerwG v. 12. 3. 1986, BVerwGE 74, 100, 104 = ZBR 1986, 310 = PersV 1986, 417). Im Zusammenhang mit der Einführung von **Schichtarbeit** haben Dienststellenleiter und Personalvertretung grundsätzlich alle Fragen der Schichtarbeit zu regeln. Dies kann im Rahmen einer Dienstvereinbarung oder auch in Einzelfällen geschehen (Einführung, Festlegung der zeitlichen Lage der einzelnen Schichten, Abgrenzung des Personenkreises, der Schichtdienst zu leisten hat, ob, unter welchen Voraussetzungen und in welcher Weise von bestehenden Schichtplänen abgewichen werden oder ob eine Schicht ersatzlos gestrichen werden soll, vgl. für das BetrVG: BAG 1. 7. 2003, Leits. ZBVR 2003, 250; vgl. auch: Lorenzen u. a., § 75 Anm. 119 a, während Fischer u. a., § 75 Anm. 75 ein Mitbestimmungsrecht bei der Einführung von Schichtarbeit ablehnen). In diesen Fällen sind Beginn und Ende der Arbeitszeit berührt (BVerwG v. 15. 2. 1988, ZBR 1988, 197 = PersV 1988, 437). Ein Mitbestimmungsrecht steht der Personalvertretung auch für den Fall zu, dass ein Schichtwechsel einzelner Beschäftigter die Arbeitszeitbelange anderer Beschäftigter berührt, nämlich u. a. dann, wenn ein anderer Beschäftigter der Schicht zugeteilt werden muss (OVG Münster v. 21. 7. 2004, PersV 2005, 103 = Leits. ZfPR 2005, 104). Ein Mitbestimmungsrecht steht der Personalvertretung bei der Festlegung von Zeitwerten für den Vorbereitungs- und Abschlussdienst in Dienstplänen dagegen nicht zu. Hierbei nämlich handelt es sich um interne Berechnungen für die Bemessung und zeitliche Bewertung einer innerhalb der Arbeitszeit zu erbringenden Leistung (OVG Lüneburg v. 6. 11. 1991, PersR 1992, 510).

83 d) Das Mitbestimmungsrecht hinsichtlich der **Pausen** (solcher, die die Arbeitszeit unterbrechen) erstreckt sich nicht nur auf deren Lage, sondern auch auf deren Dauer. Auch die Aufteilung von Pausenzeiten, die Festsetzung des Zeitraums, in denen Pausen von Beschäftigten genommen werden müssen und eine Vertretungsregelung für die Pausen, die zur Aufstellung von Pausenplänen zwingt, unterliegen dem Mitbestimmungsrecht der Personalvertretung (OVG Hamburg v. 22. 5. 2000, PersR 2001, 303). Die Pausen werden auf die Arbeitszeit nicht angerechnet. Anders verhält es sich mit Kurzpausen. Sie zählen zur vergütungspflichtigen Arbeitszeit (VGH Kassel v. 27. 4. 1988 – BPV TK 3334/87, n. v.; vgl. hierzu Rechtsbeschwerdeentscheidung: BVerwG v. 22. 6. 1989, PersR 1989, 275). Für diese (bezahlten) Pausen entfällt ein Mitbestimmungsrecht (VGH Kassel v. 26. 11. 1981 – 15 S 1572/90, n. v.). Das gilt auch für die Festlegung der Lage von zu Kurzpausen zusammengefassten Erholzeiten sowie für die Frage, ob und welche Uhrzeiten für solche Kurzpausen festzulegen sind (VGH Mannheim v. 26. 11. 1991, Leits. PersV 1996, 227). Regelungsbedürftig kann auch die Frage sein, ob Pausen, die zum Zwecke des Gesundheitsschutzes vorgesehen sind (z. B. bei Bildschirmarbeit, vgl. Art. 7 RL 90/270/EWG v. 29. 5. 1990, ABl. EG 1990 Nr. L 156/14), zur Arbeitszeit zählen; dies setzt einen Regelungsspielraum für die Dienststelle voraus (vgl. auch v. Roettken, PersR 1998, 54). Vielfach werden Länge und Lage der Pausen in Dienstplänen festgelegt, bei deren Aufstellung die Personalvertretung mitbestimmt. Das Mitbestimmungsrecht beschränkt sich auf die **Festlegung der Grundsätze, nach denen die Dienstpläne aufzustellen** sind. Wenn aber ein Dienstplan über die Arbeitszeitregelung hinaus die personelle Besetzung einzelner Dienstposten in einer Weise regelt, für die nicht die Dienststelle, sondern die ihr vorgesetzte Stelle zuständig ist, besteht kein Mitbestimmungsrecht der Personalvertretung dieser Dienststelle, wohl aber u. U. ein solches der Stufenvertretung oder des Gesamtpersonalrats. Dies setzt voraus, dass die zwingenden Regelungen von Dienstplänen über wechselnde Dienstantrittszeiten, über Wochenenddienst oder Übergangszeiten vom Früh- in den Nachtdienst etc. eventuell noch einen Spielraum für anderweitige Regelungen belassen (BVerwG v. 16. 12. 1960, BVerwGE 11, 307 = ZBR 1961, 215 = PersV 1961, 104; Fischer u. a., § 75 Anm. 76; Lorenzen u. a., § 75 Anm. 114a; vgl. zum Mitbestimmungsrecht bei Dienstplänen auch: BVerwG v. 24. 7. 1986, Leits. PersR 1987, 23).

83a e) Für die Auslösung des Mitbestimmungsrechts genügt, dass die **Regelung nur Teile der Arbeitszeit erfasst.** Eine umfassende, die gesamte Arbeitszeit betreffende Regelung ist nicht erforderlich. Lediglich individuell abgrenzbare Einzelanordnungen gegenüber bestimmten Beschäftigten sind dagegen vom Mitbestimmungsrecht ausgeschlossen. Zu Recht allerdings weist Vogelgesang (PersV 2005, 326, 336 und ZTR 2003, 366, 339) darauf hin, dass eine Grenzziehung zwischen individuellen und kollektiven Arbeitszeitregelungen nur schwer möglich ist.

f) Das **Mitbestimmungsrecht** der Personalvertretung **erstreckt sich** allein **auf die Festlegung der zeitlichen Lage** der durch Gesetz oder Tarifvertrag bestimmten regelmäßigen wöchentlichen Arbeitszeit auf die zur Verfügung stehenden Arbeitstage und am einzelnen Arbeitstag sowie auf die Dauer der täglichen, nicht aber der wöchentlichen Arbeitszeit (BVerwG v. 20. 7. 1984, BVerwGE 70, 1 = ZBR 1984, 379 = PersV 1985, 71). Die Personalvertretung hat darüber mitzuentscheiden, wie die aufgrund anderer Regelungen (Tarifvertrag, Einzelarbeitsvertrag) festgelegte Dauer der Arbeitszeit verteilt werden soll (vgl. für das BetrVG: BAG v. 12. 2. 1986, BAGE 51, 131 = Leits. BB 1987, 1035 = DB 1987, 995) und auch darüber, ob die Arbeitszeit aus konkretem Anlass für einzelne Tage bzw. einen einzigen Tag anderweitig festgesetzt werden soll (BVerwG v. 31. 8. 1962, BVerwGE 15, 31 = ZBR 1962, 395 = PersV 1962, 276; OVG Münster v. 21. 6. 1989, PersV 1992, 175). Ebenso kann die Personalvertretung bei der **Ausgestaltung der Fünftagewoche** dann mitbestimmen, wenn in der Dienststelle an sechs Werktagen gearbeitet wird (vgl. für das BetrVG: BAG v. 31. 1. 1989, Leits. BB 1989, 1346 = DB 1989, 1630). Dabei ist grundsätzlich auch an eine sog. **Arbeitszeitflexibilisierung** zu denken, die im Zusammenhang mit der Verkürzung der wöchentlichen Arbeitszeit zu veränderten Arbeitszeitstrukturen führen kann. In diesem Zusammenhang geht es u. a. um die Verkürzung der täglichen Arbeitszeit, um die Verkürzung der Arbeitszeit an einem bestimmten Wochentag, um die Vereinbarung bestimmter freier Tage innerhalb eines bestimmten Zeitrhythmus bzw. der Vereinbarung von freien Tagen, Übergang von der Fünf-Tage-Woche zur Vier-Tage-Woche etc. Bei all diesen Maßnahmen muss es sich nicht um generelle, die gesamte Arbeitszeit betreffende Regelungen handeln. Vielmehr kann das Mitbestimmungsrecht auch dann einschlägig sein, wenn nur ein Teil der täglichen Arbeitszeit geregelt werden soll. Allerdings ist das Mitbestimmungsrecht in den Fällen ausgeschlossen, in denen es nur um individuell abgrenzbare Einzelanordnungen gegenüber bestimmten Beschäftigten geht (BVerwG v. 12. 8. 2002, PersV 2003, 192 = ZfPR 2002, 298; vgl. auch Anm. 81). **84**

g) Die Personalvertretung kann nicht mitbestimmen bei der Frage, ob und inwieweit **Wegezeiten** auf die Arbeitszeit anzurechnen sind; denn diese Frage hat nichts mit der Festlegung der zeitlichen Lage oder der Dauer der Arbeitszeit zu tun (OVG Münster v. 25. 5. 1982, Leits. PersV 1986, 433). Wegezeiten zur Arbeitsstelle bis zum verbindlich festgelegten Ort des Dienstbeginns oder auf dem Heimweg von dort sind keine Arbeitszeiten oder Nebenarbeitszeiten (BVerwG v. 12. 11. 1993, ZBR 1994, 254 = PersV 1994, 518 = ZfPR 1994, 54). Auch kann die Personalvertretung nicht mitbestimmen, wenn der Dienststellenleiter eine außerplanmäßige **Dienstreise** anordnet, die Reisezeiten außerhalb der normalen Arbeitszeit des betreffenden Beschäftigten erforderlich macht; denn hierin liegt keine mitbestimmungspflichtige Verlängerung der dienststellenüblichen Arbeitszeit, wenn während der Reisezeit keine Arbeitsleistung zu erbringen ist (vgl. für das BetrVG: BAG v. 23. 7. 1996, BB 1997, 472 = DB 1997, 380 = ZBVR 1997, 17). **84a**

h) Bei der **Flexibilisierung der Arbeitszeit** kommt der Einrichtung von Arbeitszeitkonten erhebliche Bedeutung zu. Ausgehend von dem Mitbestimmungsrecht der Personalvertretung in Arbeitszeitverteilungsfragen ist die **Einrichtung und Ausgestalltung von Arbeitszeitkonten** mitbestimmungspflichtig. Arbeitszeitkonten sind kein eigenständiges Arbeitszeitmodell. Sie können für unterschiedliche Zwecke bzw. andere Arbeitszeitmodelle genutzt werden und treten dann z. B. als Gleitzeitkonto, Mehrarbeitszeitkonto, Jah- **84b** resarbeitszeitkonto, Langzeitkonto auf (Kiesche, PersR 2001, 283). Klärungsbedürftig für die Personalvertretung ist hier u. a., welche Form von Arbeitszeitkonto eingeführt werden soll und zu welchen Zwecken die Konten genutzt werden sollen.

84c i) Nach der Neufassung des Arbeitszeitgesetzes (vgl. Anm. 82) gilt Bereitschaftsdienst (Bereithalten eines Beschäftigten an einem vom öffentlichen Arbeitgeber bestimmten Ort außerhalb des privaten Bereichs, um im Bedarfsfall die Arbeit aufnehmen zu können, § 7 Abs. 3, § 9 TVöD) als Arbeitszeit. Dies bedeutet, dass der Personalvertretung ein **Mitbestimmungsrecht bei der Vereinbarung bzw. der Anordnung von Bereitschaftsdienst** zusteht. In einer Dienstvereinbarung können nicht nur abweichende Regelungen zur werktäglichen Arbeitszeit, sondern auch zu den gesetzlichen Ruhezeiten getroffen werden, wenn in die Arbeitszeit regelmäßig und in erheblichem Umfang Bereitschaftsdienst fällt (§ 7 Abs. 2 a ArbZG; vgl. im Übrigen: EuGH v. 9. 9. 2003, PersV 2003, 453 unter Bezugnahme auf Art. 2 Nr. 1 Richtlinie 93/104/EG v. 23. 12. 1993; Lorenzen u. a., § 75 Anm. 116b sowie BAG v. 18. 2. 2003, PersR 2003, 454 = Leits. ZBVR 2003, 135).

84d j) Bei der **Anordnung von Rufbereitschaft** (Verpflichtung eines Arbeitnehmers, sich auf Anordnung des öffentlichen Arbeitgebers außerhalb der regelmäßigen Arbeitszeit an einer dem öffentlichen Arbeitgeber anzuzeigenden Stelle aufzuhalten, um auf Abruf Arbeit aufnehmen zu können, § 7 Abs. 4 Satz 1 TVöD), kann die Personalvertretung nicht mitbestimmen (vgl. auch Anm. 90); denn die Zeit einer Rufbereitschaft ist keine Arbeitszeit (BVerwG v. 1. 6. 1987, ZBR 1987, 346 = PersV 1989, 255; Lorenzen u. a., § 75 Anm. 116b), so dass die Anordnung nicht „Beginn und Ende der täglichen Arbeitszeit und der Pausen sowie der Verteilung der Arbeitszeit auf die einzelnen Wochentage“ betrifft (VGH Mannheim v. 16. 9. 2003, ZfPR 2003, 333). Der Begriff Arbeitszeit knüpft an den dienstrechtlichen Begriff an (vgl. §§ 72 ff. BBG, Verordnung über die Arbeitszeit, vgl. Anm. 82). Wenn Rufbereitschaft angeordnet ist, so ist der Arbeitnehmer verpflichtet, diejenige Stelle dem Arbeitgeber mitzuteilen, an der er sich aufhält, um auf Abruf Arbeit aufnehmen zu können (BAG v. 29. 6. 2000, BAGE 95, 210 = BB 2000, 1682 = DB 2000, 1414). Ein Arbeitnehmer des öffentlichen Dienstes, der verpflichtet ist, auf Anordnung seines Arbeitgebers außerhalb der regelmäßigen Arbeitszeit ein auf Empfang geschaltetes Funktelefon mitzuführen, um auf telefonischen Anruf hin Arbeit zu leisten, die darin besteht, dass er über dieses Funktelefon Anordnungen trifft oder weiterleitet, leistet während der Dauer dieser Verpflichtung Rufbereitschaft (BAG v. 29. 6. 2000, BAGE 95, 210 = BB 2000, 1682 = DB 2000, 1414). Die Rufbereitschaft ist nicht mit der Dienstbereitschaft vergleichbar, ein Mitbestimmungsrecht besteht nicht (BVerwG v. 26. 4. 1988 – 6 P 19.86, ZBR 1988, 197 = PersV 1988, 531; vgl. auch BVerwG v. 16. 11. 1999, ZBR 2000, 272 = Leits. PersV 2001, 78 = ZfPR 2000, 68; VGH Mannheim v. 16. 9. 2003, aaO). Die Entscheidungen des Bundesverwaltungsgerichts (vgl. auch BVerwG v. 30. 1. 1996, Leits. ZBR 1996, 410 = PersV 1996, 469 = Leits. ZfPR 1996, 163) können allerdings vom Ergebnis her nicht befriedigen. Durch die Rufbereitschaft nämlich wird in die Freizeitgestaltung eines Beschäftigten eingegriffen; sein Interesse an der Lage der Arbeitszeit und der Gestaltung seines Privatlebens ist unmittelbar betroffen (vgl. hierzu für das BetrVG: BAG v. 28. 5. 2002, Leits. BB 2002, 2508 = DB 2002, 2385 = ZBVR 2002, 248; BAG v. 1. 7. 2003, ZBVR 2003, 250; Fitting u. a., § 87 Anm. 96). Von der den Mitbestimmungsrechten insgesamt ausgehenden Funktion einer zusätzlichen Kontrolle im Interesse einer Gleichbehandlung aller Beschäftigten her wäre es geboten, die Personalvertretung zu beteiligen; denn sie soll mit dazu beitragen, dass einerseits die Einschränkungen der Freizeit im Rahmen der Rufbereitschaft auf das notwendige Maß beschränkt werden. Andererseits soll durch ihre Beteiligung sichergestellt werden, dass möglichst alle Beschäftigten in gleicher Weise betroffen werden (so auch für das BetrVG: BAG v. 21. 12. 1982, BAGE 41, 200 = BB 1983, 503 = DB 1983, 611; Fitting u. a., aaO; Richardi, § 87 Anm. 350; vgl. auch für das BPersVG von Roetteken, PersR 1994, 60, 64; Fischer u. a., § 75 Anm. 76 a; Lorenzen u. a., § 75 Anm. 116 b; Richardi u. a., § 75 Anm. 244). Im Übrigen kommt hinzu, dass auch die Rufbereitschaft mit finanziellen Vergünstigungen verbunden ist. Daher werden auch unter diesem Gesichtspunkt Fragen der Gleichbehandlung bei der Einbeziehung oder Nichteinbeziehung in die Rufbereitschaft regelmäßig aufgeworfen (vgl. hierzu auch: BVerwG v. 16. 11. 1999, aaO).

k) Problematisch ist auch, inwieweit betriebsbedingte Unterbrechungen als **84e**
Arbeitszeit gelten, denn das Mitbestimmungsrecht der Personalvertretung erstreckt sich allein auf Ein- und Verteilungsfragen, nicht aber auf Regelungen, die die Bewertung der von den Beschäftigten zu erbringenden Leistung unter zeitlichen Gesichtspunkten betreffen (BVerwG v. 16. 12. 1960, BVerwGE 11, 303 = ZBR 1961, 190 = PersV 1961, 131). Ebensowenig unterliegen solche Regelungen dem Mitbestimmungsrecht der Personalvertretung, mit denen **Abwesenheitszeiten** angerechnet und gutgeschrieben werden sollen; denn hierbei geht es nicht um die Interessen der Beschäftigten bei Festlegung und Verteilung von Arbeitszeiten (BVerwG v. 9. 10. 1991 – 6 P 21.89, ZBR 1992, 107 = PersV 1992, 163 = ZfPR 1992, 4). Auch bei der Frage, ob und inwieweit **Fahrten von der Wohnung zur Arbeitsstelle** auf die Arbeitszeit anzurechnen sind, steht der Personalvertretung kein Mitbestimmungsrecht zu (OVG Münster v. 29. 5. 1982, ZBR 1983, 70). Auch bei der **Festlegung des „freien Tages"** kann die Personalvertretung kein Mitbestimmungsrecht ausüben, weil es sich nicht um die Festlegung der Wochenarbeitszeit, sondern um die Sonderregelung für einen einzelnen Tag des Jahres handelt (OVG Münster v. 29. 11. 1996, Leits. ZfPR 1997, 122). Gleiches gilt bei einer **Änderung in der Aufteilung der Arbeitszeit,** wenn künftig weniger Arbeitszeit für eine bestimmte, dagegen mehr Arbeitszeit für eine andere Aufgabe vorgesehen werden soll; denn eine Verlängerung der allgemeinen täglichen oder wöchentlichen Arbeitszeit ist mit einer solchen Regelung nicht verbunden (BVerwG v. 10. 7. 1984, ZBR 1984, 378). Ebensowenig unterliegen **interne Berechnungen für die Bemessung** und die zeitliche Bewertung von innerhalb **der Arbeitszeit** zu erbringenden Leistungen dem Mitbestimmungsrecht der Personalvertretung (BVerwG v. 14. 6. 1968, BVerwGE 30, 39 = ZBR 1968, 285 = PersV 1968, 264: Festsetzung von Zeitwerten für den Vorbereitungs- und Abschlussdienst in Dienstplänen; denn hierbei handelt es sich um eine interne Berechnung für die Bemessung und zeitliche Bewertung einer innerhalb der Arbeitszeit zu erbringenden Leistung, BVerwG v. 4. 4. 1985, ZBR 1985, 283; Richardi u. a., § 75 Anm. 240). Die Personalvertretung kann daher auch dann nicht mitbestimmen, wenn der Leiter einer Dienststelle entgegen der bisherigen Übung die Mittagspause auf die Arbeitszeit anrechnen will; denn in diesem Fall ist weder die Lage noch die Verteilung der Arbeitszeit zur Diskussion gestellt. Vielmehr geht es um die Arbeitszeit selbst im Sinne des Umfangs der von den Beschäftigten zu erbringenden Leistungen (BVerwG v. 27. 7. 1979, ZBR 1980, 156 = PersV 1981, 168).

l) Die Personalvertretung hat auch mitzubestimmen über **Beginn und Ende** **85**
der täglichen Arbeitszeit von Teilzeitarbeitskräften einschließlich der Pausen

und der Verteilung der Arbeitszeit auf die einzelnen Wochentage. Dies beinhaltet auch Regelungen über die tägliche Mindestarbeitszeit, die Höchstzahl von Arbeitstagen in der Woche und über den zeitlichen Rahmen, innerhalb dessen Teilzeitarbeitskräfte an den einzelnen Tagen zu beschäftigen sind, selbst dann, wenn dem Dienststellenleiter die Auswahl der Wochentage – eventuell nach bestimmten Vorgaben – überlassen ist. Die Mitbestimmung dient dazu, die berechtigten Belange der Beschäftigten mit denen der Dienststelle in Einklang zu bringen, was auch die Vermeidung von Nachteilen für Teilzeitbeschäftigte erfasst. Das gilt für solche Regelungen, die sich auf die Lage der Pausen und deren Dauer beziehen und insoweit Einfluss auf die tägliche Arbeitszeit der Teilzeitarbeitskräfte haben. Die Festlegung der Arbeitstage für **Teilzeitbeschäftigte** ist selbst dann mitbestimmungspflichtig, wenn sie lediglich dadurch erfolgt, dass für bestimmte Tage oder eine bestimmte Zahl von Tagen festgelegt wird, dass Teilzeitbeschäftigte an diesen Tagen nicht zur regelmäßigen Dienstleistung herangezogen werden dürfen (BVerwG v. 12. 8. 2002, PersV 2003, 192 = ZfPR 2002, 298). Von einem Mitbestimmungsrecht der Personalvertretung ist auch dann auszugehen, wenn zur **Abdeckung eines vorübergehenden Mehrbedarfs** mit einem teilzeitbeschäftigten Arbeitnehmer eine befristete Erhöhung der Arbeitszeit vereinbart wird (vgl. für das BetrVG: BAG v. 24. 4. 2007, ZBVR-online 10/ 2007, S. 8). Dagegen steht der Personalvertretung **kein Mitbestimmungsrecht hinsichtlich der Dauer der wöchentlichen Arbeitszeit von Teilzeitarbeitskräften** zu (BVerwG v. 12. 9. 1983, ZBR 1984, 78 = PersV 1985, 163; vgl. Anm. 6); denn hierbei handelt es sich um eine sich unmittelbar aus dem Dienst- bzw. Arbeitsverhältnis ergebende Frage, deren Regelung ausschließlich in die Zuständigkeit von Dienstherrn und Beschäftigten fällt. Ebensowenig steht der Personalvertretung ein Mitbestimmungsrecht dann zu, wenn Teilzeitbeschäftigte mit einer Arbeitszeit von 60 % bis 100 % der tariflichen Wochenarbeitszeit eingestellt und zunächst nur mit einer Wochenarbeitszeit von 60 % beschäftigt werden, danach aber zu einem höheren Prozentsatz (vgl. für das BetrVG: BAG v. 16. 7. 1991, BB 1992, 564 = DB 1991, 2492).

86 m) Die Personalvertretung bestimmt dagegen mit bei der **Einführung dienstfreier Tage** (dienstfreie Sonnabende), die nicht die Folge einer von der Dienststelle gewährten Vergünstigung, sondern die Anpassung der Arbeitszeit an die Arbeitszeitordnung ist (BVerwG v. 31. 8. 1962, BVerwGE 15, 32 = ZBR 1962, 395 = PersV 1962, 276); denn durch die Festlegung der Verteilung der Arbeitszeit auf die einzelnen Wochentage als einem eigenen Mitbestimmungstatbestand ist deutlich gemacht, dass nicht nur bei einer Verkürzung der Arbeitszeit, die nicht nur Einfluss auf Beginn und Ende der täglichen Arbeitszeit hat, die Personalvertretung mitzubestimmen hat, sondern auch dann, wenn ein Wochentag arbeitsfrei gestellt werden soll. Daher kann die Personalvertretung sowohl bei der Einführung der Fünf-Tage-Woche wie auch bei einem Übergang von der Fünf- zur Vier-Tage-Woche mitbestimmen (Dietz-Richardi, § 75 Anm. 230, vgl. auch Anm. 82). Wenn allerdings eine wöchentliche Arbeitszeitverkürzung ansteht, dann kann eine Personalvertretung nicht anstelle dieser Arbeitszeitverkürzung eine halb- oder ganztägige Dienstbefreiung verlangen. Im Rahmen der vorgegebenen wöchentlichen Arbeitszeiten geht es bei der Verkürzung um die Festlegung der Arbeitszeit an den einzelnen Wochentagen, so dass über die vorgegebene Wochenarbeitszeit hinaus nicht ein Ausgleich durch Gewährung freier Tage bei einer Arbeitszeitverkürzung möglich ist (OVG Berlin v. 28. 6. 1993 – OVG PV Bund 2.92, n. v.). Wenn im Bereich der Schulen einmal wöchentlich ein unterrichtsfreier Samstag eingeführt werden soll, dann steht der Personalvertretung kein Mitbestimmungsrecht zu; denn die durch den Stundenplan festgelegte Unterrichtstätigkeit des Lehrers umfasst nur einen Teil seiner Arbeitszeit. Außerdem ist die zeitliche Anordnung des Unterrichts Teil der pädagogischen Aufgabenerfüllung der Schule, also Teil der Erfüllung ihres gesetzlichen Auftrags. Die Einführung eines unterrichtsfreien Samstags ist daher eine schulorganisatorische Maßnahme mit pädagogischer Zielsetzung, nicht aber eine Arbeitszeitregelung (BVerwG v. 23. 12. 1982, ZBR 1983, 132 = PersV 1983, 413; BVerwG v. 7. 3. 1983, ZBR 1983, 306 = PersV 1984, 241). Allerdings muss diesen Entscheidungen entgegengehalten werden, dass jede Arbeitszeitänderung auch organisatorische Veränderungen mit sich bringt, die als solche das Mitbestimmungsrecht nicht ausschließen können. Ein Mitbestimmungsrecht steht einer Personalvertretung dagegen bei der **Festlegung der Unterrichtszeiten von Lehrern** zu; denn die Entscheidung darüber, ob und ggf. innerhalb welcher Zeiten Lehrer auch nachmittags Unterrichts- und Betreuungsstunden zu erteilen haben, betrifft die zeitliche Lage ihrer vertraglich geschuldeten Arbeitszeit (vgl. für das BetrVG: BAG v. 23. 6. 1992, NZA 1992, 1098). Mitbestimmungspflichtig ist eine Regelung, nach der Lehrkräfte, insbesondere Teilzeitbeschäftigte, nur an **bestimmten Unterrichtstagen** oder an einer bestimmten Zahl von Unterrichtstagen zum Unterricht eingesetzt werden dürfen. Dies gilt auch dann, wenn der einzelne Arbeitstag die Bezugsgröße für die Dienstdauer darstellt (BVerwG v. 24. 4. 2002 – 6 P 3.01, BVerwGE 116, 216 = ZBR 2003, 105 = PersV 2002, 546 = ZfPR 2002, 235; vgl. auch Lorenzen u. a., § 75 Anm. 117d). Ebenso steht einer Personalvertretung ein Mitbestimmungsrecht bei der **Verlegung der Arbeitszeit in der heißen Jahreszeit** und die Anpassung an verkehrstechnische Bedingungen zu (Kunze, ZfPR 1996, 201).

n) Der Personalvertretung steht auch ein Mitbestimmungsrecht bei der **Einführung und Ausgestaltung der sog. gleitenden Arbeitszeit** zu (Lorenzen u. a., 87
§ 75 Anm. 118; aA Fischer u. a., § 75 Anm. 77, die die Entscheidung darüber, ob anstelle fester Arbeitszeiten die gleitende Arbeitszeit eingeführt werden soll, für mitbestimmungsfrei halten; vgl. auch Richardi, NZA 1994, 593 für den Fall der flexiblen Arbeitszeitgestaltung). Beide Elemente sind als Einheit zu betrachten. Dabei geht es um die Festlegung der Kernarbeitszeit (Anwesenheitspflicht) und der Gleitzeitspanne (Dispositionsfreiheit). Die Regelung der normalen Arbeitszeit dagegen unterliegt nicht dem Mitbestimmungsrecht der Personalvertretung (BVerwG v. 9. 10. 1991 – 6 P 21.89, ZBR 1992, 107 = PersV 1992, 163 = ZfPR 1992, 4; Richardi u. a., § 75 Anm. 241; vgl. im Übrigen Anm. 81 ff.). Die tägliche Arbeitszeit braucht nicht für alle Beschäftigten in allen Verwaltungen zum gleichen Zeitpunkt zu beginnen oder zu enden, so dass die Personalvertretung mit dem Leiter der Dienststelle sowohl eine Verschiebung von Beginn und Ende der täglichen Arbeitszeit als auch eine Ausgleichsregelung an anderen Tagen (Verteilung der Arbeitszeit auf die einzelnen Wochentage) vereinbaren kann. In einer Dienstvereinbarung können daher die Gleitspannen und Kernzeiten (z. B. allgemeiner Beginn der Arbeitszeit 8.00 Uhr – spätestens 9.30 Uhr; allgemeines Ende der Arbeitszeit 17.00 Uhr – frühestens 15.30 Uhr) sowie die Zeitspannen festgelegt werden, innerhalb deren Rückstände oder Guthaben an Arbeitszeiten ausgeglichen werden müssen (VGH Kassel v. 6. 12. 1972, Leits. ZBR 1974, 66; VGH München v. 4. 10. 1989, Leits. ZfPR 1991, 52; Lorenzen u. a., § 75 Anm. 118a). Die Ausübung des Mitbestimmungsrechts obliegt grundsätzlich nicht der örtlichen Personalvertretung, es sei denn, dass eine Regelungsmöglichkeit unabhängig von vorgesetzten Dienststellen besteht. Die Einführung der gleitenden Arbeitszeit ist bei einer weitgehend auf zeitgebundene Leistungen abgestimmten Verwaltung eine grundsätzliche Ange-

legenheit. Würde nämlich die gleitende Arbeitszeit nur bei einer einzelnen Dienststelle eingeführt, die im Gegensatz zum größten Teil der anderen mit festen Dienstzeiten arbeitet, so würden sich hieraus unübersehbare Auswirkungen innerhalb der Verwaltung ergeben (BVerwG v. 13. 12. 1974, ZBR 1975, 125 = PersV 1975, 178). Die Änderung oder Aufhebung einer Gleitzeitregelung wird ebenfalls vom Mitbestimmungsrecht erfasst (VGH München v. 4. 10. 1989, aaO; vgl. aber Anm. 88).

88 o) Die Regelung der **Kontrolle der Einhaltung der Arbeitszeit** unterliegt über Abs. 3 Nr. 15 und Nr. 17 ebenfalls der Mitbestimmung der Personalvertretung (VG Berlin v. 10. 12. 1973, PersV 1974, 211). Dagegen steht der Personalvertretung kein Mitbestimmungsrecht für den Fall zu, dass ein Dienststellenleiter eine wegen Verstoßes gegen eine bindende Organisationsverfügung unwirksame amtsinterne Regelung der gleitenden Arbeitszeit zurücknehmen will (OVG Münster v. 12. 6. 1979, Leits. ZBR 1980, 130 = RiA 1979, 218).

89 p) Mit der allgemeinen Arbeitszeit sind nicht zu verwechseln die **Öffnungszeiten der Behörden** für den Publikumsverkehr. Für ihre Festsetzung und vor allem für dienststelleninterne Regelungen, die nicht unmittelbar Beginn und Ende der Arbeitszeit festsetzen, besteht kein Mitbestimmungsrecht (vgl. für das BetrVG: BAG v. 7. 12. 1956, BB 1956, 292). Die Verlängerung von Öffnungszeiten betrifft die Erfüllung von Aufgaben gegenüber der Allgemeinheit. Auf diese Aufgaben kann aber eine Personalvertretung keinen Einfluss haben. Die Entscheidung wird von einer Stelle getroffen, die den Bürgern in ihrer Gesamtheit verantwortlich ist, so dass es dem Demokratie- und Rechtsstaatsprinzip widersprechen würde, wenn eine Stelle (Personalvertretung) auf Art und Erledigung der Aufgaben Einfluss nehmen würde, ihrerseits aber der Volksvertretung nicht verantwortlich ist (VGH Mannheim v. 19. 10. 1999, PersR 2000, 25; OVG Lüneburg v. 29. 8. 2001 – 18 L 2927/00, n.v.; Lorenzen u. a., § 75 Anm. 120 c; aA Richardi u. a., § 75 Anm. 240). Dagegen steht der Personalvertretung ein Mitbestimmungsrecht bei der Einführung des **Dienstleistungsabends** zu; denn es geht um die „tägliche Arbeitszeit“ bzw. um die Arbeitszeit an einem bestimmten Tag, an dem eine andere Arbeitszeit als die regelmäßige festgesetzt werden soll (vgl. hierzu auch: Bieler, PersV 1990, 248; Kunze, ZfPR 1996, 201; Schönwald, ZfPR 1989, 164; vgl. auch VG Oldenburg v. 20. 10. 1989, PersR 1989, 338).

90 q) Aus der gesetzlichen oder vertraglichen Grundlage des einzelnen Beschäftigungsverhältnisses ergibt sich die Pflicht zur Leistung von **Mehrarbeit** (§ 72 Abs. 2 BBG) bzw. **Überstunden** (§ 7 Abs. 7 TVöD). Das Verständnis und die Definition der Begriffe deckt sich mit den einschlägigen beamtenrechtlichen und tarifvertraglichen Vorschriften (BVerwG v. 12. 9. 2005, ZTR 2005, 661 = Leits. ZfPR 2006, 75). In Abkehr seiner früheren Rechtsprechung (BVerwG v. 9. 10. 1991, ZfPR 1992,163) schließt das BVerwG in seinem Beschluss v. 3. 12. 2001 (ZBR 2002, 257 = PersV 2003, 30 = ZfPR 2002, 67) aus § 75 Abs. 4, dass auch die **Anordnung** von Mehrarbeit oder Überstunden vom Grundtatbestand des § 75 Abs. 3 Nr. 1 erfasst wird, also in vollem Umfang **mitbestimmungspflichtig** (ob überhaupt, in welchem Umfang und zu welchen Zeiten; BVerwG v. 30. 6. 2005, BVerwGE 124, 34 = PersV 2006, 24 = ZfPR 2006, 6). Das Mitbestimmungsrecht kann auch dann eingreifen, wenn sich die Überstundenanweisung nur an zwei Beschäftigte richtet; auch in diesem Fall ist dem Gesichtspunkt des „kollektiven Tatbestandes“ bereits Rechnung getragen (BVerwG v. 12. 9. 2005, aaO). Aus dem Wortlaut von Abs. 4 ergibt sich, dass – wenn sich die Erfordernisse für die Festlegung der täglichen Arbeitszeit der Beschäftigten vorhersehen lassen – die Voraussetzungen für eine Beschränkung der „Mitbestimmung auf die Grundsätze für die Aufstellung der Dienstpläne, insbesondere für die Anordnung von Dienstbereitschaft, Mehrarbeit und Überstunden" nicht gegeben sind. Somit erfasst die Mitbestimmung nach Abs. 3 Nr. 1 also nicht nur die Bestimmung der Lage von Mehrarbeit und Überstunden, sondern auch die Frage, **ob** Mehrarbeit oder Überstunden überhaupt angeordnet werden sollen (BVerwG v. 30. 6. 2005, aaO unter ausdrücklicher Aufgabe seiner bisherigen Auffassung; v. Roetteken, PersR 2003, 331, 334; Altvater u. a., § 75 Anm. 44a; Richardi u. a., § 75 Anm. 250; aA Fischer u. a., § 75 Anm. 76; Lorenzen u. a., § 75 Anm. 115a, 122). Da allerdings bei einer entsprechenden Maßnahme in aller Regel die Regierungsverantwortung berührt wird, greift das Modell der eingeschränkten Mitbestimmung (BVerwG v. 24. 4. 2002 – 6 P 3.01, BVerwGE 116,216 = ZBR 2003, 105 = PersV 2002, 546 = ZfPR 2002, 235; BVerwG v. 24. 4. 2002 – 6 P 4.01, ZBR 2002, 331 = PersV 2002, 542 = ZfPR 2002, 294; BVerwG v. 30. 6. 2005, aaO). Danach entfällt nicht mehr die Mitbestimmung als solche. Vielmehr führt die Lösung des BVerwG mit der Annahme einer Regelungslücke dazu, dass die **Einigungsstelle** in diesen Fragen nur eine **Empfehlung** aussprechen kann, wenn die Anordnung der Überstunden zur Erfüllung der Amtsaufgaben zwingend erforderlich und die Anordnung durch Erfordernisse des Betriebsablaufs bedingt ist (BVerwG v. 12. 9. 2005, aaO). Abs. 4 stellt im Übrigen nur klar, dass der Personalvertretung auch dann ein Mitbestimmungsrecht zusteht, wenn die tägliche Arbeitszeit für Gruppen von Beschäftigten unregelmäßig oder kurzfristig festgesetzt werden muss und wenn der Dienststellenleiter den Einsatz von Beschäftigten nach zeitlichen und persönlichen Kriterien zur Erledigung bestimmter Aufgaben planen muss, wenn es also darum geht, einen generellen Dienstplan aufzustellen (BVerwG v. 1. 6. 1987, ZBR 1987, 346 = PersV 1989, 255; BVerwG v. 26. 4. 1988, ZBR 1988, 197 = PersV 1988, 531). In diesem Fall beschränkt sich das Mitbestimmungsrecht jedoch auf die **Grundsätze** für die Aufstellung der Dienstpläne, insbesondere für die Anordnung von **Dienstbereitschaft, Mehrarbeit** und **Überstunden.** Wird für Gruppen von Beschäftigten einer Dienststelle eine **Rufbereitschaft** außerhalb der regelmäßigen Arbeitszeit eingerichtet, so hat die Personalvertretung insoweit nach § 75 Abs. 4 hinsichtlich der Grundsätze für die Aufstellung der Dienstpläne mitzubestimmen. Ein Mitbestimmungsrecht beim **Abbau von Überstunden** ist nicht gegeben, da der Schutzzweck der Vorschrift darin besteht, auf die Einhaltung der arbeitszeitrechtlichen Vorschriften bei der Festlegung der Arbeitszeit zu achten (BVerwG v. 6. 10. 1992, PersV 1993, 328 = ZfPR 1993, 46). Ebenso wenig kommt ein Mitbestimmungsrecht bei der **Anordnung von Kurzarbeit** in Betracht, da es an einem entsprechenden Mitbestimmungstatbestand fehlt (BAG v. 10. 10. 2006, PersR 2007, 209 = Leits. ZfPR 2007, 69; Richardi u. a., § 75 Anm. 253).

r) Der Personalvertretung steht daher auch dann kein Mitbestimmungsrecht zu, wenn ein Dienstvorgesetzter aus zwingenden dienstlichen Gründen (z. B. Dienstbesprechung) ausnahmsweise die **Dienstzeit über die regelmäßige Arbeitszeit hinaus fortsetzt,** weil eine vorherige besondere Festlegung der Arbeitszeit wegen mangelnder Vorhersehbarkeit nicht möglich ist (OVG Münster v. 24. 7. 1972, ZBR 1973, 26). Die Mitbestimmung bei der Festsetzung der Arbeitszeit und der Pausen beschränkt sich hinsichtlich der nicht voraussehbaren, unregelmäßigen und kurzfristig festzusetzenden Dienstleistungen auf die Festlegung von Grundsätzen für die Aufstellung der Dienstpläne. Dabei kommt es entscheidend auf die mangelnde Voraussehbarkeit an; denn die 91

Beschränkung der Mitbestimmung auf die Grundsätze für die Aufstellung der Dienstpläne tritt nur ein, wenn für Gruppen von Beschäftigten die tägliche Arbeitszeit unregelmäßig und kurzfristig festgesetztwerden muss und dies durch Erfordernisse ausgelöst wird, die die Dienststelle nicht voraussehen kann (vgl. Abs. 4). Sowohl die Unregelmäßigkeit als auch die Kurzfristigkeit der Dienstplangestaltung müssen somit ihre Ursache in der mangelnden Voraussehbarkeit der dienstlichen Erfordernisse haben (BVerwG v. 16. 12. 1960, BVerwGE 11, 311 = ZBR 1962, 27 = PersV 1961, 88).

91a s) Ein besonderes Problem ergibt sich bei der Regelung der **Telearbeitszeit.** Dabei geht es vor allen Dingen darum, dass eine Personalvertretung auf die Einhaltung üblicher Arbeitszeiten achtet und verhindert, dass an Telearbeitsplätzen in Abend- oder in Nachtstunden gearbeitet wird, dass zur Anpassung an schwankende Arbeitslasten besondere, die Arbeitsplatzinhaber aber schonende Arbeitszeiten (vorübergehend) eingeführt werden bzw. dass von den üblichen Arbeitszeiten abweichende Arbeitszeiten in vertrauensvoller Zusammenarbeit mit der Personalvertretung geregelt werden (vgl. Wedde, ZfPR 1998, 18; Lorenzen u. a., § 75 Anm. 119b). Die mit Beschäftigten erfolgenden Einzelvereinbarungen (Anwesenheitszeiten in der Dienststelle, Arbeitszeiten am Telearbeitsplatz zu Hause) unterliegen nicht dem Mitbestimmungsrecht, wohl dagegen die Einführung der Telearbeit nach dem Mitbestimmungstatbestand „Grundlegend neue Arbeitsmethoden“ (vgl. § 76 Anm. 39 ff; Fischer u. a., § 75 Anm. 76; aA Lorenzen u. a., § 75 Anm. 119b; Richardi u. a., § 75 Anm. 245).

92 3. **Zeit, Ort und Art der Auszahlung der Dienstbezüge und Arbeitsentgelte** Nr. 2) unterliegen ebenfalls dem Mitbestimmungsrecht der Personalvertretung.

93 a) Die Personalvertretung bestimmt bei der **Festsetzung genereller Regelungen** über Zeit und Ort der Auszahlung der Dienstbezüge bei Beamten und der Arbeitsentgelte bei Arbeitnehmern mit. Der Vorschrift kommt insoweit keine allzu große praktische Bedeutung mehr zu, als die Frage gesetzlich bzw. durch Tarifvertrag weitgehend beantwortet ist. Die Dienstbezüge der Beamten werden monatlich im voraus gezahlt (§ 3 Abs. 5 BBesG). Für Arbeitnehmer bestehen ebenfalls tarifliche Regelungen (vgl. § 24 TVöD).

94 b) Unter dem Begriff der **Dienstbezüge und Arbeitsentgelte** sind sämtliche Bezüge in Geld zu verstehen, z. B. Grundgehalt, Orts- und Kinderzuschlag, Amts-, Stellen- und Ausgleichszulagen, Trennungsgelder etc. Nicht hierher gehören einmalige Leistungen, die ohne oder aufgrund eines Rechtsanspruchs gezahlt werden, z. B. Unterstützungen, Reisekostenvergütungen (VGH München v. 18. 7. 1991, PersV 1993, 80), Beihilfen (Richardi u. a., § 75 Anm. 272). Soweit eine gesetzliche oder tarifliche Regelung nicht vorliegt bzw. Raum für Sondervereinbarungen lässt, empfiehlt sich im Hinblick auf eine gleichmäßige Regelung der Zahlung der Dienstbezüge und Arbeitsentgelte der **Abschluss einer Dienstvereinbarung** (Einschränkung: Abs. 5) für größere Gruppen von Dienststellen bzw. für alle Dienststellen einer Verwaltung. Diese Voraussetzung wäre z. B. für den Fall erfüllt, dass tarifvertraglich eine zusätzliche Urlaubsvergütung vereinbart, ohne dass dabei aber ein Fälligkeitstermin festgelegt wird (vgl. für das BetrVG: BAG v. 25. 4. 1989, BAGE 62, 1 = Leits. BB 1989, 1624 = DB 1989, 1928).

95 c) Dem Mitbestimmungsrecht der Personalvertretung unterliegt auch die **Art der Entgeltzahlung.** Hierunter ist in erster Linie die technische Durch-

führung der Auszahlung bedeutsam, ob Barauszahlung oder unbare Zahlung durch Überweisung erfolgen soll. Das **Mitbestimmungsrecht** ist für die Praxis **kaum noch bedeutsam.** Soweit die unbare Zahlung auf ein vom Beschäftigten einzurichtendes Girokonto tarifvertraglich bzw. gesetzlich geregelt ist (§ 24 TVöD, § 17 a BBesG, Bundesbesoldungsgesetz i. d. F. d. Bekanntm. v. 6. 8. 2002, BGBl. I S. 3020, zul. geänd. d. Art. 3 G v. 19. 7. 2007, BGBl. I S. 1457) und die öffentlichen Arbeitgeber an die entsprechenden Bestimmungen gebunden sind, ist das Mitbestimmungsrecht ausgeschlossen (BVerwG v. 25. 1. 1985, PersV 1987, 517; BAG v. 24. 11. 1987, BB 1988, 1387 = DB 1988, 813; BAG v. 10. 8. 1993, BB 1994, 140 = DB 1994, 281). Ebensowenig umstritten ist heute, dass der Personalvertretung dann kein Mitbestimmungsrecht zusteht, wenn, falls dies überhaupt noch praktisch wird, der Dienststellenleiter die pauschalierte Gewährung von Arbeitsbefreiung zur Entgegennahme des Gehalts bei einem Geldinstitut zurücknehmen will (OVG Berlin v. 15. 9. 1995 – OVG Bln 4.95, n. v.). Strittig ist auch nicht mehr die Frage, ob die Dienststelle die Kosten des von einem Beschäftigten unterhaltenen Gehaltskontos zu erstatten hat. Spätestens seit der Änderung des § 36 BAT (s. nunmehr insbesondere die Protokollerklärung zu § 34 TVöD) war abschließend tarifrechtlich geklärt, dass die Erstattung von Kontoführungsgebühren ausgeschlossen ist, so dass für die Ausübung eines konkreten Mitbestimmungsrechts bzw. für den Abschluss einer Dienstvereinbarung kein Raum mehr ist (BVerwG v. 25. 1. 1985, aaO), es sei denn, dass der betreffende Arbeitgeber nicht tarifgebunden ist (vgl. für das BetrVG: BAG v. 20. 12. 1988, BAGE 60, 323 = BB 1989, 1056 = DB 1989, 340; vgl. auch BVerwG v. 20. 7. 1998 – 6 P 13.97, Leits. ZBR 1999, 142 = Leits. PersV 1999, 413 = ZfPR 1999, 41).

4. **Aufstellung des Urlaubsplans,** Festsetzung der zeitlichen Lage des Erholungsurlaubs für einzelne Beschäftigte, wenn zwischen dem Dienststellenleiter und den beteiligten Beschäftigten kein Einverständnis erzielt wird (Nr. 3), unterliegen ebenfalls dem Mitbestimmungsrecht. **96**

a) Das der Personalvertretung zugewiesene Mitbestimmungsrecht bei der **Aufstellung von Urlaubsplänen** soll dazu beitragen, die individuellen Urlaubszeiten der Beschäftigten in einer Weise zu koordinieren, dass die Interessen aller möglichst gleichgewichtig berücksichtigt werden können. Gleichzeitig aber soll sichergestellt werden, dass der Dienstablauf trotz urlaubsbedingter Ausfälle weitgehend aufrechterhalten und eine ordnungsgemäße Aufgabenerledigung selbst dort gewährleistet werden kann, wo sich Urlaubszeiten von Beschäftigten in gleichen Sachgebieten überschneiden (BVerwG v. 19. 1. 1993, BVerwE 91, 343 = ZBR 1993, 184 = PersV 1993, 369 = ZfPR 1993, 51; BVerwG v. 23. 8. 2007, PersR 2007, 476). Das Recht der Personalvertretung auf Mitbestimmung bezieht sich auf die **Lage des Urlaubs im Urlaubsjahr.** Außerdem umfasst die Aufstellung des Urlaubsplans die Festlegung des Verfahrens, nach dem der Urlaub erteilt werden soll, nämlich u. a. die Auslegung der Urlaubsliste, der Zeitpunkt, bis zu dem Eintragungen zu erfolgen haben und die Festlegung des Zeitraums, von dem ab der Urlaub frühestens genommen sowie bis wann er spätestens beansprucht werden kann, schließlich auch die Festlegung der Regeln für die Vertretung der in Urlaub befindlichen Beschäftigten (Richardi u. a., § 75 Anm. 288). **97**

b) Das Mitbestimmungsrecht der Personalvertretung bei der Aufstellung des Urlaubsplans bezieht sich weder auf den **Urlaubsanspruch des einzelnen** noch auf die **Dauer des Erholungsurlaubs** (Fischer u. a., § 75 Anm. 82; Ri- **97a** chardi u. a., § 75 Anm. 281). Diese Ansprüche sind gesetzlich bzw. tarifvertraglich geregelt (§ 5 BRRG, § 89 Abs. 1 BBG i. V. mit der VO über den Erholungsurlaub der Bundesbeamten und Richter im Bundesdienst v. 6. 8. 1955, BGBl. I S. 243 i. d. F. d. Bekanntm. v. 11. 11. 2004, zul. geänd. d. V zur Änd. der Erholungsurlaubsverordnung v. 27. 4. 2007, BGBl. I S. 604; für Arbeitnehmer: § 26 TVöD; vgl. im Übrigen Bundesurlaubsgesetz, BUrlG v. 8. 1. 1963, BGBl. I S. 2, zul. geänd. d. G v. 7. 5. 2002, BGBl. I S. 1529) und daher einer Beteiligung der Personalvertretung entzogen.

97b c) Die für eine Urlaubsplanung kennzeichnenden Kriterien (vgl. Anm. 97) erfüllt eine **Urlaubsperre** nicht. Sie ist nicht auf eine Koordinierung von Urlaubswünschen gerichtet, sondern darauf, bestimmte Kriterien für die Urlaubsgewährung innerhalb bestimmter Zeiten festzulegen. Die Festlegung solcher Zeiträume, in denen die jeweilige dienstliche Situation Urlaub nicht zulässt, fällt in die ausschließliche Aufgabenverantwortung des Dienststellenleiters (BVerwG v. 19. 1. 1993, BVerwE 91, 343, 345 = ZBR 1993, 184 = PersV 1993, 369 = ZfPR 1993, 51; OVG Münster v. 17. 2. 2000, PersV 2000, 569 = Leits. ZfPR 2000, 339; Fischer u. a., § 75 Anm. 290; Lorenzen u. a., § 75 Anm. 131 a; aA Richardi u. a., § 75 Anm. 283).

98 d) Die Personalvertretung hat darauf zu achten, dass bei der Verteilung des Urlaubs **soziale Gesichtspunkte** berücksichtigt werden, dass z. B. für Beschäftigte mit schulpflichtigen Kindern der Urlaub für die Zeit der Schulferien vorgesehen oder dass möglichst kein Beschäftigter ohne wichtigen Grund gezwungen wird, seinen Erholungsurlaub in eine erfahrungsgemäß schlechte Jahreszeit zu legen. Sinn und Zweck des Mitbestimmungsrechts der Personalvertretung ist es daher, eine gerechte Abwägung des Interesses eines einzelnen zu den Vorstellungen anderer Beschäftigter und zu den von der Dienststelle zu vertretenden dienstlichen Erfordernissen zu gewährleisten (BVerwG v. 19. 1. 1993, BVerwGE 91, 343 = ZBR 1993, 184 = PersV 1993, 369 = ZfPR 1993, 51; Fischer u. a., § 75 Anm. 83 a; Lorenzen u. a., § 75 Anm. 130).

99 e) Wenn zwingende dienstliche Rücksichten die Durchführung des ordnungsgemäß aufgestellten Urlaubsplans unmöglich machen, so unterliegt auch die **Änderung** dem Mitbestimmungsrecht der Personalvertretung (Lorenzen u. a., § 75 Anm. 131; Richardi u. a., § 75 Anm. 286). Im Hinblick auf die vielfältigen praktischen Schwierigkeiten (Vertretung erkrankter Beschäftigter, unerwartet anfallende Mehrarbeit bzw. Zuweisung zusätzlicher Aufgaben ohne gleichzeitige Personalvermehrung) kann sich die Aufstellung allgemeiner Grundsätze für die Urlaubsgewährung statt einer ins einzelne gehenden, aber nicht immer voll realisierbaren Regelung empfehlen.

100 f) Wenn dennoch eine mehr ins einzelne gehende Urlaubsplangestaltung vorgesehen werden soll, so bietet sich zunächst die **Aufstellung allgemeiner Urlaubsgrundsätze** an. Dabei sollten allgemeine Grundsätze für die Verteilung des Urlaubs innerhalb des Kalenderjahres festgelegt werden. Auf dieser Grundlage kann dann ein Urlaubsplan aufgestellt werden, in dem die Verteilung des Urlaubs für den einzelnen Beschäftigten vorgesehen ist (Fischer u. a., § 75 Anm. 82; Lorenzen u. a., § 75 Anm. 129; Richardi u. a., § 75 Anm. 288).

101 g) Die Personalvertretung kann auch bei der **Festsetzung der endgültigen zeitlichen Lage des Erholungsurlaubs für einzelne Beschäftigte** mitbestimmen, wenn zwischen dem Dienststellenleiter und den beteiligten Beschäftig-

ten kein Einverständnis erzielt wird. Dabei handelt es sich vorwiegend um die Fälle, dass einzelne Beschäftigte mit der Festlegung des Zeitpunkts des Urlaubs durch den Dienststellenleiter nicht einverstanden sind. Das wird vor allem dann in Betracht kommen, wenn der Dienststellenleiter bei der gleichmäßigen Berücksichtigung der unterschiedlichen Urlaubswünsche Konfliktfälle auslöst, die wegen der verschiedenartigen Interessen der einzelnen Beschäftigten an der Festlegung der zeitlichen Lage des Urlaubs entstehen. Im Übrigen ist zu berücksichtigen, dass der in einer Urlaubsliste festgelegte Urlaubszeitraum keine für die Zukunft zwingend verbindliche, nicht abänderbare Regelung darstellt, von der nicht im Einvernehmen zwischen Dienststellenleitung und Beschäftigtem abgewichen werden könnte. Dass ein solches Abweichen möglich sein muss, ergibt sich bereits daraus, dass aus dringenden dienstlichen Gründen die Dienststellenleitung eine Urlaubsverlegung vornehmen können muss. Entsprechend kann auch aufgrund eines Bedürfnisses bei dem Beschäftigten die zeitweilige Verbindlichkeit der in der Urlaubsliste enthaltenen Regelung wieder in Frage gestellt werden. Allein ausschlaggebend für das Eingreifen des Mitbestimmungsrechts der Personalvertretung ist, dass – aufgrund eines neuen Sachverhalts, nämlich der Stellung des Antrags auf Verlegung des Erholungsurlaubs von der zum Beispiel ursprünglich vorgesehenen Sommer- auf die Osterzeit und der Ablehnung des Dienststellenleiters hinsichtlich dieses Ersuchens – ein Einverständnis zwischen ihm und dem Beschäftigten nicht mehr besteht. Nach der Systematik von Abs. 3 Nr. 3 soll die Personalvertretung, auch wenn sie bereits an der Aufstellung eines Urlaubsplans beteiligt war, immer dann im Rahmen ihrer Mitbestimmung zur einverständlichen Klärung der Angelegenheit beitragen können, wenn in der konkreten Einzelfallentscheidung Schwierigkeiten auftauchen (Lorenzen u. a., § 75 Anm. 129). Nicht maßgeblich ist nach dem Wortlaut, wer den Ausschlag dafür gibt, dass ein ursprüngliches Einverständnis aufgehoben wird. Dies ergibt sich auch aus dem Gebot der Wunschberücksichtigung (Richardi u. a., § 75 Anm. 286), nach dem bei der zeitlichen Festlegung des Erholungsurlaubs der Dienststellenleiter in seiner Entscheidung an die Urlaubswünsche des einzelnen Beschäftigten gebunden ist, wenn ihrer Berücksichtigung nicht dringende dienstliche Belange oder Urlaubswünsche anderer Beschäftigter entgegenstehen, die unter sozialen Gesichtspunkten den Vorrang verdienen.

h) Dienststellenleiter und Personalvertretung können die **zeitliche Lage des Urlaubs nicht gegen den Willen des einzelnen** festlegen. Wenn daher ein Beschäftigter im September Urlaub nehmen möchte, so können Dienststellenleiter und Personalvertretung nicht verbindlich festlegen, dass er den Urlaub im Oktober nehmen muss. Dem Beschäftigten steht es frei, gegen den Dienststellenleiter trotz einer entsprechenden Vereinbarung mit der Personalvertretung und trotz einer eventuellen Entscheidung der Einigungsstelle vor dem Verwaltungsgericht auf Erteilung des Urlaubs zu einem bestimmten Zeitpunkt zu klagen (Fischer u. a., § 75 Anm. 83 a; Lorenzen u. a., § 75 Anm. 130). Da Dienststelle und Personalvertretung bei ihren Überlegungen die konkurrierenden Wünsche der Beschäftigten zu berücksichtigen sowie auch auf die dienstlichen Erfordernisse Rücksicht zu nehmen haben, wird eine Klage eines einzelnen Beschäftigten in aller Regel aber ohne Erfolg sein. 102

i) Das Mitbestimmungsrecht der Personalvertretung erstreckt sich nicht auch auf den nach der Sonderurlaubsverordnung (SUrlG, vgl. § 13 Anm. 16) zu gewährenden Bildungsurlaub. Nach dem Gesetzestext ist das Mitbestimmungsrecht auf den Erholungsurlaub beschränkt, so dass im Falle eines Streites über die Festsetzung der zeitlichen Lage des **Sonderurlaubs** im Ein- 103 zelfall kein Mitbestimmungsrecht besteht (aA Richardi u. a., § 75 Anm. 282). Dies lässt sich im Übrigen aus dem Wortlaut von § 87 Abs. 1 Nr. 5 BetrVG ableiten, der nur von „Urlaub“, nicht aber – wie Abs. 3 Nr. 3 – von „Erholungsurlaub“ spricht. Deshalb auch kann die hierzu ergangene Rechtsprechung des BAG nicht entsprechend auf das Personalvertretungsrecht übertragen und das Mitbestimmungsrecht nicht auch auf den Bildungsurlaub ausgedehnt werden. Zwar ist Sinn und Zweck des Mitbestimmungsrechts eine Harmonisierung der Urlaubswünsche der einzelnen Beschäftigten untereinander und beim Ausgleich dieser Wünsche mit den dienstlichen Erfordernissen, woraus ein Bedürfnis nach einer kollektiven Regelung abzuleiten ist. Diesem Bedürfnis aber trägt bereits Abs. 3 Nr. 7 insoweit Rechnung, als die Personalvertretung bei der Auswahl der Teilnehmer an Fortbildungsveranstaltungen mitzubestimmen hat; eine solche Regelung enthält das BetrVG gerade nicht (vgl. zur Einbeziehung des Bildungsurlaubs in den Tatbestand des § 87 Abs. 1 Nr. 5 BetrVG: BAG v. 28. 5. 2002, Leits. BB 2003, 264 = DB 2003, 287 = Leits. ZBVR 2002, 133).

104 5. **Fragen der Lohngestaltung** innerhalb der Dienststelle, insbesondere die Aufstellung von Entlohnungsgrundsätzen, die Einführung und Anwendung von neuen Entlohnungsmethoden und deren Änderung sowie die Festsetzung der Akkord- und Prämiensätze und vergleichbarer leistungsbezogener Entgelte, einschließlich der Geldfaktoren (Nr. 4) unterliegen dem Mitbestimmungsrecht der Personalvertretung.

105 a) Der Personalvertretung steht in allen einer generellen Regelung zugänglichen Fragen der Lohngestaltung ein umfassendes Mitbestimmungsrecht zu. Die Mitbestimmung bezieht sich auf Entscheidungsspielräume des Arbeitgebers bei der Lohnfindung, soweit tarifvertragliche Regelungen nicht bestehen oder nicht greifen (BVerwG v. 21. 3. 2005, PersV 2005, 425 = Leits. ZfPR 2006, 13). Nicht entscheidend ist, ob es sich insoweit um formelle oder um materielle Arbeitsbedingungen handelt (BVerwG v. 9. 1. 1998, BVerwGE 108, 135 = Leits. ZBR 1999, 392; VGH Mannheim v. 12. 12. 2000, PersV 2003, 432). Das Mitbestimmungsrecht bezieht sich auf **alle** Statusgruppen (Beamte, Arbeitnehmer), obwohl die Vorschrift nur von Lohngestaltung und von Entgelten spricht (Richardi u. a., § 75 Anm. 296). Dies ergibt sich aus dem Zweck der Vorschrift, die die Beteiligung der Personalvertretung an der internen Gestaltung der Bezahlung zur Unterstützung der schutzwürdigen Belange der Beschäftigten sichern will (BVerwG v. 6. 2. 1987, BVerwGE 75, 365 = ZBR 1987, 246 = PersV 1987,428; VG Frankfurt v. 13. 6. 1994, PersR 1994, 433; Fischer u. a., § 75 Anm. 84 a; Lorenzen u. a., § 75 Anm. 133; Richardi u. a., aaO; Schlatmann, ZTR 1998, 54). Daher sind auch im Zusammenhang mit dem hier zur Diskussion stehenden Mitbestimmungstatbestand die Leistungsstufenverordnung vom 1. 7. 1997 (BGBl. I S. 1600), die Leistungsprämien- und Zulagenverordnung vom 1. 7. 1997 (BGBl. I S. 1598) und die entsprechende außertarifliche Regelung von Prämien und Zulagen für besondere Leistungen an Arbeitnehmer des Bundes (Rundschreiben des BMI vom 26. 1. 1997 – D II4 – 220 219 – 4/62 + D II4 – 220 254/1) zu beachten. Das Mitbestimmungsrecht erstreckt sich in allen Fällen aber nur auf die **abstrakt-generelle Regelung**, die als Grundlage für den individuellen Anspruch dient (BVerwG v. 23. 12. 1982, PersV 1983, 506 = RiA 1983, 132 m. Anm. v. Widmaier; BVerwG v. 27. 2. 1985, ZBR 1985, 173). Die Personalvertretung wird daher nicht eingeschaltet zum Zweck der Beteiligung an der Lohnpolitik, sondern zur Lohnfindung im Hinblick auf den allgemeinen Gedanken der Lohngerechtigkeit (Fischer u. a., § 75 Anm. 84; Lorenzen u. a., aaO; Richardi u. a., § 75 Anm. 299). Es soll vermieden werden, dass die berechtigten Interessen der Beschäftigten einer Dienststelle nur unzureichend berücksichtigt werden. Gleichzeitig soll sichergestellt werden, dass das betriebliche Lohngefüge nachvollziehbar gestaltet und die betriebliche Lohn- und Verteilungsgerechtigkeit mit dem Ziel gewahrt wird, die Arbeitnehmer vor einer willkürlichen Lohngestaltung zu schützen. Die materielle Seite des Arbeitsverhältnisses, das von Leistung und Gegenleistung bestimmt wird, bleibt daher unberührt (BVerwG v. 20. 3. 1980, BVerwGE 60, 93 = Leits. ZBR 1981, 231 = PersV 1981, 296). Der Tarifvorbehalt hat durch die Vereinbarung des Leistungstarifvertrags Bund mit der Folge an Bedeutung gewonnen, dass der für das Mitbestimmungsrecht der Personalvertretung zur Verfügung stehende Bereich weiter zurückgedrängt worden ist. Durch den **Leistungstarifvertrag des Bundes** wird nicht nur das „ob", sondern auch das „wie" der Leistungsvergütung geregelt. Die Methoden der Leistungsfeststellung (Zielvereinbarungen und/oder systematische Leistungsbewertung) und die möglichen Bewertungsverfahren werden durch den Tarifvertrag konkretisiert. Durch § 15 Leistungs-TV-Bund wird den Personalvertretungen zwar ein beachtlicher Beurteilungsspielraum für die Ausübung von Mitbestimmungsrechten eröffnet. Allerdings sind sie auf die **Aufstellung von Rahmenbedingungen** und auf allgemein geltende Vorgaben der Leistungsbemessung und die sich daraus ergebende Entgeltbemessung beschränkt. Da das Mitbestimmungsrecht nur abstrakt – generelle Regelungen auf dem gesamten Gebiet der Lohngestaltung zulässt, ist die Gewährung des Leistungsentgelts im Einzelfall mitbestimmungsfrei (vgl. u. a.: BVerwG v. 22. 12. 1993, Leits. ZBR 1994, 189 = PersV 1994, 523 = ZfPR 1994, 41). Als eine mögliche Regelungsform für die Beteiligung der Personalvertretung kommt daher eine **einvernehmliche Dienstvereinbarung** in Betracht (vgl. § 2 Satz 2 Leistungs-TV-Bund sowie Anm. 112). Kommt es nicht zu einer Einigung zwischen Dienststellenleiter und Personalvertretung, dann kann die fehlende Zustimmung nicht durch die Einigungsstelle ersetzt werden.

b) Die **Lohngestaltung** umfasst die Aufstellung allgemeiner Regeln, nach denen die Lohnfindung zu erfolgen hat. Sie erstreckt sich nicht auf die Höhe des Lohnes (BVerwG v. 9. 12. 1998, BVerwGE 108, 135 = Leits. ZBR 1999, 392 = PersV 1999, 470 = Leits. ZfPR 1999, 145); denn Lohnhöhe und Lohnpolitik sind Gegenstände der Tarifpolitik, nicht aber Gegenstände der Mitbestimmung (Lorenzen u. a., § 75 Anm. 133; vgl. Anm. 105). Wenn daher eine Maßnahme der Dienststelle ausschließlich die Höhe des Entgelts betrifft, ohne gleichzeitig zumindest beiläufig Grundsätze für die Entgeltberechnung im Einzelfall aufzustellen, dann steht der Personalvertretung kein Mitbestimmungsrecht zu. Gleiches gilt für die Einstellung zusätzlicher Leistungen (z. B. Beihilfeleistungen). Werden diese Leistungen soweit eingestellt, als künftige Arbeitnehmer diese nicht mehr erhalten, so kommt ein Mitbestimmungsrecht deshalb nicht in Betracht, weil es in diesem Fall nicht um die Änderung von Verteilungsgrundsätzen, sondern um die Lohnhöhe bzw. den Dotierungsrahmen geht (VGH Mannheim v. 12. 12. 2000, PersV 2003, 432). Auch kann die Personalvertretung nicht mitbestimmen, wenn für Gruppen von Beschäftigten eine Festlegung erfolgen soll, unter welchen Voraussetzungen sie Zulagen erhalten. Ebensowenig ist die einzelfallbezogene Vergabe außertariflicher Leistungszulagen mitbestimmungspflichtig, da es sich nicht um eine generell abstrakte Regelung, die allein Gegenstand des Mitbestimmungsrechts sein könnte, handelt (VG Aachen v. 13. 12. 1990, ZTR 1991, 347). Dagegen unterliegt die Anrechnung einer Tariflohnerhöhung auf über-/außertarifliche Zulagen und der Widerruf von über-/außertariflichen Zulagen aus Anlass und bis zur Höhe einer Tariflohnerhöhung der Mitbe- 106 stimmung der Personalvertretung, wenn die Verteilungsgrundsätze als Folge geändert werden und für eine anderweitige Anrechnung bzw. Kürzung ein Regelungsspielraum darüber hinaus verbleibt. Wird dagegen durch die betreffende Maßnahme das Zulagenvolumen verbraucht oder werden die Tariflohnerhöhungen vollständig und gleichmäßig auf die über-/außertariflichen Zulagen angerechnet, entfällt ein Mitbestimmungsrecht (vgl. für das BetrVG: BAG v. 22. 9. 1992, Leits. ZfPR 1993, 92). Dagegen besteht ein Mitbestimmungsrecht dann, wenn dem Dienstherrn bei der Berechnung von Zeitwerten für die Gewährung von Zulagen eine Regelungsmöglichkeit und somit ein Bestimmungsrecht verbleibt (vgl. für das BetrVG: BAG v. 21. 9. 1993, BAGE 76, 206 = BB 1994, 500 = DB 1994, 1193). Gleiches gilt für den Fall, dass ein Dienststellenleiter Fragen zur Abgeltung von Bereitschaftsdienst durch Freizeit oder Vergütung regeln will: denn die allgemeinen Vorgaben, mit denen festgelegt werden soll, unter welchen Voraussetzungen im Einzelfall diese oder jene Alternative anzustreben ist, sind Maßnahmen der Lohngestaltung (VGH München v. 16. 6. 1999, PersV 2000, 82; vgl. auch für das BetrVG: BAG v. 26. 8. 1997, BAGE 86, 249 = BB 1998, 845 = DB 1997, 1825).

106a c) „Fragen der Lohngestaltung" sind dann nicht angesprochen, wenn ein Projekt durchgeführt wird, dessen Ziel es ist, für Dienststellenleiter **Hinweise zur richtigen Eingruppierung** von Arbeitnehmern in Serviceeinheiten von Gerichten und Staatsanwaltschaften zu erarbeiten. Ein Mitbestimmungsrecht kommt schon deshalb nicht in Betracht, weil mit einem solchen Projekt keine Entscheidung, sondern lediglich eine Vorentscheidung im Hinblick auf Eingruppierungen getroffen wird (BVerwG v. 21. 3. 2005, PersV 2005, 425 = Leits. ZfPR 2006, 13; vgl. hierzu auch Anm. 8 sowie § 69 Anm. 7 b).

107 d) **Entlohnungsgrundsätze** sind diejenigen Regeln, nach denen die Errechnung des Arbeitsentgelts vorgenommen wird. Die Entlohnungsgrundsätze regeln z. B., ob der Lohn nach Zeit (Stunden-, Wochen- oder Monatslohn) oder nach Akkord berechnet, ob von dieser zu jener Berechnungsart übergegangen werden soll etc. (BVerwG v. 26. 7. 1979, ZBR 1980, 157 = PersV 1981, 71; BVerwG v. 20. 3. 1980, BVerwGE 60, 93 = Leits. ZBR 1981, 281 = PersV 1981, 296; Lorenzen u. a., § 75 Anm. 134 a). Des weiteren geht es um die Einführung und Anwendung neuer Entlohnungsmethoden und deren Änderung, immer aber nur um abstrakt-generelle Regelungen, also nicht um einzelfallbezogene Bestimmungen der Vergütung (BVerwG v. 9. 12. 1998, BVerwGE 108, 135 = Leits. ZBR 1999, 392 = PersV 1999, 470 = ZfPR 1999, 80). Wenn durch einen Dienststellenleiter für die Anwendung einer Rechtsverordnung (Gewährung von Leistungsprämien) Handreichungen und Empfehlungen gegeben werden, dann ist ein Mitbestimmungsrecht der Personalvertretung nur dann zu bejahen, wenn den Maßnahmen kein Anordnungscharakter zukommt (VGH Kassel v. 2. 12. 2004, PersV 2005, 187 = Leits. ZfPR 2005, 73). Bei der Festlegung von Entlohnungsgrundsätzen geht es auch um Systeme der Leistungsbewertung, um Arbeitsplatzbewertungen (Punkt- oder Leistungsgruppensysteme) sowie um Grundlagenermittlung für Vorgabewerte (Refa-Grundsätze, Fischer u. a., § 75 Anm. 85). Die Festlegung der Dauer der Wochenarbeitszeit ist keine nach Abs. 3 Nr. 4 mitbestimmungspflichtige Aufstellung von Entlohnungsgrundsätzen (vgl. für das BetrVG: BAG v. 30. 10. 2001, ZTR 2002, 349). Die Entlohnungsgrundsätze beziehen sich darauf, wie die Entlohnung durchgeführt werden soll. Sie betreffen also die technische Seite der Lohnberechnung, nicht aber die materielle Seite. Infolgedessen kann die Personalvertretung bei der Aufstellung allgemeiner Regeln, die die Technik festlegen, nach der die Lohnfindung erfolgen soll, mitbestimmen. Lohnhöhe und Lohnpolitik sind dagegen nicht Gegenstand des Mitbestimmungsrechts, sondern alleine der Tarifpolitik (BVerwG v. 6. 2. 1987, BVerwGE 75, 365 = ZBR 1987, 246 = PersV 1987, 428; vgl. auch Anm. 105). Das Leistungsentgelt des TVöD-AT kann nach § 18 Abs. 6 TVöD-AT VKA nur durch einvernehmliche **Dienstvereinbarung** vereinbart werden. Das Mitbestimmungsrecht der Personalvertretung bei der Aufstellung von Entlohnungsgrundsätzen umfasst im Übrigen auch die für die **Stufenzuordnung** maßgebenden Grundsätze in Bezug auf die Fälle, in denen einschlägige Berufserfahrungen vorliegen, die eine Zuordnung zu einer anderen als der ersten Stufe rechtfertigen (Vogelgesang, ZfPR 2008, 47)

e) Sollen bestehende Entlohnungsgrundsätze in Bezug auf Verteilungs- **107a**
grundsätze geändert werden, so ist ein Mitbestimmungsrecht nur dann gegeben, wenn zugunsten des Dienstherrn **Regelungsspielräume** bestehen. Ist dieser aber rechtlich oder tatsächlich gebunden, kommt ein Mitbestimmungsrecht nicht in Betracht (BVerwG v. 9. 12. 1998, BVerwGE 108, 135 = Leits. ZBR 1999, 392 = ZfPR 1999, 80).

f) Bei der **Festsetzung der Entlohnungsgrundsätze durch Dienstvereinba- 108**
rung muss darauf geachtet werden, dass diese Regelung sich auf die technischen Fragen der Lohnberechnung beschränkt und nicht in das materielle Lohnrecht (Entscheidung über die Lohnfestsetzung im Einzelfall, BVerwG v. 26. 7. 1979, ZBR 1980, 157 = PersV 1981, 71) übergreift. Eine Regelung durch Dienstvereinbarung in bezug auf das materielle Lohnrecht ist im Hinblick auf den Grundsatz der Tarifüblichkeit (Abs. 5) selbst dann nicht möglich, wenn kein Tarifvertrag bestehen sollte, da die Festsetzung des Lohns durch Tarifvertrag üblich ist.

g) Die **Einführung neuer Entlohnungsmethoden** bedeutet die erstmalige **109**
Anwendung eines bestimmten Verfahrens zur Durchführung von Entlohnungsgrundsätzen, d. h. Arbeitsbewertungsmethoden, z. B. Punktsystem, Leistungsgruppensystem (BVerwG v. 20. 3. 1980, BVerwGE 60, 93 = Leits. ZBR 1981, 231 = PersV 1981, 296; Fischer u. a, § 75 Anm. 85). Die ständige Fortentwicklung von Entlohnungsmethoden nach einer Überprüfung ihrer praktischen Verwendbarkeit unter Verwertung zusätzlicher, gerade in der Dienststelle gewonnener Erfahrungen ist als **„Anwendung“** i. S. von Nr. 4 zu verstehen. Sie liegt zeitlich zwischen der Einführung und der Änderung bestimmter Entlohnungsmethoden.

h) Die Personalvertretung hat ferner mitzubestimmen bei der **Festsetzung 110**
der Akkord- und Prämiensätze. Beim Akkord- und Prämienlohn wirkt sich die tatsächliche Arbeitsleistung unmittelbar und automatisch auf die Lohnhöhe aus (BVerwG v. 23. 12. 1982, PersV 1983, 506 = RiA 1983, 132 m. Anm. v. Widmaier). Akkord ist Lohnregelung nicht nach der aufgewendeten Arbeitszeit, sondern nach der Leistung. Geldakkord ist der Lohn für ein angefertigtes Werkstück. Zeitakkord geht von dem Betrag aus, der üblicherweise für die in einer Stunde hervorgebrachte Arbeitsleistung eines durchschnittlichen Akkordarbeiters gezahlt wird. Bei der Mitbestimmung über die Festsetzung der Akkordlohnsätze handelt es sich also nicht um die Bestimmung des Akkordverdienstes, sondern auch hier wiederum nur um die Aufstellung der Normen für die Ansetzung des Akkords, die als Grundlage für den individuellen Lohnanspruch dienen (BVerwG v. 26. 7. 1979, ZBR 1980, 157 = PersV 1981, 71; BVerwG v. 27. 7. 1979, ZBR 1980, 160 = PersV 1981, 73). Beim **Geldakkord** genügt es, das System festzusetzen, nach dem die Zeiten bestimmt werden. Es ist nicht nötig, die Einzelheiten selbst festzuset-

zen. § 6 Abs. 4 TVöD-AT sieht vor, dass aus dringenden betrieblichen/dienstlichen Gründen auf der Grundlage einer Betriebs-/**Dienstvereinbarung** im Rahmen des § 7 Abs. 1, 2 und des § 12 ArbZG von den Vorschriften des Arbeitszeitgesetzes abgewichen werden kann.

111 i) Eine Dienstvereinbarung kann dagegen **nicht die Ansetzung des Akkords im Einzelfall** regeln, da es sich dabei nicht um die Aufstellung, sondern um den Vollzug der Normen, d. h. um materielles Lohnrecht handelt, das der Mitbestimmung entzogen ist (BVerwG v. 26. 7. 1979, ZBR 1980, 157 = PersV 1981, 71; BVerwG v. 27. 7. 1979, ZBR 1980, 160 = PersV 1981, 73). Ein Mitbestimmungsrecht der Personalvertretung kommt daher allenfalls bei der generellen Festlegung der für die Bestimmung der Leistungszulage im Einzelfall maßgebenden Faktoren in Betracht (Arbeitsausführung, Arbeitsergebnis und ähnliche Bewertungsmaßstäbe, Festsetzung der darauf abgestimmten Bewertungskoeffizienten, BVerwG v. 26. 7. 1979, aaO).

112 j) Dem Mitbestimmungsrecht der Personalvertretung unterliegen auch **alle anderen leistungsbezogenen Entgelte.** Hierbei muss es sich um solche Entgelte handeln, die der Arbeitnehmer durch eigene Leistungserbringung beeinflussen kann. Wenn dies aber nicht möglich ist, so kommt kein Akkordlohn in Frage. Auch liegt kein Prämienlohn oder ein vergleichbares sonstiges leistungsbezogenes Entgelt vor. Daher unterfallen auch Jubiläums-, Pünktlichkeits- und Anwesenheitsprämien sowie Leistungs- und Erschwerniszulagen nicht der Mitbestimmung (Richardi u. a., § 75 Anm. 316; Fischer u. a., § 75 Anm. 87). Das Mitbestimmungsrecht der Personalvertretung erfasst lediglich die Faktoren der Leistungsbemessung, nicht aber ihre Umsetzung in die Berechnung des Einzellohns (BVerwG v. 26. 7. 1979, ZBR 1980, 157 = PersV 1981, 71; BVerwG v. 27. 7. 1979, ZBR 1980, 160 = PersV 1981, 73). Ein Mitbestimmungsrecht ist auch dann nicht gegeben, wenn die an Arbeiter zu zahlenden Leistungszuschläge neu geregelt werden, soweit die Neuregelung sich im Wesentlichen in einer betragsmäßigen Staffelung der Zuschläge, deren Befristung und den Vorgaben für Prüfungskommissionen zur Begründung der Vorschläge erschöpft; in diesem Fall nämlich ist weder die Festsetzung von Akkord- und Prämiensätzen sowie vergleichbaren leistungsbezogenen Entgelten betroffen noch sind Auswirkungen auf die Fragen der Lohngestaltung und die Aufstellung von Entlohnungsgrundsätzen gegeben (OVG Münster v. 2. 12. 1994, PersR 1995, 382). Dagegen können Dienstvereinbarungen nach § 1 Satz 2 Leistungs-TV-Bund zur Ausgestaltung der Gewährung von Leistungsentgelten vereinbart werden (zum Rahmen für die Gewährung von Leistungsentgelten vgl. Leistungs-TV-Bund und § 18 TVöD; vgl. auch von Roetteken, ZTR 2006, 573 und Anm. 105).

113 k) Mit der Einbeziehung der Festsetzung der **Prämiensätze** und vergleichbarer leistungsbezogener Entgelte ist das gesamte Leistungslohnsystem dem Mitbestimmungsrecht der Personalvertretung unterworfen. Der Personalvertretung steht aber kein Mitbestimmungsrecht bei der Festsetzung der Leistungszulage für die einzelnen Beschäftigten zu; denn durch die Fassung des Gesetzes „Fragen der Lohngestaltung“ ist bereits hinreichend klargestellt, dass nur die generelle Entscheidung mitbestimmungspflichtig ist (BVerwG v. 26. 7. 1979, ZBR 1980, 157 = PersV 1981, 71; BVerwG v. 20. 3. 1980, BVerwGE 60, 93 = Leits. ZBR 1981, 231 = PersV 1981, 296). Dagegen steht der Personalvertretung ein Mitbestimmungsrecht bei der Einführung von Schreibprämien für Arbeitnehmer im zentralen Schreibdienst zu. Hier geht es nämlich nicht um eine andere Bemessung des Entgelts, sondern um eine nach der Leistung bemessene Zulage (Prämie). Sie wird zu der hinsichtlich ihrer Bemessung unverändert weiter gewährten Vergütung hinzugezahlt (BVerwG v. 23. 12. 1982, PersV 1983, 506 = RiA 1983, 132 m. Anm. v. Widmaier; Lorenzen u. a., § 75 Anm. 136 b; vgl. auch für das BetrVG: BAG v. 16.12. 1986, BAGE 54, 46 = BB 1987, 2450 = DB 1987, 1198).

l) **Vergleichbare leistungsbezogene Entgelte** sind solche, bei denen eine „Leistung" des Beschäftigten, gleichgültig worin sie besteht, gemessen und mit einer Bezugsleistung verglichen wird und bei der sich die Höhe des Entgelts in irgendeiner Weise nach dem Verhältnis der Leistung des Beschäftigten zur Bezugsleistung bemisst (vgl. für das BetrVG: BAG v. 28. 7. 1981, BB 1982, 1050; BAG v. 22. 10. 1985, BAGE 50, 43 = BB 1986, 1224 = DB 1986, 544). Die Leistungseinheiten werden im allgemeinen nach arbeitswissenschaftlichen Methoden gemessen bzw. berechnet (analytische Arbeitsbewertung). Als vergleichbare leistungsbezogene Entgelte sind insbesondere Leistungszulagen anzusehen, die beispielsweise für Arbeitsumfang und Arbeitsgüte gezahlt werden. Dabei muss es sich um generell abstrakte Regelungen handeln (z. B. Einführung von Schreibprämien in organisatorisch zusammengefassten Schreibdiensten, BVerwG v. 23. 12. 1982, PersV 1983, 506; vgl. Anm. 113). Allerdings erstreckt sich das Mitbestimmungsrecht nicht auf die Gewährung von Leistungszulagen (vgl. Anm. 115 sowie Lorenzen u. a., § 75 Anm. 136b). 114

m) Die Personalvertretung kann auch mitbestimmen, wenn es sich bei den Prämien und vergleichbaren Entgelten nicht um freiwillige Leistungen (z. B. Treueprämien) des Dienstherrn handelt (Dietz-Richardi, § 75 Anm. 290). Bei der **Gewährung freiwilliger Leistungen** tritt aber wegen des Gleichbehandlungsgrundsatzes eine Rechtsbindung ein. Wenn der Dienstherr zum tariflich geregelten Entgelt allgemein eine Zulage gewährt, deren Höhe von ihm aufgrund einer individuellen Entscheidung festgelegt wird, kann die Personalvertretung mitbestimmen (vgl. für das BetrVG: BAG v. 17. 12. 1985, BAGE 50, 313 = BB 1986, 734 = DB 1986, 914; BAG v. 14. 6. 1994, BAGE 77, 86 = BB 1995, 825 = DB 1995, 680). Zu beachten ist jedoch, dass das **Mitbestimmungsrecht** der Personalvertretung bei der Einführung von Leistungsprämien dahingehend **eingeschränkt** ist, dass der Leiter der Dienststelle alleine darüber entscheidet, in welchem Umfang finanzielle Mittel eingesetzt, welche Ziele verfolgt und welche Personen begünstigt werden sollen (vgl. für das BetrVG: BAG v. 8. 12. 1981, BAGE 37, 206 = BB 1982, 2106 = DB 1982, 1276). Allerdings besteht ein Mitbestimmungsrecht hinsichtlich der Ausgestaltung der Leistung nur, wenn und solange der Dienstherr die freiwillige Leistung erbringt. Die Einstellung der Leistung unterliegt daher nicht dem Mitbestimmungsrecht (vgl. für das BetrVG: BAG v. 9. 7. 1985, DB 1986, 230). Auch die Ausgabe von Essensmarken unterliegt grundsätzlich dem Mitbestimmungsrecht der Personalvertretung, weil das Mitbestimmungsrecht bei Fragen der Lohngestaltung alle Formen des Entgelts im Zusammenhang mit dem Beschäftigungsverhältnis umfasst. Das Mitbestimmungsrecht aber greift bei einer Kürzung des Essensgeldzuschusses solange nicht, wie nur der mitbestimmungsfreie Dotierungsrahmen, nicht aber zugleich auch das Verteilungs- und Bemessungssystem verändert wird. Eine Änderung dieses Systems ist mit einer Kürzung des Zuschusses nicht verbunden (vgl. für das BetrVG: BAG v. 15. 1. 1987, BB 1987, 2092 = DB 1987, 2315). Sollten Arbeitnehmern allerdings vertraglich begründete Ansprüche auf Sozialleistungen zustehen, die auf eine vom Dienstherrn inkraft gesetzte Einheitsregelung zurückgehen, so können sie im Grundsatz nicht gegen den Willen der begünstigten Beschäftigten eingeschränkt werden. Dies ist im 115

Falle einer nachfolgenden Dienstvereinbarung im Hinblick auf das Günstigkeitsprinzip nur dann zulässig, wenn diese Regelung insgesamt bei kollektiver Betrachtung nicht ungünstiger ist (vgl. für das BetrVG: BAG v. 16. 9. 1986, BAGE 53, 42 = BB 1987, 265 = DB 1987, 383).

115a n) Wohl aber besteht ein Mitbestimmungsrecht dann, wenn es um **Entgelte im Rahmen von Zielvereinbarungen** geht, die für den Fall gezahlt werden sollen, dass ein quantitativ messbares Ziel erreicht wird. Auch im Rahmen einer **systematischen Leistungsbezahlung** ist ein Mitbestimmungsrecht gegeben, da ein unmittelbarer Bezug zwischen Leistung und Entgelt besteht (Boegl, ZfPR 2007, 22).

116 o) Die Personalvertretung kann das ihr zustehende **Initiativrecht** nicht in der Weise ausüben, dass sie der Dienststelle erhöhte Leistungen auferlegt. Umgekehrt aber kann die Dienststelle gegen den Willen der Personalvertretung keine von der bisherigen Lohngestaltung abweichende Gestaltung einführen (vgl. auch § 70 Anm. 8). Insbesondere mit der Einführung von **Telearbeit** wird man der Personalvertretung ein Initiativrecht hinsichtlich konkreter, auf die Telearbeit besonders bezugnehmender Gehaltssysteme zuweisen (Wedde, ZfPR 1998, 57).

117 6. Die Personalvertretung bestimmt auch bei **Errichtung, Verwaltung und Auflösung von Sozialeinrichtungen ohne Rücksicht auf ihre Rechtsform (Nr. 5)** mit.

118 a) Der Personalvertretung steht nicht nur bei der Errichtung und Verwaltung von Sozialeinrichtungen, sondern auch bei deren Auflösung ein Mitbestimmungsrecht zu. **Sozialeinrichtungen sind auf Dauer berechnete, von der Dienststelle geschaffene Einrichtungen,** die den Zweck verfolgen, den Beschäftigten Vorteile zukommen zu lassen (BVerwG v. 24. 4. 1992, Leits. ZBR 1992, 286 = PersV 1992, 437 = ZfPR 1992, 146; BVerwG v. 9. 11. 1998, Leits. ZBR 1999, 142 = PersV 1999, 404 = ZfPR 1999, 45; BVerwG v. 28. 7. 2000, ZBR 2001, 97 = ZfPR 2000, 263; Fischer u. a., § 75 Anm. 89; Lorenzen u. a., § 75 Anm. 139, 140). Hierzu zählen u. a. Erholungsheime, Betriebsküchen, Kantinen, Fortbildungs- und Unterhaltungsbüchereien, Personalwohnheime (BVerwG v. 24. 4. 1992, aaO), Kindergärten und Kindertagesstätten, Kinderheime, dagegen nicht ein Betriebsausflug, da diesem die Eigenschaft einer auf Dauer angelegten Organisation fehlt (vgl. für das BetrVG: BAG v. 27. 1. 1998 – 1 ABR 35/97, BB 1998, 1419). Auch ein Parkhaus, das von einer Stadtverwaltung den Beschäftigten teilweise zur Verfügung gestellt wird, gehört zu dem Begriff „Sozialeinrichtung“, und zwar unabhängig davon, ob nur ein Teil der Beschäftigten nutzungsberechtigt ist, und auch unabhängig davon, ob Beschäftigte anderer Behörden bzw. sonstige Dritte parkberechtigt sind (VGH Kassel v. 24. 6. 1993, Leits. ZBR 1993, 383). Deshalb auch steht einer Personalvertretung ein Mitbestimmungsrecht dann zu, wenn eine Kostenpflicht für das Parken eingeführt werden soll (VGH Kassel v. 25. 9. 2003, ZfPR 2004, 134 = PersR 2004, 114). Dagegen kann ein Parkhaus nicht als eine Sozialeinrichtung bezeichnet werden, wenn dieses Parkhaus allgemein zugänglich ist und den Beschäftigten einer Stadtverwaltung lediglich gegen ein ermäßigtes Entgelt Stellplätze zur Verfügung gestellt werden (VGH Mannheim v. 19. 1. 1993, Leits. ZfPR 1994, 129; VGH Mannheim v. 25. 2. 1997, PersR 1997, 402 = Leits. ZfPR 1998, 54; vgl. aber Anm. 126 und auch Anm. 180). Die Einrichtung selbst muss verwaltet werden können, d. h. erforderlich ist ein besonderer Teil konkreter Mittel, die einer gewissen eigenen Organisation zuge-

wiesen sind (OVG Münster v. 6. 11. 1985, RiA 1986, 188). Dem Mitbestimmungsrecht der Personalvertretung unterfallen im Zusammenhang mit der Verwaltung von Sozialeinrichtungen **nicht nur generelle Maßnahmen,** sondern auch **Einzelmaßnahmen,** die sich **auf die Unterhaltung und den laufenden Betrieb beziehen,** also alle Maßnahmen der „inneren Organisation" (OVG Lüneburg v. 9. 9. 1994, Leits. ZfPR 1995, 52). Diese Voraussetzung erfüllt eine Personalwohnung nicht, so dass die Umwandlung einer solchen, in einem Dienstgebäude gelegenen Wohnung in Diensträume nicht dem Mitbestimmungsrecht der Personalvertretung unterliegt (OVG Münster v. 1. 4. 1992, ZBR 1993, 281). Ein Aufenthaltsraum der Reinigungskräfte ist keine Sozialeinrichtung im Sinne dieser Bestimmung (BVerwG v. 17. 2. 1986, BVerwGE 74, 28 = ZBR 1986, 214 = PersV 1986, 328), weil es sich bei diesem Raum nicht um eine Einrichtung handelt, die verwaltet werden kann bzw. der konkrete Mittel zugewiesen werden. Zudem trägt ein Dienststellenleiter mit der Errichtung von Aufenthalts- oder Pausenräumen im allgemeinen einer gesetzlichen Verpflichtung Rechnung (Arbeitsstättenverordnung, ArbStättV v. 12. 8. 2004, BGBl. I S. 2179, zul. geänd. d. Art. 2 G v. 20. 7. 2007, BGBl. I S. 1595; vgl. auch Gesetz über die Durchführung von Maßnahmen des Arbeitsschutzes zur Verbesserung der Sicherheit und des Gesundheitsschutzes der Beschäftigten bei der Arbeit, ArbSchG, v. 7. 8. 1996, BGBl. I S. 1246, zul. geänd. d. Art. 6 V v. 8. 4. 2008, BGBl. I S. 706). Auch die Möglichkeit einer Mitbenutzung des von einer Universität für Studenten eingerichteten Omnibus-Werkverkehrs durch Beschäftigte der Universität kann daher eine Sozialeinrichtung sein, wenn die Einrichtung über abgesonderte Mittel und über eine eigenständige Organisation verfügt (vgl. für das BetrVG: BAG v. 9. 7. 1985, PersV 1988, 187). Zur Verwaltung dieser Sozialeinrichtung gehört auch die Festsetzung der Fahrpreise für die Beschäftigten. Allerdings ist die Personalvertretung bei der Ausübung des Mitbestimmungsrechts an den von der Dienststelle **vorgegebenen finanziellen Rahmen** gebunden, weil ihr sonst unmittelbar Einfluss auf die Bereitstellung und Bewirtschaftung von Haushaltsmitteln eingeräumt würde (VGH Mannheim v. 24. 11. 1981, Leits. ZBR 1983, 137 = PersV 1983, 277; vgl. hierzu auch: BVerwG v. 7. 11. 1969, PersV 1970, 187). Sozialeinrichtungen sind auch solche Einrichtungen, die nicht nur für die aktiv Beschäftigten zur Verfügung stehen. Wohl aber muss der Kreis der Begünstigten einen unmittelbaren Bezug zur Dienststelle haben (BVerwG v. 5. 2. 1971, PersV 1972, 36). Eine Sozialeinrichtung i. S. des Gesetztes liegt auch dann vor, wenn eine Einrichtung auch von solchen Personen genutzt wird, die nicht der Anwendung des Gesetzes unterliegen (sog. Mischnutzung, BVerwG v. 9. 11. 1998, aaO; Lorenzen u. a., § 75 Anm. 139). Auch Wohnanlagen für Beschäftigte einer Dienststelle können eine Sozialeinrichtung oder Bestandteile einer solchen sein (OVG Münster v. 6. 2. 2002, PersV 2003, 62).

b) **Selbsthilfeeinrichtungen** der Beschäftigten, die nicht von der Verwaltung, 119
sondern von den Beschäftigten selbst geführt werden, sind keine Sozialeinrichtungen. Hieran ändert sich auch nichts dadurch, dass die Verwaltung Fördermittel für Selbsthilfeeinrichtungen zur Verfügung stellt (OVG Koblenz v. 15. 5. 1961, PersV 1961, 274; Fischer u. a., § 75 Anm. 89; Lorenzen u. a., § 75 Anm. 142). Hierzu zählen z. B. Spar- und Darlehenskassen, Sportvereine, Bundeswehr-Sozialwerk (Lorenzen u. a., § 75 Anm. 140a, 141; Richardi u. a., § 75 Anm. 326). Ansatzpunkt für die Mitbestimmung der Personalvertretung ist nämlich alleine der Umstand, dass die Einrichtung von der Dienststelle errichtet, verwaltet oder aufgelöst wird. Wenn daher eine Verwaltung die Arbeit einer rechtlich selbstständigen Einrichtung zur Förderung der sozialen Belange der Beschäftigten lediglich durch finanzielle

Zuwendungen sowie durch materielle und persönliche Hilfeleistungen unterstützt, im Übrigen aber auf den Bestand und die Aufgabenerfüllung keinen rechtlich fassbaren Einfluss hat, scheidet ein Mitbestimmungsrecht aus. Die Dienststelle muss an der Führung der Geschäfte der Sozialeinrichtung wesentlich beteiligt und rechtlich in der Lage sein, „auf die Festlegung der Art und Weise, in der die Einrichtung die ihr gesteckten Aufgaben erfüllen soll, und auf die der Erreichung dieses Zieles dienende Arbeit der Einrichtung einzuwirken“ (BVerwG v. 12. 7. 1984, ZBR 1985, 28). Diese Bedingungen sind auch erfüllt, wenn die Sozialeinrichtung über den Bereich der Dienststelle selbst hinauswirkt und mit anderen Dienststellen gemeinsam errichtet oder verwaltet wird. Entscheidend nämlich ist allein das Handeln der Dienststelle, der die Personalvertretung zugeordnet ist (BVerwG v. 24. 4. 1992, Leits. ZBR 1992, 286 = PersV 1992, 437 = ZfPR 1992, 146). Im Übrigen müssen die in Anm. 118 erwähnten Voraussetzungen auch vorliegen, wenn eine Selbsthilfeeinrichtung mit eigener Rechtspersönlichkeit ohne Beteiligung der Dienststelle gegründet worden ist, später aber im Zuge einer Satzungsänderung eine andere Grundlage erhält. Werden hierbei der Dienststelle keine rechtlich gesicherten Einflussmöglichkeiten auf die Verwaltung eingeräumt, dann ändert sich der Charakter der Selbsthilfeeinrichtung nicht, so dass der Personalvertretung auch bei der „Umwidmung“ kein Mitbestimmungsrecht zustehen kann (BVerwG v. 12. 7. 1984, aaO).

120 c) Auch wenn die Beschäftigten **freiwillige Spenden** an die Einrichtung leisten, bleibt der Charakter einer Sozialeinrichtung erhalten, solange erhebliche Mittel finanzieller und sachlicher Art von der Verwaltung zur Verfügung gestellt werden und der überwiegende Teil der Verwaltungstätigkeit von dieser selbst durchgeführt wird. Unschädlich ist auch, wenn neben den Beschäftigten selbst **Familienangehörige von Beschäftigten,** ehemalige Beschäftigte oder Hinterbliebene Vorteile aus der Einrichtung ziehen, weil der Kreis dieser Personen in einem unmittelbaren Bezug zur Dienststelle steht (OVG Koblenz v. 15. 5. 1961, PersV 1961, 274).

121 d) Für den Begriff der Sozialeinrichtung kommt es **nicht unbedingt darauf an, dass eine Nutzung durch alle Beschäftigten möglich ist,** auch nicht darauf, ob nur eine Mitbenutzung einigeräumt wird (BVerwG v. 9. 11. 1998, ZfPR 1999, 45). Auch wenn ein Parkhaus nur einem Teil der Beschäftigten zugänglich ist, so handelt es sich um eine Sozialeinrichtung (VGH Kassel v. 24. 6. 1993, PersR 1994, 87; vgl. auch Anm. 118; Richardi u. a., § 75 Anm. 328). Es kommt auch nicht allein darauf an, welchen Zweck der Dienstherr subjektiv mit ihr verbindet. Vielmehr ist entscheidend, dass mit der Errichtung die soziale Lage der Beschäftigten verbessert wird (z. B. preiswerteres Wohnen, Nähe zum Arbeitsplatz, keine Möglichkeit der Kündigung wegen Eigenbedarfs). Wenn trotz dieser Vorteile die Errichtung der Sozialeinrichtung auf eine Gewinnerzielung angelegt ist, scheidet ein Mitbestimmungsrecht aus. Hierfür müssen aber besondere Anhaltspunkte gegeben sein (BVerwG v. 24. 4. 1992, Leits. ZBR 1992, 286 = PersV 1992, 437 = Leits. ZfPR 1992, 178). Die Beschäftigten müssen immer selbst entscheiden können, ob sie von dem Angebot einer Sozialeinrichtung Gebrauch machen wollen. Diese Voraussetzung ist aber dann nicht erfüllt, wenn Beschäftigte bzw. Studierende einer Fachhochschule etc. verpflichtet sind, an einer Gemeinschaftsverpflegung teilzunehmen und das entsprechende Entgelt im voraus zu bezahlen. In diesem Fall nämlich wird den Betroffenen die Annahme bzw. Nutzung nicht freigestellt, sondern es geht darum, dass andere Zwecke erreicht werden, als die soziale Lage der Beschäftigten durch die Gewährung von Vorteilen zu verbessern (VGH München v. 8. 3. 1996 – 17 P 96.1514, n. v.). Das Mitbestimmungsrecht der Personalvertretung greift daher in aller Regel immer ein, wenn erstmals Sozialeinrichtungen, die Vorteile für die Beschäftigten mit sich bringen, errichtet werden, darüber hinaus aber auch dann, wenn für die Benutzer wesentliche Änderungen erfolgen sollen. Der Gesetzgeber nämlich wollte ein möglichst lückenloses Beteiligungsrecht sowohl bei erstmaliger Schaffung von Sozialeinrichtungen wie auch bei allen wichtigen Veränderungen (Umbau, grundlegende Veränderung bzgl. der Verfügungsmöglichkeiten) sicherstellen. Daher sind auch **Umbaumaßnahmen** unter den Begriff der Errichtung einzuordnen (BVerwG v. 24. 4. 1992, aaO). Im Übrigen kommt es auf die **Rechtsform,** in der die Sozialeinrichtung betrieben wird, nicht an (Fischer u. a., § 75 Anm. 89; Lorenzen u. a., § 75 Anm. 141). Besteht sie als selbstständige juristische Person, so kann das Mitbestimmungsrecht der Personalvertretung durch zwingende vereins- oder gesellschaftsrechtliche Vorschriften freilich modifiziert werden. Das Mitbestimmungsrecht der Personalvertretung bezieht sich alleine auf die Dienststelle, der sie zugeordnet ist, nicht aber auf die Organe der Sozialeinrichtung (VGH Kassel v. 9. 4. 1980, PersV 1982, 378). Auf diese kann die Personalvertretung nur mittelbar über die Dienststelle Einfluss nehmen (BVerwG v. 24. 11. 1983, BVerwGE 68, 203 = ZBR 1984, 189 = PersV 1986, 24).

e) Wenn die **Sozialeinrichtung einen eigenen Betriebs- oder Personalrat** be- **122**
sitzt, so wird das Mitbestimmungsrecht nicht ausgeschaltet. Die Abgrenzung der Zuständigkeit beider Vertretungsorgane bedeutet keine Schwierigkeit, da der bei der Sozialeinrichtung bestehende Personal- oder Betriebsrat ein Mitbestimmungsrecht in personellen und sozialen Angelegenheiten in bezug auf die dort Beschäftigten hat. Der Personalvertretung der die Sozialeinrichtung betreuenden Dienststelle steht demgegenüber ein Mitbestimmungsrecht bei der Verwaltung dieser Einrichtung zu (vgl. aber für den Fall personeller Entscheidungen: Kunze, PersV 1979, 353).

f) Wenn der Leiter einer Mittelbehörde eine Sozialeinrichtung betreibt, die **123**
nicht nur den Beschäftigten dieser Behörde, sondern auch nachgeordneten Bereichen zugutekommt, dann ist der zuständige Bezirkspersonalrat zu beteiligen (VGH Mannheim v. 21. 10. 1986, PersV 1990, 124). Das Mitbestimmungsrecht der Personalvertretung erstreckt sich aber nur auf solche **Sozialeinrichtungen,** die zugunsten von Beschäftigten (ebenso auch ehemaligen Beschäftigten bzw. deren Hinterbliebenen) **des Geschäftsbereichs einer Dienststelle** oder Teilen von ihr eingerichtet sind, bei der/denen die Personalvertretung gebildet ist. Dagegen ist sie nicht bei der Errichtung, Verwaltung und Auflösung von Einrichtungen zu beteiligen, die Beschäftigten mehrerer oberster Dienstbehörden zugute kommen. Im Falle eines Übereinkommens zwischen mehreren Dienststellen über die gemeinsame Errichtung von Sozialeinrichtungen sind die Personalvertretungen aller betroffenen Dienststellen vor Abschluss des Übereinkommens zu beteiligen, weil es sich hierbei nämlich um eine Vorstufe des Errichtungsaktes handelt (Fischer u. a., § 75 Anm. 90). Das Mitbestimmungsrecht wird auch nicht dadurch ausgeschlossen, dass die Dienststelle mit anderen Dienststellen, auch wenn diese nicht derselben obersten Dienstbehörde nachgeordnet sind, oder mit anderen Rechtsträgern (z. B. privatrechtlichen Betrieben) eine Sozialeinrichtung errichtet oder verwaltet (Richardi u. a., § 75 Anm. 342); denn auch in diesem Fall ergreift die Dienststelle eine nach Abs. 3 Nr. 5 der Mitbestimmung unterworfene Maßnahme. Ebensowenig verliert eine Einrichtung den Charakter einer Sozialeinrichtung dann, wenn sie neben den Beschäftigten auch

noch anderen Personen zugänglich ist. Alleine entscheidend ist in diesem Zusammenhang nur, dass ein wesentliches Merkmal der Sozialeinrichtung gerade die Mitbenutzung durch die Beschäftigten ist (VGH Mannheim v. 21. 10. 1986, aaO). Die Tatsache, dass noch **andere Rechtsträger beteiligt** werden, führt lediglich dazu, weitere Personalvertretungen bei den miterrichtenden oder mitverwaltenden Dienststellen zu beteiligen. Dabei spielt es auch keine Rolle, dass bei einem der anderen Rechtsträger ein Betriebsrat besteht. Dies bewirkt lediglich, dass bei der Auflösung einer gemeinsamen Sozialeinrichtung die Personalvertretungen mitzubestimmen haben, während der Betriebsrat entsprechend § 87 Abs. 1 Nr. 8 BetrVG kein Mitbestimmungsrecht bei der Auflösung einer Sozialeinrichtung hat. Das Mitbestimmungsrecht der Personalvertretung bei einer Dienststelle, die mit anderen gemeinsam eine Sozialeinrichtung betreibt, beschränkt sich allerdings auf die Maßnahmen, die die zuständige Dienststelle betrifft. Insoweit geht das Beteiligungsrecht nicht über die Zuständigkeit der Dienststelle hinaus (BVerwG v. 15. 12. 1978, ZBR 1979, 341 = PersV 1980, 105).

124 g) Der Personalvertretung steht ein **Mitbestimmungsrecht bei der Errichtung einer Sozialeinrichtung** zu. Dazu gehören nicht nur die erstmalige Schaffung einer Einrichtung, sondern auch wesentliche Änderungen für die Benutzer des Betriebes oder der Rechtsform sowie der Zuordnung (BVerwG v. 9. 11. 1998, Leits. ZBR 1999, 142 = PersV 1999, 404 = ZfPR 1999, 45; Fischer u. a., § 75 Anm. 91). Die Personalvertretung kann in diesem Zusammenhang von ihrem Initiativrecht Gebrauch machen (vgl. § 70 Abs. 1). Allerdings kann die Personalvertretung nicht verlangen, dass die Dienststelle für eine von ihr geforderte Sozialeinrichtung finanzielle Mittel zur Verfügung stellt (BVerwG v. 30. 1. 1970, PersV 1970, 189; vgl. auch Lorenzen u. a., § 75 Anm. 138).

125 h) Der Personalvertretung steht auch bei der **Verwaltung einer Sozialeinrichtung** ein Mitbestimmungsrecht zu (vgl. auch Anm. 118). Sie kann sich an allen Maßnahmen, die ihre Unterhaltung und ihren laufenden Betrieb, insbesondere die Leistungen an die Beschäftigten betreffen sowie an der Aufstellung der Grundsätze für die Verwaltung der Einrichtung (generelle Mitbestimmung) beteiligen, insgesamt also an allen Maßnahmen, die sich auf die innere Organisation der Einrichtung beziehen (BVerwG v. 24. 4. 1992, Leits. ZBR 1992, 286 = PersV 1992, 437 = Leits. ZfPR 1992, 178). Sie kann aber auch dadurch mitbestimmen, dass sie ein Mitglied in die Verwaltungsstelle der Einrichtung entsendet, das dort für die Personalvertretung an der Verwaltung teilnimmt. Eine Personalvertretung kann ihr Recht auf „Mitverwaltung" einer Sozialeinrichtung aber nicht auf Gewerkschaften übertragen; denn die Personalvertretung muss mindestens gleichberechtigt an der Aufsicht beteiligt sein. Die Übertragung von Stimmrechten auf eine Gewerkschaft würde einen unzulässigen Verzicht auf ein der Personalvertretung gesetzlich zustehendes Mitbestimmungsrecht bedeuten (BVerwG v. 16. 9. 1977, ZBR 1978, 207 = PersV 1979, 63; Fischer u. a., § 75 Anm. 90 b). Die Personalvertretung hat bei jeder **Einzelmaßnahme** (Maßnahmen des laufenden Betriebs, der Unterhaltung, Leistungen an Beschäftigte etc.) mitzubestimmen; denn weder aus der Entstehungsgeschichte noch aus dem Wortlaut ist abzuleiten, dass sie nur bei der Aufstellung allgemeiner Verwaltungsgrundsätze durch Abschluss einer Dienstvereinbarung zu beteiligen wäre (BVerwG v. 7. 11. 1969, PersV 1970, 187; OVG Münster v. 8. 3. 1989, PersV 1990, 93; OVG Lüneburg v. 9. 9. 1994, Leits. ZfPR 1995, 52; vgl. Hilger, Festschrift für Sitzler, S. 153). Aus diesem Grunde hat die Personalvertretung mitzubestimmen u. a. bei Abschluss und Kündigung von Pachtverträgen bezüglich Kantinen. Ebenso hat eine Personalvertretung mitzubestimmen, wenn die bisher übliche Nutzung einer Kantine insoweit eingeschränkt werden soll, als künftig Jubiläumsfeiern von Beschäftigten in der Kantine nicht mehr durchgeführt werden dürfen (vgl. für das BetrVG: BAG v. 15. 9. 1987, Leits. BB 1988, 275 = DB 1988, 404). Wenn aber aufgrund einer gerichtlichen oder auch satzungsrechtlichen Regelung die von der Sozialeinrichtung betreuten Beschäftigten über die bloßen Mitgliedschaftsrechte hinaus gleichberechtigt an der Verwaltung einer Sozialeinrichtung beteiligt sind, dann ist dem Anliegen des Abs. 3 Nr. 5 (Einschränkung des alleinigen Verfügungsrechts der Dienststelle durch eine Beteiligung der Beschäftigten) in wirksamer Weise Rechnung getragen, so dass kein Raum mehr für eine Mitbestimmung der Personalvertretung besteht (BVerwG v. 15. 12. 1978, ZBR 1979, 342 = PersV 1980, 105). Allerdings kann die Personalvertretung nicht mitbestimmen, wenn die Verwaltung von einer Organisation übernommen worden ist; denn in diesem Fall ist das Mitbestimmungsrecht durch Beteiligung an der Regelung der Organisation bereits aufgezehrt (VGH München v. 9. 12. 1965, PersV 1966, 253). Die Personalvertretung kann auch dann nicht mitbestimmen, wenn Richtlinien über Unterstützungen an das Kantinenpersonal festgelegt werden. In diesem Fall kommt nur ein Mitwirkungsrecht nach § 78 Abs. 1 Nr. 1 in Betracht (BVerwG v. 7. 11. 1969, PersV 1970, 187). Ferner steht der Personalvertretung kein Mitbestimmungsrecht bei der Regelung der materiellen Dienst- und Arbeitsbedingungen zu. Hierzu gehört die Bestimmung von Leistung und Gegenleistung sowie alles damit in Zusammenhang stehende, wie beispielsweise die Pflicht zum Tragen von Dienstkleidung (VGH Kassel v. 9. 4. 1980, PersV 1982, 378; vgl. auch: Fischer u. a., § 75 Anm. 89 a). Die Entscheidung über die Aufnahme in (auch von der eigenen Dienststelle verwaltete) Erholungsheime ist keine Maßnahme im Rahmen der Verwaltung einer Sozialeinrichtung. Hier steht der Personalvertretung kein Mitbestimmungsrecht zu (OVG Koblenz v. 15. 5. 1961, PersV 1961, 274). Insgesamt obliegt einer Personalvertretung ein Mitbestimmungsrecht nur im Rahmen der haushaltsrechtlichen Vorgaben. Dies ist z. B. bedeutsam bei der Festsetzung von Essenspreisen in einer Kantine (OVG Münster v. 31. 5. 1988, PersV 1991, 37; Fischer u. a., § 75 Anm. 91; Lorenzen u. a., § 75 Anm. 138, 150; Richardi u. a., § 75 Anm. 336).

i) Die Personalvertretung kann auch bei der **Auflösung einer Sozialeinrichtung** (jede Form der Aufgabe einer bestehenden Sozialeinrichtung, Lorenzen u. a., § 75 Anm. 151) mitbestimmen. Auf diese Weise ist ihr die Möglichkeit gegeben, soziale Erwägungen in die Debatte einzuführen, die einer Auflösung entgegenstehen. Im Dissensfall zwischen Dienststelle und Personalvertretung kann die Einigungsstelle eine verbindliche Entscheidung treffen, die allerdings gerichtlich angreifbar ist (vgl. § 71 Anm. 25). Im Hinblick auf das Mitbestimmungsrecht der Personalvertretung bei der Errichtung ist das Recht auf Mitbestimmung bei der Auflösung und dem sie vorbeseitenden Auflösungbeschluss konsequent. Andernfalls könnte das Initiativrecht der Personalvertretung zur Gründung einer Sozialeinrichtung durch alsbaldige Auflösung unterlaufen werden. Allerdings ist es nicht als Auflösung eine Sozialeinrichtung zu betrachten, wenn eine als eingetragener Verein errichtete Sozialeinrichtung für Angehörige des öffentlichen Dienstes nicht mehr die bisher vom Dienstherrn gewährten Zuschüsse erhält. Ein Mitbestimmungsrecht könnte nur dann in Betracht kommen, wenn die Sozialeinrichtung selbst aufgelöst würde, vor allem, wenn z. B. der Zweck des Vereins nicht mehr sinnvoll zu erreichen und ein entsprechender Beschluss gefasst worden wäre (BVerwG v. 5. 9. 1986, ZBR 1987, 121 = PersV 1987, 333). 126

Ebensowenig liegt eine Auflösung vor, wenn eine Verwaltung die bisher von ihr allein gezahlten Zuschüsse zu den Kosten von Essensmarken verringert (BAG v. 15. 1. 1987, BB 1987, 2092 = DB 1987, 2315). Auch die tatsächlichen Vorteile einer kostenlosen Parkplatzbenutzung stellen keine Sozialeinrichtung dar, so dass die Einführung von Parkgebühren für das Parken auf einem im städtischen Eigentum stehenden, aber allgemein zugänglichen Parkplatz nicht der Mitbestimmung der Personalvertretung unter dem Gesichtspunkt der Auflösung einer Sozialeinrichtung unterliegt (OVG Münster v. 17. 4. 1997 – 1 A 1854/94.PVL, n. v.; vgl. auch Anm. 118).

126a j) Im Falle der **Privatisierung von Sozialeinrichtungen** bleibt das Mitbestimmungsrecht der Personalvertretung jedenfalls dann erhalten, wenn die Einrichtung weiterhin den Beschäftigten Vorteile zukommen lässt und wenn der Verwaltung ein rechtlich gesicherter Einfluss auf die Einrichtung erhalten bleibt (BVerwG v. 28. 6. 2000, BVerwGE 111, 259 = ZBR 2001, 97 = PersV 2001, 422 = ZfPR 2000, 263). Im Interesse eines ausreichenden Schutzes der Beschäftigten nämlich müssen möglichst umfangreiche Mitbestimmungsrechte auch für den Fall bestehen, dass die Rechtsform oder die Zuordnung einer Einrichtung verändert werden soll (Lorenzen u. a., § 75 Anm. 149 a, 151).

127 k) Betreibt die Personalvertretung bestimmte **Einrichtungen in eigener Regie,** so hat dies mit der hier zu diskutierenden Mitbestimmung bei der Errichtung, Verwaltung und Auflösung von Sozialeinrichtungen nichts zu tun. Die Personalvertretung als solche besitzt weder Rechts- noch Vermögensfähigkeit. Sie kann daher nicht als Schuldner in Anspruch genommen werden. Vielmehr haften die Mitglieder in ihrer Eigenschaft als Beschäftigte (vgl. LAG Stuttgart v. 22. 6. 1964, BB 1964, 964; teilw. aA Lorenzen u. a., § 75 Anm. 148 d). Allerdings ist in aller Regel davon auszugehen, dass Personalratsmitglieder keine privatrechtlichen Verpflichtungen finanzieller Art eingehen wollen. Einrichtung und Führung z. B. einer Kantine stellen sich als Alleinverwaltung einer Sozialeinrichtung der Dienststelle dar, sofern der Dienststellenleiter damit einverstanden ist und sachliche sowie personelle Mittel zum Kantinenbetrieb zur Verfügung stellt (vgl. für BetrVG: BAG v. 24. 4. 1986, BAGE 52, 1 = BB 1987, 545 = DB 1986, 2680).

128 7. Die Personalvertretung hat auch bei der **Durchführung der Berufsausbildung bei Arbeitnehmern** (Nr. 6) mitzubestimmen.

129 a) Bei der Durchführung der Berufsausbildung von Arbeitnehmern handelt es sich um die **Vermittlung einer „breit angelegten beruflichen Grundbildung“** sowie um die Vermittlung der „für die Ausübung einer qualifizierten Tätigkeit notwendigen fachlichen Fertigkeiten und Kenntnisse“ (§ 1 Abs. 2 Berufsbildungsgesetz, vgl. § 4 Anm. 10). Das Berufsbildungsgesetz ist die wesentliche Grundlage für die Berufsausbildung. Daneben sind aufgrund des § 25 BBiG Ausbildungsordnungen erlassen worden. Wegen dieser Regelungen ist das Mitbestimmungsrecht der Personalvertretung auf Maßnahmen beschränkt, die der **Durchführung** der Berufsausbildung in der Dienststelle selbst dienen (Richardi u. a., § 75 Anm. 347; Lorenzen u. a., § 75 Anm. 154). Die Berufsausbildung vermittelt den Grundstock an Kenntnissen, die für die Ausübung eines bestimmten Berufes erforderlich sind. Zur Berufsausbildung gehören „nicht nur generelle Regelungen, sondern auch Einzel- und Sammelzuweisungen von Dienstanfängern und Beamtenanwärtern an die einzelnen Ausbildungsplätze“ (BVerwG v.

15. 12. 1972, PersV 1973, 111; BVerwG v. 3. 11. 1978, ZBR 1979, 214; OVG Münster v. 29. 10. 1979, PersV 1981, 232). Dagegen gehören nicht solche Maßnahmen zur Berufsausbildung, die lediglich der Unterweisung der Beschäftigten durch den Dienstherrn dienen, um sie in die Lage zu versetzen, ihren Aufgaben ordnungsgemäß nachzukommen. Entscheidend kommt es darauf an, ob die Maßnahme der Vermittlung aufgabenbezogener Fertigkeiten dient (mitbestimmungsfrei) oder ob das vermittelte Wissen über die aktuellen Anforderungen am jeweiligen Arbeitsplatz hinausreicht (mitbestimmungspflichtig). Abzustellen ist auf den Schwerpunkt der jeweiligen Maßnahme, der anhand der Gesamtumstände des Einzelfalls zu ermitteln ist (BVerwG v. 17. 10. 2002, ZBR 2003, 388 = PersV 2003, 60 = ZfPR 2003, 41).

b) Das Mitbestimmungsrecht der Personalvertretung bezieht sich nur auf **dienststelleninterne Angelegenheiten,** so dass eine außerhalb der Dienststelle stattfindende Berufsausbildung ohne eine vorherige Beteiligung der Personalvertretung erfolgt (z. B. Durchführung bestimmter Ausbildungsschritte durch externe Stellen für Verwaltungsfachangestellte; Fischer, aaO, § 75 Anm. 94: Lorenzen u. a., § 75 Anm. 152, 154b). In erster Linie werden jugendliche Beschäftigte von den betreffenden Maßnahmen berührt, so dass grundsätzlich auch die Mitglieder der Jugend- und Auszubildendenvertretung an einer entsprechenden Beschlussfassung der Personalvertretung zu beteiligen sind (§ 40 Abs. 1 Satz 2, 3). 129a

c) Bedeutung erhält das Mitbestimmungsrecht der Personalvertretung in den Fällen, in denen einer Dienststelle **Auszubildende** oder ähnliche Beschäftigte angehören. Das Mitbestimmungsrecht kommt aber nur zum Tragen, wenn eine Änderung der Ausbildungsziele oder der Ausbildungsinhalte angestrebt wird. Wenn mit einer bestimmten Maßnahme lediglich auf ein aktuelles Thema aufmerksam gemacht werden soll, das im Rahmen der Ausbildungsziele und -inhalte zu behandeln ist oder wenn eine bestimmte Maßnahme lediglich der Pflichtenmahnung dient, dann hat dies mit der Durchführung der Berufsausbildung und den ihr zugrundeliegenden Ausbildungsinhalten und -zielen nichts zu tun (OVG Münster v. 6. 1. 1982, ZBR 1983, 309). 129b

d) Die Berufsausbildung ist zu unterscheiden von der **Fortbildung.** Durch Fortbildungsmaßnahmen wird ein bereits vorhandener Bildungsstand erweitert. Unter Anknüpfung an vorhandene Kenntnisse können also neue Kenntnisse erworben werden. Jede weitere Vermittlung von Kenntnissen, die nach Abschluss der bei Eintritt in eine Laufbahn unmittelbar einsetzenden Ausbildung erfolgt, ist daher als Fortbildung zu qualifizieren (BVerwG v. 17. 10. 2002, ZBR 2003, 388 = PersV 2003, 60 = ZfPR 2003, 41; vgl. auch § 76 Anm. 38). Das Mitbestimmungsrecht erstreckt sich daher immer nur auf solche Maßnahmen, die unmittelbar die Berufsausbildung betreffen, nicht dagegen auf Maßnahmen, die mit dieser Ausbildung nichts zu tun haben, sondern z. B. die Art und Weise der Aufgabenerledigung betreffen. Entscheidend für die Abgrenzung zwischen mitbestimmungsfreien zu mitbestimmungspflichtigen Veranstaltungen kommt es auf die Gesamtumstände an, unter denen die Veranstaltungen angeboten oder angeordnet werden. Wenn Inhalt der Veranstaltungen in erster Linie die Unterweisung von Beschäftigten in Bezug auf die ordnungsgemäße Wahrnehmung ihrer dienstlichen Aufgaben ist (z. B. Hinweise für Verhaltensweisen und Reaktionen von Vorgesetzten bei Fehlverhalten von Arbeitnehmern), dann ist ein Mitbe- 130 stimmungsrecht der Personalvertretung nicht gegeben (BVerwG v. 17. 10. 2002, aaO).

131 e) Ein Mitbestimmungsrecht steht der Personalvertretung immer nur dann zu, wenn die beabsichtigte **Maßnahme unmittelbar in die Gestaltung oder Durchführung der Berufsausbildung** in den von der Mitbestimmung nicht ausgenommenen Bereichen eingreift (BVerwG v. 20. 10. 1987, Leits. PersR 1988, 28; z. B. Festlegung des zeitlichen Ablaufs der Berufsausbildung, Bestimmung des Ortes und der Räumlichkeiten, in denen sie durchgeführt wird, Regelung der Art und Weise, wie die Teilnehmer an der Berufsausbildung in den internen Dienstablauf eingegliedert werden). Dieser unmittelbare Bezug fehlt aber dann, wenn über die konkrete Verwendung der für einen bestimmten Ausbildungsgang vorgesehenen Haushaltsmittel zu entscheiden ist. Hierbei handelt es sich nämlich um eine typische Folge der Bewirtschaftung von Haushaltsmitteln. Die Entscheidung über die Verwendung von Haushaltsmitteln aber unterliegt nicht dem Mitbestimmungsrecht der Personalvertretung (BVerwG v. 28. 12. 1984, Leits. PersV 1987, 515; BVerwG v. 24. 3. 1998, Leits. ZBR 1998, 433 = PersV 1998, 557; BVerwG v. 10. 11. 1999, Leits. ZBR 2000, 177 = PersV 2001, 30 = ZfPR 2000, 106). An dem Kriterium der Unmittelbarkeit eines Eingriffs in die Gestaltung oder Durchführung der Berufsausbildung fehlt es auch dann, wenn eine Verteilung von Ausbildungsquoten auf einzelne Dienststellen zur Diskussion steht; denn hierbei handelt es sich nur um mittelbare Auswirkungen, an die das Mitbestimmungsrecht nicht anknüpft (BVerwG v. 10. 11. 1999, aaO; aA VGH Kassel v. 22. 9. 1994, Leits. ZBR 1995, 123 = Leits. ZfPR 1995, 51; Lorenzen u. a., § 75 Anm. 154a). Dagegen kann eine Personalvertretung mitbestimmen u. a. bei der Festlegung von Grundsätzen für die Auswahl der Teilnehmer und ihre Freistellung (Fischer u. a., § 75 Anm. 94). Die Personalvertretung kann auch an der Erstellung eines Plans beteiligt werden, in dem festgelegt wird, wer in welcher Reihenfolge mit der Ausbildung welcher Personen beauftragt wird. Ein Mitbestimmungsrecht kann auch für den Fall in Betracht kommen, dass unter dem Aspekt der Durchführung der Berufsausbildung die Errichtung oder Schließung von Ausbildungswerkstätten zur Diskussion steht (Lorenzen u. a., aaO). Das Mitbestimmungsrecht erstreckt sich aber nicht auf die Bestellung und Abberufung der Ausbilder im Einzelfall (Fischer u. a., § 75 Anm. 94; Lorenzen u. a., § 75 Anm. 155; aA Richardi u. a., § 75 Anm. 354); denn hierbei handelt es sich um Personalmaßnahmen, die institutionell nicht die Ausbildung berühren (Lorenzen u. a., § 75 Anm. 155). Ebensowenig erstreckt sich das Mitbestimmungsrecht der Personalvertretung auf die Verlegung eines Unterrichtsraums in ein anderes Gebäude; denn dies hat mit der Durchführung der Berufsausbildung, d. h. mit der Vermittlung von Fertigkeiten und Kenntnissen, nichts zu tun (OVG Münster v. 11. 1. 1979, Leits. ZBR 1980, 131).

132 8. Das Mitbestimmungsrecht der Personalvertretung erstreckt sich auch auf die **Auswahl der Teilnehmer an Fortbildungsveranstaltungen für Arbeitnehmer** (Nr. 7).

133 a) Fortbildungsveranstaltungen sind alle Maßnahmen, die sowohl auf die Erhaltung und Vertiefung bereits durch die Ausbildung vermittelter Kenntnisse als auch auf eine Erweiterung bereits vorhandener Kenntnisse gerichtet sind (BVerwG v. 19. 9. 1988, PersV 1989, 274). Es kommt daher nicht darauf an, dass die Teilnahme an der Fortbildungsveranstaltung Voraussetzung für den weiteren Aufstieg des Beschäftigten innerhalb seiner Laufbahn ist. Sinn und Zweck des Mitbestimmungsrechts ist es vielmehr, die Beschäf-

tigten nach möglichst gleichmäßigen Kriterien auszuwählen und allen Beschäftigten unter Berücksichtigung ihrer Eignung und Leistung die Chance zur Fortbildung zu erhalten. Dies kann aber nur dann gelingen, wenn der Personalvertretung ein Mitbestimmungsrecht bei der personellen Einzelbestimmung der Teilnehmer zusteht (BVerwG v. 7. 3. 1995, Leits. ZBR 1995, 318 = PersV 1995, 449 = ZfPR 1995, 113). Macht die Personalvertretung von ihrem Initiativrecht Gebrauch, so kann sie nicht eine bestimmte Zahl von qualifizierten und hauptamtlich tätigen Ausbildern fordern. Eine solche Forderung würde im Ergebnis auf eine Ausweitung von gesetzlichen Mitbestimmungsbefugnissen hinauslaufen. Im Übrigen ist ein solcher Initiativantrag nicht unmittelbar auf die Durchführung der Berufsausbildung ausgerichtet (BVerwG v. 24. 3. 1998, Leits. ZBR 1998, 433 = ZfPR 1998, 149). Das Mitbestimmungsrecht der Personalvertretung wird daher in erster Linie die gemeinsam mit dem Dienststellenleiter vorzunehmende **Festlegung allgemeiner Auswahlkriterien** umfassen, um zu gewährleisten, dass die Auswahl nach möglichst einheitlichen Gesichtspunkten vorgenommen wird, unabhängig davon, ob die Fortbildungsveranstaltung von der Dienststelle selbst oder von einer dritten Stelle, zu der Teilnehmer delegiert werden können, durchgeführt wird (Fischer u. a., § 75 Anm. 95 a; Lorenzen u. a., § 75 Anm. 158b). Aber auch Einzelmaßnahmen unterfallen dem Mitbestimmungsrecht. Darüber hinaus kann die Personalvertretung im Wege des Initiativrechts dem Leiter der Dienststelle die für die Teilnahme an der Fortbildungsveranstaltung in Frage kommenden Beschäftigten schriftlich vorschlagen. Kommt es nicht zu einer Einigung, so kann die Angelegenheit den übergeordneten Dienststellen vorgelegt werden, wobei die oberste Dienstbehörde endgültig entscheidet (§ 70 Abs. 2 i. V. mit § 69 Abs. 4). Daneben steht der Personalvertretung ein Antragsrecht nach § 68 Abs. 1 Nr. 1 zu, das jedoch kein förmliches Beteiligungsverfahren auslöst. Im einzelnen ist die Personalvertretung u. a. dann zu beteiligen, wenn es um die Auswahl von Teilnehmern für den Besuch von Verwaltungsakademien bzw. Fachschulen, um die Teilnahme an Sprachkursen, um Vortragsveranstaltungen etc. geht, was vor allen Dingen im Hinblick auf die zunehmende Einführung von E-Mail- und Internetdiensten von besonderer Bedeutung ist (vgl. hierzu IT-Fortbildungskonzept des Bundes, Bek. d. BMI v. 30. 1. 2002 – IT 1 195 952/7, GMBl 2002, 339). Allerdings steht ihr kein Mitbestimmungsrecht bei der Entscheidung darüber zu, welche Fortbildungsveranstaltungen von seiten der Verwaltung durchgeführt werden (OVG Münster v. 23. 10. 1986, ZBR 1987, 188 = PersV 1989, 29). Ebenso wenig kann die Personalvertretung mit darüber bestimmen, für welchen Personenkreis diese Veranstaltungen vorgesehen sein sollen. Ein Mitbestimmungsrecht steht der Personalvertretung auch nicht zu, wenn die Dienststelle eine Veranstaltung als nicht im dienstlichen Interesse liegend dann betrachtet, wenn diese Veranstaltung von einer anderen Körperschaft getragen und weder in ihrem eigenen noch im Auftrag einer ihr übergeordneten Dienststelle durchgeführt wird (OVG Münster v. 11. 11. 1982, ZBR 1983, 310 = Leits. PersV 1986, 435; vgl. auch Richardi u. a., § 75 Anm. 363 ff.).

b) Das Mitbestimmungsrecht beinhaltet kein gemeinsames Auswahlrecht 134
von Dienststellenleiter und Personalvertretung. Daher kann die Personalvertretung nicht darüber mitbestimmen, ob einzelne Beschäftigte aus dienstlichen Gründen freizustellen sind oder nicht. Vielmehr geht es allein darum, eine **gerechte Verteilung von Fortbildungschancen** zu gewährleisten. Vielfach werden in der öffentlichen Verwaltung sog. **Assessment-Center** ein- und durchgeführt mit dem Ziel, eine qualifizierte Personalauswahl, bei der u. a. das Arbeitsverhalten von Bewerbern beurteilt wird, mehrere Bewer-

tungsmethoden eingesetzt werden und durch mehrere Beobachter eine Bewertung erfolgt. Wenn das Ergebnis eines Assessment-Center-Verfahrens vom Dienststellenleiter zu beachten ist, dann handelt es sich nicht mehr um einen der Willensentscheidung vorausgehenden Schritt, sondern um einen wesentlichen Teil der Auswahlentscheidung selbst und somit um eine mitbestimmungspflichtige Maßnahme. Der Personalvertretung steht sowohl bei der Einführung als auch bei der Durchführung des Assessment-Centers ein Mitbestimmungsrecht deshalb zu, um zu gewährleisten, dass nur zulässige Fragen gestellt und nicht in unzulässiger Weise in das Persönlichkeitsrecht der Beschäftigten eingegriffen wird. Außerdem hat die Personalvertretung darauf zu achten, dass bei allen zur Teilnahme in Betracht kommenden Beschäftigten von gleichmäßigen Kriterien ausgegangen wird und dass unter Beachtung von Eignung und Leistung allen die gleichen Chancen zur Teilnahme eingeräumt werden. Insbesondere dann, wenn die Absolvierung einer Maßnahme Voraussetzung für einen beruflichen Aufstieg ist, steht der Personalvertretung ein Mitbestimmungsrecht zu (BVerwG v. 29. 1. 2003, ZBR 2003, 280 = PersV 2003, 297 = ZfPR 2003,135; Wahlers, ZTR 2005,185 m.zahlr. weit. Nachw: Witt, PersV 2004, 324). Generell setzt das Mitbestimmungsrecht erst dann ein, wenn sich der Dienststellenleiter für die Auswahl bestimmter Teilnehmer an Fortbildungsveranstaltungen entschieden hat und der Personalvertretung einen entsprechenden Vorschlag unterbreitet (OVG Münster v. 23. 10. 1986, ZBR 1987, 188 = PersV 1989, 29; vgl. hierzu und zu der Frage, ob Gruppen- oder gemeinsame Angelegenheit: § 38 Anm. 13). Daher unterliegt auch die Anordnung eines Dienststellenleiters, dass alle Beschäftigten eines bestimmten Funktionsbereichs an einer Einweisung in die Wahrnehmung neuer Aufgaben teilzunehmen haben, nicht der Mitbestimmung, zumal es sich hierbei um eine unmittelbar aus dem Weisungsrecht erwachsende Anordnung handelt (OVG Bremen v. 18. 9. 1990, Leits. ZBR 1991, 154 = Leits. ZfPR 1991, 143; Richardi u. a., § 75 Anm. 371; aA Lorenzen u. a., § 75 Anm. 159). Ebenso wenig unterliegt die Entscheidung eines Dienststellenleiters, zu einer bestimmten Fortbildungsveranstaltung keinen Beschäftigten zu entsenden, dem Mitbestimmungsrecht der Personalvertretung; denn einer solchen Entscheidung geht keine Auswahlentscheidung voraus, bei der die Personalvertretung über ihr Mitbestimmungsrecht dafür sorgen soll, dass Fortbildungschancen gleichmäßig verteilt werden (OVG Berlin v. 18. 10. 1990, Leits. PersR 1991, 395).

134a c) Vermittelt eine Veranstaltung des Dienststellenleiters **schwerpunktmäßig** solche **Kenntnisse,** die **für eine ordnungsgemäße Wahrnehmung** der Aufgaben der Beschäftigten erforderlich sind, so handelt es sich nicht um eine Fortbildungsveranstaltung, da in ihr nicht fachliche und berufliche Kenntnisse vertieft und aktualisiert sowie zusätzliche Kenntnisse vermittelt werden. Solche Veranstaltungen weisen nicht über die aktuellen Anforderungen am Arbeitsplatz hinaus (BVerwG v. 17. 10. 2002, ZBR 2003, 388 = ZfPR 2003,41)

135 9. **Den Inhalt von Personalfragebogen für Arbeitnehmer** (Nr. 8) können Personalvertretungen ebenfalls mitbestimmen.

136 a) Der Sinn des Mitbestimmungsrechts der Personalvertretung besteht darin, darauf zu achten, dass ein Dienststellenleiter Beschäftigten bzw. Bewerbern nur solche Fragen vorlegt, die erkennbar in einem sachlichen Zusammenhang mit dem Beschäftigungsverhältnis stehen. Nur solche Fragen sollen gestellt werden, für die ein berechtigtes Auskunftsbedürfnis des Dienststellenleiters besteht (BVerwG v. 26. 3. 1985, ZBR 1985, 174). Da das Mitbestimmungsrecht auf die Abwehr unzulässiger oder unberechtigter Fragen gerichtet ist, steht der Personalvertretung kein Initiativrecht zu und zwar weder im Hinblick auf die Einführung eines bestimmten Fragebogens nach auf einzelne Fragestellungen (Lorenzen u. a., § 75 Anm. 164d). Das Mitbestimmungsrecht erstreckt sich auf **Personalfragebogen,** nämlich auf formularmäßig gefasste Zusammenstellungen verschiedener, auf die Person, die persönlichen Verhältnisse, den beruflichen Werdegang, die fachlichen Kenntnisse, die sonstigen Fähigkeiten von Bewerbern oder Beschäftigten (BVerwG v. 19. 5. 2003, ZBR 2003, 423 = PersV 2003, 339 = ZfPR 2003, 267). Die formularmäßige Erhebung von personenbezogenen Daten fällt nur dann unter den Mitbestimmungstatbestand, wenn der Arbeitgeber dadurch Erkenntnisse über die Beschäftigten gewinnt, die ihm noch nicht bekant sind (BVerwG v. 19. 5. 2003, aaO). Sie sollen dem Dienstherrn **Auskunft über die Person und die Eignung** für die Verwendung an einem bestimmten Arbeitsplatz geben. Personalfragebogen sind daher personenbezogen, während eine sich durch **Erhebungsbogen** abgefragte Arbeitsplatzbeschreibung nur auf Inhalt, Umfang und Bedeutung der zu verrichtenden Tätigkeiten ohne Rücksicht auf den Inhaber des Arbeitsplatzes bezieht. Sie sind somit sachbezogen. An der Erstellung solcher Erhebungsbogen besteht kein Mitbestimmungsrecht (BVerwG v. 6. 2. 1979, ZBR 1980, 30 = PersV 1980, 421; BVerwG v. 26. 3. 1985, aaO; vgl. auch für „Arbeitsaufzeichnungsformulare“: VGH Mannheim v. 11. 3. 1980, Leits. ZBR 1981, 231; OVG Münster v. 24. 6. 1982, Leits. PersV 1986, 435 = RiA 1983, 139; VGH Kassel v. 13. 6. 1984, RDV 1986, 270). Wenn die Fragen überwiegend personenbezogen sind, dann trägt ein Erhebungsbogen insgesamt den Charakter eines Personalfragebogens (z. B. Fragen nach Fachausbildung mit Angabe des Abschlusses, nach Ausübung weiterer Tätigkeiten, wahrgenommene Aufgaben und Tätigkeiten, jeweiliger Anteil in Prozentsätzen etc.). Auch wenn sich diese Fragen z. T. auf sachliche Anforderungen des Arbeitsplatzes beziehen, so können aus den Antworten jedoch Rückschlüsse auf Ausbildung, Arbeitsbereitschaft und Belastbarkeit sowie auf Fähigkeiten zu rationeller Arbeitseinteilung gezogen werden. Dies ist z. B. im Zusammenhang mit der Frage nach der persönlichen und fachlichen Eignung für Telearbeit ebenso der Fall wie bei der Frage nach der Geeignetheit der häuslichen Umgebung für die Einrichtung von Telearbeitsplätzen (Boemke-Ankersen, BB 2000, 2454, 2259). Arbeitsplatzbezogene Fragen (Verbesserungsvorschläge für Organisation, Geschäftsverteilung, Arbeitsablauf, Arbeitsbedingungen, Möglichkeiten einer Übertragung von Tätigkeiten auf andere Beschäftigte) können einem Dienststellenleiter Erkenntnisse über die Notwendigkeit von Maßnahmen organisatorischer Art vermitteln. Sie lassen mittelbar aber Rückschlüsse auf Arbeitsauslastung und persönliche Zufriedenheit des jeweiligen Beschäftigten mit den Arbeitsbedingungen zu. Deshalb sind solche Fragebogen als Personalfragebogen zu qualifizieren (VGH Mannheim v. 2. 3. 1993, Leits. ZBR 1993, 320 = Leits. ZfPR 1994, 58). Wenn allerdings einem Dienststellenleiter mit der Beantwortung von Fragen „nichts Neues im Sinne eines ‚Eindringens‘ in die Privatsphäre“ mitgeteilt, sondern ihm lediglich eine Arbeitsabwicklung ohne längere Recherchen ermöglicht wird (Frage nach Erhebung einer Klage gegen den Dienstherrn), dann greift ein Mitbestimmungsrecht nicht ein (OVG Bautzen v. 30. 9. 1997, ZBR 1999, 28 = PersV 1999, 171). Nicht entscheidend für die Qualifizierung eines Fragebogens als Personalfragebogen ist der mit der Fragestellung verfolgte Zweck; denn entscheidend kommt es auf den objektiven Charakter der Fragen und darauf an, ob deren Beantwortung Rückschlüsse auf die Qualifikation bestimmter Beschäftigter zulässt (BVerwG v. 2. 8. 1989, ZBR 1990, 52 = PersV 1990, 170 = ZfPR 1989, 173; Lorenzen u. a., § 75 Anm. 163e; aA Richardi u. a., § 75

Anm. 384). Diese Voraussetzungen sind nicht erfüllt, wenn mit einem Erhebungsbogen Fragen nach Arbeitsabläufen gestellt werden, ohne dass der Name des Inhabers des Arbeitsplatzes und die Zeit zur Erledigung der übertragenen Aufgaben eingetragen werden müssen (OVG Münster v. 10. 1. 1977, ZBR 1978, 178 = PersV 1980, 154). Wohl aber unterliegen **Erhebungsbogen** dem Mitbestimmungsrecht der Personalvertretung, die personenbezogene Daten zum Zweck der Berechnung von Dienstbezügen/des Entgelts abfragen. Dies erfordert im Übrigen schon der mit dem Mitbestimmungsrecht verfolgte Schutzzweck. Die Beteiligung der Personalvertretung nämlich verhindert, dass von Beschäftigten Fragen beantwortet werden müssen, die in keinem Zusammenhang mit dem Beschäftigungsverhältnis stehen, vor allem Fragen, „die tief in die verfassungsrechtlich geschützte Persönlichkeitssphäre eindringen" und für die ein berechtigtes Auskunftsbedürfnis nicht besteht (BVerwG v. 22. 12. 1993, ZBR 1994, 253 = PersV 1994, 520 = ZfPR 1994, 46).

137 b) Da in Fragebogen eine besondere Gefahr für die persönliche Integrität der Beschäftigten liegen kann, muss es zu einer **Diskussion und Verständigung über Inhalt und Ziele der Fragebogen** kommen. Dabei sind auch die Auswertungsmöglichkeiten der gewonnenen Daten im Hinblick auf eine Überwachung der Beschäftigten einzubeziehen (Gola, DÖV 1984, 839; Simitis, S. 33, 39; aA offenbar: Müllner, BB 1984, 475, 476). Auch solche Formulare, die Stammdaten für ein Personalinformationssystem erfassen, erfüllen die Voraussetzungen eines Personalfragebogens, wenn mit ihnen die in Anm. 136, 141, 142 sowie weiter unten erwähnten Daten abgefragt werden sollen. Vielfach werden derartige Fragebogen in Anlehnung an den Satz- und Feldaufbau einer elektronischen Datei konzipiert. Sie bilden den Regelfall der Datenerfassung für automatisierte Verfahren. Grundsätzlich ist dabei davon auszugehen, dass das Speichern in zulässiger Weise erhobener Daten im Rahmen der Zweckbestimmung eines Beschäftigungsverhältnisses mit den Einschränkungen durch das informationelle Selbstbestimmungsrecht erlaubt ist (§§ 3, 23 BDSG). Für die im Rahmen der Zweckbestimmung vorzunehmende Interessenabwägung ist der Grundsatz der Verhältnismäßigkeit (vgl. auch Anm. 143) maßgebend. Aus einem Personalfragebogen dürfen daher z. B. folgende Daten automatisch gespeichert werden: Geschlecht, Familienstand, Schule, Ausbildung in Lehr- und anderen Berufen, Fachschulausbildung/Fachrichtung/Abschluss, Sprachkenntnisse. Diese Daten sind zur Erfüllung des konkreten Vertragszwecks erforderlich, weil sie dem Dienstherrn Auskunft über die Eignung des Beschäftigten und über seine weitere Verwendung geben (vgl. für das BetrVG: BAG v. 22. 10. 1986, BAGE 53, 226 = BB 1987, 1461 = DB 1987, 1048; vgl. auch Schierbaum, PersR 1996, 261).

138 c) Das Mitbestimmungsrecht der Personalvertretung erstreckt sich sowohl auf die Erstellung von Fragebogen, die sich auf Bewerber im Zusammenhang mit einer beabsichtigten Einstellung beziehen als auch auf Fragebogen, die sich an Beschäftigte richten (BVerwG v. 26. 3. 1985, ZBR 1985, 174; OVG Münster v. 22. 5. 1986, PersV 1988, 534; Fischer u. a., § 75 Anm. 96; Lorenzen u. a., § 75 Anm. 163), nicht aber darauf, ob überhaupt Fragebögen eingeführt oder aber abgeschafft werden sollen (Fischer u. a., § 75 Anm. 97; Lorenzen u. a., § 75 Anm. 162a). Das Mitbestimmungsrecht ist nicht auf die **erstmalige Abfassung** eines Fragebogens beschränkt. Vielmehr erstreckt es sich auch auf eine **Veränderung** der Fragen; denn im ersten Fall wird der Inhalt festgelegt, im zweiten kann er wesentlich verändert werden. In beiden Fällen aber ist entscheidend, dass der Dienstherr über die formularmäßige

Erhebung von personenbezogenen Daten der Beschäftigten Kenntnisse gewinnen möchte, die ihm bisher noch nicht bekannt sind (BVerwG v. 26. 3. 1985, aaO; OVG Münster v. 26. 6. 1998, Leits. RDV 1999, 221). Dabei kann es nicht darauf ankommen, ob die Dienststelle selbst aus eigenen Unterlagen personenbezogene Daten zusammenträgt und sich der Hilfe der Betroffenen nicht bedient oder ob sie Fragen an Bewerber mündlich stellt und die Antworten jeweils selber vermerkt (vgl. für das BetrVG: BAG v. 21. 9. 1993, Leits. BB 1994, 75 = DB 1994, 480) oder ob sie die Fragebogen unmittelbar von den Beschäftigten ausfüllen lässt (so aber: VGH Mannheim v. 8. 12. 1987, ZBR 1989, 154). Auszugehen nämlich ist vom Schutzzweck der Vorschrift, der darin besteht, mit Hilfe der Personalvertretung zu klären, ob Fragen beantwortet werden sollen, die möglicherweise nachteilige Folgen für den Antwortenden haben (OVG Münster v. 21. 9. 1987 – CL 4/86, n. v.; vgl. auch Anm. 136). Datenschutzrechtliche Bestimmungen stehen dem Mitbestimmungsrecht der Personalvertretung nicht entgegen (Fischer u. a., § 75 Anm. 97 a).

d) Das Mitbestimmungsrecht erstreckt sich nicht **auf andere Formen der** 139
Datenerfassung. Daher steht der Personalvertretung beispielsweise auch bei psychologischen Testverfahren kein Mitbestimmungsrecht zu, da bei diesem Verfahren nicht festgelegt ist, nach welchen allgemeinen Grundsätzen eine Beurteilung erfolgen soll oder nach welchen Richtlinien Einstellungen, Versetzungen, Kündigungen etc. vorzunehmen sind (Scholz, NJW 1981, 1987). Wenn diese Testverfahren allerdings nach festgelegten Mustern durchgeführt werden oder wenn Einstellungsgespräche formalisiert sind, wenn also nach einem bestimmten Schema vorgegangen wird, dann wäre eine Beteiligung der Personalvertretung vom Schutzzweck des Gesetzes (vgl. Anm. 136) eigentlich geboten, um sicherzustellen, dass die individualrechtlichen Schranken für das Fragerecht beachtet werden. Vom Gesetzeswortlaut her ist aber das Mitbestimmungsrecht der Personalvertretung auf den Inhalt von Personalfragebogen beschränkt. Es kann daher nicht, weil es vom Ergebnis her wünschenswert wäre, auf andere Verfahren ausgedehnt werden (z. B. „verbale Informationserhebungen", so aber Müllner, BB 1984, 475, 476; vgl. zu den Rechtsproblemen bei der Anwendung psychologischer Testverfahren: Schmid, BB 1981, 1646). Das Mitbestimmungsrecht ist nach dem Wortlaut ausschließlich auf die Fragestellung beschränkt, so dass die Personalvertretung im Rahmen eines entsprechenden Mitbestimmungsverfahrens keinen Anspruch darauf hat, an der Erstellung eines Katalogs beteiligt zu werden, in dem festgelegt wird, in welchem Zusammenhang die erfragten Informationen verwendet werden dürfen (aA Klebe-Schumann, ArbuR 1983, 40). Wohl aber kann die Personalvertretung durch eine Verweigerung ihrer Zustimmung den Kreis der an sich zulässigen Fragen zu beschränken versuchen (hierzu Löwisch, DB 1987, 936 ff.). Die Mitglieder einer Personalvertretung, denen Tatsachen aus dem Persönlichkeitsbereich im Zusammenhang mit Personalfragebogen bekannt werden, haben hierüber Stillschweigen zu bewahren (vgl. § 10).

e) Im Zusammenhang mit den vielfältigen Arten von Verwaltungsreformen 140
gibt es eine Reihe von Neuerungen auch im Bereich der Personalfragebogen. So wird nicht selten nach einer **Selbsteinschätzung** von Stärken und Schwächen gefragt oder danach, ob sich der Betreffende in seinem Aufgabenbereich über- bzw. unterfordert fühlt oder es werden Kontrollfragen zum Erreichen der in einer Zielvereinbarung festgelegten Ziele gestellt. Auch Personalfragebogen diesen Inhalts unterliegen dem Mitbestimmungsrecht der Personalvertretung (Boegl, ZfPR 2007, 22). Dagegen steht einer Personalvertretung

im Rahmen einer beabsichtigten Neuorganisation kein Mitbestimmungsrecht bei der **Erstellung von Tätigkeitskatalogen zu,** in denen u. a. der Name und der Arbeitsaufwand anzugeben und die Tätigkeiten zu beschreiben sind; denn ein solcher Tätigkeitskatalog bezieht sich auf Inhalt und Umfang der auf einzelnen Dienstposten/Arbeitsplätzen zu verrichtenden Tätigkeiten. Auch die erwähnte Namensangabe verleiht dem Fragebogen selbst nicht den Charakter eines Personalfragebogens; denn diese dient lediglich der leichteren Identifizierung der einzelnen Dienstposten/Arbeitsplätze im Hinblick auf den Zweck der Erhebung, eine grundlegende Neuorganisation vorzubereiten (OVG Münster v. 24. 6. 1982, Leits. PersV 1986, 435 = RiA 1983, 139). Ebensowenig steht der Personalvertretung ein Mitbestimmungsrecht bei einer **Befragung der Beschäftigten** mittels eines Vordrucks **wegen** der Ausübung **einer Nebenbeschäftigung** gegen Entgelt zu; denn entsprechende Fragen betreffen nicht die für die dienstliche Verwendung erheblichen persönlichen Verhältnisse und Fähigkeiten eines Beschäftigten. Vielmehr beziehen sich die Fragen auf eine außerhalb dieser Tätigkeit ausgeübte Nebenbeschäftigung (BVerwG v. 30. 11. 1982, Leits. ZBR 1984, 54 = PersV 1983, 411; BVerwG v. 10. 1. 1983, ZBR 1983, 308 = PersV 1983, 507). Die im Rahmen einer von der Bundesregierung angeordneten Sicherheitsüberprüfung auszufüllenden Fragebogen unterfallen nicht der Mitbestimmung der Personalvertretung, da die einzelne Dienststelle, die nach Art. 87 Abs. 2 GG Teil der bundeseigenen Verwaltung ist, an die entsprechenden Verwaltungsvorschriften gebunden ist (BAG v. 17. 5. 1983, BAGE 42, 375 = PersV 1985, 170; Fischer u. a., § 75 Anm. 97a; Richardi u. a., § 75 Anm. 386).

141 f) Der Betroffene hat das Recht, die **Beantwortung von Fragen zu verweigern,** die ein Eindringen in seinen Persönlichkeitsbereich bedeuten würden (vgl. für das BetrVG: LAG Frankfurt v. 26. 1. 1989, PersR 1990, 52). Dieses Recht ist ihm auch dann unbenommen, wenn es sich um einen Personalfragebogen handelt, der mit Zustimmung der Personalvertretung erstellt worden ist. Da aber bei der Einstellung die Verweigerung der Beantwortung bestimmter Fragen zur Ablehnung der Bewerbung führen kann, müssen sich Dienstherr und Personalvertretung bemühen, nur solche Fragen in den Katalog aufzunehmen, die zweifelsfrei zulässig sind. Die Frage nach einer **Schwangerschaft** bei einer Einstellung darf wahrheitswidrig beantwortet werden (Richardi u. a., § 75 Anm. 389). Eine solche Frage verstößt gegen das gesetzliche Verbot des § 611 a BGB. Danach darf ein Arbeitgeber einen Arbeitnehmer bei der Begründung des Arbeitsverhältnisses nicht wegen seines Geschlechts benachteiligen (vgl. auch § 67 Anm. 7 ff.). § 611 a BGB beruht auf der Umsetzung der Richtlinie 76/207/EWG (ABl. Rn. L 39/40) durch den deutschen Gesetzgeber. Das Gemeinschaftsrecht hat grundsätzlich Vorrang vor dem nationalen Recht; der Rechtsprechung des Europäischen Gerichtshofs kommt dabei besondere Bedeutung zu. Das BAG hat in Übereinstimmung mit dieser Rechtsprechung festgestellt, „dass die Frage nach einer Schwangerschaft bei (geplanten) unbefristeten Arbeitsverhältnissen regelmäßig gegen die Richtlinie 76/207/EWG verstößt und zwar selbst dann, wenn die Frau die vereinbarte Tätigkeit wegen eines mutterschutzrechtlichen Beschäftigungsverbotes zunächst nicht aufnehmen kann“. Da die Fragestellung unzulässig ist, darf die Frage, ohne dass dies Folgen für den Arbeitsvertrag hätte, wahrheitswidrig beantwortet werden (BAG v. 6. 2. 2003, BB 2003, 1734 = Leits. ZBVR 2003, 87). Demgegenüber sind Fragen zulässig, die sich auf die Mitgliedschaft in einer Organisation beziehen, die **verfassungsfeindliche Ziele** verfolgt (Fischer u. a., § 75 Anm. 97; Richardi u. a., § 75 Anm. 391; aA Lorenzen u. a., § 75 Anm. 163 f). Fragen nach einer

Schwerbehinderung, nach dem Vorhandensein körperlicher Mängel oder nach Krankheiten, die die in der Dienststelle tätigen Beschäftigten anstecken oder den Betreffenden nur eingeschränkt leistungsfähig arbeiten lassen könnten, sind ebenso zulässig wie die Frage nach einer akuten AIDS-Erkrankung (Lorenzen u. a., § 75 Anm. 163 j). Einem Beschäftigten steht aber nicht das Recht zu, eine zulässigerweise gestellte Frage deshalb wahrheitswidrig zu beantworten, weil die zuständige Personalvertretung dem Fragebogen nicht zugestimmt hat (BVerwG v. 28. 1. 1998, BVerwGE 106, 153 = ZBR 1999, 164 = Leits. PersV 1998; 531 = ZfPR 1998, 113; BAG v. 2. 12. 1999, BAGE 93, 41= BB 2000, 1092 = DB 2000, 1418). Das Allgemeine Gleichbehandlungsgesetz (AGG) hat das Fragerecht zusätzlich eingeschränkt. Im Zusammenhang mit den Diskriminierungsmerkmalen des § 1 AGG (vgl. § 67 Abs. 1) sind Fragen grundsätzlich unzulässig. Etwas anderes gilt nur dann, wenn Rechtfertigungsgründe nach den §§ 8 bis 10 AGG gegeben sind.

g) **Fragen nach der Religion, der Partei- oder Gewerkschaftszugehörigkeit sind unzulässig.** Ebenso haben Fragen außer Betracht zu bleiben, die sich auf die Familienverhältnisse (z. B. Beruf des Vaters und der Mutter) sowie auf ärztliche Untersuchungen erstrecken, soweit sie nicht für den konkreten Arbeitsplatz oder das Dienstverhältnis insgesamt von Bedeutung sind. Im Hinblick auf das unter allgemeinen Resozialisierungsgesichtspunkten zu beachtende Bestreben, straffällig gewordene Bürger grundsätzlich auch im öffentlichen Dienst zu verwenden, darf nach Vorstrafen im allgemeinen ebenfalls nicht gefragt werden. Solche Fragen sind nur ausnahmsweise dort zulässig, wo sich aus dem konkreten Aufgabenbereich an einem bestimmten Arbeitsplatz eine unabdingbare Notwendigkeit hierfür ergibt (Hümmerich, BB 1979, 428). Das muss beispielsweise für Fragen nach Vermögensdelikten im Zusammenhang mit einem Arbeitsplatz eines Beschäftigten gelten, der mit dem Eintreiben von Gebühren befasst ist (Fischer u. a., § 75 Anm. 97; vgl. auch Lorenzen u. a., § 75 Anm. 163 f.). 142

h) Bei **sonstigen Fragestellungen** ist im Hinblick auf Zulässigkeit/Unzulässigkeit auf Sinn und Zweck der Fragestellung, vor allen Dingen darauf abzustellen, ob ein berechtigtes Auskunftsbedürfnis zu Grunde liegt. Es muss ein sachlicher Zusammenhang mit dem Beschäftigungsverhältnis bestehen. Deshalb ist auf der einen Seite die Frage nach der Eigenschaft als Schwerbehinderter oder nach Krankheiten, die die Leistungsfähigkeit des Betroffenen einschränken könnten, erlaubt, während auf der anderen Seite nach der Rechtsprechung des BAG (v. 6. 2. 2003, BB 2003,1734 = DB 2003, 1795) die Frage nach der Schwangerschaft unzulässig ist und deshalb auch wahrheitswidrig beantwortet werden darf (vgl. auch Anm. 141, 143). 142a

i) Zur Abwägung der in Kollision stehenden Interessen des Dienstherrn an einer qualifizierten Besetzung von Arbeitsplätzen einerseits und den Interessen eines Bewerbers oder Beschäftigten nach Geheimhaltung von Tatsachen aus dem Persönlichkeitsbereich andererseits ist generell vom **Grundsatz der Verhältnismäßigkeit** auszugehen, nach dem abzuwägen ist, ob das Interesse des Dienstherrn an einer qualifizierten Besetzung eines Arbeitsplatzes ein Eindringen in die persönlichen Verhältnisse zwingend erforderlich macht. Bei der Frage nach dem Vorliegen einer AIDS-Infektion oder AIDS-Erkrankung im Personalfragebogen ist zu unterscheiden, ob es sich um einen Fall der Einstellung für normale, nicht besonders infektionsgefährdete Tätigkeiten handelt oder um Tätigkeiten, bei denen die Gefahr besteht, dass Blut oder andere Körperflüssigkeiten des Beschäftigten in Kontakt mit dem Blut an- 143 derer Beschäftigter oder auch Dritter, insbesondere Patienten, kommen (vgl. auch Lorenzen u. a., § 75 Anm. 163 j und Anm. 141).

144 j) Der **Inhalt der Fragebogen kann** auch generell **in Form von Dienstvereinbarungen** bestimmt werden. In jedem Fall aber hängt das Mitbestimmungsrecht der Personalvertretung davon ab, dass die Maßnahmen in die Zuständigkeit des Dienststellenleiters fallen; denn nur bei entsprechender Zuständigkeit kann das Mitbestimmungsverfahren eingeleitet bzw. eine Dienstvereinbarung abgeschlossen werden. Zuständig für die Ausübung des Mitbestimmungsrechts ist diejenige Gruppe, deren Mitglieder von dem Personalfragebogen betroffen sind (§ 38 Abs. 2; Fischer u. a., § 75 Anm. 97 a; Richardi u. a., § 75 Anm. 394).

145 10. **Beurteilungsrichtlinien für Arbeitnehmer** (Nr. 9) unterliegen ebenfalls dem Mitbestimmungsrecht der Personalvertretung.

146 a) Die Personalvertretung kann bei der Erstellung und Änderung von Beurteilungsrichtlinien (einschließlich inhaltlicher Einzelheiten) mitbestimmen. Entsprechende Richtlinien legen allgemeine Bewertungskriterien fest, die für die Abfassung dienstlicher Beurteilungen maßgebend sind (BVerwG v. 11. 12. 1991, Leits. ZBR 1992, 251 = PersV 1992, 379 = Leits. ZfPR 1992, 177). Bei der Abgabe dienstlicher Beurteilungen soll eine einheitliche Anwendung derartiger Bewertungskriterien sichergestellt (OVG Münster v. 12. 2. 1987, PersR 1987, 267), darüber hinaus soll eine Objektivierung der Beurteilung im Interesse der Beachtung des Gleichheitssatzes erreicht werden (BVerwG v. 11. 12. 1991, aaO). Zwar führt das Gesetz die Beurteilungsrichtlinien ohne jede Beziehung zu konkreten Maßnahmen an. Es ist aber im Interesse einer ausgewogenen Beteiligung der Personalvertretung von einem Mitbestimmungsrecht bei der Erstellung und der Änderung allgemeiner Richtlinien auszugehen. Dabei handelt es sich um solche Richtlinien, die den Kreis der zu Beurteilenden und den Beurteilungsanlass festlegen und die insgesamt als **bedeutsam für die Beurteilung der fachlichen und persönlichen Qualifikation** angesehen werden. Dabei erstreckt sich das Mitbestimmungsrecht der Personalvertretung auf alle Richtlinien, die nicht lediglich auf unmittelbar durch Gesetz oder tarifliche Regelung begründete Rechte und Pflichten hinweisen, sondern bestehende Regelungen ausfüllen. Dies gilt auch für die für Beamte in den §§ 40, 41 BLV vorgegebenen Regelungen über Zeitpunkt und Inhalt einer Beurteilung (vgl. auch § 76 Anm. 26). Diese Bestimmungen nämlich lassen Raum für Richtlinien. Daher lässt auch ein das Gesetz bloß konkretisierendes Tätigwerden eines Dienststellenleiters noch Platz für mitbestimmungspflichtige Regelungen. Das Mitbestimmungsrecht betrifft aber nicht alleine nur die materiellen Beurteilungsmerkmale, sondern auch das Verfahren, das für die Feststellung dieser Merkmale festgelegt wird und die Daten, die zur Beurteilung beim Vorgesetzten oder an anderen Stellen erhoben werden sollen (Gola, DÖV 1984, 839, 840; Müllner, BB 1984, 475; Zöllner, DB 1984, 241). Darunter fallen vor allen Dingen das System der Auswertung von Bewerbungsunterlagen, Leistungsbeurteilungen in periodischen Abständen sowie die Festlegung sonstiger Merkmale wie z. B. Prüfung der Eignung für bestimmte Aufgaben. Auch die Festlegung von Beurteilungsdurchschnittswerten unterliegt der Mitbestimmung der Personalvertretung (VGH Kassel v. 24.5. 1989, ZBR 1990, 193 = ZfPR 1990, 50 m. Anm. von Ilbertz). Ebenso sind Regelungen darüber mitbestimmungspflichtig, wer für eine Beurteilung zuständig ist (zur Zuständigkeit des Beurteilers: vgl. LAG Niedersachsen v. 20. 1. 2003, PersR 2003, 374), wie oft

und aus welchem Anlass eine solche vorgenommen werden bzw. ob und wann eine Anhörung der zu beurteilenden Beschäftigten erfolgen und wie eine Beurteilung eröffnet werden soll oder welche Kriterien (Aufgabenerfüllung, inner-/außerdienstliches Verhalten etc.) maßgeblich sein sollen. Auch solche Regelungen nämlich sind zur Objektivierung der Beurteilung und zur Gewährleistung des Gleichheitssatzes geeignet, so dass die Mitbestimmung der Personalvertretung vom Schutzzweck der Vorschrift her geboten ist (BVerwG v. 11. 12. 1991, aaO). Ebenso kann ein Mitbestimmungsrecht der Personalvertretung dann gegeben sein, wenn von einer Dienststelle ein Programm aufgestellt wird, das der Einarbeitung neu eingestellter Beschäftigter zugrundegelegt werden soll. Beurteilungsrichtlinien nämlich liegen auch dann vor, wenn die Regelungen lediglich Ergänzungscharakter besitzen. Dies ist dann der Fall, wenn die einzelnen Dienststellenleiter aufgefordert sind, Fachkenntnisse und Führungseigenschaften neu eingestellter Mitarbeiter anhand eines konkreten Einarbeitungsprogramms zu überprüfen (OVG Münster v. 20.11. 1995, Leits. ZBR 1996, 191 = Leits. ZfPR 1996, 164; vgl. zur Weisung einer oberen Schulaufsichtsbehörde über Verfahrensweisen der „Binnendifferenzierung bei der Beratung der Schulträger" und zu der Frage, ob diese als mitbestimmungspflichtige Beurteilungsrichtlinie zu bewerten ist: OVG Münster v. 13. 11. 1995 – 1 A 4919. PVL, n. v.).

b) Der Beteiligung der Personalvertretung im Zusammenhang mit der Erstellung bzw. Änderung von Beurteilungsrichtlinien kommt im Hinblick auf eine konkrete Ausgestaltung des Gebots zur **Überwachung der gleichmäßigen Behandlung** aller Beschäftigten (§ 67 Abs. 1) besondere Bedeutung zu. Die Personalvertretung hat darauf zu achten, dass die Richtlinien für alle Abteilungen einer Verwaltung von gleichen Kriterien ausgehen und sog. Gefälligkeitsbeurteilungen weitgehend verhindern. Wenn ein Dienstherr im Rahmen der Bestenauslese zur Durchsetzung des Leistungsprinzips dazu übergeht, verstärkt auf die Bewertung der Einzelleistungs- und Befähigungsmerkmale in den Beurteilungen immer dann zurückzugreifen, wenn das Gesamturteil gleich lautet, dann stellt eine solche Vorgehensweise keine Änderung der bestehenden Beurteilungsrichtlinien dar (OVG Münster v. 20. 5. 1998, Leits. PersV 1998, 525). Ebensowenig ist ein Mitbestimmungsrecht dann gegeben, wenn sich Beurteiler lediglich über einheitliche Tätigkeitsbeschreibungen und wesentliche Leistungsmerkmale für bestimmte Dienstposten abstimmen, so unterliegen die abgesprochenen Richtlinien selbst dann nicht dem Mitbestimmungsrecht der Personalvertretung, wenn der Dienststellenleiter an den Besprechungen mitwirkt, selbst aber keine verbindliche Regelung trifft (VGH Kassel v. 17. 11. 1994, Leits. ZfPR 1995, 128). Auch besteht kein Mitbestimmungsrecht dann, wenn im Rahmen der Bestenauslese zur Durchsetzung des Leistungsprinzips ein Dienstherr dazu übergeht, bei gleichlautendem Gesamturteil stärkeres Gewicht auf die Bewertung der Einzelleistungs- und -befähigungsmerkmale zu legen; denn hier wird lediglich die Praxis als solche, nicht aber eine bestehende Beurteilungsrichtlinie geändert (OVG Münster v. 20. 5. 1998, PersV 1998, 525 = Leits. ZfPR 1999, 130). Darüber hinaus soll das Mitbestimmungsrecht dazu beitragen, dass möglichst objektive Gesichtspunkte eingeführt werden und den Beschäftigten in ausreichendem Maß rechtliches Gehör gewährt wird; denn im öffentlichen Dienst ist die Beurteilung für das berufliche Fortkommen von ganz entscheidender Bedeutung. Die Personalvertretung ist nur an der Erarbeitung der Beurteilungsrichtlinien, also an einer generellen Regelung zu beteiligen, nicht aber an der Abgabe einer Beurteilung im Einzelfall (Fischer u. a., § 75 Anm. 98; Lorenzen u. a., § 75 Anm. 166). Auch an der Eröffnung und Besprechung einer Beurteilung kann ein Personalrats- 147 mitglied nach dem Wortlaut des Gesetzes nicht beteiligt werden. Zweckmäßig allerdings könnte eine solche Beteiligung im Interesse der Vermeidung verwaltungs-/arbeitsgerichtlicher Verfahren sein. Eine individuelle dienstliche Beurteilung ist allerdings dann fehlerhaft, wenn ihr Beurteilungsrichtlinien bzw. Beurteilungsdurchschnittswerte zugrunde gelegt werden, denen die zuständige Personalvertretung nicht zugestimmt hat (VGH Kassel v. 13. 3. 1991 – 1 UE 2507/89, n. v.). Die Weiterverwendung entsprechender Beurteilungsrichtlinien, die ohne eine Beteiligung der Personalvertretung zustande gekommen sind, ist unzulässig (vgl. für das BetrVG: LAG Frankfurt v. 6. 3. 1990, RDV 1991, 273).

148 11. Auch bei der **Bestellung von Vertrauens- und Betriebsärzten als Arbeitnehmer** (Nr. 10) bestimmt die Personalvertretung mit.

149 a) Nach dem Beschluss des BVerfG v. 24. 5. 1995 (BVerfGE 93, 37 = ZBR 1996, 15 = PersV 1995, 553 = ZfPR 1995, 185; s. auch Anm. 2) ist bei Nr. 10 lediglich von einer **eingeschränkten** Mitbestimmung auszugehen. Soweit öffentliche Verwaltungen einen **eigenen ärztlichen Dienst** unterhalten, werden diejenigen Ärzte, deren sich die Behörde ständig bedient, von ihr ausgewählt. Sie treten in freiberufliche Beziehung zu einer Dienststelle bzw. werden regelmäßig durch Vertrag (oder durch Begründung eines Beamtenverhältnisses, vgl. hierzu § 76 Abs. 2 Nr. 4 und die dort. Anm.) an die öffentliche Verwaltung gebunden. Werden die Ärzte als Arbeitnehmer verpflichtet, so bestimmt die Personalvertretung außerdem nach § 75 Abs. 1 Nr. 1 mit (vgl. Gesetz über Betriebsärzte, Sicherheitsingenieure und andere Fachkräfte für Arbeitssicherheit, ASiG, v. 12. 12. 1973, BGBl. I S. 1885, zul. geänd. durch Art. 126 V v. 31. 10. 2006, BGBl. I S. 2407; vgl. im Übrigen auch: Gesetz zur Umsetzung der EG-Rahmenrichtlinien Arbeitsschutz und weitere Arbeitsschutzrichtlinien v. 7. 8. 1996, BGBl. I S. 1246: Bildung von Arbeitsschutzausschüssen bei mehr als 20 Beschäftigten).

150 b) Der Grund für die Beteiligung der Personalvertretung bei der Bestellung von Vertrauens- und Betriebsärzten liegt darin, dass diese Ärzte neben der unmittelbaren Hilfeleistung die gesundheitlichen Verhältnisse in der Dienststelle zu überwachen und die Dienstfähigkeit der Beschäftigten zu beurteilen bzw. den Leiter der Dienststelle bei Arbeitsschutzmaßnahmen zu unterstützen haben, so dass sie **des Vertrauens der Beschäftigten** ebenso wie des Vertrauens des Leiters der Dienststelle bedürfen.

151 c) Das Mitbestimmungsrecht der Personalvertretung bei der Bestellung von Vertrauensärzten erstreckt sich auch auf die Bestellung von Beschäftigten der Dienststelle zu Vertrauens- oder Betriebsärzten. Es hat darin zu bestehen, dass **begründete Vorschläge für die Auswahl** eines zu bestellenden Arztes gemacht **oder begründete Bedenken gegen die Bestellung** eines von der Dienststelle in Aussicht genommenen Arztes vorgetragen werden. Vorschläge oder Bedenken können sich ebenso auf die fachliche Leistungsfähigkeit wie auf menschliche Eigenschaften des Arztes beziehen, da dieser – wie ausgeführt – nicht nur der Vertrauensarzt der Dienststelle ist, sondern auch das Vertrauen der Beschäftigten besitzen muss. Unter diesem Gesichtspunkt muss der Personalvertretung auch ein Mitbestimmungs- und Initiativrecht bei der **Abberufung von Vertrauens- und Betriebsärzten** zustehen. Zwar sieht das Gesetz einen entsprechenden Mitbestimmungstatbestand nicht vor. Im Hinblick auf die angesprochene Vertrauensposition, die der Arzt bekleidet, kann es aber nicht angehen, den Leiter der Dienststelle alleine darüber ent-

scheiden zu lassen, ob ein vom Vertrauen der Beschäftigten insgesamt getragener Arzt abberufen wird. In gleicher Weise muss der Personalvertretung ein **Initiativrecht** (§ 70 Abs. 2) zustehen, um **auf** diese Weise evtl. die **Abberufung** eines Arztes zu erreichen, der nicht vom Vertrauen der Beschäftigten getragen wird. Im Übrigen bestimmt § 9 Abs. 3 des Gesetzes über Betriebsärzte, Sicherheitsingenieure und andere Fachkräfte für Arbeitssicherheit (vgl. Anm. 149) ausdrücklich, dass Betriebsärzte mit Zustimmung des Betriebsrates abzuberufen sind. Für eine unterschiedliche Behandlung der Betriebe auf der einen und der Dienststellen auf der anderen Seite besteht aber kein Grund (so im Ergebnis auch: Richardi u. a., § 75 Anm. 420; Lorenzen u. a., § 75 Anm. 172a; aA Fischer u. a., § 75 Anm. 100a). Der Personalvertretung steht schließlich auch ein Mitbestimmungsrecht bei der Bestellung von Sicherheitsbeauftragten und Sicherheitsausschüssen sowie von Fachkräften für Arbeitssicherheit i. S. von § 5 des Arbeitssicherheitsgesetzes (vgl Anm. 149). Die Bestellung von Sicherheitsbeauftragten ist als Arbeitsschutzmaßnahme zu werten, da sie ebenfalls der vorbeugenden Bekämpfung von Unfall- und Gesundheitsgefahren dient (BVerwG v. 18. 5. 1994, aaO; OVG Münster v. 15. 12. 1999, Leits. ZBR 2000, 322 = PersV 2000, 453).

d) Von einer Bestellung von Vertrauens- und Betriebsärzten i. S. von Abs. 3 Nr. 10 kann nicht gesprochen werden, wenn ein **freiberuflich tätiger Arzt in einem Einzelfall** von seiten der Dienststelle **in Anspruch genommen wird.** Dagegen unterliegt die Bestellung von freiberuflichen Betriebsärzten der Mitbestimmung; denn die Bestellung ist von erheblicher Bedeutung für den Gesundheitsschutz der Beschäftigten (BVerwG v. 25. 1. 1995, BVerwGE 97, 316 = Leits. ZBR 1995, 319 = PersV 1995, 439 = ZfPR 1995, 116; so im Ergebnis auch: Fischer u. a., § 75 Anm. 99; Lorenzen u. a., § 75 Anm. 168a; Zander, PersR 1990, 63). Gleiches gilt bei der Bestellung eines überbetrieblichen Dienstes von Betriebsärzten oder Fachkräften für Arbeitssicherheit i. S.v. § 19 ASiG (OVG Münster v. 10. 12. 2003, PersV 2004, 469 = Leits. ZfPR 2004, 307). **152**

e) Ein Mitbestimmungsrecht der Personalvertretung kommt aber nicht in Betracht, wenn Vertrauens- und Betriebsärzte nicht für die ihrem Einwirkungsbereich unterliegende Dienststelle bestellt werden, sondern zur **Betreuung von Beschäftigten anderer Verwaltungen tätig** sind (so z. B. die Vertrauensärzte von Sozialversicherungsträgern, Fischer u. a., § 75 Anm. 100; Lorenzen u. a., § 75 Anm. 170). **153**

12. Das Mitbestimmungsrecht der Personalvertretung erstreckt sich auch auf **Maßnahmen zur Verhütung von Dienst- und Arbeitsunfällen und sonstigen Gesundheitsschädigungen** (Nr. 11). **154**

a) Wortlaut und Sinn der Vorschrift zielen auf solche Maßnahmen, die das Risiko von Gesundheitsschädigungen oder Unfällen innerhalb der Dienststelle mindern oder aber einen effektiven Arbeitsplatz- und Gesundheitsschutz gewährleisten sollen. Erfasst werden alle Arbeitsschutzmaßnahmen, die entweder nach gesetzlicher Vorschrift oder aus freiem Entschluss eines Dienststellenleiters zum allgemeinen Schutz der Beschäftigten oder zum Schutz vor konkreten Gefahren, die die Tätigkeit an bestimmten Arbeitsplätzen mit sich bringt, ergriffen werden sollen (BVerwG v. 8. 1. 2001, Leits. ZBR 2001, 254 = PersV 2001, 422 = ZfPR 2001, 68; vgl. auch für das BetrVG: BAG v. 15. 1. 2002, BAGE 100, 173 = Leits. BB 2002, 1762 = DB 2002, 2278 = ZBVR 2002, 242). Das Mitbestimmungsrecht der Personal- **155** vertretung erstreckt sich nicht nur auf Anlage, Änderung, Inbetriebnahme oder Außerbetriebnahme von technischen Einrichtungen, sondern auch auf organisatorische und personelle Maßnahmen (BVerwG v. 25. 1. 1995, BVerwGE 97, 316 = Leits. ZBR 1995, 319 = PersV 1995, 349 = ZfPR 1995, 116; OVG Münster v. 9. 6. 2006, PersV 2008, 18 = Leits. ZfPR 2007, 71; vgl. auch Kittner/Pieper, PersR 2005, 339). Die jeweilige Verwaltung hat grundsätzlich alle Vorkehrungen dafür zu treffen, dass Dienst- (§ 31 BeamtVG, vgl. § 11 Anm. 4) und Arbeitsunfälle (§ 8 SGB VII; Sozialgesetzbuch VII v. 7. 8. 1996, BGBl. I S. 1254, zul. geänd. d. Art. 6a G v. 19. 12. 2007, BGBl. I S. 3024) und dienstlich bedingte Gesundheitsschädigungen verhindert werden. Um gerade in diesem Zusammenhang die Erfahrungen der Beschäftigten zu berücksichtigen, räumt Abs. 3 Nr. 11 der Personalvertretung ein **Mitbestimmungsrecht an allen Maßnahmen der Unfallverhütung und des Gesundheitsschutzes** ein. Dieser Mitbestimmungstatbestand erhält eine neue Qualität durch das Gesetz über die Durchführung von Maßnahmen des Arbeitsschutzes zur Verbesserung der Sicherheit und des Gesundheitsschutzes der Beschäftigten bei der Arbeit (Arbeitsschutzgesetz, ArbSchG, v. 7. 8. 1996, BGBl. I S. 1246, zul. geänd. d. Art. 6 G v. 8. 4. 2008, BGBl. I S. 706) sowie durch die Verordnung über Sicherheit und Gesundheitsschutz bei der Arbeit an Bildschirmgeräten (Bildschirmarbeitsverordnung, BildscharbV, v. 4. 12. 1996, BGBl. I S. 1841, 1843, zul. geänd. d. Art. 437 V v. 31. 10. 2006, BGBl. I S. 2407). Arbeitschutzgesetz und Bildschirmarbeitsverordnung setzen die Richtlinie 90/270/EWG (Abl v. 29. 5. 1990, Nr. L 156, S. 14) in innerstaatliches Recht um (vgl. auch § 81 Anm. 9 sowie Siemes, NZA 1998, 232). § 81 geht im Übrigen von einer Beteiligung der Personalvertretung bei der tatsächlichen Bekämpfung von Unfall- und Gesundheitsgefahren aus (OVG Lüneburg v. 3. 7. 1959, PersV 1958/59, 259).

156 b) Das **Mitbestimmungsrecht** der Personalvertretung **dient der vorbeugenden Bekämpfung** von Unfall- und Gesundheitsgefahren. Maßnahmen zur Verhütung von Gesundheitsschädigungen, bei denen die Personalvertretung mitzubestimmen hat, sind nur solche, die auf den gesundheitlichen Arbeitsschutz abzielen und darauf gerichtet sind, die Beschäftigten vor konkreten Gefahren zu bewahren, die eine Tätigkeit an einem bestimmten Arbeitsplatz mit sich bringt (BVerwG v. 17. 2. 1986, BVerwGE 74, 28 = ZBR 1986, 214 = PersV 1986, 328; vgl. in diesem Zusammenhang auch Muster einer Dienstvereinbarung zum Gesundheitsschutz für Nichtraucher und zur Gesundheitsförderung für Raucher, PersV 2005, 173). Wenn eine Maßnahme dagegen auf den Schutz der Allgemeinheit gerichtet ist (z. B. Asbestsanierung in Gebäuden), ist ein Mitbestimmungsrecht in der Regel nicht gegeben; denn die öffentliche Verwaltung ist zur sach- und funktionsgerechten Aufgabenerfüllung gegenüber der Allgemeinheit verpflichtet (OVG Berlin v. 24. 5. 1993, Leits. ZfPR 1994, 95 = PersR 1993, 506). Das Mitbestimmungsrecht der Personalvertretung entfällt aber immer nur dann, wenn die betreffende Maßnahme im konkreten Einzelfall zu nicht unerheblichen Beeinträchtigungen der Aufgabenerfüllung der Dienststelle führen würde. Wenn aber Maßnahmen zur Verhütung von Dienst- und Arbeitsunfällen und sonstigen Gesundheitsschädigungen nicht bei jeder Einzelmaßnahme den Dienstbetrieb im Verhältnis zu Dritten berühren, sondern wenn Gebäude oder Gebäudeteile betroffen sind, die ausschließlich von der Dienststelle selbst genutzt werden, dann ist ein Mitbestimmungsrecht der zuständigen Personalvertretung zu bejahen. Gleiches gilt auch für den Fall, dass durch die Maßnahme die Aufgabenerfüllung nur unerheblich beeinträchtigt wird (BVerwG v. 23. 8. 2000 – 6 P 5.99, Leits. ZBR 2001, 68 = PersV 2001, 420; BVerwG v. 23. 8. 2000 – 6 P 12.99, ZfPR 2001, 4).

c) Die Personalvertretung ist sowohl **an generellen innerdienstlichen Maßnahmen als auch an entsprechenden Einzelmaßnahmen** zu beteiligen (Kunze, ZfPR 2002, 115; vgl. vor allem: Stürk, ZfPR 2004, 271), unabhängig davon, ob allgemeine Regelungen oder Einzelmaßnahmen, bezogen auf einen konkreten Arbeitsplatz oder einen einzelnen, besonders gefährdeten Beschäftigten getroffen werden sollen (Lorenzen u. a., § 75 Anm. 174). In jedem Fall aber ist für die Auslösung des Mitbestimmungsrechts Voraussetzung, dass die Dienststelle mit der beabsichtigten Maßnahme unmittelbar die Verhütung von Gesundheitsschädigungen bezweckt oder aber die Maßnahme zumindest darauf anlegt, einen effektiven Arbeits- und Gesundheitsschutz zu gewährleisten (OVG Münster v. 25. 3. 1980, PersV 1981, 371; VGH München v. 31. 7. 1985, PersV 1987, 23). Maßnahmen, die in erster Linie andere Zwecke verfolgen und nur mittelbar Auswirkungen auf den Arbeits- oder Gesundheitsschutz der Beschäftigten haben, unterliegen daher nicht dem Mitbestimmungsrecht der Personalvertretung (BVerwG v. 18. 5. 1994, Leits. ZBR 1994, 387 = PersV 1995, 30 = ZfPR 1994, 148). Daher reicht es auch nicht aus, wenn eine Maßnahme lediglich geeignet ist, den Gesundheitsschutz zu fördern, aber nicht eindeutig auf Arbeitsschutzmaßnahmen gerichtet ist, um die Beschäftigten allgemein zu schützen oder vor konkreten Gefahren zu bewahren, die mit der Wahrnehmung bestimmter Aufgaben an den betroffenen Arbeitsplätzen verbunden sind. Daher kann die Personalvertretung weder bei der Neuregelung der Reinigungshäufigkeit in Diensträumen, in denen Arbeitsplätze eingerichtet sind (BVerwG v. 25. 8. 1986, ZBR 1987, 60 = PersV 1987, 287; OVG Koblenz v. 3. 2. 1987, Leits. PersR 1988, 112), noch bei einer Anordnung zur Überprüfung des Gesundheitszustands beteiligt werden. Hierbei geht es nämlich nicht um den Schutz vor von einem Arbeitsplatz ausgehenden Gesundheitsgefahren, sondern um eine Maßnahme, die als Vorentscheidung für eine erst später zu treffende Entscheidung (z. B. vorzeitige Zurruhesetzung) zu werten ist (BVerwG v. 23. 1. 1986, ZBR 1986, 213 = PersV 1986, 323; BVerwG v. 31. 1. 1986, PersV 1986, 325; BVerwG v. 17. 2. 1986, aaO). Eine Befragung von Beschäftigten als Grundlage für die Überprüfung von Arbeitsschutzmaßnahmen unterliegt deshalb nicht der Mitbestimmung der Personalvertretung, weil es sich hierbei nur um eine Vorbereitungsmaßnahme handelt, nicht aber um eine Maßnahme, mit der der bestehende Zustand bereits verändert werden soll (BVerwG v. 14. 10. 2002, ZBR 2003, 390 = PersV 2003,186 = ZfPR 2003, 37; aA Nitsche, PersR 2005, 346). Ein absolutes Alkoholverbot für Kraftfahrer und Gabelstapelfahrer dagegen dient in erster Linie der Verhütung von Dienst- und Arbeitsunfällen und unterliegt daher der Mitbestimmung (BVerwG v. 5. 10. 1989 – 6 P 7.88, ZBR 1990, 213 = PersV 1990, 172 = ZfPR 1990, 13; BAG v. 23. 9. 1986, BAGE 53, 97 = Leits. BB 1987, 548 = DB 1987, 337; vgl. im Übrigen Anm. 180). Da das Mitbestimmungsrecht immer nur bei solchen Maßnahmen der Dienststelle einsetzt, mit denen den gesundheitlichen Gefährdungen, die von der Eigenart des jeweiligen Arbeitsplatzes ausgehen, entgegengewirkt werden soll (BVerwG v. 25. 8. 1986, aaO), sind Berichte, in denen der Dienststellenleiter gegenüber vorgesetzten Stellen, Bundestagsabgeordneten und gegenüber der Öffentlichkeit auf eine Vermehrung des Personals („Abbau von Arbeitsstress") hinwirken soll, mitbestimmungsfrei (VGH Mannheim v. 16. 6. 1992, PersV 1995, 129). Dagegen unterliegt die Auswahl von Schutzkleidung für Beschäftigte dem Mitbestimmungsrecht der Personalvertretung (VGH Mannheim v. 27.9. 1994, Leits. ZfPR 1995, 127) ebenso wie der Erlass eines Rauchverbots (Richardi-Vogel, PersV 1998, 81; vgl. auch Anm. 180) oder die Anweisung eines Dienststellenleiters an Schulhausmeister, die in der jeweiligen Schule vorhandenen **elektrischen Geräte** nach der maßgeblichen 156a

Unfallverhütungsvorschrift **zu überprüfen** (OVG Münster v. 9.6.2006, PersV 2007, 18 = Leits. ZfPR 2007, 71). Ein Mitbestimmungsrecht steht einer Personalvertretung auch bei der **Einführung einer biometrischen Zugangskontrolle** zu, da dieses Einfluss auf das innerdienstliche Verhalten der Beschäftigten hat (BAG v. 27.1.2004 – ABR 7/03, BAGE 109, 235 = BB 2004, 1389 = DB 2004,1733 = ZBVR 2004,153, vgl. auch Anm. 203). Auch verbindliche Arbeits- und Sicherheitsanweisungen, die neu in ein entsprechendes Handbuch aufgenommen werden sollen und die konkrete Verhaltensregeln bei der Ausführung von bestimmten Arbeiten enthalten, sind mitbestimmungspflichtig. Gleiches gilt auch dann, wenn ein Dienststellenleiter verbindliche Arbeits- und Sicherheitsanweisungen erlassen will, um ausfüllungsfähige Unfallverhütungsvorschriften zu konkretisieren (vgl. für das BetrVG: BAG v. 16.6.1998, BAGE 89, 139 = BB 1998, 1421 = DB 1998, 1329; 1999, 438).

156b e) Ein Mitbestimmungsrecht kommt auch für den Fall in Betracht, dass ein Dienststellenleiter Regelungen über die Gewährung bezahlter **Kurzpausen während der Tätigkeit an Bildschirmgeräten** beabsichtigt (BVerwG v. 8.1.2001, Leits. ZBR 2001, 254 = PersV 2001, 422 = ZfPR 2001, 68). Kein Mitbestimmungsrecht steht der Personalvertretung dagegen darin zu, wenn ein Dienststellenleiter zu Zwecken des Arbeitsschutzes eine Befragung der Beschäftigten durchführt; denn die Befragung selbst ist nicht auf eine Veränderung der Arbeitsverhältnisse oder der Arbeitsbedingungen gerichtet. Vielmehr ist ihr Ergebnis offen und soll evtl. zur Vorbereitung geeigneter Maßnahmen des Arbeitsschutzes führen (BVerwG v. 14.10.2002, ZBR 2003, 390 = PersV 2003, 186 = ZfPR 2003, 37).

157 c) Der Personalvertretung steht **kein Mitbestimmungsrecht** dann zu, **wenn** die betreffenden **Maßnahmen gesetzlich vorgeschrieben** oder von externen Stellen angeordnet werden (vgl. Anm. 155) sowie Sozialgesetzbuch (SGB), Allg. Teil, 1. Buch, v. 11.12.1975 (BGBl. I S. 3015), zul. geänd. d. Art. 2 G v. 19.12.2007, BGBl. I S. 3024) sowie weitere Sozialgesetzbücher. In diesen Fällen kann die Personalvertretung erst dann beteiligt werden, wenn die gesetzliche Vorschrift bzw. die Anordnung lediglich einen Rahmen setzt, innerhalb dessen Einzelmaßnahmen getroffen werden können. Zu den mitbestimmungspflichtigen Maßnahmen gehört dagegen die Bestellung von Sicherheitsbeauftragten (BVerwG v. 18.5.1994, Leits. ZBR 1994, 387 = PersV 1995, 30 = ZfPR 1994, 148; vgl. auch Richtlinien des Rates über die Durchführung von Maßnahmen zur Verbesserung der Sicherheit und des Gesundheitsschutzes der Arbeitnehmer bei der Arbeit v. 12.6.1989, ABl. Nr. L 183/1 sowie Richtlinien des Rates über Mindestvorschriften für Sicherheit und Gesundheitsschutz in Arbeitsstätten v. 30.11.1989, ABl. Nr. L 393/1 bzw. Verordnung über Arbeitsstätten (Arbeitsstättenverordnung, ArbStättV, v. 12.8.2004, BGBl. I S. 2179, zul. geänd. d. Art. 2 G v. 20.7.2007, BGBl. I S. 1595; vgl. auch § 81 Anm. 9; vgl. auch Gesetz über Betriebsärzte, Sicherheitsingenieure und andere Fachkräfte für Arbeitssicherheit, Arbeitssicherheitsgesetz, ASiG, v. 12.12.1973, BGBl. I S. 1885, zul. geänd. d. Art. 226 V v. 31.10.2006, BGBl. I S. 2407). Kein Mitbestimmungsrecht ist allerdings bei Maßnahmen gegeben, die der Ermittlung und Festsetzung des Personalbedarfs für die Aufgaben der Fachkräfte für Arbeitssicherheit dienen; denn hierdurch werden lediglich die organisatorischen Voraussetzungen für eine wirksame Wahrnehmung der Aufgaben des Arbeitsschutzes und der Unfallverhütung geschaffen (OVG Münster v. 13.8.1988, PersR 1989, 104). Die Anordnung von AIDS-Untersuchungen unterliegt im Hinblick auf den Tarifvorbehalt des § 7 BAT und vergleichbarer Vorschriften anderer Tarifverträge nicht der Mitbestimmung (Löwisch, DB 1987, 936 ff.; vgl. auch Anm. 155). Hieran hat sich durch den **TVöD** nichts geändert; auch für die dem TVöD unterfallenden Arbeitsverhältnisse besteht das grundsätzliche Recht des Arbeitsgebers an solchen Untersuchungen nach allgemeinen arbeitsrechtlichen Grundlagen fort. Wohl aber kann die Personalvertretung von ihrem **Initiativrecht** dann Gebrauch machen, wenn sie der Meinung ist, dass konkrete Maßnahmen einer Dienststelle zu Gesundheitsschäden führen. In diesem Fall können geeignete, im Einzelnen zu bezeichnende Gegenmaßnahmen beantragt werden (vgl. für den Fall einer im Dienstgebäude vorhandenen mangelhaften Klimaanlage: OVG Hamburg v. 20. 11. 1979, PersV 1982, 27; vgl. auch für das BetrVG, BAG v. 15. 1. 2002, Leits. BB 2002, 1762 = DB 2002, 2278 = ZBVR 2002, 242).

f) Ein Mitbestimmungsrecht kann auch bei der **Gestaltung von Arbeitsplätzen mit Bildschirmgeräten** in Betracht kommen (vgl. BVerwG v. 30. 8. 1985, BVerwGE 72, 94 = ZBR 1986, 143 = PersV 1987, 247), da zur Vermeidung von gesundheitsgefährdenden Belastungen alle Arbeitsmittel im Bereich der Geräte bestmöglich aufeinander abgestimmt sein müssen (vgl. hierzu OVG Münster v. 13. 3. 1986, ZBR 1986, 309). Die jeweilige Verwaltung hat daher dafür Sorge zu tragen, dass mögliche Belastungen vermieden werden. Es gibt keine gesetzliche Vorschrift, die den Leiter einer Dienststelle verpflichtet, zur Abwehr von Gesundheitsgefahren, die aus der Arbeit an Bildschirmgeräten herrühren können, generell eine zeitliche Arbeitsbeschränkung bzw. zusätzliche Pausenregelungen vorzusehen. Infolgedessen kann eine Personalvertretung auch nicht den Abschluss von Dienstvereinbarungen verlangen, mit denen generelle Augenuntersuchungen der an Bildschirmarbeitsplätzen Beschäftigten vorgesehen werden. Dies schließt allerdings nicht aus, dass eine Personalvertretung in Fällen initiativ werden kann, in denen eine konkrete Belastung nachweisbar ist und Arbeitsplätze tatsächlich gesicherten arbeitswissenschaftlichen Erkenntnissen über die menschengerechte Gestaltung der Arbeit offensichtlich widersprechen. Das Mitbestimmungsrecht nach Abs. 3 Nr. 11 bezieht sich nämlich im Gegensatz zu § 87 Abs. 1 Nr. 7 BetrVG auch auf zusätzliche Schutzmaßnahmen, die nicht der Ausfüllung gesetzlicher Vorschriften oder Anordnungen der Arbeitsschutzbehörden dienen, die aber im Interesse eines umfassenden Arbeits- und Gesundheitsschutzes notwendig erscheinen (Fischer u. a., § 75 Anm. 101; Lorenzen u. a., § 75 Anm. 174 ff.; Richardi u. a., § 75 Anm. 439). Infolgedessen kann eine Personalvertretung initiativ werden und verlangen, dass Beschäftigte mit körperlichen oder psychischen Behinderungen erst nach einer eingehenden ärztlichen Untersuchung an Bildschirmgeräten eingesetzt werden. Gerade in bezug auf diesen Personenkreis ist eine besondere Belastung wegen der erforderlichen Konzentration und wegen des aufgezwungenen Arbeitsrhythmus mit der Folge einer gesundheitlichen Beeinträchtigung nicht auszuschließen (VGH Kassel v. 20. 6. 1984, NJW 1985, 877; vgl. die Rechtsbeschwerdeentscheidung: BVerwG v. 15. 11. 1984 – 6 PB 20.84, n. v.). Im Übrigen ist auf einen Erlass des Bundesministers des Innern vom 27. 8. 1981 an die obersten Bundesbehörden hinzuweisen, wonach ärztliche Untersuchungen (Augenuntersuchungen) vor dem Einsatz an Bildschirmgeräten vorzunehmen sind. Aufgrund der EG-Bildschirmrichtlinie kann die Personalvertretung auf der Grundlage ihres Mitbestimmungsrechts nach Abs. 3 Nr. 11 innerdienstliche Regelungen über die Unterbrechnung von Bildschirmarbeit durch andere Tätigkeiten oder Pausen verlangen. Sie kann dagegen nicht Regelungen über Augenuntersuchungen der am Bildschirm Beschäftigten durchsetzen (vgl. für das BetrVG: BAG v. 2. 4. 1996, BAGE 82, 349 = BB 1997, 1259 = DB 1996, 786, 1725; ein Dienststellenleiter hat 158 lediglich angemessene Untersuchungen der Augen anzubieten, vgl. § 6). Angesichts des Zusammenwirkens von Arbeitsschutzgesetz und Bildschirmarbeitsverordnung dürfte es nicht mehr zulässig sein, die Kosten für spezielle Sehhilfen bei Bildschirmarbeit den Beschäftigten zu überlassen (Geray-Heilmann, AiB 1998, 565).

159 13. **Grundsätze über die Bewertung von anerkannten Vorschlägen im Rahmen des betrieblichen Vorschlagwesens** (Nr. 12) unterliegen gleichfalls dem Mitbestimmungsrecht der Personalvertretung.

160 a) Mit dieser Bestimmung trägt das Gesetz der Tatsache Rechnung, dass durch die Beschäftigten nicht selten **Verbesserungsvorschläge hinsichtlich des täglichen Arbeitsablaufs** gemacht werden. Die Bewertung soll nicht allein dem Dienststellenleiter überlassen bleiben. Vielmehr soll die Beteiligung der Personalvertretung eine konkrete Ausgestaltung des § 67 Abs. 1 (Gleichbehandlungsgrundsatz) darstellen. In diesem Zusammenhang sind die für die Bundesverwaltungen durch Erlass der Bundesregierung festgelegten Richtlinien für das Vorschlagswesen zu berücksichtigen (GMBl. 1989, S. 434). Diese Richtlinien schließen das Mitbestimmungsrecht der Personalvertretungen für den Bereich der Bundesverwaltungen keineswegs aus (Lorenzen u. a., § 75 Anm. 177b; aA Fischer u. a., § 75 Anm. 102); denn zum einen lassen sie für dienststelleninterne Regelungsmöglichkeiten Platz, zum anderen ist nicht anzunehmen, dass der Gesetzgeber den Mitbestimmungstatbestand tatsächlich nur auf die (ehemaligen) Betriebsverwaltungen Bahn und Post beschränken wollte (Lorenzen u. a., aaO; aA Fischer u. a., aaO).

161 b) Das Mitbestimmungsrecht der Personalvertretung erstreckt sich auf die **Erstellung von Grundsätzen.** Es ist nicht davon abhängig, dass die Verwaltung ein „betriebliches Vorschlagwesen“ einrichtet oder hierfür Mittel bereitstellt. Vielmehr hat die Personalvertretung ein Initiativrecht, sobald für eine allgemeine Regelung ein Bedürfnis besteht. Die Verwaltung wird auf diese Weise nicht bereits zur Aufwendung finanzieller Mittel gezwungen, weil sie frei darüber entscheiden kann, ob sie Verbesserungsvorschläge annimmt oder verwertet (vgl. für das BetrVG: BAG v. 28. 4. 1981, BAGE 35, 205 = BB 1982, 861 = DB 1981, 1882). Das Mitbestimmungsrecht umfasst im Falle der Anerkennung auch nicht die Bewertung, sondern lediglich die grundsätzlichen Regeln, nach denen eine Bewertung anerkannter Vorschläge durchzuführen ist. Infolgedessen kann die Personalvertretung auch nicht bei der Entscheidung über die Annahme eines einzelnen Verbesserungsvorschlags und bei der Entscheidung über die Höhe der Prämie im Einzelfall mitbestimmen, auch wenn diese im Rahmen der vereinbarten Bewertungsgrundsätze getroffen werden soll (Richardi u. a., § 75 Anm. 448). Ebensowenig steht der Personalvertretung ein Mitbestimmungsrecht bei einer eventuellen Bestellung eines Beauftragten für das Vorschlagswesen zu (vgl. für das BetrVG: BAG v. 16. 3. 1982, BAGE 38, 148 = BB 1983, 963 = DB 1982, 1468).

162 aa) **Vorschläge** im Rahmen des betrieblichen Vorschlagswesens sind solche, **die die gegenwärtige Arbeitssituation verbessern** helfen. Sie dienen der **Erleichterung, der Vereinfachung oder Verbesserung des Arbeitsablaufs** insgesamt durch Aufzeigen des derzeitigen und des durch den Vorschlag möglichen Ablaufs. Gegenstand von Verbesserungsvorschlägen sind insbesondere Fragen der schnelleren und rationelleren Arbeitsweise, der Vereinfachung bestimmter Arbeitsvorgänge sowie der Steigerung des sicheren Arbeitsablaufs (vgl. im Übrigen: § 40 Nr. 2, § 41 des Gesetzes über Arbeitnehmerer-

findungen, ArbNErfG, v. 25. 7. 1957, BGBl. I S. 756, zul. geänd. d. Art. 1 G v. 18. 1. 2002, BGBl. I S. 414). Die hier in Betracht kommenden Verbesserungsvorschläge stehen im Gegensatz zu den **Arbeitnehmererfindungen.** Der Verbesserungsvorschlag zugunsten der Erleichterung des Arbeitsablaufs ist im Hinblick auf seinen geringeren Neuheitsgrad nicht patent- und gebrauchsmusterfähig (vgl. § 3 des Gesetzes über Arbeitnehmererfindungen) und qualitativ weniger als eine Erfindung (Richardi u. a., § 75 Anm. 451).

bb) Die von Dienststelle und Personalvertretung gemeinsam zu erarbeitenden Bewertungsgrundsätze sollten vor allem auf eine **gerechte Einschätzung der Vorschläge** hinsichtlich ihres Wertes bei der praktischen Anwendung gerichtet sein. Sie sollten nach der Art der Vorschläge gestaffelt sein und möglichst differenzierte Bewertungen erlauben, die im Rahmen einer Ermessensentscheidung ein Abwägen zulassen. Darüber hinaus sollten sie u. a. Grundsätze für die Gewährung von Prämien sowie über deren Höhe enthalten (vgl. im Übrigen auch: Rieble-Giestel, DB 2005,1382). **163**

14. **Aufstellung von Sozialplänen einschließlich Plänen für Umschulungen** zum Ausgleich oder zur Milderung von wirtschaftlichen Nachteilen, die den Beschäftigten infolge von Rationalisierungsmaßnahmen entstehen (Nr. 13), sind ebenfalls mitbestimmungspflichtig. **164**

a) Dieser Mitbestimmungstatbestand hat den Sinn, in Zusammenarbeit zwischen Dienststelle und Personalvertretung rechtzeitig die Grundregeln aufzustellen, nach denen im Falle von mit verwaltungsorganisatorischen Maßnahmen verbundenen wirtschaftlichen Nachteilen verfahren und wie erreicht werden soll, diese **Nachteile auszugleichen,** mindestens aber zu mildern. Daneben kann ein Mitbestimmungsrecht nach § 76 Abs. 2 Nr. 7 sowie ein Mitwirkungsrecht nach § 78 Abs. 1 Nr. 2 in Betracht kommen (VGH Kassel v. 27. 4. 1977, PersV 1980, 64). Wenn dagegen von seiten einer Dienststelle eine Aufstellung vorgelegt wird, in der keine Regelungen zum Ausgleich oder zur Milderung von wirtschaftlichen Nachteilen, die den Beschäftigten der Dienststelle infolge von Rationalisierungsmaßnahmen entstehen, enthalten ist, dann ist eine solche Aufstellung nicht mitbestimmungspflichtig. Will die Personalvertretung in diesem Fall über die Aufstellung eines Sozialplans entsprechende Regelungen erreichen, so muss sie von ihrem Initiativrecht Gebrauch machen (VGH Mannheim v. 18. 9. 1990, Leits. DÖV 1991, 1080). Wenn allerdings ein Sozialplan als eine Übergangsmaßnahme von vornherein zeitlich begrenzt ist, ist zu dem Zeitpunkt, zu dem wegen des Eintritts bestimmter Umstände kein Interesse mehr an der Beibehaltung einer aufgrund des Sozialplans eingeführten Einrichtung besteht, kein Mitbestimmungsrecht gegeben (BVerwG v. 26. 3. 1986, PersV 1986, 510). **165**

b) **Rationalisierungsmaßnahmen** sind solche Maßnahmen, die eine veränderte, zweckmäßigere, zeitsparendere Arbeitsweise durch Änderung der Aufbau- und Ablauforganisation bezwecken und auf eine Leistungssteigerung bei gleichem oder aber geringerem Aufwand an menschlicher Arbeit, Zeit, Energie, Material oder Kapital gerichtet sind. Eine solche Maßnahme ist aber dann nicht gegeben, wenn der Personalbedarf nur an vorhandene Gegebenheiten ohne die Absicht einer Effektivitäts- und Leistungssteigerung angepasst werden soll (BVerwG v. 17. 6. 1992, BVerwGE 90, 228 = Leits. ZBR 1992, 380 = PersV 1993, 175 = Leits. ZfPR 1992, 178). Nur unwesentliche Veränderungen der Arbeitsorganisation oder der Arbeitsweise, die nicht zu zusätzlichen Belastungen der Beschäftigten führen, sind keine mit- **166** bestimmungspflichtigen Rationalisierungsmaßnahmen (Fischer u. a., § 75 Anm. 103 a; Lorenzen u. a., § 75 Anm. 179 e; aA VGH München v. 5. 4. 1995, PersR 1995, 346). Gleiches gilt für den **Abbau des Personalbestands** auf Grund von Personalbemessungen und bei der Anpassung an den tatsächlichen Personalbedarf. Wenn aber mit einer Personalbemessung zwangsläufig auch eine Veränderung der Aufbau- oder Ablauforganisation verbunden ist, die zur Streichung einer Organisationseinheit führt, dann ist ein Mitbestimmungsrecht zu bejahen (BVerwG v. 17. 6. 1992, BVerwGE 90, 228 = Leits. ZBR 1992, 380 = PersV 1992,175 = Leits. ZfPR 1992, 178; Lorenzen u. a., § 75 Anm. 175d).

166a c) Wenn der bisherige Personalbedarf an vorhandene Gegebenheiten angepasst werden soll, so handelt es sich nicht um eine Rationalisierungsmaßnahme. Gleiches gilt bei Auflösung oder Änderung einzelner Arbeitsplätze, weil sie für Struktur und Arbeitsweise einer Dienststelle nicht von gravierender Bedeutung sind (BVerwG v. 17. 6. 1992, BVerwGE 90, 228 = Leits. ZBR 1992, 380 = PersV 1993, 175 = Leits. ZfPR 1992, 178; Fischer u. a., § 74 Anm. 104; Lorenzen u. a., § 75 Anm. 179e). Für den Bereich der Bundesverwaltung gibt es eine Reihe von **Rationalisierungsschutzvereinbarungen.** Hierzu zählen u. a. der Tarifvertrag über den Rationalisierungsschutz für Angestellte v. 9. 1. 1987 (GMBl. S. 186, 276) sowie der Tarifvertrag über den Rationalisierungsschutz für Arbeiter des Bundes und der Länder v. 9. 1. 1987 (GMBl. S. 186, 276; i. d. F. v. 24. 4. 1991 bzw. 4. 11. 1992). Durch diese Tarifverträge wird grundsätzlich nicht die Mitbestimmung bei Einzelfallmaßnahmen ausgeschlossen. Vielmehr wird sie nur insoweit verdrängt, als eine gesetzliche oder tarifliche Regelung besteht. Dies aber würde voraussetzen, dass durch sie unmittelbar Rechte und Pflichten im Einzelfall bestimmt werden und es zur konkreten Regelung nur noch eines Hinweises auf die Rechtslage, aber keiner konkretisierenden Vollzugsmaßnahme mehr bedarf (OVG Bremen v. 9. 7. 1991, PersR 1992, 58). Wenn dagegen diese Maßnahmen darauf abzielen, mit gleichem Personalbestand mehr Leistung oder mit weniger Personal die gleiche Leistung zu erzielen, dann liegt eine Rationalisierungsmaßnahme vor. Je nach Ausgestaltung der Maßnahme kann auch eine vermehrte Belastung einzelner Beschäftigter eintreten. Das ist zum Beispiel dann der Fall, wenn der Betroffene innerhalb einer verringerten Arbeitszeit dieselbe Arbeit zu verrichten hat. Allerdings ist Kennzeichen einer Rationalisierungsmaßnahme nicht die zusätzliche Belastung einzelner Beschäftigter; denn durch organisatorische Maßnahmen können Aufgabenbereiche und Organisationseinheiten „wegrationalisiert" werden, „ohne dass dadurch die Arbeitsbelastung des einzelnen Beschäftigten stärker oder umfangreicher wird" (VG Dresden v. 17. 9. 1999, PersV 2000, 222). Die Personalvertretung kann im Übrigen ihr Mitbestimmungsrecht bei der Aufstellung von Sozialplänen insoweit unter Bezugnahme auf Rationalisierungsschutzabkommen – speziell gerichtet auf die Verhältnisse der jeweiligen Dienststelle – dadurch ausüben, dass sie durch Abschluss ergänzender Dienstvereinbarungen Vorsorge für durch Rationalisierungsmaßnahmen zu befürchtende wirtschaftliche Nachteile trifft.

167 d) **Gegenstand des Sozialplans** ist nicht die Entscheidung über die Einleitung oder die Durchführung von Rationalisierungsmaßnahmen, sondern alleine der Ausgleich oder die Milderung wirtschaftlicher Nachteile, die den Beschäftigten infolge, d. h. als Ausfluss der getroffenen Maßnahmen entstehen (Bosch, ZfPR 1997, 64). Im Falle von Entlassungen kann der Sozialplan zwar Bestimmungen über den Zeitplan und die Auswahl der betroffenen Beschäftigten vorsehen, nicht aber über die Lösung der Beschäftigungsverhältnisse selbst. Das würde zu einer Überschreitung der Zuständigkeiten der Personalvertretung führen (Fischer u. a., § 75 Anm. 104; Lorenzen u. a., § 75 Anm. 179 f.).

e) Der Sozialplan kann **nur den Ausgleich wirtschaftlicher, nicht sonstiger Nachteile** zum Inhalt haben (vgl. für das BetrVG: BAG v. 27. 7. 1987, BB 1988, 761 = DB 1988, 558). Wirtschaftliche Nachteile (Verlust vermögenswerter Rechte) sind nicht nur Nachteile infolge von Entlassungen, sondern auch infolge von u. a. Versetzungen, die zu einer Einbuße an Arbeitsentgelt führen, längere Anmarschwege bedingen oder den einzelnen zu einer doppelten Haushaltsführung zwingen. Daher kann eine Personalvertretung auch dann mitbestimmen, wenn infolge des Wegfalls des Essensgeldzuschusses und eines dadurch bedingten Umsatzrückgangs die Öffnungszeiten einer Kantine mit dem Ziel der Personaleinsparung eingeschränkt werden. Eine solche Maßnahme stellt sich als Rationalisierungsmaßnahme dar, die wirtschaftliche Nachteile bei den Beschäftigten auslösen kann. 168

f) Als Rationalisierungsmaßnahmen kommen vor allem wesentliche verwaltungsorganisatorische bzw. betriebsorganisatorische Maßnahmen in Betracht, die den Arbeitsablauf erleichtern und zugleich den Aufwand an menschlicher Arbeitskraft, an Zeit, Material etc. reduzieren (Automation; vgl. VGH Kassel v. 14. 7. 1976, PersV 1978, 129) bzw. solche Maßnahmen, die auf eine zweckmäßige Gestaltung von Arbeitsabläufen zur Steigerung der Effektivität und zur Senkung des Aufwands abzielen (OVG Münster v. 9. 8. 1989, PersV 1992, 176). Das Mitbestimmungsrecht der Personalvertretung erstreckt sich nur auf die Aufstellung, nicht aber auf den Vollzug von Sozialplänen. Der Sozialplan nämlich soll wirtschaftliche Nachteile ausgleichen oder mildern, die den Beschäftigten durch Rationalisierungsmaßnahmen entstehen. Insoweit soll mit dem Sozialplan eine kollektiv-rechtliche Ergänzung des Schutzes der Beschäftigten aus dem Beamten- oder Arbeitsverhältnis erreicht werden. Maßnahmen in Vollzug eines Sozialplans unterliegen dem Mitbestimmungsrecht der Personalvertretung daher nicht, weil sich die Personalvertretung mit der Zustimmung zur Aufstellung des Sozialplans ihrer speziellen Beteiligungsrechte begeben hat (BVerwG v. 26. 3. 1986, PersV 1986, 510; OVG Münster v. 29. 11. 1990, PersR 1991, 395). Darüber hinaus kann zwischen den Partnern eines Sozialplans bei der Vereinbarung von Sozialplanansprüchen zwischen Beschäftigten, denen infolge der Auflösung einer Dienststelle gekündigt worden ist und solchen, die ihr Arbeitsverhältnis selbst gekündigt oder durch einen Aufhebungsvertrag beendet haben, unterschieden werden (vgl. für das BetrVG: BAG v. 19. 7. 1995, BAGE 80, 286 = BB 1995, 2534 = DB 1995, 2531). In den entsprechenden **Sozialplänen** können u. a. **folgende Regelungen** getroffen werden: die Zahlung von Abfindungen bei Entlassungen oder mit einer Einbuße an Arbeitsentgelt verbundenen Versetzungen, Weiterzahlung von bisher erbrachten zusätzlichen Sozialleistungen, die Behandlung von Darlehen bei Ausscheiden aus der Dienststelle, einmalige oder laufende Ausgleichszahlungen bei Umsetzungen, Abfindungen bei Verlust sozialer Leistungen, Ersatz zusätzlicher Aufwendungen etc. (Richardi u. a., § 75 Anm. 475). Nach § 10 Satz 3 Nr. 6 AGG können Differenzierungen von Leistungen in Sozialplänen nach dem Alter der Beschäftigten erfolgen. Von einem Initiativrecht zur Aufstellung eines weiteren Sozialplans kann aber eine Personalvertretung solange keinen Gebrauch machen, wie der dem bestehenden Sozialplan zugrundeliegende Sachverhalt sich nicht entscheidend ändert. Vor allen Dingen kann eine Personalvertretung ein solches Initiativrecht nicht mit der Begründung wahrnehmen, dass die infolge der Rationali- 169 sierungsmaßnahme entstandenen wirtschaftlichen Nachteile durch den ersten Sozialplan noch nicht voll ausgeglichen seien (OVG Münster v. 17. 12. 1993, PersV 1996, 382 = Leits. ZfPR 1994, 195). Ein Mitbestimmungsrecht steht der Personalvertretung dann nicht zu, wenn dienstliche Vorgänge bereits durch Gesetz oder Verordnung geregelt sind (Trennungsgeldverordnung, Bundesumzugskostengesetz etc.); in diesen Fällen kann ein Sozialplan über die entsprechend geregelten Zuwendungen nicht hinausgehen (Fischer u. a., § 75 Anm. 104; Lorenzen u. a., § 75 Anm. 179 a).

170 g) **Pläne für Umschulungen,** d. h. für Lehrgänge etc., in denen ein Beschäftigter auf eine seiner Ausbildung nicht entsprechende neue Tätigkeit vorbereitet wird, sollen vor allem Regelungen über die Frage der Kostentragung enthalten und Mindestzeiten vorsehen, zu denen spätestens die Maßnahmen für eine durch Rationalisierung notwendig werdende Umschulung einzusetzen haben.

171 h) Dienststelle und Personalvertretung haben bei der Erstellung der Sozialpläne einerseits die **dienstlichen Gegebenheiten und** andererseits die **persönlichen Verhältnisse** der Betroffenen gegeneinander abzuwägen, wobei ein angemessener Interessenausgleich gefunden werden muss, der vor allem berücksichtigt, dass insbesondere bei Arbeitsmarktproblemen der Verlust von Arbeitsplätzen von ganz entscheidendem Einfluss auf die wirtschaftlichen Verhältnisse der Beschäftigten ist. In gleicher Weise hat die Einigungsstelle zu verfahren. Der **Sozialplan hat verbindliche Wirkung** für die Dienststelle. Das Haushaltsrecht bildet im Hinblick auf die Etathoheit des Parlaments (Art. 110 GG) allerdings die Grenze für einen Sozialplan (vgl. auch § 71 Abs. 3 Satz 4 sowie Fischer u. a., § 75 Anm. 104 b; Lorenzen u. a., § 75 Anm. 182; aA Richardi u. a., § 75 Anm. 474).

172 15. Das Mitbestimmungsrecht der Personalvertretung umfasst auch das **Absehen von der Ausschreibung von Dienstposten, die besetzt werden sollen** (Nr. 14).

173 a) Die **Stellenausschreibung** dient der Förderung von Objektivität und Legalität der Stellenbesetzung im öffentlichen Dienst. Sie ist daher ein wesentliches Element der Verwaltungsführung in einem demokratischen Gemeinwesen. Aus diesem Grund bestimmt § 8 Abs. 1 BBG, dass die Bewerber durch Stellenausschreibung zu ermitteln sind (zur Frage der Ausschreibungspflicht von Soldaten-Dienstposten vgl. Widmaier, PersV 1992, 454). Darüber hinaus legt § 4 Abs. 1 BLV, Verordnung über die Laufbahnen der Bundesbeamtinnen und Bundesbeamten, Bundeslaufbahnverordnung i. d. F. d. Bek. v. 2. 7. 2002, BGBl. I S. 2459, 2671, zul. geänd. d. Art. 2 Abs. 24 G v. 5. 12. 2006, BGBl. I S. 2748) fest, dass beabsichtigte Einstellungen auszuschreiben sind. § 4 Abs. 2 BLV verpflichtet die Dienststellen zur internen Ausschreibung von Beförderungsdienstposten; will eine Dienststelle hiervon abweichen (§ 4 Abs. 3 S. 3 BLV), so hat die Personalvertretung mitzubestimmen (Fischer u. a. § 75 Anm. 106). Beide Bestimmungen sind eine Ausfüllung von Art. 33 Abs. 2 GG, wonach jeder Deutsche nach seiner Eignung, Befähigung und fachlichen Leistung gleichen Zugang zu jedem öffentlichen Amt hat. Daraus lässt sich aber kein allgemeingültiger, für den Bereich des gesamten öffentlichen Dienstes geltender Grundsatz herleiten, wonach Bewerber für einen Dienstposten durch Ausschreibung zu ermitteln wären. Vielmehr ist zwischen einer **externen** und einer **internen Stellenausschreibung** zu unterscheiden. Aus dem Personalvertretungsrecht lässt sich keine Verpflichtung der Dienststelle zu externen Ausschreibungen herleiten. Die vorstehend aufgeführten Vorschriften haben keinen konkreten Bezug zu den in der Dienststelle Beschäftigten. Ein Mitbestimmungsrecht der Personalvertretung an externen Ausschreibungen ist daher nicht gegeben. Anders ist dagegen die Rechtslage bei internen Stellenausschreibungen, da die Auswahl in der Regel das berufliche Fortkommen oder andere berufsbezogene Belange von in der Dienststelle Beschäftigten berührt. Daher soll durch Einbeziehung der Personalvertretung sichergestellt werden, dass sich möglichst alle in Betracht kommenden Beschäftigten an der Bewerberauswahl beteiligen können. Das Mitbestimmungsrecht bezieht sich aber nicht auf eine „beabsichtigte Maßnahme", sondern darauf, von einer Maßnahme abzusehen. Die Personalvertretung ist daher nicht an Form, Inhalt, Verfahren, Art und Weise der Veröffentlichung und der Festlegung des Verbreitungsbereichs der Ausschreibung zu beteiligen (BVerwG v. 8. 3. 1988, BVerwGE 79, 101 = ZBR 1988,256 = PersV 1989, 73 = ZfPR 1989,41; Fischer u. a., § 75 Anm. 106 d; Lorenzen u. a., § 75 Anm. 185 a; Richardi u. a., § 75 Anm. 491; Lorse, ZTR 2006, 14, 23), sondern nur dann, wenn der zuständige Dienststellenleiter von einer Ausschreibung und der damit verbundenen Auswahl unter verschiedenen fachlich und persönlich geeigneten Beschäftigten Abstand nehmen möchte (BVerwG v. 29. 1. 1996, Leits. ZBR 1996, 410 = PersV 1996, 460 = ZfPR 1996, 122). Ob diese sehr eingeschränkte Form der Beteiligung der Personalvertretung noch mit dem Hinweis auf die dem Dienstherrn zustehende Organisations- und Personalhoheit und dem sich daraus notwendiger Weise ergebenden weiten Gestaltungs- und Handlungsspielraum begründet werden kann, muss angesichts der heutigen Verwaltungswirklichkeit bezweifelt werden. In der Bundesverwaltung besteht weitgehend ein Leitbild und ein damit eng verbundenes Personalentwicklungskonzept (vgl. § 1 a BLV). Nicht nur im Interesse der Verwaltung selbst, sondern auch im Interesse der Beschäftigten ist eine möglichst frühzeitige Einbeziehung der Personalvertretung in Überlegungen zur Entwicklung von Verwaltungsleitbildern und Personalentwicklungskonzepten und damit auch in die Formulierung von Anforderungskriterien für bestimmte Stellenausschreibungen einzubeziehen. Zu Recht weist in diesem Zusammenhang Lorse (ZTR 2006,14, 24) darauf hin, dass es ein Gebot verwaltungsökonomischer Vernunft ist, die Personalvertretung frühzeitig in eine beratende Beteiligung einzubeziehen, um dadurch „Streitigkeiten über die materiellen Grundlagen einer Ausschreibung sowie die Beachtung des formellen Ausschreibungsverfahrens zu minimieren". Hierzu scheint inzwischen auch das Bundesverwaltungsgericht (BVerwG v. 9. 1. 2007, PersV 2007, 520 = Leits. ZfPR 2007, 71) zu neigen, wenn es feststellt, dass eine Ausschreibungspflicht auch dann zu bejahen ist, wenn es keine generelle gesetzliche oder tarifliche Pflicht zur Ausschreibung von Stellen gibt. Das Gericht leitet diese Auffassung aus dem Ziel des Gesetzgebers ab, „die Vorbereitung sach- und gesetzwidriger personeller Maßnahmen zu unterbinden". Es stellt fest, dass schon deswegen die Personalvertretung „bei jeder – ausdrücklichen oder konkludenten – Entscheidung der Dienststelle bei einer Ausschreibung zu beteiligen" ist.

aa) Erfüllt nur ein Beschäftigter das vom Dienststellenleiter festgelegte Anforderungsprofil, dann ist eine dienststelleninterne Ausschreibung überflüssig und rechtlich auch nicht geboten. Von einem „Absehen" von einer Ausschreibung kann daher auch nicht gesprochen werden. Allerdings kann im Dienstellenalltag nicht immer davon ausgegangen werden, dass „offenkundig" nur ein Beschäftigter die rechtsgültig aufgestellten Anforderungsprofile erfüllt. Zumindest können darüber Zweifel bestehen. Wenn eine Personalvertretung daher begründeten Anlass zu der Annahme hat, dass wenigstens noch ein zweiter Beschäftigter neben dem bereits von der Dienststelle Be- 173a nannten **weitgehend ähnliche Anforderungsprofile** erfüllt, dann ist ein Mitbestimmungsrecht der Personalvertretung schon deshalb zu bejahen, um tatsächlich möglichst allen in Betracht kommenden Beschäftigten die Chance zu geben, sich an der Bewerberauswahl zu beteiligen und auf diese Weise auch im Interesse der Dienststelle sicherzustellen, dass tatsächlich der bestqualifizierte Beschäftigte die betreffende Stelle erhält. Allerdings kann ein Dienststellenleiter generell allein darüber entscheiden, ob er einen freien Dienstposten im Wege der Beförderung oder aber der Umsetzung bzw. Versetzung eines schon in dem betreffenden Status befindlichen Beamten vornimmt. Nur wenn er ein Auswahlverfahren, das regelmäßig zu einer Beförderung führt, einleitet, ist er zur dienststelleninternen Ausschreibung im Interesse der Beschäftigten verpflichtet. Wenn keine Ausschreibungspflicht vorliegt, greift der Mitbestimmungstatbestand „Absehen von der Ausschreibung von Dienstposten, die besetzt werden sollen“, nicht ein; eine Beteiligung nach diesem Tatbestand findet dann nicht statt.

174 b) Das Bundesverwaltungsgericht (v. 8. 3. 1988, BVerwGE 79, 101 = ZBR 1988, 256 = PersV 1989, 73 = ZfPR 1989, 41) leitet aus Abs. 3. Nr. 14 eine weitgehende **Verpflichtung** eines Dienststellenleiters **zur internen Stellenausschreibung** ab; diese gilt nicht nur für Beamten-, sondern auch für Arbeitnehmerdienstposten (zustimmend: Fischer u. a., § 75 Anm. 106 a; vgl. auch; Rehak, ZfPR 2004, 85). Die **Verpflichtung zur externen Stellenausschreibung** bezieht sich nur auf die Eingangsämter der jeweiligen Laufbahnen. Die Entbehrlichkeit einer externen Ausschreibung bei der Besetzung von Beförderungsstellen folgt aus § 23 BBG; dieser nämlich nimmt lediglich Bezug auf § 8 Abs. 1 Satz 2 BBG über die Auslegungsgrundsätze. Der vorausgehende Satz 1 über die Ausschreibungspflicht ist nicht in Bezug genommen (BVerwG v. 13. 10. 1978, BVerwGE 56, 324 = ZBR 1979, 176 = PersV 1979, 467; vgl. auch: Fischer u. a., § 75 Anm. 106; Lorenzen u. a. § 75 Anm. 183, 184). Die Pflicht zur Stellenausschreibung gilt nicht für die Stellen der Staatssekretäre etc. (§ 8 Abs. 2 Satz 2 BBG). Über weitere Ausnahmen von der Verpflichtung zur Stellenausschreibung kann der **Bundespersonalausschuss** entscheiden (§ 8 Abs. 2 Satz 2 BBG). Hiervon hat der Ausschuss in nicht unerheblichem Ausmaß Gebrauch gemacht, indem er nicht nur die nach Art. 131 GG unterzubringenden Beamten und die persönlichen Referenten der Minister und Staatssekretäre, sondern auch alle Beamtenstellen der obersten Bundesbehörden vom Ministerialrat an aufwärts, die Beamtenstellen des einfachen Dienstes und die Beamtenstellen, „deren Besetzung durch Anstellung außerplanmäßiger Beamter, durch Versetzung von Beamten oder durch die Übernahme von anderen Dienstherrn vorgenommen wird“, von der Ausschreibungspflicht ausgenommen hat. Auf diese Weise ist praktisch die gesetzlich geforderte Ausschreibungspflicht in ihr Gegenteil verkehrt worden; denn es sind nur noch die wenigen Beamtenstellen, für die eine normale Laufbahn nicht besteht, auszuschreiben. Im übrigen hat der Bundespersonalausschuss auch Regelungen über die Ausschreibung von Arbeitnehmersstellen getroffen.

175 c) Im Interesse der Besetzung von Stellen mit qualifizierten Kräften ergibt sich insbesondere dann die Notwendigkeit zur Suche nach geeigneten Personen in einem größeren Ausmaß, wenn innerhalb der eigenen Dienststelle nicht genügend qualifizierte Beschäftigte vorhanden sind. In diesem Fall erwächst der Dienststelle die Pflicht, den außerdienstlichen Arbeitsmarkt zu erschließen. Grundsätzlich aber geht der Gesetzgeber davon aus, dass der Dienstposten innerhalb des eigenen Bereichs zunächst einmal ausgeschrieben wird. Will die Dienststelle hiervon abweichen, so bedarf sie der Zustimmung der Personalvertretung, der selbstverständlich daran gelegen ist, die **Besetzung eines Dienstpostens mit einem Beschäftigten des eigenen Bereichs** sicherzustellen.

d) Der Personalvertretung steht in diesem Zusammenhang ein Mitbestimmungsrecht zu, das darauf gerichtet ist, über ein Absehen von der Stellenausschreibung aufgrund der Gegebenheiten des Einzelfalls mit zu entscheiden (BVerwG v. 8. 3. 1988, BVerwE 79, 101 = ZfPR 1989, 41). Sie kann sowohl ein Absehen von einer gesetzlich nicht vorgeschriebenen Ausschreibung beantragen (das Gesetz spricht nur von Ausschreibungen, macht also keinen Vorbehalt hinsichtlich einer Ausschreibungspflicht) wie auch der Absicht der Dienststelle widersprechen, von Ausschreibungen, zu denen sie nicht verpflichtet ist, abzusehen. Wenn das Gesetz die Mitbestimmung auf das Absehen von einer Ausschreibung beschränkt, die Dienststelle ausschreiben, die Personalvertretung aber ein Absehen von der Ausschreibung erreichen will, kann sie ihr Ziel nur durch eine Initiative erreichen, weil die Durchführung der Ausschreibung bei dieser Gesetzeslage nicht der Mitbestimmung unterliegt. Da die Personalvertretung auch auf die dienstlichen Belange Rücksicht zu nehmen hat (§ 2 Abs. 1), muss sie darauf achten, von ihrem Initiativrecht einen sparsamen Gebrauch zu machen, wenn im eigenen Dienstbereich nicht genügend qualifizierte Beschäftigte vorhanden sind. Der Dienststellenleiter wird daher immer dann **von Ausschreibungen absehen** bzw. mit der Personalvertretung hierüber einig werden müssen, **wenn er auf ein eigenes Arbeitskräftepotential zurückgreifen** kann. Es empfiehlt sich deshalb der Abschluss einer entsprechenden Dienstvereinbarung, in der die Grundsätze für die Fälle festgelegt werden, in denen die Dienststelle von einer Stellenausschreibung absehen möchte. Von einer Stellenausschreibung aber kann dann nicht abgesehen werden, wenn sich der Dienstherr durch eine Verwaltungsvorschrift und deren gleichmäßige Anwendung in der Vergangenheit verpflichtet hat, zu besetzende Stellen auszuschreiben; von der Ausschreibung kann selbst mit Zustimmung der Personalvertretung dann nicht abgesehen werden (VGH Kassel v. 18. 2. 1991, NVwZ-RR 1992, 34). Der Personalvertretung steht aber kein Mitbestimmungsrecht in den Fällen des § 36 Abs. 1 BBG (politische Beamte) und des § 77 Abs. 1 Satz 2 (Besetzung von Stellen von der Besoldungsgruppe A 16 an aufwärts) zu. Gleiches gilt für Stellen bis zur Vergütungsgruppe I a BAT (Fischer u. a., § 75 Anm. 106 a) bzw. der entsprechenden Entgeltgruppe nach dem TVöD, vgl. §§ 12 ff. TVöD. In den die übrigen Beschäftigten betreffenden Angelegenheiten steht der Personalvertretung ein Mitbestimmungsrecht zur Verfügung. Dieses Mitbestimmungsrecht erstreckt sich stets auf konkrete Dienstposten und ist daher eine Gruppenangelegenheit (§ 38). 176

e) Die Personalvertretung ist auch bereits bei dem **Antrag einer Dienststelle an den Bundespersonalausschuss,** eine Ausnahme von einer vorgeschriebenen Ausschreibung zuzulassen (§ 8 Abs. 2 Satz 2 BBG), zu beteiligen. Dies gilt nicht für den Fall, dass von seiten des Bundesministers des Innern für alle obersten Bundesbehörden eine Ausnahme beantragt wird, weil es an einer für diese Beteiligung zuständigen Personalvertretung mangelt (Fischer u. a., § 75 Anm. 106). 177

16. Die Personalvertretung kann bei der **Regelung der Ordnung in der Dienststelle und des Verhaltens der Beschäftigten** (Nr. 15) mitbestimmen. 178

179 a) Die Vorschrift umfasst die Gesamtheit der Regeln, die den **einwandfreien und reibungslosen Ablauf des Lebens in der Dienststelle** sicherstellen sollen. Das enge Zusammenleben und Zusammenwirken in der Dienststelle erfordert Verhaltensregeln, die das Miteinander der Beschäftigten und den Gebrauch der ihnen zur Verfügung gestellten Sachen zum Gegenstand haben. Eine auf die Ordnung oder das Verhalten der Beschäftigten bezogene Regelung liegt daher vor, wenn Vorschriften aufgestellt werden sollen, die den einwandfreien und reibungslosen Ablauf des Lebens in der Dienststelle gewährleisten und die entweder von allen Beschäftigten oder aber von mehreren von ihnen, die z. B. mit bestimmten Aufgaben betraut sind, zu beachten sind (BVerwG v. 30. 12. 1987, ZBR 1988, 198 = PersV 1989, 71 = ZfPR 1989, 72). Die Anordnungen müssen bestimmte Verhaltensregeln aufstellen, die sich nicht auf die dienstliche Tätigkeit im engeren fachbezogenen Sinn beziehen, sondern den störungsfreien und reibungslosen Arbeitsablauf und das geordnete Zusammenleben der Beschäftigten betreffen (Fischer u. a., § 75 Anm. 107 a). Nur allgemeingültige, für die Beschäftigten oder auch für Gruppen von ihnen verbindliche Verhaltensregeln zur Sicherung des ungestörten Arbeitsablaufs und des reibungslosen Zusammenlebens und Zusammenwirkens in der Dienststelle unterliegen daher dem Mitbestimmungsrecht der Personalvertretung (BVerwG v. 7. 7. 1993, Leits. ZBR 1993, 382 = PersV 1994, 473 = Leits. ZfPR 1994, 17; BVerwG v. 19. 5. 2003, ZBR 2003, 423 = PersV 2003, 339 = ZfPR 2003, 267; BVerwG v. 28. 7. 2006, PersV 2007, 179= Leits. ZfPR 2007, 114; Fischer u. a., aaO; Lorenzen u. a., § 75 Anm. 186). Die Maßnahmen müssen sich, sollen sie dem Mitbestimmungsrecht der Personalvertretung unterliegen, auf das **Ordnungsverhalten** der Beschäftigten beziehen. Sobald das **Arbeitsverhalten** betroffen ist, also Regeln festgelegt werden, die sich auf die Erfüllung der von den Beschäftigten geschuldeten Arbeit beziehen, also mit ihrer Arbeitsleistung in unmittelbarem Zusammenhang stehen (vgl. für das BetrVG: BAG v. 10. 3. 1998, Leits. BB 1998, 1956 = NZA 1998, 1242), oder diensttechnische Regeln, die den Dienstablauf gestalten, also die Erfüllung nach außen gerichteter Aufgaben der Dienststelle betreffen bzw. Arbeitspflichten berühren, kann ein **Mitbestimmungsrecht** der Personalvertretung **nicht** eingreifen; denn die Erfüllung dienstlicher Aufgaben betrifft nicht die Ordnung in der Dienststelle oder das Verhalten der Beschäftigten in ihrer Gesamtheit oder Teilen von ihnen. Für die Erfüllung der Aufgaben einer Dienststelle und die Art und Weise der Dienstausübung oder für die Festlegung des Verfahrens, nach dem konkrete Arbeiten in bestimmter Art und Weise auszuführen sind, ist alleine der Dienststellenleiter im Rahmen seiner Organisations- und Leitungsmacht verantwortlich (BVerwG v. 19. 6. 1990, Leits. ZBR 1991, 249 = PersV 1990, 534 = ZfPR 1990, 142). Der Zielrichtung der beabsichtigten Maßnahme kommt unter Berücksichtigung der objektiven Gegebenheiten eine besondere Bedeutung bei der Abgrenzung zwischen einerseits mitbestimmungspflichtigen Maßnahmen (Regelungen, die einen störungsfreien, reibungslosen Ablauf des Lebens in der Dienststelle gewährleisten sollen) und andererseits mitbestimmungsfreien Maßnahmen (Ordnungs- bzw. Verhaltensregelungen, die auf die Erfüllung der Dienstaufgaben gerichtet sind bzw. Dienstanweisungen zur Konkretisierung dienstlicher Verpflichtungen, BVerwG v. 19. 6. 1990, aaO; BVerwG v. 23. 8. 2007, PersR 2007, 476) zu.

179a b) Die Verwendung des Begriffs „Regelung" in Verbindung mit „Ordnung in der Dienststelle" und „Verhalten der Beschäftigten" macht deutlich, dass der Regelung der Charakter der **Allgemeinverbindlichkeit** zukommen muss. Das ist beispielsweise **nicht** der Fall, wenn ein Dienststellenleiter lediglich die amtsärztliche Untersuchung einzelner Beschäftigter anordnet (BVerwG v.

17. 2. 1986, BVerwGE 74, 28 = ZBR 1986, 214 = PersV 1986, 328). Anordnungen in bezug auf einen einzelnen Arbeitsplatz oder auf einzelne Arbeitsplätze fallen ebenfalls nicht unter die Mitbestimmung (OVG Lüneburg v. 12. 10. 1976, PersV 1980, 68). Demgegenüber unterliegen u. a. folgende Maßnahmen dem **Mitbestimmungsrecht der Personalvertretung: Anwesenheitskontrollen** (VG Schleswig v. 20. 9. 1974, PersV 1975, 423), **Einführung von Kontroll-(Stech-)Uhren, Verbot des Zeitungsverkaufs** (vgl. für das BetrVG: BAG v. 8. 8. 1989, Leits. BB 1990, 142 = DB 1990, 893; Honnen, ZfPR 1990, 62); Anordnung eines Dienststellenleiters, sich zum Zwecke der Sicherheitsüberprüfung **Fingerabdrücke** abnehmen zu lassen (vgl. für das BetrVG: LAG Rheinland-Pfalz v. 8. 3. 1991, BB 1991, 1119); generelle Anweisungen zum Einsatz privater PC (Gola, RDV 1993, 162, 165). Auch die Aufforderung eines Dienststellenleiters an die Beschäftigten oder an einen Teil von ihnen, sich einer **polizeilichen Kontrolluntersuchung** zur Aufdeckung eines Diebstahls zum Nachteil eines einzelnen Beschäftigten zu stellen, kann eine mitbestimmungspflichtige Maßnahme der Ordnung in der Dienststelle sein. Voraussetzung aber ist, dass die Aufforderung als Ausübung des Direktionsrechts zu verstehen ist. Wenn sie lediglich im Sinne einer Weitergabe der polizeilichen Anordnung zu interpretieren ist, dann fehlt es an einer eigenständigen Ordnungsmaßnahme des Dienststellenleiters. Welche Bedeutung einer derartigen Aufforderung im Einzelfall zukommt, ist weitgehend eine Problematik tatrichterlicher Würdigung (vgl. für das BetrVG: BAG v. 17. 8. 1982, Leits. BB 1982, 1920 = DB 1982, 2578). Wenn ein Dienststellenleiter Kriterien für die **Durchführung von Krankengesprächen** durch schriftliche oder mündliche Befragungsaktionen festlegen will, dann geht es um die Problematik, wie sich die Beschäftigten gegenüber einer solchen Aufforderung und während der Gespräche verhalten sollen. Wegen des formalisierten Ablaufs der Befragung bzw. des Gesprächs stellt sich für alle Beschäftigten das Problem in gleicher Weise. Schon deshalb besteht auch ein Bedürfnis an einer generellen Regelung, an der die Personalvertretung zu beteiligen ist. Eine Beteiligung an dem jeweils mit dem einzelnen Beschäftigten zu führenden Gespräch oder der schriftlichen Befragung steht der Personalvertretung dagegen nicht zu (OVG Münster v. 3. 2. 2000, PersV 2000, 567 = ZfPR 2000, 205; Lorenzen u. a., § 75 Anm. 187d; vgl. für das BetrVG: BAG v. 8. 11. 1994, BAGE 78, 224 = BB 1995, 1188 = DB 1995, 1132 = ZBVR 1995, 9). Da Regelungsgegenstand von Krankengesprächen nicht das Krankheitsverhalten, sondern die Aufklärung im Dienstbetrieb liegender Krankheitsursachen ist, steht der Personalvertretung ein Mitbestimmungsrecht zu; denn es geht um eine Regelung der Ordnung und des Verhaltens der Beschäftigten in der Dienststelle, nicht um die Erfüllung von Dienstaufgaben oder um das Arbeits-/Dienstverhalten (VG Frankfurt/M. v. 10. 12. 2001, PersV 2002, 237 = ZfPR 2002, 269; vgl. zum Thema „Krankenbegrüßungsgespräche" VG Potsdam v. 7. 12. 1997, Leits. ZBR 1998, 184). Wenn es dagegen um dienstliche Weisungen an personalverwaltende Stellen geht, mit denen Maßnahmen getroffen werden sollen, die langzeiterkrankte oder häufig kurzzeiterkrankte Beschäftigte betreffen, dann ist kein Mitbestimmungsrecht gegeben, da es sich um beamtenrechtliche oder arbeitsrechtliche, in das Direktionsrecht des Dienststellenleiters fallende Maßnahmen handelt (VGH Mannheim v. 20. 4. 1993, PersV 1995, 131 = Leits. ZfPR 1994, 16; Lorenzen u. a., § 75 Anm. 187 c).

c) Im Zuge des neuen Systems der **Leistungsbezahlung** werden Mitarbeitergespräche geführt, die über die eigentliche Arbeitsaufgabe hinausgehen, so dass auch insoweit ein Mitbestimmungsrecht zu bejahen ist (Boegl, ZfPR 2007, 22). Ebenso unterfallen strukturierte und formalisierte **Mit-** 179b

arbeitergespräche mit Zielvereinbarung dem Mitbestimmungsrecht der Personalvertretung; denn solche Gespräche zielen zwar auch auf eine möglichst gute Erfüllung der von den Beschäftigten zu erbringenden Arbeitsleistung, sie sind aber in erster Linie als eine Regelung gedacht, die die spezifische Art der Zusammenarbeit von Vorgesetzten und Mitarbeitern fördern soll. Im Mittelpunkt steht also nicht die Ausgestaltung des Direktionsrechts, sondern die Gestaltung der Ordnung des Verhaltens von Mitarbeitern zueinander. Unabhängig von der Art und Weise der im Einzelnen zu erledigenden Aufgaben geht es um eine stärkere Motivation, um ein größeres Engagement und um die Flexibilität der Mitarbeiter, auch um grundsätzliche Fragen von Führung und Zusammenarbeit. Das Mitbestimmungsrecht der Personalvertretung bezieht sich allerdings nicht auf den fachbezogenen Inhalt der Gespräche bzw. auf die vorgesehene Zielvereinbarung, sondern ausschließlich darauf festzulegen, welche Gesprächspartner in welchen Zeitabständen miteinander zu reden haben (VGH Mannheim v. 9. 5. 2000, PersV 2000, 528 = ZfPR 2000, 331; VG Frankfurt/M. v. 22. 5. 2000, PersR 2001, 120; ebenso Lorenzen u. a., § 75 Anm. 186 g, § 76 Anm. 97 e; Richardi u. a., § 75 Anm. 508; Lorse, PersV 2005, 404; Plander, PersR 2004, 253, 258; vgl. auch Fischer u. a., § 75 Anm. 107 a; vgl. aber auch: Hebeler, PersV 2001, 449). Dabei geht es auch um die Regelung des Verfahrens hinsichtlich des Zugangs zu entsprechenden Protokollen und zu den Abgrenzungen zwischen Mitarbeitergesprächen einerseits und Beurteilungsgesprächen andererseits (vgl. hierzu auch: Geffken, PersR 1997, 518; Ilbertz, PersV 2000, 490, 495). Dagegen unterliegen Beurteilungsrichtlinien nicht dem Mitbestimmungsrecht der Personalvertretung; denn mit einer Beurteilung soll das erzielte Arbeitsergebnis bewertet werden (zur Abgrenzung: Ilbertz, aaO; vgl. BVerwG v. 28. 7. 2006, PersV 2007, 179 = Leits. ZfPR 2007, 114).

179c d) Auch die **Erarbeitung eines Konzepts zur Personalentwicklung** (Vorgesetzten-Mitarbeitergespräch, Einarbeitungsqualifizierung, Führungskräfteentwicklung) unterliegt dem Mitbestimmungsrecht der Personalvertretung, da es um neue Formen der Zusammenarbeit zwischen Vorgesetzten und Mitarbeitern im Sinne eines Kooperationsverhältnisses und darum geht, in diesen Gesprächen gemeinsam bestimmte Ziele anzustreben (VG Frankfurt v. 22. 5. 2000, PersR 2001, 120). Gleichzeitig kann ein Mitbestimmungsrecht nach § 75 Abs. 3 Nr. 9 bzw. nach § 76 Abs. 2 Nr. 3 dann in Betracht kommen, wenn eine Zielvereinbarung Teil eines neuen Beurteilungssystems werden soll. Bei elektronischer Verarbeitung von mit Zielvereinbarungen verbundenen Daten wäre auch eine Verwertung nach § 75 Abs. 3 Nr. 17 mitbestimmungspflichtig. Wenn Zielvereinbarungen auf die Hebung der Arbeitsleistung gerichtet sind, dann besteht ein Mitbestimmungsrecht nach § 76 Abs. 2 Nr. 5 (Geffken, RiA 1999, 188 ff.; ders., NZA 2000, 1033, 1037; vgl. im Übrigen auch; Plander, ZTR 2002, 155 sowie Anm. 179 b und Berwanger, BB 2003, 1499, der u. a. zu den verschiedenen Mitbestimmungsrechten des Betriebsrats Stellung bezieht).

180 e) Der Personalvertretung steht auch ein Mitbestimmungsrecht bei der Abfassung eines **Vordrucks über einen Arztbesuch** zu, wenn erreicht werden soll, dass die Beschäftigten einen Arzt nach Möglichkeit überhaupt nicht oder nur dann während der Arbeitszeit aufsuchen, wenn der Arzt keinen anderweitigen Termin frei hat oder wenn die akute Erkrankung während der Arbeitszeit den sofortigen Arztbesuch notwendig macht und wenn der Arzt auf dem Formular Angaben über Zeitpunkt und Dauer sowie über die Dringlichkeit des Besuchs während der Arbeitszeit machen soll. Mit einer solchen Maßnahme nämlich werden keine arbeitsnotwendigen Regelungen

mit unmittelbarer oder mittelbarer Wirkung auf die Arbeitsleistung getroffen. Vielmehr ist eine Maßnahme beabsichtigt, die sich auf das regelgerechte Verhalten der Beschäftigten innerhalb der Dienststelle bezieht (OVG Münster v. 3. 2. 2000, PersV 2000, 56 = ZfPR 2000, 205; Lorenzen u. a., § 75 Anm. 187d; vgl. für das BetrVG: BAG v. 21. 1. 1997, BB 1997, 1690 = DB 1997, 282). Auch die interne Anweisung, **„Krankenbegrüßungsgespräche"** bereits am ersten Tag der Arbeitsaufnahme zu führen, stellt eine mitbestimmungspflichtige Regelung der Ordnung in der Dienststelle und des Verhaltens der Beschäftigten dar (VG Potsdam v. 7. 12. 1997, Leits. ZBR 1998,184 = PersV 1998, 565). Ebenso steht der Personalvertretung ein Mitbestimmungsrecht dann zu, wenn ein **Sicherheitswettbewerb** veranstaltet wird, der zu einem sicherheitsbewussten Verhalten anregen soll und der für die Verringerung von Unfallzahlen Prämien aussetzt; denn dadurch wird ebenfalls auf ein bestimmtes Verhalten der Beschäftigten Einfluss genommen (vgl. für das BetrVG: BAG v. 24. 3. 1981, BAGE 35, 150 = BB 1981, 1674 = DB 1981, 2178). Auch bei dem **Erlass eines Rauchverbots** zum Schutz vor Belästigungen am Arbeitsplatz (vgl. hierzu auch § 81 Anm. 3, 11a) steht der Personalvertretung ein Mitbestimmungsrecht, ebenso aber auch ein Initiativrecht zu. Dabei hat die Personalvetretung – entsprechend dem Grundsatz von Recht und Billigkeit – selbstverständlich auch auf den Frieden in der Dienststelle und darauf zu achten, dass auch die Belange der Raucher in die Überlegungen einbezogen werden (Einrichtung abgeschlossener Raucherbereiche, Arbeitszimmereinteilung in Raucher und Nichtraucher). Insoweit ist auch ein absolutes Rauchverbot in aller Regel nicht angemessen (vgl. für das BetrVG: BAG v. 19. 1. 1999, BAGE 90, 316 = BB 264, 1380 = DB 1999, 231, 962 = ZBVR 1999, 50). Anders ist die Situation in den Bereichen, in denen ein Dienststellenleiter wegen häufigen Publikumsverkehrs ein absolutes Rauchverbot erlassen möchte. In diesem Zusammenhang geht es um eine Anordnung zum Verhalten der Beschäftigten in unmittelbarem Zusammenhang mit den der Dienststelle obliegenden Aufgaben. Ein Mitbestimmungsrecht ist für diesen Fall nicht gegeben (Lorenzen u. a., § 75 Anm. 186b; Richardi-Vogel, PersV 1998, 81, 85; im Übrigen kann auch der Tatbestand des Abs. 3 Nr. 11 erfüllt sein; insgesamt ist eine Regelung durch Dienstvereinbarung möglich). Wenn ein Dienststellenleiter **Radiohören** während der Dienstzeit verbieten will, dann greift das Mitbestimmungsrecht der Personalvertretung; denn es geht sowohl um die Regelung der dienstlichen Ordnung wie auch um das Verhalten der Beschäftigten (Störung der Kollegen) zueinander. Dieses zu gestalten ist Zweck des Mitbestimmungsrechts (BVerwG v. 30. 12. 1987, ZBR 1988, 198 = PersV 1989, 71 = ZfPR 1989, 72; vgl. für das BetrVG: BAG v. 14. 1. 1986, BAGE 50, 330 = Leits. BB 1986, 1087 = DB 1986, 1025; Lorenzen u. a., § Amn. 186c; Richardi u. a., § 75 Anm. 507; Leuze, RiA 1988, 177). Ebenso ist auch die Anordnung eines allgemeinen Alkoholtests zur Feststellung, ob das bei einer Dienststelle geltende absolute **Alkoholverbot** eingehalten wird, mitbestimmungspflichtig (OVG Münster v. 4. 5. 1987, ZBR 1988, 105). Gleiches gilt für die Verhängung eines absoluten Alkoholverbots, das sich nicht unmittelbar auf die zu erbringende Arbeitsleistung bezieht, sondern auf das Verhalten der Beschäftigten; es dient einer vorbeugenden Gefahrenabwehr und damit der Verhütung von Dienst- und Arbeitsunfällen. Dieses Verbot betrifft Fragen der Ordnung in der Dienststelle und des Verhaltens der Beschäftigten, nicht aber deren Arbeitsverhalten (BVerwG v. 5. 10. 1989 – 6 P 7.88, ZBR 1990, 213 = PersV 1990,172 = ZfPR 1990, 13; BAG v. 23. 9. 1986, BAGE 53, 97 = Leits. BB 1987, 548 = DB 1987, 337). Ebenso kommt ein Mitbestimmungsrecht dann in Betracht, wenn ein Dienststellenleiter den Beschäftigten einschließlich von Telearbeitnehmern die **private Nutzung der dienstlich überlassenen**

Arbeitsmittel grundsätzlich gestattet, aber in besonderen Vorschriften die Zugangs- und Abrechnungsmodalitäten für die Privatnutzung regeln möchte (vgl. für das BetrVG: Fitting u. a., § 87 Anm. 71). Das Mitbestimmungsrecht hängt also entscheidend davon ab, ob im Vordergrund der Regelung das allgemeine Verhalten der Beschäftigten und die Ordnung in der Dienststelle stehen. Das ist immer dann der Fall, wenn ein Dienststellenleiter mit der jeweiligen Anordnung eine „Generalisierung und Loslösung von der zugrundeliegenden Tätigkeit" bezweckt, bei der nicht in erster Linie auf die Sicherstellung der Erfüllung konkreter Aufgaben abgestellt wird (BVerwG v. 5. 10. 1989 – 6 P 7.88, aaO). Deshalb steht einer Personalvertretung auch ein Mitbestimmungsrecht bei der **Einführung von Namensschildern** (für Fahrpersonal) zu; denn eine Maßnahme, die auf das Ordnungsverhalten der Beschäftigten gerichtet ist, wird nicht dadurch mitbestimmungsfrei, dass es auch einen Randbereich des Arbeitsverhaltens betrifft (BAG v. 11. 6. 2002, PersR 2003, 88). Daher unterliegt auch die **Anordnung zum Tragen einer bestimmten Dienstkleidung** der Mitbestimmung der Personalvertretung, da das Ordnungsverhalten der Beschäftigten unmittelbar betroffen ist (vgl. für das BetrVG: BAG v. 8. 8. 1989, Leits. BB 1990, 142 = DB 1990, 883; aA OVG Münster v. 12. 3. 2003, PersV 2004, 175 = ZfPR 2005, 34, das den Schwerpunkt einer solchen Regelung in der Konkretisierung der Dienstpflichten und der Aufgabenerfüllung sieht). Aus den gleichen Gründen ist die Anordnung eines Dienststellenleiters unter Angabe von Beispielsfällen, bei Verdacht von Unregelmäßigkeiten Meldung zu erstatten, mitbestimmungspflichtig (OVG Schleswig v. 19. 1. 1993, Leits. ZfPR 1994, 130; aA Richardi u. a., § 75 Anm. 509). Ebenso steht einer Personalvertretung ein Mitbestimmungsrecht dann zu, wenn ein Dienststellenleiter stichprobenartig bei per Los ermittelten Beschäftigten deshalb **Taschenkontrollen** durchführen lässt, um Eigentumsdelikte zum Nachteil der Verwaltung aufdecken zu können; die Maßnahme betrifft das allgemeine Ordnungsverhalten (vgl. für die Durchführung von verdachtsunabhängigen Tests: VGH Kassel v. 24. 4. 2003 – 22 TL 1248/01, PersR 2003, 421; vgl. für das BetrVG: BAG v. 12. 8. 1999, BAGE 92, 184 = DB 2000, 48). Gleiches gilt für die Beschränkung der Nutzung von Flächen im räumlichen Bereich einer Dienststelle zum Abstellen privater PKW (OVG Münster v. 20. 11. 1997, PersR 1998, 383 = Leits. PersV 1999, 413 = Leits. ZfPR 1998, 91; OVG Magdeburg v. 5. 10. 2005, PersV 2006, 225 = Leits. ZfPR 2006, 115, das die Einführung eines Entgelts für die Nutzung eines behördeneigenen Parkplatzes als mitbestimmungspflichtig nach der entsprechenden Regelung des § 65 Abs. 1 Nr. 12 PersVG LSA ansieht) und für die **Einschränkung einer vorhandenen Parkmöglichkeit** auf dem Gelände einer Dienststelle durch Schranken, umlegbare Pfosten und/oder Reservierungsschilder zugunsten bestimmter Beschäftigter. Generell allerdings ist eine Personalvertretung nicht mitbestimmungsberechtigt hinsichtlich der Entscheidung eines Dienststellenleiters, ob er Beschäftigten überhaupt Parkplätze zur Verfügung stellen will (OVG Saarlouis v. 22. 9. 1986, Leits. PersR 1987, 248). Wenn sich daher ein Dienststellenleiter für die Schaffung eines für jedermann nutzbaren gebührenpflichtigen Parkplatzes innerhalb eines Teilbereichs einer im Übrigen auch von den Beschäftigten der Dienststelle genutzten freien Parkfläche entscheidet, so unterliegt diese Entscheidung nicht dem Mitbestimmungsrecht der Personalvertretung; denn in diesem Fall trifft der Dienststellenleiter keine Anordnungen über die Benutzung der Parkfläche gerade durch die Beschäftigten (OVG Münster v. 28. 2. 2002, PersR 2002, 350). Dagegen ist ein Mitbestimmungsrecht dann gegeben, wenn von einzelnen Beschäftigten Reservierungsschilder auf vorhandenen Parkplätzen über einen längeren Zeitraum angebracht werden und dies vom Dienststellenleiter geduldet wird. In diesem Fall muss er sich diese Vorgehensweise als eine eigene, der Mitbestimmung der Personalvertretung unterliegende Maßnahme zurechnen lassen (VGH Kassel v. 5. 11. 1992, ZfPR 1994, 13; vgl. auch § 69 Anm. 7 sowie VGH Kassel v. 24. 6. 1993, Leits. ZBR 1993, 383). Wenn dagegen entsprechende Stellplätze nicht im räumlichen Bereich der Dienststelle liegen, sondern die Vermietung von **Stellplätzen in öffentlichen, allgemein zugänglichen Parkhäusern** einer Stadt zu einem ermäßigten Entgelt an städtische Beschäftigte seitens des zuständigen Dienststellenleiters beabsichtigt ist, fehlt der Dienststellenbezug, so dass ein Mitbestimmungsrecht nicht gegeben ist (VGH Mannheim v. 19. 1. 1993, Leits. ZfPR 1994, 129; vgl. hierzu auch: Richter, PersR 1994, 359).

f) Wenn konkrete Regeln auf die Erfüllung von Dienstpflichten gerichtet **181**
sind, dann kann eine Personalvertretung grundsätzlich auch dann nicht mitbestimmen, wenn sich diese Regeln gleichzeitig auch als Verhaltens- und Ordnungsmaßnahmen darstellen. In diesem Fall ist auf den Zweck der Regelung und darauf abzustellen, ob die Dienstpflichten im Vordergrund stehen (BVerwG v. 13. 8. 1992, Leits. ZBR 1993, 130 = PersV 1993, 222 = ZfPR 1993, 4). Generell unterliegen solche Maßnahmen nicht dem Mitbestimmungsrecht der Personalvertretung, die einen unmittelbaren **Bezug zur individuellen Erfüllung der dienstlichen Aufgaben** des jeweiligen Beschäftigten haben, die also mit der Arbeitsleistung in unmittelbarem Zusammenhang stehen (BVerwG v. 19. 6. 1990, Leits. ZBR 1991, 249 = PersV 1990, 534 = ZfPR 1990, 142; vgl. Anm. 179). Diese Maßnahmen nämlich sind unmittelbar auf die Arbeitsleistung gerichtet; sie betreffen nicht das Verhalten innerhalb der Dienststelle. Daher unterliegt z. B. die Anweisung einer Krankenhausleitung an das Pflegepersonal, die Arbeitszeit beginne nicht mit dem Durchschreiten der Krankenhauspforte, sondern mit dem Betreten der Krankenhausabteilung in angelegter Dienst- oder Schutzkleidung, nicht dem Mitbestimmungsrecht der Personalvertretung (VGH Mannheim v. 23. 11. 1993, Leits. ZfPR 1994, 161; Richardi u. a., § 75 Anm. 503). Dienstliche Weisungen an personalverwaltende Stellen zum **Verhalten gegenüber langzeiterkrankten** und häufig kurzzeiterkrankten **Beschäftigten** unterliegen gleichfalls nicht dem Mitbestimmungsrecht der Personalvertretung; denn solche Weisungen sind Arbeitsanweisungen in bezug auf die Erfüllung dienstlicher Aufgaben, nicht aber allgemeine Ordnungs- und Verhaltensregelungen, die das Miteinander der Beschäftigten betreffen (VGH Mannheim v. 20. 4. 1993, Leits. ZfPR 1994, 16). Die Einführung der **Registrierung der dienstlichen Telefongespräche** der Beschäftigten ist keine „Regelung", mit der Vorschriften über die allgemeine Ordnung in der Dienststelle oder für das Verhalten der Beschäftigten festgelegt werden (BVerwG v. 28. 7. 1989, ZBR 1990, 53 = PersV 1989, 488 = ZfPR 1989, 166). Ebensowenig steht der Personalvertretung ein Mitbestimmungsrecht bei der **Anordnung von Pünktlichkeitskontrollen** durch hiermit beauftragte Beschäftigte zu; denn hierbei handelt es sich nicht um Maßnahmen, die „das Verhalten der Beschäftigten bei ihrer Tätigkeit oder ihr allgemeines Verhalten innerhalb der Dienststelle betreffen", sondern um Maßnahmen, die sich auf die Dienstleistung der Beschäftigten selbst beziehen (OVG Münster v. 16. 11. 1978, Leits. ZBR 1980, 131 = PersV 1980, 248; Lorenzen u. a., § 75 Anm. 186 e). Gleiches gilt für eine Verfügung des Arbeitgebers, durch welche die Verteilung von Rundschreiben in der Dienststelle verboten wird. Darüber hinaus unterliegen u. a. auch folgende Maßnahmen nicht dem Mitbestimmungsrecht der Personalvertretung: Vertretungsregelung, Anzeige- und Nachweispflicht bei Erkrankungen, Anordnung, Diensträume beim Verlassen abzuschließen (BVerwG v. 11. 3. 1983, BVerwGE 67, 61 = ZBR 1983,

215 = PersV 1984, 318). Auch die **Anordnung einer außerplanmäßigen Dienstreise** unterliegt nicht dem Mitbestimmungsrecht, weil sie sich aus dem Organisations- und Direktionsrecht des Dienststellenleiters unmittelbar ergibt und sich auf die Arbeitserledigung bezieht (vgl. für das BetrVG: BAG 23. 7. 1996, BB 1997, 472 = DB 1997, 380 = ZBVR 1997, 17). Gleiches gilt für die Anweisung an Sachbearbeiter, in Geschäftsbriefen auch ihre Vornamen anzugeben (vgl. für das BetrVG: BAG v. 8. 6. 1999, BB 1999, 1499, 2357 = DB 1999, 1275, 2218 = Leits. ZBVR 2000, 16) sowie für die **Installierung** eines **Zugangssicherungssystems,** das mit Hilfe codierter Ausweiskarten Zugang und Ausgang zu bzw. von Diensträumen freigibt, soweit dadurch nicht weitere Informationen gespeichert werden (OVG Münster v. 17. 2. 2000, PersV 2000, 539 = Leits. ZfPR 2001, 83). Die **Befragung von Mitarbeitern** über den gegenwärtigen Stand eines Organisationsprozesses unterliegt ebenfalls nicht dem Mitbestimmungsrecht der Personalvertretung. Dies gilt selbst für den Fall, dass die ursprünglich zugesagte Anonymität und Freiwilligkeit der Teilnahme nicht gewahrt werden. Eine Befragung nämlich stellt noch keine, ein Mitbestimmungsrecht auslösende Maßnahme dar; denn mit ihr werden keine Ordnungs- oder Verhaltensregeln aufgestellt, die das Miteinander der Beschäftigten zum Gegenstand haben. Selbst wenn die Beantwortung eines entsprechenden Fragebogens zur Pflicht gemacht wird, würde nicht das Ordnungs-, sondern ausschließlich das Arbeitsverhalten angesprochen, auf das die Personalvertretung keinen Einfluss hat, weil die Art und Weise der Aufgabenerfüllung ausschließlich Sache des Dienststellenleiters im Rahmen seiner Organisations- und Leitungsmacht ist (aA VG Frankfurt/M. v. 12. 12. 2005 – 23 L 4220/05, n. v.). Wenn konkrete Regeln auf die Erfüllung von Dienstpflichten gerichtet sind, gleichzeitig aber auch das allgemeine dienstliche Verhalten vorgeben, dann ist für die Beantwortung der Frage der Mitbestimmungspflichtigkeit darauf abzustellen, welcher der beiden Bereiche unter Berücksichtigung objektiver Gegebenheiten im Vordergrund steht (BVerwG v. 13. 8. 1992, Leits. ZBR 1993 130 = PersV 1993, 222 = ZfPR 1993, 4; BVerwG v. 19. 5. 2003, ZBR 2003, 423 = PersV 2003, 389 = ZfPR 2003, 267; BVerwG v. 28. 7. 2006, PersV 2007, 179 = Leits. ZfPR 2007, 114; vgl. auch Anm. 179b).

182 g) Bei der **Einweisung von Beschäftigten in die Handhabung von Bildschirmgeräten** steht der Personalvertretung kein Mitbestimmungsrecht zu. Hier handelt es sich nämlich lediglich um die Einweisung in die Bedienung eines neuen technischen Gerätes. Ebenso wenig steht einer Personalvertretung ein Mitbestimmungsrecht dann zu, wenn ein Dienststellenleiter ein **Merkblatt** „Verhalten bei Hausalarm“ herausgibt, denn der Zweck einer entsprechenden Regelung ist unter Berücksichtigung der objektiven Gegebenheiten eindeutig auf die Diensterfüllung gerichtet und stellt nur indirekt auch eine Verhaltens- und Ordnungsmaßnahme dar. Mit dem Merkblatt sollen die dienstlichen Pflichten der Beschäftigten konkretisiert werden (OVG Münster v. 5. 4. 2001, PersV 2002, 230). Auch beim **Erlass einer Dienstreiseordnung** kommt kein Mitbestimmungsrecht in Betracht, weil damit nicht das Zusammenleben und Zusammenwirken der Beschäftigten im Rahmen der dienstlichen Ordnung, sondern das **Arbeits- oder Leistungsverhalten** geregelt wird. Bestimmungen, durch die im Einzelnen die Voraussetzungen festgelegt werden, unter denen eine Dienstreise durchzuführen ist, betreffen alleine die Arbeitspflicht (vgl. für das BetrVG: BAG v. 8. 12. 1981, BAGE 37, 212 = BB 1982, 989 = DB 1982, 960). Ein **Geschäftsverteilungsplan** stellt nur eine interne Verwaltungsmaßnahme dar. Er ist daher nicht mitbestimmungspflichtig (vgl. für das BetrVG: BAG v. 17. 2. 1961, BAGE 10, 360 = RiA 1961, 970; vgl. zum Thema „Organisationsplan“ Anm. 192).

Mitbestimmungspflichtig sind auch nicht **Personaldatensysteme,** durch die der Zugang zur Dienststelle, die Anwesenheitszeit oder die Berechtigung zum Bedienen bestimmter Anlagen (z. B. Abfrage von Personaldaten über ein Datensichtgerät) geregelt werden sollen. Durch sie werden nicht die Ordnung der Dienststelle im Sinne des Zusammenwirkens und Zusammenlebens der Beschäftigten geregelt, sondern betroffen ist nur das Verhältnis Dienststellenleiter/Beschäftigter. Es handelt sich also um ein Problem der technischen Einrichtung und Organisation der Dienststelle.

h) Das Mitbestimmungsrecht der Personalvertretung richtet sich **nicht auf die Anordnung, sondern auf die Gestaltung und Durchführung von die Ordnung regelnden Maßnahmen** (z. B. bei der Benutzung des Telefons zu Privatzwecken). Dieses Mitbestimmungsrecht der Personalvertretung wird nicht durch das Direktionsrecht des Dienststellenleiters eingeschränkt (Dietz-Richardi, § 75 Anm. 485). Wenn sich allerdings unmittelbar aus Gesetz oder Tarifvertrag eine bestimmte Weisung ergibt (z. B. Rauchverbot in feuergefährlichen Räumen), so scheidet ein Mitbestimmungsrecht der Personalvertretung aus (Fischer u. a., § 75 Anm. 107 b; Lorenzen u. a., § 75 Anm. 187). **183**

i) Ein Mitbestimmungsrecht steht der Personalvertretung bei der **Verhängung einzelner Ordnungsstrafen oder Bußen** nicht zu. Dienst- und Ordnungsstrafen sind Maßnahmen personeller Art. Diese Maßnahmen sind im Gesetz abschließend aufgeführt. Die Verhängung von Ordnungsmaßnahmen gehört nicht hierzu. Bei der Regelung der Ordnung und des Verhaltens handelt es sich um die Aufstellung von Regeln, die für diese Ordnung und für dieses Verhalten von allen zu beachten sind (BVerwG v. 6. 2. 1979, ZBR 1980, 30 = PersV 1980, 421; Fischer u. a., § 75 Anm. 108; Lorenzen u. a., § 75 Anm. 190; Richardi u. a., § 75 Anm. 511). **184**

j) Für die vorstehend vorgenommene Interpretation spricht im Übrigen folgende Überlegung: Nach § 78 Abs. 1 Nr. 3 unterliegt die **Erhebung der Disziplinarklage** gegen einen Beamten der Mitwirkung der Personalvertretung. Daraus kann geschlossen werden, dass Abs. 3 Nr. 15 keine Einzelmaßnahmen wegen des Verhaltens eines Beschäftigten erfassen sollte (Richardi u. a., § 75 Anm. 511). Dies wird auch durch die Entstehungsgeschichte des Gesetzes belegt, das einheitlich für die Regelung der Ordnung in der Dienststelle und des Verhaltens der Beschäftigten sowie für die Einleitung eines förmlichen Disziplinarverfahrens gegen einen Beamten die Mitwirkung der Personalvertretung vorgesehen hatte (BT-Drucks. 7/176). Die Aufeinanderfolge dieser Tatbestände ist vom Innenausschuss des Deutschen Bundestages geändert worden (BT-Drucks. 7/1339). Dies verdeutlicht den zwischen den Tatbeständen bestehenden Unterschied von allgemeiner Regelung und Einzelmaßnahme (BVerwG v. 6. 2. 1979, ZBR 1980, 30 = PersV 1980, 421; BVerwG v. 23. 8. 1982, PersV 1983, 375; Fischer u. a., § 75 Anm. 108, 108 a; Lorenzen u. a., § 75 Anm. 190; Dammann, PersV 1976, 241; aA Richardi u. a., § 75 Anm. 511). Wegen des Aufbaus des Gesetzes und wegen der Entstehungsgeschichte ist daher auch ein Vergleich mit der entsprechenden Bestimmung des BetrVG nicht angezeigt (vgl. hierzu aber aA: BAG v. 25. 2. 1966, BAGE 18, 172; BAG v. 7. 4. 1992, Leits. BB 1992, 1859 = RiA 1993, 177). Darüber hinaus hat das BVerwG seine Auffassung, der Personalvertretung stehe nur ein Mitbestimmungsrecht bei der Aufstellung einer Disziplinarordnung, nicht aber beim Erlass der einzelnen Disziplinarmaßnahme zu, vor allem mit dem Wortlaut des § 75 Abs. 3 Nr. 15 begründet (BVerwG v. 23. 8. 1982, aaO). Eine Regelung liegt nach Auffassung des **185**

BVerwG begrifflich nur vor, wenn für die Ordnung in der Dienststelle oder das Verhalten der Beschäftigten Vorschriften aufgestellt werden. Diese Ansicht setzt voraus, dass das Gesetz – wie § 75 Abs. 3 Eingangshalbsatz – die Möglichkeit zur Aufstellung einer Disziplinarordnung durch Abschluss einer Dienstvereinbarung gibt.

186 k) Das Mitbestimmungsrecht der Personalvertretung bezieht sich **nicht auf die Regelung von Verfehlungen** im Zusammenhang mit der Erfüllung bzw. Nichterfüllung arbeitsvertraglicher Pflichten. Hier wird nicht die betriebliche Ordnung, sondern die sich aus dem Einzelarbeitsvertrag ergebende Arbeitspflicht berührt. Auf den Einzelarbeitsvertrag hat aber die Personalvertretung keinen Einfluss. Daher ist auch ein Mitbestimmungsrecht bei einer **Abmahnung** nicht gegeben; denn die Abmahnung ist keine kollektivrechtliche Maßnahme, sondern eine auf einen einzelnen Beschäftigten bezogene individualrechtliche Rüge eines Fehlverhaltens. Eine Dienststellenleiter macht in diesem Zusammenhang lediglich von seinem Gläubigerrecht zur Geltendmachung vertraglicher bzw. dienstrechtlicher Rechte Gebrauch und macht den jeweiligen Beschäftigten auf die Verletzung seiner Vertrags-(Dienst-)pflichten aufmerksam (BVerwG v. 23. 8. 1982, PersV 1983, 375; BVerwG v. 10. 1. 1983, ZBR 1983, 131, 308 = PersV 1983, 507; Fischer u. a., § 75 Anm. 108; Lorenzen u. a. § 75 Anm. 187 a, 190). Dies schließt selbstverständlich eine Information der Personalvertretung über eine Abmahnung bei Einverständnis des betreffenden Beschäftigten nicht aus (Beckerle, PersV 1989, 150).

187 l) Eine Reglementierung bei Verstößen gegen Ordnungs- oder Verhaltensbestimmungen ist grundsätzlich nicht ausgeschlossen (BVerwG v. 11. 11. 1960, BVerwGE 11, 238 = ZBR 1961, 27 = PersV 1961, 103; Lorenzen u. a., § 75 Anm. 188a). Die hiermit im Zusammenhang stehenden Probleme sind allerdings im Bereich des öffentlichen Dienstes von geringer praktischer Bedeutung, da u. a. für Pflichtverletzungen im Beamtenrecht das Disziplinarrecht gilt und Arbeitnehmer tarifrechtlich ähnlichen Regelungen unterliegen. Etwas anderes gilt aber dann, wenn einem Dienststellenleiter zum Beispiel aufgegeben ist, nach aufgetretener sexueller Belästigung am Arbeitsplatz Konsequenzen zu ziehen; für diesen Fall kann ein Dienststellenleiter unter Beteiligung der Personalvertretung einen Maßnahmenkatalog aufstellen (vgl. auch von Roetteken, PersR 1995, 276). Der Dienststellenleiter kann **nicht einseitig eine Buß- oder Strafordnung** erlassen. Noch weniger kann er ohne eine solche Ordnung selbst mit Zustimmung der Personalvertretung Ordnungsstrafen oder Betriebsbußen im Einzelfall verhängen (vgl. für das BetrVG: BAG v. 22. 2. 1978, DB 1978, 1548). Dennoch verhängte Ordnungsstrafen oder Betriebsbußen sind unwirksam (vgl. für das BetrVG: BAG v. 17. 10. 1989, BAGE 63, 140 = BB 1990, 853 = DB 1990, 483). Eine Buß- oder Strafordnung kann nur im Wege einer Dienstvereinbarung veranlasst werden, für die bestimmte Mindestanforderungen erfüllt sein müssen (vgl. für das BetrVG: BAG v. 12. 9. 1967, BAGE 20, 79). Der Vorwurf einer groben Verletzung der Pflichten als Personalratsmitglied kann nicht zu einem Verweis führen. In diesem Fall kann der Dienststellenleiter lediglich den Ausschluss aus der Personalvertretung wegen grober Pflichtverletzung beantragen; denn die Verletzung personalvertretungsrechtlicher Pflichten ist der Verletzung dienstlicher Pflichten nicht gleichzusetzen (vgl. für das BetrVG: BAG v. 5. 12. 1975, BAGE 27, 366 = BB 1976, 414 = DB 1976, 583; vgl. hierzu auch § 28 Anm. 4 ff.).

m) Die Personalvertretung kann durch den **Verzicht auf eine Dienstvereinbarung** nicht ein Mitbestimmungsrecht an Einzelmaßnahmen, die die Ordnung in der Dienststelle oder das Verhalten der Beschäftigten betreffen, erreichen. Der Gegenstand der Mitbestimmung kann weder durch eine Dienstvereinbarung noch durch einen „Verzicht“ hierauf geändert werden. Die Mitbestimmung umfasst nach Abs. 3 Nr. 15 nur generelle Maßnahmen. Diese Regelung kann nicht im Wege einer Dienstvereinbarung geändert werden. Die Personalvertretung kann daher nur verlangen, dass durch eine Dienstvereinbarung eine Regelung getroffen wird, unter welchen Voraussetzungen und in welcher Form Ordnungsverstöße von Arbeitnehmern geahndet werden können. Deshalb kann eine Dienstvereinbarung die Art und Weise der Ausübung „des gegenständlichen durch das Gesetz festgelegten Mitbestimmungsrechts“ regeln (BVerwG v. 6. 2. 1979, ZBR 1980, 30 = PersV 1980, 421). 188

17. Die **Gestaltung der Arbeitsplätze** (Nr. 16) unterliegt gleichfalls dem Mitbestimmungsrecht der Personalvertretung. 189

a) Gegenstand des Mitbestimmungsrechts der Personalvertretung ist die Ausgestaltung von – vorhandenen oder künftig einzurichtenden – Arbeitsplätzen, die räumliche Unterbringung, die Ausstattung mit Geräten (z. B. Telefaxgeräten, OVG Münster v. 10. 2. 1993, RDV 1994, 138 = Leits. ZfPR 1994, 95) und Einrichtungsgegenständen, die Beleuchtung und Belüftung innerhalb der Räumlichkeiten einer Dienststelle nach deren Aufteilung, die Untergliederung von Räumlichkeiten oder die Zuordnung bestimmter Raumbereiche zu einem Arbeitsgerät (BVerwG v. 17. 7. 1987, BVerwGE 78, 47 = PersV 1989, 312), nicht dagegen die Geschäftsverteilung, die Übertragung oder Zuweisung von Arbeitsaufgaben (BVerwG v. 25. 8. 1986, ZBR 1987, 60 = PersV 1987, 287). Als **Arbeitsplatz** ist der räumliche Bereich, in dem der Beschäftigte tätig ist sowie seine unmittelbare Umgebung anzusehen. Dagegen zählen zum Bereich eines Arbeitsplatzes nicht außerhalb liegende Einrichtungen wie Flure, Treppen, Pausen-, Umkleide- und Sanitärräume (BVerwG v. 17. 2. 1986, BVerwGE 74, 28 = ZBR 1986, 214 = PersV 1986, 328; VGH Mannheim v. 5. 3. 2002 – OVG 60 PV 1.02, n. v.; Fischer u. a., § 75 Anm. 111; Lorenzen u. a., § 75 Anm. 192). Der Schutzzweck der Bestimmung gebietet es allerdings nicht, Räumlichkeiten einzubeziehen, in denen keine Arbeit geleistet wird, solche nämlich, die lediglich dem Aufenthalt von Beschäftigten dienen. In diesem Zusammenhang steht nicht zur Debatte, ob Beschäftigte vor Überbeanspruchung oder gar Gefährdung ihrer körperlichen und seelischen Gesundheit durch die äußeren Bedingungen zu schützen sind (BVerwG v. 17. 2. 1986, aaO). Der Arbeitsplatz muss nicht in einem bestimmten Gebäude liegen oder überhaupt stationär sein. Vielmehr kann er sich auch in einem Fahrzeug befinden, so dass ein Mitbestimmungsrecht dann eingreift, wenn Beschäftigte bisher auf ein bestimmtes, ihnen vertrautes Dienstfahrzeug Zugriff hatten, künftig aber auf die Benutzung wechselnder, jeweils konkret verfügbarer Fahrzeuge verwiesen werden sollen; denn durch eine solche Änderung kann eine Mehrbelastung der Beschäftigten entstehen, so dass in einem Beteiligungsverfahren zu klären ist, ob diese Mehrbelastung zumutbar ist (BVerwG v. 19. 5. 2003, ZBR 2003, 423 = PersV 2003, 339 = ZfPR 2003, 267). Darüber hinaus kann ein Arbeitsplatz auch insoweit beweglich sein, als der Beschäftigte an verschiedenen Orten die ihm übertragenen Arbeitsaufgaben zu erbringen hat. Arbeitsplätze sind aber immer nur räumliche Bereiche, in denen die Aufgaben zu erfüllen sind. Vom Mitbestimmungsrecht der Personalvertretung werden daher alle zu einem Arbeitsplatz abgrenzbaren Bereiche umfasst, und zwar 190 unabhängig davon, ob sie von einem wechselnden Kreis von Beschäftigten genutzt werden (z. B. Aufstellen von Bildschirmgeräten, die im Wechsel von mehreren Beschäftigten bedient werden; Aufstellen des Fernkopierersystems „Telefax“, OVG Münster v. 10. 2. 1993, aaO). Allerdings ist zu beachten, dass ein Mitbestimmungsrecht nur dann besteht, wenn dem Dienststellenleiter ein eigener Gestaltungsraum verbleibt. Dies ist z. B. bei der Umsetzung der **Arbeitsstättenverordnung** (ArbStättV v. 12. 8. 2004, BGBl. I S. 2179, zul. geänd. d. Art. 2 G v. 20. 7. 2007, BGBl. I S. 1595), die auch auf den öffentlichen Dienst anwendbar ist und grundlegende Anforderungen an Arbeitsstätten beinhaltet, nicht der Fall (vgl. Lorenzen u. a., § 75 Anm. 193).

190a aa) Das Mitbestimmungsrecht der Personalvertretung umfasst die (erstmalige) **Errichtung** von Arbeitsplätzen, die **Änderung** vorhandener Anlagen und die Ausstattung bestehender Arbeitsplätze, soweit sie ihrer Eigenart nach oder wegen ihrer Auswirkungen auf das Wohlbefinden oder die Leistungsfähigkeit der dort Arbeitenden Einfluss haben können. Das **Mitbestimmungsrecht** bezieht sich **nicht** auf die **Arbeitsaufgabe** selbst (Funktionen, Tätigkeiten, Arbeitsleistung). Ebenso wenig bezieht sich das Mitbestimmungsrecht auf die Entscheidung, ob überhaupt ein Arbeitsplatz neu eingerichtet werden soll. Vielmehr geht es bei der Gestaltung von Arbeitsplätzen um die funktionsgerechte Einrichtung (Ausstattung mit Geräten und Einrichtungsgegenständen, z. B. Aufstellen von elektronischen Recheneinrichtungen mit Bildschirmanzeigen, die die Benutzung einer Großrechenanlage erleichtern oder nicht mehr erforderlich machen, BVerwG v. 30. 8. 1985, BVerwGE 72, 94 = ZBR 1986, 143 = PersV 1987, 247; vgl. Anm. 190), um die mit der Digitalisierung der Verwaltung verbundene Einführung von „e-Government“ und neuester Hardware (Ilbertz, PersV 2000, 490, 496; Kersten, PersV 2002, 119, 135) sowie um die Einrichtung des Internet-Zugangs (Lorenzen u. a., § 75 Anm. 191; Wolber, PersR 2000, 3; aA Richardi u. a., § 75 Anm. 524). Schutzzweck des Mitbestimmungsrechts ist die Ausschaltung und Abwendung von nachteiligen Einflüssen der Arbeitsumgebung. Darüber hinaus bezieht sich das Mitbestimmungsrecht auf die Art und Weise der Ausgestaltung der Arbeitsplätze, auf alle Maßnahmen, die ein erleichtertes Arbeiten (durch gute Beleuchtung und Belüftung, angemessene räumliche Unterbringung) aufgrund einer Umgestaltung vorhandener Arbeitsplätze ermöglichen sollen (BVerwG v. 15. 12. 1978 – 6 P 13.78, ZBR 1980, 59 = PersV 1980, 145; BVerwG v. 15. 12. 1978 – 6 P 18.78, ZBR 1981, 257 = PersV 1980, 151; BVerwG v. 25. 8. 1986, aaO). Das Mitbestimmungsrecht der Personalvertretung ist dann nicht ausgeschlossen, wenn Lärm- oder Geruchsbelästigungen nicht vom Arbeitsplatz selbst, sondern von außen kommen. Der Leiter einer Dienststelle hat nämlich im allgemeinen die Möglichkeit einer entsprechenden Einwirkung durch geeignete Maßnahmen. Er kann z. B. auf von außerhalb des Dienstgebäudes ausgehende Lärmquellen durch Einbau von Isolierverglasung Einfluss nehmen und auf diese Weise unzumutbare Lärmbelästigungen von den Beschäftigten fernhalten (VGH Kassel v. 2. 4. 1992, Leits. ZfPR 1993, 91 unter Modifizierung seiner bisherigen Rechtsprechung). Die Entscheidung darüber, ob ein Arbeitsplatz beibehalten oder aufgelöst werden soll, unterliegt dagegen nicht dem Mitbestimmungsrecht. Diese Frage berührt nämlich die innerbetriebliche Organisation ebenso wie die Frage, ob ein Arbeitsplatz überhaupt eingerichtet werden soll. Ein Mitbestimmungsrecht der Personalvertretung bei der Gestaltung von Arbeitsplätzen nach der Verlegung einer Dienststelle (z. B. nach einer voraufgegangenen Privatisierungsentscheidung), insbesondere nach dem Bezug eines neuen Dienstgebäudes, kommt erst dann in Betracht, wenn diese Maßnahme abgeschlossen und der Dienstbetrieb im neuen Gebäude aufgenommen worden ist. Von diesem Zeitpunkt ab geht es u. a. um die Ausstattung der Arbeitsplätze, die Aufstellung von Bildschirmgeräten, den Einbau von Klimaanlagen etc. (OVG Münster v. 22. 5. 1986, PersV 1989, 167). Wenn allerdings zuvor **Raumpläne** als Voraussetzung der Verlegung einer Dienststelle oder eines Teils **aufgestellt** werden, die nicht nur eine unbedeutende Veränderung des Arbeitsplatzes nach sich ziehen (z. B. Ausstattung mit Geräten, Einrichtungsgegenständen, Beleuchtung, Belüftung), handelt es sich hierbei um eine mitbestimmungspflichtige Gestaltung eines Arbeitsplatzes (BVerwG v. 16. 12. 1992 – 6 P 29.9 1, Leits. ZBR 1993, 154 = PersV 1993, 365 = ZfPR 1993, 113). In jedem Einzelfall ist zu prüfen, ob die zu erledigenden Arbeiten einerseits und die Zielsetzung des Mitbestimmungstatbestandes andererseits, die Beschäftigten vor Gefährdungen und Überbeanspruchung zu schützen, in einem ausgewogenen Verhältnis zueinander stehen. Daher unterliegen zwar auch unbedeutende Umstellungen an einem Arbeitsplatz dem Mitbestimmungsrecht der Personalvertretung (a. A. BVerwG v. 17. 7. 1987, BVerwGE 78, 47 = PersV 1989, 312; BVerwG v. 16. 12. 1992, aaO; OVG Münster v. 31. 5. 2001, PersV 2003, 67). Allerdings wird eine Personalvertretung in diesen Fällen kaum einer entsprechenden Maßnahme wirksam widersprechen und dabei auf schutzwürdige Belange der Beschäftigten hinweisen können. Im Übrigen aber würde eine kleinliche Beantwortung der Frage, was „unbedeutend" ist, einer vertrauensvollen Zusammenarbeit zwischen Dienststelle und Personalvertretung nicht entsprechen. Im Zweifelsfall könnten – auch zur Vermeidung eines langwierigen Mitbestimmungsverfahrens – die Berufsgenossenschaft oder das zuständige Gewerbeaufsichtsamt eingeschaltet werden.

b) Die Personalvertretung kann auf die Gestaltung der Arbeitsplätze nach Abs. 3 Nr. 16 Einfluss nehmen. Diese Einflussnahme wird sich in erster Linie auf organisatorische und technologische Veränderungen bzw. auch auf vorbeugende Maßnahmen im Gesundheitsbereich richten (vgl. Anm. 154 ff.). Auch in diesem Zusammenhang muss die Personalvertretung ganz wesentlich darauf achten, dass sie bereits an Voruntersuchungen über Auswirkungen auf die Beschäftigten und über Qualifikationsveränderungen am Arbeitsplatz eingeschaltet wird. Insoweit kommt es darauf an, dass die **Personalvertretung** von ihren **Informationsrechten** nach § 66 Abs. 1 und § 68 Abs. 2 **Gebrauch macht**. Sie soll bereits dann nachfragen, wenn Maßnahmen zur Änderung von Arbeitsplätzen in Aussicht genommen werden, wenn also überprüft wird, welche Arbeitsplätze überhaupt für bestimmte Maßnahmen in Betracht kommen. Der Leiter der Dienststelle hat im Rahmen der vertrauensvollen Zusammenarbeit gerade angesichts der umfangreichen Auswirkungen bei der Einführung neuer Techniken die Personalvertretung bereits im Anfangsstadium der Überlegungen zu informieren. Zu dieser Information ist er verpflichtet, wenn bisherige Vorüberlegungen in das Stadium konkreten Planens übergehen. Eine erst nach Abschluss der Planungsphase beginnende Information würde die Personalvertretung vor vollendete Tatsachen stellen und die Möglichkeit der Einflussnahme erschweren bzw. ausschließen, weil die konkreten Maßnahmen in diesem Stadium des Verfahrens entweder kaum oder gar nicht mehr gestaltungsfähig wären (vgl. für das BetrVG: LAG Frankfurt v. 20. 6. 1985, BB 1985, 2110; Matthes, RDV 1985, 16; vgl. auch § 68 Anm. 34). Von Bedeutung ist das Auskunftsrecht der Personalvertretung auch im Hinblick auf die Geräte (Anschaffung und Installation) und auf die an ihnen und mit ihnen zu leistenden Arbeiten. Wichtig ist die Information auch im Zusammenhang mit der Einrichtung von Bildschirmarbeitsplätzen bzw. der Umgestaltung von Arbeitsplätzen zu Bildschirmarbeitsplätzen (vgl. hierzu VGH Mannheim v. 20. 4. 1983, ZBR 191

1984, 216). Hierbei sind u. a folgende Überlegungen anzustellen: Abmessung des Arbeitsplatzes an die menschlichen Körpermaße, physiologische Gestaltung des Arbeitsplatzes, arbeitspsychologische Gestaltung der Umwelt, informationstechnische Gestaltung, Arbeitsstrukturierung (Aufgabenerweiterung, Aufgabenbereicherung, Aufgabenwechsel), physikalische Umwelteinflüsse (Klima, Licht, Farbe, Lärm) etc. (vgl. hierzu auch Anm. 157).

192 c) Die Zusammenführung zweier bislang in eigenen Räumen arbeitender Schreibkräfte in ein gemeinsames Arbeitszimmer unterliegt, soweit dabei keine besonderen Umstände hinzutreten, nicht der Mitbestimmung; denn es geht nicht um eine Arbeitsplatzgestaltung, sondern um die Verlegung gleichbleibender Arbeitsplätze in einen gemeinsamen Raum (OVG Münster v. 17. 2. 1982, Leits. PersV 1986, 472 = RiA 1982, 199). Auch steht der Personalvertretung kein Mitbestimmungsrecht bei der **Verlegung wesentlicher Teile einer Dienststelle** in mit einer Klimaanlage ausgestattete Räume zu; denn in diesem Fall befindet sich der Arbeitsplatz bereits in einem bestimmten Zustand und soll nicht verändert werden. Würde der Personalvertretung ein Mitbestimmungsrecht zustehen, so könnte im Streitfall die Einigungsstelle eine verbindliche Entscheidung zu Lasten der Dienststelle treffen. Dies wäre schon deshalb **verfassungsrechtlich bedenklich**, „weil organisatorische Maßnahmen, die für die Funktionsfähigkeit der Verwaltung von entscheidender Bedeutung sind, nicht nur die Belange der Beschäftigten, sondern auch und oft überwiegend das Allgemeininteresse berühren" (BVerwG v. 27. 7. 1979, ZBR 1980, 160 = PersV 1981, 73). Ebensowenig steht der Personalvertretung ein Mitbestimmungsrecht bei der **Aufstellung von Organisationsplänen** zu, die lediglich eine innerbetriebliche Zuständigkeitsregelung betreffen, nicht aber die Gestaltung der Arbeitsplätze und der Arbeitsabläufe an den jeweiligen Arbeitsplätzen berühren oder auf eine Änderung des Verhältnisses von Arbeitsaufwand zu Arbeitsergebnis für die einzelnen Dienstposten abzielen (BVerwG v. 13. 2. 1985 – 6 P 1.83 – Buchholz 238.35 § 61 Nr. 2). Die Personalvertretung kann auch nicht darüber mitbestimmen, ob beispielsweise Bildschirmarbeitsplätze eingerichtet werden, sondern nur darüber, wie die arbeitstechnische äußere Gestaltung des konkreten Arbeitsplatzes vorzunehmen ist (BVerwG v. 30. 8. 1985, BVerwGE 72, 94 = ZBR 1986, 143 = PersV 1987, 247; Kaerger, RiA 1982, 121).

193 d) **Sinn und Zweck von Abs. 3 Nr. 16** ist es, durch das Mitbestimmungsrecht der Personalvertretung sicherzustellen, dass die schutzwürdigen Belange der Beschäftigten bei der Gestaltung der Arbeitsplätze beachtet und Belastungen sowie Beeinträchtigungen möglichst weitgehend verhindert oder abgebaut werden. Dies bedeutet keinen Eingriff in die Organisationshoheit der Dienststelle oder in ihre Aufgabenerledigung. Vielmehr soll das Mitbestimmungsrecht sicherstellen, dass konkrete, objektive Belastungen von den Beschäftigten weitgehend ferngehalten werden. Allerdings muss die Personalvertretung mit der am wenigsten aufwendigen Lösung einverstanden sein (Gerhold, ZTR 1988, 317, 326). Gegenüber baulichen, organisatorischen und technischen Umstellungen sollen die Interessen der Beschäftigten geltend gemacht werden; denn die äußeren Umstände, unter denen die Arbeitsleistung zu erbringen ist, können sich verändern. Die Personalvertretung soll daher die Möglichkeit haben, die objektiven und subjektiven Auswirkungen jener Maßnahmen auf den einzelnen Beschäftigten zu prüfen (Fischer u. a., § 75 Anm. 111). Ziel dieser Prüfung soll es sein, die Beschäftigten vor einer Überbeanspruchung oder Gefährdung ihrer körperlichen und seelischen Gesundheit zu schützen. Nicht erforderlich ist dabei, dass die Belastung „von einigem Gewicht" ist; denn eine solche Einschränkung ergibt sich weder aus dem Wortlaut noch aus dem Sinn der Vorschrift, die korrigierenden Charakter hat, um seitens der Personalvertretung die räumlichen und sachlichen Arbeitsbedingungen und die Arbeitsumgebung im gesundheitlichen Interesse der Beschäftigten beeinflussen zu können (Richardi u. a., § 75 Anm. 525; aA Fischer u. a., § 75 Anm. 111; vgl. auch Anm. 190a). Aus dieser Zweckbestimmung des Mitbestimmungstatbestandes ergibt sich im Übrigen ebenso wie bei anderen, vergleichbaren Beteiligungstatbeständen (§ 75 Abs. 3 Nr. 17; § 76 Abs. 2 Nr. 5, 7; § 78 Abs. 5), dass die Personalvertretung den Maßnahmen „unter dem Gesichtspunkt des Rationalisierungsschutzes oder aus anderen arbeitsmarktpolitischen Gründen" nicht entgegentreten kann (BVerwG v. 30. 8. 1985, BVerwGE 72, 94 = ZBR 1986, 143 = PersV 1987, 247). Ebenso ergibt sich aus dem Schutzzweck der Norm, dass ein Mitbestimmungsrecht dann nicht besteht, wenn ein Arbeitsplatz beseitigt werden soll (vgl. Anm. 190a). In diesem Fall nämlich können von einem **Arbeitsplatz** keine Gefahren oder sonstigen Belastungen mehr ausgehen, vor denen die Personalvertretung die Beschäftigten schützen müßte. Gleiches gilt bei einer Verlagerung von Arbeitsplätzen, nämlich bei der Beseitigung eines Arbeitsplatzes von seinem bisherigen Ort und einer Neuerrichtung an einer anderen Stelle. Die Beseitigung als solche ist nicht mitbestimmungspflichtig, wohl aber die erneute Errichtung an anderer Stelle (VGH Kassel v. 9. 11. 1988 – HPV TL 1612/86, n. v.). Auch die Tatsache, dass Arbeitsplätze nur zeitweilig für dienstliche Zwecke genutzt werden, überwiegend aber anderen Zwecken dienen, steht einem Mitbestimmungsrecht wegen des hiermit verbundenen Schutzcharakters des Tätigwerdens der Personalvertretung nicht entgegen (VGH Kassel v. 27. 2. 1992, ZBR 1993, 216 = Leits. ZfPR 1993, 91). Vor allem bei der Einrichtung von Telearbeitsplätzen müssen Personalvertretungen ihr Mitbestimmungsrecht nutzen, um sicherzustellen, dass die Ausgestaltung der Telearbeitsplätze die Standards berücksichtigt, die das geltende Arbeitsschutzrecht vorgibt (Wedde, ZfPR 1998, 18, 23).

e) Die Personalvertretung kann ihr Mitbestimmungsrecht auch über ein **Initiativrecht** (§ 70 **Abs. 1**) ausüben, was ihr erhebliche Einfluss- 194
möglichkeiten eröffnet (Richardi u. a., § 75 Anm. 529; zum Initiativrecht: Widmaier, PersV 2004, 23). Ausgangspunkt für das Initiativrecht werden in aller Regel Anregungen und Beschwerden von Beschäftigten sein, die der Personalvertretung über die Situation am einzelnen Arbeitsplatz berichten, die jeweiligen Zustände kritisieren und eventuell Vorschläge zur Verbesserung machen. Das wird immer dann der Fall sein, wenn von Arbeitsplätzen, Arbeitsabläufen oder von der Arbeitsumgebung nicht zumutbare Belastungen ausgehen (vgl. § 70 Anm. 3; Fischer u. a., § 75 Anm. 111 b; Lorenzen u. a., § 75 Anm. 193; vgl. Anm. 222).

18. Das Mitbestimmungsrecht erstreckt sich auch auf **Einführung und An-** 195
wendung technischer Einrichtungen, die dazu bestimmt sind, das Verhalten oder die Leistung der Beschäftigten zu überwachen (Nr. 17):

a) Sinn und Zweck der Vorschrift ist es, der Personalvertretung ein **Mitbe-** 196
stimmungsrecht zum Schutz der Beschäftigten vor einer automatisierten Kontrolle zu geben. Inhalt des Mitbestimmungsrechts ist daher der Schutz der Beschäftigten vor einer Gefährdung ihres Persönlichkeitsrechts durch technische Überwachungseinrichtungen im Zusammenhang mit einer Datenerhebung und Datenverarbeitung (BVerwG v. 16. 12. 1987, ZBR 1988, 349 = PersV 1989, 68; BVerwG v. 31. 8. 1988, BVerwGE 80,143 = ZBR 1989, 14 =

PersV 1989, 216; Fischer u.a., § 75 Anm. 113; Lorenzen u.a., § 75 Anm. 195 a; vgl. auch für das BetrVG: BAG v. 12. 1. 1988, BB 1988, 1816 = DB 1988, 1552). Eine weitreichende und gleichberechtigte Beteiligung der Personalvertretung soll Beeinträchtigungen und Gefahren, die von einer technisierten Verhaltens- und Leistungskontrolle für die Persönlichkeit der Beschäftigten ausgehen, auf das erforderliche Maß beschränken (BVerwG v. 26. 9. 2006, ZfPR online 9/2007, S. 5). Die moderne Technik erlaubt auf vielfältige, für den einzelnen Beschäftigten kaum noch durchschaubare Weise die Ermittlung von Verhaltens- und Leistungsdaten. Die Ermittlung kann fortlaufend und ununterbrochen geschehen. Der einzelne Beschäftigte kann sich in aller Regel der Beobachtung/Überwachung nicht entziehen und ist in seinem Persönlichkeitsrecht insbesondere dadurch betroffen, dass die auf technischem Wege ermittelten Daten regelmäßig aufgezeichnet und stets verfügbar gehalten werden. Insbesondere bei einer technischen Auswertung von Verhaltens- und Leistungsdaten kann sich die Gefahr ergeben, dass die Datenselektion zu einem Kontextverlust führt und dass im Übrigen auch solche Daten verarbeitet werden, die weit zurückliegen und keinen aktuellen Aussagewert mehr besitzen (vgl. für das BetrVG: BAG v. 14. 9. 1984, DB 1984, 2513; vgl. auch: OVG Münster v. 10.4. 1984 – CL 36/83, n. v.). Art. 1 Abs. 1 und Art. 2 Abs. 1 GG garantieren den Schutz eines allgemeinen Persönlichkeitsrechts. Dieses Recht, insbesondere das Grundrecht auf freie Entfaltung der Persönlichkeit, umfasst auch das Recht auf informationelle Selbstbestimmung. Danach kann grundsätzlich der Einzelne selbst über die Preisgabe und Verwendung seiner persönlichen Daten entscheiden (BVerfG v. 15. 12. 1983, BVerfGE 65, 1 = NJW 1984, 419 = DVBl. 1984, 128). Dieses Recht auf informationelle Selbstbestimmung besteht jedoch nicht schrankenlos. Vielmehr erfordert der Grundsatz der Verhältnismäßigkeit im Rahmen bestehender Rechtsverhältnisse (Beschäftigungsverhältnis) im Einzelfall die Abwägung der in Betracht kommenden Interessen der Beschäftigten einerseits und des Dienststellenleiters andererseits (BAG v. 12. 1. 1988, aaO).

196a aa) Das Mitbestimmungsrecht nach Abs. 3 Nr. 17 soll dazu beitragen zu regeln, welche Daten der Beschäftigten erfasst und zu welchen Aussagen über Verhalten und Leistung sie verarbeitet werden sollen (Linnenkohl, BB 1987, 1454). **Sinn dieses Mitbestimmungsrechts** ist es, die Überwachung der Beschäftigten möglichst gering zu halten, nicht aber der Schutz vor Überwachung überhaupt (vgl. für das BetrVG: BAG v. 27. 5. 1986, BAGE 52, 88 = BB 1986, 1087, 2333 m. Anm. v. Kappes = DB 1986, 1287, 2080 = ArbuR 1987, 149 m. Anm. v. Mostert). Die notwendige Erhebung und Verarbeitung von Daten der Beschäftigten darf aber nicht zu einem unpersönlichen Überwachungssystem ausarten. Eine anonyme Verhaltens- und Leistungskontrolle durch technische Einrichtungen kann die Beschäftigten weit mehr als die Aufsicht durch Vorgesetzte treffen. Die Gefährdung des Persönlichkeitsrechts der Beschäftigten durch eine technisierte Ermittlung von Verhaltens- und Leistungsdaten liegt vor allen Dingen in der ungleich größeren Anzahl von Daten, die auf diese Weise im Vergleich zu herkömmlichen Verfahrensweisen erhoben werden können. Außerdem kann die Datenerhebung praktisch ununterbrochen durchgeführt werden. Sie ist für den einzelnen Beschäftigten nicht durchschaubar, die Überwachung ist oft nicht einmal wahrnehmbar. In der Regel kann sich der einzelne Beschäftigte der Überwachung nicht entziehen. Dies kann zu erhöhter Abhängigkeit und zur **Behinderung der freien Entfaltung der Persönlichkeit** der Beschäftigten führen (vgl. für BetrVG u. a.: BAG v. 8. 11. 1994, RDV 1995, 128). Die Beobachtung durch technische Geräte kann in Persönlichkeitsbereiche eindringen, die einer nichttechnischen Überwachung gar nicht zugänglich sind (OVG

Münster v. 26. 2. 1987, ZBR 1988, 71). Die heimliche Überwachung von Beschäftigten per Videokamera kann daher auch nicht durch Zustimmung der Personalvertretung legitimiert werden (vgl. für das BetrVG: BAG v. 15. 5. 1991, RDV 1992, 178). Das Mitbestimmungsrecht der Personalvertretung soll verhindern, dass die Beschäftigten, die bei ihrer Aufgabenerledigung eine jederzeitige technische oder elektronische Überwachung befürchten müssen, in einen Überwachungsdruck geraten, der sie in der freien Entfaltung ihrer Persönlichkeit behindert (BVerwG v. 23. 9. 1992, BVerwGE 91, 45 = PersV 1993, 225 = ZfPR 1993, 40). Eine solche Behinderung kann z. B. wegen der potentiellen Gefahren von ISDN-Techniken gegeben sein (unbemerkte Anwesenheitskontrollen durch automatischen Rückruf im Freifall; mit weiteren Hinweisen: Linnenkohl-Linnenkohl, BB 1992, 770). Dieser Überwachungsdruck ist auch gegeben, wenn der Benutzer die „Überwachungseignung“ einer technischen Einrichtung nicht durchschauen kann. Diese Situation kann insbesondere im Zusammenhang mit Telearbeitsplätzen eintreten. Dies gilt nicht nur bei online-Tätigkeiten, sondern auch bei offline-Varianten, bei denen die Gewinnung von Leistungs- und Verhaltensdaten nicht ausgeschlossen ist (Wedde, ZfPR 1998, 57; vgl. auch Anm. 209, 213, 222a). Das Mitbestimmungsrecht der Personalvertretung soll dem entgegenwirken; denn zu subjektiv empfundenem Überwachungsdruck besteht dann weniger Anlass, wenn im Rahmen gleichberechtigter Partnerschaft die zuständige Personalvertretung beteiligt wird. Wenn aber eine befürchtete Überwachung objektiv und erkennbar nicht stattfinden kann, ist auch bei Berücksichtigung des erwähnten Schutzzwecks ein Mitbestimmungsrecht der Personalvertretung nicht gegeben.

bb) Bei der Entscheidung über die Frage des Bestehens eines Mitbestim- **196b**
mungsrechts ist nicht nur die **technische Einrichtung** selbst, sondern auch deren **Funktionsweise** und deren **Benutzungsbedingungen** von Bedeutung. Es geht in diesem Zusammenhang um die vorgesehenen Einsatzbedingungen an konkreten Arbeitsplätzen. Wenn es z. B. einem Beschäftigten freigestellt ist, „ob und in welchem Umfange er überhaupt in kontrollierbarer Weise Daten bearbeitet und speichert oder wieder löscht, und zum anderen aus der Verhinderung einer Kontrolle auch keine Rückschlüsse auf die Leistung und das Verhalten“ gezogen werden können, und wenn auch an dem betreffenden Arbeitsplatz mit Hilfe der technischen Einrichtungen keine Daten anderer Beschäftigter bearbeitet werden, besteht kein Mitbestimmungsrecht (BVerwG v. 23. 9. 1992, BVerwGE 91, 45 = PersV 1993, 225 = ZfPR 1993, 40; zum Informationsanspruch bei Einführung neuer Techniken vgl. § 68 Anm. 34a, 43c; vgl. auch Anm. 201). Insgesamt müssen die gegenläufigen Interessen der Dienststelle einerseits und der Beschäftigten andererseits sorgfältig gegeneinander abgewogen werden. Der von der Überwachung ausgehende Druck auf die Beschäftigten kann z. B. im Rahmen einer **Dienstvereinbarung** dadurch abgebaut werden, dass festgelegt wird, mit welchen Mitteln ein Dienststellenleiter auf anlässlich der Überwachung festgestellte Verhaltensweisen reagieren darf (vgl. Muster einer Dienstvereinbarung Intranet, E-Mail und Internetnutzung: Süllwold, ZfPR 2004, 343). So könnte u. a. vereinbart werden, dass Maßnahmen nur nach vorheriger Erörterung mit der Personalvertretung und den betroffenen Beschäftigten zulässig sind und dass personelle Maßnahmen nur unter Beachtung von Mitbestimmungsrechten getroffen werden können. Auf diese Weise können die Beschäftigten die Sicherheit erlangen, dass aus ihrem Verhalten keine unzutreffenden Schlüsse gezogen und keine nicht berechtigten und nicht einsichtigen Reaktionen erfolgen werden. Eine solche Regelung wäre ein billiger Ausgleich für die bei einer technischen Überwachung bestehen-

den gegenläufigen Interessen von Dienststellenleitern und Beschäftigten zugunsten der Letzteren (vgl. hierzu für das BetrVG: BAG v. 27. 5. 1986, BAGE 52, 88 = BB 1986, 1087, 2333 m. Anm. v. Kappes = DB 1986, 1287, 2080 = ArbuR 1987, 149 m. Anm. v. Mostert).

197 b) Der Persönlichkeitsbereich der Beschäftigten soll vor einer technisierten anonymen Überwachung geschützt werden. Deshalb „spielt die Etikettierung der Daten keine Rolle“ (Simitis, RDV 1989, 49, 55). Wie auch immer die im Einzelnen zur Diskussion stehenden Daten bezeichnet werden, entscheidend muss – auch im Hinblick auf die Multifunktionalität personenbezogener Daten – sein, dass die Beschäftigten **vor einer Überwachung geschützt werden**, über die sie nicht informiert sind und auf die sie keinen Einfluss genommen haben (vgl. für das BetrVG: BAG v. 23. 4. 1985, BB 1985, 1664 = DB 1985, 1897 = ArbuR 1986, 62 m. Anm. v. Küpferle; vgl. hierzu auch: Apitzsch-Schmitz, AiB 1985, 165; Klebe, DB 1986, 380; Schwarz, BB 1985, 531). Deshalb ist die Personalvertretung immer dann zu beteiligen, wenn **mit Hilfe einer technischen Einrichtung personenbezogene Daten erhoben und aufgezeichnet werden,** unabhängig davon, ob diese Daten erst in Verbindung mit anderen Daten und Umständen entsprechende Beurteilungen ermöglichen (vgl. für das BetrVG: BAG v. 23. 4. 1985, aaO). Unerheblich ist auch, ob die durch die Überwachung gewonnenen Informationen überhaupt oder zeitlich versetzt ausgewertet werden. Die Informationen nämlich werden gespeichert und damit stets verfügbar gehalten, so dass jederzeit die Möglichkeit eines Eindringens in Persönlichkeitsrechte der Beschäftigten besteht. Als technische Einrichtung ist jede Gerätschaft anzusehen, die aufgrund ihrer technischen Natur unmittelbar eine Überwachung ermöglicht, indem sie Verhalten oder Leistung der Beschäftigten kontrolliert. Sie wird eingeführt, wenn jederzeit mit ihrer Inbetriebnahme bzw. Nutzung begonnen werden kann. Unter **Einführung** technischer Einrichtungen zur Verhaltens- und Leistungskontrolle ist nicht nur deren erstmalige Installierung, sondern auch deren Vernetzung mit bereits vorhandenen Rechnern sowie wegen der leichteren Verknüpfbarkeit und schnellen Verfügbarkeit auch der Anschluss zusätzlicher Rechner an ein bereits bestehendes System (Beckschulze-Henkel, DB 2001, 1491, 1500), insgesamt alle Maßnahmen, die zur Vorbereitung der Anwendung von Überwachungseinrichtungen erforderlich sind, zu verstehen. Als **Anwendung** ist die allgemeine Handhabung der eingeführten Kontrolleinrichtung, also die Festlegung der Art und Weise ihrer Verwendung (Festlegung der Einschaltzeiten und der von der Kontrolleinrichtung betroffenen Arbeitsplätze; vgl. Bachner, DB 2006, 2518) oder eine Entscheidung über eine neue Bestimmung über den Ort der Aufstellung der Kontrolleinrichtung anzusehen. Daher unterliegt auch die Änderung der bisherigen Anwendung einer technischen Kontrolleinrichtung dem Mitbestimmungsrecht der Personalvertretung (BVerwG v. 13. 8. 1992, Leits. ZBR 1993, 130 = PersV 1993, 222 = ZfPR 1993, 4; OVG Münster v. 17. 6. 1992, PersR 1993,80; OVG Münster v. 17. 12. 1993 – 1 A 4140/92.PVB, n. v.; Lorenzen u. a., § 75 Anm. 195 d; aA unter Hinweis auf den Schutzgedanken: Cecior u. a., § 72 Anm. 303 sowie für das BetrVG: BAG v. 28. 11. 1989 – 1 ABR 87/88, BAGE 63, 283 = BB 1990, 1062 = DB 1990, 743 = CR 1990, 480). Gleiches gilt für einen im Dienstzimmer des Dienststellenleiters installierten Bildschirmarbeitsplatz, der seinerseits an eine bestehende EDV-Anlage angeschlossen und geeignet ist, Verhalten und Leistung der Beschäftigten zu überwachen (OVG Münster v. 2. 9. 1994, ZPR 1995, 93). Der Leiter der Dienststelle hat daher im Rahmen seiner Informationspflicht (§ 68) die Personalvertretung umfassend und rechtzeitig über die in Aussicht genommene technische Einrichtung, über das jeweilige Programm und des-

sen Arbeitsweise (z. B. Verknüpfung mit anderen Systemen) sowie eventuellen Abfragesprachen zu unterrichten. Die Personalvertretung kann eine Übersicht über vorhandene Dateien sowie Auskunft auch darüber verlangen, welche Personendaten der Beschäftigten erfasst und aufgezeichnet werden, zu welchem Zweck dies erfolgt, wem welche Daten zugänglich sein sollen, wann sie gelöscht werden müssen etc. (vgl. für das BetrVG: BAG v. 6. 12. 1983, BAGE 44, 285 = BB 1984, 850 = DB 1984, 775; aA Söllner, DB 1984, 1243). Auch steht der Personalvertretung ein **Auskunftsrecht** darüber zu, welche Maßnahmen zur Verhinderung von Missbrauch getroffen werden sollen (vgl. für das BetrVG: LAG Frankfurt v. 20. 6. 1985, BB 1985, 2110). Dabei kommt es vor allem darauf an, dass die Informationen in verständlicher Form und in nachvollziehbarer Weise gegeben werden; denn die Personalvertretung muss aus der Unterrichtung die für die Durchführung ihrer Überwachungsaufgaben notwendigen Kenntnisse erlangen und die erforderlichen Schlussfolgerungen ziehen können. Dabei empfiehlt sich gezielter Rückfragen wegen eine Beteiligung von entsprechenden Fachkräften auf Seiten der Verwaltung (Matthes, RDV 1995, 16). Das Auskunftsrecht gibt der Personalvertretung aber keinen Anspruch auf einen eigenen Zugang zu den gespeicherten Daten. Auch kann die Personalvertretung nicht den Ausdruck gespeicherter Daten vom Dienststellenleiter verlangen oder gar die Aufstellung eines Gerätes, mit dessen Hilfe sie sich zur eigenen Nutzung von personenbezogenen Daten in das bei der Dienststelle eingerichtete System einschalten kann. Dies ergibt sich schon daraus, dass eine Personalvertretung auch außerhalb eines technischen Systems keinen direkten Zugang zu solchen Unterlagen (z. B. Aktensammlungen) hat, die die Dienststelle zur organisatorischen Abwicklung der Dienstgeschäfte angelegt und in denen sie Informationen niedergelegt hat, die Auskunft über Leistung oder Verhalten von Beschäftigten geben (Schmidt-Dorrenbach/Goss, Beil. Nr. 11/83 zu DB v. 29. 4. 1983). Dies schließt selbstverständlich eine stichprobenartige Prüfung von Software-Programmen seitens der Personalvertretung in Zusammenarbeit mit dem Dienststellenleiter nicht aus (Müllner, BB 1984, 475). Insgesamt setzt eine wirksame Beteiligung der Personalvertretung voraus, dass ihr Unterlagen zur Verfügung gestellt werden, die eine genaue Systembeschreibung enthalten, die Auskunft über die Datenkataloge, über die Zugangsberechtigten und über die Datenempfänger geben. Zu den **Unterlagen** sollten auch Musterausdrucke der einzelnen Programmabläufe und der möglichen Abfragen gehören (Matthes, RDV 1985, 16; RDV 1987, 1; zur Hinzuziehung von **Sachverständigen:** § 68 Anm. 42 sowie BAG v. 17. 3. 1987, BAGE 54, 278 = BB 1988, 976 = DB 1988, 658; Jobs, RDV 1987, 125; Linnenkohl, RDV 1990, 61, 66). Selbstverständlich kann die Personalvertretung auch einen eventuell vorhandenen **internen Datenschutzbeauftragten** um Rat fragen (Gola, ZfPR 1997, 94, 96).

c) Die zunehmende Einführung neuer Techniken (z. B. Schreibautomaten, **198**
Datensichtgeräte, Personalinformationssysteme) wirft immer wieder Fragen nach dem Beteiligungsrecht der Personalvertretungen auf. Da es einen generellen Mitbestimmungstatbestand in bezug auf die jeweiligen Techniken nicht gibt, ist stets im **Einzelfall** zu prüfen, ob es sich um technische Überwachungseinrichtungen (Abs. 3 Nr. 17) bzw. um solche technischen Einrichtungen handelt, die erhöhte Anforderungen an die Beschäftigten stellen oder durch die ein größerer Effekt der Arbeitsleistung erzielt wird (vgl. § 75 Abs. 3 Nr. 16; § 76 Abs. 2 Nr. 5, 7; § 78 Abs. 5). Zum Teil wird die Ansicht vertreten, dass als tatsächliche Konsequenz der Vernetzung der Informationssysteme und der einschlägigen Rechtsprechung des BAG der gesamte Prozess, soweit ein Arbeitnehmerbezug besteht, der Mitbestimmung unter-

liege (Linnenkohl, RDV 1990, 61, 64; ders., BB 1990, 992). Hervorzuheben ist jedoch, dass die **automatisierte Verarbeitung von Personaldaten** als solche **nicht unzulässig,** aber eben mitbestimmungspflichtig ist (vgl. für das BetrVG: BAG v. 14. 9. 1984, BAGE 46, 367 = BB 1985,193 m. Anm. v. Hunold = DB 1984, 2513 = NJW 1985,453 m. Anm. v. Kilian; Hümmerich-Gola, NJW 1981, 1487; Matthes RDV 1985, 16); denn jeder Dienststellenleiter hat das Recht, durch geeignete Maßnahmen die Einhaltung der arbeits- und beamtenrechtlichen Pflichten zu überwachen und zu sichern. Durch Abschluss eines Arbeitsvertrages bzw. durch Eintritt in ein Beamtenverhältnis haben sich die Betroffenen dem grundsätzlich unterworfen. Deshalb können weder der dem Abs. 3 Nr. 17 zugrundeliegende Schutzgedanke noch der mit dem Datenschutzgesetz verfolgte Zweck zum Beispiel einem Dienststellenleiter untersagen zu überprüfen, wann ein Beschäftigter seinen Dienst jeweils begonnen und wann er ihn beendet hat. Einem Dienststellenleiter obliegt insoweit auch eine Fürsorgepflicht gegenüber denjenigen Beschäftigten, die in aller Regel ihre Arbeitszeit einhalten und denen gegenüber eine Verpflichtung besteht, dass die Arbeitslast gleichmäßig verteilt ist (VGH Kassel v. 29. 7. 1987 – BPV TK 1991/86, n. v.). Generell ist zu überprüfen, ob die Erhebung von Beschäftigtendaten entsprechend § 14 BDSG durch den Zweck des Beschäftigungsverhältnisses gerechtfertigt ist oder ob schutzwürdige Belange des Beschäftigten überwiegen, so dass die Datenverarbeitung unzulässig wäre. Deshalb sind unter Beachtung von Sinn und Zweck des Mitbestimmungsrechts die jeweiligen Interessen des Dienstherrn an der Datenverarbeitung und der Beschäftigten am Schutz ihrer Persönlichkeit gegeneinander abzuwägen (Ehmann, NZA 1993, 241, 245; vgl. zum Schutzzweck der Mitbestimmungsrechte auch: Brossette, ZfA 1992, 379 ff., 387 f., 400). Eine lückenlose Erfassung der Persönlichkeit eines einzelnen Beschäftigten bzw. die Erstellung umfassender Persönlichkeitsprofile verstößt gegen das Grundrecht auf freie Entfaltung der Persönlichkeit (vgl. in diesem Zusammenhang das vom BVerfG v. 15. 12. 1983, BVerfGE 65, 1 = NJW 1984, 419 = DVBl 1984, 128 umschriebene „informationelle Selbstbestimmungsrecht"). Auf einen bestimmten Arbeitsplatz beschränkte Eignungsprofile sind aber dann zulässig, wenn sie aus konkretem Anlass (Höhergruppierung, Beförderung etc.) erstellt, also nicht auf „Vorrat" angelegt werden (Thiele, DÖV 1980, 639, 643).

199 d) Das Mitbestimmungsrecht der Personalvertretung soll die Beschäftigten vor den Gefahren einer technischen Datenerhebung und Datenverarbeitung schützen. Mitbestimmungspflichtig ist die **technische Erhebung und Verarbeitung von Verhaltens- und Leistungsdaten** sowie die weitere Verwendung der so erhobenen Daten zur Überwachung der Beschäftigten (BAG v. 12. 1. 1988, BB 1988, 1816 = DB 1988, 1552). Leistungsdaten sind solche, die Auskunft über die Erfüllung der im Rahmen der vertraglichen bzw. dienstlichen Arbeitspflicht geleisteten Arbeiten geben. Verhaltensdaten sind dagegen solche Daten, die sich auf das Tun eines bestimmten Beschäftigten innerhalb seines Arbeits-/Dienstverhältnisses beziehen und keinen direkten Bezug zur Arbeits-/Dienstpflicht haben. Eine klare **Abgrenzung** zwischen Verhalten und Leistung im Sinne der Vorschrift ist aber **nicht erforderlich.** Ein solches Vorgehen würde den heutigen Verarbeitungsmöglichkeiten automatisierter Datenverarbeitungsanlagen widersprechen und einem möglichst umfassenden Schutz der Beschäftigten nicht gerecht werden. Daher kommt es also auch nicht auf die Art der gespeicherten Daten an, sondern alleine auf die durch die jeweiligen Gegebenheiten eröffneten Auswertungsmöglichkeiten (Gola, AuR 1988, 105, 110). Ebensowenig entscheidend ist, ob ein bestimmtes Tun oder Unterlassen als Verhalten oder Leistung zu begreifen ist. Alleine entscheidend ist, ob von einem EDV-System produzierte Aussagen über Leistung und Verhalten eine Beurteilung eines Beschäftigten ermöglichen. Das aber kann nicht anhand der Daten, sondern nur im Hinblick auf die Verknüpfbarkeit der Daten zu Aussagen über Leistung und Verhalten entschieden werden (Apitsch/Schmitz, DB 1984, 993; Simitis, RDV 1989, 49, 54). Werden daher in einer technischen Einrichtung Aussagen über Krankheitshäufigkeiten, attestfreie Arbeitsunfähigkeitszeiten und unentschuldigte Fehlzeiten gespeichert, so geben diese Daten Auskunft über ein mögliches Fehlverhalten eines Beschäftigten. Das aber reicht aus, um in der Erarbeitung solcher Aussagen durch eine technische Einrichtung ein Überwachen des Verhaltens der Beschäftigten zu sehen, das der Mitbestimmung unterliegt (VGH Mannheim v. 30. 6. 1992, PersR 1993, 173; vgl. für das BetrVG: BAG v. 11. 3. 1986, BAGE 51, 217 = BB 1986, 1292 = DB 1986, 1469 = RDV 1986, 191 m. Anm. v. Gola; vgl. auch Linnenkohl-Schütz-Rauschenberg, NZA 1986, 769). Daten über außerdienstliches Verhalten, über den beruflichen Werdegang oder Ausbildungsdaten sind für sich genommen noch keine Verhaltensdaten. Die technische Verarbeitung solcher Daten löst ein Mitbestimmungsrecht der Personalvertretung nur bei einer mit Leistungs- oder Verhaltensdaten gemeinsam erfolgenden Verarbeitung aus, die Rückschlüsse auf Leistung oder Verhalten erlauben (Matthes, RDV 1985, 16).

aa) Eine Personalvertretung kann grundsätzlich nicht die Anschaffung eines bestimmten Systems verlangen bzw. ein solches ablehnen. Die Auswahl des Herstellers, des Modells und die Installation sind alleine Angelegenheit des Dienststellenleiters (Beckschulze, DB 2007, 1526, 1534). Wohl aber kann die Personalvertretung bei der Frage mitbestimmen, welche Kontrolleinrichtung eingeführt werden soll, falls sie geltend machen kann, dass die Persönlichkeitsrechte der Beschäftigten durch eine andere Technik besser geschützt werden können (Bachner, DB 2006, 2518). Zweck des Mitbestimmungsrechts nämlich ist es, dass Personalvertretung und Dienststellenleitung gemeinsam nach Wegen suchen, die einen möglichst geringen Eingriff in die Persönlichkeitsrechte der Beschäftigten sicherstellen. Der Personalvertretung muss es daher wegen des Schutzzwecks der Vorschrift entscheidend darum gehen, **das „Wie" der technischen Kontrolle von Leistung und Verhalten so mitzugestalten,** dass ein möglichst geringer und alleine vom Arbeits-/Dienstverhältnis her zweckbestimmter Eingriff in die Persönlichkeitssphäre erfolgt (vgl. hierzu vor allem: BVerwG v. 16. 12. 1987, ZBR 1988, 349 = PersV 1989, 68). Dem Mitbestimmungsrecht der Personalvertretung kommt eine präventive Schutzfunktion zu. Die Personalvertretung kann daher der beabsichtigten Maßnahme unter Hinweis darauf widersprechen, dass die persönlichen Belange der Beschäftigten nicht hinreichend berücksichtigt seien, die Persönlichkeitsrechte nicht ausreichend geschützt würden oder dass kein angemessenes Verhältnis zwischen dem Ausmaß der Kontrolle und dem Erfordernis der Effektivität der Arbeit bestehe (Ballerstedt-Schleicher-Faber-Eckinger, Art. 75a Anm. 32). Sinn und Zweck des Mitbestimmungsrechts entspricht es, wenn die zuständige Personalvertretung zur Sicherung der Persönlichkeitsrechte der Beschäftigten und im Interesse einer zutreffenden Beurteilung von Verhalten und Leistung an der Entscheidung der Frage beteiligt wird, ob und wie technische Einrichtungen zum Zwecke der Überwachung von Verhalten und Leistung der Beschäftigten herangezogen werden (Richardi u. a., § 75 Anm. 532). In diesem Zusammenhang kann daher die Personalvertretung verlangen, dass Maßnahmen getroffen werden, die geeignet sind, die Beschäftigten vor einer übermäßigen Überwachung ihrer Leistung und ihres Verhaltens zu schützen 199a (vgl. für das BetrVG: BAG v. 11. 3. 1986, BAGE 51, 217 = BB 1986, 1292 = DB 1986, 1469 = RDV 1986, 191 m. Anm. v. Gola). Ein Initiativantrag der Personalvertretung dahingehend, durch wesentliche Änderungen an einer bestehenden Anlage den Überwachungsdruck für die Beschäftigten zu mindern, ist von Wortlaut, Sinn und Zweck des Mitbestimmungstatbestandes gedeckt (BVerwG v. 29. 9. 2004, ZBR 2005, 250 = PersV 2005, 97 = ZfPR 2005, 3; vgl. auch Anm. 222 und § 70 Anm. 5). Begrenzt allerdings ist das Mitbestimmungsrecht der Personalvertretung durch die Organisationshoheit der Verwaltung sowie durch das Recht des Dienststellenleiters zur Kontrolle der Arbeitsleistung (Vogelgesang, PersV 1994, 97, 102). Daher kann grundsätzlich auch nicht die aus Sicht der Verwaltung notwendige Einführung und Anwendung neuer Techniken über das Mitbestimmungsrecht verhindert werden. Andernfalls würde in das Recht, darüber zu entscheiden, mit welchen Arbeitsmitteln und Geräten der Dienstbetrieb organisiert werden soll, eingegriffen. Allerdings muss die Personalvertretung im Rahmen ihres Mitbestimmungsrechts Maßnahmen verhindern können, die eine umfassende Überwachung der Beschäftigten ermöglichen, ohne dass dies aus Gründen der Arbeitssicherheit oder der Besonderheiten des Arbeitsablaufs wegen notwendig wäre. Es geht daher nicht darum, technische Einrichtungen zur Überwachung von Verhalten oder Leistung der Beschäftigten zu verhindern, sondern ausschließlich darum, den Schutz vor den besonderen Gefahren einer Überwachung unter Einsatz technischer Einrichtungen zu gewährleisten (vgl. für das BetrVG: BAG v. 11. 3. 1986, aaO; BAG v. 27. 5. 1986 – 1 ABR 48/84, BAGE 52, 88, 109 = BB 1986, 1087, 2333 m. Anm. v. Kappes = DB 1986, 1287, 2080 = ArbuR 1987, 149 m. Anm. v. Mostert). Infolgedessen unterliegt auch nicht die Grundentscheidung, **ob** Technik eingeführt werden bzw. welche Ziele anzustreben sind, dem Mitbestimmungsrecht der Personalvertretung. Ebensowenig kann sie über die Auswahl der Hard- und Software, die von verschiedenen Herstellern angeboten worden ist, mitbestimmen; die entsprechenden Unterlagen sind der Personalvertretung daher auch nicht zugänglich zu machen (VGH Mannheim v. 30. 6. 1992, RDV 1993, 181). Vielmehr ist Gegenstand des Mitbestimmungsrechts ausschließlich das **„Wie"** der Anwendung (BVerwG v. 16. 12. 1987, aaO). Wegen der möglichen Auswirkungen der Technikeinführung auf die Persönlichkeitsphäre hat die Personalvertretung auch datenschutzrechtliche Gesichtspunkte in ihre Überlegungen einzubeziehen (vgl. § 68 Anm. 53 ff.) und eventuell Vereinbarungen über Vernichtung, Löschung oder Anonymisierung von Daten sowie über den Kreis der Zugriffsberechtigten abzuschließen (vgl. für das BetrVG: Fitting u. a., 87 Anm. 249).

199b bb) Wenn ein Dienststellenleiter erstmals **Virenfilter** einsetzen möchte, dann kommt er seiner Verpflichtung zur Datensicherung nach § 9 BDSG nach. Möchte er **Spamfilter** einsetzen, also externe E-Mails aussondern, dann geht es nicht um die Überwachung des Verhaltens der Beschäftigten (Beckschulze, DB 2007, 1526, 1534).

200 e) Unbestritten ist, dass die technische Entwicklung auf dem Gebiet der Informations- und Kommunikationstechniken längerfristig gültige gesetzgeberische Maßnahmen nicht ermöglicht. Da Dienstvereinbarungen immer nur zulässig sind, „soweit sie dieses Gesetz ausdrücklich vorsieht" (§ 73 Abs. 1 Satz 1), hilft dieses Instrumentarium dann nicht weiter, wenn entsprechende klare Mitbestimmungsregelungen fehlen. Da dies aber im konkreten Fall schon alleine deshalb so ist, weil die technische Entwicklung bei der Verabschiedung des BPersVG im Jahre 1974 nicht vorhersehbar war, kann die notwendige Rechtsklarheit und Rechtssicherheit im dienstlichen

Alltag nur durch die Rechtsprechung erreicht werden. Solange es keinen gesetzlichen Mitbestimmungstatbestand bei der Einführung und Anwendung von einzelnen Techniken gibt, muss in jedem Einzelfall geprüft werden, ob ein Beteiligungsrecht der Personalvertretung besteht (Jobs, DB 1993, 2307). Ein besonders aktuelles Problem ist die Frage, ob bereits jede EDV-gestützte Verarbeitung von Leistungs- oder Verhaltensdaten der Mitbestimmung der Personalvertretung unterliegt. Ob bestimmte Geräte objektiv in der Lage sind, Verhalten und Leistung der Beschäftigten zu überwachen, d. h. Verhaltens- und Leistungsinformationen über einen Beschäftigten zu speichern, zu verarbeiten und zu übermitteln, kann grundsätzlich insbesondere bei herkömmlichen Systemen nur anhand der **in dem jeweiligen System verwendeten Programme** beantwortet werden; denn alleine diese Programme geben Aufschluss darüber, ob überhaupt und welche Informationen über Beschäftigte als Verhaltens- und Leistungsdaten ermittelt und aufgezeichnet werden (VGH Kassel v. 29. 3. 1989, NZA 1989, 651; Löwisch, PersV 1987, 360, 363; Haas, PersR 1989, 192; vgl. für das BetrVG: BAG v. 6. 12. 1983, BAGE 44, 285 = BB 1984, 850 = DB 1984, 775; BAG v. 14. 9. 1984, BAGE 46, 367 = BB 1985, 193 m. Anm. v. Hunold = DB 1984, 2513 sowie Kilian, NJW 1985, 453; Söllner, DB 1984, 1243; vgl. auch BAG v. 23. 4. 1985 – 1 ABR 39/81, ArbuR 1986, 62 m. Anm. v. Küpferle sowie Apitzsch-Schmitz, AiB 1985, 165). Die Beschwerde gegen die Nichtzulassung der Rechtsbeschwerde im Beschluss des VGH Kassel v. 29. 3. 1989, aaO, wurde vom BVerwG (v. 2. 2. 1990, PersR 1991, 22 m. Anm. v. Dannhäuser) zurückgewiesen.

f) Im Hinblick auf den Schutzzweck der Bestimmung muss die Tatsache als **201**
Voraussetzung für ein Mitbestimmungsrecht der Personalvertretung ausreichend sein, dass überhaupt personenbezogene Daten in einem Rechner verarbeitet werden (Simitis, S. 82; ders., NJW 1985, 401, 406), die zu Aussagen über das Verhalten oder die Leistung von Beschäftigten zumindest nach entsprechender Verknüpfung geeignet sind (Klebe, NZA 1985, 44; DB 1986, 380). Angesichts der Bedingungen der modernen Datenverarbeitung nämlich ist jedes Datum für sich genommen neutral und beliebig („multifunktional") verwendbar. Infolgedessen kann jedes Datum (potentiell) zur Überwachung von Verhalten und Leistung der Beschäftigten geeignet sein. Ob dies tatsächlich der Fall ist, hängt allein von Verknüpfung und Kontext ab (Linnenkohl, RDV 1990, 61, 65; vgl. auch Anm. 216). Das Mitbestimmungsrecht greift daher auch schon dann ein, wenn ein „entsprechendes Programm" (noch) nicht vorhanden und als kontrollgeeignete Software (noch) nicht in die bestehende Hardware integriert ist. Voraussetzung ist allein, dass „die Anlagen der elektronischen Datenverarbeitung selbst unmittelbar die Überwachung von Leistung oder Verhalten der Beschäftigten ermöglichen" (VGH Kassel v. 29. 3. 1989, NZA 1989, 651). Daher reicht es aus, wenn eine technische Einrichtung nach ihrer Konstruktion oder konkreten Verwendungsweise in der Lage ist, Verhalten und Leistung von Beschäftigten zu überwachen bzw. wenn ein entsprechendes Programm noch nicht vorhanden ist, die Anlage aber unmittelbar die Überwachung von Leistung oder Verhalten der Beschäftigten ermöglicht und „ohne unüberwindliche Hindernisse" mit einem entsprechenden Programm ausgestattet werden kann (BVerwG v. 5. 2. 1990 – 6 PB 14.89, PersR 1990, 114; BVerwG v. 27. 11. 1991, ZBR 1992, 275 = PersV 1992, 385 = ZfPR 1992, 100; BVerwG v. 23. 9. 1992 – 6 P 26.90, BVerwGE 91, 45 = Leits. ZBR 1993, 129 = PersV 1993, 225 = ZfPR 1993, 40; Fischer u. a., § 75 Anm. 114 b; vgl. für das BetrVG: Fitting u. a., § 87 Anm. 227 m. w. N.; offenbar aA Lorenzen u. a., § 75 Anm. 195d). In aller Regel nämlich ist es möglich, nach der In-

stallation einer elektronischen Anlage die Geräte unkontrolliert „umzurüsten“, sie also mit einem anderen Programm auszustatten, das Verhalten oder Leistung überwachen kann (Vogelgesang, PersV 1994, 97, 99). Wenn die Personalvertretung erst bei der Anschaffung und Installierung des jeweiligen Programms zu beteiligen wäre, könnte das Mitbestimmungsrecht deshalb oft ins Leere gehen, weil die Beschaffung eines (neuen) Programms und dessen Installation oft nur schwer kontrollierbar ist (Vogelgesang, aaO). Überwiegend aber sind die Geräte in der Regel jedenfalls als solche nicht auf eine Überwachung von Leistung und Verhalten der Beschäftigten angelegt.

201a aa) Das Mitbestimmungsrecht wird – jedenfalls bei herkömmlichen Geräten – grundsätzlich nur dann ausgelöst, wenn die Daten „programmgemäß“ verarbeitet werden. Die Anlage muss daher in der Regel mit einem entsprechenden Programm versehen sein oder doch versehen werden können (BVerwG v. 16. 12. 1987, ZBR 1988, 349 = PersV 1989, 68; vgl. aber Anm. 200; vgl. auch: Schmitt, ZTR 1989, 55, 60 und für das BetrVG: BAG v. 22. 10. 1986, BAGE 53, 226 = BB 1987, 1461 = DB 1987, 1048; vgl. aber Anm. 200, 201). Zu bedenken ist allerdings, dass die fallbezogene Rechtsprechung angesichts der rasanten **Fortentwicklung moderner Informations- und Kommunikationstechniken** stets hinter deren Entwicklungsstand zurückbleibt (Gola, AuR 1988, 105, 113). Infolgedessen darf die Rechtsprechung nicht ohne die inzwischen erfolgte Entwicklung der Technik bewertet werden. Heute gibt es keine festen, jederzeit überprüfbaren Programme mehr, die noch in früheren Jahren zu den selbstverständlichen Verarbeitungsvoraussetzungen zählten. Die EDV ermöglicht nach dem gegenwärtigen technischen Stand mit programmunabhängigen „absoluten“ Systemen durch beliebig einsetzbare Abfragesprachen eine umfassende Kontrolle. Dadurch werden freie Suchläufe ermöglicht, so dass ein flexibler, jederzeit gestaltbarer Zugriff auf Daten möglich ist. Die automatisierte Verarbeitung von Daten lässt es zu, dass alle vorhandenen Angaben ohne Rücksicht auf den jeweiligen Erhebungs- und Speicherungszusammenhang für eine kaum begrenzbare Verwendung genutzt werden können. Dies macht deutlich, dass die Personalvertretung die Möglichkeit haben muss, rechtzeitig und gezielt auf eventuelle Auswirkungen einer Automatisierung auf die Beschäftigten zu reagieren. Deshalb ist das generelle Vorrecht des Dienststellenleiters, die Arbeitsorganisation selbstständig und unbeeinflusst zu gestalten, dort begrenzt, wo es um die Rolle der Beschäftigten im Zusammenhang mit technischen Einrichtungen geht. Hier stoßen unterschiedliche Interessen des Dienststellenleiters an einer selbstständigen Entscheidung über die Arbeitsorganisation einerseits und das informationelle Selbstbestimmungsrecht der Beschäftigten andererseits aufeinander (Simitis, RDV 1989, 49, 523).

202 g) Wegen der flexiblen Programmiermöglichkeiten und wegen der unkomplizierten Verfügbarkeit von Daten (An- und Abwesenheitszeiten etc.) sind Eingriffe in den Persönlichkeitsbereich durch Verwendung anonymer technischer Kontrolleinrichtungen auch schon dann mitbestimmungspflichtig, wenn zunächst **Testläufe zur Erprobung** durchgeführt werden sollen, weil auch auf diese Weise bereits die Speicherung von Daten erfolgt, mit denen sich objektiv zumindest eine teilweise Überwachung von Beschäftigten ermöglichen lässt (VGH Mannheim v. 30. 6. 1992, PersR 1993, 173; OVG Münster v. 30. 10. 1996, Leits. ZfPR 1997, 121; Richardi u. a., § 75 Anm. 539; vgl. hierzu auch § 69 Anm. 8). Auch im Falle einer **Änderung der technischen Einrichtung** ist ein Mitbestimmungsrecht dann gegeben, wenn die Kontrolle gegenständlich erweitert oder eine andere Art der Überwa-

chung eingeführt wird. Gleiches gilt, wenn mit der Bedienung von Kontrollgeräten entgegen der bisherigen Handhabung festgestellt werden kann, an welchem Ort ein Beschäftigter die Arbeit aufgenommen hat (BVerwG v. 13. 8. 1992, Leits. ZBR 1993, 130 = PersV 1993, 222 = ZfPR 1993, 4). Mitbestimmungsfrei aber ist die Abschaffung einer Kontrolleinrichtung, weil der Schutzzweck der Vorschrift keine Beteiligung einer Personalvertretung verlangt (Richardi u. a., § 75 Anm. 546; zum Initiativrecht: § 70 Anm. 5; § 75 Anm. 222).

h) Die Vorschrift beschränkt die ausschließliche Kompetenz des Leiters der Dienststelle bei der Entscheidung über die Verwendung technischer Kontrolleinrichtungen. Das Mitbestimmungsrecht der Personalvertretung soll eine **Schutzbarriere und ein Gegengewicht** mit dem Ziel errichten bzw. schaffen, dass eine automatisierte Kontrolle nur mit Zustimmung der Beschäftigten erfolgt. Dieser vom Gesetzgeber verfolgte Schutzzweck ist insbesondere auch deshalb zu beachten, weil die Überwachung der Beschäftigten in aller Regel nicht die erstrangige, mit der Einrichtung einer technischen Anlage verbundene Zielsetzung ist. Vielmehr werden die technischen Einrichtungen in erster Linie zur Überwachung der Funktionsweise der öffentlichen Verwaltung oder aus Gründen einer möglichst effizienten Personalverwaltung (z. B. Sammlung von Lohn- und Gehaltsdaten) eingesetzt. Mit der Entscheidung über die Einrichtung und Anwendung einer technischen Anlage schafft der Dienststellenleiter die Voraussetzungen für eine „multifunktionale Verwendung“ der einmal gespeicherten Daten (vgl. hierzu insbesondere: BVerfG v. 15. 12. 1983, BVerfGE 65, 1 = NJW 1984, 419 = DVBl 1984, 128). Bei einer Erörterung des Umfangs des Mitbestimmungsrechts ist daher die inzwischen eingetretene technische Entwicklung zu berücksichtigen, die es erlaubt, dass nahezu alle Daten von ihrem Speicherungszweck getrennt und für einen jeweils anderen Informationszweck genutzt werden können. Gerade in dieser Entwicklung ist eine Gefahr für das von der Verfassung garantierte „informationelle Selbstbestimmungsrecht“ des einzelnen zu sehen (vgl. in diesem Zusammenhang: BVerfG v. 15. 12. 1983, aaO; vgl. auch: Matthes, RDV 1985, 16 und Simitis, NJW 1985, 401). Eine solche Gefahr geht aber nicht von einem Zugangssicherungssystem aus, dessen Arbeitsweise darauf beschränkt ist, den durch entsprechende Code-Karten ausgewiesenen Personenzutritt zu bestimmten Räumen zu gewähren, sie anderen aber zu verweigern. Wenn über diesen Vorgang keine personenbezogenen Daten gespeichert werden, so ist nach dem Schutzzweck von Abs. 3 Nr. 17 ein Mitbestimmungsrecht nicht angezeigt (OVG Hamburg v. 4. 7. 1988, ZBR 1989, 94 = PersV 1990, 269). Dagegen unterliegt ein **rechnergesteuertes Zugangskontrollsystem**, das den mit einer codierten Ausweiskarte unternommenen Zutrittsversuch nach Ort, Zeit und Nummer der benutzten Karte dokumentiert und dasselbe auch bei jedem berechtigten Zutritt leisten kann, dem Mitbestimmungsrecht der Personalvertretung (OVG Hamburg v. 4. 7. 1988, aaO; vgl. auch Anm. 210 und auch: BAG v. 27. 1. 2004 – 1 ABR 7/03, BAGE 109, 235 = BB 2004, 1389 = DB 2004, 1733 = ZBVR 2004, 153). Allerdings wird man ein Mitbestimmungsrecht einer Personalvertretung, die ein gleichgewichtiges Mitspracherecht bei der Entscheidung über Konsequenzen, die sich aus der Auswertung personenbezogener Daten eines elektronischen Schließsystems ergeben, geltend macht, nicht mit der Begründung ablehnen können, dass sie eigentlich eine Beteiligung an einer anderen Maßnahme anstrebe (OVG Münster v. 17. 2. 2000, PersV 2000, 539). Zu beachten ist nämlich, dass einer Personalvertretung kein Mitbestimmungsrecht bei der Entscheidung darüber zusteht, ob überhaupt eine technische Einrichtung eingeführt werden soll, 203 sondern nur darüber, wie sie angewendet wird (vgl. hierzu Anm. 199 a). Die Anwendung aber umfasst insbesondere die Frage der Auswertung der mit einer technischen Anlage gewonnenen Personendaten. Aufgabe der Personalvertretung in diesem Zusammenhang ist es gerade, Überwachungsdruck von den Beschäftigten fernzuhalten (vgl. Anm. 196 a).

203a aa) Einer Personalvertretung steht ein Mitbestimmungsrecht auch dann zu, wenn zur verdeckten Beobachtung von Beschäftigten am Arbeitsplatz eine **Betriebsfernsehanlage (Video-Anlage)** eingesetzt wird. Daran ändert auch nichts die Tatsache, dass mit dieser Einrichtung die Aufklärung von Unregelmäßigkeiten bezweckt wird, reproduzierende Aufzeichnungen aber nicht hergestellt werden. Die Anlage nämlich wird im Rahmen eines auf Beschäftigte bezogenen Überwachungsvorgangs eingesetzt. Sie soll Fakten oder Daten, die für die zu überwachende Leistung oder das zu überwachende Verhalten der Beschäftigten wichtig sind, aufnehmen, übermitteln, verarbeiten oder auswerten. Insoweit also greift die Anlage in die Persönlichkeitsphäre der betroffenen Beschäftigten ein, so dass eine weitreichende und gleichberechtigte Beteiligung der Personalvertretung erforderlich ist, um sicherzustellen, dass Beeinträchtigungen und Gefahren für den Schutz der Persönlichkeit der Beschäftigten auf das erforderliche Maß beschränkt bleiben (BVerwG v. 31. 8. 1988, BVerwGE 80, 143 = ZBR 1989, 14 = PersV 1989, 216; vgl. auch Tammen, RDV 2000, 15 sowie Anm. 207, 212d, 220a; vgl. auch für das BetrVG im Zusammenhang mit einer Videoüberwachung am Arbeitsplatz: BAG v. 29. 6. 2004 – 1 ABR 21/03, BAGE 111, 173 = BB 2005, 102 = DB 2004, 2377).

203b bb) Dies gilt auch im Fall der Benutzung eines **Mobiltelefons**, das in der Regel Datum, Uhrzeit, Gesprächsdauer, Gebühren und die angerufene Telefonnummer speichert, so dass aus diesen Informationen jederzeit zu ersehen ist, wann und wie lange der betreffende Beschäftigte telefoniert hat.

203c cc) Die Nutzung des Internets und anderer elektronischer Medien zur Einbindung der Bürger und Unternehmen in das Verwaltungshandeln sowie zur verwaltungsinternen Zusammenarbeit (Electronic Government) kann ein Mitbestimmungsrecht der Personalvertretung auslösen. Dabei geht es wiederum nicht um die Entscheidung darüber, ob überhaupt eine schrittweise Einführung virtueller Vorgangsbearbeitungen angestrebt wird, sondern ausschließlich darum, wie die Einführung erfolgen soll und wie die konkrete Ausgestaltung der Arbeitsbedingungen vor Ort und die Protokollierung von Zugriffen zu gestalten sind. Das Mitbestimmungsrecht der Personalvertretung soll den Daten- und Persönlichkeitsschutz durch eine enge Zweckbindung gewährleisten und nur solche Leistungs- oder Verhaltenskontrollen ermöglichen, die zwingend notwendig ist (vgl. Glücks/Bremke, ZfPR 2004, 248).

203d dd) Ein Mitbestimmungsrecht steht der Personalvertretung auch im Zusammenhang mit den durch die tarifvertraglichen Regelungen im TVöD zur Einführung einer leistungsorientierten Bezahlung notwendigen Maßnahmen des Controllings zu. Werden im Rahmen von Zielvereinbarungen bzw. im Rahmen einer systematischen Leistungsbewertung **EDV - gestützte Controllingsysteme** eingesetzt und wird eine datenmäßige Erfassung der vereinbarten Ziele zur Feststellung des Zielvereinbarungsgrades notwendig, dann werden die gewonnen Daten den einzelnen Beschäftigten zugeordnet, so dass der Schutzzweck der Vorschrift des Abs. 3 Nr. 17 zum Tragen kommt. Dies gilt auch im Zusammenhang mit Teamzielvereinbarungen bzw. mit der Bewertung von Gruppenleistungen, soweit jeweils eine Zuordnung der Daten zu den betroffenen Arbeitnehmern möglich ist (Boegl, ZfPR 2007, 22; vgl. im Übrigen auch Anm. 179).

i) Es kommt nicht darauf an, ob der Dienststellenleiter eine Kontrolle der Beschäftigten beabsichtigt (Richardi u. a., § 75 Anm. 542). Unerheblich ist auch, ob gesammelt und ausgewertet werden soll (VGH Kassel v. 14. 11. 1990, Leits. ZBR 1991, 255). Allein entscheidend ist, dass diese Kontrolle möglich ist; denn Sinn des Mitbestimmungsrechts der Personalvertretung ist, eine ausreichende Berücksichtigung der persönlichen Belange und des Schutzes der Persönlichkeitsrechte der Beschäftigten sicherzustellen, unnötige, übermäßige Kontrollen durch installierte anonyme Systeme auszuschließen und sicherzustellen, dass das Ausmaß der Überwachung in einem angemessenen Verhältnis zu dem Erfordernis der Effektivität der Arbeit steht (BVerwG v. 27. 11. 1991, ZBR 1992, 275 = PersV 1992, 385 = ZfPR 1992, 100; Lorenzen u. a., § 75 Anm. 195 c; Richardi u. a., aaO; Buhren, PersV 1977, 81; Vogelgesang, PersV 1994, 97; aA Fischer u. a., § 75 Anm. 114 a; vgl. ein Mitbestimmungsrecht bejahend für das BetrVG: BAG v. 6. 12. 1983, BAGE 44, 285 = BB 1984, 850 = DB 1984, 775; BAG v. 14.9. 1984, BAGE 46, 367 = BB 1985, 193 m. Anm. v. Hunold = DB 1984, 2513 = NJW 1985, 450 m. Anm. v. Kilian, kritisch hierzu: Weng, DB 1985, 1341; BAG v. 23. 4. 1985 – 1 ABR 39/81, BB 1985,1664 = DB 1985,1897; BAG v. 23.4. 1985 – 1 ABR 2/82, BB 1985,1664 = DB 1985, 1898). Die Personalvertretung soll daher immer dann eingeschaltet werden, wenn Ausstrahlungen aus der Einführung und Anwendung technischer Einrichtungen in den persönlichen Bereich der Beschäftigten zu besorgen sind, und die Einschaltung der Personalvertretung zur Verhinderung unkontrolliert weitgehender Eingriffe wünschenswert ist. Deshalb muss die Personalvertretung bei der Einführung und Anwendung aller technischen Einrichtungen beteiligt werden, die – wenn auch nur indirekt – in der Lage sind, einen Beschäftigten zu überwachen. Daher ist es bei Vorliegen dieser Voraussetzungen auch **gleichgültig, ob eine Kontrollabsicht besteht,** ob die Daten tatsächlich für eine Überwachung der Beschäftigten genutzt werden sollen oder ob sie lediglich zur Erledigung der mit dem Anwendungsprogramm zu bearbeitenden Aufgaben erforderlich oder nützlich sind oder für andere Zwecke genutzt werden (BVerwG v. 16. 12. 1987, ZBR 1988, 349 = PersV 1989, 68; BVerwG v. 31. 8. 1988, BVerwGE 80, 143 = ZBR 1989, 14 = PersV 1989, 216; BVerwG v. 26. 9. 2006, Leits. ZfPR 2007, 114). Unerheblich ist für das Bestehen eines Mitbestimmungsrechts daher auch die Zusicherung, ein bestimmtes Teilprogramm eines Standardsoftwareprogramms nicht nutzen zu wollen (vgl. Küpferle, Anm. zu BAG v. 23. 4. 1985 – 1 ABR 39/81 in ArbuR 1986, 62 = BB 1985, 1664 = DB 1985, 1897). Ein Mitbestimmungsrecht steht einer Personalvertretung aber nicht für den Fall zu, dass ein Beschäftigter jederzeit eine technische Anlage abschalten kann, um eine Beobachtung zu verhindern, sofern in diesem Fall auf das Verhalten des Beschäftigten keine Rückschlüsse gezogen werden können (BVerwG v. 23. 9. 1992, BVerwGE 91, 45 = Leits. ZBR 1993, 129 = PersV 1993, 225 = ZfPR 1993, 40). Andererseits entfällt das Mitbestimmungsrecht der Personalvertretung, wenn zur Inanspruchnahme der Anlage eine besondere Einweisung der betroffenen Beschäftigten und damit deren Mitwirkung an der eigenen Überwachung erforderlich ist (so aber: BVerwG v. 27. 11. 1991, aaO; Lorenzen u. a., § 75 Anm. 195; Richardi u. a., § 75 Anm. 543). Auf diese Weise nämlich würde die Personalvertretung daran gehindert, der ihr durch das Gesetz übertragenen Schutzfunktion nachzukommen und sicherzustellen, dass auch Beschäftigte, die erst zu einem späteren Zeitpunkt an diesen Arbeitsplätzen 204 eine Tätigkeit aufnehmen, aufgrund an anderer Stelle erworbener Qualifikationen aber keiner besonderen Einweisung mehr in entsprechende Geräte bedürfen, in einen ihr Persönlichkeitsrecht beeinträchtigenden Überwachungsdruck geraten (vgl. Anm. v. Ilbertz in ZfPR 1992, 100 zu BVerwG v. 27. 11. 1991, aaO).

205 j) Unerheblich ist in diesem Zusammenhang, ob die leistungs- und verhaltensbezogenen Daten unmittelbar auf technischem Weg, also durch die Einrichtung selbst, gewonnen oder aber dem System zum Zweck der Speicherung und Verarbeitung eingegeben werden (mittelbare Datenerfassung). Daher unterliegt auch die bloße **Auswertung von Verhaltens- und Leistungsdaten durch eine technische Einrichtung** dem Mitbestimmungsrecht der Personalvertretung (BVerwG v. 16. 12. 1987, ZBR 1988, 349 = PersV 1989, 68; vgl. zur Bedeutung der Entscheidung des BVerwG im Vergleich zu der des BAG: Widmaier, DB 1985, 288). Diese Auslegung rechtfertigt sich aus dem Schutzzweck der Norm, die verhindern soll, dass der einzelne Beschäftigte zu einem „bloßen Beurteilungsobjekt" dadurch wird, dass eine notwendige Selektion der Daten verlorengeht und dass sich die Verarbeitung auf alle Daten erstreckt, auch auf diejenigen, die weit zurückliegen und einen aktuellen Aussagewert nicht mehr besitzen. Mit Hilfe dieser Daten können nämlich Einsichten in Leistung und Verhalten von Beschäftigten gewonnen werden, die bei herkömmlicher Überwachung nicht erreichbar und einer persönlichen, individualisierenden Beurteilung nicht zugänglich sind. Dadurch kann ein **Anpassungsdruck** ausgelöst werden, der zu erhöhter Abhängigkeit führt und die freie Entfaltung der Persönlichkeit auch im dienstlichen Bereich beeinträchtigt. Diese Gefahren rechtfertigen es daher, eine technische Auswertung von Verhaltens- und Leistungsdaten der technischen Erhebung dieser Daten gleichzustellen (BVerwG v. 16. 12. 1987, aaO; vgl. auch Anm. 199, 199a). „Überwachung" bedeutet sowohl das Erfassen von Informationen als auch die Auswertung von bereits vorhandenen Informationen zur Beurteilung des Verhaltens oder der Leistung der Beschäftigten. Im allgemeinen wird das Persönlichkeitsrecht durch die Auswertung der Daten stärker als durch die bloße Datenerhebung gefährdet. Unerheblich ist auch, ob Daten von Hand in ein Gerät eingegeben und ob Schreibaufträge über Abmahnungen etc. manuell erteilt und ausgeführt werden; in jedem Fall nämlich ist eine Überwachung durch eine technische Einrichtung gegeben. Infolgedessen unterliegt im Hinblick auf den bereits erwähnten Schutzzweck die Einführung einer EDV-gestützten **Parkerlaubnisverwaltung**, bei der auch **Parkverstöße, Abmahnungen, Verwarnungen** und Entscheidungen über den **Entzug der Parkerlaubnis** gespeichert werden, dem Mitbestimmungsrecht der Personalvertretung (BVerwG v. 9. 12. 1992, ZBR 1993, 317 = PersV 1994, 173 = ZfPR 1993, 118). Aus den gleichen Gründen (Anpassungs- und Überwachungsdruck) ist ein Mitbestimmungsrecht auch dann zu bejahen, wenn die Tätigkeit einer Gruppe überwacht wird und wenn die Leistungsdaten einzelnen Beschäftigten zugeordnet werden können (OVG Hamburg v. 21. 9. 1995, Leits. PersV 1998, 527 = Leits. ZfPR 1996, 163); denn der auf der Gruppe liegende Druck wird jedenfalls bei einer überschaubaren Gruppe auf den einzelnen Beschäftigten übertragen. Diesem Zwang kann sich der einzelne als Mitglied der Gruppe nicht entziehen (VGH Kassel v. 14. 11. 1990, PersR 1992, 251; Richardi u. a., § 75 Anm. 540; vgl. für das BetrVG: BAG v. 26. 7. 1994, BAGE 77, 262 = BB 1994, 1567 = DB 1995, 147). Soweit dabei allerdings keine personenbezogenen, individualisierbaren Daten von Beschäftigten erhoben werden, die Aufschluss über das individuelle Verhalten der einzelnen innerhalb einer Gruppe geben, kommt ein Mitbestimmungsrecht nicht in Betracht (OVG Hamburg v. 21. 9. 1995,

aaO). Für das Bestehen eines Mitbestimmungsrechts ist nicht erheblich, ob personenbezogene Daten der Beschäftigten aufgrund arbeitsvertraglicher oder aufgrund sonstiger Rechtsbeziehungen gespeichert und verarbeitet werden (VGH Kassel v. 9. 11. 1988, Leits. ZfPR 1989, 78). In jedem Fall aber müssen die aufgezeichneten Daten einzelnen Beschäftigten zuzuordnen sein, d. h. der einzelne Beschäftigte muss durch die Daten identifizierbar sein (VGH Kassel v. 14. 11. 1990, aaO; OVG Münster v. 11. 3. 1992, Leits. ZfPR 1993, 92; vgl. auch Anm. 208).

k) Im Zusammenhang mit der Einrichtung technischer Anlagen wird die 206
Personalvertretung u. a. darauf zu achten haben, **welche personenbezogenen Daten im Einzelnen erfasst werden sollen,** welche Auswertungen beabsichtigt sind, wem Daten bzw. Programme zur Verfügung gestellt werden sollen, wozu das Verfahren hinsichtlich jedes einzelnen Datums und jeder einzelnen Auswertung dient, ob Datenerhebung und -verarbeitung im Einzelnen tatsächlich erforderlich und welche Löschungsfristen vorgesehen sind bzw. welche Arbeitsweise bzw. welche Verwendungszusammenhänge der Programme einschließlich der Möglichkeiten der Verknüpfung der Datenfelder beabsichtigt sind. So wird es beispielsweise im Zusammenhang mit der Bearbeitung von **Beihilfeanträgen** darum gehen, dass nur Verwaltungs-, **nicht** aber **Diagnosedaten** gespeichert werden und dass insgesamt nur solche Daten von Bedeutung sein dürfen, die für die Aufgabenerfüllung durch die Beihilfestelle erforderlich sind. Zu den Daten selbst dürfen nur Mitarbeiter der Beihilfestelle Zugang haben. Infolgedessen kommt es darauf an, dass eine Personalvertretung bei der Einführung und Anwendung der zur Überwachung geeigneten Geräte eine genaue Beschreibung des Verwendungszwecks der zu erhebenden Daten abfragt, Informationen über den möglichen und tatsächlich beabsichtigten Schutz vor Zweckentfremdung erhält (Weitergabe-/Verwertungsverbote) sowie auf eine Beschränkung auf das zur Zweckerreichung erforderliche Datenminimum und die Herstellung einer befriedigenden Datentransparenz hinarbeitet. Gerade an dieser Stelle ist zu berücksichtigen, dass es wegen der Vielfalt der Verknüpfungsmöglichkeiten unter den Bedingungen der automatischen Datenverarbeitung kein für sich besehen „belangloses“ Datum mehr gibt (BVerfG v. 15. 12. 1983, BVerfGE 65, 1 = NJW 1984, 419 = DVBl 1984, 128; vgl. auch Anm. 201, 201a).

l) Das Mitbestimmungsrecht der Personalvertretung greift dann nicht, wenn 207
der Dienststellenleiter **zur Erfassung von Daten gesetzlich verpflichtet** ist (BAG v. 12. 1. 1988, BB 1988, 1816 = DB 1988, 1552; Lorenzen u. a., § 75 Anm. 195g) oder wenn ihm die Maßnahme personalvertretungsrechtlich nicht zuzurechnen ist (z. B. Anordnung einer Staatsanwaltschaft zur Aufdeckung einer Straftat mit Hilfe einer versteckten Videokamera: VGH Mannheim v. 7. 12. 1993, PersR 1994, 229, vgl. auch Anm. 203a, 212d) oder wenn eine Kontrolle im Vollzug einer behördlichen Anordnung erfolgt (vgl. für das BetrVG: BAG v. 26. 5. 1988 – 1 ABR 9/87, BB 1988, 1182, 1894, 2316 = DB 1988, 1276, 2055; vgl. auch für das Einbauen von Fahrtenschreibern: BAG v. 10. 7. 1979 – 1 BR 50/78, DB 1979, 2428, Fischer u. a., § 75 Anm. 114 d sowie für die Aufschaltung von Zählervergleichseinrichtungen zur Aufdeckung des Missbrauchs von Fernmeldeanschlüssen: VGH Kassel v. 9. 1. 1985 – BPV TK 2349/84, n. v.). Sofern aber die Auswertung der Einrichtungen gleichzeitig auch eine Kontrolle von Leistung und Verhalten der Beschäftigten erlaubt, steht der Personalvertretung insoweit ein Mitbestimmungsrecht zu, als darüber zu entscheiden ist, wer die durch die Einrichtung gelieferten Informationen zu welchem Zweck auszuwerten hat. Dabei wird u. a. festzulegen sein, dass die entsprechenden Informationen nicht zur Abfassung von

Beurteilungen bzw. zu Beförderungsentscheidungen herangezogen werden dürfen; denn die technischen Einrichtungen dienen ausschließlich Sicherheitszwecken, so dass die von ihnen gegebenen Informationen grundsätzlich nicht zu personellen Entscheidungen genutzt werden dürfen (vgl. hierzu: Altvater u.a., § 75 Anm. 85; für das BetrVG: Fitting u.a., § 87 Anm. 230; Schwarz, BB 1983, 202).

208 m) **Auf die Dienststelle bezogene Datensammlungen** mit Informationen über die Aufgabenabwicklung (z.B. über die Vergabe von Gutachten an Hochschulen, Umfang und Dauer des Publikumsverkehrs) enthalten solange keine verhaltens- oder leistungsbezogenen Daten, wie sie nicht auf bestimmte Beschäftigte bezogen sind. Wenn aber eine Personalisierung dieser Daten erfolgt, so hat die Personalvertretung mitzubestimmen. Dabei kann im Rahmen des Mitbestimmungsverfahrens u. a. festgelegt werden, in welchem Ausmaß Dienststellendaten tatsächlich zu personalisieren sind bzw. zu welchem Zeitpunkt eine Personenbezogenheit wieder aufgegeben werden kann.

209 n) Das Mitbestimmungsrecht der Personalvertretung wird bereits dann ausgelöst, wenn mit Hilfe einer technischen Einrichtung Daten gesammelt werden, die **Rückschlüsse auf das Verhalten oder die Leistung bestimmter anderer Beschäftigter** erlauben. Solche Rückschlüsse sind im Zusammenhang mit der Einführung von **Telearbeit** dann möglich, wenn der Telearbeiter im online-Verfahren tätig ist (Richardi u. a., § 75 Anm. 545; vgl. Anm. 213). In diesem Fall ist sowohl die Ermittlung als auch die Auswertung von Leistungs- und Verhaltensdaten möglich, wenn eine Tätigkeits- und Arbeitsergebnisdokumentation in das Programm eines Rechners, mit dem der Telearbeiter kommuniziert, einbezogen ist. Falls der Datenaustausch ausschließlich über Datenträger erfolgt, ist ein Mitbestimmungsrecht dann zu bejahen, wenn das Arbeitsergebnis Rückschlüsse auf das Verhalten u. a. dadurch ermöglicht, dass verschiedene „Dateien oder Textdokumente softwarebedingt Datum und Uhrzeit der Speicherung aufweisen"; denn daraus kann auf Arbeitsbeginn und Arbeitsende geschlossen werden (Gola/Jaspers, RDV 1998, 243, 251). Rückschlüsse sind auch dann möglich, wenn Daten von einer bestimmten Zahl von Beschäftigten erhoben werden und wenn diese Daten Vergleiche zum Verhalten oder zur Leistung einer anderen Gruppe von Beschäftigten zulassen (vgl. für das BetrVG: BAG v. 22. 2. 1983, BAGE 42, 26 = BB 1983, 968). Gleiches gilt dann, wenn Leistungsdaten erhoben werden, die nur eine Aussage über die Leistung einer Gruppe von Beschäftigten enthalten, sofern der von der technischen Einrichtung ausgehende Überwachungsdruck auf die Gruppe auch auf den einzelnen Beschäftigten durchschlägt. Das ist regelmäßig der Fall, wenn die Beschäftigten in einer überschaubaren Gruppe (im Gruppenakkord) arbeiten (Lorenzen u. a., § 75 Anm. 195b; Richardi u. a., § 75 Anm. 540; vgl. für das BetrVG: BAG 26. 7. 1994, BAGE 77, 262 = BB 1994, 1567 = DB 1995, 147 u. schon früher: BAG v. 18. 2. 1986, BAGE 51, 143 = BB 1986, 1178 = RDV 1986, 138 m. Anm. v. Schwarz; vgl. auch Anm. 205).

210 o) Ebenso hat die Personalvertretung dann mitzubestimmen, wenn der **Zugang zu bestimmten Räumen** (Rechner-/Pool-Räumen) **nur mit Hilfe von Code-Karten** möglich ist und wenn festgestellt und gespeichert wird, **wer wann welchen Raum** betreten hat, um bei auftretenden Schäden den betreffenden Beschäftigten zur Verantwortung ziehen zu können; denn „wenn sich die Überwachung darauf erstreckt, ob jemand eine Leistung so erbringt, dass er der Dienststelle Schaden zufügt, wird gleichzeitig die Leistung und das

Verhalten des Beschäftigten überwacht" (VGH Mannheim v. 6. 10. 1981, Leits. ZBR 1983, 137). Dagegen steht der Personalvertretung dann kein Mitbestimmungsrecht zu, wenn ein Zugangssicherungssystem bei Vorlegen von codierten Ausweiskarten den Ein- oder Ausgang zu bestimmten dienstlichen Räumen freigibt, ohne dass dabei festgehalten wird, wer wann in welcher Richtung den Zugang benutzt (vgl. für das BetrVG: BAG v. 10. 4. 1984, BB 1985, 1211, vgl. auch Anm. 203).

p) Die Installation und Inbetriebnahme technischer Einrichtungen ist nur dann mitbestimmungspflichtig, wenn diese geeignet sind, das Verhalten und die Leistung der Beschäftigten zu kontrollieren. Ist dies bei einer Anlage nicht der Fall, weil die gewonnenen Daten nicht bestimmten Beschäftigten zugeordnet werden können, dann greift ein Mitbestimmungsrecht der Personalvertretung nicht durch. Dies gilt z. B. für den Fall, dass ein Betriebsarzt über ein Labor-EDV-System Laboranforderungen für Personaluntersuchungen mit laufenden Schlüsselnummern versieht und der Dienststellenleiter auf diese Daten nicht zugreifen kann (VGH Mannheim v. 12. 12. 2000, Leits. ZfPR 2002, 131 = PersR 2001, 219). Im Übrigen ist nicht **jede automatische Speicherung** von Personaldaten objektiv **zur Mitarbeiterüberwachung geeignet.** Dies ist insbesondere dann nicht der Fall, wenn Bewerberdaten ohne Bezug zu dem bestehenden Beschäftigungsverhältnis allein im Hinblick auf die erfolgte Bewerbung um eine Einstellung verarbeitet werden (OVG Münster v. 27. 5. 1998, Leits. ZBR 1998, 365 = PersR 1998, 529). Infolgedessen löst die Speicherung von sog. **Personendaten** (z. B. Geschlecht, Familienstand, Schule, Ausbildung in Lehr- und anderen Berufen, Fachschulausbildung/ Fachrichtung/Abschluss, Sprachkenntnisse) kein Mitbestimmungsrecht der Personalvertretung aus, weil diese Daten nichts über Verhalten und Leistung des jeweiligen Beschäftigten aussagen (vgl. für BetrVG: BAG v. 22. 10. 1986, BAGE 53, 226 = BB 1987, 1461 = DB 1987, 1048; vgl. aber Anm. 199 sowie Fischer u. a., § 75 Anm. 114 c; Lorenzen u. a., § 75 Anm. 195 f.). Zu beachten ist in diesem Zusammenhang grundsätzlich auch, dass ein Beschäftigter eine Beeinträchtigung seiner Persönlichkeit durch die Verarbeitung und Nutzung seiner persönlichen Daten, soweit dies das Beschäftigungsverhältnis erfordert, hinnehmen muss (vgl. auch Anm. 196). Wenn allerdings die genannten Daten mit anderen Daten verknüpft werden und Aussagen über Verhalten und Leistung der Beschäftigten ermöglichen, dann ist ein Mitbestimmungsrecht gegeben (Cecior u. a., § 72 Anm. 300; Heither, BB 1988, 1049, 1052). Diese Voraussetzung ist z. B. dann erfüllt, wenn eine EDV-gestützte Speicherung und Auswertung von Fragebögen, in denen Studenten die Qualität von Lehrveranstaltungen bewerten, erfolgen (OVG Berlin v. 8. 7. 1991, PersR 1991, 422). 211

q) Das Mitbestimmungsrecht der Personalvertretung greift nur dann ein, wenn Verhaltens- bzw. Leistungskontrollen durch technische Einrichtungen vorgenommen werden. Erfolgt aber eine **Leistungskontrolle nach herkömmlicher Art,** d. h. ohne technische Hilfsmittel, steht der Personalvertretung kein Mitbestimmungsrecht zu (Lorenzen u. a., § 75 Anm. 195). Infolgedessen sind z. B. Listen, die mit der Hand ausgefüllt und ohne technische Hilfsmittel ausgewertet werden, keine technischen Einrichtungen zur Überwachung der Beschäftigten (BVerwG v. 16. 12. 1987, ZBR 1988, 349 = PersV 1989, 68; OVG Münster v. 20. 1. 1982, Leits. PersV 1986, 433 = RiA 1982, 176). Gleiches gilt bei einer Zeitmessung durch manuelle Betätigung einer Stoppuhr (vgl. für das BetrVG: BAG v. 8. 11. 1994, BB 1995, 517 = DB 1995, 783). In diesen Fällen nämlich muss nicht über ein Mitbestimmungsrecht der Personalvertretung sichergestellt werden, dass Beeinträchti- 212 gungen und Gefahren für den Persönlichkeitsbereich der Beschäftigten durch technisierte Verhaltens- und Leistungskontrollen auf das erforderliche Maß beschränkt bleiben (OVG Bremen v. 24. 1. 1989, ZBR 1990, 158). Der Gesetzgeber will nicht jede Art von Leistungs- und Verhaltenskontrolle der Mitbestimmung unterstellen. Vielmehr sollen nur solche Überwachungssysteme erfasst werden, die wegen ihrer technischen Natur unpersönlich sind. Infolgedessen ist die Überwachung der Leistung und des Verhaltens durch Überwachungspersonen nicht der Mitbestimmung unterworfen (VGH Mannheim v. 14. 12. 1982, BB 1983, 634; vgl. ferner die Übersicht von Widmaier in PersV 1985, 305). **Kein Mitbestimmungsrecht** steht der Personalvertretung auch bei der Anordnung zu, Aufzeichnungen zu machen bzw. Bereitschaftsdienstbücher anzulegen, in denen sämtliche Dienstleistungen auch hinsichtlich des Zeitaufwands einzutragen sind. Insoweit erfolgt nämlich keine Überwachung über ein installiertes (technisches) Kontrollsystem. Vielmehr werden nach herkömmlicher Art Aufzeichnungen gefertigt, die nicht über eine technische Einrichtung ausgewertet werden (OVG Münster v. 7. 3. 1983, PersV 1984, 376; vgl. hierzu auch: OVG Münster v. 20. 1. 1982, aaO; OVG Münster v. 24. 6. 1982, Leits. PersV 1986, 435 = RiA 1983, 139; VGH Kassel v. 21. 3. 1984, ZBR 1984, 244; vgl. auch für das BetrVG: LAG Kiel v. 4. 7. 1985, BB 1985, 1791). Etwas anderes gilt, wenn die ursprünglich manuellen Eintragungen später in die EDV eingegeben, gespeichert und verarbeitet werden. Dies ist z. B. der Fall, wenn Studenten Daten über die Qualität einer Lehrveranstaltung in einen Fragebogen handschriftlich eintragen und wenn die Daten anschließend in eine Datenverarbeitungsanlage eingespeist und von dieser gespeichert und verarbeitet werden (OVG Berlin v. 18. 7. 1991, PersR 1991, 422; Lorenzen u. a., § 75 Anm. 195f). Ebenso ist es unerheblich, ob bereits vorliegende Informationen im Hinblick auf die Beurteilung des Verhaltens oder der Leistung der Beschäftigten in einem automatisierten Verfahren ausgewertet werden sollen; denn das Persönlichkeitsrecht wird durch eine Auswertung verhaltens- oder leistungsbezogener Daten stärker als durch die bloße Datenerhebung gefährdet (BVerwG v. 9. 12. 1992, ZBR 1993, 317 = PersV 1994, 173 = ZfPR 1993, 118).

212a aa) Die Personalvertretung ist auch bei der **Einrichtung von Internetanschlüssen** zu beteiligen; denn **Internetverlaufsprotokolle** können systemimmanent erstellt werden (hierzu und zum Verwertungsverbot eines Internetverlaufsprotokolls: OVG Greifswald v. 21. 12. 2000, ZfPR 2002, 165). Auszug und Auswertung eines solchen Protokolls stellen eine Erhebung personenbezogener Daten dar. Voraussetzung für die Verwertbarkeit der Protokolle ist die vorherige Beteiligung der Personalvertretung bei der Einführung des Internet (vgl. hierzu auch: Jacob, ZfPR 2002, 148; Wurm, ZfPR 2002, 152; Orientierungshilfe zur datenschutzgerechten Nutzung von E-Mail und anderen Internetdiensten am Arbeitsplatz, 63. Konferenz der Datenschutzbeauftragten des Bundes und der Länder, ZfPR 2002, 158; Ernst, Der Arbeitgeber, die E-Mail und das Internet NZA 2002, 585; Wolber, PersR 2000, 3). Kontrollmöglichkeiten bestehen für den Dienststellenleiter insbesondere mit Hilfe eines sog. Proxy-Servers. Alle aufgerufenen Online-Inhalte können protokolliert und zwischengespeichert werden, so dass für einen Dienststellenleiter ersichtlich ist, wann und wie lange ein Beschäftigter Internetseiten aufruft. Er kann deshalb Rückschlüsse auf das Verhalten und die Leistung des Beschäftigten ziehen (Beckschulze-Henkel, DB 2001, 1491, 1500).

212b bb) Da **E-Mail- und andere Internetdienste** geeignet sind, Verhalten und Leistung der Beschäftigten zu überwachen, haben Personalvertretungen darauf hinzuwirken, dass nach dem Grundsatz von Datenvermeidung und Datensparsamkeit die eingesetzten Verfahren technisch so zu gestalten sind, dass nur soviel personenbezogene Daten verarbeitet werden, wie tatsächlich erforderlich ist. Außerdem sollte jeder internetfähige PC mit einer entsprechenden Verschlüsselungssoftware ausgestattet werden, damit personenbezogene oder andere sensible Daten nur verschlüsselt übertragen werden. Bei einer dienstlichen Nutzung von E-Mail und anderen Internetdiensten ist ein Dienststellenleiter berechtigt, stichprobenartig zu prüfen, ob die entsprechenden Tätigkeiten der Beschäftigten tatsächlich dienstlicher Natur sind. Bei einer privaten Nutzung gelten die gleichen Bedingungen wie beim privaten Telefonieren (vgl. Anm. 218 ff.; vgl. auch die Regelungen der Telekommunikations-Datenschutzverordnung, des Teledienstdatenschutzgesetzes und des Mediendienst-Staatsvertrages sowie Fischer, ArbuR 2005, 91). Hinzuweisen ist allerdings darauf, dass ein Dienststellenleiter – ebenso wenig wie bei der privaten Nutzung dienstlicher Telefone – verpflichtet ist, die private Nutzung des Internet zu erlauben. Daher kann er auch die Erlaubnis an einschränkende Voraussetzungen knüpfen, z. B. daran, dass er in unregelmäßigen Abständen Stichproben macht (vgl. die Orientierungshilfe zur datenschutzgerechten Nutzung von E-Mail und anderen Internetdiensten am Arbeitsplatz, Anm. 212 a). Ein Dienststellenleiter ist bei dem Verdacht einer übermäßigen privaten Nutzung dienstlicher PC berechtigt, Internetverlaufsprotokolle auszudrucken und auszuwerten. Dies ergibt sich unmittelbar aus der einem Dienststellenleiter obliegenden Dienstaufsichtspflicht. Im Übrigen kann die **Nutzung des Internet zu privaten Zwecken** während der Arbeitszeit jedenfalls dann ein wichtiger Grund zur außerordentlichen Kündigung sein, wenn die Nutzung in einem erheblichen zeitlichen Umfang erfolgt und der Betreffende damit seine arbeitsvertraglichen/dienstrechtlichen Pflichten verletzt (vgl. für das BetrVG: BAG v. 7. 7. 2005, BAGE 115, 195 = BB 2006, 331 = DB 2006, 397; vgl. auch LAG Köln v. 11. 2. 2005, NZA 2006, 106; Wedde, PersR 2007, 107 sowie BAG v. 27. 4. 2006, Leits. BB 2006, 2588 = DB 2006, 1849; vgl. auch § 79 Anm. 28).

cc) Wenn eine Verwaltung die **Einführung eines digitalen Dienstausweises** plant, dann steht der Personalvertretung schon deshalb **kein Mitbestimmungsrecht** zu, weil es sich hierbei nicht um eine technische Einrichtung handelt. Der digitale Dienstausweis ist lediglich ein Hilfsmittel zur Verschaffung des Zugangs zur anderweitigen Anwendung wie etwa der elektronischen Zeiterfassung und der (digitalen) Zugangskontrolle, zur elektronischen Verschlüsselung und Signatur von E-Mails. Insoweit ist der digitale Dienstausweis im eigentlichen Sinne ein Schlüssel, mit dem eine technische Einrichtung „angeschaltet" wird. Darin ist keine selbstständige Leistung des digitalen Dienstausweises zu sehen (vgl. hierzu: BVerwG v. 31. 8. 1988, BVerwGE 80, 143). Im Übrigen ist der Dienstausweis nicht geeignet, Verhalten oder Leistung der Beschäftigten zu überwachen. Der Ausweis wird nicht im Zusammenhang mit einer auf die Beschäftigten bezogenen Überwachung eingesetzt. Von seiner technischen Anlage her kann er auch hierzu nicht eingesetzt werden. Der auf dem Ausweis befindliche Chip ist nicht geeignet, sämtliche oder auch nur einen Teil der Daten zu speichern, die bei der Bedienung z. B. des Zugangssicherungssystems, des PC oder dem Versand von E-Mails entstehen. Auch fehlt es an einem „Lesegerät", in das der Ausweis zwecks Lesens und Speicherns der Daten eingesteckt werden könnte. Ein solches Gerät müsste an einer zentralen, die Daten auswertenden Stelle stehen oder die „Endgeräte" wie PC, Zugangssicherungssysteme etc. müssten mit einem entsprechenden Programm ausgerüstet sein, um die Daten zu sammeln und dann an eine zentrale Stelle weiterzusenden (vgl. auch Anm. 212b). 212c

212d dd) Will eine Dienststelle aus konkretem Anlass eine **heimliche Videoüberwachung** eines Beschäftigten vornehmen, dann steht der Personalvertretung ein Mitbestimmungsrecht zu; denn Sinn und Zweck von Abs. 3 Nr. 17 bestehen darin, die Verwendung anonymer technischer Kontrolleinrichtungen im Hinblick auf den Eingriff in den Persönlichkeitsbereich der Beschäftigten nur bei gleichzeitiger Mitbestimmung der Personalvertretung zuzulassen (vgl. für das BetrVG: BAG v. 27. 3. 2003, BAGE 105, 356 = BB 2003, 2578 = DB 2003, 2230 = ZBVR 2003, 222; BAG v. 29.6.2994, BAGE 111, 173 = BB 2005, 102 = DB 2004, 2377 = Leits. ZBVR 2004, 159; vgl. auch Anm. 203 a, 207). Ein Verwertungsverbot von Erkenntnissen, die durch eine heimliche Videoüberwachung gewonnen wurden, besteht dann nicht, wenn die Personalvertretung der Verwertung des Beweismittels und der darauf gestützten Kündigung zustimmt und die Beweisverwertung nach den allgemeinen Grundsätzen gerechtfertigt ist; diese Voraussetzung ist dann erfüllt, wenn ein konkreter Verdacht einer strafbaren Handlung oder einer anderen schweren Verfehlung zu Lasten des Dienststellenleiters besteht und wenn weniger einschneidende Mittel zur Aufklärung des Verdachts zuvor ausgeschöpft worden sind, so dass die heimliche Videoüberwachung das einzig verbleibende Mittel darstellt und nicht unverhältnismäßig erscheint (vgl. für das BetrVG: BAG v. 27. 3. 2003, aaO). Billigt allerdings die Personalvertretung die Vorgehensweise des Dienststellenleiters nicht, dann kann ein Beweisverwertungsverbot nur dann angenommen werden, wenn der Verstoß gegen personalvertretungsrechtliche Kompetenzen weniger gewichtig zu bewerten ist als das Interesse des Dienststellenleiters an einer angemessenen, nicht aufschiebbaren Reaktion auf eine durch Vorliegen konkreter Tatsachen begründete Vermutung einer strafbaren Handlung oder einer anderen schweren Verfehlung. Entscheidend kommt es auf den Einzelfall und insbesondere darauf an, ob dem Dienststellenleiter angesichts des konkreten Verdachts und der im Interesse der Beweissicherung nicht aufschiebbaren heimlichen Überwachung die Einleitung eines Mitbestimmungsverfahrens tatsächlich nicht zumutbar war. Zu berücksichtigen allerdings wird sein, dass nach § 69 Abs. 5 die Möglichkeit besteht, ein Mitbestimmungsverfahren zwar einzuleiten, gleichzeitig aber eine vorläufige Regelung – nämlich die heimliche Videoüberwachung – zu treffen.

213 r) **Bildschirmgeräte** sind mit einer Schreibmaschinentastatur und einem Bildschirm ausgestattete Geräte, die zur Dateneingabe, Datenkontrolle oder zum Abruf von Daten bestimmt sind. Sie sind als solche keine technischen Kontrolleinrichtungen, da sie lediglich zur visuellen Darstellung von Informationen, nicht aber zur Kontrolle von Leistung oder Verhalten der Beschäftigten bestimmt bzw. geeignet sind. Allerdings können Bildschirmgeräte in Verbindung mit einer Zähleinrichtung, die z. B. die Anzahl der Arbeitsvorgänge festhält, zu technischen Einrichtungen im Sinne von Abs. 3 Nr. 17 werden. Zudem können Bildschirmgeräte mit einer zentralen EDV-Anlage im sog. online-Verkehr zur Aufzeichnung bestimmter Daten verknüpft werden und somit eine Leistungs- oder Verhaltenskontrolle ermöglichen (vgl. für das BetrVG: Fitting u. a., § 87 Anm. 241; Hunold, Beilage, 18/82 zu DB v. 10. 9. 1982). Auch das **Betriebssystem UNIX** unterliegt ebenso dem Mitbestimmungsrecht der Personalvertretung wie die Einführung von Geräten zur Ausübung von **Telearbeit** im online-Betrieb und im offline-Betrieb je nach Ausgestaltung (Lorenzen u. a., § 75 Anm. 195 b); gleiches gilt für Geräte, die in computergesteuerten oder -unterstützten Systemen mit einer **EDV-Anlage** verbunden sind (online-Geräte, CAD-, CAE- und CAM-Systeme, vgl. für das BetrVG: Fitting u. a., aaO). Wenn allerdings ein bestimmter Code nicht personenbezogen ist, also eine Benutzeridentifikation

nicht erlaubt, sondern lediglich als Schlüssel dient und wenn auch andere Beschäftigte das eingeschaltete Gerät ohne erneute Identifizierung nutzen können (Gola, DÖV 1984, 839, 842), dann kommt ein Mitbestimmungsrecht nicht in Betracht.

s) Bei Systemen, die personenbezogene Daten verarbeiten, schreibt das Bundesdatenschutzgesetz in einer Anlage zu § 9 bestimmte Kontrollen vor, die **Protokollierungen** unterschiedlicher Art erfordern. Dabei ist die Erfassung von Daten vorgeschrieben. Bei der Einrichtung entsprechender Systeme steht der Personalvertretung in diesen Fällen ein Mitbestimmungsrecht zu, weil der jeweilige Benutzer vom System protokolliert wird. Das Mitbestimmungsrecht erstreckt sich dabei auch auf die Frage, in welchem Umfang Personendaten festgehalten werden und was mit den entsprechenden Protokolldaten geschieht. Ebenso besteht ein Mitbestimmungsrecht bei dem Einsatz von Informationssystemen, die der Dienststellenleitung aus der Gesamtheit der in einer Dienststelle zur Verfügung stehenden Daten Übersichten erstellen und unterschiedliche statistische Auswertungen ermöglichen. Dabei sind nahezu beliebig viele Datenverknüpfungen möglich, die trotz konkreter **Anonymisierungsverfahren** eine Reidentifikation erlauben. In diesen Fällen muss der Personalvertretung ein Mitbestimmungsrecht wegen dieses Reidentifikationsrisikos eingeräumt werden (Gebhardt-Umnuss, NZA 1995, 103). **214**

t) Schon aus Gründen der Sicherung der Systeme vor unbefugter Benutzung ist es weitgehend üblich geworden, dass sich die Benutzer in das System nur mit einem **Namenskürzel oder einem persönlichen Passwort** an- und abmelden können. Dadurch wird das Verhalten oder die Leistung des jeweiligen Beschäftigten im Hinblick auf von ihm erbrachte Arbeit kontrollierbar. Wenn ein System so angelegt ist, dass man über jeden eingegebenen Text ein Inhaltsverzeichnis abfragen kann, das u. a. auch Angaben darüber enthält, wie viele Zeilen der Text umfasst und wer ihn eingegeben hat, dann kommt es nicht mehr darauf an, ob die einzelne Information Konkretes aussagt (Aussagen über Zahl der Bearbeitungsvorgänge, verbrauchte Rechenzeiten, Statistiken, die Rückschlüsse auf Leistung oder Verhalten zulassen, Kaerger, RiA 1982, 121; Kilian, NJW 1981, 2549; Wahlers, PersV 1985, 217). Vielmehr ist entscheidend, dass das System ins Detail gehende Aussagen über die Leistung eines Beschäftigten ermöglicht, dessen Namenskürzel mit angegeben worden ist (vgl. für das BetrVG: BAG v. 23. 4. 1985 – 1 ABR 2/82, BB 1985, 1664 = DB 1985, 1889). **215**

aa) Ein Mitbestimmungsrecht steht der jeweiligen Personalvertretung auch in den Fällen zu, in denen Prüfer in verschiedenen Bereichen der öffentlichen Verwaltung über ihre Prüfungstätigkeit sog. **Prüfbelege** erstellen, die – mit einer Personenkennziffer des jeweiligen Prüfers versehen – anschließend von einem Lesegerät in eine EDV-Anlage eingelesen und dort verarbeitet werden; denn in diesen Fällen ist die betreffende EDV-Anlage zur Überwachung der Leistung der Prüfer geeignet (vgl. für das BetrVG: BAG v. 23. 4. 1985 – 1 ABR 39/81, BB 1985, 1664 = DB 1985, 1897). **216**

bb) Gerade **Personalinformationssysteme bieten die Möglichkeit einer multifunktionalen Nutzung von Daten der Beschäftigten.** Inwieweit einer Personalvertretung in diesem Zusammenhang ein Mitbestimmungsrecht zusteht, hängt davon ab, ob das System auf die Erhebung und Verarbeitung personenbezogener Daten angelegt und hierzu in der Lage ist. Rein statistischen Informationen mangelt es grundsätzlich an einer Aussagefähigkeit **217** über Leistung oder Verhalten bestimmter Beschäftigter. Personalinformationssysteme aber ermöglichen generell aufgrund der neuesten technischen Entwicklung die Verwendung urspünglich für Abrechnungszwecke gespeicherter Daten auch zur Überwachung der Beschäftigten (Beispiel: Anwesenheitszeiten zur Berechnung von Überstunden-/Mehrarbeitsvergütungen lassen auch Rückschlüsse auf Leistungsbereitschaft zu). Vom Wortlaut der Vorschrift ausgehend kann sich allerdings das Mitbestimmungsrecht nicht von vornherein auf alle Daten (Arbeitsplatzdaten, Status-/Personaldaten wie Name, Titel, Geburtsdatum, Anschrift oder sonstige Daten über eine Person wie z. B. Eheschließung, Wehrdienst, Vor- und Ausbildung) erstrecken, sondern nur auf solche Daten, die personenbezogen Aussagen über Leistung und Verhalten machen. Daher genügt die automatische Verarbeitung von nicht unmittelbar auf Leistung und Verhalten von bestimmten Personen bezogenen Daten alleine nicht zur Begründung eines Mitbestimmungsrechts (vgl. Anm. 211 und Schapper-Waniorek, AuR 1985, 246; Simitis, NJW 1995, 501 sowie Fischer u. a., § 75 Anm. 114 c; Lorenzen u. a., § 75 Anm. 195 f.). Sobald aber Verknüpfungsmöglichkeiten mit Verhaltens- und Leistungsdaten bestehen, greift Mitbestimmungsrecht ein. Ein Mitbestimmungsrecht besteht auch dann, wenn die Verarbeitung personenbezogener Daten durch eine Verordnung zugelassen wird, sofern noch den einzelnen Dienststellenleitern die Möglichkeit der Entscheidung darüber belassen ist, in welchem Umfang sie Daten verarbeiten (BVerwG v. 1. 6. 2007, PersV 2008, 59 = Leits. ZfPR 2007, 114).

217a cc) Wenn im Rahmen einer wissenschaftlichen Untersuchung zur Lärmentwicklung an Schulen eine **Befragung** von Schulkindern nach einzelnen Unterrichtsaspekten im zurückliegenden Schuljahr erfolgt und wenn anschließend die Befragungsergebnisse maschinell ausgewertet werden, dann kann von einer auf das Verhalten oder die Leistung der Lehrkräfte ausgerichteten Überwachung nicht die Rede sein (BVerwG v. 29. 8. 2001, ZBR 2002, 209 = PersV 2002, 232 = ZfPR 2002, 293; Lorenzen u. a., § 75 Anm. 195b; Richardi u. a., § 75 Anm. 545). Allerdings darf in diesem Zusammenhang nicht übersehen werden, dass Rückschlüsse auf Verhalten oder Leistung der Lehrkräfte aus einer Auswertung der Befragungsergebnisse nicht auszuschließen sind, so dass die Entscheidung des BVerwG nicht unbedenklich erscheint (vgl. auch Ilbertz, Anm. in ZfPR 2002, 293).

218 u) Ein weiteres Problem ist die **automatische Telefondatenverarbeitung** mit der Aufzeichnung von Nebenstellen- und Zielnummern, von Dauer und Zeitpunkt des Gesprächs, Gesprächseinheiten und -gebühren im Rahmen der Telefonkontrolle bei Benutzung dienstlicher Fernsprecheinrichtungen. Zu Abrechnungszwecken werden personenbezogene Daten gespeichert, die für eine Verhaltenskontrolle der Beschäftigten insoweit verwendet werden können, als sie Auskunft darüber geben, in welchem Ausmaß private und dienstliche Gespräche geführt werden können. Die automatische Aufzeichnung von Zielnummern dient im allgemeinen dem Interesse der Verwaltung, einerseits die Verwaltungskosten gering zu halten, andererseits durch Überprüfung des Verhaltens von Beschäftigten diese dazu aufzufordern, Privatgespräche auf ein Mindestmaß zu beschränken bzw. Dienstgespräche in knapper und damit kostensparender Weise zu führen. Die Einrichtung eines Gebührencomputers zur Aufzeichnung von Telefongesprächen stellt daher eine technische Einrichtung dar, die sowohl geeignet als auch dazu bestimmt ist, das Verhalten der Beschäftigten zu überwachen. Neben der Erfassung von Telefondaten durch eine Dienststelle selbst kommt die Erfassung solcher Daten durch **Telekommunikationsdienstleistungs-**

unternehmen in Betracht. Eine solche Telefondatenerfassung kann Einzelverbindungsnachweise von den Anschlüssen der Beschäftigten erstellen und an die Dienststelle übermitteln. Eine solche Vorgehensweise unterliegt dem Mitbestimmungsrecht der Personalvertretung deshalb, weil der Dienststellenleiter im allgemeinen „Herr der personenbezogenen Daten seiner Angestellten" bleibt (vgl. in diesem Zusammenhang für das BetrVG: BAG v. 17. 3. 1987, BAGE 54, 278 = BB 1987, 1806 = DB 1987, 1491). Da der Schutzzweck der Norm darauf gerichtet ist, die mit einer Datenverarbeitung verbundenen Gefahren für den Persönlichkeitsbereich auf das erforderliche Maß zu beschränken, kann es nicht darauf ankommen, ob der Dienstherr selbst oder über einen Dritten solche Daten erfasst, die Rückschlüsse auf Leistung oder Verhalten von Beschäftigten zulassen (Gola, DuD 1997, 344). Der Personalvertretung steht daher ein Mitbestimmungsrecht zu (OVG Münster v. 26. 2. 1987, ZBR 1988, 71; Gola, BlStSozArbR 1975, 147; Moll, DB 1982, 1722; offen gelassen von Färber-Kappes, BB 1986, 520). Die Personalvertretung muss die Möglichkeit haben zu prüfen, in welchem Ausmaß der Persönlichkeitsbereich der Beschäftigten durch eine technisierte anonyme Überwachung betroffen ist (Fischer u. a., § 75 Anm. 114 c; Lorenzen u. a., § 75 Anm. 195 h).

aa) Insgesamt aber ist zu berücksichtigen, dass die Benutzung eines Diensttelefons für Privatgespräche eine zusätzliche freiwillige Leistung der Dienststelle ist und dass sich das Mitbestimmungsrecht nicht auf die Frage richten kann, „ob" überhaupt eine Aufzeichnung von Telefondaten erfolgt. Vielmehr kann es sich nur auf das „Wie" der Benutzung erstrecken (vgl. hierzu auch Anm. 199a und für das BetrVG: LAG Nürnberg v. 29. 1. 1987, Leits. NZA 1987, 572). Das Bundesverwaltungsgericht (BVerwG v. 28. 7. 1989, ZBR 1990, 53 = PersV 1989, 488 = ZfPR 1989, 166) hat ein Mitbestimmungsrecht bei der **Einführung einer automatischen Ferngesprächs- und Gebührenerfassungsanlage** bejaht, die die Nummer der belegten Amtsübertragung (mit einer Kennzeichnung der Privatgespräche), die Nummer der Nebenstelle, die Nummer des gerufenen Ferngesprächteilnehmers, das Datum, die Uhrzeit und die Zahl der Gebühreneinheiten erfasst (ebenso auch: OVG Münster v. 26. 2. 1987, aaO). Bedenklich allerdings ist in diesem Zusammenhang eine Entscheidung des BAG (v. 27. 5. 1986, BAGE 52, 88 = BB 1986, 1087, 2333 m. Anm. v. Kappes = DB 1986, 1287, 2080 = ArbuR 1987, 149 m. Anm. v. Mostert; krit. zu dieser Entscheidung auch: Linnenkohl, RDV 1990, 61, 67). Danach soll über eine Betriebsvereinbarung festgelegt werden können, dass bei Dienst- und Privatgesprächen aus dienstlichem Anlass auch Datum und Uhrzeit des Gesprächs, dessen Dauer sowie die Nummer des Angerufenen (Zielnummer) erfasst werden können; ein Verstoß gegen die datenschutzrechtlichen Bestimmungen komme schon deshalb nicht in Betracht, weil die Betriebsvereinbarung insoweit als Rechtsvorschrift (und damit Rechtfertigung) wirke. Durch Betriebs-(Dienst-)vereinbarung kann aber eine vorrangige, zum Schutz der Beschäftigten (und von Dritten) geschaffene Rechtsnorm nicht außer Kraft gesetzt werden (vgl. hierzu auch die insoweit umfassende Kritik an der Entscheidung des BAG). **218a**

bb) Die in weiten Bereichen eingeführten **Telekommunikationsanlagen** können nicht nur das gesprochene Wort, sondern Daten in Form von Texten oder Bildern übertragen. Die Vermittlung erfolgt über Programmsteuerungen, die zahlreiche Leistungsmerkmale aktivieren und Verbindungsdaten auswerten können. Dies hat zur Folge, dass das gesamte Kommunikationsverhalten von Beschäftigten offengelegt werden kann. Darüber hinaus können Telefonanlagen an ein internes PC-Netzwerk angeschlossen werden, **218b** durch das über einen Server mit entsprechender Anrufverteil-Software alle eingehenden und ausgehenden Anrufe geleitet werden können. Die durch diese Technik ermöglichte Kontrolle von Beschäftigten wird noch dadurch potenziert, dass auch die Nutzung von Internet und **E-Mail** das gesamte Kommunikations- und Arbeitsverhalten transparent macht. Darüber hinaus werden lokale Netzwerke mit dem **Internet** gekoppelt (**Intranet**). Dadurch können innerbehördliche Netze mit unterschiedlichen Betriebssystemen verbunden und die Kommunikation innerhalb von Dienststellen unterstützt werden. Im Intranet können nicht nur bestimmte Dokumente (z. B. Erlasse, Verordnungen, Richtlinien, Gesetze, Dienstvereinbarungen, Tarifverträge), sondern auch eine Reihe weiterer Informationen (z. B. persönliche und berufliche Daten) vorgehalten werden. Da in aller Regel aus Datenschutz- und Datensicherungsgründen über sog. Firewallsysteme in der Weise Daten gesichert werden können, dass nur eindeutig autorisierte Personen sich einschalten können, ist die Gefahr der anonymen Überwachung von Verhalten und Leistung weitgehend eingeschränkt. Die Personalvertretung muss umfassend und rechtzeitig unterrichtet werden, um prüfen zu können, wie und in welchem Umfang sie von ihrem Mitbestimmungsrecht Gebrauch machen kann (vgl. hierzu § 68 Anm. 11 a sowie im Übrigen: Schierbaum, PersR 2000, 499).

218c cc) Die zunehmende **Digitalisierung des Verwaltungshandelns** (E-Government) führt nicht nur zu grundlegend neuen Organisationsentscheidungen, sondern auch zu einer Reihe neuer Kontrollmöglichkeiten durch die Dienststelle. Das löst über das Mitbestimmungsrecht der Personalvertretung bei deren Einführung weitere Mitbestimmungsrechte aus (vgl. auch Anm. 203c, § 75 Abs. 3 Nr. 16, § 76 Abs. 2 Satz 1 Nr. 5; vgl. die dortigen Anmerkungen sowie Kersten, PersV 2002, 119, 123 ff.; Richardi u. a., § 75 Anm. 545).

219 dd) Die Personalvertretung wird im Rahmen ihres Mitbestimmungsrechts einerseits zwischen dem Interesse der Verwaltung an einer möglichst kostensparenden Abwicklung der Verwaltungsaufgaben und andererseits dem Interesse der Beschäftigten an dem Schutz ihrer Persönlichkeitssphäre abzuwägen haben. Dienststelle und Personalvertretung müssen gemeinsam nach dem **Grundsatz der Verhältnismäßigkeit** unter Einbeziehung von Zumutbarkeitsgesichtspunkten diejenige Lösung anstreben, die den beiderseitigen Interessen weitgehend entspricht. So wird u. a. zu überlegen sein, ob dem Kontrollinteresse der Verwaltung bei Telefongesprächen durch Aufzeichnung nicht der gesamten Zielnummer, sondern nur der Anfangszahlen Rechnung getragen werden kann und ob der Kontrollzweck auch dadurch erreichbar ist, dass eine zusätzliche Vorwahlnummer oder eine Taste dienstliche und private Telefongespräche erkennbar trennen kann (vgl. zur Frage der Beeinträchtigung des Persönlichkeitsrechts und zu datenschutzrechtlichen Problemen in diesem Zusammenhang: BAG v. 27. 5. 1986, BAGE 52, 88 = BB 1986, 1087, 2333 m. Anm. v. Kappes = DB 1986, 2080 = ArbuR 1987, 149 m. Anm. v. Mostert; zum Sonderfall der Aufzeichnung von Telefonnummern der von einem von einer Beratungsstelle angestellten Diplompsycholgen angerufenen betreuten Personen: BAG v. 13. 1. 1987, BAGE 54, 67 = BB 1987, 1037 = DB 1987, 1153). Im Übrigen kann im Rahmen einer Dienstvereinbarung festgelegt werden, dass es dem Dienststellenleiter erlaubt ist, externe Telefongespräche von Beschäftigten in deren Gegenwart zu Ausbildungszwecken mitzuhören (vgl. für das BetrVG: BAG v. 30. 8. 1995, BAGE 80, 366 = BB 1996, 643 = DB 1995, 1816).

ee) Die **Aufzeichnung von Zielnummern dienstlicher Gespräche von Personalratsmitgliedern** darf nicht Motiv für die Einrichtung eines Telefongebührencomputers sein. Dies folgt aus dem Verbot der Behinderung in der Erfüllung der gesetzlichen Aufgaben. Die Personalvertretung ist ein unabhängiges Organ innerhalb der Personalverfassung, das in eigener Zuständigkeit die ihm gesetzlich übertragenen Aufgaben auszuführen hat. Personalvertretung und Personalratsmitglieder bedürfen keiner Zustimmung des Dienststellenleiters hinsichtlich der von ihnen zu tätigen Aufwendungen im Rahmen der personalvertretungsrechtlichen Tätigkeit (vgl. hierzu auch: § 44 u. dort. Anm. und BVerwG v. 12. 6. 1984 – 6 P 34.83 – Buchholz 238.3 A § 44 Nr. 11 sowie Färber-Kappes, BB 1986, 520). Eine fortlaufende Überwachung mittels eines Telefongebührencomputers zur Aufzeichnung von Zielnummern würde aber praktisch auf eine Kontrolle der personalvertretungsrechtlichen Tätigkeit hinauslaufen. Im übrigen wäre auch eine Überwachung dieser Art nicht in Einklang zu bringen mit dem Grundsatz der vertrauensvollen Zusammenarbeit, der auch Vertrauen hinsichtlich einer angemessenen Aufgabenerfüllung des Partners voraussetzt. Demgegenüber vertreten die Gerichte (BVerwG v. 28. 7. 1989, ZBR 1990, 53 = PersV 1989, 488 = ZfPR 1989, 166; BAG v. 18. 1. 1989 – 7 ABR 38/87, n. v.; BAG v. 1. 8. 1990, Leits. BB 1990, 2270 = DB 1991, 47, das es für zulässig ansieht, die Rufnummern von Gesprächsteilnehmern der Personalvertretung bei Fern-, nicht aber bei Haus-, Orts- und Nahgesprächen aufzuzeichnen, zu speichern oder in sonstiger Weise zu erfassen; vgl. auch Auernhammer, DUD 1990, 487 sowie Riedmaier, ZBR 1989, 221, 229) die Auffassung, dass ein Dienststellenleiter berechtigt sei, „alle dienstlichen Ferngespräche des Personalrats einschließlich der des Vorsitzenden nach dem Datum, der Uhrzeit, dem Ort und der Telefonnummer des angewählten Gesprächsteilnehmers automatisch" zu erfassen und auszudrucken. **Dieser Auffassung ist nicht zuzustimmen.** Zwar ist eine Personalvertretung bei der Wahrnehmung der ihr obliegenden Aufgaben zur Berücksichtigung des Grundsatzes der sparsamen Haushaltsführung verpflichtet. Auch hat der Dienststellenleiter seinerseits das Recht zu prüfen, ob die von der Personalvertretung verursachten Kosten durch die Wahrnehmung der ihr gesetzlich übertragenen Aufgaben verursacht worden sind (BVerwG v. 26. 11. 1982, ZBR 1983, 132, 310 = PersV 1983, 376; BVerwG v. 16. 6. 1989, BVerwGE 82, 131 = ZBR 1990, 18 = PersV 1989, 486; Lorenzen u. a., § 8 Anm. 24). Bei dieser Prüfung aber hat er den allgemeinen Rechtsgrundsatz der Verhältnismäßigkeit der Mittel zu beachten. Seiner Überprüfungsaufgabe kann der Dienststellenleiter nämlich auch dadurch nachkommen, dass er um Mitteilung der Gesamtgebühren, die durch Telefongespräche der Personalvertretung angefallen sind, bittet. Erscheint ihm die Gebührensumme unangemessen hoch, so hat er mit der Personalvertretung über eine Reduzierung dieser Kosten zu diskutieren. Keinesfalls aber steht ihm das Recht zu, „nähere Umstände der Telefongespräche zu erfahren" (BVerwG v. 28. 7. 1989, aaO). Auf diese Weise nämlich könnte er tatsächlich ein ihm nicht zustehendes Recht in Anspruch nehmen, nämlich das Recht, auf die Art und Weise der Aufgabenerfüllung der Personalvertretung Einfluss zu nehmen. Erst dann, wenn einem Dienststellenleiter nach entsprechender Kontaktaufnahme die von der Personalvertretung verursachten Telefonkosten als unangemessen hoch erscheinen, kann er für eine beschränkte Zeit die automatische Erfassung und den Ausdruck von Datum und Uhrzeit der Gespräche anordnen. Dagegen ist es nicht erforderlich, dass ihm Ort und Telefonnummer des angewählten Gesprächsteilnehmers bekanntgegeben werden (vgl. hierzu auch Riegel, ZTR 1988, 157). Auch wenn aus der Offenbarung des Namens eines Gesprächspartners der Personalvertretung alleine noch keine Rückschlüsse auf Angelegenheiten persönlicher Art gezogen werden 220 können, so könnte doch die Gefahr bestehen, dass Beschäftigte von Personalratsmitgliedern nicht mehr angerufen werden möchten, wenn ihnen bekannt ist, dass die Tatsache des Anrufs dem Dienststellenleiter zur Kenntnis gegeben wird. Es ist bekannt, dass viele Beschäftigte nicht wünschen, dass Kontakte mit dem Personalrat dem Dienststellenleiter bekannt werden (vgl. 10. Tätigkeitsbericht des Bundesbeauftragten für den Datenschutz, BT-Drucks. 11/1693, S. 31). Deshalb ist nicht auszuschließen, dass Personalratsarbeit künftig dann erschwert wird, wenn Personalvertretungen nicht mehr oder nicht mehr im bisherigen Umfang, ohne eine technische Kontrolle durch die Dienststelle in Kauf nehmen zu müssen, telefonischen Kontakt mit Beschäftigten aufnehmen können (vgl. auch § 1 Anm. 33; § 8 Anm. 4; § 44 Anm. 26; Lorenzen u. a., § 75 Anm. 195i).

220a ff) Im Zuge der fortschreitenden Technisierung des gesamten Telefonbereichs gibt es eine Vielzahl von technischen Einrichtungen, die geeignet sind, Leistung und Verhalten der Beschäftigten zu überwachen. Dies gilt u. a. für **ISDN-Nebenanlagen** (BVerwG v. 2. 2. 1990, PersR 1991, 22 m. Anm. von Dannhäuser) sowie für an das öffentliche Netz angekoppelte **Telekommunikationssysteme** mit Anrufumleitung unter Speicherung in einer zentralen Anlage, da solche Systeme Rückschlüsse über die Anwesenheit von Beschäftigten an ihrem Arbeitsplatz zulassen. Auch die Einführung von **Mobiltelefonen sowie von e-mails** in der Dienststelle unterliegen dem Mitbestimmungsrecht (vgl. § 44 Anm. 20c; vgl. auch Fischer u. a., § 75 Anm. 114 d; Richardi u. a., § 75 Anm. 545; vgl. auch Anm. 213, 218c).

220b v) Einem Dienststellenleiter steht das Recht zu, insbesondere dann die **Internetnutzung** durch Beschäftigte zu **kontrollieren,** wenn die Nutzung weder ausdrücklich noch konkludent gestattet worden ist und von einer betrieblichen Übung nicht die Rede sein kann. Ein Kontrollrecht ist aber auch dann gegeben, wenn ein Dienststellenleiter die Privatnutzung (im einzelnen z. B. durch eine Dienstvereinbarung geregelt) gestattet, aber konkreten Anlass zu der Annahme einer die zulässigen Grenzen überschreitenden Nutzung etwa deshalb hat, weil der Betreffende seine Dienstaufgaben nur noch sehr zögerlich und überwiegend verspätet erledigt (vgl. hierzu u. a. für das BetrVG: BAG v. 12. 1. 2006, NZA 2006, 980; BAG v. 27. 4. 2006, DB 2006, 1849; BAG v. 31. 5. 2007, BB 2007, 2188 sowie § 79 Anm. 28).

221 w) Die Personalvertretung kann nicht nur mitbestimmen, wenn technische Einrichtungen zur Kontrolle allgemein für eine Vielzahl von Arbeitsplätzen eingeführt werden, sondern auch dann, wenn sie nur **für einen einzelnen oder nur für einige wenige Arbeitsplätze** bestimmt sind. Wenn Arbeitsplätze nicht nur in einer Hauptdienststelle, sondern auch in Teil-/Nebendienststellen betroffen sind, dann ist der **Gesamtpersonalrat** zu beteiligen, da in aller Regel eine unterschiedliche Ausgestaltung in den einzelnen Dienststellen mit einer einheitlichen Funktion des jeweiligen Systems nicht vereinbar ist. Dabei ist der Gesamtpersonalrat nicht auf eine Rahmenkompetenz beschränkt (vgl. für das BetrVG: BAG v. 14. 11. 2006, DB 2007, 1141).

222 x) Die Personalvertretung kann ihr Mitbestimmungsrecht durch Abschluss einer **Dienstvereinbarung** (§ 73) und durch ein **Initiativrecht** (**§ 70 Abs. 1**) ausüben. Ein hierauf gerichtetes Initiativrecht muss schon deshalb bejaht werden, weil die Personalvertretung die Aufgabe hat, dafür zu sorgen, dass sich die Überwachung von Verhalten oder Leistung der Beschäftigten in Grenzen hält (vgl. Anm. 196 ff.). Infolgedessen muss eine Personalvertretung das Recht haben, dann initiativ zu werden, wenn sie erkennt, dass von einer technischen Einrichtung übermäßige Gefahren für die Persönlichkeitsrechte der Beschäftigten ausgehen. Ebenso muss ein Initiativrecht für die Fälle bejaht werden, in denen eine Personalvertretung für die Installation von technischen Kontrolleinrichtungen, z. B. eines Zeiterfassungsgerätes, deshalb eintritt, um sicherzustellen, dass arbeitsschutzrechtliche Vorschriften dadurch eingehalten werden, dass Daten über das **Arbeitszeitverhalten** der Beschäftigten objektiv aufgezeichnet statt auf herkömmliche Weise unter Einschluss der damit verbundenen Fehler protokolliert werden. Wenn eine Personalvertretung der Auffassung ist, dass der von einer bestehenden Anlage ausgehende Überwachungsdruck einen übermäßigen Eingriff in Persönlichkeitsrechte der Beschäftigten auslöst, dann ist sie zu einer Initiative mit dem Ziel berechtigt, durch wesentliche Änderungen diesen Überwachungsdruck zu reduzieren (vgl. auch Anm. 199a und § 70 Anm. 5; ferner Altvater u. a., § 75 Anm. 84; Lorenzen u. a., § 75 Anm. 196a; von Rotteken, PersR 2005, 481, 486; Wedde, PersR 2007, 107 in Bezug auf den Abschluss von Dienstvereinbarungen; aA BVerwG v. 29. 9. 2004, ZBR 2005, 250 = PersV 2005, 97 = ZfPR 2005, 3; Fischer u. a., § 75 Anm. 113; Richardi u. a., § 75 Anm. 549).

aa) Der Abschluss von Dienstvereinbarungen wird insbesondere im Zusammenhang mit Einführung und Organisation von **Telearbeit** in Betracht kommen. Eine solche Dienstvereinbarung ist schon alleine deshalb zweckmäßig, um im gegenseitigen Einvernehmen zwischen Dienststellenleiter und Personalvertretung die Voraussetzungen dafür zu schaffen, das eine (übermäßige) Kontrolle von Telearbeitnehmern im Vergleich zu den übrigen Beschäftigten unterbleibt. Daher sollte generell eine Vereinbarung darüber getroffen werden, dass eine verschlüsselte oder eine anonymisierte Speicherung und Löschung bestimmter Daten erfolgt, die vor allem bei der Feststellung der Einschaltzeit des Computers, bei Zeit und Dauer des Zugriffs auf behördliche Systeme, bei Zeit, Dauer und Partner von E-Mail-, ISDN- oder Mobiltelefonkommunikation angefallen sind (Boemke-Ankersen, BB 2000, 2254, 2260). Außerdem sollten Vereinbarungen über das Zutrittsrecht des Dienststellenleiters und sonstiger Personen (Personalvertretung, Vertreter von Gewerbeaufsichtsämtern) getroffen werden (Boemke-Ankersen, BB 2000, 1570). **222a**

bb) Der Abschluss von **Dienstvereinbarungen** ist im Zusammenhang mit der **Nutzung von E-Mail und Internet** zulässig. In einer solchen Vereinbarung kann sich ein Dienststellenleiter zum Grundsatz von Datenvermeidung und Datensparsamkeit verpflichten und dazu, internetfähige PC's mit auch bei Kommunikationspartnern vorhandener Verschlüsselungssoftware auszustatten. Weiter können in einer Dienstvereinbarung folgende Fragen geregelt werden: Protokollieren, Auswertung und Durchführung von Kontrollen. Gleichfalls kann in einer Dienstvereinbarung der Umfang der privaten Nutzung ebenso geregelt werden wie die Bedingungen sowie Art und Umfang der Kontrolle durch den Dienststellenleiter (vgl. im Übrigen 63. Konferenz der Datenschutzbeauftragen des Bundes und der Länder, Anm. 212 a). **222b**

cc) Die Einführung einer **Überwachungssoftware**, mit deren Hilfe Daten über die Nutzung von E-Mail oder Internet erhoben werden oder Zugriffsmöglichkeiten auf die E-Mails von Beschäftigten gewonnen werden sollen, unterliegt wie sonstige Datenverarbeitungssysteme dem Mitbestimmungsrecht der Personalvertretung (vgl. für das BetrVG: Fitting u. a., § 87 Anm. 245; Wolf/Mulert, BB 2008, 442). Die Einzelheiten der Nutzung einer Überwachungssoftware können in einer Dienstvereinbarung festgelegt werden (Wolf/Mulert, aaO; vgl. auch Anm. 199b). **222c**

223 x) Da das Mitbestimmungsrecht der Personalvertretung sich nicht alleine auf die Einführung und Anwendung von technischen Einrichtungen beschränkt, sondern auch die weitere Verwendung der so erhobenen Daten zur Überwachung der Beschäftigten umfasst, steht im Falle der Verletzung des Mitbestimmungsrechts dem einzelnen Beschäftigten ein Anspruch darauf zu, dass der Dienststellenleiter entsprechend gewonnene Daten nicht zu Überwachungszwecken verwendet bzw. darauf, dass die unzulässig gespeicherten Daten gelöscht werden (BAG v. 12. 1. 1988, BB 1988, 1816 = DB 1988, 1552). Darüber hinaus steht dem Beschäftigten das Recht zu, die Arbeitsleistung zu verweigern, falls die zuständige Personalvertretung nicht an der Einführung und Anwendung technischer Einrichtungen zur Überwachung des Verhaltens oder der Leistung des Beschäftigten beteiligt worden ist (Lorenzen u. a., § 75 Anm. 196). Eine **Arbeitsverweigerung** ist selbst dann rechtens, wenn die Personalvertretung der Einführung und Anwendung solcher Kontrolleinrichtungen zugestimmt hat, aber eine über den vereinbarten Rahmen hinausgehende Kontrolle von Leistung und Verhalten erfolgt.

V. Einschränkung des Mitbestimmungsrechts bei Arbeitszeitregelungen

224 1. Abs. 4 **beschränkt das Mitbestimmungsrecht der Personalvertretung** bei Beginn und Ende der täglichen Arbeitszeit (Abs. 3 Nr. 1) unter bestimmten Voraussetzungen auf die **Festlegung von Grundsätzen für die Aufstellung von Dienstplänen,** insbesondere für die Anordnung von Dienstbereitschaft, Mehrarbeit und Überstunden, sofern Umstände vorliegen, die für die Dienststelle nicht voraussehbar waren bzw. eine kurzfristige und unregelmäßige Festsetzung der Arbeitszeit erforderlich machen. Weitere Voraussetzung für die Beschränkung des Mitbestimmungsrechts auf Grundsätze für die Aufstellung von Dienstplänen ist die Kurzfristigkeit der Anordnung. Dies bedeutet, dass die Maßnahme den Charakter der Ausnahme tragen muss und nur vorübergehend erfolgen darf (BVerwG v. 3. 12. 2001, ZBR 2002, 357 = PersV 2003, 30 = ZfPR 2002, 67; BVerwG v. 30. 6. 2005, BVerwGE 124, 34 = PersV 206, 24 = Leits. ZfPR 2006, 6). Völlig wirkungslos soll das Mitbestimmungsrecht nicht bleiben, sondern wenigstens durch die Beteiligung an der Festlegung von Grundsätzen für die Aufstellung der Dienstpläne greifen. Allerdings steht der Personalvertretung ein Mitbestimmungsrecht auch bei der Entscheidung des Dienststellenleiters darüber zu, ob, in welchem Umfang und zu welchen Zeiten Mehrarbeit oder Überstunden zu leisten sind; denn eine entsprechende Anordnung von Mehrarbeit und Überstunden betrifft sowohl die Verteilung der Arbeitszeit auf die einzelnen Wochentage als auch den Beginn und das Ende der täglichen Arbeitszeit. Der Personalvertretung soll es ermöglicht werden, die Interessen der Beschäftigten im Hinblick auf die zeitliche Lage ihrer Arbeitszeit in Übereinstimmung mit den dienstlichen Erfordernissen zu bringen. Die Beschäftigten sollen gleichzeitig vor übermäßiger zeitlicher Inanspruchnahme geschützt werden (BVerwG v. 12. 8. 2002, PersV 2003, 192 = ZfPR 2002, 298). Allerdings steht der Personalvertretung im Hinblick auf den Amtsauftrag der Verwaltung kein umfassendes Mitbestimmungsrecht in der Weise zu, dass die Einigungsstelle im Nichteinigungsfall eine für beide Seiten verbindliche Entscheidung treffen könnte (BVerwG v. 3. 12. 2001, ZBR 2002, 357 = ZfPR 2002, 67; BVerwG v. 30. 6. 2005, aaO). Diese Einschränkung aber kann nur für den Fall gelten, dass „unausweisliche wirtschaftliche oder technische Zwänge vorliegen, die die Anordnung von Überstunden oder Mehrarbeit zwingend erforderlich machen, also alternativlos erscheinen lassen“ (BVerwG v. 12. 9. 2005, PersR 2006, 72 = Leits. ZfPR 2006, 75; vgl. auch Anm. 90). Da als Mehrarbeit diejenige Arbeitszeit gilt, die über die regelmäßige Arbeitszeit hinausgeht, ist im Falle von Teilzeitbeschäftigung daher diejenige Arbeitszeit gemeint, die

über die jeweilige regelmäßige Arbeitszeit der Teilzeitkraft hinausgeht. Das Mitbestimmungsrecht der Personalvertretung kann nicht durch eine tarifliche Regelung ausgeschlossen werden, nach der Mehrarbeit der Teilzeitbeschäftigten nur diejenige Arbeitszeit ist, die über die regelmäßige Arbeitszeit vergleichbarer Vollzeitbeschäftigter hinausgeht (vgl. für das BetrVG: BAG v. 23. 7. 1996, BB 1997, 472 = DB 1997, 378). Bei der Vorschrift handelt es sich nicht um einen eigenen Mitbestimmungstatbestand, sondern um die Beschränkung des nach Abs. 3 Nr. 1 bestehenden Mitbestimmungsrechts der Personalvertretung in den Fällen, in denen es zu den **typischen Eigentümlichkeiten der Arbeit** einer Dienststelle gehört, dass die **dienstlichen Aufgaben unregelmäßig anfallen,** dies nicht vorauszusehen ist und die Art der anfallenden Aufgaben eine kurzfristige Disposition notwendig macht (BVerwG v. 21. 7. 1982, ZBR 1983, 162 = PersV 1983, 241; BVerwG v. 1. 6. 1987, ZBR 1987, 346 = PersV 1989, 255). Wenn aber eine Dienststelle den Eintritt einer angespannten personellen Situation rechtzeitig voraussehen kann, so ist sie verpflichtet, das Mitbestimmungsverfahren frühzeitig einzuleiten. Das Mitbestimmungsrecht der Personalvertretung soll sicherstellen, dass bei der konkreten Anordnung von Dienstbereitschaften, vorübergehender Mehrarbeit sowie bei Überstunden nach einheitlichen Gesichtspunkten verfahren wird und dass besondere Umstände in der Person des im Einzelfall betroffenen Beschäftigten möglichst berücksichtigt werden.

2. Von der Notwendigkeit der kurzfristigen Disposition muss **nicht die ganze Dienststelle** betroffen sein. Es genügt, dass im Hinblick auf eine **Gruppe von Beschäftigten** jederzeit eine nicht genau voraussehbare Arbeitszeit bestimmt werden kann (Richardi u. a., § 75 Anm. 256). Die Beschränkung des Mitbestimmungsrechts der Personalvertretung bezieht sich dann nur auf diese Gruppe von Beschäftigten. Dagegen findet Abs. 4 keine Anwendung bei einer Individualmaßnahme (vgl. den Wortlaut „für Gruppen“: OVG Münster v. 16. 12. 1981, Leits. PersV 1986, 473 = RiA 1982, 177; VGH Mannheim v. 26. 2. 1985, ZBR 1986, 58; Fischer u. a., § 75 Anm. 76; Lorenzen u. a., § 75 Anm. 114 a, 117; Richardi u. a., § 75 Anm. 256). Nach Auffassung des BVerwG (v. 2. 6. 1992, Leits. ZBR 1992, 285 = PersV 1992, 521 = ZfPR 1992, 165, ebenso Lorenzen u. a. § 95 Anm. 197; vgl. auch Anm. 81) fehlt es an dem Merkmal einer „Gruppe“, wenn von der Ableistung von Überstunden zwar eine Mehrzahl von Beschäftigten betroffen ist, die Überstunden aber nur von einem Teil der Betroffenen freiwillig geleistet werden. Dieser Entscheidung ist nicht zuzustimmen, weil auch dann von der Anordnung von Überstunden eine Gruppe, nämlich eine Mehrzahl von Beschäftigten, betroffen ist, wenn mehrere Personen nach einer zuvor durchgeführten Befragung freiwillig Überstunden ableisten. Der Personalvertretung obliegt im Zusammenhang mit der Ableistung von Überstunden auch die Aufgabe, darüber zu wachen, dass alle Beschäftigten arbeitsmäßig möglichst gleichmäßig ausgelastet sind. Die einzelnen Beschäftigten können diese Aufgabenstellung der Personalvertretung nicht durch eine freiwillige Bereitschaft „aushebeln“. In diesem Fall hätte die Personalvertretung keine Gelegenheit, die Interessen derjenigen zu berücksichtigen, die sich auf eine entsprechende Befragung des Dienststellenleiters zur freiwilligen Ableistung von Überstunden nicht bereiterklärt haben. Sie mögen durchaus für ihre Entscheidung akzeptable Gründe gehabt haben, die sie aber gegenüber der Dienststelle nicht offenlegen möchten. Bei späteren personellen Maßnahmen (z. B. Auswahlentscheidungen) ist aber nicht auszuschließen, dass gerade die Tatsache der Freiwilligkeit bei der Ableistung von Überstunden eine Rolle spielt. Unter Berücksichtigung des Schutzzwecks des Mitbestimmungsrechts kann das Merkmal der Freiwilligkeit keine Rolle spielen (kritisch hierzu, 225

insbesondere zum vom BVerwG v. 9. 10. 1991 – 6 P 12.90, ZBR 1992, 109 = PersV 1992, 166 = ZfPR 1992, 7 definierten Initiativrecht: Haas, ZTR 1992, 443).

226 3. a) Ein allgemeines und umfassendes Mitbestimmungsrecht der Personalvertretung an der **Aufstellung von Dienstplänen** gibt es nicht. Vielmehr ist danach zu unterscheiden, ob generelle Regelungen angestrebt werden, die Beginn und Ende der Arbeitszeit festlegen. In diesen Fällen ist ein Mitbestimmungsrecht gegeben, **nicht jedoch** in den Fällen, **in** denen **individuelle Dienstzeitregelungen** auf der Grundlage der Organisationshoheit und des Direktionsrechts erfolgen (BVerwG v. 23. 12. 1982, ZBR 1983, 132 = PersV 1983, 413; BVerwG v. 4. 4. 1985, ZBR 1985, 283 = PersV 1987, 155; BVerwG v. 12. 3. 1986, BVerwGE 74, 100 = ZBR 1986, 310 = PersV 1986, 417; vgl. hierzu auch Anm. 82, 83; vgl. zur Nutzung von Jahresarbeitszeitkonten: Plander, PersR 2004, 253). Zulässig ist auch die Erstellung streikbedingter Dienstpläne. Einer entsprechenden Beteiligung der Personalvertretung stehen nicht die Grundsätze der Kampfparität entgegen (VG Ansbach v. 26. 4. 1993, PersR 1993, 372).

227 b) Auf die Grundsätze für die Aufstellung von Dienstplänen ist das Mitbestimmungsrecht der Personalvertretung nur dann beschränkt, „wenn unausweichliche wirtschaftliche oder technische Zwänge vorliegen, die die Maßnahme für den Dienststellenleiter alternativlos erscheinen lassen" (BVerwG v. 12. 9. 2005, PersR 2006, 72 = Leits. ZfPR 2006, 75; vgl. auch Anm. 224). Darüber hinaus hängt das Mitbestimmungsrecht der Personalvertretung bei der Aufstellung von Dienstplänen entscheidend davon ab, ob in einer Dienststelle nicht **voraussehbare Dienstbereitschaften** (Arbeitnehmer hat sich, ohne Arbeit zu leisten, an der Arbeitsstelle selbst oder an einer anderen, vom Arbeitgeber bestimmten Stelle bereit zu halten), über die regelmäßige Arbeitszeit hinausgehende **Mehrarbeit** und **Überstunden** in **unregelmäßigen Abständen** kurzfristig anfallen. Zur Mehrarbeit zählen Arbeitsstunden, die Teilzeitbeschäftigte über die vereinbarte regelmäßige Arbeitszeit hinaus bis zur regelmäßigen wöchentlichen Arbeitszeit von Vollbeschäftigten leisten, (vgl. § 7 Abs. 6 TVöD). **Überstunden** sind auf Anordnung des öffentlichen Arbeitgebers geleistete Arbeitsstunden, die über die im Rahmen der regelmäßigen Arbeitszeit von Vollbeschäftigten hinaus für die Woche dienstplanmäßig bzw. betriebsüblich festgesetzten Arbeitsstunden hinausgehen und nicht bis zum Ende der folgenden Kalenderwoche ausgeglichen werden (vgl. § 7 Abs. 7 TVöD). Dabei wird es u. a. darum gehen, wie viel zusammenhängende Ruhezeit nach einer bestimmten Arbeitszeit zu gewähren ist und in welchem Umfang eine altersmäßige Berücksichtigung zu erfolgen hat. Gleiches gilt dann, wenn in einer Dienststelle zur Beseitigung konkreter, immer wieder auftretender technischer Störungen an bestimmten Anlagen aus einer Gruppe dafür geeigneter Beschäftigter in jedem Störfall jeweils einer dieser Beschäftigten ohne Rücksicht auf individuelle Besonderheiten zu einem mit Mehrarbeit verbundenen Sondereinsatz außerhalb der normalen Arbeitszeit herangezogen werden muss (vgl. für das BetrVG: BAG v. 2. 3. 1982, BAGE 38,96 = Leits. BB 1982, 1236 = DB 1982, 1115).

VI. Regelung durch Tarifvertrag

228 1. Nach Abs. 5 können Arbeitsentgelte und sonstige Arbeitsbedingungen, die durch Tarifvertrag geregelt sind oder üblicherweise geregelt werden, **nicht Gegenstand einer Dienstvereinbarung** sein. Die Vorschrift geht von dem bereits in § 2 Abs. 1 („unter Beachtung der Gesetze und Tarifverträge") und in § 75 Abs. 3

(„soweit eine gesetzliche oder tarifliche Regelung nicht besteht") festgelegten Grundsatz von der Rangfolge von Gesetz-Tarifvertrag-Vereinbarungen aus.

a) Der Gesetzgeber hat dem **Tarifvertrag absoluten Vorrang** vor einzelnen dienststelleninternen Absprachen eingeräumt. Damit soll eine einheitliche Regelung der Arbeitsbedingungen garantiert werden. Den Koalitionen wird zugleich das Recht zur kollektiven Regelung der Arbeitsentgelte und sonstigen Arbeitsbedingungen mit Vorrang vor den Organen der Personalverfassung garantiert. 229

b) Die nach dem BPersVG ohnehin schon sehr weitgehend eingeschränkte Möglichkeit zum Abschluss von Dienstvereinbarungen wird durch Abs. 5 noch verschärft. Danach ist die Regelung der Arbeitsentgelte und sonstigen Arbeitsbedingungen durch Dienstvereinbarung ausgeschlossen, soweit diese Angelegenheiten **durch Tarifvertrag geregelt sind oder üblicherweise durch Tarifvertrag geregelt werden.** Wenn in einer gesetzlichen oder tariflichen Regelung ein Sachverhalt unmittelbar behandelt wird und es keines Ausführungsaktes mehr zum Vollzug bedarf, dann besitzt eine solche Regelung Ausschließlichkeitscharakter; denn sie ist vollständig, umfassend und erschöpfend. Ist allerdings einem Dienststellenleiter aufgrund einer gesetzlichen oder tariflichen Regelung die Ausgestaltung der Einzelmaßnahmen überlassen, so unterliegt dessen Entscheidung der Richtigkeitskontrolle der Personalvertretung im Rahmen der Mitbestimmung (BVerwG v. 12. 8. 2002, PersV 2003, 192 = ZfPR 2002, 298). 230

c) Tarifüblichkeit ist immer dann gegeben, wenn regelmäßig für eine bestimmte Dienststelle entweder unmittelbar oder durch Bezugnahme im Einzelarbeitsvertrag durch Tarifverträge Regelungen getroffen werdend (Lorenzen u. a., 75 Anm. 198). Daher ist die **Üblichkeit einer tariflichen Regelung** auch dann zu bejahen, wenn ein Tarifvertrag abgelaufen und der neue noch nicht abgeschlossen ist. Auch während dieser tarifvertragslosen Zeit kann eine Arbeitsbedingung, die üblicherweise tariflich vereinbart wird, nicht durch Dienstvereinbarung geregelt werden. Damit wird eine Regelung durch eine Vereinbarung, die nicht Dienstvereinbarung im technischen Sinne ist, nicht ausgeschlossen. 231

d) **Arbeitsbedingungen sind materielle Regelungen,** zu denen alles gehört, was Inhalt eines Tarifvertrags und Inhalt eines Arbeitsverhältnisses sein kann und von den Sozialpartnern geregelt wird (Fischer u. a., § 75 Anm. 115). Es sind also die in den Einzelvertrag eingehenden Inhaltsnormen, die die gegenseitigen Ansprüche festlegen. Bei diesen Bedingungen handelt es sich um solche Regelungen, die möglichst gleich für zusammenhängende Dienststellen geordnet und nicht durch Sondervereinbarungen für kleinere Bereiche gesprengt werden sollen. 232

e) Demgegenüber fallen die **formellen Arbeitsbedingungen,** die die mit der Ordnung der Dienststelle und dem Verhalten der Beschäftigten zusammenhängenden Fragen betreffen, nicht unter die Sperrwirkung des Abs. 5; denn hier ist die Notwendigkeit einer einheitlichen Regelung nicht gegeben. Vielmehr gebieten es die jeweiligen Verhältnisse der einzelnen Dienststellen, dass Dienstvereinbarungen nach den jeweiligen Bedürfnissen abgeschlossen werden. 233

2. **Arbeitsentgelte** sind nur die Entgelte der Arbeitnehmer, nicht die gesetzlich geregelten Dienstbezüge der Beamten, für die der Abschluss von Tarifverträ- 234

gen nicht in Betracht kommt. Infolgedessen können sich auch die Arbeitsbedingungen (z. B. nähere Regelungen der Entgeltzahlung, Fürsorgemaßnahmen, Urlaubsregelung etc.; vgl. aber Abs. 2 und 3) lediglich auf die Arbeitnehmer beziehen. Daher kann der in Abs. 5 enthaltene Ausschluss von Dienstvereinbarungen von vornherein für die Beamten nicht Platz greifen. Insoweit bleiben Dienstvereinbarungen zugunsten der Beamten im Rahmen des § 73 und der darin vorgeschriebenen ausdrücklichen gesetzlichen Ermächtigung auch dann zulässig, wenn die in Betracht kommenden Gegenstände für die Arbeitnehmer üblicherweise durch Tarifvertrag geregelt werden. Da indes die Rechtsstellung der Beamten auch auf den in Betracht kommenden Gebieten im Wesentlichen rechtssatzmäßig annähernd abschließend geregelt ist, sind die Anwendungsfälle nicht sehr zahlreich.

VII. Abschluss von Dienstvereinbarungen

235 1. Abs. 5 Satz 2 enthält die (an und für sich selbstverständliche) Feststellung, dass der **Abschluss von Dienstvereinbarungen** zulässig ist, wenn der Tarifvertrag selbst den Abschluss ergänzender Vereinbarungen zulässt und bestimmte Sachverhalte – absichtlich oder unabsichtlich – nicht geregelt hat. Zwar spricht das Gesetz von einem „ausdrücklichen“ Zulassen. Es genügt aber, wenn sich aus dem Inhalt des Tarifvertrags der Wille der Tarifvertragsparteien eindeutig ablesen lässt, ergänzende Regelungen, die sie selbst nicht vornehmen können oder wollen, einer Dienstvereinbarung zu überlassen. Das muss sich zweifelsfrei aus einer entsprechenden „Öffnungsklausel“ ergeben. Eine Interpretation des Inhalts des Tarifvertrags und des hypothetischen Willens der Tarifvertragsparteien ist unzulässig (Fischer u. a., § 75 Anm. 117).

236 2. Wird eine gegen den Grundsatz des Abs. 5 verstoßende Dienstvereinbarung gleichwohl abgeschlossen, so ist sie jedenfalls insoweit nichtig, als sie gegen ein gesetzliches Verbot verstößt. Je nach dem Umfang des entsprechenden Teils wird die betreffende Dienstvereinbarung im ganzen für nichtig zu halten oder die **Nichtigkeit** auf die Regelungen zu beschränken sein, die mit Abs. 5 nicht vereinbar sind. Wird nach Abschluss einer Dienstvereinbarung ein Gesetz erlassen oder ein Tarifvertrag abgeschlossen, durch die die von der Dienstvereinbarung betroffenen Verhältnisse anders geregelt werden, so tritt die Dienstvereinbarung insoweit außer Kraft.

VIII. Streitigkeiten

237 Bei Streitigkeiten über das Vorliegen einer Mitbestimmungsangelegenheit oder über den Umfang des Mitbestimmungsrechts sind die Verwaltungsgerichte nach § 83 Abs. 1 Nr. 3 anzurufen, **Streitigkeiten über die Zulässigkeit von Dienstvereinbarungen** im Hinblick auf die durch Abs. 5 gesetzte Sperre entscheiden die Verwaltungsgerichte nach § 83 Abs. 1 Nr. 4. Wenn in einem Beschlussverfahren rechtskräftig festgestellt worden ist, dass einer Personalvertretung in einer bestimmten Angelegenheit kein Mitbestimmungsrecht zusteht, dann können sich Beschäftigte nicht darauf berufen, dass die Maßnahme wegen angeblich unterbliebener Mitbestimmung ihnen gegenüber unwirksam sei (vgl. für das BetrVG: BAG v. 10. 3. 1998, Leits. BB 1998, 1956 = NZA 1998, 1242).

Schrifttum: Albrecht, die Einrichtung von Tele- und Außenarbeitsplätzen – rechtliche und personalpolitische Anforderungen, NZA 1996, 1240; ders., Zielvereinbarungen im öffentlichen Dienst, PersR 2001, 406; Apitsch/Schmitz, Technische Aspekte der Mitbestimmung des Betriebsrats nach § 87 Abs. 1 Nr. 6 BetrVG bei Einführung und Anwendung von EDV-Systemen, DB 1984, 983;

dies., Mitbestimmung bei der Verarbeitung von Arbeitnehmerdaten nach der Entscheidung des BAG vom 14. 9. 1984, AiB 1985, 165; Arnold, Arbeitssicherheit in der Landesverwaltung Baden-Württemberg, PersV 1984, 89; Auernhammer, Zur Telefondatenerfassung des Personalrats, DUD 1990, 487; Bachner, Mitbestimmung des Betriebsrats bei der Auswahl technischer Überwachungseinrichtungen, DB 2006, 2518; Battis, Der Einfluss sozialstaatlicher Tendenzen auf die Entscheidungsstrukturen öffentlicher Verwaltungen, PersV 1988, 26; Battis-Schlenga, Mitbestimmung bei der Aufstellung allgemeiner Regelungen für die zentrale Wohnraumbewirtschaftung, PersR 1993, 245; Becker/Bertelsmann, Bereitschaftsdienst als Bestandteil der Arbeitszeit, PersR 2002, 187; Beckerle, Leistungszulagen und Leistungsprämien, ZTR 1996, 156; Beckschulze, Internet-, Intranet- und E-Mail-Einsatz am Arbeitsplatz, DB 2003, 2777; Beckschulze/Henkel, Der Einfluss des Internets auf das Arbeitsrecht, DB 2001, 1491; Berwanger, Zielvereinbarungen und ihre rechtlichen Grundlagen, BB 2003, 1499; Blanke, Reichweite des Direktionsrechts des Arbeitgebers bei Mitarbeiterbefragungen, PersR 1996, 429; ders., Beteiligungsrechte der Personalvertretung bei Privatisierung, PersR 2000, 43; Boegl, Private Internetnutzung am Arbeitsplatz, ZBVR online 9/2006, S. 18; ders., Mitbestimmungsrechte des Personal- bzw. Betriebsrats bei Einführung der leistungsorientierten Bezahlung, ZfPR 2007, 22; ders., Die Ausgestaltung von Leistungsstufen in Dienstvereinbarungen bei der leistungsorientierten Bezahlung unter besonderer Berücksichtigung der Vorgaben des Leistungs TV-Bund, ZfPR 2007, 82; Boemke, Personalvertretungsrecht und Arbeitnehmerüberlassung, PersV 2004, 404; Boemke/Ankersen, Das Telearbeitsverhältnis-Arbeitsschutz, Datenschutz und Sozialversicherungsrecht, BB 2000, 1570 dies., Telearbeit und Betriebsverfassung, BB 2000, 2254; Bolwin, Die Mitbestimmung nach dem Bundespersonalvertretungsgesetz bei der Einführung von Bildschirmarbeitsplätzen, DB 1983, 827; Bosch, Probleme des Sozialplans im Personalvertretungsrecht, PersR 1993, 71; ders., Rationalisierungsmaßnahmen als Gegenstand der Personalratsarbeit, ZfPR 1997, 64; Bredemeier, Bildschirmarbeitsplatz: Umsetzung der EG-Richtlinie für Bildschirmarbeitsplätze in nationales Recht erfolgt!, ZfPR 1997, 60; Buhren, Zur Mitbestimmungspflicht bei der Einführung und Anwendung technischer Einrichtungen der Verhaltens- und Leistungskontrolle, PersV 1977, 81; Däubler, Personalrat, E-Mail und Internet, ZfPR 2001, 314; Daniels, Einsatz von MAE-Beschäftigten, PersR2006, 184; Dannhäuser, Die Befristung von Arbeitsverhältnissen unter mitbestimmungsrechtlichen Aspekten, PersV 1986, 353; ders., Neue Diskussion zur Frage der Mitbestimmung bei der Befristung von Arbeitsverhältnissen im öffentlichen Dienst, PersV 1988, 34; Dietz, Die Eingruppierung aus personalvertretungsrechtlicher Sicht, ZTR 1989, 10; Edenfeld, Die Abwehr mitbestimmungswidrigen Arbeitgeberverhaltens, PersV 2001, 298; Ehmann, Grenzen des Mitbestimmungsrechts bei der Arbeitnehmer-Datenverarbeitung, NZA 1986, 657; ders., Datenschutz und Mitbestimmungsrechte bei der Arbeitnehmerdatenverarbeitung, NZA 1993, 241; ders., Anmerkungen zu einigen Beteiligungstatbeständen des Bundespersonalvertretungsgesetzes (BPersVG), ZTR 1992, 443; Färber/Kappes, Telefondatenerfassung und Datenschutz, BB 1986, 520; Fischer, Erlaubte und verbotene Privatnutzung des Internets am Arbeitsplatz, ArbuR 2005, 91; Fluck, Umfang der Mitbestimmung bei der Auswahl der Teilnehmer an Fortbildungsveranstaltungen, ZfPR 1995, 31; von Friesen, Mitbestimmung bei der Einführung und Ausgestaltung eines Prämiensystems im zentralen Schreibdienst, DB 1983, 1871; Fuchs, Die Mitbestimmung des Personalrats bei der Einführung, Änderung und Abschaffung von Schichtarbeit, PersR 1984, 75; Gebhardt/Umnuss, Anonymisierung als Weg aus der Mitbestimmung bei elektronischer Datenverarbeitung gemäß § 87 Abs. 1 Nr. 6 BetrVG?, NZA 1995, 103; Geffken, Personalrat und Zeitmanagement, RiA 1999, 188; ders., Zielvereinbarungen – eine Herausforderung für Personalwesen und Arbeitsrecht, NZA 2000, 1033; ders., Mitbestimmung bei „Zielvereinbarungen", PersR 1997, 518; Gerhold, Die Mitbestimmung des Personalrats bei der Gestaltung der Arbeitsplätze (§ 75 Abs. 3 Nr. 16 BPersVG), ZTR 1988, 317; Geray-Heilmann, Bezahlung von speziellen Sehhilfen am Bildschirmarbeitsplatz, AiB 1998, 565; Gewehr, Die „korrigierende Rückgruppierung" – eine Ausnahme, kein Grundsatz, ZfPR 1997, 130; Glücks/Bremke, Mit aktuellen Entwicklungen des E-Government auf dem Weg zum modernen Staat, ZfPR 2004, 248; Goeres, Eingruppierungsfragen von Arbeitnehmern und Mitbestimmung der Personalvertretungen nach § 75 Abs. 1 Nr. 2 BPersVG PersV 2004, 9; Gola, Zur Mitbestimmung des Betriebsrats bei der automatischen Erfassung von Telefongebühren, BlStSozArbR 1975, 147; ders., Zur Mitbestimmung des Personalrats bei automatisierter Personaldatenverarbeitung, DÖV 1984, 839; ders., Zur Mitbestimmung der Betriebs- und Personalräte beim Einsatz von Datensichtgeräten, Datenschutz und Datensicherung, DuD 1983, 181; ders., Dienstliche Daten auf privatem PC, RDV 1993, 162; ders., Mitbestimmung bei der Übermittlung von TK-Einzelentgeltnachweisen, DuD 1997, 344; ders., Krankenkontrolle, Datenschutz und Mitbestimmung, BB 1995, 2318; ders., Mitarbeitervertretung und Datenschutzbeauftragter – Kontrolle und/oder Kooperation beim Personaldatenschutz? ZfPR 1997, 94; Gola/Jaspers, Datenschutz bei Telearbeit – Zur Anwendung von BDSG, TKG und TDDSG, RDV 1998, 243; Haas, Probleme personalvertretungsrechtlicher Art bei Personalmaßnahmen, ZTR 1988, 10; Hebeler, Neue Aspekte der personalvertretungsrechtlichen Mitbestimmungspflichtigkeit von Mitarbeitergesprächen mit Zielvereinbarung, PersV 2001,449; Heither, Die Rechtsprechung des Bundesarbeitsgerichts zum Datenschutz für Arbeitnehmer, BB 1998, 1049; Hilger, Zulässigkeit der Telefondatenerfassung, DB 1986, 911; Hindinger, Das Verhältnis Gesetz – Tarifvertrag – Dienstvereinbarung am Beispiel der Regelung von Arbeitsbedingungen an Bildschirmgeräten, PersR 1989, 320; ders., Arbeitsrechtliche Fragen AIDS-Erkrankung und AIDS-Infektion, DB 1987, 936; Honnen, Mitbestimmung bei Anordnungen, die das äußere Erscheinungsbild der Mitarbeiter betreffen, ZfPR 1990, 62; ders., Zur Mitbestimmung des Personalrats bei Ein-, Höher- und Rückgruppierung, ZfPR 1994, 60; ders., Der befristete Arbeitsvertrag, ZfPR 1995, 23; Hümmerich, Rechte des Betriebsrats bei der Erfassung von Bewerber-Daten, RdA 1979, 143; ders., Wonach darf der Arbeitnehmer bei der Einstellung gefragt werden?, BB 1979, 428; Hümmerich-Gola, Die Entwicklung des Datenschutzrechts in den Jahren 1979 und 1980, NJW 1981, 1487; Hunold, Mitarbeiterkontrolle, Erfassung betrieblicher Leistungsdaten und die Mitbestimmung des Betriebsrates, Beilage Nr. 18/82 zu DB v. 10. 9. 1982; ders., Anm. zu BAG v. 20. 9. 1990, BB 1991, 1263; Ilbertz, Das neue Bundespersonalvertretungsgesetz, PersV 1974, 1; ders., Einflussnahme der Personalvertretung auf den Prozess der Verwaltungsreform, PersV 2000, 490; Jacob, Arbeitnehmerdatenschutz, ZfPR 2002, 148; Jobs, Mitbestimmung des Betriebsrats gemäß § 87 Abs. 1 Nr. 6 BetrVG bei Personalinformationssystemen und Bildschirmarbeitsplätzen, DB 1983, 2307; ders., Hinzuziehung von Sachverständigen gem. § 80 Abs. 3 Satz 1 BetrVG etc., RDV 1987, 125; Kaerger, Bildschirmarbeitsplätze und Beteiligungsrechte der Personalvertretung, RiA 1982, 121; Kallenberg Die Beteiligung der Personalvertretung bei Überleitung und Eingruppierung der Beschäftigten in den TVöD/TV-L, ZfPR 2007, 20; Kempen, Die unzulässige Missbrauchsaufsicht gegenüber dem Personalrat, PersR 1987, 179; Kersten, Arbeitsgemeinschaften (§ 44 b SGB II) – verfassungs-, organisations-, beamten-, arbeits- und mitbestimmungsrechtliche Fragen hybrider Behördenstrukturen, ZfPR 2005, 130; Kieper, Mitbestimmung bei e-Goverment, PersR 2003, 91; ders., Internetgesützе Personalratsarbeit, PersR 2004, 205; Kiesche, Arbeitzeitflexibilisierung – Aufgaben für Personalräte, PersR 2001, 283; Kilian, Bildschirmarbeitsplätze und Mitbestimmung, NJW 1981, 2545; Kittner/Piper, Sicherheit und Gesundheitsschutz als Handlungsfeld des Betriebsrats und des Personalrats, PersR 2005, 339; Klar, Mitbestimmungsrecht des Personalrates bei der Aufstellung von Sozialplänen in den Unternehmen der Deutschen Bundespost, PersR 1994, 363; Klaus, Mitbestimmung bei der Aufstellung von Sozialplänen, PersR 1993, 43; Klebe, Mitbestimmung bei technischer Überwachung, NZA 1985, 44; ders., Personaldatenverarbeitung und Verhaltenskontrolle, DB 1986, 380; Klebe/Schumann, Die Rechte des Betriebsrats bei der Einführung und Anwendung von Personalinformationssystemen, ArbuR 1983, 40; Kröll, Neuregelung der Teilzeitarbeit und Befristung-auch ein Handlungsfeld für Personalräte, PersR 2001,179; ders., Die Beteiligung des Personalrats im Vorfeld einer Einstellung, PersR 2001, 462; ders Ein-Euro-Jobs und die Beteiligung des Personalrats, PersR 2005, 132; Kunze, Handlungsmöglichkeiten der Personalräte im Zusammenhang mit der Vereinbarkeit von Familie und Beruf, ZfPR 1997, 133; ders., Die Mitbestimmung des Personalrats bei der Umsetzung von gerichtlichen Entscheidungen oder Vergleichen, ZfPR 1997, 29; ders., Beteiligung des Personalrats beim Arbeits- und Gesundheitsschutz, ZfPR 2002, 115 ff., 181 ff.; Lemcke, Die Zustimmungsverweigerung des Personalrats bei der Mitbestimmung gem. §§ 75 Abs. 2 u. 3, 76 Abs. 2 BPersVG, PersR 1984, 70; Linnekohl, Der betriebliche Beauftragte für den Datenschutz – Rechtsfragen im Zusammenhang mit der Bestellung, NJW 1979, 1190; ders., Arbeitnehmerdatenschutz und BAG-Rechtsprechung, RDV 1990, 61; ders., Die „Informationelle Rosette“, BB 1990, 992; Linnenkohl/Schütz-Rauschenberg, Unterscheidung zwischen „Verhaltens- und Leistungsdaten“ sowie „anderen“ oder „persönlichen“ Daten bei moderner Informationsverarbeitung, NZA 1986, 769; dies., Auf dem Weg zu einem „kollektiven Datenschutz“?, BB 1987, 1454; Linnenkohl/Linnenkohl, Betriebsverfassungsrechtlicher Schutz des Persönlichkeitsrechts bei der Einführung neuer Kommunikationstechniken, BB 1992, 770; Löwisch, Mitwirkung und Mitbestimmung der Personalvertretung bei Einführung von Datenverarbeitungsanlagen, PersV 1987, 360; Lorenzen, Bundesdatenschutzgesetz und Personalvertretung, PersV 1979, 305; ders., Die Mitbestimmung des Personalrats bei der Regelung von Arbeitsbedingungen nach Ende der Tarifbindung, ZTR 2005,134; Lorse, Wieweit sollte die Beteiligung der Personalvertretungen bei Mitarbeitergesprächen mit Zielvereinbarungen gehen?, PersV 2005,404; ders., Funktionswert von Stellenausschreibungen im öffentlichen Dienst, ZTR 2006, 14; ders., Aktuelle tarif- und dienstrechtliche Reformüberlegungen im öffentlichen Dienst – eine Zwischenbilanz, ZBR 2007, 24; Matthes, Die Beteiligung des Betriebsrats bei Maßnahmen der Personaldatenverarbeitung, RDV 1985, 16; ders., Neue Rechtsprechung des Bundesarbeitsgerichts zur Mitbestimmung des Betriebsrats bei der technischen Überwachung, RDV 1987, 1; Moll, Telefondatenerfassung und betriebliche Mitbestimmung, DB 1982, 1722; Müllner, Beteiligungsrechte des Betriebsrats bei Personalinformationssystemen, BB 1984, 475; Plander, Die Rechtsnatur arbeitsrechtlicher Zielvereinbarungen, ZTR 2002, 155; ders., Die Mitbestimmung bei Erhöhung der Leistungsanforderungen im öffentlichen Dienst, PersR 2004, 253; ders. Die Mitbestimmung über Befristungsabreden im Zeitenwandel, PersR 2006, 54; ders., Personalvertretungsrecht und atypische Beschäftigung, PersR 2007, 424; Post, Zur Mitbestimmung des Personalrats bei Versetzungen, PersV 1988, 513; Pieper, Mitbestimmung des Personalrats bei Arbeitszeitregelungen, PersR 1987, 4; ders., Neues zur Rufbereitschaft?, PersR 2001, 292; Raedel, Mitbestimmung des Personalrats bei befristetem Arbeitsverhältnis, PersR 200, 5; Rehak, Pflicht zur Stellenausschreibung?, ZfPR 2004, 85; Reim, Reformierte Leiharbeit, PersR 2003,131; Richardi, Die Mitbestimmung des Betriebsrats bei flexibler Arbeitszeitgestaltung, NZA 1994, 593; ders., Inhalt und Reichweite der Mitbestimmungsrechte beim Erlass von Rauchverboten, PersV 1998, 81; Richter, Ist die Einführung der Parkraumbewirtschaftung oder die Vergabe von Parkplätzen bei Behörden mitbestimmungsfrei?, PersR 1994, 359; Rieble-Giestel, Ideenmanagement und betriebliche Mitbestimmung, DB 2005, 1382; Riedmaier, Datenschutz in der öffentlichen Verwaltung, ZBR 1989, 221; Riegel, Überlegungen zu Fragen des Arbeitnehmerdatenschutzes, ZTR 1988, 157; Rob, Mitbestimmung bei technischen Rationalisierungsmaßnahmen im Geltungsbereich des Bundespersonalvertretungsgesetzes, PersV 1991, 247; ders., Das Recht der dienstlichen Beurteilung, PersV 1993, 241, 316; von Roetteken, Arbeitszeit und Mitbestimmung, PersR 1994, 60; ders., Arbeitszeitgestaltung und Arbeitsschutz, PersR 1998, 54; ders., Beschäftigtenschutzgesetz und Personalratsbeteiligung, PersR 1995, 276; ders., Neue Entwicklungen in der Rechtsprechung zum Personalvertretungsrecht in 2002/2003, PersR 2003, 361; ders., Rechtsprechung zum Personalvertretungsrecht im Jahre 2005, PersR 2005,481; ders., Dienstvereinbarungen zur Einführung von Leistungsentgelten im Bereich des Bundes, ZTR 2006, 573; ders., Arbeitszeitmitbestimmung im Geltungsbereich des TVöD, PersR 2006, 96; Roggenkamp, Systematische Leistungsbewertung, PersR 2006, 232; Rolfs/Vorsmann, Das Recht der Teilzeitarbeit im TzBfG und die Mitbestimmung des Personalrats, ZfPR 2006, 48 Rothländer, Mitbestimmung bei Einstellungen, PersR 2003, 16; Schaller, Das neue Arbeitsschutzgesetz, ZfPR 1998, 204; Schapper/Waniorek, Die Mitbestimmung des Betriebsrats bei der Einführung und Anwendung von Personalinformationssystemen nach § 87 Abs. 1 Ziff. 6 BetrVG, AuR 1985, 246; Schierbaum: Erhebung von Bewerber- und Beschäftigtendaten, PersR 1996, 261; ders., Datenschutz bei Internet- und E-Mail-Nutzung – Handlungsmöglichkeiten von Personalräten – PersR 2000, 499; ders., Behördlicher Datenschutzbeauftragter und Personalrat – doppelter Kontrollauftrag bei Verarbeitung von Beschäftigtendaten, PersR 2001, 454; ders., Videoüberwachung und Datenschutz, PersR 2003, 439; Schlatmann, Die Beteiligung der Personalvertretung bei der Vergabe von Leistungsbezahlungselementen, ZTR 1998, 54; ders., Mitbestimmung bei der Lohngestaltung, PersV 2004, 16; Schlick, Mitbestimmung des Personalrats beim Einsatz von Sozialhilfeempfängern, PersR 2000, 219; Schmidt, Eingruppierungskorrekturen als Gegenstand der Mitbestimmung von Personalräten, ZTR 1992, 237; Schmidt-Dorrenbach/Goos, Beteiligungsrechte des Betriebsrates bei Personaldatensystemen, Beilage Nr. 11/83 zu DB v. 29. 4. 1983; Schmitt, Die Beteiligungsrechte des Personalrats bei der Einführung von Bildschirmarbeitsplätzen, NZA 1989, 55; Scholz, Schweigepflicht der Berufspsychologen und Mitbestimmungsrecht des Betriebsrats bei Psychologischen Einstellungsuntersuchungen, NJW 1981, 1987; Schütz, Versetzung, Abordnung und Umsetzung im Beamten- und Personalvertretungsrecht, PersV 1978, 94; Schulin-Babl, Rechtsfragen der Telefondatenverarbeitung, NZA 1986, 46; Schwarz, Die Reichweite des Mitbestimmungsrechts des Betriebsrats bei Einführung und Anwendung technischer Kontrolleinrichtungen (§ 87 Abs. 1 Nr. 6 BetrVG), DB 1983, 226; ders., Personalabrechnungs- und Informationssysteme und das Mitbestimmungsrecht des Betriebsrats nach § 87 Abs. 1 Nr. 6 BetrVG, BB 1983, 202; ders., Das Mitbestimmungsrecht des § 87 Abs. 1 Nr. 6 BetrVG, BB 1985, 531; Seemann, Auswirkungen der „Neuen Informations- und Kommunikationstechniken" auf Arbeitsplätze und Mitbestimmung, PersV 1984, 41; von Seggern, Personalrat und Überstunden, PersR 1984, 23; Sembdner, Stellenangebote und Stellenausschreibung im Bereich des öffentlichen Dienstes, PersV 1977, 202; Siemens, Die Neuregelung der Mitbestimmung des Betriebsrates nach § 87 I Nr. 7 BetrVG bei Bildschirmarbeit, NZA 1998, 232; Simitis, Gesetzliche Regelungen für Personalinformationssysteme – Chancen und Grenzen, Protokoll des Symposiums der Hess. Landesregierung „Informationsgesellschaft oder Überwachungsstaat" 1984; ders., Mitbestimmung als Regulativ einer technisierten Kontrolle von Arbeitnehmern, NJW 1985, 401, Söllner, Zur Beteiligung des Betriebsrats und zur Zuständigkeit der Einigungsstelle bei Einführung und Anwendung von Personalinformationssystemen, DB 1984, 1243; Süllwold, Bildschirmarbeitsplätze, ZfPR 1995, 171; dies., Personalvertretungsrechtliche Aspekte der Ein-Euro-Jobs, ZfPR 2005, 82; Stürk, Aktuelle Entwicklungen im Arbeitsschutz, ZfPR 2004, 271; Tammen, Video- und Kameraüberwachung am Arbeitsplatz: Hinweise für Betriebs- und Personalräte, RDV 2000, 15; Thannheiser, Befristete Arbeitsverträge, PersR 2000, 7; ders., Beteiligungsrechte des Personalrats bei Umstrukturierungen, PersR 2001, 105; ders., Möglichkeiten und Grenzen der Sozialplangestaltung, PersR 2000, 182; Toews, Umsetzung der EG-Rahmenrichtlinie Arbeitsschutz und weiterer Arbeitsschutzrichtlinien, ZfPR 1997, 22; Trittin, Zielvereinbarungen, AiB 2005, 481; Trümner, Die Arbeitsgemeinschaften gem. § 44 b SGB II zwischen Agenturen für Arbeit und kommunalen Trägern – ein neuer Typ des öffentlichen Gemeinschaftsunternehmens? – Organisations- und mitbestimmungsrechtliche Fragestellungen, PersR 2005, 91; Versteyl, Telefondatenerfassung im Betrieb, NZA 1987, 1; Vogelgesang, Die objektiv-finale Betrachtungsweise – Die Rechtsprechung zur Beteiligung des Personalrats bei der Einführung und Anwendung der EDV in den Behörden, PersV 1994, 97; ders., Die Rechtsprechung des Bundesverwaltungsgerichts zu den Beteiligungstatbeständen des Bundespersonalvertretungsgesetzes, ZTR 1995, 251; ders., Tendenzen in der neueren Rechtsprechung des Bundesverwaltungsgerichts zum Personalvertretungsrecht ZTR 2003, 366; ders., Defizite des geltenden Personalvertretungsrechts, ZfPR 2003, 194; ders., Beteiligungsrechtliche Probleme bei der Privatisierung, PersV 2005, 4; ders., Der Wandel in der Rechtsprechung des Bundesverwaltungsgerichts – ein Spiegelbild der Entwicklung des Personalvertretungsrechts, PersV 2005, 326; ders., Mitbestimmung des Personalrats bei der erstmaligen Stufenzuordnung innerhalb der Entgeltgruppe nach dem TVöD und dem TV-L, ZfPR 2008, 47; Wächter, Datenschutzbeauftragter und allgemeines Arbeitsrecht, § 36 Abs. 3 S. 4 BDSG im Spannungsfeld, DUD 1994, 256; Wahlers, Die automatische Erfassung und Registrierung von Telefongesprächen, PersV 1983, 225; ders., Bildschirmarbeitsplätze und Mitbestimmung des Personalrates für wissenschaftliche Mitarbeiter, PersV 1985, 217; ders., Mitbestimmung des Personal(Betriebs-)Rats bei Fallgruppenänderung innerhalb derselben Vergütungsgruppe, PersV 1996, 433; ders., Die Eingruppierung – personalvertretungsrechtlicher Ersatztatbestand für nicht mitbestimmungspflichtige Umsetzungen?, PersV 1998, 219; ders., Hat der Beschluss des BVerwG zum schleswig-holsteinischen Mitbestimmungsgesetz zu einer „planwidrigen Lücke“ in § 66 Abs. 7 Satz 4 NW PersVG geführt? Anmerkungen zum Beschluss des BVerwG v. 18. Juni 2002 – BVerwG 6 P 12.01, PersV 2003, 18; ders., Einführung und Ausgestaltung eines Assessment-Centers als mitbestimmungs-(mitwirkungs-) Pflichtige Maßnahme, ZTR 2005,185; ders., Europarechtliche Aspekte der Arbeitszeitgestaltung in Krankenhausern öffentlich-rechtlicher Träger, PersV 2001, 251; Wedde, Mobiltelefone und Mitbestimmung, CR 1994, 16; ders., Telearbeit – Eine neue Arbeitsformel im öffentlichen Dienst, ZfPR 1998, 18 und ZfPR 1998, 57; ders., Internet und E-Mail am Arbeitsplatz PersR 2007, 107; Weng, Mitbestimmung des Betriebsrats nach § 87 Abs. 1 Ziff. 6 BetrVG bei Erfassen von Verhalten und Leistung der Arbeitnehmer mit der Verarbeitung entsprechender personenbezogener bzw. personenbeziehbarer Daten, DB 1985, 1341; Widmaier, Anmerkung zu BAG Urteil v. 2. 7. 1980 – 5 AZR 1241/79, PersV 1982, 375; ders., Anmerkung zu BVerwG v. 23. 12. 1982 – 6 P 19.80, RiA 1983, 132; ders., Anmerkung zu BVerwG v. 11. 2. 1981 – 6 P 44.79, PersV 1981, 320 ff; ders., Automatisierung und Mitbestimmung im Personalvertretungsrecht unter Berücksichtigung des Betriebsverfassungsgesetzes und dessen Unterschiede zum Personalvertretungsrecht, PersV 1985, 305; ders. Rechtsfolgen der Verletzung des Mitbestimmungsrechts unter besonderer Berücksichtigung der neueren Rechtsprechung, PersV 2000, 50; ders., Fragen der Einflussnahme der Personalvertretung bei der Privatisierung öffentlicher Einrichtungen unter Einbeziehung Europarechtlicher Aspekte, ZfPR 2001, 119; Windscheid, Kann der

Personalrat betriebliche Einrichtungen in eigener Regie führen?, PersV 1966, 193; ders., Das Beteiligungsrecht des Personalrats bei der Auswahl von Bewerbern für Lehrgänge, PersV 1977, 13; ders., Verkannte Mitbestimmung an Sozialeinrichtungen, PersV 1978, 409; Witt, Mitbestimmung bei der Einführung und Ausgestaltung eines Assessment-Centers (AC), PersV 2004, 324; Wolber, Beteiligungsrechte einer Personalvertretung im Bereich der Datenverarbeitung, PersV 1980, 177; ders., Das Dienstfahrzeug als Arbeitsplatz i. S. v. § 75 Abs. 3 Nr. 16 BPersVG, RiA 1983, 26; ders., Gestaltung der Arbeitsplätze aus der Sicht der Personalvertretung, PersV 1984, 400; ders., Internetzugang und Mitbestimmung, PersR 2000, 3; Wolf/Mulert, Die Zulässigkeit der Überwachung von E-Mail-Korrespondenz am Arbeitsplatz, DB 2008, 442; Wurm, Dienst- und arbeitsrechtliche Probleme bei der Nutzung von luK-Technik in der öffentlichen Verwaltung, ZfPR 2002, 152; Zander, Mitbestimmung des Personalrats bei der Bestellung von Betriebsärzten, PersR 1990, 63; Zapf, Mitbestimmung der Personalvertretung bei Anordnung von Dienstbereitschaft und Überstunden?, PersV 1978, 178; Zöllner, Die Nutzung EDV-gestützter Personalinformationssysteme im Schnittpunkt von Datenschutzrecht und Betriebsverfassung, DB 1984, 241.

§ 76 [Mitbestimmung in personellen Angelegenheiten der Beamten und in sonstigen Angelegenheiten]

(1) Der Personalrat hat mitzubestimmen in Personalangelegenheiten der Beamten bei
1. Einstellung, Anstellung,
2. Beförderung, Übertragung eines anderen Amtes mit höherem Endgrundgehalt ohne Änderung der Amtsbezeichnung, Verleihung eines anderen Amtes mit anderer Amtsbezeichnung beim Wechsel der Laufbahngruppe, Laufbahnwechsel,
3. Übertragung einer höher oder niedriger zu bewertenden Tätigkeit,
4. Versetzung zu einer anderen Dienststelle, Umsetzung innerhalb der Dienststelle, wenn sie mit einem Wechsel des Dienstortes verbunden ist (das Einzugsgebiet im Sinne des Umzugskostenrechts gehört zum Dienstort),
5. Abordnung für eine Dauer von mehr als drei Monaten,
5. a. Zuweisung nach § 123 a des Beamtenrechtsrahmengesetzes für eine Dauer von mehr als drei Monaten,
6. Anordnungen, welche die Freiheit in der Wahl der Wohnung beschränken,
7. Versagung oder Widerruf der Genehmigung einer Nebentätigkeit,
8. Ablehnung eines Antrages nach § 72 a oder § 72 e des Bundesbeamtengesetzes auf Teilzeitbeschäftigung, Ermäßigung der regelmäßigen Arbeitszeit oder Urlaub,
9. Hinausschiebung des Eintritts in den Ruhestand wegen Erreichens der Altersgrenze.

(2) Der Personalrat hat, soweit eine gesetzliche oder tarifliche Regelung nicht besteht, gegebenenfalls durch Abschluss von Dienstvereinbarungen mitzubestimmen über
1. Auswahl der Teilnehmer an Fortbildungsveranstaltungen für Beamte,
2. Inhalt von Personalfragebogen für Beamte,
3. Beurteilungsrichtlinien für Beamte,
4. Bestellung von Vertrauens- oder Betriebsärzten als Beamte,
5. Maßnahmen zur Hebung der Arbeitsleistung und Erleichterung des Arbeitsablaufs,

6. allgemeine Fragen der Fortbildung der Beschäftigten,
7. Einführung grundlegend neuer Arbeitsmethoden,
8. Erlass von Richtlinien über die personelle Auswahl bei Einstellungen, Versetzungen, Umgruppierungen und Kündigungen,
9. Geltendmachung von Ersatzansprüchen gegen einen Beschäftigten,
10. Maßnahmen, die der Durchsetzung der tatsächlichen Gleichberechtigung von Frauen und Männern, insbesondere bei der Einstellung, Beschäftigung, Aus-, Fort- und Weiterbildung und dem beruflichen Aufstieg dienen.

In den Fällen der Nummer 9 bestimmt der Personalrat nur auf Antrag des Beschäftigten mit; dieser ist von der beabsichtigten Maßnahme rechtzeitig vorher in Kenntnis zu setzen.

Inhaltsübersicht

Entspr. landesgesetzliche Regelungen:
Baden-Württemberg: § 75; Bayern: Art. 75, Art. 76 Abs. 1 Ziff. 1 und 2; Berlin: § 85 Abs. 2, § 86 Abs. 1, 3, § 88, § 90; Brandenburg: §§ 63, 66; Bremen: § 63 Abs. 1, § 65, § 66 Abs. 1; Hamburg: § 86 Abs. 1, § 87 Abs. 1; Hessen: § 77; Mecklenburg-Vorpommern: § 68 Abs. 1; Niedersachsen: §§ 65, 66, 67; Nordrhein-Westfalen: § 72; Rheinland-Pfalz: § 79; Saarland: § 78 Abs. 1, § 80 Abs. 1 Buchst. a); Sachsen: § 81; Sachsen-Anhalt: §§ 66 Abs. 1, 65 Abs. 1; Schleswig-Holstein: § 54 Abs. 4 S. 4; Thüringen: § 75.

Entspr. Vorschriften des BetrVG: §§ 87, 94, 95.

I. Vorbemerkungen

1 1. Die Vorschrift regelt die **Mitbestimmung in Personalangelegenheiten der Beamten** (Abs. 1), in sonstigen Angelegenheiten der Beamten (Abs. 2 Nr. 1 bis 4) sowie in Angelegenheiten, die alle Beschäftigtengruppen betreffen (Abs. 2 Nr. 5 bis 9). Wegen der Zuordnung von Mitbestimmungstatbeständen zu einzelnen Stufen, wie sie das Bundesverfassungsgericht im Beschluss v. 24. 5. 1995 (BVerfGE 93, 37 = ZBR 1996, 15 = PersV 1995, 553 = ZfPR 1995, 185) zum Schleswig-Holsteinischen Mitbestimmungsgesetz v. 11. 12. 1990 vorgenommen hat: vgl. die ausführlichen Erläuterungen vor § 66 Anm. 1 a sowie Einl. Anm. 53 und § 104 Anm. 1).

2 2. Die Vorschrift umfasst die Angelegenheiten, die der **eingeschränkten Mitbestimmung** unterliegen. Der Einigungsstelle steht im Streitfall kein Letztentscheidungsrecht zu. Vielmehr kann sie lediglich eine Empfehlung an die oberste Dienstbehörde aussprechen. An diese Empfehlung ist die oberste Dienstbehörde aber nicht gebunden. Sie hat ausschließlich unter Beachtung ihrer Bindung an Recht und Gesetz (Art. 20 GG) und unter Berücksichtigung der beamten- und dienstrechtlichen Vorschriften sowie ihrer Fürsorgepflicht nach pflichtgemäßem Ermessen zu entscheiden (BVerwG v. 13. 2. 1976, BVerwGE 50, 176 = ZBR 1976, 351 = PersV 1977, 179; OVG Lüneburg v. 14. 5. 1974, ZBR 1975, 64).

3 3. Die Vorschrift enthält eine **abschließende Aufzählung** derjenigen Tatbestände, in denen der Personalvertretung ein eingeschränktes Mitbestim-

mungsrecht zusteht. § 76 ist zwingend (so schon zur Rechtslage nach dem PersVG 1955, BVerwG v. 28. 2. 1958, BVerwGE 6, 220). Zwischen dem Leiter der Dienststelle und der Personalvertretung oder zwischen den Tarifvertragsparteien ist daher eine Erweiterung durch Vereinbarung nicht zulässig (Fischer u. a., § 76 Anm. 4; Lorenzen u. a., § 76 Anm. 2).

3a) Die Regelungen des Abs. 1 und Abs. 2 Satz 1 Nr. 1 bis 4 sind nur auf **Beamte** gerichtet, während die in Abs. 2 Satz 1 Nr. 5 bis 10 aufgeführten Tatbestände sowohl **Beamte als auch Arbeitnehmer** betreffen (Fischer u. a., § 76 Anm. 4). Während Abs. 1 auch auf **Richter,** die keine richterlichen Aufgaben wahrnehmen, Anwendung findet, gilt Abs. 1 nicht für **DO-Angestellte** von Trägern der Sozialversicherung; auf sie ist § 75 Abs. 1 anzuwenden (Fischer u. a., § 76 Anm. 5; Lorenzen u. a., § 76 Anm. 10; vgl. § 75 Anm. 4a) Auf **Soldaten,** die in einen nicht militärischen Bereich der Bundeswehrverwaltung zur Wahrnehmung ziviler Aufgaben abkommandiert sind, findet Abs. 1 ebenfalls keine Anwendung (vgl. BVerwG v. 18. 5. 1994, BVerwGE 96, 28 = Leits. ZBR 1995, 57 = PersV 1995, 34 = ZfPR 1994, 153; vgl. auch § 1 Anm. 13). Auf die in § 14 Abs. 3 genannten Beschäftigten, auf Beamte auf Zeit und auf Beschäftigte mit überwiegend wissenschaftlicher oder künstlerischer Tätigkeit (§ 77 Abs. 1 Satz 1) findet Abs. 1 nur dann Anwendung, wenn die Betroffenen dies **beantragen.** 3a

4. Für die Mitbestimmung in Personalangelegenheiten der Beamten ist die **Personalvertretung bei der entscheidungsbefugten Dienststelle zuständig,** d. h. aufgrund der hierarchischen Strukturen regelmäßig der Bezirkspersonalrat bzw. der Hauptpersonalrat bei der Mittelbehörde bzw. der obersten Dienstbehörde (vgl. § 82 Anm. 9). Die Stufenvertretung hat der Personalvertretung bei der Dienststelle, bei der der betroffene Beamte tätig ist, Gelegenheit zur Äußerung zu geben (§ 82 Abs. 2; BVerwG v. 13. 12. 1974, ZBR 1975, 125 = PersV 1975, 178). Dies gilt nicht in den Fällen, in denen sich die personelle Maßnahme bei der obersten Dienstbehörde bzw. bei der Behörde der Mittelstufe auf einen Beamten dieser Dienststelle (also nicht des gesamten Geschäftsbereichs, sondern nur der Dienststelle selbst) bezieht. Das Mitbestimmungsrecht steht in diesem Fall dem für diese Dienststelle gebildeten (örtlichen) Personalrat („Hauspersonalrat") zu (BVerwG v. 19. 12. 1975, ZBR 1976, 197 = PersV 1976, 457). Zur Beschlussfassung in den auf Beamte bezogenen Angelegenheiten sind nach gemeinsamer Beratung ausschließlich die Vertreter der Beamtengruppe (§ 38 Abs. 2) befugt. 4

II. Mitbestimmung in Personalangelegenheiten der Beamten (Abs. 1)

1a. Die Personalvertretung bestimmt mit bei der **Einstellung** (Nr. 1). Eine Einstellung ist nach § 3 der Verordnung über die Laufbahnen der Bundesbeamten, BLV (vgl. § 4 Anm. 18) eine Ernennung unter Begründung eines Beamtenverhältnisses (vgl. auch § 6 BBG [vgl. § 4 Anm. 17]; zum Umfang des Mitbestimmungsrechts bei der Einstellung: § 75 Anm. 3 ff.). Es ist gleichgültig, ob es sich um ein Beamtenverhältnis auf Lebenszeit, auf Zeit, auf Probe oder auf Widerruf handelt. Das Mitbestimmungsrecht umfasst auch die Übernahme aus einem vertraglichen Arbeitsverhältnis (BVerwG v. 2. 6. 1993, BVerwGE 92, 295 = Leits. ZBR 1993, 381 = PersV 1994, 126 = ZfPR 1993, 190) und die Wiederaufnahme eines aus einem früheren Beamtenverhältnis entlassenen oder in den Ruhestand versetzten früheren Beamten. Auch bei der Einstellung gilt das **Gebot der rechtzeitigen und umfassenden Unterrichtung** der Personalvertretung. Hierzu gehört bei einer Auswahlentscheidung unter Beschäftigten der Dienststelle die erschöpfende Unterrichtung über Mitbewerber (BVerwG v. 5

11.2.1981 – 6 P 74.79, BVerwGE 61, 325 = PersV 1981, 320 m. Anm. v. Widmaier). Auf Verlangen der Personalvertretung ist daher auch die bestehende Beförderungssituation sowie die längerfristige Konzeption der Dienststelle darzustellen. Ebenso steht der Personalvertretung ein Mitbestimmungsrecht bei einer erneuten Ernennung eines wegen Dienstunfähigkeit vorläufig in den Ruhestand versetzten Beamten zu (VGH Kassel v. 29.11.1994, Leits. ZfPR 1995, 163). Ein eigentliches Mitbestimmungsrecht bei der **Auswahlentscheidung** ist ausgeschlossen. Diese liegt alleine im pflichtgemäßen Ermessen des Dienststellenleiters (BVerwG v. 23.9.1992, ZBR 1993, 184 = PersV 1993, 231 = ZfPR 1993, 40); wegen der Beteiligung der Personalvertretung an Vorstellungsgesprächen: vgl. § 68 Anm. 37).

5a b) Von einer mitbestimmungspflichtigen Einstellung ist auch dann auszugehen, wenn ein Beamter auf Widerruf im Vorbereitungsdienst in ein **Beamtenverhältnis auf Probe** übernommen werden soll. Der Schutzzweck des Mitbestimmungstatbestandes gebietet eine Beteiligung der Personalvertretung deshalb, weil dieser im Zusammenhang mit Einstellungen die Aufgabe zufällt, die Interessen der von ihr vertretenen Beschäftigten der Dienststelle zu wahren (vgl. BVerwG v. 28.10.2002, ZBR 2003, 172 = PersV 2003, 225 = ZfPR 2003, 163).

6 2. Die Personalvertretung bestimmt auch bei der Anstellung mit. **Anstellung** ist eine **„Ernennung unter erster Verleihung eines Amtes,** das in der Besoldungsordnung aufgeführt ist" (§ 6 Abs. 1 Nr. 3 BBG, § 10 Abs. 1 BLV, Bundeslaufbahnverordnung v. 15.11.1978, BGBl. I S. 1763 i. d. F. d. Bekanntm. v. 2.7.2002, BGBl. I S. 2459, 2671, zul. geänd. d. Art. 2 Abs. 24 G v. 5.12.2006, BGBl. I S. 2748). Regelmäßig erfolgt die Anstellung im Eingangsamt einer Laufbahn (§ 10 Abs. 5 BLV) und nach Bewährung in der Probezeit, es sei denn, dass eine Ausnahmegenehmigung des Bundespersonalausschusses vorliegt (§ 10 Abs. 6 BLV, § 44 Abs. 1 Nr. 3 BLV), durch die eine Anstellung auch bereits während der Probezeit erfolgen kann. Erfolgt eine Anstellung in einem höheren Amt als dem Eingangsamt, was ebenfalls mit Genehmigung des Bundespersonalausschusses möglich ist (§ 10 Abs. 6, § 44 Abs. 1 Nr. 5 BLV), dann fällt eine solche Anstellung mit einer Beförderung zusammen. In den Fällen, in denen eine Dienststelle entsprechende Ausnahmeanträge an den Bundespersonalausschuss stellt, trifft sie noch keine Maßnahme i. S. von § 69, weil noch kein den Status des Betroffenen verändernder Akt vorliegt (vgl. BVerwG v. 13.2.1976, BVerwGE 50, 186 = ZBR 1976, 228 = PersV 1977, 183). Allerdings stellt ein entsprechender Ausnahmeantrag einen ersten entscheidenden Schritt für eine nachfolgende Anstellung dar, so dass eine enge Verknüpfung zwischen der Antragstellung einerseits und der nachfolgenden Maßnahme (Anstellung) andererseits gegeben ist. Dies verpflichtet den zuständigen Dienststellenleiter nicht zuletzt auch wegen des Gebots der vertrauensvollen Zusammenarbeit und der Verpflichtung zur rechtzeitigen Unterrichtung zu einer engen Einbindung der Personalvertretung in die Überlegungen, die der Antragstellung beim Bundespersonalausschuss vorhergehen (Fischer u. a., § 76 Anm. 7b; Lorenzen u. a., § 76 Anm. 24). Einstellung und Anstellung sind Unterfälle der Ernennung. Einer Ernennung bedarf es neben den genannten Fällen bei einer **Umwandlung des Beamtenverhältnisses in ein solches anderer Art,** z. B. zur Verleihung eines anderen Amtes mit anderem Endgrundgehalt und anderer Amtsbezeichnung und zur Verleihung eines anderen Amtes mit anderer Amtsbezeichnung beim Wechsel der Laufbahngruppe (vgl. § 6 Abs. 1 BBG). Auch diese Fälle der Ernennung unterliegen der Mitbestimmung der Personalvertretung. Zu beteiligen ist diejenige Personalvertretung, die bei der ent-

scheidungszuständigen Behörde gebildet ist.Auch die Anstellung in einem höheren als dem Eingangsamt (mit Genehmigung des Bundespersonalausschusses, § 10 Abs. 6, § 44 Abs. 1 Nr. 5 BLV) unterfällt dem Mitbestimmungsrecht (Anstellung nach Nr. 1, Beförderung nach Nr. 2). Hinzuweisen ist in diesem Zusammenhang darauf, dass das dem Bundespräsidenten nach Art. 60 GG zustehende Ernennungsrecht den obersten Bundesbehörden mit dem Recht der teilweisen Weiterübertragung zugewiesen worden ist. Von der entsprechenden Ermächtigung ist weitgehend Gebrauch gemacht worden (vgl. u. a. im Geschäftsbereich des BMI, des BMA, der Bundesfinanzverwaltung, der Bundeswehrverwaltung).

3. Auch bei der **Beförderung,** für die Eignung, Befähigung und fachliche Leistung maßgebend sind, steht der Personalvertretung ein Mitbestimmungsrecht zu (Abs. 1 Nr. 2). Die Beförderung ist eine Ernennung, durch die einem Beamten ein anderes Amt mit höherem Endgrundgehalt und anderer Amtsbezeichnung verliehen wird (§ 6 Abs. 1 Nr. 4 BBG i. V. mit § 12 Abs. 1 BLV). Einer Beförderungsmaßnahme liegen Auswahlentscheidungen unter mehreren Beamten zugrunde. Dabei können das Lebens- und Dienstalter jedenfalls dann berücksichtigt werden, wenn die in Betracht kommenden Beamten nach Eignung, Befähigung und fachlicher Leistung im Wesentlichen gleich beurteilt sind; denn die lebens- und dienstälteren Beamten bringen in aller Regel umfassendere praktische Berufserfahrungen mit, die im Hinblick auf die im Beförderungsamt zu erfüllenden Aufgaben berücksichtigt werden können (BVerwG v. 25. 8. 1988, Leits. ZfPR 1989, 52). Dem Mitbestimmungsrecht der Personalvertretung unterliegt bereits die Übertragung einer Planstelle einer höheren Besoldungsgruppe (BVerwG v. 26. 11. 1979, ZBR 1980, 323 = PersV 1981, 286), auch wenn sich mit der Übertragung einer höherwertigen Tätigkeit der Aufgabenkreis des Betroffenen nicht verändert. Mit der Übertragung einer höheren Planstelle wird zugleich eine höhere Bewertung der Aufgaben mit unmittelbarer Auswirkung auf die rechtliche Stellung des Beamten vorgenommen; sie stellt die entscheidende Vorstufe einer beabsichtigten Beförderung dar (BVerwG v. 8. 12. 1999, ZBR 2000, 341 = PersV 2001, 78 = ZfPR 2000, 171; vgl. in diesem Zusammenhang die amtsgleiche Übertragung eines ausgeschriebenen neuen Arbeitsplatzes bei der DB AG an einen Beamten der Besoldungsgruppe A 11). Ein Mitbestimmungsrecht besteht dagegen nicht, wenn der Leiter einer Dienststelle eine Bewerbung für einen Beförderungsdienstposten ablehnt oder eine sonstige negative Entscheidung über die Beförderung eines Beamten trifft (OVG Berlin v. 30. 4. 1981 – PV Bln. 4.80, n. v.); denn ablehnende Entscheidungen sind mitbestimmungsfrei (vgl. § 69 Anm. 7). Keine Beförderung liegt vor, wenn einem Beamten ein anderes Amt mit anderer Amtsbezeichnung, aber gleichem Endgrundgehalt übertragen wird – selbst dann, wenn eine Stellenzulage (§ 42 Abs. 3 BBesG) gezahlt wird (vgl. aber Abs. 1 Nr. 3); desgleichen nicht bei einer Einreihung in eine höhere Besoldungsgruppe infolge allgemeiner Stellenanhebung (BGH v. 19. 5. 1955, DÖV 1956, 61). In diesen Fällen findet daher keine Beteiligung der Personalvertretung statt. Das gilt auch dann, wenn eine Dienststelle von der zentralen zur dezentralen Planstellenbewirtschaftung übergeht und wenn darauf personelle Maßnahmen gegründet werden (BVerwG v. 15. 12. 1992, ZBR 1993, 151 = PersV 1993, 352 = ZfPR 1993, 88). 7

3. a) Im Falle der **Beförderung eines Schwerbehinderten** hat der Dienstherr die Schwerbehindertenvertretung nach § 95 Abs. 2 SGB IX unverzüglich und umfassend zu unterrichten und vor einer Entscheidung anzuhören. Eine Auswahlentscheidung im Beförderungsverfahren ist dann fehlerhaft, wenn 7a

die erforderliche Anhörung nicht erfolgt ist (OVG Münster v. 19. 6. 2007, PersR 2007, 359).

7b 3. b) Das **Probebeamtenverhältnis für Führungspositionen** (§ 5 Abs. 1 Nr. 2 Buchst. b, § 24 a BBG) stellt sich inhaltlich als Beförderung dar, da der Betroffene ein Amt mit leitender Funktion erhält, zu dem er ernannt wird und dessen Amtsbezeichnung er führt. Die entsprechenden Ämter liegen allerdings oberhalb der durch § 77 Abs. 1 Satz 2 dem Mitbestimmungsrecht einer Personalvertretung gezogenen Grenze, da es sich um Abteilungs- und Unterabteilungsleiter in obersten Bundesbehörden und sonstige Amtsleiter in einem Amt der Besoldungsgruppe B handelt. Ebensowenig besteht ein Mitbestimmungsrecht dann, wenn die Zeiträume der Steigerung der Dienstaltersstufen wegen herausragender Leistungen verkürzt (Leistungsstufen, § 27 BBesG) oder wenn Leistungsprämien/Leistungszulagen (§ 42a BBesG) gezahlt werden (vgl. Leistungsstufenverordnung, LStuV, Bekanntm. der Neuf. v. 25. 9. 2002, BGBl. I S. 3743; Leistungsprämien- und -Zulagenverordnung, LPZV, Bekanntm. der Neuf. v. 25. 9. 2002, BGBl. I S. 3745, zul. geänd. d. Art. 8 G v. 9. 12. 2004, BGBl. I S. 3235). Solche Zahlungen sind nicht mit einer Übertragung eines anderen, höher bewerteten Amtes verbunden, so dass ein Mitbestimmungsrecht einer Personalvertretung nicht besteht, wohl aber entsprechend § 68 Abs. 2 ein Informationsrecht, damit der Überwachungsauftrag nach § 68 Abs. 1 Nr. 2 erfüllt werden kann (Fischer u. a., § 76 Anm. 11a; Lorenzen u. a., § 76 Anm. 29 b; Schlatmann, ZTR 1998, 55; vgl. auch § 75 Anm. 105, 114).

8 4. Der Personalvertretung steht auch ein Mitbestimmungsrecht bei der **Übertragung eines anderen Amtes** mit höherem Endgrundgehalt ohne Änderung der Amtsbezeichnung zu (Abs. 1 Nr. 2). Die Feststellung der Wertigkeit einer bestimmten Tätigkeit ist abhängig von der der Besoldungsordnung zugrunde liegenden Ämterbewertung (haushaltsmäßige Feststellung der Beamtenstelle). Daneben können weitere Bewertungskriterien (Funktionen, funktionelle Gewichtigkeiten etc.) deshalb nicht in vollem Umfang herangezogen werden, da es für die Beamtentätigkeiten bisher noch keine die Wertigkeit ausdrückende Beschreibung von Tätigkeitsmerkmalen gibt. Die Personalvertretung ist zwar bei der Beauftragung mit der Wahrnehmung eines Amtes einer höheren Besoldungsgruppe zu beteiligen. Dagegen steht ihr dann kein Mitbestimmungsrecht zu, wenn **Dienstposten bewertet** werden sollen (VGH Mannheim v. 30. 6. 1987, ZBR 1988, 106 = PersV 1990, 130; VGH München v. 30. 6. 1999, PersV 2000, 280 = Leits. ZfPR 2000, 239). Hierbei handelt es sich nämlich nicht um eine auf einen bestimmten Beamten bezogene und mit unmittelbarer Rechtswirkung auf seine statusrechtliche Stellung ausgerichtete Maßnahme. Diese rein interne Dienstpostenbewertung bleibt im Übrigen ohne Folgen auf die besoldungsrechtliche Einstufung; denn diese richtet sich ausschließlich nach dem verliehenen Amt, nicht aber nach der Bewertung bzw. haushaltsrechtlichen Ausweisung des Dienstpostens. Selbst wenn sich aus der Dienstpostenbewertung eine niedrigere als die bisherige Bewertung ergibt, so wird hierdurch ein Mitbestimmungsrecht der Personalvertretung nicht ausgelöst. Die Stellung des Beamten wird nämlich hiervon nicht berührt. Vielmehr wird ihm lediglich die rechtlich nicht verfestigte Möglichkeit einer Beförderung genommen. Die Hoffnung auf eine Beförderung aber „ist kein personalvertretungsrechtlicher Ansatz für eine Beteiligung des Personalrats“ (BVerwG v. 30. 10. 1979, ZBR 1980, 158 = PersV 1981, 244). Dagegen hat die Personalvertretung dann mitzubestimmen, wenn im Zuge einer Bewertungsverlagerung einem Beamten ein höher

bewertetes Amt mit dem Ziel der Beförderung übertragen wird (BVerwG v. 26. 11. 1979, ZBR 1980, 323 = PersV 1981, 286).

5. Die **Verleihung eines anderen Amtes mit anderer Amtsbezeichnung** beim Wechsel der Laufbahngruppe unterliegt ebenfalls dem Mitbestimmungsrecht der Personalvertretung. Dieser Fall tritt z. B. ein bei einem Aufstieg aus dem Spitzenamt der bisherigen Laufbahn in das Eingangsamt der nächsthöheren. Die Verleihung eines anderen Amtes mit höherem Endgehalt ohne Änderung der Amtsbezeichnung (§ 12 Abs. 1 Satz 2 BLV) steht einer Beförderung gleich. Gleiches gilt für die Übertragung einer Funktionsstelle der Besoldungsgruppe A 9 plus Zulage. Dagegen ist ein Aufsteigen aus dem Spitzenamt der bisherigen Laufbahngruppe in das Eingangsamt der nächsthöheren Laufbahngruppe keine Beförderung, da lediglich ein Wechsel der Amtsbezeichnung vorliegt. Anders dagegen ist der **Aufstieg** aus einem niedrigeren Amt als dem Spitzenamt zu bewerten, weil die Verleihung des Eingangsamtes der höheren Laufbahn zugleich auch eine Beförderung beinhaltet (Fischer u. a., § 76 Anm. 13; Lorenzen u. a., § 76 Anm. 35). 9

6. Vom Mitbestimmungsrecht der Personalvertretung wird auch der **Laufbahnwechsel** (§ 6 BLV) erfasst. In Betracht kommt ein Wechsel zwischen zwei gleichwertigen Laufbahnen. Ein Laufbahnwechsel, verbunden mit einem Wechsel der Laufbahngruppe, unterliegt bereits der Mitbestimmung der Personalvertretung unter den in Anm. 9 geschilderten Voraussetzungen (vgl. Lorenzen, u. a., § 76 Anm. 34). 10

7. Die Personalvertretung bestimmt auch mit bei der **Übertragung einer höher** oder niedriger **zu bewertenden Tätigkeit** (Nr. 3). In Betracht kommen vor allen Dingen Aufstiegsverfahren (Einführung in die Aufgaben der höheren Laufbahn nach § 22 Abs. 2, § 23 Abs. 4, § 28 Abs. 2, § 29 Abs. 4, § 33 Abs. 2 BLV) und die Übertragung eines höher bewerteten Dienstpostens als Beförderungsvoraussetzung (§ 11, § 12 Abs. 2 BLV). Eine Übertragung einer höher zu bewertenden Tätigkeit liegt auch dann vor, wenn für die Tätigkeit zwar keine höhere Planstelle zur Verfügung steht, die Übertragung aber mit der Gewährung einer Funktionszulage verbunden ist (Fischer u. a., § 76 Anm. 16 b; Richardi u. a., § 76 Anm. 27). Voraussetzung für die Auslösung des Mitbestimmungsrechts ist, dass einem Beamten die Planstelle einer höheren (oder niedrigeren) Besoldungsgruppe übertragen wird. Die neue Planstelle muss also höher (oder niedriger) in ihrer besoldungsrechtlichen Wertigkeit sein als die Stelle, in der sich der betreffende Beamte befindet. Unerheblich ist in diesem Zusammenhang, ob sich der Aufgabenbereich des Beamten verändert (BVerwG v. 26. 11. 1979, ZBR 1980, 323 = PersV 1981, 286; VGH Mannheim v. 30. 6. 1987, ZBR 1988, 106 = PersV 1990, 130). Daher ist der Mitbestimmungstatbestand nicht nur erfüllt, wenn einem Beamten ein anderer, höherwertiger, d. h. mit der Planstelle einer höheren Besoldungsgruppe versehener Dienstposten übertragen wird, sondern auch dann, wenn der Beamte auf dem Dienstposten verbleibt, diesem Dienstposten aber eine Planstelle einer höheren Besoldungsgruppe zugeordnet oder eine Funktionszulage gewährt wird (VGH Kassel v. 7. 12. 1988, Leits. PersV 1990, 38 = Leits. ZfPR 1989, 114). Hierin liegt eine höhere Bewertung des unverändert gebliebenen Aufgabengebietes. Das Mitbestimmungsrecht bei der Übertragung einer höher zu bewertenden Tätigkeit greift also nicht nur dann ein, „wenn eine vom Beamten bereits innegehabte oder eine ihm neu zuzuweisende Tätigkeit durch verbindliche Zuordnung zu einer Planstelle entweder schon höher bewertet ist oder aber nunmehr höher bewertet werden soll“ (BVerwG v. 8. 12. 1999, ZBR 2000, 341 = PersV 2001, 32 = ZfPR 11

2000, 171), sondern auch bei anderen Maßnahmen, die einen Rechtsvorteil zur Folge haben. Diese Voraussetzung ist immer dann erfüllt, wenn mit der Übertragung des Dienstpostens in rechtlich abgesicherter Weise eine Beförderungschance eröffnet wird, „die derjenigen bei der Übertragung eines bereits höher bewerteten Dienstpostens vergleichbar ist“ (BVerwG v. 8. 12. 1999, aaO; vgl. auch OVG Münster v. 3. 5. 2004, PersV 2004, 376 = ZfPR 2004, 326). Dies ist u. a. dann der Fall, wenn eine Referatsleiterstellung oder die Leitung eines Ministerbüros unter Beibehaltung des jeweiligen Staatusamtes übertragen werden; denn darin sind „weichenstellende“ Vorentscheidungen zu sehen (BVerwG v. 8. 12. 1999, aaO; OVG Berlin-Brandenburg v. 21. 12. 2006, PersR 2007, 487 m. Anm. v. Baden).

11a a) Die Mitbestimmung der Personalvertretung setzt einen entsprechenden **Übertragungsakt** voraus, der bei einer **bloß internen Umbewertung** von Beamtendienstposten nicht gegeben ist; denn dabei handelt es sich nicht um personenbezogene, sondern lediglich um funktionsbezogene Maßnahmen (BVerwG v. 30. 10. 1979, ZBR 1980, 158 = PersV 1981, 244; OVG Münster v. 3. 7. 1986, ZBR 1987, 61 = PersV 1988, 535; VGH München v. 30. 6. 1999, PersV 2000, 280 = Leits. ZfPR 2000, 239). Deshalb löst die Höherbewertung eines Dienstpostens ohne Übertragungsakt des Dienststellenleiters gegenüber einem Beamten noch kein Mitbestimmungsrecht aus (OVG Münster v. 3. 7. 1986, aaO). Ebensowenig liegt eine Überleitung in die nächst höhere oder nächst niedrigere Besoldungsgruppe dann vor, wenn diese kraft Gesetzes wegen Eintritts bestimmter Voraussetzungen erfolgt (OVG Münster v. 25. 2. 1980, PersV 1981, 334). Dem betreffenden Beamten muss daher ausdrücklich mitgeteilt werden, dass er von einem bestimmten Zeitpunkt an auf einer höher bewerteten Planstelle geführt wird (OVG Münster v. 23. 10 1985, RiA 1986, 286). Von einer Übertragung einer unterwertigen Tätigkeit kann nicht die Rede sein, wenn einem Beamten im Rahmen des ihm verliehenen statusrechtlichen Amtes Dienstaufgaben übertragen werden, der zuvor aber schon Dienstaufgaben eines Amtes mit höherem Grundgehalt wahrgenommen hat. Die Vorschrift nämlich soll einen Beamten in seinem statusrechtlichen Amt vor der Übertragung solcher Aufgaben schützen, die gegenüber dem abstrakten Aufgabenbereich unterwertig sind (BVerwG v. 12. 3. 1990, PersV 1990, 318). Daher ist ein Mitbestimmungsrecht auch dann nicht gegeben, wenn einem Beschäftigten, der aus dem Angestelltenverhältnis in ein Beamtenverhältnis auf Probe übernommen wird, lediglich diejenigen Tätigkeiten übertragen werden, die in ihrer Wertigkeit ihrem amtsähnlichen Status entsprechen (OVG Berlin v. 19. 2. 1997, PersR 1998, 66). Wenn haushaltsmäßig bewilligte Planstellen nicht regelmäßig bestimmten Funktionen bindend zugeordnet sind, sondern in einem Gesamtstellenplan für den gesamten Geschäftsbereich einer Behörde zur Verfügung stehen und von Fall zu Fall dort verwendet werden, wo eine Beförderungsmöglichkeit ausgeschöpft werden soll (sog. **Topfwirtschaft,** vor allem bei obersten Dienstbehörden; zum Begriff der „Topfwirtschaft“ vgl. OVG Münster v. 30. 8. 1985, ZBR 1986, 54 und Lorse, PersV 2006, 324 ff.; Fehlen einer festen, dienstpostenbezogenen Verknüpfung zwischen Dienstposten und (höherwertiger) Planstelle), dann ergeben sich besondere Schwierigkeiten dadurch, dass bei diesem Verfahren der Stellenplan praktisch ständig verändert wird. In diesen Fällen ist sinnvollerweise auf die jeweilige besoldungsmäßige Einstufung der Beamtenstelle des Dienstposteninhabers abzustellen (Fischer u. a., § 76 Anm. 16 a; Lorenzen u. a., § 76 Anm. 39a, 43; Richardi u. a., § 76 Anm. 28). Grundsätzlich ist ein Mitbestimmungsrecht auf der Grundlage des Tatbestands „Übertragung einer höher zu bewertenden Stelle“ auch dann zu bejahen, wenn dieser Stelle keine höherwertige Planstelle zugewiesen ist. Dem betreffenden Beamten wird eine klar verbesserte, sich konkret abzeichnende Beförderungschance eingeräumt, die derjenigen bei der Übertragung eines bereits höher bewerten Dienstpostens vergleichbar ist (OVG Münster v. 3. 5. 2004, PersV 2004, 376 = ZfPR 2004, 326 m. Anm. Vogelgesang; zur evtl. Zuständigkeit des Gesamt personalrats: OVG Koblenz v. 19. 12. 2002, PersV 2003, 228). Ein Mitbestimmungsrecht ist auch für den Fall zu bejahen, dass einem Beamten eine sog. **gebündelte Planstelle** (z. B. nach A 11/A 12) übertragen wird und sich der betreffende Beamte bisher auf einem nach der niedrigeren Planstelle bewerteten Dienstposten befand (BVerwG v. 8. 12. 1999, ZBR 2000, 341 = ZfPR 2000, 171).

b) Das Mitbestimmungsrecht der Personalvertretung bei der dauernden **Übertragung einer niedriger zu bewertenden Tätigkeit** dient dazu, Beamte in ihrem statusrechtlichen Amt vor der Übertragung von solchen Dienstaufgaben zu schützen, die gegenüber dem (bisherigen) abstrakten Aufgabenbereich unterwertig sind (BVerwG v. 12. 3. 1990, PersV 1990, 318). Daher kann von einer niedriger bewerteten Tätigkeit immer nur dann gesprochen werden, „wenn der Dienstposten (Amt im konkret-funktionellen Sinn) gemessen an dem Aufgabenbereich eines Inhabers des statusrechtlichen Amtes (Amt im abstrakt-funktionellen Sinn) nicht mehr entspricht“ (OVG Berlin-Brandenburg v. 21. 12. 2006, PersR 2007, 487; zuvor schon: OVG Münster v. 5. 7. 2001, PersV 2002, 218 = ZfPR 2002, 206). Es unterliegt aber der Bewertung eines Dienstherrn, darüber zu entscheiden, wie ein entsprechender Aufgabenbereich gestaltet sein muss. Dies folgt aus der dem Dienstherrn zustehenden Organisationshoheit. Gegen Änderungen seines dienstlichen Aufgabenbereichs (Dienstpostens) ist ein Amtsinhaber nur insoweit geschützt, als der veränderte/neue Aufgabenbereich amtsangemessen sein muss. Infolgedessen muss ein Beamter hinnehmen, einzelne, seinem bisherigen Dienstposten zugeordnete Aufgaben nach Maßgabe seines statusrechtlichen Amtes zu verlieren. Bisheriger Aufgabenbereich (Vorgesetztenfunktion, Umfang etwaiger Leistungsaufgaben, gesellschaftliches Ansehen etc.) schränken die Ermessensfreiheit eines Dienstherrn bei der Änderung des Aufgabenbereichs nicht ein (OVG Berlin-Brandenburg v. 21. 12. 2006, aaO). 11b

8. **Maßnahmen von** (voraussichtlich) **unbedeutender zeitlicher Dauer** (Krankheit, Urlaub, dienstliche Erfordernisse) unterliegen nicht der Mitbestimmung. An dieser Auffassung hat sich auch durch die geänderte neuere Rechtsprechung des BVerwG (v. 8. 10. 1997 – 6 P 9.95, BVerwGE 105, 247 = ZBR 1998, 236 = ZfPR 1998, 45), die für Arbeitsnehmer die vorübergehende Übertragung nach § 75 Abs. 1 Nr. 2 als mitbestimmungspflichtig ansieht (gl. § 75 Anm. 10), nichts geändert (Fischer u. a., § 76 Anm. 15; Lorenzen u. a., § 76 Anm. 41). Solche Maßnahmen sind erfahrungsgemäß für Beförderungsentscheidungen unerheblich. Wenn aber nach der Praxis der jeweiligen Dienststelle z. B. die Bestellung sog. ständiger Vertreter bzw. die Übertragung langfristiger Abwesenheitsvertretungen auf längere Dauer geschieht und im allgemeinen die endgültige Übertragung zur Folge hat, so unterliegen sie der Mitbestimmung der Personalvertretung. Ebenso ist die vertretungsweise Übertragung eines höherwertigen Amtes, die es von vornherein wahrscheinlich sein lässt, dass sie zu einem Anspruch auf eine Funktionszulage nach § 46 Abs. 1 Satz 1 BBesG führen wird, mitbestimmungspflichtig (vgl. zum Zulagenanspruch generell auch das Dienstrechtsreformgesetz v. 24. 2. 1997, BGBl. I. S. 322 ff. und die Begründung in BT-Drucks. 13/3994, S. 43). Gleiches gilt für den Fall, dass die Übertragung 12

zwar befristet ist, aber dem Ziel der Feststellung der Eignung für eine endgültige Übertragung dient (vgl. insoweit auch BVerwG v. 14.12.1962, BVerwGE 15, 212 = ZBR 1963, 62 = PersV 1963, 206; BVerwG v. 28.4.1967 – VII P 12.65, ZBR 1967, 274; BVerwG v. 28.4.1967 – VII P 8.66, ZBR 1967, 377 und OVG Bautzen v. 15.12.1993, Leits. ZfPR 1995, 21, für den Fall der Besetzung eines höherwertigen Dienstpostens mit dem Ziel einer späteren Beförderung des umgesetzten Beamten; Lorenzen u.a., § 76 Anm. 41). Wenn einem Beamten aufgrund der gesetzlichen Ermächtigung nach § 3 (Dienstrechtsbegleitgesetz, DBeglG v. 30.7.1996, BGBl. I S. 1383) eine geringerwertige Tätigkeit zugewiesen wird, steht der Personalvertretung ein Mitbestimmungsrecht deshalb zu, weil hiermit ein Eingriff in das Grundverhältnis verbunden ist (Fischer u.a., § 76 Anm. 17). Ebenfalls mitbestimmungspflichtig sind die Fälle des § 130 Abs. 1 Satz 2 BRRG, § 26 Abs. 2 BBG (Versetzung in ein anderes Amt mit geringerem Endgrundgehalt bei Auflösung/Umbau von Behörden) sowie die Umsetzung auf einen niedriger bewerteten Dienstposten zur Abwendung einer sonst notwendigen Versetzung in den Ruhestand wegen Dienstunfähigkeit, nicht aber die Übertragung einer niedriger zu bewertenden Tätigkeit im Rahmen von Disziplinarmaßnahmen, ebensowenig die Rücknahme einer (zeitweilig) übertragenen höherwertigen Aufgabe (Fischer u.a., aaO; vgl. auch BVerwG v. 12.3.1990, PersV 1990, 318). Ein Mitbestimmungsrecht steht der Personalvertretung auch dann zu, wenn einem bestimmten Dienstposten eine Planstelle zugeteilt wird, die einer höheren oder niedrigeren Besoldungsgruppe angehört als die, in der sich der bisherige Dienstposteninhaber befindet. Hinzukommen muss allerdings, dass zum Zeitpunkt der Zuteilung der neuen Planstelle beabsichtigt ist, auf diesem Dienstposten keine Personalveränderung vorzunehmen (VGH Kassel v. 7.12.1988, Leits. PersV 1990, 38 = Leits. ZfPR 1989, 114). Ein Mitbestimmungsrecht der Personalvertretung entfällt aber, wenn ein Beamter mit der **kommissarischen Wahrnehmung** der Aufgaben eines höheren Amtes bis zur endgültigen Besetzung der Stelle betraut wird (OVG Berlin v. 31.5.1990, Leits. ZfPR 1990, 185). Das Mitbestimmungsrecht der Personalvertretung dient nicht dem Schutz des Beamten, dem eine höher zu bewertende Tätigkeit übertragen werden soll, sondern denjenigen, die nicht ausgewählt worden sind und deshalb möglicherweise benachteiligt werden (BVerwG v. 19.12.1975, BVerwGE 50,80 = ZBR 1976, 197 = PersV 1976, 457; VGH Mannheim v. 30.6.1987, ZBR 1988, 106 = PersV 1990, 130). Eine entsprechende Anwendung der Vorschrift und somit ein Mitbestimmungsrecht der Personalvertretung bei der Übertragung einer höher oder niedriger zu bewertenden Tätigkeit im Zusammenhang mit Soldaten verbietet sich. Der persönliche Geltungsbereich des Gesetzes nämlich erstreckt sich allein auf die in § 4 erwähnten Personen, nicht aber auf andere, nicht genannte Personen wie z.B. Soldaten, Richter oder Zivildienstleistende. Etwas anderes ergibt sich auch nicht dann, wenn einem Soldaten eine höherwertige Stelle in einer Dienststelle übertragen werden soll, in der überwiegend Beamte, Arbeitnehmer tätig sind (BVerwG v. 18.5.1994, BVerwGE 96, 28 = Leits. ZBR 1994, 387 = PersV 1995, 34 = ZfPR 1994, 153).

13 9. Die **Zulassung von Beamten zum Aufstieg in die nächsthöhere Laufbahn** und die Einführung in die Aufgaben der entsprechenden Laufbahn unterliegen ebenfalls dem Mitbestimmungsrecht der Personalvertretung nach Nr. 3 (§§ 21, 26, 31 BLV; Fischer u.a., § 76 Anm. 16; Lorenzen u.a., § 76 Anm. 44). Ebenso unterfällt die nach Abschluss der Einführungszeit zu treffende **Entscheidung über den Erfolg der Einführung** der Mitbestimmung. Gleiches gilt bei der Übertragung einer Tätigkeit, mit der die Zahlung einer

Zulage (Amts- oder Stellenzulage) verbunden ist (vgl. §§ 42 BBesG, Bundesbesoldungsgesetz, BBesG, v. 23. 5. 1975, BGBl. I S. 1173 i. d. F. d. Bekanntm. v. 6. 8. 2002, BGBl. I S. 3020, zul. geänd. d. Art. 2 G v. 28. 3. 2008, BGBl. I S.493). Auch unterliegt die Übertragung einer Planstelle, die einer höheren Besoldungsgruppe zugewiesen ist als die, in der sich der betreffende Beamte befindet, der Mitbestimmung der Personalvertretung. Dabei ist unbedeutend, ob sich der Aufgabenbereich verändert (BVerwG v. 26. 11. 1979, ZBR 1980, 323 = PersV 1981, 286). Für die Anwendung von Abs. 1 Nr. 3 ist die Zuweisung der Planstelle einer höheren Besoldungsgruppe eine Übertragung einer höher zu bewertenden Tätigkeit; denn hiermit ist eine unmittelbare Wirkung auf die rechtliche Stellung des Beamten verbunden. Sie stellt die entscheidende Vorstufe der vom Dienstherrn beabsichtigten Beförderung dar (BVerwG v. 26. 11. 1979, aaO). Dagegen besteht noch kein Mitbestimmungsrecht bei der Ausübung des Rechts der Einstellungsbehörde, dem Schulträger drei Bewerber zu benennen, von denen er einen zur Ernennung zum Schulleiter vorschlagen kann (OVG Münster v. 21. 12. 1978, PersV 1980, 286). Ebensowenig besteht ein Mitbestimmungsrecht bei der internen Umbewertung von Beamtendienstposten (BVerwG v. 30. 10. 1979, ZBR 1980, 158 = PersV 1981, 244). Insgesamt ist zu berücksichtigen, dass mit dem Mitbestimmungsrecht nach Abs. 1 Nr. 3 der Personalvertretung eine möglichst frühzeitige Einbeziehung in Entscheidungen eingeräumt werden soll, die als Voraussetzungen für eine Beförderung anzusehen sind. Andernfalls nämlich wäre die Personalvertretung nicht selten vor vollendete Tatsachen gestellt (BVerwG v. 12. 3. 1990, PersR 1990, 136).

10. Wenn einem Beamten Tätigkeiten übertragen werden, die den Aufgaben 14
einer Beamtenstelle von der Besoldungsgruppe A 16 an aufwärts entsprechen, dann entfällt das Mitbestimmungsrecht der Personalvertretung. In diesem Fall könnte die **Gefahr eines Interessenkonflikts** dann bestehen, wenn der Betreffende in eine Dienststelle berufen werden soll, in der er die Position eines „sozialen Gegenspielers des Personalrats" (OVG Hamburg v. 17. 11. 1958, Leits. ZBR 1959, 132) einnimmt, seine Berufung aber von der Zustimmung der Personalvertretung abhängig wäre (so auch Fischer u. a., § 76 Anm. 16.

11. Dem Mitbestimmungsrecht der Personalvertretung unterliegt auch die 15
Versetzung (Abs. 1 Nr. 4), nämlich die aus dem Direktionsrecht des Dienststellenleiters folgende nicht nur vorübergehende Zuweisung eines anderen Amtes bei einer anderen Dienststelle (BVerwG v. 2. 8. 2005, ZBR 2006, 48 = Leits. ZfPR 2006, 115; Fischer u. a., § 76 Anm. 19; Plog u. a., § 26 Anm. 2, 5). Ein Beamter hat keinen Anspruch auf unveränderte und ungeschmälerte Ausübung des ihm übertragenen konkreten Amtes im funktionellen Sinn. Er kann nur verlangen, dass der Dienstherr über seinen dienstlichen Einsatz ermessensfehlerfrei entscheidet (BVerwG v. 13. 11. 1986, BVerwGE 75, 138 = ZBR 1987, 187). Die Zustimmung eines Beamten zu seiner Versetzung ist dann erforderlich, wenn das neue Amt einer anderen Laufbahn angehört oder mit einem geringeren Endgrundgehalt ausgestattet ist (§ 26 Abs. 1 Satz 2 BBG) und eine Zuweisung in den Zuständigkeitsbereich eines anderen Dienstherrn erfolgt. Ohne seine Zustimmung kann ein Beamter bei Vorliegen besonderer Voraussetzungen („dienstliche Gründe") auch gegen seinen Willen in ein Amt einer anderen Laufbahn und bei einem anderen Dienstherrn versetzt werden (§ 26 Abs. 2 BBG). Aus dem Katalog der Zustimmungsverweigerungsgründe (§ 77 Abs. 2) ergibt sich, dass die Personalvertretung neben den Individualinteressen vor allem die kollektiven Interessen der Gesamtheit der Beschäftigten zu beachten hat. Infolgedessen entfällt das

Mitbestimmungsrecht nicht dann, wenn der betroffene Beamte der Versetzung zugestimmt hat (Fischer u. a., § 76 Anm. 19 a). Gerade wegen des Bezugs zu den kollektiven Interessen kann eine Personalvertretung einer aufnehmenden Dienststelle bei Versetzungen, Abordnungen oder Umsetzungen die Zustimmungsverweigerung auch mit individuellen Belangen des umzusetzenden Beschäftigten insoweit begründen, als mit der betreffenden Maßnahme „auch tatsächliche Nachteile nicht unerheblichen Gewichts" – in Form von Mehrbelastungen – auf die vorhandenen Beschäftigten zukommen (BVerwG v. 4. 6. 1993 – 6 P 31.91, ZBR 1993, 373 = PersV 1994, 414 = ZfPR 1993, 197; BVerwG v. 4. 6. 1993 – 6 P 32.91, Leits. ZBR 1993, 382; Lorenzen u. a., § 76 Anm. 54a). Ebenso ist eine Personalvertretung der abgebenden Dienststelle berechtigt, „als tatsächliche Nachteile auch Mehrbelastungen der verbleibenden Beschäftigten von nicht unerheblichem Gewicht" anzuführen (BVerwG v. 4. 6. 1993 – 6 P 33.91, Leits. ZBR 1993, 382 = PersV 1994, 467).

15a a) Bei **Versetzungen** ist neben der Personalvertretung der „abgebenden" Dienststelle auch die **Personalvertretung der „aufnehmenden" Dienststelle** zu beteiligen. Diese nämlich soll prüfen, ob bei einer Versetzung mit dem Ziel einer Beförderung andere Beschäftigte benachteiligt werden, ohne dass dies aus dienstlichen oder persönlichen Gründen gerechtfertigt wäre, und ob die Gefahr einer Störung des Friedens in der Dienststelle gegeben ist. Außerdem kommt einer Versetzung eine Doppelwirkung zu. Es handelt sich bei ihr nicht nur allein um eine Personalangelegenheit der abgebenden Dienststelle, sondern auch in gleichem Maße um eine solche der aufnehmenden Dienststelle. Der Personalbestand beider Dienststellen ist betroffen. Für die „aufnehmende" Dienststelle stellt sich die Versetzung wie eine Einstellung dar (BVerwG v. 16. 9. 1994, BVerwGE 96, 355 = ZBR 1995, 340 = PersV 1995, 175 = ZfPR 1995, 5; vgl. auch § 75 Anm. 20). Wird die Versetzung von einer vorgesetzten Dienstbehörde (aus deren Haus) in den nachgeordneten Bereich verfügt, so ist die (örtliche) Personalvertretung (des Hauses) zu beteiligen, daneben die (örtliche) Personalvertretung der aufnehmenden Dienststelle (Fischer u. a., § 76 Anm. 20). Verfügt eine vorgesetzte Dienststelle die Versetzung eines Beamten von einer nachgeordneten zu einer vorgesetzten Stelle, dann ist die Stufenvertretung bei der vorgesetzten Behörde statt der (örtlichen) Personalvertretung der abgebenden Dienststelle und die (örtliche) Personalvertretung der aufnehmenden Dienststelle zu beteiligen (Fischer u. a., aaO; Lorenzen u. a., § 76 Anm. 61; Rob, PersV 1992, 319). Fehlt es entweder an der Zustimmung der Personalvertretung der abgebenden oder aber der aufnehmenden Dienststelle, dann ist eine dennoch durchgeführte Versetzung **rechtswidrig**. Sie ist auf einen Rechtsbehelf des Beamten hin aufzuheben (OVG Weimar v. 13. 11. 1997, PersR 1998, 295; vgl. auch § 75 Anm. 19b, 20). Ein **Dissens** zwischen der **abgebenden** und der **aufnehmenden Personalvertretung** etwa in der Weise, dass die abgebende Personalvertretung der Versetzung zustimmt, die aufnehmende Personalvertretung jedoch die Zustimmung verweigert, hat zur Folge, dass eine ohne Zustimmung der aufnehmenden Personalvertretung bzw. ohne Durchführung des Einigungsverfahrens (§ 69 Abs. 2 bis 4) vorgenommene Versetzung fehlerhaft ist, und die aufnehmende Personalvertretung gegebenenfalls die Rückgängigmachung der Maßnahme fordern kann.

15b b) Ein Mitbestimmungsrecht steht einer Personalvertretung auch im Zusammenhang mit einer **Versetzung von beurlaubten Beamten** und deren Rückkehr in die Dienststelle nach mehrjähriger Beurlaubung ohne Bezüge zu. In diesen Fällen dauert das Dienstverhältnis ebenso fort wie die organisatorische Zuordnung zur Dienststelle. Auch bei einer längeren Beurlaubung bleibt der personalvertretungsrechtliche Schutzbedarf erhalten (z. B. in Bezug auf die Genehmigung einer Nebentätigkeit während der Beurlaubung; Stellung eines Antrags auf Verlängerung während der Beurlaubung). Im Falle einer beabsichtigten Versetzung nach Rückkehr eines längere Zeit Beurlaubten hat die zuständige Personalvertretung zu prüfen, ob eine nicht zu rechtfertigende Benachteiligung vorliegt oder aber ob die Versetzung zu einer unzumutbaren Mehrbelastung der Beschäftigten der abgebenden Dienststelle führt. Im Falle einer möglichen Begünstigung des Betroffenen bei dessen Versetzung hat die Personalvertretung auf die Wahrung des Gleichbehandlungsgrundsatzes zu achten (BVerwG v. 15. 11. 2006 PersV 2007, 370).

Das Mitbestimmungsrecht der Personalvertretung soll frühzeitig einsetzen **15c** und nicht durch nach dem Wortlaut des Gesetzes beteiligungsfreie „Vorentscheidungen“ der Dienststelle eingeschränkt werden (BVerwG v. 19. 12. 1975, BVerwGE 50, 80 = ZBR 1976, 197 = PersV 1976, 457). Daher besteht ein Mitbestimmungsrecht an einer Versetzung und/oder an einer eine Beförderung vorbereitenden formlosen Übertragung eines Dienstpostens zur Bewährung (BVerwG v. 12. 1. 1962, BVerwGE 13, 291 = ZBR 1962, 156 = PersV 1962, 160).

12. Der Personalvertretung steht auch ein Mitbestimmungsrecht bei der **16** **Umsetzung** (Abs. 1 Nr. 4), nämlich der auf Dauer angelegten Zuweisung eines anderen Aufgabengebiets innerhalb derselben Dienststelle, zu. Eine auf die Dauer von zwei Monaten befristete Umsetzung eines Beamten innerhalb der Dienststelle löst daher das Mitbestimmungsrecht der Personalvertretung auch dann nicht aus, wenn ein Wechsel des Dienstorts erfolgt (VGH Mannheim v. 16. 9. 2003, PersR 2004,113 = Leits. ZfPR 2004, 269). Eine Umsetzung lässt sowohl das statusrechtliche als auch das funktionelle Amt im abstrakten Sinne innerhalb der Behörde unberührt (BVerwG v. 22. 5. 1980, BVerwGE 60, 144 = ZBR 1981, 28). Voraussetzung ist, dass ein **Dienstpostenwechsel** dauerhaft erfolgt, also unter veränderten personellen Bedingungen andere Aufgaben wahrzunehmen sind. Dabei ist nicht entscheidend, ob die Art der zu verrichtenden Tätigkeit auf dem neuen Dienstposten mit der bisherigen Tätigkeit gleich oder im wesentlichen gleich ist (VGH Kassel v. 24. 4. 2003, PersV 2003, 430 = Leits. ZfPR 2004, 45; Lorenzen u. a., § 76 Anm. 56 b). Schließlich unterliegt die Umsetzung dem Mitbestimmungsrecht der Personalvertretung nur dann, wenn mit ihr ein Dienstortswechsel verbunden ist. Zum Dienstort gehört nach Abs. 1 Nr. 4 auch das Einzugsgebiet im Sinne des Umzugskostenrechts (§ 3 Abs. 1 Nr. 1 Buchst. c, BUKG, Bundesumzugskostengesetz, vgl. § 47 Anm. 40). Als Einzugsgebiet ist der Wohnort des Beamten zu verstehen, der auf üblichem Weg nicht mehr als 15 km von der Gemeindegrenze des Dienststellenorts entfernt liegt. Danach sind nur solche Umsetzungen mitbestimmungspflichtig, die über den Umkreis von 15 km hinaus erfolgen (Lorenzen u. a., § 76 Anm. 56). Eine mitbestimmungspflichtige Umsetzung ist auch dann gegeben, wenn ein Beamter innerhalb einer Dienststelle, bei der sich Nebenstellen oder Teile nach § 6 Abs. 3 verselbstständigt haben, wechselt. Falls die Umsetzung durch den Leiter der (Haupt-)Dienststelle von dort zur Nebenstelle verfügt wird, ist der (örtliche) Personalrat der (Haupt-)Dienststelle zuständig. Für den aufnehmenden Dienststellenteil dürfte entsprechend BVerwG (v. 16. 9. 1994 – 6 P 32.92, BVerwGE 96, 355 = ZPR 1995, 340 = ZfPR 1995, 5) auch dem Gesamtpersonalrat der aufnehmenden Dienststelle ein Mitbestimmungsrecht zustehen (so auch: Fischer u. a., § 76 Anm. 24). Die Umsetzung von

einer Nebenstelle zu einer anderen unterliegt dem Mitbestimmungsrecht des Gesamtpersonalrats (ebenso Fischer u. a., § 76 Anm. 24). Wenn ein Dienststellenleiter einen Beamten befördern und ihn zu diesem Zweck umsetzen möchte, handelt es sich um zwei unterschiedliche mitbestimmungspflichtige Tatbestände. Eine **Beförderung** hat aber **nicht zwangsläufig** auch eine **Umsetzung** zur Folge. Eine solche Umsetzung erübrigt sich nur, wenn der zu befördernde Beamte bereits seinen Dienstposten innehat, der dem ihm zu verleihenden höheren statusrechtlichen Amt entspricht. Im Übrigen bedarf es zu einer Beförderung einer Ernennung. Die Umsetzung dagegen ist eine Organisationsmaßnahme, bei der die Möglichkeit besteht, den Betroffenen auf verschiedenen Dienstposten einzusetzen. Daher muss die Personalvertretung, wie bei jeder sonstigen Umsetzung auch, im Zusammenhang mit einer Beförderung Gründe geltend machen können, die gegen die beabsichtigte Umsetzung auf einen bestimmten Dienstposten sprechen. Kommt nur ein Dienstposten für die Umsetzung in Betracht, so beschränkt sich das Mitbestimmungsrecht der Personalvertretung darauf, ob der zu befördernde Beamte auf seinem bisherigen Dienstposten belassen werden kann. Für den Fall, dass die Personalvertretung der beabsichtigten Umsetzung nicht zustimmt, kann ein Dienststellenleiter von der Absicht der Beförderung Abstand nehmen, falls die erforderlichen dienst- und haushaltsrechtlichen Voraussetzungen dann nicht erfüllt werden könnten. In diesem Fall nämlich kann der Dienststellenleiter von der beabsichtigten Maßnahme zurücktreten (OVG Münster v. 16. 12. 1991, PersR 1992, 318). Da die Personalvertretung neben den kollektiven auch die individuellen Interessen im Rahmen des Mitbestimmungsrechts zu berücksichtigen hat, hat sie die schutzwürdigen Belange des betroffenen Beamten ebenso wie bei einer Versetzung abzuwägen und zu prüfen, ob eventuell mit der beabsichtigten Umsetzung eine Benachteiligung verbunden sein könnte. Im Falle der Unterlassung der Beteiligung der Personalvertretung folgt aus der Rechtmäßigkeitsbindung des Dienststellenleiters (vgl. Art. 20 Abs. 3 GG), dass die Umsetzung rückgängig zu machen ist (BVerwG v. 4. 6. 1993 – 6 P 31.91, ZBR 1993, 373 = PersV 1994, 414 = ZfPR 1993, 171).

17 13. Eine **Abordnung** (vorübergehende Zuweisung einer dem jeweiligen Amt entsprechenden Tätigkeit bei einer anderen Dienststelle unter Aufrechterhaltung des Amtes bei der abordnenden Dienststelle, § 27 BBG, § 17 BRRG; vgl. auch BVerwG v. 8. 6. 1962, BVerwGE 14, 241 = ZBR 1962, 283 = PersV 1962, 336) **für eine Dauer von mehr als drei Monaten** ist ebenfalls nur mit Zustimmung der Personalvertretung wirksam (Abs. 1 Nr. 5). Allerdings scheidet eine Beteiligung der Personalvertretungen bei **Privatisierungsmaßnahmen** gem. § 76 Abs. 1 Nr. 5 – wie auch nach Nr. 4 – deshalb aus, weil Versetzungen und Abordnungen nur zu öffentlich-rechtlichen Dienstherrn erfolgen können (Vogelgesang, PersV 2005, 4). Das Mitbestimmungsrecht der Personalvertretung greift erst dann ein, wenn die Abordnung für eine Dauer von mehr als drei Monaten vorgesehen ist. Im Interesse der Funktionsfähigkeit der Dienststelle nämlich sollen ohne Zeitverzögerung – bedingt durch die Beteiligung von Personalvertretungen – kurzfristige personelle Dispositionen ermöglicht werden. Dabei geht der Gesetzgeber von der Überlegung aus, dass eine auf drei Monate befristete Abordnung nicht so entscheidend in die persönlichen Verhältnisse eines Beschäftigten eingreift, als dass eine Beteiligung der Personalvertretung gerechtfertigt wäre. Wird aber eine Abordnung nominell auf drei Monate befristet, obwohl sie der Vorbereitung einer Versetzung dient, dann steht der Personalvertretung ein Mitbestimmungsrecht zu (BVerwG v. 18. 9. 1984, Leits. PersV 1987, 515). Begrifflich ist eine Abordnung nur an eine andere Dienststelle eines deutschen öffentlich-rechtlichen Dienstherrn bzw. an eine Körperschaft, Anstalt oder Stiftung des öffentlichen Rechts, die keine Dienstherrenfähigkeit besitzt bzw. an eine internationale oder supranationale Behörde oder Einrichtung (vgl. Anm. 17b) möglich. Die Entscheidung wird von der obersten Dienstbehörde getroffen (vgl. auch § 75 Anm. 25). Daher kann von einer Abordnung dann nicht die Rede sein, wenn ein Beamter der Bundespolizei innerhalb einer Bundespolizeibehörde vorübergehend einer anderen Dienststelle i. S. des § 6 Abs. 1 zur Dienstleistung zugewiesen wird, die aber organisations- und haushaltsrechtlich lediglich eine Außenstelle ist. Vielmehr liegt in diesem Fall eine Umsetzung vor, die aber nur dann mitbestimmungspflichtig ist, wenn sie mit einem Wechsel des Dienstorts verbunden ist (BVerwG v. 3. 7. 1990, ZBR 1991, 52 = PersV 1990, 540; vgl. Anm. 16). Die Abordnung ist zulässig, wenn ein dienstliches Bedürfnis besteht (vgl. im Übrigen § 75 Anm. 24). Ob dies der Fall ist, hat der jeweilige Dienststellenleiter nach pflichtgemäßem Ermessen zu prüfen. Zu berücksichtigen ist, dass Beamte aber auch ganz oder teilweise zu nicht dem bisherigen Amt entsprechenden Tätigkeiten abgeordnet werden können, wenn dies aufgrund der jeweiligen Vorbildung zumutbar erscheint. Eine Abordnung zu Tätigkeiten, die nicht einem Amt mit demselben Endgrundgehalt entsprechen, ist auch ohne Zustimmung des betroffenen Beamten dann zulässig, wenn die Dauer von zwei Jahren nicht überschritten wird (§ 27 Abs. 2 BBG). Die Beendigung der Abordnung ist nicht mitbestimmungspflichtig, weil die Abordnung nur vorübergehenden Charakter hat (Fischer-Goeres, § 76 Anm. 26). Eine Abordnung mit dem Ziel der späteren Versetzung bedarf der Zustimmung der Personalvertretung der abgebenden und der aufnehmenden Dienststelle (OVG Berlin v. 14. 12. 1970, PersV 1971, 223; Richardi u. a., § 76 Anm. 58). Im Übrigen gilt bezüglich der Zuständigkeit der jeweiligen Personalvertretungen das zu Anm. 15a Gesagte.

13 a. Eine mitbestimmungspflichtige Abordnung ist auch dann gegeben, wenn eine auf zunächst weniger als drei Monate festgelegte **Abordnung verlängert** und dadurch der Drei-Monats-Zeitraum überschritten wird (BVerwG v. 18. 9. 1984, Leits. PersV 1987, 515). Allerdings ist das Mitbestimmungsrecht in dem Fall nur dann zu bejahen, wenn der Beamte tatsächlich für eine ununterbrochene Dauer von mehr als drei Monaten aus dem Bereich der Stammbehörde ausgegliedert ist und in einem anderen Bereich einer Beschäftigung nachgeht. Das ist u. a. dann der Fall, wenn sich an die Abordnung ein Erholungsurlaub und an diesen eine weitere Abordnung anschließt, ohne dass der Beamte zwischen den beiden Abordnungen seinen Dienst in der Stammdienststelle wieder aufgenommen hat (VGH Kassel v. 17. 11. 2005 PersV 2006, 231). Eine Unterbrechung der einzelnen Abordnungen ist aber dann unbeachtlich, wenn zwischen den Kurzabordnungen ein Feiertag oder ein arbeitsfreies Wochenende liegen. Nicht von Gewicht dagegen ist, ob die Kurzabordnungen nacheinander zu verschiedenen Dienststellen oder zu ein- und derselben Dienststelle erfolgen (VGH Mannheim v. 7. 12. 1993, ZfPR 1994, 156 m. Anm. v. Ilbertz). Ob allerdings ein Mitbestimmungsrecht bei sog. unechten **Kettenabordnungen** gegeben ist, bei denen nicht derselbe Beamte, sondern verschiedene Beamte nacheinander mehrfach zu der gleichen Dienststelle zur Abwicklung gleicher Aufgaben abgeordnet werden, muss bezweifelt werden (so aber: Fischer u. a., § 76 Anm. 26 a; wie hier Lorenzen u. a., § 76 Anm. 62a); denn das Mitbestimmungsrecht bei Abordnungen ist auch zum Schutz des betroffenen Beamten gegeben. Zwar hat es einen kollektivrechtlichen Bezug, der aber nicht so sehr im Vordergrund stehen kann, dass er die individuelle Betroffenheit überla- 17a

gert. Eine solche individuelle Betroffenheit ist aber nur bei solchen Beamten gegeben, die länger als drei Monate abgeordnet werden. Dieser Zeitraum wird nicht erreicht, wenn ein für kürzere Zeit abgeordneter Beamter wieder in seine ursprüngliche Dienststelle zurückkehrt und unmittelbar danach von einem anderen Beamten bei der aufnehmenden Dienststelle „abgelöst" wird.

17b 13 b. Dem Mitbestimmungsrecht der Persononalvertretung unterliegt auch eine für mehr als drei Monate erfolgende **Zuweisung eines Beamten** nach § 123 a BRRG (Abs. 1 Nr. 5a). Danach kann bei dienstlichem und bei öffentlichem Interesse ein Beamter mit seiner Zustimmung vorübergehend zu einer zumindest gleichwertigen Tätigkeit einer Einrichtung außerhalb des Geltungsbereichs des BRRG zugewiesen werden. Insbesondere sind von einer solchen Zuweisung deutsche Beamte bei supranationalen und internationalen Organisationen, aber auch bei anderen Staaten und Einrichtungen betroffen. Betroffen sind auch Beamte bei der Deutschen Bahn AG; dort wird das Mitbestimmungsrecht durch die besondere Personalvertretung beim Bundeseisenbahnvermögen wahrgenommen. Voraussetzung für das Mitbestimmungsrecht ist eine Zuweisung für eine Dauer von mehr als drei Monaten. Außerdem steht einer Personalvertretung dann ein Mitbestimmungsrecht zu, wenn einem „Beamten einer Dienststelle, die ganz oder teilweise in eine privatrechtlich organisierte Einrichtung der öffentlichen Hand umgebildet wird", eine seinem Amt entsprechende Tätigkeit bei dieser Einrichtung zugewiesen wird. Eine solche Zuweisung kann auch ohne seine Zustimmung, aber immer nur dann erfolgen, wenn dringende öffentliche Interessen dies erfordern (§ 123 a Abs. 2). Durch diese Bestimmung soll die im zeitlichen Zusammenhang mit **Rechtsformprivatisierungen** erforderlich werdende Personalüberleitung erleichtert werden. Bei der umgebildeten, nunmehr privatrechtlichen Einrichtung muss es sich um ein Unternehmen der öffentlichen Hand handeln (Eigengesellschaften, gemischt-wirtschaftliche Unternehmen, soweit die Mehrheitsbeteiligung auf Dauer bei der öffentlichen Hand liegt). Die Zuweisung kann nur bei Vorliegen eines dringenden öffentlichen Interesses erfolgen, das immer dann gegeben ist, wenn die zuverlässige Aufgabenerfüllung nach der Rechtsformprivatisierung nur durch eine entsprechende Überleitung des vorhandenen Personals sichergestellt werden kann und wenn Beschäftigte in ausreichender Zahl und mit entsprechender Qualifikation einer Zuweisung auf die privatisierte Einrichtung nicht zugestimmt haben. Auch eine Zuweisung an die zur Sicherstellung der Grundsicherung der Arbeitssuchenden nach § 44 b SGB II errichteten **Arbeitsgemeinschaften** (privatrechtlich organisierte **Arge** oder öffentlich-rechtliche **Arge**) kann unter Abs. 1 Nr. 5a fallen.

18 14. Das Mitbestimmungsrecht umfasst auch die **Beschränkung in der Freiheit der Wahl der Wohnung** (Abs. 1 Nr. 6). Nach § 74 Abs. 1 BBG hat der Beamte seine Wohnung so zu nehmen, dass er in der ordnungsgemäßen Wahrnehmung seiner Dienstgeschäfte nicht beeinträchtigt wird. Wenn die dienstlichen Verhältnisse es erfordern, kann der Dienstvorgesetzte den Beamten anweisen, seine Wohnung innerhalb einer bestimmten Entfernung von seiner Dienststelle zu nehmen oder eine Dienstwohnung zu beziehen (§ 74 Abs. 2 BBG). **Dienstwohnungen** sind solche Wohnungen, die dem Beamten als Inhaber eines bestimmten Dienstpostens unter ausdrücklicher Bezeichnung als Dienstwohnung ohne Abschluss eines Mietvertrages zugewiesen werden (Richardi u. a., § 76 Anm. 71). Das Mitbestimmungsrecht der Personalvertretung erstreckt sich daher auf die Frage, ob die dienstlichen Verhältnisse eine Beschränkung in der Wohnungswahl des Beamten erfordern und, wenn keine Dienstwohnung zu beziehen ist, in welcher Entfernung von der Dienststelle die Wohnung zu nehmen ist (vgl. im Übrigen § 75 Anm. 27). Das Mitbestimmungsrecht der Personalvertretung greift dann nicht ein, wenn sich eine Residenzpflicht unmittelbar aus einer gesetzlichen Vorschrift ergibt; denn in diesen Fällen besteht kein Ermessensspielraum (Fischer u. a., § 76 Anm. 28; Lorenzen u. a., § 76 Anm. 68 a; Richardi u. a., § 76 Anm. 73).

15. Die §§ 64 ff. BBG und die Bundesnebentätigkeitsverordnung i. d. F. v. 12. 11. 1987, BGBl. I S. 2377, zul. geänd. d. Art. 5 G v. 3. 12. 2001, BGBl. I S. 3306 regeln die Voraussetzungen für die Aufnahme und den Umfang der Nebentätigkeit. Das Mitbestimmungsrecht der Personalvertretung umfasst allein die **Versagung der Genehmigung einer Nebentätigkeit** (Abs. 1 Nr. 7). Ebenso unterliegt der **Widerruf der Genehmigung** der Mitbestimmung, der aber nur erfolgen kann, wenn sich nach der Erteilung der Genehmigung eine Beeinträchtigung der dienstlichen Leistung etc. ergibt (§ 65 Abs. 2 BBG, vgl. im Übrigen § 75 Anm. 28). Wenn ein Versagungsgrund nicht vorliegt, haben Beamte grundsätzlich einen Anspruch auf Erteilung einer Genehmigung zur Ausübung einer Nebentätigkeit (§§ 64 ff. BBG); das Nebentätigkeitsrecht ist neu geregelt worden (Zweites Nebentätigkeitsbegrenzungsgesetz v. 9. 9. 1997, BGBl. I S. 2294; vgl. hierzu Hinweise des BMI v. 3. 9. 1997, D I 1 – 210 295/33a). Nach § 65 Abs. 2 Nr. 1 BBG darf eine Nebentätigkeit nach Art und Umfang die Arbeitskraft eines Beamten nicht so stark in Anspruch nehmen, „dass die ordnungsgemäße Erfüllung der dienstlichen Pflichten behindert werden kann". Dies ist im allgemeinen schon bei einer Inanspruchnahme durch die Nebentätigkeit zu einem Fünftel der regelmäßigen wöchentlichen Arbeitszeit gegeben (§ 65 Abs. 2 BBG). Ist das der Fall, so kann die Nebentätigkeit ebenso versagt werden wie dann, wenn die Nebentätigkeit den Beamten in einen Widerstreit mit seinen dienstlichen Pflichten bringen könnte. Das Mitbestimmungsrecht der Personalvertretung nach Abs. 1 Nr. 7 bei der Versagung der Genehmigung einer Nebentätigkeit setzt daher eine umfassende Unterrichtung der Personalvertretung über die Umstände voraus, die zur Versagung, zum Widerruf bzw. zur Untersagung herangezogen werden (Fischer u. a., § 76 Anm. 29 c; Lorenzen u. a., § 76 Anm. 71). Dagegen unterliegt dem Mitbestimmungsrecht nicht die **Ablehnung eines Antrags auf Nebentätigkeit während einer Teilzeitbeschäftigung oder während eines Urlaubs**; denn es besteht kein Anspruch auf eine solche Nebentätigkeit, so dass eine Versagung nicht stattfinden kann. Ebensowenig unterliegt der Entzug einer Nebentätigkeit, die auf Anordnung des Dienstvorgesetzten durchgeführt wird (§ 64 BBG), dem Mitbestimmungsrecht, da es schon an einem Antrag des Beamten fehlt (Fischer u. a., § 76 Anm. 29 d, e). 19

16. Die **Ablehnung eines Antrags auf Ermäßigung der regelmäßigen Arbeitszeit oder Beurlaubung** nach § 72 a oder § 72 e BBG unterliegt ebenfalls dem Mitbestimmungsrecht der Personalvertretung (Abs. 1 Nr. 8). Mit der Neufassung von § 72 a Abs. 1 BBG durch das Gesetz zur Reform des öffentlichen Dienstrechts (vgl. Anm. 7a) ist eine voraussetzungslose Teilzeitbeschäftigung eingeführt worden. Neben dieser voraussetzungslosen Teilzeitbeschäftigung gibt es noch eine familienpolitisch orientierte Teilzeitbeschäftigung und Beurlaubung als Unterfall (§ 72 a Abs. 4,5 BBG). Die arbeitsmarktpolitisch orientierte Beurlaubungsregelung bleibt weiterhin bestehen (§ 72 e Abs. 1 Nr. 1 BBG: Urlaub ohne Dienstbezüge bis zur Dauer von insgesamt sechs Jahren; § 72 e Abs. 1 Nr. 2 BBG: Urlaub ohne Dienstbezüge nach Vollendung des 55. Lebensjahres bis zum Beginn des Eintritts in den Ruhestand). In allen Fällen hat der Beamte grundsätzlich auf die Ausübung entgeltlicher Nebentätigkeiten zu verzichten, es sei denn, dass sie auch einem 20

vollzeitbeschäftigten Beamten zugebilligt werden könnten (Lorenzen u. a., § 76 Anm. 71c). Mitbestimmungspflichtig ist ein Antrag auch dann, wenn der zuständige Dienststellenleiter einem Antrag nur teilweise entsprechen will bzw. wenn im Anschluss an eine befristete Befreiung ein Antrag auf Verlängerung abgelehnt wird. Wenn der Beamte von sich aus Änderungen beantragt, so sind diese im Falle der Ablehnung nur dann mitbestimmungspflichtig, wenn sie sich auf die Einzelheiten der Beurlaubung oder Teilzeitbeschäftigung beziehen. Im Falle eines Widerrufs bei Missachtung von Nebentätigkeitsbeschränkungen besteht kein Mitbestimmungsrecht (Fischer u. a., § 76 Anm. 31). Wegen des Fehlens einer entsprechenden Regelung bei Arbeitnehmern ist ein Mitbestimmungsrecht der Personalvertretung nicht gegeben, obwohl die Gewährung einer Teilzeitbeschäftigung und von Sonderurlaub für Arbeitnehmer grundsätzlich möglich ist (§ 28, § 11 TVöD). Eine ablehnende Entscheidung für Teilzeitbeschäftigung und Urlaub nach §§ 7,8 DBeglG (Dienstrechtliches Begleitgesetz v. 30. 7. 1996, BGBl. I S. 1183) unterliegt nicht dem Mitbestimmungsrecht der Personalvertretung (Fischer u. a., § 76 Anm. 32 a; Lorenzen u. a., § 76 Anm. 74 b). Mit diesem Gesetz wurde eine weitere Teilzeit- und Beurlaubungsgrundlage im Hinblick auf die Verlegung von Verfassungsorganen, obersten Bundesbehörden und sonstigen Einrichtungen des Bundes von Bonn nach Berlin geschaffen. Eine Änderung von Abs. 2 Nr. 8 aber wurde nicht vorgenommen, so dass davon auszugehen ist, dass diese Maßnahmen nicht dem Mitbestimmungsrecht der Personalvertretung unterworfen werden sollten (Fischer u. a., § 76 Anm. 32b, Lorenzen u. a., aaO).

20a a) Durch Art. 6 des Bundesbesoldungs- und -versorgungsanpassungsgesetzes v. 6. 8. 1998 (BGBl. I S. 2026, 2027) ist die sog. **Altersteilzeit** für Beamte durch § 72 b BBG bzw. für Arbeitnehmer bei Bund, Ländern und Gemeinden durch Tarifvertrag zur Regelung der Altersteilzeitarbeit vom 5. 5. 1998 (vgl. auch Winter, ZfPR 1998, 199) eingeführt worden (vgl. hierzu auch: Altersteilzeitgesetz, AlTZG, v. 23. 7. 1996, BGBl. I S. 1078, zul. geänd. d. Art. 14 G v. 20. 4. 2007, BGBl. I S. 554). Danach können Beamten mit Dienstbezügen „auf Antrag, der sich auf die Zeit bis zum Beginn des Ruhestandes erstrecken muss, Teilzeitbeschäftigung mit der Hälfte der regelmäßigen Arbeitszeit bewilligt werden". Der Beamte muss das 55. Lebensjahr vollendet haben, in den letzten fünf Jahren vor Beginn der Teilzeitbeschäftigung insgesamt mindestens drei Jahre vollzeitbeschäftigt gewesen sein sowie die Teilzeitbeschäftigung vor dem 1. 8. 2001 beginnen. Außerdem dürfen „dringende dienstliche Belange" nicht entgegenstehen. Für Arbeitnehmer gelten die gleichen Regelungen. Zwar handelt es sich bei der Altersteilzeit um einen Unterfall von Teilzeitbeschäftigung (§ 71 a BBG). Ein Mitbestimmungsrecht der zuständigen Personalvertretung aber ist nicht gegeben, weil in § 76 Abs. 1 Nr. 8 nur auf § 72 a BBG verwiesen wird. Ein Mitbestimmungsrecht wäre zwar aus dem Schutzgedanken der Mitbestimmung im Zusammenhang mit der Ablehnung eines Antrags auf Teilzeitbeschäftigung, die mit dringenden dienstlichen Belangen begründet wird, notwendig. Wegen der abschließenden Aufzählung der Beteiligungsrechte (BVerwG v. 28. 2. 1958, BVerwGE 6, 220 = ZBR 1958, 211) kann aber ein entsprechendes Mitbestimmungsrecht derzeit nicht bejaht werden (Lorenzen u. a., § 76 Anm. 74c).

20b b) Durch das Mitbestimmungsrecht der Personalvertretung sollte die Inanspruchnahme der Teilzeitbeschäftigung gefördert und deshalb die Ablehnung entsprechender Anträge erschwert werden. Infolgedessen kann einer Personalvertretung kein Mitbestimmungsrecht dann zustehen, wenn eine bereits ermäßigte Arbeitszeit wieder erhöht werden soll. Es geht in diesem Fall nämlich nicht um einen **Übergang von einer Vollzeit- in eine Teilzeitbeschäftigung,** um eine Ermäßigung der regelmäßigen Arbeitszeit oder um Urlaub ohne Dienstbezüge. Die Ablehnung eines Antrags auf Änderung des Umfangs der bisherigen Teilzeitbeschäftigung in Richtung auf eine Erhöhung der Arbeitszeit unterliegt ebenso wenig dem Mitbestimmungsrecht der Personalvertretung wie die Ablehnung des Antrags auf Nebentätigkeit während einer Teilzeitbeschäftigung; denn in Abs. 1 Nr. 8 sind die dem Mitbestimmungsrecht der Personalvertretung unterliegenden Personalangelegenheiten ausdrücklich aufgeführt, so dass dieser gesetzliche Rahmen nicht durch Mitbestimmungsrechte erweitert werden kann (OVG Lüneburg v. 30. 1. 2002 – 17 L 2469/99, n.v.; vgl. auch Richardi u. a., § 76 Anm. 87).

c) Ebenso wenig unterliegt die **Ablehnung eines Antrags auf Altersteilzeit** (§ 72 b BBG) dem Mitbestimmungsrecht der Personalvertretung; denn die Ablehnung bezieht sich nicht auf Teilzeit oder Urlaub ohne Dienstbezüge; die Altersteilzeit wird von den entsprechenden beamtenrechtlichen Vorschriften nicht umfasst (OVG Berlin v. 27. 2. 2001, Leits. ZfPR 2002, 273 = PersR 2001, 431; OVG Greifswald v. 7. 1. 2004 – 8 L 199/03, n.v.; Lorenzen u. a., § 76 Anm. 74 c). **20c**

17. Das Mitbestimmungsrecht der Personalvertretung umfasst auch die **Hinausschiebung des Eintritts in den Ruhestand wegen Erreichens der Altersgrenze** (Abs. 1 Nr. 9; vgl. auch § 75 Anm. 28). Der Eintritt in den Ruhestand trotz Erreichens der Altersgrenze kann im dienstlichen Interesse auf Antrag des Beamten um höchstens ein Jahr (Wiederholung möglich) hinausgeschoben werden (§ 41 Abs. 2 BBG). Die Hinausschiebung des Eintritts in den Ruhestand kann nicht im Wege einer vorläufigen Regelung i. S. von § 69 Abs. 5 durchgeführt werden (OVG Hamburg v. 14. 7 1994, PersR 1995, 378). Die Mitbestimmung der zuständigen Personalvertretung (örtlicher Personalrat bei der obersten Dienstbehörde, falls der Beamte dort tätig ist; Hauptpersonalrat dann, wenn der Beamte im nachgeordneten Bereich tätig ist) muss herbeigeführt werden, bevor der erste amtliche Schritt in dieser Richtung getan wird, d. h. die oberste Dienstbehörde darf den Verlängerungsantrag an die Bundesregierung erst stellen, nachdem die zuständige Personalvertretung zugestimmt hat. Andernfalls würde die Personalvertretung u. U. vor vollendete Tatsachen gestellt, die ihr Mitbestimmungsrecht illusorisch machen könnten. Die Ablehnung eines von einem Beschäftigten gestellten Verlängerungsantrags unterliegt nicht der Mitbestimmung; denn hierbei handelt es sich schon begrifflich nicht um eine Hinausschiebung (vgl. § 75 Anm. 26).Bei der Wiederholung eines Antrags (bis zum 70. Lebensjahr jeweils um 1 Jahr) auf ein weiteres Hinausschieben des Eintritts in den Ruhestand ist die zuständige Personalvertretung erneut zu beteiligen (Fischer u. a., § 76 Anm. 33). Auch das Mitbestimmungsrecht nach Abs. 1 Nr. 9 hat kollektivrechtlichen und individualrechtlichen Charakter (Richardi u. a., § 76 Anm. 92). In erster Linie wird die zuständige Personalvertretung darauf zu achten haben, dass die übrigen Beschäftigten im Falle eines Hinausschiebens des Eintritts in den Ruhestand wegen Erreichens der Altersgrenze nicht benachteiligt werden. Wenn allerdings gegen den Willen des Betroffenen von der Verlängerungsmöglichkeit seitens der Verwaltung ausnahmsweise Gebrauch gemacht wird, dann hat die Personalvertretung auch die Interessen dieses Beamten besonders zu berücksichtigen (Lorenzen u. a., § 76 Anm. 77). In diesem Zusammenhang ist zu beachten, dass bei Abschluss von Dienst- oder Werkverträgen mit Ruhestandsbeamten der Personalvertretung eine besondere Aufgabe insoweit zufällt, als sie solche Verträge unter dem Ge- **21**

sichtspunkt zu prüfen hat, ob hier möglicherweise ein Missbrauch vorliegt (Lorenzen u. a., § 76 Anm. 78).

22 18. Ein Mitbestimmungsrecht der Personalvertretung bei der **Bestellung einer Gleichstellungsbeauftragten** besteht nicht. Das Gesetz regelt abschließend die Mitbestimmungstatbestände, in denen die Personalvertretung zu beteiligen ist; ein entsprechender Tatbestand ist aber im Gesetz nicht vorgesehen (OVG Lüneburg v. 18. 12. 11996, ZBR 1998, 106 = PersV 1998, 238; OVG Münster v. 18. 12. 2002., Leits. PersV 2003, 267 = PersR 2003, 240, n. rkr.). Wohl aber kann der Personalvertretung ein Mitbestimmungsrecht mit der in Zusammenhang mit dem Bestellungsakt stehenden (Teil-) Umsetzung dann zustehen, wenn mit der Bestellung zur Gleichstellungsbeauftragten ein Wechsel des Dienstpostens/Arbeitsplatzes einhergeht, was in der Regel der Fall sein wird (BVerwG v. 22. 7. 2003, PersV 2004, 44 = Leits. ZfPR 2004, 114).

III. Mitbestimmung in sozialen/organisatorischen Angelegenheiten (Abs. 2)

23 1. Abs. 2 regelt das **Mitbestimmungsrecht** der Personalvertretung **in sozialen Angelegenheiten der Beamten** (Nr. 1 bis 4). In den in Nr. 5 bis 9 erwähnten Angelegenheiten bezieht sich das **Mitbestimmungsrecht** der Personalvertretung **auf alle Beschäftigten.** Die Vorschrift ergänzt die auch für Beamte geltende Bestimmung des § 75 Abs. 2 sowie des Abs. 3, der z. T. für Arbeitnehmer, z. T. für Beamte und z. T. für alle Beschäftigten gilt. Mitbestimmungsrechte der Personalvertretung entfallen, wenn entsprechende Tatbestände **gesetzlich** oder **tariflich** geregelt sind. Dies ist aber nur dann der Fall, wenn die entsprechende Regelung insoweit Ausschließlichkeitscharakter besitzt, als sie vollständig, umfassend und erschöpfend ist. Soweit sie einem Dienststellenleiter bei der Umsetzung einen eigenen Ermessensspielraum belässt, hat die Personalvertretung mitzubestimmen (BVerwG vom 18. 5. 2004, BVerwGE 121, 38 = Leits. ZBR 2004, 401 = PersV 2004, 386 = ZfPR 2004, 231).

24 2. Die Personalvertretung hat nach Abs. 2 Nr. 1 bei der **Auswahl der Teilnehmer an Fortbildungsveranstaltungen für Beamte** mitzubestimmen. Fortbildung ist jede weitere (berufliche und berufsbegleitende) Vermittlung von Kenntnissen, die an den vorhandenen Wissensgrundstock anknüpfen und ein Mehr an Kenntnissen vermitteln als für den Eintritt in die Laufbahn erforderlich ist (BVerwG v. 10. 2. 1967, PersV 1968, 278). Wo z. B. die Zulassung zu Fortbildungslehrgängen eine der Voraussetzungen für den Aufstieg in eine höhere Laufbahn ist, steht der zuständigen Personalvertretung (Gruppenangelegenheit: OVG Lüneburg v. 2. 12. 1981 – P OVG B 20/81, n. v.) ein Beteiligungsrecht an der Auswahl der Lehrgangsteilnehmer zu (BVerwG v. 17. 4. 1970, BVerwGE 35, 164 = ZBR 1970, 269 = PersV 1970, 277; vgl. auch § 75 Abs. 3 Nr. 7; § 75 Anm. 132 ff.).Das Mitbestimmungsrecht der Personalvertretung umfasst die Auswahl der Teilnehmer an Beförderungslehrgängen sowie an sonstigen Fortbildungsveranstaltungen von dazu eingerichteten Trägern der beruflichen und berufsbegleitenden Fortbildung (z. B. Bundesakademie für öffentliche Verwaltung bzw. vergleichbare Einrichtungen, die u. a. Sprachlehrgänge, Lehrgänge zur Datenverarbeitung, zum Internet etc. anbieten). Veranstaltungen dagegen, die keinen unmittelbaren Bezug zur dienstlichen Tätigkeit haben, sondern der allgemeinen politischen Bildung dienen und die in der Regel über die Gewährung von Sonderurlaub abgewickelt werden, zählen nicht zu jenen Fortbildungsveranstaltungen, bei denen bei der Auswahl der Teilnehmer ein Mitbestim-

mungsrecht der Personalvertretung bestehen würde (Fischer u. a., § 76 Anm. 38). Schließlich ist zu berücksichtigen, dass das Mitbestimmungsrecht der Personalvertretung auf eine gerechte Auswahl der Teilnehmer an Fortbildungsveranstaltungen wegen der Auswirkungen einer erfolgreichen Fortbildung auf die weitere Karriere abzielt (BVerwG v. 7. 3. 1995, Leits. ZBR 1995, 318 = PersV 1995, 449 = ZfPR 1995, 113). Ein Mitbestimmungsrecht steht der Personalvertretung auch dann zu, wenn die Auswahlentscheidung nicht von der Dienststelle selbst, sondern von einem Fortbildungsträger oder einem sonstigen Dritten auf Vorschlag getroffen wird; das Mitbestimmungsrecht umfasst in diesem Fall den Vorschlag (die Benennung), der nach einer vorausgegangenen Auswahlentscheidung erfolgt (Fischer u. a., § 76 Anm. 38; Lorenzen u. a., § 76 Anm. 85). Mögliche Auswahlkriterien können im Übrigen in einer Dienstvereinbarung festgelegt werden.

3. Die Festlegung des **Inhalts von Personalfragebogen für Beamte** ist eben- 25
falls mitbestimmungspflichtig (Abs. 2 Nr. 2; vgl. im Einzelnen hierzu auch: § 75 Anm. 138). Personalfragebogen sind Erhebungsbogen zu Fragen nach der Person, den persönlichen Verhältnissen, dem beruflichen Werdegang, den fachlichen Kenntnissen und sonstigen Fähigkeiten eines Bewerbers oder Beschäftigten. Das Mitbestimmungsrecht erstreckt sich auf die Grundsätze für die Fragen, die gestellt werden sollen, nicht auf die Auswertung der Antworten im Einzelfall (Richardi u. a., § 76 Anm. 124). Sie können aber bei der Ausübung des Mitbestimmungsrechts der Personalvertretung bei Einstellung und Anstellung eine Rolle spielen. Da die Grundsätze für den Inhalt von Personalfragebogen regelmäßig zentral erarbeitet werden, dürften für die Mitbestimmung vorzugsweise Stufenvertretungen in Betracht kommen. Zur Beschlussfassung ist ausschließlich die **Beamtengruppe** berufen. Dies gilt auch für den Fall, dass einheitliche Fragebogen für Beamte und Arbeitnehmer aufgestellt werden sollen. In diesem Fall ist eine getrennte Beschlussfassung durchzuführen (Fischer u. a., § 76 Anm. 40; Lorenzen u. a., § 76 Anm. 90). Weil personenbezogene Daten von Beamten nur erhoben werden dürfen, wenn dies zur Begründung und Durchführung von dienstlichen Maßnahmen insbesondere der Personalplanung und des Personaleinsatzes erforderlich und durch Rechtsvorschriften erlaubt ist (§ 90 Abs. 4 BBG), können in nachgeordneten Bereichen Personalfragebögen nur mit Zustimmung der obersten Dienstbehörde eingeführt werden. Infolgedessen muss der zuständige Dienststellenleiter Form und Inhalt des Fragebogens mit der (örtlichen) Personalvertretung abstimmen. Das vorgeschriebene Genehmigungsverfahren seitens der obersten Dienstbehörde unterliegt als eigenständige Maßnahme außerdem dem Mitbestimmungsrecht des Personalrats (Fischer u. a., aaO).

4. Das Mitbestimmungsrecht erstreckt sich auch auf **Beurteilungsrichtlinien** 26
für Beamte (Abs. 2 Nr. 3). Beurteilungsrichtlinien müssen breite Differenzierungsmöglichkeiten zulassen, um dem Verfassungsgebot der Bestenauslese bei Beförderungen (Art. 33 Abs. 2 GG) gerecht werden zu können. Daher müssen die Beurteilungsrichtlinien vor allen Dingen eine genügend große Skala möglicher Gesamturteile zulassen. Hilfskriterien bei Auswahlentscheidungen (z. B. Beförderungsdienstalter, Lebensalter) stehen dem Grundsatz der Bestenauslese in aller Regel entgegen; sie dürfen daher grundsätzlich keine ausschlaggebende Bedeutung zuerkannt bekommen. Nur dann, wenn hinreichend differenzierte Leistungskriterien nicht vorliegen, kann auch auf Hilfskriterien zurückgegriffen werden, wobei der Dienstherr bei fachlich und persönlich gleicher Eignung dasjenige Kriterium als maßgebend ansehen muss, das im Hinblick auf den zu besetzenden Dienstposten das sachnächste

ist (vgl. hierzu: VGH Kassel v. 19. 11. 1993, Leits. ZfPR 1994, 95). Nach den §§ 40, 41 BLV sind Eignung und Leistung eines Beamten mindestens alle fünf Jahre oder, wenn es die dienstlichen oder persönlichen Verhältnisse erfordern, in kürzeren Abständen zu beurteilen. Dabei soll die Beurteilung sich besonders „auf allgemeine geistige Veranlagung, Charakter, Bildungsstand, Arbeitsleistung, soziales Verhalten und Belastbarkeit" erstrecken. Die Beurteilung ist mit einem Gesamturteil und mit einem Vorschlag für die weitere dienstliche Verwendung abzuschließen. Das Mitbestimmungsrecht der Personalvertretung kann daher nur die **Festlegung materieller Beurteilungsmerkmale** zur Konkretisierung dieses generellen Inhalts erfassen, soweit zusätzliche nicht durch gesetzliche Regelungen festgelegte Richtlinien bestimmt werden. Darüber hinaus muss auch das **Verfahren,** das für die Feststellung der materiellen Beurteilungsmerkmale maßgebend sein soll, der Mitbestimmung der Personalvertretung unterliegen (Fischer u. a., § 76 Anm. 42). Daher hat die Personalvertretung bei der Erarbeitung einer sog. **Orientierungsbeurteilung,** mit der Richtlinien zum Zweck der gleichmäßigen Ermittlung und Verteilung von Bewertungsnoten festgelegt werden, mitzubestimmen (BVerwG v. 15. 2. 1980, ZBR 1981, 71 = PersV 1980, 241). Gleiches gilt bei der Festlegung von Beurteilungsdurchschnittswerten (VGH Kassel v. 24. 5. 1989, ZBR 1990, 193 = ZfPR 1990, 50). Dagegen scheidet ein Mitbestimmungsrecht der Personalvertretung bei der Durchführung der dienstlichen Beurteilung eines Beamten im Einzelfall aus (vgl. im Übrigen § 75 Anm. 146). Ebensowenig kommt ein Mitbestimmungsrecht in Betracht, wenn die Personalvertretung nicht eine Anwendung von Beurteilungsrichtlinien auf die Erstellung dienstlicher Beurteilungen, sondern eine Abweichung hiervon erstrebt (BVerwG v. 21. 2. 1980, ZBR 1981, 70 = PersV 1980, 278). Gleiches gilt für die Anpassung von Begriffen zur Leistungsbeurteilung aus dem Haushaltsstrukturgesetz an unverändert beibehaltene Wertungsstufen bereits geltender Beurteilungsrichtlinien. Dies gilt auch dann, wenn sich diese Änderung für bestimmte Beamtengruppen nachteilig auswirkt (OVG Münster v. 10. 2. 1979, PersV 1980, 290).

27 5. Die **Bestellung von Vertrauens- oder Betriebsärzten** als Beamte (von außen oder von innen kommend) unterliegt ebenfalls dem Mitbestimmungsrecht der Personalvertretung (Abs. 2 Nr. 4). Vertrauens- und Betriebsärzte i. S. von Abs. 2 Nr. 4 sind Ärzte, die durch besondere Vereinbarung bzw. Berufung auf gewisse Dauer an die Dienststelle gebunden sind. Nicht entscheidend ist, ob sie neben dieser Tätigkeit ihre Privatpraxis ausüben. Ihre Aufgabe ist nicht nur eine gelegentliche Hilfeleistung, sondern eine dauernde Überwachung der gesundheitlichen Verhältnisse in der Dienststelle und der Beschäftigten.

28 a) Die **Aufgabe der Vertrauens- und Betriebsärzte** bedingt, schon wegen der psychologischen Wirkungsmöglichkeit, ein gegenseitiges Vertrauensverhältnis. Die Mitbestimmung der Personalvertretung richtet sich daher darauf, bei der Auswahl des zu bestellenden Arztes die Berücksichtigung sowohl der fachlichen Leistungsfähigkeit wie der menschlichen Eigenschaften sicherzustellen, die den Arzt zur Erfüllung seiner Aufgaben befähigen. Zu den Befugnissen der Personalvertretung bei der Bestellung des Arztes kann im Einzelfall die Ausübung des Initiativ- und des Überwachungsrechts (§§ 67, 68) hinzutreten (OVG Lüneburg v. 19. 6. 1959, ZBR 1959, 236).

29 b) Das Mitbestimmungsrecht der Personalvertretung nach Abs. 2 Nr. 4 beschränkt sich auf die Fälle, in denen ein **Vertrauens- oder Betriebsarzt ins**

Beamtenverhältnis übernommen werden soll (Vertragsverhältnis: § 75 Abs. 3 Nr. 10). Der beamtete Vertrauensarzt gehört zur Gruppe Beamte, Vertrauensärzte mit leitenden Funktionen gegebenenfalls zum Kreis der Beamten nach § 77 Abs. 1 Nr. 1, eventuell sogar Nr. 2.

c) Eine Beteiligung der Personalvertretung kommt nicht in Betracht, wenn im Einzelfall der Dienststellenleiter das **Gutachten eines nicht an die Dienststelle gebundenen Amtsarztes** oder eines Spezialisten in Anspruch nimmt, weil diese nicht im Rahmen einer (allgemeinen) „Bestellung", sondern auf Einzelauftrag tätig werden (vgl. im Übrigen auch § 75 Anm. 149 ff.) **30**

6. **Maßnahmen zur Hebung der Arbeitsleistung und Erleichterung des Arbeitsablaufs** sind gleichfalls mitbestimmungspflichtig (Abs. 2 Nr. 5). Die Vorschrift, die sich mit der Bestimmung des Abs. 2 Nr. 7 (Einführung grundlegend neuer Arbeitsmethoden) überschneiden kann, dient dem **Schutz der Beschäftigten** gegenüber Überforderungen (Fischer u. a., § 76 Anm. 44; Lorenzen u. a., § 76 Anm. 97; Widmaier, PersV 1985, 305). Das Tatbestandsmerkmal umfasst solche Maßnahmen, die auf eine Förderung der Effektivität der Arbeit in qualitativer und/oder quantitativer Hinsicht abzielen, also auf eine Steigerung der Güte und/oder der Menge der zu leistenden Arbeit gerichtet sind. Die beabsichtigte Maßnahme also muss darauf angelegt sein bzw. darauf abzielen („Zur Hebung"), einen höheren mengenmäßigen Arbeitsertrag auf einem oder mehreren Arbeitsplätzen zu erzielen oder aber die Qualität des Arbeitsprodukts zu verbessern. Die Steigerung der Menge oder der Qualität des Arbeitsertrages ist für sich alleine nicht als Hebung der Arbeitsleistung anzusehen. Vielmehr ist die erhöhte Inanspruchnahme des oder der betroffenen Beschäftigten als Folge solcher Maßnahmen das entscheidende Kriterium für die Auslösung des Mitbestimmungsrechts. Die Belastung kann sowohl in gesteigerter körperlicher als auch in einer vermehrten geistig-psychischen Inanspruchnahme (z. B. schnellerer Arbeitstakt, geänderter Arbeitsablauf) liegen. Das Mitbestimmungsrecht der Personalvertretung greift daher immer dann ein, wenn ein **erhöhter körperlicher Einsatz und wenn ein geistiger Mehraufwand von den Beschäftigten verlangt wird,** damit das gewünschte Arbeitsergebnis erzielt werden kann. Vor unnötigen oder unzumutbaren Belastungen soll der Beschäftigte durch die Beteiligung der Personalvertretung bewahrt werden (BVerwG v. 30. 8. 1985, BVerwGE 72, 94 = ZBR 1986, 143 = PersV 1987, 247; BVerwG v. 23. 1. 1996, ZBR 1996, 267 = PersV 1996, 457 = ZfPR 1996, 116; BVerwG v. 13. 6. 1997, Leits. ZBR 1997, 402 = ZfPR 1998, 77; BVerwG v. 28. 12. 1998, BVerwGE 108, 233 = ZfPR 1999, 52 = Leits. PersV 1999, 52; BVerwG v. 18. 5. 2004, BVerwGE 121, 38 = Leits. ZBR 2004,401 = PersV 2004, 386 = ZfPR 2004, 231; OVG Hamburg v. 28. 2. 2000, PersV 2001, 37). Das Bundesverwaltungsgericht sieht das Tatbestandsmerkmal „Maßnahmen zur Hebung der Arbeitsleistung" nicht nur allein dann als erfüllt an, wenn die Maßnahme auf eine Erhöhung des Arbeitsergebnisses abzielt, sondern auch dann, „wenn die Hebung zwangsläufig und für die Betroffenen unausweislich" (BVerwG v. 10. 3. 1992, ZBR 1992, 278 = PersV 1992, 389 = ZfPR 1992,107). Von einer „zwangläufigen" Mehrbelastung kann aber erst dann die Rede sein, wenn eine gleichzeitige Entlastung nicht möglich ist. Ob dies der Fall ist, hängt davon ab, ob ein Dienststellenleiter konkrete Entlastungen benennt. Da den Beschäftigten nicht die Verantwortung für Inhalt und Qualität der zu erbringenden Dienstleistungen überlassen werden kann (v. Roetteken, PersR 1998, 396, 402; Vogelgesang, PersV 2005, 326, 335), ist eine konkrete Angabe von Entlastungsmöglichkeiten erforderlich. Der Arbeitsumfang ist in der öffentlichen Verwaltung in aller Regel festgelegt, so **31**

dass die Beschäftigten keine Kompensationsmöglichkeiten haben. Das Bundesverwaltungsgericht bejaht zwar weiterhin nur dann ein Mitbestimmungsrecht, wenn die betreffende Maßnahme darauf gerichtet ist, den Beschäftigten mehr oder bessere Arbeitsleistungen bei gleichbleibender Arbeitszeit abzuverlangen, wobei es allerdings nunmehr offenlässt, ob es auch weiterhin noch etwaige Kompensationsmöglichkeiten berücksichtigen und das Mitbestimmungsrecht in diesen Fällen wiederum verneinen will (vgl. BVerwG v. 1. 9. 2004, ZBR 2005, 49 = PersV 2005, 59 = ZfPR 2004, 293). Allerdings stellen die Gerichte allzu sehr auf den Zweck einer Maßnahme, nicht aber auf deren Wirkungen (Mehrbelastung) ab, so dass zu Unrecht eine Maßnahme als mitbestimmungsfrei dann bezeichnet wird, wenn nicht eine erhöhte Inanspruchnahme der Beschäftigten, sondern z. B. eine Kostenreduzierung beabsichtigt ist (VGH Mannheim v. 18. 3. 2003, ZfPR 2004, 163). Diese Betrachtungsweise verkennt den Zweck des Mitbestimmungsrechts als Schutzbarriere vor unangemessener Inanspruchnahme der Beschäftigten. Den Mitbestimmungstatbestand dann zu verneinen, wenn den Beschäftigten entweder ausdrücklich oder stillschweigend ein Gestaltungsspielraum belassen ist bzw. ihnen eine eigenverantwortliche Arbeitsgestaltung zugestanden wird (BVerwG 18. 5. 2004, aaO; BVerwG v. 2. 6. 2005, PersR 2006, 34 = Leits ZfPR 2006, 75), kann nicht im Interesse des Schutzzwecks der Vorschrift, „die betroffenen Beschäftigten vor einer unnötigen oder unzumutbaren Belastung zu bewahren" (BVerwG 30. 8. 1985, aaO), liegen. Inzwischen stellt das Bundesverwaltungsgericht jedoch klar, dass seine Rechtsprechung mit „erwägenswerter Argumentation beanstandet" wird (BVerwG vom 18. 5. 2004, aaO). Ein Mitbestimmungsrecht der zuständigen Personalvertretung kann nur bei einer verfügten gleichzeitigen Entlastung von anderen Aufgaben verneint werden. Die Anordnung des Leiters eines Klinikums, durch welche den ärztlichen Mitarbeitern die Dokumentation und Verschlüsselung von Diagnosen und Prozeduren nach neuen Verschlüsselungskatalogen und -richtlinien auferlegt wurde, ist eine Maßnahme zur Hebung der Arbeitsleistung; sie stellt eine objektive Mehrbelastung dar, weil die neuartige Dokumentation und Verschlüsselung mit einem nennenswert größeren Zeitaufwand verbunden ist, der durch personelle und technische Entlastungsmaßnahmen nicht aufgefangen wurde (BVerwG 18. 5. 2004, aaO).

32 a) Bei den **Maßnahmen zur Hebung der Arbeitsleistung** und Erleichterung des Arbeitsablaufs handelt es sich um zwei selbstständige Mitbestimmungstatbestände (OVG Münster v. 28. 8. 1984, ZBR 1985, 119). Unter Arbeitsleistung ist die Arbeitsmenge zu verstehen, die von einem Beschäftigten zu erledigen ist. Maßnahmen zur Hebung der Arbeitsleistung zielen darauf ab, einen höheren mengenmäßigen Arbeitsertrag zu erzielen oder die Qualität der Arbeit zu steigern. Dies ist in aller Regel nur bei körperlicher oder geistiger Mehrbelastung möglich, nämlich dann, wenn die Arbeitsmenge bei gleicher Arbeitszeit erhöht oder die Arbeitszeit für die Erreichung der gleichen Arbeitsmenge verkürzt werden soll (VGH München v. 1. 7. 1987, PersR 1988, 111; OVG Frankfurt/O. v. 14. 11. 1996, Leits. ZfPR 1997, 120). Eine Kürzung der Arbeitszeit ohne gleichzeitige Reduzierung der Arbeitsmenge ist u. a. auch gegeben, wenn die Zeitspannen für die Wahrnehmung im Einzelnen bestimmter oder festliegender Tätigkeiten verkürzt werden; eine solche Vorgehensweise ist eine Maßnahme zur Hebung der Arbeitsleistung (VGH Mannheim v. 13. 11. 1990, Leits. PersR 1991, 478). Maßnahmen i. S. von Abs. 2 Nr. 5 können entweder durch dienstliche Anordnungen, technische Vorkehrungen oder aber durch organisatorische Eingriffe getroffen werden (OVG Münster v. 28. 8. 1984, aaO; Fischer u. a., § 76 Anm. 44 a). Führt der

Einsatz einer EDV-Anlage an einer Schule für die Lehrer nicht zu gesteigerten körperlichen Anforderungen oder zu einer vermehrten geistig-psychischen Belastung, weil sie die bisher ohnehin zu verwertenden Notenpunkte nunmehr in Listen eintragen müssen, die von einer EDV-Anlage ausgedruckt werden, so handelt es sich dabei für die Lehrer nicht um eine Maßnahme zur Hebung der Arbeitsleistung (BVerwG v. 14. 3. 1986, aaO). Dagegen kann ein Mitbestimmungsrecht der Personalvertretung dann in Betracht kommen, wenn als Ergebnis von Gesprächen in Qualitätszirkeln Maßnahmen veranlasst werden, die darauf gerichtet sind, ein Mehr an Arbeitsleistung im Sinne einer Steigerung des körperlichen Einsatzes und des geistigen Aufwands abzufordern (Ilbertz, PersV 2000, 490, 495).

aa) Unter dem Begriff **Arbeitsablauf** ist die funktionelle, zeitliche und räumliche Aufeinanderfolge von Arbeitsvorgängen (Arbeitsschritten) zur Erzielung eines bestimmten Arbeitsergebnisses zu verstehen. Es wird also erfragt und erfasst, was in welcher Reihenfolge wann und wo zu tun ist (Richardi u. a., § 76 Anm. 146). Wenn der Arbeitsablauf flüssiger und einfacher gestaltet wird oder Arbeitsvorgänge teilweise eingespart werden, dann ist eine Erleichterung des Arbeitsablaufs gegeben. Dies kann in erster Linie durch Rationalisierungsmaßnahmen geschehen. Wenn diese Maßnahmen zu höherer Effektivität oder höherer Qualität der Arbeit oder aber zu größeren Arbeitsanforderungen führen, dann ist hiermit im allgemeinen eine körperliche und/oder geistige Mehrbelastung der Beschäftigten verbunden, so dass die Personalvertretung zu deren Schutz mitbestimmen muss (BVerwG v. 14. 3. 1986, PersV 1986, 469; OVG Münster v. 8. 5. 1984, ZBR 1985, 119; VGH Mannheim v. 27. 11. 1984, ZBR 1985, 175). Daher unterliegt auch eine **Arbeitsumverteilung,** die durch Zusammenfassung gleichartiger Arbeitsabläufe bei einer geringeren Zahl von Stellen bewirken soll, dass sich das Verhältnis von Arbeitsaufwand und Arbeitsergebnis verbessert, der Mitbestimmung der Personalvertretung (VGH Mannheim v. 3. 7. 1979, Leits. ZBR 1980, 132 = PersV 1982, 18; OVG Münster v. 17. 2. 1982, Leits. PersV 1986, 472 = RiA 1982, 199; OVG Saarlouis v. 4. 6. 1992, Leits. PersR 1993, 192). Maßnahmen der **Geschäftsverteilung** unterliegen dagegen nicht dem Mitbestimmungsrecht der Personalvertretung, weil solche Maßnahmen in aller Regel nicht darauf angelegt sind, das Arbeitsergebnis durch Erhöhung der Menge der zu verrichtenden Arbeit zu steigern oder die gleiche Arbeitsmenge innerhalb kürzerer Zeiteinheiten zu erledigen (OVG Münster v. 6. 2. 2002, PersR 2002, 406; Lorenzen u. a., § 76 Anm. 76d). Dagegen besteht ein Mitbestimmungsrecht für den Fall der Einrichtung eines zentralen Schreibdienstes, bei dem beabsichtigt ist, die Effektivität der Arbeit qualitativ und quantitativ zu fördern (vgl. auch Anm. 37), ebenso auch bei der Kürzung von nach Dauer und Lage bestimmten Zeitspannen zur Wahrnehmung im Einzelnen bestimmter oder festliegender Tätigkeiten, wenn nicht gleichzeitig diese Tätigkeiten verringert werden (VGH Mannheim v. 13. 11. 1990, Leits. ZfPR 1991). Anders dagegen ist die Rechtslage zu beurteilen, wenn bisher als Arbeitszeit bewertete Wegezeiten künftig nicht mehr als Arbeitszeit gewertet werden. Zeiten auf dem Weg zur Arbeitsstelle oder auf dem Heimweg können nicht als Arbeitszeiten gewertet werden (BVerwG v. 12. 11. 1993, ZBR 1994, 254 = PersV 1994, 518 = ZfPR 1994, 54). Ein Mitbestimmungsrecht ist gegeben, wenn Beschäftigte, die in ihrem Bereich anfallende Rechnungen bisher nur auf sachliche Richtigkeit zu prüfen hatten, künftig aber mit der vollständigen Rechnungsprüfung beauftragt werden, weil die Beschäftigten in erheblichem Maß mehr als zuvor beansprucht werden (BVerwG v. 30. 1. 1986 – 6 P 19.84 – Buchholz 238.35 § 61 Nr. 4HePersVG). Wenn allerdings mit der Arbeitsumverteilung lediglich eine Erhöhung der Qualität 32a der Arbeit verlangt wird, ohne dass sich dies auf die vorgegebene Arbeitszeit auswirkt, dann löst eine solche Arbeitsumverteilung nicht zwangsläufig schon das Mitbestimmungsrecht der Personalvertretung aus. Vielmehr muss hinzukommen, dass mit der betreffenden Maßnahme ein größeres Arbeitspensum in derselben Zeit erledigt werden soll wie zuvor das geringere. Die angestrebte Verbesserung eines Arbeitsergebnisses muss also einen zusätzlichen Arbeitsvorgang auslösen (OVG Münster v. 28. 8. 1984, ZBR 1985, 119). Diese Voraussetzung ist u. a. dann erfüllt, wenn Fehlerprüfung und Korrektur unmittelbar über ein Bildschirmgerät am Arbeitsplatz ohne Umweg über eine Datenverarbeitungszentrale mit der Folge einer wesentlichen Verkürzung der Bearbeitungszeit möglich sind. Die Einführung entsprechender Bildschirmgeräte verfolgt den Zweck, die Arbeitsleistung zu steigern und den Arbeitsablauf zu erleichtern. Die Arbeitsintensität wird erhöht und die Arbeitsleistung gesteigert. Im Interesse der Vermeidung von Überforderungen hat daher die Personalvertretung mitzubestimmen (VGH Kassel v. 14. 7. 1976, PersV 1978, 129). Wenn aber eine organisationsrechtliche Maßnahme nicht darauf gerichtet ist, die Arbeitsleistung zu heben und tatsächlich auch keine messbare Mehrbelastung bzw. eine Zunahme des Arbeitsaufwands erfolgt, dann ist vom Zweck der Vorschrift her, die betroffenen Beschäftigten vor Überlastung und vor Überbeanspruchung zu schützen, ein **Mitbestimmungsrecht der Personalvertretung nicht geboten** (OVG Münster v. 30. 10. 1984, RiA 1986, 279; VGH Mannheim v. 21. 3. 1988, ZBR 1989, 157; VGH München v. 19. 10. 1988, PersR 1989, 306). Dies gilt beispielsweise für eine Anordnung, erledigte Arbeitsvorgänge monatlich in einer Liste zu verzeichnen und sie am Monatsende dem Vorgesetzten vorzulegen, damit dieser für eine gleichmäßige Auslastung der Beschäftigten sorgen kann (OVG Bremen v. 24. 1. 1989, ZBR 1990, 158 = PersV 1990, 267 = Leits. ZfPR 1990, 149; OVG Münster v. 25.10. 1989, PersV 1991, 171 = Leits. ZfPR 1990, 94). Ebensowenig ist ein Mitbestimmungsrecht dann gegeben, wenn Maßnahmen alleine die individuellen Dienst- oder Arbeitspflichten aus dem Beschäftigungsverhältnis der einzelnen Arbeitnehmer festlegen. Wenn aber mit dieser Festlegung die Übertragung zusätzlicher Aufgaben und somit eine Erhöhung der Arbeitsleistung verbunden sind, dann greift das Mitbestimmungsrecht durch. Dies ist z. B. dann der Fall, wenn Sachbearbeitern einer Widerspruchsstelle beim Arbeitsamt aufgegeben wird, die Wiedervorlage der von ihnen auf Frist gelegten Vorgänge zu überwachen (OVG Berlin v. 13. 1. 1995, Leits. ZfPR 1995, 204).

33 b) Nicht erforderlich ist, dass beide Tatbestandsgestaltungen (Maßnahmen zur Hebung der Arbeitsleistung **und** Erleichterung des Arbeitsablaufs) gleichzeitig vorliegen (Lorenzen u. a., § 76 Anm. 98 c). Das Mitbestimmungsrecht wird vielmehr auch dann schon ausgelöst, wenn nur eine der beiden Alternativen gegeben ist (BVerwG v. 15. 12. 1978, ZBR 1980, 59 = PersV 1980, 145; OVG Münster v. 6. 6. 1983, PersV 1984,463; OVG Münster v. 16. 1. 1984, RiA 1984, 264; vgl. BVerwG v. 30. 8. 1985, BVerwGE 72, 94 = ZBR 1986, 143 = PersV 1987, 247, das Maßnahmen zur Erleichterung des Arbeitsablaufs als Unterfall der Maßnahmen zur Hebung der Arbeitsleistung interpretiert). Die Maßnahmen müssen konkret in Aussicht genommen sein und eine **Veränderung des bestehenden Zustands** zur Folge haben. Das gilt auch für die nur **probeweise Einführung einer Maßnahme** über einen Zeitraum von drei Monaten. Die Personalvertretung hat auch in diesen Fällen mitzubestimmen, obwohl eine endgültige Entscheidung über die Einführung der Maßnahme erst nach Ablauf der Erprobung erfolgt (Richardi u. a., § 76 Anm. 143). Die versuchsweise Einführung einer bestimmten Maßnahme kann nämlich zu den gleichen Belastungen wie die Einführung einer endgültigen Maßnahme führen (Fischer u.a., § 76 Anm. 44c). Das Mitbestimmungsrecht der Personalvertretung hat insoweit den Sinn, Überforderungen oder sonstige Nachteile – wenn auch für begrenzte Zeit – abzuwenden, zu mildern oder auszugleichen (BVerwG v. 15. 12. 1978, aaO). Unerheblich ist, ob sich die Maßnahme tatsächlich nur geringfügig auswirkt. Allerdings ist in diesem Zusammenhang zu berücksichtigen, dass bei nur geringfügigen Auswirkungen für die Personalvertretung kaum ein begründeter Anlass besteht, sich ihr entgegenzustellen (BVerwG v. 2. 10. 1990, ZBR 1991, 53 = PersV 1991, 269 = ZfPR 1991, 5).

c) Auch eine organisatorische Veränderung der Geschäftsverteilung zum 34
Zwecke der Rationalisierung, die die Arbeitsintensität erhöhen und die Arbeitsleistung des betroffenen Beschäftigten steigern soll, ist eine mitbestimmungspflichtige Maßnahme (VGH Kassel v. 14. 7. 1976, PersV 1978, 129; vgl. hierzu auch den Überblick von Widmaier in PersV 1985, 305 und Anm. 32a). Ein Mitbestimmungsrecht an der **Organisationsplanung** steht der Personalvertretung allerdings nicht zu, ebensowenig an der Festlegung eines Stellenplans oder einer Stellenbesetzungsliste. Ein Organisationsplan nämlich legt die innerbetriebliche Zuständigkeitsordnung fest und bestimmt, welche Aufgaben und Zuständigkeiten konkreten Behördenteilen zur Erfüllung der Aufgaben der Dienststelle nach außen zugewiesen werden. Dabei bleibt grundsätzlich offen, welche Beschäftigten für die Erledigung bestimmter Aufgaben zuständig sind; eine solche Zuständigkeitsfestlegung ist im allgemeinen Gegenstand eines Geschäftsverteilungsplans (BVerwG v. 27. 8. 1997, BVerwGE 105, 161 = ZBR 1998, 210 = ZfPR 1998, 49; Lorenzen u.a., § 76 Anm. 98d). Ein Mitbestimmungsrecht käme nur dann in Betracht, wenn die betreffenden Maßnahmen auf eine Anhebung der Arbeitsleistung gerichtet sind. Das ist aber nicht schon dann der Fall, wenn lediglich ein Sachgebiet einer anderen Abteilung zugeordnet wird, ohne dass hiermit eine erhöhte Inanspruchnahme der betroffenen Beschäftigten verbunden ist, zu der auf eine Steigerung der Güte und Menge der zu leistenden Arbeit gerichtete Maßnahmen typischerweise führen (OVG Hamburg v. 20. 5. 1986, ZBR 1986, 379; OVG Münster v. 25. 10. 1989, PersV 1991, 38). Gleiches gilt für den Fall, dass eine Anpassung an verändert anfallende Aufgaben oder eine gerechtere, den individuellen Fähigkeiten besser entsprechende Arbeitsverteilung erfolgt, ohne dass dies mit einem höheren Arbeitsaufwand oder einem besseren Arbeitsergebnis verbunden ist (VGH Kassel v. 11. 11. 1987, Leits. ArbuR 1988, 222) oder ohne dass die Arbeitszeit für die gleiche Arbeitsmenge verkürzt würde (VGH München v. 1. 7. 1987, Leits. PersR 1988, 111). Ein Mitbestimmungsrecht besteht auch dann nicht, wenn im Rahmen eines Dienstplans eine andere Gewichtung der Arbeitszeit erfolgt (z.B. Verkürzung von Nebenzeiten für das Lesen von Vorschriften), soweit die Gesamtarbeitszeit nicht verändert wird (BVerwG v. 31. 7. 1992, Leits. ZBR 1992, 380 = PersV 1992, 220 = ZfPR 1992, 7). Ein Mehr an Arbeitsleistung im Sinne einer Steigerung des körperlichen Einsatzes bzw. des geistigen Aufwands wird durch diese organisatorische Maßnahme nicht bewirkt. In all diesen Fällen erfolgen keine dienstlichen Anordnungen, technischen Vorkehrungen oder organisatorischen Änderungen, mit denen eine Förderung der Arbeitsleistung sowohl von der Menge als auch von der Qualität her verbunden wäre. Es geht nicht um die Verbesserung des Verhältnisses von Arbeitsaufwand und Arbeitsergebnis; denn die Maßnahmen haben nicht unmittelbar diese Konsequenzen (VGH Kassel v. 3. 6. 1984, RDV 1986, 270). Ausreichend ist nicht, dass die Maßnahme nur mittelbar solche Folgen auslöst (OVG Münster v. 18. 6. 1982, Leits. PersV 1986,435 = RiA 1983, 199; vgl. auch: VGH Mannheim v. 3. 6. 1979, PersV 1982, 18).

Wenn aber weitere Arbeiten den Beschäftigten deshalb übertragen werden, weil aus finanziellen Gründen Hilfskräfte künftig eingespart werden sollen, dann ist mit dieser Übertragung eine unmittelbare Arbeitsmehrbelastung verbunden (aA OVG Münster v. 18. 6. 1982, aaO).

35 d) Allerdings greift das Mitbestimmungsrecht der Personalvertretung nicht schon dann ein, wenn beispielsweise **Bildschirmgeräte** aufgestellt werden, die lediglich eine veränderte Übermittlung der durch einen elektronischen Rechner erzielten Rechenergebnisse bewirken (BVerwG v. 30. 8. 1985, BVerwGE 72, 94 = ZBR 1986, 143 = PersV 1987, 247). Gleiches gilt dann, wenn die entsprechenden Maßnahmen nicht unmittelbar auf eine Hebung der Arbeitsleistung oder auf eine Erleichterung des Arbeitsablaufs angelegt sind und ohne Einfluss auf Menge und Qualität der geleisteten Arbeit bleiben. Wenn nur Erfahrungen gesammelt werden sollen, nach deren Auswertung eine Entscheidung darüber beabsichtigt ist, ob und ggf. welche Anordnungen zur Hebung der Arbeitsleistung oder zur Erleichterung des Arbeitsablaufs künftig getroffen werden, dann stehen diese Maßnahmen erst noch bevor und sind noch nicht beabsichtigt (VGH Mannheim v. 11. 3. 1980, Leits. ZBR 1981, 231; VGH Kassel v. 21. 3. 1984, ZBR 1984, 245). Auch eine an Sekretärinnen gerichtete Anordnung, für drei Wochen tägliche **Arbeitsaufzeichnungen** zu machen, um die Einrichtung zentraler Schreibbüros prüfen zu können, unterliegt nicht dem Mitbestimmungsrecht der Personalvertretung (VGH Mannheim v. 11. 3. 1980, aaO); denn eine solche Maßnahme dient weder der Hebung der Arbeitsleistung noch der Erleichterung des Arbeitsablaufs. Ebenso ist die Rechtslage bei der Anordnung von Mehrarbeit; sie stellt keine Maßnahme zur Hebung der Arbeitsleistung dar, weil hiermit keine arbeitsunabhängige erhöhte Anforderung am Arbeitsplatz verbunden ist (VGH Kassel v. 22. 11. 1994, Leits. ZfPR 1995, 51).

36 e) Die Personalvertretung hat insbesondere im Hinblick auf „die Erfüllung der der Dienststelle obliegenden Aufgaben“ (§ 2 Abs. 1) die Einführung technischer Hilfsmittel zu fördern. Mit Hilfe entsprechender Techniken soll die Effektivität der Arbeit qualitativ oder quantitativ gefördert, Güte oder Menge der zu leistenden Arbeit sollen gesteigert werden. Im Rahmen des von der Personalvertretung auszuübenden Mitbestimmungsrechts ist aber darauf zu achten, dass die Beschäftigten **vor unangemessener Beanspruchung zu schützen** sind. Die Personalvertretung soll mit Hilfe des ihr zustehenden Initiativrechts (§ 70 Abs. 2) für die Bereitstellung technischer Vorrichtungen oder für die Durchführung organisatorischer Maßnahmen zum Abbau von Belastungen, damit also zur Erleichterung des Arbeitsablaufs, sorgen. Darüber hinaus besteht der Zweck des Mitbestimmungsrechts darin, zur Berücksichtigung der Erkenntnisse über die menschengerechte Gestaltung der Arbeit beizutragen. Die Maßnahmen müssen, sollen sie das Mitbestimmungsrecht der Personalvertretung auslösen, daher darauf angelegt sein, einen höheren mengenmäßigen Arbeitsertrag zu erzielen oder aber die Qualität des Arbeitsproduktes zu verbessern, d. h. Güte und Menge der zu leistenden Arbeit zu steigern (BVerwG v. 27. 11. 1991, ZBR 1992, 275 = PersV 1992, 385 = ZfPR 1992, 100). Dies bedeutet aber nicht, dass ein Mitbestimmungsrecht nicht zum Tragen kommt, wenn mit der Rückführung von Arbeiten zwar eine höhere Belastung der in einem bestimmten Verwaltungsbereich tätigen Beschäftigten verbunden ist, ohne dass hiermit die Absicht zur Erzielung eines höheren mengenmäßigen Arbeitsertrages oder zur Verbesserung der Qualität des Arbeitsproduktes verbunden ist (aA BVerwG v. 27. 11. 1991, aaO). Die Beschäftigten sollen vor Überforderungen ge-

schützt werden. Der Dienststellenleiter aber nimmt in solchen Fällen eine mit einer technischen oder organisatorischen Umstellung mittelbar verbundene zusätzliche Belastung der Beschäftigten (billigend) in Kauf. Er beabsichtigt somit zwar nicht unmittelbar, wohl aber mittelbar eine zusätzliche Belastung, so dass das Mitbestimmungsrecht unter dem Blickwinkel des Schutzzwecks der Vorschrift zum Tragen kommen muss (vgl. auch Anm. zu BVerwG v. 27. 11. 1991, aaO; vgl. auch OVG Bremen v. 12. 1. 1993, Leits. ZfPR 1994, 130; aA Fischer u. a., § 76 Anm. 44 a). Für diese Auslegung spricht auch, dass nicht selten mit einer Maßnahme zwangsläufig eine Hebung der Arbeitsleistung verbunden ist, der die Beschäftigten nicht durch Verringerung einzelner Tätigkeiten oder durch Verminderung der Güte der Arbeitsleistung ausweichen können. In diesen Fällen ist die Vermehrung der Arbeitsleistung eine zwangsläufige und unausweichliche Folge einer aus anderen Gründen getroffenen Maßnahme (z. B. Kürzung der Wochenarbeitszeit). Infolgedessen liegt eine Hebung der Arbeitsleistung nicht nur dann vor, wenn die betreffende Maßnahme erklärtermaßen darauf abzielt. Vielmehr ist ein Mitbestimmungsrecht der Personalvertretung auch zu bejahen, wenn mit der Maßnahme zwangsläufig für einen oder mehrere Beschäftigte eine Hebung der Arbeitsleistung verbunden ist (BVerwG v. 10. 3. 1992, ZBR 1992, 278 = PersV 1992, 389 = ZfPR 1992, 107; OVG Bremen v. 2. 5. 1994, PersR 1994, 336; vgl. hierzu kritisch: Haas, ZTR 1992, 443). Da die Personalvertretung gerade im Zusammenhang mit der Einführung neuer Techniken die Aufgabe hat, die Beschäftigten vor unangemessener Belastung zu schützen, kann der mit der Einführung einer bestimmten Maßnahme verfolgte Zweck nicht für die Beantwortung der Frage maßgebend sein, ob die Personalvertretung mitzubestimmen hat. Insoweit ist auf die Rechtsprechung zu § 75 Abs. 3 Nr. 17 zu verweisen, die dem Schutzgedanken zugunsten der Beschäftigten einen besonders hohen Stellenwert einräumt und daher nicht darauf abstellt, ob bestimmte technische Einrichtungen zur Überwachung von Verhalten und Leistung der Beschäftigten bestimmt oder lediglich geeignet sind (vgl. § 75 Anm. 199 ff.). Andererseits greift ein **Mitbestimmungsrecht** der Personalvertretung **nicht schon dann Platz, wenn vorhandene Geräte lediglich modernisiert und der neuesten Entwicklung angepasst** werden und die Arbeitsleistung nur unwesentlich gesteigert wird bzw. eine nur unerhebliche Erleichterung des Arbeitsablaufs eintritt. Daher ist in jedem einzelnen Fall zu prüfen, ob die Verbesserungs- bzw. Modernisierungsmaßnahmen zu einer nicht nur unwesentlichen Mehrbeanspruchung führen (Kaerger, RiA 1982, 121; aA VGH München v. 27. 1. 1988, PersV 1989, 127 m. Anm. v. Dannhäuser). Diese Folge kann auch mit der Einführung eines Internet-Zugangs am Arbeitsplatz dann verbunden sein, wenn ein Dienststellenleiter das Arbeitsergebnis durch Vermehrung einer vorgegebenen Soll-Zahl von Vorgängen erhöht; zum anderen kann auch eine Erleichterung des Arbeitsablaufs insofern mit der genannten Einrichtung verbunden sein, als bisher übliche Arbeitsvorgänge entfallen und ein erleichterter Zugang zu Informationen gegeben ist (Wolber, PersR 2000, 3). In allen Fällen der Einführung neuer Techniken hat die Beteiligung der Personalvertretung so frühzeitig zu erfolgen, dass nicht schon entscheidende Weichenstellungen vollzogen worden sind, die durch die Personalvertretung nicht mehr beeinflussbar sind. Deshalb hat eine Beteiligung bereits bei der Festlegung von Ausschreibungsinhalten, Pflichtenheften, sonstigen mit der Einführung verbundenen Arbeitsablaufhinweisen etc., und nicht erst bei der Installierung der Geräte zu erfolgen (Fischer u. a., § 76 Anm. 45a).

f) Eine von der Dienststelle beabsichtigte Maßnahme ist dann als Maßnahme zur Hebung der Arbeitsleistung zu werten, wenn sie auf eine **Erhöhung** 37 des **Arbeitspensums** angelegt ist. Von einzelnen Beschäftigten oder einer Gruppe von ihnen muss also entweder schnellere oder in der gleichen Zeit bessere Arbeit erwartet werden. Der Zeitfaktor spielt daher eine entscheidende Rolle bei der Beantwortung der Frage, ob eine konkrete Maßnahme zu einer „arbeitszeitabhängigen Leistungsverdichtung“, also dazu führt, dass „in gleicher Zeit mehr Arbeit oder in weniger Zeit die gleiche Arbeit zu leisten ist“. Das ist bei der **Anordnung von Überstunden** nicht der Fall, weil nämlich Arbeitsmenge und Arbeitszeit in gleichem Umfang vergrößert werden (BVerwG v. 23. 1. 1996, ZBR 1996, 267 = PersV 1996, 457 = ZfPR 1996, 116). Daher ist eine **Arbeitsumverteilung** nur dann eine Maßnahme zur Hebung der Arbeitsleistung, wenn hiermit zusätzliche Aufgaben übertragen werden und dadurch eine Erhöhung des zeitlich und qualitätsmäßig festliegenden Arbeitspensums eintritt oder wenn eine Veränderung des Arbeitszuschnitts vorgenommen wird, die zu einer größeren Arbeitsbelastung führt (VGH Mannheim v. 27. 11. 1984, ZBR 1985, 175; OVG Berlin v. 14. 9. 1999, Leits. ZfPR 2001, 54; vgl. auch Anm. 32a). Diese Voraussetzung ist auch bei Leitungsaufgaben dann erfüllt, wenn z. B. der Aufsichtsführende einen größeren sachlichen und personellen Bereich zu überblicken und seine Arbeit rationeller zu planen hat (VGH München v. 9. 3. 1989, ZBR 1990,327 = PersV 1990,446). Gleiches gilt dann, wenn einer Führungskraft zusätzliche Mitarbeiter zugewiesen werden, weil mit einer solchen Maßnahme ein Mehr an Aufgaben in der Anleitung, Beratung, allgemeinen Kommunikation sowie in der Aufsicht und Überwachung verbunden ist, die eine stärkere körperliche und geistig-psychische Inanspruchnahme jedenfalls dann nach sich ziehen, wenn eine Kompensation durch gleichzeitige Entlastung von anderen Aufgaben nicht beabsichtigt ist (OVG Hamburg v. 15. 9. 1995 – OVG Bs PB 6/93, n. v.; vgl. hierzu auch Anm. 31 ff.). Dies ist zum Beispiel dann der Fall, wenn die Pflichtstundenzahl von Lehrern von bisher 25 auf 26 Stunden erhöht werden soll, um die Pflichtstundenzahl den in anderen Ländern bestehenden Zahlen anzugleichen; denn mit dieser Maßnahme wird zugleich auf eine als Hebung der Arbeitsleistung mitbestimmungspflichtige Mehrarbeit der Lehrkräfte abgezielt. Anders wäre die Rechtslage nur dann zu beurteilen, „wenn anderweitige Entlastungen konkret angegeben würden“. Ein stillschweigendes „Vertrauen“ jedenfalls darauf, dass betroffene Lehrer unter Ausnutzung ihrer pädagogischen Gestaltungsfreiheit sich möglicherweise weniger gründlich auf den Unterricht vorbereiten werden, ersetzt diese Angabe nicht (BVerwG v. 28. 12. 1998, BVerwGE 108, 233 = ZBR, 1999, 418 = Leits. PersV 1999, 413 = ZfPR 1999, 52). Die zur Diskussion stehende Maßnahme muss ein Mitbestimmungsrecht auslösen, also darauf abzielen, dass gegenüber der früher zu verrichtenden Arbeit in derselben Zeit ein Mehr an Arbeit erbracht wird. Wenn daher ohne zusätzlichen Mehraufwand an Arbeit durch den Einsatz verbesserter oder neuartiger Maschinen und Geräte eine Steigerung des Arbeitsergebnisses erzielt wird, werden die Beschäftigten nicht mehr beansprucht, so dass also auch vom Schutzzweck der Bestimmung her ein Mitbestimmungsrecht grundsätzlich nicht Platz greifen kann (vgl. hierzu auch OVG Münster v. 13. 2. 1984, Leits. ZBR 1985, 208). Grundsätzlich kann das Mitbestimmungsrecht der Personalvertretung **nicht** deshalb **entfallen**, weil die zu erwartende Erleichterung des Arbeitsablaufs nicht arbeitstäglich, sondern in größeren Abständen erfolgt. Vielmehr muss im Rahmen des Mitbestimmungsverfahrens geprüft werden, ob die Beschäftigten durch die bezweckte Arbeitserleichterung unangemessen in körperlicher oder geistiger Hinsicht belastet werden. Werden Beschäftigte durch die Aufstellung eines Bildschirmgerätes nur unregelmäßig und kurzfristig in Anspruch genommen, dann ist kein Grund für eine eventuelle Zustimmungsverweigerung durch die Personalvertretung gegeben; denn solche Maßnahmen führen nicht zum Ansteigen der Gesamtarbeitsleistung mit der Folge, dass die Beschäftigten zusätzlichen Anforderungen unterworfen werden (BVerwG v. 30. 8. 1985, BVerwGE 72, 94 = ZBR 1986, 143 = PersV 1987, 247; vgl. auch OVG Münster v. 24. 2. 1983, PersV 1985, 371). Ähnlich ist die Situation dann zu beurteilen, wenn vorübergehend zusätzliche Aufgaben zugewiesen werden, um auf diese Weise Arbeitsrückstände abzubauen, sofern nicht angeordnet wird, dass die vorübergehend zugewiesenen Aufgaben innerhalb eines bestimmten Zeitraums zu erledigen sind. Da die **Verlängerung von Öffnungszeiten** einer Behörde in erster Linie der Verbesserung der Erreichbarkeit dient, also im Allgemeininteresse liegt, ist ein Mitbestimmungsrecht der Personalvertretung grundsätzlich nicht gegeben (OVG Münster v. 20. 11. 1997, PersV 1998, 555 = Leits. ZfPR 1998, 91; vgl. auch § 75 Anm. 89). Soweit allerdings mit dieser Maßnahme eine Arbeitsmehrbelastung der Beschäftigten verbunden ist und keine entsprechende Entlastung erfolgt, gebietet es der Schutzgedanke des Mitbestimmungsrechts, die Personalvertretung entsprechend zu beteiligen. Gleiches gilt, wenn die Altersermäßigung der Pflichtstunden für Lehrer gekürzt wird (BVerwG v. 10. 1. 2006, PersV 2006, 177 = ZfPR 2006, 38).

g) Einer Personalvertretung steht dann kein Mitbestimmungsrecht nach Abs. 2 Nr. 5 zu, wenn in einer gesetzlichen oder tariflichen Bestimmung ein Sachverhalt unmittelbar geregelt ist, so dass es zum Vollzug keines Ausführungsaktes mehr bedarf. Die entsprechende Bestimmung besitzt in einem solchen Fall Ausschließlichkeitscharakter. Sie ist vollständig, umfassend und erschöpfend. Wenn jedoch die Ausgestaltung von Einzelmaßnahmen dem jeweiligen Dienststellenleiter überlassen wird, dann unterliegt dessen Entscheidung dem Mitbestimmungsrecht der Personalvertretung in Form der **Richtigkeitskontrolle** (BVerwG v. 12. 8. 2002, PersV 2003, 192 = ZfPR 2002, 298; Lorenzen u. a., § 76 Anm. 98 e). **37a**

7. **Allgemeine Fragen der Fortbildung** der Beschäftigten unterliegen ebenfalls dem Mitbestimmungsrecht der Personalvertretung (Abs. 2 Nr. 6). Die Fortbildung betrifft alle Maßnahmen, die an den vorhandenen Wissensgrundstock anknüpfen, fachliche und berufliche Kenntnisse vertiefen und aktualisieren und die ein Mehr an Kenntnissen vermitteln als für den Eintritt in die Laufbahn erforderlich ist (BVerwG v. 19. 10. 1983 – 6 P 16.81 – Buchholz 238.31 § 79 Nr. 4; vgl. auch § 75 Anm. 130). Daher darf es nicht lediglich um die Anpassung des Wissens an u. a. technische Neuerungen gehen. Das aber ist der Fall, wenn Beschäftigte lediglich in neue technische Systeme eingeführt werden sollen, ihnen also nicht zusätzliche Qualifikationen vermittelt werden, die sich auf das berufliche Fortkommen auswirken können (BVerwG v. 27. 11. 1991, ZBR 1992, 275 = PersV 1992, 385 = ZfPR 1992, 100; BVerwG v. 17. 10. 2002, ZBR 2003, 388 = PersV 2003, 60 = ZfPR 2003, 41) oder wenn durch fachliche Unterrichtung in technische, organisatorische oder rechtliche Neuerungen des Dienstbetriebs eingeführt werden soll (VGH Mannheim v. 31. 3. 1992, PersV 1993, 451). Durch das Wort „allgemeine" wird klargestellt, dass die Personalvertretung nur an **generellen Regelungen über die Fortbildung** mitbestimmen kann, nicht dagegen bei der Verwirklichung im Einzelfall. Die Personalvertretung kann hierzu nicht nur im Rahmen ihres Initiativrechts (§ 68 Abs. 1 Nr. 1, § 70 Abs. 2) Anregungen geben, sondern sie hat bei der Gestaltung der Grundsätze ein förmliches und konkretes Mitbestimmungsrecht i. S. von § 69, so dass z. B. die Festlegung von Fortbildungsmaßnahmen ebenso ihrer Zustimmung bedarf wie die Errichtung und Ausstattung von Einrichtungen der **38**

Dienststelle zur Fortbildung, die Festlegung des teilnahmeberechtigten Personenkreises sowie die Festlegung der Auswahlkriterien bei Teilnahme an außerdienstlichen Fortbildungsveranstaltungen (Fischer u. a., § 76 Anm. 47; Lorenzen u. a., § 76 Anm. 101). Die Personalvertretung hat dabei zu berücksichtigen, dass die bei Fortbildungsveranstaltungen erworbenen Kenntnisse sich insofern auf das berufliche Fortkommen auswirken können, als sie zu einem höheren Leistungs- und Befähigungsstand beitragen und dadurch möglicherweise ein qualifizierteres Beurteilungsergebnis erreicht wird. Deshalb ist ein Mitbestimmungsrecht der Personalvertretung auch für den Fall zu bejahen, dass in Personalentwicklungskonzepten **Maßnahmen zur Führungskräfteschulung** aufgeführt bzw. Methoden und Verfahren zur Entdeckung, Ausschöpfung und Fortentwicklung von **Qualifikationsreserven** beschrieben werden (VG Frankfurt v. 22. 5. 2000, PersV 2000, 523). Ob aber auch die Festlegung von Regeln über die Durchführung von Mitarbeitergesprächen dem Mitbestimmungsrecht der Personalvertretung in diesem Zusammenhang unterliegt, hängt vom Einzelfall ab (vgl. hierzu: § 75 Anm. 179 a). Dagegen steht der Personalvertretung dann kein Mitbestimmungsrecht zu, wenn durch eine Verfügung Dienstunterricht mit dem Ziel der Aufrechterhaltung des dienstlich erforderlichen Leistungsstandes angeordnet wird. In diesen Fällen nämlich handelt es sich um die Anordnung von Unterricht zur Aufrechterhaltung des erforderlichen Leistungsstandes und zur Anpassung der Kenntnisse und Fähigkeiten an technische, organisatorische und sonstige Neuerungen. Hier geht es also nicht um eine möglichst gerechte Verteilung der Fortbildungschancen (OVG Münster v. 24. 8. 1977, PersV 1980, 156). Ebensowenig steht der Personalvertretung ein Mitbestimmungsrecht bei der **Festlegung organisatorischer Entscheidungen** zu. Dies gilt z. B. für die Festlegung der Ausbildungsdienststellen und die Zahl der diesen Dienststellen zuzuweisenden Auszubildenden (VG Gelsenkirchen v. 7. 3. 1978 – PVB 9/77, n. v.). Auch steht der Personalvertretung kein Mitbestimmungsrecht zu, wenn zunächst alleine darüber zu entscheiden ist, ob bei Bildungsmaßnahmen, die nicht auf unmittelbare Veranlassung der Dienststelle oder einer ihr übergeordneten Dienststelle durchgeführt werden, ein dienstliches Interesse zu bejahen ist. Insoweit handelt es sich um eine reine Fachfrage, die keine sozialen, persönlichen oder beruflichen Belange der Beschäftigten innerhalb der Dienststelle unmittelbar berührt (OVG Münster v. 11. 11. 1982, ZBR 1983, 310 = Leits. PersV 1986, 435). Anders aber wird diese Frage dann zu beurteilen sein, wenn eine Teilnahme an solchen Veranstaltungen dem beruflichen Fortkommen förderlich sein kann.

39 8. Die **Einführung grundlegend neuer Arbeitsmethoden** ist ebenfalls mitbestimmungspflichtig (Abs. 2 Nr. 7; zum Problem der Konkurrenz unterschiedlicher Beteiligungstatbestände: BVerwG v. 19. 5. 2003, ZBR 2003, 423 = PersV 2003, 339 = ZfPR 2003, 267; BVerwG v. 1. 9. 2004, ZBR 2005, 49 = PersV 2005, 59 = ZfPR 2004, 293; vgl. auch vor § 66 Anm. 9). Der Mitbestimmungstatbestand ist verfassungsrechtlich nicht angreifbar, da das Gesetz keine Letztentscheidung der Einigungsstelle vorsieht (zur verfassungsrechtlichen Problematik des Mitbestimmungstatbestands vgl. Hess. Staatsgerichtshof v. 30. 4. 1986, ZBR 1986, 250 = PersV 1986, 227). Dennoch gilt auch im Zusammenhang mit diesem Mitbestimmungstatbestand, dass eine Personalvertretung auf Maßnahmen, die durch die jeweilige Aufgabenstellung einer Behörde bedingt sind, keinen unmittelbaren Einfluss nehmen kann; denn die Aufgabenstellung ist eine von der Personalvertretung nicht beeinflussbare Zielvorgabe. Darüber hinaus hat auch eine Personalvertretung keinen Einfluss auf die Erfüllung der Aufgaben der Dienststelle. Der hier zur Diskussion stehende Mitbestimmungstatbestand erfasst daher

nur Maßnahmen, die sich unmittelbar auf die Beschäftigten auswirken und auf die Gestaltung ihrer Arbeit gerichtet sind. Das Mitbestimmungsrecht der Personalvertretung hat seinen Sinn darin, Überbeanspruchungen von Beschäftigten in körperlicher und geistiger Hinsicht – ausgelöst durch grundlegend neue Arbeitsmethoden und daraus folgenden Umstellungen – zu vermeiden (BVerwG v. 24. 9. 1991, BVerwGE 89, 65 = Leits. ZBR 1992, 91 = PersV 1992, 161 = ZfPR 1992, 47). Es geht also nicht darum, Veränderungen als solche zu verhindern, sondern allein darum, einer Überlastung der Beschäftigten entgegenzuwirken (Fischer u. a., § 76 Anm. 49; Lorenzen u. a., § 76 Anm. 106).

9. Eine **Arbeitsmethode** regelt die Art und Weise des Einsatzes der mensch- 40
lichen Arbeitskraft zur Erfüllung der dienstlichen Aufgaben. Unter den Begriff Arbeitsmethode fallen alle Regeln, die den Arbeitsablauf bei einem bestimmten Arbeitsverfahren betreffen. Sie legen die Art und Weise fest, in der ein Beschäftigter bei der Ausführung des Arbeitsablaufs zu beteiligen ist (VGH Mannheim v. 12. 3. 2002, Leits. ZfPR 2002, 131). Insgesamt erweist sich die Arbeitsmethode „als das auf der Grundlage der personellen, räumlichen, technischen und sonstigen bedeutsamen Gegebenheiten und Möglichkeiten der Dienststelle entwickelte Modell des Ablaufs derjenigen Arbeit, die zur Erfüllung der gestellten Aufgabe erledigt werden muss" (BVerwG v. 30. 8. 1985, BVerwGE 72, 94 = ZBR 1986, 143 = PersV 1987, 247). Die neue Methode muss sich durch eine Erweiterung des bisherigen Aufgabenbereichs und eine damit zwangsläufig verbundene Erhöhung der Verantwortung unmittelbar auf den Arbeitsablauf auswirken (BVerwG v. 27. 11. 1991, ZBR 1992, 275 = PersV 1992, 385 = ZfPR 1992, 100; vgl. auch Lorenzen u. a., § 76 Anm. 104). Daher zählen zu den Arbeitsmethoden insbesondere die Arbeitsverfahren (Fragen der Automation, der elektronischen Datenverarbeitungs- oder Steuerungsmöglichkeiten, Maschinenausstattung, Lorenzen u. a., § 76 Anm. 104); außerdem zählt hierzu die Frage, wie die Beschäftigten bei Arbeitsabläufen untereinander zugeordnet sein sollen (Einzel-/Gruppenarbeit; vgl. VGH Mannheim v. 20. 4. 1983 – 15 S 1422/82, n. v.; Widmaier, PersV 1985, 305). Infolgedessen greift das Mitbestimmungsrecht dann nicht, wenn sich **an der bisherigen Arbeitsmethode nichts ändert**, vielmehr die Konzeption des Arbeitsablaufs die gleiche bleibt. Das ist dann der Fall, wenn ein bisher eingesetztes Computerprogramm nach seiner Fortentwicklung zwar eine andere Bedienungsoberfläche aufweist und wenn Eingaben nunmehr in veränderter Form vorzunehmen sind, die Arbeitsvorgänge sich aufgrund der neuen Programmversion aber nicht zu Lasten der Beschäftigten in Form einer höheren Beanspruchung verändern (VGH Mannheim v. 12. 3. 2002, aaO). Zu bedenken nämlich ist, dass nicht jede Modernisierungsmaßnahme unter das Mitbestimmungsrecht der Personalvertretung fällt, sondern nur eine solche, die eine „erhebliche Qualifikationsveränderung" nach sich zieht; denn es geht darum, die Beschäftigten vor Überforderung und Überlastung bei der Einführung neuer Arbeitsmethoden zu schützen (OVG Münster v. 10. 2. 1999, Leits. ZBR 2000, 106 = Leits. ZfPR 2000, 339; vgl. auch Anm. 39).

a) Eine Überschneidung des hier diskutierten Mitbestimmungsrechts mit 41
dem Anhörungsrecht vor grundlegenden Änderungen von Arbeitsverfahren und Arbeitsabläufen (§ 78 Abs. 5) ist möglich. In diesen Fällen kann es zu einer Verdrängung des Mitbestimmungsrechts dann kommen, wenn sich aus Sinn und Zweck ergeben sollte, dass die schwächere Beteiligungsform zur Sicherung der Funktionsfähigkeit der Verwaltung gewählt werden muss (BVerwG v. 7. 2. 1980, ZBR 1981, 72 = PersV 1980, 238; dieser Beschluss

enthält aber nicht die generelle Aussage, dass ein Mitwirkungsrecht gegebene Mitbestimmungstatbestände verdrängt, hierzu BVerwG v. 1. 9. 2004, ZBR 2005, 49 = PersV 2005, 59 = ZfPR 2004, 293; vgl. auch vor § 66 Anm. 9). Angesichts der bereits eingetretenen und der noch zu erwartenden **technologischen Umwälzung** kommt dem Mitbestimmungsrecht der Personalvertretung bei der Einführung grundlegend neuer Arbeitsmethoden aber eine sehr große Bedeutung zu, so dass aus Gründen der Akzeptanz das Mitbestimmmungsrecht nicht zu gering eingeschätzt werden darf (so auch Fischer u. a., § 76 Anm. 49 a; vgl. vor allem: Kersten, PersV 2002, 119). Insbesondere die Einführung von Mikroprozessoren, durch die der Elektronik eine Anwendungsbreite mit tiefgreifenden Rationalisierungs- und Automatisierungsfolgen verschafft wird, stellt erhöhte Anforderungen an die Beschäftigten. Überwiegend sind inzwischen grundlegende Arbeitsmethoden durch automatisierte Textverarbeitung mit Hilfe von Schreibautomaten mit eingespeicherten Texten, einfachen Korrekturmöglichkeiten und vollautomatisch auslaufenden Reinschriften eingeführt worden. Die zunehmende Digitalisierung des Verwaltungshandelns stellt die Beschäftigten zudem vor neue Herausforderungen. So ist u. a. mit der Einführung von „E-Government" eine Einarbeitung in völlig neue Programme notwendig (Ilbertz, PersV 2000, 490, 493; Kersten, aaO, S. 127).

41a b) Wenn auch die Personalvertretung lediglich bei der Einführung der durch Techniken bedingten neuen Arbeitsmethoden mitzubestimmen hat, so hat sie in diesem Zusammenhang doch auch in besonderem Maße ihr Augenmerk auf die Berücksichtigung sozialer Wirkungen gerade neuer Kommunikations- und Informationstechniken zu richten, weil sie u. U. auch zu einer „Entqualifizierung" führen können. Die Personalvertretung kann über die Aufstellung von Sozialplänen nach § 75 Abs. 3 Nr. 13 entsprechenden Einfluss nehmen und versuchen, negative Auswirkungen neuer Techniken am Arbeitsplatz zu verhindern; denn die Aufstellung von Sozialplänen ist insoweit mitbestimmungspflichtig, als die „Milderung von wirtschaftlichen Nachteilen, die den Beschäftigten infolge von **Rationalisierungsmaßnahmen** entstehen", angestrebt wird. Als Rationalisierungsmaßnahme ist jede vom Dienstherrn veranlasste zweckmäßige Gestaltung der Arbeitsabläufe und Arbeitsverfahren anzusehen, mit der die Steigerung der Wirtschaftlichkeit der Verwaltung erreicht werden soll. Dadurch soll gleichzeitig der menschliche Aufwand an Arbeit oder auch der Aufwand an Zeit, Energie, Material und Kapital gemildert werden (BVerwG v. 17. 6. 1992, BVerwGE 90, 228 = Leits. ZBR 1992, 380 = PersV 1993, 175 = Leits. ZfPR 1992, 178; vgl. auch § 75 Anm. 166). Darüber hinaus kann die Personalvertretung im Rahmen eines Monatsgesprächs (§ 66 Abs. 1) darauf drängen, ihr bereits bei ersten Überlegungen über die Einführung neuer Techniken entsprechende Informationen zu erteilen und sie gerade wegen der geschilderten Folgen in die Vorberatungen mit einzubeziehen. Gleichzeitig kann die Personalvertretung unter Hinweis auf § 68 Abs. 2 verlangen, dass ihr die „zur Durchführung ihrer Aufgaben" notwendigen Unterlagen „rechtzeitig und umfassend" überlassen werden, damit sie ihrerseits ausreichend Gelegenheit hat, die möglichen Auswirkungen neuer Techniken auf die Arbeitsplätze und die dort Beschäftigten zu überprüfen. Die Information der Personalvertretung muss Auskünfte über beabsichtigte Planungen (z. B. Art der Geräte und Programme, Beschreibung der Aufgaben, die an und mit bestimmten Geräten erfüllt werden sollen, Art und Weise der Arbeit an den Geräten, Kreis der betroffenen Beschäftigten) enthalten. Dabei ist besonders darauf hinzuweisen, dass eine Personalvertretung völlig überfordert wäre, wenn ihr von der Absicht der Einführung entsprechender grundlegend neuer Arbeitsmethoden in der

Weise Kenntnis gegeben würde, dass die Dienststelle die Zustimmung der Personalvertretung „innerhalb von zehn Arbeitstagen“ (§ 69 Abs. 2 Satz 3) fordert; denn innerhalb dieses Zeitraums kann die Personalvertretung weder abschließend die Auswirkungen der Einführung neuer Techniken in der Dienststelle prüfen noch sich in dem erforderlichen Umfang mit Gewerkschaften oder sonstigen sachkundigen Stellen beraten. Da die einzelnen Maßnahmen mit der Personalvertretung zu beraten sind, muss die Unterrichtung zu einem Zeitpunkt erfolgen, zu dem abschließende Entscheidungen noch nicht vorliegen. Die Maßnahmen müssen also noch gestaltungsfähig sein. Dies bedeutet z. B. im Zusammenhang mit dem Anschluss einer Dienststelle an eine Struktur- und Planungsdatenbank einer anderen Dienststelle unter Einsatz der automatisierten Datenverarbeitung, dass der betreffende Dienststellenleiter die sich hieraus für die Beschäftigten ergebenden Konsequenzen im Einzelnen im Hinblick auf die Einführung einer grundlegend neuen Arbeitsmethode darstellt (OVG Berlin v. 25. 5. 1981 – OVG PV Bln. 11.81, n. v.; vgl. auch OVG Münster v. 11. 11. 1981 – CL 34/80, n. v.). Wenn dagegen eine Dienststelle im Rahmen ihrer Aufgabenstellung sich mit einer Maßnahme an außenstehende Dritte wendet, denen gegenüber sie eine bestimmte Aufgabe zu erfüllen hat, sind die daraus sich ergebenden Auswirkungen auf die Beschäftigten nur „Reflexe“ der betreffenden Maßnahme, die auch deshalb der Mitbestimmung nicht unterliegt, weil sie die Dienstausübung, für die die Verwaltung allein verantwortlich ist, betrifft (BVerwG v. 24. 9. 1991, BVerwGE 89, 65 = Leits. ZBR 1992, 91 = PersV 1992, 161 = ZfPR 1992, 47). Im Übrigen kann das Mitbestimmungsrecht nach Abs. 2 Nr. 7 nicht zum Tragen kommen, wenn als Folge der nach außen gerichteten Maßnahme bisherige Aufgaben geändert bzw. verringert werden; denn dieser Mitbestimmungstatbestand hat den Schutz der Beschäftigten zum Ziel. Sie sollen vor neuen, ins Gewicht fallenden Anforderungen und zusätzlichen Belastungen geschützt werden (BVerwG v. 24. 9. 1991, aaO).

c) Die Vorschrift spricht von „grundlegend neuen Arbeitsmethoden“, also von solchen, die für die Beschäftigten **ins Gewicht fallende** körperliche und geistige **Auswirkungen** haben und sich nicht nur gelegentlich und kurzfristig bemerkbar machen (Lorenzen u. a., § 76 Anm. 105). Infolgedessen kann die Personalvertretung nicht bei Maßnahmen mitbestimmen, deren Auswirkungen auf die Arbeit der Beschäftigten „und damit auf sie selbst im Verhältnis zu dem übrigen, unverändert gebliebenen methodischen Ablauf ihrer Arbeit nicht ins Gewicht fallen“ (BVerwG v. 30. 8. 1985, BVerwGE 72, 94 = ZBR 1986, 143 = PersV 1987, 247). Ein Mitbestimmungsrecht besteht immer dann, wenn eine Arbeitsmethode bisher in einer Dienststelle nicht praktiziert worden ist (Lorenzen u. a., § 76 Anm. 104). Dies ist z. B. im Zusammenhang mit der Einführung von **Telearbeit** der Fall (Richardi u. a., § 76 Anm. 160), unabhängig davon, in welcher Form Arbeitsplätze aus einer Dienststelle ausgelagert, durch elektronische Anbindung aber angeschlossen bleiben (Arbeitsplatz in der Wohnung des Beschäftigten oder gleichzeitig auch in der Dienststelle, wechselnde Einsatzorte oder neue Dienststelle alleine mit Telearbeitsplätzen). Wenn eine Dienststelle über eine längere Zeit im Rahmen einer Pilotphase Telearbeitsplätze einrichtet, dann setzt bereits das Mitbestimmungsrecht der Personalvertretung ein (OVG Münster v. 30. 10. 1996, Leits. ZBR 1997, 160 = Leits. ZfPR 1997, 121; vgl. auch § 75 Anm. 193, 222a). Dieses Mitbestimmungsrecht umfasst auch die Festlegung des Kreises der zur Telearbeit Berechtigten, die Ausgestaltung der Arbeitsplätze, die Kommunikationspflichten zur Dienststelle und ihren Beschäftigten, technische Kontrollen, Anwesenheitspflichten etc. Ebenso erstreckt sich das Mitbestimmungsrecht auf weitere Maßnahmen in Zu- 42 sammenhang mit der Einrichtung von Telearbeitsplätzen, nämlich u. a. auf die Festlegung von Ausschreibungen, auf Pflichtenhefte etc. (Fischer u. a., § 76 Anm. 49).

42a d) Auch eine nur **versuchsweise Anwendung neuer Arbeitsmethoden** unterliegt dem Mitbestimmungsrecht der Personalvertretung, weil dieselben Belastungen und Überforderungen mit einer solchen versuchsweisen Anwendung wie mit einer endgültigen Einführung verbunden sind (BVerwG v. 15. 12. 1978, ZBR 1980, 59 = PersV 1980, 145). Voraussetzung für das Mitbestimmungsrecht der Personalvertretung aber ist nicht, dass die neuen Arbeitsmethoden die Gesamtheit der auf einen bestimmten Arbeitsablauf am Arbeitsplatz gerichteten Regelungen umfassen. Ausreichend ist, dass sie sich auf Abschnitte des Arbeitsablaufs beschränken und für die von ihr betroffenen Beschäftigten ins Gewicht fallende zusätzliche körperliche oder geistige Auswirkungen haben (BVerwG v. 27. 11. 1991, ZBR 1992, 275 = PersV 1992, 385 = ZfPR 1992, 100; Lorenzen u. a., § 76 Anm. 105). Diese müssen den Beschäftigten bewusst werden. Unbemerkbare Veränderungen z. B. einer technischen Einrichtung genügen nicht (VGH München v. 1. 4. 1992, Leits. ZfPR 1993, 92). Wenn auch die Erschwerung der individuellen Arbeitsleistung kein gesetzliches Kriterium für den grundlegenden Charakter einer neuen Arbeitsmethode ist, kann eine arbeitsphysiologische Erschwerung doch vertretungsrechtliche Bedeutung besitzen, z. B. Umstellung der Dienststelle auf Großraumbüro ohne Trennwände oder mit durchsichtigen Trennwänden, Einführung der Stechuhr (vgl. § 75 Abs. 3 Nr. 17).

42b e) Insbesondere im Zusammenhang mit den vielfältigen **Maßnahmen der Verwaltungsreform** steht der Personalvertretung ein Mitbestimmungsrecht nach Abs. 2 Nr. 7 zu. Beispielhaft seien erwähnt: Ersetzung der kameralistischen Haushaltsführung und Mittelbewirtschaftung durch eine betriebswirtschaftliche Kosten-Leistungs-Rechnung, Controlling, Budgetierung, Qualitätsmanagement, Personalmanagement, E-Government, Steuerung über Zielvorgaben und Zielbewertungen (Ilbertz, PersV 2000, 490).

43 f) Das Mitbestimmungsrecht der Personalvertretung bei der **Einführung von Bildschirmgeräten bzw. des Bildschirmtextsystems** hängt nach Abs. 2 Nr. 7 davon ab, ob es sich hierbei um die Einführung grundlegend neuer Arbeitsmethoden handelt. Das wird in der Regel der Fall sein, weil es bei der notwendigen Umstellung der Arbeitsorganisation nicht nur um eine Weiterentwicklung, Verbesserung, Verfeinerung oder Vereinfachung bereits angewandter Arbeitsmethoden, sondern um neue, die Arbeitsweise wesentlich ändernde Methoden geht (OVG Münster v. 11. 11. 1981 – CL 34/80, n. v., unter Hinweis auf BVerwG v. 15. 12. 1978, ZBR 1980, 59 = PersV 1980 145; VG Arnsberg v. 7. 7. 1982 – PVL 4/82, n. v.). Werden Bildschirmgeräte mit einem rechengesteuerten Personalinformationssystern verwendet, dann unterliegen sie dem Mitbestimmungsrecht der Personalvertretung unter der Voraussetzung, dass sie als Teilbereich des gesamten InformationsSystems zur Personalkontrolle geeignet sind und der Bildschirmarbeitsplatz überwacht werden kann (vgl. § 75 Abs. 3 Nr. 17; Jobs, DB 1983, 2307).

44 g) Eine **Anpassung an die Entwicklung** der Technik, z. B. Ersatz der mechanischen Schreibmaschinen durch elektrische, stellt keine Einführung grundlegend neuer Arbeitsmethoden dar (BVerwG v. 27. 11. 1991, ZBR 1992, 275 = PersV 1992, 385 = ZfPR 1992, 100; Lorenzen u. a., § 76 Anm. 105; Post-Pawlowski, PersV 1989, 473, 478). Nicht jede Modernisierungsmaßnahme soll dem Mitbestimmungsrecht der Personalvertretung unterliegen. Viel-

mehr sollen nur solche Maßnahmen der Mitbestimmung unterfallen, die zu einer erheblichen Qualitätsveränderung führen. In diesen Fällen sollen die Beschäftigten über das Mitbestimmungsrecht der Personalvertretung vor Überforderung und Überlastung geschützt werden (BVerwG v. 24. 9. 1991, BVerwGE 89, 65, 67 = Leits. ZBR 1992, 91 = PersV 1992, 161 = ZfPR 1992, 47). Der Übergang von der Versendung von Briefen auf dem normalen Postweg zur Nachrichtenübermittlung durch Telefax dürfte heute nicht mehr als eine erhebliche qualitative Änderung der Aufgabenerledigung angesehen werden, so dass ein Mitbestimmungsrecht der Personalvertretung nicht besteht (so aber: OVG Münster v. 10. 2. 1993, Leits. ZfPR 1994, 58 = RDV 1994, 138; auch zweifelnd: Fischer u. a., § 76 Anm. 49). Dem Mitbestimmungsrecht unterliegt dagegen nicht eine laufende, allgemein übliche Verbesserung der Arbeitsmethoden, ein Ersatz eines Journals durch eine Kartei, ein Generationswechsel im EDV-Bereich (Lorenzen u. a., § 76 Anm. 105), die Konzentrierung aller Personalentscheidungen auf eine Stelle (VGH Kassel v. 14. 7. 1976, PersV 1978, 129) etc. Auch durch Eingabe der den Schülern erteilten Noten in die EDV-Anlage – statt der bisherigen Eintragung in Kurslisten – wird die pädagogische Arbeit der Lehrer wie Lehrtätigkeit, Unterrichtsvorbereitung, Korrektur von Schülerarbeiten und Notengebung nicht so erkennbar beeinflusst, dass der Mitbestimmungstatbestand gegeben ist (BVerwG v. 14. 3. 1986, PersV 1986, 469). Allerdings kann die Änderung einer elektronischen Datenverarbeitungsanlage (Systemwechsel), je nach Lage des Einzelfalles (z. B. erhebliche Abweichung von den bisherigen Einsatzmöglichkeiten), ein Mitbestimmungsrecht der Personalvertretung auslösen (VGH Kassel v. 24. 8. 1988, NJW 1989, 2641). Wenn eine bisher auf konventionell-manuelle Weise selbstständig zu erledigende Tätigkeit durch Computer ersetzt werden soll, dann handelt es sich um die Einführung einer grundlegend neuen Arbeitsmethode. Dieser Tatbestand ist nicht nur dann erfüllt, wenn die elektronische Datenverarbeitung in einer Dienststelle eingeführt wird, sondern auch dann, wenn diese Technik bereits zu einem früheren Zeitpunkt eingeführt wurde, jetzt aber zusätzliche Arbeitsvorgänge von dem Computersystem erfasst werden sollen (VG Frankfurt v. 30. 1. 1978, PersV 1979, 30).

h) Wenn der Leiter der Dienststelle eine Gruppe von Beschäftigten **von der Erledigung bestimmter Aufgaben zurückziehen** und diese Aufgaben durch eine andere Gruppe von Beschäftigten ausführen lassen will, so ist darin die Einführung einer grundlegend neuen Arbeitsmethode zu sehen. Dies gilt z. B. dann, wenn Zugbegleiter aus einer bestimmten Aufgabe zurückgezogen werden und die Übernahme dieser Aufgabe durch Triebfahrzeugführer geregelt wird; denn hierdurch ändert sich zugleich die Art und Weise der Ausführung des Arbeitsvorgangs, weil nämlich die Triebfahrzeugführer anders als bisher am Arbeitslauf beteiligt werden (BVerwG v. 15. 12. 1978, ZBR 1980, 59 = PersV 1980, 145; BVerwG v. 7. 2. 1980, ZBR 1981, 72 = PersV 1980, 238). **45**

10. Der **Erlass von Richtlinien über die personelle Auswahl** bei Einstellungen, Versetzungen, Umgruppierungen und Kündigungen ist gleichfalls mitbestimmungspflichtig (Abs. 2 Nr. 8). Solche Richtlinien betreffen die Auswahl zwischen mehreren Personen bei Durchführung einer personellen Maßnahme; sie sollen eine positive oder negative Auslese unter solchen Bewerbern ermöglichen, die die allgemeinen Anforderungen an eine bestimmte Aufgabe erfüllen; sie bezwecken, dass durch bestimmte Vorgaben Entscheidungen, die wesentlich durch Ermessens- und Beurteilungsspielräume gekennzeichnet sind, versachlicht und durchschaubar gemacht **46**

werden. Die zu beachtenden fachlichen und persönlichen Voraussetzungen sowie die sozialen Gesichtspunkte sind Gegenstand von Auswahlrichtlinien, bei deren Erestellung „eine möglichst frühzeitige und wirkungsvolle Beteiligung in der Form der Mitbestimmung sichergestellt werden“ soll (BVerwG v. 5. 9. 1990, Leits. ZBR 1991, 58 = PersV 1991, 85 = 1991, 8; BVerwG v. 21. 3. 2005, PersV 2005, 425 = Leits. ZfPR 2006, 13); vgl. für das BetrVG: BAG v. 10. 12. 2002, BAGE 104, 187 = ZTR 2003, 584). Auswahlrichtlinien sollen die Grundlage für eine einheitliche Praxis für die Behandlung einer Vielzahl der von einer Dienststelle zu treffenden Einzelentscheidungen bilden. Regelungen, die ein allgemeines Anforderungsprofil im Hinblick auf den oder die zu besetzenden Dienstposten entwerfen, sind dagegen keine Auswahlrichtlinien, deren Erlass dem Mitbestimmungsrecht der Personalvertretung unterliegen würde. Auswahlrichtlinien legen sowohl fachliche und persönliche Voraussetzungen (beruflicher Werdegang und Ausbildung, Prüfungen, Spezialkenntnisse, Alter und Gesundheitszustand, soziale Gesichtspunkte wie z. B. Familienstand, Kinderzahl u. a.) als auch die Methoden fest, nach denen ein Bewerber aus dem Bewerberkreis auszuwählen ist (OVG Münster v. 8. 11. 1988, PersR 1989, 330). Es handelt sich also um die **Mitbestimmung an generellen Regelungen** (OVG Münster v. 27. 1. 1983, Leits. ZBR 1984, 284 = PersV 1984, 374). Sie sollen eine möglichst einheitliche Praxis bei den von einer Dienststelle zu entscheidenden personellen Einzelmaßnahmen gewährleisten. Bei ihrer Verwirklichung steht der Personalvertretung im Einzelfall ohnehin ein Beteiligungsrecht zu (vgl. § 76 Abs. 1 Nr. 1, 4, § 79; Lorenzen u. a., § 76 Anm. 107). Allerdings ist in diesem Zusammenhang darauf hinzuweisen, dass die Festlegung von Voraussetzungen, die ein Bewerber erfüllen muss, um zum Kreis derjenigen zu gehören, unter denen nach Eignung, Befähigung und fachlicher Leistung auszuwählen ist, zum Bereich der Personalhoheit der Dienststelle gehört (OVG Berlin v. 26. 10. 1989, Leits. PersR 1990, 344). Das hier zur Diskussion stehende Mitbestimmungsrecht der Personalvertretung ist nicht auf den Inhalt einer Ausschreibung oder auf das Anforderungsprofil eines einzelnen, ausgeschriebenen Dienstpostens gerichtet (VGH München v. 9. 6. 1993, Leits. ZfPR 1994, 161). Deshalb kann sich das Mitbestimmungsrecht der Personalvertretung im Zusammenhang mit dem Erlass von Richtlinien über die personelle Auswahl nicht auf eine Einzelentscheidung,sondern alleine darauf beziehen, mit dazu beizutragen, dass eine Auswahl alleine nach sachlichen Kriterien erfolgt, die in persönlicher oder fachlicher Hinsicht durch die jeweils konkrete Aufgabe sachlich vorgegeben sind. Ebenso beinhaltet das Mitbestimmungsrecht die Aufgabe, dafür einzutreten, dass soziale Gesichtspunkte ausreichend berücksichtigt werden (OVG Hamburg v. 17. 8. 1995, Leits. ZfPR 1996, 59). Die Auswahlrichtlinien müssen daher Grundsätze definieren, die in positiver oder negativer Vorwegnahme für eine Vielzahl von personellen Entscheidungen bei Einstellungen, Versetzungen, Umgruppierungen und Kündigungen Kriterien festlegen und die gleichzeitig deutlich machen, wie im Einzelnen fachliche und persönliche Voraussetzungen sowie soziale Gesichtspunkte zu beachten sind. Wenn ein öffentlicher Arbeitgeber im Rahmen betriebsbedingter Kündigungen ein **Punkteschema** für die soziale Auswahl erstellen will, dann handelt es sich um eine mitbestimmungspflichtige Auswahlrichtlinie selbst dann, wenn es nur auf konkret bevorstehende Kündigungen angewendet werden soll (vgl. für das BetrVG: BAG v. 6. 7. 2006, DB 2007, 636).

47 a) Das Mitbestimmungsrecht erstreckt sich nicht nur auf die **materiellen Merkmale für die Auswahl** von Beschäftigten oder Bewerbern bei Personaleinzelmaßnahmen, sondern auch auf das **Verfahren,** das für die Feststellung

der Auswahlkriterien maßgebend sein soll. Daher steht der Personalvertretung bei der Erstellung eines Testbogens für den schriftlichen Teil einer **Eignungsfeststellung,** bei der eine Mindestpunktzahl bestimmt wird, die ein Bewerber für die Zulassung zum mündlichen Teil der Eignungsfeststellung erreichen muss, ein Mitbestimmungsrecht zu (BVerwG v. 5. 9. 1990, Leits. ZBR 1991, 58 = PersV 1991, 85 = ZfPR 1991, 8). Ebenfalls mitbestimmungspflichtig ist die Frage, welche Daten für eine spätere Auswahl gespeichert und auf welche Weise die Daten gewonnen werden sollen (Gola, DÖV 1984, 839). Sollen die Daten über ein Personalinformationssystem gewonnen werden, so erstreckt sich das Mitbestimmungsrecht auf die für die Auswahl maßgebenden Kriterien und Anhaltspunkte (Klebe/Schumann, ArbuR 1983, 40).

b) Die auf die personelle Auswahl bei Einstellungen bezogenen Richtlinien **48**
dürfen nicht alleine auf die Dauer der Dienststellenzugehörigkeit, sondern müssen auch auf Lebensalter und Familienverhältnisse abstellen (vgl. für das BetrVG: BAG v. 11. 3. 1976, BAGE 28, 40 = DB 1976, 1387), also insgesamt fachliche, persönliche und soziale Gesichtspunkte berücksichtigen. Die Auswahlrichtlinien beziehen sich daher immer auf die **generelle Festlegung von Grundsätzen für die Auswahl von Bewerbern** (vgl. Anm. 46). Infolgedessen hat die Personalvertretung dann mitzubestimmen, wenn aufgrund einer Vereinbarung zwischen dem Leiter einer Dienststelle und dem dort tätigen Datenschutzbeauftragten Richtlinien für die Auswahl der in der Verarbeitung personenbezogener Daten tätigen Personen aufgestellt werden (Gola, BB 1979, 581). Dagegen steht der Personalvertretung über diesen Mitbestimmungstatbestand kein Beteiligungsrecht hinsichtlich der Auswahlgesichtspunkte zu, „durch die auf den Umfang und die Zusammensetzung des zu erwartenden Bewerberkreises selbst Einfluss genommen wird“ (OVG Münster v. 24. 8. 1977, PersV 1980, 158; OVG Münster v. 17. 2. 1982, RiA 1982, 216). Ebensowenig steht der Personalvertretung ein Mitbestimmungsrecht dann zu, wenn in einem Projekt einer Dienststelle zur richtigen Eingruppierung von Arbeitnehmern Hinweise erarbeitet werden sollen, um für die künftigen Entscheidungen geeignete Kriterien für eine richtige Eingruppierung zu erarbeiten, es sei denn, dass bereits verbindliche Vorgaben für eine konkrete Personalauslese angeordnet werden (BVerwG v. 21. 3. 2005, PersV 2005, 425 = Leits. ZfPR 2006, 13). Da das Gesetz abschließend die Fälle aufzählt, in denen der Erlass von Richtlinien über die personelle Auswahl dem Mitbestimmungsrecht der Personalvertretung unterliegt, sind Richtlinien für andere Sachverhalte mitbestimmungsfrei (z. B. Umsetzungs-, Verwendungsgrundsätze, Führungsgrundsätze, Beförderungskriterien etc., Fischer u. a., § 76 Anm. 51). Ebensowenig steht der Personalvertretung bei der Aufhebung von Auswahlrichtlinien ein Mitbestimmungsrecht zu. Im Übrigen hat die Personalvertretung darauf zu achten, dass Auswahlrichtlinien im Einklang mit gesetzlichen Bestimmungen stehen (Fischer u. a., aaO).

c) Nach Art. 33 Abs. 2 GG sind die Arbeitgeber des öffentlichen Dienstes zur **49**
Festlegung eines Anforderungsprofils für eine zu besetzende Stelle vor der Auswahlentscheidung verpflichtet. Dabei sind die Leistungsbewertungen und die wesentlichen Auswahlerwägungen schriftlich niederzulegen. Ein Leistungsvergleich zwischen den Bewerbern hat zeitnah zur Auswahlentscheidung zu erfolgen, weil nur dann eine sachgerechte Entscheidung darüber getroffen werden kann, wer für die künftigen Aufgaben am besten geeignet ist (BAG v. 21. 1. 2003, ZBR 2004, 273 = PersV 2003, 379 = Leits. ZfPR 2003, 306). Der Personalvertretung steht bei der **Erstellung von Anforderungsprofilen** kein Mitbestimmungsrecht zu, weil hierin die fachli-

chen, persönlichen und sonstigen Anforderungen für einen bestimmten Arbeitsplatz abstrakt festgelegt werden, damit die diesem Arbeitsplatz durch die Stellenbeschreibung zugewiesene Aufgabe erfüllt werden kann (OVG Münster v. 8. 1. 1988, ZBR 1989, 286; Lorenzen u. a., § 76 Anm. 107; vgl. für das BetrVG: BAG v. 31. 5. 1983, BAGE 43, 26 = BB 1984, 275 = DB 1983, 2311). Gleiches gilt für **Stellenbeschreibungen;** denn auch sie sind keine Auswahlrichtlinien. Vielmehr legen sie die Funktion einer bestimmten Stelle innerhalb des dienstlichen Geschehens fest. Aufgabe und Kompetenz dieser Stelle werden beschrieben und es wird festgelegt, welche Tätigkeiten zur Erfüllung dieser Aufgabe im Einzelnen zu verrichten sind. Somit ist die Stellenbeschreibung Teil der Organisation des dienstlichen Arbeitsablaufs. Ein Mitbestimmungsrecht an Maßnahmen der Organisation steht der Personalvertretung aber nicht zu (VGH Mannheim v. 15. 5. 1997, Leits. ZfPR 1998, 15). Deshalb kann sie auch nicht bei der Erstellung von Funktionsbeschreibungen mitbestimmen, mit denen für Gruppen von Stelleninhabern mit vergleichbaren Tätigkeiten Funktionen festgelegt und in ihren Tätigkeitsschwerpunkten beschrieben werden und die die Grundlage dafür bilden, den Stelleninhabern eine bestimmte Funktionsbezeichnung zuzuweisen (vgl. auch Anm. 46 und für das BetrVG: BAG v. 14. 1. 1986, BAGE 50, 337 = DB 1986, 1286).

50 d) Im Zusammenhang mit **Richtlinien über die personelle Auswahl bei Versetzungen** kommt es ebenfalls auf die fachliche und persönliche Eignung eines Beschäftigten im Hinblick auf den vorgesehenen neuen Dienstposten oder Arbeitsplatz an. Ist einem Dienstherrn durch Gesetz oder Tarifvertrag ein Ermessensspielraum eingeräumt und beabsichtigt er, diesen durch die Aufstellung von Grundsätzen für Abordnungen und Versetzungen zu konkretisieren, indem er Kriterien für künftige Versetzungen und Abordnungen aufstellt, dann hat er die zuständige Personalvertretung zu beteiligen (OVG Bremen v. 22. 11. 2000, PersR 2001, 424). Bei der Erstellung von Richtlinien über die personelle Auswahl bei Versetzungen und Abordnungen spielen in erster Linie soziale Gesichtspunkte eine Rolle, die sich vor allem auf Lebensalter und Dauer der Dienststellenzugehörigkeit beziehen. Für einen jüngeren Beschäftigten, der noch nicht lange in der Dienststelle tätig ist, dürfte es regelmäßig eher als für einen älteren Beschäftigten mit langjähriger Dienststellenzugehörigkeit zumutbar sein, sich auf einem anderen Dienstposten in einer anderen Dienststelle in einen neuen Aufgabenbereich einzuarbeiten. **Richtlinien über die personelle Auswahl bei Umsetzungen** sollen Kriterien für die Übertragung höherwertiger Tätigkeiten an Arbeitnehmer festlegen; aus ihnen soll dann die veränderte Eingruppierung infolge Tarifautomatik erfolgen. Richtlinien über Rückgruppierungen sind in der Praxis weitgehend deshalb ausgeschlossen, weil sie in der Regel als Einzelfälle im Rahmen von Änderungskündigungen erfolgen (Fischer u. a., § 76 Anm. 52; Lorenzen u. a., Anm. 107 b).

51 e) Bei der **Erstellung von Richtlinien über die personelle Auswahl bei Kündigungen** sind in erster Linie personen- oder verhaltensbedingte, teilweise aber auch soziale Tatbestände anzusprechen, aus denen sich Auswahlkriterien ergeben. Richtlinien über die personelle Auswahl bei Kündigungen wegen mangelnder fachlicher Qualifikation unterliegen nicht dem Mitbestimmungsrecht der Personalvertretung (OVG Berlin v. 7. 6. 1993, Leits. PersR 1994, 44). Vielmehr können die entsprechenden Folgen über das KSchG abgewickelt werden. Mitbestimmungspflichtige Richtlinien beziehen sich in erster Linie auf „betriebsbedingte" Kündigungen, während auch verhaltensbedingte Kündigungen über das KSchG abzuwickeln sind (Lorenzen

u. a., § 76 Anm. 107 d). Soweit die Richtlinien entweder nur für Beamte oder nur für Arbeitnehmer aufgestellt werden, sind an der Beschlussfassung nur die Vertreter der jeweiligen Gruppe bzw. Gruppen beteiligt (Altvater u. a., § 76 Anm. 27; aA Richardi u. a., § 76 Anm. 196).

11. Die **Geltendmachung von Ersatzansprüchen** gegen einen Beschäftigten unterliegt ebenfalls dem Mitbestimmungsrecht (Abs. 2 Nr. 9). Ersatzansprüche sind Forderungen, die auf die Ersetzung einer dem Gläubiger entstandenen Vermögenseinbuße gerichtet sind. Dies sind vor allem Schadenersatzansprüche im Zusammenhang mit einer vorsätzlichen oder grob fahrlässigen Verletzung dienst- bzw. arbeitsrechtlicher Pflichten, während demgegenüber ein Anspruch des Dienstherrn gegen einen Beschäftigten auf Rückerstattung überzahlter Bestandteile von Gehältern oder Löhnen in Vorschriften des BGB über die Herausgabe einer ungerechtfertigten Bereicherung bzw. für Beamte in § 12 Abs. 2 BBesG begründet ist. Die Rückforderung zu viel bezahlter Bezüge ist nicht auf den Ausgleich einer dem Gläubiger entstandenen Vermögenseinbuße, sondern auf die Rückabwicklung eines einem Schuldner nicht zustehenden Vermögenszuwachses gerichtet. Insofern scheidet ein Mitbestimmungsrecht bei der Geltendmachung auf Herausgabe einer ungerechtfertigten Bereicherung aus (BVerwG v. 27. 1. 2006, PersV 2006, 337; aA OVG Hamburg v. 10. 1. 2005, PersV 2005, 265). Sind dagegen die Voraussetzungen des Abs. 2 Nr. 9 erfüllt, dann wird das Mitbestimmungsrecht ausgelöst, sobald der Leiter der Dienststelle einem Beschäftigten mitteilen will, dass er einen bestimmten Anspruch gegen ihn für gegeben hält. Auf eine Zahlungsaufforderung kommt es in diesem Zusammenhang nicht an. Die frühzeitige Beteiligung der Personalvertretung soll vielmehr sicherstellen, dass ihr hinreichend Zeit zur rechtlichen Überprüfung verbleibt und dass sie in ausreichendem Maß auf die Gleichbehandlung der Beschäftigten hinwirken kann (BVerwG v. 24. 4. 2002, ZBR 2002, 361 = PersV 2002, 542 = ZfPR 2002, 294). Ersatzansprüche sind nur solche, die der Dienststellenleiter im Wege des Rückgriffs gegenüber dem vermeintlich schuldigen Beschäftigten geltend macht. Ansprüche außenstehender Dritter sind ebenso wenig berührt wie Rückforderungen aus einer ungerechtfertigten Bereicherung (VG Hannover v. 1. 7. 1977 – VG FL 19/77, n. v.). Das Mitbestimmungsrecht wird vor allem dann akut, wenn dem Dienststellenleiter eine Ermessensentscheidung darüber verbleibt, ob er den Anspruch geltend macht oder nicht (Fischer u. a., § 76 Anm. 54). Darüber hinaus kommen Ansprüche gegen Beamte bei vorsätzlicher oder grob fahrlässiger Amtspflichtverletzung (§ 78 Abs. 1 BBG), bei Inanspruchnahme der Dienststelle im Wege der Staatshaftung und dem damit verbundenen Rückgriff (Art. 34 GG) sowie Ansprüche bei einer Verletzung der Arbeitnehmern obliegenden Pflichten in Betracht, die nicht nur für Vorsatz und grobe Fahrlässigkeit (voll), sondern auch bei mittlerer Fahrlässigkeit (anteilig) haften (§ 1 Abs. 1 TVöD). Durch Leistungsbescheid, Leistungsklage oder über eine Aufrechnung gegenüber dem Anspruch eines Beamten auf Zahlung seiner Bezüge kann der Dienstherr Ersatzansprüche geltend machen, gegenüber Arbeitnehmern im Wege der Aufrechnung, eines Mahnverfahrens oder einer Klage vor dem Arbeits- bzw. Zivilgericht (Fischer u. a., § 76 Anm. 53; Kunze, PersV 2006, 334; Pfohl, ZBR 2004, 119). Ein Leistungsbescheid kann auch im Rahmen eines Rückgriffsanspruchs als vorläufige Maßnahme nach § 69 Abs. 5 durchgesetzt werden (OVG Münster v. 3. 8. 1977, ZBR 1978,181; vgl. auch OVG Hamburg v. 11. 12. 2000, PersV 2002, 267 = ZfPR 2002, 267 sowie § 69 Anm. 34). Dagegen steht der Personalvertretung kein Mitbestimmungsrecht bei der Geltendmachung von Ersatzansprüchen gegen einen bereits aus Altersgründen ausgeschiedenen (ehemaligen) Beschäftigten zu 52

(OVG Hamburg v. 9. 10. 1979, Leits. ZBR 1980, 259). Ebenso wenig obliegt einer Personalvertretung ein Mitbestimmungsrecht bei der Rückforderung überzahlter Bezüge von Beamten oder überzahlter Vergütungen und Löhne von Arbeitnehmern (VGH München v. 14. 7. 1993, PersR 1993, 563). Hierbei nämlich handelt es sich nicht um Ersatzansprüche (Fischer u. a., § 76 Anm. 53 a; Lorenzen u. a., § 76 Anm. 109a).

53 a) Das **Mitbestimmungsrecht** der Personalvertretung soll ihr die Möglichkeit geben, die Geltendmachung eines konkreten Ersatzanspruchs „unter Berücksichtigung aller in der Dienststelle gegebenen Umstände und unter Berücksichtigung sozialer Gesichtspunkte" zu prüfen (OVG Münster v. 18. 11. 1982, ZBR 1983, 239). Dieses Mitbestimmungsrecht ist in erster Linie **auf** eine **Mitbeurteilung** dahingehend abgestellt, ob die maßgeblichen Anspruchsvoraussetzungen gegeben sind bzw. im Falle einer Ermessensentscheidung darauf, ob es im konkreten Fall dem pflichtgemäßen Ermessen entspricht, einen Anspruch gegenüber einem bestimmten Beschäftigten durchzusetzen (OVG Hamburg v. 25. 11. 1997, Leits. ZBR 1998, 365 = Leits. PersV 1998, 526 = Leits. ZfPR 1998, 162). Dabei hat die Personalvertretung auf eine gerechte Behandlung des Beschäftigten unter Berücksichtigung seines bisherigen Verhaltens hinzuwirken (Fischer u. a., § 76 Anm. 54). Die Personalvertretung soll in diesem Zusammenhang durch zusätzliche Informationen über die konkreten Arbeitsbedingungen und den Umfang der Arbeitsbelastung zu einer umfassenden Würdigung des Sachverhaltes beitragen. Dabei ist eine gemeinsame Prüfung insbesondere der Frage von Bedeutung, ob der Schaden grob fahrlässig oder vorsätzlich verursacht worden ist. Aufgabe der Personalvertretung ist es, auf gleichgelagerte Fälle und deren Abwicklung zu verweisen, um dadurch eine Gleichbehandlung aller Beschäftigten sicherzustellen (BVerwG v. 19. 12. 1990, Leits. ZBR 1991, 150 = PersV 1991, 277 = PersR 1991, 133 m. Anm. von Plander = ZfPR 1991, 43). Das schließt auch eine konkrete Berücksichtigung der dienstlichen Verwendung desjenigen Beschäftigten ein, gegen den ein Ersatzanspruch geltend gemacht werden soll. In diesem Zusammenhang spielt auch die Frage des Verschuldens (eventuell auch eines Mitverschuldens des Dienstherrn) eine Rolle (mögliche dienstliche Überlastung). Kommt die Personalvertretung zu dem Ergebnis, dass sie dem Ersatzanspruch nicht wirksam widersprechen kann, so hat sie im Wege der bereits angesprochenen Mitbeurteilung zu prüfen, ob der Ersatzanspruch tatsächlich geltend gemacht werden soll. Dabei kann entscheidend sein, ob dem Dienstherrn ein Ersatzanspruch gegenüber Dritten zusteht, ob eventuell von dem Erstattungsbeschluss Abstand genommen werden soll, ob aus Billigkeitsgründen von der Durchsetzung des Anspruchs abgesehen werden soll (vgl. § 12 Abs. 2 Satz 3 BBesG, § 52 Abs. 2 Satz 3 BeamtVG, § 87 Abs. 2 Satz 3 BBG [rechtsgrundlose Leistungsgewährung]) oder ob die Einziehung des Erstattungsbetrages mit erheblichen Härten für den Betroffenen verbunden sein könnte (vgl. § 59 Abs. 1 Nrn. 1 und 3 Bundeshaushaltsordnung, BHO, v. 19. 8. 1969, BGBl. I S. 1284, zul. geänd. d. Art. 9 G v. 13. 12. 2007, BGBl. I S. 2897; vgl. hierzu insgesamt: Schnellenbach, PersV 1991, 457).

54 b) Die Personalvertretung hat erst dann mitzubestimmen, wenn eine **Erstattungsmaßnahme beabsichtigt** ist. Es bedarf daher zunächst einer entsprechenden Willenserklärung des Dienststellenleiters gegenüber der Personalvertretung. Dadurch wird das Mitbestimmungsrecht nicht entwertet; denn die Personalvertretung kann auch noch zu einem Zeitpunkt, zu dem die Willensbildung des Dienststellenleiters abgeschlossen ist, ihre Auffassung aus der Sicht der Beschäftigten vortragen, auf eine entsprechende Gleichbe-

handlung hinwirken und soziale Gesichtspunkte geltend machen. Eine ohne Zustimmung der Personalvertretung gegen einen Beschäftigten geltend gemachte Erstattungsmaßnahme ist unzulässig (BAG v. 14. 11. 1991, NZA 1992, 994). Für die Personalvertretung erschöpft sich das Mitbestimmungsrecht nach Prüfung der vorgelegten Unterlagen in der Erklärung, ob Einverständnis mit der beabsichtigten Maßnahme des Dienststellenleiters besteht oder nicht. Wenn sich daher die Maßnahme eines Dienststellenleiters im Vorfeld der Geltendmachung eines Ersatzanspruchs bewegt (Ermittlung, ob ein regressfähiger Schaden entstanden ist und wer ihn zu vertreten hat), dann ist die Absicht der Geltendmachung eines Ersatzanspruchs noch nicht erklärt, so dass ein Mitbestimmungsrecht zu diesem Zeitpunkt noch nicht in Betracht kommt. Dies gilt auch dann, wenn der Dienststellenleiter einem Dritten bekanntgibt, auf die Geltendmachung eines Ersatzanspruchs gegenüber einem Beschäftigten aus Billigkeitsgründen zu verzichten (OVG Münster v. 25. 2. 1980, PersV 1981, 335).

c) Nach Abs. 2 Satz 2 bestimmt die Personalvertretung im Fall der Geltend- 55
machung von Ersatzansprüchen aus Gründen des Persönlichkeitsschutzes nur auf **ausdrücklichen Antrag des Betroffenen** mit. Wenn ein Dienststellenleiter z. B. die Überzahlung von Dienstbezügen im Wege des Schadensersatzanspruchs geltend macht, so hat er den Beamten darauf hinzuweisen, dass er die Mitbestimmung der Personalvertretung beantragen kann (OVG Münster v. 18. 11. 1982, ZBR 1983, 239, vgl. hierzu BVerwG v. 24. 11. 1983, DÖV 1984, 764 sowie im Einzelnen § 77 Anm. 4 ff.). Der Antrag kann in jedem Stadium des Erstattungsverfahrens gestellt werden. Das Antragsrecht kann noch bis zum Ergehen der letzten Verwaltungsentscheidung ausgeübt werden. Bis zum Erlass des Widerspruchsbescheids nämlich ist die Willensbildung des Dienststellenleiters noch nicht endgültig abgeschlossen (VG Oldenburg v. 29. 4. 1988, PersV 1989, 447). Zuständig ist die Personalvertretung derjenigen Dienststelle, die kraft Gesetzes oder Verwaltungsvorschrift zur Geltendmachung von Ersatzansprüchen gegen Beschäftigte ihres Bereichs berechtigt ist. Liegt diese Berechtigung bei der Mittelbehörde oder bei der obersten Dienstbehörde, dann ist die jeweils zugeordnete Stufenvertretung zu beteiligen, die ihrerseits die Stellungnahme der Personalvertretung bei der Dienststelle des betroffenen Beschäftigten einholen muss (Cecior u. a., § 72 Anm. 436). Ein Leistungsbescheid ist aber nicht deshalb etwa fehlerhaft, weil die zuständige Personalvertretung ohne Unterrichtung des Betroffenen und ohne einen entsprechenden Antrag beteiligt worden ist und zugestimmt hat (VGH Mannheim v. 22. 1. 1981, Leits. ZBR 1982, 191). Wohl aber ist der erlassene Erstattungsbeschluss rechtswidrig, wenn die zuständige Personalvertretung trotz eines Antrags des betroffenen Beschäftigten nicht vor der Geltendmachung von Erstattungsansprüchen beteiligt worden ist (LAG Hamm v. 8. 6. 1989, Leits. PersR 1990, 115). In jedem Fall ist der betroffene Beschäftigte so rechtzeitig über die beabsichtigte Maßnahme zu unterrichten, dass ihm noch genügend Zeit verbleibt, um die zuständige Personalvertretung zu beteiligen (OVG Münster v. 18. 11. 1982, aaO). Der Antrag auf Beteiligung der Personalvertretung ist an den Dienststellenleiter, nicht an die Personalvertretung selbst zu richten (Lorenzen u. a., § 76 Anm. 109b). Wenn ein Antrag auf Beteiligung der Personalvertretung gestellt wird, so hat der Dienststellenleiter vor der Geltendmachung des Ersatzanspruchs die Zustimmung der Personalvertretung einzuholen (Fischer u. a., § 76 Anm. 54). Bei drohender Verjährung des Schadensersatzanspruchs kann der Dienststellenleiter einen Leistungsbescheid als vorläufige Regelung erlassen (BVerwG v. 25. 10. 1979, ZBR 1980, 161; vgl. § 69 Anm. 36). Unterlässt ein Dienststellenleiter trotz des

Antrags eines Beschäftigten die Beteiligung der Personalvertretung bzw. hat die Personalvertretung die Zustimmung versagt und ist sie nicht durch einen Spruch der Einigungsstelle ersetzt worden, dann ist eine vom Dienstherrn erhobene Schadensersatzklage als von vornherein unbegründet abzuweisen (vgl. für das BetrVG: LAG Hamm v. 8. 6. 1989, PersR 1990, 115; Honnen, ZfPR 2000, 214). An der Geltendmachung von Erstattungsansprüchen anderer Gläubiger als der Dienststelle kann die Personalvertretung nicht beteiligt werden. Einzelmitglieder der Personalvertretung können den Betroffenen zwar beraten und unterstützen. Dabei handelt es sich aber nicht um eine „Tätigkeit des Personalrats“, sondern um persönliche, kollegiale Hilfeleistung.

56 12. Nach Abs. 2 Nr. 10 sind solche Maßnahmen mitbestimmungspflichtig, die der **Durchsetzung der tatsächlichen Gleichberechtigung von Frauen und Männern,** insbesondere bei der Einstellung, Beschäftigung, Aus- und Fortbildung und dem beruflichen Aufstieg dienen. Diese Bestimmung ist durch das Zweite Gleichberechtigungsgesetz (v. 24. 6. 1994, BGBl. I S. 1406) eingefügt worden. Mit dem Gesetz zur Gleichstellung von Frauen und Männern in der Bundesverwaltung und in den Gerichten des Bundes (BGleiG v. 30. 11. 2001, BGBl. I S. 3234, zul. geänd. d. Art. 3 Abs. 11 G v. 14. 8. 2006, BGBl. I S. 1897) ist das ehemalige Frauenfördergesetz aufgehoben worden. Dieses Gesetz verstärkt die Rechte der Gleichstellungsbeauftragten (ehemals Frauenbeauftragten) und legt zugleich dem jeweiligen Dienststellenleiter die Verpflichtung zur Umsetzung der Ziele des Gesetzes bei innerdienstlicher, dienst- und arbeitsrechtlichen Entscheidungen auf. Dienststellenleiter sind verpflichtet, die ihnen nach dem Bundesgleichstellungsgesetz obliegenden Maßnahmen der Personalvertretung zur Zustimmung vorzulegen und mit ihr nach den verfahrensrechtlichen Vorgaben des § 69 zu regeln. Der Personalvertretung steht ihrerseits darüber hinaus ein Initiativrecht (§ 70 Abs. 2) zu, so dass sie Maßnahmen zur Durchsetzung der tatsächlichen Gleichberechtigung von Frauen und Männern vorschlagen kann, darüber hinaus auch alle Maßnahmen, die das Gleichbehandlungsgebot des Art. 3 Abs. 2 Satz 2 GG betreffen; denn die Aufzählung der Maßnahmen nach § 76 Abs. 2 Nr. 10 ist lediglich beispielhaft („insbesondere“; Schlatmann, PersV 1996, 1, 3). Selbstverständlich steht den Beteiligten auch der Abschluss einer Dienstvereinbarung zu (wegen der im Zusammenhang mit der Bestellung einer Gleichstellungsbeauftragten stehenden Fragen wird auf Anm. 22 verwiesen; zur Rechtsstellung der Gleichstellungsbeauftragten: v. Roetteken, PersR 2003, 506).

57 13. Während der Leiter einer Dienststelle im Zusammenhang mit innerdienstlichen, dienst- und arbeitsrechtlichen Entscheidungen zur Umsetzung des Gleichstellungsanliegens verpflichtet ist, muss es der Personalvertretung darauf ankommen, u. a. bei Arbeitsplatzausschreibungen und in Bewerbungsgesprächen das Ziel zur verfolgen, die **Erhöhung des Frauenanteils** dann anzustreben, wenn Frauen in den jeweils in Betracht kommenden Bereichen unterrepräsentiert sind. In diesem Fall sollen Frauen bei gleicher Eignung, Befähigung und Leistung bevorzugt berücksichtigt werden. Die Personalvertretung soll außerdem darauf hinwirken, dass Auswahlkommissionen paritätisch mit Frauen und Männern besetzt werden. Darüber hinaus sollen sie darauf achten, dass Gleichstellungspläne, bei deren Aufstellung ein Mitbestimmungsrecht besteht (Lorenzen u. a., § 78 Anm. 69 a), zu Instrumenten der Personalplanung und -entwicklung ausgebaut werden (§§ 6, 7, 8, 9, 11 BGleiG). Vor allem aber haben Personalvertretungen sich für die Förderung der Vereinbarkeit von Familie und Erwerbstätigkeit (§ 1

Abs. 1, §§ 12 ff. BleiG), für die Fortbildungsförderung von Frauen (§§ 10, 14 Abs. 2 BGleiG) sowie für familiengerechte Arbeitszeitmodelle, u. a. Teilzeitbeschäftigung, Telearbeit und familienbedingte Beurlaubung und für ein entprechendes Benachteiligungsverbot einzusetzen (§§ 12 bis 15 BGleiG).

14. Nach Abs. 2 Nr. 10 sind Maßnahmen nicht nur allgemeine Regelungen, mit denen ein Dienststellenleiter die Ziele des Bundesgleichstellungsgesetzes – insbesondere §§ 6 bis 10 BGleiG – umsetzen will, sondern darüber hinaus auch Maßnahmen der Ausbildungsförderung, des beruflichen Aufstiegs oder der Festlegung von Beförderungsgrundsätzen. Außerdem geht es auch um **Einzelfallentscheidungen** nach § 8 BGleiG (Einstellung, beruflicher Aufstieg, Vergabe von Ausbildungsplätzen), soweit diese nicht schon durch andere Mitbestimmungstatbestände abgedeckt sind (§ 75 Abs. 1, 2, 3 Nr. 3, 6, 7, § 76 Abs. 1, 2 S. 1 Nr. 1; Fischer u. a., § 76 Anm. 55 f, g; Schlatmann, PersV 1996, 1, 3). Gleiches gilt für individuelle Arbeibzeitvereinbarungen (§ 12 BGleiG) sowie für familienbedingte Teilzeit- und Beurlaubungsentscheidungen (§ 13, 14, BGleiG). Das Mitbestimmungsrecht der Personalvertretung ist daher nicht nur ein Überwachungsrecht. Es kann auch durch den Abschluss einer Dienstvereinbarung ausgeübt werden (Altvater u. a., § 76 Anm. 29 b). Auch kann die Personalvertretung von ihrem Initiativrecht Gebrauch machen und Maßnahmen zur Durchsetzung der Gleichberechtigung vorschlagen (Fischer u. a., § 76 Anm. 29 a; Lorenzen u. a., § 76 Anm. 111). 58

IV. Streitigkeiten

Streitigkeiten entscheiden die Verwaltungsgerichte gemäß § 83 Abs. 1 Nr. 3 bzw. § 172 BBG, §§ 126, 127, 136 BRRG. 59

Schrifttum: Bolwin: Die Mitbestimmung nach dem Bundespersonalvertretungsgesetz bei der Einführung von Bildschirmarbeitsplätzen, DB 1983, 827; Gillengerten, Die Mitbestimmung bei Maßnahmen zur Hebung der Arbeitsleistung, PersR 1991, 251; Haas, Anmerkungen zu einigen Beteiligungstatbeständen des Bundespersonalvertretungsgesetzes, ZTR 1992, 443; Hinrichs, Zielvereinbarung, PersR 2006, 238; Honnen, Mitbestimmung bei der Geltendmachung von Ersatzansprüchen, ZfPR 2000, 214; Horstkötter, Personalentwicklung, Gender Mainstreaming und Gleichstellungsrecht, PersR 2005, 369; Ilbertz, Enflussnahme der Personalvertretung auf den Prozess der Verwaltungsreform, PersV 2000, 490; Jürgens, Folgen der Nichtbeteiligung des Personalrats bei Durchführung einer Beförderung, PersV 1960, 260; Kersten, „Electronic Government“ und Mitbestimmung, PersV 2002, 119; Klebe-Schumann, Die Rechte des Betriebsrats bei der Einführung und Anwendung von Personalinformationssystemen, ArbuR 1983, 40; Klein, Übertragung einer unterwertigen Tätigkeit an einen Beamten, PersV 1977, 177; Kotulla, Rechtsfragen im Zusammenhang mit der vorübergehenden Zuweisung eines Beamten nach § 123 a BRRG, ZBR 1995, 168; Krell, Gender Mainstreaming als Konzept zur Realisierung der Gleichstellung von Frauen und Männern: Was, warum und wie, PersR 2005, 51; Kunze, Handlungsmöglichkeiten der Personalräte im Zusammenhang mit der Vereinbarkeit von Familie und Beruf, ZfPR 1997, 133; ders. Die Beteiligung des Personalrats bei der Geltendmachung von Ersatzansprüchen gegen einen Beschäftigten, PersV 2006, 334; Löwisch, Mitwirkung und Mitbestimmung bei Einführung von Datenverarbeitungsanlagen, PersV 1987, 360; Lorse, Streitfragen der Mitbestimmung des Personalrats bei der Übertragung höher zu bewertender Tätigkeiten in Fällen der „Topwirtschaft“, PersV 2006, 324; Pfennig, Folgen der Nichtbeteiligung des Personalrats bei beamtenrechtlichen Maßnahmen, PersV 1960, 62; Pfohl, Zum Schadensersatzanspruch des Arbeitgebers des öffentlichen Dienstes gegen den Arbeitnehmer, ZBR 2004,119; Post-Pawlowski, Die Beteiligung der Personalvertretung bei der Einführung von EDV-Systemen in Bibliotheken, PersV 1989, 473; Rob, Die zuständige Personalvertretung bei der Versetzung eines Beamten durch den Leiter einer Mittel- oder obersten Dienstbehörde, PersV 1992, 309; von Roetteken, Neue Entwicklungen in der Rechtsprechung zum Personalvertretungsrecht, PersR 1998, 395; Ruppert, Das Beteiligungsgespräch, Chancen und Gefahren, PersV 1978, 46; Schattat-Fischer, Frauenförderung nach dem 2. Gleichberechtigungsgesetz, PersR 1994, 541; Schimmelpfennig, Zur dienstrechtskonformadäquaten Ausgestaltung allgemeiner Grundsätze für die Fortbildung im öffentlichen Dienst, PersV 1978, 65; Schlatmann, Bundespersonalvertretungsgesetz und Zweites Gleichberechtigungsgesetz, PersV 1996, 1; ders., Die Beteiligung der Personalvertretung bei der Vergabe von Leistungsbezahlungselementen, ZTR 1998, 55; Schnellenbach, Zum Inhalt der Mitbestimmung bei der Geltendmachung von Ersatzansprüchen, PersV 1992, 457; Schönroch, Die Zuweisung von Beamten an privatisierte Einrichtungen, ZBR 2002, 306; Schönwald, Der Dienstleistungsabend in der öffentlichen Verwaltung, ZfPR 1989, 164; Summer, Die Ernennung – Urkundeninhalt, Aushändigung, Einwilligung –, PersV 1984, 223; Vogelgesang, Beteiligungsrechtliche Probleme bei der Privatisierung, PersV 2005, 4; ders., Der Wandel in der Rechtsprechung des Bundesverwaltungsgerichts-Ein Spiegelbild der Entwicklung des Personalvertretungsrechts, PersV 2005, 326; Walz, Die Beteiligung des Personalrats bei Abordnungen und Versetzungen von Beamten, PersV 1978, 113; Widmaier, Überlegungen zum personalvertretungsrechtlichen Letztentscheidungsrecht der Gesamtregierung in personellen Angelegenheiten der Beamten, PersV 1976, 447; Wieschmann, Zusammenarbeit zwischen Personalräten und Gleichstellungsbeauftragten, PersR 2006, 189; Windscheid, Zur Frage der Mitwirkung und Mitbestimmung in personellen Angelegenheiten der Beamten, PersV 1969, 146; Winter, Die Altersteilzeit im öffentlichen Dienst: Tarifvertrag zur Regelung der Altersteilzeitarbeit, ZfPR 1998, 199; Wolber, Internet-Zugang und Mitbestimmung, PersR 2000, 3; Zetsche, Zur Beschränkung der Schadenersatzpflicht des öffentlich Bediensteten gegenüber einem Dienstherrn, ZBR 2004, 130; siehe ferner die Angaben zu § 75.

§ 77 [Besondere Regelung für bestimmte Gruppen von Beschäftigten, Versagungskatalog]

(1) In Personalangelegenheiten der in § 14 Abs. 3 bezeichneten Beschäftigten, der Beamten auf Zeit, der Beschäftigten mit überwiegend wissenschaftlicher oder künstlerischer Tätigkeit bestimmt der Personalrat nach § 75 Abs. 1, § 76 Abs. 1 nur mit, wenn sie es beantragen. § 75 Abs. 1 und 3 Nr. 14, § 76 Abs. 1 gelten nicht für die in § 36 Abs. 1 des Bundesbeamtengesetzes bezeichneten Beamten und für Beamtenstellen von der Besoldungsgruppe A 16 an aufwärts.

(2) Der Personalrat kann in den Fällen des § 75 Abs. 1 und des § 76 Abs. 1 seine Zustimmung verweigern, wenn
1. **die Maßnahme gegen ein Gesetz, eine Verordnung, eine Bestimmung in einem Tarifvertrag, eine gerichtliche Entscheidung, den Frauenförderplan oder eine Verwaltungsanordnung oder gegen eine Richtlinie im Sinne des § 76 Abs. 2 Nr. 8 verstößt oder**
2. **die durch Tatsachen begründete Besorgnis besteht, dass durch die Maßnahme der betroffene Beschäftigte oder andere Beschäftigte benachteiligt werden, ohne dass dies aus dienstlichen oder persönlichen Gründen gerechtfertigt ist, oder**

3. die durch Tatsachen begründete Besorgnis besteht, dass der Beschäftigte oder Bewerber den Frieden in der Dienststelle durch unsoziales oder gesetzwidriges Verhalten stören werde.

Inhaltsübersicht

Entspr. landesgesetzliche Regelungen:
Baden-Württemberg: §§ 81, 82; Bayern: Art. 75 Abs. 1, 2, Art. 78; Berlin: § 89; Brandenburg: § 62 Abs. 4, 5, § 63 Abs. 2; Bremen: § 65 Abs. 2; Hamburg: § 88; Hessen: § 79; Mecklenburg-Vorpommern: § 68 Abs. 3, 4; Niedersachsen: § 65 Abs. 3; Nordrhein-Westfalen: § 72 Abs. 1 Satz 2; Rheinland-Pfalz: § 81; Saarland: § 80 Abs. 2, § 81; Sachsen: § 82; Sachsen-Anhalt: § 68; Schleswig-Holstein: § 51 Abs. 4, 6; Thüringen: § 76.

Entspr. Vorschrift des BetrVG: § 99 Abs. 2.

I. Allgemeines

1. Die Vorschrift enthält eine Reihe von **Einschränkungen des Mitbestimmungsrechts** der Personalvertretung in personellen Angelegenheiten be- 1

stimmter Beschäftigter. Die Mitbestimmung ist in den Fällen des Abs. 1 Satz 2 für die in § 36 Abs. 1 BBG bezeichneten Beamten („politische Beamte“) und für Beamtenstellen von der Besoldungsgruppe A 16 an aufwärts ausgeschlossen. Für einen anderen Teil der Beschäftigten ist das Mitbestimmungsrecht der Personalvertretung von einem entsprechenden Antrag des Betroffenen abhängig (Abs. 1 Satz 1). In Abs. 2 sind die Gründe aufgeführt, die die Personalvertretung berechtigen, die Zustimmung zu personellen Maßnahmen in bezug auf Beamte und Arbeitnehmer zu verweigern (vgl. im Einzelnen Anm. 14 ff.). Wegen der seit 1955 völlig veränderten Stellensituation muss die Bestimmung im Hinblick auf die Beschränkung des Mitbestimmungsrechts der Personalvertretung für Beamtenstellen von der Besoldungsgruppe A 16 an aufwärts als anachronistisch bezeichnet werden (Fischer u. a., § 77 Anm. 2; Lorenzen u. a., § 77 Anm. 6).

2 2. Die Absicht des Gesetzgebers ist es, zur Stärkung der Unabhängigkeit der Entscheidungen der öffentlichen Verwaltung **Interessenkonflikte** zu verhindern (BVerwG v. 21. 10. 1993, ZBR 1994, 251 = PersV 1994, 515 = ZfPR 1994, 90) und die Unabhängigkeit der von § 14 Abs. 3 erfassten Personen gegenüber der Personalvertretung zu gewährleisten (BVerwG v. 20. 3. 2002, ZBR 2003, 54 = PersV 2002, 405 = ZfPR 2002, 229). Diese Konflikte sind dann zu befürchten, wenn Beschäftigte in Dienststellungen berufen werden sollen, in denen sie die Position eines „sozialen Gegenspielers des Personalrats“ (OVG Hamburg v. 17. 11. 1958, Leits. ZBR 1959, 132) einnehmen, ihre Berufung aber von der Zustimmung der Personalvertretung abhängig wäre (vgl. zur Frage der Unabhängigkeit: BVerfG v. 27. 4. 1959, BVerfGE 9, 268 = ZBR 1959, 152 [154] = PersV 1958/59, 234, 245). Dies bedeutet, dass Abs. 1 Satz 1 bereits dann eingreift, wenn der betreffende Beschäftigte infolge der beabsichtigten personellen Maßnahme (Beförderung, Übertragung einer höher zu bewertenden Tätigkeit, Versetzung etc.) erstmals Entscheidungsbefugnisse in den genannten Angelegenheiten erhält (OVG Münster v. 6. 11. 1985, RiA 1986, 184). Wenn dagegen ein Beschäftigter durch eine Versetzung oder Abordnung aus dem betroffenen Personenkreis ausscheidet, greift das Mitbestimmungsrecht der Personalvertretung der abgebenden Dienststelle nur auf Antrag; das gilt aber nicht für das Mitbestimmungsrecht der Personalvertretung der aufnehmenden Dienststelle (BVerwG v. 21. 10. 1993, aaO). In Bezug auf überwiegend wissenschaftlich oder künstlerisch tätige Beschäftigte soll eine gewisse Unabhängigkeit gegenüber den Einflussmöglichkeiten der Personalvertretung gesichert werden, um mittelbar die Freiheit von Kunst und Wissenschaft zu verbürgen (BVerwG v. 7. 12. 1994, BVerwGE 97, 159 = Leits. ZBR 1995, 319 = PersV 1995, 395 = Leits. ZfPR 1995, 127). Das Mitbestimmungsrecht der Personalvertretung greift nicht nur in den Fällen lediglich auf Antrag ein, in denen die Personalvertretung der Dienststelle, der der Betreffende angehört, mitbestimmungsberechtigt ist, sondern auch, wenn eine übergeordnete Dienststelle entscheidet und die ihr zugewiesene Personalvertretung zu beteiligen ist (BVerwG v. 23. 9. 1996, aaO). Aus dem Gesetzeszweck folgt im Übrigen zwingend, dass das Antragserfordernis nicht durch Vereinbarung zwischen Dienststellenleitung und Personalvertretung eingeengt oder erweitert werden darf. Daher wäre eine Praxis in einer Dienststelle, die Personalvertretung auch ohne Antrag des Betroffenen zu beteiligen, rechtswidrig (BVerwG v. 26. 1. 1968, BVerwGE 29, 77).

II. Mitbestimmung auf Antrag

1. Hinsichtlich der in Abs. 1 Satz 1 genannten Personen ist das **Mitbestimmungsrecht** der Personalvertretung **von einem Antrag des Beschäftigten abhängig.** Der Antrag kann nicht generell für alle eventuell in Betracht kommenden Fälle, sondern nur für den konkreten Mitbestimmungsfall gestellt werden, weil andernfalls dem Beschäftigten die Entscheidung darüber genommen wäre, ob er in einem konkreten, gegenwärtig aber noch nicht abzusehenden Fall eine Mitbestimmung der Personalvertretung wünschen soll oder nicht (Fischer u. a., § 77 Anm. 6). Der Antrag auf Beteiligung der Personalvertretung ist bei der für die Entscheidung zuständigen Dienststelle zu stellen. Das ist diejenige Dienststelle, die zur Entscheidung über die beabsichtigte Maßnahme (z. B. Bestellung des Leiters einer einem Bundesministerium nachgeordneten Behörde) zuständig ist. Daher ist der Hauptpersonalrat bei entsprechender Antragstellung durch den Betroffenen zu beteiligen. Dabei ist das Mitbestimmungsrecht von einem Antrag des Beschäftigten schon dann abhängig, wenn ihm eine von Abs. 1 Satz 1 erfasste Aufgabe erst übertragen werden soll (BVerwG v. 20. 3. 2002, ZBR 2003, 54 = PersV 2002, 405 = ZfPR 2002, 229). Zur Vermeidung von Missverständnissen und zur Beweissicherung sollte der Antrag schriftlich gestellt werden.Die Anstragstellung kann nicht durch schlüssiges Handeln erfolgen, etwa dadurch, dass die Personalvertretung der Dienststelle ein Verhalten des Beamten übermittelt, „das objektiv erkennen lässt, dass der Beamte eine Beteiligung des Personalrats begehrt“ (Lorenzen u. a., § 77 Anm. 10; aA VGH Mannheim v. 18. 3. 1980, Leits. ZBR 1981, 231). 3

a) Das Antragsrecht des betroffenen Beschäftigten schließt die Notwendigkeit ein, ihn von der beabsichtigten Maßnahme so **frühzeitig zu unterrichten,** dass er die Mitbestimmung der Personalvertretung noch rechtzeitig (etwa innerhalb einer Frist von 14 Tagen) beantragen kann. Die Unterrichtung muss in einer Art und Weise erfolgen, dass der betroffene Beschäftigte klar erkennt, dass er nunmehr von seinem personalvertretungsrechtlichen Antragsrecht Gebrauch machen kann (BVerwG v. 24. 11. 1983, BVerwGE 68, 197, 201 = ZBR 1984, 189; BVerwG v. 14. 1. 1988 – 2 B 64.87, n. v.). Daraus ergibt sich zumindest indirekt, dass die Unterrichtungs- zugleich auch eine Belehrungspflicht umfasst (Fischer u. a., § 77 Anm. 6; Lorenzen u. a., § 77 Anm. 12; Richardi u. a., § 77 Anm. 15). Kommt ein Dienststellenleiter seiner Unterrichtungspflicht nicht nach, so ist die Maßnahme wegen Verletzung der Aufklärungspflicht unwirksam (ArbG Hamburg v. 18. 11. 1998, PersR 1999, 544, ArbG Hamburg v. 25. 2. 1999, PersR 1999, 54; vgl. auch § 78 Anm. 22). Demgegenüber geht das Bundesarbeitsgericht (BAG v. 6. 3. 2003 PersR 2004, 187) davon aus, dass einen Arbeitgeber nur dann eine eingeschränkte Hinweis- und Aufklärungspflicht hinsichtlich des Rechts, eine Beteiligung der Personalvertretung zu beantragen, dann treffe, wenn „der Arbeitnehmer von der beabsichtigten personellen Maßnahme erkennbar keine Kenntnis hat“. Es kann aber nicht angehen, dass ein Arbeitgeber nur dann Rücksicht auf die Rechte und Interessen eines Arbeitnehmers zu nehmen hat, wenn es sich um eine überraschende Personalmaßnahme handelt; denn gerade in Fällen der Beendigung des Arbeitsverhältnisses muss schon deshalb eine erhöhte Pflicht zur Aufklärung des Arbeitnehmers über seine Rechte bestehen, um alles zu versuchen, was zur Erhaltung des Arbeitsplatzes beitragen kann. Nicht umsonst hat der Gesetzgeber der Personalvertretung ein Beteiligungsrecht bei Kündigungen eingeräumt. Mit der Anhörung der Personalvertretung nach § 79 Abs. 3 soll der Personalvertretung Gelegenheit gegeben werden, auf den Willen des Arbeitgebers/Dienststellenleiters einzuwirken und ihn unter Umständen dadurch von seiner Kündigungs- 4 absicht abzubringen, dass sie Gegengründe vorträgt (vgl. für das Betr.VG: BAG v. 8. 4. 2003, BAGE 106, 14 = Leits. BB 2003, 2132 = DB 2003, 2342 = Leits. ZBVR 2004, 62).

4a b) Für den Fall, dass die Betroffenen einen Antrag auf Mitbestimmung der Personalvertretung stellen, ist der Dienststellenleiter verpflichtet, die entsprechenden **Bewerbungsunterlagen** vorzulegen. Fehlt es an einem solchen Antrag, dann hat die Personalvertretung keinen Anspruch auf Vorlage der Unterlagen, weil sonst das Recht des Betroffenen zur Wahrung seiner Unabhängigkeit unterlaufen würde (BVerwG v. 20. 3. 2002, ZBR 2003, 54 = PersV 2002, 405 = ZfPR 2002, 229).

5 c) Wenn **gegenüber mehreren Personen** eine Entscheidung zu treffen ist (z. B. Einstellung aus einem Kreis von Bewerbern) und wenn nur eine dieser Personen den Antrag auf Mitbestimmung der Personalvertretung gestellt hat, so kann das Mitbestimmungsrecht auch nur für diese Person ausgeübt werden. Es genügt jedoch schon der Antrag eines der Bewerber (vgl. OVG Lüneburg v. 22. 8. 1995, Leits. ZBR 1996, 99). Dies hindert die Dienststelle nicht daran, der Personalvertretung die erforderlichen Angaben über die übrigen Bewerber zu machen (Fischer u. a., § 77 Anm. 6d; Lorenzen u. a., § 77 Anm. 12e). Andernfalls nämlich könnte die Personalvertretung ihr Mitbestimmungsrecht nicht wirksam ausüben, da sie keine Anhaltspunkte für die Auswahlkriterien hätte. Der Schutzzweck des Abs. 1 Satz 1 wird dadurch nicht beeinträchtigt; denn die Personalvertretung wird an der personellen Entscheidung in bezug auf die übrigen Bewerber nicht beteiligt (Fischer u. a., § 77 Anm. 6). Mit der Antragstellung wollen die Betroffenen die Rechtmäßigkeit der Maßnahme sichern und eine ungerechtfertigte Benachteiligung vermeiden. Infolgedessen kann die zuständige Personalvertretung unter Bezugnahme auf Abs. 2 bei Vorliegen entsprechender Gründe eine Benachteiligung geltend machen (VGH Kassel v. 25. 4. 1997, Leits. ZBR 1997, 298 = ZfPR 1997, 159 m. Anm. v. Ilbertz); allerdings kann dem Gesicht nicht darin zugestimmt werden, dass von dem Mitbestimmungsrecht auch diejenigen Beschäftigten erfasst werden, die von der Maßnahme selbst, z. B. einer Versetzung, nicht unmittelbar betroffen sind; denn das Mitbestimmungsrecht kann nicht auf die Personen ausgedehnt werden, die nur mittelbar – als Konkurrenten der von der Maßnahme unmittelbar betroffenen Beschäftigten – berührt werden. Eine mitbestimmungspflichtige personelle Maßnahme ist immer nur dann gegeben, wenn der Dienststellenleiter konkret auf das Dienst- oder Arbeitsverhältnis einwirken und den bestehenden Zustand verändern will (Ilbertz, aaO, S. 162). Im Übrigen ist die vom VGH Kassel zitierte Entscheidung des OVG Lüneburg v. 22. 8. 1995, aaO, nicht einschlägig, da ihr ein anderer Sachverhalt zugrunde lag.

6 d) Bei einer entsprechenden Antragstellung tritt die Personalvertretung nicht nur als Sachwalter der Interessen des Antragstellers, sondern im **Interesse aller Beschäftigten** auf. Daher hat die Personalvertretung sich an dem Wohl aller Beschäftigten und dem der Dienststelle auszurichten (BVerwG v. 23. 2. 1989, ZBR 1990, 87). Dies schließt nicht aus, dass ein in Abs. 1 genannter Beschäftigter die Personalvertretung zu einer Antragstellung nach § 70 Abs. 2 veranlassen kann (Lorenzen u. a., § 77 Anm. 11). In jedem Fall hat der Dienststellenleiter dem Antrag der Personalvertretung auf Einleitung eines Mitbestimmungsverfahrens zu entsprechen. Wenn allerdings der betreffende Beschäftigte den Antrag bis zur Entscheidung der Dienststelle über die konkrete Maßnahme zurücknimmt, so muss man ihm dieses Recht im

Hinblick auf den Individualschutz zuerkennen (Lorenzen u. a., § 77 Anm. 12 b; Richardi u. a., § 77 Anm. 17; aA Fischer u. a., § 77 Anm. 6 c).

2. Den Antrag auf Mitbestimmung der Personalvertretung können die Angehörigen dreier Personenkreise stellen: 7

a) die in § 14 Abs. 3 bezeichneten Personen,
b) Beamte auf Zeit,
c) Beschäftigte mit überwiegend wissenschaftlicher oder künstlerischer Tätigkeit.

Antragsberechtigt sind nicht nur Beamte, sondern, wie der Hinweis auf § 75 Abs. 1 deutlich macht, auch Arbeitnehmer in vergleichbarer Stellung (BVerwG v. 7. 11. 1975, BVerwGE 49, 337 = ZBR 1976, 288 = PersV 1977, 20). Der Antrag ist **an den Dienststellenleiter** zu richten, da er seinerseits die Personalvertretung beteiligen muss (Lorenzen u. a., § 77 Anm. 10). Wenn allerdings der nicht an eine Form gebundene Antrag (vgl. aber Anm. 3) unmittelbar an die Personalvertretung gerichtet ist, so hat diese den Antrag an den Dienststellenleiter weiterzugehen (Lorenzen u. a., aaO).

3. Die **„in § 14 Abs. 3 bezeichneten Beschäftigten“** sind der Dienststellenleiter und seine ständigen Vertreter sowie „Beschäftigte, die zu selbstständigen Entscheidungen in Personalangelegenheiten der (eigenen) Dienststelle befugt sind“ (BVerwG v. 28. 6. 2002, PersV 2003, 110 = Leits. ZfPR 2003, 49). Diese Beschäftigten befinden sich in einer Dienststellung, deren bestimmungsgemäßes Interesse mit dem Interesse der Personalvertretung kollidieren kann (BVerwG v. 27. 5. 1977, PersV 1978, 243). Das Antragserfordernis als Voraussetzung für das Mitbestimmungsrecht der Personalvertretung besteht auch dann, wenn der für einen Dienstposten ausgewählte Bewerber in eine Funktion nach § 14 Abs. 3 eintreten soll; denn auch insoweit soll die Unabhängigkeit gegenüber der Personalvertretung ermöglicht werden (BVerwG v. 20. 3. 2002, ZBR 2003, 54 = PersV 2002, 405 = ZfPR 2002, 229; BVerwG v. 22. 6. 2005, PersV 2006, 18). Die betreffenden Beschäftigten sollen in Personalangelegenheiten nicht von der Zustimmung der Personalvertretung abhängig sein. Die Unabhängigkeit bei der Führung der Dienstgeschäfte soll erhalten bleiben (BVerwG v. 21. 10. 1993, ZBR 1994, 251 = PersV 1994, 515 = ZfPR 1994, 90). Dabei ist das Mitbestimmungsrecht ohne Rücksicht darauf, welche Dienststelle für die personelle Entscheidung eines der in § 14 Abs. 3 bezeichneten Beschäftigten zuständig ist, von einem entsprechenden Antrag abhängig. Andernfalls wäre die notwendige Unabhängigkeit der betreffenden Beschäftigten nicht garantiert, weil die Stufenvertretung nach § 82 Abs. 2 der Personalvertretung bei der Dienststelle, bei der der Beschäftigte tätig ist, Gelegenheit zur Äußerung geben muss (BVerwG v. 23. 9. 1966, BVerwGE 25, 118 = ZBR 1967, 28 = PersV 1966, 275; OVG Lüneburg v. 24. 4. 1972, PersV 1974, 347; OVG Münster v. 24. 6. 1982, Leits. PersV 1986, 434 = RiA 1983, 107; Fischer u. a., § 77 Anm. 7; Lorenzen u. a., § 77 Anm. 16). Zu den Beschäftigten mit Dienstherrenfunktion zählen: der Leiter der Abteilung für Personal- und Verwaltungsangelegenheiten bei obersten Dienstbehörden, bei Bundesoberbehörden ohne nachgeordnete Dienststellen und bei Behörden der Mittelstufe die entsprechenden Abteilungsleiter und evtl. sonstige Beauftragte, sofern sich die Personalvertretung einverstanden erklärt hat (Richardi u. a., § 77 Anm. 7). 8

4. Darüber hinaus ist das Mitbestimmungsrecht der Personalvertretung von einem Antrag derjenigen abhängig, die über eine selbstständige Entscheidungsbefugnis in Personalangelegenheiten verfügen. Die **Befugnis zu selbst-** 9

ständigen Entscheidungen in Personalangelegenheiten der Dienststelle umfasst nur die in den Mitbestimmungskatalogen der §§ 75, 76 aufgezählten Personalangelegenheiten. Sie erstreckt sich daher insbesondere nicht auf die Erteilung von Urlaub (BVerwG v. 11. 3. 1982, BVerwGE 65, 127 = PersV 1983, 405; Richardi u. a., § 77 Anm. 8; vgl. im Übrigen § 14 Anm. 22). Die betreffenden Beschäftigten müssen stellenplanmäßig bzw. geschäftsordnungsmäßig eine **selbstständige Entscheidungsbefugnis in personellen Angelegenheiten** haben, die im allgemeinen im Zeichnungsrecht zum Ausdruck kommt (BVerwG v. 22. 6. 2005, PersV 2006, 18; OVG Lüneburg v. 15. 7. 1998, PersV 1999, 229; VGH Mannheim v. 18. 1. 2005, PersV 2005, 261).

10 5. **Beamte auf Zeit** sind Beamte, die aufgrund gesetzlicher Regelung (§ 95 Abs. 1 BRRG) ausdrücklich nur für einen bestimmten Zeitraum ins Beamtenverhältnis berufen werden (§ 5 Abs. 4, § 6 Abs. 2 BBG). Beamte auf Zeit sind vorwiegend in den Kommunalverwaltungen vertreten. Die Vorschrift findet keine Anwendung bei Beamten auf Widerruf und bei Beamten auf Probe (Lorenzen u. a., § 77 Anm. 18).

11 6. Für **Beamte mit überwiegend wissenschaftlicher oder künstlerischer Tätigkeit** kommt es nicht auf die wissenschaftliche oder künstlerische Vorbildung an und nicht auf das Motiv, aus dem sie ihre Tätigkeit ausüben (Fischer u. a., § 77 Anm. 10a; Lorenzen u. a., § 77 Anm. 19b), sondern ausschließlich darauf, ob von ihnen im Rahmen der ihnen zugewiesenen dienstlichen Tätigkeit eine **schöpferische, wissenschaftliche oder künstlerische Arbeit erwartet** wird. Diese schöpferische Tätigkeit muss zudem den größten Anteil ihrer dienstlichen Aufgaben ausmachen. Infolgedessen muss das wissenschaftliche oder künstlerische Schaffen die Tätigkeit prägen; vertraglich muss also eine künstlerisch mitgestaltende Aufgabenerfüllung vorgesehen sein, die nicht nur „in ganz seltenen und vom Gewicht her geringfügigen Fällen gefordert“ wird (BVerwG v. 7. 12. 1994, BVerwGE 97, 159 = Leits. ZBR 1995, 319 = PersV 1995, 395 = Leits. ZfPR 1995, 127). Zielsetzung und Schwergewicht der Tätigkeit sind daher maßgebend für die Entscheidung darüber, ob ein Beschäftigter überwiegend künstlerisch tätig ist. Wenn eine bestimmte Tätigkeit daher in erster Linie auf die Ausführung von Verwaltungsaufgaben gerichtet ist und demgegenüber künstlerische Elemente zurücktreten, so ist eine künstlerische Tätigkeit nicht gegeben. Ist dagegen das künstlerische Schaffen die Haupttätigkeit und treten demgegenüber verwaltungsmäßige, organisatorische oder technische Aufgaben zurück, so liegt eine künstlerische Tätigkeit vor (BVerwG v. 24. 3. 1988, ZBR 1988, 257 = PersV 1989, 264; BVerwG v. 7. 10. 1988 – 6 P 30.85, BVerwGE 80, 265 = ZBR 1989, 149 = PersV 1989, 276 = Leits. ZfPR 1989, 51; VGH Kassel v. 20. 2. 1997, Leits. ZfPR 1998, 195). Die wissenschaftliche oder künstlerische Aufgabenstellung muss dem Berufsbild des Beschäftigten das Gepräge geben (BVerwG v. 26. 1. 1968, BVerwGE 29, 77). Nicht erforderlich ist, dass die Tätigkeit in völlig eigener Verantwortung geleistet wird. Unter die besondere Regelung fällt z. B. ein Kustos an einem Museum für Kunst und Gewerbe (BVerwG v. 26. 1. 1968, BVerwGE 29, 77 = ZBR 1968, 121 = PersV 1968, 136). Dagegen findet diese Bestimmung nicht ohne weiteres Anwendung auf einen Beamten einer Verwaltungsbehörde, der im Nebenamt als Hochschullehrer tätig ist. Für das Verhältnis zu seiner Dienststelle ist entscheidend, ob in seinem dienstlichen Arbeitsgebiet die mit dem Hochschulamt verbundene Lehr- und Forschungstätigkeit gegenüber den Verwaltungsaufgaben überwiegt. Daher übt z. B. der technische Leiter eines Theaters keine künstlerische Tätigkeit aus (VGH Kassel v. 21. 8. 1974, PersV

1976, 21). Der Sinn des besonderen Mitbestimmungsrechts liegt darin, den überwiegend (OVG Münster v. 22. 1. 1998, Leits. PersV 1998, 528) wissenschaftlich oder künstlerisch tätigen Beschäftigten die Entscheidung darüber zu belassen, ob sie bei personellen Entscheidungen, die wesentlich von der wissenschaftlichen und künstlerischen Eignung abhängen, eine Einflussnahme der Personalvertretung zulassen sollen. Allerdings lässt die Aufgabenstellung der Personalvertretung eine Prüfung der künstlerischen Befähigung eines Beschäftigten, bei dessen Personalangelegenheit sie mitbestimmen kann, nicht zu (BVerwG v. 18. 3. 1981, BVerwGE 62, 55 = ZBR 1982, 215 = PersV 1982, 326; BVerfG v. 24. 3. 1982, ZBR 1983, 107). Infolgedessen kann die Personalvertretung z. B. auch nicht über die zeitliche Lage von Proben für eine Aufführung mitbestimmen (vgl. für das BetrVG: BAG v. 4. 8. 1981, NJW 1982, 671).

III. Ausschluss/Einschränkung des Mitbestimmungsrechts

1. Das **Mitbestimmungsrecht** der Personalvertretung nach § 75 Abs. 1 und Abs. 3 Nr. 14 sowie nach § 76 Abs. 1 ist **ausgeschlossen gegenüber dem in § 77 Abs. 1 Satz 2 umschriebenen Personenkreis.** Soweit es sich um Beamte handelt, findet in ihren Personalangelegenheiten (§ 76 Abs. 1 Nr. 1 bis 7) und soweit Arbeitnehmer betroffen sind, in den Personalangelegenheiten nach § 75 Abs. 1 Nr. 1 bis 7 und beim Verzicht auf Ausschreibung besetzbarer Dienstposten (§ 75 Abs. 3 Nr. 14) keine Mitbestimmung und auch keine Beteiligung einer Personalvertretung in einer anderen Form (Initiativantrag) statt, auch nicht auf Antrag der betroffenen Beschäftigten. Eine abweichende Anordnung einer Dienstbehörde würde als Verstoß gegen ein gesetzliches Verbot nichtig sein (§ 134 BGB). Der Ausschluss der Mitbestimmung ist aber nur dann gerechtfertigt, wenn übertragene Funktion und Stelle tatsächlich miteinander verbunden sind. Ist das nicht der Fall, sondern kann der künftige Stelleninhaber damit rechnen, später eine Beförderung im Rahmen der Topfwirtschaft nach A 16 oder höher zu erhalten, ohne den Dienstposten wechseln zu müssen (vgl. § 76 Anm. 11 a), dann ist das Mitbestimmungsrecht ausgeschlossen (OVG Münster v. 3. 5. 2004, PersV 2004, 376 = ZfPR 2004, 326; OVG Berlin-Brandenburg v. 21. 12. 2006, PersR 2007, 487 m. Anm. v. Baden). Der Ausschluss der Mitbestimmung verstößt nicht gegen den Gleichheitssatz des Art. 3 Abs. 1 GG; denn der Gesetzgeber trägt mit Abs. 1 Satz 2 der bestehenden Interessenpolarität zwischen Dienstherrn auf der einen und Beschäftigten auf der anderen Seite Rechnung, in dem er die wegen ihrer Stellung eher der Dienststellenseite zuzurechnenden Beschäftigten der Repräsentation durch die Personalvertretung entzieht (BAG v. 16. 3. 2000, Leits. BB 2000, 1358 = ZfPR 2001, 50). 12

2. Die Regelung des Satzes 2 bezieht und beschränkt sich auf 13
a) die in **§ 36 Abs. 1 BBG** bezeichneten Beamten (Staatssekretäre und Ministerialdirektoren, sog. politische Beamte, sonstige Beamte des höheren Dienstes im auswärtigen Dienst von der Besoldungsgruppe A 16 an aufwärts, Beamte des höheren Dienstes des Bundesamtes für Verfassungsschutz und des Bundesnachrichtendienstes von der Besoldungsguppe A 16 an aufwärts, der Bundespressechef und dessen Vertreter, der Generalbundesanwalt beim Bundesgerichtshof und der Oberbundesanwalt beim Bundesverwaltungsgericht sowie der Bundesbeauftragte für den Zivildienst. Insgesamt muss es sich um Beamte auf Lebenszeit handeln.
b) Beamte, die ein Amt von der Besoldungsgruppe A 16 an aufwärts innehaben. Dabei kommt es auf die **Stellung an, die der Beschäftigte erhalten soll,** nicht auf die, in der er sich befindet (BVerwG v. 20. 3. 2002, ZBR 2003, 54 = PersV 2002, 405 = ZfPR 2002, 229; der Gesetzeswortlaut knüpft an „Stel-

len" an: BVerwG v. 12. 1. 2006, PersV 2006, 221 = Leits. ZfPR 2006, 75; Lorenzen u. a., § 77 Anm. 28). Soll also ein Regierungsdirektor (A 15) zum Ministerialrat (A 16) befördert werden, so bestimmt die Personalvertretung nicht mit; denn es kann keinen Unterschied machen, ob ein Beamter der eigenen Dienststelle in eine solche Stellung im Wege der Beförderung gelangt oder ob ein Außenseiter oder Beschäftigter eines anderen Dienstherrn im Wege einer Anstellung, bei der das Mitbestimmungsrecht ausgeschlossen ist, eine Stelle der Besoldungsgruppe A 16 übertragen erhält (OVG Münster v. 27. 6. 1960, ZBR 1960, 300 = PersV 1960, 238; Lorenzen u. a., § 77 Anm. 29). Wenn dagegen zur Besetzung einer Beförderungsstelle eine Auswahl unter mehreren Bewerbern, die sowohl der Besoldungsgruppe A 15 als auch der Besoldungsgruppe A 16 angehören, erfolgt, dann geht eine solche Auswahl mit einer mitbestimmungspflichtigen Beförderung einher, so dass das Mitbestimmungsrecht nicht entfällt (BVerwG v. 15. 12. 1992, ZBR 1993, 151 = PersV 1993, 352 = ZfPR 1993, 88; OVG Lüneburg v. 25. 11. 1996, Leits. ZBR 1997, 160 = Leits. ZfPR 1997, 121). Andererseits entfällt ein Mitbestimmungsrecht dann, wenn einem Beamten im Vorgriff auf eine spätere Beförderung die Wahrnehmung der Aufgaben einer Beamtenstelle der Besoldungsgruppe A 16 oder höher übertragen wird, ohne dass dabei gleichzeitig eine Beförderung und Einweisung in eine entsprechende Planstelle erfolgt (OVG Berlin v. 19. 2. 1997, ZfPR 1997, 154).

c) Aus dem Wortlaut von § 77 Abs. 1 Satz 2 Alternative 2 ergibt sich, dass sich der Ausschluss des Mitbestimmungsrechts nicht nur auf die personellen Angelegenheiten von Beamten nach § 76 Abs. 1, sondern auch auf solche von **Arbeitnehmern** nach § 75 Abs. 1 bezieht. Einbezogen sind daher auch Arbeitnehmer, die eine Beamtenstelle von der Besoldungsgruppe A 16 an aufwärts innehaben. § 77 Abs. 1 Satz 2 Alternative 2 findet außerdem auf solche Arbeitnehmer „Anwendung, welche eine Stellung bekleiden, die unter Berücksichtigung der personalvertretungsrechtlichen Bedeutung der Vorschrift einer Beamtenstelle der Besoldungsgruppe A 16 und höher entspricht" (BVerwG v. 12. 1. 2006, aaO; Entgeltgruppe 15 Ü des TVöD, Lorenzen u. a., § 77 Anm. 28a; Richardi u. a., § 77 Anm. 24). Entscheidend kommt es auf die **Funktionsgleichwertigkeit** der betreffenden Stelle an. Deshalb ist zu ermitteln, in welcher Besoldungsgruppe sich der Arbeitnehmer dann befinden würde, wenn es als Beamter eingestellt worden wäre. Wenn es keine entsprechenden Beamtenstellen für die von dem Arbeitnehmer ausgeübte Tätigkeit gibt, dann ist grundsätzlich die Vergütung maßgeblich (BVerwG v. 16. 5. 2006, ZfPR online 9/2007, S. 2; Lorenzen u. a., § 77 Anm. 28b). Dies ergibt sich schon daraus, dass der Verantwortungsbereich und der Pflichtenkreis in beiden Fällen einander gleichen, und es deshalb keinen Unterschied machen kann, ob bestimmte Aufgaben von Beamten oder Arbeitnehmern ausgeübt werden. Maßgebende Grundlage ist die Funktion, die den jeweiligen Stellen entspricht, wobei im Regelfall davon ausgegangen werden kann, dass bei funktionsgleichen oder ähnlichen Stellen auch eine annähernd gleiche besoldungsrechtliche oder tarifrechtliche Bewertung erfolgt. Infolgedessen ist zu prüfen, welche Stelle der Arbeitnehmer erhalten hätte, wenn er nicht als Arbeitnehmer, sondern als Beamter eingestellt worden wäre. Gibt es keine entsprechenden Beamtenstellen für die von dem Arbeitnehmer ausgeübte Tätigkeit, dann kann in der Regel die Vergütung als Anhalt für die Funktionsgleichwertigkeit mit entsprechend besoldeten Beamtenstellen dienen (BVerwG v. 14. 7. 1977, PersV 1978, 314; BVerwG v. 19. 8. 1977, ZBR 1978, 245 = PersV 1978, 315; BVerwG v. 28. 7. 1978 – 6 P 69.78 – Buchholz 238.3 A § 77 Nr. 1). In jedem Fall muss der Funktionsvergleich anhand einfach zu überschauender und zu handhabender Kriterien erfolgen (Zugehörigkeit zur Führungsebene, Stellenplan, Zahl der betroffenen Arbeitnehmer im Verhältnis zur Gesamtzahl der Beschäftigten, evtl. eigenständig wahrzunehmender Aufgabenkreis). Generell also muss es sich um herausgehobene Stellen handeln, wobei allerdings zu berücksichtigen ist, dass der Ausschluss des Mitbestimmungsrechts „nur für einen verhältnismäßig kleinen Teil der Beschäftigten zum Zuge kommen" darf (BVerwG v. 12. 1. 2006, aaO; vgl. im Übrigen auch BVerwG v. 7. 11. 1975, BVerwGE 49, 337; BVerwG v. 12. 10. 1978, BVerwGE 56, 291; BAG v. 16. 3. 2000, Leits. BB 2000, 1358). Bei privatrechtlich geführten öffentlich-rechtlichen Anstalten ist der Vergleich mit der besoldungsmäßigen Einstufung der Spitzenpositionen und der darunter befindlichen Leitungsebenen entsprechender Bundesbehörden und von der Besoldungsordnung erfassten Anstalten des öffentlichen Rechts entscheidend (BVerwG v. 2. 10. 1978, BVerwGE 56, 291 = ZBR 1979, 178 = PersV 1979, 464; vgl. auch BVerwG v. 12. 1. 2006, aaO). Der Ausschluss des Mitbestimmungsrechts ist u. a. davon abhängig, ob der Betreffende nach Dienststellung und Dienstvertrag Schlüsselaufgaben wahrnimmt und kraft seiner leitenden Funktion maßgeblichen Einfluss auf die Führung der Körperschaft und Anstalt ausübt und dabei über einen eigenen Entscheidungsspielraum verfügt und weiter, ob seine Tätigkeit durch die Wahrnehmung von Leitungsaufgaben geprägt ist (BVerwG v. 22. 3. 2006, PersV 2006, 384).

d) Wird ein Beamter im Hinblick auf eine spätere Beförderung mit der **Wahrnehmung von Funktionen einer Beamtenstelle** der Besoldungsgruppe A 16 oder höher beauftragt, ohne dass gleichzeitig eine Beförderung und Einweisung in eine Planstelle der Besoldungsgruppe A 16 oder höher erfolgt, so kann die Personalvertretung ebenfalls nicht mitbestimmen; denn hier ist ebenso wie bei einer Beförderung eine Beamtenstelle von der Besoldungsgruppe A 16 an aufwärts betroffen. Funktion und Stelle müssen tatsächlich organisatorisch miteinander verbunden sein. Dies ist nicht der Fall, „wenn eine Dienststelle, die für eine bestimmte qualifizierte Funktion – z. B. Leiter eines Referats – haushaltsmäßig bewilligte und ihr (zunächst) auch organisatorisch zugeordnete Beamten(plan)stelle nach A 16 oder höher für andere Zwecke verwendet hat" (sog. Topfwirtschaft; § 76 Anm. 11a; Lorenzen u. a., § 77 Anm. 30). Die Übertragung einer solchen Funktion an einen Beamten z. B. der Besoldungsgruppe A 15 betrifft nicht eine Beamtenstelle von A 16 an aufwärts. Infolgedessen hat die Personalvertretung mitzubestimmen (Lorenzen u. a., aaO). Dies gilt auch dann, wenn ein Beamter der Besoldungsgruppe A 15 versetzt wird und das bei der anderen Behörde übertragene Amt aufgrund einer internen Dienstpostenbewertung nach der Besoldungsgruppe A 16/B 3 bewertet wird; denn für die besoldungsrechtliche Einordnung einer Beamtenstelle (abstraktes Amt im funktionellen Sinne) ist nicht die interne Bewertung des Dienstpostens maßgebend, sondern die durch Zuordnung einer entsprechenden Planstelle zum Ausdruck kommende besoldungsrechtliche Bewertung. Eine vom Dienstherrn praktizierte interne Dienstpostenbewertung ohne Änderung der für den Dienstposten ausgeworfenen Planstelle ändert an der besoldungsrechtlichen Einstufung des Dienstposteninhabers nichts, so dass auch ein Mitbestimmungsrecht nach § 76 Abs. 1 Nr. 3 entfällt (OVG Münster v. 22. 8. 1983, ZBR 1984, 215 = PersV 1984, 466).

e) Wenn dagegen einem Beamten z. B. der Besoldungsgruppe A 14 **Aufgaben einer Beamtenstelle von A 16 an aufwärts übertragen** werden, ohne dass er gleichzeitig befördert wird, so steht der Personalvertretung nicht nur bei der Aufgabenübertragung selbst (§ 76 Abs. 1 Nr. 3), sondern auch bei den nachfolgenden personellen Maßnahmen (z. B. Versetzung) ein Mitbestimmungsrecht zu. Eine solche Maßnahme ist im Gegensatz zu der Funktionsübertragung nicht als eine beförderungsgleiche Maßnahme anzusehen. In diesem Zusammenhang ist auch die Absicht des Gesetzgebers zu berücksichtigen, das Mitbestimmungsrecht der Personalvertretung auszuweiten und Ausnahmebestimmungen daher eng auszulegen (Lorenzen u. a., § 77 Anm. 28a, 31; aA Fischer u. a., § 77 Anm. 13b). Der Personalvertretung steht ein Mitbestimmungsrecht dann zu, wenn nach dem jeweiligen Haushaltsgesetz für planmäßige Beamte **Leerstellen** ausgebracht sind. Diese Stellen unterscheiden sich nämlich von den Beamtenplanstellen lediglich insoweit, als nur unter bestimmten Voraussetzungen Gehalt gezahlt wird. Daher entfällt also das Mitbestimmungsrecht nur dann, wenn ein Beamter auf einer Leerstelle in eine Stelle von der Besoldungsgruppe A 16 an aufwärts befördert werden soll (Lorenzen u. a., § 77 Anm. 27).

IV. Versagungskatalog

14 1. **Abs. 2 bezieht** sich ausschließlich **auf personelle Angelegenheiten.** Dies ergibt sich allein schon aus dem Wortlaut des Gesetzes. Infolgedessen kann die Personalvertretung in **sozialen Angelegenheiten** die Zustimmung auch **aus allen anderen**, nicht in dem Katalog des Abs. 2 enthaltenen **Gründen verweigern.** In beiden Fällen aber muss sie konkret auf die beabsichtigte Maßnahme eingehen und die aus ihrer Sicht wesentlichen Bedenken offenlegen; denn der Leiter der Dienststelle muss in allen beteiligungspflichtigen Angelegenheiten im Fall der Zustimmungsverweigerung die Beweggründe der Personalvertretung erfahren. Er muss sich mit ihnen auseinandersetzen und sie zur Grundlage seines weiteren Vorgehens machen. Daher muss eine Ablehnung durch die Personalvertretung konkret auf die beabsichtigte Maßnahme eingehen und die wesentlichen Bedenken erläutern. Die von der Personalvertretung zur Begründung ihrer Zustimmungsverweigerung vorgetragenen Umstände dürfen nicht offensichtlich außerhalb der Mitbestimmung liegen, sondern müssen auf die durch den Mitbestimmungstatbestand geschützten Interessen zielen (OVG Münster v. 21. 6. 2001, PersV 2002, 216 = ZfPR 2002, 304). Die Gründe müssen also einen inhaltlichen Bezug zu einem von der Maßnahme berührten gesetzlichen Mitbestimmungstatbestand aufweisen, wobei nicht entscheidend ist, ob die Gründe sich tatsächlich noch innerhalb des behaupteten Mitbestimmungstatbestands bewegen (OVG Münster v. 6. 8. 2003, PersV 2004, 356 = ZfPR 2004, 169). Daran fehlt es, wenn die Personalvertretung Gründe vorträgt, die sich einem gesetzlichen Mitbestimmungstatbestand nicht mehr zuordnen lassen oder wenn sie sich in allgemeinen, formelhaften Wendungen ohne Bezug zu dem konkreten Fall ergeht. Wenn eine Zuordnung der Gründe **offensichtlich nicht möglich** ist, so wird deutlich, dass die Personalvertretung keine Regelung auf der Grundlage eines Mitbestimmungsrechts anstrebt, sondern ohne einen vom Gesetz gebilligten Grund die Zustimmung verweigert (BVerwG. v. 30. 11. 1994, BVerwGE 97, 154 = Leits. ZBR 1995, 317 = PersV 1995, 181 = ZfPR 1995, 44; BVerwG v. 7. 12. 1994, Leits. ZBR 1995, 317 = PersV 1995, 399 = ZfPR 1996, 121; BVerwG v. 6. 9. 1995, BVerwGE 99, 201 = Leits. ZBR 1996, 221 = PersV 1996, 265 = ZfPR 1996, 42; BVerwG v. 30. 4. 2001, Leits. ZBR 2001, 305 = Leits. PersV 2001, 411; BVerwG v. 28. 10. 2002, ZBR 2003, 172 = PersV 2003, 225 = ZfPR 2003, 163; BAG v. 19. 6. 2007, PersR 2007, 429; Richardi u. a., § 77 Anm. 29). Eine von einer Personalvertetung vorgetragene Begründung liegt aber nur dann offensichtlich außerhalb irgendeines Mitbestimmungstatbestands, wenn von vornherein und eindeutig ein Verweigerungsgrund nicht vorliegt und er nach keiner vertretbaren Betrachtungsweise als möglich erscheint (BVerwG v. 7. 12. 1994, aaO). Die Zustimmungsverweigerung ist daher nur dann unbeachtlich, wenn die entsprechenden Feststellungen (z. B. im Zusammenhang mit der Beurteilung des Vorliegens der Voraussetzungen für die Geltendmachung eines Erstattungsanspruchs nach § 76 Abs. 2 Nr. 9) unvertretbar und abwe-

gig sind (OVG Berlin v. 15. 1. 1999, PersV 2000, 176). Für die Beachtlichkeit einer Zustimmungsverweigerung reicht es daher aus, wenn die tatsächliche Annahme der Personalvertretung „nicht völlig aus der Luft gegriffen ist oder neben der Sache liegt" (BVerwG v. 9. 12. 1992 – 6 P 16.91, BVerwGE 91, 276 = ZBR 1993, 317 = PersV 1994, 173 = ZfPR 1993, 118). An die Würdigung einer Zustimmungsverweigerung ist ein „großzügiger Maßstab" anzulegen (BVerwG v. 9. 12. 1992, aaO). „Bei der Behandlung einer Zustimmungsverweigerung als unbeachtlich ist Vorsicht geboten"; denn eine solche Verfahrensweise kann angesichts des Partnerschaftsgedankens (§ 2) nur ausnahmsweise zulässig sein (OVG Magdeburg v. 4. 8. 1998, ZfPR 2001, 79). Deshalb dürfen an die Zustimmungsverweigerung auch nur geringe Anforderungen gestellt werden (VGH München v. 29. 10. 1986, ZBR 1987, 252 = PersV 1990, 442). Zu berücksichtigen ist nämlich, dass eine Personalvertretung nicht immer über spezielle dienstrechtliche Kenntnisse verfügen kann und dass ihr auch oft nicht genügend Zeit für eine ausgewogene Beschlussfassung zur Verfügung steht (BVerwG v. 29. 1. 1996, PersV 1996, 465 = ZfPR 1996, 122; „bei der im Rahmen der partnerschaftlichen und vertrauensvollen Zusammenarbeit gebotenen wohlwollenden Betrachtungsweise" dürfen **an die Formulierung der Begründung keine hohen Anforderungen gestellt werden"**, OVG Lüneburg v. 19. 3. 1997 – 18 L 7155/95, n. v.; vgl. auch BVerwG v. 3. 3. 1987, ZBR 1987, 250 = PersV 1987, 375). Grundsätzlich soll nach dem Willen des Gesetzgebers eine schriftlich begründete Zustimmungsverweigerung als wirksam behandelt werden; denn nach § 69 Abs. 2 Satz 4 gilt eine Maßnahme „als gebilligt, wenn nicht der Personalrat innerhalb der genannten Frist die Zustimmung unter Angabe der Gründe schriftlich verweigert", so „dass die Anforderungen an die Begründung der Zustimmungsverweigerung nicht überspannt werden dürfen" (VGH Kassel v. 14. 11. 1996, PersR 1997, 169). Außerdem haben Dienststellenleiter zu beachten, dass einer Personalvertretung nicht immer genügend Zeit für eine ausgewogene Beschlussfassung bleibt. Deshalb sind sie im Rahmen der partnerschaftlichen und vertrauensvollen Zusammenarbeit zu einer wohlwollenden Betrachtungsweise verpflichtet (OVG Münster v. 27. 1. 2005, ZfPR 2005, 100; vgl. auch BVerwG v. 30. 4. 2001, PersV 2001, 411 = ZfPR 2001, 182; BVerwG 28. 10. 2002, PersV 2003, 225 = ZfPR 2003, 163; BAG v. 19. 6. 2007, PersV 2008, 23). Da die Personalvertretung in aller Regel nicht aus juristischen Fachleuten besteht, muss es für **die Beachtlichkeit der Zustimmungsverweigerungsgründe ausreichen,** wenn hinreichend deutlich wird, dass die Personalvertretung **Gründe anführt,** die sich einem **gesetzlichen Mitbestimmungstatbestand zuordnen lassen** (BVerwG v. 6. 9. 1995, aaO; VGH Kassel v. 27. 4. 1988, ZfPR 1990, 45 m. Anm. von Ilbertz; VGH Kassel v. 14. 11. 1996, aaO). Außerdem haben Dienststellenleiter zu beachten, dass einer Personalvertretung nicht immer genügend Zeit für eine ausgewogene Beschlussfassung bleibt. Deshalb sind sie im Rahmen der partnerschaftlichen und vertrauensvollen Zusammenarbeit zu einer wohlwollenden Betrachtungsweise verpflichtet (OVG Münster v. 27. 1. 2005, ZfPR 2005, 100; vgl. auch BVerwG v. 30. 4. 2001, aaO; BVerwG v. 28. 10. 2002, aaO; BAG v. 19. 6. 2007, PersV 2008, 23). Die von der Personalvertretung angegebenen Gründe müssen nicht „in sich widerspruchsfrei und in vollem Umfang schlüssig" sein. Vielmehr genügt es, dass die „Einwände der Personalvertretung gegen eine der Mitbestimmung unterliegende Maßnahme jedenfalls von solchem Gewicht sind, dass sie nicht ohne weiteres von der Hand gewiesen werden können, sondern einer näheren Prüfung zu unterziehen sind" (OVG Bautzen v. 29. 4. 1997, ZBR 1998, 318 = Leits. ZfPR 1998, 91). Außerdem ist zu bedenken, dass die Gesetzessystematik bei

Meinungsverschiedenheiten über die Beachtlichkeit von Zustimmungsverweigerungsgründen, die eine Personalvertretung geltend gemacht hat, darauf angelegt ist, dass ein Dienststellenleiter, der die beabsichtigte mitbestimmungspflichtige Maßnahme dennoch weiterverfolgen will, nach Durchführung des Stufenverfahrens die Einigungsstelle anzurufen hat, weil alleine ihr die Entscheidung darüber obliegt, ob die Zustimmungsverweigerung rechtmäßig ist (VG Potsdam v. 12. 2. 1996, PersR 1997, 169). Insgesamt kann daher festgestellt werden, dass eine Zustimmungsverweigerung immer dann beachtlich ist, wenn „auch nur die Möglichkeit besteht, dass die Personalvertretung noch Interessen verfolgt, die durch den jeweiligen Mitbestimmungstatbestand personalvertretungsrechtlich geschützt sind und deren Geltendmachung dem Zweck des Mitbestimmungsverfahrens entspricht“ (VG Potsdam v. 27. 2. 1997, Leits. ZBR 1997, 299 = ZfPR 1998, 188). Die Zustimmungsfiktion (nach § 69 Abs. 2 Satz 5) tritt nur ein, „wenn die Zustimmung aus Gründen verweigert wird, die so offensichtlich außerhalb des Rahmens des einschlägigen Mitbestimmungstatbestandes liegen, dass sich die Verweigerung der Zustimmung als Rechtsmissbrauch darstellt; daher kann auch nur eine solche Zustimmungsverweigerung als unbeachtlich betrachtet werden, die einer solchen gleichzusetzen ist, „die ohne jegliche Angabe von Gründen erfolgt ist“ (VG Potsdam v. 27. 2. 1977, aaO). Daher reicht es grundsätzlich aus, wenn eine Personalvertretung Gründe vorträgt, die es zumindest als möglich erscheinen lassen, dass einer der Zustimmungsverweigerungsgründe des Abs. 2 geltend gemacht wird (BVerwG v. 15. 12. 1992, BVerwGE 91, 276 = ZBR 1993, 151 = PersV 1993, 352 = ZfPR 1993, 88; Richardi u. a., § 77 Anm. 28).

14a a) Die Personalvertretung darf sich andererseits nicht mit einer formelhaften Wiederholung des Gesetzestextes (Abs. 2) begnügen (BVerwG v. 27. 7. 1979, ZBR 1980, 355 = PersV 1981, 162 m. Anm. v. Windscheid = DÖV 1980, 563 m. Anm. v. Franz; Kunze, PersV 1982, 270; vgl. auch § 69 Anm. 13 ff.; vgl. vor allem Dannhäuser, PersV 1990, 409). Beschränkt sich die Personalvertretung zur Begründung einer Zustimmungsverweigerung auf die Wiedergabe von Vorschriften des BPersVG, ohne auf die konkrete (beabsichtigte) Maßnahme einzugehen, dann darf der Dienststellenleiter die Verweigerung als unbeachtlich ansehen und die beabsichtigte Maßnahme durchführen. Eine solche Zustimmungsfiktion kann aber nur dann in Betracht kommen, wenn Gründe vorgetragen werden, „die so offensichtlich außerhalb des Rahmens des einschlägigen Mitbestimmungstatbestandes liegen, dass sich die Verweigerung der Zustimmung als Rechtsmissbrauch darstellt“ (VG Potsdam v. 12. 2. 1996, PersR 1996, 206). Nur dann nämlich kann eine Zustimmungsverweigerung unbeachtlich sein und einer solchen gleichgesetzt werden, „die ohne jegliche Angabe von Gründen erfolgt und sich auf eine schlichte Verneinung der beabsichtigten Maßnahme beschränkt. Sobald indessen auch nur die Möglichkeit besteht, dass die Personalvertretung noch Interessen verfolgt, die durch den jeweiligen Mitbestimmungstatbestand personalvertretungsrechtlich geschützt sind und deren Geltendmachung dem Zweck des Mitbestimmungsverfahrens entspricht, tritt die Fiktion nicht ein“ (VG Potsdam v. 12. 2. 1996, aaO; vgl. auch Müller, PersR 1991, 455; Riedmaier, ZfPR 1994, 165, 199). Die Darlegung einer Rechtsauffassung oder der Vortrag von Tatsachen, aus denen sich **ersichtlich keiner der Verweigerungsgründe** ergibt, ist **unbeachtlich** (BVerwG v. 19. 9. 1983, BVerwG E 68, 30; BVerwG v. 4. 4. 1985, ZBR 1985, 283 = PersV 1987, 155). Das Vorbringen der Personalvertretung muss es daher zumindest als möglich erscheinen lassen, dass einer der im Gesetz abschließend geregelten Verweigerungsgründe gegeben ist. Eine Begründung, die offensichtlich außerhalb eines der Zustimmungsverweigerungsgründe liegt, kann keine Verpflichtung der Dienststelle zur Einleitung des Einigungsverfahrens auslösen (BVerwG v. 20. 6. 1986, BVerwGE 74, 273 = ZBR 1987, 28 = PersV 1987, 63; VGH Mannheim v. 12. 9. 1989, Leits. ZfPR 1990, 59; vgl. auch Widmaier, RiA 1987, 10 sowie BVerwG v. 27. 3. 1990, PersV 1990, 439 = ZfPR 1991, 13 = PersR 1990, 179 m. Anm. v. Sabottig). Die Verweigerung der Zustimmung zur Mehrarbeit, zu Lehraufträgen und zu befristeter Aufstockung bzw. Unterbrechung von Teilzeitbeschäftigungen oder Beurlaubungen mit arbeitsmarkt-/haushaltspolitischen Überlegungen liegt nach Auffassung des BVerwG (v. 16. 12. 1992 – 6 P 27.91, BVerwGE 91, 295 = Leits. ZBR 1993, 154 = PersV 1993, 359 = ZfPR 1993, 81) außerhalb des Rahmens der Mitbestimmung. Die Verwirklichung arbeitsmarktpolitischer Zielsetzungen gehört nach Auffassung des Gerichts nicht zu den gesetzlichen Aufgaben der Personalvertretung (vgl. auch: VGH Mannheim v. 23. 1. 1991, PersV 1992, 491 = Leits. ZfPR 1992, 151; vgl. aber Anm. 15). In diesem Zusammenhang aber darf nicht übersehen werden, dass der Personalvertretung der Schutz der Beschäftigten obliegt und dass sie im Rahmen dieses Auftrags dafür einzutreten hat, dass die Beschäftigten nicht unangemessen durch Mehrarbeit und Überstunden belastet werden. Dagegen ist es nicht Zweck des Mitbestimmungsrechts, den allgemeinen Datenschutz zu gewährleisten; eine dahingehende Zustimmungsverweigerung liegt offensichtlich außerhalb irgendeines Mitbestimmungstatbestandes (VGH Kassel v. 27. 2. 1991, ZTR 1991, 526; Lorenzen u. a., § 77 Anm. 60b). Ebensowenig kann die Personalvertretung die Zustimmung mit dem Hinweis darauf verweigern, sie strebe eine Erhöhung des Frauenanteils an (VGH Kassel v. 18. 3. 1993, Leits. ZBR 1993, 287 = Leits. ZfPR 1994, 195) bzw. sie wolle die Einstellung eines externen Bewerbers deshalb verhindern, um eine „Fremdbesetzung“ von Stellen zu vermeiden (OVG Münster v. 1. 7. 1994, Leits. ZfPR 1995, 52). Offensichtlich unerhebliche Einwendungen der Personalvertretung könnten die Durchführung der beabsichtigten Maßnahme beliebig verzögern und damit die Funktionsfähigkeit der Dienststelle beeinträchtigen (BVerwG v. 4. 4. 1985, ZBR 1985, 283 = PersV 1987, 155). Diese Grundsätze wendet das BVerwG entsprechend auf die Zustimmungsverweigerung in Mitbestimmungsangelegenheiten an, für die das BPersVG nicht ausdrücklich die Verweigerungsgründe festlegt (vgl. Beschlüsse v. 4. 4. 1985, aaO, und v. 18. 4. 1986, ZBR 1986, 308 = PersV 1987, 157; BVerwG v. 9. 12. 1992, aaO).

2. **Unbeachtlich** ist eine Zustimmungsverweigerung **nur dann,** wenn ihre 15
Einlassung **jeglichen Bezug** zu einem gesetzlichen Mitbestimmungstatbestand **vermissen lässt** und dies **offensichtlich** ist. Dies ist nicht schon dann der Fall, wenn eine Personalvertretung die Zustimmung zur Einstellung wegen des Schutzes der vorhandenen Beschäftigten vor einem Arbeitsplatzverlust verweigert (OVG Magdeburg v. 27. 10. 2004 – 5 12/03, PersR 2005, 193 = Leits. ZfPR 2007, 18 und 5 L 13/03, n. v.). Gleiches gilt auch dann, wenn eine Personalvertretung die Zustimmung zu einer Umsetzung mit der Begründung verweigert, dass durch ein angestiegenes Durchschnittsalter der Beschäftigten für die verbliebenen Beschäftigten eine Mehrbelastung entsteht (VG Mainz v. 18. 5. 2004, PersV 2005, 26). Das Merkmal der Offensichtlichkeit ist auf solche Fälle beschränkt, in denen die Personalvertretung ihre Kompetenzen eindeutig überschreitet. Die verfahrensrechtlichen Bestimmungen des § 69 Abs. 3, 4 geben dem Dienststellenleiter **kein Vorprüfungsrecht** in der Form, dass er die Schlüssigkeit der vorgetragenen Ablehnungsgründe prüfen kann (BVerwG v. 30. 4. 2001, ZBR 2001, 305 = PersV 2001,

411 = ZfPR 2001, 182; BAG v. 19. 6. 2007, PersR 2007, 429). Infolgedessen setzt die Wirksamkeit der Zustimmungsverweigerung nicht voraus, dass die angegebenen Gründe in sich widerspruchsfrei sind. Auch muss die **Begründung nicht** in dem Sinne **„schlüssig" sein,** dass bei Vorliegen der von der Personalvertretung vorgebrachten Umstände ohne weiteres der geltend gemachte Mitbestimmungstatbestand gegeben ist (vgl. auch Anm. 19). Die mangelnde Schlüssigkeit der Gründe kann dem Fehlen jeglicher Begründung nicht gleichgestellt werden (BVerwG v. 7. 7. 1989 – 6 PB 10.88, PersR 1989, 301). Der Dienststellenleiter darf daher die angegebene Begründung weder einer Schlüssigkeitsprüfung unterziehen noch darf er sie auf ihre Richtigkeit hin untersuchen. Andernfalls nämlich würde die Dienststelle „ihre Auffassung dem personalvertretungsrechtlichen Partner aufzwingen" (BVerwG v. 9. 12. 1992 – 6 P 16.91, BVerwGE 91, 276 = ZBR 1993, 317 = PersV 1994, 173 = ZfPR 1993, 118). Die Prüfung der so verstandenen „Schlüssigkeit" muss wie die der Begründetheit der Zustimmungsverweigerung der Entscheidung im Einigungsverfahren vorbehalten bleiben (BVerwG v. 20. 6. 1986, BVerwGE 74, 273 = ZBR 1987, 28 = PersV 1987, 63; Bosch, PersV 1994, 543). Soweit eine Sachbezogenheit eines Verweigerungstatbestandes „jedenfalls nicht auf den ersten Blick zu verneinen" ist, kann das Einigungsverfahren ebensowenig abgebrochen werden wie dann, wenn das Vorliegen eines Versagungsgrundes „mindestens möglich erscheint" (VGH München v. 11. 9. 1991, PersV 1993, 85 = Leits. ZfPR 1992, 117 sowie BVerwG v. 9. 12. 1992, aaO; vgl. auch Anm. 19). Der Abbruch eines Mitbestimmungsverfahrens ist auch dann nicht zulässig, wenn eine Personalvertretung die Zustimmungsverweigerung nicht mit einem Alternativvorschlag verbindet (BVerwG v. 18. 4. 1986, ZBR 1986, 308 = PersV 1987, 157; Lorenzen u. a., § 77 Anm. 60 f).

16 3. Von der Gesetzessystematik her ist vorgegeben, dass im Nichteinigungsfall den bisher am Mitbestimmungsverfahren Beteiligten das weitere Vorgehen aus der Hand genommen wird, es sei denn, dass der Dienststellenleiter von seiner Absicht Abstand nehmen möchte. Falls er dies nicht wünscht, sondern an seiner dem Mitbestimmungsrecht der Personalvertretung unterliegenden Maßnahme festhalten möchte, dann kann das weitere Verfahren nur auf die nächsthöhere Ebene verlagert werden. Insoweit also bleibt die Meinungsverschiedenheit auf der ursprünglichen Ebene ungelöst (Müller, PersR 1991, 455 ff). Die gleichberechtigte Partnerschaft im Mitbestimmungsverfahren sowie die vom Gesetz und von der Rechtsprechung gewollte Waffengleichheit sprechen eindeutig gegen eine weitegehende Abbruchsbefugnis des Dienststellenleiters (Müller, aaO). Der **„Abbruch des Mitbestimmungsverfahrens (muss daher) auf Ausnahmefälle beschränkt bleiben"** (VGH Kassel v. 27. 4. 1988, ZfPR 1990,45 m. Anm. v. Ilbertz; ders., Anm. zu BVerwG v. 3. 2. 1993 – 6 P 28.91, BVerwGE 92, 47 = Leits. ZBR 1993, 319 = PersV 1994, 225 = ZfPR 1993, 131). Ausreichend ist es daher, wenn die Personalvertretung einer Beförderungsmaßnahme mit dem Hinweis begegnet, der Ausschreibungstext sei so eindeutig auf die Person des Stelleninhabers zugeschnitten, dass eine Chancengleichheit zugunsten aller Bewerber nicht bestehe (VGH Kassel v. 29. 11. 1989, Leits. ZfPR 1990, 185; vgl. auch OVG Bremen v. 27. 11. 1990, PersR 1991, 99). Als genügend substanziiert ist die Zustimmungsverweigerung auch anzusehen, wenn eine Personalvertretung im Falle einer beabsichtigten Beförderung eines Beamten die Zustimmung unter Hinweis auf eine bisher nicht erfolgte Ausschreibung und darauf verweigert, dass deshalb mögliche Bewerbungen und Ansprüche anderer Beschäftigter nicht berücksichtigt werden könnten (OVG Berlin v. 20. 11. 1989, PersR 1990, 265). Ebenso ist es ausreichend, wenn die Personalvertretung einwendet, durch eine Versetzung eines bestimmten Beschäftigten würden tatsächliche Nachteile bei anderen Beschäftigten im Hinblick auf ihre weiteren Fortkommenschancen eintreten (VGH München v. 4. 10. 1989, PersR 1990, 142). Demgegenüber vertritt der VGH Mannheim (v. 13. 12. 1988, PersR 1990, 149) die Auffassung, dass die Personalvertretung die Zustimmung zur Einstellung einer nicht schwerbehinderten Bewerberin nicht mit der Begründung verweigern könne, vor der Einstellung habe keine Prüfung nach § 14 Abs. 1 Satz 1 SchwbG stattgefunden. Eine solche Begründung sei unbeachtlich. Dieser Auffassung kann im Hinblick auf die voraufgehenden Bemerkungen nicht zugestimmt werden. Da im Übrigen keine zu hohen Anforderungen an die vorgetragenen Gründe gestellt werden dürfen, ist die Personalvertretung nicht verpflichtet, eine Gegenkonzeption zu den Vorschlägen des Dienststellenleiters zu entwickeln.

4. Bei personellen Entscheidungen, die auf dem **Prinzip der Bestenauslese** **17** beruhen, obliegt die Beurteilung der Beschäftigten nach Eignung, Befähigung und fachlicher Leistung allein dem Dienststellenleiter. Ihm steht von Verfassung wegen (Art. 33 Abs. 2 GG) ein breiter Ermessens- und Beurteilungsspielraum zu. In diesen Ermessens- und Beurteilungsspielraum kann die Personalvertretung mit ihren Einwendungen nicht eindringen, so dass sie die Zustimmung nur dann verweigern kann, wenn der Dienststellenleiter den anzuwendenden Begriff oder den gesetzlichen Rahmen, in dem er sich frei bewegen kann, verkannt hat oder wenn er von einem unrichtigen Sachverhalt ausgegangen ist oder allgemeingültige Maßstäbe nicht beachtet oder sachfremde Erwägungen angestellt hat (BVerwG v. 27. 3. 1990, PersV 1990, 439 = ZfPR 1991, 13; BVerwG v. 6. 9. 1995, Leits. ZBR 1996, 221 = PersV 1996, 265 = ZfPR 1996, 42). Eine Personalvertretung kann daher ihr eigenes Werturteil nicht an die Stelle desjenigen des Dienststellenleiters setzen. Allerdings ist der Einwand, es liege keine ausreichende Auswahlbegründung vor, ein beachtlicher Grund zur Zustimmungsverweigerung. Bei einer auf dem **Prinzip der Bestenauslese** beruhenden Personalmaßnahme ist ein Dienststellenleiter verpflichtet darzulegen, auf welchen Umständen seine Auswahlentscheidung beruht. Die Personalvertretung nämlich muss in der Lage sein zu beurteilen, ob sich die getroffene Auswahlentscheidung im Rahmen des dem Dienststellenleiter zustehenden Beurteilungs- und Ermessensspielraum hält. Er hat seine Einschätzung zu für wesentlich gehaltenen Fähigkeiten, Fertigkeiten und Charaktereigenschaften der übrigen Bewerber eingehend darzulegen. Nur auf einer solchen Informationsgrundlage nämlich ist die Personalvertretung in der Lage, sachgerecht darüber zu entscheiden, ob sie die Zustimmung zu einer auf einer **Auswahlentscheidung** beruhenden personellen Maßnahme erteilen kann oder nicht (OVG Münster v. 24. 11. 1999, Leits. ZBR 2000, 322 = PersV 2000, 451 = ZfPR 2000, 236).

5. Zur **Einstellung** mehrerer **externer** Bewerber kann eine Personalvertretung **18** aber auch dann die Zustimmung verweigern, wenn es ihr lediglich um die Übernahme eines bereits im Arbeiterverhältnis stehenden Beschäftigten in das Angestelltenverhältnis geht (OVG Münster v. 14. 2. 1990, Leits. ZBR 1991, 123 = PersV 1991, 179 = Leits. ZfPR 1990, 184). Ebenso kann die Personalvertretung einer beabsichtigten Einstellung dann widersprechen, wenn die kollektiven Interessen der bereits tätigen Beschäftigten durch die Einstellung beeinträchtigt werden könnten. Dies wäre z. B. bei einer knappen zeitlichen Befristung von Arbeitsverträgen und den dadurch verursachten häufigen Personalwechseln insoweit der Fall, als dadurch Störungen des Arbeitsablaufs und eine Mehrbelastung der vorhandenen Beschäftigten verursacht würden (vgl. hierzu auch: BVerwG v. 27. 11. 1991, Leits. ZBR 1992, 251 = PersV 1992,

225). Die Personalvertretung kann in beachtlicher Weise regelmäßig (nur) geltend machen, der gesetzliche Rahmen, innerhalb dessen sich der Dienststellenleiter bei seiner Eignungsbeurteilung bewegen könne, sei überschritten, der anzuwendende Begriff sei verkannt, der Dienststellenleiter sei von einem unrichtigen Sachverhalt ausgegangen (OVG Berlin v. 7. 8. 1992, PersR 1992, 416), er habe allgemein gültige Bewertungsmaßstäbe nicht beachtet oder sachfremde Erwägungen angestellt. Die Zustimmungsverweigerung zur Übertragung einer höher zu bewertenden Tätigkeit ist daher unbeachtlich, wenn sie ungeachtet der vom Dienststellenleiter angeführten Gesichtspunkte (beruflicher Werdegang, Fachkenntnisse, Persönlichkeitsbild und verwaltungsspezifische Aufgaben des Dienstpostens) unter Berufung auf § 77 Abs. 2 Nr. 2 allein mit dem höheren Dienst- und Lebensalter des übergangenen Bewerbers begründet wird (OVG Münster v. 27. 3. 1998, Leits. ZfPR 1998, 163). Dies gilt auch, wenn die letzte allgemeindienstliche Beurteilung beider Bewerber im Gesamturteil gleich ist (VGH München v. 11. 9. 1991, PersV 1993, 85). Allerdings ist die Rechtslage dann anders zu beurteilen, wenn die dienstliche Beurteilung eines nicht berücksichtigten Bewerbers in ihrer Benotung besser als die des berücksichtigten Bewerbers ist und wenn der zuständige Dienststellenleiter hierzu keine Begründung gegeben hat. In diesem Fall ist die **Zustimmungsverweigerung** der Personalvertretung selbst dann **nicht unbeachtlich**, wenn der Dienststellenleiter seiner Auswahlentscheidung zusätzliche Bewertungskriterien zugrunde gelegt hat (OVG Berlin v. 30. 3. 1998 – OVG 60 PV 3.98, PersR 1998, 296). Im Falle einer Kündigung kann die Personalvertretung nur geltend machen, dass der Begriff der mangelnden Bewährung und die gesetzlichen Grenzen des Beurteilungsspielraums verkannt worden sind, dass der Beurteilung ein unrichtiger Sachverhalt zugrunde gelegt worden ist und dass allgemeine Wertmaßstäbe nicht beachtet oder sachfremde Erwägungen angestellt worden sind. Daher kann die Personalvertretung ihre Bedenken bei einer **Kündigung** nicht ausschließlich auf Einwendungen gegen eine rechtsfehlerfreie Eignungsbeurteilung des Dienstherrn stützen (BVerwG v. 30. 11. 1994, BVerwGE 97, 154 = Leits. ZBR 1995,317 = PersV 1995, 181 = ZfPR 1995, 44).

18a a) In personellen Angelegenheiten, in denen es nicht in erster Linie um eine **Eignungsbeurteilung** (u. a. Einstellung, Beförderung, Vergabe höher zu bewertender Dienstposten) geht, sondern um andere Angelegenheiten, in denen in besonderem Maße der **Schutzzweck des Mitbestimmungstatbestands** wesentlich sein kann (z. B Versetzung, Abordnung, Umsetzung), sind fürsorgerische Gesichtspunkte von erheblich höherem Gewicht (z. B. Verschlechterung der dienstlichen Aufstiegschancen). In diesen Fällen hat das BVerwG einer Personalvertretung zugestanden, auch solche Gründe vortragen zu können, die sich unmittelbar aus einer möglichen Benachteiligung des betroffenen Beschäftigten ergeben können (BVerwG v. 4. 6. 1993 – 6 P 31.91, ZBR 1993, 373 = PersV 1994, 414 = ZfPR 1993, 197; BVerwG v. 4. 6. 1993 – 6 P 32.91, Leits. ZBR 1994, 382). Die Personalvertretung einer abgebenden Dienststelle kann daher im Zusammenhang mit Versetzungen zur Verweigerung ihrer Zustimmung auf tatsächliche Nachteile durch „Mehrbelastungen der verbleibenden Beschäftigten von nicht unerheblichem Gewicht“ hinweisen (BVerwG v. 4. 6. 1993 – 6 P 33.91, Leits. ZBR 1994, 382 = PersV 1994, 467; vgl. auch § 76 Anm. 15).

19 6. Die **Zustimmungsverweigerung ist also nur dann unbeachtlich,** „wenn sie entweder (objektiv) das Vorliegen eines gesetzlichen Zustimmungsverweigerungsgrundes als nicht möglich erscheinen lässt, weil ein Verweigerungsgrund von vornherein und eindeutig nicht vorliegen kann, oder wenn sie aus sonstigen (subjektiven) Gründen rechtsmissbräuchlich ist, weil der Personalrat sich von vornherein besserer Erkenntnis verschließt oder aber seinen Standpunkt nur zum Schein einnimmt" (BVerwG v. 7. 12. 1994, Leits. ZBR 1995, 137 PersV 1995, 399 = ZfPR 1996, 121; BVerwG v. 15. 11. 2006, PersV 2007, 370; BAG v. 19. 6. 2007 PersR 2007, 429). Die Darlegung einer **Rechtsauffassung** ist nur dann unbeachtlich, wenn die Fehlerhaftigkeit offensichtlich ist, etwa dann, wenn sie einer gefestigten höchstrichterlichen Rechtsprechung widerspricht. Ist das nicht der Fall, darf ein Dienststellenleiter die Zustimmungsverweigerung nicht als unbeachtlich ansehen und das Mitbestimmungsverfahren abbrechen (BAG v. 19. 6. 2007, aaO). An die Formulierung der Begründung dürfen keine hohen Anforderungen gestellt werden, da die Personalvertretung zum einen nicht immer über spezielle dienstrechtliche Kenntnisse verfügt und zum anderen ihr aufgrund der einzuhaltenden Fristen nur kurze Zeit für Beratung und Beschlussfassung zur Verfügung steht. Daher reicht es aus, wenn hinreichend deutlich wird, dass die Personalvertretung Gründe anführt, die sich einem gesetzlichen Mitbestimmungstatbestand zuordnen lassen (BVerwG v. 6. 9. 1995, BVerwGE 99, 201 = Leits. ZBR 1996, 221 = PersV 1996, 265 = ZfPR 1996, 42).

a) Schließlich kann eine Zustimmungsverweigerung **rechtsmissbräuchlich** (vgl. Anm. 19) **und damit unwirksam** sein. wenn „der Personalrat sich schon vornherein besserer Erkenntnis verschließt oder aber seinen Standpunkt nur zum Schein einnimmt" (BVerwG v. 7. 12. 1994, Leits. ZBR 1995, 317 = PersV 1995, 399 = ZfPR 1996, 121; BVerwG v. 15. 11. 2006, PersV 2007, 370). Dabei muss für alle Beteiligten ganz offensichtlich sein, dass der betreffende Personalrat sich auf den von ihm angegebenen Verweigerungsgrund nicht berufen kann oder seine Annahme offensichtlich unhaltbar, vorgeschoben oder gar „mutwillig" (OVG Magdeburg v. 4. 8. 1998, ZfPR 2001, 79) ist (OVG Koblenz v. 16. 9. 1986, Leits. PersR 1987, 156; vgl. auch Anm. 21 sowie BVerwG v. 2. 11. 1994, PersV 1995, 227 = ZfPR 1995, 38; BVerwG v. 7. 12. 1994, Leits. ZBR 1995, 318 = PersV 1995, 399 = ZfPR 1995, 121; VG Potsdam v. 27. 2. 1997, Leits. ZBR 1997, 299 = ZfPR 1998, 188; vgl. schließlich auch Anm. 14). Als rechtsmissbräuchlich ist eine Zustimmungsverweigerung vor allem dann anzusehen, wenn sie nicht auf den konkreten Fall eingeht, sondern sich „in allgemeinen Redewendungen, inhaltslosen Floskeln oder in substanzloser Polemik" erschöpft, da sich in diesem Fall der Dienststellenleiter nicht sachlich mit den vorgetragenen Gründen auseinandersetzen kann und daher auch kein Austausch von Argumenten mit dem Ziel der Verständigung möglich ist (Riedmaier, ZfPR 1994, 165, 167; vgl. auch Müller, PersR 1991, 455, 456). In diesem Fall ist es dem Dienststellenleiter nicht möglich, mit dem Ziel einer Verständigung auf Argumente der Personalvertretung einzugehen. **19a**

b) Umgekehrt wäre die **Berufung eines Dienststellenleiters auf die Unwirksamkeit der Zustimmungsverweigerung** z. B. dann **rechtsmissbräuchlich**, wenn er einen Verstoß gegen die gemeinsame Vertretungsbefugnis von Personalratsvorsitzendem und Gruppenvertreter (vgl. § 32 Anm. 35) vor Ablauf der gesetzlichen Erklärungsfrist erkennt und ihn dem Personalratsvorsitzenden gegenüber verschweigt, um diesen daran zu hindern, die Unterschrift des Gruppenvertreters nachzuholen. Auch wäre das Verhalten eines Dienststellenleiters dann als missbräuchlich zu werten, wenn er dem Personalratsvorsitzenden vor Ablauf der Erklärungsfrist bewusst zu erkennen geben würde, dass er dem Fehlen der Unterschrift des Gruppenvertreters keine Bedeutung beimessen und die Zustimmungsverweigerung als wirksam behandeln werde, sich dann aber tatsächlich anders verhalten würde (BVerwG v. 14. 7. 1986, ZBR 1986, 312 = PersV 1987, 199). **19b**

19c c) In allen Fällen, in denen **Personalvertretungsgesetze der Länder keinen Versagungskatalog** hinsichtlich der Verweigerungsgünde enthalten, kann die Zustimmungsverweigerung auf jeden Grund rechtswirksam gestützt werden (BAG v. 19.6.2007, PersR 2007, 429 = Leits. ZfPR 2008, 45). Allerdings sind an die schriftlich vorzutragenden Gründe der Zustimmungsverweigerung die gleichen Maßstäbe wie in den Fällen anzulegen, in denen die Verweigerungsgründe gesetzlich festgelegt sind (BVerwG v. 4.6.1993, ZBR 1993, 373 = PersV 1994, 414 = ZfPR 1993, 197; vgl. auch Richardi u. a., § 77 Anm. 33). Für alle Personalvertretungsgesetze gilt deshalb, dass ein Dienststellenleiter nur dann zum Abbruch eines Mitbestimmungsverfahrens berechtigt ist,

- wenn die Personalvertretung keine Gründe für die Verweigerung der Zustimmung nennt oder
- wenn sich die Begründung in inhaltsleeren Floskeln oder in der bloßen Wiedergabe des Gesetzes erschöpft (gilt insoweit für den Bund und die Länder, deren Personalvertretungsgesetze einen Versagungskatalog enthalten) oder
- wenn die vorgetragenen Gründe außerhalb der Mitbestimmungskataloge liegen, so dass die Verweigerung der Zustimmung rechtsmissbräuchlich wäre (vgl. auch VG Potsdam v. 24.10.2007 – 21 K 2332/06.PVL, n. n.v.).

20 7. Nach Abs. 2 Nr. 1 kann die Personalvertretung die Zustimmung verweigern, „wenn die Maßnahme gegen ein Gesetz, eine Verordnung, eine Bestimmung in einem Tarifvertrag, eine gerichtliche Entscheidung oder eine Verwaltungsanordnung oder gegen eine Richtlinie im Sinne des § 76 Abs. 2 Nr. 8 verstößt". Ein **Verstoß gegen ein Gesetz oder eine Verordnung** ist vor allen Dingen dann gegeben, wenn bei der Einstellung von Bewerbern, vor allem von Frauen und Jugendlichen, die Verordnung über die Arbeitszeit der Beamtinnen und Beamten des Bundes (Arbeitszeitverordnung, AZV) bzw. das Arbeitszeitgesetz (ArbZG; vgl. § 81 Anm. 9) oder das Jugendarbeitsschutzgesetz (vgl. § 81 Anm. 9), das Schwerbehindertengesetz (vgl. § 81 Anm. 9) bzw. die Sondervorschriften für schwerbehinderte Bundesbeamte und Bewerber (vgl. RdSchr. d. BMI v. 21.10.1974, GMBl. S. 534 u. v. 27.11.1974, GMBl. S. 570) nicht beachtet werden. Gleiches gilt, wenn die von einer Dienststelle beabsichtigte Einstellung nach einer gesetzlichen Norm untersagt ist (vgl. für das BetrVG: BAG v. 28.6.1994, BAGE 77, 165 = Leits. BB 1995, 52 = DB 1995, 326) bzw. wenn eine Diskriminierung eines Bewerbers i. S. von § 1 AGG (vgl. § 67 Anm. 2 ff.) vorliegt. Ein **Verstoß gegen** § 8 (Benachteiligungs-/Begünstigungsverbot) ist nicht nur dann gegeben, wenn eine Benachteiligung aus einer Maßnahme des Dienststellenleiters folgt, die sich unmittelbar auf das Arbeitsverhältnis eines Personalratsmitglieds bezieht, sondern entsprechend dem Sinn und Zweck des Benachteiligungsverbotes auch dann, wenn in zeitlichem und sachlichem Zusammenhang mit der Einstellung eines Bewerbers der befristete Arbeitsvertrag eines Personalratsmitglieds nicht verlängert werden soll. Wenn eine Personalvertretung daher ihre Zustimmungsverweigerung mit der Besorgnis begründet, mit der Einstellung eines Bewerbers solle die Möglichkeit geschaffen werden, einen wegen seiner Personalratstätigkeiten als lästig empfundenen Beschäftigten zu ersetzen und dessen befristeten Arbeitsvertrag nicht zu verlängern, so ist das Einigungsverfahren einzuleiten (BVerwG v. 13.5.1987, ZBR 1987, 350 = PersV 1988, 401, 548; BVerwG v. 20.3.1996, BVerwGE 100, 354 = PersV 1996, 473 = ZfPR 1996, 148). Ein Gesetzesverstoß liegt auch dann vor, wenn personelle Entscheidungen auf einem **Ermessensfehler** beruhen. Infolgedessen kann z. B. die Personalvertretung der Übertragung einer unterwertigen Beschäftigung auf einen Beamten mit der Begründung widersprechen, dass ihm dadurch

Dienstaufgaben zugewiesen würden, die nicht seiner Laufbahn und seinem Ausbildungsstand entsprächen (Klein, PersV 1977, 178). Daher ist ein Gesetzesverstoß auch bei einer Abordnung oder Versetzung anzunehmen, wenn dem Beamten dadurch ein nicht seinem Amt entsprechender Tätigkeitsbereich zugewiesen wird (VGH Mannheim v. 21. 10. 1975, ZBR 1976, 154). Dagegen liegt ein Gesetzesverstoß nicht bei einem Verstoß gegen ungeschriebene Rechtsnormen (aA BVerwG v. 26. 1. 1994, BVerwGE 95, 73, 83 = PersV 1994, 539 = ZfPR 1994, 76) wegen der daraus zwangsläufig resultierenden Rechtsunsicherheit (Lorenzen u. a., § 77 Anm. 39) bei einem Verfahrensverstoß gegen Bestimmungen des BPersVG vor (z. B. die Personalvertretung ist nicht ordnungsgemäß über eine beabsichtigte Einstellung informiert worden), sofern die Maßnahme im Übrigen gesetzeskonform ist. Allerdings wird im Fall einer nicht ordnungsgemäß erfolgten und innerhalb der Frist entsprechend gerügten Unterrichtung die für die Erteilung der Zustimmung maßgebliche **Ausschlussfrist** (§ 69 Abs. 2 Satz 3) **nicht in Gang gesetzt;** denn die Erklärungsfrist des § 69 Abs. 2 Satz 3 beginnt erst mit dem Zeitpunkt zu laufen, zu dem die Personalvertretung ausreichend unterrichtet worden ist (BVerwG v. 10. 8. 1987, BVerwGE 78, 65 = ZBR 1988, 258 = PersV 1988, 357; vgl. § 69 Anm. 11; Richardi u. a., § 77 Anm. 45). Die Unterrichtung ist somit nachzuholen. Von einer Personalvertretung kann zur Begründung einer Zustimmungsverweigerung zu einer ordentlichen Kündigung nicht geltend gemacht werden, die Kündigung sei sozial ungerechtfertigt, weil damit kein Verstoß der beabsichtigten Kündigung gegen ein Gesetz gerügt wird (VG Frankfurt a.M. v. 24. 5. 2004, PersV 2005, 22). Ein **Verstoß gegen einen Tarifvertrag** ist immer dann anzunehmen, wenn die verabredeten Arbeitsbedingungen mit tarifvertraglichen Regelungen nicht übereinstimmen (vgl. u. a. BVerwG v. 8. 12. 1999, ZBR 2000, 341 = PersV 2001, 78 = ZfPR 2000, 171). Ein Verstoß gegen tarifvertragliche Bestimmungen kann von einer Personalvertretung dann gerügt werden, wenn sie im Zusammenhang mit einer Eingruppierung darauf hinweist, dass ihre Überprüfung ergeben habe, die ihr mitgeteilten Tätigkeits- und sonstigen Eingruppierungsmerkmale würden die konkrete Eingruppierung nicht rechtfertigen (OVG Bautzen v. 20. 12. 2006, PersR 2007, 321 = Leits. ZfPR 2007, 114). Ein **Verstoß gegen eine gerichtliche Entscheidung** liegt dann vor, wenn der Leiter der Dienststelle eine gefestigte höchstrichterliche Rechtsprechung unbeachtet lässt (vgl. auch Wurm, ZfPR 2001, 56; aA Lorenzen u. a., § 77 Anm. 41). Bei einer beabsichtigten **Übernahme eines Leiharbeitnehmers** kann die Personalvertretung die Zustimmung dann verweigern, wenn der Betreffende länger als 24 aufeinanderfolgende Monate eingesetzt werden soll. Die zeitliche Einsatzlimitierung in § 3 Abs. 1 Nr. 6 AÜG ist nicht arbeitsplatz-, sondern ausschließlich arbeitnehmerbezogen (vgl. für das BetrVG: BAG v. 12. 11. 2002, BB 2003, 850 = DB 2003, 1228 = ZBVR 2003, 83).

a) Eine Zustimmungsverweigerung ist auch dann möglich, wenn eine beabsichtigte Personalmaßnahme gegen den **Gleichstellungsplan** einer Dienststelle verstößt. Nach § 11 des Gesetzes zur Gleichstellung von Frauen und Männern in der Bundesverwaltung und in den Gerichten des Bundes (Bundesgleichstellungsgesetz, BGleiG v. 30. 11. 2001, BGBl. I S. 3234, zul. geänd. d. Art. 3 Abs. 11 G v. 14. 8. 2006, BGBl. I S. 1897) ist von der Dienststelle unter frühzeitiger Beteiligung der Gleichstellungsbeauftragten ein Gleichstellungsplan zu erstellen. Eine Zustimmungsverweigerung kann u. a. dann in Betracht kommen, wenn in einem Gleichstellungsplan das Ziel, in bestimmten Besoldungsgruppen eine gleiche Anzahl von Frauen und Männern zu beschäftigten, vorgegeben wird, ein Dienststellenleiter aber die Einstellung bzw. Beförderung eines männlichen Beschäftigten beabsichtigt und dadurch das angestrebte 20a zahlenmäßige Gleichgewicht nicht erreicht wird (vgl. BVerwG v. 20. 3. 1996, BVerwGE 100, 354 = ZBR 1996, 22 = PersV 1996, 473 = ZfPR 1996, 148; Lorenzen u. a., § 77 Anm. 42; Richardi u. a., § 77 Anm. 56).

20b b) Ein **Verstoß gegen eine Verwaltungsanordnung** (Vorschriften mit verwaltungsinterner Verbindlichleit) ist dann gegeben, wenn sich der Leiter der Dienststelle nicht an den innerdienstlichen Rechtsakt hält, also nicht daran, was Inhalt einer Verwaltungsanordnung ist. Schließlich kann die Personalvertretung die Zustimmung auch dann verweigern, wenn eine personelle Maßnahme gegen **Auswahlrichtlinien** bei Einstellungen, Versetzungen und Umgruppierungen verstößt (vgl. § 76 Abs. 2 Nr. 8 u. dort Anm. 46 ff.).

21 8. Nach Abs. 2 Nr. 2 kann die Personalvertrtetung die **Zustimmung zu einer personellen Maßnahme** dann verweigern, wenn „die durch Tatsachen begründete Besorgnis besteht, dass durch die Maßnahme der betroffene Beschäftigte oder andere **Beschäftigte benachteiligt** werden, ohne dass dies aus dienstlichen oder persönlichen Gründen gerechtfertigt ist". Hiernach kann die Personalvertretung die Zustimmung deshalb in einem sehr weiten Rahmen verweigern, weil sie in substanziierter Form jede Vorgehensweise (z. B. wegen Abstammung, Religion, Nationalität, Herkunft, politischer oder gewerkschaftlicher Betätigung, § 67 Abs. 1) beanstanden kann, die nicht aus dienstlichen oder persönlichen Gründen gerechtfertigt ist (Richardi u. a., § 77 Anm. 60). Im Rahmen eines Beteiligungsverfahrens nämlich soll die Personalvertretung darauf hinwirken, dass dem verfassungsrechtlichen Gebot des Art. 33 Abs. 2 GG, wonach jeder Deutsche nach seiner Eignung, Befähigung und fachlichen Leistung gleichen Zugang zu jedem Amt hat, Rechnung getragen wird (BVerwG v. 26. 1. 1994, BVerwGE 95, 73 = PersV 1994, 539 = ZfPR 1994, 76). Ausreichend ist, wenn die Personalvertretung Gründe vorträgt, die zumindest eine Benachteiligung als möglich erscheinen lassen. Nicht entscheidend ist, ob eine Benachteiligung tatsächlich gegeben ist (BVerwG v. 2. 11. 1994, PersV 1995, 227 = ZfPR 1995, 39).

21a a) Der Verweigerungsgrund nach Abs. 2 Nr. 2 kommt bei allen **Auswahlentscheidungen** nach dem Prinzip der Bestenauslese, u. a. bei der Übertragung einer höher oder niedriger zu bewertenden Tätigkeit, bei Versetzung und Umsetzung (ungünstigere Arbeitsbedingungen), bei Abordnung und Weiterbeschäftigung über die Altersgrenze hinaus, bei Kündigungen und bei Anordnungen, die die Freiheit in der Wahl der Wohnung beschränken, und bei der Versagung oder dem Widerruf der Genehmigung einer Nebentätigkeit in Betracht. Eine **Benachteiligung** ist daher insgesamt immer gegeben, **wenn der bestehende Zustand zu Lasten eines Beschäftigten verändert** werden soll. Das kann auch dann der Fall sein, wenn sich die tatsächlichen Arbeitsbedingungen für den von einer personellen Maßnahme (Versetzung) Betroffenen verschlechtern (Richardi u. a., § 77 Anm. 67) oder erschweren bzw. dann, wenn sich durch die Versetzung eines Beschäftigten tatsächliche Erschwerungen der Arbeit bei den verbleibenden Beschäftigten von nicht unerheblichem Gewicht ergeben (vgl. für das BetrVG: BAG v. 15. 9. 1987, BAGE 56, 108 = DB 1988, 128). Es kann sich sowohl um eine tatsächliche als auch um eine rechtliche Verschlechterung handeln. Von einer Benachteiligung kann daher nicht nur dann gesprochen werden, wenn mit einer bestimmten Maßnahme der Verlust einer Rechtsposition oder einer rechtserheblichen Anwartschaft verbunden ist (VGH München v. 27. 1. 1988, PersR 1988, 213; VGH Kassel v. 4. 10. 1989, ZTR 1990, 301; Fischer u. a., § 77 Anm. 20). Vielmehr muss auch geprüft werden, ob „tatsächlich verfestigte Chancen" in der Person eines Beschäftigten gegeben sind. Dadurch wird entgegen der Auffassung des

BVerwG (2. 6. 1993, BVerwGE 92, 295 = Leits. ZBR 1993, 382 = PersV 1994, 82 = Leits. ZfPR 1994, 16; BVerwG v. 15. 2. 1994, Leits. ZBR 1994, 387 = PersV 1995, 21 = ZfPR 1994, 84 sowie OVG Münster v. 29. 1. 1997, Leits. PersV 1998, 529 = ZfPR 1997, 122; Richardi u. a., § 77 Anm. 66) nicht in das Auswahlermessen einer Dienststelle eingegriffen. Es kann nur darum gehen, ob die **faktische Benachteiligung nachgewiesen werden kann.** Ist dies nicht möglich, so kann von einer Benachteiligung nicht die Rede sein. Wenn aber eine Benachteiligung nachweisbar ist, stellt sich die Frage, ob demgegenüber die in der Person des von der Dienststelle für eine höherwertige Funktion ausgewählten Bewerbers liegenden Umstände (höhere Qualifikation) ein Übergehen eines anderen Beschäftigten rechtfertigen. Dies zu entscheiden ist entsprechend § 69 Abs. 4 Aufgabe der Einigungsstelle. Im Hinblick darauf, dass nach der Rechtsprechung (BVerwG v. 27. 7. 1979, ZBR 1980, 355 m. Anm. v. Franz = PersV 1981, 162 m. Anm. v. Windscheid) die Verweigerung der Zustimmung nur unbeachtlich ist, wenn die geltend gemachten Gründe entweder schon gegenständlich gänzlich neben der durch den Beteiligungsgrund umrissenen Sache liegen (VGH Mannheim v. 13. 11. 1984, ZBR 1986, 27), wenn sie formelhaft, d. h. nicht dem Einzelfall angepasst sind, wenn die konkreten Tatsachen, auf die die Personalvertretung die Verweigerung ihrer Zustimmung stützt, nicht in zumutbarem Umfang angegeben sind oder wenn sonst schlüssige Anhaltspunkte dafür vorliegen, dass die angegebenen Gründe nur vorgeschoben sind, d. h. dass in Wirklichkeit kein Sachanliegen geltend gemacht, sondern nur auf Verzögerung hingearbeitet wird (Rechtsmissbrauch), kann der Gesetzestext nicht restriktiv ausgelegt werden (vgl. auch Fischer u. a., § 76 Anm. 9). Deshalb ist eine Benachteiligung auch dann anzunehmen, wenn die Personalvertretung im Einzelnen vorbringt, einem Beschäftigten werde durch die Maßnahme die Chance zur Verbesserung seiner Position genommen (VGH München v. 5. 6. 1991, PersR 1992, 223), weil eine Beförderungszusage vorliegt oder aber aufgrund einer Selbstbindung der Verwaltung durch Auswahlrichtlinien oder Auswahlgrundsätze eine rechtliche Position erlangt worden ist (vgl. insoweit: BVerwG v. 2. 11. 1994, PersV 1995, 227 = ZfPR 1995, 39). Außerdem kann eine Personalvertretung eine Benachteiligung mit der Behauptung begründen, dass ein weniger geeigneter Bewerber bevorzugt werde (VGH München v. 11. 9. 1991, PersR 1992, 270; Fischer u. a., § 77 Anm. 20). Das kann insbesondere bei einer Beförderung der Fall sein. Zustimmungsverweigerungsgründe bei Beförderungen sind im Gegensatz zu Einstellungen auf § 77 Abs. 2 Nr. 2 zu stützen. Dies ergibt sich schon daraus, dass in diesem Tatbestand von „Beschäftigten" die Rede ist. Dagegen müssen Zustimmungsverweigerungsgründe bei Einstellungen auf § 77 Abs. 2 Nr. 1 Bezug nehmen. Der Beschluss des BVerwG v. 11. 2. 1981 (BVerwGE 61, 325 = ZBR 1981, 381 = PersV 1981, 320 m. Anm. v. Widmaier) ist allein einschlägig für das Zustimmungsverweigerungsrecht in Bezug auf Einstellungen. Infolgedessen kann dieser Beschluss nicht dazu herangezogen werden, den Umfang von Zustimmungsverweigerungsgründen bei Beförderungsmaßnahmen zu bestimmen.

b) Die Zustimmungsverweigerungsgründe bei **Beförderungen** richten sich in erster Linie auf eine mögliche Benachteiligung von Konkurrenten bei nahezu gleicher Qualifikation. Dann sind zu berücksichtigen: das Alter (Lebensalter, Funktionsalter etc.), beruflicher Werdegang, Fachkenntnisse, Persönlichkeitsbild, verwaltungsspezifische Aufgaben des zu übertragenden Dienstpostens. Darüber hinaus wird man einer Personalvertretung ein Zustimmungsverweigerungrecht für den Fall einräumen müssen, dass ein Dienststellenleiter einen Beschäftigten auf einen Arbeitsplatz als Datenschutzbeauftragten umsetzen möchte. Die Zustimmung kann mit dem Hin- **21b** weis verweigert werden, der Betreffende besitze nicht die vom Bundesdatenschutzgesetz geforderte Fachkunde und Zuverlässigkeit (vgl. für das BetrVG: BAG v. 22. 3. 1994, BB 1994, 2070 m. Anm. von Wohlgemuth, BB 1995, 1352 = DB 1994, 1678). Ebenso kann eine Personalvertretung die Zustimmung dann verweigern, wenn bei Kündigungen eine Sozialauswahl entsprechend § 1 Abs. 3 KSchG nicht stattgefunden hat, so zum Beispiel dann, wenn ein Beschäftigter auf einen freien Arbeitsplatz versetzt werden soll und die Besorgnis besteht, dass einem anderen Beschäftigten infolge dieser Maßnahme gekündigt wird. In diesem Fall kann die Personalvertretung die Zustimmung zu der Versetzung mit der Begründung verweigern, der Dienststellenleiter habe soziale Auswahlkriterien nicht berücksichtigt. Gleiches gilt dann, wenn durch Umorganisation ein Teil der Arbeitsplätze wegfällt, gleichzeitig aber neue Beförderungsstellen geschaffen werden, an denen überwiegend gleiche Tätigkeiten zu erledigen sind (vgl. für das BetrVG: BAG v. 30. 8. 1995, BB 1996, 797 = DB 1996, 1140).

22 9. Entgegen der Auffassung von Dannhäuser (PersV 1985, 148, 154) weist Kunze (PersV 1985, 316) zu Recht darauf hin, dass der Ablehnungsgrund der Benachteiligung praktisch die alleinige Vetomöglichkeit einer Personalvertretung bei Personalmaßnahmen (Einstellung, Versetzung, Umsetzung, Beförderung etc.) darstellt. Nur in den seltensten Fällen kann man nach zutreffender Auffassung von Kunze feststellen, dass eine rechtserhebliche Anwartschaft oder eine Rechtsposition (z. B. konkrete Beförderungszusage, Zusage einer Höhergruppierung) vorliegt, die mit einer beabsichtigten Maßnahme übergangen wird. In den meisten Fällen sind die jeweiligen Chancen noch nicht konkretisiert. Daher ist davon auszugehen, dass „alle denkbaren ungerechtfertigten Bevorzugungen von weniger geeigneten Bewerbern oder Beschäftigten bei Einstellungen, Versetzungen, Beförderungen oder Höhergruppierungen als Benachteiligung anzusehen sind“ (so auch Riedmaier, ZfPR 1994, 199, 201). Daher ist jede, dem Leistungsprinzip nicht folgende Personalmaßnahme als Benachteiligung derjenigen anzusehen, die zu Unrecht übergangen werden. Im Übrigen ergibt sich aus dem Wortlaut des Gesetzes, dass die **Besorgnis einer möglichen Benachteiligung ausreicht;** durch die beabsichtigte Maßnahme muss eine Benachteiligung nicht mit Sicherheit tatsächlich eintreten. Ebensowenig kommt es auf eine Benachteiligungsabsicht an (Fischer u. a., § 77 Anm. 20b; Lorenzen u. a., § 77 Anm. 48; Richardi u. a., § 77 Anm. 62; Riedmaier, ZfPR 1994, 199, 202). Der Personalvertretung obliegt daher die Pflicht, Tatsachen darzulegen, die eine Benachteiligung eines Beschäftigten besorgen lassen. Auf die rechtliche Tragfähigkeit der vorgetragenen Tatsachen kommt es nicht an. Ausreichend ist vielmehr, wenn die von der Personalvertretung vorgetragenen Tatsachen es zumindest als möglich erscheinen lassen, dass eine Benachteiligung gegeben sein könnte (z. B. Pflege eines nahen Verwandten, verstärktes Bemühen um den Schulerfolg der Kinder, weite räumliche Entfernung zum künftigen Dienstort). Diese Tatsachen spielen gerade im Zusammenhang mit Versetzungen oder Abordnungen eine entscheidende Rolle. Dabei darf die Dienststelle die von der Personalvertretung vorgetragenen Gründe nicht schon deshalb als unbeachtlich zurückweisen und das Mitbestimmungsverfahren abbrechen, weil sie bei Abwägung der dienstlichen Erfordernisse einerseits und der persönlichen Belange des betroffenen Beschäftigten andererseits schwergewichtig auf die dienstlichen Belange abstellen möchte. Vielmehr muss sie zwischen mehreren für eine Versetzung/Abordnung in Frage kommenden Beschäftigten unter Einbeziehung sozialer Gesichtspunkte auswählen (vgl. für das BetrVG: BAG v. 2. 4. 1996, BB 1997, 97 = DB 1997, 181). Daher muss sie z. B. darlegen, warum ein familiär belasteter Beschäftigter statt eines jüngeren, ledigen und ortsungebundenen Beschäftigten versetzt/abgeordnet werden soll. Außerdem sind Überlegungen hinsichtlich eines Stellentausches anzustellen (VGH Kassel v. 12. 10. 1993 – 1 TH 2276/92, n. v.).

a) Eine bloße **Vermutung für eine Benachteiligung** kann aber nicht geäußert werden. Ebensowenig kann eine Personalvertretung die Zustimmung zur Einstellung eines Externen ohne weiteres mit dem Hinweis verweigern, dass der Bewerber von den übrigen Beschäftigten abgelehnt werde und Nachteile für die vorhandenen Beschäftigten zu befürchten seien (OVG Münster v. 1. 7. 1994, Leits. ZfPR 1995, 52). Auch kann eine Personalvertretung die Zustimmung zur Übertragung eines höher zu bewertenden Dienstpostens wirksam nicht mit der Begründung verweigern, dass der ausgewählte Beamte (nur) durch entsprechende Vorverwendungen einen Eignungsvorsprung gegenüber seinen Mitbewerbern erlangt habe (OVG Münster v. 24. 7. 1996, Leits. ZBR 1997, 30 = Leits. PersV 1998, 529; Richardi u. a., § 77 Anm. 64). Ebensowenig kann die Personalvertretung gegenüber einer beabsichtigten Beförderung eines Beamten geltend machen, die dienststelleninterne Bewertung des Dienstpostens sei nicht ohne weiteres nachzuvollziehen (OVG Münster v. 26. 2. 1996, ZfPR 1996, 156). Vielmehr sind Tatsachen vorzutragen, die die behauptete Besorgnis als objektiv begründet erscheinen lassen (Fischer u. a., § 77 Anm. 20a; Lorenzen u. a., § 77 Anm. 48). Die Benachteiligung allerdings muss bei Vorliegen bestimmter Gründe in der Person oder im Verhalten des Beschäftigten oder bei Vorliegen dringender dienstlicher Erfordernisse hingenommen werden. Wenn die Personalvertretung sich auf den Tatbestand der Benachteiligung und der Friedensstörung als Zustimmungsverweigerungsgründe beruft, kommt es nicht darauf an, ob die einzelnen Gründe in sich schlüssig sind. Allein entscheidend ist, ob das Vorliegen einer Benachteiligung mindestens möglich erscheint (VGH Kassel v. 27. 4. 1988, ZfPR 1990, 45 m. Anm. v. Ilbertz; vgl. auch Anm. 22). Die **Beweislast** hierfür hat die Personalvertretung. Die Personalvertretung muss dabei vortragen, dass trotz der Berücksichtigung dienstlicher Interessen bei einer konkreten Maßnahme eine Benachteiligung eines Beschäftigten in einem nicht zu rechtfertigenden Umstand vorliegt. Andererseits kann die Übertragung einer bestimmten Tätigkeit an einen besonders qualifizierten Bewerber oder einen besonderen Spezialisten auch dann notwendig sein, wenn andere Beschäftigte benachteiligt werden. In Bezug auf **persönliche Gründe** müssen entweder Gründe in der Person oder im Verhalten des benachteiligten Beschäftigten die Benachteiligung rechtfertigen (Lorenzen u. a., § 77 Anm. 51). Infolgedessen können sich die von der Personalvertretung vorgetragenen Gründe immer nur auf die Person beziehen, die von der beabsichtigten Maßnahme unmittelbar betroffen ist. Im Falle einer Versetzung kann die bei der abgebenden Dienststelle gebildete Personalvertretung auf die durch das Ausscheiden eines Beschäftigten ausgelösten Mehrbelastungen und auf die Beeinträchtigung des Betriebsklimas in der Dienststelle verweisen. Die Personalvertretung bei der aufnehmenden Dienststelle hat zu prüfen, ob insbesondere bei einer Versetzung mit dem Ziel einer Beförderung Beschäftigte benachteiligt werden, ohne dass dies aus dienstlichen oder persönlichen Gründen gerechtfertigt ist, außerdem, ob der Frieden in der Dienststelle durch möglicherweise unsoziales oder gesetzwidriges Verhalten des zu versetzenden Beschäftigten gestört wird (BVerwG v. 6. 11. 1987, BVerwGE 78, 257 = ZBR 1988, 173 = PersV 1988, 496; vgl. auch Anm. 18a sowie BAG v. 15. 9. 1987, BAGE 56, 108 = DB 1988, 128). Eine Benachteiligung liegt aber im Fall einer Versetzung nicht vor, wenn befürchtet wird, durch die betreffende Maßnahme werde einem in der aufnehmenden Dienststelle tätigen Beschäftigten die Beförderungschance genommen; denn dem Dienstherrn muss im Bereich der Organisation, aber auch 22a im Bereich des Personaleinsatzes ein ausreichendes Gestaltungs- und Handlungsfeld belassen werden (OVG Berlin v. 13. 1. 1995, Leits. ZfPR 1995, 204). Ebensowenig kann eine Personalvertretung die Zustimmung zu einer beabsichtigten Beförderung oder Höhergruppierung deshalb verweigern, weil sie eine solche Maßnahme für einen anderen Beschäftigten erreichen möchte. Ein solches Begehren der Personalvertretung ist grundsätzlich nur über einen Initiativantrag nach § 70 Abs. 2 zu verwirklichen (vgl. aber § 70 Anm. 17).

22b b) Eine Personalvertretung kann der **Versetzung eines schwerbehinderten Menschen** in „ihre“ Dienststelle widersprechen, wenn sie befürchtet, dass durch diese Maßnahme ein Teil der von ihr vertretenen Beschäftigten alsbald abgeordnet oder umgesetzt werden könnte. Diesem Zustimmungsverweigerungsrecht steht nicht die Verpflichtung des Dienstherrn zur Erfüllung eines schwerbehindertenrechtlichen Beschäftigungsanspruchs (§ 81 Abs. 4 Nr. 1 SGB IX) entgegen. Vielmehr lässt dieser Anspruch Mitbestimmungsrechte der Personalvertretung nach §§ 75, 76 unberührt (vgl. für das BetrVG: BAG v. 3. 12. 2002, BAGE 104, 45 = BB 2003, 1014 = DB 2003, 1230 = ZBVR 2003, 194).

23 10. Kein Grund zur Verweigerung der Zustimmung ist die Tatsache, dass der Leiter der Dienststelle den **Abschluss eines Arbeitsverhältnisses unter** der Vereinbarung **einer auflösenden Bedingung** (Beendigung des Arbeitsverhältnisses bei Rückkehr eines längere Zeit kranken Beschäftigten) beabsichtigt. Die Personalvertretung hat lediglich die Aufgabe zu überprüfen, ob die vorgesehenen Arbeitsbedingungen den geltenden Gesetzen und Tarifverträgen entsprechen. Gerade diese Schutzfunktion aber würde aufgehoben, wenn die Personalvertretung die Zustimmung mit der Begründung verweigern könnte, dass die vorgesehene Art der Beendigung des Arbeitsverhältnisses unzulässig sei (vgl. Entscheidung einer Einigungsstelle, gebildet bei der obersten Schulbehörde des Landes Berlin, v. 26. 1. 1983, E 34/82; vgl. auch § 75 Anm. 6).

24 11. Während in den vorgenannten Fällen (Abs. 2 Nr. 1 und 2) die Motive des Dienststellenleiters und die rechtlichen Grundlagen maßgebend sind, kommt es in Abs. 2 Nr. 3 auf die **Besorgnis über die zu erwartende Auswirkung der personellen Maßnahme auf den Frieden in der Dienststelle** an. Die Vorschrift findet im Wesentlichen nur auf Fälle von Neueinstellungen, Versetzungen bei der aufnehmenden Dienststelle, Beförderungen oder Übertragungen höher bewerteter Tätigkeiten Anwendung. Auch hier ist zur Rechtfertigung einer Besorgnis nicht der konkrete Nachweis bestimmter Tatsachen erforderlich. Ausreichend ist vielmehr die Angabe von Gründen, nicht dagegen, dass die angegebenen Gründe auch schlüssig sind (vgl. für das BetrVG: BAG v. 18. 7. 1978, BB 1980, 157 = DB 1978, 2322 m. Anm. v. Becker BB 1980, 522). Infolgedessen darf der Leiter der Dienststelle die sachliche Erfolgsaussicht der Begründung nicht abschließend bewerten; denn andernfalls würde er das Einigungsverfahren unterbinden und das Mitbestimmungsverfahren sinnlos machen (VG Köln v. 29. 3. 1978, PersV 1979, 199 m. Anm. v. Kunze; vgl. im Übrigen Anm. 14). Darüber hinaus ist zu berücksichtigen, dass es sich im vorliegenden Fall stets um eine Prognose handelt, so dass der Beurteilungsspielraum hinsichtlich der zu erwartenden Störung zwangsläufig ein sehr breiter ist. Wenn auch unbestimmte Vermutungen nicht genügen (Fischer u. a., § 77 Anm. 22; Lorenzen u. a., § 77 Anm. 56; Richardi u. a., § 77 Anm. 82 ff.), so reicht doch der Vortrag von Tatsachen aus, aus denen sich in Verbindung mit dem (vielleicht bekannten) bisherigen Verhalten eine bestimmte künftige Verhaltensweise vorhersagen lässt (vgl. in diesem Zusammenhang auch § 69 Anm. 17 ff.). Überholte einmalige Vorkommnisse bzw.

Bagatellen müssen dabei selbstverständlich außer Betracht bleiben. Gleiches gilt für als nachteilig empfundene Charaktereigenschaften (Verschlossenheit, Reizbarkeit aus kleinstem Anlass, Grobheit), es sei denn, dass derartige Eigenschaften bereits in der Vergangenheit zu Friedensstörungen geführt haben (Riedmaier, ZfPR 1994, 199, 202).

a) Die Gefahr einer **Störung des Friedens** in der Dienststelle muss **infolge eines unsozialen oder gesetzwidrigen Verhaltens** des betreffenden Beschäftigten bzw. Bewerbers zu besorgen sein (Richardi u. a., § 77 Anm. 80). Unsoziales Verhalten ist eine Einstellung, die die notwendige Einfügung in die soziale Gemeinschaft vermissen lässt. Es kann sich sowohl um ein Verhalten gegenüber Vorgesetzten als auch gegenüber gleichgeordneten Kollegen oder aber – bei Personen mit gewissen Direktionsbefugnissen – gegenüber Untergebenen handeln. Als unsozial ist daher jedes Verhalten zu werten, das dem Erfordernis eines fairen Umgangs nicht entspricht, das von jedem Beschäftigten gegenüber seinen Kollegen und vor allem gegenüber seinen Untergebenen zu verlangen ist (Richardi u. a., § 77 Anm. 79 ff.). Ein Initiativrecht etwa in der Weise, dass die Personalvertretung von einem Dienststellenleiter die Versetzung oder Abordnung des störenden Beschäftigten verlangen könnte, ist nicht gegeben (Richardi u. a., § 77 Anm. 76; aA Fischer u. a., § 77 Anm. 23; Lorenzen u. a., § 77 Anm. 58). 25

b) **Gesetzwidrig** ist ein Verhalten, das der Rechtsordnung widerspricht und den Frieden in der Dienststelle beeinträchtigen kann. Für die Praxis dürfte hauptsächlich eine Neigung zu Eigentumsdelikten, zu Beleidigungen, sexuellen Belästigungen, Verstößen gegen Arbeits- und Unfallschutzvorschriften, zu Tätlichkeiten, aber auch zu strafbaren politischen Delikten in Betracht kommen. Die Vorschrift ist nicht ganz unbedenklich. Da es sich hier um – wenn auch durch Tatsachen zu begründende – Mutmaßungen über das künftige Wohlverhalten einer bis dahin im Regelfall in der Dienststelle nicht in Erscheinung getretenen Person oder eines unbescholtenen Bewerbers handelt, besteht die Gefahr, dass „Vorurteile" Platz greifen. Infolgedessen wird hier besonders nachdrücklich gefordert werden müssen, dass die Besorgnis durch bestimmte Tatsachen – etwa aus dem früheren Verhalten des Bewerbers – begründet wird. Die Begründung kann daher nicht auf kollektive Vorurteile gegenüber bestimmten Gruppen oder auf abweichende politische, gewerkschaftliche oder sonstige Meinungen gestützt werden (Richardi u. a., § 77 Anm. 82). Es bedarf vielmehr der präzisen Darlegung, inwiefern gerade dieser Beschäftigte bzw. Bewerber den Frieden in der Dienststelle durch unsoziales oder gesetzwidriges Verhalten stören wird. Keinesfalls reicht die Besorgnis aus, dass durch das Erscheinen eines in gewisser Hinsicht anders denkenden Beschäftigten und dessen zu erwartende Meinungsäußerung der Frieden in der Dienststelle durch dann auftretende Meinungsverschiedenheiten gestört werden könnte (Lorenzen u. a., § 77 Anm. 56, 57; Richardi u. a., § 77 Anm. 82). Bedenklich aber wäre es, wenn ein Dienststellenleiter den Bewerber zur Klärung einer zweifelhaften Situation veranlassen würde, der Personalvertretung oder einzelnen Mitgliedern die Zustimmung zur Einsicht in seine Personalakten zu geben. Erst recht wäre es bedenklich, wenn der Dienststellenleiter alleine deshalb von einer Einstellung absehen würde, weil der Bewerber der Personalvertretung keine Einsicht in seine Personalakten gewährt hat. Andernfalls wäre das dem einzelnen Beschäftigten oder Bewerber gewährte Recht, die Einsicht der Personalvertretung in die Personalakten von seiner persönlichen Entscheidung abhängig zu machen (vgl. § 68 Abs. 2 Satz 3), praktisch illusorisch. Aus 26 der Weigerung dürfen keine nachteiligen Schlüsse gezogen werden, weil das Gesetz keine Pflicht zur Erteilung der Zustimmung vorsieht.

27 12. Die Textfassung des Abs. 2, des sog. Versagungskatalogs, weicht vom Vorbild (§ 70 Abs. 2, § 71 Abs. 2 PersVG 1955) in vielfacher Beziehung ab. Nach der damaligen Regelung galt der Versagungskatalog lediglich gegenüber der Absicht der Dienststelle auf Einstellung, Anstellung und Beförderung von Beamten (§ 70 Abs. 2 PersVG 1955) und auf Höhergruppierung, Rückgruppierung und Versetzung von Angestellten und Arbeitern zu einer anderen Dienststelle (§ 71 Abs. 1 PersVG 1955). Nach der seit 1974 gültigen Fassung gilt der Versagungskatalog für alle beteiligungsfähigen individuellen Personalentscheidungen in allen Gruppen. Da mit dem Versagungskatalog der Gesetzgeber das Beteiligungsrecht der Personalvertretung „nur in beschränktem Umfang zum Zuge kommen lässt" (BVerwG v. 16. 10. 1964, BVerwGE 19, 325 = ZBR 1964, 377 = PersV 1965, 14), bedeutet die **Erweiterung des Versagungskatalogs** – im Gegensatz zu dem Programm des Gesetzgebers (vgl. Antrag des Innenausschusses des Deutschen Bundestages zu dem von den Fraktionen der SPD/FDP eingebrachten Entwurf eines BPersVG, BT-Drucks. 7/1339, Vorwort, B, 7/1373, S. 2) – eine **Einschränkung des Mitbestimmungsrechts** der Personalvertretung.

28 13. Nach dem PersVG 1955 konnte die Personalvertretung die Ablehnung der Zustimmung zu einer beabsichtigten Personalmaßnahme (ausgenommen: Einstellung, Beförderung von Beamten, Höher- oder Rückgruppierung und Versetzung von Angestellten und Arbeitern zu einer anderen Dienststelle) auf „Gründe aller Art" stützen (BVerwG v. 16. 10. 1964, BVerwGE 19, 325 = ZBR 1964, 377 = PersV 1965, 14; BVerwG v. 11. 10. 1972, ZBR 1972, 381 = PersV 1973, 48: Alle Bedenken, auf die der Leiter der Dienststelle nach § 66 Abs. 1 Satz 3 einzugehen hat; vgl. auch im Einzelnen: Windscheid, PersV 1969, 146). Der Vortrag solcher Gründe war im Einzelfall nicht nur geeignet, den Dienststellenleiter zu einer Prüfung der Ermessensgerechtigkeit seiner beabsichtigten Maßnahme anzuregen. Er hielt sich darüber hinaus auch im Rahmen der vertrauensvollen Zusammenarbeit. Insgesamt war die Tendenz der Rechtsprechung deutlich, der Personalvertretung auch **außerhalb des „Versagungskatalogs" liegende Einwendungen** zuzugestehen, um ihre Position innerhalb des Beteiligungsverfahrens zu verbessern. Hierin wird man auch weiterhin festhalten und der Personalvertretung das Recht zugestehen müssen, auch andere als die in Abs. 2 angeführten Gründe gegen eine beabsichtigte Maßnahme vortragen zu können (Lorenzen u. a., Anm. 23). Zutreffend wird aber darauf hingewiesen, dass andere als die in Abs. 2 genannten Widerspruchsgründe einen Dienststellenleiter **nicht verpflichten,** die beabsichtigte **Maßnahme zu unterlassen** (Fischer u. a., § 75 Anm. 18; § 76 Anm. 9). Im Übrigen wird von den gleichen Autoren zurecht geltend gemacht, dass die Gründe des Versagungskatalogs nur in Ausnahmefällen vorliegen werden und dass dieser Katalog daher zu einer erheblichen Einschränkung des Mitbestimmungsrechts führe (vgl. im Übrigen: Fischer u. a., § 77 Anm. 15; Lorenzen u. a., § 77 Anm. 60; Dietrich, ZBR 1974, 113 [119]; Kirchner/Jung, S. 32; Klein, PersV 1975, 242; Kneis, PersV 1975, 46; Windscheid, PersV 1975, 128; vgl. auch OVG Berlin v. 17. 2. 1975, ZBR 1975, 229). Die Konsequenz aus dieser Rechtslage ist, dass es dem Betroffenen, der sich durch die Nichtberücksichtigung einer der Personalvertretung nicht zugestandenen Einwendung gegen eine ihn betreffende personelle Maßnahme rechtlich verletzt fühlt, überlassen ist, in einem besonderen Streitverfahren mit der Dienststelle sein Recht zu suchen. Dies ist personalvertretungsrechtlich nicht befriedigend.

V. Streitigkeiten

Streitigkeiten entscheiden die Verwaltungsgerichte nach § 83 Abs. 1 Nr. 3. 29
Wenn ein Dienststellenleiter das Mitbestimmungsverfahren mit der Begründung abbricht, die von der Personalvertretung vorgetragenen Argumente würden das Vorliegen eines gesetzlichen Verweigerungsgrundes noch nicht einmal „möglich erscheinen lassen" (BVerwG v. 27. 7. 1979, ZBR 1980, 355 = PersV 1981, 162), kann eine Personalvertretung den Erlass einer einstweiligen Verfügung beantragen, um feststellen zu lassen, ob der Dienststellenleiter tatsächlich berechtigt ist, das Mitbestimmungsverfahren abzubrechen (so wohl im Ergebnis: BVerwG v. 27. 7. 1990, ZBR 1990, 354 m. Anm. Albers = PersV 1991, 29 = ZfPR 1991, 19; Dannhäuser, PersV 1991, 193, 204; vgl. auch Anm. 16 c).

Schrifttum: Bosch, Der Abbruch des Mitbestimmungsverfahrens und gerichtlicher Rechtssschutz, PersV 1994, 534; ders., Abbruch des Mitbestimmungsverfahrens: Bewegt sich die Rechtsprechung doch?, ZfPR 2000, 121; Dannhäuser, Die Befristung von Arbeitsverhältnissen unter mitbestimmungsrechtlichen Aspekten, PersV 1986, 353; ders., Die Eignungsauswahl durch den Dienststellenleiter und die Möglichkeiten der Personalvertretung nach § 77 Abs. 2 BPersVG, PersV 1985, 148; ders., Noch immer umstritten: Streit über den Umfang der Mitbestimmung und Einigungsverfahren, PersV 1990, 145; ders., Umfang der Mitbestimmung, kollektive und individuelle Schutzfunktion der Personalvertretung, einseitiger Abbruch von Mitbestimmungsverfahren, PersV 1990, 409; Franz, Zur Zustimmungsverweigerung des Personalrats (§ 77 Abs. 2 BPersVG) und des Betriebsrats (§ 99 Abs. 2 BetrVG), ZBR 1980, 143; Ilbertz, Zum Mitbestimmungsrecht des Personalrats in personellen Angelegenheiten, ZBR 1987, 9 ff.; Klein, Können Gründe, die den Personalrat nicht zur Verweigerung der Zustimmung in Mitbestimmungsangelegenheiten berechtigen, zum Einigungsverfahren führen?, PersV 1975, 241; ders., Übertragung einer unterwertigen Tätigkeit an einen Beamten, PersV 1977, 177; Kneis, Können Gründe, die den Personalrat nicht zur Verweigerung der Zustimmung in Mitbestimmungsangelegenheiten berechtigen, zum Einigungsverfahren führen?, PersV 1975, 46; Kunze, Der Verweigerungskatalog nach § 77 Abs. 2 BPersVG, PersV 1982, 270; ders., Die Zustimmungsverweigerung des Personalrats bei Beförderungen und sonstigen Personalangelegenheiten wegen der begründeten Besorgnis der Benachteiligung anderer Beschäftigter, PersV 1985, 316; Lemcke, Die Zustimmungsverweigerung des Personalrats bei der Mitbestimmung gem. §§ 75 Abs. 2 u. 3, 76 Abs. 2 BPersVG, PersR 1984, 70; Müller, Untertarifliche Einstufung Neueingestellter berechtigt den Personalrat zur Zustimmungsverweigerung, PersR 1984, 74; Müller, Einige Bemerkungen zum Abbruch des Mitbestimmungsverfahrens, PersR 1991, 45; Plander, Grundprobleme antragsabhängiger Mitbestimmung von Personalräten, PersR 1994, 103; Pschollkowski, Das Mitbestimmungsrecht des Personalrats in Personalangelegenheiten bestimmter Beschäftigungsgruppen, PersV 1975, 50; Remmel, Der wissenschaftliche Mitarbeiter in der Personalvertretung der Hochschulen – Eine rechtsvergleichende Untersuchung –, PersV 1984, 307; Riedmaier, Zur Begründung der Zustimmungsverweigerung nach § 77 Abs. 2 BPersVG, ZfPR 1994, 165; Fortsetzung: ZfPR 1994, 199; Schlatmann, Bundespersonalvertretungsgesetz und Zweites Gleichberichtigungsgesetz, PersV 1996, 1; Schattat-Fischer, Frauenförderung nach dem 2. Gleichberechtigungsgesetz, PersR 1994, 541; Sträter, Die Ausschlusstatbestände des § 77 Abs. 1 Satz 2 BPersVG – Bemerkungen aus verfassungsrechtlicher und verfassungspolitischer Sicht –, ZBR 1974, 289; Widmaier, Aspekte der Rechtsprechung zur Zustimmungsverweigerung des Personalrats in Personalangelegenheiten unter Berücksichtigung der Rechtsprechung des Bundesverwaltungsgerichts und des Bundesarbeitsgerichts, PersV 1984, 148; ders., Zur Zustimmungsverweigerung des Personalrats – eine Anmerkung zu BVerwG,

Beschluss v. 20. 6. 1986 – 6 P 4.83, RiA 1987, 10; ders., Anmerkung zu BVerwG v. 11. 2. 1981, PersV 1981, 320; Windscheid, Keine Einschränkung der Mitbestimmung im Versagungskatalog, PersV 1975, 128.

§ 78 [Mitwirkung]

(1) Der Personalrat wirkt mit bei

1. Vorbereitung von Verwaltungsanordnungen einer Dienststelle für die innerdienstlichen, sozialen und persönlichen Angelegenheiten der Beschäftigten ihres Geschäftsbereiches, wenn nicht nach § 94 des Bundesbeamtengesetzes die Spitzenorganisationen der zuständigen Gewerkschaften bei der Vorbereitung zu beteiligen sind,

2. Auflösung, Einschränkung, Verlegung oder Zusammenlegung von Dienststellen oder wesentlichen Teilen von ihnen,

3. Erhebung der Disziplinarklage gegen einen Beamten,

4. Entlassung von Beamten auf Probe oder auf Widerruf, wenn sie die Entlassung nicht selbst beantragt haben,

5. vorzeitiger Versetzung in den Ruhestand.

(2) In den Fällen des Absatzes 1 Nr. 3 bis 5 gilt für die Mitwirkung des Personalrates § 77 Abs. 1 Satz 2 entsprechend. In den Fällen der Nummern 3 bis 5 wird der Personalrat nur auf Antrag des Beschäftigten beteiligt; in diesen Fällen ist der Beschäftigte von der beabsichtigten Maßnahme rechtzeitig vorher in Kenntnis zu setzen. Der Personalrat kann bei der Mitwirkung nach Absatz 1 Nr. 3 Einwendungen auf die in § 77 Abs. 2 Nr. 1 und 2 bezeichneten Gründe stützen.

(3) Vor der Weiterleitung von Personalanforderungen zum Haushaltsvoranschlag ist der Personalrat anzuhören. Gibt der Personalrat einer nachgeordneten Dienststelle zu den Personalanforderungen eine Stellungnahme ab, so ist diese mit den Personalanforderungen der übergeordneten Dienststelle vorzulegen. Das gilt entsprechend für die Personalplanung.

(4) Absatz 3 gilt entsprechend für Neu-, Um- und Erweiterungsbauten von Diensträumen.

(5) Vor grundlegenden Änderungen von Arbeitsverfahren und Arbeitsabläufen ist der Personalrat anzuhören.

Inhaltsübersicht

Entspr. landesgesetzliche Regelungen:
Baden-Württemberg: § 80; Bayern: Art. 76; Berlin: § 90; Brandenburg: 68; Bremen: §§ 54 Abs. 2, 55, 67; Hamburg: § 84, § 87 Abs. 1 Nr. 12, 14 Abs. 3, § 88, § 89 Abs. 1 Nr. 1, Nr. 2, Abs. 2, 3; Hessen: § 63, § 81 Abs. 2 bis 4; Mecklenburg-Vorpommern: § 68 Abs. 2, 70; Niedersachsen: § 75; Nordrhein-Westfalen: § 73; Rheinland-Pfalz: § 79, § 80 Abs. 2; Saarland: § 80 Abs. 1, § 83, § 84; Sachsen: §§ 77, 81, 73; Sachsen-Anhalt: §§ 60, 69; Schleswig-Holstein: –; Thüringen: § 75 a, § 77 (Anhörungsrechte).

Entspr. Vorschriften des BetrVG: §§ 90, 91, 92.

I. Vorbemerkungen

1. Die Vorschrift regelt in Abs. 1 Nr. 1 und 2 sowie in Abs. 3 bis 5 die **Mitwirkung** in organisatorischen Angelegenheiten aller Beschäftigten, in Abs. 1 Nr. 3 bis 5 und Abs. 2 die Mitwirkung in Personalangelegenheiten der Beamten. In Abs. 3 bis 5 ist die **Anhörung** der Personalvertretung geregelt (wegen der Zuordnung von Beteiligungstatbeständen zu einzelnen Stufen, wie sie das BVerfG im Beschluss v. 24. 5. 1995 zum schleswig-holsteinischen Mitbestimmungsgesetz v. 11. 12. 1990 vorgenommen hat und zu den Auswirkungen dieses Beschlusses, siehe die ausführlichen Erläuterungen vor § 66 Anm. 1 a sowie Einl. Anm. 53 und § 104 Anm. 1; vgl. auch BVerwG v. 24. 4. 2002, BVerwGE 116, 216 = ZBR 2003, 105 = PersV 2002, 546 = ZfPR 2002, 235; BVerwG v. 1. 9. 2004 , ZBR 2005, 49 = PersV 2005, 59 = ZfPR 2004, 293; BVerwG v. 10. 1. 2006, PersV 2006, 177 = Leits. ZfPR 2006, 38). Nicht geregelt hat das Gesetz die mittelbaren Folgen von organisatorischen Maßnahmen auf das Bestehen von Personalvertretungen. Dies gilt beispielsweise in den Fällen, in denen Teile aus einer bestehenden Dienststelle 1

ausgegliedert werden, mehrere Dienststellen vollständig oder teilweise zusammengelegt oder ausgegliederte Teile von Dienststellen verselbständigt werden. In diesen Fällen geht es nicht nur um die Neubildung von Personalvertretungen, sondern auch um die Weiterführung der laufenden Geschäfte in umgebildeten Dienststellen. Während der Reformprozess der öffentlichen Verwaltung im organisatorischen Bereich von einigen Landespersonalvertretungsgesetzen bereits berücksichtigt worden ist, ist dies im Bereich des Bundespersonalvertretungsgesetzes nicht der Fall.

1a a) Mit der Auflösung einer Dienststelle endet die Existenz der dort gewählten Personalvertretung. Ein Übergangsmandat der bisherigen Personalvertretung bis zur Wahl einer neuen Vertretung bei einer neu gebildeten Dienststelle sieht das Gesetz nicht vor (OVG Münster v. 29. 9. 1999, PersV 2000, 267). Es dürfte aber zulässig sein, sogenannte Übergangspersonalräte in neugebildeten Dienststellen einzurichten, damit eine längere personalvertretungslose Zeit vermieden wird (vgl. auch: Fischer u. a., § 26 Anm. 26; Frohner, PersR 2000, 99, 104; bei Privatisierung ablehnend: LAG Köln v. 11. 2. 2000, PersR 2000, 378; vgl. auch Anm. 1, 10 a sowie Einl. Anm. 54). Ein solcher **Übergangspersonalrat** könnte aus den Vorsitzenden der bisherigen Personalräte aufgelöster Dienststellen bestehen. In umgebildeten Dienststellen können die bisherigen Personalvertretungen bis zur konstituierenden Sitzung einer neu gewählten Personalvertretung die laufenden Geschäfte weiterführen (vgl. hierzu u. a.: § 32 PersVG BW). Im Übrigen ist in diesem Zusammenhang darauf hinzuweisen, dass die Personalvertretungen derjenigen Dienststellen, die aufgelöst werden sollen, keine Beteiligungsrechte hinsichtlich der Maßnahmen haben, die auf die künftigen personellen, sozialen und organisatorischen Angelegenheiten der aufnehmenden Dienststelle gerichtet sind. Allerdings wird man im Hinblick auf die Bedeutung der Angelegenheit den zuständigen Dienststellenleiter im Wege der vertrauensvollen Zusammenarbeit für verpflichtet ansehen können, die betroffene Personalvertretung zu informieren, deren Meinung anzuhören und sie in die weiteren Überlegungen möglichst einzubeziehen.

1b b) Ist mit einer **Privatisierung ein Wechsel von einer öffentlich-rechtlichen in eine privat-rechtliche Organisationsform** und demgemäß ein Wechsel von Personalvertretungs- zum Betriebsverfassungsrecht verbunden, so entsteht zunächst eine Lücke, wenn in dem privatisierten Betrieb erst ein Betriebsrat gewählt werden muss, bis zu dessen Wahl eine gewisse Zeitspanne verstreicht, die Beschäftigten also ohne einen Betriebsrat sind und keine Schutzrechte nach dem Betriebsverfassungsgesetz haben. Diese Regelungslücke kann im Interesse des Schutzes der Beschäftigten nur dadurch geschlossen werden, dass gerade in der kritischen Phase solcher Organisationsumwandlungen ein Übergangsmandat der Personalvertretung unerlässlich ist (vgl. eingehende Begründung bei Widmaier, ZfPR 2001, 119, 123; ebenso Lorenzen u. a., § 1 Anm. 51 a; ausführlich zur analogen Anwendung des § 321 des Umwandlungsgesetzes, UmwG v. 28. 10. 1994, BGBl. I S. 3210 und BGBl. I 1995, S. 428, zul. geänd. d. Art. 1 G v. 19. 4. 2007, BGBl. I S. 542: Blanke, PersR 2000, 349; aA LAG Köln v. 11. 2. 2000, PersR 2000, 378 und v. 11. 3. 2000, PersR 2000, 380).

2 2. Das Gesetz kennt insgesamt sechs Tatbestände, in denen die Personalvertretungen mitwirken müssen. Abs. 1 der Vorschrift enthält fünf dieser Tatbestände, § 79 enthält den sechsten Tatbestand. Die **Mitwirkungsangelegenheiten** sind ihrer Zahl und ihrem Umfang nach **abschließend geregelt** (Fischer u. a., § 78 Anm. 4; Lorenzen u. a., § 78 Anm. 4). Während das Verfahren der Mitwirkung in § 72 festgelegt ist, gibt es keine Verfahrensvorschriften über Form und Durchführung der Anhörung. Deshalb ist auf Sinn und Zweck des Anhörungsrechts abzustellen. Danach ist davon auszugehen, dass der Personalvertretung Gelegenheit zur Meinungsäußerung gegeben werden und der Dienststellenleiter verpflichtet sein soll, diese Äußerung in seine weiteren Überlegungen einzubeziehen. Daraus ergibt sich aber keine grundsätzliche Verpflichtung des Dienststellenleiters, stets eine mündliche Anhörung durchzuführen. Eine solche Verpflichtung kann auch nicht aus dem Grundsatz der vertrauensvollen Zusammenarbeit abgeleitet werden; denn dieser Grundsatz bildet keine selbstständige Anspruchsgrundlage, sondern gebietet den Beteiligten (Dienststellenleiter, Personalvertretung), in allen Streitfragen eine einvernehmliche Lösung anzustreben. Der Grundsatz der vertrauensvollen Zusammenarbeit beinhaltet daher ein allgemeines Verhaltensgebot, das im konkreten Fall der Anhörung bedeutet, dass der Dienststellenleiter der Personalvertretung Gelegenheit zur Meinungsäußerung geben und ihr alle, eine sachgerechte Äußerung ermöglichende Unterlagen zur Verfügung stellen muss. Es kann daher allenfalls in Einzelfällen geboten sein, eine mündliche Anhörung durchzuführen. Dies gilt beispielsweise für den Fall, dass die Meinungsäußerung der Personalvertretung nicht hinreichend deutlich für den Dienststellenleiter erkennbar ist.

II. Verwaltungsanordnungen (Abs. 1 Nr. 1)

1. Die Personalvertretungen wirken beim **Erlass von Verwaltungsanordnungen** einer Dienststelle mit. Da sich das Mitwirkungsrecht der Personalvertretung auf die Vorbereitung von Verwaltungsanordnungen bezieht, hat der zuständige Dienststellenleiter den Entwurf der beabsichtigten Anordnung rechtzeitig und eingehend mit dem Ziel einer Verständigung mit der Personalvertretung zu erörtern, damit sie noch Gelegenheit zur Einflussnahme hat (Lorenzen u. a., § 78 Anm. 17). Gleiches gilt für den Fall der Aufhebung einer die Beschäftigten begünstigenden Verwaltungsanordnung. Auch kann die Personalvertretung den Erlass einer Verwaltungsanordnung für die innerdienstlichen, sozialen und persönlichen Angelegenheiten der Beschäftigten beantragen (Lorenzen u. a., § 78 Anm. 18).Verwaltungsanordnungen für die innerdienstlichen, sozialen und persönlichen Angelegenheiten der Beschäftigten sind alle **aus dem Direktionsrecht des Dienststellenleiters entspringenden internen Weisungen und Anordnungen,** bei denen ein Tun oder Unterlassen verlangt wird oder Befugnisse eingeräumt oder entzogen werden (BVerwG v. 19. 5. 2003, PersV 2003, 339 = ZfPR 2003, 267; BVerwG v. 1. 9. 2004, ZBR 2005, 49 = PersV 2005, 59 = ZfPR 2004, 293; Fischer u. a., § 78 Anm. 8; Lorenzen u. a., § 78 Anm. 8). Der Begriff der „Verwaltungsanordnung“ umfasst deshalb in seiner personalvertretungsrechtlichen Bedeutung alle Regelungen, die ein Dienststellenleiter in Ausübung seiner Aufgaben und Rechte trifft (BVerwG v. 6. 2. 1987, BVerwGE 77, 1 = ZBR 1987, 245 = PersV 1988, 464). Die Anordnungen müssen sich auf die Beschäftigten in ihrer Gesamtheit, zumindest aber auf einen unbestimmten Teil von ihnen beziehen (BVerwG v. 14. 12. 1962, BVerwGE 15, 215 = ZBR 1963, 63 = PersV 1963, 208; Fischer u. a., § 78 Anm. 9) und deren Stellung als Beschäftigte der Dienststelle und persönlich wie sozial Abhängige unmittelbar betreffen. Anordnungen und Weisungen dagegen, die sich auf Aufgaben und Befugnisse bestimmter Beschäftigter richten, zählen nicht zu den Verwaltungsanordnungen. Das Mitwirkungsrecht kommt daher nicht bei Anordnungen zum Tragen, die sich auf die Art und Weise der Arbeitserfüllung beziehen, also im unmittelbaren Zusammenhang mit der Arbeitsleistung stehen, zum Beispiel Anordnungen, die die Verteilung von Dienstgeschäften betreffen; denn die Konkretisierung bestehender dienstlicher Verpflichtun- 3

gen berührt regelmäßig nicht die Rechtsstellung der Beschäftigten (BVerwG v. 11. 3. 1983, BVerwGE 67, 61 = ZBR 1983, 215 = PersV 1984, 318), sondern ist auf Maßnahmen gerichtet, die sich auf die Art und Weise der Aufgabenerfüllung erstrecken und die Zuständigkeit für die Erledigung der Fachaufgaben klarstellen (OVG Berlin v. 24. 1. 1997, ZBR 1997, 157 = ZfPR 1998, 195). Dies gilt z. B. für einen **Geschäftsverteilungsplan,** mit dem sämtliche Beschäftigten der Dienststelle oder aber ein abgrenzbarer Teil von ihnen angesprochen werden, der aber lediglich eine Zusammenfassung von Einzelanweisungen an die jeweiligen Beschäftigten enthält (VGH Mannheim v. 17. 7. 1990, Leits. PersR 1991, 394; OVG Hamburg v. 11. 12. 1991, Leits. PersR 1993, 96). Infolgedessen liegt eine mitwirkungsbedürftige Verwaltungsanordnung nicht vor, wenn es sich um eine dienstliche Einzelanweisung handelt, die auf einen konkret angesprochenen Personenkreis zugeschnitten und abgrenzbar ist (z. B. Teilnahme eines genau umschriebenen Kreises von Beschäftigten an Fortbildungsveranstaltungen). In diesem Fall richtet sich die Maßnahme nicht an einen unbestimmten Kreis von Beschäftigten, und sie trifft im Übrigen ausschließlich dienstliche Angelegenheiten (BVerwG v. 31. 7. 1990, ZBR 1991, 55 = PersV 1991, 73 = ZfPR 1991, 16; VGH Mannheim v. 31. 3. 1992, PersR 1993, 191). Daher steht der Personalvertretung auch **kein Mitwirkungsrecht in den Fällen zu, in denen es um die Aufgabenerfüllung der Dienststelle im Verhältnis zu Außenstehenden geht.** Zwar betreffen diese Fälle mittelbar auch die innerdienstlichen, sozialen oder persönlichen Angelegenheiten der Beschäftigten. Der Gesetzgeber aber wollte der Personalvertretung keine Einwirkungsmöglichkeiten auf die Erfüllung der der Dienststelle vom Gesetz oder auf gesetzlicher Grundlage übertragenen Aufgaben einräumen. Gleiches gilt für Weisungen in Einzelfällen (BVerwG v. 6. 2. 1987, aaO; BVerwG v. 31. 7. 1990, aaO). Infolgedessen sind alle für den inneren Dienstablauf bestimmten Zuständigkeitsregelungen, die sich auf den jeweiligen Inhaber bestimmter Dienstposten (z. B. Abteilungsleiter, Unterabteilungsleiter, Referenten, Sachbearbeiter) beziehen, keine mitwirkungsbedürftigen Anordnungen, die auf die innerdienstlichen Angelegenheiten der Beschäftigten bezogen wären. Dies gilt auch für solche Regelungen, die den Bereich der inneren Verwaltung betreffen (z. B. die Zuständigkeitsregelungen für Personalangelegenheiten wie Einstellungen, Eingruppierungen, Höhergruppierungen, Versetzungen, Abordnungen, Umsetzungen, Gewährung von Urlaub, Dienstbefreiung, Fortbildung, Reisekosten; OVG Berlin v. 24. 1. 1997, aaO). Absicht des Gesetzgebers war es vielmehr, die Personalvertretung bei der Vorbereitung allgemeiner Regelungen zu beteiligen, die solchen Maßnahmen vorausgehen, die möglicherweise den Beteiligungsrechten unterliegen (VGH Mannheim v. 6. 9. 1988, ZBR 1989, 158 = PersV 1989, 166).

4 2. Verwaltungsanordnungen umfassen nicht nur hoheitsrechtliche Entscheidungen (BVerwG v. 5. 2. 1971, ZBR 1971, 285 = PersV 1971, 271), sondern auch **alle sonstigen Anordnungen,** die sich **unmittelbar aus dem Direktionsrecht** ergeben (Fischer u. a., § 78 Anm. 8; Lorenzen u. a., § 78 Anm. 6). Eine Verwaltungsanordnung muss sich aber auf soziale und persönliche Angelegenheiten beziehen. **Soziale Angelegenheiten** umfassen das **gesamte Gebiet der Arbeitsbedingungen** im weitesten Sinn (z. B. Sozialeinrichtungen, Maßnahmen im Rahmen des § 75 Abs. 2 und Abs. 3). Zu den **persönlichen Angelegenheiten** zählen alle die Maßnahmen, die mit der Einstellung, der Eingruppierung, der Versetzung, Abordnung und Entlassung zusammenhängen (Dietz-Richardi, § 78 Anm. 8, 9). Wenn eine Verwaltungsanordnung keine unmittelbare Regelung für die nach § 75 Abs. 3 der Mitbestimmung der Personalvertretung unterliegenden Angelegenheiten enthält, dann hat sie

keine unmittelbare Wirkung auf den Einzelfall, so dass nur ein Mitwirkungsrecht nach § 78 Abs. 1 Nr. 1 in Betracht kommt (BVerwG v. 17. 7. 1987, BVerwGE 78, 47 = PersV 1989, 312; vor § 66 Anm. 9).

3. Der Inhalt der innerdienstlichen Verwaltungsanordnungen ist nicht auf die Gegenstände der förmlichen Mitwirkung und Mitbestimmung beschränkt (Lorenzen u. a., § 78 Anm. 13). Vielmehr erstreckt sich das Beteiligungsrecht der Personalvertretung auf alle **Verwaltungsanordnungen, die die Beschäftigten in ihrer Stellung als Angehörige der Dienststelle und in ihrer Eigenschaft als persönlich und sozial Abhängige innerhalb des Verwaltungsgefüges unmittelbar betreffen.** Dies ergibt sich bereits aus dem gleichrangigen Nebeneinander von „innerdienstlichen", „sozialen" und „persönlichen" Angelegenheiten, die mögliche Gegenstände von Verwaltungsanordnungen sind, an deren Vorbereitung die Personalvertretung mitwirken soll. Im Übrigen umfasst der Begriff „innerdienstliche Angelegenheiten" keine spezifischen Beteiligungstatbestände (BVerwG v. 6. 2. 1987, BVerwGE 77, 1 = ZBR 1987, 245 = PersV 1988, 464). Als innerdienstliche Angelegenheiten sind alle Vorgänge zu werten, die in ihren Auswirkungen auf den räumlich-organisatorischen Bereich einer Dienststelle beschränkt sind (z. B. Personalentwicklungskonzepte, Regelungen für Auswahl, Einsatz und Qualifizierung von Beschäftigten oder Dienstdauervorschriften, BVerwG v. 21. 7. 1982, ZBR 1983, 162 = PersV 1983, 241). Sollen persönliche Angelegenheiten in einer Verwaltungsanordnung geregelt werden, so werden die Beschäftigten in ihrer Eigenschaft als Träger persönlicher Rechte und Pflichten in der Dienststelle betroffen (OVG Koblenz v. 18. 3. 1964, ZBR 1964, 251 = PersV 1964, 255). Diese Voraussetzung ist z. B. bei einer Anordnung gegeben, die Auswahlgrundsätze für die Teilnehmer an Aufstiegsverfahren regelt. Verwaltungsanordnungen, die sich auf soziale Angelegenheiten beziehen, sind solche, die Regeln zum Ausgleich einer Bedürftigkeit aufstellen oder dienststelleninterne Zulagen unter bestimmten Voraussetzungen gewähren. 5

4. Da von einer Verwaltungsanordnung nur gesprochen werden kann, wenn eine Anordnung Maßnahmen enthält, die **gestaltend in die innerdienstlichen,** sozialen oder persönlichen **Angelegenheiten** der Beschäftigten **eingreifen,** hat eine Verfügung nicht den Charakter einer Verwaltungsanordnung, wenn sie lediglich bestimmte **Verwaltungsregeln erläutert,** Hinweise auf die Rechtslage gibt, nur allgemeine Weisungen zur Erledigung der Dienstgeschäfte enthält oder bloße Rechtsansichten äußert bzw. bestehende dienstliche Verpflichtungen lediglich konkretisiert; ihr fehlt der Regelungscharakter (BVerwG v. 7. 11. 1969, ZBR 1970, 238 = PersV 1970, 187; BVerwG v. 2. 1. 1986 – 6 P 16.82 – Buchholz 238.31 § 80 Nr. 2; OVG Münster v. 25. 3. 1980, PersV 1981, 371; OVG Lüneburg v. 5. 8. 1987, Leits. PersV 1988, 13; Fischer u. a., § 78 Anm. 8; Lorenzen u. a., § 78 Anm. 8; vgl. auch Anm. 7). Mit einer Verwaltungsanordnung will sich die Dienststelle an die Beschäftigten in ihrer Gesamtheit oder an einen unbestimmten Teil von ihnen wenden und einen Tatbestand im Bereich ihrer innerdienstlichen, sozialen oder persönlichen Angelegenheiten regeln. Daher sind Anordnungen, die sich an eine personalverwaltende Stelle wenden und dieser dienstliche Weisungen für ein bestimmtes Verhalten geben, nicht mitwirkungspflichtig (VGH Manheim v. 20. 4. 1993, PersV 1995, 131). Ebenso kann ein Mitwirkungsrecht der Personalvertretung nicht in Betracht kommen, wenn eine Verwaltungsanordnung von einer nachgeordneten Dienststelle auf Anordnung einer übergeordneten Dienststelle lediglich übernommen wird und keinerlei ausfüllungsbedürftige Tatbestände enthält (Lorenzen u. a., § 78 Anm. 9). In diesem Fall aber ist die bei der übergeordneten Dienststelle 6

bestehende Stufenvertretung zu beteiligen. Gleiches gilt auch dann, wenn die von einer obersten Dienstbehörde erlassene Verwaltungsanordnung von einer anderen obersten Dienstbehörde übernommen werden soll (OVG Münster v. 20. 3. 1984, ZBR 1985, 120).

7 5. **Beispiele für die Abgrenzung mitwirkungsbedürftiger und nicht mitwirkungsbedürftiger Verwaltungsanordnungen:** der Mitwirkung der Personalvertretung unterliegt eine Verfügung über die Bestellung eines internen Datenschutzbeauftragten, wenn damit von den Beschäftigten ein Tun oder Unterlassen in bezug auf diese Institution verlangt wird, wobei sich selbstverständlich das Beteiligungsrecht der Personalvertretung nicht auf die Bestellung einer bestimmten Person bezieht (Lorenzen, PersV 1979, 305; so wohl auch Wolber, PersV 1980, 177). Desgleichen ist die von der obersten Dienstbehörde vorgenommene Neufestsetzung der Dienstwohnungsvergütungen eine Verwaltungsanordnung (OVG Koblenz v. 18. 3. 1964, ZBR 1964, 252 = PersV 1964, 255); ebenso ein Rundschreiben über den Maßstab bei der Gewährung von Sonderurlaub (VG Berlin v. 18. 8. 1975 – VG FK 24.75, n. v.); desgleichen ein Erlass über die Behandlung von Beschwerden an die Personalvertretung (BVerwG v. 14. 4. 1967, BVerwGE 26, 321 = ZBR 1967, 272 = PersV 1967, 257) oder die Abschaffung verbilligter Fahrausweise (VG Berlin v. 31. 8. 1973, PersV 1974, 210) sowie die Anordnung über Dienstbefreiung, über die Benutzung von Dienstfahrzeugen oder Beförderungs- und Aufstiegsrichtlinien (Lorenzen u. a., § 78 Anm. 14); darüber hinaus eine Anordnung, nach der künftig bei der Heranziehung von Arbeitern aus der Rufbereitschaft übertarifliche Leistungen nicht mehr gewährt werden sollen (VGH Mannheim v. 17. 5. 1988, Leits. PersR 1989, 28) oder der Erlass einer Dienstanweisung, mit der das Entstehen von tariflichen Vergütungsansprüchen wegen der Ausübung höherwertiger Tätigkeit verhindert werden soll (OVG Münster v. 25. 3. 1994 – CL 75/90, n. v.) Ebenso ist das Vorliegen einer Verwaltungsanordnung dann zu bejahen, wenn durch eine interne Weisung eine Vielzahl von Fällen einen allgemeinen, verbindlichen Charakter für die künftige Personalentwicklung einer Behörde haben soll (VG Frankfurt v. 22. 5. 2000, PersR 2001, 120). Eine mitwirkungsbedürftige Verwaltungsanordnung liegt auch dann vor, wenn eine tarifwidrige, für die Beschäftigten aber günstige Praxis beendet werden soll. Ein Mitwirkungsrecht scheidet dagegen für den Fall aus, dass die bisherige (rechtswidrige) Handhabung einer Verwaltungsanordnung beendet wird, die bei verständiger Würdigung aller in Betracht kommender Umstände für alle Beteiligten offenkundig unzulässig war (BVerwG v. 22. 3. 1990, PersV 1990, 437 = ZfPR 1990, 110). Keine Verwaltungsanordnung i. S.von § 78 ist der Abschluss einer Sammelunfallversicherung für die Beschäftigten durch die Dienststelle (VG Koblenz v. 8. 1. 1958, Leits. ZBR 1958, 150, 287); desgleichen nicht die Neueinrichtung eines Dezernats bei einer Behörde der Mittelstufe (OVG Münster v. 12. 1. 1961, ZBR 1961, 326 = PersV 1962, 224), weil es sich hierbei um sich unmittelbar aus der Organisationsgewalt der Behörde ergebende Maßnahmen handelt; ebensowenig unterliegt der Runderlass einer Behörde der Mittel- oder obersten Stufe, der den Wortlaut eines soziale und personelle Angelegenheiten der Beschäftigten gestaltenden und unmittelbar regelnden Tarifvertrages mitteilt und sich auf Anregungen und erläuternde Betrachtungen beschränkt, dem Mitwirkungsrecht der Personalvertretung (BVerwG v. 14. 12. 1962, BVerwGE 15, 215 = ZBR 1963, 63 = PersV 1963, 208); ebensowenig ist eine Weisung, die sich nur auf Aufgaben bestimmter Beschäftigter bezieht, als eine Verwaltungsanordnung anzusehen (VGH Kassel v. 30. 8. 1988, Leits. PersV 1990, 38); desgleichen soll kein Mitwirkungsrecht der Personalvertretung bei solchen Verwaltungsanord-

nungen bestehen, die von einer obersten Dienstbehörde im Rahmen der ihr zustehenden Regelungsbefugnis auch für die Bereiche anderer oberster Dienstbehörden erlassen werden (so VGH München v. 1.3.1962, PersV 1963, 115; Fischer u.a., § 78 Anm. 9). Zwar kann das Personalvertretungsrecht die Befugnis von Fachressorts, Regelungen mit Wirkung über den eigenen Geschäftsbereich hinaus zu treffen, nicht aufheben oder einschränken. Wenn aber beispielsweise das Bundesministerium des Innern oder das Bundesministerium der Finanzen entsprechende Regelungen trifft, so könnten weder die jeweils dort bestehenden Hauptpersonalräte noch die Hauptpersonalräte anderer Bundesressorts nach der zitierten Auffassung beteiligt werden. Dies würde aber eindeutig dem Willen des Gesetzgebers widersprechen, die Personalvertretungen an solchen Anordnungen zu beteiligen, die sich auf die innerdienstlichen Verhältnisse der von ihnen vertretenen Beschäftigten auswirken. Insoweit muss die **Umsetzung eines Runderlasses** dem Mitwirkungsrecht der jeweiligen Personalvertretung ebenso unterliegen wie der Erlass einer Verwaltungsanordnung für den eigenen Bereich; denn die Bindung an einen gemeinsamen Beschluss auf der Minister- bzw. Staatssekretärsebene kann nichts daran ändern, dass für den jeweiligen Geschäftsbereich eine verbindliche Regelung getroffen werden soll, die von dem Leiter der jeweiligen obersten Dienstbehörde mit dem Ziel angeordnet wird, eine gleichlautende Regelung für den eigenen Geschäftsbereich festzulegen. Dies kommt im allgemeinen auch darin zum Ausdruck, dass nach der Wiedergabe des Wortlauts der Regelung die Aufforderung zur Beachtung angeschlossen und somit eine eigene Regelung getroffen wird (BVerwG v. 7.5.1981 – 6 P 35.79 – Buchholz 238.38 § 60 Nr. 1; Dietz-Richardi, § 78 Anm. 12; Lorenzen u.a., § 78 Anm. 7, 9).

6. Bei dem Erlass von Regelungen, an deren Vorbereitung die **Spitzenorganisationen der zuständigen Gewerkschaften** (Dachverbände von Beamtengewerkschaften), die aufgrund ihrer Mitgliederzahl hinreichend großes repräsentatives Gewicht besitzen, nach § 94 BBG zu beteiligen sind, kann die Personalvertretung nicht mitwirken. Das ist der Fall „bei der Vorbereitung allgemeiner Regelungen der beamtenrechtlichen Verhältnisse“ (§ 94 BBG). Es kommt nicht darauf an, ob die Spitzenverbände tatsächlich beteiligt worden sind. Halbs. 2 nimmt den Anordnungen über Gegenstände, die der Vorschrift des § 94 BBG unterliegen, generell die Eigenschaft beteiligungsfähiger Angelegenheiten. § 94 BBG betrifft Regelungen, die alle oder doch die Mehrzahl der Verwaltungen des Bundes berühren. Dagegen beziehen sich Verwaltungsanordnungen nur auf eine einzelne Bundesverwaltung (Lorenzen u.a., § 78 Anm. 21). 8

7. Wenn ein Dienststellenleiter anordnet, dass Richtlinien des Landes zur Regelung von Arbeitsbedingungen, die ihrerseits mehrere Mitbestimmungstatbestände betreffen, zu beachten sind, dann unterliegt auch die Anordnung selbst der Mitbestimmung. Zwar handelt es sich bei den durch die Anordnung des Dienststellenleiters verbindlich gewordenen Richtlinien um eine Verwaltungsanordnung. Jedoch gehen die stärkeren Beteiligungsrechte der Mitbestimmung dem schwächeren Mitwirkungsrecht dann vor, wenn die **Verwaltungsanordnung unmittelbar mitbestimmungspflichtige Tatbestände regelt,** ohne dass es noch eines weiteren Handelns durch die Dienststelle selbst bedarf (OVG Münster v. 13.3.1986, ZBR 1986, 303; Fischer u.a., § 78 Anm. 9a; Lorenzen u.a., § 78 Anm. 16, vgl. auch vor § 66 Anm. 9). Die Beschränkung der Beteiligung der Personalvertretung auf ein Mitwirkungsrecht bei der Vorbereitung von Verwaltungsanordnungen schließt nicht aus, dass die Verwaltungsanordnung ganz oder teilweise der Mitbestimmung 8a

unterliegt (BVerwG v. 19. 5. 2003, ZBR 2003, 423 = PersV 2003, 339 = ZfPR 2003, 267; BVerwG v. 1. 9. 2004, ZBR 2005, 49 = PersV 2005, 59 = ZfPR 2004, 293). Dies gilt u. a. für Maßnahmen der Arbeitszeit (§ 75 Abs. 3 Nr. 1), für Beurteilungsrichtlinien für Arbeitnehmer (§ 75 Abs. 3 Nr. 9), für die Regelung der Ordnung in der Dienststelle und des Verhaltens der Beschäftigten (§ 75 Abs. 3 Nr. 15), für Beurteilungsrichtlinien für Beamte (§ 76 Abs. 2 Nr. 3), für allgemeine Fragen der Fortbildung der Beschäftigten (§ 76 Abs. 2 Nr. 6), für den Erlass von Ausfallrichtlinien (§ 76 Abs. 2 Nr. 8), Maßnahmen zur Verhütung von Dienst- und Arbeitsunfällen (§ 75 Abs. 3 Nr. 11), soweit die die Unfallverhütung bezweckende Teilregelung nicht nur von untergeordneter Bedeutung ist, oder für Maßnahmen zur Gestaltung der Arbeitsplätze (§ 75 Abs. 3 Nr. 16). Würde die Personalvertretung in diesen Fällen auf ein Mitwirkungsrecht bei der Vorbereitung einer Verwaltungsanordnung beschränkt werden, dann würde dem Sinn und Zweck des Gesetzes, der Personalvertretung bei allgemeinen innerdienstlichen Regelungen ein Mitbestimmungsrecht einzuräumen, nicht entsprochen (vgl. auch BVerwG v. 1. 9. 2004, aaO).

III. Verlegung etc. von Dienststellen (Abs. 1 Nr. 2)

9 1. Das Mitwirkungsrecht der Personalvertretung bei **Auflösung, Einschränkung, Verlegung oder Zusammenlegung von Dienststellen oder wesentlichen Teilen von ihnen** ist ein Beteiligungsrecht an organisatorischen Entscheidungen der Verwaltung, nämlich solchen, die auf Veränderungen in der Dienststelle ausgerichtet sind. Nur auf sie bezieht sich die Mitwirkung. An den personellen (vgl. z. B. § 26 BBG) und sozialen Folgemaßnahmen der Organisationsänderungen ist die Personalvertretung nach anderen gesetzlichen Bestimmungen zu beteiligen. Die Mitwirkung an der Organisationsmaßnahme betrifft nicht den gleichen Gegenstand wie die damit verbundenen personellen Maßnahmen; denn im Zusammenhang mit der Organisationsmaßnahme soll der zuständigen Personalvertretung die Möglichkeit eingeräumt werden, Anregungen zu geben oder Bedenken geltend zu machen. Die durch Organisationsmaßnahmen ausgelösten Beteiligungsrechte nach § 75 Abs. 1 Nr. 3, § 76 Abs. 1 Nr. 4 betreffen personelle Einzelvorgänge im Rahmen der Durchführung der zuvor getroffenen generellen Maßnahme. Sie werden durch die vorausgegangene Mitwirkung nicht gegenstandslos (BVerwG v. 19. 2. 1987, ZBR 1987, 248 = PersV 1987, 510; vgl. zur Problematik des Zusammentreffens unterschiedlicher Beteiligungsrechte vor § 66 Anm. 9, die vorstehende Anm. 8a sowie Bieler, ZfPR 1998, 133 und Gronimus, PersR 2003, 471). Da Abs. 1 Nr. 2 abschließend das Beteiligungsrecht an den konkret bezeichneten organisatorischen Maßnahmen regelt, kann eine Personalvertretung im Zusammenhang mit Folgemaßnahmen (u. a. Versetzungen, Abordnungen, Kündigungen) keine Aspekte geltend machen, die Bezug auf die organisatorische Grundentscheidung nehmen (BVerwG v. 16. 12. 1992 – 6 P 29.91, PersV 1993, 365; vgl. auch Lorenzen u. a., § 78 Anm. 30). Soweit die Entscheidung über die Verlegung etc. von Dienststellen gesetzlich geregelt ist, greift das Mitwirkungsrecht nicht ein (vgl. Bonn-Berlin-Gesetz zum Umzug von Bundesministerien oder Teilen von ihnen nach Berlin und Verlagerung anderer Dienststellen nach Bonn v. 26. 4. 1994, BGBl. I S. 918) sowie Dienstrechtliches Begleitgesetz im Zusammenhang mit dem Beschluss des Deutschen Bundestages v. 20. 6. 1991 zur Vollendung der Einheit Deutschlands (DBeglG v. 30. 7. 1996, BGBl. I S. 1183).

10 2. **Auflösung** ist die ersatzlose Beseitigung einer (ganzen) Dienststelle unter Fortfall ihrer Aufgaben (z. B. eine einzelne Schule, BVerwG v. 24. 2. 2006 PersV 2006, 217 = ZfPR 2006, 68) bzw. die Übertragung ihrer Aufgaben auf

eine andere Dienststelle. Die dort gebildete Personalvertretung nimmt die Interesssen auch der Beschäftigten wahr, die der Dienststelle zugeordnet werden. Die Personalvertretung ist nicht zu beteiligen, wenn die Auflösung einer Dienststelle auf einer gesetzlichen Vorschrift beruht. In diesem Fall besteht nur ein Beteiligungsrecht an den Folgemaßnahmen. Der **Auflösung** einer Dienststelle steht die Auflösung **wesentlicher Teile gleich,** falls die Dienststelle aus mehreren selbstständigen Teilen – eigene organisatorische Zuständigkeit – zusammengesetzt ist (BVerwG v. 13. 3. 1964, BVerwGE 18, 147 = ZBR 1964, 283 = PersV 1964, 106). Wesentlicher Teil einer Dienststelle kann auch ein für die Sachaufgaben einer Dienststelle wichtiger, der Beschäftigtenzahl nach allerdings kleiner Teil sein. Bei Auflösung dieses Teils ändert sich zwar das Wesen der Dienststelle nicht. Im Hinblick auf die schutzwürdigen Belange der Beschäftigten aber kann einer der wesentlichen Teile der Dienststelle betroffen sein (Lorenzen u. a., § 78 Anm. 24, 25; Richardi u. a., § 78 Anm. 16).Das Mitwirkungsrecht setzt nicht erst mit dem Abschluss der Abwicklung, sondern bereits mit der Wirksamkeit der entsprechenden Organisationsverfügung ein (Lorenzen u. a., § 78 Anm. 25; Bosch, ZfPR 1995, 94).

3. Keine Auflösung im Sinne von Abs. 1 Nr. 2 ist die **Privatisierung** von Einrichtungen der öffentlichen Verwaltung (Fischer u. a., § 78 Anm. 14; Kunze, PersV 1998, 339; PersV 1998, 410, 412; Schaub, PersV 1998, 100; aA Lorenzen u. a., § 78 Anm. 25; Honnen, ZfPR 1989, 121; zur Privatisierung vgl. auch Einleitung Anm. 54). Bei einer Privatisierung durch eine gesetzliche Regelung (vgl. Überführung der ehemaligen Bundesanstalt für Flugsicherung in eine privatrechtliche Form, Gesetz v. 23. 7. 1992, BGBl. I S. 1370) fehlt es bereits an einer konkreten Maßnahme der Dienststelle selbst. Im Falle der Privatisierung erfolgt keine Auflösung, sondern eine Übertragung von Aufgaben oder Arbeiten auf „Dritte“. Privatisierung ist die Umwandlung von Gemeineigentum in Eigentum einzelner Personen oder Gesellschaften des Privatrechts (vgl. Vogelgesang, PersV 2005, 4). Es geht also nicht um eine endgültige Stillegung einer Dienststelle mit gleichzeitiger Aufgabe des Zwecks und der Aufgaben (Fischer u. a., aaO), sondern um eine Weiterführung durch einen anderen Träger oder in einer anderen Rechtsform. Der Personalvertretung stehen in diesem Zusammenhang Beteiligungsrechte bei Personalmaßnahmen (Versetzungen, Umsetzungen, Abordnungen, Kündigungen, Rückgruppierungen im Rahmen einer Änderungskündigung) zu. Ebenso können mit den betreffenden Maßnahmen organisatorische Veränderungen gegeben sein (Umgestaltung der Arbeitsplätze, Maßnahmen zur Hebung der Arbeitsleistung und Erleichterung des Arbeitsablaufs, Gestaltung der täglichen Arbeitszeit und Aufstellung des Urlaubsplans (Kunze, ZfPR 1997, 101). An der Organisationsentscheidung (Übertragung der Aufgaben auf einen privaten Unternehmer oder Weiterführung in Form eines Eigenbetriebs) steht der Personalvertretung kein Mitwirkungsrecht zu (Kunze, aaO). **10a**

3 a) Allerdings darf in diesem Zusammenhang die **Betriebsübergangsrichtlinie** 77/187/EWG in der durch die Richtlinie 98/50/EG v. 29. 6. 1988 geänderten Fassung (vgl. § 68 Anm. 36 b) nicht unberücksichtigt bleiben (hierzu Widmaier, ZfPR 2001, 119). Diese Richtlinie ist sinngemäß auch für die Beschäftigten der öffentlichen Verwaltung anwendbar, so dass Personalvertretungen das Recht haben, mit dem Dienstherrn nicht nur in Beratungen, sondern auch in Verhandlungen über die Gestaltung der Privatisierungsvorhahen einzutreten. Bei einer „Überlassung“ bzw. einer „Gestellung“ von Beschäftigten des öffentlichen Dienstes zur Dienstleistung bei privaten Ar- **10b**

beitgebern allerdings unterliegt jede personelle Einzelmaßnahme der Mitbestimmung der Personalvertretung § 75 Abs. 1 bzw. nach § 76 Abs. 1. Wenn sich auch keiner der in diesen Bestimmungen aufgeführten personalrechtlichen Maßnahmen direkt auf eine Personalgestellung von Beschäftigten des öffentlichen Dienstes im Zusammenhang mit Privatisierungen bezieht, so ist doch alleine schon wegen des Schutzzwecks von Mitbestimmungsrechten im Zusammenhang mit personellen Entscheidungen eine analoge Anwendung insbesondere von § 75 Abs. 1 Nr. 3, 4, 4 a, § 76 Abs. 1 Nr. 4, 5, 5 a geboten (Blanke, PersR 2000, 43, 53).

10c 4. Im Zuge der **Verwaltungsreform** stehen der Personalvertretung nach dem BPersVG, soweit es um grundlegende organisatorische Entscheidungen geht, keine Beteiligungsrechte zu (vgl. hierzu auch: vor § 66 Anm. 1; § 104 Anm. 1). Im Wege der vertrauensvollen Zusammenarbeit sollten aber beide Seiten, Dienststellenleiter und Personalvertretung, bemüht sein, zu Vereinbarungen – auch Dienstvereinbarungen – zu kommen, in denen die Interessen der Beschäftigten im Zusammenhang mit einer Neuorganisation der Verwaltungsstrukturen angemessen berücksichtigt werden. Bestandteil solcher Vereinbarungen können je nach Zuständigkeitsbereich der Dienststelle Beschäftigungssicherung, Rationalisierungsschutz, Sicherung bestehender Arbeitsinhalte und Arbeitsbedingungen, eventuell Vorruhestandsregelungen oder Altersteilzeitkonzepte etc. sein. Im Zusammenhang mit derartigen Vereinbarungen sollten rechtzeitig Gespräche mit dem Ziel aufgenommen werden, einerseits notwendige Strukturverbesserungen sowohl im Interesse der Verbesserung des Verwaltungshandelns als auch im Interesse einer erleichterten Arbeitsabwicklung durchzuführen, andererseits sollte unter Beteiligung der Personalvertretung versucht werden, dringend notwendige Reformen im Bereich der Verwaltung selbst durchzuführen, statt die Problemlösung alleine in der Auslagerung von Teilen des Verwaltungsapparates, in der Gründung von Eigenbetrieben etc. zu sehen.

11 5. Eine **Einschränkung** liegt vor, wenn entweder die örtliche oder die sachliche Zuständigkeit der Dienststelle oder wenn ihr Personalbestand auf Dauer verringert wird, sofern durch die Verringerung ein erheblicher Teil der Beschäftigten und somit auch des Aufgabenbereichs betroffen ist (BVerwG v. 13. 3. 1964, BVerwGE 18, 147 = ZBR 1964, 283 = PersV 1964, 106; OVG Münster v. 29. 9. 1999, PersV 2000, 268). Von einer Einschränkung ist aber auch dann zu sprechen, wenn die über Jahre sich hinziehende Änderung so erhebliche Einschnitte in den einzelnen Aufgabenbereichen mit sich bringt, dass die Beschäftigten in ihrer Gesamtheit durch personelle Maßnahmen berührt werden (BVerwG v. 13. 3. 1964, aaO; OVG Lüneburg v. 25. 1. 1977, PersV 1980, 73; Lorenzen u. a., § 78 Anm. 26). Grundsätzlich kann von einer Einschränkung aber nur gesprochen werden, wenn der betreffende Teil das **Wesen der Dienststelle** mitbestimmt. Es darf sich also nicht nur um eine bloße organisatorische Änderung ohne bedeutende Folgen handeln. Ebensowenig kann von einer Einschränkung dann gesprochen werden, wenn nur ein unwesentlicher Nebenbereich betroffen ist, der in keinem sachlichen und funktionellen Zusammenhang mit den Hauptaufgaben steht. Die Einziehung zweier von 56 Dienstposten ist z. B. keine erhebliche, zur Beteiligung der Personalvertretung führende Einschränkung (OVG Münster v. 9. 4. 1962, ZBR 1963, 155). Ein Mitwirkungsrecht der Personalvertretung kommt im Übrigen dann nicht in Betracht, wenn eine Verringerung der Planstellen und Stellen im Haushalt festgelegt wird. Hierbei nämlich handelt es sich nicht um eine Maßnahme der Verwaltung, sondern um eine solche der Legislative (BVerwG v. 5. 2. 1960, BVerwGE 10, 140 = ZBR 1960, 129 =

PersV 1960, 155). Dagegen führt eine **Aufgabenverminderung** dann zu einer Einschränkung einer Dienststelle, wenn damit zwar nicht Entlassungen oder Versetzungen verbunden sind, wohl aber die Übertragung niedriger zu bewertender Tätigkeiten oder Rückgruppierungen in größerem Umfang.

6. Die **Verlegung der Dienststelle** setzt eine **wesentliche Ortsveränderung** voraus. Das Mitwirkungsrecht der Personalvertretung soll sicherstellen, dass die Interessen der Beschäftigten, keinen unzumutbaren Erschwernissen ausgesetzt zu werden, in vertretbarem Umfang geschützt werden. Von einer erheblichen Ortsveränderung kann bei einem Umzug innerhalb des Stadtgebietes daher nicht die Rede sein. Wenn innerhalb eines bebauten und verkehrsmäßig erschlossenen Gebietes die Verlegung einer Dienststelle erfolgt, so ist damit für einen Teil von Beschäftigten ein Vorteil, für andere ein Nachteil verbunden. Entscheidend ist darauf abzustellen, ob für die meisten Beschäftigten einschneidende Änderungen eintreten. Das ist im allgemeinen nur dann der Fall, wenn Dienststellen bzw. wesentliche Teile in entfernt liegende Gemeinden verlegt werden (BVerwG v. 27. 7. 1979, ZBR 1980, 160 = PersV 1981, 73). Das Mitwirkungsrecht wird sich in erster Linie auf Beanstandungen im Zusammenhang mit Lage und Zustand des Gebäudes, nicht aber auf Maßnahmen des Dienststellenleiters konzentrieren. Dabei geht es darum, bestimmte Mängel (z. B. fehlende Klimaanlage, Lärmbelästigung, fehlende Zwischenwände, ungenügende Tageslichtversorgung) im Rahmen des Mitwirkungsverfahrens zu rügen und auf eine Mängelbeseitigung zu drängen (OVG Münster v. 22. 5. 1986, RiA 1987, 69; zum Mitbestimmungsrecht bei der Gestaltung der Arbeitsplätze in diesem Zusammenhang: vgl. § 75 Anm. 189 ff). Die Festlegung von Raumplänen im Rahmen der Verlegung einer Dienststelle oder eines Teils davon ist allenfalls ein Teilaspekt der Umzugsmaßnahmen, der nicht von Abs. 1 Nr. 2 erfasst ist (BVerwG v. 16. 12. 1992, ZBR 1993, 154 = PersV 1993, 365 = ZfPR 1993, 113; vgl. auch vor § 66 Anm. 9). Die Personalvertretung der aufzulösenden Dienststelle kann ihr Mitwirkungsrecht nur bis zur Wirksamkeit der Dienststellenauflösung ausüben. Danach hört sie ohne weiteres auf zu existieren (Bosch, ZfPR 1995, 94). 12

7. **Zusammenlegung** i. S. von Abs. 1 Nr. 2 ist die Aufhebung der bisherigen Selbstständigkeit und die Eingliederung in eine andere – schon bestehende oder neu zu bildende -Dienststelle. Von einer Zusammenlegung ist aber auch dann auszugehen, wenn mehrere Dienststellen zu einer neuen Dienststelle verbunden werden, die mit keiner der früheren Dienststellen identisch ist (BVerwG v. 30. 9. 1987, ZBR 1988, 103 = PersV 1988, 491 = ZfPR 1989, 48; OVG Münster v. 25. 5. 2005, PersV 2006, 32 = Leits. ZfPR 2006, 10). Im letzteren Fall tritt für den Bereich der neu gebildeten Dienststelle zunächst eine personalratslose Zeit ein, während im ersten Fall die Personalvertretung bei der bestehenden Dienststelle auch für diejenigen Beschäftigten tätig wird, die aus anderen Dienststellen kommen. Auf diese Weise wird eine personalvertretungslose Zeit verhindert. Allerdings sollte die bestehende Personalvertretung alsbald zurücktreten, um den Weg für Neuwahlen angesichts der größer gewordenen Beschäftigtenzahl freizumachen (vgl. hierzu auch: Vohs, PersR 1996, 344). Bei einer Zusammenlegung von Hauptdienststelle und Nebenstelle endet die Amtszeit der für die Nebenstelle aufgrund eines Verselbstständigungsbeschlusses gewählten Personalvertretung (VG Berlin v. 1. 12. 1999, ZfPR 2000, 208). Ein Mitwirkungsrecht ist im Übrigen nicht bei einer aufgrund eines Gesetzes oder einer Entscheidung der Bundesregierung erfolgenden Zusammenlegung gegeben (Lorenzen u. a., § 78 Anm. 28; Kunze, PersV 1998, 339). 13

13a 7 a) Wenn eine bisher organisatorisch zu einer bestimmten Dienststelle gehörende Abteilung per Organisationsakt ohne Veränderung der örtlichen Ansiedlung einer anderen Dienststelle außerhalb des bisherigen Dienstortes zugewiesen wird, dann ergibt sich durch diese neue Organisation eine Diskrepanz zwischen der Dienststelle, in der die Beschäftigten räumlich – personell eingegliedert sind und der (neuen) Planstellen führenden Dienststelle. Für die betroffenen Beschäftigten ist nunmehr die Personalvertretung zuständig, die bei der letzteren Dienststelle gebildet worden ist; denn das beamten- und arbeitsrechtliche Band besteht nunmehr zu der neuen Dienststelle. Die Beschäftigten sind im Übrigen an der Aufgabenerfüllung dieser neuen Dienststelle beteiligt, so dass es an der organisatorischen Eingliederung in die bisherige Dienststelle fehlt. Durch die **Zuweisung der Planstellen an die neue Dienststelle** werden die statusrechtlichen Entscheidungen von dort getroffen, so dass auch die dort gebildete Personalvertretung in allen entsprechenden beteiligungspflichtigen Angelegenheiten zu beteiligen ist.

13b 7 b) Wenn eine **Dienststelle aufgeteilt** und wenn die einzelnen Teile unterschiedlichen anderen Dienststellen zugeordnet werden, dann kann von einer Zusammenlegung deshalb nicht die Rede sein, weil es sich bei diesem Vorgang um die Auflösung einer Dienststelle handelt; nur bei dieser Auflösung hat die Personalvertretung der betroffenen Dienststelle mitzuwirken. Von einer Zusammenlegung i. S. von Abs. 1 Nr. 2. kann auch bei dienststelleninternen Umgliederungen, bei Zusammenlegung von Abteilungen, Referaten, Dezernaten, Sachgebieten etc. nicht die Rede sein (Fischer u. a., § 78 Anm. 17).

14 8. **Wesentliche Teile einer Dienststelle** sind solche, durch deren Hinzufügung oder Aufhebung das Aufgabengebiet und die Größe der Dienststelle in entscheidender (nicht in geringfügiger) Weise auf Dauer verändert werden (OVG Münster v. 9. 4. 1962, ZBR 1963, 155). Bei der Bestimmung des Begriffs „wesentlich" ist insbesondere auf die Absicht des Gesetzgebers abzustellen, die Beschäftigten vor unangemessenen Rationalisierungsmaßnahmen zu schützen, ihnen weitgehend ihre Arbeitsplätze zu erhalten und Veränderungen nur dort zuzulassen, wo sie auch unter Berücksichtigung der sozialen Belange unvermeidbar sind. **Wesentlich** kann aber nur ein Teil einer Dienststelle sein, der innerhalb der Gesamtorganisation von erheblicher Bedeutung ist oder aber nach seiner Aufgabenstellung und nach dem personellen Umfang eine „prägende" Bedeutung hat (Fischer u. a., § 78 Anm. 13; Lorenzen u. a., § 78 Anm. 24). Die Teildienststelle muss also das „Wesen" der Dienststelle mitbestimmen. Diese Voraussetzungen sind dann gegeben, wenn die betreffende Maßnahme eine erhebliche Veränderung des Aufgabenbereichs der Dienststelle nach sich zieht und wenn sie personelle Konsequenzen für die Beschäftigten in ihrer Gesamtheit auslöst. Infolgedessen kommt es darauf an, ob die konkrete Anordnung des Dienststellenleiters solche Bereiche der Dienststelle betrifft, die „in einer herausgehobenen sachlichen Beziehung zu den von der Dienststelle innerhalb ihres Aufgabenbereichs wahrzunehmenden Aufgaben stehen" (BVerwG v. 17. 7. 1987 – 6 P 6.85, BVerwGE 78, 47 = PersV 1989, 312). Abzustellen ist dabei auf den verlegten, nicht verbleibenden Dienststellenteil (Bosch, ZfPR 1995, 94, 95). Entscheidend also ist, ob sich die beabsichtigte Organisationsmaßnahme auf den Aufgabenbereich oder die Struktur der Dienststelle in der Weise auswirkt, dass sie zu einer wesensmäßig „anderen" Dienststelle wird (BVerwG v. 30. 9. 1987, ZBR 1988, 103 = PersV 1988, 491 = ZfPR 1989, 48). Die Auflösung eines Dienststellenteils unterliegt daher nur dann dem Mitwirkungsrecht der Personalvertretung, wenn eine so erhebliche Aufgabenveränderung eintritt,

dass hierdurch auf die Gesamtheit der Beschäftigten bezogene personelle Maßnahmen ausgelöst werden. In ihrer Gesamtheit sind die Beschäftigten aber auch schon dann berührt, wenn die Maßnahme für eine erhebliche Zahl bedeutsam ist. Wenn aber der Aufgabenbereich der Dienststelle nahezu vollständig aufrechterhalten bleibt, dann liegen im allgemeinen nur geringfügige organisatorische Änderungen vor, die nicht das Mitwirkungsrecht auslösen können (BVerwG v. 23. 1. 1985, PersV 1987, 515; BVerwG v. 17. 7. 1987 – 6 P 13.85, PersV 1989, 315). Da das Gesetz von Teilen einer Dienststelle spricht, muss sich diese aus mehreren Teilen zusammensetzen, die ihrerseits wiederum entweder in organisatorischer oder in räumlicher Hinsicht über eine gewisse Selbstständigkeit verfügen (BVerwG v. 13. 3. 1964, BVerwGE 18, 147 = ZBR 1964, 283 = PersV 1964, 106).

9. **Zuständig** ist diejenige Personalvertretung, die bei derjenigen Dienststelle **14a**
gebildet ist, die über die Auflösung, Einschränkung, Verlegung oder Zusammenlegung entscheidet. Dies wird in den meisten Fällen die jeweilige Stufenvertretung sein, die ihrerseits entsprechend § 82 Abs. 2 den Personalvertretungen der nicht zur Entscheidung befugten Dienststellen Gelegenheit zur Äußerung geben muss (Lorenzen u. a., § 78 Anm. 29). Im Rahmen von Abs. 2 Nr. 1 darf die zuständige Personalvertretung zwar nicht Zweckmäßigkeitsüberlegungen des Dienststellenleiters rügen. Diese nämlich beziehen sich ausschließlich auf die dem zuständigen Dienststellenleiter von der Verfassung übertragene Organisationsbefugnis (BVerwG v. 9.12. 1980, PersV 1981, 506; BVerwG v. 8. 3. 1988, BVerwGE 79, 101; Bosch, ZfPR 1995, 94, 95). Dagegen kann eine Personalvertretung auf die persönlichen, sozialen und innerdienstlichen Probleme hinweisen, auf Wohnungsprobleme, auf höhere Fahrkosten, auf Trennungsgeld und Wohnungsfürsorge, schließlich auch auf besondere Arbeitszeitregelungen aufgrund der geänderten Verkehrsverbindungen zum neuen Dienstort (Bosch, aaO).

IV. Erhebung der Diziplinarklage gegen einen Beamten/Entlassung von Beamten auf Probe etc. (Abs. 1 Nr. 3, 4, 5)

1. Die Mitwirkung der Personalvertretung bei der **Erhebung der Disziplinarklage** kommt in Betracht, wenn bei den Ermittlungen im behördlichen Disziplinarverfahren (§§ 17 des Gesetzes zur Neuordnung des Bundesdisziplinarrechts, BDG, v. 9. 7. 2001, BGBl. I S. 1510, zul. geänd. d. Art. 11 G v. 22. 4. 2005, BGBl. I S. 1106) ein so schwerwiegendes Dienstvergehen festgestellt worden ist, dass zur Ahndung nicht mehr nur eine Disziplinarverfügung (§ 33 BDG) als ausreichend angesehen wird, sondern wenn auf Zurückstufung oder Entfernung aus dem Dienst erkannt werden soll. **15**

a) Die Beteiligung der Personalvertretung in Form der Mitwirkung ist von einem entsprechenden **Antrag des Beamten** abhängig. Da Ruhestandsbeamte keine Beschäftigten mehr im Sinne des Gesetzes sind, gilt Abs. 1 Nr. 3 nur für „aktive“ Beamte auf Lebenszeit. Für Probe- oder Widerrufsbeamte gilt die Vorschrift ebenfalls nicht, da in Bezug auf sie die Erhebung der Disziplinarklage nicht in Betracht kommt (§ 5 Abs. 3 BDG), sondern nur Verweis und Geldbuße. **16**

b) Der Personalvertretung steht das **Mitwirkungsrecht in Bezug auf die Abschlussentscheidung** der Dienststelle über die Erhebung der Disziplinarklage nach § 34 BDG zu; das Beteiligungsrecht erstreckt sich aber nicht auf den im Falle der Klageerhebung vorgesehenen Klageantrag (BVerwG v. 20. 10. 2005, Leits. ZBR 2006, 218 = PersV 2006, 262). Die Abschlussentscheidung ist Gegenstand des Mitwirkungsrechts der Personal- **16a** vertretung auch dann, wenn ein Beamter gemäß § 18 BDG gegen sich selbst ein Verfahren beantragt. Dagegen besteht dann kein Mitwirkungsrecht, wenn es um den Erlass von Disziplinarverfügungen (§ 33 BDG) oder um Maßnahmen im behördlichen Disziplinarverfahren nach §§ 17 ff. BDG geht. Wird nach einem Antrag eines Beamten auf Einleitung eines Disziplinarverfahrens gegen sich selbst von der zuständigen Behörde kein Verfahren eingeleitet oder wird es eingestellt, dann steht der Personalvertretung deshalb kein Mitwirkungsrecht zu, weil die Dienststelle keine Maßnahme veranlasst (Fischer u. a., § 78 Anm. 18; Lorenzen u. a., § 78 Anm. 32a).

17 c) Für die Erhebung der Disziplinarklage gegen einen Beamten ist die oberste Dienstbehörde zuständig. Die **Mitwirkung** der Personalvertretung bei der Erhebung der Disziplinarklage ist auf Beamte bis zu Beamtenstellen der BesGr A 15 einschließlich **begrenzt.** Zu beteiligen ist diejenige Personalvertretung, die bei der Einleitungsbehörde gebildet ist (Lorenzen u. a., § 78 Anm. 34). Das ist die oberste Dienstbehörde (§ 34 Abs. 2 Satz 1 BDG), die allerdings nach § 34 Abs. 2 Satz 1 BDG die entsprechende Befugnis auf nachgeordnete Dienststellen übertragen kann. Erfolgt keine Übertragung durch die oberste Dienstbehörde, dann ist die bei ihr gebildete örtliche Personalvertretung für Beamte der obersten Dienstbehörde (als Hauspersonalrat) zuständig. Sind Beamte des nachgeordneten Bereichs betroffen, dann ist die Zuständigkeit des Hauptpersonalrats gegeben. Bei einer Delegation an eine Behörde der Mittelstufe ist die dortige örtliche Personalvertretung (ebenfalls als Hauspersonalrat) bei Beamten dieser Mittelbehörde zu beteiligen, während der dort bestehende Bezirkspersonalrat dann zuständig ist, wenn seitens der Mittelbehörde die Disziplinarklage gegen einen Beamten des nachgeordneten Bereichs erhoben werden soll. Bei bundesunmittelbaren Körperschaften, Anstalten und Stiftungen des öffentlichen Rechts ist das Mitbestimmungsverfahren durch die vom zuständigen Bundesministerium bestimmte Behörde und der dort bestehenden Personalvertretung durchzuführen (Fischer u. a., § 78 Anm. 19).

17a d) Die Einleitungsbehörde ist im Anschluss an das behördliche Disziplinarverfahren (§§ 17 ff. BDG) verpflichtet, den **betroffenen Beamten davon zu unterrichten, dass sie eine Disziplinarklage gegen ihn erheben will.** Sie muss ihn auf die Möglichkeit der Beteiligung der Personalvertretung hinweisen (Weinmann, ZBR 1975, 136). Diese Verpflichtung ergibt sich aus der Fürsorgepflicht des Dienstherrn. Wenn ein Beamter über das Recht, die Mitwirkung der Personalvertretung zu beantragen, nicht belehrt worden ist, dann liegt ein Verfahrensfehler vor. Dieser Mangel kann nur dadurch beseitigt werden, dass das Gericht den Betroffenen darüber belehrt, dass wesentliche Mängel des behördlichen Disziplinarverfahrens oder der Klageschrift innerhalb von zwei Monaten geltend zu machen sind. Nicht oder nicht fristgerecht gerügte Mängel können dann unberücksichtigt bleiben, wenn das Gericht zu der Überzeugung kommt, dass eine Berücksichtigung die Erledigung des Verfahrens verzögern wird (OVG Münster v. 19. 1. 2005, ZfPR 2005, 98; Anm. 34b). Hat der Beamte die Mitwirkung der Personalvertretung (unverzüglich: BVerwG v. 23. 2. 1989, ZBR 1990, 87) beantragt, dann hat der Leiter der für die Erhebung der Klage zuständigen Behörde die Personalvertretung vor der Einreichung der Disziplinarklage beim Verwaltungsgericht (§ 45 Satz 2 BDG) zu beteiligen. Der Personalvertretung ist rechtzeitig Gelegenheit zur gemeinsamen Erörterung der beabsichtigten Maßnahme (Klageerhebung) zu geben; ihr sind alle erforderlichen Unterlagen vorzulegen (vgl. § 68 Abs. 2). Da die Ermittlungsakten Teil der Personalakten auch dann sind, wenn sie noch nicht „zu den Personalakten“ verfügt worden sind, dürfen sie der Personalvertretung nur dann vorgelegt werden, wenn der betroffene Beamte die Einleitungsbehörde hierzu ausdrücklich ermächtigt. Da andererseits aber die Personalvertretung nur dann umfassend informiert ist und nur dann sachverständig mitwirken kann, wenn ihr auch der Inhalt der Ermittlungsakten bekannt ist, sollte der Leiter der für die Erhebung der Klage zuständigen Behörde den betroffenen Beamten entsprechend informieren (Fischer u. a., § 78 Anm. 21a; Lorenzen u. a., § 78 Anm. 38).

e) Dem Leiter der für die Erhebung der Klage zuständigen Behörde steht es frei, ob er die Angelegenheit mit der zuständigen **Personalvertretung erörtern** oder ihr den Vorgang schriftlich zur Stellungnahme zuleiten will. Die Personalvertretung hat zu erwägen, ob tatsächlich eine Klageerhebung nach § 34 Abs. 1 BDG erforderlich oder ob es ausreichend ist, gegen den betroffenen Beamten eine Disziplinarverfügung (§ 33 BDG) zu verhängen. Will sich die zuständige Dienststelle über die Einwendungen der Personalvertetung gegen eine Klageerhebung hinwegsetzen und die Klage einreichen, so hat sie unter Berücksichtigung des Grundsatzes der vertrauensvollen Zusammenarbeit die Personalvertretung entsprechend zu unterrichten. Tut sie dies nicht, so hat dies auf die Rechtswirksamkeit der Klageerhebung keine Auswirkungen. Wenn allerdings das Mitwirkungsverfahren noch nicht abgeschlossen ist, dann darf die entsprechende Klageschrift noch nicht beim Verwaltungsgericht eingereicht werden (Fischer u. a., § 78 Anm. 21; Lorenzen u. a., § 78 Anm. 41; Weinmann, ZBR 1975, 136). Erhebt die zuständige Behörde Disziplinarklage, ohne zuvor ein Mitwirkungsverfahren eingeleitet zu haben, dann ist darin ebensowenig eine unzulässige Vorgehensweise wie in dem Fall zu sehen, dass sie nicht nachweist, dass der betroffene Beamte die Beteiligung der zuständigen Personalvertretung nicht beantragen wollte. Dies ergibt sich daraus, dass nach § 54 BDG der betroffene Beamte auf Einwendungsmöglichkeiten durch das Verwaltungsgericht hinzuweisen ist (§ 54 BDG). Er hat sodann entsprechend § 55 Abs. 1 BDG die Möglichkeit, innerhalb von zwei Monaten nach Klagezustellung wesentliche Mängel des behördlichen Disziplinarverfahrens geltend zu machen. Macht der betroffene Beamte von dieser Möglichkeit Gebrauch, dann kann das Gericht der Dienststelle eine Frist zur Nachholung des Mitwirkungsverfahrens setzen und das Klageverfahren dann einstellen, wenn die Dienststelle dieser Aufforderung nicht nachkommt (Fischer u. a., § 78 Anm. 21 a; Lorenzen u. a., § 78 Anm. 36, 41). 17b

f) Falls ein betroffener Beamter den Antrag auf Beteiligung der Personalvertretung gestellt hat, so ist diese nicht an den **Versagungskatalog** des § 77 Abs. 2 gebunden, da die Einschränkung nach Abs. 2 Satz 3 nur die Mitwirkung nach Abs. 1 Nr. 3 (Erhebung der Disziplinarklage) betrifft (Fischer u. a., § 78 Anm. 24; Lorenzen u. a., § 78 Anm. 49). Die die Entlassung verfügende Dienststelle hat die bei ihr gebildete Personalvertretung zu beteiligen, d. h. den örtlichen Personalrat für bei der Ernennungsbehörde Betroffene, die Stufenvertretung für Betroffene aus dem nachgeordneten Bereich (Lorenzen u. a., § 78 Anm. 50). Die Unterrichtung der zuständigen Personalvertretung hat rechtzeitig und umfassend zu erfolgen (vgl. § 68 Abs. 2), und zwar schon im „Stadium des Entwurfs“ (BVerwG v. 24. 11. 1983, BVerwGE 68, 189 = ZBR 1984, 189; vgl. auch Anm. 17 a). War das Mitwirkungsverfahren fehlerhaft, unterlässt der Dienststellenleiter die beantragte Mitwirkung oder den Hinweis auf die Antragsmöglichkeit und verfügt trotzdem die Entlassung, dann ist die Entscheidung anfechtbar (BVerwG v. 24. 11. 1983, aaO). Eine unterlassene Mitwirkung kann während des Widerspruchsverfahrens nicht nachgeholt werden, da eine solche Mitwirkung zur bloßen Formsache 17c würde, nachdem sich bereits die Dienststelle festgelegt hat. Hat ein Betroffener trotz eines entsprechenden Hinweises durch die Dienststelle die Beteiligung der Personalvertretung nicht beantragt und möchte er dies erst im Widerspruchsverfahren tun, dann ist die Mitwirkung nicht nachholbar (BVerwG v. 23. 2. 1989; ZBR 1990, 87; Fischer u. a., § 78 Anm. 24 a).

18 g) Einleitungsbehörde für die der **DBAG** zugewiesenen Beamten der Besoldungsordnung A ist der Präsident des Bundeseisenbahnvermögens, es sei denn, dass die Befugnis zur Ernennung der Beamten bis zur Besoldungsgruppe A 13 (geh. Dienst) auf die unmittelbar nachgeordneten Behörden weiter übertragen worden ist. Es ist die nach § 17 Abs. 1 DBGrG gebildete besondere Personalvertretung zu beteiligen. Für die bei der **Deutschen Post AG**, der **Deutschen Telekom AG** und der **Deutschen Postbank AG** beschäftigen Beamten nimmt gem. § 1 Abs. 3 PostPersRG der jeweilige Vorstand die Befugnisse der Einleitungsbehörde wahr (vgl. aber § 1 Abs. 5, § 3 Abs. 1 PostPersRG: Übertragung der disziplinarrechtlichen Befugnis des Vorstands auf Dienstvorgesetzte; vgl. ferner § 15 Satz 2 BAPostG: Prüfung der Bundeanstalt für Post und Telekommunikation Deutsche Bundespost auf Rechtsmissbrauch und sachgerechte Ausübung des Ermessens **vor** der beabsichtigten Einleitung durch den Dienstvorgesetzten bzw. Betriebsleiter; für die Beratung und Beschlussfassung gelten § 28 und § 29 Abs. 5 bis 7 Post PersRG).

19 2a) Nach Abs. 1 Nr. 4 kann die Personalvertretung bei der unter Einhaltung einer Frist erfolgenden **Entlassung von Beamten auf Probe und von Beamten auf Widerruf** mitwirken, sofern sie nicht selbst die Entlassung beantragt haben. Die Personalvertretung ist über den zur Entlassung führenden Sachverhalt umfassend zu unterrichten. Ärztliche Diagnosen, Befunde, Gutachten u. a. sollen der Personalvertretung allerdings nur dann zugeleitet werden können, wenn der Betroffene hierzu ausdrücklich sein Einverständnis erklärt (OVG Bautzen v. 26. 11. 2003, ZfPR 2004, 332 = PersR 2004, 184; aA v. Roetteken, PersR 2005, 97, 100; vgl. im Übrigen aber § 68 Anm. 43e). Bei fristloser Entlassung ist die Personalvertretung nur anzuhören (§ 79 Abs. 3). Wenn jedoch eine Personalvertretung einer fristlosen Entlassung eines Beamten auf Probe ausdrücklich zustimmt, so umfasst eine solche Zustimmungserklärung auch die fristgebundene Entlassung (BVerwG v. 24. 9. 1992, Leits. ZBR 1993, 95 = Leits. ZfPR 1993, 92). Die Entlassung von Beamten auf Probe richtet sich nach den in § 31 Abs. 1 Nr. 2 bis 4 BBG genannten Gründen (z. B. mangelnde Bewährung). Sie erfolgt unter Einhaltung einer Frist, die sich nach der Dauer der Beschäftigung bemisst (§ 31 Abs. 3 BBG). Danach bezieht sich das Mitwirkungsrecht nicht auf die verwaltungstechnische Entlassungsverfügung. Vielmehr hat sich die Personalvertretung zu dem Vorgang der Entlassung und den ihr zugrundeliegenden Umständen zu äußern. Dabei bedarf es bei einer aus formalen Gründen vorgenommenen Änderung der Entlassungsverfügung, durch die der Zeitpunkt auf einen späteren Termin datiert wird, keiner erneuten Zustimmung bei gleichbleibendem Sachverhalt (BVerwG v. 10. 6. 1988, ZBR 1989, 178 = PersV 1989, 233). Die Entlassung von Beamten auf Widerruf erfolgt ebenfalls unter Einhaltung einer entsprechenden Frist. Ein besonderer Grund braucht nicht vorzuliegen (§ 32 i. V. mit § 31 Abs. 3 BBG).Die Entscheidung über eine Entlassung eines Beamten auf Widerruf liegt daher im pflichtgemäßen Ermessen der Dienststelle, die von dem Ermessen aber nicht in sachwidriger Weise oder unter Verletzung ihrer Fürsorgepflicht Gebrauch machen darf. Das Mitwirkungsrecht der Personalvertretung scheidet allerdings aus,

- wenn das Beamtenverhältnis eines Beamten auf Probe im Vorbereitungsdienst mit der Ablegung der Prüfung endet;
- wenn die Entlassung kraft Gesetzes erfolgt (§ 29, § 31 Abs. 5, § 32 Abs. 1 Satz 2 BBG);
- wenn der Beamte nach § 28 BBG zu entlassen ist (Verweigerung des Diensteids);
- wenn der Beamte die Entlassung selbst beantragt (vgl. § 30 BBG);
- wenn es sich um einen der in § 36 Abs. 1 BBG bezeichneten Beamten handelt (vgl. Anm. 21) oder
- wenn der Beamte auf Probe oder auf Widerruf eine Beamtenstelle von der Besoldungsgruppe A 16 an aufwärts innehat.

Wenn ein Beamter auf Probe die Mitwirkung der Personalvertretung beantragen will, dann muss er dies vor Ausspruch der Entlassung tun. Wird der Antrag erst nach Ausspruch der Entlassung während des Widerspruchsverfahrens gestellt, so ist er verspätet und führt nicht zur Rechtswidrigkeit der Entlassung wegen unterbliebener Beteiligung der Personalvertretung. Eine nachträgliche Einleitung des personalvertretungsrechtlichen Mitwirkungsverfahrens ist nach der gesetzlichen Regelung nicht möglich (BVerwG v. 23. 2. 1989, BVerwGE 81, 277 = ZBR 1990, 87 = PersV 1989, 527). Eine Entlassung ist nicht wegen fehlerhafter Verfahrenseinleitung dann rechtswidrig, wenn eine Personalvertretung, ohne den vom Dienststellenleiter zu verantwortenden Mangel bei der Einleitung des Mitwirkungsverfahrens gerügt zu haben, zustimmt (BVerwG v. 6. 4. 1989, ZBR 1990, 19 = PersV 1989, 531). Gleiches gilt für den Fall, dass die Personalvertretung das Fehlen von Informationen nicht gerügt hat (BVerwG v. 12. 10. 1989, BVerwGE 82, 356 = ZBR 1990, 85 = Leits. PersV 1990, 184; vgl. auch Anm. 23). Zuständig ist diejenige Personalvertretung, die bei der Dienststelle gebildet ist, die über die Entlassung zu entscheiden hat (grundsätzlich die für die Ernennung zuständige Dienststelle; Lorenzen u. a., § 78 Anm. 50). Bei der Entlassung eines schwerbehinderten Beamten auf Probe oder auf Widerruf ist die Schwerbehindertenvertretung der Beschäftigungsdienststelle zu hören (vgl. § 40 Anm. 1, vgl. auch Anh.).

b) Das Mitwirkungrecht bei der Entlassung von Beamten auf Probe der **DBAG** wird durch die besondere Personalvertretung (§ 17 Abs. 1 DBGrG) wahrgenommen, die Entlassung selbst wird durch das Bundeseisenbahnvermögen ausgesprochen. Bei der Entlassung von Probebeamten der **Post-Unternehmen** wirkt der Betriebsrat gem. § 8 und § 29 Abs. 5 PostPersRG mit. Der Antrag des Beamten auf Mitwirkung ist gem. § 29 Abs. 5 Satz 2 PostPersRG beim Betriebsrat zu stellen. Soll der Beamte ohne Einhaltung einer Frist entlassen werden (§ 31 Abs. 1 Nr. 1 BBG i. V. m. § 31 Abs. 4 BBG), ist der Betriebsrat gem. § 29 Abs. 8 PostPersRG lediglich anzuhören. Im Übrigen erfolgt vor der Entlassung gem. § 31 Abs. 1 Nr. 1 bis 4 BBG eine Vorprüfung der Bundesanstalt für Post und Telekommunikation gem. § 6 BAPostAG. **19a**

3 a) Nach Abs. 1 Nr. 5 wirkt die Personalvertretung auch bei der **vorzeitigen Versetzung eines Beamten in den Ruhestand** mit. Die Mitwirkung der Personalvertretung erfolgt nur auf Antrag des Betroffenen. Der Antrag kann direkt an die Dienststelle, die die personelle Maßnahme verfügt, gerichtet werden. Er kann aber auch beim Leiter der Dienststelle gestellt werden, zu der der Beamte gehört (Lorenzen u. a., § 78 Anm. 58). Die vorzeitige Versetzung in den Ruhestand ist in den §§ 42 ff. BBG geregelt. Bei Lebenszeitbeamten ist zu unterscheiden zwischen der vorzeitigen Versetzung in den Ruhestand aufgrund Dienstunfähigkeit gem. § 42 Abs. 1 BBG auf eigenen **20**

Antrag oder dem Zwangspensionierungsverfahren nach § 44 BBG sowie der vorzeitigen Versetzung in den Ruhestand auf eigenen Antrag – ohne Nachweis der Dienstunfähigkeit – nach Vollendung des 63. Lebensjahres. Die Voraussetzungen für die Versetzung in den Ruhestand von Beamten auf Probe ergeben sich aus § 46 Abs. 1 und Abs. 2 BBG. Bei einer Versetzung in den einstweiligen Ruhestand kann die Personalvertretung nicht mitwirken; denn in Personalangelegenheiten derjenigen Beamten, die in den einstweiligen Ruhestand versetzt werden können, ist nach § 77 Abs. 1 Satz 2 eine Beteiligung ausgeschlossen. Dagegen umfasst das Mitwirkungsrecht der Personalvertretung auch eine Beteiligung im Falle **der Entlassung eines Beamten auf Lebenszeit wegen Dienstunfähigkeit.** Die vorzeitige Versetzung in den Ruhestand nämlich ist die regelmäßige Rechtsfolge, wenn ein Beamter auf Lebenszeit wegen eines körperlichen Gebrechens oder wegen Schwäche seiner körperlichen oder geistigen Kräfte nicht mehr dauerhaft zur Erfüllung seiner Dienstpflichten fähig ist (§ 42 Abs. 1 BBG). Daher erstreckt sich auch der Schutzzweck von Abs. 1 Nr. 5 über den bloßen Wortlaut hinaus auf alle mit dem Ziel der Beendigung des Beamtenverhältnisses auf Lebenszeit wegen Dienstunfähigkeit beabsichtigten Maßnahmen (BVerwG v. 9. 12. 1999, ZBR 2000, 242 = PersV 2000, 264 = ZfPR 2000, 229).

20a b) Die Mitwirkung der Personalvertretung setzt sowohl bei der Beantragung als auch bei der zwangsweisen Pensionierung einen entsprechenden **Antrag des Betroffenen** voraus (Abs. 2 Satz 2). Auf eine entsprechende Möglichkeit muss der Dienststellenleiter den Beamten hinweisen, nachdem er ihn über seine Absicht unterrichtet hat. Dieser Hinweis muss so rechtzeitig erfolgen, dass noch vor der Entscheidung über die Einstellung oder Fortsetzung des Verfahrens nach § 44 Abs. 3 BDG eine Mitwirkung der Personalvertretung möglich ist. Wenn der betroffene Beamte die Beteiligung der Personalvertretung nicht innerhalb einer angemessenen Frist nach der Unterrichtung durch die Dienststelle beantragt, dann kann diese davon ausgehen, dass eine Beteiligung nicht gewünscht wird. Sie kann den entsprechenden Bescheid erlassen (BVerwG v. 23. 2. 1989, ZBR 1990, 87; Fischer u. a., § 78 Anm. 25).

20b c) Wird sogenannte **Altersteilzeit** nach § 72 b BBG in Anspruch genommen, so hat der Eintritt in die Freizeitphase als Blockmodell nach der Arbeitsphase nahezu die gleichen Auswirkungen wie ein vorzeitiger Eintritt in den Ruhestand. Abs. 1 Nr. 5 ist deshalb nicht einschlägig, weil die dienstrechtliche Bindung bestehen bleibt; denn der Beamte ist nicht rechtlich, sondern lediglich faktisch aus dem Dienst ausgeschieden (Fischer u. a., § 78 Anm. 25 a).

20c d) Im Rahmen von Abs. 1 Nr. 5 ist diejenige Personalvertretung zu beteiligen, die bei der die Versetzung in den Ruhestand anordnenden Dienststelle gebildet ist. Dies wird im allgemeinen die oberste Dienstbehörde sein, die zur Ernennung des von dem betroffenen Beamten besetzten Amtes zuständig ist. Daher ist die entsprechende **Stufenvertretung zu beteiligen,** es sei denn, dass der Beamte bei der Mittelbehörde oder der obersten Dienstbehörde tätig ist. Die Stufenvertretung hat die örtliche Personalvertretung entsprechend § 82 Abs. 2 Satz 1 um Stellungnahme zu bitten. Die Unterrichtung der Personalvertretung durch die zuständige Dienststelle hat rechtzeitig und umfassend entsprechend § 68 Abs. 2 zu erfolgen. Ärztliche Gutachten und entsprechende Unterlagen gehören zu den Personalakten und können der Personalvertretung daher nur mit Zustimmung des Betroffenen zugänglich gemacht werden (§ 68 Abs. 2 Satz 2; Fischer u. a., § 78 Anm. 26).

e) Die zuständige Personalvertretung ist **vor Ausspruch der Versetzungsverfügung** zu beteiligen. Anfechtbar ist die Verfügung dann, wenn eine beantragte Mitwirkung der Personalvertretung nicht erfolgt ist (vgl. BVerwG v. 24. 11. 1983, BVerwGE 68, 189 = ZBR 1984, 1899). Wird ein Antrag eines Beamten auf Versetzung in den Ruhestand wegen Dienstunfähigkeit (§ 43 BBG) abgelehnt, dann ist eine Mitwirkung der Personalvertretung deshalb ausgeschlossen, weil von Seiten der Dienststelle keine Maßnahme mit der Folge der Änderung des Statusverhältnisses durchgeführt wird. **20d**

f) Beamte des Bundeseisenbahnvermögens können unter den Voraussetzungen des Art. 9 § 3 ENeuOG auf Antrag bis zum 31. 12. 1998 vorzeitig in den Ruhestand versetzt werden; ähnliches gilt für Beamte der Deutschen Post AG (Lorenzen u. a., § 78 Anm. 51). Die vorzeitige Versetzung von Beamten der **DBAG** in den Ruhestand geschieht durch das Bundeseisenbahnvermögen. Wie bei der Entlassung von Beamten auf Probe wird auch bei der vorzeitigen Versetzung in den Ruhestand das Mitwirkungsrecht von der besonderen Personalvertretung (§ 17 Abs. 1 DBGrG) ausgeübt. Für die Beamten der **Post-Unternehmen** wirkt der Betriebsrat gem. § 28 und § 29 Abs. 5 PostPersRG mit, bei dem auch der Antrag des Beamten zu stellen ist (§ 29 Abs. 5 Satz 2 PostPersRG). Im Übrigen erfolgt eine Vorprüfung der Bundesanstalt für Post und Telekommunikation nach § 16 BAPostG. **20e**

4. Bei Erhebung der Disziplinarklage, bei Entlassung von Beamten auf Probe und auf Widerruf und bei vorzeitiger Versetzung in den Ruhestand kommt **keine Beteiligung der Personalvertretung** in Betracht, wenn sich diese Maßnahme auf die in § 77 Abs. 1 Satz 2 genannten Beamten bezieht, d. h. bei sog. politischen Beamten nach § 36 BBG und bei Beamten von der BesGr. A 16 an aufwärts (Abs. 2). Die Mitwirkung in ihren Personalangelegenheiten ist gesetzlich ausgeschlossen. Diesen Beamten fehlt auch die gesetzliche Befugnis, eine Mitwirkung der Personalvertretung zu beantragen. Alle anderen als die in § 77 Abs. 1 Satz 2 genannten Beamten können eine Mitwirkung der Personalvertretung an den Maßnahmen nach § 78 Abs. 1 Nr. 3 bis 5 beantragen. Der Antrag muss ausdrücklich gestellt und aktenkundig gemacht werden. Schweigen der betroffenen Beamten gilt nicht als Antrag auf Mitwirkung. Deshalb kann eine Personalvertretung dann nicht mitwirken, wenn kein entsprechender Antrag vorliegt, sondern sie nur auf andere Weise von der Absicht des Dienststellenleiters Kenntnis erlangt hat; denn der Sinn des Antragsrechts besteht im Schutz der Persönlichkeitssphäre des betreffenden Beamten (BVerwG v. 14. 1. 1988, Leits. PersR 1988, 336). **21**

5. Eine Antragstellung nach Abs. 2 setzt voraus, dass dem Betroffenen die gegen ihn beabsichtigte **Maßnahme amtlich bekanntgemacht** wird. Wenn auch eine Belehrung des Betroffenen über sein Recht zur Beteiligung der Personalvertretung nicht ausdrücklich vorgeschrieben ist, so ist doch der Beschäftigte darauf aufmerksam zu machen, dass er nun persönlich entscheiden kann, ob die zuständige Personalvertretung in seiner Angelegenheit nach den Bestimmungen des Personalvertretungsrechts beteiligt werden soll. Daher muss die Information des Dienststellenleiters so ausgestaltet sein, dass der Betroffene erkennen kann, „dass er die ihm anheimgestellte Entscheidung über sein personalvertretungsrechtliches Antragsrecht nunmehr zu treffen hat“ (BVerwG v. 9. 12. 1999, ZBR 2000, 242 = PersV 2000, 264 = ZfPR 2000, 229; vgl. auch § 77 Anm. 4). Den Anforderungen an eine ordnungsgemäße Bekanntgabe genügt ein Dienststellenleiter aber dann nicht, wenn er einen Beamten nicht ordnungsgemäß entsprechend § 20 BDG unterrichtet (VGH Mannheim v. 12. 12. 1990, Leits. PersR 1991, 479; vgl. im **22**

Übrigen auch: BVerwG v. 30. 1. 1997, ZBR 1997, 231 = Leits. ZfPR 1997, 164; vgl. auch Anm. 20).

23 6. Die Personalvertretung kann ihre **Einwendungen** auf Rechtsverstöße stützen, wenn sie der Auffassung ist, dass gegen zwingende Vorschriften des Bundesdisziplinargesetzes verstoßen worden ist, wenn ein Beamter wegen seiner Personalratstätigkeit diszipliniert werden soll oder wenn in gleichgelagerten anderen Fällen Disziplinarmaßnahmen überhaupt nicht für angezeigt gehalten wurden (Lorenzen u. a., § 78 Anm. 49). Fehlerhaft, aber nicht unwirksam ist eine Einleitungsverfügung dann, wenn sie ohne die beantragte Mitwirkung der Personalvertretung erlassen worden ist (BVerwG v. 8. 1. 1992, ZBR 1992, 179; BVerwG v. 18. 11. 1996, Buchholz 232 § 52 BBG Nr. 8; Lorenzen u. a., § 78 Anm. 41 a; vgl. auch Anm. 19). Wenn bei der Entlassung eines Beamten auf Probe die Personalvertretung nicht mitgewirkt hat, so ist die entsprechende Maßnahme fehlerhaft; sie ist bei fristgerechter Anfechtung durch den betroffenen Beamten aufzuheben (BVerwG v. 9. 5. 1985, ZBR 1985, 347; vgl. auch BVerwG v. 24. 11. 1983, BVerwGE 68, 197).

V. Mitteilung an Personalvertretung

24 1. Die **Mitteilung** des Leiters der Dienststelle an die Personalvertretung zwecks Anhörung **muss inhaltlich so umfassend sein,** dass diese sich eine ausgewogene Meinung bilden kann. In der Regel wird die Dienststelle Kenntnis von dem Unterlagenmaterial geben müssen, über das sie verfügt; wegen des Umfangs der Information und wegen der Vorlage der Unterlage wird auf § 68 Anm. 34 ff. verwiesen (vgl. auch: BVerwG v. 9. 12. 1999, ZBR 2000, 242 = PersV 2000, 264 = ZfPR 2000, 229). Eine Begründung für die beabsichtigte Maßnahme ist nicht vorgeschrieben, entspricht aber dem Gebot der vertrauensvollen Zusammenarbeit.

25 2. Vor Entscheidungen über Maßnahmen nach Abs. 3 bis 5 (also vor Abschluss des Planungsvorgangs, Lorenzen u. a., § 78 Anm. 71) ist die Personalvertretung „anzuhören". Die **Anhörung** hat in der Weise zu erfolgen, dass der Dienststellenleiter der Personalvertretung rechtzeitig die Absicht mitteilt, eine bestimmte Maßnahme durchführen zu wollen und ihr Gelegenheit gibt, sich anhand vorgelegter Unterlagen zu dieser Absicht mündlich oder schriftlich zu äußern. Hierbei handelt es sich um ein selbstständiges Verfahren, das nicht etwa durch ein Monatsgespräch nach § 66 Abs. 1 bereits erschöpft wird (VG Frankfurt v. 8. 2. 1982 – I/5 – K 6262/81, n. v.). Die **Anhörung** ist für die Personalvertretung kein laufendes Geschäft des Vorstands (BVerwG v. 5. 2. 1971, ZBR 1971, 285 = PersV 1971, 271). Vielmehr ist sie **Sache des Plenums** (Lorenzen u. a., § 78 Anm. 62a). Erfolgt aufgrund der bestehenden Zuständigkeiten die Anhörung einer Stufenvertretung oder eines Gesamtpersonalrats, so haben diese ihrerseits die (örtlichen) Personalvertretungen anzuhören, wenn einzelne Beschäftigte nachgeordneter Dienststellen oder von Dienststellenteilen betroffen sind (vgl. § 82 Abs. 2 und 3; vgl. im Übrigen auch Anm. 2).

26 3. Bei einer **Ablehnung der beabsichtigten Maßnahme** durch die Personalvertretung ist die Dienststelle nicht gehindert, ihre Absicht auszuführen. Die Personalvertretung kann in diesem Fall die beamtenrechtliche Dienstaufsichtsbeschwerde erheben, falls sie Gründe hat anzunehmen, dass ein Ermessensmissbrauch gegeben ist. Ein vertretungsrechtlicher Rechtsbehelf steht ihr dagegen nicht zur Verfügung. Sie kann weder eine Erörterung auf höherer Stufe erzwingen, noch die Durchführung der Maßnahme aufhalten.

Ein förmliches Verfahren, wie es das Mitbestimmungs-/Mitwirkungsrecht vorsieht, gibt es hier also nicht.

4. **Unterbleibt** die **Anhörung** der Personalvertretung, so ist dies als Verstoß gegen das Gebot der vertrauensvollen Zusammenarbeit zu werten (ebenso Fischer u. a., § 78 Anm. 29). Die ohne Anhörung der Personalvertretung durchgeführte Maßnahme bleibt zwar rechtswirksam, jedoch ist es der Personalvertretung unbenommen, nach § 83 Abs. 1 Nr. 3 die gerichtliche Feststellung der Verletzung des Anhörungsrechts zu beantragen (Lorenzen u. a., § 78 Anm. 62 a). Ein pflichtwidriges Unterlassen der Anhörung kann im Übrigen dienstrechtliche Folgen für den betreffenden Dienststellenleiter haben. 27

VI. Weiterleitung von Personalanforderungen (Abs. 3)

1. Vor der Weiterleitung von Personalanforderungen zum **Haushaltsvoranschlag** ist die Personalvertretung anzuhören. Ihr soll Gelegenheit zur Einflussnahme auf allgemeine personelle Grundsatzentscheidungen gegeben werden (OVG Koblenz v. 16. 9. 1986, Leits. PersR 1987, 136). Dies setzt voraus, dass ihr alle Tatsachen bekanntgegeben werden, die den Planungen der Verwaltung zugrunde gelegen haben. Unter Personalanforderung ist jeder personelle Mehrbedarf zu verstehen, wobei es nicht allein auf eine zahlenmäßige Verstärkung ankommt. Die Personalvertretung ist vielmehr auch dann anzuhören, wenn nur mehr Planstellen für Beamte oder mehr höherwertige Planstellen für Beförderungsämter verlangt werden (VGH Kassel v. 11. 5. 1983, ZBR 1983, 365; Fischer u. a., § 78 Anm. 31; Lorenzen u. a., § 78 Anm. 64a). Die Feststellung des Haushalts hat auf die personelle Zusammensetzung der Dienststellen Einfluss. Infolgedessen ist der Personalvertretung im Vorfeld der Planungen Gelegenheit zur Stellungnahme zu geben, soweit sich aus den Personalplanungen konkrete Personalanforderungen zum Haushaltsvoranschlag ergeben. Der jeweils zuständigen Personalvertretung ist daher auf allen Stufen, die einen Voranschlag erstellen, Gelegenheit zur Anhörung zu geben (Fischer u. a., § 78 Anm. 31; Lorenzen u. a., aaO). Die oberste Dienstbehörde macht für ihren Einzelplan im Haushaltsgesetz Voranschläge. Den Entwurf des Haushaltsgesetzes stellt der Bundesminister der Finanzen auf. Die Feststellung des Haushalts ist ein Akt der Gesetzgebung (BVerwG v. 5. 2. 1960, BVerwGE 10, 140 = ZBR 1960, 129 = PersV 1960, 155). Daher scheitert „die Beteiligung der Personalvertretungen der unmittelbaren Bundesverwaltungen ... nicht etwa daran, dass die Feststellung des Haushalts in der Form eines Gesetzes erfolgt, sondern weil sie ihrer umfassenden Bedeutung wegen dem Parlament als der Vertretung des ganzen Volkes übertragen ist“ (BVerwG v. 5. 2. 1960, aaO). Die entscheidungsbefugte Dienststelle ist an die Stellungnahme der Personalvertretung nicht gebunden. 28

2. Der Personalvertretung steht aber dann kein Anhörungsrecht zu, wenn im Rahmen einer **Stellenausschreibung** qualifizierte Beschäftigte zur Besetzung einer bisher freien Stelle gesucht werden; denn die **Personalanforderung** muss in einem unmittelbaren Zusammenhang mit der Vorbereitung des Gesetzes stehen, durch das der Haushalt festgelegt wird (BVerwG v. 2. 3. 1983, ZBR 1983, 213 = PersV 1984, 240). Auch kann ein Beteiligungsrecht nicht im Zusammenhang mit einer Personalplanung (Verteilungssysteme für die im Haushaltsjahr bewilligten Planstellen auf die von Beamten wahrgenommenen Aufgaben) gefordert werden. Ebensowenig steht der Personalvertretung ein Beteiligungsrecht bei der Streichung von Planstellen oder der Abänderung von Stellenplänen zu. Personalanforderungen, für die ein Anhörungsrecht besteht, beziehen sich nicht auf eine konkrete, zu einem bestimmten 29

Zeitpunkt erfolgende Bereitstellung von Stellen, sondern auf eine Veränderung des Personalbedarfs für künftige Entscheidungen über Stellenvermehrungen oder -einsparungen. Damit dient sie der Erleichterung der künftigen Personalanforderung (BVerwG v. 2. 3. 1983, aaO; vgl. auch OVG Koblenz v. 9. 4. 1991, PersR 1992, 156).

30 3. Satz 2 stellt sicher, dass, dem Grundsatz des § 82 entsprechend, der **entscheidungsbefugten Dienststelle** die **Stellungnahme der Personalvertretung bekannt wird.** Das Gebot, diese vorzulegen, richtet sich an die Dienststelle. Eine Unterlassung würde einen schweren Verfahrensfehler darstellen und u. U. dienstaufsichtsrechtliche Maßnahmen gegen den Verantwortlichen rechtfertigen.

31 4. Die Personalvertretung ist auch bei der **Personalplanung** anzuhören (Abs. 3 Satz 3). Mit der Personalplanung nimmt die jeweilige Verwaltung eine Prognose vor, um unter Berücksichtigung aller maßgeblichen Faktoren den Personalbedarf für einen bestimmten Zeitraum zu ermitteln. In den vergangenen Jahren ist die Tendenz zum **Personalabbau** auch in der öffentlichen Verwaltung gestiegen. Zwar gehört die Entscheidung über einen Personalabbau zur organisatorischen Entscheidungsfreiheit eines Dienstherrn; sie ist daher beteiligungsfrei. Deshalb darf auch der öffentliche Arbeitgeber grundsätzlich das Arbeitsvolumen, die Anzahl der Beschäftigten und damit auch das Verhältnis beider Größen zueinander selbst festlegen (BAG v. 22. 3. 2005, ZTR 2005, 521). Dennoch aber steht einer Personalvertretung ein Anhörungsrecht im Zusammenhang mit der Prognose bezüglich des Personalbedarfs während eines bestimmten Zeitraums nach Qualität und Quantität zu. Im Rahmen einer Anhörung kann eine Personalvertretung Gegenvorschläge einbringen und eine Stellungnahme zu den Plänen der (eigenen) Dienststelle der nächst übergeordneten Entscheidungsebene zur Kenntnis geben. Die Anhörungspflicht des Dienstherrn bezieht sich u. a. auf die Ermittlung des Personalbedarfs über das nächste Halbjahr hinaus, auf die Aufstellung von Plänen für den Fall von Freisetzungen durch Aufgabenrückgang, Umorganisation etc. oder auf Planungen zum Abbau des vorhandenen Personalbestands. Die Personalplanung umfasst neben der Bedarfsplanung auch die Beschaffungsplanung, die Entwicklungs- und die Einsatzplanung (BVerwG v. 23. 1. 2002, Leits. ZBR 2002, 144 = PersV 2003, 153 = ZfPR 2002, 73). Auch der Stellenplan, in dem die tatsächliche Stellenbesetzung unter namentlicher Nennung der Beschäftigten dem aufgrund der Personalbedarfsberechnung entwickelten Soll gegenübergestellt ist und in dem bereits eingetretene oder noch zu erwartende Veränderungen vermerkt sind, dient der Personalplanung. Da Maßnahmen der Personalplanung nach Abs. 3 anhörungspflichtig sind, sind der Personalvertretung sowohl die Personalbedarfsberechnung aus auch der Stellenplan vorzulegen. In beiden Fällen handelt es sich um Unterlagen, die die Personalvertretung zur Wahrnehmung ihrer Beteiligungsrechte immer wieder benötigt, so dass sie ihr in Kopie auf Dauer zu überlassen sind (BVerwG v. 23. 1. 2002, aaO; vgl. auch: § 68 Anm. 41; aA Lorenzen u. a., § 78 Anm. 11). Im Übrigen muss die Personalvertretung in der Lage sein, von sich aus Vorschläge hinsichtlich des Einsatzes bestimmter Beschäftigter an bestimmten Arbeitsplätzen zu machen hat. Die gesamten Überlegungen erstrecken sich aber nicht nur auf die Gewinnung neuer Beschäftigter, sondern auch auf Fragen der Umschulung bereits seit längerem tätiger Mitarbeiter (vgl. im Einzelnen die Bestimmungen des Berufsbildungsgesetzes § 4 Anm. 10). Ebenso ist die Personalvertretung bei einem geplanten Abbau des vorhandenen Personalbestandes anzuhören (Fischer u. a., § 78 Anm. 33) sowie bei der Festsetzung des

Verhältnisses von Beamtenstellen einerseits zu Angestelltenstellen andererseits, bei Aufstellung von Richtwerten für den Aufstieg, bei Überlegungen für einen planmäßigen Arbeitsplatzwechsel und bei der Erarbeitung von generellen Anforderungs- und Befähigungsprofilen sowie bei Personaleinsatzplanungen (Lorenzen u. a., § 78 Anm. 68; aA Fischer u. a., § 78 Anm. 32). Darüber hinaus ist die Personalvertretung im Zusammenhang mit der Einrichtung von Telearbeitsplätzen über die Zahl der Beschäftigten, denen Telearbeitsplätze zur Verfügung gestellt werden sollen, ebenso zu informieren wie über die entsprechenden Qualifikationsanforderungen, über telearbeitsspezifische Bildungsmaßnahmen und über die damit möglicherweise verbundenen personellen Konsequenzen (Versetzungen, Neueinstellungen, Entlassungen etc.; vgl. auch Boemke-Ankersen, BB 2000, 2254, 2257). Daraus wird deutlich, dass der Personalvertretung alle Tatsachen bekanntzugeben sind, auf die die jeweilige Personalplanung abgestützt ist. Daher können zu den Planungsdaten auch diejenigen gehören, die in einem anderen Zusammenhang erhoben und festgestellt worden sind (z. B. Rationalisierungsvorschläge; vgl. für das BetrVG: BAG v. 19. 6. 1984, BAGE 46, 142 = BB 1984, 2265 = DB 1984, 2305; im Übrigen einschränkend: OVG Berlin v. 30. 8. 1996, ZfPR 1997, 50). Schließlich kann die Vorschrift im Zusammenhang mit Privatisierungsabsichten akut werden.

5. Einer Personalvertretung steht auch bei konkreten Maßnahmen der Personalplanung ein Anhörungsrecht zu. Wenn daher eine Dienststelle ein stellenspezifisches **Anforderungsprofil** für ein künftiges Stellenbesetzungsverfahren aufstellen will, dann handelt es sich um eine Maßnahme der Personalplanung, zu der die Personalvertretung vor der Realisierung anzuhören ist. Eine ohne Anhörung durchgeführte Organisationsmaßnahem ist fehlerhaft (VG Frankfurt v. 9. 8. 2007, ZfPR online 10/2007, S. 16; vgl. auch Anm. 27, 34b). **31a**

6. Die Personalvertretung hat nach § 76 Abs. 2 Nr. 10 bei der **Erstellung eines Gleichstellungsplans** (§ 11 Abs. 1 Satz 1 BGleiG) mitzubestimmen (Fischer u. a., § 76 Anm. 55 d; Lorenzen u. a., § 78 Anm. 69 a). **31b**

VII. Neu-, Um- und Erweiterungsbauten (Abs. 4)

1. Die Dienststelle hat die Personalvertretung nach Abs. 4 auch anzuhören im Zusammenhang mit **Neu-, Um- und Erweiterungsbauten von Diensträumen.** Der Gesetzgeber hat der Personalvertretung lediglich ein Anhörungsrecht eingeräumt, weil entsprechende Planungen häufig in die organisatorischen Entscheidungsabläufe einer Dienststelle eingreifen und daher regelmäßig auch erhebliche Auswirkungen auf die Aufgabenerfüllung und die Funktionsfähigkeit der Verwaltung haben (BVerwG v. 17. 7. 1987, BVerwGE 78, 47 = PersV 1989, 312). Die Beteiligung kommt nur für künftig geplante Maßnahmen in Betracht. Voraussetzung ist eine Änderung des bestehenden Zustands, z. B. Um- oder Neubau von Diensträumen jeglicher Art (u. a. Einrichtung eines Großraumbüros, Eingriff in die bauliche Substanz durch Beseitigung von Trennwänden oder Zumauern von Türen). Damit unterfallen lediglich solche baulichen Maßnahmen nicht der Beteiligung der Personalvertretung, die auf die Erhaltung der Bausubstanz gerichtet sind, damit also vorwiegend nur Renovierungsarbeiten betreffen (Fischer u. a., § 78 Anm. 38; Lorenzen u. a., § 78 Anm. 75 wegen des möglichen Zusammentreffens mit Mitbestimmungstatbeständen: vgl. OVG Münster v. 27. 6. 1984, Leits. PersV 1986, 435 = RiA 1985, 263 sowie vor § 66 Anm. 9). Der Umfang der Veränderung der baulichen Substanz ist für das Anhörungsrecht unerheblich (BVerwG v. 17. 7. 1987, aaO). Von besonderer Be- **32**

deutung ist in diesem Zusammenhang die Verpflichtung für Dienststellen des Bundes nach § 7 Abs. 1 BGG (Behindertengleichstellungsgesetz v. 27. 4. 2002, BGBl. I S. 1467, zul. geänd. d. Art. 12 G V v. 19. 12. 2007, BGBl. I S. 3024) zur Herstellung barrierefreier Anlagen zugunsten der Gleichstellung behinderter Menschen, die grundsätzlich alle baulichen und sonstigen Anlagen, Verkehrsmittel, technische Gebrauchsgegenstände etc. barrierefrei erreichen und sich nutzbar machen sollen (§ 4J BGG). Der Personalvertretung fällt in diesem Zusammenhang die Aufgabe zu, auf die Einhaltung des Gesetzes im Rahmen von Anhörungen hinzuwirken (Lorenzen u. a., § 78 Anm. 73a).

33 2. Die Dienststelle hat die Personalvertretung spätestens zu dem Zeitpunkt zu beteiligen, zu dem konkrete Entwürfe hinsichtlich baulicher Veränderungen vorliegen. Dabei sind der Personalvertretung in umfassender Weise **alle Überlegungen** mitzuteilen, die die Dienststelle **zu den konkreten Planungsmaßnahmen** veranlasst haben (Lorenzen u. a., § 78 Anm. 74). In die Mitteilung sind nicht nur die rein baulichen Pläne einzubeziehen, sondern auch die mit den Baumaßnahmen verbundenen Auswirkungen auf die Gesamtdienststelle. Allerdings hat die Personalvertretung keinen Anspruch darauf, in die Verhandlungen zwischen dem Dienststellenleiter und außenstehenden Stellen (z. B. staatliche Hochbauämter) einbezogen zu werden. Beteiligungs- und Einwirkungsrechte nämlich stehen der Personalvertretung lediglich gegenüber der eigenen Dienststelle zu (vgl. auch § 2 Anm. 4), so dass sie sich nicht unmittelbar mit schriftlichen oder mündlichen Anträgen an die außenstehende Stelle wenden darf (VGH Mannheim v. 3. 9. 1991, Leits. ZBR 1992, 189 = PersV 1992, 354 = Leits. ZfPR 1992, 117).

VIII. Arbeitsverfahren und Arbeitsabläufe (Abs. 5)

34 1. Darüber hinaus ist die Personalvertretung vor **grundlegenden Änderungen von Arbeitsverfahren und Arbeitsabläufen** anzuhören. Hiervon sind die Art und Weise der Arbeit betroffen, die organisatorische, räumliche und zeitliche Gestaltung von Arbeitsprozessen sowie besondere Arbeitsmethoden, z. B. alle Fragen der Rationalisierung, soweit sie den Arbeitsablauf betreffen. Dabei geht es darum, was in welcher Reihenfolge wann und wo zu tun ist (BVerwG v. 15. 12. 1978, ZBR 1980, 59 = PersV 1980, 145). Ein Anhörungsrecht ist einer Personalvertretung auch für den Fall der Ausgliederung von Arbeitsbereichen und Leistungen aus einer Dienststelle („Outsourcing“) einzuräumen, sofern es sich bei diesen Bereichen bzw. Leistungen um solche handelt, die den Arbeitsablauf oder das Arbeitsverfahren grundlegend betreffen (Fischer u. a., § 78 Anm. 40 a). In jedem Fall ist die Personalvertretung umfassend und rechtzeitig zu informieren (vgl. § 68 Abs. 2). Damit sie noch Einfluss auf die geplanten Änderungsmaßnahmen nehmen kann, muss das Anhörungsrecht bereits mit Beginn der konkreten Planung einsetzen (Fischer u. a., § 78 Anm. 40 b; Lorenzen u. a., § 78 Anm. 77 a; Bieler, ZfPR 1998, 133). Die Personalvertretung ist anzuhören, soweit sich aus einer Veränderung wesentliche Nachteile, vor allem physische und psychische Mehrbelastungen, ergeben können (BVerwG v. 30. 8. 1985, BVerwGE 72, 94 = PersV 1987, 247). Von einer grundlegend neuen Arbeitsmethode kann aber dann nicht die Rede sein, wenn die Beschäftigten von einer entsprechenden Umgestaltung überhaupt nichts bemerkt haben. In diesen Fällen nämlich kann von einer wesentlich anderen Art und Weise der vorgeschriebenen Verfahren nicht gesprochen werden, sondern allenfalls von Verfeinerungen oder Verbesserungen einer Arbeitsmethode, die nicht das Wesen des Arbeitsablaufs prägen (VGH München v. 1. 4. 1992, Leits. ZfPR 1993, 92). Im Übrigen ist zu prüfen, ob der Personalvertretung nicht ohnehin ein Mitbestimmungsrecht nach § 76 Abs. 2 Nr. 7 zusteht (Fischer u. a., § 78 Anm. 40; Lorenzen u. a., § 78 Anm. 78; vgl. für das BetrVG: BAG v. 26. 10. 1982, DB 1983, 1766).

2. Bei Entscheidungen über grundlegende Änderungen von Arbeitsverfahren und Arbeitsabläufen, die die der **DBAG** zugewiesenen Beamten betreffen (§ 12 Abs. 2 und 3 DBGrG) und die der DBAG übertragen sind (§ 1 Nr. 14 DBAG-ZustV vom 1. 1. 1994, BGBl. I S. 53), ist der Betriebsrat nach §§ 90, 91 BetrVG zu beteiligen (Lorenzen u. a., § 78 Anm. 79 a). Gleiches gilt im Ergebnis für die Beamten der **Post-Unternehmen;** hier ist der Betriebsrat nach § 24 Abs. 1 PostPersRG zu beteiligen; anzuwenden sind ebenfalls §§ 90, 91 BetrVG. 34a

3. Wegen der **Folgen einer Nichtbeteiligung** oder nicht ordnungsgemäßen Beteiligung der Personalvertretung wird auf die Ausführungen zu § 72 Anm. 2 Bezug genommen. Hinsichtlich der Mitwirkungs- und Anhörungstatbestände des § 78 ist folgendes zu beachten: 34b

- **Abs. 1 Nr. 1:** Unterbleibt die Mitwirkung der Personalvertretung bei der Vorbereitung einer Verwaltungsanordnung, so bleibt die Verwaltungsanordnung gleichwohl wirksam. Die Verwaltungsanordnung als Maßnahme, der das Weisungsrecht des Dienststellenleiters zugrunde liegt, bleibt für die Beschäftigten zunächst verbindlich, während die Personalvertretung ein verwaltungsgerichtliches Beschlussverfahren nach § 83 Abs. 1 Nr. 3 einleiten kann;
- **Abs. 1 Nr. 2:** Hier handelt es sich um organisatorische Maßnahmen, die auch bei Verletzung des Mitwirkungsrechts der Personalvertretung nicht unwirksam und für die Beschäftigten daher verbindlich sind. Wird bei einem erfolgreichen gerichtlichen Vorgehen der Personalvertretung nach § 83 Abs. 1 Nr. 3 die Verletzung des Mitwirkungsrechts festgestellt, so gelten die für das Mitbestimmungsverfahren aufgestellten Regeln wegen unterlassener Beteiligung (vgl. § 69 Anm. 39 ff, insbesondere Anm. 39 b);
- **Abs. 1 Nr. 3:** Unterbleibt die Mitwirkung des Personalrats bei Erhebung der Disziplinarklage entgegen dem Antrag des betroffenen Beamten oder fehlt es an einer Beteiligung des Personalrats, ist die Klageerhebung fehlerhaft, aber nicht unwirksam. Das Mitwirkungsverfahren kann nachgeholt werden (s. auch § 55. Abs. 1 BDG, wonach der betroffene Beamte innerhalb einer Ausschlussfrist von zwei Monaten nach Zustellung wesentliche Mängel des behördlichen Disziplinarverfahrens oder/und der Klageschrift geltend zu machen hat, andernfalls sie das Gericht nach Maßgabe des Abs. 2 unberücksichtigt lassen kann; Anm. 17a).
- **Abs. 1 Nr. 4, 5:** Anfechtungsberechtigt zum Widerspruch (vgl. § 12 b Abs. 3 BRRG, §§ 78 ff. VwGO) bzw. bei Anfechtungsklage ist der betroffene Beamte. Der Personalvertretung steht kein Anfechtungsrecht zu; ihr bleibt der Weg über ein verwaltungsgerichtliches Beschlussverfahren nach § 83 Abs. 1 Nr. 3 (vgl. hierzu Widmaier, PersV 2000, 57, 58; vgl. auch § 72 Anm. 2);
- **Abs. 3 bis 5:** Unterbleiben die dort vorgeschriebenen Anhörungen, wird die Wirksamkeit der Maßnahmen nicht berührt (vgl. aber die Ausführungen zu Anm. 27). Grundsätzlich ist der Dienststellenleiter verpflichtet, die Stellungnahme der Personalvertretung nachzureichen, solange dies möglich ist (Fischer u. a., § 78 Anm. 6 a; vgl. auch Anm. 27, 31a sowie insgesamt Richardi u. a., § 78 Anm. 44 ff.).

IX. Streitigkeiten

35 Streitigkeiten entscheiden die Verwaltungsgerichte nach § 83 Abs. 1 Nr. 3. Dies gilt auch, wenn es um Umfang und Inhalt der Mitwirkungs- und Anhörungsrechte geht, wenn es zu Meinungsverschiedenheiten über die von einer Personalvertretung vorgetragenen Gegenargumente kommt oder wenn der Personalvertretung ein Mitwirkungsrecht beim Erlass einer Verwaltungsanordnung unter Hinweis auf § 94 BBG vorenthalten werden soll (Fischer u. a., § 78 Anm. 41).

Schrifttum: Bieler, Personalratsbeteiligung bei baulichen Veränderungen, ZfPR 1998, 133; Blancke, Beteiligungsrechte der Personalvertretung bei Privatisierung, PersR 2000, 43; ders., Das Übergangsmandat der Personalräte – Anmerkung zu den Beschlüssen des LAG Köln v. 11. 2. und v. 10. 3. 2000, PersR 2000, 349; Boemke-Ankerssen, Das Telearbeitsverhältnis – Arbeitsschutz, Datenschutz- und Sozialversicherungsrecht, BB 2000, 2249; Bosch, Einflussmöglichkeiten des Personalrats bei der Verlegung und Auflösung von Dienststellen, ZfPR 1995, 94; Dobler, Einflussmöglichkeiten der Personalvertretung auf Haushaltsentwurf, Personalanforderungen und Personalplanung, PersR 1989, 149; Gronimus, Neuausrichtung der objektiv-finalen Betrachtungsweise anhand der Schutzzweckgrenze?, PersR 2003, 471; Honnen, Privatisierung durch Übertragung von Hilfstätigkeiten auf Privatunternehmen, ZfPR 1989, 121; Kunze, Privatisierung und Personalvertretungsgesetz, ZfPR 1997, 101; ders., Die Mitwirkung des Personalrats bei der Änderung von Dienststellen, PersV 1998, 339; ders., Das Schicksal des Personalrats bei Dienststellenveränderungen, PersV 1998, 410; Löbbert, Beteiligungsrechte im Disziplinarverfahren, PersV 2007, 54; von Roetteken, Neue Entwicklungen in der Rechtsprechung zum Personalvertretungsrecht 2003/2004, PersR 2005,97; Schaub, Arbeitsrechtliche Fragen der Privatisierung, PersV 1998, 100; v. Schickow, Zur Nichtanhörung des Personalrats und der Vertrauensmänner der schwerbehinderten Beamten und der Zivildienstleistenden bei Disziplinarverfahren, DÖD 1984, 55; Vogelgesang, Der Wandel in der Rechtsprechung des Bundesverwaltungsgerichts – ein Spiegelbild der Entwicklung des Personalvertretungsrechts, PersV 2005, 236; Vohs, Zusammenlegung, Auflösung und Verlagerung von Dienststellen, PersR 1996, 344; Weinmann, Die Beteiligung des Personalrats im Disziplinarverfahren, ZBR 1975, 136; Weiß, Diziplinarrecht bei den privaten Bahn- und Postunternehmen, ZBR 1996, 225; Wendt/Elicker, Die Prüfung disziplinarrechtlicher Maßnahmen im Bereich der Nachfolgeunternehmen der Deutschen Bundespost durch die Bundesanstalt für Post und Telekommunikation, ZBR 2002, 73; Widmaier, Fragen der Einflussnahme der Personalvertretung bei der Privatisierung öffentlicher Einrichtungen unter Einbeziehung europarechtlicher Aspekte, ZfPR 2001, 119; ders., Rechtsfolgen der Verletzung des Mitbestimmungsrechts unter besonderer Berücksichtigung der neueren Rechtsprechung, PersV 2000, 50; Windscheid, Beteiligung des Personalrats an nicht förmlichen Disziplinarmaßnahmen, ZBR 1975, 280.

§ 79 [Mitwirkung bei der Kündigung)

(1) Der Personalrat wirkt bei der ordentlichen Kündigung durch den Arbeitgeber mit. § 77 Abs. 1 Satz 2 gilt entsprechend. Der Personalrat kann gegen die Kündigung Einwendungen erheben, wenn nach seiner Ansicht

1. **bei der Auswahl des zu kündigenden Arbeitnehmers soziale Gesichtspunkte nicht oder nicht ausreichend berücksichtigt worden sind,**
2. **die Kündigung gegen eine Richtlinie im Sinne des § 76 Abs. 2 Nr. 8 verstößt,**
3. **der zu kündigende Arbeitnehmer an einem anderen Arbeitsplatz in derselben Dienststelle oder in einer anderen Dienststelle desselben Verwal-**

tungszweiges an demselben Dienstort einschließlich seines Einzugsgebietes weiterbeschäftigt werden kann,
4. die Weiterbeschäftigung des Arbeitnehmers nach zumutbaren Umschulungs- oder Fortbildungsmaßnahmen möglich ist oder
5. die Weiterbeschäftigung des Arbeitnehmers unter geänderten Vertragsbedingungen möglich ist und der Arbeitnehmer sein Einverständnis hiermit erklärt.

Wird dem Arbeitnehmer gekündigt, obwohl der Personalrat nach Satz 3 Einwendungen gegen die Kündigung erhoben hat, so ist dem Arbeitnehmer mit der Kündigung eine Abschrift der Stellungnahme des Personalrats zuzuleiten, es sei denn, dass die Stufenvertretung in der Verhandlung nach § 72 Abs. 4 Satz 2 die Einwendungen nicht aufrechterhalten hat.

(2) Hat der Arbeitnehmer im Falle des Absatzes 1 Satz 4 nach dem Kündigungsschutzgesetz Klage auf Feststellung erhoben, dass das Arbeitsverhältnis durch die Kündigung nicht aufgelöst ist, so muss der Arbeitgeber auf Verlangen des Arbeitnehmers diesen nach Ablauf der Kündigungsfrist bis zum rechtskräftigen Abschluss des Rechtsstreits bei unveränderten Arbeitsbedingungen weiterbeschäftigen. Auf Antrag des Arbeitgebers kann das Arbeitsgericht ihn durch einstweilige Verfügung von der Verpflichtung zur Weiterbeschäftigung nach Satz 1 entbinden, wenn
1. die Klage des Arbeitnehmers keine hinreichende Aussicht auf Erfolg bietet oder mutwillig erscheint oder
2. die Weiterbeschäftigung des Arbeitnehmers zu einer unzumutbaren wirtschaftlichen Belastung des Arbeitgebers führen würde oder
3. der Widerspruch des Personalrats offensichtlich unbegründet war.

(3) Vor fristlosen Entlassungen und außerordentlichen Kündigungen ist der Personalrat anzuhören. Der Dienststellenleiter hat die beabsichtigte Maßnahme zu begründen. Hat der Personalrat Bedenken, so hat er sie unter Angabe der Gründe dem Dienststellenleiter unverzüglich, spätestens innerhalb von drei Arbeitstagen, schriftlich mitzuteilen.

(4) Eine Kündigung ist unwirksam, wenn der Personalrat nicht beteiligt worden ist.

Inhaltsübersicht

Entspr. landesgesetzliche Regelungen:
Baden-Württemberg: § 77; Bayern: Art. 77; Berlin: § 87 Ziff. 9; Brandenburg: § 63 Abs. 1 Nr. 17, § 68 Abs. 1 Nr. 2; Bremen: § 65 Abs. 1 c; Hamburg: § 87 Abs. 1 Ziff. 13, Abs. 3, 4; Hessen: § 77 Abs. 1 Nr. 2, § 78 Abs. 2, Mecklenburg-Vorpommern: § 68 Abs. 5 bis Abs. 7; Niedersachsen: § 65 Abs. 2 Nr. 9, 75 Nr. 5; Nordrhein-Westfalen: § 72 a, § 74; Rheinland-Pfalz: § 82, § 83 Abs. 1 b; Saarland: § 80 Abs. 1 b Nr. 8, Abs. 3; Sachsen: § 73 Abs. 6, Abs. 7, § 78; Sachsen-Anhalt: § 67 Abs. 1 Nr. 8, Abs. 2; Schleswig-Holstein: § 51 Abs. 1; Thüringen: § 78.
Entspr. Vorschrift des BetrVG: § 102.

I. Vorbemerkungen

1 1. Die Vorschrift regelt die Beteiligung der Personalvertretung in den Fällen der **Beendigung eines Arbeitsverhältnisses durch Kündigung** (ordentliche Kündigung, Abs. 1, fristlose Entlassung bzw. außerordentliche Kündigung, Abs. 3; vgl. im Übrigen § 9 Anm. 1). Abs. 2 betrifft den **Weiterbeschäftigungsanspruch** eines Arbeitnehmers bis zur rechtskräftigen Entscheidung über eine Kündigungsschutzklage für den Fall, dass die Personalvertretung der

Kündigung widersprochen hat. Abs. 4 regelt die Rechtsfolgen einer unterbliebenen Beteiligung. Im Falle einer ordentlichen Kündigung kann die Personalvertretung Einwendungen erheben. Kommt es nicht zu einer Einigung, kann ein Stufenverfahren bis zur obersten Dienstbehörde durchgeführt werden, die ihrerseits eine endgültige Entscheidung trifft (vgl. § 72). Bei einer außerordentlichen Kündigung kann die Personalvertretung ebenfalls Einwendungen erheben. Ein Stufenverfahren ist allerdings ausgeschlossen. Der öffentliche Arbeitgeber hat evtl. vorgetragene Bedenken der Personalvertretung zu prüfen und sodann zu entscheiden, ob er an seiner ursprünglichen Absicht festhält oder nicht; danach ist das einstufig ausgestaltete Anhörungsverfahren abgeschlossen.

Für bestimmte Gruppen von Beschäftigten ist das **Kündigungsrecht** des Dienstherrn **teilweise eingeschränkt**, so für schwerbehinderte Menschen, bei denen grundsätzlich die vorherige Zustimmung des Integrationsamtes erforderlich ist (§§ 85 ff. SGB IX; vgl. § 40 Anm. 1). Eine Kündigung ist ebenfalls ausgeschlossen zugunsten von Beschäftigten, die Wehrdienst oder zivilen Ersatzdienst leisten (§ 2 Arbeitsplatzschutzgesetz, ArbplSchG, vgl. § 13 Anm. 15 bzw. § 2 Eignungsübungsgesetz, vgl. § 13 Anm. 14). Die außerordentliche Kündigung von Arbeitnehmern mit personalvertretungsrechtlicher Aufgabenstellung ist in § 47 geregelt. Ein besonderer Kündigungsschutz besteht acht Wochen vor Beginn der Elternzeit und während der Elternzeit (§ 18 des Gesetzes zum Elterngeld und zur Elternzeit, Bundeselterngeld- und Elternzeitgesetz, BEEG, v. 5. 12. 2006, zul. geänd. d. Art. 6 Abs. 8 G v. 19. 8. 2007, BGBl. I S. 1970). 1a

2. Das Gesetz unterscheidet zwischen ordentlicher und außerordentlicher Kündigung sowie **fristloser Entlassung.** Diese Begriffswahl entspricht der des § 622 BGB bzw. des § 626 BGB. Die Einhaltung bzw. der Ausschluss einer Kündigungsfrist ist mit beiden Kündigungsformen begriffsnotwendig nicht verbunden. Bei der **ordentlichen Kündigung** wird von der gesetzlich, tariflich oder einzelvertraglich vorgesehenen, regelmäßig fristgebundenen Möglichkeit der Beendigung eines Arbeitsverhältnisses Gebrauch gemacht; Gründe müssen nicht angegeben werden. Demgegenüber bedeutet eine **außerordentliche Kündigung** die Inanspruchnahme der unabdingbaren Befugnis, mit oder ohne Einhaltung einer Frist ein Arbeitsverhältnis aus wichtigem Grund zu lösen (BVerwG v. 5. 7. 1984, BVerwGE 69, 340), während eine **Änderungskündigung** eine Kündigung mit dem Angebot der Fortsetzung des Arbeitsverhältnisses unter veränderten Bedingungen ist. Eine Beteiligung der Personalvertretung kommt auch bei einer **vorsorglichen Kündigung** in Betracht, in den Fällen also, in denen sich der Arbeitgeber vorbehält, die Kündigung zurückzunehmen oder aber dann, wenn die Kündigung für den Fall der Unwirksamkeit einer bereits ausgesprochenen Kündigung gelten soll. In den Fällen, in denen ein Arbeitgeber eine außerordentliche und zusätzlich **hilfsweise eine ordentliche Kündigung** ausspricht, ist die Personalvertretung in doppelter Hinsicht zu beteiligen: sie ist nach Abs. 4 zur außerordentlichen Kündigung anzuhören und sie hat im Hinblick auf die hilfsweise beabsichtigte ordentliche Kündigung nach Abs. 1 mitzuwirken. Keiner Kündigung bedürfen befristete Arbeitsverhältnisse; sie enden durch Zeitablauf. 2

a) Nach § 623 BGB bedürfen die Beendigung von Arbeitsverhältnissen durch Kündigung oder Auflösungsvertrag sowie die Befristung zu ihrer Wirksamkeit der **Schriftform.** Das bedeutet, dass die Kündigung vom öffentlichen Arbeitgeber bzw. vom Beschäftigten „eigenständig durch Namensunterschrift“ (§ 126 Abs. 1 BGB) unterschrieben sein muss. Daher muss 2a nicht der gesamte Text eigenhändig geschrieben sein. Vielmehr reicht die eigenhändige Namensunterschrift aus. Auch mit Hilfe eines durch Telefax übermittelten Schreibens wird dem Schriftlichkeitserfordernis Rechnung getragen (BAG v. 11. 6. 2002, BAGE 101, 298 = BB 2003, 310 = DB 2003, 160 = Leits. ZBVR 2002, 185).

2b b) Die Vorschrift gilt grundsätzlich für alle Arbeitnehmer im Geltungsbereich dieses Gesetzes. Allerdings bestehen **Ausnahmen** für den Bundesnachrichtendienst (§ 86 Nr. 12), für die im Ausland beschäftigten Ortskräfte und für Arbeitnehmer, die auf einer Beamtenstelle von der Besoldungsgruppe A 16 an aufwärts beschäftigt sind bzw. die eine entsprechende Stelle bekleiden. Allerdings ist bei letzteren die Personalvertretung wie bei sonstigen außerordentlichen Kündigungen nach § 79 Abs. 3 zu hören (Altvater u. a., § 79 Anm. 2; Lorenzen u. a., § 79 Anm. 5).

II. Kündigung durch den Arbeitgeber

3 1. Das Mitwirkungsrecht der Personalvertretung bei einer vom Dienststellenleiter beabsichtigten Kündigung gliedert sich in zwei aufeinander folgende Verfahrensabschnitte. Die Einleitung des Verfahrens ist Aufgabe des Dienststellenleiters. Er muss die Personalvertretung (mündlich oder schriftlich) um eine **Stellungnahme zu einer konkreten Kündigungsabsicht** ersuchen. Dazu bedarf es einer rechtzeitigen und eingehenden **Erörterung mit der Personalvertretung.** Auf diese Erörterung kann die Personalvertretung verzichten (§ 72 Abs. 2 Satz 1), indem sie der beabsichtigten Kündigung ausdrücklich zustimmt (Lorenzen u. a., § 79 Anm. 53). Sie kann aber auch, ohne dass zuvor eine Erörterung stattgefunden hat, Einwendungen gegen die Absicht des Dienststellenleiters erheben, der sodann seinerseits verpflichtet ist, die beabsichtigte Kündigungsmaßnahme mit der Personalvertretung zu besprechen (vgl. zum Begriff „ erörten" § 72 Anm. 4) und ausführlich die für bzw. gegen die Kündigung sprechenden Gründe zu diskutieren. Tut der Dienststellenleiter dies nicht, dann ist die Kündigung unwirksam (vgl. für das BetrVG: BAG v. 20. 1. 2000, Leits. BB 2000, 728). Der Arbeitgeber muss die **Art der beabsichtigten Kündigung** (ordentliche oder außerordentliche Kündigung, Ausspruch der Kündigung innerhalb (vgl. hierzu BAG v. 19. 4. 2007, BB 2007, 1904 = ZTR 2007, 627 = Leits. PersR 2007, 406) oder außerhalb der Probezeit, Beendigungs- oder Änderungskündigung, personen-, verhaltens- oder betriebsbedingte Kündigung) genau bezeichnen. Darüber hinaus muss er im Zusammenhang mit der Kündigung von schwerbehinderten Menschen mitteilen, ob die Zustimmung des Integrationsamtes (vgl. § 85 SGB IX) vorliegt. Soweit der Personalvertretung die für den zu kündigen Arbeitnehmer geltende Kündigungsfrist nicht bekannt ist, ist sie ebenso mitzuteilen wie der beabsichtigte Kündigungstermin, zu dem die Kündigung wirksam werden soll. Darüber hinaus hat der Arbeitgeber spätestens bei der Erörterung mit der Personalvertretung umfassend die **Einzelheiten** darzulegen, die ihn zu der Überlegung veranlasst haben, einem bestimmten Arbeitnehmer zu kündigen. Zu dieser Information gehören **alle personellen Daten** (Alter, Familienstand, Beschäftigungsdauer etc.) und die Art der Kündigung. Der Personalvertretung ist der für die Kündigung maßgebende Sachverhalt näher zu umschreiben und umfassend unter Einbezug der genannten Einzelheiten darzustellen. Vor allem sind die Tatsachen anzugeben, die für den Entschluss zur Kündigung maßgebend waren (subjektive Determination: BAG v. 6. 2. 1997, DB 1997, 1284 = ZBVR 1998, 73). Deshalb reicht eine nur pauschale oder stichwortartige Umschreibung des Kündigungssachverhalts ebensowenig aus wie die Mitteilung eines Werturteils ohne Bekanntgabe der für die Bewertung maßgebenden Tatsachen. Allerdings ist ein

Dienststellenleiter nicht verpflichtet, der Personalvertretung die für die Kündigung jeweils maßgebenden Tatsachen nachzuweisen oder gar Beweismaterial zur Verfügung zu stellen oder der Personalvertretung Einsicht in die Personalakten des betroffenen Arbeitnehmers zu gewähren (BAG v. 18. 5. 1994, BAGE 87, 13 = BB 1994, 1783 = DB 1994, 2553). Eine unvollständige Unterrichtung führt grundsätzlich zur Unwirksamkeit der Kündigung (BAG v. 22. 9. 1994, BAGE 78, 39 = Leits. BB 1995, 363 = DB 1995, 477; Wahlers, PersV 2006, 404, 412). Eine Personalvertretung ist daher immer nur dann ordnungsgemäß informiert und angehört worden, wenn ihr der Dienststellenleiter die aus seiner Sicht subjektiv tragenden Kündigungsgründe mitgeteilt hat. Im Falle einer Kündigung in der Probezeit von sechs Monaten (§ 1 Abs. 1 KSchG) reicht es aus, wenn der Dienststellenleiter der Personalvertretung lediglich seine subjektiven Wertungen mitteilt, die ihn zur Kündigung veranlasst haben, „wenn er keine auf Tatsachen gestützten und durch Tatsachen konkretisierten Kündigungsgründe benennen kann" (BAG v. 27. 10. 2005, Leits. ZfPR 2006, 115). Generell sind die Person des zu Kündigenden, die Art der Kündigung, der Kündigungszeitpunkt und weitere wesentliche Tatsachen mitzuteilen (BAG v. 24. 8. 1989, Leits. ZfPR 1991, 115; vgl. auch Anm. 27). Allerdings muss ein Dienststellenleiter einer Personalvertretung nicht alle Kündigungsgründe, auf die sein Entschluss zur Beendigung des Arbeitsverhältnisses gestützt werden könnte, mitteilen, wohl aber vollständig die Gründe, die für seine Entscheidung maßgebend waren (sog. Grundsatz der subjektiven Determination, BAG v. 16. 9. 2004, PersV 2005, 231). In einem Kündigungsschutzprozess kann ein Dienststellenleiter keine weiteren Tatsachen mehr nachschieben, wenn ihm diese Tatsachen bereits vor Ausspruch der Kündigung bekannt waren und die zuvor mitgeteilten Umstände eine Kündigung nicht rechtfertigen konnten. In einem solchen Fall ist die Kündigung sozialwidrig (vgl. für das BetrVG: BAG v. 9. 4. 1987, BB 1987, 1815 = DB 1987, 2156; vgl. auch Anm. 3b und Anm. 43).

a) Der Personalvertretung sind alle entscheidenden Gesichtspunkte in einer so umfassenden Form mitzuteilen, dass sie sich **ohne zusätzliche eigene Nachforschungen** ein eigenes Urteil über die Stichhaltigkeit der Kündigungsgründe bilden und sich ein klares Bild über die Umstände machen kann, die zur Kündigung führen sollen (BAG v. 22. 9. 1994, BAGE 78, 39 = Leits. BB 1995, 363 = DB 1995, 477; BAG v. 6. 7. 2006 – 2 AZR 442/05, DB 2006, 2823). Die **Unterrichtung der Personalvertretung** muss deshalb so eindeutig und so umfassend sein, dass diese nicht gezwungen ist, eigene Nachforschungen anzustellen (BAG v. 15. 11. 1995, Leits. BB 1997, 488 = DB 1996, 836; vgl. Anm. 3). Die Personalvertretung nämlich soll durch die Unterrichtung des Dienststellenleiters in die Lage versetzt werden, dessen Überlegungen nachvollziehen und auf seinen Willensbildungsprozess und auf seinen Kündigungsentschluss einwirken zu können (Lorenzen u. a., § 79 Anm. 45; vgl. für das BetrVG: BAG v. 8. 4. 2003, BAGE 106, 14 = Leits. BB 2003, 2132 = DB 2003. 2342; BAG v. 19. 4. 2007 – 2 AZR 180/06, n. n. v.). Außerdem muss die Unterrichtung der Personalvertretung so rechtzeitig erfolgen, dass ihr noch vor Ausspruch der Kündigung die gesetzliche Frist zur Stellungnahme verbleibt (Lorenzen u. a., § 79 Anm. 49). Allerdings ist ein Dienststellenleiter nicht verpflichtet, der Personalvertretung Unterlagen oder Beweismaterial zur Verfügung zu stellen oder gar ihr Einsicht in die Personalakten des betroffenen Arbeitnehmers zu gewähren (vgl. für das BetrVG: BAG v. 26. 1. 1995, Leits. BB 1995, 832 = DB 1995, 1134). 3a

b) Im Falle einer **fristlosen Entlassung** eines **ordentlich unkündbaren Arbeitnehmers** ist alleine darauf abzustellen, ob dem Arbeitgeber die Fort- 3b setzung des Arbeitsverhältnisses bis zum Ablauf der für einen ordentlich kündbaren Arbeitnehmer „fiktiven" Kündigungsfrist zumutbar ist. Bei einer solchen Abwägung darf ein ordentlich unkündbarer Arbeitnehmer nicht besser als ein Arbeitnehmer ohne diesen Sonderkündigungsschutz gestellt werden (BAG v. 21. 1. 1999, BAGE 90, 367 = BB 1999, 1819 = DB 1999, 1400). Bei unkündbaren Arbeitnehmern der öffentlichen Verwaltung ist alleine die ordentliche Kündigung ausgeschlossen (§ 34 Abs. 2 TVöD). Ihnen gegenüber ist eine außerordentliche Kündigung aber unter den selben Voraussetzungen zulässig wie eine außerordentliche Kündigung gegenüber allen anderen Arbeitnehmern. Deshalb ist- bezogen auf einen ordentlich unkündbaren Arbeitnehmer – darauf abzustellen, ob bei einem vergleichbaren Arbeitnehmer, der nicht dem Sonderkündigungsschutz des § 34 Abs. TVöD unterliegt, unter den selben Umständen und bei entsprechender Interessenlage eine außerordentliche Kündigung ohne Einhaltung der ordentlichen Kündigungsfrist in Betracht kommt (BAG v. 27. 4. 2006, BAGE 118, 104 = PersR2007, 115). Der Personalvertretung sind die Personaldaten des betroffenen Arbeitnehmers bekanntzugeben, soweit die Interessenvertretung diese nicht ohnehin schon kennt. Insbesondere kommt es auf die voraussichtliche Dauer der Vertragsbindung an, damit die Personalvertretung u. a. prüfen kann, ob anstelle einer außerordentlichen Kündigung die Einräumung einer entsprechenden Auslauffrist, an der eine Beteiligung wie bei einer ordentlichen Kündigung erforderlich wäre, möglich ist (vgl. für das BetrVG: BAG v. 21. 6. 2001, PersR 2002, 261 = Leits. ZfPR 2002, 308).

3c c) Über **Personaldaten** (Sozialdaten, vgl. Anm. 10) hat ein Dienststellenleiter im Zusammenhang mit verhaltensbedingten Kündigungen die Personalvertretung nur dann zu informieren, wenn diese ein entsprechendes Informationsbedürfnis mit vertretbaren Gründen geltend macht. So wird sich eine Auskunft über Unterhaltsverpflichtungen ausnahmsweise nur dann rechtfertigen lassen, wenn eine im besonderen Maße vorliegende soziale Schutzbedürftigkeit besteht. Dagegen hat ein Dienststellenleiter Daten, die für die Berechnung der Kündigungsfrist und einer eventuell zu zahlenden Abfindung von Bedeutung sind (z. B. Lebensalter, Dauer der Beschäftigung) immer unaufgefordert mitzuteilen, soweit er nicht davon ausgehen kann, dass die Personalvertretung diese Daten bereits kennt (BVerwG v. 9. 10. 1996, Leits. ZBR 1997, 100 = PersV 1997, 171 = ZfPR 1997, 12; vgl. hierzu auch Oppertshäuser, NZA 1997, 920).

3d d) Ebenso besteht eine Unterrichtungspflicht im Hinblick auf Fehlzeiten bei einer **krankheitsbedingten Kündigung** hinsichtlich der Art der Erkrankung, der bisherigen Fehlzeiten sowie zu einer Darstellung der Auswirkungen auf die dienstlichen Belange (BAG v. 9. 4. 1987, BAGE 55, 206). Die Personalvertretung nämlich muss Gelegenheit haben, den vom Dienststellenleiter vorgetragenen Sachverhalt zu überprüfen und eventuell Alternativvorschläge dafür zu machen, wie durch personelle und organisatorische Maßnahmen krankheitsbedingte Fehlzeiten überbrückt werden können. Weist ein Arbeitnehmer seit Beginn seines Arbeitsverhältnisses kontinuierlich überdurchschnittliche Krankheitszeiten auf, so reicht es in der Regel, wenn der Arbeitgeber eine lediglich nach Jahren gestaffelte Krankheitshäufigkeit darlegt und zusätzlich die Entgeltfortzahlungskosten in einem Gesamtbetrag der Personalvertretung mitteilt (vgl. für das BetrVG: BAG v. 7. 11. 2002, PersV 2003, 387 = DB 2003, 724 = ZBVR 2003,122). Die Information durch den Arbeitgeber muss im Übrigen auch konkrete Tatsachen darüber enthalten, in welchem Umfang eine wesentliche Beeinträchtigung dienstlicher Interessen stattgefunden hat (BAG v. 9. 4. 1987, PersR 1988,140). Gleiches gilt für Hinweise darauf, dass dem Arbeitgeber eine Weiterbeschäftigung des Betroffenen nicht mehr zumutbar ist (vgl. für das BetrVG: BAG v. 24.11.1983, BAGE 44, 249 = DB 1984,1045). Im Falle einer lang anhaltenden Krankheit ist eine Kündigung dann sozial gerechtfertigt (§ 1 Abs. 2 KSchG), wenn eine negative Prognose in Bezug auf die voraussichtliche Dauer der Arbeitsunfähigkeit vorliegt und eine darauf beruhende erhebliche Beeinträchtigung dienstlicher Interessen festzustellen ist und wenn schließlich eine Interesseabwägung ergibt, dass die dienstlichen Beeinträchtigungen „zu einer billigerweise nicht mehr hinzunehmenden Belastung des Arbeitgebers führen" (vgl. für das BetrVG: BAG v. 19. 4. 2007 – 2 AZR 239/06, BB 2007, 1904 = ZTR 2007, 627 = Leits. PersR 2007, 46). Zu einer entsprechenden Belastung wird es in der öffentlichen Verwaltung in aller Regel aber dann nicht kommen, wenn es sich um eine größere Dienststelle mit ausreichender Personalausstattung handelt und wenn es ohne größere Belastungen der betroffenen Kolleginnen/Kollegen möglich ist, die von dem kranken Beschäftigten zu erledigende Arbeit auf andere zu verteilen.

e) Bei einer **verhaltensbedingten Kündigung** sind alle die Tatsachen bekanntzugeben, die die Kündigung rechtfertigen sollen (u. a., ausgesprochene Abmahnungen, entlastende Tatsachen/evtl. Gegendarstellung). Für eine solche Kündigung gilt ebenfalls das sog. Prognoseprinzip. Mit der Kündigung soll keine Sanktion für vergangene Pflichtverletzungen erfolgen. Vielmehr dient die Kündigung dazu, das Risiko weiterer Pflichtverletzungen zu vermeiden. Daher muss die zurückliegende Pflichtverletzung noch belastend in die Zukunft wirken. Wenn aus einer konkreten Vertragspflichtverletzung und darauf resultierender Vertragsstörungen eine negative Prognose in der Weise getroffen werden kann, dass der Arbeitnehmer den Arbeitsvertrag auch künftig nach einer Kündigungsandrohung weiterhin in gleicher oder ähnlicher Weise verletzen wird, dann ist die Kündigung gerechtfertig (BAG v. 19. 4. 2007 – 2 AZR 180/06, ZTR 2008, 110 = ZfPR online 3/2008, S. 14 m. Anm. v. Ilbertz). Der Unterrichtungspflicht des Dienststellenleiters entspricht grundsätzlich nicht auch eine Pflicht zur Vorlage von Unterlagen oder sonstigen Beweismitteln (BAG v. 26.1. 1995, Leits. BB 1995, 832 = DB 1995, 1134; vgl. Anm. 3 a). Die Unterrichtung der Personalvertretung muss daher nicht schriftlich, sie kann auch mündlich erfolgen. In schwierigen Fällen wird sich allerdings das Ermessen des Dienststellenleiters hinsichtlich der geeigneten Art der Unterrichtung auf eine schriftliche Art der Unterrichtung reduzieren (ähnlich auch: Fischer u. a., § 72 Anm. 7; Lorenzen u. a., § 79 Anm. 48 unter Bezugnahme auf § 72 Anm. 9). Bei komplizierten Sachverhalten wird man der Personalvertretung einen Anspruch auf Vorlage entsprechender Unterlagen zugestehen müssen, da es ihr auch im Interesse einer sachlichen Erörterung mit dem Dienststellenleiter nicht zumutbar ist, eine Fülle (mündlich) vorgetragener Daten entgegenzunehmen und sie in einer anschließenden Personalratssitzung zur Grundlage einer Stellungnahme gegenüber dem Dienststellenleiter zu machen (aA für das BetrVG: BAG v. 6. 2. 1997, BB 1997, 1311 = DB 1997, 1284, das eine schriftliche Unterrichtung über die Kündigungssachverhalte selbst dann nicht für notwendig hält, wenn der jeweilige Sachverhalt „ungewöhnlich komplex ist"). Ausnahmsweise erübrigt sich die Verpflichtung zu einer umfassenden Darlegung der Kündigungsgründe gegenüber der Personalvertretung dann, wenn dieser der Kündigungssachverhalt bereits auf andere Weise bekanntgeworden ist und der Dienststellenleiter hiervon ausgehen kann. Die Mitteilung des Dienststellenleiters gegenüber der Personalvertretung hat grundsätzlich gegenüber dem Personalratsvorsitzenden bzw. im Verhinderungsfall gegenüber dem Stellvertreter zu erfolgen. Soweit der Personalratsvorsitzende nur mit 3e einem anderen Vorstandsmitglied gemeinsam die Personalvertretung repräsentieren kann (§ 32 Abs. 2 Satz 2), kann die Mitteilung auch gegenüber diesem Vorstandsmitglied erfolgen (Lorenzen u. a., § 79 Anm. 50).

3f f) Bei einer **betriebsbedingten Kündigung** sind die Ursachen für die Unmöglichkeit einer weiteren Beschäftigung ebenso darzulegen wie die beabsichtigten organisatorischen Maßnahmen mit ihren Auswirkungen auf die Arbeitsplätze, darüber hinaus das Fehlen einer sonstigen Beschäftigungsmöglichkeit und die getroffene Sozialauswahl. Im Falle einer Umwandlung einer Arbeitnehmer- in eine Beamtenstelle ist folgendes zu beachten: Die Organisationsentscheidung des öffentlichen Arbeitgebers, eine Arbeitnehmerstelle, auf der hoheitliche Aufgaben erledigt werden, in eine Beamtenstelle umzuwandeln und mit einem Beamten zu besetzen, kann ein dringendes betriebliches Erfordernis zur Kündigung des bisherigen Stelleninhabers darstellen, wenn dieser die Voraussetzungen für eine Übernahme in ein Beamtenverhältnis nicht erfüllt. Erfüllt aber der bisherige Stelleninhaber das Anforderungsprofil der Beamtenstelle, so besteht kein dringendes betriebliches Erfordernis zur Kündigung. Der öffentliche Arbeitgeber kann sich nach dem in § 162 Abs. 1 und 2 BBG normierten Rechtsgedanken nicht darauf berufen, dass er die Stelle mit einem – möglicherweise aus seiner Sicht geeigneten – externen Bewerber besetzt hat (vgl. hierzu auch: BAG v. 21. 9. 2000, BAGE 95, 350 = BB 2001, 416). Bei einer betriebsbedingten Kündigung wegen Auflösung einer Dienststelle ist der Arbeitgeber nur dann durch ein dringendes betriebliches Erfordernis zur Kündigung berechtigt, wenn keine Möglichkeit zur Weiterbeschäftigung eines Arbeitnehmers besteht (BAG v. 10. 5. 2007, ZfPR online 1/2008, S. 11).

3g g) Auch bei einer **betriebsbedingten Kündigung** muss der jeweilige Dienststellenleiter die Personalvertretung umfassend informieren – und zwar nicht nur über die Ursachen für den Wegfall der Weiterbeschäftigungsmöglichkeit bzw. über das Nichtbestehen einer anderweitigen Beschäftigungsmöglichkeit innerhalb des gesamten Verwaltungsbereichs, also nicht nur innerhalb der Dienststelle, sondern er muss darüber hinaus auch die sonstigen Informationen (vgl. Anm. 3 f.) weitergeben und die Personalvertretung um eine Stellungnahme bitten. Dies gilt insbesondere im Zusammenhang mit der **Streichung von Planstellen im Haushaltsplan.** Ein allgemeiner Beschluss des Haushaltsgesetzgebers genügt ebenso wenig wie ein kw-Vermerk im Haushaltsplan. Vielmehr muss entweder eine Entscheidung darüber, welche konkreten Stellen zu welchem Zeitpunkt entfallen sollen, hinzutreten oder die betroffene Behörde muss anhand eines konkreten Personalbedarfsplans die abzubauenden Stellen und den jeweiligen Zeitpunkt ausweisen (BAG v. 18. 11. 1999, NZA 2000, 48; BAG v. 6. 7. 2006 – 2 AZR 442/05, DB 2006, 2823). Die Personalvertretung ihrerseits ist auf die **Überprüfung der Sozialauswahl** und auf eine mögliche Weiterbeschäftigung zu geänderten Bedingungen beschränkt.

3h h) **Adressat** der vom Dienststellenleiter vorzunehmenden Unterrichtung ist der Vorsitzende der zuständigen Personalvertretung. Ist dieser verhindert, dann ist der Stellvertreter zu informieren. Wenn der Dienststellenleiter andere Personalratsmitglieder unterrichtet, so liegt keine ordnungsgemäße Information der Personalvertretung vor. Das vom Dienststellenleiter informierte (sonstige) Personalratsmitglied ist lediglich Erklärungsbote im Verhältnis zum Vorsitzenden der Personalvertretung (BAG v. 27. 6. 1985, NZA 1986, 426). Infolgedessen hat der Dienststellenleiter das Risiko zu tragen, dass seine Informationen nicht fristgemäß und nicht zutreffend an den Vorsitzenden der Personalvertretung weitergegeben wird (Berkowsky, ZBVR online 4/2007, S. 21, 23). Nur für den Fall, dass weder der Vorsitzende noch sein Stellvertreter erreichbar sind und keine Vorkehrungen für den Fall des Zugangs von Informationen getroffen haben, ist jedes Personalratsmitglied empfangsberechtigt (BAG v. 27. 6. 1985, aaO).

2. Die Personalvertretung kann dann nicht mitwirken, wenn der öffentliche 4
Arbeitgeber im Rahmen der **Aussperrung** ein Arbeitsverhältnis löst. Hierbei handelt es sich um einen kollektivrechtlichen Lösungstatbestand, der nicht den Regeln des Kündigungsrechts und des Kündigungsschutzrechts unterfällt, soweit überhaupt noch im Rahmen eines Arbeitskampfes eine Aussperrung mit lösender Wirkung zulässig ist (Lorenzen u. a., § 79 Anm. 24; vgl. auch: BAG v. 21. 4. 1971, PersV 1971, 192). Die **Kündigung eines Berufsausbildungsverhältnisses** während der Probezeit ohne Einhaltung einer Kündigungsfrist und ohne Angabe von Gründen (vgl. § 15 Abs. 1, 3 BBiG) ist eine ordentliche Kündigung, an der die Personalvertretung mitzuwirken hat (BVerwG v. 5. 7. 1984, BVerwGE 69, 340). Keine Kündigung liegt bei der Beendigung des Arbeitsverhältnisses durch Zeitablauf bei befristeten Arbeitsverhältnissen vor. Für die **Befristung** bedarf es jedoch eines sachlichen Grundes, der die Befristung rechtfertigt (BAG v. 3. 7. 1970, PersV 1972, 277). Ein befristeter Arbeitsvertrag von nicht mehr als sechs Monaten bedarf aber nur dann eines sachlichen Grundes, wenn durch die Befristung ein besonderer Bestandsschutz objektiv umgangen wird (BAG v. 14. 2. 1990, BAGE 64, 164 = Leits. BB 1990, 1335 = DB 1990, 2604). Bei tarifvertraglich vorgesehenen Befristungen ist in der Regel ohne weitere Untersuchung von der Wirksamkeit der Befristung auszugehen (BAG v. 30. 9. 1971, BAGE 23, 460 = DB 1972, 49).

3. Die Kündigung ist eine einseitige, empfangsbedürftige und rechtsgestal- 5
tende Willenserklärung, durch die ein Arbeitsverhältnis für die Zukunft aufgelöst werden soll. Infolgedessen setzt die Beteiligung der Personalvertretung an einer Kündigung ein wirksam begründetes Arbeitsverhältnis voraus. Ist es nicht zum Abschluss eines Arbeitsvertrages gekommen, dann könnte ein sog. **faktisches Arbeitsverhältnis** bestehen. Ein solches Arbeitsverhältnis ist aber nur bei einer entsprechenden Willenshandlung zwischen dem Dienststellenleiter und dem Beschäftigten über die Aufnahme der Arbeit anzunehmen. Ist dies nicht der Fall, liegt ein Arbeitsverhältnis nicht vor. Einer Kündigung bedarf es daher nicht. Vielmehr können sich sowohl der Leiter der Dienststelle wie auch der Beschäftigte für die Zukunft durch einseitige Erklärung jederzeit hiervon lösen. Im Übrigen ist dann eine andere Interessenlage als bei einer Beendigung eines auf rechtlicher Basis beruhenden Arbeitsverhältnisses gegeben, wenn ein Arbeitnehmer in Unkenntnis der Rechtslage Leistungen erbracht hat und dafür die entsprechende Vergütung oder den entsprechenden Lohn erhält. Wenn tatsächlich aber ein Arbeitsverhältnis besteht, so liegt der Sinn der Beteiligung der Personalvertretung darin zu prüfen, ob die Kündigungsschutzbestimmungen beachtet sind oder ob nicht eine andere Möglichkeit der Weiterbeschäftigung besteht (BVerwG v. 9. 2. 1979, BVerwGE 57, 276 = ZBR 1979, 279 = PersV 1980, 426). Kein Mitwirkungsrecht steht der Personalvertretung in den Fällen zu, in denen das Arbeitsverhältnis auf andere Weise als durch Kündigung beendet wird. Dies gilt vor allem dann, wenn ein Arbeitsverhältnis durch Zeitablauf (sog. befristete Arbeitsverhältnisse) endet. Gleiches gilt für auflösend bedingte Arbeitsverhältnisse mit Eintritt der auflösenden Bedingung. Ebensowenig kommt eine Mitwirkung der Personalvertretung dann in Betracht, wenn der Arbeitnehmer seinerseits das Arbeitsverhältnis kündigt, wenn das Ar-

beitsverhältnis entweder von Arbeitgeber oder Arbeitnehmerseite wirksam angefochten oder wenn ein Aufhebungsvertrag vereinbart worden ist.

6 4. Die entsprechende Anwendung des § 77 Abs. 1 Satz 2 bedeutet, dass § 79 nicht gilt bei ordentlicher Kündigung gegenüber einem Arbeitnehmer in einer **Stellung, die der eines Beamten nach § 36 Abs. 1 BBG** (sog. politische Beamte) oder der eines Beamten in BesGr. A 16 und höher vergleichbar ist (BVerwG v. 9. 11. 1962, BVerwGE 15, 146 = ZBR 1963, 59 = PersV 1963, 205). Die Vergütung muss daher über der höchsten Vergütungsgruppe der Anlage 1 a zum BAT liegen. Nicht entscheidend ist, ob der Angestellte auf einer Beamtenstelle von der Besoldungsgruppe A 16 aufwärts beschäftigt ist oder ob er eine einer Beamtenstelle ab A 16 entsprechende Stellung bekleidet. Allerdings ist eine Unterrichtungspflicht des Dienststellenleiters gegenüber der Personalvertretung wegen der Bedeutung der Angelegenheit in beiden Fällen zu bejahen. Im Falle einer außerordentlichen Kündigung des angesprochenen Personenkreises ist die Personalvertretung wie bei sonstigen außerordentlichen Kündigungen nach Abs. 3 zu hören, da der Verweis auf § 77 Abs. 1 Satz 2 ausschließlich die ordentlichen Kündigungen betrifft.

7 5. Bei einer **Änderungskündigung** (Kündigung mit dem Angebot der Fortsetzung des Arbeitsverhältnisses unter geänderten, in aller Regel schlechteren Bedingungen), zu der auch die nachträgliche Befristung eines zunächst auf unbestimmte Zeit eingegangenen Arbeitsverhältnisses gehört (vgl. für das BetrVG: BAG v. 25. 4. 1996, Leits. ZfPR 1996, 200), hat die Personalvertretung ebenfalls mitzuwirken. Voraussetzung für eine wirksame Beteiligung ist, dass vor Ausspruch der Änderungskündigung über das dem Beschäftigten unterbreitete Änderungsangebot Auskunft erteilt wird; denn die Personalvertretung muss in der Lage sein zu prüfen, ob die angebotenen neuen Arbeitsbedingungen tragbar erscheinen oder ob sie der Änderungskündigung widersprechen sollte BAG v. 23. 6. 2005, BAGE 115, 149 = BB 2006, 159 = DB 2006, 285). Zur ordnungsgemäßen Unterrichtung der Personalvertretung im Falle einer Änderungskündigung gehören auch **Angaben über Kündigungsfristen,** wenn sich daraus erst die Tragweite der geplanten personellen Maßnahme ermitteln lässt (vgl. für das BetrVG: BAG v. 29. 3. 1990, BB 1990, 2118 = DB 1990, 2124). Soll mit einer fristgerechten Änderungskündigung eine Versetzung bewirkt werden, so ist die Zustimmung der Personalvertretung nur für die tatsächliche Zuweisung des neuen Aufgabenbereichs nach Ablauf der Kündigungsfrist erforderlich. Solange die Zustimmung nicht erfolgt ist, ist der Betroffene in seinem bisherigen Arbeitsbereich weiter zu beschäftigen (vgl. für das BetrVG: BAG v. 30. 9. 1993, BAGE 76, 291 = BB 1994, 426 = DB 1994, 637; vgl. im Übrigen Anm. 14).

8 6. a) Die Vorschrift über die Einwendungen, die die Personalvertretung gegen eine beabsichtigte ordentliche Kündigung schriftlich und begründet (innerhalb einer Frist von zehn Arbeitstagen, Fristbeginn mit dem Tag nach der Unterrichtung, vgl. Anm. 18) erheben kann (Abs. 1 Nr. 1 bis 5), stimmt inhaltlich mit § 102 Abs. 3 BetrVG überein. Es handelt sich um **Einwendungen vertretungsrechtlicher Art,** die allerdings mit den arbeitsrechtlichen Einwendungen übereinstimmen, die der betroffene Beschäftigte im Verfahren vor dem Arbeitsgericht nach § 1 KSchG erheben kann. Die **Einwendungen** müssen **schriftlich erhoben und begründet** werden. Nur dann sind sie als Widerspruch gegen die Kündigung zu betrachten (Lorenzen u. a., § 79 Anm. 78). Wirksam ist der Widerspruch der Personalvertretung schon dann, wenn er es als möglich erscheinen lässt, dass einer der in Abs. 1 Nr. 1 bis 5 genannten Widerspruchsgründe gegeben sein kann (vgl. für das BetrVG:

LAG München v. 2. 3. 1994, Leits. BB 1994, 1287; LAG Mainz v. 25. 3. 1996, Leits. ZfPR 1997, 164). Die Personalvertretung kann einer beabsichtigten ordentlichen Kündigung aber nicht nur aus den im Gesetz aufgeführten Gründen, sondern auch aus anderen Gründen widersprechen und auch Gegenvorschläge (z. B. Versetzung statt Kündigung) machen (Lorenzen u. a., § 79 Anm. 70; aA Fischer u. a., § 79 Anm. 11). Der Arbeitgeber muss seinerseits zu den Vorstellungen der Personalvertretung Stellung nehmen. Soweit die Personalvertretung danach noch ihre Einwendungen aufrechterhält, muss der Arbeitgeber der Personalvertretung schriftlich unter Angabe von Gründen mitteilen, ob er den Einwendungen Rechnung tragen will oder nicht. Die Personalvertretung „kann die Angelegenheit binnen drei Arbeitstagen nach Zugang der Mitteilung auf dem Dienstwege den übergeordneten Dienststellen, bei denen Stufenvertretungen bestehen, mit dem Antrag auf Entscheidung vorlegen“ (§ 72 Abs. 4 Satz 1).

b) **Nicht ordnungsgemäß erhobene Einwendungen** (unwirksame Beschlussfassung der Personalvertretung) sind nichtig. Nach Ablauf der Äußerungsfrist gilt die beabsichtigte Kündigung im Fall eines nichtigen Beschlusses der Personalvertretung als gebilligt (vgl. § 72 Abs. 2 Satz 1). Der betroffene Arbeitnehmer seinerseits kann aus einem solchen Personalratsbeschluss keinen Vertrauensschutz für sich in Anspruch nehmen (Lorenzen u. a., § 79 Anm. 83). 8a

7. a) Die Personalvertretung kann der (dienstbedingten) Kündigung eines Arbeitnehmers widersprechen, wenn bei der gerade gegen ihn beabsichtigten Kündigung **soziale Gesichtspunkte** nicht oder nicht ausreichend berücksichtigt worden sind (Abs. 1 Nr. 1). Dieser Tatbestand entspricht nicht mehr der Neufassung von Abs. 3 Satz 1 KSchG, wonach der Dienststellenleiter bei der Auswahl der für eine Kündigung in Betracht kommenden Beschäftigten die Dauer der Dienststellenzugehörigkeit, das Lebensalter und die Unterhaltspflichten des Beschäftigten sowie die Schwerbehinderung zu berücksichtigen hat. Insoweit also stellt sich die Frage, welche Auswirkungen die entsprechende Änderung des Kündigungsschutzgesetzes auf das Widerspruchsrecht der Personalvertretung hat. Die Beschränkung auf die aufgeführten Kriterien würde bedeuten, dass die Personalvertretung ihr Widerspruchsrecht nicht auf eine ihrer Meinung nach unzureichende Berücksichtigung anderer sozialer Aspekte stützen könnte. Eine Einschränkung der Widerspruchsgründe in Abs. 1 Nr. 1 auf die allein in § 1 Abs. 3 KSchG genannten Merkmale stünde aber mit dem Wortlaut des § 79 Abs. 1 Nr. 1 nicht in Einklang, dem zu entnehmen ist, dass der Gesetzgeber einer Personalvertretung auch sonstige soziale Gesichtspunkte als Grundlage für das Widerspruchsrecht belassen möchte (so im Ergebnis schon: Klebe, AiB 1996, 717). Mit der Neufassung der KSchG aber hat der Gesetzgeber klar zu erkennen gegeben, dass die Berufung auf soziale Gesichtspunkte nur in den ausdrücklich genannten Fällen möglich sein soll. Deshalb ist auch eine Personalvertretung nicht mehr berechtigt, ihre Widerspruchsgründe auch auf andere, nicht genannte soziale Gesichtspunkte zu stützen. Generell setzt Abs. 1 Nr. 1 voraus, dass grundsätzlich eine Kündigung unumgänglich ist, eine Auswahlentscheidung unter mehreren Beschäftigten aber möglich erscheint. Die Personalvertretung kann ihre Einwendungen nur auf dienstlich bedingte Kündigungen beziehen. Solche liegen aber dann nicht vor, wenn auf Grund einer organisatorischen Maßnahme gegenüber einem Arbeitnehmer eine Kündigung ausgesprochen wird, der (öffentliche) Arbeitgeber den Arbeitnehmer aber noch anderweitig auf einem freien, vergleichbar gleichwertigen Arbeitsplatz beschäftigen kann oder auf einem freien Arbeitsplatz zu geänderten (schlechteren) Arbeits- 9

bedingungen. Frei sind solche Arbeitsplätze, die zum Zeitpunkt der Kündigung unbesetzt sind oder aber bis zum Ablauf der Kündigungsfrist voraussehbar frei werden (BAG v. 2. 2. 2006, PersR 2006, 507). Macht eine Personalvertretung geltend, dass eine fehlerhafte Sozialauswahl gegeben sei, so muss sie hierzu auch konkret Stellung nehmen und darlegen, warum die Auswahlüberlegungen des Dienststellenleiters nicht ausreichend sein sollen (vgl. für das BetrVG: LAG Kiel v. 22. 11. 1999, BB 2000, 203 = Leits. ZBVR 2000, 64). Dabei muss sie auch den Kreis derjenigen benennen, die mit dem betroffenen Arbeitnehmer vergleichbar sind (vgl. für das BetrVG: BAG v. 9. 7. 2003, BAGE 107, 66 = BB 2003, 2400 = DB 2003, 2494). So muss sie u. a. darlegen, dass es Arbeitnehmer mit kürzerer Dienststellenzugehörigkeit und geringeren Unterhaltsverpflichtungen in der Dienststelle gibt (Lorenzen u. a., § 79 Anm. 88). Wenn die Kündigung wegen schuldhafter Arbeitsvertragsverletzung erfolgt ist, dann ist keiner der in Abs. 1 Satz 3 aufgeführten Gründe einschlägig. In diesen Fällen kann die Personalvertretung nur allgemeine Einwendungen erheben, die das Gewicht der Vertragsverletzung und die daraus zu ziehenden Konsequenzen betreffen. In die Sozialwahl nicht mit einzubeziehen sind schließlich solche Beschäftigten, deren Weiterbeschäftigung insbesondere wegen ihrer Kenntnisse, Fähigkeiten und Leistungen oder zur Sicherung einer ausgewogenen Personalstruktur der Dienststelle in berechtigtem dienstlichen Interesse liegt (§ 1 Abs. 3 Satz 2 KSchG).

10 b) Da die Personalvertretung im Rahmen von Abs. 1 Satz 3 Nr. 1 in der Lage sein muss zu prüfen, ob von seiten der Dienststelle beim Ausspruch dienstbedingter Kündigungen die richtige Auswahlentscheidung getroffen worden ist, hat der Dienststellenleiter sie darüber zu unterrichten, unter welchen Gesichtspunkten er die **Auswahlentscheidung** vorgenommen und weshalb er gerade die Arbeitnehmer ausgewählt hat, denen gekündigt werden soll (vgl. für das BetrVG: BAG v. 29. 3. 1984, BAGE 45, 277). Nur unter diesen Voraussetzungen kann die Personalvertretung die in Betracht kommenden sozialen Faktoren (Lebensalter, Unterhaltspflichten, Dauer der Dienststellenzugehörigkeit, evtl. Schwerbehinderteneigenschaft) prüfen und darüber befinden, ob sie von ihrem Zustimmungsverweigerungsrecht Gebrauch machen soll, so dass ihr sowohl die Auswahlkriterien als auch die **Sozialdaten** aufgrund der Auswahl nicht betroffener Arbeitnehmer mitzuteilen sind. Erfolgt eine entsprechende Mitteilung nicht, so führt dieser Mangel zur Unwirksamkeit der ausgesprochenen Kündigung (BAG v. 26. 10. 1995, BAGE 81, 199 = ZBR 1996, 268; vgl. auch Anm. 3). Dabei braucht die Personalvertretung aber nicht hinsichtlich anderer Arbeitnehmer Alternativen aufzuzeigen. Vielmehr muss sie lediglich darlegen, warum sie die vom Dienststellenleiter getroffene soziale Auswahl für fehlerhaft hält (Lorenzen u. a., § 79 Anm. 88).

10a c) Soziale Gesichtspunkte können bei einer Auswahlentscheidung dann zurücktreten, wenn der öffentliche Arbeitgeber ein berechtigtes Interesse an der **Erhaltung einer ausgewogenen Altersstruktur** hat. Dies gilt vor allen Dingen bei einer Massenentlassung z. B. auf Grund eines neuen Personalkonzepts; denn eine Auswahl allein nach sozialen Gesichtspunkten würde in solchen Fällen zu erheblichen Verschiebungen in der Altersstruktur führen (vgl. für das BetrVG: BAG v. 23. 11. 2000, BAGE 96, 306 = BB 2001, 1257 = DB 2001, 1042). Daher ist ein öffentlicher Arbeitgeber grundsätzlich berechtigt, in diesen Fällen Altersgruppen zu bilden und innerhalb dieser Altersgruppen eine Sozialauswahl vorzunehmen. Es kann nicht im öffentlichen Interesse liegen, wenn nach einer umfangreichen Entlassungswelle nur noch Beschäftigte tätig sind, die kurz vor Erreichen der Altersgrenze stehen; denn in diesem Fall müsste der öffentliche Arbeitgeber in kurzer Zeit einen erheblichen Teil von Berufsanfängern einstellen (BAG v. 6. 7. 2006, DB 2006, 2823).

8. Die Personalvertretung kann der Kündigung auch bei einem **Verstoß gegen eine Richtlinie i. S. von § 76 Abs. 2 Nr. 8** widersprechen (Abs. 1 Nr. 2). Richtlinien nach § 76 Abs. 2 Nr. 8 sind allgemeine Regelungen über die personelle Auswahl bei Einstellungen, Versetzungen, Umgruppierungen oder Kündigungen, mit denen u. a. festgelegt wird, bei welchen Voraussetzungen Kündigungen allgemein oder bei bestimmten Tätigkeiten in Betracht kommen. Im Falle des Widerspruchs muss die Personalvertretung die Richtlinie benennen. Sie muss Tatsachen darlegen, die es möglich erscheinen lassen, dass ein Verstoß gegen eine Richtlinie vorliegt. Unter Bezugnahme auf die Richtlinie kann die Personalvertretung die Sozialauswahl kritisieren und darlegen, dass der Dauer der Dienststellenzugehörigkeit, dem Lebensalter, dem Familienstand, der materiellen Stellung des Arbeitnehmers etc. nicht genügend Gewicht beigemessen worden ist. Allerdings muss die Richtlinie im Hinblick auf die Vorschrift des § 1 Abs. 3 Satz 1 KSchG über die soziale Auswahl bei Kündigungen zu den drei Grunddaten (Dienststellenzugehörigkeit, Lebensalter, Unterhaltsverpflichtungen) in ein ausgewogenes Verhältnis gesetzt werden, so dass eine Beschränkung alleine auf die Dauer der Dienststellenzugehörigkeit ohne Berücksichtigung von Lebensalter und Unterhaltsverpflichtungen unzulässig wäre (vgl. für das BetrVG: BAG v. 11. 3. 1976, BAGE 28,40, BB 1976, 883 = DB 1976, 1470; vgl. im Übrigen § 76 Anm. 46). 11

9. Die Personalvertretung kann einer Kündigung auch dann widersprechen, wenn der Arbeitnehmer, dem gekündigt werden soll, **an einem anderen Arbeitsplatz** entweder in derselben Dienststelle oder in einer anderen Dienststelle desselben Verwaltungszweiges an demselben Dienstort einschließlich seines Einzugsgebiets **weiterbeschäftigt werden kann** (Abs. 1 Nr. 3), sofern zwei Voraussetzungen erfüllt sind: 12

a) Es muss sich um einen anderen **Arbeitsplatz in derselben Dienststelle** oder in einer anderen Dienststelle desselben Verwaltungszweigs an demselben Dienstort einschließlich seines Einzugsgebiets handeln. Nicht erforderlich ist, dass die Möglichkeit zur Beschäftigung an dem selben Dienstort einschließlich des Einzugsgebiets besteht. Nebenstellen oder Teile einer Dienststelle nämlich können weit von dieser entfernt liegen (Altvater u. a., § 79 Anm. 13; Lorenzen u. a., § 79 Anm. 100; Richardi u. a., § 79 Anm. 77) Dies setzt voraus, dass die Dienststellen so miteinander verknüpft sind, dass eine gemeinsame übergeordnete Dienststelle vorhanden ist. Infolgedessen scheidet die Dienststelle eines anderen Verwaltungszweiges, zum Beispiel also eines anderen Bundesressorts, aus (Lorenzen u. a., § 79 Anm. 100). Die Personalvertretung kann aber darauf hinwirken, dass dem Arbeitnehmer ein freier Arbeitsplatz auch bei einer anderen Verwaltung zugewiesen wird. Insoweit steht der Personalvertretung aber nur eine Anregung zu. Da das Gesetz ausdrücklich von der Weiterbeschäftigung auf einem anderen Arbeitsplatz spricht, kann die Möglichkeit der Weiterbeschäftigung am bisherigen Arbeitsplatz nicht als Widerspruchsgrund angesehen werden (vgl. für das BetrVG: LAG Hamburg v. 27. 9. 1982, DB 1983, 126). Auch wenn das Gesetz von einer Weiterbeschäftigung auf einem anderen Arbeitsplatz spricht (Abs. 1 Nr. 3), kann eine Personalvertretung dennoch das Widerspruchsrecht auch darauf stützen, dass der betroffene Arbeitnehmer auf seinem bisherigen Arbeitsplatz weiterbeschäftigt werden kann. Wenn diese 12a

Möglichkeit tatsächlich besteht, dann ist die Sozialwidrigkeit der Kündigung offensichtlich und zwar noch deutlicher als bei einer Weiterbeschäftigung auf einem anderen Arbeitsplatz (Altvater u. a., § 79 Anm. 13 d; Lorenzen u. a., § 79 Anm. 104; aA Fischer u. a., § 79 Anm. 10 a).

12b b) Ferner muss die andere Dienststelle desselben Verwaltungszweiges am selben Dienstort, einschließlich des Einzugsgebiets, liegen, d. h. die Personalvertretung kann der Kündigung widersprechen, **wenn der Arbeitnehmer an einem anderen Dienstort,** wenn auch im selben Dienstzweig, **beschäftigt werden soll.** Der Leiter der Dienststelle muss, falls dies nach den Gegebenheiten möglich ist, nach dem Grundsatz der Verhältnismäßigkeit vor jeder Kündigung von sich aus dem Arbeitnehmer eine beiden Parteien zumutbare Weiterbeschäftigung auf einem freien Arbeitsplatz auch zu geänderten Bedingungen anbieten (BAG v. 27. 9. 1984, BAGE 47, 26 = BB 1985, 1130 = DB 1985, 1186). Die Personalvertretung muss darlegen, auf welchem freien Arbeitsplatz eine Weiterbeschäftigung möglich ist. Dabei hat sie den freien Arbeitsplatz zumindest in bestimmbarer Weise anzugeben; sie muss auch den Bereich bezeichnen, in dem eine anderweitige Beschäftigung möglich ist. Bei personen- oder verhaltensbedingten Kündigungen muss die Personalvertretung außerdem darlegen, dass die in der Person oder in dem Verhalten des Arbeitnehmers liegenden Gründe einer Weiterbeschäftigung nicht entgegenstehen (Lorenzen u. a., § 79 Anm. 103). Die Personalvertretung muss im Rahmen der Unterrichtung/Erörterung vom Dienststellenleiter Hinweise abfragen, die es ihr möglich machen, auf konkrete freie Arbeitsplätze verweisen zu können. Im Übrigen ist das Widerspruchsrecht in diesem Fall nicht von einer Einverständniserklärung des betroffenen Arbeitnehmers mit einer Weiterbeschäftigung abhängig (Lorenzen u. a., § 79 Anm. 107).

12c c) Wenn der öffentliche Arbeitgeber durch den ausdrücklichen oder konkludenten **Hinweis auf fehlende Weiterbeschäftigungsmöglichkeiten** auf die Sachlage aufmerksam macht, dann muss er der Personalvertretung nur dann weitere Auskünfte geben, wenn diese zuvor auf frei gewordene Arbeitsplätze hingewiesen hat. Für diesen Fall muss der öffentliche Arbeitgeber darlegen, warum aus seiner Sicht eine Weiterbeschäftigung auf dem benannten Arbeitsplatz nicht möglich ist. Ein lediglich pauschaler Hinweis auf fehlende Weiterbeschäftigungsmöglichkeiten ist nicht ausreichend (vgl. für das BetrVG: BAG v. 17. 2. 2000, BAGE 93, 366 = BB 2000, 1407 = DB 2000, 1130 = ZBVR 2000, 154).

13 10. Die Vorschrift, nach der die Personalvertretung der Kündigung widersprechen kann, wenn die **Weiterbeschäftigung nur nach Durchführung von Umschulungs- und Fortbildungsmaßnahmen** möglich ist (Abs. 1 Nr. 4), entspricht § 102 Abs. 3 Nr. 4 BetrVG. Wesentlich ist, dass die Umschulungs- oder Fortbildungsmaßnahmen für den Arbeitnehmer wie für den öffentlichen Arbeitgeber zumutbar sind (Fischer u. a., § 79 Anm. 12; aA Lorenzen u. a., § 79 Anm. 111; Richardi u. a., § 79 Anm. 79, wonach sich die Zumutbarkeit nur auf die Zumutbarkeit für die Dienststelle bezieht). Deshalb muss die zuständige Personalvertretung zunächst einmal darlegen, welche zumutbaren Umschulungs- und Fortbildungsmaßnahmen aus ihrer Sicht in Betracht kommen und welcher freie Arbeitsplatz nach den entsprechenden Maßnahmen mit dem betroffenen Arbeitnehmer besetzt werden kann. Wenn die Weiterbeschäftigung nur nach Durchführung von Maßnahmen möglich ist, die keinen angemessenen Fortschritt des Kenntnisstandes mit sich bringen oder aber nicht in angemessener Zeit durchführbar sind, so ist die ordentliche Kündigung nicht sozial ungerechtfertigt. Sind allerdings Umschul-

ungs- oder Fortbildungsmaßnahmen möglich, die dem Bildungsstand des Arbeitnehmers entsprechen, wäre es für ihn unzumutbar, auf andere, zeitlich und bildungsmäßig unangemessene Maßnahmen verwiesen zu werden. Allerdings müssen die Umschulungs- oder Fortbildungsmaßnahmen in einem angemessenen finanziellen Rahmen verbleiben. Im Übrigen muss der betroffene Arbeitnehmer der Umschulung oder Fortbildung zustimmen, bevor die Personalvertretung der beabsichtigten Kündigung widerspricht (Fischer u. a., § 79 Anm. 12; Lorenzen u. a., aaO)

11. a) Die Personalvertretung kann darüber hinaus der Kündigung widersprechen, wenn die Weiterbeschäftigung **unter geänderten**, d. h. regelmäßig für den Arbeitnehmer verschlechterten **Bedingungen** möglich ist (Abs. 1 Nr. 5; Änderungskündigung; Anm. 7). Die Einwendungen der Personalvertretung setzen voraus, dass dem Arbeitnehmer eine Weiterbeschäftigung unter geänderten Vertragsbedingungen angeboten worden ist und dieser hierzu sein Einverständnis erklärt hat. Wenn allerdings der Arbeitnehmer die vom Arbeitgeber angebotene Vertragsänderung ablehnt und der Arbeitgeber daraufhin eine Änderungskündigung beabsichtigt, so kommt § 79 (evtl. neben § 75 Abs. 1 Nr. 2) in Betracht. 14

b) Die Einwendungen stehen stets in einem **Subsidiaritätsverhältnis** zu Abs. 1 Satz 3 Nr. 3 und 4 (Altvater u. a., § 79 Anm. 14; aA Lorenzen u. a., § 79 Anm. 114). Nr. 3 kommt nur in Betracht, wenn eine Umsetzung oder Versetzung ohne eine wesentliche Änderung der Arbeitsbedingungen möglich ist. Ist dagegen eine Weiterbeschäftigung nur nach vorheriger Durchführung von Umschulungs- oder Fortbildungsmaßnahmen möglich, so können die Einwendungen nur auf Nr. 4 gestützt werden. Erst wenn die Weiterbeschäftigung auch unter diesen Voraussetzungen zu vergleichbaren Vertragsbedingungen nicht möglich ist, kann ein Widerspruch auf Nr. 5 gestützt werden (aA Lorenzen u. a., aaO). Auch für diesen Fall muss ein freier Arbeitsplatz bestehen, der auch bei einer anderen Dienststelle desselben Verwaltungszweiges an demselben Dienstort einschließlich des Einzugsgebiets gelegen sein kann. Dort können die Arbeitsbedingungen im Vergleich zum bisherigen Arbeitsplatz ungünstiger sein. Das Einverständnis des betroffenen Arbeitnehmers muss vorliegen (Lorenzen u. a., § 79 Anm. 117). 15

Die Mitteilung des Dienststellenleiters über seine Kündigungsabsicht, über die Gründe sowie über sonstige Umstände, die seiner Meinung nach eine Kündigung rechtfertigen, hat grundsätzlich gegenüber dem zuständigen Personalratsvorsitzenden, im Falle seiner Verhinderung gegenüber dem Stellvertreter zu erfolgen (Lorenzen u. a., § 79 Anm. 50). Eine Anwesenheit im Rahmen der Erörterung ist Pflicht des Dienststellenleiters bzw. seines ständigen Vertreters (bei einer obersten Dienstbehörde auch des Leiters der Abteilung für Personal- und Verwaltungsangelegenheiten, bei Bundesoberbehörden bzw. Behörden der Mittelstufe auch des jeweils entsprechenden Abteilungsleiters; in diesem Fall ist eine Vertretungsbefugnis aber nur dann gegeben, wenn der Dienststellenleiter selbst verhindert ist; vgl. im Übrigen § 72 Anm. 4,8). 15c

12. Die Entscheidung über die beantragte Zustimmung zu einer Kündigung ist keine Entscheidung im Rahmen der Führung der laufenden Geschäfte, so dass einem telefonisch gestellten Zustimmungsantrag seitens des Dienststellenleiters der Personalratsvorsitzende nicht „spontan“ zustimmen und der Dienststellenleiter nicht auf die Wirksamkeit einer solchen Zustimmung vertrauen kann. Die **Personalvertretung entscheidet durch Beschluss** (§ 37). 16

Nach gemeinsamer Beratung sind die Vertreter der Gruppe des betroffenen Arbeitnehmers zur Beschlussfassung berechtigt (§ 38 Abs. 2; Lorenzen u. a., § 79 Anm. 62). Wird die abschließende Stellungnahme der Personalvertretung zu der Kündigungsabsicht des Dienststellenleiters entgegen zwingender gesetzlicher Regelung (§ 32 Abs. 3 Satz 2) lediglich durch ein gruppenfremdes Personalratsmitglied unterzeichnet, so macht dies die Anhörung nicht unwirksam (BAG v. 13. 6. 1996, PersV 1998, 205).

17 13. Die Dienststelle muss von Amts wegen der Personalvertretung Gelegenheit geben, Einwendungen zu erheben, bevor sie die Kündigung ausspricht. Daher müssen der Dienststellenleiter bzw. sein ständiger Vertreter der Personalvertretung die Person des zu kündigenden Arbeitnehmers sowie den Kündigungstermin nennen und die Kündigungsgründe unter näherer Umschreibung des ihnen zugrundeliegenden Sachverhalts mitteilen. Wenn er dieser **Mitteilungspflicht vor Ausspruch der Kündigung** nicht nachkommt, so ist die Kündigung trotz Zustimmung der Personalvertretung unwirksam (BAG v. 5. 2. 1981, DB 1982, 1171). Gleiches gilt für den Fall, dass statt der zuständigen eine unzuständige Personalvertretung (z. B. Gesamtpersonalrat) beteiligt worden ist (BAG v. 3. 2. 1982, PersV 1982, 503 m. Anm. v. Widmaier). Der Dienststellenleiter muss der Personalvertretung nicht nur auf deren Verlangen, sondern von sich aus von vorneherein die Gründe mitteilen, die ihn zur Kündigung veranlasst haben (BAG v. 29. 3. 1984, BAGE 45, 277 = BB 1984, 1426 = DB 1984, 1887; vgl. auch Anm. 3). Zur Erörterung ist grundsätzlich nur der Dienststellenleiter berechtigt, im Falle seiner Verhinderung tritt an seine Stelle der ständige Vertreter (BAG v. 21. 7. 1977, PersV 1979, 433). Selbstverständlich aber darf ein Dienststellenleiter zur Erörterung auch andere Beschäftigte (u. a. Personalsachbearbeiter) zur Sachaufklärung hinzuziehen (Scholz, PersV 1979, 221). Die Personalvertretung kann eine Erörterung nur bis zum Ablauf von 10 Arbeitstagen (§ 72 Abs. 2) verlangen (BVerwG v. 27. 1. 1995, BVerwGE 97, 349 = Leits. ZBR 1995, 319 = PersV 1995, 443 = ZfPR 1995, 80). Eine (Änderungs-)Kündigung ist unwirksam, wenn eine Personalvertretung fristgerecht Einwendungen erhoben, der Dienststellenleiter aber die Erörterung mit der Personalvertretung unterlassen hat (BAG v. 20. 1. 2000, Leits. BB 2000, 728).

18 14. Die Personalvertretung muss ihre Einwendungen innerhalb der Äußerungsfrist von zehn Arbeitstagen (§ 72 Abs. 2) schriftlich (ein Fax ist ausreichend) erheben und begründen. Dies bedeutet, dass konkrete Tatsachen vorgetragen werden müssen, die es als wahrscheinlich erscheinen lassen, dass einer der in Abs. 1 aufgeführten Widerspruchsgründe vorliegt. Andernfalls nämlich hätte der Dienststellenleiter keine Möglichkeit, die von ihm bisher eingenommene Position dahingehend zu überprüfen, ob er den Einwendungen entsprechen soll (vgl. Abs. 3 sowie Anm. 27). Die Äußerungsfrist beginnt mit dem Tag nach dem Abschluss der Erörterung, es sei denn, dass der öffentliche Arbeitgeber die Personalvertretung nicht zu einer Erörterung der Kündigungsabsicht aufgefordert hat. In diesem Fall beginnt die Äußerungspflicht nicht zu laufen, da die Aufforderung zur Erörterung zur ordnungsgemäßen Einleitung des Mitwirkungsverfahrens gehört (Lorenzen u. a., § 79 Anm. 60; Riedmaier, PersV 1993, 145, 160). **Widerspricht die Personalvertretung** der beabsichtigten Kündigung **nicht innerhalb einer Frist von zehn Arbeitstagen** (§ 72 Abs. 2 Satz 1; Ausschlussfrist, vgl. § 69 Anm. 9 ff., § 72 Anm. 9), so gilt die beabsichtigte Kündigung gemäß § 72 Abs. 2 als gebilligt. Die Frist beginnt mit dem Tag der Unterrichtung der Personalvertretung durch den Dienststellenleiter bzw. seinen ständigen Vertreter. Innerhalb der Frist kann die Personalvertretung eine mündliche Erörterung sowie weitere

Informationen verlangen. Sie kann Einwendungen erheben, Gegenvorschläge machen und versuchen, mit dem Dienststellenleiter zu einer einvernehmlichen Lösung zu kommen. Die Erörterung selbst führt nicht zu einer Unterbrechung oder Hemmung der Äußerungsfrist (BVerwG v. 27. 1. 1995, BVerwGE 97, 349 = Leits. ZBR 1995, 319 = PersV 1995, 443 = ZfPR 1995, 80). Bei einem von der Personalvertretung behaupteten Verstoß des Arbeitgebers gegen eine Auswahlrichtlinie nach § 76 Abs. 2 Nr. 8 (Abs. 1 Satz 3 Nr. 2) muss der behauptete Verstoß konkret dargelegt werden. Erhebt die Personalvertretung gegen die Kündigung aus den in Nr. 3 bis 5 genannten Gründen aber Einwendungen, so schlägt sie gleichzeitig eine Versetzung, Umsetzung oder Rückgruppierung vor. Diese Maßnahmen können dem Mitbestimmungsrecht der Personalvertretung nach § 75 Abs. 1 Nr. 2 oder 3 unterliegen. Die Weiterbeschäftigung bei einer anderen Dienststelle unterfällt stets der Mitbestimmung (§ 75 Abs. 1 Nr. 3). Ein Widerspruch im Rahmen der Nr. 3 (Weiterbeschäftigung in derselben Dienststelle) setzt dagegen kein Beteiligungsverfahren in Gang. Bei einer Umsetzung kommt ein Mitbestimmungsrecht der Personalvertretung nur in Betracht, wenn die Umsetzung innerhalb der Dienststelle mit einem Wechsel des Dienstortes einschließlich des Einzugsgebietes verbunden ist. Wird die Weiterbeschäftigungsmöglichkeit in einer anderen Dienststelle für gegeben angesehen, so muss die Personalvertretung den Arbeitsplatz konkret bezeichnen, auf dem der betreffende Arbeitnehmer weiterbeschäftigt werden kann. Ist nach Auffassung der Personalvertretung „die Weiterbeschäftigung des Arbeitnehmers nach zumutbaren Umschulungs- oder Fortbildungsmaßnahmen möglich“ (Abs. 1 Satz 3 Nr. 4), so sind die entsprechenden Maßnahmen und die daraus folgenden Möglichkeiten zu umschreiben. Wenn die Personalvertretung Einwendungen nach Abs. 1 Satz 3 Nr. 5 erhebt, also behauptet, dass „die Weiterbeschäftigung des Arbeitnehmers unter geänderten Vertragsbedingungen möglich ist und der Arbeitnehmer sein Einverständnis hiermit erklärt“, so muss sie ebenfalls konkret die entsprechenden Vertragsbedingungen benennen.

15. Wenn der Leiter der Dienststelle den Einwendungen der Personalver- 19
tretung nicht oder nicht in vollem Umfang entsprechen will, so kann die **Kündigung vor Abschluss des Mitwirkungsverfahrens nicht wirksam** werden. Die Personalvertretung kann die Angelegenheit der übergeordneten Dienststelle zur Entscheidung vorlegen (vgl. § 72 Abs. 4). Diese hat dann die bei ihr bestehende Stufenvertretung zu beteiligen. Kommt es auch auf dieser Ebene nicht zu einer Einigung, dann ist die Stufenvertretung zur Anrufung einer eventuell bestehenden höheren Instanz berechtigt. Die oberste Dienstbehörde entscheidet endgültig (vgl. § 72 Abs. 4). Wenn aber eine Mitwirkung der Personalvertretung unterblieben ist, so kann sie noch während des Widerspruchsverfahrens nachgeholt werden, „weil die besondere förmliche und mit längeren Fristen ausgestaltete Mitwirkung auch in dem späteren Stadium noch eine echte Einwirkungsmöglichkeit der Personalvertretung gewährt“ (BVerwG v. 9. 5. 1985, ZBR 1985, 347).

16. Ob der Beschluss der Personalvertretung auf gesetzmäßige Weise zu- 20
standegekommen ist, kann der Leiter der Dienststelle regelmäßig nicht nachprüfen. Jedoch hat er sowohl das Recht wie die Pflicht zur Nachprüfung, wenn die **Stellungnahme der Personalvertretung evident gesetzwidrig** ist (VG Düsseldorf v. 3. 4. 1973, PersV 1974, 20). Wenn daher ein einzelnes Personalratsmitglied vor Fristablauf eine Stellungnahme zu einer vorgesehenen Kündigung zu einer Zeit mitteilt, zu der der Dienststellenleiter weiß oder nach den Umständen annehmen muss, dass die Personalvertretung sich noch

nicht mit der Angelegenheit befasst hat, dann ist die Anhörung noch nicht vollzogen (BAG v. 28. 3. 1974, BAGE 26, 102 = BB 1974, 979 = DB 1974, 1438). Wenn die Stellungnahme der Personalvertretung, mit der sie der Kündigung zugestimmt hat, dem Kündigungsgegner nicht zugegangen ist, ist eine nochmalige Anhörung dann nicht erforderlich, wenn sie in engerem zeitlichen Zusammenhang ausgesprochen und auf denselben Sachverhalt gestützt wird (vgl. für das BetrVG: BAG v. 11. 10. 1989, BB 1990, 1701 = DB 1990, 1974; vgl. auch Anm. 27).

20a a) Werden im Rahmen des Erörterungsverfahrens entweder von Seiten des Dienststellenleiters oder der Personalvertretung Beschwerden oder Behauptungen tatsächlicher Art vorgetragen, die für den betroffenen Arbeitnehmer ungünstig oder nachteilig sind, dann ist diesem **Gelegenheit zur Äußerung** zu geben (§ 72 Abs. 2 Satz 3 i. V. mit § 69 Abs. 2 Satz 6; Lorenzen u. a., § 79 Anm. 64). Eventuelle Äußerungen des betroffenen Arbeitnehmers sind von der Personalvertretung aktenkundig zu machen. Als Ausfluss der Fürsorgepflicht ist ein Dienststellenleiter ebenfalls verpflichtet, den Arbeitnehmer zu Behauptungen tatsächlicher Art, die für diesen ungünstig sind oder ihm nachteilig werden können, anzuhören und die Gegenäußerung aktenkundig zu machen. Diese Pflicht zur Anhörung kann nicht dann entfallen, wenn der Sachverhalt „offen zu Tage liegt“, da regelmäßig unterschiedliche Interpretationen des jeweiligen Sachverhalts vorgenommen werden dürften, und es deshalb schon im Hinblick auf ein mögliches späteres arbeitsgerichtliches Verfahren zweckmäßig ist, Gegenäußerungen des Arbeitnehmers schriftlich niederzulegen.

21 17. Wird dem Arbeitnehmer trotz der Einwendungen der Personalvertretung gekündigt, so ist dem Betroffenen eine **Abschrift der Stellungnahme** der Personalvertretung zusammen mit der Kündigung zuzuleiten (Abs. 1 Satz 4). Dadurch soll der Arbeitnehmer in die Lage versetzt werden, die Aussichten einer Kündigungsschutzklage abschätzen und sich eventuell in dem arbeitsgerichtlichen Verfahren auf die Einwendungen der Personalvertretung stützen zu können (vgl. BT-Drucks. VI/1786 S. 52 zu § 102 BetrVG). Der Leiter der Dienststelle ist der Pflicht, dem betroffenen Arbeitnehmer eine **Abschrift der Stellungnahme der Personalvertretung** zusammen mit der Kündigung zuzuleiten, aber für den Fall enthoben, dass sich im Laufe des Mitwirkungsverfahrens eine Einigung zwischen den beteiligten Personalverfassungsorganen ergibt. Falls ein zur Vorlage der Abschrift der Stellungnahme der Personalvertretung verpflichteter Dienststellenleiter dieser Verpflichtung nicht nachkommt, kann der betroffene Arbeitnehmer seinen Anspruch im Klagewege durchsetzen, sofern er die Wirksamkeit der Kündigung angreift. Eine Kündigung wird aber nicht dadurch unwirksam, dass der Dienststellenleiter die Abschrift der Stellungnahme der Personalvertretung dem betroffenen Arbeitnehmer nicht oder nicht rechtzeitig zuleitet. Wohl aber kann ein Schadensersatzanspruch u. a. dann in Betracht kommen, wenn der Arbeitnehmer bei Kenntnis der Stellungnahme der Personalvertretung Kündigungsschutzklage erhoben hätte (Lorenzen u. a., § 79 Anm. 148).

III. Weiterbeschäftigung

22 1. Nach Abs. 2 ist der Arbeitgeber zur **Weiterbeschäftigung eines Arbeitnehmers** über die Kündigungsfrist hinaus bis zum rechtskräftigen Abschluss des Rechtsstreits bei unveränderten Arbeitsbedingungen verpflichtet, wenn die Personalvertretung gegen die ordentliche Kündigung Einwendungen innerhalb der Äußerungsfrist (zehn Arbeitstage, § 72 Abs. 2 Satz 1) nach Abs. 1

Satz 3 Nr. 1 bis 5 unter Angabe konkreter Tatsachen begründet geltend gemacht und der Arbeitnehmer Klage nach dem Kündigungsschutzgesetz auf Feststellung erhoben hat, dass das Arbeitsverhältnis durch die Kündigung nicht aufgelöst ist. Damit soll dem Arbeitnehmer der Arbeitsplatz so lange tatsächlich erhalten bleiben, wie über die Berechtigung der Kündigung noch nicht verbindlich entschieden worden ist (vgl. BT-Drucks. VI 2/729, S. 7, 31). Der Arbeitnehmer muss in jedem Fall den **Wunsch zur Weiterbeschäftigung** eindeutig und unverzüglich, spätestens am ersten Tag nach Ablauf der Kündigungsfrist, erklären (vgl. für das BetrVG: BAG v. 11. 5. 2000, BAGE 94, 313 = BB 2000, 2470 = DB 2000, 1132 = Leits. ZBVR 2000, 256). Dabei muss sich der Arbeitnehmer auf die Sozialwidrigkeit der Kündigung berufen. Er muss die Kündigungsschutzklage innerhalb von drei Wochen nach Zugang der Kündigung erheben (§ 4 KSchG), weil sonst die Kündigung als von Anfang an rechtswirksam gilt und eine Weiterbeschäftigung nicht in Betracht kommt (vgl. § 7 KSchG). Nur dann, wenn zwingende dienstliche Gründe einer Weiterbeschäftigung entgegenstehen und wenn der betroffene Arbeitnehmer kein vorrangig berechtigtes Interesse an einer tatsächlichen Weiterbeschäftigung geltend machen kann, kann der Anspruch auf Beschäftigung bei Fortbestehen des Lohnanspruchs entfallen (Lorenzen u. a., § 79 Anm. 166). Die Personalvertretung muss ihrerseits Einwendungen nach Abs. 1 Satz 3 erhoben und ausreichend konkretisiert haben. Letzteres ist dann nicht der Fall, wenn die Personalvertretung sich nicht auf einen der in Abs. 1 genannten Widerspruchsgründe bezieht. Wenn der Kündigung beispielsweise mit dem Hinweis einer Weiterbeschäftigungsmöglichkeit auf dem bisherigen Arbeitsplatz widersprochen wird, dann ist ein solcher Widerspruch unwirksam; denn Abs. 1 Nr. 3 spricht ausdrücklich von der Weiterbeschäftigung auf einem anderen Arbeitsplatz (vgl. für das BetrVG: BAG v. 12. 9. 1985, BB 1986, 802 = DB 1986, 752)

2. Hat der Arbeitnehmer die **aufschiebende Wirkung** ausdrücklich verlangt, 23
so wirkt sie bis zum rechtskräftigen Abschluss des Verfahrens vor dem Arbeitsgericht. Der öffentliche Arbeitgeber muss den Arbeitnehmer „bei unveränderten Arbeitsbedingungen (Arbeitsentgelt, -zeit, -platz) weiterbeschäftigen“. Diese Wirkung tritt kraft Gesetzes und ohne ausdrückliche Entscheidung des Arbeitsgerichts ein. Über die gesetzliche Regelung hinaus besteht ein Anspruch auf Weiterbeschäftigung nicht. Wird der Arbeitnehmer vorläufig weiterbeschäftigt, so bleibt er bei den Personalratswahlen wahlberechtigt und wählbar.

3. Abs. 2 Satz 2 regelt die Rechte des Arbeitgebers für den Fall, dass die 24
Voraussetzungen für eine Entbindung von der Weiterbeschäftigungspflicht gegeben sind. Der Arbeitgeber kann bei dem für die Hauptsache (Kündigungsschutzklage) zuständigen Arbeitsgericht eine **einstweilige Verfügung** (§ 937 Abs. 1 ZPO) beantragen. Über diesen Antrag kann das Arbeitsgericht in dringenden Fällen ohne mündliche Verhandlung durch den Vorsitzenden entscheiden (§ 937 Abs. 2 i. V. mit § 944 ZPO). Die Entbindung von der Weiterbeschäftigungspflicht wird, falls das Gericht dem Antrag stattgibt, mit der Verkündung des Urteils, das nach mündlicher Verhandlung ergeht, oder mit der Zustellung des Beschlusses, der ohne mündliche Verhandlung gefasst worden ist, wirksam. Für den Fall der Aufhebung der im einstweiligen Verfügungsverfahren ergangenen Entbindung von der Weiterbeschäftigungspflicht durch das Rechtsmittelgericht können **Schadensersatzansprüche** des Arbeitnehmers nach § 945 ZPO nicht in Betracht kommen (Lorenzen u. a., § 79 Anm. 183).

25 a) Eine einstweilige Verfügung kann ferner erlassen werden, wenn die Weiterbeschäftigung des Klägers zu einer **unzumutbaren wirtschaftlichen Belastung des Arbeitgebers** führen würde (§ 1 Abs. 2 Satz 1 und Abs. 2 Satz 1 KSchG). Wenn schon im Bereich der Wirtschaft die Weiterbeschäftigung des Klägers „nur ganz ausnahmsweise" zu einer unzumutbaren Belastung des Arbeitgebers führen wird (vgl. für das BetrVG: ArbG Berlin v. 5. 1. 1973, DB 1973, 192), so wird diese Erwägung für die öffentliche Verwaltung trotz deren Pflicht zur sparsamen Verwendung öffentlicher Mittel erst recht zu gelten haben (so im Ergebnis auch Fischer u. a., § 79 Anm. 19). Wenn ein Arbeitsgericht den Dienstherrn von der Weiterbeschäftigungspflicht nach Abs. 2 entbindet, so bleibt der Anspruch des betroffenen Beschäftigten für die Zeit bis zur Entbindungsentscheidung hinsichtlich der angefallenen Vergütungsansprüche unberührt (BAG v. 7. 3. 1996, BB 1996, 1721 = DB 1996, 1985).

26 b) Die einstweilige Verfügung kann erlassen werden, wenn der **Widerspruch der Personalvertretung „offensichtlich unbegründet"** war. Da Dienststelle und Personalvertretung „unter Beachtung der Gesetze und Tarifverträge" zusammenzuarbeiten (§ 2 Abs. 1) und über die Behandlung der Beschäftigten „nach Recht und Billigkeit" zu wachen haben (§ 67 Abs. 1 Satz 1), kann die Personalvertretung zunächst nur solche Einwendungen erheben, die auf rechtlich anzuerkennende Gründe gestützt sind. Offensichtlich unbegründet ist ein Widerspruch der Personalvertretung dann, „wenn die Grundlosigkeit sich bei unbefangener Beurteilung geradezu aufdrängt" (vgl. für das BetrVG: LAG München v. 5. 10. 1994, LAGE § 102 BetrVG 1972 Beschäftigungspflicht Nr. 19) oder „wenn der Peronalrat für seine Beurteilung keinerlei Anhaltspunkte gehabt hat" (ArbG Ludwigsburg v. 6. 4. 1972, BB 1972, 495).

IV. Anhörung der Personalvertretung vor fristlosen Entlassungen und außerordentlichen Kündigungen (Abs. 3)

27 1. a) Abs. 3 regelt die **Anhörung** der Personalvertretung vor bestimmten Formen der Beendigung des Arbeitsverhältnisses; das Anhörungsverfahren selbst ist gesetzlich nicht geregelt. Mit der Anhörung soll der Personalvertretung Gelegenheit gegeben werden, auf den Willen des Dienststellenleiters einzuwirken und ihn unter Umständen dadurch von seiner Kündigungsabsicht abzubringen, dass sie Gegengründe vorträgt (vgl. für das BetrVG: BAG v. 8. 4. 2003, Leits. BB 2003, 2132; vgl. auch Anm. 3 a). Die Anhörung bezieht sich auf fristlose Entlassungen von Beamten auf Probe und Beamten auf Widerruf (§§ 31 Abs. 4, 32 BBG) und auf außerordentliche Kündigungen. Bei einer fristlosen Entlassung handelt es sich um einen Verwaltungsakt, der zur Beendigung des Beamtenverhältnisses führt und die mit sofortiger Wirkung eintreten soll. Sie ist nur zulässig bei Vorliegen eines wichtigen Grundes, der dem (öffentlichen) Arbeitgeber unter Berücksichtigung aller Umstände des Einzelfalls und unter Abwägung der Interessen beider Vertragsteile eine Fortsetzung des Beschäftigungsverhältnisses bis zur vereinbarten Beendigung oder bis zum Erreichen der Altersgrenze nicht zumutbar sein lässt (vgl. u. a. BAG v. 17. 2. 1994, BAGE 76, 35 = BB 1994, 1148 = DB 1994, 1477). Mit der außerordentlichen Kündigung will ein Dienststellenleiter zum Ausdruck bringen, dass er sich angesichts der von ihm dargestellten Umstände nicht an die maßgebenden Kündigungsfristen halten will. Auch die fristlose Entlassung von Beamten, die einen Verwaltungsakt darstellt, wird von der Vorschrift erfasst. Falls gleichzeitig mit der außerordentlichen Kündigung vorsorglich eine ordentliche Kündigung ausgesprochen wird, so ist für diese das Mitwirkungsverfahren, für die außerordentliche Kündigung das Anhörungsverfahren durchzuführen (vgl.

Anm. 3). Wenn ein Dienststellenleiter einem Beschäftigten außerordentlich kündigen möchte und diese Absicht hilfsweise mit einer ordentlichen Kündigung verbindet, so erfolgt dann keine Beteiligung an der ordentlichen Kündigung, wenn die Personalvertretung die Zustimmung zur außerordentlichen Kündigung verweigert. Wenn eine außerordentliche fristlose Kündigung in eine außerordentliche Kündigung mit notwendiger Auslaufzeit umgedeutet werden soll, dann ist eine Beteiligung der Personalvertretung nach den für eine ordentliche Kündigung geltenden Bestimmungen erforderlich (BAG v. 18. 10. 2000, BAGE 96, 65 = BB 2001, 418 = DB 2001, 338 = Leits. ZBVR, 2001, 84; Wahlers, PersV 2006, 404, 406).

b) Hat die Personalvertretung Bedenken gegenüber der beabsichtigten au- **27a**
ßerordentlichen Kündigung, die auf einen aktuellen Sachverhalt bezogen sein muss, so hat sie diese spätestens innerhalb einer **Frist von drei Arbeitstagen** dem Dienststellenleiter schriftlich mitzuteilen. Da es sich um eine gesetzliche Frist handelt, ist eine Fristverlängerung nicht möglich (Fischer u. a., § 79 Anm. 22; Lorenzen u. a., § 79 Anm. 131; Richardi u. a., § 79 Anm. 137). Fällt der letzte Tag der Anhörungsfrist auf einen Sonntag, so läuft die Frist erst mit dem nächstfolgenden Werktag ab (LAG Köln v. 22. 6. 1989, ZTR 1989, 456). Die Erklärung der Personalvertretung, der außerordentlichen Kündigung nicht zuzustimmen, ist dann nicht ausreichend, wenn sie im Fall der Kündigung eines Arbeitnehmers allein vom Vorsitzenden der Personalvertretung, einem Arbeitnehmer, unterzeichnet ist. In diesem Fall nämlich ist es dem Dienststellenleiter nicht möglich zu überprüfen, ob die Personalvertretung bei ihrer Beschlussfassung erkannt hat, dass es sich um eine Gruppenangelegenheit handelt (LAG Kiel v. 4. 1. 1990, PersR 1990, 194; vgl. hierzu auch § 32 Anm. 35). Die entsprechende Erklärung der Personalvertretung ist unwirksam und für den Dienststellenleiter unbeachtlich (BAG v. 13. 10. 1982, PersR 1984, 15). Sinn der Vorschrift ist es, dem Dienststellenleiter die Bedenken der Personalvertretung zur Kündigungsabsicht darzulegen, damit er vor Ausspruch der Kündigung diese Bedenken noch berücksichtigen kann (BAG v. 14. 3. 1979, BAGE 31, 343 = PersV 1980, 241; BAG v. 24. 8. 1989, PersR 1990, 67; LAG Stuttgart v. 25. 9. 1993, Leits. ZfPR 1994, 162; vgl. Anm. 3a, 27). Deshalb hat der Leiter einer Dienststelle der Personalvertretung alle maßgeblichen Kündigungstatsachen ebenso wie solche Umstände, die gegen eine Kündigung sprechen, darzulegen (vgl. für das BetrVG: BAG v. 2. 11. 1983, BAGE 44, 201 = DB 1984, 407; BAG v. 31. 8. 1989, PersV 1990, 355 = Leits. ZfPR 1991, 115). Der Personalvertretung sind allerdings nur diejenigen Gründe mitzuteilen, die aus der subjektiven Sicht des (öffentlichen) Arbeitgebers die Kündigung rechtfertigen und die für den Kündigungsentschluss maßgebend sind. Dabei sind grundsätzlich Tatsachen anzugeben, die für den Kündigungsentschluss ursächlich sind. Die Personalvertretung muss ohne zusätzliche eigene Nachforschungen die Stichhaltigkeit der vom (öffentlichen) Arbeitgeber angegebenen Kündigungsgründe prüfen können. Wenn objektiv kündigungsrechtlich erhebliche Tatsachen der Personalvertretung nicht mitgeteilt werden, weil die Kündigung darauf nicht gestützt wird, dann ist einer ordnungsgemäßen Anhörung Rechnung getragen (vgl. für das BetrVG: BAG v. 7. 11. 2002, DB 2003, 724 = ZBVR 2003, 122). Wenn aber ein Dienststellenleiter über seinen Kündigungsentschluss unrichtig oder unvollständig informiert, so ist dies wie eine Nichtinformation zu behandeln, so dass ein solches Vorgehen zur Unwirksamkeit der Kündigung wegen Fehlerhaftigkeit des Anhörungsverfahrens führt (vgl. für das BetrVG: LAG Köln v. 5. 6. 2001, Leits. PersV 2002, 78; vgl. auch Wahlers, PersV 2006, 404, 411).

27b c) Der Dienststellenleiter muss die beabsichtigte Beendigung des Arbeitsverhältnisses der Personalvertretung **amtlich aktenkundig mitteilen und begründen.** Der Aufforderung der Personalvertretung zur Begründung bedarf es (anders als in § 69 Abs. 2 Satz 2) nicht; der Dienststellenleiter muss die Begründung von sich aus anbieten. Dabei sind die Person des Beschäftigten, dem gekündigt werden soll, die Art der Kündigung und der Kündigungstermin genau zu bezeichnen (vgl. für das BetrVG: BAG v. 28. 2. 1974, BAGE 26, 27 = BB 1974, 836 = DB 1974, 1294). Diese Unterrichtungspflicht ergibt sich aus der Verpflichtung des Dienststellenleiters zur eingehenden Erörterung der beabsichtigten Kündigung mit der Personalvertretung (BAG v. 23. 9. 1993, ZTR 1994, 172). Auch von einer Gegendarstellung des Arbeitnehmers ist die Personalvertretung zu unterrichten (BAG v. 31. 8. 1989, PersV 1990, 355). Daher ist die Personalvertretung auch vom Ergebnis einer Anhörung zu informieren, die der öffentliche Arbeitgeber mit einem Arbeitnehmer durchgeführt hat, demgegenüber eine außerordentliche Verdachtskündigung wegen Untreue ausgesprochen werden soll (LAG Frankfurt v. 12. 11. 1992, Leits. BB 1993, 1009). Infolgedessen genügt eine nur pauschale, schlagwort- oder stichwortartige Bezeichnung des Kündigungsgrundes ebensowenig wie die Mitteilung eines Werturteils ohne die Angabe der für die Bewertung maßgebenden Tatsachen (vgl. für das BetrVG: BAG v. 13. 7. 1978, BAGE 31, 1 = BB 1979, 322). Es genügt aber in der Regel die **Mitteilung der „wesentlichen Gründe“** für die Kündigung (vgl. für das BetrVG: BAG v. 18. 12. 1980, BAGE 34, 309 = BB 1981, 185 = DB 1381, 1624). Daher ist eine Beschränkung auf Kerndaten (Alter, Dienststellenzugehörigkeit, Familienstand, Unterhaltspflichten) zulässig (vgl. für das BetrVG: LAG Köln v. 19. 11. 1999, PersR 2000, 474); im Übrigen besteht die Mitteilungspflicht des Arbeitgebers in dem gleichen Umfang wie bei einer ordentlichen Kündigung (vgl. Anm. 3 ff.). Keine ordnungsgemäße Anhörung der Personalvertretung ist dann gegeben, wenn ein Dienststellenleiter bewusst Tatsachen verschweigt, die gegen eine außerordentliche Kündigung sprechen (vgl. für das BetrVG: BAG v. 18. 5. 1994, BAGE, 77, 13 = BB 1994, 1783 = DB 1994, 1984; BAG v. 22. 9. 1994, BAGE 78, 39 = Leits. BB 1995, 363 = DB 1995, 477). Andererseits aber braucht der Leiter einer Dienststelle beispielsweise nicht sämtliche Konsequenzen krankheitsbedingter Fehlzeiten auf die dienstlichen Abläufe darzulegen, wenn Fehlzeiten von durchschnittlich 40 % vorliegen (vgl. für das BetrVG: LAG Düsseldorf v. 21. 10. 1982, DB 1983, 723). Wohl aber ist der Dienststellenleiter grundsätzlich verpflichtet, bei einer Kündigung wegen häufiger Kurzerkrankungen nicht nur die bisherigen Fehlzeiten und die Art der Erkrankung mitzuteilen, sondern auch auf die wirtschaftlichen Belastungen und Betriebsbeeinträchtigungen, die infolge der Fehlzeiten entstanden sind, einzugehen. Entbehrlich aber kann diese Information dann sein, wenn die Personalvertretung oder deren Vorsitzender die Folgen wiederholter Fehlzeiten genau kennen (vgl. für das BetrVG: BAG v. 24. 11. 1983, BAGE 44, 249 = BB 1984, 1045 = DB 1984, 1149; vgl. zum Gesamtkomplex: Herbst, PersR 1994, 503). Insgesamt bedarf es keiner weiteren Darlegung von Kündigungsgründen dann, wenn die Personalvertretung bei Einleitung des Anhörungsverfahrens bereits über den erforderlichen Kenntnisstand verfügt, um zu der konkret beabsichtigten Kündigung Stellung nehmen zu können. Dies ist u. a. dann der Fall, wenn einem zur Entgegennahme von Erklärungen Berechtigten oder hierzu ausdrücklich ermächtigten Personalratsmitglied entsprechendes Wissen zur Verfügung steht. Dieses Wissen nämlich muss sich die Personalvertretung zurechnen lassen. Dagegen liegt keine ordnungsgemäße Einleitung des Anhörungsverfahrens dann vor, wenn es der Dienststellenleiter in der irrigen oder vermeintlichen Annahme, dass die Personalvertretung bereits über den erforderlichen und aktuellen Kenntnisstand verfügt, unterlässt, über die Gründe der Kündigung zu unterrichten (vgl. für das BetrVG: BAG v. 27. 6. 1985, BAGE 49, 136 = BB 1986, 321 = DB 1986, 332). Ist die Personalvertretung nicht ordnungsgemäß unterrichtet worden, so hat dies die **Unwirksamkeit der Kündigung** zur Folge. Im Falle einer Kündigung während der Probezeit gilt gleiches (LAG Mainz v. 5. 4. 1989, Leits. PersR 1990, 344).

d) Eine außerordentliche Kündigung ist u. a., dann gerechtfertigt, wenn ein Beschäftigter **Schmiergelder** annimmt. Zu einer ordnungsgemäßen Anhörung der Personalvertretung gehört es, dass ihr die Personaldaten des Beschäftigten mitgeteilt werden (z. B. tarifliche Unkündbarkeit). Bei einer Abwägung der jeweiligen Interessen ist auch zu überlegen, ob dem Dienststellenleiter die Einhaltung der fiktiven Kündigungsfrist zumutbar gewesen wäre. Gegebenenfalls kann eine außerordentliche Kündigung unter Einräumung einer entsprechenden Auslauffrist erfolgen; an dieser Kündigung ist die Personalvertretung ebenso wie bei einer ordentlichen Kündigung zu beteiligen (BAG v. 21. 6. 2001, Leits. ZfPR 2002, 308) **27c**

2. Im Falle einer außerordentlichen Kündigung ist immer auf den **Einzelfall** und darauf abzustellen, ob Tatsachen vorliegen, die dem Kündigenden unter Berücksichtigung aller Umstände und bei Abwägung der Interessen beider Vertragsteile die Fortsetzung des Beschäftigungsverhältnisses bis zum Ablauf der Kündigungsfrist noch zumutbar erscheinen lassen lassen (§ 626 Abs. 1 BGB). In diesem Zusammenhang ist auch zu prüfen, ob unter Berücksichtigung des Verhältnismäßigkeitsgrundsatzes vor dem Ausspruch einer Kündigung eine Abmahnung erforderlich ist. Zunächst ist daher im Rahmen des § 626 Abs. 1 BGB zu prüfen, ob ohne die besonderen Umstände des Einzelfalls ein bestimmter Sachverhalt als wichtiger Kündigungsgrund anzusehen ist. Ist das der Fall, dann ist zusätzlich zu prüfen, ob unter Berücksichtigung der konkreten Umstände des Einzelfalls und unter Abwägung der Interessen beider Vertragsteile eine Fortsetzung des Beschäftigungsverhältnisses zumutbar ist oder nicht (BAG v. 27. 4. 2006 – 2 AZR 386/05, PersR 2007, 115 = Leits. BB 2005, 2588 = DB 2006, 1849). Wenn ein Arbeitnehmer ganz erheblich gegen seine arbeitsvertraglichen Pflichten dadurch verstößt, dass er entgegen einem ausdrücklichen und fortlaufend wiederholten Verbot des (öffentlichen) Arbeitgebers privat innerhalb von mehr als zwei Monaten fast täglich das **Internet** nutzt, dann sind die Voraussetzungen für eine fristlose Kündigung gegeben (vgl. auch BAG v. 7. 7. 2005, BAGE 113, 195 = PersR 2006, 2 = BB 2006, 331 = DB 2006, 397; BAG v. 12. 1. 2006, DB 2006, 1566 sowie BAG v. 31. 5. 2007, BB 2007, 2188; vgl. auch Bloesinger, BB 2007, 2178; Lansnicker, BB 2007, 2184; Barton, NZA 2006, 460; Beckschulze, DB 2007, 1526; Bepler, RdA 2004, 226; Fischer, ArbuR 2005, 91; Kramer, NZA 2004, 457; ders., AuA 2007, 142; Mengel, BB 2004, 2014; Waltermann, NZA 2007, 529; vgl. auch § 44 Anm. 20g und § 75 Anm. 220b). **28**

2.a Eine außerordentliche Kündigung ist auch gegenüber einem **ordentlich unkündbaren Arbeitnehmer** möglich, nämlich u. a., dann, wenn eine Dienststelle stillgelegt wird oder bei krankheitsbedingten Fehlzeiten oder auch wegen Verstoßes gegen das Verbot der Annahme von Geschenken für dienstliche Tätigkeiten. Die zuständige Personalvertretung ist vor Ausspruch der Kündigung nach den für eine ordentliche Kündigung maßgebenden Bestimmungen zu beteiligen (BAG v. 12. 1. 2006, DB 2006, 1566; Lorenzen u. a., § 79 Anm. 120 a; vgl. auch Anm. 3b). **28a**

29 3. Das Anhörungsverfahren hat den Zweck, der Personalvertretung Gelegenheit zu geben, ohne eine eigene Ermittlungstätigkeit ihre Überlegungen zur Kündigungsabsicht des Dienststellenleiters bekanntzugeben. Daher ist eine Personalvertretung auch nicht verpflichtet, sich Unterlagen selbst zu erschließen und die notwendigen Daten zu entnehmen (LAG Stuttgart v. 25. 9. 1993, PersR 1994, 342). Infolgedessen muss ein Dienststellenleiter der Personalvertretung alle Gründe vortragen, die ihn zum Ausspruch einer außerordentlichen Kündigung veranlassen. Ein Dienststellenleiter, der eine Kündigung auf mehrere **Gründe** stützen möchte, ist nicht zur Mitteilung auch solcher Gründe gegenüber der Personalvertretung verpflichtet, die er tatsächlich nicht zum Anlass der Kündigung nimmt (vgl. für das BetrVG: BAG v. 26. 9. 1978, DB 1979, 1135; BAG v. 18. 12. 1980, BAGE 34, 309 = BB 1981, 185 = DB 1981, 1624; vgl. im Übrigen Anm. 27). Wenn allerdings eine außerordentliche Kündigung auf den Vorwurf strafbarer Handlungen gestützt wird und der Dienstherr das Ergebnis des entsprechenden Strafverfahrens abwartet, dann ist der Anhörungspflicht genüge getan, wenn ohne Kenntnis der schriftlichen Gründe des Strafurteils die Kündigung ausgesprochen wird und die Personalvertretung die näheren Umstände des Tatvorwurfs bereits kennt (BAG v. 18. 11. 1999, BAGE 93, 12 = Leits. BB 2000, 780 = DB 2000, 725). Im Kündigungsschutzprozess können aber Kündigungsgründe, die bereits vor Ausspruch der Kündigung entstanden und dem Dienststellenleiter bekannt gewesen sind, die er aber der Personalvertretung nicht mitgeteilt hat, jedenfalls dann nicht verwertet werden, wenn die Personalvertretung der Kündigung nicht bereits aufgrund der ihr mitgeteilten Gründe zugestimmt hat oder aber wenn der Dienststellenleiter die Personalvertretung wegen der nachgeschobenen Gründe weder erneut angehört noch der Personalvertretung diese Gründe nachträglich mitgeteilt hat (vgl. für das BetrVG: BAG v. 18. 12. 1980, aaO). Auch solche Kündigungsgründe können nachgeschoben werden, die bei Ausspruch der Kündigung bereits bestanden haben, dem Arbeitgeber aber erst später bekannt geworden sind. Voraussetzung ist, dass zuvor die Personalvertretung hierzu angehört worden ist. Im Übrigen ist der Arbeitgeber nicht gehindert, im Kündigungsschutzprozess Tatsachen nachzuschieben, die lediglich der Erläuterung und Konkretisierung der der Personalvertretung bereits mitgeteilten Kündigungsgründe dienen (BAG v. 11. 4. 1985, BAGE 49,39 = BB 1987,1316 = DB 1986, 1726). Erstmals bekannt gewordene Kündigungsgründe brauchen nicht innerhalb der Ausschlussfrist des § 626 Abs. 2 Satz 1 BGB eingeführt zu werden, da sich die Ausschlussfrist alleine auf die Ausübung des Kündigungsrechts, nicht aber auf die zugrunde liegenden Kündigungsgründe bezieht (BVerwG v. 30. 4. 1998, ZBR 1999, 61 = Leits. PersV 999, 416 = ZfPR 1998, 153; vgl. für das BetrVG: BAG v. 4. 6. 1997, Leits. BB 1997, 2172).

30 4. Ist zur außerordentlichen Kündigung die **Zustimmung einer dritten Stelle** erforderlich (z. B. des **Integrationsamts** nach § 91 Abs. 3 SGB IX bei einem schwerbehinderten Arbeitnehmer), so wird die Ausschlussfrist des § 626 Abs. 2 BGB gewahrt, wenn der Dienststellenleiter innerhalb der Ausschlussfrist die Zustimmung beantragt (Richardi u. a., § 79 Anm. 136) und nach Erteilung der Zustimmung das Anhörungsverfahren bei der Personalvertretung in der kürzest möglichen Zeit einleitet und nach Beendigung dieses Verfahrens die Kündigung in der kürzestmöglichen Zeit erklärt (vgl. § 91 Abs. 5 SGB IX; ähnlich: BAG v. 8. 6. 2000, BAGE 95, 98 = BB 2001, 46 zu § 21 Abs. 5 SchwbG 1986). Daraus ergibt sich, dass der Dienststellenleiter im Falle eines schwerbehinderten Arbeitnehmers der Personalvertretung Gelegenheit zur Anhörung auch erst dann geben kann, wenn das **Zustimmungsverfahren** (Integrationsamt, § 91 Abs. 2 bis 6 SGB IX) bereits abge-

schlossen ist (vgl. BAG v. 3. 7. 1980, BAGE 34, 20 = PersV 1981, 85). Diese Vorgehensweise hat für die Personalvertretung den Vorteil, dass sie die Entscheidung des Integrationsamts nach § 91 Abs. 3 Satz 1 SGB IX in ihre Überlegungen einbeziehen kann. Der Dienststellenleiter kann die Personalvertretung zur beabsichtigten außerordentlichen Kündigung aber auch schon vor Einleitung bzw. Beendigung des Zustimmungsverfahrens bei dem Integrationsamt anhören. Es handelt sich weder um Mitbestimmung noch um Mitwirkung. Die Dienststelle kann abweichend von der Stellungnahme der Personalvertretung entscheiden. Die Personalvertretung ihrerseits kann die Entscheidung der übergeordneten Dienststelle weder im Wege des § 69 Abs. 3 noch im Wege des § 72 Abs. 4 beantragen, sondern sie nur mit der Dienstaufsichtsbeschwerde anrufen. Zuständig ist immer diejenige Personalvertretung, zu der die personalvertretungsrechtlichen Beziehungen des Beschäftigten bestehen, der gegen eine ungerechtfertigte Kündigung geschützt werden soll (BVerwG v. 9. 7. 1980, PersV 1981, 370).

5. Die Vorschrift über die Anhörung der Personalvertretung bedeutet nicht nur, **31**
dass ihr die beabsichtigte Maßnahme unter Vorlage einschlägiger Unterlagen vor ihrer Durchführung mitzuteilen ist, sondern auch, dass sie **Gelegenheit zur Äußerung** bekommen muss. Eine Erörterung zwischen Dienststellenleiter und Personalvertretung wird dagegen nicht vorgeschrieben; es entspricht allerdings dem Grundsatz der vertrauensvollen Zusammenarbeit, dass ein Dienststellenleiter bei einem entsprechenden Wunsch der Personalvertretung eine Erörterung mit ihr durchführt (Lorenzen u. a., § 79 Anm. 129). In jedem Fall ist der Arbeitgeber verpflichtet, die von der Personalvertretung vorgetragenen Bedenken sorgfältig zu prüfen und zu entscheiden, ob er trotz dieser Bedenken die beabsichtigte fristlose Entlassung oder außerordentliche Kündigung aussprechen will. Da die Willensbildung der Personalvertretung nur in der Form des Beschlusses möglich ist, muss die Stellungnahme auch in den Fällen der Anhörung förmlich vom Plenum beschlossen werden. Das Plenum kann weder ein einzelnes Mitglied der Personalvertretung noch den Vorsitzenden oder dessen Stellvertreter ermächtigen, ohne eine voraufgegangene Beschlussfassung des Gremiums eine Stellungnahme der Personalvertretung abzugeben (vgl. für das BetrVG: BAG v. 28. 2. 1974, BAGE 26, 27 = BB 1974, 836 = DB 1974, 1294). Eine Stellungnahme muss nach gemeinsamer Beratung im Plenum durch die Gruppenvertreter beschlossen werden (§ 38 Abs. 2). Falls die Personalvertretung der beabsichtigten außerordentlichen Kündigung nicht zustimmen will und Bedenken geltend macht, ist eine schriftliche Stellungnahme erforderlich (Abs. 3 Satz 3), die als Gruppenangelegenheit vom Personalratsvorsitzenden und einem der betroffenen Gruppe angehörenden Vorstandsmitglied zu unterzeichnen ist (§ 36 Abs. 3). Eine nur vom Personalratsvorsitzenden unterzeichnete Erklärung ist dann unwirksam, wenn dieser nicht selbst der betroffenen Gruppe angehört (BVerwG v. 14. 7. 1986, ZBR 1986, 312 = PersV 1987, 199; Fischer u. a., § 79, Anm. 5). In diesem Fall gilt die beabsichtigte außerordentliche Kündigung als durch die Personalvertretung gebilligt.

a) Grundsätzlich führen nur Fehler des Dienststellenleiters zur **Unwirksamkeit** **31a**
des Anhörungsverfahrens. Deshalb führen Fehler, die im Bereich der Personalvertetung liegen, auch dann nicht zur Unwirksamkeit des Verfahrens, wenn der Dienststellenleiter weiß oder erkennen kann, dass der Personalvertetung bei der Behandlung der Angelegenheit Fehler unterlaufen sind; denn der Dienststellenleiter selbst hat keine wirksamen rechtlichen Einflussmöglichkeiten auf eine ordnungsgemäße Vorgehensweise der Personalvertretung. Wenn aber der Dienststellenleiter hätte erkennen müssen, dass der Stellungnahme der Personalvertretung keine Beschlussfassung des Gremiums, sondern nur die persön-

liche Äußerung des Personalratsvorsitzenden zugrundeliegt und es somit an einer ordnungsgemäßen Beschlussfassung der Personalvertretung fehlt, dann ist die Kündigung unwirksam; eine andere Bewertung des Vorgangs würde mit dem allgemeinen Rechtsgrundsatz des § 242 BGB, dem eine besondere Bedeutung gerade im Zusammenhang mit Kündigungen zukommt, nicht vereinbar sein (vgl. für das BetrVG: aA BAG v. 16. 1. 2003 – 2 AZR 707/01, BB 2003, 1791 = 2003, 342 m. krit. Anm. v. Ilbertz; BAG v. 24. 6. 2004, Leits. PersV 2005, 230; Lorenzen u. a., § 79 Anm. 143).

32 6. **Einwendungen** gegen eine beabsichtigte Beendigung eines Arbeitsverhältnisses nach Abs. 3 Satz 1 muss die Personalvertretung der Dienststelle innerhalb von drei Arbeitstagen **schriftlich mitteilen.** Die schriftliche Mitteilung hat spätestens **innerhalb von drei Arbeitstagen** zu erfolgen; eine Fristverlängerung ist nicht möglich (vgl. Anm. 27a). Fällt der letzte Tag der Anhörungsfrist ausnahmsweise auf einen (Samstag oder) Sonntag, so läuft die Frist erst mit dem nächstfolgenden Werktag ab (vgl. für das BetrVG: LAG Köln v. 22. 6. 1989, ZTR 1989, 456). Eine mündliche Mitteilung genügt zwar nicht der Vorschrift, führt aber nicht zu Rechtsnachteilen, weil die Beendigung eines Arbeitsverhältnisses nach Abs. 3 nicht von der Zustimmung der Personalvertretung abhängig ist (BAG v. 18. 1. 1968, PersV 1968, 233). Der kündigungswillige Dienststellenleiter seinerseits hat zu bedenken, dass er nur innerhalb einer zweiwöchigen Ausschlussfrist nach § 626 Abs. 2 BGB die Kündigung aussprechen kann. Er muss innerhalb dieser Frist das Anhörungsverfahren durchführen, da durch die Anhörung der Personalvertretung die zweiwöchige Ausschlussfrist nicht verlängert wird (Lorenzen u. a., § 79 Anm. 127). In dem Sonderfall der außerordentlichen Kündigung eines tariflich unkündbaren Arbeitnehmers gelten die Absätze 1 und 2 entsprechend. Eine Bindung an die Frist von drei Tagen ist nicht zulässig; vielmehr gilt die 10-Tage-Frist (vgl. für das BetrVG: BAG v. 5. 2. 1998, DB 1998, 423, 1035 = Leits. ZfPR 1998, 196).

33 7. Die Entlassungsmaßnahmen dürfen grundsätzlich erst dann verfügt werden, wenn die Personalvertretung hierüber unterrichtet worden ist und sie sich zu der beabsichtigten Maßnahme äußern konnte oder eine Stellungnahme innerhalb der Dreitagesfrist nicht abgegeben hat. Infolgedessen kann die **unterbliebene Anhörung** auch nicht in einem Widerspruchsverfahren „mit heilender Wirkung nachgeholt werden“ (BVerwG v. 1. 12. 1982, BVerwGE 66, 291 = ZBR 1983, 189 = PersV 1985, 296; BVerwG v. 24. 11. 1983, BVerwGE 68, 189 = PersV 1986, 24). Eine vor Beendigung des Anhörungsverfahrens ausgesprochene Kündigung ist wegen fehlender Beteiligung der Personalvertretung unwirksam, falls nicht zuvor schon eine zustimmende Erklärung abgegeben worden ist (Wahlers, PersV 2006, 404,413).

V. Unwirksamkeit der Kündigung

34 1. Nach Abs. 4 ist eine **Kündigung unwirksam,** wenn die Personalvertretung nicht beteiligt worden ist. Diese Bestimmung bezieht sich sowohl auf die Mitwirkung bei der ordentlichen Kündigung als auch auf die Anhörung bei der firstlosen Entlasung bzw. der außerordentlichen Kündigung. Die Kündigung ist nicht nur dann unwirksam, wenn der Leiter der Dienststelle fristgerecht kündigt, ohne überhaupt zuvor die Personalvertretung eingeschaltet zu haben, sondern auch dann, wenn ihm bei Durchführung der Anhörung im Rahmen einer außerordentlichen Kündigung Fehler unterlaufen (vgl. für das BetrVG: BAG v. 4. 3. 1976, BB 1976, 1463; vgl. auch: BAG v. 16. 6. 1976, BB 1976, 1559; BAG v. 12. 8. 1976, DB 1976, 2163). Eine unzureichende Unterrichtung führt zur Unwirksamkeit der Kündigung – und zwar unabhängig davon, ob die Personalvertretung der Kündigung zugestimmt hat oder nicht (BAG v. 5. 2. 1981, DB 1982, 1171). Gleiches gilt für den Fall, dass eine ordentliche Kündigung ohne ordnungsgemäße Erörterung oder vor Abschluss des Stufenverfahrens erfolgt. Ebenso hat die Beteiligung einer unzuständigen Personalvertretung die Unwirksamkeit der gleichwohl erklärten Kündigung zur Folge (BAG v. 3. 2. 1982, BAGE 37, 387 = PersV 1982, 503 m. Anm. v. Widmaier). Gleiches gilt für den Fall, dass das Beteiligungsverfahren nicht vom Dienststellenleiter, sondern von dessen Vertreter eingeleitet worden ist, ohne dass tatsächliche Verhinderungsgründe vorlagen (BAG v. 10. 3. 1983, PerV 1985, 25; BAG v. 31. 3. 1983, PersV 1985, 28). Allerdings ist zu beachten, dass nach der neueren Rechtsprechung des BAG die Kündigung durch einen personalvertretungsrechtlich nicht zuständigen Vertreter des Dienststellenleiters gleichwohl wirksam ist, wenn der Personalrat den Fehler nicht gerügt, sondern zu der beabsichtigten Kündigung abschließend Stellung genommen hat (BAG v. 25. 2. 1998, BB 1998, 1848; BAG v. 19. 4. 2007 – 2 AZR 180/06 n. n. v.; ähnlich BVerwG v. 26. 8. 1987, BVerwGE 78, 72 = ZBR 1988, 101 = PersV 1988, 196). Dieser Auffassung ist zuzustimmen, denn der Personalrat hat es in jedem Fall in der Hand, den für den Dienststellenleiter handelnden Beauftragten als kompetenten Gesprächspartner zu akzeptieren oder nicht; er kann den Mangel der Vertretung nicht nur sofort erkennen, sondern ist auch verfahrensrechtlich in der Lage, ihn unverzüglich zu rügen, wenn er dies will.

2. Die **fristlose Entlassung eines Beamten** (Lorenzen u. a., § 79 Anm. 120; 35
Richardi u. a., § 79 Anm. 124) ist keine Kündigung. Vielmehr handelt es sich hierbei um einen Verwaltungsakt, der zur Beendigung des Beamtenverhältnisses führt (vgl. Anm. 27). Die Verletzung des Anhörungsrechts bleibt aber deshalb nicht ohne Einfluss auf die Wirksamkeit der Maßnahme. Vielmehr ist ein solcher Verwaltungsakt fehlerhaft, wenn die Personalvertretung nicht oder nicht ordnungsgemäß beteiligt worden ist (Richardi u. a., § 79 Anm. 140. Da der Wortlaut der Bestimmung darauf abstellt, dass der Personalrat vor der fristlosen Entlassung anzuhören ist, ist eine **nachgeholte Anhörung** nicht ausreichend. Vielmehr kann der betreffende Beamte fristgerecht vor dem Verwaltungsgericht im Wege der Anfechtungsklage beantragen, die Entlassungsverfügung aufzuheben (BVerwG v. 1. 12. 1982, BVerwGE 66, 291 = ZBR 1983,189 = PersV 1985, 296).

3. Ist das **Anhörungsverfahren nicht** oder nicht ordnungsgemäß **durchgeführt worden,** so ist eine außerordentliche Kündigung unwirksam; denn eine 36
nicht ordnungsgemäße Beteiligung steht einer unterbliebenen Beteiligung gleich (BVerwG v. 9. 5. 1985, ZBR 1985, 347). Daher ist auch eine vor Beendigung des Arbeitsverhältnisses während der Probezeit gebotene Anhörung Wirksamkeitsvoraussetzung für eine entsprechende Kündigung (BAG v. 16. 3. 2000 – 2 AZR 828/98, Leits. BB 2000, 1792 = DB 2000, 1871). Auch eine außerordentlche Änderungskündigung ist unwirksam, wenn der Arbeitgeber nicht einmal versucht hat, die Zustimmung der Personalvertretung zu der Vertragsänderung zu erhalten. Die außerordentliche Änderungskündigung ist dann insgesamt mangels eines wichtigen Kündigungsgrundes i. S. von § 626 Abs. 1 BGB unwirksam (BAG v. 29. 6. 1988, BAGE 59,132 = PersV 1989, 219).

a) Wenn ein Dienststellenleiter wegen Bedenken gegen die Wirksamkeit 36a
einer (ersten) Änderungskündigung **vorsorglich erneut kündigt,** dann hat er ein zweites Mal ein Anhörungsverfahren durchzuführen; ansonsten ist die Änderungskündigung unwirksam (BAG v. 5. 9. 2002– 2 AZR 523/01, n.v.).

Eine außerordentliche Kündigung kann nicht entsprechend § 140 BGB in eine ordentliche Kündigung **umgedeutet** werden. Dies selbst dann nicht, wenn der Leiter der Dienststelle zuvor wegen einer beabsichtigten, dann aber nicht ausgesprochenen Kündigung die Personalvertretung ordnungsgemäß angehört hatte (vgl. für das BetrVG: BAG v. 12. 8. 1976, Leits. BB 1976, 1416 = DB 1976, 2163).

36b Eine Kündigung ist nicht erst dann unwirksam, wenn die Personalvertretung überhaupt nicht, sondern auch schon dann, **wenn sie nicht richtig, vor allen Dingen nicht ausführlich genug unterrichtet worden ist.** Der Personalvertretung sind nicht nur die Personaldaten des zu kündigenden Beschäftigten, sondern auch die Beschäftigungsdauer, die Kündigungsart und die Kündigungsgründe mitzuteilen. Nur unter dieser Voraussetzungen ist die Personalvertretung in der Lage, ihre Überlegungen zu dem Kündigungsfall zur Kenntnis zu geben. Eine sachverständige Mitarbeit der Personalvertretung setzt einen gleichen Informationsstand zwischen Dienststellenleiter und ihr voraus (vgl. § 68 Anm. 41). Eigene Nachforschungen muss die Personalvertretung nicht anstellen, sondern aus dem ihr mitgeteilten Sachverhalt muss sie zur Prüfung der Stichhaltigkeit der Kündigungsgründe in der Lage sein. Eine pauschale, schlagwort- oder stichwortartige Umschreibung oder die Mitteilung eines Werturteils ohne die damit in Zusammenhang stehenden maßgeblichen Tatsachen reichen deshalb nicht aus (BAG v. 2. 3. 1989, BB 1989, 1553 = DB 1989, 1679; BAG v. 7. 11. 2002, PersV 2003, 387). Daher hat der Dienststellenleiter stets „die aus seiner Sicht tragenden Gründe" mitzuteilen (BAG v. 21. 6. 2001 – 2 AZR 325/00, Leits. PersR 2001, 489 = Leits. ZTR 2002, 308). Aus diesem Grund sind auch grundsätzlich bei einer **Verdachtskündigung** die Sozialdaten des Beschäftigten mitzuteilen, es sei denn, dass es dem Dienststellenleiter im Hinblick auf die Schwere der Kündigungsvorwürfe auf die genauen Daten nicht ankommt und die Personalvertretung ohnehin die ungefähren Daten kennt und daher ausreichend in der Lage ist, die Kündigungsabsicht zu beurteilen (BAG v. 21. 6. 2001, aaO).

37 4. Eine ordnungsgemäße Anhörung liegt auch dann nicht vor, wenn die Personalvertretung zu einem Kündigungsgrund, der bei Einleitung des Anhörungsverfahrens objektiv noch nicht vorgelegen hat, nicht angehört werden konnte (vgl. für das BetrVG: BAG v. 19. 1. 1983, BB 1983, 1920 = DB 1983, 1153). Andererseits ist ein **Anhörungsverfahren wirksam eingeleitet,** wenn der Dienststellenleiter dem Personalratsvorsitzenden oder dessen Stellvertreter eine entsprechende Mitteilung außerhalb der Arbeitszeit und außerhalb der Dienststellenräume macht. Zwar ergibt sich aus dem Grundsatz der vertrauensvollen Zusammenarbeit, dass das Anhörungsverfahren grundsätzlich während der Arbeitszeit einzuleiten ist. Die widerspruchslose Entgegennahme einer Mitteilung über eine beabsichtigte außerordentliche Kündigung durch den Personalratsvorsitzenden oder (bei dessen Verhinderung) durch dessen Stellvertreter setzt aber die Äußerungsfrist in Gang (vgl. für das BetrVG: BAG v. 27. 8. 1982, BAGE 40, 95 = BB 1983, 377 = DB 1983, 181). Dagegen kann von einer ordnungsgemäßen Anhörung dann nicht gesprochen werden, wenn der Dienststellenleiter einer kleinen Dienststelle das erkrankte, einzige Mitglied der Personalvertretung in einer Personalangelegenheit eines bestimmten Beschäftigten beteiligt, bei einer wenige Tage später beabsichtigten Kündigung aber nicht anhört (vgl. für das BetrVG: BAG v. 15. 11. 1984, BAGE 47, 201 = Leits. BB 1985, 866 = DB 1985, 1028). Von einer ordnungsgemäßen Unterrichtung als Voraussetzung für eine Anhörung kann auch dann nicht gesprochen werden, wenn ein Dienststellenleiter in der irrigen Annahme, die Personal-

vertretung kenne bereits die entscheidenden Gründe, nur teilweise eine Begründung für die beabsichtigte Maßnahme gibt (vgl. für das BetrVG: BAG v. 27. 6. 1985, BAGE 49,136 = BB 1986, 321 = DB 1986, 332). Dagegen besteht vor der Konstituierung einer Personalvertretung keine Pflicht zur Anhörung, noch weniger aber eine Pflicht, mit dem Ausspruch der Kündigung so lange zu warten, bis sich die Personalvertretung konstituiert hat (vgl. für das BetrVG: BAG v. 23. 8. 1984, BAGE 46, 282 = BB 1985, 1066 = DB 1985, 1085).

5. Wenn ein Kündigungsverfahren statt von einem zuständigen Dienststellenleiter vom personalvertretungsrechtlich nicht zuständigen Vertreter eingeleitet wird, so hat dies nur dann nicht die Unwirksamkeit der Kündigung zur Folge, wenn der Dienststellenleiter vorher in Bezug auf die für ihn handelnde Person mit Einverständnis der Personalvertretung von der Möglichkeit des § 7 S. 4 Gebrauch gemacht hat (BAG v. 29. 10. 1998, Leits. PersV 1994, 412 = PersR 1999, 135 = ZBVR 1999, 30) oder wenn die Personalvertretung den Fehler nicht rügt, sondern zu der beabsichtigten Kündigung abschließend Stellung nimmt. Dabei ist davon auszugehen, dass die zuständige Personalvertretung den Mangel in der Vertretung rechtzeitig erkennt, dennoch aber mit dem „Vertreter" verhandelt und ihn als Verhandlungspartner akzeptiert. In diesem Fall entfällt das Rügerecht. Der **Mangel in der Vertretung** kann nachträglich nicht mehr beanstandet werden (BVerwG v. 26. 8. 1987, BVerwGE 78, 72 = ZBR 1988, 101 = PersV 1988, 195; vgl. auch: BAG v. 24. 2. 1998, Leits. ZfPR 1998, 196; vgl. Anm. 34 und § 69 Anm. 44). 38

6. Es gibt keine gesetzliche Bestimmung, nach der ein Dienststellenleiter **innerhalb einer bestimmten Frist** das ordentliche Kündigungsrecht auszuüben hat. Vielmehr gelten die allgemeinen Grundsätze der Verwirkung. Daher kann durch Zeitablauf ein kündigungsrelevanter Vorfall dann an Bedeutung verlieren, wenn eine ordentliche Kündigung im Hinblick auf den gebotenen Schutz des Beschäftigten nicht mehr gerechtfertigt ist (vgl. für das BetrVG: BAG v. 15. 8. 2002, ZBVR 2003, 78; vgl. zum Tatbestand der Verwirkung: § 83 Anm. 21). 39

7. Der zuständige Dienststellenleiter kann erst nach **Abschluss des Mitwirkungs-/Anhörungsverfahrens** die Kündigung aussprechen. Ein vorheriger „Ausspruch" macht die Kündigung unwirksam (vgl. für das BetrVG: BAG v. 18. 9. 1975, AP Nr. 6 zu § 102 BetrVG 1972). Dies gilt auch, wenn die Personalvertretung nachträglich zustimmen würde; eine Heilung des Mangels (Mitteilung der Kündigung an den betroffenen Arbeitnehmer vor Ablauf der zehntägigen Äußerungsfrist) ist nicht möglich (vgl. für das BetrVG: BAG v. 28. 2. 1974, AP Nr. 2 zu § 102 BetrVG 1972). 39a

8. Eine **Freistellung** des betroffenen Arbeitnehmers **von der Arbeit** ist nur bei besonders schwerwiegenden Fällen (Interesse des Arbeitgebers an einer Freistellung ist bei Abwägung aller Umstände höher als das Interesse des Arbeitnehmers an einer Weiterbeschäftigung zu werten) unter der Voraussetzung der Weiterzahlung der Vergütung möglich (Lorenzen u. a., § 79 Anm. 147). Dem Arbeitnehmer ist, falls die Personalvertretung ordnungsgemäß Einwendungen erhoben hat, eine Abschrift ihrer Stellungnahme zuzuleiten. Falls die Dienststelle dieser Verpflichtung nicht nachkommt, sollten Schadensersatzsprüche in Betracht kommen. Die Abschrift hat den Sinn, dass der betroffene Arbeitnehmer prüfen kann, ob ihm ein Weiterbeschäftigungsanspruch nach Abs. 1 Satz 3 zusteht und ob er die Einwendungen der 39b

Personalvertretung in einem eventuellen Kündigungsschutzprozess verwerten kann (Lorenzen u. a., § 79 Anm. 148).

40 9. Wenn die Personalvertretung gegen eine beabsichtigte ordentliche Kündigung ordnungsgemäß Einwendungen erhoben hat, so ist dem betroffenen Arbeitnehmer mit der Kündigung eine **Abschrift der Stellungnahme der Personalvertretung** zuzuleiten. Dieses Erfordernis entfällt dann, wenn die Stufenvertretung in der Verhandlung mit der übergeordneten Dienststelle die Einwendungen der Personalvertretung nicht aufrecht erhält (Abs. 1 Satz 4). Im Falle der Erhebung nicht ordnungsgemäßer Einwendungen entfällt die Verpflichtung des Dienststellenleiters zur Weiterleitung einer Abschrift der Stellungnahme der Personalvertretung an den betroffenen Arbeitnehmer (Lorenzen u. a., § 79 Anm. 149).

41 10. Eine **Umdeutung** einer außerordentlichen **in eine ordentliche Kündigung** ist dann möglich, wenn für eine außerordentliche Kündigung kein wichtiger Grund vorliegt. Zuvor aber muss das notwendige Mitwirkungsverfahren abgewickelt worden sein (z. B. durch vorsorgliche Beteiligung der Personalvertretung an einer ordentlichen Kündigung, vgl. für das BetrVG: BAG v. 3. 12. 1981 – 2 AZR 679/79, n.v.). Das Mitwirkungsverfahren ist dann entbehrlich, wenn zuvor die Personalvertretung der außerordentlichen Kündigung vorbehaltlos zugestimmt hat (vgl. für das BetrVG: BAG v. 20. 9. 1984, DB 1985, 655; Lorenzen u. a., § 79 Anm. 150).

VI. Streitigkeiten

42 1. Streitigkeiten wegen der Beteiligungsrechte der Personalvertretung entscheiden die Verwaltungsgerichte nach § 83 Abs. 1 Nr. 3, da es sich um Streitigkeiten über die Zuständigkeit der Personalvertretung handelt. Das **Verwaltungsgericht** kann aber nicht über die Kündigungsgründe oder über die Wirksamkeit der Kündigung entscheiden, sondern nur darüber, ob es sich um eine beteiligungspflichtige Kündigung oder um eine fristlose Entlassung handelt (Fischer u. a., § 79 Anm. 24). Die **Arbeitsgerichte** sind für die Entscheidung über solche Ansprüche zuständig, die mit der Behauptung einer nicht ordnungsgemäßen Kündigung (Abs. 4) geltend gemacht werden; gleiches gilt für den Anspruch auf vorläufige Weiterbeschäftigung nach Abs. 2. Macht der Arbeitgeber von der Möglichkeit des Abs. 2 Satz 2 Gebrauch und beantragt, ihn durch einstweilige Verfügung von seiner Weiterbeschäftigungspflicht zu entbinden, dann sind auch für einen solchen Antrag die Arbeitsgerichte im Urteilsverfahren zuständig. In dringenden Fällen kann über einen Antrag auf Erlass einer einstweiligen Verfügung ohne mündliche Verhandlung durch den Vorsitzenden des Arbeitsgerichts allein entschieden werden (§ 937 Abs. 2, § 944 ZPO; Fischer u. a., aaO; Lorenzen u. a., § 79 Anm. 183; vgl. auch Anm. 24).

43 2. In einem Kündigungsschutzprozess kann der Arbeitgeber **grundsätzlich Kündigungsgründe nicht nachschieben.** Dies gilt für solche Gründe, die dem Arbeitgeber zum Zeitpunkt der Unterrichtung der Personalvertretung bereits bekannt sind, die er aber der Personalvertretung nicht mitgeteilt hat (vgl. für das BetrVG: BAG v. 1. 4. 1981, BAGE 35,190 = BB 1981, 2008 = DB 1981, 2138).

Schrifttum: Barton, Betriebliche Übung und private Nutzung des Internetarbeitsplatzes, NZA 2006, 460. Bepler, Betriebliche Übungen, RdA 2004, 226; Berkowsky, Aufgaben und Einflussmöglichkeiten des Betriebsrats bei Kündigungen, ZBVR online 4/2007, 21; Blesgen, Zu den Rechten des Personalrats bei

Kündigungen, PersR 1987, 10; Bloesinger, Grundlagen und Grenzen privater Internetnutzung am Arbeitsplats, BB 2007, 2177; Fischer, Erlaubte und verbotene Privatnutzung des Internet am Arbeitsplatz, ArbuR 2005, 91; Herbst, Einflussmöglichkeiten des Personalrats bei Kündigung wegen Krankheit, PersR 1994, 503; Kampen, Mitbestimmung des Personalrats bei Kündigungen, AuA 1998, 19; Klebe, Aktuelle Gesetzesänderungen und Betriebsratsrechte, AiB 1996, 717; Kramer, Internetnutzung als Kündigungsgrund, NZA 2004, 457; ders., Betriebliche Übungen vermeiden/beseitigen, AuA 2007, 142; Lansricher, Surfen im Internet während der Arbeitszeit, BB 2007, 2184; Mengel, Kontrolle der E-Mail- und Internetkommunikation am Arbeitsplatz, BB 2004, 2014; Oppertshäuser, Anhörung des Betriebsrats zur Kündigung und Mitteilung der Sozialdaten, NZA 1997, 920; Riedmaier, Kündigung und Kündigungsschutz im öffentlichen Dienst, PersV 1993, 145, 209; Scholz, Die Beteiligung des Personalrats bei der ordentlichen und außerordentlichen Kündigung und der Änderungs-Kündigung, PersV 1979, 218; ders., Die Beteiligung des Personalrats und die gerichtliche Überprüfung der Kündigungsgründe, PersV 1979, 485; ders., Die Beteiligung des Personalrats und das Nachschieben von Kündigungsgründen im Kündigungsschutzprozess, PersV 1980, 316; Wahlers, Außerordentliche Kündigung und die Beteiligung des Personalrats – eine Bestandsaufnahme der Rechtsprechung, PersV 2006, 404; Waltermann, Anspruch auf private Internetnutzung durch betriebliche Übung?, NZA 2007, S. 29.

§ 80 [Teilnahme an Prüfungen]

An Prüfungen, die eine Dienststelle von den Beschäftigten ihres Bereiches abnimmt, kann ein Mitglied des für diesen Bereich zuständigen Personalrates, das von diesem benannt ist, beratend teilnehmen.

Inhaltsübersicht

Entspr. landesgesetzliche Regelungen:
Baden-Württemberg: § 80 Abs. 4; Bayern: Art. 69 Abs. 4; Berlin: § 72 Abs. 2; Brandenburg: § 60 Abs. 4; Bremen: § 54 Abs. 4; Hamburg: § 90; Hessen: § 62 Abs. 3; Mecklenburg-Vorpommern: § 60 Abs. 4; Niedersachsen: § 60 Abs. 3 Nr. 1; Nordrhein-Westfalen: § 76; Rheinland-Pfalz: § 85; Saarland: § 72 Abs. 2; Sachsen: § 75; Sachsen-Anhalt: § 57 Abs. 4; Schleswig-Holstein: § 49 Abs. 4; Thüringen: § 79.

Entspr. Vorschrift des BetrVG: –

I. Vorbemerkungen

1 Die Vorschrift räumt der Personalvertretung ein **besonderes Beteiligungsrecht an verwaltungsinternen Prüfungen** ein. Dieses Beteiligungsrecht ist weder ein Mitbestimmungs- noch ein Mitwirkungsrecht im technischen Sinn. Vielmehr handelt es sich um ein Beteiligungsrecht besonderer Art, das verfahrensmäßig nicht ausgestaltet ist.

II. Prüfungen

2 1. Eine **Prüfung i. S.** dieser Vorschrift ist **„ein in bestimmter Weise geregeltes Verfahren,** das der Feststellung von persönlichen und sachlichen Fähigkeiten der Beschäftigten dient" (BVerwG v. 6. 12. 1978, BVerwGE 57, 151 = ZBR 1979, 240 = PersV 1979, 504; BVerwG v. 31. 1. 1979, BVerwGE 57, 264 = ZBR 1980, 28 = PersV 1980, 418; Fischer u. a., § 80 Anm. 1; Lorenzen u. a., § 80 Anm. 1). Es handelt sich nicht nur um Prüfungen i. S. des Beamtenrechts, sondern um **Prüfungen aller Art,** gleich, ob sie durch Gesetz oder Prüfungsordnung allgemein vorgeschrieben oder ob sie nur von einzelnen Verwaltungen durch interne Anweisungen für ihren Geschäftsbereich eingerichtet sind. Zu Prüfungen dieser Art gehört z. B. eine Prüfung, „die ausschließlich dazu bestimmt ist, zu entscheiden, ob Prüflinge die Voraussetzungen für eine bestimmte Laufbahn erfüllen" (BVerwG v. 10. 7. 1964, BVerwGE 19, 133 = ZBR 1964, 346) bzw. die Feststellung, ob ein Beamter die Befähigung für eine bestimmte Laufbahn erworben hat (vgl. u. a. den früheren § 16 a der Verordnung über die Laufbahnen des Polizeivollzugsdienstes im Bundesgrenzschutz, BGSLV, VGH Kassel v. 16. 1. 1997, Leits. ZTR 1997, 384). Eine Prüfung im Sinne dieser Vorschrift setzt in aller Regel eine Ausbildung voraus, auf die sich die Prüfungsanforderungen erstrecken (OVG Koblenz v. 16. 10. 1985, ZBR 1986, 22). Bei den Prüfungen muss es sich um solche handeln, deren Auswirkungen sich auf den Bereich der Dienststelle beschränken. Es muss also eine „verwaltungsinterne" Prüfung sein (Beispiele: Laufbahn- und Aufstiegsprüfungen, Ausleseverfahren für die Zulassung von Beamten zum Aufstieg in die nächsthöhere Laufbahn, Verwaltungsprüfungen und prüfungsmäßige Eignungsfeststellungen im Arbeitnehmerbereich, Lorenzen u. a., § 80 Anm. 8). Daher gehören beispielsweise Prüfungen für die Lehrämter an Grund- und Hauptschulen nicht zu den Prüfungen i. S. dieser Vorschrift, da durch sie festgestellt werden soll, ob dem Lehramtsanwärter die Befähigung für die Lehrämter an diesen Schulen zuerkannt werden kann. Infolgedessen geht eine solche Prüfung über den verwaltungsinternen Bereich hinaus (BVerwG v. 8. 10. 1984, ZBR 1985, 58 = PersV 1985, 73; vgl. auch OVG Bremen v. 18. 3. 1985, ZBR 1985, 233). Ebenso wenig gehören Aufstiegsprüfungen, die u. a. von der Bundesakademie für öffentliche Verwaltung durchgeführt werden, zu den Prüfungen i. S. der Vorschrift, da sie über den Bereich einer obersten Dienstbehörde hinausgehen (Kunze, PersV 2004, 136, 138).

3 2. Zu den Prüfungen i. S. dieser Vorschrift gehören sowohl jene, die eine Behörde durch eine verwaltungsinterne Dienststelle abnehmen lässt, als auch solche, die durch einen Prüfungsausschuss abgenommen werden, den die Behörde als Hilfsorgan für diesen Zweck berufen hat und dem eventuell außenstehende Dritte angehören (BVerwG v. 23. 10. 1970, ZBR 1971, 127 = PersV 1971, 138). Dagegen gehören nicht solche Prüfungen hierzu, die **vor Prüfungsausschüssen von Verwaltungsschulen oder die vor Prüfungsämtern** abgelegt werden, die „außerhalb der Behördenorganisation nur zum Zweck der Prüfung geschaffene Organe darstellen" (VGH Kassel v. 24. 5. 1963, PersV 1964, 155; VGH Kassel v. 16. 1. 1997 – 21 TK 2716/96, n. v.; Walter, PersV

1998, 460). Ebensowenig gehören zu den Prüfungen i. S. dieser Vorschrift solche, die von den Landesjustizprüfungsämtern durchgeführt werden (BVerwG v. 10. 7. 1964, BVerwGE 19, 133 = ZBR 1964, 346); ebenfalls nicht Laufbahnprüfungen, die von Fachhochschulen der öffentlichen Verwaltung abgenommen werden oder Höhergruppierungsprüfungen für kommunale Angestellte vor unabhängigen Prüfungsausschüssen sowie schließlich Prüfungen, die nach dem Berufsbildungsgesetz von besonderen Prüfungsausschüssen durchgeführt werden (Ruppert, PersV 1979, 393). Gleiches gilt für Gespräche, die ein Dienstvorgesetzter mit Bewerbern führt, um sich ein Werturteil über sie bilden zu können (BVerwG v. 14. 5. 1963, BVerwGE 16, 101 = ZBR 1963, 254 = PersV 1963, 232), für Vorstellungsgespräche im Hinblick auf das Problem der Verfassungstreue (OVG Koblenz v. 27. 6. 1977, PersV 1968, 475) und für ein formloses Kolloquium im Rahmen einer Auslese von Bewerbern (OVG Münster v. 8. 5. 1961, ZBR 1962, 23 = PersV 1962, 223). Auch Erörterungen mit Beschäftigen im Rahmen der Beurteilungspraxis einer Dienststelle sind keine Prüfungen (OVG Koblenz v. 16. 10. 1985, ZBR 1986, 22). Gleiches gilt für Arbeitsplatzüberprüfungen (Lorenzen u. a., § 80 Anm. 11, 12). **Vorstellungsgespräche** haben keinen Prüfungscharakter; denn es werden im allgemeinen keine persönlichen und fachlichen Fähigkeiten festgestellt bzw. erbrachte Leistungen bewertet. Vielmehr geht es lediglich um die Gewinnung eines unmittelbaren Eindrucks von der Persönlichkeit des Bewerbers, um seine Interessen für die angestrebte Laufbahn und um seine persönlichen Verhältnisse, soweit sie für eine spätere Verwendung von Bedeutung sein könnten (BVerwG v. 6. 12. 1978, BVerwGE 57, 151 = ZBR 1979, 240 = PersV 1979, 504; Fischer u. a., § 80 Anm. 4; Lorenzen u. a., § 80 Anm. 9).

3. Nicht entscheidend ist, ob durch das erfolgreiche Ablegen der Prüfung eine Veränderung des Status des Prüflings vorbereitet wird (BVerwG v. 14. 5. 1963, BVerwGE 16, 101 = ZBR 1963, 254 = PersV 1963, 232). Ebensowenig kommt es darauf an, ob das Verfahren den Begriff Prüfung trägt. Entscheidend ist alleine, ob es **mit dem beruflichen Fortkommen in Verbindung steht** (BVerwG v. 14. 5. 1963, BVerwGE 16,101 = ZBR 1963, 254 = PersV 1963, 232). Diese Voraussetzung ist dann nicht erfüllt, wenn sich ein Dienststellenleiter Kenntnis von den Fähigkeiten eines Beschäftigten verschaffen will, um sachgerecht über die weitere dienstliche Verwendung des Betreffenden entscheiden zu können (OVG Koblenz v. 16. 10. 1985, ZBR 1986, 22). 4

4. Der Bereich der die Prüfung abnehmenden Dienststelle ist nicht der räumliche, sondern der **Kompetenzbereich,** der sich auf alle der Dienststelle unterstellten Dienststellen erstreckt. Daher unterfallen nur solche verwaltungsinternen Prüfungen der Beteiligung der Personalvertretung, die nicht über den Bereich der obersten Dienstbehörde hinausgehen (BVerwG v. 10. 7. 1964, BVerwGE 19, 133 = ZBR 1964, 346; BVerwG v. 11. 6. 1975 – VII P 3.73 – Buchholz 238.3 § 57 Nr. 8; vgl. Anm. 3; Fischer u. a., § 80 Anm. 4; Lorenzen u. a., § 80 Anm. 4). Soweit eine Verwaltung Prüfungen durch eine eigene Dienststelle abnehmen lässt, ist diejenige Personalvertretung für die Entsendung eines Vertreters zuständig, die für die die Prüfung abnehmende Dienststelle (nicht für die Dienststelle des Prüflings) eine Zuständigkeit besitzt. Für den Arbeitnehmerbereich kommen Verwaltungsprüfungen und prüfungsmäßige Eignungsfeststellungen in Betracht (Prüfungen für Schreibkräfte einer Dienststelle etc., Lorenzen u. a., § 80 Anm. 8). 5

5. Der zuständige Dienststellenleiter hat die Personalvertretung rechtzeitig über anstehende Prüfungstermine und deren Inhalt sowie Ablauf zu unter- 6

richten, damit diese sich rechtzeitig auf die Prüfungsteilnahme einrichten und vorbereiten kann (Kunze, PersV 1996, 529, 531). Das **Teilnahmerecht** der Personalvertretung erstreckt sich sowohl auf den **mündlichen als auch auf den schriftlichen Teil der Prüfung** (Fischer u. a., § 80 Anm. 6; Lorenzen u. a., § 80 Anm. 17; aA BVerwG v. 18. 6. 1965, BVerwGE 21, 230 = ZBR 1965, 248 = PersV 1965, 229). Die zuständige Personalvertretung kann zur Prüfung nur ein eigenes Mitglied entsenden. Eine Stufenvertretung kann daher nicht ein Mitglied einer Personalvertretung des nachgeordneten Bereichs mit der Teilnahme an der Prüfung beauftragen. Infolgedessen ist der Gesamtpersonalrat auch nicht zuständig, ein Mitglied zur Teilnahme an Prüfungen zu entsenden, die die Behörde der Mittelstufe für ihre Beschäftigten und für die Beschäftigten nachgeordneter Dienststellen durchführt (BVerwG v. 11. 6. 1975 – VII P 3.73 – Buchholz 238.3 § 57 Nr. 8). Die **personelle Auswahl** geschieht **durch Beschluss des Plenums,** nicht der Gruppenvertretung (BVerwG v. 18. 6. 1965, aaO; Ruppert, PersV 1979, 393). Jedoch kann die Personalvertretung entsprechend der Gruppenzugehörigkeit des Prüflings den Vertreter der betreffenden Gruppe für die beratende Teilnahme an der Prüfung benennen (Fischer u. a., § 80 Anm. 7). Die Benennung des Mitglieds der Personalvertretung zur Teilnahme an Prüfungen kann generell oder von Fall zu Fall erfolgen (Windscheid, PersV 1977, 370). Allerdings kann eine generelle Benennung nicht immer garantieren, dass die Auswahl der zu entsendenden Personalratsmitglieder sich an dem Charakter der jeweiligen Prüfung ausrichtet und die besonderen fachspezifischen Kenntnisse der einzelnen Personalratsmitglieder berücksichtigt. Das Übergehen eines bewährten Personalratsmitglieds kann, wenn seiner Benennung keine sachlichen Hinderungsgründe entgegenstehen, ebenso ermessensfehlerhaft wie die – hindernde oder fördernde – Berücksichtigung seiner Gewerkschaftszugehörigkeit sein (OVG Münster v. 6. 5. 1970, Leits. ZBR 1971, 63). Sachgemäß aber ist es in jedem Fall, ein Personalratsmitglied zur Prüfungsteilnahme auszuwählen, das entsprechende fachliche Kompetenzen aufweist, damit es die Aufgabe tatsächlich auch wahrnehmen kann, die Prüfer zu beraten und die beabsichtigte Kontrollfunktion auszuüben (Kunze, PersV 2004, 136, 140). Ein Ersatzmitglied kann von der Personalvertretung solange nicht benannt werden, wie ordentliche und sachkundige Mitglieder zur Teilnahme zur Verfügung stehen (VGH München v. 13. 4. 1988, ZBR 1989, 21 = PersV 1989, 23). Die Benennung erfolgt alleine durch die Mehrheit der Personalvertretung – unbeeinflusst von Prüfungsausschuss und Prüflingen und unabhängig von entsprechenden Wünschen (Lorenzen u. a., § 80 Anm. 19; Richardi u. a., § 80 Anm. 14; aA BVerwG v. 31. 1. 1979, BVerwGE 57, 264; VHG München v. 21. 9. 1979, PersV 1980, 341; VGH Kassel v. 25. 1. 2007, PersR 2007, 218 = Leits. ZfPR 2007, 71; Fischer u. a., § 80 Anm. 6 a, b; Kohlrust, PersV 1974, 359; Ulmer, PersV 1975, 1, 20).

6a a) **Zuständig ist diejenige Personalvertretung,** die bei der die Prüfung abnehmenden Dienststelle gebildet ist. Ist für die Prüfung in einer Dienststelle der für diese verantwortliche Dienststellenleiter zuständig, so ist die entsprechende Personalvertretung zu den jeweiligen Prüfungen hinzuzuziehen. Dies bedeutet bei einer Mittelbehörde bzw. einer obersten Dienstbehörde, dass der örtliche Personalrat (Hauspersonalrat) zu beteiligen ist. Wenn dagegen die jeweiligen Dienststellenleiter Prüfungen für ihren gesamten Geschäftsbereich abnehmen, dann sind die entsprechenden Stufenvertretungen zu beteiligen (Lorenzen u. a., § 80 Anm. 22).

7 6. Die Personalvertretung kann nicht willkürlich darüber befinden, ob sie eines ihrer Mitglieder zu einer Prüfung entsendet. Vielmehr hat sie die Auf-

gabe, möglichst **zu jeder Prüfung ein sachverständiges Mitglied zu entsenden.** Infolgedessen würde die Personalvertretung gegen ihre Pflichten verstoßen, wenn sie insoweit ermessensfehlerhaft handelt (Fischer u. a., § 80 Anm. 2; Windscheid, PersV 1977, 370; Ruppert, PersV 1979, 393; aA VGH München v. 21. 9. 1979, PersV 1980, 341).

III. Rechte der Personalvertretung

1. Dem von der Personalvertretung benannten Mitglied ist nicht nur „die Anwesenheit zu gestatten", sondern es „kann **beratend teilnehmen**". Dabei ist eine Einflussnahme auf den materiellen Teil der Prüfungsanforderungen ausgeschlossen, nicht dagegen eine solche zur Förderung der Transparenz des gesamten Prüfungsgeschehens und der Wahrung der Chancengleichheit aller Prüflinge (Beispiele: Einflussnahme auf die Beachtung der Prüfungsordnung, auf die Einhaltung von Pausen, auf die gleichmäßige Befragung aller Prüflinge; Hinweise auf die besondere Situation einzelner Prüflinge wie Schwerbehinderteneigenschaft, Hinweis auf besondere Umstände für eine Minderung des Leistungsvermögens, Lorenzen u. a., § 80 Anm. 18; vgl. auch BVerwG v. 31. 1. 1979, BVerwGE 57, 264 = ZBR 1980, 28 = PersV 1980, 418). **8**

a) Der Vertreter des Personalrats besitzt ein **unmittelbares Zugangsrecht zur Prüfung.** Das von der Personalvertretung für die Teilnahme an einer Prüfung benannte Mitglied nimmt eine Aufgabe nach diesem Gesetz wahr. Es darf daher nicht behindert werden. Es unterliegt der Schweigepflicht. Abfällige Bemerkungen gegenüber Dritten über die Leistung einzelner Prüflinge sind als grober Pflichtverstoß nach § 28 anzusehen (OVG Münster v. 31. 7. 1975 – CB 5/75, n. v.). **8a**

2. Das **Hausrecht des Prüfungsausschusses** wird durch die Teilnahme eines Personalratsmitgliedes an der Prüfung nicht berührt. Einen Eingriff in den Ablauf der Prüfung durch die Vertreter des Personalrats dürfen weder der Prüfungsausschuss noch die Prüflinge dulden (BVerwG v. 23. 10. 1970, ZBR 1971, 127 = PersV 1971, 138). Das bedeutet aber nicht, dass das Personalratsmitglied gehindert wäre, aufklärende, dem Prüfungsablauf dienende Fragen zu stellen. Es kann darüber hinaus Prüfungserleichterungen z. B. für Schwerbehinderte anregen und die Einlegung von Pausen zur Erhaltung der Leistungsfähigkeit der Prüflinge vorschlagen. Insoweit kann es auch auf den Ablauf der Prüfung Einfluss nehmen, wenn bei einem Prüfling Umstände eintreten, die eine Minderung der Leistungsfähigkeit deutlich machen (BVerwG v. 31. 1. 1979, BVerwGE 57, 264 = ZBR 1980, 28 = PersV 1980, 418). **9**

3. Eine Teilnahmebefugnis des von der Personalvertretung benannten Mitglieds auch an der **Beratung des Prüfungsergebnisses** wird unter Hinweis darauf verneint, dass die Prüfung beendet sei, wenn die Festlegung des Ergebnisses beginne. Es reiche aus, wenn „zur Beruhigung des Prüflings und zur Stärkung seiner Sicherheit" das Personalratsmitglied bei der Prüfungsbefragung anwesend sei. Zudem diene die Beteiligung der Personalvertretung dem Interesse des Prüflings, nicht aber der Kontrolle der Prüfungskommission (BVerwG v. 31. 1. 1979, BVerwGE 57, 264 = ZBR 1980, 28 = PersV 1980, 418; VGH Kassel v. 25. 1. 2007, PersR 2007, 218 = ZfPR online 4/2007, S. 11). Dem ist entgegenzuhalten, dass die Gewissheit über die Anwesenheit eines Personalratsmitglieds auch bei der Prüfungsberatung von Anbeginn an besonders beruhigend auf den Prüfling wirken könnte, weil er sicher sein kann, dass z. B. soziale Gesichtspunkte auch bei der Bewertung des Prüfungsergeb- **10**

nisses von dem Personalratsmitglied eingebracht werden. Insoweit würde von dem Personalratsmitglied eine Tätigkeit fortgesetzt, die ihm bereits bei der Prüfungsbefragung zufällt. Er hätte nicht die Aufgabe, die Prüfungskommission zu kontrollieren, sondern die Beachtung sozialer Gesichtspunkte anzuregen (so im Ergebnis auch: Altvater u. a., § 80 Anm. 7; Richardi u. a., § 80 Anm. 14; Geffken, PersV 1975, 281; Ruppert, PersV 1979, 383; Walter, PersV 1998, 460; aA Fischer u. a., § 80 Anm. 6 a; Kohlrust, PersV 1974, 329; Kunze, PersV 2004, 136, 139; Ulmer, PersV 1975, 20).

11 4. Das Recht zu beratender Teilnahme umfasst nicht das **Recht auf Einsicht in die oder auf Vorlage der Prüfungsakten,** die im Übrigen nicht Bestandteil der Personalakten werden (zu dem Problem insgesamt zu weitgehend: Geffken, PersV 1975, 281). Angesichts des § 68 Abs. 2 Satz 3 hätte der Gesetzgeber im Übrigen Veranlassung gehabt, dies ausdrücklich zu regeln. Da aber die schriftlichen Prüfungsergebnisse regelmäßig in die mündliche Prüfung hineinwirken und das Personalratsmitglied einen Gesamtüberblick haben muss, sind ihm diejenigen Auskünfte aus den Prüfungsakten zu geben, deren es zu einer sinnvollen Beratung objektiv bedarf (Fischer u. a., § 80 Anm. 6b; Lorenzen u. a., § 80 Anm. 21; vgl. im Übrigen § 68 Abs. 2 Satz 3).

12 5. Dem Mitglied der Personalvertretung steht für seine Tätigkeit **kein Anspruch auf eine Prüfungsentschädigung** zu, da es kein mit Sitz und Stimme ausgestattetes Mitglied der Prüfungskommission ist (Ruppert, PersV 1979, 393). Dagegen hat ein Mitglied der Personalvertretung einen **Anspruch auf Unfallfürsorge** für den Fall, dass es bei der Wahrnehmung seines Rechts einen Unfall erleidet (§ 11 BPersVG).

IV. Streitigkeiten

13 Streitigkeiten über den Umfang des Beratungsrechts entscheiden die Verwaltungsgerichte nach § 83 Abs. 1 Nr. 3.

Schrifttum: Eckstein/Herweck-Behnsen, Die „beratende" Teilnahme eines Personalratsmitgliedes an verwaltungsinternen Prüfungen, PersV 1976, 131; Geffken, Die Beteiligung des Personalrats bei Prüfungen, PersV 1975, 281; Kohlrust, Prüfungen und Prüfungsverfahren im Lichte der Rechtsprechung, PersV 1974, 329; Kunze, Die unterschiedlichen Beteiligungsrechte des Personalrats und ihre Grenzen, PersV 1996, 529; ders., Beratende Teilnahme eines Personalratsmitglieds an Prüfungen, PersV 2004, 136; Prull, Die Anwesenheit von Personalratsmitgliedern bei Prüfungen, PersV 1968, 77; Rewolle, Die Teilnahme an Prüfungen eines Personalratsmitglieds, RiA 1967, 66; Ruppert, Die Teilnahme des Personalrats bei Prüfungen, PersV 1979, 393; Sabottig, Teilnahme an Prüfungen – zur Auslegung des § 80 BPersVG, RiA 1977, 208; ders., Die Benennung von Mitgliedern des Personalrats für die Teilnahme an Prüfungen, PersV 1977, 370; Walter, Personalrat und Prüfungen – die Personalvertretung im Spannungsfeld von Recht und Psychologie, PersV 1998, 460.

§ 81 [Beteiligung an Gefahrenverhütung]

(1) Der Personalrat hat bei der Bekämpfung von Unfall- und Gesundheitsgefahren die für den Arbeitsschutz zuständigen Behörden, die Träger der gesetzlichen Unfallversicherung und die übrigen in Betracht kommenden Stellen durch Anregung, Beratung und Auskunft zu unterstützen und sich für die Durchführung der Vorschriften über den Arbeitsschutz und die Unfallverhütung in der Dienststelle einzusetzen.

(2) Der Dienststellenleiter und die in Absatz 1 genannten Stellen sind verpflichtet, bei allen im Zusammenhang mit dem Arbeitsschutz oder der Unfallverhütung stehenden Besichtigungen und Fragen und bei Unfalluntersuchungen den Personalrat oder die von ihm bestimmten Personalratsmitglieder derjenigen Dienststelle hinzuzuziehen, in der die Besichtigung oder Untersuchung stattfindet. Der Dienststellenleiter hat dem Personalrat unverzüglich die den Arbeitsschutz und die Unfallverhütung betreffenden Auflagen und Anordnungen der in Absatz 1 genannten Stellen mitzuteilen.

(3) An Besprechungen des Dienststellenleiters mit den Sicherheitsbeauftragten im Rahmen des § 22 Abs. 2 des Siebten Buches Sozialgesetzbuch nehmen vom Personalrat beauftragte Personalratsmitglieder teil.

(4) Der Personalrat erhält die Niederschriften über Untersuchungen, Besichtigungen und Besprechungen, zu denen er nach den Absätzen 2 und 3 hinzuzuziehen ist.

(5) Der Dienststellenleiter hat dem Personalrat eine Durchschrift der nach § 193 Abs. 5 des Siebten Buches Sozialgesetzbuch vom Personalrat zu unterschreibenden Unfallanzeige oder des nach beamtenrechtlichen Vorschriften zu erstattenden Berichts auszuhändigen.

Inhaltsübersicht

Entspr. landesgesetzliche Regelungen:
Baden-Württemberg: § 83; Bayern: Art. 79; Berlin: § 77; Brandenburg: § 59; Bremen: § 64; Hamburg: § 91; Hessen: § 76; Mecklenburg-Vorpommern: § 72; Niedersachsen: § 77; Nordrhein-Westfalen: § 64 Nr. 4, § 77; Rheinland-Pfalz: § 86; Saarland: § 82; Sachsen: § 74; Sachsen-Anhalt: § 59; Schleswig-Holstein: § 50; Thüringen: § 81.

Entspr. Vorschrift des BetrVG: § 89

I. Vorbemerkungen

1. Die Vorschrift regelt das **Beteiligungsrecht der Personalvertretung im Rahmen des Arbeitsschutzes.** Nach Abs. 1 erhält die Personalvertretung die 1

Befugnis, auch mit solchen Einrichtungen außerhalb der Dienststelle Kontakt aufzunehmen, die für Arbeitsschutzmaßnahmen zuständig sind. In den Absätzen 2 bis 5 werden die Rechte der Personalvertretung sowie die entsprechenden Pflichten des Leiters der Dienststelle und der außenstehenden Stellen konkretisiert. Abweichende Vereinbarungen von diesen Vorschriften sind nicht möglich (vgl. auch Schaller, ZfPR 1998, 204).

2 2. Während § 75 Abs. 3 Nr. 11 der Personalvertretung ein Mitbestimmungsrecht bei der **Organisation der Schadensverhütung** gibt, regelt § 81 die **Beteiligung an der Ausführung** der nach § 75 Abs. 3 Nr. 11 aufzustellenden Richtlinien. Die Rechte und Pflichten der Personalvertretung aus § 81 sind ebensowenig wie die aus § 68 Abs. 1 zu einem förmlichen Mitwirkungsrecht entwickelt. Neben diesen Maßnahmen kommen weitere in Betracht, an denen die Personalvertretung zu beteiligen ist. Dies gilt für § 75 Abs. 3 Nr. 10 und § 76 Abs. 2 Nr. 4 (Bestellung von Vertrauens- und Betriebsärzten) ebenso wie für die bereits erwähnten Maßnahmen im Rahmen von § 75 Abs. 3 Nr. 11 (vgl. auch: BVerwG v. 18. 5. 1994, Leits. ZBR 1994, 387 = PersV 1995, 30 = ZfPR 1994, 148). Im Übrigen kommen weitere Mitbestimmungstatbestände hinzu, in denen organisatorische und technische Maßnahmen im Zusammenhang mit dem Arbeitsschutz in Verbindung stehen können (§ 75 Abs. 3 Nrn. 15, 16, 17; § 76 Abs. 2 Nrn. 5, 7; Lorenzen u. a., § 81 Anm. 5; Rautenberg, PersR 1992, 395). Zuständig für die im Rahmen des § 81 angesprochenen Angelegenheiten ist jeweils die Personalvertretung, die dort besteht, wo die Maßnahme durchzuführen ist.

3 3. Die Vorschrift schränkt die Verantwortlichkeit des Dienststellenleiters für die Sicherheit der ihm unterstellten Beschäftigten nicht ein. Sinn der Vorschrift ist, dass **Dienststellenleiter und Personalvertretung gemeinsam** und in gegenseitiger Unterstützung Unfall- und Gesundheitsgefahren entgegenwirken. Dies ist besonders wichtig deshalb, weil die im Bereich der gewerblichen Wirtschaft zuständigen Aufsichts- und Kontrollbehörden (Gewerbeaufsichtsämter, Baubehörden etc.) für den Bereich des öffentlichen Dienstes nicht zuständig sind, so dass die Zuständigkeit für den Arbeitsschutz und für die Unfallverhütung überwiegend bei den Dienstherrn selbst liegt. Die Gewerbeaufsichtsämter sind ebenso wie die Baubehörden nur in Ausnahmefällen zuständig. Daneben sind in erster Linie die jeweilige Dienststelle, besondere Dienste, eventuell bestimmte weitere Stellen innerhalb der obersten Dienstbehörden sowie Sicherheitsbeauftragte, Fachkräfte für Arbeitssicherheit in der Dienststelle und Vertrauens- sowie Betriebsärzte zuständig (vgl. in diesem Zusammenhang: BVerwG v. 14. 10. 2002, ZBR 2003, 390 = PersV 2003, 186 = ZfPR 2003, 37; Lorenzen u. a., § 81 Anm. 7). Darüber hinaus hat ein Dienststellenleiter für eine einwandfreie Beschaffenheit der Arbeitseinrichtungen zu sorgen und die Arbeitsbedingungen so zu gestalten, dass Schädigungen weitgehend ausgeschlossen bleiben. Letzteres betrifft in erster Linie das Thema Rauchen. Ein Dienststellenleiter ist verpflichtet, die Gesundheit derjenigen zu schützen, die nicht rauchen. Daher ist er gehalten, rauchfreie Arbeitsplätze einzurichten, soweit dies aus gesundheitlichen Gründen geboten (heute nicht mehr umstritten) und zumutbar ist (vgl. für das BetrVG: BAG v. 17. 2. 1998, BAGE 88, 53 = BB 1998, 537 = DB 1999, 962). Dies ergibt sich im Übrigen aus § 5 Abs. 1 ArbStVO (vgl. Anm. 9q), wonach Dienststellenleiter verpflichtet ist, erforderliche Maßnahmen zu treffen, um nicht rauchende Beschäftigte wirksam vor Gesundheitsgefahren durch Tabakrauch zu schützen. Beim Erlass von Rauchverboten steht der Personalvertretung ein Mitbestimmungsrecht nach § 75

Abs. 3 Nr. 11 bzw. § 75 Abs. 3 Nr. 15 zu (vgl. dort Anm. 180; Lorenzen u. a., § 81 Anm. 17c; Lorenz, PersR 2003, 99; Sperl, PersR 2006, 156).

1. Die Ausübung der **Überwachungspflicht** obliegt sowohl der Personalvertretung in ihrer Gesamtheit als auch einzelnen Mitgliedern (Lorenzen u. a., § 81 Anm. 8a). Die in § 81 bezeichnete Anregung, Beratung und Auskunft können aber nicht aufgrund eines förmlichen Beschlusses (§ 37) erfolgen. Es genügt, wenn die Personalvertretung ein Mitglied oder mehrere besonders sachverständige Mitglieder mit der Gefahrenbekämpfung beauftragt (Lorenzen u. a., § 81 Anm. 8a). Die einzelnen Mitglieder werden vom Plenum durch Beschluss bestimmt, weil sie die Personalvertretung in einer allen Gruppen gemeinsamen Angelegenheit zu repräsentieren haben. Dabei ist die Berücksichtigung sachgemäßer Gesichtspunkte (besondere Sachkunde, Erfahrung etc.) Richtlinie für die personelle Auswahl (BVerwG v. 18. 6. 1965, BVerwGE 21, 230 = ZBR 1965, 248 = PersV 1965, 229). 4

2. Die Beteiligung der Personalvertretung ist weniger ein Recht, als vielmehr eine Pflicht. Sie belastet sie mit der (zumindest moralischen) Mitverantwortung für den Arbeitsschutz. Die Personalvertretung hat diese **Pflicht gegenüber der Dienststelle** auszuüben, indem sie ihr Anregungen gibt, Beobachtungen über Missstände vorträgt und in jeder denkbaren Weise zur Gefahrenverhütung beiträgt. Das OVG Münster (v. 13. 7. 2006, Leits. ZfPR online 4/2007, S. 15) bejaht ein Mitbestimmungsrecht einer Personalvertretung bei der Bestellung von Strahlenschutzbeauftragten und von Strahlenschutzbevollmächtigten auf der Grundlage der Strahlenschutzverordnung; vgl. Anm. 9p. 5

3. Die Personalvertretung hat die sich aus der Vorschrift ergebende **Pflicht** in gleicher Weise außerdem **gegenüber den Beschäftigten.** Sie hat sie zur Beachtung der Unfallverhütungs- und sonstigen Gesundheitsvorschriften anzuhalten. Es kann sich dabei selbstverständlich auch um die Befolgung von Vorschriften handeln, die nicht nur für die Dienststelle alleine erlassen sind (Fischer u. a., § 81 Anm. 8; Lorenzen u. a., § 81 Anm. 17). 6

4. Die Personalvertretung hat auch **gegenüber den zuständigen Überwachungsorganen** innerhalb und außerhalb der Verwaltung, der die Dienststelle angehört, eine entsprechende Pflicht. Sie ist dabei nicht nur auf den innerdienstlichen Bereich beschränkt. Die Unterstützung und Erfahrung der Personalvertretung soll auch bei außerhalb des dienstlichen Bereichs geschehenen Unfällen nutzbar gemacht werden können. Die Hinzuziehung der Personalvertretung ist bei solchen Unfällen auch deshalb sinnvoll, um ihr die Möglichkeit zu geben, aufgrund der bei den Untersuchungen erworbenen Kenntnisse mitzuhelfen, ähnliche Unfälle zu vermeiden (BVerwG v. 8. 12. 1961, BVerwGE 13, 226 = Leits. ZBR 1962, 335 = PersV 1962, 268). 7

5. Die Personalvertretung kann dieser Pflicht auch dadurch nachkommen, dass sie von sich aus an die Überwachungsorgane herantritt. Umgekehrt sind die in Abs. 1 genannten Stellen verpflichtet, z. B. bei Unfalluntersuchungen, die **Personalvertretung hinzuzuziehen** (Abs. 2). Generell aber ist eine Personalvertretung weder berechtigt noch verpflichtet, Beschäftigtendaten bei Verstößen gegen arbeitsschutzrechtliche Normen den zuständigen Überwachungsorganen zu melden. Entscheidend kommt es darauf an, ob die Übermittlung solcher Daten zur Wahrung der berechtigten Interessen der Personalvertretung erforderlich ist. Dem könnten schutzwürdige Interessen der betroffenen Beschäftigten entgegenstehen. Ob dies tatsächlich der Fall ist, 8

hängt von den jeweiligen Umständen des Einzelfalles ab (vgl. für das BetrVG: BAG v. 3. 6. 2003, Leits. BB 2003, 2132 = DB 2003, 2496 = Leits. ZBVR 2003, 232). Im Zweifel wird man aber dem **informationellen Selbstbestimmungsrecht** des einzelnen Beschäftigten Vorrang einräumen müssen. In jedem Fall steht der Personalvertretung das Recht der Weitergabe persönlicher Daten nicht ohne vorherige Rücksprache mit dem Dienststellenleiter zu.

9 6. Die Personalvertretung hat bei der Beteiligung an der Bekämpfung von Unfall- und Gesundheitsgefahren ihr Augenmerk auf **alle den Arbeitsschutz und die Unfallverhütung betreffenden gesetzlichen, tariflichen und sonstigen Regelungen** zu richten. Insgesamt hat die Personalvertretung die Aufgabe, die im Zusammenhang mit der Arbeitsabwicklung stehenden Unfall- und Gesundheitsgefahren auszuschließen bzw. zu mildern. Den zuständigen Stellen soll sie daher Anregungen geben und Auskünfte erteilen. Sie soll die entsprechenden Stellen beraten, auf bestehende Unfallgefahren oder gesundheitsgefährdende Einrichtungen hinweisen, mangelnde Schutzeinrichtungen erwähnen oder Aufklärungsaktionen über mögliche Gefahren anregen (Fischer u. a., § 81 Anm. 6; in diesem Zusammenhang kann auf Sozialgesetzbuch, VII. Buch, Gesetzliche Unfallversicherung v. 7. 8. 1996, BGBl. I S. 1254, zul. geänd. d. Art. 6a G v. 19. 12. 2007, BGBl. I S. 3024 verwiesen werden). Im Bereich des technischen Arbeitsschutzes gibt es eine Vielzahl von Einzelvorschriften der Verwaltungen, die die Personalvertretungen im Rahmen ihrer Aufgabenstellung zu beachten haben. Im Wesentlichen sind folgende allgemeine Regelungen zu beachten:

a) § 79 BBG (vgl. § 4 Anm. 17 e). Danach hat der Dienstherr die Beamten bei der Wahrnehmung ihrer dienstlichen Aufgaben gegen Gefahren für Leben und Gesundheit zu schützen. Im Rahmen der Fürsorgepflicht ist der Dienststellenleiter nicht nur für die Erhaltung der Arbeitskraft, sondern auch für eine einwandfreie Beschaffenheit der Arbeitseinrichtungen sowie für angemessene Arbeitsbedingungen verantwortlich.
b) Gegenüber Arbeitnehmern bestehen die gleichen Fürsorgepflichten gemäß § 618 BGB.
c) Gesetz zum Schutz der arbeitenden Jugend (Jugendarbeitsschutzgesetz, JArbSchG v. 12. 4. 1976, BGBl. I S. 965, zul. geänd. d. Art. 230 V v. 31. 10. 2006, BGBl. I S. 2407); Gesetz über die Durchführung von Maßnahmen des Arbeitsschutzes zur Verbesserung der Sicherheit und des Gesundheitsschutzes der Beschäftigten bei der Arbeit (Arbeitsschutzgesetz, ArbSchG, v. 7. 8. 1996, BGBl. I S. 1246, zul. geänd. d. Art. 227 V v. 31. 10. 2006, BGBl. I S. 2407).
d) Arbeitszeitgesetz (ArbZG v. 6. 6. 1994, zul. geänd. d. Art. 229 V v. 31. 10. 2006, BGBl. I S. 2407); Verordnung über die Arbeitszeit der Beamtinnen und Beamten des Bundes v. 15. 6. 1954, BGBl. I S. 149, neugef. d. Bekanntm. v. 11. 11. 2004, BGBl. I S. 2844; zul. geänd. d. V. v. 23. 2. 2006, BGBl. I S. 427, S. 1110.
e) Gesetz zum Elterngeld und zur Elternzeit (Bundeselterngeld- und Elternzeitgesetz, BEEG, v. 5. 12. 2006, BGBl. I S. 2748, zul. geänd. d. Art. 6 Abs. 8 G v. 19. 8. 2007, BGBl. I S. 1970).
f) Sondervorschriften für behinderte Menschen (Sozialgesetzbuch, SGB, Neuntes Buch (IX) – Rehabilitation und Teilhabe behinderter Menschen – Art. 1 d. G v. 19. 6. 2001, BGBl. I S. 1046, zul. geänd. d. Art. 8 Abs. 2 v. 18. 12. 2007, BGBl. I S. 2999).
g) Gesetz über Betriebsärzte, Sicherheitsingenieure und andere Fachkräfte für Arbeitssicherheit (Arbeitssicherheitsgesetz – ArbSiG/ASiG, v. 12. 12. 1973, BGBl. I S. 1885, zul. geänd. d. Art. 226 V v. 31. 10. 2006, BGBl. I S. 2407).

h) Gesetz zur Fortentwicklung der Datenverarbeitung und des Datenschutzes (BDSG v. 20. 12. 1990, BGBl. I S. 2994, zul. geänd. d. Art. 1 G v. 22. 8. 2006, BGBl. I S. 1970).
i) Verordnung über den Erholungsurlaub der Beamtinnen, Beamten und Richterinnen und Richter des Bundes (v. 6. 8. 1954 BGBl. I S. 243, i. d. F. d. Bekanntm. v. 11. 11. 2004, BGBl. I S 2831, zul. geänd. d. Art. 2 Abs. 2 V v. 27. 4. 2007, BGBl. I S. 604; vgl. auch Mindesturlaubsgesetz für Arbeitnehmer (Bundesurlaubsgesetz, BUrlG, v. 8. 1. 1963, BGBl. I S. 2, zul. geänd. d. Art. 7 G v. 7. 5. 2002, BGBl. I S. 1529).
j) Verordnung über den kerntechnischen Sicherheitsbeauftragten und über die Meldung von Störfällen und sonstigen Ereignissen (Atomrechtliche Sicherheitsbeauftragten- und Meldeverordnung, AtSMV, v. 14. 10. 1992, BGBl. I S. 1766 v. 14. 10. 1992, BGBl. I S. 1766, zul. geänd. d. Art. 5 V v. 18. 6. 2002, BGBl. I S. 1869).
k) Verordnung über die Sicherheitsstufen und Sicherheitsmaßnahmen bei gentechnischen Arbeiten in gentechnischen Anlagen (Gentechnik-Sicherheitsverordnung, GenTSV, i. d. F. d. Bekanntm. v. 14. 3. 1995, BGBl. I S. 297, zul. geänd. d. V v. 23. 12. 2004, BGBl. I S. 3758).
l) Verordnung Sicherheit und Gesundheitsschutz bei der Arbeit an Bildschirmgeräten (Bildschirmarbeitsverordnung – BildscharbV, v. 4. 12. 1996, BGBl. I S. 1843, zul. geänd. d. Art. 437 V v. 31. 10. 2006, BGBl. I S. 2407).
m) Gesetz zum Schutz vor schädlichen Umwelteinwirkungen durch Luftverunreinigungen, Geräusche, Erschütterungen und ähnliche Vorgänge (Bundes-Immissionsschutzgesetz, BImSchG, i. d. F. d. Bekanntm. v. 26. 9. 2002, BGBl. I S. 3830, zul. geänd. d. Art. 3 Abs. 1 G v. 23. 10. 2007, BGBl. I S. 2470).
n) Gefahrstoffverordnung i. d. F. d. Bekanntm. v. 23. 12. 2004, (BGBl. I S. 3758), zul. geänd. d. Art. 4 V v. 6. 3. 2007, BGBl. I S. 261, 270).
o) Verordnung über Sicherheit und Gesundheitsschutz bei Tätigkeiten mit biologischen Arbeitsstoffen (Biostoffverordnung – BioStoffV, v. 27.1. 1999, BGBl. I S. 50, zul. geänd. d. Art. 2 V v. 6. 3. 2007, BGBl. I S. 261).
p) Verordnung über den Schutz vor Schäden durch ionisierende Strahlen (Strahlenschutzverordnung – StrlSchV, v. 20. 7. 2001, zul. geänd. d. Art. 2 § 3 Abs. 31 G v. 1. 9. 2005, BGBl. I S. 2618, 2653).
q) Gesetz über die Durchführung von Maßnahmen des Arbeitsschutzes zur Verbesserung der Sicherheit und des Gesundheitsschutzes der Beschäftigten bei der Arbeit (Arbeitsschutzgesetz, ArbSchG, v. 7. 8. 1996, BGBl. I S. 1246, zul. geänd. d. Art. 227 V v. 31. 10. 2006, BGBl. I S. 2407).
r) Verordnung über den Schutz vor Schäden durch Röntgenstrahlen (Röntgenverordnung – RöV i. d. F. d. Bekanntm. v. 30. 4. 2003, BGBl. I S. 604).
s) Verordnung über Arbeitsstätten (Arbeitsstättenverordnung – ArbStätt V v. 12. 8. 2004, BGBl. I S. 2179, zul. geänd. d. Art. 2 G v. 20. 7. 2007, BGBl. I S. 1595).
t) Richtlinie des Rats der EG v. 12. 6. 1989 über die Durchführung von Maßnahmen zur Verbesserung der Sicherheit des Gesundheitsschutzes der Arbeitnehmer bei der Arbeit – 89/391 EWG –, Abl. Nr. L 183 v. 29. 6. 1989, S. 1).

7. Besondere Unfallverhütungsvorschriften bestehen für das **Bundeseisenbahnvermögen.** Zuständiger Versicherungsträger ist die Eisenbahn-Unfallkasse (§ 126 Nr. 1 SGB VII). Zuständiger Versicherungsträger im Bereich von **Post und Telekom** ist die entsprechende Unfallkasse (§ 127 SGB VII). 10

11 8. Die Personalvertretung hat mit darüber zu wachen, dass alle diese Vorschriften eingehalten werden, um Gefahren für Leben und Gesundheit der Beschäftigten abzuwenden. Diese Überwachungspflicht umfasst nicht nur Anregung, Beratung und Auskunft, sondern auch das **aktive Eintreten für eine strikte Beachtung aller Arbeitsschutz- und Unfallverhütungsvorschriften** sowie das Eintreten für ein Abstellen und Beheben beanstandeter Mängel. Die Personalvertretung hat sich dabei sowohl auf eigene Beobachtungen zu stützen als auch Anregungen etc. der Beschäftigten sorgfältig zu prüfen. Die von diesen gemachten Vorschläge hat sie eventuell, falls sie dies für erforderlich hält, mit den in Abs. 1 genannten Stellen zu diskutieren. Außerdem ist sie verpflichtet, sich eigene Informationen zu beschaffen und zu diesem Zweck, falls erforderlich, auch einzelne **Beschäftigte an ihren Arbeitsplätzen aufzusuchen.** Die Personalvertretung kann Vorschläge zur Verbesserung des technischen Unfallschutzes machen und eine entsprechende Organisation der Dienststelle anregen. Zu den arbeitsrechtlichen Konsequenzen überhitzter Arbeitsräume im Sommer, vgl. Grimm, DB 2004, 1666.

11a 9. Die Personalvertretung trifft auch eine Überwachungspflicht hinsichtlich der **Einhaltung eines Rauchverbots** (BVerwG v. 13. 9. 1984, BVerwGE 70, 115; vgl. auch Erlass des BMI v. 23. 3. 1976, GMBl S. 135 betr. Rauchen im dienstlichen Bereich). Die Überwachungspflicht der Personalvertretung erstreckt sich auch auf den Schutz von Passivrauchern (vgl. hierzu: BVerfG v. 22. 1. 1997, BVerfG 95, 173, 184; BAG v. 19. 1. 1999, BB 1999, 1380 = DB 1999, 962; vgl. hierzu auch Lorenz, PersR 2003, 99; Sperl, PersR 2006, 156). Eine Personalvertretung kann daher auch entsprechende Initiativen gegenüber dem Dienststellenleiter ergreifen. Im Übrigen hat eine Personalvertretung Anspruch auf Mitbestimmung beim Erlaß eines Rauchverbots (§ 75 Abs. 3 Nr. 11 sowie dort Anm. 180; vgl. auch Lorenzen u. a., § 81 Anm. 17 c). Bei Regelungen, die in erster Linie der Verhütung allgemeiner Gefahren in Bezug auf das **Publikum** einer Behörde/Dienststelle dienen, ist in aller Regel zugleich auch eine Betroffenheit der Beschäftigten anzunehmen, so dass ein Beratungs- und Überwachungsrecht der Personalvertretung zu bejahen ist. Dies gilt z. B. bei regelmäßigen Überwachungen von Behördenfahrzeugen (Lorenzen u. a., § 81 Anm. 17 d).

12 10. **Für den Arbeitsschutz sind zuständig** vor allem die **obersten Dienstbehörden** bzw. die in ihrem Auftrag handelnden Dienststellenleiter; für weibliche Arbeiter und Angestellte im Falle des Mutterschutzgesetzes die Gewerbeaufsichtsämter, die technischen Aufsichtsbeamten; eventuell besonders bestimmte zuständige Stellen innerhalb eines Verwaltungsbereichs, der Bund einschließlich seiner Einrichtungen (vgl. §§ 114, 125 SGB VII), Bundesausführungsbehörde für Unfallversicherung.

13 11. Der Personalvertretung ist im Interesse einer umfassenden Unfallbekämpfung eine enge Zusammenarbeit mit den in Abs. 1 genannten Stellen auferlegt worden. Unabhängig davon muss aber zunächst in engem Zusammenwirken zwischen Dienststelle und Personalvertretung alles versucht werden, um zu einer wirkungsvollen Bekämpfung von Unfall- und Gesundheitsgefahren zu kommen. Dies ergibt sich auch aus § 66 Abs. 3, wonach **außenstehende Stellen** erst angerufen werden dürfen, „wenn eine Einigung in der Dienststelle nicht erzielt worden ist". Auch das Gebot zur vertrauensvollen Zusammenarbeit (§ 2 Abs. 1) legt der Personalvertretung zunächst einmal die Verpflichtung auf, gemeinsam mit dem Dienststellenleiter konkrete Maßnahmen zu veranlassen, bevor externe Stellen eingeschaltet wer-

den. Selbstverständlich aber ist es der Personalvertretung freigestellt, Rat und Auskunft bei den in Abs. 1 genannten Stellen einzuholen, sofern auch nach Rücksprache mit dem Dienststellenleiter Zweifel daran bestehen bleiben, ob z. B. technische Einrichtungen gegen Unfall- und Gesundheitsgefahren besser abgesichert werden können (Lorenzen u. a., § 81 Anm. 21) Ein Beteiligungsrecht kommt aber dann noch nicht in Betracht, wenn es um Maßnahmen geht, die vorbereitender Natur sind. Dies gilt beispielsweise für eine Befragung von Beschäftigten über nach ihrer Auffassung bestehende Unfallgefahren; denn eine derartige Befragung stellt noch keine Maßnahme i. S. von § 69 Abs. 1 (vgl. dort Anm. 7 ff.)dar (BVerwG v. 14. 10. 2002, ZBR 2003, 390 = PersV 2003, 186 = ZfPR 2003, 37; Lorenzen u. a., § 81 Anm. 7).

12. In Dienststellen mit mehr als 20 Beschäftigten ist ein oder sind mehrere **Sicherheitsbeauftragte** zu bestellen (§ 22 Abs. 1 SGB VII). Die Bestellung unterliegt der Mitbestimmung der Personalvertretung nach § 75 Abs. 3 Nr. 11 (Fischer u. a., § 81 Anm. 17; Richardi u. a., § 81 Anm. 20). Eine sorgfältige Auswahl der Sicherheitsbeauftragten liegt im Interesse beider Partner; denn Aufgabe des Sicherheitsbeauftragten ist es, den Arbeitgeber bei der Durchführung des Unfallschutzes zu unterstützen. **14**

13. Die Personalvertretung oder die von ihr bestimmten Mitglieder sind „bei allen im Zusammenhang mit dem Arbeitsschutz oder der Unfallverhütung stehenden Besichtigungen und Fragen und **bei Unfalluntersuchungen hinzuzuziehen“.** Dabei geht es nicht alleine nur um verwaltungsexterne Stellen. Vielmehr sind auch die verwaltungsinternen Auflagen und Anordnungen vorgesetzter Dienststellen als Grundlage für die laufende Information der Personalvertretung über die sicherheitsrelevanten Umstände von Bedeutung (Lorenzen u. a., § 81 Anm. 25). Bei der Hinzuziehung der Personalvertretung handelt es sich nicht um eine förmliche Beteiligung der Personalvertretung. Im Hinblick auf den vom Gesetzgeber angestrebten umfassenden Schutz der Beschäftigten ergibt sich aber für den Dienststellenleiter die Pflicht zur engen Zusammenarbeit. Bei Meinungsverschiedenheiten wird zwar nicht das Verfahren nach den §§ 69, 71 ausgelöst. Beide Seiten sind aber in besonderem Maße zur Anrufung der in Abs. 1 genannten Stellen verpflichtet. In Einzelfällen kann sich die Hinzuziehung nach § 81 Abs. 2 mit der förmlichen Beteiligung (Mitbestimmung) nach § 75 Abs. 3 Nr. 11 überschneiden. **15**

a) Die **Personalvertretung** bzw. die von ihr benannten Mitglieder sind sowohl vom Dienststellenleiter als auch von den genannten Stellen **zu Besichtigungen und Unfalluntersuchungen hinzuzuziehen.** Es ist stets die Personalvertretung (oder die von ihr bestimmten Mitglieder) derjenigen Dienststelle zu beteiligen, in der die Besichtigung oder Untersuchung stattfindet. Daneben kann auch ein berechtigtes Interesse des Gesamtpersonalrats oder einer Stufenvertretung gegeben sein (OVG Lüneburg v. 3. 7. 1959, PersV 1958/59, 259). **16**

b) Bei den Besichtigungen wird es vor allem darauf ankommen, Anregungen der Beschäftigten über Verbesserungen des Arbeitsschutzes oder der Unfallverhütung zu diskutieren und die Möglichkeit ihrer Verwirklichung am konkreten Arbeitsplatz zu überprüfen. Aus **Unfalluntersuchungen,** an denen die Personalvertretung zu beteiligen ist, kann sie die Erfahrungen gewinnen, die sie in die Lage versetzen, auf die Beschäftigten im Hinblick auf die Beachtung der Sicherheitsvorschriften einzuwirken. **17**

18 c) Die Personalvertretung ist zu den Untersuchungen hinzuzuziehen, gleichgültig, ob sich der **Unfall innerhalb oder außerhalb der Dienststelle** ereignet hat. Die Beteiligung der Personalvertretung kommt stets bei solchen Unfällen in Betracht, die mit der bestimmungsmäßigen Ausführung dienstlicher Aufgaben in Zusammenhang stehen. Gemeint sind Unfälle aller Art, nicht nur solche, die im Zusammenhang mit Arbeitsschutz oder Unfallverhütung stehen. Ein Unfall nach § 81 liegt auch dann vor, wenn nur Sachschaden entstanden ist (BVerwG v. 5. 2. 1971, Leits. ZBR 1971, 288 = PersV 1972, 34; Fischer u. a., § 81 Anm. 12; Lorenzen u. a., § 81 Anm. 22). Die Personalvertretung ist an allen Unfalluntersuchungen zu beteiligen (BVerwG v. 8. 12. 1961, BVerwGE 13, 266 = Leits. ZBR 1962, 335 = PersV 1971, 268), die von der Dienststelle und den Stellen nach Abs. 1 vorgenommen werden, auch dann, wenn Unfälle untersucht werden, bei denen Beschäftigte nicht verletzt worden sind (BVerwG v. 5. 2. 1971, aaO). Keine Unfalluntersuchung i. S. von § 81 ist die staatsanwaltschaftliche/polizeiliche Untersuchung zur Ermittlung strafbarer Handlungen im Zusammenhang mit Unfällen in Dienststellen.

19 d) Im Interesse der weitgehenden Vermeidung künftiger Unfälle ist die Personalvertretung auch zu den im Zusammenhang mit einem Unfall erfolgenden **Vernehmungen und Anhörungen** hinzuzuziehen. Auch schriftliche Untersuchungen sind ihr zugänglich zu machen. Die Personalvertretung soll ihre Hilfe zur Ermittlung der Unfallursachen und der persönlichen Schuld an dem Unfall an Ort und Stelle anbieten können und somit insgesamt zur Aufklärung beitragen.

III. Hinzuziehung der Personalvertretung

20 1. Abs. 2 zählt die **Stellen** abschließend auf, **die die Personalvertretung hinzuzuziehen haben.** Daher ist die Personalvertretung nicht an der kriminalpolizeilichen Untersuchung zu beteiligen (vgl. Anm. 18). Die Personalvertretung ist von der Dienststelle aber nur dann hinzuzuziehen, wenn diese selbst, nicht aber eine vorgesetzte Behörde die in Abs. 2 genannten Maßnahmen ergreifen will (OVG Münster v. 11. 11. 1994 – 1006/92. PVL, n. v.).

21 2. Machen die in Abs. 1 genannten Stellen dem Dienststellenleiter im Hinblick auf den Arbeitsschutz und die Unfallverhütung bestimmte **Auflagen** und treffen sie Anordnungen, so hat er diese unverzüglich der Personalvertretung **mitzuteilen,** damit sie die Möglichkeit erhält, sich für die Einhaltung auch dieser Vorschriften einzusetzen. Die Mitteilung hat umfassend und unverzüglich zu erfolgen. Die Personalvertretung muss verständlich und vollständig unterrichtet werden, damit sie in der Lage ist, ihren Beitrag zur Verhütung von Unfällen zu leisten.

22 3. Nach Abs. 3 sind „an Besprechungen des Dienststellenleiters mit den **Sicherheitsbeauftragten** im Rahmen des § 22 Abs. 2 des Siebten Buches Sozialgesetzbuch" vom Personalrat beauftragte Personalratsmitglieder zu beteiligen. Der Dienststellenleiter ist von den Sicherheitsbeauftragten bei der Durchführung der Maßnahmen zur Verhütung von Arbeitsunfällen und Berufskrankheiten zu unterstützen (§ 22 Abs. 1 SGB VII). Es liegt im Ermessen des Dienststellenleiters, mit dem (den) Sicherheitsbeauftragten gemeinsame Besprechungen anzusetzen. Daneben kann die zuständige Personalvertretung auch von sich aus unter Berufung auf § 22 Abs. 2 SGB VII gegenüber dem Dienststellenleiter einschlägige Besprechungen anregen (Lorenzen u. a., § 81 Anm. 27).

4. Über alle Untersuchungen, Besichtigungen und Besprechungen, zu denen die Personalvertretung hinzuzuziehen ist, sind ihr **Niederschriften auszuhändigen** (Abs. 4). Dies wird auch dann der Fall sein, wenn aus irgendwelchen Gründen die Personalvertretung oder die von ihr beauftragten Mitglieder nicht an den Untersuchungen etc. teilgenommen haben. Wegen der Intention des Gesetzes, einen möglichst umfassenden Arbeitsschutz unter Beteiligung aller verantwortlichen Stellen zu gewährleisten, ist diese Auslegung folgerichtig (Fischer, § 81 Anm. 18; Lorenzen u. a., § 81 Anm. 28). 23

5. Jeden **schwerwiegenden Unfall** (Unfalltod, durch Unfallverletzung verursachte Dienstunfähigkeit von mehr als drei Tagen) hat der Dienststellenleiter binnen drei Tagen dem Unfallversicherungsträger anzuzeigen (Abs. 5). Der Personalvertretung ist die Durchschrift der Anzeige auszuhändigen. Die Unfallanzeige ist von der Personalvertretung mit zu unterzeichnen. Durch dieses Mitunterzeichnen wird der Dienststellenleiter aus seiner Verantwortung für den Inhalt der Anzeige nicht entlassen; denn die Mitunterzeichnung dient in erster Linie der Information über das gesamte betriebliche Unfallgeschehen sowie dem Nachweis der Mitteilung an die Personalvertretung. In gleicher Weise hat der Dienststellenleiter zu verfahren, wenn ihm dafür Anhaltspunkte vorliegen, dass bei Versicherten seiner Dienststelle eine Berufskrankheit vorliegen könnte (§ 193 Abs. 1, 2, 4, 6 SGB VII). Entsprechende Regelungen gelten für Beamte; an die Stelle der Unfallanzeige tritt ein Bericht des Dienststellenleiters über den Unfall (§ 45 BeamtVG). Demgegenüber ist eine Mitunterzeichnung dieses Berichts durch die Personalvertretung nicht vorgesehen. 24

IV. Streitigkeiten

Streitigkeiten entscheiden die Verwaltungsgerichte, insbesondere dann, wenn eine Personalvertretung zu Untersuchungen nicht hinzugezogen wird. Sie kann sodann einen Antrag auf Feststellung stellen, dass sie hätte hinzugezogen werden müssen (§ 83 Abs. 1 Nr. 3). Auflagen und Anordnungen, die eine Dienststelle im Zusammenhang mit Arbeitsschutz- bzw. Unfällverhütungsmaßnahmen trifft, kann eine Personalvertretung nicht im Verwaltungsrechtsweg anfechten (BVerwG v. 9. 7. 1992, BVerwGE 90, 304). 25

Schrifttum: Berger-Delhey, Das neue Arbeitsschutzrecht,PersV 1996, 518; Buchholz, Arbeitsschutz im öffentlichen Dienst, ZTR 1991, 455; Doll, Sicherheit und Gesundheitsschutz bei der Arbeit an Bildschirmgeräten, PersV 1998, 420; Faber, Gesundheitliche Gefahren des Tabakrauchens und staatliche Schutzpflichten, DVBl 1998, 745; Grimm, Heiße Tage am Arbeitsplatz, DB 2004, 1666; Holzmann, Personalrat und Sicherheitsbeauftragter, PersV 1986, 455; Kickuth, Handlungsmöglichkeiten des Personalrats auf dem Gebiet des Arbeitsschutzes und der Unfallverhütung, PersR 1989, 7; Kittner/Pieper, Beteiligungsrechte des Personalrats im betrieblichen Arbeitsschutz nach dem neuen Arbeitsschutzgesetz, PersR 1997, 427; dies., Sicherheit und Gesundheitsschutz als Handlungsfeld des Betriebsrats und des Personalrats, PersR 2005, 239; Kohte, Personalräte und Gesundheitsschutz, PersR 1984, 3; Kunze, Beteiligung des Personalrats beim Arbeits- und Gesundheitsschutz, ZfPR 2002, 115 und 181; Lorenz, Nichtraucherschutz am Arbeitsplatz, DB 2003, 721; ders., Nichtraucherschutz am Arbeitsplatz, PersR 2003, 99; Nickening, Stellung von Sicherheitsbeauftragten in der Unfallversicherung, PersV 1965, 101; Rudolph, Die Mitwirkungsrechte des Betriebsrats nach § 9 Abs. 3 des Gesetzes über Betriebsärzte, Sicherheitsingenieure und andere Fachkräfte für Arbeitssicherheit, BB 1976, 370; Schaller, Das neue Arbeitsschutzgesetz, ZfPR 1998,

204; Schmieding, Nichtraucherschutz am Arbeitsplatz, ZTR 2004, 12; Schnupp, Die Beteiligung der Personalräte bei Unfalluntersuchungen, PersV 1963, 121; Sperl, Nichtraucherschutz am Arbeitsplatz, PersR 2006, 156; Stürk, Aktuelle Entwicklungen im Arbeitsschutz, ZfPR 2004, 271; Wolber, Umweltschutz als Aufgabe der Personalvertretung, ZfPR 1993, 99.

Vierter Abschnitt **Beteiligung der Stufenvertretungen und des Gesamtpersonalrates**

§ 82 [Beteiligung der Stufenvertretungen und des Gesamtpersonalrates]

(1) In Angelegenheiten, in denen die Dienststelle nicht zur Entscheidung befugt ist, ist an Stelle des Personalrates die bei der zuständigen Dienststelle gebildete Stufenvertretung zu beteiligen.

(2) Vor einem Beschluss in Angelegenheiten, die einzelne Beschäftigte oder Dienststellen betreffen, gibt die Stufenvertretung dem Personalrat Gelegenheit zur Äußerung. In diesem Falle verdoppeln sich die Fristen der §§ 69 und 72.

(3) Die Absätze 1 und 2 gelten entsprechend für die Verteilung der Zuständigkeit zwischen Personalrat und Gesamtpersonalrat.

(4) Für die Befugnisse und Pflichten der Stufenvertretungen und des Gesamtpersonalrates gelten die §§ 69 bis 81 entsprechend.

(5) Werden im Geschäftsbereich mehrstufiger Verwaltungen personelle oder soziale Maßnahmen von einer Dienststelle getroffen, bei der keine für eine Beteiligung an diesen Maßnahmen zuständige Personalvertretung vorgesehen ist, so ist die Stufenvertretung bei der nächsthöheren Dienststelle, zu deren Geschäftsbereich die entscheidende Dienststelle und die von der Entscheidung Betroffenen gehören, zu beteiligen.

Inhaltsübersicht

Entspr. landesgesetzliche Regelungen:
Baden-Württemberg: § 85; Bayern: Art. 80; Berlin: §§ 54, 59; Brandenburg: §§ 75, 76; Bremen: § 22a Abs. 8, § 50; Hamburg: § 56 Abs. 3, § 92; Hessen: § 63 Abs. 2, § 83; Mecklenburg-Vorpommern: §§ 73, 74; Niedersachsen: § 79, § 80; Nordrhein-Westfalen: § 78; Rheinland-Pfalz: § 53; Saarland: § 54, § 56 Abs. 2; Sachsen: § 87; Sachsen-Anhalt: § 71 Abs. 1 bis Abs. 6; Schleswig-Holstein: §§ 60, 61; Thüringen: § 82.

Entspr. Vorschrift des BetrVG: –.

I. Vorbemerkungen

Die Vorschrift regelt die **Aufgaben und Zuständigkeiten von Stufenvertretungen und Gesamtpersonalräten** in den der Beteiligung der Personalvertretungen unterliegenden Angelegenheiten. Die organisatorische Gliederung der Verwaltung bedingt eine Regelung, die die Aufgaben und Zuständigkeiten der jeweils entsprechenden Personalvertretungen bestimmt. Auf allen Entscheidungsebenen der Verwaltung soll eine Personalvertretung gebildet werden, die zugunsten der jeweiligen Beschäftigten Beteiligungsrechte ausübt. Mit dieser Vorschrift will der Gesetzgeber „Beteiligungslücken“ schließen, die dadurch entstehen, dass einem eigenverantwortlich handelnden Dienststellenleiter keine (örtliche) Personalvertretung gegenübersteht (BVerwG v. 2. 3. 1993, ZBR 1993, 316 = PersV 1994, 231 = ZfPR 1993, 147). In der Vorschrift kommt das **Partnerschaftsprinzip** zum Tragen, das das gesamte Personalvertretungsrecht beherrscht. Danach haben Dienststelle und Personalvertretung zur Erfüllung der dienstlichen Aufgaben und zum Wohl der Beschäftigten vertrauensvoll zusammenzuarbeiten (§ 2 Abs. 1). In allen der Beteiligung unterliegenden Angelegenheiten einer Dienststelle ist daher die dort gebildete Personalvertretung einzubeziehen. Die Personalvertretung ist für alle ihr zur Beteiligung gesetzlich zugewiesenen Aufgaben zuständig, für die dem Dienststellenleiter eine Entscheidungsbefugnis zusteht. Gleichzeitig trägt die Vorschrift dem **Repräsentationsprinzip** Rechnung. Danach kann eine Personalvertretung nur für solche Beschäftigten tätig werden, die sie auf Grund der Personalratswahl repräsentiert. Dies bedeutet: Grundsätzlich ist in Personalangelegenheiten diejenige Personalvertretung zu beteiligen, in deren Dienststelle die Personalmaßnahme wirksam wird (BVerwG v. 15. 7. 2004, ZBR 2005, 248 = PersV 2005, 33 = ZfPR 2004, 261). 1

II. Zuständigkeitsverteilung

1. Nach Abs. 1 ist in den Fällen, in denen eine Dienststelle nicht zur Entscheidung befugt ist, **die bei der entscheidungsbefugten Dienststelle gebildete Stufenvertretung** im Rahmen der gesetzlich vorgeschriebenen Angelegenheiten zu beteiligen. Die Stufenvertretung ist verpflichtet, in den Fällen, die 2

einzelne Beschäftigte oder (einzelne) Dienststellen im nachgeordneten Bereich betreffen, der dort bestehenden **Personalvertretung Gelegenheit zur Äußerung** zu geben (Abs. 2). Die Entscheidungszuständigkeit der Dienststellen aller Stufen ist teils verfassungsrechtlich, teils durch Gesetze und andere allgemein verbindliche Vorschriften, teils durch interne Verwaltungsvorschriften für die Geschäftsbereiche der einzelnen Verwaltungen geregelt.

3 2. Der Aufbau der Personalvertretungen ist dem hierarchischen Aufbau der Verwaltung angepasst (BVerwG v. 19. 12. 1975, BVerwGE 50, 80 = ZBR 1976, 197 = PersV 1976, 457). Die **Zuständigkeit der einzelnen Personalvertretungen** richtet sich nach der für den Bereich der obersten Dienstbehörde vorgenommenen organisatorischen Aufteilung und der Abgrenzung der einzelnen Aufgabenbereiche sowie nach dem Bereich, für den die vom Dienststellenleiter beabsichtigte Maßnahme gelten soll (BVerwG v. 7. 8. 1996, Leits. ZBR 1996, 402 = PersV 1997, 112 = ZfPR 1996, 189). Eine Stufenvertretung ist dann zuständig, wenn es an der Entscheidungskompetenz des Leiters der nachgeordneten Dienststelle fehlt und wenn die vom Leiter der Mittelbehörde oder der obersten Dienstbehörde zu entscheidende Maßnahme über den Bereich der örtlichen Dienststelle (des eigenen Hauses) hinausgeht (BVerwG v. 15. 7. 2004, ZBR 2005, 248 = PersV 2005, 33 = ZfPR 2004, 261). Die **Zuständigkeit der Stufenvertretungen** ergibt sich im Übrigen aus § 69 Abs. 3 bzw. § 72 Abs. 4, wenn der Leiter einer übergeordneten Dienststelle im Falle der Nichteinigung auf der unteren Ebene zur Entscheidung angerufen wird. Daneben sind die Stufenvertretungen im Falle des § 68 Abs. 1 dann zuständig, wenn die Regelungsbefugnis über den eigenen Zuständigkeitsbereich hinaus einzelne nachgeordnete Dienststellen betrifft oder Angelegenheiten berührt, die mehrere Dienststellen des nachgeordneten Bereichs oder den gesamten nachgeordneten Bereich betreffen (BVerwG v. 24. 10. 1969, ZBR 1970, 98 = PersV 1970, 107; vgl. auch § 55 Anm. 3). Gleiches gilt im Falle des Initiativrechts (§ 70).

4 3. **Zwischen den Personalvertretungen** der verschiedenen Stufen besteht **kein Über- und Unterordnungsverhältnis** (BVerwG v. 14. 4. 1961, BVerwGE 12, 198 = ZBR 1961, 356 = PersV 1961, 256; BVerwG v. 30. 1. 1985, Leits. PersV 1987, 516). Insbesondere haben die Stufenvertretungen weder eine Aufsichtsbefugnis noch ein Anweisungsrecht gegenüber den (örtlichen) bzw. den Personalvertretungen bei Dienststellen, die der ihren nachgeordnet sind. Auch sind sie keine Beschwerdeinstanz gegenüber diesen Entscheidungen (BVerwG v. 18. 6. 1965, BVerwGE 21, 230 = ZBR 1964, 248 = PersV 1965, 229).

5 4. Zu beteiligen ist **diejenige Personalvertretung, die bei der entscheidungszuständigen Dienststelle** besteht und die von der Entscheidung **betroffen** ist. Dies bedeutet, dass bei beteiligungspflichtigen Maßnahmen, die nur die Beschäftigten einer Dienststelle betreffen, für die der Leiter der Dienststelle entscheidungsbefugt ist, die dort gebildete örtliche Personalvertretung (Hauspersonalrat) zu beteiligen ist (BVerwG v. 20. 8. 2003, ZBR 2003, 421 = PersV 2004, 52 = ZfPR 2003, 292; BVerwG v. 15. 7. 2004, ZBR 2005, 248 = PersV 2005, 33 = ZfPR 2004, 261, 263). Wenn aber der Leiter der Mittelbehörde bzw. der obersten Dienstbehörde eine Maßnahme für seinen gesamten Zuständigkeitsbereich trifft, also Angelegenheiten regelt, die die Beschäftigten der Mittelbehörde bzw. der obersten Dienstbehörde einerseits und zugleich die Beschäftigten der nachgeordneten Behörden andererseits betreffen, dann sind die jeweiligen Stufenvertretungen (Bezirks- oder Hauptpersonalrat) zu beteiligen. Dies gilt auch dann, wenn z. B. Anwärter eingestellt werden sollen, die Entscheidungskompetenz hierfür beim Leiter

der Mittelbehörde liegt und wenn die einzelnen Ausbildungsphasen bei den nachgeordneten Dienststellen stattfinden sollen. Insoweit wirkt sich die Maßnahme (Einstellung von Anwärtern) auf den gesamten Bereich der Mittelbehörde, also auch der nachgeordneten Dienststellen aus. Daher kommt es für die Bestimmung der zuständigen Personalvertretung nicht alleine auf die Zuständigkeit für die Veranlassung personeller Angelegenheiten, sondern auch auf die Betroffenheit anderer Beschäftigter an (BVerwG v. 13. 9. 2002, Leits. PersV 2003, 268 = ZfPR 2002, 328; vgl. im Übrigen Anm. 7). Dasselbe gilt auch bei der Benutzung einer sog. fliegenden Planstelle (Stelle ist nicht einer bestimmten Dienststelle zugewiesen, sondern kann bei einer von mehreren Dienststellen verwandt werden oder sie wandert zu der betreffenden Dienststelle); denn der Entscheidung geht immer auch ein Beschluss darüber voraus, bei welcher Dienststelle die (fliegende) Planstelle besetzt werden soll (BVerwG v. 7. 2. 1980, ZBR 1980, 261 = PersV 1981, 291; Lorenzen u. a., § 82 Anm. 14 a).

a) Die **Sonderregelung des Abs. 1** macht deutlich, dass für den Fall, dass die Entscheidungsbefugnis für solche Angelegenheiten, die aufgrund der Behördenorganisation und der Zuständigkeitsverteilung nicht bei der betroffenen Dienststelle selbst liegt, sondern bei einer übergeordneten Dienststelle, die Personalvertretung nicht ohne Beteiligungsrechte bleiben soll. An die Stelle der Personalvertretung derjenigen Dienststelle, über deren Angelegenheit von der nächsthöheren Dienststelle entschieden wird, tritt die dort gebildete Stufenvertretung. Offensichtlich ist der Gesetzgeber davon ausgegangen, dass die(dort gebildete) Stufenvertretung die Interessen der Beschäftigten in den Entscheidungsprozess wirksamer einbringen kann. Die Beteiligung der Beschäftigten der betroffenen Dienststelle wird durch das Anhörungsgebot des Abs. 2 gewährleistet (BVerwG v. 20. 1. 1993, Leits. ZBR 1993, 319 = PersV 1994, 219 = ZTR 1994, 4; BVerwG v. 7. 8. 1996, Leits. ZBR 1996, 402 = PersV 1997, 112= ZTR 1996, 189). **5a**

b) Die Entscheidungszuständigkeit der Dienststelle (und mit ihr die Zuständigkeit der Personalvertretung) kann durch innerdienstliche Weisung nicht ausgeschaltet werden (BVerwG v. 5. 2. 1971, BVerwGE 37, 173 = ZBR 1971, 286 = PersV 1971, 269; BVerwG v. 13. 12. 1974, ZBR 1975, 125 = PersV 1975, 178; BVerwG v. 24. 9. 1985, PersV 1988, 353; BVerwG v. 15. 12. 1994, Leits. ZBR 1995, 318 = PersV 1995, 376; Lorenzen u. a., § 82 Anm. 11). Die Entscheidungsbefugnis eines Dienststellenleiters auf einer nachgeordneten Ebene nämlich wird durch eine Anordnung bzw. Weisung der vorgesetzten Dienststelle grundsätzlich dann nicht aufgehoben, wenn dem Dienststellenleiter selbst auch in einem solchen Fall noch ein **eigenständiger Entscheidungsspielraum** verbleibt, obwohl die Maßnahme selbst von der vorgesetzten Dienststelle „beabsichtigt" ist. Die Zuständigkeit der Personalvertretungen kann nicht von der Zuständigkeit der Behörden, sondern allein davon abhängig gemacht werden, ob der Dienststellenleiter, dem eine Personalvertretung als Partner zugeordnet ist, eine beteiligungspflichtige Angelegenheit regelt (BVerwG v. 10. 3. 1992, ZBR 1992, 278 = PersV 1992, 389 = ZfPR 1992, 107). Anders allerdings ist die Rechtslage dann zu beurteilen, wenn durch unmittelbar gestaltende Anordnung einer vorgesetzten Dienststelle einem nachgeordneten Dienststellenleiter kein eigener Regelungsspielraum mehr gelassen wird (BVerwG v. 22. 2. 1991, Leits. PersR 1991, 409; BVerwG v. 10. 3. 1992, aaO; vgl. im Übrigen auch § 2 Anm. 4 vor § 66 Anm. 5, § 69 Anm. 7). Ist für bestimmte Anordnungen innerhalb eines größeren Verwaltungsbereichs jeweils die oberste Dienstbehörde zuständig, so ist der Hauptpersonalrat zu beteiligen (z. B. Anordnung eines absoluten Alko- **5b** holverbots, BAG v. 23. 9. 1986, BAGE 53, 97 = BB 1987, 548 = DB 1987, 337). Lässt eine oberste Dienstbehörde eine bestimmte Maßnahme durch eine ihr nachgeordnete Dienststelle lediglich vorbereiten, ist sie selbst aber diejenige Stelle, die die Maßnahme sodann verfügt, so ist allein die bei der obersten Dienstbehörde bestehende Stufenvertretung zu beteiligen, die ihrerseits allerdings der bei der (nachgeordneten) Dienststelle bestehenden Personalvertretung Gelegenheit zur Äußerung geben muss (BVerwG v. 1. 4. 1986, aaO). Dies gilt auch in den Fällen, in denen die oberste Dienstbehörde von dem Vorschlag der nachgeordneten Behörde nicht abweicht und ihn in vollem Umfang als eigene Entscheidung bekanntgibt. Wenn nämlich der obersten Dienstbehörde nach Behördenorganisation und Zuständigkeitsverteilung die Entscheidung freisteht, einen Vorschlag unverändert zu übernehmen, ihn abzulehnen oder ihn abzuändern, dann gilt – wie immer ihre Entscheidung auch ausfallen mag – die angeordnete Maßnahme als eine solche der obersten Dienstbehörde (BVerwG v. 7. 8. 1996, Leits. ZBR 1996, 402 = PersV 1997, 112 = ZfPR 1996, 189; vgl. auch BVerwG v. 18. 5. 1994, BVerwGE 96, 35, 45 = Leits. ZBR 1995, 318 = PersV 1995, 72; vgl. auch Lorenzen u. a., aaO).

6 5. Sind **mehrere Behörden an mitbestimmungspflichtigen Regelungen beteiligt,** so sind die jeweils zuständigen Personalvertretungen einzuschalten. Ein solcher Fall ist dann gegeben, wenn der Leiter einer Dienststelle einer von einem anderen Dienststellenleiter ausgehenden Maßnahme zustimmt und dadurch selbst eine für die Wirksamkeit der Maßnahme im Bereich seiner Dienststelle maßgebende Entscheidung trifft (BVerwG v. 22. 9. 1967, BVerwGE 27, 367 = ZBR 1968, 22 = PersV 1968, 113; BVerwG v. 5. 2. 1971, BVerwGE 37, 173 = ZBR 1971, 286 = PersV 1971, 269; BVerwG v. 7. 8. 1996, ZBR 1996, 402 = PersV 1997, 112 = ZfPR 1996, 189). Können bestimmte Maßnahmen nur im gegenseitigen Einvernehmen durchgeführt werden, dann ist sowohl die zuständige Personalvertretung bei derjenigen Behörde zu beteiligen, die für die Maßnahme federführend ist als auch diejenige Personalvertretung, die bei der Fachbehörde gebildet ist. Die federführende Behörde ist für die Konzipierung der Maßnahme verantwortlich, die Fachbehörde erklärt ihr Einverständnis. In dieser Erklärung liegt gleichzeitig auch die materielle Ausübung der Organisationskompetenz im Verhältnis zu den Beschäftigten des eigenen Bereichs. Hierin ist die Ausführung einer eigenen Entscheidung zu sehen, die den gleichen personalvertretungsrechtlichen Regelungen wie sonstige beteiligungspflichtige Entscheidungen unterliegt (OVG Koblenz v. 21. 7. 1987, NVwZ 1987, 1102). Anders ist die Rechtslage allerdings dann zu beurteilen, wenn eine Maßnahme von einer obersten Bundesbehörde veranlasst und von ihr die Umsetzung im nachgeordneten Bereich angeordnet wird. In diesem Fall treffen die Leiter nachgeordneter Dienststellen keine Maßnahme, sondern beschränken sich im allgemeinen darauf, die Anordnung der obersten Dienstbehörde weiterzugeben. Wird mit dieser Weitergabe eine zusätzliche Klarstellung bzw. Erläuterung verbunden, so haben diese Ergänzungen keine regelnde Bedeutung. Die Bekanntgabe bzw. Durchführung der Maßnahme einer anderen Dienststelle ist daher keine der (nachgeordneten) Dienststelle zuzurechnende Maßnahme. Dies ergibt sich im Übrigen aus dem dienststellenbezogenen Aufbau der Personalvertretung und der daraus folgenden wechselseitigen Zuordnung von Dienststelle und bei ihr gebildeter Personalvertretung (BVerwG v. 23. 7. 1979, PersV 1981, 70; VGH Mannheim v. 21. 10. 1986, PersV 1990, 124; vgl. auch: Lorenzen u. a., § 82 Anm. 11, allerdings ohne ausreichende Differenzierung hinsichtlich des Grades der jeweiligen Maßnahme [bloße Weitergabe, Anordnung, Erläuterung etc.]; vgl. im Übrigen § 69 Anm. 7).

6. Bei den Behörden der Mittelstufe und bei den obersten Dienstbehörden sind zwei Personalvertretungen zu errichten, eine **Stufenvertretung und ein (örtlicher) Personalrat** für das Haus der Mittel-/obersten Dienstbehörde (z. T. auch „Hauspersonalrat" genannt). In Angelegenheiten der Beschäftigten der Mittel- bzw. obersten Dienstbehörden für den jeweiligen Bereich des Hauses ist nicht die Stufenvertretung, sondern der (örtliche) Personalrat zu beteiligen (BVerwG v. 19. 12. 1975, BVerwG 50, 80 = ZBR 1976, 197 = PersV 1976, 457). Entscheidendes Kriterium für die Abgrenzung der Zuständigkeit der Stufenvertretungen einerseits und der (örtlichen) Personalräte andererseits ist die Frage, **in welcher Eigenschaft der Leiter der Mittelbehörde oder der obersten Dienstbehörde tätig wird und für welchen Bereich er eine Regelung treffen will** und auf wen sich die Maßnahme auswirkt. Daher muss in jedem Einzelfall auf die Entscheidungsbefugnis des Dienststellenleiters abgestellt und geprüft werden, in welchen Bereichen Beschäftigte von einer Maßnahme betroffen sind. Wenn daher ein Dienststellenleiter Angelegenheiten seiner Dienststelle in demselben Umfang regelt, wie das der Leiter einer nachgeordneten Behörde tut, so fällt die betreffende Angelegenheit ausschließlich in die Zuständigkeit des (örtlichen) Personalrats („Hauspersonalrats"). Entscheidet der Leiter einer Mittelbehörde über die Vergabe eines bei seiner Behörde zu besetzenden Dienstpostens, dann ist grundsätzlich der bei der Mittelbehörde bestehende Personalrat („Hauspersonalrat"), nicht aber der Bezirkspersonalrat zu beteiligen (Lorenzen u. a., § 82 Anm. 14). Es ist also die Personalvertretung zu beteiligen, deren Dienststelle von der Personalmaßnahme betroffen ist. Betroffen ist diejenige Dienststelle, in der der Bewerber nach seiner Beförderung, Ernennung, Einstellung etc. beschäftigt ist bzw. beschäftigt wird (BVerwG v. 20. 8. 2003, ZBR 2003,421 = PersV 2004, 52 = ZfPR 2003, 292). In diesem Zusammenhang hat das Bundesverwaltungsgericht erstmals zur Abgrenzung der Zuständigkeit zwischen einerseits einer Stufenvertretung und andererseits der bei einer Mittelbehörde bzw. obersten Dienstbehörde gebildeten Personalvertretung („Hauspersonalrat") den Begriff der „primären Betroffenheit" der Beschäftigten einer Dienststelle gewählt. Diese Betroffenheit sieht es bei denjenigen gegeben, die künftig mit dem betreffenden Beschäftigten zusammenarbeiten. Dabei ist es nach Auffassung des Gerichts unerheblich, aus welchem Dienststellenbereich (eigene Dienststelle oder andere Dienststellen des Geschäftsbereichs) der Betreffende kommt oder ob es sich um einen externen Kandidaten, der durch keine Personalvertretung repräsentiert wird, handelt. Außerdem berücksichtigt das Bundesverwaltungsgericht als weiteres Kriterium zur Zuständigkeitsabgrenzung den **Gesamtvorgang der Entscheidungsfindung.** Es ist der Auffassung, dass dann, wenn einer Beförderung eine Auswahlentscheidung vorausgeht, an der sich Beschäftigte aus dem gesamten Geschäftsbereich beteiligen, der Bezirkspersonalrat, nicht aber der örtliche Personalrat („Hauspersonalrat") zuständig ist. Bei der Einstellung von Anwärtern für den gehobenen technischen Verwaltungsdienst im Geschäftsbereich einer Wasser- und Schifffahrtsdirektion hat das Bundesverwaltungsgericht die Zuständigkeit des Bezirkspersonalrats deshalb bejaht, weil die Bewerber sowohl während des Vorbereitungsdienstes als auch nach dessen Abschluss auch bei nachgeordneten Dienststellen tätig werden sollen. Es ist der Auffassung, dass die Interessen der dort Beschäftigten schon bei der Anwärterauswahl zu berücksichtigen sind. In dieser Rechtsprechung ist sicherlich eine Trendwende (Ilbertz, ZfPR 2003, 295) bzw. eine Akzentverschiebung (Wurm, ZfPR 2003, 342, 344; aA Lautenbach, PersV 2004,164) zu sehen, weil das Gericht erstmals in dieser Deutlichkeit auf den Kreis der von einer Entscheidung Betroffenen abstellt (BVerwG v. 13. 9. 2002, ZfPR 2002, 328, 331). Allerdings ist kritisch anzumerken, dass der vom Bundesverwaltungs- 7

gericht entwickelte Begriff der „primären Betroffenheit“ (vgl. auch BVerwG v. 15. 7. 2004, PersV 2005, 33 = ZfPR 2004, 261, 263) nicht unbedingt bei der Abgrenzung von Zuständigkeiten zwischen Stufenvertretungen einerseits und örtlichen Personalräten („Hauspersonalräten“) andererseits weiterhilft. Es kann nicht alleine entscheidend sein, in welcher Dienststelle Bewerber künftig tätig werden, sondern es muss verstärkt – wie es das Bundesverwaltungsgericht in der Entscheidung vom 20. 8. 2003 getan hat – auch auf die Auswahlentscheidung abgestellt werden, die einer personellen Maßnahme vorausgeht; denn auch die Beschäftigten in anderen Dienststellen sind oft ebenfalls betroffen. Eine solche Betroffenheit ist zumindest dann zu bejahen, wenn die Beschäftigten derjenigen Dienststelle, die der Betroffene verlässt, zusätzlich mit der Arbeit belastet werden könnten, die dieser bisher dort erledigt hat (Ilbertz, ZfPR 2004, 265, 266). In diesem Zusammenhang ist auch an die Entscheidungen des Bundesverwaltungsgerichts bei Versetzungen zu erinnern, in denen es eine „doppelte Dienststellenbezogenheit“ bejaht und die Auffassung vertreten hat, dass nicht nur die Personalvertretung der abgebenden, sondern auch der aufnehmenden Dienststelle zu beteiligen ist (BVerwG v. 16. 9. 1994, BVerwGE 96, 355 = ZBR1995, 340 = PersV 1995, 175 = ZfPR 1995,4; BVerwG v. 18. 6. 1999, ZBR 1999, 420 = Leits. PersV 2000, 325 = ZfPR 2000, 165; vgl. § 75 Anm. 20). In diesen Entscheidungen hat das Gericht nicht zwischen „primärer“ und „sekundärer“ Betroffenheit unterschieden. In diese Richtung geht aber offensichtlich auch die o. g. Entscheidung vom 15. 7. 2004, in der das Bundesverwaltungsgericht die Betroffenheit mehrerer Dienststellen im Hinblick auf eine dienststellenübergreifende Ausschreibung und damit die Zuständigkeit des Gesamtpersonalrats bejaht hat (Vogelgesang, ZfPR 2005, 107).Ein für die Praxis brauchbares Abgrenzungskriterium kann daher nicht die Frage nach der „primären Betroffenheit“ sein, sondern nur die Frage nach der jeweiligen Betroffenheit, die immer auch dann bejaht werden sollte, wenn in personelle Entscheidungen Beschäftigte anderer Dienststellen – einschließlich der „abgebenden“ Dienststelle – einbezogen sind. In welchen Dienststellen die Betroffenen nach der Auswahlentscheidung tätig werden, muss unerheblich sein. Bei einer solchen Betrachtungsweise könnten künftig auch viele derjenigen gerichtlichen Verfahren vermieden werden, die ihre Ursache in Streitigkeiten zwischen Personalvertretungen verschiedener Stufen über die Zuständigkeitsfrage haben (vgl. zur Zuständigkeitsabgrenzung zwischen örtlichem Personalrat „Hauspersonalrat“ der Hauptdienststelle und dem Gesamtpersonalrat Anm. 21 ff.).

8 7. Entscheidet der Leiter einer Mittelbehörde über die **Vergabe eines bei seiner Behörde zu besetzenden Dienstpostens,** so ist ohne Rücksicht auf die Dienststellenzugehörigkeit des ausgewählten Bewerbers der (örtliche) Personalrat der Mittelbehörde und nicht der Bezirkspersonalrat zu beteiligen; denn der Leiter der Mittelbehörde entscheidet in diesem Fall über eine Personalmaßnahme seiner Behörde, nicht aber über eine Personalangelegenheit, die aufgrund der Behördenorganisation und Zuständigkeitsverteilung die Angelegenheit einer nachgeordneten Behörde wäre. Es ist allein auf den Dienstposten abzustellen, der vergeben werden soll. Infolgedessen kommt es auf die bisherige Dienststellenzugehörigkeit des für den Dienstposten ausgewählten Bewerbers nicht an (BVerwG v. 19. 12. 1975, BVerwGE 50, 80 = ZBR 1976, 197 = PersV 1976, 457; Spohn, PersV 1981, 400). Wenn dagegen der Leiter einer Mittelbehörde über die Vergabe eines Dienstposten bei einer nachgeordneten Behörde entscheidet, ohne dass deren Leiter zuständig ist, so ist der Bezirkspersonalrat selbst dann zu beteiligen, wenn der ausgewählte Bewerber bei der Mittelbehörde

beschäftigt ist (BVerwG v. 18. 10. 1978, BVerwGE 56, 330 = ZBR 1979, 216 = PersV 1979, 500; Lorenzen u. a., § 82 Anm. 14).

8. Beantragen mangels Einigung der Dienststellenleiter bzw. der (örtliche) Personalrat bei einer Behörde der Mittelstufe nach § 69 Abs. 3, § 72 Abs. 4 die **Entscheidung der übergeordneten Dienststelle,** d. h. der obersten Dienstbehörde, so wird der Bezirkspersonalrat übergangen und bekommt auch nicht in Analogie zu § 82 Abs. 2 Gelegenheit zur Äußerung. Beteiligt wird von der angerufenen obersten Dienstbehörde ausschließlich der bei ihr errichtete Hauptpersonalrat. 9

III. Zuständiger Personalrat für Äußerungen

1. Nach Abs. 2 hat die Stufenvertretung in Angelegenheiten, die einzelne Beschäftigte oder Dienststellen betreffen, dem durch die verwaltungsmäßige Zuständigkeitsverteilung **ausgeschlossenen Personalrat Gelegenheit zur Äußerung** zu geben. Dadurch sollen der Stufenvertretung die für eine sachgerechte Ausübung des Beteiligungsrechts notwendigen Informationen gegeben werden, über die sie als „entferntere“ Personalvertretung in aller Regel nicht verfügt (BVerwG v. 8. 7. 1977, ZBR 1978, 176 = PersV 1978, 278). Es muss sich ausschließlich um solche Angelegenheiten handeln, „die einzelne Beschäftigte“ der Dienststelle betreffen, d. h. in der Regel um individuelle (personelle oder soziale) Angelegenheiten nach § 75 Abs. 1 und 2, § 76 Abs. 1. Doch können auch allgemeine Anordnungen im Einzelfall wegen ihrer konkreten Auswirkungen auf Beschäftigte der (nachgeordneten) Dienststellen die Voraussetzungen des § 82 erfüllen, z. B. Entscheidungen nach § 75 Abs. 3 Nr. 3, 4, 7, 11, 12, 13, 15. Welche Personalvertretung im Einzelfall anzuhören ist, richtet sich danach, welche Personalvertretung zu beteiligen wäre, wenn dem Leiter der nachgeordneten Dienststelle eine Entscheidungskompetenz zustehen würde. Dies ergibt sich daraus, dass der Stufenvertretung eine Ersatzfunktion zukommt (vgl. Abs. 1 „anstelle des Personalrats“). Infolgedessen kommt es auf die fiktive Zuständigkeitsverteilung an (BVerwG v. 15. 7. 2004, ZBR 2005, 248 = PersV 2005, 33 = ZfPR 2004, 261). 10

a) Eine **Informationspflicht** seitens der Verwaltung **besteht nur gegenüber der** bei ihr gebildeten **Stufenvertretung.** Es bestehen nämlich keine personalvertretungsrechtlichen Beziehungen zwischen dem Leiter einer Mittelbehörde und der bei einer nachgeordneten Behörde gebildeten Personalratvertretung. Der Informationsanspruch dieser Personalvertretung richtet sich daher intern nur an die Stufenvertretung (Bezirkspersonalrat). Nur dem Stufenpersonalrat gegenüber hat die bei der nachgeordneten Behörde gebildete Personalvertretung eine Aufgabe zu erfüllen (VGH München v. 8. 7. 1981, PersV 1984, 414). Daher hat diese auch keinen Anspruch darauf, dass sich die Stufenvertretung auf ihren Wunsch hin um weitere Informationen gegenüber dem zur Entscheidung befugten Dienststellenleiter der Mittelbehörde bemüht. Ihre Informationspflicht gegenüber einer Personalvertretung einer nachgeordneten Dienststelle genügt die Stufenvertretung dann, wenn sie den Zustimmungsantrag des Leiters der Mittelbehörde vollständig zur Stellungnahme innerhalb einer angemessenen Frist weiterleitet. Sie ist dagegen nicht verpflichtet „sämtliche im Laufe des Mitbestimmungsverfahrens beim Dienststellenleiter beschafften Informationen an die örtliche Personalvertretung weiterzuleiten“ (BVerwG v. 2. 10. 2000, Leits. ZBR 2001, 111 = PersV 2001, 422 = ZfPR 2001, 37). 10a

10b b) Wenn das Bundesverwaltungsgericht **weitergehende Informationsansprüche** ablehnt (BVerwG v. 2. 10. 2000, Leits. ZBR 2001,111 = PersV 2001,422 = ZfPR 2001, 37), dann verkennt es Sinn und Zweck der Vorschrift, die darauf angelegt ist, der der Sache näheren (örtlichen) Personalvertretung Gelegenheit zu geben, der nächsthöheren Personalvertretung (Stufenvertretung) die Informationen zukommen zu lassen, die für eine sachgerechte Entscheidung unentbehrlich sind. Hierin liegt die vom Gesetzgeber mit der Anhörungspflicht nach Absatz 2 verbundene Zielsetzung. Infolgedessen muss eine Stufenvertretung für verpflichtet angesehen werden, alle ihr im Laufe des Verfahrens vom zuständigen Dienststellenleiter noch überreichten Unterlagen an die (örtliche) Personalvertretung weiterzureichen, um diese in die Lage zu versetzen, die von ihr zu erarbeitende Stellungnahme nach allen Richtungen hin möglichst ausgewogen zu erarbeiten und so die Stufenvertretung in die Lage zu versetzen, sich ihrerseits ein zutreffendes Bild von der betreffenden Angelegenheit verschaffen zu können (vgl. auch: Lorenzen u. a., § 82 Anm. 23a.

11 2. Außerdem muss sich die Angelegenheit auf **einzelne Dienststellen** beziehen. Dabei ist nicht entscheidend, ob eine mitbestimmungspflichtige Maßnahme die Beschäftigten anderer Dienststellen abstrakt betreffen kann. Vielmehr kommt es darauf an, ob eine tatsächliche Betroffenheit im konkreten Fall gegeben ist. Bei einer dienststellenübergreifenden Ausschreibung kann von einer Betroffenheit der Beschäftigten mehrerer Dienststellen nur dann gesprochen werden, wenn sich aus diesem Bereich tatsächlich mehrere Beschäftigte beworben haben (BVerwG v. 15. 7. 2004, ZBR 2005, 248 = PersV 2005, 33 = ZfPR 2004, 261).

12 3. Die entsprechende Beteiligungspflicht der bei den betroffenen Dienststellen bestehenden Personalvertretungen ist gerade im Zusammenhang mit der **Einführung neuer Informations- und Kommunikationstechniken** besonders ernst zu nehmen. Meist fällt die Entscheidung über die Einführung auf der Ebene der obersten oder einer oberen Bundesbehörde. Für die Entscheidung der dort gebildeten Personalvertretung ist es von besonderem Gewicht, über die Folgen der Einführung konkreter Techniken an den Arbeitsplätzen der nachgeordneten Dienststellen informiert zu sein (ergonomische, organisatorische, personelle Bedingungen). Dabei ist auch zu berücksichtigen, dass sich die Beteiligungspflicht nicht dadurch generell „verbraucht“, dass die zuständige Personalvertretung der Einführung bestimmter Techniken zugestimmt hat, sofern die erstmalige Einführung nur auf bestimmte Abteilungen beschränkt war und nunmehr der Einsatz für andere Abteilungen beabsichtigt ist.

13 4. Bei **Angelegenheiten, die eine Nebenstelle betreffen** und die von der übergeordneten Behörde (Mittelbehörde oder oberste Dienstbehörde) entschieden werden, muss als Personalrat i. S. von Abs. 2 der **Gesamtpersonalrat** angesehen werden. Dies ergibt sich vor allem daraus, dass bei der Frage der Zuständigkeit zunächst zu prüfen ist, welche Personalvertretung zuständig wäre, wenn über die Angelegenheit nicht die „höhere“ Behörde zu entscheiden hätte. Bei Personalangelegenheiten, die die Anhörung einer Personalvertretung durch die Stufenvertretung auslösen, wäre – falls nicht die übergeordnete Dienststelle Entscheidungsbefugnis besäße – bei einer auf mehrere Stellen verzweigten Dienststelle der Leiter der Gesamtdienststelle zuständig, da ihm das Vorschlagsrecht zusteht und die Leiter von Nebenstellen oder Teilen der Dienststelle in aller Regel keine Entscheidungsbefugnis in Personalangelegenheiten besitzen (BVerwG v. 8. 7. 1977, ZBR 1978, 176 = PersV 1978, 278; BVerwG v. 2. 10. 2000, Leits. ZBR 2001,111 = PersV 2001,422 = ZfPR 2001, 37). Da in

diesem Fall der Gesamtpersonalrat der „entferntere" Personalrat ist, muss dieser dem Personalrat bei der Beschäftigungsdienststelle (Nebenstelle) Gelegenheit zur Äußerung geben. Die Fristen (Abs. 2 Satz 2) verdreifachen sich auf diese Weise, um allen beteiligten Personalvertretungen ausreichend Gelegenheit zur Stellungnahme zu geben und der zur Ausübung des Beteiligungsrechts zuständigen Stufenvertretung die notwendigen Informationen zu vermitteln. (Lorenzen u. a., § 82 Anm. 22, 37; Richardi u. a., § 82 Anm. 35; aA Fischer u. a., § 82 Anm. 12). Abs. 2 gilt nicht für Angelegenheiten der **Beschäftigten im Hause der Mittel- bzw. obersten Dienstbehörde,** weil in diesen Fällen keine Zuständigkeit der Stufenvertretung, sondern ausschließlich des (örtlichen) Personalrats besteht (vgl. zur Zuständigkeitsabgrenzung zwischen „örtlichem" Personalrat und Gesamtpersonalrat Anm. 23 und § 55 Anm. 3).

5. Abs. 2 gilt nicht in den Fällen, in denen der **Personalrat** der Beschäfti- 14
gungsdienststelle eine **Entscheidung der übergeordneten Dienststelle im Rahmen des Beteiligungsverfahrens beantragt** hat. Die Stufenvertretung braucht hier dem Personalrat der Beschäftigungsdienststelle keine Gelegenheit zur (nochmaligen) Äußerung zu geben (Richardi u. a., § 82 Anm. 23; aA Fischer u. a., § 82 Anm. 11a). Die Stufenvertretung ist andererseits nicht gehindert, den Personalrat nochmals anzuhören. Die Äußerungsfrist gegenüber der zuständigen Dienststelle wird nicht verlängert (Lorenzen u. a., § 82 Anm. 26). Gleiches gilt für den Fall, dass der zur Regelung der Angelegenheit nicht befugte Dienststellenleiter vor Abgabe seiner Stellungnahme gegenüber der zuständigen Dienststelle der Personalvertretung Gelegenheit zur Äußerung gibt. Eine solche „Beteiligung" entspricht dem Grundsatz der vertrauensvollen Zusammenarbeit (BVerwG v. 8. 7. 1977, ZBR 1978, 173 = PersV 1978, 309; vgl. auch Rob, PersV 1992, 309).

6. Dem durch die verwaltungsmäßige Zuständigkeitsverteilung ausge- 15
schlossenen Personalrat der nachgeordneten Dienststelle, die ihrerseits nicht zur Entscheidung befugt ist, muss die Stufenvertretung **Gelegenheit zur Äußerung** geben. In diesem Fall **verdoppelt sich die Frist von zehn Arbeitstagen** der Stufenvertretung gegenüber dem jeweiligen Dienststellenleiter nach § 69 Abs. 2 Satz 3 und § 72 Abs. 2 Satz 1 auf 20 Arbeitstage. Die Äußerungsfrist kann in dringenden Fällen auf sechs Arbeitstage abgekürzt werden (§ 69 Abs. 2 Satz 3 und 4).

7. Die Stellungnahme des von der Stufenvertretung zur Äußerung aufgefor- 16
derten Personalrats der Beschäftigungsdienststelle wird vom **Plenum** beschlossen (Richardi u. a., § 82 Anm. 30). Ihre Formulierung ist kein laufendes Geschäft des Vorstands oder gar eine Befugnis des Vorsitzenden, sondern sie gehört zu den Angelegenheiten, die vom Gesetzgeber zum Gegenstand der Beschlussfassung des Personalrats gemacht worden sind. Wenn die Personalvertretung der nachgeordneten Dienststelle gegenüber der Stufenvertretung Stellung genommen hat, dann sind die Mitglieder der Stufenvertretung vor einer Entscheidung spätestens in der betreffenden Sitzung zu informieren (BVerwG v. 19.7. 1994, Leits. ZBR 1995, 318 = PersV 1995, 115 = ZfPR 1994, 191).

8. Obwohl dem Personalrat der Beschäftigungsdienststelle nur „Gelegen- 17
heit zur Äußerung" zu geben ist, hat er die **Rechtspflicht,** diese Gelegenheit wahrzunehmen, um aus seiner unmittelbaren Kenntnis zu einer ausgewogenen Meinungsbildung der Stufenvertretung beizutragen (aA Fischer u. a., § 82 Anm. 11 b; Lorenzen u. a., § 82 Anm. 23; Richardi u. a., § 82 Anm. 30). Dass Rechtspflichten bestehen können, obwohl sie nicht ausdrücklich nor-

miert sind, ist anerkannten Rechts (vgl. z. B. BVerwG v. 15. 1. 1961, BVerwGE 13, 242 = ZBR 1962, 90 = PersV 1962, 65). Eine Weigerung des Personalrats, die von ihm erwartete Äußerung abzugeben, kann ein Pflichtverstoß i. S. von § 28 Abs. 1 sein. Umgekehrt würde es Sinn und Zweck des Anhörungsrechts nach Abs. 2 widersprechen, wenn Stufenvertretung bzw. Gesamtpersonalrat verbindliche Beschlüsse fassen, ohne dass Äußerungen der örtlichen Personalvertretung vorliegen oder in angemessener Zeit erwartet werden können. Auch in diesem Fall kann ein Verfahren nach § 28 in Betracht kommen. Dass selbstverständlich dann keine Äußerungspflicht besteht, wenn die Beteiligungsangelegenheit der Stufenvertretung in ihren Einzelheiten ebenso wie der Personalvertretung selbst bekannt ist, bedarf keiner weiteren Erörterung (Fischer u. a., § 82 Anm. 11; Lorenzen u. a., aaO).

18 9. Bei **Versetzungen,** die der Leiter einer Mittelbehörde oder einer obersten Dienstbehörde wegen fehlender Zuständigkeit der Leiter nachgeordneter Dienststellen von einer nachgeordneten zu einer anderen nachgeordneten Dienststelle verfügt, ist der Bezirks-/oder Hauptpersonalrat zu beteiligen (BVerwG v. 16. 9. 1994, BVerwGE 96, 355 = ZBR 1995, 340 = PersV 1995, 175 = ZfPR 1995, 5). Auch dem (örtlichen) Personalrat der abgebenden und dem der aufnehmenden Dienststelle ist Gelegenheit zur Äußerung zu geben. Gleiches gilt bei Versetzungen von einer Mittelbehörde oder obersten Dienstbehörde zu einer nachgeordneten Dienststelle oder umgekehrt. Das Mitbestimmungsrecht ist von der zuständigen Stufenvertretung wahrzunehmen, die ihrerseits die (örtlichen) Personalvertretungen der abgebenden und der aufnehmenden Dienststelle zu beteiligen hat (Lorenzen u. a., § 82 Anm. 14e). Wenn die Versetzung vom Leiter einer Mittelbehörde oder einer obersten Dienstbehörde von einer nachgeordneten Dienststelle zu seiner Behörde verfügt wird, dann ist der Bezirks- oder Hauptpersonalrat zuständig, wenn der Leiter der nachgeordneten Dienststelle keine Entscheidungskompetenz besitzt. Dem örtlichen Personalrat der abgebenden Dienststelle ist Gelegenheit zur Äußerung zu geben, während bei der aufnehmenden Dienststelle die Stufenvertretung dem örtlichen Personalrat diese Gelegenheit geben muss (BVerwG v. 16. 9. 1994, aaO; Rob, PersV 1992, 309). Erfolgt die Versetzung aus dem Haus einer Mittelbehörde oder einer obersten Dienstbehörde, dann hat die jeweilige örtliche Personalvertretung mitzubestimmen. Falls dem Leiter der aufnehmenden Dienststelle eine Entscheidungskompetenz über die Aufnahme des Betreffenden zusteht, dann hat er den bei ihm gebildeten örtlichen Personalrat zu beteiligen. Ist eine Entscheidungskompetenz dagegen nicht gegeben, so hat die bei der aufnehmenden Behörde gebildete Stufenvertretung mitzubestimmen, die ihrerseits dem örtlichen Personalrat Gelegenheit zur Äußerung geben muss (BVerwG v. 16. 9. 1994, aaO; Fischer u. a., § 75 Anm. 37; Lorenzen u. a., § 82 Anm. 14 b). Im Fall einer Abordnung zu einer Dienststelle im Bereich eines anderen Bundesministeriums ist der bei diesem Bundesministerium gebildete Hauptpersonalrat dann zu beteiligen, wenn der obersten Dienstbehörde (Bundesministerium) insoweit eine Mitentscheidungskompetenz zusteht, als sie der betreffenden Maßnahme zustimmen muss (BVerwG v. 18. 5. 1994, BVerwGE 96, 35 = Leits. ZBR 1994, 387 = PersV 1995, 34 = ZfPR 1994,153; Lorenzen u. a., § 82 Anm. 14 c).

19 10. Obwohl das Gesetz der Stufenvertretung die Anhörung des Personalrats der Beschäftigungsdienststelle zwingend vorschreibt, ist eine Bindung an die entsprechende Äußerung nicht gegeben (BVerwG v. 2. 10. 2000, Leits. ZBR 2001, 11 = PersV 2001, 422 = ZfPR 2001, 37). Auch wird die von der Dienststelle beabsichtigte, der Beteiligung der Stufenvertretung unterliegen-

de Maßnahme in ihrer **Rechtswirkung** nicht dadurch beeinträchtigt, dass die Anhörung des Personalrats durch die Stufenvertretung in mangelhafter Weise stattfindet oder gar unterbleibt (VG Ansbach v. 14. 12. 1961 – Nr. 57 PV 60, n. v.). Eine Kündigung ist z. B. auch dann wirksam, wenn die zur Beteiligung zuständige Stufenvertretung dem Personalrat der Beschäftigungsdienststelle keine Gelegenheit zur Äußerung gegeben hat (LAG Düsseldorf v. 16. 10. 1968, PersV 1969, 251; Fischer u. a., § 82 Anm. 10).

11. Es ist nicht Sache des Dienststellenleiters, dem die zuständige Stufenvertretung ihre Zustimmung zu der beabsichtigten Maßnahme amtlich mitgeteilt hat, zu prüfen, ob der zustimmende Beschluss der **Stufenvertretung unter** Beachtung der ihr obliegenden gesetzlichen Pflichten zustande gekommen ist (LAG Düsseldorf v. 16. 10. 1968, PersV 1969, 251). Selbstverständlich darf daher zum Beispiel der Leiter einer Mittelbehörde **eine Maßnahme** auch dann vollziehen, wenn er weiß, dass der Bezirkspersonalrat vor Erteilung der Zustimmung den bei der betroffenen nachgeordneten Dienststelle bestehenden Personalrat nicht angehört hat. In diesem Fall liegt lediglich ein interner **Verfahrensmangel** bei der Willensbildung der Personalvertretung vor, der die Rechtmäßigkeit der beteiligungspflichtigen Maßnahme nicht berührt und daher auch den betroffenen Beschäftigten keinen rechtlichen Ansatzpunkt dafür gibt, die Maßnahme anzufechten (BVerwG v. 24. 11. 1983, PersV 1987, 74). 20

IV. Gesamtpersonalräte

1. Wenn die wahlberechtigten Beschäftigten von Nebenstellen und Teilen einer Dienststelle, die räumlich weit von der Hauptdienststelle entfernt liegen, mehrheitlich eine personalvertretungsrechtliche Verselbstständigung beschließen, so ist neben den einzelnen Personalvertretungen die **Bildung eines Gesamtpersonalrats** obligatorisch (§ 55). Zur Wahl eines Gesamtpersonalrats kommt es auch dann, wenn nur ein Dienststellenteil die personalvertretungsrechtliche Verselbstständigung nach § 6 Abs. 3 beschlossen hat. Der Zuständigkeitsbereich der bei einer Nebenstelle/Teildienststelle zu bildenden Personalvertretung ist aber deshalb weitgehend eingeengt, weil die meisten Angelegenheiten in die Zuständigkeit des Gesamtpersonalrats fallen werden, denn in aller Regel werden personelle und soziale Maßnahmen vom Leiter der Hauptdienststelle für einen größeren Bereich getroffen, der neben der Hauptdienststelle selbst auch nachgeordnete Dienststellen betrifft (vgl. BVerwG v. 26. 11. 1982, PersV 1983, 158 m. Anm. v. Widmaier; wegen der Zuständigkeitsverteilung zwischen Gesamtpersonalrat und einzelnen Personalvertretungen vgl. außerdem § 6 Anm. 31, § 55 Anm. 1, 3). 21

2. Dem **Leiter der (Haupt-)Dienststelle** fällt aus personalvertretungsrechtlieher Sicht eine **Doppelfunktion** zu: er ist Leiter der (Haupt-) Dienststelle und somit Ansprechpartner für den dort gebildeten Personalrat. Gleichzeitig ist er aber auch für die verselbstständigten Dienststellen dann zuständig, wenn er Maßnahmen trifft, die über den Bereich einer Dienststelle hinausgehen. In diesen Fällen ist er Ansprechpartner für den Gesamtpersonalrat. Den Personalvertretungen der verselbstständigten Dienststellen fehlt es an einer Legitimation gegenüber dem Leiter der (Haupt-) Dienststelle. Sie sind auf den Zuständigkeitsbereich der personalvertretungsrechtlich verselbstständigten Dienststelle beschränkt. Der Gesamtpersonalrat füllt die entstehende Lücke auf seiten der Personalvertretung aus. Er wird in allen Angelegenheiten tätig, in denen den einzelnen Personalvertretungen in den jeweiligen Dienststellenteilen die Legitimation zur Beteiligung gegenüber dem Leiter der (Haupt-) Dienststelle fehlt. An den Entscheidungen eines Dienststellenleiters ist jeweils nur die Personalvertretung zu beteiligen, die 22

die von der Entscheidung betroffenen Beschäftigten auf der untersten gemeinsamen Ebene repräsentiert. Infolgedessen bezieht sich die Zuständigkeit des Gesamtpersonalrats auf die Angelegenheiten, an denen die Personalvertretungen der einzelnen personalvertretungsrechtlich verselbstständigten Dienststellenteile deshalb nicht beteiligt werden können, weil es an einer Entscheidungskompetenz des jeweiligen Dienststellenleiters fehlt. Dem Gesamtpersonalrat kommt daher eine **„Auffangzuständigkeit“** zu (BVerwG v. 26. 11. 1982, ZBR 1983, 132, 310 = PersV 1983, 158 m. Anm. v. Widmaier; Lorenzen u. a., § 82 Anm. 33 ff.; Fischer u. a., § 82 Anm. 18; Spohn, PersV 1981, 400).

23 3. Nach Abs. 3 gilt Abs. 1 entsprechend für die **Abgrenzung der Zuständigkeit zwischen Gesamtpersonalrat und örtlichem Personalrat** („Hauspersonalrat“). Dies bedeutet, dass die Zuständigkeitsverteilung derjenigen zwischen dem örtlichem Personalrat („Hauspersonalrat“) der Mittelbehörde und dem bei ihr gebildeten Bezirkspersonalrat folgt. Abzustellen ist also auf die Reichweite der Entscheidungsbefugnis des Dienststellenleiters und die davon abhängige Betroffenheit der Beschäftigten. Infolgedessen ist der Personalrat bei der Hauptdienststelle dann zuständig, wenn deren Dienststellenleiter beteiligungspflichtige Maßnahmen beabsichtigt, die lediglich die Beschäftigten dieser Hauptdienststelle betreffen. Da der Gesamtpersonalrat im Verhältnis zu den örtlichen Personalvertretungen („Hauspersonalräten“) nur eine „Auffangzuständigkeit“ oder „Ersatzzuständigkeit“ besitzt, ist bei der Zuständigkeitsabgrenzung nicht nur alleine auf die Entscheidung selbst, sondern auch darauf abzustellen, in welchem Bereich die Beschäftigten von der beteiligungspflichtigen Angelegenheit betroffen sind. Da auch hier als Abgrenzungskriterium der Gesamtvorgang einer Entscheidungsfindung zu berücksichtigen ist (vgl. Anm. 7), ist bei einer personellen Maßnahme (z. B. Beförderung) auch die vorausgehende Auswahlentscheidung mit einzubeziehen. Ist eine Ausschreibung im Geschäftsbereich der Gesamtdienststelle erfolgt und haben sich aus diesem Bereich mehrere Beschäftigte beworben, dann ist der Gesamtpersonalrat zu beteiligen; denn in Bezug auf die Bewerber aus Hauptdienststelle und Nebenstellen ist zu prüfen, ob dem Prinzip der Bestenauslese Rechnung getragen und kein Bewerber sachwidrig benachteiligt worden ist (BVerwG v. 20. 8. 2003, ZBR 2003,421 = PersV 2004, 52 = ZfPR 2003, 292, 295; OVG Hamburg v. 19. 4. 2004, PersV 2005 = Leits. ZfPR ZfPR 2005, 44 vgl. vor allem Anm. 7). Wenn allerdings bei einer dienststellenüberschreitenden Ausschreibung keine Bewerbung um eine Stelle in der Hauptdienststelle aus Bereichen außerhalb dieser Hauptdienststelle erfolgt ist, so ist der dort bestehende örtliche Personalrat („Hauspersonalrat“) zu beteiligen. Beschäftigte der nachgeordneten Dienststellen sind nach Auffassung des Bundesverwaltungsgerichts in diesem Fall nicht betroffen (BVerwG v. 15. 7. 2004, ZBR 2005, 248 = PersV 2005, 33 = ZfPR 2004, 261).

23a a) Liegt die **Zuständigkeit** für eine beteiligungspflichtige Maßnahme **bei dem Leiter einer Nebenstelle** oder eines Dienstellenteils und streitet sich dieser mit dem dort bestehenden Personalrat, dann ist die betreffende Angelegenheit „auf dem Dienstweg“ der übergeordneten Behörde, bei der eine Stufenvertretung besteht, zuzuleiten. Der Leiter der Hauptdienststelle wird ebensowenig wie der Gesamtpersonalrat einbezogen. Sie nämlich sind nicht Partner des personalvertretungsrechtlichen Beteiligungsverfahrens (Altvater, u. a. § 55 Anm. 13; Fischer u. a., § 55 Anm. 10a; Vogelgesang, ZfPR 2005, 107; aA OVG Münster v. 30. 1. 2003, PersR 2003, 411). Dem steht nicht entgegen, dass dem Leiter der Hauptdienststelle ein fachliches und dienstliches Weisungsrecht gegenüber dem Leiter der Nebenstelle oder des Dienststellenteils zusteht. Er kann die Angelegenheit ebensowenig an sich ziehen wie beispielsweise der Leiter einer Mittelbehörde im Verhältnis zum Dienststellenleiter der nachgeordneten Behörde. Auch für diesen Fall schreibt § 69 Abs. 3 ein spezielles personalvertretungsrechtliches Verfahren vor, in das eine vorgesetzte Behörde nicht dadurch eingreifen darf, dass sie die zwischen nachgeordnetem Dienststellenleiter und dortiger Personalvertretung strittige Angelenheit an sich zieht.

b) Der bei einer personalvertretungsrechtlich verselbständigten Nebenstelle oder einer Teildienststelle bestehende Personalrat ist nur dann zuständig, wenn dem dortigen Dienststellenleiter **Entscheidungskompetenz in einer beteiligungspflichtigen Angelegenheit** zusteht (vgl. auch: LAG Köln v. 27. 11. 2002, PersV 2004,185). **23b**

4. Der Gesamtpersonalrat ist zwar keine Stufenvertretung. Dennoch aber hat er dann dem **Personalrat einer verselbstständigten Dienststelle Gelegenheit zur Äußerung** zu geben, wenn eine vom Leiter der Hauptdienststelle beabsichtigte Maßnahme einen bei dieser verselbstständigten Dienststelle tätigen Beschäftigten betrifft. Dies ergibt sich daraus, dass sichergestellt werden muss, „dass der durch die verwaltungsmäßige Zuständigkeitsverteilung ausgeschlossene Personalrat zu Wort kommt und zu der Angelegenheit Stellung nehmen kann" (BVerwG v. 8. 7. 1977, ZBR 1978, 176 = PersV 1978, 278). Infolgedessen ist für den Fall, dass die von der übergeordneten Dienststelle (z. B. Mittelbehörde) zu regelnde Angelegenheit einen Beschäftigten betrifft, der bei einer nach § 6 Abs. 3 personalvertretungsrechtlich verselbstständigten Dienststelle der nachgeordneten Behörde tätig ist, nicht der bei der verselbständigten Dienststelle bestehende Personalrat, sondern der Gesamtpersonalrat vom Bezirkspersonalrat anzuhören. Wenn die beabsichtigte, beteiligungspflichtige Angelegenheit dagegen lediglich Beschäftigte der Hauptdienststelle betrifft, so ist der dortigen örtlichen Personalvertretung Gelegenheit zur Äußerung zu geben (BVerwG v. 15. 7. 2004, ZBR 2005, 248 = PersV 2005, 33 = ZfPR 2004, 261). **24**

5. Wenn zwischen dem Leiter einer Hauptdienststelle, der eine Maßnahme ausschließlich für den Bereich seines Hauses beabsichtigt, und dem (örtlichen) Personalrat keine Einigung zustandekommt, dann ist die Angelegenheit nach § 69 Abs. 3, § 72 Abs. 4 unmittelbar der übergeordneten Dienststelle vorzulegen. Der **Gesamtpersonalrat**, der bei der Hauptdienststelle gebildet ist, **wird nicht beteiligt.** **24a**

6. Daraus ergibt sich bei den nachfolgend dargestellten Fallgestaltungen folgende **Zuständigkeitsverteilung:** **24b**

- Wenn bei einer Beförderung der ausgewählte Bewerber die Dienststelle wechselt, dann ist der örtliche Personalrat derjenigen Dienststelle zuständig, bei der der Beförderungsdienstposten besteht; denn deren Beschäftigte werden durch den „Neuzugang" in erster Linie betroffen (BVerwG v. 20. 8. 2003, ZBR 2003,421 = PersV 2004, 52 = ZfPR 2003, 292).
- Erfolgt eine Beförderung auf einer sog. fliegenden Planstelle, die bei einer von mehreren Dienststellen im Geschäftsbereich verwendet werden kann, dann ist die jeweilige Stufenvertretung zu beteiligen (BVerwG v. 7. 2. 1980, Leits. ZBR 1981, 67 = PersV 1981, 292).
- Erfolgt eine Beförderung auf einer sog. fliegenden Planstelle und steht zum Zeitpunkt der Beteiligung des Personalrats die Verwendung des Bewerbers bei der Hauptdienststelle fest, dann ist der örtliche Personalrat der Hauptdienststelle zu beteiligen (BVerwG v. 20. 8. 2003, aaO).

- Bewerben sich aus dem gesamten Geschäftsbereich Beamte für eine Beförderung, verbleiben sie aber nach der Beförderung in ihren Dienststellen, dann liegt das Schwergewicht der Mitbestimmung nicht auf der Verwendung in einer bestimmten Dienststelle mit der Folge der Betroffenheit der dort Beschäftigten, sondern auf der Auswahlentscheidung (BVerwG v. 20. 8. 2003, aaO), so dass die Stufenvertretung zuständig ist.
- Will der Leiter einer Mittel- oder obersten Dienstbehörde bei seiner Behörde bzw. der Leiter der Gesamtdienststelle bei der Hauptdienststelle einen höherwertigen Dienstposten besetzen, dann ist der örtliche Personalrat der Mittel- oder obersten Dienstbehörde bzw. der örtliche Personalrat der Hauptdienststelle zuständig. Die (bisherige) Dienststellenzugehörigkeit des ausgewählten Bewerbers spielt keine Rolle (BVerwG v. 19. 12. 1975, BVerwGE 50, 80 = ZBR 1976,197 = PersV 1976, 457; vgl. aber VGH München v. 16. 7. 2007, ZfPR 2008, 38 für den Fall, dass der Leiter einer Stammdienststelle eine Maßnahme beabsichtigt, die die Beschäftigten der Stammdienststelle ebenso wie die der personalvertretungsrechtlich verselbstständigten Außenstellen, deren Leiter nicht zuständig sind, trifft; das Gericht nimmt für diesen Fall eine Zuständigkeit des Gesamtpersonalrats an).
- Erfolgt die Dienstpostenvergabe dagegen durch den Leiter der Mittel- oder obersten Bundesbehörde bei einer nachgeordneten Behörde bzw. durch den Leiter der Gesamtdienststelle bei einer verselbstständigten Dienststelle, dann sind die Stufenvertretung bzw. der Gesamtpersonalrat auch dann zuständig, wenn der ausgewählte Beschäftigte der Mittel- oder obersten Dienstbehörde selbst bzw. der Hauptdienststelle angehört (BVerwG v. 18. 10. 1978, BVerwGE 56, 330 = ZBR 1979, 216 = PersV 1979, 500).
- Stellt eine Mittelbehörde Anwärter für den gehobenen technischen Verwaltungsdienst ein, die nach der Ernennung zum Beamten auf Widerruf an nachgeordnete Ämter zur weiteren Ausbildung abgeordnet werden, dann ist der Bezirkspersonalrat zuständig, da sich der ganz überwiegende Teil der Ausbildung in den nachgeordneten Behörden vollzieht (BVerwG v. 13. 9. 2002, Leits. PersV 2003, 267 = ZfPR 2002, 328).
- Sollen in einem Ministerium Aufstiegsbewerber aus dem Haus zur Einführung in die Aufgaben der höheren Laufbahngruppe zugelassen werden, dann ist der örtliche Personalrat des Ministeriums selbst dann zuständig, wenn auch Bewerber aus nachgeordneten Bereichen zugelassen werden sollen (VG Saarlouis v. 28. 5. 2001, PersV 2002, 73 = Leits. ZfPR 2002, 112).
- Im Falle einer Versetzung von einer nachgeordneten Dienststelle zu einer anderen nachgeordneten Dienststelle bzw. von einer (personalvertretungsrechtlich) verselbstständigten Dienststelle zu einer anderen verselbstständigen Dienststelle ist die Stufenvertretung bzw. der Gesamtpersonalrat zu beteiligen; der örtliche Personalrat der aufnehmenden und der abgebenden Dienststelle ist jeweils anzuhören (BVerwG v. 16. 9. 1994, BVerwGE 96, 355 = ZBR 1995, 340 = PersV 1995,175 = ZfPR 1995, 5).
- Erfolgt eine Versetzung durch den Leiter der Mittel- oder obersten Dienstbehörde von einer nachgeordneten Dienststelle an die Mittel- oder oberste Dienstbehörde bzw. durch den Leiter der Gesamtdienststelle in die Hauptdienststelle, dann sind die jeweilige Stufenvertretung bzw. der Gesamtpersonalrat zu beteiligen. Auf der aufnehmenden Seite ist der örtliche Personalrat der Mittel- oder obersten Dienstbehörde bzw. der örtliche Personalrat bei der Hauptdienststelle zu beteiligen (BVerwG v. 16. 9. 1994, aaO; OVG Koblenz v. 11. 7. 2007, ZfPR 2008, 40).

V. Auswirkungen von Entscheidungen

25 Nach Abs. 4 gelten für die **Beteiligung der Stufenvertretungen und des Gesamtpersonalrats** die allgemeinen Vorschriften des Zweiten und Dritten Abschnitts (§§ 69 bis 81). Diese Verweisung ist deshalb notwendig, weil die §§ 66 bis 68 für die Personalvertretungen insgesamt, die §§ 69 bis 81 aber nur für die (örtlichen) Personalvertretungen gelten. Somit haben also die Stufenvertretungen im Rahmen ihrer Beteiligungsrechte nach Art und Umfang die gleiche Rechtsstellung wie die (örtlichen) Personalvertretungen (Fischer u. a., § 82 Anm. 13).

26 1. Der die Zuständigkeit der jeweiligen Personalvertretung bestimmende Grundsatz der Partnerschaft setzt voraus, dass beide Partner zur Vertretung der von ihnen wahrgenommenen Interessen legitimiert sind. Die Legitimation des Leiters einer Dienststelle ergibt sich unmittelbar aus § 7 Satz 1, die der jeweiligen Personalvertretung aus dem ihr von den Wählern übertragenen Mandat. Infolgedessen repräsentiert die jeweilige Personalvertretung nur die Beschäftigten, die zu der Dienststelle (bei Stufenvertretungen zum Geschäftsbereich der Behörde) gehören, bei der sie gebildet worden ist. Daher ist eine Beteiligung von Personalvertretungen an Maßnahmen ausgeschlossen, die sich auf Beschäftigte einer Dienststelle beziehen, die die jeweilige Personalvertretung nicht gewählt haben. In den Fällen, in denen „im Geschäftsbereich mehrstufiger Verwaltungen personelle oder soziale Maßnahmen von einer Dienststelle getroffen (werden), bei der keine für eine Beteiligung an diesen Maßnahmen zuständige Personalvertretung vorgesehen ist, ... ist die Stufenvertretung bei der nächsthöheren Dienststelle, zu deren Geschäftsbereich die entscheidende Dienststelle und die von der Entscheidung Betroffenen gehören, zu beteiligen" (Abs. 5). Diese Regelung bezieht sich auf alle „Fälle, in denen eine Dienststelle **Entscheidungen mit Wirkung für Beschäftigte anderer Dienststellen** trifft, die ihr nicht nachgeordnet sind" (vgl. Begr. zum Entwurf eines Bundespersonalvertretungsgesetzes, BT-Drucks. 7/176, S. 34). Eine Beteiligung der Stufenvertretung nach Abs. 5 findet daher nur bei personellen Angelegenheiten (§ 75 Abs. 1, § 76 Abs. 1, § 78 Abs. 1 Nr. 3 bis 5, § 79 Abs. 1, 3) und bei sozialen Angelegenheiten statt, bei letzteren in den Fällen des § 75 Abs. 2 generell, während in den Fällen des § 75 Abs. 3, § 76 Abs. 2 und § 78 Abs. 1 der konkrete Einzelfall maßgebend ist; bei gemischt organisatorisch-sozialen Angelegenheiten kommt es auf den Schwerpunkt der beabsichtigten Maßnahme an (Fischer u. a., § 82 Anm. 15). Wenn im Rahmen eines dreistufigen Verwaltungsaufbaus von einer Mittelbehörde eine Maßnahme verfügt wird, die kraft der besonderen Zuständigkeitsverteilung auch einen Beschäftigten bei einer anderen Mittelbehörde desselben Verwaltungsbereichs betrifft, so fehlt es nach dem Grundsatz der Partnerschaft bei der die Maßnahme vollziehenden Mittelbehörde an einer zuständigen Personalvertretung. Aber auch der bei der zur Vollziehung der Maßnahme nicht zuständigen Mittelbehörde gebildete Personalrat ist deshalb nicht zuständig, weil diese Behörde die Maßnahme nicht trifft. Nach dem Willen des Gesetzgebers soll aber ein personalvertretungsfreier Raum nicht entstehen. Infolgedessen ist nach Abs. 5 im Beispielsfall die Stufenvertretung bei der nächst höheren Dienststelle, zu deren Geschäftsbereich die entscheidende Dienststelle und der von der Entscheidung betroffene Beschäftigte gehören, zu beteiligen, also der für den Gesamtbereich gebildete Hauptpersonalrat (BVerwG v. 15. 8. 1983 – 6 P 18.81, BVerwGE 67, 353 = ZBR 1984, 75 = PersV 1985, 291; BVerwG v. 15. 8. 1983 – 6 P 19.81, PersV 1985, 250; BVerwG v. 14. 10. 1983 – 6 P 25.82, n. v.; BVerwG v. 22. 3. 1984 – 6 P 8.82, Buchholz 238.3 A § 82 Nr. 10).

27 2. Dem Fall, dass eine für eine Beteiligung zuständige Personalvertretung nicht vorgesehen ist, steht nicht der Fall gleich, dass eine im BPersVG vorgesehene **Personalvertretung aus tatsächlichen Gründen nicht vorhanden** oder nicht arbeitsfähig ist, z. B. weil ihre Wahl nicht zustandegekommen ist oder ihre Mitglieder mit Mehrheit beschlossen haben, zurückzutreten. In diesem Fall rechtfertigt Abs. 5 es nicht, einer anderen Personalvertretung die Ausübung der Beteiligungsrechte zu übertragen (Fischer u. a., § 82 Anm. 16; Lorenzen u. a., § 82 Anm. 48; Richardi u. a., § 82 Anm. 41). Für den Fall, dass eine nachgeordnete Dienststelle aufgelöst wird und gegenüber den dortigen Beschäftigten eine Kündigung von der obersten Dienstbehörde ausgesprochen werden soll, ist in entsprechender Anwendung der Zuständigkeitsregelung nach Abs. 1 vor Ausspruch der Kündigung die bei der Dienstbehörde gebildete Stufenvertretung zu beteiligen. Liegt die entsprechende Entscheidungsbefugnis allerdings bei einer nachgeordneten Dienststelle, so ist entsprechend Abs. 5 zu verfahren; die dort bestehende Stufenvertretung ist zu beteiligen (BAG v. 22.8. 1996, Leits. BB 1997, 2472 = Leits. DB 1997, 1574 = NZA 1997, 170).

VI. Streitigkeiten

28 Streitigkeiten über Zuständigkeit, Geschäftsführung und Rechtsstellung der örtlichen Personalvertretungen, der Stufenvertretungen und des Gesamtpersonalrats entscheiden die Verwaltungsgerichte nach § 83 Abs. 1 Nr. 3.

Schrifttum: Grabendorff, Die Zuständigkeitsabgrenzung zwischen Stufenvertretung und Personalrat bei Mittel- und obersten Dienstbehörden, ZBR 1960, 76; Ilbertz, Wählerauftrag der Beschäftigten der Mittel- und obersten Dienstbehörden, PersV 1976, 81; Lautenbach, Gesamtpersonalrat und Personalräte, PersV 2004, 164; Rob, Die zuständige Personalvertretung bei der Versetzung eines Beamten durch den Leiter einer Mittel- oder obersten Dienstbehörde, PersV 1992, 309; Spohn, Der Gesamtpersonalrat – Bedeutung und Zuständigkeit –; PersV 1981, 400; Ulmer, Aufgaben, Pflichten und Befugnisse der Stufenvertretungen und des Gesamtpersonalrats nach dem BPersVG, PersV 1976, 7; Vogelgesang, Zuständigkeitsprobleme bei der Bildung von personalvertretungsrechtlich verselbständigten Nebenstellen – ein unerschöpflicher Diskussionsstoff, ZfPR 2005, 107; Widmaier, Zur Zuständigkeit des Gesamtpersonalrats in der baden-württembergischen Rechtsprechung, PersV 1982, 129; Windscheid, Die Zusammenarbeit der Personalräte mit den Stufenvertretungen, PersV 1963, 242; ders., Welche Personalvertretung ist zu beteiligen?, ZBR 1959, 73; Wurm, Müssen die Karten zwischen Gesamtpersonalrat, Personalrat der Hauptdienststelle und Personalrat der Nebenstelle neu verteilt werden?, ZfPR 2003, 342.

Sechstes Kapitel **Gerichtliche Entscheidungen**

§ 83 [Gerichtliche Entscheidungen]

(1) Die Verwaltungsgerichte, im dritten Rechtszug das Bundesverwaltungsgericht, entscheiden außer in den Fällen der §§ 9, 25, 28 und 47 Abs. 1 über
1. Wahlberechtigung und Wählbarkeit,
2. Wahl und Amtszeit der Personalvertretungen und der in den §§ 57,65 genannten Vertreter sowie die Zusammensetzung der Personalvertretungen und der Jugend- und Auszubildendenvertretungen,
3. Zuständigkeit, Geschäftsführung und Rechtsstellung der Personalvertretungen und der in den §§ 57, 65 genannten Vertreter,

4. Bestehen oder Nichtbestehen von Dienstvereinbarungen.

(2) Die Vorschriften des Arbeitsgerichtsgesetzes über das Beschlussverfahren gelten entsprechend.

Inhaltsübersicht

Entspr. landesgesetzliche Regelungen:
Baden-Württemberg: § 86; Bayern: Art. 81; Berlin: § 91; Brandenburg: § 95; Bremen: § 70; Hamburg: § 100; Hessen: § 111; Mecklenburg-Vorpommern: § 87; Niedersachsen: § 83; Nordrhein-Westfalen: § 79; Rheinland-Pfalz: § 121; Saarland: § 113; Sachsen: § 88; Sachsen-Anhalt: § 78; Schleswig-Holstein: § 88; Thüringen: § 83.

Entspr. Vorschrift für das BetrVG: § 2 Abs. 1 Nr. 4 ArbGG.

I. Vorbemerkung

1 Abs. 1 weist den Verwaltungsgerichten die personalvertretungsrechtlichen Streitigkeiten im Bereich des Gesetzes zu, während Abs. 2 für das Verfahren in allen Rechtszügen die **Vorschriften des Arbeitsgerichtsgesetzes** für entsprechend anwendbar erklärt (ArbGG, v. 3. 9. 1953, BGBl. I S. 1267 i. d. F. v. 2. 7. 1979, BGBl. I S. 853, ber. S. 1036, zul. geänd. d. Art. 2 G v. 26. 3. 2008, BGBl. I S. 444, 447; vgl. auch Gesetz zur Vereinfachung und Beschleunigung des arbeitsgerichtlichen Verfahrens (Arbeitsgerichts-Beschleunigungsgesetz v. 30. 3. 2000, BGBl. I S. 333).

II. Zuständigkeit der Verwaltungsgerichte

2 1. Nach Abs. 1 Nr. 1 **entscheiden die Verwaltungsgerichte in den Fällen** der §§ 9, 25, 28, § 47 Abs. 1:
§ 9: Kündigung eines Auszubildenden;
§ 25: Wahlanfechtung;
§ 28: Ausschluss aus der Personalvertretung, Auflösung der Personalvertretung;
§ 47 Abs. 1: Außerordentliche Kündigung von Personalratsmitgliedern.

3 a) Im Beschlussverfahren sind die Verwaltungsgerichte zur Entscheidung darüber anzurufen, ob mit einem Personalratsmitglied oder einem Mitglied der Jugend- und Auszubildendenvertretung nach erfolgreicher **Beendigung des Berufsausbildungsverhältnisses** ein Arbeitsverhältnis auf unbestimmte Zeit begründet oder ein bereits begründetes Arbeitsverhältnis aufzulösen ist (vgl. im Einzelnen: § 9 Anm. 15 ff.).

4 b) Die Verwaltungsgerichte entscheiden auch über eine **Wahlanfechtung** (Personal-, Stufen-, Jugend- und Auszubildendenvertretung, Gesamtpersonalrat, Vertretung der nichtständig Beschäftigten), wobei die Anfechtung auch auf die Wahl einer Gruppe beschränkt sein kann (vgl. im Einzelnen: § 25 Anm. 5 ff.).

c) Streitigkeiten darüber, ob der „Ausschluss eines Mitgliedes aus dem Personalrat oder die **Auflösung des Personalrates** wegen grober Vernachlässigung seiner gesetzlichen Befugnisse oder wegen grober Verletzung seiner gesetzlichen Pflichten" zu erfolgen hat (vgl. § 28), entscheiden ebenfalls die Verwaltungsgerichte. Gleiches gilt für auf Stufen-, Jugend- und Auszubildendenvertretungen sowie für Gesamtpersonalrat und Vertretung der nichtständig Beschäftigten bezogene Verfahren. 5

d) Die Verwaltungsgerichte entscheiden auch darüber, ob eine Personalvertretung im Falle einer **außerordentlichen Kündigung von Personalratsmitgliedern,** die in einem Arbeitsverhältnis stehen, die Zustimmung zu Recht verweigert hat. Falls sich die Personalvertretung nicht innerhalb von drei Arbeitstagen nach Eingang des Antrags auf Zustimmung äußert, „so kann das Verwaltungsgericht sie auf Antrag des Dienststellenleiters ersetzen, wenn die außerordentliche Kündigung unter Berücksichtigung aller Umstände gerechtfertigt ist" (§ 47 Abs. 1). Der betroffene Arbeitnehmer ist in dem Verfahren vor dem Verwaltungsgericht Beteiligter. Gleiches gilt bei Mitgliedern einer Stufenvertretung oder eines Gesamtpersonalrats (§ 54 Abs. 1, § 56), Mitgliedern der Jugend- und Auszubildendenvertretungen (§ 62 Satz 2) sowie bei Mitgliedern des Wahlvorstands und bei Wahlbewerbern für die Personal- und Jugend- und Auszubildendenvertretungen (§ 24 Abs. 1 Satz 3, § 53 Abs. 3 Satz 1, § 56, § 62 Satz 3). 6

e) Darüber hinaus entscheiden die Verwaltungsgerichte nach Abs. 1 Nr. 1 über **Wahlberechtigung und Wählbarkeit.** Eine isolierte Entscheidung über das aktive und passive Wahlrecht eines Beschäftigten ist unzulässig, wenn der Sachverhalt die Begründung für eine Wahlanfechtung abgibt (BVerwG v. 23. 10. 1959, BVerwGE 9, 249). 7

2. Nach Abs. 1 Nr. 2 besteht eine **Zuständigkeit** der Verwaltungsgerichte **darüber hinaus in Angelegenheiten,** die 8
(a) Wahl und Amtszeit der Personalvertretungen,
(b) Wahl und Amtszeit der in den §§ 57, 65 genannten Vertreter und
(c) Zusammensetzung der Personalvertretungen und der Jugend- und Auszubildendenvertretungen betreffen. Die Vertreter nach den §§ 57, 65 sind die Jugend- und Auszubildendenvertreter (§ 57) und die Vertreter der nichtständig Beschäftigten (§ 65).

a) Zu den **Streitigkeiten über die Wahl** gehören alle Meinungsverschiedenheiten, die nicht mit der Wahlanfechtung ausgetragen werden können, z. B. Streitigkeiten über die Notwendigkeit der Errichtung einer Personalvertretung, einer Stufenvertretung, eines Gesamtpersonalrats, einer Vertretung nach den §§ 57, 65, über die vertretungsrechtliche Abgrenzung der Dienststelle i. S. von § 6, über die Bildung von „Teilpersonalräten" nach § 6 Abs. 3, über die Gültigkeit von Vorabstimmungen (§ 18 Abs. 1, § 19 Abs. 1), über den vertretungsrechtlichen Status Gruppenfremder (§ 18 Abs. 2), über die Kosten der Wahl; ebenso Streitigkeiten über Zusammensetzung und Geschäftsführung des Wahlvorstands (soweit sie nicht im Wege der Wahlanfechtung geltend gemacht werden müssen, neben der ein Antrag aus § 83 Abs. 1 Nr. 2 unzulässig ist). 9

b) Die Verwaltungsgerichte sind nach Abs. 1 Nr. 2 auch zuständig für eine **Feststellung über die Wählbarkeit** nach § 29 Abs. 1 Nr. 7, über die Wählbarkeit eines Personalratsmitglieds sowie eines Vertreters der in § 57 genannten Beschäftigten oder der nichtständig Beschäftigten (§ 65). 10

11 c) **Streitigkeiten über die Amtszeit** (§ 26) können sich sowohl auf die Amtszeit der Personalvertretung, der Jugend- und Auszubildendenvertretung und der Vertretung der nichtständig Beschäftigten, als auch auf die individuelle Amtszeit eines Mitglieds (und Ersatzmitglieds) dieser Gremien beziehen.

12 d) Obwohl Abs. 1 Nr. 2 die Zuständigkeit der Verwaltungsgerichte nur für Streitigkeiten über die Zusammensetzung der Personal- und der Jugend- und Auszubildendenvertretung erwähnt, besteht eine Zuständigkeit auch für Streitigkeiten über die **Zusammensetzung der Vertretung der nichtständig Beschäftigten.** Es ist nicht anzunehmen, dass der Gesetzgeber diese Streitigkeiten von der Gerichtsbarkeit ausnehmen wollte. Außerdem ergibt sich die Zuständigkeit hierfür bereits aus der Zuständigkeit für Streitigkeiten über die Amtszeit und die Geschäftsführung dieses Organs.

13 3. Abs. 1 Nr. 3 regelt die **Zuständigkeit der Verwaltungsgerichte** für Streitigkeiten über
(a) Zuständigkeit der Personal- und Sondervertretungen,
(b) Geschäftsführung der Personal- und der Sondervertretungen,
(c) Rechtsstellung der Mitglieder der Personal- und der Sondervertretungen.

14 a) Die Vorschrift in Nr. 3 hat die Bedeutung einer **Generalklausel** für alle Rechtsfragen, die sich aus der Wahrnehmung von Aufgaben und Befugnissen der Personalvertretungen ergeben (Fischer u. a., § 83 Anm. 1; Richardi u. a., § 83 Anm. 8). Die Verwaltungsgerichte entscheiden daher über Streitigkeiten aus der **Beteiligung** (§§ 66 bis 81) der Personalvertretung, der Sonder-, der Stufenvertretungen und der Gesamtpersonalräte sowie über Streitigkeiten aus der **Geschäftsführung,** die mit der Tätigkeit der Personalvertretung – beginnend mit der konstituierenden Sitzung – nach innen oder außen zusammenhängen (z. B. Streit über die Gültigkeit einer Geschäftsordnung). Zu diesem Kreis von Streitigkeiten gehört auch die Geltendmachung von Mängeln des Beschlussverfahrens einer Stufenvertretung durch den örtlichen Personalrat. Da das Gesetz keine Regelung der Folgen von Verfahrensmängeln dieser Art enthält, muss insoweit auf allgemeine verfahrensrechtliche Grundsätze zurückgegriffen werden. Diese lassen sich den allgemeinen Verfahrensgrundsätzen des § 44 VwVfG (Verwaltungsverfahrensgesetz, vgl. § 37 Anm. 15) zur Nichtigkeit von Verwaltungsakten entnehmen. Nichtigkeit (von Beschlüssen einer Stufenvertretung) ist nur bei besonders schwerwiegenden und offenkundigen Fehlern anzunehmen (BVerwG v. 13. 10. 1986, BVerwGE 75, 62 = ZBR 1987, 85 = PersV 1987, 336). Außerdem gehören zur Zuständigkeit der Verwaltungsgerichte alle Streitigkeiten darüber, welche **Aufgaben und Befugnisse** die Personal- und Sondervertretungen aller Stufen haben, insbesondere darüber, wann sie zu beteiligen sind (so für Streitigkeiten über Rechte und Pflichten der Schwerbehindertenvertretung gegenüber Dienststellenleiter/Personalvertretung, BAG v. 21. 9. 1989, PersV 1990, 180). Gleiches gilt für Zuständigkeitsstreitigkeiten zwischen Personalvertretungen derselben oder verschiedener Stufen oder zwischen Personalrat und Gesamtpersonalrat.

15 b) Nicht zur Zuständigkeit der Verwaltungsgerichte gehören dagegen die der Einigungsstelle vorbehaltenen Entscheidungen darüber, ob die Personalvertretung ihre Zustimmung zu Recht verweigert hat. Jedoch sind die Verwaltungsgerichte zur Entscheidung über die **Rechtmäßigkeit von Beschlüssen der Einigungsstelle** befugt; denn Streitigkeiten, die die Rechtmäßigkeit der Beschlüsse der Einigungsstelle betreffen, sind Teil der Wahrnehmung der Beteiligungsrechte der Personalvertretung. Besteht daher Streit

über die Zuständigkeit der Einigungsstelle oder über die Rechtmäßigkeit ihrer Beschlüsse, so betrifft diese Frage auch die Zuständigkeit der Personalvertretung (BVerwG v. 21. 10. 1983, BVerwGE 68, 116 = ZBR 1984, 246 = PersV 1985, 432; vgl. im Übrigen auch § 71 Anm. 29).

c) Die Zuständigkeit der Verwaltungsgerichte für **Streitigkeiten über die Rechtsstellung der Mitglieder** der Personal- und der Sondervertretungen nach den §§ 57, 65 bezieht sich auf die vertretungsrechtliche, nicht auf die dienstrechtliche Rechtsstellung. Die Verwaltungsgerichte können z. B. im Beschlussverfahren entscheiden, ob das Vorstandsmitglied einer Personalvertretung vom Plenum zu Recht abberufen worden ist oder ob die Dienststelle zur Übernahme von Kosten oder zur Erstattung von Überzahlungen verpflichtet ist. Sie können aber nicht über „die Folgen aus einem personalvertretungsrechtlich bedeutsamen Sachverhalt für die dienstrechtliche Stellung des einzelnen Mitglieds" (BVerwG v. 23. 10. 1980, ZBR 1981, 288 = PersV 1982, 63). Auch kann in einem personalvertretungsrechtlichen Beschlussverfahren eines teilweise freigestellten Personalratsmitglieds nicht entschieden werden, dass für ihn eine dienstliche Beurteilung entfällt. Hierbei handelt es sich ausschließlich um eine Frage des Beamtenrechts. Daher „ist der Rechtsstreit an die für die Entscheidung beamtenrechtlicher Streitigkeiten zuständige Kammer der 1. Instanz zu verweisen" (BVerwG v. 12. 12. 1979, PersV 1981, 259). Ebensowenig sind die Fachkammern zuständig für die Entscheidung der Streitfrage, ob die beamtenrechtliche Pflicht zum Tragen von Dienstkleidung auch für Personalratsmitglieder gilt (OVG Lüneburg v. 19. 2. 1986, PersV 1988, 441). Die Fachkammern können auch nicht darüber entscheiden, ob die Anordnung disziplinarrechtlicher Vorermittlungen gegen ein Personalratsmitglied als Behinderung der Personalratstätigkeit nach § 8 zu bewerten ist (VGH München v. 1. 7. 1987, ZBR 1988, 139). Ebensowenig können die Fachgerichte für Personalvertretungsangelegenheiten über einem Beschäftigten angeblich zustehende „Beschäftigungsansprüche" entscheiden; denn hierbei handelt es sich ausschließlich um die dienstrechtliche, nicht aber unmittelbar um die personalvertretungsrechtliche Stellung der Personalratsmitglieder; dies selbst dann nicht, wenn der Entzug einer bestimmten Beschäftigung unter Hinweis auf die Personalratstätigkeit erfolgt (OVG Berlin v. 26. 6. 1995 – OVG PV Bln 16.94, n. v.). In gleicher Weise ist bei einer **Klage eines Beschäftigten** gegen den Vorsitzenden der Personalvertretung auf Widerruf einer ehrverletzenden Äußerung zu verfahren, weil sich der geltend gemachte Anspruch nicht aus einer durch das Personalvertretungsgesetz eingeräumten Rechtsstellung ableiten lässt (OVG Lüneburg v. 4. 3. 1981, PersV 1982, 505). Dagegen sind die für personalvertretungsrechtliche Streitigkeiten gebildeten Spruchkörper der Verwaltungsgerichte zur Entscheidung über einen Antrag zuständig, anzuerkennen, dass das Kraftfahrzeug eines Personalratsmitglieds im dienstlichen Interesse gehalten wird (BVerwG v. 27. 4. 1983, ZBR 1984, 82 = PersV 1984, 324). 16

d) Die Verwaltungsgerichte sind nach Abs. 1 Nr. 4 für die Entscheidung darüber zuständig, ob eine **Dienstvereinbarung** besteht oder nicht, auch z. B. darüber, ob eine unstreitig bestehende Dienstvereinbarung nach § 73 Abs. 2 gilt, und darüber, welche Wirkung die Dienstvereinbarung auf das Beteiligungsrecht der Personalvertretung hat. Streitigkeiten über die **Auslegung** einer Dienstvereinbarung fallen dagegen unter Abs. 1 Nr. 3 (VGH Kassel v. 29. 7. 1987 – BPV TK 1991/861, n. v.; OVG Münster v. 27. 1. 1995, Leits. ZfPR 1996, 18; vgl. § 73 Anm. 27). Darüber hinaus können die Verwaltungsgerichte auch dann angerufen werden, wenn eine der Vertagsparteien Ansprüche aus einer Dienstvereinbarung herleitet (BVerwG v. 26. 3. 1986, 17

PersV 1986, 510; OVG Greifswald v. 10. 4. 2002, Leits. ZfPR 2003, 48; Fischer u. a., § 73 Anm. 25; aA: OVG Münster v. 27. 1. 1995, Leits. ZfPR 1996, 18).

18 4. Im Beschlussverfahren entscheiden die **Verwaltungsgerichte nach den Vorschriften des ArbGG** über das Beschlussverfahren, obwohl es sich beim Personalvertretungsrecht um öffentliches Recht handelt (vgl. § 1 Anm. 30) und die sich daraus ergebenden Streitigkeiten öffentlich-rechtlichen Charakter haben (BVerwG v. 16. 12. 1977, ZBR 1978, 214 = PersV 1979, 151).

III. Beschlussverfahren

19 1. Das Beschlussverfahren läuft grundsätzlich **in drei Rechtszügen** ab. Gerichte des ersten Rechtszugs sind die Verwaltungsgerichte (Fachkammern), Gerichte des zweiten Rechtszugs sind die Oberverwaltungsgerichte (Fachsenate; in Baden-Württemberg, Bayern, Hessen: Verwaltungsgerichtshöfe). Gericht des dritten Rechtszugs ist das Bundesverwaltungsgericht.

20 2. Die Verwaltungsgerichte des ersten und zweiten Rechtszugs sind **Tatsacheninstanzen.** Das Bundesverwaltungsgericht ist ausschließlich **Rechtsprüfungsinstanz.** Es ist an die Feststellungen der Tatsachengerichte gebunden.

21 3. Das Beschlussverfahren wird nur auf **Antrag** eingeleitet; er ist schriftlich einzureichen oder mündlich bei dem nach der Geschäftsverteilung des Verwaltungsgerichts zuständigen Urkundsbeamten der Geschäftsstelle zur Niederschrift anzubringen und vom Antragsteller oder dessen Bevollmächtigten zu unterschreiben, wobei eine Übermittlung per Telefax ausreichend ist (BGH v. 28. 9. 1989, NJW 1990, 187). Der Antrag kann jederzeit zurückgenommen werden (§ 81 ArbGG). Mit Ausnahme der befristeten Wahlanfechtung ist der Antrag **nicht an eine Frist gebunden.** Im Interesse einer Beschleunigung der Verfahren kann aber den Beteiligten eine Frist für das Vorbringen von Angriffs- und Verteidigungsmitteln gesetzt werden. Späteres Vorbringen kann bei Fristversäumung vom Gericht zurückgewiesen (§ 83 Abs. 1 ArbGG; von Roetteken, PersR 2000, 200). Die Zurückweisung verspäteten Vorbringens kann allerdings nur nach vorangegangener ordnungsgemäßer Belehrung erfolgen. Im Übrigen ist eine zeitliche Begrenzung des Antragsverfahrens unter dem Gesichtspunkt der **Verwirkung** möglich. Dies folgt aus dem die ganze Rechtsordnung beherrschenden Grundsatz von Treu und Glauben (§ 242 BGB), wonach die Ausübung eines Rechts, auch eines unbefristeten und eines prozessualen Rechts, verwirkt werden kann. Ob eine Verwirkung eintritt, hängt von den Umständen des Einzelfalls ab. Generell ist darauf abzustellen, dass ein Recht nicht mehr ausgeübt werden kann, wenn längere Zeit seit der Möglichkeit seiner Geltendmachung verstrichen ist und wenn Umstände hinzutreten, die eine verspätete Geltendmachung als einen Verstoß gegen Treu und Glauben erscheinen lassen. Wenn ein Verpflichteter aufgrund des Verhaltens des Berechtigten annehmen darf, dass das Recht nicht mehr ausgeübt werden wird (Vertrauenstatbestand), und er sich darauf eingerichtet hat, so dass ihm durch die verspätete Durchsetzung des Rechts ein unzumutbarer Nachteil erwachsen würde, dann ist der Tatbestand der Verwirkung gegeben (BVerwG v. 9. 12. 1992, BVerwGE 91, 276 = ZBR 1993, 317 = PersV 1994, 173= ZfPR 1993, 118; OVG Münster v. 15. 12. 1999, PersV 2000, 471). Eine Personalvertretung verwirkt z. B. ihr Antragsrecht dann, wenn sie erst ein Jahr nach dem Streit darüber, ob ihr ein Mitbestimmungsrecht in einer bestimmten Angelegenheit zusteht, ein Beschlussverfahren einleitet (VGH Mannheim v. 3. 7. 1979, Leits. ZBR 1980, 132; vgl. auch: VGH Kassel v. 9. 4. 1980, PersV 1982, 376), nicht aber schon

dann, wenn sie sich erst nach Ablauf von vier Monaten zur Einleitung eines Beschlussverfahrens entscheidet (VGH München v. 21. 2. 1990, PersR 1990, 377). Es kann aber in diesem Zusammenhang nicht alleine darauf abgestellt werden, ob eine Personalvertretung längere Zeit untätig geblieben ist. Hinzu kommen muss vielmehr, dass der betreffende Dienststellenleiter aufgrund des Verhaltens der Personalvertretung darauf vertrauen durfte, dass die Einleitung eines Beschlussverfahrens nicht mehr erfolgt und sich deshalb so eingerichtet hat, dass eine verspätete Einleitung des Beschlussverfahrens zu einem unzumutbaren Nachteil führen würde (BVerwG v. 9. 12. 1992, aaO.). Ein derartiger unzumutbarer Nachteil ist aber nicht schon alleine darin zu sehen, dass der Dienststellenleiter gezwungen wäre, ein Mitbestimmungsverfahren nachzuholen, dessen Einleitung er pflichtwidrig unterlassen hat (OVG Münster v. 29. 11. 2000, ZfPR 2001, 139). Eine Verwirkung tritt insgesamt dann ein, wenn ein Antragsteller sich längere Zeit so verhalten hat, dass andere Beteiligte annehmen konnten, er werde sein Antragsrecht überhaupt nicht mehr ausüben (OVG Münster v. 6. 3. 1995, Leits. ZBR 1996, 190). Dagegen ist z. B. noch keine Verwirkung darin zu sehen, dass ein Antragsteller zwar die gesetzmäßige Bildung des Vorstands einer Personalvertretung bestreitet, aber an ihren Sitzungen weiterhin teilnimmt. Dem Antrag auf Feststellung einer Verpflichtung, die nicht nur dem Antragsteller gegenüber besteht, kann der **Verwirkungseinwand** nicht entgegengehalten werden (BVerwG v. 16. 7. 1963, ZBR 1964, 90 = PersV 1963, 233).

4. Der Antrag kann je nach der Sach- und Rechtslage in der Form des **Leistungs- (Verpflichtungs-), Gestaltungs- oder des Feststellungsantrags** gestellt werden. Inwieweit im personalvertretungsrechtlichen Beschlussverfahren ein **Antrag auf Unterlassung** gestellt und auch eine Entscheidung über die Rechtsfolgen, die sich aus einer unterlassenen Beteiligung der Personalvertretung ergeben, getroffen werden kann, ist strittig. Auch wenn der Dienststellenleiter beabsichtigt, eine Maßnahme unter Verletzung eines Mitbestimmungsrechts der Personalvertretung zu vollziehen oder sie bereits vollzogen hat, steht der Personalvertretung kein Rechtsanspruch darauf zu, dass die Maßnahme unterlassen bzw. rückgängig gemacht wird (BVerwG v. 15. 12. 1978, ZBR 1980, 59 = PersV 1980, 145; BVerwG v. 27. 3. 1990, ZBR 1990, 354 = PersV 1991, 29, 71; VGH Kassel v. 7. 12. 1988, ZTR 1989, 248; VGH München v. 5. 6. 1991, PersR 1991, 350; aA OVG Bremen v. 14. 11. 1985, PersV 1987, 108; OVG Münster v. 14. 10. 1991, PersV 1992, 90 = Leits. ZPR, 1992, 81; Edenfeld, PersV 2001, 298 teilweise rechtspolitisch argumentierend; vgl. auch Widmaier, PersV 2000, 50 sowie § 69 Anm. 39 b, 46 h). Im Unterschied zu den Regelungen des BetrVG (vgl. §§ 23 Abs. 3, 98 Abs. 5, 101 und 104), in denen Unterlassungs- und Rückgängigmachungsansprüche des Betriebsrats gegen den Arbeitgeber vorgesehen sind, fehlen vergleichbare Regelungen im BPersVG. Nach der neueren Rechtsprechung des BVerwG (vgl. Widmaier, PersV 2000, 50) steht der Charakter des Beschlussverfahrens als eines objektiven Verfahrens zwar einem materiell-rechtlichen Unterlassungs- bzw. Rückgängigmachungsanspruch der Personalvertretung entgegen, d. h. die Personalvertretung hat weder vor dem Vollzug einer unter Übergehung ihrer Beteiligungsrechte beabsichtigten Maßnahme einen Unterlassungsanspruch noch nach Vollzug einer solchen Maßnahme einen Anspruch auf Rückgängigmachung. Das Beschlussverfahren hindert aber nicht einen Anspruch auf Einleitung bzw. Fortführung des Beteiligungsverfahrens (sog. verfahrensrechtlicher Anspruch der Personalvertretung). Wenn eine mitbestimmungspflichtige Maßnahme ohne Beteiligung der Personalvertretung durchgeführt wird und es sich um eine tatsächlich oder rechtlich noch rücknehmbare Maßnahme 22

handelt, ist bei entsprechender gerichtlicher Feststellung das Mitbestimmungsverfahren nachzuholen (BVerwG v. 15. 3. 1995, BVerwGE 98, 77 = ZBR 1996, 49 = PersV 1996, 121 = ZfPR 1996, 5).

22a Daneben können auch **Verwaltungsakte Gegenstand des Beschlussverfahrens** sein (Ablehnung der Erstattung von Reisekosten bzw. der Erstattung von Kosten wegen Teilnahme an einer Schulungs- und Bildungsveranstaltung, vgl. § 44 Anm. 10, wegen der Erstattung von Anwaltskosten § 44 Anm. 14 und § 46 Anm. 52 c). Auch ein einzelnes Personalratsmitglied kann im Beschlussverfahren Ansprüche geltend machen, die ihre Grundlage im Personalvertretungsrecht haben (Erstattung der bei Ausübung der Personalratstätigkeit entstandenen Reise-/Schulungskosten, § 44 Anm. 15; vgl. auch: Fischer u. a., Anh. zu K § 83 Anm. 15, 16).

23 b) **Leistungs- bzw. Verpflichtungsanträge** sind zulässig, wenn und soweit den jeweiligen Antragstellern vom Personalvertretungsrecht eine durchsetzungsfähige Rechtsposition eingeräumt wird (Anspruch eines Personalratsmitglieds auf Freistellung nach § 46 Abs. 3,6,7, auf Lohnfortzahlung und Erstattung der mit einer Schulungsveranstaltung anfallenden notwendigen Kosten, Anspruch auf einen Kommentar zum Beamten-, Tarif- und Personalvertretungsrecht, Anspruch auf einen angemessenen Raum zur Erledigung von Personalratsaufgaben etc., BVerwG v. 27. 1. 2004, ZBR 2004, 350 = PersV 2004, 313 = ZfPR 2004,106; BVerwG v. 29. 6. 2004, PersV 204, 436 = ZfPR 2004, 324) und wenn von dem in erster Linie Beteiligten („Antragsgegner") ein bestimmtes Verhalten gefordert wird (BVerwG v. 6. 3. 1959, BVerwGE 8, 202 = ZBR 1959, 163 = PersV 1958/59, 160; z. B. vom Dienststellenleiter die Freistellung eines bestimmten Personalratsmitglieds oder die Zuweisung einer Bürokraft, OVG Magdeburg v. 30. 8. 2000, Leits. ZfPR 2002, 16 = PersR 2001, 118). Mit einem entsprechenden Antrag kann eine Personalvertretung auch erreichen, dass einem Dienststellenleiter die Verpflichtung auferlegt wird, bestimmte Verfahrenshandlungen (Einleitung und/oder Fortsetzung eines Beteiligungsverfahrens) vorzunehmen und dies eventuell auch im Rahmen einer einstweiligen Verfügung (BVerwG v. 27. 7. 1990, ZBR 1990, 354 m. Anm. von Albers = PersV 1991, 29 = ZfPR 1991, 19 m. Anm. von Ilbertz; Süllwold, ZfPR 1991, 56). Daneben kann eine Personalvertretung auch einen **Gestaltungsantrag** stellen, der z. B. auf die Aufhebung eines Verwaltungsaktes der Dienststelle, mit dem die Reisekostenerstattung oder die Anerkennung eines privateigenen PKW zur Wahrnehmung von Personalratsaufgaben abgelehnt worden ist, gerichtet ist (BVerwG v. 27.4. 1983, DVBl. 1984, 44). Auch der Antrag eines Dienststellenleiters nach § 9 Abs. 4 Nr. 2 auf Auflösung eines Arbeitsverhältnisses ist ein solcher Gestaltungsantrag (BVerwG v. 26. 6. 1981, BVerwGE 62, 364 = ZBR 1982, 187 = PersV 1983, 14). Dagegen kann grundsätzlich **kein Unterlassungsantrag** (z. B. auf Unterlassung einer Behinderung der Personalratsarbeit) gestellt werden. Dies ergibt sich aus der Personal-, Sach- und Organisationshoheit der Verwaltung und ihrer Verantwortung gegenüber dem Parlament (BVerwG. v. 27. 7. 1990, aaO). Andererseits ist ein Antrag auf Unterlassung eines pflichtwidrigen Verhaltens eines Dienststellenleiters wegen Verstoßes gegen das Behinderungs- (§ 8) oder das Schweigegebot (§ 10) zulässig (Lorenzen u. a., § 83 Anm. 55; Richardi u. a., § 83 Anm. 54). Ebenfalls kann ein Antrag auf Feststellung eines Mitbestimmungsrechts oder auf Verletzung eines solchen Rechts gestellt werden (vgl. insgesamt Bosch, PersR 1995, 273). Ein **Feststellungsantrag** ist immer dann zulässig, wenn der Antragsteller mit einem Leistungsantrag das erstrebte Ziel nicht erreichen könnte. Feststellungsanträge sind besonders häufig, weil das Verfahren we-

niger der richterlichen Entscheidung strittiger Leistungsansprüche, als vielmehr der Abgrenzung gegenseitiger Kompetenzen im Bereich der Personalverfassung dient (BVerwG v. 24. 10. 1975, BVerwGE 49, 259 = ZBR 1976, 192; 1977, 414 = PersV 1976, 422). **Für einen Feststellungsantrag** muss ein **konkreter Anlass** vorliegen, z. B. die Erklärung der Dienststelle, sie halte eine bestimmte Maßnahme nicht für beteiligungsfähig (VGH Kassel v. 15. 7. 1975 – BPV TK 8/76, n. v.). Ein Feststellungsantrag kann sich auch auf die Auslegung oder Anwendung einer Vorschrift beziehen (VGH München v. 2. 3. 1979, Leits. ZBR 1980, 132 = PersV 1980, 330). Entspricht das Gericht einem Antrag auf Feststellung, dass ein bestimmter Beschluss der Personalvertretung rechtswidrig war, so bedeutet dies, „dass der Beschluss des Personalrats infolge Rechtsmangels keine Wirkungen zu äußern vermag und demgemäß unwirksam (nichtig) ist" (BVerwG v. 16. 9. 1977, ZBR 1978, 207; vgl. auch: BVerwG v. 24. 10. 1975, aaO).

c) Im Beschlussverfahren geht es in aller Regel **nicht um die Durchsetzung** 24
von Ansprüchen oder um die Feststellung des Bestehens oder Nichtbestehens von Rechtsverhältnissen, **sondern um die Klärung und Feststellung von Zuständigkeiten.** Die Beteiligungsrechte der Personalvertretung und die Beteiligungspflichten der Dienststelle sind nicht in der Form als Ansprüche und Verbindlichkeiten in der Weise ausgestaltet, dass die Personalvertretung die gerichtliche Verurteilung zur Unterlassung einer ohne die erforderliche Beteiligung beabsichtigten Maßnahme erreichen könnte. Die Fachkammer und der Fachsenat für Personalvertretungssachen können insoweit keine verpflichtenden, sondern nur feststellende Entscheidungen treffen (VGH Mannheim v. 6. 7. 1982, PersV 1985, 331; VGH Mannheim v. 2. 12. 1986, ZBR 1987, 224). Ausnahmen gelten dort, wo Ansprüche der Beteiligten in Frage stehen, z. B. bei Freistellung von Personalratsmitgliedern. Auch räumt das Bundespersonalvertretungsgesetz der Personalvertretung keine Folgeansprüche für den Fall ein, dass die Dienststelle das Mitbestimmungs- oder Mitwirkungsrecht der Personalvertretung im Einzelfall missachtet hat. Über entsprechende Folgen zu befinden ist bei Maßnahmen, die bestimmte Beschäftigte betreffen, Sache des Verwaltungsgerichts im Verfahren nach der Verwaltungsgerichtsordnung, wenn es sich um Beamte handelt, Sache des Arbeitsgerichts, wenn es sich um Angestellte oder Arbeiter handelt, sofern diese Beschäftigten diese Gerichte gegen entsprechende Maßnahmen anrufen (VGH Mannheim v. 6. 7. 1982, aaO). An die Fassung und den Inhalt der Anträge sind nicht die Forderungen zu stellen, die das allgemeine Prozessrecht für die einzelnen Klagen, insbesondere für die Feststellungsklage, aufstellt (BVerwG v. 24. 10. 1975, BVerwGE 49, 259 = ZBR 1976, 192; 1977, 414 = PersV 1976, 422). Form und Zulässigkeit des Antrags richten sich „nach dem besonderen Zweck des Beschlussverfahrens, das vorwiegend der Klärung von Streitfragen dienen soll, die die ordnungsgemäße Aufgabenerfüllung durch die Personalvertretungen betreffen" (BVerwG v. 24. 10. 1975, aaO). Daher müssen die verfahrensrechtlichen Vorschriften des arbeitsgerichtlichen Beschlussverfahrens so gehandhabt werden, wie es die sachgemäße Entscheidung der personalvertretungsrechtlichen Streitigkeiten und das ihr entsprechende Recht der Beteiligten auf eine richterliche Sachentscheidung erfordern. Im Beschlussverfahren wird daher in aller Regel nicht einem der Antragsteller etwas „zugesprochen", was er beantragt hat, sondern eine dem Gesetz entsprechende Rechtslage festgestellt (OVG Berlin v. 12. 8. 1971, PersV 1972, 215).

d) Auch im personalvertretungsrechtlichen Beschlussverfahren kann eine 25
einstweilige Verfügung beantragt werden (§ 83 Abs. 2 i. V. mit § 85 Abs. 2

Satz 1 ArbGG, §§ 935, 940 ZPO; vgl. zur grundsätzlichen Bedeutung: BVerfG v. 24. 5. 1995, BVerfGE 93, 37 = ZBR 1996, 15 = PersV 1995, 553 = ZfPR 1996, 77; vgl. auch Klose, ZfPR 1998, 139; OVG Münster v. 14. 1. 2003, PersV 2003, 198 = Leits. ZfPR 2003, 272). Im Wege des Erlasses einstweiliger Verfügungen können vorläufige Feststellungen dann ergehen, wenn ohne ihren Erlass schwere und unzumutbare Nachteile entstehen und ein Ausgleich durch eine Entscheidung im Hauptsacheverfahren nicht mehr möglich ist. Außerdem muss sich mit hoher Wahrscheinlich im Hauptsacheverfahren erweisen, dass der Anspruch, der gesichert werden soll, besteht, und die Regelung für den davon Betroffenen keine unzumutbaren Folgen hat und nicht ausnahmsweise sonstige besonders gewichtige Gründe entgegenstehen (VGH Kassel v. 10. 6. 2005 Leits. ZfPR 2007, 19). Für sie besteht bei Vorliegen der übrigen Voraussetzungen dort Raum, wo **Ansprüche** der Beteiligten in Frage stehen, die in personalvertretungsrechtlichen Verfahren durchgesetzt werden können, z. B. bei Freistellung von Personalratsmitgliedern (ständige Rechtsprechung der Oberverwaltungsgerichte, vgl. u. a. OVG Bremen v. 1. 2. 1991, Leits. ZfPR 1992, 50 = PersR 1991, 176 m. Anm. v. Richter) bzw. bei der Durchsetzung des Anspruchs auf Teilhabe an der Einführung von Informations- und Kommunikationstechnik (OVG Koblenz v. 22. 6. 1995, RDV 1995, 249). Für das Verfahren gelten die Vorschriften der ZPO (s. § 71 Anm. 11b) entsprechend (§§ 935 ff. ZPO, § 85 Abs. 2 ArbGG). Die einstweilige Verfügung dient daher entweder zur Sicherung eines gefährdet erscheinenden Individualanspruchs (§ 935 ZPO) oder zur Regelung eines einstweiligen Zustandes in bezug auf ein streitiges Rechtsverhältnis, wenn eine solche Regelung zur Abwendung wesentlicher Nachteile notwendig erscheint (§ 940 ZPO; vgl. hierzu auch Albers, PersV 1993, 487 sowie VGH Kassel v. 17. 3. 1994, PersR 1994, 376). Ebenso kann eine einstweilige Verfügung auch zur vorläufigen Feststellung eines Beteiligungsrechts ergehen, wenn ein wichtiger Verfügungsgrund vorliegt und wenn es der Personalvertretung bei einer Verweisung auf ein inhaltsgleiches Hauptverfahren erheblich erschwert oder gar ganz verwehrt würde, die Belange bestimmter Beschäftigter wirksam zur Geltung zu bringen (für den Fall der Teilumsetzung von Gymnasiallehrern an Haupt- und Realschulen: VG Hamburg v. 17. 11. 1995, PersR 1996, 162; vgl. hierzu auch: OVG Bremen v. 28. 5. 1991, PersR 1991, 472; VGH Kassel v. 27. 2. 1992, Leits. ZBR 1992, 222 = Leits. ZfPR 1993, 22; OVG Magdeburg v. 26. 10. 1994, Leits. ZfPR 1995, 92; das OVG Münster befürwortet sogar in einer Entscheidung vom 6. 9. 1994, Leits. ZfPR 1995, 53 eine endgültige Feststellung im Rahmen einer einstweiligen Verfügung). Für einen vorläufigen Rechtsschutz zur Sicherung von Beteiligungsrechten besteht aber dann kein Raum mehr, wenn eine Maßnahme bereits durchgeführt worden ist (VGH Mannheim v. 11. 12. 2001 – 4 L 15 S 1865/01, n. v.).

25a e) Eine einstweilige Verfügung hat dann zu ergehen, wenn ein Antragsteller glaubhaft macht, dass ihm ein zu sichernder Anspruch (**Verfügungsanspruch**) zusteht, zu dessen Sicherung eine gerichtliche Regelung erforderlich ist (**Verfügungsgrund**), ohne dass das Verfahren in der Hauptsache vorweggenommen oder mehr zugesprochen wird, als im Hauptsacheverfahren möglich ist (OVG Hamburg v. 22. 5. 2000, PersV 2001,140; OVG Münster v. 14. 1. 2003, PersV 2003,198 = Leits. ZfPR 2003, 272; VG Köln v. 20. 2. 2004, – 33 L 280/04. PVB n.v.). Ausnahmsweise aber kann die Entscheidung in der Hauptsache durch eine einstweilige Verfügung ganz oder teilweise im Interesse eines effektiven Rechtschutzes dann vorweggenommen werden, wenn eine überwiegende Wahrscheinlichkeit dafür besteht, dass der Antragsteller im Hauptsacheverfahren obsiegen wird und wenn ihm ansonsten wegen der zu erwartenden Verfahrensdauer in der Hauptsache ein Rechtsverlust hinsichtlich der von ihm beanspruchten Stellung droht, z. B. Anspruch eines Gruppensprechers auf Freistellung (OVG Münster v. 15. 1. 1997, Leits. ZfPR 1997, 122). Im Interesse eines effektiven Rechtsschutzes in dringenden Fällen zugunsten der Personalvertretung sind einstweilige Verfügungen zulässig, mit denen dem Dienststellenleiter zwar keine Handlungspflichten auferlegt werden, die aber vorläufige Feststellungen treffen. Der Personalvertretung steht jedenfalls nach Abschluss des Mitbestimmungsverfahrens weder aus den in personellen Angelegenheiten bestehenden Mitbestimmungsrechten noch aus vom Dienststellenleiter erlassenen Richtlinien zur Personalwirtschaft eine durch eine einstweilige Verfügung sicherungsfähige Rechtsposition zu (OVG Münster v. 2. 8. 2002, PersV 2003, 98 = Leits. ZfPR 2003, 272). Dem Antragsteller müssen ohne den Erlass der begehrten einstweiligen Verfügung schwere Nachteile entstehen, die in einem Hauptsacheverfahren nicht mehr ausgeglichen werden könnten. Hinzu kommen muss, dass sich im Hauptsacheverfahren mit hoher Wahrscheinlichkeit herausstellen wird, dass der Anspruch, dessen Sicherung sie bewirken soll, tatsächlich besteht. Die vorläufige Regelung darf zudem keine unzumutbaren Folgen für den Beteiligten haben. Im Übrigen dürfen dem Erlass einer einstweiligen Verfügung nicht besonders gewichtige Gründe entgegenstehen (VGH Kassel v. 1. 6. 1994, NZA 1994, 903).

f) Verfügungsgrund und Verfügungsanspruch müssen **glaubhaft** gemacht werden (§§ 936, 920 Abs. 2 ZPO; vgl. u. a. OVG Münster v. 14. 1. 2003, PersV 2003, 198 = Leits. ZfPR 2003, 272). Wird ein gerichtliches Eilverfahren parallel zum Hauptsacheverfahren betrieben, so bedarf es insoweit eines gem. § 940 ZPO glaubhaft zu machenden Verfügungsgrundes; dieser liegt nicht in der bloßen Erwartung eines früheren Anhörungstermins (OVG Magdeburg 27. 10. 2006, PersR 2007, 31 = ZfPR online 6/2007, S. 19). In dringenden Fällen kann statt des gesamten Spruchkörpers der Fachkammer der **Vorsitzende ohne mündliche Verhandlung** allein entscheiden (VGH München v. 22. 5. 1990, Leits. ZfPR 1991, 176; OVG Lüneburg v. 19. 6. 2003, PersR 2003,423; Lorenzen u. a., § 83 Anm. 103; aA VGH Kassel v. 1. 6. 1994, PersR 1994, 431). 25b

aa) Im Wege einer einstweiligen Verfügung kann aber **nicht ein bestimmtes Tätigwerden** oder das **Unterlassen konkreter Handlungen** durchgesetzt werden (VGH München v. 26. 3. 1990, PersR 1990, 236; OVG Lüneburg v. 20. 8. 1991, PersR 1992, 25; VGH Mannheim v. 26. 11. 1991, Leits. ZBR 1992, 159 = PersV 1992, 359); denn die Fachgerichte für Personalvertretungsangelegenheiten entscheiden in diesen Angelegenheiten stets nur darüber, ob ein Mitbestimmungs- oder Mitwirkungsrecht besteht. Sie treffen darüber eine objektive Feststellung. Es ist seit langem anerkannt, dass der Charakter des personalvertretungsrechtlichen Beschlussverfahrens als eines objektiven Verfahrens **einem materiellrechtlichen Unterlassungsanspruch** in bezug auf die vom Dienststellenleiter beabsichtigte Maßnahme **entgegensteht** (BVerwG v. 27. 7. 1990, ZBR 1990, 354 m. Anm. v. Albers = PersV 1991, 29 = ZfPR 1991, 19 m. Anm. von Ilbertz; Süllwold, ZfPR 1991, 56; VGH München v. 19. 2. 1992, PersR 1992, 459; VG Hannover v. 18. 3. 1991, PersV 1991, 530). Die Gerichte können einen Dienststellenleiter nicht zur Unterlassung oder zur Rückgängigmachung einer ohne die Beteiligung der Personalvertretung beabsichtigten oder durchgeführten Maßnahme verurteilen (BVerwG v. 15. 12. 1978, ZBR 1980, 59 = PersV 1980, 145; VGH Mannheim v. 11. 1. 1983, PersV 1985, 332; VGH München v. 19. 10. 1983, PersV 1985, 335; vgl. Anm. 25b). Die Rechtsordnung hat der Personalver- 25c tretung keinen Abwehr-, Rückgängigmachungs- oder Unterlassungsanspruch gegen den Dienststellenleiter verliehen (OVG Münster v. 23. 10. 1986, PersV 1987, 382; VGH Kassel v. 10. 8. 1988 – BPV TK 1935/88, n. v.; OVG Saarloius v. 12. 7. 1989, PersR 1990, 15 m. Anm. von Sabottig; vgl. Anm. 22, 22 a). Gleichwohl hindert der Charakter des Beschlussverfahrens nicht den Erlass einer einstweiligen Verfügung mit einem Ausspruch verfahrensrechtlichen Inhalts in dem Sinne, dass er sich nur auf Verfahrenshandlungen bezieht. So kann etwa in Betracht kommen, dass der Dienststellenleiter verpflichtet wird, das Beteiligungsverfahren einzuleiten und/oder ihm einstweilen Fortgang zu geben (BVerwG v. 3. 7. 1990, ZBR 1991, 52 = PersV 1991, 28 = ZfPR 1990, 146). Wenn jedoch der Dienststellenleiter aufgrund einer ihm durch den Erlass einer einstweiligen Verfügung aufgegebenen Verpflichtung ein Mitbestimmungsverfahren einleitet bzw. fortsetzt, die zugrunde liegende Maßnahme aber dennoch durchführt bzw. nicht rückgängig macht, kann eine weitere einstweilige Verfügung mit dem Inhalt erwirkt werden, den Dienststellenleiter zu verpflichten, bis zur Entscheidung im Mitbestimmungsverfahren die Maßnahme nicht durchzuführen bzw. rückgängig zu machen (aA Lechtermann, PersV 2006, 4). Andernfalls würde das Verhalten eines die Beteiligungsrechte und die Beteiligungsverfahren gering achtender Dienststellenleiter begünstigt (vgl. auch Richardi u. a., § 83 Anm. 130).

25d bb) Zur Vermeidung einer drohenden Gefährdung des Mitbestimmungsrechts kann eine Personalvertretung durch einstweilige Verfügung auch erreichen, dass, falls noch nicht alle Verhandlungsmöglichkeiten im Rahmen eines Mitbestimmungsverfahrens ausgeschöpft worden sind, eine entsprechende Verpflichtung des Dienststellenleiters festgestellt wird (OVG Berlin v. 24. und 31. 12. 1984 – PV 26.84, n. v.). Allerdings kann einem Dienststellenleiter **nicht** in einem einstweiligen Verfügungsverfahren die **Vornahme** einer **von** der Personalvertretung für mitbestimmungspflichtig gehaltenen **Maßnahme** aufgegeben werden (VGH Mannheim v. 19. 1. 1993, Leits. ZfPR 1994, 129). Das personalvertretungsrechtliche Beschlussverfahren dient – von Ausnahmen abgesehen – nur der objektiven Klärung von Rechtspositionen, nicht der Durchsetzung von Rechtsansprüchen. Daraus folgt, dass auch bei Verfahren zur Gewährung vorläufigen Rechtsschutzes die Gerichte nicht weitergehen können. Infolgedessen kann eine Personalvertretung im Wege der einstweiligen Verfügung nicht beantragen, dass die der Mitbestimmung unterliegende Maßnahme unterbleibt, bis die Zustimmung erteilt bzw. das personalvertretungsrechtliche Verfahren zugunsten der Dienststelle ausgegangen sein wird (OVG Hamburg v. 2. 5. 1988, ZBR 1988, 324 = Leits. ZfPR 1989, 52). Daher kann in einem einstweiligen Verfügungsverfahren auch nicht die vorläufige Feststellung der Verletzung der Beteiligungsrechte der Personalvertretung begehrt werden (VGH Kassel v. 2. 12. 1987, Leits. ZfPR 1989, 52; vgl. auch die Übersicht von Widmaier, ZfPR 1989, 79; ders., PersV 2000, 50; zur Kritik an der Rspr. mit beachtlichen Argumenten: Süllwold, ZfPR 1989, 118; vgl. auch Vallendar, PersR 1993, 61 sowie Haas, PersV 1995, 97 und Simianer, PersV 1994, 481).

25e cc) Das BVerwG (v. 27. 7. 1990, ZBR 1990, 354 m. Anm. v. Albers = PersV 1991, 29 = ZfPR 1991, 19) vertritt im Rahmen eines obiter dictum (kritisch hierzu Vallendar, PersR 1993, 61) die Auffassung, dass eine einstweilige Verfügung mit einem **Ausspruch verfahrensrechtlichen Inhalts,** etwa einer Verpflichtung des Dienststellenleiters zur Einleitung oder Fortführung des Beteiligungsverfahrens, zulässig sei (ebenso VGH München v. 19. 2. 1992, PersR 1992, 459; VG Potsdam v. 27. 2. 1997, PersR, 1997, 222; VGH Mannheim v. 11. 12. 2001, NZA-RR 2002, 389; Lechtermann, PersV 2006,

4; neuerdings auch OVG Münster v. 17. 2. 2003, PersV 2003, 236, das sich nunmehr – unter Aufgabe seiner bisherigen Rechtsprechung in den Beschlüssen v. 14. 10. 1991, PersV 1992, 90 = Leits. ZfPR 1992, 81 und v. 6. 9. 1994, PersR 1994, 571 – der Rechtsprechung des BVerwG angeschlossen hat und den Erlass einer einstweiligen Verfügung mit einem Ausspruch verfahrensrechtlichen Inhalts in dem Sinne bejaht, dass er sich auf Verfahrenshandlungen bezieht, wie etwa der Verpflichtung, dem Mitbestimmungsverfahren einstweilen Fortgang zu geben; vgl. Anm. 25 c sowie Faber, PersV 1996, 337, wonach einem Dienststellenleiter mangels eines eigenständig durchsetzbaren Verfahrensanspruchs durch einstweilige Verfügung nicht aufgegeben werden könne, ein Mitbestimmungs- bzw. Mitwirkungsverfahren einzuleiten oder ein abgebrochenes Verfahren fortzuführen; vgl. aber auch die Klarstellung von Albers zur Kritik an der Rspr. des BVerwG, PersV 1993, 487 [490]). Art. 20 Abs. 3 GG – so das BVerwG – gebiete die Gewährung wirksamen Rechtsschutzes innerhalb angemessener Zeit und daher müsse der Erlass einer einstweiligen Verfügung, ungeachtet des Charakters des personalvertretungsrechtlichen Beschlussverfahrens als eines objektiven Verfahrens, auch in Beteiligungsstreitigkeiten grundsätzlich möglich sein. Instanzgerichte haben sich dieser Auffassung angeschlossen und entsprechende einstweilige Verfügungen erlassen (z. B. VGH München v. 26. 4. 1991, PersR 1991, 303; VGH München v. 5. 6. 1991, PersV 1991, 420 m. Anm. v. Hörter; OVG Berlin v. 18. 7. 1991, PersR 1991, 422; OVG Bremen v. 31. 7. 1991, PersV 1993, 91; VGH München v. 19. 2. 1992 – 18 PC 92.236, n. v.; VGH Kassel v. 27. 2. 1992, Leits. ZfPR 1993, 22; OVG Lüneburg v. 5. 10. 1993, PersR 1993, 568; VG Ansbach v. 28. 1. 1991, PersR 1991, 103; VG Mainz v. 11. 4. 1991, PersR 1991, 181; VG Gelsenkirchen v. 28. 8. 1991, PersR 1992, 162; VG Halle v. 12. 5. 1992 – PB B 1/92, n. v.; VG Oldenburg v. 11. 11. 1992, PersR 1993, 231; VG München v. 17. 12. 1992 – M 14 PE 92.574, n. v.; VG Halle v. 11. 5. 1993 – PB – B 1/93, n. v.; VG Dessau v. 18. 5. 1993 – 3 PL 2/93, n. v.). Dieser Auffassung ist aus den in Anm. 25 c genannten Gründen zuzustimmen. Ist eine Maßnahme allerdings bereits vollzogen, so ist es nicht möglich, dem Dienststellenleiter wegen Verletzung von Beteiligungsrechten im Wege der einstweiligen Verfügung zu gebieten, das unterlassene oder abgebrochene Beteiligungsverfahren zu beginnen oder fortzusetzen (VGH München v. 26. 4. 1991, aaO [Einstellung einer Beschäftigten]; OVG Bremen v. 31. 7. 1991, aaO [Beförderung eines Beamten]). Ein Antrag auf Erlass einer einstweiligen Verfügung kann nicht auf **Rückgängigmachung** insbesondere von die Beschäftigten begünstigenden Personalmaßnahmen (u. a. Einstellung) gerichtet werden (VG Potsdam v. 27. 2. 1997, Leits. ZBR 1997, 299 = ZfPR 1998, 188; vgl. auch VGH Mannheim v. 19. 1. 1993, PersV 1997, 510) wohl aber kann ein Dienststellenleiter verpflichtet werden, ein Mitbestimmungsverfahren hinsichtlich der Einstellung eines (künftigen) Beschäftigten erneut einzuleiten (VG Potsdam v. 27. 2. 1997, aaO). Auch kann eine auf das Verfahren bezogene einstweilige Verfügung nicht ergehen, wenn der Dienststellenleiter die bei einer vorläufigen Regelung aus § 69 Abs. 5 Satz 2 sich ergebenden Pflichten uneingeschränkt erfüllt hat (VGH Mannheim v. 26. 11. 1991, Leits. ZBR 1992, 159 = PersV 1992, 359; zum Problemkreis einstweilige Verfügung und vorläufige Regelung nach § 69 Abs. 5 siehe Albers, PersV 1993, 487 [496]). Zu den Voraussetzungen einer einstweiligen Verfügung im Beschlussverfahren gegen eine vorläufige Regelung des Dienststellenleiters nach § 69 Abs. 5 vgl. VG Bremen v. 5. 7. 1990, PersV 1991, 34. Zum Erlass einer einstweiligen Verfügung im Zusammenhang mit einem Antrag auf Ausspruch eines vorläufigen Verbots der Amtsausübung vgl. OVG Lüneburg v. 23. 10. 1995 – 18 M 4085/95, n. v. sowie § 28 Anm. 20.

25f dd) **Wirkungsvoller Rechtsschutz** ist auch außerhalb des Anwendungsbereichs des Art. 19 Abs. 4 GG ein Gebot des Rechtsstaatsprinzips nach Art. 20 Abs. 3 GG (BVerwG v. 20.7.1990, ZBR 1990, 354 m. Anm. v. Albers = PersV 1991, 29 = ZfPR 1991, 19; vgl. auch: VGH München v. 22.5.1990, Leits. PersR 1991, 394; OVG Bremen v. 1.2.1991, PersR 1991,176; OVG Koblenz v. 27.2.1991, DVBl 1991, 719; VGH München v. 26.4.1991, PersR 1991, 303; VG Mainz v. 11.4.1991, PersR 1991, 181). Wenn ein **Dienststellenleiter** ein **bereits eingeleitetes Mitbestimmungsverfahren einseitig abbricht,** kann die betroffene Personalvertretung den Erlass einer **einstweiligen Verfügung** beantragen. Dazu aber reicht es nicht schon aus, dass in absehbarer Zeit eine Klärung der Rechtslage im Verfahren der Hauptsache nicht zu erreichen ist und daher eine Verletzung des Mitbestimmungsrechts für längere Zeit hinzunehmen wäre. Vielmehr ist zusätzlich erforderlich, dass ohne den Erlass einer einstweiligen Verfügung eine schwerwiegende Beeinträchtigung der Aufgaben der Personalvertretung zu besorgen wäre. Eine solche Beeinträchtigung schwerwiegender Interessen der Personalvertretung ist z. B. im Zusammenhang mit einer Arbeitszeitregelung nach § 75 Abs. 3 Nr. 1 grundsätzlich gegeben. Zur Wahrung ihrer Rechte bedarf die Personalvertretung allerdings dann nicht einer gerichtlichen Feststellung, wenn das Mitbestimmungsverfahren vom Dienststellenleiter im Falle der Nichteinigung unterbrochen wird und die Möglichkeit noch besteht, dass die Personalvertretung ihrerseits das Stufenverfahren nach Abs. 3 Satz 1 einleitet. Wenn allerdings die Frist zur Anrufung bereits abgelaufen ist, so bedarf es des gerichtlichen Schutzes. Hat aber ein Dienststellenleiter nach Versagung der Zustimmung der Personalvertretung eine beabsichtigte Maßnahme nach § 69 Abs. 3 Satz 1 der übergeordneten Dienststelle vorgelegt, so kann die einstweilige Verfügung nicht gegenüber diesem Dienststellenleiter beantragt werden. Vielmehr kann ein solcher Antrag nur auf der Ebene gestellt werden, auf der sich das Mitbestimmungsverfahren (inzwischen) befindet, so dass die „nächsthöhere“ Stufenvertretung das einstweilige Verfügungsverfahren in Gang setzen muss (vgl. VGH München v. 5.6.1991, PersR 1991, 420).

25g ee) **Zulässig ist der Erlass einer einstweiligen Verfügung,** wenn andernfalls schwere und unzumutbare Nachteile entstünden, die auch durch eine Entscheidung in der Hauptsache nicht mehr ausgeglichen werden könnten. Hinzu kommen muss weiter, dass sich im Hauptsacheverfahren mit hoher Wahrscheinlichkeit ergeben wird, dass der Anspruch, der durch die einstweilige Verfügung gesichert werden soll, tatsächlich besteht. Desweiteren ist für den Erlass einer einstweiligen Verfügung erforderlich, dass keine gewichtigen nachteiligen Folgen für Betroffene entstehen und dass keine sonstigen, besonders gewichtigen Gründe entgegenstehen (VGH Kassel v. 27.2.1992, Leits. PersR 1992, 222; VGH Kassel v. 17.3.1994, PersR 1994, 376; vgl. auch Anm. 25). Eine **Vorwegnahme der Hauptsache** ist aber ausnahmsweise dann geboten, wenn die Effektivität des Rechtsschutzes eine Vorwegnahme rechtfertigt. Das ist regelmäßig dann der Fall, wenn ein wirksamer Rechtsschutz im Hauptsacheverfahren nicht mehr erreichbar wäre „und dies für den Antragsteller zu schlechthin unzumutbaren Folgen führen würde, insbesondere, wenn die Versagung der Anordnung zu einem irreparablen Zustand führt“ (vgl. OVG Münster v. 23.10.1986, ZBR 1987, 381 = PersV 1987, 382; für den Sonderfall einer vorläufigen Maßnahme: § 69 Anm. 36; OVG Münster v. 4.4.1985, ZBR 1986, 179), wenn also z. B. einem Beschäftigten im Wege einer einstweiligen Verfügung nicht das Antragsrecht auf Feststellung der Teilnahmeberechtigung an der unmittelbar bevorstehenden Wahl eingeräumt würde (OVG Münster 16.5.1978, PersV 1980, 243). Der Erlass einer einstweiligen Verfügung ist auch dann geboten, wenn ein Dienststellenleiter seinen Rechtststandpunkt einseitig durchsetzen will und mit der Durchführung einer mitbestimmungspflichtigen Maßnahme vollendete Tatsachen schafft; in diesem Fall kann ihm untersagt werden, eine Maßnahme – z. B. Einrichtung eines Zutrittkontrollsystems – ohne vorherige Durchführung eines Mitbestimmungsverfahrens durchzuführen (OVG Koblenz v. 22. 6. 1995, Leits. ZfPR 1995, 205). Kann eine **einstweilige Verfügung vor der Wahl** noch zur Beseitigung eines Fehlers führen, ein ordnungsgemäßes Wahlverfahren gewährleisten und die Aufhebung sowie Wiederholung der Wahl vermeiden, so kann im Rahmen eines vorläufigen Verfahrens über einen entsprechenden Feststellungsantrag ausnahmeweise bereits vor Durchführung der Wahl entschieden werden (VG Stuttgart v. 23.3. 1977, ZBR 1977, 413 = PersV 1978, 167; VGH Mannheim v. 24.2.2005, PersV 2005, 435 vgl. hierzu auch § 25 Anm. 4). **Grundsätzlich aber darf durch eine einstweilige Verfügung nicht in eine bereits laufende Wahlvorbereitung eingegriffen und dadurch die Durchführung der Wahl gefährdet werden** (VGH München v. 22. 5. 1990, Leits. ZfPR 1991, 176; VGH Mannheim v. 24. 2. 2005, aaO; vgl. hierzu auch § 25 Anm. 38). Ein gerichtlicher Eingriff in das laufende Wahlverfahren ist vor allem dann ausgeschlossen, wenn er die in Gang gesetzte Wahl untersagen würde und wenn diese Wahl nur mit neuen, ihrerseits die Anfechtung wiederum begründenden Mängeln durchgeführt werden könnte bzw. wenn Unsicherheiten entstehen, die den Bestand der Wahl gefährden (VGH Kassel v. 12. 3. 1984, Leits. ZBR 1984, 192; vgl. auch Lorenzen u. a., § 83 Anm. 98). Ebensowenig kann während der Durchführung einer Personalratswahl dem Wahlvorstand durch einstweilige Verfügung aufgegeben werden, die im Wahlausschreiben getroffene Anordnung der schriftlichen Stimmabgabe für einzelne Dienststellenteile aufzuheben; denn es ist nicht schlechthin unzumutbar, den oder die Antragsteller auf die Durchsetzung ihres Rechts im Hauptsacheverfahren zu verweisen. In diesem Hauptsacheverfahren nämlich könnte die Wahl mit der Begründung angefochten werden, die Anordnung der schriftlichen Stimmabgabe habe gegen zwingende Wahlverfahrensvorschriften verstoßen (OVG Münster v. 4. 4. 1985, ZBR 1986, 179). Dagegen hat ein Wahlvorstand die Möglichkeit, durch eine einstweilige Verfügung Maßnahmen zur Sicherstellung der Wahl zu erreichen (VGH München v. 27. 2. 2002, PersR 2003, 121). Der Antrag kann sich z. B. gegen einen örtlichen Wahlvorstand richten, um ihn zu Mitwirkungshandlungen bei der Wahl eines Gesamtpersonalrats zu veranlassen. Dagegen kann in einem einstweiligen Verfügungsverfahren nicht die zwischen den Verfahrensbeteiligten streitige Zahl der regelmäßig Beschäftigten, die Zahl der zu wählenden Mitglieder der Personalvertretung und ihre Verteilung auf die einzelnen Gruppen festgestellt werden (OVG Koblenz v. 16. 2. 2000, PersR 2000,123). Die Festsetzung der Zahl der regelmäßig Beschäftigten ist wegen ihrer darin enthaltenen prognostischen Wertung ohnehin nur einer eingeschränkten gerichtlichen Kontrolle zugänglich. In einem Eilverfahren kann darüber hinaus eine zeitaufwendige Durchsicht des erforderlichen umfangreichen Zahlenmaterials nicht erfolgen (VG Köln v. 20. 2. 2004, – 33 L 280/04.PVL, n.v.). Zur Frage einer einstweiligen Verfügung in Bezug auf einen Losentscheid durch den Wahlleiter (vgl. VG Ansbach v. 2. 6. 1992 – AN 7 PE 92.01060, n.v.; Bejahung einer einstweiligen Verfügung für den Fall, dass ein Dienststellenleiter sich weigert, im Rahmen des § 46 Abs. 4 S. 1 von seiten der Personalvertretung vorgesehene [den Rahmen nicht sprengende] Freistellungen tatsächlich durchzuführen, OVG Lüneburg v. 5. 10. 1993, PersR 1993, 568).

ff) Trotz Vorwegnahme der Entscheidung in der Hauptsache sind einstweilige Verfügungen, die eine – endgültige – Feststellung in bezug auf das Beste- 25h hen eines Mitbestimmungs- bzw. Mitwirkungsrechts oder die Beachtlichkeit der Zustimmungsverweigerung einer Personalvertretung enthalten, zulässig; dies allerdings nur dann, wenn eine überwiegende Wahrscheinlichkeit dafür besteht, dass der Antragsteller im Hauptsacheverfahren obsiegen wird, und wenn ihm bei einer Verweisung auf das Hauptsacheverfahren unzumutbare Nachteile drohen. Bei Vorliegen ähnlicher, teilweise noch höherer Anforderungen hält der VGH Kassel (v. 27. 2. 1992, ZBR 1992, 222) unter Aufgabe seiner bisherigen Rechtsprechung eine **vorläufige Feststellung** im Wege des Erlasses einer einstweiligen Verfügung für zulässig (zur Kritik an einer vorläufigen Feststellung siehe Anm. 25a sowie OVG Münster v. 14. 10. 1991, PersV 1992, 90 = Leits. ZfPR 1992, 81; Haas, PersV 1992, 145).

25i gg) Nach Durchführung einer mündlichen Verhandlung entscheidet die Kammer durch Beschluss. Wird dem Antrag auf Erlass einer einstweiligen Verfügung ohne mündliche Verhandlung, d. h. durch Beschluss des Vorsitzenden alleine, stattgegeben, so gibt es hiergegen den **Rechtsbehelf des Widerspruchs** zur Kammer. Ohne mündliche Verhandlung kann der Fachsenat über die Beschwerde über die Zurückweisung des Antrags auf Erlass einer einstweiligen Verfügung entsprechend § 937 Abs. 2 ZPO entscheiden (VGH Mannheim v. 19. 1. 1993 PersR 1993, 559). Der Widerspruch zielt auf die Anberaumung einer mündlichen Verhandlung, in der der Vorsitzende nicht allein entscheiden kann (VGH Kassel v. 14. 3. 1984, NVwZ 1985, 209; vgl. zum Thema insgesamt: Fuchs-Richter, PersR 1986, 105). Gegenüber einer Ablehnung des Antrags auf Erlass einer einstweiligen Verfügung gibt es – ohne Rücksicht darauf, ob es zu einer mündlichen Verhandlung gekommen ist – das Rechtsmittel der **Beschwerde** (§ 87 ArbGG), die innerhalb einer Frist von einem Monat (§ 66 Abs. 1 ArbGG) einzulegen ist. Eine Abhilfemöglichkeit durch das Gericht selbst sieht das Arbeitsgerichtsgesetz (ArbGG) nicht vor (OVG Münster v. 18. 2. 1994, Leits. ZBR 1994, 101). Ohne mündliche Verhandlung dagegen kann über die Beschwerde gegen die Zurückweisung des Antrags auf Erlass einer einstweiligen Verfügung der Fachsenat entsprechend § 937 Abs. 2 ZPO entscheiden (VGH Mannheim v. 19. 1. 1993, Leits. ZfPR 1994, 129).

25j hh) Statt des gesamten Spruchkörpers kann auch in der Beschwerdeinstanz des personalvertretungsrechtlichen Eilverfahrens in dringenden Fällen – ebenso wie im erstinstanzlichen Verfahren – der **Vorsitzende alleine** entscheiden (VGH Mannheim v. 24. 2. 2005, PersV 2005,435 = Leits. ZfPR 2005, 105; Lorenzen u. a., § 83 Anm. 103).

26 5. „Das Beschlussverfahren ist ein objektives Verfahren, dem der Parteibegriff des allgemeinen Prozessrechts unbekannt ist" (BVerwG v. 24. 10. 1975, BVerwGE 49, 259 = ZBR 1976, 192 = PersV 1976, 422). Ein „Antragsgegner" ist dem Beschlussverfahren als objektivem Verfahren fremd. Es kennt nur einen **Antragsteller und Beteiligte** (BVerwG v. 20. 6. 1958, BVerwGE 7, 140 = ZBR 1959, 279 = PersV 1958/59, 111). **Antragsberechtigt** ist jeder, der eine personalvertretungsrechtliche Rechtsposition innehat und deren Inhalt sowie Umfang er gerichtlich klären bzw. deren Beeinträchtigung er gerichtlich abwehren möchte (BVerwG v. 19. 12. 1980, BVerwGE 61, 251 = ZBR 1981, 384 = PersV 1981, 509). Zur Antragstellung befugt sind:

27 a) Eine **Personalvertretung** ist in allen Beschlussverfahren aus Meinungsverschiedenheiten über Wahl, Amtszeit, Geschäftsführung und in solchen Beschlussverfahren, die sich gegen einzelne ihrer Mitglieder richten, antragsberechtigt bzw. beteiligt. In Mitbestimmungsangelegenheiten besteht ein Antragsrecht zugunsten eines **örtlichen** Personalrats auf Durchführung des Stufenverfahrens dann, wenn eine Einigung mit dem Dienststellenleiter nicht herbeigeführt werden konnte und wenn der Personalrat die Angelegenheit (auf dem Dienstweg) der übergeordneten Dienststelle vorgelegt hat, die ihrerseits aber nicht bereit ist, die bei hier gebildete Stufenvertretung zu beteiligen (BVerwG v. 22. 10. 2007, PersR 2008, 23). Einer entsprechenden Antragstellung muss ein Beschluss der Personalvertretung vorausgehen, dem ein Gruppenbeschluss dann zugrunde liegen muss, wenn es sich um eine beteiligungspflichtige Personalangelegenheit handelt (vgl. § 38 Anm. 6; OVG Münster v. 29. 11. 1988, ZBR 1990, 159). Ein Antragsrecht kann auch einer **Stufenvertretung** zustehen, der gegenüber erstmals das Mitbestimmungsrecht bestritten wird (BVerwG v. 4. 4. 1985, ZBR 1985, 283 = PersV 1987, 155). Gleiches gilt, wenn eine übergeordnete Dienststelle eine mitbestimmungspflichtige Maßnahme, die ihr nach § 69 Abs. 3 Satz 4 i. V. mit Abs. 2 zugeleitet worden ist, durchsetzen möchte. In diesem Fall ist die Stufenvertretung zu beteiligen. Durch den Antrag des Leiters der übergeordneten Dienststelle auf Zustimmung erwirbt sie eine Rechtsposition, in der sie durch das Verhalten dieses Dienststellenleiters beeinträchtigt werden kann. Dagegen steht einer Stufenvertretung dann kein Antragsrecht zu, wenn die übergeordnete Dienststelle – ohne die Stufenvertretung zuvor beteiligt zu haben – der Auffassung ist, dass das Mitbestimmungsverfahren nicht fortgesetzt werden sollte und sie die nachgeordnete Dienststelle zum Verzicht auf die Durchführung der beabsichtigten Maßnahme auffordert. Ebensowenig ist eine Stufenvertretung in ihrer Rechtsstellung betroffen, wenn die übergeordnete Dienststelle der Auffassung ist, dass die betreffende Maßnahme nach § 69 Abs. 2 Satz 5 als durch die örtliche Personalvertretung gebilligt gilt und daher die Stufenvertretung nicht mehr einschaltet (OVG Hamburg v. 1. 4. 1992, Leits. ZfPR 1993, 22). Ebenso kann der **Gesamtpersonalrat** antragsbefugt sein (BVerwG v. 27. 2. 1986, PersV 1986, 329). Die Befugnis eines Gesamtpersonalrats, ein Beschlussverfahren einzuleiten, erstreckt sich aber nicht auf Maßnahmen, die sich lediglich auf die Stammdienststelle beziehen (OVG Münster v. 3. 7. 1986, RiA 1987, 47). Eine Personalvertretung kann kein Antragsrecht aus einer eventuellen Verletzung des Schwerbehindertengesetzes durch einen Dienststellenleiter herleiten, weil sie dadurch nicht in ihrer personalvertretungsrechtlichen Zuständigkeit oder Rechtsstellung beeinträchtigt wird. Die Rechte und Pflichten z. B. nach § 26 SchwbG beziehen sich ausschließlich auf das Verhältnis zwischen Dienststellenleiter und Schwerbehindertenvertretung, ohne dass insoweit die Belange der Personalvertretung rechtserheblich berührt würden (OVG Koblenz v. 25. 8. 1981, PersV 1983, 24). Die Personalvertretung ist immer nur dann antragsberechtigt, wenn der Streitgegenstand materiell den personalvertretungsrechtlichen Rechtskreis, nicht also den dienstrechtlichen eines einzelnen Beschäftigten betrifft (VGH Mannheim v. 23. 7. 1985, ZBR 1986, 90). Antragsberechtigt bleibt eine Personalvertretung auch dann, wenn die Dienststelle, bei der sie gebildet ist, aufgelöst wird, aber noch fortbestehende Aufgaben abzuwickeln sind (VGH München 5. 4. 1995, PersV 1997, 230). Dagegen sind die **Jugend- und Auszubildendenvertretungen** und die **Vertretung der nichtständig Beschäftigten** deshalb nicht antragsberechtigt, weil sie durch die Personalvertretung gegenüber dem Dienststellenleiter repräsentiert werden; ein Antragsrecht besteht lediglich gegenüber der Personalvertretung (BVerwG v. 8. 7. 1977 – VII P 22.75, ZBR 1978, 173 = PersV 1978, 309). Demgegenüber steht nach materiellem Recht der **Schwerbehindertenvertretung** und der **Vertretung der Soldaten** ein eigenes Antragsrecht zu (Lorenzen u. a., § 83 Anm. 43a).

28 b) Antragsberechtigt können auch einzelne **Mitglieder einer Personalvertretung** in Streitigkeiten sein, die ihre vertretungsrechtliche Stellung berühren (BVerwG v. 16. 9. 1977, ZBR 1978, 207 = PersV 1979, 63; BVerwG v. 10. 6. 1998, Leits. ZBR 1998, 433 = ZfPR 1998, 184). Dies gilt beispielsweise für den Fall, dass ein einzelnes Personalratsmitglied die Feststellung der Verletzung von Rechten der Personalvertretung bei seiner Umsetzung beantragen möchte (BVerwG v. 11. 12. 1991, Leits. ZBR 1992, 251 = PersV 1992, 256 = ZfPR 1992, 136). Personalratsmitglieder sind im Übrigen zur gerichtlichen Überprüfung von Beschlüssen der Personalvertretung auch deshalb berechtigt, weil sie für das gesetzmäßige Handeln ihrer Personalvertretung einzutreten haben (VGH München v. 4. 2. 2004, PersV 2004, 308 = ZfPR 2004, 198). Dagegen können Streitigkeiten über die Verletzung von Mitbestimmungsrechten in Personalangelegenheiten nach den §§ 75, 76 nur in einem Beschlussverfahren zwischen der zuständigen Personalvertretung und dem Dienststellenleiter ausgetragen werden (BVerwG v. 11. 12. 1991, aaO). Der betroffene Beschäftigte kann entweder das Verwaltungs-(Beamter) oder das Arbeitsgericht (Arbeitnehmer) anrufen. Bei Angriffen, die **gegen die Personalvertretung gerichtet werden** (z. B. Ausschlussantrag, § 28), sind die **Personalratsmitglieder zu beteiligen.** Sie besitzen ein Antragsrecht gegenüber allen Maßnahmen, die vertretungsrechtliche Wirkung erzeugen. Eine Antragsberechtigung ist insbesondere in folgenden Fällen gegeben: Ein Mitglied einer Personalvertretung, das die Rechtmäßigkeit einer Bestimmung der Geschäftsordnung angreift (BVerwG v. 5. 2. 1971, ZBR 1971, 285 = PersV 1971, 271); ein abberufenes Vorstandsmitglied, das gegen seine Abberufung vorgeht (BVerwG v. 23. 10. 1970, BVerwGE 36,174 = ZBR 1971,123 = PersV 1971, 140); ein Ersatzmitglied, das die Geschäftsordnung, die die Voraussetzungen für sein Tätigwerden aufstellt, für fehlerhaft hält (OVG Berlin v. 16. 3. 1970, ZBR 1971, 62 = PersV 1971, 271). Ebenso sind Mitglieder (auch Ersatzmitglieder der Personalvertretung) zur Abwehr rechtswidriger Beschlüsse des Plenums als Antragsteller legitimiert (BVerwG v. 11. 10. 1972, BVerwGE 41, 30 = ZBR 1972, 381 m. Anm. v. Windscheid = PersV 1973, 48). Ein einzelnes Mitglied ist auch antragsberechtigt im Hinblick auf die Wahl einer anderen Gruppe. Ebenso ist ein Personalratsmitglied antragsberechtigt, das im Beschlussverfahren das Bestehen eines bestimmten Mitbestimmungsrechts in bezug auf konkrete Maßnahmen und damit die Pflicht der Personalvertretung feststellen lassen will, das Mitbestimmungsrecht wahrzunehmen; denn wenn die Personalvertretung die Erfüllung ihrer Aufgaben unterlässt, so werden die mitgliedschaftlichen Rechte ihrer Mitglieder unmittelbar berührt, da sie in der Ausübung ihrer Rechte beschränkt werden (BVerwG v. 15. 12. 1978, ZBR 1979, 342 = PersV 1980, 105). Dagegen kann sich ein einzelnes Personalratsmitglied, das durch die im Wahlanfechtungsverfahren beantragte Berichtigung des Wahlergebnisses seinen Sitz in der Personalvertretung verliert, weder am Beschlussverfahren beteiligen noch kann es den den Sitzverlust herbeiführenden Beschluss des Verwaltungsgerichts mit der Beschwerde anfechten (BVerwG v. 8. 7. 1977, BVerwGE 54, 172 = ZBR 1978, 37 = PersV 1978, 312). Ebensowenig kann ein freigestelltes Personalratsmitglied, das eine höhere tarifliche Eingruppierung und Vergütung erreichen möchte, unter Berufung auf ein personalvertretungsrechtliches Benachteiligungsverbot die Fachkammer für Personalvertretungssachen anrufen. Gleiches gilt für einen Antrag eines Angestellten auf Feststellung, dass er während seiner Tätigkeit in einer Personalvertretung bei der Besetzung höherbewerteter Stellen benachteiligt worden ist (OVG Lüneburg v. 5. 12. 1984, PersV 1988, 441). Die Zuständigkeit liegt vielmehr ausschließlich beim Arbeitsgericht (OVG Koblenz v. 24. 4. 1985, Leits. DÖV 1985, 93). Da ehemaligen Personalratsmitgliedern keine besonderen Rechte

nach diesem Gesetz zustehen, haben sie auch kein Antragsrecht (OVG Münster v. 10. 6. 1981, PersV 1983, 23).

c) Ein **Dienststellenleiter** ist nach § 25, § 28 Abs. 1 antragsberechtigt. Gleiches gilt für den Fall des § 29 Abs. 1 Nr. 7 (BVerwG v. 19. 12. 1980, BVerwGE 61, 251 = ZBR 1981, 384 = PersV 1981, 509). Auch ist ein Dienststellenleiter hinsichtlich der Feststellung antragsberechtigt, dass einer Personalvertretung in einer bestimmten Angelegenheit kein Mitbestimmungsrecht zusteht. Dies setzt allerdings voraus, dass die Personalvertretung ernsthaft behauptet, mitbestimmungsberechtigt zu sein (vgl. für das BetrVG: BAG v. 13. 10. 1987, BAGE 56, 197 = BB 1988, 270 = DB 1988, 341). 29

d) Antragsbefugt sind auch die in der Dienststelle vertretenen **Gewerkschaften** einschließlich ihrer bezirklichen und örtlichen Untergliederungen (BVerwG v. 5. 11. 1957, BVerwGE 5, 324), soweit sie als Antragsteller ihre Rechte aus den § 2, § 20 Abs. 1 Satz 2, §§ 25, 28, 36, 52 geltend machen. Die Ausübung dieser Rechte steht aber nicht den Spitzenorganisationen der Gewerkschaften zu, weil sie nur Verbände aus einzelnen Fachverwaltungen zu Mitgliedern haben und daher nicht durch ein Einzelmitglied in der Dienststelle vertreten sind (BVerwG v. 11. 2. 1981, BVerwGE 61, 334 = ZBR 1982, 57 = PersV 1982, 112). **Die Rechte der Gewerkschaften sind erschöpfend im Gesetz aufgezählt** (BVerwG v. 8. 6. 1962, BVerwGE 14, 241 = ZBR 1962, 283 = PersV 1962, 236). Gewerkschaften sind daher in einem Beschlussverfahren über die Erforderlichkeit von Schulungs- und Bildungsveranstaltungen selbst dann nicht antragsberechtigt, wenn sie Träger der Veranstaltungen sind; denn ihnen steht kein irgendwie gestaltetes Beteiligungsrecht bei der Beschlussfassung der Personalvertretung darüber zu, welche Mitglieder zu einer Schulungsveranstaltung entsandt werden sollen. Die Personalvertretung ist „ein autonomes Organ, das in keinerlei Abhängigkeit zur Gewerkschaft steht“ (vgl. für das BetrVG: BAG v. 28. 1. 1975, DB 1975, 1996). Wohl aber kann eine Gewerkschaft im Rahmen der Prozessstandschaft Antragstellerin hinsichtlich der Kostenerstattung für die Teilnahme an einer Personalratsschulung sein, wenn das betreffende Personalratsmitglied seinen Anspruch gegenüber der Dienststelle abgetreten hat (BVerwG v. 22. 3. 1984, BVerwGE 69, 100 = ZBR 1984, 218 = PersV 1986, 158). Unterorganisationen von Gewerkschaften sind dann im Rahmen der vorgenannten Voraussetzungen antragsberechtigt, wenn sich dies aus ihrer Satzung ergibt. Dagegen ist eine Gewerkschaft, die selbst die Wahl nicht angefochten hat, nicht berechtigt, sich an einem von dritter Seite eingeleiteten Wahlanfechtungsverfahren zu beteiligen und Rechtsmittel einzulegen; denn die Anfechtungsberechtigten üben keine eigenen Rechte aus, sondern geben nur den Anstoß zur Überprüfung der Wahl (BVerwG v. 8. 7. 1977, BVerwGE 54, 172 = ZBR 1978, 37 = PersV 1978, 312; aA BAG v. 20. 7. 1982, DB 1982, 2087 mit der Begründung, dass eine Gewerkschaft durch die Entscheidung über die Wirksamkeit einer Wahl in ihrer betriebsverfassungsrechtlichen Rechtsstellung unmittelbar berührt werde). 30

e) Eine **Gemeinschaft von mindestens drei Wahlberechtigten** ist zur Anfechtung der Wahl der gesamten Personalvertretung (§ 25) oder einer ihrer Gruppen berechtigt. Ein Antragsrecht steht auch einem **Viertel der Wahlberechtigten** gemäß § 28 Abs. 1 und § 49 Abs. 2 zu (vgl. auch § 20 Abs. 2, § 22, § 23 Abs. 1). 31

f) Der **einzelne Beschäftigte,** der nicht Mitglied einer Personalvertretung ist, ist nur dann gemeinsam mit anderen antragsberechtigt, wenn er in seiner 32 personalverfassungsrechtlichen Stellung als Beschäftigter unmittelbar betroffen ist, z. B. im Rahmen der Wahlanfechtung oder der Auflösung der Personalvertretung bzw. des Ausschlusses eines ihrer Mitglieder (§§ 25, 28). Darüber hinaus kann der einzelne Beschäftigte unter bestimmten Voraussetzungen die Feststellung seiner Wahlberechtigung oder Wählbarkeit zu der Personalvertretung im Beschlussverfahren betreiben (BVerwG v. 18. 10. 1977, ZBR 1978, 202 = PersV 1979, 71). Demgegenüber kann er, wenn er nicht Mitglied einer Personalvertretung ist, selbst dann nicht die Feststellung der Unwirksamkeit eines Beschlusses der Personalvertretung erwirken oder sich in anderer Weise am Verfahren beteiligen, wenn es um eine ihn selbst berührende Personalangelegenheit geht (OVG Münster v. 18. 9. 1984, ZBR 1985, 349 = Leits. PersV 1986, 431; OVG Münster v. 6. 3. 1998, Leits. ZBR 1998, 365 = Leits. ZfPR 1998, 163). Das Mitbestimmungs- oder Mitwirkungsverfahren betrifft nur Dienststelle und Personalvertretung; denn es geht hier alleine um den durch das Gesetz geregelten Willensbildungsprozess innerhalb der Verwaltung. Der einzelne Beschäftigte kann aber im Rahmen eines arbeits- bzw. verwaltungsgerichtlichen Verfahrens gegen die mit Zustimmung der Personalvertretung zustandegekommene personelle Maßnahme vorgehen. In einem solchen Verfahren ist dann auch zu prüfen, ob ein wirksamer Beschluss der Personalvertretung vorliegt (BVerwG v. 13. 2. 1976, BVerwGE 50, 176 = ZBR 1976, 228 = PersV 1977, 183). Dagegen fehlt einem Beschäftigten, der gegenüber einer Kündigung eine Kündigungsschutzklage erhoben hat, die Antragsbefugnis und das Rechtschutzbedürfnis für eine Feststellung der Zuständigkeit der Personalvertretung (VGH München v. 23. 5. 1990, PersV 1990, 448).

32a g) Wenn es in einem personalvertretungsrechtlichen Beschlussverfahren um die gerichtliche Feststellung geht, ob **Soldaten in einer militärischen Dienststelle** Personalvertretungen wählen können, dann steht nicht dem einzelnen, der jeweiligen Dienststelle angehörenden Soldaten, sondern dem Bezirkspersonalrat bei der übergeordneten militärischen Dienststelle die Antragsbefugnis zu (BVerwG v. 23. 9. 2004, Leits. ZBR 2005,104 = PersV 2005,142 = ZfPR 2004, 297).

33 6. **Beteiligter** kann ohne Rücksicht auf die Rechtsfähigkeit jeder sein, der Aufgaben oder Befugnisse nach dem BPersVG wahrnimmt. Wer im konkreten Fall beteiligt ist, muss aufgrund des Sachverhalts in Verbindung mit dem materiellen Recht jeweils im Einzelfall vom Gericht ermittelt werden. Die Beteiligungsbefugnis ist immer dann gegeben, wenn die im Beschlussverfahren begehrte Entscheidung unmittelbar in die sich aus dem materiellen Recht ergebende Rechtsstellung einer Person oder Stelle eingreift oder diese berührt (BVerwG v. 15. 12. 1978, ZBR 1980, 59 = PersV 1980, 145).

34 a) Beteiligt ist immer der **Dienststellenleiter** (vgl. § 83 Abs. 3 ArbGG; BVerwG v. 18. 10. 1978, BVerwGE 56, 330 = ZBR 1979, 216 = PersV 1979, 500). Das Beteiligungsrecht ist nicht an den jeweiligen Amtsinhaber, sondern an das Amt gebunden. Ein Wechsel in der Person des Dienststellenleiters ist daher für das Beschlussverfahren ohne Belang. Rechte und Pflichten stehen den Personalverfassungsorganen und den in ihnen tätigen Personen zu. Dies gilt aber nur so lange, wie sie Vertreter oder Mitglieder dieser Organe sind (BVerwG v. 6. 2. 1979, PersV 1980, 196). Die **Personalvertretung** ist Beteiligte, wenn gegen sie eine Feststellung beantragt wird, z. B. die Feststellung, dass sie einen fehlerhaften Beschluss gefasst hat. Sie ist auch Beteiligte in einem Verfahren, in dem die Wahl einer Jugend- und Auszubildendenvertretung angefochten wird (vgl. für das BetrVG: BAG v. 20. 2. 1986 – 6 ABR 25/

85, DB 1986, 2552). Ein einzelnes Personalratsmitglied ist dann Beteiligter, wenn der Streitgegenstand seine personalvertretungsrechtliche Stellung betrifft (vgl. §§ 28, 47); darüber hinaus kann ein einzelnes Mitglied Beteiligter dann sein, wenn es um seine Wahlberechtigung oder Wählbarkeit geht. Geht es aber um eine Beteiligung der Personalvertretung in einer personellen oder sozialen Angelegenheit eines Beschäftigten, dann betrifft ein solches Verfahren ausschließlich die Personalvertretung und den Dienststellenleiter (OVG Münster v. 6. 3. 1998, Leits. ZBR 1998, 365), die mit selbstständigen Aufgaben nach dem Gesetz betraut sind, können Beteiligte sein. Dies gilt für die **Jugend- und Auszubildendenvertretungen,** die **Vertretung der nichtständig Beschäftigten,** für die **Wahlvorstände** und die **Abstimmungsvorstände** (vgl. § 6 Abs. 3, § 18 Abs. 1 und § 19 Abs. 2). Auch eine **Arbeitgebervereinigung** kann Beteiligte sein, wenn es um die Teilnahme eines Beauftragten an Personalversammlungen geht (§ 52 Abs. 1). Der **Vertreter des öffentlichen Interesses** ist insoweit zu beteiligen, als ihm alle auf ein personalvertretungsrechtliches Verfahren bezogenen Unterlagen zuzustellen sind; er ist zur Verhandlung zu laden (Lorenzen u. a., § 83 Anm. 76). Gleiches gilt für die **Einigungsstelle** bei einer verwaltungsgerichtlichen Überprüfung ihrer Beschlüsse auf Rechtmäßigkeit und Einhaltung der Ermessensgrenzen (OVG Münster v. 28. 5. 1979, Leits. PersV 1986, 431). Unterbleibt die Beteiligung eines Betroffenen z. B. in der Beschwerdeinstanz, so hat das Rechtsbeschwerdegericht die Sache zur anderweiten Verhandlung und Entscheidung an das Beschwerdegericht zurückzuweisen (vgl. für das BetrVG: BAG v. 20. 2. 1986, DB 1986, 2552).

b) Endet die Amtszeit der Personalvertretung während der Rechtshängigkeit, so tritt die amtierende Personalvertretung in die Verfahrensrolle ihrer Vorgängerin ein. Ein gegen den Wahlvorstand eingeleitetes **Verfahren** wegen vermeintlich fehlerhafter Wahlvorbereitung kann nach Durchführung der Wahl mit der amtierenden Personalvertretung als Beteiligter **fortgesetzt werden.** 35

c) Die **Einigungsstelle** ist dann am Beschlussverfahren zu beteiligen, wenn über die Vereinbarkeit des Beschlusses mit Rechtsvorschriften zu entscheiden ist (BVerwG v. 13. 2. 1976, BVerwGE 50, 176 = ZBR 1976, 351 = PersV 1977, 179), eine **Gewerkschaft** nur dann, wenn es um ein ihr ausdrücklich vom Gesetz zugestandenes Recht geht (BVerwG v. 8. 7. 1977, PersV 1978, 312). 36

d) Nicht dem Antragsteller, sondern dem **Gericht** obliegt es, die notwendigen **Beteiligten** zu ermitteln. Der Antrag des Antragstellers braucht sich daher nicht gegen einen bestimmten Beteiligten zu richten. Jedem Beteiligten ist Gelegenheit zur Äußerung zu geben (§ 83 Abs. 4 ArbGG). 37

e) Eine **fehlerhafte Zuziehung eines Beteiligten** führt nicht zur Aufhebung der Entscheidung, sofern diese Zuziehung nicht zur Einlegung unzulässiger Rechtsmittel oder zu sonstigen, das Verfahren beeinflussenden Verfahrenshandlungen geführt hat (BVerwG v. 26. 7. 1979, ZBR 1980, 157 = PersV 1981, 71). Da sich die **Beteiligungsbefugnis** nicht durch einen Akt des Gerichts, sondern **unmittelbar aus dem materiellen Recht** ergibt, verschafft die zu Unrecht erfolgte Zulassung einer Person oder einer Stelle zum Beschlussverfahren diesen nicht die Eigenschaft von Beteiligten, so dass sie auch keinen Anspruch darauf haben, am Verfahren weiter beteiligt zu werden (BVerwG v. 15. 12. 1978, ZBR 1980, 59 = PersV 1980, 145). Andererseits kann eine beteiligungsfähige Person, die sich zunächst am Beschlussverfahren nicht 38 beteiligt hat, in der Beschwerdeinstanz dem Verfahren beitreten (BVerwG v. 10. 10. 1957, BVerwGE 5, 263 = ZBR 1958, 24). Dies ist nicht nur durch entsprechende Erklärung, sondern auch durch Einlegung des Rechtsmittels möglich (BVerwG v. 18. 9. 1970, Leits. ZBR 1971, 63 = PersV 1971, 60); denn die verfahrensrechtliche Stellung des Beteiligten wird weder durch eine Hinzuziehung seitens des Gerichts begründet, noch durch ein Unterlassen beseitigt. Alleine entscheidend ist, ob die Person oder Stelle durch die von einem Antragsteller begehrte Entscheidung unmittelbar in einer ihr personalvertretungsrechtlich eingeräumten Rechtsposition beeinträchtigt wird (BVerwG v. 29. 4. 1981, ZBR 1982, 185 = PersV 1982, 406).

39 7. Nach § 83 Abs. 1 Satz 1 ArbGG hat das Gericht den **Sachverhalt von Amts wegen zu erforschen.** Selbstverständlich aber muss der Antragsteller einen personalvertretungsrechtlich erheblichen Sachverhalt vortragen (vgl. VGH Mannheim v. 24. 3. 1981, ZBR 1982, 219 = PersV 1983, 465). Im Übrigen aber haben die Beteiligten an der Aufklärung des Sachverhalts mitzuwirken (§ 83 Abs. 1 Satz 2 ArbGG). Allerdings darf ein Gericht das Vorbringen von Beteiligten nur dann als unsubstanziiert zurückweisen, wenn es auf diese Einschätzung zuvor hingewiesen und die Beteiligten zu einer Ergänzung ihres Vorbringens „anhand konkreter Fragestellungen“ aufgefordert hat (vgl. für das BetrVG: BAG v. 11. 3. 1998, BB 1998, 1690 = Leits. ZBVR 1998, 57). Wenn es auch im personalvertretungsrechtlichen Beschlussverfahren keine Darlegungs- und Beweisführungslast gibt, so hat allerdings derjenige die Folgen der Nichtfeststellbarkeit einer Tatsache zu tragen, der sich auf sie beruft (objektive Feststellungs- und Beweislast, OVG Münster v. 27. 11. 1997, ZfPR 2000, 4). Zur Aufklärung des Sachverhalts kann das Gericht Urkunden einsehen, Auskünfte einholen, Zeugen, Sachverständige und Beteiligte vernehmen (vgl. Anm. 48 ff.). Bei einer Änderung der rechtlichen oder tatsächlichen Verhältnisse bedarf es in der Regel keiner Änderung des Antrags, da das Gericht einer solchen von Amts wegen Rechnung zu tragen hat (BVerwG v. 20. 3. 1959, BVerwGE 8, 214 = ZBR 1959, 201 = PersV 1958/59, 187). Im Übrigen ist eine **Änderung des Antrags** zulässig, „wenn die übrigen Beteiligten zustimmen oder das Gericht die Änderung für sachdienlich hält“ (§ 81 Abs. 3 Satz 1 ArbGG). Dabei gilt die Zustimmung der Beteiligten dann als erteilt, wenn sie sich, ohne zu widersprechen, in einem Schriftsatz oder in einer mündlichen Verhandlung auf den geänderten Antrag einlassen (§ 81 Abs. 3 Satz 2 ArbGG; vgl. im Übrigen auch: BVerwG v. 15. 11. 1994, Leits. ZBR 1996, 221).

40 8. Wie in jedem Prozessverfahren muss auch im personalvertretungsrechtlichen Beschlussverfahren ein **Rechtsschutzinteresse** bestehen. Es ist eine Prozessvoraussetzung, die das Gericht von Amts wegen zu prüfen hat. Dabei müssen die verfahrensrechtlichen Vorschriften so gehandhabt werden, wie es die sachgemäße Verwirklichung dieser Aufgabe und das ihr entsprechende Recht der Beteiligten auf eine richterliche Entscheidung, d. h. eine Sachentscheidung, erfordern. Einem Antragsteller steht nur dann ein Anspruch auf eine begehrte Feststellung zu, wenn tatsächlich ein konkreter Anlass zur Einleitung eines personalvertretungsrechtlichen Beschlussverfahrens besteht (BVerwG v. 15. 2. 1994, Leits. ZBR 1994, 387 = PersV 1995, 21 = ZfPR 1994, 84; BVerwG v. 29. 1. 1996, Leits. ZBR 1996, 410 = PersV 1996, 460 = ZfPR 1996, 153). Wenn sich allerdings der Streitgegenstand während des Beschlussverfahrens „erledigt“, hat die dem Antrag zugrunde liegende Fragestellung (z. B. Mitbestimmungspflichtigkeit einer konkreten, inzwischen aber bereits vollzogenen Maßnahme) keine Bedeutung mehr. In diesen Fällen besteht nach Auffassung des BVerwG nur dann noch ein Rechtsschutzinteresse, das in jedem Verfahrensabschnitt zu prüfen ist, wenn der Antragsteller deutlich macht, dass er eine Entscheidung nicht nur über einen bestimmten, konkreten Vorgang, sondern außerdem über die dahinterstehende (abstrakte) personalvertretungsrechtliche Frage begehrt und wenn er dies spätestens in der letzten Tatsacheninstanz deutlich macht. Wenn also eine mitbestimmungspflichtige Maßnahme, die das Verfahren ausgelöst hat, vollzogen und nicht mehr rückgängig zu machen ist, muss der Antrag von dem zugrundeliegenden, inzwischen erledigten konkreten Vorgang gelöst und eine Feststellung der hinter dem konkreten Vorgang stehenden und zwischen den Verfahrensbeteiligten nach wie vor umstrittenen Rechtsfragen beantragt werden. Hinzu kommen muss, dass sich die strittige und entscheidungserhebliche Rechtsfrage zwischen denselben Verfahrensbeteiligten in künftigen vergleichbaren Mitbestimmungsverfahren erneut mit einiger, mehr als nur geringfügiger Wahrscheinlichkeit stellen wird (BVerwG v. 17.9. 1996, ZBR 1997, 125 = PersV 1997, 169 = ZfPR 1997, 9; BVerwG v. 9. 7. 2007, PersV 2008, 59).

a) Das Rechtsschutzinteresse besteht u. a. dann weiter, wenn die aufgewor- **40a**
fene Rechtsfrage für die Verfahrensbeteiligten noch von konkreter Bedeutung ist, nämlich u. a. dann, wenn die strittige Maßnahme noch nicht vollzogen oder aber rückgängig zu machen ist (BVerwG v. 9. 8. 1996, Leits. ZBR 1997, 100 = ZfPR 1997, 4). Voraussetzung ist, dass die Rechtsfrage als entscheidungserheblich im Zusammenhang mit dem konkreten Anlass aufgeworfen worden ist. Außerdem muss sich diese Rechtsfrage auf künftige vergleichbare oder gleichartige Sachverhalte beziehen. Diese Sachverhalte müssen in ihren Grundzügen dem Sachverhalt entsprechen, der Anlass für das konkrete Verfahren war, in dem im wesentlichen die selben Rechtsfragen aufgeworfen wurden. Dabei kommt es nicht darauf an, ob ein vergleichbarer Fall mit einer mehr als nur geringfügigen **Wahrscheinlichkeit** in der Dienststelle demnächst erneut auftreten wird. Vielmehr ist alleine entscheidend, ob sich zwischen den Beteiligten die im konkreten Streit aufgetretene und zur Entscheidung gestellte Rechtsfrage erneut stellen wird. Die Verwaltungsgerichte sind allerdings nicht dazu da, solche Rechtsfragen zu klären, die nur einen weiteren inhaltlichen Bezug zu dem Sachverhalt haben, der Anlass für das Verfahren gegeben hat. Daher muss die Rechtsfrage im Zusammenhang mit für die Dienststelle typischen, sich wiederholenden Sachverhalten stehen, die mit dem Anlass gebenden Vorgang zumindest im Kern übereinstimmen (BVerwG v. 23. 3. 1999, BVerwGE 108, 347 = PersV 2000, 89 = ZfPR 1999, 112; BVerwG v. 24. 3. 2004, Leits. ZBR 2004, 365 = PersR 2004, 473; BVerwG v. 16. 9. 2004, ZBR 2005, 91 = PersV 2005,151 = Leits. ZfPR 2005, 72; BVerwG v. 9. 7. 2007, PersR 2007, 434).

b) Das **Rechtsschutzinteresse muss** nach Abschluss des ersten Rechtszugs **41**
auch in der Rechtsmittelinstanz **weiter bestehen.** Maßgebend ist insoweit im dritten Rechtszug nicht der Inhalt der Beschwerdeentscheidung, sondern Ziel und Inhalt des erstinstanzlichen Antrags (BVerwG v. 12. 2. 1986, PersV 1986, 327), der den Gegenstand des Verfahrens bestimmt. So entfällt das Rechtsschutzinteresse nicht für eine Wahlanfechtung durch das im Laufe des Rechtsmittelverfahrens eingetretene Ende der Amtsperiode (BVerwG v. 11. 10. 1972, PersV 1973, 48), sofern der Antrag auf die dahinterstehende (abstrakte) Rechtsfrage gerichtet und anzunehmen ist, dass sich zwischen denselben Verfahrensbeteiligten die Rechtsfrage erneut stellen wird (vgl. Anm. 40). Dagegen entfällt das Rechtsschutzinteresse, wenn bei einer organisatorischen Änderung (Auflösung eines Amtes durch Eingliederung in ein größeres Amt) eine Sachentscheidung über einen Antrag, der bei dem aufgelösten Amt ursprünglich bestehenden Personalvertretung nicht mehr mög-

lich ist. Mit der Auflösung einer Dienststelle nämlich hat die Personalvertretung als Antragsteller ihre Rechtsstellung als Organ der Personal- und Dienststellenverfassung verloren (BVerwG v. 3. 10. 1983 – 6 P 23.81 – Buchholz 238.3 A § 83 Nr. 22).

42 c) Ein Antrag auf Ausschluss eines Personalratsmitglieds oder auf Auflösung der Personalvertretung kann nach Ablauf der Amtszeit nicht mehr in seiner ursprünglichen Form aufrechterhalten werden. Aber auch **nach Ablauf der Amtsperiode** kann ein **Rechtsschutzinteresse** an der gerichtlichen Feststellung des Unrechtsgehalts der Pflichtverletzung bestehen. Der Antragsteller muss dann vom Ausschluss- bzw. Auflösungsantrag zum Feststellungsantrag übergehen, dass die „konkrete Handlung oder Unterlassung die zur Einleitung des Beschlussverfahrens geführt hat, rechtswidrig war“ (BVerwG v. 24. 10. 1975, BVerwGE 49, 259 = ZBR 1976, 192; 1977, 414 = PersV 1976, 422; aA BVerwG v. 12. 8. 1988, BVerwGE 80, 50 = ZBR 1989, 80 = PersV 1989, 268 = ZfPR 1989, 7; vgl. auch § 28 Anm. 21).

43 d) **Kein Rechtsschutzinteresse** besteht dagegen für die rein theoretische Feststellung, bei einer bestimmten Wahl wählbar gewesen zu sein (BVerwG v. 23. 10. 1959, BVerwGE 9, 249). Allerdings ist der Antrag auf Feststellung der Wählbarkeit dann nicht auf eine nur theoretische Feststellung gerichtet, wenn hierdurch eine Wahlanfechtung entbehrlich wird (VG Stuttgart v. 22. 3. 1977, ZBR 1977, 413). Ein Rechtsschutzinteresse für eine Entscheidung ist nicht gegeben, wenn sie keine Rechtswirkung ausüben kann. Gleiches gilt, wenn der Streit unter keinem Gesichtspunkt praktische, sondern allenfalls theoretische Bedeutung hat. Ebensowenig ist ein Rechtsschutzinteresse dann zu bejahen, wenn ein Beamter im Zusammenhang mit einer unterbliebenen Beförderung die ablehnende Beschlussfassung der beteiligten Personalvertretung als fehlerhaft angreift (OVG Berlin v. 16. 3. 1970, PersV 1971, 62).

44 9. Der nach § 66 Abs. 3 vorgeschriebene **Einigungsversuch** kann **nicht** als allgemeine **Prozessvoraussetzung** für das verwaltungsgerichtliche Verfahren angesehen werden. Allerdings kann in Einzelfällen das Rechtsschutzinteresse dann fehlen, wenn der Antragsteller nicht alles versucht hat, um zu einer Einigung zu kommen (BVerwG v. 5. 2. 1971, PersV 1972, 36; Fischer u. a., § 66 Anm. 2 1; Lorenzen u. a., § 66 Anm. 28 a).

45 10. a) **Örtlich zuständig** ist dasjenige Gericht, in dessen Bezirk die Dienststelle (bei Stufenvertretungen die Mittel- oder oberste Dienstbehörde) ihren Sitz hat (§ 82 ArbGG). Stellt sich die sachliche Unzuständigkeit heraus, so hat das Gericht die Sache an das zuständige Gericht zu verweisen (BVerwG v. 24. 7. 1978, ZBR 1979, 240 = PersV 1979, 336).

46 b) In allen Instanzen besteht **kein Anwaltszwang.** Antragsteller bzw. Beteiligte können vor den Verwaltungsgerichten das Verfahren selbst führen oder sich **durch Rechtsanwälte** bzw. durch die in § 11 ArbGG genannten **Verbandsvertreter** vertreten lassen. Die Vertretungsbefugnis eines Verbandvertreters ist auf solche Verfahren beschränkt, deren Gegenstand im Rahmen der satzungsmäßigen Aufgaben der betreffenden Organisation liegen (vgl. für das BetrVG: BAG v. 20. 2. 1986, BAGE 51, 163 = BB 1986, 1784 = DB 1986, 2552).

47 c) **Antragsteller und Beteiligte sind zu hören** (§ 83 Abs. 3, 4 ArbGG). Die Anhörung erfolgt regelmäßig in einer mündlichen Verhandlung, zu der die

Beteiligten förmlich zu laden sind. Allerdings ist auch eine schriftliche Äußerung möglich; mit dem Einverständnis der Beteiligten kann das Gericht auch ohne mündliche Verhandlung entscheiden (§ 83 Abs. 4 ArbGG). Ein **Versäumnisurteil** gibt es nicht. Eine im ersten Rechtszug unterbliebene Anhörung kann in der Rechtsbeschwerdeinstanz nachgeholt werden (BVerwG v. 27. 4. 1979, BVerwGE 58, 54 = ZBR 1979, 310 = PersV 1980, 19).

d) Für die **Beweisaufnahme** gilt § 58 ArbGG entsprechend (vgl. auch § 83 Abs. 2 ArbGG). Das Gericht kann zur Aufklärung des Sachverhalts Auskünfte einholen, Urkunden einsehen, Zeugen und Sachverständige vernehmen etc. Eine eidliche Vernehmung der Beteiligten ist ebenfalls zulässig. Personalratsmitgliedern steht ein (zivilprozessuales) **Zeugnisverweigerungsrecht** zu (vgl. § 10 Anm. 16). Das Verwaltungsgericht darf aber keinen Wähler über seine Wahlentscheidung als Zeugen vernehmen. Es darf auch eine von einem Wähler freiwillig angebotene Erklärung über seine Wahlentscheidung weder annehmen noch berücksichtigen (BVerwG v. 21. 7. 1975, BVerwGE 49, 75 = ZBR 1975, 353 = PersV 1976, 303). 48

e) Im Beschlussverfahren können die Verwaltungsgerichte das vertretungsrechtliche Handeln sowohl der Dienststelle wie der Personalvertretung nachprüfen (BVerwG v. 17. 1. 1969, Buchholz Nr. 3 zu § 60 LPersVG Hessen). Das gilt auch für eine **Ermessensentscheidung.** Das Gericht setzt dabei nicht sein Ermessen an die Stelle des Ermessens des Personalrats, sondern wacht lediglich darüber, dass der Personalrat bei der Ausübung seines Ermessens die diesem nach dem Sinn des Gesetzes innewohnende zweckbestimmte Begrenzung beachtet. 49

f) Der **Antrag kann** bis zur Verkündung der Entscheidung im ersten Rechtszug jederzeit **zurückgenommen** werden (§ 81 Abs. 2 Satz 1 ArbGG wegen der Rücknahme im weiteren Verfahren: vgl. Anm. 67). Gemäß § 83 a Abs. 1 ArbGG können die Beteiligten das **Verfahren für erledigt erklären.** In diesem Fall ist es vom Vorsitzenden des Verwaltungsgerichts einzustellen (§ 83 a Abs. 2 ArbGG). Eine **Antragsänderung** ist – außer in der Rechtsbeschwerdeinstanz – zulässig (vgl. Abs. 2 i. V. m. § 81 Abs. 3, § 87 Abs. 2 Satz 3 Halbs. 2, § 92 Abs. 2 Satz 3 Halbs. 2 ArbGG; BVerwG v. 9. 7. 2007, PersR 2007, 434). 50

g) Das Verfahren kann auch durch einen **Vergleich** beendet werden. Die Beteiligten können „zur Niederschrift des Gerichts oder des Vorsitzenden einen Vergleich schließen, soweit sie über den Gegenstand des Vergleichs verfügen können" (§ 83 a Abs. 1 ArbGG). Auch in diesem Fall ist das Verfahren einzustellen (§ 83 a Abs. 2 ArbGG; vgl. zu einem Vergleich zur Beendigung einer Wahlanfechtung: OVG Münster v. 11. 12. 2006, PersV 2007, 444 m. Anm. v. Gronimus). Im Übrigen kann auch eine **gütliche Erledigung des Verfahrens** erfolgen, wenn die Beteiligten das Verfahren übereinstimmend für erledigt erklären oder wenn der Antragsteller das Verfahren seinerseits für erledigt erklärt und wenn auf eine befristete Aufforderung des Vorsitzenden die Beteiligten entweder zustimmen oder aber sich nicht erklären. Die Fachkammer für Personalvertretungssachen kann, wenn Beteiligte der Erledigungserklärung des Antragsstellers widersprechen, nach mündlicher Verhandlung oder im schriftlichen Verfahren nach § 83 Abs. 4 Satz 3 ArbGG durch Beschluss über die Frage der Erledigung entscheiden. Eine solche Entscheidung kann das Gericht unabhängig davon treffen, ob der Antrag ursprünglich zulässig und begründet war; denn alleiniger Streitgegenstand ist jetzt nur noch die Erledigungsfrage, die dann zu bejahen ist, wenn nach der Rechtshängigkeit eines 51

Antrags inzwischen tatsächliche Umstände eingetreten sind, die zu einer Unzulässigkeit oder Unbegründetheit des Antrags führen. Dies gilt auch dann, „wenn sich nicht alle Beteiligten der Erledigungserklärung anschließen, der Eintritt der Erledigung als solcher aber unbestritten ist“ (BVerwG v. 20. 11. 1998, ZBR 1999, 308 = Leits. PersV 1999, 412 = ZfPR 1999, 50).

51a aa) Für die Beteiligten gilt das Gebot, **um eine gütliche Einigung bemüht zu sein.** Ebenso gilt das **Beschleunigungsgebot** (§ 9 Abs. 1 Satz 1 ArbGG; vgl. auch Arbeitsgerichtsbeschleunigungesetzt, Anm. 1).

52 h) Das Gericht entscheidet durch **Beschluss** (§ 84 ArbGG). Unbegründete Anträge und Rechtsmittel werden (grundsätzlich nach mündlicher Verhandlung) abgewiesen, unzulässige (ohne mündliche Verhandlung) verworfen, Der Beschluss des Gerichts kann dem Antrag ganz oder teilweise entsprechen. Er darf aber nicht über ihn hinausgehen. Im Wahlanfechtungsverfahren kann das Gericht einen reparablen Fehler des Wahlvorstands berichtigen statt die Wahl für ungültig zu erklären. Der mit Gründen versehene Beschluss ist vom Vorsitzenden des Gerichts zu unterschreiben. Die Unterschrift der Beisitzer ist nicht erforderlich (§ 84 Satz 3 i. V. m. § 60 Abs. 3, 4 ArbGG). Die Beschlussausfertigung muss eine **Rechtsmittelbelehrung** enthalten und ist den Beteiligten zuzustellen.

53 i) Die durch § 84 Satz 2 ArbGG vorgeschriebene **Verkündung des Beschlusses** kann, wenn keine mündliche Verhandlung stattgefunden hat, durch Zustellung an alle Beteiligten ersetzt werden.

54 j) Der **Gegenstandswert** der anwaltlichen Tätigkeit im personalvertretungsrechtlichen Beschlussverfahren ist nach § 33 RVG (Gesetz über die Vergütung der Rechtsanwältinnen und Rechtsanwälte v. 5. 5. 2004, BGBl. I S. 718, 788, zul. geänd. d. Art. 11 G v. 26. 3. 2007, BGBl. I S. 378) durch gesonderten Beschluss des Vorsitzenden auf Antrag festzusetzen. Grundsätzlich entspricht es der Billigkeit, den Gegenstandswert auf 5.000,– € festzusetzen (§ 52 Abs. 2 GKG; BVerwG v. 21. 3. 2007, PersR 2008, 26 = Leits. ZfPR 2008, 77; Lorenzen u. a., § 83 Anm. 91; Richardi u. a., § 83 Anm. 141).

55 k) Eine **Kostenentscheidung** erfolgt nicht. Das personalvertretungsrechtliche Beschlussverfahren ist nach § 2 Abs. 2 GKG (früher § 12 Abs. 5 ArbGG aF) frei von Gebühren und Auslagen des Gerichts; eine Erstattung der Aufwendungen der Beteiligten ist nicht vorgesehen.

56 l) **Rechtskraft** der Beschlüsse der Verwaltungsgerichte tritt ein, wenn entweder die Rechtsmittelfrist ungenutzt verstrichen ist oder wenn Beschwerde- bzw. Rechtsmittelbeschwerdegericht das Rechtsmittel als unzulässig verworfen oder als unbegründet abgewiesen haben.

56a m) Die **Bindungswirkung von Beschlüssen im arbeitsgerichtlichen Beschlussverfahren** tritt zwischen denselben Beteiligten nur dann ein, wenn die in der Entscheidung zum Ausdruck kommende Rechtsfolge als Ergebnis der Subsumtion des Sachverhalts unter das Gesetz für den geltendgemachten Anspruch vorgreiflich ist. Eine Vorgreiflichkeit in diesem Sinne liegt dann aber nicht vor, wenn sowohl für den rechtskräftig entschiedenen als auch für den anderen Anspruch nur bestimmte rechtliche Vorfragen geklärt worden sind (BVerwG v. 13. 6. 2001, BVerwGE 114, 313 = Leits. PersV 2001, 560 = ZfPR 2001, 231).

n) Mangels einer vollstreckungsfähigen Entscheidung erübrigt sich ein Ausspruch über die vorläufige Vollstreckbarkeit (OVG Magdeburg v. 8. 4. 1998 – A 5 S 1/97, n. n. v.). Eine **Zwangsvollstreckung** aus rechtskräftigen Beschlüssen der Fachkammer ist aber grundsätzlich möglich (§ 85 Abs. 1 ArbGG i. V. m. den Vorschriften des Achten Buches der ZPO). Sie kommt insbesondere bei einem Anspruch auf Zahlung eines Geldbetrages oder dann in Betracht, wenn die Dienststelle verpflichtet worden ist, der Personalvertretung Aufwendungen aus der Amtsführung zu ersetzen. Soweit der Dienststellenleiter Vollstreckungsgegner ist, sind zu unterscheiden: Geldforderungen, Ansprüche zur Herausgabe von Sachen oder Vornahme von Handlungen oder Unterlassungen (Widmaier, ZfPR 2000, 124; Richardi u. a., § 83 Anm. 139). Bei der Vollstreckung wegen Geldforderungen kann es sich um Ansprüche auf Erstattung von Schulungskosten handeln, die durch Schulung eines Mitglieds der Personalvertretung entstanden sind (Einzelheiten der Vollstreckung: Widmaier, aaO). Bei der Verpflichtung des Dienststellenleiters zur Herausgabe von Sachen kann es sich etwa um die Bereitstellung von Lohn- und Gehaltslisten zum Zwecke der Einsichtnahme durch die Personalvertretung handeln (vgl. § 68 Abs. 2 Satz 2). Ein Beispiel für die Verpflichtung des Dienststellenleiters zu einer Handlung ist etwa die Verpflichtung zur Einleitung oder Fortsetzung eines Beschlussverfahrens oder die Zurverfügungstellung von Geschäftsbedarf und Büropersonal (vgl. § 44 Abs. 2). Dagegen kann die Personalvertretung nicht Vollstreckungsschuldnerin sein (Widmaier, aaO); gegen sie kann überhaupt nicht vollstreckt werden. Sie kann als solche nicht Träger vermögensrechtlicher Ansprüche oder Verpflichtungen sein. Aus diesem Grund sind Geldforderungen gegen die Personalvertretung nicht möglich, so dass insoweit auch eine Vollstreckung nicht denkbar ist. Eine Vollstreckung im Wege der Zwangsgeldandrohung bzw. Zwangsgeldfestsetzung gegen die Personalvertretung ist ebenfalls nicht möglich. Das gilt auch für die Vollstreckung wegen Ansprüchen, die keine Geldforderungen darstellen, weil auch diese nach ZPO i. V. m. § 85 Abs. 1 letzter Satz ArbGG nur durch Zwangsgeldandrohung bzw. Zwangsgeldfestsetzung vollstreckt werden könnten, gegen die nicht vermögensfähige Personalvertretung aber ein Zwangsgeld nicht in Betracht kommt (Einzelheiten bei Widmaier, aaO). Eine **Wiederaufnahme des Verfahrens** gegenüber rechtskräftigen Beschlüssen der Fachkammer ist möglich (§ 79 ArbGG i. V. m. §§ 579, 580 ZPO. 57

IV. Verfahren im zweiten Rechtsweg

1. Das Rechtsmittel der **Beschwerde** ist gegen alle das Verfahren beendenden Beschlüsse der Fachkammern zulässig (§ 87 Abs. 1 ArbGG). Auch eine **Anschlussbeschwerde** kann eingelegt werden (BVerwG v. 30. 8. 1985, PersV 1987, 247; OVG Münster v. 24. 2. 1983, RiA 1984, 163; VGH Kassel v. 29. 1. 1986, ZBR 1987, 314 = PersV 1987, 290). Ein Antragsteller, dessen Antrag zurückgewiesen worden ist, ist ohne Rücksicht auf sein Beteiligungsrecht beschwerdeberechtigt (BVerwG v. 13. 10. 1986, BVerwGE 75, 62 = ZBR 1987, 85 = PersV 1987, 336). Gegen **verfahrensleitende Beschlüsse und Verfügungen** des Verwaltungsgerichts bzw. seines Vorsitzenden kann Beschwerde zur zweiten Instanz eingelegt werden. Hierbei handelt es sich um eine (sofortige) Beschwerde (§ 83 Abs. 5 i. V. mit § 78 ArbGG). Zwingende Vorschriften über Form und Inhalt der Beschwerde enthält § 89 ArbGG. Die Beschwerdeschrift muss die ladungsfähige Anschrift des „Beschwerdegegners" oder seines Verfahrensbevollmächtigten enthalten. Der Mangel kann nur bis zum Ablauf der Beschwerdefrist behoben werden (vgl. BAG v. 3. 10. 1978, DB 1979, 751). 58

59 2. Die **Beschwerde** muss innerhalb von einem Monat nach Zustellung des Beschlusses der Fachkammer eingelegt werden, die Begründung muss innerhalb von zwei Monaten, ebenfalls vom Zeitpunkt der Zustellung gerechnet, erfolgen (§ 66 Abs. 1 ArbGG). Gegen die Versäumung der Frist kann **Wiedereinsetzung in den vorherigen Stand** gewährt werden, wenn der Beschwerdeführer glaubhaft macht, dass er ohne eigenes oder ihm zuzurechnendes Verschulden seines Verfahrensbevollmächtigten (§ 85 Abs. 2 ZPO) gehindert war, die Frist einzuhalten (§ 233 ZPO; BVerwG v. 26. 3. 1986, PersR 1986, 510). Diese Voraussetzung ist aber dann nicht erfüllt, wenn ein Rechtsanwalt es versäumt hat, durch büroorganisatorische Maßnahmen sicherzustellen, dass die Fristen beachtet werden (OVG Münster v. 26. 2. 1996, Leits. ZfPR 1996, 222). Die Beschwerde hat aufschiebende Wirkung (§ 87 Abs. 4 ArbGG). Sie muss den Beschluss bezeichnen, gegen den sie sich richtet und die Erklärung enthalten, dass gegen diesen Beschluss Beschwerde eingelegt wird (§ 89 Abs. 2 Satz 1 ArbGG). Unschädlich ist es, wenn die ladungsfähige Anschrift des Beteiligten oder des Verfahrensbevollmächtigten nicht mitaufgeführt ist (vgl. für das BetrVG: BAG v. 16. 9. 1986, BAGE 53, 30 = BB 1987, 200 = DB 1987, 544). Die **Beschwerdebegründung** muss angeben, auf welche Beschwerdegründe und auf welche neuen Tatsachen und Beweismittel sie gestützt wird (§ 89 Abs. 2 Satz 1 ArbGG). Für sie ist ebenso wie für die Beschwerde Schriftform erforderlich, damit aus dem Schriftstück der Inhalt der Erklärung, die abgegeben werden soll und die Person, von der sie ausgeht, hinreichend zuverlässig entnommen werden können. Diese Voraussetzungen sind bei der Benutzung von Telegrammen und Fernschreiben ebenso erfüllt wie bei einem fernmeldetechnisch im Telekopieverfahren von einem eigenhändig unterschriebenen Original aufgenommenen und als Fernkopie dem Rechtsmittelgericht unmittelbar zugeleiteten Schriftstück (vgl. für das BetrVG: BAG v. 24. 9. 1986, BAGE 53, 105 = BB 1986, 2420 = DB 1987, 183). Zur Begründung des Rechtsmittels kann der Antragsteller nicht lediglich auf sein erstinstanzliches Vorbringen Bezug nehmen. Vielmehr muss er deutlich machen, auf welche neuen Tatsachen und Argumente die Beschwerde gestützt werden soll. Nur auf diese Weise kann für das Gericht erkennbar dargelegt werden, warum die angefochtene Entscheidung nach Auffassung des Beschwerdeführers unrichtig ist (VGH Kassel v. 22. 1. 1986, ZBR 1987, 30 = PersV 1987, 114). Der Beschwerdeführer muss die aus seiner Sicht gebotenen Angriffs- und Verteidigungsmittel vollständig angeben. Ein späterer Vortag ist nur zulässig und eine Berücksichtigung nur dann möglich, wenn nach der freien Überzeugung des Gerichts ihre Zulassung die Erledigung des Verfahrens nicht verzögert oder wenn die Verspätung genügend entschuldbar ist (§ 67 Abs. 2 ArbGG).

60 3. In der zweiten Instanz können die **Beteiligten selbst auftreten oder sich vertreten lassen.** Nach § 67 Abs. 1 Satz 6 VwGO (Verwaltungsgerichtsordnung v. 21. 1. 1960, BGBl. I S. 17 i. d. F. d. Bekanntm. v. 19. 3. 1991, BGBl. I S. 686, zul. geänd. durch Art. 13 G v. 12. 12. 2007, BGBl. I S. 2840, 2855) sind in Personalvertretungsangelegenheiten vor dem OVG als Prozessbevollmächtigte auch „Mitglieder und Angestellte von Gewerkschaften zugelassen, sofern sie kraft Satzung oder Vollmacht zur Vertretung befugt sind“. Gewerkschaften in diesem Sinne sind auch nichttariffähige Organisationen, die die Gestaltung der sozialen und dienstrechtlichen Beziehungen zwischen Beamten und Dienstherrn kraft Satzung zum Ziel haben; Mitglieder und Angestellte müssen durch Satzung und Vollmacht zur Vertretung befugt sein (Bosch, ZBR 1999, 21). Allerdings muss die Beschwerdeschrift von einem Rechtsanwalt oder einem Gewerkschaftsvertreter unterzeichnet sein (§ 89 Abs. 1 Satz 2 ArbGG). Gleiches gilt für den die Beschwerde-

begründung enthaltenden Schriftsatz (OVG Münster v. 2. 9. 1992, Leits. ZBR 1993, 96).

4. Die vom Personalratsvorsitzenden einem Verfahrensbevollmächtigten erteilte **Prozessvollmacht** umfasst die Befugnis zur Einlegung von Rechtsmitteln. Das Fehlen eines ausdrücklichen Beschlusses der Personalvertretung auf Einlegung des Rechtsmittels macht dieses nicht unzulässig. 61

5. Der Beschluss, gegen den Beschwerde eingelegt wird, muss bezeichnet werden. Ebenso ist eine Erklärung erforderlich, dass gegen diesen Beschluss Beschwerde eingelegt wird. Auch ist anzugeben, auf welche im einzelnen anzuführenden Beschwerdegründe und neuen Tatsachen die Beschwerde gestützt wird (§ 89 Abs. 2 ArbGG). Auch in der zweiten Instanz ist der **Sachverhalt von Amts wegen aufzuklären** (§ 83 Abs. 1 Satz 1 ArbGG). Die Beteiligten haben daran mitzuwirken (§ 83 Abs. 2 Satz 1 ArbGG). Zu berücksichtigen sind in diesem Zusammenhang auch die Vorschriften über die Alleinentscheidung des Vorsitzenden und über die Vorbereitung der Verhandlung (§§ 55, 56, § 64 Abs. 7 ArbGG). Der Beschwerdeführer muss durch die Entscheidung beschwert sein, d. h. dem Antragsteller muss durch die angefochtene Entscheidung etwas versagt worden sein, was er in rechtserheblicher Weise beantragt hatte. Das ist nicht der Fall, wenn in den Gründen eines Beschlusses ein Mitbestimmungsrecht nur aus einer einzelnen Bestimmung des Gesetzes, nicht aber aus einer zweiten bejaht wird. Falls ein Antragsteller eine genaue Klärung aller in Frage kommenden Tatbestände wünscht, dann muss er den Streitgegenstand durch einen entsprechend gefassten Antrag präzisieren (BVerwG v. 25. 8. 1986, ZBR 1987, 60 = PersV 1987, 287). Auch in der Beschwerdeinstanz besteht die Möglichkeit, den **Antrag zu ändern** (§ 87 Abs. 2 Satz 3 i. V. mit § 81 Abs. 3 ArbGG) bzw. ihn mit Zustimmung der anderen Beteiligten zurückzunehmen (§ 87 Abs. 2 Satz 3 ArbGG). In diesem Fall ist das Verfahren vom Vorsitzenden einzustellen (vgl. § 81 Abs. 2 Satz 2 ArbGG). Im Übrigen gelten die erstinstanzlichen Verfahrensregeln entsprechend (vgl. Anm. 21 ff.). Das Beschwerdegericht kann ohne Beteiligung der ehrenamtlichen Richter außerhalb einer mündlichen Verhandlung eine **unzulässige Beschwerde verwerfen** (§ 89 Abs. 3 Satz 1 ArbGG). Im Übrigen kann die Beschwerde zurückgenommen werden. Das Verfahren der ersten Instanz wird vom Beschwerdegericht in tatsächlicher und rechtlicher Hinsicht geprüft. 62

V. Verfahren im dritten Rechtszug

1. Gegen den das Verfahren beendenden Beschluss eines Gerichts zweiter Instanz findet die **Rechtsbeschwerde** an das Bundesverwaltungsgericht statt, wenn sie in dem Beschluss des Verwaltungsgerichts zweiter Instanz oder in dem Beschluss des Bundesverwaltungsgerichts auf Grund der Nichtzulassungsbeschwerde (§§ 92 a, 72 a Abs. 2 ArbGG) zugelassen wird (§ 92 Abs. 1 Satz 1 ArbGG). Die Rechtsbeschwerde ist zuzulassen, „wenn die Rechtssache **grundsätzliche Bedeutung** hat", wenn die Entscheidung also über den Einzelfall hinaus entweder rechtlich oder aber wegen ihrer tatsächlichen Auswirkungen von Wichtigkeit ist (BVerwG v. 22. 8. 2006, Leits. ZfPR 2007, 19) oder der Beschluss von einer Entscheidung des Gemeinsamen Senats der obersten Gerichtshöfe des Bundes, von einer Entscheidung des Bundesverwaltungsgerichts oder, solange eine Entscheidung des Bundesverwaltungsgerichts in der Rechtssache nicht ergangen ist, von einer Entscheidung eines anderen Verwaltungsgerichts zweiter Instanz abweicht und die Entscheidung auf dieser Abweichung beruht (§ 92 Abs. 1 Satz 2 i. V. mit § 72 Abs. 2 Nr. 1 bzw. Nr. 2 ArbGG; vgl. u. a. BVerwG v. 1. 3. 1993, 63

PersR 1993, 315). Von einer grundsätzlichen Bedeutung einer Rechtsfrage kann aber nicht die Rede sein, wenn sie in der Rechtsprechung des Bundesverwaltungsgerichts im Sinne des Beschwerdeführers bereits geklärt ist (BVerwG v. 22. 8. 2006, aaO). Das Bundesverwaltungsgericht ist an die Zulassung der Rechtsbeschwerde durch das Verwaltungsgericht zweiter Instanz gebunden (§ 92 Abs. 1 Satz 2 i. V. mit § 72 Abs. 3 ArbGG), dessen Beschlusstenor deutlich machen muss, ob ein der Zulassung bedürftiges Rechtsmittel zugelassen oder nicht zugelassen wird (§ 92 Abs. 1 Satz 2, § 72 Abs. 1 Satz 2, § 64 Abs. 3 a ArbGG). Außerdem kann gegen den das Verfahren beendenden Beschluss eines Verwaltungsgerichts unter Übergehung der Beschwerdeinstanz unmittelbar Rechtsbeschwerde eingelegt werden (**Sprungrechtsbeschwerde**), wenn die übrigen Beteiligten schriftlich zustimmen und wenn sie vom Verwaltungsgericht wegen grundsätzlicher Bedeutung der Rechtssache auf Antrag in dem verfahrensbeendenden Beschluss oder nachträglich durch gesonderten Beschluss zugelassen wird (§ 96a Abs. 1 ArbGG; vgl. u. a. BVerwG v. 14. 7. 1986, ZBR 1986, 312 = PersV 1987, 199). Nach der ständigen Rechtsprechung des Bundesverwaltungsgerichts reicht es für die Zulässigkeit der Sprungrechtsbeschwerde aus, wenn der Beteiligte seine Zustimmung zur Einlegung des Rechtsmittels schon vorher in der mündlichen Verhandlung des Verwaltungsgerichts zu Protokoll erklärt hat (BVerwG v. 14. 7. 1986, aaO). Auch eine Anschlussrechtsbeschwerde ist zulässig (BVerwG v. 30. 8. 1985, BVerwGE 72, 84 = ZBR 1986, 143 = PersV 1987, 247; BVerwG v. 14. 7. 1986, aaO).

64 2. Wird die Rechtsbeschwerde nicht zugelassen, so steht den Beteiligten unter bestimmten Voraussetzungen die **Nichtzulassungsbeschwerde** an das Bundesverwaltungsgericht zu. Sie kann darauf gestützt werden, dass eine entscheidungserhebliche Rechtsfrage grundsätzliche Bedeutung hat (§ 72 a Abs. 2 Nr. 1 ArbGG), dass der Beschluss des OVG/VGH von einer Entscheidung des Bundesverwaltungsgerichts abweicht (§ 72 a Abs. 2 Nr. 2 ArbGG) oder dass ein absoluter Revisionsgrund nach § 547 Nr. 1 bis 5 ZPO vorliegt oder der Anspruch auf rechtliches Gehör in entscheidungserheblicher Weise verletzt wurde (§ 72 a Abs. 2 Nr. 2 ArbGG). Die Nichtzulassungsbeschwerde ist binnen eines Monats einzulegen und binnen zwei Monaten nach Zustellung des angefochtenen Beschlusses zu begründen, von einem Rechtsanwalt zu unterzeichnen und beim Bundesverwaltungsgericht einzulegen. Im einzelnen ist die grundsätzliche Bedeutung oder die Abweichung in einem Beschluss eines OVG/VGH in der Beschwerdebegründungsschrift darzulegen (§ 72 a Abs. 3 Satz 2 ArbGG). Die Beschwerde gegen die Nichtzulassung der Rechtsbeschwerde kann nicht auf einen Verfahrensverstoß gestützt werden; das gilt auch für die Rüge der Verletzung des rechtlichen Gehörs (BVerwG v. 20. 11. 2003, Leits. ZBR 2004, 146 = Leits. ZfPR 2004, 45).

65 3. Die Zulassung der Rechtsbeschwerde durch das Gericht zweiter Instanz setzt voraus, dass die personalvertretungsrechtliche Streitigkeit **grundsätzliche Bedeutung** hat oder dass der angefochtene Beschluss **von einer Entscheidung des Bundesverwaltungsgerichts** oder, falls eine entsprechende Entscheidung in der Rechtsfrage bisher nicht ergangen ist, von einer Entscheidung eines anderen Personalvertretungssenats des selben OVG/VGH oder eines anderen OVG/VGH **abweicht**. Die Entscheidung muss auf dieser Abweichung beruhen. Eine Rechtfrage hat nur dann grundsätzliche Bedeutung, wenn die Entscheidung über den Einzelfall hinaus rechtlich oder hinsichtlich ihrer tatsächlichen Auswirkungen von Gewicht ist. Eine personalvertretungsrechtliche Rechtsfrage hat dann keine grundsätzliche Bedeutung,

wenn ihre Klärung nur eine geringe Anzahl von Dienststellen vorübergehend betrifft; denn in diesem Fall ist ihre Klärung weder von allgemeiner Bedeutung für die Rechtsordnung noch wegen ihrer tatsächlichen Auswirkungen auf die Interessen der Allgemeinheit oder doch eines größeren Teils von ihr bedeutsam (BVerwG v. 22. 8. 2005, PersR 2006, 35 = Leits. ZfPR 2007, 19). Die Entscheidungen mit den einander widersprechenden Rechtsätzen müssen zu inhaltsgleichen Vorschriften ergangen sein. Beide Entscheidungen müssen auf der Abweichung beruhen. Das Beschwerdegericht muss seinem Beschluss einen abstrakten, die Entscheidung tragenden Rechtsatz zugrunde gelegt haben, der einem gleichen Rechtsatz in einer Entscheidung des BVerwG widerspricht (BVerwG v. 24. 1. 2001, ZBR 2001, 219 = PersV 2001, 417 = ZfPR 2001, 72). Wenn die Entscheidungen mit den einander widersprechenden Rechtssätzen zu inhaltsgleichen Vorschriften unterschiedlicher Personalvertretungsgesetze ergangen sind, dann liegt ebenfalls eine die Rechtsbeschwerde eröffnende Divergenz vor (BVerwG v. 28. 1. 2004, Leits. ZBR 2004, 181 = PersV 2004, 273 = Leits. ZfPR 2004, 209).

4. Das Verfahren (**Einlegung, Begründung, Fristen** etc.) bestimmt sich nach 66
§§ 92 a Satz 2, 72 Abs. 2 bis 7, 11 Abs. 2 ArbGG. Die Nichtzulassungsbeschwerde hat aufschiebende Wirkung (§ 92 Abs. 3 ArbGG). In der mündlichen Verhandlung vor dem Bundesverwaltungsgericht können Gewerkschafts- oder Verbandsvertreter auftreten, wenn sie die Voraussetzungen des § 11 Abs. 1 Satz 1 ArbGG nachweisen (vgl. auch Anm. 60).

5. Das Rechtsbeschwerdeverfahren (§§ 92 bis 96a ArbGG) ist nicht mehr 67
Tatsachen-, sondern ausschließlich **Rechtsfrageninstanz** mit weitgehender Anwendung der Vorschriften für das Revisionsverfahren (§ 92 Abs. 2 ArbGG). Der Sinn dieser Regelung besteht darin, „das Rechtsbeschwerdegericht von oft zeitraubenden Beweisaufnahmen freizuhalten" (BVerwG v. 16. 9. 1977, ZBR 1978, 207 = PersV 1979, 63). Allerdings kann das Gericht neue Tatsachen berücksichtigen, wenn sie nicht des Beweises bedürfen (BVerwG v. 16. 9. 1977, aaO). Es darf aber keine Antragsänderung mehr zulassen (BVerwG v. 7. 10. 1980, PersV 1981, 503; BVerwG v. 24. 9. 1985, PersV 1988, 353). Die **Rechtsbeschwerde** kann im Übrigen jederzeit **zurückgenommen** werden. Für diesen Fall stellt der Vorsitzende das Verfahren ein und gibt den Beteiligten hiervon Kenntnis, soweit ihnen die Rechtsbeschwerde zugestellt worden ist (§ 94 Abs. 3 ArbGG). Mit Zustimmung der übrigen Beteiligten kann der Antrag, der in erster Instanz gestellt worden ist, in dritter Instanz zurückgenommen werden (§ 92 Abs. 2 Satz 3 ArbGG). § 81 Abs. 2 Satz 2 und 3 ArbGG gilt entsprechend. Eine Überprüfung der **örtlichen Zuständigkeit** des Verwaltungsgerichts findet in der Rechtsmittelinstanz selbst dann nicht mehr statt, „wenn dieses darüber verfahrensfehlerhaft nicht vorab entschieden hat" (BVerwG v. 7. 1. 2003, Leits. ZBR 2003, 254 = PersV 2003, 139 = Leits. ZfPR 2003, 236). Das Gericht hat von Amts wegen die Zulässigkeit der Rechtsbeschwerde zu prüfen. Ist die Rechtsbeschwerde unzulässig, so wird sie ohne mündliche Verhandlung durch Beschluss verworfen (§ 94 Abs. 2 Satz 3 i. V. mit § 74 Abs. 2 ArbGG; § 545a ZPO). Rechtsbeschwerdeschrift und Begründung werden den Beteiligten zur Äußerung zugestellt (§ 95 Satz 1 ArbGG). Sie können sich schriftlich gegenüber dem Bundesverwaltungsgericht oder zur Niederschrift der Geschäftsstelle des Beschwerdegerichts äußern (§ 95 Satz 2 ArbGG). Das Verfahren kann auch durch Vergleich oder durch Erledigungserklärung beendet werden (§ 95 Abs. 1 Satz 4 i. V. mit § 83 a ArbGG). Im Übrigen kann die Rechtsbeschwerde unter Zustimmung der Beteiligten zurückgenommen werden (§ 92 Abs. 2 Satz 3 ArbGG). In diesen Fällen ist das Verfahren ein-

zustellen, die Beteiligten sind zu benachrichtigen (§ 92 Abs. 2 Satz 4 i. V. mit § 81 Abs. 2 Satz 2 und 3 ArbGG).

68 6. Ist in den Vorinstanzen eine **Beteiligung der Personalvertretung** unterblieben und wird das im Rechtsbeschwerdeverfahren gerügt, so führt dies zur Aufhebung der Entscheidung des Oberverwaltungsgerichts (bzw. Verwaltungsgerichtshofs) und des ihr zugrunde liegenden Verfahrens (für den Fall der Anfechtung der Wahl einer Jugendvertretung: BAG v. 20. 2. 1986, Leits. DB 1986, 2552), sofern die Beteiligung der Personalvertretung auch nur möglicherweise zu einem anderen Sachverhalt und daher zu einer anderen Entscheidung hätte führen können. Die erstinstanzliche Entscheidung ist jedoch nicht aufzuheben (vgl. auch Windscheid, PersV 1980, 417).

69 7. Das Verfahren vor dem Bundesverwaltungsgericht ist grundsätzlich ein **schriftliches Verfahren** (§ 96 ArbGG). Das Gericht kann aber eine mündliche Verhandlung anordnen. Aber auch für diesen Fall bedürfen die Beschlüsse des Rechtsbeschwerdegerichts nicht der Verkündung. Vielmehr genügt die Zustellung an die Beteiligten (BVerwG v. 16. 9. 1977, ZBR 1978, 207 = PersV 1979, 63). Das Bundesverwaltungsgericht kann auch die angefochtene Entscheidung aufheben und das Verfahren an das Gericht der zweiten Instanz zurückverweisen, wenn z. B. ein Verfahrensmangel gegeben ist oder wenn noch weitere Tatsachenfeststellungen zu treffen sind (§ 551 ZPO). Die schriftliche Ausfertigung des Beschlusses ist mit Gründen zu versehen und von sämtlichen Mitgliedern des Senats zu unterschreiben (§ 96 Abs. 2 ArbGG).

70 8. Die Rechtsbeschwerde kann vom Bundesverwaltungsgericht als unzulässig verworfen werden. In der Regel **entscheidet das Gericht durch Beschluss zur Sache** (§ 96 Abs. 1 ArbGG). Kommt das Bundesverwaltungsgericht zu der Überzeugung, dass ein Verfahrensmangel vorliegt oder aber noch weitere Tatsachenfeststellungen erforderlich sind, dann kann es das Verfahren auch an das Gericht der zweiten Instanz zurückverweisen. Im Übrigen ist der Beschluss nebst Gründen von sämtlichen Mitgliedern des Senats zu unterschreiben und den Beteiligten zuzustellen (§ 96 Abs. 2 ArbGG).

Schrifttum: Albers, Vorläufiger Rechtsschutz und objektives Beschlussverfahren, PersV 1993, 487; Baden, Personalvertretungsrechtliches Beschlussverfahren, PersR 2003, 29; ders., Neu im Beschlussverfahren: Nichtzulassungsbeschwerde auch bei Grundsatzfragen möglich, PersR 2005, 235; Bartha, Anwaltszwang für Behörden? – Zu § 83 Abs. 2 BPersVG, PersV 1986, 99; Battis/Kersten, Rechtsfolgen mangelhafter Mitbestimmung, PersR 2005, 138; Bosch, Effektiver Rechtsschutz für Personalräte – ist es endlich soweit?, PersR 1995, 273; Dannhäuser, Das Spannungsverhältnis zwischen Funktionstüchtigkeit der Verwaltung und rechtzeitigem Rechtsschutz für die Personalvertretung, PersV 1991, 193; Dietz, Die Beteiligung im personalvertretungsrechtlichen Beschlussverfahren, RiA 1984, 145; Edenfeld, Die Abwehr mitbestimmungswidrigen Arbeitgeberverhaltens, PersV 2001, 298; Eich, Kostenerstattung in Personalvertretungsangelegenheiten, MDR 1985, 885; Faber, Das Beschlussverfahren im Personalvertretungsrecht, PersV 1996, 337; Fuchs-Richter, Rechtsschutz für Personalräte durch einstweilige Verfügung, PersV 1986, 105; Fürst, Einseitige Antragsrücknahme nach Erlass einer einstweiligen Verfügung ohne mündliche Verhandlung, BB 1974, 890; Grabendorff, Zur gerichtlichen Nachprüfbarkeit von Personalratsbeschlüssen, ZBR 1960, 7; Haas, Nochmals: Einstweilige Verfügung im personalvertretungsrechtlichen Beschlussverfahren, PersV 1992, 145; ders., Die einstweilige Verfügung im personalvertretungsrechtlichen Beschlussverfahren, ZTR 1994, 3; ders., Vorläufiger Rechtsschutz im personalvertretungsrechtlichen Beschlussverfahren, PersV 1995, 27; Ilbertz, Das Rechtsschutzbedürfnis einer Gewerkschaft im Ausschlussverfahren, PersV 1976, 201; Lechtermann, Die Gewährung vorläufigen Rechtschutzes in Beteiligungsangelegenheiten (unter besonderer Berücksichtigung der Rechtsprechung des OVG NRW), PersV 2006, 4; Neubert, Einstweilige Verfügung im Beschlussverfahren, PersR 2003, 212; Klose, Einstweilige Verfügung – Entwicklung und Tendenzen in der Rechtsprechung/ Bedürfnisse der Praxis, ZfPR 1998, 139; von Roetteken, Änderungen im Beschlussverfahren nach dem ArbGG, PerR 2000, 220; Sabottig, Der Unterlassungsanspruch des Personalrats, PersV 1986, 105; Schäfer, Zur Nichtzulassungsbeschwerde nach § 72a ArbGG, NZA 1986, 249; Schaub, Das personalvertretungsrechtliche Beschlussverfahren, ZTR 2001, 97; Süllwold, Vorläufiger Rechtsschutz in personalvertretungsrechtlichen Beteiligungsangelegenheiten, ZfPR 1989, 118; dies., Der Ausweg: Vorläufiger Rechtsschutz in personalvertretungsrechtlichen Beteiligungsangelegenheiten, ZfPR 1991, 56; Vallendar, Vorläufiger Rechtsschutz für Personalräte, PersR 1993, 61; Widmaier, Die verwaltungsgerichtliche Rechtsprechung zur Zulässigkeit einstweiliger Verfügungen im personalvertretungsrechtlichen Beschlussverfahren, ZfPR 1989, 79; ders., Rechtsfolgen der Verletzung des Mitbestimmungsrechts unter besonderer Berücksichtigung der neueren Rechtsprechung, PersV 2000, 50; ders., Zwangsvollstreckung aus Beschlüssen der Fachgerichte in Personalvertretungsangelegenheiten, ZfPR 2000, 124; Windscheid, Die gerichtliche Nachprüfbarkeit von Personalratsbeschlüssen, PersV 1965, 145; ders., Offizialmaxime, Ermessensprüfung und Motivforschung, PersV 1971, 215; ders., Personalvertretungsrechtliche Bemerkungen zur Novelle zum Arbeitsgerichtsgesetz, PersV 1980, 94; ders., Probleme der Beteiligung am Beschlussverfahren in Personalvertretungssachen, ZBR 1980, 114; ders., Im Beschlussverfahren zu Unrecht nicht beteiligt, PersV 1980, 417; Zimmerling, Auswirkungen der fehlerhaften Personalratsbeteiligung auf das Beamtenverhältnis, PersV 2000, 250; ders. Auswirkungen der fehlerhaften Personalratsbeteiligung auf das Angestellten-/Arbeitsverhältnis, PersV 2002, 386.

§ 84 [Bildung von Fachkammern]

(1) Für die nach diesem Gesetz zu treffenden Entscheidungen sind bei den Verwaltungsgerichten des ersten und zweiten Rechtszuges Fachkammern (Fachsenate) zu bilden. Die Zuständigkeit einer Fachkammer kann auf die Bezirke anderer Gerichte oder Teile von ihnen erstreckt werden.

(2) Die Fachkammer besteht aus einem Vorsitzenden und ehrenamtlichen Richtern. Die ehrenamtlichen Richter müssen Beschäftigte im öffentlichen Dienst des Bundes sein. Sie werden je zur Hälfte durch die Landesregierung oder die von ihr bestimmte Stelle auf Vorschlag

1. der unter den Beschäftigten vertretenen Gewerkschaften und

2. der in § 1 bezeichneten Verwaltungen und Gerichte

berufen. Für die Berufung und Stellung der ehrenamtlichen Richter und Ihre Heranziehung zu den Sitzungen gelten die Vorschriften des Arbeitsgerichtsgesetzes über ehrenamtliche Richter entsprechend.

(3) Die Fachkammer wird tätig in der Besetzung mit einem Vorsitzenden und je zwei nach Absatz 2 Satz 3 Nr. 1 und 2 berufenen Beisitzern. Unter den in Absatz 2 Satz 3 Nr. 1 bezeichneten Beisitzern muss sich je ein Beamter und ein Arbeitnehmer befinden.

Inhaltsübersicht

Entspr. landesgesetzliche Regelungen:
Baden-Württemberg: § 87; Bayern: Art. 82; Berlin: § 92; Brandenburg: § 96; Bremen: § 71; Hamburg: § 101; Hessen: § 112; Mecklenburg-Vorpommern: § 88; Niedersachsen: § 84; Nordrhein-Westfalen: § 80; Rheinland-Pfalz: § 122; Saarland: § 114; Sachsen: § 89; Sachsen-Anhalt: § 79; Schleswig-Holstein: § 89; Thüringen: § 84.

I. Vorbemerkungen

1 Die Vorschrift enthält gerichtsverfassungsrechtliche Regelungen **für die Entscheidung von Streitigkeiten nach dem BPersVG.** Zu diesem Zweck sind besondere Spruchkörper bei den Verwaltungsgerichten gebildet worden. Diese Spruchkörper sind aber nur dann zuständig, wenn die betreffende Streitigkeit ihre Grundlage und ihre Regelung in den Vorschriften des Bundespersonalvertretungsgesetzes findet (BVerwG v. 24. 7. 1978, ZBR 1979, 240 = PersV 1979, 336).

II. Fachkammern/Fachsenat

2 1. Die Vorschrift über die Bildung von **Fachkammern und Fachsenaten** ist zwingend. Fachkammern sind bei den Verwaltungsgerichten für den ersten Rechtszug, Fachsenate bei den Oberverwaltungsgerichten bzw. Verwaltungsgerichtshöfen (in Baden-Württemberg, Bayern und Hessen) für den zweiten Rechtszug zu errichten. Die Vorschrift gilt nicht für das im dritten Rechtszug zuständige Bundesverwaltungsgericht.

2a a) Die § 83, 84 enthalten für das Bundesverwaltungsgericht keine Sonderregelungen. Daher gilt § 10 Abs. 3 VwGO (Verwaltungsgerichtsordnung v. 21. 1. 1960, BGBl. I S. 17, i. d. F. d. Bekanntm. v. 19. 3. 1991, BGBl. I S. 686, zul. geänd. d. Art. 13 G v. 12. 12. 2007, BGBl. I S. 2840, 2855). Danach entscheiden die Senate bei Beschlüssen außerhalb der mündlichen Verhandlung in der **Besetzung** mit drei Richtern, bei mündlicher Verhandlung in der Besetzung mit fünf Richtern (BVerwG v. 1. 11. 2001, BVerwGE 115, 223 = Leits. ZBR 2002, 222 = PersV 2002, 445 = ZfPR 2002, 40).

3 2. Die **örtliche Zuständigkeit** der Fachkammern kann abweichend von der örtlichen Zuständigkeit der Verwaltungsgerichte geregelt werden. Von dieser Möglichkeit ist teilweise Gebrauch gemacht worden.

III. Richter

1. Die Fachkammern bestehen aus einem **Berufsrichter** als Vorsitzendem und aus vier **ehrenamtlichen Richtern.** Alle Fragen der örtlichen Zuständigkeit (§ 55 Abs. 1 Nr. 7 ArbGG) und der Aussetzung des Verfahrens (§ 55 Abs. 1 Nr. 8 ArbGG) können vom Vorsitzenden alleine entschieden werden. Die Entscheidung kann ohne mündliche Verhandlung ergehen. Nicht in die alleinige Entscheidungskompetenz des Vorsitzenden fallen die Fälle, in denen es um die Entscheidung über die Zulässigkeit des eingeschlagenen Rechtswegs oder um die Verfahrensart geht. Der **Vorsitzende der Fachkammer** muss entweder der Präsident des Verwaltungsgerichts sein oder ein Richter mit der Qualifikation zur Leitung einer Kammer (BVerwG v. 7. 11. 1969, BVerwGE 34, 180 = ZBR 1970, 331 = PersV 1971, 15). Eine Abweichung hiervon ist nur während einer vorübergehenden Vertretung zulässig. Andernfalls ist die Fachkammer falsch besetzt, und ihre Entscheidung ist, falls ein Rechtsmittel gegen sie eingelegt wird, bereits aus diesem Grunde aufzuheben. Dies gilt selbst dann, wenn das Rechtsmittelgericht die Entscheidung inhaltlich billigt (BVerwG v. 1. 10. 1965, BVerwGE 22, 96 = ZBR 1966, 56 = PersV 1966, 21). Entsprechendes gilt für die Besetzung der Senate bei den Oberverwaltungsgerichten bzw. Verwaltungsgerichtshöfen. Den Vorsitz muss planmäßig der Präsident des Oberverwaltungsgerichts oder ein Richter mit der Qualifikation zur Leitung eines Senats führen. 4

2. Die Vorsitzenden der Fachkammern und Fachsenate werden durch das Präsidium des Verwaltungs- bzw. Oberverwaltungsgerichts bestimmt. Die Berufung der ehrenamtlichen Richter geschieht durch die Landesregierung oder durch eine andere, von ihr durch Rechtsverordnung bestimmte Stelle für fünf Jahre anhand von Vorschlagslisten, die von den unter den Beschäftigten vertretenen Gewerkschaften und von den in § 1 bezeichneten Verwaltungen und Gerichten vorgelegt werden. Aus diesen beiden Listen werden für jedes Gericht Vorschlagslisten erstellt, aus denen für jede Sitzung der Fachkammern und Fachsenate je zwei ehrenamtliche Richter berufen werden. Bei der Berufung hat die zuständige Stelle § 20 Abs. 2 ArbGG zu beachten (billige Berücksichtigung der Minderheiten). Voraussetzung für die Berufung eines ehrenamtlichen Richters ist ein **Beschäftigungsverhältnis „im öffentlichen Dienst** des Bundes", gleich ob als Beamter oder Arbeitnehmer. Es muss sich aber um ein hauptberufliches Beschäftigungsverhältnis handeln. 5

3. Die **weiteren Voraussetzungen für die Berufung der ehrenamtlichen Richter** enthalten die §§ 21, 37 Abs. 2 ArbGG. Danach sind als ehrenamtliche Richter solche Personen zu berufen, die das fünfundzwanzigste bzw. bei einer Tätigkeit in zweiter Instanz das dreißigste Lebensjahr vollendet haben. Es können nur Personen berufen werden, die im Bezirk der Fachkammer/des Fachsenats als Beschäftigte im öffentlichen Dienst des Bundes tätig sind (§ 21 Abs. 1 Satz 2 ArbGG; VGH München v. 19. 2. 1992, PersR 1993, 240). Ausgeschlossen sind Personen, 6

a) die infolge Richterspruchs die Fähigkeit zur Bekleidung öffentlicher Ämter nicht besitzen oder wegen einer vorsätzlichen Tat zu einer Freiheitsstrafe von mehr als sechs Monaten verurteilt worden sind (§ 21 Abs. 2 Nr. 1 ArbGG);
b) die wegen einer Tat angeklagt sind, die einen Verlust der Fähigkeit zur Bekleidung öffentlicher Ämter zur Folge haben kann (§ 21 Abs. 2 Nr. 2 ArbGG);
c) die das Wahlrecht zum Deutschen Bundestag nicht besitzen (§ 21 Abs. 2 Nr. 4 ArbGG);

d) die Beamte und Arbeitnehmer eines einschlägig zuständigen Gerichts sind (vgl. § 21 Abs. 3 ArbGG).

Niemand darf gleichzeitig ehrenamtlicher Richter der Arbeitnehmer- und der Arbeitgeberseite sein oder als ehrenamtlicher Richter bei mehr als einer Fachkammer/Fachsenat berufen werden (§ 21 Abs. 4 Satz 2 ArbGG). Im Falle des Wechsels der Gruppenzugehörigkeit während der Amtszeit erfolgt eine Entbindung wegen Wegfalls einer Berufungsvoraussetzung (BAG v. 21. 9. 1999, BAGE 92, 297).
Nicht als ehrenamtliche Richter sollen solche Personen berufen werden, die in Vermögensverfall geraten sind (§ 21 Abs. 2 Satz 2 ArbGG) oder als ehrenamtliche Richter bei mehr als einem Gericht für Arbeitssachen berufen sind.

7 4. **Die ehrenamtlichen Richter sind** ehrenamtliche Mitglieder des Gerichts und in dieser Eigenschaft **nicht Vertreter bestimmter Richtungen** oder gar Interessen, sondern – ebenso wie die Berufsrichter – verpflichtet, nach bestem Wissen und Gewissen, nur an das Recht und ihr Gewissen gebunden, unparteiisch zu entscheiden.

8 5. Die ehrenamtlichen Richter erhalten eine **angemessene Entschädigung** für den ihnen aus der Wahrnehmung des Amtes entstehenden Aufwand nach dem Gesetz über die Vergütung von Sachverständigen, Dolmetscherinnen, Dolmetschern, Übersetzerinnen, Übersetzern sowie die Entschädigung von ehrenamtlichen Richterinnen, ehrenamtlichen Richtern, Zeuginnen, Zeugen und Dritten (Justizvergütungs- und -entschädigungsgesetz, JVEG, v. 5. 5. 2004, BGBl. I S. 718, zul. geänd. v. 22. 12. 2006, BGBl. I S. 3416, 3428).

9 6. Für die ehrenamtlichen Richter gelten die Vorschriften über **Ablehnung und Ausschluss** von Gerichtspersonen (§ 80 Abs. 2 ArbGG; z. B. Mitwirkung im Beschwerderechtszug nach voraufgegangener Mitwirkung in erster Instanz, BVerwG v. 27. 4. 1979, ZBR 1980, 190 = PersV 1980, 430). Ihre Ablehnung kann nicht damit begründet werden, dass sie einer bestimmten Organisation angehören (OVG Saarlouis v. 16. 2. 1960, DÖV 1961, 352). Wohl aber kann geltend gemacht werden, dass nicht auszuschließen ist, dass ein ehrenamtlicher Richter wegen seiner Tätigkeit in der Personalabteilung die spezifischen Interessen seiner Dienststelle in einem personalvertretungsrechtlichen Verfahren vertreten werde, an dem ein Beschäftigter im Zusammenhang mit einer Versetzung beteiligt ist, zumal dann, wenn der ehrenamtliche Richter an der Entscheidung über die strittige Maßnahme mitgewirkt hat. Demgegenüber kann nicht auf die besonderen Regeln des Beschlussverfahrens verwiesen werden.

10 7. Ein ehrenamtlicher Richter kann durch das Oberverwaltungsgericht bzw. den Verwaltungsgerichtshof **seines Amtes enthoben werden** (§ 21 Abs. 5 i. V. mit § 44 Abs. 2 DRiG), wenn er seine Amtspflicht grob verletzt. Das ist z. B. dann der Fall, wenn er „außerhalb seines Amtes ein Verhalten an den Tag legt, das sein Ansehen als ehrenamtlicher Richter in der Öffentlichkeit erschüttert oder geeignet ist, den Rechtsuchenden das Vertrauen in eine einwandfreie Amtsführung im Wesentlichen zu nehmen" (OVG Lüneburg v. 7. 1. 1964, ZBR 1964, 62 = PersV 1964, 207).

11 8. Bei Beginn ihrer Amtszeit sind die ehrenamtlichen Richter „in öffentlicher Sitzung des Gerichts durch den Vorsitzenden zu **vereidigen**" (§ 45 Abs. 2 Satz 1 DRiG). Diese Vereidigung gilt für die Dauer des Amtes. Erfolgt eine

weitere Bestellung, so gilt die Vereidigung für die sich unmittelbar anschließende Amtszeit (§ 45 Abs. 2 Satz 2 DRiG).

9. Die **ehrenamtlichen Richter** werden zu den Sitzungen **nach einer Liste** 12
herangezogen, die der Vorsitzende der Fachkammer bzw. des Fachsenats zu Beginn des Geschäftsjahrs oder vor Beginn der Amtszeit neu zu berufender ehrenamtlicher Richter aufstellt (§ 31 ArbGG). Die Liste wird nach Anhörung des Ausschusses der ehrenamtlichen Richter (§ 29 ArbGG) aufgestellt (vgl. im Übrigen Anm. 5).

10. Ein **Ausschuss der ehrenamtlichen Richter** muss beim Oberverwal- 13
tungsgericht bzw. Verwaltungsgerichtshof gewählt werden. Beim Verwaltungsgericht wird der Ausschuss nur dann gewählt, wenn dieses mehr als eine Fachkammer hat (§ 29 Abs. 1 ArbGG).

IV. Streitigkeiten

Die Fachkammern und Fachsenate entscheiden in der **Besetzung** mit dem 14
Vorsitzenden und vier ehrenamtlichen Richtern. Von diesen müssen je zwei aus den beiden Gruppierungen oder Vorschlagslisten nach Abs. 2 Nr. 1 und 2 entnommen sein. Unter den zur Sitzung herangezogenen ehrenamtlichen Richtern aus den Gewerkschaftsvorschlägen (§ 84 Abs. 2 Nr. 1) müssen sich außerdem ein Beamter und ein Angestellter oder ein Arbeiter befinden (Wahrung des Gruppenprinzips), Abweichend von dieser Besetzung entscheidet der Vorsitzende allein, wenn ihm diese Befugnis zuerkannt ist, z. B. Einstellung des Verfahrens nach Rücknahme des Antrags (§ 81 Abs. 2 ArbGG), Einsetzung des Wahlvorstands nach Auflösung der Personalvertretung (§ 28 Abs. 2), prozessleitende Verfügungen, Antrag auf Erlass einer einstweiligen Verfügung (vgl. § 83 Anm. 25).

Siebentes Kapitel **Vorschriften für besondere Verwaltungszweige und die Behandlung von Verschlusssachen**

§ 85 [Sondervorschriften für die Bundespolizei]

(1) Für die Bundespolizei gilt dieses Gesetz mit folgenden Abweichungen:

1. **Die Beschäftigten der Bundespolizeibehörden und der ihnen nachgeordneten Dienststellen wählen Bundespolizeipersonalvertretungen (Bundespolizeipersonalrat, Bundespolizeibezirkspersonalrat, Bundespolizeihauptpersonalrat).**
2. **Polizeivollzugsbeamte sind nur wahlberechtigt (§ 13 Abs. 1), wenn sie am Wahltag die Grundausbildung bereits beendet haben und nicht bei der Berufung in das Beamtenverhältnis schriftlich erklärt haben, nur eine Dienstzeit von zwei Jahren ableisten zu wollen.**
3. **In Angelegenheiten, die lediglich die Polizeivollzugsbeamten betreffen, die nach Nummer 2 nicht wahlberechtigt sind, wirkt die Bundespolizeipersonalvertretung mit, wenn ein Vertrauensmann (Absatz 2) dies im Einzelfall beantragt.**
4. **Die in Nummer 3 bezeichneten Polizeivollzugsbeamten werden bei der Ermittlung der Zahl der vom Dienst freizustellenden Personalratsmitglieder nach § 46 Abs. 4 nicht berücksichtigt.**

5. Die Vorschriften über die Jugend- und Auszubildendenvertretung gelten nicht für die Polizeivollzugsbeamten.

6. Eine Beteiligung der Bundespolizeipersonalvertretung findet nicht statt bei

a) Anordnungen für Polizeivollzugsbeamte, durch die Einsatz oder Einsatzübungen geregelt werden,

b) der Einstellung von Polizeivollzugsbeamten für die Grundausbildung.

7. Die Bundespolizeipersonalvertretung bestimmt bei der Berufsförderung von Polizeivollzugsbeamten mit, soweit der Beamte dies beantragt.

(2) Die Polizeivollzugsbeamten, die nach Absatz 1 Nr. 2 nicht das Wahlrecht zu den Bundespolizeipersonalvertretungen besitzen, wählen in jeder Einheit einen Vertrauensmann und zwei Stellvertreter. Einheiten im Sinne des Satzes 1 sind die Hundertschaften oder vergleichbare Einheiten und Dienststellen nach näherer Bestimmung des Bundesministers des Innern. Für die Wahl, die Amtszeit und die Aufgaben des Vertrauensmannes gilt folgendes:

1. Wahlberechtigt und wählbar sind ohne Rücksicht auf ihr Alter die in Satz 1 genannten Polizeivollzugsbeamten; im Übrigen gelten § 13 Abs. 1, § 14 Abs. 1 Satz 2 entsprechend.

2. Der Bundespolizeipersonalrat bestimmt spätestens drei Wochen vor dem unter Nummer 4 Satz 2 genannten Zeitpunkt drei Wahlberechtigte als Wahlvorstand und einen von ihnen als Vorsitzenden. Hat der Bundespolizeipersonalrat den Wahlvorstand nicht fristgemäß bestimmt oder besteht in der Dienststelle kein Bundespolizeipersonalrat, so bestellt der Leiter der Dienststelle den Wahlvorstand.

3. Der Wahlvorstand hat unverzüglich eine Versammlung der Wahlberechtigten einzuberufen. In dieser Versammlung ist die Wahl des Vertrauensmannes und seiner Stellvertreter durchzuführen. Gewählt wird durch Handaufheben. Widerspricht ein Wahlberechtigter diesem Verfahren, so wird eine geheime Wahl mit Stimmzetteln vorgenommen. § 24 gilt entsprechend.

4. Für die Amtszeit des Vertrauensmannes und seiner Stellvertreter gelten § 29 Abs. 1 Nr. 2, 4, 5 und § 30 entsprechend. § 31 Abs. 1, 2 ist mit der Maßgabe anzuwenden, dass eine Neuwahl stattfindet, wenn nach Eintreten beider Stellvertreter kein Vertrauensmann mehr vorhanden ist.

5. Für die Geschäftsführung und Rechtsstellung des Vertrauensmannes gelten die §§ 43 bis 45, 46 Abs. 1,2,3 Satz 1 und 6 entsprechend. Für die Aufgaben und Befugnisse des Vertrauensmannes gelten § 2, § 47 Abs. 2, §§ 66 bis 68 entsprechend. In den Fällen des § 75 Abs. 2 Satz 1 Nr. 1, Abs. 3 Nr. 3, 14, 15, § 76 Abs. 1 Nr. 2, 4, 5, Abs. 2 Nr. 1, 5, 6, 9, § 78 Abs. 1 Nr. 4 ist, soweit Polizeivollzugsbeamte, die nach Absatz 1 Nr. 2 nicht das Wahlrecht zu den Bundespolizeipersonalvertretungen besitzen, betroffen sind, der Vertrauensmann rechtzeitig von dem Dienststellenleiter zu hören, in den Fällen des § 76 Abs. 2 Nr. 9, § 78 Abs. 1 Nr. 4 jedoch nur auf Antrag des Betroffenen. Der Vertrauensmann kann an den Sitzungen des Bundespolizeipersonalrats beratend teilnehmen; in den Fällen des Absatzes 1 Nr. 3 hat er im Bundespolizeipersonalrat Stimmrecht.

(3) Die Dienstleistenden (§ 49 Abs. 1 des Bundesgrenzschutzgesetzes vom 18. August 1972 (BGBl. I S. 1834), das zuletzt durch Artikel 3 des Gesetzes vom 19. Oktober 1994 (BGBl. I S. 2978) geändert worden ist, stehen bei der Anwendung dieses Gesetzes den Polizeivollzugsbeamten gleich, die nach Absatz 1 Nr. 2 nicht das Wahlrecht zu den Bundesgrenzschutzpersonalvertretungen besitzen; sie wählen gemeinsam mit diesen den Vertrauensmann und dessen Stellvertreter (Absatz 2). Erleidet ein Dienstleistender anläßlich der Wahr-

nehmung von Rechten oder Erfüllung von Pflichten nach diesem Gesetz durch einen Unfall eine gesundheitliche Schädigung, die eine Grenzschutzdienstbeschädigung wäre, so sind die dafür geltenden Vorschriften entsprechend anzuwenden.

Inhaltsübersicht

Entsprechende landesgesetzliche Regelungen gibt es aufgrund von § 95 Abs. 1 für die Polizei der Länder und für die Bereitschaftspolizei.

Baden-Württemberg: § 90; Bayern: Art. 6 Abs. 7, Art. 85; Berlin: –; Brandenburg: § 53 Abs. 5; Hamburg: § 87; Hessen: §§ 86 bis 89; Niedersachsen: §§ 86, 87; Nordrhein-Westfalen: § 67, §§ 81 bis 86; Rheinland-Pfalz: §§ 93, 94; Saarland: §§ 91, 92; Sachsen: § 68; Sachsen-Anhalt: §§ 80, 81; Schleswig-Holstein: § 67 Abs. 9; Thüringen: § 90.

I. Vorbemerkungen

Der Bundesgrenzschutz wurde mit Wirkung zum 1.7.2005 in „Bundespolizei" umbenannt (Gesetz vom 21.6.2005, BGBl. I S. 1818, zul. geänd. d. G v. 28.2.2008, BGBl. I S. 215) Die bisherigen Bezeichnungen werden daher redaktionell – ohne inhaltliche Veränderungen – umgestellt. Der Gesetzgeber hat die Bundespolizei in den Kreis der Verwaltungen eingereiht, für die das BPersVG gilt. Die Sondervorschrift gilt **für alle Beschäftigten der Bundespolizei.** Sie enthält nur solche Abweichungen vom BPersVG, die sich aus dem besonderen organisatorischen Aufbau und den besonderen Aufgaben der Bundespolizei ergeben. Die Abweichungen beziehen sich in erster Linie auf Einsatzanordnungen (Abs. 1 Nr. 6 Buchst. a). Dadurch soll die Funktionsfähigkeit der Bundespolizei gewährleistet werden, die gestört werden könnte, wenn die dienstlichen Anordnungen im Zusammenhang mit Einsätzen den eventuell langwierigen Verfahrensabläufen nach § 69 unterliegen würden. 1

Außerdem ist zu berücksichtigen, dass die Verantwortung für eine sachgerechte Aufgabenerfüllung „wegen ihrer Auswirkungen auf das Gemeinwesen" (vgl. § 104) nicht Organen überlassen werden sollte, die dem Parlament gegenüber nicht verantwortlich sind (Walter, PersV 1992, 147; vgl. auch Anm. 10).

II. Aufgaben der Bundespolizei

2 1. Die Aufgaben und Befugnisse der Bundespolizei ergeben sich aus dem Bundespolizeigesetz (BPolG v. 19. 10. 1994, BGBl. I S. 2978, zul. geänd. d. Art. 1 G v. 26. 2. 2008, BGBl. I S. 215). Zu den Aufgaben gehören u. a.: Grenzpolizeilicher Schutz des Bundesgebietes, bahnpolizeiliche Aufgaben, Prävention von Straftaten im Bereich des Eisenbahnverkehrs, Schutz vor Angriffen auf die Sicherheit des Luftverkehrs, Schutz von Verfassungsorganen des Bundes und von Bundesministerien, polizeiliche Aufgaben im Notstands- und Verteidigungsfall. Die Bundespolizei ist eine Polizei der Bundesrepublik Deutschland, die dem Bundesministerium des Innern untersteht.

3 2. Für die **Bundespolizei** gilt das BPersVG mit folgenden Abweichungen:

4 a) Die Beschäftigten der Bundespolizei wählen **Bundespolizeipersonalvertretungen** auf allen Ebenen des Behördenaufbaus. Der Bundespolizeihauptpersonalrat wird beim Bundesminister des Innern gebildet, Bundespolizeibezirkspersonalräte werden bei den Bundespolizeibehörden auf der Mittelstufe und Bundespolizeipersonalräte als örtliche Personalvertretungen gewählt. Letztere werden bei den Bundespolizeiämtern, der Bundespolizeidirektion und der Bundespolizeiakademie gewählt (§ 57 Abs. 1 BPolG). Die Bundespolizeiämter unterstehen den Bundespolizeipräsidien (§ 57 Abs. 2 BPolG); sie bilden die untere Verwaltungsstufe einschließlich der ihnen nachgeordneten Ortsdienststellen. Nach § 57 Abs. 1 BPolG sind die Bundespolizeidirektion und die Bundespolizeiakademie keine Behörden der Mittelstufe, da ihnen ein nachgeordneter Bereich fehlt. Mittelbehörden sind die Bundespolizeipräsidien (§ 57 Abs. 2 Satz 1 BPolG). Neben dem beim Bundesministerium des Innern bestehenden allgemeinen Hauptpersonalrat besteht der Bundespolizeihauptpersonalrat, der von den Beschäftigten der Bundespolizeibehörden gewählt wird. Das BMI ist oberste Dienstbehörde. Während bei der Bundespolizeidirektion und bei der Bundespolizeiakademie lediglich ein zweistufiger Aufbau mit Bundespolizeipersonalräten und einem Hauptpersonalrat beim BMI besteht, ist die Personalvertretung in der Bundespolizei grundsätzlich dreistufig gegliedert, nämlich bei den Bundespolizeiämtern, den Bundespolizeipräsidien und beim BMI. Verbände und Einheiten, die den Bundespolizeipräsidien nachgeordnet sind, sind keine Behörden im Sinne des § 57 Abs. 1 BPolG. Soweit deren Leitern den Befugnissen eines Dienststellenleiters vergleichbare Rechte zustehen, können sich die entsprechenden Organisationseinheiten personalvertretungsrechtlich entsprechend § 6 Abs. 2 Satz 1 verselbständigen.

5 b) Das **Wahlrecht** steht allen Beschäftigten der Bundespolizei zu, die am Wahltag das 18. Lebensjahr vollendet haben und die übrigen Voraussetzungen des § 13 erfüllen. **Polizeivollzugsbeamte** sind wahlberechtigt, wenn sie am Wahltag (ausreichend bei mehreren Wahltagen: letzter Wahltag) die Grundausbildung beendet haben. Die Mindestzeit des Vorbereitungsdienstes im mittleren Dienst beträgt 2 1/2 Jahre. Eine Grundausbildung ist für die Laufbahn des gehobenen und höheren Dienstes nicht vorgesehen. Polizeikommissar- oder Polizeiratanwärter, die für diese Laufbahnen eingestellt werden, sind vom Zeitpunkt ihrer Einstellung an unter

den Voraussetzungen des § 13 wahlberechtigt. Für sie gilt wie für die Wahlberechtigung der Polizeivollzugsbeamten, dass sie bei der die Ausbildung leitenden Stammdienststelle wahlberechtigt sind (§ 13 Abs. 3).

c) Zu einer Bundespolizeipersonalvertretung sind die Polizeivollzugs- 5a
beamten, die nach Abs. 1 Nr. 2 i. V. mit § 13 wahlberechtigt sind, **wählbar;** gleiches gilt für alle anderen Beschäftigten, soweit sie wahlberechtigt sind und die Voraussetzungen der Wählbarkeit nach § 14 erfüllen. Bei der **Festlegung der Größe** der Bundespolizeipersonalvertretung und bei der Verteilung der Sitze auf die Gruppen zählen die nicht wahlberechtigten Polizeivollzugsbeamten mit (Altvater u. a., § 85 Anm. 11; Fischer u. a., § 85 Anm. 15). Sie bilden keine eigene Gruppe. Vielmehr gehören sie wie die übrigen Beamten der Bundespolizei der **Gruppe der Beamten** an. **Amtszeit und Geschäftsführung** richten sich nach den §§ 26 bis 45. Die §§ 46, 47 regeln die **Rechtsstellung der Mitglieder** (s. aber Anm. 8). Auch die Vorschriften über **Personalversammlungen** nach den §§ 48 bis 52 finden Anwendung. Die §§ 53 bis 56 sind mit den sich aus Abs. 1 Nr. 2 ergebenden Einschränkungen der Wahlberechtigung und Wählbarkeit auf die Wahlen der Bundespolizeistufenvertretungen und der Gesamtpersonalräte anzuwenden.

3. Die nicht wahlberechtigten Polizeivollzugsbeamten werden bei der Er- 6
mittlung der Zahl der **vom Dienst freizustellenden Personalratsmitglieder** nach § 46 Abs. 4 nicht berücksichtigt. Dies bedeutet, dass sie im Zusammenhang mit der Freistellung nicht als Beschäftigte gelten.

4. Die Vorschriften über die **Jugend- und Auszubildendenvertretungen** gel- 7
ten nicht für Polizeivollzugsbeamte (Abs. 1 Nr. 5). Wohl aber können die sonstigen Beschäftigten, die das 18. Lebensjahr noch nicht vollendet haben oder die sich in einer beruflichen Ausbildung befinden und das 25. Lebensjahr noch nicht vollendet haben, Jugend- und Auszubildendenvertretungen wählen. Polizeivollzugsbeamte, die das 18. Lebensjahr noch nicht vollendet haben, werden bei der Ermittlung der Zahl der in § 57 genannten Beschäftigten für die Bildung der Jugend- und Auszubildendenvertretungen in einer Dienststelle nicht mitgezählt. Die Polizeivollzugsbeamten sind weder für eine Jugend- und Auszubildendenvertretung wahlberechtigt noch wählbar. Das gilt auch für diejenigen, die bereits die Grundausbildung beendet, das 18. Lebensjahr aber noch nicht vollendet haben. Ebensowenig können sie sich aber auch an der Wahl des Vertrauensmannes nach Abs. 2 beteiligen. Das aktive Wahlrecht steht nämlich nur denjenigen Polizeivollzugsbeamten zu, die ihre Grundausbildung noch nicht beendet haben und Personalvertretungen nicht wählen können.

5. Die Bundespolizeivertretung wirkt in Angelegenheiten, die lediglich die 8
nicht wahlberechtigten Polizeivollzugsbeamten betreffen, mit, wenn dies ein **Vertrauensmann im Einzelfall beantragt.** Der Vertrauensmann muss also das Tätigwerden für einen im Einzelnen bezeichneten Fall in bezug auf einen oder mehrere nicht wahlberechtigte Polizeivollzugsbeamte (schriftlich) beantragen. Er kann die Beteiligung der Bundespolizeivertretung stets nur für einen bestimmten Einzelfall, von dem entweder ein Polizeivollzugsbeamter oder mehrere gleichzeitig betroffen sind, verlangen. Ein Antragsrecht für mehrere künftig anstehende Angelegenheiten steht ihm dagegen nicht zu. Andernfalls wäre die Einrichtung des Vertrauensmannes praktisch überflüssig und die Bundespolizeipersonalvertretung könnte generell für zuständig erklärt werden.

9 6. Im Falle eines entsprechenden Antrags wirkt die Bundespolizeipersonalvertretung mit, d. h. sie hat die ihr zustehenden Befugnisse in bezug auf einen einzelnen oder mehrere insgesamt wahrzunehmen. Die Bundespolizeipersonalvertretung kann den **Antrag des Vertrauensmannes** nicht zurückweisen. Ein Untätigbleiben kann eventuell die Folgen des § 28 auslösen.

10 7. Eine Beteiligung der Bundespolizeipersonalvertretung ist bei dienstlichen Anordnungen für Polizeivollzugsbeamte, durch die **Einsatz oder Einsatzübungen** geregelt werden, ausgeschlossen. Einsatz oder Einsatzübungen sind alle Tätigkeiten mit Außenwirkung, die im Rahmen der Aufgaben der Bundespolizei liegen. Hierunter fallen u. a. Streifendienst und der damit zusammenhängende Bereitschaftsdienst (VGH Kassel v. 24. 4. 1985, ZBR 1985, 286) sowie alle unmittelbaren Vor- und Nacharbeiten, ohne die eine Übung nicht sinnvoll durchgeführt werden kann (z. B. Reinigen von Waffen und Geräten nach der Übung, VGH München v. 1. 7. 1987, ZBR 1988, 134; Richardi u. a., § 85 Anm. 13). In diesen Fällen soll die Entscheidung des verantwortlichen Leiters von Einheiten unbeeinflusst bleiben. Verzögerungen durch die Beteiligung der Bundespolizeivertretung sollen vermieden werden. Alleiniger Zweck der einschränkenden Regelung ist also, im Falle von Einsätzen und Einsatzübungen die Funktionsfähigkeit der Bundespolizei nicht durch die Einschaltung von Personalvertretungen zu beeinträchtigen. Daher kann das Beteiligungsrecht der Bundespolizeipersonalvertretungen nur insoweit eingeschränkt werden, als es zur Sicherstellung der Funktionsfähigkeit der Bundespolizei erforderlich ist.

11 8. Das Mitbestimmungsrecht der Bundespolizeipersonalvertretung bei der **Berufsförderung von Polizeivollzugsbeamten** ist inzwischen gegenstandslos geworden. Dies ist darauf zurückzuführen, dass die letzten Widerrufsbeamten zum 30. 6. 1988 ausgeschieden sind, so dass Abs. 1 Nr. 7 seit dem 1. 7. 1988 ohne Bedeutung ist (Richardi u. a., § 85 Anm. 16).

III. Vertrauensmann

12 1. Die in der Grundausbildung stehenden Polizeivollzugsbeamten und Polizeivollzugsbeamte mit einer Verpflichtungszeit von höchstens zwei Jahren sowie Dienstleistende nach Abs. 3 wählen einen **Vertrauensmann und zwei Stellvertreter.** Dieser Personenkreis befindet sich in einem rechtlich noch nicht verfestigten Status, so dass die Aufgaben des Vertrauensmannes in einer diesen Verhältnissen angepassten Interessenwahrnehmung liegen (Fischer u. a., § 85 Anm. 28). Für Wahl, Amtszeit und Aufgaben des Vertrauensmannes gilt folgendes:

13 a) **Wahlberechtigt** sind die Polizeivollzugsbeamten, die die Bundespolizeipersonalvertretungen nicht wählen können, d. h. also die, die ihre Grundausbildung noch nicht abgeschlossen haben. Das Recht, in öffentlichen Angelegenheiten zu wählen oder zu stimmen, darf nicht durch Richterspruch aberkannt worden sein. Eine Beurlaubung von mehr als sechs Monaten unter Wegfall der Bezüge darf nicht erfolgt sein. Der gleiche Personenkreis ist auch **wählbar.** Nicht wählbar ist, wer infolge Richterspruchs die Fähigkeit, Rechte aus öffentlichen Wahlen zu erlangen, nicht besitzt. Weder für die Ausübung des aktiven noch für die Ausübung des passiven Wahlrechts wird eine **Altersgrenze** vorgeschrieben.

14 b) Der jeweilige Bundespolizeipersonalrat bestimmt spätestens drei Wochen vor dem unter Nr. 4 Satz 2 genannten Zeitpunkt drei Wahlberechtigte als Wahlvorstand und einen von ihnen als Vorsitzenden. Der Leiter der Dienst-

stelle bestellt den **Wahlvorstand** für den Fall, dass der Bundespolizeipersonalrat ihn nicht fristgemäß bestimmt hat oder dass in der Dienststelle (Einheit) kein Bundespolizeipersonalrat nicht besteht. Die Bestellung hat **unverzüglich** nach Fristablauf zu erfolgen. Aus diesem Grund hat der Leiter der Dienststelle die Tätigkeit des Bundespolizeipersonalrats sorgfältig zu beobachten und sich darüber zu informieren, ob ein Wahlvorstand bestellt worden ist. Während bei der Bestellung des Wahlvorstands durch den Bundespolizeipersonalrat gleichzeitig auch die **Bestimmung des Vorsitzenden** geregelt wird, fehlt es bei der Bestellung durch den Leiter der Dienststelle an einer ausdrücklichen gesetzlichen Regelung. Dennoch ist nicht davon auszugehen, dass der Dienststellenleiter den Vorsitzenden des Wahlvorstands nicht bestimmen könnte; denn er muss in vollem Umfang an die Stelle des Bundespolizeipersonalrats treten (Fischer u. a., § 85 Anm. 33; Lorenzen u. a., § 85 Anm. 51).

c) Der von der jeweiligen Bundespolizeipersonalvertretung eingesetzte oder vom Leiter der Dienststelle bestimmte Wahlvorstand hat unverzüglich eine **Versammlung der Wahlberechtigten** zur Wahl des Vertrauensmannes und seiner Stellvertreter einzuberufen. Die Wahl ist im Gegensatz zu den Wahlen zu den Personalvertretungen nicht geheim; es wird durch Handaufheben gewählt. Wenn allerdings ein Wahlberechtigter diesem Verfahren widerspricht, so ist eine geheime Wahl mit Stimmzetteln durchzuführen. 15

d) Bei der Wahl des Vertrauensmannes und seiner Stellvertreter darf niemand behindert oder in einer gegen die guten Sitten verstoßenden Weise beeinflusst werden. Schon aus diesen Gründen wird sich in aller Regel eine geheime Wahl empfehlen (vgl. § 24 Abs. 1). Darüber hinaus darf insbesondere **die Ausübung des aktiven und passiven Wahlrechts nicht beschränkt werden,** etwa durch eine in der Absicht der Behinderung erfolgende Versetzung. 16

e) Die **Kosten der Wahl** trägt die Dienststelle. Notwendige Versäumnis von Arbeitszeit infolge der Ausübung des Wahlrechts oder der Betätigung im Wahlvorstand hat keine Minderung der Dienstbezüge zur Folge (vgl. § 24 Abs. 2). 17

f) Wegen der Kürze der Grundausbildung und der Dienstzeit, die nicht mehr als zwei Jahre beträgt, sowie wegen des häufigen Wechsels in der Zusammensetzung der Einheiten gibt es für den Vertrauensmann und seine Stellvertreter **keine feste Amtszeit** (Fischer u. a., § 85 Anm. 38; Lorenzen u. a., § 85 Anm. 56). Das Amt des Vertrauensmannes oder des Stellvertreters erlischt durch Niederlegung des Amtes (vgl. § 29 Abs. 1 Nr. 2) und durch Ausscheiden aus der Dienststelle bzw. bei richterlicher Aberkennung der Fähigkeit, Rechte aus öffentlichen Wahlen zu erlangen (vgl. § 29 Abs. 1 Nr. 5). 18

g) Ist einem Vertrauensmann oder seinem Stellvertreter die Führung der Dienstgeschäfte verboten oder ist er wegen eines gegen ihn schwebenden Disziplinarverfahrens vorläufig des Dienstes enthoben worden, so kann er sein **Amt nicht ausüben** (vgl. § 30). In diesem Fall sowie bei sonstiger zeitweiliger Verhinderung tritt nach Nr. 4 Satz 2 i. V. m. § 31 Abs. 1 Satz 2 ein Stellvertreter in die Funktion des Vertrauensmanns ein. Die Reihenfolge des Eintritts der Stellvertreter richtet sich nach der Reihenfolge der bei der Wahl erreichten Stimmenzahl (Nr. 4 Satz 2 i. V. m. § 31 Abs. 2 Satz 2; Fischer u. a., § 85 Anm. 40). Wenn aber der gewählte Vertrauensmann endgültig aus dem 19

Amt ausscheidet, dann rückt der erste Stellvertreter zum Vertrauensmann auf (Nr. 4 Satz 2 i. V. m. § 31 Abs. 1 Satz 1, Abs. 2 Satz 2).

20 h) Eine **Neuwahl** hat stattzufinden, wenn auch nach Eintreten beider Stellvertreter kein Vertrauensmann mehr vorhanden ist.

21 i) Der Vertrauensmann kann **Sprechstunden während der Arbeitszeit** einrichten. Zeit und Ort bestimmt er im Einvernehmen mit dem Leiter der Dienststelle (vgl. § 43). An den Sprechstunden können nur Polizeivollzugsbeamte teilnehmen, deren Grundausbildung noch nicht beendet ist und die daher für die Wahl des Personalrats nicht wahlberechtigt sind.

22 j) Die durch die Tätigkeit des Vertrauensmannes entstehenden **Kosten** trägt die Dienststelle. Hat der Vertrauensmann zur Erfüllung seiner Aufgaben Reisen durchzuführen, so erhält er eine Reisekostenvergütung nach BRKG (§ 44 Abs. 1). Für Sitzungen, Sprechstunden und laufende Geschäftsführung hat ihm die Dienststelle in erforderlichem Umfang Räume, **Geschäftsbedarf** und Büropersonal zur Verfügung zu stellen (vgl. § 44 Abs. 2). Geeignete Plätze für Bekanntmachungen und Anschläge sind dem Vertrauensmann einzuräumen (vgl. § 44 Abs. 3). Der Vertrauensmann darf für seine Zwecke von den Beschäftigten **weder Beiträge erheben noch annehmen** (vgl. § 45). Er führt sein Amt unentgeltlich als **Ehrenamt** (vgl. § 46 Abs. 1; vgl. hierzu auch Fischer u. a., § 85 Anm. 41c ff.).

23 k) Die durch die ordnungsgemäße Durchführung der Aufgaben des Vertrauensmannes versäumte Arbeitszeit hat **keine Minderung von Dienstbezügen** zur Folge. Bei einer Beanspruchung über die regelmäßige Arbeitszeit hinaus ist Dienstbefreiung in entsprechendem Umfang zu gewähren (vgl. § 46 Abs. 2). Wenn und soweit es nach Umfang und Art der Dienststelle zur ordnungsgemäßen Durchführung der Aufgaben erforderlich ist, so ist der Vertrauensmann von seiner dienstlichen Tätigkeit **freizustellen.** Die Freistellung darf nicht zur Beeinträchtigung des beruflichen Werdegangs führen (vgl. § 46 Abs. 3 Satz 1 und 6). Wegen des Interesses des Vertrauensmannes an einer erfolgreichen Prüfung am Ende der Grundausbildung sollte allerdings die Möglichkeit der Freistellung nur begrenzt genutzt werden (vgl. auch: Lorenzen u. a., § 85 Anm. 65). Da ein Verweis auf § 46 Abs. 6 (Teilnahme an Schulungs- und Bildungsveranstaltungen) nicht besteht, entfällt auch ein entsprechender Anspruch (Fischer u. a., § 85 Anm. 43; Lorenzen u. a., § 85 Anm. 66; aA Altvater u. a., § 85 Anm. 32).

24 l) Der Vertrauensmann hat mit dem Leiter der Dienststelle unter Beachtung der Gesetze und Tarifverträge **vertrauensvoll** und im Zusammenwirken mit den in der Dienststelle vertretenen Gewerkschaften und Arbeitgebervereinigungen zum Wohle der Beschäftigten und zur Erfüllung der der Dienststelle obliegenden Aufgaben **zusammenzuarbeiten** (vgl. § 2 Abs. 1). Er darf gegen seinen Willen nur **versetzt** oder abgeordnet werden, wenn dies auch unter Berücksichtigung seiner Stellung aus wichtigen dienstlichen Gründen unvermeidbar ist (vgl. § 47 Abs. 2).

25 m) Auch der Vertrauensmann soll mindestens **einmal im Monat** mit dem Leiter der Dienststelle zu **Besprechungen** zusammentreffen. Mit dem ernsten Willen zur Einigung soll verhandelt und ein Vorschlag für die Beseitigung von Meinungsverschiedenheiten gemacht werden. Außerdem soll die Gestaltung des Dienstbetriebs behandelt werden. Alle Vorgänge sollen diskutiert werden, die die Beschäftigten wesentlich berühren. Des weiteren haben Dienststelle

und Vertrauensmann friedensstörende Maßnahmen zu unterlassen und außenstehende Stellen erst im Falle der Nichteinigung anzurufen (§ 68). Darüber hinaus soll auch der Vertrauensmann auf die **Einhaltung des Gleichbehandlungsgebots** achten und sich objektiv und neutral verhalten (§ 67).

n) Ebenso wie der Bundespolizeipersonalrat hat auch der Vertrauensmann eine **Reihe allgemeiner Aufgaben,** so u. a. Anregungen und Beschwerden von Beschäftigten entgegenzunehmen und, falls sie berechtigt erscheinen, durch Verhandlungen mit dem Leiter der Dienststelle auf ihre Erledigung hinzuwirken. Er hat darüber hinaus schließlich einen **Anspruch auf rechtzeitige und umfassende Unterrichtung** (§ 68). 26

2. Der Dienststellenleiter hat den **Vertrauensmann möglichst führzeitig** (Richardi u. a., § 85 Anm. 26) dann zu hören, wenn von folgenden Angelegenheiten nicht wahlberechtigte Polizeibeamte betroffen sind: Gewährung von Unterstützungen, Vorschüssen, Darlehen und entsprechenden sozialen Zuwendungen (§ 75 Abs. 2 Satz 1 Nr. 1); Aufstellung des Urlaubsplans, Festsetzung der zeitlichen Lage des Erholungsurlaubs für einzelne Beschäftigte, wenn zwischen dem Dienststellenleiter und den Betroffenen kein Einverständnis erzielt wird (§ 75 Abs. 3 Nr. 3); Absehen von der Ausschreibung von Dienstposten, die besetzt werden sollen (§ 75 Abs. 3 Nr. 14); Regelung der Ordnung in der Dienststelle und des Verhaltens der Beschäftigten (§ 75 Abs. 3 Nr. 15); Beförderung, Übertragung eines anderen Amtes mit höherem Endgrundgehalt ohne Änderung der Dienstbezeichnung, Verleihung eines anderen Amtes mit anderer Amtsbezeichnung beim Wechsel der Laufbahngruppe, Laufbahnwechsel (§ 76 Abs. 1 Nr. 2); Versetzung zu einer anderen Dienststelle, Umsetzung innerhalb der Dienststelle, wenn sie mit einem Wechsel des Dienstorts verbunden ist (das Einzugsgebiet im Sinne des Umzugskostenrechts gehört zum Dienstort, § 76 Abs. 1 Nr. 4); Abordnung für eine Dauer von mehr als drei Monaten (§ 76 Abs. 1 Nr. 5); Auswahl der Teilnehmer an Fortbildungsveranstaltungen für Beamte (§ 76 Abs. 2 Nr. 1); Maßnahmen zur Hebung der Arbeitsleistung und Erleichterung des Arbeitsablaufs (§ 76 Abs. 2 Nr. 5); allgemeine Fragen der Fortbildung der Beschäftigten (§ 76 Abs. 2 Nr. 6); Geltendmachung von Ersatzansprüchen gegen einen Beschäftigten (§ 76 Abs. 2 Nr. 9) und Entlassung von Beamten auf Probe oder auf Widerruf, wenn sie die Entlassung nicht selbst beantragt haben (§ 78 Abs. 1 Nr. 4). 27

3. Die Anhörung hat zu einem **Zeitpunkt** zu erfolgen, zu dem der Dienststellenleiter erste Überlegungen hinsichtlich der Durchführung der vorstehend genannten Angelegenheiten anstellt. Der Sinn der Hinzuziehung des Vertrauensmannes ist es, Anregungen, Vorschläge etc. in den Entscheidungsprozess hineinzutragen und zwar zu einem Zeitpunkt, zu dem sie von seiten der Dienststelle auf ihre Bedeutung hin geprüft und noch berücksichtigt werden können. Der Dienststellenleiter hat den Vertrauensmann aber nicht nur rechtzeitig zu hören, sondern er muss ihn auch **umfassend** über die geplanten Maßnahmen informieren; denn andernfalls wäre die Anhörung wenig wirkungsvoll, wenn sich der Vertrauensmann nicht zuvor ein umfassendes Bild über die geplanten Maßnahmen und deren Auswirkungen machen könnte. Wenn der Vertrauensmann nicht innerhalb angemessener Zeit zu den Überlegungen des Dienststellenleiters Stellung nimmt, dann kann dieser die beabsichtigte Maßnahme vollziehen. Der Dienststellenleiter ist an das Votum des Vertrauensmanns nicht gebunden. Allerdings ist er verpflichtet, die Einlassungen des Vertrauensmanns sorgfältig zu prüfen. In Bezug auf den betroffenen Beamten macht eine fehlerhafte Anhörung die 28

Maßnahme rechtswidrig. Mit Widerspruch und Klage kann der Beamte gegen die Maßnahme vorgehen (Altvater u. a., § 85 Anm. 36; Fischer u. a., § 85 Anm. 48 a; aA Lorenzen u. a., § 85 Anm. 74).

29 4. Dem Vertrauensmann steht **kein förmliches Beteiligungsrecht,** sondern nur das Recht auf Stellungnahme in den im Einzelnen aufgeführten Fällen zu. In den übrigen Angelegenheiten hat der Vertrauensmann keinen Anspruch auf Anhörung, da die Aufzählung erschöpfend ist Fischer u. a., § 85 Anm. 47; Lorenzen u. a., § 85 Anm. 73). Wenn der Vertrauensmann keine eigene Stellungnahme abgeben möchte, sondern die Mitwirkung des Bundespolizeipersonalrats beantragt, dann hat er einen solchen Antrag rechtzeitig vor der Entscheidung des Dienststellenleiters zu stellen. In diesem Fall geht das Beteiligungsverfahren in die Mitwirkung des Bundespolizeipersonalrats über (Fischer u. a., § 85 Anm. 48a).

30 5. In folgenden Angelegenheiten ist der Vertrauensmann **nur dann zu hören, wenn** der nicht wahlberechtigte Polizeivollzugsbeamte dies **beantragt:** Geltendmachung von Ersatzansprüchen (§ 76 Abs. 2 Nr. 9) und Entlassung von Beamten auf Probe oder auf Widerruf, wenn sie die Entlassung nicht selbst beantragt haben (§ 78 Abs. 1 Nr. 4; vgl. auch Anm. 27).

31 6. Dem Vertrauensmann steht das Recht zu, **an den Sitzungen des Bundespolizeipersonalrats beratend teilzunehmen (Abs. 2 Satz 3),** d. h. er kann sich zu Wort melden und ihm ist Gelegenheit zur Stellungnahme zu geben. An der Abstimmung kann er sich nicht beteiligen. Das Teilnahmerecht kann nicht von einem vorangehenden Beschluss der Personalvertretung abhängig gemacht werden. Vielmehr kann der Vertrauensmann **von sich aus entscheiden, ob er an einer Sitzung teilnehmen** will oder nicht. Die Personalvertretung hat ihn rechtzeitig unter Übersendung der Tagesordnung zu laden (Richardi u. a., § 85 Anm. 27). Beantragt der Vertrauensmann in Angelegenheiten, die nicht wahlberechtigte Polizeivollzugsbeamte betreffen, die Mitwirkung des Bundespolizeipersonalrats, so steht ihm darüber hinaus ein **Stimmrecht** zu (Fischer u. a., § 85 Anm. 49; Lorenzen u. a., § 85 Anm. 78). Der Bundespolizeipersonalrat hat den Vertrauensmann rechtzeitig zu laden und ihm die Tagesordnung zu übersenden.

IV. Dienstleistende

32 Gemeinsam mit den nicht wahlberechtigten Polizeivollzugsbeamten wählen die **Dienstleistenden,** d. h. diejenigen, die zum Polizeivollzugsdienst im BGS verpflichtet und herangezogen worden sind (§ 49 Abs. 1 BGSG), den Vertrauensmann und zwei Stellvertreter. Diese haben die gleichen Aufgaben und Befugnisse im Hinblick auf die Vertretung der Dienstleistenden wie im Hinblick auf die Vertretung der Polizeivollzugsbeamten. Nach der Personalstruktur der Bundespolizei (Gesetz über die Personalstruktur des Bundesgrenzschutzes v. 3. 6. 1976, BGBl. I S. 1357) ist die Heranziehung von Dienstleistenden praktisch ausgeschlossen (Richardi u. a., § 85 Anm. 28). Das Gesetz zur Neuregelung der Vorschriften über den Bundesgrenzschutz (v. 19. 10. 1994, BGSNeuRegG, BGBl. I S. 2978) hat aber die Fortgeltung der entsprechenden Bestimmungen (§§ 49 ff. BGSG 1972) vorgesehen. Gegenwärtig ist Abs. 3 gegenstandslos.

V. Streitigkeiten

33 Streitigkeiten entscheiden die Verwaltungsgerichte nach § 83 Abs. 1 Nr. 1 bis 3. Streitigkeiten über Wahl, Amtszeit, Zuständigkeit und Geschäftsführung des Vertrauensmanns können vor den Verwaltungsgerichten trotz fehlender

Vorschrift geklärt werden. Zutreffend nämlich wird darauf hingewiesen, dass der Vertrauensmann ebenso wie der Bundespolizeipersonalrat ein Organ der Personalverfassung ist. Der Vertrauensmann hat die in der Ausbildung stehenden Polizeivollzugsbeamten gegenüber dem Dienststellenleiter zu vertreten und muss daher die Verletzung seiner Rechte im Beschlussverfahren geltend machen können (Fischer u. a., § 85 Anm. 52; aA Lorenzen u. a., § 85 Anm. 82; Richardi u. a., § 85 Anm. 29).

Schrifttum: Walter, Einschränkungen der Beteiligungsrechte der Bundesgrenzschutzpersonalvertretungen – die Vorschriften eines besonderen Verwaltungsbereiches im Spannungsfeld zwischen Partizipation und Aufgabenerfüllung, PersV 1992, 147.

§ 86 [Sondervorschriften für den Bundesnachrichtendienst]

Für den Bundesnachrichtendienst gilt dieses Gesetz mit folgenden Abweichungen:

1. **Teile und Stellen des Bundesnachrichtendienstes, die nicht zur Zentrale des Bundesnachrichtendienstes gehören, gelten als Dienststellen im Sinne des § 6 Abs. 1. In Zweifelsfällen entscheidet der Leiter des Bundesnachrichtendienstes über die Dienststelleneigenschaft.**
2. **Die Mitgliedschaft im Personalrat ruht bei Personen, die zu einer sicherheitsempfindlichen Tätigkeit nicht zugelassen sind.**
3. **In den Fällen des § 28 Abs. 2 setzt der Leiter des Bundesnachrichtendienstes einen Wahlvorstand ein.**
4. **Die Personalversammlungen finden nur in den Räumen der Dienststelle statt, sie werden in der Zentrale nur als Teilversammlungen durchgeführt. Über die Abgrenzung entscheidet der Leiter des Bundesnachrichtendienstes.**
5. **Der Leiter der Dienststelle kann nach Anhörung des Personalrates bestimmen, dass Beschäftigte, bei denen dies wegen ihrer dienstlichen Aufgaben zwingend geboten ist, nicht an Personalversammlungen teilnehmen.**
6. **Die Tagesordnung der Personalversammlung und die in der Personalversammlung sowie im Tätigkeitsbericht zu behandelnden Punkte legt der Personalrat im Einvernehmen mit dem Leiter der Dienststelle fest. Andere Punkte dürfen nicht behandelt werden. Der Leiter der Dienststelle nimmt an den Personalversammlungen teil.**
7. **In den Fällen des § 20 Abs. 2, der §§ 21 und 23 bestellt der Leiter der Dienststelle den Wahlvorstand.**
8. **Die Beschäftigten des Bundesnachrichtendienstes wählen keine Stufenvertretung. Soweit eine Stufenvertretung zuständig ist, ist an ihrer Stelle der Personalrat der Zentrale zu beteiligen. Erhebt der Personalrat Einwendungen gegen eine vom Leiter des Bundesnachrichtendienstes beabsichtigte Maßnahme, so entscheidet im Falle des § 72 Abs. 4 nach Verhandlung mit dem Personalrat der Zentrale der Chef des Bundeskanzleramtes endgültig.**
9. **An die Stelle der Mitbestimmung und der Zustimmung tritt die Mitwirkung des Personalrates.**
10. **§ 93 ist mit folgender Maßgabe anzuwenden:**
    a) **Personalvertretungen bei Dienststellen im Sinne der Nummer 1 bilden keine Ausschüsse, an ihre Stelle tritt der Ausschuss des Personalrates der Zentrale.**
    b) **Der Leiter des Bundesnachrichtendienstes kann außer in den Fällen des § 93 Abs. 5 auch bei Vorliegen besonderer nachrichtendienstlicher Gründe Anordnungen im Sinne des § 93 Abs. 5 treffen oder von einer Beteiligung absehen.**

11. Bei Vorliegen besonderer Sicherheitsvorfälle oder einer besonderen Einsatzsituation, von der der Bundesnachrichtendienst ganz oder teilweise betroffen ist, ruhen die Rechte und Pflichten der zuständigen Personalvertretungen. Beginn und Ende des Ruhens der Befugnisse der Personalvertretung werden jeweils vom Leiter des Bundesnachrichtendienstes im Einvernehmen mit dem Chef des Bundeskanzleramtes festgestellt.

12. Die Vorschriften über Aufgaben und Befugnisse der Gewerkschaften und Arbeitgebervereinigungen, ihrer Beauftragten und Vertreter sowie § 12 Abs. 2, § 44 Abs. 3, §§ 55, 64 Abs. 2, §§ 70, 79 Abs. 2, § 81 Abs. 1, 5 sind nicht anzuwenden.

13. Soweit sich aus den Nummern 1 bis 12 nichts anderes ergibt, gelten die §§ 48 bis 52 des Soldatenbeteiligungsgesetzes entsprechend.

14. Für gerichtliche Entscheidungen nach § 83 Abs. 1 ist im ersten und letzten Rechtszug das Bundesverwaltungsgericht zuständig. Im gerichtlichen Verfahren ist § 99 der Verwaltungsgerichtsordnung entsprechend anzuwenden.

Inhaltsübersicht

I. Vorbemerkungen

1 Auch die Beschäftigten des Bundesnachrichtendienstes (vgl. Bundesnachrichtendienstgesetz, BNDG, v. 28.12.1990, BGBl. I. S. 2954, 2979, zul. geänd. d. Art. 4 u. 10 Abs. 3 G v. 5.1.2007, BGBl. I S. 2) haben die Möglichkeit, Personalvertretungen zu wählen. Den Personalvertretungen werden im Hinblick auf die besonderen **Aufgaben und die Organisationsform** Befugnisse nicht in dem Rahmen zugesprochen wie den Vertretungen in anderen Verwaltungen. Außenstehende sollen keinen Einblick in die personellen und organisatorischen Strukturen des Bundesnachrichtendienstes erhalten. Für gerichtliche Entscheidungen ist in Anlehnung an § 80 Abs. 1 Nr. 4 VwGO die alleinige Zuständigkeit des Bundesverwaltungsgerichts gegeben (Nr. 14).

II. Befugnisse des Personalrats

2 1. Die **Befugnisse des Personalrats** im Bereich des Bundesnachrichtendienstes sind im Gegensatz zu denen des Personalrats beim Bundesamt für Verfassungsschutz in erheblich größerem Umfang **eingeschränkt.** Das

Bundesamt für Verfassungsschutz hat weitgehend Sicherheitsaufgaben im Inland zu erfüllen. Demgegenüber operiert der Bundesnachrichtendienst im Ausland. Seine Mitarbeiter sind daher einem weit größeren Sicherheitsrisiko ausgesetzt als die Mitarbeiter des Bundesamtes für Verfassungsschutz. Der Gesetzgeber hat mit dieser Vorschrift dem Interesse des Nachrichtendienstes an einer geschlossenen Abwehr aller Beeinträchtigungen der Geheimschutz- und Sicherheitsinteressen und damit zugleich dem Schutz der eigenen Beschäftigten Rechnung getragen (Richardi u. a., § 86 Anm. 2). Dies gilt für die Personalangelegenheiten wie auch für die Organisationsformen und -veränderungen sowie für die Arbeitsweisen, zu denen auch die nachrichtendienstlichen Führungsmethoden gehören. Infolgedessen konnte der Gesetzgeber im Bereich des Personalvertretungsrechts die für die übrigen Verwaltungen bestehenden Beteiligungsrechte einschränken.

2. Teile und Stellen des Bundesnachrichtendienstes (Verbindungsbüros, General-, Bezirksvertretungen), die nicht zur Zentrale gehören, gelten als Dienststellen i. S. des § 6 Abs. 1, und zwar unabhängig von ihrer jeweiligen organisatorischen Zuordnung und Anbindung (Fischer u. a., § 86 Anm. 6). Diese Dienststellen sind personalvertretungsrechtlich verselbstständigt. Sollten Zweifel über die Zugehörigkeit von Teilen und Stellen des Bundesnachrichtendienstes bestehen, so entscheidet der Leiter des Bundesnachrichtendienstes über die **Dienststelleneigenschaft** und damit über die Errichtung von Personalvertretungen. Eine Anwendung von § 6 Abs. 3 ist ausgeschlossen. Im Bereich des Bundesnachrichtendienstes gibt es nur „örtliche" Personalräte (Fischer u. a., aaO; aA Lorenzen u. a., § 86 Anm. 12). 3

3. Zu den im Bereich des Bundesnachrichtendienstes zu bildenden Personalvertretungen sind alle dem BND angehörenden Beschäftigten, also auch ausländische Mitarbeiterinnen und Mitarbeiter, soweit die übrigen Voraussetzungen des § 14 gegeben sind, wählbar. Für die Wählbarkeit zu den Jugend- und Auszubildendenvertretungen gilt entsprechendes. 4

4. Ist der Personalrat wegen grober Vernachlässigung seiner gesetzlichen Befugnisse oder wegen grober Verletzung seiner gesetzlichen Pflichten durch einen Beschluss des Verwaltungsgerichts aufgelöst worden (§ 28 Abs. 1), so setzt der Präsident des Bundesnachrichtendienstes anstelle der Fachkammer des Verwaltungsgerichts einen **Wahlvorstand** ein, und zwar sowohl für die Zentrale als auch für die übrigen Stellen. Damit will das Gesetz dem Bestreben nach größtmöglicher Geheimhaltung von Vorgängen im Bereich des Bundesnachrichtendienstes Rechnung tragen (Richardi u. a., § 86 Anm. 6). 5

5. **Personalversammlungen** im Bereich des Bundesnachrichtendienstes können ebenfalls im Interesse weitestgehender Geheimhaltung nur in den Räumen der jeweiligen Dienststelle stattfinden. Infolgedessen dürfen außerhalb der Dienststelle gelegene Räumlichkeiten für die Durchführung von Personalversammlungen auch dann nicht in Anspruch genommen werden, wenn in der jeweiligen Dienststelle geeignete Räume nicht zur Verfügung stehen. In diesen Fällen ist die Personalversammlung in Form von Teilversammlungen durchzuführen (Fischer u. a., § 86 Anm. 15; Lorenzen u. a., § 86 Anm. 19). In der Zentrale des Bundesnachrichtendienstes können Personalvollversammlungen nicht für alle Beschäftigten durchgeführt werden, sondern stets nur für einen Teil in Form von Teilversammlungen entweder für bestimmte Abteilungen oder für bestimmte Beschäftigtengruppen. Der Per- 6

sonalrat kann nicht in eigener Entscheidung die Abgrenzung zwischen den einzelnen Abteilungen bestimmen und auf diese Weise Einfluss auf die Zusammensetzung der Personalversammlung nehmen. Vielmehr entscheidet der Leiter des Bundesnachrichtendienstes vor jeder Teilversammlung bzw. sinnvollerweise generell, um Streitigkeiten über die Zweckmäßigkeit der Abgrenzung nicht in jedem Fall wieder neu entstehen zu lassen. Eine generelle Abgrenzungsregelung kann der Leiter des Bundesnachrichtendienstes jedenfalls solange treffen, wie die innerorganisatorischen Verhältnisse (Zuständigkeitsverteilung) unverändert bleiben. Im Hinblick auf den Sinn der Bestimmung, jede Möglichkeit der Einsichtnahme in abteilungsfremde Aufgaben zu vermeiden, liegt die Aufteilung alleine im pflichtgemäßen Ermessen des Leiters des Bundesnachrichtendienstes.

7 a) Nach Anhörung des Personalrats einer Dienststelle des Bundesnachrichtendienstes kann deren Leiter bestimmen, dass Beschäftigte, bei denen dies wegen ihrer dienstlichen Aufgaben zwingend geboten ist, **nicht an Personalversammlungen teilnehmen.** Das kann dann der Fall sein, wenn aufgrund besonderer Umstände anzunehmen ist, dass beispielsweise ein bestimmter Beschäftigter während der Personalversammlung über ihm zugewiesene Aufgaben berichtet oder wenn auch den Beschäftigten der Dienststelle nicht bekannt werden soll, dass eine bestimmte Person für den Bundesnachrichtendienst tätig ist (Lorenzen u. a., § 86 Anm. 7).

8 b) Der Leiter der Dienststelle hat bei seiner Entscheidung einerseits das Sicherheitsbedürfnis des Bundesnachrichtendienstes, andererseits das Interesse an der grundsätzlich allen Beschäftigten zustehenden Teilnahme an Personalversammlungen zu berücksichtigen. Er hat nach pflichtgemäßem Ermessen die gegensätzlichen Interessen sorgfältig abzuwägen und ist verpflichtet, die Meinung des Personalrats zuvor einzuholen. Daher ist der **Personalrat rechtzeitig** von der Absicht des Dienststellenleiters **zu unterrichten.** Ihm ist ausführlich Gelegenheit zur Stellungnahme zu geben und ihm sind alle Gründe bekanntzugeben, die nach Auffassung des Dienststellenleiters gegen die Teilnahme eines bestimmten Beschäftigten an einer Personalversammlung sprechen.

9 c) Die Anhörung des Personalrats erfolgt nicht im Rahmen eines förmlichen Beteiligungsverfahrens i. S. der §§ 69 ff. Widerspricht daher der Personalrat der Absicht des Dienststellenleiters nach Fernhalten eines bestimmten Beschäftigten von der Personalversammlung, so kann der Leiter der Dienststelle dem Beschäftigten dennoch die Teilnahme untersagen. Dem Personalrat steht allenfalls die Möglichkeit offen, **Dienstaufsichtsbeschwerde** zu erheben (Fischer u. a., § 86 Anm. 17; Lorenzen u. a., § 86 Anm. 25; aA Richardi u. a., § 86 Anm. 9).

10 d) Der betroffene Beschäftigte hat der **Anweisung des Dienststellenleiters** auch dann **Folge zu leisten** (Fischer u. a., § 86 Anm. 17 a), wenn der Personalrat nicht angehört worden ist. Er kann auch nicht gerichtlich gegen dessen Weisung vorgehen, da es sich nicht um einen Verwaltungsakt, sondern lediglich um eine dienstinterne Anweisung handelt. Auch ihm bleibt lediglich die Möglichkeit, Dienstaufsichtsbeschwerde zu erheben.

11 e) Personalrat und Dienststellenleiter müssen **Einigung über die Tagesordnung der Personalversammlung** und der im Tätigkeitsbericht (vgl. § 49 Abs. 1) zu behandelnden Punkte erzielen. Es genügt nicht, wenn der Personalrat Tagesordnung und Tätigkeitsbericht erstellt und dem Dienststellenleiter überreicht. Vielmehr muss der Dienststellenleiter sein Einverständnis erklären. Das kann auch durch Schweigen geschehen (Altvater u.a., § 86 Anm. 20; Richardi u.a., § 86 Anm. 10), insbesondere dann, wenn der Personalrat die Unterlagen mit der Bitte um Stellungnahme rechtzeitig unter Bestimmung einer angemessenen Frist zustellt, der Dienststellenleiter sich aber nicht bis zum Ablauf der Frist äußert. Wird über die Tagesordnung und die Punkte des Tätigkeitsberichts (also nicht über Inhalt und Formulierungen) keine Einigung zwischen Personalrat und Dienststellenleiter erzielt, so darf der Personalrat die abgelehnten Punkte nicht behandeln. Tut er dies dennoch, so kann der Dienststellenleiter, falls er von der Absicht des Personalrats erfährt bzw. wenn sich dieser bereits während der Verhandlungen entsprechend äußert, von seinem **Hausrecht** Gebrauch machen und die für die Personalversammlung vorgesehenen Räume sperren lassen. Hält der Personalrat sich während der Personalversammlung nicht an die Abrede, so kann der Dienststellenleiter die Versammlung für beendet erklären und die Anwesenden zum Verlassen des Raumes auffordern (Fischer u.a., § 86 Anm. 19; Lorenzen u.a., § 86 Anm. 30). Außerdem kann ein Dienststellenleiter ein Ausschluss- bzw. Auflösungsverfahren nach § 28 einleiten (Fischer u.a., § 86 Anm. 19 a).

f) Der **Leiter der Dienststelle hat** in jedem Fall **an der Personalversammlung teilzunehmen** (Nr. 6 Satz 3; vgl. hierzu im Gegensatz: § 52 Abs. 2). Selbstverständlich kann er sich – obwohl dies nicht ausdrücklich erwähnt ist – durch seinen ständigen Vertreter vertreten lassen. Eine Vertretung des Dienststellenleiters ist auch in anderen Fällen nach diesem Gesetz möglich, ohne dass stets ausdrücklich die Vertretung vorgesehen ist. Die Notwendigkeit der Anwesenheit des Dienststellenleiters oder seines Vertreters ergibt sich auch aus dem Sinn der Bestimmung, die erkennbar sicherstellen will, dass der Dienststelle die Möglichkeit gegeben wird, aus Sicherheitsgründen zumindest dann die Behandlung bestimmter Themen zu untersagen, wenn sie ohne vorheriges Einvernehmen des Dienststellenleiters plötzlich in die Diskussion eingeführt werden sollen. 12

6. Der **Leiter der Dienststelle bestellt einen Wahlvorstand,** wenn sechs Wochen vor Ablauf der Amtszeit des Personalrats in einer personalratsfähigen (mindestens fünf Wahlberechtigte, § 12 Abs. 1) Dienststelle des Bundesnachrichtendienstes kein Personalrat besteht (Nr. 7, vgl. § 21), und auch dann, wenn der Wahlvorstand der Verpflichtung zur unverzüglichen Einleitung der Wahl nicht nachkommt (vgl. § 23 Abs. 1). Der Dienststellenleiter muss von sich aus tätig werden. Er hat nicht einen entsprechenden Antrag von Beschäftigten oder einer in der Dienststelle vertretenen Gewerkschaft abzuwarten oder gar eine Personalversammlung zur Bestellung eines Wahlvorstands einzuberufen. 13

7. Der Gesetzgeber hat das **Beteiligungsverfahren** im Bereich des Bundesnachrichtendienstes aus Sicherheitsgründen und aus Gründen der ungestörten Auswahl von außen kommender Bewerber weitgehend **eingeschränkt.** Dies gilt für die Möglichkeit der Einschaltung zusätzlicher Instanzen (Stufenvertretungen). Der bei der Zentrale des BND gebildete Personalrat nimmt die Funktionen einer Stufenvertretung wahr, so dass er entsprechend § 82 Abs. 2 im Rahmen eines Mitwirkungsverfahrens den Personalräten außerhalb der Zentrale Gelegenheit zur Stellungnahme geben muss (Fischer u. a. § 86 Anm. 29f; Lorenzen u. a., § 86 Anm. 38). Die Beteiligungsrechte können 14

im Übrigen nur in der Form der Mitwirkung ausgeübt werden, Nr. 9, vgl. Anm. 16.

15 8. Die Beschäftigten des Bundesnachrichtendienstes wählen **keine Stufenvertretung.** Im Bereich des Bundesnachrichtendienstes gibt es daher nur (örtliche) Personalräte, deren Zuständigkeit auf die Vertretung der Interessen der in der jeweiligen Dienststelle Beschäftigten beschränkt ist. In den Fällen, in denen der Dienststellenleiter nicht zur Entscheidung in bestimmten Angelegenheiten befugt ist, ist anstelle der in anderen Verwaltungen bestehenden Stufenvertretungen der **Personalrat der Zentrale des Bundesnachrichtendienstes** zu beteiligen (Grund: einheitliche Regelung vor allem der personellen Angelegenheiten). Wenn der Personalrat der Zentrale gegen eine vom Leiter des Bundesnachrichtendienstes beabsichtigte Maßnahme, die der Mitwirkung unterliegt, Einwendungen erhebt, so sind diese in den Verhandlungen zu diskutieren. Im Nichteinigungsfall entscheidet der **Chef des Bundeskanzleramtes als Dienstaufsichtsbehörde** endgültig.

16 9. Nach Nr. 9 tritt an die Stelle der Mitbestimmung die Beteiligungsform der Mitwirkung. Darüber hinaus enthalten Nrn. 10 Buchst. b, Nrn. 11 und 12 weitere **Einschränkungen.** In allen nach dem BPersVG unterliegenden Mitbestimmungsangelegenheiten, die im Bereich des Bundesnachrichtendienstes lediglich Mitwirkungsangelegenheiten sind, liegt das Letztentscheidungsrecht bei der Dienststelle. Im Bereich des Bundesnachrichtendienstes kann keine Einigungsstelle gebildet werden. Die übrigen Mitwirkungstatbestände (§ 78, § 79 Abs. 1) und Anhörungstatbestände (§ 78 Abs. 3 bis 5, § 79 Abs. 3) bleiben bestehen. Im Falle des § 47 Abs. 2 Satz 3 tritt an die Stelle des Mitbestimmungs – das Mitwirkungsverfahren nach § 86 Nr. 8 Satz 3 (BVerwG v. 11. 12. 1991, Leits. ZBR 1992, 251 = PersV 1992, 256 = ZfPR 1992, 136). Schließlich ist an dieser Stelle darauf hinzuweisen, dass der Personalrat bei der Ausübung des Mitwirkungsrechts nicht auf die Zustimmungsverweigerungsgründe nach § 77 Abs. 2 beschränkt ist (Fischer u. a., § 86 Anm. 29 b).

17 10. § 93 enthält Bestimmungen über die **Behandlung von Angelegenheiten, die als Verschlusssache** mindestens des Geheimhaltungsgrades „VERTRAULICH“ eingestuft sind. Die Vorschrift findet im Bereich des Bundesnachrichtendienstes mit folgenden Besonderheiten Anwendung:

18 a) Nach Nr. 10 Buchst. a können Dienststellen des BND außerhalb der Zentrale keine VS-Ausschüsse i. S. von § 93 Abs. 1 bilden. In allen Angelegenheiten außerhalb der Zentrale des BND steht bei Verschlusssachen daher dem Personal dieser Dienststellen kein Beteiligungsrecht zu. Die Beteiligungsrechte sind vielmehr beim Ausschuss des Personalrats in der Zentrale des BND konzentriert, der seinerseits keine Verpflichtung hat, dem örtlich betroffenen Personalrat gem. § 82 Abs. 2 Gelegenheit zur Stellungnahme zu geben, da in den Dienststellen außerhalb der Zentrale kein korrespondierender Ausschuss besteht (Fischer u. a., § 86 Anm. 32).

19 b) Ausschüsse, die an die Stelle des Personalrats treten, werden nicht bei den Teilen und Stellen des Bundesnachrichtendienstes eingerichtet, die nicht zur Zentrale des Bundesnachrichtendienstes gehören. Ein **Ausschuss** wird lediglich **vom Personalrat der Zentrale des Bundesnachrichtendienstes** gebildet. Dieser Ausschuss ist zuständig für die Mitwirkung in Angelegenheiten, die einen einzelnen Beschäftigten betreffen. Kommt es zwischen

dem Leiter der Zentrale des Bundesnachrichtendienstes und dem Ausschuss nicht zu einer Einigung, so entscheidet der Chef des Bundeskanzleramtes endgültig (Nr. 8).

c) Der Leiter des Bundesnachrichtendienstes kann, soweit eine Angelegenheit als Verschlusssache mindestens des Geheimhaltungsgrades „VS-VERTRAULICH" eingestuft ist (s. auch Gesetz über die Voraussetzungen und das Verfahren von Sicherheitsüberprüfungen des Bundes, [Sicherheitsüberprüfungsgesetz, SÜG] v. 20.4.1994, BGBl. I S. 867, zul. geänd. d. G v. 23.11.2007, BGBl. I S. 2590), dem bei der Zentrale des Bundesnachrichtendienstes bestehenden Ausschuss die **Vorlage von Unterlagen und die Erteilung von Auskünften vorenthalten** (Nr. 10b). Das setzt voraus, dass der Bundesrepublik und ihren Ländern Nachteile entstehen können oder dass die Vorenthaltung von Unterlagen und Auskünften mit Rücksicht auf internationale Verpflichtungen der Bundesrepublik geboten ist. In diesem Zusammenhang ist sorgfältig abzuwägen, ob diese Voraussetzungen tatsächlich gegeben sind und gegenüber dem Interesse des Ausschusses an einer umfassenden Information überwiegen. Der Leiter des Bundesnachrichtendienstes hat vor allem zu beachten, dass er in dem Ausschuss nur dann einen sachkundigen Gesprächs- und Diskussionspartner finden kann, wenn er ihn soweit wie möglich über beabsichtigte Maßnahmen unterrichtet und die ihnen zugrundeliegenden Unterlagen vorlegt (vgl. hierzu auch: Fischer u. a., § 86 Anm. 33; Lorenzen u. a., § 86 Anm. 46). 20

d) Darüber hinaus kann der Leiter des Bundesnachrichtendienstes auch bei Vorliegen „besonderer nachrichtendienstlicher Gründe" Anordnungen hinsichtlich der Vorenthaltung von Unterlagen und Auskünften treffen oder völlig **von einer Beteiligung absehen.** Es wird zweckmäßig sein, eine Vereinbarung darüber zwischen der Zentrale des Bundesnachrichtendienstes und dem Personalrat abzuschließen, in welchen grundlegenden Fällen besondere nachrichtendienstliche Gründe ausnahmsweise gegenüber dem Informations- und Beteiligungsinteresse des Personalrats überwiegen. 21

11. Sind besondere Sicherheitsvorfälle gegeben, die kurzfristige Entscheidungen bedingen, so **ruhen die Rechte und Pflichten der Personalvertretungen** (Nr. 11), während die Schutzrechte nach § 8 (Benachteiligungsverbot) oder nach § 47 (Kündigungs-, Abordnungs- und Versetzungsschutz) fortbestehen (Fischer u. a., § 86 Anm. 36 a). In diesen Fällen sind die Dienststellen nicht verpflichtet, den Personalrat zu beteiligen. Sie sind nicht einmal gehalten, den Personalrat von bestimmten Maßnahmen, die in diesem Zusammenhang ergriffen werden müssen, in Kenntnis zu setzen. Gleiches gilt, wenn eine besondere Einsatzsituation gegeben ist. In beiden Fällen wird Beginn und Ende des Ruhens der Befugnisse der Personalvertretung vom Leiter des Bundesnachrichtendienstes im Einvernehmen mit dem Chef des Bundeskanzleramtes festgestellt. Wenn das Gesetz auch keine weiteren Bestimmungen darüber enthält, ob und wie die Feststellung der jeweiligen Personalvertretung bekanntzugeben ist, so muss doch im Hinblick auf den Ausnahmecharakter der Vorschrift der Personalrat von Beginn und Ende des Ruhens seiner Befugnisse **rechtzeitig unterrichtet** werden. Aus Gründen der Beweissicherung hat diese Mitteilung schriftlich zu erfolgen. Unterbleibt die Mitteilung, so hat der Personalrat einen Anspruch auf Beteiligung; denn das grundsätzlich bestehende Beteiligungsrecht kann ausnahmsweise nur unter besonderen Umständen ruhen. Von diesen Umständen muss der Personalrat Kenntnis haben. Wenn die das Ruhen der Rechte und Pflichten auslösenden 22

Umstände entfallen, so hat der Leiter des Bundesnachrichtendienstes dies – ebenfalls schriftlich – unverzüglich dem Personalrat mitzuteilen.

22a 11 a) Ist ein Beschäftigter des BND zu sicherheitsempfindlichen Tätigkeiten nicht mehr zugelassen, dann führt dies dazu, dass seine **Mitgliedschaft** im Personalrat **ruht** (Nr. 2). Dies ist nicht nur dem Betroffenen selbst, sondern auch dem Vorsitzenden des Personalrats mitzuteilen. Das Mandat kann dann wieder ausgeübt werden, wenn das Personalratsmitglied wieder zu sicherheitsempfindlichen Tätigkeiten zugelassen und die Ruhensentscheidung rückgängig gemacht wird.

23 12. Das Gesetz schränkt nicht nur die Befugnisse der Personalvertretungen ein, es erklärt darüber hinaus im Bereich des Bundesnachrichtendienstes auch Bestimmungen für unanwendbar, die Aufgaben und Befugnisse der **Gewerkschaften und Arbeitgebervereinigungen,** ihrer Beauftragten und ihrer Vertreter regeln (Nr. 12). Dies gilt u. a. für das Zugangsrecht zu den Dienststellen (§ 2 Abs. 2), für die Teilnahme an Personalratssitzungen (§ 36) und für die Teilnahme an Personalversammlungen (§ 52). Die Einschränkung gilt aber nicht für § 2 Abs. 3 und § 67 Abs. 1, 2.

24 13. Darüber hinaus ist eine Reihe weiterer **Einzelbestimmungen nicht anwendbar.** Dies gilt für die personalvertretungsrechtliche **Zuteilung sog. Zwergdienststellen** durch die übergeordnete Dienststelle im Einvernehmen mit der Stufenvertretung zu einer benachbarten Dienststelle (§ 12 Abs. 2), für die Zurverfügungstellung geeigneter Plätze für **Bekanntmachungen** und Anschläge der Personalvertretung (§ 44 Abs. 3), für die **Bildung eines Gesamtpersonalrats** (§ 55), für die **Bildung einer Gesamtjugend- und Auszubildendenvertretung** (§ 64 Abs. 2), für das **Initiativrecht** des Personalrats (§ 70), für die **Weiterbeschäftigung gekündigter Arbeitnehmer,** die Klage auf Feststellung erhoben haben, dass das Arbeitsverhältnis durch die Kündigung nicht aufgelöst ist (§ 79 Abs. 2), für die Beteiligung des Personalrats bei der **Bekämpfung von Unfall- und Gesundheitsgefahren** (§ 81 Abs. 1) und für die **Aushändigung von Unfallanzeigen** (§ 81 Abs. 5).

25 14. In den Dienststellen des BND wählen die **Soldaten** nach § 49 Abs. 1 SBG die dort zu bildenden Personalvertretungen mit. Sie bilden nach § 49 Abs. 2 SBG eine eigene Gruppe, die als weitere Gruppe eigenständig neben die übrigen Gruppen tritt. Dies bedeutet, dass die gewählten Soldatenvertreter die gleiche Rechtsstellung wie die Vertreter der Beamten und Arbeitnehmer haben.

III. Streitigkeiten

26 In allen personalvertretungsrechtlichen Beschlussverfahren ist in erster und letzter Instanz das Bundesverwaltungsgericht ausschließlich zuständig (Nr. 14). Dies hat seinen Grund darin, dass die internen Verhältnisse des Bundesnachrichtendienstes aus Geheimhaltungsgründen einer solchen Einschränkung personalvertretungsrechtlicher Beschlussverfahren bedürfen. Im Verfahren vor den Verwaltungsgerichten gilt § 99 VwGO entsprechend. Das bedeutet, dass der Chef des Bundeskanzleramtes die **Vorlage von Urkunden** oder Akten und die Erteilung von Auskünften **verweigern** kann, „wenn das Bekanntwerden des Inhalts dieser Urkunden oder Akten und dieser Auskünfte dem Wohl des Bundes oder eines deutschen Landes Nachteile bereiten würde oder wenn die Vorgänge nach einem Gesetz oder ihrem Wesen nach geheimgehalten werden müssen".

§ 87 [Sondervorschriften für das Bundesamt für Verfassungsschutz]

Für das Bundesamt für Verfassungsschutz gilt dieses Gesetz mit folgenden Abweichungen:

1. Der Leiter des Bundesamtes für Verfassungsschutz kann nach Anhörung des Personalrates bestimmen, dass Beschäftigte, bei denen dies wegen ihrer dienstlichen Aufgaben dringend geboten ist, nicht an Personalversammlungen teilnehmen.

2. Die Vorschriften über eine Beteiligung von Vertretern oder Beauftragten der Gewerkschaften und Arbeitgebervereinigungen (§ 19 Abs. 1, § 35, § 38 Abs. 1, § 51) sind nicht anzuwenden.

3. Bei der Beteiligung der Stufenvertretung und der Einigungsstelle sind Angelegenheiten, die lediglich Beschäftigte des Bundesamtes für Verfassungsschutz betreffen, wie Verschlusssachen des Geheimhaltungsgrades „VS-VERTRAULICH" zu behandeln (§ 93), soweit nicht die zuständige Stelle etwas anderes bestimmt.

Inhaltsübersicht

Entsprechende landesgesetzliche Regelungen:
Baden-Württemberg: § 91; Bayern: Art. 86; Berlin: –; Brandenburg: –; Bremen: –; Hamburg: § 98; Hessen: § 105; Mecklenburg-Vorpommern:–; Niedersachsen: § 88 Abs. 1; Nordrhein-Westfalen: –; Rheinland-Pfalz: –; Saarland: § 93 Nr. 1; Sachsen: § 91; Sachsen-Anhalt: § 82 Abs. 1, 3; Schleswig-Holstein: –; Thüringen: § 85.

I. Vorbemerkungen

1. Das Gesetz findet grundsätzlich auch **für das Bundesamt für Verfassungsschutz** Anwendung. Nur hinsichtlich des Teilnehmerrechts an Personalversammlungen, hinsichtlich der Rechte von Beauftragten der Gewerkschaften und Arbeitgebervereinigungen sowie hinsichtlich der Beteiligung der Stufenvertretungen und der Einigungsstelle **gelten Besonderheiten.** 1

2. **Im Interesse des Geheimschutzes** (s. auch Gesetz über die Voraussetzungen und das Verfahren von Sicherheitsüberprüfungen des Bundes, Sicherheitsüberprüfungsgesetz, SÜG] v. 20. 4. 1994, BGBl. I S. 867, zul. geänd. d. G v. 23. 11. 2007, BGBl. I S. 2590) und einer wirksamen Tätigkeit soll außenstehenden Stellen möglichst wenig Einblick in den Aufbau, die Arbeitsweise und die personelle Zusammensetzung des Bundesamtes für Verfassungsschutz gewährt werden. Damit ergeben sich für die an der Personalverfassung beteiligten Personen und Organisationen notwendigerweise **Einschränkungen,** die die Vorschrift aber auf ein Maß beschränkt, das eine ausgewogene Abwägung der jeweils unterschiedlichen Interessen an der Ge- 2

heimhaltung einerseits und an der Mitwirkung bei der Ausgestaltung der personellen, sozialen und organisatorischen Angelegenheiten andererseits gewährleistet (Richardi u. a., § 87 Anm. 1).

II. Abweichungen im Einzelnen

3 1. Im Einzelnen gilt dieses Gesetz für das Bundesamt für Verfassungsschutz mit folgenden Abweichungen:

4 a) Der Leiter des Bundesamtes für Verfassungsschutz kann einzelnen Beschäftigten die **Teilnahme an Personalversammlungen untersagen.** Zunächst muss er aber den Personalrat anhören und die von diesem vorgetragenen Bedenken gegen eine Untersagung der Teilnahme sorgfältig prüfen. Zu diesem Zweck hat er dem Personalrat rechtzeitig vor Beginn einer Personalversammlung seine Bedenken hinsichtlich des Teilnahmerechts eines bestimmten Beschäftigten bekanntzugeben. Er kann dies in der Form tun, dass er dem Personalrat schriftlich seine Überlegungen mitteilt oder dass er mit dem Personalrat einen Termin für eine diesbezügliche Besprechung vereinbart. Im Hinblick auf vom Personalrat möglicherweise anzustellende Nachforschungen wird es sich im allgemeinen empfehlen, dem Vertretungsorgan eine schriftliche Mitteilung zu machen, sofern die Personalversammlung so frühzeitig angekündigt worden ist, dass hierzu noch ausreichend Gelegenheit besteht. Der Leiter des Bundesamtes für Verfassungsschutz kann seine Entscheidung auf die bevorstehende Personalversammlung beschränken. Er kann aber auch alle künftigen Personalversammlungen einbeziehen. Ebenso kann er das **Verbot der Teilnahme für bestimmte Beschäftigte** festlegen (Fischer u. a., § 87 Anm. 5; Lorenzen u. a., § 87 Anm. 9; Richardi u. a., § 87 Anm. 2; aA Altvater u. a., § 87 Anm. 5). Die Personalvertretung ist vor einer solchen Anordnung anzuhören, wobei die Anforderungen an die Informationspflicht wegen des Geheimschutzes nicht zu hoch angesetzt werden dürfen, so dass die Personalvertretung auch keine ins einzelne gehende Begründung für die Anordnung fordern kann (Fischer u. a., aaO).

5 b) Ist der Personalrat gegenteiliger Auffassung, so kann der Leiter des Bundesamtes für Verfassungsschutz dennoch einem bestimmten Beschäftigten die Teilnahme an einer Personalversammlung untersagen, wenn er dies für geboten hält. Die Verweigerung der Zustimmung des Personalrats löst kein Verfahren nach § 69 oder § 72 aus, da es sich hier nicht um eine förmliche Beteiligung, sondern nur um eine Unterrichtung mit der Pflicht zur Würdigung der Argumente handelt, die dem Vorhaben gegenüber von seiten des Personalrats geltend gemacht werden. Der Personalrat kann allenfalls dann, wenn er der Auffassung ist, dass seine Argumente grundsätzlich nicht oder nicht genügend gewürdigt werden, **Dienstaufsichtsbeschwerde** beim Bundesminister des Innern erheben (Fischer u. a., § 87 Anm. 7).

6 c) Der Leiter des Bundesamtes für Verfassungsschutz hat die vom Personalrat gegenüber seiner Absicht geäußerten Bedenken **im Rahmen pflichtgemäßer Ermessensentscheidung** zu prüfen. Er hat dabei das Interesse der Beschäftigten an der Teilnahme (Frage-, Informationsrecht etc.) an der Personalversammlung abzuwägen gegenüber dem Interesse an der Geheimhaltung der Tätigkeit dieser Person für das Bundesamt. In erster Linie werden im Rahmen dieser Bestimmung solche Personen in Betracht kommen, die mit besonderen Aufgaben betraut sind und deren Tätigkeit einem größeren Personenkreis nicht bekannt werden soll. Die Betroffenen selbst können sich den Anordnungen nicht widersetzen, selbst dann nicht, wenn eine Anhörung der Personalvertretung unterblieben ist (Lorenzen u. a., § 87 Anm. 8). Jedoch

bleibt die Möglichkeit einer Dienstaufsichtsbeschwerde erhalten (Fischer u. a., § 87 Anm. 9).

2. Den Vertretern und Beauftragten der **Gewerkschaften und Arbeitgebervereinigungen** steht nur ein eingeschränktes Betätigungsrecht zu. Ein völliger Ausschluss wäre mit dem Wortlaut von Nr. 2 unvereinbar. Es kann sich nicht um eine nur beispielhafte Aufzählung hinsichtlich des Ausschlusses von Beteiligungsrechten handeln. Vielmehr geht es in erster Linie darum, dass die den Gewerkschaften nach dem Gesetz zustehenden Rechte in einer Weise ausgeübt werden müssen, die dem notwendigen Geheimschutz angepasst ist (Lorenzen u. a., § 87 Anm. 10; aA Fischer u. a., § 87 Anm. 10). 7

a) Die Gewerkschaften haben **kein Recht zur Teilnahme an den Sitzungen des Wahlvorstands** (vgl. § 19 Abs. 1). Der Sinn dieser Vorschrift ist darin zu sehen, dass Außenstehende, nicht zum Bundesamt für Verfassungsschutz gehörende Vertreter oder Beauftragte von Gewerkschaften nicht an Diskussionen beteiligt werden, die im Zusammenhang mit der Aufstellung von Kandidaten (Prüfung des aktiven und passiven Wahlrechts) die personelle Zusammensetzung und möglicherweise auch den einzelnen Aufgabenbereich offenbaren. 8

b) An den **Sitzungen des Personalrats** des Bundesamtes für Verfassungsschutz können Beauftragte der unter seinen Mitgliedern vertretenen Gewerkschaften nicht teilnehmen. Der Gesetzgeber bewertet das Interesse des Bundesamtes für Verfassungsschutz an der Geheimhaltung höher als das Interesse des Personalrats an einer fach- und sachkundigen Beratung durch die Gewerkschaften. 9

c) Wenn die Mehrheit der Vertreter einer Gruppe oder der Jugend- und Auszubildendenvertretung die **Aussetzung eines Beschlusses** beantragt (vgl. § 39 Abs. 1), so können die Gewerkschaften nicht zum Zweck der Herbeiführung einer Verständigung zwischen der Gruppe oder der Jugend- und Auszubildendenvertretung einerseits und dem Plenum des Personalrats andererseits eingeschaltet werden. Andernfalls würden die Gewerkschaften über die interne Meinungsbildung und die damit zur Diskussion stehenden innerbehördlichen Organisationsverhältnisse des Bundesamtes für Verfassungsschutz unterrichtet. 10

d) Beauftragte aller im Bundesamt für Verfassungsschutz vertretenen Gewerkschaften und ein Beauftragter der Arbeitgebervereinigung, der das Amt eventuell angehört, können **an einer Personalversammlung nicht teilnehmen.** Damit soll außenstehenden Organisationen vor allem ein Überblick darüber verwehrt werden, welche Beschäftigten zum Bundesamt für Verfassungsschutz gehören. 11

3. Im Falle der **Einschaltung der Stufenvertretung,** d. h. des Hauptpersonalrats beim Bundesminister des Innern, und der Einigungsstelle gelten ebenfalls gewisse Einschränkungen für den Fall, dass Angelegenheiten zur Diskussion stehen, die lediglich die Beschäftigten des Bundesamtes für Verfassungsschutz betreffen. In diesen Fällen sind die in erster Linie in Betracht kommenden personellen und sozialen Angelegenheiten wie Verschlusssachen des Geheimhaltungsgrades „VS-VERTRAULICH“ zu behandeln (vgl. hierzu § 86 und die dortigen Anmerkungen). Etwas anderes gilt nur dann, wenn die zuständige Stelle, d. h. der Bundesminister des Innern, eine uneingeschränkte Beteiligung der Stufenvertretung oder der Einigungsstelle in den 12

Fällen zulässt, in denen Sicherheitsinteressen nicht beeinträchtigt werden (Fischer u. a., § 87 Anm. 13; Lorenzen u. a., § 87 Anm. 11)

III. Streitigkeiten

13 Streitigkeiten entscheiden die Verwaltungsgerichte nach § 83 Abs. 1 (Richardi u. a., § 87 Anm. 5).

§ 88 [Sondervorschriften für die Sozialversicherung und für die Bundesagentur für Arbeit]

Für bundesunmittelbare Körperschaften und Anstalten des öffentlichen Rechts im Bereich der Sozialversicherung und für die Bundesagentur für Arbeit gilt dieses Gesetz mit folgenden Abweichungen:

1. **Behörden der Mittelstufe im Sinne des § 6 Abs. 2 Satz 2 sind die der Hauptverwaltungsstelle unmittelbar nachgeordneten Dienststellen, denen andere Dienststellen nachgeordnet sind.**
2. **Abweichend von § 7 Satz 1 handelt für die Körperschaft oder Anstalt der Vorstand, soweit ihm die Entscheidungsbefugnis vorbehalten ist; für die Agenturen für Arbeit und die Regionaldirektionen der Bundesagentur für Arbeit handelt die Geschäftsführung. Der Vorstand oder die Geschäftsführung kann sich durch eines oder mehrere der jeweiligen Mitglieder vertreten lassen. § 7 Satz 3 und 4 bleibt unberührt.**
3. **Als oberste Dienstbehörde im Sinne des § 69 Abs. 3, 4 und des § 71 gilt der Vorstand. § 69 Abs. 3 Satz 2 ist nicht anzuwenden.**

Inhaltsübersicht

Entspr. landesgesetzliche Regelungen:
Bayern: Art. 83 b; Niedersachsen: § 88; Rheinland-Pfalz: §§ 107 bis 109; Saarland: §§ 107 bis 109; Sachsen: § 4 Abs. 3 S. 3; Sachsen-Anhalt: § 4 Abs. 6.

I. Vorbemerkungen

1 1. Zu § **88 Nr. 1:** Zur **Sozialversicherung** gehören die gesetzliche Kranken-, Unfall- und Rentenversicherung einschließlich der Altershilfe für Landwirte sowie im weiteren Sinne die Arbeitslosenversicherung und die Konkursausfallversicherung (vgl. auch Soziale Pflegeversicherung v. 26. 5. 1994, BGBl. I S. 1014, 1045, SGB XI, zul. geänd. d. Art. 5a G v. 23. 12. 2007, BGBl. I S. 3024, 3031) und die Unfallkasse Post und Telekom und Betriebskrankenkasse der Postbeschäftigten. Da die Sozialversicherungsträger im allgemeinen ein- oder zweistufig aufgebaut sind, entfällt hier eine **Mittelstufe** i. S. d. § 88 Nr. 1. Eine Ausnahme macht die Bundesagentur für Arbeit mit ihrer dreistufigen Gliederung (siehe Anm. 2). § 88 Nr. 1 stellt klar, welche Dienststellen Behörden der Mittelstufe i. S. d. § 6 Abs. 2 Satz 2 sind. Bei ihnen, im Bereich der Bundesagentur für Arbeit, bei den Regionaldirektionen, ist nach

§ 53 Abs. 1 ein Bezirkspersonalrat zu bilden. Oberste Dienstbehörde i. S. d. Personalvertretungsrechts ist bei einer mehrstufig aufgebauten Körperschaft oder Anstalt grundsätzlich deren Hauptverwaltungsstelle, bei der nach § 53 Abs. 1 der Hauptpersonalrat zu bilden ist.

2. Für den Bereich der **Bundesagentur für Arbeit,** einer rechtsfähigen Kör- 2
perschaft des öffentlichen Rechts mit Selbstverwaltung (§ 367 SGB III, Arbeitsförderung v. 24. 3. 1997, BGBl. I S. 594, 595, zul. geänd. d. Art. 4 G v. 28. 5. 2008, BGBl. I S. 874) ergeben sich wegen des dort bestehenden besonderen Organisationsaufbaus Abweichungen von diesem Gesetz. Die Bundesagentur gliedert sich in eine Zentrale auf der oberen Verwaltungsebene. Auf der mittleren Verwaltungsebene gibt es Regionaldirektionen und auf der örtlichen Verwaltungsebene Agenturen für Arbeit (§ 367 Abs. 2 SGB III). Dementsprechend werden bei den Agenturen für Arbeit, den Regionaldirektionen und der Zentrale örtliche Personalräte nach § 12 Abs. 1 und nach § 53 Abs. 1 bei den Regionaldirektionen Bezirkspersonalräte und bei der Zentrale ein Hauptpersonalrat gebildet. Für die Agentur für Arbeit und für die Regionaldirektionen der Bundesagentur für Arbeit handelt die Geschäftsführung (§§ 383, 384 SGB III). Die Bundesagentur wird von einem Vorstand geleitet, der die Geschäfte führt und die Bundesagentur gerichtlich und außergerichtlich vertritt (§ 381 SGB III). Für die wesentlichen dienstrechtlichen Entscheidungen ist der Vorstand als oberste Dienstbehörde zuständig (§ 387 Abs. 2 SGB III, § 388 SGB III ff). Der Vorstand ernennt die Beamten der Bundesagentur, soweit er diese Befugnis nicht delegiert hat (§ 388 Abs. 1, 2 SGB III). Gegenüber den jeweiligen Personalvertretungen können sich Vorstand oder Geschäftsführung „durch eines oder mehrere der jeweiligen Mitglieder vertreten lassen" (§ 88 Nr. 2).

II. Einzelheiten

1. **Träger der Sozialversicherung** sind rechtsfähige Körperschaften des öf- 3
fentlichen Rechts mit Selbstverwaltung (§ 29 Abs. 1 SGB – Gemeinsame Vorschriften für die Sozialversicherung, IV Buch v. 23. 12. 1976, BGBl. I S. 3845, zul. geänd. d. Art. 3 G v. 8. 4. 2008, BGBl. I S. 681). Das BPersVG gilt nur für die bundesunmittelbaren Sozialversicherungsträger, zu denen nach Art. 87 Abs. 2 GG die Sozialversicherungsträger gehören, deren Zuständigkeitsbereich sich über mehr als drei Länder erstreckt. Ist dies nicht der Fall, sondern umfasst der Zuständigkeitsbereich nicht mehr als drei Länder, so ist der Sozialversicherungsträger dann bundesunmittelbar, wenn die beteiligten Länder kein aufsichtsführendes Land bestimmen (§ 90 SGB IV). Wird ein aufsichtsführendes Land bestimmt, dann kann vereinbart werden, dass anstelle des Landespersonalvertretungsgesetzes des aufsichtsführenden Landes das BPersVG gelten soll (Fischer u. a., § 88 Anm. 3 c; Lorenzen u. a., § 88 Anm. 13 ff.). Ansonsten gilt für landesunmittelbare Sozialversicherungsträger das jeweilige Landespersonalvertretungsgesetz. **Bundesunmittelbare Körperschaften und Anstalten** im Bereich der Sozialversicherung sind u. a. die Deutsche Rentenversicherungsanstalt und die Bahnversicherungsanstalt; bundesunmittelbare Krankenversicherungsträger sind die Ersatzkassen, Orts- und Innungskrankenkassen, landwirtschaftliche Krankenkassen; bundesunmittelbare Versicherungsträger sind außerdem gewerbliche Berufsgenossenschaften, fünf landwirtschaftliche Berufsgenossenschaften und Alterskassen für Landwirte. Hinzu kommen die Sonderanstalten, insbesondere die Bundesknappschaft, die See-Kasse und die Bundesversicherungsanstalt; schließlich noch die Bundesverbände der Ortskrankenkassen, der Betriebskrankenkassen, der Innungskrankenkassen, der landwirtschaftlichen Krankenkassen und der Gesamtverband der

landwirtschaftlichen Alterskassen. § 88 gilt ferner für die Kassenärztliche Bundesvereinigung und die Kassenzahnärztliche Bundesvereinigung. Der Verband deutscher Rentenversicherungsträger e.V., der Hauptverband der gewerblichen Berufsgenossenschaften e.V., der Bundesverband der landwirtschaftlichen Berufsgenossenschaften e.V., der Arbeiter-Ersatzkassen-Verband e.V. und der Verband der Angestellten-Krankenkassen e.V. sind keine Körperschaften, sondern Vereine privaten Rechts, so dass für sie bezüglich der gesetzlichen Interessenvertretung der Beschäftigten das Betriebsverfassungsgesetz gilt. Dagegen gehören bundesunmittelbare Betriebskrankenkassen auch dann zum Geltungsbereich des BPersVG, wenn sie von Arbeitgebern privaten Rechts errichtet sind, da sich zwischenzeitlich die Betriebskrankenkassen öffentlicher Verwaltungen von jenen privater Arbeitgeber nicht mehr eindeutig abgrenzen lassen (Altvater, PersR 2004, 374).

4 2. Zu **§ 88 Nr. 2 Satz 1:** Abweichend von § 7 Satz 1 handelt für die Körperschaften oder Anstalten der – ehrenamtliche – **Vorstand,** soweit ihm Entscheidungsbefugnisse vorbehalten sind, die personalvertretungsrechtliche Beteiligungsangelegenheiten betreffen. Die Abweichung ist im Zusammenhang mit der allgemeinen Vorschrift des § 7 Satz 1 zu sehen, wonach für die Dienststelle ihr Leiter handelt. Dies ist bei Körperschaften und Anstalten mit ehrenamtlichem Vorstand der Geschäftsführer, wenn er befugt ist, über eine beteiligungspflichtige Maßnahme zu entscheiden. Für die Agenturen für Arbeit und für die Regionaldirektionen der Bundesagentur für Arbeit handelt die **Geschäftsführung.** Die Bestimmung in Nr. 2 Satz 1 ist deshalb notwendig, weil in beteiligungspflichtigen Angelegenheiten im allgemeinen sowohl das geschäftsführende Organ als auch das Selbstverwaltungsorgan die **Funktion des Dienststellenleiters** ausüben können. Nach § 31 Abs. 2 SGB IV nehmen der Geschäftsführer, der Vorstand und die Vertreterversammlung als Organe im Rahmen ihrer Zuständigkeiten die Aufgaben des Versicherungsträgers wahr. Der Vorstand verwaltet den Versicherungsträger und vertritt ihn gerichtlich und außergerichtlich, soweit nichts anderes durch Gesetz oder sonstiges für den Versicherungsträger maßgebendes Recht bestimmt ist (§ 35 Abs. 1 SGB IV). Der Vorstand erlässt nach § 35 Abs. 2 SGB IV Richtlinien für die Führung der Verwaltungsgeschäfte, soweit sie dem Geschäftsführer obliegen. Dieser führt die laufenden Verwaltungsgeschäfte, soweit nichts anderes geregelt ist; insoweit vertritt er auch den Versicherungsträger gerichtlich und außergerichtlich. Daher gibt es bei Körperschaften und Anstalten mit ehrenamtlichem Vorstand zwei Dienststellenleiter, nämlich den Vorstand und den Geschäftsführer (Geschäftsführung). Die Geschäftsführer sind meist nur zur Führung der laufenden Verwaltungsgeschäfte und zur Einstellung von Tarifangestellten einer bestimmten Vergütungsgruppe berechtigt, während über alle anderen Einstellungen und Höhergruppierungen der Vorstand entscheidet. Für die Anstellung und Beförderung von DO-Angestellten im Bereich der Krankenkassen ergibt sich dies unmittelbar aus § 349 RVO (Reichsversicherungsordnung v. 19. 7. 1911, RGBl. S. 509, zul. geänd. d. G v. 16. 6. 2002, BGBl. I S. 1812), wonach die „Stellen der Beamten und derjenigen Angestellten, für welche die Dienstordnung (§ 351) gilt, mit zwei Drittel Mehrheit durch den Vorstand besetzt“ werden. Auch für die Beamten der Rentenversicherungsträger und der Bundesknappschaft gilt nichts anderes. Für die Ernennung und Entlassung von Beamten sind z. B. bei der Bundesversicherungsanstalt für Angestellte nicht der Präsident oder die Geschäftsführung, sondern der Vorstand zuständig. Gleiche oder ähnliche Regelungen gelten auch für die übrigen Versicherungsträger. Für den Bereich der Orts-, Betriebs- und Innungskrankenkassen sowie für die Ersatzkassen sowie die bei diesen ge-

bildeten Pflegekassen gilt folgendes: Der Verwaltungsrat ist das Selbstverwaltungsorgan, die Geschäftsführung übernimmt ein hauptamtlicher Vorstand (§ 31 Abs. 3 a SGB IV). Der hauptamtliche Vorstand nimmt alle Aufgaben des Geschäftsführers und die geschäftsführenden Aufgaben des früheren Selbstverwaltungsorgans Vorstand wahr. Kraft Satzung oder im Einzelfall kann den Vorstandsmitgliedern auch die Alleinvertretungskompetenz eingeräumt werden. Auch bei den Bundesverbänden der Orts-, Betriebs- und Innungskrankenkassen sowie bei der Kassenärztlichen Bundesvereinigung und der Kassenzahnärztlichen Bundesvereinigung, ferner bei der Bundesagentur für Arbeit handelt stets der – hauptamtliche – Vorstand, der personalvertretungsrechtlich die Dienststellenleiterfunktion ausübt. Die im Schrifttum gestellte Frage, ob sich diese Lösung unmittelbar aus § 7 Satz 1 ergibt oder ob § 88 Nr. 2 Satz 1 Halbs. 1 als klarstellend anzusehen ist (hierzu Altvater, PersR 2004, 374), ist für die Praxis bedeutungslos, weil das Ergebnis gleich ausfällt.

3. Da die Kompetenzen des Geschäftsführers bzw. des geschäftsführenden Organs als Leiter der Dienststelle infolgedessen in aller Regel eingeschränkt sind und vor allem die Personalentscheidungen dem ehrenamtlichen Vorstand obliegen, wäre es unzumutbar, wenn die Personalvertretung mit jeweils weitgehend unzuständigen Vertretern der Dienststelle verhandeln müßte. Aus diesem Grund ist i. S. dieses Gesetzes der **Vorstand** immer dann **als Leiter der Dienststelle** anzusehen, wenn ihm Entscheidungsbefugnis (kraft Gesetzes oder kraft Satzung) vorbehalten ist. Beabsichtigt daher der Vorstand im Rahmen der ihm vorbehaltenen Zuständigkeit eine beteiligungspflichtige Maßnahme, so handelt er personalvertretungsrechtlich als Dienststellenleiter der Hauptverwaltungsstelle. Entsprechend § 82 Abs. 1 muss er entweder den Personalrat der Hauptverwaltung oder die bei dieser Dienststelle bestehende Stufenvertretung beteiligen (BVerwG v. 8. 10. 1980, BVerwGE 61, 51 = ZBR 1981, 385 = PersV 1981, 503). Besteht neben dem Hauspersonalrat ein Gesamtpersonalrat, ist § 82 Abs. 3 zu beachten. Nr. 2 erstreckt sich auch auf die **hauptamtlichen Vorstände** der Orts-, Betriebs-, Innungskrankenkassen und Ersatzkassen. Soweit weder der Vorstand noch die Geschäftsführer zuständig sind und die Entscheidungsbefugnis bei der Vertreterversammlung liegt (§ 33 SGB IV), ist der Vorstand verpflichtet, die Personalvertretung bei Vorschlägen an die Vertreterversammlung zu beteiligen. Der Vorstand eines Unfallversicherungsträgers hat bei der Aufstellung und Änderung einer Dienstordnung die zuständige Personalvertretung anzuhören (§ 147 SGB VII). Auch im Hinblick auf den Stellenplan ist die Personalvertretung anzuhören (Lorenzen u. a., § 88 Anm. 37). 5

4. Zu **§ 88 Nr. 2 Satz 2:** Der Vorstand ist grundsätzlich Verhandlungspartner des Personalrats. Er kann sich durch eines oder mehrere der jeweiligen Mitglieder vertreten lassen. Gleiches gilt für die Geschäftsführung bei den Agenturen für Arbeit und bei den Regionaldirektionen der Bundesagentur für Arbeit; in diesem Bereich sind bei den Agenturen für Arbeit Personalvertretungen, bei den Regionaldirektionen Bezirkspersonalräte und bei der Zentrale ist ein Hauptpersonalrat zu wählen; der Vorstand der Bundesagentur ist zum einen Dienststellenleiter der Zentrale, zum anderen oberste Dienstbehörde i. S. von § 69 Abs. 3, 4, § 71. Bei einer Übertragung von Zuständigkeiten durch Vorstand oder Geschäftsführung muss die volle Entscheidungskompetenz für die zur Vertretung Berechtigten gewährleistet sein (Lorenzen u. a., § 88 Anm. 47a). 6

7 5. Die **Übertragung der Vertretung** gegenüber dem Personalrat kann nur für Mitglieder des Vorstands oder der Geschäftsführung vorgesehen werden. Sie kann **für jeden Einzelfall,** aber auch generell für eine bestimmte Zeit (Amtszeit des Personalrats) verfügt werden und sollte durch Beschluss erfolgen (ebenso Fischer u. a., § 88 Anm. 11; Lorenzen u. a., § 88 Anm. 48).

8 6. Der Vorstand oder die Geschäftsführung bzw. die von ihm oder ihr beauftragten Mitglieder haben im Rahmen dieses Gesetzes alle Aufgaben wahrzunehmen, die das Gesetz dem Dienststellenleiter überträgt. Das gilt u. a. für das gesamte Beteiligungsverfahren (§§ 69, 72 ff.). Es gilt darüber hinaus auch für die allgemeinen Regelungen über die Beteiligung der §§ 66, 67 und § 68, also auch für das **Monatsgespräch** nach § 66 (Fischer u. a., § 88 Anm. 9; aA Lorenzen u. a., § 88 Anm. 45).

9 7. Die Bildung von Stufenvertretungen hängt gem. § 53 Abs. 1 von einem mehrstufigen Dienststellenaufbau ab. Ein mehrstufiger Verwaltungsaufbau setzt im Unterschied zu einem einstufigen Aufbau voraus, dass neben der Hauptverwaltungsstelle weitere, dieser nachgeordnete selbständige Dienststellen bestehen. In den nachgeordneten Dienststellen der Bundesagentur für Arbeit und bei Sozialversicherungsträgern mit mehrstufigem Verwaltungsaufbau sind die Geschäftsführung bzw. die **Leiter der Dienststellen personalvertretungsrechtlich handlungsbefugt;** bei letzteren ist Voraussetzung, dass ihnen Entscheidungsbefugnisse zustehen. Im Übrigen ist der Abschluss von Dienstvereinbarungen davon abhängig, ob in ihnen Regelungen getroffen werden, die dem Beteiligungsrecht der jeweiligen Personalvertretung unterliegen. Ist dies nicht der Fall, weil z. B. die satzungsrechtliche Regelung der Besetzung von Organen der Sozialeinrichtung deren speziellen Beschlussorganen obliegt, so hat eine entsprechende Dienstvereinbarung keinen personalvertretungsrechtlichen Gehalt (BVerwG v. 24. 11. 1983, BVerwGE 68, 203 = ZBR 1984,189). Ist der Verwaltungsaufbau eines Sozialversicherungsträgers nur einstufig, dann spielt sich auf der einen Ebene das gesamte personalvertretungsrechtliche Verfahren ab. Dies bedeutet u. a., dass die Einigungsstelle unmittelbar nach Feststellung der Nichteinigung zwischen dem Repräsentanten des Sozialversicherungsträgers und der Personalvertretung anzurufen ist. Bei Nebenstellen oder Teildienststellen ist entsprechend § 6 Abs. 3 zu verfahren, d. h. es ist ein Gesamtpersonalrat für den Fall zu bilden, dass sich eine Nebenstelle oder eine Teildienststelle personalvertretungsrechtlich verselbstständigt.

10 8. Zu § 88 **Nr. 3: Als oberste Dienstbehörde** im Rahmen des **Mitbestimmungsverfahrens** (Dissensfall zwischen Dienststelle und Personalrat, Einschaltung der übergeordneten Dienststellen oder Stufenvertretungen, Einigungsstelle) gilt der **jeweilige Vorstand;** eine Vertretung ist nicht möglich (Lorenzen u. a., § 88 Anm. 55; aA Fischer u. a., § 88 Anm. 55). Daher ist § 69 Abs. 3 Satz 2 nicht anzuwenden, wonach in Körperschaften, Anstalten und Stiftungen des öffentlichen Rechts als oberste Dienstbehörde das in ihrer Verfassung für die Geschäftsführung vorgesehene oberste Organ (Vertreterversammlung) anzurufen ist. Anstelle des für die Geschäftsführung zuständigen Organs tritt der Vorstand. Der Vorstand vereinigt daher, jedenfalls soweit ihm Entscheidungskompetenzen zustehen, „zwei Instanzen" in sich. In diesen Fällen ist der Instanzenzug daher praktisch verkürzt (aA Lorenzen u. a., § 88 Anm. 52). In der Regel ist davon auszugehen, dass der Vorstand im Dissensfall seine eigene Entscheidung bestätigen wird. Der Personalrat kann in diesem Fall aber die **Einigungsstelle** anrufen, die **beim Vorstand zu bilden** ist. In Angelegenheiten, die der eingeschränkten Mitbestimmung unterliegen, steht

der Einigungsstelle im Streitfall kein Letztentscheidungsrecht zu; sie kann lediglich eine Empfehlung an den Vorstand aussprechen, der sodann endgültig entscheidet (§ 69 Abs. 4 Satz 3 und 4). Bei einem mehrstufigen Verwaltungsaufbau des Sozialversicherungsträgers ist der Hauptpersonalrat der dem Vorstand zugeordnete Verhandlungspartner, wenn auf der unteren Ebene keine Einigung erzielt wurde. § 88 Nr. 3 gilt nicht für das **Mitwirkungsverfahren.** Ist dem Vorstand bei einer mitwirkungspflichtigen Maßnahme die Entscheidung vorbehalten, hat er das Mitwirkungsverfahren in seiner Eigenschaft als Dienststellenleiter einzuleiten (vgl. Anm. 8; Altvater, PersR 2004, 374, 382).

9. Der Gesetzgeber hätte die **Vertreterversammlung** als oberste Dienstbehörde i. S. des BPersVG bestimmen können. Dies aber hätte in Einzelfällen zu unpraktikablen Ergebnissen führen müssen, weil die **Vertreterversammlung** meist aus einer Vielzahl von Personen besteht, deren Höchstzahl bis zu 60 reichen kann. Eine **Delegation von Zuständigkeiten** auf einige wenige ihrer Mitglieder wäre zwar möglich, aber schon deshalb kaum praktikabel gewesen, weil sich diese dann ständig am Dienstort aufhalten müßten; denn in der Regel findet nur zweimal jährlich eine Vertreterversammlung statt, zu der die Mitglieder meist von auswärts anreisen. Die Übertragung der Vertretungsbefugnis auf einige Mitglieder der Vertreterversammlung würde daher zur Einrichtung eines eigenen Gremiums in der jeweiligen Dienststelle führen. 11

10. Die **Versicherungsträger** sind rechtsfähige Körperschaften des öffentlichen Rechts mit Selbstverwaltung (§ 29 SGB IV). Jeder Träger „hat einen Geschäftsführer, der dem Vorstand mit beratender Stimme angehört" (§ 31 Abs. 1 SGB IV). Die vertretungsberechtigten Organe (Vertreterversammlung, Vorstand, Geschäftsführung) haben die Eigenschaft einer Behörde (§ 31 Abs. 3 SGB IV). Bei den **Orts-, Betriebs- und Innungskrankenkassen** sowie den **Ersatzkassen** verwaltet der Vorstand die Krankenkasse und vertritt sie gerichtlich und außergerichtlich (§ 35 a Abs. 1 SGB IV). Im Einzelfall oder durch Satzung kann den Vorstandsmitgliedern eine Alleinvertretungskompetenz zugewiesen werden. Ist dies nicht der Fall, kann der Vorstand – auch in personalvertretungsrechtlichen Angelegenheiten – nur gemeinsam handeln. Einem Verwaltungsrat obliegt die Aufgabe, den Vorstand zu überwachen (§ 197 Abs. 1 Nr. 1 a SGB V, Sozialgesetzbuch – Fünftes Buch – Gesetzliche Krankenversicherung v. 20. 12. 1988, BGBl. I S. 2477, 2482, zul. geänd. d. Art. 5 G v. 19. 12. 2007, BGBl. I S. 3024, 3030) Er ist befugt, für die Krankenkasse Entscheidungen von grundsätzlicher Bedeutung zu treffen (§ 197 Abs. 1 Nr. 1 b SGB V), wodurch im Einzelfall eine Zuständigkeit des Verwaltungsrats auch in beteiligungspflichtigen Angelegenheiten begründet werden kann. In diesen Fällen muss der hauptamtliche Vorstand die Personalvertretung bei möglichen Vorschlägen an den Verwaltungsrat beteiligen (Lorenzen u. a., § 88 Anm. 38 b). 12

III. Streitigkeiten

Streitigkeiten über Zuständigkeit, Geschäftsführung und Rechtsstellung der Personalvertretungen entscheiden die Verwaltungsgerichte nach § 83 Abs. 1 Nr. 3 (Richardi u. a., § 88 Anm. 7). 13

Schrifttum: Altvater, Anmerkungen zur geänderten Fassung des § 88 BPersVG, PersR 2004, 374; ders., Bundesagentur für Arbeit und § 88 BPersVG, PersR 2004, 43; Goeres, Die personalvertretungsrechtliche Stellung der Organe bei bundesunmittelbaren Körperschaften und Anstalten im Bereich der Sozialversicherung, PersV 1987, 48; Lecheler/Determann, Rechtliche Vorgaben für den Status der

Bediensteten von Sozialversicherungsträgern, DÖV 1999, 885; Lorenzen, Die personalvertretungsrechtlichen Auswirkungen der Privatisierung von Bahn und Post, ZfPR 1995, 97, 130; Wolber, Vorstand oder Geschäftsführer eines Sozialversicherungsträgers als Gesprächs- und Verhandlungspartner seiner Personalvertretung?, RiA 1976, 150; ders., Das Zusammenwirken von Vorstand und Geschäftsführer eines Sozialversicherungsträgers mit der Personalvertretung, PersV 1976, 444; ders., Personalvertretungsrechtliche Organisationsformen bei Sozialversicherungsträgern, RiA 1977, 121; ders., Zur Richtlinienkompetenz des Vorstandes eines Sozialversicherungsträgers unter Berücksichtigung seiner Personalvertretung, PersV 1978, 437; ders., Anwesenheit einer Personalvertretung bei der Vertreterversammlung eines Versicherungsträgers, RiA 1979, 188; ders., Der Hauptpersonalrat eines Sozialversicherungsträgers als Ansprechpartner seines Vorstandes (§ 88 Ziff. 2 BPersVG), RiA 1983, 212; ders., Zur Beibehaltung des Dienstordnungs-Rechts bei gesetzlichen Unfallversicherungsträgern, ZfPR 2000, 157.

§ 89 [Sondervorschriften für die Deutsche Bundesbank]

Für die Deutsche Bundesbank gilt dieses Gesetz mit folgenden Abweichungen:

1. **Als Behörden der Mitteistufe im Sinne des § 6 Abs. 2 Satz 2 gelten die Landeszentralbanken, denen Zweiganstalten unterstehen.**
2. **Oberste Dienstbehörde ist der Präsident der Deutschen Bundesbank. Der Zentralbankrat gilt als oberste Dienstbehörde, soweit ihm die Entscheidung zusteht. § 69 Abs. 3 Satz 2 ist nicht anzuwenden.**
3. **Der Zentralbankrat, das Direktorium und der Vorstand einer Landeszentralbank können sich durch eines oder mehrere ihrer Mitglieder vertreten lassen. § 7 Satz 2 bleibt unberührt.**

I. Vorbemerkungen

1 1. Die **Deutsche Bundesbank,** eine bundesunmittelbare juristische Person des öffentlichen Rechts (§ 2 BBankG), hat mit ihrem Vorstand die **Stellung einer obersten Bundesbehörde** und besitzt Dienstherrnfähigkeit, so dass sie Beamte ernennen sowie Arbeiter und Angestellte beschäfigen kann. Die **Hauptverwaltungen** haben die **Stellung von Bundesbehörden.** Mit dem Beginn der Dritten Stufe der Wirtschafts- und Währungsunion zum 1. 1. 1999 hat die Deutsche Bundesbank ihre frühere geld- und währungspolitische Eigenständigkeit aufgegeben. Sie ist zum integralen Bestandteil des Europäischen Systems der Zentralbanken (ESZB) geworden. Die geld- und währungspolitischen Zuständigkeiten sind an die Europäische Zentralbank übergegangen. Die bisherigen Organe der Deutschen Bundesbank (Zentralbankrat, Direktorium, Präsident der Deutschen Bundesbank, Vorstände der Landeszentralbanken) sind durch einen **Vorstand als zentralem Leitungs- und Entscheidungsorgan** ersetzt worden. Der Vorstand besteht aus dem Präsidenten, dem Vizepräsidenten sowie sechs weiteren Mitgliedern. Die Hauptverwaltungen werden durch einen **Präsidenten** (Präsident der Hauptverwaltung) geleitet; er untersteht dem Vorstand der Deutschen Bundesbank. Die Änderungen und Anpassungen sind durch das Siebte Gesetz zur Änderung des Gesetzes über die Deutsche Bundesbank vom 23. 3. 2002 (BGBl. I S. 1159) ausgelöst worden. Eine entsprechende Änderung hat das BPersVG allerdings nicht erfahren, so dass die bisherigen Begriffe auf die neue Organisationsstruktur überzuleiten sind (vgl. zum Ganzen: Gesetz über die Deutsche Bundesbank v. 26. 7. 1957, BGBl. I S. 745 i. d. F. d. Bekanntm.

v. 22. 10. 1992, BGBl. I S. 1782, zul. geänd. d. Art. 12 G v. 21. 12. 2007, BGBl. I S. 3089).

II. Einzelerläuterungen

2. Die seitens des Gesetzgebers nicht erfolgte Überleitung der geänderten Organisationsstruktur der Bundesbank aus dem Jahre 2002 auf die Bestimmung des § 89 hat zur Folge, dass § 89 im Wege der Auslegung der Neuregelung der Bundesbank anzupassen ist (ebenso Fischer u. a., § 89 Anm. 2; Lorenzen u. a., § 89 Anm. 5). Leitungsorgan der Deutschen Bundesbank ist nach der Organisationsreform der **Vorstand** (§ 7 BBankG). Er besteht aus dem Präsidenten und Vizepräsidenten der Deutschen Bundesbank sowie aus sechs weiteren Mitgliedern, die vom Bundespräsidenten auf Vorschlag der Bundesregierung bestellt werden (§ 7 Abs. 2, 3, 4 BBankG). Die **Hauptverwaltungen** (zuvor Landeszentralbanken) sind Zweiganstalten der Deutschen Bundesbank; sie werden von einem Präsidenten geleitet (§ 8 Abs. 2 BBankG). Gegenwärtig sind den neun Hauptverwaltungen insgesamt 61 Filialen und 10 Betriebsstellen, die jeweils einer benachbarten Filiale zugeteilt sind, unterstellt. Daneben bestehen weitere 20 Betriebsstellen, die jeweils einer benachbarten Filiale zugeordnet sind. Bei den Filialen bestehen Personalvertretungen, während Gesamtpersonalräte dort bestehen, wo personalvertretungsrechtlich verselbständige Betriebsstellen bestehen. 2

3. Als **Behörden der Mittelstufe** i. S. von § 6 Abs. 2 Satz 2 gelten die **Hauptverwaltungen** mit den ihnen unterstehenden Filialen; sie haben die Stellung von Bundesbehörden. Die Präsidenten der Hauptverwaltungen sind unmittelbar dem Vorstand der Deutschen Bundesbank unterstellt (§ 8 BBankG). In den Bundesländern Baden-Württemberg, Bayern, Berlin und Brandenburg, Bremen und Niedersachsen sowie Sachsen-Anhalt, Hamburg und Mecklenburg-Vorpommern und Schleswig-Holstein, Hessen, Nordrhein-Westfalen, Rheinland-Pfalz und Saarland, Sachsen und Thüringen sind insgesamt neun Hauptverwaltungen gebildet worden. Diese sind jeweils Behörden der Mittelstufe, bei denen neben **örtlichen Personalvertretungen** für die Beschäftigten der Hauptverwaltung auch **Bezirkspersonalräte** (wegen der den Hauptverwaltungen unterstehenden Filialen) sowie Bezirksjugend- und Auszubildendenvertretungen zu errichten sind. Der Präsident der jeweiligen Hauptverwaltung ist personalvertretungsrechtlich Dienststellenleiter nach § 7 Satz 1. Sofern bei den Filialen Zuständigkeiten und organisatorische Selbstständigkeiten gegeben sind, ist dort jeweils auch ein örtlicher Personalrat zu wählen. 3

4. **Oberste Dienstbehörde** nach Nr. 2 Satz 1 ist sowohl der Präsident der Deutschen Bundesbank als auch der Vorstand (§ 29 Abs. 1 BBankG). Hieran ist auch nach der Neuergelung der Organisationstruktur festzuhalten. Der Präsident ist gem. § 31Abs. 2 Satz 2 BBankG oberte Dienstbehörde der Beamten; dagegen ist in nichtdienstrechtlichen Funktionen der Vorstand die oberste Dienstbehörde i. S. des BPersVG (Lorenzen u. a., § 89 Anm. 14; abw. Fischer u. a., § 89 Anm. 6). Die Zuständigkeiten innerhalb des Vorstands der Deutschen Bundesbank werden in einem Organisationsstatut festgelegt (§ 7 Abs. 1 Satz 3 BBankG). Das danach für die allgemeine Verwaltung zuständige Mitglied ist gegenüber den Personalvertretungen im Bereich der Deutschen Bundesbank **Leiter der Dienststelle** i. S. von § 7 Satz 1. Er ist sowohl Leiter der örtlichen Dienststelle in Frankfurt am Main (Sitz der Deutschen Bundesbank) als auch Leiter des Geschäftsbereichs der Deutschen Bundes- 4

bank. Insoweit nimmt er auch die personalvertretungsrechtlichen Rechte und Pflichten als oberste Dienstbehörde wahr. Im Übrigen ergeben sich die Zuständigkeiten als oberste Dienstbehörde u. a. aus § 69 Abs. 3, § 69 Abs. 4, § 71 (Einigungsstelle), § 72 Abs. 4 (letzte Stufe des Mitwirkungsverfahrens). Zuständige Stufenvertretung bei der obersten Dienstbehörde ist der Hauptpersonalrat (§ 53 Abs. 1).

5 5. Der Gesamtvorstand als Leiter der Dienststelle kommt nur dann in Betracht, wenn ein Organisationsstatut nicht existieren sollte. Nach § 7 Abs. 1 Satz 4 BBankG kann der Vorstand die Befugnisse als Dienststellenleiter an einzelne seiner Mitglieder delegieren.

6 6. Die nach Nr. 3 der Vorschrift genannten Organe sind abgeschafft; deren Aufgaben sind auf den **Vorstand der Deutschen Bundesbank** übergegangen. Die **Präsidenten der Hauptverwaltung** sind **Dienststellenleiter** im Sinne des § 7 Satz 1. Darüber hinaus sind sie, falls ihrer Hauptverwaltung weitere Filialen nachgeordnet snd, auch Leiter des Bereichs der Mittelbehörden (§ 6 Abs. 2 Satz 1). Die Präsidenten der Hauptverwaltungen sind daher gegenüber den örtlichen Personalvertretungen bzw. gegenüber den Bezirkspersonalräten die entsprechenden Partner, nicht dagegen die bei den Hauptverwaltungen gebildeten Beiräte (§ 9 Abs. 1 BBankG), deren ausschließliche Zuständigkeit die Beratung der jeweiligen Präsidenten ist.

7 7. Soweit die **Filialen** der Deutschen Bundesbank organisatorisch selbstständig sind (vgl. § 10 BBankG), erfüllen sie die Voraussetzungen des § 6 Abs. 2 Satz 1. Deshalb sind, soweit die übrigen Voraussetzungen des Gesetzes erfüllt sind, örtliche Personalvertretungen zu bilden. Bei den **Betriebsstellen** sind unter den Voraussetzungen des § 6 Abs. 3 Satz 1 Personalräte zu bilden. Ein **Gesamtpersonalrat** ist nach § 55 für den Geschäftsbereich einer Filiale in den Fällen des § 6 Abs. 3 neben den einzelnen Personalräten bei der Filiale und den Personalräten der verselbständigten Betriebsstellen zu wählen. Der **Hauptpersonalrat** ist die zuständige Stufenvertretung bei der obersten Dienstbehörde, dem Vorstand bzw. dem Präsidenten der Deutschen Bundesbank.

III. Streitigkeiten

8 8. Streitigkeiten entscheiden die Verwaltungsgerichte nach § 83 Abs. 1 Nr. 3.

§ 89 a [Sondervorschriften für den Bereich der Deutschen Bundespost]

Aufgehoben durch Gesetz zur Neuordnung des Postwesens und der Telekommunikation v. 14. 9. 1994 (BGBl. I S. 2325, 2385).

§ 90 [Sondervorschrift für die Rundfunkanstalt „Deutsche Welle"]

Für die Rundfunkanstalt des Bundesrechts „Deutsche Welle" gilt dieses Gesetz mit folgenden Abweichungen:

1. **Die Einrichtungen der Deutschen Welle am Sitz Köln und die Einrichtungen der Deutschen Welle am Sitz Berlin bilden je eine Dienststelle im Sinne dieses Gesetzes. Diese Aufteilung auf zwei Dienststellen bleibt bei Verlegung des Sitzes von Köln nach Bonn bestehen. Andere Einrichtungen der Deutschen Welle werden vom Intendanten der Deutschen Welle einer Dienststelle zugeteilt. § 6 Abs. 3 findet keine Anwendung.**

2. Die Beschäftigten in beiden Dienststellen wählen – neben den örtlichen Personalräten – einen Gesamtpersonalrat. Dieser wirkt bei der Entscheidung nach Nummer 1 Satz 3 mit. Er ist zuständig für die Behandlung dienstellenübergreifender Angelegenheiten. Der Gesamtpersonalrat hat seinen Sitzort am Sitz des Intendanten. Die für den Gesamtpersonalrat maßgebenden Bestimmungen finden im Übrigen entsprechende Anwendung.

3. Die Beschäftigten im Sinne des § 57 in beiden Dienststellen wählen – neben den örtlichen Jugend- und Auszubildendenvertretungen – eine Gesamt-Jugend- und Ausbildungsvertretung. Nummer 2 Satz 3 gilt entsprechend. Der Sitzort der Gesamt-Jugend- und Auszubildendenvertretung ist am Sitzort des Gesamtpersonalrats. Die für die Gesamt-Jugend- und Auszubildendenvertretung maßgebenden Bestimmungen finden im Übrigen entsprechende Anwendung.

4. Leiter der Dienststellen ist der Intendant. Er gilt als oberste Dienstbehörde im Sinne dieses Gesetzes; § 69 Abs. 3 Satz 2 findet keine Anwendung. § 7 ist entsprechend anzuwenden.

5. Beschäftigte der Deutschen Welle im Sinne dieses Gesetzes sind die durch Arbeitsvertrag unbefristet oder auf Zeit angestellten Beschäftigten der Deutschen Welle einschließlich der zu ihrer Berufsausbildung Beschäftigten. Beschäftigte im Sinne dieses Gesetzes sind nicht:
a) der Intendant, die Direktoren und der Justitiar,
b) Personen in einem arbeitnehmerähnlichen Verhältnis, sonstige freie Mitarbeiter und Personen, die auf Produktionsdauer beschäftigt sind.
Beschäftigte, die in einer Einrichtung der Deutschen Welle im Ausland eingesetzt sind, sowie Volontäre sind nicht wählbar.

6. § 44 Abs. 1 Satz 2 findet mit der Maßgabe Anwendung, dass an die Stelle des Bundesreisekostengesetzes die Reisekostenordnung der Deutschen Welle tritt.

7. a) Bei Beschäftigten, deren Vergütung sich nach der Vergütungsgruppe I des Vergütungstarifvertrags der Deutschen Welle bemisst oder deren Vergütung über der höchsten Vergütungsgruppe liegt, wird der Personalrat in den Fällen des § 75 Abs. 1 und 3 Nr. 14 nicht beteiligt.
b) Bei im Programmbereich Beschäftigten der Vergütungsgruppe II des Vergütungstarifvertrags der Deutschen Welle tritt in Fällen des § 75 Abs. 1 an die Stelle der Mitbestimmung des Personalrats die Mitwirkung.
c) Bei Beschäftigten mit überwiegend wissenschaftlicher oder künstlerischer Tätigkeit sowie bei Beschäftigten, die maßgeblich an der Programmgestaltung beteiligt sind, bestimmt der Personalrat in den Fällen des § 75 Abs. 1 nur mit, wenn sie dies beantragen. § 69 Abs. 4 Satz 3 und 4 gilt entsprechend.

Inhaltsübersicht

1. Durch Artikel 2 § 1 Nr. 1 und 2 des Gesetzes über den deutschen Auslandsrundfunk (DWG) vom 16. 12. 1997 (BGBl. I S. 3094), das am 24. 12. 1997 in Kraft getreten ist, ist **§ 90 neu gefasst** und **§ 69 Abs. 4 Satz 5 gestrichen worden.** Die bisherige Vorschrift, die die Anwendbarkeit des BPersVG für die ständige Vertretung der Bundesrepublik Deutschland bei der Deutschen Demokratischen Republik regelte, war mit der Herstellung der Deut-schen Einheit am 3. 10. 1990 gegenstandslos geworden. Die 1

„Deutsche Welle" ist eine rechtsfähige, gemeinnützige Anstalt des öffentlichen Rechts mit der Aufgabe, Rundfunk als Hörfunk und Fernsehen für das Ausland zu veranstalten und den Rundfunkteilnehmern im Ausland ein umfassendes Bild des politischen, kulturellen und wirtschaftlichen Lebens in Deutschland zu vermitteln (§ 4 Deutsche-Welle-Gesetz, DWG, v. 16. 12. 1997, BGBl. I S. 3094, neugef. d. Bekanntm. v. 11. 1. 2005, BGBl. I S. 90). Die Vorschrift enthält in den Nummern 1 bis 7 abweichende Regelungen von den allgemeinen Bestimmungen des BPersVG.

2 2. **Nr. 1 (Dienststellen).** Die DW hat ihren Hauptsitz in Bonn, und einen Sitz in Berlin (Fernsehdirektion). Daneben unterhält die DW Hörfunk- und Fernsehstudios in Berlin, Brüssel, Washington, ferner Relais- und Messstationen in Deutschland, Portugal, Malta, Sri Lanka, Antigua und – soweit die politische Situation es zulässt – in Kigali (Goeres, PersV 1998, 281; Fischer u. a., § 90 Anm. 5). Abweichend von § 6 Abs. 1 und 2 BPersVG legt Nr. 1 fest, dass die Einrichtungen der DW am Sitz in Bonn und am Sitz in Berlin je eine Dienststelle i. S. des BPersVG bilden (§ 2 Abs. 1 DWG). Satz 2 hebt ausdrücklich hervor, dass **die Aufteilung auf zwei Dienststellen** bei Verlegung des Sitzes von Köln nach Bonn bestehen bleibt, und nach Satz 3 werden andere Einrichtungen der DW, d. h. außerhalb von Köln oder Berlin, etwa Hörfunk- und Fernsehstudios, Mess- und Relaisstationen, vom Intendanten der Dienststelle Bonn oder der Dienststelle Berlin zugeordnet. Die Nichtanwendbarkeit des § 6 Abs. 3 hat zur Folge, dass sowohl Bonn als auch Berlin je eine einheitliche Dienststelle sind und deshalb die personalvertretungsrechtliche Eigenständigkeit einzelner in- oder ausländischer Einrichtungen dieser Dienststellen, z. B. Hörfunkstudios, mit jeweils eigenen Personalräten ausgeschlossen ist (Lorenzen u. a., § 90 Anm. 8).

3 3. **Nr. 2 (Gesamtpersonalrat).** Nach Satz 1 wird abweichend von § 55 der **Gesamtpersonalrat** durch die Beschäftigten der beiden Dienststellen Bonn und Berlin gewählt. Daneben bestehen in den beiden Dienststellen örtliche Personalräte. Satz 2 bestimmt, dass der Gesamtpersonalrat bei der Entscheidung des Intendanten gem. Nr. 1 Satz 3 über die Zuteilung von Einrichtungen auf eine der beiden Dienststellen mitwirkt. Für die Durchführung des Mitwirkungsverfahrens ist § 72 maßgebend (Lorenzen u. a., § 90 Anm. 10). Die Zuteilungsentscheidung des Intendanten kann nicht zusätzlich das Mitwirkungsrecht nach § 78 Abs. 1 Nr. 2 auslösen, weil die Zuordnung nicht mit der Zusammenlegung von Dienststellenteilen, die eine räumlich-organisatorische Verknüpfung zuvor getrennter Dienststellenteile bewirken soll, gleichgesetzt werden kann (Fischer u. a., § 90 Anm. 10). Satz 3 legt fest, dass der Gesamtpersonalrat – im Unterschied zur Zuständigkeit der örtlichen Personalräte in Bonn und Berlin – für die Behandlung dienststellenübergreifender Angelegenheiten zuständig ist. Der Gesamtpersonalrat, der den beiden örtlichen Personalräten nicht übergeordnet ist, ist somit zuständig für Angelgenheiten, die nicht nur eine der beiden Dienststellen betreffen. Dienststellenübergreifend sind nur solche Angelegenheiten und Maßnahmen, die sowohl die Dienststelle Bonn als auch die Dienststelle Berlin betreffen; Partner des Gesamtpersonalrats ist der Intendant in seiner Eigenschaft als Leiter der Gesamtheit aller Teile der DW (Goeres, PersV 1998, 281). Betrifft eine Angelegenheit nur eine der beiden Dienststellen, so

* § 90 neu gefasst durch Art. 2 § 1 Nr. 2 des Gesetzes über den deutschen Auslandsrundfunk vom 16. 12. 1997 (BGBl. I S. 3094).

ist ausschließlich deren örtlicher Personalrat zuständig (Fischer u. a., § 90 Anm. 16). Die Zuständigkeitsabgrenzung zwischen Gesamtpersonalrat und örtlichen Personalräten ist gesetzlich festgelegt und kann nicht abgeändert werden. Der Gesamtpersonalrat hat nach Satz 4 seinen Sitzort am Sitz des Intendanten, in Bonn. Aus Satz 5 ergibt sich, dass die für den Gesamtpersonalrat maßgebenden allgemeinen Bestimmungen des BPersVG entsprechend anzuwenden sind, soweit in Nr. 2 ansonsten keine Sonderregelungen getroffen sind. Zu den allgemeinen Bestimmungen zählen neben der Verweisungsvorschrift des § 56 auch die Vorschriften der §§ 66 bis 68 über die allgemeinen Aufgaben und Befugnisse der Personalvertretung (Altvater, PersR 1998, 215, 220).

4. **Nr. 3 (Gesamt-Jugend- und Auszubildendenvertretung).** Neben den örtlichen Jugend- und Auszubildendenvertretungen in den Dienststellen Bonn und Berlin wählen die jugendlichen Beschäftigten und diejenigen älteren Beschäftigten, die sich in einer beruflichen Ausbildung befinden und das 25. Lebensjahr noch nicht vollendet haben (§ 57), eine **Gesamt-Jugend- und Auszubildendenvertretung** für den Bereich beider Dienststellen, unabhängig von den Voraussetzungen des § 6 Abs. 3, dessen Anwendbarkeit durch Nr. 1 Satz 4 ausgeschlossen ist. Da Nr. 2 Satz 3 entsprechend gilt (vgl. Nr. 3 Satz 2), erstreckt sich die Zuständigkeit der Gesamt-Jugend- und Auszubildendenvertretung auf die Behandlung dienststellenübergreifender Angelegenheiten. Nach Satz 3 ist ihr Sitzort am Sitzort des Gesamtpersonalrats; der Gesamtpersonalrat ist gem. § 61 der Partner der Gesamt-Jugend- und Auszubildendenvertretung. Im Übrigen finden die allgemeinen Bestimmungen, d. h. § 64 Abs. 2 Satz 2 i. V. mit Abs. 1 Satz 2, § 53 Abs. 2, 4 und §§ 57 bis 62, entsprechende Anwendung. (Fischer u. a., § 90 Anm. 22; Lorenzen u. a., § 90 Anm. 21 4

5. **Nr. 4 (Dienststellenleiter).** Leiter der Deutschen Welle in Bonn ist der dort ansässige Intendant. Er hat auch die Funktion des Leiters der übergeordneten Dienststelle im Sinne der obersten Dienstbehörde, soweit dieser Befugnisse nach dem BPersVG übertragen sind (vgl. BT-Drucks. 13/4708, S. 36; Fischer u. a., § 90 Anm. 14). Daher ist es folgerichtig, dass nach Satz 2, Halbsatz 2, § 69 Abs. 3 Satz 2 keine Anwendung findet. Der Intendant ist Gesprächspartner für die örtlichen Personalräte in Bonn und Berlin und als Leiter der Gesamtdienststelle auch Gesprächspartner des Gesamtpersonalrats. Kommt es im Mitbestimmungsverfahren zwischen einem der örtlichen Personalräte – oder dem Gesamtpersonalrat – und dem Intendanten nicht zu einer Einigung, so entscheidet nach § 69 Abs. 4 Satz 1 die nach § 71 Abs. 1 Satz 1 beim Intendanten zu bildende Einigungsstelle, ohne dass ein Stufenverfahren i. S. des § 69 Abs. 3 durchzuführen ist (Altvater, PersR 1998, 221). Die entsprechende Anwendung des § 7 bedeutet, dass nach § 7 Satz 1 grundsätzlich der Intendant Ansprechpartner der Personalvertretung ist, dass aber seine Vertretung gem. § 7 Satz 2 bis 4 erfolgen kann. Daher kann sich der Intendant im Falle seiner Verhinderung durch seinen ständigen Vertreter oder aber durch den Leiter der Abteilung für Personal- und Verwaltungsangelegenheiten vertreten lassen; denn der Intendant ist auch oberste Dienstbehörde. Trotz der Tatsache, dass der Intendant seinen Sitz in Bonn hat, kann er sich auch gegenüber der Dienststelle in Berlin nur im Falle der Verhinderung vertreten lassen (Lorenzen u. a., § 90 Anm. 24). Sonstige Beauftragte können mit der Vertretung im Einverständnis mit dem Personalrat betraut werden. Für die Dienststelle in Berlin sollte ein „vor Ort" ansässiger Beauftragter ausgewählt werden, falls an sonstige Beauftragte gedacht wird (Fischer u. a., § 90 Anm. 13; Lorenzen u. a., aaO). 5

6 6. **Nr. 5 (Beschäftigte).** Nach Satz 1 sind **Beschäftigte** i. S. des BPersVG die aufgrund eines Arbeitsvertrags unbefristet oder befristet angestellten Beschäftigten einschließlich der zu ihrer Berufsausbildung Beschäftigten. Wegen des Begriffs des Angestellten wird auf § 4 Abs. 3 verwiesen. Zu den zu ihrer „Berufsausbildung Beschäftigten" gehören nicht nur die staatlich anerkannten Ausbildungsberufe i. S. des § 28 BBiG, sondern auch Personen, die außerhalb eines Arbeitsverhältnisses eingestellt sind, um berufliche Kenntnisse, Fertigkeiten oder Erfahrungen zu erwerben, insbesondere Anlernlinge, Volontäre und Praktikanten (§ 19 BBiG; Altvater, PersR 1998, 221). Nr. 5 Satz 2 bestimmt, welche Personen keine Beschäftigten i. S. des BPersVG sind: Der Intendant, der nach § 24 Abs. 1 Nr. 3 DWG neben dem Rundfunkrat und Verwaltungsrat zu den Organen der DW gehört, ferner die Direktoren der DW, z. B. Programmdirektor, Technischer Direktor und der Justitiar. Ebenfalls keine Beschäftigten i. S. des BPersVG sind Personen in einem arbeitnehmerähnlichen Verhältnis, sonstige freie Mitarbeiter und Personen, die auf Produktionsdauer beschäftigt sind; das Fehlen ihrer Beschäftigteneigenschaft ergibt sich allein aufgrund der formalen Kriterien, was aber nicht ausschließt, dass diese Frage arbeitsgerichtlich geklärt werden kann, falls der Betroffene der Auffassung ist, dass er als Arbeitnehmer anzusehen ist (vgl. Fischer u. a., § 90 Anm. 17). Nr. 5 Satz 3 nimmt folgende Beschäftigte von der Wählbarkeit zum Personalrat und Gesamtpersonalrat aus: Die in einer Einrichtung der DW im Ausland eingesetzten Beschäftigten sowie Volontäre. Bei ersteren erklärt sich der Ausschluss der Wählbarkeit daraus, dass der Gesetzgeber ihre Mitgliedschaft in einer Personalvertretung im Inland als nicht praktikabel angesehen hat, bei letzteren hielt der Gesetzgeber den Ausschluss der Wählbarkeit angesichts ihrer kurzen Beschäftigungsdauer von 12 oder 18 Monaten für gerechtfertigt (hierzu Bundestags-Drucksache 13/4708, S. 36).

6a 6. a) **Ortskräfte** sind als Beschäftigte im Sinne des BPersVG anzusehen. Hierbei handelt sich es um solche Personen, die in Einrichtungen der Deutschen Welle im Ausland an Ort und Stelle eingestellt und nicht vom Inland aus entsandt werden. Die Deutsche Welle besetzt keine Dienststellen im Ausland. Vielmehr sind die im Ausland gelegenen Einrichtungen den Dienststellen im Inland zugeteilt, so dass § 91 (Sondervorschriften für Dienststellen des Bundes im Ausland) nicht anwendbar ist (Fischer u. a., § 90 Anm. 16; Lorenzen u. a., § 90 Anm. 26).

7 7. **Nr. 6 (Reisekostenerstattung).** Die Abweichung von § 44 Abs. 1 Satz 2 bedeutet, dass die **Reisekostenordnung der DW** an die Stelle des Bundesreisekostengesetzes tritt. Im Unterschied zum Bundesreisekostengesetz, das bei der Festsetzung der Höhe der zu erstattenden Fahrkosten die Einstufung der Beschäftigten in Besoldungs- bzw. Vergütungsgruppen zugrundelegt, kennt die Reisekostenordnung der DW eine solche Differenzierung nicht.

8 8. **Nr. 7 (Beteiligungsrechte).** Im Hinblick auf die **Beteiligungsrechte** der Personalräte der DW gelten grundsätzlich die §§ 66 bis 81. Abweichungen ergeben sich aus § 90, z. B. Nr. 2 Satz 2. Keine Anwendung finden ferner § 76 Abs. 1, Abs. 2 Nrn. 1 bis 4, § 78 Abs. 1 Nrn. 3 bis 5 und § 79 Abs. 3 (fristlose Entlassung von Beamten, außerordentliche Kündigung von Arbeitern), was schon daraus folgt, dass bei der DW nach deren Manteltarifvertrag nur Angestellte beschäftigt werden. Darüberhinaus sind die Bestimmungen der Nr. 7 zu beachten:

- Nach **Buchstabe a** wird der **Personalrat** bei Beschäftigten, deren Vergütung sich nach der Vergütungsgruppe I des Vergütungstarifvertrags der DW bemisst oder deren Vergütung über der höchsten Vergütungsgruppe liegt, in den an sich der Mitbestimmung unterliegenden Fällen des § 75 Abs. 1 (Personalangelegenheiten) und § 75 Abs. 3 Nr. 14 (Absehen von der Ausschreibung von zu besetzenden Dienstposten) **nicht beteiligt.** Damit wird die Regelung des § 77 Abs. 1 Satz 2 durch die Spezialvorschrift der Nr. 7 Buchstabe a ersetzt, wodurch der besonderen Vergütungsstruktur der DW Rechnung getragen werden dürfte.
- Die Regelung des **Buchstaben b** sieht vor, dass bei im Programmbereich Beschäftigten der Vergütungsgruppe II des Vergütungstarifvertrags der DW in den Fällen des § 75 Abs. 1 **an die Stelle der Mitbestimmung die Mitwirkung** tritt. Das Mitwirkungsverfahren beurteilt sich nach § 72, die Letztentscheidung trifft der Intendant ohne Einschaltung der Einigungsstelle. Die Einwendungsgründe des Personalrats sind nicht auf den Versorgungskatalog des § 77 Abs. 2 beschränkt, der auf das Mitbestimmungs- und Einigungsverfahren zugeschnitten ist (Fischer u. a., § 90 Anm. 27a). Im „Programmbereich Beschäftigte" sind solche, die mit programmgestaltenden Aufgaben beschäftigt sind (Bundestags-Drucksache 13/4708, S. 36).
- **Buchstabe c** regelt die **antragsabhängige Beteiligung.** In den Fällen des § 75 Abs. 1 findet die Mitbestimmung nur auf Antrag der Betroffenen statt, soweit es sich um Beschäftigte mit überwiegend wissenschaftlicher oder künstlerischer Tätigkeit handelt oder um Beschäftigte, die maßgeblich an der Programmgestaltung beteiligt sind. Außerdem ist die antragsabhängige Mitbestimmung nach Satz 2 eine **eingeschränkte** Mitbestimmung. Somit entscheidet bei Nichteinigung zwischen Intendant und Personalrat abschließend der Intendant nach Durchführung des Einigungsverfahrens. Wegen des Begriffs der Beschäftigten mit „überwiegend wissenschaftlicher oder künstlerischer Tätigkeit" wird auf die Erläuterungen zu § 77 Abs. 1 Satz 1 verwiesen. „Maßgeblich an der Programmgestaltung" beteiligte Beschäftigte sind solche, die nicht schon von Nr. 7 Buchstabe b erfasst sind und die wesentlichen und unmittelbaren Einfluss auf den Inhalt der Sendungen haben. Das Kriterium der maßgeblichen Beteiligung an der Programmgestaltung bedeutet, dass diese Beschäftigten für die inhaltliche bzw. formale Gestaltung von Sendebeiträgen eigenverantwortlich handeln und selbstständig gestalten können (Fischer u. a., § 90 Anm. 32).

9. **Streitigkeiten** über den Inhalt der Vorschriften der Nr. 1 bis 7 entscheiden die Verwaltungsgerichte nach § 83 Abs. 1 Nr. 3. **9**

Schrifttum: Altvater, Gesetz über den deutschen Auslandsrundfunk, PersR 1998, 218; Goeres, Personalvertretungsrechtliche Neuregelungen für die Rundfunkanstalt des Bundes, die Deutsche Welle (DW), PersV 1998, 281.

§ 91 [Sondervorschriften für Dienststellen des Bundes im Ausland]

(1) Für Dienststellen des Bundes im Ausland gilt dieses Gesetz mit folgenden Abweichungen:

1. **Ortskräfte sind nicht Beschäftigte im Sinne des § 4.**
2. **Die Beschäftigten sind nicht in eine Stufenvertretung oder in einen Gesamtpersonalrat bei einer Dienststelle im Inland wählbar.**
3. **Die nach § 13 wahlberechtigten Beschäftigten im Geschäftsbereich des Auswärtigen Amtes im Ausland ohne die Dienststellen des Deutschen Archäologischen Instituts sind außer zur Wahl des Personalrates ihrer**

Dienststelle auch zur Wahl des Personalrates des Auswärtigen Amtes wahlberechtigt, jedoch nicht wählbar. Zur Wahl des Hauptpersonalrates des Auswärtigen Amtes sind sie nicht wahlberechtigt. Soweit eine Stufenvertretung zuständig wäre, ist an ihrer Stelle der Personalrat des Auswärtigen Amtes zu beteiligen. § 47 Abs. 2 gilt nicht für die nach Satz 1 zur Wahl des Personalrates des Auswärtigen Amtes wahlberechtigten Beschäftigten.

4. Für gerichtliche Entscheidungen nach § 83 ist das Verwaltungsgericht zuständig, in dessen Bezirk die oberste Dienstbehörde ihren Sitz hat.

(2) In Dienststellen das Bundes im Ausland, in denen in der Regel mindestens fünf Ortskräfte (Absatz 1 Nr. 1) beschäftigt sind, wählen diese einen Vertrauensmann und höchstens zwei Stellvertreter. Gewählt wird durch Handaufheben; widerspricht ein Wahlberechtigter diesem Verfahren, so wird eine geheime Wahl mit Stimmzetteln vorgenommen. § 24 Abs. 1 Satz 1 und 2, Abs. 2 gilt entsprechend. Die Amtszeit des Vertrauensmannes und seiner Stellvertreter beträgt zwei Jahre; im Übrigen gilt § 29 Abs. 1 sinngemäß. § 31 ist mit der Maßgabe anzuwenden, dass eine Neuwahl stattfindet, wenn nach Eintreten der Stellvertreter kein Vertrauensmann mehr vorhanden ist. Der Vertrauensmann nimmt Anregungen, Anträge und Beschwerden der Ortskräfte in innerdienstlichen, sozialen und persönlichen Angelegenheiten entgegen und vertritt sie gegenüber dem Dienststellenleiter und dem Personalrat. Vor der Beschlussfassung in Angelegenheiten, die die besonderen Interessen der Ortskräfte wesentlich berühren, hat der Personalrat dem Vertrauensmann Gelegenheit zur Äußerung zu geben. Für den Vertrauensmann gelten die §§ 43 bis 45, 46 Abs. 1, 2, 3 Satz 1 und § 67 Abs. 1 Satz 3 sinngemäß.

Inhaltsübersicht

I. Vorbemerkungen

1 1. Auch die **Beschäftigten deutscher Dienststellen im Ausland** können Personalvertretungen wählen. Den Ortskräften steht das Recht zur Wahl eines Vertrauensmannes und von Stellvertretern zu.

2 2. Zu den **Dienststellen des Bundes im Ausland** zählen alle Dienststellen, die zur Behördenorganisation des Bundes gehören, u. a. die Dienststellen des Auswärtigen Amtes (diplomatische und berufskonsularische Vertretungen), die Bundesfinanzverwaltung, die Auslandsvertretungen bei der EU in Brüssel, die zum Geschäftsbereich des BMI gehörenden Dienststellen im Aus-

land, die Auslandsdienststellen der Bundeswehr und die zum Geschäftsbereich des Bundesministers für Bildung und Forschung gehörenden Dienststellen im Ausland (wissenschaftliche Institute und erzieherische Einrichtungen). Es muss sich stets um deutsche Dienststellen handeln, die deutsche Staatsangehörige beschäftigen und für die deutsches Organisationsrecht maßgebend ist (Richardi u. a., § 91 Anm. 1). Eine ausländische oder internationale Dienststelle, bei der auch Beschäftigte deutscher Staatsangehörigkeit tätig sind, ist keine Dienststelle des Bundes im Ausland (Verwaltungen und Betriebe der Europäischen Union).

II. Einzelerläuterungen

1. Für Dienststellen des Bundes im Ausland gilt das Gesetz mit folgenden Ausnahmen: 3

a) Die **Ortskräfte,** d. h. diejenigen Mitarbeiter, die am Ort eingestellt und nicht von einer Inlandsdienststelle entsandt werden (auf die Nationalität kommt es nicht an), gelten nicht als Beschäftigte i. S. dieses Gesetzes. Sie können sich, auch wenn sie die deutsche Staatsangehörigkeit besitzen, an der Wahl von Personalvertretungen daher nicht beteiligen. Der Grund für diese Regelung liegt darin, dass die Beschäftigten, die nicht die deutsche Staatsangehörigkeit besitzen, aus Sicherheitsgründen nicht in die Beratung der Personalverfassungsorgane (und auch nicht in Personalversammlungen) hineingenommen werden können. Zudem bestände die Gefahr, dass (ausländische) Ortskräfte dort eine Mehrheit in der Personalvertretung erhalten würden, wo sie zahlenmäßig zumindest nahezu gleich stark wie die deutschen Beschäftigten vertreten sind (Richardi u. a., § 91 Anm. 3). Ortskräfte, auch die, die die deutsche Staatsangehörigkeit besitzen (Frauen, die nach ihrer Heirat die deutsche Staatsangehörigkeit beibehalten haben; unmittelbar von einer Dienststelle im Ausland angestellte deutsche Beschäftigte), sind daher auf die Bestellung eines Vertrauensmannes angewiesen (BAG v. 21. 11. 1996, Leits. BB 1997, 424). Das besagt aber nicht, dass der bei der Auslandsdienststelle gebildete Personalrat **nicht auch für die Ortskräfte tätig werden kann.** Zwar sind die die Beteiligungsrechte regelnden Bestimmungen (§§ 69 ff.) auf das Arbeitsrecht der Bundesrepublik Deutschland ausgerichtet. Der Gesetzgeber aber wollte die Ortskräfte lediglich vom Wahlrecht ausschließen, sie aber nicht ohne eine wirksame Interessenvertretung lassen (vgl. Bericht des Innenausschusses des Deutschen Bundestages, BT-Drucks. 7/1373 zu § 84). Andernfalls hätte der Gesetzgeber auch entsprechend § 85 Abs. 1 Nr. 3 das Tätigwerden der Personalvertretung von einem entsprechenden Antrag des Vertrauensmanns abhängig machen müssen (Fischer u. a., § 91 Anm. 11; Wöckel, PersV 1974, 161). Für deutsche und für aus EU-Mitgliedstaaten stammende Ortskräfte gilt der Tarifvertrag zur Regelung der Arbeitsbedingungen der bei Auslandsvertretungen der Bundesrepublik Deutschland beschäftigten deutschen, nicht entsandten Beschäftigten (TV Beschäftigte Ausland v. 1. 11. 2006, GMBl 2006, S. 1239); die betreffenden Arbeitsverhältnisse müssen bereits am 31. 3. 2000 bestanden haben.

b) Von der Regelung der Nr. 1 sind ausgenommen die **Ortskräfte in den Dienststellen der Deutschen Bahn AG auf Schweizer Gebiet.** Dabei handelt es sich in aller Regel um Staatsangehörige der Schweiz u. a. beim Bahnhof Basel. Diese besitzen sowohl das aktive wie das passive Wahlrecht. 4

c) Die Beschäftigten der Dienststellen des Bundes besitzen ein **passives Wahlrecht nur für den örtlichen Personalrat** ihrer Dienststelle. Sie können 5 also nicht in eine Stufenvertretung bzw. in einen Gesamtpersonalrat bei einer Dienststelle im Inland gewählt werden (Abs. 1 Nr. 2). Stände ihnen auch das passive Wahlrecht zu diesen Gremien zu, so müßten sie – was praktisch kaum durchführbar wäre und zu erheblichen finanziellen Aufwendungen führen würde – zu allen Sitzungen aus dem Ausland anreisen.

6 2. Diejenigen Beschäftigten im **Geschäftsbereich des Auswärtigen Amtes** im Ausland (diplomatische, berufs- und wahlkonsularische Vertretungen), die am Wahltag das 18. Lebensjahr vollendet haben und denen das Recht, in öffentlichen Angelegenheiten zu wählen oder zu stimmen, nicht aberkannt worden ist, wählen einen Personalrat für die Dienststelle. Hierzu zählen nicht die Dienststellen des Deutschen Archäologischen Instituts, das die einzige dem Auswärtigen Amt nachgeordnete Bundesbehörde ist. Damit steht den Beschäftigten das Recht zu, über eine Personalvertretung zumindest in den Angelegenheiten beteiligt zu werden, in denen der Leiter der Dienststelle auf die in der Zentrale zu treffende Entscheidung Einfluss nimmt. Dies ist trotz der generellen Zuständigkeit der Zentrale deshalb sinnvoll, weil wegen der großen räumlichen Entfernung auf das Votum des der Sache näherstehenden Dienststellenleiters in der Regel weitgehend Rücksicht genommen wird.

7 3. Die wahlberechtigten Beschäftigten der Auslandsdienststellen können sich an der **Wahl des Personalrats beim Auswärtigen Amt** beteiligen. Da nahezu alle dienstrechtlichen Entscheidungen in der Zentrale des Auswärtigen Amtes getroffen werden, sollen die im Ausland tätigen Beschäftigten Gelegenheit haben, auf die Zusammensetzung des auch ihre Belange wahrnehmenden Personalrats Einfluss zu nehmen. Die Beschäftigten der Auslandsdienststellen können sich aber **nicht an der Wahl zum Hauptpersonalrat der Zentrale beteiligen.** Dies hat seinen Grund darin, dass im Bereich des Auswärtigen Amtes alleine das Deutsche Archäologische Institut mit seinen Auslandsdienststellen eine nachgeordnete Behörde bildet. Die Zuständigkeit des Hauptpersonalrats bezieht sich alleine auf die von der Zentrale für das Deutsche Archäologische Institut zu regelnden Angelegenheiten.

8 4. Da die einzelnen Auslandsvertretungen organisatorisch insgesamt zum Auswärtigen Dienst gehören und keine selbstständigen Teile, sondern Außenstellen des Auswärtigen Amtes sind, werden **für sie keine Stufenvertretungen** gebildet (Wöckel, PersV 1974, 161; aA Lorenzen u. a., § 91 Anm. 17). Kommt es daher in den wenigen, der Entscheidungszuständigkeit der Leiter der Dienststellen im Ausland vorbehaltenen Angelegenheiten nicht zu einer Einigung zwischen diesen und den dortigen Personalvertretungen, so ist anstelle einer an sich zuständigen Stufenvertretung der Personalrat des Auswärtigen Amtes zu beteiligen.

9 5. Wegen der Einheitlichkeit des Auswärtigen Amtes mit den einzelnen Auslandsvertretungen werden für die Ermittlung der Quote in Bezug auf die **Freistellung** die Beschäftigten in den Auslandsvertretungen mitgezählt. Für eine entsprechende Berücksichtigung des § 54 Abs. 1 (Ausschluss der Freistellungsstaffel des § 46 Abs. 4 bei Stufenvertretungen) besteht daher keine Veranlassung. Hätte der Gesetzgeber den (örtlichen) Personalrat beim Auswärtigen Amt insoweit einer Stufenvertretung gleichstellen und damit eine entsprechende Anwendung der Freistellungsstaffel des § 46 Abs. 4

verhindern wollen, so hätte er dies ausdrücklich regeln müssen (Lorenzen u. a., § 91 Anm. 24; Wöckel, PersV 1974, 163).

6. Die Mitgliedschaft im Personalrat einer Dienststelle des Bundes im Ausland hindert nicht eine **Versetzung oder Abordnung** wahlberechtigter Beschäftigter **gegen ihren Willen** (Richardi u. a., § 91 Anm. 9). Beide Maßnahmen bedürfen nicht der Zustimmung des Personalrats. Dadurch bleibt die Zentrale flexibel bei notwendigen personellen Verschiebungen innerhalb der einzelnen Auslandsdienststellen bzw. zwischen diesen und der Zentrale (vgl. Abs. 1 Nr. 3 Satz 4). Durch die Verweisung auf Satz 1 wird klargestellt, dass diese Einschränkung nicht für die Dienststellen des Deutschen Archäologischen Instituts gilt. Für Personalratsmitglieder dieser Dienststellen und für Mitglieder des Personalrats des Auswärtigen Amtes gilt § 47 uneingeschränkt. Für Mitglieder des Wahlvorstands und für Wahlbewerber zum Personalrat einer Auslandsvertretung gilt die Einschränkung entsprechend. Dagegen bedarf eine außerordentliche Kündigung der Zustimmung der Personalvertretung des Auswärtigen Amtes (Lorenzen u. a., § 91 Anm. 25). **10**

7. Für sämtliche **gerichtlichen Entscheidungen** nach § 83 (z. B. Streitigkeiten über das aktive und passive Wahlrecht) ist das Verwaltungsgericht Köln zuständig, in dessen Bezirk das Auswärtige Amt als oberste Dienstbehörde seinen Sitz hat. Für Streitigkeiten in den Dienststellen der Deutschen Bahn AG auf Schweizer Gebiet ist das Verwaltungsgericht Frankfurt zuständig. **11**

8. Die zu den Personalvertretungen in den Dienststellen des Bundes im Ausland nicht wahlberechtigten Ortskräfte wählen einen **Vertrauensmann** und höchstens zwei Stellvertreter, wenn in einer Dienststelle in der Regel (vgl. zum Begriff § 12 Anm. 5) mindestens fünf Ortskräfte beschäftigt sind. Das Wort „höchstens" macht deutlich, dass ohne Rücksicht auf die Zahl der Ortskräfte in jedem Fall nur zwei Stellvertreter neben dem Vertrauensmann gewählt werden können. Besondere Anforderungen an das aktive oder passive Wahlrecht der Ortskräfte werden nicht gestellt (Lorenzen u. a., § 91 Anm. 28; aA Wöckel, PersV 1974, 164). **12**

a) Der Gesetzgeber hat davon abgesehen, Vertrauensmann und Stellvertreter im Rahmen eines geheimen Wahlverfahrens wählen zu lassen. Die **Wahl** kann daher durch Handaufheben erfolgen. Allerdings ist dann eine geheime Wahl mit Stimmzetteln durchzuführen, wenn einer der Wahlberechtigten dem offenen Abstimmungsverfahren widerspricht. **13**

b) Auch die **Wahl** des Vertrauensmanns und seiner Stellvertreter darf von niemandem **behindert** oder in einer gegen die guten Sitten verstoßenden Weise beeinflusst werden (vgl. § 24 Abs. 1 Satz 1). Insbesondere dürfen die Ortskräfte in der Ausübung des aktiven und passiven Wahlrechts nicht beschränkt werden (vgl. § 24 Abs. 1 Satz 2). **14**

c) Die **Kosten der Wahl** trägt die Dienststelle des Bundes im Ausland, in der die Wahl des Vertrauensmanns und seiner Stellvertreter durchgeführt wird. Den an der Wahl Teilnehmenden ist in ausreichendem Umfang Dienstbefreiung zu erteilen. Die Teilnahme am Wahlverfahren oder die Betätigung bei der Vorbereitung und Durchführung der Wahl hat keine Minderung der Arbeitsentgelte zur Folge. **15**

16 d) Die **Bildung eines Wahlvorstands** ist jedenfalls in den Dienststellen erforderlich, in denen aufgrund einer größeren Anzahl ausländischer Beschäftigter eine geordnete Wahlversammlung bzw. die Vorbereitung von Stimmzetteln einschließlich der Schaffung der Voraussetzungen für eine geheime Stimmabgabe notwendig werden. Die Tätigkeit des Wahlvorstands beschränkt sich im Hinblick auf die Entbehrlichkeit einer Prüfung der Wahlrechts- bzw. Wählbarkeitsvoraussetzungen weitgehend auf den Hinweis, dass zu einem bestimmten Zeitpunkt und an einem bestimmten Ort eine Versammlung zur Wahl eines Vertrauensmanns bzw. seiner Stellvertreter stattfindet sowie darauf, einen geordneten Wahlverlauf sicherzustellen.

17 e) Die **Amtszeit** des Vertrauensmanns und der Stellvertreter beträgt zwei Jahre. Damit ist sichergestellt, dass bei der grundsätzlich ständig wechselnden Zusammensetzung der ausländischen Beschäftigten möglichst viele Gelegenheit haben, auf die Zusammensetzung dieses Gremiums einzuwirken. Selbstverständlich endet das Amt des Vertrauensmanns bzw. der Stellvertreter vorzeitig dann, wenn einer der Tatbestände des § 29 Abs. 1 (Ausnahme Nr. 5, 6 und 7) gegeben ist. Ist nach Eintreten der Stellvertreter kein Vertrauensmann mehr vorhanden, so findet **Neuwahl** statt.

18 f) Die **Aufgaben des Vertrauensmanns** bestehen darin, Anregungen, Anträge und Beschwerden der Ortskräfte in innerdienstlichen, sozialen und persönlichen Angelegenheiten entgegenzunehmen und sie gegenüber dem Dienststellenleiter und dem Personalrat zu vertreten. Dabei beschränkt sich das Tätigwerden des Vertrauensmanns nicht auf die bloße Entgegennahme und Weitergabe. Vielmehr muss er trotz eines fehlenden Hinweises auf § 68 Abs. 1 Nr. 3 in eine Prüfung eintreten (Fischer u. a., § 91 Anm. 33; aA Lorenzen u. a., § 91 Anm. 33); denn die Einrichtung eines Vertrauensmanns kann ihren Sinn nicht darin haben, bloße Durchgangsstation zu Dienststellenleiter und Personalrat zu sein. Für diesen Fall hätte man auf ihn verzichten und den Ortskräften die Möglichkeit einräumen können, sich direkt an jene Stellen zu wenden. Deshalb hat der Vertrauensmann nicht nur die Aufgabe des „Briefträgers", sondern darüber hinaus auch die Verpflichtung, den Personalrat nach entsprechender Feststellung von der Berechtigung der Anliegen der Ortskräfte zu überzeugen und dessen Unterstützung zur Durchsetzung der Forderungen gegenüber dem Leiter der Dienststelle zu erreichen. Der Vertrauensmann kann die Anliegen der Ortskräfte gegenüber dem Dienststellenleiter aber nicht nur über den Personalrat vertreten, sondern er kann sich auch direkt an ihn wenden. Ein Beteiligungsrecht bei der außerordentlichen Kündigung von Ortskräften im Ausland ist nicht gegeben, da diese nicht zu den Beschäftigten i. S. von Abs. 1 Nr. 1 zählen (BAG v. 21. 11. 1996, Leits. BB 1997, 424).

19 g) Der **Personalrat hat den Vertrauensmann dann anzuhören,** wenn er einen Beschluss über Angelegenheiten fassen will, die die besonderen Interessen dieser Beschäftigten wesentlich berühren, z. B. bei Auswirkung einer bestimmten Angelegenheit auf die Arbeitsbedingungen der Ortskräfte (Lorenzen u. a., § 91 Anm. 34). Diese Verpflichtung besteht also nur unter der Voraussetzung, dass es sich um Angelegenheiten von besonderem Gewicht in bezug auf die Ortskräfte handelt, die außerdem deren Interessen in erheblicher Weise berühren (aA Richardi u. a., § 91 Anm. 19). Damit sind die Voraussetzungen für die Anhörung sehr eng gezogen.

20 h) Darüber hinaus hat der **Vertrauensmann folgende Rechte und Pflichten:**

aa) er kann **Sprechstunden** während der Arbeitszeit einrichten und Zeit und Ort im Einvernehmen mit dem Leiter der Dienststelle bestimmen (vgl. § 43);
bb) die durch seine Tätigkeit entstehenden **Kosten** hat die Dienststelle zu tragen; ihm sind Reisekosten zu zahlen, wenn ausnahmsweise mit seiner Tätigkeit in Zusammenhang stehende Reisen notwendig werden sollten; für Sprechstunden, für eventuelle Sitzungen mit seinen Stellvertretern und für die laufende Geschäftsführung sind ihm in erforderlichem Umfang Räume, Geschäftsbedarf und Büropersonal zur Verfügung zu stellen; außerdem sind ihm geeignete Plätze für Bekanntmachungen und Anschläge zu überlassen (vgl. § 44);
cc) er darf für seine Zwecke von den Ortskräften wie auch von den deutschen Beschäftigten **keine Beiträge** erheben oder annehmen (vgl. § 45);
dd) er führt sein Amt unentgeltlich als **Ehrenamt** (vgl. § 46 Abs. 1);
ee) die ordnungsgemäße Durchführung seiner Aufgaben hat **keine Minderung des Arbeitsentgelts** zur Folge; bei einer über die normale Arbeitszeit hinausgehenden Tätigkeit ist ihm in entsprechendem Umfang Dienstbefreiung zu erteilen (vgl. § 46 Abs. 2);
ff) er ist von seiner Tätigkeit **freizustellen,** wenn und soweit es nach Umfang und Art der Dienststelle zur ordnungsgemäßen Durchführung seiner Aufgaben erforderlich ist (vgl. § 46 Abs. 3 Satz 1); er genießt aber weder einen Kündigungs- noch einen Versetzungs- oder Abordnungsschutz;
gg) er hat sich jeder politischen Betätigung in der Dienststelle zu enthalten (vgl. § 67 Abs. 1 Satz 3).

i) Nach § 51 Abs. 4 Satz 1 SBG sind **Soldaten,** die im **Geschäftsbereich des Auswärtigen Amtes** im Ausland Dienst leisten, zur Wahl des Personalrats ihrer Auslandsvertretung wahlberechtigt und wählbar. Sie haben kein Wahlrecht zum Personalrat und zum Hauptpersonalrat des Auswärtigen Amtes (Satz 2). Nach Satz 3 findet auf die in Satz 1 genannten Soldaten § 47 Abs. 2 BPersVG keine Anwendung. Im Übrigen gelten für Soldatenvertreter in den Personalräten der **Auslandsdienststellen** die allgemeinen **Regelungen des SBG,** insbesondere § 51 Abs. 1 Satz 1 und § 49 Abs. 2 Satz 1 (vgl. hierzu im einzelnen: Fischer u. a., § 91 Anm. 24 a ff.; Lorenzen u. a., § 26a ff.). **20a**

III. Streitigkeiten

Streitigkeiten zwischen dem Leiter der Dienststelle und dem Vertrauensmann (z. B. über dessen Zuständigkeit und Geschäftsführung) bzw. zwischen dem Personalrat und dem Vertrauensmann werden nicht durch ein deutsches Verwaltungsgericht entschieden (Richardi u. a., § 92 Anm. 20). Vielmehr müssen die Beteiligten im Wege von Verhandlungen eine Einigung herbeizuführen versuchen. **21**

Schrifttum: Gronimus, Neue Mitbestimmungsmöglichkeiten der Soldaten, nicht nur in der Bundeswehr, PersV 1997, 385; Wöckel, Die Geltung des neuen Bundespersonalvertretungsgesetzes im Auswärtigen Amt und seinen Dienststellen im Ausland, PersV 1974, 161.

§ 92 [Sondervorschriften für den Geschäftsbereich des Bundesministeriums der Verteidigung]

Für den Geschäftsbereich des Bundesministeriums der Verteidigung gilt § 82 Abs. 5 mit folgender Maßgabe:

1. Werden personelle oder soziale Maßnahmen von einer Dienststelle, bei der keine für eine Beteiligung an diesen Maßnahmen zuständige Personalver-

tretung vorgesehen ist, mit Wirkung für einzelne Beschäftigte einer ihr nicht nachgeordneten Dienststelle getroffen, so ist der Personalrat dieser Dienststelle von deren Leiter zu beteiligen, nachdem zuvor ein Einvernehmen zwischen den Dienststellen über die beabsichtigte Maßnahme hergestellt worden ist.

2. Sind bei einer Dienststelle, bei der keine Stufenvertretung vorgesehen ist, zur Vorbereitung von Entscheidungen nach §75 Abs. 2 Satz 1 Nr. 2 und Abs. 3 Nr. 5 mit Wirkung für andere Dienststellen Ausschüsse gebildet, so hat die Dienststelle die beabsichtigte Maßnahme mit einem Mitglied der Stufenvertretung bei der nächsthöheren, den genannten Dienststellen übergeordneten Dienststelle zu beraten. Dieses Mitglied ist von der Stufenvertretung zu benennen. Nummer 1 ist nicht anzuwenden.

I. Vorbemerkungen

1 Die Vorschrift ist durch G v. 27. 12. 1993 (BGBl. I S. 2378) geändert worden. Nach § 82 Abs. 5 ist in den Fällen, in denen im Geschäftsbereich mehrstufiger Verwaltungen personelle und soziale Maßnahmen von einer Dienststelle entschieden werden, bei der keine für eine Beteiligung an diesen Maßnahmen zuständige Personalvertretung vorgesehen ist, die Stufenvertretung bei der nächsthöheren Dienststelle zu beteiligen, zu deren Geschäftsbereich die entscheidende Dienststelle und die von der Entscheidung Betroffenen gehören. Diese Regelung eignet sich nicht für den Geschäftsbereich des Bundesministeriums der Verteidigung, weil dann in aller Regel der Hauptpersonalrat beteiligt werden müsste, der aufgrund der Vielzahl der anfallenden Beteiligungsfälle überfordert wäre. Infolgedessen kann im militärischen Bereich nicht nach dem üblichen Schema des Dienstaufbaus bei der Prüfung der Frage vorgegangen werden, bei welcher Dienststelle ein Personalrat zu bilden ist. Daher muss in den einzelnen Befehlsebenen geprüft werden, ob die jeweiligen Einheiten und Verbände über einen **eigenständigen Aufgabenbereich und eine organisatorische Selbstständigkeit** verfügen, so dass sie als militärische Dienststelle zu betrachten sind (BVerwG v. 20. 6. 1978, ZBR 1979, 211 = PersV 1979, 333; vgl. auch Becker, RiA 1981, 187; ferner BVerwG v. 24. 9. 1985, PersV 1988, 353). Dies ist bei einem Territorialkommando (Stab und Stabskompanie) der Fall. Die Stabskompanie ihrerseits ist keine Dienststelle, da der Chef der Stabskompanie gegenüber den der Stabskompanie zugeordneten Zivilbeschäftigten keinen eigenen Aufgabenbereich hat (BVerwG v. 3. 7. 1991 – 6 P 18.89, Leits. ZBR 1992, 58 = PersV 1992, 117; VGH Mannheim v. 14. 1. 1992, Leits. ZBR 1992, 287 = Leits. PersV 1996, 229). Da zum Geschäftsbereich des Bundesministeriums der Verteidigung sowohl die Beschäftigten der Bundeswehrverwaltung als auch die Streitkräfte – jeweils unter Leitung des Bundesministers der Verteidigung – gehören, sind im Hinblick auf die Anwendbarkeit des BPersVG im Geschäftsbereich des Bundesministeriums der Verteidigung drei Personenkreise zu unterscheiden. Für die Beschäftigten der **Bundeswehrverwaltung** (vgl. Art. 87 b Abs. 1 GG) ist das BPersVG ohne Einschränkung anwendbar, ebenso für die Beschäftigten der Truppendienstgerichte als Gerichte des Bundes. Die Bundeswehrverwaltung hat einen dreistufigen Verwaltungsaufbau. Oberste Dienstbehörde ist das Ministerium, Behörden der Mittelstufe (§ 6 Abs. 2 Satz 2) sind das Bundesamt für Wehrverwaltung, die Wehrbereichsverwaltungen, das Bundesamt für Wehrtechnik und Beschaffung sowie das Evangelische Kirchenamt für die Bundeswehr und das Katholische Militärbischofsamt. Auf der unteren Ebene gibt es z. B. die Standortverwaltungen, die Kreiswehrersatzämter und die Bundeswehrfachschulen. Der zweite Personenkreis betrifft die **zivilen Beschäftigten** im Bereich der **Streitkräfte** (vgl. Art. 87 a Abs. 1 GG). Gem.

§ 91 Abs. 1 SG (§ 91 SG entspricht dem früheren § 70 SG) gilt für die bei militärischen Dienststellen und Einrichtungen der Bundeswehr beschäftigten Beamten und Arbeitnehmer das BPersVG. § 91 Abs. 1 SG und damit die entsprechende Anwendung des BPersVG erstreckt sich selbst dann nicht auf Soldaten, wenn sie auf Dienstposten der Bundeswehrverwaltung eingesetzt werden (BVerwG v. 18. 5. 1994, BVerwGE 96, 35; Walz/Eichen/Sohm, Kommentar SG, § 91 Anm. 23). Die Streitkräfte werden von der Geltung des BPersVG nicht erfasst: Organisationsmäßig ist oberste Dienstbehörde das Ministerium (mit dem dort errichteten Hauptpersonalrat). Bezirkspersonalräte werden bei folgenden militärischen Dienststellen (mittlere Ebene) gebildet: Heeresamt, Heeresführungskommando, Heeresunterstützungskommando, Marineamt, Marineunterstützungskommando, Luftwaffenamt, Luftwaffenunterstützungskommando, Luftwaffenführungskommando, Streitkräfteamt, Streitkräfteunterstützungskommando, Sanitätsamt der Bundeswehr, Sanitätsführungskommando (vgl. Verordnung über die Bildung von Bezirkspersonalräten bei militärischen Dienststellen v. 8. 2. 1991, BGBl. I S. 424, geänd. d. die 3. ÄndVO v. 28. 8. 2001, BGBl. I S. 2289). Auf der unteren Ebene gibt es z. B. beim Heer – unterhalb des Heeresführungskommandos – mehrere **personalvertretungsrechtlich** gleichstehende Stufen: Korps, Divisionen, Brigade/Regiment, Bataillon, Kompanie (vgl. auch Lorenzen u. a., § 92 Anm. 14). Soldaten sind keine Beschäftigten i. S. von § 4; sie sind in § 5 nicht als weitere Gruppe aufgeführt. Die Beteiligung der **Soldaten,** also des dritten Personenkreises, ist im **Soldatenbeteiligungsgesetz** geregelt (§ 35 SBG; vgl. § 1 Anm. 13). Die Beteiligung der Soldaten erfolgt entweder durch Vertrauenspersonen, durch Gremien der Vertrauenspersonen und deren Sprecher oder durch Personalvertretungen. § 48 SBG erweitert den Geltungsbereich des BPersVG, indem er bestimmt, dass für Soldaten nach Maßgabe der §§ 48 bis 51 SBG das BPersVG gilt; insoweit werden die Streitkräfte der Verwaltung gleichgestellt. Für die **Abgrenzung** der Bereiche Personalvertretung und Soldatenbeteiligung ist § 49 Abs. 1 Satz 1 SBG grundlegend. Danach wählen in anderen als den in § 2 Abs. 1 genannten Dienststellen und Einrichtungen die Soldaten Personalvertretungen. Nur wenn sie einem der in § 2 Abs. 1 SBG aufgeführten Wahlbereiche angehören, wählen sie Vertrauenspersonen (vgl. zur Abgrenzung BVerwG v. 23. 6. 1999, Leits. ZBR 1999, 392 = PersV 2000, 74 = ZfPR 2000, 45; BVerwG v. 29. 10. 2002, PersV 2003, 135 = Leits. ZfPR 2003, 236; Widmaier, ZfPR 2004, 243; ders., NZWehrr 2005, 1). Zu beachten ist, dass dann, wenn Soldaten Personalvertretungen wählen, die Soldatenvertreter im Personalrat zwar eine Gruppe i. S. des § 5 bilden, sie aber in Angelegenheiten, die allein Soldaten betreffen, nur die Befugnisse der Vertrauensperson haben (§ 52 Abs. 1 Satz 1 SBG). Dies hat zur Folge, dass im Bereich der Personalangelegenheiten das Anhörungsrecht nach § 23 SBG stets an die Stelle des Mitbestimmungsrechts nach § 75 Abs. 1 bzw. § 76 Abs. 1 tritt (BVerwG v. 23. 1. 2002, PersR 2002, 205 = Leits. ZBR 2002, 222 = Leits. ZfPR 2002, 240). Soweit Beschäftigte der Bundeswehr und Soldaten im Rahmen von Kooperationsvorhaben in privaten Wirtschaftsunternehmen eingesetzt werden, trifft das **Kooperationsgesetz der Bundeswehr** (BwKoopG) v. 30. 7. 2004 (BGBl. I S. 2027) besondere personalvertretungsrechtliche Regelungen, z. B. zum aktiven und passiven Wahlrecht zum Personalrat, vgl. § 2 und § 3 BwKoopG oder zum Übergangsmandat, vgl. § 7 BwKoopG; vgl. im Einzelnen § 1 Anm. 13).

II. Besondere organisatorische Verhältnisse

1. Mit den in dieser Vorschrift enthaltenen Sonderbestimmungen für den Geschäftsbereich des Bundesministeriums der Verteidigung wird den in der 2

Bundeswehr bestehenden **besonderen organisatorischen Verhältnissen** Rechnung getragen. Personalangelegenheiten der im militärischen Bereich Zivilbeschäftigten werden nicht von ihren Beschäftigungsdienststellen, die militärische Dienststellen sind, bearbeitet und entschieden, sondern von Dienststellen der Bundeswehrverwaltung. Beide Bereiche (Streitkräfte und Bundeswehrverwaltung) sind aber voneinander getrennte Bereiche (vgl. Art. 87 a, Art. 87 b GG). Die Dienststellen beider Bereiche sind nicht einander über- oder untergeordnet. Daher gilt § 82 Abs. 5 mit der Maßgabe, dass in den Fällen, in denen personelle oder soziale Angelegenheiten der Zivilbeschäftigten militärischer Dienststellen von Dienststellen der Bundeswehrverwaltung entschieden werden, die bei der Beschäftigungsdienststelle gebildete Personalvertretung von diesem Dienststellenleiter beteiligt wird. Zuvor muss zwischen dem Dienststellenleiter der Beschäftigungsdienststelle und der zur Entscheidung berufenen Dienststelle der Bundeswehrverwaltung ein Einvernehmen über die beabsichtigte Maßnahme hergestellt worden sein (BVerwG v. 22. 8. 1979, PersV 1981, 201; BVerwG v. 22. 3. 1989, ZBR 1989, 372). Daher sind besondere Beteiligungsformen in personellen und sozialen Angelegenheiten (Nr. 1) sowie bei der Wohnungsvergabe und -kündigung sowie bei der Errichtung, Verwaltung und Auflösung von Sozialeinrichtungen vorgesehen, soweit zur Vorbereitung von Entscheidungen über die Wohnungszuteilung oder in Angelegenheiten der Sozialeinrichtungen Ausschüsse – z. B. Wohnungsvergabe- oder Kantinenausschüsse – gebildet sind (Nr. 2). Da sich allerdings Schwierigkeiten dann ergeben haben, wenn allgemeine Regelungen personeller oder sozialer Art von einer militärischen Mittelbehörde ohne Bezirkspersonalrat oder einer Zwischendienststelle (im militärischen Bereich gibt es bis zu sieben Entscheidungsebenen) mit Wirkung für Beschäftigte entweder der gesamten Teilstreitkraft oder sogar über die Teilstreitkraft hinausgehend getroffen wurden, hat der Gesetzgeber sich zu einer Neuregelung entschieden. Bei den genannten Dienststellen gibt es keine zuständige Personalvertretung, die die Interessen aller davon betroffenen Beschäftigten vertreten könnte. Die Neuregelung sieht vor, dass bei allgemeinen Regelungen personeller oder sozialer Art auch im Geschäftsbereich des Bundesministeriums der Verteidigung nach § 82 Abs. 5 BPersVG die Stufenvertretung bei der nächsthöheren Dienststelle dann beteiligt wird, wenn bei der Dienststelle, die eine Maßnahme veranlasst, keine zuständige Personalvertretung gebildet ist. Daher ist die zuständige Stufenvertretung (Haupt- oder Bezirkspersonalrat) im Verfahren nach § 82 Abs. 5 immer dann zu beteiligen, wenn nicht ausnahmsweise die örtliche Personalvertretung bei personellen oder sozialen Einzelmaßnahmen nach § 92 Nr. 1 beteiligt wird. Personalangelegenheiten des Zivilpersonals werden von bestimmten Dienststellen der Bundeswehrverwaltung für einen größeren Beschäftigtenkreis verschiedener Geschäftsbereiche entschieden. Dienststellen in diesem Sinne (personalbearbeitende Dienststellen) sind die **Standortverwaltungen, Wehrbereichsverwaltungen, Bundeswehrverwaltungsstellen im Ausland**, das **Bundesamt für Wehrverwaltung** sowie das **Bundesamt für Wehrtechnik und Beschaffung**. Ein Mitbestimmungsrecht der Personalvertretung beim Erlass einer Kasernenordnung durch einen Kasernenkommandanten besteht dann, wenn in dieser Kasernenordnung Maßnahmen geregelt werden, die den Tatbestand des § 75 Abs. 3 Nr. 15 (Regelung der Ordnung in der Dienststelle und des Verhaltens der Beschäftigten) erfüllen (BVerwG v. 7. 7. 1993 – 6 P 4.91, Leits. ZBR 1993, 382 = PersV 1994, 473 = Leits. ZfPR 1994, 17).

3 2. Die Dienststelleneigenschaft militärischer Einheiten ist nach § 6 Abs. 2 Satz 1 Halbs. 2 zu bestimmen. Aus Aufgabenbereich und Organisation muss sich eine Selbstständigkeit der Einheit im Verwaltungsaufbau ergeben. Bei **Zivil-**

beschäftigten bei militärischen Dienststellen ist davon auszugehen, dass die beteiligungsrechtlich erheblichen personellen Angelegenheiten von den Behörden der Bundeswehrverwaltung behandelt werden (vgl. in diesem Zusammenhang auch Art. 87 b Abs. 1 Satz 2 GG). Den militärischen Dienststellen obliegt insoweit eine vorbereitende und mitwirkende Tätigkeit. Daher kann bei der Prüfung der Frage, ob ein Personalrat bei den einzelnen Staffeln, Depots, Kompanien, Werften oder beim Regiment zu bilden ist, **nicht auf den Gesichtspunkt der mangelnden Entscheidungszuständigkeit** in personellen Angelegenheiten hingewiesen werden. Die den militärischen Stellen zustehenden personellen Vorentscheidungen sind aber personalvertretungsrechtlich erheblich (Lorenzen u. a., § 92 Anm. 22). Sie haben für die personalbearbeitenden Stellen mitentscheidenden Charakter. Da im Übrigen den militärischen Dienststellen die Regelung der beteiligungspflichtigen sozialen und sonstigen Angelegenheiten zusteht, sind bei ihnen **Personalvertretungen** für die Zivilbeschäftigten zu bilden.

3. Nach den Grundsätzen des Personalvertretungsrechts ist immer derjenige **4**
Personalrat zu beteiligen, der bei derjenigen Dienststelle gebildet ist, die über eine beteiligungsbedürftige Angelegenheit zu entscheiden hat. Dabei muss berücksichtigt werden, dass der Personalrat nur beanspruchen kann, an Maßnahmen beteiligt zu werden, die Beschäftigte betreffen, die zu seiner Wählerschaft gehören. Fehlt es an einem beteiligungsfähigen Personalrat, kann die Dienststelle **Maßnahmen ohne Mitwirkung oder Mitbestimmung eines Personalrats** durchführen. Um diese **Beteiligungslücke** zu schließen, sieht § 92 Nr. 1 im Einzelnen folgendes vor:

a) Werden personelle oder soziale Maßnahmen von einer Dienststelle (z. B. **5**
Standortverwaltung), bei der keine für eine Beteiligung an diesen Maßnahmen zuständige Personalvertretung vorgesehen ist (diese ist z. B. bei einem Bataillon gebildet), mit Wirkung für Beschäftigte einer ihr nicht nachgeordneten Dienststelle (z. B. Bataillon) getroffen, so ist der Personalrat dieser Dienststelle von deren Leiter (Bataillonskommandeur) zu beteiligen, nachdem zuvor ein Einvernehmen zwischen den Dienststellen (Standortverwaltung und Bataillon) über die beabsichtigte Maßnahme hergestellt worden ist. Wenn im Bereich der Bundeswehrverwaltung der Leiter einer sog. personalbearbeitenden Dienststelle einen Beschäftigten, der bei einer nicht nachgeordneten Dienststelle beschäftigt ist, zu seiner (eigenen) Dienststelle versetzt, so ist der Personalrat bei der abgebenden Dienststelle zu beteiligen (OVG Münster v. 22. 2. 1979, Leits. ZBR 1980, 259). Danach hat also der Bataillonskommandeur mit dem für seinen Zuständigkeitsbereich gebildeten Personalrat für eine von der Standortverwaltung vorzunehmende Höhergruppierung eines Angehörigen des Bataillons zu verhandeln und die **Stellungnahme des Personalrats der Standortverwaltung zu übermitteln.** Da vorher über die Höhergruppierung Einvernehmen zwischen Bataillon und Standortverwaltung erzielt werden muss (BVerwG v. 24. 10. 1975 – 7 P 12.73 – Buchholz 238.3 A § 92 Nr. 1), kann der Bataillonskommandeur den in seinem Bereich bestehenden Personalrat immer nur über die Auffassung der Standortverwaltung unterrichten (vgl. auch: BVerwG v. 20. 6. 1978, ZBR 1979, 211 = PersV 1979, 333). Als personalratsfähige Dienststellen in der Bundeswehr gelten: Bei einem Heeresfliegerregiment die Stabs- und Versorgungsstaffel sowie die fliegende und die flugzeugtechnische Abteilung; bei einem Heeresfliegertransportregiment die Staffel und Abteilungen; bei einem Luftwaffenversorgungsregiment die Staffeln, Depots, Kompanien und Werften (vgl. im Übrigen: OVG Münster v. 5. 7. 1988, Leits. PersV 1989, 343).

6 b) Sollte vor der Beteiligung des Personalrats beim Bataillon kein Einvernehmen zwischen diesem und der Standortverwaltung erzielt worden sein, ist die **Entscheidung der vorgesetzten Dienststelle** einzuholen. Die Standortverwaltung kann also die Wehrbereichsverwaltung, das Bataillon kann die Division anrufen. Wehrbereichsverwaltung und Division stellen sodann das Einvernehmen her und weisen die Standortverwaltung bzw. das Bataillon an (Fischer u. a., § 92 Anm. 33; Lorenzen u. a., § 92 Anm. 27). Ergibt sich auch auf dieser Ebene keine Einigung, so muss das Bundesministerium der Verteidigung zur endgültigen Entscheidung angerufen werden. In diesem Fall ist der Hauptpersonalrat zu beteiligen (BVerwG v. 22. 8. 1979, PersV 1981, 201).

7 c) **Besondere Beteiligungsformen** sind vorgesehen bei der

- Zuweisung und Kündigung von Wohnungen, über die die Dienststelle verfügt, bei der allgemeinen Festsetzung der Nutzungsbedingungen sowie bei der
- Errichtung, Verwaltung und Auflösung von Sozialeinrichtungen ohne Rücksicht auf ihre Rechtsform.

Im Verteidigungsbereich wird nicht bei jeder einzelnen Dienststelle über die Wohnungsvergabe und Kantinenverwaltung entschieden. In den Standorten sind vielmehr für alle in ihnen stationierten Dienststellen Wohnungsausschüsse und in den Kasernen für alle auf eine Kantine angewiesenen Dienststellen Kantinenausschüsse gebildet, die sich mit der Wohnungszuweisung bzw. Kantinenverwaltung zu befassen haben. Diese **Ausschüsse** sind keine Dienststellen im Sinne des § 6. Sie nehmen auch keine Funktionen eines Dienststellenleiters wahr. Deshalb kommt eine Beteiligung der Personalvertretung in den hier in Rede stehenden Angelegenheiten regelmäßig nicht in Betracht. Auch die Entsendung eines Vertreters des Personalrats jeder Dienststelle in den Ausschuss würde das formelle Mitbestimmungsrecht des gesamten Personalrats (d. h. des Plenums) nicht ersetzen. Im Übrigen könnte ein im Ausschuss vertretenes Personalratsmitglied nur für Angehörige seiner Dienststelle votieren. Die Beteiligungslücke wird durch § 92 Nr. 2 geschlossen. Da die Ausschüsse immer für mehrere Dienststellen tätig sind, war es geboten, den Stufenvertretungen ein Beteiligungsrecht einzuräumen. Sind daher bei einer Dienststelle (z. B. Standortverwaltung oder Bataillon) zur Vorbereitung der Vergabe von Wohnungen oder der Verwaltung von Kantinen mit Wirkung für andere Dienststellen Ausschüsse gebildet, so hat die Dienststelle (z. B. Standortverwaltung oder Bataillon), bei der ein derartiger Ausschuss gebildet ist, die beabsichtigte Maßnahme (z. B. Wohnungszuweisung) mit einem Mitglied der Stufenvertretung bei der nächsthöheren, den genannten Dienststellen übergeordneten Dienststelle (z. B. Bezirkspersonalrat bei der Wehrbereichsverwaltung oder beim Wehrbereichskommando, ggf. beide Bezirkspersonalräte) zu beraten. Bei der Vergabe von Wohnungen an Mitglieder der Streitkräfte ist das Mitglied, mit dem die Standortverwaltung die Vergabe gemäß Nr. 2 zu beraten hat, vom Hauptpersonalrat beim Bundesminister der Verteidigung zu benennen (BVerwG v. 22. 8. 1979, PersV 1981, 201). Dieses **Beratungsrecht** hat nicht die Bedeutung des formellen Beteiligungsverfahrens. Die Dienststelle kann also den Vorstellungen des Mitglieds der Stufenvertretung folgen, sie kann aber auch eine abweichende Entscheidung treffen, ohne dass die nächsthöhere Dienststelle, bei der eine Stufenvertretung besteht, angerufen werden muss, und ohne dass ggf die Entscheidung der Einigungsstelle notwendig wird. Hier handelt es sich also um „minderes" Recht im Vergleich zu § 75 Abs. 2 Satz 1 Nr. 2, nach dem dem Personalrat ein Mitbestimmungsrecht bei der Wohnungsvergabe und in Angelegenheiten der Sozialeinrichtungen zusteht.

Das zu entsendende Mitglied der Stufenvertretung ist von dieser selbst zu benennen.

III. Streitigkeiten

Streitigkeiten entscheiden die Verwaltungsgerichte nach § 83 Abs. 1 Nr. 3, sofern es sich um Meinungsverschiedenheiten über die Anwendung von § 92 handelt. Wenn dagegen Streit zwischen einer Dienststelle der Bundeswehr und der bei ihr gebildeten Personalvertretung in Angelegenheiten besteht, von denen nur Soldaten betroffen sind, dann ist der Rechtsweg zu den Wehrdienstgerichten gegeben (BVerwG v. 24. 3. 2004 Leits. ZBR 2004, 365 = PersR 2004, 473). 8

Schrifttum: Bierwirth/Kreuels, Beteiligungsrechte der Soldaten verbesserungsbedürftig, PersV 1988, 518; Büge, Mitbestimmung der Soldaten in militärischen Dienststellen, PersV 2004, 364; Gronimus, Besonderheiten des Personalvertretungsrechts in der Bundeswehr, PersV 2003, 124; ders., Personalvertretungen der Soldaten in den Streitkräften – Strukturen durch Richterspruch, PersV 2003, 132; Walz, Beteiligungsrechte der Soldaten – Gedanken zur Reform des Vertrauensmännerrechts, PersV 1982, 89; ders., Beteiligungsrechte der Soldaten der Bundeswehr in der politischen und rechtlichen Diskussion, PersV 1988, 101; ders., Erweiterung der Beteiligungsrechte der Soldaten, PersV 1990, 329; Walz/Eichen/Sohm, Soldatengesetz (2006); Widmaier, Die neue Rechtsprechung zur Beteiligung von Soldaten in militärischen Dienststellen nach SBG und BPersVG, Abgrenzungen und Berührungspunkte, ZfPR 2004, 243; ders., Die beteiligungsrechtliche Behandlung des „Divisionsstabes" in der personalvertretungsrechtlichen Rechtsprechung, NZWehrr 2005, 1; ders., Zur Fortentwicklung des Beteiligungsrechts der Soldaten, PersV 2007, 334.

§ 93 [Verschlusssachen]

(1) Soweit eine Angelegenheit, an der eine Personalvertretung zu beteiligen ist, als Verschlusssache mindestens des Geheimhaltungsgrades „VS-VERTRAULICH" eingestuft ist, tritt an die Stelle der Personalvertretung ein Ausschuss. Dem Ausschuss gehört höchstens je ein in entsprechender Anwendung des § 32 Abs. 1 gewählter Vertreter der im Personalrat vertretenen Gruppen an. Die Mitglieder des Ausschusses müssen nach den dafür geltenden Bestimmungen ermächtigt sein, Kenntnis von Verschlusssachen des in Betracht kommenden Geheimhaltungsgrades zu erhalten. Personalvertretungen bei Dienststellen, die Behörden der Mittelstufe nachgeordnet sind, bilden keinen Ausschuss; an ihre Stelle tritt der Ausschuss des Bezirkspersonalrates.

(2) Wird der zuständige Ausschuss nicht rechtzeitig gebildet, ist der Ausschuss der bei der Dienststelle bestehenden Stufenvertretung oder, wenn dieser nicht rechtzeitig gebildet wird, der Ausschuss der bei der obersten Dienstbehörde bestehenden Stufenvertretung zu beteiligen.

(3) Die Einigungsstelle (§ 71) besteht in den in Absatz 1 Satz 1 bezeichneten Fällen aus je einem Beisitzer, der von der obersten Dienstbehörde und der bei ihr bestehenden zuständigen Personalvertretung bestellt wird, und einem unparteiischen Vorsitzenden, die nach den dafür geltenden Bestimmungen ermächtigt sind, von Verschlusssachen des in Betracht kommenden Geheimhaltungsgrades Kenntnis zu erhalten.

(4) §§ 40, 82 Abs. 2 und die Vorschriften über die Beteiligung der Gewerkschaften und Arbeitgebervereinigungen in den §§ 36 und 39 Abs. 1 sind nicht anzuwenden. Angelegenheiten, die als Verschlusssachen mindestens des

Geheimhaltungsgrades „VS-VERTRAULICH“ eingestuft sind, werden in der Personalversammlung nicht behandelt.

(5) Die oberste Dienstbehörde kann anordnen, dass in den Fällen des Absatzes 1 Satz 1 dem Ausschuss und der Einigungsstelle Unterlagen nicht vorgelegt und Auskünfte nicht erteilt werden dürfen, soweit dies zur Vermeidung von Nachteilen für das Wohl der Bundesrepublik Deutschland oder eines ihrer Länder oder aufgrund internationaler Verpflichtungen geboten ist. Im Verfahren nach § 83 sind die gesetzlichen Voraussetzungen für die Anordnung glaubhaft zu machen.

Inhaltsübersicht

Entspr. landesgesetzliche Regelungen:
Baden-Württemberg: § 88; Bayern: Art. 88; Berlin: –; Brandenburg: § 93; Hamburg: § 99; Hessen: –; Mecklenburg-Vorpommern: § 84; Niedersachsen: –; Nordrhein-Westfalen, § 119a bis d; Rheinland-Pfalz: § 123; Sachsen: § 90; Sachsen-Anhalt: § 101; Schleswig-Holstein: § 88; Thüringen: § 93.

I. Vorbemerkungen

1 1. Der Gesetzgeber will eine Beteiligung der Personalvertretung auch in den **Angelegenheiten** ermöglichen, **die der Geheimhaltung unterliegen** und mindestens in den Geheimhaltungsgrad „VS-VERTRAULICH“ eingestuft sind. Es soll aber nicht die Personalvertretung als Gremium beteiligt werden, sondern ein besonders zu bildender **Ausschuss,** dessen Mitglieder zum Zugang von Verschlusssachen ermächtigt sind (vgl. Begründung des Gesetzentwurfs der SPD/FDP-Fraktionen zu § 86, BT-Drucks. 7/176). **„Zu beteiligen“** erfasst nicht nur die förmlichen Beteiligungsrechte wie Mitbestimmung und Mitwirkung. Abs. 1 Satz 1 gilt für alle Beteiligungen, in denen die Personalvertretung mit einer geheimhaltungsbedürftigen Angelegenheit befasst werden soll (vgl. vor § 66 Anm. 4 ff.; Lorenzen u. a., § 93 Anm. 7).

2 2. Der Gesetzgeber hat die Vorschriften über die Schweigepflicht und die Strafandrohung im Falle einer Verletzung dieser Pflicht nicht als ausreichende Garantie dafür angesehen, dass das **Sicherheitsrisiko bei der Beteiligung der Personalvertretung** im Zusammenhang mit geheimen Vorgängen zurückgedrängt wird. Er hat unterstellt, dass in die Personalvertretungen Beschäftigte gewählt werden können, gegen die erhebliche Sicherheitsbedenken bestehen und die bei einer uneingeschränkten Beteiligung der Personalvertretung mit Angelegenheiten in Verbindung kämen, die als Verschlusssachen des Geheimhaltungsgrades „VS-VERTRAULICH“ eingestuft sind.

3. **Verschlusssachen** sind im öffentlichen Interesse geheimhaltungsbedürftige Tatsachen, Gegenstände oder Erkenntnisse, unabhängig von ihrer Darstellungsform, die entsprechend ihrer Schutzbedürftigkeit von einer amtlichen Stelle oder auf deren Veranlassung in die **Geheimhaltungsgrade „Streng Geheim", „Geheim", VS-Vertraulich" und „VS-Nur für den Dienstgebrauch"** eingestuft werden (§ 4 Abs. 1 Gesetz über die Voraussetzungen und das Verfahren von Sicherheitsüberprüfungen des Bundes, Sicherheitsüberprüfungsgesetz – SÜG, v. 20. 4. 1994, BGBl. I S. 867, zul. geänd. d. G v. 23. 11. 2007, BGBl. I S. 2590). Zur Ausführung des SÜG sind die Allgemeine Verwaltungsvorschrift des BMI zum materiellen und organisatorischen Schutz von Verschlusssachen (VS-Anweisung-VSA) v. 31. 3. 2006 (GMBl S. 803) sowie die Allgemeine Verwaltungsvorschrift des BMI – betr. den personellen Geheimschutz – v. 29. 4. 1994 (GMBl S. 550) in der Fassung v. 31. 3. 2006 (GMBl S. 339) ergangen. **Zweck** der besonderen Verfahrensvorschrift des § 93 ist es, die Geheimhaltung solcher Angelegenheiten sicherzustellen, von denen Unbefugte keine Kenntnis erhalten dürfen, weil **schutzwürdige Interessen des Staates ihre Geheimhaltung** fordern. Daher dürfen von einer Verschlusssache nur diejenigen Personen Kenntnis erhalten, die aufgrund ihrer Dienstpflichten Zugang zu ihr haben, d. h. sie einsehen, bearbeiten oder verwalten müssen (§ 1 Abs. 2 VSA). 3

II. Besondere Vorschriften

1. Soweit eine Angelegenheit, an der eine Personalvertretung zu beteiligen ist, als Verschlusssache mindestens des Geheimhaltungsgrades „VS-VERTRAULICH" eingestuft ist, tritt an die Stelle der Personalvertretung ein **Ausschuss.** Dieser Ausschuss vertritt die Personalvertretung in allen Verschlusssachen, die in die Geheimhaltungsgrade streng geheim, geheim und VS-VERTRAULICH eingestuft sind. Die Einschaltung des Ausschusses hängt alleine davon ab, ob eine bestimmte Angelegenheit als Verschlusssache mindestens des Geheimhaltungsgrades „VS-vertraulich" eingestuft ist, nicht aber davon, ob eine solche Einstufung tatsächlich rechtmäßig war. Allerdings kann in einem Disziplinarverfahren überprüft werden, ob die Einstufung des den Beamten betreffenden Vorgangs in einen Geheimhaltungsgrad zu dem Zweck erfolgt ist, die Angelegenheit dem Plenum der Personalvertretung zu entziehen (BVerwG v. 24. 1. 1985, Leits. ArbuR 1986, 350). 4

2. Dem Ausschuss gehört höchstens je ein Vertreter der im Personalrat vertretenen Gruppen an. Jede Gruppe hat das Recht, das auf sie entfallende Mitglied des Ausschusses zu bestimmen. Wählen **Soldaten** nach § 49 Abs. 1 Satz 1 SBG Personalvertretungen und bilden sie demgemäß nach § 49 Abs. 2 Satz 1 SBG eine weitere Gruppe i. S. des § 5 BPersVG („Soldatenvertreter"), hat der Ausschuss Vertreter von bis zu drei Gruppen. Es können aber **nur solche Mitglieder** der Personalvertretung für den Ausschuss bestimmt werden, die ermächtigt sind, Kenntnis von Verschlusssachen des in Betracht kommenden Geheimhaltungsgrades zu erhalten. Das sind solche Personen, die dazu vom Dienststellenleiter nach Durchführung der vorgeschriebenen Überprüfung schriftlich **ermächtigt sind** (§ 2 SÜG, § 10 VSA; Fischer u. a., § 93 Anm. 9; Lorenzen u. a., § 93 Anm. 12). Wenn daher ein Mitglied einer Personalvertretung nicht bereits auf Grund seiner dienstlichen Tätigkeit zur Kenntnisnahme von Verschlusssachen ermächtigt ist, dann kann es nicht in den Ausschuss gewählt werden(aA OVG Hamburg v. 10. 8. 2006 – 7 Bf 442/05. PVB, n.v.; Altvater u. a. § 93 Anm. 4, 5a). 5

3. Gehören einer Personalvertretung nicht genügend solcher Personen an, um einen in der Regel zweiköpfigen Ausschuss (je ein Vertreter der Gruppe 6

der Beamten und der Arbeitnehmer) zu bestimmen, dann kann nicht auf Personen zurückgegriffen werden, die der Personalvertretung nicht angehören; denn das Gesetz bestimmt ausdrücklich, dass der **Ausschuss nur aus Beschäftigten** gebildet werden kann, **die Mitglied der Personalvertretung sind** (Richardi u. a., § 93 Anm. 4.) Kann der Ausschuss nicht alle in der Personalvertretung vertretenen Gruppen repräsentieren, weil nicht genügend ermächtigte Personalratsmitglieder vorhanden sind, kann der Ausschuss aus weniger Mitgliedern bestehen als Gruppen in der Personalvertretung vertreten sind (Lorenzen u. a., § 93 Anm. 12).

7 4. In Angelegenheiten, die in einen bestimmten Geheimhaltungsgrad (z. B. streng geheim) eingestuft sind, für die aber kein Mitglied der Personalvertretung vom Dienststellenleiter zur Kenntnisnahme ermächtigt ist, kann eine **Beteiligung nicht erfolgen;** denn nach dem Wortlaut des Gesetzes ist eine Beteiligung nur solcher Mitglieder möglich, denen kraft Ermächtigung des Dienststellenleiters eine der Geheimhaltung unterliegende Sache zugänglich gemacht werden darf (ebenso Fischer u. a., § 93 Anm. 13; Lorenzen u. a., § 93 Anm. 12; aA Altvater u. a., § 93 Anm. 13).

8 5. Ein Ausschuss wird von Personalvertretungen bei Dienststellen, die Behörden der Mittelstufe nachgeordnet sind (Unterbehörden und weiter nachgeordnete Behörden), nicht gebildet. Sollte dort eine Beteiligung der Personalvertretung in Angelegenheiten erforderlich werden, die als Verschlusssachen mindestens des Geheimhaltungsgrades „VS-VERTRAULICH" eingestuft sind, so ist der **Ausschuss des Bezirkspersonalrats** zu beteiligen (Abs. 1 Satz 4), der dann mit dem Leiter der der Mittelstufe nachgeordneten Dienststelle zu verhandeln hat (Fischer u. a., § 93 Anm. 10).

9 6. Das Gesetz trifft für den Fall Vorkehrungen, dass eine Personalvertretung nicht rechtzeitig einen Ausschuss gebildet hat. Eine Beteiligung soll auch dann nicht ausgeschlossen sein. Vielmehr ist der **Ausschuss der bei der Dienststelle bestehenden Stufenvertretung** hinzuzuziehen oder, falls auch dieser nicht rechtzeitig gebildet worden ist, der Ausschuss der bei der obersten Dienstbehörde bestehenden Stufenvertretung (Abs. 2) Daraus folgt, dass der bei der Mittelbehörde durch den Bezirkspersonalrat zu bildende Ausschuss eine **Ersatzzuständigkeit** erhält, denn er tritt an die Stelle des durch den örtlichen Personalrat zu bildenden Ausschusses. Falls auch dieser Ausschuss nicht rechtzeitig gebildet wird, ist der bei der obersten Dienstbehörde vom Hauptpersonalrat zu bildende Ausschuss zu beteiligen; ist auch dieser noch nicht gebildet, so ist eine Beteiligung nicht möglich.

10 7. Im Gegensatz zu der in den übrigen Streitfällen zuständigen Einigungsstelle besteht die in den hier angesprochenen Angelegenheiten tätig werdende **Einigungsstelle (Abs. 4)** nicht aus sieben, sondern nur **aus drei Mitgliedern.** Die oberste Dienstbehörde und die bei ihr bestehende zuständige Personalvertretung (vgl. § 71 Anm. 8) bestellen je einen Beisitzer. Zu diesen tritt ein **unparteiischer Vorsitzender**, auf den sich beide Seiten einigen. Diese **drei** Mitglieder der Einigungsstelle müssen nach Durchführung der vorgeschriebenen Prüfung dazu **ermächtigt** sein, von Verschlusssachen des in Betracht kommenden Geheimhaltungsgrades Kenntnis zu nehmen.

11 8. **Folgende Bestimmungen** dieses Gesetzes sind im Zusammenhang mit Angelegenheiten, die als Verschlusssachen mindestens des Geheimhaltungsgrades „VS-VERTRAULICH" eingestuft sind, **nicht anwendbar (Abs. 4):**

a) ein **Vertreter der Jugend- und Auszubildendenvertretung** oder der Schwerbehindertenvertretung können an den Sitzungen des Ausschusses nicht beratend teilnehmen. Ebensowenig kann die gesamte Jugend- und Auszubildendenvertretung bei besonders jugendliche Beschäftigte bzw. Auszubildende berührenden Angelegenheiten beratend teilnehmen. Schließlich haben die Jugend- und Auszubildendenvertreter erst recht kein Stimmrecht bei Beschlüssen des Ausschusses, die überwiegend jugendliche Beschäftigte bzw. Auszubildende betreffen (vgl. § 40);
b) vor einem Beschluss in Angelegenheiten, die einzelne Beschäftigte oder Dienststellen betreffen, gibt der von der Stufenvertretung gebildete Ausschuss dem örtlichen Personalrat **nicht Gelegenheit zur Äußerung** (vgl. § 82 Abs. 2);
c) ebensowenig sind die in den §§ 36, 39 Abs. 1 enthaltenen Vorschriften über die **Beteiligung von Gewerkschaften** im Rahmen der Ausschussberatungen anwendbar; d. h. der Ausschuss kann weder die Hinzuziehung von Gewerkschaftsbeauftragten zu seinen Sitzungen noch die Einschaltung der Gewerkschaften zur Herbeiführung einer Verständigung im Falle des von einem Gruppenvertreter eingelegten Vetos gegen einen Beschluss des Ausschusses beschließen. Der Hinweis auf die Vorschriften über die Beteiligung von Arbeitgebervereinigungen in den §§ 36, 39 Abs. 1 geht fehl, da in diesen Bestimmungen die Arbeitgebervereinigungen nicht angesprochen werden.
d) In der **Personalversammlung** können Angelegenheiten, die als Verschlusssachen mindestens des Geheimhaltungsgrades „VS-VERTRAULICH" eingestuft sind, nicht behandelt werden.

9. In Anlehnung an § 99 Abs. 1 VwGO (s. auch § 54 Abs. 3, § 96 StPO **12**
Strafprozessordnung i. d. F. d. Bekanntm. v. 7. 4. 1987, BGBl. I S. 1074, 1319, zul. geänd. d. Art. 2 G v. 11. 3. 2008, BGBl. I S. 306) kann die oberste Dienstbehörde anordnen, dass sich auf Angelegenheiten, die als Verschlusssachen mindestens des Geheimhaltungsgrades „VS-VERTRAULICH" eingestuft sind, beziehende **Unterlagen und Auskünfte** dem von der Personalvertretung gebildeten Ausschuss **nicht vorgelegt** bzw. nicht erteilt werden dürfen. Voraussetzung ist, dass die Vorenthaltung von Unterlagen und Auskünften zur Vermeidung von Nachteilen für das Wohl der Bundesrepublik Deutschland oder eines ihrer Länder oder aufgrund internationaler Verpflichtungen geboten ist. Schon aus dieser Einschränkung ergibt sich die Notwendigkeit einer sorgfältigen Prüfung, bei der das Interesse des Ausschusses an einer umfassenden Information gegenüber dem „Staatsinteresse" eingehend abzuwägen ist. In Verfahren vor den Verwaltungsgerichten nach § 83 sind die gesetzlichen Voraussetzungen für die Anordnung der Vorenthaltung von Unterlagen und Auskünften **glaubhaft** zu machen. Dies kann durch Vorlage der entsprechenden schriftlichen Anordnungen oder durch mündlichen Vortrag (vgl. § 294 ZPO) eines Vertreters der obersten Dienstbehörde geschehen.

III. Streitigkeiten

Streitigkeiten entscheiden die Verwaltungsgerichte nach § 83 Abs. 1. Eine **13**
Einschränkung des Instanzweges ist nicht vorgesehen.

Zweiter Teil Personalvertretungen in den Ländern

Erstes Kapitel Rahmenvorschriften für die Landesgesetzgebung

§ 94 [Geltung der Rahmenvorschriften]

Für die Gesetzgebung der Länder sind die §§ 95 bis 106 Rahmenvorschriften.

1 1. Der Bund ist nach Art. 73 Abs. 1 Nr. 8 GG auf die Gesetzgebung hinsichtlich der Rechtsverhältnisse der in seinem und im Dienst der bundesunmittelbaren Körperschaften des öffentlichen Rechts stehenden Beschäftigten beschränkt. Durch das Gesetz zur Änderung des Grundgesetzes v. 28. 8. 2006 (BGBl. I S. 2034) ist die Gesetzgebungskompetenz des Bundes für den Erlass rahmenrechtlicher Vorschriften nach Art. 75 Abs. 1 GG aufgehoben worden. Durch Art. 125 a Abs. 1 GG gilt das Recht, das als Bundesrecht erlassen worden ist, nunmehr aber mangels Bundeskompetenz nicht mehr erlassen werden kann, als Bundesrecht fort. Es kann jedoch durch Landesrecht ersetzt werden. Infolgedessen bestehen die §§ 94 ff. als Bundesrecht fort. Allerdings erschöpft sich ihre Bindungswirkung für die Länder in einem Appell zum Erhalt der dort enthaltenen Grundsätze eines einheitlichen Personalvertretungsrechts von Bund und Ländern.

2 2. Eine Gesetzgebungskompetenz des Bundes für die **Gestaltung des Landespersonalvertretungsrechts** kann sich aus Art. 74 Abs. 1 Nr. 27 GG ergeben. Die konkurrierende Gesetzgebungskompetenz des Bundes erstreckt sich allerdings nur auf die Statusrechte- und pflichten der Landes- und Kommunalbeamten, nicht dagegen auf Arbeitnehmer in den Ländern. Da es sich beim Personalvertretungsrecht nicht um eine Materie des Laufbahn-, Besoldungs- oder Versorgungsrechts handelt, wird die Regelung der Mitbestimmung von Beamten durch Art. 74 Abs. 1 Nr. 27 GG nicht ausdrücklich den Ländern zugewiesen. Jedenfalls kann der Bund im Rahmen seiner konkurrierenden Gesetzgebungskompetenz den Ländern die Bildung von Beamtenvertretungen vorschreiben. Unabhängig davon haben Bund und Länder auf Grund des Sozialstaatsgebots und wegen ihrer Schutzpflicht gegenüber dem allgemeinen Persönlichkeitsrecht ihrer Beschäftigten die Verpflichtung, für diese eine Interessenvertretung vorzusehen (vgl. Fischer u. a., § 94 Anm. 2d).

3 3. Obgleich die Länder aufgrund der Föderalismusreform von den Rahmenbestimmungen der §§ 94 bis 106 abweichen können, hat dies nicht zur Folge, dass in den Ländern nunmehr keine Personalvertretungen mehr einzurichten wären. Auch nach der Föderalismusreform ergibt sich die Verpflichtung zur Errichtung von Personalvertretungen für die Länder auch dann, wenn eine ausdrückliche landesverfassungsrechtliche Garantie der Mitbestimmung bzw. der Bildung von Personalvertretungen (z. B. in den Verfassungen Brandenburgs – Art. 50 –, Hessens – Art. 37 –, Sachsens – Art. 26 –, Thüringens – Art. 37 Abs. 3 -) nicht besteht (Lorenzen u. a., § 94 Anm. 5; Richardi u. a., § 95 Anm. 3). Fehlt es in den Ländern an einer solchen verfassungsrechtlichen Garantie, ergibt sich die Pflicht zur Errichtung und Ausgestaltung von Personalvertretungen unmittelbar aus dem Grundgesetz, nämlich dem Persönlichkeitsrecht der Beschäftigten (Art. 2 Abs. 1 i. V. m. Art. 1 Abs. 1 GG) und dem Sozialstaatsprinzip (Art. 20 Abs. 1, Art. 28 Abs. 1 Satz 1 GG).

4. Auch wenn die Länder durch die **Föderalismusreform** nicht mehr an die rahmenrechtlichen Vorgaben des Bundes gebunden sind und in eigener Zuständigkeit über Form und Umfang der Beteiligungsrechte des nicht beamteten Landes- und Gemeindepersonals entscheiden, so hat der Landesgesetzgeber gleichwohl zu gewährleisten, dass eine effektive Wahrnehmung der Beschäftigteninteressen durch die Bildung handlungsfähiger Beschäftigtenvertretungen geschaffen wird (VerfGH Sachsen v. 22. 2. 2001, PersV 2001,198), wobei die Vertretungsorgane möglichst sach- und ortsnah zu bilden sind (HessStGH v. 8. 11. 2006, PersV 2007, 100 = ZfPR online 5/2007, S. 2). Mitbestimmung im öffentlichen Dienst dient der Kompensation des mit der Eingliederung in den Arbeitsprozess zwangsläufig verbundenen Verlusts von Selbstbestimmung des einzelnen Beschäftigten und setzt an deren Stelle die kollektive Interessenwahrnehmung durch das Vertretungsorgan (VerfGH Sachsen v. 22. 2. 2001, aaO). 4

Schrifttum: Battis Personalvertretung und Verfassung – Kein Ende der Debatte, PersV 2005, 286; Battis/Kersten, Demokratieprinzip und Mitbestimmung im öffentlichen Dienst, DÖV 1996, 584; Böhme, Personalvertretungsrecht zwischen Demokratie- und Rechtsstaatsprinzip, 2002; Büge, Personalvertretung und demokratisches Prinzip – Ein Wunscht nach dem Ende der Debate, PersR 2003, 171; Ilbertz, Das neue Bundespersonalvertretungsgesetz, PersV 1974, 1; Kersten Zäsur Föderalismusreform? Die Entwiklung des Personalvertretungsrechts in Bund und Ländern, ZfPR 2007, 72; Lecheler, Die Auswirkungen der Föderalismusreform auf die Statusrechte der Beamten, ZBR 2007, 18; Lecheler/Germelmann, Der Einfluss des europäischen Gemeinschaftsrechts auf das deutsche Personalvertretungsrecht, PersV 2005, 285; Pfohl, Mitbestimmung im öffentlichen Dienst – der neue Beschluss des BVerfG, ZBR 1996, 82; Spiegel, Personalvertretungsrecht und Demokratieprinzip, 2002.

§ 95 [Verpflichtung zur Bildung von Personal- und Jugend- und Auszubildendenvertretungen]

(1) In den Verwaltungen und Betrieben der Länder, Gemeinden, Gemeindeverbände und der sonstigen nicht bundesunmittelbaren Körperschaften, Anstalten und Stiftungen des öffentlichen Rechts sowie in den Gerichten der Länder werden Personalvertretungen gebildet; für Beamte im Vorbereitungsdienst und Beschäftigte in entsprechender Berufsausbildung, Staatsanwälte, Polizeibeamte und Angehörige von Rundfunk- und Fernsehanstalten sowie von Dienststellen, die bildenden, wissenschaftlichen oder künstlerischen Zwecken dienen, können die Länder eine besondere Regelung unter Beachtung des § 104 vorsehen.

(2) In den einzelnen Dienststellen ist die Bildung von Jugend- und Auszubildendenvertretungen vorzusehen. Einem Vertreter der Jugend- und Auszubildendenvertretung ist die Teilnahme an allen Sitzungen der Personalvertretung mit beratender Stimme zu gestatten. Die Länder haben zu regeln, in welchen Fällen der gesamten Jugend- und Auszubildendenvertretung ein Teilnahmerecht mit beratender Stimme und in welchen Fällen ihr das Stimmrecht in der Personalvertretung einzuräumen ist.

(3) Der Schwerbehindertenvertretung ist die Teilnahme an allen Sitzungen der Personalvertretung zu gestatten.

Inhaltsübersicht

I. Vorbemerkungen

1 Aufgrund des Gesetzes zur Änderung des Grundgesetzes vom 28. 8. 2006 (BGBl. I S. 2034) sind mit Wirkung v. 1. 9. 2006 die Gesetzgebungskompetenzen in der Bundesrepublik neu geordnet worden (**Föderalismusreform,** hierzu insbesondere Battis, ZBR 2006, 186 f.; Bochmann, ZBR 2007, 1 ff.; Lecheler, ZBR 2007, 18 ff.; Kersten, ZfPR 2007, 72 ff.; vgl. auch § 94 Anm. 1). Die Rahmenkompetenz des Bundes für die allgemeinen Rechtsverhältnisse der Landes- und Kommunalbediensteten (Art. 75 Abs. 1 Nr. 1 GG) ist entfallen. Mit der Abschaffung des Art. 75 GG aF durch die Föderalismusreform ist auch die Rahmenkompetenz des Bundes (§§ 94 bis 106) für das Landespersonalvertretungsrecht nach Art. 75 Abs. 1 Nr. 1 GG entfallen. Gem. Art. 74 Abs. 1 Nr. 27 GG hat der Bund nunmehr die Gesetzgebungskompetenz für die „Statusrechte und -pflichten der Beamten der Länder, Gemeinden und anderen Körperschaften des öffentlichen Rechts sowie der Richter in den Ländern mit Ausnahme der Laufbahnen, Besoldung und Versorgung“. Die **Übergangsvorschriften** sehen u. a., soweit die Regelungen der §§ 94 bis 106 berührt sind, vor, dass Recht, das als Bundesrecht erlassen worden ist, wegen der Aufhebung des Art. 75 GG aF aber nicht mehr als Bundesrecht erlassen werden könnte, als Bundesrecht fortgilt und durch Landesrecht ersetzt werden kann (Art. 125 a Abs. 1 Satz 1, 2 GG). Daraus ergibt sich, dass die bisherigen bundesrechtlichen Regelungen, hier: §§ 94 bis 106, weitergelten, solange der Landesgesetzgeber auf eine Neuregelung verzichtet (vgl. Lorenzen u. a., § 95 Anm. 1; Richardi u. a., § 94 Anm. 5).

Zu § 95 im einzelnen:
1. Nach Abs. 1 ist der Kreis der Beschäftigungsgruppen, für die die Länder besondere Regelungen unter Beachtung des § 104 vorsehen können, erweitert worden. Damit werden die Rahmenvorschriften an die Landespersonalvertretungsgesetze angepasst. Abs. 2 schreibt dem Landesgesetzgeber eine **Erweiterung des Rechts der Jugend- und Auszubildendenvertretung** vor. Allerdings steht dem Landesgesetzgeber ein weites Ausgestaltungsermessen zu (Richardi u. a., § 95 Anm. 21). Nach Abs. 3 hat der Landesgesetzgeber der Schwerbehindertenvertretung im Verhältnis zum Personalrat dieselbe Stellung einzuräumen, die sie im Bereich des Bundes einnimmt (vgl. § 40).

2 2. Die Vorschrift verpflichtet die Länder, durch Gesetz die **Bildung von Personalvertretungen vorzuschreiben,** und zwar für die Verwaltungen und Betriebe, die Gemeinden, Gemeindeverbände sowie die sonstigen, nicht bundesunmittelbaren Körperschaften, Anstalten und Stiftungen des öffent-

lichen Rechts sowie für die Gerichte. Zu den Begriffen „Verwaltungen" und „Betriebe" vgl. § 1 Anm. 3a bzw. 3e.

II. Einzelheiten

1. Zu den **Betrieben** zählen, was besonders im kommunalen Bereich wichtig ist, nicht die in privatrechtlicher Form verselbstständigten kommunalen Eigengesellschaften (Aktiengesellschaften etc.). Für sie gilt das BetrVG (vgl. § 130 BetrVG; Richardi u. a., § 95 Anm. 7). Im Bereich der Kommunen wird sich daher eventuell eine voneinander wesentlich abweichende Regelung der Beteiligung des Personals in den kommunalen Betrieben ergeben, je nach dem, ob diese in Form von Eigen- oder verselbstständigten Betrieben durch privatrechtliche Gesellschaften geführt werden. 3

2. Unter den öffentlich-rechtlichen **Körperschaften und Anstalten** befinden sich z. T. auch solche – insbesondere mit Versicherungscharakter –, die gegenüber der vom Gesetzgeber dem Gesetz zugrundegelegten Konzeption untypische Zielsetzungen überwiegend wirtschaftlicher oder kommerzieller Art verfolgen und infolgedessen abweichende Organisationsverhältnisse aufweisen. 4

3. Personalvertretungen sind in den **Ländern, Gemeinden und Gemeindeverbänden** (Landkreise, Ämter, Bezirksverbände, Landesverbände etc.) und sonstigen (sog. Nichtgebietskörperschaften), nicht bundesunmittelbaren Körperschaften, Anstalten und Stiftungen des öffentlichen Rechts zu bilden, d. h. bei allen der Landesaufsicht unterstehenden und überhaupt bei sämtlichen, nicht der Bundesaufsicht unterstehenden juristischen Personen des öffentlichen Rechts, soweit diese über eigenes Personal verfügen. 5

4. **Nicht bundesunmittelbare Körperschaften** unterliegen in der Regel der Landesaufsicht. Es gibt aber auch solche Körperschaften, die weder einer Landes- noch einer Bundesaufsicht unterstehen, z. B. Rundfunkanstalten. Sie unterfallen der Landesgesetzgebung auch dann, wenn sie über den Bereich eines Landes hinausgehen. 6

5. Für den **Begriff der Dienststelle,** der nicht rahmenrechtlich festgelegt ist, so dass die Landesgesetzgebung bei ihrer Definition also frei ist (Richardi u. a., § 95 Anm. 6), sind die in § 6 entwickelten begrifflichen Abgrenzungen in der Landesgesetzgebung nur mit gewissen Änderungen verwertbar, vor allem im Hinblick auf die besonderen Gegebenheiten bei den kommunalen Selbstverwaltungskörperschaften. 7

6. Die **Länder sind** zu besonderen gesetzlichen Regelungen **ermächtigt für** 8
a) **Beamte im Vorbereitungsdienst** und Beschäftigte in entsprechender Berufsausbildung (zum Begriff vgl. § 13 Anm. 29 ff.); das Verbot, Beamte im Vorbereitungsdienst freizustellen, verstößt selbst dann nicht gegen den Gleichheitssatz des Art. 3 GG, wenn der Personalrat nur aus Beamten im Vorbereitungsdienst besteht; denn diese Regelung ist im Hinblick auf Sinn und Zweck der Rechtsverhältnisse der Beamten im Vorbereitungsdienst getroffen worden, wonach die Ausbildung möglichst schnell und konzentriert zum Abschluss gebracht und Verzögerungen der Ausbildung nach Möglichkeit vermieden werden sollen (BVerwG v. 26. 10. 1977, ZBR 1978, 238 = PersV 1979, 108);
b) **Staatsanwälte** (vgl. §§ 111 ff. LPersVG Nieders.);
c) **Polizeibeamte** (vgl. §§ 93, 94 LPersVG Rhld.-Pf.);

d) **Beschäftigte von Rundfunk- und Fernsehanstalten** (vgl. § 120 LPersVG Rhld.-Pf.);
e) Beschäftigte von Dienststellen, die bildenden, wissenschaftlichen und künstlerischen Zwecken dienen, also insbesondere der **Schulen** und sonstigen Lehranstalten, Hochschulen, wissenschaftlichen Forschungsinstitute, Museen, Theater und entsprechenden Institutionen musikalischer, künstlerischer etc. Betätigung, nicht aber für Beschäftigte der Kommunalverbände und sonstigen öffentlich-rechtlichen Körperschaften.

9 7. Die Gründe für die Zulassung besonderer Regelungen liegen u. a. bei den Polizeibeamten in den Erfordernissen des Polizeiexekutivdienstes, vor allem unter dem Gesichtspunkt der **Einsatzfähigkeit** (Richardi u. a., § 95 Anm. 11). Bei den übrigen Sonderregelungen sind die Autonomie der Universitäten und ihre Vorschlagsrechte bei der Berufung auf wissenschaftliche Lehrstühle ausschlaggebend sowie die besonderen Maßstäbe und Wettbewerbsverhältnisse in Theatern etc.

10 8. Für die **Schulen** ergeben sich besondere Notwendigkeiten aus ihrem organisatorischen Aufbau, aus der Notwendigkeit der Berücksichtigung der Schulgesetze und der z. T. darin geregelten Mitwirkung der Elternschaft bei der Bestimmung eines Teiles jener Angelegenheiten, die nach dem BPersVG Gegenstand der Beteiligung der Personalvertretung sind.

11 9. Die besonderen Regelungen können in Gesetzesform getroffen werden oder in der Art erfolgen, dass in den Landespersonalvertretungsgesetzen selbst **von der allgemeinen Regelung abweichende Bestimmungen** für die bezeichneten Personenkreise – oder Teile davon – vorgesehen werden. Insoweit gelten die Rahmenvorschriften nicht.

12 10. Die Notwendigkeit einer solchen **Ermächtigung zu abweichender Regelung für diese Personengruppen** ist ein gewichtiges Indiz dafür, dass der „Bundesrahmengesetzgeber" im Übrigen, d. h. für alle anderen Beschäftigten und insbesondere für die allgemeine Regelung des jeweiligen Landespersonalvertretungsgesetzes, von einem gewissen Maß von Bindung ausgegangen ist. Andere Gruppen von Beschäftigten sollen von der Geltung des Gesetzes nicht ausgenommen werden dürfen. Vor allem aber auch dürfen wesentliche materielle Bestimmungen nicht durch die landesgesetzlichen Regelungen ausgespart bleiben. Das werden solche Bestimmungen sein, die nicht fortgedacht werden können, ohne dass das betreffende Gesetz eine wesentliche Veränderung seines Inhalts gegenüber dem BPersVG aufweist. Deshalb ist auch der besondere Hinweis zur Beachtung des § 104 in Abs. 1 Halbs. 2 erfolgt. Dagegen dürften Abweichungen unbedenklich sein, die sich aus nicht änderbaren, insbesondere verfassungsrechtlich gebotenen Strukturbedingtheiten des betreffenden Verwaltungszweigs usw. ergeben. Das gilt vor allem für die Verkürzung der Instanzen und damit eventuell für die Änderung der Beteiligungsart bei den Beschäftigten der Kommunalverbände und sonstiger einstufiger Selbstverwaltungskörperschaften.

13 11. Das Gesetz enthält keine Verpflichtung der Länder zur Schaffung von **Stufenvertretungen oder Gesamtpersonalräten** (BVerwG v. 13. 1. 1961, BVerwGE 11, 336 = ZBR 1961, 93 = PersV 1961, 135; Richardi u. a., § 95 Anm. 5). Die Effektivität der Beteiligung der Personalvertretung bei der Mitwirkung und Mitbestimmung hängt aber weitgehend von dem Vorhandensein von Personalvertretungen bei jenen Instanzen ab, auf die bei Nichteinigung in der unteren Stufe die Entscheidungsbefugnis übergeht. Im allge-

meinen bedeutet daher das Fehlen von Stufenvertretungen eine Minderung der verfahrensmäßigen Beteiligungsmöglichkeiten.

12. Der Bundesgesetzgeber begnügt sich nicht damit, den Ländern die Bildung von Jugend- und Auszubildendenvertretungen vorzuschreiben. Vielmehr sieht Abs. 2 nach dem Vorbild des Bundes eine **Erweiterung der Befugnisse der Jugend- und Auszubildendenvertretungen** vor. Infolgedessen haben die Länder in ihren Gesetzen einem Vertreter der Jugend- und Auszubildendenvertretung die Teilnahme an allen Sitzungen der Personalvertretung mit beratender Stimme zu gestatten (vgl. in diesem Zusammenhang § 40 Abs. 1 Satz 1). Darüber hinaus haben die Länder gesetzlich zu regeln, in welchen Fällen der gesamten Jugend- und Auszubildendenvertretung ein Teilnahmerecht mit beratender Stimme an den Sitzungen der Personalvertretung zusteht. Ebenso haben sie gesetzlich festzulegen, in welchen Fällen der Jugend- und Auszubildendenvertretung ein Stimmrecht in der Personalvertretung einzuräumen ist (Abs. 2 Satz 3). Im Gegensatz zu Abs. 2 Satz 1 sind die Länder in der Ausgestaltung der ihnen in diesem Zusammenhang auferlegten Pflichten frei. Die Länder sind also nicht darauf beschränkt, bestimmte bundesrechtliche Regelungen zu übernehmen, sondern können die ihnen am besten erscheinende Lösung wählen. Durch das Gesetz zur Bildung von Jugend- und Auszubildendenvertretungen in den Verwaltungen v. 13. 7. 1988 (BGBl. I S. 1037) ist in Abs. 2 das Wort „Jugendvertretungen“ durch „Jugend- und Auszubildendenvertretungen“ ersetzt und nicht lediglich um die neue Bezeichnung ergänzt worden. Die Bildung von Jugend- und Auszubildendenvertretungen ist für die Länder eine rahmenrechtliche Pflicht (Lorenzen, PersV 1988, 465). 14

13. Nach Abs. 3 sind die Landesgesetzgeber gehalten, gesetzlich zu regeln, dass der **Schwerbehindertenvertretung** die Teilnahme an allen Sitzungen der Personalvertretungen zu gestatten ist (vgl. hierzu § 40 Anm. 7). Damit sollen auch die Länder verpflichtet sein, die Stellung der Schwerbehindertenvertretung zu stärken und ihr genügend Einflussmöglichkeiten auf die Beratungen der Personalvertretung zu geben. 15

Schrifttum: Vgl. Hinweise bei § 1 und § 94.

§ 96 [Gewerkschaften und Personalvertretung]

Die Aufgaben der Gewerkschaften und der Vereinigungen der Arbeitgeber werden durch das Personalvertretungsrecht nicht berührt.

1. Die Föderalismusreform berührt die materiellen Vorgaben der Vorschrift deshalb nicht, weil die Länder durch Art. 9 Abs. 3 verfassungsrechtlich auch weiterhin auf sie verpflichtet sind (Richardi u. a., § 96 Anm. 1). Die Vorschrift stimmt mit § 2 Abs. 3 überein, wonach die Aufgaben der Gewerkschaften und der Arbeitgebervereinigungen durch das BPersVG nicht berührt werden. Sie verpflichtet also den Landesgesetzgeber, die **Aufgaben und Befugnisse** der genannten Organisationen bei der Regelung des Personalvertretungsrechts durch Landesgesetze **nicht zu beschränken.** Dabei sind als Aufgaben der Organisationen lediglich diejenigen zu verstehen, die sich aus der allgemeinen Aufgabensetzung – vor allem aufgrund des Art. 9 Abs. 3 GG –, für die Beamten auch aufgrund der Beamtengesetze, ergeben. Dadurch wird den Ländern die Beachtung des Vorrangs der Tarifverträge vorgeschrieben (Richardi u. a., § 96 Anm. 3). Die Gewerkschaften und Arbeitgebervereinigungen treffen Vereinbarungen (Tarifverträge), die für den Gesamt- 1

bereich oder größere Teilbereiche Regelungen vorsehen, die sich auch auf die innerdienstlichen Angelegenheiten auswirken. Beiden Organisationen muss auch auf Landesebene der ihren Aufgaben entsprechende Wirkungskreis garantiert sein.

2 2. Ob auch der **Grundsatz der Tarifüblichkeit** von den Ländern zu übernehmen ist, ist dem Gesetz nicht zu entnehmen. Dafür spricht die Tatsache, dass die Rechte der Gewerkschaften durch dieses Gesetz und durch die novellierten Personalvertretungsgesetze der Länder ausgeweitet worden sind.

3 3. Der Landesgesetzgeber ist dagegen nicht verpflichtet, jene **zusätzlichen Aufgaben und Befugnisse,** die die Organisationen für den Bundesdienst gerade durch das BPersVG erhalten haben, in bestimmter Weise zu regeln. Ihm ist es daher z. B. überlassen, wie er im einzelnen das Recht der Gewerkschaften zur Teilnahme an Sitzungen der Personalvertretung ausgestaltet.

4 4. Auch für die Landesgesetzgebung gilt, dass die **Rechte der Personalvertretungen** – abgesehen von besonderen gesetzlichen Vorschriften, die die Aufgaben der Gewerkschaften und Arbeitgebervereinigungen insoweit abschließend umschreiben –, von den Rechten jener Organisationen zu trennen sind.

§ 97 [Verbot abweichender Regelungen]

Durch Tarifvertrag oder Dienstvereinberung darf eine von den gesetzlichen Vorschriften abweichende Regelung des Personalvertretungsrechts nicht zugelassen werden.

Entspr. landesgesetzliche Regelungen:
Baden-Württemberg: § 3; Bayern: Art. 4; Berlin: § 2 Abs. 4; Brandenburg: § 97; Bremen: –; Hamburg: § 3; Hessen: § 113; Mecklenburg-Vorpommern: § 89; Niedersachsen: § 81; Nordrhein-Westfalen: § 4; Rheinland-Pfalz: § 3; Saarland: § 3; Sachsen: § 84 Abs. 5; Sachsen-Anhalt: § 3; Schleswig-Holstein: § 90; Thüringen: § 3.

1 1. Die Vorschrift entspricht § 3 der Regelung für den Bundesdienst. Was dort für die abschließende gesetzliche Regelung des 1. Teils vorgeschrieben wird, wird hier den Landesgesetzgebern für die Landesregelungen zur Pflicht gemacht. Sie dürfen nicht zulassen, dass **durch Tarifvertrag** oder Dienstvereinbarung eine von einer Vorschrift des betreffenden Landespersonalvertretungsgesetzes **abweichende Regelung** getroffen wird. Eine derartige gesetzliche Ermächtigungsnorm wäre nach Art. 31 GG wegen Unvereinbarkeit mit einer bundesrechtlichen Vorschrift nichtig, was allerdings der Feststellung durch das Bundesverfassungsgericht bedarf (Art. 93 Abs. 1 Satz 2 bzw. Art. 100 Abs. 1 GG; vgl. im Übrigen die Anm. zu § 3).

2 2. Der Vorschrift liegt der Gedanke zugrunde, dass **gesetzliche Bestimmungen durch Vereinbarung nur dann geändert werden** können, wenn das Gesetz eine Änderung ausdrücklich zulässt. Das hat auch für die Landespersonalvertretungsgesetze zu gelten, soweit nicht die Schaffung nachgiebiger Rechtsvorschriften unbedenklich ist (z. B. § 17, demgegenüber § 18 eine abweichende Gestaltung ausdrücklich erlaubt). Doch ist auch in diesen Fällen für Tarifvertrag oder Dienstvereinbarung kein Raum. Sie bleiben auf die Regelung jener Fragen beschränkt, für die das Gesetz sie zulässt.

3. **Tarifverträge** kommen begrifflich nur für die im privatrechtlichen Arbeitsverhältnis stehenden Angestellten und Arbeiter (§ 4) in Betracht, nicht auch für die Beamten. 3

4. Zum Begriff der **Dienstvereinbarung:** vgl. § 73 mit den dort. Anm. Für die landesgesetzliche Zulassung von Dienstvereinbarungen gilt die o. g. Einschränkung (Anm. 1). Auch nachgiebiges Recht kann durch Dienstvereinbarung nicht in ein dem Gesetz positiv widersprechendes Recht geändert werden. 4

5. Weichen Tarifvertrag oder Dienstvereinbarung von zwingenden gesetzlichen Vorschriften des oder der Personalvertretungsgesetze ab, so sind sie wegen **Verstoßes gegen ein gesetzliches Verbot** nichtig (nicht bloß anfechtbar; Richardi u. a., § 97 Anm. 1), gleichgültig, zu wessen Gunsten sie von gesetzlichen Vorschriften abweichen. 5

§ 98 [Wahlvorschriften, Gruppenveto]

(1) Die Personalvertretungen werden in geheimer und unmittelbarer Wahl und bei Vorliegen mehrerer Wahlvorschläge nach den Grundsätzen der Verhältniswahl gewählt.

(2) Sind in einer Dienststelle Angehörige verschiedener Gruppen wahlberechtigt, so wählen die Angehörigen jeder Gruppe ihre Vertreter in getrennten Wahlgängen, sofern nicht die Mehrheit der Wahlberechtigten jeder Gruppe in getrennter geheimer Abstimmung die gemeinsame Wahl beschließt.

(3) Über Angelegenheiten, die nur die Angehörigen einer Gruppe betreffen, kann die Personalvertretung nicht gegen den Willen dieser Gruppe beschließen.

(4) Die Geschlechter sollen in den Personalvertretungen und den Jugend- und Auszubildendenvertretungen entsprechend dem Zahlenverhältnis vertreten sein.

1. Die Vorschrift enthält Regelungen über das **Wahlverfahren** der Personalvertretungen in den Ländern (Abs. 1 und 2) sowie über die **Berücksichtigung des Gruppenprinzips und der Geschlechter** sowie **der Jugend- und Auszubildendenvertretung.** Dabei werden im Wesentlichen jene Bestimmungen wiederholt, die § 19 für die Wahlen der Personalvertretungen des Bundes aufstellt. 1

2. Die Länder müssen für ihren Bereich **geheime und unmittelbare Wahlen** vorsehen. Sie haben die Grundsätze der freien, allgemeinen und gleichen Wahlen ebenso wie die Wahlöffentlichkeit zu beachten (Richardi u. a., § 97 Anm. 3). Sie können **elektronische Personalratswahlen** insoweit vorsehen, als bei der Wahlvorbereitung und im Wahlkampf, bei der Stimm abgabe und bei der Stimmenauszählung elektronische Medien eingesetzt werden können (Richardi u. a., § 98 Anm. 13; Kersten, PersV 2005, 124; ders., PersV 2005, 244; vgl. auch § 19 Anm. 4). Dies gilt für alle Arten der Personalvertretung, nämlich Personalräte, Stufenvertretungen, Gesamtpersonalräte und Sondervertretungen, soweit sie im Landesrecht vorgesehen sind (Lorenzen u. a., § 98 Anm. 2). 2

3. Darüber hinaus ist dem Landesgesetzgeber vorgeschrieben festzulegen, dass die Personalvertretungen bei Vorliegen mehrerer Wahlvorschläge nach den **Grundsätzen der Verhältniswahl** gewählt werden (Richardi u. a., § 98 Anm. 11). Liegt dagegen nur ein Wahlvorschlag vor, so findet **Mehrheitswahl** 3

statt. Der Landesgesetzgeber kann im Hinblick auf den Grundsatz einer geheimen und unmittelbaren Wahl nicht vorschreiben, dass in diesen Fällen ein Wahlgang nicht stattfindet, sondern die Kandidaten in der Reihenfolge ihrer Aufführung auf dem Wahlvorschlag als gewählt gelten (Dietz-Richardi, § 98 Anm. 5). Ist nur eine Person zu wählen, dann findet selbstverständlich ebenfalls **Mehrheitswahl** statt.

4 4. „Aus der überragenden Bedeutung des Gruppenprinzips als eines der tragenden Grundelemente des Personalvertretungsrechts überhaupt" (OVG Bremen v. 12. 6. 1984, ZBR 1984, 275) erwächst dem Landesgesetzgeber eine Reihe von Pflichten. Hierzu gehört u. a. die Einteilung der Gruppen zwischen Beamten und Arbeitnehmern sowie die genaue Bestimmung und Abgrenzung der Wahlberechtigten zu den jeweiligen Gruppen (OVG Bremen v. 12. 6. 1984, aaO). **Gruppenwahl** ist die Regelwahl zu den Personalvertretungen. Ausnahmen sind nur zulässig, wenn alle Gruppen jeweils mit der Mehrheit der Wahlberechtigten durch getrennte, übereinstimmende Beschlüsse die gemeinsame Wahl beschließen. Da der Bundesgesetzgeber in Abs. 2 seine Rahmenkompetenz ausgeschöpft hat, verbleibt dem Landesgesetzgeber kein Gestaltungsraum mehr. Dies hat zur Folge, dass er z. B. die Durchführung einer Personalratswahl als gemeinsame Wahl nicht davon abhängig machen kann, dass statt der Mehrheit der Wahlberechtigten jeder Gruppe die Mehrheit der abgegebenen Stimmen jeder Gruppe genügt (BVerfG v. 27. 3. 1979, BVerfG 51, 77, 91; BVerfG v. 16. 10. 1984, BVerfGE 67, 382 = PersV 1985, 22; BVerwG v. 26. 10. 1977, BVerwGE 55,17 = ZBR 1978, 205 = PersV 1979, 110). In den Rahmenvorschriften fehlt zwar eine so eingehende Regelung der Gruppenparität, wie sie § 17 Abs. 1 enthält. Diese dürfte jedoch im Rahmen einer Regelung, die die Berücksichtigung der Gruppen vorschreibt und auf der Grundlage des Verhältniswahlsystems aufbaut, selbstverständlich sein. In den Ländern wie im Bund nämlich besteht ein starkes und legitimes Interesse an einer durchgehenden Geltung des Gruppenprinzips, das zu den **tragenden Grundsätzen des Personalvertretungsrechts** gehört (BVerfG v. 16. 10. 1984, aaO). Infolgedessen würde eine Vorschrift, wonach sich für die Durchführung einer gemeinsamen Wahl lediglich die Mehrheit der abgegebenen Stimmen jeder Gruppe entscheiden muss, gegen Bundesrecht verstoßen (BVerfG v. 16. 10. 1984, aaO). Zu den Gruppenangelegenheiten gehören nur solche Angelegenheiten, die unmittelbar die Interessen einer Gruppe und nur mittelbar die Interessen der übrigen Gruppen berühren (BVerfG v. 19. 12. 1994, ZBR 1995, 143 = PersV 1995, 168). Das Gruppenprinzip gilt nicht für die Jugend- und Auszubildendenvertretung (vgl. im Übrigen Richardi u. a., § 98 Anm. 22).

5 5. Abs. 3 ist in seiner Schutzwirkung für die Gruppen schwächer als § 38. Er bestimmt lediglich, dass die Personalvertretungen in Angelegenheiten, die nur die Angehörigen einer Gruppe betreffen, **nicht gegen den Willen dieser Gruppe** entscheiden können (vgl. in diesem Zusammenhang § 45 LPersVG Nieders.). Die Landesgesetze müssen für alle Fälle, in denen nur die Angelegenheiten einer Gruppe berührt werden, mehr als das suspensive Veto des § 39 enthalten. Sie müssen mindestens vorschreiben, dass ein gegen den Willen der allein betroffenen Gruppe ergangener **Plenumsbeschluss unwirksam** ist. Allerdings zählt nach Auffassung des Bundesverfassungsgerichts (BVerfG v. 19. 12. 1994, ZBR 1995, 143 = PersV 1995, 168) die Wahl des Vorsitzenden und der Stellvertreter einer Personalvertretung insoweit nicht zum Bereich der „Gruppenangelegenheit", als nicht vorgeschrieben sei, dass dem Vorstand jeweils alleine ein Gruppenmitglied angehören dürfe, das vom Vertrauen der betreffenden Gruppe getragen werde.

6. Der Landesgesetzgeber kann selbstverständlich weitergehende Regelungen zum **Schutz der Gruppen** treffen, etwa die Regelung des § 38 Abs. 2 und 3 des BPersVG übernehmen; darüber hinaus aber auch z. B. das Recht gesonderter Beratung durch die Gruppenvertretung, die Beteiligung des Gruppensprechers bei der Vertretung der Beschlüsse etc. 6

7. Sämtliche Einzelvorschriften des § 98 gelten auch für die **Stufenvertretungen,** falls der Landesgesetzgeber solche vorsieht (Altvater u. a., § 98 Anm. 1; Richardi u. a., § 98 Anm. 1). Dagegen treffen die Rahmenvorschriften über andere, auf das **Wahlverfahren** im ganzen bezogene Voraussetzungen keine Bestimmungen, z. B. nicht über das aktive und passive Wahlrecht. Wohl aber bringt der Gesetzgeber seinen Wunsch zur gleichmäßigen Berücksichtigung von Männern und Frauen bei der Zusammensetzung der Personalvertretungen sowie der Jugend- und Auszubildendenvertretungen in Abs. 4 klar zum Ausdruck. 7

Schrifttum: Bosch, Bemerkungen zum Gruppenprinzip, PersV 1996, 985; Krüger, Das nordrhein-westfälische Personalvertretungsgesetz aus verfassungsrechtlicher Sicht, PersV 1990, 241; Wahlers, Änderungen im Personalvertretungsrecht NW, DÖD 1986, 185; Schroeder-Printzen, Das neue Personalertretungsrecht Brandenburg – eine kritische Durchsicht –, PersV 1994, 193; ders., Personalvertretungsrecht in Mecklenburg-Vorpommern, PersV 1994, 1; Windscheid, Das Gruppenprinzip in der Rechtsprechung des Bundesverwaltungsgerichts, PersV 1978, 297.

§ 99 [Schutz der Personalvertretungen]

(1) Wahl und Tätigkeit der Personalvertretungen und der Jugendvertretungen oder der Jugend- und Auszubildendenvertretungen dürfen nicht behindert oder in einer gegen die guten Sitten verstoßenden Weise beeinflusst werden.

(2) Mitglieder der Personalvertretungen und der Jugendvertretungen oder der Jugend- und Auszubildendenvertretungen dürfen gegen ihren Willen nur versetzt oder abgeordnet werden, wenn dies aus wichtigen dienstlichen Gründen auch unter Berücksichtigung der Mitgliedschaft in der Personalvertretung oder der Jugendvertretung sowie der Jugend- und Auszubildendenvertretung unvermeidbar ist und die Personalvertretung zustimmt.

1. Die Vorschrift bezweckt den **Schutz der Personalvertretungen und der Jugend- und Auszubildendenvertretungen** (einschließlich der eventuell bestehenden Stufenvertretungen und Gesamtpersonalräte) und ihrer Mitglieder, einschliesslich der Ersatzmitglieder während der Zeit ihrer Vertretungstätigkeit. Dem Landesgesetzgeber ist aber nach dem Wortlaut der Vorschrift nicht der Schutz von Mitgliedern des Wahlvorstands und von Wahlbewerbern durch gesetzliche Bestimmungen vorgeschrieben (Richardi u. a., § 99 Anm. 3). 1

2. In das **Versetzungsverbot** des Abs. 2 hat der Landesgesetzgeber ebenfalls die Mitglieder der Stufenvertretungen und der Jugendvertretungen sowie der Jugend- und Auszubildendenvertretungen einzubeziehen. Im Gegensatz zu § 47 Abs. 2 ist der Begriff der Versetzung auf den Landesbereich aber nicht übertragbar. Im Übrigen wird auf die entsprechenden Erläuterungen zu dieser Vorschrift verwiesen. 2

§ 100 [Ehrenamt, Verbot wirtschaftlicher Nachteile, Kosten]

(1) Die Mitglieder der Personalvertretungen führen ihr Amt unentgeltlich als Ehrenamt.

(2) Durch die Wahl und die Tätigkeit der Personalvertretungen dürfen den Beschäftigten wirtschaftliche Nachteile nicht entstehen.

(3) Die durch die Wahl und die Tätigkeit der Personalvertretungen entstehenden Kosten trägt die Verwaltung.

1 1. Abs. 1 entspricht dem § 46 Abs. 1 (vgl. die dortigen Erläuterungen). Abs. 2 **verbietet die Verursachung wirtschaftlicher Nachteile.** Die Landesgesetzgeber haben sicherzustellen, dass den Beschäftigten in ihrer Eigenschaft als Mitglieder des Wahlvorstands oder als Wähler wie auch als Mitglieder der Personalvertretungen keine wirtschaftlichen Nachteile entstehen. Wenn daher z. B. ein Beschäftigter wegen seiner Personalratstätigkeit seinen Dienst nicht mehr in vollem Umfang versehen kann, so kann der Dienststellenleiter nicht eine Kürzung der Dienstbezüge oder des Arbeitsentgelts anordnen. In diesen Schutz sind auch die Jugendvertretungen, die Jugend- und Auszubildendenvertretungen und, soweit jeweils vom Landesrecht vorgesehen, die entsprechenden Stufen- und Gesamtvertretungen einzubeziehen. Gleiches gilt für die Vertretung der nicht ständig Beschäftigten und die anderen Sondervertretungen sowie die Mitglieder der Einigungsstelle. Für die Schwerbehindertenvertretung gilt insbesondere § 96 SGB IX (Lorenzen u. a., § 100 Anm. 2).

2 2. Die Landesgesetzgebung wird daher auch die Frage der **Dienstbefreiung** unter Fortzahlung der Dienstbezüge bzw. des Arbeitsentgelts (§ 46 Abs. 2) regeln müssen, aber auch die Erstattung von notwendigen Aufwendungen der Personalratsmitglieder, wobei der Landesgesetzgeber aber nicht verpflichtet ist, entsprechend der Vorschrift des § 46 Abs. 5 eine Aufwandsentschädigung festzulegen. Eine Verpflichtung zur Festlegung eines Zahlenkatalogs für die Freistellungen (§ 46 Abs. 4) besteht ebenfalls nicht. Rahmenrechtlich ist nicht vorgeschrieben, dass die Wahl und die Personalratssitzungen während der Arbeitszeit stattfinden müssen.

3 3. Nach Abs. 3 müssen die Landesgesetze Vorschriften darüber enthalten, dass die Dienststelle die **durch die Wahl entstandenen Kosten** trägt (vgl. § 24 Abs. 2 und die dortigen Erläuterungen). Gleiches gilt für die durch die Tätigkeit der Personalvertretung anfallenden Kosten. Was hierunter zu zählen ist, ist dem § 44 zu entnehmen, der zwar nicht in vollem Umfang in die Rahmenvorschriften übernommen worden ist, der aber in gleicher Weise für die Landesgesetze gilt. Die Vorschrift enthält lediglich in ihren weiteren Absätzen und Sätzen näher geregelte Erläuterungen dessen, was insgesamt zu den durch die Amtsführung entstehenden Kosten zu zählen ist (Dietz-Richardi, § 100 Anm. 4). Die Kostentragungspflicht umfasst daher die Erstattung von Reisekosten (vgl. § 44 Abs. 1 Satz 2), die Bereitstellung von Räumen für die Sitzungen, die Sprechstunden und die laufende Geschäftsführung sowie die Pflicht, Geschäftsbedarf und Büropersonal zur Verfügung zu stellen (vgl. § 44 Abs. 2). Schließlich hat die Dienststelle der Personalvertretung „geeignete Plätze für Bekanntmachungen und Anschläge zur Verfügung zu stellen“ (vgl. § 44 Abs. 3). Diese Einzelvorschriften sind auch vom Landesgesetzgeber zu übernehmen, da sie insgesamt erst ein Arbeiten der Personalvertretungen ermöglichen (vgl. hierzu auch Richardi u. a., § 100 Anm. 4; Kersten, ZfPR 2004, 175).

§ 101 [Nichtöffentlichkeit, Schweigepflicht, Unterlagen]

(1) Die Sitzungen der Personalvertretungen sind nicht öffentlich.

(2) Personen, die Aufgaben oder Befugnisse nach dem Personalvertretungsrecht wahrnehmen oder wahrgenommen haben, haben über die ihnen dabei bekanntgewordenen Angelegenheiten und Tatsachen Stillschweigen zu bewahren.

(3) Den Personalvertretungen sind auf Verlangen die zur Durchführung ihrer Aufgaben erforderlichen Unterlagen zur Verfügung zu stellen. Personalakten dürfen Mitgliedern der Personalvertretungen nur mit Zustimmung des Beschäftigten vorgelegt werden.

1. Der Gesetzgeber erstreckt innerhalb der Rahmenregelung das **Schweigegebot** auf alle „Personen, die Aufgaben oder Befugnisse nach dem Personalvertretungsrecht wahrnehmen oder wahrgenommen haben" (z. B. Vertrauensmann der Schwerbehinderten). Die Vorschrift gilt auch für die Jugend- und Auszubildendenvertretungen sowie für die Sondervertretungen (Abs. 1 und 2). **1**

2. Die Rahmenvorschrift über die **Nichtöffentlichkeit der Sitzungen** der Personalvertretungen entspricht wörtlich der Vorschrift des § 35 Abs. 1 Satz 1. Außer den Mitgliedern der Personalvertretungen dürfen also nur die Personen an Sitzungen teilnehmen, denen es die Landespersonalvertretungsgesetze ausdrücklich gestatten. Doch muss dieser Personenkreis in den Landespersonalvertretungsgesetzen nach sachlichen Gesichtspunkten abgegrenzt sein. Die Ländergesetze können daher dem Dienststellenleiter, den Gewerkschaftsbeauftragten, dem Vertreter der nichtständig Beschäftigten, dem Vertrauensmann der Schwerbehinderten und den Vertretern der Arbeitgebervereinigungen und den Jugend- und Auszubildendenvertretungen die Anwesenheit gestatten. Dass Personalratssitzungen nicht grundsätzlich außerhalb der Arbeitszeit stattzufinden haben, ergibt sich auch aus § 100 Abs. 2. **2**

3. Abs. 2 Satz 1 entspricht wörtlich § 10 Abs. 1 Satz 1. Der Ländergesetzgebung ist es überlassen, diese grundsätzlichen Regelungen näher auszugestalten. Das muss u. a. für die Vorschriften gelten, die eine Einschränkung der **Schweigepflicht** enthalten (vgl. § 10 Abs. 2 Satz 2). **3**

4. Die Dienststelle muss der Personalvertretung diejenigen **Unterlagen** zur Verfügung stellen, deren sie zur ordnungsgemäßen Durchführung ihrer Aufgaben bedarf. Diese Bestimmung entspricht § 68 Abs. 2 Satz 1. Die abweichende Formulierung („zur Verfügung zu stellen" statt „vorzulegen") bedeutet nicht, dass diese Unterlagen der Personalvertretung überlassen werden müssen. Vielmehr soll den Ländern bezüglich der Modalitäten ein Spielraum gelassen werden, innerhalb dessen die Regelung des § 68 Abs. 2 Satz 1 zu übernehmen ist (Richardi u. a., § 101 Anm. 4). **4**

5. Diese Pflicht der Verwaltung hat jedoch ihre Grenze an der persönlichen Geheimnissphäre des Beschäftigten. Daher enthalten sowohl § 68 Abs. 2 Satz 3 wie § 101 Abs. 3 Satz 2 die Vorschrift, dass **Personalakten** nur mit Zustimmung des betroffenen Beschäftigten Mitgliedern der Personalvertretung vorgelegt werden dürfen. Der Unterschied in der Formulierung („eingesehen") dürfte ohne materielle Bedeutung sein (Richardi u. a., § 101 Anm. 5). Auch diese Rahmenvorschrift ist der näheren Regelung fähig. Das Verbot der Vorlage der Personalakten ohne Zustimmung des Beschäftigten **5**

bezieht sich nicht nur auf die unmittelbare Einsichtnahme in das Aktenstück, sondern auch auf Auskünfte aus den Personalakten (Lorenzen u. a., § 101 Anm. 23); denn die Geheimhaltungspflicht bezieht sich nicht auf das Aktenstück, sondern auf seinen Inhalt.

6 6. Da eine Rahmenvorschrift über **Personalversammlungen** fehlt, ist die Landesgesetzgebung insofern frei (Fischer u. a., § 101 Anm. 15; Lorenzen u. a., § 101 Anm. 15).

§ 102 [Amtszeit, Auflösung, Ausschluss)

(1) Die Personalvertretungen sind in angemessenen Zeitabständen neu zu wählen.

(2) Die Personalvertretungen können wegen grober Vernachlässigung ihrer gesetzlichen Befugnisse oder wegen grober Verletzung ihrer gesetzlichen Pflichten durch gerichtliche Entscheidung aufgelöst werden. Das gleiche gilt für den Ausschluss einzelner Mitglieder.

1 1. Abs. 1 befasst sich mit der Dauer der Amtszeit, Abs. 2 mit der Ausflösung der Personalvertretung bzw. dem Ausschluss eines einzelnen Mitglieds. Hinsichtlich der **regelmäßigen Amtszeit** (§§ 26 ff.) begnügt sich das Rahmenrecht mit der Vorschrift, dass die Personalvertretungen „in angemessenen Zeitabständen zu wählen“ sind (Abs. 1). Was „angemessene Zeitabstände“ sind, bestimmt der Landesgesetzgeber. Das hat auch für die Jugend- und Auszubildendenvertretungen und etwaige sonstige Sondervertretungen zu gelten (Richardi u. a., § 102 Anm. 1). Daneben sind Vorschriften über eine vorzeitige Neuwahl nach dem Vorbild des § 27 nicht ausgeschlossen (Fischer u. a., § 102 Anm. 2 bis 9; Lorenzen u. a., § 102 Anm. 4).

2 2. Abs. 2 schreibt dem Landesgesetzgeber bindend vor, die Möglichkeit zu schaffen, Personalvertretungen **wegen grober Vernachlässigung ihrer gesetzlichen Befugnisse oder wegen grober Verletzung** ihrer gesetzlichen Pflichten aufzulösen oder einzelne Mitglieder auszuschließen, und zwar beides durch gerichtliche Entscheidung (vgl. § 28). Für diese müssen nach § 106 die Verwaltungsgerichte zuständig sein. Nicht vorgeschrieben wird also, wer den Antrag auf Ausschluss bzw. Auflösung zu stellen hat (Richardi u. a., § 102 Anm. 3). Selbstverständlich spricht einiges dafür, in den Landesgesetzen dem Dienststellenleiter ein solches Recht einzuräumen (vgl. hierzu Windscheid, PersV 1975, 461). Ein entsprechendes gesetzgeberisches Unterlassen aber ist kein Verstoß gegen § 102 Abs. 2 BPersVG; (s. auch Engelhardt zum LPVG NW, PersV 2002, 311 in seiner überzeugenden Erwiderung auf ein Gutachten von Leuze mit Hinweis auf dessen Mängel, u. a. Verkennung des personalvertretungsrechtlichen Beschlussverfahrens).

3 3. Eine **Abberufung** einzelner Personalratsmitglieder **durch Abwahlentscheidung** der Mehrheit aller wahlberechtigten Beschäftigten widerspricht den rahmenrechtlich festgelegten Wahlrechtsgrundsätzen der Gruppen- und Verhältniswahl und den hierin verankerten Prinzipien des Gruppen- und Minderheitenschutzes (vgl. § 98). Wenn der Fortbestand des durch die Wahl erlangten Mandats vom Vertrauen der Mehrheit aller Beschäftigten abhängig wäre, dann wäre es auch vom Willen solcher Beschäftigten abhängig, die die Wahl nicht mitgetragen haben. Ein Personalratsmitglied, das während der laufenden Amtsperiode auch ohne besonderen Grund mit einer Abberufung rechnen müßte, könnte seine Aufgaben nicht unabhängig und nicht mit der gebotenen Objektivität und Neutralität wahrnehmen. Auch insoweit ist

in der Möglichkeit der Abberufung einzelner Personalratsmitglieder durch Mehrheitsbeschluss ein Verstoß gegen Bundesrahrnenrecht (§§ 99, 107) zu sehen (BVerfG v. 27. 3. 1979, ZBR 1979, 122 = PersV 1979, 240; Thiele, PersV 1979, 411).

4. Das Rahmenrecht schreibt nicht vor, wer antragsberechtigt hinsichtlich der Auflösung oder des Ausschlusses ist. Der Landesgesetzgeber ist also frei in der Bestimmung, wem er ein **Antragsrecht** gewährt (Fischer u. a., § 102 Anm. 10). 4

Schrifttum: Engelhardt, Nochmals: Fragen zu § 25 Abs. 1 LPVG NW, PersV 2002, 311; Lecheler, Die zwingende Abberufung eines Mitglieds der Personalvertretung, PersV 1986, 217; Thiele, Zur Frage der zwangsweisen Abberufung eines Mitglieds der Personalvertretung, PersV 1979, 411; Windscheid, Der Antrag des Dienststellenleiters auf Auflösung des Personalrats oder auf Ausschluss eines Mitglieds des Personalrats, PersV 1975, 461.

§ 103 [Aufgaben der Personalvertretungen]

Die Personalvertretungen haben darauf hinzuwirken, dass die zugunsten der Beschäftigten geltenden Vorschriften und Bestimmungen durchgeführt werden.

1. Die Länder haben in ihren Gesetzen festzulegen, dass die Personalvertretungen die **Durchführung der zugunsten der Beschäftigten geltenden Vorschriften** und Bestimmungen anzuregen und zu überwachen haben. Damit wird eine besonders bedeutsame Vorschrift (§ 68 Abs. 1 Nr. 2) des Bundesrechts in die Landesgesetzgebung übertragen, wobei es der Entscheidung des einzelnen Landes überlassen bleibt, wie es die Einwirkung der Personalvertretungen ausgestalten will (Richardi u. a., § 103 Anm. 1). 1

2. Zwischen **„Vorschriften" und „Bestimmungen"** dürfte schwerlich präzise zu unterscheiden sein. Gemeint sind, wie in § 68 Abs. 1 Nr. 2, insbesondere Gesetze, Verordnungen, Tarifverträge, Dienstvereinbarungen und Verwaltungsanordnungen (Richardi u. a., § 103 Anm. 1). 2

3. Der Landesgesetzgeber kann die übrigen, in § 68 Abs. 1 erwähnten Aufgaben übernehmen. Die Erwähnung der allgemeinen Aufgabe, auf die Durchführung der **zugunsten der Beschäftigten geltenden Vorschriften** zu achten, hat keine ausschließliche Wirkung (Richardi u. a., § 103 Anm. 1). 3

§ 104 [Zuständigkeit der Personalvertretungen]

Die Personalvertretungen sind in innerdienstlichen, sozialen und personellen Angelegenheiten der Beschäftigten zu beteiligen; dabei soll eine Regelung angestrebt werden, wie sie für Personalvertretungen in Bundesbehörden in diesem Gesetz festgelegt ist. Für den Fall der Nichteinigung zwischen der obersten Dienstbehörde und der zuständigen Personalvertretung in Angelegenheiten, die der Mitbestimmung unterliegen, soll die Entscheidung einer unabhängigen Stelle vorgesehen werden, deren Mitglieder von den Beteiligten bestellt werden. Entscheidungen, die wegen ihrer Auswirkungen auf das Gemeinwesen wesentlicher Bestandteil der Regierungsgewalt sind, insbesondere Entscheidungen

in personellen Angelegenheiten der Beamten,
über die Gestaltung von Lehrveranstaltungen im Rahmen des Vorbereitungsdienstes einschließlich der Auswahl der Lehrpersonen
und in organisatorischen Angelegenheiten,
dürfen jedoch nicht den Stellen entzogen werden, die der Volksvertretung verantwortlich sind.

Inhaltsübersicht

1 1. Die verfassungsrechtliche Diskussion über die Grenzen der Mitbestimmung im öffentlichen Dienst ist insbesondere durch die Urteile des HessStGH v. 30. 4. 1986 (ZBR 1986, 250 = PersV 1986, 227), des VerfGH für das Land Nordrhein-Westfalen v. 15. 9. 1986 (PersV 1987, 103 = DVBl. 1986, 1189 m. Anm. v. Püttner) sowie des VerfGH Rheinland-Pfalz v. 18. 4. 1994 (ZfPR 1994, 124) und des Bundesverfassungsgerichts (BVerfG v. 24. 5. 1995, BVerfGE 93, 37 = ZBR 1996, 15 = PersV 1955, 553 = ZfPR 1995, 185) weiter forciert worden (vgl. für die Rechtslage bis zum Jahr 1989 statt aller: Plander, PersR 1989, 238). Es folgten weitere Entscheidungen von Landesverfassungsgerichten zu den Grenzen der Mitbestimmung im öffentlichen Dienst, und zwar zu Sachsen (VerfGH Sachsen v. 22. 2. 2001, PersV 2001,198), Thüringen (VerfGH Thüringen v. 20. 4. 2004, PersV 2004,252) und Hessen (HessStGH v. 8. 11. 2006, PersV 2007,100 = ZfPR online 5/2007, S. 2), siehe hierzu auch Einleitung Anm. 53 a; § 94 Anm. 4. Der **Mitbestimmungsbeschluss des Bundesverfassungsgerichts** (BVerfG v. 24. 5. 1995, aaO; siehe hierzu auch die ausführlichen Erläuterungen vor § 66 Anm. 1 a sowie Einl. Anm. 53), der grundlegend neue Aussagen zur Zulässigkeit der Mitbestimmung im öffentlichen Dienst macht und wesentliche Teile des Schleswig-Holsteinischen Mitbestimmungsgesetzes v. 11. 12. 1990 für verfassungswidrig erklärte, nämlich §§ 2 Abs. 1, 51 bis 56, 58 Abs. 1, 2 Nr. 2, Abs. 3, bedeutet eine erhebliche Änderung zur bisherigen Rechtsprechung des BVerfG in Richtung einer restriktiven Beurteilung der Zulässigkeit von Mitbestimmung im öffentlichen Dienst (vgl. Pfohl, ZBR 1996, 82; Battis/Kersten, PersV 1998, 21 und ZfPR 1999, 203; Lecheler, PersV 2007, 218). Betroffen ist damit auch die bundesrahmenrechtliche Regelung des § 104 S. 3, die letztlich nichts anderes als ein Ergebnis der bisherigen Rechtsprechung des BVerfG ist. Hieran wird deutlich, dass die Entscheidung Auswirkungen hat, die weit über das betroffene Landesrecht von Schleswig-Holstein hinausreichen (Albers, PersR 1995, 501). Das BVerfG bildet für die differenzierte verfassungsrechtliche Würdigung der Zulässigkeit von Letztentscheidungen der Einigungsstelle verschiedene Fallgruppen der Mitbestimmung, nämlich Fallgruppe a: Regelungen von Angelegenheiten, die in ihrem Schwerpunkt die Beschäftigten in ihrem Beschäftigungsverhältnis betreffen, typischerweise aber nicht oder nur unerheblich die Wahrnehmung von Amtsaufgaben gegenüber dem Bürger berühren; Fallgruppe b: Maß-

nahmen, die den Binnenbereich des Beschäftigungsverhältnisses betreffen, die Wahrnehmung des Amtsauftrages jedoch typischerweise nicht nur unerheblich berühren, und Fallgruppe c: innerdienstliche Maßnahmen, insbesondere organisatorische, personelle und – in Einzelfällen – soziale Maßnahmen, die schwerpunktmäßig die Erledigung von Amtsaufgaben betreffen (Albers aaO; siehe auch Einleitung Abschnitt F). Während das Bundesverfassungsgericht in seiner Bremen-Entscheidung (BVerfG v. 27. 4. 1959, BVerfGE 9, 268 = ZBR 1959, 152 = PersV 1958/59, 234), ausgehend von Art. 28 Abs. 1 Satz 1 GG, die Betonung auf eine funktionsfähige und verantwortliche Regierung legte sowie auf die Erfüllung hoheitlicher Aufgaben abstellte, wählte es in seinem Beschluss v. 24. 5. 1995 einen weitergreifenden verfassungsrechtlichen Ansatz (Cecior, PersV 1998, 49). Ausgangspunkt seiner verfassungsrechtlichen Betrachtung ist nunmehr Art. 20 Abs. 2 Satz 1 GG, wonach alle Staatsgewalt vom Volke ausgeht. Aus Art. 20 Abs. 2 Satz 2 GG, der den Grundsatz der Volkssouveränität ausgestaltet, folgert das BVerfG, dass das Volk einen effektiven Einfluss auf die Ausübung der Staatsgewalt durch die in dieser Vorschrift genannten Organe habe. Das BVerfG hebt hervor, dass gem. Art. 28 Abs. 1 Satz 1 GG die Grundentscheidung des Art. 20 Abs. 2 GG für die Volksouveränität und die daraus folgenden Grundsätze der demokratischen Organisation und Legitimation von Staatsgewalt auch für die verfassungsmäßige Ordnung in den Ländern verbindlich seien; demokratische Legitimation sei grundsätzlich nur durch eine ununterbrochene Legitimationskette von Volk über Parlament und Regierung zu dem jeweiligen Amtsträger sicherzustellen. Im Schrifttum wird zutreffend darauf hingewiesen, dass durch den Beschluss des BVerfG v. 24. 5. 1995, soweit er die Personalangelegenheiten der Arbeitnehmer des öffentlichen Dienstes betreffe, der jahrzehntelang in Bund und Ländern geltenden – auf die „Bremen"-Entscheidung des BVerfG gestützten – vollen Mitbestimmung der Boden entzogen worden sei (Cecior, PersV 1998, 49).

a) Die Entscheidung des **BVerfG** ist teilweise auf erhebliche **Kritik** gestoßen, **1a**
insbesondere wird nicht zu Unrecht der Vorwurf erhoben, das Gericht habe sich dadurch, dass es Mitbestimmungsmaterien des BPersVG einzelnen Fallgruppen (Legitimationsniveaus) zuordne, an die Stelle des Gesetzgebers gesetzt (§ 69 Anm. 33 a; Richardi u. a., § 104 Anm. 21). Auch wird eine spätere Entscheidung des BVerfG (BVerfG v. 20. 7. 2001, PersV 2001, 557) als Bruch zu der Entscheidung v. 24. 5. 1995 gewertet, weil sie sich über den eindeutigen Gesetzeswortlaut des LPVG Brandenburg hinwegsetze und eine verfassungskonforme Auslegung anrege (Richardi u. a., § 104 Anm. 24). Dagegen wird eine weitere Entscheidung des BVerfG zu den verfassungsrechtlichen Anforderungen der Mitbestimmung im öffentlichen Dienst (BVerfG v. 5. 12. 2002, BVerfGE 107, 59 = PersV 2004,29) als Bestätigung der Grundsätze des Beschlusses v. 24. 5. 1995 gesehen (Richardi u. a., § 104 Anm. 25). Im Anschluss an den Beschluss des BVerfG v. 24. 5. 1995 hat das **BVerwG** seine Rechtsprechung an die geänderten verfassungsrechtlichen Vorgaben des BVerfG **angepasst** (vgl. u. a. BVerwG v. 24. 4. 2002 – 6 P 4.01, PersV 2002, 542 = ZfPR 2002, 294; BVerwG v. 24. 4. 2002 – 6 P 3.01, BVerwGE 116, 216 = ZBR 2003, 105 = PersV 2002, 546 = ZfPR 2002, 235; BVerwG v. 30. 6. 2005, ZfPR 2006, 6; s. auch § 69 Anm. 1: „planwidrige Lücke" sowie zur Kritik an der „Lückenrechtsprechung": § 69 Anm. 33 a und Richardi u. a., § 104 Anm. 31).

b) Eine besondere Problematik ergibt sich im Zusammenhang mit **Verein-** **1b**
barungen, die **zwischen einer obersten Dienstbehörde und Gewerkschaften** getroffen werden und die Regelungen betreffen, die über den eigenen Ge-

schäftsbereich hinausgehen; mit den entsprechenden Regelungen werden vielfach den Spitzenorganisationen der Gewerkschaften Kompetenzen eingeräumt, die materiell zur Zuständigkeit von Personalvertretungen zu zählen sind. Die entsprechende Regelung in § 59 MBG SH hat das Bundesverfassungsgericht (BVerfG v. 24. 5. 1995, BVerfGE 93, 37 = ZBR 1996, 15 = PersV 1995, 553 = ZfPR 1995, 185) für verfassungsgemäß erklärt, während der Rheinland-Pfälzische Verfassungsgerichtshof die nahezu wortgleiche Regelung des § 86 LPersVG RhP für verfassungswidrig hält (VerfG Rheinland-Pfalz v. 18. 4. 1994, PersV 1994, 307). Der letzteren Auffassung ist der Vorzug deshalb zu geben, weil mit entsprechenden Vereinbarungen in grundlegende personalvertretungsrechtliche Zuständigkeiten eingegriffen wird, ohne dass dies durch Art. 9 Abs. 3 GG zwingend geboten wäre. Insbesondere kann auch die Koalitionsfreiheit nicht „als Rechtfertigungsgrund für eine Durchbrechung demokratischer Legitimationsstandards" dienen (Rob, DÖV 2000, 137).

2 2. Satz 3 trägt der Entscheidung des Bundesverfassungsgerichts v. 27. 4. 1959 (BVerfGE 9, 268 = ZBR 1959, 152 = PersV 1958/59, 234) Rechnung, wonach Entscheidungen der Dienststelle, die wegen ihrer **Auswirkungen auf die Allgemeinheit** wesentlicher Bestandteil der Regierungsgewalt sind, nicht auf neutrale Stellen übertragen werden dürfen, die außerhalb der Regierungsverantwortung stehen (vgl. auch Widmaier in Widmaier-Leuze-Wörz, § 1 Anm. 14 ff.; ders., PersV 1995, 329). Beispielhaft werden einige Fallgruppen aufgezählt. Damit macht der Gesetzgeber deutlich, dass einer Mitbestimmung im öffentlichen Dienst Grenzen gesetzt sind; denn die von der Verwaltung zu erfüllenden Aufgaben werden vom Parlament bestimmt. Die Beschäftigten können hierauf keinen Einfluss nehmen, sondern nur die Art und Weise der Aufgabenerfüllung mitbestimmen. An die Stelle der Selbstbestimmung des Bürgers darf nicht eine Mitbestimmung der Beschäftigten treten, weil die öffentliche Verwaltung andernfalls ein sich selbst regulierender Staat im Staat wird (vgl. Dritte Lesung des BPersVG am 12. 12. 1973, 70. Sitzung, S. 4337). Nach dem Grundgesetz ist demokratische Legitimation für die Ausübung von Staatsgewalt geboten. Ausübung von Staatsgewalt ist nicht nur die Wahrnehmung echter Hoheitsbefugnisse, sondern der Gesamtbereich öffentlicher Verwaltung des Staates, der Gemeinden und Gemeindeverbände einschließlich der von ihnen getragenen Einrichtungen des öffentlichen Rechts. Beschäftigtenvertretungen oder Personalversammlungen können demokratische Legitimationen nicht vermitteln. Sie sind weder Volk noch eine vom Volk legitimierte Vertretung. Die Legitimation vom Volk und damit die ununterbrochene Legitimationskette verbietet zum Beispiel die unmittelbare Wahl von Sparkassenverwaltungsratsmitgliedern durch das Sparkassenpersonal. Das Personal kann Verwaltungsratsmitglieder nur vorschlagen, aber nicht legitimieren und bestellen (VerfGH Nordrhein-Westfalen v. 15. 9. 1986, PersV 1987,103 = DVBl 1986, 1196 m. Anm. v. Püttner). Der Personalvertretung steht auch kein Mitbestimmungsrecht bei der Berufsausbildung von Beamten zu. Diese wird im allgemeinen im Rahmen eines Vorbereitungsdienstes durchgeführt. An der Regelung dieses Vorbereitungsdienstes besteht ein überwiegendes öffentliches Interesse, „das bei Verwaltungsvorschriften, die die im Rahmen der Ausbildung stattfindenden Lehrveranstaltungen regeln, **wegen der Bedeutung des Berufsbeamtentums** (Art. 33 Abs. 5 GG) die parlamentarische Verantwortung der Regierung erfordert" (BVerwG v. 7. 12. 1978, BVerwGE 57,168 = ZBR 1978, 210 = PersV 1979, 507; vgl. auch Lecheler, NJW 1986, 1079; zur verfassungsrechtlichen Problematik der vollen Mitbestimmung und zur Abgrenzung „Empfehlung" der Einigungsstelle und „Letztentschei-

dung" der obersten Dienstbehörde vgl. insbesondere § 69 Anm. 33, 33a). Angelegenheiten, die einer Mitbestimmung entzogen sind, sind organisatorische Angelegenheiten, weil sie auf arbeitsorganisatorische Maßnahmen, auf den Ablauf des Dienstbetriebes und auf die Art und Weise der Erledigung der der Dienststelle übertragenen Aufgaben regelmäßig weitreichende Auswirkungen haben. Deshalb ist **im Einzelfall zu prüfen, ob eine beabsichtigte Maßnahme über den innerdienstlichen Bereich hinaus auch Außenwirkung im Verhältnis zum Bürger hat.** Wenn hierfür keine Anhaltspunkte vorliegen, dann ist es nicht gerechtfertigt, u. a. das Mitbestimmungsrecht bei der Gestaltung von Arbeitsplätzen gegenüber der Anhörung nach § 78 Abs. 4 zurücktreten zu lassen (BVerwG v. 17. 7. 1987, BVerwGE 78, 47 = PersV 1989, 312; vgl. hierzu auch vor § 66 Anm. 9 und BVerwG v. 4. 2. 1999, Leits. PersV 1999, 414). Insgesamt ist zu berücksichtigen, dass die öffentliche Verwaltung zur sach- und funktionsgerechten Aufgabenerfüllung gegenüber der Allgemeinheit verpflichtet ist. Infolgedessen können **alle organisatorischen (arbeitsorganisatorischen) Maßnahmen, die die Funktionsfähigkeit betreffen und über den innerdienstlichen Bereich hinausgehen, nicht dem Mitbestimmungsrecht der Personalvertretung unterliegen.** Eine Personalvertretung kann nicht auf die Erfüllung der einer Dienststelle nach außen obliegenden Aufgaben einwirken, weil sie andernfalls als Institution politisches Gewicht erhalten würde, ohne über eine entsprechende, vom Volk bzw. von der Volksvertretung ausgehende Legitimation zu verfügen (BVerwG v. 24. 9. 1991, BVerwGE 89, 65; BVerwG v. 2. 10. 1995 – 6 P 27.93, BVerwGE 99, 295 = Leits. ZBR 1996, 221 = PersV 1996, 317 = ZfPR 1996, 79; BVerwG v. 31. 10. 1995 – 6 P 30.93, Leits. ZBR 1996, 221 = PersV 1996, 321). Infolgedessen besteht kein Beteiligungsrecht bei der Auflösung einer Abteilung eines Ministeriums als Folge einer Kabinettsentscheidung; denn die Organisationsgewalt muss einem Minister ungeteilt erhalten bleiben, weil sie der sinnfällige Ausdruck der von der Verfassung einem Regierungsmitglied eingeräumten Befugnisse ist (OVG Berlin-Brandenburg v. 14. 12. 2006, ZfPR online 9/2007, S. 11). Wenn allerdings im Zusammenhang mit einer mitbestimmungspflichtigen, nach außen gerichteten organisatorischen Maßnahme ein selbstständiger Handlungsspielraum im innerdienstlichen Bereich verbleibt, dann **entfällt** das **Mitbestimmungsrecht der Personalvertretung nicht.** Dies ist beispielsweise dann gegeben, wenn bei der Festlegung der Arbeitszeit nach Dienstschluss oder an Wochenenden die der Personalvertretung obliegende Schutzfunktion insoweit eingreift, als Fragen der Gleichbehandlung gegenüber anderen Beschäftigten oder Probleme wegen ungünstiger Verkehrsverbindungen zwischen Wohnung und Dienststelle oder aber Einzelheiten im Zusammenhang mit der Regelung von Pausen offen sind (VGH München v. 31. 7. 1996 – 17 P 96.1404, n. v.). Allerdings kann entgegen der Auffassung des Bundesverwaltungsgerichts das Argument der Zeitverzögerung kein gegen das Mitbestimmungsrecht der Personalvertretung sprechender Gesichtspunkt sein, weil eine Einbeziehung der (auch) Betroffenen in Entscheidungsabläufe stets zeitaufwendig, aber notwendig ist, um Akzeptanz zu erreichen und die Motivation, die notwendig ist, damit eine Maßnahme von allen Betroffenen mitgetragen wird. Im Übrigen hängt die Frage des Zeitumfangs ganz wesentlich von einer effizienten Vorbereitung der Diskussionen über mögliche Lösungswege ab. Eine solche Vorbereitung ist Sache des jeweiligen Dienststellenleiters (vgl. im Übrigen auch Einl. Anm. 53 und vor § 66 Anm. 9).

3. Eine **Beteiligung der Personalvertretungen an konkreten Verwaltungsmaßnahmen** innerdienstlicher, sozialer und personeller Art wird zwar rahmenrechtlich vorgeschrieben. Dem Landesgesetzgeber bleibt es aber über- 3

lassen, Umfang und Ausmaß – also die konkreten Anwendungsfälle – wie auch das dabei anzuwendende Verfahren, insbesondere die Formen der Beteiligung (Mitwirkung, Mitbestimmung, Dienstvereinbarung etc.) im einzelnen zu regeln (BVerfG v. 27. 4. 1959, BVerfGE 9, 268 = ZBR 1959, 152 = PersV 1958/59, 234). Freigestellt ist dem Landesgesetzgeber damit also auch die Entwicklung **anderer Formen der Beteiligung** (BVerfG v. 27. 3. 1979, BVerfGE 51, 43 = ZBR 1979, 274 = PersV 1979, 328). Tatsächlich hat die Landesgesetzgebung die Beteiligungsformen z. T. abweichend ausgestaltet. Die Rahmenregelung hat durch den Verzicht auf die Herausbildung klarer Rechtsbegriffe über die Beteiligungsformen schon insoweit ihre Aufgabe, eine gewisse **Rechtseinheit** zu schaffen, nicht erfüllt und Rechtszersplitterung selbst in der Fachterminologie zugelassen. Die Vorschrift erweckt zwar den Eindruck, als müsse der Landesgesetzgeber eine umfassende Beteiligung in allen in den §§ 75 ff. bezeichneten Fällen vorsehen. Tatsächlich wird aber nicht vorgeschrieben, dass die Beteiligung in sämtlichen derartigen Angelegenheiten zu erfolgen hat (BVerwG v. 13. 1. 1961, BVerwGE 11, 336 = ZBR 1961, 93 = PersV 1963, 135). In § 104 Satz 1 ist der Landesgesetzgebung rahmenrechtlich vorgegeben, dass Personalvertretungen u. a. in personellen Angelegenheiten der Beschäftigten zu beteiligen sind. Darin liegt keine bindende Verpflichtung für die Gesetzgeber der Länder, sondern lediglich die Empfehlung, die landesrechtlichen Mitbestimmungsregelungen so – oder ähnlich – wie im BPersVG zu gestalten. Die Norm enthält weder eine bundesrechtlich verbindliche Festlegung des Kreises der Angelegenheiten, in denen die Personalvertretung zu beteiligen ist, noch bestimmt sie Inhalt und Umfang einzelner Beteiligungsrechte für bestimmte Angelegenheiten (BVerwG v. 7. 11. 2006, PersV 2007,151). Die Länder sind daher nicht nur frei in der Ausgestaltung und Verwendung der Beteiligungsformen sowie der Zuweisung der Angelegenheiten zu einer dieser Formen, sondern auch in der **Auswahl der Angelegenheiten, in denen die Personalvertretungen** überhaupt **zu beteiligen sind.** Die Bedeutung der Vorschrift kann zwar darin gesehen werden, dass sie eine **Aufforderung an die Landesgesetzgebung** enthält, das Personalvertretungsrecht in enger Anlehnung an die für den Bundesdienst getroffenen Regelungen zu gestalten. Da die Nichtbeachtung jedoch keine unmittelbaren rechtlichen Folgen für die Gültigkeit der zu erlassenden Gesetze hat, hat § 104 nur die **Bedeutung eines Programmsatzes** (vgl. aber Anm. 4).

4 4. Da eine rahmengesetzliche Vorschrift ohne ein gewisses Maß von Verbindlichkeit und auch Erzwingbarkeit schwerlich einen Sinn hätte, muss § 104 so verstanden werden, dass die Länder verpflichtet sind, wesentliche, für ein Personalvertretungsgesetz charakteristische und daher unentbehrliche Regelungen in ihren Gesetzen vorzunehmen. Daher sind die Landesgesetzgeber gehalten, insgesamt einen Kernbestand echter Mitbestimmungsfälle vorzusehen (BVerwG v. 7. 11. 2006, PersV 2007,151). Allerdings ist zu bedenken, dass die Landesgesetzgeber aufgrund der zum 1. 9. 2006 in Kraft getretenen **Föderalismusreform** bei einer Neuregelung des Personalvertretungsrechts von den Rahmenbestimmungen der §§ 94 bis 106 abweichen können (s. § 94 Anm. 3). Den Landesgesetzgebern ist es deshalb nicht verwehrt, von der Rechtsprechung des BVerwG (BVerwG v. 7. 11. 2006, aaO) abzuweichen. Durch den Wegfall des Rahmenrechts eröffnen sich ihnen neue Spielräume für abweichende Gestaltungen der Beteiligungsrechte (Biermann/Kammradt, PersR 2006, 444).

5 5. Der **Landesgesetzgebung** bleibt **genügend Raum,** die von ihr zu erlassenden Regelungen ihren besonderen Gegebenheiten (etwa nur zweistufiger

Verwaltungsaufbau, stadtstaatliche Besonderheiten etc.) anzupassen und entsprechend differenzierter zu gestalten, insbesondere auch, um den besonderen rechtlichen Verantwortlichkeiten innerhalb der Selbstverwaltungskörperschaften Rechnung tragen zu können.

6. Unbeschadet der Verpflichtung der Länder zur **Einrichtung von Einigungsstellen** (Satz 2) bleibt es ihnen aber unbenommen, die Zuständigkeiten und den **Umfang ihrer Entscheidungsbefugnis** (verbindliche oder nur empfehlende Entscheidung) selbstständig zu regeln. Dabei ist davon auszugehen, dass der Gesetzgeber nicht zulassen wollte, dass die Einigungsstelle generell nur empfehlende Entscheidungen treffen sollte. Dies ergibt sich aus der Fassung des Gesetzes, wonach „für den Fall der Nichteinigung zwischen der obersten Dienstbehörde und der zuständigen Personalvertretung ... die Entscheidung einer unabhängigen Stelle vorgesehen werden soll". Die Verbindung dieses Satzes mit dem nachfolgenden Satz 3, wonach „Entscheidungen, die wegen ihrer Auswirkungen auf das Gemeinwesen wesentlicher Bestandteil der Regierungsgewalt sind, insbesondere Entscheidungen in personellen Angelegenheiten der Beamten ..., ... nicht den Stellen entzogen werden (dürfen), die der Volksvertretung verantwortlich sind", zeigt, dass nur **in den zuletzt genannten Fällen** die unabhängige Stelle **keine verbindliche Entscheidung** treffen darf. Damit sollte aber der Grundsatz festgelegt werden, nach dem die Einigungsstelle verbindlich Entscheidungen treffen kann. Lediglich die Regelung des Umfangs dieser verbindlichen Entscheidungskompetenz (vgl. „insbesondere") sollte dem Landesgesetzgeber überlassen bleiben (Richardi u. a., § 104 Anm. 9). 6

7. Bedenken verfassungsrechtlicher Art können sich daraus ergeben, dass trotz der in einigen Landesverfassungen vorgesehenen unmittelbaren Ministerverantwortung, d. h. der verfassungsrechtlich garantierten Ressortselbstständigkeit des Ministers (z. B. in Hessen, Niedersachsen und Nordrhein-Westfalen), die **Letztentscheidung auf die Gesamtregierung verlagert** wird. Dies gilt dort, wo die Entscheidungen der Einigungsstelle in personellen Angelegenheiten verbindliche Wirkung dann erhalten, wenn die oberste Dienstbehörde nicht innerhalb einer bestimmten Frist die Entscheidung der Regierung beantragt (Fischer u. a., § 104 Anm. 15; Widmaier, Diss., aaO S. 95; ders., PersV 1976, 447, 450). In diesen Fällen bleibt es zwar der obersten Dienstbehörde überlassen, ob sie die Entscheidung der Einigungsstelle akzeptieren will oder nicht. Wenn sie die Gesamtregierung zur Entscheidung nicht anruft, verzichtet sie darauf, die Entscheidung der Einigungsstelle, die zunächst einmal empfehlenden Charakter hat, zur Letztentscheidung der Regierung zu übertragen. Andererseits sind verfassungsrechtliche Zweifel deshalb angebracht, weil eben die Letztentscheidung der Gesamtregierung die verfassungsrechtlich garantierte Ressortselbstständigkeit des Ministers durchbricht. Eine über die ausgleichende Koordinierung hinausgehende Leitungs- und Sachentscheidungsgewalt des Landeskabinetts ist mit der Befugnis des unmittelbar dem Parlament verantwortlichen Ministers, Ressortangelegenheiten selbst zu entscheiden, nur insoweit vereinbar, als es sich um Angelegenheiten handelt, die über die einzelnen Ressorts hinaus die Gesamtregierung betreffen (Widmaier, Diss., aaO S. 95). 7

8. Der Landesgesetzgeber ist auch verpflichtet, die **Bestellung der Mitglieder der Einigungsstelle** nach dem Verfahren des § 71 zu regeln. Dies bedeutet, dass oberste Dienstbehörde und zuständige Personalvertretung die gleiche Anzahl von Mitgliedern in die unabhängige Einigungsstelle zu entsenden 8

haben und dass eine unparteiische Person, auf die sich beide Seiten einigen müssen, den Vorsitz führt.

9 9. Unter Berücksichtigung der Entscheidung des Bundesverfassungsgerichts v. 27. 4. 1959 (BVerfGE 9, 268 = ZBR 1959, 152 = PersV 1958/59, 234) zählt der Gesetzgeber beispielhaft drei Fälle auf, in denen die unabhängige Einigungsstelle im Hinblick auf die Regierungsverantwortung **keine Letztentscheidung,** d. h. keine sowohl Dienststelle wie Personalvertretung bindende Entscheidung treffen kann (zur weiteren Konkretisierung der verfassungsrechlichen Grenzen aber BVerfG v. 24. 5. 1995, Fundstellen bei Anm. 1). Danach kann die Einigungsstelle in personellen Angelegenheiten der Beamten, in organisatorischen Angelegenheiten und in solchen Angelegenheiten, die die Gestaltung von Lehrveranstaltungen im Rahmen des Vorbereitungsdienstes einschließlich der Auswahl der Lehrpersonen betreffen, keine Entscheidung treffen, die alleine den der Volksvertretung verantwortlichen Stellen (Regierungen) obliegt. In diesen Fällen können die Länder die Entscheidungen der Einigungsstelle als Empfehlung an die am Verfahren Beteiligten vorsehen (vgl. § 69 Abs. 4). Die Mitbestimmung der Personalvertretung wird daher in diesen Angelegenheiten nicht ausgeschlossen. Vielmehr wird das Mitbestimmungsverfahren lediglich in der Weise eingeschränkt, dass im Falle der Nichteinigung zwischen Personalvertretung und Dienststellenleiter nicht die Einigungsstelle endgültig und verbindlich zu entscheiden hat, sondern die der Volksvertretung verantwortliche Stelle. Andernfalls würde das Mitbestimmungsrecht bei diesen Maßnahmen tatsächlich beseitigt (BVerwG v. 7. 2. 1980, ZBR 1981, 72 = PersV 1980, 238; BVerwG v. 30. 1. 1986 – 6 P 19.84 – Buchholz 238, 35 § 61 Nr. 4). Organisatorische und wirtschaftliche Angelegenheiten dürfen der letztverantwortlichen Entscheidung der Exekutivspitze oder auch der jeweiligen Vertretungskörperschaft nicht entzogen werden, weshalb eine volle Mitbestimmung mit verbindlicher Entscheidung durch eine paritätisch besetzte unabhängige Einigungsstelle verfassungsrechtlich nicht zulässig ist. Unvereinbar mit der Hessischen Verfassung ist danach die uneingeschränkte Mitbestimmung bei der Einführung neuer Arbeitsmethoden und technischer Rationalisierungsmaßnahmen, die den Wegfall von Stellen zur Folge haben sowie die Vergabe oder Privatisierung von Arbeiten oder Aufgaben, die bisher durch die Beschäftigten der Dienststelle wahrgenommen werden (HessStGH v. 30. 4. 1986, PersV 1986, 227 ff.). Dasselbe gilt für die Festlegung von Verfahren und Methoden von Wirtschaftlichkeits- und Organisationsprüfungen sowie die Auswahl eines gegen Entgelt zu beauftragenden Gutachters bei der Vorbereitung in den vorstehend aufgeführten organisatorischen und wirtschaftlichen Angelegenheiten. Ebenfalls unvereinbar mit der Hessischen Landesverfassung ist die Letztentscheidung der Einigungsstelle bei der Einführung, Anwendung, Änderung oder Erweiterung der automatisierten Verarbeitung personenbezogener Daten der Beschäftigten, da es sich in erster Linie um einen Vorgang der Betriebsorganisation, also um eine organisatorische Angelegenheit handelt. Der Hessische Staatsgerichtshof hebt in seiner Begründung darauf ab, dass die organisatorischen Entscheidungen in den Behörden, die deren Tätigkeit, Leistung und Effektivität entscheidend mitbeeinflussen, einen wesentlichen Teil der Verwaltungstätigkeit darstellen, und die Behörden öffentliche Aufgaben zu erfüllen haben (HessStGH aaO). Die vom Hessischen Staatsgerichtshof erwähnten Grundsätze finden aber auch außerhalb des Bereichs des Hessischen Personalvertretungsgesetzes Anwendung.

Schrifttum: Albers, Auswirkungen der Entscheidung des Bundesverfassungsgerichts zum Mitbestimmungsgesetz Schleswig-Holstein auf das BPersVG, PersR

1995, 501 ff., ders., Tagungsbericht, NJW 1997, 944; Battis, Personalvertretung und Verfassung, PersV 1987, 394; ders., Inwieweit ist der in den einzelnen Landespersonalvertretungsgesetzen festgeschriebene Einfluss der Gewerkschaften mit der Verfassung vereinbar, DÖV 1987, 1; ders., Personalvertretung und Verfassung – kein Ende der Debatte, PersV 2005, 286; Battis/Kersten, „Modifizierte Allzuständigkeit" des Personalrats? – Überlegungen zur Novellierung des MBG Schl.-H. nach der Entscheidung des Bundesverfassungsgerichts (BVerfGE 93, 37 ff.) –, PersV 1998, 21; dies., Demokratieprinzip und Mitbestimmung im öffentlichen Dienst, DÖV 1996, 584; dies., Freiheitsverlust durch juristischen Theorieüberschuss – die Entwicklungen des Personalvertretungsrechts seit der Entscheidung BVerfG v. 24. 5. 1995, PersV 1999, 530; Biermann/Kammradt, Föderalismusreform in Kraft. Öffentliches Dienstrecht vor der Neuordnung, PersR 2006, 444; Bobke, Grenzen der betrieblichen Mitbestimmung im öffentlichen Dienst?, PersR 1985, 4; Böhme, Personalvertretungsrecht zwischen Demokratie- und Rechtsstaatsprinzip, 2002; Büge, Personalvertretung und demokratisches Prinzip – Ein Wunsch nach Ende der Debatte, PersR 2003, 171; Cecior, Auswirkungen der Entscheidung des Bundesverfassungsgerichts zum Mitbestimmungsgesetz Schleswig-Holstein auf das nordrhein-westfälische Personalvertretungsrecht, PersV 1998, 49; Ilbertz, Effektive Mitbestimmung?, PersV 1982, 184; ders., Erstes Personalvertretungsgesetz in Thüringen, ZfPR 1994, 65; Lecheler, Personalvertretung und Verfassung, NJW 1986, 1079; ders., Neue Entwicklungen der Personalvertretung in Deutschland, PersV 2007, 218; Ossenbühl, Grenzen der Mitbestimmung im öffentlichen Dienst, 1986; ders., Mitbestimmung und Mitverantwortung – ein verfassungsrechtliches Junktim, PersV 1989, 409; Pfohl, Mitbestimmung im öffentlichen Dienst – der neue Beschluss des BVerfG, ZBR 1996, 82; Plander, „Allzuständigkeit" des Personalrats und parlamentarische Regierungsverantwortung, PersR 1989, 238; ders., Verbindliche Entscheidung der Einigungsstelle in Personalangelegenheiten hoheitlich tätiger Angestellter?, PersR 1987, 13; Rinken, Perspektiven der Mitbestimmung im öffentlichen Dienst nach der Entscheidung des Bundesverfassungsgerichts zum schleswig-holsteinischen Mitbestimmungsgesetz, PersR 1999, 500; Rob, „Mitvereinbarungskompetenz" der Gewerkschaften in personalvertretungsrechtlichen Mitbestimmungsangelegenheiten, DÖV 2000, 137; Schelter, Personalvertretung – Ein Stück Demokratisierung der Verwaltung, RdA 1977, 349; Söllner, Die Personalvertretungen im Spannungsfeld zwischen sozialem Schutzauftrag und demokratischer Regierungsverantwortung, RdA 1976, 64; Spiegel, Personalvertretungsrecht und Demokratieprinzip, 2002; Süllwold, Erstes Personalvertretungsgesetz in Sachsen, ZfPR 1993, 136; dies., Erstes Personalvertretungsgesetz in Sachsen-Anhalt, ZfPR 1993, 170; dies., Erstes Personalvertretungsgesetz in Mecklenburg-Vorpommern, ZfPR 1993, 205; dies., Erstes Personalvertretungsgesetz in Brandenburg, ZfPR 1994, 25; Thiele, Allzuständigkeit auch in Niedersachsen – Das neue PersVG, PersV 1994, 337; Vogelgesang, Tendenzen in der neuesten Rechtsprechung des Bundesverwaltungsgerichts zum Personalvertretungsrecht, ZTR 2003, 366; ders., Defizite des geltenden Personalvertretungsrechts, ZfPR 2003, 194; Wahlers, Hat der Beschluss des BVerfG zum schleswig-holsteinischen Mitbestimmungsgesetz zu einer „planwidrigen" Lücke in § 66 Abs. 7 Satz 4 NWPersVG geführt?, PersV 2003, 18; Widmaier, Die Spannungen zwischen den Gruppeninteressen und dem Interesse des Staates in der Mitbestimmung der Organe der Personalvertretung, Göttingen, Jur. Diss. 1975; ders., Überlegungen zum personalvertretungsrechtlichen Letztentscheidungsrecht der Gesamtregierung in personellen Angelegenheiten der Beamten, PersV 1976, 447; ders., Mitbestimmung in organisatorischen und wirtschaftlichen Angelegenheiten, Referat vor der Wissenschaftlichen Konferenz der Hans-Böckler-Stiftung „Verfassung – Mitbestimmung – öffentlicher Dienst", 22./23. 10. 1987 in Bad Homburg; ders., Anmerkung zu dem Beschluss des Arbeitsgerichts Berlin vom 9. 1. 1995 – 93 BV 279/94 –, PersV 1995, 329; Ziekow, Verfassungsrecht und Personalvertretung – Eine unendliche Geschichte, fortgesetzt am Beispiel des Berliner Personalvertretungsgesetzes, PersV 2002, 482.

§ 105 [Gerechte Behandlung der Beschäftigten]

Die Personalvertretungen haben gemeinsam mit dem Leiter der Dienststelle für eine sachliche und gerechte Behandlung der Angelegenheiten der Beschäftigten zu sorgen. Insbesondere darf kein Beschäftigter wegen seiner Abstammung, Religion, Nationalität, Herkunft, politischen oder gewerkschaftlichen Betätigung oder Einstellung, wegen seines Geschlechts oder wegen persönlicher Beziehungen bevorzugt oder benachteiligt werden. Der Leiter der Dienststelle und die Personalvertretung haben jede parteipolitische Betätigung in der Dienststelle zu unterlassen; die Behandlung von Tarif-, Besoldungs- und Sozialangelegenheiten wird hierdurch nicht berührt.

1 1. Die Vorschrift überträgt die Bestimmungen des § 67 auf die Gesetzgebung der Länder. Nach Satz 1 sollen auch in den Ländern die Personalvertretungen gemeinsam mit dem Leiter der Dienststelle für eine sachliche und gerechte Behandlung der Angelegenheiten der Beschäftigten sorgen. Satz 2 legt ein **Bevorzugungs- und Benachteiligungsverbot** fest. Satz 3 schreibt den Ländern vor, eine parteipolitische Betätigung in der Dienststelle ihrem Leiter und der Personalvertretung zu verbieten. Tarif-, Besoldungs- und Sozialangelegenheiten sind hiervon nicht berührt.

2 2. Die Verpflichtung der Personalvertretung, gemeinsam mit dem Dienststellenleiter für eine sachliche und **gerechte Behandlung** der Angelegenheiten **der Beschäftigten** zu sorgen, schließt sich eng an § 67 Abs. 1 an. Dies gilt vor allem für das Verbot der Bevorzugung oder Benachteiligung der Beschäftigten unter sachwidrigen Gesichtspunkten (zum Gleichbehandlungsgrundsatz in der Rspr. des BAG, s. Widmaier, ZTR 1990, 359). Es gilt aber ebenso für die Komplexe, die im Gegensatz zu § 67 hier nicht ausdrücklich aufgeführt sind. Die Länder sind auch in diesen Angelegenheiten gehalten, den Personalvertretungen die gleichmäßige Behandlung der Beschäftigten zur Pflicht zu machen.

3 3. Im Gegensatz zu § 67 Abs. 1 ist § 105 um den Komplex „persönliche Beziehungen" erweitert worden. Der Personalvertretung und dem Dienststellenleiter ist also landesgesetzlich die Förderung von Beschäftigten aus sachfremden, u. a. parteipolitisch motivierten Erwägungen (**„Ämterpatronage"**) ausdrücklich zu untersagen.

4 4. Bei der hier vorgenommenen Aufzählung zu berücksichtigender Tatbestände handelt es sich weitgehend um die **Beachtung** ohnedies verpflichtender **verfassungsrechtlicher Normen** (Art. 3 Abs. 3 und Art. 33 Abs. 1 bis 3 GG). Die danach durch die Landesgesetzgebung den Personalvertretungen zuzuweisende Zuständigkeit ist sowohl Aufgabe wie Befugnis, also Berechtigung wie Verpflichtung.

5 5. Die in § 67 Abs. 3 für den Bundesdienst ausdrücklich ausgesprochene Verpflichtung der Personalvertretungen und der Dienststellenleiter, sich **für die Wahrung der Vereinigungsfreiheit** einzusetzen, dürfte in dieser Verpflichtung eingeschlossen sein, da wegen gewerkschaftlicher Betätigung oder Einstellung kein Unterschied gemacht werden darf.

6. Satz 3 schreibt den Ländern vor, sowohl dem Dienststellenleiter als auch der Personalvertretung eine **parteipolitische Betätigung zu verbieten.** Dieses Verbot soll nicht nur den Arbeitsfrieden in der Dienststelle fördern, sondern auch die interne Unabhängigkeit der Beschäftigten sichern. Dadurch soll gleichzeitig das Vertrauen der Allgemeinheit in die neutrale und objektive Amtsführung aller im öffentlichen Dienst tätigen Personen bewahrt und gefestigt werden (vgl. die Begründung des Gesetzentwurfs der SPD/FDP-Fraktionen zu § 98, BT-Drucks. 7/176). Unter das Verbot einer parteipolitischen Betätigung fällt nicht die Behandlung tarif-, besoldungs- und sozialpolitischer Angelegenheiten (vgl. § 67 Abs. 1 Satz 2 und die dort. Anm.). **6**

§ 106 [Gerichtliche Zuständigkeit]

Zu gerichtlichen Entscheidungen sind die Verwaltungsgerichte berufen.

1. Die Vorschrift verbietet den Ländern, Rechtsstreitigkeiten aus dem Bereich des Personalvertretungsrechts den Arbeitsgerichten zu übertragen und verpflichtet sie, die gerichtlichen Entscheidungen aus den Landespersonalvertretungsgesetzen den **Verwaltungsgerichten** zuzuweisen. Ob die einzelnen Gesetze, wie in § 84, eine besondere Zusammensetzung der Verwaltungsgerichte und ein besonderes Verfahren vorschreiben, ist vom Landesgesetzgeber nach seinem gesetzgeberischen Ermessen zu entscheiden (BVerwG v. 16. 12. 1977, ZBR 1978, 214 = PersV 1979, 151). In der Zusammensetzung der Fachkammern und -senate weisen andere Länder Abweichungen von der Bundesregelung auf. Dies hauptsächlich deshalb, weil einige Länder zumindest in zweiter Instanz ein Überwiegen des Laienelements verhindern wollten. Mit der Festlegung der verwaltungsgerichtlichen Zuständigkeit ist zugleich klargestellt, was ohnehin aus den rechtssystematischen Zusammenhängen der Materie und aus Art. 33 Abs. 5 GG zu folgern ist, nämlich, dass die Landesgesetze die Materie als eine öffentlich-rechtliche, nämlich dem öffentlichen Dienstrecht zugehörige, regeln müssen. **1**

2. Über die gerichtliche **Entscheidungszuständigkeit** sagt die Vorschrift nichts. Nach § 102 Abs. 2 können die Länder die Auflösung einer Personalvertretung und den Ausschluss aus einer Personalvertetung durch eine verwaltungsgerichtliche Entscheidung vorsehen. Von der Sache her aber ist weitgehend vorgegeben, dass alle Fragen aus dem Personalvertretungswesen, die gerichtlicher Entscheidung bedürfen, den Verwaltungsgerichten übertragen werden müssen. Allerdings sind die **Arbeitsgerichte** nach § 2 a Abs. 1 Nr. 3 a ArbGG (vgl. § 83 Anm. 1) für Angelegenheiten nach den §§ 94, 95, 139 SGB IV einschließlich der in § 94 Abs. 6 SGB IV genannten Verfahren (Anfechtung der Wahl zur Schwerbehindertenvertretung) ausschließlich zuständig (BAG v. 7. 4. 2004, PersR 2005, 335; vgl. auch: Lorenzen u. a., § 106 Anm. 2). **2**

Zweites Kapitel **Unmittelbar für die Länder geltende Vorschriften**

§ 107 [Benachteiligungs-/Begünstigungsverbot]

Personen, die Aufgaben oder Befugnisse nach dem Personalvertretungsrecht wahrnehmen, dürfen darin nicht behindert und wegen ihrer Tätigkeit nicht benachteiligt oder begünstigt werden; dies gilt auch für ihre berufliche Entwicklung. § 9 gilt entsprechend.

1 1. Nach der Föderalismusreform können die Länder eine von Satz 1, nicht aber von Satz 2 abweichende Regelung treffen (Richardi u. a., § 107 Anm. 5; Rothländer, PersR 2007, 57, 61). Die Vorschrift entspricht wörtlich § 8. Auf die dortigen Anmerkungen wird daher Bezug genommen. § 107 ist ein Schutzgesetz i. S. von § 823 Abs. 2 BGB. Wer daher vorsätzlich oder fahrlässig gegen das Benachteiligungsverbot verstößt, begeht eine unerlaubte Handlung, die ihn zum Schadenersatz verpflichtet. Zu beachten ist aber, dass eine Versetzung, von der der Dienstherr oder Arbeitgeber im Rahmen des Weisungsrechts auch anderen Arbeitnehmern gegenüber Gebrauch macht, sich objektiv nicht als Benachteiligung eines Amtsträgers darstellt (BAG v. 9. 6. 1982, BAGE 39, 118 = PersV 1984, 331; vgl. hierzu aber § 47).

2 2. Darüber hinaus ist § 9 für entsprechend anwendbar erklärt, d. h., auch die öffentlichen Arbeitgeber in den Ländern sind verpflichtet, den in einem Berufsausbildungsverhältnis stehenden Angestellten und Arbeitern, die Mitglied einer Personal- oder Jugendvertretung oder Jugend- und Auszubildendenvertretung sind, schriftlich drei Monate vor Beendigung des Ausbildungsverhältnisses eine Mitteilung zukommen zu lassen, wenn sie diese Beschäftigten **nach erfolgreicher Beendigung des Berufsausbildungsverhältnisses** nicht in ein Arbeitsverhältnis auf unbestimmte Zeit übernehmen wollen (vgl. § 9 und die dort. Anm.).

§ 108 [Außerordentliche Kündigung von Mitgliedern der Personalvertretung]

(1) Die außerordentliche Kündigung von Mitgliedern der Personalvertretungen, der Jugendvertretungen oder der Jugend- und Auszubildendenvertretungen, der Wahlvorstände sowie von Wahlbewerbern, die in einem Arbeitsverhältnis stehen, bedarf der Zustimmung der zuständigen Personalvertretung. Verweigert die zuständige Personalvertretung ihre Zustimmung oder äußert sie sich nicht innerhalb von drei Arbeitstagen nach Eingang des Antrags, so kann das Verwaltungsgericht sie auf Antrag des Dienststellenleiters ersetzen, wenn die außerordentliche Kündigung unter Berücksichtigung aller Umstände gerechtfertigt ist. In dem Verfahren vor dem Verwaltungsgericht ist der betroffene Arbeitnehmer Beteiligter.

(2) Eine durch den Arbeitgeber ausgesprochene Kündigung des Arbeitsverhältnisses eines Beschäftigten ist unwirksam, wenn die Personalvertretung nicht beteiligt worden ist.

1 1. Nach Abs. 1 bedarf die **außerordentliche Kündigung von Mitgliedern der** nach den Landespersonalvertretungsgesetzen gebildeten **Personalvertretungen** etc. der Zustimmung der zuständigen Personalvertretung. Eine durch den Arbeitgeber ausgesprochene Kündigung des Arbeitsverhältnisses ist dann unwirksam, wenn die nach Landesrecht gebildete Personalvertretung nicht beteiligt worden ist (vgl. auch OVG Koblenz v. 21. 4. 1975, PersV 1977, 64). „Zuständige Personalvertretung“ ist diejenige, „zu der die personalvertretungsrechtlichen Beziehungen der Person bestehen, die gegen eine ungerechtfertigte außerordentliche Kündigung geschützt werden soll“ (BVerwG v. 9. 7. 1980, PersV 1981, 370). Die Vorschrift gilt unmittelbar für die Länder. Aus diesem Grund bedarf es keiner ausdrücklichen Regelung mehr in den einzelnen Landespersonalvertretungsgesetzen (vgl. auch § 107 Anm. 1).

2 2. Die **außerordentliche Kündigung** von Mitgliedern der Personalvertretungen, der Jugendvertretungen, der Jugend- und Auszubildendenver-

tretungen, der Wahlvorstände sowie von Wahlbewerbern, die in einem Arbeitsverhältnis stehen, bedarf der Zustimmung der zuständigen Personalvertretung, die aber unter bestimmten Voraussetzungen durch das Verwaltungsgericht ersetzt werden kann. Abs. 1 entspricht weitgehend § 47 Abs. 1. Es kann daher auf die dortigen Anmerkungen verwiesen werden.

3. Im Hinblick auf die Beteiligungspflicht der Personalvertretung durch den Arbeitgeber ist eine **ordentliche Kündigung** nach Abs. 2 **unwirksam,** wenn die Personalvertretung nicht beteiligt worden ist. Gleiches gilt im Fall einer außerordentlichen Kündigung, da das Gesetz keine Differenzierung enthält (Richardi u. a., § 108 Anm. 3). Abs. 2 stimmt weitgehend überein mit § 79 Abs. 4, so dass auch an dieser Stelle auf die entsprechenden Anmerkungen verwiesen werden kann. **3**

4. Der **Landesgesetzgeber muss kein Mitwirkungsrecht** der Personalvertretung **an Kündigungen,** die sich nicht auf Personalratsmitglieder beziehen, **durch den Arbeitgeber vorsehen.** Inhalt und Umfang der Beteiligungsrechte für bestimmte Angelegenheiten sind bundesrechtlich nicht verbindlich festgelegt. Gleiches gilt für den Kreis der Angelegenheiten, in denen die Personalvertretung zu beteiligen ist, Infolgedessen ist dem Landesgesetzgeber die Entwicklung auch anderer Formen der Beteiligung freigestellt. Jedenfalls widerspricht es „nicht der sachlichen Rechtfertigung und ist nicht willkürlich, wenn dem Personalrat bei der Entscheidung der Frage, ob ein vorwiegend wissenschaftlich tätiger Beschäftigter entlassen oder weiterbeschäftigt werden soll, kein formalisiertes Anhörungs- und Mitspracherecht eingeräumt wird“ (BVerfG v. 27. 3. 1979, BVerfGE 51, 43 = ZBR 1979, 274 = PersV 1979, 328). Der Landesgesetzgeber kann aber nicht festlegen, dass die Personalvertretung von einer außerordentlichen Kündigung lediglich zu verständigen ist. Vielmehr muss die Personalvertretung angehört werden. Ihr ist die Möglichkeit zur Stellungnahme zu geben, so dass der Dienststellenleiter ihr die Person des Arbeitnehmers, den Kündigungstermin, die Art der Kündigung und den Kündigungssachverhalt mitzuteilen hat (ArbG Kassel v. 12. 12. 1978, BB 1979, 325). **4**

Schrifttum: Bieler, Gedanken zur Änderung des § 108 Bundespersonalvertretungsgesetz, PersV 1981, 10.

§ 109 [Unfälle der Beamten]

Erleidet ein Beamter anlässlich der Wahrnehmung von Rechten oder Erfüllung von Pflichten nach dem Personalvertretungsrecht einen Unfall, der im Sinne der beamtenrechtlichen Unfallfürsorgevorschriften ein Dienstunfall wäre, so finden diese Vorschriften entsprechende Anwendung.

1. Nach den §§ 30 ff. BeamtVG hat ein Beamter unter bestimmten Voraussetzungen bei einem Dienstunfall **Anspruch auf Unfallfürsorge.** **1**

2. Die Vorschrift gilt unmittelbar für die Länder, so dass Landesbeamte, die in Ausübung ihrer Personalratstätigkeit einen Unfall erlitten haben, der im Sinne der beamtenrechtlichen Unfallfürsorgevorschriften ein Dienstunfall wäre, einen **Anspruch auf Unfallfürsorgeleistungen** nach beamtenrechtlichen Vorschriften haben. Wegen der unmittelbaren Geltung der Vorschrift bedarf es einer entsprechenden Bestimmung in den Personalvertretungsgesetzen der Länder nicht mehr. Die Vorschrift stimmt wörtlich mit § 11 überein, so dass auf die dortigen Erläuterungen verwiesen werden kann. **2**

Dritter Teil **Strafvorschriften**

Die §§ 110, 111 sind entfallen.

Diese Vorschriften waren vorsorglich in das Gesetz aufgenommen worden, da während des Gesetzgebungsverfahrens die Strafrechtsreform noch nicht abgeschlossen war. Dies aber ist inzwischen der Fall. Dem § 110 BPersVG entspricht § 203 Abs. 2 Nr. 3, Abs. 5 StGB, dem § 111 BPersVG entspricht § 353 b Abs. 1 Nr. 3, Abs. 2 und 3 StGB; vgl. Strafgesetzbuch v. 15. 5. 1971, RGBl 1871, 127 i. d. F. d. Bekanntm. v. 13. 11. 1998, BGBl. I S. 3322, zul. geänd. d. Art. 6 G v. 8. 4. 2008, BGBl. I S. 306).

Vierter Teil **Schlussvorschriften**

§ 112 [Religionsgemeinschaften]

Dieses Gesetz findet keine Anwendung auf Religionsgemeinschaften und ihre karitativen und erzieherischen Einrichtungen ohne Rücksicht auf ihre Rechtsform; ihnen bleibt die selbstständige Ordnung eines Personalvertretungsrechtes überlassen.
Entspr. landesgesetzliche Regelungen:
Baden-Württemberg: 107 a; Bayern: Art. 92; Berlin: § 95; Brandenburg: –; Bremen: –; Hamburg: § 103; Hessen: § 116; Mecklenburg-Vorpommern: –; Niedersachsen: § 1 Abs. 2; Nordrhein-Westfalen: § 120; Rheinland-Pfalz: § 126; Saarland: § 117; Sachsen: –; Sachsen-Anhalt: –; Schleswig-Holstein: –; Thüringen: –.

Entspr. Vorschrift des BetrVG: § 118.

1 1. Die Religionsgemeinschaften und ihre karitativen und erzieherischen Einrichtungen werden aus dem Geltungsbereich des Gesetzes ausgenommen. Gleichzeitig wird ihnen das Recht zur selbstständigen Ordnung eines Personalvertretungsrechts zugestanden. Die **Ausklammerung** der Religionsgemeinschaften und ihrer karitativen sowie erzieherischen Einrichtungen **aus dem Geltungsbereich des Personalvertretungsgesetzes** verstößt nicht gegen den Verfassungsgrundsatz der Sozialstaatlichkeit (Art. 20 Abs. 1 GG). Den Religionsgemeinschaften und ihren karitativen sowie erzieherischen Einrichtungen wird vom Grundgesetz ein Freiheitsraum garantiert (Art. 140 GG i. V. mit § 137 Abs. 3 WRV), der sie berechtigt, ihre Angelegenheiten selbst zu ordnen und zu verwalten (BVerfG v. 11. 10. 1977, BVerfGE 46, 73; BAG v. 6. 12. 1977, BAGE 29, 405 = DB 1978, 943; vgl. Kamm, PersR 1989, 30; Krüger, PersV 1988, 42).

2 2. Für den Begriff der **Religionsgemeinschaften** ist von der Auslegung des Begriffs nach Art. 137 WRV auszugehen. Danach muss es sich um eine organisatorische Zusammensetzung von Angehörigen desselben Glaubensbekenntnisses (eventuell auch mehrerer näher verwandter Glaubensbekenntnisse) in rechtlich dauerhafter Form zur Verwirklichung des religiösen Gemeinschaftslebens, in der Regel auch religiöse Kultgemeinschaft, ohne Rücksicht auf deren Rechtsform handeln. Das gilt nicht nur für die (auch nichtchristlichen) Religionsgemeinschaften (Pfarreien, Diözesen, Gemeinde- und Synodalverbände) sowie ihr **Verwaltungspersonal** und ihre Einrichtungen für seelsorgerische Zwecke (einschließlich organisatorisch verselbstständigter Teile, etwa religiöser Ordensgemeinschaften), sondern auch für ihre karitativen Einrichtungen (Krankenhäuser, Waisenhäuser, Kinderheime, Altersheime und entsprechende Gesamtgebilde wie Innere Mission und Caritas, die auf der Grundlage des jeweiligen religiösen Bekenntnisses Wohltätigkeit gegenüber Bedürftigen üben (Fischer u. a., § 112 Anm. 12). Diese Voraussetzungen sind auch erfüllt, wenn ein kirchlicher Orden eine Verlag mit angeschlossener Druckerei betreibt und wenn Verlag und Druckerei zur Sicherung der Wirtschaftlichkeit in erheblichem Umfang Fremdaufträge übernehmen (VGH München v. 16. 6. 1999, PersV 2000, 38). Wenn die wahrzunehmenden Aufgaben sich als Wesens- und Lebensäußerung der Kirche darstellen, dann sind die entsprechenden Einrichtungen der Kirche zuzuordnen (vgl. für das BetrVG: BAG v. 6. 12. 1977, BAGE 29, 405 = DB 1978, 943). Entscheidend kommt es darauf an, ob sich solche Vereinigungen „nur die partielle Pflege des religiösen oder weltanschaulichen Lebens ihrer Mitglieder zum Ziel gesetzt haben“. Es muss immer „ein Mindestmaß an Einflussmöglichkeiten der Kirche“ hinzukommen, „um auf Dauer eine Übereinstimmung der religiösen Betätigung der Einrichtung mit kirchlichen Vorstellungen gewährleisten zu können“ (vgl. für das BetrVG: BAG v. 30. 4. 1997, Leits. BB 1997, 2172 = Leits. DB 1997, 2628). Von Bedeutung ist daher die **Zuordnung der Einrichtung zur Kirche** und die **Zielsetzung** der Einrichtung. Gleiches gilt für die erzieherischen Einrichtungen (Schulen und Ausbildungseinrichtungen für den kirchlichen Nachwuchs, allgemeine Schulen, Aus- und Fortbildungseinrichtungen, die von Religionsgemeinschaften auf der Grundlage ihres religiösen Selbstverständnisses betrieben werden, Fischer u. a., § 112 Anm. 13; Lorenzen u. a., § 112 Anm. 14a). Zu den Religionsgemeinschaften gehören jedoch nicht sonstige Vereine oder Gemeinschaften mit religiösen oder konfessionellen Zielsetzungen.

3. Da die Vorschrift die Geltung des Gesetzes im ganzen angeht, bindet sie **3**
auch die Länder (Richardi u. a., § 112 Anm. 2). Den Religionsgemeinschaften im Bund und in den Ländern wird das Recht eingeräumt, eine **selbstständige Ordnung des Personalvertretungsrechts** durchzuführen. Es besteht aber keine verbindliche Verpflichtung zu einer entsprechenden Regelung („überlassen“). Dennoch aber sollte kein rechtsfreier Raum geschaffen werden. Der Gesetzgeber bringt daher zumindest die Erwartung zum Ausdruck, dass die Religionsgemeinschaften tatsächlich ein Personalvertretungsrecht für ihren Bereich erlassen (Fischer u. a., § 112 Anm. 16; aA Lorenzen u. a., § 112 Anm. 16). Ebenso gilt die Vorschrift auch für Ärzte und weltliches Pflegepersonal in den erwähnten Einrichtungen.

4. Die Regelung der Unanwendbarkeit in § 112 bezieht alle Vorschriften des **4**
Gesetzes ein, einschließlich der für das **gewerkschaftliche Zugangsrecht** zu den Einrichtungen der Religionsgemeinschaften. Dieses Recht stützt sich auf § 2 Abs. 2 bzw. auf Art. 9 Abs. 3 GG (Fischer u. a., § 112 Anm. 15; Lorenzen u. a., § 112 Anm. 14 a)

5. Zur Verwirklichung der Mitwirkung und Mitbestimmung der im kirch- **5**
lichen Bereich Beschäftigten haben die Kirchen in der Regel ein **Mitarbeitervertretungsrecht** verabschiedet. Für die katholische Kirche besteht eine Rahmenordnung für eine Mitarbeitervertretungsordnung, für die evangelische Kirche ein Kirchengesetz über Mitarbeitervertretungen in kirchlichen und diakonischen Dienststellen und Einrichtungen (vgl. im Einzelnen: Fischer u. a., § 112 Anm. 18 ff.).

6 6. **Streitigkeiten** entscheiden die Verwaltungsgerichte nach § 83 Abs. 1 Nrn. 2 und 3, da es sich hierbei um Fragen im Zusammenhang mit Wahl, Zuständigkeit und Geschäftsführung der Personalvertretung handelt. Wenn es ausschließlich um die Anwendung kirchlicher Mitarbeitervertretungsrechte geht, dann ist die Zuständigkeit staatlicher Gerichte generell ausgeschlossen. Die Kirche besitzt in diesem Bereich alleine das Recht zur Rechtsetzung und zur Kontrolle des von ihr gesetzten Rechts (OVG Schleswig v. 2. 12. 1994, PersV 1997, 520).

Schrifttum: Andelewski/Küfner-Schmitt/Schmitt (Hrsg.), Berliner Kommentar zum Mitarbeitervertretungsgesetz der Evangelischen Kirche in Deutschland: MVG. EKD, 2007; Hammer, Bewegungsspielräume im kirchlichen Arbeitsrecht, ZTR 1997, 97; Kamm, Wahlen der Mitarbeitervertretungen im Bereich des Diakonischen Werkes der Evangelischen Kirche in Deutschland, PersR 1989, 30; Krüger, Die Eigenständigkeit der Kirchen im Personalvertretungsrecht, PersV 1988, 42; Richardi, Arbeitsrecht in der Kirche, 2003; Ruland, Die Sonderstellung der Religionsgemeinschaften im Kündigungsschutzrecht und in den staatlichen Mitbestimmungsordnungen, NJW 1980, 89.

§ 113 [Änderungen des Deutschen Richtergesetzes]

(weggefallen)

§ 114 [Änderungen des Kündigungsschutzgesetzes]

(weggefallen)

§ 115 [Wahlordnung]

Die Bundesregierung wird ermächtigt, zur Durchführung der in den §§ 12 bis 25, 55 bis 57, 64, 65, 85 Abs. 2 sowie den §§ 86, 89 a und 91 bezeichneten Wahlen durch Rechtsverordnung, die nicht der Zustimmung des Bundesrates bedarf, Vorschriften zu erlassen über

1. **die Vorbereitung der Wahl, insbesondere die Aufstellung der Wählerlisten und die Errechnung der Vertreterzahl,**
2. **die Frist für die Einsichtnahme in die Wählerlisten und die Erhebung von Einsprüchen,**
3. **die Vorschlagslisten und die Frist für ihre Einreichung,**
4. **das Wahlausschreiben und die Fristen für seine Bekanntmachung,**
5. **die Stimmabgabe,**
6. **die Feststellung des Wahlergebnisses und die Fristen für seine Bekanntmachung,**
7. **die Aufbewahrung der Wahlakten.**

Entspr. landesgesetzliche Regelungen:
Baden-Württemberg: § 107; Bayern: Art. 90; Berlin: § 98; Brandenburg: § 98; Bremen: § 72; Hamburg: § 105; Hessen: § 115; Mecklenburg-Vorpommern: § 90; Niedersachsen: § 118; Nordrhein-Westfalen: § 124; Rheinland-Pfalz: § 125; Saarland: § 115; Sachsen: § 92; Sachsen-Anhalt: § 104; Schleswig-Holstein: § 91; Thüringen: § 94.

Entspr. Vorschriften des BetrVG: § 126.

1 1. Die Vorschrift berücksichtigt die durch die Änderungen insbesondere des Rechts der Sondervertretungen notwendig werdenden Ergänzungen der

Wahlordnung zum PersVG (WO v. 4. 11. 1955, BGBl. I S. 709, zul. geänd. d. Vierte Verordnung zur Änderung der Wahlordnung zum Bundespersonalvertretungsgesetz v. 28. 9. 2005 (BGBl. I S. 2906). Zur Anpassung an die veränderten Bestimmungen des BPersVG hat der Gesetzgeber die Bundesregierung aufgefordert, binnen sechs Monaten nach Inkrafttreten dieses Gesetzes eine **Wahlordnung** zu erlassen. Dieser Aufforderung ist die Bundesregierung nachgekommen (s. nach § 119).

2. Zum Erlass der **Rechtsverordnung** ist die Bundesregierung **ohne Zustimmung des Bundesrats** deshalb berechtigt, weil es sich bei der hier zu regelnden Materie ausschließlich um auf Bundesdienststellen bzw. auf bundesunmittelbare juristische Personen anwendbare Normen handelt (Fischer u. a., § 115 Anm. 4; Lorenzen u. a., § 115 Anm. 4; Richardi u. a., § 115 Anm. 3; vgl. in diesem Zusammenhang Art. 80 GG). **2**

3. Die einleitend bezeichneten **Wahlen** sind: **3**
a) §§ 12 bis 19: Wahl der Personalvertretung;
b) §§ 20 bis 25: Wahl bzw. Bestellung des Wahlvorstands, Anfechtung der Wahl;
c) §§ 53 bis 56: Wahl des Gesamtpersonalrats, der Stufenvertretungen und der Jugend- und Auszubildendenvertretungen;
d) §§ 57 ff.: Wahl von Jugend- und Auszubildendenstufenvertretungen und Wahl des Vertrauensmanns der Schwerbehinderten;
e) § 85 Abs. 3: Wahl des Vertrauensmanns und zweier Stellvertreter im Bereich des Bundesgrenzschutzes;
f) §§ 86 und 91: Besondere Wahlvorschriften für den Bundesnachrichtendienst und die Dienststellen des Bundes im Ausland.

4. **Streitigkeiten** im Zusammenhang mit der Wahlordnung entscheiden die Verwaltungsgerichte nach § 83 Abs. 1 Nr. 1 und 2. **4**

§ 116 [Neuwahlen]

(gegenstandslos)

§ 116 a [Erstmalige Wahlen der Jugend- und Auszubildendenvertretungen]

(gegenstandslos)

§ 116 b [Übergang auf vierjährige Amtszeit]

(gegenstandslos)

§ 117 [Vorschriften in anderen Gesetzen]

Soweit in anderen Gesetzen auf Vorschriften verwiesen wird oder Bezeichnungen verwendet werden, die durch dieses Gesetz aufgehoben oder geändert werden, treten an ihre Stelle die entsprechenden Vorschriften dieses Gesetzes.

Entspr. Vorschrift des BetrVG: § 127.

§ 118 [Berlin-Klausel]*

§ 119 [Inkrafttreten]

Dieses Gesetz tritt am 1. April 1974 in Kraft. Gleichzeitig treten das Personalvertretungsgesetz vom 5. August 1955 (Bundesgesetzbl. I S. 477) und das Gesetz über Personalvertretungen im Bundesgrenzschutz vom 16. März 1965 (Bundesgesetzbl. I S. 68), beide Gesetze geändert durch das Gesetz vom 13. November 1973 (Bundesgesetzbl. I S. 1613), außer Kraft.

Entspr. Vorschrift des BetrVG: § 129.

Die Vorschrift bestimmt den genauen Zeitpunkt des Inkrafttretens des BPersVG. Das Gesetz ist am 15. 3. 1974 (BGBl. I S. 693) verkündet worden. Es ist am 1. 4. 1974 in Kraft getreten.
Die Vorschrift hebt gleichzeitig die Bestimmungen des bisherigen Gesetzes v. 5. 8. 1955 sowie das Gesetz über Personalvertretungen im Bundesgrenzschutz v. 16. 3. 1965 auf.

* Die Vorschrift ist mit der Vereinigung beider deutscher Staaten gegenstandslos.

Wahlordnung zum Bundespersonalvertretungsgesetz

Vom 23. 9. 1974 (BGBl. I S. 2337), in der Neufassung vom 1. 12. 1994 (BGBl. I S. 3653), zul. geänd. durch Art. 1 der Vierten Verordnung zur Änderung der Wahlordnung zum Bundespersonalvertretungsgesetz vom 28. 9. 2005 (BGBl. I. S. 2906).

Übersicht

Erster Teil **Wahl des Personalrates**

Erster Abschnitt **Gemeinsame Vorschriften über Vorbereitung und Durchführung der Wahl**

§ 1 Wahlvorstand, Wahlhelfer

(1) Der Wahlvorstand führt die Wahl des Personalrates durch. Er kann wahlberechtigte Beschäftigte seiner Dienststelle als Wahlhelfer zu seiner Unterstützung bei der Durchführung der Stimmabgabe und bei der Stimmenzählung bestellen. § 24 Abs. 2 Satz 2 und 3 des Gesetzes gilt auch für die Tätigkeit der Wahlhelfer.

(2) Die Dienststelle hat den Wahlvorstand bei der Erfüllung seiner Aufgaben zu unterstützen, insbesondere die notwendigen Unterlagen zur Verfügung zu stellen und, wenn erforderlich, zu ergänzen sowie die erforderlichen Auskünfte zu erteilen. Für die Vorbereitung und Durchführung der Wahl hat die Dienststelle in erforderlichem Umfang Räume, den Geschäftsbedarf und Schreibkräfte zur Verfügung zu stellen.

(3) Der Wahlvorstand gibt die Namen seiner Mitglieder und gegebenenfalls der Ersatzmitglieder unverzüglich nach seiner Bestellung, Wahl oder Einsetzung in der Dienststelle durch Aushang bis zum Abschluss der Stimmabgabe bekannt.

(4) Der Wahlvorstand fasst seine Beschlüsse mit einfacher Stimmenmehrheit seiner Mitglieder.

(5) Der Wahlvorstand soll dafür sorgen, dass ausländische Beschäftigte rechtzeitig über das Wahlverfahren, die Aufstellung des Wählerverzeichnisses und der Vorschlagslisten, den Wahlvorgang und die Stimmenabgabe in geeigneter Weise, wenn nötig in ihrer Muttersprache, unterrichtet werden.

Entspr. landesrechtliche Regelungen:
Baden-Württemberg: § 1; Bayern: § 1; Berlin: § 1; Brandenburg: § 1; Bremen: § 1; Hamburg: § 1; Hessen: § 1; Mecklenburg-Vorpommern: § 1, 2; Niedersachsen: § 1; Nordrhein-Westfalen: § 1; Rheinland-Pfalz: § 1; Saarland: § 1; Sachsen: § 1; Sachsen-Anhalt: § 1; Schleswig-Holstein: § 29; Thüringen: § 1.

I. Vorbemerkungen

Der **Wahlvorstand** ist die **zur Vorbereitung und Durchführung der Wahl berufene Institution.** Er ist ein „neutrales Organ, das die gesetzesmäßige und unparteiische Durchführung der Wahl gewährleisten soll" (OVG Münster v. 12. 2. 1970 – CB 8/69, n. v.). Eine Wahl ohne Wahlvorstand ist nichtig, weil sie „nicht einmal den Schein eines ordnungsgemäßen Zustandekommens" der Wahlentscheidung wahrt (vgl. im Zusammenhang mit der Vorstandsbildung nach einer Personalratswahl: BVerwG v. 20. 6. 1958, BVerwGE 7, 140 = ZBR 1958, 279 = PersV 1958/59, 111). Die nicht ordnungsgemäße Zusammensetzung des Wahlvorstands rechtfertigt die Wahlanfechtung (BVerwG v. 10. 8. 1978, BVerwGE 56, 208 = ZBR 1979, 180 = PersV 1979, 417). 1

II. Wahlvorstand

2 1. Der **Wahlvorstand** und sein Vorsitzender werden grundsätzlich **durch die Personalvertretung berufen,** deren Amtszeit ausläuft. Wenn die Bestimmung eines Vorsitzenden unterbleibt, so geht dieses Recht auf die Mitglieder des Wahlvorstands über, die sodann aus ihrer Mitte einen Vorsitzenden wählen. Der Vorsitzende vertritt den Wahlvorstand im Rahmen der gefassten Beschlüsse; er beruft die Sitzungen ein und leitet sie. Zu Mitgliedern des Wahlvorstands können nur Beschäftigte der Dienststelle gewählt werden. Die Bestellung ist eine Rechtspflicht, deren Verletzung ein grober Pflichtverstoß i. S. von § 28 BPersVG ist (OVG Berlin v. 12. 5. 1971, PersV 1972, 215). Eine Personalvertretung, deren Wahl erfolgreich angefochten worden ist, kann vor Eintritt der Rechtskraft der Entscheidung über die Ungültigkeit der Wahl keinen Wahlvorstand für die erst nach Rechtskraft erfolgende Wahl bestellen, weil vor Eintritt der Rechtskraft nicht feststeht, ob eine (Wiederholungs-) Wahl stattfinden wird (BVerwG v. 10. 8. 1978, BVerwGE 56, 208 = ZBR 1979, 180 = PersV 1979, 417; vgl. hierzu auch § 25 BPersVG Anm. 30). Ebensowenig kann die Personalvertretung, deren Wahl erfolgreich angefochten worden ist, nach einem Rücktritt gemäß § 27 Abs. 2 Nr. 3 BPersVG im Rahmen ihrer Geschäftsführung einen Wahlvorstand für die Neuwahl bestellen (BVerwG v. 13. 6. 1969, BVerwGE 32,132 = ZBR 1969, 355 = PersV 1970, 14). In diesen Fällen hat der Dienststellenleiter eine Personalversammlung zur Wahl des Wahlvorstands einzuberufen (§ 21, BVerwG v. 10. 8. 1978, aaO).

3 2. Beruft die abtretende Personalvertretung keinen Wahlvorstand, so wird er durch eine **Personalversammlung** gewählt (§ 20 Abs. 2 BPersVG). Bestellt auch die Personalversammlung keinen Wahlvorstand, so hat ihn der Dienststellenleiter auf Antrag von „mindestens drei Wahlberechtigten oder einer in der Dienststelle vertretenen Gewerkschaft“ zu berufen (§ 22 BPersVG). In der Dienststelle vertreten ist eine Gewerkschaft immer dann, wenn wenigstens einer der Beschäftigten zu ihren Mitgliedern zählt.

4 3. Besteht in einer personalratsfähigen Dienststelle keine Personalvertretung, so beruft der **Dienststellenleiter** von Amtswegen und ohne Antrag eine Personalversammlung zur Wahl des Wahlvorstands ein (§ 21 BPersVG).

5 4. Der **Wahlvorstand** besteht ohne Rücksicht auf die Größe der Dienststelle **aus drei Wahlberechtigten.** Wenn in einer Dienststelle Angehörige verschiedener Gruppen beschäftigt sind, so muss jede Gruppe im Wahlvorstand vertreten sein (§ 20 Abs. 1 BPersVG). Scheidet ein Mitglied des Wahlvorstands aus und ist ein Ersatzmitglied (vgl. Anm. 7) seiner Gruppe nicht mehr vorhanden, so hat die zuständige Personalvertretung ein neues Wahlvorstandsmitglied zu bestellen. Falls die Amtszeit abgelaufen ist, hat eine Personalversammlung die Wahl vorzunehmen. Geschieht dies nicht, so kann auf Antrag von drei Wahlberechtigten oder einer in der Dienststelle vertretenen Gewerkschaft der Dienststellenleiter die Bestellung vornehmen. Dem Wahlvorstand obliegt dieses Recht nicht (Fischer u. a., § 1 WO Anm. 19; aA Lorenzen u. a., § 1 WO Anm. 9).

6 5. Eine **Kandidatur zur Personalvertretung** schließt eine **Mitgliedschaft im Wahlvorstand** nicht aus (BVerwG v. 12. 1. 1962, BVerwGE 13, 296 = PersV 1962, 66; vgl. auch § 20 Anm. 12 BPersVG). Allerdings ist in diesem Fall eine Mitgliedschaft im Wahlvorstand nicht empfehlenswert, weil jeder Eindruck einer auch nur theoretischen Manipulationsmöglichkeit seitens des Wahlvorstands zugunsten eines Kandidaten vermieden werden muss.

6. **Ersatzmitglieder** können entweder unmittelbar mit der Bestellung des Wahlvorstands oder bei Bedarf berufen werden. Sie müssen derselben Gruppe angehören wie das ordentliche Mitglied, das sie vertreten sollen (BVerwG v. 5. 11. 1957, BVerwGE 5, 324). Solange ordentliche Mitglieder zu einer Sitzung des Wahlvorstands geladen werden können, dürfen keine Ersatzmitglieder geladen werden. Eine falsche Besetzung des Wahlvorstands ist ein Verstoß gegen wesentliche Vorschriften über das Wahlverfahren (VGH München v. 18. 7. 1963, Leits. ZBR 1965, 159; vgl. auch BVerwG v. 14. 2. 1969, BVerwGE 31, 298 = ZBR 1969, 185 = PersV 1970, 60; vgl. im Übrigen § 20 BPersVG Anm. 10). 7

7. **Aufgaben** des Wahlvorstands sind: 8
(1) Einleitung der Wahl
a) Bekanntgabe der Namen der Mitglieder des Wahlvorstands (§ 1 Abs. 3 WO);
b) Feststellung der Zahl der Wahlberechtigten; Aufstellung des Wählerverzeichnisses (§ 2 WO);
c) Behandlung von Einsprüchen gegen das Wählerverzeichnis (§ 3 WO);
d) Ermittlung der Zahl der zu wählenden Personalratsmitglieder; Verteilung der Sitze auf die Gruppen (§ 5 WO);
e) Erlass des Wahlausschreibens (§ 6 WO).
(2) Durchführung der Wahl
a) Entgegennahme und Behandlung der Wahlvorschläge (§ 10 WO);
b) Fristsetzung (§ 11 WO);
c) Bezeichnung der Wahlvorschläge (§ 12 WO);
d) Bekanntmachung der Wahlvorschläge (§ 13 WO);
e) Anfertigung der Sitzungsniederschrift (§ 14 WO);
f) Durchführung der Wahlhandlung (§ 16 WO);
g) Vorbereitung der Briefwahl (§ 17 WO);
h) Behandlung der schriftlich abgegebenen Stimmen (§ 18 WO);
i) Durchführung der Stimmabgabe bei Nebenstellen und Dienststellenteilen (§ 19 WO);
k) Feststellung des Wahlergebnisses (§ 20 WO);
l) Anfertigung der Wahlniederschrift (§ 21 WO);
m) Benachrichtigung der gewählten Bewerber (§ 22 WO);
n) Bekanntmachung des Wahlergebnisses (§ 23 WO);
o) Einberufung der konstituierenden Sitzung (§ 34 Abs. 1 BPersVG).

Zwar gehören auch die in § 4 Abs. 1 WO genannten **Vorabstimmungen** zur Vorbereitung der Wahl. Ihre Durchführung ist aber nicht Aufgabe des Wahlvorstands; denn die Abstimmungen erfolgen unter der Leitung eines hierfür zu bildenden Abstimmungsvorstands.

8. Alle Mitglieder des Wahlvorstands sind für rechtserhebliche Erklärungen an den Wahlvorstand annahmebefugt (OVG Münster v. 26. 10. 1976, ZBR 1957, 93). Der Vorsitzende des Wahlvorstands vertritt diesen nach außen. Die **Beschlüsse** des Wahlvorstands erfolgen grundsätzlich **mit einfacher Stimmenmehrheit vom gesamten Gremium** (OVG Lüneburg v. 1. 10. 1976, PersV 1980, 70). Deshalb kann nur dann ein Beschluss wirksam gefasst werden, wenn entweder alle drei Wahlvorstandsmitglieder der Entscheidung zustimmen oder zwei Mitglieder das dritte überstimmen. Insoweit ist die einfache Mehrheit immer gleich der absoluten Mehrheit. Grundsätzlich hat der Wahlvorstand in voller Besetzung zu entscheiden. Dies gilt insbesondere bei der Feststellung des Wahlergebnisses (§ 20 WO). An Maßnahmen vorwiegend technischer Art (z. B. Feststellung, ob die Wahlurnen leer sind) müssen nicht sämtliche Mitglieder des Wahlvorstands mitwirken (OVG Lü- 9

neburg v. 12. 10. 1976, PersV 1980, 70). Der Wahlvorstand kann sich eine Geschäftsordnung geben.

10 9. Im Gegensatz zu den Sitzungen der Personalvertretung müssen die **Sitzungen des Wahlvorstands nicht unter Ausschluss der Öffentlichkeit** durchgeführt werden (BVerwG v. 8. 11. 1957, BVerwGE 5, 348 = Leits. ZBR 1958, 218, 284). An den Sitzungen kann je ein Beauftragter der in der Dienststelle vertretenen Gewerkschaften teilnehmen (§ 20 Abs. 2 Satz 3 BPersVG). Das Amt des Wahlvorstands erlischt ohne Förmlichkeit mit der Wahl eines Wahlleiters in der konstituierenden Sitzung der Personalvertretung (§ 34 Abs. 1 BPersVG; vgl. auch BVerwG v. 23. 10. 1959, BVerwGE 9, 249; OVG Bremen v. 21. 4. 1975, PersV 1977, 58).

11 10. Der Wahlvorstand kann bei Bedarf **Wahlhelfer** bestellen. Sie sind weder Organe noch Mitglieder des Wahlvorstands, sondern technische Gehilfen u. a. bei der Stimmenzählung (BVerwG v. 18. 4. 1978, BVerwGE 55, 341 = ZBR 1978, 345 = PersV 1979, 194). Sie müssen aktiv wahlberechtigt, brauchen aber nicht wählbar zu sein. Sie dürfen nur bei der Durchführung der Stimmabgabe und bei der Stimmenzählung zur Unterstützung des Wahlvorstands tätig werden. Entscheidungsbefugnis haben sie nicht. In diesem Rahmen können sie an Sitzungen des Wahlvorstands teilnehmen (vgl. hierzu auch: BVerwG v. 8. 11. 1957, BVerwGE 5, 348 = Leits. ZBR 1958, 218, 284 = PersV 1958/59, 41). Sie genießen nicht – wie Personalrats- und Vorstandsmitglieder – den Schutz gegen Versetzungen und Abordnungen. Als Arbeitnehmer unterliegen sie auch nicht einem erhöhten Kündigungsschutz. Entsprechende Maßnahmen können aber als Behinderung ihrer Arbeit oder als sittenwidrige Beeinflussung der Wahl unzulässig sein (Lorenzen u. a., § 1 WO Anm. 21). Allerdings unterliegen Wahlhelfer dem allgemeinen Benachteiligungsverbot (§ 8). Sie sind zur Verschwiegenheit verpflichtet(§ 10).

12 11. Für die Mitglieder des Wahlvorstands und für die Wahlhelfer hat eine notwendige Versäumnis von Arbeitszeit durch Tätigkeit im Wahlvorstand **keine Minderung der Dienstbezüge und Arbeitsentgelte** zur Folge. Die Mitglieder des Wahlvorstands, nicht aber die Wahlhelfer, unterliegen dem besonderen Kündigungsschutz im Rahmen des Personalvertretungsrechts sowie dem Schutz vor Versetzungen und Abordnungen (§ 24 Abs. 1 Satz 3 BPersVG i. V. mit § 15 Abs. 3 KSchG; vgl. auch § 24 Anm. 13 BPersVG). Die **Kosten** der Tätigkeit des Wahlvorstands trägt die Dienststelle (§ 24 Abs. 2 Satz 1 und Abs. 2 Satz 3 i. V. mit § 44 Abs. 1 Satz 2 und § 46 Abs. 1 Satz 1 BPersVG).

13 12. Die Dienststelle darf die Wahl und ihre Vorbereitung nicht nur nicht behindern (§ 24 Abs. 1 Satz 1 BPersVG), sie muss sie fördern. Sie hat dem Wahlvorstand daher **alle zur Erfüllung der Aufgaben notwendigen Unterlagen** zur Verfügung zu stellen. Hierzu zählen alle Aufzeichnungen, die zur Durchführung der Wahl benötigt werden, z. B. Personallisten, mit deren Hilfe der Wahlvorstand das Wählerverzeichnis zusammenstellen kann. Zu den dem Wahlvorstand zur Verfügung zu stellenden Unterlagen gehört auch ein Verzeichnis der in einer ARGE nach § 44 b SGB II eingesetzten Beschäftigten (OVG Bautzen v. 27. 4. 2007, PersR 2007, 251). Notfalls hat die Dienststelle die Unterlagen zu ergänzen und „erforderliche Auskünfte zu erteilen" (Abs. 2 Satz 1), und zwar auch während des Wahlverfahrens, soweit sich Änderungen gegenüber der zuvor mitgeteilten Situation ergeben. Falls eine Dienststelle sich weigert oder es unterlässt, dem Wahlvorstand die notwendigen Informationen bekanntzugeben, so kann darin eine Wahlbehin-

derung gesehen werden (OVG Münster v. 14. 4. 2004, PersV 2004, 423; OVG Bautzen v. 27. 4. 2007, aaO). Die Bereitstellung von Räumen, Geschäftsbedarf etc. nach Abs. 2 Satz 2 „dient der Konkretisierung von § 24 Abs. 2 Satz 1 BPersVG, nach dem die Dienststelle die Kosten der Wahl zu tragen hat" (Amtl. Begründung).

13. Nach Abs. 3 Satz 1 hat der Wahlvorstand die **Namen** seiner Mitglieder und Ersatzmitglieder **bekanntzugeben.** Die Bekanntgabe hat „unverzüglich nach seiner Bestellung, Wahl oder Einsetzung in der Dienststelle durch Aushang bis zum Abschluss der Stimmabgabe" zu erfolgen. Gleiches gilt für die Bekanntgabe der bestellten Ersatzmitglieder. Unterlässt der Wahlvorstand die Bekanntgabe, so stellt dies einen Wahlanfechtungsgrund dar (BVerwG v. 5. 11. 1957, BVerwGE 5, 524 = PersV 1958/59, 209). 14

14. Nach Abs. 5 soll der Wahlvorstand **den ausländischen Beschäftigten die Ausübung ihres Wahlrechts erleichtern.** Aus diesem Grund soll er mit dazu beitragen, „dass ausländische Beschäftigte rechtzeitig über das Wahlverfahren, die Aufstellung des Wählerverzeichnisses und die Vorschlagslisten, den Wahlvorgang und die Stimmabgabe in geeigneter Weise, wenn nötig in ihrer Muttersprache, unterrichtet werden" (Abs. 5). Im Allgemeinen kommt der Wahlvorstand seiner Aufgabe dadurch nach, dass er die die Wahl betreffenden Aushänge in entsprechenden Landessprachen ergänzt. Wenn auch die Vorschrift als Sollvorschrift gefasst ist, so ist doch davon auszugehen, dass eine Verletzung der Bestimmung dazu führt, dass die ausländischen Beschäftigten sich nicht ordnungsgemäß an der Wahl beteiligen können. Die Wahl ist daher nach § 25 BPersVG anfechtbar (Lorenzen u. a., § 1 WO Anm. 35 a; aA Fischer u. a., § 1 WO Anm. 42). Dies gilt auch für den Fall, dass die Erläuterungen zur Wahl nicht vor Abhaltung der eigentlichen Wahl, sondern während der Durchführung gegeben werden. Der Wahlvorstand kann während dieses Zeitraums ausländische Wähler nur auf die gem. § 15 vorgeschriebenen Musterstimmzettel verweisen. Mündliche Erörterungen eines Dolmetschers in der jeweiligen Landessprache sind unzulässig; denn der Wahlvorstand kann in aller Regel den Ausführungen der Dolmetscher nicht folgen, so dass eine Wahlbeeinflussung nicht auszuschließen ist (VG Gelsenkirchen v. 13. 3. 1979 – PVB 8/79, n. v.; vgl. für das BetrVG: BAG v. 13. 10. 2004 – 7 ABR 5/04, BAGE 112, 160 = Leits. BB 2005, 500 = DB 2005, 675 = Leits. ZBVR 2005, 87) 15

15. Die **Wahlordnung gilt für die Wahlen des (örtlichen) Personalrats,** des Bezirks- und des Hauptpersonalrats, des Gesamtpersonalrats, der Vertretung der nicht ständig Beschäftigten, der Jugend- und Auszubildendenvertretung, des Vertrauensmanns im Bundesgrenzschutz, der Personalvertretung im Bundesnachrichtendienst sowie für die Vertretungsorgane nach § 91. Ebenso gilt die Wahlordnung für die beim Bundeseisenbahnvermögen, beim Eisenbahnbundesamt und bei der Bundesanstalt für Post und Telekommunikation Deutsche Bundespost, bei der Unfallkasse Post und Telekom und bei der Museumsstiftung Post und Telekommunikation durchzuführenden Personalratswahlen und Wahlen zu den Jugend- und Auszubildendenvertretungen. 16

III. Streitigkeiten

Beschlüsse des Wahlvorstands können vor Durchführung der Wahl zum Gegenstand eines Beschlussverfahrens nach § 83 BPersVG bzw. eines einstweiligen Verfügungsverfahrens (vgl. LAG Stuttgart v. 16. 9. 1996 – 15 TaBV 10/96, n. v.; LAG Hamm v. 18. 9. 1996 – 3 TaBV 108/96, n. v.) gemacht werden. Nach Durchführung der Wahl tritt im anhängigen Beschlussver- 17 fahren die neue Personalvertretung an die prozessuale Stelle des Wahlvorstands (BVerwG v. 23. 10. 1959, BVerwGE 9, 249). Das Verfahren kann nun nur noch als **Wahlanfechtungsverfahren** weitergeführt werden (BVerwG v. 23. 10. 1959, aaO; vgl. auch: BVerwG v. 13. 6. 1969, ZBR 1969, 291 = PersV 1970, 64; Windscheid, PersV 1970, 268). Die Wahlanfechtung muss in diesem Fall ausdrücklich erklärt werden (BVerwG v. 11. 5. 1962, BVerwGE 14, 153 = ZBR 1962, 280 = PersV 1962, 211; VGH Kassel v. 1. 7. 1976, PersV 1979, 128). Gegen Entscheidungen des Wahlvorstands ist unter Umständen ein Antrag auf **Erlass einer einstweiligen Verfügung** zulässig und begründet (vgl. § 83 Anm. 25 BPersVG). Grundsätzlich können aber Unregelmäßigkeiten bei der Wahl nur mit der Wahlanfechtung angegriffen werden.

§ 2 Feststellung der Beschäftigtenzahl, Wählerverzeichnis

(1) Der Wahlvorstand stellt die Zahl der in der Regel Beschäftigten und ihre Verteilung auf die Gruppen fest. Übersteigt diese Zahl 50 nicht, stellt der Wahlvorstand außerdem die Zahl der nach § 13 des Gesetzes Wahlberechtigten fest.

(2) Der Wahlvorstand stellt ein nach Gruppen getrenntes Verzeichnis der wahlberechtigten Beschäftigten (Wählerverzeichnis) auf. Innerhalb der Gruppen sind die Anteile der Geschlechter festzustellen.

(3) Das Wählerverzeichnis oder eine Abschrift ist unverzüglich nach Einleitung der Wahl bis zum Abschluss der Stimmabgabe an geeigneter Stelle zur Einsicht auszulegen.

Entspr. landesrechtliche Regelungen:
Baden-Württemberg: §§ 5, 6; Bayern: § 2; Berlin: § 2; Brandenburg: § 3; Bremen: § 2; Hamburg: § 2; Hessen: § 2; Mecklenburg-Vorpommern: § 4; Niedersachsen: § 2, 3; Nordrhein-Westfalen: § 2; Rheinland-Pfalz: § 2; Saarland: § 2; Sachsen: § 2; Sachsen-Anhalt: § 2; Schleswig-Holstein: § 4; Thüringen: § 2.

I. Vorbemerkung

1 Die **Zahl der Personalratsmitglieder** bestimmt sich nach der Zahl der Beschäftigten, die in der Regel der Dienststelle angehören. Ermittelt der Wahlvorstand eine unzutreffende Zahl der in der Regel Beschäftigten mit der Folge einer zu großen Personalvertretung, dann ist die Wahl anfechtbar (vgl. für das BetrVG: BAG v. 29. 5. 1991, BAGE 68, 74 = BB 1992, 136 = DB 1992, 46). Die Verteilung der Beschäftigten auf die einzelnen Gruppen ist für die Verteilung der Sitze und für die Zahl der Gruppenvertreter entscheidend (§§ 16, 17 BPersVG). Das Wählerverzeichnis ist wesentlich, weil nur der wählen kann, der im Wählerverzeichnis eingetragen ist (§ 15 Abs. 1 WO).

II. Aufgaben des Wahlvorstands

2 1. Der Wahlvorstand stellt die **Zahl der Beschäftigten** fest. Zu den Beschäftigten gehören auch die nicht Wahlberechtigten der Dienststelle (BVerwG v. 31. 1. 1964 – VII P 13.63, n. v.), dagegen nicht die abgeordneten Beschäftigten (OVG Münster v. 18. 11. 1968, ZBR 1969, 251). Zur Ermittlung der regelmäßigen Personalstärke hat der Wahlvorstand eine Prognose anzustellen. Ausgangspunkt ist dabei die tatsächliche Personalstärke im Zeitpunkt des Wahlausschreibens. Dabei hat ein Rückblick auf die bisherige personelle Stärke der Dienststelle zu erfolgen. Gleichzeitig ist die künftige Entwicklung in die Überlegungen einzubeziehen (BVerwG v. 19. 12. 2006, PersV 2007, 363 = Leits. ZfPR 2007, 70; vgl. auch § 12 BPersVG Anm. 5).

2. **Maßgebender Stichtag** für die Berechnung der Zahl der Beschäftigten ist der **Tag des Erlasses des Wahlausschreibens** (BVerwG v. 15. 3. 1968, BVerwGE 29, 222 = ZBR 1968, 262 = PersV 1968, 187). Dieser Tag bleibt auch maßgebend, wenn in der Zeit zwischen dem Erlass des Wahlausschreibens und dem Wahltag Veränderungen eintreten, durch die die Grenzzahlen der §§ 16, 17 BPersVG über- oder unterschritten werden (VG Gelsenkirchen v. 30. 9. 1966, Leits. ZBR 1967, 32; vgl. auch § 12 Anm. 10 BPersVG u. nachfolgende Anm. 4, 7). Es ist bei der Ermittlung der Zahl der regelmäßig Beschäftigten aber nicht alleine nur auf den Ist-Zustand abzustellen. Gesichert sein soll, dass während der Amtszeit der Personalvertretung eine zahlenmäßig angemessene Repräsentation der Beschäftigten erfolgt, so dass eine allein auf den Zeitpunkt des Erlasses des Wahlausschreibens abgestellte Momentaufnahme nicht erfolgen darf. Vielmehr ist auch die künftige Personalentwicklung zu berücksichtigen. Ist eine Veränderung mit einem hohen Maß an Gewissheit zu erwarten, dann ist sie zu beachten (OVG Münster v. 15. 4. 2003, PersV 2004, 101 = ZfPR 2004, 12). 3

3. Der Wahlvorstand stellt außerdem die **Verteilung der Sitze auf die Gruppen** fest. Dabei kommt es nicht auf die Planstellen und nicht auf den zufälligen Personalstand am Tag des Wahlausschreibens an, sondern auf den Regelbestand am Tag des Wahlausschreibens, der sich aus der geordneten Verwaltungsplanung im Haushaltsplan ergibt (OVG Münster v. 23. 1. 1967 – CB 10/66, n. v.). Eine voraussehbare Änderung des Personalbestands darf daher nur berücksichtigt werden, wenn zu erkennen ist, dass die Veränderungen nicht nur dienstplanmäßig, sondern tatsächlich durchgeführt werden (VGH Kassel v. 26. 8. 1963 – BPV 1/63, n. v.; vgl. auch BVerwG v. 25. 2. 1977 – VII P 13.77, n. v.; OVG Bautzen v. 27. 4. 2007, PersR 2007, 251; vgl. auch Anm. 3, 7 sowie § 16 BPersVG Anm. 9). In aller Regel werden zwei Gruppen (Beamte und Arbeitnehmer) vorhanden sein, es sei denn, dass es sich um Dienststellen mit Soldaten handelt. In diesem Fall tritt als weitere Gruppe die Gruppe der Soldaten hinzu. 4

4. Ferner hat der Wahlvorstand die **Zahl der Wahlberechtigten** festzustellen, wenn die Zahl der Beschäftigten der Dienststelle die Zahl 50 nicht übersteigt (Abs. 1 Satz 2). Dies folgt aus § 16 Abs. 1 BPersVG. Danach besteht die Personalvertretung bei 5 bis 20 Wahlberechtigten aus einer Person, bei 21 Wahlberechtigten bis 50 Beschäftigten, die nicht alle wahlberechtigt zu sein brauchen, aus drei Mitgliedern. Bei der Verteilung der Sitze auf die Gruppen kommt es nicht auf die Wahlberechtigung, sondern ausschließlich auf die Zahl der Gruppenangehörigen an. Nach Abs. 2 Satz 3 sind innerhalb der Gruppen die Anteile der Geschlechter festzustellen, d. h. maßgeblich sind die wahlberechtigten Gruppenmitglieder. Dadurch sollen die Voraussetzungen für entsprechende Angaben im Wahlausschreiben geschaffen werden (Schlatmann, PersV 1996, 1, 6). 5

5. Der Wahlvorstand muss ein **Wählerverzeichnis** (Verzeichnis der wahlberechtigten Beschäftigten) aufstellen. Es muss getrennt nach den Gruppen der Beamten und Arbeitnehmer, wobei jeweils auch der Anteil der Geschlechter festzustellen ist, aufgestellt werden, auch dann, wenn eine gemeinsame Wahl stattfindet. Bei gemeinsamer Wahl nämlich richtet sich die Verteilung der Gruppenvertreter auf die einzelnen Gruppen nach dem Verhältnis der Gruppenangehörigen (§ 17 BPersVG). Die Vorschrift enthält keine näheren Bestimmungen über den Inhalt des Wählerverzeichnisses. Die Aufnahme in das Wählerverzeichnis ist formelle Voraussetzung für die Wahlberechtigung, so dass alle für deren Prüfung maßgebenden Angaben enthalten sein müssen. Zu diesen 6

Angaben gehört u. a. das Geburtsdatum. Diese Angabe hat aber für den zur Auslegung bestimmten Abdruck des Wählerverzeichnisses keine Bedeutung. Die Privatanschrift ist ebenfalls nicht zu den für das Wahlverfahren erforderlichen Angaben zu zählen. Sie ist daher entbehrlich, es sei denn, dass wegen der besonderen Gegebenheiten einer Dienststelle die schriftliche Stimmabgabe angeordnet wird, und der Wahlvorstand deshalb den Wahlberechtigten die Wahlunterlagen zuzustellen hat. Daher wird im allgemeinen auf die Privatanschrift in dem zur Auslegung bestimmten Abdruck des Wählerverzeichnisses verzichtet werden können. Ein unvollständiges Wählerverzeichnis macht die Wahl anfechtbar (VGH Kassel v. 26. 4. 1978, PersV 1980, 507).

7 a) Da zwischen der Aufstellung des Wählerverzeichnisses und dem Wahltag personelle Veränderungen eintreten können, die für das Wahlrecht erheblich sind (Versetzung, Kündigung, Eintritt in den Ruhestand, Tod), muss das **Wählerverzeichnis** bis zum Schluss der Stimmabgabe **auf dem aktuellen Stand** gehalten werden. Wird es berichtigt, so muss der Wahlvorstand ggf. auch die Auswirkung auf die Sitzverteilung berücksichtigen (VG Gelsenkirchen v. 11. 5. 1960 – PVB 4/60, n. v.). Er darf nicht darauf warten, dass ihm die Dienststelle von Amtswegen Veränderungen des Personalbestands mitteilt. Vielmehr muss er erkennbar werdende Veränderungen berücksichtigen (VG Gelsenkirchen v. 19. 6. 1964, Leits. ZBR 1964, 255).

8 b) Der Wahlvorstand muss das **Wählerverzeichnis** an „geeigneter Stelle" **bekanntmachen.** Geeignet ist jede Stelle, an der sämtliche Beschäftigten der Dienststelle – auch die nicht Wahlberechtigten – ununterbrochen Gelegenheit zur Einsicht in das Wählerverzeichnis haben. Auf zahlenmäßig umfangreichen oder räumlich ausgedehnten Dienststellen kann die Bekanntgabe des Wählerverzeichnisses an mehreren Stellen notwendig sein. Mehrere Ausfertigungen der Bekanntmachung müssen untereinander und mit dem Original übereinstimmen sowie übereinstimmend gehalten werden (vgl. § 3, § 6 Abs. 2 Nr. 4 bis 6 WO). Da das Wählerverzeichnis nur für den innerdienstlichen Bereich bestimmt ist, sollte es im allgemeinen an einem Ort bekanntgegeben werden, der Außenstehenden nicht zugänglich ist. Zum Einsichtrecht vgl. § 3 WO Anm. 2.

9 c) Die **Bekanntmachung** des Wählerverzeichnisses hat **unverzüglich,** d. h. ohne schuldhaftes Zögern, **nach der Einleitung des Wahlverfahrens** zu erfolgen. Die Einleitung des Wahlverfahrens beginnt mit dem Erlass des Wahlausschreibens (§ 6 Abs. 5 WO).

10 d) Zwischen der Auslegung und dem letzten Tag der Stimmabgabe muss eine Frist von **sechs Arbeitstagen** liegen (Berechnung: § 52 Abs. 2 WO); denn in dieser Frist kann nach § 3 Abs. 1 WO jeder Beschäftigte Einspruch gegen die Richtigkeit des Wählerverzeichnisses einlegen.

III. Streitigkeiten

11 Bei der Vorschrift handelt es sich um eine **wesentliche Vorschrift i. S. von § 25 BPersVG.** Ihre Verletzung rechtfertigt die Wahlanfechtung; denn die Aufstellung des Wählerverzeichnisses und die Auslegung ist wesentlicher Verfahrensteil der Personalratswahl. Infolgedessen begründen unrichtige Wählerlisten die Anfechtung, falls das Wahlergebnis beeinflusst werden konnte (Lorenzen u. a., § 2 Anm. 25). Gleiches gilt dann, wenn die Zahl der zu wählenden Mitglieder einer Personalvertretung falsch berechnet wird (OVG Münster v. 10. 2. 1999, PersR 1999, 313) oder wenn Fehler bei der Berechnung der Sitzverteilung auftreten (OVG Münster v. 20. 1. 1994, PersV 1996, 402).

§ 3 Einsprüche gegen das Wählerverzeichnis

(1) Jeder Beschäftigte kann beim Wahlvorstand schriftlich binnen sechs Arbeitstagen seit Auslegung des Wählerverzeichnisses (§ 2 Abs. 3) Einspruch gegen seine Richtigkeit einlegen.

(2) Über den Einspruch entscheidet der Wahlvorstand unverzüglich. Die Entscheidung ist dem Beschäftigten, der den Einspruch eingelegt hat, unverzüglich, spätestens jedoch einen Arbeitstag vor Beginn der Stimmabgabe, schriftlich mitzuteilen. Ist der Einspruch begründet, so hat der Wahlvorstand das Wählerverzeichnis zu berichtigen.

(3) Nach Ablauf der Einspruchsfrist soll der Wahlvorstand das Wählerverzeichnis nochmals auf seine Vollständigkeit prüfen. Danach ist das Wählerverzeichnis nur bei Schreibfehlern, offenbaren Unrichtigkeiten, zur Erledigung rechtzeitig eingelegter Einsprüche, bei Eintritt oder Ausscheiden eines Beschäftigten und bei Änderung der Gruppenzugehörigkeit bis zum Abschluss der Stimmenabgabe zu berichtigen oder zu ergänzen.

Entspr. landesgesetzliche Regelungen:
Baden-Württemberg: § 6 Abs. 5, 6; Bayern: § 3; Berlin: § 2 Abs. 4; Brandenburg: § 4; Bremen: § 3; Hamburg: § 3; Hessen: § 3; Mecklenburg-Vorpommern: § 5, Niedersachsen: § 5; Nordrhein-Westfalen: § 3; Rheinland-Pfalz § 3; Saarland: § 3; Sachsen: § 3; Sachsen-Anhalt: § 3; Schleswig-Holstein: § 5; Thüringen: § 3.

I. Vorbemerkung

Der Wahlvorstand hat grundsätzlich **Fehler des Wahlverfahrens von Amtswegen zu beheben.** Insoweit kann er nicht erst dann tätig werden, wenn ein Einspruch gegen das Wählerverzeichnis eingelegt wird. 1

II. Einspruch

1. „Jeder Beschäftigte" kann **gegen das Wählerverzeichnis Einspruch** einlegen. Dies hat seinen Grund darin, dass die Interessen aller Beschäftigten durch den zu wählenden Personalrat vertreten werden. Daher haben sie auch Anspruch auf Vertretung durch einen ordnungsgemäß gewählten Personalrat. Ein **Einsichtsrecht** in das Wählerverzeichnis steht jedem Beschäftigten der Dienststelle ohne Rücksicht auf seine Wahlberechtigung zu (vgl. aber § 16 Anm. 1). Gleiches gilt für den Dienststellenleiter und eine in der Dienststelle vertretene Gewerkschaft. Soweit Streit über eine Beschäftigteneigenschaft besteht, sind auch die entsprechenden Personen einsichtsberechtigt (Fischer u. a., § 2 WO Anm. 17). 2

2. Die **Schriftform des Einspruchs** ist zwingend vorgeschrieben, um Missverständnisse auszuschließen. Ein mündlicher Einspruch ist daher rechtlich ebenso wie ein per Telefax oder E-Mail eingereichter Widerspruch wirkungslos (Lorenzen u. a., § 6 WO Anm. 15; aA Fischer u. a., § 6 WO Anm. 17). Der Wahlvorstand hat aus diesem Grund den letzten Tag der Einspruchsfrist mit dem Hinweis anzugeben, dass Einsprüche gegen das Wählerverzeichnis nur bis zu diesem Zeitpunkt schriftlich beim Wahlvorstand eingelegt werden können (§ 6 Abs. 2 Nr. 6 WO). Das Wahlausschreiben muss auch den Ort angeben, an dem die Mitteilung über den Einspruch gegenüber dem Wahlvorstand abzugeben ist (§ 6 Abs. 2 Nr. 14 WO). 3

3. Der Einspruch kann nicht nur auf die eigene Person bezogene Gründe, sondern auch auf solche gestützt werden, die in der Person anderer Beschäftigter liegen. **Der Einspruch** muss **„beim Wahlvorstand"** eingelegt werden. 4

Personalrat oder Dienststellenleiter sind daher nicht Empfänger des Einspruchs. Einen Einspruch, der fälschlich an sie gerichtet ist, müssen sie dem Wahlvorstand zuleiten. Erreicht der Einspruch den Wahlvorstand erst nach Ablauf der Frist, so ist er ohne Bedeutung (Lorenzen u. a., § 3 WO Anm. 6). Die Gefahr für einen rechtzeitigen Eingang beim Wahlvorstand trägt in diesem Fall derjenige, der den Einspruch einlegt. Auch deshalb ist der Wahlvorstand verpflichtet mitzuteilen, wann und wo er erreichbar ist, um Einsprüche entgegenzunehmen.

5 4. Der Einspruch muss **„binnen sechs Arbeitstagen** seit Auslegung des Wählerverzeichnisses" beim Wahlvorstand eingehen (Fristberechnung: § 52 WO i. V. mit §§ 186 ff. BGB). Der Tag der Bekanntgabe des Wählerverzeichnisses wird nicht mitgerechnet (Ballerstedt u. a., § 3 Anm. 10 WO). Der Wahlvorstand muss dafür sorgen, dass an ihn gerichtete Willenserklärungen in seinen Einwirkungsbereich gelangen.

6 5. Die Frist von sechs Arbeitstagen ist eine **Ausschlussfrist.** Zu den Arbeitstagen gehören nicht der arbeitsfreie Samstag und die Wochenfeiertage. Wenn daher die Auslegung des Wählerverzeichnisses am Dienstag, dem 5. eines Monats erfolgt, dann beginnt die Einspruchsfrist am Mittwoch, dem 6., und endet am Mittwoch der darauffolgenden Woche am 13. Die Frist läuft am letzten Tag um 24:00 Uhr ab. Wird ein Einspruch durch ein Schriftstück kurz vor Mitternacht eingelegt, so muss im Zweifelsfall der Einsprechende nachweisen, dass dieses Schriftstück dem Wahlvorstand noch rechtzeitig vor Fristablauf zugegangen ist. Eine Wiedereinsetzung gegen die Versäumung der Frist ist nicht möglich. Ein Einspruch, der nach Ablauf der Frist beim Wahlvorstand eingeht, ist rechtlich wirkungslos. Aus dem Unterlassen des Einspruchs kann dem Berechtigten aber kein Rechtsnachteil erwachsen (VG Hannover v. 14. 11. 1977 – PVB 16/76, n. v.). Insbesondere berührt die Unterlassung nicht das Recht zur Wahlanfechtung (§ 25 BPersVG), für die ein erfolgloser Einspruch nicht Voraussetzung ist (BVerwG v. 30. 6. 1980, ZBR 1981, 130 = PersV 1981, 245).

7 6. **Über den Einspruch entscheidet** der **Wahlvorstand** in förmlicher Sitzung und in voller Besetzung. Der Wahlvorstand hat die Entscheidung „unverzüglich", d. h. ohne schuldhaftes Zögern zu treffen. Unverzüglich heißt aber nicht sofort. Dem Wahlvorstand muss eine angemessene Zeit zur rechtlichen Prüfung gelassen werden (BVerwG v. 14. 2. 1969, BVerwGE 31, 299 = ZBR 1969, 250 = PersV 1970, 39). Er hat über die getroffene Entscheidung eine Niederschrift anzufertigen (§ 14 WO).

8 7. Die **Entscheidung** ist demjenigen **mitzuteilen,** der den Einspruch eingelegt hat. Eine Pflicht zur Begründung besteht nicht; sie ist aber zweckmäßig. Für diese Mitteilung ist Schriftform zwingend vorgeschrieben, um Missverständnisse auszuschließen und Beweismaterial für ein möglicherweise anschließendes Wahlanfechtungsverfahren zu sichern. Demjenigen, der Einspruch einlegt, ist die Entscheidung des Wahlvorstands „spätestens einen Arbeitstag vor Beginn der Stimmabgabe" mitzuteilen. Dabei kommt es nicht auf die Absendung durch den Wahlvorstand, sondern auf den Eingang bei demjenigen, der Einspruch einlegt, an. Zwischen dem Eingang der Entscheidung bei ihm und dem Beginn der Stimmabgabe muss ein voller Arbeitstag (24 Stunden) liegen. Beginnt beispielsweise die Stimmabgabe am 20. eines Monats, so muss die Entscheidung des Wahlvorstands spätestens am Abend des 18. beim Empfänger eingehen.

8. Hält der Wahlvorstand den **Einspruch für unbegründet,** so weist er ihn zurück. Ein Rechtsmittel gegen diese Entscheidung gibt es nicht. Vielmehr ist nur eine Wahlanfechtung unter den Voraussetzungen des § 25 BPersVG möglich (Lorenzen u. a., § 3 WO Anm. 11). Hält der Wahlvorstand den Einspruch dagegen für begründet, so berichtigt er das Wählerverzeichnis. Hierfür bedarf es keines gesonderten Beschlusses des Wahlvorstands, da die Berichtigung des Wählerverzeichnisses nur die Folgerung aus dem bereits gefassten Beschluss über die Berechtigung des Einspruchs ist. 9

9. Abs. 3 Satz 1 ist eine Wiederholung des Grundsatzes des § 2 Abs. 2 Satz 2 WO, nach dem das **Wählerverzeichnis** bis zum Abschluss der Stimmabgabe **auf dem laufenden** zu halten und zu berichtigen ist. 10

10. Abs. 3 Satz 2 bezieht sich auf die Zeit nach dem Ablauf der Einspruchsfrist. Nach dem Ablauf der Einspruchsfrist und vor Abschluss der Stimmabgabe ist eine **Berichtigung des Wählerverzeichnisses** nur möglich bei 11
a) Schreibfehlern,
b) offenbaren Unrichtigkeiten, d. h. solchen, die unschwer zu erkennen sind (OVG Münster v. 9. 9. 1957, ZBR 1957, 375),
c) Erledigung rechtzeitig eingelegter (begründeter und erfolgreicher) Einsprüche,
d) Eintritt eines Beschäftigten in die Dienststelle oder Ausscheiden aus ihr,
e) Änderung der Gruppenzugehörigkeit.

Berichtigen muss und kann der Wahlvorstand z. B. die Aufführung eines Wahlberechtigten unter der Gruppe Arbeiter, der in der Zeit zwischen der Bekanntmachung des Wählerverzeichnisses und dem Wahltag ins Beamtenverhältnis berufen worden ist.

III. Streitigkeiten

Rechtsmittel gegen die Entscheidung des Wahlvorstands über den Einspruch gegen die Richtigkeit des Wählerverzeichnisses **gibt es nicht.** Ein Beschäftigter, dem der Wahlvorstand durch Nichtaufnahme in das Wählerverzeichnis das Wahlrecht streitig macht oder den der Wahlvorstand im Wählerverzeichnis einer falschen Gruppe zugeordnet hat, kann vor der Durchführung der Wahl diesen Fehler zum Gegenstand eines Beschlussverfahrens nach § 83 BPersVG machen. Wenn dieses Beschlussverfahren bis zur Durchführung der Wahl nicht abgeschlossen ist, so kann es nach der Wahl nur als Wahlanfechtung weitergeführt werden (BVerwG v. 23. 10. 1959, BVerwGE 9, 249). Hierbei ist zu beachten, dass der zur Verfolgung seines individuellen Anspruchs prozessual befugte Antragsteller für eine Wahlanfechtung nicht aktiv legitimiert ist (BVerwG v. 13. 6. 1969, ZBR 1969, 291 = PersV 1970, 64). Vielmehr ist eine Anfechtung nur in Gemeinschaft mit **mindestens drei** weiteren Wahlberechtigten möglich (§ 25 BPersVG; vgl. hierzu auch § 25 Anm. 23 u. § 83 Anm. 29 BPersVG). Grundsätzlich jedoch können Fehler im Wahlverfahren nur im Wege der Wahlanfechtung gerügt werden (BVerwG v. 21. 11. 1958, BVerwGE 7, 331 = Leits. ZBR 1959, 337, 340). Die Ablehnung eines Berichtigungsantrags durch den Wahlvorstand ist nicht Prozessvoraussetzung für ein Beschlussverfahren nach § 83 PersV. Im Übrigen kann gegen Entscheidungen des Wahlvorstands eine **einstweilige Verfügung** beantragt werden. 12

§ 4 Vorabstimmungen

(1) Vorabstimmungen über
1. eine von § 17 des Gesetzes abweichende Verteilung der Mitglieder des Personalrates auf die Gruppen (§ 18 Abs. 1 des Gesetzes) oder
2. die Durchführung gemeinsamer Wahl (§ 19 Abs. 2 des Gesetzes) oder
3. die Geltung von Nebenstellen oder Teilen einer Dienststelle als selbstständige Dienststelle (§ 6 Abs. 3 des Gesetzes)

werden nur berücksichtigt, wenn ihr Ergebnis dem Wahlvorstand binnen sechs Arbeitstagen seit der Bekanntgabe nach § 1 Abs. 3 vorliegt und dem Wahlvorstand glaubhaft gemacht wird, dass das Ergebnis unter Leitung eines aus mindestens drei wahlberechtigten Beschäftigten bestehenden Abstimmungsvorstandes in geheimen und in den Fällen der Nummern 1 und 2 nach Gruppen getrennten Abstimmungen zustande gekommen ist. Dem Abstimmungsvorstand muss ein Mitglied jeder in der Dienststelle, in den Fällen des Satzes 1 Nr. 3 der Nebenstelle oder des Teils der Dienststelle, vertretenen Gruppe angehören.

(2) Der Wahlvorstand hat in der Bekanntgabe nach § 1 Abs. 3 auf die in Absatz 1 bezeichneten Fristen hinzuweisen.

Entspr. landesrechtliche Regelungen:
Baden-Württemberg: § 4; Bayern: § 4; Berlin: § 3; Brandenburg: § 5; Bremen: § 3, 4; Hamburg: § 4; Hessen: § 4; Mecklenburg-Vorpommern: § 6; Niedersachsen: § 6; Nordrhein-Westfalen: § 4; Rheinland-Pfalz: § 4; Saarland: § 4; Sachsen: § 4; Sachsen-Anhalt: § 4; Schleswig-Holstein: § 6; Thüringen: § 4.

I. Vorbemerkung

1 Die Vorschrift regelt das Verfahren in den Fällen, in denen über die Verselbstständigung von Nebenstellen und Teilen einer Dienststelle (§ 6 Abs. 3 BPersVG) und über eine vom Gesetz abweichende Verteilung der Mitglieder der Personalvertretung auf die Gruppen (§ 18 Abs. 1 BPersVG) sowie über die Durchführung einer gemeinsamen statt einer Gruppenwahl (§ 19 Abs. 2 BPersVG) im Rahmen eines Vorabstimmungsverfahrens entschieden werden soll. Für diese Fälle ist kein Wahlvorstand zu berufen, sondern ein besonderer **Abstimmungsvorstand** zu benennen.

II. Vorabstimmungen

2 1. Die **Vorabstimmung** muss unter der Leitung eines Abstimmungsvorstands durchgeführt werden. Andernfalls ist sie nichtig. Hier gilt der gleiche Grundsatz wie bei der Durchführung einer Wahl ohne Wahlvorstand. In diesem Fall ist „nicht einmal der Schein einer ordnungsgemäßen Bildung gewahrt“ (für die Wahl eines Vorstands einer Personalvertretung: BVerwG v. 20. 6. 1958, BVerwGE 7, 140 = ZBR 1958, 279 = PersV 1958/59, 111).

3 2. Die Wahlordnung enthält keine Bestimmungen über die **Bildung des Abstimmungsvorstands.** Sie verlangt nur
a) dass er aus mindestens drei Beschäftigten der Dienststelle besteht,
b) dass diese wahlberechtigt sind (Wählbarkeit ist nicht vorgeschrieben),
c) dass im Abstimmungsvorstand Angehörige aller in der Dienststelle vertretenen Gruppen repräsentiert sind. Sind in einer Dienststelle nur zwei oder ist nur eine Gruppe vorhanden, so besteht der Abstimmungsvorstand dennoch aus drei Personen.
Es verstößt nicht gegen wesentliche Vorschriften über das Wahlverfahren, wenn dem Abstimmungsvorstand lediglich Mitglieder einer von mehreren in

der Dienststelle vertretenen Gewerkschaften angehören. Jedoch kann dies zu Missdeutungen führen, die das Vertrauen in die Entscheidungen des Abstimmungsvorstands beeinträchtigen. Der Abstimmungsvorstand kann im übrigen mit dem Wahlvorstand identisch sein oder aber aus sechs wahlberechtigten Beschäftigten bestehen; denn die Wahlordnung verlangt lediglich eine Mindestzahl von Mitgliedern des Abstimmungsvorstands. Eine Begrenzung durch Festlegung einer Höchstzahl enthält sie nicht (BVerwG v. 21. 7. 1980, PersV 1981, 501).

3. Für die Bildung des Abstimmungsvorstands ergeben sich folgende Möglichkeiten: 4
a) die Gruppen einigen sich gemeinsam auf mindestens **drei wahlberechtigte Beschäftigte,** von denen jeweils einer einer anderen Gruppe angehört;
b) jede Gruppe wählt (formlos) je für sich ein Mitglied in den Abstimmungsvorstand. Dagegen kann nicht der Wahlvorstand ersucht werden, einen Abstimmungsvorstand zu bestellen (Lorenzen u. a., § 40 Anm. 6; aA OVG Koblenz v. 7. 1. 1961, ZBR 1961, 289), weil eine solche Bestellung nicht zu dem abschließend geregelten Aufgabenbereich des Wahlvorstands gehört (vgl. § 1 Anm. 9). Bei der **Auswahl der Mitglieder des Abstimmungsvorstands** kommt es im Übrigen nur auf die Zugehörigkeit zu einer bestimmten Gruppe, nicht aber darauf an, ob die Gruppe Anspruch auf Vertretung im Personalrat nach § 17 Abs. 5 BPersVG hat. Die Einsetzung eines Abstimmungsvorstands durch die Personalvertretung wird weder durch die Vorschriften des BPersVG noch der WO gedeckt (Lorenzen u. a., aaO; aA OVG Münster v. 9. 10. 1967 – CB 8/67, n. v.).

4. **Für** die **Vorabstimmungen** gelten grundsätzlich die **Grundvorschriften der WO** für die Personalratswahl (BVerwG v. 21. 7. 1980, PersV 1981, 501). Die Vorabstimmung muss eine unmittelbare, freie und gleiche Teilnahmemöglichkeit der abstimmungsberechtigten Beschäftigten und eine zuverlässige Ermittlung des Abstimmungsergebnisses gewährleisten (VGH München v. 27. 4. 1979, PersV 1980, 332). Daher ist rechtzeitig eine Liste der Abstimmungsberechtigten zu erstellen. Unzulässig ist es, eine Wahlurne im Dienstzimmer des Vorsitzenden des Abstimmungsvorstands aufzustellen, ohne dass ein weiteres Mitglied des Vorstands anwesend ist. Ebensowenig darf eine Wahlurne von Arbeitsplatz zu Arbeitsplatz getragen werden, um Stimmen einzusammeln. Darüber hinaus dürfen Stimmzettel nicht in Gegenwart eines Mitglieds des Abstimmungsvorstands ausgefüllt oder Stimmzettel ohne Wahlumschlag abgegeben werden. Eine **Vorabstimmung** kann grundsätzlich **nicht wiederholt** werden. Dies ist nur ausnahmsweise dann möglich, wenn sie mit offenkundigen Mängeln behaftet ist und eine Wiederholung daher eine spätere Wahlanfechtung vermeiden würde (Ballerstedt u. a., § 4 Anm. 24). In jedem Fall muss aber auszuschließen sein, dass eine Wiederholung beliebig oft stattfindet und dass eine Vorabstimmung unter dem Vorwand von Mängeln, in Wirklichkeit aber deswegen wiederholt wird, weil sie nicht das erhoffte Ergebnis erbracht hat. Die für die Wahl der Personalvertretung geltenden Verfahrensvorschriften müssen nicht in allen Einzelheiten eingehalten werden. Daher kann das Verfahren der Vorabstimmung nur dann beanstandet werden, „wenn es entweder den für die Vorabstimmung ausdrücklich festgelegten Rechtsnormen widerspricht oder den für ein geordnetes Verfahren unerlässlichen Grundsätzen des Wahlrechts nicht genügt“ (VGH München v. 11. 5. 1983 – Nr. 18 C 83 A. 108, n. v.). 5

5. Grundsätzlich kann eine Vorabstimmung auch durch **Briefwahl** durchgeführt werden (BVerwG v. 21. 7. 1980, PersV 1981, 501). Dabei hat der Ab- 6

stimmungsvorstand nicht die persönliche und geheime Stimmabgabe aller Abstimmungsberechtigten außerhalb der Übergaberäume zu überwachen. Wenn er allerdings eine Verletzung des Grundsatzes der geheimen Stimmabgabe entweder selbst veranlasst oder rügelos hinnimmt, kann die Vorabstimmung angefochten werden (VGH München v. 11. 5. 1983 – Nr. 18 C 83 A. 108, n. v.). Da allerdings nur die wesentlichen, für ein geordnetes Verfahren unerlässlichen Grundzüge bei der Durchführung einer Vorabstimmung zu berücksichtigen sind, ist eine Vorabstimmung auch dann rechtsgültig, wenn sie z. B. auf dem Wege der Briefwahl durchgeführt worden ist, ohne dass die einzelnen Dienststellenteile weit von der Kerndienststelle entfernt liegen (vgl. § 19 Nr. 2). Es liegt nämlich im Sinne einer Förderung des Abstimmungsverlaufs, wenn eine schriftliche Stimmabgabe auch in diesen Fällen für zulässig gehalten wird. Ebenso ist es zulässig, dass die entsprechenden Wahlunterlagen nicht nach § 19 übersandt, sondern durch Mitglieder des Abstimmungsvorstands übergeben werden (VGH Mannheim v. 10. 6. 1986, ZBR 1988, 72; vgl. hierzu insgesamt auch: BVerwG v. 6. 1. 1987, Leits. PersR 1988, 110).

7 6. Der Abstimmungsvorstand ist dafür verantwortlich, dass die **Vorabstimmung**
a) in jedem Fall **geheim** (Stimmzettel),
b) über eine abweichende Verteilung der Sitze auf die Gruppen und über die Durchführung der gemeinsamen Wahl nach Gruppen getrennt
erfolgt. Die Vorabstimmung gilt im Übrigen nur für die nächstfolgende Wahl, nicht für spätere Wahlen.

8 7. Der Wahlvorstand hat seinerseits zu prüfen, ob bei der **Mitteilung des Ergebnisses** einer Vorabstimmung durch den Abstimmungsvorstand **glaubhaft gemacht** ist, dass diese Vorabstimmung unter Leitung eines aus mindestens drei wahlberechtigten Beschäftigten bestehenden Abstimmungsvorstands in geheimen und nach Gruppen getrennten Abstimmungen zustandegekommen ist. Dabei müssen die sich aus dem Demokratieverständnis ergebenden Grundanforderungen erfüllt sein. Gesetz und Wahlordnung liegen für die Vorabstimmungen lediglich Rahmenanforderungen fest. Dagegen gibt es keine Bestimmungen darüber, wie die Vorabstimmungen im Einzelfall durchzuführen sind. Ob daher die Vorabstimmungen während einer Personalversammlung in geheimer Abstimmung oder unter Einrichtung eines Wahllokals oder im Wege der schriftlichen Stimmabgabe durchgeführt werden, ist gesetzlich nicht festgelegt.

III. Fälle von Vorabstimmungen

9 1. Die **Vorabstimmung** kann in folgenden **drei Fällen durchgeführt werden,**
a) über eine von § 17 BPersVG abweichende Verteilung der Sitze in der Personalvertretung auf die Gruppen (§ 18 Abs. 1 BPersVG);
b) über eine gemeinsame Wahl anstelle der grundsätzlich vorgeschriebenen Gruppenwahl (§ 19 Abs. 2 Satz 1 BPersVG);
c) über die vertretungsrechtliche Verselbstständigung von Nebenstellen oder Teilen der Dienststelle (§ 6 Abs. 2 BPersVG).

10 2. Eine **Vorabstimmung über eine abweichende Verteilung der Sitze** hat nur Erfolg, „wenn jede Gruppe dies vor der Neuwahl in getrennter, geheimer Abstimmung beschließt“ (§ 18 Abs. 1 BPersVG). Teilnahmeberechtigt sind alle Beschäftigten ohne Rücksicht auf ihr Wahlrecht. Die **Vorabstimmung über eine gemeinsame Wahl** hat nur Erfolg, „wenn die wahlberechtigten Angehörigen jeder Gruppe in getrennten, geheimen Abstimmungen die gemeinsame Wahl beschließen“ (§ 19 Abs. 2 BPersVG). Teilnahmeberechtigt

sind nur die wahlberechtigten Beschäftigten der Dienststelle. **Bei der Vorabstimmung über eine vertretungsrechtliche Verselbstständigung** von Nebenstellen oder Dienststellenteilen muss dem Abstimmungsvorstand (mindestens) ein Vertreter jeder Gruppe angehören, die in dem zu verselbstständigenden Teil vertreten ist. Diese Vorabstimmung wird grundsätzlich gemeinsam und nicht nach Gruppen getrennt durchgeführt (§ 6 Abs. 3 BPersVG). Sie braucht nicht zur Vorbereitung einer unmittelbar bevorstehenden, bereits ausgeschriebenen Wahl stattzufinden. Sie kann abgehalten werden, sobald ein entsprechendes Bedürfnis erkennbar wird. Teilnahmeberechtigt sind die wahlberechtigten Beschäftigten des zu verselbstständigenden Teils der Dienststelle.

3. Bei den **Vorabstimmungen über eine Abweichung von der gesetzlichen Sitzverteilung und über eine Gemeinschaftswahl anstelle der Gruppenwahl** kommt ein gültiger Beschluss nur dann zustande, wenn jeweils die Mehrheit der Vertreter aller Gruppen die Abweichung beschließt. Beteiligen sich z. B. an der Vorabstimmung von 100 Abstimmungsberechtigten einer Gruppe nur 50, so liegt auch bei Einstimmigkeit kein gültiger Beschluss vor, weil 51 Stimmen notwendig wären. Damit würde zugleich überhaupt kein Beschluss in dieser Frage gefasst werden können, weil die Zustimmung der Vertreter dieser einen Gruppe nicht erreicht ist. Über die Vorabstimmung ist im Übrigen eine **Niederschrift** anzufertigen. Hat der Abstimmungsvorstand mehr als drei Mitglieder, so genügt es, wenn die Niederschrift über Vorabstimmungen, die nach Gruppen getrennt durchgeführt werden müssen, von drei Mitgliedern des Abstimmungsvorstands unterzeichnet ist, unter denen alle beteiligten Gruppen vertreten sind (BVerwG v. 21. 7. 1980, PersV 1981, 501). 11

4. Das **Ergebnis** der Vorabstimmung muss gegenüber dem Wahlvorstand **binnen sechs Arbeitstagen** seit der Bekanntmachung der Namen der Mitglieder des Wahlvorstands **glaubhaft gemacht werden.** Unschädlich ist es, wenn das Ergebnis einer Vorabstimmung bereits vor der Frist bekannt gegeben wird. Dagegen kann eine nach Fristablauf erfolgende Bekanntgabe nicht mehr berücksichtigt werden. Allerdings darf der Wahlvorstand eine unrichtige Berechnung der Fristen durch eine Neubekanntgabe der Mitteilung nach § 1 Abs. 3 WO (Mitteilung der Namen der Mitglieder des Wahlvorstands) berichtigen. Auf diese Weise kann die Wahl auf eine rechtlich unangreifbare neue Grundlage gestellt werden. Eine „Berichtigung“ ist allerdings dann ausgeschlossen, wenn der Wahlvorstand auf diese Weise nur eine Verlängerung der Fristen des Abs. 1 erreichen will (VGH München v. 1. 7. 1977, PersV 1980, 60). Da dies aber kaum nachweisbar ist, erscheint die zitierte Entscheidung vor allem deshalb bedenklich, weil die gemeinsame Wahl die Ausnahme sein soll und nur unter strengen, alle Gesichtspunkte eines geordneten Wahlverfahrens berücksichtigenden Voraussetzungen durchgeführt werden kann. Haben z. B. alle drei Gruppen Gemeinschaftswahl beschlossen, und ist dies dem Wahlvorstand nur hinsichtlich zweier Gruppen fristgerecht glaubhaft gemacht worden, hinsichtlich der dritten erst nach Fristablauf, so kann trotz übereinstimmender Meinung der Mehrheit nicht gemeinsam gewählt werden, weil die verspätete Glaubhaftmachung nicht berücksichtigt werden darf. Auf die in Abs. 1 genannten Fristen hat der Wahlvorstand bei der Bekanntgabe der Namen der Wahlvorstandsmitglieder etc. hinzuweisen. 12

IV. Wirkung der Vorschrift

1. Die Vorschrift ist zwingend und eine **wesentliche Vorschrift i. S. von § 25 BPersVG.** Eine Personalratswahl, die aufgrund einer ungültigen Vorab- 13

stimmung als gemeinsame Wahl durchgeführt wird, ist daher ungültig (OVG Münster v. 9. 10. 1967 – CB 8/67, n. v.). Gleiches gilt bei fehlender oder unzutreffender Berücksichtigung von Vorabstimmungen (BVerwG v. 17. 12. 1957, BVerwGE 6, 60). Unschädlich ist es, wenn Mitglieder des Abstimmungsvorstands sich während der Vorbereitung der Vorabstimmung für deren Durchführung besonders einsetzen und den Nutzen einer gemeinsamen Wahl aus ihrer Sicht in schriftlichen Bekanntmachungen herausstellen; denn ein irgendwie gearteter Druck auf die Beschäftigten ist darin nicht zu sehen. Im Übrigen liegt es in der Natur der Sache, dass sich diejenigen, die eine gemeinsame Wahl durchführen möchten, für eine entsprechende Vorabstimmung einsetzen (BVerwG v. 21. 7. 1980, PersV 1981, 501).

14 2. Die Vorschrift gilt nicht für die **Jugend- und Auszubildendenvertretung** und für die Vertretung der nichtständig Beschäftigten, weil die Bestimmungen des § 18 BPersVG in §§ 60, 65 BPersVG nicht für anwendbar erklärt worden sind. § 19 Abs. 2 BPersVG findet auf die Jugend- und Auszubildendenvertretung keine Anwendung. Für die nichtständig Beschäftigten ist sie nicht aktuell.

V. Streitigkeiten

15 Die Verletzung der Vorschrift kann zu einer **Wahlanfechtung** führen. Dies ist u. a. dann der Fall, wenn der Wahlvorstand eine ordnungsgemäße Vorabstimmung nicht zur Kenntnis nimmt (BVerwG v. 3. 10. 1958, BVerwGE 7, 251) oder dann, wenn ein Wahlvorstand, ohne die Voraussetzungen des Abs. 1 im Hinblick auf eine ordnungsgemäße Vorabstimmung geprüft zu haben, eine Vorabstimmung berücksichtigt (Lorenzen u. a., § 4 WO Anm. 10). Wegen des Erlasses einer einstweiligen Verfügung während des Wahlverfahrens: vgl. § 25 Anm. 38.

§ 5 Ermittlung der Zahl der zu wählenden Personalratsmitglieder, Verteilung der Sitze auf die Gruppen

(1) Der Wahlvorstand ermittelt die Zahl der zu wählenden Mitglieder des Personalrates (§§ 16 und 17 Abs. 4 des Gesetzes). Ist eine von § 17 des Gesetzes abweichende Verteilung der Mitglieder des Personalrates auf die Gruppen (§ 18 Abs. 1 des Gesetzes) nicht beschlossen worden, so errechnet der Wahlvorstand die Verteilung der Personalratssitze auf die Gruppen (§ 17 Abs. 1 bis 5 des Gesetzes) nach dem Höchstzahlverfahren (Absätze 2 und 3).

(2) Die Zahlen der der Dienststelle angehörenden Beschäftigten der einzelen Gruppen (§ 2 Abs. 1) werden nebeneinandergestellt und der Reihe nach durch 1, 2, 3 usw. geteilt. Auf die jeweils höchste Teilzahl (Höchstzahl) wird so lange ein Sitz zugeteilt, bis alle Personalratssitze (§§ 16 und 17 Abs. 4 des Gesetzes) verteilt sind. Jede Gruppe erhält so viel Sitze, wie Höchstzahlen auf sie entfallen. Ist bei gleichen Höchstzahlen nur noch ein Sitz oder sind bei drei gleichen Höchstzahlen nur noch zwei Sitze zu verteilen, so entscheidet das Los.

(3) Entfallen bei der Verteilung der Sitze nach Absatz 2 auf eine Gruppe weniger Sitze, als ihr nach § 17 Abs. 3 des Gesetzes mindestens zustehen, so erhält sie die in § 17 Abs. 3 des Gesetzes vorgeschriebene Zahl von Sitzen. Die Zahl der Sitze der übrigen Gruppen vermindert sich entsprechend. Dabei werden die jeweils zuletzt zugeteilten Sitze zuerst gekürzt. Ist bei gleichen Höchstzahlen nur noch ein Sitz zu kürzen, entscheidet das Los, welche Gruppe den Sitz abzugeben hat. Sitze, die einer Gruppe nach den Vorschriften des Gesetzes mindestens zustehen, können ihr nicht entzogen werden.

(4) Haben in einer Dienststelle alle Gruppen die gleiche Anzahl von Angehörigen, so erübrigt sich die Errechnung der Sitze nach dem Höchstzahlverfahren; in diesen Fällen entscheidet das Los, wem die höhere Zahl von Sitzen zufällt.

Entspr. landesrechtliche Regelungen:
Baden-Württemberg: § 7; Bayern: § 5; Berlin: § 4; Brandenburg: § 6; Bremen: § 5; Hamburg: § 5; Hessen: § 5; Mecklenburg-Vorpommern: § 7; Niedersachsen: § 7; Nordrhein-Westfalen: § 5; Rheinland-Pfalz: § 5; Saarland: § 5; Sachsen: § 5; Sachsen-Anhalt: § 5; Schleswig-Holstein: § 7; Thüringen: § 5.

I. Vorbemerkung

Die Vorschrift ist die wahltechnische Ausführungsbestimmung zu den §§ 16, 17 BPersVG. Sie legt im einzelnen fest, wie die **Sitze auf die jeweiligen Gruppen** nach vorangegangener Ermittlung der Zahl der Personalratsmitglieder **zu verteilen sind.** 1

II. Berechnung der Zahl der Sitze

1. Der Wahlvorstand ermittelt zunächst anhand der **Zahl der in der Dienststelle Beschäftigten,** aus wie vielen Mitgliedern die Personalvertretung besteht. Diese Zahl ergibt sich aus § 15 BPersVG. Grundlage ist der tatsächliche Personalbestand, aber auch der Stellenplan. Voraussichtliche Abweichungen vom Stellenplan, die von Dauer sind, muss der Wahlvorstand berücksichtigen (VGH Kassel v. 19. 3. 1980, PersV 1982, 197). Stichtag ist der Tag des Erlasses des Wahlausschreibens (§ 2 WO Anm. 3). Sodann errechnet der Wahlvorstand die Verteilung der Personalratssitze auf die Gruppen nach dem Höchstzahlverfahren. Dabei wird davon ausgegangen, dass keine Vorabstimmung nach § 18 Abs. 1 BPersVG durchgeführt worden ist, d. h. dass keine von § 17 BPersVG abweichende Verteilung der Sitze auf die Gruppen beschlossen wurde. Ist dagegen eine abweichende Verteilung der Sitze auf die einzelnen Gruppen beschlossen worden, so hat der Wahlvorstand die Sitze so auf die Gruppen aufzuteilen, wie die Wahlberechtigten es beschlossen haben. 2

2. Die Absätze 2 und 3 beschreiben das rechnerische Verfahren, nach dem die Sitzverteilung erfolgt. Auszugehen ist vom **Grundsatz des Höchstzahlverfahrens** nach d'Hondt. Die Zahlen der Beamten und Arbeitnehmer werden nebeneinandergestellt und durch 1, 2, 3 und 4 usw. geteilt. Dies wird so lange fortgesetzt, bis einschließlich der Grundzahlen so viele Höchstzahlen gebildet sind, wie Sitze zur Verfügung stehen. Jeder Höchstzahl wird ein Sitz zugeteilt (Beispiele: § 19 Anm. 29 ff.). 3

Beispiel: In einer Dienststelle bestehen zwei Gruppen mit insgesamt 85 Beschäftigten, davon 25 Beamte und 60 Arbeitnehmer. Größe des Personalrats: fünf Mitglieder (§ 16 BPersVG).

	Arbeitnehmer	Beamte
geteilt durch 1:	60 (1)	25 (3)
geteilt durch 2:	30 (2)	12,5
geteilt durch 3:	20 (4)	8,3
geteilt durch 4:	15 (5)	6,2
geteilt durch 5:	12	5

Dies ergibt folgende Sitzverteilung: vier Arbeitnehmer, ein Beamter.

4 3. Es dürfen nur so viele **Höchstzahlen** errechnet und verwendet werden, wie einschließlich der Grundzahlen benötigt werden, um die Sitze zu verteilen.

5 4. Wenn bei (zwei) gleichen Höchstzahlen nur noch ein Sitz zu vergeben ist oder bei drei gleichen Höchstzahlen zwei Sitze zu vergeben sind, so entscheidet der Wahlvorstand in öffentlicher Sitzung durch **Los.** Dabei ist nicht von Bedeutung, welcher von mehreren Bewerbern als erster und welcher an späterer Stelle das Los zieht (OVG Lüneburg v. 20. 9. 1957, ZBR 1957, 373). Entscheidend ist, dass die am Losentscheid Beteiligten gleiche Erfolgschancen haben. Daher ist jede Methode geeignet, die Chancengleichheit bietet und ein Zufallergebnis ermöglicht (BVerwG v. 1. 8. 1958, BVerwGE 7, 197 = ZBR 1958, 351 = PersV 1958/59, 114), z. B. Münzwurf. Gegen die Zulässigkeit des Münzwurfs als Losentscheid bestehen keine rechtlichen Bedenken, wenn die Münze genügend hoch geworfen wurde und durch ihr Auftreffen auf einer harten Unterlage in mehrfache Umdrehung versetzt worden ist (VGH München v. 13. 2. 1991, Leits. ZfPR 1991, 80; vgl. zum Losverfahren grundsätzlich: BVerwG v. 15. 5. 1991, ZBR 1992, 58 = PersV 1992, 73 = ZfPR 1991, 172). Dagegen ist ein Losentscheid in Form des Streichholzziehens unzulässig, weil für Dritte nicht erkennbar ist, ob das Losverfahren ordnungsgemäß durchgeführt wird (OVG Münster v. 9. 8. 1989 – CB 145/89, n. v.). Der Losentscheid hat dieselbe rechtliche Wirkung wie eine Entscheidung durch Stimmenmehrheit (BVerwG v. 1. 8. 1958, aaO).

Beispiel: Bei 140 Beschäftigten und acht Soldaten hat der Personalrat nach § 16 Abs. 1 fünf Mitglieder, die sich wegen der Soldaten nach § 51 Abs. 2 Satz 1 SBG um ein Drittel auf sieben erhöhen. Auf die Gruppen sind folgende Stimmen entfallen:

	I Arbeitnehmer	II Beamte	III Soldaten
geteilt durch 1:	80 (1)	60 (2)	8 (7)
geteilt durch 2:	40 (3)	30 (4)	4
geteilt durch 3:	26,66 (5)	20 (6)	2,66
geteilt durch 4:	20 (6)	15	2

Wegen gleicher Höchstzahlen (20 in Liste I und II) entscheidet das Los, welche Gruppe den Sitz an die Soldatengruppe abzugeben hat (Abs. 3).

6 5. Das Höchstzahlverfahren erfährt durch § 17 Abs. 3 BPersVG dann eine gewisse Abwandlung, wenn **Minderheitsgruppen** vorhanden sind. Wenn auf eine Gruppe weniger Sitze nach dem Höchstzahlverfahren entfallen würden, als ihr nach dem Minderheitenschutz des § 17 Abs. 3 BPersVG zustehen, so erhält sie die nach § 17 Abs. 3 BPersVG vorgeschriebene Zahl von Sitzen. Die jeweils zuletzt zugeteilten Sitze werden zuerst gekürzt (§ 17 BPersVG Anm. 17). Allerdings darf die betroffene Gruppe nicht selbst in ihrem Anspruch auf Minderheitenschutz beeinträchtigt werden (§ 5 Abs. 3 Satz 5 WO). Ist die letzte Höchstzahl in zwei Gruppen gleich, so entscheidet das Los darüber, welche der beiden Gruppen den Sitz an die dritte Gruppe abzugeben hat. Sind in zwei Gruppen die beiden letzten Höchstzahlen gleich, so bedarf es dann keines Losentscheids, wenn bei Wegnahme des einen Sitzes die Gruppe selbst nicht mehr über die nach § 17 Abs. 3 BPersVG vorgeschriebene Mindestzahl an Sitzen verfügen würde. Infolgedessen geht der an die bisher leer ausgegangene Gruppe abzugebende Sitz zu Lasten der stärksten

Gruppe. Wenn alle Gruppen gleich stark sind, so werden zunächst die verfügbaren Sitze gleichmäßig verteilt. Über die Zuteilung der alsdann noch verbleibenden Sitze entscheidet das Los.

III. Zwingende Vorschrift

Die **Vorschrift ist zwingend** und eine wesentliche Vorschrift i. S. von § 25 BPersVG. Ihre Verletzung rechtfertigt die Wahlanfechtung, z. B. im Falle einer fehlerhaften Verteilung der Sitze auf die Gruppen (OVG Koblenz v. 9. 8. 1994, Leits. ZfPR 1995, 92). Die Vorschrift **gilt für die Wahl in allen Stufen** und für die Wahl der Gesamtpersonalräte. 7

§ 6 Wahlausschreiben

(1) Nach Ablauf der in § 4 bestimmten Frist und spätestens sechs Wochen vor dem letzten Tag der Stimmabgabe erlässt der Wahlvorstand ein Wahlausschreiben. Es ist von sämtlichen Mitgliedern des Wahlvorstandes zu unterschreiben.

(2) Das Wahlausschreiben muss enthalten

1. Ort und Tag seines Erlasses,

2. die Zahl der zu wählenden Mitglieder des Personalrates, getrennt nach Gruppen,

2a. Angaben über die Anteile der Geschlechter innerhalb der Dienststelle, getrennt nach Gruppen,

3. Angaben darüber, ob die Gruppen ihre Vertreter in getrennten Wahlgängen wählen (Gruppenwahl) oder vor Erlass des Wahlausschreibens gemeinsame Wahl beschlossen worden ist,

4. die Angabe, wo und wann das Wählerverzeichnis und diese Wahlordnung zur Einsicht ausliegen,

5. den Hinweis, dass nur Beschäftigte wählen können, die in das Wählerverzeichnis eingetragen sind,

5a. den Hinweis, dass die Geschlechter im Personalrat entsprechend dem Zahlenverhältnis vertreten sein sollen,

6. den Hinweis, dass Einsprüche gegen das Wählerverzeichnis nur binnen sechs Arbeitstagen seit seiner Auslegung schriftlich beim Wahlvorstand eingelegt werden können, der letzte Tag der Einspruchsfrist ist anzugeben,

7. die Mindestzahl von wahlberechtigten Beschäftigten, von denen ein Wahlvorschlag unterzeichnet sein muss, und den Hinweis, dass jeder Beschäftigte für die Wahl des Personalrates nur auf einem Wahlvorschlag benannt werden kann,

7a. den Hinweis, dass der Wahlvorschlag einer in der Dienststelle vertretenen Gewerkschaft von zwei Beauftragten unterzeichnet sein muss (§ 19 Abs. 9 des Gesetzes),

8. die Aufforderung, Wahlvorschläge binnen achtzehn Kalendertagen nach dem Erlass des Wahlausschreibens beim Wahlvorstand einzureichen, der letzte Tag der Einreichungsfrist ist anzugeben,

9. den Hinweis, dass nur fristgerecht eingereichte Wahlvorschläge berücksichtigt werden und dass nur gewählt werden kann, wer in einen solchen Wahlvorschlag aufgenommen ist,

10. den Ort, an dem die Wahlvorschläge bekanntgegeben werden,

11. den Ort und die Zeit der Stimmabgabe,

12. einen Hinweis auf die Möglichkeit der schriftlichen Stimmabgabe, gegebenenfalls auf die Anordnung der schriftlichen Stimmabgabe nach § 19,

13. den Ort und die Zeit der Stimmenauszählung und der Sitzung des Wahlvorstandes, in der das Wahlergebnis abschließend festgestellt wird,

14. den Ort, an dem Einsprüche, Wahlvorschläge und andere Erklärungen gegenüber dem Wahlvorstand abzugeben sind.

(3) Der Wahlvorstand hat eine Abschrift oder einen Abdruck des Wahlausschreibens vom Tage des Erlasses bis zum Abschluss der Stimmabgabe an einer oder an mehreren geeigneten, den Wahlberechtigten zugänglichen Stellen auszuhängen und in gut lesbarem Zustand zu erhalten.

(4) Offenbare Unrichtigkeiten des Wahlausachreibens können vom Wahlvorstand jederzeit berichtigt werden.

(5) Mit Erlass des Wahlausschreibens ist die Wahl eingeleitet.

Entspr. landesgesetzliche Regelungen:
Baden-Württemberg: § 8; Bayern: § 6; Berlin: § 5; Brandenburg: § 7; Bremen: § 6; Hamburg: § 6; Hessen: § 6; Mecklenburg-Vorpommern: § 8; Niedersachsen: § 8; Nordrhein-Westfalen: § 6; Rheinland-Pfalz: § 6; Saarland: § 6; Sachsen: § 6; Sachsen-Anhalt: § 6; Schleswig-Holstein: § 8; Thüringen: § 6.

I. Vorbemerkungen

1 Das **Wahlausschreiben**, dessen Inhalt durch die Vorschrift für die Wahlen auf der örtlichen Ebene abschließend geregelt wird, ist die Grundlage für das Wahlverfahren; demgegenüber bestimmt § 37 WO den Inhalt des Wahlausschreibens für die Wahl der Bezirkspersonalräte, während § 42 WO für die Hauptpersonalräte und § 45 WO für die Wahl der Gesamtpersonalräte maßgebend sind. Mit dem Erlass des Wahlausschreibens wird die Wahl eingeleitet. Infolgedessen fallen der Zeitpunkt des Erlasses des Wahlausschreibens und der Zeitpunkt des Beginns der Bekanntgabe zusammen. Der Zeitpunkt der Bekanntgabe ist an den Erlass gekoppelt. Eine vor dem eigentlichen Erlass erfolgende Bekanntgabe des Wahlausschreibens setzt daher den Lauf der Frist zur Einreichung von Wahlvorschlägen nicht in Gang (BVerwG v. 17. 7. 1980, PersV 1981, 498). Das Wahlausschreiben selbst muss alle in Abs. 2 aufgeführten Merkmale enthalten. Eine Umschreibung, die etwa mögliche gedankliche Folgerungen verlangt, genügt nicht (OVG Münster v. 29. 3. 1957, Leits. ZBR 1957, 184).

II. Wahlausschreiben

2 1. Das Wahlausschreiben darf frühestens nach Ablauf von **sechs Arbeitstagen** seit der Bekanntgabe der Zusammensetzung des Wahlvorstands erlassen werden. Innerhalb dieser Frist kann dem Wahlvorstand das Ergebnis von Vorabstimmungen nach § 4 WO mitgeteilt werden. Die Vorabstimmungen über eine andere Verteilung der Sitze auf die Gruppenvertreter, über eine gemeinsame Wahl oder über die Verselbstständigung einer Nebenstelle oder eines Dienststellenteils haben unmittelbaren Einfluss auf den Inhalt des Wahlausschreibens.

3 2. Das **Wahlausschreiben muss** außerdem „spätestens **sechs Wochen vor dem letzten Tag der Stimmabgabe erlassen** werden“ (vgl. § 20 Abs. 1 Satz 1 und Abs. 2 Satz 1 BPersVG). Hierbei handelt es sich um eine Mindestfrist, die mit dem ersten Tag nach Aushang des Wahlausschreibens beginnt. Zwischen dem Tag der Bekanntgabe der Zusammensetzung des Wahlvorstands und dem letzten Tag der Stimmabgabe ist ein Zeitraum von mindestens sechs Wochen und sechs Arbeitstagen zu berücksichtigen. Hierdurch ist die Frist auf den Ablauf der Amtszeit der bisherigen Personalvertretung abgestellt. Wenn die Frist nicht eingehalten wird, so kann ein Grund zur Wahlanfechtung gegeben sein, falls durch die Nichtbeachtung der Frist eine Verkürzung anderer wesentlicher Fristen erfolgt und eine Beeinflussung des Wahlergebnisses möglich ist (BVerwG v. 27. 11. 1959, BVerwGE 9, 357 = ZBR 1960, 125 = PersV 1960, 18).

3. Das Wahlausschreiben ist von sämtlichen Mitgliedern des Wahlvorstands zu unterschreiben (Abs. 1 Satz 2). Unterbleibt die **Unterschrift** auch nur eines Mitglieds, so ist es ungültig und eine Wahlanfechtung gerechtfertigt (OVG Lüneburg v. 9. 1. 1962, ZBR 1962, 60 = PersV 1962, 88; OVG Münster v. 15. 4. 2003, PersV 2004, 101 = Leits. ZfPR 2004, 17; Fischer u. a., § 6 Anm. 4). Wenn daher ein ordentliches Mitglied des Wahlvorstands an der Unterschriftsleistung verhindert ist, so hat das für dieses Mitglied bestellte Ersatzmitglied zu unterzeichnen. Eine Vertretung durch ein anderes ordentliches Mitglied ist nach dem Wortlaut des Gesetzes („sämtlichen") nicht zulässig (Lorenzen u. a., § 6 WO Anm. 3). Falls ein Mitglied des Wahlvorstands mit dem Wahlausschreiben nicht einverstanden ist, kann es sich nicht weigern zu unterschreiben. Im Falle der Weigerung muss in einem einstweiligen Verfügungsverfahren die Verpflichtung des Betreffenden festgestellt werden oder es ist ein neues Wahlvorstandsmitglied zu bestellen (Fischer u. a., aaO). 4

4. Abs. 2 enthält die zwingenden **Mindestanforderungen an den Inhalt des Wahlausschreibens.** Das Wahlausschreiben kann weitere Angaben enthalten. Die nachfolgenden, im einzelnen beschriebenen Angaben sind wesentlicher Inhalt des Wahlausschreibens und daher unbedingt aufzuführen. Ist dies nicht der Fall oder enthält das Wahlausschreiben unrichtige Angaben, so wird damit gegen wesentliche Vorschriften i. S. von § 25 BPersVG verstoßen. Eine Wahlanfechtung wäre gerechtfertigt (BVerwG v. 10. 8. 1978, BVerwGE 56, 208 = ZBR 1979, 180 = PersV 1979, 417). Die vom Wahlvorstand im Wahlausschreiben gemachten Angaben müssen klar und ohne weiteres verständlich sein (VGH Kassel v. 28. 11. 1990, PersV 1992, 267 = Leits. ZfPR 1991, 175). 5

5. Die Bekanntgabe von **Ort und Tag des Erlasses des Wahlausschreibens** (Abs. 2 Nr. 1) muss mit der Wirklichkeit übereinstimmen. Dies bedeutet, dass der Tag des Erlasses der Tag sein muss, an dem das Wahlausschreiben bekanntgegeben wird (BVerwG v. 17. 12. 1957, Leits. ZBR 1958, 187). Wegen der im Übrigen einzuhaltenden Fristen kann daher der Wahlvorstand den Vorsitzenden auch nicht ermächtigen, Tag und Stunde des Erlasses des Wahlausschreibens nach eigenem Gutdünken zu bestimmen (VG Berlin v. 6. 9. 1974, PersV 1975, 426). Schließlich ist der Zeitpunkt des Erlasses für den Stichtag der Ermittlung des Personalbestands der Dienststelle und damit für die Größe des Personalrats von Bedeutung (OVG Münster v. 24. 6. 1970, Leits. ZBR 1971, 62). Dieser Zeitpunkt ist auch für eine etwaige Wiederholungswahl maßgebend (BVerwG v. 13. 6. 1969, BVerwGE 32, 182 = ZBR 1969, 355). 6

6. Die Zahl der zu wählenden Mitglieder der Personalvertretung muss **getrennt nach Beamten, Angestellten und Arbeitern** im Wahlausschreiben aufgeführt sein (Abs. 2 Nr. 2). Ist die Zahl falsch angegeben worden, so kommt eine Berichtigung des Wahlergebnisses auch nicht in der Weise in Betracht, dass eine der zutreffenden Zahl der in der Regel Beschäftigten entsprechende Zahl von Personalratsmitgliedern als gewählt gilt (OVG Münster v. 10. 2. 1999, Leits. PersV 1999, 418 = ZfPR 2000, 11). Ermittelt der Wahlvorstand eine unzutreffende Zahl der in der Regel Beschäftigten mit der Folge einer zu großen Personalvertretung, dann ist die Wahl anfechtbar (vgl. für das BetrVG: BAG v. 29. 5. 1991, BAGE 68, 74 = BB 1992, 136 = DB 1992, 46). 7

a) Das Wahlausschreiben muss **Angaben über die Anteile der Geschlechter** innerhalb der Dienststelle getrennt nach Beamten, Angestellten und Arbei- 7a tern enthalten (Abs. 2 Nr. 2 a). Darüber hinaus muss das Wahlausschreiben auch einen Hinweis darauf geben, wie viele Personalratsmitglieder zu wählen sind wie viele Sitze auf die Gruppen entfallen. Die richtige Angabe der auf die einzelnen Gruppen entfallenden Sitze im Wahlausschreiben ist unverzichtbare Voraussetzung einer ordnungsgemäßen Wahl (OVG Münster v. 20. 1. 1994, Leits. ZBR 1994, 190 = PersV 1996, 402 = Leits. ZfPR 1994, 195). Die unzutreffende Angabe über die Sitzverteilung ist nicht berichtigungsfähig (OVG Hamburg v. 7. 6. 1983, PersV 1984, 105); auch insoweit ist die Vorschrift zwingend (OVG Münster v. 10. 2. 1999, Leits. ZBR 2000, 106 = ZfPR 2000, 11; vgl. auch Anm. 7).

8 7. Darüber hinaus muss das Wahlausschreiben oder eine Abschrift unverzüglich nach Einleitung der Wahl bis zum Abschluss der Stimmabgabe **an geeigneter Stelle zur Einsicht ausliegen** (Abs. 2 Nr. 4), eine ungenaue Bezeichnung des Orts und/oder der Zeit des Auslegens von Wählerverzeichnis und Wahlordnung rechtfertigen eine Wahlanfechtung (VGH Kassel v. 6. 8. 1986, ZBR 1987, 287 = PersV 1990, 396). Außerdem ist darauf hinzuweisen, dass nur solche Beschäftigten wählen können, die in das **Wählerverzeichnis eingetragen** sind (Abs. 2 Nr. 5), und dass die Geschlechter im Personalrat entsprechend dem Zahlenverhältnis vertreten sein sollen (Abs. 2 Nr. 5 a). Die zum Einspruch Berechtigten müssen auf das **Recht zur Erhebung von Widersprüchen** gegen das Wählerverzeichnis hingewiesen werden (Abs. 2 Nr. 6). Die Ausschlussfrist endet mit „Ablauf des letzten Tages“, also um 24.00 Uhr. Gefordert ist Schriftform für die Einlegung des Einspruchs; ausreichend sind Telex und Fax, sofern der Wahlvorstand eine entsprechende Erreichbarkeit im Wahlausschreiben angibt (Fischer u. a., § 6 WO Anm. 17). Schließlich muss das Wahlausschreiben die **Mindestzahl von wahlberechtigten Beschäftigten** benennen, von denen ein Wahlvorschlag zu unterzeichnen ist (Abs. 2 Nr. 7). Daher muss im einzelnen angegeben werden, welche Zahl von Unterschriften ausreicht bzw. erforderlich ist. Der bloße Hinweis auf die Bestimmungen des BPersVG ist nicht ausreichend. Da nach § 19 Abs. 4 BPersVG auch die in der Dienststelle vertretenen Gewerkschaften Wahlvorschläge machen können, muss das Wahlausschreiben auch einen Hinweis auf die Unterzeichnung von entsprechenden Wahlvorschlägen enthalten. Daher ist gemäß § 19 Abs. 9 BPersVG darauf hinzuweisen, dass der **Wahlvorschlag einer in der Dienststelle vertretenen Gewerkschaft** von zwei Beauftragten unterzeichnet sein muss (Abs. 2 Nr. 7 a).

9 8. Wenn das Wahlausschreiben erlassen ist, so beginnt die **Frist von 18 Kalendertagen für die Einreichung von Wahlvorschlägen** zu laufen (Abs. 2 Nr. 8). Infolgedessen muss auf diese Frist im Wahlausschreiben ausdrücklich hingewiesen werden. Wird die Frist mit weniger als 18 Tagen angegeben, so macht dieser Fehler die Wahl anfechtbar (VGH München v. 6. 9. 1989, Leits. ZfPR 1991, 175; gleiches gilt bei irrtümlicher Angabe einer längeren Frist, VGH Kassel v. 4. 9. 1997 – 22 TL 1/97, n. v.). Eine Begrenzung der Frist durch Angabe einer bestimmten Uhrzeit ist nicht zulässig; denn die Frist von 18 Kalendertagen ist eine gesetzliche Frist, deren Berechnung sich entsprechend § 52 WO nach den §§ 186 bis 193 BGB richtet (VGH Kassel v. 29. 1. 1986, PersV 1991, 484). Gem. § 187 Abs. 1, § 188 Abs. 1 BGB endet eine Frist mit Ablauf des Tages. Infolgedessen hat der Wahlvorstand im Wahlausschreiben lediglich den letzten Tag der Einreichungsfrist bekanntzugeben (BVerwG v. 17. 7. 1980, PersV 1981, 498); ihm steht kein Entscheidungsspielraum hinsichtlich der Angabe des letzten Tages der Frist zur Einreichung von Wahlvorschlagslisten zu (vgl. für das BetrVG: BAG v. 9. 12. 1992, BB 1993, 1217 = DB 1993, 2084). Wenn der letzte Tag der

Einreichungsfrist auf einen Samstag, Sonntag oder Feiertag fällt, dann endet die Frist erst mit Ablauf des nächst folgenden Werktages (Fischer u. a., § 6 Anm. 20; Lorenzen u. a., § 6 Anm. 18). Der Wahlvorstand ist nicht ermächtigt, die Einreichungsfrist abzukürzen und das Ende der Wahl am letzten Tag (24 Uhr) auf eine frühere Uhrzeit vorzuverlegen; allerdings wird durch eine solche Abkürzung nicht grundsätzlich gegen eine wesentliche Vorschrift über das Wahlverfahren verstoßen (VG Hamburg v. 11. 12. 1992, PersR 1993, 508). Wohl aber ist ein Wahlanfechtungsrecht dann gegeben, wenn ein Wahlvorschlag am letzten Tag der Einreichungsfrist deshalb nicht mehr eingereicht werden kann, weil der Wahlvorstand über den Dienstschluss hinaus die Möglichkeit einer Abgabe von Wahlvorschlägen nicht vorgesehen hat (vgl. auch § 7 Anm. 4, § 10 Anm. 2). Das Wahlausschreiben muss im Übrigen den Hinweis enthalten, dass die Wahlvorschläge „beim Wahlvorstand" einzureichen sind (BVerwG v. 3. 2. 1969, PersV 1970, 37; vgl. hierzu § 7 Anm. 5). Die Anschrift des Wahlvorstands muss daher so bestimmt angegeben werden, dass auch Boten und Postzusteller den Wahlvorstand ohne Probleme auffinden und Postsendungen diesen Wahlvorstand auf dem schnellsten Wege erreichen können (VGH Mannheim v. 23. 9. 1997, PersR 1998, 251). Darüber hinaus muss das Wahlausschreiben darauf hinweisen, dass die **verspätete Einreichung** eines Wahlvorschlags dazu führt, dass dieser nicht mehr berücksichtigt werden kann. Außerdem ist klarzustellen, dass nur diejenigen gewählt werden können, die in einem gültigen Wahlvorschlag benannt werden (Abs. 2 Nr. 9).

9. Das Wahlausschreiben muss an demselben Tag ausgehangen werden, an dem es erlassen worden ist; andernfalls liegt ein **Verstoß gegen wesentliche Wahlvorschriften** vor (VG Hamburg v. 11. 12. 1992, PersR 1993, 508). Daher kann auch ein Wahlvorstand diesen Verstoß nicht dadurch heilen, dass er das Fristende für die Einreichung von Wahlvorschlägen nicht ab dem Erlass, sondern ab der verspäteten Bekanntgabe des Wahlausschreibens berechnet (VG Berlin v. 9. 1. 1997, Leits. ZfPR 1997, 122). Die **Bekanntgabe** erfolgt **durch Aushang.** Der Ort des Aushangs muss im Wahlausschreiben bezeichnet sein (Abs. 2 Nr. 10). Der Wahlvorstand kann ein Wahlausschreiben, in dem das Wahllokal irrtümlich nicht angegeben war, nachträglich korrigieren, soweit für die Wahlberechtigten dadurch keine Beschränkung ihres Wahlrechts eintritt. Zwar ist in dem Unterlassen der Ortsangabe ein Verstoß gegen eine wesentliche Vorschrift über das Wahlverfahren zu sehen, die aber dann nicht zu einer Wahlanfechtung führt, wenn nach der Berichtigung das Wahlverfahren noch korrekt ablaufen kann (vgl. für das BetrVG: BAG v. 19. 9. 1985, BAGE 50, 1 = DB 1986, 864; vgl. hierzu auch § 25 Anm. 13 BPersVG). 10

10. Die Pflicht des Wahlvorstands, Ort und Zeit der Stimmabgabe zu bezeichnen (Abs. 2 Nr. 11), folgt aus § 1 Abs. 1 Satz 1 WO. Fehlen entsprechende Angaben, so ist ein Grund zur Wahlanfechtung gegeben (VGH Kassel v. 28. 11. 1990, PersV 1992, 267). Die **Wahlvorstände sind nicht befugt,** abweichend von den im Wahlausschreiben gegebenen Hinweisen auf Ort und Zeit der Stimmabgabe in nachgeordneten Stellen einer Dienststelle oder Nebenstellen „fliegende" Wahllokale einzurichten. Dagegen ist der Wahlvorstand nicht verpflichtet, den Gewerkschaften Wahlausschreiben und Wählerverzeichnis zu übersenden; denn die Gewerkschaften müssen sich darauf verweisen lassen, sich entsprechende Informationen über ihre Mitglieder zu verschaffen (OVG Hamburg v. 7. 8. 1991, PersV 1992, 477 = Leits. ZfPR 1992, 81). Der im Wahlausschreiben genannte Wahltag kann nicht geändert werden (OVG Lüneburg v. 9. 1. 1962, PersV 1962, 88). Dies ist 11

allenfalls bei den vorgesehenen Wahlstunden zulässig. Dabei müssen aber die Verhältnisse der Dienststelle angemessen berücksichtigt werden (OVG Münster v. 13. 6. 1960, ZBR 1960, 335). Auch dies ist dem Wahlvorstand nur auf der örtlichen Ebene ermöglicht. Soweit er gleichzeitig die Wahl zu den Stufenvertretungen durchführt (§ 36 i. V. mit § 33 Abs. 1 Satz 2, § 42 WO), ist der Wahlvorstand an etwaige Weisungen des Bezirks- und des Hauptwahlvorstands über die Wahlstunden gebunden.

12 11. Die Pflicht des Wahlvorstands zum Hinweis auf die Möglichkeit der **schriftlichen Stimmabgabe (Abs. 2 Nr. 12)** beruht auf § 17 WO. Im Falle von Wahlen im Rahmen des § 6 Abs. 2 und 3 BPersVG (nicht verselbstständigte Teile von Dienststellen, die räumlich weit von dieser entfernt liegen oder Nebenstellen) kann der Wahlvorstand eine schriftliche Stimmabgabe anordnen, auf die er dann ebenfalls hinzuweisen hat (vgl. Abs. 2 Nr. 12). Wenn ein Wahlvorstand durch Beschluss vor Erlass des Wahlausschreibens die Stimmabgabe in mehreren Wahllokalen anordnet, dann muss er im Wahlausschreiben selbst den Ort aller Wahllokale so genau angeben, dass jeder Beschäftigte das für ihn zuständige Wahllokal leicht finden kann und Verwechslungen ausgeschlossen sind. Deshalb müssen Straße, Hausnummer und Stockwerk eines Gebäudes sowie die Zimmernummer des Wahllokales ebenso wie die Zeit der Stimmabgabe mit Beginn und Ende angegeben werden. Fehlen entsprechende Angaben, so ist ein Grund zur Wahlanfechtung gegeben (OVG Lüneburg v. 30. 1. 2002, Leits. ZfPR 2004, 17).

13 12. Nach § 20 Abs. 1 WO hat der Wahlvorstand die abgegebenen **Stimmen in einer öffentlichen Sitzung auszuzählen** und das Wahlergebnis festzustellen. Die Beschäftigten sollen die Möglichkeit haben, an dieser Sitzung teilzunehmen. Aus diesem Grund ist bereits im Wahlausschreiben auf Ort und Zeit der Stimmauszählung hinzuweisen (Abs. 2 Nr. 13). Schließlich muss das Wahlausschreiben auch eine Angabe des Ortes enthalten, an dem Erklärungen gegenüber dem Wahlvorstand abzugeben sind (Abs. 2 Nr. 14). Während der angegebenen Zeiten muss stets ein Mitglied des Wahlvorstands anwesend sein.

14 13. Eine **Abschrift oder einen Abdruck des Wahlausschreibens** hat der Wahlvorstand vom Tag des Erlasses bis zum Abschluss der Stimmabgabe an einer oder an mehreren geeigneten Stellen auszuhängen (Abs. 3). Der Aushang ist die allein zulässige Form der Bekanntmachung eines Wahlausschreibens. Zwar kann eine Bekanntmachung auch über das behördeninterne Intranet erfolgen. Dadurch aber kann der Aushang nicht ersetzt werden (Lorenzen u. a., § 6 WO Anm. 5; aA Fischer u. a., § 6 WO Anm. 14). Die Vorschrift bezweckt die **Unterrichtung der Wahlberechtigten über die Vorbereitung der Wahl.** Auf räumlich ausgedehnten Dienststellen, namentlich solchen mit Außenstellen, ist der Aushang des Wahlausschreibens an mehreren, den Beschäftigten zugänglichen Stellen notwendig. In diesem Fall muss in jeder Außenstelle ein Abdruck des Wahlausschreibens ausgehängt werden; andernfalls ist die Wahl anfechtbar (vgl. für das BetrVG: BAG v. 5. 5. 2004, BAGE 110, 288 = BB 2005, 108 = DB 2004, 1947 = ZBVR 2004, 221). Wenn auf Beschluss des Wahlvorstands mehrere Wahlausschreiben ausgehängt werden, so ist der Erlass des Wahlausschreibens erst dann erfolgt und das Wahlausschreiben somit erlassen, wenn es an der letzten der vorgesehenen Stellen zum Aushang kommt. Das Datum des Aushangs an der letzten vorgesehenen Stelle und das im Wahlausschreiben genannte Datum des Erlasses müssen übereinstimmen, um die Frist zur Einreichung von Wahlvorschlägen in Gang zu setzen (OVG Lüneburg v. 30. 1. 2002, Leits.

ZfPR 2004, 17). Die zum Aushang bestimmten Ausfertigungen müssen untereinander und mit dem Original übereinstimmen. Sie müssen außerdem auf dem laufenden gehalten werden; unleserlich gewordene Stücke sind gegen einwandfreie auszutauschen.

14. Nach Abs. 4 können **offenbare Unrichtigkeiten des Wahlausschreibens vom Wahlvorstand** jederzeit **berichtigt werden**; Voraussetzung ist, dass das Wahlausschreiben in seiner bisherigen Gestalt belassen werden kann (VG Hamburg v. 11. 12. 1992, PersR 1993, 508). Die Korrektur kann sich nur auf solche Angaben beziehen, deren Unrichtigkeiten „unschwer zu erkennen sind" (OVG Münster v. 9. 9. 1957, Leits. ZBR 1957, 375). Dies sind im allgemeinen offensichtliche Schreibfehler im Datum oder bei Personennamen (OVG Lüneburg v. 20. 10. 1964, PersV 1965, 164) bzw. Fehler im Zusammenhang mit der Angabe der Zahl der insgesamt zu wählenden Personalratsmitglieder, nämlich u. a. dann, wenn in einem Wahlausschreiben diese Zahl von der Summe der angegebenen Zahlen der Gruppenvertreter abweicht (OVG Münster v. 13. 12. 2000, PersV 2001, 424 = Leits. ZfPR 2002, 180). Die Fehler müssen sich also unmittelbar aus dem Wahlausschreiben selbst ergeben. Die unzutreffende Angabe der Sitzverteilung ist daher nicht berichtigungsfähig (vgl. für das BetrVG: LAG Frankfurt v. 3. 12. 1985, DB 1987, 54). Beruhen die Änderungen nicht auf einer dem bekanntgemachten Wahlausschreiben zu entnehmenden Unrichtigkeit, sondern sind sie auf eine geänderte Entscheidung des Wahlvorstands zurückzuführen, so ist eine **Berichtigung des Wahlausschreibens nicht möglich.** Vielmehr muss in diesen Fällen ein neues Wahlausschreiben ergehen (OVG Hamburg v. 7. 6. 1983, PersV 1984, 105). Wenn sich durch die Berichtigung des Wahlausschreibens für eine Gruppe die Zahl ihrer Vertreter erhöht, so muss den Wahlberechtigten Gelegenheit gegeben werden, neue Wahlvorschläge einzureichen (OVG Münster v. 6. 6. 1957, Leits. ZBR 1957, 375). 15

15. Durch die Korrektur des Wahlausschreibens dürfen die wahlberechtigten Beschäftigten nicht in ihren Rechten beeinträchtigt werden. Sind daher die Angaben fehlerhaft (z. B. falsche Berechnung der Zahl der auf die Gruppen entfallenden Sitze; vgl. Anm. 14), so handelt es sich nicht um eine offenbare Unrichtigkeit des Wahlausschreibens. Infolgedessen muss das **Wahlausschreiben neu** erlassen werden (Altvater u. a., § 6 WO Anm. 28). Mit dem Erlass des neuen Wahlausschreibens beginnt der Lauf neuer Fristen. 16

III. Geltungsbereich der Vorschrift

Mit dem Erlass des Wahlausschreibens ist die Wahl eingeleitet (Abs. 5). Die **Vorschrift gilt für alle Stufen** und für die Vorbereitung der Wahl aller vertretungsrechtlichen Einrichtungen. Fehler des Wahlausschreibens, durch die das Wahlergebnis geändert oder beeinflusst werden könnte, rechtfertigen eine Wahlanfechtung nach § 25 BPersVG (BVerwG v. 10. 4. 1978, BVerwGE 55, 307 = ZBR 1978, 311 = PersV 1979, 154). Die Wahlanfechtung schließt das Rechtsschutzinteresse daran nicht aus, Fehler des Wahlvorstands zum Gegenstand eines isolierten Beschlussverfahrens zu machen (BVerwG v. 18. 10. 1978, BVerwGE 56, 330 = ZBR 1979, 216 = PersV 1979, 500). Wenn Angaben in einem Wahlausschreiben fehlen, die dieses nach § 6 WO enthalten muss, so ist gegen wesentliche Vorschriften über das Wahlverfahren verstoßen worden (BVerwG v. 10. 8. 1978, BVerwGE 56, 208 = ZBR 1979, 180 = PersV 1979, 417). Wenn der Wahlvorstand infolge fehlerhafter Berechnung der Einreichungsfrist den Ablauf dieser Frist im Wahlausschreiben zu früh angegeben hat, so begründet die Zurückweisung eines Wahlvorschlags, der nicht bis zu der vom Wahlvorstand genannten Zeit eingereicht 17 wurde, aber materiell die gesetzliche Frist noch wahrte, die Wahlanfechtung (BVerwG v. 17. 7. 1980, PersV 1981, 498). Der Zeitpunkt der Bekanntgabe des Wahlausschreibens ist an den des Erlasses gekoppelt; denn die Bekanntgabe wird zwingend am Tag des Erlasses vorgeschrieben. Wird also das Wahlausschreiben nicht am Tag des Erlasses, sondern zu einem späteren Zeitpunkt durch Aushang bekanntgegeben, so liegt darin ein Verstoß gegen wesentliche Wahlvorschriften (VGH Kassel v. 19. 3. 1980, PersV 1982, 197). Die Wahlanfechtung kann auch eine Berichtigung des Wahlergebnisses zum Ziel haben; denn die Anfechtung muss nicht in jedem Fall auf die Ungültigkeitserklärung der Wahl gerichtet sein. (BVerwG v. 15. 3. 1968, BVerwGE 29, 222 = ZBR 1968, 262 = PersV 1968, 187).

IV. Streitigkeiten

18 Eine **Wahlanfechtung** ist dann gerechtfertigt, wenn die zwingenden Vorschriften über den Inhalt des Wahlausschreibens nicht berücksichtigt werden; denn hierin ist ein Verstoß gegen wesentliche Vorschriften des Wahlverfahrens zu sehen (VGH Kassel v. 6. 8. 1986, PersV 1990, 396). Die Voraussetzungen für eine Wahlanfechtung sind auch dann gegeben, wenn ein Wahlausschreiben unzulässige Änderungen oder Berichtigungen enthält (OVG Münster v. 13. 12. 2000, PersV 2001, 424 = Leits. ZfPR 2002, 180).

§ 7 Wahlvorschläge, Einreichungsfrist

(1) Zur Wahl des Personalrates können die wahlberechtigten Beschäftigten und die in der Dienststelle vertretenen Gewerkschaften Wahlvorschläge machen.

(2) Die Wahlvorschläge sind binnen achtzehn Kalendertagen nach dem Erlass des Wahlausschreibens beim Wahlvorstand einzureichen. Bei Gruppenwahl sind für die einzelnen Gruppen getrennte Wahlvorschläge einzureichen.

Entspr. landesrechtliche Regelungen:
Baden-Württemberg: § 10; Bayern: § 7; Berlin: § 6; Brandenburg: § 8; Bremen: § 7; Hamburg: § 7; Hessen: § 7; Mecklenburg-Vorpommern: § 9; Niedersachsen: § 9; Nordrhein-Westfalen: § 7; Rheinland-Pfalz: § 7; Saarland: § 7; Sachsen: § 7; Sachsen-Anhalt: § 7; Schleswig-Holstein: § 9; Thüringen: § 7.

I. Einreichung von Wahlvorschlägen

1 1. Der Wahlvorschlag ist die **Aufforderung der Unterzeichner an die Wahlberechtigten,** die im Wahlvorschlag genannten Bewerber zu wählen (BVerwG v. 5. 2. 1971, BVerwGE 37, 162 = ZBR 1971, 247 = PersV 1971, 243). Die Unterzeichner verdeutlichen daher mit ihrer Unterschrift, dass sie sich den Wahlvorschlag zu eigen machen. Infolgedessen kann eine Bewerberstelle nicht offengelassen und es dem Listenvertreter oder dem Einreicher erlaubt sein, sie mit dem Namen eines weiteren Bewerbers auszufüllen. Dies gilt auch dann, wenn nach Ausfüllung der freien Stelle noch eine ausreichende Anzahl von Beschäftigten den Wahlvorschlag unterzeichnet; denn dem Unterzeichner muss im Augenblick der Unterschriftsleistung insgesamt deutlich sein, welche Liste er unterstützt. Das aber kann er nur dann abschließend wissen, wenn ihm alle Bewerber bekannt sind (aA OVG Münster v. 19. 12. 1972, ZBR 1973, 316 = PersV 1973, 368). Ebensowenig ist es zulässig, Wahlvorschläge auf einem vorgedruckten Formular einzureichen, das vor der Unterzeichnung durch Überkleben des Kopfes oder auf sonstige Weise geändert worden ist; denn andernfalls besteht die Gefahr einer nachträglichen, nicht

mehr überprüfbaren Änderung (aA OVG Münster v. 27. 10. 1958, Leits. ZBR 1959, 130; vgl. § 19 Anm. 41 BPersVG). Wahlvorschläge, die aus mehreren Blättern bestehen, müssen fest miteinander verbunden sein oder im Text aufeinander Bezug nehmen (BVerwG v. 5. 11. 1957, BVerwGE 5, 324 = PersV 1958/59, 209; vgl. auch für das BetrVG: LAG Bremen v. 26. 3. 1998, Leits. ZfPR 2000, 18). Ein aus zwei Blättern bestehender Wahlvorschlag, dessen Blätter als „Blatt 1" und „Blatt 2" bezeichnet sind, lässt z. B. hinreichend erkennen, dass beide Blätter zusammengehören (OVG Münster v. 8. 6. 1977 – CB 20/76, n. v.). Wenn die Wahlvorschläge geändert worden sind, so kommt es darauf an, ob die Änderung nicht nur die Unterzeichner –, **sondern auch die Bewerberliste berührt** (BVerwG v. 10. 4. 1978, BVerwGE 55, 307 = ZBR 1978, 311 = PersV 1979, 154; BVerwG v. 10. 8. 1978, BVerwGE 56, 208 = ZBR 1979, 180 = PersV 1979, 417). Die Bewerberliste darf keine Änderungen enthalten (vgl. § 8 Anm. 5). Abs. 1 trägt der inzwischen erfolgten Änderung des § 19 Abs. 4 BPersVG Rechnung, wonach neben den wahlberechtigten Beschäftigten auch die in der Dienststelle vertretenen Gewerkschaften Wahlvorschläge machen können. Zur äußeren Beschaffenheit eines Wahlvorschlags wird auf § 8 WO Anm. 1 verwiesen.

1. a) Vorschlagsberechtigt sind neben den wahlberechtigten Beschäftigten **1a** die in der Dienststelle vertretenen Gewerkschaften, nicht dagegen die in § 14 Abs. 3 BPersVG genannten Personen (Dienststellenleiter „sowie Beschäftigte, die zur selbstständigen Entscheidung in Personalangelegenheiten der Dienststelle befugt sind"). Auf einem Wahlvorschlag benannte Kandidaten können ebenso wie Mitglieder des Wahlvorstands Wahlvorschläge machen (Lorenzen u. a., § 7 WO Anm. 6).

2. Der **Wahlvorschlag muss den Mitgliedern des Wahlvorstands zugehen.** **2** Eines seiner Mitglieder muss während der Dienststunden zur Entgegennahme von Wahlvorschlägen bereit und erreichbar sein (BVerwG v. 3. 2. 1969, PersV 1970, 37). Jedes einzelne Mitglied des Wahlvorstands ist empfangsberechtigt (OVG Münster v. 26. 10. 1956, ZBR 1957, 93). Dem Wahlvorstand ist ein Wahlvorschlag zugegangen, wenn ihm die Kenntnisnahme unter gewöhnlichen Verhältnissen möglich ist und nach der Lebenserfahrung erwartet werden kann. Dies ist auch dann der Fall, wenn ein Wahlvorschlag dem Dienststellenleiter zugegangen ist und dieser den Wahlvorstand hierüber informiert (BVerwG v. 3. 2. 1969, aaO; BVerwG v. 18. 4. 1978, BVerwGE 55, 341 = ZBR 1978, 345 = PersV 1979, 194). „Einreichen" bedeutet nämlich nicht die persönliche Übergabe an ein Mitglied des Wahlvorstands. Der Wahlvorschlag braucht dem Wahlvorstand daher nicht direkt übergeben zu werden. Ausreichend ist auch, wenn er „per Post oder auch sonst" eingereicht wird (BVerwG v. 3. 2. 1969, aaO). Deshalb können Wahlvorschläge, die vor Ablauf der Frist nachweisbar in den Verfügungsbereich des Wahlvorstands gelangt sind, nicht als verspätet zurückgewiesen werden. Ebensowenig kann ein Mitglied des Wahlvorstands, das sich über den Dienstschluss hinaus in der Dienststelle aufhält, einen nach Ablauf der Dienstzeit überreichten Wahlvorschlag als verspätet zurückweisen (BVerwG v. 17. 7. 1980, PersV 1981, 498). Wer die Beförderung eines Wahlvorschlags übernimmt, trägt die Gefahr für den rechtzeitigen Eingang beim Wahlvorstand (vgl. im Übrigen § 10 WO Anm. 2).

3. Der Wahlvorstand kann nicht verhindern, dass ihm **vor Einleitung der** **3** **Wahl Wahlvorschläge zugänglich** gemacht werden. Diese Wahlvorschläge darf der Wahlvorstand nicht ignorieren. Vielmehr muss er sie entweder

zurückgeben oder bis zur Einleitung der Wahl aufbewahren und dann als eingereicht betrachten (BVerwG v. 17. 12. 1957, ZBR 1958, 290).

II. Fristen

4 1. Nach Abs. 2 wird für die **Einreichung von Wahlvorschlägen eine Frist von 18 Kalendertagen** nach Erlass des Wahlausschreibens festgelegt. Diese Frist beginnt mit dem Tag nach dem Aushang des Wahlausschreibens. Wird das Wahlausschreiben an mehreren Orten zu verschiedenen Zeiten ausgehängt, so ist der letzte Aushang maßgebend für die Berechnung der Frist. Innerhalb der genannten Frist müssen die Wahlvorschläge beim Wahlvorstand eingereicht werden. Dies bedeutet, dass die Wahlvorschläge am letzten Tag bis spätestens um 24.00 Uhr vorliegen müssen (vgl. für den Ablauf der Frist: §§ 187 Abs. 1, 188 Abs. 1 BGB; vgl. auch § 6 Anm. 9). Dem Wahlvorstand fehlt daher die gesetzliche Befugnis zur Abkürzung der Einreichungsfrist. Zwar kann der Wahlvorstand im Wahlausschreiben auf das Ende der Dienstzeit am Tag des Ablaufs der Einreichungsfrist hinweisen. Dies ändert aber nichts an der Tatsache, dass die Einreichungsfrist erst um 24 Uhr des betreffenden Tages endet und dass bis zu diesem Zeitpunkt noch Wahlvorschläge eingereicht werden können. Der Hinweis im Wahlausschreiben kann daher nur deutlich machen, dass nach dem Ende der Dienstzeit die Gefahr des rechtzeitigen Zugangs eines Wahlvorschlags **ausschließlich beim Einreichenden liegt** (vgl. BVerwG v. 17. 7. 1980, PersV 1981, 498; BVerwG v. 15. 2. 1994, Leits. ZBR 1994, 387 = PersV 1995 = ZfPR 1994, 84). Der Wahlvorstand darf einen Wahlvorschlag, der am letzten Tag der Einreichungsfrist nach dem Ende der Dienstzeit, aber noch vor 24.00 Uhr in seinen Verfügungsbereich gelangt, nicht als verspätet zurückweisen bzw. behandeln (BVerwG v. 17. 7. 1980, aaO). Der Wahlvorstand hat Vorkehrungen dafür zu treffen, dass Wahlvorschläge tatsächlich noch bis zum Ablauf des Tages, an dem die Einreichtigungsfrist abläuft, eingereicht werden können. Dies kann dadurch geschehen, dass der Wahlvorstand einen Briefkasten bereitstellt, in den Wahlvorschläge auch noch nach dem Ende der Dienstzeit eingeworfen werden können. Zweckmäßigerweise sollte der Wahlvorstand ein Mitglied beauftragen, diesen Briefkasten um 24 Uhr zu leeren. So wird sichergestellt, dass alle bis zu diesem Zeitpunkt eingereichten Wahlvorschläge noch als rechtzeitig eingereicht behandelt werden können. Ausreichend ist es daher, wenn der Wahlvorschlag nach Dienstschluss z. B. einem geschäftsleitenden Beamten übergeben wird, der ihn mit einem Eingangsstempel und der Angabe der Uhrzeit versieht. Im Übrigen ist ein Wahlvorschlag dem Wahlvorstand zugegangen, wenn er fristgerecht eingereicht worden ist. Es kommt also nicht auf den Zeitpunkt des Absendens an. Dem Wahlvorstand ist ein Wahlvorschlag zugegangen, wenn ihm die Kenntnisnahme unter gewöhnlichen Verhältnissen ermöglicht ist und nach den Regeln der Lebenserfahrung auch erwartet werden kann (BVerwG v. 3. 2. 1969, PersV 1970, 37: Einlegen in den Briefkasten oder das Postfach des Wahlvorstands; Lorenzen u. a., § 7 WO Anm. 11).

5 2. Gegen die Versäumung der Frist ist keine Wiedereinsetzung in den vorigen Stand möglich. Es handelt sich um eine **Ausschlussfrist,** so dass nicht fristgerecht eingereichte Wahlvorschläge ungültig sind. Verspätet eingegangene Wahlvorschläge müssen unverzüglich an den Einreicher zurückgegeben werden (§ 10 Abs. 2 WO).

6 3. Der Wahlvorschlag als **empfangsbedürftige Willenserklärung** wird mit Einreichen beim Wahlvorstand rechtswirksam und verbindlich (BVerwG v. 5. 2. 1971, BVerwGE 37, 162); er kann daher nicht mehr zurückgenommen

werden. Dies gilt auch dann, wenn alle Unterzeichner zustimmen und die Einreichungsfrist noch nicht abgelaufen ist (Lorenzen u. a., WO § 7 Anm. 13; vgl. § 8 WO Anm. 9). Ein Wahlvorschlag, den der Einreicher ohne Zustimmung der Unterzeichner inhaltlich geändert hat, ist ungültig, da die Identität mit dem ursprünglichen Antrag verlorengegangen ist (BVerwG v. 8. 3. 1963, BVerwGE 15, 347 = ZBR 1963, 156 = PersV 1963, 161).

4. Abs. 2 Satz 2 schreibt vor, dass bei einer Gruppenwahl **für die einzelnen Gruppen getrennte Wahlvorschläge** einzureichen sind. Dies ist eine selbstverständliche Regelung, die bereits aus § 19 Abs. 2 Satz 1 BPersVG folgt. 7

III. Zwingende Vorschrift

Die Vorschrift ist **zwingend** und eine wesentliche Vorschrift i. S. von § 25 BPersVG. Sie gilt für die Wahl aller Einrichtungen nach dem BPersVG. 8

§ 8 Inhalt der Wahlvorschläge

(1) Jeder Wahlvorschlag soll mindestens doppelt so viel Bewerber enthalten, wie bei

1. Gruppenwahl Gruppenvertreter

2. bei gemeinsamer Wahl Personalratsmitglieder

zu wählen sind.

(2) Die Namen der einzelnen Bewerber sind auf dem Wahlvorschlag untereinander aufzuführen und mit fortlaufenden Nummern zu versehen. Außer dem Familiennamen sind der Vorname, das Geburtsdatum, die Amts- oder Funktionsbezeichnung, die Gruppenzugehörigkeit und, soweit Sicherheitsbedürfnisse nicht entgegenstehen, die Beschäftigungsstelle anzugeben. Bei gemeinsamer Wahl sind in dem Wahlvorschlag die Bewerber jeweils nach Gruppen zusammenzufassen. Der Wahlvorschlag darf keine Änderungen enthalten; gegebenenfalls ist ein neuer Wahlvorschlag zu fertigen und zu unterzeichnen.

(3) Jeder Wahlvorschlag der Beschäftigten muss nach § 19 Abs. 4, 5 und 6 des Gesetzes

1. bei Gruppenwahl von mindestens einem Zwanzigstel der wahlberechtigten Gruppenangehörigen, jedoch mindestens von drei wahlberechtigten Gruppenangehörigen,
2. bei gemeinsamer Wahl von mindestens einem Zwanzigstel der wahlberechtigten Beschäftigten, jedoch mindestens von drei wahlberechtigten Beschäftigten,
3. bei gemeinsamer Wahl, wenn gruppenfremde Bewerber vorgeschlagen werden, von mindestens einem Zehntel der wahlberechtigten Angehörigen der Gruppe, für die sie vorgeschlagen sind,

unterzeichnet sein. Bruchteile eines Zehntels oder Zwanzigstels werden auf ein volles Zehntel oder Zwanzigstel aufgerundet. In jedem Falle genügen bei Gruppenwahl die Unterschriften von 50 wahlberechtigten Gruppenangehörigen, bei gemeinsamer Wahl die Unterschriften von 50 wahlberechtigten Beschäftigten. Macht eine in der Dienststelle vertretene Gewerkschaft einen Wahlvorschlag, so muss dieser von zwei in der Dienststelle beschäftigten Beauftragten, die einer der in der Dienststelle vertretenen Gewerkschaft angehören, unterzeichnet sein. Hat der Wahlvorstand Zweifel, ob eine Beauftragung durch eine in der Dienststelle vertretene Gewerkschaft tatsächlich vorliegt, kann er verlangen, dass die Gewerkschaft den Auftrag bestätigt; dies soll schriftlich erfolgen. Entsprechendes gilt bei Zweifeln, ob ein Beauftragter einer in der Dienststelle vertretenen Gewerkschaft als Mitglied angehört.

(4) Aus dem Wahlvorschlag der Beschäftigten soll zu ersehen sein, welcher Beschäftigte zur Vertretung des Vorschlages gegenüber dem Wahlvorstand und zur Entgegennahme von Erklärungen und Entscheidungen des Wahlvorstandes berechtigt ist (Listenvertreter). Fehlt eine Angabe hierüber, gilt der Unterzeichner als berechtigt, der an erster Stelle steht. In den Fällen des Absatzes 3 Satz 4 kann die Gewerkschaft einen der von ihr beauftragten Vorschlagsberechtigten oder einen anderen in der Dienststelle Beschäftigten, der Mitglied der Gewerkschaft ist, als Listenvertreter benennen.

(5) Der Wahlvorschlag soll mit einem Kennwort versehen werden.

Entspr. landesrechtliche Regelungen:
Baden-Württemberg: § 11; Bayern: § 8; Berlin: § 7; Brandenburg: § 9; Bremen: § 8; Hamburg: § 8; Hessen: § 8; Mecklenburg-Vorpommern: § 10; Niedersachsen: § 10; Nordrhein-Westfalen: § 8; Rheinland-Pfalz: § 8; Saarland: § 8; Sachsen: § 8; Sachsen-Anhalt: § 8; Schleswig-Holstein: § 10; Thüringen: § 8.

I. Vorbemerkung

1 Die Vorschrift regelt die Einzelheiten über die **äußere Beschaffenheit eines Wahlvorschlags.** Er besteht aus einer Bewerberliste, die die vorgeschlagenen Kandidaten enthält und aus einer Unterschriftenliste, die diejenigen erkennen lässt, die die Kandidaten vorschlagen und mit ihrer Unterschrift den Wahlvorschlag sich zu eigen machen (BVerwG v. 10. 4. 1978 – 6 P 27.78, BVerwGE 55, 307 = ZBR 1978, 311 = PersV 1979, 154). Der oder die Unterzeichner müssen bei der Unterzeichnung die Bewerberliste gekannt und sich in vollem Umfang zu eigen gemacht haben. Das setzt voraus, dass der Wahlvorschlag, die Bewerberliste und die Unterschriften, eine einheitliche Urkunde darstellen (BVerwG v. 10. 4. 1978, aaO). Zwar kann ein Wahlvorschlag als einheitliche Urkunde grundsätzlich auch aus mehreren Blättern bestehen (Fischer u. a., § 19 BPersVG Anm. 50). Allerdings ist nicht erforderlich, dass eine körperliche Verbindung zwischen einzelnen Blättern besteht, sofern nur aus gemeinsamen Merkmalen mehrerer Blätter (fortlaufende Seitenzahl, gleiches Papier etc.) die Einheitlichkeit deutlich wird (VG Potsdam v. 3. 5. 2006, PersV 2008, 31 = Leits. ZfPR 2007, 70).

II. Inhalt von Wahlvorschlägen

2 1. Der Wahlvorschlag kann **nur wählbare Bewerber** enthalten (BVerwG v. 13. 3. 1973, BVerwGE 42, 73 = ZBR 1973, 182 = PersV 1973, 143). Der Name eines einzigen nicht wählbaren Bewerbers macht den gesamten Wahlvorschlag ungültig.

3 2. Der Wahlvorschlag soll **doppelt so viele Bewerber** enthalten wie bei Gruppenwahl Gruppenvertreter, bei gemeinsamer Wahl Personalratsmitglieder zu wählen sind (Abs. 1). Hierbei handelt es sich um eine bloße Ordnungsvorschrift (Fischer u. a., § 8 WO Anm. 2; Lorenzen u. a., § 8 WO Anm. 2). Entspricht also ein Wahlvorschlag dieser Bestimmung nicht, so ist er deshalb nicht unwirksam. Von wesentlicher Bedeutung nämlich ist, dass überhaupt eine Personalvertretung gewählt wird. Diesem gesetzgeberischen Ziel gegenüber tritt das Problem der Größe der Personalvertretung zurück. Im Übrigen sollen Beschäftigte nicht zur Kandidatur genötigt werden (BVerwG v. 20. 6. 1990, PersV 1990, 536 = ZfPR 1992, 12).

3a 2. a) Darüber hinaus soll der Wähler auf Grund der Angabe der Amts- oder Funktionsbezeichnung in einem Wahlvorschlag – bezogen auf die jeweiligen Kandidaten – erkennen können, welche **Stellung** diesen **innerhalb der Hier-**

archie einer Dienststelle zukommt. Daher ist die Angabe „Personalabteilung" dann nicht geeignet, die notwendigen Informationen zu vermitteln, wenn der betreffende Kandidat nicht nur eine nachgeordnete Funktion, sondern die eines Personalleiters innehat und somit der „soziale Gegenspieler" des Personalrats ist. Befindet sich der Betreffende dagegen nicht in leitender Funktion, ist die Angabe „Personalabteilung" als Berufsbezeichnung ausreichend (BVerwG v. 10. 1. 2007, ZfPR 2008, 2).

3. Der Wahlvorschlag muss deutlich machen, **in welcher Reihenfolge Bewerber vorgeschlagen** werden (Abs. 2 Satz 1). An die im Wahlvorschlag angegebene Reihenfolge ist der Wahlvorstand gebunden. Daher hat der Wahlvorstand die angegebene Reihenfolge auf den Stimmzettel zu übertragen (Fischer u. a., § 8 Anm. 3). Die auf eine Liste entfallenden Sitze werden auf die Kandidaten in der Reihenfolge ihrer Benennung verteilt (§ 26 Abs. 3, § 27 Abs. 3 WO). Bei einer gemeinsamen Wahl sind die Bewerber jeweils nach Gruppen zusammenzufassen (Abs. 2 Satz 3). Werden für eine Gruppe gruppenfremde Bewerber vorgeschlagen, so ist der Wahlvorschlag außerdem von mindestens einem der wahlberechtigten Angehörigen der Gruppe zu unterzeichnen, für die sie vorgeschlagen sind (vgl. § 19 Abs. 6 BPersVG). Satz 2 bestimmt, welche Angaben im einzelnen – bezogen auf den jeweiligen Bewerber – im Wahlvorschlag enthalten sein müssen. Die Angaben über Vornamen, Namen und Geburtsdatum sollen der Identifizierung der Wahlbewerber dienen. Bei mehreren Vornamen genügt die Angabe des Rufnamens. Das Geschlecht des Bewerbers wird durch die Angabe des Vornamens ebenfalls deutlich (Fischer u. a., § 8 WO Anm. 4). Der Begriff „Amts- oder Funktionsbezeichnung" ist nur im dienstrechtlichen Sinn zu verstehen. Bei einem zum Zeitpunkt der Wahl freigestellten Personalratsmitglied ist es sachgerecht, als Funktionsbezeichnung diejenige aufzuführen, die seiner zuletzt tatsächlich ausgeübten Tätigkeit entspricht. Die Bezeichnung „Personalrat" ist keine zutreffende Bezeichnung (OVG Münster v. 22. 1. 1998, Leits. PersV 1999, 418 = Leits. ZPR 2000, 113). Da Abs. 2 Satz 2 eine wesentliche Vorschrift i. S. von § 25 BPersVG ist, kann eine Personalratswahl insoweit wirksam angefochten werden (OVG Münster v. 27. 6. 1983, PersV 1984, 466). 4

4. Nach Abs. 2 Satz 4 darf ein Wahlvorschlag **keine Änderungen** enthalten. Als Änderung ist jede Ergänzung, Streichung oder Korrektur ohne Rücksicht darauf anzusehen, wann sie vorgenommen worden ist. Werden daher z. B. Unterschriften zu einem Zeitpunkt geleistet, zu dem noch keine Kandidaten auf der ersten Seite aufgeführt sind, dann ist bereits eine Änderung im Sinne einer Ergänzung gegeben (VG München v. 4. 1. 1982 – M 2159 XIVa 79, n. v.). Keine Änderungen aber sind Berichtigungen oder Ergänzungen von Angaben, die zu vernünftigen Zweifeln daran keinen Anlass geben, dass alle Unterzeichner des Wahlvorschlags mit und ohne Berichtigung bzw. Ergänzung ein und denselben Kandidaten als Bewerber meinten. Die Vorschrift bezieht sich auf die Bewerber, nicht dagegen auf die Unterschriftenliste. Die Bewerberliste darf keine Änderungen enthalten. In der Unterschriftenliste dagegen dürfen vor Einreichung beim Wahlvorstand Fehler berichtigt und – mit Zustimmung des Unterzeichners – Unterschriften gestrichen werden (BVerwG v. 10. 4. 1978, ZBR 1978, 342 = PersV 1979, 197; BVerwG v. 10. 8. 1978, BVerwGE 56, 208 = ZBR 1979, 180 = PersV 1979, 417; vgl. im Übrigen § 10 Anm. 4 sowie § 19 Anm. 40 BPersVG). Infolgedessen kann ein Fehler bei der Unterschrift korrigiert werden; denn Änderungen der Unterschriftenliste erfordern keine zeitraubende Prüfung, die mit dem Verbot einer Änderung von Wahlvorschlägen nach Abs. 2 Satz 4 gerade vermieden wer- 5

den sollte. Entscheidend ist insoweit alleine, ob die notwendige Zahl der Unterschriften vorhanden ist (BVerwG v. 10. 4. 1978, aaO).

6 5. Abs. 3 regelt die **Zahl der Unterschriften,** die ein Wahlvorschlag enthalten muss. Das Unterschriftenquorum für Wahlvorschläge, die von wahlberechtigten Beschäftigten eingereicht werden, beträgt ein Zwanzigstel der wahlberechtigten Gruppenangehörigen; jedoch muss der Wahlvorschlag von mindestens drei wahlberechtigten Gruppenangehörigen unterzeichnet sein (Abs. 3 Nr. 1). Ist gemeinsame Wahl beschlossen worden, so beträgt das Unterschriftenquorum ein Zwanzigstel der wahlberechtigten Beschäftigten (Abs. 3 Nr. 2). Wenn allerdings in diesem Fall gruppenfremde Bewerber vorgeschlagen werden, bedarf es der Unterschrift von mindestens einem Zehntel der wahlberechtigten Angehörigen der Gruppe, für die sie vorgeschlagen sind (Abs. 3 Nr. 3). Einer Gruppe sollen gegen ihren Willen keine gruppenfremden Kandidaten aufgezwungen werden, die nicht vom Vertrauen eines erheblichen Teils der Gruppenangehörigen getragen werden. Das Unterschriftenquorum in Höhe von einem Zehntel soll daher sicherstellen, dass gruppenfremde Bewerber wenigstens von einem Zehntel der wahlberechtigten Gruppenangehörigen als Vertreter im Personalrat gewünscht werden (BVerwG v. 3. 2. 1988, BVerwGE 79, 40 = ZBR 1988, 259 = PersV 1988, 499).

7 6. Abs. 3 Satz 2 weist ausdrücklich darauf hin, dass Bruchteile eines Zehntels oder eines Zwanzigstels auf ein volles Zehntel oder Zwanzigstel aufgerundet werden. Außerdem wird bestimmt, dass in jedem Fall bei einer Gruppenwahl die Unterschriften von 50 wahlberechtigten Gruppenangehörigen, bei gemeinsamer Wahl die Unterschriften von 50 wahlberechtigten Beschäftigten genügen. Falls eine in der Dienststelle vertretene Gewerkschaft einen Wahlvorschlag macht, so muss dieser von einer weit geringeren Zahl von **Unterstützungsunterschriften** getragen sein. In diesem Fall reichen die Unterschriften von zwei in der Dienststelle Beschäftigten aus. Bei einem gemeinsamen Wahlvorschlag mehrerer Gewerkschaften muss der Wahlvorschlag von jeweils zwei Beauftragten unterzeichnet sein (vgl. § 19 BPersVG Anm. 50). Falls der Wahlvorstand Zweifel daran hat, ob eine Beauftragung durch eine in der Dienststelle vertretene Gewerkschaft tatsächlich vorliegt, dann kann er von der Gewerkschaft eine Auftragsbestätigung verlangen. Diese Bestätigung soll aus Gründen der Beweissicherung im Hinblick auf ein eventuelles Wahlanfechtungsverfahren schriftlich erfolgen. Eine mündliche Bestätigung ist aber nicht ausgeschlossen. Darüber hinaus kann der Wahlvorstand bei Zweifeln auch eine Bestätigung darüber verlangen, dass ein Beauftragter, der einen Wahlvorschlag einer Gewerkschaft unterschrieben hat, Mitglied der den Wahlvorschlag einreichenden Gewerkschaft ist (vgl. § 19 BPersVG Anm. 49). Die Gewerkschaft muss in der Dienststelle vertreten sein.

8 7. Hat ein Wahlberechtigter mehrere Wahlvorschläge unterschrieben und gibt er vor Einreichung der Wahlvorschläge sich widersprechende Erklärungen über den **Widerruf seiner Unterschriften** ab, so ist für die Entscheidung über die Zulässigkeit des Wahlvorschlags auf die letzte rechtlich beachtliche Willensäußerung des Erklärenden abzustellen (VGH München v. 29. 10. 1986, ZBR 1987, 62; vgl. im Übrigen: § 10 Anm. 8).

9 8. Die **Rücknahme von** beim Wahlvorstand **eingereichten Wahlvorschlägen** ist unzulässig. Dies gilt auch dann, wenn alle Unterzeichner ihr zustimmen und die Einreichungsfrist nicht abgelaufen ist; denn mit der Einreichung

beim Wahlvorstand wird ein Wahlvorschlag rechtlich verbindlich (BVerwG v. 5. 2. 1971, BVerwGE 37, 162 = ZBR 1971, 247 = PersV 1971, 243). Wahlvorschläge können nur dann noch den Bereich des Wahlvorstands verlassen, wenn die Voraussetzungen des § 10 WO für eine Rückgabe gegeben sind. Zu diesen Voraussetzungen zählt aber nicht die Rückgabe gültiger, nicht mit Fehlern behafteter Wahlvorschläge. Daher ist auch eine Disposition der Unterzeichner über den eingereichten Wahlvorschlag ausgeschlossen (BVerwG v. 11. 6. 1975, BVerwGE 48, 317 = ZBR 1975, 351 = PersV 1976, 185).

9. Nach Abs. 4 soll jeder Wahlvorschlag der Beschäftigten einen **„Listenvertreter“** angeben. Listenvertreter ist diejenige Person, die zur Vertretung des Wahlvorschlags gegenüber dem Wahlvorstand und zur Entgegennahme von Erklärungen und Entscheidungen des Wahlvorstands berechtigt ist (Satz 1). Der Listenvertreter muss weder mit dem Verfasser noch mit dem Einreicher des Wahlvorschlags identisch sein (BVerwG v. 5. 2. 1971, BVerwGE 37, 162 = ZBR 1971, 247 = PersV 1971, 243). Er soll zur Vereinfachung und Beschleunigung des Wahlverfahrens beitragen. Dem Wahlvorstand soll es erspart bleiben, sich bei Rückfragen an alle Unterzeichner wenden zu müssen und Erklärungen und Entscheidungen allen zuzustellen. Auf Anforderung des Wahlvorstands soll der Listenvertreter den Wahlvorschlag erläutern und alle sachdienlichen Erklärungen abgeben. Die Rücknahme von Wahlvorschlägen liegt nicht im Rahmen dieser Aufgaben; denn dies wäre nicht mehr ein Vertreten des Wahlvorschlags, sondern die Erklärung, den eingereichten Wahlvorschlag nicht mehr vertreten zu wollen (BVerwG v. 11. 6. 1975, BVerwGE 48, 317 = ZBR 1975, 351 = PersV 1976, 185). Eine gruppenfremde Person kann bei einer Gruppenwahl nicht Listenvertreter sein (VGH Kassel v. 17. 4. 1974 – BPV TK 2/74, n. v.). 10

10. Reichen Gewerkschaften Wahlvorschläge ein, so steht es ihnen frei, wen sie als ihren **Listenbeauftragten** gegenüber dem Wahlvorstand benennen (Abs. 4 Satz 3). Sie können einen der von ihnen beauftragten Vorschlagsberechtigten oder einen anderen in der Dienststelle Beschäftigten, der ihr Mitglied sein muss, benennen. 11

11. Die formlose **Rückgabe** eines vom Wahlvorstand beanstandeten Wahlvorschlags **an eine andere Person** als den Listenvertreter ist ein Verstoß gegen wesentliche Vorschriften über das Wahlverfahren (BVerwG v. 17. 12. 1957, BVerwGE 6, 60 = ZBR 1958, 290; vgl. auch § 10 Anm. 7). Wenn ein Wahlvorschlag keinen Hinweis auf einen Listenvertreter enthält, so gilt derjenige als Vertreter gegenüber dem Wahlvorstand, der an erster Stelle der Unterschriftenliste steht (Abs. 4 Satz 2). Macht eine einen Wahlvorschlag einreichende Gewerkschaft keine Angaben über den Listenvertreter, so steht es dem Wahlvorstand frei, welchen Beauftragten gegenüber er Erklärungen abgibt. 12

12. Nach Abs. 5 soll der Wahlvorschlag **mit einem Kennwort versehen werden,** um Verwechslungsgefahren auszuschließen. Das Kennwort selbst kann aus mehreren Wörtern bestehen (VGH München v. 14. 2. 1958 – Nr. 1 Fs 57, n. v.). Es kann in der Bezeichnung einer Gewerkschaft oder in einer abgekürzten Bezeichnung mehrerer Gewerkschaften bestehen, wenn der Wahlvorschlag von Beauftragten mehrerer Gewerkschaften unterzeichnet worden ist (BVerwG v. 23. 10. 1970, ZBR 1971, 122 = PersV 1971, 143; vgl. auch BVerwG v. 14. 6. 1959, ZBR 1959, 337). **Irreführende Kennworte,** z. B. Verwendung des Namens einer Gewerkschaft, der zu Verwechslungen füh- 13

ren kann (BVerwG v. 13. 5. 1966, ZBR 1966, 227 = PersV 1966, 132), sind unzulässig. Das Kennwort „Freie Liste" ist dann irreführend, wenn sich auf einer von einer Gewerkschaft aufgestellten Liste nur gewerkschaftsangehörige Bewerber befinden; mit einer solchen Bezeichnung wird der Eindruck erweckt, dass sich auch Kandidaten bewerben, die der Gewerkschaft nicht angehören (VGH Kassel v. 24. 2. 2005, PersV 2005, 432). Ebenso wenig darf das Kennwort „Nicht organisierte Angestellte" verwendet werden, wenn der Spitzenkandidat den Wählern seinen Eintritt in eine Gewerkschaft verschwiegen hat; denn in diesem Fall handelt es sich um eine bewusste Irreführung des Wählers und damit um einen Verstoß gegen § 24 Abs. 1 BPersVG (BVerwG v. 7. 11. 1969, BVerwGE 34, 117 = ZBR 1970, 97 = PersV 1970, 155; vgl. auch § 25 BPersVG Anm. 9). Auch die Verwendung des Kennworts „die unabhängige Alternative" ist dann unzulässig, wenn auf der entsprechenden Liste auch gewerkschaftlich organisierte Beschäftigte kandidieren, weil das Kennwort als solches schon bei Wählerinnen und Wählern den Eindruck vermittelt, als würden sich (nur) gewerkschaftlich nicht organisierte Beschäftigte um Wählerstimmen bemühen (VG München v. 4. 10. 2006, ZfPR online 1/2007, S. 14; vgl. auch BVerwG v. 7. 11. 1969, aaO).

III. Streitigkeiten

14 Fehler bei der Durchführung der Wahl sind regelmäßig Verstöße gegen wesentliche Vorschriften über das Wahlverfahren i. S. von § 25 BPersVG. Sie rechtfertigen die **Anfechtung der Wahl.** Bei Streitigkeiten über den Missbrauch des Namens einer Organisation als Kennwort ist nicht das Verwaltungsgericht, sondern das ordentliche Gericht zuständig.

Schrifttum: Ilbertz, Die Aufstellung und Behandlung von Wahlvorschlagen, ZfPR 2004, 23.

§ 9 Sonstige Erfordernisse

(1) Jeder Bewerber kann für die Wahl des Personalrates nur auf einem Wahlvorschlag vorgeschlagen werden.

(2) Dem Wahlvorschlag ist die schriftliche Zustimmung der in ihm aufgeführten Bewerber zur Aufnahme in den Wahlvorschlag beizufügen; die Zustimmung kann nicht widerrufen werden.

(3) Jeder vorschlagsberechtigte Beschäftigte (§ 8 Abs. 3) kann seine Unterschrift zur Wahl des Personalrates rechtswirksam nur für einen Wahlvorschlag abgeben. Jede vorschlagsberechtigte Gewerkschaft kann durch ihre Beauftragten rechtswirksam nur einen Wahlvorschlag für jede Gruppe unterzeichnen lassen.

(4) Eine Verbindung von Wahlvorschlägen ist unzulässig.

Entspr. landesrechtliche Regelungen:
Baden-Württemberg: § 12; Bayern: § 9; Berlin: § 8; Brandenburg: § 10; Bremen: § 9; Hamburg: § 9; Hessen: § 9; Mecklenburg-Vorpommern: § 11; Niedersachsen: § 11; Nordrhein-Westfalen: § 9; Rheinland-Pfalz: § 9; Saarland: § 9; Sachsen: § 9; Sachsen-Anhalt: § 9; Schleswig-Holstein: § 11; Thüringen: § 9.

I. Vorbemerkung

1 Die Vorschrift hat den Sinn, das Stimmgewicht der einzelnen Wählerstimmen zu sichern und so indirekt einer **Stimmenzersplitterung** vorzubeugen. Dieses Ziel könnte nicht erreicht werden, wenn die wahlvorschlagsbe-

rechtigten Beschäftigten die Möglichkeit hätten, beliebig viele Wahlvorschläge durch ihre Unterschrift zu unterstützen (vgl. u. a. BVerwG v. 25. 9. 1984 – 6 P 31.83, n. v.; BVerwG v. 25. 9. 1984 – 6 P 17.83, n. v.).

II. Zustimmungserklärung

1. Die Beschränkung des Rechts, nur **auf einem Wahlvorschlag als Bewerber zu kandidieren,** bezieht sich nur auf dieselbe Stufe. Ein Wahlbewerber kann daher sowohl für den Personalrat seiner Dienststelle wie für die Stufenvertretungen oder einen Gesamtpersonalrat kandidieren. Wenn dagegen ein Bewerber **gleichzeitig auf mehreren Wahlvorschlägen auf derselben Stufe kandidiert,** so macht dies die Wahlvorschläge nicht ohne weiteres ungültig. In diesen Fällen hat der Wahlvorstand einen solchen Bewerber aufzufordern, „binnen drei Arbeitstagen zu erklären, auf welchem Wahlvorschlag er benannt bleiben will" (§ 10 Abs. 3 Satz 1 WO; vgl. dort Anm. 9). Wenn sich der aufgeforderte Wahlbewerber für einen Wahlvorschlag entscheidet, so wird er auf dem anderen Wahlvorschlag gestrichen. Gibt er seine Erklärung nicht fristgemäß ab, so ist er auf allen Wahlvorschlägen zu streichen. 2

2. In einen Wahlvorschlag dürfen nur Bewerber aufgenommen werden, die ihrer **Kandidatur schriftlich zugestimmt** haben. Die Erklärung muss eigenhändig unterschrieben worden sein, damit die Urheberschaft eindeutig erkennbar ist. Die Abzeichnungen einer Wahlvorschlagsliste lediglich mit einer Paraphe ist nicht ausreichend, da es sich hierbei nicht um eine eigenhändige Unterschrift handelt. Eine solche aber ist im Hinblick auf § 126 Abs. 1 BGB notwendig (vgl. für das BetrVG: LAG Hamm v. 20. 5. 2005 – 10 TaBV 94/04, n.v.). Die Zustimmungserklärung ist gegenüber dem Einreicher des Wahlvorschlags abzugeben. Die Erklärung wird mit Zugang beim Einreicher wirksam und ist von da an unwiderruflich (BVerwG v. 30. 10. 1964, ZBR 1965, 27 = PersV 1965, 59; VG Frankfurt a.M. v. 25. 7. 2005 – 22 K 1568, 05 (V), n.v.). Das bedeutet keinen Rechtsnachteil, weil kein Bewerber die auf ihn gefallene Wahl annehmen muss (vgl. nachfolgende Anm. 4). 3

3. Wenn ein Listeneinreicher dem Wahlvorstand einen **Wahlvorschlag ohne Zustimmungserklärung der Bewerber** einreicht, so ist dieser Wahlvorschlag schwebend unwirksam. Der Mangel wird geheilt, wenn dem Wahlvorstand die Zustimmungserklärung innerhalb der Einreichungsfrist zugeht. Liegt dem Wahlvorstand aber bei Ablauf der Einreichungsfrist die Zustimmungserklärung nicht vor, so hat er unter Fristsetzung den Wahlvorschlag zur Beseitigung des Mangels an den Listeneinreicher, nicht an einen Vertreter (VGH Kassel v. 24. 10. 2002, ZfPR 2004, 7) zurückzugeben (§ 10 Abs. 5 Nr. 2 WO). Die Zustimmungserklärung hat nicht zur Folge, dass der Bewerber eine auf ihn gefallene Wahl annehmen muss. Vielmehr ist die **Ausschlagung der Wahl** als Amtsniederlegung zu werten, die jederzeit möglich ist (§ 29 Abs. 1 Nr. 2 BPersVG). 4

4. Nach Abs. 3 kann ein Wahlberechtigter **nur einen Wahlvorschlag unterzeichnen.** Unterzeichnet er mehrere Vorschläge, so ist er vom Wahlvorstand aufzufordern, binnen drei Arbeitstagen seit dem Zugang der Aufforderung zu erklären, welche Unterschrift er aufrechterhält (§ 10 Abs. 4). Auch vorschlagsberechtigte Gewerkschaften können nur einen Wahlvorschlag für jede Gruppe durch ihre Beauftragten unterzeichnen lassen (Abs. 3 Satz 2: Verbot/des Mehrfachwahlvorschlags für Gewerkschaften). 5

5. Nach Abs. 4 ist es nicht zulässig, mehrere Wahlvorschläge so zu verbinden, dass sie gegenüber den anderen Vorschlägen als einheitlicher Vorschlag 6

gelten („**Listenverbindung**"). Damit soll verhindert werden, dass die auf die verbundenen Wahlvorschläge abgegebenen Stimmen zusammengezählt werden. Es muss sich im Zusammenhang mit einer unzulässigen Listenverbindung stets um jeweils selbstständige Wahlvorschläge handeln (VG Ansbach v. 14. 11. 1960, Leits. ZBR 1962, 30; Ballerstedt u. a., § 9 WO Anm. 3).

III. Wahlanfechtung

7 Die Vorschrift ist eine wesentliche Vorschrift i. S. von § 25 BPersVG. Eine Verletzung rechtfertigt eine **Wahlanfechtung** nach § 83 i. V. mit § 25 BPersVG.

§ 10 Behandlung der Wahlvorschläge durch den Wahlvorstand, ungültige Wahlvorschläge

(1) Der Wahlvorstand vermerkt auf den Wahlvorschlägen den Tag und die Uhrzeit des Eingangs. Im Falle des Absatzes 5 ist auch der Zeitpunkt des Eingangs des berichtigten Wahlvorschlages zu vermerken.

(2) Wahlvorschläge, die ungültig sind, insbesondere,
weil die Bewerber nicht in erkennbarer Reihenfolge aufgeführt sind,
weil sie bei der Einreichung nicht die erforderliche Anzahl von Unterschriften aufweisen,
weil sie nicht fristgerecht eingereicht worden sind oder
weil sie Änderungen enthalten (§ 8 Abs. 2 Satz 4),
gibt der Wahlvorstand unverzüglich nach Eingang unter Angabe der Gründe zurück. Die Zurückziehung von Unterschriften nach Einreichung des Wahlvorschlages beeinträchtigt dessen Gültigkeit nicht; Absatz 4 bleibt unberührt.

(3) Der Wahlvorstand hat einen Bewerber, der mit seiner schriftlichen Zustimmung auf mehreren Wahlvorschlägen benannt ist, aufzufordern, binnen drei Arbeitstagen zu erklären, auf welchem Wahlvorschlag er benannt bleiben will. Gibt der Bewerber diese Erklärung nicht fristgerecht ab, so wird er von sämtlichen Wahlvorschlägen gestrichen.

(4) Der Wahlvorstand hat einen vorschlagsberechtigten Beschäftigten (§ 8 Abs. 3), der mehrere Wahlvorschläge unterzeichnet hat, schriftlich gegen Empfangsbestätigung, erforderlichenfalls durch eingeschriebenen Brief, aufzufordern, binnen drei Arbeitstagen seit dem Zugang der Aufforderung zu erklären, welche Unterschrift er aufrechterhält. Gibt der Beschäftigte diese Erklärung nicht fristgerecht ab, so zählt seine Unterschrift auf keinem Wahlvorschlag. Entsprechendes gilt für Wahlvorschläge der Gewerkschaften, die mit § 9 Abs. 3 Satz 2 nicht in Einklang stehen.

(5) Wahlvorschläge, die
1. **den Erfordernissen des § 8 Abs. 2 Satz 1 bis 3 nicht entsprechen,**
2. **ohne die schriftliche Zustimmung der Bewerber eingereicht sind,**
3. **infolge von Streichungen gemäß Absatz 4 nicht mehr die erforderliche Anzahl von Unterschriften aufweisen,**

hat der Wahlvorstand gegen schriftliche Empfangsbestätigung, erforderlichenfalls durch eingeschriebenen Brief, mit der Aufforderung zurückzugeben, die Mängel binnen drei Arbeitstagen seit dem Zugang der Aufforderung zu beseitigen. Werden die Mängel nicht fristgerecht beseitigt, sind diese Wahlvorschläge ungültig.

Entspr. landesrechtliche Regelungen:
Baden-Württemberg: §§ 13, 14; Bayern: § 10; Berlin: § 9; Brandenburg: § 11; Bremen: § 10; Hamburg: § 10; Hessen: § 10; Mecklenburg-Vorpommern: § 12; Niedersachsen: § 12; Nordrhein-Westfalen: § 9; Rheinland-

Pfalz: § 10; Saarland: § 10; Sachsen: § 10; Sachsen-Anhalt: § 10; Schleswig-Holstein: § 12; Thüringen: § 10.

I. Vorbemerkungen

1. Die Vorschrift umschreibt die Art und Weise, **wie Wahlvorschläge (in formeller und materieller Hinsicht) vom Wahlvorstand zu behandeln** sind, vor allem, wie vom Wahlvorstand beanstandete Wahlvorschläge berichtigt werden können. Sinn und Zweck der Vorschrift ist es, möglichst vielen Bewerbern und Wahlvorschlägen die Teilnahme an den Personalratswahlen jedenfalls in dem Umfang zu ermöglichen, der den Wählern Auswahlchancen bietet, ohne dass es zu einer Stimmenzersplitterung kommt. Wenn daher Angaben in einem Wahlvorschlag Auslegungen in der Weise zulassen, dass man entweder zur Gültigkeit oder Ungültigkeit des Vorschlags kommen könnte, so sollte die Auslegung bevorzugt werden, die es ermöglicht, den Wahlvorschlag zuzulassen (OVG Greifswald v. 14. 7. 1999, RiA 2000, 190). 1

1a) Die **Behandlung fehlerhafter Wahlvorschläge** richtet sich danach, ob ein Wahlvorschlag unheilbar ungültig ist (Abs. 2) oder ob er lediglich behebbare Fehler enthält (Mehrfachkandidatur, Mehrfachunterschriften, Mehrfachwahlvorschläge, Abs. 3, 4). Wenn nach Aufforderung durch den Wahlvorstand entsprechende Erklärungen gemäß Abs. 3 und 4 abgegeben werden, so werden die Wahlvorschläge in vollem Umfang gültig. Die in Abs. 5 Satz 1 Nr. 1 bis 3 aufgezählten Mängel machen Wahlvorschläge zunächst schwebend unwirksam, bis die Mängel beseitigt sind. Erfolgt innerhalb einer Frist von drei Arbeitstagen keine Mängelbeseitigung, so werden die Wahlvorschläge ungültig (Abs. 5 Satz 2). 1a

2. Der Wahlvorstand hat dafür Sorge zu tragen, dass die Wahlvorschläge in seine Verfügungsgewalt gelangen können. Während der im Wahlausschreiben angegebenen Dienststunden muss mindestens ein Mitglied des Wahlvorstands zur Entgegennahme von Wahlvorschlägen unter der angegebenen Dienstanschrift bereit sein (BVerwG v. 17. 12. 1957, BVerwGE 6, 60; vgl. auch § 6 Anm. 9; § 7 Anm. 4). Wenn das Wahlausschreiben ein bestimmtes Datum ohne begrenzende Uhrzeitangabe als Ende der Frist für das Einreichen von Wahlvorschlägen bestimmt, so muss sich der Wahlvorstand – mindestens eines seiner Mitglieder, im Zweifel der/die Wahlvorstandsvorsitzende – mindestens bis zum Ende der dienstüblichen Arbeitszeit am fraglichen Tag zur Empfangnahme von Wahlvorschlägen im Wahllokal aufhalten (vgl. für das BetrVG: LAG Frankfurt v. 7. 2. 1991, NZA 1992, 78). Nach dem Ende der dienstüblichen Arbeitszeit muss der Wahlvorstand ausreichende Vorkehrungen dafür schaffen, dass bis zum Ablauf der Frist um 24 Uhr Wahlvorschläge eingereicht werden können. Dabei hat er „jede nur denkbare Sorgfalt“ aufzuwenden und sicherzustellen, „dass ihm Wahlvorschläge auch während der Abwesenheit von seinem Arbeitsplatz zugehen können“ (BVerwG v. 3. 2. 1969, aaO; vgl. im Einzelnen § 7 WO Anm. 2). **Andernfalls könnte die zwingende Vorschrift nicht erfüllt werden,** die Uhrzeit des Eingangs des Wahlvorschlags zu beurkunden. Wahlvorschläge, die dem Wahlvorstand vor Beginn der Einreichungsfrist zugehen, hat er entweder sofort zurückzugeben oder aufzubewahren und als mit Beginn der Einreichungsfrist eingereicht zu behandeln (BVerwG v. 17. 12. 1957, aaO). Ein Wahlvorschlag gilt dann als zugegangen, wenn er in den Verfügungsbereich des Wahlvorstands gelangt (vgl. auch § 7 WO Anm. 4). Dies ist der Fall bei Abgabe des Wahlvorschlags im Büro des Wahlvorstands bzw. bei Übergabe an ein Wahlvorstandsmitglied. Bei einer Übergabe des Wahlvorschlags an die 2

Personalvertretung ist entscheidend, zu welchem Zeitpunkt der Wahlvorstand die Möglichkeit hat, Kenntnis von diesem Wahlvorschlag zu erhalten. Bis zum Ablauf der Einreichungsfrist hat der Wahlvorstand die Gegebenheiten zu schaffen, die eine Übergabe der Wahlvorschläge ermöglichen (Besetzung des Wahlvorstandsbüros bis zum Ablauf der Frist um 24:00 Uhr, regelmäßige Leerung des Briefkastens/Postfachs; Fischer u. a., § 10 WO Anm. 3). Tag und Uhrzeit des Eingangs des Wahlvorschlags müssen in einem weiteren Eingangsvermerk dann beurkundet werden, wenn ein wegen heilbarer Mängel beanstandeter Wahlvorschlag nach Behebung der Mängel zum zweiten Mal eingereicht wird (vgl. Abs. 5 sowie § 7 WO Anm. 2). Gerade am letzten Tag der Frist zur Einreichung von Wahlvorschlägen muss daher sichergestellt sein, dass der gesamte Wahlvorstand anwesend ist bzw. durch Wahlhelfer vertreten wird. Andernfalls wäre der Wahlvorstand nicht in der Lage, entsprechend Abs. 2 Satz 1 unverzüglich über die Gültigkeit von Wahlvorschlägen zu entscheiden (VGH München v. 10. 12. 1992, Leits. ZfPR 1993, 203).

II. Behandlung ungültiger Wahlvorschläge

3 1. Auf den Wahlvorschlägen hat der Wahlvorstand nach Abs. 1 Satz 1 den **Tag und die Uhrzeit des Eingangs** zu vermerken. Damit soll klargestellt werden, dass die Einreichungsfrist des § 7 Abs. 2 WO gewahrt ist. Der Wahlvorstand hat daher dafür zu sorgen, dass jederzeit Wahlvorschläge eingereicht werden können und die Uhrzeit des Eingangs vermerkt wird (BVerwG v. 3. 2. 1969, PersV 1970, 37).

4 2. Abs. 2 regelt die **Behandlung unheilbar ungültiger Wahlvorschläge.** Dies sind Wahlvorschläge,

a) in denen die Bewerber nicht in erkennbarer Reihenfolge aufgeführt worden sind oder
b) die nicht die zum Zeitpunkt der Einreichung notwendige Anzahl von Unterschriften besitzen oder
c) nicht fristgerecht eingereicht worden sind oder
d) Änderungen enthalten.

Diese Aufzählung ist beispielhaft („insbesondere"), also nicht erschöpfend (BVerwG v. 13. 3. 1973, BVerwGE 42, 73 = ZBR 1973, 182 = PersV 1973, 143). Unheilbar ungültig ist zum Beispiel ein Wahlvorschlag, der den Namen eines nicht wählbaren Bewerbers enthält (BVerwG v. 14. 2. 1969, BVerwGE 31, 299 = ZBR 1969, 250 = PersV 1970, 39). Ungültig ist ein Wahlvorschlag auch dann, wenn er im Auftrag einer Gewerkschaft eingereicht und mit dem Kennwort „Freie Liste" versehen wird; mit diesem Kennwort nämlich wird der Wähler irregeführt, so dass hierin ein Verstoß gegen § 24 Abs. 1 Alt. 2 BPersVG zu sehen ist (VG Hamburg v. 11. 12. 1992, PersR 1993, 508). Der Wahlvorstand hat z. B. auch einen Wahlvorschlag zurückzugeben, der durch Streichung eines Wahlbewerbers oder durch Überkleben des für die Unterschriften unter der Bewerberliste vorgesehenen Blatteils geändert worden ist (BVerwG v. 10. 8. 1978, BVerwGE 56, 208 = ZBR 1979, 180 = PersV 1979, 417; vgl. auch § 8 Anm. 5). Ebenso muss der Wahlvorstand einen Wahlvorschlag zurückgeben, auf dem ein Bewerber aufgeführt ist, der im Zeitpunkt der Wahl der Dienststelle nicht mehr angehören wird. **Ein solcher Wahlvorschlag ist ungültig.** Infolgedessen kann der Wahlvorstand die Liste nicht durch Streichung des Bewerbers verändern (OVG Hamburg v. 14. 10. 1980, PersV 1982, 157). Zurückzugeben ist ein Wahlvorschlag auch dann, wenn er gemeinsam von mehreren Gewerkschaften eingereicht worden ist, nicht aber die Unterschrift von jeweils zwei Beauftragten jeder Gewerkschaft trägt (OVG Magdeburg v. 6. 3. 2002, PersV 2002, 511 = ZfPR 2002, 333; vgl. auch § 19 Anm. 50 a; § 8 WO Anm. 7). Ein Wahlvorstand ist nicht berechtigt zu beschließen, dass ein eingereichter Wahlvorschlag um die Lichtbilder der Kandidaten zu ergänzen ist. Er hat nämlich lediglich zu prüfen, ob eine Liste gültig ist oder nicht. Erkennt er sie als gültig an, so hat er sie in der eingereichten Form unverändert auszuhängen (vgl. für BetrVG: BAG v. 3. 12. 1987, BAGE 57, 106 = BB 1988, 1042 = DB 1988, 862). Dies gilt auch für einen Wahlvorschlag, in dem die Art der Personalvertretung unrichtig bezeichnet ist (statt Bezirksjugend- und Auszubildendenvertretung: Bezirksjugendvertretung). Nach den Umständen nämlich ist ein solcher Wahlvorschlag als für die von dem Wahlvorstand vorzubereitende Wahl ohne Schwierigkeiten identifizierbar (VGH Mannheim v. 12. 9. 1989, Leits. PersR 1990, 115). Ebenfalls gültig ist ein Wahlvorschlag dann, wenn er zunächst nicht in Urschrift, sondern per Telefax übermittelt wird. Grundsätzlich muss ein Wahlvorschlag in Urschrift schon deshalb vorgelegt werden, damit der Wahlvorstand die Möglichkeit hat zu prüfen, ob der Wahlvorschlag ordnungsgemäß ist, insbesondere ob die auf ihm enthaltenen Unterschriften echt sind. Allerdings handelt es sich bei diesem Mangel (Einreichung per Telefax) um einen i. S. von Abs. 5 behebbaren Mangel, so dass der Wahlvorstand darauf hinzuwirken hat, dass der Wahlvorschlag in Urschrift vorgelegt wird (VG Hamburg v. 11. 12. 1992, aaO). Ein Wahlvorschlag, der einen nicht wählbaren Kandidaten aufführt, wird nicht dadurch gültig, dass der nicht wählbare Bewerber auf der Vorschlagsliste gestrichen wird (vgl. für das BetrVG: LAG Düsseldorf v. 13. 9. 1988 – 16 (17) TaBV 42/88, n. v.). Ein Anfechtungsgrund ist auch dann gegeben, wenn ein Wahlvorstand eine Nachfrist nur mündlich bekannt gibt (VG Potsdam v. 22. 1. 2003, PersV 2003, 420 = ZfPR 2004, 15).

3. a) Der Wahlvorstand hat jeden Wahlvorschlag, den er für ungültig hält, **unverzüglich,** d. h. ohne schuldhaftes Zögern nach Eingang unter Angabe der Gründe **zurückzugeben**. Dabei steht dem Wahlvorstand ein Beurteilungsspielraum im Hinblick auf die Erforderlichkeit seiner Tätigkeit zu. Dieser ist aber nicht nach Erfahrungs- und Richtwerten, sondern nach den Umständen des Einzelfalls auszufüllen (vgl. für das BetrVG: LAG Kiel v. 15. 12. 2004, Leits. ZfPR 2005, 105). Die Wahlordnung selbst trifft keine Aussage darüber, auf welche Weise ein ungültiger Wahlvorschlag zurückgegeben werden muss. Dies kann per Post, per Hauspost oder durch persönliche Überbringung am Arbeitsplatz geschehen. Welchen Weg der Wahlvorstand wählt, hängt entscheidend davon ab, wieweit die Einreichungsfrist schon fortgeschritten ist. Der Wahlvorstand kann dem Listenvertreter per Handy die Rückgabe ankündigen und sodann die persönliche Übergabe wählen (vgl. für das BetrVG: LAG Düsseldorf v. 25. 3. 2003, PersV 2003, 417). Dabei muss dem Wahlvorstand allerdings Zeit zur rechtlichen Prüfung gegeben werden (BVerwG v. 8. 3. 1963, BVerwGE 15, 352 = ZBR 1963, 156 = PersV 1963, 161). Andererseits hat der Wahlvorstand darauf Bedacht zu nehmen, dass diejenigen, die den Wahlvorschlag eingereicht haben, etwaige Mängel noch fristgerecht beseitigen, also einen neuen, fehlerfreien Wahlvorschlag einreichen können. Infolgedessen hat die Prüfung und Rückgabe ungültiger Wahlvorschläge um so schneller zu erfolgen, je weiter die Einreichungsfrist fortgeschritten ist (OVG Münster v. 2. 12. 1980, PersV 1983, 20; VGH München v. 4. 2. 1987, Leits. PersR 1988, 84). Keinesfalls darf die Rückgabe eines ungültigen Wahlvorschlags so verspätet erfolgen, dass die Möglichkeit der Einreichung eines gültigen Wahlvorschlags verhindert wird (VGH Kassel v. 24. 10. 2002, ZfPR 2004, 7; VGH Kassel v. 25. 3. 2003, PersV 2003, 417; so schon früher: BVerwG v. 13. 3. 1973, BVerwGE 42, 73 = 5

ZBR 1973, 182 = PersV 1973, 143; vgl. auch für das BetrVG: LAG Düsseldorf v. 25. 3. 2003, aaO). Welche Zeit für die Prüfung notwendig ist, ergibt sich im Übrigen aus dem Kenntnis- und Ausbildungsstand des Wahlvorstands und auch daraus, welcher Hilfsmittel er sich bedienen kann. Ob die Wahlvorstandsmitglieder in diesem Zusammenhang ein subjektives Verschulden trifft, ist für eine spätere Wahlanfechtung nicht entscheidend. Eine im Einzelfall verständliche Verzögerung bei der Beanstandung von Wahlvorschlägen ändert nichts an den Rechtsfolgen einer Wahlanfechtung (VGH München v. 19. 2. 1992, PersR 1993, 192). In jedem Fall muss der Wahlvorstand dafür sorgen, dass am letzten Tag der Frist zur Einreichung von Wahlvorschlägen die Mitglieder des Wahlvorstands anwesend und beschlussfähig sind. Im Hinblick auf das Gebot der Unverzüglichkeit nach Abs. 2 Satz 1 WO ist andernfalls ein Verstoß gegen wesentliche Vorschriften über das Wahlverfahren festzustellen (VGH München v. 10. 12. 1992, Leits. ZfPR 1993, 203). Daher hat ein Wahlvorstand am letzten Tag der Frist zur Einreichung von Wahlvorschlägen alles zu tun, damit eingehende Wahlvorschläge möglichst sofort geprüft und die Listenvertreter über etwaige Mängel informiert werden können (vgl. für das BetrVG: BAG v. 25. 5. 2005 – 7 ABR 39/04, BAGE 115, 34 = Leits. BB 2005, 2360 = ZBVR online 12/2005, S. 3). Der Wahlvorstand muss aber auch am letzten Tag der Frist nicht über das übliche Dienstende hinaus für eine Entscheidung über die Gültigkeit von Wahlvorschlägen zur Verfügung stehen (BVerwG v. 3. 2. 1969, PersV 1970, 37; BVerwG v. 17. 7. 1980, PersV 1981, 498), so dass ein am letzten Tag der Einreichungsfrist gegen Dienstschluss eingereichter ungültiger Wahlvorschlag jedenfalls in größeren Dienststellen auch erst am folgenden Tag mit der Folge zurückgewiesen werden kann, dass ein neuer Vorschlag nicht mehr eingereicht werden kann (vgl. für das BetrVG: LAG Düsseldorf v. 13. 9. 1988 – 16 (17) TabV 42/88, n. v.).

6 b) Der Wahlvorstand darf einen Wahlvorschlag erst **nach sorgfältiger Prüfung,** nicht aber lediglich auf Verdacht zurückweisen (OVG Münster v. 27. 5. 1963 – CB 1/63, n. v.). Er muss jeden Wahlvorschlag zurückgeben, den er aus irgendeinem Grund für unheilbar ungültig hält. Die Zulassung eines ungültigen Wahlvorschlags wäre nämlich ein Verstoß i. S. von § 25 BPersVG (OVG Lüneburg v. 10. 1. 1961, ZBR 1961, 159). Der Wahlvorstand darf aber einen Wahlvorschlag nicht deshalb zurückweisen, weil die Zahl der ihn tragenden Unterschriften durch Zurücknahme nach der Einreichung beim Wahlvorstand nicht mehr ausreichend ist oder weil er den Namen eines wählbaren Bewerbers enthält, der nicht im Wählerverzeichnis eingetragen ist (Richardi, PersV 1978, 449); denn diese Wahlvorschläge sind gültig, und die Nichtzulassung eines gültigen Wahlvorschlags ist ein Verstoß i. S. von § 25 BPersVG (VGH Kassel v. 16. 10. 1961, PersV 1962, 134). Gleiches gilt für den Fall, dass der Wahlvorstand Zweifel daran hat, ob die Unterschriften gültig sind oder ob nach Unterzeichnung noch Bewerber in den Wahlvorschlag aufgenommen wurden. Weist der Wahlvorstand daher bei Bedenken in dieser Richtung einen Wahlvorschlag als ungültig zurück, so ist die Anfechtung der Personalratswahl begründet, wenn sich herausstellt, dass der Wahlvorschlag ordnungsgemäß zustande gekommen ist (vgl. für das BetrVG: LAG Hamm v. 7. 7. 1976, EzA § 19 BetrVG 1972 Nr. 9).

7 c) Der Wahlvorstand hat unter Angabe der Gründe einen unheilbar ungültigen Wahlvorschlag (Abs. 2) aus eigener Verantwortung und **nicht erst auf Aufforderung Dritter** zurückzugeben. Die Unterlassung der unverzüglichen Rückgabe ist eine Verletzung wesentlicher Vorschriften i. S. von § 25 BPersVG (OVG Hamburg v. 14. 10. 1980, PersV 1982, 157). Der Wahlvorstand kann den Wahlvorschlag nur an den in § 8 Abs. 4 WO bestimmten Vertreter zurückgeben (BVerwG v. 17. 12. 1957, Leits. ZBR 1958, 187; BVerwG v. 27. 11. 1959, BVerwGE 9, 357 = ZBR 1960, 125 = PersV 1960, 18). Infolgedessen hat er sicherzustellen, dass der Empfänger in den Besitz des Wahlvorschlags gelangt. Ein Ablegen in dem Brieffach des Empfängers genügt z. B. nur dann, wenn feststeht, dass das Fach regelmäßig und alsbald geleert wird. Ausreichend ist es auch, wenn sich der Wahlvorstand zur Rückgabe eines Wahlvorschlags eines Boten bedient, ohne sich eine schriftliche Empfangsbestätigung erteilen zu lassen (vgl. BVerwG v. 2. 12. 1983 – 6 PB 17.83, n. v.). Die Rückgabe eines ungültigen Wahlvorschlags durch Aushang am Schwarzen Brett ist unzulässig (OVG Münster v. 29. 3. 1990, PersV 1991, 312). Ein Wahlvorstand ist aber selbst bei einem offensichtlichen Schreibversehen nicht berechtigt, den Wahlvorschlag von sich aus zu berichtigen. Dies gilt auch dann, wenn der Listenvertreter der Berichtigung (nachträglich) zustimmt (VGH München v. 4. 2. 1987, Leits. PersR 1988, 84).

4. Der Unterzeichner eines Wahlvorschlags kann seine **Unterschrift auch nach Einreichung des Wahlvorschlags** gegenüber dem Wahlvorstand, nicht gegenüber dem Listenvertreter, zurückziehen. Die Widerrufserklärung muss grundsätzlich schriftlich erfolgen, sie kann aber auch mündlich unmittelbar gegenüber dem Wahlvorstand abgegeben oder durch eine beliebige dritte Person dem Wahlvorstand zugeleitet werden. 8

5. Wenn ein Wahlbewerber mit seiner Zustimmung **auf mehreren Wahlvorschlägen benannt** worden ist, so wird dadurch die Gültigkeit des Wahlvorschlags noch nicht beeinträchtigt. Die mehrfache Benennung muss den Wahlvorstand veranlassen, dem Bewerber eine Frist von drei Arbeitstagen zur Erklärung zu setzen, auf welchem Wahlvorschlag er benannt bleiben will (Abs. 3). Wenn der Bewerber diese Erklärung nicht fristgerecht abgibt, so ist er von sämtlichen Wahlvorschlägen zu streichen. Aus einem anderen Grund darf der Wahlvorstand einen Wahlbewerber allerdings nicht aus der Bewerberliste streichen (BVerwG v. 27. 5. 1960, BVerwGE 10, 344 = ZBR 1960, 270 = PersV 1960, 207). Der Tag, an dem die Aufforderung zur Erklärung zugeht, wird nicht mitgezählt. Die Frist endet, ebenso wie die des § 7 Abs. 2 WO, nicht am dritten Tag mit dem Ablauf der Dienststunden, sondern um 24.00 Uhr dieses Tages (vgl. im Übrigen auch § 9 WO Anm. 2). Wenn eine in einer Dienststelle vertretene Gewerkschaft mehrere Wahlvorschläge einreicht, so hat der Wahlvorstand die Gewerkschaft, die nur einen Wahlvorschlag einreichen kann, zu der Erklärung aufzufordern, welcher Wahlvorschlag aufrechterhalten wird (Abs. 4 Satz 3). 9

6. **Sinn und Zweck von Abs. 4 und 5** (schwebend unwirksame Wahlvorschläge) ist es, möglichst vielen Bewerbern und Wahlvorschlägen die Teilnahme an den Personalratswahlen zu ermöglichen (vgl. Anm. 1). Den Wählern soll Gelegenheit zu einer überlegten Ausübung des Wahlrechts gegeben werden. Da aber nicht bei allen Wahlbewerbern befriedigende Kenntnisse der Wahlvorschriften vorausgesetzt werden können, eröffnen die Abs. 4 und 5 verhältnismäßig weitgreifende Möglichkeiten zur Korrektur formaler und typischerweise auftretender Mängel bei der Aufstellung von Wahlvorschlägen. 10

a) Abs. 4 behandelt das Verfahren bei einer durch § 9 Abs. 3 verbotenen **Mehrfachunterzeichnung von Wahlvorschlägen.** Auch in diesem Fall hat der Wahlvorstand den Unterzeichner schriftlich gegen Empfangsbestätigung aufzufordern, binnen drei Arbeitstagen seit dem Zugang der Aufforderung 11 zu erklären, welche Unterschrift er aufrechterhalten will. Wenn der Betreffende nicht fristgerecht eine entsprechende Erklärung abgibt, so zählt seine Unterschrift auf keinem Wahlvorschlag. Entsprechendes gilt im Fall von Mehrfachunterzeichnungen durch Gewerkschaftsbeauftragte. Bei der Fristberechnung wird ebenso wie im Fall des Abs. 3 der Tag, an dem die Aufforderung des Wahlvorstands zugeht, nicht mitgezählt. Die Antwort des Befragten muss dem Wahlvorstand vor Ablauf des dritten Tages der Erklärungsfrist zugehen. Die Frist von drei Arbeitstagen ist zwingend. Das Verlangen des Wahlvorstands auf eine sofortige Erklärung ist ein Verstoß gegen wesentliche Vorschriften i. S. von § 25 BPersVG (OVG Münster v. 24. 6. 1970, ZBR 1971, 62).

12 b) Die **Zurückziehung von Unterschriften** auf einem Wahlvorschlag **kann nicht im vorhinein erklärt werden,** da auf diese Weise ein vorweggenommener Verzicht auf die Ausübung einer dem Wahlrecht innewohnenden Befugnis erklärt wird. „Zurückgezogen" werden kann nur eine bereits geleistete Unterschrift (BVerwG v. 27. 11. 1984 – 6 P 2.84, Leits. PersV 1987, 517). Dem Wahlvorstand obliegt aber nicht die Pflicht, von sich aus Unklarheiten eines bei ihm eingereichten Wahlvorschlags zu beseitigen, also beispielsweise zu prüfen, ob die Zurückziehungserklärung zeitlich nach einer Doppelunterzeichnung abgegeben worden ist. Aus den in der Vorschrift getroffenen Einzelregelungen ergibt sich vielmehr, dass der Wahlvorstand einen bei ihm eingegangenen Wahlvorschlag nur daraufhin zu prüfen hat, ob die Einreichungsfrist gewahrt worden ist, und der Vorschlag hinsichtlich seines Inhalts den Anforderungen der Wahlordnung entspricht. Nur dann, wenn nicht ersichtlich ist, welchen Wahlvorschlag ein Mehrfachunterzeichner tatsächlich unterstützt, hat der Wahlvorstand den betreffenden Beschäftigten aufzufordern, innerhalb von drei Arbeitstagen zu erklären, welche Unterschrift er aufrechterhält (vgl. BVerwG v. 27. 11. 1984 – 6 P 1.84, Leits. PersV 1987, 517; BVerwG v. 27. 11. 1984 – 6 P 2.84, aaO).

13 7. Nach Abs. 5 soll die **unzulängliche äußere Form eines inhaltlich eindeutigen und vollständigen Wahlvorschlags** im Interesse einer möglichst großen Zahl von Wahlvorschlägen ohne Änderung des Erklärungsinhalts ergänzt oder berichtigt werden können, falls an der Gültigkeit im Zeitpunkt der erstmaligen Einreichung nicht zu zweifeln ist. Diese Voraussetzung erfüllen Wahlvorschläge, die den inhaltlichen Anforderungen an eine solche Erklärung genügen, aber formal unvollständig sind, weil die Bewerber nicht in erkennbarer Reihenfolge und mit fortlaufenden Nummern aufgeführt werden, oder weil Familienname, Vorname, Geburtsdatum, Amts- oder Funktionsbezeichnung bzw. Angaben in Bezug auf die Gruppenzugehörigkeit und die Beschäftigungsdienststelle etc. fehlen. Gleiches gilt, wenn ein Wahlvorschlag dadurch nachträglich unvollständig wird, dass er infolge von Streichungen nach Abs. 4 nicht mehr die erforderliche Zahl von Unterschriften aufweist. Heilbar ist auch ein Wahlvorschlag, der ohne die schriftliche Zustimmung der Bewerber eingereicht wird, und ein Wahlvorschlag, der zunächst nicht in Urschrift, sondern per Telefax übermittelt wird (VG Hamburg v. 11. 12. 1992, PersR 1993, 508; vgl. auch Anm. 4).

14 a) In den vorgenannten Fällen hat der Wahlvorstand gegen **schriftliche Empfangsbestätigung,** erforderlichenfalls durch eingeschriebenen Brief, die Wahlvorschläge mit der Aufforderung zurückzugeben, die Mängel binnen drei Arbeitstagen seit dem Zugang der Aufforderung zu beseitigen. In welcher Weise im einzelnen der Wahlvorstand den ungültigen Wahlvorschlag zurückgibt, ist seinem pflichtgemäßen Ermessen überlassen. Allein entscheidend ist, dass derjenige, der den Wahlvorschlag eingereicht hat, verständigt wird, und dass ihm die für einen neuen Wahlvorschlag verwendbaren oder sonst wesentlichen Teile des ungültigen Wahlvorschlags übermittelt oder zur Verfügung gestellt werden (VG Hamburg v. 11. 12. 1992, PersR 1993, 508; vgl. Anm. 5). Unterbleibt die Aufforderung zur Mängelbeseitigung bzw. behandelt der Wahlvorstand einen heilbaren Wahlvorschlag als ungültig, ohne zuvor die gesetzlich vorgeschriebene Frist zur Beseitigung eines Mangels gesetzt zu haben, so kann die Personalratswahl angefochten werden (OVG Münster v. 29. 3. 1990, PersV 1991, 312 = Leits. ZfPR 1991, 175). Ebenfalls anfechtbar ist eine Personalratswahl dann, wenn der Wahlvorstand eine eingereichte Liste für mangelhaft hält, dem Listenvertreter aber nicht unverzüglich benachrichtigt (vgl. für das BetrVG: LAG Düsseldorf v. 25. 3. 2003, PersV 2003, 417). Die Aufforderung, die Mängel zu beseitigen, ist nur dann entbehrlich, wenn gleichzeitig mit der Einreichung eines weiteren, nicht mit Mängeln behafteten Wahlvorschlags die Erklärung eines Unterzeichners eingeht, dass die Unterschrift auf einem vorher bereits eingegangenen Vorschlag nicht aufrechterhalten wird; denn die Unterschrift auf dem zunächst eingereichten Wahlvorschlag ist aufgrund der abgegebenen Erklärung nicht wirksam (OVG Münster v. 3. 8. 1977 – CB 10/77, n. v.).

b) Der Wahlvorstand darf die **Aufforderung** an Doppelunterzeichner **nicht wiederholen,** falls diese sich nicht fristgerecht erklären. Der Verordnungsgeber wollte nämlich nicht ein mehrfaches Aufeinanderfolgen von Aufforderungen nach Abs. 5. Andernfalls nämlich würde eine erneute Befragung von Doppelunterzeichnern gemäß Abs. 4 dazu führen, dass der im Wahlausschreiben festgesetzte Wahltermin nicht eingehalten werden könnte. Wenn daher ein „nachgebesserter“ Wahlvorschlag erneut Doppelunterschriften aufweist, dann hat der Wahlvorstand den Wahlvorschlag als ungültig zurückzugeben. Er kann nicht erneut eine Nachbesserungsfrist setzen (BVerwG v. 1. 3. 1984 – 6 P 36.83, BVerwGE 69, 67 = ZBR 1984, 218 = PersV 1986, 108). 15

c) Der Wahlvorstand darf einen Wahlvorschlag nicht zur Nachbesserung zurückgeben, wenn er als Folge eines bereits zuvor erfolgten Widerrufs von Unterschriften im **Zeitpunkt seiner Einreichung nicht mehr die erforderliche Anzahl** von Unterschriften aufweist. Ein solcher Wahlvorschlag ist ungültig. Würde der Wahlvorstand einen solchen Wahlvorschlag zurückgeben und nach Ablauf der Einreichungsfrist wieder annehmen, dann würde er die Frist umgehen und einen Wahlvorschlag zur Wahl stellen, der in dem Zeitpunkt, von dem ab keine Wahlvorschläge mehr eingereicht werden können, die Gültigkeitserfordernisse (u. a. notwendige Zahl von Unterschriften) nicht erfüllte. Infolgedessen darf auch ein Wahlvorschlag, der nach Ablauf der Einreichungsfrist durch das Zurückziehen von Unterschriften seine Gültigkeit verliert, nicht zurückgegeben werden; denn andernfalls würde er gegenüber verspätet eingereichten Wahlvorschlägen „privilegiert“ (BVerwG v. 1. 3. 1984 – 6 P 28.83, BVerwGE 69, 63 = ZBR 1984, 219 = PersV 1986, 107; BVerwG v. 1. 3. 1984 – 6 P 32.83, PersV 1986, 155). Etwas anderes aber muss dann gelten, wenn der Wahlvorstand die Zahl der wahlberechtigten Beschäftigten, von denen ein Wahlvorschlag zu unterzeichnen ist, im Wahlausschreiben zu niedrig angesetzt hat. In diesem Fall muss in entsprechender Anwendung von Abs. 5 Nr. 3 die Möglichkeit bestehen, den Wahlvorschlag zur Nachbesserung zurückzugeben, zumal der Fehler allein beim Wahlvorstand liegt. Eine „Privilegierung“ des betreffenden Wahlvorschlags liegt nicht vor, da die Rückgabe zur Nachbesserung die einzige Möglichkeit ist, um den bereits vorliegenden Wahlrechtsverstoß zu berichtigen und eine Einleitung eines völlig neuen Wahl- 16 verfahrens zu verhindern (OVG Münster v. 20. 1. 1994, Leits. ZBR 1994, 190 = Leits. ZfPR 1994, 195).

17 8. Der Listenvertreter, dem der Wahlvorstand einen beanstandeten Wahlvorschlag zur Nachbesserung zurückgegeben hat, kann innerhalb der Einreichungsfrist statt der Nachbesserung des alten einen **neuen Wahlvorschlag** einreichen (BVerwG v. 8. 3. 1963, BVerwGE 15, 347 = ZBR 1963, 156 = PersV 1963, 161). Er kann auch Unterschriften einholen und den Wahlvorschlag innerhalb der Einreichungsfrist erneut einreichen. Die den Anforderungen der Wahlvorschriften genügenden Teile kann er in einen neuen Wahlvorschlag einbringen, da diese ihren Erklärungswert durch das Fehlgehen des ersten Wahlvorschlags nicht verloren haben (BVerwG v. 1. 3. 1984 – 6 P 32.83, PersV 1986, 155). Wenn ein zur Nachbesserung zurückgegebener Wahlvorschlag bei der erneuten Einreichung wiederum eine so hohe Zahl von Doppelunterschriften enthält, dass die verbleibenden Unterschriften nicht ausreichen, so darf der Wahlvorstand diesen Wahlvorschlag nicht noch einmal unter Fristsetzung zur Nachbesserung zurückgeben. Der Wahlvorstand erfüllt die ihm obliegenden Pflichten schon dann, wenn er einem Wahlbewerber oder Listenvertreter einmal Gelegenheit gegeben hat, einen Wahlvorschlag nachzubessern. Einer erneuten Anhörung bedarf es daher nicht (BVerwG v. 5. 10. 1989, ZBR 1990, 184 = PersV 1990, 230 = Leits. ZfPR 1991, 175).

17a Die Frist zur Nachbesserung eines mit einem heilbaren Mangel behafteten Wahlvorschlags ist dem Listeneinreicher zur Nachbesserung auch dann zu gewähren, wenn hierdurch die 18-tägige **Einreichungsfrist überschritten wird** (vgl. im Ergebnis: Fischer u. a., § 9 WO Anm. 8; § 10 WO Anm. 24). Dies ergibt sich aus § 13 WO. Danach gibt der Wahlvorstand die gültigen Wahlvorschläge nach Ablauf der 18-tägigen Einreichungsfrist des § 7 Abs. 2, der Nachbesserungsfrist des § 10 Abs. 5 und der Nachfrist bei Nichtvorliegen eines gültigen Wahlvorschlags des § 11 Abs. 1 bekannt. Wäre ein Hinausreichen der anderen Fristen über die Einreichungsfrist nicht möglich, so wäre die Nennung der weiteren Fristen überflüssig. Ein Überschreiten der 18-tägigen Einreichungsfrist gilt aber nicht für einen mit einem unheilbaren Mangel behafteten Wahlvorschlag; denn in diesem Fall geht es nicht um eine Nachbesserung, sondern um die Einreichung eines (neuen) Wahlvorschlags (Süllwold, ZfPR 2004, 30).

III. Geltungsbereich/Streitigkeiten

18 1. Die **Vorschrift** des § 10 WO **gilt für die Wahl aller nach dem BPersVG zu wählenden Einrichtungen.** Sie ist zwingend. Ein Verstoß gegen sie ist eine Verletzung wesentlicher Vorschriften i. S. von § 25 BPersVG, die die Wahlanfechtung rechtfertigt. Allerdings stellt Abs. 5 Satz 1, wonach die Wahlvorschläge durch den Wahlvorstand gegen schriftliche Empfangsbestätigung zurückzugeben sind, nur eine **Ordnungsvorschrift** dar, die sicherstellen soll, dass der Lauf der dreitägigen Nachbesserungsfrist einwandfrei festgestellt werden kann. Die Verletzung bloßer Ordnungsvorschriften ist jedenfalls dann ohne Folgen, wenn der Zweck auch auf andere Weise erreicht werden kann, nämlich dann, wenn ein Beschäftigter als Beauftragter des Listeneinreichers bei der Überprüfung der Gültigkeit der einzelnen Wahlvorschlagslisten an der Sitzung des Wahlvorstands teilgenommen hat und bereit war, den Vorschlag umgehend an den Listeneinreicher weiterzugeben (VGH München v. 20. 11. 1982 – Nr. 18 C 83 A. 159, n. v.).

19 2. Fehlhandlungen des Wahlvorstands können vor der Durchführung der Wahl isoliert zum Gegenstand eines Beschlussverfahrens nach § 83 Abs. 1

Nr. 1 BPersVG gemacht werden, das nach Durchführung der Wahl aber in eine **Wahlanfechtung** umgestellt werden muss (BVerwG v. 11. 5. 1962, BVerwGE 14, 153 = ZBR 1962, 280 = PersV 1962, 211). Eventuell kann auch eine einstweilige Verfügung beantragt werden (vgl. auch § 20 BPersVG Anm. 27).

Schrifttum: Ilbertz, Die Aufstellung und Behandlung von Wahlvorschlägen, ZfPR 2004, 23; Süllwold, Auswirkungen nachträglicher Änderungen in der Bewerbesliste eines Wahlvorschlages und Handlungsmöglichkeiten des Einreichers bei rechtswidriger Rückgabe des Wahlvorschlags durch den Wahlvorstand, ZfPR 2004, 30.

§ 11 Nachfrist für die Einreichung von Wahlvorschlägen

(1) Ist nach Ablauf der Fristen nach § 7 Abs. 2 und § 10 Abs. 5 Satz 1 Nr. 1 und 2 bei Gruppenwahl nicht für jede Gruppe ein gültiger Wahlvorschlag, bei gemeinsamer Wahl überhaupt kein gültiger Wahlvorschlag eingegangen, so gibt der Wahlvorstand dies sofort durch Aushang an den gleichen Stellen, an denen das Wahlausschreiben ausgehängt ist, bekannt. Gleichzeitig fordert er zur Einreichung von Wahlvorschlägen innerhalb einer Nachfrist von sechs Arbeitstagen auf.

(2) Im Falle der Gruppenwahl weist der Wahlvorstand in der Bekanntmachung darauf hin, dass eine Gruppe keine Vertreter in den Personalrat wählen kann, wenn auch innerhalb der Nachfrist für sie kein gültiger Wahlvorschlag eingeht. Im Falle gemeinsamer Wahl weist der Wahlvorstand darauf hin, dass der Personalrat nicht gewählt werden kann, wenn auch innerhalb der Nachfrist kein gültiger Wahlvorschlag eingeht.

(3) Gehen auch innerhalb der Nachfrist gültige Wahlvorschläge nicht ein, so gibt der Wahlvorstand sofort bekannt

1. **bei Gruppenwahl, für welche Gruppe oder für welche Gruppen keine Vertreter gewählt werden können,**
2. **bei gemeinsamer Wahl, dass diese Wahl nicht stattfinden kann.**

Entspr. landesrechtliche Regelungen:
Baden-Württemberg: § 15; Bayern: § 11; Berlin: § 10; Brandenburg: § 12; Bremen: § 11, Hamburg: § 11; Hessen: § 11; Mecklenburg-Vorpommern: § 13; Niedersachsen: § 13; Nordrhein-Westfalen: § 10; Rheinland-Pfalz: § 11; Saarland: § 11; Sachsen: § 11; Sachsen-Anhalt: § 11; Schleswig-Holstein: § 13; Thüringen: § 11.

I. Vorbemerkung

Sinn der Vorschrift ist es, selbst dann zu einer gültigen Personalratswahl zu **1** gelangen, wenn keine Wahlvorschläge eingereicht worden sind.

II. Nachfrist

1. Die in Abs. 1 erwähnte **Frist** des § 7 Abs. 2 WO ist die Einreichungsfrist **2** von 18 Kalendertagen seit dem Erlass des Wahlausschreibens. Die Frist des § 10 Abs. 5 Satz 1 WO ist die Nachbesserungsfrist von drei Arbeitstagen zur Beseitigung von Mängeln heilbar ungültiger Wahlvorschläge. Die Fristen werden nicht addiert. Wenn überhaupt kein Wahlvorschlag eingereicht worden ist, ist eine Fristsetzung nach § 10 Abs. 5 WO ohnehin nicht aktuell.

2. Die Nachbesserungsfrist nach § 10 Abs. 5 WO muss nicht innerhalb der **3** Einreichungsfrist nach § 7 Abs. 2 WO ablaufen. Wenn z. B. erst am letzten Tag der Einreichungsfrist ein heilbar ungültiger Wahlvorschlag eingereicht wird, beginnt die Nachbesserungsfrist erst am 19. Tag nach Erlass des

Wahlausschreibens und die Nachfrist nach Abs. 1 erst am 22. Tag. Die Nachfrist nach Abs. 1 kann aber erst dann gesetzt werden, wenn eine **Nachbesserungsfrist abgelaufen** ist, die nur deswegen bestimmt wurde, um die Unterschriften unter einem sonst gültigen Wahlvorschlag zu ergänzen, deren Zahl durch Streichungen unter die gesetzliche Zahl gesunken ist.

4 3. Voraussetzung für die Anwendung des Abs. 1 ist, dass **nach Ablauf der genannten Fristen** (achtzehn Kalendertage nach dem Erlass des Wahlausschreibens, § 7 Abs. 2; drei Arbeitstage zur Mängelbeseitigung, § 10 Abs. 5) **kein gültiger Wahlvorschlag** vorliegt. Diese Voraussetzung ist erfüllt
a) bei Gruppenwahl, wenn nicht für jede Gruppe ein gültiger Wahlvorschlag vorliegt,
b) bei Gemeinschaftswahl, wenn überhaupt kein gültiger Wahlvorschlag vorliegt.
Entsprechend Sinn und Zweck der Regelung muss dem der Fall gleichgestellt werden, dass die einzige Liste nachträglich durch Ausscheiden oder durch Tod eines Kandidaten ungültig wird. Im Hinblick auf das angestrebte Ziel, in möglichst allen Fällen die Voraussetzungen für die ordnungsgemäße Durchführung von Personalratswahlen zu schaffen, ist die Zufälligkeit, wann ein ungültigkeitsbegründendes Ereignis eintritt, kein sachgerechtes Unterscheidungsmerkmal, das eine unterschiedliche Behandlung im Vergleich dazu zulässt, dass zum Zeitpunkt des Ablaufs der Einreichungsfrist noch kein Wahlvorschlag vorliegt.

5 4. Sobald der Wahlvorstand erkennt, dass die Voraussetzungen für die Anwendung des Abs. 1 vorliegen (auch nach Ablauf der Mängelbeseitigungsfrist,§ 10 Abs. 5), muss er durch Aushang an derselben Stelle bzw. denselben Stellen, an denen das Wahlausschreiben ausgehängt ist, **bekannt machen, dass gültige Wahlvorschläge nicht vorliegen.** Der Wahlvorstand ist verpflichtet, die Situation in der Dienststelle darauf zu beobachten, ob die Voraussetzung des Abs. 1 einzutreten droht. Die **Bekanntgabe** hat **sofort** zu erfolgen. Damit wird deutlich gemacht, dass der Wahlvorstand seinerseits keine zusätzlichen Erwägungen darüber anstellen darf, ob die Bekanntgabe zu einem bestimmten Zeitpunkt zweckmäßig ist (OVG Lüneburg v. 3. 11. 1969, ZBR 1970, 95 = PersV 1970, 109). Wenn der Wahlvorstand aus irgendwelchen Gründen die Bekanntmachung hinauszögert, so begeht er damit einen Verstoß gegen wesentliche Wahlvorschriften. Eine Wahlanfechtung ist damit berechtigt (OVG Lüneburg v. 3. 11. 1969, aaO; vgl. für das BetrVG: BAG v. 9. 12. 1992, BB 1993, 1217 = DB 1993, 2083).

6 5. Mit der Bekanntmachung muss der Wahlvorstand die Vorschlagsberechtigten auffordern, binnen einer **Nachfrist von sechs Arbeitstagen** Wahlvorschläge einzureichen. Gleichzeitig muss er auf die Folgen hinweisen, die eintreten, wenn auch seine Aufforderung während der Nachfrist unerfüllt bleibt. In diesem Fall kann die säumige Gruppe keinen Vertreter in den Personalrat wählen. Im Fall der Gemeinschaftswahl kann überhaupt kein Personalrat gewählt werden.

7 6. Die Nachfrist beginnt am Tag nach der Bekanntmachung und endet mit Ablauf des sechsten Arbeitstages. Die **Dauer der Nachfrist ist zwingend** auf sechs Arbeitstage festgesetzt. Sie darf weder über- noch unterschritten werden (OVG Lüneburg v. 3. 11. 1969 = ZBR 1970, 95 = PersV 1970, 109).

8 7. Wenn bei einer Gruppenwahl **während der Nachfrist ein Wahlvorschlag** der säumigen Gruppe **eingeht,** so wird dieser Vorschlag nach den Vorschrif-

ten des § 10 WO behandelt, d. h. vom Wahlvorstand geprüft und im Fall heilbarer Mängel nach § 10 Abs. 5 WO zur Nachbesserung zurückgegeben (Lorenzen u. a., § 11 WO Anm. 4). Auf die fristgerecht eingereichten Wahlvorschläge der anderen Gruppe hat dieses Verfahren keinen Einfluss. Die einer Gruppe gesetzte Nachfrist nach Abs. 1 eröffnet nicht für die andere Gruppe eine allgemeine Verlängerung der Einreichungsfrist des § 7 Abs. 2 WO.

8. Wenn bei einer Gruppenwahl ein Wahlvorschlag trotz Nachfristsetzung **9**
unterbleibt, so fallen die **Sitze**, die der säumigen Gruppe bei Beteiligung an der Wahl zugestanden hätten, der **anderen Gruppe** zu (BVerwG v. 23. 10. 1970, BVerwGE 36, 170 = ZBR 1971, 120 = PersV 1971, 135).

9. Werden trotz der vom Wahlvorstand gesetzten Nachfrist keine Wahlvor- **10**
schläge eingereicht, so ist damit das **Wahlverfahren beendet** und das Amt des Wahlvorstands erloschen. Dies schließt eine Personalratswahl in einem neuen Wahlverfahren mit einem neuen Wahlvorstand selbstverständlich nicht aus.

III. Geltungsbereich/Streitigkeiten

1. Die **Vorschrift** gilt für alle nach dem BPersVG zu wählenden Einrichtun- **11**
gen. Sie ist **zwingend.** Ihre Verletzung stellt einen Verstoß gegen wesentliche Vorschriften i. S. von § 25 BPersVG dar und rechtfertigt die Wahlanfechtung.

2. Fehlhandlungen des Wahlvorstands können vor der Durchführung der **12**
Wahl zum Gegenstand eines Beschlussverfahrens nach § 83 Abs. 1 Nr. 1 BPersVG gemacht werden. Dieses Verfahren ist nach Durchführung der Wahl als **Wahlanfechtungsverfahren** weiterzuführen. Im Übrigen kann auch hier eventuell eine einstweilige Verfügung beantragt werden. Für eine Wahlanfechtung sind andere Antragsteller antragsberechtigt als für ein Verfahren nach § 83 Abs. 1 Nr. 1 BPersVG.

§ 12 Bezeichnung der Wahlvorschläge

(1) Nach Ablauf der Fristen nach § 7 Abs. 2, § 10 Abs. 5 und § 11 Abs. 1 ermittelt der Wahlvorstand durch das Los die Reihenfolge der Wahlvorschläge auf dem Stimmzettel. Finden Wahlen für Personalvertretungen mehrerer Stufen gleichzeitig statt, ist für Wahlvorschläge mit demselben Kennwort für die Wahlen auf allen Stufen die Losentscheidung auf der obersten Stufe maßgebend. Für Wahlvorschläge, die an der Losentscheidung auf der obersten Stufe nicht beteiligt sind, werden die folgenden Plätze auf dem Stimmzettel ausgelost. Die Listenvertreter (§ 8 Abs. 4) sind zu der Losentscheidung rechtzeitig einzuladen.

(2) Der Wahlvorstand bezeichnet die Wahlvorschläge mit den Familien- und Vornamen der in dem Wahlvorschlag an erster und zweiter Stelle benannten Bewerber, bei gemeinsamer Wahl mit den Familien- und Vornamen der für die Gruppen an erster Stelle benannten Bewerber. Bei Wahlvorschlägen, die mit einem Kennwort versehen sind, ist auch das Kennwort anzugeben.

Entspr. landesrechtliche Regelungen:
Baden-Württemberg: § 16; Bayern: § 12; Berlin: § 11; Brandenburg: § 13; Bremen: § 12; Hamburg: § 12; Hessen: § 12; Mecklenburg-Vorpommern: § 14; Niedersachsen: § 14; Nordrhein-Westfalen: § 11; Rheinland-Pfalz: § 12; Saarland: § 12; Sachsen: § 12; Sachsen-Anhalt: § 12; Schleswig-Holstein: § 14; Thüringen: § 12.

I. Vorbemerkung

1 Die Vorschrift regelt das **Verfahren,** nach dem die gültigen Wahlvorschläge vom Wahlvorstand zu behandeln sind. Der Ausdruck „Wahlvorschläge mit demselben Kennwort" ist nicht wörtlich zu verstehen, da ein Kennwort erwünscht, aber nicht vorgeschrieben ist. Wird ein Kennwort verwendet, dann muss eine eindeutige Identifizierung möglich sein. Die Gefahr der Verwechslung z. B. mit einer anderen Organisation muss ausgeschlossen sein. Andernfalls ist die Wahl im Falle der Anfechtung für ungültig zu erklären (VG Potsdam v. 26. 8. 1998, PersV 1999, 231 = ZfPR 2000, 13). Wird ein Kennwort vor der Einreichung des Wahlvorschlages geändert, so berührt dies nicht die Identität und die Gültigkeit der vorher den Kandidaten erteilten Unterstützungsunterschriften (VG Freiburg v. 16. 12. 1997, Leits. ZfPR 2000, 18).

II. Festlegung der Reihenfolge

2 1. Nach Ablauf der Einreichungsfrist (§ 7 Abs. 2) unter Berücksichtigung einer nach § 10 Abs. 5 (Mängelbeseitigungsfrist) oder § 11 Abs. 1 WO (Nachfrist bei Fehlen gültiger Wahlvorschläge) gesetzten Nachfrist hat der Wahlvorstand durch Los die **Reihenfolge** zu ermitteln, **in der die Wahlvorschläge auf dem Stimmzettel** erscheinen. Bei einer Gruppenwahl müssen für jede Gruppe getrennte Wahlvorschläge eingereicht werden. Der Losentscheid ist daher für jede Gruppe getrennt durchzuführen. Wenn gleichzeitig auf mehreren Stufen Personalvertretungen gewählt werden, so ist für Wahlvorschläge mit demselben Kennwort **auf allen Stufen die Losentscheidung auf der obersten Stufe** maßgebend.

3 2. Zur Losentscheidung sind die **Listenvertreter** (einschließlich der Beauftragten der in der Dienststelle vertretenen Gewerkschaften) so **rechtzeitig einzuladen,** dass sie ihre Teilnahme ermöglichen können. Diese Teilnahme soll eine Kontrolle über die Ordnungsmäßigkeit bei der Ermittlung des im Losentscheid liegenden Zufallergebnisses ermöglichen.

III. Geltungsbereich/Streitigkeiten

4 1. Die Vorschrift gilt für die Wahl aller nach dem BPersVG zu wählenden Einrichtungen. Sie ist zwingend und eine wesentliche Vorschrift i. S. von § 25 BPersVG. Ihre Verletzung rechtfertigt die **Wahlanfechtung.**

5 2. **Fehlhandlungen des Wahlvorstands** bei der Bestimmung der Reihenfolge der Wahlvorschläge können vor der Wahl zum Gegenstand eines Beschlussverfahrens nach § 83 Abs. 1 Nr. 1 BPersVG gemacht werden, das nach der Wahl als Wahlanfechtungsverfahren weitergeführt werden kann. Eventuell kann eine einstweilige Verfügung beantragt werden.

§ 13 Bekanntmachung der Wahlvorschläge

(1) Unverzüglich nach Ablauf der Fristen nach § 7 Abs. 2, § 10 Abs. 5 und § 11 Abs. 1, spätestens jedoch fünf Arbeitstage vor Beginn der Stimmabgabe, gibt der Wahlvorstand die als gültig anerkannten Wahlvorschläge durch Aushang bis zum Abschluss der Stimmabgabe an den gleichen Stellen wie das Wahlausschreiben bekannt. Die Stimmzettel sollen in diesem Zeitpunkt vorliegen.

(2) Die Namen der Unterzeichner der Wahlvorschläge werden nicht bekanntgemacht.

Entspr. landesrechtliche Regelungen:
Baden-Württemberg: § 17; Bayern: § 13; Berlin: § 12; Brandenburg: § 14; Bremen: § 13; Hamburg: § 13; Hessen: § 13; Mecklenburg-Vorpommern: § 15; Niedersachsen: § 15; Nordrhein-Westfalen: § 12; Rheinland-Pfalz: § 13; Saarland: § 13; Sachsen: § 13; Sachsen-Anhalt: § 13; Schleswig-Holstein: § 15; Thüringen: § 13.

I. Vorbemerkung

Die Vorschrift stellt sicher, dass den Wahlberechtigten die endgültig zur Wahl zugelassenen **Wahlvorschläge rechtzeitig amtlich bekannt werden.** 1

II. Veröffentlichung der Wahlvorschläge

1. Der Wahlvorstand hat die **Wahlvorschläge** unverzüglich, d. h. ohne schuldhaftes Zögern, nach Ablauf der Einreichungsfrist unter Berücksichtigung eventueller Nachfristen nach Ermittlung der Reihenfolge an den Stellen **bekanntzugeben,** an denen das Wahlausschreiben ausgehängt ist. Dieser Pflicht hat der Wahlvorstand spätestens fünf Arbeitstage vor Beginn der Stimmabgabe nachzukommen. Wenn die Wahl sich über mehrere Tage erstreckt, so ist Beginn der Stimmabgabe der erste Wahltag. Die Wahlvorschläge müssen den Wahlberechtigten fünf volle Arbeitstage vor Beginn der Stimmabgabe bekanntgegeben werden. Der Tag des Aushangs durch den Wahlvorstand und der (erste) Tag der Stimmabgabe werden nicht mitgezählt. 2

2. Bei der Frist handelt es sich um eine **Ordnungsvorschrift,** nicht um eine Ausschlussfrist. Ein als gültig anerkannter Wahlvorschlag wird nicht dadurch ungültig, dass er später als fünf Tage vor Beginn der Stimmabgabe bekanntgemacht wird. Dennoch ist die Einhaltung der Frist deshalb notwendig, um Beschäftigten, die an der persönlichen Stimmabgabe gehindert sind, die Möglichkeit zu geben, von der schriftlichen Stimmabgabe Gebrauch zu machen. 3

3. Die **Namen der Unterzeichner** der Wahlvorschläge **dürfen** vom Wahlvorstand **nicht bekanntgemacht werden.** Die Geheimhaltung soll zur Wahrung des Wahlgeheimnisses dienen. Insoweit erscheint es bedenklich, wenn das Bundesverwaltungsgericht (BVerwG v. 8. 11. 1957, BVerwGE 5, 348 = Leits. ZBR 1958, 218, 284) in dieser Vorschrift keine Verpflichtung des Wahlvorstands sieht, die Namen der Unterzeichner geheimzuhalten (so auch Fischer u. a., § 13 WO Anm. 4; Lorenzen u. a., §§ 12, 13 WO Anm. 13). 4

III. Geltungsbereich/Streitigkeiten

1. Die Vorschrift gilt für die **Wahl aller Einrichtungen,** die nach dem BPersVG zu wählen sind. Sie ist zwingend und eine wesentliche Vorschrift i. S. von § 25 BPersVG. Ihre Verletzung rechtfertigt die Wahlanfechtung. 5

2. Verstöße des Wahlvorstands gegen Abs. 1 oder Abs. 2 können vor Durchführung der Wahl zum Gegenstand eines Beschlussverfahrens nach § 83 Abs. 1 Nr. 1 BPersVG gemacht werden, das nach der Durchführung der Wahl als **Wahlanfechtung** weiterzuführen ist. Eventuell kann der Erlass einer einstweiligen Verfügung beantragt werden. Für eine Wahlanfechtung sind andere Antragsteller antragsberechtigt als für ein Verfahren nach § 83 Abs. 1 Nr. 2 BPersVG. Ein Wahlanfechtungsgrund ist dann gegeben, wenn ein Wahlvorstand eine Wahlvorschlagsliste aushängt, aber nur den Begriff „Muster“ verwendet, es sei denn, dass die Wahlberechtigten erkennen, dass es sich um die Kandidaten für die anstehende Perso- 6

nalratswahl handelt und wenn der Wahlvorschlag der einzig wirksam eingereichte war (vgl. für das BetrVG: LAG Mainz v. 30. 5. 1996, Leits. NZA 1997, 674). Zur Wahlanfechtung berechtigt auch die Zulassung ungültiger Wahlvorschläge (BVerwG v. 1. 3. 1984, BVerwGE 69, 63 = ZBR 1994, 219 = PersV 1986, 107), außerdem die Nichtzulassung eines gültigen Wahlvorschlags (BVerwG v. 30. 10. 1964, BVerwGE 19, 362 = ZBR 1965, 27 = PersV 1965, 59).

7 3. Die Vorschrift steht einem **Einblicksrecht in Wahlunterlagen** nicht nur deshalb entgegen, weil bei der Einsichtnahme nicht auszuschließen ist, dass u. a. Namen von Unterzeichnern der Wahlvorschläge bekannt werden. Vielmehr ist auch folgendes zu berücksichtigen: Der Wahlvorstand ist das durch Bestellung legitimierte Organ, dem die Aufgabe zufällt, die Personalratswahlen ordnungsgemäß durchzuführen. Daher ist nicht einzusehen, weshalb Vorschlagsberechtigte zur Sicherstellung einer ordnungsgemäßen Behandlung ihrer Wahlvorschläge Einblick in die Wahlunterlagen nehmen sollen. Der Wahlvorstand soll sein Handeln nicht ständig zur Kontrolle Dritter stellen müssen. Die Rechte Dritter sind im Gesetz abschließend behandelt (§ 20 Abs. 1 Satz 3 BPersVG; aA VG München v. 3. 5. 1985 – M 2152 XVI a 5/85, n. v.; Fischer u. a., § 13 WO Anm. 4).

§ 14 Sitzungsniederschrift

Der Wahlvorstand fertigt über jede Sitzung, in der er einen Beschluss gefasst hat, eine Niederschrift, die mindestens den Wortlaut des Beschlusses enthält. Sie ist von sämtlichen Mitgliedern des Wahlvorstandes zu unterzeichnen.

Entspr. landesrechtliche Regelungen:
Baden-Württemberg: § 18; Bayern: § 1; Berlin: § 13; Brandenburg: § 15; Bremen: § 14; Hamburg: § 16; Hessen: § 14; Mecklenburg-Vorpommern: § 16; Niedersachsen: § 16; Nordrhein-Westfalen: § 13; Rheinland-Pfalz: § 14; Saarland: § 14; Sachsen: § 14; Sachsen-Anhalt: § 14; Schleswig-Holstein: § 16; Thüringen: § 14.

I. Vorbemerkung

1 Die Vorschrift bestimmt, dass der Wahlvorstand über jede Sitzung, in der er einen Beschluss gefasst hat, eine Niederschrift anzufertigen hat. Die Niederschrift ist von Beweiswert, insbesondere für den Fall, dass im Zuge einer Wahlanfechtung das **Zustandekommen von Beschlüssen des Wahlvorstands** geprüft werden muss.

II. Umfang der Vorschrift

2 1. **Förmliche Sitzungen** des Wahlvorstands verlangen eine Teilnahme sämtlicher Mitglieder. Bei Verhinderung eines ordentlichen Mitglieds muss das zuständige Ersatzmitglied geladen werden. Ein **Ersatzmitglied** darf nicht geladen werden, wenn ein ordentliches Mitglied geladen werden kann (VGH München v. 8. 7. 1963, Leits. ZBR 1965, 159; vgl. auch über die Wirkung der Fehlbesetzung eines Beschlussgremiums: BVerwG v. 14. 2. 1969, BVerwGE 31, 298 = ZBR 1969, 185 = PersV 1970, 60). Außerdem können an den Sitzungen des Wahlvorstands Vertreter der in der Dienststelle vertretenen Gewerkschaften teilnehmen (§ 20 Abs. 1 Satz 3 BPersVG). Die **Sitzungen des Wahlvorstands** sind nicht geheim. Sie können (dienststellen-)**öffentlich** durchgeführt werden (BVerwG v. 8. 11. 1957, BVerwGE 5, 348 = Leits. ZBR

1958, 218, 284). Daher besteht auch ein jederzeitiges Zutrittsrecht für die Beschäftigten und den Dienststellenleiter.

2. Die **Abfassung einer Niederschrift** ist zwingend vorgeschrieben. Die Niederschrift ist für die Gültigkeit der Beschlüsse des Wahlvorstands nicht rechtsbegründend, aber sie ist ein wichtiges Beweismittel. Die Unterlassung der Anfertigung einer Niederschrift ist ein Pflichtverstoß des Wahlvorstands, aber kein Grund zur Anfechtung der Wahl. Mit der Anfertigung der Niederschrift kann der Wahlvorstand auch eine außenstehende Person beauftragen. Ausreichend ist ein **Beschlussprotokoll.** Bei Zurückweisung von Wahlvorschlägen muss jedoch in der Niederschrift der Grund angegeben werden. Ein Sonderfall ist die **Wahlniederschrift** nach § 21 WO. Auch sie wird über eine förmliche Sitzung des Wahlvorstands geführt. 3

3. Die Niederschrift muss (zwingend) **von sämtlichen Mitgliedern des Wahlvorstands unterzeichnet** werden (vgl. § 6 WO Anm. 6 und 7). Die Unterschrift eines Mitglieds, das an der Sitzung nicht teilgenommen hat, ist ohne Beweiswert; sie bestätigt lediglich das Einverständnis des Unterzeichners. 4

III. Streitigkeiten/Geltungsbereich

1. Die Vorschrift ist **zwingend** und eine wesentliche Bestimmung i. S. von § 25 BPersVG. Ob ihre Verletzung ein Grund zur Wahlanfechtung ist, hängt allerdings im Einzelfall davon ab, ob dadurch das Wahlergebnis geändert oder beeinflusst werden konnte. Zu beachten ist, dass die nicht ordnungsmäßige Zusammensetzung des Wahlvorstands die Wahlanfechtung begründet (BVerwG v. 27. 11. 1959, BVerwGE 9, 357 = ZBR 1960, 125 = PersV 1960, 18). Das gilt im Grundsatz auch für die Sitzungen des Wahlvorstands hinsichtlich der dort getroffenen Entscheidungen. 5

2. Die Vorschrift gilt für die Wahl aller Einrichtungen, die nach dem BPersVG zu wählen sind. Fehlhandlungen des Wahlvorstands in der Sitzung und bei Anfertigung der Niederschrift können vor Durchführung der Wahl zum Gegenstand eines Beschlussverfahrens nach § 83 Abs. 1 Nr. 1 BPersVG gemacht werden, das, sofern durch den Fehler das Wahlergebnis geändert oder beeinflusst werden konnte, nach Durchführung der Wahl als **Wahlanfechtungsverfahren** weitergeführt werden kann. 6

§ 15 Ausübung des Wahlrechts, Stimmzettel, ungültige Stimmabgabe

(1) Wählen kann nur, wer in das Wählerverzeichnis eingetragen ist.

(2) Das Wahlrecht wird durch Abgabe eines Stimmzettels in einem Wahlumschlag ausgeübt. Bei Gruppenwahl müssen die Stimmzettel für jede Gruppe, bei gemeinsamer Wahl alle Stimmzettel dieselbe Größe, Farbe, Beschaffenheit und Beschriftung haben. Dasselbe gilt für die Wahlumschläge. Gehören der Dienststelle ausländische Beschäftigte an, so sind Musterstimmzettel nebst einer Übersetzung in die Muttersprache der Beschäftigten im Wahllokal an gut sichtbarer Stelle auszuhängen.

(3) Ist nach den Grundsätzen der Verhältniswahl zu wählen (§ 25 Abs. 1), so kann die Stimme nur für den gesamten Wahlvorschlag (Vorschlagsliste) abgegeben werden. Ist nach den Grundsätzen der Personenwahl zu wählen (§ 28 Abs. 1, § 30 Abs. 1), so wird die Stimme für die zu wählenden einzelnen Bewerber abgegeben.

(4) Ungültig sind Stimmzettel,

1. **die nicht in einem Wahlumschlag abgegeben sind,**
2. **die nicht den Erfordernissen des Absatzes 2 Satz 2 entsprechen,**
3. **aus denen sich der Wille des Wählers nicht zweifelsfrei ergibt,**
4. **die ein besonderes Merkmal, einen Zusatz oder einen Vorbehalt enthalten.**

(5) Mehrere in einem Wahlumschlag für eine Wahl enthaltene Stimmzettel, die gleich lauten, werden als eine Stimme gezählt.

(6) Hat der Wähler einen Stimmzettel verschrieben, diesen oder seinen Wahlumschlag versehentlich unbrauchbar gemacht, so ist ihm auf Verlangen gegen Rückgabe der unbrauchbaren Wahlunterlagen ein neuer Stimmzettel und gegebenenfalls ein neuer Wahlumschlag auszuhändigen. Der Wahlvorstand hat die zurückgebenenen Unterlagen unverzüglich in Gegenwart des Wählers zu vernichten.

Entspr. landesrechtliche Regelungen:
Baden-Württemberg: § 19, 20; Bayern: § 14; Berlin: § 14; Brandenburg: § 16; Bremen: § 15; Hamburg: § 14; Hessen: § 15; Mecklenburg-Vorpommern: § 17; Niedersachsen: § 17; Nordrhein-Westfalen: § 14; Rheinland-Pfalz: § 15; Saarland: § 15; Sachsen: § 15; Sachsen-Anhalt: § 15; Schleswig-Holstein: § 17; Thüringen: § 15.

I. Vorbemerkung

1 Die Vorschrift regelt die **Voraussetzungen für die Ausübung des Wahlrechts.** Sie bestimmt, dass für die Teilnahme an der Wahl die Eintragung in das Wählerverzeichnis erforderlich ist. Außerdem bestimmt sie die Art und Weise der Stimmzettel sowie die Behandlung der Stimmzettel durch den Wahlvorstand.

II. Stimmzettel

2 1. Die **Eintragung im Wählerverzeichnis** ist keine materielle Voraussetzung des aktiven Wahlrechts (§ 13 BPersVG; Richardi, PersV 1978, 449), sondern eine verfahrensrechtliche Ordnungsvorschrift (BVerwG v. 21. 11. 1958, BVerwGE 7, 331 = Leits. ZBR 1959, 337, 340). Die Zulassung eines nicht im Wählerverzeichnis eingetragenen Beschäftigten zur Wahl ist jedoch ein Verstoß gegen wesentliche Vorschriften i. S. von § 25 BPersVG.

3 2. Abs. 1 bezieht sich nur auf das **aktive Wahlrecht.** Das passive Wahlrecht ist zwar vom aktiven abhängig. Aber für die Wählbarkeit ist eine Eintragung im Wählerverzeichnis nicht Voraussetzung (Ballerstedt u. a., § 14 WO Anm. 12).

4 3. Das Stimmrecht wird durch **Abgabe eines Stimmzettels** ausgeübt. Die Verwendung eines Wahlumschlags ist zwingend (vgl. § 15 Abs. 4 Nr. 1 WO; VG Schleswig v. 9. 2. 1962 – 2 PB 1/62, n. v.). Es ist unschädlich, wenn der Stimmzettel in der Wahlurne aus dem Wahlumschlag fällt. Entscheidend ist, dass er im Umschlag abgegeben wird. Der Wahlumschlag kann verklebt (OVG Koblenz v. 6. 2. 1974 – 4 A 4/73, n. v.) oder unverschlossen abgegeben werden.

4a a) Unter den Begriff **„Stimmzettel"** fällt auch eine e-mail, die ein Wähler dem Wahlvorstand zustellt; denn der Wähler bringt durch das Absenden der e-mail seinen Willen zur Wahlbeteiligung und seine Wahlentscheidung selbst eindeutig zum Ausdruck. Bis zur Ankunft im PC des Wahlvorstands ist die Wahlentscheidung gleichsam elektronisch geschützt, so dass das zwingende Erfordernis der Stimmabgabe in einem Wahlumschlag nicht gegen Sinn und Zweck der Geheimhaltung der Wahl verstößt. Daneben dürfte aber auch der Grundsatz der freien Wahl gewährleistet sein – trotz möglicher Zweifel daran, ob die e-mail tatsächlich von demjenigen abgesandt worden ist, der als Wahlberechtigter in das Wählerverzeichnis eingetragen ist. Zweifel könnten auch daran aufkommen, ob der Absender der e-mail tatsächlich sein Stimmrecht unbeeinflusst von Dritten ausgeübt hat. Gleiche Zweifel könnten aber immer auch bei der Briefwahl angebracht sein. Der Verordnungsgeber hat dennoch das Institut der Briefwahl in der Wahlordnung verankert. Es kann davon ausgegangen werden, dass er deshalb auch, hätte es bei der Beratung der Wahlordnung bereits entsprechende technische Einrichtungen gegeben, keine Bedenken gegen die Ausübung des Wahlrechts im Wege des e-mail-Verfahrens gehabt hätte. Allerdings ist die Briefwahl an bestimmte Voraussetzungen gebunden (wahlberechtigter Beschäftigter ist verhindert, seine Stimme persönlich abzugeben, § 17 Abs. 1 WO). Diese Voraussetzungen müssen auch bei der Ausübung des Wahlrechts durch Nutzung des e-mail-Verfahrens erfüllt sein. Sichergestellt sein muss in jedem Fall, dass der Wahlvorstand alleine Zugang zum PC in dem Raum hat, in dem die persönliche Stimmabgabe erfolgt. Alleiniger Zugang bedeutet auch, dass Dritte nicht die Möglichkeit der Kenntnisnahne durch Einsicht des Bildschirms des PC haben. Der Wahlvorstand muss die per e-mail erfolgte Stimmabgabe „in Papier umsetzen" und den sodann vorhandenen Stimmzettel in einen Wahlumschlag legen, um ihn anschließend in die Wahlurne zu werfen.

4. Der Grundsatz der geheimen Wahl gebietet es, sowohl die **Stimmzettel** als **5**
auch die Wahlumschläge so **einheitlich auszugestalten**, dass nicht an äußeren Merkmalen zu erkennen ist, dass ein bestimmter Wähler einen bestimmten Stimmzettel abgegeben hat (vgl. § 15 Abs. 4 Nr. 5 WO). Daher müssen bei Gruppenwahl alle Stimmzettel für dieselbe Gruppe dieselbe Größe, Farbe und Beschaffenheit (Papierqualität) haben. Diese Bestimmung ist wesentlich i. S. von § 25 BPersVG (VGH Mannheim v. 17. 2. 1958, ESVGH 11, 1; vgl. auch VG München v. 18. 7. 1958, ZBR 1959, 102).

5. Auch die **Beschriftung der Stimmzettel** muss in Druckstärke und -typen **6**
einheitlich sein (VG München v. 18. 7. 1958, ZBR 1959, 103). Die Kreise zum Ankreuzen müssen dieselbe Größe haben (VG Freiburg v. 13. 1. 1960, ZBR 1960, 126). Jedoch ist bei Verstößen gegen diese Vorschrift Ungültigkeit sämtlicher Stimmen für diese Gruppe nur anzunehmen, wenn nicht ausgeschlossen ist, dass durch den Verstoß das Wahlergebnis geändert oder beeinflusst werden konnte (VGH Mannheim v. 17. 2. 1958, ESVGH 11, 1; vgl. aber auch bei falscher Bezeichnung des Stimmzettels: VGH Mannheim v. 12. 9. 1989, PersV 1990, 484). Die Grundsätze über die Einheitlichkeit der Stimmzettel und der Wahlumschläge gelten unverändert bei gemeinsamer Wahl für sämtliche Stimmzettel und Wahlumschläge. Bei gleichzeitiger Wahl der Personalvertretungen mehrerer Stufen müssen die Stimmzettel für die unterschiedlichen Stufen unterschiedliche Farben haben (§ 40 Satz 2, § 42 WO). Sie können aber im selben Wahlumschlag abgegeben werden (§ 40 Satz 1 WO). Bei Gruppenwahl ist die Benutzung des Stimmzettels für eine Gruppe, der der Wähler nicht angehört, ein Verstoß gegen wesentliche Vorschriften i. S. von § 25 BPersVG (VG Hannover v. 1. 8. 1973 – P (B) 2/73, n. v.).

6. Abs. 2 Satz 4 will **ausländischen Beschäftigten** die Wahl erleichtern. Ent- **7**
sprechende Erläuterungen sind vor der eigentlichen Wahlhandlung zu geben. Während der Wahlhandlung sind ausländische Beschäftigte auf die Musterstimmzettel zu verweisen. Mündliche Erläuterungen eines Dolmetschers in der Landessprache des Wählenden sind schon deshalb unzulässig, weil der Wahlvorstand regelmäßig mangels Kenntnis der Muttersprache des nicht deutsch sprechenden ausländischen Wählers den Ausführungen des Dolmetschers nicht folgen kann. Eine Wahlbeeinflussung wäre bei einem solchen Verfahren daher nicht auszuschließen (VG Gelsenkirchen v. 13. 9. 1979 – PVB 8/79, n. v.). Die Vorschrift ist ebenfalls eine wesentliche Vorschrift

i. S. von § 25 BPersVG, da sie das Verständnis der betroffenen Wähler für den Wahlvorgang gewährleistet.

8 7. Bei einer Wahl nach den Grundsätzen der Verhältniswahl (Listenwahl) kann der Wähler seine Stimme nur für den gesamten Wahlvorschlag abgeben. Er darf aus dem Wahlvorschlag nicht die Namen von Bewerbern streichen, die er nicht wählen oder Namen von Bewerbern einfügen, die er wählen will (Abs. 4 Nr. 4). Wenn nach den **Grundsätzen der Mehrheitswahl** (Personenwahl) gewählt wird, wenn also nur entweder ein gültiger Wahlvorschlag vorliegt (vgl. § 28 Abs. 1 WO) oder wenn nur ein Personalratsmitglied zu wählen ist (vgl. § 30 Abs. 1 WO), dann haben die wahlberechtigten Beschäftigten die **Bewerber anzukreuzen,** denen sie ihre Stimme geben wollen. Dabei dürfen nicht mehr Namen von Bewerbern angekreuzt werden als zu wählen sind.

9 8. Abs. 4 regelt abschließend, unter welchen Voraussetzungen **Stimmzettel ungültig** sind (VGH Mannheim v. 19. 7. 1993, ZBR 1984, 152), nämlich dann, wenn aus ihnen nicht eindeutig der Wählerwille erkennbar ist. Dies ist beispielsweise dann der Fall, wenn Stimmzettel ohne Wahlumschläge abgegeben werden. Wird ein Stimmzettel in einer anderen Wahlurne als in die für den Wähler bestimmte abgelegt, so ist der Wählerwille jedenfalls so lange eindeutig auf dem Stimmzettel erkennbar, wie eine Verwechslungsgefahr auszuschließen ist (BVerwG v. 23. 9. 1966, BVerwGE 25, 120 = ZBR 1967, 26 = PersV 1966, 267). Ohne Einfluss auf die Gültigkeit der Wahl ist es, wenn bei einer als Gruppenwahl durchgeführten Personalratswahl ein Stimmzettel in einer für eine andere Beschäftigtengruppe bestimmten Wahlurne aufgefunden wird, da es sich in einem solchen Fall um ein offensichtliches Versehen handelt und anhand des Wählerverzeichnisses überprüft werden kann, ob tatsächlich so viele Wahlberechtigte ihre Stimme abgegeben haben, wie Wahlumschläge insgesamt bei Beginn der Stimmenauszählung vorhanden sind (OVG Münster v. 6. 5. 1982, RiA 1982, 218).

10 9. Der Wählerwille muss nicht unbedingt durch **Ankreuzen** zum Ausdruck gebracht werden. Es genügt vielmehr, wenn der Wähler in sonstiger Weise seine Wahlentscheidung zweifelsfrei deutlich macht. Bei einer Verhältniswahl ist daher ein Stimmzettel gültig, auf dem der Wähler alle Vorschlagslisten bis auf eine durchgestrichen hat. Hier nämlich wird erkennbar, dass die Stimme für die nicht durchgestrichene Liste abgegeben worden ist. Demgegenüber aber sind Stimmzettel ungültig, auf denen mehr als eine Vorschlagsliste gekennzeichnet worden ist. Wenn bei einer Personenwahl mehr Bewerber angekreuzt werden als bei einer Gruppenwahl für die betreffende Gruppe, bei gemeinsamer Wahl mehr Personalratsmitglieder als überhaupt gewählt werden können, so sind die entsprechenden Stimmzettel ebenfalls ungültig (Altvater u. a., § 15 WO Anm. 12).

11 10. Stimmzettel, die ein besonderes Merkmal, einen Zusatz oder einen Vorbehalt enthalten, sind ebenfalls ungültig. Ein besonderes Merkmal ist ein **vom Wähler angebrachtes Kennzeichen,** das den Stimmzettel von anderen unterscheidet und einen Hinweis auf die Person des Wählers geben kann (VG Freiburg v. 29. 5. 1964, RiA 1965, 113), z. B. Kennzeichnung mit abgebranntem Streichholz oder Lippenstift oder Kennzeichnung mit einer Ziffer anstelle des Kreuzes oder Striches in dem vorgesehenen Feld (OVG Berlin v. 19. 9. 1969, PersV 1971, 189) oder Kennzeichnung des Stimmfeldes für eine Vorschlagsliste durch eine Strichzeichnung bzw. Kennzeichnung mit einem besonderen Merkmal am Rand des Stimmzettels (OVG Münster v. 29. 11. 1990, Leits. PersV 1995, 475). Ein unzulässiger Zusatz ist jede

schriftliche Willensäußerung auf einem Stimmzettel, der nicht durch die Stimmabgabe bedingt ist (VG Freiburg v. 29. 5. 1964, aaO). Es ist nicht notwendig, dass ein nach Abs. 4 Nr. 4 verbotener **Zusatz** vom Wähler stammt. Er kann bereits **im Druck** enthalten sein, z. B. bei Mehrheitswahl der Hinweis auf Organisationszugehörigkeit der Bewerber oder Kennworte (VGH Bebenhausen v. 19. 3. 1957, ZBR 1958, 28; VG Düsseldorf v. 13. 6. 1973 – 14 PVB 7/73, n. v.), insbesondere gewerkschaftsbezogene Kennworte (VG Gelsenkirchen v. 26. 10. 1973 -PVB 6/73, n. v.). Ist einem Stimmzettel für eine Personalratswahl ein Wahlwerbezettel einer in der Dienststelle vertretenen Gewerkschaft beigefügt, so ist dieser Stimmzettel ohne Rücksicht auf den Inhalt des Wahlwerbezettels ungültig (OVG Münster v. 27. 1. 1981, PersV 1982, 332).

11. Nach Abs. 5 werden mehrere gleichlautende Stimmzettel im selben Wahlumschlag als eine Stimme gezählt. Die Bestimmung bezieht sich auf die Stimmabgabe für jeweils dieselbe Stufe. **Stimmzettel im selben Umschlag** für unterschiedliche Stufen dürfen unterschiedliche Wahlentscheidungen enthalten. 12

III. Unbrauchbar gewordene Stimmzettel

Abs. 6 soll verhindern, dass das Wahlrecht nur deshalb nicht ausgeübt werden kann, weil Wahlunterlagen versehentlich unbrauchbar gemacht worden sind (Amtl. Begründung). Daher sind dem Wähler in diesem Fall gegen Rückgabe der unbrauchbaren neue Wahlunterlagen auszuhändigen. Die Rückgabe des unbrauchbar gewordenen Stimmzettels darf zu keinem Rückschluss führen, der das Wahlgeheimnis gefährdet. Die **Rückgabe** soll eine gleichzeitige Benutzung des unbrauchbaren Stimmzettels und des ersatzweise ausgegebenen verhindern. Diesem Zweck dient die unverzügliche Vernichtung durch den Wahlvorstand in Gegenwart des Wählers. 13

§ 16 Wahlhandlung

(1) Der Wahlvorstand trifft Vorkehrungen, dass der Wähler den Stimmzettel im Wahlraum unbeobachtet kennzeichnen und in den Wahlumschlag legen kann. Für die Aufnahme der Umschläge sind Wahlurnen zu verwenden. Vor Beginn der Stimmabgabe sind die Wahlurnen vom Wahlvorstand zu verschließen. Sie müssen so eingerichtet sein, dass die eingeworfenen Umschläge nicht vor Öffnung der Urne entnommen werden können. Findet Gruppenwahl statt, so kann die Stimmabgabe nach Gruppen getrennt durchgeführt werden; in jedem Fall sind jedoch getrennte Wahlurnen zu verwenden.

(2) Ein Wähler, der durch körperliches Gebrechen in der Stimmabgabe behindert ist, bestimmt eine Person seines Vertrauens, deren er sich bei der Stimmabgabe bedienen will, und gibt dies dem Wahlvorstand bekannt. Die Hilfeleistung hat sich auf die Erfüllung der Wünsche des Wählers zur Stimmabgabe zu beschränken. Die Vertrauensperson darf gemeinsam mit dem Wähler die Wahlzelle aufsuchen, soweit das zur Hilfeleistung erforderlich ist. Die Vertrauensperson ist zur Geheimhaltung der Kenntnisse verpflichtet, die sie bei der Hilfeleistung von der Wahl eines anderen erlangt hat. Wahlbewerber, Mitglieder des Wahlvorstandes und Wahlhelfer dürfen nicht zur Hilfeleistung herangezogen werden.

(3) Solange der Wahlraum zur Stimmabgabe geöffnet ist, müssen mindestens zwei Mitglieder des Wahlvorstandes im Wahlraum anwesend sein; sind Wahlhelfer bestellt (§ 1 Abs. 1), genügt die Anwesenheit eines Mitgliedes des Wahlvorstandes und eines Wahlhelfers.

(4) Vor Einwurf des Wahlumschlages in die Urne ist festzustellen, ob der Wähler im Wählerverzeichnis eingetragen ist. Ist dies der Fall, übergibt der Wähler den Umschlag dem mit der Entgegennahme der Wahlumschläge betrauten Mitglied des Wahlvorstandes, das ihn in Gegenwart des Wählers ungeöffnet in die Wahlurne legt. Der Wähler kann den Wahlumschlag auch selbst in die Urne legen, wenn das mit der Entgegennahme der Wahlumschläge betraute Mitglied des Wahlvorstandes es gestattet. Die Stimmabgabe ist im Wählerverzeichnis zu vermerken.

(5) Wird die Wahlhandlung unterbrochen oder wird das Wahlergebnis nicht unmittelbar nach Abschluss der Stimmabgabe festgestellt, so hat der Wahlvorstand für die Zwischenzeit die Wahlurne so zu verschließen und aufzubewahren, dass der Einwurf oder die Entnahme von Stimmzetteln ohne Beschädigung des Verschlusses unmöglich ist. Bei Wiedereröffnung der Wahl oder bei Entnahme der Stimmzettel zur Stimmenzählung hat sich der Wahlvorstand davon zu überzeugen, dass der Verschluss unversehrt ist.

Entspr. landesrechtliche Regelungen:
Baden-Württemberg: § 21; Bayern: § 16; Berlin: § 15; Brandenburg: § 17; Bremen: § 16; Hamburg: § 15; Hessen: § 16; Mecklenburg-Vorpommern: § 18; Niedersachsen: § 18; Nordrhein-Westfalen: § 15; Rheinland-Pfalz: § 16; Saarland: § 16; Sachsen: § 16; Sachsen-Anhalt: § 16; Schleswig-Holstein: § 18; Thüringen: § 16.

I. Vorbemerkung

1 Die Vorschrift regelt den **technischen Ablauf der Stimmabgabe.** Die einzelnen Bestimmungen sind sämtlich zwingend, aber nicht erschöpfend (VG München v. 18. 7. 1958, Leits. ZBR 1959, 103). Wesentliche Vorschriften ergeben sich zusätzlich aus den allgemein zu beachtenden parlamentarischen Regeln, gleich, ob sie Inhalt einer ausdrücklichen Bestimmung sind oder nicht. Aus der Nichterwähnung der **Öffentlichkeit der Wahlhandlung** kann daher nicht schon auf deren Nichtöffentlichkeit geschlossen werden. Der Gesetzgeber hat Fälle der Nichtöffentlichkeit im Übrigen ausdrücklich normiert (vgl. z. B. § 35 BPersVG). Schließlich dient das Öffentlichkeitsprinzip der Wahlhandlung dazu, dass Dritte die Ordnungsmäßigkeit dieses Vorgangs überwachen und sich jederzeit im Wahllokal aufhalten kann (OVG Münster v. 3. 6. 1980, RiA 1981, 178). Daher dürfen sich während der Stimmabgabe Beschäftigte, Vertreter der Dienststelle und Beauftragte der in der Dienststelle vertretenen Gewerkschaften (**Wahlbeobachter**) im Wahlraum aufhalten (vgl. auch OVG Münster v. 10. 11. 2005, PersV 2006, 138 = Leits. ZfPR 2006, 41). Sie müssen sich aber jeder Beeinflussung bzw. Einwirkung gegenüber den Mitgliedern des Wahlvorstands, gegenüber Wahlhelfern und Wählern enthalten. Im Falle einer Störung ist der Wahlvorstand berechtigt, die betreffenden Personen aus dem Wahlraum zu verweisen (OVG Münster v. 3. 6. 1980, aaO). Das „dienststellenbeschränkte" Überwachungsrecht beinhaltet aber nicht gleichzeitig auch das Recht der **Einblicknahme in das Wählerverzeichnis;** denn dieses Verzeichnis dient alleine dem Wahlvorstand als Hilfsmittel dafür zu überprüfen, ob ein Wähler seine Stimme bereits abgegeben hat. Daher ist ein Einsichtsrecht in das mit Stimmabgabevermerken versehene Wählerverzeichnis auch deshalb zu versagen, weil festgestellt werden könnte, welche Beschäftigten noch nicht gewählt haben. Würde in einem solchen Fall das Einsichtsrecht gewährt, dann würde der Wahlvorstand gegen den allgemeinen Grundsatz der freien Wahl verstoßen; denn dieser Grundsatz umfasst auch die Freiheit, nicht zu wählen. Diese Freiheit aber wäre beeinträchtigt, wenn Wahlberechtigte gezielt darauf angesprochen werden könnten, dass sie noch nicht gewählt haben. Bei diesen Personen würde eine Drucksituation entstehen, die mit dem

Grundsatz der freien Wahl nicht vereinbar ist (vgl. für das BetrVG: BAG v. 6. 12. 2000, BAGE 96, 326 = DB 2001, 1422). Es gibt daher keine Rechtsgrundlage für einen Anspruch auf Einsichtnahme in die Wählerlisten (VG Düsseldorf v. 3. 5. 1985 – PVB 5/85, n.v.; kritisch Ilbertz, ZfPR 2008, 18).

II. Geheime Wahl

1. Der **Grundsatz der geheimen Wahl** ist eine wesentliche Vorschrift über das Wahlverfahren. Der Wähler muss objektiv beim Ausfüllen des Stimmzettels und beim Einlegen in den Wahlumschlag den Blicken aller weiter anwesenden Personen entzogen sein und subjektiv das Gefühl haben, unbeobachtet zu sein. Daher muss der Wahlvorstand geeignete Vorkehrungen treffen, um die Geheimhaltung der Wahl zu sichern. Insbesondere muss es darum gehen, dass die jeweilige Wählerentscheidung während des Wahlaktes und danach zu überprüfen ebenso ausgeschlossen ist, wie eine Zuordnung der getroffenen Wahl zum jeweiligen Wähler. Eine entsprechende Möglichkeit darf auch bei Stimmzettelabgabe und Auszählung der Stimmzettel nicht bestehen. Nur wenn dies gesichert ist, kann ein Wähler tatsächlich der subjektiven Überzeugung sein, „unbeobachtet und nicht auf ihn zurückführbar seine Stimme abgeben zu können“ (OVG Münster v. 27. 9. 2000, PersR 2001, 257). Das gilt auch bei schriftlicher Stimmabgabe. Daher wird z. B. in grober Weise gegen den Grundsatz der Wahlfreiheit und Geheimhaltung der Wahl verstoßen, wenn ein Wahlbewerber und Listenvertreter aus eigener Initiative bei Wahlberechtigten in der Dienststelle von Tür zu Tür geht und Stimmzettel einsammelt, die in seiner Gegenwart ausgefüllt wurden (OVG Münster v. 31. 3. 2006, PersV 2007, 34 = Leits. ZfPR online 5/2007, S. 25; vgl. im Übrigen auch § 19 BPersVG Anm. 5 ff.; vgl. auch § 19 BPersVG Anm. 50a; § 15 WO Anm. 4a). 2

2. Im Rahmen der Vorkehrungen zur Ermöglichung einer **unbeobachteten Ausfüllung der Stimmzettel** muss der Wahlvorstand Vorrichtungen zur Verfügung stellen, die geeignet sind, den Wähler vor fremden Blicken zu schützen (OVG Berlin v. 21. 3. 1985, PersR 1987, 237). Geeignet hierzu sind z. B. Wahlkabine, Wandschirm etc. Die Ausfüllung des Stimmzettels hat im Wahlraum zu geschehen. Ein Nebenraum, der nicht unmittelbar mit dem eigentlichen Wahlraum verbunden ist und der nicht vom Wahlvorstand bzw. den Wahlhelfern eingesehen werden kann, erfüllt die Voraussetzungen eines Wahlraums nicht. In diesem Fall nämlich ist nicht sichergestellt, dass der Wähler den Stimmzettel unbeobachtet ausfüllen kann (OVG Münster v. 22. 10. 1979, Leits. ZBR 1980, 260; VGH Kassel v. 29. 1. 1986, PersV 1990, 389 = Leits. ZfPR 1991, 175). Ebenso verstößt es gegen den Grundsatz der geheimen Wahl, wenn eine eidesstattliche Versicherung von Wählern über ihre Stimmabgabe verwertet oder wenn Wähler als Zeugen vernommen würden (BVerwG v. 21. 7. 1975, BVerwGE 49, 75 = ZBR 1975, 353 = PersV 1976, 303). Wahlberechtigte Beschäftigte oder Beauftragte der in der Dienststelle vertretenen Gewerkschaften sind grundsätzlich zur Beobachtung einer Personalratswahl berechtigt (OVG Münster v. 10. 11. 2005, PersV 2006, 138 = Leits. ZfPR 2006, 41). Allerdings ist ein Wahlvorstand berechtigt, Beobachter des Wahlverfahrens aus dem Wahlraum zu weisen, wenn nicht auszuschließen ist, dass diese die Stimmabgabe im Einzelfall beobachten (BVerwG v. 21. 7. 1980, PersV 1981, 501; OVG Münster v. 3. 6. 1980, RiA 1981, 178; vgl. auch Anm. 1). 3

3. Die Verwendung von **Wahlurnen** ist zwingend vorgeschrieben. Einzelheiten enthält die WO nicht. Die Wahlurnen müssen jedenfalls aus festem Material bestehen, verschliessbar und vor Eingriffen Unbefugter sicher sein 4

(OVG Koblenz v. 22. 11. 1958, Leits. ZBR 1959, 134; „verriegelter Schieber“). Die Verschlussvorrichtung muss geeignet sein, den Einwurf weiterer oder die Entnahme vorhandener Wahlumschläge zu verhindern. Außerdem müssen Wahlurnen bei gleichfarbigen Stimmzetteln für die jeweiligen Gruppen getrennt aufgestellt werden (OVG Münster v. 6. 9. 1989, ZBR 1990, 331 = PersV 1993, 31).

5 4. Mindestens ein Mitglied des Wahlvorstands muss sich bei Beginn der Stimmabgabe davon überzeugen, dass die Wahlurnen leer sind (BVerwG v. 23. 9. 1966, BVerwGE 25,120 = ZBR 1967, 26 = PersV 1966, 276). Sie müssen eine **Einwurföffnung** haben, durch die Wahlumschläge eingeworfen werden können. Diese Öffnung muss aber so gestaltet sein, dass Umschläge aus der Urne nicht entnommen werden können, ohne dass die Öffnungsvorrichtung betätigt wird (OVG Münster v. 27. 10. 1958, Leits. ZBR 1959, 134; OVG Koblenz v. 22. 11. 1958, Leits. ZBR 1959, 134).

6 5. Beim Normalfall der Gruppenwahl „muss“ die Wahl „in getrennten Wahlgängen“ durchgeführt werden (§ 19 Abs. 1 Satz 1 BPersVG). Das Wort „kann“ in Abs. 1 Satz 5 WO hebt diese Vorschrift nicht auf, sondern es bedeutet, dass derjenige Teil des Wahlgangs, der in der Stimmabgabe besteht, **in verschiedenen Räumen** oder auch im selben Raum stattfinden kann. Wenn die Stimmabgabe im selben Raum erfolgt, muss grundsätzlich **für jede Gruppe eine eigene Wahlurne** verwendet werden. Die Benutzung nur einer Wahlurne ist grundsätzlich unzulässig, unschädlich aber ausnahmsweise dann, wenn bei Gruppenwahl durch Verwendung verschiedenfarbiger Stimmzettel für jede Gruppe (und Stufe) eine Verwechslungsgefahr ausgeschlossen ist (BVerwG v. 23. 9. 1966, BVerwGE 25, 120 = ZBR 1967, 26 = PersV 1966, 276; OVG Münster v. 6. 9. 1989, PersV 1993, 31).

7 6. Nach Abs. 2 soll behinderten Wahlberechtigten die Stimmabgabe durch **Hinzuziehen einer Vertrauensperson** erleichtert werden. Deshalb können Wähler, die durch körperliche Gebrechen nicht in der Lage sind, ihren Stimmzettel selbst auszufüllen, eine Person ihres Vertrauens zur Stimmabgabe hinzuziehen. Körperliche Gebrechen liegen immer dann vor, wenn ein Wähler infolge seines Körperzustands ohne Hilfe Dritter seinem Wahlrecht nicht nachkommen kann. Dies ist z. B. dann der Fall, wenn ein Wähler wegen Amputation der Hände oder wegen Blindheit nicht selbst den Stimmzettel kennzeichnen kann. Eine Gehbehinderung beeinträchtigt im allgemeinen nicht die Stimmabgabe (Richardi u. a., § 16 WO Anm. 4). Ebensowenig kann eine geistige Behinderung in Betracht kommen bzw. die Unkenntnis der deutschen Sprache (Fischer u. a., § 16 WO Anm. 9; Lorenzen u. a., § 16 WO Anm. 8).

8 7. Der körperlich behinderte **Wähler hat dem Wahlvorstand von seiner Behinderung Kenntnis zu geben** und ihm mitzuteilen, dass er sich einer Vertrauensperson zur Stimmabgabe bedienen will. Der Wahlvorstand hat sodann zu prüfen, ob die Voraussetzungen einer Stimmabgabe mit Hilfe einer Vertrauensperson gegeben sind. Er hat durch Beschluss über eine eventuelle Hinzuziehung einer Vertrauensperson zu entscheiden. Die Auswahl der Vertrauensperson hängt ausschließlich vom Willen des Wählers ab. Bei dieser Person braucht es sich nicht um einen wahlberechtigten Beschäftigten zu handeln. Allerdings können ein Mitglied des Wahlvorstands oder ein Ersatzmitglied, ein Wahlhelfer oder ein Wahlbewerber wegen der möglichen Kollision mit der Pflicht zur Wahlaufsicht bzw. dem Interesse am Wahlausgang nicht Vertrauenspersonen sein. Sie können allenfalls den Wähler bei der Auswahl der Vertrauensperson beraten.

8. Die Vertrauensperson darf dem Wähler lediglich **beim Ausfüllen des Stimmzettels** und ggf. beim Einwerfen des Wahlumschlags in die Wahlurne behilflich sein. Eine Beratung des Wählers durch die Vertrauensperson, für welchen Wahlvorschlag er stimmen soll, verletzt die Freiheit der Wahlentscheidung und kann eine Wahlbeeinflussung oder -beschränkung i. S. von § 24 Abs. 1 BPersVG sein. Außerdem würde eine solche Beratung das Wahlgeheimnis verletzen. Nach Abs. 2 Satz 4 ist die **Vertrauensperson zur Geheimhaltung** verpflichtet. 9

9. Nach Abs. 3 müssen mindestens zwei Mitglieder des Wahlvorstands oder ein Mitglied und ein Wahlhelfer **während der Stimmabgabe im Wahlraum anwesend** sein. Damit soll sichergestellt werden, dass die Stimmabgabe in jedem Fall geheim erfolgen kann. Infolgedessen handelt es sich bei dieser Bestimmung um eine wesentliche Vorschrift i. S. von § 25 BPersVG (BVerwG v. 15. 11. 1965, PersV 1966, 161). 10

9 a) Eine Personalratswahl kann **gleichzeitig in mehreren Wahllokalen** (Hauptstelle und Nebenstelle) durchgeführt werden. Dabei muss allerdings sichergestellt werden, dass bei vom Wahlvorstand insgesamt vorzunehmenden Handlungen ein zeitweilig verhindertes Mitglied von einem Ersatzmitglied vertreten wird (OVG Münster v. 27. 11. 1997, PersV 1999, 226 = ZfPR 2000, 4). 10a

10. Nach Abs. 4 hat der Wahlvorstand vor Einwurf des Wahlumschlags in die Urne festzustellen, ob der **Wähler im Wählerverzeichnis eingetragen** ist; denn Voraussetzung für die Stimmabgabe ist die Eintragung des Wählers im Wählerverzeichnis (vgl. § 15 Abs. 1 WO). Die Prüfung des Wahlvorstands hat sich auch auf die Identität des Wählers zu erstrecken. Im allgemeinen genügt es, wenn sie von Wahlhelfern im Zweifelsfall bestätigt wird (VGH Kassel v. 5. 8. 1958, Leits. ZBR 1959, 134). 11

11. Der **Wähler übergibt** nach dieser Prüfung den **Wahlumschlag** dem mit der Entgegennahme beauftragten Mitglied des Wahlvorstands. Einem Wahlhelfer darf der Wahlumschlag nicht gegeben werden. Die Übergabe hat ausschließlich im Wahllokal zu erfolgen. Das Mitglied des Wahlvorstands legt den Wahlumschlag in Gegenwart des Wählers ungeöffnet in die Wahlurne. Der Wähler kann jedoch auch selbst den Wahlumschlag in die Urne legen, wenn das Wahlvorstandsmitglied, das zur Entgegennahme der Wahlumschläge beauftragt ist, dies gestattet. Im Wählerverzeichnis ist sodann die Stimmabgabe zu vermerken (Abs. 4). 12

12. Die **Herausnahme von Wahlumschlägen** aus den Wahlurnen während der Wahlhandlung muss durch entsprechende Vorkehrungen **unmöglich** gemacht werden (vgl. Anm. 5). Wenn die Wahlhandlung unterbrochen oder das Wahlergebnis nicht unmittelbar nach Abschluss der Stimmabgabe festgestellt wird, so muss der Wahlvorstand die Wahlurne so verschließen und aufbewahren, „dass der Einwurf oder die Entnahme von Stimmzetteln ohne Beschädigung des Verschlusses unmöglich ist" (Abs. 5). Die Verschließung der Wahlurne und die „sichere Aufbewahrung müssen kumulativ, nicht lediglich alternativ erfolgen" (OVG Münster v. 27. 11. 1997, Leits. ZBR 1998, 219 = Leits. ZfPR 1998, 91; Lorenzen u. a., § 16 WO Anm. 19). Eine **Wahlunterbrechung** ist nur aus wichtigem Grund zulässig (BVerwG v. 23. 10. 1970, BVerwGE 36, 170 = ZBR 1971, 120 = PersV 1971, 135). Dies ist z. B. bei mehrtägiger Wahl oder Wahl in getrennten Dienststellen oder dann der Fall, wenn das Wahlergebnis wegen Beendigung des Wahlvorgangs zu später Stunde nicht unmittelbar nach Abschluss der Stimmabgabe festge- 13

stellt werden kann. Die **Aufbewahrung der Wahlurnen** muss in einem abgeschlossenen Raum erfolgen, von dem alleine der Wahlvorstand einen Schlüssel besitzt (VG Düsseldorf v. 29. 8. 1985 – PVB 14/85, n. v.). Außerdem muss der Einwurfschlitz versiegelt, verplombt oder in anderer Weise vor einem unberechtigten Zugriff gesichert werden (OVG Münster v. 15. 11. 1965, PersV 1966, 161). Vor der Fortsetzung der Stimmabgabe oder bei Entnahme der Stimmzettel zur Stimmenzählung hat der Wahlvorstand zu prüfen, ob der Verschluss unversehrt ist (Abs. 5).

14 13. Ist eine Wahl durchgeführt worden und die Frist für eine Anfechtung bereits verstrichen, dann ist eine Personalvertretung nicht verpflichtet, Dritten **Einblick in die von ihr aufbewahrten Wahlunterlagen** zu gestatten, wohl aber dann, wenn objektive Anhaltspunkte für die Annahme der Nichtigkeit der Wahl bestehen. In diesem Fall können der Dienststellenleiter, die Beschäftigten und die in der Dienststelle vertretenen Gewerkschaften ein Einblicksrecht geltend machen.

III. Wahlanfechtung

15 Verstöße gegen die einzelnen Vorschriften des § 16 WO verletzen wesentliche Vorschriften über das Wahlverfahren und rechtfertigen die **Wahlanfechtung** nach § 25 BPersVG (vgl. hierzu auch: OVG Koblenz v. 22. 11. 1958, ZBR 1959, 134).

§ 17 Schriftliche Stimmabgabe

(1) Einem wahlberechtigten Beschäftigten, der im Zeitpunkt der Wahl verhindert ist, seine Stimme persönlich abzugeben, hat der Wahlvorstand auf sein Verlangen

1. die Wahlvorschläge,
2. den Stimmzettel und den Wahlumschlag,
3. eine vorgedruckte, vom Wähler abzugebende Erklärung, in der dieser gegenüber dem Wahlvorstand versichert, dass er den Stimmzettel persönlich gekennzeichnet hat oder, soweit unter den Voraussetzungen des § 16 Abs. 2 erforderlich, durch eine Person seines Vertrauens hat kennzeichnen lassen sowie
4. einen größeren Freiumschlag, der die Anschrift des Wahlvorstandes und als Absender den Namen und die Anschrift des Wahlberechtigten sowie den Vermerk „Schriftliche Stimmabgabe" trägt,

auszuhändigen oder zu übersenden. Der Wahlvorstand soll dem Wähler ferner ein Merkblatt über die Art und Weise der schriftlichen Stimmabgabe (Absatz 2) aushändigen oder übersenden. Auf Antrag ist auch ein Abdruck des Wahlausschreibens auszuhändigen oder zu übersenden. Der Wahlvorstand hat die Aushändigung oder Übersendung im Wählerverzeichnis zu vermerken.

(2) Der Wähler gibt seine Stimme in der Weise ab, dass er

1. den Stimmzettel unbeobachtet persönlich kennzeichnet und in den Wahlumschlag legt,
2. die vorgedruckte Erklärung unter Angabe des Ortes und des Datums unterschreibt und
3. den Wahlumschlag, in den der Stimmzettel gelegt ist, und die unterschriebene Erklärung (Absatz 1 Satz 1 Nr. 3) in dem Freiumschlag verschließt und diesen so rechtzeitig an den Wahlvorstand absendet oder übergibt, dass er vor Abschluss der Stimmabgabe vorliegt.

Der Wähler kann, soweit unter den Voraussetzungen des § 16 Abs. 2 erforderlich, die in den Nummern 1 bis 3 bezeichneten Tätigkeiten durch eine Person seines Vertrauens verrichten lassen.

Entspr. landesrechtliche Regelungen:
Baden-Württemberg: § 22; Bayern: § 17; Berlin: § 15 a; Brandenburg: § 18; Bremen: § 17; Hamburg: § 16; Hessen: § 16a; Mecklenburg-Vorpommern: § 19; Niedersachsen: § 19; Nordrhein-Westfalen: § 16; Rheinland-Pfalz: § 17; Saarland: § 17; Sachsen: § 17; Sachsen-Anhalt: § 17; Schleswig-Holstein: § 19; Thüringen: § 17.

I. Vorbemerkung

Bei Wahlen und Abstimmungen ist der persönliche „Wahlgang" und die persönliche Stimmabgabe im Wahllokal die Regel. Andere Wahlverfahren sind die Ausnahme. Sie sind auf genau umschriebene besondere Fälle beschränkt (Verhinderung der persönlichen Stimmabgabe, Anordnung durch Wahlvorstand nach § 19 WO). Infolgedessen hat der Gesetzgeber die **Briefwahl** nicht ohne besondere Voraussetzungen für zulässig erklärt. Der Wähler muss u. a. gegenüber dem Wahlvorstand erklären, dass er sein Wahlrecht nicht durch persönliche Stimmabgabe ausüben kann, weil er verhindert ist. Da bei der schriftlichen Stimmabgabe das Wahlgeheimnis weit mehr als bei einer persönlichen Stimmabgabe in einem Wahllokal gefährdet ist (vgl. hierzu: OVG Lüneburg v. 19. 2. 1986, Leits. ZfPR 1991, 176), muss die schriftliche Stimmabgabe die Ausnahme sein, die auch nur unter den (streng auszulegenden) Voraussetzungen, die im einzelnen unter Anm. 11 dargestellt sind, stattfinden darf (vgl. auch Lorenzen u. a., § 17 WO Anm. 1). Zu den Voraussetzungen vergleiche im Einzelnen Ilbertz, ZfPR 2008, 19. 1

II. Voraussetzungen/Durchführung der Briefwahl

1. Eine **Verhinderung** an der persönlichen Stimmabgabe liegt vor, wenn der Wahlberechtigte aus dienstlichen Gründen (Abordnung, Dienstreise, Abwesenheit wegen der besonderen Eigenart des Beschäftigungsverhältnisses) oder aus in seiner Person liegenden Gründen (Erkrankung, Urlaub) nicht in der Lage ist, seine Stimme persönlich abzugeben. Erstreckt sich die Wahl über mehrere Tage, so muss die Verhinderung an allen Tagen vorliegen. Hat sich der Wahlberechtigte vorgenommen, an einem bestimmten Tag der mehrtägigen Wahl zu wählen und wird er daran durch ein unerwartetes Ereignis gehindert (z. B. Unfall), so ist auch dies ein Fall von Verhinderung (VGH Kassel v. 5. 8. 1958, Leits. ZBR 1959, 135). Die vom Wahlberechtigten behauptete **Verhinderung** muss tatsächlich bestehen und darf **nicht bloß vorgetäuscht** sein (VG München v. 18. 7. 1958, Leits. ZBR 1959, 103; Ballerstedt u. a., § 17 Anm. 3a), Deshalb hat der wahlberechtigte Beschäftigte den Grund seiner Verhinderung zu nennen und glaubhaft zu machen. Der Wahlvorstand seinerseits ist deshalb auch berechtigt, das Vorliegen der Voraussetzungen für die Teilnahme an der Briefwahl zu überprüfen (OVG Münster v. 6. 5. 1998, PersV 1998, 533 = ZfPR 2000, 7; Lorenzen u. a., § 17 WO Anm. 4; vgl. auch VGH München v. 19. 3. 1997, ZfPR 1999, 7). In der Regel aber wird der Wahlvorstand dem Wahlberechtigten, der schriftlich wählen will, die von ihm behauptete Verhinderung glauben müssen (VGH Mannheim v. 25. 10. 1994, Leits. ZfPR 1995, 163). 2

2. Wenn ein wahlberechtigter Beschäftigter im Zeitpunkt der Wahl zur persönlichen Stimmabgabe nicht in der Lage ist, so hat er den Wahlvorstand hiervon zu unterrichten. Auf sein Verlangen hin hat der Wahlvorstand ihm die notwendigen Unterlagen zu übersenden. Infolgedessen dürfen weder der Wahlvorstand selbst noch Dritte entsprechende Unterlagen für einen Wahlberechtigten anfordern (BVerwG v. 14. 8. 1959, BVerwGE 9, 107 = Leits. ZBR 1959, 341 = PersV 1958/59, 308). Daher sind **vorgedruckte Karten,** mit denen Unterlagen für eine schriftliche Stimmabgabe angefordert werden, 3

durch den Wahlberechtigten persönlich zu unterzeichnen. Die Unterzeichnung durch Dritte wäre ein Verstoß gegen wesentliche Wahlvorschriften i. S. von § 25 BPersVG (VGH Mannheim v. 5. 12. 1974, ZBR 1975, 391 = PersV 1976, 19; vgl. aber Anm. 4). Zweifelhaft aber ist, ob der Wähler den Verhinderungsgrund (Dienstreise, Krankheit, Urlaub etc.) glaubhaft machen muss (Fischer u. a., § 17 WO Anm. 7; Lorenzen u. a., § 17 WO Anm. 4, Klein ZfPR 2004, 18, die dies wegen der möglichen Missbrauchsfälle bejahen). Grundsätzlich ist ein Wahlvorstand zur Aushändigung bzw. zur Übersendung von Briefwahlunterlagen für den Fall verpflichtet, dass ein Wähler entweder selbst oder durch Dritte auf seine Verhinderung hinweist bzw. hinweisen lässt. Falls aber ein Wahlvorstand Anlass hat zu bezweifeln, ob eine Verhinderung tatsächlich gegeben ist, hat er das Recht, einen entsprechenden Nachweis zu fordern (OVG Münster v. 6. 5. 1998, Leits. ZBR 1998, 434 = Leits. PersV 1998, 533 = ZfPR 2000, 7; Lorenzen u. a., aaO). Dies auch deshalb, weil die Wahlordnung grundsätzlich von der persönlichen Stimmabgabe in einem Wahllokal ausgeht und nur für den Fall der tatsächlichen Verhinderung eine schriftliche Stimmabgabe vorsieht. Eine generelle Glaubhaftmachung kann ein Wahlvorstand aber nicht von den Briefwählern verlangen, weil sonst angesichts der Vielzahl der Fälle, in denen vom Institut der Briefwahl Gebrauch gemacht wird, ein umfangreiches Prüfverfahren in Gang gesetzt werden müßte, das zu einer Verzögerung des Wahlablaufs führen und die Zahl der Wahlanfechtungsverfahren unnötig erhöhen würde (Ilbertz in Anm. zu VGH München v. 19. 3. 1997 – 18 P 96.4267, ZfPR 1998, 7, das dem Wahlvorstand generell ein Recht abspricht, die Glaubhaftmachung der Verhinderung vom potentiellen Briefwähler zu verlangen). Der Wahlvorstand darf daher auch nicht an den Wahlberechtigten mit dem Vorschlag auf schriftliche Stimmabgabe herantreten (LVG Köln v. 30. 7. 1956, Leits. ZBR 1958, 291). Die **unverlangte Übersendung von Unterlagen für die schriftliche Stimmabgabe** ist ein Verstoß gegen die hier behandelte Vorschrift (BVerwG v. 14. 8. 1959, aaO). Außerdem wäre hierin eine missbräuchliche Verwendung von zur schriftlichen Stimmabgabe herausgegebenen Stimmzetteln zu sehen (VGH Mannheim v. 5. 12. 1974, aaO). Unzulässig wäre es auch, wenn Wahlbewerber eine Aktion zur Förderung einer schriftlichen Stimmabgabe organisieren und unterstützen, indem sie selbst einer größeren Zahl von Wahlberechtigten bereits weitgehend ausgefüllte Formulare zukommen lassen, mit denen diese beim Wahlvorstand Briefwahlunterlagen anfordern können. In diesen Fällen nämlich ist nicht gesichert, dass die Wähler tatsächlich nur im Fall einer Verhinderung ihre Stimme schriftlich abgeben (aA VGH Mannheim v. 25. 10. 1994, Leits. ZfPR 1995, 163). Dies gilt selbst dann, wenn der Betreffende nach der Stimmabgabe die Wahlunterlagen sofort wieder einsammelt; denn in diesem Fall sind die Grenzen, die sich aus den Grundsätzen der freien und geheimen Wahl ergeben, überschritten. Durch die unmittelbare Anwesenheit des Wahlbewerbers stehen die Wähler nämlich (subjektiv) unter Druck (OVG Münster v. 31. 3. 2006, PersV 2007, 34 = Leits. ZfPR online 5/207, S. 25; VG Potsdam v. 22. 1. 2003, PersV 2003, 420 = ZfPR 2004, 15; vgl. auch Anm. 6).

4 3. Der Wahlberechtigte kann die **Übersendung der Wahlunterlagen formlos,** persönlich, mündlich, fernmündlich, schriftlich oder durch Boten anfordern (BVerwG v. 6. 2. 1959, BVerwGE 8, 144 = Leits. ZBR 1959, 134 = PersV 1958/59, 159; BVerwG v. 4. 6. 1959, Leits. ZBR 1959, 337). Die Erklärung der Verhinderung und die Anforderung der Briefwahlunterlagen können daher nicht nur schriftlich erfolgen. Deshalb kann sowohl die Verhinderungserklärung als auch die Erklärung zur Übersendung von Briefwahlunterlagen mit dem Zusatz „in Vertretung“ oder „im Auftrag“ mit Einver-

ständnis des Wählers unterzeichnet sein (VGH Mannheim v. 25. 10. 1994, Leits. ZfPR 1995, 163; VGH München v. 19. 3. 1997 – 18 P 96. 4276, ZfPR 1998, 7 = Leits. ZfPR 2000, 18). Die Übersendung der Wahlunterlagen bedarf keiner vorausgehenden Beschlussfassung in einer Sitzung des Wahlvorstands. Dagegen ist bei einer Ablehnung ein Plenarbeschluss sowie eine schriftliche Fixierung zweckmäßig, weil der in Abs. 1 Satz 4 vorgeschriebene Vermerk im Wählerverzeichnis eine erkennbare Grundlage haben muss.

4. Wenn der Wahlvorstand dem Verlangen eines verhinderten Wahlbe- 5
rechtigten auf Übersendung der Wahlunterlagen entspricht, so hat er die im einzelnen in Abs. 1 Nr. 1 bis 4 **aufgeführten Unterlagen entweder rechtzeitig auszuhändigen oder zu übersenden.** Wenn ein Wahlberechtigter sich dahingehend äußert, die Wahlunterlagen nicht erhalten zu haben, dann trifft den Wahlvorstand eine Nachforschungs- und eventuell eine Nachsendungspflicht (innerhalb einer Behörde auch durch Amtsboten); andernfalls verstößt er gegen wesentliche Vorschriften des Wahlverfahrens (VGH München v. 17. 10. 1990, Leits. ZfPR 1991, 176; OVG Münster v. 16. 12. 1991, Leits. PersR 1993, 96). Legt der Wahlvorstand den Unterlagen nicht ein Merkblatt über die Art und Weise der schriftlichen Stimmabgabe bei (vgl. Abs. 1 Satz 2), so ist dies unschädlich. Der Wahlvorstand hat einen größeren Freiumschlag, der die Anschrift des Wahlvorstands und als Absender den Namen und die Anschrift des Wahlberechtigten sowie den Vermerk „schriftliche Stimmabgabe" trägt (Abs. 1 Nr. 4), beizufügen. Ein unbeschrifteter Freiumschlag darf nicht zugeleitet werden (BVerwG v. 16. 12. 1966, BVerwGE 26, 185 = PersV 1967, 90). Adresse und Absenderangabe muss der Wahlvorstand entweder selbst schreiben oder durch eine Hilfskraft schreiben lassen. Dem Wahlberechtigten oder anderen Personen darf dies nicht überlassen sein (VGH Mannheim v. 21. 10. 1958, ZBR 1959, 97). Ein Verstoß begründet die Wahlanfechtung (OVG Lüneburg v. 19. 2. 1986, Leits. PersR 1988, 28). Die Kosten der Frankierung trägt die Dienststelle (§ 24 Abs. 2 Satz 1 WO).

5. Der Wahlvorstand hat nach pflichtgemäßem Ermessen zu bestimmen, **auf** 6
welche Weise den Wahlberechtigten die **Wahlunterlagen zugänglich gemacht werden** (Postversand, zuverlässige Boten, Amtsbote, Wahlhelfer, BVerwG v. 6. 2. 1959, BVerwGE 8, 144 = Leits. ZBR 1959, 134 = PersV 1958/59, 159; OVG Münster v. 16. 12. 1991, Leits. PersR 1993, 96). Es ist aber nicht zulässig, wenn ein Mitbewerber um die Wahl die Briefwahlunterlagen mit der Aufforderung überreicht, die Stimme abzugeben. Dies gilt auch für den Fall, dass der Mitbewerber mit dieser Äußerung nicht den Eindruck erwecken wollte, als fordere er zu einer Stimmabgabe für sich auf; denn für eine Wahlanfechtung ist bereits der Verdacht einer möglichen Wahlbeeinflussung ausreichend (VG Potsdam v. 22. 1. 2003, PersV 2003, 420 = ZfPR 2004, 15; vgl. auch Anm. 3 und Lorenzen u. a., § 17 WO Anm. 9). Auch darf der Wahlvorstand Wahlunterlagen nicht auf Verlangen jedem beliebigen Dritten überlassen; denn dadurch erhöht sich die Gefahr, dass andere Personen den Stimmzettel ausfüllen und an den Wahlvorstand zurücksenden. Eine mehrfache Übersendung der Wahlunterlagen ist allerdings unschädlich, wenn feststeht, dass der Wahlberechtigte nur einmal gewählt hat (VG Kassel v. 11. 2. 1963, Leits. ZBR 1964, 388).

6. Abs. 2 regelt zwingend, wie die Stimmabgabe bei einer schriftlichen Wahl 7
zu erfolgen hat. Der Wähler hat den **Stimmzettel unbeobachtet persönlich zu kennzeichnen** und in den Wahlumschlag einzustecken (OVG Münster v. 24. 6. 1970, PersV 1971, 219). Es ist nicht erforderlich, den Wahlumschlag zuzukleben. Den Wahlumschlag mit dem Stimmzettel und der schriftlichen Versicherung über die persönliche Kennzeichnung des Stimmzettels hat der

Wähler sodann in den Freiumschlag einzustecken. Dieser muss fest verschlossen, d. h. zugeklebt werden. Ist die schriftliche Versicherung der persönlichen Kennzeichnung in dem Freiumschlag nicht enthalten, so ist die Stimmabgabe ungültig, weil es sich bei Abs. 1 Nr. 3 ebenso wie bei den anderen Vorschriften um wesentliche Vorschriften über das Wahlverfahren handelt (vgl. Anm. 10 sowie § 18 WO Anm. 4). In Analogie zu § 16 Abs. 2 WO kann sich ein Wähler, der seine Stimme schriftlich abgeben möchte, bei der Kennzeichnung des Stimmzettels und beim Einstecken des Zettels in den Wahlumschlag bei Vorliegen körperlicher Gebrechen, die ihn hieran hindern, einer Person seines Vertrauens bedienen. In jedem Fall muss aber sichergestellt werden, dass das gerade bei der Briefwahl in besonderem Maß gefährdete Wahlgeheimnis gewahrt wird (OVG Lüneburg v. 19. 2. 1986, Leits. PersR 1988, 28).

8 7. Dem Wähler steht es frei zu entscheiden, **auf welche Weise er die Wahlunterlagen dem Wahlvorstand zurückschickt** (Post, vertrauenswürdiger Bote; BVerwG v. 6. 2. 1959, BVerwGE 8, 144 = Leits. ZBR 1959, 134 = PersV 1958/59, 159). Die Gefahr für die rechtzeitige und vollständige Ankunft der schriftlichen Wahlunterlagen beim Wahlvorstand trägt der Wahlberechtigte (VGH München v. 19. 3. 1997, ZfPR 1998, 5). Die Übergabe der Freiumschläge an Wahlhelfer in anderen Dienststellen reicht zur Fristwahrung nicht aus (BVerwG v. 18. 4. 1978, BVerwGE 55, 341 = ZBR 1978, 345 = PersV 1979, 194).

9 8. Wenn **Briefwahlunterlagen** auf dem Postweg oder über Boten an den Wahlvorstand zurückgeschickt und dabei teilweise **beschädigt werden,** dann hat der Wahlvorstand seine Entscheidung, wie er mit solchen Unterlagen verfahren soll, an den Grundsätzen der geheimen Wahl auszurichten. Danach sind diejenigen Freiumschläge unbeanstandet zu lassen, die zwar eingerissen, nicht aber derart beschädigt sind, dass ein Austausch oder eine sonstige Manipulation der inliegenden Unterlagen auf dem Überbringungsweg möglich erscheint. Wenn Freiumschläge trotz Beschädigung noch derart verschlossen sind, dass mit hoher Wahrscheinlichkeit angenommen werden darf, dass die Stimmabgabe tatsächlich von dem entsprechenden Wähler stammt, dann kann der Wahlvorstand den Freiumschlag bei der Wahl berücksichtigen. Er hat ihn sodann ungeöffnet vor dem Zugriff Dritter sicher aufzubewahren und ihn unmittelbar vor Abschluss der Stimmabgabe zu öffnen sowie den in ihm enthaltenen Wahlumschlag mit dem Stimmzettel zu den persönlich abgegebenen Stimmen in die Wahlurne zu legen. Scheint demgegenüber nach Art und Umfang der Beschädigung eine Manipulation nicht ausgeschlossen, so darf der Wahlvorstand den Freiumschlag mit Wahlumschlag und Stimmzettel nicht in die Urne legen. Vielmehr hat er ihn nach einem entsprechenden Beschluss als ungültig auszusondern. Falls noch genügend Zeit bis zum (letzten) Wahltag verbleibt, dann kann der Wahlvorstand den von einer erheblichen Beschädigung der Freiumschläge betroffenen Briefwählern erneut Briefwahlunterlagen zusenden, um ihnen eine gültige Stimmabgabe zu ermöglichen. Eine solche Vorgehensweise entspricht im Übrigen dem Sinn des Gesetzes, möglichst vielen Beschäftigten die Teilnahme an einer Personalratswahl zu ermöglichen.

10 9. Wenn der Wahlberechtigte entgegen der ursprünglichen Annahme **am Wahltag doch anwesend** und bereit ist, seine Stimme persönlich abzugeben, so kann er die ihm überlassenen Wahlunterlagen für die schriftliche Stimmabgabe an den Wahlvorstand zurückgeben und seine Stimme persönlich abgeben. Wird ihm vom Wahlvorstand nicht die Gelegenheit zur persönlichen Stimmabgabe gegeben, so ist dies ein Verstoß gegen wesentliche Vor-

schriften i. S. von § 25 BPersVG (BVerwG v. 3. 3. 2003, Leits. ZBR 2003, 254 = Leits. PersV 2003, 268 = ZfPR 2003, 104).

III. Wahlanfechtung

1. Sämtliche Bestimmungen dieser Vorschrift sind zwingend und wesentliche Vorschriften über das Wahlverfahren i. S. von § 25 BPersVG (BVerwG v. 4. 6. 1959 – VII P 13.58, n. v.). Ein Verstoß gegen die Vorschrift rechtfertigt daher regelmäßig eine **Wahlanfechtung.** Dies gilt u. a. dann, wenn bei Anordnung der schriftlichen Stimmabgabe deshalb keine entsprechenden Unterlagen an die Wahlberechtigten entsandt werden, weil diese erklärt haben, sich an der Wahl nicht beteiligen zu wollen. Ein rechtswirksamer Verzicht auf das Wahlrecht zur Personalvertretung nämlich ist nicht möglich (OVG Hamburg v. 7. 8. 1991, PersV 1992, 477). 11

2. Zur Wahlanfechtung berechtigen außerdem folgende **Verstöße:** Nichtbeachtung der Vorschriften über die Versendung von Briefwahlunterlagen (BVerwG v. 14. 3. 1959, BVerwGE 9, 107 = ZBR 1959, 340 = PersV 1959, 308); Unterlassen eines Vermerks über Namen und Absender des Wahlberechtigten auf dem Freiumschlag (OVG Lüneburg v. 19. 2. 1986, PersR 1988, 28); nicht ordnungsgemäße Aushändigung bzw. Übersendung der Briefwahlunterlagen (OVG Münster v. 16. 11. 1991, RiA 1992, 267); unterlassene Übersendung von Briefwahlunterlagen bei Anordnung der schriftlichen Stimmabgabe selbst dann, wenn der Wahlberechtigte hierfür die Ursache gesetzt hat (VGH München v. 17. 10. 1994, Leits. ZfPR 1991, 176); Unterlassen eines Vermerks über die Aushändigung oder Übersendung von Briefwahlunterlagen (VGH Mannheim v. 25. 10. 1994, PersR 1995, 136). 12

Schrifttum: Klein, Die Briefwahl im Bundespersonalvertretungsrecht: Ihre Voraussetzungen, Besonderheiten und ihre Tücken, ZfPR 2004, 18.

§ 18 Behandlung der schriftlich abgegebenen Stimmen

(1) Unmittelbar vor Abschluss der Stimmabgabe öffnet der Wahlvorstand in öffentlicher Sitzung die bis zu diesem Zeitpunkt eingegangenen Freiumschläge und entnimmt ihnen die Wahlumschläge und die vorgedruckten Erklärungen (§ 17 Abs. 1 Satz 1 Nr. 3). Ist die schriftliche Stimmabgabe ordnungsgemäß erfolgt (§ 17 Abs. 2), so legt der Wahlvorstand den Wahlumschlag nach Vermerk der Stimmabgabe im Wählerverzeichnis ungeöffnet in die Wahlurne.

(2) Verspätet eingehende Briefumschläge hat der Wahlvorstand mit einem Vermerk über den Zeitpunkt des Eingangs ungeöffnet zu den Wahlunterlagen zu nehmen. Die Briefumschläge sind einen Monat nach Bekanntgabe des Wahlergebnisses ungeöffnet zu vernichten, wenn die Wahl nicht angefochten worden ist.

Entspr. landesrechtliche Regelungen:
Baden-Württemberg: § 20; Bayern: § 18; Berlin: § 15 b; Brandenburg: § 19; Bremen: § 18; Hamburg: § 17; Hessen: 16b; Mecklenburg-Vorpommern: § 20; Niedersachsen: § 20; Nordrhein-Westfalen: § 17; Rheinland-Pfalz: § 18; Saarland: § 18; Sachsen: § 18; Sachsen-Anhalt: § 18; Schleswig-Holstein: § 20; Thüringen: § 18.

I. Vorbemerkung

Die Vorschrift schreibt dem Wahlvorstand die Art und Weise der **Behandlung der schriftlich abgegebenen Stimmen** im einzelnen vor. 1

II. Behandlung der schriftlich abgegebenen Stimmen

2 1. Der Wahlvorstand hat bis zur Beendigung der Wahlhandlung die eingehenden und die bereits zuvor eingegangenen **Freiumschläge** ungeöffnet in verschlossenen Schränken **aufzubewahren.** Er hat sie gegen jede Veränderung zu sichern. Eine Aufbewahrung in der verschlossenen Tischschublade des Vorsitzenden des Wahlvorstands genügt dann, wenn die Briefe mit dem dienstlichen Eingangsstempel der Dienststelle und der Verschluss mit einem Kontrollstempel des Wahlvorstands versehen sind (OVG Münster v. 30. 7. 1959 – CB 11/58, n. v.; VGH Mannheim v. 31. 5. 1983, ZBR 1984, 153 = PersV 1985, 334). In jedem Fall dürfen aber nur solche Freiumschläge in entsprechende Behältnisse gelegt werden, die vom Wähler selbst verschlossen worden sind. Ist das nicht der Fall, so darf der Wahlvorstand den Stimmzettel nicht selbst in einen Umschlag stecken und sodann in eine Wahlurne werfen. Vielmehr ist die Stimme vom Wahlvorstand wegen Verstoßes gegen das Wahlgeheimnis als ungültig zu werten (VG Saarland v. 23. 10. 2000, Leits. ZfPR 2004, 46).

3 2. Die Umschläge müssen ab dem Zeitpunkt des Verschließens durch den Briefwähler bis zur Öffnung durch den Wahlvorstand unmittelbar vor Schluss der Stimmabgabe verschlossen bleiben. Dadurch soll das Wahlgeheimnis gewährleistet, eine Fälschung der Stimmabgabe durch Unbefugte ausgeschlossen werden (VG Saarland v. 23. 10. 2000, Leits. ZfPR 2004, 46). Erst unmittelbar vor dem Abschluss der Stimmabgabe hat der Wahlvorstand (nicht Wahlhelfer) die **Freiumschläge** (in öffentlicher Sitzung) zu öffnen. Nicht notwendig ist, dass die Freiumschläge erst wenige Minuten vor Abschluss der Stimmabgabe geöffnet werden (OVG Koblenz v. 2. 9. 1970 – 4 A 3/69, n. v.). Vielmehr hat der Wahlvorstand einen Zeitpunkt für die Öffnung zu wählen, zu dem sichergestellt ist, dass sofort nach Abschluss der Stimmabgabe mit der Stimmenzählung insgesamt begonnen werden kann (BVerwG v. 4. 6. 1959 – VII P 13.58, n. v.). Er darf in keinem Fall vor Abschluss der Stimmabgabe mit der Zählung der Stimmen beginnen (VG München v. 8. 8. 1958, ZBR 1959, 103) oder durch verspätete Öffnung des Freiumschlags das Wahlgeheimnis verletzen (OVG Lüneburg v. 19. 2. 1986, Leits. PersR 1988, 26). Fehler bei der Behandlung der schriftlich abgegebenen Stimmen (z. B. verspätetes Öffnen des Freiumschlags und Einwerfen des Wahlumschlags in die Wahlurne) dürfen nicht in einer Weise korrigiert werden, dass dies zu einem Bruch des Wahlgeheimnisses führt (OVG Lüneburg v. 19. 2. 1986, aaO).

4 3. Der Wahlvorstand hat die den Freiumschlägen entnommenen **Wahlumschläge** nach einem entsprechenden Vermerk der Stimmabgabe im Wählerverzeichnis ungeöffnet **in die Wahlurne** zu legen. Das darf jedoch nur geschehen, wenn der Wahlbriefumschlag vom jeweiligen Briefwähler selbst verschlossen worden ist. Die Wahlbriefumschläge müssen daher ab dem Zeitpunkt des Verschließens durch den Briefwähler bis zur Öffnung durch den Wahlvorstand unmittelbar vor Schluss der Stimmabgabe verschlossen bleiben. Diese Regelung ist eine wesentliche Vorschrift über das Wahlverfahren. Sie soll das Wahlgeheimnis gewährleisten und vor allen Dingen auch eine Fälschung der Stimmabgabe durch Unbefugte ausschließen. Besteht Anlass zu der Annahme, dass die Wahlbriefumschläge inzwischen von Unbefugten geöffnet worden sind, dann ist eine ordnungsgemäße Stimmabgabe nicht erfolgt (VGH Mannheim v. 31. 5. 1983, ZBR 1984, 153 = PersV 1985, 334). In diesem Zusammenhang hat der Wahlvorstand auch zu prüfen, ob jedem Wahlumschlag die Versicherung des Wählers über die eigenhändige Kennzeichnung des Stimmzettels beigefügt ist. Wenn diese Versicherung fehlt, ist der Stimmzettel im Wahlumschlag ungültig. Die Stimmabgabe darf daher

nicht gewertet werden, selbst dann nicht, wenn der Wähler nach Einwurf des Wahlumschlags in die Wahlurne mündlich versichert, den Stimmzettel persönlich gekennzeichnet zu haben; denn aus Gründen der Rechtssicherheit und der zuverlässigen Ermittlung des Wahlergebnisses hat der Verordnungsgeber darauf abgestellt, dass die Feststellung der Identität der Stimmabgabe vor Einwurf des Wahlumschlags in die Wahlurne zu erfolgen hat. Die Urkunden mit der Versicherung des Wählers über die eigenhändige Kennzeichnung müssen zu den Wahlunterlagen genommen und gemeinsam mit den Freiumschlägen der Personalvertretung übergeben werden (§ 24 WO).

4. **Verspätet** (d. h. nach Abschluss der Stimmabgabe) eingegangene Freiumschläge hat der Wahlvorstand ungeöffnet zu den Wahlunterlagen zu nehmen. 5
Er darf diese Freiumschläge nicht berücksichtigen. Auf den Grund der Verspätung kommt es nicht an (BVerwG v. 18. 4. 1978, BVerwGE 55, 341, ZBR 1978, 345 = PersV 1979, 194). Der Wahlvorstand hat verspätet eingegangene Freiumschläge mit einem Vermerk über den Zeitpunkt des Eingangs zu kennzeichnen. Eine Verspätung ist immer dann gegeben, wenn ein Freiumschlag nicht bis zum Schluss der Stimmabgabe in die Verfügungsgewalt des Wahlvorstands gelangt ist. Verspätet sind Freiumschläge auch dann eingegangen, wenn die Frist, bis zu der eine Stimmabgabe möglich war, abgelaufen ist, der Wahlvorstand seinerseits entgegen der Verpflichtung zur unverzüglichen Feststellung des Wahlergebnisses nach Abschluss der Wahl die Wahlurne aber noch nicht geöffnet hatte. Etwas anderes kann nur dann gelten, wenn vor Abschluss der Stimmabgabe dem Wahlvorstand die Briefwahlunterlagen bereits vorlagen (VGH München v. 19. 3. 1997, ZfPR 1998, 5). Wird ein rechtzeitig eingegangener Freiumschlag aus einem vom Wahlvorstand zu vertretenden Organisationsmangel (z. B. unsorgfältige Leerung des Briefkastens oder des Eingangsfachs) erst nach Ablauf der Stimmabgabe vorgelegt, so ist er rechtzeitig eingegangen. Der Wahlvorstand kann aber nicht nach Abschluss der Ermittlung der übrigen Stimmen die schriftlich abgegebene Stimme zum bereits festgestellten Wahlergebnis hinzunehmen; denn auf diese Weise würde gegen den Grundsatz der geheimen Wahl verstoßen (OVG Lüneburg v. 3. 9. 1985 – 17 OVG D 23/85, n. v.). Ein Wahlbrief ist dem Wahlvorstand zugegangen, wenn er bei der Dienststelle seines Sitzes in seine Verfügungsgewalt gelangt ist. Die Übergabe an einen vom Wahlvorstand bei einer anderen Dienststelle bestellten Wahlhelfer genügt nicht (BVerwG v. 18. 4. 1978, aaO). Der Wahlvorstand muss dafür sorgen, dass er rechtzeitig über den Eingang von Wahlbriefen benachrichtigt wird.

Verspätet eingegangene Freiumschläge sind einen Monat nach Bekanntgabe 6
des Wahlergebnisses **zu vernichten.** Im Wahlanfechtungsverfahren können die Freiumschläge allerdings nur nach äußerlich erkennbaren Merkmalen für eine regelwidrige Behandlung verwertet werden. Ihre Öffnung ist nicht zulässig, weil auf keinen Fall gegen den Willen des Wählers erforscht werden darf, wie er gewählt hat (OVG Münster v. 30. 7. 1959 – CB 11/58, n. v.). Eine vom Wähler selbst preisgegebene Auskunft über seine Wahlentscheidung darf das Gericht nicht verwerten (BVerwG v. 21. 7. 1975, BVerwGE 49, 352 = ZBR 1975, 353 = PersV 1976, 303).

III. Wahlanfechtung

Sämtliche Bestimmungen dieser Vorschrift sind wesentliche Vorschriften 7
über das Wahlverfahren i. S. von § 25 BPersVG (OVG Münster v. 31. 7. 1975, ZBR 1975, 357). Ihre Verletzung rechtfertigt die **Wahlanfechtung.**

§ 19 Stimmabgabe bei Nebenstellen und Teilen von Dienststellen

Für die Beschäftigten von
1. **nachgeordneten Stellen einer Dienststelle, die nicht nach § 6 Abs. 2 Satz 1 Halbsatz 2 des Gesetzes selbstständig sind, oder**
2. **Nebenstellen oder Teilen einer Dienststelle, die räumlich weit von dieser entfernt liegen und nicht als selbstständige Dienststellen nach § 6 Abs. 3 des Gesetzes gelten,**

kann der Wahlvorstand die Stimmabgabe in diesen Stellen durchführen oder die schriftliche Stimmabgabe anordnen. Wird die schriftliche Stimmabgabe angeordnet, so hat der Wahlvorstand den wahlberechtigten Beschäftigten die in § 17 Abs. 1 bezeichneten Unterlagen zu übersenden.

Entspr. landesrechtliche Regelungen:
Baden-Württemberg: § 23; Bayern: § 19; Berlin: § 16; Brandenburg: § 20; Bremen: –; Hamburg: –; Hessen: § 17; Mecklenburg-Vorpommern: § 21; Niedersachsen: § 21; Nordrhein-Westfalen: § 18; Rheinland-Pfalz: § 19; Saarland: § 19; Sachsen: § 19; Sachsen-Anhalt: § 19; Schleswig-Holstein: § 21; Thüringen: § 19.

I. Vorbemerkung

1 Die Vorschrift grenzt die Fälle ab, in denen der Wahlvorstand eine **Sonderregelung für die Stimmabgabe** treffen kann. Diese Sonderregelung gilt nur für die unselbstständigen Nebenstellen oder Teile von Dienststellen.

II. Anordnung der schriftlichen Stimmabgabe

2 1. Der Wahlvorstand kann die unmittelbare Stimmabgabe entweder in den in Nr. 1 und 2 erwähnten Dienststellen durchführen oder die **schriftliche Stimmabgabe anordnen.** Dabei hat er zu prüfen, ob den Beschäftigten dieser Stellen zuzumuten ist, zur Stimmabgabe in der (Haupt-)/Dienststelle zu erscheinen. Die Entscheidung liegt ausschließlich beim Wahlvorstand (OVG Münster v. 15. 11. 1965, PersV 1966, 161). Auch bei der Anordnung der schriftlichen Stimmabgabe ist es einem Wähler unbenommen, seine Stimme persönlich abzugeben. Eine persönliche Stimmabgabe unter dem Schutz des Wahlvorstands im Wahllokal ist vorzugswürdig gegenüber der Briefwahl. Allerdings hat der Wahlvorstand sicherzustellen, dass Doppelzählungen vermieden werden. Dies kann dadurch erreicht werden, dass Rücksendungen der Briefwahlunterlagen im Wählerverzeichnis vermerkt werden. Dann nämlich kann der Wahlvorstand bei der persönlichen Stimmabgabe anhand des Wählerverzeichnisses feststellen, ob der betreffende Beschäftigte bereits Briefwahlunterlagen zurückgesandt hat (BVerwG v. 3. 3. 2003, Leits. ZBR 2003, 254 = Leits. PersV 2003, 268 = ZfPR 2003, 104)

3 2. **Nachgeordnete Stellen einer Dienststelle,** die nicht nach § 6 Abs. 2 Satz 1 Halbs. 2 BPersVG selbstständig sind, sind solche, die ihrerseits einer einer Behörde der Mittelstufe nachgeordneten Behörde zugeordnet sind, soweit die nachgeordneten Stellen im Verwaltungsaufbau nach Aufgabenbereich und Organisation nicht selbstständig sind und deshalb personalvertretungsrechtlich mit der ihnen vorgesetzten Behörde eine Dienststelle bilden. Auf die räumliche Entfernung von der Hauptdienststelle kommt es in diesem Fall nicht an.

4 3. Nebenstellen oder Teile einer Dienststelle, die räumlich weit von dieser entfernt liegen und sich personalvertretungsrechtlich nicht verselbstständigt haben, sind die in Nr. 2 erwähnten Stellen. Für die in Nr. 1 und 2 bezeichneten

Stellen kann der Wahlvorstand bei der Hauptdienststelle nach seinem **Ermessen** eine der zwei zugelassenen Sonderregelungen treffen, d. h. er kann ein eigenes Wahllokal einrichten oder schriftliche Stimmabgabe anordnen. Bei der Entscheidung hat der Wahlvorstand u. a. zu berücksichtigen, dass die notwendigen Kosten der Wahl von der Dienststelle zu tragen sind (OVG Münster v. 15. 11. 1965, PersV 1966, 161). Er hat darüber hinaus zu beachten, dass im Fall der Einrichtung eines Wahllokals während der Stimmabgabe entweder zwei Mitglieder des Wahlvorstands oder ein Mitglied und ein Wahlhelfer ständig anwesend sind. Eine schriftliche Stimmabgabe kommt in diesen Fällen nur dann in Betracht, wenn ein wahlberechtigter Beschäftigter zum Zeitpunkt der Wahl seine Stimme nicht persönlich im Wahllokal abgeben kann. Infolgedessen hat der Wahlvorstand diesem Wähler ebenfalls auch nur auf sein Verlangen die Wahlunterlagen zu übersenden. Wenn dagegen die schriftliche Stimmabgabe angeordnet wird, so hat der Wahlvorstand von sich aus und nicht erst auf Verlangen den wahlberechtigten Beschäftigten die in § 17 Abs. 1 bezeichneten Wahlunterlagen so rechtzeitig zu übersenden, dass den Wahlberechtigten die aktive Teilnahme an der Wahl möglich ist (vgl. für das BetrVG: LAG Stuttgart v. 29. 11. 1990, AiB 1991, 276).

4. Der Wahlvorstand muss bereits **vor Erlass des Wahlausschreibens** entscheiden, ob er **von der Ermächtigung** dieser Vorschrift **Gebrauch machen** will, weil Ort und Zeit der Stimmabgabe im Wahlausschreiben bekanntgemacht werden müssen (vgl. § 6 Abs. 2 Nr. 11 WO). Dasselbe gilt für die Anordnung der schriftlichen Stimmabgabe (vgl. § 6 Abs. 2 Nr. 12 WO). Wenn der Wahlvorstand erst nach Erlass des Wahlausschreibens eine Anordnung nach dieser Vorschrift treffen will, so muss er ein neues Wahlausschreiben erlassen, weil die Bekanntmachung der Sonderregelung notwendiger Inhalt des Wahlausschreibens ist. Mit Erlass des neuen Wahlausschreibens wird eine neue Frist nach § 6 Abs. 1 WO in Lauf gesetzt. 5

III. Verfahren nach § 83 Abs. 1 Nr. 1 BPersVG

Die einzelnen Bestimmungen dieser Vorschrift sind zwingend und wesentliche Vorschriften über das Wahlverfahren i. S. von § 25 BPersVG. Bereits vor Durchführung der Wahl kann eine Anordnung des Wahlvorstands nach dieser Vorschrift zum Gegenstand eines Beschlussverfahrens nach § 83 Abs. 1 Nr. 1 BPersVG gemacht werden, das nach Durchführung der Wahl als **Wahlanfechtungsverfahren** weitergeführt werden kann. Eventuell kann auch der Erlass einer einstweiligen Verfügung beantragt werden. Im Übrigen kann eine Personalratswahl dann angefochten werden, wenn einem Wahlberechtigten Wahlunterlagen nicht übersandt worden sind, auch wenn er selbst durch sein Verhalten für die Unterlassung Anlass gegeben hat (VGH München v. 17. 10. 1990, Leits. ZfPR 1991, 176). 6

§ 20 Feststellung des Wahlergebnisses

(1) Unverzüglich nach Abschluss der Wahl nimmt der Wahlvorstand öffentlich die Auszählung der Stimmen vor und stellt das Ergebnis fest.

(2) Nach Öffnung der Wahlurne entnimmt der Wahlvorstand die Stimmzettel den Wahlumschlägen und prüft ihre Gültigkeit.

(3) Der Wahlvorstand zählt
1. im Falle der Verhältniswahl die auf jede Vorschlagsliste,
2. im Falle der Personenwahl die auf jeden einzelnen Bewerber entfallenen gültigen Stimmzettel zusammen.

(4) Stimmzettel, über deren Gültigkeit oder Ungültigkeit der Wahlvorstand beschließt, weil sie zu Zweifeln Anlass geben, sind mit fortlaufender Nummer zu versehen und von den übrigen Stimmzetteln gesondert bei den Wahlunterlagen aufzubewahren.

Entspr. landesrechtliche Regelungen:
Baden-Württemberg: § 24; Bayern: § 20; Berlin: § 18; Brandenburg: § 21; Bremen: § 19; Hamburg: § 18; Hessen: § 18; Mecklenburg-Vorpommern: § 22; Niedersachsen: § 20; Nordrhein-Westfalen: § 19; Rheinland-Pfalz: § 20; Saarland: § 20; Sachsen: § 20; Sachsen-Anhalt: § 20; Schleswig-Holstein: § 22; Thüringen: § 20.

I. Vorbemerkung

1 Die Vorschrift schreibt dem Wahlvorstand vor, in welcher Weise er das **Wahlergebnis festzustellen** hat.

II. Feststellung des Wahlergebnisses

2 1. Die **Auszählung der Stimmen** und die Feststellung des Wahlergebnisses haben **in einer förmlichen Sitzung** des Wahlvorstands, an der sämtliche Mitglieder teilzunehmen haben, stattzufinden (VGH Mannheim v. 21. 12. 1960, ESVGH 10, 136). Die Stimmenauszählung hat unverzüglich nach Abschluss der Wahl zu erfolgen. Dies bedeutet, dass sich die Auszählung der Stimmen grundsätzlich unmittelbar an den Abschluss der eigentlichen Wahlhandlung (Stimmabgabe) anschließen soll. Zwar lässt § 16 Abs. 5 Satz 1 WO zu, dass das Wahlergebnis nicht unmittelbar nach Abschluss der Stimmabgabe festgestellt wird. Im Hinblick auf die Wahrung des Wahlgeheimnisses aber wird man für eine zeitlich versetzte Stimmenauszählung einen wichtigen Grund fordern müssen (BVerwG v. 23. 10. 1970, PersV 1971, 135). Eine vorzeitige Auszählung und Bekanntgabe des Wahlergebnisses ist nicht zulässig (VGH Kassel v. 28. 11. 1990, PersV 1992, 267 = Leits. ZfPR 1991, 175). Der Wahlvorstand kann sich bei der Stimmenauszählung einer EDV-Anlage bedienen, soweit gewährleistet ist, dass der Auszählungsvorgang unter der Verantwortung des Wahlvorstands (Wahlhelfer) geschieht. Diese Voraussetzung ist nicht mehr gegeben, wenn sich während der Erfassung der Stimmzettel nicht ständig Mitglieder des Wahlvorstands in dem betreffenden Raum aufhalten, um den Verbleib der Stimmzettel beobachten zu können (LAG Berlin v. 16. 11. 1987 – 12 TaBV 6/87, n. v.; vgl. auch § 23 Anm. 9). Die Mitglieder des Wahlvorstands können sich nicht durch Wahlhelfer vertreten lassen. Über die Sitzung ist eine **Niederschrift** anzufertigen (§ 21 WO).

3 2. Die **Stimmenauszählung** hat **dienststellen-öffentlich** zu erfolgen. Diese Voraussetzung ist auch dann gegeben, wenn der Wahlvorstand in einem Zählraum eine Tischreihe gebildet hat, hinter der die Öffentlichkeit Platz finden soll (VGH Mannheim v. 2. 7. 1991, Leits. PersR 1992, 223). Von einer öffentlichen Stimmenauszählung kann aber dann nicht die Rede sein, wenn sie teilweise außerhalb des bekanntgegebenen Auszählungsraums in einem anderen Raum stattfindet und wenn in diesen Raum interessierte Beobachter nur auf Klingelzeichen Einlaß finden. Ebenso wenig kann von einer öffentlichen Stimmenauszählung gesprochen werden, wenn der Wahlvorstand Beschäftigte, die bei der Öffnung der Freiumschläge einer Briefwahl anwesend sein möchten, wegschickt, dann aber in ihrer Abwesenheit die Briefumschläge öffnet (vgl. für das BetrVG: LAG Kiel v. 18. 3. 1999, ZBVR 2000, 54). Im Übrigen haben nur die in der Dienststelle Beschäftigten Zugang (Altvater u. a., § 20 WO Anm. 1; Lorenzen u. a., § 20 WO Anm. 3). Beauf-

tragten von Gewerkschaften steht ein Zutrittsrecht nur für den Fall zu, dass sie in der Dienststelle selbst vertreten sind (Fischer u. a., § 20 WO Anm. 7; vgl. für das BetrVG BAG v. 16. 4. 2003, DB 2003, 2234 = ZBVR 2003, 226). Ort und Zeit der Stimmenauszählung sind vom Wahlvorstand bekanntzugeben (§ 6 Abs. 2 Nr. 13 WO).

3. Die **Öffnung der Wahlurnen** muss in Anwesenheit aller Mitglieder des Wahlvorstands durch ein Mitglied erfolgen (VGH Mannheim v. 21. 12. 1960, ESVGH 10, 136). Dies schließt allerdings nicht aus, dass an die Stelle eines ordentlichen (verhinderten) Mitglieds des Wahlvorstands ein Ersatzmitglied tritt (OVG Münster v. 27. 11. 1997, Leits. ZBR 1998, 219 = Leits. ZfPR 1998, 91; Lorenzen u. a., § 20 WO Anm. 1). Allerdings muss die Öffnung der Wahlurnen durch ein Mitglied des Wahlvorstands vorgenommen werden. Wahlhelfer dürfen die Wahlurnen nicht öffnen, weil sie nur bei der Durchführung der Stimmabgabe und bei der Stimmenzählung herangezogen werden können (§ 1 Abs. 1 WO). Die Mitglieder des Wahlvorstands haben sodann die Stimmzettel den Wahlumschlägen zu entnehmen und zu prüfen, ob die Stimmzettel gültig sind. In Zweifelsfällen hat der Wahlvorstand einen Beschluss zu fassen, ob der Stimmzettel gültig oder ungültig ist. Zur Prüfung der Gültigkeit der Stimmzettel gehört die Feststellung, ob ihre Zahl mit der Zahl der im Wählerverzeichnis vermerkten Stimmabgaben übereinstimmt. Die gültigen Stimmzettel werden danach ausgezählt. Hierbei kann sich der Wahlvorstand der Unterstützung der Wahlhelfer bedienen. Nach der Auszählung der Stimmen hat der Wahlvorstand durch Beschluss festzustellen, wie viel gültige Stimmen auf jeden Wahlvorschlag bzw. bei Personenwahl auf jeden Kandidaten entfallen sind und wer damit gewählt ist. Sämtliche Stimmzettel sind aufzubewahren (vgl. § 24 WO). 4

4. Wenn dem Wahlvorstand bei der Ermittlung des Wahlergebnisses Fehler unterlaufen, so muss er sie berichtigen. Ein Fehler kann sowohl in der Feststellung der Zahl der abgegebenen Stimmen wie in der Berechnung der Größe der Personalvertretung und in der Verteilung der Sitze auf die Gruppen liegen. Gegebenenfalls kann der Fehler durch ein Verwaltungsgericht noch berichtigt werden (BVerwG v. 31. 1. 1964 – VII P 13.63, n. v.). Der Wahlvorstand kann selbstverständlich nicht beschließen, dass ein offensichtlich gültiger Stimmzettel ungültig ist oder umgekehrt. 5

III. Geltung der Vorschrift

Sämtliche Bestimmungen dieser Vorschrift gelten **für die Wahl aller** nach dem BPersVG zu wählenden **Einrichtungen.** Es handelt sich um eine zwingende Vorschrift. Ihre Verletzung ist eine Verletzung wesentlicher Vorschriften i. S. von § 25 BPersVG. Sie begründet daher die Wahlanfechtung. Wenn der Wahlvorstand die Gültigkeit eines zweifelhaften Stimmzettels beschlossen hat, so hindert ein solcher Beschluss einen Antragsteller nicht, im Verfahren vor dem Verwaltungsgericht eine Ungültigkeit dieses Stimmzettels zu behaupten. Gerade im Hinblick auf eine mögliche Wahlanfechtung ist es besonders wichtig, dass der Wahlvorstand den Beschluss über die Feststellung des Wahlergebnisses sorgfältig protokolliert und Begründungen dafür angibt, weshalb er einen Stimmzettel nach Prüfung für gültig oder ungültig angesehen hat (vgl. § 21 Abs. 1 Nr. 4 WO). 6

§ 21 Wahlniederschrift

(1) Über das Wahlergebnis fertigt der Wahlvorstand eine Niederschrift, die von sämtlichen Mitgliedern des Wahlvorstandes zu unterzeichnen ist. Die Niederschrift muss enthalten

1. bei Gruppenwahl die Summe der von jeder Gruppe abgegebenen Stimmen, bei gemeinsamer Wahl die Summe aller abgegebenen Stimmen,
2. bei Gruppenwahl die Summe der von jeder Gruppe abgegebenen gültigen Stimmen, bei gemeinsamer Wahl die Summe aller abgegebenen gültigen Stimmen,
3. die Zahl der für jede Gruppe abgegebenen ungültigen Stimmen, bei gemeinsamer Wahl die Summe aller abgegebenen ungültigen Stimmen,
4. die für die Gültigkeit oder die Ungültigkeit zweifelhafter Stimmen maßgebenden Gründe,
5. im Falle der Verhältniswahl die Zahl der auf jede Vorschlagsliste entfallenen gültigen Stimmen sowie die Errechnung der Höchstzahlen und Ihre Verteilung auf die Vorschlagslisten, im Falle der Personenwahl die Zahl der auf jeden Bewerber entfallenen gültigen Stimmen,
6. die Namen der gewählten Bewerber.

(2) Besondere Vorkommnisse bei der Wahlhandlung oder der Feststellung des Wahlergebnisses sind in der Niederschrift zu vermerken.

Entspr. landesrechtliche Regelungen:
Baden-Württemberg: § 27; Bayern: § 21; Berlin: § 19; Brandenburg: § 22; Bremen: § 20; Hamburg: § 19; Hessen: § 19; Mecklenburg-Vorpommern: § 23; Niedersachsen: § 23; Nordrhein-Westfalen: § 20; Rheinland-Pfalz: § 21; Saarland: § 21; Sachsen: § 21; Sachsen-Anhalt: § 21; Schleswig-Holstein: § 23; Thüringen: § 21.

I. Vorbemerkung

1 Aus Gründen der Beweissicherung macht es die Vorschrift dem Wahlvorstand zur Pflicht, über die Feststellung des Wahlergebnisses eine **Niederschrift** anzufertigen, die von allen Mitgliedern unterschrieben werden muss (BVerwG v. 21. 7. 1980, PerV 1981, 501). Die ins einzelne gehenden Vorschriften resultieren aus der Erkenntnis, „dass sich aufgrund von Zeugenaussagen wegen der natürlichen Grenzen des menschlichen Erinnerungsvermögens absolut sichere Erkenntnisse über die für die Ermittlung eines Wahlergebnisses zugrundeliegende Anzahl der jeweiligen Stimmen nicht treffen lassen“ (VG Köln v. 15. 12. 1975 – PVL 5/75, n. v.).

II. Niederschrift

2 1. Die **Unterschrift sämtlicher Mitglieder** des Wahlvorstands ist zwingend erforderlich. Allerdings hat die Unterschrift eines Mitglieds des Wahlvorstands, das an der Beobachtung der Stimmabgabe oder an der Stimmenzählung nicht teilgenommen hat, keinen Beweiswert.

3 2. Die in Satz 2 unter Nrn. 1 bis 6 geforderten Angaben sind Mindestforderungen. Die Wahlniederschrift kann weitere Tatsachen beurkunden, z. B. die Feststellung, dass die Wahlurne vor Beginn der Stimmabgabe leer war. Die Wahlniederschrift muss **alle Vorkommnisse bei der Stimmabgabe** oder der Feststellung des Wahlergebnisses beurkunden, die für den Fall der Wahlanfechtung von rechtlicher Bedeutung sein können, z. B. die Tatsache, dass die Stimmabgabe früher als im Wahlausschreiben vorgesehen beendet wurde, weil alle Wahlberechtigten der Dienststelle ihre Stimme abgegeben hatten.

III. Geltung für alle Stufen

Die Vorschrift gilt **für die Wahl aller Einrichtungen**, die nach dem BPersVG zu wählen sind. Die einzelnen Bestimmungen sind zwingend und daher wesentliche Vorschriften über das Wahlverfahren i. S. von § 25 BPersVG (VG Ansbach v. 21. 11. 1958, ZBR 1959, 130). Dennoch begründen Mängel der Niederschrift in der Regel die Wahlanfechtung nicht (Ballerstedt u. a., § 21 WO Anm. 9), da eine fehlerhafte Niederschrift das tatsächliche Wahlergebnis nicht ändern kann (VG Wiesbaden v. 31. 8. 1970 – PV-L 5/70, n. v.). Dabei muss zwischen der Beurkundung und der beurkundeten Tatsache unterschieden werden: regelmäßig ist es die Tatsache, die die Wahlanfechtung begründet, nicht ihre Beurkundung in der Wahlniederschrift. 4

§ 22 Benachrichtigung der gewählten Bewerber

Der Wahlvorstand benachrichtigt die als Personalratsmitglieder Gewählten unverzüglich schriftlich gegen Empfangsbestätigung, erforderlichenfalls durch eingeschriebenen Brief, von ihrer Wahl. Erklärt ein Gewählter nicht binnen drei Arbeitstagen nach Zugang der Benachrichtigung dem Wahlvorstand, dass er die Wahl ablehne, so gilt die Wahl als angenommen.

Entspr. landesrechtliche Regelungen:
Baden-Württemberg: § 28; Bayern: § 22; Berlin: § 20; Brandenburg: § 23; Bremen: § 21; Hamburg: § 20; Hessen: § 20; Mecklenburg-Vorpommern: § 24; Niedersachsen: § 24; Nordrhein-Westfalen: § 21; Rheinland-Pfalz: § 22; Saarland: § 22; Sachsen: § 22; Sachsen-Anhalt: § 22; Schleswig-Holstein: § 24; Thüringen: § 22.

I. Vorbemerkung

Die Vorschrift schreibt dem Wahlvorstand vor, wann und in welcher Weise er die Gewählten zu **benachrichtigen** hat. 1

II. Benachrichtigung

1. Der Wahlvorstand hat die Gewählten unverzüglich zu benachrichtigen. Das Wort **„unverzüglich"** hat die Bedeutung von „sofort". Nach Feststellung des Wahlergebnisses bestehen keine Hindernisse zur sofortigen Benachrichtigung der Gewählten. Sämtliche Beschäftigten der Dienststelle haben ein Interesse daran, die Zusammensetzung des neuen Personalrats umgehend zu erfahren. Deshalb auch können säumige Wahlvorstandsmitglieder, soweit sie der Personalvertretung angehören, entsprechend § 28 ausgeschlossen werden (OVG Berlin v. 12. 5. 1971, PersV 1972, 215). 2

2. **Schriftform** ist wegen der Bedeutung der Nachricht ausdrücklich vorgeschrieben. Mündliche Nachricht genügt nicht. Empfangsbestätigung bzw. eingeschriebener Brief verstärken die zwingenden Formerfordernisse und dienen gleichzeitig der Beweissicherung. 3

3. Die **Benachrichtigung der Gewählten** durch den Wahlvorstand hat lediglich deklaratorische, keine rechtsbegründende Bedeutung. Das Amt im Personalrat wird durch die Wahl „von selbst erworben" (BVerwG v. 9. 10. 1959, BVerwGE 9, 217 = ZBR 1959, 399 = PersV 1960, 19). Mit der Benachrichtigung wird der Wahlvorstand zweckmäßigerweise die **Anfrage** verbinden, ob der Gewählte das ihm zugefallene Amt annimmt. 4

5 4. Die **Ausschlagung der Wahl** ist dem Wahlvorstand mitzuteilen, weil bis zur Konstituierung die neugewählte Personalvertretung noch nicht handlungsfähig und die noch amtierende Personalvertretung für diese Mitteilung nicht empfangsbefugt ist. Nach der Konstituierung der Personalvertretung ist die Amtsniederlegung gegenüber dem Vorsitzenden der Vertretung zu erklären (BVerwG v. 9. 10. 1959, BVerwGE 9, 217 = ZBR 1959, 399 = PersV 1960, 19).

6 5. Mit der Benachrichtigung der Gewählten kann der Wahlvorstand die **Einladung zur konstituierenden Sitzung** (§ 34 Abs. 1 BPersVG) verbinden. Die Benachrichtigung ist zwingend vorgeschrieben. Dennoch ist ihre Unterlassung kein Wahlanfechtungsgrund, weil durch die Unterlassung der Benachrichtigung das Wahlergebnis nicht geändert oder beeinflusst werden kann (vgl. Anm. 4). Unterlässt der Wahlvorstand die Benachrichtigung der Gewählten und die Einladung zur konstituierenden Sitzung, so kann jedes der neu gewählten Mitglieder diese Sitzung einberufen. Insoweit ist die neu gewählte Personalvertretung vor Ablauf der Amtsperiode ihrer Vorgängerin handlungsfähig (VGH München v. 19. 12. 1958, Leits. ZBR 1959, 131).

III. Geltungsbereich

7 Die Vorschrift gilt **für die Wahl aller Einrichtungen**, die nach dem BPersVG zu wählen sind.

§ 23 Bekanntmachung des Wahlergebnisses

Der Wahlvorstand gibt das Wahlergebnis und die Namen der als Personalratsmitglieder gewählten Bewerber durch zweiwöchigen Aushang an den Stellen bekannt, an denen das Wahlausschreiben bekanntgemacht worden ist.

Entspr. landesrechtliche Regelungen:
Baden-Württemberg: § 29; Bayern: § 23; Berlin: § 21; Brandenburg: § 24; Bremen: § 22; Hamburg: § 21; Hessen: § 21; Mecklenburg-Vorpommern: § 25; Niedersachsen: § 25; Nordrhein-Westfalen: § 21; Rheinland-Pfalz: § 23; Saarland: § 23 Abs. 1; Sachsen: § 23; Sachsen-Anhalt: § 23; Schleswig-Holstein: § 25; Thüringen: § 23.

I. Vorbemerkung

1 Die Vorschrift ordnet nicht nur die Bekanntgabe der Namen der Gewählten, sondern auch die **Bekanntmachung des Wahlergebnisses** an. Dadurch soll auch den Beschäftigten eine Information gegeben werden, die an der Auszählung der Stimmen nicht teilnehmen konnten (Amtl. Begründung).

II. Bekanntgabe des Wahlergebnisses

2 1. Die Vorschrift ist keine wesentliche Vorschrift i. S. von § 25 BPersVG, weil durch Mängel der Bekanntmachung das Wahlergebnis nicht geändert oder beeinflusst werden kann. Jedoch ist die **Bekanntmachung** wichtig, weil sie die **Anfechtungsfrist** nach § 25 BPersVG **in Lauf setzt** (vgl. Anm. 6).

3 2. Die Bekanntmachung hat neben den **Namen der Gewählten** folgende Angaben zu enthalten: Zahl der Wahlberechtigten, Zahl der Wähler, Zahl der insgesamt abgegebenen gültigen und der ungültigen Stimmen, die Verteilung der Stimmen auf die Vorschlagslisten (bei Verhältniswahl) bzw. auf die Bewerber (bei Personenwahl) sowie die Namen der Ersatzmitglieder (BVerwG v. 23. 10. 2003, BVerwGE 119, 138 = ZfPR 2004, 3). Auch die

Namen derjenigen Personen sind bekannt zu geben, die die Wahl ausgeschlagen bzw. das ihnen zugefallene Amt niedergelegt haben, weil auch die Wahl dieser Personen zum Wahlergebnis gehört (Ballerstedt u. a., § 23 Anm. 6 WO).

3. Die **Bekanntmachung muss an denselben Stellen** erfolgen, an denen das Wahlausschreiben ausgehängt war; sie ist vom Wahlvorstand eigenhändig zu unterschreiben (Lorenzen u. a., § 23 WO Anm. 1). Wird die Bekanntmachung an mehreren Stellen ausgehängt, ist für den Beginn der Anfechtungsfrist der letzte Aushang maßgebend (VGH München v. 7. 12. 1967 – Nr. 3 IX 66, n. v.). Wenn die ursprünglich handschriftlich angefertigte undatierte Bekanntmachung durch eine am folgenden Tag mit Maschine geschriebene Mitteilung ersetzt wird, auf welcher der erste Tag des Aushangs angegeben ist, so ist für die Berechnung der Bekanntmachungsfrist die mit Datum versehene Ausfertigung maßgebend (VG München v. 14. 9. 1966 – Nr. 9004/ 66, n. v.). 4

4. Die **Dauer des Aushangs** der Bekanntmachung richtet sich nach § 53 WO i. V. mit §§ 187 ff. BGB. Die Bekanntmachung über das Wahlergebnis muss volle zwei Wochen aushängen (z. B. von Mittwochmorgen bis Dienstagabend der übernächsten Woche). 5

III. Geltung für alle Vertretungen

Die Vorschrift gilt für die **Wahl sämtlicher Einrichtungen,** die nach dem BPersVG zu wählen sind. Obwohl sie zwingend ist, begründet ihre Verletzung nicht die Wahlanfechtung (vgl. Anm. 2). Jedoch kann durch Mängel der Bekanntmachung der Beginn der Wahlanfechtungsfrist berührt werden. 6

§ 24 Aufbewahrung der Wahlunterlagen

Die Wahlunterlagen (Niederschriften, Bekanntmachungen, Stimmzettel, Freiumschläge für die schriftliche Stimmabgabe usw.) werden vom Personalrat mindestens bis zur Durchführung der nächsten Personalratswahl aufbewahrt.

Entspr. landesrechtliche Regelungen:
Baden-Württemberg: § 30; Bayern: § 24; Berlin: § 22; Brandenburg: § 25; Bremen: § 23; Hamburg: § 23; Hessen: § 22; Mecklenburg-Vorpommern: § 27; Niedersachsen: § 27; Nordrhein-Westfalen: § 22; Rheinland-Pfalz: § 24; Saarland: § 24; Sachsen: § 24; Sachsen-Anhalt: § 24; Schleswig-Holstein: § 27; Thüringen: § 24.

I. Vorbemerkung

Die Vorschrift macht dem Wahlvorstand die **Aushändigung der Wahlunterlagen an die neugewählte Personalvertretung** zur Pflicht. 1

II. Aufbewahrung

1. Die **Aufzählung** der aufzubewahrenden Wahlunterlagen ist **beispielhaft,** nicht erschöpfend. Dies ergibt sich aus der Verwendung der Abkürzung „usw.". Es sind alle Unterlagen aufzubewahren, die bei einer etwa notwendigen Prüfung der Gesetzmäßigkeit der Wahl von Beweiswert sein können. Zu den aufzubewahrenden Wahlunterlagen gehören auch die sog. **Anforderungskarten,** mit denen an der persönlichen Stimmabgabe verhinderte wahlberechtigte Beschäftigte die Wahlunterlagen beim Wahlvorstand angefordert haben; denn ihnen kommt ebenso wie den sonstigen schriftli- 2

chen Unterlagen eine besondere Bedeutung als Nachweis für die ordnungsgemäße Durchführung der Wahl zu (VGH Mannheim v. 5. 12. 1974, Leits. ZBR 1975, 391 = PersV 1976, 19). Auch die Freiumschläge, die bei der schriftlichen Stimmabgabe benutzt worden sind, sind aufzubewahren.

3 2. Die **Wahlunterlagen muss der Wahlvorstand der neuen Personalvertretung übergeben,** sobald diese sich konstituiert hat. In diesem Zeitpunkt endet das Amt des Wahlvorstands und seiner Mitglieder automatisch und ohne Förmlichkeit (BVerwG v. 9. 10. 1959, BVerwGE 9, 217 = PersV 1960, 19). Ist eine Wahl nicht zustandegekommen (§ 11 Abs. 3 WO), so muss der Wahlvorstand, da er auch in diesem Fall rechtlich nicht mehr existent ist, die Wahlunterlagen dem Dienststellenleiter übergeben.

4 3. Das **Eigentum an den Wahlunterlagen** verbleibt der Dienststelle. Zur Vernichtung nicht mehr benötigter Wahlunterlagen bedarf die Personalvertretung daher der Zustimmung der Dienststelle. Sinn und Zweck der Vorschrift ist die Sicherung der Wahlunterlagen. Die Wahlunterlagen sind aber nicht zugunsten der Personalvertretung in der Weise zweckgebunden, als dass dem Dienststellenleiter, den Beschäftigten und den in der Dienststelle vertretenen Gewerkschaften kein Einsichtsrecht zustehen würde. Im Gegensatz zu den in § 44 Abs. 2 des Gesetzes genannten Mitteln dienen die Wahlunterlagen nicht unmittelbar der Erfüllung von Aufgaben der Personalvertretung. Es kann nicht Sinn und Zweck des Gesetzes bzw. der Wahlordnung sein, dass die Wahlunterlagen über die Personalratswahlen so lange bei der Personalvertretung ohne Einsichtsmöglichkeit für Anfechtungsberechtigte liegen, bis die Gültigkeit der Wahl in einem gerichtlichen Verfahren zur Diskussion gestellt wird. Es kann nur sinnvoll sein, wenn bereits im Vorfeld eines gerichtlichen Verfahrens, nämlich zur Prüfung, ob überhaupt ein solches Verfahren in Gang gebracht werden soll, das Einsichtsrecht Interessierter besteht. Es handelt sich nur um ein Einsichtsrecht, so dass die Akten von der aufbewahrenden Personalvertretung nicht Dritten ausgehändigt, sondern lediglich im Verfügungsbereich der Personalvertretung eingesehen werden dürfen. Eine strikte Einhaltung dieser Vorschrift ist deshalb notwendig, weil die Personalvertretung die Verantwortung dafür trägt, dass die Wahlunterlagen ggfs. in einem gerichtlichen Verfahren vollständig und unverändert zur Verfügung stehen (so im Ergebnis auch: Dietz-Richardi u. a., § 24 WO Anm. 2).

5 4. Die **Aufbewahrung** der Wahlunterlagen während der Amtszeit der neuen Personalvertretung ist notwendig, weil sie Beweismittel nicht nur für die befristete Wahlanfechtung, sondern auch für einen möglichen Streit sind, in dem der Antragsteller die Nichtigkeit der Wahl geltend macht. Antragsberechtigte nach § 83 BPersVG haben ein Einsichtsrecht in die bei der Personalvertretung aufbewahrten Wahlunterlagen. Notfalls ordnet das Gericht ihre Vorlage an.

6 5. **Nach Ablauf der Amtszeit** ist eine weitere Aufbewahrung der Wahlunterlagen zulässig, aber nicht vorgeschrieben. Sie ist nur dann notwendig, wenn bei Ablauf der Amtszeit ein Beschlussverfahren anhängig ist, in dem die Wahlunterlagen als Beweismittel in Betracht kommen (vgl. § 444 ZPO).

Zweiter Abschnitt **Besondere Vorschriften für die Wahl mehrerer Personalratsmitglieder oder Gruppenvertreter**

Erster Unterabschnitt **Wahlverfahren bei Vorliegen mehrerer Wahlvorschläge (Verhältniswahl)**

§ 25 Voraussetzungen für Verhältniswahl, Stimmzettel, Stimmabgabe

(1) Nach den Grundsätzen der Verhältniswahl (Listenwahl) ist zu wählen, wenn
1. bei Gruppenwahl für die betreffende Gruppe mehrere gültige Wahlvorschläge,
2. bei gemeinsamer Wahl mehrere gültige Wahlvorschläge
eingegangen sind. In diesen Fällen kann jeder Wähler seine Stimme nur für den gesamten Wahlvorschlag (Vorschlagsliste) abgeben.

(2) Auf dem Stimmzettel sind die Vorschlagslisten in der nach § 12 Abs. 1 ermittelten Reihenfolge unter Angabe von Familienname, Vorname, Amts- oder Funktionsbezeichnung und Gruppenzugehörigkeit der an erster und zweiter Stelle benannten Bewerber, bei gemeinsamer Wahl der für die Gruppen an erster Stelle benannten Bewerber untereinander aufzuführen; bei Listen, die mit einem Kennwort versehen sind, ist auch das Kennwort anzugeben.

(3) Der Wähler hat auf dem Stimmzettel die Vorschlagsliste anzukreuzen, für die er seine Stimme abgeben will.

Entspr. landesrechtliche Regelungen:
Baden-Württemberg: § 31 ff.; Bayern: § 25; Berlin: § 23; Brandenburg: § 26; Bremen: § 24; Hamburg: § 24; Hessen: § 23; Mecklenburg-Vorpommern: § 28; Niedersachsen: § 29; Nordrhein-Westfalen: § 23; Rheinland-Pfalz: § 25; Saarland: § 25; Sachsen: § 25; Sachsen-Anhalt: § 25; Schleswig-Holstein: § 28; Thüringen: § 25.

I. Vorbemerkung

Die §§ 25 bis 27 regeln das Verfahren, das anzuwenden ist, wenn mehrere gültige Wahlvorschläge vorliegen. In diesen Fällen wird nach den **Grundsätzen der Verhältniswahl** (= Listenwahl) gewählt. Demgegenüber regeln die §§ 28, 29 das Verfahren bei Vorliegen nur eines gültigen Wahlvorschlags. In diesen Fällen wird nach den **Grundsätzen der Personenwahl** (= Mehrheitswahl) gewählt. Das Verfahren, das anzuwenden ist, wenn nur eine Person zu wählen ist, wird in § 30 geregelt. In diesen Fällen wird stets nach den Grundsätzen der Personenwahl gewählt. Bei der Personenwahl entscheidet allein die Stimmenzahl. Demgegenüber werden bei der Verhältniswahl auch die auf die Minderheiten entfallenen Stimmen angemessen berücksichtigt. Der Wähler kann bei der Verhältniswahl stets nur eine Liste im Ganzen wählen oder aber auf die Stimmabgabe verzichten. Demgegenüber kann er bei der Personenwahl unter mehreren Kandidaten auswählen. 1

II. Verhältniswahl

1. Regelmäßig wird nach den **Grundsätzen der Verhältniswahl** (= Listenwahl) gewählt (§ 19 Abs. 3 Satz 1 BPersVG). Die Personenwahl (= Mehrheitswahl) ist die Ausnahme (§ 19 Abs. 3 Satz 2 und 3 BPersVG). Nach den 2

Grundsätzen der Verhältniswahl muss zwingend gewählt werden, wenn entweder bei Gruppenwahl für eine Gruppe oder bei Gemeinschaftswahl mehrere gültige Wahlvorschläge vorgelegt werden. Es verstößt gegen wesentliche Vorschriften über das Wahlverfahren, wenn bei **Vorliegen mehrerer gültiger Wahlvorschläge** ein anderes Wahlverfahren als das der Verhältniswahl angewendet wird (VG Gelsenkirchen v. 26. 10. 1973 – PVB 6/73, n. v.).

3 2. Abs. 2 regelt zwingend, welche **Angaben der Stimmzettel enthalten muss.** Bei einer Verhältniswahl müssen die Stimmzettel Familienname, Vorname, Amts- oder Funktionsbezeichnung und Gruppenzugehörigkeit der an erster und zweiter Stelle bezeichneten Bewerber enthalten. Diese Angaben sollen dem Wähler nähere Kenntnisse über die Bewerber vermitteln, die für die jeweiligen Listen als Spitzenkandidaten kandidieren und die nach erfolgter Wahl der Personalvertretung als Mitglieder angehören könnten. Fehlen die Angaben, so ist hierin ein Verstoß gegen wesentliche Vorschriften über das Wahlverfahren zu sehen, da nicht auszuschließen ist, dass eine Änderung oder Beeinflussung des Wahlergebnisses möglich ist, es sei denn, dass nach der Lebenserfahrung das Wahlverhalten im konkreten Fall unbeeinflusst geblieben ist, weil alle Wähler hinreichend über die jeweils an erster und zweiter Stelle benannten Bewerber informiert waren (OVG Münster v. 29. 1. 1997, Leits. ZfPR 1997, 122 = Leits. ZfPR 2000, 16; vgl. auch VG Meiningen v. 11. 11. 1998, PersV 1999, 234).

4 3. Die **Reihenfolge der Wahlvorschläge** auf dem Stimmzettel wird **durch Los** ermittelt (§ 12 Abs. 1 WO). In jedem Fall muss auf dem Stimmzettel das **Kennwort** des Wahlvorschlags angegeben werden, wenn der Wahlvorschlag ein Kennwort trägt.

III. Geltungsbereich/Wahlanfechtung

5 4. In den Fällen des Abs. 1 Satz 1 kann der Wähler seine Stimme **nur einer Vorschlagsliste** geben. Er muss auf dem Stimmzettel die Vorschlagsliste ankreuzen, der er seine Stimme geben will (Abs. 1 Satz 2, Abs. 3). Wenn er zwei Listen ankreuzt, ist der Stimmzettel ungültig. Der Wahlvorstand hat durch Beschluss darüber zu entscheiden, ob bei Zweifeln ein Stimmzettel gültig ist (Lorenzen u. a., § 25 WO Anm. 7).

6 Die Vorschrift gilt grundsätzlich für die Wahl aller Einrichtungen, die nach dem BPersVG zu wählen sind. Für die Jugend- und Auszubildendenvertretung gilt sie mit der Einschränkung, dass eine Gruppenwahl nicht stattfindet (§ 46 Abs. 1 WO). Ein Verstoß gegen die Vorschrift rechtfertigt die **Anfechtung der Wahl** (OVG Lüneburg v. 9. 1. 1962, PersV 1962, 88 für den Fall der Anwendung einer falschen Wahlart oder bei irreführenden Hinweisen auf den Stimmzetteln, BVerwG v. 20. 6. 1990, PersV 1990, 536 = ZfPR 1992, 12).

§ 26 Ermittlung der gewählten Gruppenvertreter bei Gruppenwahl

(1) Bei Gruppenwahl werden die Summen der auf die einzelnen Vorschlagslisten jeder Gruppe entfallenen Stimmen nebeneinandergestellt und der Reihe nach durch 1, 2, 3 usw. geteilt. Auf die jeweils höchste Teilzahl (Höchstzahl) wird so lange ein Sitz zugeteilt, bis alle der Gruppe zustehenden Sitze (§ 5) verteilt sind. Ist bei gleichen Höchstzahlen nur noch ein Sitz oder sind bei drei gleichen Höchstzahlen nur noch zwei Sitze zu verteilen, so entscheidet das Los.

(2) Enthält eine Vorschlagsliste weniger Bewerber, als ihr nach den Höchstzahlen Sitze zustehen würden, so fallen die überschüssigen Sitze den übrigen Vorschlagslisten in der Reihenfolge der nächsten Höchstzahlen zu.

(3) Innerhalb der Vorschlagslisten sind die Sitze auf die Bewerber in der Reihenfolge ihrer Benennung (§ 8 Abs. 2) zu verteilen.

Entspr. landesrechtliche Regelungen:
Baden-Württemberg: § 35; Bayern: § 26; Berlin: § 24; Brandenburg: § 27; Bremen: § 25; Hamburg: § 25; Hessen: § 24; Mecklenburg-Vorpommern: § 29; Niedersachsen: § 30; Nordrhein-Westfalen: § 24; Rheinland-Pfalz: § 26; Saarland: § 26; Sachsen: § 26; Sachsen-Anhalt: § 26; Schleswig-Holstein: § 29; Thüringen: § 26.

I. Vorbemerkung

Im Gegensatz zu dem folgenden § 27 regelt § 26 die **Ermittlung der gewählten Gruppenvertreter** im Regelfall der Gruppenwahl (§ 19 Abs. 2 Satz 1 BPersVG). 1

II. Ermittlung der gewählten Vertreter

1. Abs. 1 beschreibt das **Höchstzahlverfahren nach d'Hondt** (§ 5 Abs. 2 WO). Die Summen der auf jede Vorschlagsliste der jeweiligen Gruppen entfallenen Stimmen werden nebeneinandergestellt und der Reihe nach durch 1, 2, 3 geteilt. 2

2. Eine **Entscheidung durch Los** (z. B. in der Form des Münzwurfs) ist zwingend vorgeschrieben, wenn bei zwei gleichen Höchstzahlen nur noch ein Sitz oder bei drei gleichen Höchstzahlen nur noch zwei Sitze zu vergeben sind. Wenn sich in einer Dienststelle mit 300 Gruppenangehörigen für die zu vergebenden drei Sitze drei Listen bewerben, so kann sich folgende Situation ergeben: 3

Beispiel:

	I	II	III
Stimmen	100	50	60
geteilt durch 1:	100 (1)	50 (3)	60 (2)
geteilt durch 2:	50 (3)	25	30

Die höchsten Teilzahlen sind 100 (I) und 60 (III). Die dritthöchste Teilzahl ist mit 50 sowohl von Liste I wie von Liste II erreicht worden. Zwischen ihnen entscheidet das Los, welche Liste den dritten Sitz erhält.

3. Abs. 2 regelt das Verfahren, das anzuwenden ist, wenn ein **Wahlvorschlag weniger Bewerber** angeboten hat, als ihm nach dem Wahlergebnis Sitze zugeteilt werden können. Da die nach § 16 BPersVG vorgesehene Größe der Personalvertretung erreicht werden soll, werden die Sitze, die noch zu verteilen sind, auf die höchsten, noch nicht berücksichtigten Höchstzahlen der anderen Wahlvorschläge verteilt. Dies gilt auch für den Fall, dass nach Ablehnung der Wahl durch die Gewählten eine Liste nicht mehr genügend Bewerber enthält (Richardi u. a., § 26 Anm. 3 WO). Dabei sind zunächst die Höchstzahlen aus den weiteren Wahlvorschlägen derselben Gruppe zu berücksichtigen (BVerwG v. 16. 7. 1963, BVerwGE 16, 230 = ZBR 1964, 90 = PersV 1963, 233). Nur dann, wenn Wahlvorschlagslisten derselben Gruppe ebenfalls keine berücksichtigungsfähigen Bewerber mehr enthalten, dürfen noch verfügbare Sitze auf Höchstzahlen verteilt werden, die auf Vorschlagslisten anderer Gruppen entfallen sind (BVerwG v. 23. 10. 1970, BVerwGE 36, 170 = ZBR 1971, 120 = PersV 1971, 135). 4

5 4. Abs. 3 enthält die an sich selbstverständliche Vorschrift über die Berücksichtigung der Wahlbewerber in der **Reihenfolge** ihrer **Aufführung auf dem Wahlvorschlag.** Eine Abweichung von dieser Reihenfolge ist ein Verstoß gegen wesentliche Vorschriften i. S. von § 25 BPersVG.

III. Geltungsbereich

6 1. Die Vorschrift ist insgesamt zwingend und wesentlich i. S. von § 25 BPersVG. Ihre Verletzung rechtfertigt die **Wahlanfechtung.**

7 2. Die Vorschrift gilt **für die Wahl aller Einrichtungen,** die nach dem BPersVG zu wählen sind. Auf die Vertretungen der jugendlichen Beschäftigten, auf die die Vorschriften über die Gruppenwahl keine Anwendung finden (§ 46 Abs. 1 WO), ist die Vorschrift nur beschränkt anwendbar.

§ 27 Ermittlung der gewählten Gruppenvertreter bei gemeinsamer Wahl

(1) Bei gemeinsamer Wahl werden die Summen der auf die einzelnen Vorschlagslisten entfallenen Stimmen nebeneinandergestellt und der Reihe nach durch 1, 2,3 usw. geteilt. Die jeder Gruppe zustehenden Sitze werden getrennt, jedoch unter Verwendung derselben Teilzahlen ermittelt. § 26 Abs. 1 Satz 2 und 3 gilt entsprechend.

(2) Enthält eine Vorschlagsliste weniger Bewerber einer Gruppe, als dieser nach den Höchstzahlen Sitze zustehen würden, so fallen die restlichen Sitze dieser Gruppe den Angehörigen derselben Gruppe auf den übrigen Vorschlagslisten in der Reihenfolge der nächsten Höchstzahlen zu.

(3) Innerhalb der Vorschlagslisten werden die den einzelnen Gruppen zustehenden Sitze auf die Angehörigen der entsprechenden Gruppe in der Reihenfolge ihrer Benennung verteilt.

Entspr. landesrechtliche Regelungen:
Baden-Württemberg: § 36; Bayern: § 27; Berlin: § 25; Brandenburg: § 28; Bremen: § 26; Hamburg: § 26; Hessen: § 25; Mecklenburg-Vorpommern: § 30; Niedersachsen: § 31; Nordrhein-Westfalen: § 25; Rheinland-Pfalz: § 27; Saarland: § 27; Sachsen: § 27; Sachsen-Anhalt: § 27; Schleswig-Holstein: § 30; Thüringen: § 27.

I. Vorbemerkung

1 1. Die Vorschrift regelt die **Ermittlung der gewählten Gruppenvertreter** in dem Ausnahmefall, dass die Angehörigen jeder Gruppe gemeinsame Wahl beschlossen haben (§ 19 Abs. 2 Halbs. 2 BPersVG, § 4 Satz 1 Nr. 2 WO).

2 2. Auch bei gemeinsamer Wahl muss **jede Gruppe entsprechend ihrer Stärke** im Personalrat vertreten sein (§ 17 Abs. 1 Satz 1 BPersVG). Deshalb müssen im Wahlvorschlag die Gruppenzugehörigkeit des Bewerbers angegeben und bei gemeinsamer Wahl die Bewerber nach Gruppen zusammengefasst sein (§ 8 Abs. 2 und 3 WO).

II. Höchstzahlensystem

3 1. Bei gemeinsamer Wahl kann jede Vorschlagsliste die **Namen von Angehörigen verschiedener Gruppen** enthalten. Die Namen der Bewerber müssen nach Gruppen getrennt aufgeführt werden. Die Reihenfolge, in der die Be-

werber aufgeführt werden, ist für ihre Wahl entscheidend, wenn nicht alle Bewerber nur aus einem Wahlvorschlag gewählt werden.

2. Bei gemeinsamer Wahl werden zunächst die Stimmen gezählt, die für die Wahlvorschläge abgegeben worden sind, und es wird nach dem **Höchstzahlverfahren** ermittelt, wie viele Sitze dem einzelnen Wahlvorschlag zuzuteilen sind. 4

Beispiel: In einer Dienststelle sind neun Personalratsmitglieder zu wählen. Nach § 17 Abs. 1 und 2 BPersVG entfallen auf die einzelnen Gruppen folgende Mitgliederzahlen: Beamte drei Mitglieder und Arbeitnehmer sechs Mitglieder. Die Gruppe der Beamten erhält drei Sitze, die auf die Höchstzahlen 260, 220 und 130 entfallen. Gewählt sind die Beamten M (Liste II), A (Liste I) und N (Liste II).

Der Gruppe der Arbeitnehmer fallen sechs Sitze zu. Diese Sitze entfallen auf die Höchstzahlen 260, 220, 130, 120, 110 und 86,6. Gewählt sind die Arbeitnehmer G (Liste II), D (Liste I), H (Liste II), P (Liste III), E (Liste I) und I (Liste II). Die Gruppe der Beamten erhält drei Sitze, die auf die Höchstzahlen 260, 220 und 130 entfallen. Gewählt sind die Beamten M (Liste II), A (Liste I) und N (Liste II).

3. Auch bei gemeinsamer Wahl fallen **Sitze,** die einer Gruppe zustehen, aber nicht in Anspruch genommen werden können, weil der Wahlvorschlag zu wenig Bewerber einer Gruppe benennt, **anderen Wahlvorschlägen** zu. Abs. 2 bestimmt ausdrücklich, dass diese Sitze den Angehörigen derselben Gruppe auf den übrigen Wahlvorschlagslisten in der Reihenfolge der nächsthöheren Höchstzahlen zufallen. 5

III. Geltungsbereich/Wahlanfechtung

Die Vorschrift gilt für die Wahl aller Einrichtungen, die nach dem BPersVG zu wählen sind, soweit das Gruppenprinzip zu wahren ist. Sie gilt nicht für die Wahl der Jugend- und Auszubildendenvertretungen (§ 46 Abs. 1 WO). Insgesamt ist die Vorschrift zwingend. Es handelt sich um wesentliche Vorschriften i. S. von § 25 BPersVG. Ihre Verletzung begründet die **Wahlaufechtung.** 6

Zweiter Unterabschnitt Wahlverfahren bei Vorliegen eines Wahlvorschlages (Personenwahl)

§ 28 Voraussetzungen für Personenwahl, Stimmzettel, Stimmabgabe

(1) Nach den Grundsätzen der Personenwahl ist zu wählen, wenn
1. bei Gruppenwahl für die betreffende Gruppe nur ein gültiger Wahlvorschlag,
2. bei gemeinsamer Wahl nur ein gültiger Wahlvorschlag
eingegangen ist. In diesen Fällen kann jeder Wähler nur solche Bewerber wählen, die in dem Wahlvorschlag aufgeführt sind.

(2) In den Stimmzetteln werden die Bewerber aus dem Wahlvorschlag in unveränderter Reihenfolge unter Angabe von Familienname, Vorname, Amts- oder Funktionsbezeichnung und Gruppenzugehörigkeit übernommen. Der Wähler hat auf dem Stimmzettel die Namen der Bewerber anzukreuzen, für die er seine Stimme abgeben will. Der Wähler darf
1. bei Gruppenwahl nicht mehr Namen ankreuzen, als für die betreffende Gruppe Vertreter zu wählen sind,

2. bei gemeinsamer Wahl nicht mehr Namen ankreuzen, als Personalratsmitglieder zu wählen sind.

Entspr. landesrechtliche Regelungen:
Baden-Württemberg: § 38 ff.; Bayern: § 28; Berlin: § 26; Brandenburg: § 29; Bremen: § 27; Hamburg: § 27; Hessen: § 26; Mecklenburg-Vorpommern: § 31; Niedersachsen: § 33; Nordrhein-Westfalen: § 26; Rheinland-Pfalz: § 28; Saarland: § 28; Sachsen: § 28; Sachsen-Anhalt: § 28; Schleswig-Holstein: § 31; Thüringen: § 28.

I. Vorbemerkung

1 1. Die Vorschrift behandelt die Fälle, in denen mehrere Personen nach den **Grundsätzen der Personenwahl** (Mehrheitswahl) gewählt werden. Durch die Hervorhebung des Wortes „Personenwahl" wird verdeutlicht, dass in diesem Verfahren nicht Listen gewählt werden, sondern ausschließlich Personen (OVG Lüneburg v. 9. 1. 1962, ZBR 1962, 60 = PersV 1962, 88). Der Wähler kann daher auf dem Stimmzettel die ihm geeignet erscheinenden Kandidaten auswählen.

2 2. **Personenwahl ist zwingend** vorgeschrieben, wenn
a) bei Gruppenwahl für die betreffende Gruppe nur ein gültiger Wahlvorschlag vorliegt (Abs. 1 Nr. 1),
b) bei Gemeinschaftswahl überhaupt nur ein einziger gültiger Wahlvorschlag vorliegt (Abs. 1 Nr. 2),
c) bei Gruppenwahl nur ein Gruppenvertreter gewählt werden kann (§ 17 Abs. 1 BPersVG, § 30 Abs. 1 Nr. 1 WO),
d) bei Gemeinschaftswahl für die Dienststelle nur ein Personalratsmitglied gewählt werden kann (§ 16 Abs. 1 BPersVG, § 30 Abs. 1 Nr. 2 WO).

II. Stimmzettel

3 1. Die **Vorschrift,** nach der in den beiden Fällen des Abs. 1 nach den Grundsätzen der Personenwahl zu wählen ist, **ist zwingend.** Wird in einem dieser Fälle nach den Grundsätzen der Verhältniswahl (= Listenwahl) gewählt, so ist dies ein Verstoß gegen wesentliche Vorschriften über das Wahlverfahren i. S. von § 25 BPersVG (OVG Lüneburg v. 9. 1. 1962, ZBR 1962, 60 = PersV 1962, 88), der die Wahlanfechtung begründet.

4 2. Auch bei einer Personenwahl ist der Wähler an die Angaben im Stimmzettel gebunden. Er kann **nur Bewerber wählen, die im Stimmzettel benannt sind.** Zwar ist der Wähler nicht wie bei der Listenwahl verpflichtet, sämtliche Bewerber zu wählen. Aber er darf keine vorgedruckten Namen streichen und keine Namen handschriftlich hinzusetzen. Das würde nicht nur gegen die ausdrückliche Vorschrift des Abs. 1 Satz 2, sondern zugleich auch gegen § 15 Abs. 4 Nr. 4 WO verstoßen. Der Wähler darf daher auch seinerseits eine im Stimmzettel enthaltene Nummerierung der Bewerber nicht ändern. Er darf nicht mehr Namen kennzeichnen als Bewerber gewählt werden können, weil damit sein Wille nicht mehr zweifelsfrei zu erkennen wäre (§ 15 Abs. 4 Nr. 3 WO) und der Stimmzettel ungültig sein würde.

5 3. Abs. 2 Satz 1 bestimmt zwingend den **Inhalt des Stimmzettels.** Er muss die in Satz 1 geforderten Angaben enthalten. Weitere Angaben sind unzulässig, z. B. Hinweise auf die Zugehörigkeit der Bewerber zu Organisationen (VGH Mannheim v. 19. 3. 1957, ZBR 1958, 28).

4. Beim Druck der Stimmzettel muss die **Reihenfolge** eingehalten werden, in der die Bewerber auf dem Wahlvorschlag aufgeführt waren. Für das Wahlergebnis hat die Reihenfolge keine Bedeutung, weil der Wähler die Namen nicht genehmer Bewerber nicht zu kennzeichnen braucht. Es kommt alleine auf die Zahl der Stimmen an, die für jeden Bewerber abgegeben werden. Ein Wähler kann bei Personenwahl die ihm zustehenden Stimmen nur auf verschiedene Kandidaten verteilen. Wenn er einem Kandidaten mehrere Stimmen gibt (Stimmenhäufung), zählt dies nur als eine Stimme (Fitting u. a., § 21 WOBetrVG Anm. 5). 6

5. **Kreuzt der Wähler weniger Namen** von Bewerbern an, als gewählt werden können, nutzt er sein Wahlrecht nicht aus. Der Stimmzettel aber ist gültig. Kreuzt der Wähler den Namen eines Bewerbers mehrfach an, so erhält dieser dennoch nur eine Stimme (§ 15 Abs. 5 WO). Im Übrigen ist mehrfaches Ankreuzen eines Namens wegen § 15 Abs. 4 Nr. 4 WO nicht unbedenklich (Lorenzen u. a., § 28 WO Anm. 4). 7

III. Anwendung mit Ausnahme der Wahl der Jugend- und Auszubildendenvertretung

Die Vorschrift gilt **für die Wahl aller Einrichtungen,** die nach dem BPersVG zu wählen sind, für die Wahl der Jugend- und Auszubildendenvertretungen mit der Einschränkung, dass dort keine Gruppenwahl stattfindet (§ 46 Abs. 1 WO). 8

§ 29 Ermittlung der gewählten Bewerber

(1) Bei Gruppenwahl sind die Bewerber in der Reihenfolge der jeweils höchsten auf sie entfallenen Stimmenzahlen gewählt.

(2) Bei gemeinsamer Wahl werden die den einzelnen Gruppen zustehenden Sitze mit den Bewerbern dieser Gruppen in der Reihenfolge der jeweils höchsten auf sie entfallenen Stimmenzahlen besetzt.

(3) Bei gleicher Stimmenzahl entscheidet das Los.

Entspr. landesrechtliche Regelungen:
Baden-Württemberg: § 41; Bayern: § 30; Berlin: § 27; Brandenburg: § 30; Bremen: § 28; Hamburg: § 25; Hessen: § 27; Mecklenburg-Vorpommern: § 32; Niedersachsen: § 34; Nordrhein-Westfalen: § 27; Rheinland-Pfalz: § 29; Saarland: § 29; Sachsen: § 29; Sachsen-Anhalt: § 29; Schleswig-Holstein: § 32; Thüringen: § 29.

I. Vorbemerkungen

1. Die **Ermittlung der gewählten Bewerber** erfolgt bei einer nach den Grundsätzen der Personenwahl durchgeführten Wahl nicht nach dem Höchstzahlverfahren, sondern nach der Zahl der auf die einzelnen Kandidaten entfallenen Stimmen. 1

2. Die Vorschrift gilt nur, falls die Voraussetzungen des § 28 WO vorliegen, d. h. wenn entweder bei Gruppenwahl für eine Gruppe **nur ein gültiger Wahlvorschlag** oder bei Gemeinschaftswahl überhaupt nur ein gültiger Wahlvorschlag vorliegt. 2

3. Liegen die Voraussetzungen für eine Personenwahl vor, **so muss nach diesem Verfahren gewählt werden.** Eine Abweichung wäre ein Verstoß gegen wesentliche Vorschriften über das Wahlverfahren i. S. von § 25 BPersVG 3

(VGH Mannheim v. 19.3.1957, ZBR 1958, 28; OVG Lüneburg v. 10.1.1961, ZBR 1961, 159).

4 4. Bei Personenwahl dürfen die Stimmzettel **kein Kennwort** und keinen Hinweis auf die Organisationszugehörigkeit der Bewerber enthalten (VGH Mannheim v. 19.3.1957, ZBR 1958, 28).

II. Reihenfolge

5 1. Abs. 1 ist anzuwenden, wenn bei Gruppenwahl für eine Gruppe nur ein gültiger Wahlvorschlag vorliegt. Gewählt sind die Bewerber in der **Reihenfolge der von ihnen erzielten Stimmen** (vgl. Anm. 1). Bei Stimmengleichheit entscheidet das Los (Abs. 3). Falls also in dem unter Anm. 1 aufgeführten Beispiel die Kandidaten Schulze und Schmitt jeweils 50 Stimmen erhalten hätten, so müßte zwischen ihnen das Los entscheiden. Welche Methode beim Losentscheid angewandt wird, hängt davon ab, inwieweit tatsächlich ein Zufallsergebnis möglich ist. Dies ist dann der Fall, wenn der Losentscheid durch Münzwurf erfolgt; denn bei genügender Höhe hängt die Entscheidung alleine vom Zufall ab (vgl. § 5 WO Anm. 5; vgl. hierzu auch § 32 BPersVG Anm. 11).

6 2. Abs. 2 ist bei gemeinsamer Wahl für die **Besetzung der Sitze** anzuwenden, die auf die Gruppen entfallen. Die Grundsätze für die Reihenfolge der gewählten ordentlichen und der Ersatzmitglieder sind dieselben wie nach Abs. 1

III. Geltungsbereich

7 1. Die Vorschrift gilt für die **Wahl aller Einrichtungen,** die nach dem BPersVG zu wählen sind, mit Ausnahme der Jugend- und Auszubildendenvertretungen, die nicht in Gruppenwahl gewählt werden können (§ 46 Abs. 1 WO).

8 2. Die Vorschrift ist zwingend. Sie ist eine wesentliche Vorschrift i.S. von § 25 BPersVG. Ihre Verletzung rechtfertigt die **Wahlanfechtung.**

Dritter Abschnitt **Besondere Vorschriften für die Wahl eines Personalratsmitgliedes oder eines Gruppenvertreters (Personenwahl)**

§ 30 Voraussetzungen für Personenwahl, Stimmzettel, Stimmabgabe, Wahlergebnis

(1) Nach den Grundsätzen der Personenwahl ist zu wählen, wenn
1. bei Gruppenwahl nur ein Vertreter,
2. bei gemeinsamer Wahl nur ein Personalratsmitglied zu wählen ist.

(2) In den Stimmzettel werden die Bewerber aus den Wahlvorschlägen in alphabetischer Reihenfolge unter Angabe von Familienname, Vorname, Amts- oder Funktionsbezeichnung übernommen.

(3) Der Wähler hat auf dem Stimmzettel den Namen des Bewerbers anzukreuzen, für den er seine Stimme abgeben will.

(4) Gewählt ist der Bewerber, der die meisten Stimmen erhalten hat. Bei gleicher Stimmenzahl entscheidet das Los.

Entspr. landesrechtliche Regelungen:
Baden-Württemberg: § 39; Bayern: § 28; Berlin: § 31; Brandenburg: § 31; Bremen: § 29; Hamburg: § 29; Hessen: § 28; Mecklenburg-Vorpommern: § 33; Niedersachsen: § 33; Nordrhein-Westfalen: § 30; Rheinland-Pfalz: § 30; Saarland: § 30; Sachsen: § 30; Sachsen-Anhalt: § 30; Schleswig-Holstein: § 33; Thüringen: § 30.

I. Vorbemerkung

Die Vorschrift behandelt die Fälle, in denen **nur eine Person zu wählen ist.** 1
Diese Fälle sind von jenen des § 28 WO zu unterscheiden, in denen nur ein gültiger Wahlvorschlag bei Gruppenwahl für die betreffende Gruppe oder bei Gemeinschaftswahl für die Wahl der gesamten Personalvertretung eingereicht worden ist.

II. Personenwahl

1. Die Personalratswahl ist ohne Rücksicht auf die Zahl der eingereichten 2
Wahlvorschläge dann **nach den Grundsätzen der Personenwahl** durchzuführen, wenn bei Gruppenwahl nur eine Person zu wählen ist oder wenn bei gemeinsamer Wahl der Personalrat nur aus einer Gruppe besteht. Dies ist der Fall, wenn einer Gruppe nur ein Vertreter zusteht (weniger als 51 Gruppenangehörige, § 17 Abs. 3 BPersVG) oder wenn der Personalrat nur aus einer Person besteht (5 bis 20 wahlberechtigte Beschäftigte, § 16 Abs. 1 BPersVG).

2. Auch bei Personenwahl können **mehrere Wahlvorschläge** eingereicht 3
werden. Im Stimmzettel müssen die Namen der Bewerber aus sämtlichen zugelassenen Wahlvorschlägen in alphabetischer Reihenfolge aufgeführt werden. Für die Reihenfolge ist der Anfangsbuchstabe des Familiennamens maßgebend. Auch wenn nur ein Wahlvorschlag vorliegt, ist die Übertragung auf den Stimmzettel nach diesen Regeln durchzuführen. Der Stimmzettel darf **keine Hinweise** auf die Wahlvorschläge und die eventuelle Zugehörigkeit von Kandidaten zu einer bestimmten Organisation enthalten (Ballerstedt u. a., § 28 WO Anm. 20).

3. Jeder Wähler hat **nur eine Stimme.** Er kann daher auch nur einen Bewer- 4
ber ankreuzen oder auf sonstige Weise seine Wahlentscheidung auf dem Stimmzettel verdeutlichen. Wenn der Wähler mehrere Namen ankreuzt, so macht er damit den Stimmzettel ungültig (§ 15 WO Abs. 4 Buchst. c). Gleiches gilt, wenn er handschriftlich einen weiteren Kandidaten auf dem Stimmzettel aufführt (Ballerstedt u. a., § 30 WO Anm. 2). Wenn allerdings ein Wähler einen Kandidaten mehrfach ankreuzt, so macht das den Stimmzettel deshalb nicht ungültig, weil dennoch klar ersichtlich bleibt, dass dieser Kandidat nur eine Stimme erhalten hat.

4. Der Kandidat, der die **höchste Stimmenzahl** erhält, ist gewählt. Bei Stim- 5
mengleichheit entscheidet das Los. Dabei ist nur das Verfahren angemessen, das ein Zufallsergebnis garantiert. Ein Losentscheid durch Würfeln ist nicht zulässig (OVG Münster v. 6. 7. 1987, Leits. ZTR 1988, 155; vgl. auch § 5 WO Anm. 5; § 29 WO Anm. 5 und § 32 BPersVG Anm. 11). Die übrigen Kandidaten sind in der Reihenfolge der Stimmenzahlen Ersatzmitglieder. Im Übrigen gelten dieselben Bestimmungen und Beschränkungen wie in den Fällen der §§ 28, 29 WO (Voraussetzungen für Personenwahl, Ermittlung der gewählten Bewerber). Auf die entsprechenden Erläuterungen wird verwiesen.

III. Geltungsbereich/Wahlanfechtung

6 1. Die Vorschrift gilt für die **Wahl zu allen Einrichtungen,** die nach dem BPersVG zu wählen sind mit der Einschränkung des § 46 Abs. 1 WO für die Jugend- und Auszubildendenvertretungen.

7 2. Die Vorschrift ist zwingend. Sie ist eine wesentliche Vorschrift i. S. von § 25 BPersVG. Ihre Verletzung rechtfertigt die **Wahlanfechtung.**

Vierter Abschnitt **Wahl der Vertreter der nichtständig Beschäftigten**

§ 31 Vorbereitung und Durchführung der Wahl

(1) Für die Vorbereitung und Durchführung der Wahl der Vertreter der nichtständig Beschäftigten gelten die §§ 1 bis 30 entsprechend mit der Abweichung, dass sich die Zahl der Vertreter der nichtständig Beschäftigten ausschließlich aus § 65 Abs. 1 des Gesetzes ergibt, die den Gruppen zustehenden Vertreter ausschließlich nach dem Höchstzahlverfahren errechnet werden und dass die Vorschriften über den Minderheitenschutz (§ 17 Abs. 3 und 4 des Gesetzes) keine Anwendung finden. Dem Wahlvorstand muss mindestens ein nach § 14 des Gesetzes wählbarer Beschäftigter angehören.

(2) Findet Gruppenwahl statt und erhält eine Gruppe bei der Verteilung der Sitze auf die Gruppen nach dem Höchstzahlverfahren keine Vertreter, so kann sich jeder wahlberechtigte Angehörige dieser Gruppe durch Erklärung gegenüber dem Wahlvorstand einer anderen Gruppe anschließen.

Entspr. landesrechtliche Regelungen:
Baden-Württemberg: –; Bayern: –; Berlin: –; Brandenburg: § 32; Bremen: –; Hamburg: –; Hessen: § 29; Mecklenburg-Vorpommern: § 34; Niedersachsen: § 31; Nordrhein-Westfalen: § 31; Rheinland-Pfalz: § 31; Saarland: –; Sachsen: § 31; Sachsen-Anhalt: § 31; Schleswig-Holstein: 34; Thüringen: § 31.

I. Vorbemerkungen

1 1. Die Vorschrift regelt die **Wahl der Vertreter der nichtständig Beschäftigten.** Das Wahlverfahren weicht von den allgemeinen Vorschriften ab. Es ist auf die besonderen Verhältnisse der durch § 65 BPersVG geregelten Struktur der Vertretung der nichtständig Beschäftigten abgestellt. Dies gilt vor allem für die Ermittlung der Zahl der Vertreter der nichtständig Beschäftigten. Die Zahlen werden anders als die Zahlen der Mitglieder der Personalvertretung sowie der Jugend- und Auszubildendenvertretung berechnet.

2 2. Die Vertreter der nichtständig Beschäftigten werden nach den **Grundsätzen der Gruppenwahl** nach Gruppen getrennt gewählt. Die Vorschriften über den Minderheitenschutz gelten nicht. Stufenvertretungen sind nicht vorgesehen.

II. Wahlvoraussetzungen

3 1. Eine Vertretung der nichtständig Beschäftigten kann **nur in Dienststellen** gewählt werden, **in denen eine Personalvertretung besteht;** denn die Personalvertretung hat den Wahlvorstand zu bestellen (§ 65 Abs. 1 Satz 2 BPersVG).

4 2. Für das **Wahlrecht** gilt § 13 Abs. 1 und 3 BPersVG (Erreichen des 18. Lebensjahres, Wahlrecht für Beamte im Vorbereitungsdienst nur bei der

Stammbehörde). Dagegen ist § 13 Abs. 2 (Abordnung) nicht entsprechend anwendbar, da § 65 Abs. 1 Satz 2 BPersVG die entsprechende Vorschrift nicht anführt.

3. Die Vorschriften über die **Wählbarkeit** gelten entsprechend. Lediglich die Vorschrift über die Zugehörigkeit zum Geschäftsbereich der obersten Dienstbehörde und zum öffentlichen Dienst ist ausgeschlossen, da § 65 Abs. 1 Satz 2 BPersVG nicht auf die entsprechende Vorschrift (§ 14 Abs. 1 Nr. 1 und 2 BPersVG) verweist. Mitglieder der Personalvertretung können nicht Vertreter der nichtständig Beschäftigten sein, da sie diese Eigenschaft nicht besitzen. 5

4. **Weitere Abweichungen** von den allgemeinen Vorschriften enthält Abs. 1 Satz 1 WO: 6
a) Die Zahl der Vertreter der nichtständig Beschäftigten richtet sich ausschließlich nach § 65 Abs. 1 BPersVG. Die Vertretung besteht höchstens aus drei (bei mehr als 100 nicht ständig Beschäftigten) Personen.
b) Die Zahl der Vertreter der Gruppen wird nur nach dem Höchstzahlverfahren bestimmt. § 17 Abs. 3 BPersVG gilt also nicht.
c) Es besteht kein Minderheitenschutz nach § 17 Abs. 3 und 4 BPersVG.

5. Eine **Vorabstimmung** über eine abweichende Verteilung der Sitze auf die Gruppen und über die Wahl Gruppenfremder kann nicht durchgeführt werden. § 65 Abs. 1 Satz 2 BPersVG erklärt § 18 BPersVG nicht für entsprechend anwendbar. 7

6. Im Übrigen gilt § 19 BPersVG entsprechend. **Wahlvorschläge** können nur von den nichtständig Beschäftigten sowie von den in der Dienststelle vertretenen Gewerkschaften gemacht werden. Die Vorschriften über die Berücksichtigung der verschiedenen Beschäftigungsarten und der Geschlechter (§ 19 Abs. 6 und 7 BPersVG) finden entsprechende Anwendung. Eine Realisierung dürfte aber bei einer Höchstzahl von drei Vertretern kaum möglich sein. 8

7. Eine **Gruppenwahl** findet dann statt, wenn unter den nichtständig Beschäftigten mehrere Gruppen vertreten sind. Wenn sich allerdings die Angehörigen jeder Gruppe mit Mehrheit für die Durchführung einer gemeinsamen Wahl entschieden haben, dann ist nach diesen Wahlgrundsätzen zu wählen (§ 65 BPersVG i. V. mit § 19 BPersVG; § 4 WO). 9

8. Ist eine Gruppe unter den nichtständig Beschäftigten so schwach vertreten, dass sie bei Anwendung des (obligatorischen) Höchstzahlverfahrens keinen Vertreter erhält, so können sich die Angehörigen der schwachen Gruppe **einer anderen Gruppe anschließen.** Die Regelung entspricht dem Grundsatz des § 17 Abs. 5 Satz 2 BPersVG. Die Erklärung des Anschlusses muss (zwingend) dem Wahlvorstand gegenüber spätestens bis zum Ende der Frist für die Auslegung des Wählerverzeichnises (Fischer u. a., § 31 WO Anm. 8; Lorenzen u. a., § 31 WO Anm. 6) abgegeben werden, weil dieser das Wahlrecht des gruppenfremden Wählers für die fremde Gruppe im Wählerverzeichnis (§ 2 Abs. 2 WO) feststellen muss und weil von dieser Feststellung das Wahlrecht abhängt (§ 15 Abs. 1 WO). 10

9. Im Wahlvorstand können die Gruppen vertreten sein, die unter den nichtständig Beschäftigten repräsentiert sind. Dem Wahlvorstand muss mindestens ein nach § 14 BPersV für die Personalvertretung wählbarer Beschäftigter angehören (§ 31 Abs. 1 Satz 2 WO), der also seinerseits nicht zu 11

den nichtständig Beschäftigten gehört. Eine Personalversammlung zur Wahl des Wahlvorstands findet nicht statt. § 65 Abs. 1 Satz 2 BPersVG verweist nicht auf die entsprechenden Vorschriften der §§ 20 ff. BPersVG.

12 10. Ebenso ist eine **Beteiligung von Gewerkschaftsbeauftragten** an den Sitzungen des Wahlvorstands für die nichtständig Beschäftigten ausgeschlossen. Ein Kündigungsschutz für Mitglieder des Wahlvorstands besteht nicht. Die entsprechende Vorschrift des § 24 Abs. 1 Satz 3 BPersVG ist im Rahmen des § 65 Abs. 1 Satz 2 BPersVG nicht erwähnt.

III. Geltungsbereich/Wahlanfechtung

13 Die Vorschrift gilt ausschließlich für die Wahl der Vertreter der nichtständig Beschäftigten. Die Einzelbestimmungen sind zwingend. Sie sind wesentliche Vorschriften i. S. von § 25 BPersVG. Eine Verletzung rechtfertigt die **Wahlanfechtung.**

Zweiter Teil **Wahl des Bezirkspersonalrates**

§ 32 Entsprechende Anwendung der Vorschriften über die Wahl des Personalrates

Für die Wahl des Bezirkspersonalrates gelten die §§ 1 bis 30 entsprechend, soweit sich aus den §§ 33 bis 41 nichts anderes ergibt.

Entspr. landesrechtliche Regelungen:
Baden-Württemberg: § 43; Bayern: § 33; Berlin: –; Brandenburg: § 33; Bremen: –; Hamburg: –; Hessen: § 31; Mecklenburg-Vorpommern: § 35; Niedersachsen: § 36; Nordrhein-Westfalen: § 28; Rheinland-Pfalz: § 32; Saarland: § 43; Sachsen: § 31; Sachsen-Anhalt: § 3 1; Schleswig-Holstein: § 35; Thüringen: § 31.

I. Vorbemerkung

1 **Bezirkspersonalräte** werden bei den Behörden der Mittelstufe (Mittelbehörden) errichtet (§ 53 BPersVG). Eine Mittelbehörde ist eine der obersten Dienstbehörde unmittelbar nachgeordnete Behörde, der ihrerseits wiederum Dienststellen nachgeordnet sind. Die Mitglieder des Bezirkspersonalrats sind von allen Beschäftigten des Geschäftsbereichs, also einschließlich der Beschäftigten der Dienststelle (Mittelbehörde) selbst, zu wählen.

II. Anwendung der Vorschriften über die Wahl der Personalvertretung

2 Für die **Vorbereitung und Durchführung der Wahl** zum Bezirkspersonalrat sind die Vorschriften über die Wahl des Personalrats entsprechend anwendbar, es sei denn, dass sich Abweichungen daraus ergeben, dass die Wahlen in den einzelnen Dienststellen von den örtlichen Wahlvorständen im Auftrag und unter Leitung des Bezirkswahlvorstands durchgeführt werden. Diese Abweichungen wirken sich im Wesentlichen bei der Leitung der Wahl (§ 33 WO), bei der Feststellung der Beschäftigtenzahl und der Aufstellung des Wählerverzeichnisses (§ 34 WO), bei der Ermittlung der Zahl der zu wählenden Bezirkspersonalratsmitglieder und der Verteilung der Sitze auf die Gruppen (§ 35 WO) sowie bei dem Wahlausschreiben (§ 37 WO), der Setzung einer Nachfrist (§ 38 WO), bei der Sitzungsniederschrift und schließlich bei der Feststellung und Bekanntmachung des Wahlergebnisses (§ 42 WO) aus.

III. Wahlanfechtung

Eine Verletzung der nachfolgenden Vorschriften kann ein Verstoß gegen wesentliche Vorschriften über das Wahlverfahren i. S. von § 25 BPersVG sein und die **Wahlanfechtung** rechtfertigen (BVerwG v. 27. 11. 1959, BVerwGE 9, 357 = ZBR 1960, 125 = PersV 1960, 18). 3

§ 33 Leitung der Wahl

(1) Der Bezirkswahlvorstand leitet die Wahl des Bezirkspersonalrats. Die Durchführung der Wahl in den einzelnen Dienststellen übernehmen die örtlichen Wahlvorstände im Auftrag und nach Richtlinien des Bezirkswahlvorstandes.

(2) Der örtliche Wahlvorstand gibt die Namen der Mitglieder des Bezirkswahlvorstandes und gegebenenfalls der Ersatzmitglieder und die dienstliche Anschrift seines Vorsitzenden in der Dienststelle durch Aushang bis zum Abschluss der Stimmabgabe bekannt.

Entspr. landesrechtliche Regelungen:
Baden-Württemberg: § 44; Bayern: § 34; Berlin: –; Brandenburg: § 34; Bremen: –; Hamburg: –; Hessen: § 32; Mecklenburg-Vorpommern: § 36; Niedersachsen: § 36; Nordrhein-Westfalen: § 29; Rheinland-Pfalz: § 33; Saarland: § 43; Sachsen: § 32; Sachsen-Anhalt: § 32; Schleswig-Holstein: § 36; Thüringen: § 32.

I. Vorbemerkung

Die Vorschrift umschreibt die **Aufgaben des Bezirkswahlvorstands.** 1

II. Wahlvorstand

1. Der **Bezirkswahlvorstand** wird vom abtretenden Bezirkspersonalrat bestellt (§ 20 Abs. 1 BPersVG). Er muss aus drei Wahlberechtigten bestehen. Die Wahlvorstandsmitglieder bestellen für den Fall ein Mitglied zum Vorsitzenden, dass der Bezirkspersonalrat die Bestimmung eines Vorsitzenden unterlässt. Die in der Dienststelle vertretenen Gruppen müssen im Wahlvorstand vertreten sein. Die Einhaltung dieser Vorschriften ist notwendig, weil eine nicht ordnungsgemäße Zusammensetzung des Wahlvorstands die Wahlanfechtung begründet (BVerwG v. 27. 11. 1959, BVerwGE 9, 357 = ZBR 1960, 125 = PersV 1960, 18). 2

2. Hat der abtretende Bezirkspersonalrat keinen Bezirkswahlvorstand bestellt, so wird er nicht von einer Personalversammlung gewählt. Vielmehr hat der **Leiter der Behörde der Mittelstufe** ihn auf Antrag von mindestens drei Wahlberechtigten oder einer in der Dienststelle vertretenen Gewerkschaft (§ 53 Abs. 3 i. V. mit §§ 20, 22 BPersVG) zu bestellen. 3

3. An der Sitzung des Bezirkswahlvorstands können **Beauftragte der in der Dienststelle vertretenen Gewerkschaften** mit beratender Stimme teilnehmen (§ 20 Abs. 1 Satz 3 BPersVG). 4

4. **Aufgabe des Bezirkswahlvorstands** ist die Leitung, nicht die technische Durchführung der Wahl zum Bezirkspersonalrat. Jedoch hat der Bezirkswahlvorstand nicht nur den örtlichen Wahlvorständen Aufträge und Richtlinien zu geben (Abs. 1 Satz 2 WO), sondern auch bestimmte Maßnahmen selbst zu treffen, z. B. Bekanntmachung der Namen seiner Mitglieder und eventuell Ersatzmitglieder (§ 1 WO), eventuell Ersuchen um Bestellung eines 5

örtlichen Wahlvorstands (§ 53 Abs. 4 BPersVG), Entgegennahme der Angaben der örtlichen Wahlvorstände nach § 34 Abs. 2 Satz 2 WO, § 35 Abs. 1 WO (Zahl der zu wählenden Mitglieder aufgrund der Angaben der örtlichen Wahlvorstände und die Verteilung der Sitze auf die Gruppen), Erlass des Wahlausschreibens nach § 37 WO, Bekanntmachung nach § 38 WO (Einreichung von Wahlvorschlägen, Nachfrist für die Einreichung), Sitzungsniederschrift nach § 39 WO, Verwertung des Abstimmungsergebnisses nach § 41 Abs. 3 und 4 WO.

6 5. Die **technische Durchführung der Wahl** obliegt den örtlichen Wahlvorständen. Soweit sie Aufgaben des Bezirkswahlvorstands ausführen, sind sie an dessen Aufträge und Richtlinien gebunden (Ballerstedt u. a., § 34 WO Anm. 10). Der örtliche Wahlvorstand muss z. B. die vom Bezirkswahlvorstand für drei Tage angeordnete Wahl an drei Tagen durchführen, kann aber die Stimmabgabe für die Wahl des örtlichen Personalrats auf einen Teil dieser Zeit beschränken (VG Münster v. 27. 3. 1958, Leits. ZBR 1958, 150).

7 6. Wenn die Wahl zu den Personalvertretungen mehrerer Stufen gleichzeitig durchgeführt wird (§ 53 Abs. 4 BPersVG, §§ 36, 42 WO), so übernehmen die **örtlichen Wahlvorstände die Aufgaben** des Bezirkswahlvorstands. Wo kein örtlicher Wahlvorstand besteht, muss er nach § 20 Abs. 2, §§ 21, 22 BPersVG bestellt werden.

8 7. Wenn nur ein Bezirkspersonalrat, aber keine örtliche Personalvertretung zu wählen ist, so bestellt auf Ersuchen des Bezirkswahlvorstands der örtliche Personalrat den **örtlichen Wahlvorstand** (§ 53 Abs. 4 Halbs. 2 BPersVG; Verfahren: § 20 BPersVG). Ist eine Personalvertretung nicht vorhanden oder nicht handlungsfähig, so bestellt auf Ersuchen des Bezirkswahlvorstands der Dienststellenleiter den örtlichen Wahlvorstand (§ 53 Abs. 4 Halbs. 2 BPersVG; Verfahren: § 20 Abs. 2, §§ 21, 22 BPersVG).

9 8. **Bei gleichzeitiger Wahl** zu den Personalvertretungen mehrerer Stufen hat der örtliche Wahlvorstand die Namen seiner Mitglieder und eventuell der Ersatzmitglieder bekanntzumachen (§ 1 Abs. 3 WO). Wird ein örtlicher Wahlvorstand nur zur Durchführung von Aufgaben des Bezirkswahlvorstands bestellt, so hat er die **Bekanntmachung der Namen** seiner eigenen Mitglieder bzw. der Ersatzmitglieder nach § 1 Abs. 3 WO vorzunehmen.

10 9. Die **Namen der Mitglieder** und eventuell Ersatzmitglieder **des Bezirkswahlvorstands** müssen von diesem bekannt gemacht werden (vgl. Anm. 5). Die Ausführung der Bekanntmachung auf der örtlichen Ebene übernimmt der örtliche Wahlvorstand.

11 10. Wenn der **Aushang** bekannt gemacht wird, beginnt die Frist des § 4 (Vorabstimmungen) zu laufen. Der Tag des letzten Aushangs in einer zum Geschäftsbereich der Mittelbehörde gehörenden Dienststelle ist maßgebend. Infolgedessen wird der Bezirkswahlvorstand dem örtlichen Wahlvorstand zweckmäßigerweise mitteilen, an welchem Tag die Bekanntmachung einheitlich auszuhängen ist. Bis zum Abschluss der Stimmabgabe bleibt die Bekanntmachung mit den Namen der Mitglieder des Bezirkswahlvorstands in den Dienststellen ausgehängt. Als Abschluss der Stimmabgabe ist die Feststellung des Wahlergebnisses anzusehen (Ballerstedt u. a., § 34 WO Anm. 19).

12 11. Die im Bereich der Mittelbehörde vertretenen **Gewerkschaften** können **an den Sitzungen** des Bezirkswahlvorstands **teilnehmen.**

III. Wahlanfechtung

Die Vorschrift ist zwingend. Sie ist eine wesentliche Vorschrift i. S. von § 25 BPersVG. Ihre Verletzung begründet die **Wahlanfechtung.** 13

§ 34 Feststellung der Beschäftigtenzahl, Wählerverzeichnis

(1) Die örtlichen Wahlvorstände stellen die Zahl der in den Dienststellen in der Regel Beschäftigten und ihre Verteilung auf die Gruppen fest und teilen diese Zahlen unverzüglich schriftlich dem Bezirkswahlvorstand mit.

(2) Die Aufstellung der Wählerverzeichnisse und die Behandlung von Einsprüchen ist Aufgabe der örtlichen Wahlvorstände. Sie teilen dem Bezirkswahlvorstand die Zahl der wahlberechtigten Beschäftigten, getrennt nach Gruppenzugehörigkeit, unverzüglich schriftlich mit. Innerhalb der Gruppen sind die Anteile der Geschlechter festzustellen.

Entspr. landesrechtliche Regelungen:
Baden-Württemberg: § 45 Abs. 3 Nr. 2 bis 4; Bayern: § 35; Berlin: –; Brandenburg: § 35; Bremen: –; Hamburg: –; Hessen: § 33; Mecklenburg-Vorpommern: § 37; Niedersachsen: § 37; Nordrhein-Westfalen: § 30; Rheinland-Pfalz: § 34; Saarland: § 35; Sachsen: § 33; Sachsen-Anhalt: § 33; Schleswig-Holstein: § 37; Thüringen: § 33.

I. Vorbemerkung

Die Vorschrift schreibt in Abs. 1 den örtlichen Wahlvorständen die **Ermittlung der Zahl der in der Regel Beschäftigten** und ihre Verteilung auf die Gruppen der Beamten und Arbeitnehmer vor. Die Zahlen sind unverzüglich dem Bezirkswahlvorstand mitzuteilen. Außerdem hat der örtliche Wahlvorstand ein Wählerverzeichnis zu erstellen und unverzüglich auszuhändigen. 1

II. Wahlvorbereitungen

1. Wegen der **Ermittlung der Zahl der Beschäftigten** und ihrer Verteilung auf die Gruppen: vgl. § 2 Abs. 1 WO und die dortigen Anmerkungen. 2

2. Der örtliche Wahlvorstand hat die von ihm ermittelten Zahlen der Beschäftigten und der Gruppenangehörigen dem Bezirkswahlvorstand **unverzüglich** (ohne schuldhaftes Zögern) mitzuteilen, um diesem die ihm obliegende Ermittlung nach § 35 Abs. 1 WO (Zahl der zu wählenden Mitglieder; Verteilung der Sitze auf die Gruppen) zu ermöglichen. Der Bezirkswahlvorstand muss die örtlichen Meldungen prüfen und bei falschen Meldungen, die sich auf die Sitzverteilung im Bezirkspersonalrat auswirken können, die Berichtigung veranlassen (vgl. Fischer u. a., § 34 WO Anm. 3a). 3

3. Der örtliche Wahlvorstand muss das **Wählerverzeichnis** für die Wahl des Bezirkspersonalrats aufstellen, obwohl auch die Behörde der Mittelstufe diese Zahlen kennt und sie dem Bezirkswahlvorstand zur Verfügung stellen muss (§ 1 Abs. 2 WO). Die örtliche Feststellung ist die gesetzlich zwingend vorgeschriebene Gegenkontrolle. 4

4. Der örtliche Wahlvorstand entscheidet über **Einsprüche** gegen die Richtigkeit des Wählerverzeichnisses (§ 3 WO) auch, soweit es Grundlage für die Wahl des Bezirkspersonalrats ist. Ein Beschwerderecht an den Bezirkswahlvorstand gegen Entscheidungen des örtlichen Wahlvorstands gibt es nicht (Ballerstedt u. a., § 35 WO Anm. 15). Es gibt nur Rechtsbehelfe, die in § 3 WO Anm. 11 erwähnt worden sind (Beschlussverfahren, Wahlanfechtung). 5

Auch ein Antrag auf eine einstweilige Verfügung zur Berichtigung des Wählerverzeichnisses ist möglich (Fischer u. a., § 34 WO Anm. 5).

6 5. Aus § 35 Abs. 2 WO folgt, dass der örtliche Wahlvorstand auch das **Ergebnis von Vorabstimmungen** nach § 4 WO entgegenzunehmen und dem Bezirkswahlvorstand mitzuteilen hat, soweit es auf die Wahl des Bezirkspersonalrats von Einfluss sein kann. Ebenso hat er den Bezirkswahlvorstand von Berichtigungen des Wählerverzeichnisses (§ 2 Abs. 2 Satz 2, § 3 Abs. 3 WO) laufend zu unterrichten.

7 6. Erst nach der Entscheidung des örtlichen Wahlvorstands über Einsprüche nach § 3 WO gegen das Wählerverzeichnis steht die **endgültige Zahl der Wahlberechtigten** fest. Erst dann kann sie dem Bezirkswahlvorstand gemeldet werden.

8 7. Die Trennung der Angaben nach Gruppen beruht auf dem **Gruppenprinzip** und ist zwingend vorgeschrieben. Ebenso müssen Angaben über die Anteile der Geschlechter innerhalb der Gruppen gemacht werden.

9 8. Die Mitteilungen des örtlichen Wahlvorstands haben **schriftlich** zu erfolgen, damit die Angaben ohne weiteres, etwa im Falle der Wahlenfechtung, nachgeprüft werden können.

III. Wahlanfechtung

10 Die Vorschrift ist zwingend und eine wesentliche Vorschrift i. S. von § 25 BPersVG. Ihre Verletzung rechtfertigt die **Wahlanfechtung.**

§ 35 Ermittlung der Zahl der zu wählenden Bezirkspersonalratsmitglieder, Verteilung der Sitze auf die Gruppen

(1) Der Bezirkswahlvorstand ermittelt die Zahl der zu wählenden Mitglieder des Bezirkspersonalrates und die Verteilung der Sitze auf die Gruppen.

(2) Ist eine abweichende Verteilung der Mitglieder des Bezirkspersonalrates auf die Gruppen nicht beschlossen worden und entfallen bei der Verteilung der Sitze nach § 5 Abs. 2 auf eine Gruppe weniger Sitze, als ihr nach § 53 Abs. 5 des Gesetzes mindestens zustehen, so erhält sie die in § 53 Abs. 5 des Gesetzes vorgeschriebene Zahl von Sitzen.

Entspr. landesrechtliche Regelungen:
Baden-Württemberg: § 44 S. 2 Nr. 3; Bayern: § 36; Berlin: –; Brandenburg: § 36; Bremen: –; Hamburg: –; Hessen: § 34; Mecklenburg-Vorpommern: § 38; Niedersachsen: § 36; Nordrhein-Westfalen: § 31; Rheinland-Pfalz: § 35; Saarland: § 43; Sachsen: § 34; Sachsen-Anhalt: § 34; Schleswig-Holstein: § 38; Thüringen: § 34.

I. Vorbemerkung

1 Die Vorschrift richtet sich an den **Bezirkswahlvorstand,** nicht an die örtlichen Wahlvorstände.

II. Sitzverteilung

2 1. Die Ermittlungen nach Abs. 1 entsprechen der allgemeinen Vorschrift des § 5 WO, der die Zahl der zu wählenden Mitglieder der (örtlichen) Personalräte und die Verteilung der Sitze auf die Gruppen betrifft. Für die **Größe des Bezirkspersonalrats** gelten § 53 Abs. 3 BPersVG i. V. mit § 16 BPersVG. Die

Höchstzahl der Mitglieder beträgt 31. Die Ermittlungen nimmt der Bezirkswahlvorstand aufgrund der Mitteilungen der örtlichen Wahlvorstände vor (Verfahren: § 5 Abs. 2 WO). Zweifeln hat der Bezirkswahlvorstand nachzugehen; denn er ist dafür verantwortlich, dass die Voraussetzungen für eine korrekte Wahl gegeben sind (OVG Münster v. 11. 12. 2006, PersV 2006, 444).

2. Der **Beschluss über eine abweichende Verteilung** der Mitglieder des Personalrats auf die Gruppen (§ 18 Abs. 1 BPersVG) dürfte bei der Errichtung der Stufenvertretungen auf praktische Schwierigkeiten stoßen. Dies wird vor allem für Behörden der Mittelstufe mit zahlreichen nachgeordneten Dienststellen gelten. 3

3. Der Grundsatz für die **Verteilung der Mitglieder der Personalvertretung** ist dem § 17 Abs. 3 BPersVG zu entnehmen. Wenn der Bezirkspersonalrat drei und mehr Mitglieder hat und im Bereich der Mittelbehörde Angehörige verschiedener Gruppen vertreten sind, so muss jede Gruppe entsprechend ihrer Stärke im Bezirkspersonalrat vertreten sein. 4

4. Die **Verteilung der Sitze auf die Gruppen** erfolgt nach dem Höchstzahlverfahren. Die in der Regel Beschäftigten bilden die Grundlage für die Sitzverteilung. Die Zahlen der in der Regel beschäftigten Gruppenangehörigen werden von den örtlichen Wahlvorständen dem Bezirkswahlvorstand mitgeteilt. Dieser stellt die Zahlen zusammen und errechnet daraus die Gesamtzahl der Sitze und deren Verteilung. 5

5. Wenn einer Gruppe nicht mehr als fünf in der Regel Beschäftigte angehören, so kann sie im Bezirkspersonalrat nur dann vertreten sein, wenn sie **ein Zwanzigstel der Beschäftigten** im Bereich der Mittelbehörde umfasst (§ 53 Abs. 5 BPersVG i. V. mit § 17 Abs. 5 BPersVG). Wenn eine Gruppe Anspruch auf Vertretung hat, so erhält sie mindestens einen Sitz. Wenn der Bezirkspersonalrat aus mehr als neun Mitgliedern besteht, so erhält jede Gruppe mindestens zwei Sitze, soweit sie die geschilderten Voraussetzungen des § 17 Abs. 5 BPersVG erfüllt. 6

6. Die Entscheidung über die Zahl der zu wählenden Mitglieder des Bezirkswahlvorstand, die Verteilung der Sitze auf die Gruppen sowie die Überprüfung der Ergebnisse einer eventuellen Vorabstimmung obliegt dem Bezirkswahlvorstand. Er hat diese Entscheidungen in förmlicher Sitzung, über die eine **Niederschrift** (§ 39 WO) anzufertigen ist, zu treffen. 7

III. Wahlanfechtung

Die Vorschrift ist zwingend. Sie ist eine wesentliche Vorschrift über das Wahlverfahren i. S. von § 25 BPersVG. Eine Verletzung rechtfertigt die Wahlanfechtung. 8

§ 36 Gleichzeitige Wahl

Die Wahl des Bezirkspersonalrates soll möglichst gleichzeitig mit der Wahl der Personalräte in demselben Bezirk stattfinden.

Entspr. landesrechtliche Regelungen:
Baden-Württemberg: § 50; Bayern: § 37; Berlin: –; Brandenburg: § 37; Bremen: –; Hamburg: –; Hessen: § 35; Mecklenburg-Vorpommern: § 39; Niedersachsen: § 36 Abs. 4; Nordrhein-Westfalen: § 32; Rheinland-Pfalz: § 36;

Saarland: § 43; Sachsen: § 35; Sachsen-Anhalt: § 35; Schleswig-Holstein: § 35; Thüringen: § 35.

1 1. Die Vorschrift dient der **Vereinfachung des Verwaltungsaufwands** und der Ersparnis von Arbeit und Kosten. Eine gleichzeitige Wahl findet immer dann statt, wenn der letzte Wahltag übereinstimmt. § 26, § 27 Abs. 1 und 5 BPersVG ermöglichen gleichzeitige Wahltermine.

2 2. Die Vorschrift ist **nicht zwingend** („soll möglichst"). Die Nichtbeachtung rechtfertigt daher auch keine Wahlanfechtung nach § 25 BPersVG.

3 3. Bei gleichzeitiger Wahl des Bezirkspersonalrats und der (örtlichen) Personalräte in demselben Bezirk obliegt den Wahlvorständen in den Dienststellen zugleich die **Durchführung der Wahl** des Bezirkspersonalrats (vgl. § 33 WO Anm. 7).

4 4. Die Vorschrift gilt für die **Wahl aller Stufenvertretungen**; sie zählt nicht zu den wesentlichen Vorschriften des Wahlverfahrens.

§ 37 Wahlausschreiben

(1) Der Bezirkswahlvorstand erlässt das Wahlausschreiben.

(2) Der örtliche Wahlvorstand gibt das Wahlausschreiben in der Dienststelle an einer oder mehreren geeigneten, den Wahlberechtigten zugänglichen Stellen durch Aushang in gut lesbarem Zustand bis zum Abschluss der Stimmabgabe bekannt.

(3) Das Wahlausschreiben muss enthalten

1. Ort und Tag seines Erlasses,

2. die Zahl der zu wählenden Mitglieder des Bezirkspersonalrats, getrennt nach Gruppen,

2a. Angaben über die Anteile der Geschlechter innerhalb des Geschäftsbereichs, getrennt nach Gruppen,

3. Angaben darüber, ob die Gruppen ihre Vertreter in getrennten Wahlgängen wählen (Gruppenwahl) oder vor Erlass des Wahlausschreibens gemeinsame Wahl beschlossen worden ist,

4. den Hinweis, dass nur Beschäftigte wählen können, die in das Wählerverzeichnis eingetragen sind,

4a. den Hinweis, dass die Geschlechter im Bezirkspersonalrat entsprechend dem Zahlenverhältnis vertreten sein sollen,

5. die Mindestzahl von wahlberechtigten Beschäftigten, von denen ein Wahlvorschlag unterzeichnet sein muss, und den Hinweis, dass jeder Beschäftigte nur auf einem Wahlvorschlag benannt werden kann,

5a. den Hinweis, dass der Wahlvorschlag einer im Geschäftsbereich der Behörde der Mittelstufe vertretenen Gewerkschaft von zwei Beauftragten unterzeichnet sein muss (§ 53 Abs. 3 in Verbindung mit § 19 Abs. 9 des Gesetzes),

6. die Aufforderung, Wahlvorschläge binnen achtzehn Kalendertagen nach dem Erlass des Wahlausschreibens beim Bezirkswahlvorstand einzureichen, der letzte Tag der Einreichungsfrist ist anzugeben,

7. den Hinweis, dass nur fristgerecht eingereichte Wahlvorschläge berücksichtigt werden und dass nur gewählt werden kann, wer in einen solchen Wahlvorschlag aufgenommen ist,

8. den Tag oder die Tage der Stimmabgabe.

(4) Der örtliche Wahlvorstand ergänzt das Wahlausschreiben durch die folgenden Angaben:

1. die Angabe, wo und wann das für die örtliche Dienststelle aufgestellte Wählerverzeichnis und diese Wahlordnung zur Einsicht ausliegen,
2. den Hinweis, dass Einsprüche gegen das Wählerverzeichnis nur binnen sechs Arbeitstagen seit seiner Auslegung schriftlich beim örtlichen Wahlvorstand eingelegt werden können, der letzte Tag der Einspruchsfrist ist anzugeben,
3. den Ort, an dem die Wahlvorschläge bekanntgegeben werden,
4. den Ort und die Zeit der Stimmabgabe,
5. einen Hinweis auf die Möglichkeit der schriftlichen Stimmabgabe, gegebenenfalls auf die Anordnung der schriftlichen Stimmabgabe nach § 19,
6. den Ort und die Zeit der Stimmenauszählung,
7. den Ort, an dem Einsprüche und andere Erklärungen gegenüber dem Wahlvorstand abzugeben sind.

(5) Der örtliche Wahlvorstand vermerkt auf dem Wahlausschreiben den ersten und letzten Tag des Aushanges.

(6) Offenbare Unrichtigkeiten des Wahlausschreibens können vom Bezirkswahlvorstand jederzeit berichtigt werden.

(7) Mit Erlass des Wahlausschreibens ist die Wahl eingeleitet.

Entspr. landesrechtliche Regelungen:
Baden-Württemberg: §§ 46; Bayern: § 36, § 38; Berlin: –; Brandenburg: § 38; Bremen: –; Hamburg: –; Hessen: § 36; Mecklenburg-Vorpommern: § 40; Niedersachsen: § 38; Nordrhein-Westfalen: § 33; Rheinland-Pfalz: § 37; Saarland: § 43; Sachsen: § 36; Sachsen-Anhalt: § 36; Schleswig-Holstein: § 40; Thüringen: § 36.

I. Vorbemerkung

Durch die Vierte Verordnung zur Änderung der WO zum BPersVG v. 28. 9. 2005, BGBl. I S. 2906, wurde – infolge der Aufgabe der Unterscheidung zwischen Angestellten und Arbeitern durch den seit 1. 10. 2005 geltenden TVöD – die bisher in § 37 enthaltene Aufzählung der Gruppen der Beamten, Angestellten und Arbeiter durch den Begriff der Gruppe ersetzt. Soweit Soldaten nach § 49 Abs. 1 SBG Personalvertretungen wählen, bilden sie nach § 49 Abs. 2 SBG eine weitere Gruppe (Fischer u. a., § 37 WO Anm. 2).

Auch für die Wahlen zum Bezirkspersonalrat ist der **Erlass eines Wahlausschreibens** als Grundlage für das Wahlverfahren zwingend vorgeschrieben. 1

II. Wahlausschreiben

1. Der Erlass des Wahlausschreibens ist eine Aufgabe des Bezirkswahlvorstands. Lediglich die Bekanntgabe ist Sache der örtlichen Wahlvorstände. Das **Wahlausschreiben** des Bezirkswahlvorstands muss die zwingenden Voraussetzungen des § 6 WO inhaltlich erfüllen (vgl. im einzelnen die dortigen Anmerkungen). 2

2. Abs. 2 regelt die **Bekanntgabe des Wahlausschreibens** des Bezirkswahlvorstands durch den örtlichen Wahlvorstand. Die Bestimmung entspricht der Vorschrift des § 6 Abs. 3 WO. 3

3. Abs. 3 bestimmt zwingend den **Mindestinhalt des Wahlausschreibens** des Bezirkswahlvorstands. Die Nrn. 1 bis 8 entsprechen der Aufzählung in § 6 WO mit Ausnahme derjenigen Bestimmungen, die nur örtlich ausgeführt werden können (Nrn. 4, 6, 10, 12, 13). Um diesen Teil der in § 6 WO 4

vorgeschriebenen Hinweise hat nach § 37 Abs. 4 WO der örtliche Wahlvorstand das Wahlausschreiben des Bezirkswahlvorstands zu ergänzen.

5 4. Sowohl das Wahlausschreiben des Bezirkswahlvorstands wie die Ergänzung des örtlichen Wahlvorstands müssen auf Ort und Zeit der Stimmabgabe hinweisen (§ 37 Abs. 3 Nr. 8, Abs. 4 Nr. 4); denn die **Zeiten für die Stimmabgabe** zu beiden Personalvertretungen müssen nicht dieselben sein (vgl. § 33 Anm. 6).

6 5. Der örtliche Wahlvorstand muss das Wahlausschreiben des Bezirkswahlvorstands um diejenigen in § 6 WO geforderten **Hinweise ergänzen,** die nur örtlich ermittelt und daher nicht bezirklich erlassen werden können. Übereinstimmung muss zwischen dem Tag des Erlasses des Wahlausschreibens des Bezirkswahlvorstands und dem Tag des Aushangs dieses Wahlausschreibens durch die örtlichen Wahlvorstände im Bereich der Mittelbehörde bestehen. Durch den Erlass des Wahlausschreibens soll nicht nur die Wahl des Bezirkspersonalrats im gesamten Bereich der Mittelbehörde einheitlich geregelt werden. Vielmehr soll die Frist für die Einreichung der Wahlvorschläge im gesamten Bereich einheitlich ablaufen. Daher muss der Bezirkswahlvorstand sein Wahlausschreiben bereits vorher fertigstellen und den örtlichen Wahlvorständen übersenden. Darüber hinaus ist den örtlichen Wahlvorständen vorzuschreiben, an welchem Tag sie das Wahlausschreiben des Bezirkswahlvorstands in allen Dienststellen und an allen vorgesehenen Orten auszuhängen haben. Die örtlichen Wahlvorstände haben die Anordnungen des Bezirkswahlvorstands deshalb genau zu beachten, damit nicht durch einen verspäteten Aushang die Frist für die Einreichung der Wahlvorschläge im gesamten Mittelbehördenbereich entsprechend später beginnt (Ballerstedt u. a., § 39 WO Anm. 3 b). Nach Abs. 5 hat der örtliche Wahlvorstand auf dem Wahlausschreiben den ersten und letzten Tag des Aushangs zu vermerken. Dadurch wird ein Nachweis für die termingerechte Durchführung der Wahl geschaffen.

7 6. Die Absätze 6 und 7 stimmen wörtlich mit § 6 Abs. 4 und 5 WO überein. Auf die entsprechenden Anmerkungen kann daher verwiesen werden.

III. Geltungsbereich/Wahlanfechtung

8 Die Vorschrift gilt für die Wahl aller Stufenvertretungen. Sie ist zwingend. Ihre Verletzung begründet eine **Wahlanfechtung.**

§ 38 Bekanntmachungen des Bezirkswahlvorstandes

Bekanntmachungen nach den §§ 11 und 13 sind in gleicher Weise wie das Wahlausschreiben in den Dienststellen auszuhängen.

Entspr. landesrechtliche Regelungen:
Baden-Württemberg: § 43; Bayern: § 39; Berlin: –; Brandenburg: § 39; Bremen: –; Hamburg: –; Hessen: § 37; Mecklenburg-Vorpommern: § 41; Niedersachsen: § 39; Nordrhein-Westfalen: § 28; Rheinland-Pfalz: § 38; Saarland: § 43; Sachsen: § 37; Sachsen-Anhalt: § 37; Schleswig-Holstein: § 41; Thüringen: § 37.

I. Vorbemerkung

1 Die Vorschrift behandelt die **Bekanntmachungen des Bezirkswahlvorstands,** nicht die der örtlichen Wahlvorstände.

II. Fristen

1. Wenn nach Ablauf der Einreichungsfrist keine gültigen Wahlvorschläge für die Wahlen des Bezirkspersonalrats oder einer seiner Gruppen eingegangen sind, so hat der Bezirkswahlvorstand dies über die örtlichen Wahlvorstände nach § 11 WO durch Aushang bekanntzugeben. Gleiches gilt, wenn nach Ablauf der Mängelbeseitigungsfrist (§ 32 i. V. mit § 10 Abs. 5 Satz 1 Nr. 1 und 2 WO) keine gültigen Wahlvorschläge für die Wahl des Bezirkspersonalrats oder einer seiner Gruppen vorliegen. Gleichzeitig hat der Bezirkswahlvorstand die Wahlberechtigten aufzufordern, Wahlvorschläge binnen einer **Nachfrist** von sechs Arbeitstagen einzureichen. Er hat darüber hinaus darauf hinzuweisen, dass bei Gruppenwahl die Gruppe, für die kein gültiger Wahlvorschlag während der Nachfrist eingereicht wird, keinen Vertreter in den Bezirkspersonalrat wählen kann oder dass bei der gemeinsamen Wahl der Bezirkspersonalrat nicht gewählt werden kann, wenn innerhalb der Nachfrist kein gültiger Wahlvorschlag eingereicht wird. 2

2. Wenn innerhalb der Frist keine gültigen Wahlvorschläge eingehen, so hat der Bezirkswahlvorstand über die örtlichen Wahlvorstände bekanntzugeben, für welche Gruppe oder Gruppen keine Vertreter in den Bezirkspersonalrat gewählt werden können. Bei gemeinsamer Wahl hat er anzugeben, dass keine Wahl stattfindet. Die **Aushänge** müssen wiederum gleichzeitig erfolgen. Infolgedessen ist den örtlichen Wahlvorständen mitzuteilen, an welchem Tag die Bekanntmachungen auszuhängen sind. 3

3. Die **Einhaltung der Fristen,** namentlich der für den Aushang des Wahlausschreibens, ist nicht nur für die Dienststelle, sondern für den gesamten Bezirk wesentlich. Wenn sich durch Verspätung der Bekanntmachung auf einer Dienststelle der Wahltermin verschiebt, kann entweder auf dieser Dienststelle erst später gewählt werden oder der Bezirkswahlvorstand muss anordnen, dass die Wahl im ganzen Bezirk verschoben wird. 4

§ 39 Sitzungsniederschriften

(1) Der Bezirkswahlvorstand fertigt über jede Sitzung, in der er einen Beschluss gefasst hat, eine Niederschrift. Die Niederschrift ist von sämtlichen Mitgliedern des Bezirkswahlvorstandes zu unterzeichnen.

(2) Die Niederschrift über die Sitzungen, in denen über Einsprüche gegen das Wählerverzeichnis entschieden ist, fertigt der örtliche Wahlvorstand.

Entspr. landesrechtliche Regelungen:
Baden-Württemberg: § 43; Bayern: § 40; Berlin: –; Brandenburg: § 40; Bremen: –; Hamburg: –; Hessen: § 38; Mecklenburg-Vorpommern: § 42; Niedersachsen: § 39; Nordrhein-Westfalen: § 33; Rheinland-Pfalz: § 39; Saarland: § 43; Sachsen: § 38; Sachsen-Anhalt: § 38; Schleswig-Holstein: § 42; Thüringen: § 38.

I. Vorbemerkung

Der Bezirkswahlvorstand hat über alle Entscheidungen im Zusammenhang mit der Vorbereitung und Durchführung der Wahlen eine **Niederschrift** anzufertigen, die Auskunft über die von ihm in diesem Zusammenhang gefassten Beschlüsse gibt. Die Vorschrift entspricht § 14 WO. 1

II. Beschlussfassung

2 1. Der Bezirkswahlvorstand hat in förmlicher Sitzung und bei Anwesenheit aller seiner Mitglieder über folgende Angelegenheiten zu entscheiden:
a) **Ermittlung der Zahl** der zu wählenden Mitglieder des Bezirkspersonalrats (§ 35 Abs. 1 WO);
b) **Verteilung der Sitze** des Bezirkspersonalrats auf die Gruppen (§ 35 Abs. 2 WO);
c) **Zulassung von Wahlvorschlägen** (§ 32 i. V. mit § 10 WO);
d) **Gewährung von Nachfristen** (§ 32 i. V. mit § 11 WO).
Über diese Entscheidungen hat der Bezirkswahlvorstand eine **Niederschrift** anzufertigen. Die Wirksamkeit eines Beschlusses ist allerdings nicht von einer entsprechenden Protokollierung in der Niederschrift abhängig. Die Niederschrift ist von allen Mitgliedern des Bezirkswahlvorstands zu unterschreiben. Als Wahlunterlagen sind sie gemäß § 32 i. V. mit § 24 WO aufzubewahren.

3 2. Über weitere mit der Wahl zusammenhängende Angelegenheiten braucht der Bezirkswahlvorstand **nicht in förmlicher Sitzung** zu entscheiden.

4 3. An den Sitzungen des Bezirkswahlvorstands kann je ein **Beauftragter der im Bereich der Mittelbehörde vertretenen Gewerkschaften** mit beratender Stimme teilnehmen (§ 53 Abs. 3 BPersVG i. V. mit § 20 Abs. 1 BPersVG).

5 4. Da über **Einsprüche** gegen die Richtigkeit des Wählerverzeichnisses – auch für die Wahl zum Bezirkspersonalrat – ausschließlich der örtliche Wahlvorstand entscheidet (§ 14, § 34 Abs. 2 Satz 2 WO), kann auch nur er die Niederschrift über die Sitzung erstellen, in der die Entscheidung getroffen wurde.

III. Geltungsbereich/Wahlanfechtung

6 Die **Vorschrift gilt** für die Wahl aller Stufenvertretungen. Eine Verletzung der Bestimmungen stellt aber keine Verletzung wesentlicher Vorschriften i. S. von § 25 BPersVG dar. Die Beschlüsse betreffen zwar die Anwendung wesentlicher Vorschriften über das Wahlverfahren. Mängel ihrer Beurkundung aber können regelmäßig das Wahlergebnis weder ändern noch beeinflussen. Im Fall der Wahlanfechtung oder eines anderen Verfahrens nach § 83 BPersVG kann das **Fehlen einer Niederschrift** die Rekonstruktion des Hergangs und den Beweis erschweren.

§ 40 Stimmabgabe, Stimmzettel

Findet die Wahl des Bezirkspersonalrates zugleich mit der Wahl der Personalräte statt, so kann für die Stimmabgabe zu beiden Wahlen derselbe Umschlag verwendet werden. Für die Wahl des Bezirkspersonalrats sind Stimmzettel von anderer Farbe als für die Wahl des Personalrates zu verwenden.

Entspr. landesrechtliche Regelungen:
Baden-Württemberg: § 50 Abs. 2; Bayern: § 41; Berlin: –; Brandenburg: § 41; Bremen: –; Hamburg: –; Hessen: § 39; Mecklenburg-Vorpommern: § 43; Niedersachsen: § 40; Nordrhein-Westfalen: § 34; Rheinland-Pfalz: § 40; Saarland: § 43; Sachsen: § 39; Sachsen-Anhalt: § 39; Schleswig-Holstein: § 43; Thüringen: § 39.

I. Vorbemerkung

Nach § 33 Abs. 1 Satz 2 WO obliegt die Durchführung der Wahl in den einzelnen Dienststellen den örtlichen Wahlvorständen „im Auftrag und nach Richtlinien des Bezirkswahlvorstandes". Infolgedessen haben die örtlichen Wahlvorstände die **Einhaltung der Vorschriften** über das Wahlrecht und die Wahlhandlung **zu überwachen.** 1

II. Stimmzettel

1. Das **Vorhandensein mehrerer Stimmzettel in demselben Wahlumschlag ist zulässig.** Mehrere Stimmzettel für dieselbe Stufe im selben Wahlumschlag machen eine Stimme nur dann ungültig, wenn die Kennzeichnung der Stimmzettel voneinander abweicht (§ 15 Abs. 5 WO). Auch § 16 WO geht davon aus, dass jeder Wähler nur einen Wahlumschlag benutzt. 2

2. Wenn bei gleichzeitiger Wahl zu mehreren Stufen Stimmzettel im selben Wahlumschlag abgegeben werden, so muss erkennbar sein, für welche Wahl sie abgegeben worden sind. Das wird im allgemeinen aus dem Wortlaut des Stimmzettels erkennbar sein. Satz 2 ordnet zur leichteren Identifizierung an, dass für die Wahl des Bezirkspersonalrats **Stimmzettel in anderer Farbe** zu verwenden sind als für die Wahl der örtlichen Personalräte. 3

3. Die Vorschrift schreibt nicht die Abgabe mehrerer Stimmzettel in demselben Wahlumschlag vor und verbietet auch nicht die Verwendung besonderer Wahlumschläge für die einzelnen Wahlgänge. Bei gleichzeitiger Wahl zu den örtlichen Personalräten und zu den Stufenvertretungen müssen auch dann, wenn verschiedene Wahlumschläge verwendet werden, die **Stimmzettel für die verschiedenen Stufen** unterschiedliche Farben haben. Das ist schon alleine zur Vermeidung von Fehlern bei der Stimmenzählung notwendig. 4

III. Geltungsbereich/Wahlanfechtung

Die Vorschrift gilt für die Wahl aller Stufenvertretungen. Die einzelnen Bestimmungen sind zwingend. Ihre Verletzung kann aber nur dann die **Wahlanfechtung** begründen, wenn festgestellt wird, dass dadurch das Wahlergebnis geändert oder beeinflusst worden ist. 5

§ 41 Feststellung und Bekanntmachung des Wahlergebnisses

(1) Die örtlichen Wahlvorstände zählen die auf die einzelnen Vorschlaglisten oder, wenn Personenwahl stattgefunden hat, die auf die einzelnen Bewerber entfallenen Stimmen. Sie fertigen eine Wahlniederschrift gemäß § 21.

(2) Die Niederschrift ist unverzüglich nach Feststellung des Wahlergebnisses dem Bezirkswahlvorstand eingeschrieben oder fernschriftlich zu übersenden. Die bei der Dienststelle entstandenen Unterlagen für die Wahl des Bezirkspersonalrates (§ 24) werden zusammen mit einer Abschrift der Niederschrift vom Personalrat aufbewahrt.

(3) Der Bezirkswahlvorstand zählt unverzüglich die auf jede Vorschlagsliste oder, wenn Personenwahl stattgefunden hat, die auf jeden einzelnen Bewerber entfallenen Stimmen zusammen und stellt das Ergebnis der Wahl fest.

(4) Sobald die Namen der als Mitglieder des Bezirkspersonalrates gewählten Bewerber feststehen, teilt sie der Bezirkswahlvorstand den örtlichen Wahlvorständen mit. Die örtlichen Wahlvorstände geben sie durch zweiwöchigen Aushang in der gleichen Weise wie das Wahlausschreiben bekannt.

Entspr. landesrechtliche Regelungen:
Baden-Württemberg: § 44, 45; Bayern: § 43; Berlin: –; Brandenburg: § 43; Bremen: –; Hamburg: –; Hessen: § 40; Mecklenburg-Vorpommern: § 44; Niedersachsen: § 42; Nordrhein-Westfalen: § 35; Rheinland-Pfalz: § 41; Saarland: § 43; Sachsen: § 40; Sachsen-Anhalt: § 40; Schleswig-Holstein: § 44; Thüringen: § 40.

I. Vorbemerkung

1 Abs. 1, 2 und 4 Satz 2 regeln die **Tätigkeit der örtlichen Wahlvorstände,** Abs. 3 und 4 Satz 1 diejenigen des Bezirkswahlvorstands.

II. Ermittlung des Wahlergebnisses

2 1. Der örtliche Wahlvorstand stellt nicht nur nach § 20 WO das **Wahlergebnis für den örtlichen Personalrat** fest, sondern zugleich sein Teilergebnis für die Wahl des Bezirkspersonalrats. Auf die entsprechenden Anmerkungen zu § 20 WO wird verwiesen.

3 2. Der örtliche Wahlvorstand **zählt die gültigen Stimmen,** die
a) bei Verhältniswahl (= Listenwahl) auf die zugelassenen Vorschlagslisten,
b) bei Personenwahl auf die Bewerber
entfallen sind. In beiden Fällen hat er sowohl die unmittelbar wie die schriftlich abgegebenen Stimmen (§ 17 WO) zu zählen.

4 3. Über das Ergebnis der Stimmenzählung fertigt der örtliche Wahlvorstand eine **Wahlniederschrift** an (§ 21, § 41 Satz 2 WO).

5 4. Der örtliche Wahlvorstand übersendet unverzüglich (ohne schuldhaftes Zögern) nach Feststellung des Wahlergebnisses dem Bezirkswahlvorstand eine **Ausfertigung der Wahlniederschrift.** Die Niederschrift muss wegen der größeren Sicherheit in eingeschriebenem Brief an den Bezirkswahlvorstand übersandt werden. Bei Behörden mit eigener Dienstbriefbeförderung (z. B. Bundesbahn) genügt eine Übersendung durch eingeschriebenen Dienstbrief.

6 5. Die **Wahlunterlagen** bewahrt der örtliche Wahlvorstand für die Übergabe an den Personalrat auf, bis dieser sich konstituiert hat. Zu den Wahlunterlagen gehört eine Abschrift der Wahlniederschrift.

7 6. Abs. 3 und 4 Satz 1 regeln die **Aufgaben des Bezirkswahlvorstands.** Er sammelt die Meldungen der örtlichen Wahlvorstände seines Bezirks und stellt sie in derselben Weise zusammen wie die örtlichen Wahlvorstände. Nachdem der Bezirkswahlvorstand die Meldungen sämtlicher örtlicher Wahlvorstände seines Bezirks ausgewertet hat, muss er
a) die Namen derjenigen Personen feststellen, die in den Bezirkspersonalrat gewählt worden sind,
b) dieses Ergebnis sämtlichen örtlichen Wahlvorständen seines Bezirks mitteilen. Schriftform ist nicht vorgeschrieben, aber zur Vermeidung von Unklarheiten dringend anzuraten.

8 7. Jeder örtliche Wahlvorstand gibt das vom Bezirkswahlvorstand mitgeteilte Wahlergebnis durch **Aushang** in der Dienststelle bekannt. Diese Pflicht besteht auch dann, wenn kein Beschäftigter der Dienststelle in den Bezirkspersonalrat gewählt worden ist. Der Aushang muss volle zwei Wochen erhalten bleiben (vgl. § 23 WO Anm. 5). Er ist von wesentlicher Bedeutung, weil er die Frist für die Anfechtung der Wahl des Bezirkspersonalrats in Lauf

setzt (§ 25 BPersVG). Der Tag, an dem der Aushang angebracht wird, wird nicht mitgerechnet (§ 187 Abs. 1 BGB).

8. Da der örtliche Wahlvorstand das Ergebnis der Wahl zum örtlichen Personalrat alsbald nach Feststellung des örtlichen Wahlergebnisses bekanntmachen muss (§ 23 WO), das Wahlergebnis zum Bezirkspersonalrat aber erst später bekanntmachen kann, decken sich die **Fristen für die Anfechtung der Wahlen** zum örtlichen Personalrat und zum Bezirkspersonalrat nicht. 9

III. Geltungsbereich

1. Sowohl die örtlichen Wahlvorstände wie der Bezirkswahlvorstand müssen **„unverzüglich“** tätig werden, d. h. ihre Arbeit so beschleunigen, wie es möglich ist. 10

2. Die Vorschrift gilt für die **Wahl aller Stufenvertretungen.** Sie ist zwingend und eine wesentliche Vorschrift über das Wahlverfahren i. S. von § 25 BPersVG. Ihre Verletzung rechtfertigt die Wahlanfechtung. 11

Dritter Teil **Wahl des Hauptpersonalrates**

§ 42 Entsprechende Anwendung der Vorschriften über die Wahl des Bezirkspersonalrates

Für die Wahl des Hauptpersonalrates gelten die §§ 32 bis 41 entsprechend, soweit sich aus den §§ 43 und 44 nichts anderes ergibt.

Entspr. landesrechtliche Regelungen:
Baden-Württemberg: § 48; Bayern: § 46; Berlin: § 39 Abs. 1 Brandenburg: § 33; Bremen: –; Hamburg: –; Hessen: § 41, Mecklenburg-Vorpommern: § 45; Niedersachsen: § 43; Nordrhein-Westfalen: § 36; Rheinland-Pfalz: § 43; Saarland: § 33; Sachsen: § 41; Sachsen-Anhalt: § 41 Schleswig-Holstein: § 45; Thüringen: § 41.

1. **Hauptpersonalräte** werden bei den obersten Dienstbehörden gebildet. Das sind die Behörden, denen im Verwaltungsaufbau keine Behörden mehr vorgeschaltet und denen gleichzeitig Mittelbehörden nachgeordnet sind. 1

2. **Errichtung und Wahl eines Hauptpersonalrats** sind vom Bestehen einer obersten Dienstbehörde abhängig. Die Größe des Hauptpersonalrats ergibt sich aus § 16 BPersVG, die Zusammensetzung aus § 53 BPersVG. Die Höchstzahl der Mitglieder beträgt 31 Personen. 2

3. Die Wahl des Hauptpersonalrats erfolgt nach **denselben materiellen und formellen Grundsätzen wie die Wahlen zu den Bezirkspersonalräten.** Die „entsprechende Geltung der §§ 32 bis 41“ bedeutet lediglich, dass diese Vorschriften grundsätzlich unmittelbar und nur dort, wo dies objektiv nicht möglich ist, sinngemäß angewendet werden müssen. Besonderheiten ergeben sich aus den §§ 43, 44 WO. Danach ist die Wahl des Hauptpersonalrats vom Hauptwahlvorstand zu leiten (§ 43). Die technische Durchführung der Wahl kann durch die Einschaltung bezirklicher Wahlvorstände erleichtert werden (§ 44). 3

4 4. Die **Zahl der** in den Dienststellen **in der Regel Beschäftigten** sowie ihre Verteilung auf die Gruppen wird von den örtlichen Wahlvorständen festgestellt. Diese Feststellungen sind an die Bezirkswahlvorstände weiterzuleiten. Dabei werden die bei den Mittelbehörden bestehenden Wahlvorstände diese Zahlen nur zusammenstellen und an den Hauptpersonalrat weitergeben müssen.

5 5. Auch die Wahl des Hauptpersonalrats erfolgt in der Regel nach den **Grundsätzen der Gruppenwahl** (§ 17 i. V. mit § 53 Abs. 3 BPersVG). Die Verteilung der Sitze auf die einzelnen Gruppen erfolgt nach dem Höchstzahlverfahren. Bei dieser Verteilung ist der Minderheitenschutz des § 53 Abs. 5 BPersVG zu beachten. Danach erhält jede Gruppe im Hauptpersonalrat mindestens einen Vertreter. Besteht der Hauptpersonalrat aus mehr als neun Mitgliedern, so müssen die Gruppen mit mindestens zwei Vertretern repräsentiert werden.

§ 43 Leitung der Wahl

Der Hauptwahlvorstand leitet die Wahl des Hauptpersonalrates.

Entspr. landesrechtliche Regelungen:
Baden-Württemberg: – (§ 48 Abs. 2); Bayern: § 47; Berlin: § 40; Brandenburg: § 34; Bremen: –; Hamburg: –; Hessen: § 42; Mecklenburg-Vorpommern: § 46; Niedersachsen: § 43 Abs. 2; Nordrhein-Westfalen: § 37; Rheinland-Pfalz: § 44; Saarland: § 34 Abs. 1 Satz 1; Sachsen: § 42; Sachsen-Anhalt: § 42; Schleswig-Holstein: § 46; Thüringen: § 42.

1 1. Der abtretende **Hauptpersonalrat hat den Hauptwahlvorstand** nach § 20 Abs. 1 i. V. mit § 53 Abs. 3 Satz 1 BPersVG **zu bestellen.** Falls der Hauptpersonalrat dieser Pflicht nicht nachkommt oder falls kein Hauptpersonalrat besteht, so hat der Leiter der obersten Dienstbehörde den Hauptwahlvorstand zu bestellen. Eine Personalversammlung zur Bestellung des Hauptwahlvorstands findet nicht statt.

2 2. Im Übrigen gelten für die Aufgaben, Befugnisse und Pflichten des Hauptwahlvorstands **dieselben Grundsätze, die für die Bezirkswahlvorstände gelten.** Dies bedeutet, dass der Hauptwahlvorstand in der Regel aus drei Wahlberechtigten besteht. Jede im Bereich der obersten Dienstbehörde vertretene Gruppe muss im Hauptwahlvorstand repräsentiert werden. Der Hauptwahlvorstand leitet die Wahl des Hauptpersonalrats. Er hat daher die entsprechenden Anordnungen zu treffen. Die Feststellungen und Meldungen der „nachgeordneten" Wahlvorstände sind von ihm zu sammeln. Demgegenüber unterliegt die Durchführung der eigentlichen Wahlhandlung den örtlichen Wahlvorständen. Aus § 44 WO ergibt sich, dass es sich bei der Regelung der Zuständigkeit des Hauptwahlvorstands lediglich um die Anpassung an die Unterschiede handelt, die aufgrund der Behördenorganisation im Verhältnis zwischen obersten Dienstbehörden zu Behörden der Mittelstufe sowie zu den ihnen nachgeordneten Dienststellen bestehen.

3 3. Die Vorschrift ist zwingend und wesentlich i. S. von § 25 BPersVG. Die Wahl des Hauptpersonalrats kann nur unter der **Leitung eines Hauptwahlvorstands** durchgeführt werden. Andernfalls würde sie von einem nicht ordnungsgemäß zusammengesetzten Wahlvorstand geleitet und daher ungültig sein (BVerwG v. 27. 11. 1959, BVerwGE 9, 357 = ZBR 1960, 125 = PersV 1960, 18).

§ 44 Durchführung der Wahl nach Bezirken

(1) Der Hauptwahlvorstand kann die bei den Behörden der Mittelstufe bestehenden oder auf sein Ersuchen bestellten örtlichen Wahlvorstände beauftragen,

1. die von den örtlichen Wahlvorständen im Bereich der Behörde der Mittelstufe festzustellenden Zahlen der in der Regel Beschäftigten und ihre Verteilung auf die Gruppen zusammenzustellen,

2. die Zahl der im Bereich der Behörde der Mittelstufe wahlberechtigten Beschäftigten, getrennt nach ihrer Gruppenzugehörigkeit und innerhalb der Gruppen nach den Anteilen der Geschlechter festzustellen,

3. die bei den Dienststellen im Bereich der Behörde der Mittelstufe festgestellten Wahlergebnisse zusammenzustellen,

4. Bekanntmachungen des Hauptwahlvorstandes an die übrigen örtlichen Wahlvorstände im Bereich der Behörde der Mittelstufe weiterzuleiten.

Die Wahlvorstände bei den Behörden der Mittelstufe unterrichten in diesen Fällen die übrigen örtlichen Wahlvorstände im Bereich der Behörde der Mittelstufe darüber, dass die in den Nummern 1 bis 3 genannten Angaben an sie einzusenden sind.

(2) Die Wahlvorstände bei den Behörden der Mittelstufe fertigen über die Zusammenstellung der Wahlergebnisse (Absatz 1 Satz 1 Nr. 3) eine Niederschrift.

(3) Die Wahlvorstände bei den Behörden der Mittelstufe übersenden dem Hauptwahlvorstand unverzüglich eingeschrieben oder fernschriftlich die in Absatz 1 Satz 1 Nr. 1, 2 genannten Zusammenstellungen und die Niederschrift über die Zusammenstellung der Wahlergebnisse (Absatz 2).

Entspr. landesrechtliche Regelungen:
Baden-Württemberg: § 48 Abs. 2; Bayern: § 48; Berlin: § 41; Brandenburg: § 47; Bremen: –; Hamburg: –; Hessen: § 43; Mecklenburg-Vorpommern: § 47; Niedersachsen: § 44; Nordrhein-Westfalen: § 38; Rheinland-Pfalz: § 45; Saarland: –; Sachsen: § 43; Sachsen-Anhalt: § 43; Schleswig-Holstein: § 47; Thüringen: § 43.

I. Vorbemerkung

Die Vorschrift beschränkt sich darauf, die Zuständigkeit des Hauptwahlvorstands mit den aus der Behördenorganisation notwendig folgenden Unterschieden in Einklang zu bringen. Dem Hauptwahlvorstand obliegt die **Leitung der Wahl,** während die örtlichen Wahlvorstände im Auftrag und nach den Richtlinien des Hauptwahlvorstands die Wahlen durchzuführen haben. 1

II. Organisation der Wahlen

1. Der Hauptwahlvorstand bedient sich für die Durchführung seiner Aufgaben der **Hilfe der örtlichen Wahlvorstände,** da sie für alle Stufen die Feststellungen nach den §§ 2, 5 WO zu treffen haben. Die Vorschrift ermöglicht es, zwischen dem Hauptwahlvorstand einerseits und den örtlichen Wahlvorständen andererseits Bezirkswahlvorstände einzuschalten, die die Funktion eines örtlichen Wahlvorstands für den Bereich der Behörde der Mittelstufe haben. Voraussetzung hierfür ist selbstverständlich, dass die Verwaltung dreistufig gegliedert ist (Dietz-Richardi u. a., § 44 WO Anm. 1). 2

2. Die „bei den Behörden der Mittelstufe bestehenden örtlichen Wahlvorstände“ sind nicht nur die Wahlvorstände für die Wahl der örtlichen Personalräte „im Hause“ der Behörden der Mittelstufe, sondern auch **die örtlichen** 3

Wahlvorstände bei den nachgeordneten Dienststellen (vgl. § 53 Abs. 4 BPersVG). Die Bezirkswahlvorstände haben ihrerseits für den Bereich der Behörde der Mittelstufe die Aufgaben zu erfüllen, die der Koordinierung bei der Ermittlung der Zahl der Mitglieder des Hauptpersonalrats und ihrer Verteilung auf die Gruppen dienen. Außerdem obliegt ihnen die Aufgabe, die Feststellung des Wahlergebnisses zu erleichtern. Sie haben die Bekanntmachungen des Hauptwahlvorstands an die örtlichen Wahlvorstände weiterzuleiten (Richardi u. a., § 44 WO Anm. 5).

4 3. Der Hauptwahlvorstand **„kann" die Hilfe** der örtlichen **Wahlvorstände in Anspruch nehmen.** Er ist dazu nicht gezwungen, wenn er die benötigten Auskünfte auf anderem Weg in zuverlässiger Weise erhalten kann. Dies wird im allgemeinen aber nur dort der Fall sein, wo der obersten Dienstbehörde nur einige wenige Dienstbehörden nachgeordnet sind.

5 4. **Auf Ersuchen** des Hauptwahlvorstands **werden örtliche Wahlvorstände** in den Fällen des § 53 Abs. 4 Satz 2 BPersVG **bestellt,** d. h. wenn sie nicht vorhanden sind, ihre Tätigkeit aber benötigt wird.

6 5. Der Hauptwahlvorstand fordert die von ihm benötigten **Auskünfte** nicht unmittelbar bei den örtlichen Wahlvorständen an, sondern entsprechend der Behördenorganisation durch Vermittlung der Bezirkswahlvorstände (Abs. 1 Satz 2 WO).

7 6. Die Auskünfte, die der Hauptwahlvorstand von den örtlichen Wahlvorständen fordern kann, sind
a) Nr. 1: Die **Zahlen** der in der Regel Beschäftigten und ihre Verteilung auf die Gruppen. Diese Zahlen stellt bei gleichzeitiger Wahl zu allen Stufen der örtliche Wahlvorstand ohnehin für die von ihm durchzuführende Wahl des örtlichen Personalrats (§ 2 WO) und für den Bedarf des Bezirkswahlvorstands (§ 34 WO) zusammen,
b) Nr. 4: Die Feststellung der Zahl der Beschäftigten nach **Gruppen** getrennt, und innerhalb der Gruppen nach Anteilen der Geschlechter (vgl. § 2 Abs. 2, § 34 Abs. 2 WO);
c) Nr. 3: Die **Wahlergebnisse** der örtlichen Wahlen haben die örtlichen Wahlvorstände ohnehin für ihre Dienststelle zu ermitteln (§ 20 Abs. 1 WO) und dem Bezirkswahlvorstand mitzuteilen (§ 41 Abs. 2 WO).

8 7. Die **Weiterleitung von Bekanntmachungen** des Hauptwahlvorstands (§ 44 Abs. 1 Nr. 4) geschieht durch die Vermittlung des Bezirkswahlvorstands an die örtlichen Wahlvorstände, die sie ebenso wie die Bekanntmachungen des Bezirkswahlvorstands in der Dienststelle aushängen müssen (vgl. z. B. § 38 WO).

9 8. Die Formulierung der Nr. 4 lässt erkennen, dass es sich hier, abweichend von der Präambel des § 44, um einen **Auftrag** des Hauptwahlvorstands nicht an die örtlichen Wahlvorstände, sondern an **den Bezirkswahlvorstand** handelt.

10 9. Die Bestimmung regelt den **Dienstweg,** auf dem die Auskünfte der örtlichen Wahlvorstände über den Bezirkswahlvorstand an den Hauptwahlvorstand zu leiten sind. Dieser Weg ist sinnvoll, weil der Bezirkswahlvorstand diese Auskünfte für die Wahl des Bezirkspersonalrats ebenfalls benötigt.

10. Die **Niederschrift** nach Abs. 2 ist nicht die Wahlniederschrift, die nach § 22 i. V. mit § 21 WO der Bezirkswahlvorstand über die Wahl des Bezirkspersonalrats zu fertigen hat. Vielmehr ist sie eine durch § 44 Abs. 2 WO zusätzlich angeordnete Zusammenstellung der Ergebnisse der Wahlen zu den örtlichen Personalräten des Bezirks. 11

III. Wahlanfechtung

Die Vorschrift ist zwingend. Sie ist auch wesentlich i. S. von § 25 BPersVG, soweit nur durch ihre Beachtung eine exakte Kenntnis des Hauptwahlvorstands von den örtlichen Wahlergebnissen im gesamten Geschäftsbereich der betreffenden Verwaltung gewährleistet ist. Insoweit rechtfertigt ihre Verletzung die **Wahlanfechtung.** 12

Vierter Teil Wahl des Gesamtpersonalrates

§ 45 Entsprechende Anwendung der Vorschriften über die Wahl des Personalrates

Für die Wahl des Gesamtpersonalrates gelten die §§ 32 bis 41 entsprechend.

Entspr. landesrechtliche Regelungen:
Baden-Württemberg: § 49; Bayern: § 53 Abs. 1; Berlin: § 30 Abs. 1; Brandenburg: § 48; Bremen: § 31; Hamburg: § 30; Hessen: § 44; Mecklenburg-Vorpommern: § 48; Niedersachsen: § 45; Nordrhein-Westfalen: § 39; Rheinland-Pfalz: § 47; Saarland: § 44; Sachsen: § 31; Sachsen-Anhalt: § 44; Schleswig-Holstein: § 48; Thüringen: § 44.

I. Vorbemerkung

Die Vorschrift regelt die Vorbereitung und Durchführung von **Wahlen in** den Bereichen, in denen sich **Nebenstellen** und Teile einer Dienststelle personalvertretungsrechtlich verselbständigt haben. 1

II. Wahl des Gesamtpersonalrats

1. Nach § 6 Abs. 3 BPersVG gelten **Nebenstellen** und Teile einer Dienststelle, die räumlich weit von dieser entfernt liegen, vertretungsrechtlich **als selbstständige Dienststellen,** wenn die Mehrheit ihrer wahlberechtigten Beschäftigten dies in geheimer Abstimmung beschlossen hat. 2

2. Nach § 55 BPersVG ist in diesem Fall die **Wahl eines Gesamtpersonalrats** zwingend vorgeschrieben, auch dann, wenn sich nur ein Teil der gesamten Dienststelle nach § 6 Abs. 3 BPersVG vertretungsrechtlich verselbstständigt hat. 3

3. Der Gesamtpersonalrat wird für die Hauptdienststelle und die zu selbstständigen Dienststellen erklärten Teile dieser Dienststelle gebildet. Wahlberechtigt sind die Beschäftigten der verselbstständigten Teile und die der Hauptdienststelle (§ 53 Abs. 2 BPersVG i. V. mit § 56 BPersVG). Die **Größe des Gesamtpersonalrats** richtet sich nach der Zahl der Beschäftigten, die er repräsentiert (§ 53 Abs. 3 BPersVG i. V. mit §§ 56, 16 BPersVG). 4

4. Der **Wahlvorstand** für die Wahl des Gesamtpersonalrats wird vom abtretenden Gesamtpersonalrat bestellt (§ 53 Abs. 3 BPersVG i. V. mit §§ 56, 20 BPersVG). Im Wahlvorstand müssen die in der Gesamtdienststelle vorhan- 5

denen Beschäftigtengruppen vertreten sein. An einer Sitzung des Wahlvorstands für die Wahl des Gesamtpersonalrats können Beauftragte dei in der Dienststelle vertretenen Gewerkschaften teilnehmen.

6 5. Besteht noch kein Gesamtpersonalrat oder ist er nicht zur Bestellung eines Wahlvorstands gelangt, wird der Wahlvorstand nicht von einer Personalversammlung gewählt, sondern vom **Leiter der Hauptdienststelle** nach den §§ 20, 22 BPersVG bestellt (§ 53 Abs. 3 Satz 2 und 3 BPersVG i. V. mit § 56 BPersVG; BVerwG v. 10. 8. 1978, BVerwGE 56, 208 = ZBR 1979, 180 = PersV 1979, 417).

7 6. **Wahlrechtlich** hat der Gesamtpersonalrat, obwohl er keine Stufenvertretung ist, die **Stellung eines Bezirkspersonatrats.** Die Wahlvorschriften der §§ 32 bis 41 über die Wahl des Bezirkspersonalrats gelten daher für die Wahl des Gesamtpersonalrats unmittelbar und soweit sie aus objektiven Gründen nicht unmittelbar angewendet werden können, sinngemäß.

8 7. Wenn in einer Dienststelle ein Gesamtpersonalrat zu wählen ist, so soll die Wahl **möglichst gleichzeitig** mit der Wahl der örtlichen Personalräte in der Dienststelle durchgeführt werden (vgl. § 36 WO). In diesem Fall ist ein Wahlvorstand für die Wahl des Gesamtpersonalrats unverzüglich nach Bekanntwerden eines Verselbstständigungbeschlusses zu bestellen. Für die Vorbereitung und Durchführung der Wahl sind zwischen den Wahlvorständen der einzelnen Dienststellen Absprachen zu treffen.

9 8. Auch der **Wahlvorstand** für die Wahl des Gesamtpersonalrats **leitet diese Wahl** (vgl. § 32 WO). Der Gesamtwahlvorstand legt den Tag oder die Tage der Stimmabgabe fest; der jeweilige örtliche Wahlvorstand bestimmt Ort und Zeit der Stimmabgabe (VGH Kassel v. 28. 11. 1990, PersV 1992, 267 = Leits. ZfPR 1991, 175). Die örtlichen Wahlvorstände haben im Auftrag des Gesamtwahlvorstands und nach seinen Richtlinien in den verschiedenen Teilen der Dienststelle die Wahl des Gesamtpersonalrats durchzuführen. Infolgedessen sind im Gesamtbereich der Dienststelle örtliche Wahlvorstände durch die örtlichen Personalräte oder Dienststellenleiter zu bestellen (§§ 22 ff. BPersVG).

10 9. Die örtlichen Wahlvorstände haben die **Zahl der in der Regel in der Dienststelle Beschäftigten** und ihre Verteilung auf die Gruppen festzustellen. Darüber hinaus haben sie die Zahl der wahlberechtigten Beschäftigten, getrennt nach Gruppen, zu ermitteln und unverzüglich dem Wahlvorstand für die Wahl des Gesamtpersonalrats schriftlich mitzuteilen (vgl. § 34 WO). Danach hat der Wahlvorstand für die Wahl des Gesamtpersonalrats die Zahl der Mitglieder des Gesamtpersonalrats und ihre Verteilung auf die Gruppen festzulegen und bekanntzugeben (vgl. § 35 WO).

III. Wahlanfechtung

11 Die Vorschrift ist zwingend. Ein Verstoß kann zur **Wahlanfechtung** führen.

Fünfter Teil **Wahl der Jugend- und Auszubildendenvertreter**

§ 46 Vorbereitung und Durchführung der Wahl der Jugend- und Auszubildendenvertretung

(1) Für die Vorbereitung und Durchführung der Wahl der Jugend- und Auszubildendenvertreter gelten die §§ 1 bis 3, 6 bis 25, 28, 30 und § 31 Abs. 1 Satz 2 entsprechend mit der Abweichung, dass sich die Zahl der zu wählenden Jugend- und Auszubildendenvertreter ausschließlich aus § 59 Abs. 1 des Gesetzes ergibt und dass die Vorschriften über Gruppenwahl (§ 19 Abs. 2 des Gesetzes), über den Minderheitenschutz (§ 17 Abs. 3 und 4 des Gesetzes) und über die Zusammenfassung der Bewerber in den Wahlvorschlägen nach Gruppen (§ 8 Abs. 2 Satz 3) keine Anwendung finden.

(2) Sind mehrere Jugend- und Auszubildendenvertreter zu wählen und ist die Wahl aufgrund mehrerer Vorschlagslisten durchgeführt worden, so werden die Summen der auf die einzelnen Vorschlagslisten entfallenden Stimmen nebeneinandergestellt und der Reihe nach durch 1, 2,3 usw. geteilt. Auf die jeweils höchste Teilzahl (Höchstzahl) wird so lange ein Sitz zugeteilt, bis alle Sitze (§ 59 Abs. 1 des Gesetzes) verteilt sind. § 26 Abs. 1 Satz 3, Abs. 2 und 3 findet Anwendung.

(3) Sind mehrere Jugend- und Auszubildendenvertreter zu wählen und ist die Wahl aufgrund eines Wahlvorschlages durchgeführt worden, so sind die Bewerber in der Reihenfolge der jeweils höchsten auf sie entfallenen Stimmenzahlen gewählt; bei Stimmengleichheit entscheidet das Los.

Entspr. landesrechtliche Regelungen:
Baden-Württemberg: § 52; Bayern: § 32; Berlin: § 29; Brandenburg: § 32; Bremen: § 30; Hamburg: § 38; Hessen: § 45; Mecklenburg-Vorpommern: § 34; Niedersachsen: § 35; Nordrhein-Westfalen: § 40; Rheinland-Pfalz: § 31; Saarland: § 32; Sachsen: § 45; Sachsen-Anhalt: § 45; Schleswig-Holstein: § 34; Thüringen: § 45.

I. Vorbemerkung

Die §§ 46, 47 WO regeln die Wahl der Jugend- und Auszubildendenvertretungen und der Jugend- und Auszubildendenstufenvertretungen sowie der **Gesamtjugend- und Auszubildendenvertretung.** 1

II. Vorbereitung der Wahlen

1. Nach § 57 BPersVG sind **Jugend- und Auszubildendenvertretungen (zwingend) zu wählen** bei Dienststellen, bei denen 2
a) eine Personalvertretung besteht,
b) in der Regel, d. h. planmäßig und während des größeren Teils des Jahres, mindestens fünf der in § 57 des Gesetzes Genannten beschäftigt werden.
Die Zahl der Jugend- und Auszubildendenvertreter richtet sich ausschließlich nach § 59 Abs. 1 BPersVG (1 bis höchstens 15 Vertreter).

2. **Den Wahlvorstand** für die Wahl der Jugend- und Auszubildendenvertretung **bestimmt der Personalrat** (§ 60 BPersVG). Daher ist ohne Personalrat keine Jugend- und Auszubildendenvertreterwahl möglich. Dem Wahlvorstand kann ein Beschäftigter angehören, der seinerseits nicht Jugendlicher/Auszubildender i. S. des Gesetzes sein muss. 3

3. **Für die Wahl** der Jugend- und Auszubildendenvertretung **gelten** außerdem **folgende Vorschriften:** 4

a) §§ 1 bis 3 WO, d. h. die Vorschriften über den Wahlvorstand und die Wahlhelfer (§ 1 WO), über die Feststellung der Zahl der Beschäftigten und das Wählerverzeichnis (§ 2 WO), über Einsprüche gegen die Richtigkeit des Wählerverzeichnisses (§ 3 WO);
b) §§ 6 bis 25 WO, d. h. Wahlausschreiben (§ 6 WO), Wahlvorschläge und Einreichungsfrist (§ 7 WO), Inhalt der Wahlvorschläge (§§ 7, 8 WO), Behandlung der Wahlvorschläge durch den Wahlvorstand (§ 10 WO), Nachfrist zur Einreichung von Wahlvorschlägen (§ 11 WO), Bezeichnung der Wahlvorschläge (§ 12 WO), Bekanntmachung der Wahlvorschläge (§ 13 WO), Sitzungsniederschrift (§ 14 WO), Stimmzettel (§ 15 WO), Wahlhandlung (§ 16 WO), schriftliche Stimmabgabe und Behandlung der schriftlich abgegebenen Stimmen (§§ 17, 18 WO), schriftliche Stimmabgabe auf Nebenstellen (§ 19 WO), Feststellung des Wahlergebnisses (§ 20 WO), Wahlniederschrift (§ 21 WO), Bekanntgabe des Wahlergebnisses (§ 23 WO), Aufbewahrung der Wahlunterlagen (§ 24 WO), Verhältniswahl (Listenwahl, § 25 WO);
c) die Vorschriften über die Personenwahl (§§ 28, 30 WO).

5 4. Die Wahl der Jugend- und Auszubildendenvertretung kann nur als **Gemeinschaftswahl** durchgeführt werden. Die Wahlberechtigten können keine abweichende Regelung beschließen. Die Vorschriften über Gruppenwahl (§ 19 Abs. 2 BPersVG) und Minderheitenschutz (§ 17 Abs. 3 und 4 BPersVG) sind nicht anzuwenden. Infolgedessen erfolgt auch keine Zusammenfassung der Namen der Bewerber nach Gruppen im Wahlvorschlag. Ebenso hat ein Hinweis auf die Gruppenzugehörigkeit in der Angabe zur Person nach § 8 Abs. 2 Satz 2 WO zu unterbleiben.

6 5. Mehrere Jugend- und Auszubildendenverteter werden nach den **Grundsätzen der Verhältniswahl** gewählt. Der Ermittlung der auf die einzelnen Vorschlagslisten entfallenen Sitze wird das Höchstzahlverfahren zugrundegelegt. Die auf die einzelnen Vorschlagslisten entfallenen Stimmen werden nebeneinander gestellt und so lange durch 1, 2, 3 geteilt, wie sich Teilzahlen ergeben, denen Sitze zuzuteilen sind. Wenn nur ein Wahlvorschlag eingereicht wird, so entscheidet für die Frage der Ermittlung der gewählten Bewerber die auf sie im einzelnen entfallene **Stimmzahl.** Wenn eine Vorschlagsliste nicht genügend Bewerber enthält und die ihr zufallenden Sitze daher nicht besetzt werden können, so werden die überschüssigen Sitze den Listen in der Reihenfolge der nächsten Höchstzahlen zugeteilt (vgl. § 26 Abs. 2 WO).

7 6. Bei der Wahl der Jugend- und Auszubildendenvertretung werden auch **Ersatzmitglieder** gewählt (vgl. § 60 Abs. 2 i. V. mit § 31 BPersVG). Die Wahl der Jugend- und Auszubildendenvertretung darf nicht behindert werden (vgl. § 24 Abs. 1 und 2 i. V. mit § 60 Abs. 1 BPersVG). Für Mitglieder des Wahlvorstands für die Wahl der Jugend- und Auszubildendenvertretung besteht kein Kündigungsschutz; denn § 24 Abs. 1 Satz 3 BPersVG ist in § 60 Abs. 1 BPersVG nicht für entsprechend anwendbar erklärt worden. Eine Wahlanfechtung ist bei Vorliegen der entsprechenden Voraussetzungen zulässig (vgl. § 60 Abs. 1 i. V. mit § 25 BPersVG). Der Ausschluss eines Mitglieds und die Auflösung der Jugend- und Auszubildendenvertretung sind bei Vorliegen der Voraussetzungen ebenfalls zulässig (vgl. § 60 Abs. 2 i. V. mit § 28 BPersVG).

III. Geltungsbereich/Wahlanfechtung

Die Vorschrift gilt für die **Wahl der Jugend- und Auszubildendenvertretungen in allen Stufen.** Es handelt sich um eine zwingende und wesentliche Vorschrift i. S. von § 25 BPersVG. Bei einer Verletzung kann die **Wahl angefochten** werden. 8

§ 47 Wahl der Jugend- und Auszubildendenstufenvertretungen

(1) Für die Wahl der Jugend- und Auszubildendenstufenvertretungen nach § 64 Abs. 1 des Gesetzes (Bezirksjugend- und Auszubildendenvertretung, Hauptjugend- und Auszubildendenvertretung) gelten die §§ 33 bis 41, 43, 44 und 46 entsprechend. Für in § 57 des Gesetzes genannte Beschäftigte in nachgeordneten Dienststellen mit in der Regel weniger als fünf solchen Beschäftigten führt der Bezirks- oder Hauptwahlvorstand die Wahl der Jugend- und Auszubildendenstufenvertretungen durch, in den genannten nachgeordneten Dienststellen werden keine Wahlvorstände bestellt; der Bezirks- oder Hauptwahlvorstand kann die schriftliche Stimmabgabe anordnen. In diesem Fall hat der Bezirks- oder Hauptwahlvorstand den wahlberechtigten in § 57 des Gesetzes genannten Beschäftigten die in § 17 Abs. 1 bezeichneten Unterlagen zu übersenden.

(2) Für die Wahl der Gesamtjugend- und Auszubildendenvertretung nach § 64 Abs. 2 des Gesetzes gelten Absatz 1 und § 46 entsprechend.

Entspr. landesrechtliche Regelungen:
Baden-Württemberg: Bayern: §§ 44, 45, 51, 52; Berlin: § 30 Abs. 2 PersVG, § 39 PersVG; Brandenburg: § 44; Bremen: –; Hamburg: –; Hessen: § 46; Mecklenburg-Vorpommern: § 34; Niedersachsen: –; Nordrhein-Westfalen: § 41; Rheinland-Pfalz: §§ 42, 46, 48; Saarland: § 45; Sachsen: § 46; Sachsen-Anhalt: –; Schleswig-Holstein: § 34; Thüringen: § 46.

I. Vorbemerkung

Die **gesetzliche Grundlage für** die Wahl der Bezirksjugend- und Auszubildendenvertretung, der Hauptjugend- und Auszubildendenvertretung und der Gesamtjugend- und Auszubildendenvertretung ist § 64 BPersVG. 1

II. Wahlvoraussetzungen

1. Abs. 1 regelt die **Bildung von Jugend- und Auszubildendenstufenvertretungen.** Die §§ 33 bis 41, 43, 44 und 46 WO sind entsprechend anwendbar. Da eine Jugend- und Auszubildendenvertretung in einer Dienststelle nur dann gebildet werden kann, wenn ihr in der Regel mindestens fünf der in § 57 genannten Beschäftigten angehören, führt der Bezirks- oder Hauptwahlvorstand die Wahl der Jugend- und Auszubildendenstufenvertretung in nachgeordneten Dienststellen selbst durch, in denen diese Mindestzahl nicht erreicht wird. Örtliche Wahlvorstände werden für diesen Fall nicht gebildet (Abs. 1 Satz 2). Bezirks- oder Hauptwahlvorstand können für die in § 57 genannten Beschäftigten dieser Dienststelle die schriftliche Stimmabgabe anordnen. Geschieht dies, so sind die Wahlunterlagen von Amtswegen zu übersenden (Abs. 1 Satz 2 und Satz 3). Gleiches gilt für die Wahl der Gesamtjugendvertretung. 2

2. Wenn in einer Dienststelle mehr als fünf der in § 57 genannten Beschäftigten tätig sind, so wird die Wahl zu den Jugend- und Auszubildendenvertretungen durch einen **Wahlvorstand** nach § 60 Abs. 1 BPersVG vorbereitet und durchgeführt. Für die Wahl der Jugend- und Auszubildendenstufenver- 3

tretung dagegen sind der Bezirkswahlvorstand und der Hauptwahlvorstand zuständig.

III. Wahlanfechtung

4 Die Vorschrift ist zwingend. Kommt es nicht zur Bildung von Jugend- und Auszubildendenvertretungen, so ist zu prüfen, ob dem Wahlvorstand bzw. dem Personalrat eine grobe Pflichtwidrigkeit vorgeworfen werden kann. Ein Verstoß gegen die Vorschrift rechtfertigt die **Wahlanfechtung,** da es sich hierbei um eine wesentliche Vorschrift i. S. von § 25 BPersVG handelt.

Sechster Teil **Besondere Verwaltungszweige**

§ 48 Vertrauensmann in der Bundespolizei

(1) Ist eine geheime Wahl mit Stimmzetteln vorzunehmen (§ 85 Abs. 2 Nr. 3 Satz 4 des Gesetzes), so ist wie folgt zu verfahren:

Der Wahlvorstand verteilt unbeschriebene Stimmzettel von gleicher Farbe und Größe. Jeder Wähler schreibt den Namen seines Kandidaten auf seinen Stimmzettel, faltet diesen so, dass der Name verdeckt wird, und übergibt ihn dem Wahlvorstand. Dieser legt den Stimmzettel in Gegenwart des Wählers ungeöffnet in einen dafür bestimmten Behälter und hält den Namen des Wählers in einer Liste fest. Der Wahlvorstand trifft Vorkehrungen, dass die Wähler ihren Stimmzettel unbeobachtet beschreiben können. Hat der Wahlvorstand festgestellt, dass die Wahlhandlung beendet ist, zählt er unverzüglich und ohne Unterbrechung öffentlich die Stimmen aus und stellt das Ergebnis fest.

(2) Zum Vertrauensmann gewählt ist der Kandidat, der die meisten Stimmen erhalten hat. Der Kandidat mit der zweithöchsten Stimmenzahl ist zum ersten Stellvertreter, der mit der dritthöchsten Stimmenzahl zum zweiten Stellvertreter gewählt. Bei gleicher Stimmenzahl entscheidet das Los.

I. Vorbemerkung

1 § 85 BPersVG regelt im einzelnen die **besonderen vertretungsrechtlichen Verhältnisse im Bereich der Bundespolizei.** Danach gelten grundsätzlich die übrigen Bestimmungen des BPersVG mit den Ausnahmen, die sich aus den besonderen Verhältnissen der Bundespolizei zwingend ergeben.

II. Vorbereitung und Durchführung

2 1. Die Vorschrift regelt nicht die Wahl der Personalvertretungen der Bundespolizei, sondern die **Wahl des Vertrauensmanns** nach § 85 Abs. 2 BPersVG für den Sonderfall, dass ein Wahlberechtigter der grundsätzlich vorgesehenen offenen Wahl widersprochen und geheime Stimmabgabe gefordert hat.

3 2. Der Vertrauensmann nach § 85 Abs. 2 BPersVG wird ausschließlich von denjenigen **Polizeivollzugsbeamten** gewählt, denen das Wahlrecht für den Bundesgrenzschutzpersonalrat fehlt (§ 85 Abs. 2 Satz 1 BPersVG) sowie von den Dienstleistenden nach § 85 Abs. 3 BPersVG (vgl. im Einzelnen die dort. Anm.).

4 3. Für die nicht zum Bundespolizeipersonalrat wahlberechtigten Polizeivollzugsbeamten ist **die Wahl des Vertrauensmanns zwingend** vorgeschrieben (§ 85 Abs. 2 Satz 1 BPersVG). Es besteht keine Wahlpflicht, aber

die Dienststelle muss die Wahl des Vertrauensmanns zulassen (vgl. § 24 Abs. 1 BPersVG) und fördern (§ 1 Abs. 2 WO).

4. Die zur Wahl des Vertrauensmanns Berechtigten wählen **in jeder Einheit** (d. h. Hundertschaft oder vergleichbaren Einheit oder Dienststelle nach näherer Bestimmung des Bundesministers des Innern, § 85 Abs. 2 Satz 2 BPersVG) einen Vertrauensmann und zwei Stellvertreter (§ 85 Abs. 2 Satz 1 BPersVG). 5

5. **Wahlberechtigt** sind die in § 85 Abs. 2 Satz 3 Nr. 2 BPersVG genannten Polizeivollzugsbeamten. Für ihr aktives und passives Wahlrecht gelten die allgemeinen Vorschriften der §§ 13 und 14 BPersVG. 6

6. Die Wahl des Vertrauensmanns und seiner Stellvertreter muss von einem **Wahlvorstand** geleitet werden (§ 85 Abs. 2 Satz 3 Nr. 2 BPersVG; vgl. § 1 WO Anm. 2). Den Wahlvorstand bestimmt der Bundespolizeirat (§ 85 Abs. 2 Satz 3 Nr. 2 BPersVG; vgl. dazu § 20 BPersVG). Diese Bestimmung hat spätestens drei Wochen vor dem Zeitpunkt zu erfolgen, zu dem der amtierende Vertrauensmann aus seinem Amt ausscheidet bzw. auch keiner seiner Stellvertreter mehr im Amt sein wird (§ 85 Abs. 2 Satz 3 Nr. 2 i. V. mit Nr. 4 Satz 2 BPersVG). 7

7. Wenn in der Dienststelle kein Bundespolizeirat besteht oder wenn er zwar besteht, aber nicht rechtzeitig den Wahlvorstand bestimmt hat, so bestellt der **Dienststellenleiter** den Wahlvorstand von Amts wegen, d. h. auch ohne dass von irgendeiner Seite die Bestellung eines Wahlvorstands beantragt wird. 8

8. Die Wahl des Vertrauensmanns findet in einer **Versammlung** der hierfür Wahlberechtigten statt. Diese Versammlung hat der Wahlvorstand unverzüglich (ohne schuldhaftes Zögern) einzuberufen (§ 85 Abs. 2 Satz 3 Nr. 2 BPersVG). Eine Teilnahme nicht Wahlberechtigter an dieser Wahlversammlung ist ein Verstoß gegen wesentliche Vorschriften über das Wahlverfahren i. S. von § 25 BPersVG, jedenfalls dann, wenn durch die Teilnahme das Wahlergebnis geändert oder beeinflusst werden konnte. Das ist regelmäßig dann der Fall, wenn die hier Wahlberechtigten sich durch die Teilnahme eines Unbefugten in ihrer Entscheidungsfreiheit beeinträchtigt fühlen, zumal die Wahl grundsätzlich offen durchgeführt wird (§ 85 Abs. 2 Satz 3 Nr. 3 Satz 3 BPersVG). 9

9. Die **Wahlversammlung darf von niemandem behindert** oder in einer gegen die guten Sitten verstoßenden Weise beeinflusst werden. Die Kosten dieser Versammlung trägt die Dienststelle (Hinweis in § 85 Abs. 2 Satz 3 Nr. 3 Satz 5 BPersVG auf § 24 BPersVG). 10

10. Die **Wahl** des Vertrauensmanns wird grundsätzlich offen, d. h. **durch Handaufheben** durchgeführt (§ 85 Abs. 2 Nr. 3 Satz 3 BPersVG). Jeder wahlberechtigte Teilnehmer kann jedoch geheime Wahl verlangen. Wird ein solcher Antrag gestellt, so muss ihm entsprochen werden. Eine Abstimmung oder Diskussion darüber, ob dem Antrag stattgegeben werden soll, ist nicht zulässig. 11

11. Falls eine **geheime Wahl** des Vertrauensmanns stattfindet, so muss sie nach den Vorschriften des Abs. 1 durchgeführt werden: 12
a) Der Wahlvorstand hat neutrale Zettel von gleicher Farbe und Größe zu verteilen. Andere Stimmzettel dürfen nicht verwendet werden. Es muss so festes Papier benutzt werden, dass eine Beschriftung des Stimmzettels auf der

Rückseite nicht durchscheint (VG Schleswig v. 7. 2. 1962 – 2 PB 1/62, n. v., für das Stimmzettelmaterial bei einer Vorabstimmung).
b) Jeder Wähler schreibt den Namen eines von ihm gewünschten Kandidaten auf seinen Stimmzettel und gibt diesen derart gefaltet dem Wahlvorstand ab, dass die Beschriftung nicht zu erkennen ist. Die Benutzung eines Wahlumschlags ist nicht vorgeschrieben, aber selbstverständlich zulässig.
c) Der Wahlvorstand hat den Stimmzettel ungeöffnet in einen Behälter zu legen und den Namen des Wählers zur Verhinderung wiederholter Stimmabgabe in einer Liste zu vermerken.

13 12. Bei der Durchführung der Wahl des Vertrauensmanns muss der Wahlvorstand Vorkehrungen dafür treffen, dass die Wähler den **Stimmzettel unbeobachtet** ausfüllen können (§ 16 Abs. 1 WO). Diese Vorkehrungen müssen so beschaffen sein, dass die Wähler nicht nur objektiv unbeobachtet sind, sondern auch subjektiv die Überzeugung haben, unbeobachtet zu sein (VGH Kassel v. 5. 8. 1958, Leits. ZBR 1959, 134).

14 13. Die **Feststellung über die Beendigung der Wahl** des Vertrauensmanns trifft der Wahlvorstand z. B. dann, wenn die Liste nach Satz 3 erkennen lässt, dass alle Wahlberechtigten gewählt haben.

15 14. Unmittelbar nach Beendigung der Wahl muss der Wahlvorstand die abgegebenen **Stimmen auszählen** und das Wahlergebnis feststellen. Die Auszählung darf nicht unterbrochen werden (§ 20 Abs. 1 WO). Die Stimmauszählung ist mindestens für die zur Wahl des Vertrauensmanns Berechtigten öffentlich (§ 20 Abs. 1 WO). Abs. 2 und 3 ist die verbindliche Richtlinie für die Bewertung des Wahlergebnisses.

III. Wahlanfechtung

16 Die Vorschrift und die Wahlvorschriften des § 85 BPersVG sind zwingend und wesentliche Vorschriften über das Wahlrecht und das Wahlverfahren i. S. von § 25 BPersVG. Ihre Verletzung rechtfertigt die **Wahlanfechtung.**

§ 49 Personalvertretungen im Bundesnachrichtendienst

Für den Bundesnachrichtendienst gilt diese Wahlordnung mit folgenden Abweichungen:

1. **Bei der Erstellung der Wahlunterlagen sind die Sicherheitsbestimmungen des Bundesnachrichtendienstes zu beachten. An die Stelle der Bekanntmachung durch Aushang tritt die im Bundesnachrichtendienst übliche Bekanntmachung. Die Bekanntmachungen müssen den Beschäftigten für die Dauer der in den einzelnen Vorschriften bestimmten Zeiträume zur Einsichtnahme während der Dienststunden zugänglich sein.**
2. **§ 2 Abs. 3 ist mit der Maßgabe anzuwenden, dass die Beschäftigten nur das Wählerverzeichnis ihrer Gruppe einsehen dürfen.**
3. **Wird nach § 17 Abs. 1 Satz 3 ein Abdruck des Wahlausschreibens ausgehändigt oder versandt, so darf dieser nicht die Angaben nach § 6 Abs. 2 Nr. 2 und 7 enthalten.**
4. **Die Beschäftigten von Teilen einer Dienststelle, die räumlich von dieser entfernt liegen, geben ihre Stimme schriftlich ab.**

I. Vorbemerkung

1 Für den Bundesnachrichtendienst sind in erhöhtem Maße Sicherheitsvorschriften zu beachten. Infolgedessen erfordern die Geschäftsvorgänge des

Bundesnachrichtendienstes aus der Natur der Sache eine verschärfte Geheimhaltung. Sie geht den Forderungen des BPersVG und der WO nach Transparenz der Wahl vor. Infolgedessen sind die **Wahlvorschriften** für den Bundesnachrichtendienst nur stark **eingeschränkt anwendbar.**

II. Wahlen

1. Die Beschäftigten des Bundesnachrichtendienstes wählen keine Stufenvertretungen (§ 86 Nr. 8 Satz 1 BPersVG). Sie können lediglich einen **Personalrat bei der Zentrale** bilden, der die Befugnisse einer Stufenvertretung hat (§ 86 Nr. 8 Satz 2 BPersVG). Darüber hinaus können Personalräte bei den Dienststellen außerhalb der Zentrale (§ 86 Nr. 1 und 10 BPersVG) und ggf. nach § 6 Abs. 3 BPersVG sowie Jugend- und Auszubildendenvertretungen gewählt werden. Gesamtpersonalräte (§ 86 Nr. 12 i. V. mit § 55 BPersVG) und Gesamtjugend- und Auszubildendenvertretungen (§ 86 Nr. 12 i. V. mit § 64 Abs. 2 BPersVG) können nicht gewählt werden. 2

2. Die Wahl wird nach den allgemeinen Vorschriften von einem **Wahlvorstand** geleitet. Den Wahlvorstand beruft der Personalrat. Wenn aber sechs Wochen vor Ablauf der Amtszeit des Personalrats noch kein Wahlvorstand besteht (§ 20 Abs. 2 BPersVG) oder in einer personalratsfähigen Dienststelle des Bundesnachrichtendienstes kein Personalrat existiert (§ 21 BPersVG) oder schließlich der Wahlvorstand die Wahl nicht rechtzeitig eingeleitet hat (§ 23 BPersVG), so bestellt ihn der Dienststellenleiter. Eine Personalversammlung zur Wahl eines Wahlvorstands findet nicht statt. Ebensowenig besteht ein Antragsrecht auf Berufung des Wahlvorstands (§ 86 Nr. 7 BPersVG). Ist der Personalrat aufgelöst worden (§ 28 BPersVG), so setzt abweichend von § 28 Abs. 2 BPersVG nicht der Vorsitzende der Fachkammer des Verwaltungsgerichts, sondern der Leiter des Bundesnachrichtendienstes den Wahlvorstand ein (§ 86 Nr. 3 BPersVG). An den Sitzungen des Personalrats können Beauftragte der in der Dienststelle vertretenen Gewerkschaften nicht teilnehmen (§ 86 Nr. 12 BPersVG). 3

3. Das **aktive Wahlrecht** der Beschäftigten des Bundesnachrichtendienstes richtet sich nach den allgemeinen Vorschriften des § 13 BPersVG. Das **passive Wahlrecht** besitzen nur Beschäftigte, die über das Wahlrecht zum Deutschen Bundestag verfügen (§ 86 Nr. 2 Satz 1 BPersVG). Dies gilt auch für die in § 57 genannten Beschäftigten (§ 86 Nr. 2 Satz 2 BPersVG). 4

4. Satz 1 Nr. 1 enthält den Grundsatz, dass die **Sicherheitsbestimmungen des Bundesnachrichtendienstes** bei einer Kollision mit den Bestimmungen des BPersVG und der WO Vorrang haben. Infolgedessen sind Bekanntmachungen, die nach den Bestimmungen der WO der Wahlvorstand durch Aushang zu veröffentlichen hat (z. B. das Wahlausschreiben, § 6 WO, die zugelassenen Wahlvorschläge, § 14 WO, das Wahlergebnis, § 23 WO) nicht in Dienststellen des Bundesnachrichtendienstes auszuhängen. Sie werden den Beschäftigten auf diejenige Weise bekanntgemacht, die für den Bundesnachrichtendienst für Bekanntmachungen allgemein vorgeschrieben ist. An die Stelle des Aushangs tritt in Dienststellen des Bundesnachrichtendienstes die Gewährung der Einsicht in die Wahlunterlagen an den dafür bestimmten Amtsstellen. Gleiches gilt für das Wählerverzeichnis (vgl. § 2 Abs. 3 WO). Ebensowenig darf die Bekanntmachung der Nachfrist für die Einreichung von Wahlvorschlägen (vgl. § 11 WO) öffentlich ausgehängt werden. 5

6 5. Nach Abs. 2 ist in Dienststellen des Bundesnachrichtendienstes das Recht der Beschäftigten auf **Einsicht in das Wählerverzeichnis** auf die Angehörigen der eigenen Gruppe beschränkt.

7 6. Wenn im Rahmen der **Briefwahl** auf Antrag ein Abdruck des Wahlausschreibens an den Briefwähler ausgehändigt oder übersandt wird, so darf dieses nicht die Zahl der zu wählenden Mitglieder des Personalrats, getrennt nach Beamten, Angestellten und Arbeitern sowie nicht die Mindestzahl von wahlberechtigten Beschäftigten enthalten, von denen ein Wahlvorschlag unterzeichnet sein muss.

8 7. In jedem Fall ist eine **schriftliche Stimmabgabe** für die Wahlberechtigten in Teilen der Dienststellen des Bundesnachrichtendienstes **anzuordnen,** die von der Zentrale räumlich weit entfernt liegen (aA Fischer u. a., § 49 WO Anm. 6). Bei der Bestimmung des Begriffs „räumliche Entfernung“ ist nicht auf die Grundsätze des § 6 Abs. 3 des Gesetzes abzustellen, da nach § 86 Nr. 1 die Anwendung praktisch ausscheidet. Schon die Unterbringung in einem benachbarten Gebäude gilt als räumlich weite Entfernung (Lorenzen u. a., § 49 WO Anm. 6).

III. Wahlanfechtung

9 Die Vorschrift enthält zwingende Regelungen, die im Falle eines Verstoßes die **Wahlanfechtung** rechtfertigen.

§ 49 a (weggefallen)

§ 50 Wahl einer Personalvertretung im Inland durch Beschäftigte in Dienststellen des Bundes im Ausland

(1) Der Haupt- oder Bezirkswahlvorstand kann für die Wahl der Stufenvertretung durch Beschäftigte in Dienststellen des Bundes im Ausland die schriftliche Stimmabgabe anordnen. Entsprechendes gilt für die Wahl eines Gesamtpersonalrates.

(2) Auf die Wahl des Personalrates des Auswärtigen Amtes durch die in § 91 Abs. 1 Nr. 3 Satz 1 des Gesetzes bezeichneten Beschäftigten sind die §§ 32 bis 41 sinngemäß anzuwenden. Der Wahlvorstand kann für die Wahl durch die in Satz 1 bezeichneten Beschäftigten die schriftliche Stimmabgabe anordnen.

(3) Wird nach Absatz 1 oder 2 die schriftliche Stimmabgabe angeordnet, hat der Wahlvorstand den wahlberechtigten Beschäftigten die in § 17 Abs. 1 bezeichneten Unterlagen zu übersenden.

I. Vorbemerkung

1 Die Vorschrift betrifft Behörden, die im Gebiet der Bundesrepublik Deutschland eine oberste Dienstbehörde oder Behörden der Mittelstufe unterhalten und denen **Dienststellen außerhalb der Bundesrepublik** nachgeordnet sind.

II. Besonderheiten der Wahlen

2 1. Für die außerhalb der Bundesrepublik tätigen Beschäftigten der in Anm. 1 umschriebenen Dienststellen können der Hauptwahlvorstand bzw. der Bezirkswahlvorstand allgemein **schriftliche Stimmabgabe** zur Wahl des in der Bundesrepublik zu errichtenden Haupt- bzw. Bezirkspersonalrats anordnen. Die Anordnung ergeht durch förmlichen Beschluss des zuständigen Wahl-

vorstands in förmlicher Sitzung bei voller Besetzung. Der Beschluss bedarf der ausdrücklichen Formulierung in der Sitzungsniederschrift, da die Rechtmäßigkeit der Anordnung nachprüfbar sein muss.

2. Die Bestimmung beruht darauf, dass die Vorschriften des § 91 BPersVG grundsätzlich auch für die Beschäftigten deutscher Dienststellen im Ausland gelten. Hierin ist das **aktive Wahlrecht zu den inländischen Stufenvertretungen** eingeschlossen. 3

3. Schriftliche Stimmabgabe kann nach dem Grundsatz des § 50 Abs. 1 Satz 1 WO auch bei der **Wahl eines Gesamtpersonalrats** (§§ 55, 56 BPersVG) angeordnet werden, wenn Beschäftigte von in verschiedenen Staatsgebieten gelegenen Dienststellen bzw. Dienststellenteilen derselben Behörde der Mittelstufe wahlberechtigt sind. Die Anordnung trifft in diesem Fall derjenige Wahlvorstand, der die Wahl des Gesamtpersonalrats leitet (§ 56 BPersVG). 4

4. Die Vorschrift betrifft ausschließlich die **Wahl zum (örtlichen) Personalrat im Haus des Auswärtigen Amtes** durch die nach § 91 Abs. 1 Nr. 3 BPersVG wahlberechtigten Beschäftigten der dem Auswärtigen Amt nachgeordneten Dienststellen im Ausland. Für die Anordnung der schriftlichen Stimmabgabe ist der Wahlvorstand beim Auswärtigen Amt zuständig. 5

5. Die Vorschrift des Abs. 3 entspricht der Vorschrift des § 19 Satz 2 WO. Ordnet der zuständige Wahlvorstand allgemein schriftliche Stimmabgabe an, so hat er den Wahlberechtigten die **Wahlunterlagen** nach § 17 Abs. 1 Satz 1 und 2 WO nicht erst auf ihr Verlangen, sondern von Amts wegen **zu übersenden.** 6

6. Auch der **Abdruck des Wahlausschreibens** ist in diesem Fall von Amts wegen zu übersenden, da er zu den in § 17 Abs. 1 WO bezeichneten Unterlagen gehört. Die Ausnahmevorschrift des § 49 Nr. 3 WO ist im gegebenen Fall zu beachten. 7

III. Wahlanfechtung

Die Vorschrift über die Anordnung der schriftlichen Stimmabgabe ist nicht zwingend. Ist aber schriftliche Stimmabgabe angeordnet, so ist die **Vorschrift** des Abs. 3 **zwingend** und wesentlich i. S. von § 25 BPersVG. 8

§ 51 Vertrauensmann der Ortskräfte (§ 91 Abs. 2 des Gesetzes)

(1) Der Personalrat bestellt spätestens drei Wochen vor dem Ablauf der Amtszeit des Vertrauensmannes der Ortskräfte drei Ortskräfte als Wahlvorstand und bestimmt einen von ihnen als Vorsitzenden. Hat der Personalrat den Wahlvorstand nicht fristgemäß bestellt oder besteht in der Dienststelle kein Personalrat, so bestellt der Leiter der Dienststelle den Wahlvorstand. Sind Ortskräfte nicht oder nicht in ausreichender Zahl zur Übernahme des Wahlvorstandsamtes bereit, können wahlberechtigte Beschäftigte bestellt werden.

(2) Der Wahlvorstand hat unverzüglich eine Versammlung der Ortskräfte einzuberufen. In dieser Versammlung ist die Wahl des Vertrauensmannes und seiner Stellvertreter durchzuführen.

(3) Ist eine geheime Wahl mit Stimmzetteln vorzunehmen (§ 91 Abs. 2 Satz 2 des Gesetzes), so ist wie folgt zu verfahren: Der Wahlvorstand verteilt unbeschriebene Stimmzettel von gleicher Farbe und Größe. Jeder Wähler schreibt den Namen eines Kandidaten auf seinen Stimmzettel, faltet diesen

so, dass der Name verdeckt wird, und übergibt ihn dem Wahlvorstand. Dieser legt den Stimmzettel in Gegenwart des Wählers ungeöffnet in einen dafür bestimmten Behälter und hält den Namen des Wählers in einer Liste fest. Der Wahlvorstand trifft Vorkehrungen, dass die Wähler ihren Stimmzettel unbeobachtet beschreiben können. Hat der Wahlvorstand festgestellt, dass die Wahlhandlung beendet ist, zählt er unverzüglich und ohne Unterbrechung öffentlich die Stimmen aus und stellt das Ergebnis fest.

(4) Zum Vertrauensmann gewählt ist der Kandidat, der die meisten Stimmen erhalten hat. Der Kandidat mit der zweithöchsten Stimmenzahl ist zum ersten Stellvertreter, der mit der dritthöchsten Stimmenzahl zum zweiten Stellvertreter gewählt. Bei gleicher Stimmenzahl entscheidet das Los.

I. Vorbemerkungen

1 Die Vorschrift regelt die Wahl der Vertretung der **„Ortskräfte"**. Ortskräfte sind Personen, die in einem Arbeitsvertragsverhältnis zu deutschen Dienststellen außerhalb des Gebiets der Bundesrepublik Deutschland stehen und die im allgemeinen nicht die Staatsangehörigkeit der Bundesrepublik, sondern eine andere, meist diejenige des Staates besitzen, in dessen Hoheitsgebiet der Beschäftigungsort liegt, z. B. Arbeitskräfte von Bundesbehörden im Ausland (§ 91 BPersVG; vgl. auch § 91 BPersVG Anm. 5).

II. Materielle Voraussetzungen

2 1. Die Ortskräfte wählen einen **Vertrauensmann** und höchstens zwei Stellvertreter (§ 91 Abs. 2 Satz 1 BPersVG) für zwei Jahre (§ 91 Abs. 2 Satz 4 BPersVG). Der Vertrauensmann nimmt Anträge und Beschwerden der Ortskräfte in innerdienstlichen, sozialen und persönlichen Angelegenheiten entgegen und vertritt sie gegenüber der Dienststelle und dem Personalrat (§ 91 Abs. 2 Satz 6 BPersVG).

3 2. Der Vertrauensmann und seine Stellvertreter werden in einer **Wahlversammlung der Ortskräfte** offen (durch Handaufheben) gewählt (§ 91 Abs. 2 Satz 2 BPersVG). Auf Widerspruch einer wahlberechtigten Ortskraft gegen die offene Wahl muss (zwingend) geheim mit Stimmzetteln gewählt werden (§ 91 Abs. 2 Satz 2 Halbs. 2 BPersVG). Bereits der Widerspruch eines für diese Wahl Berechtigten erzwingt die geheime Wahl. Eine Diskussion oder Abstimmung über offene oder geheime Wahl findet nicht statt.

4 3. Die Wahl des Vertrauensmanns und seiner Stellvertreter **darf nicht behindert** oder in einer gegen die guten Sitten verstoßenden Weise beeinflusst werden. Kein Wahlberechtigter darf in der Ausübung des aktiven oder passiven Wahlrechts beschränkt werden (Abs. 2 Satz 3 i. V. mit § 24 Abs. 1 Satz 1 und 2 BPersVG). Dagegen genießen der Vertrauensmann und seine Stellvertreter keinen Kündigungsschutz nach § 47 BPersVG, da § 24 Abs. 1 Satz 3 BPersVG durch § 91 Abs. 2 Satz 3 BPersVG nicht für anwendbar erklärt ist (vgl. § 91 Abs. 1 Halbs. 1 BPersVG).

5 4. Die **Kosten der Wahl** trägt die Dienststelle. Die Tätigkeit des Wahlvorstands und die Teilnahme an der Wahlversammlung führen nicht zur Minderung des Arbeitsentgelts der Ortskräfte.

6 5. Der Vertrauensmann der Ortskräfte und seine Stellvertreter müssen **unter der Leitung eines Wahlvorstands** gewählt werden (vgl. § 1 Anm. 2). Den Wahlvorstand bestellt der Personalrat (vgl. § 20 BPersVG). Er besteht aus drei Mitgliedern, von denen eines vom Personalrat zum Vorsitzenden be-

stimmt wird. Wahlvorstandsmitglieder sollen in erster Linie Ortskräfte sein. Nur wenn solche zur Übernahme des Amtes nicht in ausreichender Zahl bereit sind, kann der Personalrat andere Beschäftigte berufen (Abs. 1 Satz 3).

6. Der Personalrat muss den Wahlvorstand spätestens **drei Wochen vor Ablauf der Amtszeit** des Vertrauensmanns bestellen, damit eine vertretungslose Zeit vermieden wird. Falls der Personalrat den Wahlvorstand nicht rechtzeitig bestellt oder in der Dienststelle kein Personalrat besteht, so wird der Wahlvorstand vom Dienststellenleiter bestellt. Der Dienststellenleiter ist nicht auf den Antrag irgendeiner Seite zur Bestellung des Wahlvorstands angewiesen. Er hat den Wahlvorstand von Amtswegen zu bestellen. Eine Personalversammlung der Ortskräfte zur Wahl eines Wahlvorstands ist nicht vorgesehen und kann daher nicht durchgeführt werden. 7

7. Die **Amtszeit** des Vertrauensmanns beträgt zwei Jahre (§ 91 Abs. 2 Satz 4 BPersVG). Außer durch Ablauf der Amtszeit erlischt das Amt aus den weiteren Gründen des § 29 Abs. 1 BPersVG (vgl. § 91 Abs. 2 Satz 4 Halbs. 2 BPersVG). Ist das Amt des Vertrauensmanns erloschen, so rückt derjenige Stellvertreter nach, der bei der Wahl die nächsthöhere Stimmenzahl erzielt hat. Haben beide Stellvertreter dieselbe Stimmenzahl erreicht, so entscheidet das Los. Ist kein Stellvertreter mehr vorhanden oder zur Übernahme des Amtes des Vertrauensmanns bereit, so muss ohne Rücksicht darauf, ob die normale Amtszeit abgelaufen ist, neu gewählt werden (§ 91 Abs. 2 Satz 5 BPersVG). 8

8. Die Vorschrift des Abs. 2 entspricht inhaltlich der Vorschrift des § 85 Abs. 2 Satz 3 Nr. 3 Satz 1 und 2 BPersVG. Auf die Anmerkungen 9 bis 11 zu § 48 WO wird verwiesen (Vertrauensmann der nicht zum Personalrat wahlberechtigten Polizeivollzugsbeamten des Bundesgrenzschutzes). Abs. 3 stimmt in allen Sätzen wörtlich mit § 48 Abs. 1 Satz 2 bis 6 WO überein. Das in Anm. 12 bis 15 zu § 48 Gesagte gilt ebenso für die Wahl des Vertrauensmanns der Ortskräfte. Auf diese Anmerkungen wird Bezug genommen. Abs. 4 stimmt inhaltlich mit § 48 Abs. 2 WO überein. Sein Inhalt ist die verbindliche und zwingende Richtlinie für die **Bewertung des Wahlergebnisses.** 9

III. Geltungsbereich/Wahlanfechtung

1. Die Vorschriften des § 91 BPersVG sind **Ausnahmevorschriften,** die die sonstigen Bestimmungen des BPersVG nur insoweit außer Kraft setzen, als sie dies ausdrücklich bestimmen. Soweit § 91 BPersVG und der auf ihm beruhende § 51 WO von Bestimmungen des BPersVG nicht abweichen, gelten die Vorschriften des BPersVG unmittelbar, z. B. auch die Vorschriften über die Wahlanfechtung und das Beschlussverfahren nach § 83 BPersVG. 10

2. Die Vorschriften sind, soweit sie nicht ausdrücklich nachgiebiges Recht enthalten (z. B. Abs. 1 Satz 3 WO), zwingend und wesentliche Vorschriften i. S. von § 25 BPersVG. Ihre Verletzung rechtfertigt die **Wahlanfechtung.** 11

Siebter Teil Schlussvorschriften

§ 52 Berechnung von Fristen

Für die Berechnung der in dieser Verordnung festgelegten Fristen finden die §§ 186 bis 193 des Bürgerlichen Gesetzbuchs entsprechende Anwendung. Arbeitstage im Sinne dieser Wahlordnung sind die Wochentage Montag bis Freitag mit Ausnahme der gesetzlichen Feiertage.

Entspr. landesrechtliche Regelungen:
Baden-Württemberg: § 52; Bayern: § 58; Berlin: § 42; Brandenburg: § 51; Bremen: § 41; Hamburg: § 34; Hessen: § 45; Mecklenburg-Vorpommern: § 49; Niedersachsen: § 49; Nordrhein-Westfalen: § 52; Rheinland-Pfalz: § 59; Saarland: § 46; Sachsen: § 47; Sachsen-Anhalt: § 48; Schleswig-Holstein: § 49; Thüringen: § 48.

1 1. Die Vorschrift regelt unter Bezugnahme auf die §§ 186 bis 193 BGB die **Art und Weise der Berechnung von Fristen.**

2 2. Die **Fristen** werden nur nach ganzen Tagen berechnet, die von Mitternacht zu Mitternacht laufen. Im allgemeinen aber muss die nach den einzelnen Bestimmungen der WO vorzunehmende Handlung innerhalb der üblichen Dienstzeit ausgeführt werden.

3 3. Für den Fristbeginn ist entscheidend, dass der Tag, in den das Ereignis fällt, das die Frist in Lauf setzt, **nicht mitgerechnet** wird (§ 187 Abs. 1 BGB). Erfolgt daher z. B. die Bekanntgabe der Namen der Mitglieder des Wahlvorstands durch Aushang am Donnerstag, so beginnt die Frist für die Durchführung von Vorabstimmungen erst am Freitag und endet, da die Samstage auch dort nicht als Arbeitstage gelten, wo der Samstag nicht dienstfrei ist, am Freitag der nachfolgenden Woche um 24.00 Uhr (vgl. § 188 Abs. 2, § 187 Abs. 1 BGB).

4 4. Wenn eine **Frist** an einem Samstag, Sonntag oder an einem gesetzlichen Feiertag **endet,** so läuft sie erst am darauffolgenden Werktag um 24.00 Uhr ab. Werden Fristen nach Kalendertagen bemessen, so zählen Samstage, Sonntage oder gesetzliche Feiertage mit. Demgegenüber sind diese Tage bei einer Fristbemessung nach Arbeitstagen selbstverständlich nicht mitzurechnen.

5 5. Die Bestimmung des **Satz 2 gilt nur für die WO.** Da die Ermächtigung des § 115 BPersVG die Befugnis des Rechtsverordnungsgebers auf die in § 115 BPersVG genannten Gegenstände beschränkt, ihn aber nicht zu Änderungen des BGB ermächtigt, gilt Satz 2 nicht für die Fristen nach dem BPersVG. Für sie bleiben die §§ 186 bis 193 BGB maßgebend.

§ 53 Übergangsregelung

Für Wahlen, zu deren Durchführung der Wahlvorstand spätestens vor dem 1. Oktober 2005 bestellt worden ist, ist die Wahlordnung zum Bundespersonalvertretungsgesetz in der bis zum 30. September 2005 geltenden Fassung anzuwenden.

§54 Inkrafttreten

Diese Verordnung tritt am Tage nach der Verkündung in Kraft. Gleichzeitig treten die Wahlordnung zum Personalvertretungsgesetz vom 4. November 1955 (Bundesgesetzbl. I S. 709), die Wahlordnung zum Gesetz über Personalvertretungen im Bundesgrenzschutz vom 12. August 1965 (Bundesgesetzbl. I S. 877), die Verordnung über die Wahl und Geschäftsführung der Vertrauensmänner und des Hauptvertrauensmannes im Bundesnachrichtendienst vom 24. Januar 1968 (Bundesgesetzbl. I S. 117) und die auf Grund des §97 Abs. 1 Satz 2 des Personalvertretungsgesetzes vom 5. August 1955 (Bundesgesetzbl. I S. 477), zuletzt geändert durch das Gesetz zur Änderung des Bundesreisekostengesetzes und des Bundesumzugskostengesetzes vom 13. November 1973 (Bundesgesetzbl. I S. 1613), erlassenen Rechtsverordnungen außer Kraft.

Die Wahlordnung ist am 23. 9. 1974 ausgefertigt und im BGBl. I S. 2337 vom 25. 9. 1974 veröffentlicht worden. Sie ist am 26. 9. 1974 in Kraft getreten.

Anhang

I. Wahlordnungen zu den Personalvertretungsgesetzen der Länder (Rechtsgrundlagen, Stand: 1. 11. 2007)

Baden-Württemberg: Wahlordnung zum Landespersonalvertretungsgesetz v. 14. 10. 1996 (GBl. S. 676), zuletzt geändert durch G. v. 11. 10. 2005 (GBl. S. 658).

Bayern: Wahlordnung zum Bayerischen Personalvertretungsgesetz v. 12. 12. 1995 (GVBl. S. 868), zuletzt geändert durch G. v. 24. 12. 2005 (GVBl. S. 665).

Berlin: Wahlordnung zum Personalvertretungsgesetz i. d. F. v. 16. 2. 2000 (GVBl. S. 238).

Brandenburg: Wahlordnung zum Landespersonalvertretungsgesetz v. 26. 8. 1994 (GVBl. S. 716), zuletzt geändert durch VO v. 29. 1. 2002 (GVBl. II/02 S. 102).

Bremen: Wahlordnung zum Bremischen Personalvertretungsgesetz v. 1 1. 12. 1958 (Brem. GBl. S. 7), zuletzt geändert durch G. v. 18. 12. 2003 (Brem. GVBl. S. 421).

Hamburg: Wahlordnung zum Hamburgerischen Personalvertretungsgesetz v. 27. 2. 1973 (HambGVBl. S. 29, ber. S. 1 75), zuletzt geändert durch G. v. 21. 1. 2006 (HambGVBl. S. 50).

Hessen: Wahlordnung zum Hessischen Personalvertretungsgesetz v. 8. 4. 1988 (GVBl. I S. 139), zuletzt geändert durch VO v. 6. 6. 2007 (GVBl. I S. 302).

Mecklenburg-Vorpommern: Landesverordnung über die Wahl der Personalräte (Wahlordnung zum Personalvertretungsgesetz) v. 19. 4. 1993 (GVOBl. S. 320).

Niedersachsen: Wahlordnung für die Personalvertretungen im Land Niedersachsen i. d. F. v. 8. 7. 1998 (GVBl. S. 539), zuletzt geändert durch VO v. 17. 7. 2007 (NdsGVBl. S. 341).

Nordhein-Westfahlen: Wahlordnung zum Landespersonalvertretungsgesetz v. 20. 5. 1986 (GV. NRW S. 485), geänd. d. VO v. 30. 5. 1995 (GV. S. 498).

Rheinland-Pfalz: Wahlordnung zum Personalvertretungsgesetz v. 26. 1. 1993 (GVBl. S. 89), geänd. d. VO v. 21. 7. 2003 (GVBl. S. 155).

Saarland: Wahlordnung zum Personalvertretungsgesetz für das Saarland v. 19. 6. 1973 (Amtsbl. S.462), geänd. d. VO v. 24. 2. 1989 (Amtsbl. S. 300).

Sachsen: Wahlordnung zum Sächsischen Personalvertretungsgesetz v. 15. 2. 1993 (SächsGVBl. S. 169).

Sachsen-Anhalt: Wahlordnung zum Landespersonalvertretungsgesetz Sachsen-Anhalt v. 19.2.1993 (GVBl. LSA S. 98), zuletzt geändert durch VO v. 23.6.2006 (GVBl. LSA S. 362).

Schleswig-Holstein: Landessverordnung über die Wahl der Personalräte i. d. F. v. 18.1.1 995 (GVOBl. S. 48), zuletzt geändert durch G. v. 5.12.2006 (GVOBl. S. 275).

Thüringen: Wahlordnung zum Thüringer Personalvertretungsgesetz v. 6.12.1993 (GVBl. S. 831), zuletzt geändert durch G. v. 16.12.2005 (GVBl. S. 408).

II. Synopsen

1. Wahlvorschriften des BPersVG und der Landesgesetze

Bund §	BW §	Bay Art	Bln §	Brand §	Bre §	Hbg §	Hess §	MV §	Nds §	NW §	RhP §	Saar §	Sachs §	SA §	SH §	Thür §
12	14 Abs. 1,2	12	–	12	12 Abs. 1,2	10 Abs. 1,2	12 Abs. 1,2	10	12	13 Abs. 1,2	14 Abs. 1,2	11	12	12	12	12
13	11	13	12	13	9	11	9	11	9	10	12	12	13	13	13	13
14	12	14	13	14	10	12	10	12	10	11	13	13	14	14	14	14
15	13	15	13 Abs. 2	15	11	13 Abs. 1,2	11	12	11	12	–	14	15	15	14 Abs. 4	15
16	14 Abs. 3, 4	16	14	16	12 Abs. 3	14	12 Abs. 3	13	13 Abs. 3, 4	14 Abs. 3, 4	15 Abs. 1, 2	16	16	15	16	16
17	15,18	17	15	17	13	15,17	13	14	14,15,20	14	15	16	17	17	16 Abs. 2,5	17
18	16	18	15 Abs. 6	18	14	16	14 .	14	16	15	16	17	18	18	16 Abs. 3	18
19	17	19	16	19	15	19	15	15	17 ff.	16	17	18	19	19	17	19
20	20	20	17 Abs. 1,2	20	16	20	16	40	20a,21	17	19	19	20	20	1,2 WO	20
21	21	21	17 Abs. 3	21	17	21	17	–	22	18	20	20	21	21	1 Abs. 13 WO	21
22	22	22	18	22	18	22	18	–	23	!9	21	21	22	22	–	22
23	23	23	19	23	19	23	10	–	24	20	22	22	23	23	2,	23
															22 Abs. 1,5 23 Abs. 1 25 WO	
24	24	24	20,21	24	20	24	20	16,17	25	21	23	24	24	24	18,19	24
25	25	25	22	25	21	26	21	18	26	22	24	25	25	25	20	25

2. Wahlordnungen des Bundes und der Länder

Bund	BW	Bay	Bln	Brand	Bre	Hbg	Hess	MV	Nds	NW	RhP	Saar	Sachs	SA	SH	Thür
§ 1	§ 1	§ 1	§ 1	§§ 1, 2	§ 1	§ 1	§ 1	§ 1	§ 1	§ 1	§ 1	§ 1	§ 1	§ 1	§ 2	§ 1
§ 2	§ 5	§ 2	§ 2	§ 3	§ 2	§ 2	§ 2	§ 4	§§ 3,4	§ 2	§ 2	§ 2	§ 2	§ 2	§ 4	§ 2
§ 3	§ 6	§ 3	§ 2 Abs. 4	§ 4	§ 3	§ 3	§ 3	§ 5	§ 5	§ 3	§ 3	§ 3	§ 3	§ 5	§ 5	§ 3
§ 4	§ 4	§ 4	§ 3	§ 6	§ 4	§ 4	§ 4	§ 6	§ 6	§ 4	§ 4	§ 4	§ 5	§ 5	§ 6	§ 5
§ 5	§ 7	§ 5	§ 4	§ 7	§ 5	§ 5	§ 5	§ 7	§ 7	§ 4	§ 5	§ 5	§ 6	§ 6	§ 7	§ 6
§ 6	§ 8	§ 6	§ 6	§ 7	§ 6	§ 6	§ 6	§ 8	§ 8	§ 6	§ 6	§ 6	§ 8	§ 6	§ 8	§ 6
§ 7	§ 10	§ 7	§ 6	§ 8	§ 7	§ 7	§ 7	§ 9	§ 9	§ 7	§ 7	§ 7	§ 7	§ 7	§ 9	§ 7
§ 8	§ 11	§ 8	§ 7	§ 9	§ 8	§ 8	§ 8	§ 10	§ 10	§ 8	§ 8	§ 8	§ 8	§ 8	§ 10	§ 8
§ 9	§ 12	§ 9	§ 8	§ 10	§ 9	§ 9	§ 9	§ 11	§ 11	–	§ 9	§ 9	§ 9	§ 11	§ 11	§ 9
§ 10	§§ 13, 14	§ 10	§ 9	§ 11	§ 10	§ 10	§ 10	§ 12	§ 12	§ 9	§ 10	§ 10	§ 10	§ 10	§ 12	§ 10
§ 11	§ 15	§ 11	§§ 10, 12	§ 12	§ 11	§ 11	§ 11	§ 13	§ 13	§ 10	§ 11	§ 11	§ 11	§ 11	§ 13	§ 11
§ 12	§ 16	§ 12	§ 11	§ 13	§ 12	§ 12	§ 12	§ 14	§ 14	§ 11	§ 12	§ 12	§ 12	§ 12	§ 14	§ 12
§ 13	§ 17	§ 13	§ 12	§ 14	§ 13	§ 13	§ 15	§ 15	§ 15	§ 12	§ 13	§ 13	§ 13	§ 13	§ 15	§ 13
§ 14	§ 18	§ 14	§ 13	§ 15	§ 14	§ 11 Abs. 3	§ 14	§ 16	§ 16	§ 13	§ 14	§ 14	§ 14	§ 14	§ 16	§ 14
§ 15	§ 19	§ 15	§ 14	§ 16	§ 15	§ 14	§ 15	§ 17	§ 17	§ 14	§ 15	§ 15	§ 15	§ 15	§ 17	§ 15
§ 16	§ 21	§ 16	§ 15	§ 17	§ 16	§ 15	§ 16	§ 18	§ 18	§ 15	§ 16	§ 16	§ 16	§ 16	§ 18	§ 16
§ 17	§ 22	§ 17	§ 15a	§ 18	§ 17	§ 16	§ 16a	§ 19	§ 19	§ 16	§ 17	§ 17	§ 17	§ 17	§ 19	§ 17
§ 18	§ 22 Abs. 1	§ 18	§ 15b	§ 19	§ 18	§ 17	§ 16b	§ 20	§ 20	§ 17	§ 18	§ 18	§ 18	§ 18	§ 20	§ 18
§ 19	§ 23	§ 19	§ 16	§ 20	–	§ 16 Abs. 1	§ 17	§ 21	§ 21	§ 18	§ 19	§ 19	§ 19	§ 19	§ 21	§ 19
§ 20	§ 24	§ 20	§ 18	§ 21	§ 19	§ 18	§ 18	§ 22	§ 22	§ 19	§ 20	§ 20	§ 20	§ 20	§ 22	§ 20
§ 21	§ 27	§ 21	§ 19	§ 22	§ 20	§ 19	§ 19	§ 23	§ 23	§ 20	§ 21	§ 21	§ 21	§ 21	§ 23	§ 21

Bund	BW	Bay	Bln	Brand	Bre	Hbg	Hess	MV	Nds	NW	RhP	Saar	Sachs	SA	SH	Thür
§ 22	§ 28	§ 22	§ 20	§ 23	§ 21	§ 20	§ 20	§ 24	§ 24	§ 21	§ 22	§ 22	§ 22	§ 22	§ 24	§ 22
§ 23	§ 29	§ 23	§ 21	§ 24	§ 22	§ 21	§ 21	§ 25	§ 25	§ 21	§ 23	§ 23	§ 23	§ 23	§ 25	§ 23
§ 24	§ 30	§ 24	§ 22	§ 25	§ 23	§ 23	§ 22	§ 27	§ 27	§ 22	§ 24	§ 24	§ 24	§ 27	§ 27	§ 24
§ 25	§§ 31 ff.	§ 25	§ 23	§ 26	§ 24	§ 24	§ 23	§ 28	§ 29	§ 23	§ 25	§ 25	§ 25	§ 25	§ 28	§ 25
§ 26	§ 35	§ 36	§ 24	§ 27	§ 25	§ 25	§ 24	§ 29	§ 30	§ 24	§ 26	§ 26	§ 26	§ 26	§ 29	§ 26
§ 27	§ 36	§ 27	§ 25	§ 28	§ 26	§ 26	§ 25	§ 30	§ 31	§ 25	§ 27	§ 27	§ 27	§ 27	§ 30	§ 27
§ 28	§§ 38 ff.	§ 28	§ 26	§ 29	§ 27	§ 27	§ 26	§ 31	§ 33	§ 26	§ 28	§ 28	§ 28	§ 28	§ 31	§ 28
§ 29	§ 41	§ 29	§ 27	§ 30	§ 28	§ 28	§ 27	§ 32	§ 34	§ 27	§ 29	§ 29	§ 29	§ 29	§ 32	§ 29
§ 30	§ 39	§ 30	§ 28	§ 31	§ 29	§ 29	§ 28	§ 33	§ 32	§ 26	§ 30	§ 30	§ 30	§ 30	§ 33	§ 30
§ 31	–	–	–	–	–	–	–	–	–	–	–	–	–	–	–	–
§ 32	§ 43	§ 33	–	§ 33	–	–	§ 31	§ 35	§ 36	§ 28	§ 32	§ 43	§ 31	§ 31	§ 35	§ 31
§ 33	§ 45 Abs. 3	§ 34	–	§ 34	–	–	§ 32	§ 36	§ 36 Abs. 2	§ 29	§ 33	§ 43	§ 32	§ 32	§ 36	§ 32
§ 34	§ 44 Nr. 2	§ 35	–	§ 35	–	–	§ 33	§ 37	§ 37	§ 30	§ 34	§ 43	§ 33	§ 33	§ 37	§ 33
§ 35	§ 44 Nr. 3	§ 36	–	§ 36	–	–	§ 34	§ 38	§ 38	§ 31	§ 35	§ 43	§ 34	§ 34	§ 38	§ 34
§ 36	§ 50	§ 37	–	§ 37	–	–	§ 35	§ 39	§ 36 Abs. 4	§ 32	§ 36	–	§ 35	§ 35	–	§ 35
§ 37	§ 46	§ 38	–	§ 38	–	–	§ 36	§ 40	§ 38	§ 33	§ 37	§ 43	§ 36	§ 36	§ 40	§ 36
§ 38	§ 46	§ 39	–	§ 39	–	–	§ 37	§ 41	§ 39	§ 35	§ 38	§ 43	§ 37	§ 37	§ 41	§ 37
§ 39	–	§ 40	–	§ 40	–	–	§ 38	§ 42	§ 39	§ 33 Abs. 5	§ 39	§ 43	§ 42	§ 38	§ 42	§ 38
§ 40	§ 50	§ 41	–	§ 41	–	–	§ 39	§ 43	§ 40	§ 34	§ 40	§ 43	§ 39	§ 39	§ 43	§ 39
§ 41	§ 45	§ 43	–	§ 43	–	–	§ 40	§ 44	§ 42	§ 35	§ 41	§ 43	§ 40	§ 40	§ 44	§ 40
§ 42	§ 48	§ 46	§ 39 Abs. 1	§ 45	–	–	§ 41	§ 45	§ 43 Abs. 1	§ 36	§ 43	§ 33	§ 41	§ 41	§ 45	§ 41
§ 43	–	§ 47	§ 40	§ 46	–	–	§ 42	§ 46	§ 42 Abs. 2	§ 37	§ 34	§ 43	§ 42	§ 42	§ 46	§ 42
§ 44	§ 48 Abs. 2	§ 48	§ 41	§ 47	–	–	§ 43	§ 47	§ 44	§ 38	§ 45	§ 35	§ 43	§ 43	§ 47	§ 43

Bund	BW	Bay	Bln	Brand	Bre	Hbg	Hess	MV	Nds	NW	RhP	Saar	Sachs	SA	SH	Thür
§ 45 § 44	§ 49	§ 53	§ 30 Abs. 1	§ 48	§§ 31 ff.	§§ 30 ff.	§ 44	§ 48	§ 45	§ 39	§ 47	§ 44	§ 44	§ 44	§ 48	§ 44
§ 46	§ 51	§ 32	§ 30 Abs. 2	§ 44	§ 30	§ 38	§ 45	§ 34	§ 35	§ 40	§ 31	§ 32	§ 45	§ 45	§ 34	§ 45
§ 47 § 46	–	§§ 33 ff.	§ 39	§ 44	–	–	§ 46	–	–	§ 41	§§ 42, 46, 47	§ 45	§ 46	§ 46	–	§ 46
§ 48	–	–	–	–	–	–	–	–	–	–	–	–	–	–	–	–
§ 49	–	–	–	–	–	–	–	–	–	–	–	–	–	–	–	–
§ 50	–	–	–	–	–	–	–	–	–	–	–	–	–	–	–	–
§ 51	–	–	–	–	–	–	–	–	–	–	–	–	–	–	–	–
§ 52	§ 52	§ 61	§ 42	§ 51	§ 41	§ 40	§ 48	§ 49	§ 48	§ 49	§ 59	§ 46	§ 47	§ 48	§ 49	§ 48
§ 53	–	–	–	–	–	–	–	–	–	–	–	–	–	–	–	–
§ 54	–	–	–	–	–	–	–	–	–	–	–	–	–	–	–	–

III. Grundsätzliche Hinweise zur Rechtslage bei der Behandlung und Förderung freigestellter Personalratsmitglieder

Rdschr. des BMI vom 12. März 2002 – DI3 – 212152/12

Bei der Behandlung und beruflichen Förderung freigestellter Personalratsmitglieder treten immer wieder Schwierigkeiten und Rechtsfragen auf, die von den Ressorts zum Teil unterschiedlich gelöst werden. Grundsätzlich ist jeder Einzelfall gesondert auf Grund der jeweiligen Gesamtumstände zu beurteilen. Generalisierende Regelungen würden zu einem Sonderrecht für Personalräte führen und wären wegen der Vielzahl möglicher Fallgestaltungen auch gar nicht denkbar. Das Bundesministerium des Innern hält es aber für geboten, auf den rechtlichen Rahmen hinzuweisen, innerhalb dessen sich die Behandlung und berufliche Förderung freigestellter Personalratsmitglieder halten muss; es entspricht damit zugleich einer Forderung des Rechnungsprüfungsausschusses des Haushaltsausschusses des Deutschen Bundestages.

I. Berufliche Förderung

Gemäß § 8 BPersVG dürfen Personen, die Aufgaben der Befugnisse nach dem Gesetz wahrnehmen, wegen ihrer Tätigkeit, nicht benachteiligt oder begünstigt werden. Dies gilt auch für ihre berufliche Entwicklung. § 46 Abs. 3 Satz 6 BPersVG konkretisiert diesen allgemeinen Grundsatz für die von ihrer dienstlichen Tätigkeit freigestellten Personalratsmitglieder dahin, dass die Freistellung nicht zur Beeinträchtigung des beruflichen Werdeganges führen darf; dies gilt gleichermaßen für Beamte, Richter, Soldaten (nach §§ 49, 51 Abs. 3 SBG) und Arbeitnehmer. Das freigestellte Personalratsmitglied ist deshalb bei Erfüllung der notwendigen Voraussetzungen auch dann zu befördern bzw. höher zu gruppieren, wenn von vornherein feststeht, dass es wegen der Freistellung auf der in Betracht kommenden Stelle nicht eingesetzt werden kann. Das Benachteiligungsverbot gilt ebenfalls in Bezug auf beförderungsgleiche Maßnahmen und berufsbezogene Fortbildungsmaßnahmen. Um eine gerechte und für alle Beschäftigten transparente Förderung der freigestellten Personalratsmitglieder zu gewährleisten, sind diese kontinuierlich in die personalwirtschaftlichen Überlegungen der Dienststelle einzubeziehen.

1. Um eine Beeinträchtigung i. S. d. § 46 Abs. 3 Satz 6 BPersVG zu vermeiden, ist im Rahmen der beruflichen Förderung eine Leistungsentwicklung zu unterstellen, wie sie sich voraussichtlich ergeben hätte, wenn die Freistellung nicht erfolgt wäre. Dies ist bei Beamten dadurch möglich, dass die letzte planmäßige dienstliche Beurteilung unter Berücksichtigung der Entwicklung vergleichbarer Beamten fiktiv fortgeschrieben wird (vgl. OVG Koblenz, Beschl. v. 2. Juli 1999 – 2 B 112; 99 – DÖV 2000,165 ff.; OVG Saarlouis, Beschl. v. 25. August 1992 – 1 W 44/92 –, NVwZ-RR 1993, 310 f.; OVG Münster, Urt. v. 24. Juni 1980 – 6 A 292/78 –, RiA 1980, 219 f.; vgl. auch BVerwG, Urt. v. 10. April 1997 – 2 C 38.95 –, PersR 1997, 533, 535; OVG Magdeburg, Beschl. v. 30. Mai 2000 – B 3 S 391/99 –, JMinBl LSA 2001, 55 ff.). Bei der Fortschreibung handelt es sich um ein anlassbezogenes Beurteilungssurrogat, da die Personalratstätigkeit selbst jeder dienstlichen Beurteilung entzogen ist. In diesem Zusammenhang ist folgendes zu beachten:
   - Die Bestimmung der Gruppe vergleichbarer Beamter steht im pflichtgemäßen Ermessen der Dienststelle. Als Vergleichskriterien kommen, ggf. kumulativ u. a. Besoldungsgruppe, Beurteilungsnote, Dienstposten, Funktion oder Geburts- und Einstellungsjahrgang in Betracht. Die Auswahl dieser Beamten sollte **zu Beginn** der Freistellung erfolgen und aktenkundig gemacht werden.
   Die berufliche Förderung freigestellter Personalratsmitglieder ist von der Dienststelle wie bei allen anderen Beschäftigte **von Amts wegen** wahrzunehmen. Eines besonderen Antrags auf Nachzeichnung des beruflichen Werdeganges bedarf es nicht. Falls ein Beförderungsdienstposten ausgeschrieben

wird, sind auch freigestellte Personalratsmitglieder nur auf Grund einer Bewerbung zu berücksichtigen; eine entsprechende Information ist sicherzustellen. Im Ausnahmefall kann das freigestellte Mitglied von Amts wegen in das Auswahlverfahren einbezogen werden, z. B. bei Verhinderung seiner rechtzeitigen Information (vgl. BAG, Urt. v. 27. 06. 2001 – 7 AZR 496/99, PersR 2002, 39-42).

- Wenn ein Personalratsmitglied seine Freistellung für einen nicht unerheblichen Zeitraum unterbricht, ist die beurteilungsfähige dienstliche Leistung in diesem Zeitraum bei der Fortschreibung der vor der Freistellung erstellten Beurteilung nach pflichtgemäßen Ermessen mit zu berücksichtigen. Dabei ist angemessen zu berücksichtigen, dass durch eine längere vorangegangene Freistellung zwangsläufig Wiedereinarbeitungsschwierigkeiten entstehen können.
- Auch bei teilweise freigestellten Personalratsmitgliedern ist eine Fortschreibung der Beurteilung vorzunehmen, wenn der Anteil der dienstlichen Tätigkeit so weit abgesunken ist, dass eine sachgerechte Beurteilung dieser Tätigkeit nicht mehr möglich ist. Dies kann in der Regel dann angenommen werden, wenn die tatsächliche dienstliche Tätigkeit weniger als 25 % der Arbeitszeit ausmacht.
- Die Entscheidung über die Auswahl des freigestellten Personalratsmitgliedes und die fiktive Übertragung des Dienstpostens sind aktenkundig zu machen.

2. Die tarifrechtlichen Voraussetzungen für die Eingruppierung eines Arbeitnehmers in eine bestimmte Vergütungs- oder Lohngruppe gelten auch für freigestellte Personalratsmitglieder. Ihr beruflicher Werdegang ist im Wege einer fiktiven Nachzeichnung so zu behandeln wie der eines vergleichbaren Kollegen ohne Personalratsamt (vgl. BAG, Urt. v. 27. 06. 2001 – 7 AZR 496/99, PersR 2002, 39-42; BAG, Urt. v. 29. Oktober 1998 – 7 AZR 202/97 –, zit. nach JURIS; Urt. v. 26. September 1990 – 7 AZR 208/89 –, PersR 1991, 305 ff.). Es ist darauf abzustellen, welche höherbewertete Tätigkeit für den Betroffenen in Betracht gekommen wäre und anderen, vergleichbaren, nicht freigestellten Arbeitnehmern auch übertragen wurde. Eingruppierungsunterschiede, die nur auf individuelle Leistungs- und Befähigungsunterschiede vergleichbarer Arbeitnehmer zurückgehen, dürfen allerdings nicht berücksichtigt werden. Die unter Nr. 1 genannten Kriterien sind entsprechend zu beachten. Bei Vornahme einer Höhergruppierung ist eine fiktive Tätigkeitsdarstellung und -bewertung zu den Akten zu nehmen, um die Personalausgaben haushaltsrechtlich zu belegen.
   Ein Bewährungsaufstieg, der – wie der sog. Zeitaufstieg – während der Freistellungsperiode möglich ist, ist davon abhängig, ob die tarifgerechte Eingruppierung des betroffenen Beschäftigten dies zulässt. Nach Erfüllung der vorgeschriebenen Bewährung erfolgt die Höhergruppierung, wobei der Zeitraum der Freistellung auf die Bewährungszeit anzurechnen ist.
3. Einem freigestellten Personalratsmitglied darf zwar kein Nachteil erwachsen, wenn es auf Grund langjähriger Freistellungen von seiner dienstlichen Tätigkeit keine aktuellen Leistungsbeurteilungen mehr vorweisen kann und nicht mehr über die gleiche berufliche Erfahrung und Fortbildung verfügt, wie ein Beschäftigter, der ohne Unterbrechung mit unterschiedlichen dienstlichen Aufgabenbereichen betraut war. Dies gilt jedoch nicht für den Nachweis bestimmter Voraussetzungen oder besonderer Qualifikationen, die verbindlich vorgeschrieben sind und von allen Bewerbern gefordert werden. Das betroffene Personalratsmitglied muss gegebenenfalls auf seine Freistellung vorübergehend verzichten, um an entsprechenden Fortbildungsmaßnahmen teilzunehmen bzw. die gesetzlich vorgeschriebenen Bewährungszeiten zu erbringen. Unter die genannten Qualifikationen fallen auch Zeugnisse, Diplome, staatliche Anerkennungen, die in Tätigkeits- und/oder Heraushebungsmerkmalen gefordert werden. Wenn ein Personalratsmitglied als „sonstiger Angestellter, der auf Grund gleichwertiger Fähigkeiten und seinen Erfahrungen entsprechende Tätigkeiten ausübt", eingruppiert werden soll, ist seine Befähigung entsprechend meinem Rundschreiben vom 24. 9. 1996 – DI14 – 220 230/7 – (GMBl 1996, 694) aktenkundig festzuhalten.

Grundsätzlich steht auch freigestellten Personalratsmitgliedern der Übertritt in eine höhere Laufbahngruppe bzw. eine entsprechende Höhergruppierung sowie der Aufstieg für besondere Verwendung offen, wenn sie die gleichen rechtlichen Voraussetzungen erfüllen wie die übrigen Bewerber und dafür gegebenenfalls ihre Freistellungszeit unterbrechen. Die Einführungszeit für den Aufstieg in eine höhere Laufbahngruppe kann nicht unter Anrechnung von Zeiten der Personalratstätigkeit gekürzt werden. Die gesetzlichen Voraussetzungen der Bundeslaufbahnverordnung liegen dafür nicht vor, da sich die Personalratstätigkeit nicht auf die Erledigung typischer Fachaufgaben richtet und sich auch keiner Laufbahngruppe zuordnen lässt. Darüber hinaus entzieht sie sich in jeder Hinsicht einer Beurteilung durch die Dienststelle. Auch eine Kürzung der Mindestbewährungszeit nach Bestehen der Aufstiegsprüfung bzw. der Feststellung des erfolgreichen Abschlusses der Einführung unter Hinweis auf die Personalratstätigkeit ist nicht möglich.

Bei einer Beförderung in das Spitzenamt einer Laufbahn mit gleichzeitiger Funktionsänderung und bei vergleichbaren Höhergruppierung ist ebenfalls regelmäßig eine Unterbrechung der Freistellung für die Erprobungszeit erforderlich. Dabei ist darauf zu achten, dass die ebenfalls wichtige Kontinuität der Personalratsarbeit nicht unangemessen beeinträchtigt wird. Im Rahmen der Bemessung der Unterbrechungsdauer sind insbesondere die Dauer der Freistellung und das fachliche Erfordernis des Beförderungssamtes oder Aufgabengebietes zu berücksichtigen.

II. Bezüge und Urlaub

Freigestellte Personalratsmitglieder haben gem. § 46 Abs. 2 Satz 1 BPersVG Anspruch auf Fortzahlung ihrer Bezüge. Beamte, Richter, Soldaten (nach §§ 49,51 Abs. 3 SBG) und Arbeitnehmer erhalten nach dem Lohnausfallprinzip die Bezüge, die sie ohne die Freistellung erzielt hätten (vgl. BVerwG, Urt. v. 13. September 2001 – 2 C 34.00 –). Daher sind auch alle vor der Freistellung gewährten Zulagen weiterzuzahlen, die Entgeltcharakter haben (z. B. Amtszulagen, Überstundenzuschläge, Schwerarbeiterzulagen, Lärmzulagen, Gefahren- und Erschwerniszulagen, Nachtarbeitszuschläge, Mehrarbeitsvergütungen).

- Die an den Dienstposten (bzw. den Tätigkeitsbereich) gekoppelten Zulagen werden gezahlt, so lange das Personalratsmitglied von dem entsprechenden Arbeitsplatz freigestellt ist. Auch während der Freistellung auftretende Änderungen der Einstufung des Arbeitsplatzes oder der Zuordnung des Personalratsmitgliedes zu dem Arbeitsplatz sind nach dem Lohnausfallprinzip zu berücksichtigen. Wird einem bereits freigestellten Personalratsmitglied ein anderer Dienstposten übertragen, so sind die Zulagen – gegebenenfalls erstmals – zu zahlen, die bei der tatsächlichen Wahrnehmung dieses Dienstpostens zustehen würden.
- Die Weiterzahlung von Mehrarbeitsvergütungen und Überstundenzuschlägen ist nicht davon abhängig, dass diese vor der Freistellung regelmäßig anfielen. Die Höhe dieser Nebenbezüge ist in angemessenen Abständen anhand eines Vergleichsbeschäftigten neu festzusetzen.
- Zulagen, die zur Abgeltung bestimmter durch die Dient(Arbeits-)leistung entstandener Aufwendungen bestimmt sind (echte Aufwandsentschädigungen wie z. B. Kleiderzulagen oder Wegegelder, gehören nicht zu den fortzuzahlenden Dienstbezügen, wenn die Aufwendungen infolge der Freistellung wegfallen (BVerwG, Urt. v. 11. September 1984 – 2 C 58.81 –, ZBR 1985, 117; BAG, Urt. v. 28. August 1991 – 7 AZR 137/90 –, PersR 1992, 263 f.).
- Für die Gewährung von Leistungsstufen, Leistungsprämien und Leistungszulagen bzw. entsprechende Vergünstigungen im Arbeitnehmerbereich gilt Folgendes: Beurteilungsgrundlage kann nur eine Leistung außerhalb der Freistellungszeit sein. Diese Instrumente dienen der Honorierung einer aktuellen Leistungssteigerung. Die Personalratstätigkeit ist aber jeder Bewertung entzogen. Das Lohnausfallprinzip greift nicht ein, da die Beschäftigten keinen Anspruch haben, sondern der Dienststelle ein Ermessensspielraum zusteht. Allenfalls eine kurz vor der Freistellung erbrachte herausragende Leistung kann daher zu einer

Anwendung dieser Instrumente während der Freistellungsphase führen. Eine vor der Freistellung erfolgte Gewährung bleibt allerdings durch die Freistellung immer unberührt, d. h. die Freistellung hat auch keine Auswirkungen auf die vorherige Festsetzung der Leistungsstufe und ein Widerruf der Leistungszulage wegen Leistungsabfalls scheidet ebenfalls aus.

Die Gewährung von Urlaub richtet sich nach den allgemeinen Vorschriften. Das freigestellte Personalratsmitglied hat auch Anspruch auf Zusatzurlaub für mit Erschwernissen verbundene Tätigkeiten, wenn es diese Tätigkeiten wegen der Freistellung nicht mehr ausübt (BVerwG, Urt. v. 18. September 1985 – 2 C 15.84 –, PersV 1988, 351 f.; BAG, Urt. v. 8. Oktober 1981 – 6 AZR 81/79 –, NJW 1982, 1348).

III. Abordnung

1. Ein freigestelltes Mitglied einer Stufenvertretung kann zu der Behörde, bei der die Stufenvertretung gebildet ist, abgeordnet werden. Kommt es zur Erleichterung der personalvertretungsrechtlichen Tätigkeit zu einer Abordnung, so treten **alle** Rechtsfolgen ein, die in einer Abordnung verbunden sind. Ihm ist – bei einer Abordnung zur obersten Dienstbehörde – auch die Stellenzulage nach Nr. 7 Vorbemerkungen zu den Besoldungsordnungen A und B (sog. Ministerialzulage) zu gewähren. Freigestellte Personalratsmitglieder sind im Falle ihrer Abordnung genau so zu behandeln wie andere abgeordnete Beschäftigte, die nicht von ihrer dienstlichen Tätigkeit entbunden sind, auch was eine mögliche Kumulierung von Zulagen anbelangt. Ob im Falle einer Abordnung im Rahmen der geltenden Rechtsvorschriften Umzugskostenvergütung zugesagt wird, liegt im pflichtgemäßen Ermessen der zuständigen Dienststelle, wobei die Grundsätze der Sparsamkeit der Verwaltung und der Fürsorgepflicht zu beachten sind.
2. Kommt es zu keiner Abordnung, führt der Beschluss über die volle Freistellung gleichwohl zu einer Verlagerung des Beschäftigungsortes an den Sitz der Geschäftsstelle der Personalvertretung. Der Freistellungsbeschluss hat somit hinsichtlich der Aufwendungen für Fahrten zum Ort der Personalvertretungstätigkeit vergleichbare Auswirkungen wie die Abordnung eines Beamten oder Richters und begründet deshalb in entsprechender Anwendung des § 22 Abs. 1 BRKG einen Anspruch auf Trennungsgeld nach der Trennungsgeldverordnung (BVerwG, Beschl. v. 14. Februar 1990 – 6 P 13.88 –, PersR 1990, 130 ff.). Der einer nachgeordneten Behörde zugehörige Beamte, der in den Hauptpersonalrat bei einer obersten Bundesbehörde gewählt und in vollem Umfang freigestellt ist, hat keinen Anspruch auf die Ministerialzulage, wenn er nicht an die oberste Bundesbehörde abgeordnet ist (BVerwG, Urt v. 8. Januar 1988 – 2 C 61.86 –, BVerwGE 79, 22 ff.). Trennungsgeld ist auch dann zu gewähren, wenn ein Mitglied einer Personalvertretung zur Durchführung seiner Aufgaben von seiner dienstlichen Tätigkeit nur überwiegend freigestellt worden ist (vgl. BVerwG, Urt. v. 23. Oktober 1985 – 6 C 3.84 –, ZBR 1986, 141 ff.; VGH Kassel, Beschl. v. 28. November 1990- HPV TL 160/89 –, PersV 1993, 562). Bei einer Freistellung für mehrere Personalvertretungen kommt es dann zu einem Wechsel des Beschäftigungsortes, wenn der Sitz der Geschäftsstelle einer Personalvertretung an einem anderen Ort liegt und die Freistellung für diesen Personalrat mehr als 50 v. H. beträgt oder wenn mehrere Freistellungen, die sich auf insgesamt mehr als 50 v. H. addieren, zu einem Wechsel an einen gemeinsamen anderen Beschäftigungsort führen.
3. Falls nach den Nummern 1 und 2 Ansprüche bestehen, sind nach den einschlägigen tarifrechtlichen Vorschriften auf Arbeitnehmer die jeweils geltenden beamtenrechtlichen Regelungen für Reisekosten und Trennungsgeldentschädigung anzuwenden.

   Die Nummern 1 und 2 gelten entsprechend, wenn ein freigestelltes Mitglied einer Personalvertretung zwar der Dienststelle angehört, bei der die Personalvertretung gebildet ist, jedoch an einem anderen Ort als dem Sitz der Geschäftsstelle der Personalvertretung beschäftigt ist

   In diesem Zusammenhang weise ich darauf hin, dass freigestellte Personalratsmitglieder, die Anspruch auf Reisekostenvergütung für die Fahrten zur Geschäftsstelle der Personalvertretung haben und damit häufige Dienstreisen nach demselben Ort durchführen, kraft Gesetzes eine Aufwandsentschädigung nach § 17 BRKG erhalten, sofern nicht besondere Umstände die Vermutung widerlegen, dass bei dieser Dienstreisen geringere Aufwendungen für Verpflegung und Unterkunft als allgemein entstehen (BVerwG, Urt. vom 30. Oktober 1981 – 6 C 1.80 –, ZBR 1982, 180 f.).

IV. Kostenerstattung für die Teilnahme an Schulungs- und Bildungsveranstaltungen sowie die hierfür notwendigen Freistellungen nach § 46 Abs. 6 Bundespersonalvertretungsgesetz (BPersVG)

Rundschreiben des BMI vom 28. April 2008

– D I 3 212 154 – 1/1

Zu den Voraussetzungen für Kostenerstattungen und für Freistellungen zur Teilnahme an Schulungs- und Bildungsveranstaltungen nach § 46 Abs. 6 Bundespersonalvertretungsgesetz (BPersVG) gebe ich die folgenden Hinweise, die Abweichungen im Einzelfall nicht ausschließen. Sie gelten für Mitglieder von Personalvertretungen wie auch sinngemäß für Mitglieder der Jugend- und Auszubildendenvertretungen (§§ 62 und 64 BPersVG) und berücksichtigen die Anforderungen an eine sparsame Haushaltsführung.

1. Beschluss der Personalvertretung
Hält die Personalvertretung die Teilnahme an einer Schulungs- und Bildungsveranstaltung zur ordnungsgemäßen Erfüllung ihrer Aufgaben für erforderlich, legt sie durch Beschluss fest, wer zur Teilnahme vorgesehen ist. Dabei genügt es, dass die Personalvertretung den Schulungsbedarf bei pflichtgemäßer Beurteilung der Sachlage für erforderlich halten darf. Die Personalvertretung wählt das Schulungsangebot aus. Allerdings hat sie, als Bestandteil der Dienststelle, das Gebot der sparsamen Verwendung öffentlicher Mittel zu beachten [(§ 7 Abs. 1 Satz 1 BHO) (vgl. Beschluss des BVerwG vom 9. 7. 2007 – 6 P 9.06 – PersR 2007, 434–439)]. Bei der Auswahl des Schulungsangebots sind die besonderen Bildungsformen wie Indoor- und In-House-Schulungen oder Fernunterricht in Erwägung zu ziehen, insbesondere wenn hierdurch erhebliche Kostenersparnisse zu erwarten sind.
Die Personalvertretung unterrichtet rechtzeitig die Dienststelle schriftlich von dem Beschluss und fügt die zur Prüfung der Erforderlichkeit der Maßnahme notwendigen Angaben zur Schulungs- und Bildungsveranstaltung, wie zum Inhalt, Dauer und Kosten bei.

2. Entscheidung der Dienststelle
Die Dienststelle prüft die Erforderlichkeit einer Schulungs- und Bildungsveranstaltung unter Beachtung des Beurteilungsspielraums der Personalvertretung und trifft eine Entscheidung über die Freistellung. Gleichzeitig wird über die Übernahme der Schulungskosten nach § 46 Abs. 6 BPersVG entschieden. Die Freistellung kann nur für die notwendigen Schulungen erfolgen. Sollten neben notwendigen Schulungsinhalten auch als nützlich anzusehende Schulungsinhalte vermittelt werden, kann insofern ein Anspruch auf Freistellung nach § 46 Abs. 7 BPersVG in Betracht kommen. Hierzu sind die Voraussetzungen dieser Freistellungsmöglichkeit gesondert zu prüfen. Gleiches gilt für Schulungs- und Bildungsveranstaltungen, die insgesamt nicht erforderlich sind. Auch hier ist eine Freistellungsmöglichkeit nach § 46 Abs. 7 BPersVG zu prüfen.

3. Erforderlichkeit von Schulungs- und Bildungsveranstaltungen

3.1 Vermittlung von Kenntnissen

Um eine Schulungs- und Bildungsveranstaltung handelt es sich nur, wenn die Veranstaltung der Vermittlung von Kenntnissen für die Personalratsarbeit dient. Nicht jede für die Personalratsarbeit nützliche Veranstaltung erfüllt diese Anforderung. So fehlt es bei einem bloßen Erfahrungs- und Meinungsaustausch (z. B. Personalrätekonferenzen) an der geforderten Vermittlung von Kenntnissen. Gleiches gilt für Messen und berufsfachliche Tagungen (vgl. Urteil des VGH Hessen vom 24. 2. 2005; 22 TL 2161/03 – ESVGH 55, 194–197).

3.2 Objektive Erforderlichkeit

Die in der Schulungs- und Bildungsveranstaltung vermittelten Kenntnisse müssen zum gesetzlichen Aufgabengebiet der Personalvertretung gehören. Deshalb zählen z. B. Veranstaltungen mit rein gewerkschaftsspezifischen Inhalten nicht hierzu.
Erforderlich sind Schulungen, die Kenntnisse über das geltende Personalvertretungsrecht vermitteln, insbesondere solche über die Ausübung personalvertretungsrechtlicher Befugnisse oder die Wahrnehmung entsprechender Aufgaben. Diese Inhalte werden grundsätzlich in Grundschulungen angeboten. Darüber hinaus gehören zur Grundschulung regelmäßig auch die Vermittlung der Kenntnisse des Dienst-, Tarif und Arbeitsrechts (vgl. Beschluss des BVerwG 6. Senat vom 14. 6. 2006 – 6P 13/05 – PersR 2006, 468–475).
Die Dauer der Bildungsveranstaltung ist am Umfang und Schwierigkeitsgrad der zu vermittelnden Themen zu bemessen. Deshalb erscheint es angezeigt, für eine Grundschulung in der Regel fünf Wochentage als erforderlich anzusehen. Längere Veranstaltungen können im Einzelfall gerechtfertigt sein.
Darüber hinaus können Spezialschulungen erforderlich sein. Diese dienen der Vermittlung von Wissen, das erforderlich ist, um besonderen Aufgaben auf Spezialgebieten innerhalb der Personalvertretung gerecht werden zu können. Dies kann auch eine über Grundzüge hinausgehende Wissensvertiefung und -erweiterung sein. Darüber hinaus können Schulungen z. B. zur Informationstechnik oder Arbeitssicherheit sowie zur aktuellen Rechtsprechung eine Spezialschulung darstellen (vgl. Beschluss des BVerwG 6. Senat vom 11. 7. 2006 – 6 PB 8/06 – PersV 2006, 438–439).
Entscheidend ist nicht, ob Personalvertretungen grundsätzlich mit einer Thematik befasst sein können, sondern vielmehr müssen die Schulungsinhalte auf die Aufgaben der jeweiligen speziellen Personalvertretung zugeschnitten sein („dienststellenbezogen"). Inhalte, die die Aufgabe der Personalvertretung nur selten oder nur am Rande berühren, rechtfertigen keine Schulung.

3.3. Subjektive Erforderlichkeit

Subjektiv erforderlich ist die Schulungs- und Bildungsveranstaltung, wenn das zur Schulung vorgesehene Personalvertretungsmitglied tatsächlich diese Bildungsveranstaltung benötigt; entweder zur Ausübung seiner allgemeinen Tätigkeit als Personalvertretungsmitglied oder aber für eine Tätigkeit auf einem bestimmten Sachgebiet innerhalb der Personalvertretung. Deshalb sind die oben genannten objektiven Kriterien nochmals personenbezogen zu prüfen.
Im Einzelnen bedeutet dies, dass für jedes Personalvertretungsmitglied grundsätzlich einmalig eine Grundschulung zum BPersVG als erforderlich anzusehen ist. Anders ist es, wenn grundlegende Änderungen der Materie erfolgt sind, die nicht in einem Selbststudium erlernt werden können oder aber wenn das Personalvertretungsmitglied aufgrund einer Unterbrechung, die mindestens einer Wahlperiode entspricht, wieder mit einer Aufgabe in der Personalvertretung betraut wird.
Spezialschulungen sind nur erforderlich, wenn das betreffende Personalvertretungsmitglied auch tatsächlich im entsprechenden Aufgabengebiet tätig ist oder in naher Zukunft damit befasst sein wird und kein weiteres Mitglied innerhalb der Personalvertretung mit dieser Materie vertraut ist. Ausnahmen sind zulässig, um auch bei Abwesenheit des sachkundigen Personalvertretungsmitglieds die Fort-

führung der Aufgabenerfüllung sicherzustellen. Dies gilt insbesondere für größere Dienststellen. Nicht erforderlich sind Schulungen oder Weiterbildungsmaßnahmen kurz vor Ende der Amtszeit des betreffenden Personalvertretungsmitglieds. Auch die Wahrscheinlichkeit der Wiederwahl begründet die Erforderlichkeit nicht ausreichend.

Die Kosten für die Schulung eines Ersatzmitglieds werden dann übernommen, wenn dieses zur Gewährleistung der Arbeitsfähigkeit des Personalrats erforderlich ist. Das ist zum Beispiel der Fall, wenn ein Personalratsmitglied bei einer längeren außergewöhnlichen Abwesenheit durch ein Ersatzmitglied vertreten werden muss oder wenn im Einzelfall zu erwarten ist, dass ein Ersatzmitglied aufgrund seines Listenplatzes ähnlich häufig an den Personalratssitzungen teilnehmen wird wie die Mitglieder des Personalrats.

4. Formen von Schulungs- und Bildungsveranstaltungen

Neben den grundsätzlich bewährten Seminaren bei einer Gewerkschaft oder einem Berufsverband sind aufgrund der notwendigen Wirtschaftlichkeit des Verwaltungshandelns auch andere Bildungsformen zur Wissensvermittlung in die Erforderlichkeitsprüfung einzubeziehen. Derartige alternative Schulungsangebote können einen wesentlichen Beitrag zur Kostensenkung darstellen.

4.1 In-House-Schulungen

Hierzu gehören In-House-Schulungen. Sie werden durch die Gewerkschaften organisiert und durchgeführt. Lediglich der Schulungsort ist nicht in einer Schulungs- und Bildungsstätte des Veranstalters, sondern in den Räumlichkeiten einer Dienststelle, die von ihr unentgeltlich zur Verfügung gestellt werden. Dabei muss der ungestörte Ablauf der Veranstaltung gewährleistet sein.

4.2 Indoor-Schulungen

Indoor-Schulungen finden ebenfalls in den Räumen der Dienststelle statt, erfolgen aber im Gegensatz zu In-House-Schulungen durch die Dienststelle. Sie erfordern konzeptionelle Absprachen zwischen den Dienststellen auf der einen Seite und den Personalvertretungen, sowie den Gewerkschaften und Berufsverbänden auf der anderen Seite (vgl. Beschluss des OVG Münster vom 25. 2. 1998 – 1 A 4407/97.PVB, PersR 1998, 243, 245). Die in der Dienststelle vertretenen Gewerkschaften und Berufsverbände sollten frühzeitig aktiv in die Planung (Zweck, Form und Ablauf) einbezogen und in angemessener Weise – insbesondere bei der Auswahl der Referentinnen und Referenten – an der Durchführung der Veranstaltung beteiligt werden. Hierdurch wird gewährleistet, dass das Schulungsangebot nicht ausschließlich die Themen aus der Sicht der Dienststellen behandelt, sondern thematisch und personell ausgewogene Schulungs- und Bildungsveranstaltungen angeboten werden können, um eine sachgerechte Schulung zu ermöglichen und die vertrauensvolle Zusammenarbeit von Dienststelle und dem Personalrat zu befördern.

4.3 Fernlehrgänge

Hierzu gehören insbesondere Online-Seminare oder eLearning-Angebote. Sie unterscheiden sich von computerunterstützten Präsenzschulungen durch eine räumliche Trennung von Dozentinnen und Dozenten sowie Teilnehmerinnen und Teilnehmern während der Schulung. Die Teilnehmerinnen und Teilnehmer können im Wesentlichen die zeitliche Einteilung der Schulungsinhalte bestimmen. Die tutorielle Betreuung findet in der Regel telefonisch oder durch E-Mail statt. Die persönliche Betreuung ist im Rahmen von Präsenzveranstaltungen gegeben.

Allerdings wird mit dem Angebot von Online-Seminaren oder eLearning-Veranstaltungen kein Anspruch auf Schaffung der technischen Voraussetzungen durch die Dienstbehörde geschaffen. Dies gilt u. a. für die technische Grundausstattung, Internet-Anschlüsse oder die Lösung von Sicherheitsfragen bei vernetzten Personalcomputern. Diese Formen von Schulungs- und Bildungsveranstaltungen sind daher nur insoweit möglich, als die vorhandene technische Infrastruktur innerhalb der Dienststelle dies zulässt.

Für das Erlernen der Kenntnisse wird eine Zeitspanne (z. B. vier Wochen) festgelegt, in der die, auf das Schulungsangebot abgestimmte Anzahl von Freistellungstagen zu gewähren ist. Im Einvernehmen mit der Vorgesetzten bzw. dem Vorgesetzten wird der Zeitraum, der zum Selbststudium bestimmt ist, festgelegt. Die Vorgesetzte bzw. der Vorgesetzte tragen dafür Sorge, dass die Teilnehmerin bzw. der Teilnehmer diese Zeit ausschließlich zum Selbststudium nutzen kann. Hierdurch können die dienstlichen Notwendigkeiten aber auch die persönlichen Belange der Teilnehmerin bzw. des Teilnehmers besser berücksichtigt werden. Da Fernlehrgänge in der Regel mit einer Präsenzveranstaltung – zur Reflektion und Vertiefung der Schulungsinhalte – abschließen, sind sowohl die Teilnehmerinnen und Teilnehmer als auch die Behörde nicht für die gesamte Dauer der Schulungs- und Bildungsveranstaltung, sondern lediglich für diese Tage in der Zeiteinteilung gebunden.

4.4 Vorteile der neuen Bildungsformen

Die genannten Bildungsformen haben den Vorteil, dass Übernachtungs- und Reisekosten entfallen. Aber auch Wegezeiten werden reduziert und dadurch zusätzliche Abwesenheitszeiten eingespart. Darüber hinaus entfallen die Kosten für die Bereitstellung von Schulungsräumen. Für Indoor- und In-House-Schulungen sind geeignete Schulungsräume in vielen Dienststellen vorhanden. Bei Indoor-Schulungen können darüber hinaus durch einen zumindest teilweisen Einsatz von Fachreferentinnen und Fachreferenten der Dienststellen die personenbezogenen Schulungskosten reduziert werden.

Diese Bildungsformen sind jedoch nicht nur unter dem Kostengesichtspunkt zu betrachten. Hinzu kommt, dass insbesondere für Personalvertretungsmitglieder mit Familienpflichten die Anwesenheit am Dienstort die Vereinbarkeit von Fortbildungsmaßnahmen mit den privaten Verpflichtungen erleichtert. Fernlehrgänge bieten darüber hinaus eine größere Zeitsouveränität und Flexibilität für die Teilnehmerinnen und Teilnehmer.

Zudem bieten Online-Schulungen den Vorteil, dass auf das eingesetzte IT-Schulungsmaterial auch nach Beendigung der Schulungsmaßnahme zu jedem beliebigen Zeitpunkt zurückgegriffen werden kann.

5. Höhe der Kosten

Wie oben dargelegt, entscheidet die Dienststelle gleichzeitig mit der Freistellungsbewilligung nach § 46 Abs. 6 BPersVG über die Kostenerstattung.

5.1 Reisekosten

Die Höhe der zu übernehmenden Reisekosten bestimmt sich nach dem Bundesreisekostengesetz (BRKG).

Zu prüfen ist von der für die personalvertretungsrechtlichen Fragestellungen zuständigen Organisationseinheit, ob Veranstaltungen, die in mehreren Teilen stattfinden, zusammengefasst werden könnten, und mehrere An- und Abreisen erstattet werden sollen. Dies gilt insbesondere, wenn in den einzelnen Veranstaltungsabschnitten Seminarteile vorhanden sind, die als nicht erforderlich angesehen werden und ohne diese Inhalte eine Aufteilung der Veranstaltung nicht notwendig wäre (vgl. Beschluss des BVerwG 6. Senat vom 14. 6. 2006 – 6P 13/05 – PersR 2006, 468–475).

5.2 Pauschbetrag

Aus Gründen der Verwaltungsvereinfachung können die Gebühren für die Teilnahme an Seminarveranstaltungen bei einem Schulungsanbieter unter Einschluss des Entgelts für Verpflegung und Unterkunft ohne einen detaillierten Kostennachweis als angemessene Kosten anerkannt werden, sofern die Kosten für die Schulungs- und Bildungsveranstaltung außerhalb des Dienst- oder Wohnortes der Teilnehmerinnen und Teilnehmer je Schulungstag und Person den Betrag von 150,00 Euro nicht übersteigen.

Die Fahrtkostenerstattung ist im Pauschbetrag nicht eingerechnet. Übersteigt die Zahl der notwendigen Übernachtungen die Zahl der Schulungstage, ist für diese Übernachtung ein Übernachtungsgeld nach Maßgabe des BRKG zu gewähren.

5.3 Schulungskosten

Wird ein darüber hinaus ein höherer Betrag als der Pauschbetrag nach Ziffer 5.2 geltend gemacht, sind die entstehenden Kosten von der Dienststelle zu tragen, soweit sie angemessen sind. Insbesondere ist zu prüfen, ob ggf. kostengünstigere Veranstaltungen – auch durch einen anderen Anbieter – bestehen.

Allerdings haben Personalvertretungsmitglieder grundsätzlich das Recht, Bildungsangebote in von ihnen bevorzugten Bildungseinrichtungen auszuwählen. Soweit sich die hierdurch entstehenden Mehrkosten im angemessenen Rahmen halten, sind sie zu erstatten. Sofern aber Schulungs- und Bildungsangebote angeboten werden, die vergleichbare Kenntnisvermittlung anbieten und wesentlich niedrigeren Kosten verursachen, sind diese Angebote vorzuziehen (vgl. Beschluss des OVG Hamburg vom 14. 11. 2005 – 8 Bf 241/05.PVL – PersV 2006, 396–399).

Der Dienststelle sind zur Prüfung der Kostenübernahme alle wesentlichen Informationen zuzuleiten. Hierzu sind ein Kostenvoranschlag oder Belege vorzulegen, aus denen die einzelnen Leistungen des Schulungsveranstalters sowie die von der Schulungsteilnehmerin bzw. vom Schulungsteilnehmer zu tragenden Kosten detailliert ersichtlich sind. Dazu gehören auch Angaben, ob die Schulung ggf. in zwei Teilen erfolgen soll und sich somit an die Teilnahme an einer ersten Veranstaltung eine zweite Schulungsmaßnahme in absehbarer Zeit anschließen wird (vgl. Beschluss des BVerwG vom 9. 7. 2007 – 6 P 9.06 – PersR 2007, 434–439).

Seminargebühren sind nach den Einzelleistungen des Schulungsträgers aufzuschlüsseln; Kosten müssen grundsätzlich einzeln mit der jeweiligen Höhe dargelegt werden (vgl. Beschluss OVG Berlin vom 20. 12. 1999; 60 PV 5.98 – PersV 9/2000, 406 – 410). Pauschale Kostenpositionen können nicht erstattet werden, da diese Beträge nicht geprüft werden können und somit ggf. auch Kostenpositionen enthalten sein können, die grundsätzlich nicht erstattungsfähig sind.

Aufzuführen sind u. a.

- Anzahl der notwendigen Übernachtungen,
- Übernachtungspreis pro Nacht,
- Anzahl und Einzelpreise für Frühstück, Mittag- und Abendessen,
- Honorarkosten für Dozentinnen und Dozenten
- Kosten für Unterrichtsmaterialien, wobei diese Materialien und Kostenpositionen im Einzelnen aufgeführt werden müssen.

Hat der Bildungsveranstalter einen Pauschalpreis für Übernachtungen und Verpflegung festgelegt, ist dieser unter Bekanntgabe der enthaltenen Mahlzeiten und der Anzahl der Übernachtungen mitzuteilen. Sofern weitere Kosten in den Seminargebühren enthalten sind, müssen auch diese ausdrücklich aufgeführt werden.

Kosten für eine erforderliche Schulungs- und Bildungsveranstaltung, die nach erfolgter Prüfung im Einzelfall als unangemessen hoch erscheinen, können nur in Höhe der notwendigen Auslagen erstattet werden. Erweisen sich lediglich einige Inhalte der Schulungsveranstaltung als erforderlich, so sind die Kosten von der Dienststelle nur anteilig zu übernehmen. Die Schulungskosten sind entsprechend der Zeitansätze der erforderlichen Inhalte zu berechnen (vgl. Beschluss des BVerwG 6. Senat vom 14. 6. 2006 – 6P 13/05 – PersR 2006, 468–475).

Kosten für Gesetzestexte und Kommentierungen, die vom Bildungsveranstalter übergeben werden, können nicht erstattet werden. Gleiches gilt für „Kleinmaterial" (Papier, Stifte etc.). Hierbei handelt es sich um Arbeitsmaterial, das jede Teilnehmerin und jeder Teilnehmer, gegebenenfalls aus den Beständen des Personalrats / der Dienststelle selbst (und dann kostengünstiger) zu der Schulungsveranstaltung mitbringen kann (vgl. Beschluss des VGH München vom 3. 5. 2000; 17 P 99.3639 – PersV 2001, 365–367).

5.4 Kosten der Schulungseinrichtungen

Die Dienststelle darf nur mit denjenigen Kosten belastet werden, die dem Schulungsanbieter infolge der Durchführung personalvertretungsrechtlicher Schulungen tatsächlich entstanden sind. Deshalb sind nur klar abgrenzbare Kosten, die durch die konkrete Veranstaltung entstanden sind, erstattungsfähig. Es soll verhindert werden, dass sachliche und personelle schulungsunabhängige Kosten in den Seminarkosten enthalten sind (vgl. Beschluss des OVG Berlin vom 20. 12. 1999; 60 PV 5.98 – PersV 9/2000, 406 – 410). Somit ist eine pauschalierte Darstellung oder Vermischung der Kosten nicht zulässig. Dieses Vermischungsverbot von verschiedenen Kostenpositionen hat seinen Grund darin, dass eine Gewerkschaft aus den Schulungsveranstaltungen auf Kosten der Dienststelle keinen Gewinn erzielen darf (vgl. Beschluss des VGH München vom 3. 5. 2000; 17 P 99.3640 – ZfPR 2002, 15).

Lediglich in den Fällen, in denen ein als gemeinnützig anerkannter gewerkschaftlicher Veranstalter ausschließlich personalvertretungsrechtliche oder zusätzlich auch betriebsverfassungsrechtliche Schulungen durchführt, kann der Schulungsveranstalter diese Kosten kalkulatorisch auf der Grundlage vorangegangener Jahresergebnisse ermitteln und der Preisgestaltung für die kommende Schulungsperiode zugrunde legen.

Durch Einzelnachweis oder kalkulatorisch dürfen folgende Aufwendungen berücksichtigt werden:

- Kosten für Strom
- Kosten für Heizung
- Kosten für Wasser
- Kosten für Mobiliar
- Kosten für allgemeine Lehrmittel wie z. B. Videorecorder und Projektor
- Reinigungskosten
- Personal- und Personalnebenkosten.

Kosten, die lediglich aufgrund des Erwerbs einer Immobilie oder für deren Unterhalt und Verwaltung entstehen bzw. entstanden sind, können nicht erstattet werden. Ebenso sind

- die Kosten für Abschreibungen
- die Kosten für Fremd- und Eigenkapitalverzinsung
- Mietkosten und Mietnebenkosten
- Grundstückabgaben und
- Steuern

nicht erstattungsfähig. Sie dürfen auch der Kalkulation nicht zugrunde gelegt werden, da sie schulungsunabhängig sind.

Bei den Personal- und Personalnebenkosten können nur die Kosten für Dozentinnen und Dozenten sowie von Verwaltungskräften erstattet werden, die für die Organisation und Durchführung entsprechender Veranstaltung notwendig sind.

6. Haushaltsrechtliche Voraussetzungen

Die Entscheidung der Dienststelle über die Kostenübernahme unterliegt dem allgemein geltenden Gebot der sparsamen Verwendung öffentlicher Mittel (§ 7 Abs. 1 Satz 1 BHO).

Die Haushaltsmittel der Kosten für Schulungen sind Kosten der regelmäßigen Tätigkeit des Personalrats und dementsprechend rechtzeitig und in dem erforderlichen Umfang vor der Aufstellung des Haushaltsplanes geltend zu machen. Die Personalvertretungen sind rechtzeitig auf die Haushaltssituation, d. h. vor Ausschöpfung des haushaltsplanmäßigen Ansatzes, hinzuweisen. Bei Erschöpfung dieser Mittel ist die Kostenübernahme abzulehnen (vgl. Beschluss des OVG Sachsen-Anhalt vom 06. 10. 1999 – A 6 S 2/97 – ZfPR 2000, 41–44). Eine Ausnahme kommt nur bei einem unvorhergesehenen und unabweisbaren Schulungsbedürfnis in Betracht (§ 37 Abs. 1 BHO). Die Veranstaltung muss für eine ordnungsgemäße Personalratsarbeit unentbehrlich sein und darf nicht zu einem späteren Zeitpunkt nachgeholt werden können, weil sie zu einem späteren Zeitpunkt ihren Zweck nicht mehr erfüllen kann (vgl. Beschluss BVerwG vom 26. 2. 2003; 6 P 10/02 – PersV 2003, 351–352). In

diesem Fall hat die Personalvertretung der Dienststellenleiterin bzw. dem Dienststellenleiter den Bedarf an zusätzlichen Mitteln so rechtzeitig anzuzeigen, dass diese noch vor Entstehen der Verpflichtung unter Berücksichtigung der bestehenden Deckungsmöglichkeiten nachbewilligt werden können.
Die Ausgaben aufgrund der Kostenübernahmen sind im Bundeshaushaltsplan jeweils bei Titel 527 03 zu verbuchen.

7. Schlussbestimmungen
Mein Rundschreiben vom 15. 8. 1996 – D I 3 – 212 154/4 – (GMBl. 1996 S. 669), zuletzt geändert durch mein Rundschreiben vom 21. 1. 2002 – D I 4 – 212 154/4 – (GMBl. 2002 S. 250) wird aufgehoben und durch dieses Rundschreiben ersetzt.
Dieses Rundschreiben ergeht im Einvernehmen mit dem Bundesministerium der Finanzen.

V. Verordnung über die Höhe der Aufwandsentschädigung für vom Dienst freigestellte Personalvertretungsmitglieder

vom 18. 7. 1974 (BGBl. I S. 1499), zul. geänd. d. Ges. v. 3. 12. 2001 (BGBl. I S. 3306)

Auf Grund des § 46 Abs. 5 Satz 3 in Verbindung mit § 54 Abs. 1, § 56 des Bundespersonalvertretungsgesetzes vom 15. 3. 1974 (Bundesgesetzbl. I S. 693), geändert durch Artikel 287 des Einführungsgesetzes zum Strafgesetzbuch vom 2. 3. 1974 (Bundesgesetzbl. I S. 469, 631), verordnet die Bundesregierung:

§ 1

Die Aufwandsentschädigung beträgt für ganz von ihrer dienstlichen Tätigkeit freigestellte Mitglieder von Personalräten, Gesamtpersonalräten, Bezirkspersonalräten und Hauptpersonalräten 26 Euro monatlich.

§ 2

Diese Verordnung gilt nach § 14 des Dritten Überleitungsgesetzes vom 4. Januar 1952 (Bundesgesetzbl. 1 S. 1) in Verbindung mit § 118 des Bundespersonalvertretungsgesetzes auch im Land Berlin.

§ 3

Diese Verordnung tritt mit Wirkung vom 1. 4. 1974 in Kraft.

Stichwortverzeichnis

Fettgedruckte Zahlen verweisen auf die Paragraphen des Bundespersonalvertretungsgesetzes, magere Zahlen auf die jeweiligen Anmerkungsnummern. Der Zusatz WO verweist auf die entsprechenden Bestimmungen bzw. Anmerkungsnummern der Wahlordnung.